人名事典

「満州」に渡った一万人

編著
竹中憲一

皓星社

凡例

一、本書は主として戦前に「満州」で公刊された「満州」在住日本人に関する諸種の紳士録・名鑑・人物評伝等の記事を基本資料とし、これを戦前・戦後刊行の各種の資料（社史、人名辞典、歴史書・年表・地図等）を用いて編集したものである。

二、典拠した資料は（1）～（14）の記号で氏名の下に示した。複数の資料に典拠した場合は、刊行年次の最も新しいものを記した。典拠した複数の資料間で内容に齟齬がある場合は、刊行年次のより新しいものの記述に拠った。

三、一部の著名な人物等で、戦後公刊された人名辞典、自伝、伝記等でその後の経歴が判明する場合は「⇒」以下に補筆した。

四、人名は五十音配列とし、姓名の読みが確認できない場合は、一般的に最も多いと思われる読み方を推定して配列した。

五、略歴は職業・住所・生年・出身地・最終学歴の順に記載した。住所は多くが居住地であるが、一部では勤務先・事業所の所在地を示す。出身地は原則として原籍地であるが、一部資料では生地を示す。また、その後の市町村名の変改の有無にかかわらず、すべて原資料のままとした。

六、職業・役職・住所・家族構成は、すべて原資料刊行時のものである。「⇒」以下に補筆した場合も、原資料記載の職業・役職・住所・家族構成のままとした。

七、㈱は株式会社、㈲は有限会社、㈾は合資会社、㈴は合名会社、(股)は股份有限公司を表す。また、㈶は財団法人、㈳は社団法人を表す。

八、「満州」（中国東北地区）の行政区分は、奉天省・吉林省・黒竜江省の三省から年代とともに新設の省に分割細分されるが、本書ではすべて原資料記載のままとした。

九、「満州」「満州国」「支那（北支・中支・南支）」等の語は当時の日本が使用した不適切な呼称であり、「中国東北部」「中国（華北・華中・華南）」等の語に言い換えたが、固有名称の場合はそのまま使用した。

十、基本資料として使用した刊行物は以下の通りである。本文中、見出し下に▷1、▷2のように示した。

(1)奥谷貞次・藤村徳一『満州紳士録（前篇・後編）』一九〇七年（明治四〇年）・一九〇八年（明治四一年）、茨城県水戸市上市梅小路四番地

(2)伊藤武一郎『成功せる事業と人物（『満州十年史』附録）』一九一六年（大正五年）三月再版、満州十年史刊行会（大連）

(3)武内忠次郎『満州興信録』一九一六年（大正五年）、満州通信社（奉天）

(4)『南北満州露領邦人発達史』一九一七年（大正六年）、ハルビン北満州社（ハルビン）

(5)藤江正治『海外邦人の事業及人物』（第一輯第一版）一九一七年（大正六年）、民天時報社

(6)豊田志義人『満蒙と九州人』一九二五年（大正一四年）、九州日報大連支局（大連）

(7)梅木華村『満蒙開発と三州人』一九二五年（大正一四年）、満鮮三州社（大連）

(8)菊池秋四郎『奉天草分の人々・事業と活躍の人々』（奉天二十年史』収録）一九二六年（大正一五年）、奉天二十年史刊行会（奉天）

(9)大連在留邦人興信録編纂所同人『支那在留邦人興信録』一九二六年（大正一五年）、東方拓殖協会（大連）

(10)松本萬蔵『満州紳士縉商録』一九二七年（昭和二年）、日清興信所（大連）

(11)満州日報社臨時紳士録編纂部『満蒙日本人紳士録　附満蒙銀行会社要覧』一九二九年（昭和四年）、満州日報社（大連）

(12)中西利八『昭和十二年版　満州紳士録』一九三七年（昭和一二年）、満蒙資料協会（東京市）

(13)真鍋五郎『事業と人物』一九四二年（昭和一七年）、亜細亜出版社（大連）

(14)▷14は、184人いる。長年のメモなどで出典を詳にしないが、そのほとんどは、皓星社『日本人物情報大系』「満州編」中に記事を見る。『人物情報大系』に記事を見ない13人については、▶14で示した。

相生常三郎 ▷14

福昌公司専務取締役／大連市神明町／一八九四（明二七）一一／愛知県名古屋市東区富沢町／東京高等商業学校

愛知県薬種商森川五兵衛の三男に生まれ、後に福昌公司創立者の相生由太郎に見込まれて長女和子の入婿となった。一九一二年三月名古屋商業学校を卒業し、同年五月に渡満して福昌公司に入社した。一五年六月同社在籍のまま東京高等商業学校に入学し、一九年三月に卒業して営業部長に就いた。二九年六月の組織変更に伴って専務取締役に就任し、相生㈴理事長を兼任したほか、関東州水産統制配給㈱社長、復州鉱業㈱・日満鉱材工業㈱の取締役、大連株式商品取引所理事、満州計器(股)常務理事、大連工業㈱・関東州工業土地㈱の監査役等を務めた。次いで三二年一〇月大連商工会副会長、三五年五月同会長を経て三八年九月から四〇年七月まで大連商工会議所副会頭を務め、実業組合理事長など数多くの公職に就いた。かたわら一一歳下の二代目由太郎を補佐し、大連の日本法人会社と奉天の満州国法人会社の二つの福昌公司を経営した。三六年一一月大連市会議員に当選し、四〇年一一月から市会議長を務めた。

相生　久夫 ▷10

福昌公司副店主／大連市霧島町／一八九八（明三一）一二／福岡県福岡市荒戸町／ケンブリッジ大学

実業家相生由太郎の長男として大連に生まれ、一九一八年三月名古屋商業学校を卒業して父の経営する福昌公司に入った。二一年末に渡欧してケンブリッジ大学に学んだが、家事の都合で二四年夏に中退して大連に戻り副店主となった。その後二五年にケンブリッジ大学に復学し、二六年に福昌公司に復帰した。

相生由太郎 ▷14

福昌公司主、満州水産㈱・満州興業㈱・大連工業㈱・満蒙工業㈱各取締役、正六位／大連市霧島町〆区／一八六七（慶三）四／福岡県福岡市荒戸町／東京高等商業学校

福岡市鮮魚商相生久次の長男に生まれ、六歳の時に寺子屋に入ったが腕白が過ぎて帰され、後に尋常小学校に入った。家業を助けるため一二歳で退校し、以後五年ほど荷車を押し天秤棒をかついで魚屋の仕事に従事した。近所の理髪店の息子が巡査となってサーベルを鳴らして帰郷したのを見て発奮し、一八歳の時に正木昌陽の門に入り、二〇歳で福岡修猷館に入学した。旧黒田藩主の給費生として京都に遊学した後、上京して東京高等商業学校に入学し、一八九六年七月三〇歳の時に優等の成績で卒業した。日本郵船に入社して月給二五円の身となり、貧窮のため離れ離れとなっていた老母と弟を呼び寄せ、同郷のトリを嫁に迎えた。その後、兵庫県柏原中学校、東京の野津商店、名古屋商業学校等に勤めるなど職を転々し、九八年九月三井鉱山に入社した。次いで一九〇四年五月三井物産に転じて門司支店に勤務し、東京高商先輩の犬塚信太郎満鉄理事に招かれて〇七年四月に渡満した。満鉄嘱託として大連港の施設経営の調査研究に従事し、同年一〇月大連埠頭事務所長に就任した。その後〇九年一一月に満鉄を退社して大連市山県通に福昌公司を創立し、大連埠頭と民政署への苦力供給業を始めた。営口で多数の埠頭荷役夫を募集して大連港に供給し、事業の独占により多額の収益を上げ、大連市寺児溝に常時六〇〇〇人を収容する苦力収容所を造営した。一日一万人の苦力を供給する一方、店員二〇〇余人を擁して煉瓦製造、石材採掘、倉庫業、土木運搬請負、満州特産物販売など多くの事業を兼営した。大連商業会議所会頭、重要物産取引所商議員を務めたほか、満州水産・満州興業・大連工業・満蒙工業・大連土地家屋・北満銀行の各取締役と大連取引所信託・大連機械製作所の相談役に就き、一五年一〇月から三期にわたり大連市会議員を務めた。多く集め多く散ずるを主義として書生二十余名を抱えて年額数千円の学資を援助するなど富力と侠気で知られ、内務省より植民事業功労者として表彰され、さらに社会事業功労者として紺綬褒章を授与された。刀剣を趣味として三〇〇振の大刀小剣を蒐集し、冷水摩擦と柔軟体操を毎日欠かさず、老境に入ってからは禁酒禁煙を励行して禅書と漢詩に親しみ「鉄牛」と号した。三〇年一月に病没した後、四男の四郎が相生合名を継いで二代目由太郎を襲名した。

相賀　正彦 ▷12

満鉄チチハル鉄路医院洮南分院長

兼医員／龍江省洮南チチハル鉄路医院洮南分院／一八九三（明二六）八／佐賀県小城郡南山村／南満医学堂

郷里の小城中学校を卒業して渡満し、奉天の南満医学堂に入学した。一九一九年に卒業して帰郷し、同年九月小城郡北山村で医院を開業したが、程なく廃業して飯塚市の飯塚病院外科、直方市の三菱筑豊砿業所医局外科、門司市立共立病院外科に歴職した。その後三五年三月再び渡満して満鉄鉄路総局に入り、洮南鉄路医院チチハル診療所医員を経て同年一〇月チチハル鉄路医院洮南分院長兼医員となり、通遼ペスト調査所洮南在勤防疫医及び洮南日本小学校医を兼務した。

相川　岩吉　▷12

国務院恩賞局記章科長代理兼総務庁人事処員／新京特別市崇智路／一八八五（明一八）六／佐賀県小城郡砥川村

佐賀県相川忠八の子に生まれ、一九〇九年関東都督府旅順民政署に勤めた後、日中合弁の振興鉄鉱無限公司に転じた。次いで満鉄に入り興業部鞍山在勤、鞍山製鉄所人事課勤務を経て三一年六月待命となり、満州事変後に関東軍創設の自治指導部に入った。三二年二月人事係主任となったが、同年四月に自治指導部解散となり、残務整理委員を務めた後、同年六月国務院総務庁事務官となり人事処に勤務した。三五年二月恩賞局事務官兼任を経て同年一一月記章科長代理となり、かたわら国都建設紀年式典準備委員会彰章部幹事を務めた。

相川米太郎　▷14

弁護士／大連市播磨町／一八九〇（明二三）四／長崎県長崎市浜口町／明治大学法学部

長崎県農業相川米市の次男に生まれ、一九一五年明治大学法学部を卒業した。一七年に弁護士となり、翌年三月に渡満して大連市播磨町で弁護士事務所を開業した。二三年に法学研究のため欧米に一年間遊学した後、二六年八月弁護士業を続けながら中日実業興信社長に就任した。かたわら大連証券会社取締役、満州不動貯金㈱顧問を兼任し、二八年一一月から三六年一〇月まで大連市会議員を務めた。

愛甲　直剛　▷7

満鉄電気作業所沙河口神社裏変電所主任／大連市沙河口真金町／一八九三（明二六）八／鹿児島県出水郡出水町／工手学校電気科

上京して築地の工手学校電気科に入学し、一九一五年に卒業して東京逓信局に勤務した。その後一九年五月に渡満して満鉄に入り、電気作業所に勤めた後、二二年九月沙河口神社裏変電所主任となった。

相沢　俊策　▷12

満鉄奉天省四平街駅構内助役兼奉天省四平街青年学校指導員、社員会評議員、勲八等／奉天省四平街南六条通／一八九五（明二八）五／新潟県中頸城郡柿崎村／攻玉社中学校中退

新潟県相沢俊次郎の長男に生まれ、一九一二年東京の攻玉社中学校を三年で中退した。その後一九年五月に渡満して満鉄に入り、遼陽駅に勤務した。奉天列車区遼陽分区車掌、草河口駅助役、蘇家屯分区車掌心得、同区車掌、蘇家屯駅助役を経て三五年五月奉天省四平街駅構内助役となり、奉天省四平街青年学校指導員を兼務した。この間、満州事変時の功により勲八等及び従軍記章並びに建国功労賞を授与され、三五年四月勤続一五年の表彰を受けた。

相島　留吉　▷11

土木建築請負業／大連市信濃町／一八八〇（明一三）七／佐賀県杵島郡若木村／小学校

佐賀県の土木建築請負業中山栄太郎の三男に生まれ、相島啓太郎の養子となった。小学校を出て各地で建築の仕事に従事したが、一九〇六年六月に渡満し、安東県の軍用木材廠の建築に従事した。その後沿線各地で建築請負をし、関東軍経理部、海軍廠、民政部、大連沙河口公学堂講堂、大連無線電信局、大正小学校等のほか多くの官舎建築を手がけた。

会田　常夫　▷12

営口税関長／奉天省営口綏定門街税関長官舎／一八八二（明一五）一二／秋田県秋田市田町／東亜同文書院

一九〇五年上海の東亜同文書院を卒業し、同年九月営口鈔関事務官となった。一九〇七年大連海関の設置とともに同海関に転勤し、次いで温州、上海、長沙、青島、広東、海南島、各海関に勤務した。三二年四月大連海関に転勤して中国海関の接収事務に従事し、同年六月の接収と同時に満州国税官となり、同年一一月安東税関に転勤した。三三年間島省竜井村税関長を経て三四年八月営口税関長に転任し、三七年六月に退官した。

相谷庄三郎 ▷11

満鉄大連埠頭車務係主席助役／大連市桜花台／一八八六（明一九）三／福井県坂井郡丸岡町／神戸中学校第三学年修業

兵庫県の古物商兼農業相谷忠治郎の三男に生まれ、一九〇二年神戸中学校を三年で中退した。その後〇七年一月に渡満して同年四月満鉄開業とともに入社し、同年一〇月に車掌、一六年三月に助役となり、後に大連埠頭車務係主席助役に就いた。この間、二七年四月満鉄創業二〇周年記念に際し永年勤続の表彰を受けた。同郷の夫人ふゆはかつて満鉄経営の小学校に勤め、実兄の彦三郎も満鉄駅長を務めた。

相谷彦三郎 ▷11

電気器具・写真材料販売、写真撮影業／奉天省鞍山北三条町／一八七五（明八）八／兵庫県神戸市湊町

神戸市の古物商兼農業相谷忠治郎の長男に生まれ、一八九五年八月鉄道局傭となり、各地で車長、書記補、助役等を務めた。日露戦争の際に野戦鉄道提理部付となって一九〇四年に渡満し、戦後そのまま残留して〇七年四月の満鉄開業とともに入社して大連駅助役、公主嶺車掌取締、沙河鎮・立山・鞍山・蘇家屯の各駅長、蘇家屯実業補習学校主事兼講師嘱託等を歴任した。二一年一〇月に満鉄を退社して鞍山で電気器具と写真材料販売・写真撮影業を営み、かたわら各種公共事業の名誉職を務めた。実弟の庄三郎も渡満して満鉄埠頭事務所に勤務した。

相田　秀方 ▷13

大連機械製作所常務取締役／大連市但馬町／一八九七（明三〇）九／長野県上田市／旅順工科学堂機械科

東京の船舶業相田直次郎の長男に生まれ、一九一八年三月に渡満して旅順工科学堂機械科に入学し、二一年三月卒業と同時に満鉄に入り、撫順炭砿に勤務した。二三年八月大連機械製作所に転じて販売係となり、第一次世界大戦の戦後不況による資本額半減、事業整理の下で同社に勤続し、後に常務取締役に就任した。

会田　泰 ▷12

営口専売署員、勲八等／奉天省営口東双橋街／一八八八（明二一）一／埼玉県北葛飾郡川辺村／東北帝大農学部水産学科

東北帝大農学部水産学科を卒業して大蔵省専売局技手となり、三田尻専売局に勤務した。その後一九三三年七月に依願退職し、国務院財政部塩務署技正に転じて渡満した。三四年七月理事官に進んで産銷科長となり、三六年二月場産科長を経て三七年一月営口専売署勤務となった。

相原伊三治 ▷11

関東庁技手、従七位勲六等／旅順市佐倉町／一八八三（明一六）四／岩手県江刺郡岩谷堂町／岩手県農学校獣医科

岩手県商業相原佐平の長男に生まれ、一九〇三年岩手県農学校獣医科を卒業した。〇五年二月弘前の第八師団臨時予備馬廠付三等獣医として日露戦争に従軍し、鴨緑江軍に配属されて兵站病馬廠長、軍馬調査委員、軍馬検疫委員等を務めた。戦後〇六年に関東州民政署に入り、警察獣医として長く警務局衛生課に勤務し、後に技手一級俸に昇任して警察官練習所教官、満州結核予防会書記、産婆看護婦試験書記、畜牛結核病検査員を兼務した。金州在郷軍人分会長を務め、関東庁勤続二〇年と南満獣医畜産学会幹事一五年在任の表彰を受けた。日本女子美術学校出身の夫人ハルエは「晴江」「花傘」の号で絵画を能くした。

相原　勝兵 ▷12

満州生命保険㈱庶務課長／新京特別市煕光路白山住宅／一九〇三（明三六）六／千葉県千葉郡津田沼町大久保

一九一九年五月農商務省に入り、大臣官房文書課に勤務した。二四年一月徴兵されて近衛歩兵第四連隊第一中隊に入営し、除隊後二五年一二月商工大臣官房文書課に転任した。二九年五月商工属に昇格して商工大臣官房統計課勤務兼任となり、さらに三一年七月製鉄所書記を兼任して東京出張所在勤となった。三三年二月に依願免本兼官となり、同年一〇月国務院実業部属官に転出して渡満し、鉱務司鉱政科に勤務した。三四年一月総務司文書科兼務、三五年一月総務司文書科専任を経て三六年一〇月実業部事務官となり、その後依願免官して満州生命保険㈱に転じて庶務課長に就いた。

相原　常市　▷12

相原商店主／奉天加茂町／一八八五（明一八）一〇／愛媛県越智郡岡山村

日露戦争時に広島市宇品町に相原商店を開業し、陸軍宇品糧秣廠の御用達として食料品、缶詰類を扱った。一九一八年八月のシベリア出兵に際し御用商人となり、日本軍と共にシベリア各地に従軍した。その後三二年に宇品の店舗を閉鎖して渡満し、奉天加茂町で同業を営んで関東軍及び満州国造兵廠に出入りした。

相原　義雄　▷12

国務院財政部理財司員／新京特別市大同大街財政部理財司／一八九九（明三二）／佐賀県小城郡小城町／山口高等商業学校

山口高等商業学校を卒業して明治銀行に入り、勤続して清水、犬山、金沢の各支店長代理を歴任した。本店調査部に転勤した後、一九三三年満州国に招聘されて渡満し、国務院財政部理財司に勤務した。

青木菊治郎　▷11

満鉄参事、地方部建築課長／大連市薩摩町／一八八〇（明一三）三／宮崎県宮崎郡広瀬村／東京帝大工科大学建築科

滋賀県の宮大工市田良兵衛の五男に生まれ、母の実家である宮崎県青木宣純の養嗣子となった。一九〇六年七月東京帝大工科大学建築科を卒業して渡満し、〇七年三月設立早々の満鉄に入社して土木課嘱託となり、二〇年三月工務事務所嘱託を経て同年五月に社員となったが、直後に退社した。その後二三年に小野木孝治、横井謙介と大連に小野木横井市田共同建築事務所を設立して活動したが、二五年一二月満鉄に復帰して参事・地方部建築課長を務めた。

青木　金作　▷11

満鉄臨時甘井子建設事務所線路係主任／大連市外甘井子／一八九四（明二七）七／岐阜県本巣郡一色村／東北帝大札幌農科大学専門部土木工学科

岐阜県青木信次郎の次男に生まれ、一九一七年七月東北帝大札幌農科大学専門部土木工学科を卒業して満鉄に入社した。本社技術部に勤務した後、鉄嶺保線係、奉天工務事務所、長春工務事務所、長春鉄道事務所勤務を経て二四年二月に奉天省四平街保線区長となった。その後鉄道部に転任し計画課、工務課に勤務し、二八年八月から甘井子建設事務所線路係主任を務めた。この間、満鉄育成学校、満鉄教務所の講師を兼任した。

青木　昌　▷11

安東高等女学校教諭／安東県山下町／一八九四（明二七）六／三重県一志郡久居町／広島高等師範学校

三重県青木茂の長男に生まれ、一九一四年三月三重県師範学校を卒業した後、一九年三月広島高等師範学校を卒業して母校の三重師範学校教諭となった。その後二一年三月に渡満して奉天高等女学校の教諭となり、二三年安東高等女学校に転勤した。

青木佐治彦　▷12

国務院司法部民事司長、林場権審査委員会委員、正五位／新京特別市羽衣町／一八九五（明二八）九／東京府東京市世田谷区三軒茶屋町／東京帝大法学部

東京府青木亮三郎の長男に生まれ、一九二〇年七月東京帝大法学部を卒業し、同年八月司法官試補となった。二二年四月判事、二六年八月領事を経て三一年一〇月再び判事となり、東京控訴院判事、司法書記官を歴任した。三四年三月国務院司法部民事司長に転出して渡満し、司法考試・高等土地審定・商租権整理・法典制定・民事法典起草・学習法官考試の各委員会委員を兼務し、三七年三月吉林高等法院所在地施行の執行官普通考試委員長を務めた。

青木参次郎　▷1

青木商店主、松元商会旅順支店支配人／旅順市乃木町／一八七〇（明三）八／鹿児島県鹿児島市堀

江町

早くから東京・大阪方面を往来して鰹節、干魚、塩魚類の販売と肥料商を営んだ。その後松元商会に入り、日露戦中の〇四年に渡満して旅順支店を設けた。支配人として支店を経営するかたわら、これとは別に乃木町に青木商店を開いて蒲団、琉球織物等の小売業を兼営した。

青木　周作　▷11

満州清酒会社専務取締役、勲八等／大連市外嶺前会房子／一八八〇（明一三）九／栃木県下都賀郡岩舟村

栃木県製粉業青木弁吉の次男に生まれ、日露戦争下の一九〇四年五月から〇六年三月まで陸軍省雇員として勤めた。一一年一月大連衛生組合雇員となり中国語の通訳を務めたが、翌年六月に辞職して大連食料品雑貨商組合事務長に就いた。一五年に大連実業組合事務長に転じた後、一七年九月満州証券信託㈱支配人、二一年一〇月同社長、二三年一月平和銀行常務取締役を歴任して二五年一〇月に満州清酒会社専務取締役に就任した。経営のかたわら嶺前会協議会会員を務めた。

青木　咲吉　▷11

満州銀行鞍山支店支配人／奉天省鞍山大正通／一八八五（明一八）六／静岡県静岡市八千代町／早稲田大学商科

静岡県青木鉄太郎の長男に生まれ、一九〇八年早稲田大学商科を卒業して郷里の静岡実業銀行に入った。次いで二〇年に渡満して安東県の満州商業銀行支配人代理となり、後に新義州支店支配人に就いた。二三年七月に同行が満州銀行と合併すると奉天の小西関支店に転勤し、二八年九月鞍山支店支配人となった。

青木　卓二　▷11

正隆銀行営業部長代理／大連市但馬町／一八八九（明二二）一二／神奈川県中郡大磯町

神奈川県青木金兵衛の次男に生まれ、一九一二年五月東京の安田銀行に入行した。その後二六年五月に渡満して大連の正隆銀行支配人代理となり、後に営業部長代理を務めた。

青木　保　▷10

青木電業社主／大連市天神町／一八八二（明一五）一／香川県高松市天神町／東京高等工業学校電気機械科

一九〇五年東京高等工業学校電気機械科を卒業し、同年末一年志願兵として入営した。除隊後、〇七年六月に渡満して満鉄に入り電気作業所に勤務した。〇九年一〇月社命で渡米してゼネラル・エレクトリック社で実地研究をし、その後ウィスコンシン大学に学んだ。一一年一月電気作業所に帰任し、一六年八月沙河口工場電気課に転任して一八年課長となった。二〇年六月満鉄を退社し、翌年一月山県通の加藤ビル内に青木電業社を開業した。満鉄大連医院のほか多くの電気工事の設計施工を請け負い、その後事務所を天神町に移転し、安東出張所を開設した。

青木　太郎　▷12

日満商事㈱新京支店庶務係主任心得兼会計係主任心得／新京特別市清和街／一八九九（明三二）四／静岡県静岡市八千代町／県立静岡中学校

一九一八年三月県立静岡中学校を卒業し、同年五月満鉄に入社して営口販売所に勤務し、以来勤続して三五年四月新京販売事務所公主嶺貯炭所主事となった。その後三六年一〇月商事部の業務が日満商事㈱に継承されると同社新京支店庶務係主任心得となり、会計係主任心得を兼任した。

青木　哲児　▷11

南満州瓦斯㈱大連瓦斯製造所長／大連市青雲台／一八九七（明三〇）六／山形県米沢上花沢小国町／米沢高等工業学校応用化学科

山形県公吏青木清次の子に生まれ、一九二〇年三月米沢高等工業学校応用化学科を卒業し、同年五月満鉄に入社して瓦斯作業所大連瓦斯製造所に勤務した。二五年七月に同所が改組して南満州瓦斯㈱になると大連瓦斯製造所長に就いた

青木留治良　▷11

満鉄用度事務所奉天支所庶務係主任／奉天若松町／一八八四（明一七）一／滋賀県蒲生郡八幡町

滋賀県農業青木忠四郎の四男に生まれ、野戦鉄道提理部付として日露戦中の一九〇四年一二月に渡満し、第一軌道班幹部事務に従事した。戦後〇七年四月に業務が満鉄に引き継がれると同

社員となり、金州保線係として勤務した。その後本社技術局、大連工務事務所、安東工務所、奉天鉄道事務所勤務等を経て経理部倉庫課奉天倉庫係主任となり、二八年九月に用度事務所奉天支所庶務係主任に就いた。

青木　昇　▷11

公主嶺警察署長／吉林省公主嶺楠町／一八八〇（明一三）八／福岡県八女郡北山村／福岡県立中学伝習館

一八九九年福岡県立中学伝習館を卒業し、上京して一九〇一年に私立航海学校、さらに〇三年には私立専習学校を卒業した。一二年三月に渡満して関東都督府巡査となり、一六年四月に警部補、二〇年五月に警部となり、二七年六月公主嶺警察署長に就任した。

青木　文吉　▷12

満鉄開魯自動車営業所主任／興安西省開魯満鉄自動車営業所／一九〇六（明三九）五／埼玉県比企郡唐子村／東京市電気局教習所

一九二五年三月東京市電気局教習所を修了し、東京市電気局電車課に勤務した。三三年二月電気局自動車課に転勤した後、三四年一月満鉄鉄路総局に転じて渡満した。吉長吉敦鉄路局に派遣されて同年四月扶余自動車営業所弁事員となり、さらに同年六月洮南鉄路局運輸処、次いで同年一二月索倫自動車営業所に転勤した。次いで三五年一一月チチハル鉄路局運輸処自動車科、三六年四月温泉自動車営業所勤務を経て同年一二月開魯自動車営業所主任となった。

青木　実　▷12

国務院経済部税務司長、満州国協和会経済部分会評議員、正六位／新京特別市崇智胡同／一九〇一（明三四）一一／東京府東京市本郷区駒込浅嘉町／東京帝大法学部政治学科

東京府青木三奎の三男に生まれ、府立第一中学校、第一高等学校を経て一九二四年三月東京帝大法学部政治学科を卒業して税務監督局属兼大蔵属となった。東京税務監督局主税局に勤務して同年一一月文官高等試験行政科に合格し、翌月税関事務官補兼大蔵属となり横浜税関に転勤した。次いで二六年四月免本官専任大蔵属、二七年四月大蔵属兼税関事務官補、同年五月税関事務官補兼大蔵属を経て同年七月司税官となり、和歌山税務署長、西税務署長、神田橋税務署長、銀行検査官を歴任した。その後三四年一一月に依願免官し、三五年一月国務院財政部理事官となって渡満した。理財司国有財産科長、関東軍司令部事務嘱託・国務院総務庁参事官・企画処勤務を経て三六年八月経済部税務司長となった。

青木　義雄　▷12

三江省蘿北県参事官、正六位勲六等／三江省蘿北県参事官公館／一八九二（明二五）七／北海道札幌市南六条／陸軍士官学校

函館中学校を経て一九一四年一二月陸軍士官学校を卒業し、歩兵少尉に任官して各地に勤務した。二三年四月大尉に累進して北鮮師団に勤務した後、二四年に予備役編入となって実業に従事した。三二年一二月国務院民政部警務司偵緝室嘱託となって渡満し、三四年上海出張員、次いでハルビン出張員として情報活動に従事した。三五年七月嘱託を解かれてハルビン警察庁警佐に任命され、三六年一〇月三江省蘿北県参事官に就いた。

青島　貞安　▷11

回生病院長／奉天平安通／一八八三（明一六）一／福島県石城郡高久町／京都府立医科大学、陸軍軍医学校

福島県医師青島貞の長男に生まれ、一九一〇年京都府立医科大学を卒業して翌年陸軍三等軍医となった。福岡の歩兵第二四連隊付兼福岡衛戍病院勤務を経て一二年に陸軍軍医学校に入学し、翌年帰隊して引き続き福岡医科大学に学んだ。その後一七年三月に渡満して満鉄奉天医院勤務兼関東庁嘱託となり、一八年に辞任して奉天で同生病院を開業し、内・外科、性病、産科を診療した。夫人ソヤも京都で産婆学と看護学を学んで免状を有した。

青地　乙治　▷11

満鉄地質調査所所員／大連市伏見町／一八八四（明一七）五／石川県金沢市／東北帝大理学部地質工科

石川県斎藤政春の三男に生まれ、青地直喜の婿養子となった。一九〇七年三月広島高等師範学校を卒業して広島中学校の教諭となった。一〇年余り教員

あ

生活を送った後、東北帝大理学部地質工科に入学し、一九年七月に卒業して満鉄地質調査所に勤務し、満蒙の地質鉱産調査に従事した。

青野豊三郎 ▷11

満鉄安東電気区長／安東県山手町／一八九一（明二四）四／愛媛県周桑郡中川村／電機学校

愛媛県商業青野太三郎の長男に生まれ、一九一四年電機学校を卒業した後、一五年七月に渡満して満鉄に入社した。技術局保線係を務めた後、奉天事務所通信区、大連鉄道事務所等の助役を経て二七年一一月に安東電気区長となった。

青葉　代吉 ▷9

青葉組主／安東県二番通／一八八二（明一五）九／岡山県都窪郡妹尾町

日露戦中の一九〇五年陸軍用達商として渡満し、旅順で二年余り用達業を営んだ。その後土木建築請負業に転じて満鉄本線金州地方の複線工事に従事し、次いで安奉線の難工事に従事して技倆を認められ、一三年に安東県二番通に青葉組を開設した。満鉄指定直属請負業者として各種の工事を手がけ、二二年一二月満州土木建築業組合長より表彰された。

青柳　国雄 ▷11

旅順師範学堂訓導／旅順市明治町／一八九八（明三一）一／福岡県福岡市西湊町／福岡県師範学校、旅順師範学堂研究科

福岡県会社員納富芳助の四男に生まれ、青柳平吉の婿養子となった。一九一八年三月福岡県師範学校を卒業し、県下の三潴郡西牟田尋常高等小学校に勤めた。その後二〇年四月に渡満して旅順師範学堂研究科に入学し、二一年三月に卒業して大連第一小学校訓導となった。二三年九月旅順師範学堂教諭に転じ、二六年九月から二七年一二月まで関東州公学堂教諭を兼務した。

青柳　俊三 ▷11

農園主／奉天省昌図福順大街／一八七八（明一一）一／山梨県西八代郡高田村

山梨県青柳行忠の三男に生まれ、日露戦中の一九〇四年六月、第四軍兵站司令部酒保員として大孤山に上陸した。戦後も満州に残留し、〇六年に奉天の東清公司運送部に入ったが、同年四月昌図に移って野戦鉄道提理部の用達業を始めた。〇七年三月に提理部が解散した後は、引き続き同地で陸軍用達業を営みながら特産物商と農園業を兼営した。かたわら相互証券及び南満融通会社の重役、地方委員、軍人後援会支部幹事を務めた。

青柳　亮 ▷14

大連鉄道学院長、鉄道工務員養成所長、大連満鉄青年学校長、正八位勲六等／大連市榊町／一八八九（明二二）六／島根県松江市北堀町／京都帝大法科大学

島根県官吏松本正行の次男に生まれ、一九一〇年東京外国語学校英語科を卒業して岩手県立盛岡中学校教諭となったが、直後に一年志願兵として入営し、退営して京都府立第二中学校に勤務した。次いで華北中学校に転じて三年勤めた後、一六年に京都帝大法科大学に入学して一九年七月に卒業した。その後二一年一〇月に渡満して満鉄運輸部庶務課に勤め、鉄嶺駅長、大連鉄道事務所庶務長、鉄道部人事係主任、北鮮鉄道管理局庶務課長、チチハル鉄道局総務処長を歴任して三七年に大連鉄道学院長に就任した。かたわら鉄道工務員養成所長、大連満鉄青年学校長を兼務し、四〇年一一月から四三年四月まで大連市会議員を務めた。

青柳徳太郎 ▷12

大興(股)ハルビン支店長／ハルビン中馬路／一八九六（明二九）一二／佐賀県神埼郡城田村

上海の東亞同文書院を卒業して大連の日清製油会社に入り、次いで満州中央銀行に転じた。その後一九三三年七月同行より分離した大興(股)に転じてハルビン支店長に就いた。

青柳　老繁 ▷10

農業、従七位勲五等／大連市初音町／一八六七（慶三）二／福岡県小倉市田町

旧小倉藩士の子に生まれ、一八八七年に徴兵されて以来一九〇一年まで陸軍歩兵として軍隊生活を送った。この間、第二混成旅団に属して日清戦争に従軍し、戦後九五年から二年間台湾守備に派遣され、鳳山を中心として治安維持に当たった。一九〇〇年特務曹長に進級し、翌年除隊して帰郷した。〇四年予備少尉として日露戦争に召集され、同年夏に予備歩兵第四六連隊の大隊副官として柳樹屯に上陸して奉天会戦に参加した。戦後従七位勲五等に叙せられ、中尉に進級して退役した。一〇年一月に渡満して実兄が経営する大連の工務事務所に入り、兄を補佐して満鉄その他の土木建築請負業に従事した。一三年から大連郊外で果樹園を経営し、翌年その裏手の山腹に二〇〇〇本の桜を植樹して桜花園を造り、一般に開放して好評を博し大連名所の一つとされた。

青山　晃　▷12

満鉄奉天駅構内助役、正八位／奉天藤浪町／一九〇八（明四一）一／広島県県市和庄町／長春商業学校

八島浅太郎の次男に生まれ、広島県青山ツタヨの養子となった。長春商業学校を卒業した後、一九二八年一二月一年志願兵として入営した。除隊後三〇年三月満鉄に入社して奉天列車区車掌心得となり、同年五月車掌に昇格し、勤務のかたわら鉄道教習所運転科を修了した。三四年四月孟家屯駅駅務方兼助役心得を経て同年一〇月助役試験に合格し、同年一二月満井駅助役、三五年八月渾河駅助役を経て三六年四月奉天駅構内助役となった。

青山覚五郎　▷12

福昌公司㈱庶務部長、東亞煉瓦㈱代表取締役、相生㈴理事／大連市須磨町／一八九六（明二九）七／愛知県／市立名古屋商業学校

市立名古屋商業学校を卒業した後、一九一五年に渡満して大連の福昌公司㈱に入った。以来勤続して庶務部長となり、グループ企業の役員を兼務した。

青山　勝蔵　▷12

無限製材㈱吉林支店長、吉林商工会議所議員／吉林林業局後胡同／一八八四（明一七）一二／岩手県

岩手県青山馬之助の長男に生まれ、後藤商店に勤務した後、日露戦争後一九〇五年に渡満して安東県の鴨緑江採木公司に入った。二五年一〇月大倉組と合併して鴨緑江製材無限公司となった後も勤続して二九年吉林支店長に就任し、三六年四月無限製材㈱への組織変更後も引き続き同職に就いた。この間、吉林居留民会議員、吉林木材組合長を務めた。

青山　邦一　▷12

満鉄鉄道総局建築課員、技術委員会工業標準規格委員会委員、満州建築協会評議員、勲六等／奉天紅梅町紫雲荘／一八九六（明二九）六／愛知県名古屋市東区杉村町／名古屋高等工業学校建築科

愛知県青山邦彦の次男として知多郡半田町に生まれ、名古屋高等工業学校建築科を卒業した後、一九一九年六月満鉄に入社して工務局建築課に勤務した。二〇年八月大連建築事務所兼勤、二二年一月社長室建築課、同年七月大連建築事務所兼勤、二三年四月地方部建築課、二四年一〇月奉天地方事務所、三〇年六月奉天工事区事務所に歴勤し、同年一二月長春工事事務所建築長となった。三一年八月長春建築事務所建築長を経て三二年四月吉長吉敦鉄路局に派遣された後、三三年三月吉林建設事務所、同年五月図們建設事務所、三四年一一月寧北建設事務所に歴勤し、鉄道部工務課建築係主任となった。三六年九月参事に昇任して翌月鉄道総局建築課勤務となり、家族を大連市伏見町の自宅に残して奉天に単身赴任した。この間、満州事変時の功により従軍記章及び建国功労賞、皇帝訪日記念章を授与され、三五年四月勤続一五年の表彰を受けた。

青山敬之助　▷12

国務院実業部林務司経営科長、勲六等／新京特別市崇智胡同／一八九三（明二六）四／愛知県豊橋市花園町／東北帝大農科大学林学実科

愛知県青山寿信の次男に生まれ、一九一七年七月東北帝大農科大学林学実科を卒業し、同年八月王子製紙㈱に入り苫小牧に勤務した。その後二〇年五月に依願解職となり、満鉄に転じて渡満した。二四年一一月から南満州工業専門学校講師及び技術研究所員を兼務し、三〇年五月満州工業標準規格委員会調査員嘱託を経て三二年九月国務院実業部技正に転じ、農鉱司林務科に勤務した。三三年二月興安総署技正兼務となって勧業処に勤務した後、同年八月満日合弁林業公司準備委員、同年九月農林司林務科員、三四年三月林務司林業科長、同年六月林場権審査委員会幹事・中央治安維持会監事、三六年一月満州林業公司設立準備委員会委員を歴職し、同年七月実業部林務司経営科長兼計画科長を経て同年一〇月経営科長専任となった。この間、建国功労賞及び大典記念章、皇帝訪日記念章を受章し、勲五位景雲章を授与された。

青山　三郎　▷12

昭和製鋼所㈱銑鉄部銑鉄工場原料係主任／奉天省鞍山北五条町社宅／一八八八（明二一）六／青森県北津軽郡板柳村

一九〇二年二月藤田組に入り、秋田県の小坂鉱山分析所に勤務した。青森県の冷水金山に転じて青化精錬所分析係を二年半務めた後、退職して郷里で家業の商業に従事した。その後一〇年一一月茨城県多賀郡の日立鉱山買鉱課助川出張所試験場に勤務し、次いで朝鮮鎮南浦の久原精錬所買鉱係に勤務した。一五年一二月満鉄に転じて鞍山製鉄所製造課に勤務し、同社銑鉄工場勤務を経て三六年四月鞍山製鉄所の事業を継承した昭和製鋼所㈱に転出して銑鉄部銑鉄工場原料係主任となった。

青山　捨夫　▷11

満州日報編輯局学芸主任／大連市花園町／一八九〇（明二三）四／石川県金沢市／石川県師範学校二部

金沢市青山信守の三男に生まれ、石川県第一中学校を卒業し、二一歳の時に同県師範学校二部に入学した。卒業して県下の小学校訓導を務めた後、渡満して長く大連の常盤小学校に勤めたが、児童教育の社会化の必要を痛感して教育界を去った。一九二八年三月満州日報社に入って学芸主任となり、同紙の「コドモページ」を担当した。

青山太平次　▷7

満鉄社員消費組合沙河口支部主任／大連市聖徳街／一八七九（明一二）一一／鹿児島県鹿児島市常盤町／明治大学法科

郷里の中学校を出て明治大学法科に学び、法曹界を志したが病を得て帰郷した。療養に努めた後、再び上京したが健康に不安が残り、進路を実業界に変えて種々の事業を試みたが成功せず、一九一六年に渡満して大連銀行に勤めた。一九年一一月、満鉄が消費組合を創設する際に入社して組合本部に勤務し、二三年一一月に沙河口支部主任となった。野球のほか柔道、剣道、弓術などの武道に優れ、義太夫と端唄は玄人跣と評された。

赤木　毅　▷12

大連汽船㈱船長／大連市朝日町／一八九七（明三〇）七／岡山県都窪郡庄村／東京高等商船学校

一九二〇年東京高等商船学校を卒業して東洋汽船㈱に入社した。二九年五月大連汽船㈱に転じ、一等運転士を経て三四年一月船長となった。和歌を趣味として新詩社に属し、日本評論社より歌集『白帆の夢』を出版した。

赤倉亀次郎　▷11

土木建築請負業／奉天省大石橋石橋大街／一八六七（慶三）五／石川県金沢市早道町

石川県工業赤倉弥左衛門の長男に生まれ、日露戦中の一九〇四年一〇月、天津に渡った。翌年一月営口に移って軍政署と領事官の建築を請け負い、〇七年五月から陸軍用達となって大石橋・熊岳城・蓋平・海城・遼陽の各工事及び官衙工事を請負った。後に大石橋を本拠にし、本業の他に中国人と共同経営で石炭販売も行ない、大石橋電灯㈱監査役や金融組合会計を兼務したほか、区長、町内会長、衛生委員諮問委員、地方委員、社寺総代などを務めた。

赤倉　康　▷12

満鉄奉天鉄道事務所事務課客貨車係主任／奉天萩町／一九〇三（明三六）八／石川県金沢市川岸町／金沢高等工業学校機械工学科

石川県赤倉弥太郎の長男に生まれ、天王寺中学校を経て一九二四年三月金沢高等工業学校機械工学科を卒業し、同年四月満鉄に入社して鉄道部機械課に勤務した。二六年一一月長春鉄道事務所奉天検車区技術方、二九年一一月長春検車区検車助役、三〇年八月鉄道部運転課、三一年八月奉天事務所鉄道課、三一年一二月奉天鉄道事務所に歴勤して三三年三月大連検車区検車主任となった。三四年一一月奉天検車区長を経て三五年一二月奉天鉄道事務所に転勤し、事務課客貨車係主任となった。この間、満州事変時の功により賜盃及び従軍記章を授与された。

赤坂　悠一　▷12

南満火工品㈱取締役支配人／奉天省撫順東三番町／一八九四（明二七）五／北海道夕張郡夕張町／慶応大学予科中退

北海道赤坂金太郎の長男に生まれ、慶

応大学予科を中退して内田商事東京支店に勤務した。その後、満州鉱山薬㈱に転じて渡満し、一九二九年八月南満火工品㈱取締役支配人に就いた。

赤崎　治助　▷7

土木請負業／大連紅葉町／一八六八（明一）五／鹿児島県姶良郡国分村／攻玉社量地黌

本姓は安楽、鹿児島県姶良郡国分村に生まれ、同村の赤崎家の養子となった。上京して一八八七年二月芝区新銭座の私立攻玉社量地黌測量及び土木科を卒業し、同年九月鉄道局に入り小山出張所傭となった。次いで会社技師、官吏として日本各地の工事監督や請負に従事し、九三年一一月大分県土木技手、九五年一一月大阪市下水改良技手、九六年八月唐津興業鉄道㈱技手を歴職した。九九年一〇月台湾に渡って台中県技手として土木課に勤務し、一九〇一年一一月の官制改革で廃官になると台湾総督府彰化庁技手となって総務課土木係長に就き、〇三年一二月台北庁技手に転じて総務課に勤務した。〇四年一一月衛生及び土木調査委員会委員、同年七月第二回街庄事務練習講師等の各種委員を務めて判任官最高の待遇を受けたが、一二年一〇月台湾総督府を辞官した。その後一六年六月関東庁警務局長の佐藤友熊に招かれて渡満し、関東庁土木課嘱託として大連出張所に勤務した後、一九年五月に辞職して大連で土木請負業を興し、関東庁関係の土木工事のほか測量設計、労力供給業を兼営して成功した。

赤沢宇之助　▷7

大連油房連合会書記長／大連市桜花台／一八六八（明一）／鹿児島県川辺郡加世田村／東京善隣書院

一九〇一年七月東京の善隣書院を卒業し、中国に渡って北京に在住した。日露の情勢が緊迫化した〇三年、中国語の能力を買われて陸軍に雇われ、満州に赴いて福島安正満州軍参謀の下で働いた。戦後〇六年四月に独力で安東県に清語研究会を創立して中国語の教育にあたり、〇八年二月に同会が安東実業学校に併合された後も引き続き同校で教えた。第一次世界大戦に際し母校の善隣書院に陸軍から通訳派遣の依頼があり、同院の推薦で陸軍通訳官として青島攻略戦に従軍した。青島北方の李村軍政署に勤務中の一七年、満州某方面からの電報に接し職を辞して謀事に奔走した。画策が失敗に帰すると樺太に渡って会社設立を企図したが失敗し、再び満州に立ち戻った。一八年一一月、本郷房太郎青島守備軍司令官の推挽でシベリア派遣軍に従って同地に赴き、翌年一二月からウラジオストク駐屯軍に属して活動した。シベリア撤兵後は帰国して自適の生活を送っていたが、請われて三度び渡満して大連油房連合会書記長に就いた。業務のかたわら、日本の米穀不足を補うため満州特産の豆粕を原料とする食パン製造の研究開発を進め、満鉄中央試験所に試作品の栄養分析を依頼して「微に光沢ある褐色柔軟物質にして内心部は色相稍淡色且つ鬆粗なり、桂皮様芳香並に甘味あり…其他有害性物質を検出せず」との好成績を得た。二四年九月に油房連合会会議室で試食会を開いて好評を博し、同じように豆粕を原料とする食料品を研究中の東京の藤田男爵とも手紙で研究交流を重ね、自らも昼食に大豆パン食を実行して普及に努めた。

赤沢　三六　▷12

満州国軍政部中央陸軍訓練処付、従五位勲四等／奉天東大営中央陸軍訓練処／一八八八（明二一）四／東京府東京市本郷区元町／陸軍士官学校

一九一一年五月陸軍士官学校を卒業し、以来各地に勤務して三三年八月歩兵中佐に累進して予備役編入となった。その後三四年一月軍事教官として満州国に転出し、三五年六月歩兵上校に任官して靖安軍歩兵第一団長を務めた後、三七年五月軍政部中央陸軍訓練処付となった。この間、満州事変時の功により勲四等旭日章を授与された。

赤沢　琢三　▷11

満州医科大学助教授兼奉天医院小児科副医長／奉天浪速通栄屋方／一八九七（明三〇）三／岡山県岡山市／京都帝大医学部

一九二四年三月京都帝大医学部を卒業し、同大学小児科教室で平井、鈴木両教授に就いて小児科学一般を研究した。次いで二八年一〇月に渡満して満鉄に入社し、後に満州医科大学助教授に就いて奉天医院小児科副医長を兼任した。写真・絵画のほか医家先哲の遺墨・土俗玩具の蒐集を趣味とした。

あ

明石　開蔵 ▷9

東昌洋行主／奉天小西関／一八八七（明二〇）一一／福岡県京都郡行橋町

一九〇七年一二月に渡満して大連の特産商徳泰号に勤務した後、一六年奉天に移住して宝栄公司に転じた。その後錦州に赴いて三益号の名で綿糸布雑貨商を営んだが、二〇年九月奉天に戻り、翌年二月小西関で綿糸貿易業を開業した。

明石　勝利 ▷12

満州国協和会中央本部指導部組織科員／新京特別市康徳会館満州国協和会中央本部内／一九〇六（明三九）六／北海道常呂郡野付牛町大通／法政大学法文学部、大同学院

北海道明石勝麿の次男に生まれ、一九三二年法政大学法文学部を卒業して渡満し、同年一〇月大同学院を卒業して吉林省永吉県属官となった。三三年三月勃利県属官、同年五月依蘭県属官兼任、三四年五月海倫県属官、同年七月勃利県属官を経て三五年一二月同県参事官となり、三六年一二月満州国協和会中央本部に異動して指導部組織科に勤務した。

赤鹿　文雄 ▷12

満鉄牡丹江鉄路局横道河子在勤／牡丹江省横道河子満鉄牡鉄在勤事務所／一八九〇（明二三）一二／兵庫県飾磨郡城北村

一九〇九年六月鉄道院に入り姫路機関庫機関手となり、一五年に鉄道省西部地方教習所を修了した。その後一七年一〇月満鉄に転じて渡満し、大連車輌係機関助手、同機関士、大連実業補習学校講師、大連機関区、大連実業補習学校講師兼書記嘱託、鉄道部、大連機関区、大連鉄道事務所、鉄道部運転課、同事務課、同輸送課非役吉長吉敦鉄路局派遣、鉄路総局に歴勤した。次いで三四年四月ハルビン鉄路局機務処に転勤し、運転科機関車股長、横道河子機務処長を経て三七年六月牡丹江鉄路局横道河子在勤となった。

赤司　庫太 ▷12

ハルビン総領事館警察署長／ハルビン馬家溝士課街一三号官舎／一八八八（明二一）三／福岡県八幡市槻田／高等小学校

福岡県三井郡に生まれ、高等小学校を卒業した後、一九〇八年一二月徴兵されて陸軍砲兵連隊に入営し、六年在営して砲兵軍曹となって除隊した。一六年七月外務省巡査となり、各地に勤務して三五年五月チチハル領事館警察署長に就き、三六年五月警視に累進してハルビン総領事館警察署長となった。

明石　清一 ▷12

旭商行主／龍江省チチハル中興街／一九〇一（明三四）一／北海道札幌市北三条東／中学校

中学校を卒業した後、札幌で家業の土木建築請負業に従事した。その後一九三二年に渡満し、チチハルで知人と旭商行を興して文具、事務用品、写真、絵葉書等を販売した。三四年九月に共同事業から個人経営とし、新たに武道具部を設けて軍衛方面に納入した。

明石東次郎 ▷11

満州鉱山薬㈱取締役、正五位勲三等功四級／安東県六道溝／一八六八（明一）五／福岡県粕屋郡香椎町／陸軍士官学校、陸軍砲工学校

福岡県士族県運の子に生まれ、同県士族明石三兵衛の婿養子となり九歳で家督を相続した。一八八九年陸軍士官学校を卒業して砲兵少尉となり、陸軍砲工学校に入って九三年に卒業した。翌年から板橋火薬製造所に勤務して一九〇一年に同所長となり、さらに宇治火薬製造所長、陸軍火薬研究所長を歴任して一〇年に陸軍砲兵大佐に昇任した。一四年八月予備役編入となり、兵庫県網干の日本セルロイド会社に入って対ロシア戦用の火薬製造に従事した。その後一八年一二月に渡満し、翌年四月安東に満州鉱山薬㈱を設立して火薬の製造を始め、かたわら二三年五月から東三省兵工廠の顧問を務めた。

赤司初太郎 ▷13

満州製糖㈱社長／奉天／一八七四（明七）一／大阪府

北海道で材木、海産・農産物商を経営していたが、日清戦争の時に中国に渡って陸軍用達業を営んだ。一八九七年台湾に渡って開墾・植林業、肥料製造・製粉業を始め、業容の拡大とともに一九〇八年に雲林拓殖㈾を設立して代表者となった。さらに三六年一二月には台湾拓殖㈱の理事に就任するなど台湾経済界に重きを成し、東方炭砿㈱会長を務めたほか台湾電灯、昭和製糖、内外ビルデング、日華紡織など台湾・日本・満州の数多くの企業の役員を務めた。国策の下に日本糖業連合会加盟各社によって奉天に満州製糖㈱が設立されると社長に就任した。

明石　平蔵　▷11

農業／旅順市水師営会三里橋外／一八七〇（明三）四／静岡県小笠郡土方村

静岡県農業明石三平の長男に生まれて家業を継いだが、一九一二年六月、四二歳の時に渡満した。旅順近郊で農業を営み、水田開墾を始め種々の農法を試みた。

赤地八百作　▷11

木材業／吉林省城新開門街／一八九一（明二四）三／静岡県富士郡上井出村／郁文館中学四学年修了

静岡県農業赤地源五郎の次男に生まれ、一九〇九年郁文館中学四学年を修了し、一五年一一月に渡満した。吉林省城新開門街に居を構えて石炭・木材商を営んだが、後に木材業を中心にして満鉄のほか吉長・奉海・呼海・四洮鉄道等の各線に多数の枕木を納入した。熱心な日蓮宗徒で、吉林居留民会評議員、同衛生委員を務めた。

赤瀬川安彦　▷11

満鉄地質調査所員／大連市臥竜台／一九〇一（明三四）一／鹿児島県鹿児島市皷川町／旅順工科大学工専部採鉱学科

鹿児島県赤瀬川源左衛門の四男に生まれ、一九二二年一二月旅順工科大学工専部採鉱学科を卒業した。二三年一月満鉄に入社して地質調査所に勤務し、二五年から二年間社命で北京大学に留学して地質学と中国語を研究した。帰任後も引き続き地質調査所に勤続し、中国各地の地質及び鉱産地調査を行い、地質鉱床に関する英文・邦文の研究書数点を著した。

赤塚　真清　▷11

昭和興信所長／奉天加茂町／一八八四（明一七）九／鹿児島県始良郡蒲生町／第七高等学校

鹿児島県赤塚源五郎の次男に生まれ、一九〇九年第七高等学校を卒業した。高知県属として勤務しながら法曹界を志して法律を学んだが、一八年七月に渡満して東三省実業㈱に入って事業係長を務めた。その後、大陸窯業㈱専務取締役、開原市場㈱取締役、済南興業公司監査役等に就いて各地に赴任したが、二六年四月に一切の役職を辞し、昭和興信所長となって奉天に移り、かたわら奉天農業倉庫代表者、奉天地方委員を務めた。

赤塚　正助　▷4

奉天総領事／奉天／一八七二（明五）／鹿児島県始良郡蒲生町／東京帝国大学法科大学

一八九八年七月東京帝国大学法科大学を卒業して外交官及び領事官試験に合格し、同年一〇月領事官補として釜山に赴任した。翌年四月厦門に転勤して義和団事件に対処し、その功により勲六等瑞宝章及び賞金を授与された。一九〇〇年二月再び釜山に勤務した後、〇一年五月外交官補に昇任してオーストリアに赴任し、同年一一月さらにドイツに転任して〇二年一〇月高等官六等・公使館三等書記官となった。翌年一一月アメリカに赴任して間もなく日露戦争が始まり、その外交処理に努めて勲五等旭日賞と金四五〇円を下賜された。〇六年一月タイに転任し、翌年七月高等官五等・公使館二等書記官に進み、同年一〇月マニラ領事に転じて高等官四等に昇格した。〇九年六月外務書記官として通商局一課長に就任して日本専管居留地経営事務監督官に任じ、一一年六月高等官三等に昇格、翌年三月広東総領事となった。一六年二月高等官二等に進み、青島戦役及び山東問題処理の功により勲三等瑞宝章と金一五〇〇円を下賜された。同年九月奉天総領事となって渡満し、関東都督府事務官を兼任した。養嗣子に迎えた実兄源五郎の五男正朝は満鉄に勤務した。

赤塚弥太郎　▷11

大連取引所銭鈔信託監査役／大連市菫町／一八七七（明一〇）七／三重県名賀郡名張町／東京専門学校

三重県公吏赤塚兵蔵の長男に生まれ、一九〇一年東京専門学校を卒業して渡満した。関東州民政署嘱託となって一八年一二月まで勤続した後、大連商業銀行に入って常務取締役に就き、次いで大連株式信託会社常務取締役に就任した。その後満州取引所専務理事となって奉天に赴いたが、二三年一二月再び大連に戻って銭鈔取引人となり大連取引所銭鈔信託監査役に就任した

あ

赤塚吉次郎 ▷11

満鉄学務課員兼教科書編輯部員／大連市真金町／一八九一（明二四）一／三重県名賀郡名張町／東京高等師範学校

三重県山田文三郎の五男に生まれ、後に同県赤塚兵蔵の娘で福岡県女子師範学校卒のカズエの婿養子となった。一九一六年東京高等師範学校を卒業して大阪府の池田師範学校教諭となり、大阪市精華小学校訓導、愛媛県師範学校教諭を経て再び池田師範学校教諭を務めた。その後二三年三月に渡満して満鉄に入社し、学務課に勤務して教科書編輯部員を兼任し、二五年から二年間北京に留学した。養家の長男弥太郎も大連取引所銭鈔取引人として大連に居住した。

赤沼　茂芳 ▷12

南満州保養院医員／大連市小平島南満州保養院／一九〇三（明三六）一／長野県南安曇郡有明村／東北帝大医学部

一九二九年三月東北帝大医学部を卒業して同大学副手となり、三〇年四月付属病院医員を経て三三年九月医学部助手となった。その後三五年五月に渡満し、満鉄に入社して奉天省四平街医院医長となった。三七年二月奉天保健所検診医に転じた後、同年四月結核療養施設として満鉄が経営する満州保養院に転じた。

赤羽　一二 ▷11

ガラス塗料金物、建築材料商／長春祝町／一八八四（明一七）一／長野県東筑摩郡本郷村／長野県立松本中学校

長野県農業赤羽綱吉の三男に生まれ、一九〇二年県立松本中学校を卒業した。代議士の降旗元太郎が経営する製塩事業に招かれて〇六年に渡満したが、〇八年六月から長春でガラス・塗料・金物販売、建築材料商を独立開業した。かたわら長春聖徳会会長、同信用組合副組長、同商工会議所及び輸入組合評議員を務めた。

赤羽　克巳 ▷9

満鉄理事／大連市児玉町／一八六九（明二）二／福島県／高等商業学校

旧会津藩御勘定頭赤羽治平の三男に生まれ、同藩士赤羽友春の養嗣子となった。一八九四年東京の高等商業学校を卒業して三井物産に入り、以来勤続して本店業務課長を務めた。一九二一年一二月、満鉄理事となって渡満した。⇒二五年一二月任期満了となって帰国し、北海道炭鉱汽船㈱及び小野田セメント㈱の各取締役、日本製鋼所㈱及び夕張鉄道㈱の各監査役を務めた。

赤羽　柳吉 ▷9

大連信託㈱取締役、中央商事㈱代表、大信商事㈱専務、中華電気工業㈱取締役／大連市摂津町／一八七九（明一二）七／長野県上伊那郡西春近村／早稲田大学法律科、日本大学高等専攻科

一九〇四年早稲田大学法律科を卒業し、さらに翌年日本大学高等専攻科を卒業した。鉄道作業局に入り計理部に勤務したが、〇五年野戦鉄道提理部付となって渡満した。〇七年四月提理部の事業が満鉄に引き継がれると同時に同社入りしたが、翌年四月に退社して大連信託㈱を設立し、中産階級向けの小口金融業を経営した。

赤鉾林太郎 ▷12

龍江省竜鎮県参事官、北安日本居留民会理事長、正七位／龍江省北安鎮竜鎮県参事官公館／一八九一（明二四）二／熊本県上益城郡津森村／東洋大学

東洋大学を卒業して各地の中学校教諭を務めた後、一九三二年に渡満して満州国文教部理事官となった。その後、龍江省竜鎮県参事官に転任し、かたわら北安日本居留民会理事長を務めた。

赤星　武房 ▷12

㈾松茂洋行無限責任社員、同ハルビン支店主任、ハルビン石炭商組合理事／ハルビン道裡石頭道街／一八八五（明一八）一／山形県山形市六日町埋立

長く陸軍軍属として働いた後、長春松茂洋行の創設に参画し、以後同行に勤務した。一九一八年ハルビン支店開設に際し主任となって赴任し、後に松茂洋行の組織変更に伴い無限責任社員となった。石炭、和洋家具、室内装飾品の販売を主とし、ハルビン長官公署街に建築材料部を特設して煉瓦、砂、バラス等も販売した。

赤堀真一郎 ▷11

農業、従六位勲五等／奉天省鉄嶺

松島町／一八八五（明一八）四／静岡県小笠郡池新田村／陸軍士官学校

静岡県軍人赤堀粂吉の長男に生まれ、愛知県立第一中学校から陸軍士官学校に入り、一九〇七年に卒業した。一四年の青島攻囲戦に歩兵中尉として従軍し、功により勲六等旭日賞と一時賜金四二〇円を下賜された。二一年四月から二二年六月まで第一五師団歩兵第三四連隊中隊長として満州に駐留し、二三年に大尉で予備役編入となって帰国した。同年三月再び渡満して鉄嶺商業会議所書記長に就いたが、二五年春から鉄嶺の満鉄付属地に耕地を借り受けて農業を営み、かたわら鉄嶺在郷軍人分会長を務めた。

赤松　喬三　▷11

満鉄臨時甘井子建設事務所機械係主任／大連市伏見町／一八九八（明三一）二／広島県広島市／東京帝大工学部

広島県薬種商赤松又四郎の三男に生まれ、一九二一年三月東京帝大工学部を卒業し、同年五月満鉄に入社した。本社機械課に勤務した後、二三年四月撫順炭砿機械課に転任し、二五年八月大連埠頭事務所機械係主任、二七年一月大連鉄道事務所工務係機械主任を歴任し、二八年七月から臨時甘井子建設事務所機械係主任を務めた。

赤松　慶太　▷11

奉天電車㈱支配人／奉天宮島町／一八八三（明一六）八／岡山県英田郡吉野村／東亜同文書院

一九〇七年東亜同文書院を卒業し、〇九年に渡満して満鉄工務課地方事務所に勤めた。一八年に満鉄を退社し、大倉組に入って奉天電車㈱に勤務し、後に支配人に就任して奉天区地方委員を務めた。

赤松　序一　▷8

山東証券会社取締役、日華興業㈱専務取締役、中日炭鉱㈱常任監査役／奉天／一八八二（明一五）六／広島県呉市和庄町／明治大学法科

一九〇五年明治大学法科を卒業し、翌年一月東京の帝国五二館に入社した。〇七年二月郷里の呉実業㈱支配人に転じ、〇九年から広島県真田同業組合顧問、同評議員を兼務した。一〇年一〇月朝鮮に渡り、慶州の学校組合道路改修委員、勧業組合幹事となった。次いで一二年一〇月に渡満して南満銀行の設立に参画し、翌年同行が設立された後は奉天信託㈱主事となった。一六年七月に辞職して同地に殖産公司を設立して土地売買に従事した後、満州農工㈱の設立と同時に支配人に就いた。二〇年一一月に組織変更され満州殖産銀行となると同行支配人となったが、二二年一二月に辞職して山東証券会社取締役、奉天劇場監査役、日華興業㈱専務取締役を務めた。その後、二五年五月に撫順の石門寨と土口子の炭田を併合して中日炭鉱㈱を創立して常任監査役に就いた。

赤松　常吉　▷10

浪華洋行主／大連市浪速町／一八六六（慶二）五／大阪府大阪市東区今橋

商家に生まれたが父の代に没落し、一三歳で京都の博多製織所に奉公した。二〇歳の時に独立してメリヤスの製造販売や雑貨の卸業を営んだが失敗し、大連の浪華洋行の出資者で仕入担当の石垣庄八に招かれて渡満した。浪華洋行に入って和洋雑貨・化粧品の販売に従事し、一九一三年伊藤久吉郎の後を受けて経営責任者となり、翌年合資会社に改組して衰微しつつあった同店を再興した。

赤松　弥七　▷3

松隆洋行主／奉天省営口永世街／一八六四（元一）一二／大阪府大阪市北区南同心町

大阪のガラス商の子に生まれて幼時から長く家業に従事していたが、日露戦後の一九〇六年、四二歳の時に渡満した。営口の永世街に松隆洋行を設立し、遠くハルビンや吉林など満州各地に販路を広げてガラス及び諸雑貨の卸商を営んだ。

赤嶺　義臣　▷12

満州国協和会中央本部指導部組織科長／新京特別市興亜胡同満州国協和会住宅／一九〇二（明三五）一〇／大分県大野郡三重町／日本大学政治学科

大分県赤嶺学の長男に生まれ、臼杵中学校を経て一九二六年三月日本大学政治学科を卒業し、同年五月逓信省簡易保険局に勤務した。その後二九年一月関東庁内務局に転出して渡満し、満州事変後に三二年五月関東軍嘱託を経て同年九月満州国協和会駐京弁事処長となった。次いで三三年四月満州国協和会中央事務局秘書科長、三五年八月浜江省事務長代理、三六年三月中央事務局視察員を歴任し、同年一二月中央本部指導部組織科長に就いた。

阿川 甲一 ▷11

土木建築請負、材木販売業、勲六等／長春富士町／一八七〇（明三）一一／山口県美祢郡伊佐町／関西法律学校、和仏法律学校

関西法律学校を卒業した後、上京して和仏法律学校で学んだ。日清戦争中の一八九四年に露領シベリアに渡り、一九〇一年までウスリー鉄道、東清鉄道の工事請負に従事した。〇四年に日露戦争が始まると陸軍通訳として従軍し、戦争終結とともに土木建築請負業を再開し、〇七年四月に満鉄が開業すると満鉄及び関東都督府指定請負人となった。〇九年長春に阿川工程局を設立して建築請負と材木販売業を兼営し、一七年には吉長及び四洮鉄路局の請負人になった。経営のかたわら長春倉庫会社社長、長春建物会社監査役、日清燐寸㈱重役を務め、二二年から二六年まで長春商業会議所会頭に就くなど実業界で重きを成し、大日本国粋会長春本部長を務めた。養子幸寿は京都帝大を卒業して満鉄に入り、後に満州国官吏に転じて新京に在住した。

明坂 秀子 ▷12

みしまや呉服店主／新京特別市日本橋通／一八七七（明一〇）一一／大阪府大阪市南区難波新地

一九〇七年五月夫謙三と共に渡満して奉天で呉服商を開業し、間もなく公主嶺に移り、次いで一〇年五月長春に移転した。二三年に夫が死亡し、さらに長男謙一が東北帝大を卒業して他に就職したため、遺業を継いで呉服店を経営した。その後、東北帝大理学部を出て富士電機㈱に就職した次男の英夫が退社して家業を継いだが、病のため帰国して療養することになり、再び経営に当たった。日本橋通に店舗を構えて地方屈指の老舗として知られ、京都、大阪、名古屋、福岡、久留米から呉服太物を仕入れて新京を中心に販売し、他に貸家業を兼営した。

安芸 駿一 ▷12

満鉄大連機関区技術主任、社員会評議員、社員消費組合総代／大連市文化台／一九〇六（明三九）八／高知県高知市江ノ口町／北海道帝大工学部機械科

高知県安芸正堅の長男に生まれ、県立長野中学校を経て一九三〇年三月北海道帝大工学部機械科を卒業し、同年四月満鉄に入り工事部に勤務した。三一年一月築港課技術助手、同年八月鉄道部車務課技術方、三二年四月奉天事務所鉄道課、同年一二月奉天鉄道事務所、三三年五月奉天機関区技術方を経て同年八月同技術助役となった。次いで三五年二月鉄道部第二輸送課に転勤し、三六年一二月大連機関区技術主任となった。この間、満州事変時の功により賜盃及び従軍記章を授与された。

秋洲 三郎 ▷3

長春領事館外務書記生、勲七等／長春領事館官舎／一八七三（明六）五／愛媛県越智郡今治町／第四高等学校

一八九三年七月、第四高等学校を卒業した。その後九九年三月に会計検査院属となったが一九〇二年三月に退官し、翌年四月外務属に転じた。日露戦後の〇六年五月に奉天在勤外務省書記生として渡満し、〇八年八月には清国皇帝から三等第二双竜宝星を受けた。同年一一月ポートランドに転勤した後、一〇年六月サンフランシスコ、一二年九月シアトルと、アメリカ各地に勤務した。一三年九月安東領事館に転勤して再び渡満し、一五年一〇月から長春領事館に勤務した。

秋田輝次郎 ▷11

日本電報通信社大連支局編輯長／大連市監部通／一八九六（明二九）八／福岡県糸島郡野北村／京城善隣商業学校

福岡県秋田六之助の次男に生まれ、京城善隣商業学校を卒業した。一九一六年四月帝国通信社に入ったが、翌年退社して鐘ヶ淵紡績会社博多支店に勤務した。その後二〇年八月に日本電報通信社に入社して門司支局に勤務し、二四年五月の佐世保支局開設に伴い主任として赴任した。二八年一月下関支局に転じた後、同年五月に渡満して大連支局編輯長に就任した。

秋田 延穂 ▷12

日照公司主、日満軍需品工廠主、在郷軍人奉天北分会評議員、勲七等／奉天富士町／一九〇二（明三

五）一一／高知県幡多郡田ノ口村／中学校中退

高知県秋田幾太郎の長男に生まれ、中学校を四年で中退した。その後渡満し、一九三四年奉天加茂町に日照公司を設立した。自動車部品と自動車用揮発油の官衙納入を専業とし、後に富士町に移転拡張した。これとは別に三五年に奉天小東辺門外に工場を設け、日満軍需品工廠の名で馬具類を製作販売した。

秋田　文之　▷12

国務院総務庁主計処一般会計科員、正八位／新京特別市大同大街国務院総務庁／一九〇〇（明三三）二／広島県高田郡可愛村／平安中学校

一九一七年京都市の私立平安中学校を卒業し、一八年九月税務署属となり奥税務署に勤務した。二〇年一二月一年志願兵として広島の工兵第五大隊に入営し、除隊して復職した。その後二二年七月に依願免官して国務院総務庁嘱託となって渡満し、三三年三月総務庁事務官に昇格して主計処一般会計科に勤務した。以来同職を務め、三四年三月建国功労賞及び大典記念章を授与された。

秋田　豊作　▷12

満鉄参事、吉林鉄路局副局長、吉林商工会議所顧問、満州技術協会評議員、勲五等／吉林大馬路満鉄公館／一八九四（明二七）二／大分県直入郡豊岡村／旅順工科学堂

大分県秋田元次郎の七男に生まれ、一九一四年旅順工科学堂を卒業し、翌年満鉄に入社して運輸部に勤務した。一九年大石橋機関区長、二八年奉天鉄道事務所運転長を歴職し、三〇年に社命で欧州に出張した。帰社して三一年奉天車輌事務所長、三二年洮昂斉克鉄路局顧問、三三年洮昂斉克洮索鉄路局長・四洮鉄路満鉄代表を歴任して参事となった。次いで三四年鉄路総局運転課長兼輸送課長兼設備委員会幹事長、三五年鉄路総局機務処長を経て三六年吉林鉄路局副局長に就いた。

秋富久太郎　▷3

㈾秋田商会満州総支配人／大連市美濃町／一八六七（慶三）三／山口県厚狭郡藤山村

一八九四年、郷里の厚狭郡の炭坑組合員となり鉱山業に従事した。その後一九〇五年六月秋田商会に入り、業務拡張のため渡満して営口ほか満州各地を視察した。いったん帰国した後、同年九月再び渡満して大連に同商会支店を開設し、以来業務発展に努めて満州総支配人となった。

秋永　弥助　▷12

無限製材㈱奉天支店長／奉天若松町／一八八五（明一八）一〇／佐賀県小城郡東多久村

佐賀県秋永惣太郎の次男に生まれ、一九〇二年佐賀県相知の三菱炭砿事務員となったが、〇四年八月に辞職して下関市の原田組に入り船具、金物類の販売に従事した。〇五年一二月同組が大連に進出するため下関の店舗を閉鎖すると同時に退職し、〇六年九月に渡満して城野芳次郎が経営する奉天の東清公司東清当質店部に勤務した。次いで一〇年に城野と三浦梅太郎が共同経営する瑞光木局の代表として木材業に従事し、一四年九月に同局が解散すると独立して木材商を営んだ。一六年五月余村松之助が鴨緑江製材無限公司の委託販売店として奉天販売所を開設すると同所に転じ、二一年一月同所が組織変更して直営となると余村の跡を継いで支店長に就いた。

秋場　惇　▷12

満鉄三棵樹鉄道工場組立職場主任兼ハルビン鉄道工場機関車廠主任、社員会評議員、在郷軍人分会副会長、正八位／ハルビン高士街／一九〇一（明三四）九／千葉県長生郡東浪倉村／南満州工業専門学校機械科

千葉県秋場久太郎の次男に生まれ、一九二七年大連の南満州工業専門学校機械科を卒業し、同年四月満鉄に入社して鉄道部に勤務した。同年七月沙河口工場組立職場に配属された後、二九年七月製罐鉸鋲職場、三四年四月同職場助役、三五年三月鉄道工場、同年六月ハルビン工廠機関車廠主任、三六年一二月松浦鉄道工場兼務を経て三七年四月三棵樹鉄道工場組立職場主任となり、ハルビン鉄道工場機関車廠主任を兼務した。

秋庭　久嘉　▷12

満鉄営口商業実習所長、社員会評議員／奉天省営口旭街満鉄社宅／一八九八（明三一）一二／千葉県市原郡市東村／千葉県師範学校

千葉県師範学校を卒業して県下の小学校訓導を務めた後、一九二六年に東京商科大学商業教員養成所を修了して渡満し、満鉄に入り長春商業学校教諭となった。その後三六年四月に依願免本職となり、満鉄営口商業実習所長に転じて付設の貿易公司経理を兼務した。

秋本伊三雄 ▷11

満鉄長春医院婦人科医長／長春千鳥町／一八九七（明三〇）一／山口県吉敷郡小郡町／東京帝大医学部

山口県会社員秋本伊三郎の長男に生まれ、一九二三年東京帝大医学部を卒業して産婦人科教室副手となった。次いで二六年八月に渡満して満鉄長春医院に勤務し、後に同医院婦人科医長を務めた。渡満三年目に夫人を亡くし、ゴルフと撞球、読書を趣味とした。

秋元　亀次 ▷12

満州医科大学助教授兼専門部助教授、同大附属医院理学的療法科医長／奉天萩町／一八九〇（明二三）一二／福島県南会津郡田島町／南満医学堂

農業川上源次郎の子として千葉県香取郡八都村に生まれ、後に福島県秋元ヨシの婿養子となった。渡満して一九一六年に南満医学堂を卒業し、引き続き助手として同大生理学教室に勤務した。次いで一八年九月生理学及び理学的療法研究のため京都帝大と東京帝大に留学し、二一年九月に帰任して附属医院医員となり同学堂講師を兼務した。二二年三月同学堂が満州医科大学に昇格すると理学的療法科主任となり、二七年専門部助教授に就き、二八年から同医大講師を兼務した。二九年七月専門部助教授兼大学助教授となり、欧米に留学して三四年八月に帰任し、三七年二月満州医科大学より医学博士号を取得した。

秋元金之助 ▷12

間島省延吉警察庁警務科長／延吉警察庁／一八九三（明二六）五／青森県北津軽郡武田村／五所川原農学校中退

一九〇九年県立五所川原農学校二年で中退し、一三年に青森県巡査となった。一八年巡査部長、一九年警部補に累進して大間、小湊、大鰐の各警察分署長を歴職し、二六年警部に進んで野辺地警察分署長となり、巡査教習所教官を兼務した。二七年青森県警察部保安課巡査検察官、同年八月田名部警察署長、二八年八月警察部高等課長、二九年六月八戸警察署長を歴任した後、三二年一月滋賀県警部に転じて長浜警察署長に就き、同年一〇月草津警察署長に転任した。その後三四年二月ハルビン警察庁警佐に転出して渡満し、同年一二月間島省公署警正となり民政庁司法科に勤務した後、三五年一〇月延吉警察庁警務科長となった。

秋本　千秋 ▷12

㈱昭和製鋼所研究部研究所第一副査／奉天省鞍山昭和製鋼所研究部研究所／一八九四（明二七）三／大分県宇佐郡宇佐町／九州薬学専門学校

大分県秋本嘉一の長男に生まれ、宇佐中学校を経て一九一六年私立九州薬学専門学校を卒業し、同年六月山口県衛生技手となった。一七年六月満鉄に転じて渡満し、沙河口医院に勤務した。次いで一八年四月鞍山鉄鉱振興無限公司職員に転じて二〇年七月鉱務係となったが、同年八月鞍山製鉄所に転じて製造課に勤務した。二五年二月から鞍山警察署衛生試験事務嘱託を兼務した後、三三年六月同所の事業を継承した㈱昭和製鋼所に移籍し、三四年四月研究部研究所第一副査となった。

秋元豊二郎 ▷12

正和洋行㈱代表取締役／大連市楓町／一八八二（明一五）五／山口県下関市

大連市山県通の大倉ビル内に営業所を設けて石炭商正和洋行を共同経営し、後に個人経営として店舗を桜町に移し、さらに楓町に移転した。大連、旅順、営口、安東の各港に入港する両崎松浦大同海運、北九州汽船、阿波共同汽船、東和汽船等を主要得意先として石炭売込業を営み、一九三四年末に北朝鮮の羅津に出張所を開設した。石炭販売業の他に東京広瀬商店の満州代理店として麻綿布製シート・天幕、郵便行嚢等を満鉄に納入し、さらに朝鮮の炭砿に投資したほか羅津に数万坪の土地を所有して、年商一五〇万円内外に達し、三六年六月株式会社に改組した。

秋森　正義 ▷12

満鉄索倫警務段長／興安東省索倫満鉄警務段長局宅／一八九九（明三二）六／熊本県宇土郡三角町

一九二二年二月関東庁巡査となり、大連警察署、貔子窩警察署等に勤務した。三〇年六月警部補に進級して大連警察署に勤務した後、高等警察係を経て三四年七月関東庁警部に累進した。三四年八月満鉄鉄路総局に転じて安東自動車事務所巡監となり、三五年五月鉄路総局警務処警務科警務員、同年一一月チチハル鉄路局警務処勤務、三六年四月克山警務段長を歴職し、同年五月索倫警務段長となった。

秋山　卯八　▷14

福昌華工㈱社長／大連市朝日町／一八八二（明一五）一一／佐賀県小城郡砥川村

佐賀県商業秋山友吉の三男に生まれ、日露戦後の一九〇五年九月に渡満して安東で鉄道作業局雇員となった。〇八年四月の満鉄開業とともに入社し、沙河鎮駅助役を振り出しに本渓湖駅長、安東車掌取締を経て奉天・范家屯・大石橋・遼陽・奉天の各駅長を歴任した。二五年四月に参事となり、翌年大連埠頭事務所事務課長、二七年一一月大連埠頭長を経て三〇年に埠頭事務所陸運長に就任した。その後三一年九月に満鉄を退社して福昌華工㈱専務取締役に転じ、翌年社長に就任した。奉天駅長時代に奉天地方委員、同会議長、奉天商業会議所特別議員を務め、大連に居住して後の三六年一一月から四〇年一〇月まで大連市会議員を務めた。同郷の夫人シナとの間に三男六女があり、長男敏夫は満州医科大学に学んだ。

秋山　兼雪　▷12

ハルビン日本領事館司法領事、従五位勲六等／ハルビン大直街／一八九四（明二七）一〇／香川県三豊郡比地大村／東京帝大法科大学

東京帝大法科大学を卒業して司法官試補となり、次いで判事となって大阪地方裁判所、神戸地方裁判所等に勤務した。その後一九三一年二月外務省に転じ、ハルビン総領事館司法領事となって渡満した。

秋山　清　▶14

満鉄経理部用度課長、大連汽船会社取締役、正五位勲五等／大連市乃木町／一八七〇（明三）三／新潟県高田市五分一町／東京法学院

一八九二年東京法学院を卒業した後、九七年一一月文官高等試験に合格し、九八年一一月さらに判検事登用試験にも合格して翌月司法官試補・会計検査官補となった。一九〇二年九月衆議院書記官兼務、〇五年五月特許局事務官を経て同年一二月に台湾総督府鉄道事務官兼参事官となって赴任した。〇八年一二月に帰国して鉄道院参事となり、一一年二月高等官三等に昇任し、同年三月朝鮮総督府鉄道局参事となって朝鮮に渡った。その後一二年四月に帰国して鉄道院参事に復任したが、一四年二月に依願免官して渡満し、満鉄経理部用度課長に就任して大連汽船㈱取締役を兼任し、一五年一〇月から一九年四月まで大連市会議員を務めた。

秋山松太郎　▷11

関東庁農事試験場技手／金州東門外農試官舎／一九〇二（明三五）三／岡山県上道郡幡多村／岡山農学校

岡山県農業秋山長四郎の四男に生まれ、一九二〇年岡山農学校を卒業した。朝鮮に渡って平安南道種苗場の助手となり、二一年三月産業技手に昇格し、二三年三月慶尚北道に転勤した。二五年三月関東庁技手に転じて渡満し、金州の農事試験場に勤務した。二八年に中国蔬菜、特に結球白菜研究のため華北地方を視察した。

秋山　治郎　▷12

ハルビン特別市行政処員、ハルビン家畜交易市場長、馬政局嘱託、満州軍用犬協会理事、ハルビン獣医畜産学会長、従五位勲四等／ハルビン郵政街／一八八七（明二〇）八／京都府熊野郡田村／東京帝大農科大学獣医学実科

兵庫県城崎郡豊岡町に生まれ、後に京都府に移籍した。一九一〇年東京帝大農科大学獣医学実科を卒業して陸軍獣医官となり、以来勤続して二等獣医正に進んだ。三三年満州国政府の招聘を受け、予備役編入後直ちに渡満しハルビン特別市公署技正として行政処に勤務した。畜産保護奨励のため防疫制度の確立実施に努め、三五年二月満州国初の家畜交易市場を設立して市場長を兼任した。

秋山　真造　▷11

満鉄参事、地方部学務課学事係主任、正八位／大連市楓町／一八八四（明一七）四／栃木県那須郡芦野町／東京高等師範学校、京都帝大

栃木県商業秋山兵次の長男に生まれ、一九一〇年東京高等師範学校を卒業して山梨県師範学校教諭となった。一三年四月東京女子師範学校教諭に転じて三年半勤めた後、京都帝大に入学して哲学と教育学を専攻した。一九年七月に卒業して翌月渡満し、満鉄教育研究所で植民地教育を研修した後、満鉄地方部学務課視学、教育研究所講師を経て学務課学事係主任に就いた。

秋山　直　▷9

秋山歯科医院主／大連市紀伊町／一八八七（明二〇）五／秋田県秋田市楢山餌差町／日本歯科医学専門学校

新潟市南浜通に生まれ、大成中学校を経て一九〇八年日本歯科医学専門学校に入学した。一二年に卒業した後さらに同校で研究を重ね、一四年一一月に渡満して大連で歯科医院を開業した。

秋山　相吉　▷4

薬種商／吉林省徳恵県張家湾／一八七四（明七）／鹿児島県川辺郡東加世田村／熊本医学校

鹿児島県農業秋山直次郎の五男に生まれ、江戸中期の高名な儒学者秋山玉山の血を引く熊本の秋山家に婿入りした。一八九二年熊本医学校に入学して九五年に卒業したが、医者とはならず翌年から三年間大阪で巡査をした。その後一九〇一年に長崎県下で医院を開業した後、一二年一〇月に渡満して吉林省張家湾に秋山大薬房を設立して薬種商及び貿易業に従事した。

秋山　太助　▷12

安東省公署警察庁警務科長／安東市場通警務科長公館／一八八八（明二一）二／新潟県東頸城郡／神田中学校

神田中学校を卒業した後、徴兵されて兵役に服し、現役修了後に憲兵となり各地に勤務した。その後一九三二年三月満州国官吏となり、首都警察庁警正として特別警察隊に勤務した。新京大経路警察署長を経て三五年一二月安東省公署警察庁警務科長に就いた。

秋山豊三郎　▷12

満州日日新聞社営業局長／大連市桃源台桃林荘／一八九一（明二四）一／京都府京都市上京区下立売通／立命館大学

京都府秋山梅吉の次男に生まれ、花園第五中学校を経て一九一三年三月立命館大学を卒業した。一六年一月協和洋行ハルビン支店長となって渡満し、業務のかたわらロシア語と中国語を習得し、露亜通信社主幹に転じた。次いで二三年九月大阪毎日新聞社奉天通信部に転じ、さらに二四年六月満州日日新聞社に転じた。奉天在勤を経て長春支局長、旅順支社長、ハルビン支社長、奉天支社長、販売部長を歴任して三六年四月営業局長となった。この間、関東庁業態調査委員を務めて銀盃一個を授与された。

秋山　政男　▷11

満鉄鉄道部電気課強電係／大連市初音町／一九〇二（明三五）二／鳥取県鳥取市桶屋町／旅順工科学堂電気科

鳥取県建築請負業秋山常蔵の六男に生まれ、一九二三年旅順工科学堂電気科を卒業して満鉄に入り、鉄道部機械課電力係に勤務した。その後二七年四月の職制変更により同部電気課強電係勤務となった。

秋山　三夫　▷13

満州林業㈱理事／一八九五（明二八）九／福島県若松市／京都帝大経済学部経済科

旧会津藩士の子に生まれ、一九二〇年七月京都帝大経済学部経済科を卒業して東洋拓殖会社に入り、東京本社調査課に勤務した。その後二二年朝鮮裡里支店、二六年元山支店勤務を経て二八年に京城支社の朝鮮業務部金融課次席となった。三一年東京本社に戻って貸付課次席に就いた後、三三年大邱支店長、三四年京城支社金融課長を歴任し、三五年六月に大連支店長となって渡満した。その後新京支店長に転任したが、三九年に東拓を退社して満州林業㈱理事に就任した。

秋山保太郎　▷1

英治洋行主／奉天／一八八三（明一六）一／石川県能美郡小松町

大阪の貿易商の下で北清貿易に従事したが、店が倒産したため一九〇一年北京に渡った。種々の事業を画策したが意のごとくならず、日本公使館内に酒保を開設し、一般居留民向けの小売りも行った。日露戦争が始まると〇五年一月営口に渡って雑貨商を開業し、戦後〇六年三月さらに奉天駅前に移転して英治洋行の名で鉄道運輸業を経営し

あ

た。

秋山　義親　▷11

三菱商事会社大連支店詰、正八位／大連市桃源台／一八九七（明三〇）一〇／東京府東京市牛込区払方町／東京高等商業学校

東京府会社員秋山麒四郎の長男に生まれ、一九一九年東京高等商業学校を卒業して三菱商事本店に入社し、同年一二月一年志願兵として近衛歩兵第三連隊に入営した。三等主計となって除隊復職後、二一年五月大連支店勤務となって渡満し、金属係を務めた。

阿久井泰助　▷11

大連常盤尋常小学校訓導、従七位勲八等／大連市紅葉町／一八八二（明一五）一／栃木県下都賀郡大谷村／栃木県師範学校

栃木県農業阿久井為吉の五男に生まれ、一九〇四年三月栃木県師範学校を卒業して同県の都賀郡野木村友沼尋常高等小学校訓導となった。〇九年から同校校長を務めた後、一一年四月に渡満して大連第三小学校訓導に転じた。次いで二二年に南満州手工教科書編纂委員を嘱託され、二七年七月からは常盤青年訓練所指導員嘱託を兼務した。中国各地や台湾に赴くなど旅行を好んだほか彫刻や絵画、園芸を趣味とした。同郷で師範学校二部出身の夫人咲子は琵琶の名手で五弦教師の免状を持ち「旭舟」「法哄山」「法山」等と号した。郷里の次兄は栃木県宇都宮市長、四兄は同県郡長を務めた。

阿久井　実　▷9

華東信託㈱専務取締役／大連市伏見台／一八七九（明一二）四／茨城県結城郡山川村／水戸農学校

一九〇一年水戸農学校を卒業して郷里の山川村の書記となり、勤務のかたわら養蚕業を営んだ。〇四年裁判所書記登用試験に合格し、翌年大蔵省属となり宇都宮税務監督局に勤務した。栃木県税務署に転勤した後、〇八年五月関東都督府属に任じられて渡満し、大連民政署税務係を務め、一五年税務係主任となった。その後一九年に辞職し、華東信託㈱を設立して専務取締役に就いた。

芥川　光蔵　▷12

満鉄情報課嘱託／大連市伏見町／一八八四（明一七）一／愛媛県今治市中浜町／同志社大学英文科

愛媛県芥川音造の四男に生まれ、一九〇七年同志社大学文学部英文科を卒業し、同年四月東京勧業博覧会協賛会事務嘱託となった。一〇年五月満鉄に転じて渡満し、庶務課に勤務した後、一二年五月運輸課に勤務した。一七年に満鉄を退社して東和公司支配人に転じ、さらに二〇年に同社を辞して為替仲立業の満州起業㈱常務取締役に就任した。その後二五年九月に辞任して満州日日新聞社嘱託に転じ、二六年に整理部長兼社会部長に就いたが翌年退社した。その後二八年三月満鉄に再入社して情報課嘱託となり、二九年六月社長室情報課勤務、三六年一〇月総裁室庶務課映画製作所主任事務嘱託を経て映画製作所長となった。⇒三七年八月に満州映画協会が設立されると同協会に転じて啓民映画部所属となり、「満州を拓く者」「秘境熱河」「娘々廟会」等の記録映画を制作したが、在職中の四一年七月新京で没した。満州起業㈱、日華特産㈱等の役員で大連市会議員を務めた千田次郎の次女秀子を夫人とした。

飽田信十郎　▷12

関東局官房秘書課員兼官房文書課員兼関東長官官房庶務課員／新京特別市新発胡同／一八九四（明二七）三／長野県長野市古牧

学業を終えて長野区裁判所に勤務し、上田区裁判所本郷出張所詰を経て一九一六年九月裁判所書記となり、長野地方裁判所、上田区裁判所の各書記を務めた。二四年四月関東庁属に転出して渡満し、長官官房秘書課に勤務した。次いで三二年七月関東庁逓信書記兼関東庁警部となり、同年八月関東庁理事官兼任を経て三三年一月関東庁理事専任となった。三四年一二月関東局の発足に際し新官制実施準備委員会委員を務めた後、同理事官として官房秘書課に勤務し、次いで関東州庁長官官房庶務課兼務、三七年一月官房文書課兼務となった。この間、支那語奨励試験臨時書記、関東庁文官普通懲戒委員会書記、同文官普通分限委員会書記、即位礼奉祝宴会設備委員、地方餐餞に関する設備委員等を務め、三四年四月満州事変時の功により勲六等旭日中綬章を授与された。

安久津成雅 ▷9

中華民国京奉鉄路遼河以東技師長／奉天皇姑屯官舎／一八六九（明二）一一／宮城県／東京帝大工科大学

一八九六年東京帝大工科大学を卒業して鉄道作業局雇員となり、翌年四月技師に進んだ。九八年一年志願兵として入営し、翌年工兵少尉として除隊した。一九〇〇年北清事変に際し清国に派遣されて北京―天津間の鉄道修理に従事した後、翌年新橋駅建設部に転勤した。〇四年二月日露戦争に際し鉄道隊に属して従軍し、工兵中尉に進級して〇六年二月に帰国したが、同年六月清国政府に招聘されて粤漢鉄路建設計画に従事した。〇九年六月に帰国して中部鉄道管理局に勤務した後、一四年足尾鉄道㈱顧問に転じた。その後一六年六月、中華民国政府から京奉鉄路遼河以東技師長として招聘されて渡満した。

阿久津　孝 ▷12

満鉄撫順医院薬剤員／奉天省撫順中央大街満鉄撫順医院／一九〇九（明四二）八／栃木県那須郡川西町／明治薬学専門学校

福岡県嘉穂中学校を経て一九三〇年三月明治薬学専門学校を卒業し、同年四月福岡県飯塚病院薬剤科で実習した後、同年七月に渡満して満州医科大学薬剤教室で実習を続けた。三二年五月満鉄に入社し、鞍山医院薬剤科助手を経て三四年三月同医院薬剤員となった。三五年一二月奉天婦人医院に転勤して三六年四月同医院薬剤長となり、次いで三七年三月撫順医院に転任した。

阿久根秀夫 ▷12

満鉄ハルビン站貨物助役／ハルビン建築街／一九〇三（明三六）一〇／鹿児島県鹿児島市稲荷町／鹿児島県立第一中学校

鹿児島県阿久根岩秀の長男に生まれ、一九二二年三月県立第一中学校を卒業して満鉄に入り、開原駅に勤務した後、長春列車区鉄嶺分区、長春列車区、同鉄嶺分区、奉天省四平街駅、長春列車区四平街分区、奉天駅に勤務した。三三年八月遼陽駅貨物助役となり、同年一一月沙河鎮駅助役を経て三五年六月ハルビン站に転勤し、貨物副站長を経て貨物助役となった。この間、満州事変時の功により賜盃を受け、三七年四月勤続一五年の表彰を受けた。

浅井庄一郎 ▷12

浅井商会主、新京衛生組合入船区組合長、町内会副会長、新京福祉委員、修養団常任幹事、新京愛知県人会副会長／新京特別市東三条通／一八八〇（明一三）一一／愛知県名古屋市西区沢井町／名古屋商業学校

愛知県浅井治兵衛の長男に生まれ、名古屋商業学校を卒業して名古屋鉄道局に入った。一九〇四年日露戦争に従軍した後、〇七年四月満鉄に入り、本社勤務を経て長春、寛城子、安東に歴勤した。その後一八年一一月に退社し、長春で建築材料商を経営する義兄の内地引き揚げに際しその業務一切を引き継いだ。当初は特産商を兼営したが、後に建築材料商を専門として市内外の土木建築請負業者を得意先とし、店員一二人を使用した。

浅井政治郎 ▷3

関東都督府嘱託、大連公学堂長心得、正八位勲六等／大連市伏見台公学堂官舎／一八七〇（明三）七／福井県敦賀郡敦賀町旭町／福井県師範学校

福井の富豪の家に生まれたが少年時代に家運が衰落し、一八九一年三月福井県師範学校を卒業して郷里の小学校訓導を務めた。勤務のかたわら法律と経済学を独学し、家の再興を期して台湾総督府第一回教員募集に応じ、九六年台湾に渡った。総督府国語科特別科を卒業して国語伝習所教諭となり、公学校長を経て師範学校教諭に就き、視学官・文官普通試験委員を兼任した。その後官制改革により休職となって帰郷し、銀行や会社等に勤めたが、日露戦争の際に特別任務を帯びて渡満した。一九〇五年三月、大連軍政署付として都督府の教務嘱託を受け、後に大連公学堂長心得となった。

朝枝　唐一 ▷11

醤油味噌醸造業／大連市沙河口黄金町／一八七五（明八）一一／山口県大津郡深川村／萩明倫館

山口県の陶器商朝枝半左衛門の次男に生まれ、萩明倫館を卒業して小豆島に渡り、醤油製法を学んで杜氏の資格を得た。一九〇九年三月に渡満し、初め旅順で醤油味噌醸造業を始めたが、一五年に大連市沙河口に移転開業した。

朝岡　健 ▷4

領事官補、正七位勲二等／奉天領事館内官舎／一八八七（明二〇）八／東京府東京市麹町区五番町／東京高等商業学校専攻部領事科

小学校時代から外交官を志し、東京高等商業学校に入学した。一九一一年七月専攻部領事科を卒業し、一三年一〇月外交官及び領事官試験に合格した。一四年一月高等官七等・領事官補となって奉天省牛荘に赴任し、同年一〇月奉天総領事館に転任した。

浅岡　時哉 ▷12

承徳鉱業監督署鉱政科長、正六位／熱河省承徳鉱業監督署／一八九〇（明二三）一／山形県山形市地蔵町／富山県立農学校蚕業本科

山形県浅岡昭茂の三男に生まれ、一九〇七年富山県立農学校蚕業本科を卒業した。一七年三月臨時産業調査局に入り、一九年九月農商務大臣官房統計課、二二年一一月農商務省食糧局調査課、二五年一一月内閣統計局統計職員養成所講師嘱託を歴職した。三五年四月に依願免官して満州国に転出し、同年五月臨時蚕業調査局事務官として調査部に勤務した。三六年五月総務部総務科に転任した後、同年一二月熱河省承徳鉱業監督署鉱政科長となった。

浅香　勇吉 ▷12

国際運輸㈱営口支店庶務係主任／奉天省営口南本街国際運輸支店／一九〇五（明三八）四／石川県石川郡額村／日露協会学校

金沢第一中学校を卒業して渡満し、一九二九年三月ハルビンの日露協会学校を卒業して国際運輸㈱ハルビン支社に勤務した。三一年一一月長春支店勤務、三三年二月公主嶺営業所主任を経て三七年一月営口支店に転勤して庶務係主任を務めた。

浅川　柳作 ▷11

満鉄社長室能率係、従七位／大連市真金町／一八八九（明二二）一〇／神奈川県横浜市平沼町／九州帝大工学部冶金学科

神奈川県実業家浅川元三郎の次男に生まれ、一九一一年陸軍士官学校を卒業して少尉に任官し、近衛輜重大隊付となった。一四年に中尉に進級したが、公務負傷のため翌年退役し、鹿児島の第七高等学校を経て二一年に九州帝大工学部冶金学科を卒業して同大学で冶金学の研究に従事した。横浜興信銀行の嘱託で鉱業調査等を行なった後、二四年一月に渡満して満鉄に入社し南満州工業専門学校教授に就いた。二六年に本社社長室能率係に転任し、かたわら満州技術協会常務委員、満州能率研究会幹事、油房小運送研究会幹事等の役職を兼務した。柔道は講道館五段で、大連講道館有段者幹事、満鉄柔道部幹事、全満柔道選手監督を務めた。

朝倉貴九雄 ▷12

北興公司主／龍江省チチハル竜華路／一九〇一（明三四）一／大分県大分郡明治村

一九二〇年に渡満して関東庁逓信局に勤務し、翌年徴兵されて広島の電信第二連隊に入営した。除隊後、再び渡満して実兄が経営するハルビンの朝倉運送店で働いたが、二六年に国際運輸㈱ハルビン支店に入り、三〇年一〇月同社チチハル支店に転勤した。その後三四年に退社し、同地の財神廟街に北興公司を興して運送業を始め、翌年竜華路に移転した。自動車二台を所有して日本人三人、中国人七人を使用し、土建請負業者方面を得意先とした。

朝倉伝次郎 ▷3

満鉄鉱業部販売課長／大連市山城町／一八七二（明五）八／大阪府／帝国大学法科大学英法科

金沢市に生まれ、一八九九年七月帝国大学法科大学英法科を卒業して鴻池銀行に入った。神戸支店支配人から本店副支配人に進んだが、一九〇六年に満鉄が創立されると同社に転じ、後に鉱業部販売課長に就いた。

朝倉　智教 ▷12

満鉄新京鉄道工場庶務股主任、社員会新京連合会幹事、社員消費組合総代／新京特別市白菊町／一八九六（明二九）三／福井県足羽郡和田村／北陸中学校

福井県朝倉勇教の次男に生まれ、一九一五年北陸中学校を卒業した後、一九年三月満鉄に入り沙河口工場に勤務した。二〇年四月鋳鉄職場、二三年五月鋏鋲職場、二七年六月庶務課計算係、同年一一月同課原価係、三〇年一月大連工場原価係、三三年五月泰山鉄路局派遣を歴職した。次いで三四年八月新京工廠会計股主任となり庶務股主任を兼務した後、三五年九月新京鉄道工場

庶務股主任となった。この間、満州事変時の功により楯及び従軍記章を授与され、三四年四月勤続一五年の表彰を受けた。

麻田加寿歩　▷12

鳥羽公司㈱代表取締役／ハルビン道裡中国十道街／一九〇〇（明三三）二／長野県東筑摩郡波多村

満鉄地方部用度課に十有余年勤務した後、一九三三年八月に独立して大連に鳥羽洋行を設立して地金類、釘、鋲、機械、工具、電気器具、ゴム製品の販売業を始めた。三六年に資本金一〇万円で株式会社とし、ハルビン、奉天、新京、大阪に支店、チチハル、牡丹江に出張所を置き、年商八五万円を計上した。

浅田　亀吉　▷4

東洋炭鉱㈱参事・奉天支店支配人／奉天／一八八〇（明一三）／石川県金沢市桜木八ノ小路

一九〇七年四月、満鉄開業時に招聘されて鉱業部に勤務した。以来同部に勤続し、中国の鉱業事情を研究して著書数点を著すなど斯界の権威として知られた。その後一六年二月満鉄を退社して撫順塔連炭坑の支配人となり、一七年三月同社が東洋炭砿㈱に改組されると参事となり奉天支店支配人に就いた。

浅田　順一　▷12

満州国立衛生技術廠技正、日本寄生虫学会評議員、満州国協和会衛生技術廠分会常任幹事／新京特別市興安大路国立衛生技術廠／一八九一（明二四）五／広島県福山市松浜町／明道中学校

一九〇九年広島県の私立明道中学校を卒業し、私立静学館の教師となった。一三年に神戸市の船員病並熱帯病研究所技手に転じ、桂田博士に師事して病理学及び寄生虫学を学んだ。その後二四年から二七年まで東京帝大理学部動物学教室副手として五島教授の指導下で人体寄生動物学を専攻した。次いで二八年五月同大伝染病研究所嘱託として寄生虫学、原虫学、昆虫学の研究に従事し、三〇年五月に論文「我国ノ人体ニ蔓延セル〈ヘテロフィリス〉属吸虫ノ研究」により京都帝大より医学博士号を取得した。三五年一二月満州国立衛生技術廠技佐となって渡満し、三六年一二月同廠技正となった。この間、研究論文三七篇を発表し、回虫の研究により二四年四月に船員病及熱帯病奨励会より賞牌と賞金を受けたほか、文部省の依頼で「寄生虫と其発育」「十二指腸虫の発育と感染経路」「回虫と人生」等の科学学術映画の撮影指導編集をした。

浅田　振作　▷12

横浜正金銀行大連支店支配人／大連市楠町／一八八五（明一八）二／東京府東京市麹町区下六番町／東京帝大法科大学

東京市貴族院議員浅田徳則の次男に生まれ、東京帝大法科大学を卒業し、一九一三年七月横浜正金銀行に入り本店に勤務した。大阪、大連、上海、ニューヨークの各支店に勤務した後、上海、神戸の各支店副支配人を経て三三年七月シドニー支店支配人となり、三六年九月大連支店支配人となって渡満した。

浅田　伝　▷11

関東庁逓信技手／奉天省遼陽日吉町郵便局官舎／一八八七（明二〇）一／長崎県西彼杵郡大串村／長春実業補習学校蒙古語科

長崎県農業浅田秀五郎の長男に生まれ、一九〇八年長崎県立大村中学校を卒業し、同年七月に渡満した。〇九年一月関東都督府通信管理局に入り、補充傭夫の身から起こして一〇年三月通信工手に昇格し、長春派出所詰となった。勤務のかたわら一四年一二月に長春実業補習学校に入って蒙古語科第二期を卒業し、一五年七月に通信書記補に昇格して長春郵便局在勤通信管理局工務課兼務となった。二〇年八月同局電話係主事心得、同年九月関東庁通信技手を経て二一年一〇月主事となり、二三年三月奉天局に転じて第二修繕部担当、二六年奉天省四平街局建築部付等を歴職し、二七年三月遼陽局第五建築部担当となった。この間、大正三四年事件及び四年乃至九年事件の功により二回にわたって金若干を下賜された。

浅田　倫治　▷12

浅田産婦人科医院長、撫順製氷㈱監査役／奉天省撫順東五条通／一八九五（明二八）九／山口県都濃郡末武北村／南満医学堂

山口県商業浅田茂市の次男に生まれ、一九一八年奉天の南満医学堂を卒業して満鉄奉天医院に勤務した。その後二二年五月に退職して翌月ハルビンで産婦人科医院を開業したが、翌年二月撫順に移って東五条通で開業した。ベッド一五床を設け、看護婦五人、付添婦数名、事務員一人を使用して奉天一の規模を有した。

浅田　譲　▷12

昭和製鋼所㈱銑鉄部銑鉄工場第二高炉係主任兼第四高炉係主任、社員会評議員・幹事・編輯部長／奉天省鞍山北九条通／一九〇五（明三八）九／京都府船井郡宮本村／京都帝大工学部採鉱冶金学科鍛冶金科

京都府浅田多門の三男に生まれ、一九二九年三月京都帝大工学部採鉱冶金学科鍛冶金科を卒業し、同年六月同大学工学部副手を経て助手となった。三〇年四月満鉄に入社して鞍山製鉄所銑鉄工場に勤務し、次いで三三年六月同所の事業を継承した昭和製鋼所㈱職員となった。第一高炉係主任、第二高炉係主任、工務部兼務を経て三七年四月第二高炉係主任及び第四高炉係主任兼務となった。この間、満州事変時の功により賜品及び従軍記章を授与された。

浅沼定之助　▷9

浅沼商店主、浅沼銀行㈱社長、浪速館主／大連市但馬町／一八七四（明七）一〇／岐阜県大垣市林本郷

郷里大垣市の銀行支配人を務めた後、北海道旭川で大垣農場を五年経営して資金を蓄え、大垣市郭町で浅沼銀行㈱を経営した。一九〇七年三月資金一〇万円を携えて渡満し、大連で不動産を担保に貸金業を始めた。間もなく日露戦後の不況で貸付金の回収が不能となると担保のことごとくを自己所有とし、浅沼商店を設立して貸家業を経営し、飲食店五車堂を兼営した。一五、六年頃から欧州戦争による好景気が始まると不動産を売却して数百万円の資金を作り、三〇年計画の下に南洋資源の開発に投資した。金融・不動産業の他、浪速町三丁目に活動写真の常設館として浪速館を経営した。大連で客死した後、長男が定之助を襲名して事業を引き継ぎ、さらに次男義夫も三〇年に渡満して大連市近江町で永昌洋行を興して不動産売買と金融業を営んだ。

浅沼　義夫　▷12

㈴永昌洋行代表社員／大連市近江町／一九〇一（明三四）三／岐阜県大垣市林町／早稲田大学商学部

岐阜県の銀行家浅沼定之助の次男に生まれ、早稲田大学商学部を卒業した後、一九三〇年に渡満して父没後に先代定之助を襲名した実兄と共に大連で飲食店五車堂の経営と貸家業に従事した。その後、近江町に永昌洋行を興して先代の遺した不動産を引き継ぎ、不動産売買と金融業を経営した。実父の先代定之助は郷里で銀行業を営んだ後、〇七年に渡満して大連市但馬町で不動産・金融業のほか各種の事業を営み、同地で没した。

浅野　鑽士　▷12

浅野醸造㈱社長、臥竜泉煉瓦工場代表者、節約貯金会代表幹事／吉林省公主嶺花園町／一九〇八（明四一）一／岡山県浅口郡大島村／京都帝大法学部

岡山県浅野兼右衛門の長男に生まれ、後に両親に伴われて渡満し、公主嶺に在住した。一九三三年三月京都帝大法学部を卒業した後、三六年三月醸造業を営む父が死没したため事業を引き継いで経営した。浅野醸造は一五年に創業してから順次業績を伸ばして資本金を三〇万円とし、清酒六〇〇石、醤油二〇〇〇石、味噌四万貫を年産し、新京東二条通と奉天省四平街中央大街に支店を置いた。

浅野　謙治　▷11

関東庁視学、従七位勲八等／大連市東公園町／一八八四（明一七）三／樺太／留多加郡留多加町／秋田県師範学校

樺太の教員浅野祐之進の次男に生まれ、叔父浅野重蔵の養嗣子となって秋田県に移り住んだ。一九〇五年三月秋田県師範学校を卒業して付属小学校の訓導となったが、関東州小学校訓導に転じて〇八年一二月に渡満した。大連尋常高等小学校に勤務した後、大連第二尋常高等小学校、大連第四尋常小学校を経て二三年二月大連第二尋常小学校長となり、二七年二月から関東庁視学となって大連民政署に勤務した。

浅野新三郎　▷12

浅野窯業部主、共営煉瓦㈱監査役、奉天弥生町会副会長／奉天弥生町

／一八八九（明二二）五／宮城県桃生郡鷹来村／宮城県立水産学校

一九〇七年宮城県立水産学校を卒業した後、一八年に渡満して奉天窯業㈱に入った。その後二五年三月奉天鉄西に浅野窯業部を開設して煉瓦製造業を開始し、三二年に奉天砂山に工場を建設し、次いでラスカンジ村に移転して生産規模を拡大した。従業員二〇〇人を使用して年産一〇〇〇万個近くを製造し、共営煉瓦㈱を通じて販売した。かたわら三五年から片倉生命保険会社の代理店業を兼営した。

浅野　末三　▷12

満鉄奉天鉄道事務所工務課保線係主任、従七位／奉天藤浪町／一八九五（明二八）八／大阪府南河内郡古市町／名古屋高等工業学校土木科

大阪府浅野富三郎の次男に生まれ、一九一八年名古屋高等工業学校土木科を卒業して同年四月鉄道院に入った。工務課改良係、鳥栖保線事務所勤務を経て同年九月博多保線区建築助手となり、次いで二〇年八月同保線助手となった。二一年六月再び鳥栖保線事務所に勤務した後、二五年六月同工務課改良係、二八年六月同改良課工事係、同年七月佐賀保線区主任、三二年三月八代保線区主任を歴職した。三三年一〇月満鉄に転出して鉄道部工務課に勤務した後、同年一二月奉天鉄道事務所に転任して三五年四月工務課保線係主任となり、三六年九月副参事に昇任した。

浅野　清一　▷12

浅野歯科医院長／錦州省錦県大馬路街／一九〇二（明三五）五／徳島県麻植郡西尾村／京城歯科医学専門学校

一九二六年朝鮮の京城歯科医学専門学校を卒業し、母校の教員を務めた後、三〇年に京畿道立水源医院歯科医長となった。次いで三二年に京城府で開業したが、三三年に渡満して錦州省錦県大馬路街で歯科医院を開業した。

浅野　誠一　▷12

満州電業㈱大連支店工務課甘井子発電係長／大連市聖徳街／一九〇五（明三八）七／山形県南置賜郡南原村／米沢高等工業学校電気科

山形県浅野誠之助の長男に生まれ、米沢中学校を経て一九二八年三月米沢高等工業学校電気科を卒業し、渡満して南満州電気㈱技術助手となった。二九年四月一年志願兵として東京の電信第一連隊に入隊し、三〇年四月除隊復職して社員に昇格した。三四年一二月電気供給部門を継承して満州電業㈱が設立されると同社入りして大連支社工務課運転係長となり、次いで大連支店工務課甘井子発電係長となった。

浅野　貞一　▷4

古河㈴大連出張所主任／大連霧島町／一八八五（明一八）一一／岐阜県羽島郡江吉良村／名古屋商業学校本科、同専攻科

一九〇四年名古屋商業学校本科並びに専攻科を卒業し、同年一二月一年志願兵として名古屋の留守第三師団歩兵第六連隊補充大隊に入隊した。除隊後〇七年一月古河㈴に入社し、同年四月上海支店詰となって赴任した。業務のかたわら上海義勇団の日本隊小隊長を務め、〇九年に中尉、一二年には大尉に昇進して日本隊長を務めた。一三年二月本社に帰任したが、一五年二月に大連出張所が上海支店管轄から本社直轄となると主任となって渡満し、満鉄を始めとする各社への銅線や被覆線等納入に従事し、欧州大戦を機にシベリア方面にも販路を拡張した。

浅野　友一　▷12

旅順工科大学助教授、正六位／旅順市吾妻町／一九〇三（明三六）一一／群馬県桐生市大字安楽土／東京帝大工学部機械工学科

一九二七年三月東京帝大工学部機械工学科を卒業し、翌年三月旅順工科大学助教授に就いた。三四年一一月から一年半、関東庁在外研究員としてドイツ、アメリカに滞在して水力学及び水力機械の研究に従事した。

浅野　政晟　▷11

福昌華工㈱社員／大連市久方町／一八九一（明二四）六／宮城県仙台市大町／名古屋商業学校

宮城県軍人浅野丞の三男に生まれ、一九〇九年三月名古屋商業学校を卒業し、同年六月に渡満して一一月に相生由太郎が始めた福昌公司の店員となった。二六年一〇月に満鉄出資で福昌華工㈱に組織変更した後も勤続し、華南方面やジャワ等に労働調査や港湾施設視察に赴いた。

あ

浅野　良三　▷12

興安西省公署理事官、総務庁総務科長／興安西省開魯興安西公署／一九〇八（明四一）九／大阪府大阪市東区内本町／大阪外国語学校蒙古語科

天王寺中学校を経て一九二九年三月大阪外国語学校蒙古語科を卒業し、同年五月満鉄に入社して興業部農務課に配属された後、同年七月鄭家屯に転勤した。三二年五月に依願退社し、国務院興安総処事務官となり総務処に勤務した。次いで三四年一二月蒙政部文書課事務官等を経て三六年八月興安西省公署理事官となり、総務庁総務科長を務めた。

浅原　慶一　▷11

大連郵便局電信課長、正七位勲六等／大連市児玉町／一八七九（明一二）八／東京府東京市麻布区材木町／電気通信技術養成所

京都府浅原慈朗の子に生まれ、一八九四年電気通信技術養成所を修了して逓信省に勤めた。一九〇四年八月、日露戦争の際に第四軍兵站電信隊付通信技手として従軍した。戦後そのまま満州に残留して関東都督府通信書記となり、後に長春局電信課長を経て大連郵便局電信課長に就任した。

朝日　貞俊　▷12

国務院財政部税務司関税科員／新京特別市百滙街六合ビル／一八九九（明三二）一二／東京府東京市王子区赤羽町／京北中学校

東京府朝日重光の三男に生まれ、一九一八年三月京北中学校を卒業した後、二〇年六月税関監吏となった。二五年八月税関監査官補に進んだ後、三三年九月に依願免官し、同年一〇月国務院財政部属官となって渡満し税務司関税科に勤務した。三四年七月財政部技士を経て三五年七月税関監査官に進んでハルビン税関に転勤したが、同月財政部技佐となり財政部税務司関税科に復任した。

朝日　直樹　▷11

満州教育専門学校教授／奉天八幡町／一八八八（明二一）二／石川県金沢市中主馬町／京都帝大文科大学哲学科

石川県教師朝日直政の長男に生まれ、一九一六年七月京都帝大文科大学哲学科を卒業した。大阪市児童相談所に勤めた後、梅花女子専門学校に転じた。その後二五年八月に渡満して満州教育専門学校教授となり、満鉄能率係を兼務した。

朝比奈敬三　▷11

満鉄撫順炭砿老虎台坑勤務／奉天省撫順万達屋／一八九七（明三〇）九／滋賀県犬上郡青波村／京都帝大工学部採鉱科

一九二二年三月京都帝大工学部採鉱科を卒業した後、二四年四月に渡満して満鉄に入社し、撫順炭砿老虎台坑に勤務した。

浅海　清一　▷12

浜江省双城県警正、従七位／浜江省双城県公署内／一八九四（明二七）二／東京府東京市目黒区上目黒／東京府立麻布中学校

東京府浅海文蔵の長男に生まれ、一九一二年東京府立麻布中学校を卒業した後、一四年に一年志願兵として東京の第一師団輜重兵第一大隊に入営した。除隊して一六年四月帝国在郷軍人会目黒町分会庶務理事となり、同副分会長を務めた。二六年七月府立目黒青年訓練所主任指導員、二八年帝国在郷軍人会大礼奉祝業務委員、三一年目黒町分会警急隊副隊長を歴職した後、三二年に渡満して同年一〇月奉天省通化県警務指導官となった。三三年黒龍江省警佐に転任して湯原県に赴任し、三四年五月同省肇東県警佐を経て三六年四月浜江省双城県警正となった後、三七年六月に退職した。この間、二三年に第一師団長及び輜重兵第一大隊長の表彰、二四年に在郷軍人会長の表彰、三二年に荏原郡連合分会長の表彰を受けたほか、人名救助により警視総監の表彰を受けた。また、二五年と二六年の二度にわたり在郷軍人麻布支部長より武術競技賞を受けた。

浅見　節二　▷12

吉林省公署総務庁文書科員／吉林省公署総務庁／一九〇八（明四一）二／兵庫県加西郡下里村／九州帝大法文学部

兵庫県浅見常三郎の次男に生まれ、姫路中学校、姫路高校を経て一九三一年三月九州帝大法文学部を卒業して同大学助手となった。三二年一〇月国務院法制局に転じて渡満し、三三年一一月法制局属官となった。三五年一一月国務院総務庁属官となり法制処に勤務した後、三六年五月吉林省公署に転任して総務庁文書科に勤務した。

浅山　正陽　▷13

満州中央銀行大連支行支配人／大連／一九〇一（明三四）／長野県下伊那郡飯山町／東京商大

一九二六年三月東京商大を卒業して台湾銀行東京支店に勤務し、以来同支店に勤続したが、三三年に満州中央銀行に転じて新京本店に勤めた。ハルビン、錦州勤務を経て本店営業部副支配人を務めた後、四二年夏に大連支行支配人となり、七四名の行員を指揮して関東州内に流入する国幣の兌換や対中国為替の処理に活躍した。

浅輪　三郎　▷12

㈱昭和製鋼所銑鉄部銑鉄工場長、社員会幹事長／奉天省鞍山下台町／一八九四（明二七）五／長野県松本市大字渚／東京帝大工学部採鉱冶金学科

諏訪中学校、第一高等学校を経て一九二〇年東京帝大工学部採鉱冶金学科を卒業し、同年八月満鉄に入社して鞍山製鉄所製造課に勤務した。二一年二月臨時研究部勤務を経て二七年二月銑鉄係主任となり、同年一一月社命で銑鉄急速操業法及び溶鉱炉改修期間短縮に関する研究のため欧米に一年半留学した。帰社して臨時建設事務所に勤務し、二九年七月鞍山製鉄所の事業を継承して㈱昭和製鋼所が設立されると同社員となった。三〇年八月銑鉄工場長、同年九月技師を経て三三年六月の操業開始とともに銑鉄部銑鉄工場長に就いた。この間、満州事変時の功により従軍記章及び記念品を授与され、三六年四月満鉄勤続一五年の表彰を受けた。

芦刈　末喜　▶14

商業／大連市菖蒲町／一八九四（明二七）一〇／大分県別府市大字別府／早稲田大学政治経済科

一九二〇年早稲田大学政治経済科を卒業した後、二一年に渡米してシカゴ大学、インディアナ大学、コロンビア大学で政治経済学を学んで修士号を取得した。二五年にいったん帰国したが、植民政策研究のため同年再び渡米して中南米一七ヶ国の移民事情を調査した。二八年に帰国し、渡満して大連新聞社に入社したが三〇年に退社し、以後は同地で商業に従事し、かたわら三〇年九月から三六年一〇月まで大連市会議員を務めた。

安食　三郎　▷12

㈱昭和製鋼所工務部電気課長、昭和製鋼所防空委員会幹事長、昭和製鋼所社員会婦人部長、満州電気協会委員、鞍山山形県人会長、正七位／奉天省鞍山中台町／一八九四（明二七）五／山形県最上郡古口村／東北帝大工学専門部電気工学科

山形県安食喜蔵の三男に生まれ、庄内中学校を経て一九一六年三月東北帝大工学専門部電気工学科を卒業して渡満し、同年四月鞍山製鉄所に入った。二四年一一月電気事業主任技術者第一種に合格し、三〇年六月技師に進んだ。その後同社の事業を継承した㈱昭和製鋼所に移って三三年七月参事となり、東京在勤、外国出張等を経て三五年四月工務部電気課長に就いた。入社以来長く製鉄製鋼業への電気応用に関する研究に従事し、著書数冊を著した。

鰺坂　積　▷12

吉林省公署土木庁員／吉林省公署土木庁／一八九二（明二五）／鹿児島県川辺郡勝目村／攻玉社工学校本科

川辺中学校を経て一九一五年東京攻玉社工学校本科を卒業し、同年六月朝鮮に渡り総督府官房土木局京城出張所に勤務した。二〇年七月技手に昇格して釜山土木出張所に転勤し、次いで二二年五月大邱、二四年三月釜山、二五年三月京城の各土木出張所に勤務した。三三年国務院国道局技正に転じて渡満し、新京国道建設処に勤務して三四年七月国道局技佐に昇格し、三七年一月吉林省公署土木庁に転任した。

芦沢　功　▷11

関東庁南山麓郵便所長、正七位勲七等／大連市大和町／一八七八（明一一）八／岡山県津山市

岡山県芦沢藻織の三男に生まれ、一八九九年逓信局に入り、一九〇七年に渡満して関東都督府逓信部に勤務した。通信管理局、通信局経理課勤務を経て二四年一二月関東庁官制施行とともに退官したが、翌年一二月関東庁郵便所長に任命され大連市南山麓郵便所長に就いた。長男の吉雄は早稲田大学を中退して大連図書館司書を務め、小説や戯曲などの文芸活動で名を知られた。

芦沢　吉雄 ▷11

満鉄大連図書館司書／大連市桂町／一八九八（明三一）七／岡山県津山市／早稲田大学文学部中退

岡山県官吏芦沢功の長男に生まれ、早稲田大学文学部に学んだ。一九二三年病気のため中退し、関東庁通信局官吏の父を頼って渡満し、満鉄大連図書館に勤務した。早大在学中はアイルランド劇を研究し、学友と「わかもの座」を創設するなど第二期新劇運動に貢献した。また瀬野皓太のペンネームで小説、戯曲、映画脚本等を執筆し、満州日報に懸賞当選小説「人生の曲芸」を連載した。

芦田勇太郎 ▷12

満鉄白城子機務段運転助役兼運転士／龍江省白城子満鉄白城子機務段／一九〇〇（明三三）二／京都府福知山市字堀／京都府立福知山中学校

京都府芦田重太郎の長男に生まれ、府立福知山中学校を卒業して一九一六年鉄道院に入り福知山機関庫に勤務した。一九年神戸機関庫に転勤し、勤続して二六年に技手となった。三三年に退職し、同年一二月に渡満して「満鉄に転じ奉天省四平街機務段点検助役となった。次いで三七年一月白城子機務段に転任して運転助役となり、運転士を兼務した。

飛鳥井堉他郎 ▷11

土木建築請負業／奉天省撫順中央大街／一八七八（明一一）九／石川県江沼郡大聖寺町／高等学校

石川県の会社重役飛鳥井豊の長男に生まれ、一八九一年高等学校を卒業して第八十四銀行支店に入った。九八年に退社して翌年から北陸線鉄道工事に従事し、その後も京鶴鉄道、中央線、鹿児島線等の工事にあたった。一九〇九年三月に渡満して撫順に㈾飛鳥井組を設立し、関東都督府民政部、満鉄、陸海軍各経理部等の工事を請け負った。かたわら撫順青年団顧問、撫順仏教連合会顧問、撫順実業協会特別評議員を務めた。

「東」は「ひがし」も見よ

東　晃 ▷12

東洋行主、東光堂主、錦県商工会議所議員／錦州省錦県大馬路／一九〇六（明三九）三／北海道余市郡大江村／第一外国語学校

東京の第一外国語学校を卒業後、一九三二年六月に渡満して錦県大馬路に東洋行を開業し、和洋紙・文具・製図測量器械・金庫・タイプライターを販売した。さらに三六年八月には東光堂を開設して書籍雑誌類の販売業を兼営し、店員一七人を使用して年商八万円に達した。

明日　勝 ▷12

新京八島尋常小学校長／新京特別市白菊町／一八八五（明一八）三／愛媛県新居郡大町村／愛媛県師範学校本科

一九〇七年三月愛媛県師範学校本科を卒業して新居郡東新高小学校訓導となった。一一年四月母校の師範学校教諭に転任した後、一六年七月朝鮮の公立小学校訓導に転じ、二〇年九月仁川公立尋常高等小学校訓導となった。その後二二年三月に渡満して満鉄奉天尋常高等小学校訓導に転じ、二三年七月から奉天家政女学校教諭を兼任した後、奉天実業補習学校講師嘱託を経て三〇年六月同校校長となり、奉天青年訓練所主事及び指導員を兼任した。三四年一一月新京室町尋常高等小学校訓導に転任した後、三五年一月八島尋常小学校長に就任した。

東　清二 ▷12

明治屋㈱大連出張所長／大連市信濃町／一八九三（明二六）八／東京府東京市浅草区今戸

東京府東爽章の次男に生まれ、一九一〇年明治屋に入った。勤続して二七年に京城支店長となり、三一年金沢支店長に転任した後、大連出張所長となって渡満した。

東　宗吉 ▷7

東洋服店主／大連市大山通／一八八六（明一九）六／鹿児島県日置郡伊集院村

一九〇八年に渡満し、鮎川洋服店に入って仕立技術を修得した。三年後に大連市山県通で洋服店を独立開業し、世界大戦中の好況に際会してかなりの財を蓄えたが他の事業に手を広げて失敗し、築き上げた富の大半を失った。その後二三年一一月に大山通で東洋服店を再興し、洋服仕立てに専念して盛業を見た。

東 登一郎 ▷11

中国政府傭聘警務顧問、正七位／奉天省営口南本街／一八八二（明一五）七／鹿児島県姶良郡加治木町

鹿児島県軍人東精助の長男に生まれ、官吏を志して一八九七年台湾に渡り総督府警察官及び司獄官練習所に甲科練習生として入所した。九八年に卒業して台東庁警部となり、翌年台北庁警部、次いで基隆庁属に転じた後、台湾臨時土地調査局に勤務した。その後一九〇三年に渡満し、日露戦争に際して陸軍通訳官となり特別任務に服した。親日馬賊の満州義軍との連絡活動中にロシア軍の捕虜となりハルビン監獄に投じられたが、まもなく自力で破獄逃走した。戦後一九〇七年に外務省警部となり牛荘領事館警察署に勤務したが、同年四月関東都督府警部に転じて大連市小崗子、貔子窩各警察署に勤務し、営口警察署警務主任を経て二三年警視に昇進した。退職後は営口に居住して満州日日新聞社営口支局長を務め、かたわら中国政府傭聘警務顧問として営口警察庁巡警教習所の日語教科書を著述したほか、巡警の資質向上のため甲科生を置いて成績考課簿を導入し、服装を日本警官と同一として歩兵銃に代えて短銃携帯とするなどの制度改革に努め、中国政府から四等嘉禾章及び一等警察奨賞を授与された。営口南本街に大邸宅を構え、多数の貸家と一万坪の土地を所有し、旅順に別荘を持つなど営口有数の成功者と言われた。

東 篤助 ▷12

東光堂主、遼東信託㈱監査役、大連市越後町区長代理／大連市但馬町／一八九四（明二七）六／富山県氷見郡加納村

富山県東仁平の三男に生まれ、前名を久太郎と称した。一九一三年朝鮮に渡り、親類が経営する京城の表具商松月堂に入った。その後一五年に退店して大連に移り、伊勢町の吉田表具店に勤務したが、一七年に独立して但馬町で表具店を開業した。軸物と額を得意とし、店員八人を擁した。

東 光明 ▷12

盛京時報主幹兼総務／奉天宇治町／一八九九（明三二）八／山口県豊浦郡安岡村／東亞同文書院

一九二二年三月上海の東亞同文書院を卒業し、二四年八月奉天の盛京時報社に入った。以来勤続して三〇年一月総務となり、三七年一月同紙主幹に就いた。

安住時太郎 ▷10

大連地方法院長兼上告部判官、従四位勲五等／大連市清水町／一八七二（明五）四／兵庫県神戸市下沢通／東京帝大法科大学

一八九六年東京帝大法科大学を卒業し、九九年三月判事に任官して福岡区裁判所に勤務した。一九〇〇年一月名古屋地方裁判所検事に転任し、〇九年朝鮮統監府司法庁参事官兼書記官となり、司法庁刑事課長に就いた。一〇年八月の韓国併合後、同年一〇月総督府書記官・司法部民事課長に就き法律取調委員を兼務した。一二年二月総督府検事となり、同年四月官命で欧米に出張して各国の司法制度を視察した。一三年七月高等官二等に進んだが、同年一〇月に退官した。二五年三月関東庁上告部判官となって渡満し、翌年一〇月大連地方法院長に就任した。

阿曽市太郎 ▷12

㈾阿曽時計店員、勃利日本居留民会評議員、勲七等／三江省勃利／一八七七（明一〇）三／滋賀県栗太郡大石村

滋賀県の金融業池田伝兵衛の長男に生まれ、後に同県阿曽弥七の養子となった。日露戦争直後の一九〇六年五月に渡満し、奉天小西辺門で医院を経営した後、〇七年二月長春に移って三笠町に阿曽時計店を開設して時計、貴金属、装身具、蓄音器、楽器を販売し、後に吉野町に移転した。一三年一〇月一族の出資で合資会社に改めて夫人タマを代表社員とし、新京商業学校を卒業した長男一郎を支配人として経営を家族に託し、自らはカフェー等の新時代の時流に乗った事業を画策し、同地の滋賀県人会会長、第二区町内会副総代、附属地カフェー組合長を務めた。その後三一年九月の満州事変によって木材が高騰すると、三江省勃利に赴いて材木商を営んだ。

麻生銀次郎 ▷12

満鉄ハルビン検車段検車助役、勲八等／ハルビン海城街／一八九六（明二九）九／大分県大分郡南庄内村

大分県麻生勇吉の五男に生まれ、一九

一五年三月大阪の白土工場木工部に就職した後、一九年八月に渡満して満鉄に入った。二一年に満鉄教習所検車科を修了した後、二二年一一月奉天検車区、二三年四月安東検車区、二七年一一月奉天検車区、二八年四月蘇家屯検車員駐在所、三一年九月奉天検車区に歴勤した。三五年六月ハルビン検車段に転勤して検車副段長となり、三六年一月同段検車助役に就いた。この間、満州事変時の功により勲八等従軍記章、賜金、並びに建国功労賞を受け、三五年四月に勤続一五年者として銀盃を授与された。

麻生　栄　▷12

満鉄山城鎮站貨物主任／奉天省山城鎮站／一九〇一（明三四）／二／福岡県小倉市京町／日露協会学校

一九二四年三月ハルビンの日露協会学校を卒業して門司鉄道局に入り、門司駅鉄道案内掛となった。一年志願兵として兵役を済ませた後、門司車掌所及び小倉駅に勤務したが、三三年一二月に再び渡満して満鉄鉄路総局に転じ、奉山鉄路局に勤務した。その後、奉天総站貨物副站長を経て三六年三月山城鎮站貨物主任に就いた。

麻生　茂　▷11

旅順第一中学校教諭／旅順市千歳町／一九〇〇（明三三）／二／長崎県西彼杵郡瀬川村／長崎師範学校、広島高等師範学校

長崎県麻生由郎の次男に生まれ、一九一七年三月長崎師範学校を卒業して郷里の小学校に勤めた。三年後に訓導を辞して広島高等師範学校に入学し、二四年三月に卒業して佐賀師範学校教諭に就いたが、二六年一〇月に渡満して旅順第一中学校教諭に転じた。

足立　啓次　▷12

満鉄産業部調査役兼農林課農産係主任／大連市東公園町満鉄本社産業部調査役室／一八九一（明二四）／神奈川県中郡成瀬村／東北帝大農科大学農学科

神奈川県足立晴吉の次男に生まれ、一九一七年七月東北帝大農科大学農学科を卒業し、満鉄に入社して産業試験場に勤務した。その後二一年八月に依願退職して帰国し、秋田県産業技師となった。次いで農事試験場長、秋田県農業補習学校教員養成所長事務取扱、秋田県師範学校講師等を歴職した。その後三三年七月再び満鉄に入社して地方部農務課農産係主任となり、三四年六月技師に昇格して鉄路総局総務処附業科を兼任した後、三六年一〇月職制改正により参事となり産業部調査役兼農林課農産係主任となった。

足立　幸市　▷11

貿易商、正八位／大連市監部通／一八九二（明二五）／八／京都府天田郡福知山村／明治大学商科

京都府の生糸問屋足立長七の三男に生まれ、一九一六年明治大学商科を卒業した。二一年に羽田調帯㈱大連出張所が開設されると、その主任となって渡満した。二八年五月に同社大連出張所を譲り受け、福幸公司を設立して貿易業に従事した。

足立　七郎　▷4

三加登商会／ハルビン・キタイスカヤ街／一八九三（明二六）／二／鳥取県岩美郡岩井宿

製糸業を営む地方の名家に生まれたが海外貿易従事を志し、一九〇八年、一五歳で朝鮮に渡った。同地で五年間商業に従事して一三年にハルビンに移り、翌年モストワヤ街に商店を開いた。日米の皮革類を輸入してロシア人に販売したが商機至らず一年で閉店し、一五年三月同市キタイスカヤ街の日満商会に入った。対露貿易に従事する中でロシア人の嗜好に合わせた積極商法で売上増進に貢献した。

安達周太郎　▷11

薬種商、遼陽輸入組合監事、勲八等／奉天省遼陽大和通／一八七〇（明三）／一〇／島根県松江市石橋町

愛媛県安達儀三郎の長男に生まれ、野戦病院付として日露戦争に従軍し一九〇四年に渡満した。戦後いったん帰国したが、遼陽県知事の傭聘で一九〇六年一月に再び渡満して同県の官設医院薬局に勤務した。一九年に職を辞し、同年一〇月遼陽の大和通に薬種商を開業した。かたわら遼陽実業会評議員、遼陽輸入組合監事等を務め、余暇には武道を楽しんだ。夫人カネとの間に四男一女あり、長男は南満州工業学校を出て工兵少尉となり、次男と三男は奉天中学校と遼陽商業実習所在学中それぞれ柔道やスケートの選手として活躍した。同居する実母は二八年に八〇歳を迎え、同年一一月の昭和天皇即位式に際して天杯を授与された。

足立　専一 ▷11

大連市役所会計課出納主任／大連市桂町／一八八三（明一六）三／岐阜県土岐郡多治見町／名古屋市立商業学校

岐阜県足立信太郎の長男に生まれ、一九〇一年名古屋市立商業学校を卒業した後、〇四年に渡米したが間もなく帰国した。〇七年五月、父のいる満州に渡って大連ヤマトホテルに勤務した。旅順、長春に転勤した後、一一年四月再び大連ヤマトホテルに戻った。二〇年六月満鉄旅館部食堂車係主任となり、二二年一二月本社運輸部に転任したが翌年四月満鉄を退社した。その後二五年一一月に大連市役所に入り、後に会計課出納主任となった。

安達惣十郎 ▷11

海産物問屋遠洋漁業並びに用達／大連市磐城町／一八八九（明二二）六／福岡県早良郡姪浜町／福岡県立中学修猷館

福岡県柴戸善次の子に生まれ、大連で海産物問屋を営む同郷の安達寅吉の養嗣子となった。一九〇九年福岡県立中学修猷館を卒業して渡満し、養父の海産物商を手伝いながら高商講義録で商業を勉強した。一四年八月から博多支店に勤務してトロール漁法や店務の実地を学んだ後、一六年に大連に戻って海産物問屋と遠洋漁業用達業を継いだ。大連市場商興㈱専務取締役、大連魚市場仲買人組合長、大連輸入海産物組合長を務めたほか満州水産界統一のため関東州漁業組合の創立に尽力し、二八年九月に関東州水産代表として台湾及び華南を視察した。

足立　孝 ▷12

昭和印刷所主、大連印刷組合評議員／大連市加賀町／一八八九（明二二）四／鳥取県西伯郡中浜村

鳥取県足立羌平の長男に生まれ、一九〇五年一〇月朝鮮釜山印刷社の創業とともに入社した。一二年七月に独立して同地で印刷業を始めたが立ち行かず、一四年四月に廃業し、翌月から朝鮮時報社に勤めたが九月に退社し、一五年二月中国に渡って青島新報社に入った。一〇年勤めて二四年五月に退社し、同年九月大連の満州日日新聞社に入り、二七年一一月に遼東新報社と合併して満州日報となって以後も同社員として勤続した。その後三二年三月に退社して同地に昭和印刷所を開業し、印刷機七台、児童鋳造機一台を設備して満鉄及び各官庁の用命を受け、年商八万円内外を計上した。

足立　長三 ▷13

満鉄理事、鉄道総局営業局長／大連／一八九三（明二六）／静岡県／東京帝大法科大学英法科

東京帝大法科大学英法科在学中に文官高等試験に合格し、一九一七年七月に卒業して住友銀行に入社した。次いで茂木㈴に転じてロンドン、漢口等に勤務したが、第一次世界大戦の戦後不況で同社が経営不振に陥り、二一年に渡満して満鉄に入社した。奉天駅に勤務した後、三二年錦県弁事処長、三五年ハルビン鉄路局総務処長、三七年牡丹江鉄道局長を歴任して三九年四月鉄道総局営業局長となり、四二年二月には満鉄理事に就任した。

足立直太郎 ▷11

満鉄参事、洮南鉄路局顧問／大連市榊町／一八八六（明一九）六／愛知県一宮市西本町／東亜同文書院

愛知県足立笹次郎の長男に生まれ、一九〇七年上海東亜同文書院を卒業して満鉄本社営業課に勤務した。運輸現業の各職を経て鉄道部係主任、奉天運輸事務所庶務長、埠頭事務所庶務長等を歴任し、二三年から一年余り欧米に渡航して停車場施設を視察し、帰社して満鉄参事となり洮南鉄路局顧問に就いた。

足立　祐一 ▷3

満鉄工場職員／大連市沙河口／一八八四（明一七）三／徳島県徳島市寺島町／京都帝大理工科大学機械科

一九〇八年七月京都帝大理工科大学機械科を卒業し、翌月渡満して満鉄に入社し、沙河口工場に勤務した。

足立義之助 ▷12

ハルビン特別市公署行政処員、正八位／ハルビン特別市公署／一九〇二（明三五）五／鳥取県岩美郡浦富村／京都帝大経済学部

鳥取県足立光蔵の長男に生まれ、朝鮮総督府立中学校、第七高等学校を経て一九二六年三月京都帝大経済学部を卒業し、同年一二月一年志願兵として朝鮮竜山の砲兵第二六連隊に入営した。除隊後、二九年五月大連の㈱宝隆洋行に入り、三二年七月満州国官吏に転じてハルビン税関に勤務した。三四年一二月ハルビン特別市公署嘱託となり交通局庶務科に勤務し、三五年八月同公署事務官となり行政処に勤務した。

足立 龍　▷12

満鉄ハルビン站構内助役、勲八等／ハルビン春申街グランドホテル／一八九八（明三一）一二／鳥取県西伯郡上道村

鳥取県安達鹿蔵の長男に生まれ、一九一七年満鉄に入社したが、一九年に兵役のため退社し、満期除隊後二二年に再入社して長春駅転轍方となった。以来勤続して三五年六月ハルビン站調車員に転勤して単身赴任し、同年一〇月同站運転副站長心得を経て三六年四月同站構内助役となった。この間、満州事変時の功により賜金及び従軍記章、建国功労賞を授与され、三七年四月勤続一五年の表彰を受けた。

足立 亮一　▷12

北満貿易商社代表／ハルビン道裡田地街／一八九八（明三一）一一／岐阜県土岐郡多治見町／大連商業学校

岐阜県足立伸太郎の四男に生まれ、一九一七年大連商業学校を卒業して大連汽船㈱に入社した。一年半勤務して退社し、青島に渡って一般商品の御用商を営み、次いで上海に移って山東省博山石炭の輸出業に従事した。二四年ハルビンに移り、足立商会を興して日露実業会社と満鉄への物品納入業を営んだ。満州事変後に廃業して建材・石材商の立浜公司匿名組合員となり、さらに三三年一一月資本金八万円で匿名組合組織で北満貿易商社を創立し、店員一〇人、工場従業員二〇人を使用して一般雑貨貿易と大理石工業を経営した。

吾妻 耕一　▷3

関東都督府通信管理局計理課長／大連市児玉町／一八八五（明一八）一一／東京府東京市本所区三笠町／東京帝大法科大学独法科

一九一〇年七月東京帝大法科大学独法科を卒業して関東都督府に勤務し、同年一一月文官高等試験に合格した。その後一三年三月高等官七等・都督府通信事務官補となり、後に通信管理局経理課長に就いた。

渥美 直吉　▷11

開業医／奉天省鞍山北三条町／一九〇〇（明三三）二／山形県山形市香澄町／南満医学堂

山形県渥美直義の七男に生まれ、一九一七年三月に渡満して満鉄用度課埠頭派出所に勤務したが、翌年四月奉天の南満医学堂に入学した。二二年に卒業して関東庁大連療病院の医員となり、翌年満鉄公医となって昌図及び海城で診療に従事した。二七年一月、満鉄公医を辞して鞍山で開業した。七男に生まれたが、兄二人も渡満して大連に居住した。

渥美 洋　▷12

浜江省葦河県参事官／浜江省葦河県参事官公館／一九〇二（明三五）三／静岡県小笠郡掛川町／中央大学法科

一九二五年三月中央大学法科を卒業し、逓信省に入り逓信書記補となった。三二年九月吉林省公署属官に転出して渡満し、三三年三月勃利県参事官、同年五月依蘭県参事官兼任、三四年五月長嶺県参事官を歴任して同年一二月浜江省葦河県参事官に転任した。

穴沢喜壮次　▷9

権太商店長春出張所主、長春商業会議所常議員、范家屯銀行取締役、満州製油㈱取締役／長春東五条通／一八八八（明二一）一／福島県耶麻郡岩月村／東亜同文書院

一九〇九年六月上海の東亜同文書院を卒業して鉄嶺の権太商店に入った。一〇年一〇月に権太商店長春出張所の名義で独立し、特産物と綿糸布の輸出入業を経営した。かたわら長春商業会議所常議員、范家屯銀行及び満州製油㈱の取締役を務めた。

穴沢 俊民　▷12

国務院民政部土木局図們建設処員、従五位勲四等／図們土木局建設処／一八八八（明二一）一一／岩手県盛岡市三ツ割第八地区／陸軍士官学校

盛岡中学校を経て陸軍士官学校に入り、一九一一年に卒業して同年一二月陸軍工兵少尉に任官し、工兵第七大隊付となった。次いで一三年に陸軍砲工学校普通科を卒業し、一五年九月中尉、二〇年八月大尉に累進した。二三年九月の関東大震災時に中隊を率いて出動し、芝及び日本橋方面の道路・橋梁の改修・新築工事に従事した。その後サハリン工兵中隊長、津軽要塞司令部員を経て二九年少佐に進んだ。三四年八月中佐に進級して待命となり、同年一二月国務院国道局技佐となって渡満した。新京建設処勤務、敦化建設事務所長を務めた後、三七年一月図們土木局建設処に転勤した。この間、敦化在勤中に同地の在郷軍人会長を務めた。

阿南　惟義　▷12

和昌洋行主／浜江省牡丹江昌徳街／一八八九（明二二）六／大分県直入郡玉来町／大分県立竹田中学校

大分県阿南虎夫の三男に生まれ、県立竹田中学校を卒業した後、徴兵されて小倉の野砲兵第一二連隊に入営した。満期除隊して郷里で代用教員となったが、その後渡満して大連郵便局に勤務した。その後上海に渡って山口商店に入り酒類販売と保険代理業に従事し、次いで同地の常盤商会に転じて貿易商に従事し、後に京城支店に転勤した。三二歳の時に同地の塗料商和昌商会に入り、釜山支店長を一〇年ほど務めた。その後三五年四月に渡満し、牡丹江に支店格として和昌洋行を独立開業し、周辺一帯から東満奥地方面に販路を開拓した。

阿南　寿　▷6

関東庁土木課大連出張所主任／大連／一八七〇（明三）／大分県直入郡竹田町

郷里の小学校を出た後、巡査を志して出郷し、三〇年勤続して警部に進んだ。一九一四年関東都督府属官に任じられて渡満し、勤続して後に高等官に進み土木課大連出張所主任を務めた。夫人との間に四男三女があり、長男義雄は旅順工科学堂機械学科選科を卒業して満鉄に入り後に副参事となった。

阿南　義雄　▷12

満鉄皇姑屯鉄道工場木工科長兼鍛冶廠主任、社員会評議員、勲六等／奉天萩町／一八九七（明三〇）三／大分県直入郡竹田町／旅順工科学堂機械学科選科

大分県阿南寿の長男に生まれ、一九一四年関東都督府官吏として赴任する父と共に渡満した。一八年三月旅順工科学堂機械学科選科を卒業し、同年一二月満鉄に入社して沙河口工場倉庫係となった。次いで二〇年一一月同現品係、二五年六月同監理課現品係助役、二七年一一月同再用品職場に歴勤して三〇年一月大連工場に転勤し、倉庫主任を経て同年六月鉄道工場付となった。さらに三三年五月大連工場貨車製材職場主任、三四年八月同再用品職場主任兼務を経て同年一二月皇姑屯鉄道工場木工科長となった。三六年九月副参事に昇任し、三七年四月から鍛冶廠主任を兼任した。この間、満州事変時の功により従軍記章及び建国功労賞を授与され、三四年四月勤続一五年の表彰を受けた。

姉川　繁勝　▷11

金福鉄路公司金州東門保線区長／金州東門駅鉄道社宅／一八九一（明二四）七／佐賀県三養基郡南茂安村／岩倉鉄道学校

佐賀県農業姉川幸八の四男に生まれ、一九一一年岩倉鉄道学校を卒業して朝鮮総督府鉄道局雇員となった。木浦建設事務所、大田建設事務所、清津建設事務所等の工事監督や設計に従事した後、一九年七月満州に渡って奉天省四平街の四洮鉄路局に転じ、工程司として鄭家屯・通遼間の工事監督及び工事設計にあたった。二五年四月金福鉄路公司に転じ、二七年一〇月から金州の東門保線区長を務めた。

姉帯　定助　▷12

関東局関東水産試験場長兼内務部殖産課勤務、従五位勲六等／大連市老虎灘会転山屯／一八八六（明一九）一〇／岩手県稗貫郡湯本村／岩手県立遠野中学校

岩手県姉帯源吾の三男に生まれ、県立遠野中学校を卒業した後、一九一二年水産講習所本科養殖科を修了して同年八月愛媛県新居郡水産技手となった。次いで佐賀県水産試験場技手・有明海出張所長、岡山県属兼技手・内務部第四課水産係勤務、同県産業技師・水産試験場長、徳島県農林技師・水産試験場長を歴任した。その後三〇年三月関東庁技師兼水産試験場技師に転出して渡満し、関東水産試験場長に就き、三四年一二月から内務部殖産課兼務となった。

安孫子　篤　▷12

満鉄撫順保健所主任兼現業医兼撫

順炭鉱庶務課勤務／撫順北台町／一九〇二（明三五）八／北海道札幌郡琴似村／北海道帝大医学部

北海道安孫子倫彦の五男に生まれ、一九二六年三月北海道帝大医学部を卒業して同大学副手嘱託となった。その後二七年八月に渡満して満鉄に入社し、衛生研究所に勤務した。次いで三五年六月撫順保健所主任となり、現業医と撫順炭鉱庶務課を兼務し、三六年四月医学博士号を取得して同年九月副参事に昇格した。

安彦　英三　▷12

㈾営口海陸運輸代表社員、営口興業㈱取締役、営口土地建物取締役、営口商工会議所副会頭、営口地方委員会副議長、営口輸入組合評議員／奉天省営口新市街入船街／一八七七（明一〇）一二／山形県西村山郡左沢町

山形県商業安彦要右衛門の三男に生まれ、年少の頃から山形市の三浦商店に奉公し、一九〇六年一〇月酒田港から軍政署納入の遼河護岸用材を汽船数隻に積んで営口に上陸し、同地で木材販売に従事した。その後〇七年末に独立して同地で運輸業を営み、三一年に㈾営口海陸運輸と合併して代表社員となった。経営のかたわら長く営口商工会議所議員を務め、三七年五月副会頭に就いた。

「阿武」は「あんの」も見よ

阿武　金槌　▷3

満鉄安東医院医長、小児科部長／安東県満鉄社宅／一八七七（明一〇）九／山口県美祢郡共和村／京都帝大医科大学小児科

旧姓は田中、阿武家を相続した。一九〇六年一一月京都帝大医科大学小児科を卒業し、翌年伝染病研究所技手となった。〇八年三月満鉄に入社して渡満し、満鉄撫順医院の内科と小児科を担当した。〇九年一月医長となり、翌年一月大連医院内科部長に就任した。一二年五月からドイツに留学してバイデルブルク大学のコッセル教授の下で医化学を学び、一三年三月に帰任した。同年四月大連医院内科第三部長となったが、八月に安東医院医長に転じて小児科部長を兼任した。

鐙谷　文吉　▷12

国務院地籍整理局総務処員兼民政部総務司員／新京特別市清明街市営住宅／一八八九（明二二）一／山形県酒田市本町／東洋協会専門学校

一九一三年東洋協会専門学校を卒業し、同年一二月山形の歩兵第三二連隊に入営した。満期除隊して一九一六年関東都督府雇となって渡満し、臨時土地調査部に勤務した。一八年九月関東都督府属に昇格した後、二二年一二月警務局保安課、二三年七月同局高等警務課に歴勤した。次いで二九年二月関東庁翻訳生兼関東庁属となり、大連民政署庶務課庶務係を経て同年一二月地方法院通訳事務嘱託となった。三三年九月国務院民政部事務官に転じ、警務司特務科に勤務した後、三五年一二月吉林省公署事務官を経て三六年五月国務院地籍整理局事務官となり、同年七月から民政部事務官を兼任した。

阿部　勇　▷12

満鉄天津事務所調査課長兼経済調査会天津在勤幹事／中華民国天津法租界新華楼満鉄事務所／一八九八（明三一）一〇／宮城県牡鹿郡女川村／東京帝大経済学部経済学科

宮城県阿部菊次郎の子に生まれ、一九二三年三月東京帝大経済学部経済学科を卒業して満鉄に入り、社長室調査課に勤務した。満鉄育成学校講師を兼務した後、総務部調査課、上海事務所総務部に歴勤して経済調査会調査員となり、新京在勤幹事として第二部第五班及び第六班主任を兼務した。三四年六月参事となり、欧米列強における本土と領土との経済関係研究のため欧米及びその自治領、植民地に二年間出張した。帰社後、三六年一〇月産業部勤務を経て三七年四月天津事務所調査課長に転任し、経済調査会天津在勤幹事を兼務した。

阿部　覚麿　▷12

満州電業㈱営口支店長、営口商工会議所会頭／奉天省営口入船街満州電業㈱支店長社宅／一八九六（明二九）八／山形県北村山郡福原村／早稲田大学理工科電気工学科

一九二〇年早稲田大学理工科電気工学科を卒業し、同年七月農商務省臨時窒素研究所技手となった。二四年横須賀の阿部組技師長に転じた後、三三年六月満州国に転出し、新京特別市電灯廠

に勤務した。次いで三四年一二月満州電業㈱に転じて営口支店長に就き、同地の商工会議所会頭を務めた。

阿部　勝雄　▷12

満鉄奉天保安区庶務助役、社員会評議員、慶州学校組合会議員／奉天稲葉町／一八八四（明一七）三／秋田県鹿角郡尾去沢町／私立商工中学校

一九〇三年私立の商工中学校を卒業した後、〇六年九月通信省経理局主計課に勤務した。〇八年三月朝鮮に渡って一〇年余り在住した後、一九年六月に渡満して鉄嶺商品陳列館に入った。二四年六月満鉄に転じて奉天鉄道事務所に勤務し、二七年五月奉天電気区庶務方を経て三三年四月奉天保安区庶務助役となった。この間、満州事変時の功により木杯小一組及び従軍記章を授与された。同郷の夫人タキとの間に二男あり、長男古都雄は京城高等商業学校を卒業して大興電気会社に勤務し、次男薫は平壌医学専門学校に学んだ。

阿部　金寿　▷12

奉天省公署警務庁警務股長、勲六等／奉天藤浪町／一八九五（明二八）一一／宮城県宮城郡塩竈町

一九一五年徴兵されて兵役に就き、一七年に憲兵に転科して朝鮮憲兵隊に配属された。その後朝鮮総督府文官普通試験に合格し、幹部候補生として東京憲兵練習所に入り、修了後に京城憲兵隊、東京憲兵司令部、奉天憲兵隊に歴勤して特務曹長に累進した。三三年一〇月満州国政府に招聘されて奉天省公署事務官・特務股長に就き、その後の省政改革により警務股長となった。

安倍　菅一　▷12

満州炭砿㈱北票炭砿総務課長／新京特別市錦町満州炭砿会社内／一九〇二（明三五）四／兵庫県津名郡洲本町／大阪外国語学校支那語部

兵庫県立洲本中学校を経て一九二五年三月大阪外国語学校支那語部を卒業して渡満し、同年六月吉林燐寸会社に入社し、同年一二月提携会社の大連燐寸会社創業とともに同社入りした。二六年六月同じく提携会社で長春の日清燐寸会社に転じ、さらに二七年一月同系の吉林製軸会社支配人、同年九月瑞典燐寸会社ハルビン出張所詰を歴任した。次いで二九年四月吉林・日清・大連の三燐寸会社の共同販売会社吉長火柴公司総経理に転任したが、三一年五月奉天政府の燐寸専売制により会社解散となり辞任した。その後三二年四月国務院実業部に転じて工商司長室庶務股長を務めた後、満州炭砿㈱に転じて北票炭砿総務課長となった。

阿部吟次郎　▷12

三井物産大連支店長、三泰油房㈱取締役、満州石油㈱理事、満州特産中央会理事、満州重要物産組合理事／大連市児玉町／一八八八（明二一）二／栃木県／東京高等商業学校

栃木県阿部増蔵の長男に生まれ、一九一〇年東京高等商業学校を卒業して三井物産に入った。横浜、東京その他に勤務した後、マニラ支店長、門司支店長、台北支店長を歴任して三五年三月本店石炭部長となり、三六年七月大連支店長となって渡満した。

阿部国太郎　▷12

熱河省公署総務庁経理科長、承徳日本居留民会評議員、同在郷軍人分会副会長、正七位勲五等／熱河省承徳熱河省公署／一八八九（明二二）七／群馬県利根郡古馬牧村／陸軍経理学校

群馬県阿部熊太郎の長男に生まれ、一九二三年陸軍経理学校を卒業して陸軍三等主計となった。宇都宮衛戍病院に勤務し、二五年八月第一四師団経理部に転勤して二六年八月二等主計に進んだ。二七年から二年間満州に駐箚した後、三〇年に外国語学高等試験支那語科初審試験に合格し、同年八月独立守備歩兵第一大隊付となって再び渡満し、関東軍経理部公主嶺派出所長を兼務した。三一年九月満州事変の勃発とともに南嶺、吉林、敦化、双城堡、懐徳、通遼の各地に転戦し、三二年九月一等主計に進んで依願予備役編入となり、国務院民政部事務官に転じて警務司総務科に勤務した。三五年九月熱河省公署に転任して総務庁経理科長に就き、同地の日本居留民会評議員、同在郷軍人分会副会長を務めた。この間、二五年九月に勲六等瑞宝章、三〇年九月勲五等瑞宝章、満州事変時の功により勲五等旭日章を授与され、三六年一二月満州帝国より勲五位に叙された。

阿部　熊一　▷3

満鉄運輸部運転課／大連市北大山

通／一八八一（明一四）二／愛媛県越智郡今治町／東京帝大工科大学機械科

一九〇六年七月東京帝大工科大学機械科を卒業した。〇七年四月に渡満して満鉄に入社し、運輸部運転課に勤務した。

阿部　勳造　▷11

満鉄瓦房店医院産婦人科医員／奉天省瓦房店敷島街／一八九八（明三一）八／広島県津田町／九州帝大医学部

広島県農業阿部梅助の四男に生まれ、一九二五年三月九州帝大医学部を卒業して同大学婦人科医局に勤務した。その後、今治病院産婦人科勤務を経て二九年一月に渡満し、満鉄瓦房店医院産婦人科医員となった。

阿部　憲一　▷11

大連株式信託会社取締役／大連市対馬町／一八九〇（明二三）二／島根県松江市殿町／島根県立松江中学校

島根県銀行員阿部万四郎の長男に生まれ、一九〇五年県立松江中学校を卒業して安田系の第三銀行に入った。九年勤めた後、同郷の先輩野津孝次郎の招きで一五年八月に渡満し、小寺洋行に入社して特産事業に従事した。一八年のシベリア出兵の際は五ヶ月間チタやイルクーツク方面を回ってバイカル地方の経済状態を視察するなどしたが、同社の経営破綻により二〇年四月大連株式信託会社に転じた。一〇年勤続して取締役に就任し、第二大連信託会社取締役支配人を兼任した。

阿部　玄三　▷12

満鉄黒河医院庶務長、正八位／黒河省黒河満鉄医院／一九〇六（明三九）九／山口県豊浦郡豊西村／大連商業学校

満鉄社員阿部助蔵の次男に生まれ、一九二五年三月大連商業学校を卒業し、同年四月満鉄に入り地方部庶務課に勤務した。二八年二月奉天省四平街医院に転勤して二九年二月同院事務助役となり、三〇年九月本渓湖医院事務助役、三三年一月蘇家屯医院事務助役、三三年六月鞍山医院庶務員を歴職した。次いで三五年一二月地方部衛生課黒河在勤を経て三六年三月黒河医院庶務長に就いた。

阿部　孝助　▷1

阿部組主／奉天／一八四八（嘉一一）／東京府東京市下谷区

嘉永元年に堀山吉兵衛の長男として江戸小石川に生まれ、幼名を吉太郎と称した。後に呉服太物商の老舗として知られた川越屋主人川越孝助の養嗣子となり、その没後に七代目を襲名した。一八八五年牛毛を原料とする製絨業を始め、その後規模を拡張して資本金三五万円で東京毛糸紡績会社とした。八八年製絨機械の購入を兼ねてフランス、イギリス、ドイツを巡遊して工業視察をし、帰国後は製造方法の改良に努めて九二年から海軍省や警視庁に納品するようになった。さらに日本織物会社、日本メリヤス会社、東京銀行、下谷銀行、東京製絨㈱、東欧貯蓄銀行などの会社設立に関わり、下谷区会議員、東京府会議員、東京市会議員、東京商工会員、東京商業会議所議員、下谷区徴兵参事員、所得税調査委員、下谷区衛生会幹事など数多くの公職に就き、九四年三月東京府第八区より衆議院議員に選出された。また臨時博覧会事務局議員、内国博覧会審査官ほか各種の博覧会・品評会の審査役を務め、九六年多年実業界に貢献した功により藍綬褒章を受けた。一九〇〇年中国に渡航して芝罘、天津、北京、上海、蘇州、杭州を視察し、〇三年には天津、北京から蒙古方面を視察した。〇四年二月日露戦争が始まると阿部組を組織して子の照太郎と共に釜山に渡り、仁川、京城、鎮南浦、平壌、安東県を経て奉天に居を定め、満鮮各地に出張所を置いて軍用達業を経営した。〇五年三月安東県に日中合弁で㈱桟漕公司を設立し専務取締役として水陸運輸業を経営したが、翌年二月に辞職して奉天に戻り、山崎信樹と共同で南門外通に盛京書局を開設して書籍文具類の販売に従事した。

安倍　三郎　▷12

満州国立高等師範学校教授／吉林文廟西胡同／一八九八（明三一）六／岩手県下閉伊郡山田町／広島高等師範学校、東北帝大法文学部

一九二四年三月広島高等師範学校を卒業し、大阪府池田師範学校教諭兼訓導となった。その後二九年に辞職して東北帝大法文学部に入学し、三二年三月に卒業して東北学院高等学部講師となった。次いで三五年三月満州国に転出して吉林の高等師範学校講師となり、同年九月教授に昇格した。

阿部　四郎　▷12

満鉄チチハル鉄路局工務処電気科員／龍江省チチハル満鉄鉄路局工務処／一九一三（大二）一二／愛知県名古屋市中区永会町／名古屋高等工業学校

一九三四年三月名古屋高等工業学校を卒業して渡満し、満鉄に入り大連保安区に勤務した。三五年三月ハイラル電気段電力副段長となり、三七年二月チチハル鉄路局に転勤して工務処電気科に勤務した。

阿部　次郎　▷12

満鉄鉄道総局付待命参事／大連市真金町／一八八五（明一八）一〇／福島県北会津郡湊村／岩倉鉄道学校建築科

会津中学校を卒業後、一九〇四年二月から〇六年二月まで郷里の湊村小学校の代用教員をした。その後上京して〇九年に岩倉鉄道学校建築科を卒業し、同年一一月に渡満して満鉄に入り工務課に勤務した。一一年一〇月公主嶺保線区、一四年三月大連保線係、二〇年二月大連工事係、同年六月大連工務事務所勤務兼大連工事係を歴職して二一年一一月大連工務事務所建築長となった。次いで二二年一二月奉天工務事務所、二五年一月大連鉄道事務所、二七年一一月奉天保線区工事助役、三一年八月長春鉄道事務所、三二年一一月新京鉄道事務所、三五年四月鉄道部工務課、三六年一〇月鉄道総局建築課に歴勤して三七年四月に待命となった。この間、満州事変時の功により木杯一組及び従軍記章を授与され、三五年四月に勤続二五年の表彰を受けた。

安部　慎一　▷12

満鉄総裁室人事課調査係主任、社員会幹事兼庶務部長／大連市桜花台／一九〇四（明三七）一二／福島県耶麻郡熊倉村／東京帝大法学部政治学科

福島県商業安部駒太郎の長男に生まれ、喜多方中学校、水戸高等学校を経て東京帝大法学部政治学科に進み、在学中の一九二八年一〇月文官高等試験行政科に合格した。二九年三月に卒業して同年五月満鉄に入り、鉄道部勤務を経て同年九月長春駅役務方となった。三一年一月同駅貨物方、三三年一一月新京駅貨物方、三三年一月同駅貨物助役を経て同年三月鉄路総局総務処人事科に転勤した。次いで三五年一一月調査係主任、三六年一〇月鉄道総局人事課勤務を経て同年一一月総裁室人事課調査係主任となった。剣道三段で、水戸高校時代に選手兼マネージャーとして第一回全国高専大会に出場して優勝した。同郷の夫人ヨシ子は会津高女を経て同志社女子専門学校を卒業した。

安部　仁六　▷11

和洋文房具及び印刷物一式／大連市浪速町／一八六六（慶二）八／大分県西国東郡高田町

大分県商業佐藤幸三郎の三男に生まれ、安部藤平の養子となった。一八八一年から下関で商業に従事した後、八七年に長崎市で貿易と荷受問屋業を始めたが九八年五月に店をたたみ、台湾に渡って台南陸軍運輸支部に勤めた。日露戦中の一九〇五年三月に渡満して大連で阿部仁商店を開業し、和洋文房具及び印刷物一式を扱った。夫婦間に子なく、養女を育てて郷里から婿を迎えた。

阿部　助蔵　▷11

満鉄大連築港所工事助役／大連市聖徳街／一八八三（明一六）一〇／山口県豊浦郡豊西村

山口県阿部浅蔵の子に生まれ、一九一〇年四月に渡満し、翌月満鉄に入社して築港事務所に勤務した。職制改正後に大連鉄道事務所大連築港所に転属し、後に工事係助役を務めた。この間、二六年四月に一五年勤続の表彰を受けたほか、二七年四月満鉄創業二〇周年に際し模範社員として表彰された。同郷の夫人ミヨとの間に四男一女があったが、長女と三男は早世し、次男玄三は大連高等商業学校を卒業して満鉄に勤務した。

阿部　誠一　▷12

阿部歯科医院長／龍江省チチハル財神廟街／一八九六（明二九）七／東京府東京市滝野川区田端町／日本歯科医学校

日本歯科医学校を卒業した後、一九二一年歯科医師開業試験に合格して東京市浅草区芝崎町で歯科医を開業した。二三年九月の関東大震災で罹災して市外目白に移転し、次いで二五年樺太に渡り真岡で開業した。三二年に東京に戻って新宿で開業したが、三四年七月に渡満してチチハルで阿部歯科医院を開設した。

阿部清右衛門 ▷12

奉天省地籍整理局開原支局員／奉天省開原県参事官公館／一九〇三（明三六）六／宮城県登米郡宝江村／東京帝大経済学部商業学科

一九二七年三月東京帝大経済学部商業学科を卒業し、さらに同大学法学部法律学科に学士入学し、在学中の二九年二月東北電灯会社嘱託となった。三三年一一月満州国官吏に転じて渡満し、安東省岫巌県参事官となった。三六年四月奉天省開原県参事官兼地籍整理局事務官に転任し、地籍整理局開原支局に勤務した。

阿部　孝作 ▷12

大連沙河口警察署長、正七位勲六等／大連市聖徳街／一八八七（明二〇）六／大分県宇佐郡佐田村

日露戦争後に渡満し、一九一〇年奉天で関東都督府巡査となった。以来勤続して二〇年一一月警部補となり、長春警察署、大連小崗子警察署、関東庁警務局勤務を経て二六年本庁属兼警部に累進した。二七年専任警部となり、引き続き警務局に勤務した後、三五年三月関東局警視となり大連沙河口警察署長に就いた。この間、三五年四月勲六等瑞宝章を授与された。

阿部　卓爾 ▷13

無限製材㈱専務取締役／安東／一八八二（明一五）一二／埼玉県川越市清水町

一九〇四年三月、日露戦争に従軍して平安南道の鎮南浦に上陸し、以後各地を転戦した。戦後いったん帰国したが、〇九年一一月大倉組土木部に入って渡満し、庶務会計係に勤務した。一五年一〇月、土木部が鴨緑江採木公司と合併して鴨緑江製材無限公司が設立されると安東本社の会計課長を務め、後に専務取締役に就任した。三六年四月に無限製材㈱と改称した後も引き続き同任に留まり、大連、奉天、吉林、新京、京城の各支店を督励して経営の衝に当たった。

阿部　猛 ▷12

満鉄牡丹江鉄路医院朝陽川診療所主任兼医員／間島省延吉県鉄路医院朝陽川診療所／一九〇七（明四〇）八／広島県佐伯郡津田町／京都帝大医学部

一九三三年三月京都帝大医学部を卒業して同大学附属病院松雄内科に勤務した後、同年五月秋田県鹿角郡毛馬内駅前の公立扇田病院毛馬内出張所に勤務した。三六年三月満鉄に転じて渡満し、鉄路総局新京鉄路医院医員となり朝陽川診療所主任兼医員を兼任した。三六年九月満鉄診療所主任兼医員となり、同年一〇月牡丹江鉄路医院朝陽川診療所主任兼医員として間島省延吉県朝陽川に赴任した。

阿部　武志 ▷12

満鉄北満経済調査所庶務係主任、社員会評議員、勲八等／ハルビン道裡斜紋街／一九〇一（明三四）一／宮城県石巻市門脇字浦屋敷／ニコライ正教神学校

宮城県阿部要太郎の四男に生まれ、一九一九年三月東京のニコライ正教神学校を卒業して大阪市の富士貿易会社に入り、同年九月ウラジオストク出張所に赴任した。二一年四月シェフチェンコ兄弟商会に転じ、二二年に同商会の業務が札免採木公司に引き継がれて同公司員となった。その後二七年七月満鉄に入社して興業部農務課ハルビン在勤、三三年ハルビン事務所庶務課勤務を経て三五年ハルビン経済調査所弁事員となり、北満経済調査所第一班主任を経て三七年四月庶務係主任となった。この間、満州事変時の功により勲八等瑞宝章を授与された。

阿部　種蔵 ▷11

日支自動車研究所長／大連市北大山通／一九〇二（明三五）一二／大分県速見郡杵築村

大分県衛藤助治の四男に生まれ、叔父阿部岩男の養子となった。鹿児島第二中学校在学時から飛行家を志して飛行機研究に熱中したが、後に自動車研究に転じ、東京の麹町と別府此花町で自動車工場を経営した。二三年二月に張作霖の飛行隊に入隊しようと渡満したが目的を果たせず、二六年九月から大連で自動車学校を経営した。

阿部　太郎 ▷11

満鉄奉天地方事務所土地係／奉天稲葉町／一八九五（明二八）四／福岡県山門郡瀬高町／早稲田大学法科

福岡県阿部一太郎の次男に生まれ、一九二〇年早稲田大学法科を卒業し、翌年渡満して満鉄に入社した。本社地方部に勤務した後、本渓湖及び開原で土地係を務め、二六年に奉天地方事務所土地係に転任した。

阿部忠一郎 ▷12

満鉄新京鉄路医院朝陽鎮診療所主任／奉天省朝陽鎮鉄路総局診療所／一九〇九（明四二）一二／秋田県北秋田郡大館町／東北帝大医学部

秋田県阿部亀五郎の長男に生まれ、一九三四年三月東北帝大医学部を卒業し、同年六月秋田県湯沢町の雄勝医療組合病院川連診療所に勤務した。三六年三月に渡満し、鉄路総局職員として奉天鉄路医院朝陽鎮診療所に赴任した。同年一〇月満鉄診療所主任兼医員に任命され、引き続き同診療所に勤務した。

阿部　常就 ▷12

満鉄公主嶺地方事務所長、社員会公主嶺連合会長、社員消費組合理事、公主嶺連合防護団長、公主嶺時局後援会長、公主嶺体育協会長／吉林省公主嶺菊地町／一九〇三（明三六）五／東京府東京市大森区新井宿／東京帝大法学部独法科

東京府阿部常美の四男に生まれ、一九二九年三月東京帝大法学部独法科を卒業し、同年五月満鉄に入社して奉天地方事務所に勤務した。三一年八月奉天省四平街地方事務所、三二年六月長春地方事務所に勤務した後、三三年九月地方部庶務課に転任し、同年一一月同課文書係主任となった。三五年一月地方課施設係主任を経て同年一〇月公主嶺地方事務所長に就き、業務のかたわら同地の連合防護団長、時局後援会長、体育協会長を務めた。

阿部　彝徳 ▷3

関東都督府属民政部警務課員、勲七等／旅順市旭川町／一八七〇（明三）六／岩手県胆沢郡水沢町

一八九三年一一月に内務省雇員となり、衛生局に勤めた。九七年三月文官普通試験に合格して同年七月から内務属となり、引き続き衛生局に勤務した。この間、中央衛生会書記、日本薬局方調査会書記、臨時検疫局書記、医術開業試験書記、薬剤師試験書記を兼任し、永楽病院事務長も務めた。関東州民政署属に転じて一九〇五年五月に渡満し、警務部衛生係主任に就いた。〇六年八月に関東都督府が設置されると、翌月から関東都督府属として民政部衛生係となった。

阿部照太郎 ▷1

三林煙公司安東県代理店／安東県／一八七五（明八）三／東京府東京市下谷区上野町／慶應義塾

東京上野の呉服太物商の老舗川越屋の子に生まれ、一八九四年に慶應義塾を卒業した。父孝助の下で家業を補佐し、大日本織物協会全国織物展覧会や染色協議会等の審査員、上野商品陳列館館長代理等を務めた。一九〇三年に独立して横浜で貿易業を経営したが、〇四年二月日露戦争が始まると父と共に渡満して安東県に阿部組を組織して軍用達業を営んだ。戦後〇六年に山崎信樹と共同で奉天南門外通に盛京書局を開設して書籍文具類の販売業を始め、後に父に経営を委ねて安東県に戻り、三林煙公司の代理店業を営んだ。

阿部　俊男 ▷12

国務院民政部衛生技術廠長、関東局移民衛生調査委員会委員、正五位勲六等／新京特別市錦町衛生技術廠長公館／一八九二（明二五）一〇／宮城県仙台市／東京帝大医学部

宮城県医師阿部貞博の長男に生まれ、一九一九年七月東京帝大医学部を卒業して伝染病研究所技手となった。陸軍省及び内務省の嘱託に転じた後、二二年文部省在外研究員として欧米各国に留学した。二五年に帰国して長崎医科大学教授となり長崎税関医官を兼務し、二六年に「発疹チブス病原ニ関スル研究」で医学博士号を取得した。三〇年に再び文部省命で欧米各国に出張した後、三二年五月伝染病研究所技師となった。三四年一一月、満州国立衛生技術廠の新設に際し廠長に迎えられて渡満した。陸軍三等軍医菊池蘇太郎の長女で日本女子大附属高女卒の夫人いよ子との間に七男があった。

阿部　睦之 ▷12

国務院民政部首都警察庁特務科長兼外事科長、満州国協和会幹事・評議員、農事補導委員、正七位勲五等／新京特別市西朝陽路南胡同／一八八九（明二二）一二／岡山県久米郡大井西村

岡山県阿部虎蔵の次男に生まれ、一九〇五年神戸通信伝習生養成所を修了して神戸郵便局に勤務した。一九一〇年徴兵されて姫路の歩兵第四〇連隊に入営し、憲兵に転科して一二年憲兵上等兵となり姫路憲兵分隊に勤務した。一六年憲兵伍長に進級して同憲兵隊本部勤務、憲兵司令部付、京都憲兵隊伏見分遣所長を歴職し、二五年六月憲兵少尉に進んで台湾憲兵隊副官となった。次いで東京憲兵隊板橋憲兵分隊長、大阪憲兵隊難波憲兵分隊長を務めた後、関東憲兵隊司令部部員となって渡満した。三四年三月憲兵大尉に累進して関東憲兵隊司令部付となり、次いで予備役編入となり満州国に転出した。三五年四月首都警察庁特務科長兼外事科長に就き、三七年三月国都建設紀年式典準備委員会警備部幹事を務めた。

阿部秀太郎 ▶14

朝鮮銀行大連支店長／大連市若狭町／一八七八（明一一）三／愛媛県越智郡今治町／東京帝大法科大学独法科

一九〇五年七月東京帝大法科大学独法科を卒業して大阪商船会社に入社した。〇六年に退社して韓国統監府に勤め、日韓併合後は朝鮮総督府理財課事務官となったが、一〇年に韓国銀行に転じた。同行が朝鮮銀行に改称した後、釜山支店長、平壌支店長、本店営業局長を歴任し、大連支店長となって渡満した。一八年一〇月大連市会議員に補欠当選し、翌年一〇月官選されたが任期中に辞任した。

阿部　広吉 ▷4

北満製粉会社工場主任／ハルビン旧市街／一八七〇（明三）一二／栃木県安蘇郡田沼町

藤原秀郷の家臣の末裔とされる峯崎家に生まれ、同郡の阿部家の養子となった。小学校を卒業して商業見習をしていたが、航海業を志して船会社に入り船舶の機関部で働いた。九八年に逓信省内管船局の試験に合格して三等機関士の免状を取得し、深川区扇橋の日本製粉㈱に入って機関士を務めた。かたわら製粉技術を習得して第二工場、兵庫工場、小石川工場等の機械据付けに携わり、一九〇八年一月から本社扇橋工場の主任を務めた。一三年一〇月に北満製粉会社が設立されると招聘され、ハルビンに赴いて同社工場主任となった。

阿部　真言 ▷11

泰東日報社長／大連市臥竜台／一八八四（明一七）一／東京府東京市小石川区林町／早稲田大学専門部政治経済科

福岡県阿部朝治郎の次男に生まれ、一九〇八年早稲田大学専門部政治経済科を卒業し、同年一一月視察旅行の目的で渡満して大連に二年半滞在し、次いで一〇年三月北京に赴いて二年余を過ごした。帰国して同志と中国問題研究と雑誌経営に従事するかたわら、満州青年運動の指導者として知られた金子雪斎の指導下に泰東日報と大陸青年団の在京用務を担当した。金子亡き後は渡満して大連の泰東日報社長となり、大陸青年団総理に就任した。

阿閉　正巳 ▷12

満州製麻㈱奉天工場事務長、奉天末広永代町会長、同福祉委員／奉天末広町／一九〇一（明三四）二／大阪府岸和田市北町／東京商科大学

大阪大倉商業学校、大阪高等商業学校を経て一九二六年三月東京商科大学を卒業し、野村㈴に入社して調査部に勤務した。三〇年九月監理部に転勤して主任となり、次いで三二年一二月監理部長代理となった。三三年一二月に退社し、渡満して奉天製麻㈱事務長に転じ、三六年五月奉天工場事務長に就いた。

阿部　譲 ▷4

朝鮮銀行ハルビン支店長／ハルビン・朝鮮銀行内／一八八〇（明一三）九／大分県速見郡中山香村／京都帝大法科大学

代々庄屋を務めた旧家の長男に生まれ、大分中学校、第五高等学校を経て京都帝大法科大学に入学した。一九〇六年七月に卒業して第一銀行本店に入行し、翌年一〇月京城支店勤務となって朝鮮に渡り、〇八年五月咸鏡北道の城津出張所主任に就いた。〇九年一一月に第一銀行の業務を引き継いで韓国銀行が設立されると韓国銀行城津出張所長となり、一〇年五月平壌支店詰を経て一二年に安東県出張所長となって渡満した。同行が朝鮮銀行と改称した後、一六年七月に朝鮮銀行ハルビン支店長に就任した。鮮銀の要職にあって多忙な中で、囲碁や絵画、詩歌を趣味とした。

阿部　要治　▷12

国務院軍政部陸軍衛生材料廠長、正五位勲四等／奉天稲葉町／一八八九（明二二）八／宮城県仙台市米ヶ袋中丁／東北帝大医学専門部薬学科

一九一一年東北帝大医学専門部薬学科を卒業し、一二年六月陸軍三等薬剤官となった。旭川、甲府、青森、旅順、大連、秋田、宇都宮、熱河省承徳、久留米の各地に歴勤し、三五年八月陸軍薬剤中佐に累進した。その後三六年八月予備役編入となり、同年九月満州国陸軍司薬上校となって渡満し、軍政部陸軍衛生材料廠長に就いた。

安部　美雄　▷12

靖安軍司令部付、従五位勲四等功五級／奉天葵町／一八九一（明二四）一一／福島県若松市南町／陸軍士官学校

一九一二年陸軍士官学校を卒業して歩兵少尉に任官し、各地に勤務して三二年八月少佐に累進して同年一二月予備役編入となった。三三年一月満州国軍歩兵中校となって渡満し、同年五月上校に進んだ。三四年七月靖安歩兵第二団長に任命され、三六年九月靖安軍司令部付となった。

安部由太郎　▷12

満鉄虻牛哨駅助役、勲八等／奉天省昌図虻牛哨駅助役社宅／一九〇八（明四一）三／大分県大分郡松岡村／大分商業学校中退

一九二二年大分商業学校一年を中退した後、二五年一月満鉄に入り安東列車区に勤務した。二六年に鉄道教習所電信科を修了して同年三月安東駅勤務となり、次いで同年一二月橋頭駅、二九年七月本渓湖駅に歴勤した。三二年五月奉天列車区車掌心得、同年八月遼陽分区車掌、同年一〇月橋頭分区車掌等を経て三六年三月助役試験に合格し、同年七月虻牛哨駅助役となった。この間、満州事変時の功により勲八等瑞宝章及び従軍記章、建国功労賞を授与された。

阿部良之助　▷12

満鉄中央試験所燃料科長、石炭研究室主任、臨時石炭液化工場建設事務所勤務、一般燃料研究室主任、鉱油研究室主任、産業部兼務／大連市黒礁屯／一八九八（明三一）一／北海道嶋牧郡嶋牧村／京都帝大工学部工業化学科

函館中学校、第二高等学校を経て一九二三年三月京都帝大工学部工業化学科を卒業し、同年五月理化学研究所に入り喜多研究室助手となった。二四年六月京都帝大工学部助手に転じた後、二八年六月満鉄に入社して技術研究所に勤務した。三〇年九月液体燃料調査委員会委員、さらに翌月工業標準規格調査会委員を兼務した後、三二年四月中央試験所石炭研究室主任となった。三三年五月欧米に八ヵ月間出張して石炭液化工業を視察し、帰任して三四年九月燃料科長兼石炭液化委員会委員となった。三五年四月石炭液化工業視察のため再び欧米各国に出張した後、同年八月臨時石炭液化工場建設事務所勤務及び一般燃料研究室主任兼務となり、翌月九月参事に昇任してさらに鉱油研究室主任・産業部勤務を兼務した。この間、三三年六月論文「液体燃料ニ関スル研究」で京都帝大より工学博士号を取得したほか、三二年二月車軸油の再製法改良により効績賞並びに金一封を授与され、三六年四月廃棄鉱油精製法改良により表彰を受けた。

安部林右衛門　▷1

満韓塩務公司専務取締役／大連市／一八六七（慶三）一二／東京府東京市日本橋区箱崎町

岩手県上閉伊郡土淵村に生まれ、後に東京市日本橋区に移籍した。東京塩問屋組合の頭取として官塩反対運動に取り組んだが、一九〇五年に塩専売法が実施されたため、満州に製塩業を興す目的で同業者に選ばれ〇六年一月に渡満した。大連民政署の協力を得て旅順、金州、瓦房店、大石橋、普蘭店、蓋平、奉天、鉄嶺、通江子、新民屯等で販路を調査し、二道溝、営口、田庄台、人橋廠、営城子、双頭湾、鳩湾、貔子窩等の製塩地を踏査した。その後民政署に意見を復命し、貔子窩と普蘭店での製塩許可を得、帰国して東京・大阪で出資者を募り、資本金一五〇万円で満韓塩業㈱を組織し、大連市駿河町に満州総局を仮設して製塩業を開始した。貔子窩と普蘭店に出張所を開設し、貔子窩は面積一三〇町歩の塩田に日本人数十人、中国人二〇〇〇人を使用し、普蘭店では三十里堡沿岸に塩田を築造した。

安星　虎男　▷12

興安西省林西県参事官／興安西省林西県公署参事官公館／一九〇五（明三八）六／宮崎県南那珂郡飫肥細田村／早稲田大学政経学部、大同学院

旧姓は阿部、後に安星姓を名乗った。早稲田大学政経学部を卒業後、満鉄に入社して熊岳城農業実習所に勤務した。その後退社して一九三二年大同学院第一期生として入学し、卒業と同時に満州国民政部属官となり錦県副参事官を務めた。三四年一〇月阜新県参事官を経て三六年興安西省林西県参事官に転任した。この間、錦州在勤時に同地の日本青年団長、三州会会長を務め、阜新在勤時に同地の日本人会顧問、在郷軍人会副長を務めた。村会・郡会・県会議員を務めた祖父と日清・日露両戦争に従軍して勲六等功七級の騎兵軍曹を父に持ち、アジア民族の指導者としての自負の下に業務に従事した。

天笠　寛三　▷12

国際運輸㈱庶務課長／大連市桃源台／一八九〇（明二三）一一／群馬県新田郡鳥之郷村／東洋協会専門学校

群馬県天笠沢次郎の三男に生まれ、県立太田中学校を経て一九一一年東洋協会専門学校を卒業し、同年一一月一年志願兵として宇都宮の歩兵第一五連隊に入営した。歩兵伍長として除隊した後、一三年五月に渡満して満鉄に入社した。昌図駅に勤務して昌図実業補習学校講師を兼務し、かたわら在郷軍人会開原支部昌図分会長を務めた。一三年一一月同駅貨物方となり、一五年九月公主嶺駅勤務、一七年九月安東駅助役兼小荷物方を経て一八年五月大連管理局営業課に転任した。二〇年一月に依願免職となって南満州製糖㈱に入り、同年七月司事、二四年一〇月庶務課長に就いた。二八年二月さらに国際運輸㈱に転じて営業課に勤務し、三〇年九月運輸課、三二年四月計画課勤務を経て同年六月陸運第一係主任となった。次いで三三年二月計画課長代理として新京に赴任した後、同年五月参事に昇任し、三六年四月労務課長を経て同年一一月庶務課長となった。

甘粕　正彦　▷12

満州国協和会中央本部総務部長、民政振興会議委員、㈾大東公司無限責任社員／大連市星ヶ浦／一八九一（明二四）一／東京府東京市渋谷区上通／陸軍士官学校

旧米沢藩士甘粕春吉の長男として仙台に生まれ、名古屋幼年学校を経て一九一二年陸軍士官学校を卒業して歩兵少尉に任官した。その後陸軍戸山学校に入学したが、負傷して憲兵に転科し、一八年八月朝鮮京畿道楊州憲兵分隊長を務めた後、朝鮮憲兵司令部副官となった。二〇年憲兵練習所に入所して二一年に修了し、憲兵大尉に進級して市川憲兵分隊長となった。二二年一月渋谷憲兵分隊長を経て二三年八月東京憲兵隊麹町分隊長兼任となり、同年九月一日の関東大震災直後に無政府主義者の大杉栄・伊藤野枝、大杉の甥の橘宗一を東京憲兵隊本部に連行して扼殺した。同年一二月軍法会議で懲役一〇年の刑を受けたが、二六年一〇月に仮出獄し、二七年七月陸軍機密費でフランスに渡った。二九年二月に帰国した後、同年七月に渡満して奉天憲兵分隊構内の軍属官舎に居住し、三一年一一月土肥原機関の手によって天津を脱出した宣統廃帝溥儀を護送するなど関東軍の裏面工作に従事した。三二年三月満州国執政府諮議となり、次いで同年五月民政部警務司長に就いたが同年七月に辞任した。その後、大東公司を創立して華北からの苦力供給業を経営し、満州国通信社理事を経て満州国協和会の業務に従事し、中央本部委員を経て三七年四月総務部長兼企画部長となった。⇒三八年七月から同年末まで満州国外交使節団副団長兼事務局長としてヨーロッパ各国を歴訪した後、三九年春に満州国協和会総務部長を辞任して同年一一月満州映画協会理事長に就任した。四五年八月二〇日、敗戦に際し新京の満映理事長室で自決した。著書に『獄中に於ける予の感想』がある。実弟の次郎は東京帝大を卒業して三菱㈾に勤務し、三郎は陸軍軍人となり、四郎は東亜同文書院を卒業して満鉄に勤務した。

天方　宗昭　▷12

満鉄総裁室員、勲七等／大連市聖徳街／一九〇一（明三四）一二／広島県広島市平野町／東京高等工業学校付設工業教員養成所電気科

中村三郎の五男に生まれ、広島市天方百吉の長女フミの婿養子となった。福岡県立小倉工業学校電気科を経て一九二四年東京高等工業学校付設工業教員養成所電気科を卒業し、同年四月に渡満して満鉄に入り南満州工業専門学校助教授となった。二九年四月奉天鉄道事務所に転任した後、三〇年六月鉄道部奉天保線事務所勤務を経て三一年八月奉天鉄道事務所鉄道課に転任し、同年九月の満州事変に際し関東軍司令部事務嘱託を務めた。三二年三月鉄道部電気課、三三年六月大連保安区長、三七年四月大連鉄道事務所工務課保安係主任を歴職して同年一〇月副参事に昇任した。三七年一月地方部工事課勤務を経て同年四月第二号非役となり、総裁室に勤務した。この間、満州事変時の功により勲七等旭日章及び従軍記章並びに建国功労賞、皇帝訪日記念章を受けた。

尼子登九一 ▷11

柳樹屯郵便局長、従七位勲六等／大連湾会柳樹屯西街／一八八〇（明一三）九／広島県広島市平塚町

広島県農業尼子清之助の長男に生まれ、一八九七年広島修道校を中退して広島局養成電気通信生となった。翌年六月卒業して判任官となり、下関局電信課に勤務した後、宇品局、山口局に転任した。一九〇四年三月、日露戦争に従軍して平壌軍用通信所に勤め、翌年五月に安東県軍用通信所に転属した。戦後も満州に留まり、〇六年八月に関東都督府が設置されると鳳凰城郵便局長となった。その後は主事として各地に勤務し、草河口、鳳凰城、金州の各局長を歴任して一七年九月に退職したが、二三年六月再び熊岳城局長に任じられ、長春局郵便課長を経て柳樹屯郵便局長に就いた。

天野　東 ▷12

満鉄奉天省四平街地方事務所経理係長、奉天省四平街愛知県人会長、奉天省四平街防護団経理係長、軍用犬協会奉天省四平街支部会計幹事、組合教会満州支部幹事・奉天省四平街教会執事／奉天省四平街南五条通／一八八四（明一七）一〇／愛知県丹羽郡犬山町／大成中学校

愛知県天野大治の長男に生まれ、一九〇四年大成中学校を卒業して同年七月犬山高等小学校訓導となった。〇九年一〇月満鉄に転じて渡満し、図工として勤務した。一一年一一月より社有建物整理事務に従事した後、産業試験場熊岳城分場、農事試験場勤務を経て三一年八月奉天省四平街地方事務所経理係長となった。プロテスタント系の組合教会に属して満州支部幹事・奉天省四平街教会執事を務め、かたわら同地の防護団及び軍用犬協会の役員に就いた。満州事変当時は経理方面を担当し、三五年に二五年勤続の表彰を受けた。

天野栄太郎 ▷12

三河屋菓子舗主、チチハル菓子同業組合長／龍江省チチハル新馬路／一九〇五（明三八）四／愛知県東加茂郡盛岡村

早くから製菓業界で働き、一九三二年八月チチハルに三河屋菓子舗を開業した。陸軍御用達となり、奉天、大連、安東、朝鮮、九州、大阪、東京、広島方面から材料を仕入れ、日本人四人、中国人八人の店員を使用して各種菓子類を製造販売した。この間、二八年に済南事変に従軍して功章を受けた。

天野　作蔵 ▷11

関東庁専売局業務課長、従六位勲六等／大連市愛宕町／一八八四（明一七）一〇／鳥取県東伯郡上北条村

鳥取県農業天野万蔵の長男に生まれ、一九一九年三月に渡満して関東都督府属となった。二三年九月理事官に昇任して金州民政署庶務課長に就き、翌年一二月大連民政署に転じた。二七年五月普蘭店民政支署長となり、翌年関東庁専売局業務課長に就任した。

天野節次郎 ▷11

文房具商、貸家業／大連浪速町／一八六八（明一）一二／愛媛県温泉郡三津浜町

愛媛県公吏天野宗平の次男に生まれ、一八九〇年から養蚕業に従事し、次いで九七年からは伊予絣の製造をした。日露戦後の一九〇六年五月に渡満して大連で文具店満書堂を営み、四年後からは貸家業も兼営した。晩年に夫人を亡くしたが、喜多流謡曲と和泉流狂言のほか、南画で一家を成した伯父天野方壺の影響を受けて南画を嗜んだ。

天野多朗介 ▷9

丸大株式店主任／奉天住吉町／一八八八（明二一）四／福井県福井市片町

一九一六年六月に渡満して大連に滞在し、翌年四月から有価証券仲介業に従事した。一八年三月大連取引所仲買人となって天野株式店を開業したが、二〇年三月に廃業して奉天に移住し、古川新之助の経営する丸大株式店に入り主任となった。

天野恒太郎 ▷11

硝子鉄材塗料卸商／長春東一条通／一八八五（明一八）四／香川県高松市福田町／小学校

高松市の漆器商天野好平の三男に生まれ、一八九六年小学校を卒業して商店に奉公した。一九〇一年にガラス商として独立した後、〇六年五月に渡満して長春でガラス・鉄材・塗料の卸商を開業した。かたわら長春貯金信託㈱専務、長春建物㈱取締役を兼務し、長春商業会議所議員を務めた。

天野　悌二 ▷11

三井物産会社奉天出張所長／奉天春日町／一八八八（明二一）七／広島県御調郡吉和村／東亜同文書院商務科

広島県の製塩業天野祥造の次男に生まれ、一九〇九年上海東亜同文書院を卒業して同年一〇月三井物産に入った。ハルビン出張所に勤務した後、二〇年七月安東県出張所長、同年一二月長春出張所長を歴任して二二年一一月奉天出張所長に就任した。

天野　光義 ▷12

浜江省珠河県参事官／浜江省珠河県公署／一九〇二（明三五）五／岡山県小田郡北木島村／拓殖大学、大同学院

広島県明道中学校を経て拓殖大学予科に入り、一九三〇年三月同大学本科を卒業した。三二年六月渡満して大同学院に入学し、同年一〇月に卒業して奉天省遼中県公署属官となった。その後三三年四月黒龍江省鳳山県公署属官、三四年一二月北安省鉄驪県公署属官等を経て三六年四月浜江省珠河県参事官となった。

天野元之助 ▷12

満鉄上海事務所調査課産業係主任、勲七等／上海黄埔灘路満鉄上海事務所／一九〇一（明三四）二／大阪府大阪市東区南農人町／京都帝大経済学部

大阪府天野駒吉の次男に生まれ、市岡中学校、松山高等学校を経て一九二六年三月京都帝大経済学部を卒業し、同年四月満鉄に入社した。地方部、大連図書館勤務を経て同年一〇月庶務部調査課に転任し、二八年一月社長室付兼務、三〇年六月総務部文書課、三一年一月満鉄育成学校講師兼任、同年八月監理部考査課に歴勤した。次いで三二年二月総務部付経済調査会調査員となり、同年三月同第一部第四班主任、三三年四月第一部第五班主任を歴任し、三四年一一月甲種支那留学生として農業経済を専攻した後、三六年一一月上海事務所に転勤して調査課産業係主任となった。この間、満州事変時の功により勲七等瑞宝章を授与された。⇒戦後は大阪市立大学教授、「中国農業史研究」で六三年度学士院賞

天野　保治 ▷12

新民税捐局副局長／奉天省新民税捐局／一八九四（明二七）五／熊本県玉名郡小天村／早稲田大学法学部英法科

熊本県天野熊八郎の長男に生まれ、玉名中学校を経て一九一九年早稲田大学法学部英法科を卒業し、二〇年二月福岡県の貝島鉱業㈱に入った。二四年八月家事の都合で退社した後、二六年六月税務署属となり福岡税務署に勤務し、二九年熊本税務署に転勤した。三三年一〇月満州国に招聘されて渡満し、浜江税務監督署に勤務した後、三四年三月同署一面坡出張所の開設とともに所長代理として赴任した。三五年九月同出張所の牡丹江移転とともに同地に転出した後、三六年一月新民税捐局副局長に就いた。

天野林之助 ▷9

東亜商業㈱ハルビン支店長／ハルビン埠頭区／一八八六（明一九）六／東京府／東京外国語学校

一九〇七年、東京外国語学校を卒業して東亜商業㈱に入社した。各地に勤務した後、ハルビン支店長として渡満した。

天春又三郎 ▷1

営口水道電気㈱支配人／奉天省営口／一八七五（明八）／三重県桑名郡益生村

一九〇二年から朝鮮仁川で「仁川商報」を発行し、同地の穀物協会、穀物市場の理事を務めた。〇六年八月営口に渡り、日中合弁による営口水道電気㈱の設立を発起し、資本金二〇〇万円で創立して支配人に就いた。営口で電気水

道事業を経営するかたわら「仁川商報」を「朝鮮日日新聞」と改題し、社長として新聞発行を継続した。

雨宮　蔀　▷9

遼陽郵便局長／奉天省遼陽郵便局官舎／一八八六（明一九）九／香川県高松市

長野県水内郡安茂里村に生まれ、一八九六年三月尋常小学校を卒業して長野郵便局に入った。その後熊本郵便局に転勤し、一九〇七年三月さらに長崎郵便局に転勤した後、〇八年八月関東都督府郵便電信局詰となって渡満した。一一年逓信局業務課郵務係長となり、一〇年余り同職を務めた後、二一年八月郵便局通信副事務官に昇進して遼陽郵便局長に就いた。

雨宮　春雄　▷3

満鉄電気作業所長、工場兼務、遼陽電灯公司監事／大連市西公園町／一八七七（明一〇）三／茨城県水戸市下市三ノ町／京都帝大理工科大学電気科

本姓は服部、一六歳で雨宮家を相続した。一九〇一年七月京都帝大理工科大学電気科を卒業して満鉄に入社し、以来勤続して電気作業所長に就き、遼陽電灯公司監事を兼任した。

雨夜　甚将　▷12

浜江省肇州県参事官／浜江省肇州県参事官公館／一九〇〇（明三三）七／北海道岩内郡前田村／拓殖大学専門部拓殖科

一九二〇年東京築地の工手学校本科を卒業した後、二五年に㈶日本青年館及び大日本連合青年団書記となり庶務主任を務め、二九年四月同嘱託となり移植事務指導を担任した。この間、勤務のかたわら拓殖大学専門部拓殖科に学んで二九年三月に卒業した。三二年八月に退職して渡満し、三三年一月満州鉱区国務院民政部総務司員となり、同年九月地方司に転任した。三五年一月浜江省木蘭県代理参事官となり、同年一一月同県参事官を経て三六年八月同省肇州県参事官に転出した。

甘利　四郎　▷1

ハルビン日本人会理事／ハルビン／一八八〇（明一三）一二／長野県上水内郡三輪村／東京外国語学校露語科

長野中学校を卒業して上京し、一九〇四年東京外国語学校露語科を卒業し陸軍通訳として日露戦争に従軍した。旅順に勤務した後、戦後同地の軍政署に勤務してロシア人の慰留財産整理に従事した。その後辞任してウラジオストクに渡り、シベリア内地を旅行して帰国した。〇七年再び渡満してハルビンに入り、同地の日本人会が組織されると理事となった。かたわら朝鮮人有志に働きかけてハルビン朝鮮人会を組織させ、間接的にこれを指導監督した。

網本正三郎　▷12

満鮮拓殖㈱経理課長兼金融課長／新京特別市城後路／一八九二（明二五）一二／兵庫県神戸市兵庫区門口町／東京高等商業学校専攻部銀行科

神戸の米問屋網本万吉の次男に生まれ、一九一五年神戸高等商業学校を卒業して東京高等商業学校専攻部銀行科に進み、一七年に卒業して横浜正金銀行本店に勤務した。大阪支店、神戸支店に転勤した後、一九年三井物産に転じて本店業務課に勤務した。二二年に退社して渡満し、奉天の満蒙毛織㈱に販売課長を務めたが、二四年に退社して帰国し、四国生糸会社宇和島工場長となり、二五年から高知工場長を兼務した。二九年に退社して宇和島で製糸業を自営した後、三三年に廃業して翌年再び渡満し、奉天の東亞勧業㈱に入った。三六年九月に満鮮拓殖㈱となると、同社参事となり経理課長と金融課長を兼任した。

雨森　良意　▷10

白十字医院長／大連市西崗街／一八七六（明九）五／京都府京都市上京区車屋町／京都府立医学校

名古屋に生まれ、一八九六年京都府立医学校を卒業して医療に従事した。一九〇二年清国政府に招聘されて北洋武備学堂、参謀学堂、将弁学堂、直隷商業学堂の教官兼医長を務め、参謀学堂が軍官学堂、北洋武備学堂が全省陸軍学堂に改められた後も勤続し、戦時衛生勤務に関する諸規定等を制定して清国より中華民国双竜三等第一宝星を受賞した。一九年から大連に在住し、西崗街に白十字医院を開設して診療に当たった。

天羽篤五郎　▷12

東洋拓殖㈱大連支店次長、正八位勲八等／大連市松山町／一八九八

（明三一）七／徳島県板野郡撫養町／京都帝大法学部

徳島県天羽久米弥の五男に生まれ、一九二三年三月京都帝大法学部を卒業して東洋拓殖㈱に入社した。東京本社貸付課、同資金課、大連支店、本社貸付課、朝鮮沙里院支店詰を経て三五年大連支店次長となって渡満した。実兄の天羽英二は東京高等商業学校を出て外交官となり、日独伊三国同盟締結の衝に当たった後、外務次官、情報局総裁等を務めた。

綾末　広　▷11

大連海務協会嘱託、船舶検査員、正七位勲六等／大連市明治町／一八八一（明一四）五／香川県三豊郡下高瀬村／県立栗島航海学校

香川県農業綾末弥四郎の五男に生まれ、一九〇三年五月香川県立栗島航海学校を卒業し、アジア航路の汽船に乗務した。日露戦争に従軍した後、〇八年一〇月関東都督府技手となって海務局港務課に勤務した。一三年一二月港務課長に就き、二三年四月から関東州船舶職員、水先人懲戒委員、大連海務協会常任委員を兼任した。二八年七月技師六等に進んで退官し、大連海務協会嘱託、船舶検査員を務めた。

綾野シナ子　▷12

天勝旅館主／龍江省チチハル財神廟街／一八八五（明一八）五／香川県香川郡池西村

早くから渡満して各地で働いた後、三二年四月チチハルに移り、資金一万円を投じて財神廟街で旅館を開業した。客室二二、収容人員一〇〇名の規模を持ち、関東軍、日本総領事館、警察署、ＪＴＢ、国務院土木局の指定旅館として日本人八人、中国人二人の従業員を使用した。

綾部　新吉　▷11

大連海関鑑定官／大連市若狭町海関官舎／一八七五（明八）九／東京府東京市芝区西ノ久保広町

鹿児島県官吏国分友俊の五男に生まれ、綾部くらの養子となった。一九〇六年二月東亜通信社員として渡満したが、翌年七月に大連海関試用稽査員に転じ、以後三等稽査員、二等稽査員、一等稽査員、二等副験貨員、一等副験貨員、二等験貨員、一等験貨員と累進し、超等二級験貨員兼署験估員（鑑定官）となり、大連、牛荘、漢口、青島、福州に勤務した後、大連海関鑑定官に就いた。

阿山　隆介　▷9

横浜正金銀行奉天支店長／奉天木曽町／一八八六（明一九）二／東京府東京市芝区高輪北町／シアトル・ハイスクール

一九〇〇年に渡米してシアトル・ハイスクールで商業・経済を学び、〇六年に帰国して横浜正金銀行に入った。東京、大連、シンガポールの各支店に勤務した後、二一年五月奉天支店長となって渡満した。

菖蒲　清次　▷12

ハルビン列車段列車助役、在郷軍人会列車段班長、消防組役員、勲八等／ハルビン海城街／一九〇五（明三八）一／佐賀県佐賀郡高木瀬村／満鉄従業員養成所電信科

佐賀県菖蒲徳一の次男に生まれ、一九二〇年満鉄従業員養成所電信科を修了し、同年一〇月長春駅に勤務した。二九年四月長春列車区、三二年一二月新京列車区鉄嶺分区、三三年四月蚯牛哨駅勤務を経て三五年六月ハルビン列車段副段長となり、三六年一〇月同段列車助役に就いた。この間、満州事変時の功により勲八等従軍記章及び建国功労賞を受けたほか、三六年四月に一五年勤続の表彰を受け、在郷軍人会列車段班長、消防組役員、満州国協和会委員を務めた。

鮎川　義介　▷13

満州重工業総裁／一八八〇（明一三）一一／山口県豊浦郡長府町／東京帝大理工科大学機械工学科

旧山口藩士鮎川弥八の長男に生まれ、中学・高校を郷里で終えて東京帝大理工科大学機械科に入学した。母ナカは井上馨の姪で、その妹が井上の養子勝之助に嫁した縁もあり、東京の井上別邸で玄関番をしながら通学した。一九〇三年に卒業すると経歴を伏せて芝浦製作所に職工として入社し、二年後にアメリカに渡って鍛鋳鉄製法を学んだ。帰国して一〇年に井上の援助で福岡に戸畑鋳物㈱を設立し、さらに二八年には妹婿の久原房之助から久原鉱業を受け継いで日本産業と改め、後に日立製作所、日産自動車、日本鉱業等を中核とする日産コンツェルンを形成した。三七年一二月、国策の下に日産を満州に移し、満州産業開発五ヵ年計画の遂行機関として満州重工業開発㈱が設立されると総裁に就任し、満鉄経営の重工業部門を傘下に置いて経営にあたった。⇒敗戦後は戦犯に指名され、公職追放解除後の五三年四月参院議員に当選し、五九年六月の選挙でも当選したが選挙違反事件で議員を辞職した。この間、日本中小企業政治連盟総裁、岸内閣最高顧問、全国中小企業団体中央会会長、中小企業共済事業団理事長等を務めた。六七年二月没。

荒井　章　▷12

満州医科大学助教授兼同専門部助教授、同大学附属医院副医長／奉天葵町／一九〇四（明三七）二／東京府東京市世田谷区新町／満州医科大学

東京府土木技師荒井緑の三男に生まれ、一九〇七年満鉄技師となった父に伴われて渡満した。旅順第一中学校を経て一九三〇年三月満州医科大学を卒業し、副手兼医員嘱託として同大学付属医院耳鼻科に勤務した。三一年二月助手に進み、三五年四月専門部講師兼任、三六年五月看護婦養成所講師兼任を経て同年七月助教授となり、専門部助教授及び附属医院副医長を兼任した。この間、三四年四月満州事変時の功により陸軍省より大盾及び従軍記章を賞賜され、三六年一二月同大学より医学博士号を授与された。父の緑は満鉄を退社して一時帰国したが、三三年に再び渡満して奉天で今井組技師長を務めた。

荒井卯三郎　▷8

料理店金城館主／奉天／一八六四（元一）／愛知県名古屋市玉屋町

一九〇四年八月、日露戦争に際し軍隊慰問のため活動写真班を組織して釜山に渡り、朝鮮、満州各地を巡回興行した。その後鉄嶺で弥生活動写真館を経営したが、〇九年八月、奉天城内北什字街で堀内氏が経営していた料理店金城館が同氏の帰国により閉鎖となるのを民会会長井深彦三郎の斡旋で譲り受けた。一四年一一月十間房に新築移転し、一九年には「御殿の間」を増築し奉天有数の料理店として知られた。

新井　清　▷12

龍江省甘南県参事官／龍江省甘南県参事官公館／一九〇四（明三七）七／北海道常呂郡野付牛町／早稲田大学政治経済科、大同学院

北海道新井宇太郎の長男に生まれ、一九三〇年早稲田大学政治経済科を卒業した。その後渡満して大同学院に入り、三二年一〇月に卒業して奉天省開通県属官となった。次いで三四年一一月龍江省鎮東県属官に転任し、三五年一一月同省甘南県参事官となった。

荒井啓五郎　▷12

満鉄大連鉄道事務所営業課員／大連鉄道事務所営業課／一八九六（明二九）九／宮城県仙台市二日町／東洋協会専門学校

宮城県荒井啓吉の五男に生まれ、県立第二中学校を経て一九一九年東洋協会専門学校を卒業し、同年満鉄に入社して大連埠頭事務所海運課に勤務した。勤続して輸入主任に累進した後、三六年一〇月大連鉄道事務所営業課に転任した。

荒井　啓策　▷11

請負業志岐組店員／奉天省鞍山北四条町／一八八八（明二一）六／和歌山県西牟婁郡周参見町／関西商工学校

和歌山県農業荒井利太郎の次男に生まれ、一九〇六年一月大阪の松村組に入り、かたわら関西商工学校に学んで〇八年に卒業した。一一年二月に松村組大連出張所員として渡満したが、翌年一月の出張所撤退に伴い退職して同地の上田工務所に入った。一五年一月から青島出張所に勤務したが一七年三月に同社を辞し、翌年六月㈾間組に入った。建築部員として鞍山出張所に勤めたが、二三年同組の朝鮮引き揚げに際して退職し、建築請負業の志岐組に転じて引き続き鞍山に居住した。

荒井　栄　▷1

日清通運公司昌図支店長／奉天省昌図／一八七二（明五）一一／北海道勇払郡植苗村

北海道に移住した旧会津藩士の子に生まれた。日清戦争後に厦門、福州等で諸種の事業に携わった後、一九〇五年一〇月朝鮮の政党一進会に招かれて産業調査委員を務めた。〇六年昌図軍政署に招かれて産業調査に従事し、軍政署が廃止されると同地の日清通運支店長に就いた。さらにこれとは別に鉄昌洋行の名で煉瓦製造業を経営したほか、昌図駅構内に酒保を設けて食料品雑貨を販売した。

新井　三郎　▷12

巴屋洋服店主、牡丹江防護団庶務／浜江省牡丹江昌徳街／一九〇〇（明三三）一／群馬県碓氷郡岩野谷村

群馬県新井徳次郎の三男に生まれ、義務教育を終えて前橋の洋服屋に奉公し、仕立てと販売に従事した。一九三三年八月に渡満して旅順市大津町で洋服商を開業し、次いで三五年三月牡丹江に移り、南牡丹江站で食堂を営んだ。その後同地昌徳街に巴屋洋服店を開設して仕立職人一〇人と店員二人を使用し、陸軍御用達として洋服の製造販売業を経営した。食堂経営時、站前の草叢に覆われた忠魂碑を朝夕清掃して衆望を集め、同地の防護団庶務を務めた。夫人るいとの間に一女甫子があり、旅順高女に学んだ。

新井　重美　▷12

新井病院長／ハルビン道裡大同路／一九〇二（明三五）四／長野県松本市土井尻／東京帝大文学部、新潟医科大学

長野県新井明八の長男に生まれ、東京帝大文学部を卒業後さらに新潟医科大学を卒業した。一九三二年千葉県東葛飾郡高木村で医院を開業したが、三四年六月に渡満してハルビン道裡で新井病院を開業した。診療のかたわら『北満歌人』の同人として短歌を能くした。

新井　重巳　▷12

満鉄産業部鉱業課鉱務係主員／大連市鳴鶴台／一九〇三（明三六）一／栃木県足利市栄町／東亜同文書院商務科

栃木県新井巳也の次男に生まれ、東京府立第三中学校を経て一九二三年三月上海の東亜同文書院商務科を卒業し、同年六月満鉄に入り庶務部庶務課に勤務した。二六年一〇月興業部庶務課、二七年一二月満鉄育成学校講師兼任、三〇年六月殖産部庶務課、三一年八月地方部商工課、三四年五月経済調査会調査員兼任を歴職した。次いで三五年二月同鉱務係主任、同年一〇月経済調査会第二部鉱山班主任を経て三六年一〇月産業部の発足とともに同鉱業課鉱務係主任となった。この間、満州事変に際し奉天省公署諮議として実号庁の設置に尽力し、金盃一組を授与された。

荒井　静雄　▷12

満州国参議府秘書局長兼監察院監察部長／新京特別市錦町／一八九四（明二七）一一／新潟県高田市市橋町／東京帝大法科大学政治学科

貴族院議員で枢密院顧問官を務めた荒井賢太郎の長男に生まれ、一九一九年七月東京帝大法科大学政治学科を卒業して満鉄に入社した。在社一三年の後、三二年六月満州国政府に招聘されて参議府秘書局長に就いた。三四年一二月恩賞局長を兼任して国都建設紀年式典準備委員会参与を務めた後、三五年七月監察院監察部長兼任となった。枢密院顧問官水町袈裟六の次女で東京三輪田高女出身の鶴を夫人とした。

荒井　省吾　▷1

宝商行大連支店主任／大連市監部通／一八五八（安五）九／大阪府大阪市東区北浜

長野県に生まれ、後に大阪市東区に移籍した。一八八二年から大阪府庁に勤務したが、九四年に退職して会社員となり、後に神戸の宝商行に入った。一九〇六年二月大連支店主任となって渡満し、官製煙草、石油、マッチ、洋蝋、和洋酒類の販売に従事した。

新井　信次　▷11

満鉄参事／大連市山城町／一八八六（明一九）一一／東京府東京市牛込区新小川町／東京外国語学校支那語科

東京府医師新井八郎の次男に生まれ、一九〇五年東京外国語学校清語科を卒業した後、〇九年外務省に入った。奉天総領事館、安東領事館、天津総領事館に勤務した後、間島総領事館琿春分館主任となったが、二二年に官を辞して満鉄に入り東京支社庶務課長代理を務めた。二三年一二月、満鉄参事となって再び渡満した。

新井静一郎　▷12

満鉄地方部庶務課人事係主任、地方行政権調整移譲準備委員会委員、社員消費組合総代／大連市伏見町／一九〇一（明三四）一一／兵庫県姫路市五郎右衛門邸南／早稲田大学独法科

兵庫県新井智三郎の次男に生まれ、姫路中学校を経て一九二三年三月早稲田大学独法科を卒業し、同年五月満鉄に

入社した。地方部庶務課、長春地方区、長春地方事務所勤務を経て地方部地方課土地建物係主任、同施設係主任を歴職した。三五年一月地方部庶務課人事係主任となり、三六年九月参事に昇格して翌年五月まで庶務課文書係主任を兼務した。

新井 仙吉 ▷8

瑞泰洋行主／奉天／一八七七（明一〇）五／香川県綾歌郡法勲寺村

北清事変の際に陸軍用達商として北京に渡り、一九〇〇年七月木暈爾楼に瑞泰洋行雑貨部を開業した。日露開戦となって〇四年三月に帰国したが、すぐに陸軍用達となって仁川、鎮南浦を経て同年五月大孤山に上陸し、第四軍淀泊司令部付用達を務めた後、同年一〇月営口を経て遼陽に転じ、遼東半島病院第四軍経理部用達となった。〇五年三月第一六師団遼陽守備軍の駐屯に伴い営口で同守備軍の用達を務め、〇七年三月奉天の第五六連隊付御用商に転じた。一〇年に軍用達を廃業して奉天旧西塔で瑞泰洋行を開業し、一二年柳町に新築移転して満鉄販売課の石炭運搬請負業を営んだ。かたわら一八年に鞍山に㈾調進舎を設立して建築費二〇万円で満鉄代用社宅建築を請け負い、次いで満鉄の指定を受けて鞍山製鉄所の銑鉄およびコークスの販売業を経営し、一九年には立山に㈾瑞泰号を創立して焼酎の醸造販売を開業した。鞍山と立山の両事業所を経営しつつ奉天では東三省兵工廠等の土木建築請負業を主とし、二二年五月富士町に工費四万円で大店舗を新築した。本業の他に奉天窯業㈱取締役、奉天運輸㈱監査役、遼鞍印刷㈱監査役を兼任した。

荒井 退造 ▷12

ハルビン警察庁刑事科長／ハルビン警察街警察庁刑事科長公館／一九〇〇（明三三）九／栃木県芳賀郡清原村／明治大学専門部

宇都宮中学校を経て一九二三年三月高千穂高等商業学校を卒業し、警視庁巡査となった。勤務のかたわら二七年に明治大学専門部を卒業し、同年一二月警部補、二八年七月技手兼警部、同年九月属兼警部、二九年二月保安部交通課交通係長を歴職した。三二年四月警視に累進して麻布六本木警察署長、三三年四月神田万世橋警察署長を歴任し、三四年一二月に依願免官した。三五年四月国務院民政部首都警察庁理事官に転じて渡満し、司法科長を経て同年一二月ハルビン警察庁刑事科長に転任した。

荒井 敏夫 ▷11

大連第一中学校教諭、正八位／大連市錦町／一八九八（明三一）六／新潟県高田市／國學院大学国文科

新潟県神職水野直蔵の三男に生まれ、祖父の荒井家を相続した。一九二一年三月国学院大学国文科を卒業し、一年志願兵として同年一二月高田の騎兵第一七連隊に入営した。二三年一一月に除隊して高田中学校教諭を務めた後、二七年四月に渡満して大連第一中学校教諭となり、国語及び漢文科を担当した。この間、二五年四月に予備陸軍騎兵少尉となり、大連在住中は在郷軍人会大広場分会評議員を務めた。漢詩を嗜んだほか、馬術、剣道、弓道、写真、ヴァイオリンを趣味とした。

荒井偕太郎 ▷12

満鉄新乾駅長／朝鮮咸鏡北道新乾駅長社宅／一八九六（明二九）九／群馬県新田郡尾島町／群馬県立太田中学校四年修了

群馬県荒井種作の長男に生まれ、県立太田中学校四年を修了して樺太に渡り、一九一三年六月樺太庁通信吏員養成所を修了した。樺太庁管下の各地で通信事務員を務めた後、関東庁に転じて渡満した。次いで二九年六月朝鮮総督府鉄道局に転じて竜山駅電信方となり、同鉄道が満鉄に経営を委託された後、京城列車区車掌心得、同車掌、北鮮鉄道管理局経理課事務助役、鐘城駅助役、九竜坪駅助役、古茂山駅助役に歴任し、三六年九月新乾駅長に就いた。

荒井 信行 ▷11

撫順永安小学校訓導／奉天省撫順北台町／一八九三（明二六）一一／富山県上新川郡福沢村／富山県師範学校

富山県教員荒井知常の長男に生まれ、一九一三年三月富山県師範学校を卒業して郷里の熊野小学校訓導となった。同県女子師範学校に転任した後、二三年四月に渡満して撫順千金小学校訓導となり、二七年四月永安小学校訓導に転じた。実妹の園子も結婚後に大連に居住した。

新井　決　▷11

満鉄大石橋医院長／奉天省大石橋宣武街／一八九五（明二八）一／福島県耶麻郡豊川村／大阪医科大学

福島県新井円次の長男に生まれ、一九二一年大阪医科大学を卒業し、同大学小幡外科の副手となった。二二年五月から大阪西区の井上病院に勤めたが、二四年一月に渡満して満鉄に入社し、鉄嶺医院、長春医院の各外科医長を経て大石橋医院長に就いた。

新井三喜男　▷11

写真業／奉天省撫順中央大街／一八八三（明一六）二／長野県更級郡更府町／県立長野中学校

長野県農業新井市兵衛の三男に生まれ、一九〇四年県立長野中学校を卒業して上京した。写真術を六年修業するなど在京十数年の後、一七年五月に渡満して旅順の中央大街で写真業を開業した。

荒井　緑　▷12

今井組技師長、勲五等／大連市乃木町／一八七六（明九）四／東京府東京市世田谷区新町／京都帝大理工科大学土木科

安松勘四郎の次男として新潟県高田市に生まれ、後に荒井宗二の養子となった。一九〇一年七月京都帝大理工科大学土木科を卒業して兵庫県技師となった。鉄道作業局技師に転じた後、〇七年に渡満して満鉄技師となり総務部技術局土木課に所属して安奉線広軌改築工事に従事した。南満州工業学校教諭を兼務した後、一七年に欧米を歴遊し、帰社して撫順炭砿工作部長兼土木課長となり撫順新市街の建設に当たった。二三年に帰国して岐阜市都市計画課長を務めた後、二七年から東京に居住して土木工事顧問をし、かたわら㈱太田組取締役を務めた。三三年奉天市政公署技師長となって再び渡満し、工程処長を経て技正となったが、同年九月に辞職して今井組技師長となった。長男清は大蔵省専売局技師となり、三男章は奉天の満州医科大学を卒業して同大の助教授となった。

荒井芳太郎　▷11

関東庁逓信局工務課機械係長心得、勲七等／大連市水仙町／一八八八（明二一）七／埼玉県比企郡小川町／東京逓信官吏練習所技術科

埼玉県農業荒井民次郎の四男に生まれ、一九一二年六月に渡満して関東都督府通信管理局に勤務した。この間、東京逓信官吏練習所技術科に学んで一五年四月に卒業して帰任し、同年八月関東都督府通信技手となった。二〇年一〇月の通信官署官制改正により関東庁通信技手となり、翌年七月から八ヶ月間関東庁在外研究員としてアメリカに派遣されて自動交換の研究に従事した。二四年一二月に第一修繕部担当を兼務し、二七年五月に工務課機械係長心得となり南満州工業専門学校講師嘱託を兼務した。

荒井　善治　▷12

満鉄鉄道総局建築課員／奉天満鉄鉄道総局／一九〇二（明三五）七／兵庫県神戸市下山手通／工業専門学校

兵庫県荒井善太郎の長男に生まれ、一九二五年工業専門学校を卒業して東京の松下尾山建築事務所に勤務した。その後二六年に渡満して満鉄に入り、地方部建築課に勤務した。次いで鉄路総局工務処工務科に転任し、三六年一〇月鉄道総局建築課勤務となった。洋楽を趣味とし、ヴァイオリンとチェロ、ギターの名手として知られた。

荒尾采諏茂　▷12

満鉄吉林工務段保線助役／吉林敷島街／一八九〇（明二三）六／山口県吉敷郡小郡町／熊本高等工業学校附属夜学科

山口県荒尾成之の次男に生まれ、東京の成城中学校を経て一九一三年熊本高等工業学校附属夜学科を卒業し、鉄道院に入り小郡建設派出所に勤務した。二六年一二月広島保線事務所に転勤した後、門司鉄道局下関保線区建築手、正明市保線区保線手を歴職した。三三年一二月満鉄に転じて渡満し、図們建設事務所線路係となり林密線第一工区主任を務めた。三五年二月吉林工務段に転任し、保線副団長を経て保線助役となった。一九三七年七月墨爾根工務段長となる。

荒尾　文雄　▷10

東三省海軍顧問、海軍少尉、正四位勲三等功五級／奉天荻町／一八七八（明一一）八／広島県呉市本通／海軍機関学校

東京市赤坂区霊南坂町に生まれ、一九〇〇年横須賀の海軍機関学校を卒業して海軍機関少尉に任官した。日清戦争、北清事変、日露戦争に従軍して一七年六月大佐に進級し、舞鶴工廠検査官、第二戦隊機関長を経て一九年一一月旅順工作長兼機関長となって渡満した。その後二二年一二月少将に進んで呉鎮守府付となり、同年同月待命・予備役編入となり、渡満して満鉄に入った。二二年四月のワシントン海軍軍備制限条約により旅順要港部が縮小され、翌年四月修理工場の業務を継承して満州船渠㈱が設立されると常務取締役に就くかたわら旅順市会議員を務めた。二七年春に退社して東三省海軍顧問に就き奉天に移住した。

荒尾龍太郎　▷3

満鉄奉天駅長／奉天新市街満鉄社宅／一八七〇（明三）九／鳥取県鳥取市西町

一八九〇年東海道線鉄道局に入り、運輸本部に勤務して運転計画業務に従事した。一九〇七年五月に渡満して開業直後の満鉄に入り、運輸課に勤務した後、一一年一〇月奉天駅長に就任した。

荒賀　直彦　▷12

満鉄撫順炭砿大山採炭所長兼監査係主任／奉天省満鉄撫順炭砿大山坑／一八九七（明三〇）一／東京府東京市麹町区一番町／東京帝大工学部採鉱科

東京府荒賀直順の長男に生まれ、一九二一年東京帝大工学部採鉱科を卒業し、同年六月満鉄に入社して撫順炭砿老虎台採炭所に勤務した。三二年一月老虎台坑内係主任、同年八月撫順炭砿採炭課坑内掘係技術担当員、同年一二月大山採炭所勤務を経て三三年四月煙台採炭所長となり監査係主任を兼務した。三六年九月参事に昇格し、同年一〇月大山採炭所長兼監査係主任となった。この間、満州事変時の功により軍士像及び従軍記章を授与され、三七年四月勤続一五年の表彰を受けた。

荒川　勇男　▷1

荒川工程局主、正八位／大連市／一八六六（慶二）九／東京府東京市麻布区飯倉町／海軍大学校

鹿児島市二本松馬場に生まれ、後に東京市麻布区に移籍した。一八八二年海軍主計学校に入学して八六年に卒業し、主計補として会計局に勤務した。石川丸、竜高千穂丸等の海上勤務を経て八九年主計学校計算課長となり、同年海軍大学校に入学した。九〇年に卒業して満珠艦主計長心得となり、翌年大主計補缺として呉海兵団に勤務した。その後再び海上勤務となり竜驤艦に乗務したが、九三年病気のため退役し、同年郡司大尉の一行に加わって千島択捉島に上陸して一年ばかり滞在した。九四年日本郵船会社に入り、土佐丸、金州丸、三池丸、傭船アロヨ号等に乗務して中国沿岸、東南アジアの各所に航行した後、旅順丸に乗務して軍艦八島回航員をのせてロンドンに渡航した。九七年三井物産に転じ、横浜支店勤務を経て東京本社船舶係に転任し、佐渡相川湾で座礁した布引丸の調査に従事した後、九九年に退社した。一九〇〇年義和団事件の際に御用船に便乗して李鴻章の一行に加わり、天津を経て北京に入った。その後天津に在住して土木建築請負業を開業し、天津専管居留地の測量、日本郵船会社塘沽出張所・桟橋の造営、天津駐屯軍司令官官舎、三井物産天津支店・倉庫、大阪内外綿会社天津支店・倉庫のほか、袁世凱の貴賓室・同各顧問官舎、英国教会・同貧民病院等の諸工事を請け負った。日露戦争が始まると〇五年一月に渡満して大連市信濃町に荒川工程局を開設し、土木建築請負業を営むかたわら満州開原の知県陶氏の依頼で大砲と小銃を調達し、翌年には旅順口鎮守府工作廠への一年分の石炭運搬を請け負った。旅順に出張所を置き、奉天、鉄嶺、昌図に派出所を置いて民政部の官舎・警務署庁舎その他の新築工事を請け負った。この間、日露開戦時にチチハル、ハルビンなど北満各地から避難して帰国のため山海関に集合した三〇〇人余りの引揚者に義捐金数千円を贈ったほか、恤兵金二〇〇円を東京府に寄付して感謝状を受けた。

荒川海太郎　▷12

吉林省公署総務庁総務科長、吉林省地方土地委員会委員／吉林省公署総務庁総務科／一九〇〇（明三三）二／長野県南安曇郡穂高町／京都帝大法学部

長野県立大町中学校、松本高等学校を経て一九二九年三月京都帝大法学部を卒業し、同年一〇月奉天の東亜勧業㈱に入社した。満州事変の勃発とともに三一年一一月自治指導員として復県に派遣され、建国後の三二年一〇月復県参事官となった。三五年九月国務院民政部事務官に転任して地方司総務科に勤務し、三六年九月吉林省公署総務庁総務科長となった。この間、二八年六月帝国学士院より羅馬法研究奨励賞を受けた。

荒川　金一　▷12

新京薬品㈱取締役／新京特別市豊楽路新京特別市薬品㈱／一九〇六（明三九）七／愛知県名古屋市中区島西町

愛知県荒川勘五郎の長男に生まれ、富山薬学専門学校を卒業して㈴荒川長太郎商店に入った。その後、静岡カフェイン工業所㈱、大日本化学工業㈱の取締役となり、東海産業㈱、㈱シナ忠ホテルの監査役を歴任した後、新京薬品㈱取締役に就いた。

荒川　秀次　▷12

吉林省公署民政庁行政科長／吉林省公署民政庁行政科／一九〇七（明四〇）九／東京府東京市向島区隅田町／東京帝大法学部法律学科、大同学院

東京府荒川豊蔵の次男に生まれ、府立第三中学校、第一高等学校を経て一九三二年三月東京帝大法学部法律学科を卒業した。同年六月に渡満して国務院資政局訓練所に入り、同年一〇月改称後の大同学院を卒業して国務院民政部属官となり総務司調査科に勤務した。三四年二月敦化県属官に転任した後、三六年三月吉林省公署民政庁行政科長に就いた。

荒川　充雄　▷11

在牛荘領事、従六位／牛荘領事館内／一八八三（明一六）三／熊本県八代郡八代町／東京外国語学校ドイツ語科

一九一〇年東京外国語学校ドイツ語科を卒業した後、一九年一〇月文官高等試験外交科に合格し、二〇年一月領事官補となり安東領事館に在勤した。次いで二一年九月外務事務官となって本省亜細亜局に転勤し、二二年六月外交官補となりオーストリア公使館に赴任した。二三年五月三等書記官を経て二五年三月に高等官五等に進み、二八年七月牛荘領事となって再び渡満した。

荒川　六平　▷9

安東煉瓦㈱専務、満鮮製缶木材㈱取締役、安東窯業㈱取締役、安東株式商品取引所監査役、安東居留民団議長／安東県二番通／一八七九（明一二）二／香川県仲多度郡琴平町／明治法律学校

明治法律学校を卒業して渡満し、安東煉瓦㈱、満鮮製缶木材㈱、安東窯業㈱、安東株式商品取引所等の各種会社役員に就いた。かたわら同地の居留民団に関係して一九一八年から民会議員を務め、一九年行政委員となり、二二年三月議長に推挙された。

荒木　猪象　▷12

日清印刷所㈱取締役兼支配人／大連市鳴鶴台／一八八七（明二〇）七／熊本県玉名郡鍋村

一九二三年、門田新松の経営する大連の日清興信所に入った。二九年に日清印刷所㈱に改組されるとともに取締役となり、支配人に就いた。

荒木　伊平　▷11

㈾桃林舎主／大連市桃源台／一八六五（慶一）一〇／石川県江沼郡大聖寺町

石川県の生糸絹織物問屋業荒木公之の長男に生まれ、一八八四年陸軍に志願入隊した。一年半在営して除隊し、以後は国内各地で生糸絹織物の輸出貿易や製糸場を経営した。その後九四年の日清戦争に従軍し、輜重一等軍曹として予備役編入となった。日露戦争末期の一九〇五年六月に渡満し、末永純一郎とともに遼東新報社を創立して理事に就いた。〇八年に同社を辞し、大連に㈾桃林舎を創業して牧場経営を始め、一九年に大連牛乳㈱を創業して専務取締役に就いた。二〇年三月に大連郊外土地㈱が創業すると取締役に就任したほか、満州製菓㈱社長、大連造林協会会長も務めた。漢詩、書画、篆刻のほか謡曲を趣味としたが、今様能狂言師和泉祐三郎を父に持つ後添いの薫も謡曲と仕舞に優れた。

荒木　馨　▷12

満鉄地方部学務課視学、地方行政権調整移譲準備委員会幹事／大連市東公園町満鉄本社地方部学務課／一八八八（明二一）七／福井県大飯郡高浜町／福井県師範学校

福井県荒木久蔵の三男に生まれ、一九〇九年福井県師範学校を卒業して郷里の高浜小学校訓導となった。同郡内の各小学校訓導を歴任した後、一八年に渡満して満鉄開原公学堂教諭に転じた。大連の満鉄教育研究所で七ヶ月間中国語の研修を受けた後、二二年四月撫順公学堂長となり、奉天公学堂長を経て三六年九月地方部学務課視学となった。

荒木勝太郎 ▷12

大連汽船㈱機関長／大連市柳町／一八八八（明二一）二／富山県射水郡新湊町／大阪市立高等商業学校

富山県荒木長吉の次男に生まれ、一九〇六年大阪市立高等商業学校を卒業した。一三年四月大連汽船㈱に入社して同年六月一等機関士となり、次いで一七年八月機関長となった。

荒木　清 ▷12

荒木医院主、日本赤十字社チチハル支部診療所長／龍江省チチハル新馬路／一九〇〇（明三三）三／熊本県熊本市古川町／南満医学堂

熊本県荒木治三郎の長男に生まれ、一九二二年奉天の南満医学堂を卒業し、同年七月満鉄に入り奉天医院に勤務した。二四年一〇月大連医院に転勤した後、二六年八月に満鉄を退社して青島の同仁病院に転じた。二七年六月芝罘で開業した後、さらに三六年八月チチハルに移って荒木医院を開設し、同地の日本赤十字社支部の診療所長を兼務した。

荒木幸七郎 ▷12

盛倉洋行主、森永製品満州販売㈱取締役、ハルビン貯金信託㈱取締役、ハルビン商工会議所議員、ハルビン輸入組合監事／ハルビン埠頭区透籠街／一八八六（明一九）一二／長崎県南高来郡多比良村

長崎県農業荒井倉松の六男に生まれ、一九〇二年一〇月に渡満して食料雑貨商を始めたが、日露国交が断絶したため〇四年二月に引き揚げた。〇七年一二月徴兵されて久留米工兵隊に入隊し、一〇年に除隊すると再び渡満して大連の盛倉洋行に入った。一三年に同社ハルビン支店が開設されると同店の経営を一任され、以後ハルビンに居住して自社醸造の醤油をはじめとする食料品雑貨の販売と貿易に従事し、東清鉄道沿線から黒竜江沿岸にかけての販路を開拓した。森永製品満州販売会社取締役、北満製油㈱監査役、ハルビン貯金信託㈱取締役等を兼務したほかハルビン居留民会評議員、ハルビン長崎県人会長、在郷軍人会ハルビン支部顧問を務め、二八年三月在郷軍人会総裁より有功賞を授与された。

荒木他二郎 ▷9

宝順洋行主、日華メリヤス㈱社長／大連市伏見台／一八八九（明二二）九／富山県東砺波郡井波町／東京高等工業学校染織部選科、日本大学法科

東京高等工業学校染織部選科及び日本大学法科を卒業し、日本橋の藤森治平商店に入り羊毛・毛糸の輸入業に従事した。一九一三年新聞記者に転じ、さらに新聞経営に手を染めたが、間もなく廃業して日比谷に荒木鉱業事務所を開設して鉱山業を営んだ。その後一八年九月に渡満して満鉄に入り、運輸部旅館係として勤務した。二〇年一月に退社して大連に宝順洋行を設立し、雑穀の輸出入業と缶詰・ゴム製品・メリヤス類その他の雑貨輸入商を営んだ。さらに取引の関係上、これとは別に日華メリヤス㈱を創立して社長に就いた。

荒木　忠孝 ▷12

荒木組主、在郷軍人会奉天西分会評議員、正六位／奉天青葉町／一九〇九（明四二）一／熊本県熊本市新坪井町／長春商業学校支那語科

福岡県久留米市小頭町に生まれ、一九一七年九月家族と共に渡満した。二七年三月長春商業学校支那語科を卒業し、同年一〇月満鉄に入り撫順炭砿庶務課に勤務した。二九年一二月幹部候補生として朝鮮竜山の歩兵第七八連隊に入営し、除隊帰任して大山採炭所、古城子採炭所等に歴勤した。三一年八月満鉄を退社し、三三年に奉天で父が創業した土木建築請負・運輸労力供給業に従事した。三六年六月、撫順炭砿在勤時に満語検定試験一等、撫順炭砿華語検定試験一級に合格した語学力を買われて国務院軍政部第五顧問部付通訳官に任命されたが、三七年一月に父が死亡したため辞任して家業を継承した。この間、満州事変時の功により金一封及び従軍記章を授与され、在郷軍人会奉天西分会評議員を務めた。

荒木　辰馬　▷12

大連税関員／大連税関内／一八八八（明二一）／長崎県南高来郡北有馬村／鎮西学院四年修了

長崎市の鎮西学院四年を修了した後、一九一五年中国に渡り上海海関員となった。鎮江、青島、秦皇島、安東の各海関に勤務した後、三三年三月満州国政府に転籍した。安東税関監査官、ハルビン税関監査科長を務めた後、三六年一二月大連税関監査官に転任した。この間、勲六位景雲章及び建国功労賞、大典記念章、皇帝訪日記念章を授与された。

荒木　太郎　▷11

土木建築請負業／奉天省開原大街／一八七八（明一一）二／広島県安佐郡戸山村

広島県農業荒木周蔵の長男に生まれ、一九〇六年陸軍省雇員として広島の第五師団経理部に入った。〇七年に技術試験に合格して陸軍技手となったが、一二年に退官して土木建築請負業を始めた。一五年に渡満して営口で開業し、二〇年八月から開原に移って引き続き請負業に従事した。

荒木哲之助　▷11

歯科医師／奉天加茂町／一八九二（明二五）八／埼玉県大里郡新会村

歯科医師の免状を取得して医業に従事していたが、一九二一年九月に渡満し、奉天市加茂町で歯科医院を開業した。

荒木　藤七　▷4

盛倉洋行長春支店長／長春新市街東第一三区／一八九二（明二五）／長崎県南高来郡比良村／高等簿記学校

一九一一年高等簿記学校を卒業して渡満し、実兄の久保田蔵二が経営する盛倉洋行に入った。しばらく大連本店に勤めてから長春支店に転じ、一四年三月から同支店の経営一切を委任された。一時は投機に手を出して大失敗したが、その後は本業の醤油味噌販売を中心に石鹸やシベリア特産の塩鮭も扱い、吉林、吉長線沿線、東清鉄道沿線、農安県にまで販路を伸ばして中国人向けに食料品雑貨を販売した。

荒木　利恭　▷12

本渓湖煤鉄公司採鉱科長、本渓湖坑木㈱取締役／奉天省本渓湖西山公司社宅／一八九二（明二五）一／熊本県熊本市新屋敷町／九州帝大工科大学採鉱学科

一九一六年七月九州帝大工科大学採鉱学科を卒業し、一七年古河鉱業㈱に入社して西部鉱業所下山田炭坑に勤務した。同社に一三年間技師として勤めた後、二五年五月本渓湖煤鉄公司技師・採鉱科長に転じて渡満し、かたわら本渓湖坑木㈱取締役を兼務した。

荒木　英雄　▷3

大連市寺内通郵便所長／大連市寺内通／一八七五（明八）三／新潟県新潟市寄居町

一八九五年三月、通信省判任官に採用されて京都に勤務した。その後、横浜外国郵便課、新潟一等局監理課、長野一等局監理課を経て関東都督府付となり、一九〇五年五月に渡満した。関東都督府官制公布とともに大連局在勤となり、〇六年に奉天局に転じたが〇八年再び大連局に戻り、一〇年五月に大連市寺内通郵便所が新設されると所長に就任した。

荒木　松実　▷11

満鉄大連医院医員／大連市桂町／一九〇二（明三五）六／長崎県長崎市炉粕町／長崎医科大学専門部

長崎県荒木栄三郎の三男に生まれ、一九二五年長崎医科大学専門部を卒業し、同大学外科教室に勤めた。二六年三月に渡満して満鉄に入社し、大連医院外科に勤務した。

荒瀬　恒雄　▷12

関東監獄保健技師大連刑務支所勤務、大連療病院医務嘱託、従七位／大連市向陽台／一八九九（明三二）一〇／愛媛県松山市大字持田／愛知県立医学専門学校

奈良県立郡山中学校を経て一九二一年愛知県立医学専門学校を卒業した。二二年五月名古屋市の楠医院に勤務し、次いで京都帝大医学部附属病院皮膚科泌尿器科教室に勤務した。その後二四年九月広島県安佐郡川内村で医院を開業したが、二六年三月関東庁海務局技手に転じて渡満した。旅順婦人医院医務及び旅順警察署医務嘱託を務めた後、同庁医院医員・旅順婦人医院勤務、旅順医院兼務を経て三五年六月関東監

獄保健技師・大連刑務支所勤務となり、後に大連療病院医務嘱託を兼務した。

新　孝之助　▷3

満鉄埠頭事務所職員、築港事務所兼務／大連市寺児溝社宅／一八八〇（明一三）一一／東京府東京市京橋区木挽町／商船学校

商船学校を卒業して長く日本郵船会社に勤務した。後に三井物産会社に転じたが、満鉄に招かれ一九一〇年一〇月に渡満して営口埠頭所長に就いた。一一年に大連埠頭事務所に移った後、同年九月から上海に赴いて一一月に大連に戻り、翌月から再び営口埠頭勤務となった。一四年五月再度大連埠頭事務所に転じ、築港事務所勤務を兼任した。

荒　昇　▷12

満鉄新台子駅助役／奉天省新台子駅助役社宅／一九〇二（明三五）一二／宮城県亘理郡山下村

宮城県荒留二郎の次男に生まれ、一九二〇年一〇月仙台駅試傭駅夫となった。勤続して同駅車掌、長田駅員、長塚駅助役、中目信号場助役を歴職した後、二三年二月満鉄に転じて渡満した。入船駅駅務方、奉天駅貨物方、奉天列車区蘇家屯分区車掌心得、歪頭山駅助役を経て三七年一月新台子駅助役となった。

荒巻繁之丞　▷12

ハルビン鉄路監理所監理員／ハルビン鉄路監理所／一八九一（明二四）五／福岡県三井郡小郡村／錦城中学校

錦城中学校を卒業した後、一九一六年一一月に渡満して満鉄に入り大石橋駅に勤務した。勤務のかたわら一八年に従事員養成所を修了し、同年六月海城駅、一九年八月大連駅、同埠頭貨物課に歴勤して二七年一一月吾妻駅貨物助役となった。三四年八月ハルビン鉄路局運輸処貨物科貨物股長、三五年三月同運輸科勤務を経てハルビン鉄路監理所監理員

荒牧　孝　▷12

小林商店主、成三洋行㈱監査役、大連吉野町内会役員／大連市吉野町／一八九四（明二七）五／熊本県阿蘇郡白水村／神戸高等商業学校

熊本県荒牧辰熊の養子となり、一九一八年神戸高等商業学校を卒業し、同年神戸の茂木商会に入った。二四年三月に渡満して先代の経営した小林商店の業務を継承し、化粧品と薬種、売薬の販売に従事した。その後合資会社に改組して代表社員となったが、再び個人経営とし、業務のかたわら三六年四月に成三洋行㈱が設立されると同社監査役を務めた。

荒巻　敏治　▷12

満州炭砿㈱技術部庶務係主任／新京特別市錦町満州炭砿技術部／一八九二（明二五）二／福岡県久留米市東櫛原町／久留米市立商業学校

福岡県荒巻顕之助の六男に生まれ、一九一一年久留米市立商業学校を卒業し、同年五月舞鶴海軍経理部建築科船渠倉庫係となり、一二年一一月徴兵されて久留米市の輜重兵第一八大隊に入営した。満期除隊後一四年一月に渡満して満鉄撫順炭砿に勤務したが、同年八月青島戦役のため召集され、久留米第一八師団野砲兵第二四連隊第一大隊として従軍し、同年一二月に除隊した。一五年一月満鉄に復職して撫順炭砿に勤続し、その後三四年七月満州炭砿㈱に転じて技術部庶務係主任を務めた。実兄の実も鉄道省勤務を経て三三年に渡満し、満鉄参事として松浦、三棵樹等の工場長を務めた。

荒巻　実　▷12

満鉄三棵樹鉄道工場長、従六位勲六等／ハルビン南崗大直街／一八八八（明二一）七／福岡県久留米市東櫛原町／熊本高等工業学校

福岡県荒巻顕之助の五男に生まれ、久留米市の県立中学明善校を経て一九一〇年熊本高等工業学校を卒業し、同年七月九州鉄道管理局営業課に勤務した。以来勤続して同工作課技術掛、門司鉄道管理局工作課、小倉工場旋盤職場主任、工作課車両掛、工作課機械掛長、大阪吹田工場長を歴任し、この間技師に進んだ。その後三三年一二月満鉄鉄路総局に転出して渡満し、三四年同機務処勤務を経て同年一二月松浦工廠長に就いた。三六年一一月参事に進み、松浦鉄道工場長を経て三七年四月三棵樹鉄道工場長に転任した。実弟の敏治は兵役に服した後、一四年に渡満して長く満鉄撫順炭鉱に勤務し、後に満州炭砿㈱に転じて新京に在住した。

荒　基　▷4

外務通訳生／黒龍江省チチハル日本領事館内／一八九〇（明二三）／首春／北海道胆振国／有珠郡末永町／東京外国語学校

二五代続いた伊達藩士の家に生まれ、函館中学校を経て一九一二年東京外国語学校を卒業して外務省大臣官房に勤務した。一四年に政務局第一課に転じた後、奉天総領事館勤務となって一六年に渡満し、後にチチハル総領事館通訳生に転任した。

新屋　栄治　▷12

満鉄吉林鉄路局警務処巡監、社員会評議員／吉林鉄路局警務処／一八九一（明二四）二／鹿児島県薩摩郡上東郷村

青年期に満鉄に入り、勤続して図們警務段警務副段長、煙筒山警務副段長を務めた。一九三七年三月吉林鉄路局警務処に転勤し、同処巡監となった。

荒谷　千次　▷12

三江省公署民政庁行政科長／三江省佳木斯省公署民政庁／一九〇七（明四〇）一一／広島県賀茂郡三津町／東京帝大経済学部商業学科

広島県荒谷超松の次男に生まれ、県立第一中学校、第六高等学校を経て一九三一年三月東京帝大経済学部商業学科を卒業し、日清生命保険会社に入り東京本社に勤務した。三二年四月に退社して渡満し、国務院民政部派遣特別調査隊チチハル班に入った。同年六月資政局訓練所に入所し、同年一〇月改称後の大同学院を卒業して黒龍江省海倫県属官となった。三四年五月依蘭県参事官、同年七月民政部事務官・総務司調査科勤務を経て同年一一月吉林省磐石県参事官となった。三七年二月地籍整理局事務官及び三江省公署理事官兼任を経て、同年一二月三江省分局勤務となり民政庁行政科長を務めた。この間、安達、泰康、林甸、大黒河などの各地で長く宣撫工作に従事した。

有井　勇　▷12

満州ロール製作所㈱営業部長／奉天省鞍山南四条町／一八八六（明一九）一／徳島県徳島市富田浦町

一九〇七年四月陸軍砲兵三等銃工長となり、一一年一等銃工長に累進した。この間、歩兵第五五連隊付、第六師団付、歩兵第六四連隊付、第一二師団付、第六二連隊付に歴補した。退営した後、一九年四月に渡満して満鉄鞍山製鉄所に入り、経理課、製鉄部庶務課に勤務した。三三年六月同所の事業を継承した昭和製鋼所㈱の事業開始とともに同社計理課用度係となり、用度課購買係主任、製品係主任、製品倉庫係主任を歴任して三七年四月に退社し、満州ロール製作所㈱営業部長に就いた。この間、満州事変時の功により木杯及び従軍記章を授与され、三四年四月満鉄勤続一五年の表彰を受けた。

有海　誠　▷12

満鉄公主嶺地方事務所商工主務者／吉林省公主嶺菊地町／一九〇九（明四二）七／山口県都濃郡須々万村

山口県有海正一の次男に生まれ、一九二八年満鉄育成学校を修了して地方部庶務課に勤務した。三二年九月公主嶺地方事務所に転任し、業務のかたわら社員会公主嶺連合会庶務部長を務めた。三三年一二月同所商工課主務者となり、三六年九月職員に昇格した。この間、満州事変時の功により木杯及び従軍記章を授与された。

有賀　庫吉　▷13

満鉄鉄道総局附業局長／大連／一八九六（明二九）一一／長野県上伊那郡朝日村／東京帝大経済学部

一九二二年東京帝大経済学部を卒業して満鉄に入社し、地方部庶務課、鞍山地方事務所に勤めた後、鞍山地方事務所地方係長、奉天地方事務所地方係長を経て本社地方部地方課に勤務した。二八年から一年半欧米に出張して植民地行政を視察し、帰任して遼陽地方事務所長、地方部庶務課長、同学務課長等を歴任し、三五年一月北京事務所長に転出した。三六年九月に参事となって本社庶務課長兼鉄道総局庶務課長に就き、三九年六月鉄道総局付業局長に就任した。

有賀　定吉　▷14

土木建築請負業／大連市伊勢町／一八六九（明二）一二／東京府豊多摩郡淀橋町／工手学校土木科

一八八九年東京築地の工手学校土木科を卒業して佐賀振薬社、甲武鉄道㈱、九州鉄道㈱等に勤めた。九九年に東京岩倉鉄道学校講師嘱託となり、同年六月に菅原恒覚と東京に菅原工務所を設立した。その後一九〇二年三月から〇四年九月まで博多湾鉄道㈱工場課長兼技師長を務め、〇五年二月に渡満して大連に菅原工務所支店を設けて支店長となり、土木建築請負業を始めた。〇八年二月に菅原工務所を受け継いで営業主となり、満州土木建築業組合長、大連商業会議所副会頭を務めたほか、一五年から二二年まで大連市会議員を務めた。

有賀　穣作　▷12

有賀病院長、ハルビン樺太会長、ハルビン兵庫県人会長、正八位／ハルビン道裡石頭道街／一八八三（明一六）一／兵庫県三原郡志知村／大阪府立医学専門学校

一九〇六年大阪府立医学専門学校を卒業し、同年一一月陸軍見習医官となった。〇七年三月三等軍医補に進んで歩兵第一二連隊付となったが、翌年四月病気のため休職した。大阪帝大医学部内科に勤務した後、一一年から郷里で医院を開業した。かたわら三原郡医師会理事、兵庫県医師会代議員を務め、一五年三月から翌年六月まで再び大阪帝大医学部眼科に勤務した。一九年八月北海道に移住して医院を経営し、かたわら二一年一月から二五年九月まで札幌市立病院の副医長を務めた。二六年樺太に渡り豊原町で開業し、同地の医師会長を務めた。三二年一〇月に廃業して渡満し、三三年一〇月からハルビン道裡石頭道街で開業した。

有川　金熊　▷7

満鉄社員／奉天省瓦房店東街／一八七九（明一二）一二／鹿児島県姶良郡西国分村

小学校を卒業して鹿児島鉄道局に入り、日露戦争に際し一九〇五年八月野戦鉄道提理部員に編入されて渡満した。戦後は瓦房店に勤務したが、〇七年四月に業務が満鉄に引き継がれると同社入りし、引き続き同地で機関士を務めた。剣道初段で、社の嘱託として瓦房店在勤の満鉄青年社員に教えたほか、瓦房店三州会会長を務めた。夫人ツオ子との間に四男三女あり、長男は京都に遊学し、長女は鹿児島市立第二高女、次女は旅順高女に学んだ。

有川　貞教　▷11

関東庁逓信局技手／大連市清水町／一八九三（明二六）一二／鹿児島県日置郡伊作町／旅順工科学堂

鹿児島県農業有川彦熊の次男に生まれ、一九一三年に渡満して旅順工科学堂電気科に入学した。一七年に卒業して旅順民政署嘱託となり、電気主任を務めた。一八年四月に関東都督府技手となり、翌年四月の官制改正後に関東庁通信局工務課に転任して同年一二月に関東庁通信技手となった。二四年に工務課線路係長となって電信電話工事や電気事業の監督に当たった後、二五年四月に奉天郵便局建築課に転任した。宝生流謡曲と囲碁を得意とし、同郷の夫人愛子との間に一女があった。

有川　藤吉　▷11

弁護士／奉天琴平町／一八八五（明一八）九／宮崎県北諸県郡山之口村／日本大学専門部政治科

宮崎県有川虎吉の次男に生まれ、小学校を出て家業の農業に従事した。二〇歳の時に兄の勧めで都城の教員養成所に入り、首席で卒業して宮崎小学校の准訓導となったが、まもなく帰農して独学を続け、普通文官試験に合格して県下児湯郡の書記に就いた。その後上京して国民新聞売捌所、税務署、区役所、小学校、外務省等で働きながら正則英語学校を経て一九一三年に日本大学専門部政治科を卒業した。一六年に弁護士試験に合格し、翌年一〇月渡満して満鉄に入社したが一年足らずで退社し、一八年八月大連に弁護士事務所を開業した。一九年六月長春に事務所を移し、二三年には奉天に出張所を設けて奉天法曹界に進出し、翌年から奉天事務所を本拠とし長春事務所を出張所とした。業務繁忙のかたわら二五年一〇月から奉天の地方区委員を務め、立志伝中の華として東京朝日新聞に紹介された。

有倉　善次　▷12

㈶大連医院庶務係長、関東州方面委員、全日本方面委員連盟地方委員、日満社会事業協会委員会委員、大連市社会事業委員、大連語学校理事／大連市初音町／一八八五（明一八）三／富山県下新川郡荻生村

富山県有倉善五郎の長男に生まれ、一九〇六年岩手県で文官普通試験に合格し、富山県職員となった。次いで〇九年五月関東都督府属に転出して渡満し、大連民政署に八年勤務した。その後一八年四月満鉄に転じて地方部施設係主任となり、さらに二〇年三月大連郊外土地㈱支配人、二五年四月に退任して翌月から大連市主事となり、二六年四月の社会課新設に伴い課長に就任して大連語学校監事、後に㈶大連医院庶務係長となった。同郷の夫人みよとの間に二男二女があった。長男遼吉は早稲田大学に学び、次女文子は満鉄社員平井環に嫁した。

有坂三五郎 ▷12

間島省延吉県警正、従七位勲六等／間島省延吉県一八九二（明二五）九／長野県小県郡殿城村

一九二一年憲兵練習所を修了し、二八年三月憲兵特務曹長補に進級して朝鮮の羅南憲兵隊穏城憲兵分遣所長となった。羅南憲兵隊本部特高主任に転任した後、三三年六月名古屋憲兵隊本部特高主任となり、同年八月同隊副官代理、同年一二月同隊本部特高主任を歴任した。三四年一〇月憲兵少尉に累進して同月予備役編入となり、同年一二月満州国に転出して間島省延吉県嘱託となった。三五年四月同県警正となり、三七年五月に退職した。

有田参象 ▷12

満鉄鉄道総局水運課員／奉天宮島町／一九〇二（明三五）四／山口県玖珂郡岩国町／大島商船学校

山口県有田亀久の四男に生まれ、一九二三年大島商船学校本科を卒業し、次いで二六年同校練習科全科を卒業した。在学中から俳句に傾倒し、二四年に同人文学雑誌『鄙の文化』社を創立して卒業後も同誌主幹を務めた。その後、二九年三月に渡満して満鉄に入り、埠頭事務所、鉄道部港湾課、同貨物課に歴勤し、三六年一〇月鉄道総局水運課に転任した。この間、満州事変時の功労により陸軍大臣より賜品を授与された。

有田俊次郎 ▷11

瓦房店地方事務所地方係長／奉天省瓦房店春日町／一八八三（明一六）四／大分県大分郡鶴崎町／中等学校

大分県有田清三郎の長男に生まれ、父の死亡により一三歳で家督を相続した。一九〇二年三月、中等学校を卒業して福岡県比企郡の書記となった。〇八年に渡満して満鉄に入社し、公主嶺地方出張所に勤務したが同年一二月に退職した。翌年再び満鉄に入って公主嶺経理係として勤務し、一〇年四月本社地方課、同年九月本渓湖経理係、二二年五月再び本社地方課勤務を経て二六年に大石橋地方事務所地方係長となり、二七年一一月に瓦房店地方事務所地方係長に就いた。夫人リョウとの間に七男一女があったが、四男五男は早世した。

有田彦信 ▷3

関東都督府技師兼旅順工科学堂教授、高等官三等、従五位勲四等／旅順新市街特権地／一八七三（明六）六／山口県阿武郡萩町／東京帝大理科大学機械科

一八九八年七月東京帝大理科大学機械科を卒業し、同年八月陸軍技師となった。一九〇七年四月関東都督府技師に転任して渡満し、〇九年一一月から創立間もない旅順工科学堂教授を兼任した。

有近弥栄 ▷12

旅順工科大学教授、正五位勲四等／旅順市高崎町／一八九四（明二七）一一／山口県佐渡郡八坂村／東京帝大工科大学採鉱冶金学科

山口中学校、第五高等学校を経て一九一九年東京帝大工科大学採鉱冶金科を卒業し、同年八月旅順工科学堂教授となって渡満した。二二年一一月関東庁在外研究員として米英独に留学して採鉱冶金学の研究に従事した。二五年七月に帰任し、二六年二月旅順工科学堂が大学に昇格するとともに同大学予科教授となった。二七年五月同大講師嘱託、二八年六月同大助教授、三二年六月関東庁資源調査事務嘱託を経て三四年三月同大教授に就いた。

有富治郎 ▷11

関東軍幕僚附歩兵大尉、正七位／旅順市春日町／一八九五（明二八）三／山口県佐波郡右田村／陸軍士官学校

山口県酒造業有富文太郎の三男に生まれ、一九一五年陸軍士官学校を卒業して大阪の歩兵第三七連隊に勤務した。二六年に軍事参議官副官兼陸軍大臣官房付となって東京に転任した後、関東軍幕僚付歩兵大尉となって二八年四月に渡満した。

有福和一 ▷12

東亜煙草㈱営口工場長、営口商工会議所議員、正五位勲四等／奉天省営口青柳街東亜煙草社宅／一八

八一（明一四）二／山口県山口市上竪小路町／東京高等工業学校機械科

明治義会中学を経て一九〇三年東京高等工業学校機械科を卒業し、煙草専売局に勤めた。東京第一煙草製造所、淀橋専売支局勤務を経て二一年一月東京地方専売局芝工場に歴勤した後、二四年一二月東亜煙草㈱営口工場長に転じ、妻子を東京に残して単身渡満した。

有馬　運次　▷12

有馬屋質店主／奉天省撫順西五条通／一八八〇（明一三）二／熊本県天草郡本渡村／福岡県立伝習館

熊本県有馬万四郎の三男に生まれ、一九〇一年福岡県立中学伝習館を卒業し、中学の恩師津村完一の恩顧により八幡高等小学校の代用教員となった。その後〇五年四月日露戦中に渡満し、同年九月安東県で同県人の木庭医師と五年ほど医院を共同経営した。次いで同地の土木建築請負業柴田組に入ったが一四年に同組が倒産し、一六年六月奉天の広済堂薬房通化支店主任となった。その後一七年に奉天総領事館分館新設工事の委嘱を受け、竣工後に同館内に食料品雑貨部を開設したが、一九年に廃業して立山製鉄所に入り営繕課に勤務した後、同年六月有馬商会を設立して雑貨商を開業した。二〇年六月撫順に移住して質屋業と中国人相手の貸金業を始め、撫順市街地移転を商機に二三年四月から古着商を兼営して給料生活者に対する月賦販売を行い、二六年二月西五条通に店舗を移転した。

有馬　純三　▷12

国務院大陸科学院研究官、正五位勲三等／新京特別市大同大街大陸科学院／一八九六（明二九）二／鹿児島県姶良郡加治木町／東京帝大理学部化学科

加治木中学校、第七高等学校を経て一九二〇年東京帝大理学部化学科を卒業し、同年七月慶応大学医学部講師となった。二二年九月北里研究所嘱託、二九年四月有馬記念化学研究所所長を歴任した後、三五年八月満州国大陸科学院研究官に転じて渡満した。この間二九年四月、論文「ノダケ根の新配糖体ノタケニン及び其化学的構造」を東北帝大に提出して理学博士号を取得した。哲学者紀平正美の長女三笠と結婚して一男一女があった。

有馬　純雄　▷1

大連市西公園取締／大連市西公園町／一八三七（天八）四／鹿児島県鹿児島市

天保八年薩摩藩士の子として鹿児島に生まれ、幼名を藤太と称した。薩摩藩の監軍として長州藩の毛利越後、山田顕義、香取素彦らと折衝し、薩長の兵を率いて入洛し両藩の間を周旋した。その後、岩倉具視総督の下で板垣退助、伊地知正治、川田左久馬、宇田栗園らの参謀と共に副参謀兼監軍として宇都宮での戦いに参加して負傷したが、次いで流山の戦で近藤勇を降伏させた。維新後は弾正台大巡察、司法省判事を務めたが、一八七三年征韓論に与して官職を辞し、東京で代言人となった。七七年政府から勅任判事・大審院詰として出仕を命じられたが、西郷隆盛に進退を伺うため帰郷の途次、西南戦争が勃発して大阪で西郷派として捕縛投獄された。一年後に無罪免訴となると剃髪し、僧侶となって二十数年西郷ら戦死した同志の慰霊に従事した。その後還俗して日露戦争時に大連に渡り、後に西公園内で公園取締をしながら余生を送った。

有馬　純行　▷11

満鉄中固駅長／中固付属地／一八九三（明二六）一一／宮崎県北諸県郡都城町

宮崎県農業有馬小三次の長男に生まれ、一九一七年六月に渡満して満鉄に入った。満鉄線各駅に勤務した後、連京線の中固駅長となった。大弓と俳句を趣味とし、同郷の夫人美枝子との間に一女があった。

有馬　政蔵　▷12

満州電信電話㈱奉天管理局経理課長／奉天青葉町／一八八九（明二二）五／東京府東京市赤坂区霊南坂町／大倉高等商業学校

東京府有馬松五郎の長男に生まれ、一九〇七年三月大倉高等商業学校を卒業して同年四月富士製紙㈱に入った。〇九年一二月に辞職し、一一年一月久原鉱業㈱に入り東京事務所売買係、日立鉱山調度課、家島精錬所に歴勤した。二四年一月に辞職し、その後同年四月から三二年まで石炭商を営み、三三年に渡満して満州電信電話㈱に入り新京無線工務所用度課、新京倉庫主任、臨時建築事務所勤務を経て奉天管理局経理課長となった。

有馬　敬吉 ▷7

関東庁土木課大連上水工場主任／大連市常盤町／一八八六（明一九）三／鹿児島県日置郡伊集院村

日露戦後の一九〇六年一〇月に渡満し、関東都督府医院に勤めた。〇七年四月の満鉄開業とともに入社して本社に勤務した。ほどなく瓦房店に転勤したが、生来の負けず嫌いを発揮して日夜職務に精励し、高等教育の学歴がない不利を克服して大石橋物品係主任に抜擢された。営口・鉄嶺・開原等各所の主任を歴任して一四年四月に退社し、商店を開いて独立経営を試みたが商業の実地に疎いうえ長い月給生活の感覚が抜けず、ついに閉店のやむなきに至った。一六年一〇月再び月給生活に戻って関東庁土木課大連電気遊園上水工場に勤め、後に主任となった。酒と乗馬をこよなく愛し、玉突は得点一二〇の腕を誇った。

有松　伝 ▷12

大連第一中学校校長代理、従五位勲五等／大連市博文町大連第一中学校内／一八八七（明二〇）一／岡山県上房郡高梁町／東京物理学校

岡山県有松武一郎の長男に生まれ、県立高梁中学校を経て一九一〇年東京物理学校を卒業し、岡山県立天城中学校教諭となった。次いで長崎市鎮西学院、大分県立宇佐中学校、佐賀中学校、天城中学校の教諭を歴任し、この間高等数学微分積分学の文部省検定試験に合格した。二四年五月関東庁中学校教諭に転じて渡満し、大連第一中学校に勤務して三一年六月高等官四等となり、後に校長代理を務めた。

有馬　藤太 ▷7

鉄嶺電灯局主任、従七位勲六等／大連市聖徳街／一八七六（明九）七／鹿児島県鹿児島市西千石町／小学校

薩摩藩郷士奥田嘉内の次男に生まれ、小学校初等科三年を修業した後は貧窮の中に一〇年を過ごした。僧侶になったが間もなく徴兵され、騎兵中尉に昇進して従七位勲六等に叙せられた。退役後は中国語の勉強をするかたわら銀行に勤めたり活版印刷業を始めたりしたが思わしくなく、一九一八年二月に渡満して関東都督府嘱託となり臨時土地調査部準備調査員を務めた。翌年四月満鉄に入社し、二〇年六月鉄嶺電灯局主任となった。二五年六月に退職した後は大連市聖徳街に居住した。

有馬　虎雄 ▷12

満鉄チチハル鉄路局警務科長兼チチハル警備犬訓練所巡査、チチハル在郷軍人連合分会監事、同鉄路分会長、正六位勲五等／龍江省チチハル智広街／一八九〇（明二三）三／鹿児島県鹿児島市下荒田町／陸軍士官学校

一九一〇年陸軍士官学校を卒業して長く軍務に服し、少佐に進級して予備役編入となった。三四年八月に渡満して満鉄鉄路総局に入り、山海関警務段長に就いた。三五年八月チチハル鉄路局警務科長に転任し、チチハル警備犬訓練所巡査を兼務した。

有馬　辺 ▷14

満州不動産信託㈱社長／大連市大和町／一八七六（明九）二／熊本県八千代郡千丁村／三州義塾、私立台湾植民行政学校

熊本県有馬等の長男に生まれ、私立三州義塾で学んだ後、一八九四年に元台湾銀行頭取の添田寿一が校長を務める台湾植民行政学校に入った。一九〇二年に卒業して台湾総督府文官普通試験に合格し、同年九月台湾総督府属官となって赴任した。日露戦後の〇六年二月に渡満して関東州民政署用度係となり、同年九月の関東都督府官制実施に伴う大連民政署の組織事務に従事した。その後は婦人病院、療病院、小学校開設等の事務を担当したが、一五年四月に退官して大連宏済善堂戒煙部（後の阿片専売局）の創立事務にあたり、創立後は理事に就いて営業を担当し、一八年四月に理事長に就任した。一九年五月に阿片局を退職して七月に満州不動産信託㈱に入って取締役となり、九月に社長に就任して三五年一月まで務めた。この間二四年一一月大連市会議員に当選し、以後連続して四期当選した。

有馬真肆郎 ▷12

黒河林務署長兼国務院蒙政部技佐／黒河省黒河林務署長公館／一九〇三（明三六）七／兵庫県多可郡野間谷村／東京帝大農学部林学実科

有馬宗三の四男として兵庫県多可郡野

間谷村に生まれ、一九二六年三月東京帝大農学部林学実科を卒業して営林署技手となり、大阪営林局管内に勤務した。同年一二月一年志願兵として兵役に服し、二七年九月に帰休除隊して復職した。三五年満州国森林事務所長に転出して渡満し、黒河に勤務した後、同年一一月国務院蒙政部技士兼任となり同部勧業司農務科に勤務した。三六年七月官制改正により黒河林務署長となり、同年一〇月薦任官に昇進した。満州で発行された総合雑誌『藝文』に論文を寄稿している。

有馬 泰 ▷7

安東商業会議所書記長／安東県六番通／一八七九（明一二）八／鹿児島県日置郡下伊集院村／京都法政大学

一九〇五年七月、京都法政大学を卒業して東京財産火災保険会社に入社したが、〇六年一〇月に退職して東京民政新聞主筆に転じた。その後一五年六月朝鮮に渡って朝鮮公論社に三年間在籍し、一八年六月に言論界を去って渡満し、奉天商業会議所に入って庶務主任を務めた。二〇年一二月安東に移って安東商業会議所書記長に就任したが、二五年に書記長を辞した後は同地で運送業に従事し、かたわら安東三州会の副会長を務めた。

有満 太吉 ▷12

満鉄新京用度事務所吉林支所倉庫係主任／新京特別市千鳥町／一八九七（明三〇）一／鹿児島県鹿児島市田上町／鹿児島県立第二中学校

一九一六年鹿児島県立第二中学校を卒業し、同年六月満鉄に入り撫順炭砿用度課に勤務した。二六年四月同経理課に転任した後、三五年六月炭砿部経理課、三一年八月撫順炭砿経理課勤務を経て三二年二月機械工場倉庫班長となった。次いで三三年一一月経理課、同年一二月奉天鉄路総局経理処用度科、三五年一一月吉林鉄路局計理処用度科在東新京倉庫股長、三六年九月同調度科在東新京弁事員を歴職し、同年一〇月新京用度事務所吉林支所倉庫係主任となった。この間、三三年四月勤続一五年の表彰を受けた。

有村 盛吉 ▷7

国際通商公司代表者、有村商会主、露商比来洋行運送部支配人／大連市加賀町／一八九〇（明二三）一〇／鹿児島県鹿児島郡谷山町

鹿児島市の博約義塾で普通学を修めた後、税務官吏になって朝鮮、台湾に赴任したが、実業を志して一九一八年に渡満した。大連で有村商会を興して海運貿易を始め、得意の英語で外国船との交渉、船荷証、荷為替、通関等の業務をこなした。事業の発展とともに国際通商公司代表とロシア系の比来洋行運送部支配人を兼任して業務は繁忙を極めたが、一日の疲れを酒で癒し、寸暇を得ては盆栽を楽しんだ。

有村 正勝 ▷12

満鉄奉天省四平街医院医長／奉天省四平街満鉄医院／一八九六（明二九）一一／鹿児島県伊佐郡大口町／東北帝大医学部

鹿児島県有村守彦の長男に生まれ、一九二二年東北帝大医学部を卒業し、同年九月から同大医学部の病理学部教室で研究に従事した。二五年四月九州帝大医学部副手となり、二七年四月に辞任して下関の佐島病院内科部長に転じた。次いで二八年六月熊本逓信局診療所に転じて福岡支部に勤務した後、二九年三月に辞任して郷里で開業した。その後三三年五月満鉄診療医を委嘱されて渡満し、地方部衛生課図們在勤となった。三四年一二月同課寧北在勤、三五年一〇月同課牡丹江在勤、三六年九月副参事・牡丹江鉄路医院長兼医長を経て三七年四月奉天省四平街医院医長となった。

有森 毅 ▷12

満鉄中央試験所一般無機化学研究室主任／大連市月見ヶ丘／一九〇三（明三六）二／岡山県岡山市富田町／東京帝大工学部応用化学科

岡山県有森新吉の四男に生まれ、第六高等学校を経て一九二五年三月東京帝大工学部応用化学科を卒業し、満鉄に入社して鞍山製鉄所製造課に勤務した。二八年一月中央試験所鞍山分室勤務を経て三四年二月中央試験所一般無機化学研究室主任となった。三五年六月アルミニウムの電解製造技術及び電極製造法に関する調査のため四ヶ月半ヨーロッパに出張した後、三七年四月副参事となった。入社以来一貫して軽金属製造に関する研究に従事し、二七年八月社員表彰規定により表彰された。

有安　輝男 ▷12

国際運輸㈱図們支店長、図們商工会議所常議員、同交通部長／間島省図們春風街国際運輸支店長社宅／一八九五（明二八）五／岡山県上房郡豊野町／岡山県師範学校

岡山県有安幸一郎の長男に生まれ、一九一五年岡山県師範学校を卒業して郷里の上房郡下竹荘尋常高等小学校訓導となった。一七年五月に退職して渡満し、奉天に居住した後、一九年五月ハルビンの北満倉庫㈱に勤務した。二四年一月国際運輸㈱に転じてハルビン支店に勤務し、二七年一〇月計理係長、三二年四月チチハル出張所長、同年一二月営口支店長代理、三六年四月雄基支店長を経て三七年三月図們支店長となった。

有吉　皎作 ▷11

大連汽船㈱安東県出張所長、従七位勲六等／安東県堀割北通／一八八四（明一七）四／福岡県遠賀郡浅木村

福岡県農業伊藤寛作の次男に生まれ、後に有吉又一の養嗣子となった。一九〇三年福岡県立豊津中学校を卒業した後、一年志願兵として小倉の歩兵第一四連隊に入営した。〇五年六月陸軍少尉に任官して同年一二月に除隊し、帰郷して在郷軍人分会長を務め、一二年に後備陸軍中尉となった。その後一五年に渡満し、翌年大連汽船会社に入社して後に安東県出張所長を務めた。夫人松代との間に三男三女あり、長男は東亜同文書院を出て横浜正金銀行に勤めた。

粟野　重義 ▷12

興安騎兵第三団長、林西日本人会顧問、正六位勲五等／興安西省林西興安騎兵第三団本部／一八九五（明二八）一〇／宮城県仙台市三番町／陸軍士官学校

宮城県粟野伝之丞の次男に生まれ、一九一七年五月陸軍士官学校を卒業して騎兵少尉に任官し、以来各地に勤務した。三三年三月歩兵少佐に累進して予備役編入となり、満州国軍騎兵中校に転じて渡満、興安省南警備郡参謀長に転任した後、軍用通信処銭家店支処長を経て同年一〇月興安騎兵第三団長に就いた。三六年一一月関東軍の策謀による綏遠工作支援のため内蒙古に出動したが、内蒙古独立軍が傅作義軍に大敗して失敗し、三七年三月に帰営した。軍人勅諭を家憲・処世訓として林西日本人会会長、顧問に就き、三四年三月勲五位景雲章を受けた。

粟野　俊一 ▷13

満州炭砿㈱常務理事／一八八七（明二〇）八／岐阜県揖斐郡大和村／東京帝大法科大学政治学科

一九一四年七月東京帝大法科大学政治学科を卒業して満鉄に入社した。本社庶務部庶務課、奉天公所に勤務した後、鉄嶺地方事務所長、安東地方事務所長、吉林公所所長、本社地方部地方課長兼学務課長、奉天公所所長、奉天地方事務所長等を歴任した。この間に参事となり、奉天地方事務所長在職中は満鉄傍系の奉天市場会社社長、日満合弁の奉天土地会社専務取締役、奉天商工会議所相談役等を兼任した。三四年五月に満州炭砿㈱常務理事に転任し、日満商事その他の重役を兼務した。

粟屋　万衛 ▷14

成美園農場主／大連市西山屯／一八八五（明一八）三／広島県安佐郡長東村

広島県粟谷万右衛門の子に生まれ、一九〇〇年六月、一五歳の時にカリフォルニアに移住して農事研究に従事し、かたわら法律を学んだ。〇四年にフレスノ郡のクロビス土地改良会社を買収して農場経営に着手し、果樹栽培と麦作で成功した。排日気運の高まる中で一三年に弟とカリフォルニア州政府公認の粟谷兄弟土地会社、一九年にはヘードウェー土地会社を設立した。これに倣って在米日本人農民によって九九の土地会社が設立されるなど、排日土地法に対処する範例を示したうえ、資力のない同胞に四〇万円を貸与して土地所有権確保を援助してフレスノ日本人会副会長や同州中央農会理事を務めたが、排日傾向が増大してアメリカでの営農を断念し、事業を弟に託して二一年六月にアメリカから引き揚げて満州に渡った。大連市外に土地を求め、山県伊三郎関東庁長官の命名による成美園農場を設立し、アメリカ式農法を導入して成功した。かたわら関東州果樹組合常任理事、満州棉花栽培協会常任理事、大連模範共同果樹園理事、大連農会副会長、大連産馬組合長、満州農業中央会理事、西山屯区長等のほか、四〇年一一月からは大連市会議員を務めた。在米中にアメリカ政府から三回表彰されたほか、日本赤十字社、帝国海事協会、西本願寺、日本人会、郷里中東村の顕彰を受け、渡満後は関東庁長官、満鉄社長、棉花協会長等により表彰された。

粟屋 東一 ▷12

満鉄撫順炭砿竜鳳採炭所長、撫順地方委員、満州国協和会委員、在郷軍人会撫順連合会第一分会長、勲六等／奉天省撫順竜鳳／一八九五（明二八）五／山口県萩市／東京帝大工学部採鉱冶金学科

山口県粟屋関一の長男に生まれ、一九二一年三月東京帝大工学部採鉱冶金学科を卒業し、同年六月満鉄に入社して撫順炭砿東郷採炭所に勤務した。同年一一月一年志願兵として入営し、二二年一二月に除隊して帰任した。三〇年一〇月炭砿部採炭課に転任した後、三一年八月煙台採炭所長となり、三二年一月から監査係主任、同年五月から庶務係主任を兼務して三三年八月技師に昇格した。三四年一月臨時竜鳳竪坑計画係主任を経て同年四月臨時竜鳳竪坑建設事務所長となり、ドイツに出張してルール地方の大竪坑設備を調査し、次いで機械購入のため独英米に赴いて同年一一月に帰任した。三五年一〇月竜鳳採炭所長に就き、三六年九月参事となった。この間、在郷軍人会の活動に尽力して会長より功労賞を受け、満州事変時の功により従軍記章及び建国功労賞並びに皇帝訪日記念章を受けたほか、三七年四月勤続一五年の表彰を受けた。

粟屋 秀夫 ▷11

満鉄大連医院事務長／大連市伏見町／一八九三（明二六）一〇／広島県広島市／東京帝大法学部政治学科

広島県粟屋敏夫の次男に生まれ、一九二一年東京帝大法学部政治学科を卒業して満鉄に入社した。本社地方部庶務課に勤務した後、遼陽地方事務所庶務係長兼地方係長となり、さらに鞍山地方事務所、長春地方事務所、満州医科大学、鞍山医院勤務を経て二七年一一月に大連医院事務長に就任した。

安西卯三郎 ▷11

㈴肥塚商店大連支店主任、従七位／大連市大山通／一八六七（慶三）三／大阪府堺市車之町／和仏法律学校法律科

堺市の士族貴志治の三男に生まれ、旧岸和田藩士安西家を相続した。一八八〇年三月堺師範学校を卒業し、翌年小学校教員となったが一年で退職した。その後、堺市の土屋鳳州塾等に学んで九五年に堺市学務課長となり、九七年一〇月奈良県属、九八年四月文部属等を歴任した。九九年七月官を辞して東京の和仏法律学校に入り、一九〇二年七月同校法律科を卒業した。〇七年三月堺市立堺女子手芸学校長に就いて一七年一二月まで務め、一八年五月に㈴肥塚商店に入り大連支店主任となって渡満した。漢文学と書、連珠を趣味とし、大連大山通区長、大連商工会議所常議員を務めた。同郷出身の亡妻との間に一子あり、堺市立中学校を卒業して大阪府立女子専門学校家政理学科出身の妻を迎えた。

安斉源一郎 ▷1

大阪朝日新聞社大連通信員、満州日報大連支社主任／大連市／一八六六（慶二）八／群馬県勢多郡桂萱村

東京に出て修学した後、一八九一年北海道に渡り札幌の北門新報社記者となった。九三年函館の「北海自由新聞」に転じ、次いで翌年「めざまし新聞」に転じた。日清戦争後の九六年台湾に渡り、台北の「台湾新報」創刊とともに入社した。九七年「台湾日報」が創刊されるとこれに移り、さらにその後「台湾日日新報」の創刊とともに同社入りした。一九〇〇年に退社して「台湾週報」を創刊し、〇一年「台湾日報」と改題して日刊としたが、同年廃刊して大阪朝日新聞社に入り下関通信部の主任となった。〇五年下関実業日報社に転じて主筆となったが、同年さらに大阪朝日新聞社大連通信員に転じて渡満し、満州日報大連支社主任を兼任した。

安西順三郎 ▷11

歯科医師／奉天省鉄嶺敷島町／一八八三（明一六）一／栃木県宇都宮市簗瀬町／栃木県立簡易農学校、私立歯科実習学校

栃木県農業安西松三郎の次男に生まれ、一九〇〇年三月栃木県立簡易農学校を卒業して上京し、小石川区水道町の私立歯科実習学校に学んで〇二年四月に卒業した。一三年三月に渡満して鉄嶺の敷島町で歯科医院を開業し、診療のかたわら皮革・木材商も営んだ。

書画、骨董、大弓を趣味とし、養女ヨネ子は奉天高女を卒業した。

安斉　忠輔　▷12

光学堂眼鏡店主／ハルビン道裡石頭道街高岡号ビル／一九〇〇（明三三）五／福島県信夫郡清水村／信夫郡立農業学校

福島県安斉元吉の子に生まれ、信夫郡立農業学校を卒業して室蘭の母恋牧場で二年間働いた。その後一九二二年に渡満して撫順の時計店石原洋行に勤めたが、眼鏡商開業を志望して一五年に退店して帰国した。大阪堂島の二階堂眼鏡院に勤務し、次いで一八年一月東京の美松百貨店眼鏡部に転じて検眼を担当した後、同年七月再び渡満してハルビンで眼鏡店を開業した。東京、大阪、ドイツ、アメリカから眼鏡、双眼鏡、顕微鏡その他の光学器械を仕入れ、ハルビン陸軍衛戍病院、日本赤十字社ハルビン病院、有賀病院眼科、ハルビン特別市立医院眼科、明々眼科医院、ハルビン鉄路局医院眼科等の指定眼鏡店として北満一帯に販売網を広げ、道裡石頭道街高岡号ビルに本店、南崗義州街に支店を置いて日本人六人、中国人二人の従業員を擁した。

安斎徳四郎　▷11

大連市書記／大連市北崗子／一八七九（明一二）一二／岩手県西磐井郡山目村／早稲田専門学校政治経済科三年修業

岩手県醸造業安斎兵左衛門の次男に生まれ、一九〇〇年早稲田専門学校政治経済科を卒業して郷里の磐井桑園改良社、磐井勧農商会等に勤務した。〇六年八月に渡満して大倉土木組に入ったが、〇九年に退社して帰国した。一三年三月再び渡満して旅順民政署に勤め、大連民政署、大連警察署勤務を経て二六年四月に大連市書記となり、大連民政署嘱託、大連屠場主任を兼職した。

安済　喜蔵　▷12

昭和号薬局主、ハルビン地段街町内会副会長、ハルビン照明会幹事、ハルビン民会第四区副区長、ハルビン宮城県人会会長／ハルビン道裡地段街／一八八九（明二二）七／宮城県仙台市長町／高等小学校

高等小学校を卒業した後、高橋塾で二年間漢学を修めた。一九一〇年徴兵検査に合格し、渡満して独立守備隊に入営して看護兵となった。満期除隊して一五年から関東都督府に勤務したが、二〇年満鉄に転じて窯業科庶務係に三年勤務した。満鉄退社後、二五年四月ハルビンに移って地段街に昭和号薬局を開業し、売薬、化粧品を販売した。満州事変後、薬局調剤に着目して各種衛生薬品・医薬品を取り扱い、次いで各種衛生材料、医療器、工業薬品の販売も手がけた。公称資本金二万円、八人の従業員を使用して東京、大阪、名古屋、大連から仕入れて一般小売のほか各官衙にも納入し、年商八万円を計上して市公署公課金三七〇円を納めた。

安坂　岩雄　▷12

安坂商店主、新京建材商組合幹事、新京徳島県人会幹事、白菊小学校父兄会評議員／新京特別市興安大路／一八九六（明二九）三／徳島県美馬郡貞光町

徳島県安坂金蔵の長男に生まれ、一九〇九年三月尋常小学校を卒業して朝鮮に渡り、清津の建築金物商井原商店に入った。京城支店勤務を経て奉天支店支配人となったが、二三年に退店して開原大和街に安坂商店を開業した。三四年四月新京興安大路に支店を設け、後に新京店を本拠とし、従業員一四人を使用して年商二〇万円に上った。

安生　順一　▷4

漁業及び貿易業／満州里／一八七五（明八）／栃木県／慶應義塾

一八九九年慶應義塾を卒業して満鉄に入社し、以来十数年勤続した。その後一九一三年に退社して満州里に移り、同市南部のダライノル湖に漁場を開いてロシア人と共同で漁業を営み、かたわら漁具の販売を行なった。ロシア勢力圏内の満州里で公私にわたって日露親善に努め、推されて同地日本人居留民会の会長を務めた。

安藤　明道　▷11

関東庁秘書課長／旅順市朝日町／一八九四（明二七）一〇／愛知県東春日井郡勝川町／東京帝大法科大学

一九一六年七月東京帝大法科大学を卒業して官界に入った。その後、関東庁勤務となって二四年一月に渡満し、秘書課長を務めた。

安藤　一郎　▷12

山海関税関長、満州国協和会山海関本部顧問、従七位勲六等／錦州省綏中県東羅城外税関官舎／一八八四（明一七）六／栃木県那須郡金田村／東京帝大法科大学政治学科

第二七国立銀行の創設者安藤利助を祖父に持ち、東京市日本橋区浜町に生まれた。東京高等師範学校附属中学校、第六高等学校を経て一九一〇年七月東京帝大法科大学政治学科を卒業して大蔵省に入った。横浜及び函館の税関に勤務した後、一四年に中国海関に転じて青島、広東、大連の各海関に勤務した。三二年三月満州国の成立とともに国務院財政部に転じて旧海関接収事務に従事し、同年六月間島省竜井村関税吏員となった。三三年六月熱河省承徳税関長に転任して長城線一帯の収税網確立に従事し、三五年に錦州省山海関税関長に就いたが三七年六月に依願退官した。職務のかたわら田中智学に傾倒して国柱会、明治会、立憲養正会の会員として国粋運動に奔走した。

安藤栄次郎　▷11

満鉄瓦房店医院事務主任、勲六等／奉天省瓦房店春日街／一八八一（明一四）六／香川県三豊郡萩原村

香川県農業安東茂平の三男に生まれ、一九〇一年一〇月に小学校正教員となり、各地の小学校に勤務した。〇九年六月に渡満し、陸軍一等看護長として旅順衛戍病院に勤務した。一二年六月に上等看護長に進んで遼陽衛戍病院に勤務したが、一四年一一月に待命となった。翌年三月満鉄に入社して開原医院に勤務し、一六年公主嶺医院、二〇年六月遼陽医院、二三年一〇月営口医院事務主任を歴任し、二六年一〇月に瓦房店医院事務主任に就いて瓦房店地方委員を務めた。同県出身の夫人キセは小学校正教員の資格を有した。

安藤角太郎　▷9

㈱丸永商店大連出張所主任／大連市山県通／一八八九（明二二）二／島根県／神戸高等商業学校

神戸高等商業学校を卒業して東洋紡績㈱に入り、後に㈱江商に転じて天津支店に勤務した。一九一八年さらに大阪の不破栄次郎が経営する不破洋行に転じて天津支店支配人となった。二一年九月大連出張所の開設とともに主任となって赴任し、不破洋行が㈱丸永商店と改称した後も勤続して主任を務めた。

安藤　勝吉　▷12

東亞自動車商会㈱専務取締役、ハルビン自動車協会常任幹事／ハルビン工廠街／一八九六（明二九）一二／大阪府大阪市西区北堀江上通／福岡県立中学修猷館

福岡県立中学修猷館を卒業し、一九一一年朝鮮京城の貿易商㈱共益社に入った。以来勤続して仁川支店主任、平壌支店主任、本社輸入部主任を歴職し、三三年一月ハルビンの同社傍系の東亞自動車商会㈱に転じて専務取締役に就任した。シボレー、ビュイックの北満特約販売店として三六年度の一年間でハルビン市交通局に二六台、国道局に二〇台、その他官公署諸会社に五〇台余りを納入した。

安藤　基平　▷11

奉天高等女学校長、従六位／奉天八幡町／一八八三（明一六）四／熊本県熊本市／東京高等師範学校

熊本県教員安藤基彦の長男に生まれ、一九〇五年東京高等師範学校を卒業して鹿児島県立川辺中学校に赴任した。その後熊本、神奈川の師範学校教諭を経て一三年一二月に京都市立高等女学校首席教諭となった。一七年八月に渡満して南満中学堂教諭に転じ、二〇年三月に奉天高等女学校が創立されると校長に就任した。二三年の冬に一ヶ月をかけて中国全土を視察して見聞を広めるなど日中融合教育に努め、奉天地方委員を務めた。中国研究のほかテニス、撞球、俳句、囲碁、謡曲等を趣味とし、熊本尚絅高女出身の夫人千鶴との間に三女あり、長女すゑは父の勤務する奉天高女に学んだ。

安藤　貞夫　▷12

吉林省公署警務庁特務科長、従七位勲五等／吉林三緯路／一八九二（明二五）四／岡山県久米郡大井東村／工業学校中退

工業学校三年で中退して一九一二年一二月に入営し、一四年一一月憲兵上等兵に進んで姫路憲兵分隊に勤務した。姫路憲兵隊本部付を経て憲兵特務曹長に進み、憲兵司令部付、台湾憲兵隊付等に歴補して二八年六月憲兵少尉に進級した。次いで広島憲兵隊副官、松山憲兵分隊長、朝鮮憲兵隊司令部付を歴任して三一年六月憲兵中尉に進み、三三年一二月依願予備役編入と同時に満州国に転出して安東警察庁警務科長に就いた。三五年三月警察庁事務官、同年七月警察庁警正を経て同年一一月国務院民政部事務官に転任して警務司督察官となり、三六年一〇月吉林省公署理事官に転任して警務庁特務科長に就いた。

安東　盛　▷12

満鉄総裁室福祉課員／大連市小波町／一八八五（明一八）一〇／大分県大分郡東植田村／札幌農科大学

大分県農業安東銀造の三男に生まれ、一九〇七年から五年間札幌農科大学で園芸を学んだ後、一二年八月に渡満して満鉄に入社した。地方部地方課社会施設係員として公園計画及び園芸指導にあたった。かたわら大連市公園計画委員、同園芸会主事を務め、三六年一〇月総裁室福祉課に転任した。

安藤甚四郎　▷12

[資]満州暖房商会ハルビン支店主任、ハルビン土木建築業組合員／ハルビン中国四道街／一九〇六（明三九）四／群馬県北甘楽郡西牧村

群馬県安藤常太郎の四男に生まれ、東京の三笠組に勤務した後、一九三二年一〇月に渡満して奉天造兵廠に入り、三五年六月錦戸商会に転じた。その後三六年三月満州暖房商会の出資者に加わり、資本金一〇万円の合資会社として奉天藤浪町に設立した後、ハルビン支店主任として暖房・水道・衛生器機・機械・鉄工・鑿井等の設計工事請負、ペチカボイラー・風呂釜等の販売業に従事した。

安藤　清一　▷4

安高洋行主／ハルビン埠頭区モストワヤ街／一八八五（明一八）八／岡山県浅口郡船穂村／正教神学校

岡山県農業安藤民蔵の子に生まれ、幼い頃から宗教や文学に親しみ、上京して東京駿河台のロシア正教神学校に入った。一九〇七年八月に卒業すると伝道師となって鹿児島教会に赴任し、翌年津山の教会に転任した。一年後に志を変えて岡山市の中国民報記者に転じたが、ほどなくペンを捨てて実業の道を選び、同年八月北満州に渡った。一〇年一月ハルビンの日満商会に入社して商業の実地を修得し、一三年八月に独立して同地モストワヤ街に安藤洋行を設立して文房具と舶来雑貨を販売した。一五年には安高洋行と改称してハルビン第一の文房具店に発展し、主に日本人を相手に一般雑貨やメリヤス類も扱った。

安東　猛　▷12

満鉄吉林東洋医院歯科医長／吉林新開門外清風荘／一九〇七（明四〇）一／神奈川県横浜市神奈川区菊名町／東京歯科医学専門学校

神奈川県安東仲の次男に生まれ、横浜第二中学校を経て一九二九年東京歯科医学専門学校を卒業し、同校の助手となった。三六年六月に満鉄に転じて渡満し、吉林東洋医院歯科医長に就いた。

安藤　哲三　▷12

安藤組主、聖徳会理事、大連市聖徳区区長、大連岐阜県人会理事／大連市聖徳街太子通／一八七五（明八）一一／岐阜県岐阜市室町／藍南私塾

一八九二年藍南私塾を卒業して家業の土木建築請負業に従事し、かたわら工習学舎に三年学び、一九〇一年三月郷里で土木建築請負業を独立開業した。日露戦争後に岐阜市建築業組合より選ばれて満州の土木建築業を視察した後、〇五年に大連に安藤組を興し、次いで〇九年五月榊原彦右衛門と共に大連大工組合を組織して幹事となり、同地の山葉洋行の専属として諸工事に従事した。一六年に山葉洋行土木建築部から分立した大庭商会の専属となり、その後独立して聖徳街に事務所を開いて土木建築請負業を自営した。経営のかたわら社会教化事業団体の聖徳会設立に参画して同会理事を務め、聖徳街の居住民組合副組合長、区長、特別消防組創立委員長、同常任顧問を務め、二二年に満州土木建築請負業組合より模範請負人として金牌を授与された。

安東　照　▷11

農業／関東州普蘭店／一八九三（明二六）一二／熊本県熊本市花園町

熊本県官吏安東勝彦の三男に生まれ、中学を中退して蔬菜園芸等の農業に従事した。その後森林主事、石炭商と職を変えたが、生来の自然愛好心から大陸での営農を志して一九二一年四月に渡満し、普蘭店で農園を経営した。かたわら種苗販売業を兼営し、蔬菜及び果樹栽培の研究に華北各地を視察した。三男に生まれたが渡満直後の二一年七月に家督を相続し、大連基督教青年会社会部主事を務める兄は分家して一家を立てた。

安藤 俊雄 ▷12

満鉄本渓湖地方事務所連山関派出所主任／奉天省本渓県連山関満鉄社宅／一九〇一（明三四）一／秋田県秋田市東根小屋町／明治大学法学部法律学科

明治大学予科商科を経て一九二五年九月同大学法学部法律学科を卒業し、満鉄に入社して奉天地方事務所に勤務した。二七年一一月鉄嶺地方事務所勤務兼開原地方事務所勤務となり、次いで三三年四月地方部地方課に転任した。三四年一〇月安東地方事務所に転勤した後、三六年一二月本渓湖地方事務所連山関派出所主任となった。

安藤 俊雄 ▷11

満鉄鉄道部電気課管理係主任／大連市伏見町／一八八七（明二〇）二／長野県松本市白板町／鉄道作業局運輸部長野養成所

長野県安藤善寿の長男に生まれ、一九〇五年鉄道作業局運輸部長野養成所を修了して野戦鉄道提理部付雇員となり、日露戦中の満州に渡った。蘇家屯駅出札兼電信係、奉天駅電信方を務め、〇七年四月に事業が満鉄に引き継がれると大石橋車掌見習、橋頭・安東・奉天の各電信主任、本社運輸部運輸課勤務、鉄道部運輸課通信係主任を歴任し、二六年四月に鉄道部電気課管理係主任となった。

安藤 豊一 ▷8

㈾安藤洋行代表／奉天小西関／一八九八（明三一）一〇／香川県三豊郡観音寺町

観音寺中学を卒業して一九一八年五月に渡満し、〇九年から奉天小西関で父の嘉造が経営する特産物商を手伝った。二一年春に父が死亡すると家業を継ぎ、合資会社に改組して雑骨、羊毛、毛皮、甘草、青麻等の輸出業に従事した。実妹は京城師範学校教授で画家の佐藤三代治（春川）に嫁した。

安藤 勝 ▷12

満鉄奉天省四平街駅構内助役／奉天省四平街芳明寮／一九一一（明四四）九／栃木県宇都宮市大寛町／東亜同文書院

一九二九年三月宇都宮中学校を卒業して上海に渡り、東亜同文書院に入学した。三四年三月に卒業し、同年四月満鉄に入り奉天省四平街駅に勤務した。大連列車区車掌心得、奉天列車区安東分区車掌心得、同車掌、安東駅貨物方を歴職し、三六年七月奉天省四平街駅構内助役となった。

安藤又三郎 ▷10

満鉄理事、正五位勲六等／大連市児玉町／一八七七（明一〇）六／岐阜県大垣市久瀬川村／東京帝大法科大学

一八九一年一〇月郷里の中学校在学中に濃尾地震に遭い、倒壊した家屋の下敷きとなったが九死に一生を得た。その後上京して東京帝大法科大学に入学し、一九〇三年に卒業して鉄道院に入り鉄道書記となった。〇四年文官高等試験に合格して翌年鉄道事務官となり、〇七年朝鮮統監府鉄道管理局に出向した。主計、調査、運輸の各課長を経て参事に進み、一〇年韓国皇帝から勲三等八卦章を受けた。一二年に欧米各国に出張した後高等官三等に進み、一七年朝鮮線の満鉄への委任経営に際し満鉄に招聘されて京城管理局営業課長に就いた。二二年参事、二三年三月理事に昇進して京城管理局長事務取扱となり、二五年三月朝鮮線が経営委任を解除された後は大連本社に勤務した。

安藤松太郎 ▷11

満鉄奉天省四平街駅貨物助役、正八位／奉天省四平街発祥街／一八九五（明二八）一二／神奈川県足柄上郡岡本村／東京外国語学校

神奈川県農業安藤初太郎の五男に生まれ、一九二一年東京外国語学校を卒業して満鉄に入社した。奉天省四平街駅駅務方、長春列車区車掌、長春駅貨物方、公主嶺駅助役勤務を経て二六年一一月に奉天省四平街駅貨物助役となった。

安藤　道夫　▷12

三江省撫遠県代理参事官／三江省撫遠県公署／一九一二（明四五）三／岐阜県本巣郡真桑村／彦根高等商業学校、大同学院

岐阜県安藤道太郎の長男に生まれ、彦根高等商業学校を卒業した後、渡満して大同学院に入学した。一九三三年卒業と同時に黒龍江省綏浜県属官となり、同省属官を経て三江省撫遠県代理参事官となった。アヘン政策・地方財政・組合運動等の経済工作に従事し、建国功労賞、大典記念章、皇帝訪日記念章を授与された。

安東　実　▷11

鉄嶺電灯局会計主任／奉天省鉄嶺付属地中央通／一八九六（明二九）四／大分県北海部郡臼杵町／臼杵商業学校

大分県商業安東安五郎の次男に生まれ、一一歳で家督を相続した。一九一四年大分県臼杵商業学校を卒業し、一八年四月に渡満して満鉄電気作業所に入って計算係を務めた。一九年八月鉄嶺電灯局物品係に転任して翌年会計係兼物品係長心得となり、二一年四月職員に昇格した。二七年三月に満州電気㈱が設立されると同社員となり、後に同社傘下に入った鉄嶺電灯局会計主任に就いた。狩猟、テニス、卓球、尺八、囲碁、将棋と多彩な趣味を持ち、鉄嶺大分県人会会長を務めた。

安東　猷二　▷11

満鉄撫順炭砿人事係主任／奉天省撫順南台町／一八八六（明一九）一二／福岡県朝倉郡秋月村／福岡県立中学校

一九〇六年福岡県立中学校を卒業した後、一一年二月に渡満して満鉄に入った。以来撫順炭砿に勤務し、後に人事係主任となった。

安藤　鐐吉　▷12

吉林警察庁東関警察署長／吉林通天街東関警察署長公館／一八九〇（明二三）五／愛知県東春日井郡勝川町

愛知県安藤安次郎の長男に生まれ、一九一〇年徴兵されて名古屋の歩兵第六連隊に入営した。除隊後朝鮮に渡り、朝鮮総督府警察官講習所本科一年を修了して一六年八月総督府巡査となった。二八年八月道警部に昇進して江東警察署長となり、警察部高等警察課勤務、平原警察署長、平壌警察署勤務を歴職した後、三四年一月に依願免官して満州国に転出した。三五年三月警察庁警佐となって吉林警察庁東関警察署長に就き、同年一二月警察庁警正に進んだ。この間、朝鮮江東警察署長在任時に在郷軍人分会長及び学校組合議員を務め、青島戦争及び満州事変の功により賜金を受けた。

「阿武」は「あぶ」も見よ

阿武　量登　▷12

龍江省公署督察官／龍江省チチハル省公署警務庁／一八九〇（明二三）三／山口県阿武郡穂佐村

一九一五年台湾総督府巡査となり、二二年警部補、二七年警部に累進した。三五年二月満州国警正に転出してチチハル警察庁警務科長となり、次いで三六年四月龍江省公署督察官に転任した。

阿武　茂雄　▷12

国際運輸㈱承徳出張所長、承徳日本商工会副会長、承徳観光協会相談役、満州国協和会国際運輸分会長、承徳山口県人会会長、勲八等／熱河省承徳南営子四條胡同／一八九三（明二六）一二／山口県萩市大字椿東／山口県立萩中学校

山口県阿武俊次郎の長男に生まれ、一九一三年県立萩中学校を卒業して同年四月球種鉄道㈱小倉駅貨物係となったが、同年一二月徴兵されて山口の歩兵第四二連隊に入営した。一七年六月に満期除隊し、翌年一〇月に渡満して山口運輸㈱に入り大連支店に勤務した。二〇年九月に退社して大連の日華特産㈱に転じた後、二四年一〇月奉天省四平街で弟と特産物商石永商店を共同経営した。二六年二月に閉店して大連但馬町で食料品雑貨商山口屋を開業したが、同年四月に閉店して国際運輸㈱に入り奉天省四平街支店に勤務した。三二年六月運輸係主任、同年一二月支店長代理を経て三三年三月錦県出張所長となり、三四年九月同支店長代理を経て承徳出張所長となった。

阿武　四郎　▷12

満鉄鉄道総局混保検査所大連在勤理化学試験室主任／大連市千草町／一九〇七（明四〇）四／山口県大津郡深川村／東京高等工業学校

あ

応用化学科
山口県阿武昌一の四男に生まれ、山口中学校を経て一九二八年三月東京高等工業学校応用化学科を卒業した。同年四月満鉄に入社して鉄道部に配属され、次いで同年一〇月大連列車区車掌を経て同年一二月大連埠頭貨物方となった。二九年一〇月大連埠頭副検査人、三二年五月鉄道部営業課、三四年一一月同貨物課に歴勤し、三六年一〇月鉄道総局に転任して混保検査所大連在勤となり、理化学試験室主任を務めた。

安保　敏郎　▷12

満鉄新京保線区工事助役、勲八等／新京特別市花園町／一九〇一（明三四）五／秋田県北秋田郡阿仁合町／青森県立工業学校

秋田県安保為治の次男に生まれ、一九一九年青森県立工業学校を卒業した。一九二四年三月満鉄に入社し、安東鉄道事務所に勤務した後、二五年四月安東保線区、三〇年六月長春工事区事務所奉天省四平街在勤、三一年八月長春保線区に歴勤した。三三年七月安東保線区に転勤して同年一一月同工事助役となり、三四年五月奉天保線区助役を経て三五年五月新京保線区工事助役に転任した。この間、満州事変時の功により勲八等及び従軍記章と建国功労賞、賜金を授与された。

安養寺　哲　▷12

大連税関員／大連税関／一八九〇（明二三）七／鳥取県米子市東町／鳥取県立第二中学校

一九〇九年鳥取県立第二中学校を卒業した後、一五年税関監吏となり神戸税関に勤務した。以来一八年勤続し、三三年満州国税関事務官として招聘されて渡満し、大連税関に勤務した。

安楽　五朗　▷11

建築設計監督／大連市但馬町／一八九七（明三〇）一／鹿児島県姶良郡国分町／工手学校

鹿児島県の神職安楽兼茂の五男に生まれ、一九一五年東京築地の工手学校を卒業して翌年一月に渡満した。同年五月から関東庁土木課に勤務したが、二〇年三月に辞任して小林工務所に入った。二三年一月、独立して大連で安楽建築事務所を開業した。

飯尾　栄利 ▷12

満鉄新站工務段工事助役／吉林省満鉄新站工務段／一九〇三（明三六）一二／鹿児島県出水郡米ノ津町

学業を終えて渡満し、後に満鉄に入り吉林鉄路局に勤務した。以来勤続して同工務段建築副段長となり、一九三六年一〇月職制改正により同工務処建築科工務員となり、次いで三七年二月工事助役となった。

飯川　文三 ▷4

渋谷商店ハルビン支店主任／ハルビン埠頭区キタイスカヤ街／一八九一（明二四）／福島県岩瀬郡須賀川町／小樽高等商業学校

旧会津藩士で清酒醸造・製茶販売を家業とする地方有数の実業家の子に生まれた。仙台市立商業学校を卒業して小樽高等商業学校に進み、一九一四年三月に卒業した。樺太工業㈱に入り、同年一二月一年志願兵として仙台の歩兵第二九連隊に入営し、一五年末に除隊して復職した。翌年始め海外貿易を志して同社を辞する際、重役で東京商業会議所議員渋谷正吉から朝鮮・南清・北満・シベリア方面の商況視察を依頼され、三ヶ月間調査に赴いた。帰国して対露貿易の有望性を説き、一九一六年六月に渡満してハルビンで渋谷商店の支店開設に尽力し、その主任として欧露方面の雑貨貿易に従事した。

飯倉　汎三 ▷11

東省実業㈱ハルビン支店支配人兼北満ホテル支配人／ハルビン埠頭区地段街／一八九一（明二四）二／千葉県印旛郡成田町／東京農業大学

千葉県農業飯倉郁太郎の四男に生まれ、叔父の飯倉家の養子となった。一九一五年東京農業大学を卒業した後、一七年に農商務省第二種耕地整理講習を修業して同年四月東洋拓殖㈱に入った。平城支社を経て一九年七月ハルビン支店に転任したが、二三年四月休職となった。東省実業㈱に転じてハルビン支店支配人に就き、二七年一一月から北満ホテル支配人を兼務した。長兄文甫は朝鮮総督府技師として逓信局工務課長を務め、次兄貞造は海軍兵学校を出て後に少将に就いた。

飯沢　重一 ▷12

国務院総務庁主計処特別会計科長兼企画処勤務、大同学院教授、水力電気建設委員会幹事、体育連盟常務理事、陸上競技協会理事長、勲七等／新京特別市崇智路／一九〇二（明三五）五／長野県上伊那郡川島村／東北帝大法文学部

長野県飯沢兼十の長男に生まれ、松本高等学校を経て東北帝大法文学部に進んで一九二八年一月文官高等試験行政科に合格し、同年三月卒業とともに満鉄に入社した。満州事変が起きると三一年一一月吉林省政府顧問に転じ、三二年五月満鉄を退社して国務院法制局参事官となり、同年一一月法制局第二部長代理に就いた。三五年八月から一年間欧米に出張して各国の法制を視察し、帰任して総務庁参事官として企画処に勤務した。その後三七年三月から大同学院教授を兼務し、同年五月総務庁理事官兼参事官となった。

飯島丑五郎 ▷12

岡組ハルビン出張所主任／ハルビン道裡商市街／一八八八（明二一）一〇／群馬県勢多郡神流村／私立主計学舎

私立主計学舎を卒業して一九一〇年九月群馬県庁に入り土木課に勤務した。一八年一月青森県庁に転じた後、さらに翌年八月岡山県技手に転じて土木課に勤務した。二四年に新見出張所長となり、次いで和気、笠岡、勝山の各出張所長を歴任して三一年四月に退官した。その後三三年九月岡組に入って土木建築請負業に従事し、三四年四月ハルビン出張所開設とともに主任となって渡満した。

飯島　慶三 ▷8

鉄砲火薬商天和公司主／奉天小西関／一八七九（明一二）一一／長野県上伊那郡東春近村／陸軍士官学校

一九〇三年陸軍士官学校を卒業して同年六月歩兵少尉に任官し、翌年日露戦争に従軍して各地を転戦した。一六年一二月満州守備隊として派遣され、一八年四月歩兵大尉に進んで依願予備役編入となった。除隊後も奉天に留まり、小西関で鉄砲火薬商を営んだ。

飯島　早苗 ▷12

国際運輸㈱新京支店発送係主任／

い

新京特別市清和胡同／一九〇〇（明三三）五／茨城県多賀郡磯原町／東京正教神学校中退

茨城県飯島熊吉の次男として茨城県多賀郡華川村に生まれ、一九一八年東京正教神学校五学年を修了し、同年六月ウラジオストクの貿易商神本洋行に勤務した。その後シベリア出兵に際して陸軍通訳となり、サハリン派遣軍司令部付、サハリン軍政部付、泥港軍政署付、尼港軍政署付、憲兵隊本部付、ハルビン駐在内務事務官事務所通訳等を務めた。二八年一二月国際運輸㈱に転じてハルビン支店に勤務した後、三五年一二月新京支店に転勤して発送係主任を務めた。

飯島　省一　▷12

国務院営繕需品局需品処印刷科長代理／新京特別市金輝路第三代用官舎／一八八三（明一六）一一／東京府東京市本所区亀沢町／東京外国語学校独逸語科

静岡市に生まれ、一九〇六年東京外国語学校独逸語科を卒業して東京市内外印刷会社に入社し、凸版印刷会社と合併した後も引き続き勤務した。次いで二二年に金谷印刷所支配人に転じ、二六年に株式会社に改組して代表取締役に就任した。かたわら明立印刷会社、山本インキ会社の各取締役を兼任し、亀沢町二丁目町会長、東京印刷同業組合兵銀会議長その他の公職を兼務した。その後三四年一二月に金谷印刷㈱取締役を辞任して渡満し、満州中央銀行印刷所長に就き、三六年一月に同印刷工場の証券工場が満州国政府に移管されると、同行理事の推薦により国務院営繕需品局に転じて需品処印刷科長代理となり、国都建設記念式典準備委員会総務部幹事を兼任した。

飯島　満次　▷11

弁護士／奉天淀町／一八八七（明二〇）五／石川県金沢市／東京帝大法科大学

石川県飯島満正の長男に生まれ、一九一五年東京帝大法科大学を卒業して浅野セメント㈱に入社した。その後北海道銀行に転じ、さらに各社に勤務した後、一八年一二月に渡満して奉天商業会議所書記長に就任した。二〇年に辞して同地で弁護士を開業し、奉天弁護士会長を務めた。

飯泉　好雄　▷12

満鉄吉林東洋医院耳鼻咽喉科医長／吉林大馬路満鉄東洋医院／一九〇四（明三七）二／茨城県真壁郡竹島村／満州医科大学

水戸農学校、順天中学校を経て一九三三年三月奉天の満州医科大学を卒業し、同大副手として耳鼻咽喉科に勤務した。三五年七月満鉄に入社して吉林東洋医院耳鼻咽喉科医長に就き、三六年九月から吉林尋常高等小学校診療医を兼務した。

飯田　郁　▷3

満鉄電気作業所計算主任／大連市近江町／一八七五（明八）一一／東京府東京市下谷区御徒町

信州松本に生まれ、一八九六年三井銀行に入って本店に勤務したが、一九〇三年に退職した。〇六年横浜のブライト・コーツ・カムベル商会に入って一年勤めた後、〇七年五月から大阪でビルのブローカーを始めたが程なく廃業し、同年九月に渡満して満鉄電気作業所に勤め、後に計算主任に就いた。

飯田　関十　▷8

和洋雑貨商飯田商店主／奉天／一八八六（明一九）一／愛知県名古屋市中区／神田中学校

上京して神田中学校に学んだ後、一九一二年五月に渡満した。満鉄に入って奉天の南満医学堂に勤務したが、一八年七月に退社して同地に飯田商会を設立し和洋雑貨商を始めた。その後奉天観商場を建設して六店舗を収容し、後に拡張して全店舗を統一して飯田商会の経営とした。

飯田耕一郎　▷3

満鉄技術局保線課員、勲六等／大連市霧島町／一八七〇（明三）五／静岡県駿東郡沼津町

一八九〇年一〇月鉄道庁に入り、国府津保線区に勤務した。九四年四月逓信省に転じて鉄道局工務課に勤めた後、九六年九月上越鉄道創立事務所技術部、九七年一〇月七尾鉄道工務課、九九年六月紀和鉄道技術課勤務を経て一九〇一年一〇月北海道庁鉄道部保線課に転任した。日露戦争が始まると野戦鉄道提理部工務課員となって〇五年七月に渡満し、戦後そのまま残留して〇七年四月の満鉄開業とともに入社して工務課に勤務し、後に技術局保線課に転じた。

飯田 作郎 ▷12

満鉄白城子建設事務所線路長、従七位／龍江省白城子満鉄建設事務所／一八九七（明三〇）八／愛知県名古屋市中区西日置町／名古屋高等工業学校土木科

愛知県飯田為作の四男に生まれ、一九一八年三月名古屋高等工業学校土木科を卒業し、同年四月鉄道院多度津建設事務所に勤務した。岡山建設事務所に転任して高松、箸蔵、財田、月田、阿賀に在勤した後、山口建設事務所呉在勤を経て技師に昇任した。三三年一一月満鉄に転じて鉄道建設局工事課準備係主任となり、三六年九月副参事に昇格し、三七年四月白城子建設事務所に転勤して線路長を務めた。この間、満州事変時の功に軍士像と従軍記章を授与された。

飯田 三郎 ▷12

満鉄中央試験所庶務課機械係主任／大連市芝生町／一八九四（明二七）六／静岡県磐田郡岩田村／明治専門学校機械工学科

静岡県飯田奥八の三男に生まれ、一九一八年三月明治専門学校機械工学科を卒業し、同年四月朝鮮黄海北道の三菱製鉄㈱兼二浦製鉄所機械工場に勤務した。以来同社に勤続して三一年に退社し、翌年八月満鉄に入社して中央試験所に勤務し、三六年副参事に昇格して庶務課機械係主任に就いた。

飯田 正蔵 ▷1

永田薬房主任／吉林／一八七四（明七）七／山口県阿武郡萩町／東京中学

上京して東京中学を卒業した後、一八九四年徴兵適齢となって第一師団歩兵第一連隊に入営し、日清戦争中は留守勤務として東京に在勤した。九六年台湾守備軍に編入されて基隆に勤務し、各地の治安活動に出動した。九七年東京衛戍病院に転勤した後、一九〇〇年義和団事件に際し派遣軍に従軍して北京に赴き、〇一年冬に帰国した。〇三年に除隊して蒙古のカラチン王府に赴いたが、〇四年に日露戦争が始まると北京に入り軍命により特別任務に従事し、戦後功により勲六等と一時賜金を授与された。〇六年九月から守田中佐の満州視察に随行した後、〇七年吉林の永田薬房に入り、主任として売薬業に従事した。

飯田 清二 ▷11

満鉄瓦房店医院外科医員／奉天省瓦房店常盤街／一九〇一（明三四）一二／鹿児島県鹿児島市車町／東京帝大医学部

鹿児島県林伝太郎の次男に生まれ、飯田助一の養子となった。一九二六年三月東京帝大医学部を卒業して同大学付属医院で研究に従事した。その後二八年一〇月に渡満し、満鉄瓦房店医院外科医員となった。

飯田 台輔 ▷12

満州弘報協会・盛京時報社・大同報社各チチハル支局長／龍江省チチハル豊恒胡同満州弘報協会支局／一九〇〇（明三三）一／兵庫県神戸市下山手通

一九一六年から二三年一月まで中国華北の山東鉄道に勤務し、その後北京に出て北平同学会語学校で中国語を習得した。次いで三二年一二月満州国通信社の創立とともに同社新京本社に勤務した。三五年六月チチハル支局に転勤し、三六年九月満州国通信社を吸収して満州弘報協会が設立されるとチチハル支局長となり、他に盛京時報社と大同報社の支局長を兼任した。

飯田 博 ▷12

満鉄安東医院長兼医長／安東西山手町満鉄社宅／一八八八（明二一）一一／島根県那賀郡江津町／東京帝大医科大学

島根県飯田源之丞の次男に生まれ、第六高等学校を経て一九一三年東京帝大医科大学を卒業し、一四年一月同大副手となった。一七年一月福井県の三国病院長に転じた後、二一年一二月から母校で血清化学の研究に従事し、二三年一二月満鉄営口医院長兼医長となって渡満した。二五年二月論文「血清有形成分抗血清ノ細胞特異性特ニ其体内作用ノ比較研究」により東京帝大より医学博士号を取得し、同年四月撫順医院長兼医長に転任して同年八月参事待遇となった。二八年一二月内科学研究のため欧米に留学し、帰社後に遼陽医院長兼医長を経て三三年一月安東医院長兼医長となり、三六年七月から安東医院看護婦養成所長を兼務した。

飯田牧四郎 ▷6

関東庁大連民政署法人係／大連／一八八一（明一四）七／福岡県八女郡忠見村

安井息軒の門下生で明善堂の漢学教師を務めた飯田雄蔵の子に生まれ、中等教育を終えて筑後軌道会社に勤務した。一九一八年七月に渡満して関東都督府に入り旅順に勤務した後、二〇年一月大連民政署に転勤して法人係を務めた。

飯田弥三郎 ▷12

㈾飯田商事部代表社員、㈾飯田工業所代表社員／ハルビン石頭道街／一八八九（明二二）二／福岡県大牟田市中島町

工業学校を卒業した後、一九一二年満鉄に入り撫順炭砿機械課に勤務した。一九年に退社し、撫順中央大街に飯田工務所を開設して機械・金物・鉱山土建材料商と機械工場を経営した。二〇年に満鉄及び関東庁の機械工事の指定請負人となり、同時にハルビンに飯田商事部を設けた。三一年九月に満州事変が起きると第一〇師団に随行して御用商を務め、その後第三師団、第九師団、第一三師団、関東軍、鉄道総局等の軍官衙の御用達商となり、軍需品、雑貨食料品等を納入した。その後工務所を工業所と改めて木工場、製菓工場、縫靴工場、印刷工場を設け、ハルビン中国十五道街に印刷部、買売街に製菓部、軍需品製作工場を河溝街、薬品部を南六道街に置いた。さらに牡丹江、半截河、牙布力、一面坡、二道河子、横道河子、新站、山河屯、五常、木蘭、ハイラルに支店出張所を置いた。この間、御用達商として第十師団派遣隊より三度、第三師団派遣隊より一度の感謝状を受けた。

飯田　義英 ▷12

満鉄四平街建設事務所工務長、社員会評議員、勲八等／奉天省四平街北八条通満鉄建設事務所工務長社宅／一九〇五（明三八）二／北海道小樽郡朝里村／北海道帝大工学部土木科

北海道飯田国太郎の三男に生まれ、小樽中学校、北海道帝大予科を経て一九二九年三月同大学工学部土木科を卒業し、同年五月満鉄に入り、鉄道部に勤務した。奉天保線区技術方を経て遼陽保線区技術方となり、太子河橋梁の気力潜函基礎工事に従事した。その後三二年一月吉長吉敦鉄路局へ派遣され、三三年三月吉林建設事務所勤務を経て同年五月図們建設事務所に勤務した。その後三四年八月鉄道建設局工事課準備係主任心得、三五年四月新京建設事務所工務長を経て同年九月四平街建設事務所工務長に転任した。満州事変後に哈爾巴嶺や老松嶺隧道等の新線建設の難工事に従事し、勲八等旭日章を授与された。

飯塚　計作 ▷12

満鉄鉄嶺日語学校長／奉天省鉄嶺若竹町／一九〇〇（明三三）八／新潟県南魚沼郡塩沢村／高田師範学校二部

新潟県飯塚良蔵の四男に生まれ、一九一九年小学校正教員試験に合格し、二〇年一月郷里の南魚沼郡大崎小学校訓導となった。次いで東五十沢尋常高等小学校、六日町尋常高等小学校、大沼尋常高等小学校、大君田尋常小学校の各訓導を歴職した。この間二一年に高田師範学校二部を卒業し、一年現役兵として兵役に服した。その後二五年三月満鉄に転じて渡満し、奉天第二尋常小学校訓導を務めた後、満鉄教育研究所を修了して二六年四月撫順公学堂教諭となり、二八年に社命で北京に留学した。三一年四月以来、撫順公学校教諭、地方部学務課員遼陽在勤、蓋平公学校教諭兼大石橋青年学校蓋平分教場助教諭を歴職し、三六年七月鉄嶺日語学校長となった。この間、蓋平在勤時に在郷軍人会蓋平分会長を務めた。

飯塚鹿之助 ▷11

特産物商／奉天省四平街禄祥街／一八九七（明三〇）四／大阪府三島郡吹田町／大阪高等商業学校

大阪府製油業大浦弥作の三男に生まれ、絶家した飯塚家を再興して戸主となった。一九〇六年、大阪高等商業学校を卒業して大阪市の船舶・鉱山業河辺久良三郎商店の店員となった。〇八年に退社して渡満し、従兄が経営する鉄嶺の特産業木下兄弟商会に勤めた。一二年六月特産業の日陞公司に転じて大連支店に勤務したが一五年一一月に奉天省四平街で友人の木岡応が経営する木岡商店に入り、一九年に同店を譲り受けて特産物商を独立経営した。かたわら奉天省四平街取引所信託㈱取締役、同取引所取引人組合長、同日華特産商連合会長も務めた。

飯塚　敏夫　▷12

国務院司法部刑事司長、従五位勲六等／新京特別市清和街／一八九七（明三〇）一二／新潟県中頸城郡新道村／東京帝大法学部英法科

新潟県の大地主飯塚昌和の子に生まれ、一九二一年三月東京帝大法学部英法科を卒業して同年五月司法官試補となった。二三年三月判事に進んで東京地方裁判所及び同区裁判所予備判事となり、次いで東京地方裁判所判事、東京控訴院判事を経て司法書記官に進み、刑事局に勤務して刑法及び監獄法改正調査委員会幹事を務めた。その後三四年三月に退官し、国務院司法部刑事司長に転出して渡満し、満州国法律用語彙典編纂委員会委員、司法部法学校入学試験委員会顧問、中央治安維持会委員、法典制定委員会委員、法典起草委員会委員、司法考試委員、書記官普通考試委員長、学習法官考試委員等を務めた。この間、昭和大典記念章及び皇帝訪日記念章を授与され、著書『刑法専攷』『刑法論攷』を著した。法学博士で貴族院議員の山岡万之助の長女を夫人とし、病没後に露領水産組合副会長で衆院議員を務めた佐々木平次郎の三女静子を後妻に迎えた。

飯塚富太郎　▷12

龍江省公署警務庁警務科長／龍江省チチハル省公署警務庁／一九〇二（明三五）二／栃木県下都賀郡三鴨村／東京帝大法学部政治学科

栃木県飯塚千次郎の長男に生まれ、攻玉社中学校、第三高等学校を経て一九三一年三月東京帝大法学部政治学科を卒業した。陸軍省経理局衣糧課筆生、千代田生命保険会社員、大阪商大経済研究所雇員を歴職した後、三二年に渡満して大同学院を卒業し、同年一〇月奉天省遼源県属官となった。次いで黒龍江省綏稜県代理参事官に転任し、行政区画変更により浜江省綏稜県参事官となった後、国務院民政部事務官・拓政司第二科勤務を経て三七年五月民政部理事官・拓政司第一科長となり、同年七月龍江省公署警務庁警務科長に転任した。

飯塚　江嶽　▷11

安東県鎮江山臨済寺開教師／安東県鎮江山／一八八三（明一六）三／島根県簸川郡稗原村

島根県飯塚只市の次男に生まれ、八歳の時に臨済宗大林寺で得度し、本師轍応和尚の下で仏儒典を修学した。京都に遊学した後、一九〇二年に神戸の祥福専門道場で修行し、出雲の長寿寺住職を務めた。一四年に朝鮮に渡って布教した後、大本山妙心寺から満州開教師を命じられて二三年に渡満し、安東県鎮江山臨済寺住職として布教伝導に従事した。

飯塚　雅蔵　▷13

日清製油㈱代表取締役／大連市千歳町／一八九四（明二七）八／埼玉県児玉郡賀美村／東亜同文書院

埼玉県農業飯塚竹十郎の子に生まれ、一九一八年上海東亜同文書院を卒業して神戸の鈴木商店に入り、鈴木油房社員として大連に渡った。二一年に同社を辞して同地の日清製油㈱に入社して雑穀部主任となった。三六年九月取締役、三八年九月取締役支配人を経て三九年九月に代表取締役に就任し、かたわら満州ペイント㈱、㈱日清桟の監査役を兼務した。

飯塚　祇吉　▷11

大阪商船会社大連支店長、従六位／大連市桃源台／一八八四（明一七）一／群馬県新田郡尾島町／東京帝大法科大学

群馬県農業飯塚吉之丞の長男に生まれ、一九一〇年東京帝大法科大学を卒業した。一二年に台湾総督府事務官となったが、一八年に退官して大阪商船会社に入社した。阪神各地に勤務した後、仁川支店長を経て二七年二月大連支店長となって渡満した。

飯塚　松吉　▷12

間島省公署警務庁員、従七位勲六等／間島省延吉間島省公署／一八九二（明二五）一／群馬県群馬郡長尾村／渋川実業補習学校

一九〇八年群馬県渋川実業補習学校を二年で中退した後、一二年一二月徴兵されて近衛歩兵第二連隊に入営した。その後憲兵に転科して憲兵上等兵となり、赤坂憲兵分隊に勤務した。二四年一二月憲兵曹長に進級した後、二五年六月憲兵練習所を修了して二九年二月特務曹長に進んで関東憲兵隊配属となって渡満し、連山関、本渓湖、鉄嶺、山城鎮の各憲兵分遣隊長を歴職した。三三年九月少尉に進級して依願予備役編入となり、同年一〇月満州国特殊警察隊警正に転じた。三五年三月満州里国境警察隊長となり、次いで三六年四月間島省公署督察官に転任して同省公署警務庁に勤務した。

飯塚松太郎 ▷14

飯塚工程局主、勲八等／大連市西公園町／一八六八（明一）二／岡山県御津郡鹿田村／日清貿易研究所中退

一八九〇年九月、荒尾精等によって創設された日清貿易研究所に入った。卒業の翌九四年に日清戦争が起こると第一軍に従軍して陸軍通訳を務め、戦後九六年に台湾に渡り台北県庁通訳官となった。一九〇〇年の北進事変に際し岡沢精侍従武官長に随行して天津に赴いたが、同年一〇月に帰国すると官を辞し、再び天津に戻って有馬組天津支店主任となり、同地の専管居留地拡張に伴う埋立て工事に従事した。日露戦争が始まると遼河に赴いて陸軍用達業に転じ、〇五年七月営口に飯塚工程局を設立して営口新市街造営、奉天城内道路改修などの大規模工事を請け負った。〇六年秋に大連支店を設置し、〇八年から本拠を同地に移し、一一年には老虎灘、于家屯に農場を設けて農園経営にも進出した。大連商業会議所常議員、満州土木建築業組合副組合長を務めたほか一七年九月まで大連市会議員を務めたが、二三年に会社を解散して帰国し、郷里の岡山で病没した。

飯塚隆次郎 ▷11

満蒙毛織㈱常務取締役／奉天萩町／一八七九（明一二）一一／群馬県邑楽郡高島村／東京高等工業学校

群馬県飯塚栄治郎の次男に生まれ、一九〇〇年東京高等工業学校を卒業して大阪毛織㈱に入社した。一五年に技師長となり、二五年三月同社取締役に就任したが、同年六月奉天の満蒙毛織㈱常務取締役に転じて渡満した。

飯淵　弘 ▷12

奉天新聞社編集総務／奉天若松町／一九〇六（明三九）三／福島県郡山市神明町／日露協会学校

一九二七年ハルビンの日露協会学校を卒業し、奉天の盛京時報社に入った。二九年ハルビンの大北新報社に転じた後、三〇年に奉天新聞社に移り、後に編集総務を務めた。

飯森隆一郎 ▷12

満鉄三十里堡駅長／関東州三十里堡駅長社宅／一八九〇（明二三）五／長野県東筑摩郡日向村

一九〇五年九月長野通信伝習生養成所を修了し、長野局、麻績局に歴勤した。その後一二年九月満鉄に転じて渡満し、安東、鶏冠山、大連の各駅に勤務した。次いで埠頭事務所車務課勤務、同所運転助役、同所助役、大連埠頭構内助役を経て得利寺駅長、南関嶺駅長を歴任し、三五年五月三十里堡駅長となった。この間、満州事変時の功により賜杯を授与された。

伊井　林三 ▷12

満鉄鶏冠山機関区運転助役兼機関士、社員会評議員、勲八等／安奉線鶏冠山機関区／一九〇〇（明三三）一／新潟県西頸城郡糸魚川町

新潟県伊井林治郎の六男に生まれ、一九一九年七月満鉄に入り奉天車輌係となった。以来勤続し、同機関方、本社運輸部、奉天機関区機関方、同準備方、同機関士心得、同点検方を経て安東機関区鶏冠山分区運転助役兼機関士となり、三五年一〇月鶏冠山機関区運転助役兼機関士となった。この間、三四年四月満州事変時の功により勲八等に叙された。

家成　経彦 ▷12

満鉄監察役付監察員／大連市桜花台／一九〇〇（明三三）一／福岡県京都郡犀川村／熊本高等工業学校採鉱冶金学科

福岡県家成醇一郎の長男に生まれ、一九二一年三月熊本高等工業学校採鉱冶金学科を卒業し、同年四月満鉄に入り撫順炭砿東郷採炭所に勤務した。以来勤続して竜鳳採炭所、撫順工業実習所指導員兼舎監、撫順炭砿採炭課露天掘係技術担当員を歴職し、三七年一月本社監察役付監察員となった。この間、三六年四月勤続一五年の表彰を受けた。

家原小文治 ▷11

陸軍三等軍医正、関東軍軍医部部員、従六位勲四等／旅順市春日町／一八九〇（明二三）四／大分県直入郡竹田町／九州帝大医学部

大分県家原敏馬の長男に生まれ、一九一五年九州帝大医科大学を卒業し、翌年七月熊本の歩兵第二三連隊付二等軍医補となった。一七年に東京帝大伝染病研究所に派遣されて研究に従事し、一九年東京第一衛戍病院付一等軍医となった。二二年二月陸軍軍医学校教官兼陸軍省医務局課員、二四年八月三等軍医正・歩兵第一連隊付を経て二六年八月関東軍軍医部に転じて渡満した。

庵谷　忱　▷11

奉天商工会議所会頭、石炭商、勲六等／奉天琴平町／一八七五（明八）一二／岡山県児島郡郷内村

岡山県庵谷弥太郎の次男に生まれ、一九〇二年外務省の嘱託で特別任務を帯びて渡満した。〇四年の日露開戦と同時に山東省に派遣され、青島の第一軍司令部付となった。戦後そのまま残留して〇六年から安東県で貿易商を営み、かたわら五竜背温泉、牛心台炭砿等を経営した。一五年に奉天に移り、三有公司の商号で牛心台炭の販売と朝鮮の黒鉛鉱採掘に従事した。かたわら平安貿易商会主、鴨緑江木商組合長、平安精塩組合代表者、食塩輸入同業組合長、満州商船会社取締役として多数くの事業経営に携わり、奉天日日新聞社長、開原銭業、奉天窯業、奉天取引信託、満州起業、北満電気、石灰セメント、大連株式商品取引所、奉天製麻会社等の取締役・監査役を兼務し、全満米穀同業組合長、奉天金融組合長、関東庁経済調査会委員等を務めた。

伊賀崎寛次　▷12

新京郵政管理局会計処長、正七位勲七等／新京特別市金輝路代用官舎／一八八八（明二一）一〇／山口県都濃郡下松町／広島外国語学校英語科

山口県伊賀崎得助の長男に生まれ、広島外国語学校英語科を卒業して一九〇五年三月広島郵便局に勤務した。次いで大阪郵便局通信事務員、川口郵便局通信事務員、西部逓信局経理部主計課員を経て大阪逓信局経理課に転勤し、予算決算係長、歳出係長、第二調理係長、用品課第二調理係長、通信事業特別実施委員会委員、経理課第二調理係長を歴職した。その後三五年二月国務院交通部郵政管理局理事官に転出して渡満し、新京郵政管理局会計処長に就いた。

伊ヶ崎卓三　▷12

満鉄経理部会計課長、大連農事㈱取締役、社員会幹事、社員会本社連合会長、社員消費組合総代／大連市老虎灘会転山屯／一八九九（明三二）一／山口県都濃郡久米村／東京帝大経済学部

山口県伊ヶ崎半次郎の三男に生まれ、徳山中学校、第五高等学校を経て一九二三年三月東京帝大経済学部を卒業し、同年六月満鉄に入り経理部会計課に勤務した。以来勤続して同主計課勤務兼育成学校講師、庶務部庶務課勤務兼速記タイプライター教習所講師、経理部会計課勤務、総務部人事課給与係主任、東京支社経理課長を歴職した。その後三五年九月経理部会計課長となり、三六年九月参事に昇格した。

五十住貞一　▷12

龍江省公署民政庁事務官／龍江省チチハル龍江省公署／一九〇三（明三六）八／愛知県中島郡萩原町／東京帝大法学部政治学科

愛知県五十住鉄次郎の長男に生まれ、一九三二年三月東京帝大法学部政治学科を卒業して渡満し、国務院資政局訓練所に入所した。同年一〇月改称後の大同学院を卒業して奉天省昌図県属官となった。次いで三三年八月錦州省綏中県属官、三四年八月奉天省梨樹県属官、三六年四月同県参事官、同年一一月満州国協和会梨樹県本部副部長を歴任し、三七年二月龍江省公署事務官に転任して民政庁に勤務した。

伊賀原岩吉　▷13

伊賀原組主／新京特別市／一八七四（明七）／京都府加佐郡舞鶴町

一八九八年京都府舞鶴に陸軍築城舞鶴支部が設置された際に伊賀原組を開業し、築城諸材料の調達と人夫供給に従事し、槇山砲台ほか五ヶ所の建設施工にあたった。その後一九〇二年に阪鶴線真倉—舞鶴間の鉄道工事を請け負って社業を固め、日露戦争下の〇五年に同郷先輩が経営する沢井組を頼って渡満した。沢井組の下で旅順ヤマトホテル、撫順駅、炭砿倶楽部等の諸工事に従事する一方、一一年には撫順に土管煉瓦等の製造事業を興した。一九年に至って同業須藤組の事業を譲り受けて伊賀原組を再興し、満鉄指定請負人となって満鉄のほか関東庁、関東軍等の工事に従事した。満州事変時には錦州・熱河作戦で関東軍御用を務め、以後は関東軍、関東局、満州国指名請負人となり、全満各地に支店出張所を置いて従業員一〇〇名を擁した。

五十嵐栄一 ▷11

南満州瓦斯㈱研究所長／大連市聖徳街／一八九九（明三二）一二／山形県米沢市木場中町／米沢高等工業学校

山形県五十嵐栄松の長男に生まれ、一九二〇年米沢高等工業学校を卒業して満鉄瓦斯作業所に入った。長春瓦斯建設係主任代理を務めた後、二五年七月に同所が南満州瓦斯㈱として独立すると長春支店長代理となり、本社営業課長代理を経て二七年一〇月研究所長に就いた。実妹の信子も満鉄土木課員朝比奈貞一に嫁して大連に居住した。

五十嵐一二 ▷12

国際運輸㈱本社員／大連市国際運輸㈱／一八八五（明一八）五／東京府東京市本所区江東橋

金沢市の金物商の子に生まれ、一五歳の時から大阪の乾物商に奉公した。一九〇五年徴兵されて入営し、満期後も軍籍に留まり、一一年に軍曹に進級した。一四年に除隊して家業の金物商に従事した後、一八年夏に渡満して奉天で石炭販売業に従事した。二一年大連の山口運輸㈱に入社し、以来同社の国際運送株、国際運輸㈱への改組後も勤続し、奉天支店、鉄嶺出張所、奉天支店に歴勤した。遼陽営業所に転勤して到着係主任、同発送係主任、運搬係主任を務めた後、三六年一一月本社勤務となった。

五十嵐浩九郎 ▷12

吉林省郭爾羅斯前旗参事官、王爺廟日本居留民会副会長／吉林省郭爾羅斯前旗参事官公館／一九〇四（明三七）一／福島県河沼郡坂下町／東京外国学校支那語貿易科

一九二六年三月東京外国学校支那語貿易科を卒業して渡満し、大連の遼東新報社編集局に勤務し、二七年一一月同紙が満州日日新聞と合併すると大連新聞社に転じた。次いで二九年五月満鉄に転じて営口方面情報蒐集事務と営口地方事務所中国側渉外事務を担当し、かたわら満鉄運動会営口支部剣道教師を務めた。その後三二年六月国務院興安局事務官に転出し、興安南省科爾沁右翼前旗参事官を経て三七年三月吉林省郭爾羅斯前旗参事官となった。

五十嵐重太郎 ▷1

橋本組奉天出張所主任／奉天小西関大街／一八六四（元一）／福島県

福島県会津に生まれ、一八八六年に独立して郷里で土木建築請負業を始めた。その後橋本組に入り、八八年の東海道線をはじめ、日本鉄道、常磐線、奥羽線などの鉄道工事を担当し、隧道鉄橋等の難工事に従事した。一九〇六年六月の奉天開市と同時に渡満し、小西関大街に橋本組奉天出張所を開設して主任を務めた。

五十嵐真作 ▷12

国務院民政部土木局第二工務処員、新京工業学校講師、従七位／新京特別市北安路聚合住宅／一九〇二（明三五）七／新潟県北蒲原郡新発田町／東京帝大農学部林学科

新潟県五十嵐藤五郎の長男に生まれ、一九二八年三月東京帝大農学部林学科を卒業して同年四月内務工手となった。東京土木出張所工務部工事係、中津川工場、河内川工場に歴勤し、早川工場主任心得兼河内川工場主任心得を経て内務技師に昇任した。その後退官して三四年一一月に渡満して国務院国道局嘱託となり、次いで技佐に進んで第二技術処治水科勤務を経て三七年一月民政部土木局第二工務処に転任した。

五十嵐　稔 ▷11

撫順満鉄医院歯科医師／奉天省撫順東七条通／一九〇四（明三七）一〇／福島県伊達郡東湯野村／日本歯科医学専門学校

満鉄撫順炭砿発電所事務係の五十嵐善七の長男に生まれ、旅順中学校を出て日本歯科医学専門学校に入学した。一九二七年に卒業し、翌年満鉄に入社して撫順医院の歯科医員を務めた。

五十嵐保司 ▷11

満鉄参事、臨時経済調査委員会委員兼第二部幹事／大連市星ヶ浦水明荘／一八九〇（明二三）一一／群馬県群馬郡久留馬村／東京高等商業学校専攻科

群馬県農業五十嵐円次郎の三男に生まれ、一九一四年東京高等商業学校専攻科を卒業して満鉄に入社した。地方部地方課、同勧業課勤務を経て二〇年四月から二年間アメリカに出張し、帰任して興業部商工課長代理となった。二四年に参事となり、二七年一一月臨時経済調査委員会委員兼第二部幹事に就いた。

五十嵐吉太郎 ▷11

観世流能楽師／大連市西通／一八八九（明二二）八／東京府東京市日本橋区米沢町／大橋塾

東京日本橋の薬種商五十嵐吉次郎の長男に生まれ、一九〇〇年小学校を卒業して大橋塾に学んだ。観世流能楽師の山階徳次郎に師事して能楽道を極め、二四年一〇月に渡満して大連で能楽と謡曲の指南をした。

碇山　久 ▷12

碇山組主、勲八等／奉天青葉町／一八八〇（明一三）七／東京府東京市芝区高輪北町／東京帝大工科大学

鹿児島市に生まれ、初め順亮、後に久と称した。幼時に上京して攻玉社工学校を卒業した後、東京帝大工科大学の助手を務めながら一九〇一年一二月同大学土木及び建築工学全科を修了した。東京の帝国通信社に勤めた後、房総鉄道会社に転じて測量・製図作業に従事した。〇四年五月日露戦争に際し第六師団輜重輪卒として召集され、翌年除隊して東京市街鉄道会社橋梁設計係主任、東京電車会社土木部長代理設計係主任を歴職した。次いで〇九年八月に渡満して奉天の清和公司工事部主任となり、安奉線や中国官衙の諸工事に従事した。同公司解散後、帰国して大分県の日出生鉄道会社技師長を務めたが、一三年に再び渡満して奉天の吉川組に入り、総支配人兼技師長として鞍山製鉄所工事及び撫順炭砿拡張工事を差配し、かたわら撫順建築信用組合理事、満州土建協会撫順支部幹事等を務めた。その後三二年に辞任して同地に碇山組を興し、満鉄指定請負人として土木建築請負業を独立経営し、三三年八月奉天に本店を移した。この間、日露戦争の功により勲八等に叙された。夫人武子との間に一男二女あり、次女寿満子はハルビンで日東工業[資]を経営する東郷高穂に嫁した。

猪川久満夫 ▷12

奉天山内履物店主／奉天春日町／一九〇五（明三八）九／愛媛県宇摩郡土居村／松山商業学校

愛媛県猪川徳治の三男に生まれ、松山商業学校を卒業した後、一九二九年に渡満して叔父山内俊一が経営する大連の山内履物店に勤めた。その後三一年九月奉天に進出して奉天山内履物店の名称で開店準備に着手したが、満州事変に遭遇して一時建築工事を中止し、同年一一月に開店した。三六年一一月春日町に本店を移して旧店舗を支店とし、次いで浪速通の七福屋百貨店履物部に出店した。

伊木　虎吉 ▷1

熊本旅館主、勲七等／旅順／一八七八（明一一）八／熊本県下益城郡隈庄町

日清戦中に渡満して柳樹屯で雑貨販売を営んだが、一八九五年五月に遼東半島が返還されると台湾に移り、一年ほど滞在して帰国した。次いでウラジオストクに渡って二年ほど滞在してロシア語を習得した後、一八九八年旅順に移って雑貨商を開業した。一九〇〇年の北清事変に際し山海関兵站司令部の通訳を七ヶ月務め、後に従軍の功で勲七等旭日章と賜金を受けた。その後鉄嶺、旅順などで各種の事業に従事したが、〇四年二月に日露開戦となって帰国した。〇五年一月の旅順占領と同時に再び渡満して旅順市街・砲台の掃除班に勤務し、かたわら諸官衙軍隊等の用達業を営んだ。その後旅館業に転じて旅順で熊本旅館を経営した。

生松　浄 ▷12

国務院総務庁参事官、満州国官吏消費組合常務理事、満州特産中央会参与／新京特別市大同大街国務院総務庁／一九〇一（明三四）一／神奈川県横浜市中区戸部町／東京帝大経済学部、同大学院中退

神奈川県生松猿松の長男に生まれ、一九二五年三月東京帝大経済学部を卒業して大学院に進み、財政学教授土方成美の助手を務めた。二八年九月満鉄に入社して鉄道部に勤務した後、三二年五月に退社して翌月国務院財政部事務官に転じ、同年七月総務庁事務官として主計処司計科長に就いた。次いで理事官に進んで同処一般会計科長兼司計科長となり、三七年二月行政制度視察のため一年間欧米に出張した。この間、満州法政学院理事に就任し、欧米出張中の三七年七月総務庁参事官となった。

伊串　定七 ▷12

満鉄輸送委員会勤務、勲六等／奉天平安通／一八八八（明二一）二

／愛知県知多郡亀崎町

愛知県伊串竜太郎の長男に生まれ、一九〇五年四月名古屋駅車掌心得となり、次いで日露戦争に際し野戦鉄道隊付となって渡満し遼陽駅に勤務した。〇八年一二月徴兵されて名古屋の歩兵第六連隊に入営し、満期除隊後に満鉄に入り鉄嶺駅車掌となった。以来歴勤し、金清子駅助役を経て山東鉄道に派遣され、鉄道属として列車係残務整理員を務めた。帰任して鉄道部運転課、鉄道教習所講師、大連鉄道事務所、鉄道部輸送係主任、運転課、車務課、運転課、鉄路総局機務処運転科列車係主任兼鉄運送科庶務係主任に歴勤して三五年七月参事に昇格し、三六年一〇月輸送委員会勤務となった。この間、満州事変時の功により勲六等に叙された。

生田　武夫 ▷12

関東局簡易保険局監理課長、正五位勲五等／一八九七（明三〇）三／東京府東京市世田谷区上馬

浜松市に生まれ、一九一六年通信官吏練習所行政科を修了した後、一八年一〇月文官高等試験行政科に合格した。以来、為替貯金局書記兼通信局書記、為替貯金局事務官補兼通信事務官補、簡易保険局事務官兼通信事務官、簡易保険局契約課長、同計理課長、同支払課長兼計理課長、同庶務課長、同規画課長等を歴任した。その後二六年一〇月関東庁通信事務官に転出して渡満し、後に高等官三等・簡易保険局書記官兼関東通信官署通信事務官となり、関東局簡易保険局監理課長に就いた。

生田友次郎 ▷11

農業／奉天省遼陽北門外／一八七〇（明三）一／佐賀県藤津郡西嬉野村／早稲田専門学校政治経済科

佐賀県官吏生田左内の次男に生まれ、郷里の鹿島中学校を出て東京英語学校に学び、早稲田専門学校政治経済科を卒業した。一八九七年に帰郷し、佐賀県嬉野水力電気鉄道会社の発起や台湾大甲帽蓆㈱創立など地方起業に奔走した。一九〇六年秋、日露戦後に渡満して遼陽で農業に従事した。大正天皇即位の大典や関東庁始政記念式等に際し遼陽農会、関東庁、満鉄から表彰され、同地の地方委員会議長、農会会長、佐賀県人会会長等を務めた。

生田　匀 ▷11

旅順第一中学校教諭、従六位／旅順市常盤町／一八八九（明二二）一／山口県大島郡平郡村／東京物理学校

山口県農業生田蔵之助の次男に生まれ、一九〇八年東京物理学校を卒業した。中等教員物理科・数学科の免状を取得し、新潟県立巻中学校、石川県立小松中学校、山口県立徳山中学校等の教諭を経て宮城第一高等女学校教諭に就いた。二三年五月旅順第一中学校教諭に転任して渡満した。

生田　美記 ▷11

満鉄視学／大連市伏見町／一八八四（明一七）一〇／広島県賀茂郡野路村／広島県師範学校、コロンビア大学師範科

広島県医師生田良碩の長男に生まれ、広島県師範学校を卒業した。一九一〇年一月に渡満して満鉄に入り、瓦房店小学校訓導、公主嶺小学校校長を歴任した。一八年に渡米してコロンビア大学師範科に留学し、三年間教育学研究に従事して修士号を取得した。帰任後は満鉄視学を務めた。

生田　良平 ▷12

満鉄錦県鉄路局工務処電気科員／錦州省錦県鉄路局工務処／一九〇三（明三六）一二／福岡県田川郡香春町／明治専門学校電気科

一九一八年五月満鉄に入り撫順炭砿機械課に勤務した。次いで大連電気区、大連鉄道事務所、大連保線事務所、大連鉄道事務所、奉天鉄道事務所に歴勤し、勤務のかたわら講義録による通信教育で修学し、二八年に明治専門学校電気科を卒業した。三五年四月大石橋保安区長を務めた後、三七年三月錦県鉄路局に転任して工務処電気科に勤務した。

「猪口」は「いのぐち」も見よ

猪口　卯助 ▷12

猪口時計店主、チチハル居留民会第二区区長／龍江省チチハル永安大街／一九〇〇（明三三）三／熊本県天草郡志岐村

熊本県猪口初造の三男に生まれ、一九二二年に渡満してハルビンの時計店で働いた後、二五年に独立して時計商を営んだ。その後三一年五月チチハル永安大街に移転し、三四年に店舗を拡張新築した。時計貴金属、優勝カップの他、コロンビア、ビクター、ポリドールの各特約店として蓄音器とレコードを販売した。

井口 俊彦 ▷11

朝鮮銀行大連支店支配人代理／大連市伏見町／一八八九（明二二）三／静岡県駿東郡長泉村／慶応大学

福岡県井口篤三の子に生まれ、伯父の陸軍大将井口省吾の養子となった。一九一二年慶応大学を卒業して翌年朝鮮銀行に入り、京城、大阪、天津、奉天、ハルビン等の各支店に勤務した後、二三年から一年間欧州に漫遊した。帰国して東京支店業務部に勤務し、上海支店勤務を経て二七年一〇月大連支店に転じて渡満し、後に支配人代理に就いた。

井口 陸造 ▷11

大連商況通信経営／大連市久方町／一八八〇（明一三）一／埼玉県入間郡南古谷村／郁文館中学校

埼玉県井口半造の四男に生まれ、一八九八年東京の郁文館中学校を卒業した。九九年第一師団歩兵第一五連隊に入隊し、一九〇四年日露戦争に際し二〇三高地の激戦に参加して金鵄勲章を授与され、さらに一〇年の韓国併合断行に従軍した。退役して日本国債債券㈱専務取締役、京城株式取引所取引人組合委員長、帝国通信社大連支社長を歴任した後、大連で「大連商況通信」を経営した。

井口 良香 ▷11

貿易特産商岩城商会代表社員／大連市老虎灘汐見台／一八八七（明二〇）七／佐賀県東松浦郡唐津町／市立下関商業学校

佐賀県会社員井口兆之輔の長男に生まれ、一九〇六年市立下関商業学校を卒業し、翌年㈾岩城商会に入り特産物貿易業に従事した。唐津、上海、芝罘、大連に勤務した後、一九年に同商会が組織変更して㈾になると代表社員に就任した。

「生野」は「しょうの」も見よ

生野 岩治 ▷11

長春普通学校長／長春錦町／一八八八（明二一）六／長野県東筑摩郡生坂村／長野県師範学校

長野県農業寺島覚蔵の次男に生まれ、同県生野織三郎の娘志げの婿養子となった。一九一一年長野県師範学校を卒業し、県下の平賀小学校、倭小学校の訓導を務めた後、一五年五月に渡満して瓦房店小学校訓導となった。鉄嶺小学校訓導を経て二八年一月長春普通学校長に就任した。この間、一六年八月単身で蒙古視察に出て鄭家屯事件に遭遇し、日中両軍衝突のため同地に一週間籠城した。

生野 稔 ▷13

満州曹達㈱常務取締役／一八九一（明二四）／福岡県八女郡川崎村／九州帝大工科大学

一九一六年、九州帝大工科大学を卒業して旭硝子㈱に入社した。同社顧問で恩師の西川虎吉博士とともにソーダ工業の育成発展に尽力し、原料塩を求めて三六年五月に満州曹達㈱が設立されると出資会社を代表して常務取締役に就任した。学窓を出て以来ソーダ研究一筋の学究生活を送り、この間三〇年にソーダ工業界視察のため欧米を巡遊した。

生熊喜太郎 ▷11

長春満鉄医院薬剤長／長春常盤町／一八八二（明一五）三／静岡県浜名郡小野口村／東京薬学専門学校

一九〇三年東京薬学専門学校を卒業し、〇八年四月高知県技手となった。一四年一一月大分県技手に転任して衛生試験所主任を務めたが、一八年五月に渡満して満鉄長春医院薬剤長に就任した。この間、高知県技手時代に県衛生会理事、大分県技手時代に県薬剤師会長を務めた。

池内 和実 ▷12

奉天省柳河県参事官／奉天省柳河県公署／一九〇四（明三七）一一／高知県高岡郡新荘村／東京帝大経済学部

高知県教育会長を務めた池内実吉の長男に生まれ、一九三〇年三月東京帝大経済学部を卒業し、三一年一〇月京都市電気局に勤務した。工務課庶務係、監理部監督課に勤務した後、三四年五月国務院民政部属官に転出して渡満した。総務司人事科に勤務した後、三五年九月奉天省柳河県参事官に転任した。

池内　重雄　▷12

満鉄ハルビン用度事務所チチハル支所長、正八位／龍江省チチハル満鉄用度事務所支所／一九〇一（明三四）一一／富山県富山市千石町／富山薬学専門学校

富山県池内義輔の三男に生まれ、一九二四年三月富山薬学専門学校を卒業し、翌月一年志願兵として金沢の第九師団に入営した。二五年四月除隊とともに渡満し、満鉄に入社して経理部に勤務した。次いで購買課、倉庫課、用度事務所倉庫課第二現品係主任、第二倉庫係主任、第四倉庫係主任に歴勤し、三七年六月ハルビン用度事務所チチハル支所長に就いた。

池内新八郎　▷11

土木建築請負業／大連市但馬町／一八七七（明一〇）五／新潟県高田市陀羅尼町

新潟県池内要治郎の子に生まれ、一九〇一年に上京して神田の長谷川組に入った。その後同じ神田の有馬組に転じて大阪出張時に勤務したが、〇五年に同組が大連出張所を開設すると建築主任となって渡満した。その後〇七年に岡田工務所、次いで大井組に移り、一一年の春に独立して大連に池内建築部を設立し土木建築請負業を始めた。二八年二月に㈾池内組に改組し、大連工材㈱監査役を兼務したほか、越後町区長、聖徳会理事を務めた。同郷の夫人キヨとの間に四子あり、長男は専修大学、次男は早稲田大学に学んだ。

池内　真清　▷11

関東庁地方法院兼高等法院検察官、従六位／大連市児玉町／一八九五（明二八）一一／高知県高知市潮江新田町／明治大学

高知県池内真道の長男に生まれ、一九一三年高知県立第一中学校を卒業して高知地方裁判所の雇員となったが、間もなく上京して明治大学に学んだ。一八年に卒業して横須賀郵便局雇、横須賀市役所書記補、同豊島小学校教員、兵庫県庁土木書記、同県属等を歴任した。二二年四月に判検事登用試験と弁護士試験に合格し、司法官試補として大阪地方裁判所に勤務して判事に進んだ。二六年一〇月関東庁法院検察官に転任して渡満した。教育に関心を持ち、横須賀在任中には湘南義塾の名で中学程度の夜学塾を経営し、県の認可を得て教員三五名、生徒七〇〇名を擁する規模に育成した。渡満後も公務のかたわら満州法政学院講師を務め、著書『満州に於ける司法警察官事務提要』を著した。⇒その後、関東地方法院検察官長に進んだが日本の敗戦により四五年九月ソ連軍に逮捕され、シベリアに送られて四六年九月ウスチカメノゴルスク第四収容所で病死した。

池内安次郎　▷9

満鉄開原駅長、正八位／奉天省開原付属地／一八八四（明一七）一一／愛媛県温泉郡生石村／東亜同文書院

一九〇九年六月上海の東亜同文書院を卒業し、翌年七月満鉄に入社した。沿線各駅に勤務した後、連京線開原駅の駅長となった。

池尾身之吉　▷12

熱河省青竜県公署警正／熱河省青竜県公署警正公館／一八九五（明二八）一一／長崎県東彼杵郡西大村

一九一五年徴兵されて大村の歩兵第四六連隊に入営し、一七年憲兵に転科して久留米憲兵隊に勤務した。その後二五年に憲兵練習所を修了し、関東憲兵隊に配属されて渡満し、奉天、大連、安東の各憲兵分隊に歴勤した。三一年三月憲兵特務曹長に累進し、久留米憲兵隊付を経て八幡憲兵分遣隊長となった。三三年一〇月満州国古北口故郷警察隊警佐に転出して再び渡満し、熱河省承徳県警佐、同警正、特殊警察隊長、喜峰口国境警察隊長を歴任し、三七年四月熱河省青竜県公署警正となった。

池上庄治郎　▷11

南満中学堂長、従六位／奉天葵町／一八七八（明一一）一〇／長野県上伊那郡西春近村／東京高等師範学校、京都帝大文科大学、同大学院

長野県農業池上孫蔵の三男に生まれ、長野県師範学校を卒業して県下の下伊那郡下川路小学校訓導を務めた後、東京高等師範学校に進み、卒業後に佐賀県立鹿島中学校、京都市立美術工芸学校の教員を歴任した。次いで京都帝大文科大学に入学して史学を専攻し、さらに一九一四年六月同大学院に進んで蒙古史を研究し、一五年九月大学院を卒業して大分県立女子師範学校教諭兼

い

付属小学校主事、同県立竹田中学校長、同県立宇佐中学校長、同県立大分中学校長を歴任した。その後二三年四月に渡満して南満中学堂長に就き、校務のかたわら奉天奉公会理事修養部長、奉天青年団副団長、奉天長野県人会長を務め、二七年に中華民国中等学校教育の実際調査のため華中、華南、雲南地方に出張した。夫人あやをも松本高女を経て東京女子師範学校を卒業し、かつて松本女子師範や奈良県五条高女で教諭を務めた。

池上　林造　▷12

大連神明高等女学校教諭、正六位勲六等／大連市楠町／一八九七（明三〇）一一／岡山県上房郡高梁町／東京高等師範学校

岡山県池上定吉の長男に生まれ、高梁中学校を経て一九二一年三月東京高等師範学校を卒業し、福島県師範学校教諭となった。三重県師範学校教諭兼舎監に転任した後、二七年四月大連神明高等女学校教諭となって渡満した。庭球、弓道、水泳等のスポーツのほか尺八を趣味とし、孤山流指南を許され松風軒霞山と号した。

池川　重吉　▷12

国際運輸㈱牡丹江支店長代理／牡丹江国際運輸㈱支店／一八九二（明二五）一一／高知県長岡郡三里村／神戸高等商業学校

一九一六年三月神戸高等商業学校を卒業して㈱鈴木商店に入り、同年一二月一年志願兵として善通寺の歩兵第四三連隊に入営した。除隊復職した後、大連出張所詰となって渡満し、同所輸出部販売係を経て一八年九月ハルビン出張所主任となった。本店詰となって帰国した後、鈴木商店傍系の大陸木材工業㈱に転出して東京出張所に勤務し、同木材部主任、本社支配人、日露木材㈱大阪支店長等を歴任した。その後、大阪及び高知で木材商を自営したが、三三年五月に渡満して日満合弁の松黒運輸公司に入り、次いで同年八月国際運輸㈱に転じてハルビン支店、次いで佳木斯出張所に勤務し、三六年一一月牡丹江支店長代理となった。

池　五郎　▷12

満州国協和会輝南県本部事務長心得／奉天省輝南県協和会輝南県本部／一九一一（明四四）一二／新潟県北魚沼郡小千谷町／日本大学専門部中退

新潟県池茂吉の五男に生まれ、一九三三年日本大学専門部を中退して渡満し、三四年九月満州国協和会立講習所を修了して協和会依蘭地方事務局に勤務した。次いで三六年大同学院を卒業し、同年一二月協和会輝南県本部事務長心得となった。

池崎　正富　▷11

満鉄大連工務事務所建築係員／大連市聖徳街／一八八六（明一九）一一／熊本県天草郡鬼池村／工手学校

栃木県農業池崎豊太の四男に生まれ、一九〇九年東京築地の工手学校を卒業して満鉄に入社した。大連保線係、瓦房店保線係建築係担当、大連工務所建築係、同東公園町工事係主任、本社建築課勤務を歴任した。二三年四月大連工務事務所に転勤し、建築係員として露西亜町派出所担当し、二六年四月に勤続一五年の表彰を受けた。

池島　周蔵　▷11

第一生命保険相互会社撫順外務員／奉天省撫順大和公園外／一八九〇（明二三）五／群馬県前橋市

群馬県池島周順の次男に生まれ、一九〇七年六月逓信省郵便為替貯金管理所の通信手となった。一一年に関東都督府通信管理局に転任して渡満し、業務課為替貯金係を務め、大連郵便局、安東郵便局、開原奉天局等に勤務した後、一九年一月撫順局に転じた。その後二一年五月に依願免官し、満鉄撫順炭砿庶務課傭員に採用されたが二三年一月に退社した。夫人ヤスのほか四男三女の八人家族を抱えて新聞配達をしながら生計を維持し、二年後に第一生命保険相互会社の外交員となった。

池田　岩夫　▷11

日本生命保険会社旅順代理店、呉服商／旅順市青葉町／一八七四（明七）一〇／愛媛県喜多郡菅田村

愛媛県の酒造業兼農業池田茂作の長男に生まれ、一〇歳で家督を相続した。台湾に渡って台北病院、検疫本部、台東病院の雇員を務めた後、一八九七年一二月に渡満した。旅順で呉服、舶来雑貨、小間物商を営み、後に日本生命保険会社代理店を兼営した。かたわら旅順無尽㈱取締役社長、愛媛県人会幹事、旅順町内総代連合会幹事等の名誉職も務めた。夫人幾代との間に二子あり、それぞれ大連商業学校、旅順高女に学んだ。

池田栄三郎 ▷12

池田酒店主／奉天弥生町／一九〇三（明三六）六／大阪府泉南郡樽井村／和歌山商業学校

和歌山商業学校を卒業した後、一九二一年に渡満して大連で酒類の販売業に従事した。三一年九月奉天平安通に店舗を構えて独立開業し、翌年七月弥生町に新築移転した。酒・醤油卸商の他に銘酒「三羽鶴」「錦泉」「弥生」を自家醸造し、年間一〇〇〇石を生産した。

池田　耕 ▷11

特産物売買、運送業／奉天省四平街中央大街／一八八四（明一七）六／静岡県駿東郡金岡村／東亞商業学校

静岡県農業池田完太郎の長男に生まれ、一九〇四年東亞商業学校を卒業して翌年二月に渡満した。在満数年の後、奉天省四平街の中央大街で特産物商と運送業を兼営して成功し、亞細亞窯業㈱取締役、奉天省四平街電灯会社取締役、奉天省四平街取引所信託㈱監査役を務めた。夫人キクエとの間に三男二女があり、長男は明治大学に学んだ。

池田嘉一郎 ▷11

小児科医／大連市西通／一八八七（明二〇）九／和歌山県和歌山市新通／岡山医学専門学校

和歌山県商業池田嘉助の長男に生まれ、一九〇九年岡山医学専門学校を卒業した後、京都医科大学小児科教室で研究を続けた。その後一一年三月に渡満して満鉄大連医院に勤務し、二三年四月に満鉄を退社して大連で小児科専門医院を開業した。

池田　和夫 ▷12

国務院総務庁主計処員、正八位／新京特別市義和路／一九〇五（明三八）八／大分県南海郡佐伯町／東京帝大法学部政治学科

大分県池田歳五郎の長男に生まれ、第三高等学校を経て一九三〇年三月東京帝大法学部政治学科を卒業し、同年四月大阪製粉会社に入った。三一年二月経理部幹部候補生として熊本の歩兵第一三連隊に入営し、同年一一月に除隊復職した。その後三三年四月に渡満して大同学院に入学し、同年一〇月卒業とともに国務院総務庁属官となり、主計処に勤務して三六年二月総務庁事務官となった。この間、三四年に建国功労賞及び大典記念章を授与された。

池田　京治 ▷12

大連中学校長、大連市学務委員、㈶大連保健浴場理事／大連市聖徳街／一八八四（明一七）一／福岡県浮羽郡千年村／東京高等師範学校本科地歴部

福岡県師範学校を卒業して大牟田高等小学校、浜松尋常高等小学校の各訓導を務めた後、浜松中学校柔道教授嘱託となった。その後一九〇九年東京高等師範学校本科地歴部を卒業して浜松中学校教諭となり、次いで京都府船井郡立高等女学校教諭、千葉県師範学校教諭兼舎監、熊本市立高等女学校長兼教諭、熊本高等小学校長、熊本県立玉名中学校長を歴任した。その後三四年に関東州公立中学校長に転じて渡満し、大連中学校長を務めた。

池田喜代松 ▷12

池田商店主、ハルビン商工会議所議員／ハルビン中央大街／一八八六（明一九）一一／熊本県天草郡宮ノ河内村

一九〇七年ウラジオストクに渡り、写真業、製菓業、陸軍用達、土木建築、運搬業等に従事した。その後ハルビンに移ってパン・菓子製造業を営み、建築材料商を兼営した。中央大街に店舗、砲隊街にパン・菓子工場を設け、市内石頭道街と大直街、及びチチハルに支店を置いた。

池田　敬一 ▷11

大連小崗子署高等主任警部補／大連市西崗街／一八九七（明三〇）一／岡山県後月郡西江原町

岡山県池田要次郎の長男に生まれ、一九二一年一〇月に渡満して警察官となり、奉天警察署に勤務した。二七年四月大連警察署に転勤して小崗子警察署高等主任警部補となった。

池田恒太郎 ▷4

チチハル救療所所長、正七位勲五等／黒龍江省チチハル救療所／一八八一（明一四）一〇／兵庫県加西郡北条町／金沢医学専門学校

金沢医学専門学校を卒業して陸軍軍医となり、金沢、岡山、朝鮮の各地に勤

い

務した。その後一九一六年一一月に渡満して、チチハル救療所所長を務めた。

池田　五郎　▷10

朝鮮銀行大連支店副支配人／大連市対馬町／一八八一（明一四）七／佐賀県佐賀市水ヶ江町

旧鍋島藩士の子に生まれ、苦学して学業を修めた後、台湾銀行に入った。その後朝鮮銀行に転じ、京城本店勤務、間島出張所主任、その他の支店勤務を経て本店に戻り、一九二三年の職制改革により大連に支店課が設置されると同課詰となって渡満した。その後庶務部長を兼務し、二六年の大異動で営業部に転じて副支配人に就いた。間島主張所在勤時の二〇年九月、間島事件に際し在留邦人の代表として琿春領事館に日本軍出兵を要請した。

池田正五郎　▷12

満鉄農事試験場熊岳城分場養蚕科長／奉天省熊岳城満鉄農事試験場分場／一九〇三（明三六）一〇／長野県小県郡神川村／上田蚕糸専門学校養蚕科

長野県池田慶助の五男に生まれ、一九二四年三月上田蚕糸専門学校養蚕科を卒業し、同年四月長野県南安曇農学校教諭となり、後に同校舎監を兼務した。その後二七年五月に渡満して満鉄に入り、農事試験場熊岳城分場に勤務した。三〇年六月技術員となり、三六年七月養蚕科長に就いた。

池田　季蔵　▷12

満州国立高等師範学校教授、正七位／吉林商埠地三経路／一八九七（明三〇）一〇／福島県伊達郡粟野村／福島県師範学校本科第一部、東京美術学校図画師範科

一九一八年福島県師範学校本科第一部を卒業して県下の小学校訓導を務めた後、上京して二三年に東京美術学校図画師範科を卒業した。二四年三月岩手県師範学校教諭兼訓導となり、盛岡市私立実科高等女学校教諭兼任した後、旅順師範学堂教諭兼訓導に転じて渡満した。次いで関東庁視学委員、吉林の満州国立高等師範学校嘱託を経て三四年一一月同校教授に就いた。

池田　政一　▷12

㈾新興電業社代表社員／浜江省牡丹江平安街／一九〇〇（明三三）五／北海道小樽市色内町／電機学校

東京電機学校を卒業した後、一九二三年帝国電灯会社㈱北海道支社に入り工務課に勤務した。二五年日高電気㈱に転じ、次いで東京の㈱丸電工業所取締役支配人となった。この間、逓信省の電気事業主任技術者第三種資格検定試験に合格した。その後三三年に辞任して渡満し、図們に在住した後、三四年一一月牡丹江に池田電業社を設立した。満州電業㈱及び関東軍経理部の指定業者になり、大阪の九鬼商店、東京の鳥居電業社、奉天の森商店、ハルビンの和登商行を主な仕入れ先として電灯・電力・電話用器具及び材料の販売、電灯・電力線の敷設工事、配電線の設計施工、自家用発電設備の出願手続代行と設計監督等を営業課目とした。その後、資本金二万円で㈾新興電業社に改組して代表社員に就いた。

池田　誠次　▷11

満鉄用度事務所倉庫員／大連市真金町／一八九八（明三一）一／福井県大野郡大野町

福井県小学校長池田久の六男に生まれ、一九二一年四月に渡満して満鉄に入社した。二二年一一月大阪事務所に転勤したが翌年四月に同所が廃止され、東京支社経理課に転任した。その後二六年一〇月再び大連本社勤務となって渡満し、経理部倉庫課勤務を経て用度事務所倉庫員となった。

池田　桑作　▷11

東亞印刷㈱監査役、正八位／奉天省営口南本街／一八九〇（明二三）／大分県宇佐郡駅館村／山口高等商業学校

大分県池田伝蔵の次男に生まれ、一九一一年山口高等商業学校を卒業した後、一三年二月東亞煙草会社に入社した。一五年に一年志願兵として入営して予備陸軍三等主計となり、除隊して六年九月バグナル・アンド・ヒレス会社大阪支店に入ったが、翌年退社して渡満し、営口で合名会社を起こして金銀両替と綿糸布輸入業を共同経営した。その後二三年一二月に同社を辞し、営口で雑穀と大豆粕の輸出商を独立開業し、かたわら東亞印刷㈱監査役を務めた。

池田　宗二　▷12

満州航空㈱社員、正五位勲四等／東京市赤坂区青山南町／一八八五

（明一八）四／岡山県岡山市天瀬

一九〇八年一二月陸軍三等主計に任官した後、将校として長く軍務に服した。その後三四年八月一等主計に累進して待命となり、同月満州航空㈱に入社した。

池田　威　▷12

満鉄用度部購買第一購買係主任／大連市桜町／一九〇三（明三六）三／愛媛県新居郡西条町／東京帝大法学部独法科

本姓は別、後に池田完の養子となった。一九二七年三月東京帝大法学部独法科を卒業した後、二九年六月大東京鉄道㈱に入り経理課に勤務した。その後三二年七月満鉄に転じて商事部用度課に勤務し、次いで用度事務所購買課勤務、同契約係主任、倉庫課第四倉庫係主任、同第三倉庫係主任、用度部購買課第三購買係主任を歴任し、三六年一一月第一購買係主任となった。

池田　龍雄　▷13

満州大倉商事㈱常務取締役、奉天支店長／奉天／一八八九（明二二）一〇／鹿児島県鹿児島市上竜尾町／旅順工科学堂電気科

一九一〇年鹿児島県立第二中学校を卒業して渡満し、旅順工科学堂の第一回入学生となった。一三年に電気科を卒業して大倉商事大連支店に入社し、電気部に勤めた。電気部及び機械主任を経て本社詰となって東京に赴任した後、大連支店次席となって再び渡満し、二五年四月支店長に昇任した。三二年奉天支店長に転じ、三九年一〇月に満州大倉商事㈱が設立された後も引き続き奉天支店長を務め、後に常務取締役に就任して奉天商工会議所副会頭を務めた。学生時代はテニスの名選手として活躍し、社会人となっても運動全般を好んだが、乗馬練習中に落馬してからは囲碁や撞球を趣味とした。

池田　立身　▷11

満鉄奉天駅事務助役、勲七等／奉天稲葉町／一八九六（明二九）一一／佐賀県藤津郡東嬉野村

佐賀県池田保市の長男に生まれ、一九二〇年満鉄に入社した。満鉄線各駅に勤務した後、奉天駅事務助役となった。

井桁　亨　▷12

満鉄撫順炭砿楊柏採炭所採炭係主任、正八位／奉天省撫順南台町／一九〇〇（明三三）二／福島県相馬郡八幡村／秋田鉱山専門学校採鉱科

福島県井桁多司馬の四男に生まれ、一九二一年三月秋田鉱山専門学校採鉱科を卒業し、同年五月満鉄に入社して撫順炭砿東郷採炭所に勤務した。同年一一月一年志願兵として千葉鉄道第一連隊に入営し、翌年一一月に帰任した。二九年九月老虎台採炭所に転勤した後、三二年五月庶務課労務係、同年一二月総務部審査役付、三三年一一月運輸事務所勤務を経て三五年八月楊柏採炭所採炭係主任となった。

池田　稔一　▷12

国際運輸㈱吉林支店新站営業所主任／吉林省新站国際運輸㈱営業所主任社宅／一八九二（明二五）四／山口県山口市新道鴻城中学校中退

一九〇八年一二月山口市の私立鴻城中学校第三学年を中退し、〇九年に渡満して営口で雑貨商を営んだ後、山東省青島で食料品雑貨商、特産商、船艘仲立業、通関運送業等に従事した。次いで二八年二月に渡満して四平街の共益公司に入り、昭和精穀所に併合後は同所に勤務した。その後三一年二月国際運輸㈱に転じ、四平街支店、営口支店、開原出張所に歴勤した後、吉林支店に転勤して蛟河、新站、山河屯の各営業所主任を経て三七年四月再び新站営業所主任となった。

池田　寅亀　▷12

池田青竜園主／奉天省得利寺／一九〇二（明三五）四／長崎県西彼杵郡小ヶ倉村

長崎県立農事試験場で接木法及び育苗法を修得した後、一九一三年四月一一歳で渡満した。以来各地で働いて資金を蓄え、二四年に得利寺に㈴川上農園を興した。次いで三〇年に鞍山石家峪に一〇町歩の果樹園を経営し、鞍山北三条と市場内に販売部を設けて自家産物を直売した。

池谷　省三　▷11

大倉土木会社嘱託、勲七等／大連市楓町／一八七五（明八）四／静岡県志太郡高洲村

静岡県池谷勘右衛門の三男に生まれ、一八九九年逓信省鉄道技手となり、韓国統監府鉄道管理局技手を経て一九〇九年満鉄に入社した。二三年大連鉄道事務所工務長に就任して二五年に参事となったが、翌年満鉄を退社して大倉土木会社嘱託に転じた。

池谷　澄夫　▷12

満鉄奉天省四平街医院医員／奉天省四平街満鉄医院／一九〇七（明四〇）／静岡県田方郡田中村／名古屋医科大学

静岡県池谷由太郎の子に生まれ、一九三二年三月名古屋医科大学を卒業して満鉄に入った。衛生課員として熱河省平泉県の平泉診療所に勤務し、地方病の甲状腺病の研究に従事し、外科手術による瘤の除去に成功した。その後、地方部衛生課撫順在勤、赤峰委員医長を経て三七年四月奉天省四平街医院医員となった。

池谷　盈夫　▷12

㈱大連機械製作所技術部鋳物職場主任／大連市台山町／一九〇八（明四一）一／静岡県志太郡高洲村／旅順工科大学機械科

静岡県池谷省三の子として朝鮮の竜山に生まれ、一九三二年三月旅順工科大学機械科を卒業して大連機械製作所に入った。以来勤続して電気職場、瓦斯職場の各主任を経て技術部鋳物職場主任。

池田　延嗣　▷11

満鉄営城子駅長／旅順管内営城子会営城子鉄道付属地／一八八五（明一八）八／東京府東京市小石川区戸崎町

東京府池田久五郎の長男に生まれ、一九〇四年一月鉄道作業局雇員となり、日露戦争後の〇六年四月に野戦鉄道提理部付として渡満した。翌年四月の満鉄開業とともに入社して沿線各駅に勤務し、後に旅順線営城子駅長となり、二七年四月満鉄創業二〇周年に際し勤続二〇年の表彰を受けた。

池田　栄彦　▷12

「シネ・サービス・ステーション」経営主／大連市西通／一八九五（明二八）四／鹿児島県鹿児島市東千石町

一九二八年に渡満し、大連市伊勢町の写真機材料輸入商樫村洋行の店員となった。その後三〇年に独立し、西通に「シネ・サービス・ステーション」を開業し、小型活動写真機及び付属品の輸入販売と映画製作、小型映画配給業を経営した。三四年一〇月一六ミリアローA型映写機二二台の大連市内各小学校への一括納入を機に業績を伸ばし、市内中等学校、小学校、公学堂の各映画部用命及び満州国官庁映画係の映画フィルムの納入・上映の一手引受元となった。さらに同年シネ・サービス・ステーション技術部製作の映画「撫順炭砿」一巻が文部省認定証を受け、三五年には三六ミリ映写機フィルムの取扱を開始し、新京朝日通に支店を設けた。

池田　勲旭　▷11

刺繍業／大連市美濃町／一八七四（明七）八／福岡県築上郡西角田村／ペンシルバニア大学農科

福岡県農業池田伝内の次男に生まれ、一八九八年に渡米してペンシルバニア大学農科を修了した。一九〇二年ロサンゼルスのアラミトス製糖会社に入り、農業技師として甜菜栽培に従事して九年勤め、一一年二月に帰国した。一五年に朝鮮澱粉㈱の農業技師となって馬鈴薯栽培と澱粉製造に従事したが、一九年に同社が火災で全焼したため退社して翌年シンガーミシン会社に入った。元山、清津、平壌、大連等の監督を務めた後、二五年八月に退社して大連で刺繍業を始めた。実兄の源十郎も日本で伊予製糸㈱とネオセメント㈱を経営した。

池田　弘　▷11

満鉄地方部学務課庶務事務担当／大連市桃源台／一八八六（明一九）五／福井県福井市吉野上町／福井県師範学校

福井県池田利助の三男に生まれ、一九〇七年三月福井県師範学校を卒業して福井市内の高等小学校訓導となった。その後一〇年三月に渡満して大連公学堂教諭に転じ、次いで一九年九月満鉄地方部学務課に勤務して庶務事務を担任した。観世流謡曲を趣味とし、夫人ミチとの間に一男二女があったが長女は生後一年で夭折し、長男は大連商業、次女は弥生高女に学んだ。

池田平八郎　▷12

池田洋行主、チチハル貯金信託㈱取締役、チチハル居留民会評議員、チチハル商工会議所副会頭、チチハル長崎県人会長、チチハル商店協会長、チチハル商業組合監事、黒竜武道場相談役、チチハル国防

婦人会相談役、勲八等／チチハル正陽大街／一八九二（明二五）一二／長崎県南高来郡島原町

長崎県農業池田平太郎の長男に生まれ、島原高等小学校を卒業して家業の農業に従事し、かたわら郷里の漢学塾に学んだ。一九一三年一二月徴兵されて佐賀の歩兵第五五連隊に入営し、翌年第一次世界大戦に際して青島戦に従軍し、一五年五月伍長勤務上等兵に進級して同年一二月除隊して郷里で農業に従事した。次いで二〇年に渡満して商業に携従事した後、二二年六月ハルビンで農業を始めたが失敗して郷里に引き揚げた。その後再び渡満して長春に在住したが、二三年六月ソ連代表ヨッフェとの間に日ソ国交回復予備交渉が始まると満州里に赴き、四道街に池田洋行を開設し和洋雑貨・食料品販売、呉服商を営んで成功した。かたわら同地の居留民会評議員、民会総代を務め、三一年一月満州里金融組合を設立して監査役に就いた。その後三二年五月チチハルに移転して正陽大街で同業を営み、居留民会、商工会議所、国防婦人会等数多くの役職に就いた。この間、青島戦役の功により勲八等白色桐葉章及び金二〇〇円を授与された。

池田　正男　▷12

満鉄地方部員／大連市東公園町満鉄本社気付／一八九六（明二九）一／岡山県苫田郡東大野村／慶応大学医学部

岡山県池田志一郎の長男に生まれ、一九二七年慶応大学医学部を卒業して医学部助手となった。二八年五月に渡満して満鉄に入り、安東医院医員兼安東高女校医となり、後に医長を務めた。その後三六年一月から二年間、社命により母校の慶大医学部に留学して耳鼻咽喉科学を研究した。

池田　正賢　▷8

池田医院主／奉天琴平町／一八八七（明二〇）二／熊本県鹿本郡川辺村／長崎医学専門学校

一九〇九年長崎医学専門学校を卒業し、一一年志願兵として郷里の熊本で服役した。一一年四月に除隊して兵庫県の須磨浦療病院に勤務したが、翌年辞任して台湾に渡った。一四年三月に渡満して満鉄奉天医院医員となり、翌年四月から南満医学堂講師を兼任した。一七年一二月満鉄を退社して琴平町で内科・小児科医院を開業し、二五年一二月淀町に分院を設けた。

池田　光二　▷12

国際運輸㈱牡丹江支店経理係主任、正八位／浜江省牡丹江昌徳街／一九〇三（明三六）一〇／佐賀県神崎郡神埼町／大分高等商業学校

佐賀県池田米太郎の次男に生まれ、佐賀商業学校を経て一九二六年大分高等商業学校を卒業し、同年五月税務署属となり長崎税務署に勤務した。同年一二月一年志願兵として熊本の輜重兵第六大隊に入営し、除隊復職した。その後三三年五月国際運輸㈱に転じて渡満し、安東支店勤務を経て三六年四月牡丹江支店経理係主任となった。

池田　実　▷12

満鉄農事試験場農芸化学科員、従六位／吉林省公主嶺満鉄農事試験場／一九〇二（明三五）四／東京府東京市京橋区銀座西／北海道帝大農学部農芸化学科

一九二七年三月北海道帝大農学部農芸化学科を卒業し、同年四月同大助手となった。その後三一年から鳥取高等農業学校教授を務めたが、三六年六月に依願免官して満鉄に転じ、公主嶺の農事試験場に勤務した。

池田　来介　▷11

満鉄大連鉄道事務所工務係／大連市北大山通大山寮／一九〇一（明三四）四／福岡県浮羽郡千年村／熊本高等工業学校

福岡県池田丈市の長男に生まれ、一九二三年三月熊本高等工業学校を卒業して満鉄に入社した。本社社長室交通課、調査課交通係、長春鉄道事務所工務係等を経て二七年一一月大連鉄道事務所に転じ工務係を務めた。

池田　吉郎　▷11

貿易商／奉天省四平街繁華街／一八八五（明一八）三／三重県安濃郡高宮村

三重県農業池田民蔵の三男に生まれ、一九〇九年七月に渡満した。初め双廟子で特産物商をしながら農業と牧畜、輸入雑貨商を兼営し、一九年九月に奉天省四平街に支店を置いた。二四年からは奉天省四平街を本店としてさらに業務の拡張を図り、二六年に満溝、奉天、昌図に支店を、鉄嶺、遼陽に出張所を設けた。業務繁忙のかたわら双廟

子地方委員、奉天省四平街農業組合長を務めた。

池田　良吉　▷12

間島省公署民政庁行政科長、地籍整理局間島分局員、居留民会議員／間島省延吉甲字街／一九〇三（明三六）一／島根県周吉郡西郷町／日本大学法文学部法律科

一九一七年三月西部逓信局通信生養成所を修了し、通信事務員として神戸市の兵庫郵便局に勤務し、一九年に通信書記となった。次いで二〇年三月に依願免本官して上京し、順天中学を経て日本大学に入学し、二八年三月同大法文学部法律科を卒業して朝鮮咸鏡北道庁雇員となった。三〇年朝鮮総督府道属に進んだ後、同年一〇月文官高等試験行政科に合格して三二年道警部兼任となった。その後三四年一二月間島省公署事務官・民政庁行政科長に転じて渡満し、三六年六月から地籍整理局事務官を兼任した。

池田良太郎　▷12

最高法院繙訳官、従七位勲六等／新京特別市吉野町／一八八三（明一六）三／山形県鶴岡市賀島町／東京外国語学校支那語科

山形中学校を経て一九〇七年東京外国語学校支那語科を卒業した後、一〇年旅順公学堂教諭となった。次いで旅順民政署翻訳生、ハルビン総領事館外務通訳生、関東庁文書課勤務、大連民政署庶務課文書係主任、関東庁繙訳官、関東軍嘱託に歴職した。その後満州国繙訳官兼司法部事務官に転じて最高法院に勤務し、三六年一二月兼職を解かれて最高法院勤務となった。この間、満州事変時の功により勲六等単光旭日章を授与された。

池田麗太郎　▷6

大連取引所銭鈔部主事／大連／一八七七（明一〇）四／福岡県福岡市大字春吉／早稲田専門学校

福岡県立中学修猷館を卒業して上京し、早稲田専門学校に学んだ。中等教員英語科検定試験に合格して母校の修猷館で英語教師を一〇年務めた後、一九一三年に渡満して実業に従事した。一八年五月沙河口台山屯に大連機械製作所が設立された際、社長相生由太郎氏の知遇を得て同社重役に就いた。その後、幹部の更迭により辞任し、二一年大連取引所銭鈔部に転じて主事を務めた。維新後に国士として奔走した父の縁で、玄洋社同人に多くの知己を持った。

池永　省三　▷11

ハルビン銀行代表取締役／ハルビン透籠街／一八八七（明二〇）二／三重県津市立合町／東亞同文書院

本姓は別、津市池永寅吉の養嗣子となり、三重県立第一中学校を卒業して上海に渡り東亞同文書院に入った。一九〇九年に優等で卒業して営口の小寺洋行本店に入り、五ヶ月後にウラジオストク出張所、二年後に長春出張所に転勤した後、一六年六月ハルビン出張所主任となった。事務員十余名と中国人雇員七人を使って満州特産物の買入れに采配を振るったが、二二年四月に退社してハルビン倉庫会社の清算人、ハルビン取引所常任監査役等を務めた後、二五年一〇月ハルビン銀行代表取締役に就いた。かたわら同地の日本居留民会副会長、ハルビン日日新聞社監査役、日露協会学校商品学講師を務めた。

池永寿次郎　▷12

満州計器㈱奉天支店長、勲七等／奉天青葉町／一八九七（明三〇）四／奈良県吉野郡白銀村／関西大学専門部法科

一九一七年三月五条中学校を卒業して鉄道院に入り、神戸管理局調査課に勤務した。次いで農商務省工務局に転じて中央度量衡検定所大阪支所に勤務し、かたわら二九年に関西大学専門部法科を卒業した。その後農商務技手・工務局勤務、商工省工務局中央度量衡検定所大阪支所勤務を経て三六年八月満州計器㈱に転じて渡満し、技術科検定主任を経て三七年一月奉天支店長に就いた。

池羽　如平　▷9

㈱大連証券交換所専務、㈱日華特産取締役、三宅洋行主／大連市信濃町／一八七三（明六）一一／茨城県真壁郡伊讃村

岡山県川上郡大賀村に生まれ、後月郡西江原町の私塾で漢学を修めた。日清戦争後の一八九七年台湾に渡り、台北大稲埕で五〇馬力の蒸気機関と精米機五〇台を設置して一日に一五〇石を精米する大精米所を経営した。一九〇〇年の義和団事件に際し陸軍補給所に数万石を納入して巨利を得たが、台湾米の思惑買いで大損失を招いた。日露戦争後、〇五年に渡満して大連で三宅洋行を開業し、ロシア軍や中国軍に大量の銃砲火薬を納入した。かたわら㈱大連証券交換所、日華特産㈱の役員を務め、貸家業を兼営した。

池端 清彦 ▷11

貔子窩小学校首席訓導／関東州貔子窩／一八九一（明二四）一／鹿児島県鹿児島郡中郡宇村／鹿児島県師範学校

鹿児島県農業池端岩左衛門の長男に生まれ、一九一二年三月鹿児島県師範学校を卒業した。その後一九年一月に渡満して旅順第一尋常高等小学校訓導となり、二一年一月貔子窩小学校に転任して首席訓導に就いた。

池端 瓶 ▷12

浜江省五常県参事官／浜江省五常県参事官公館／一九〇六（明三九）一一／石川県鳳至郡町野村／拓殖大学商学部

本姓は別、後に石川県池端好文の養子となった。七尾中学校を経て一九三〇年拓殖大学商学部を卒業し、三二年三月奉天省鉄嶺県自治指導員に任じられ、同年一〇月同県属官となった。次いで三三年四月黒龍江省東興設治局に勤務し、三四年二月同省東興県属官、三五年三月同参事官を経て三六年四月浜江省五常県参事官となった。

池原 久郎 ▷12

満蒙毛織㈱総務課長、三重県人会幹事／奉天皇姑屯満蒙毛織㈱社宅／一八八九（明二二）四／三重県阿山郡友成村／三重県師範学校本科第一部

三重県池原兼治の長男に生まれ、一九一一年三重県師範学校本科第一部を卒業し、県下の小学校訓導となった。その後一八年七月に渡満して満鉄に入り、大連第三小学校、大連商業学校の教員を務めた後、大連市役所に転任して社会課及び同総務課に勤務した。次いで満州国に転出して北満特別区公署総務処、浜江省公署総務庁総務科等に勤務した後、三五年六月満蒙毛織㈱に転じて総務課長に就いた。この間、満州事変時の功により楯及び従軍記章、建国功労賞を授与された。同郷の夫人いつゑとの間に四男二女あり、長男勉は満州電電㈱、次男樹は満州興業銀行に勤務した。

池原 義見 ▷12

満鉄牡丹江鉄路局総務処長／牡丹江満鉄鉄路局総務処／一九〇一（明三四）四／東京府東京市麻布区六本木町／東京外国語学校専修科仏語科、早稲田大学政治経済科

池原栄治郎の次男として神戸市林田区東尻池町に生まれ、一九二三年東京外国語学校専修科仏語科を卒業して早稲田大学政治経済科に進み、在学中に文官高等試験外交科筆記試験及び同行政科に合格した。二五年三月卒業とともに鉄道局書記となり、東京鉄道局運輸課宇都宮駐在を経て宇都宮駅助役、宇都宮運転事務所に歴勤した。二八年七月満鉄に転じて鉄道部営業課渉外課、関東軍司令部事務嘱託、鉄道部庶務課文書課主任を務め、その後社命で欧米各国に一年半留学し、各国の鉄道組織と経営状況を研究した。帰社後、三六年九月吉林鉄路局総務処副処長を務めて同年一〇月副参事となり、三七年四月牡丹江鉄路局総務処長に就いた。

池辺 重熾 ▷11

満鉄臨時経済調査委員会大豆工業調査係主任／大連市桜町／一八八七（明二〇）五／東京府東京市日本橋区浜町

東京府池辺瓢一の次男に生まれ、一九〇五年文部省薬剤師試験に合格した後、〇七年一二月に渡満して関東都督府中央試験所技術員となった。その後同所の満鉄移管に伴い満鉄社員となり、二四年一〇月から一年間欧米に留学して穀類の貯蔵及び加工に関する研究をし、帰任後二七年一一月臨時経済調査委員会に転任して大豆工業に関する経済的調査を担当した。この間、石炭試験法に関する研究、大豆水分に関する研究、大豆油に関する研究、大豆貯蔵品質鑑定に関する研究・報告を発表し、満鉄功績賞を授与された。

池辺 正行 ▷11

大連聖徳尋常小学校訓導／大連市聖徳街／一九〇三（明三六）二／大分県大分郡戸次町／大分県師範学校、旅順師範学堂研究科

大分県農業池辺定市の長男に生まれ、一九二三年三月大分県師範学校を卒業した。次いで二六年四月に渡満して旅順師範学堂研究科に入学し、翌年三月に卒業して大連聖徳尋常小学校訓導を務めた。

池宮城克慎 ▷12

国務院総務庁主計処員／新京特別市北安路聚合官舎／一八九六（明二九）二／沖縄県那覇市久米町／那覇市立商業学校

沖縄県池宮城佐周の長男に生まれ、一九一三年四月那覇市立商業学校を卒業して台湾銀行に入った。一八年一〇月に退職し、一九年四月満鉄に入社して経理部会計課に勤務した。二四年九月洮南公所勤務を経て二六年四月経理部主計課に勤務した後、三二年六月国務院総務庁事務官に転じた。総務庁主計処に勤務し、三四年七月建国功労賞及び大典記念章を授与された。

生駒菊次郎 ▷4

山口運輸公司長春出張所主任／長春新市街／一八六六（慶二）九／兵庫県武庫郡西宮村

一九〇六年二月、神戸の山口運送店に入った。大阪支店に勤務したが、大連に山口運輸公司が開設されるに伴い同年五月に渡満した。一二年八月営口出張所主任となり、その後長春出張所を経て一四年七月再び営口出張所に勤務し、翌年一〇月長春出張所主任に就いた。

井阪浜五郎 ▷1

海関勤務／奉天省営口／一八七九（明一二）三／茨城県久慈郡金郷村／東京高等商業学校

一八九九年三月水戸中学校を卒業し、同年六月無試験で東京高等商業学校に入学した。卒業して農商務省の外国貿易調査に従事したが、一九〇五年日露戦争に際し陸軍省嘱託として満州に派遣され、旅順、金州、蓋平、営口、遼陽、新民屯、奉天、鉄嶺、安東県等を視察した。戦後〇六年一月に帰国し、農商務省を辞して帰郷した後、朝鮮に渡って釜山、仁川、京城、平壌等を視察し、同年七月再び渡満して営口軍政署の嘱託となり、商工業及び貿易に関する諸種の調査に従事した。軍政が撤廃されると中国政府に傭聘され、営口西税関に勤務した。

伊佐　寿 ▷11

無職（元大連市助役）／大連市楓町／一八七七（明一〇）四／福井県大野郡大野町／京都帝大法科大学独法科

福井県伊佐政和の長男に生まれ、一九〇七年七月京都帝大法科大学独法科を卒業して大阪市書記となった。市職員市長付秘書役、庶務課主任、法規係主任、博覧会係主任、大阪市主事、検査課長、衛生課長、府衛生会理事、西区長、商工課長、博覧会常任理事、都市計画調査会委員兼幹事、実業協会理事、貿易調査会理事等を歴任した後、一八年に市職員を辞した。弁護士登録をして会社重役をしていたが、大連市助役となって二一年に渡満した。二四年に市長代理に就任したが翌年辞任し、大連市常設委員及び関東州水産会副会長に就いた。二八年からは一切の役職を退き、弓道、柔道、園芸、読書等を趣味として大連で自適の生活に入った。奈良高等女子師範出身の夫人逸子との間に三男三女があったが、次男は早世した。

勇　友恵 ▷11

日清製油㈱外国部主任、正八位／大連市平和台／一八九四（明二七）一二／鹿児島県大島郡宇検村／東京商科大学

鹿児島県農業勇牛太郎の長男に生まれ、一九一七年東京商科大学を卒業して三井物産に入社した。神戸支店輸出入係を務めたが、同年一二月一年志願兵として熊本の歩兵第二三連隊に入営した。退営して一年余り勤めた後、二〇年に日清製油㈱に転じて大連支店外国部主任となって渡満した。二三年九月からロンドン出張員として赴任し、二六年九月に帰任した。勤務のかたわら大連在住の奄美大島郡人会副会長を務めた。

諫山　堅蔵 ▷12

国際運輸㈱監察員／大連市山県通／一八九六（明二九）一〇／福岡県浮羽郡山春村／平壌公立商業専修学校

一九一四年平壌公立商業専修学校を卒業した後、一七年一月朝鮮銀行に入り、平壌支店、吉林支店、本店営業部業務課、鉄嶺支店に歴勤した。その後満州銀行に転じて本店、奉天支店に勤務した後、二六年九月国際運輸㈱に転じて本店経理課に勤務した。次いで長春支店経理課、チチハル支店経理係主任、本店経理課、同調査課に歴勤し、三六年四月管理課監査員を経て三七年五月主任待遇監察員となった。

諫山　郷視　▷12

新京白菊尋常高等小学校長、正八位／新京特別市菖蒲町満鉄社宅／一八九一（明二四）八／福岡県浮羽郡大石村／福岡県師範学校二部

福岡県立中学明善校を経て一九一一年三月福岡県師範学校二部を卒業して県下の小学校訓導となった。一九年一〇月満鉄に転じて長春尋常高等小学校訓導となり、長春実業補習学校講師嘱託及び長春家政女学校教員を兼務した。長春室町尋常高等小学校訓導に転任した後、関東庁海城尋常高等小学校長・海城実業補習学校長兼務、本渓湖尋常高等小学校長・本渓湖実業補習学校長及び本渓湖青年訓練所主事・同指導員兼務、新京西広場尋常小学校訓導を経て新京白菊尋常小学校長となり、三六年五月同校が新京尋常高等小学校と改称した後も引き続き同校長を務めた。

井沢宗七郎　▷9

白鹿屋主／大連市淡路町／一八八六（明一九）三／京都府相楽郡祝園村

一九〇四年日露戦争に際し陸軍雇員として渡満し、遼陽、奉天その他各地に従軍して糧食輸送に従事した。戦後そのまま留まって大連で食料雑貨商を開業し、屋号を白鹿屋として清酒白鹿の一手販売を行った。一八年以降は副業として古鉄売買を始めたほか、滑石・蛍石その他の鉱石類を日本向けに輸出した。

伊沢猛三郎　▷12

旅順工科大学助教授、正七位／旅順市日進町／一九〇九（明四二）二／栃木県下都賀郡石橋町／旅順工科大学冶金学科

一九三三年三月旅順工科大学冶金学科を卒業して同大助手となり、幹部候補生として宇都宮の第一四師団輜重兵第一四大隊に入営した。除隊して復職後、三四年一二月助教授となった。

石和　柏蔵　▷12

満州林業㈱理事／新京特別市平安町／一八九一（明二四）七／大分県速見郡日出町／東京帝大農科大学林学実科

一九一四年七月東京帝大農科大学林学実科を卒業して富士製紙㈱に入社した。二四年三月技師に昇格し、三三年五月王子製紙㈱に併合された後、同年七月本社に転勤して満州の森林調査その他に従事した。その後三六年三月満州林業㈱理事に転出して渡満したが、三七年三月に辞職した。

伊沢　道雄　▷13

満鉄理事、従五位勲五等／大連市楠町／一八八八（明二一）九／東京府東京市芝区愛宕下町／東京帝大法科経済学部

東京府伊沢道一の次男に生まれ、一九一二年七月東京帝大法科大学経済科を卒業して鉄道院書記となった。一三年久留米駅助役、一五年鉄道院副参事、一六年運輸課貨物貨車主任を歴任し、シベリア出兵時の一九年二月には同地に五ヶ月間出張した。翌年五月から鉄道事業研究のため二年間アメリカに留学し、この間二一年に国際連盟交通専門委員会顧問を務めた。二三年鉄道局参事兼名古屋鉄道局運輸課長となり、二五年九月から四ヶ月間ソ連に出張し、二六年に鉄道省書記官となった。二七年三月満鉄に入社して参事・鉄道部勤務となり、同年四月渉外課長に就いた。その後、貨物課長、上海事務所長、鉄路総局次長兼運輸処長、鉄路総局設備委員会委員、経済調査会臨時委員、鉄路学院長、鉄路総局表彰並懲戒委員会兼経済調査会委員等を務めた。三六年一月に東京支社長に就任して帰国し、理事として自動車及び水路交通を担当した。著書に『開拓鉄道論』上中下巻がある。

石合　忠一　▷1

日本刀剣公司主任／吉林／一八八四（明一七）七／大阪府大阪市東区高麗橋

一九〇四年日露戦争に際し、第四、五、六、七、八、一〇、一一各師団所在地に支店・出張所を設けて軍刀と銃砲を販売した。〇五年六月に渡満して安東県で中国軍隊に日本軍刀を販売したが、その後遼陽に移って店舗を設け、奉天、新民府に支店を置いた。〇七年五月遼陽その他各地の店舗を閉鎖し、吉林に移転して同業を営み、遼寧省内の中国軍隊及び巡警局で使用する軍刀の八、九割を納入した。

石井梅太郎　▷12

満鉄通遼堡駅長、勲八等／安東省鳳城県通遼堡駅長社宅／一八九八

い

（明三一）一二／群馬県群馬郡京ヶ島村／群馬県立高崎中学校
群馬県石井軍蔵の長男に生まれ、一九一八年県立高崎中学校を卒業し、翌年九月満鉄に入社した。以来勤続して沙河鎮駅貨物係、同貨物方、安東列車区橋頭分区車掌、奉天列車区橋頭分区勤務、通遼堡駅助役、橋頭駅助役を歴職した。三三年一一月通遼堡駅長となり、三五年四月に勤続一五年の表彰を受けた。

石井　栄一　▷11

製造工業主／旅順市金比羅町／一八八一（明一四）一二／長野県北安曇郡大町
長野県浅野権三郎の次男に生まれ、静岡県石井順之助の婿養子となった。日露戦争に際し野戦鉄道提理部付として一九〇五年に渡満し、戦後は関東都督府土木課に技手として勤めたが、発明工夫の才を生かすべく退官して旅順市金比羅町で製造工場を経営した。一五年に実用新案臭気止魚焼器の特許を得たのをはじめ多数の特許権を取得し、それらを自家製造して販売した。

石井　嘉輔　▷11

貿易商／大連市播磨町／一八九四（明二七）一二／山形県南村山郡上ノ山町／小学校
山形県生糸業石井喜助の三男に生まれ、小学校を卒業して家業に従事しながら独学で中国語とロシア語を学んだ。一九一五年七月に渡満して長春の松茂洋行店員となったが、ハルビン支店在勤時に同社を辞め、同地で貿易雑貨商を独立開業した。二〇年にシベリア派遣軍御用商となってチタ市に赴いて商売したが、軍の同地撤退と共にいったんハルビンに戻り、その後ニコリスクの安田商店に入って支配人に就いた。二二年一月シベリア派遣軍が完全撤兵すると安田商店が事業不振に陥り、大連に引き揚げて播磨町で貿易雑貨商を営んだ。

石井　完　▷12

㈱昭和製鋼所総務部庶務課庶務係主任、社員会評議員、鞍山連合町内会常任幹事／奉天省鞍山南十一条町／一九〇一（明三四）二／東京府赤坂区田町／慶応大学高等部本科
福岡県法月可教の四男に生まれ、後に石井みのの養子となった。一九二六年三月慶応大学高等部本科を卒業して池上電鉄に入り、建設部用地部勤務を経て二八年一二月営業部乗合自動車監督となった。三一年三月に依願退職し、同年九月に渡満して満鉄に入り総務部木村鋭市理事室に勤務した。その後三二年三月に退職し、三三年三月㈱昭和製鋼所に入って庶務課庶務係となり、同年六月職員に昇格した。次いで三五年四月秘書課勤務、同年七月庶務係主任心得を経て三六年四月庶務係主任となった。

石井　貫一　▷12

黒河省公署理事官／黒河省黒河南門裡九道街省公署公館／一九〇八（明四一）二／新潟県佐渡郡八幡村／京都帝大法学部
佐渡中学校、新潟高校を経て一九三一年三月京都帝大法学部を卒業し、同年八月東洋燃料研究所に入所した。満州事変の翌年三二年一月に渡満して自治指導部自治訓練所に入り、同年二月一五日関東軍司令部及び自治指導部の特命を受けて三月六日までチチハル、ハルビン、満州里等に赴任した。同年五月自治訓練所を修了して黒龍江省巴彦県救済員となり、七月から大同学院日語講師及び事務主任を兼務した。同年一〇月関東軍司令部宣撫官に任命されて東辺道討匪作戦に従軍した後、翌月巴彦県参事官となり、三六年四月黒河省公署理事官に転任した。

石井　釚二　▷12

満鉄鉄道総局員／奉天満鉄鉄道総局／一九〇三（明三六）九／茨城県西茨城郡笠間町／東京帝大工学部土木科
茨城県石井敬吉の三男に生まれ、一九二七年三月東京帝大工学部土木科を卒業し、同年四月満鉄に入り鉄道部に勤務した。次いで工務課勤務、臨時甘井子建設事務所勤務、鉄道部工務課勤務兼育成学校講師を歴職して鉄道建設局計画課設計係主任となった。三六年一月鉄道橋及び鉄骨・鉄筋コンクリート構造の設計施工に関する調査研究のため欧米に留学した。

石井　金吾　▷11

外務省警部、従七位勲七等／龍江省チチハル領事館構内官舎／一八七六（明九）二／福島県安達郡小

浜町

福島県農業石井金右衛門の三男に生まれ、学校卒業後に外務省警察官となり、中国浙江省の杭州に赴任した。その後吉林に転勤して渡満し、さらに間島、局子街等に転任した後、一九二八年一月からチチハル領事館に勤務した。

石井金三郎 ▷11

営口警察署長、正七位勲六等／奉天省営口新市街南本街／一八八九（明二二）一二／愛媛県温泉郡正岡村

愛媛県石井永五郎の長男に生まれ、一九一四年一一月関東都督府巡査となって渡満した。長春、公主嶺警察署に勤務した後、一七年一二月警部補に進級して奉天領事館警察署に赴任した。一九年七月に警部となり、旅順、大連の各民政署勤務、警察官練習所教官等を歴任した。二三年二月弁護士試験に合格し、二六年八月警視に昇任して営口警察署長となった。

石井　幸吉 ▷12

駒屋呉服店主、コマヤクリーニング店主／浜江省牡丹江金鈴街／一八八〇（明一三）一一／兵庫県加東郡社町

兵庫県石井角光の長男に生まれ、幼少の頃に一家で東京市牛込区矢来町に移住し、さらに一九歳の時に亀戸に移り、同地で家業の牛乳商に従事した。その後大阪に出て阿部市呉服店で働き、三〇歳で独立して中国産棉花の輸入業を営み、主として東北方面に販売した。一九二〇年欧州戦争後の不況で倒産し、朝鮮に渡って大邱で同じく綿業を営み、後に呉服の行商を本業とした。満州事変後の三四年、牡丹江の発展を予測して同地に移り、京都の駒屋より呉服を仕入れて呉服・京染の訪問販売とクリーニング・洗張業を兼営した。東満一帯に顧客を獲得して店員四人、洗張職人一四人を使用し、長男の茂に洗張部門を担当させた。

石井　貞彰 ▷12

満鉄ハルビン鉄路局工務処改良科員／ハルビン鉄路局／一九〇五（明三八）一一／福島県田村郡常葉町／攻玉社公学校土木科

福島県石井馨の三男に生まれ、郷里の小学校卒業後に上京して法律を学んだ後、志望を変更して攻玉社公学校土木科に入学した。一九二三に卒業して同年八月仙台鉄道局福島保線事務所に入り、勤務のかたわら早稲田大学文学科講義録で独習して規程の試験に合格した。鉄道局技手に進んで同所管内の保線区に歴勤した後、三三年一二月満鉄技術員に転じて渡満し、鉄路総局に配属されて呼海鉄路局派遣ハルビン在勤として浜北線改良工事の設計施工に従事した。その後三五年三月ハルビン鉄路局工務処改良科に転勤し、勤務のかたわら同年ハルビン日本小学校で行われた露語講習会を修了した。この間、鉄道省在職中に仙台鉄道局長より三年連続して表彰状を受けた。

石井　純一 ▷12

監察院審計部付／新京特別市大和通／一八九二（明二五）八／千葉県長生郡一松村

法律を学んで千葉地方裁判所に勤務した後、会計検査院に十数年在勤した。この間、神宮造営、帝都復興、北海道拓殖、道路港湾河川砂防等の土木事業及び健康保険、労働災害扶助責任保険その他の社会事業を担当した。山口県土木主事に転任した後、一九三二年一〇月満州国監察院事務官に転じて渡満し、審計部付として国都建設記念式典準備委員会総務部幹事を務めた。夫人康子との間に二男三女あり、長男嘉朗は陸軍士官学校を卒業し歩兵中尉として満州に在勤した。

石井　俊平 ▷11

国際運輸㈱監査員、正七位勲六等／大連市朝日町／一八八四（明一七）一〇／千葉県君津郡秋元村／東京帝大法科大学経済学科

千葉県大久保清十郎の子として四男六女一〇人兄弟の三男に生まれ、後に同県石井千太郎の養嗣子となった。一九一三年七月東京帝大法科大学経済学科を卒業して鉄道省に入り、我孫子駅長、前橋駅長、運輸事務所庶務主任、同営業主任、釧路運輸事務所長等を歴任した。この間シベリア出兵に際しウラジオストク、ハバロフスク、アレキセーエフスク等に一年間出張した。帰任後、官を辞して大連の国際運送会社に入社して本社庶務課長を務め、大阪支店長を経て二五年九月奉天支店長となって再び渡満した。二六年に同社が国際運輸㈱に組織変更すると監査員となり、北支那青果会社監査役を兼務した。

石井 信二 ▷11

満州医科大学予科教授／奉天葵町／一八八二（明一五）五／鳥取県気高郡青谷町／東京帝大文科大学哲学科

鳥取県農業石井世三郎の次男に生まれ、一九〇九年七月東京帝大文科大学哲学科を卒業した。早稲田中学、群馬県高崎中学、栃木県真岡中学、東京高等工業学校等で教鞭を執った後、一二年八月創立間もない満州医科大学予科教授に就任して渡満した。

石井 成一 ▷11

満鉄参事、庶務部庶務課長／大連市鳴鶴台／一八八九（明二二）八／香川県仲多度郡多度津町／東京帝大法科大学経済学科

香川県石井久太郎の長男に生まれ、一九一四年七月東京帝大法科大学経済学科を卒業し、同科統計室で統計学を研究した。一五年に東京市経済調査局嘱託となり、次いで同年九月満鉄東京支社内の東亜経済調査局に入った。一九年から二年間欧米に留学し、帰国して東京支社庶務課長次席となった。二四年に再び海外に出張した後、大連本社社長室勤務となって渡満し、長春鉄道事務所詰を経て二五年に同所長、二六年に満鉄参事・庶務部庶務課長に就いた。

石井 仙太 ▷12

満鉄博克図機務段運転助役兼点検助役兼機関士／興安東省博克図満鉄機務段／一八九二（明二五）二／岡山県吉備郡箭田村

岡山県石井兵一郎の長男に生まれ、一九一〇年鉄道院に入り西部鉄道管理局岡山機関庫の機関夫となった。一四年三月機関手に昇格し、一五年に神戸地方教習所機関手科を修了した。その後一九年九月満鉄に転出して大連車輌係となり、次いで撫順車輌係に勤務した。二三年九月大連教習所機関手講習科を修了して機関士となり、奉天機関区在勤、奉天機関区点検方、同運転士、同運転助役に歴勤した後、三七年一月博克図機務段運転助役に転任して点検助役及び機関士を兼務した。この間、満州事変時の功により勲八等に叙され、三五年四月勤続一五年の表彰を受けた。

石井 武 ▷13

日本特殊陶業㈱大連出張所長／大連／一八九三（明二六）一二／佐賀県佐賀市

三四歳の時に日本碍子㈱に入社し、福岡、東京等の出張所に勤務して京城出張所長となった。その後一九三六年四月大連出張所長に転じて渡満し、同年一〇月日本碍子の点火栓・濾過器・耐酸モルタル製造部門が分離独立して日本特殊陶業㈱が設立されると同社大連出張所長に就き、大華窯業㈱の監査役を兼務した。

石井 正 ▷12

国務院軍政部総務課員／新京特別市大同大街国務院軍政部／一八九九（明三二）九／岐阜県／陸軍士官学校、京都帝大経済学部

陸軍士官学校を卒業した後、現役将校として各地に勤務し、この間派遣学生として京都帝大経済学部を卒業した。その後一九三二年満州国建国と同時に陸軍事務官となって渡満し、国務院軍政部総務課に勤務した。

石井 辰雄 ▷12

国務院交通部路政司員／新京特別市天安路市営住宅／一九〇四（明三七）一一／佐賀県佐賀市水ヶ江町／九州帝大法文学部

佐賀中学校、佐賀高等学校を経て一九二九年三月九州帝大法文学部を卒業し、三〇年九月関東庁海務局臨時事務傭員となった。三一年四月臨時信号手を経て同年七月関東庁海務局雇となり、海務課に勤務を経て三二年四月庶務課に転任した。その後三三年四月国務院交通部水運司属官に転じ、同年六月路政司第四科に転任して三五年九月交通部事務官となった。この間、三五年に建国功労賞及び大典記念章、皇帝訪日記念章を授与された。

石井 忠一 ▷12

満鉄蘇家屯駅長、附属地衛生委員会委員、社員消費組合総代／奉天省満鉄蘇家屯駅長社宅／一八九一（明二四）四／山口県山口市今市

山口県石井虎助の長男に生まれ、一九〇六年一一月野戦鉄道提理部管掌の大連駅に勤務した。〇七年四月の満鉄開業とともに同社入りし、大連駅、遼陽

駅、長春駅、大連駅、大連列車区に歴勤して奉天列車区列車助役となった。次いで奉天駅構内助役、他山駅長、石河駅長、万家嶺駅長、熊岳城駅長、瓦房店駅長、大石橋駅長を歴任して副参事となり、三七年四月蘇家屯駅長に就任し、同月勤続三〇年の表彰を受けた。

石井　貞一　▷12

満州電業㈱新京支店工務課発電係長／新京特別市通化路／一八九三（明二六）三／広島県広島市大芝町／関西商工学校電工科、奉天外国語学校華語科、日露協会学校大連支部露語科

広島県石井亀太郎の長男に生まれ、一九〇八年広島水力電気㈱に入り発電所に勤務した。次いで大阪電灯㈱に転じて安治川発電所、安治川東発電所、電気部建設係に勤務した後、さらに鐘淵紡績㈱に転じて大阪支店発電所建設係、淀川工場建設係等を務めた。勤務のかたわら関西商工学校電工科に学び、一八年一〇月卒業と同時に渡満して満鉄に入り、浜町発電所、奉天変電所建設係主務者、大連敷島広場変電所建設係、安東発電所直流係長、天の川発電所庁直流係長を歴職し、大連支社工務課勤務を経て新京支店工務課発電係長となった。この間、奉天在勤時に奉天外国語学校華語科、大連在勤時に日露協会学校大連支部露語科に学んだ。その後三四年一一月満州電業㈱の創立とともに同社入りし、大連支社工務課に勤務した後、新京支店に転勤して工務課発電係長となった。

石井　寅禧　▷12

石井歯科医院主／浜江省牡丹江金鈴街／一八九五（明二八）一／福岡県大牟田市七浦町

福岡県石井初太郎の次男に生まれ、二一歳の時に大牟田の高木歯科医院に三年勤務した。院長没後、久留米の田中歯科医院に八年勤務して歯科治療術を修得し、さらに上京して渋谷区の桐村医師の下で一年修業した後、久留米の第四八連隊で歯科医院を開業した。三年後に廃業して熊本に移り、桑原歯科医院に三年勤務した後、朝鮮に渡り麗水に一年滞在した。帰国して郷里の大牟田市日之出町の久保歯科医院で代診を一年務めた後、図們に渡って友人の柿原善一と共同で歯科医院を経営したが、半年後に牡丹江に移り、一九三四年三月旧市街で歯科医院を独立開業した。次いで新市街の日満洋行隣に新築移転したが、三六年一月これを井上医院に譲って金鈴街に移転した。渡満以来、歯科治療のかたわらアヘン中毒予防と道路衛生等に尽力した。

石井　博二　▷3

東亜煙草㈱鉄嶺出張所主任／奉天省鉄嶺城内鼓楼北社宅／一八八一（明一四）三／佐賀県佐賀市水ヶ江町／東京府立日比谷中学校

一八九九年四月東京府立日比谷中学校を卒業し、翌年一二月海軍兵学校に入学したが〇三年に退校した。〇四年七月日本移民監督学校に入学し、翌年卒業とともに江副商店に入り大連支店勤務となって渡満した。同年六月遼陽支店に転勤した後、一一月に鉄嶺の官製煙草専売所に転じた。〇七年一二月さらに東亜煙草㈱に転じて営口出張所に勤務し、一一年一二月同所主任、一二年一一月吉林出張所主任を経て一四年七月満州総販売所庶務課主任となって奉天に赴任した。一五年五月から鉄嶺出張所主任に就き、かたわら同地の居留民会議員を務めた。

石井　正明　▷12

満鉄双城堡站長、双城堡居留民会評議員、双城堡国防婦人会理事、勲八等／浜江省双城堡站長社宅／一九〇〇（明三三）一／山梨県北巨摩郡菅原村／満州法政学院政経科

山梨県石井友三郎の三男に生まれ、一九一七年安東実業補習学校支那語科を卒業し、一八年八月満鉄に入った。安東駅、蛤蟆塘駅、鞍山駅に勤務した後、鞍山駅貨物助手、同小荷物方、運輸部庶務課員、大連列車区車掌を歴職し、勤務のかたわら二三年に大連の満州法政学院政経科を卒業した。次いで沙崗駅助役、蓋平駅助役、瓦房店駅助役、劉房子駅長、昌図駅長を歴任し、三六年八月双城堡站長となった。この間、満州事変時の功により勲八等旭日章を授与され、三四年四月勤続一五年の表彰を受けた。

石井　将男　▷12

満鉄四平街駅構内主任、社員会評議員、勲八等／奉天省四平街南五条通／一九〇四（明三七）三／兵庫県神戸市兵庫区入江通／拓殖大

学

本姓は別、兵庫県石井くにの養子となった。一九二九年三月拓殖大学を卒業し、同年五月満鉄に入り社長室人事課に勤務した。次いで大連駅、大連列車区勤務を経て奉天駅構内助役となり、奉天列車区安東分区列車助役を経て三五年三月四平街駅構内主任となった。この間、満州事変時の功により勲八等に叙された。

石井増五郎 ▷12

営口海辺警察隊員、在郷軍人会営口分会理事、営口柔道有段者会副会長、満州国協和会海辺分会幹事、営口関東八州会幹事、営口満州国体育会柔道部長、憲友会営口支部幹事、勲六等／奉天省営口西潮溝海辺警察隊／一八九四（明二七）二／東京府北多摩郡大和村

東京府石井熊次郎の次男に生まれ、一九一四年一二月徴兵されて千葉県国府台の野砲兵第一七連隊に入営し、一六年憲兵上等兵となり朝鮮清州憲兵隊に勤務した。次いで東京、旭川、東京、奉天城外、関東、ハルビンの各憲兵隊に勤務し、満州事変に出動して三二年憲兵特務曹長に累進し、同年九月帰国の途次に双城県堡駅北方で約一〇〇名の匪賊の襲撃を受けて搭乗列車が転覆し、一〇名の兵を指揮して約三時間交戦し、四名の犠牲を出して撃退した。帰国して名古屋憲兵隊に勤務した後、三三年八月待命となり、三四年一月満州国特殊警察隊警佐となって渡満し、三六年五月営口海辺警察隊勤務となった。この間、二八年に大礼記念章、三六年に勲六等単光旭日章及び勲六位景雲章、大典記念章、建国功労賞、皇帝訪日記念章を受章した。

石井 本一 ▷12

石井組主、旅順市会議員、同参事会員、旅順商工協会副会長、旅順聖徳会長／旅順市名古屋町／一八八三（明一六）一一／岡山県後月郡出部村

岡山県農業石井亀太郎の長男に生まれ、一九〇四年一二月野戦第五師団歩兵第四一連隊に所属して日露戦争に従軍した。戦後除隊して関東都督府陸軍営繕課に勤務したが、〇八年に辞職していったん帰国した。同郷の柳本静代と結婚して再び渡満し、菅原工務所旅順出張所に勤務して現場監督を務めた。その後一〇年に独立して旅順市名古屋町に石井組を興して土木建築請負業を開業し、事業の発展に伴い同市恵比寿町にも出張所を設けた。経営のかたわら在郷軍人分会評議員、旅順中央町内会総代、満州土木建築協会評議員、旅順土木建築業組合長等の公職を務めた。

石井 保吉 ▷11

満鉄沙河口工場会計係主任／大連市紅葉町／一八九一（明二四）一二／山形県東村山郡天童町／東京高等商業学校

山形県石井勘吉の長男に生まれ、一九一四年東京高等商業学校を卒業して満鉄に入社した。埠頭事務所貨物係、到著係主任、上屋係主任を歴任して二三年一二月に非役となり、国際運送㈱大連支店に転じた。二五年九月再び満鉄に戻り、沙河口工場事務主任を経て同会計主任に就いた。五歳下で三浦家の養子となった次弟の国治も満鉄に入り大連埠頭に勤務した。

石井安次郎 ▷9

土木建築請負業／安東県／一八七七（明一〇）一／東京府東京市牛込区市谷

静岡市に生まれ、日露戦争直後の一九〇五年に渡満して大連の久保田組に入り建築業に従事した。その後同組幹部として安東出張所主任に就き、二二年四月に独立して同地で土木建築請負業を営んだ。

石井 保之 ▷12

満鉄四平街建設事務所警務主任兼梅河口警務段長、社員会評議員、従六位勲五等／奉天省四平街満鉄建設事務所／一八八九（明二二）二／福岡県浮羽郡御幸村／陸軍士官学校

一九一二年陸軍士官学校を卒業して歩兵少尉に任官し、青島戦役に従軍した後、各地に勤務して二二年大尉に累進した。同年軍籍を離れて長崎県立壱岐中学校教諭となり、一〇年勤続した。三二年に満州国興安警察局警正に転じて渡満し、興安南省警務長特務科長となった。その後満鉄に転じて吉林鉄路局管内鹿道警務段長兼図們警務段長を務め、三六年一〇月の職制改正により牡丹江鉄路局鹿道警務段長となり、次いで三七年六月四平街建設事務所警務主任に転任して梅河口警務段長を兼務した。

石岡　武 ▷11

満鉄遼陽地方事務所地方係長／奉天省遼陽泉町／一八九八（明三一）三／埼玉県北足立郡木崎村／東京帝大法学部政治学科

埼玉県石岡猪四郎の長男に生まれ、一九二二年東京帝大法学部政治学科を卒業して満鉄に入社した。東京支社庶務課に勤めたが、二五年一月に本社社長室監察員室勤務となって渡満した。二六年四月監察員補、同年九月開原地方事務所庶務係長を経て二七年一一月遼陽地方事務所地方係長に就いた。

石尾　茂 ▷11

満鉄鉄道部工作課員／大連市楠町／一八八九（明二二）二／大分県速見郡日出町／熊本高等工業学校

大分県石尾重利の次男に生まれ、一九一一年熊本高等工業学校を卒業して陸軍技手となった。二年勤めた後、一七年六月に渡満して満鉄沙河口工場に勤務した。その後鉄道部工作課に転任し、二五年九月から車輌調査のため欧米に半年間出張した。

石垣　清一 ▷1

木本洋行主任／安東県一八八二（明一五）九／和歌山県伊都郡名倉村

年少の頃から大坂に出て洋糖取引業に従事した後、一九〇四年日露戦争に召集され第二軍に属して朝鮮の元山に上陸した。さらに柳樹屯を経て沙河、奉天の戦闘に参加し、戦後に白色桐葉章と一時賜金を受けた。〇六年五月大阪商業会議所議員の木本栄吉が設立した安東県の木本洋行に入り、主任として醤油、味噌、漬物などを軍隊や鉄道班に納入した。

石垣　松吉 ▷12

満鉄大連埠頭倉庫主任、社員消費組合総代／大連市満鉄埠頭倉庫／一九〇一（明三四）一／山梨県甲府市二十人町／甲府商業学校

山梨県石垣音松の四男に生まれ、一九一八年三月甲府商業学校を卒業し、同年五月満鉄に入り埠頭事務所陸運課に勤務した。二一年一二月徴兵されて兵役に服し、満期除隊して復職し副検査人となった。次いで三一年八月同倉庫係を経て同貨物助役、営口駅貨物主任を歴職して三七年四月大連埠頭倉庫主任となった。この間、満州事変時の功により賜杯及び従軍記章を授与され、三四年四月勤続一五年の表彰を受けた。

石垣　良隆 ▷12

浜江省密山県参事官／浜江省密山県参事官公館／一九〇四（明三七）二／佐賀県藤津郡五町田村／拓殖大学商業部本科

佐賀県石垣高次の長男に生まれ、福岡県立豊国中学校を経て一九二九年拓殖大学商業部本科を卒業して満鉄に入った。三一年九月に満州事変が勃発すると派遣されて自治指導部に入り、同年一一月奉天省鉄嶺県指導委員となった。次いで三二年一月同法庫県指導委員、同年三月同鉄嶺県指導委員長、三三年四月吉林省樺川県参事官、三六年四月吉林省懐徳県参事官を歴任し、三七年五月浜江省密山県参事官となった。この間、三六年に満州日日新聞社主催の満州移住勧奨遊説の講師として東京の軍人会館で講演をした。

石賀　茂 ▷11

ハルビン朝鮮銀行支店員／ハルビン朝鮮銀行楼上／一八九六（明二九）八／岡山県真庭郡川上村／東京外国語学校ロシア語科

岡山県農業石賀伊久造の四男に生まれ、一九一九年東京外国語学校ロシア語科を卒業して朝鮮銀行に入り、ハルビン支店に勤務した。

石神　深造 ▷12

石神木廠主／吉林大馬路／一八八九（明二二）二／福島県伊達郡柱沢村

仙台の第二九連隊に入営して兵役に服した後、朝鮮に渡って平壌で監獄看守を務めた後、一九一七年二月に渡満して吉林の華森公司に勤務した。二九年六月に同公司解散となり、同年九月から吉林大馬路で質業を営み、三三年一〇月から木材業を兼営した。

石神　寿 ▷12

満鉄奉天鉄道事務所車務課新京在勤、勲八等／新京特別市満鉄奉天鉄道事務所車務課新京特別市在勤詰所／一九〇三（明三六）二／茨城県新治郡上大津村／岩倉鉄道学校

土浦中学校三年を中退して岩倉鉄道学

校に入り、一九二一年三月に卒業して満鉄に入った。以来勤続して大連運転事務所、瓦房店駅車号方、同駅務方、大連列車区瓦房店分区車掌、許家屯駅助役、蓋平駅助役、鞍山駅助役、鉄路総局呼海在勤、同ハルビン在勤、ハルビン鉄路局機務処運転科弁事員、横道河子鉄路監理所員を歴勤した。その後三六年四月勤続一五年の表彰を受け、三七年四月奉天鉄道事務所車務課新京在勤となった。この間、満州事変時の功により勲八等に叙された。

石川　愛吉　▷12

満鉄東京支社経理課第二株式係主任／東京市赤坂区葵町満鉄東京支社／一八九九（明三二）一二／神奈川県鎌倉郡鎌倉町／大阪市立高等商業学校

神奈川県石川熊太郎の次男に生まれ、一九二一年三月大阪市立高等商業学校を卒業して満鉄に入り、撫順炭砿会計課に勤務した。撫順実業補習学校講師嘱託、炭砿部経理課、撫順炭砿生産品係主任、総務部人事課に歴勤した後、東京支社経理課、大阪出張所、東京支社経理課勤務を経て三六年一〇月東京支社経理課第二株式係主任となった。この間、三六年四月勤続一五年の表彰を受けた。

石川　一郎　▷12

満州塩業㈱監事、正七位／東京市滝野川区西ヶ原町／一八八五（明一八）一一／東京府東京市王子区王子町／東京帝大工科大学応用化学科

一九〇九年七月東京帝大工科大学応用化学科を卒業した後、〇九年六月関東酸曹㈱技師となった。母校の工科大学助教授に転じた後、関東酸曹㈱に復社して参事、取締役、支配人等を歴任し、二三年五月大日本人造肥料㈱取締役工務部長に転じて後に常務に就いた。その後三六年四月満州塩業㈱の創立とともに監事に選任され、同系諸会社の重役を兼任した。

石川　一清　▷11

鉄嶺電灯局主任技術者／奉天省鉄嶺駅前／一九〇一（明三四）三／福岡県小倉市／旅順工科学堂電気工学科

福岡県石川清次郎の長男に生まれ、一九二一年旅順工科学堂電気工学科を卒業して大連市浜町発電所に勤務した。その後安東に転勤して三年勤め、二六年に鉄嶺電灯局に転じて後に主任技術者となった。

石川　一正　▷12

満鉄鉄道総局旅客課員／奉天満鉄鉄道総局旅客課／一九一〇（明四三）九／愛知県碧海郡高浜町／横浜高等商業学校

愛知県石川太一郎の長男に生まれ、一九三一年三月横浜高等商業学校を卒業し、同年五月満鉄に入り鉄道部に勤務した。奉天駅駅務方、同貨物方、奉天列車区車掌、同旅客専務、奉天駅事務助役、三五年六月ハルビン站事務副站長を歴任し、三六年一一月鉄道総局旅客課に転勤した。この間、満州事変時の功により賜盃及び従軍記章を授与された。

石川　亀治　▷11

金州小学校長、正七位勲七等／金州新市街奥町／一八七四（明七）二／大分県南海部郡佐伯町／大分県師範学校

大分県石川常治の次男に生まれ、一八九四年三月大分県師範学校を卒業して県下で初等教育に従事した。一九一一年三月に渡満して大連第三小学校長兼訓導となり、同校に一二年勤続した。二三年四月大連大広場小学校長となり、二八年四月金州小学校長に転じた。師範学校を出てから三十有余年の長期にわたって教職に携わり、二八年秋の昭和天皇即位大礼に際し表彰を受けた。同郷の夫人トミ子との間に二男一女あり、長男は東京帝大、長女は奈良女高師に学んだ。

石川亀太郎　▷12

石川製陶所主、撫順第七区町内会幹事／奉天省撫順大官屯／一八七七（明一〇）五／愛知県碧海郡高浜町

愛知県石川浪次郎の長男に生まれ、早くから瓦製造業に従事した後、一九一四年三月に渡満して撫順古城子の三木製瓦工場製造部主任となった。その後二〇年一〇月同工場の一帯が撫順炭砿の露天掘鉱区となったため、退社して五年ほどタイル製造を研究し、大官屯に敷地五〇〇〇坪、工場六五〇坪の工場を設けて煉瓦・屋根瓦・タイルの製造業を開始した。タイル製型用プレス三台、側焔式窯六基、一〇馬力モーター三基、土練機、粉砕器、スクラッチタイル製造機及び煉瓦窯機四、瓦窯四を設備して従業員一五〇人を使用し、日満諸官衙、諸会社を得意先として年商八万円を計上した。

石川　義助　▷11

医師／奉天省鞍山北一条町／一八九〇（明二三）四／栃木県足利郡山前村／金沢医学専門学校

栃木県石川直太郎の次男に生まれ、一九一四年金沢医学専門学校を卒業した。一五年八月に渡満して満鉄医院に勤務した後、一八年二月に鞍山北郊の立山で医院を開業し、同地の警察医、地方委員会副議長を務めた。

石川　憲二　▷3

陸軍用達／奉天省大石橋石橋大街／一八七三（明六）一二／徳島県美馬郡脇町

長く公吏を務めた後、日露戦争に際して香川県善通寺で陸軍用達業を始めた。戦後一九〇六年三月に渡満して大石橋で引き続き軍隊用達業を営み、一〇年一二月からは太平生命保険㈱大石橋代理店を兼営した。かたわら大石橋区満鉄諮問委員、大石橋補習学校商議員、大石橋実業会幹事、大石橋金融会会計等を務めた。

石川　五郎　▷9

泰隆㈴社長、マルイ商会主、鉄嶺商品陳列館取締役、鉄嶺証券金融㈱取締役、満州織布㈱監査役、勲七等／奉天省鉄嶺東大街／一八八〇（明一三）八／秋田県平鹿郡角間川町

一九〇四年日露戦争に従軍して各地に転戦し、除隊して帰郷した。その後再び渡満して鉄嶺商品陳列館鄭家屯出張所長を務めたが、二一年に辞職して鉄嶺に泰隆㈴を設立し、さらにこれとは別にマルイ商会を経営した。かたわら鉄嶺商品陳列館及び鉄嶺証券金融㈱の各取締役、満州織布㈱監査役など諸会社の役員を務めた。

石川作太郎　▷11

内外綿㈱金州支店支配人代理／金州会新金州赤城町／一八八四（明一七）四／京都府与謝郡加悦村／大阪高等商業学校

京都府農業石川利三郎の長男に生まれ、一九〇五年大阪高等商業学校を卒業した。神戸のタタ商会に入って三年勤めた後、〇八年一月に内外綿㈱に転じて神戸支店、本店、ボンベイ出張所、西宮工場、上海支店等に勤務した。その後、二八年一二月金州支店支配人代理となって渡満した。

石川三次郎　▷11

大連沙河口尋常小学校訓導／大連市沙河口仲町／一八九八（明三一）二／富山県下新川郡下野方村／富山県師範学校

富山県農業湯野覚助の三男に生まれ、石川久松の婿養子となった。一九一八年三月富山県師範学校を卒業した後、二五年四月に渡満して大連沙河口小学校訓導を務めた。富山女子師範学校卒の夫人せきとの間に二男二女があった。

石川　秀一　▷12

安東税関監査科長／安東山手町安東税関監査科長公館／一八九六（明二九）一〇／大分県直入郡竹田町／大分県立竹田中学校

大分県石川千賀治の長男に生まれ、一九一四年三月県立竹田中学校を卒業し、一五年四月門司税関に入った。一七年六月中華民国青島海関地方巡役に転じ、梧州、福州の各海関に勤務した。三一年三月二等験貨員に進んだ後、三二年六月の満州国による中国税関の強行接収により同年七月ハルビン海関に転勤し、三三年三月一等験貨員となった。三四年三月税関監査官となってハルビン税関監査科長に就き、三五年五月さらに税関技正となって安東税関監査科長に転任した。

石川　周治　▷12

国務院財政部財務職員養成所教授兼主事、従七位勲八等／新京特別市財務職員養成所／一八八七（明二〇）七／北海道亀田郡椴法華村

一九〇八年郷里の小学校で代用教員となり、一〇年に北海道庁内尋常小学校本科正教員の免許を取得した。その後一五年一〇月河西税務署員に転じ、以来勤続して釧路税務署及び札幌税務署の各直税課長、根室税務署長、札幌税務監督局属・直税部勤務、拓殖事務嘱託、網走税務署司税官を歴任した。三三年一〇月国務院財政部税務監督署事務官に転じて渡満し、奉天税務監督署総務科長を務めて同理事官となった。その後、安東出張所長兼税捐局理税官として安東税捐局に勤務し、浜江税務監督署総務科長兼経理科長に転任した後、三七年六月財政部財務職員養成所教授に転任して同主事を兼務した。

石川周次郎 ▷9

石川洋行主、遼陽第一区長／奉天省遼陽東洋街／一八七七（明一〇）一〇／京都府船井郡園部村

年少の頃から商業に従事し、一九〇六年に渡満して遼陽で日用雑貨商を開業した。夫婦で販売に従事して和洋雑貨・食料品も扱い、売上げを伸ばして遼陽第一の店舗に成長した。さらに質業部を設け、東亜煙草㈱特約店、日本生命、日本徴兵保険、豊国火災保険等の代理店を兼営した。

石川　淳 ▷11

独立守備隊附歩兵大尉、従六位勲五等／奉天葵町／一八九一（明二四）七／茨城県水戸市上市八幡町／陸軍士官学校、陸軍戸山学校体操科、陸軍歩兵学校

茨城県石川尚功の次男に生まれ、一九一四年六月陸軍士官学校を卒業して歩兵少尉となり、さらに陸軍戸山学校体操科及び陸軍歩兵学校を修了した。一九年四月シベリア派遣隊付として従軍し、沿海州・黒竜江州・ザバイカル州など極東三州各地の警備に当たり、翌年九月に帰国した。二七年四月歩兵第五九連隊第一中隊長となり、満州駐剳軍に編入されて渡満した。奉天大隊に勤務した後、独立守備隊第二大隊付に転任して奉天中学校配属将校となった。

石川　祥一 ▷12

満州航空㈱奉天管区長、満州飛行協会奉天支部常任理事、正六位勲五等功五級／奉天青葉町／一八九七（明三〇）二／山口県熊毛郡島田村／陸軍士官学校、陸軍所沢飛行学校、陸軍下志津飛行学校

山口県石川幾三郎の長男に生まれ、陸軍士官学校を卒業して一九一八年一二月歩兵少尉に任官し、次いで陸軍所沢飛行学校、下志津飛行学校を卒業した。以来軍務に服して飛行第七連隊中隊長、飛行第一二大隊第二中隊長等に歴補し、三三年一月航空兵少佐に累進して予備役編入となった。同月渡満して満州航空㈱に入社し、チチハル支所長、チチハル管区長、ハルビン管区長を歴任し、三五年一一月本社総務部付として欧米の航空事情を視察した後、三六年九月奉天管区長に就いた。この間、満州事変時の功により勲五等功五級に叙された。

石川　治郎 ▷12

みなと屋菓子舗主、大連菓子商組合顧問／大連市常盤橋詰／一八八九（明二二）／愛知県碧海郡棚尾村

母校の小学校で代用教員を務めた後、一九〇七年に渡満して大連の菓子商「花の屋」に勤めた。一六年九月に独立して山県通市場内に「みなと屋」を開業し、後に但馬町に拡張移転した。その後、店舗が火災に遭って三河町に移り、二五年一二月常盤橋ビルの完成とともに同所に移転した。得意先二〇〇軒を持ち、入船町に一〇〇坪の工場を設けて六馬力の動力機と排風機一台、餡絞機一台、餅搗機二台、井水引揚ポンプ一台を据え、従業員六〇人を使用して年間一五万円を売り上げた。

石川　竹二 ▷11

石炭、和洋紙販売業及び生命火災保険代理店／ハルビン地段街／一八八五（明一八）七／静岡県浜名郡新居町／東亜同文書院

静岡県酒商松崎甚作の次男に生まれ、父の実兄石川甚七の養子となった。一九〇八年東亜同文書院を卒業した後、〇九年に渡満して大連の山葉洋行に入った。一年後に満鉄に転じて一一年勤め、二一年に退社してハルビンで石炭商を開業した。後に和洋紙の販売も手がけ、さらに業務を拡張して共済生命保険と帝国海上火災保険の代理店も兼営した。

石川忠三郎 ▷12

国務院交通部営口航政局総務科長／奉天省営口南本街航政局総務科長公館／一九〇〇（明三三）六／埼玉県大里郡中瀬村／東京高等商船学校航海科全科

東京開成中学校四年を修了した後、国民英学会英文科を経て一九二四年に東京高等商船学校航海科全科を卒業した。兵役に服した後、二五年一月川崎造船所船舶部に入り欧州、北米、中国沿岸航路の各船に乗務して甲種一等機関士となった。三二年四月から六月中旬まで陸軍輸送船に乗務して海軍予備中尉となり、三三年二月甲種船長免状を受けて下船し、同年五月国務院交通部水運司技正に転じて渡満した。路政司第四科勤務、同科長代理を経て三五年八月航政局事務官となり営口航政局総務科長に就き、三六年四月同局理事官となった。

石川　鶴松　▷12

小林又七商店チチハル出張店主、チチハル商工会議所議員、関東人会副会長、第三区区長／龍江省チチハル永安大街／一八八四（明一七）六／東京府東京市下谷区池ノ端七軒町

一九一四年に東京市本所区の時計製造会社精工舎と協定し、時計組立分工場を経営した。その後二四年に東京上野で日本時計学校を創立経営したが、三二年に吉長鉄路局の嘱託となって渡満した。三四年にチチハルの小林又七商店出張店を譲り受け、関東軍及び満鉄鉄路局の指定業者として兵用図書、軍用雑貨類、時計貴金属宝石、文房具の販売と写真・絵葉書等の製作に従事した。

石川　鉄雄　▷11

満鉄臨時経済調査委員会委員長、従六位／大連市月見ヶ岡／一八八六（明一九）三／神奈川県下足柄郡小田原町／東京帝大法科大学

神奈川県官吏石川洋之助の長男に生れ、一九一〇年七月東京帝大法科大学を卒業した。一一年から一六年まで金沢の第四高等学校教授を務めた後、一九年に満鉄に入社して東京支社内の東亜経済調査局に勤め、同年七月本社調査課長となって渡満した。⇒その後、東京支社参事、審査役を歴任して二七年に臨時経済調査委員会委員長となり、満州事変後の翌三二年一月に経済調査会が発足すると副委員長に就いて三四年九月まで務めた。

石川　仁平　▷9

日清製油㈱社員／大連市伏見台／一八八七（明二〇）八／愛媛県宇摩郡松柏村／東亜同文書院

一九〇九年六月、東亜同文書院を卒業して横浜の松下久治郎商店に入った。一一年に松下が社長を務める日清製油㈱に出向して渡満し、鉄嶺、開原、長春、営口の各出張所に勤務して特産物取引、大豆買い入れに従事した。一二年に松下商店に復帰して東京出張所に勤務したが、一四年七月日清製油㈱に転任して再び渡満した。

石川　正達　▷11

奉天日日新聞大連支社長／大連市霧島町／一八七五（明八）二／沖縄県那覇市東町

沖縄県石川正亨の長男に生まれ、一〇歳で家督を相続した。日露開戦直後の一九〇四年三月、軍部付運輸係として営口に渡った。戦後そのまま残留し、〇七年に営口の満州日報社に入社した。以来、奉天公報社、満州新報奉天支局、大陸雑誌社、大陸日日新聞大連支社、満州通信大連支局等の報道機関で働き、奉天日日新聞大連支社長に就いた。

石川　衛　▷12

熱河税務監督署経理科長、勲八等／熱河省承徳熱河税務監督署経理科／一九〇〇（明三三）六／静岡県田方郡函南村／沼津商業学校

静岡県石川喜作の次男に生まれ、一九一八年三月沼津商業学校を卒業して満鉄に入り、沙河口工場会計課に勤務した。勤務のかたわら中国人家庭に同居して中国語習得に努め、二一年四月大連語学校支那語科本科に入学し、二二年一〇月給費生として北京に留学した。帰社して二三年一一月奉天公署勤務となり、次いで二五年九月鉄道工場庶務課華人係、二六年四月沙河口実業補習学校講師兼鉄道工場見習養成所華語公司嘱託に歴勤し、二八年一二月満鉄語学検定試験華語一等に合格した。三一年一〇月満州事変に際し関東軍司令部嘱託としてチチハルに派遣され、同年一二月チチハル特務機関付となった。三二年三月関東軍特務部を経て同年四月鉄道工場に復帰し、三三年一一月満鉄語学検定華語特等予備に合格した。三四年四月待命となって国務院民政部嘱託に転じ、密山工作部土地科長として吉林省東北地区に派遣され、移民地工作に従事した。三六年一月税務監督署事務官・奉天税務監督署勤務となり、同年一二月満州国政府語学検定考試満州語一等に合格した後、三七年二月熱河税務監督署経理科長に就いた。この間、二七年一二月華工指導の功績により金一封を受け、満州事変時の功により勲八等瑞宝章及び従軍記章、建国功労賞を授与された。

石川万次郎　▷11

薬種商、勲八等／大連市信濃町／一八八〇（明一三）五／新潟県三

い

島郡出雲崎石井町

新潟県建築業石川吉次郎の長男に生まれ、寺子屋で二年修学した後、新潟で長く商業に従事した。一九一九年の米騒動の際に民衆救済に献身して賞勲局から銀盃と賞状を受けるなど郷里の名望家として知られたが、大陸での商業経営の夢を捨てきれず、満州一円から北京、青島、天津等を回って実地検分をし、大連に居を定め薬種商を開業して成功した。同郷の夫人キヨとの間に六男三女あり、長男は家業を継ぐべく明治薬学専門学校に学んだ。

石川　宗雄　▷1

新民府知府衙門教育顧問、新民府日本人会幹事長、新民府居留民会会長、勲六等／新民府一八七三（明六）一／香川県丸亀市字地方／日清貿易研究所

一八九三年日清貿易研究所を修了し、同地で諸種の実業調査に従事した。日清戦争時には病気のため応召できず、九六年台湾守備第二旅団通訳となった。その後台南県弁務署の第一課長となり、次いで公学校長を務めた。一九〇四年日露戦争に際して満州軍総司令部付通訳官となり、遼陽、奉天等の軍政署に勤務した後、〇五年四月新民府軍政署付となった。戦後、従軍の功により勲六等旭日章と一時賜金を受けた。〇六年に軍政署が廃止されると清国当局に傭聘され、新民府知府衙門教育顧問を務めた。中国人子弟の教育に従事するかたわら、新民府日本人会幹事長を務め、さらに〇七年四月からは新民府居留民会長に就いた。

石川安次郎　▷11

土木建築請負業／大連市恵比須町／一八八四（明一七）一二／京都府京都市上京区武者小路／同志社大学夜学部で二年修学

京都府建築請負業石川仁助の四男に生まれ、小学校を卒業して夜学に二年通って建築を学び、さらに同志社大学夜学部に入って英語を修めた。一九〇四年二月日露戦争が始まると陸軍建築班付として朝鮮鎮南浦及び安東県に従軍し、戦後〇八年から一年間業務で香港に滞在した。その後帰国したが、一六年に再び渡満して旅順物産館新築の指名請負人現場代理を務め、一七年に関東庁技手となった。二四年一二月関東庁を辞して翌年八月から大連で土木建築請負業を独立開業し、かたわら二七年八月から二九年一月まで日華興業㈱専務取締役を務めた。

石川　洋爾　▷12

満州中央銀行安東支行経理、勲六等／安奉県安東駅前満州中央銀行安東支行／一八九七（明三〇）一二／福島県福島市大字曽根田天神前／東京高等商業学校

福島県石川欽四郎の次男に生まれ、一九二〇年三月東京高等商業学校を卒業して同年四月久原商事に入った。第百七銀行に転じた後、三二年二月に辞職して満州中央銀行創立準備委員となって渡満した。同年六月の設立とともに人事課長に就き、秘書課副課長を経て三七年三月安東支行経理となった。この間、満州事変時の功により勲六等に叙せられた。

石川良三郎　▷14

薬種商、従七位勲六等／大連市大正通／一八七九（明一二）一〇／島根県鹿足郡津和野町／中学校中退

島根県農業石川文七の四男に生まれ、一九九八年七月中学校を中退して海軍に入り軍医部に勤めた。以来二五年勤めて看護特務少尉となり、二三年三月予備役編入と同時に渡満して大連市沙河口で薬種商を開業した。かたわら大連海友会副会長を務め、三二年一一月から二六年一〇月まで大連市会議員を二期務めた。

石川　義次　▷12

大連第一中学校長、正五位勲五等／大連市松山町／一八八八（明二一）三／東京府東京市本郷区森川町／東京高等師範学校地理歴史部

東京府師範学校を経て一九一三年三月東京高等師範学校地理歴史部を卒業し、栃木県立工業学校、宮城県師範学校、茨城県女子師範学校、香川県師範学校の教諭、校長を務めた。その後二五年四月大連高等女学校長に転じて渡満し、旅順師範学堂長を経て三二年三月大連第一中学校長となり、三六年一二月関東局在外研究員として海外に出張した。

石川　力雄　▷3

本渓湖郵便局長、関東都督府通信書記、従七位勲七等／奉天省本渓湖永利町官舎／一八七八（明一一）六／東京府東京市牛込区弁天町

一八九五年四月郵便為替貯金管理所に入り、九九年一二月通信書記となった。逓信省通信局、経理局、東京郵便局臨時在勤等を経て、日露戦中の一九〇四年一二月に遼東守備軍司令部野戦郵便付として渡満した。兵站監部、関東都督府付等に転じた後、〇六年九月関東都督府通信書記となり、管理局、奉天局勤務を経て一〇年一二月本渓湖郵便局長に就いた。

石黒　幸一　▷10

㈱米井商店大連出張所主任／大連市山県通／一八九六（明二九）一二／富山県富山市千石町

一九一七年頃に東京京橋区の㈾米井商店に入り、神戸支店、長崎出張所、大阪支店に勤務して港湾・造船機械器具の輸出入販売に従事した。二一年一一月大連出張所開設に際し主任として赴任し、戦後不況の中で業績回復に努めた。

石黒　茂　▷12

万安楼主、鉄嶺居留民会議員／奉天省鉄嶺桜町／一八九五（明二八）四／愛知県一宮市／慶應大学中退

愛知県石黒春次郎の長男に生まれ、愛知県立第五中学校を経て慶應大学理財科に入学したが、一九一八年七月に中退して渡満した。先に渡満した父が営む鉄嶺の料理店「万安楼」を手伝い、後に経営を引き継いだ。

石黒仙治郎　▷12

金泰洋行主、万泰洋行主、資生堂新京販売㈱専務取締役、森永製品満州販売㈱監査役、新京輸入組合幹事／新京特別市日本橋通／一八七九（明一二）五／愛知県中島郡稲沢町／高等小学校

郷里の稲沢高等小学校を卒業した後、日露戦中の一九〇四年に渡満して営口で軍御用達商を開業し、次いで大連に移って銃砲火薬商を営んだ。〇六年公主嶺に移転して金泰洋行の名で雑貨商を営み、〇八年からは長春支店を本店とし、市内有数の百貨店に発展して店員百余名を擁した。三六年には新京中央通に万泰洋行を設立し、雑貨、化粧品、煙草、菓子、ビール、清酒類の卸業を兼営し、店員三〇人を使用して新京、吉林、白城子などの沿線各都市を商圏とした。

石毛　公済　▷12

満鉄北満鉄路残務整理事務所第二科長、社員会評議員／ハルビン満鉄北満鉄路残務整理事務所／一九〇〇（明三三）九／千葉県海上郡旭町／横浜商業学校

横浜商業学校を卒業して実業に従事した後、一九二一年四月満鉄に入り地方部庶務課に勤務した。以来勤続し、ハルビン鉄路局計理処会計科長を経て三六年九月北満鉄路残務整理事務所第二科長となった。

石阪　音彦　▷9

石阪音彦商店主／大連市吉野町／一八七五（明八）一／熊本県上益城郡大島村／明治法律学校

熊本県上益城郡大島村に生まれ、一八九三年明治法律学校を卒業した。九六年一年志願兵として入営し、翌年陸軍歩兵少尉となって除隊して東京市役所に入り、兵事係長、衛生課長、税務課長等を歴任した。一九〇四年日露戦争に際し中尉として従軍し、除隊して〇七年兜町の山栗株式店支配人に就いた。一九年に日本橋区小網町に益城屋商店の名で株式現物仲買店を開業したが、二一年に大連株式商品取引所の理事長小泉策太郎に招かれて渡満し、同所取引人として大山通に株式店を開設した。後に吉野町に移転し、取引人組合委員を務めた。

石坂善五郎　▷12

ドイツ駐劄満州国通商代表部事務官、従七位／在ハンブルグ満州国通商代表部／一九〇四（明三七）二／富山県富山市餌指町／東京帝大法学部英法科

富山県石坂善次郎の五男に生まれ、一九二八年一〇月東京帝大法学部英法科在学中に文官高等試験行政科に合格し、翌年四月卒業とともに官営八幡製鉄所書記となり総務部に勤務した。次いで商工属となり商工省工務局勤務、臨時産業合理局造船業改善委員会書記、自動車工業確立調査委員会書記を歴職した後、特許局事務官兼商工事務官を経て商工事務官専任となり、商務局に転任して取引所監督官、取引所制度調査会幹事を歴任した。その後三三年一〇月国務院実業部事務官に転出して渡満し、工商司勤務、実業部法令審査委員会委員を歴任し、三六年三月ドイツ駐劄満州国通商代表部事務官となりハンブルグに赴任した。

石崎海次郎 ▷12

六合商会主／ハルビン道裡工廠街／一八八三（明一六）／茨城県真壁郡下館町／茨城県立下妻中学校

茨城県立下妻中学校を卒業して満鉄に入社し、本社運輸課に勤務した後、一九一九年ハルビンに転勤した。二二年に退社し、国際運送㈱に転じて運輸課主任となった。昂昂渓出張所長に転任した後、三四年に独立してハルビンに六合商会を設立して運送業を経営したが、三六年三月に死去した。その後、夫人ユキエが事業を継ぎ、日本人一二人、中国人三人を使用して国際運輸㈱の下請と発電所、市公署、第一工業会社、大連工業会社等への労力供給業を営んだ。

石崎　恭介 ▷12

大連汽船㈱船長、正八位／下関市大坪町／一八九六（明二九）四／山口県山口市大字吉敷／東京商船学校

一九二〇年東京商船学校を卒業して海員となり、三一年五月大連汽船㈱に転じた。以来一等機関士として各船に乗務し、累進して船長となった。

石崎　震二 ▷14

大阪商船㈱大連支店長、同重役、北洋汽船会社社長／大連市越後町／一八七三（明六）五／富山県西礪波郡林村／東京帝大法科大学独法科

一八九九年七月東京帝大法科大学独法科を卒業し、同年九月大阪商船㈱に入社した。一九〇〇年九月文書課助役、〇二年九月大阪支店助役、〇四年一二月釜山支店長を経て大連支店長となって〇八年六月に渡満した。一三年に欧米を視察して帰任し、業務のかたわら大連海務協会副会長、大連商業会議所交通部長を務めた。一五年一〇月大連市会議員に官選されたが翌年二月に辞任し、帰国して大阪商船重役や北洋汽船会社社長等を歴任したが間もなく病没した。

石崎広治郎 ▷12

石崎洋行主、新京商工会議所会頭、日満実業協会常務理事、満州特産中央会評議員／新京特別市八島通／一八八五（明一八）四／三重県四日市市浜田／東亜同文書院

上海の東亜同文書院を卒業した後、一九一五年に渡満して公主嶺市場町に石崎洋行を興して輸出入業に従事した。業績の向上とともに長春八島通と范家屯下九台駅前に支店を設け、その後三一年に新京支店を本店とし、新たに公主嶺、四平街、鉄嶺、吉林に支店を設けた。

石崎　頼久 ▷9

満鉄鉄嶺地方事務所長／奉天省鉄嶺中央街社宅／一八八七（明二〇）三／高知県幡多郡月灘村／東京帝大法科大学経済学科

一九一四年七月、東京帝大法科大学経済学科を卒業した。一七年五月に渡満して満鉄に入社し、鉄嶺地方事務所に勤続して後に所長を務めた。

石島　好雄 ▷12

満鉄鉄道総局付待命参事、勲八等／奉天満鉄鉄道総局気付／一九〇一（明三四）九／佐賀県藤津郡多良村

佐賀県石島好太郎の長男に生まれ、一九一八年満鉄従事員養成所を修了して遼陽駅に勤務した。四平街駅、開原駅、長春列車区鉄嶺分区、奉天列車区大石橋分区に歴勤し、王家永助役心得を経て刻家河駅助役となった。次いで海城駅助役、奉山鉄路局山海関在勤、奉天総站運転副站長、新民站副站長、凌源站長兼自動車営業所主任を歴職して参事となり、三七年四月待命・鉄道総局付となった。この間、満州事変時の功により勲八等瑞宝章及び従軍記章、建国功労賞を授与され、三五年四月勤続一五年の表彰を受けた。

石　順蔵 ▷12

満州住友鋼管㈱業務部営業課長／奉天省鞍山中台町住友鋼管社宅／一八九七（明三〇）九／茨城県多賀郡松原町／東亜同文書院

茨城県石繋次郎の五男に生まれ、一九二〇年上海の東亜同文書院を卒業して住友金属工業㈱に入社した。以来勤続し、三四年九月満州住友鋼管㈱が設立されると同社に転出して業務部営業課長に就いた。

石関　信助 ▷12

満鉄東京支社鉄道課長、朝鮮総督府鉄道局嘱託、社員会東京連合会長、勲七等／東京市赤坂区葵町満鉄東京支社／一九〇三（明三六）

七／兵庫県武庫郡鳴尾村／京都帝大法学部

兵庫県石関赳夫の四男に生まれ、一九二七年三月京都帝大法学部を卒業して同年四月満鉄に入社した。以来勤続して大連駅駅務方、大連列車区車掌、営口駅貨物方、大連駅構内助役、営口駅貨物助役、同駅貨物主任、長春駅貨物主任、新京駅貨物主任、鉄道部第二輸送課庶務係主任を歴職した。三六年一〇月東京支社に転勤して鉄道課長に就き、三七年四月副参事となった。

石田　英　▷12

関東局関東逓信官署逓信局監督科長、監理部逓信課勤務、勲六等／大連市水仙町官舎／一九〇三（明三六）一〇／東京府東京市日本橋区通町／東京帝大法学部法律学科

東京府石田勝次郎の長男に生まれ、錦城中学校、浦和高等学校を経て東京帝大法学部法律学科に進み、在学中の一九二七年に文官高等試験行政科に合格した。二七年三月卒業とともに関東庁逓信書記となって渡満し、監理部、大連郵便局、長春郵便局、逓信局監理部に歴勤して関東庁副事務官となった。次いで大連郵便局長兼大連中央郵便局長、大連貯金監理所長、逓信局監督課長を歴任して関東逓信官署逓信事務官兼関東局事務官となり、三六年関東局関東逓信官署逓信局監督科長に就き、監理部逓信課に勤務した。この間、満州事変時の功により勲六等に叙せられ、無線通信士資格検定委員を務めた。

石田　栄造　▷13

大信洋行社長／大連市星ヶ浦公園内／一八八三（明一六）五／富山県西礪波郡石動町

大阪府呉服商石田栄市の長男に生まれ、一三歳の時に大阪の金物問屋稲岡常七商店に入った。同店に八年勤めた後、一九〇五年に店主の後援で独立し、大阪で古鉄・古銅・古真鍮の輸出入業を始めたが、ロシア貿易に着眼して〇七年に渡満してハルビンに大信洋行を興した。間もなく南満方面の市場が有望と見て一〇年一月本店を大連に移し、後に奉天、青島、遼陽、芝罘に支店を設けて奉天支店を実兄に託し、全満各地に事業を展開した。一四年には大連の軍用地に建坪一四〇〇坪の製銅所を造営して中国人四百余人、日本人四十余人の従業員を擁して銅・亜鉛・タンバン・亜鉛華等の製造を始め、さらに青島にも一三〇〇坪の用地に工場を設けて中国人一六〇人、日本人一七人を使用した。一八年一〇月株式会社に改組して専務取締役に就き、他に複数の会社重役を兼ねて大連商工会議所議員を務めた。

石田　嘉市　▷11

金物商／大連市浪速町／一八七八（明一一）八／滋賀県高島郡饗庭村

滋賀県石田市左衛門の次男に生まれ、一二歳の時から京都市の金物商湯浅商店に奉公し、一五年勤続して商業の実地をつぶさに体得した。一九〇六年独立を志して同店を辞め、翌年渡満して大連市浪速町で金物商を開業した。

石田　瑍　▷12

㈴大松号支配人、富久屋質店主／奉天省撫順東六条通／一八八四（明一七）一／富山県西砺波郡石動町／関西大学

一九一〇年関西大学を卒業して大阪府吏員を務めた後、一二年に帰郷して北陸日報を発刊し、国民党員として富山県政界で活動した。一七年以降は信託会社、製針会社等を起業し、また印刷・運輸・商事会社等に関与したが、その後二五年に渡満して撫順東七条通の大松号支配人に就いた。水田、精米、清酒醸造業を経営するかたわら三一年一〇月から東六条通で富久屋質店を個人経営した。

石田　吟松　▷11

画家／大連市播磨町／一八八八（明二一）三／長野県松本市仲町

松本市呉服商石田久太郎の長男に生まれ、六歳で家督を相続したが、画家を志して鶴田機水に師事した。その後、山内多門の下で日本画を学んで日本各地を写生旅行し、イギリス人登山家ウェストンに従って日本アルプスも探勝した。その後一九一九年一一月に渡満して大連に居住し、浙江省の舟山列島や普陀山、朝鮮の金剛山など中国や朝鮮の各地を訪ねて画材とした。満州美術展覧会、大連勧業博覧会、御大典記念満州美術展覧会等の審査員も務めた。妻帯せず、画業の余暇に骨董、生花、茶道、盆栽、邦楽を趣味とした。

石田源太郎　▷12

満鉄撫順炭砿工作課機械係技術担当員／奉天省撫順北台町／一九〇

〇（明三三）一／福岡県門司市大字門司／福岡県立小倉工業学校

一九一九年三月福岡県立小倉工業学校を卒業して渡満し、満鉄に入り撫順炭砿機械課に勤務した。次いで機械工場勤務、同炭砿竜鳳採炭所工作係主任を経て三六年一〇月同炭砿工作課機械係技術担当員となった。

石田　栄　▷3

大連海関幇弁／大連市星ヶ浦藤乃荘／一八八一（明一四）一二／愛知県渥美郡高師村／東亞同文書院

上海東亞同文書院を卒業し、一九〇五年一二月天津海関に入った。一〇年一〇月上海海関に転じた後、一四年一月から大連海関に勤務した。

石田　貞蔵　▷12

大連商工会議所嘱託／大連市星ヶ浦月見ヶ岡／一八八二（明一五）一一／秋田県南秋田郡土崎港本山町／早稲田大学政治経済科

秋田県養蚕家石田芳之助の四男に生まれ、一九〇九年早稲田大学政治経済科を卒業した。キリスト教に入信して伝道に従事した後、兄の友治と共に東京で雑誌「第三帝国」及び「女王」を発行した。その後帰郷して秋田商業会議所書記長となったが、一九年一一月に渡満して大連商業会議所主任書記に転じた。次いで二〇年八月中日文化協会が創立されると書記長に就いたが、後に大連商工会議所に復帰して相談部長を務め、三七年に停年制が採用されると嘱託として商工課に勤務した。大連基督教青年会理事、大連小売業合理化委員会委員、全満小売業合理化委員会委員等の公職を務め、東京女子高等師範学校卒の夫人豊子は大連北公園幼稚園園長として幼児教育に従事した。

石田繁太郎　▷12

満鉄奉天機関区運転助役兼機関士、勲八等／奉天紅梅町／一九〇三（明三六）二／香川県香川郡弦打村

香川県石田千太郎の五男に生まれ、一九一八年七月満鉄に入り、遼陽車輌係に勤務した。次いで二一年満鉄従事員養成所を修了して機関士心得、機関士、鉄道部付、遼陽機関区点検助役を歴任し、三五年四月奉天機関区運転助役兼機関士となった。この間、満州事変時の功により勲八等に叙された。

石田　茂　▷11

満州建築協会書記長／大連市聖徳街／一八八九（明二二）一／石川県金沢市／長野県立大町中学校

本姓は別、金沢市石田潤吉郎の婿養子となり、一九〇六年長野県立大町中学校を卒業した。県下の小学校教員を十余年務めた後、一九年九月に渡満して翌年一二月満州建築協会書記長となり、かたわら救世軍大連小隊曹長、大連禁酒会幹事を務めた。

石田　茂　▷12

龍江省公署教育庁学務科長／龍江省チチハル省公署／一九〇一（明三四）／兵庫県印南郡／拓殖大学

姫路市に生まれ、一九二五年拓殖大学を卒業して岡山市の中国合同電気会社に入った。満州事変後、三二年に国務院民政部雇員となって渡満し、龍江省克東設治局参事官となった。その後、克東県の設置とともに同県参事官となり、三六年一〇月龍江省公署理事官に進んで教育庁学務科長に就いた。

石田　泉一　▷12

満州炭砿㈱総務部調査課長、鶴岡煤鉄(股)董事、正八位／新京特別市千鳥町正隆アパート／一八九八（明三一）四／滋賀県阪田郡柏原村／慶応大学経済学部

滋賀県石田金三郎の長男に生まれ、県立第一鹿児島中学校を経て一九二五年慶応大学経済学部を卒業して渡満し、日中合弁の鴨緑江採木公司に入り度支課に勤務した。同年一二月帰国して金沢の輜重兵第九大隊に入隊し、二六年一一月に除隊して復職した。その後総務課に転任し、次いで㈱鴨緑江輪船公司に転じて支配人となった。三四年五月満州国特殊法人の満州炭砿㈱が設立されると同社参事に迎えられ、営業部計画課長として満州炭業統制委員会幹事を兼務し、後に総務部調査課長に就いた。

石田　武亥　▷11

奉天信託㈱社長／奉天木曾町／一八七五（明八）四／滋賀県犬上郡高宮町／早稲田専門学校政治科

滋賀県煙草製造業石田武平の子に生まれ、一八九六年七月早稲田専門学校政治科を卒業した。九八年に日本銀行に入ったが、翌年退職して商業及び農業に従事した。その後一九〇二年に新聞記者となり、日露戦争時には小樽新聞の通信記者として〇四年一〇月に渡満した。戦後は実業界に転じ、奉天で義和公司を設立して雑貨・質商を営んだが、一三年に奉天倉庫金融㈱社長に就き、次いで奉天信託㈱社長、奉天銀行頭取、満州銀行取締役を歴任した。奉天実業界の長老として同地日本人の事業を斡旋援助し、奉天居留民会長、同商業会議所会頭を務めた。

石田　武夫　▷12

浜江省肇東県参事官／浜江省肇東県参事官公館／一九〇七（明四〇）三／大阪府大阪市旭区鳴野町／岡山県上道郡藤原村／東亜同文書院商務科

岡山県上道郡藤原村の今井虎之丞の子に生まれ、後に医師石田一の養子となった。岡山第一中学校を経て一九二五年高松高等商業学校に進んだが、翌年香川県育英会により東亜同文書院留学生に選抜されて上海に渡り、三〇年に同院商務科を卒業した。三二年五月奉天の満州国協和会組織部に勤務した後、翌月国務院により臨時北満宣撫工作を嘱託され、馬占山が離反した直後の龍江省に赴いて富裕県寧年站付近から克山県に渡り宣撫工作に従事した。同年七月嘱託を解かれて克山県満州国協和会克山弁事処主任となったが、隣県拝泉の農商会長の要請で拝泉県公署への転職を許可され、三三年三月依願辞職して拝泉県属官に転じた。次いで三四年一一月浜江省双城県参事官代理に転任し、三六年四月同省肇東県参事官となった。

石田　武　▷11

満鉄鉄嶺駅助役／奉天省鉄嶺北三条通／一八九六（明二九）一〇／三重県桑名郡桑名町／愛知県立第一師範学校

三重県坂井磐之丈の次男に生まれ、同県石田義行の養子となった。名古屋中学校を経て愛知県立第一師範学校に進み、一九一五年三月に卒業して名古屋市南久屋町小学校訓導となった。その後一九年八月に渡満して満鉄に入社し、鉄嶺駅勤務を経て二六年に中固駅助役となり、二八年一〇月再び鉄嶺駅に転勤して助役に就いた。

石田　親成　▷11

満鉄撫順炭砿調査役室電気事務担当員／奉天省撫順北台町／一九〇二（明三五）一〇／東京府豊多摩郡中野町／旅順工科学堂

東京府石田豊城の三男に生まれ、一九一八年旅順工科学堂を卒業した。その後二〇年一一月満鉄に入社し、撫順炭砿調査役室に勤務して電気事務を担当した。

石田　晃勇　▷12

カフェー「銀鈴」店主、北満鉱業㈱取締役、㈾祥利洋行代表社員、奉天カフェー組合長、奉天観光協会理事、奉天愛知県人会幹事／奉天住吉町／一九〇五（明三八）九／愛知県宝飯郡八幡村／岡崎商業学校

岡崎商業学校を経て一九二五年東京の殖民貿易諸学校の高等科及び支那貿易科を卒業して安田保善社に入り、安田系列の正隆銀行大連支店に勤務した。以来勤続して奉天支店貸付主任となったが、三一年九月に辞職して奉天住吉町にカフェー「銀鈴」を開業し、次いで三三年にチチハルに北満鉱業㈱を創立して石材採取業を経営した。さらに九年に奉天平安広場に資本金五万円の㈾祥利洋行を創立し、楽器・映画・保険の三事業を経営した。楽器部はアメリカのRCAビクター代理店、勝利唱宁南満総卸元、SHORI蓄音機製造発売元、満州電電㈱ラジオ聴取申込処、満鉄鉄道総局ラジオ蓄音機修理処、映画部はイギリスのトイッケンナム及びBEP映画の満州総代理店、保険部は大連海上火災会社及び安田生命会社の代理店業を営み、大連に支店を置いた。

石田　藤八　▷11

満鉄参事、社長室業務課員、勲八等／大連市桜町／一八八三（明一六）一一／山口県阿武郡萩町

一九〇七年八月に渡満し、創業間もない満鉄に入社した。以来二十数年満鉄に勤続し、後に参事に昇格して社長室業務課に勤務した。

石田　知義　▷11

満鉄撫順工務事務所／奉天省撫順南台町／一九〇四（明三七）九／福岡県久留米市／東京帝大工学部土木科

一九二八年三月東京帝大工学部土木科を卒業し、満鉄に入社して撫順工務事務所に勤務した。

石田 豊重 ▷9

石田洋行主／奉天大北門内／一八八三（明一六）一二／愛知県名古屋市熱田町

一九〇一年に渡満して営口の高浜洋行に入ったが、日露戦後〇五年に同洋行が解散となり、鉄嶺の穂積洋行に転じた。一二年に穂積洋行の経営が神戸の湯浅商会に移ったため、同商会奉天出張所主任となった。さらに一六年に同商会が廃業となったため、営業を引き継いで石田洋行を設立して独立経営した。

石田 英隆 ▷11

金福鉄路公司登沙河駅長／金福線登沙河駅社宅／一八九七（明三〇）四／北海道根室郡根室町／庁立根室商業学校

北海道会社員石田幸蔵の三男に生まれ、一九一五年北海道道立根室商業学校を卒業して渡満し、満鉄教習所運輸科に入所した。翌年修了して奉天、公主嶺、鉄嶺等の各駅貨物係を務めた後、一八年一月吉長鉄路公司に派遣されて吉林駅長に就いた。その後二一年に満鉄を退社して吉林、興安嶺等で木材業を営んだ後、二七年九月に金福鉄道が全通すると金福鉄路公司に入社して登沙河駅長となり、かたわら同地の商務会顧問を務めた。

石田 又次 ▷12

国務院外交部副領事赤塔領事館在勤／ソ連赤塔満州国領事館／一九〇〇（明三三）五／鳥取県鳥取市玄好町／日露協会学校

鳥取第一中学校を卒業した後、鳥取県派遣学生としてハルビンの日露協会学校に入学し、一九二四年に卒業した。二六年三月から川崎汽船㈱ウラジオストク出張所に勤務したが、二九年に業務縮小のため退社し、国際運輸㈱ウラジオストク支店に臨時入社して沿海州のスウェトラヤに駐在した。その後同支店に帰任して出張事務所を整理のうえ退社し、三三年二月国務院外交部満州里弁事処開設に際し外交部嘱託として同処に勤務した。次いで三四年一月外交部事務官に進んで外交部通商司に勤務した後、三六年五月赤塔領事館副領事となって同地に赴任した。この間、三四年に勲六位景雲章及び皇帝訪日記念章を授与された。

石田 松吉 ▷11

旅順中学校教諭、従七位／旅順市常盤町／一八九六（明二九）九／東京府荏原郡駒沢町／東京物理学校

東京府農業石川源次郎の五男に生まれ、一九二〇年東京物理学校を卒業した。茨城県立土浦中学校、大阪府立茨木中学校教諭を務めた後、二八年四月に渡満して旅順第一中学校に勤務した。

石田 貢 ▷4

日本赤十字社傳家甸医院長、正六位勲四等、予備陸軍三等軍医正／ハルビン傳家甸／一八七六（明九）八／大分県宇佐郡四日市町／第一高等学校

宇佐郡の旧家に生まれたが、幼時に父が事業に失敗して家産のほとんどを失った。郷里の小学校を卒業して上京し、長兄と次兄に学資を援助されながら苦学して錦城中学校を卒業し、第一高等学校に進んだ。一八九六年に卒業し、一年志願兵として第一師団に入隊し東京軍医学校、東京赤十字病院、順天堂病院、東京医科大学等で研究を重ねて陸軍軍医となり、東京、台湾、新潟、満州、福岡の各地に勤務した。三等軍医正に累進して予備役編入となり、帰郷して在郷軍人分会長を務めたが、満州各地に日本赤十字社救療所が設置されると赤十字社医員となって一九一五年九月に渡満し、ハルビン近郊の日本赤十字社傳家甸救療所長となった。またハルビン日本総領事から嘱託されて特種営業婦女の健康診断にあたったほか、星士団副団長も務めた。

石田 芳雄 ▷12

興中公司㈱業務課商事係主任／大連市初音町／一八九八（明三一）七／山口県下関市大字関後地村／山口県正成黌

一九一四年山口県正成黌を中退し、一六年五月満鉄に入った。大連駅、大連列車区、大連鉄道事務所営業係、南関嶺駅助役、蓋平駅助役、大連鉄道事務所、営口駅助役を歴職した後、鮮満案内所主任となって下関に在勤した。次いで鉄道部営業課員、鉄道工場文書係主任を歴任し、三五年一二月満鉄の全額出資で興中公司㈱が設立されると同社に転出して業務課商事係主任となった。詩歌、洋画を趣味として千破蓼と号した。

石田　義豊 ▷12

満鉄中央試験所大豆研究室主任兼審査役付／大連市伏見町／一八九八（明三一）六／東京府東京市赤坂区新坂町／東京帝大医学部薬学科

東京府石田五六郎の長男に生まれ、一九二二年三月東京帝大医学部薬学科を卒業し、同年五月満鉄に入り中央試験所試験課に勤務した。二四年一二月埠頭実業補習学校講師嘱託を経て二八年一二月から四ヶ月間ヨーロッパに出張して油脂工業、特に硬化油製造法と設備の調査を行った。帰任後三二年四月油脂研究室主任、一般有機化学研究室主任を歴職して三五年三月大豆研究室主任となり、三六年九月副参事に昇格した。この間、二七年に社員表彰規定により表彰され、三七年四月には油脂抽出法案出により功績章を授与された。大連神明高女卒の夫人奈美子は元満鉄参事清岡己久思の長女で、その実弟の清岡卓行は後に詩人・小説家となり『アカシヤの大連』等を著した。

石田　礼助 ▷11

三井物産㈱大連支店長／大連市児玉町／一八八六（明一九）二／静岡県賀茂郡松崎町／東京高等商業学校

静岡県石田房吉の次男に生まれ、一九〇七年東京高等商業学校を卒業し、同年七月三井物産に入社した。大連支店に勤務した後、一六年三月シアトル出張員首席に転じ、二一年三月ボンベイ支店長、翌年六月カルカッタ支店長を歴任した。二五年一月大連支店長となって再び渡満し、三井物産の満蒙貿易を統括するかたわら三泰油房社長を兼任し、関東庁経済調査委員、満州重要物産組合長、大連商工会議所常議員を務めた。⇒その後ニューヨーク支店長に転任し、三六年三井物産常務、三九年同代表取締役となったが、四一年に退社して四三年から交易営団総裁を務めた。第二次世界大戦後は公職追放に遭って神奈川県国府津で農業に従事したが、五六年に元満鉄理事・興中公司社長の十河信二国鉄総裁の推挽で国鉄監査委員長に就いた。六三年には十河の跡を承けて国鉄総裁に就任し、綱紀粛正と経営改善に努めたが二期目任期半ばの六九年に辞任した。七八年七月没。

「伊地知」は「いちじ」も見よ

伊地知重厚 ▷7

満鉄本社庶務部調査課商事係主任／大連市楓町／一八九七（明三〇）四／鹿児島県鹿児島市薬師町／東京帝大法学部

鹿児島の第七高等学校造士館を卒業して東京帝大法科大学に学び、在学中の一九一九年文官高等試験に合格した。二〇年七月に卒業して満鉄に入り、東京支社内の東亜経済調査局に勤務した。次いで本社庶務部調査課に転じて二二年六月に渡満し、後に調査課商事係主任に就いて大連法政学院の講師を務め、雑誌「新天地」の同人としても活動した。

石塚　受禄 ▷3

満鉄瓦斯作業所員／大連市西公園町／一八七八（明一一）五／長野県北佐久郡小諸町／東京帝大工科大学土木科

一九〇七年七月東京帝大理工科大学土木科を卒業し、同年一〇月に渡満して満鉄に入り、瓦斯作業所員として大連に勤務した。

石塚　武 ▷12

大連税関鑑査官／大連市埠頭大連税関／一八九五（明二八）／静岡県沼津市下香貫桃郷／静岡県立沼津中学校

一九一五年静岡県立沼津中学校を卒業して横浜税関監吏となり、その後中華民国海関に転出して青島、膠州、上海、安東の各海関に勤務した。三二年六月満州国による在満中国海関の接収にともない同国税関に転籍し、聖徳税関鑑査科長を経て三六年一二月大連税関鑑査官となった。

石塚　保 ▷12

満鉄安東医院歯科医長、安東歯科医師会理事／安東七番通満鉄安東医院／一九〇五（明三八）一／新潟県北蒲原郡安田村／東京歯科医学専門学校

新潟県石塚元の次男に生まれ、一九二二年東京歯科医学専門学校を卒業した後、二六年母校の副手となった。助手に進んだ後、新潟の石塚病院歯科主任に転じ、次いで再び母校に戻って口腔

い

外科教室に勤務した。その後三三年五月に渡満して満鉄安東医院歯科医長となり、かたわら同医院看護婦講習所講師、安東大和尋常小学校診療医、安東女学校及び安東中学校の各検査医を兼務した。

石塚要次郎　▷9

チキリヤ株式店主／大連市外沙河口／一八八〇（明一三）一一／滋賀県阪田郡長浜町

一九〇五年台湾に渡り台湾総督府に勤務したが、気候風土が体に合わず退職した。一〇年七月朝鮮を経て満州に渡り、大連の日清興信所に入り満蒙事情と大連経済の実態調査に従事した。一八年満州貯金信託㈱に転じて沙河口支店長に就いたが、その後退職して大連株式商品取引所取引人として独立開業した。二一年に沙河口居留民会が内紛で混乱した際、推されて民会長となり事態を収拾した。

石津　半治　▷12

満州畜産加工(股)董事長／東京市外三鷹村牟礼／一八八八（明二一）三／山口県萩市／北海道帝大農科大学農政科

一九一二年北海道帝大農科大学農政科を卒業して東洋拓殖㈱に入社し、後に奉天支店に転勤して渡満した。二一年一二月勧業公司の創立と同時に同社に転じ、東亞勧業㈱と改称後も引き続き勤務して東京出張所長を務めた。その後三六年一一月満州畜産加工(股)の設立とともに董事長に就任した。

石津　房夫　▷12

満鉄チチハル鉄路局工務処電気科長、勲八等／龍江省チチハル礼化街／一九〇二（明三五）五／山口県萩市椿／旅順工科大学専門部電気科

山口県石津俊亮の長男に生まれ、一九二三年一二月旅順工科大学専門部電気科を卒業して満鉄に入社した。鉄道部線路課に勤務した後、二四年三月保線課勤務を経て二五年四月奉天通信区助役となり、二七年四月奉天電気区助役、同年一一月大連電気区助役、二八年四月同区技術助役、二九年四月同区電気助役、三〇年六月大連保安区電気助役に歴勤した。次いで三一年八月長春保安区長、三二年三月鉄道部勤務、三三年三月鉄道総局呼海鉄路局派遣ハルビン在勤、三四年四月ハルビン鉄路局工務処電気科長兼電設股長、三五年三月同局電気科通信係主任、同年一一月同局工務処電気科長に歴任し、三七年三月チチハル鉄路局工務処電気科長に就き、翌月副参事となった。

石戸谷　励　▷12

吉林林務署長、従七位勲八等／吉林林務署／一八九一（明二四）七／青森県弘前市田茂木町／北海道帝大農科大学

青森県石戸谷物蔵の三男に生まれ、一九一四年七月北海道帝大農科大学を卒業して北海道庁技手となった。一年志願兵として入営し、陸軍輜重兵伍長となって除隊復職した後、道内各地の営林区署長及び庁立倶知安中学校博物科教諭を歴任して三三年技師となった。同年国務院実業部嘱託に転出して渡満し、後に吉林林務署長に就いた。この間、建国功労賞及び大典記念章、皇帝訪日記念章を授与された。

石橋　清　▷12

吉林省徳恵県参事官／吉林省徳恵県参事官公館／一九〇六（明三九）三／佐賀県藤津郡七浦村／日露協会学校

大連商業学校を経て一九二九年ハルビンの日露協会学校を卒業し、大連汽船㈱に入社した。三二年一二月国務院民政部属官に転じて総務司調査科に勤務し、三五年四月地方司総務科に転任した。次いで同年一一月民政部事務官となり、地方司行政科勤務を経て三七年二月吉林省徳恵県参事官に転任した。

石橋　光治　▷11

正隆銀行総務部長、陸軍輜重兵少尉、正八位／大連市薩摩町／一八九〇（明二三）二／岡山県浅口郡玉島町／岡山県商業学校

岡山県玉島町助役の戸川松三郎の四男に生まれ、親族の石橋房太郎の婿養子となった。一九〇五年岡山県商業学校を卒業した後、〇八年に第二十二銀行に入った。二〇年に支店長となり味野、玉島、尾道に勤め、二三年に同行が安田銀行に併合されると尾道支店長、広島支店長を歴任したが、安田系の正隆銀行総務部長に就任して渡満した。岡山在勤時に大阪への現金輸送中に強盗に襲われ、走っている汽車から飛び降りて単身賊を捕え、岡山商業会議所から表彰された。

石橋　三郎 ▷4

ハルビン共立日本医院長／ハルビン／一八八二（明一五）三／福岡県久留米市庄島町／京都医科大学

第五高等学校を経て一九〇六年一一月京都医科大学を卒業して同大学助手となったが、外務省の嘱託により〇八年に渡満して吉林で開業した。四年後に同地で東洋医院を開設して院長に就き、一四年に同医院が満鉄経営に移ると帰国して再び母校で研究に従事した。半年後に黒龍江省から招聘されて再び渡満し、満州里の病院長となって一年余り務めた後、一六年八月に辞職してハルビンの共立日本医院長に就任した。

石橋　徳次 ▷12

石橋徳次商店主／大連市敷島町／一八九六（明二九）一二／長崎県佐世保市上矢岳町

佐世保海軍需部に勤務し、在職中に二回の論功行賞を受けた。その後一九二〇年に渡満して大連の大里屋株式店店員となったが、二五年に同店が廃業したため独立して株式売買業を始めた。三〇年五月大連株式商品取引所実物取引人に加盟し、次いで三一年二月同株式取引人となり、三四年以降毎期取引業績優良店として表彰を受けた。

石橋徳太郎 ▷11

石炭販売業、精米業／奉天省撫順中央大街／一八八〇（明一三）一〇／福岡県三潴郡大川村

福岡県汽船回漕業田中栄造の子に生まれ、石橋利吉の養子となった。日露戦中の一九〇五年二月、第一二師団工兵大隊付酒保となって渡満し奉天停車場司令部用達を務めた。戦後の〇六年四月に撫順で雑貨店を開業したが、〇九年から石炭販売業に転じ、一九年には精米業も始めた。撫順無尽㈱取締役、旅順信用建築㈱取締役、楽天地㈱取締役、撫順倉庫㈱監査役を務め、かたわら区長、実業協会評議員、輸入組合評議員等の公務にも就いた。長女サカイと実妹のタカ子は結婚後もそれぞれ石炭販売部と精米販売部の仕事を手伝い、実弟の田中庄太郎は精米工場で働いて多角経営を支えた。

石橋敏次郎 ▷8

料理店お多福店主／奉天柳町／一八八四（明一七）一／福岡県筑紫郡二日市町

一九一一年一月朝鮮を経て安東に渡り、安奉線草河口で洋品雑貨商を開いたが、同年一二月奉天に移住して柳町で同業を営んだ。一三年飲食店業に転じ、一六年一一月に店名を「お多福」とし、二二年八月に二階建て店舗を新築した。

石橋　信延 ▷12

満鉄経理部員、正八位／大連市東公園町満鉄本社経理部／一八九八（明三一）七／福岡県三潴郡大川町／明治大学商学部商科

一九二四年三月明治大学商学部商科を卒業して満鉄に入り、経理部に勤務した。兵役に服した後、除隊復職して経理部会計課に勤務し、次いで同支払係主任、庶務課調査係主任に歴勤した。三六年一二月から半年間経理制度の研究のため欧米各国に出張し、帰任して副参事に昇任した。

石橋　信弘 ▷12

満鉄鉄道総局保線課員、工業標準規格委員会委員／奉天紅葉町／一九〇三（明三六）四／長崎県東彼杵郡西大村／京都帝大工学部土木工学科

長崎県石橋東市の三男に生まれ、佐世保中学校、第三高等学校を経て一九二七年三月京都帝大工学部土木工学科を卒業し、同年四月満鉄に入社して技術研究所に勤務した。三三年一月中央試験所線路係主任、同年一二月鉄道教習所講師兼務、三五年七月計画部審査役付鉄道班主任を歴任し、三六年一〇月鉄道総局保線課に転任した。

石橋　寿人 ▷12

満鉄撫順炭砿竜鳳採炭所監査係技術担当員、正八位／奉天省撫順竜鳳／一八八九（明二二）一一／福岡県三池郡銀水村／福岡県立工業学校採鉱科

福岡県石橋深蔵の三男に生まれ、一九一〇年三月福岡県立工業学校採鉱科を卒業して同年一二月一年志願兵として入営し、退営して予備工兵少尉となった。一二年六月満鉄に入社して撫順炭砿東郷坑に勤務し、一八年六月千金寨採炭所、二〇年六月大山採炭所、三五年一二月撫順炭砿採炭課に歴勤し、三六年一一月竜鳳採炭所監査係技術担当員となった。この間、満州事変時の功により木杯一個を授与され、二八年四

月勤続一五年の表彰を受けた。

石橋　弘毅　▷12

満鉄撫順炭砿研究所技術担当員、正七位／奉天省撫順北台町／一九〇三（明三六）二／福井県南条郡武生町／東京帝大工学部応用化学科

福井県石橋重吉の長男に生まれ、一九二三年東京帝大工学部応用化学科を卒業し、大学院特選給費生として燃料学を専攻した後、同年一二月一年志願兵として東京の電信第一連隊に入営した。除隊して商工省燃料研究所助手となり、二八年六月技師に任官して劣質炭及び練炭研究主任に就いた。その後三二年二月に免官となり、三三年一月満鉄に入社して撫順炭砿研究所に勤務し、三四年四月同所技術担当員を経て三七年四月副参事となった。

石橋　房吉　▷11

満鉄用度事務所安東支所長／安東県北二条通／一八八二（明一五）二／島根県簸川郡今市町／東京専修学校中退

島根県呉服商石橋岩吉の長男に生まれ、石橋清三郎の養子となった。島根県立第一中学を卒業して東京専修学校に入学したが、一九〇七年に中退して鉄道院に入った。金沢出納事務所、東京鉄道管理局等に勤務して一四年に鉄道院書記となった。その後一七年五月満鉄に転じて渡満し、用度課に勤務した後、二六年一月経理部倉庫課となり、安東支庫長を経て二七年一一月用度事務所安東支所長に就いた。

石橋与三松　▷9

藤田商会支配人／長春日本橋通／一八八六（明一九）二／富山県高岡市

一九一九年一月長春の藤田商会に招かれて渡満し、支配人として輸出入貿易業に従事した。

石橋由太郎　▷12

満州化学工業㈱工務部工作係長／大連市外甘井子南町／一八八八（明二一）三／福岡県三池郡銀水村／南満州工業学校

福岡県石橋親蔵の四男に生まれ、一五歳で三池炭坑製作所の仕上工見習となり、一九歳の時に三菱造船所に移って組立工として働いた。次いで一九〇八年二月に渡満して満鉄に入り、撫順炭砿機械工場仕上職工として勤務し、かたわら南満州工業学校に学んで一五年に卒業し、沙河口工場組立工となった。一八年一月鞍山製鉄所に転勤して選鉱係として勤務した後、三三年一一月満州化学工業㈱に転じて後に工務部工作係長に就いた。

石橋　義裕　▷12

満鉄奉天鉄道事務所車務課員、勲八等／奉天鉄道事務所車務課／一九〇一（明三四）四／佐賀県佐賀市岩川町／南満州工業学校機械科

佐賀市井上鉄雲の子に生まれ、佐賀市石橋マキの養子となった。一九二二年南満州工業学校機械科を卒業し、同年三月満鉄に入社して運輸部運転科に勤務した。二四年一二月安東検車区に転勤した後、二七年一〇月庶務部付として吉長鉄路局に派遣された。二九年四月長春検車区に転任した後、三二年一二月長春鉄道事務所、三三年三月吉林建設事務所、同年五月図們建設事務所、三四年一二月寧北建設事務所に歴勤して三五年七月牡丹江検車段段長となり、次いで三七年四月奉天鉄道事務所車務課に転任した。満鉄語学検定試験華語試験に年長者中で唯一合格し、毎朝点呼の際に手製のテスト行うなど中国人・朝鮮人従業員教育にも意を注いだ。また、一五年間無事故で精勤し、三七年に一五年勤続の表彰を受けた。

石橋　米一　▷13

満州綿業連合会専務理事／新京特別市崇智胡同／一八九〇（明二三）五／福岡県三潴郡大川町／長崎高等商業学校

福岡県石橋久吉の次男に生まれ、母の実家の石橋常吉の養子となった。一九一三年長崎高等商業学校を卒業して満鉄に入社し、撫順炭砿用度課に勤務した。老虎台採炭所事務主任を経て本社商事部に勤務したが、一九年に湯浅蓄電池㈱の設立に際し満鉄を一時退社して帰国し、大阪の同社用度係主任として創業準備に携わった。経営が軌道に乗ると満鉄に復帰して購買課第三係主任、用度課審査主任、第二倉庫係主任を歴任し、二四年九月社命により欧米各国に留学した。帰任して用度事務所長代理となり、及び同倉庫長を務めて参事となり、満鉄傘下の大連工業㈱常務取締役を兼務した。次いで二九年六月鞍山製鉄所事務課長、三〇年六月撫順炭砿経理課長を歴任して三二年六月南満州電気㈱常務取締役に就き、満鉄傍系の新義州電気㈱及び瓦房店電気㈱、大石橋電灯㈱、開原電気㈱、大同電気㈱、鉄嶺電気㈱、遼陽電機㈱の取締役を兼任した。三四年一一月南満州電気㈱より電気供給事業を継承して満州電業㈱が新京に設立されると、満鉄を代表して同社常務取締役兼経理部長に就いた。この間、満州事変時の功により銀杯を授与されたほか、満鉄用度事務所長代理在任時に上層部の反対を押し切り大連市ロシア町の六角堂横にあった同事務所を大連埠頭に移転して名を上げた。

石林　玉璨　▷12

満鉄ハルビン鉄路医院阿城診療所主任兼医員／浜江省阿城県阿城満鉄診療所／一九〇七（明四〇）一一／台湾／高雄州岡山郡弥陀庄／日本大学専門部医学部

一九二九年三月日本大学専門部医学部を卒業し、甲府市の矢島外科病院に勤務した後、郷里の台湾高雄州で開業し、台湾公医に任命された。その後三六年四月に渡満して満鉄鉄路総局ハルビン鉄路医院阿什河診療所主任兼医員となり、同年九月阿城診療所に転勤した。

石原逸太郎　▷3

鴨緑江採木公司秘書役、勲七等／安東県採木公司社宅／一八六四（元一）四／長崎県長崎市東上町

名古屋市に生まれ、若年の頃から中国語を学び、外務省に入って中国各地の領事館に勤務した。日露戦争後は牛荘領事館の上級書記生を務めたが、一九一一年に帰国して外務省を退職した。一年余り静養した後、請われて家族を東京に残して単身渡満し、鴨緑江採木公司の秘書役を務めた。

石原　重高　▷12

総裁室人事課長、社員会幹事長、社員消費組合専務理事、満州医科大学評議員、星ヶ浦ゴルフクラブ会長、在郷軍人会満鉄中央分会長、満州弘済会理事／ハルビン南崗満鉄理事公館階上／一八九四（明二七）一二／山形県鶴岡市鷹匠町／東京帝大法科大学

山形県公吏石原重俊の長男に生まれ、庄内中学校、第二高等学校を経て一九二〇年七月東京帝大法学部を卒業して満鉄に入社した。鉄道部現業員として営口、長春、開原等の各駅に勤務して運輸・貨物事務に従事した後、二四年四月長春駅長、二六年四月奉天鉄道事務所営業長、同年七月鉄道部文書係主任、同年一二月ハルビン事務所運輸課長を歴任して参事に昇格した。三〇年七月洮昂鉄路局顧問となり、東三省政府の満鉄包囲網に対し斉克、洮昂、四洮の三鉄路局を指導して前年に一〇倍する大量の貨物を満鉄に連絡させた。次いで三二年本社に帰任して満州国鉄道受託経営問題に従事し、三三年八月の実施後に鉄道部庶務課長となり営業課長を兼務した。三五年三月総務部人事課長に転任して同年九月から同文書課長事務取扱を兼務した後、三六年一〇月の職制改正にともない総裁室人事課長となった。この間、満州事変時の功により勲五等旭日章を授与された。

石原　秋朗　▷12

満鉄鉄道総局資料課員、社員会評議員、社員消費組合総代、勲七等／奉天紅葉町／一八九八（明三一）一一／広島県山県郡大朝町／拓殖大学

一九二〇年三月拓殖大学を卒業して外務書記生となり、吉林に在勤した。大連在勤を経て二四年一二月に退官し、二五年二月国際運送㈱大連支社に入った。次いで二八年七月満鉄に転じ、社長室情報課勤務を経て総務部庶務課県育成学校講師、奉天事務所勤務、新京地方事務所勤務、鉄路総局運輸処旅客科弘報係主任を歴任し、三六年一〇月鉄道総局資料課に転勤した。この間、外務書記生在任時の二〇年に華北旱災救済事業に尽力して中華民国大総統より一等金色義賑奨章を贈られ、また満州事変時の功により勲七等及び従軍記章、建国功労賞を授与された。沙人、巌徹、青竜刀と号して俳句と川柳を趣味とした。

石原正太郎　▷1

石原洋行主、㈱桟漕公司取締役、㈱安東貯蓄会会長、安東電気㈱発起人総代／安東県一八七九（明一二）二／富山県婦負郡百塚村／東京高等商業学校特設研究科中退

一九〇三年東京高等商業学校を卒業して同校特設の研究科に進んだ。在学中の〇四年二月日露戦争が始まると中退して有馬組の軍役夫募集に応じ、第一軍近衛師団に属して従軍した。長い勉学生活のため激しい肉体労働に耐えられず、鴨緑江戦のあと軍役夫の辞退を申し出て許され、軍用達に転じた。鴨緑江架橋のための中国民船の調達、糧秣納入、軍需品輸送などを請け負って多大の利潤を上げ、戦後も安東県に残留し、韓国政府より京畿道振威郡の荒蕪地払い下げを受け、開墾して農場を経営した。さらに関東都督府より賽馬集炭鉱の採掘利権を得て炭鉱を経営したほか、安東県六道溝で煉瓦製造工場を経営し、㈱桟漕公司取締役、㈱安東貯蓄会会長、安東電気㈱発起人総代を務めた。

石原　次郎　▷12

関東州庁内務部財務課長兼関東局司政部勤務、正七位／大連市関東州庁内務部財務課／一九〇三（明三六）七／兵庫県神戸市兵庫区西柳原町／東京帝大法学部政治学科、同大学院中退

兵庫県立第二神戸中学校、第三高等学校を経て東京帝大法学部政治学科に入学し、在学中の一九三〇年文官高等試験行政科に合格した。一九三一年に卒業して大学院で研究に従事した後、三二年六月関東庁属となって渡満した。三三年関東庁理事官に昇任して引き続き財務部理財課に勤務し、三四年一二月関東局の設置とともに関東局事務官・関東州庁内務部財務課長となり、関東局司政部に勤務した。この間、大連都市計画委員会委員、旅順民政署管内地価調査委員、租税制度調査委員会委員、満州電気協会理事、大連聖愛委員理事等を務めた。

石原　清泉　▷12

満鉄用度部倉庫課第一倉庫係主任、化学防水覆布研究委員会委員／大連市文化台／一八八九（明二二）一／千葉県印旛郡成田町／千葉県立成田中学校

千葉県石原清太郎の長男に生まれ、一九〇六年県立成田中学校を卒業して〇七年鉄道庁に入り、勤務のかたわら専修学校に学んだが〇九年に二年で中退した。一五年二月鉄道院書記に進んだ後、一八年四月満鉄に転じて用度課に勤務した。以来勤続し、商事部購買課勤務、経理部用度課兼鉄道部線路課勤務、経理部購買課勤務、鉄道部工務課兼用度事務所第五検収係主任、用度部倉庫課勤務、商事部用度課大連倉庫発着係主任を経て満鉄傘下の昭和製鋼所㈱嘱託となった。次いで鉄道総局経理処用度科倉庫係主任を経て三六年九月副参事に昇格し、同年一〇月用度部倉庫課第一倉庫係主任となった。この間、満州事変時の功により銀杯及び従軍記章を授与され、三三年四月勤続一五年の表彰を受けた。

石原　善吉　▷12

三井物産㈱新京出張所庶務掛主任兼保険掛主任、満州火災保険協会新京地方会委員長代理／新京特別市祝町／一九〇一（明三四）二／岐阜県岐阜市外北方町／岐阜商業学校

岐阜県石原徳次郎の長男に生まれ、市立岐阜商業学校を卒業して三井物産本店に入社した。一九一九年四月大連支店勤務となって渡満し、二四年一二月長春支店に転勤して庶務掛及び保険掛を兼任し、三四年まで機械掛も兼務した。元東京弁護士会副会長で代議士を務めた加瀬喜逸の娘登喜子を夫人とした。

石原　辰蔵　▷12

満鉄ハルビン列車段列車助役／ハルビン馬家溝中和街／一九〇八（明四一）八／鳥取県東伯郡八橋町

鳥取県石原确蔵の三男に生まれ、一九二八年鉄道省鉄道教習所運転科を修了して渡満し、同年三月満鉄に入り熊岳城駅に勤務した。大連列車区大石橋分区車掌、大連列車区車掌、同旅客専務、ハルビン列車段車隊長等を歴職した後、三五年一二月同列車助役となった。この間、満州事変時の功により賜盃及び従軍記章を授与された。

石原　鶴市　▷11

金融業／奉天省撫順東五条通／一八九六（明二九）一二／愛媛県西宇和郡八幡浜町

愛媛県商業石原庄次郎の次男に生まれ、一九一七年七月に渡満して満鉄撫順炭砿楊柏堡採炭所に勤務した。一九年に満鉄を辞め、撫順信託㈱に入社して支配人に就いたが、二七年二月に会社解散となり、撫順で金融業を開業した。

石原　哲三　▷12

満鉄吉林尋常高等小学校長、社員会評議員、従七位／吉林大馬路満鉄社宅／一八八九（明二二）九／山梨県東八代郡豊富村／山梨県師範学校

一九一一年三月山梨県師範学校を卒業して郷里の豊富尋常小学校訓導となり、以来長く県下の各学校教員を務めた。その後二一年三月満鉄訓導に転じて渡満し、奉天尋常小学校訓導となった。同校が奉天第一尋常小学校、次いで奉天敷島尋常小学校と改称した後、三一年四月同校長となり、三六年一〇月吉林尋常高等小学校長に転任した。この間、満州事変時の功により従軍記章及び賜品を授与され、三六年四月満鉄勤続一五年の表彰を受けた。

石原　正規 ▷7

鉄嶺製糖会社農務主任／鉄嶺製糖会社社宅／一八九四（明二七）三／鹿児島県姶良郡帖佐村／鹿児島高等農林学校

一九一七年鹿児島高等農林学校を卒業し、一年志願兵として兵役に服して陸軍歩兵少尉となった。一九年六月に渡満して鉄嶺製糖会社に入り、後に農務主任となって農場経営にあたった。学生時代から各種運動競技の選手を務めたが、渡満後も「オール鉄嶺」の選手として活躍し、鉄嶺在郷軍人会評議員、三州会幹事を務めた。

石原　正信 ▷3

旅順工科学堂教授機械科長、高等官三等、従五位勲五等／旅順新市街常盤町官舎／一八七三（明六）一／埼玉県大里郡岡部村／東京帝大工科大学機械科

一八九八年七月東京帝大工科大学機械科を卒業し、山陽鉄道㈱に入社して運転課長を務めた。以来勤続して一九〇六年一〇月設計課長に就いたが、〇八年四月に退社して鉄道庁に転じ、同年一二月の鉄道院設置とともに鉄道院技師となった。その後一〇年に旅順工科学堂教授に転じて渡満し、後に機械科長を務めた。

石原　貢 ▷12

㈾石原商店代表社員、南青葉町町会副会長、奉天食料雑貨商組合副組合長、在郷軍人西分会評議員／奉天青葉町／一八九五（明二八）五／鹿児島県鹿児島市清水町／鹿児島市立商業学校

鹿児島県石原新次の子に生まれ、一九一四年鹿児島市立商業学校を卒業した後、一年志願兵として入営し、歩兵軍曹となって除隊した。一七年大阪の貿易商三原洋行に入り、青島、済南に勤務した後、奉天支店会計主任となって渡満した。その後二二年に同洋行が閉鎖となり、二三年九月青葉町に石原洋行を開業して世帯道具、食料雑貨商を営み、後に松島町に支店を設けた。

石部　一雄 ▷12

満州電業㈱経理部会計課会計係長／新京特別市通化路／一八九六（明二九）七／大分県宇佐郡長洲町／大分県立宇佐中学校

一九一五年大分県立宇佐中学校を卒業した後、二〇年一〇月満鉄に入り社長室人事課に勤務した。撫順社員消費組合支部、電気作業所、本社経理課に歴勤し、三四年一一月満州電業㈱の創立とともに同社に転じ、経理部会計課出納係長兼財産係長を経て会計係長となった。

石松与一郎 ▷12

満州炭砿阜新鉱業所砿務課長／錦州省阜新満炭阜新鉱業所社宅／一八八九（明二二）五／福岡県鞍手郡吉川村／旅順工科学堂採鉱冶金学科

一九一〇年福岡工業学校採鉱科を卒業して渡満し、一三年旅順工科学堂採鉱冶金学科を卒業して本渓湖煤鉄公司技手となった。一四年一二月一年志願兵として小倉の工兵第一二大隊に入隊して兵役に服し、工兵伍長に進んで除隊復職した。その後帰国して福岡鉱業会社に入り、木屋瀬炭坑副坑長、同技師、起行小松鉱業所技術管理者、同採鉱課長を経て福岡鉱業所、中山田鉱業所、起行小松鉱業所の各採鉱課長兼技術管理者に歴任した。宇部市の王子鉱業会社嘱託に転じた後、さらに錦州省朝陽県の北票煤砿復興委員会駐砿代表に転じ、北票炭砿(股)秘書課長、同副砿長を歴任した。その後三五年一二月同公司が満州炭砿㈱に編入されると同社技師となり、技術部採鉱課勤務を経て阜新鉱業所砿務課長となった。この間、北票日本人居留民会官選評議員及び同会長を務めた。

石丸　小一 ▷11

旅順工科大学予科教授、正五位勲五等、高等官五等／旅順市赤羽町／一八八二（明一五）三／福岡県三井郡小郡村／京都帝大理工科大学数学科

福岡県石丸多吉の五男に生まれ、一九

○七年七月京都帝大理工科大学数学科を卒業した。同年一二月に一年志願兵として久留米の歩兵第四八連隊に入営し、除隊して予備歩兵伍長となった。○九年一月大阪府市岡中学校教諭となったが、翌年四月旅順工科学堂が開校すると教授となって渡満した。在外研究員として欧米に留学した後、二二年三月に同学堂が旅順工科大学に昇格すると予科教授に就任した。

石丸　三郎　▷12

浜江省巴彦県参事官／浜江省巴彦県城内／一九〇四（明三七）／佐賀県唐津市／中央大学

一九三二年三月中央大学を卒業して渡満し、国務院資政局訓練所に入所した。同年一〇月改称後の大同学院を卒業して奉天省盤山県属官となり、三四年一二月の行政区画改革により錦州省盤山県参事官となり、次いで三六年四月浜江省巴彦県参事官に転任した。

石丸秀太郎　▷1

東組長／奉天／一八七七（明一〇）五／福岡県三井郡小郡村

始め呉服商を営んだが、多大の損失を出して廃業した。その後山口県と島根県で高品位のマンガン鉱脈を発見し、これを採掘して製鉄所に納品したが、採鉱事業に経験が浅く採算がとれず失敗した。一九〇五年三月日露戦中に渡満して安東県で諸種の事業を画策したが思わしからず、大連を経て同年一一月奉天に移った。同地で東組を組織して土木建築請負業を開業し、勤勉と清廉で信用を獲得して十数人の日本人従業員を置くまでに発展した。

石光幸之助　▷10

広島物産㈾代表社員、㈾大同組出資役員／大連市栄町／一八七八（明一一）一／広島県広島市三河町

兄の下で建築請負業に従事した後、台湾で陸軍用達商と雑貨商を営んだが不首尾に終わり、朝鮮の仁川に渡った。一九〇四年日露戦争が勃発し、そのまま同地で陸軍御用商人となり、〇五年八月営口に渡って石光洋行を開業して建築材料商を営んだ。次いで土木建築請負業に進出し、遼陽病院や牛家屯の工事で地歩を築いて遼陽と大石橋に支店を設け、さらに吉林に支店を設けて材木伐採納入業にも手を広げた。業務の発展に伴い本店を営口から大連に移し、本業のかたわら一九年九月沙河口起業㈾を設立して代表社員に就き、同年一一月には満蒙土地建物会社を創立し専務に就いた。その後本業に戻り、かたわら広昌泰銭荘を興して銭鈔仲買人を兼営したが、戦後不況に際会して二五年四月銭荘を廃止し、同年七月本業確立のため石光洋行を合資会社に改組した。さらに二七年春に老舗の柳生組と合同して大同組に改組し、かたわら広島物産会社を創立して郷里の物産を満州に販売した。

石光　真清　▷1

日清通商㈱長春出張所長、勲四等／長春／一八六八（明一）八／熊本県熊本市本山町／陸軍士官学校

細川藩産物方頭取の石光真民の四男に生まれ、幼名を正三と称した。熊本師範附属小学校、熊本中学校を経て一八八三年に上京し、叔父の野田豁通男爵邸に寄宿して同年九月陸軍士官学校幼年隊に入学した。八六年九月陸軍士官学校に入学して八八年に卒業し、近衛歩兵第二連隊付となった。九五年四月日清戦争に従軍して柳樹屯に上陸したが、十三里台に駐屯中に講和となり、台湾守備に就いた後、同年一一月に帰国した。九七年一一月大尉に進級して大津の歩兵第九連隊中隊長に転任したが、ロシア留学を志して野田の斡旋で参謀本部次長田村怡与造大佐を通じて陸軍省に休職を許され、九九年一〇月からブラゴエシチェンスクに滞在して菊池正三の変名でロシア研究に従事した。一九〇〇年七月のロシア軍による同市在住中国人の大虐殺事件後、軍命で現役に復帰してハルビンに潜行し、洗濯屋を開業して諜報活動に従事した。〇一年一一月に軍籍を離れて以降はハルビンに写真館を開設し、一面坡、満州里、旅順、大連、長春、遼陽、ブラゴエシチェンスクなどに写真店・雑貨屋・ラムネ製造所などを配置し、参謀本部の指令で諜報活動に専念した。〇四年二月日露開戦となると第二軍司令部付副官として遼陽会戦、沙河会戦に参加し、同年一〇月少佐に進級し、翌月第二軍監理部長となった。戦後〇六年一月に帰国して金鵄勲章功四級・勲四等を受けた後、同年五月参謀本部田中義一大佐の計らいで関東都督府陸軍部付通訳として赴任したが、都督府参謀と衝突して帰国し、さらに同年八月大倉組大阪支店長松尾平次郎の依頼で満蒙産牛皮の輸入調査目的で再び渡満したが、品質劣悪のため頓挫した。旅順に留まって旅順魚菜市場、家財競売所、石灰製造業等に関与した後、渤海湾海賊の食客となり海上保険公司の設立を画策したが失敗した。〇七年八月に帰国して野田らの発起による日清通商㈱の創立事務に関与し、大連に会社が設立されると長春出張所に赴任した。⇓主任として大豆及び豆粕の運搬業を経営しながら友人知人の伝で撫順炭の売捌き、満鉄依頼の各種調査、製材事業等を手がけたがいずれも蹉跌し、〇八年末ハルビン、ウラジオストクを経て帰国した。〇九年二月から東京世田谷村に隠棲して三等郵便局長をしていたが、一五年八月参謀本部、関東都督府等の後援で設立された満蒙貿易公司専務取締役に就き、錦州商品陳列館の経営責任者となって渡満した。ロシア革命後の一七年一二月、田中義一参謀本部次長命で再びシベリアに赴き、ブラゴエシチェンスクの久原鉱業所事務所に石光機関を設けてシベリア派遣軍の下で諜報活動に従事したが、一八年一二月軍のシベリア政策への失望から辞任を申し出で、翌年三月錦州に戻った。田中の配慮で関東都督府嘱託として商品陳列館の再建を図ったが叶わず、二一年八月に軍籍を離れた。以後も錦州に留まり、負債返済のため鉱山業、フェルト・絨毯製造業、漁業、火薬製造、アヘン精製等の諸事業に取り組んだが、戦後不況と排日運動の中ですべて挫折した。二五年一月に帰国した後、世田谷の家作を売却して一切の負債を整理して鎌倉に隠棲した。四二年五月没。著書に手記を編纂した『城下の人』『曠野の花』『望郷の歌』『誰のために』の四部作がある。実兄の真澄は三井物産に勤めた後、恵比須麦酒会社支配人を経て一九〇四年日清戦争時に陸軍御用商人に転じたが、翌年四月急死した。実弟の真臣は陸軍大学校を卒業して参謀本部支那課長、支那駐屯軍司令官、憲兵司令官、第一師団長等を歴任して中将に累進し、一九二五年に予備役編入となった。

石村　幸作　▷9

石村商会主／奉天加茂町／一八九一（明二四）四／神奈川県足柄下郡仙石原村／早稲田実業学校

一九一一年早稲田実業学校を卒業し、一年志願兵として兵役を終えた後、渡満して大倉組経営の本渓湖煤鉄公司に入った。一八年七月に帰国して同じ大倉系で福岡県下の東洋製薬㈱及び東洋硝子工業㈱両社の支配人に転じたが、翌年八月に辞職して再び渡満した。奉天に石村商会を設立して金物・電気機械器具の販売と電気・暖房工事請負業を営み、かたわら本渓湖に組合事業で興発和公司を組織し、帝国生命保険会社の代理店業と信託業、建築請負等を経営した。

石村　英憲　▷12

満鉄吉林鉄路局工務処保線科員／吉林敷島街局宅／一九〇三（明三六）七／岡山県岡山市天瀬／南満州工業専門学校

一九二六年三月南満州工業専門学校を卒業し、同年七月金福鉄路公司に入った。その後三三年二月満州国有鉄道の経営委託にともない満鉄に移籍し、吉長吉敦鉄路局朝陽川工務段勤務を経て三五年二月吉林鉄路局工務処保線科に転勤した。

石本勝之十　▷11

大連西崗子公学堂教諭、勲八等／大連市大黒町／一八八二（明一五）一〇／熊本県上益城郡高木村／熊本県師範学校

熊本県農業石本直作の長男に生まれ、一九〇五年三月熊本県師範学校を卒業した。郷里の小学校訓導を六年勤め、次いで校長を九年務めた後、二〇年四月に渡満して大連第二小学校訓導となった。同校に五年勤めた後、二五年四月大連西崗子公学堂教諭に転じた。

石本　貫一　▷11

石炭販売業、鉱山経営／大連市松山台／一八九一（明二四）三／高知県長岡郡岡豊村／旅順工科学堂採鉱冶金科

大連の実業家で後に大連市長を務めた石本鏆太郎の長男に生まれ、一九一四年旅順工科学堂採鉱冶金科を卒業した。第一次世界大戦に際し青島攻囲軍李村軍政署鉱務嘱託となったが一五年九月に辞任し、欧州に留学して専ら煉炭の研究をした。二〇年に大連に戻り、独力で石炭販売と鉱山経営を始め、かたわら満鉄嘱託を務めた。西五辻文仲男爵の娘で女子学習院卒の夫人とめとの間に一男二女があり、父の遺した松山台の邸宅に住んだ。

石本鏆太郎　▷14

和盛公司主、大連市長、正六位勲

い

四等／大連市松山台／一八六四（元一）四／高知県長岡郡岡豊村／東京帝国大学予備門

陸軍軍人石本権七の長男に生まれ、一八七三年に上京して兵学校を目ざす土佐出身子弟のための海南私学校に入った。翌年大学予備門に転じて三年学んだが、アジア雄飛を志して八二年に上海に渡り、フランス教会学校で英語と中国語を学んだ。さらに北京に赴いて中国語を修学し、八六年の甲申事変談判では西郷従道副使の通訳官を務めた。一時帰国して海軍通訳を務めた後、再び渡航して上海三井物産支店の手代となったが、老父を看るべく帰国して秋田の三菱小真木山鉱山に会計主任として勤め、二年後に同鉱が廃鉱となると東京に戻って牛舎を建て牧牛と搾乳業に従事した。九四年の日清戦争に際し第一師団司令部付通訳官として渡満し、次いで第二師団司令部付通訳官として台湾に従軍したが、マラリアに罹って広島に後送された。戦後台湾総督として赴任する乃木希典に面会して随行を許され、九六年から台湾総督府で阿片行政に携わった。一九〇四年の日露開戦に伴い第三軍司令部付通訳となって旅順、奉天戦に従軍し、かたわら各地で阿片の調査を行なった。戦後関東都督府に州内利源の一つとして漸禁法による阿片制案を献策し、庁内の官営案を抑えて阿片事業経営の特許を受け、〇六年から大連に阿片総局を私営して巨万の富を得た。一四年三月に特許期限が切れると蓄財を投じて満蒙開発事業に転じ、大連女学院や大連連合町内会の運営等多くの公共事業に関与し、一五年一〇月に大連特別市制が施行されると初代市長に復選された。この間、一五年五月と一七年四月の総選挙で郷里の高知県から衆議院議員に当選したほか、和盛公司を設立して銀行・鉱山・油房・製紙・羊毛・売薬・銃砲火薬・土地家屋・農園等の広範な事業を経営し、満州殖産会社監査役、満州興信所長、雑誌「大陸」社長など一六の会社や銀行に関係した。一九年一〇月大連市長に再任されたが任期途中で辞任し、以後は市会議員を四期務めたほか二三年に大連競馬倶楽部の初代理事長に就いたが、頭取を務めた教育銀行の破綻により公務を辞して隠棲した。二八年一〇月の市会議員選挙に当選して返り咲き、二九年三月には三度び大連市長に選任されたが、同年五月に辞任して再び市会議員に復帰し、任期中の三三年一二月病没した。晩年は田園生活を理想として大連の松山台に果樹園付きの広壮な邸宅を構え、李家屯の農園と沙河口の水田を経営して農業関係の実用書に親しみ、乗馬や狩猟、釣魚を趣味とした。

石本　憲治　▷11

満鉄参事、臨時経済調査委員会第四部長／大連市榊町／一八八九（明二二）二／東京府東京市本郷区西片町／東京帝大法科大学経済学科

陸軍中将で寺内内閣の陸相を務めた石本新六の次男に生まれ、一九一五年七月東京帝大法科大学経済学科を卒業して日本勧業銀行に入ったが、二〇年に満鉄東京支社会計課に転じ、二三年から二年間欧米に留学した。二七年四月社長室情報課次席となって渡満し、同年一一月満鉄参事・臨時経済調査委員会第四部長に就任して情報課員を兼務した。

石本権四郎　▷3

牛心台煤鉱公司協理、和盛公司奉天出張所主任、正八位勲六等功五級／奉天新市街西塔大街／一八八〇（明一三）九／高知県長岡郡岡豊村／明治学院中退

高知県石本権七の子に生まれ、明治学院で英語を修学中の一九〇二年一二月、一年志願兵として近衛第二連隊に入隊した。〇四年七月臨時召集されて丸亀の歩兵第一二連隊に入隊し、陸軍少尉として日露戦争に従軍した。戦後〇六年五月漁夫を率いて再び渡満し、大連で漁業を経営したが失敗し、実業家で後に大連市長を務めた実兄鏆太郎の事業を補佐し、奉天に在勤して和盛公司奉天出張所主任、日中合弁の牛心台煤鉱公司協理を務め、鉱山採掘や満蒙産業調査等に従事した。

石本　力蔵　▷11

南満印刷社主／奉天浪速通／一八八九（明二二）一／山口県豊浦郡小月村

山口県農業石本兼吉の次男に生まれ、一九一四年に渡満した。一九年一〇月に奉天で[資]中和印刷会社の設立に参画し、二一年に同社が解散するとこれを買収し、南満印刷社と改称して独立経営した。

石森　延男 ▷12

南満州教育会教科書編輯員／大連市神明町／一八九七（明三〇）六／北海道札幌市山鼻町／東京高等師範学校

歌人石森和男の長男に生まれ、札幌師範学校を卒業して札幌市北九条小学校訓導となった。その後上京して東京高等師範学校に入り、一九二三年三月に卒業して愛知県成章中学校教諭となり、翌年香川師範学校に転じた。二六年五月に渡満して関東州小学校訓導となり、大連大広尋常小学校訓導を務め、後に大連高等女学校教諭を兼務した。次いで関東庁視学官兼関東庁属となり、三二年まで南満州教育会教科書編輯部に勤めて『満州補充読本』の編集執筆に従事し、大連民政署勤務を経て三六年五月大連弥生高等女学校教諭となった。その後三九年に帰国し、文部省図書局図書監修官となって国民学校国定教科書の編纂にあたった。戦後、最後の国定国語教科書を編集して四九年に退官し、五一年四月から昭和女子大で教えるかたわら五七年に代表作「コタンの口笛」を発表した。八七年八月没。

石山　金治 ▷4

日満商会長春出張所長／長春東第八区／一八七五（明八）二／宮城県加美郡宮崎村／宮城商業学校

農家に生まれたが商業立身を志して宮城商業学校に入り、一八九三年に卒業した。一九〇四年日露戦争に際して満州軍総司令部医院部付として従軍し、大連軍政署に勤務した。戦後〇七年の満鉄開業とともに入社して遼陽に勤務したが、〇九年に退社し、翌年長春に移って石山商会を設立して運送業と諸官衙用達業を兼営した。一六年にはハルビンに出張所を設けて事業拡張を試みたが、一七年に至り日満商会に併合されてハルビン出張所を閉鎖し、長春の石山商会の中に日満商会長春出張所を置いて運送業と貿易業に従事した。

石山　憲一 ▷11

弁護士／大連市桃源台／一八九五（明二八）六／愛媛県新居郡高津村／法政大学

一九一六年法政大学を卒業した後、二〇年二月に渡満した。二年余り会社員として勤務した後、二二年四月から大連で弁護士を開業した。

伊集院彦吉 ▷9

関東長官／旅順市朝日町関東長官官舎／一八六四（元一）六／鹿児島県／東京帝大法科大学

旧鹿児島藩士伊集院吉次の長男として鹿児島に生まれ、一八八七年東京帝大法科大学を卒業して外務省試補となった。九三年芝罘副領事を経て駐英公使館書記官、釜山及び仁川の各領事を歴任し、一九〇一年義和団事件の直後に天津総領事を務めた。次いで〇七年駐英大使館参事官を経て〇八年駐清公使となり、辛亥革命に際して日英同盟の下で清朝と革命勢力との平和斡旋を図ったが頓挫した。一三年七月に公使の任を解かれた後、一九年に第一次世界大戦後のパリ講和会議全権委員を務め、駐伊大使を経て二二年九月関東庁官となって渡満した。⇒二三年九月第二次山本権兵衛内閣の外務大臣に就任したが、同年一二月虎の門事件により内閣総辞職となった。二四年四月没。大久保利通の娘芳を夫人とし、夫婦間に五男三女があった。

石渡　晴雄 ▷12

大連機械製作所㈱技術部木工塗職場主任／大連市台山町／一九〇九（明四二）三／神奈川県／南満州工業専門学校

旅順に生まれ、南満州工業専門学校を卒業して大連機械製作所㈱に入った。以来勤続し、後に技術部木工塗職場主任を務めた。

伊豆井敬司 ▷12

満鉄地方部学務課視学／大連市芙蓉町／一八九七（明三〇）五／埼玉県北埼玉郡三俣村／広島高等師範学校教育科

埼玉県師範学校を経て一九二二年三月広島高等師範学校教育科を卒業し、満鉄訓導となって渡満した。以来鞍山尋常高等小学校訓導、鞍山実業補習学校講師嘱託兼鞍山青年訓練所指導員、熊岳城尋常高等小学校長兼熊岳城実業補習学校長、地方部学務課私学、奉天千代田尋常高等小学校訓導、奉天高千穂尋常小学校長を歴任した。三七年一月満鉄地方部学務課に転任して同年四月視学となり、次いで副参事に昇格した。この間、三七年四月に勤続一五年の表彰を受けた。

泉　嘉三郎 ▷8

泉洋服店主／奉天加茂町／一八八五（明一八）四／熊本県熊本市

一九〇五年一〇月、日露戦争直後に渡満して旅順に滞在した。〇七年一二月奉天に赴き、奉天城内で洋服店を開業した。その後松島町に移り、さらに加茂町に転じ、多数の職人を置いて手広く営業した。

和泉国太郎 ▷9

㈾和泉建築事務所代表／大連市伏見台／一八七七（明一〇）七／神奈川県足柄下郡国府津町／築地工手学校夜学部建築科

一四歳の時から父に就いて建築業に従事し、赤坂御所、麻布御用邸、日光の田母沢御用邸、小田原御用邸、宮城振天府及び賢所、赤坂の有栖川宮邸など宮中・皇族の御殿建築を手がけた。かたわら築地工手学校夜学部に通学して建築科を卒業し、一八九七年に独立して建築業を営んだ。その後一九一六年に渡満して大連に和泉建築事務所を開設し、満鉄神明町医院など十数カ所の大建築を請け負った。

和泉　研 ▷11

特産物商、農業兼営／関東州普蘭店会同仁街／一八八四（明一七）八／宮城県仙台市支倉町／東北中学校

郷里の私立東北中学校を卒業し、日露戦後の一九〇六年に渡満した。関東州民政署の巡査となったが、〇九年に退職して実業界に入った。普蘭店で雑貨商、建築請負、特産物商、農業等を兼営し、かたわら普蘭店電灯㈱を創立して常務取締役に就いた。

泉　顕蔵 ▷11

ハルビン総領事館副領事、正七位勲六等／ハルビン総領事館／一八九〇（明二三）七／茨城県行方郡潮来町／第一高等学校中退

茨城県泉吉之助の次男に生まれ、第一高等学校に入学したが中退した。一九一八年外務省に入り、ウラジオ派遣軍政務部付としてシベリアに派遣され二二年に帰国した。翌年一二月副領事となってラトビアのリガに二年勤務した後、ソビエト連邦大使館付を経て二七年四月ハルビン総領事館に転任した。夫人エレナはモスクワ大学文学部フランス文学科出身でピアノに秀でた。実姉は旧会津藩士で海軍少将の下平英太郎に嫁した。

泉　泰一朗 ▷12

観世流能楽「観世倶楽部」主宰者／大連市神明町／一八八四（明一七）一／東京府東京市本所区千歳町／静岡県立沼津中学校

東京市本所区吏員泉源八郎の子に生まれ、幼時から能楽を修業した。静岡県立沼津中学校を卒業して新聞記者となったが、一九〇六年から能楽師となり機関誌『国諷』を主宰した。〇九年能楽師範となり、能楽の普及・教授のためしばしば朝鮮・満州に赴き、二七年にはアメリカに渡った。その後二九年二月から大連に在住し、「観世倶楽部」を主宰した。

泉　貞輔 ▷12

国際運輸㈱奉天支店長代理／奉天八幡町／一八九一（明二四）五／福井県今立郡粟田部旭町／大倉商業学校

福井県泉善輔の三男に生まれ、一九〇九年大倉商業学校を中退した後、一七年七月ハルビンで両替業を営んだ。次いで特産商佐藤洋行、㈱北満倉庫に勤務し、二四年一月国際運輸㈱に入った。ハルビン支店勤務、長春支店運輸係主任、同到着係主任を歴任した後、三三年四月奉天支店長代理となった。

和泉　徳一 ▷12

国務院総務庁人事処員／新京特別市永昌胡同／一九〇三（明三六）三／愛媛県伊予郡北伊代村／東洋大学専門部倫理学東洋文学科

愛媛県和泉庄太郎の長男に生まれ、一九二六年三月東洋大学専門部倫理学東洋文学科を卒業して上海毎日新聞社に入り、同年一〇月北京の順天時報社編集部に転じた。その後渡満して三二年六月国務院資政局訓練所に入所し、同年一〇月改称後の大同学院を卒業して吉林省双城県属官となった。三三年三月黒龍江省慶城県属官、三四年三月国務院民政部属官を歴任した後、三五年四月国務院総務庁属官に転任して人事処に勤務し、同年一〇月事務官に昇格した。この間、建国功労賞及び大典記念章を授与された。

泉　文三 ▷11

大連警察署高等係主任／大連市丹

後町／一八九三（明二六）一／宮城県登米郡佐沼町／宮城県立佐沼中学校

宮城県商業泉正吉の三男に生まれ、県立佐沼中学校を卒業した。一九一四年三月関東都督府巡査となって渡満し、旅順、鉄嶺、奉天の各警察署勤務を経て一八年長春署に転任して警部に進んだ。二三年貔子窩に転勤し、後に大連警察署高等係主任に就いた。囲碁を趣味とし、柔道は二段の腕前を有した。

和泉　槙次　▷11

呉服商／奉天省撫順市四条通／一八六三（文三）八／香川県綾歌郡坂出町

香川県商業和泉佐吾次の次男に生まれ、独立して質業を始め、後に呉服太物商に転じた。日露戦中の一九〇五年一月に渡満し、中国人向けに雑貨商を営んだが、〇八年撫順に支店を設けて呉服商を始めた。撫順無尽会社取締役、本願寺総代を務め、長男辰五郎も香川県商業学校を卒業して家業に従事した。

泉　孫七　▷12

満鉄ハルビン站構内助役／大連市平和台／一八八九（明二二）九／佐賀県西松浦郡牧島村／佐賀県立唐津中学校

佐賀県立唐津中学校を卒業した後、小倉の騎兵第一二連隊に入営した。除隊後一九一七年一二月に渡満して満鉄に入り、大石橋駅に勤務した。次いで大連列車区大石橋分区勤務、瓦房店駅助役、ハルビン站車号員を歴職し、三五年一〇月同站構内助役となった。この間、満州事変時の功により木杯及び従軍記章を授与された。

泉田　光雄　▷12

満鉄北安工務段長、社員会評議員、工友会顧問、北安居留民会評議員、居留民会土木建築委員／龍江省竜鎮県北安満鉄工務段／一九〇四（明三七）九／福島県双葉郡幾世橋村／北海道帝大附属土木専門部

福島県泉田真雄の三男に生まれ、一九二七年三月北海道帝大附属土木専門部を卒業し、同年四月鉄道省雇となり仙台鉄道局工務課に勤務した。山形保線事務所船形在勤兼山形保線区勤務、新津保線事務所勤務柏崎保線区建築手を経て二九年六月技手となり、同年一二月柏崎保線区助役兼建築手、三〇年九月長岡保線区助役を歴任した。その後三三年三月満鉄技術員に転じて渡満し、同年四月奉天保線区保線助役、三五年三月蘇家屯保線区撫順在勤を経て三六年四月北安工務段長となった。この間、満州事変時の功により賜盃及び従軍記章を授与された。

和泉　正男　▷12

満州電業㈱新京支店工務課電気係長、正八位／新京特別市近埠胡同／一九〇七（明四〇）一／福岡県門司市大字門司／旅順工科大学電気工学科

本姓は別、和泉又五郎の養子となった。一九三一年三月旅順工科大学電気工学科を卒業し、同年四月南満州電気㈱に入社して技術部に勤務した。三二年一月一年志願兵として大刀洗の陸軍飛行第四連隊に入営し、航空兵少尉に任官して同年一二月に除隊した。復職して技手となり技術課に勤務した後、職員に昇格して奉天支店に転勤した。三四年一一月に電気供給部門が独立して満州電業㈱が設立されると同社入りして新京電業局工務課送電係長となり、次いで新京支店工務課電気係長となった。

和泉裕次郎　▷10

盛進商行主／大連市愛宕町／一八九〇（明二三）一一／富山県氷見郡神代村

郷里の小学校を卒業して家業を手伝った後、一九〇七年に渡満して営口の㈱盛進商行に入り陸軍糧食供給と貿易業に従事した。販路拡張のため内蒙古を経て赤峯に赴任した後、大連支店詰となって業務一切を切り回したが、二一年に組織変更されて営口に引き揚げた。その後独立し、盛進商行の名を継承して大連愛宕町で貿易業と陸軍糧食・馬糧の納入御用商を営んだ。

泉　喜広　▷11

奉天省遼陽警察署警部補／奉天省遼陽付属地住吉町／一八八八（明二一）六／宮城県伊具郡角田町

宮城県公吏泉勇の三男に生まれ、一九一二年三月関東都督府巡査となって渡満した。大連民政署、公主嶺警察署に勤務して警部補に昇進し、二四年五月遼陽警察署に転任した。

泉　芳政 ▷12

ハルビン地方法院次長兼ハルビン区法院監督審判官、学習法官指導官、満州国官吏消費組合常務理事、従六位／ハルビン馬家溝巴陵街／一九〇三（明三六）一／石川県鹿島郡七尾町／日本大学専門部法律科

石川県泉徳松の三男に生まれ、一九二七年日本大学専門部法律科を卒業し、同年文官高等試験行政科及び司法科に合格した。二八年四月司法官試補を経て二九年一二月判事となり、以来予審判事として東京地方裁判所・同地方区裁判所に勤務した。その後三四年一二月に退職し、北満特別区地方法院推事となって渡満し、首席延長を経て三六年七月ハルビン地方法院次長となり、ハルビン区法院監督審判官を兼務した。この間、大礼記念章及び皇帝訪日記念章を授与された。

出雲喜之助 ▷4

名利洋行主／ハルビン埠頭区トルゴワヤ街／一八八六（明一九）六／石川県能美郡小松町

代々の商家に生まれ、一九〇二年に渡満して旅順口でロシア人相手に貿易商を営んだ。〇四年二月の日露開戦とともに帰国したが、同年一一月再び営口に渡り、翌年一月から山海関で軍隊の副食物供給と輸送にあたった。戦後は奉天に移り小西辺門内で名利洋行を興して貿易商を営んだが、〇九年ハルビンに出張して中国人街の傅家甸で名利当の商号で質店を開業し、堪能な中国語と穏和な接客態度、適正な価格によって信用を獲得した。かたわらしばしばハルビンに出張して種々の取引に従事したが、一七年からはハルビンに本拠を移して大豆、豆粕、小麦、雑穀類の輸出貿易を営んだ。

石動品五郎 ▷12

石動畳工場主、ハルビン畳同業組合長／ハルビン道裡工廠街／一八七七（明一〇）六／山口県防府市三田尻

日露戦後一九〇五年に渡満し、ハルビンで畳の製造販売を始めた。一〇年八月日本による韓国併合後に京城に移住したが、一六年にハルビンに戻った。以来道裡工廠街で畳製造販売業を営み、業員一五人を使用して馬家溝に支店を設けた。

伊勢伊三松 ▷12

満鉄四平街地方事務所消防監督兼衛生監督、勲七等／奉天省四平街中央通満鉄地方事務所／一八九六（明二九）一一／石川県鹿島郡余喜村

一九一六年一二月徴兵されて金沢の輜重兵第九大隊に入営し、その後東京の陸軍自動車試験班に編入された。次いで第一師団自動車隊に編入され、臨時自動車隊付としてシベリア派遣軍に従軍し、二〇年一二月に帰国して満期除隊した。二一年九月満鉄に入社し、奉天地方事務所に勤務して三一年八月消防長兼消防隊副監督となった。同年一一月四平街地方事務所に転勤して三三年一〇月消防副監督、三六年一〇月消防監督を経て三七年一月消防監督兼衛生監督となった。この間、大正三年乃至八年戦役の功により勲七等及び賜金を授与され、三七年四月勤続一五年の表彰を受けた。

伊関庄太郎 ▷12

㈾伊関商店代表社員／新京特別市日本橋通／一八九七（明三〇）一〇／福島県耶麻郡喜多方町

青年期に渡満して和登良吉の経営する長春の和登商行で働き、後に店主の信頼を得て事業を引き継ぎ、一九三五年四月㈾伊関商店と改めた。従業員三〇人を使用し、電気・機械器具、鉄道材料、一般機械・工具、金物、木材、ラジオ材料等の販売と電気・鉄道工事の設計監督及び請負業を営業課目とし、官庁方面を主な得意先とした。

夷石　隆寿 ▷12

満鉄上海事務所調査課通商係主任、勲七等／上海黄埔灘路満鉄上海事務所／一九〇一（明三四）四／滋賀県大津市石山寺辺町／名古屋高等商業学校

滋賀県夷石多左衛門の三男に生まれ、一九二五年三月名古屋高等商業学校を卒業し、同年四月満鉄に入社した。以来勤続して商事部購買課、社長室人事課、庶務部調査課員兼育成学校講師、経済調査会第一部第三班主任、同統計班主任を歴任した。三六年一〇月の産業部設置とともに同部東京在勤となり、次いで同年一二月上海事務所に転勤して調査課通商係主任を務めた。

井関　延雄 ▷12

満鉄新京事務局地方課土木係／新京特別市花園町／一九〇二（明三五）五／愛媛県北宇和郡吉田町／北海道帝大専門部

愛媛県井関利吉の子に生まれ、一九二五年三月北海道帝大専門部を卒業して同大工学部に勤務した後、二八年名古屋市役所に入り水道部に勤務した。三三年に渡満して満鉄に入り、地方部工事課土木係に勤務し、後に満鉄新京事務局地方課土木係に転任して道路及び下水道主務者として勤務した。

伊勢俊三郎 ▷12

満鉄林西医院長兼医長／興安西省林西満鉄林西医院／一八八四（明一七）一〇／北海道上川郡比布村／愛知県立医学専門学校

一九一二年愛知県立医学専門学校を卒業して札幌市の北振病院副院長となった。次いで一四年三月郷里で医院を開業し、一九年三月から半年間東京帝大入沢内科介嘱託を務めた。その後二六年一月に渡満して満鉄開原医院の外科医員となり、鞍山医院外科医員、営口医院西営口分院長を経て三七年三月林西医院に転勤し、同院長と医長を兼務した。

伊勢　六郎 ▷12

大島洋行奉天支店営業主／奉天紅梅町大島洋行支店／一八九八（明三一）八／秋田県平鹿郡浅舞町

一九一八年に渡満し、大矢組に入り特産部に勤務した。その後二七年に退社してハルビンに移り、大島洋行本店主の大島巳之助の援助を受けて大矢組の特産代理買付に従事した。次いで二九年に廃業して大島洋行に入り、同年五月奉天支店開設準備のため同地に赴任し、三〇年一月の開設とともに同支店の営業を担任した。各種原木、ベニヤ板、床柱の販売と製材を営業種目として従業員五人を使用し、奉天省、熱河省一円を販路として年間五〇万円を売り上げた。

磯浦元次郎 ▷8

㈱奉天検番専務取締役／奉天／一八六五（慶一）一一／東京府東京市麹町区

日露戦中の一九〇四年朝鮮に渡り、翌年一〇月安東県に移った後、〇六年六月奉天に移住した。一一年から個人で奉天検番を興して経営したが、二〇年二月田中虎次郎経営の祇園検番と併合し、資本金一〇〇万円で㈱奉天検番を設立して専務取締役に就任した。

磯尾　長優 ▷12

満州モータース㈱奉天支店長／奉天千代田通／一八八七（明二〇）九／鳥取県鳥取市西町

一九一四年東京高等商業学校を卒業して第百銀行に入り、次いで古河電気工業、横浜護謨、東邦電力等の諸会社に勤務した。その後三四年一〇月に渡満して大連の満州モータース㈱に入り、後に奉天支店長を務めた。

磯谷　新吉 ▷11

満鉄鉄嶺保線区長／奉天省鉄嶺橋立町満鉄社宅／一八八一（明一四）六／岐阜県恵那郡中津町

岐阜県農業大友権左衛門の次男に生まれ、同県磯谷鉄次郎の養子となった。一九〇五年七月、日露戦争末期に野戦鉄道部員として渡満した。昌図臨時建設事務所、瓦房店駅勤務を経て〇六年四月の満鉄開業とともに入社し、奉天省四平街保線区保手、同主任・区長を経て二四年一月鉄嶺保線区長に就いた。一五年及び二〇年の勤続表彰のほかシベリア出兵時の功により表彰を受け、地方委員副議長を務めた。

磯兼　益三 ▷12

満鉄鉄道研究所大連在勤／大連市伏見町／一八九五（明二八）三／広島県加茂郡東野村／旅順工科学堂機械工学科

広島県磯兼雄平の三男に生まれ、一九一九年旅順工科学堂機械工学科を卒業し、同年一二月満鉄に入り技術部機械課に勤務した。次いで鉄道部機械課、同工作課、技術研究所、理学試験所、中央試験所車輌研究室主任兼南満州工業専門学校講師に歴勤した。その後三五年六月から半年間、機関車試験装置の製作及び試運転検査等の研究のためドイツ、フランス、アメリカに出張し、帰社して三七年三月副参事となり鉄道研究所に転任した。この間、満州事変時の功により賜杯及び従軍記章を授与され、三五年四月勤続一五年の表彰を受けた。

五十崎隆三 ▷11

貿易商／大連市若狭町／一八八七（明二〇）六／愛媛県松山市二番

丁／愛媛県立商業学校

愛媛県五十崎正房の長男に生まれ、一九〇三年愛媛県立商業学校を卒業して中国に渡り、直隷省の保定府師範大学堂に留学した。〇四年に日露戦争が始まると特別任務隊の嘱託を受けて諜報活動に従事し、戦後〇五年から営口で貿易商を営んだ。その後一三年に大連若桜町に移り、引き続き同地で中国貿易業を経営し、三二年一一月大連市会議員に当選し、三四年九月に辞任した。別名五十崎正大とも称した。

磯田信之助 ▷11

関東庁技師、正五位勲五等、高等官五等／旅順市中村町／一八八一（明一四）三／京都府加佐郡由良村／東京帝大農科大学林学科

京都府農業磯田四郎左衛門の三男に生まれ、一九〇七年東京帝大農科大学林学科を卒業して北海道の小樽木材㈱に入社した。翌年一〇月関東都督府民政部技師に転じて渡満し、林業主任に就いた。以来、満蒙から中国本土にかけて各地の山林調査、農事林業視察に従事するなど一貫して林業畑を歩んだ。

磯西　文蔵 ▷12

旅順中学校教諭／旅順市大迫町旅順中学校／一九〇〇（明三三）九／大阪府北区天満橋筋／関西大学専門部商業科

一九二二年三月関西大学専門部商業科を卒業し、大阪府立生野中学校教諭を三年務めた。その後、二七年四月関東庁中学校教諭に転じて渡満し、旅順中学校に勤務した。

磯野　治作 ▷13

関東州石炭㈱専務取締役／大連／一八八七（明二〇）／新潟県高田市／早稲田大学商科

早稲田大学商科を卒業し、一九一六年満鉄に入社した。大連、新京の各販売事務所長を歴任した後、三四年満州炭砿販売課長に転じ、三六年一〇月満鉄との共同出資で日満商事が創立されると新京支店長に就いた。その後傍系の日満海運㈱専務取締役に転じたが、四二年四月に石炭販売組合を統合して関東州石炭㈱が設立されると専務取締役に就任した。

磯端宗次郎 ▷11

満鉄撫順炭砿庶務課職員／奉天省撫順南台町／一八九七（明三〇）七／福岡県小倉市平松町／旅順工科学堂

福岡県磯端松蔵の次男に生まれ、一九一三年、一六歳の時に実業家を志して渡満した。旅順工科学堂に入り、在学中は同学堂の大学昇格運動に奔走したほか満州学生相撲、学生弁論会の発会に参画した。二一年に卒業して満鉄撫順炭砿庶務課に勤務し、かたわら学生時代の経験を生かして炭砿従業員の訓練向上に努めた。

磯久　早苗 ▷4

協信洋行主任／ブラゴウエシチェンスク／一八七四（明七）一〇／高知県高知市

一八九七年ウラジオストクに渡り、国境近くのボグラニーチナヤで一年余りロシア人経営の商店員として働いてロシア語と商業の実務を習得した。一九〇一年にいったん帰国し、翌春渡満して旅順の協信洋行に入り日露貿易に従事した。一〇年にハバロフスク協信洋行主任となって六年務めた後、ブラゴウエシチェンスク協信洋行主任となった。ロシア革命の影響による経済変動の中で美術雑貨と米穀を扱い、六人の店員を率いて事業拡張を図った。

磯部　佑治 ▷12

大阪朝日新聞ハルビン通信局長／ハルビン水道街／一九〇一（明三四）一一／東京府東京市大森区堤方町／中央大学経済部、カリフォルニア大学政治学部国際関係科

磯部庄作の長男として群馬県高崎市南町に生まれ、高崎商業学校、中央大学経済部を卒業して渡米し、カリフォルニア大学政治学部国際関係科を卒業した。帰国して東京朝日新聞社会部記者となり、外務省、国際文化団体、首相官邸、海軍省等の取材を担当した後、一九三六年六月大阪朝日新聞ハルビン通信局長となって渡満した。

磯部　鷹三 ▷12

国務院民政部首都警察庁技佐兼中央警察学校教授、満州国協和会幹事、煤煙防止委員会幹事、正七位勲六等／新京特別市興安胡同／一九〇三（明三六）五／愛知県豊橋市飽海町／慶応大学医学部

愛知県磯部道太郎の四男として同県東加茂郡大沼村に生まれ、一九三〇年三月慶応大学医学部を卒業した。同大助手として生理学教室に勤務した後、同年九月二年現役兵として海軍に入り、軍医学校普通科学生を経て同年一二月霞ヶ浦航空隊付となった。三一年三月遣外艦隊司令部付として上海陸戦隊に同行した後、同年一二月空母加賀乗務、三二年一月第一航空戦隊連合陸戦隊長、同年七月横須賀鎮守府付を歴職して同年八月軍医大尉に進級して予備役となった。一時帰郷して宝飯郡御津町で磯部療病院長を務めた後、母校の生理学教室に復帰し、三三年五月から八月まで海軍特別大演習に際し第四艦隊司令部付として特別召集に応じた。三四年六月警視庁衛生技師となったが三六年三月に依願免官し、内務省の推薦で満州国浜江省公署技正兼首都警察庁技佐に転じ、後に中央警察学校教授を兼務した。日本電報通信社を創立経営し、後に貴族院議員を務めた光永星郎の次女園枝を夫人とした。

五十村貞俊　▷11

弁護士／大連市丹後町／一八九二（明二五）七／佐賀県杵島郡武雄町／東京帝大文科大学英語科

佐賀県弁護士中原九一の長男に生まれ、同県官吏五十村良行の養子となった。一九一七年東京帝大文科大学英語科を卒業し、翌年満鉄に入社した。二年勤務して退職し、大連で弁護士を開業した。

板倉　操平　▷12

旅順師範学校長、正六位勲六等／旅順市明治町旅順師範学校／一八八八（明二一）一／愛知県碧海郡新川町／広島高等師範学校本科

愛知県第一師範学校第一部を卒業して県下の小学校訓導を務めた後、一九一三年広島高等師範学校本科国語漢文部を卒業した。山口県師範学校、小倉高等女学校、愛知県第二師範学校の各教諭を歴職し、この間二二年に広島高等師範学校徳育専攻科を卒業した。次いで長野県視学、同県諏訪中学校長、広島県川辺中学校長、同県視学官を歴任して浜松師範学校長となり、二八年に中等教育調査のため欧米各国に出張した。その後退官し、三六年六月旅順師範学校長に転じて渡満した。実弟の真五は東京帝大法学部を卒業して二六年に渡満し、満鉄参事として新京支社に勤務した。

井田　孝平　▷3

満鉄総務部交渉局第二課員、日露協会幹事、勲六等／大連市近江町／一八八〇（明一三）一二／東京府東京市赤坂区青山南町／東京外国語学校ロシア語科

一九〇一年東京外国語学校ロシア語科を卒業して陸軍大学校、陸軍幼年学校等で教鞭を執り、〇四年日露戦争に際し通訳として従軍した。その後〇九年九月に渡満して満鉄に入り、総務部交渉局に勤務するかたわら日露協会幹事を務めた。

井田茂三郎　▷1

営口道台工程総局副工程司／奉天省営口／一八八〇（明一三）九／福岡県小倉市大阪町／工手学校

島根県に生まれ、一八九五年から福岡県庁に勤務したが、九八年大倉組に転じ、建築部員として小倉師団及び対馬の兵営建築等に従事した。一九〇一年に同組を辞し、上京して種々の建築業に従事する中、歌舞伎座修繕工事を監督して東宮造営課長の足立氏の目に留まり、日本赤十字社病院建築の監督となった。業務のかたわら施主の承諾を得て毎日午後三時から東京築地の工手学校に通学し、〇四年七月に卒業して東京建築設計所に入り、後に同所主任となった。次いで東京市役所に転じて各区役所、学校等の建築設計監督に従事したが、〇六年三月に渡満して営口軍政署雇員となり、新市街および営口病院等の設計監督にあたった。軍政署が撤退すると同時に営口工程総局に傭聘され、副工程司として建築事務を主宰した。

井田甚太郎　▷9

正隆銀行撫順支店長／奉天省撫順弥生町／一八七六（明九）一一／群馬県群馬郡滝川村

土地の素封家天田長三郎に養育され、一八九八年に上京し苦学を続けたが志を果たさず、一九〇四年日露戦争に際し軍に従って渡満した。戦後、営口軍政署及び清国営口衛生局に務めた後、〇八年九月正隆銀行に入り、勤続して後に撫順支店長に就いた。

井田　直　▷12

野田看板店主、奉天青葉霞町中央町会部長、青葉町近所会長、奉天

八代郡人会副会長／奉天青葉町／一八九五（明二八）一二／熊本県八代郡和鹿島村

一九二〇年に渡満して大連の野田看板店に入り、三一年三月奉天支店の開設とともに主任となって赴任した。その後、大連本店とは別個の個人経営となり、鉄道総局、奉天郵政管理局、奉天専売署、満州国協和会等を得意先とした。

井田　竹蔵　▷11

公主嶺警察署高等主任、勲七等／吉林省公主嶺楠町／一八七七（明一〇）二／京都府何鹿郡綾部町

一九〇八年八月に渡満し、翌月関東庁巡査となった。一七年中国語嘱託、二〇年翻訳生を経て警部補に進み、公主嶺警察署高等主任に就いた。

板野　高明　▷11

長春高等女学校教諭／長春蓬莱町／一八九七（明三〇）四／岡山県岡山市南方玉江町／東京高等師範学校

岡山県板野登七衛の長男に生まれ、一九二〇年東京高等師範学校を卒業して松山中学校教諭となった。京城公立第二高等普通学校教諭に転じた後、二六年三月満鉄に入社して長春高等女学校教諭となった。

板野　博美　▷12

奉天省遼中県参事官、満州国協和会遼中県本部副部長／奉天省遼中県公署／一九〇六（明三九）七／岡山県岡山市中島／早稲田大学政治経済学部、大同学院

岡山県板野新造の長男として上道郡宇野村に生まれ、一九二九年三月早稲田大学政治経済学部を卒業して国際工船漁業会社に入った。三二年に退社して渡満し、同年一〇月大同学院を卒業して奉天省公署属官となり、三五年一二月遼中県参事官となった。

板野　増男　▷12

吉林市公署工務科技術員／吉林市公署工務科／一九〇五（明三八）八／東京府東京市芝区浜松町／東京工科学校建築科

東京府板野文太郎の六男に生まれ、一九二五年東武鉄道㈱に入り、土木課に勤務するかたわら二六年八月東京工科学校建築科を卒業して技手となった。その後三一年一一月に退社して東京市土木局下水課転じ、工手として深川区豊住町木場出張所に勤務した。三四年四月国務院国都建設局技術処に転出して渡満し、三六年四月吉林市公署工務科に転任した。

板橋喜久治　▷11

果樹栽培業、勲八等／奉天省瓦房店駅前／一八八一（明一四）一〇／宮城県亘理郡吉田村

宮城県農業板橋喜平の長男に生まれ、関東州民政署巡査となって日露戦後の一九〇五年一二月に渡満した。一〇年警部補、一三年警部に進み、安東、長春勤務を経て二〇年本渓湖警務支署長となった。沙河口、公主嶺各署長を歴任して二四年に退職し、普蘭店管内の梁家屯で果樹園三五町歩を経営した。

板橋　祐準　▷12

満鉄安東医院薬剤長兼看護婦養成所講師、正八位／安東満鉄医院／一八九四（明二七）一／宮城県仙台市東三番丁／東北帝大専門部薬学科

一九一六年三月東北帝大専門部薬学科を卒業し、同年五月同大附属病院の薬剤員となった。一八年九月に渡満して満鉄大連医院薬剤員となり、営口医院大石橋分院、大石橋医院、公主嶺医院に歴勤した。次いで遼陽医院薬剤長となり、三七年四月安東医院薬剤長に転任して看護婦養成所講師を兼務した。この間、三四年四月勤続一五年の表彰を受けた。

板橋　竜生　▷12

満鉄大連工事事務所設備係長兼地方部工事課員、関東局嘱託、大連煖房相談所委員、社員会評議員、満鉄倶楽部委員／大連市鳴鶴台／一八九八（明三一）七／福岡県山門郡瀬高町／旅順工科大学専門部

福岡県板橋直人の次男に生まれ、県立中学伝習館を卒業して渡満した。一九二二年三月旅順工科大学専門部を卒業し、翌年満鉄に入社して運輸部機械課に勤務した。奉天工務事務所、奉天地方事務所、奉天実業補習学校講師兼務を経て二四年九月奉天地方区に転任し、さらに二五年四月奉天地方事務所、二八年一二月地方部建築課、三〇年六月工事部建築課、三一年八月地方部工事課、三二年七月安東地方事務所、三三年一〇月地方部工事課に歴勤した。三六年九月大連工事事務所設備係長と

なり、地方部工事課員を兼務した。

板橋　弁治　▷11

大連土佐町公学堂長、勲八等／大連市紅葉町／一八八三（明一六）二／福井県遠敷郡今富村／滋賀県師範学校

福井県板橋茂八の長男に生まれ、一九〇六年滋賀県師範学校を卒業して帰郷し、母校の訓導となった。一八年、遠敷郡雲浜小学校長から関東州公学堂教諭に転じて渡満した。二一年九月から関東庁派遣研究員として北京に一年留学し、帰任して二二年一〇月大連伏見台公学堂長に就き、二八年三月大連土佐町公学堂長に転任した。中国人教育に力を注ぎ、本務のかたわら大連語学学校講師、南満教育会編輯委員、中華女子手芸学校評議員、中華幼稚園顧問、大連奨学会研究部理事等を兼ね、中国事情紹介のパンフレットを十余編著した。

伊丹安太郎　▷4

一柳洋行ハルビン支店主任／ハルビン／一八八八（明二一）一／新潟県南蒲原郡加茂町／新潟県立中学校

新潟県立中学校を卒業し、一九〇五年にウラジオストクに渡った。札幌に本店を置く一柳洋行に入り、ハバロフスク支店、ブラゴヴェシチェンスク支店に歴勤し、一四年に北部満州一帯、満州里方面を視察してハルビン支店設置の必要を痛感し、一五年春にハルビン支店を開設して主任となった。日本からリンゴや柑橘類を輸入してシベリア地方に輸出したほか、富士製紙の洋紙を輸入して欧露に販売するなどして斯界最大手に成長して北満商界に重きを成した。

板谷　丈夫　▷14

板谷医院主／大連市奥町／一八七二（明五）二／兵庫県宍粟郡山崎町／京都医学専門学校

一八九九年、京都医学専門学校を卒業した。兵庫県検疫官となったが間もなく辞し、郷里で開業して医師会副会長、警察医、学校医を兼務した。一九〇五年同仁会に入会し、同年四月選抜されて大連に派遣された。奥町で開業するかたわら大連医師会会長を務め、一五年一〇月から一六年一月まで大連市会議員を務めた。

市江　房一　▷12

満鉄開原公学校長／奉天省開原敷島街／一八九六（明二九）三／福岡県築上郡合河村／小倉師範学校

福岡県市江浅市の長男に生まれ、一九一六年三月小倉師範学校を卒業して行橋小学校訓導となった。次いで椿市小学校訓導、同実業補習学校講師兼務、白川小学校訓導、同実業補習学校講師兼務を歴職し、一九年三月満鉄に転じて渡満した。満鉄教育研究所を修了して遼陽尋常高等小学校訓導、鞍山尋常高等小学校訓導、鞍山実業補習学校講師兼務を務めた後、社命で北京に留学して中国語及び中国事情を修学した。帰任して遼陽尋常高等小学校訓導、遼陽実業補習学校講師兼務、奉天公学堂教諭、鞍山公学校長を歴任し、三六年七月開原公学校長に就いた。この間、三四年四月満鉄勤続一五年の表彰を受けた。

市岡猪之助　▷12

満鉄連山関駅長、社員消費組合総代／奉天省連山関駅長社宅／一八九八（明三一）九／岐阜県恵那郡福岡村

岐阜県市岡亀太郎の三男に生まれ、一九一九年一二月満鉄に入り周水子駅駅務方となった。以来勤続し、大連列車区車掌、廟子溝駅助役、同信号場助役、蔡家駅助役、四平街駅助役、同駅事務助役、劉房子駅長を歴任し、三七年四月連山関駅長となった。この間、三五年四月勤続一五年の表彰を受けた。

市岡　永七　▷12

金十三洋行主／奉天浅間町／一八八六（明一九）八／大阪府南区高津六番町

一四歳で大阪市のメンネル問屋に奉公に入り、六年勤務した。一九〇六年一家を挙げて渡満し、公主嶺、ハルビン、ハバロフスク方面を三年余り転々とした後、〇九年一一月奉天の金泰洋行に入り洋品販売業に従事した。勤続一五年の後、二四年八月奉天浪速通に金十三洋行を開業して和洋雑貨と写真材料を販売し、後に春日町に移転した。自らも写真術を趣味とし、二〇年頃から同好会の光友会を組織して活動した。

市岡　乙熊　▷11

東亞煙草㈱奉天支店長／奉天加茂町／一八八九（明二二）一／岐阜

県恵那郡中津町／京都帝大法科大学

岐阜県官吏市岡正武の次男に生まれ、一九一五年二月京都帝大法科大学を卒業した。東亞煙草㈱東京本社に入り、上海、香港、奉天、大連等の各支店勤務を経て二三年七月奉天支店長に就いた。

市岡 忠義 ▷12

大連汽船㈱船長／東京市蒲田区蒲田町／一八九六（明二九）一二／東京府東京市蒲田区蒲田町／広島県立商船学校航海科

広島県立商船学校航海科を卒業して船会社に入り、各船に乗務した。その後一九三〇年大連汽船㈱に入り、一等機関士として同社船に乗務した後、同年一〇月船長に就いた。

市川 数造 ▷14

満鉄参事、鉄道部営業課長兼鉄道部次長／大連市桜町／一八八五（明一八）八／山口県熊毛郡三井村／東京高等商業学校専攻科

山口県古村彦造の次男に生まれ、市川家を相続した。一九一〇年六月東京高等商業学校専攻科を卒業し、同年一一月満鉄に入社した。埠頭事務所に勤務して所長次席、庶務課長を経て二三年所長となり、傍系の日満倉庫会社社長を兼任した。二七年鉄道部営業課長兼鉄道部次長に就任し、大連汽船、満州船渠、満州旅館、大連火災、遼東ホテル等の各会社取締役と福昌華工監査役を兼任した。大連海務協会会長のほか、二二年から二四年まで大連市会議員を務めた。

市川 健吉 ▷12

満鉄鉄道総局経理科長兼輸送委員会委員、工務委員会副委員長／奉天平安通義合祥／一八八九（明二二）四／茨城県新治郡石岡町／東京高等商業学校

茨城県農業鴨志田源助の五男に生まれ、後に同県市川与太郎の養子となった。一九一一年東京高等商業学校を卒業して満鉄に入り、経理部会計課、同主計課に歴勤した。二一年五月同課長次席となり、同年一〇月から経済学研究のため欧米に留学し、二三年一二月に帰社して参事・主計課長代理となり、二四年三月主計課長を経て二六年三月地方部庶務課長に就いた。次いで総務部検査課長、経理部次長、経理部長兼同部庶務科長兼主計課長事務取扱を歴任し、三六年鉄道総局経理科長に就いた。この間、社員消費組合専務理事、大連医院評議員を務め、三七年四月勤続二五年の表彰を受けた。

市川 公平 ▷11

関東庁技手／旅順市吉野町／一八九二（明二五）一一／三重県宇治山田市常盤町／京都高等工芸学校

三重県軍人市川又二郎の長男に生まれ、一九一五年京都高等工芸学校を卒業した。翌年二月、関東都督府民政部土木課技手に任命されて渡満した。

市川 敏 ▷12

国務院交通部総務司文書科長、郵政権調整準備委員、正八位／新京特別市中央通／一九〇四（明三七）一／山口県熊毛郡東荷町／東京帝大経済学部

山口県市川亀吉の五男に生まれ、竹田中学校、第八高等学校を経て一九二七年三月東京帝大経済学部を卒業し、同年九月満鉄に入社した。安東、奉天、奉天省四平街に在勤し、この間一年志願兵として熊本の歩兵第四五連隊に入営し、歩兵少尉に任官して除隊した。三二年六月満州国官吏に転じて交通部鉄道司第二科長に就き、同第一科長を経て三四年七月交通部理事官となった。三六年一一月から総務司文書科長に就き、同年一二月から郵政権調整準備委員を兼任した。この間、三四年に建国功労賞及び大典記念章並びに勲五位景雲賞、三五年に皇帝訪日記念章を受けた。学生時代に短距離競走と棒高跳で活躍し、渡満後はゴルフと囲碁を趣味とした。

市川 次郎 ▷12

満鉄撫順炭砿工事事務所線路係主任、勲七等／奉天省撫順北台町／一八九〇（明二三）五／石川県石川郡野々市町／中学校

一九〇八年三月郷里の中学校を卒業し、同年五月韓国に渡り統監府鉄道局に勤務した。その後帰国して京都市参事会工手となり、次いで一三年二月に渡満して満鉄に入り、撫順炭砿機械課に勤務した。同土木課、古城子採炭所工事事務所等に歴勤して三二年一二月撫順炭砿工事事務所線路係主任となり、三七年四月副参事に昇任して工業標準規格委員会線路用品規格小委員会委員を務めた。この間、二九年四月勤続一五年の表彰を受けた。

市川　懋　▷11

鉄嶺支那官憲顧問／奉天省鉄嶺敷島町／一八七六（明九）一二／埼玉県北埼玉郡忽町／東京法学院

埼玉県農業市川次郎の三男に生まれ、一九〇二年東京法学院を卒業した。翌年四月から横浜商業学校別科で北京官話を二年学び、〇五年五月北京に留学して東文学舎で中国語を専攻した。〇七年一月から新民府で鉄道輸送業に従事し、その後蓋平の大吉盛洋行で柞蚕山繭の貿易にあたったが、翌年七月満鉄に入社して遼陽地方事務所に勤務した。一三年六月鉄嶺県の招聘を受けて県公署公安局商務会等の顧問に就き、かたわら鉄嶺商業会議所が創立されると嘱託を務めた。

市川　禎治　▷12

旅順工科大学教授、従六位／旅順市高崎町／一八九八（明三一）四／山口県防府市宮市／京都帝大理学部化学科

第三高等学校を経て一九二四年三月京都帝大理学部化学科を卒業した後、同大で三年間研究に従事して二七年三月理学部講師となった。三一年四月論文「塩素及ビ水素ノ光化学結合ニ就テ」により理学博士号を取得して助教授となったが、同年七月旅順工科大学教授に転じて渡満した。同年一二月から関東庁在外研究員として物理化学研究のため欧米各国に出張し、三四年五月に帰任した。

市川　年房　▷11

関東報副社長／大連市恵比須町／一八九四（明二七）二／静岡県周智郡山梨村／第八高等学校英法科

静岡県農業永田六三郎の次男に生まれ、父の実兄の市川家を相続した。一九一八年第八高等学校英法科を卒業し、二〇年三月青島守備軍民政部嘱託となった。同年九月青島取引所設立とともに証券部長に就いたが、二二年一二月に辞して翌年七月大連に渡り、実兄の永田善三郎に代わり関東報社の経営にあたった。養家の市川家は旧武田家臣で、岡田良平・一木喜徳郎兄弟の曽祖母を出した地方名家として知られた。

市川　正俊　▷12

ハルビン専売署副署長兼事業科長／ハルビン中国頭道街専売署副署長公館／一八八六（明一九）三／長野県南佐久郡中込町／陸軍経理学校

一九〇五年一二月近衛歩兵第四連隊に入営し、〇八年に陸軍経理学校を卒業して第三連隊付、朝鮮駐剳軍経理部員、野砲兵第一三連隊付、近衛師団経理部、台湾軍経理部、経理学校教官を歴補し、主計少佐に累進した。予備役編入後、三二年一〇月満州国中央陸軍訓練処経理養成部教官となって渡満した。その後専売公署嘱託に転任して承徳専売支署に勤務し、次いで三四年三月ハルビン専売署副署長となり事業科長を兼務した。この間、大礼記念章及び建国功労賞を授与された。

市川　正秀　▷11

労力供給業／大連市紅葉町／一八八二（明一五）一／長崎県南高来郡島原村

長崎県市川正心の長男に生まれ、一九〇五年九月に渡満して旅順の㈾山口商店に入った。〇七年に大連支店が開設されると主任に就き、店主山口世基の代理人として関東庁土木課への労力供給にあたった。一三年に退社して菅原工務所営業主の有賀定吉の名義を借りて同じ事業を始めたが、二二年菅原工務所の閉店により自己名義に変更して業務を引き継いだ。

市川　保一　▷12

ブラゴエシチェンスク駐在副領事、従七位／ソ連ブラゴエシチェンスク市満州国領事館／一八八九（明二二）一／東京府北多摩郡西府村／東京外国語学校露語本科

東京府立第二中学校を経て一九一〇年東京外国語学校露語本科を卒業し、さらに支那語専修科を修了した。一七年六月外務省に入り、ウラジオストク総領事館、本省条約局第二課、在ポーランド公使館、条約局第三課、欧米局第一課、チチハル領事館に歴勤した。その後三四年一月国務院外交部事務官に転じ、政務司勤務を経て三六年九月ブラゴエシチェンスク駐在副領事となった。この間、昭和大礼記念章、建国一周年記念章、建国功労賞、大典記念章を授与された。

市川林太郎　▷3

旅順工科学堂教授、高等官六等／旅順新市街旭川町／一八六九（明

二）一二／新潟県高田市裏川原町／東京帝大理科大学数学科専科

一八九三年七月、東京帝大理科大学数学科専科を卒業した。各学校の教職を歴任した後、一九一一年旅順工科学堂教授に就任して渡満した。

市来崎武二　▷12

国際運輸㈱奉天支店通関代弁荷扱所主任／奉天弥生町／一九〇〇（明三三）一〇／鹿児島県姶良郡加治木町／高等小学校

一九一六年三月高等小学校を卒業し、一七年八月満鉄に入り高麗門駅に勤務した。次いで安東駅に転勤し、同駅貨物助手、同貨物方、同小荷物方に歴勤した。その後二七年一一月国際運輸㈱に転じ、安東支店貨物代弁係主任、奉天支店通関代弁荷扱所勤務を経て三七年四月同所主任となった。

一木　旦治　▷12

㈾一木薬舗代表社員、㈱天佑号代表取締役、安東薬業組合副長／安東市場通／一八七四（明七）九／福岡県築上郡八屋町

家業の薬種商に従事した後、日露戦中の一九〇五年四月に渡満し、同年五月安東で薬種貿易商を開業した。東京、大阪、名古屋、営口方面から売薬、工業薬品、医療器械等を仕入れて奉天、新京、ハルビン、チチハル、大連方面に販売し、店員一八人を使用して年間二三万円を売上げ、三六年八月合資会社に改めた。漢薬鑑定の第一人者として知られ、安東薬業組合副長を務めた。長男清輔は京城歯科医学専門学校を卒業し、安東五番通で歯科医院を経営した。

一木　敏之　▷12

一木洋行主／大連市伊勢町／一八九〇（明二三）五／三重県員弁郡十杜村／京都府師範学校、立命館大学経済科

京都府師範学校を卒業して府下の小学校教員を務めた後、退職して立命館大学で経済学を修学した。一九一七年六月上海に渡り、一木洋行を興して楽器・蓄音器・ラジオ商を営んだ。一九年三月上海店を支店とし、大連市伊勢町に本拠を移して同業を経営した。その後ハルビンにも支店を設け、さらに三一年に上海で一木商会の商号で京都物産の販売を試みたが、後に撤退した。

市崎　万作　▷12

国際運輸㈱大連支店長代理兼吾妻荷扱所主任／大連市臥竜台／一八九〇（明二三）一二／兵庫県神戸市須磨区稲葉町／京都府立城丹蚕業学校

一九〇八年京都府立城丹蚕業学校を卒業した後、一三年一月山口㈴神戸支店に入り、神戸荷扱所主任、発送到着主任を歴任した。二三年八月国際運送㈱による併合を経て神戸支店発送係長、兵庫支店長を務めた後、傍系の兵庫合同運送常務取締役、大阪バストラック運送元請㈱常務取締役兼国際通運釜山支店長、釜山丸海運輸会社専務取締役、朝鮮運送会社営業課長代理、同仁川支店営業課助役、同雄基支店長を歴任した。その後三四年二月国際運送㈱の後身国際運輸㈱に入社し、竜井村出張所勤務、雄基支店勤務、本社調査課審査員、管理課監査係主任を経て三六年一一月大連支店長代理となり、吾妻荷扱所主任を兼務した。

「伊地知」は「いじち」も見よ

伊地知綱彦　▷12

国務院国都建設局技術処土木科長、従七位／新京特別市新発屯聚合住宅／一八九八（明三一）／鹿児島県鹿児島市常盤町／仙台高等工業学校

一九二一年仙台高等工業学校を卒業して東京府道路技手となり、後に技師に昇進した。その後三三年国務院国都建設局技正に転出して渡満し、技術処土木科に勤務した。次いで技正に昇格して科長に就き、三七年に国都建設紀年式典準備委員会工営部幹事を務めた。

伊地知正治　▷3

都督府警視、遼陽警務署長、高等官六等従七位／奉天省遼陽付属地警務署官舎／一八七八（明一一）八／鹿児島県姶良郡加治木町

一九〇四年二月に警視庁警部となり、〇六年一〇月関東都督府に転任して渡満し、公主嶺警務署長に就いた。次いで〇七年一一月遼陽警務署長、〇八年五月大石橋支署長、一〇年五月警察官練習所教官を歴任し、一四年二月関東庁警視となり遼陽警務署長に再任した。

一乗 勇進 ▷12

大連取引所副所長、従七位／大連市丹後町／一八八六（明一九）／東京府／明治大学政治科

福井市足羽下町に生まれ、福井中学校を経て明治大学政治科を卒業し、一年志願兵として東京麻布の第三連隊に入営した。退営して陸軍三等主計となり鉄道院に勤務したが、一九一八年二月に退職して渡満し、関東庁殖産課商工係主席となった。二八七月大連取引所に転じ、後に副所長に就任した。

一条養太郎 ▷12

満鉄鉄道総局機械課員、工業標準規格委員会委員、鉄道総局度量衡器検査員、勲七等／奉天弥生町／一八九九（明三二）一／福島県耶麻郡塩川町／旅順工科学堂

福島県一条養吉の長男に生まれ、一九一八年三月南満州工業専門学校機械科を卒業して満鉄沙河口工場設計課に勤務した。一九年三月満鉄貸費生として旅順工科学堂に入学し、二二年一二月に卒業して運輸部機械課に勤務した。鉄道部機械課、同工作課、工事部築港課に歴勤し、この間、満鉄育成学校講師を兼務した。三一年二月鞍山工事事務所機械長に就き、次いで同年八月奉天事務所鉄道課、三三年一月鉄道部工作課に勤務し、三五年七月同機械係主任を経て三六年九月副参事となり、鉄道総局機械課に勤務した。入社以来一貫して鉄道及び港湾機械施設の計画設計に従事し、三七年に一五年勤続の表彰を受けた。

一条 林治 ▷12

国務院文教部督学官、正七位／新京特別市新発屯聚合住宅／一八八六（明一九）一〇／福島県伊達郡五十沢村／東京帝大文学部教育学科

一九二五年三月東京帝大文学部教育学科を卒業し、二六年四月旅順師範学堂教諭となって渡満した。以来同校に勤続して研究科主任を務めた後、三二年一〇月国務院文教部事務官に転じた。学務局総務科長代理として国立教員講習所及び高等師範学校の設置に従事した後、三五年八月督学官となった。

「市瀬」は「いちのせ」も見よ

市瀬 亮 ▷11

満鉄奉天省四平街駅貨物主任、正八位／奉天省四平街鳳瑞街／一八九五（明二八）二／愛知県岡崎市元能見／東京外国語学校

愛知県市瀬豊三郎の三男に生まれ、一九一八年東京外国語学校を卒業して満鉄に入った。埠頭事務所代弁係、鉄道部貨物係、ポグラニーチナヤ在勤員、長春駅貨物助役を経て二八年一二月奉天省四平街駅貨物主任に就いた。この間一年志願兵として入営し、除隊して陸軍砲兵少尉となった。

市瀬 良胤 ▷11

満鉄地方部土木課管理係主任／大連市桜町／一八八六（明一九）五／新潟県高田市／東京商工学校土木科

新潟県医師市瀬胤章の長男に生まれ、県立高田中学校に学んだ後、上京して東京商工学校土木科を卒業した。東京市役所水道課に勤務したが、一九一一年一〇月に渡満して満鉄に入った。沿線付属地の工事係員、工事主務者として長春、本渓湖に勤務した後、本社土木課管理係主任となった。一五年勤続者として表彰を受け、大連市中央公園改良委員会委員、吉林省水道名誉顧問を務めた。

市田菊次郎 ▷3

満鉄技術局建築課員／大連市霧島町／一八八〇（明一三）三／滋賀県神崎南五个庄村／東京帝大工科大学土木科

一九〇六年、東京帝大工科大学土木科を卒業した。〇八年、満鉄に招聘されて技術局建築課員に就いた。

市田 三郎 ▷3

近江洋行主／奉天省営口旧市街／一八六八（明一）一一／滋賀県犬上郡彦根芹橋

早くから郷里の彦根で時計及び雑貨業を営んだが、日清戦争時の一八九四年からロシア領に毎年出張して漁業を経営した。一九〇三年には沿海州及びカムチャッカに七つの漁場を有したが、日露開戦で引き揚げを余儀なくされた。日露戦時の〇五年三月に渡満し、営口で時計・貴金属商の近江洋行を開業し、営口民団行政委員を務めた。

市成太三郎 ▷12

龍江省依安県参事官／龍江省依安県参事官公館／一九〇三（明三六）七／鹿児島県始良郡国分町

鹿児島県市成直哉の三男に生まれ、一九三三年黒龍江省通北県属官となった。三四年八月同省公署属官となって総務庁に勤務した後、同年一二月の行政区画改革により龍江省依安県参事官となった。

一ノ瀬　磐 ▷11

正隆銀行計算課勤務／大連市聖徳街／一八九五（明二八）四／長崎県長崎市万屋町／長崎高等商業学校

長崎県一ノ瀬重次郎の長男に生まれ、一九一六年長崎高等商業学校を卒業して長崎市で一ノ瀬洋品店を営んだ。その後二二年四月に廃業して渡満し、二四年一月大連の正隆銀行に入り計算課に勤務した。

「市瀬」は「いちせ」も見よ

市瀬忠治郎 ▷1

市瀬病院長／大連／一八七三（明六）六／長野県下伊那郡飯田町

信州飯田の宿屋の子に生まれ、一七歳の時に上京して同郷で父と旧交のあった高阪文三の家に寄食し、学資の援助を得て済世学舎に入学したが二週間で退校した。石版屋の印刷工、巻き煙草の職工、金網製造工等を転々としたが、車夫をしていて乗客に大沢医学博士を紹介され、医科大学の小使いとなった。半年後に特例で介保生となり、二年半後に医術開業試験前期に合格した。この間『内臓圧片解剖図』を著し、さらに按摩をしながら盲人医学協会を興してマッサージ術を教授するなどして医学修業を続け、三年後の一九〇〇年五月医術開業試験に合格して芝区桜田備前町で開業した。〇五年七月家産を売却して薬品を購入し、調剤師を連れて大連に渡って診療活動を始め、同年一一月浪花町の借家に移り、妻と看護婦を呼び寄せ市瀬病院を開業した。貧困者の治療に従事する中で十字堂主の乾丑太郎と知り合い、資金の提供を受けて〇六年に基督教慈恵病院を設立して診療に従事した。

一ノ瀬安平 ▷12

丸一洋行主、勲七等／興安北省ハイラル北大街／一九〇三（明三六）六／山梨県東八代郡南八代村／農蚕学校

山梨県一ノ瀬元次郎の三男に生まれ、一九二一年四月郷里八代の有限責任盛蚕信用購買販売生産組合に勤務し、かたわら二二年に農蚕学校を卒業した。二四年一月徴兵されて兵役に服し、以来軍務に就いて三五年一二月一等縫工長に進んでチチハルで現地除隊し、直後に丸一洋行を開業して洋服洋品雑貨商を営んだ。店内を三部に分け、納品部は主として陸軍と官衙の御用達、製作部は洋服・軍服・靴・鞄及び軍需品の製作、雑貨部は洋品雑貨・食料品・毛皮類の販売に当たり、従業員一三人を使用した。

市橋　貞三 ▷11

長春同仁医院長／長春富士町／一八九七（明三〇）三／千葉県香取郡笹川町／奉天南満医学堂

千葉県農業市橋寅松の三男に生まれ、一九二一年奉天の南満医学堂を卒業した。同学堂皮膚科教室に勤務した後、二四年一一月長春に皮膚泌尿器科の同仁医院を開業した。

市橋　良治 ▷12

満州電信電話㈱営業部外信課長、従七位勲八等／新京特別市恵民路／一八九三（明二六）九／北海道厚田郡

市橋金五郎の次男として北海道厚田郡に生まれ、一九一六年東京逓信官吏練習所を修了して逓信官吏となり、以来勤続して本省外国電信課係長に累進した。その後三四年満州電信電話㈱に転じて渡満し、後に営業部外信課長となった。

市場　元 ▷12

満鉄撫順医院医員兼撫順炭砿庶務課員／奉天省撫順満鉄医院／一八九七（明三〇）三／長崎県西彼杵郡雪浦村／長崎医学専門学校

長崎県の医師の子に生まれ、一九二〇年長崎医学専門学校を卒業して小倉市記念病院に勤務した。次いで朝鮮の釜山府立病院内科に勤め、この間一年志願兵として久留米の歩兵第五六連隊に入営して兵役に服した。その後二七年三月に渡満して満鉄に入り、瓦房店医院医員、本渓湖医院医長を経て撫順医院医員となり、撫順炭砿庶務課員を兼務した。

市原三六郎 ▷11

睦屋商店主／大連市西公園町／一八八九（明二二）一／岐阜県大野郡高山町

岐阜県高山の紙卸問屋市原六兵衛の次男に生まれ、小学校入学以来首席を通したが家庭の事情で学業を断念した。一九〇七年東京の睦屋商店に入って東京本店及び「鮮満地方主任」を二年務めた後、大連支店設置を担当して渡満した。当時まだ珍しかったチェーンストア式販売法を取り入れ、京城、下関、台北、大阪、仙台、小樽、札幌等に連絡店舗を展開して羅紗、洋服材料、手芸材料を販売した。二七年に商業視察に欧米を回ったほか中国各地を商業視察した。運動を好み、キリスト教青年会体育部の総監督を務めた。

市原　善積 ▷11

満鉄鉄道部材料係主任／大連市薩摩町／一八九三（明二六）一一／香川県丸亀市通町／旅順工科学堂

香川県市原源治郎の長男に生まれ、一九一六年旅順工科学堂を卒業して満鉄に入った。沙河口工場設計課に勤務した後、二〇年四月技術部機械課勤務を経て二三年鉄道部材料係主任に就いた。

一番ヶ瀬虎松 ▷9

満州商業銀行公主嶺支店長／吉林省公主嶺満州商業銀行内／一八八三（明一六）八／佐賀県神埼郡背振村

東京で修学した後、郷里の佐賀で小学校訓導となったが、後に教職を辞して佐賀銀行に入った。一九一八年に満州経済事情調査のため渡満し、いったん帰国した後一九年四月に再び渡満して安東商業銀行に入った。二一年九月、同行が満州商業銀行と改称されると同時に公主嶺支店長に就いた。

市丸　虎太 ▷12

奉天高等検察庁繙訳官、勲八等／奉天省大西関奉天高等検察庁／一八八五（明一八）四／佐賀県東松浦郡浜崎村

佐賀県商業市丸磯英の次男に生まれ、一九〇五年二月小倉の陸軍騎兵第一二連隊に入営して兵役に服した後、一〇年三月に渡満して関東都督府巡査となった。次いで関東庁警部補兼任満鉄実業補習学校華語講師、大連警察署翻訳生に歴勤し、二〇年一〇月関東庁飜訳生・開原警察署勤務、二五年大連警察署勤務を経て関東庁逓信局郵便事務嘱託となった。その後三四年七月に退官して最高検察庁繙訳官となり、奉天高等検察庁に勤務した。

一万田七郎 ▷11

満鉄大連鉄道事務所大連築港所勤務／大連市楓町／一八九六（明二九）三／福岡県福岡市／熊本高等工業学校

福岡県行弘真の子に生まれ、実兄の知人一万田卯三郎の婿養子となった。一九一八年熊本高等工業学校を卒業し、満鉄に入社して築港事務所に勤務し、以来一貫して築港事務に従事した。

一宮　章 ▷14

満鉄沙河口工場電気課長／大連霞町／一八九一（明二四）一二／新潟県西頸城郡糸魚川町／旅順工科学堂電気工学科

一九一四年一二月旅順工科学堂電気工学科を卒業し、翌年一月満鉄に入社して沙河口工場に勤務した。三二年九月技師に昇格し、動力電気職場主任を経て電気課長に就いた。この間三二年一一月から三六年一〇月まで大連市会議員を務めた。

一宮　銀生 ▷13

関東州加里工業㈱社長／一八八四（明一七）二／東京府／東京高等商業学校

一九〇六年東京高等商業学校を卒業して渡米し、ウィスコンシン大学で経済学を学んだ。帰国して三井物産会社に勤務した後、東洋冷蔵会社取締役、鴨緑江運輸会社社長を経て大日本塩業㈱社長となり、子会社の同志貿易㈱取締役及び南日本塩業㈱社長を兼任した。さらに三九年三月大日本塩業普蘭店工場の製塩副産物苦汁から硫酸カリと塩化マグネシウムを回収する関東州加里工業㈱が設立されると、同社長を兼務した。

一柳　庄助 ▷12

㈾図們製作所代表社員／浜江省牡丹江金鈴街／一八九五（明二八）八／山形県南村山郡上山町／米沢工業高等学校機械科

山形県一柳庄吉の三男に生まれ、一九一九年米沢工業高等学校機械科を卒業

い

し、同年三月室蘭市の北海道製鉄会社の技手となった。合併により同社が日本製鋼所となった後も引き続き技手を務めたが、二二年に東京芝区の田中得五郎工業所に転じて朝鮮窒素会社永安新設工場の拡張工事に派遣され、大阪鉄工所納品の組立工事に従事した。工事竣成後、帰国して二三年から二四年一一月まで福島市の福島製作所に勤務した。二六年富山県の庄川水力電気会社技師に転じた後、満州事変後に渡満して図們に一柳鉄工所を設立し、満鉄指定工事請負人として一般機械設計製作、製罐・暖房工事、水道・衛生工事、鉄橋・鉄塔その他各種鉄構物製作、電気・瓦斯溶接、自動車修理のほか、各種鉄工材料及び自動車部品の販売業を経営した。三三年㈾図們製作所に改組して牡丹江に出張所を開設し、後に牡丹江を本拠とした。

一由由一郎　▷11

大連市設中央卸売市場卸売組合事務長／大連市桜花台／一八八六（明一九）九／長野県上水内郡安茂里村

長野県農業一由常太郎の長男に生まれ、上京して銀行に勤めるかたわら川崎紫山、山路愛山、尾崎紅葉等に師事した。一九〇五年頃から文士生活に入り『紫の光』『しぶき』『礼子』『思想統制論』などの著作を発表したが、その後文官試験に合格して逓信官吏となった。一九年一月関東都督府に転出して渡満し、二六年大連市官吏に転じた後、二八年に大連市中央卸売市場卸売組合事務長に就いて食糧品統制問題等の衝に当たった。

井爪　清一　▷12

満鉄中央試験所一般農産化学研究室主任、㈶双葉学院理事、理化学研究所嘱託／大連市伏見町／一八九六（明二九）一二／東京府東京市日本橋区北新堀町／シカゴ大学大学院

東京府井爪治兵衛の次男に生まれ、一九一八年明治専門学校応用化学科を卒業して東京帝大農科大学介補嘱託となった。同講師を務めた後、理化学研究所助手に転じて海外実業練習生となり、シカゴ大学に留学して修士号及び博士号を取得した。帰国して二七年二月理化学研究所嘱託となり、次いで同年五月満鉄中央試験所に転じて渡満した。以来栄養化学の研究に従事して三四年六月技師に昇任し、三五年三月一般農産化学研究室主任となった。

出井　盛之　▷13

大連商工会議所理事／大連／一八九二（明二五）／栃木県安蘇郡葛生村／早稲田大学

早稲田大学を卒業後、渡米してシカゴ大学に学んだ。帰国して母校の教授になったが、国際連盟労働事務局に転じてジュネーブに七年滞在し、一九三三年三月の国際連盟脱退の際は当路にあって活躍した。帰国して再び早大で教鞭を執った後、大連商工会議所理事に就任して渡満した。

井手川　勝　▷12

国際運輸㈱開原出張所西豊営業所主任／奉天省西豊県城門外国際運輸㈱営業所／一九〇二（明三五）七／香川県高松市八坂町／尋常高等小学校

一九一七年郷里の尋常高等小学校を卒業した後、一九年一二月満鉄に入り埠頭事務所に勤務した。二四年一月徴兵されて兵役に就き、二五年一一月に除隊して復職し、三〇年七月に満鉄を依願退職した。三三年一〇月国際運輸㈱に入社して開原出張所に勤務した後、三五年九月西豊営業所主任となった。

井手　正次　▷12

満鉄田家駅長／奉天省復県満鉄田家駅長社宅／一九〇一（明三四）五／佐賀県藤津郡塩田町／佐賀県立鹿島中学校

一九二〇年三月佐賀県立鹿島中学校を卒業し、同年五月満鉄に入り瓦房店駅に勤務した。大連列車区瓦房店分区に転勤した後、周水子駅助役、蘆家屯駅助役、大石橋駅助役、老辺簡易駅長を歴任して三六年三月田家駅長となり、同年四月勤続一五年の表彰を受けた。

出原　佃　▷11

営口水道電気㈱取締役／大連市聖徳街／一八八四（明一七）一／愛知県愛知郡日進村／東京帝大工科大学電気工学科

愛知県農業出原三郎の長男に生まれ、一九〇九年七月東京帝大工科大学電気工学科を卒業。翌月渡満して満鉄に入り、沙河口工場に勤務した。次いで一二年八月に神戸電気鉄道㈱に転じた後、一三年八月再び満鉄に入って電気作業所に勤めた。以来勤続して所長、審査役等を経て二七年一二月に臨時経済調査委員会委員となったが、二八年一二月満鉄を辞して営口電気㈱取締役に就き、遼陽電灯局監事、鉄嶺電灯局監査役を兼務したほか、南満州工業学校、南満州工業専門学校、旅順工科大学講師を務めた。ガラスその他で一二種の専売特許権を持ち、二一年には大連市会議員を務めたほか、欧米や中国中部を視察旅行して『欧米旅行記』『苦力行』等を著した。

井手　利八　▷4

医師／綏芬河ポグラテチナヤ駅／一八七八（明一一）／佐賀県杵島郡武雄町／小学校

小学校卒業後に苦学して医術を修め、一九〇八年に渡満して綏芬河で医院を開業した。診療のかたわら日本民会会長と官選総代を十数年務め、居留民の種々難題を中露両国官憲と交渉して「日本ドクトル」の異名で知られた。

糸井　仙之助　▷3

横浜正金銀行旅順出張所長代理／旅順市乃木町／一八七四（明七）五／京都府与謝郡岩崎村／東京帝大法科大学政治学科

一九〇四年東京帝大法科大学政治学科を卒業し、翌年横浜正金銀行に入った。本店、上海支店、長春出張所勤務を経て一五年夏、旅順出張所長代理となって渡満した。

伊藤　顕道　▷12

奉天第二中学校教諭／奉天新高町奉天第二中学校／一九〇〇（明三三）六／群馬県前橋市向町／東京高等師範学校

前橋市の実業家伊藤勝次郎の三男に生まれ、一九二四年東京高等師範学校を卒業した。横浜高等商業学校の講師を務めた後、二七年三月に渡満して満鉄に入り、安東中学校教諭兼安東小学校訓導となった。次いで同中学校舎監兼務を経て三七年三月第二中学校教諭に転任した。この間、地理学研究のためサガレン州地方を視察した。

伊藤　伊八　▷11

満鉄学務課視学／大連市楓町／一八八八（明二一）一二／静岡県磐田郡山香村／神宮皇學館本科

静岡県商業伊藤弥八の次男に生まれ、一九一三年神宮皇学館本科を卒業して渡満し、満鉄教育研究所に勤めた。本社学務課に転じた後、一七年に中国語と中国事情研究のため北京に留学し、翌年学務課に帰任して視学を務めた。

伊藤　賀一　▷12

伊藤畳店主／吉林一経路／一八九七（明三〇）四／広島県広島市鍛冶屋町

郷里の小学校を卒業して渡満し、一九一八年四月より吉林で畳襖商を営む父久吉の仕事を補佐し、二三年に亡父の跡を継いだ。尾道、広島方面より仕入れ、新京鉄路局が吉林に移転して以降は吉林同業者中の老舗として急激に売上げを伸ばした。

伊藤　寛市　▷11

満鉄経理部主計課主任、勲八等／大連市山手町／一八八四（明一七）八／佐賀県藤津郡西嬉野村

佐賀県農業伊藤与八の長男に生まれ、一九〇四年一〇月税務署員となったが日露戦争で召集された。復員して官庁、公署、会社等に勤務した後、一四年一一月朝鮮に渡って咸鏡北道庁に勤めた。一九年三月に渡満して満鉄に入社し、経理部会計課財産係を経て二七年一一月の職制改正後に主計課主任に就いた。同郷の夫人トラとの間に三男四女があり、長男芳郎は大連商業学校を出て沙河口の昌光硝子会社に勤めた。

伊藤　勘三　▷13

牡丹江木材工業㈱社長、三松洋行主、鴨緑江製材合同㈱取締役、安東造紙(股)監察人、安東商工会議所議員、同副議長、安東地方委員会商工部委員、日満木材協会会長、満州木材同業組合連合会会長、安東材木商組合理事長、正八位／安東中央通／一八八九（明二二）一／滋賀県滋賀郡坂本村

一九〇九年三月滋賀県立第二中学校を卒業した後、一二年朝鮮に渡り京城の材木商大二商会に入り、一六年安東支店の開設に際し支店長となって渡満した。三三年一二月独立して木材商を経営し、三六年一月鴨緑江採木・鴨緑江製材・大二商会・安東挽木等と共同出資で牡丹江木材工業㈱が設立されると社長に就任した。経営のかたわら安東実業界を代表する人物として三松洋行主、鴨緑江製材合同取締役、安東造紙監査役のほか、日満材木協会会長、満州木材同業組合連合会会長、安東材木商組合理事長、安東商工会委員、安東地方委員会副議長等を務めた。

伊藤儀右衛門 ▷11

旅順第一小学校訓導／旅順市鯖江町／一八九二（明二五）二／宮城県栗原郡長岡町／宮城県師範学校

宮城県伊藤儀太郎の長男に生まれ、一九一三年三月宮城県師範学校を卒業して郷里の栗原郡長岡小学校訓導となった。郡内の川口小学校に転じた後、一七年五月に渡満して旅順第一小学校訓導に転じた。

伊東喜八郎 ▷12

興安北省公署参与官、従四位勲三等／興安北省ハイラル省公署参与官公館／一八八二（明一五）七／大分県玖珠郡野上村／東京帝大法科大学独法科

大分県伊東孝市の次男に生まれ、一九〇七年七月東京帝大法科大学独法科を卒業し、同年文官高等試験に合格して三重県事務官補となった。以来、富山県事務官、福井・宮崎・静岡の各県警察部長、滋賀・福岡の各県内務部長を歴職した。次いで二二年九月富山県知事、二四年七月静岡県知事、二六年九月茨城県知事、二七年五月福島県知事、二八年五月長崎県知事を歴任し、三〇年八月に退官した。その後三五年一〇月、興安北省公署参与官となって渡満した。この間、二五年九月勲三等瑞宝章を授与された。

伊藤久太郎 ▷11

銭鈔信託㈱取締役、株式取引人／大連市但馬町／一八八〇（明一三）二／三重県三重郡八郷村／京都法政大学

三重県伊藤久三郎の長男に生まれ、立命館大学の前身である京都法政大学に学んだ後、近江銀行、三十四銀行等に勤めた。一九一六年二月大阪株式取引人越ヶ谷商店に入り、上海支店支配人を務めた後、大連五品取引人越ヶ谷洋行支配人に転じて二〇年三月に渡満した。その後二三年六月に大連銭鈔取引人・大連五品取引人として独立したが、二六年四月銭鈔取引人を廃業して銭鈔信託㈱取締役に就任した。

伊藤　清 ▷11

満鉄撫順炭砿東郷坑勤務／奉天省撫順東郷町／一九〇〇（明三三）一／秋田県仙北郡荒川村／東京帝大工学部採鉱科

一九二七年三月東京帝大工学部採鉱科を卒業し、同年四月満鉄に入社して撫順炭砿東郷坑に勤務した。

伊藤喜代蔵 ▷12

吉林専売署事業科長、従七位勲六等功六級／吉林陽明街公館／一八八〇（明一三）六／山形県西置賜郡津川村

日露戦争に従軍して特務曹長となり、除隊後一九一三年文官普通試験に合格して台湾総督府通信局属となり、民政部通信局に勤務した。次いで関東都督府属に転じて渡満し、土地調査部、内務局地方課、長官官房法務課に歴勤して関東庁高等法院書記となった。関東庁理事官に進んで財務局税務課に勤務した後、三二年一二月国務院財政部事務官に転出し、三三年三月吉林専売署長事務取扱、同年六月同事業科長兼緝私科長を経て三五年四月吉林専売署事業科長となった。

伊藤　金治 ▷12

満鉄牡丹江鉄路局綏芬河在勤、社員会評議員／牡丹江省東寧県綏芬河満鉄牡丹江鉄路局綏芬河在勤員詰所／一八八八（明二一）一一／福島県／中央工学校

福島県農業伊藤名与次の三男に生まれ、一九〇七年に上京して鉄道庁に入り、上野機関庫、東武鉄道管理局に歴勤した。勤務のかたわら一六年八月中央工学校機械科を卒業し、一八年に上野運輸事務所客貨車係となった。その後一九年五月満鉄に転じて渡満し、長春車輌係、長春検車区開原駐在所勤務、長春検車区鉄嶺分区勤務、長春検車区検車助役、大連検車区検車助役兼鉄道教習所講師、綏芬河検車段長に歴任し、三七年六月牡丹江鉄路局綏芬河在勤となった。この間、三四年に満州事変時の功により木杯一組及び従軍記章を授与され、三五年四月勤続一五年の表彰を受けた。

伊東　国雄 ▷12

満鉄鉄道総局車両課員、工業標準規格委員会委員、社員会評議員、勲七等／奉天雪見町／一九〇二（明三五）一二／山形県米沢市表町／旅順工科大学機械工学専門部

山形県伊東栄三の次男に生まれ、一九二五年三月旅順工科大学機械工学専門部を卒業して満鉄に入り、奉天鉄道事務所に勤務した。長春車両事務所、長春鉄道事務所、吉長鉄路局派遣、吉長吉敦鉄路局派遣、呼海鉄路局派遣ハルビン在勤を経てハルビン鉄路局機務処運転科長兼客貨車股長となった。次いで同機務処運転課機関車係主任を経て三六年一〇月副参事となり、鉄道総局車両課に転勤した。この間、満州事変時の功により勲七等旭日章及び従軍記章、建国功労賞を授与された。

伊藤　熊夫　▷12

満州国陸軍被服本廠員／奉天平安通／一八九三（明二六）九／広島県／陸軍経理学校

一九一五年陸軍経理学校を卒業して各地に勤務した後、二二年二月広島被服支廠廠員を経て被服本廠廠員、航空本部部員兼科学研究所員等を歴職した。三三年二等主計正に進んで予備役編入となり、同年四月満州国陸軍軍需中校となって渡満し、被服本廠廠員を経て三六年八月陸軍軍需上校となった。

伊東熊次郎　▷12

伊東号主、撫順製紙㈱取締役、撫順起業㈱監査役／奉天省撫順西五条通／一八九一（明二四）一二／佐賀県小城郡牛津町

佐賀県伊東亀太郎の次男に生まれ、一九一三年六月に渡満して満鉄撫順炭砿に勤務した。一六年に退社して東洋公司に転じ、炭砿への労力請負業と建築材料商に従事した後、二一年三月に独立して伊東号を開設した。撫順炭砿用達として労力請負業を経営し、さらに満鉄製ピッチ、コークス、油頁石コークスの満鮮一手販売元として貿易商を兼営し、新京と奉天に支店を置いた。

伊東　権吉　▷11

満鉄長春地方事務所勧業係商工主任／長春常盤町／一八九八（明三一）一／兵庫県神戸市中山手通／神戸商業高等学校

神戸市商業伊東芳平の四男に生まれ、一九二一年神戸高等商業学校を卒業して満鉄に入社した。長春地方事務所に勤務し、後に勧業係商工主任に就いた。

伊藤　健治　▷12

日満商事㈱遼陽出張所主任／奉天省遼陽梅園町／一八九五（明二八）二／秋田県平鹿郡横手町／慶応大学理財科

秋田県伊藤原蔵の長男に生まれ、一九二一年慶応大学理財科を卒業して日本トラスコン鋼材会社に入った。その後退社し、二三年に渡満して満鉄消費組合大連支部に勤務した後、三三年満鉄商事部撫順受渡事務所事務主任、三四年大連販売事務所主任、三五年営口営業所販売係主任を歴任した。三六年九月副参事に昇格し、同年一〇月制改正により商事部の業務を継承して日満商事㈱が設立されると同社員に転じて遼陽出張所主任となった。

伊藤謙次郎　▷11

鉱業、勲七等功七級／奉天省大石橋中央大街／一八七八（明一一）一一／福岡県福岡市出来町／小学校

福岡市穀物商伊藤善兵衛の次男に生まれ、小学校を卒業して家業に従事した。一九〇四年日露戦争に従軍して金鵄勲章功七級を受章し、除隊して帰国後、再び中国に渡って上海、九江等の長江沿岸各地を巡って漢口に一年ほど在留した。その後〇六年に長春で石炭商を始めたが、一六年に大石橋に移って滑石・苦土等の鉱業に従事した。二六年に陳情委員として上京するなど政治活動に関心を持ち、地方委員・副議長を務めた。

伊藤　原蔵　▷3

満鉄大石橋経理係主任／奉天省大石橋大街社宅／一八六六（慶二）一〇／秋田県平鹿郡横手町

一九〇〇年郷里の秋田県警部となり、その後〇七年三月に渡満して満鉄開業とともに入社し、後に大石橋地方事務所経理係主任となった。夫人すまとの間に二男二女があり、長女しゅんは教員を務めた。

伊藤　吾一　▷13

大連工業㈱専務取締役／大連市桜町／一八八九（明二二）二／広島県広島市的場町／長崎高等商業学校

一九一四年長崎高等商業学校を卒業し、八田銀行に勤務した後、一七年満鉄に転じて渡満した。以来勤続して三二年九月参事に昇格し、三三年一二月用度事務所倉庫課長となった。その後三五年六月に退社し、満鉄傘下の大連工業㈱専務取締役に就任した。

伊藤　剛介　▷12

日清製油㈱ハルビン出張所主任／ハルビン道裡田地街／一八九九

い

（明三二）二／山口県萩市大字江向／東亞同文書院

上海の東亜同文書院を卒業して一九二一年日清製油㈱に入社し、大連支社に勤務した。勤続して三一年八月ハルビン出張所主任となり、日本人五人、中国人一二人の従業員を差配して特産物の買付・輸出に従事した。

伊藤　香象　▷12

満鉄総裁室東亞課第一係主任兼産業部勤務／大連市楓町／一八九八（明三一）一二／富山県中新川郡上市町／東京帝大法学部法律学科

富山県伊藤祐覚の子に生まれ、東京帝大法学部法律学科在学中の一九二一年文官高等試験行政科に合格し、ローマ法試験成績優秀につき帝国学士院より末松賞を授与された。二二年四月卒業とともに日本郵船㈱に入社し、神戸、上海、大阪の各支店に勤務した。その後、三三年満鉄経済調査会調査員に転じて渡満し、第四部第一班主任、総務部東亞課第二係主任等を経て三六年九月副参事となり、同年一〇月総裁室東亞課第一係主任兼産業部勤務となった。

伊東　幸蔵　▷1

伊東洋行主、水力公司主、伊東公司主／奉天省営口南永世街／一八七七（明一〇）一一／神奈川県横浜市神奈川町

小学校を卒業した後、英語と漢学を三年学んだ。一九〇〇年四月大豆・豆粕業の視察のため営口に渡ったが、同地で義和団の変に際し、在留日本人による自警団の一員に加わって領事館の警戒に当たった後、同年七月居留民の引き揚げとともに帰国し、功により従軍記章を受けた。同年一〇月再び営口に渡り、さらに鴨緑江沿岸を跋渉して木材資源を調査した。その後京城に赴き、三年にわたり一万数千円を費やして朝鮮領白馬山材の伐採許可を当局に運動したが失敗に終わり、朝鮮沿岸の伐採許可を得たが、これを志岐組に譲与した。〇四年に日露戦争が始まると第一軍の通訳となり、兵站部に属して草河口に勤務したが、病のため同年七月に帰国して辞職した。〇五年四月三度び営口に渡り、伊東洋行を設立して雑貨販売業を営み、さらに水力公司を興して遼河の舟運業を兼営した。次いで〇六年には伊東公司を設けて鉄道貨物輸送業を始め、大連、新民屯、孟家屯等に支店を置いた。営口南永世街三八号地に居住し、第六区の区長を務めた。

伊藤幸太郎　▷12

伊藤商会主、奉天春日町会副会長、奉天市場組合長／奉天春日町／一八八八（明二一）八／三重県三重郡富田町

郷里で海産物の仲買商を営んだ後、一九二一年に渡満して奉天江島町で伊藤商店を開業し、鰹節・珍味等の海産物のほか高級食料品、進物用和洋酒類を卸小売業を経営した。その後二四年に春日町に移転し、二七年五月江島町市場内に支店を設け、さらに同町で春日スタンドバーを兼営した。

伊藤小三郎　▷1

横浜正金銀行鉄嶺出張所長／奉天省鉄嶺／一八六四（元一）一〇／東京府東京市芝区葺手町

佐賀県佐賀郡神野村に生まれ、後に東京市芝区に移籍した。一八八七年中国に渡り、天津・北京で中国語を三年間勉強した後、九一年日本銀行に入った。日清戦争後の九六年台湾支店台中出張所に転勤した後、九九年横浜正金銀行に転じて牛荘支店に勤務した。一九〇二年天津支店、〇五年北京支店勤務を経て〇七年に鉄嶺出張所長となって再び渡満した。

伊東　三吉　▷11

伊東洋行主／大連市霧島町／一八七九（明一二）一一／鹿児島県／第四高等学校

鹿児島県士族伊東数の三男に生まれ、郷里の中学を卒業して第四高等学校理科に入学し、一九〇二年に卒業して鹿児島県立川内中学校に勤めた。その後日露戦争が始まると職を辞して上京し、軍用鉄道監部付となって〇五年一〇月朝鮮に渡り、安奉線軽便鉄道急設に従事した。戦後〇七年三月に軍用鉄道監部の業務が満鉄に引き継がれると同社入りして用度課詰となり、後に購買主任に就いて一二年勤続した。一八年一一月旅順鉄工所の創立に際し請われて専務取締役に就任したが、二〇年一〇月同社を辞して翌年から登喜和商会の総支配人を務めた。次いで大連に伊東洋行を設立して独立開業し、満鉄や官庁向け機械の輸出入業務に従事した。長兄は興業銀行熊本支店長、次兄は十五銀行取締役兼大阪支店長、次弟は正金銀行ロンドン支店副支配人、末弟は帝国製糖㈱取締役兼支配人を務めた。

伊東　静雄　▷12

満鉄綏芬河站長兼綏芬河自動車営業所主任、社員会評議員、国防婦人会綏芬河支部顧問／牡丹江省東寧県綏芬河満鉄綏芬河站長社宅／一八九九（明三二）七／宮城県黒川郡粕川村／京都帝大経済学部

宮城県伊東勇弥の長男に生まれ、一九二五年京都帝大経済学部を卒業した。二六年二月五城銀行に入ったが半年後に辞職し、同年一一月函館駅試傭を経て翌月鉄道省雇となり、札幌鉄道局及び函館駅貨物掛に勤務した。二七年五月東京鉄道局に転勤して経理課倉庫掛、経理課主計掛を経て二八年一月札幌鉄道局庶務課文書掛に転任して同年六月書記となった。次いで二九年一〇月札幌運輸事務所勤務、三〇年八月札幌鉄道局教習所講師、三一年六月札幌駅助役、三二年一二月黒松内駅長を歴任した。その後三三年三月満鉄に転じて渡満し、大連鉄道事務所勤務、鉄嶺駅貨物主任を経て三五年三月綏芬河站長となり、同年一〇月から綏芬河自動車営業所主任を兼務した。この間、満州事変時の功により木杯一組を授与された。

伊藤　修　▷12

満州医科大学講師兼同専門部助教授、正八位／奉天萩町／一九〇五（明三八）一一／千葉県安房郡佐久間村／満州医科大学

千葉県伊藤庄之助の長男に生まれ、一九三一年三月満州医科大学を卒業して同大学副手となり生理学教室に勤務した。三二年二月衛生部幹部候補生として東京の歩兵第三連隊に入営し、同年一一月に除隊して復職し、翌月助手となった。三五年四月同大専門部講師となり、同年一〇月から専門部助教授を兼務した。

伊藤　順三　▷11

画家、満鉄情報課嘱託／大連市聖徳街／一八九〇（明二三）三／東京府東京市下谷区上野町／東京美術学校

東京市呉服商伊藤重兵衛の三男に生まれ、一八九七年村田丹陵の門に入って日本画を学んだ。次いで東京美術学校日本画本科に入学して結城素明に師事し、一九一三年に卒業して研究科に進み、一六年に同科を修了して三越呉服店本店図案部に入った。その後一九年春に退社して嘱託となり、かたわら花屋図案研究所の主事を務めた。二三年九月関東大震災に遭い、満州風物研究を志して渡満し、満州日日新聞社に入り美術担当記者となったが、同年一二月満鉄に転じて社長室弘報係員を務めた。二五年三月に満鉄を退社したが、同年七月再入社して情報課嘱託となり、数多くの満鉄弘報のポスターを制作した。夫人静代は大連高女を卒業して村岡コンサーバトリーに学び、ピアノと声楽を得意とした。

伊東小三郎　▷3

横浜正金銀行奉天支店支配人／奉天城内四平街社宅／一八六四（元治一）一〇／佐賀県佐賀郡神野村／東京外国語学校清語科

一八九一年東京外国語学校を卒業して日本銀行に入り、九六年に台湾支店台中出張所詰となった。九九年横浜正金銀行に転じ、牛荘支店勤務となって渡満した。一九〇二年天津支店、〇五年北京支店、〇七年鉄嶺出張所主任を経て一二年四月に奉天支店支配人に就任し、奉天商業会議所議員を務めた。

伊藤庄二郎　▷9

満鉄本渓湖医院長／奉天省本渓湖満鉄社宅／一八八七（明二〇）二／山形県山形市横町／東京帝大医科大学

一九一四年七月東京帝大医科大学を卒業して同大学病理学教室で病理解剖学を研究した後、翌年二月から同大学分院及び東京市養育院医局で内科学を研究した。一六年九月満鉄に入社して奉天医院城内院長となり、二〇年一月撫順医院院長に転任した。

伊藤　真一　▷11

満鉄旅順駅長、勲六等／旅順市朝日町／一八九〇（明二三）七／東京府東京市本郷区台町／東京帝大法科大学英法科

公爵伊藤博文の養子となったが、後に分家して一家を成した。一九一八年七月東京帝大法科大学英法科を卒業し、一九年から翌年にかけて外務省嘱託として欧米を視察した。帰国後は官を辞して満鉄に入社し、社長秘書役を経て二七年旅順駅長に就いた。

伊藤　新八 ▷12

伊藤商店主、福興商会主、大同電気㈱監査役、四平街地方委員会副議長、四平街満州国帝国協和会第四分会長／奉天省四平街南大路／一八八四（明一七）九／宮城県栗原郡築館町

宮城県伊藤新蔵の四男に生まれ、一九〇五年一〇月に渡満して関東都督府巡査となり、大連、公主嶺、四平街、昌図、長春の各地に歴勤した。その後〇七年一〇月に辞職し、四平街南大路に伊藤商店を開業して特産物及び建築材料商、労力供給業を営み、かたわら同地の市民協会評議員、輸入組合及び金属業組合の各評議員、南町内会長等を務めた。

伊東　直 ▷13

満鉄参事、撫順炭砿調査役／一八八三（明一六）一二／福井県福井市江戸下町／東京帝大工科大学採鉱冶金学科

福井県伊東益与の長男に生まれ、一九〇七年七月東京帝大工科大学採鉱冶金学科を卒業し、同年八月北海道炭砿汽船会社に入り夕張炭砿技師となった。次いで一二年九月に退社して渡満し、満鉄撫順炭砿に勤めた。大山坑主任を経て参事・調査役室勤務となり、採炭法研究のため二一年五月から一年半余欧米各国に出張した。その後、樺太炭砿に転じて専務を務めたが、四二年八月再び渡満して東辺道開発㈱社長に就任した。この間、撫順炭砿在勤時に帝国在郷軍人会撫順分会長を務めた。

伊藤　角太 ▷12

瀋陽警察庁警務科長、正七位勲七等／奉天瀋陽警察庁／一八八九（明二二）九／山口県阿武郡徳佐村

一九〇九年徴兵されて広島の重砲兵第四連隊に入営し、除隊後に渡満して関東都督府巡査となった。一九年関東庁警部補兼外務省警部補に進み、奉天警察署に勤務して二七年一一月関東庁警部兼外務省警部となり、引き続き奉天に在勤した。三五年三月関東局警視兼外務省警視に昇進し、警務部警務課及び新京総領事館警察署兼務、次いで奉天警察署及び奉天総領事館警察署兼務を歴任した。三六年三月大連水上警察署長に転任した後、三七年三月奉天省公署警察庁警正に転出して瀋陽警察庁警務科長に就いた。

伊藤清四郎 ▷11

南満州工業専門学校教授、勲六等／大連市桜町／一八八五（明一八）六／島根県簸川郡神西村／京都帝大理工科大学機械工学科

島根県農業伊藤善三郎の次男に生まれ、一九一〇年七月京都帝大理工科大学機械工学科を卒業して満鉄本社運輸課に勤めた。その後、公主嶺、撫順の各車両係、奉天車両係主任、本社運輸部勤務を経て二一年に大連運輸事務所運転長となった。二三年一月から社命で欧米各国に留学し、滞欧中の二五年六月ロンドンで開かれた国際鉄道会議で満鉄参事として委員を務め、同年九月に帰国して奉天鉄道事務所所長代理となった。鉄道部に転じた後、二七年四月南満州工業専門学校教授に就任し、後に旅順工科大学講師を兼任した。

伊藤政次郎 ▷11

土木建築請負業／大連市聖徳街／一八八七（明二〇）九／愛媛県松山市大字味酒／小学校

松山市恒岡伝五郎の四男に生まれ、後に伊藤与惣吉の養子婿となった。郷里の小学校を卒業して実業に従事し、後に土木建築業界で働いた。その後一九一六年四月に渡満して大連市聖徳街で土木建築請負業を営み、聖徳会評議員を務めた。

伊東　善吉 ▷12

満州医科大学学生監事務嘱託兼看護婦養成所講師、正六位／奉天萩町／一八七六（明九）二／宮城県志太郡三本木町／東京高等師範学校

一九〇六年東京高等師範学校を卒業し、東京基督教青年会主事、神戸関西学院中学部教諭、秋田県大館中学校教諭を歴職した。その後一三年に渡満して満鉄経営の各中学校に勤務し、二六年に奉天中学校教諭から安東中学校長となった。三一年七月に退職して翌月から満州医科大学学生監事務嘱託となり、学事係長、専門部講師兼任を経て三六年九月看護婦養成所講師兼任となった。

伊藤惣次郎 ▷12

新京取引所長、新京商工会議所特別議員／新京特別市蓬莱町／一八八四（明一七）三／愛知県名古屋

市／東京高等商業学校

愛知県伊藤助吉の長男に生まれ、名古屋商業学校を経て一九〇六年東京高等商業学校を卒業し、三井物産に入社した。名古屋、神戸、大阪の各支店を経て本社に勤務し、さらに台湾、中国、朝鮮、ラングーンの各出張所に赴任した。この間、遠藤大三郎の知遇を得て東洋棉花㈱及び南北棉業会社の創立に参画した。二三年九月の関東大震災後に三井物産を退社して名古屋女子商業学校副校長に転じ、かたわら名古屋株式取引所の経済顧問となった。その後関東庁に転じて渡満し、同庁管営の新京取引所所長に就任した。

伊東　武一　▷7

満州船渠会社技師／大連市浜町／一八九一（明二四）一二／鹿児島県熊毛郡屋久島村／鹿児島県立第二中学校中退

屋久島村長伊東万太郎の長男に生まれ、鹿児島県立第二中学校を中退した後、一九一一年に渡満して川崎造船所大連出張所機械部に勤務した。かたわら一三年から大連工業学校に聴講生として学び、一八年に同校を卒業して技師に昇格した。二三年四月同社が満州船渠会社の経営に移った後も引き続き技師として勤務し、二四年一〇月に埠頭出張所詰となり埠頭出入船の臨時修繕等に従事した。

伊藤竹次郎　▷12

満州興業銀行四平街支店支配人代理／奉天省四平街満州興業銀行支店／一八九四（明二七）三／三重県桑名郡城南村／早稲田大学法科

一九一六年早稲田大学法科を卒業し、一七年一月朝鮮銀行に入り東京支店に勤務した。釜山支店、間島省竜井村支店、京城本店勤務を経て四平街支店支配人代理となり、三六年一二月在満朝鮮銀行支店、満州銀行本支店、正隆銀行本支店を統合して満州興業銀行が設立されると、同銀行四平街支店長代理となった。

伊藤　格　▷13

日本郵船大連支店長／大連／一八八六（明一九）／兵庫県姫路市／京都帝大法科大学

一九一四年七年京都帝大法科大学を卒業して日本郵船に入社した。本社に一年余り勤務した後、香港、本社、大阪、カルカッタ、神戸、シンガポール勤務を経て神戸副支店長に就いた。その後三八年四月に大連出張所が支店に昇格するとともに大連支店長となって渡満した。

伊藤　董　▷9

大阪商船㈱大連支店長／大連市伏見台／一八七九（明一二）一一／福島県田村郡御木沢村／東京高等商業学校

福島県伊藤忠吾の次男に生まれ、一九〇三年東京高等商業学校を卒業して大阪商船㈱に入った。大阪本社、門司支店、仁川支店等に勤務した後、一〇年四月大連支店詰となって渡満した。一三年九月ウラジオストク支店に転勤した後、一九年本社詰を経て二〇年四月再び渡満して大連支店長に就き、かたわら大連商業会議所常議員を務めた。

伊藤　龍翁　▷12

伊藤書店主、図們第三区長兼警報第三班長／間島省図們北区／一八九九（明三二）一〇／兵庫県飾磨郡安室村／姫路商業学校

兵庫県伊藤辰次の子に生まれ、一九一五年姫路商業学校を卒業して家業に従事し、父の没後に事業を継承した。その後三三年一一月に渡満して図們で貸本業を始め、新古本の書籍雑誌のほか文房具類も取り扱った。

伊東　龍雄　▷12

満鉄農事試験場遼陽棉花試験地主任、日満棉花協会嘱託、満州棉花協会嘱託／奉天省遼陽梅園町／一九〇四（明三七）二／山口県吉敷郡小郡町／東京農業大学農学部

山口県伊東茂一の長男に生まれ、一九三〇年三月東京農業大学農学部を卒業して満鉄に入り、興業部農事試験場熊岳城分場に勤務した。次いで三四年四月農事試験場遼陽棉花試験地に転勤し、三六年一二月主任となった。

伊藤多度作　▷12

満州医科大学予科教授、奉天ロータリー倶楽部幹事／奉天平安通／一八九八（明三一）一／熊本県葦北郡佐敷町／コロンビア大学大学院中退

熊本県伊藤武成の次男に生まれ、福岡県立中学明善校を経て一九二六年三月明治学院高等学部を卒業し、同年七月アメリカン・フレンド・サービス・コミュニティの日米交換留学生としてインディアナ州のアラム大学に留学した。二九年に同大経済科卒業してコロンビア大学大学院に進んだが、三〇年二月に中退して帰国し、同年九月に渡満して満州医科大学予科教授となり語学を担当した。

伊藤　保　▷12

満鉄竜井站長／間島省延吉竜井村文安路満鉄竜井站長社宅／一八九九（明三二）一二／愛知県豊橋指笠／高等小学校

一九一四年郷里の高等小学校を卒業し、同年八月鉄道院に入り豊橋駅に勤務した。その後二〇年一月満鉄に転じて渡満し、奉天顒娃車掌心得、大石橋駅車掌、大連列車区乗務荷物方、同区車掌、得利寺駅助役、大石橋駅助役、大連列車区旅客専務、大連駅助役、吉林建設事務所に歴勤した。次いで鉄路総局に転任して吉林・吉敦・図們に在勤した後、新京鉄路局勤務、図們弁事処弁事員を歴任して三五年一〇月竜井站長となった。この間、三五年四月勤続一五年の表彰を受けた。

伊藤　保　▷12

伊藤仁大堂薬局主、奉天薬業組合幹事／奉天葵町／一八七五（明八）一／福井県遠敷郡小浜町

一九〇七年に渡満して営口領事館巡査となり、一九年八月に退官して錦州で質屋を開業した。同地で錦州商品陳列館を経営する予備陸軍少佐の石光真清と日本人会を設立して幹事となり、副会長を経て会長を務めた。三〇年に奉天に移り、同年一二月葵町に伊藤仁大堂薬局を開設して薬種売薬業を営んだ。二男一女あり、長男盛雄は明石貯蓄銀行に勤務し、次男は九州帝大工学部を卒業して国務院国都建設局に勤務した。

伊藤　太郎　▷12

満鉄経済調査委員会委員／大連市東公園町満鉄本社／一八九三（明二六）三／愛知県渥美郡泉村／東京帝大法科大学経済科

愛知県伊藤与一の長男に生まれ、一九一八年七月東京帝大法科大学経済科を卒業し、同年一二月満鉄に入り東京支社内の東亜経済調査局に勤務した。二一年六月本社運輸部貨物課に転任して渡満し、二三年三月大連駅駅務方、同年一二月安東駅駅務方に歴勤した。次いで二四年三月再び貨物課勤務となり、同年七月ハワイで開かれた汎太平洋会議に出席した後、同年八月から鉄道貨物業務研究のため二年間欧米各国に留学し、滞欧中にイギリス、スペイン、ドイツ等の鉄道会議に出席した。二七年八月に帰社して参事となり、鉄道部渉外課第一係主任、同連運課長、経済調査会委員・第三部主査、鉄路総局運輸処貨物科長兼務を経て三五年一〇月新京鉄道出張所長兼総務部新京在勤を歴任した後、三六年一〇月職制改正により参与に昇任して経済調査委員会委員となった。この間、社員会常任幹事及び満州弘報協会理事を務めた。

伊藤　長次　▷8

天命散満州総発売元三和公司主／奉天富士町／一八九四（明二七）一二／愛媛県新居郡新居浜町／明治薬学専門学校

一九一五年明治薬学専門学校を卒業して薬剤師となり、郷里で天命堂薬局を開業した。かたわら薬学を研究して一七年に解熱剤天命散を創製し、二四年二月経営を実弟に託して渡満した。奉天富士町に満州総発売元を設置し、満鉄沿線各地に天命散の販路を拡張した。

伊藤長之助　▷11

伊藤呉服店主／大連市浪速町／一八八〇（明一三）一／和歌山県那賀郡池田村／高等小学校

和歌山県農業伊藤忠蔵の次男に生まれ、高等小学校を卒業して郷里で商業に従事した。その後一九〇五年一二月に渡満して大連市浪速町で呉服商を開業し、大連呉服商組合幹事、㈳競馬倶楽部監査役を務めた。

伊藤　藤吉　▷12

満鉄吉林検車段庶務助役／吉林黄旗屯黄旗寮／一八九七（明三〇）一二／山形県最上郡新庄町／岩倉鉄道学校

山形県伊藤孫治の長男に生まれ、一九一二年鉄道院に入り新庄機関庫に勤務した。大宮工場に転勤した後、一九年に辞職して東京の岩倉鉄道学校に学んだ。卒業後は東京の大正電機製作所に就職したが、二〇年に再び鉄道院に入り新庄機関庫員、新庄検車所員、同助役を歴職して鉄道局書記となった。その後三六年七月に退官し、満鉄に転じて吉林検車段庶務助役となった。

伊藤　透 ▷12

満鉄大連工事事務所工務係長、静浦学校幹事、町内会評議員／大連市秀月台／一八九〇（明二三）五／福岡県小倉市田町

福岡県伊藤宇治蔵の長男に生まれ、一九〇七年満鉄に入社して大連建設事務所に勤務した。一一年八月遼陽保線係、一七年四月立山臨時工事係、一九年三月遼陽保線係、二二年四月安東工務事務所、二三年五月安東地方事務所、二六年四月長春地方事務所、三〇年六月功事務庶務課等に歴勤した後、三二年一〇月大連工事事務所工務係長となり、三六年九月副参事に昇任した。この間、満州事変時の功により盃及び従軍記章を受け、三七年四月勤続三〇年の表彰を受けた。

伊藤利喜蔵 ▷11

満鉄開原保線助役／奉天省開原朝日街／一八八九（明二二）一〇／長崎県南高木郡有家町

長崎県商業伊藤富士太郎の長男に生まれ、一九〇六年二月野戦鉄道提理部員として渡満し、翌年四月の満鉄開業とともに入社した。第一次世界大戦中の一五年二月に山東鉄道に派遣され、青島戦役で破壊された橋梁の復旧工事に従事した後、青州、淄川の各保線区長を経て青島守備軍民政部残務整理員、鉄道引継実施委員を務めた。その後二三年二月満鉄に復帰して長春鉄道事務所に勤め、昌図保線区勤務を経て二六年三月開原保線区助役となった。梅若流謡曲と弓道、ビリヤードを趣味とし、高女出身で元小学校教員の夫人キクヨとの間に四男一女があった。

伊藤　徳市 ▷12

満鉄瓦房店公学校長兼青年学校助教諭、社員消費組合総代、満州国協和会復県本部評議員／奉天省瓦房店敷島街／一八九八（明三一）四／愛知県中島郡祖父江町／奈良県師範学校

愛知県伊藤常左衛門の四男に生まれ、一九一八年三月奈良県師範学校を卒業して奈良第一尋常小学校訓導を務めた。翌年満鉄教員に転出して渡満し、本渓湖尋常高等小学校訓導を務めた後、満鉄教育研究所を修了して二〇年に開原公学堂教諭となった。二三年社命により北京に留学し、翌年帰任して撫順公学堂教諭を経て三一年瓦房店公学校教諭となり、三二年同公学長に就いて青年学校助教諭を兼務した。この間、三四年四月勤続一五年の表彰を受けた。

伊藤　徳光 ▷12

満鉄開原医院小児科医長／奉天省開原満鉄開原医院／一九〇四（明三七）九／熊本県八代郡和鹿島村／満州医科大学

熊本県伊藤徳太郎の次男に生まれ、八代中学校を卒業して渡満し、三一年三月満州医科大学を卒業して同大学副手兼医員となった。三三年三月副手兼医員に進んだ後、同年一一月満鉄に入社して吉林東洋医院小児科医長となり、三七年四月開原医院小児科医長に転任した。

伊藤　敏行 ▷12

関東逓信官署逓信局長兼関東局監理部逓信課長、関東軍郵便長、満州逓信協会会長、満州電気協会副会長、無線通信士資格検定委員、満州電業(股)監督委員会委員、大連都市計画委員会委員、瓦斯事業主任技術者銓衡委員長／大連市桃源台／一九〇二（明三五）九／東京府東京市麹町区裏霞関／東京帝大法学部政治学科

香川県善通寺町に生まれ、一九二五年三月東京帝大法学部政治学科を卒業して同年文官高等試験行政科に合格し、同年一二月逓信局書記となり電務局に勤務した。以来勤続して通信事務官兼逓信局事務官・高知郵便局長、専任逓信局事務官・広島逓信局経理課長、仙台逓信局規画課長、同監督課長兼海事部長、逓信局書記官・大阪逓信局購買課長に歴任した。その後三六年七月関東逓信官署逓信局長兼関東局事務官・監理部逓信課長に転出して渡満し、関東軍司令部事務嘱託ほか各種の公職を兼務した。

伊藤　敏実 ▷12

満鉄吉林鉄路局電気段員、勲八等／吉林鉄路局電気段内／一九〇二（明三五）一一／広島県山県郡加計町／広島県立工業学校中退

広島県伊藤勝太郎の長男に生まれ、広島県立工業学校を中退して広島逓信局に入ったが、一九二六年に満鉄に転じて長春に在勤した。その後吉長吉敦鉄路局勤務となり、家族を新京に残して単身赴任し、吉林鉄路局と改称後も引き続き電気段で通信関係の職務を担当した。

伊藤　知秀　▷12

満鉄四平街検車区検車助役、勲八等／奉天省四平街満鉄検車区／一九〇三（明三六）二／福井県吉田郡下志比村

一九二四年一〇月満鉄に入り、長春検車区及び公主嶺検車駐在所に勤務した後、二六年に満鉄教習所検車科を修了した。長春検車区本区在勤、奉天鉄道事務所勤務、博克図検車段満州里分段副段長を歴勤して三六年六月四平街検車段検車副段長となり、同段検車助役を経て三七年五月四平街検車区検車助役となった。この間、昭和六年乃至九年事変の功により勲八等瑞宝章を授与された。

伊藤　直蔵　▷8

貸馬車業大隅洋行主／奉天／一八八一（明一四）八／静岡県浜松市天神町

一九〇一年徴兵されて名古屋の騎兵第三連隊に入り、〇三年台北守備中隊に派遣された。〇四年日露開戦とともに大連に上陸し、第二軍に属して奉天大会戦に参加した。戦後、連隊の残務整理にあたった後、〇六年一月に除隊して帰還した。〇八年浜松の第六七連隊調馬師兼蹄鉄工に採用され、〇九年六月奉天の独立守備隊歩兵第三連隊に転じて渡満した。一二年六月奉天で除隊して満鉄倶楽部に勤務した後、一四年に貸馬車業大隅洋行を独立開業し、馬車十数台、馬匹三十余頭を所有した。郷土連隊の満州駐箚に際し有志を募って奉天静岡県人会を組織し、副会長として軍隊慰問を行った。

伊藤　識三　▷11

大連汽船社員、正八位勲六等／大連市桜花台／一八八三（明一六）一一／福岡県久留米市通外町／久留米商業学校

福岡県医師伊藤吉郎の三男に生まれ、一九〇二年久留米商業学校を卒業した。その後〇八年一二月に渡満して満鉄に入り、一七年勤続して二三年六月に退社し、大連汽船㈱に勤務した。

伊東　法俊　▷12

旅順工科大学予科教授兼主事、㈶旅順工科大学奨学資金理事、従五位勲六等／旅順市吾妻町／一八九五（明二八）一〇／山口県熊毛郡佐賀村／京都帝大文学部哲学科、同大学院中退

山口県伊東慈薗の長男に生まれ、一九二一年京都帝大文学部哲学科を卒業して大学院に進んだ。次いで母校の平安中学校の英語教師嘱託を経て二三年に熊本医科大学予科教授となり、修身科と独語科を担任した。その後二九年五月旅順工科大学予科教授となって渡満し、三六年八月から同予科主事を兼務した。東京女子高等師範学校卒の夫人千鶴子との間に四男があった。

伊藤　肇　▷11

満鉄大連医院外科医長、正七位／大連市山城町／一八九二（明二五）四／京都府京都市／京都帝大医科大学

京都市医師伊藤隼三の長男に生まれ、一九一七年七月京都帝大医科大学を卒業して同大副手嘱託となった。一九年五月に助手、二二年六月に助教授となったが、二五年一二月満鉄大連医院外科医長に転じて渡満した。

伊藤　寿　▷1

奉天交渉局衛生顧問、勲六等／新民府一八七八（明一一）一／福島県安達郡二本松町／済生学舎医学校

一八九九年東京の済生学舎医学校を卒業し、同年内務省の医術開業試験に合格して石川県大聖寺町の馬島病院に勤務した。数年後に上京して陸軍軍医に転じ、一九〇四年九月第四軍監部に属して日露戦争に従軍し、海城、遼陽等に勤務した後、新民府軍政署に転任した。衛生局主幹として一般公衆衛生事務を管掌するかたわら中国人への施療に従事し、日露戦争時の功により勲六等と一時賜金を授与され、予備陸軍三等軍医正となった。その後、衛生局が奉天将軍監督下の奉天交渉局に移管されると中国当局に招聘され、衛生顧問として引き続き診療に従事した。

伊東　裕雄　▷12

満鉄ハルビン鉄路局工務処保線科長、勲七等／ハルビン南崗海城街／一八九三（明二六）一／東京府東京市四谷区仲町／北海道帝大付属土木専門部

東京府伊東平蔵の長男に生まれ、一九二〇年北海道帝大付属土木専門部を卒業し、同年八月満鉄に入り技術部線路

課に勤務した。同年一二月一年志願兵として兵役に服し、二一年一二月に除隊復職して二二年九月運輸部線路課勤務となった。次いで長春工務事務所、長春鉄道事務所、鉄嶺保線区、長春鉄道事務所、鉄嶺保線区助役、鞍山保線区長、大石橋保線区長、鉄道部工務課、ハルビン鉄路局保線科保線係主任に歴任した。三五年一一月同局工務処保線科長となり、三六年五月から調査股長を兼任して同年九月副参事に昇進した。この間、三六年四月勤続一五年の表彰を受けた。

伊藤　祐雄　▷12

大連税関鑑査科第三部員／大連市山県通／一八八六（明一九）五／東京府東京市小石川区大塚坂下町／明治大学商学部予科

伊藤豊吉の次男として東京市本所区緑町に生まれ、私立大成中学校、県立千葉中学校補習科を経て一九〇九年三月明治大学商学部予科を卒業し、同年九月横浜税関に勤務し、同年一一月大蔵省税関監吏・横浜税関在勤となった。その後一二年一月に依願免官し、一三年一〇月に渡満して大連海関就地巡役となり、二一年九月頭等稽査員を経て副験貨員となり、二五年一一月海南島海口の瓊州海関当関主任となった。二七年一二月上海海関験貨官に進んで上海郵便局海関小包験貨処輸入部主任、同輸出部主任を歴任した後、青島の膠州海関に転勤して同年七月超等験貨官試験に合格したが、同年一一月病気のため退官した。その後三四年一〇月大連税関嘱託となり、三五年六月税関鑑査官佐を経て三六年八月税関鑑査官に進み、大連税関鑑査科第三部勤務となった。

伊藤　寛　▷3

三井物産会社牛荘出張所長、三泰油房取締役／奉天省営口新市街南本街／一八七九（明一二）一／愛知県海部郡鍋田村／東京高等商業学校

一九〇一年、東京高等商業学校を卒業して三井物産に入社した。香港、マニラ等の海外各支店に勤務した後、〇六年三月に渡満して営口に赴任した。鉄嶺、ハルビン勤務を経て一三年三月牛荘出張所長に就任し、かたわら三泰油房取締役、営口民団行政委員を務めた。

伊藤　博　▷12

国務院経済部金融司銀行科長／新京特別市清和胡同／一九〇五（明三八）一／大阪府大阪市浪速区恵美須町／東京帝大法学部法律学科

一九二七年東京帝大法学部法律学科在学中に文官高等試験行政科に合格し、翌年三月卒業とともに税務監督局属兼大蔵属となり東京税務監督局主税局に勤務した。三一年五月司税官となり青森、呉、大阪南の各税務署長を歴任した後、三三年一〇月国務院財政部事務官に転出して渡満した。総務司文書科長、人事科長兼務を経て財政部理事官に進み、日ソ満三国常設調停委員会満州帝国委員、総務司人事科長、理財司国有財産科長を歴任し、三七年七月行政機構改革により経済部金融司銀行科長となった。

伊藤　裕　▷12

国務院交通部郵務司儲金科長兼総務司員／新京特別市新発屯聚合住宅／一八九〇（明二三）四／福井県遠敷郡雲浜村／逓信官吏練習所専修科外国郵便科

福井県伊藤信事の次男に生まれ、一九一五年一二月敦賀郵便局に入った。一九年八月岐阜郵便局に転じた後、二〇年一〇月再び敦賀郵便局に転勤し、二三年二月主事となった。この間、一八年、二〇年、二一年の三回にわたり郵便電信特殊有技者検定試験に合格し、二二年一〇月逓信官吏練習所専修科外国郵便科を修了した。その後、二四年二月通信局外国郵便課、二五年二月同外信課、同年五月郵務局外国郵便課、二九年四月春洋丸郵便局兼務を経て三二年五月兼免、翌月通信局事務官に昇任し、満州国に転出して交通部郵務司郵政監察官となった。三三年九月郵政監理局事務官・ハルビン在勤を経て、同年一二月郵政事業視察のためヨーロッパ、アフリカに派遣された。三四年七月郵政監理局理事官、次いで交通部理事官となり、三六年一一月郵務司儲金科長に就き、同年一二月総務司員兼任となった。この間、二八年昭和天皇即位の大礼記念章、三四年建国功労賞及び大典記念章を受け、勲六位景雲章を授与された。

伊藤　広多　▷12

四平街郵便局長、勲八等／奉天省四平街郵便局長官舎／一八九四

（明二七）八／東京府東京市渋谷区八幡通／明治大学中退

東京府伊藤重次郎の四男に生まれ、岩倉鉄道学校を卒業した後、明治大学を中退して東京逓信局に勤務した。一九二四年関東庁逓信局に出向し、新京、大連の各郵便局勤務を経て大連西広場郵便局長に就いた。三三年一〇月奉天郵便局長兼郵便課長に転任した後、新京中央郵便局郵便課長を経て三五年七月四平街郵便局長となり、関東軍司令部嘱託を兼務した。

伊東　祐寿　▷12

満鉄吉林鉄路局会計科長／吉林大和街／一八九六（明二九）一〇／静岡県沼津市城内／沼津商業学校

静岡県伊東祐清の四男に生まれ、一九一四年三月沼津商業学校を卒業し、同年四月満鉄に入り用度課に勤務した。計理部用度課、商事部倉庫課、経理部用度課、同会計課に歴勤して二九年一〇月吉林公所総務部に転勤した。次いで鉄路総局経理処会計科勤務を経て新京鉄路局経理処会計科長兼予算股長となり、三五年九月吉林鉄路局会計科長に転任した。この間、三〇年四月に勤続一五年の表彰を受けた。

伊藤武一郎　▷3

満州日日新聞編輯長／大連市春日町／一八七〇（明三）八／東京府東京市牛込区弁天町／早稲田専門学校中退

東京市下谷区に生まれたが、生後間もなく一家で旧藩地の伊勢亀山に引き揚げ、三重県中学校を卒業した。上京して早稲田専門学校に入学したが、学業中途で志望を変えて海軍に入った。一八九六年に海軍を辞めて文芸界に転じ、次いで一九〇二年横浜貿易新報に入って編集長に就いた。その後〇八年九月に渡満して満州日日新聞に入って四年務め、一二年三月に帰国して東京毎夕新聞社に勤めたが、同年七月再び渡満して満州日日新聞に復帰し、後に編集長に就任して大連記者団幹事を務めた。

伊藤　兵一　▷1

諸官衙用達業／奉天小西辺門／一八七九（明一二）一／奈良県奈良市

一九〇一年、太平天国の乱が治まった後に天津に渡り駐屯軍の用達業を始めた。〇四年一一月日露戦争に際し臨時鉄道大隊に従って安東県に赴き、安奉線鉄道工事の工夫供給請負に従事した。戦後〇六年一〇月から奉天小西辺門内斗母宮内で諸官衙用達業を営んだ。

伊藤　正美　▷11

旅順高等女学校教諭、正七位／旅順市吉野町／一八八八（明二一）三／長野県下伊那郡鼎村／体操学校高等科

長野県農業伊藤代次郎の次男に生まれ、学校卒業後一年志願兵として入営し、一九〇七年陸軍予備歩兵中尉となって退営した。次いで日本体育会体操学校高等科に入学し、一九一五年に卒業して千葉県立成東中学校教諭となった。その後一九年七月に渡満して旅順中学校教諭となり、二三年旅順高等女学校に転じた。

伊藤　正之　▷12

満鉄牡丹江鉄路医院横道河子分院長兼医員、横道河子日本尋常高等小学校校医／牡丹江省寧安県横道河子満鉄横道河子分院／一九〇五（明三八）三／愛知県名古屋市南区熱田旗屋町／北海道帝大医学部

愛知県伊藤東太郎の四男に生まれ、一九三〇年三月北海道帝大医学部を卒業して医学部柳外科教室に入り、次いで岩見沢町の岩見沢病院外科に勤務した。その後医学部柳外科に戻って副手を務めた後、樺太大泊町の楽生病院に勤務した。三六年八月北海道帝大より医学博士号を取得した後、三七年二月に渡満して満鉄に入り牡丹江鉄路医院横道河子分院長兼医員となり、横道河子日本尋常高等小学校校医を兼務した。

伊藤　益太　▷11

雑貨商、勲七等／奉天省鞍山北三条町／一八九一（明二四）一一／愛媛県新居郡大保木村

愛媛県農業伊藤弥平の三男に生まれ、独立守備隊本部員として一九一六年五月に渡満した。瓦房店の大隊本部に勤務した後、一九年一一月に除隊して満鉄に入り大石橋地方事務所に勤めたが、翌年八月に退社して鞍山で雑貨商を営んだ。

伊藤　満男　▷12

満鉄新京駅構内助役、勲八等／新京特別市羽衣町／一九一〇（明四

三）一一／宮城県／奉天中学校

伊藤笑蔵の次男として大連に生まれ、一九二八年三月奉天中学校を卒業し、翌年三月満鉄鉄道教習所を修了して公主嶺駅に勤務した。三一年八月長春列車区、三三年一一月公主嶺駅助役を経て三六年一月新京駅構内助役となった。この間、満州事変時の功により勲八等金一封及び従軍記章、建国功労賞、皇帝訪日記念章を授与された。

伊藤茂利三　▷12

国務院民政部土木局第一工務処員、従六位／新京特別市中央通／一九〇〇（明三三）一／静岡県富士郡北山村／九州帝大工学部土木工学科

静岡県伊藤又次郎の次男に生まれ、沼津中学校、松本高等学校を経て一九二五年三月九州帝大工学部土木工学科を卒業し、日本窒素肥料㈱に入り土木部に勤務した。同年一年志願兵として豊橋の工兵第三大隊に入営し、除隊復職した後、二七年八月静岡県道路技手に転じて土木技手を兼務した。二九年九月道路技師兼土木技師に昇任し、同年一二月島田土木出張所長を務めた後、三二年八月県内務部土木課勤務を経て三三年一〇月土木部橋梁課に転任した。その後三四年五月国務院民政部技正に転じて渡満し、土木司陸路科に勤務して同年七月技佐に昇任し、三六年六月陸路科長代理を経て三七年五月土木局第一工務処に転任した。

伊藤　容憲　▷12

吉林省公署警務庁長、従六位勲五等／吉林警務庁公館／一八八六（明一九）二／山梨県西八代郡古関村

山梨県伊藤万吉の三男に生まれ、一九一〇年三月朝鮮総督府巡査となった。一二年八月憲兵軍曹に転じて平安南道の徳川憲兵分遣所長となり、勤続して憲兵曹長に進んだ。一九年九月総督府警部に転じて平安北道朔州警察署長となり、次いで江原道鉄原警察署長、同道春川警察署長、江原道警察部衛生科長、知事官房主事、同保安課長を歴任し、二七年九月道警視に累進して平安北道楚山警察署長に就き、新義州地方法院楚山支庁検事分局検事事務取扱を兼任した。その後、税関事務取扱嘱託平安北道在勤、警察部警務課長兼巡査教習所長を歴職し、満州事変後の三二年六月在職のまま満州国ハルビン警察庁設立籌備委員となり、後に本官を辞して東省特別区警察官吏処嘱託となった。三三年三月ハルビン警察庁事務官に転じて警務科長を務めた後、三四年七月同庁理事官に進み、同年一二月浜江省理事官に転任して警務科長となった。三四年四月間島省公署警務庁長に転任し、同年八月さらに吉林省公署警務庁長に転任した。この間、満州事変の功により勲五等単光旭日章及び従軍記章を授与されたほか、昭和大礼記念章、国勢調査記念章、建国功労賞、大典記念章、皇帝訪日記念章を受けた。

伊東　祐蔵　▷12

三菱商事㈱大連支店保険係主任、全日本学生剣道連盟評議員／大連市桃源台／一九〇二（明三五）三／青森県北津軽郡小泊村／早稲田大学政治経済学部

一九二六年三月早稲田大学政治経済学部を卒業し、三菱海上火災保険㈱に入り海上部に勤務した。同社に一〇年勤続した後、三六年九月三菱商事㈱大連支店勤務となって渡満した。学生時代から剣道に親しみ、五段の高段者として全日本学生剣道連盟評議員を務めた。

伊東　猷密　▷11

南満中学堂教諭、従六位勲七等／奉天平安通／一八八三（明一六）四／福島県信夫郡瀬上町

福島県に生まれ、一九〇八年二月文部省の中学校高等女学校英語科教員試験に合格した。千葉県成東中学校教諭、鹿児島県志布志中学校教諭を経て大連商業学校教諭に転じて一九年四月に渡満した。二六年に奉天の南満中学堂に転任し、教務主任を務めた。

伊藤　幸雄　▷12

満鉄図們医院長兼医長／間島省図們満鉄院長社宅／一八九八（明三一）八／山口県厚狭郡厚狭町／九州帝大医学部

山口県伊藤真一の次男に生まれ、第五高等学校を経て一九二四年三月九州帝大医学部を卒業し、同年四月医学部副手となった。二九年四月満鉄に入社して撫順医院医長心得となり、撫順高等女学校医を兼務した。次いで四平街医院医長心得に転任し、三〇年九月論文「コカイン属局所麻酔作用ニ関スル実験的研究」を母校に提出して医学博士号を取得した。その後四平街医院医長、本渓湖医院長を歴任して技師となり、地方部衛生課図們在勤を経て三五年一〇月図們医院長兼医長となった。

伊藤　芳直 ▷12

花乃屋商店主、大連市営信濃町小売市場組合副組合長／大連市入船町／一九一〇（明四三）七／愛知県名古屋市南区熱田東町

大連の菓子舗花乃屋で修業し、後に独立して花乃屋商店を営んだ猶三郎の長男に生まれた。父猶三郎は一九一五年に花乃屋経営農園の生産品販売所として信濃町で花乃屋野菜部を担当し、次いで日満合弁組織の花乃屋卸部として内外野菜、果実、生花、鶏卵、海陸物産の委託問屋卸小売業を独立経営した。父の没後に事業を引き継ぎ、中国人共同出資者を援助して煙台で独立営業させ後、花乃屋商店に改めて個人経営とした。入船町に本店と卸売部、信濃町市場に小売部と第一支店、蔦町市場内に第二支店を設け、従業員四五人を使用して全満・中国各地に販路を拡げた。

伊藤　義信 ▷12

満州電業㈱工務部技術課電路係長代理／新京特別市大同大街満州電業㈱本社／一九〇九（明四二）二／島根県松江市外中原町／東京帝大工学部電気工学科

島根県伊藤暁之助の次男に生まれ、一九三一年三月東京帝大工学部電気工学科を卒業し、同年四月南満州電気㈱に入り技術課に勤務した。三四年四月甘井子臨時建設事務所に転勤した後、同年一一月南満州電気㈱の電気供給事業を継承して満州電業㈱が設立されると同社入りし、技術部技術課試験係長に就いて甘井子臨時建設事務所を兼務した。

伊藤与四郎 ▷12

熱河省灤平県警正兼外交部事務官、外交部通商司員、従七位勲六等／熱河省灤平県公署／一八九〇（明二三）四／福井県坂井郡雄島村

一九一〇年一二月、徴兵されて千葉の鉄道連隊に入営した。その後憲兵に転科して一三年に憲兵練習所を修了し、憲兵上等兵として東京憲兵隊に勤務した。一八年シベリアに派遣された後、二二年東京憲兵隊付を経て二九年憲兵特務曹に進んで東京憲兵隊大塚分遣隊長となった。次いで関東憲兵隊に派遣されてハルビン憲兵隊一面坡分遣隊長、ハルビン憲兵隊本部付を歴任した。その後三四年九月憲兵少尉に進級して待命となり、翌月ハルビン警務庁警正に転じ、三六年四月特殊警察隊長として古北口国境警察隊に勤務した後、三七年四月熱河省灤平県警正兼外交部事務官に転任して外交部通商司に勤務した。

伊藤　亮一 ▷12

満州医科大学講師兼専門部助教授／奉天稲葉町／一九〇二（明三五）一／岩手県江刺郡稲瀬村／南満医学堂

岩手県伊藤貞蔵の長男に生まれ、一九二〇年四月満鉄に入り、南満医学堂技術助手として薬物学教室に勤務した。勤務のかたわら二二年七月専門学校学力検定試験に合格し、二三年四月に退社して南満医学堂に入学した。二七年に卒業して満州医科大学副手、次いで助手として薬物学教室に勤務した。三三年九月国務院民政部嘱託に転じて奉天戒煙所に勤務し、かたわら満州医科大学専修科学生として薬物学教室の久保田教授指導下で研究に従事し、同年一二月戒煙所技士となった。戒煙所技正に進んで新京戒煙所長を務めた後、三六年一月満州医科大学講師兼専門部助教授に就き、三七年三月論文「満州ニ於ケル慣習性麻薬ニ関スル研究」を満州医大に提出して医学博士号を取得した。

糸賀　庄造 ▷11

正隆銀行常務取締役／大連市壱岐町／一八八五（明一八）一／茨城県新治郡志筑村／東京帝大法科大学

茨城県農業糸賀常七の次男に生まれ、一九一二年東京帝大法科大学を卒業して安田銀行に入った。一六年に安田保善社に移り、二二年さらに第九十八銀行に転じた。二六年に渡満して大連の正隆銀行に転じ、後に常務取締役に就任して㈱奉天製麻会社監査役、関東庁経済調査委員、同土地調査委員、大連商工会議所常務員を務めた。

井戸川　一 ▷12

営口税関総務科長／奉天省営口営

口税関／一八九九（明三二）一一／宮崎県南那珂郡東郷村／京都帝大法学部

宮崎県井戸川辰三の長男に生まれ、一九二五年三月京都帝大法学部を卒業して日本郵船㈱に入社した。その後三三年七月国務院交通部航政局事務官に転じて安東航政局総務科長となり、航務科長を兼任した。次いで交通部理事官に昇任して路政司水運科長を務めた後、三七年六月営口税関総務科長に転任した。この間、パンフレット「共同海損研究」を著し、ソ連のブラゴエシチェンスクで開催された水路共同技術委員会に満州国側委員として出席した。

糸永　幸一　▷12

ハイラル地方観象台長、ハイラル日本人居留民会評議員、従六位／興安北省ハイラル官医院街／一八八九（明二二）二／長崎県長崎市東上町／鎮西学院

長崎県糸永太一郎の四男に生まれ、一九一〇年鎮西学院を卒業した後、一三年東京の中央気象台練習所を修了して長崎測候所技手となった。二七年測候技師に進んで宮崎地方測候所長となり、次いで二八年中央気象台技術官養成所別科を修了し、宮崎高等農林学校講師及び中央気象台嘱託を兼務した。その後、三四年に国務院実業部中央観象台技正に転出して渡満し、ハイラル地方観象台長を務めて後に技佐となった。この間、昭和大礼記念章及び皇帝訪日記念章を授与された。

糸長　忠彦　▷11

大連常盤小学校訓導／大連市錦町／一九〇三（明三六）九／大分県速見郡山浦村／大分県師範学校、旅順師範学堂研究科

大分県農業糸長政治の長男に生まれ、一九二三年大分県師範学校を卒業した。翌年四月に渡満して旅順師範学堂研究科に入り、同年九月大連の常盤小学校訓導に就任した。業務のかたわら、教育事情及び地理的状況の視察にしばしば北京、済南、青島方面を旅行した。

稲井　清一　▷12

ハイラルホテル主、勲八等／興安北省ハイラル東二道街／一八九八（明三一）五／香川県木田郡庵治村

香川県稲井三代次の子に生まれ、一九二三年に渡満して大連の満蒙殖産㈱に入った。二四年天津出張所に転勤した後、三一年再び大連本社詰となったが、同年一二月に退社した。三三年一月ハイラルに赴き、同地で「日本橋ホテル」と「日本湯」を経営した。三五年に洋室・日本間各五六室の「ハイラルホテル」を新築して接客員二〇人、事務員二人、ポーター二人、板場・ボーイ一〇人を使用した。

稲井　豊　▷11

奉天中学校教諭／奉天葵町／一八九九（明三二）七／愛媛県新居郡氷見町／東北帝大理学部

愛媛県会社員稲井長太郎の長男に生まれ、広島高等師範学校を卒業して岐阜県師範学校教諭となった。郷里の丸亀中学校、多度津中学校等に転任した後、東北帝大理学部に入学した。一九二六年三月に卒業して渡満し、奉天中学校教諭を務めるかたわら南満州の二畳石炭紀層を研究した。

稲岡徳太郎　▷11

水飴製造業／大連市山県通／一八七六（明九）一一／大阪府大阪市港区九条南通

大阪府米穀商稲岡和吉の次男に生まれ、一九一五年五月に渡満した。以来一貫して水飴の製造に従事し、かたわら山県通区委員、同業組合幹事を務めた。

稲垣鎌次郎　▷1

土木建築請負業／安東県一八五八（安五）一二／愛知県名古屋市

一八九六年台湾に渡り、税関、倉庫、病院、宿舎、法院その他の土木建築に従事した。一九〇〇年に帰国して北海道で同業を営んだが、〇四年に日露戦争が始まると朝鮮に渡り、軍用鉄道一八号区の工事に従事した。同工事が竣成すると〇五年八月安東県に移り、京義鉄道、安奉線広軌改築工事などに従事した。

稲垣恭一郎　▷12

満鉄鉄道総局付待命副参事／奉天満鉄鉄道総局／一八九一（明二四）六／東京府東京市芝区白金今里町／明治大学自治科

北白川宮家の嘱託を務めた東京府稲垣喜作の子に生まれ、家計窮乏のため幼年時代は万朝報社長の黒岩涙香家に養われたが、中学二年の時から学業のか

たわら夜間は宮内省で働いた。一九〇九年工学院土木工学科を卒業し、翌年横浜市技手となり水道局に勤務した。その後青島に渡って水道部嘱託、青島学院講師、東洋塩業会社土木技師、青島工業所代表社員を歴職し、勤務のかたわら一七年に青島基督教会に入信して同教会日曜学校長、同会堂建築委員、青島基督教青年会理事、青島保育会主事等を務めた。その後帰国して東京府技手となり、東京府下水調査事務所技術係主任、同所長代理を務め、勤務のかたわら明治大学自治科を卒業し、さらに翌年協調会社会政策学院を修了した。二三年九月の関東大震災後に横浜市土木局復興道路係主任となり、次いで東京府荏原町技師兼建築技師、岡山市技師・都市計画課長代理を歴職した。その後三三年に渡満し、満鉄に入社して大連本社水道調査所に勤務した後、三五年ハルビン鉄路局工務処土木股長を経て同年九月副参事となり、三七年四月待命・鉄道総局付となった。この間、震災後の復興事業に従事して復興記念章、満州事変時の功により木杯及び従軍記章を授与された。

稲垣 茂一 ▷12

国務院文教部学務司編審官、正四位／新京特別市興亞街／一八八二（明一五）二／香川県大川郡引田村／東京高等師範学校

香川県稲垣弁蔵の子に生まれ、一九〇八年東京高等師範学校を卒業して東京市霊岸島小学校の訓導となった。以来、明石小学校長、文部省属、東京高等師範学校教諭、奈良女子師範学校長、栃木県師範学校長、神奈川兼女子師範学校長、朝鮮総督府編修官兼視学官、同校長、学務局編輯課長を歴任した。三四年一一月欧米各国に出張した後、国務院文教部学務司編審官となって渡満した。

稲垣 準三 ▷11

薬種貿易商／大連市監部通／一八八八（明二一）七／東京府東京市牛込区二十騎町／専修学校

東京府稲垣栄太郎の次男に生まれ、一九一〇年専修学校を卒業して村井銀行に入り、勤続して神田支店長に就いた。一五年二月に退社して友田㈾本店に入り、大連支店長となって同年三月に渡満した。一九年二月大阪支店長に転任したが翌年二月に辞任し、再び大連に渡り東瀛大薬房を譲り受けて経営した。

稲垣甚兵衛 ▷12

満鉄ハルビン鉄路局経理処審査科長、勲八等／ハルビン長官公署街／一八九二（明二五）八／京都府相楽郡加茂村／実業補習学校

京都府稲垣源次郎の四男に生まれ、実業補習学校を出た後、一九一二年に渡満して満鉄に入り長春駅に勤務した。一九年のシベリア出兵に際し野戦交通部に派遣され、日英独露共同のシベリア鉄道調査員を務めた。二五年にウスリー鉄道との間に貨物配分協定が成立すると、満鉄代表としてポグラニーチナヤに在勤した。二八年鉄道部経理課勤務を経て満州事変後の三二年、関東軍線区司令部事務を嘱託されてチチハル支部に赴任した。三三年一二月鉄路総局に転任し、呼海鉄路派遣員としてハルビンに在勤して同局検査課長補佐を務めた後、三四年四月ハルビン鉄路局が設置されると同局経理処会計科審査股長となった。三六年三月北鉄接収委員に任命され、接収及び整理事務に従事して同年一一月に帰任した。三六年一〇月の鉄路総局組織改正により経理処審査科長となり、三七年四月勤続二五年の表彰を受けた。

稲垣刀利太郎 ▷3

大連婦人医院勤務、関東都督府医務嘱託／大連市天神町／一八七一（明四）一二／東京府東京市麹町区飯田町／大阪高等医学校

大阪高等医学校を卒業して兵庫県庁細菌部、福岡県立福岡病院、愛媛県警察部等に勤務した。一九一一年ペスト流行のため黒龍江省に招聘されて渡満し、同年七月臨時防疫部勤務となった。翌年関東都督府海務局に転じ、一三年二月大連婦人医院勤務となった。

稲垣 兵治 ▷1

金二商会鉄嶺支店員／奉天省鉄嶺／一八八二（明一五）一〇／京都府相楽郡中和東村

一八九六年京都の川越銀行に入り、庶務部、営業部に勤務した。一九〇二年に退職して台湾に渡り、熊本市の金二商会の台南支店に入って味噌醤油製造業と雑貨販売業に従事した。〇五年二月鉄嶺支店員となって渡満し、ハルビンに出張して雑貨・和洋酒の販売に従事した後、再び鉄嶺支店に勤務した。

い

稲垣　三夫　▷12

満鉄鉄道総局保線課員／奉天満鉄鉄道総局／一九〇七（明四〇）一〇／三重県員弁郡阿下喜村／山梨高等工業学校土木科

三重県立富田中学校を経て一九二八年三月山梨高等工業学校土木科を卒業し、満鉄に入社して鉄道部に勤務した。工務課兼鉄道教習所講師、橋頭保線区工事助役、鉄嶺保線区保線助役、黄旗屯工務段長、朝陽鎮工務段長に歴勤した後、三七年四月鉄道総局保線課勤務となった。

稲賀　襄　▷11

旅順師範学堂教諭、堂長代理、正七位／旅順市江戸町／一八九三（明二六）二／鳥取県西伯郡上道村／広島高等師範学校

鳥取県稲賀恵四郎の長男に生まれ、一九一八年広島高等師範学校を卒業して佐賀県師範学校教諭となった。その後渡満して大連中学校教諭となり、関東庁視学、旅順高等女学校教諭等を経て二八年四月旅順師範学堂教諭となった。かたわら教務主任を務め、堂長の外遊中は堂長代理を務めた。

稲川猪三郎　▷12

満鉄南溝站長、勲八等／間島省南溝站長局宅／一八九一（明二四）三／岐阜県大垣市東舟町／大阪道修薬学校

岐阜県稲川乙吉の次男に生まれ、一九一一年大阪道修薬学校を卒業した後、一四年二月大阪府の薬種商及製薬業者免許試験に合格した。その後一六年二月に渡満して満鉄に入り、撫順駅に勤務した。次いで蘇家屯駅転轍方、奉天駅車掌心得、鉄嶺駅車掌、長春列車区鉄嶺在勤、臥奄泉駅助役心得、長春列車区車掌、李石寨駅駅務方兼助役心得、ハルビン建設事務所勤務、水曲柳駅助役、鉄路総局勤務、五常站副站長を歴任し、三六年三月京図線南溝站長に就いた。

稲川　利一　▷11

満鉄大石橋駅長／奉天省大石橋宣武街／一八八四（明一七）九／岐阜県大垣市林町

岐阜県農業安田継治の長男に生まれ、同県稲川吉五郎の養子となった。一九〇九年一二月に渡満して満鉄に入り、大連駅車掌から撫順駅助役に進み、奉天運輸事務所、奉天鉄道事務所勤務、鶏冠山駅長を経て二七年五月大石橋駅長に就いた。

稲坂　諭吉　▷11

東京電気㈱ハルビン出張所主任／ハルビン埠頭区地段街／一八九八（明三一）一〇／富山県下新川郡舟見町／明治大学商科

富山県医師稲坂三吉の次男に生まれ、一九二〇年明治大学商科を卒業した。東京電気㈱に入って門司出張所販売員、京城出張所主任を務めた後、二七年八月ハルビンに同社出張所が開設されると主任として赴任した。

稲田　梅十　▷11

商業／満州里五道街／一八八四（明一七）一〇／長崎県南高来郡三江村

長崎県農業稲田伊吉の三男に生まれ、一九〇八年五月に渡満してハルビンで商業に従事した。一八年陸軍通訳に転じ、シベリア派遣軍に従軍して功により賜金二五〇円を下賜された。一九年に免官となりハイラルで商業に従事した後、二二年満州里に移って商業を営んだ。

稲田　太造　▷11

売薬薬種業、勲八等／貔子窩東街／一八七九（明一二）三／奈良県宇智郡五条町

代々粉川屋の屋号で八〇〇年続いた紀州粉川の旧家の長男に生まれ、一八九九年徴兵されて大阪の野戦砲兵第四連隊に入営し、〇四年の日露戦争に際し召集されて朝鮮軍に従軍した。除隊後一九〇七年三月に渡満して関東州貔子窩で売薬薬種業を開業し、経営のかたわら居留民会総代、貔子窩神社氏子総代を務めた。この間、一二年に三弟の豊を呼び寄せ、三二年に貔子窩西街に店舗を開いて暖簾分けした。

稲田　実　▷11

満鉄安東地方事務所勧業係／安東県山下町／一八八五（明一八）一〇／新潟県北蒲原郡新発田町／東北帝大農科大学林学科

新潟県稲田甫吉の長男に生まれ、一九一〇年札幌の東北帝大農科大学林学科を卒業して新潟県技手となった。一二年四月に渡満して満鉄に入り、本社勤務、熊岳城農事試験場勤務を経て一七年に安東地方事務所勧業科に転勤した。

稲田　豊　▷12

大和堂薬房主、貔子窩魚市場㈱監査役、貔子窩金融組合評議員／関東州貔子窩西街／一八八九（明二二）七／奈良県宇賀郡五条町

奈良県稲田六平の三男に生まれ、幼少の頃から呉服商に見習奉公した。成年に達して兵役に服した後、一九一二年九月に渡満し、〇七年に渡満して貔子窩東街で売薬薬種業を営む長兄太造の事業を補佐した。その後三二年に独立して貔子窩西街で同業を営み、かたわら貨物自動車業を兼営した。

稲津　一穂　▷12

龍江省鎮東県参事官／龍江省鎮東県公署／一九〇三（明三六）二／鹿児島県

一九二二年関東庁に入り、その後二六年に満鉄に転じて用度課に勤務した。一九三一年九月満州事変に際し自治指導部員となり、次いで三二年満州国官吏となり、龍江省鎮東県参事官に就いた。

稲津　実雄　▷7

満鉄同寿病院薬局主任／大連市聖徳街／一八九〇（明二三）一二／宮崎県南那珂郡飫肥町／熊本九州薬学専門学校

一九一六年、熊本の九州薬学専門学校を卒業して福岡病院薬局に勤務した。薬種製造業を志して一八年五月に渡満し、営口の順進化学工業公司に入った。高粱灰からカリウム塩類を製造する業務に三年間従事した後、二〇年一二月大連に移って薬店を開業したが、商慣習に通じない無経験と大連の事情に疎かったために失敗した。二三年末、中国語に堪能なことから満鉄同寿病院に招かれて薬局主任に就いた。

稲津　宗雄　▷12

満州電業㈱営口支店庶務係長／奉天省営口花園街／一九〇七（明四〇）四／長崎県北松浦郡南田平村／東北帝大法文学部法律学科

長崎県稲津久美の次男に生まれ、一九三二年三月東北帝大法文学部法律学科を卒業して満鉄に入り、総務課会計係に勤務した。業務課調査係に転任した後、三四年一二月満鉄傘下の満州電業㈱が創立されると同社に転出し、技術部庶務係長を経て三六年九月営口支店庶務係長となった。

稲富　幸一　▷12

丸菱洋服店主／ハルビン地段街／一九〇二（明三五）一〇／福岡県八女郡中広川村

一九二五年に渡満し、森脇喜一が経営するハルビン石頭道街のトモエ洋服店に入った。その後三五年三月に独立して同市地段街に丸菱洋服店を興し、同年一〇月陸軍酒保軍装部指定となった。日本国内、南満、京城方面を仕入地とし、洋服の外に毛皮類も扱った。この間、満州事変時の功により盾及び従軍記章を授与された。

稲富与三郎　▷12

国務院財政部税務司員、正八位勲八等／新京特別市豊楽街胡同／一八九二（明二五）六／福岡県福岡市上東町／福岡商業学校

福岡県稲富与四郎の次男に生まれ、一九一一年三月市立福岡商業学校を卒業して同年四月朝鮮平壌の斉藤久太郎商店に入った。一二年四月に退店して帰国し、同年一二月徴兵されて福岡の歩兵第二四連隊に入営した。除隊後、一六年四月朝鮮総督府税関監吏となり釜山に勤務したが、一八年八月シベリア出兵に際し充員召集されて小倉衛戍病院に編入され、三等看護長として勤務した。二〇年五月城山浦税関監視署に復職し、同税関監視物品取扱主任を経て朝鮮総督府税関書記となり、再び釜山に勤務した。次いで税関関税官に進んで仁川に赴任した後、三三年九月に依願免官し、同年一〇月ハルビン税関嘱託に転じて渡満し、国務院財政部税務司員を兼務した。三四年五月関税事務官に進み、財政部属官として税務司経理科員を兼務した後、財政部税務司経理科、同関税科に歴勤した。三五年七月税関事務官・ハルビン税関勤務、財政部事務官・税務司関税科勤務を経て三六年八月財政部税務司専任となった。この間、三三年五月に勲八等瑞宝章を授与された。

稲野金次郎　▷4

富山堂薬房主、勲七等功七級／黒龍江省チチハル城内／一八七五（明八）一二／富山県富山市泉町

富山県万種商稲野七郎の子に生まれ、日清戦争に従軍した後、日露戦争に際

い

し第九師団に従って鴨緑江軍に参加した。戦後一九〇六年に再び渡満し、奉天に富山組の商号で薬種商を共同経営したが失敗した。〇七年一月ハルビン開市とともに同地で売薬業を営み、〇八年一〇月にチチハル日本領事館が開設されると同地に移って城内に富山堂薬房を開業した。営業のかたわら、チチハル在住日本人商人の草分けとして同市日本民会長を務めた。同地で没した後、夫人ミツが経営を引き継いで当地第一の薬房に発展した。

稲野　ミツ　▷12

富山堂薬房本店主／龍江省チチハル東三道街／一八八八（明二一）／富山県梅津町

一九一〇年七月に渡満し、二年前からチチハルで薬房を営む夫の金次郎を補佐した。その後夫が死亡して経営を引き継ぎ、店舗を城内から南門外に移した。医療用薬品、一般売薬、工業用薬品、化粧用品、繃帯材料、処方調剤、医療器械、度量衡器等を営業課目とし日満の各官衙に納入し、正陽大街南市場前に支店を設けて当地随一の規模に発展した。

稲葉　勇夫　▷11

関東庁普蘭店警務支署勤務／関東州普蘭店蓬莱街官舎／一八八六（明一九）六／大分県北海部郡臼杵町／大分県立農学校

大分県稲葉重因の三男に生まれ、一九〇六年三月、大分県立農学校を卒業して熊本県天草郡久玉村で獣医を開業した。一八年六月に廃業し、翌月渡満して関東都督府巡査となった。二二年六月に関東庁雇に転じ、貔子窩民政支署勤務を経て二四年九月普蘭店警務支署に転勤した。

稲葉　逸好　▷11

満州医科大学長兼教授兼小児科医長、正七位／奉天八幡町／一八七九（明一二）四／三重県阿山郡友生村／京都帝大医科大学

三重県大中道荘太郎の次男に生まれ、稲葉左門の養子となった。一九〇四年京都帝大医科大学を卒業し、翌年六月学助手、〇九年一二月助教授に進んで高等官七等となった。一〇年一二月に渡満して満鉄大連医院医長に就任し、翌年一〇月から一四年一二月までドイツに留学し、この間一二年に医学博士号を取得した。帰任して南満医学堂教授となり、二〇年に学堂長となって奉天医院長を兼任した。二二年三月、満州医科大学に昇格すると同大学長に就任した。

稲葉　英吉　▷12

丸菱株式店主、奉天在郷軍人会北分会常務理事／奉天十間房／一八九五（明二八）八／京都府京都市下京区高倉通四条

一九二一年一二月に渡満し、奉天で従兄の野口重之助が営む野淵株式店の経営を補佐した。その後二五年に独立して丸菱株式店を開業し、満州取引所株式一般取引員となって株式売買に従事した。この間、取引高優秀一等賞状及び記念品を受領したほか、満州事変時の功により奉天駐屯軍司令官より三回の表彰を受けた。

稲葉　永蔵　▷8

[資]天来銀号代表／奉天／一八九二（明二五）四／大阪府中河内郡高安村／商業学校

一九一一年大阪の商業学校を卒業し、翌年渡満して安東県の大阪洋行に入った。その後同地の山中両替店に転じ、二年後に奉天出張所主任となった。一七年に天来銀号と改称して両替、地金銀売買に従事し、二〇年合資会社に改組されると代表者に就き、奉天取引所銭鈔取引人として経営に従事した。

稲葉　賢一　▷11

満鉄営口地方事務所庶務係長兼社会主事／奉天省営口青柳街満鉄社宅／一八九八（明三一）五／栃木県下都賀郡栃木町／明治大学法科

栃木県稲葉道四郎の長男に生まれ、一九二〇年明治大学法科を卒業して満鉄に入社した。社長室人事課調査係、社会課調査係、地方部庶務課施設係、大石橋地方事務所社会主事等を歴任し、二八年八月営口地方事務所庶務係長に就いて社会主事を兼任した。

稲葉幸太郎　▷12

[資]稲葉製作所代表社員、撫順長崎県人会会長／奉天省撫順東三番町／一八九八（明三一）七／長崎県長崎市伊良林町／電機学校

電機学校を卒業して満鉄に入り、撫順炭砿機械課に勤務した。在職中に電機溶接棒を発案し、一九二九年四月に独立して撫順東三番町に稲葉製作所を興した。諸機械設計製作・組立工事、特殊鋳造・電機溶接等を営業課目として特殊鋳鉄鋼の表面硬化法や摩滅線路の溶接法を開発し、撫順城外南関門外に工場を設け、新京八島通と奉天弥生町に出張所を置いた。

稲葉正太郎 ▷3

牛荘郵便局長、高等官六等、正七位勲六等／奉天省営口旧市街牛荘郵便局官舎／一八七五（明八）五／東京府豊多摩郡戸塚町／郵便電信学校

一八九六年三月、郵便電信学校を卒業して為替貯金管理所に勤務した。一九〇〇年七月通信局外信課員、翌年七月北京郵便局、〇二年四月上海郵便局勤務を経て〇七年南京郵便局長に就いた。一〇年四月東京中央郵便局外国郵便課に転勤して帰国し、一二年二月牛荘郵便局長に転じて営口に赴任した。

稲葉龍三郎 ▷12

満鉄鉄嶺医院長兼医長／奉天省鉄嶺満鉄医院／一八九二（明二五）一／新潟県岩船郡村上本町／東北帝大医学部

新潟県立村上中学校、第四高等学校を経て一九一九年七月東北帝大医学部を卒業して同大学助手となった。室蘭病院外科部長に転じて同医長を務めた後、二八年七月母校の大学院に入学した。次いで日本赤十字社宮城支部病院に勤務し、三〇年九月論文「頸動脈実神経ヨリノ反射作用ニ就テ」により東北帝大より医学博士号を取得した。その後三五年一月満鉄に転じて安東医院外科医長となり、同院看護婦養成所講師兼務を経て三七年五月鉄嶺医院長となり医長を兼務した。

稲葉　信明 ▷11

奉天金融㈱専務取締役／奉天宮島町／一八七五（明八）七／三重県河芸郡神戸町／小学校

三重県酒造業稲葉正利の子に生まれ、小学校を卒業して商業に従事した。一八歳の頃から薬種売薬業を営んだが、後に三重県巡査に転じて刑事係、高等専務等を務めた。その後一九一一年に渡満し、奉天で薬種商及び両替・株式売買業等を営んだ後、奉天金融㈱専務取締役に就いた。長男喜久は満州医科大学を卒業して医師となり、長女愛子は旅順高女を卒業して婿養子と共に奉天で石井洋行を経営した。

稲葉　好延 ▷12

大連基督教青年会総主事／大連市鳴鶴台／一八八二（明一五）一／鳥取県東伯郡倉吉町／同志社大学

一九〇九年京都の同志社大学を卒業し、大阪市の浪速教会伝道師となった。その後一〇年一月に渡満して満鉄に入り、社員慰藉係として公主嶺、鉄嶺、長春等の各地を巡回講演した。次いで安東、長春、奉天の各地方事務所社会係主事を務め、二八年に退社して大連基督教青年会総主事に就いた。

稲葉　喜久 ▷12

満鉄大石橋医院医長／奉天省大石橋永昌街／一九〇五（明三八）八／三重県河芸郡神戸町／満州医科大学本科

三重県巡査稲葉信明の長男に生まれ、一九一一年一家で渡満した。旅順第一中学校、満州医科大学予科を経て一九二九年同大学本科を卒業し、同年九月同大学副手兼医員嘱託として同附属医院外科教室に勤務した。助手に進んで看護婦養成所講師及び専門部講師を兼務した後、三二年一二月満鉄大石橋医院医長となった。

稲原　良景 ▷4

日露雑貨商、稲原商店主／ブラゴウエシチェンスク／一八八二（明一五）九／富山県西礪波郡宮島村／小学校

小学校を卒業して海を渡り、満州からシベリア各地を放浪した。一九〇四年ニコライスク滞留時に日露開戦となり、いったん帰国して戦後再び渡満した。黒河北方の露領ブラゴウエシチェンスクで雑貨店を開業し、ロシア人向けの雑貨を薄利多売して成功した。協信洋行と共に日本人雑貨商の草分けとして居留民会長、同評議員を務め、ロシア革命時には民会長老として革命・反革命派の間で居留民の安全確保に腐心した。

稲松松之助 ▷1

大和商行主／大連／一八六三（文三）一二／長崎県長崎市上筑後町

一九〇四年七月、日露戦中に大本営海軍部の特別許可を得て大連に渡った。軍政署の許可を受けて小崗子に屠獣場と牛豚鶏の飼養場を設置し、検査を受けた牛豚等を解体して陸海軍と御用船に供給した。戦後は他人に屠獣場と器具を貸与し、年間に牛二〇〇〇頭、豚六、七〇〇〇頭の処理に利用された。本業として大連監部通に大和商行を設立し、二〇名ほどの事務員を使用して郵船会社荷客取扱、共同火災運送保険会社代理店、カブトビール一手特約販売業を経営した。かたわら小崗子に牧場を経営し、私設の農事試験場を設けて桐、桑、桃李、林檎、梨や蔬菜類を栽培した。趣味の狂歌を通じて元農商務省官僚・貴族院議員で殖産興業に尽力した前田正名と親交があり、渡満前に贈られた六項目の訓言を励行し、一攫千金を夢想して腰掛け気分で渡満する風潮を批判した。

井波　疇吉　▷11

関東庁旅順医院耳鼻咽喉科部長、従五位勲五等、陸軍三等軍医正／旅順市朝日町／一八八五（明一八）六／東京府東京市神田区宮本町／千葉医学専門学校

東京府官吏井波長蔵の長男に生まれ、一九〇八年千葉医学専門学校を卒業した。〇九年六月、陸軍三等軍医少尉として佐倉の歩兵第五七連隊付となった。一一年八月陸軍軍医学校に入って耳鼻咽喉科を専攻し、成績優良により恩賜の銀時計を得て陸軍三等軍医正に進んだ。一二年二月から東京第一衛戍病院に勤務し、かたわら赤十字社本社病院の耳鼻咽喉科嘱託を務めた。一六年五月に関東都督府医院医員となって渡満し、後に関東庁旅順医院耳鼻咽喉科部長に就任した。二六年から一年間医学研究のため欧米に遊学し、スイスのベルン大学で博士号を取得した。

稲見繁太郎　▷11

満鉄用度事務所奉天支所倉庫係主任／奉天葵町／一八九三（明二六）一／愛媛県松山市北夷子町／満鉄育成学校

愛媛県稲見勝次郎の長男に生まれ、一九一三年満鉄育成学校を卒業して用度課に勤続した。二六年一月倉庫課奉天支庫庶務主任となり、二八年九月用度事務所奉天支所倉庫主任に就いた。テニスと卓球を得意とし、奉天体育協会卓球部幹事を務めた。

稲村　峯一　▷12

稲村洋行主、吉林居留民会長、吉林木材同業組合理事／吉林新開門外／一八九二（明二五）四／高知県土佐郡森村／中央大学中退

一九一三年東京大成中学校を経て中央大学に入学したが、中退してフィリピン、マレー方面を遊歴した。その後二〇年に渡満して「遼東新報」記者となり、旅順、大連、吉林に駐在した。二七年一〇月同紙が満鉄系の「満州日日新聞」に併合されると同時に退社し、昭和當の商号で質屋を営んだ。三二年四月同店を廃業して木材業と砂利採取業を経営した。

稲森　誠一　▷12

稲森小児科医院長／奉天藤浪町／一九〇一（明三四）一〇／三重県阿山郡友生村／満州医科大学

三重県農業稲森亀蔵の長男に生まれたが、生後二〇日で父に、一五歳で母に死別した。祖母に養育されて同志社中学校を卒業し、渡満して奉天の南満医学堂に入学した。二年の時に祖母が他界して天涯孤独となったが、昇格して満州医科大学となった同校で勉学を続け、二五年五月に卒業して同大小児科教室の稲葉逸好博士の下で研究に従事し、同大講師を務めた。次いで奉天赤十字病院小児科医長を三年務め、三四年七月論文「百日咳及百日咳性肺炎ノ病理解剖学的並ニ細菌学的研究」により医学博士号を取得し、三五年に辞職して奉天藤浪町で小児科医院を開業した。

伊奈　隆二　▷12

満鉄奉天鉄道事務所営業課旅客係主任、社員会評議員、勲八等／奉天藤浪町／一九〇四（明三七）二／埼玉県南埼玉郡黒瀬村／明治大学法学部

埼玉県伊奈慎次郎の次男に生まれ、一九二八年三月明治大学法学部を卒業し、同年四月満鉄に入社して大連駅に勤務した。二九年一一月大連列車区車掌、三〇年三月営口駅勤務、三二年五月大連駅助役、同年一〇月営口駅貨物助役、三四年一一月開原駅貨物主任、三五年八月奉天駅事務主任を経て三六年一〇月奉天鉄道事務所営業課旅客係主任となった。この間、満州事変時の功により勲八等及び従軍記章、建国功労賞並びに皇帝訪日記念章を授与された。

猪苗代直躬　▷12

奉天警察署長兼奉天総領事館警察署長、奉天附属地衛生委員会委員、正七位勲六等／奉天淀町／一八八

八（明二一）七／福島県相馬郡太田村／福島県立相馬中学校中退

福島県立相馬中学校四年で中退して郷里の太田村書記となり、収入係として四年勤務した。その後一九一四年に渡満して関東都督府巡査兼外務省巡査となり、奉天、本渓湖の各警察署・同支署に勤務した。次いで関東庁警部補兼外務省警部に進み、安東、長春の各警察署に勤務して関東庁警部に累進し、警保局保安課、鉄嶺警察署、撫順警察署勤務を経て貔子窩民政支署警務課長となった。三三年一〇月関東庁警視に進んで大石橋警察署長、四平街警察署長を務めた後、三五年関東州庁警察部警務課長兼高等警察課長、三六年三月新京警察署長兼新京総領事館警察署長を歴任し、三七年三月奉天警察署長となり奉天総領事館警察署長を兼任した。この間、満州事変時の功により勲六等単光旭日章を授与され、皇帝訪日記念章を受章した。

乾　丑太郎　▷1

十字堂主、満州煉瓦製造所主、十字堂牧場主、基督教慈恵病院主／大連／一八六五（慶一）一一／神奈川県横須賀市元町

熱心なキリスト教信者として電機堂商店を経営したが、一八九六年二月の横須賀大火で店舗を失い、教兄の一家数人が焼死する惨事を目にし、再興した店を十字堂と改称した。日露戦中の一九〇五年二月、店を弟に託し海軍用達となって店員四人と大連に渡った。空き家で筵をかぶり、水と軍用パンで飢えをしのぎながら露天で時計の修理販売を行なって基礎を築き、後に土地を購入し店舗を新築した。三二名の店員を使って時計・眼鏡・貴金属・写真機・自転車・西洋楽器・建築用防火ペンキ等を販売し、写真館と貸し自転車業を兼営した。また南山麓に一二〇〇人の従業員を擁する満州煉瓦製造所と十字堂牧場を経営したほか、本業とは別に救世軍救済会の財政を担当し、〇六年浪速町に基督教慈恵病院を設立して経営に当たるかたわら入院患者や救済者に職業を紹介した。

乾　武　▷11

奉天警察署長、従六位／奉天淀町／一八九五（明二八）四／香川県三豊郡豊浜町／京都帝大経済学部

香川県乾富太郎の長男に生まれ、広島県師範学校から京都帝大経済学部に進み、一九二三年に卒業した。同年文官高等試験行政科に合格し、翌年四月関東庁属兼警部となって渡満した。警務局、大連水上警察署長、関東庁事務官兼任、金州民政署長等を歴任して二八年六月関東庁事務官兼警視となり、奉天警察署長に就いた。同郷の夫人志づは奈良女子高等師範学校に学んだ。

乾　彦蔵　▷12

普蘭店郵便局長／関東州普蘭店福寿街／一八八八（明二一）六／京都府京都市上京区出町通今出通／大津市立第一高等小学校

京都府乾彦兵衛の次男に生まれ、一九〇三年大津市立第一高等小学校を卒業した。二〇年七月臨時通信事務員となり、大石橋郵便局に勤務した。次いで関東庁通信書記補に進んで蓋平郵便局長心得となり、関東庁逓信書記・蓋平電報局長兼任を経て三六年一一月普蘭店郵便局長となった。この間、満州事変時の功により賜金を授与された。

乾　泰治　▷7

関東庁嘱託、法学士／旅順市明治町／一八九六（明二九）一二／鹿児島県大島郡名瀬町／東京帝大法学部

郷里の第七高等学校独法科を出て京都帝大法学部に入り、一九二〇年東京帝大法学部に転学して翌年六月に卒業した。大連に渡って同郷先輩の貿易商種田俏の財産整理にあたり、整理が一段落した二四年四月関東庁嘱託となり内務局衛生課に勤務した。

犬塚　冬雄　▷11

歯科医師／大連市西通／一八九二（明二五）一二／東京府東京市麻布区

東京府会社員犬塚忠親の長男に生まれ、一九一九年一〇月満鉄大連医院に勤務した。二四年文部省歯科医開業試験に合格し、同年満鉄を辞して大連で開業した。

犬丸　春美　▷12

満鉄地方部員／大連市東公園町満鉄本社地方部気付／一九〇二（明三五）五／福岡県嘉穂郡内野村／熊本医科大学

熊本医学専門学校を経て一九二八三月年熊本医科大学を卒業して満鉄に入り、安東医院婦人科医員となった。次いで瓦房店医員医長、チチハル医院院長を歴任し、三六年一月社命で産婦人科学研究のため熊本医科大学に二年留学した。

井上　愛仁 ▷11

満鉄技術研究所機械係主任、正八位／大連市桜町／一八九〇（明二三）五／東京府南葛飾郡本田村／大阪高等工業学校

東京府井上実愛の長男に生まれ、一九一一年大阪高等工業学校を卒業して内務省技手となった。一七年六月に官を辞して渡満し、満鉄に入社して沙河口工場に勤務した。遼陽工場機関車職場主任、本社機械課勤務を経て二三年七月に技術研究所に転勤し、後に同所機械係主任に就いた。

井上　章 ▷11

満州教育専門学校付属小学校首席訓導／奉天紅梅町／一八九〇（明二三）三／愛媛県周桑郡石根村／愛媛県師範学校

愛媛県の村長井上泉造の長男に生まれ、一九一〇年三月愛媛県師範学校を卒業して県下の宇摩郡石川尋常小学校及び妻鳥尋常高等小学校の訓導を務めた後、朝鮮に渡って釜山公立第二小学校訓導となった。その後二〇年四月に渡満して奉天第一尋常小学校訓導となり、長春第二小学校校長に転任した後、二七年四月に満州教育専門学校付属小学校首席訓導に就き、かたわら満州補充教科書算術科編輯委員を兼務した。

井上伊右衛門 ▷12

満鉄遼陽地方事務所社会主事、社員会評議員／奉天省遼陽梅園町／一八九六（明二九）二／奈良県高市郡金橋村／奈良県師範学校第二部

奈良県井上民蔵の子に生まれ、一九一五年三月奈良県師範学校第二部を卒業して古市場小学校訓導となり、一六年一二月金橋尋常高等小学校訓導に転勤した。その後二二年四月に渡満して満鉄に入り、遼陽尋常高等小学校訓導となった。三二年六月四平街尋常高等小学校訓導を経て三四年四月四平街青年訓練所指導員兼任となり、次いで同月遼陽地方事務所社会主事に転任した。

井上　勇 ▷7

関東庁属会計係主任／旅順市千歳町／一八八一（明一四）一／鹿児島県鹿児島市稲荷町

一九〇五年一月に郷里鹿児島の税務監督局属となり、一三年六月の官制改正で局課が統廃合され熊本税務監督局に転勤した。その後一八年九月東京税務監督局に転任したが、上司の周旋で関東庁属に転じて一九年五月に渡満し、勤続して会計課会計係主任に就いた。勤務のかたわら同郷出身者で作る旅順三州会幹事を務めた。

井上伊七郎 ▷12

井上組主／奉天省瓦房店大慶街／一八七七（明一〇）／兵庫県揖保郡越部村

一九〇四年日露戦争に際し野戦鉄道提理部付として渡満し、戦後〇八年瓦房店に井上組を興して土木建築請負業を開業した。関東局、陸軍、満鉄の各指定請負人となり、大連、奉天、新京、吉林、ハルビン、牡丹江に支店を設け、経営のかたわら瓦房店実業会幹事を務めた。

井上市三郎 ▷12

井上電気商会主／ハルビン道裡斜角胡同／一八九四（明二七）一〇／京都府京都市右京区梅津南町

義務教育修了後、長く電気関係の業界で働いた。その後渡満してハルビン道裡斜角胡同に井上電気商会を開設し、日本人、中国人、朝鮮人従業員数人を使用して一般電気工事請負業を経営した。

井上丑五郎 ▷12

満鉄鞍山駅長、社員会評議員、社員消費組合総代／奉天省鞍山満鉄奉天省鞍山駅長社宅／一八九〇（明二三）五／東京府東京市世田谷区野沢町／早稲田大学専門部政治経済科

一九一七年早稲田大学専門部政治経済科を卒業し、一八年一月満鉄に入社して奉天駅に勤務した。以来勤続し、奉天列車区勤務、立山駅助役、旅順駅助役、湯崗子駅長を歴任し、三三年一一月鞍山駅長となった。この間、三三年四月勤続一五年の表彰を受けた。

井上　乙彦 ▷12

満州電信電話㈱理事兼総務部長、電電倶楽部新京支部長、陸軍少将、従四位勲三等／新京特別市建国路電電社宅／一八八五（明一八）五／東京府東京市四谷区左門町／陸軍大学校

い

旧姫路藩士井上孟一の次男として仙台市東四番町に生まれ、一九〇五年陸軍士官学校を卒業して工兵少尉に任官した。次いで戸山学校、砲工学校高等科を卒業して近衛師団副官となり、さらに陸軍大学校を卒業して陸軍省軍務局課員となった。ヨーロッパに三年留学した後、陸軍航空学校、陸軍大学校の各教官、工兵学校教導隊長、鉄道連隊長、工兵監部部員、教育総監部付等を歴任し、少将に進級した。三三年満州電信電話㈱設立準備折衝のため渡満し、同年八月の創立と同時に依願予備役編入となり同社理事兼総務部長に就任した。

井上　音松　▷11

旅順工科大学予科教授／旅順市旭川町／一八九六（明二九）三／佐賀県佐賀市水ヶ江町／東京帝大文学部

佐賀県官吏岩淵仁久治の長男に生まれ、叔父の井上家の養子となった。一九二二年東京帝大文学部を卒業して文部省に勤務したが、二四年一〇月旅順工科大学予科教授に転じて渡満した。

井上　折平　▷12

井上商会主、ハルビン商工ビルヂング会社取締役、ハルビン商工会議所議員／ハルビン中央大街／一八八一（明一四）一／熊本県天草郡下浦村

一九〇四年日露戦中に渡満し、薬品の行商をした。その後一三年からハルビン埠頭区で薬種商を営んだ。東京、大阪、朝鮮方面から薬種と雑貨を仕入れてロシア人や中国人相手に販売し、売上げの増加とともに傳家甸に支店を設け、実弟の嘉七を呼び寄せて主任とした。本業のかたわら旅館を兼営し、ハルビン商工ビルヂング会社取締役を務めた。

井上　佳吉　▷6

満鉄沙河口工場庶務課員、大連猟友会幹事／大連／一八八七（明二〇）／福岡県福岡市住吉町／東京専修学校中退

明治初年に集義隊を組織して民権運動に奔走した玄洋社社員井上昂の子に生まれ、幼い頃から頭山満や内田良平の薫陶を受けた。一九〇九年福岡県立中学修猷館を卒業して東京専修学校に進んだが、病のため中退して帰郷した。静養後に糟屋郡須恵村小学校の訓導となり、次いで福岡煙草専売局に転じた。一八年木材業を目的として渡満したが、挫折して満鉄に入り、沙河口工場庶務課に勤務した。

井上　和記　▷12

竜江専売署副署長兼事業科長、居留民会評議員、従七位勲六等／龍江省チチハル西門根一専売署副署長公館／一八九四（明二七）一／熊本県葦北郡日奈久町

一九一六年一二月歩兵第二三連隊付となり、以来軍籍にあって第六師団経理部付、第一九師団経理部付、歩兵第七三連隊経理部付、第一九師団経理部付を歴任した。三二年八月予備役編入となり、翌月国務院軍政部被服本廠員となって渡満し、同年一一月軍政部顧問部嘱託として熱河作戦郡顧問部に勤務し会計経理を担当した。三三年七月国務院財政部嘱託に転任して竜江専売署事業科長事務取扱となり、三四年三月同公署事務官事業科長兼副署長事務取扱を経て三五年四月同副署長兼事業科長となった。この間、建国功労賞及び大典記念章を授与され、三五年三月薦任三等に叙された。

井上　一裕　▷12

図們機務段運転助役、勲八等／間島省図們山ノ手局／一八八五（明一八）九／神奈川県高座郡渋谷村

神奈川県井上豊次郎の次男に生まれ、郷里の郵便局に四年勤めた後、一九〇七年四月に渡満して満鉄の開業とともに入社した。以来一貫して大石橋に在勤し、三四年六月図們機務段に転勤して運転助役を務めた。この間、満州事変の功により勲八等瑞宝章を受け、三七年四月に勤続三〇年の表彰を受けた。

井上　香木　▷11

長春神社神職、従六位／長春平安街／一八七一（明四）二／愛知県知多郡鬼崎町／神宮皇學館本科

平城天皇の大同年間から数十代にわたり知多郡海掲神社の神職を務める家の長男に生まれた。一八九三年三月神宮皇学館本科を卒業して郷里で父を補佐していたが、九七年一月官幣大社気比神宮主典となり、国幣中社若狭彦神社宮司、神宮神部署主事、静岡・秋田・三重の各支署長を歴任した。一九一八年一〇月に休職となり、二二年七月に渡満して長春神社神官に就いた。

井上　桓　▷11

薬種商／奉天浪速通／一八六八（明一）四／富山県高岡市新横町

富山県薬種業井上鹽六の次男に生まれ、薬剤師の免状を取得した後、日露戦中の一九〇四年一〇月に渡満した。戦後〇七年三月、奉天に兄弟・親戚の五人で資本金五万円の合資会社を設立して薬種販売を始めた。後に大連、青島、安東、遼陽、公主嶺、長春に支店を置くまでになったが、一八年に同社を解散し、以後は独力で薬種商を営んだ。満州に渡る前に郷里高岡の市会議員を三期務めたが、渡満後も高岡瓦斯会社、高岡銅器会社、高岡無尽会社等の社長を兼任し、二五年に高岡市から市政功労者として金盃を贈られた。同郷の夫人キクエとの間に一男一女あり、それぞれ高岡中学、高岡高女を卒業した。

井上吉之助　▷8

割烹「やっこ」主／奉天江ノ島町／一八七八（明一一）七／大阪府大阪市南区難波稲荷町

京都市新京極六角誓願寺前に生まれ、後に大阪市に転籍した。一九〇六年五月大連に渡り、翌年八月奉天に居を移した。一一年一二月柳町に料理店「やっこ」を開業し、一七年七月江の島町満鉄公園西隣に家屋を新築して移転した。

井上禧之助　▷11

旅順工科大学学長、従三位勲三等、理学博士／旅順市赤羽町／一八七三（明六）一二／山口県／東京帝大工科大学

山口県井上信厚の三男に生まれ、一八九六年三月東京帝大工科大学を卒業し、創設直後の拓殖務省技師となった。台湾総督府技師を経て九八年に農商務省技師となり、一九〇七年同省地質調査所長に就いて一七年間所長を務めた。農商務省を辞した翌二五年、夫人たみのと四人の娘を東京に残して単身渡満し、旅順工科大学学長に就任した。

井上　一男　▷14

横浜正金銀行大連支店支配人／大連市児玉町／一八六三（文三）五／山口県玖珂郡岩国町／東京帝大選科

東京帝大選科を卒業し、一八九〇年に外務省留学生としてアメリカ、メキシコに渡り、九四年に帰国した。九五年一月横浜正金銀行に転じて神戸支店に勤務した後、長崎支店長、奉天・牛荘・天津、北京等海外支店の支配人を歴任し、一九一〇年六月大連支店支配人となって渡満した。業務のかたわら大連商業会議所の初代会頭に就任し、重要物産取引所商議員、日露協会幹事を務めたほか、一五年一一月から一八年三月まで大連市会の官選議員を務めた。

井上　計介　▷12

満鉄本渓湖駅貨物助役／奉天省本渓湖駅／一八九六（明二九）七／大分県別府市玉脇／北予中学校

大分県井上専治の子に生まれ、一九一七年三月北予中学校を卒業して三井炭砿に勤務した。中島鉱業会社に転じた後、二〇年に渡満して満鉄に入った。遼陽、奉天、本渓湖、郭家店、范家屯の各地に歴勤して新京駅貨物助役となり、三五年七月牡丹江站貨物主任を経て三七年四月本渓湖駅貨物助役に転任した。

井上　健蔵　▷1

井上洋行主、勲七等／金州東門街／一八七四（明七）五／大分県下毛郡桜洲村

一八九四年徴兵適齢に達して大阪の第四師団騎兵第四連隊に入営し、九七年に満期除隊して大阪府警察部に入った。在職中の一九〇四年日露戦争で召集され、第一二師団に属して門司、塩大澳、大連、柳樹屯、旅順、元山などの各停泊場司令部に勤務し、〇五年一二月に帰国して勲七等と一時賜金一〇〇円を受けた。〇六年五月に再び渡満して大連で諸官衙用達商となったが、同年九月さらに金州に移り東門街に井上洋行を開設して諸官衙用達と和洋雑貨・食料品店を兼営した。

井上　作治　▷12

満州医科大学予科教授／奉天平安通／一九〇四（明三七）七／兵庫県尼崎市別府村／京都帝大理学部

鳥取県育英中学校、松江高等学校を経て一九二九年三月京都帝大理学部を卒業して島根県三刀屋中学校教諭となり、同年五月数学科高等教員免許状を取得した。三〇年三月島根県師範学校

い

教諭に転じた後、三一年九月満州医科大学予科教授となって渡満した。

井上　定弘　▷11

長春警察署高等主任警部、勲七等／長春警察署／一八九四（明二七）一〇／熊本県玉名郡坂下村

熊本県井上定四郎の五男に生まれ、一九一六年五月に渡満して関東都督府巡査となった。大連、奉天、旅順の各警察署に勤務した後、二八年七月東京の内務省警察講習所に入った。一〇ヶ月修業期間を終えて警部に昇進し、警務局保安課勤務を経て長春警察署高等主任となった。ホノルルのアメリカン小学校を卒業した朝江を夫人とした。

井上三之助　▷1

井上洋行主、勲八等／旅順／一八七三（明六）三／長崎県南高来郡島原町

一八九四年日清戦中にウラジオストクに渡り、その後ハバロフスクでロシア人経営の時計店に勤めながらロシア語を習得した。次いでニコライスクに移って一年ほど新潟県の長井氏の通訳として働いた後、ブラゴイ鉱山で二年ほど採金に従事した。さらに大平口鉱山に傭聘されて採鉱監督となったが、一九〇〇年に義和団事件が起きて同地を去り、ハルビンに赴いて馬糧その他の仲買業を営んだ。〇四年に日露戦争が勃発して閉店を余儀なくされ、第一二師団の通訳となり、さらに同年七月海軍通訳に転じたが、負傷して帰国した。〇五年一月再び陸軍通訳として小倉の捕虜収容所に勤務して勲八等瑞宝章と従軍記章を受け、さらに海軍通訳の功で勲八等旭日章を受けた。〇六年三月旅順に渡り、新市街に井上洋行を開業し官衙用達として塗装業を営んだ。

井上俊太郎　▷12

国務院産業部畜産局副局長、従五位勲六等／新京特別市産業部畜産局／一八九六（明二九）二／三重県阿山郡上野町／東京帝大法学部法律学科

一九二一年三月東京帝大法学部法律学科を卒業し、同年五月農商務省山林属となった。農商務省属・山林副事務官、山林事務官、農林事務官、産業組合事務官、農林省産業組合検査官兼農林書記官に歴任し、この間大阪営林局林務課長、農林省農務局肥料課長、同山林局林政課長を務め、三一年に欧米各国に出張した。その後三五年九月国務院実業部臨時産業調査局理事官に転じて渡満し、資料部長兼調査部長を経て三六年五月同総務部長となり、三七年七月の行政機構改革で産業部畜産局副局長となった。

井上　正一　▷12

関東局司政部殖産課員、瓦斯事業主任技術者銓衡委員、満州特産中央会委員、満州製油工場振興委員会委員、従五位／新京特別市興安大路官舎／一八九〇（明二三）一／兵庫県姫路市豊沢／東北帝大理学部化学科

一九一一年大阪高等工業学校応用化学科を卒業し、同年九月明治専門学校助教授となった。次いで日華製油㈱に転じ、さらに大阪高等工業学校講師を務めた後、東北帝大理学部化学科に入学して一八年に卒業した。九州帝大工学部及び東北帝大大学院で研究に従事して二七年一月論文「油脂ヨリ石油ノ製造ニ就テ」により工学博士号を取得し、同年一二月から文部省留学生としてドイツに二年間留学し、在外中に応用化学に関する教育制度の調査を委嘱された。帰国後、関東庁技師となって渡満し、内務局殖産課、商工課兼農林課、経済調査会幹事、大連都市計画委員会臨時委員、長官官房調査課兼務、満州工業標準規格委員会委員、警保局保安課兼務を歴職した。三四年一二月司政部殖産課に転任し、三五年三月から瓦斯事業主任技術者銓衡委員、満州特産中央会委員、満州製油工場振興委員会委員を兼務した。この間、高等官三等に進み、満州事変時の功により賜金を授与された。

井上　亀　▷12

国務院民政部土木局工務処員／新京特別市金輝路代用官舎／一九〇四（明三七）二／高知県高知市種崎町／京都帝大経済学部

高知県立中学南海学校、高知高等学校を経て一九三〇年三月京都帝大経済学部を卒業し、同年四月から高知県高岡郡浦ノ内湾、須崎湾、多ノ郷湾、野見湾、新庄川口等で真珠養殖業を経営した。その後三二年六月に渡満して国務院に入り、総務庁人事処に勤務した。三三年四月国道局に転任し、三四年一〇月同局事務官・総務処勤務を経て三七年一月民政部土木局事務官となり工務処に勤務した。この間、建国功労賞

及び大典記念章を受章し、三六年建国五周年に際し勲八位に叙された。

井上 誠次 ▷12

国際運輸㈱新京支店窰門営業所主任／吉林省窰門国際運輸㈱営業所／一九〇八（明四一）八／石川県金沢市五十人町／日露協会学校

石川県井上鍬吉の次男に生まれ、一九三三年三月ハルビンの日露協会学校を卒業して国際運輸㈱に入り、新京支店に勤務した。以来勤続し、三五年一〇月窰門営業所主任となった。

井之上善蔵 ▷11

関東庁逓信書記、従七位勲七等／旅順市鮫島町／一八八一（明一四）五／鹿児島県囎唹郡岩川町

鹿児島県三坂善助の次男に生れ、井之上家の養子となった。一九〇五年五月日露戦争に際し臨時電信隊通信技手として大連に渡り、遼陽、鉄嶺、大連等で軍用通信事務に従事した。〇六年八月に除隊し、そのまま満州に留まって関東都督府通信書記補となり、大連、蓋平、大石橋等に勤務した。一八年八月のシベリア出兵時に関東都督府陸軍部嘱託として従軍し、同年末に帰還した後、二〇年一二月関東庁通信書記に昇任して旅順郵便局主事となった。この間、関東庁始政二〇年記念祝典に際し、勤続二〇年の表彰と銀杯一組を授与された。

井上惣三郎 ▷12

井上刀剣店主／新京特別市室町／一八七六（明九）五／栃木県上都賀郡

早くから渡満し、一九二一年九月から井上刀剣店を経営した。東京、大阪、名古屋方面から刀剣・武道具・軍需品を仕入れ、新京を中心に満州一円に販路を拡げた。

井上 大助 ▷12

満鉄ハルビン鉄路医院北安分院長兼医員兼北安日本尋常高等小学校校医／龍江省北安鉄路医院分院長社宅／一九〇四（明三七）三／福岡県小倉市大字板櫃／九州帝大医学部

福岡県井上勝之助の長男に生まれ、第五高等学校を経て一九二七年三月九州帝大医学部を卒業し、医学部副手兼附属病院医員となった。同年七月上海に渡って鈴木医院に勤務した後、二九年一〇月再び九州帝大医学部副手となり、三〇年四月医学部専攻科に入学し、かたわら同年八月から福岡市の私立福岡中央病院に勤務した。三二年一〇月専攻科を中退して千代田生命保険㈱福岡支部病院に勤務し、三三年三月論文「特殊薬剤ノ免疫抗体ニ及ボス影響」により九大より医学博士号を取得した。三四年三月別府市の島潟保養院医員に転じた後、三五年六月満鉄鉄路総局医員に転じて渡満し、三六年九月ハルビン鉄路医院北安分院長となった。

井上 泰三 ▷1

三井物産営口支店長／奉天省営口／一八七一（明四）一／兵庫県出石郡／神戸商業講習所

一八八九年神戸商業講習所を修了して三井物産会社に入り、神戸支店に勤務した。東京、門司、上海、香港、マニラ等の各支店に勤務した後、一九〇四年一〇月社命でアメリカに出張して諸種の調査に従事した。〇五年冬に帰国し、営口支店長に任じられて渡満した。

井上 太市 ▷9

井上建築工務所主／大連市八幡町／一八八八（明二一）一／京都府加佐郡新舞鶴町／京都府立工業学校建築科

一九〇七年京都府立工業学校建築科を卒業し、舞鶴軍港公認の土木建築請負業で働いた後、一二年に朝鮮に渡り三池土木建築㈱に入った。その後独立して請負業を営んだが、一七年六月に渡満して大連の福昌公司土木建築部に勤務した。一九年八月に退社し、同地で井上建築工務所を独立開業した。

井上 高富 ▷14

満鉄沙河口工場技師長／大連市楓町／一八八三（明一六）一一／京都府京都市上京区下鴨西林町／京都帝大理工科大学機械工学科

一九〇九年七月京都帝大理工科大学機械工学科を卒業し、翌年四月満鉄に入社した。沙河口鉄道工場に勤務し、一九年三月から二〇年七月まで欧米に出張した。帰任後は技術部機械課長代理となり、京城鉄道局工場長、南満工業専門学校教授、沙河口工場木工課長を経て、沙河口工場技師長に就任した。二八年一一月大連市会議員に当選したが、任期中の二九年三月に病没した。

井上　滝蔵 ▷3

井上医院院長／大連市浪速町／一八八四（明一七）九／鳥取県岩美郡宇倍野村

一九〇七年内務省の医術開業試験に合格し、翌年春に渡満して満鉄に勤務した。一二年に満鉄を辞め、同年九月から大連市浪速町で井上医院を開業し、皮膚病科を得意分野とした。

井上竹四郎 ▷11

歯科医師、勲八等／奉天省大石橋石橋大街／一八八三（明一六）四／広島県御調郡上川辺村

広島県農業井上為次郎の次男に生まれ、一九〇四年一二月日露戦争に召集され、二等看護長として青泥窪に上陸して各地に転戦した。〇六年末に除隊してそのまま残留し、翌年四月の満鉄開業とともに入社して大連医院に勤務し、かたわら歯科学を独習した。その後一五年の青島戦役の際に山東省に派遣され、山東鉄道及び青島民政部病院に勤務したが、二一年四月に辞任して帰国し、同年一一月文部省歯科学試験に合格した。郷里の広島で一年余り診療に従事した後、再び渡満して安東で開業し、二六年一〇月大石橋に移転した。

井上匡四郎 ▷9

満鉄撫順炭砿長兼鞍山製鉄所長、工学博士、子爵、正四位勲三等／奉天省撫順満鉄社宅／一八七六（明九）四／東京府東京市芝区高輪南町／帝国大学大学院

旧熊本藩士で後に帝国大学教授となった岡松甕谷の四男に生まれ、同藩士で法制局長官・枢密院顧問官・文部大臣を務めた井上毅の養子となった。一八九〇年帝国大学を卒業して大学院に進み、一九〇一年ドイツ、アメリカに留学し、帰国後に東京帝大工科大学助教授となった。大阪高等工業学校、京都帝大理工科大学、東京帝大工科大学等の教授を歴任し、この間貴族院議員、臨時シベリア経済援助委員会委員等を務めた。一九年満鉄に入社して満鉄撫順炭砿長及び鞍山製鉄所長を兼務した。⇒二五年に帰国して海軍政務次官となり、翌年若槻内閣の鉄道大臣に就任した。五九年三月没。実兄の岡松参太郎は法学者として東京帝大助教授、京都帝大教授等を歴任し、一九〇七年七月から一四年一月まで満鉄理事を務めた。

井上　忠衛 ▷11

大連機械製作所奉天支店員、正八位勲六等／奉天宇治町／一八八六（明一九）九／福岡県浮羽郡水縄村／山口高等商業学校

福岡県井上藤太の長男に生まれ、一九〇八年山口高等商業学校を卒業して満鉄に入社した。撫順炭砿庶務課に勤務して秘書を務めたが、同年一二月に一年志願兵として入営し、除隊後は会計課に勤めた。一一年一一月に退社して帰国し、門司市で雑貨商を営んでいたが一四年八月に召集され、歩兵第八連隊附となって青島戦役に従軍した。除隊後は現地に留まって山東鉄道管理部雇員となり、淄川炭砿会計主任、山東守備軍鉄道部会計主任、同鉄道事務官等を経て一九年一一月南昌洋行に入り、撫順支店支配人となって再び渡満した。華勝炭砿、瓢爾屯炭砿の経営を担当して後に取締役兼支配人となったが、二六年一一月に退職した。二八年一一月大連機械製作所に入って奉天支店員となり、東洋スレート工業㈱取締役を兼任した。

井上　忠良 ▷12

満鉄大連電気修繕場長兼鉄道教習所講師、社員消費組合総代／大連市満鉄電気修繕場／一八九六（明二九）三／宮崎県南那珂郡飫肥町／県立宮崎中学校

宮崎県井上俊次郎の長男に生まれ、一九一三年県立宮崎中学校を卒業した後、九州逓信局に勤務した。その後一九年に渡満して満鉄に入り、大連工務事務所及び大連通信区に勤務して奉天通信区助役となった。以来勤続して奉天工務事務所員、長春通信区助役、長春電気区助役、安東電気区橋頭在勤、安東電気区電気助役、同技術助役、奉天保線事務所員、関東軍司令部事務嘱託、鉄路総局勤務、瀋海鉄路局派遣員、奉天鉄路局工務処電気科通信股長を歴任した。次いで三五年六月皇姑屯電気段長、同年一一月吉林鉄路監理所監理員兼新站鉄路監理所監理員、三六年一一月朝陽鎮鉄路監理所監理員兼務を経て三七年四月大連電気修繕場長に就き、鉄道教習所講師を兼任した。この間、三五年四月勤続一五年の表彰を受けた。

井上　辰蔵 ▷12

満鉄獣疫研究所病毒科長／奉天平安通／一八九三（明二六）一／兵庫県神戸市都由乃町／東京帝大農科大学獣医学科

神戸市井上作太郎の次男に生まれ、一九一八年七月東京帝大農科大学獣医学科を卒業して満鉄に入社した。農事試験場員東京在勤、興業部農務課釜山在勤を経て奉天の獣疫研究所勤務となって渡満した。三四年六月技師に進み、牛疫・羊疫その他の血清・ワクチン製造と獣疫予防法研究のため一年半欧米に留学し、帰社後の三七年五月病毒科長に就いた。この間、三四年四月勤続一五年の表彰を受けた。

井上多美雄 ▷9

満鉄地方部庶務課長／大連市浜町／一八八三（明一六）九／愛媛県新居郡大野村／東京帝大法科大学独法科

一九一一年東京帝大法科大学独法科を卒業し、同年文官高等試験に合格して山口県属となった。一三年山形県西置賜郡長、一四年同県最上郡長に転任した後、一七年に官職を辞して村井銀行本店に入った。次いで一九年満鉄に転じて渡満し、公主嶺地方事務所長、長春地方事務所長を経て本社地方部庶務課長に就いた。

井上忠三郎 ▷8

井上耳鼻咽喉科医院長／奉天富士町／一八九一（明二四）九／佐賀県東松浦郡入野村／長崎医学専門学校

長崎医学専門学校を卒業した後、九州帝大医科大学で耳鼻咽喉科を研究した。一九一八年九月満鉄に招聘されて渡満し、奉天医院に勤務した。二〇年九月に退社して春日町に井上耳鼻咽喉科医院を開業し、後に富士町に新築移転した。

井上　忠也 ▷12

大同学院長、満州国協和会中央本部顧問、正四位勲二等功三級／新京特別市明徳路／一八七九（明一二）四／熊本県宇土郡宇土町／陸軍大学校

陸軍中央幼年学校を経て一九〇〇年陸軍士官学校を卒業し、翌年六月歩兵少尉に任官した。各地で軍務に服した後、一一年に陸軍大学校を卒業して満州駐屯歩兵第一八連隊付、天津歩兵隊付、同大隊中隊長、第一六師団副官、第六三連隊中隊長、退散総督府陸軍参謀、歩兵第四連隊付、対馬警備隊司令部参謀、歩兵第八連隊付、第九師団参謀、浦塩派遣軍兵站参謀、同司令部付に歴補した。次いで二二年一二月第一一連隊長、二三年一〇月第一九師団参謀長を歴職し、二七年七月少将に進んで歩兵第六旅団長となった。次いで二九年八月第四師団司令部付、三一年八月下関要塞司令官、三二年一二月独立守備隊司令官、三四年三月参謀本部付を経て同年四月待命、予備役編入となった。その後三五年四月大同学院長となって渡満し、本務のかたわら満州国協和会中央本部長を務め、後に同顧問に就いた。この間、日露戦争の功により功五級金鵄勲章及び勲五等旭日章、満州事変時の功により功三級金鵄勲章及び勲二等旭日章を授与された。⇒その後、満州国参議として通化で敗戦を迎え、ソ連に抑留中の五〇年四月ナホトカで病没した。

井上常太郎 ▷10

正隆銀行取締役／大連市大山通／一八七六（明九）一二／兵庫県武庫郡岡本村／早稲田大学政治経済科

兵庫県井上忠三郎の子に生まれ、小学校の頃から漢籍を学び、神戸の中学校を経て一九〇三年早稲田大学政治経済科を卒業した。〇五年横浜正金銀行に入り神戸支店に勤務した後、一〇年大連支店詰となって渡満した。一四年北京支店に転じて三年勤務し、次いでニューヨーク支店、ロサンゼルス支店勤務を経て沙市支店長に就いた。二三年暮れに辞任して帰国し、井上準之助の推挙により安田保善社参事に就き、二四年二月安田系の正隆銀行常務取締役となって再び渡満した。竜口銀行の救済合併、大連銭鈔信託会社の救済等に尽力した後、二七年春に辞任して帰国し郷里に隠棲した。

井上　輝夫 ▷14

満州製麻㈱社長、勲七等／大連市東郷町／一八七九（明一二）六／広島県神石郡高蓋村／東京専門学校、日本法律学校

広島県井上佐平の長男に生まれ、一八九九年東京専門学校法科及び日本法律学校を卒業して北海道炭砿鉄道㈱東京

支社に入社し、一九〇一年一年志願兵として東京の第一師団騎兵第一連隊に入隊した。除隊復職後、〇三年にビート栽培研究のためアメリカに留学したが、召集されて〇四年一二月に帰国し、日露戦争に従軍した。戦後〇六年四月に除隊し、そのまま残留して営口の満州日報社に入った。〇七年四月三井物産㈱大連出張所に転じて一〇年勤めたが、一七年五月に罷役となると野田卯太郎、山本条太郎、石本鏆太郎等と図って大連に満州製麻㈱を創立して取締役兼支配人となり、二三年六月専務取締役に就いた。三四年四月奉天製麻㈱の整理更正に乗り出し、翌年五月に安田系資本と結んで同社を併合し、麻袋、帆布、キャンバスなどの満州市場を独占した。経営のかたわら三五年七月から大連商工会議所副会頭を三年務めたほか、三六年一一月から大連市会議員を二期務め、大連市臨時市政調査委員、日満実業協会監査委員、大連商品取引信託㈱取締役社長、日吉商会㈱代表取締役、大連製材㈱取締役、亜細亜製粉公司㈱取締役、営口紡織㈱取締役、南満火工品㈱監査役、周水土地建物会社監査役、東亜倶楽部理事、大連三業会幹事等を歴任した。この間、二三年末に日本産業協会より産業功労者として、三六年に関東局施政三〇年紀年に民間功労者として表彰された。二男一女あり、長男二郎は東京帝大法学部を卒業して満鉄に勤務した。

井上 暉雄 ▷11

吉林同文商業学校主任／吉林省城商埠地／一八九三（明二六）一〇／香川県高松市／香川県師範学校

香川県井上吉次郎の長男に生まれ、一九一四年三月香川県師範学校を卒業して高松市栗林小学校の訓導を務めた後、一八年三月に渡満して満鉄教育研究所に入った。一九年四月長春公学堂教員となり、二六年四月に吉林同文商業学校主任に転任した後も一貫して中国人教育に携わり、勤務のかたわら河北、山東、東蒙古、北満地方を旅行して現地事情を視察した。

井上 徳三 ▷12

三菱商事㈱新京出張所長、新京ゴルフクラブ理事兼オナラブルセクレタリー、新京ロータリークラブ副会頭／新京特別市照光路／一八八五（明一八）七／鳥取県鳥取市立川町／アイオワ州立大学経済科

鳥取県井上惣七の次男に生まれ、鳥取第一中学校、明治大学予科を経て渡米し、一九一二年アイオワ州立大学経済科を卒業した。一四年三菱㊮に入り、本社営業部、神戸支店に勤務し、一八年四月に㊮から三菱商事㈱が分離すると同社神戸支店に勤務した。二三年六月香港支店、二九年八月本店穀肥部、三〇年二月佐世保出張所に歴勤し、三三年六月新京出張所の創設とともに所長となって渡満した。

井上 直 ▷7

鉄嶺信託会社支配人／奉天省鉄嶺北五条通／一八九一（明二四）六／鹿児島県薩摩郡永利村

一九一一年一二月郷里の浪速銀行川内支店に勤務中に徴兵され、歩兵伍長となって退営した。川内貯金会社に勤務し、かたわら永利村在郷軍人分会副会長も務めたが、先輩に招かれて一六年に渡満し、創立直後の本渓湖信託㊮に入った。その後同社が奉天信託会社と合併すると退社し、遼陽の満鉄地方事務所に勤めたが一年半で辞め、一九年一〇月鞍山商事会社支配人に転じた。さらに二一年三月鉄嶺信託会社に転じ、二三年二月同社支配人に就いた。業務のかたわら鉄嶺の在郷軍人会評議員、青年団幹事、三州会幹事等の公職を務め、趣味のテニスではオール鉄嶺の選手として活躍した。

井上 信翁 ▷11

満鉄安東地方事務所長／安東地方事務所社宅／一八七八（明一一）二／新潟県東頸城郡牧村／東京帝大文科大学倫理科

新潟県僧侶井上行翁の長男に生まれ、一九〇五年七月東京帝大文科大学倫理科を卒業して学習院の教授となった。次いで〇六年六月に渡米してコロンビア大学で教育学と倫理学を研究し、その後ヨーロッパに渡り、〇八年七月パリのベルリッツ語学校、同年一二月サンクトペテルブルクのベルリッツ語学校及びロシア東洋大学で教鞭を執った。一二年一〇月に教職を辞して帰国し、一三年六月満鉄に入って学務課長、臨時経済調査委員を歴任して参事となり、二九年三月安東地方事務所長に就いた。

井上 信義 ▷12

浄土宗安東寺布教師／安東東山手町安東寺／一八九四（明二七）六

い

／香川県高松市／浄土宗立仏教専門学校

香川県僧侶井上学順の次男として善通寺町に生まれ、丸亀中学校を経て浄土宗立仏教専門学校を卒業した。一八年八月浄土宗開教師となって渡満し、大連明照寺に入った後、遼陽の福田寺主任を務めた。次いで二〇年に浄土宗鞍山教会所を創設し、同地に知恩寺を開灯して主任に就いた。その後二三年四月安東寺主任に転任し、鎮江山麓に一五〇坪の位牌堂奥その他を新築した。

井上 畑作 ▷12

康徳公司㈱監査役、大連市譚家屯西区町内会長、譚家屯幼稚園理事／大連市千草町／一八七六（明九）／神奈川県津久井郡田尻村

神奈川県井上五郎吉の次男に生まれ、製版製図の技術者を志したが、一九〇四年六月日露戦争に際し野戦鉄道提理部員となった。輸送船佐渡丸で大連に上陸し、図工・石版の業務を担当した。戦後〇七年四月、満鉄開業とともに同社入りして鉄道部庶務課写真室主任となった。以来満鉄に勤続して三一年に勇退し、三四年康徳公司㈱の監査役に就いた。この間、日露戦争当時からの大連居住者として大連市役所より在住三〇年記念杯及び賞状を授与された。

井上 ハツエ ▷12

産婆、大連産婆会幹事／大連市信濃町／一八八八（明二一）一／山口県豊浦郡神玉村

山口県井上末蔵の長女に生まれ、下関市の黒石病院で三年働いた後、日露戦争直後一九〇五年に渡満して大連の博愛病院に勤務した。その後一〇年に退職し、信濃町で助産所を開業した。

井上 初之助 ▷3

奉天開埠局応聘員／奉天西小門外開埠局官舎／一八八三（明一六）三／大阪府西成郡鷺洲町／大阪外国語学校

一九〇二年大阪外国語学校を卒業した後、日露戦中の〇五年二月に旅順鎮守府幕僚付となって渡満した。戦後〇六年一一月奉天の中国農業試験場に招聘され、農学堂教諭を兼務した。一〇年一〇月に期限満了となり翌月から奉天居留民会会計主任書記を半年務めたが、一一年六月再び招聘されて奉天開埠局に勤務した。

井上 浜介 ▷12

満鉄東京支社員／東京市赤坂区葵町満鉄ビル東京支社／一九〇六（明三九）三／岐阜県本巣郡席田村／東京帝大法学部政治学科

岐阜県井上孝哉の長男に生まれ、一九二八年三月東京帝大法学部政治学科を卒業して満鉄に入り、地方部地方課に勤務した。三〇年九月東京支社に転勤して庶務課に勤務し、三二年五月経済調査会委員兼務を経て人事係主任となった。その後三五年四月から一年半の間欧米各国に出張して植民地の産業統制に関する調査研究に従事した。

井上 治義 ▷11

関東庁高等女学校書記、勲八等／旅順市明治町／一八八〇（明一三）七／滋賀県犬上郡彦根町／滋賀県立中学校

滋賀県井上芳次郎の次男に生まれ、一八九八年県立中学校を卒業した。一九〇〇年徴兵されて大阪の騎兵第四連隊に入隊し、翌年台湾守備隊に派遣された。満期除隊した後、〇四年日露戦争の際に予備役召集されて渡満した。戦後そのまま残留して旅順要塞司令部雇員となり、〇六年五月から砲台建設工事、旅順表忠塔建設工事の会計を務めた後、関東庁高等女学校書記に転じた。かたわら旅順在郷軍人分会役員、赤十字社地方委員を務めた。

井上 久雄 ▷12

満鉄昂渓機務段庶務助役、社員会評議員／龍江省昂昂渓局宅／一九〇三（明三六）一／神奈川県足柄上郡吉田島村

神奈川県井上初蔵の長男に生まれ、一九一七年満鉄に入り鉄嶺車両係となった。二三年雇員、次いで二四年職員に進み、三三年庶務助役として洮昂鉄路局に派遣された。三五年白城子機務段庶務副段長、三六年昂昂渓機務段庶務副段長を経て同年九月職制改正により庶務助役となった。この間、満州事変時の功により賜盃を授与された。

井上 房吉 ▷3

大連朝日高等小学校長／大連市伏見台民政署宿舎／一八六五（慶一）五／愛媛県東宇和郡俵津村／愛媛県師範学校

一八九〇年三月愛媛県師範学校を卒業して東宇和郡視学となり、後に高等小学校長を務めた。次いで一九〇三年六月徳島県視学に転じ、小学校教員検定常任委員を兼務した。その後〇九年四月に渡満して関東都督府小学校訓導となり、大連第二尋常高等小学校長を経て一五年八月大連朝日高等小学校長に就任した。この間、一四年六月に長年教育に従事した功により帝国教育会から功杯を受けた。

井上　富山　▷11

旅順曹洞宗竜心寺布教師／旅順市青葉町／一八八〇（明一三）三／新潟県新潟市東堀前通六番町／東洋大学専門部

新潟県井上兼左衛門政兼の五男に生まれ、七歳の時に郷里の光明寺住職の下で得度して僧籍に入った。一九〇三年東洋大学専門部を卒業して曹洞宗大本山永平寺僧堂で修行し、〇七年に渡米してワシントン州タコマ市ホイッチウォース専門学校、シアトル市ワシントン大学等で英文学と宗教学を学んで学士号を取得した。帰国後は光明寺の住職となって曹洞宗宗議会議員を務め、新発田の歩兵第一六連隊で軍人布教や同隊将校の外国語教官などを務めた。一九年にハワイ島ヒロ市駐在布教師となり、一寺を創設して布教活動にあたった。二二年七月に帰国し、翌年四月に渡満して旅順の曹洞宗竜心寺布教師として伝道に従事した。

井上　正雄　▷12

黒河気象観象台長／黒河省黒河気象観象台長公館／一九〇八（明四一）一／福岡県田川郡川崎村／東京帝大農学部農学科

福岡県井上哲正の五男に生まれ、一九三一年三月東京帝大農学部農学科を卒業し、同年五月中央気象台調査事務嘱託となった。その後三四年三月国務院中央観象台技正となって渡満し、中央観象台に勤務した後、同年七月中央観象台技佐となり黒河気象観象台長に就いた。

井上　理吉　▷11

関東州水産会主事、従六位／大連市神明町／一八八二（明一五）三／福岡県山門郡三橋村／青山師範学校、広島高等師範学校

福岡県井上安之平の次男に生まれ、上京して一九〇一年三月青山師範学校を卒業し、府下で訓導を二年務めた。その後広島高等師範学校に入り、一一年に卒業して京都府立高等女学校教諭となり、翌年一〇月中国の四川高等師範学校教習に招聘された。一四年に帰国して広島市学務課長に就いたが、一七年五月に渡満して関東都督府官房文書課主任に転じて視学を兼任した。二三年九月旅順工科大学書記兼関東庁理事官となり大学庶務課長に就き、翌年同大学の廃止が論議されると上京して存続運動に奔走した。その後二七年四月に退官して関東州水産会主事となり、大連魚市場長を務めた。

井上　正義　▷12

満鉄奉天八幡町図書館長兼蘇家屯図書館長／奉天稲葉町／一八九七（明三〇）一二／宮崎県宮崎市神宮東町／向陽学舎正教員科

宮崎県井上儀作の四男に生まれ、一九一六年郡費生として向陽学舎正教員科を卒業して同年一二月県下の小学校訓導となった。その後二〇年三月に渡満して満鉄図書館員となり、近江町簡易図書館、近江町図書館主事、奉天図書館主事兼同館司書兼八幡町図書館主事を歴職し、この間二六年に文部省図書館講習所を修了した。次いで長春図書館、新京図書館、開原図書館の各館長を歴任して三四年八月奉天八幡町図書館長兼蘇家屯図書館長となり、三五年四月勤続一五年の表彰を受けた。写真と油絵を趣味とし、満蒙文化協会主催の第一回及び第二回全満美術展で入選した。

井上益太郎　▷11

満鉄撫順炭砿技術担当員、正八位／奉天省撫順永安台北台町／一八八九（明二二）四／大分県玖珠郡東飯田村／大分県立農林学校

大分県農業井上文次の長男に生まれ、一九〇七年三月大分県立農林学校を卒業した。愛媛県技手として一〇年勤めた後、一七年一二月に渡満して満鉄撫順炭砿に勤務し、後に技術担当員となった。

井上　実　▷12

国務院実業部農務司員、満州国協和会中央本部指導部付／新京特別市大同大街国務院実業部農務司／一九〇五（明三八）／福岡県企救郡東谷村／北海道帝大農学部

北海道帝大農学部を卒業して満鉄に入り、経済調査会に勤務した。その後一九三四年国務院実業部技佐に転じて農

い

務司に勤務し、三六年七月満州国協和会中央本部指導部指導科長兼務を経て同年一二月同兼職となった。

井上　致也 ▷11

満鉄監察役、従六位／大連市星ヶ浦小松台／一八八四（明一七）四／東京府東京市／東京帝大法科大学独法科

石川県井上是致の長男として金沢市に生まれ、幼時に富山に移住した。一九一一年七月東京帝大法科大学独法科を卒業し、翌年文官高等試験に合格して朝鮮総督府試補となった。一三年に総督府鉄道局副参事に就き、一七年七月同鉄道が満鉄に経営委託されると満鉄に転じた。一九年に欧米各国を視察し、帰国後に東京支社運輸課長、同庶務課長、安東地方事務所長、本社旅客課長、審査役等を歴任して監察役に就任した。次弟は京都高等工芸学校を出て上海絹糸公司に、三弟は東京帝大を出て営林局に勤務した。

井上杢之助 ▷1

日の出ホテル主／旅順三笠町／一八六二（文二）五／大阪府大阪市西区靭南通

一九〇五年六月日露戦争末期に渡満し、旅順で種々画策したが成功せず旅館業に転じた。三笠町に日本風客室一八、食堂、応接室、浴室等を完備した日の出ホテルを建て、宿泊料を低廉に抑えて繁盛した。

井上　泰完 ▷12

関東局旅順刑務所教誨師、従七位勲七等／旅順市元宝町刑務所官舎／一八八一（明一四）四／福島県田村郡三春町／高輪仏教大学

一九〇二年高輪仏教大学を卒業した後、一二年に朝鮮に留学し、かたわら同地で仏教高等学院と啓成学校の教員を務めた。一三年に留学を終えて予備布教使となり、次いで開教使、監獄布教使、朝鮮総督府教師、同教誨師を歴職した。その後二八年一〇月に帰国して鹿児島、長崎、山口の各刑務所教誨師を務めた後、三三年に関東局教誨師となって渡満し旅順刑務所に勤務した。

井上　芳雄 ▷13

安東交通㈱専務取締役／安東／一八八九（明二二）一／山口県阿武郡萩町／早稲田大学商科

山口県井上久次郎の次男に生まれ、一九一三年東京専門学校商科を卒業して満鉄に入社した。埠頭事務所に勤務した後、同所人事係主任、文書係主任を経て上海支所黄浦碼頭主任、大連埠頭華工係主任、奉天鉄道事務所庶務長等を歴任した。二七年一一月開原駅長となり、旅館事務所営業係主任を経て三四年一一月大連駅長に就いたが、安東交通㈱の創立とともに同社専務取締役に転じてバス交通事業の経営にあたった。野球を得意とし、満州倶楽部の発足当初より一九年の日本遠征まで現役選手として活躍し、引退後は幹事として選手の育成に努めたほか、監督としてマニラ遠征を行なうなど満州球界の発展に貢献した。

井上　芳一 ▷12

満鉄撫順炭砿工作課機械係技術担当員、工業標準規格準備委員会委員／奉天省撫順北台町／一八九七（明三〇）一二／大分県日田郡日田町／旅順工科学堂機械工学科

大分県井上寿吉の次男に生まれ、一九二〇年一二月旅順工科学堂機械工学科を卒業して満鉄に入社し、撫順炭砿機械課に勤務した。次いで撫順炭砿補習学校講師嘱託、同機械工場、同工作課機械係技術担当員、古城子採炭所監査係監査担当員、同所監査係技術担当員、工作係主任に歴勤して三五年五月工作課機械係技術担当員となり、三六年九月副参事に昇格した。この間、三六年四月勤続一五年の表彰を受けた。

井上　義人 ▷12

国務院実業部農務司員、正八位勲七等／新京特別市崇智胡同／一九〇五（明三八）七／福岡県福岡市高宮／九州帝大農学部

福岡県井上雪次郎の長男に生まれ、第五高等学校を経て一九三〇年三月九州帝大農学部を卒業し、満鉄に入社して中央試験所に勤務した。満州事変後に奉天自治指導部に入って建国運動に参加し、三二年三月国務院実業部属官となり、次いで技佐に昇格して農務司に勤務した。少年時代から剣道を修め、中学から大学まで剣道部主将を務め、五高時代に全国高等学校専門学校剣道大会に優勝し、九大時代には大典記念昭和御前試合に福岡県代表として出場し宮内省より銀盃を下賜され、渡満後は剣道五段として満州国武道会を組織した。

井上　好徳 ▷1

三井物産鉄嶺支店長／奉天省鉄嶺／一八七七（明一〇）九／東京府東京市芝区三田四国町／東京高等商業学校

旧山形藩主水野子爵の江戸留守居役井上好敏の三男に生まれ、一八九八年東京高等商業学校を卒業して三井物産に入り、牛荘支店詰となって渡満した。その後同支店支配人代理となり、一九〇二年七月神戸支店に転勤したが、〇四年九月日露戦争に際し牛荘支店支配人となって再び渡満した。〇六年三月社命で膠州湾、芝罘、済南、上海、油頭、厦門、福州、香港、広東、漢口を巡り、豆粕・大豆の市場調査をして取引開始を献策し、同年一二月鉄嶺支店支配人となった。業務のかたわら同地の居留民会会長、実業協会会長、鉄嶺倶楽部副委員長等の公務を務めた。

井上　米雄 ▷6

関東軍経理部大連派出所長／大連／一八九五（明二八）／佐賀県佐賀市東魚町／陸軍経理学校

佐賀県郡役所員井上米吉の長男に生まれ、一九一二年小城中学校を卒業して東京牛込の陸軍経理学校に入学した。一五年に卒業して三等主計となり、善通寺の第一一師団野砲兵第一一連隊に勤務した後、同師団歩兵第四三連隊に転じた。一九年一一月シベリア出兵に際しウラジオストク派遣軍経理部付として従軍し、二一年八月に帰国して歩兵第四九連隊付に転任して一年間甲府に在勤した。二二年九月関東軍に転任して渡満し、翌年関東軍倉庫付兼関東軍経理部員となった。

井之上理吉 ▷12

関東州庁警察部警務課長兼高等警察課長、従七位勲七等／大連市関東州庁警察部／一九〇三（明三六）／鹿児島県鹿児島市船津町／日本大学専門部法律科専科

一九二九年日本大学専門部法律科専科を卒業し、翌年文官高等試験司法科に合格した。三二年通信省通信官吏練習所に勤務して文官高等試験行政科に合格し、同年関東庁警部補兼外務省警部補となって渡満した。長春に在勤した後、関東庁警部兼外務省警部に進み、新京在勤、遼陽警察署長、奉天総領事館警察署長兼務を経て関東局警部となり、貔子窩警察署長、四平街警察署長を歴任した。次いで関東局警視兼外務省警視に累進し、新京総領事館警察署兼務を経て三七年三月関東州庁警察部警務課長となり、高等警察課長を兼任した。

井上利四郎 ▷12

南郷洋服店主、割烹「井筒」店主／ハルビン透籠街／一九〇一（明三四）五／福岡県宗像郡南郷村／商業学校

郷里の商業学校を卒業して南郷電灯㈱を設立経営したが、後に東邦電力㈱に合併され、三二年三月に渡満した。三三年八月東洋拓殖㈱よりハルビン透籠街の土地を九万八〇〇〇円で買収し、建築費三〇万円で井上ビルディングを建設した。三五年九月に落成すると同ビル内に南郷洋服店を開業し、日中露の従業員八十数名を使用して全満に販売した。本業のかたわら、同ビル内で純日本式の割烹「井筒」を兼営した。

井上　利八 ▷1

井上公司主／奉天省営口／一八六六（慶二）一一／広島県沼隈郡水呑村

長く私設鉄道会社及び鉄道局等に勤務して工事監督を務めた後、一八九五年に独立して土木建築請負業を始め、上毛鉄道、唐津金辺鉄道等を手がけた。その後中国に渡って遼河の護岸工事に携わり、後に営口新市街に井上公司を設立して一般土木建築工事請負業を営んだ。

井上　亮介 ▷11

満鉄姚千戸屯駅長／姚千戸屯／一八九三（明二六）二／石川県鹿島郡久江村／石川県立金沢商業学校

石川県会議員井上栄蔵の三男に生まれ、一九一一年三月県立金沢商業学校を卒業した後、同年八月に渡満して満鉄開原駅貨物方見習となった。遼陽駅に転任した後、奉天駅車掌、遼陽駅車掌、海城駅助役、得勝台駅勤務、草河口駅勤務等を経て、二四年一一月姚千戸屯駅長に就いた。

井上　和助 ▷11

海産物鮮魚仲買商／大連市壱岐町／一八八三（明一六）一〇／長崎県西彼杵郡矢上町／小学校

長崎県製油業井上元吉の長男に生まれ、小学校を出て長く商業に従事していたが、一九〇六年一二月に渡満して大連の壱岐町で海産物と鮮魚の仲買商を営んだ。

猪野英三郎　▷11

満鉄長春商品陳列所主任／長春羽衣町／一八八七（明二〇）二／和歌山県西牟婁郡市ノ瀬村／中学校中退

和歌山県猪野民蔵の三男に生まれ、中学校を中退して一九〇六年七月に渡満した。昌図公司に入社して鉄道運輸業に従事した後、〇八年七月に退社して翌年三月満鉄に入り長春満鉄経理係となった。以来勤続し、一八年のシベリア出兵に際し中国語通訳として長春臨時陸軍兵站司令部付嘱託を務め、功により一時賜金一三〇円を下賜された。その後二〇年三月満鉄長春商品陳列所に転任し、後に同所主任を務めた。

井之川道雄　▷12

ハルビン特別市衛生指導隊長、新安埠診療所長、衛生救護隊長、埠頭区診療所長、露妓女検黴所長／ハルビン埠頭区立衛生指導隊内／一八九六（明二九）五／新潟県中魚沼郡貝野村／南満医学堂

一九一九年奉天の南満医学堂を卒業して帰国し、郷里で医院を開業した。かたわら新潟医科大学及び全天堂病院等で医学研究に従事し、また下船渡村、秋成村、中深見村の村医・学校医・消防医及び新潟県方面委員、郡医師会評議員、県学校医会代議員、赤十字社新潟支部嘱託医等の公務を務めた。その後、三四年一一月に渡満してハルビン特別市公署衛生指導隊長に就任し、翌年九月から新安埠診療所長、衛生救護隊長、埠頭区診療所長及び露妓女検黴所長を兼務した。

「猪口」は「いぐち」も見よ

猪口　理輝　▷12

㈴信義洋行代表社員／浜江省牡丹江七星街／一九〇七（明四〇）三／鳥取県鳥取市庖丁人町／山口高等商業学校

鳥取県猪口繁太郎の子として栃木県に生まれ、宇都宮中学校を経て山口高等商業学校を卒業した。一九三二年一一月に渡満し、長兄の理保が間島省竜井で経営する信義洋行の延吉支店で自動車運輸及び特産輸出入商に従事した。三六年九月牡丹江支店を開設して自動車運輸と牡丹江定期バスの経営に従事し、本店が株式会社に延吉支店が合資会社に改組されるに伴い牡丹江支店を合名会社に改組して代表社員に就任した。

猪口　理保　▷12

信義洋行㈱代表取締役、竜井居留民会議員、間島在郷軍人会評議員、正八位／間島省延吉県竜井橋頭街／一八八八（明二一）三／鳥取県鳥取市庖丁人町／鳥取県立第一中学校

鳥取県猪口繁太郎の長男に生まれ、一九〇七年県立第一中学校を卒業して伊藤軍需品製造㈱に入社し、一二年に朝鮮清津の亀谷商店に転じた。一五年六月に渡満して竜井で糖粉特産物輸入商を開業した。三二年一一月一時帰国して大阪合同自動車学校に入り、翌年二月甲種運転手免状を取得して竜井に戻り、自動車運転業を兼営して大規模発展を画策したが、三六年七月官命により間島自動車統制に参加し一切の車輌を譲渡し、実弟の理輝に牡丹江支店で牡丹江定期バスを経営させた。本業の糖粉特産物輸入では店員五〇人を使用し、延吉と牡丹江に支店を置いて間島省一円を販売区域として年商五〇万円に達した。経営のかたわら間島在郷軍人会を組織して正・副会長、評議員、副支部長を歴任し、間島防空協会に金一〇〇〇円を寄付した。

猪子　一到　▷13

満鉄理事、勲八等／大連市桃源台／一八九一（明二四）四／京都府京都市堺町三条／京都帝大理工科大学機械科

外科の大家として知られた京都帝大教授猪子止戈之助の長男に生まれた。第三高等学校を経て一九一四年七月京都帝大理工科大学機械科を卒業して満鉄に入社した。一九年から二年間欧州に留学して以来一貫して本社運転課に勤務し、参事・運転課次席、輸送課長、鉄道総局輸送局長と累進し、三八年理事に就任して輸送部門を担当した。三高野球部時代は名遊撃手として鳴らし、満鉄入社後も山西恒郎、井上芳雄、山田潤二らと満州倶楽部を組織して二七年八月第一回都市対抗野球大会で優勝するなど長く現役選手として活躍し、引退後は監督として選手の指導育成に当たり満州球界の隆盛に貢献した。

井ノ子藤吉 ▷11

貴金属宝石商、質商／ハルビン埠頭区モストワヤ街／一八八四（明一七）七／愛媛県喜多郡大瀬村

愛媛県農業井ノ子午太郎の長男に生まれ、一九〇七年一月に渡満してハルビン市内の傅家甸で中国人相手に質商を営んだ。その後二〇年同市埠頭区に移り、貴金属宝石商と質商を兼営した。

伊野佐一郎 ▷1

伊野商会主／旅順鯖江町／一八六四（元一）三／熊本県天草郡小田庄村

一八八五年韓国の仁川に渡って雑貨営業に従事した後、九〇年から天津で雑貨販売のかたわら海陸軍の用達業を営んだ。九四年に日清戦争が始まると陸軍通訳となり、第二軍に属して中国語、韓国語、ロシア語、英語の通訳を務め、また蓋平河に三日で二〇〇メートルの木橋を架橋して丸井政亜第二軍蓋平兵站司令官より感状を受け、さらに九九年には山本権兵衛海軍大臣から褒賞を受けた。一九〇〇年の北清事変の際は須磨艦の案内者として北京に入り、塘沽の店舗を陸戦隊本部に提供し、自らは愛宕艦に避難して軍の通訳を務めた。福島安正将軍が兵を率いて塘沽に入ると再び案内者として天津に戻り、家族と再会した。留守中サダノ夫人も篤志看護婦として傷病者の看護にあたり、後に夫妻揃って従軍記章と下賜金各々二〇〇円と一五〇円を受けた。〇三年に天津に日本の専管居留地が設定されると、七人の在留者の一人として土地数百坪の実費払い下げの特典を受け、多数の家屋を建築して貸家業を営んだ。〇五年七月日露戦争の終息と同時に旅順鯖江町に新築移転し、忠海町の中国人家屋を買収して菓子製造業を開業した。

井ノ田一男 ▷12

満鉄白城子電気段長、社員会評議員／龍江省洮安県白城子満鉄白城子電気段長局宅／一九〇〇（明三三）九／神奈川県横浜市中区前里町／神奈川県立横浜第一中学校

神奈川県立横浜第一中学校を卒業した後、一九二一年六月逓信官吏練習所技術科を修了して横浜中央電話局長者町分局主事となった。本局庶務係兼監査課勤務、本局交換課勤務を経て東京逓信局工務課に転勤し、機械設計保守係として房総方面を担当した。その後三三年一二月満鉄に転じて渡満し、鉄路総局工務処電気科に勤務した後、三四年四月洮南鉄路局工務処電気科通信股長、同年八月洮南電気段長を経て三五年一一月白城子電気段長となった。この間、昭和大礼記念章を授与された。

猪谷　英一 ▷7

大連商業会議所会計主任／大連市西公園町／一八九一（明二四）三／鹿児島県鹿児島市山下町／鹿児島商業学校

鹿児島商業学校を卒業と同時に渡満し、一九一五年六月に大連実業会が解散して大連商業会議所が創設されると会計主任を務めた。職務のかたわら同郷出身者で組織する大連三州会の常任幹事も務めた。

猪野々正治 ▷12

竜江税務監督署副署長／龍江省チチハル竜江税務監督署／一八八六（明一九）／高知県香美郡野市町／高知県立第二中学校

高知県猪野々万次の長男に生まれ、一九〇五年県立第二中学校を卒業して高知税務署に勤務した。次いで大阪税務監督局属に転じて関税部第二係長となり、以来同局に多年勤続した。その後三二年に奉天税務監督署事務官に転じて渡満し、熱河税務監督署副署長を経て三七年七月竜江税務監督署副署長に転任した。この間、熱河在勤時に承徳居留民会評議員を務めた。

猪股　幸作 ▷12

伊藤忠商事㈱ハルビン出張所主任／ハルビン道裡地段／一九〇二（明三五）五／宮城県登米郡登米町

宮城県猪股善蔵の三男に生まれ、郷里で印刷・和洋紙商に従事した後、一九一八年大阪の伊藤忠商事㈱本社に入った。二二年に奉天支店詰となって渡満し、一年ほど大連支店に在勤した後、再び奉天支店に勤務した。その後三四年一〇月ハルビン出張所主任となり、日本人七人、中国人四人の従業員を差配して市内の中国人商人に綿糸布、人絹、毛織物等を販売した。

猪俣栄登治 ▷12

満鉄奉天保線区工事助役、勲八等／奉天白菊町／一九〇一（明三四）六／新潟県高田市北本町／南満州

工業学校機械科選科

新潟県猪俣利八の長男に生まれ、一九二一年南満州工業学校機械科選科を卒業した。二二年二月満鉄に入社して運輸部機械課に勤務し、同年一二月入営のため非役となり、二五年一月に除隊して鉄道部機械課に勤務した。二六年八月長春鉄道事務所、二七年一一月奉天鉄道事務所、三〇年六月長春工事区事務所、同年一〇月奉天工事事務所、三一年八月奉天事務所鉄道課、三二年一月奉天鉄道事務所等に歴勤し、三五年四月奉天保線区工事助役となった。この間、満州事変時の功により勲八等旭日章及び従軍記章並びに建国功労賞金一封を授与されたほか、勤続一五年の表彰を受けた。

猪俣　清治　▷11

安東尋常高等小学校訓導／安東県山下町／一八九七（明三〇）九／鹿児島県鹿児島郡谷山町／鹿児島県師範学校

鹿児島県農業猪俣新左衛門の三男に生まれ、一九一八年三月鹿児島県師範学校を卒業して同県川辺郡玉林小学校、鹿児島郡玉江小学校訓導を歴職した。その後二四年一月に渡満して奉天第二小学校訓導となり、二六年五月から安東小学校に勤務した。

猪股　忠次　▷3

満鉄運輸部営業課旅館係主任、勲八等／大連市近江町／一八七六（明九）八／千葉県山武郡松尾町／東京郵便電信学校電気通信技術科

一八九二年五月東京郵便電信学校電気通信技術科を修了して電気通信助手となり、九六年八月電信書記に進んだ。一九〇八年二月に渡満して関東都督府通信書記となったが、同年四月満鉄に移った。一一年三月から一三年九月まで欧州に留学し、帰社して運輸部営業課旅館係主任に就いた。

伊原平之助　▷11

横浜正金銀行牛荘支店支配人、正八位／奉天省営口元神廟街横浜正金銀行支店内／一八八五（明一八）一二／島根県松江市／東京外国語学校

愛媛県伊藤良之助の次男に生まれ、一九〇七年東京外国語学校を卒業して横浜正金銀行に入った。〇九年に一年志願兵として松江の歩兵第六三連隊に入隊し、予備陸軍歩兵少尉として除隊した。帰任して大阪支店に勤めた後、天津支店勤務、バタビア支店支配人代理、スラバヤ支店勤務、上海支店支配人代理など長く海外支店に勤務した。その後二六年牛荘支店副支配人となって渡満し、二八年同支店支配人に就いた。

井深　文司　▷12

営口税関鑑査科長／奉天省営口東海関街税関官舎／一九〇〇（明三三）一〇／東京府東京市牛込区矢来町／東京帝大農学部

一九二六年三月東京帝大農学部を卒業して税関監査官補となり、神戸、大阪の各税関に勤務して監査官に進んだ。三三年国務院財政部技正に転出して渡満し、税務司勤務を経て営口税関に転勤し、後に鑑査科長を務めた。

伊吹　貞治　▷12

国務院交通部郵政司兼総務司員、正七位／新京特別市大和通静養館／一九〇〇（明三三）五／和歌山県新宮市

和歌山県伊吹歌吉の子に生まれ、一九一六年一月西部逓信局通信生養成所を修了して通信事務員となり、大阪の川口郵便局に勤務した。岸和田、明石、大阪市天王寺の各郵便局に歴勤した後、二二年逓信官吏練習所行政科を修了して同年五月大阪逓信局に勤務した。二四年一一月通信書記、二九年九月逓信属を経て三〇年一月簡易保険局書記に昇任し、同年一〇月高等文官試験行政科に合格した。三五年四月逓信書記に進んで尾道郵便局長・逓信局書記兼任、次いで同年七月通信事務官兼通信局事務官に進んだ。三六年九月満州国交通部事務官に転出し、渡満して郵政司郵政科に勤務し、同年一二月総務司兼務となった。生命保険に造詣が深く、『欧米諸国に於ける最近の生命保険』を著述した。

伊吹　幸隆　▷12

国務院総務庁企画処員、土地制度調査会幹事、正八位／新京特別市金輝路第二代用官舎／一九〇五（明三八）一／長崎県長崎市愛宕町／東京帝大法学部仏法科

長崎県伊吹元五郎の長男に生まれ、京都府立第一中学校、第一高等学校を経て一九二八年三月東京帝大法学部仏法科を卒業した。一九三〇年一一月文官高等試験司法科及び同外交科に合格し、三三年六月国務院外交部属官となって渡満した。外交部政務司勤務を経て三五年一一月総務庁参事官となり、企画処に勤務して土地制度調査会幹事を兼務した。

伊福　久泰　▷11

吉長鉄路局機務課長、勲八等／長春羽衣町／一八八六（明一九）六／岡山県御津郡大野村

岡山県神官伊福新次郎の長男に生まれ、日露戦争に際し野戦鉄道提理部付となり、一九〇四年一一月に渡満した。〇七年三月に提理部の事業引継とともに満鉄に入り、後に吉長鉄路局機務課長に就いた。同郷の夫人艶子との間に三男一女あり、長男は旅順工科大学、次男三男は旅順第一中学校、長女は同志社女学校専門部に学んだ。

伊部　武二　▷11

満鉄満井駅長／満井駅附属地／一八九一（明二四）二／福井県丹生郡萩野村

福井県農業伊部梅吉の次男に生まれ、一九一二年八月に渡満して満鉄に入った。以来勤続して職員に昇格し、二二年に連京線満井駅の助役を務めた後、二六年一二月同駅長に就任した。

伊保内　盛　▷11

満鉄瓦房店機関区技術主任／奉天省瓦房店敷島街／一八九九（明三二）五／岩手県盛岡市上田町／旅順工科大学機械工学科

満鉄社員伊保内芳太郎の子に生まれ、一九二二年一二月旅順工科大学機械工学科を卒業し、翌年一月満鉄に入社した。運転課に勤務して二年の間各方面で実習を積んだ後、二五年六月大連鉄道事務所運転係となり、次いで同年一〇月運転課機関車係となった。その後二七年二月瓦房店機関区技術主任に就いて瓦房店実業補習学校講師を兼任した。読書と運動を好み、外国雑誌の翻訳も行なった。実父の芳太郎も満鉄に勤務した。

今井　英一　▷12

国務院財政部理財科員／新京特別市城後路／一九〇九（明四二）四／岐阜県岐阜市松鴻町／東京帝大法学部法律学科、大同学院

岐阜県今井彦三郎の次男に生まれ、愛知県立第六中学校、第八高等学校を経て一九三三年三月東京帝大法学部法律学科を卒業し、渡満して大同学院に入った。同年一〇月卒業とともに国務院財政部属官となり、理財司銀行科に勤務した。その後三五年三月上海駐在員を経て三六年八月財政部事務官となり、財政部理財科に勤務した。この間、三四年に建国功労賞及び大典記念章、次いで皇帝訪日記念章を授与された。

今井　克彦　▷12

満州国協和会和竜県本部事務長／間島省和竜県大拉子／一八九五（明二八）四／宮崎県児湯郡高鍋町／早稲田大学政治経済学部、南カリフォルニア大学、コロンビア大学

宮崎県今井文市の長男に生まれ、宮崎中学校を卒業して朝鮮に渡り、一九一六年京城高等普通学校教員養成所を修了して咸鏡南道定平邑及び元山府で普通学校の教員を務めた。二〇年に帰国し、二四年三月早稲田大学政治経済学部を卒業し、渡米して南カリフォルニア大学及びコロンビア大学に学び、帰国して三〇年から日本生命会社東京支社に勤務した。その後三五年八月に渡満して新京の満州国協和会中央本部に勤務し、次いで間島省本部勤務、竜井支部事務長を経て三七年四月和竜県本部事務長に就いた。

今井　銀瓶　▷12

三越㈱大連支店次長／大連市西公園町紅葉館／一八八九（明二二）一二／東京府神田区駿河台／京華商業学校

一九一〇年三月京華商業学校を卒業し、同年一一月三越㈱に入社した。以来勤続し、本店雑貨売場副長を務めた後、三七年一月大連支店次長となって渡満した。登山を趣味とし、本店在任中は三越山岳部長を務めた。

今井健五郎　▷13

朝鮮火災海上保険㈱新京支店長／新京特別市／一八九三（明二六）一二／東京府東京市足立区千住町／専修大学

今井鎌太郎の三男として静岡市に生まれ、専修大学を卒業して大阪海上火災保険会社に入社した。次いで日章火災保険会社、朝鮮火災海上保険㈱に歴勤し、一九二四年同社の満州進出に際し大連出張所長となって渡満した。その後三七年に新京支店が開設されると同支店長に就任し、関東州火災保険協会常任幹事を務めた。満州猟友連盟理事を務め、伏見宮の大連訪問に際し案内役として旅順三頭村の狩猟に同行した。

今井 浩介 ▷11

小児科専門医／大連市紀伊町／一八九四（明二七）一／岐阜県益田郡上原村／愛知医学専門学校

岐阜県医師今井杏平の次男に生まれ、一九一九年三月愛知医学専門学校を卒業し、同年五月から愛知病院小児科に勤務した。その後二〇年に渡満して満鉄大連医院小児科に勤めたが、二五年四月に満鉄を辞して大連市紀伊町で小児科医院を開業した。

今井 行平 ▷14

今井組主、満州土木建築協会理事、大連長野県人会長／大連市柳町／一八八〇（明一三）七／長野県諏訪郡宮川村／東京高等商業学校

長野県今井長兵衛の三男に生まれ、一九〇五年東京高等商業学校を卒業し、農商務省海外実業練習生として渡満した。東京薩摩商会旅順出張所主任として綿糸布貿易業に従事した後、〇七年三月大連の白川洋行に入り、瓦房店、鞍山、大石橋、遼陽の各出張所主任を経て本店支配人となった。次いで一三年に京城に白川組を設立したが、一八年に退社して大連の亜細亜電気公司支配人、東亜硝子、満州産業の各取締役、日華興業監査役、東洋スレート工業㈱専務取締役、菅原工務所代表を歴任し、大連商工会議所議員を務めた。その後二四年に大連市霧島町に今井組を興して土木建築請負業を経営し、二二年二月から二四年一〇月まで大連市会議員を務めた。

今井 貞治 ▷12

ハルビン警察庁警察隊長／ハルビン警察庁／一八八九（明二二）九／鹿児島県鹿児島市加治屋町／拓殖大学

一九一五年拓殖大学を卒業した後、一九年に鹿児島市立商業学校教諭となった。その後、鹿児島市に大道館武道場を設け、剣道五段、柔道三段の武道家として柔剣道を教授し、次いで鹿児島県の認可を得て大道館武道専修学校に改めて校長に就いた。三三年同校を閉鎖し、浜江省公署公安局顧問となって渡満し、同年三月ハルビン警察庁警察隊長に就いた。

今井 春一 ▷12

チチハル総領事館警察署長、従七位勲八等／龍江省チチハル総領事館官舎／一八八七（明二〇）三／福岡県企救郡曽根町

旧姓は松井。一九二五年外務省巡査となり、以来各地に勤務して累進し、成都総領事館警察署長を経て満州里領事館警察署長となって渡満した。次いで掬鹿領事分館主任、ハイラル領事館警察署長を歴任してチチハル総領事館警察署長に就いた。

今井 順吉 ▷11

大連第一中学校教諭、従六位勲六等／大連市清水町／一八七八（明一一）一一／三重県阿山郡上野町／三重県師範学校

三重県の漢学者今井順蔵の長男に生まれ、一九〇一年三月三重県師範学校を卒業し県下の小学校に勤務した。次いで〇五年に文部省中学教員検定試験に合格して母校の三重県師範学校、三重県第二中学校、同上野中学校等の教諭を歴任した。その後二〇年七月関東庁中学校教諭に転じて渡満し、大連第一中学校に勤務した。同郷の夫人かゑとの間に二男三女あり、長男は東京帝大理科大学を卒業した。

今泉 卯吉 ▷12

満鉄参事、勲六等／奉天省撫順永安台南台町／一八九一（明二四）三／福島県安積郡多田野村／旅順工科学堂機械科

福島県阿部恒蔵の長男として郡山市に生まれ、後に今泉多助の養子となった。一九一三年旅順工科学堂機械科を卒業して同年一二月満鉄に入り、沙河口工場立山出張所に勤務して鞍山製鉄所の建設に従事した。一九年四月に第一高炉が操業開始すると、同年九月沙河口工場に戻って鍛冶職場主任、木工課貨車製材職場主任を歴職した。二六年九月撫順炭砿機械課工場係主任に転任し、二七年一〇月撫順炭砿機械工場長となり製図係主任事務取扱と庶務係主任事務取扱を兼任した。三〇年六月技師に昇格して経済調査会第三部第二班主任、第三部道路班主任を歴任し、交通事業の調査立案と北鉄ハルビン総工廠の接収を担任した。三五年九月新京工廠長を経て三六年参事に進んで新京鉄道工場長となり、三七年四月鉄道総局付を経て同年五月に退職した。この間、社員会分会長、満州国協和会鉄路分会長、満州技術協会新京委員、東新京鉄路倶楽部会長等を務めたほか、同志を糾合し興亜同志会を興して新京支部長に就き、母校の旅順工科学堂廃校問題が起こった際は存続請願委員として東京に派遣されて運動した。夫人環との間に二男あり、長男敏は奉天の満州医科大学に学んだ。

今泉　経　▷12

満鉄撫順炭砿機械工場旋盤仕上職場主任兼撫順炭砿現業員育成所指導員、社員会評議員、勲八等／奉天省撫順北台町／一九〇六（明三九）九／東京府東京市麹町区九段四丁目／東京帝大工学部機械工学科

東京府今泉安之助の三男に生まれ、一九二九年三月東京帝大工学部機械工学科を卒業し、同年五月満鉄に入り撫順炭砿機械工場に勤務した。三二年三月老虎台採炭所勤務を経て三四年七月機械工場坑外係主任、三五年一二月製罐車両職場主任を歴任して三六年一二月機械工場旋盤仕上職場主任となり、撫順炭砿現業員育成所指導員を兼務した。この間、満州事変時の功により勲八等及び従軍記章、建国功労賞を授与された。

今泉　作治　▷11

大連朝日小学校訓導、従七位勲八等／大連市薩摩町／一八八六（明一九）六／大分県南海部郡佐伯町／大分県師範学校

大分県商業今泉惣六の四男に生まれ、一九〇七年三月大分県師範学校を卒業して同県佐伯小学校訓導となった。五年勤めた後、一二年四月関東州小学校訓導に転じて渡満し、大連朝日小学校に勤務した。

今井　節夫　▷12

満鉄錦県鉄路医院山城鎮分院長兼医員／奉天省海竜県錦県鉄路医院山城鎮分院／一九〇二（明三五）四／岡山県久米郡大倭村／慶応大学医学部

一九三〇年三月慶応大学医学部を卒業し、同年四月九州帝大医学部第一内科副手となった。次いで福島県伊達郡保原町の樋口病院長となり、さらに長崎県対馬厳原町の対馬病院に転じた。その後三五年七月に渡満して満鉄錦県鉄路医院山城鎮分院長となり、山城鎮日本小学校医を兼務した。

今井　民造　▷11

大連警察署警部補／大連市能登町／一八九一（明二四）一一／長野県／日本医学校

長野県公吏今井忠次の長男に生まれ、一九一〇年に上京して日本医学校に学んだ。一四年四月に渡満し、関東都督府警察官となって大連警察署に勤務し、後に警部補となった。

今井長治郎　▷3

満鉄瓦房店保線係主任／奉天省瓦房店東街満鉄社宅／一八七〇（明三）五／岡山県苫田郡津山町

一九〇五年六月野戦鉄道提理部第五運転班保線班保線手として日露戦争に従軍した。戦後〇七年四月満鉄開業とともに同社技手となり、大連―蘇家屯間の複線建設業務に従事した。〇八年一二月に奉天省四平街保線係主任となり、一二年三月瓦房店保線係主任に転任した。

今井　主　▷8

今井暖房商会主／奉天千代田通／一八八九（明二二）一／大阪府大阪市北区富京町／大阪工業学校機械科

一九〇七年三月大阪工業学校機械科を卒業して渡満し、関東都督府土木課機械係に勤務した。〇九年徴兵されて呉海軍兵団に入団し、退団後は大阪で暖房器具商を営んだ。その後廃業し、一九年に渡満して再び関東庁土木課に勤務したが、翌年九月に退職し、奉天千代田通に今井暖房商会を設立して各種暖房・衛生装置の設計及び工事請負、諸機械類の営業を開始した。業績の向上とともに遼陽紡績㈱工場内に支店を設け、満鉄指定請負人として南満製糖㈱鉄嶺工場、満州紡績㈱、満蒙毛織㈱、奉天尋常高等小学校、満鉄安東県独身宿舎等の暖房その他工事を請け負った。

今井　俊彦　▷11

関東庁嘱託、従四位勲五等／旅順市明治町／一八八〇（明一三）五／大分県南海部郡佐伯町／東京帝大法科大学

大分県今井幹之進の長男に生まれ、一九〇八年東京帝大法科大学を卒業して日本興業銀行に入った。二年後に官界に転じて愛知県試補となり、香川県及び高知県警視を経て関東都督府嘱託となり、一六年に渡満した。翌年事務官となったが、二三年から一年間欧米諸国を視察して帰任し、二六年に再び関東庁嘱託となった。夫人多美子は日本女子大学家政科の出身で琵琶と生花を嗜み、夫婦の間に五男一女があった。

今井　弘　▷11

旅順工科大学教授、工学博士／旅順市日進町／一八九四（明二七）一二／新潟県中蒲原郡白根村／東京帝大工学部

新潟県教師今井退蔵の四男に生まれ、一九一九年七月東京帝大工学部を卒業して三菱鉱業㈱技師となった。二五年に東北帝大助教授に転じ、同年工学博士の学位を取得した。その後二六年関東庁在外研究員となりドイツに二年留学して金属学を学び、二八年六月旅順工科大学教授に就任した。

今井　博幸　▷12

満鉄牡丹江鉄路局経理処調度科員、勲八等／牡丹江満鉄牡丹江鉄路局経理処／一九〇〇（明三三）七／鳥取県米子市内町

鳥取県今井菊長の子に生まれ、一九一六年一一月満鉄に入り鶏冠山車輌係となった。一九年に満鉄従事員養成所を修了し、撫順車輌係、鶏冠山機関区、四平街機関区、チチハル建設事務所、白城子建設事務所に歴勤した後、四平街機務段庶務副段長を経て三七年五月牡丹江鉄路局経理処調度科に転任した。この間、満州事変時の功により勲八等瑞宝章及び従軍記章、建国功労賞を授与され、三二年四月勤続一五年の表彰を受けた。

今井　栄量　▷11

南満州電気会社常務取締役／大連市青雲台／一八八七（明二〇）六／長野県上水内郡柳原村／九州帝大工科大学電気工学科

長野県酒造業今井金作の六男に生まれ、一九一四年七月九州帝大工科大学電気工学科を卒業して明治専門学校教授となった。その後一七年一一月に渡満し、満鉄に入社して電気作業所に勤務し、一九年から二年間欧米に出張した後、技術係長を経て参事となり所長代理を務めた。二六年五月に同所が南満州電気会社として独立した後、二八年一二月常務取締役に就任して旅順工科大学講師を兼務した。

今井　源良　▷9

朝鮮銀行長春支店支配人／朝鮮銀行長春支店内／一八八七（明二〇）一二／愛媛県伊予郡岡田村／東京帝大法科大学独法科

一九一四年七月東京帝大法科大学独法科を卒業し、一六年一〇月朝鮮銀行に入った。東京、大連、開原の各支店に勤務した後、二〇年七月長春支店支配人に就いた。

今井　良平　▷12

今井医院長、興安北省公医／興安北省ハイラル三道街／一八九四（明二七）一〇／石川県鹿島郡余喜村／東京医学専門学校

石川県今井良盛の長男に生まれ、一九二〇年東京医学専門学校を卒業して東京の豊島病院、順天堂病院、野田医院の各内科歴勤した後、二五年に金沢市野町で内科小児科医院を開業した。次いで三四年に国務院蒙政部公医となって渡満し、ハイラルに赴任して蒙古人の骨格、疾病、健康度の調査に従い、かたわら同地で医院を開業した。

今井　冷　▷11

満鉄衛生研究所薬品試験係／大連市紅葉町／一八九六（明二九）四／三重県鈴鹿郡亀山町／愛知薬学校

三重県今井幸次郎の四男に生まれ、一九一二年愛知薬学校を卒業し、同年文部省薬剤師試験に合格した。一一月から母校に勤務して助手から講師に進んだが、二〇年一月に渡満して満鉄中央試験所に入り慶松勝左衛門所長の助手を務めた。次いで二七年四月満鉄衛生研究所が設立されると同所薬品試験係として勤務した。この間、二五年六月に満州薬学会から関東長官賞を受章したほか、『定性分析実習』『小定性分析実習』『薬品配伍禁忌一覧表』等の著者を著した。

今井　錬一　▷12

満鉄敦化工務段工事助役／京図線敦化通河街／一九〇二（明三五）一／北海道空知郡南富良野村／岩倉鉄道学校

北海道今井道次郎の次男に生まれ、一九二〇年岩倉鉄道学校を卒業して鉄道省に入り、北海道建設事務所に勤務した。三三年満鉄に転じて渡満し、図們建設事務所に勤務した。牡丹江建設事務所に転勤した後、三五年五月敦化工務段工事助役となった。

今枝　源一　▷11

印刷、印刻業／奉天省鞍山北三条通／一八九〇（明二三）九／愛知県中島郡今伊勢村／中学校

愛知県今枝喜兵衛の子に生まれ、中学校を卒業した後、郷里で印刻業の徒弟となった。一九〇六年六月主人とともに渡満して安東県に在留し、一一年に独立して印刷業を始めたが、翌年七月奉天城内に移って印刻業に転じた。一八年二月さらに鞍山に移転して鞍山窯業会社取締役兼会計主任となったが、同社の事業中止とともに再び印刻業に戻り、後に印刷業、文具商を兼業した。

今枝柳太郎　▷13

岡谷商事㈱常務取締役／奉天／一八八七（明二〇）八／大阪府大阪市西区粟座中通

愛知県に生まれ、寛文九年創業の名古屋の老舗岡谷商店に入った。一九三二年一一月同店の満州進出準備のために渡満し、翌年三月奉天に駐在員事務所を開設した。次いで三四年三月大連に出張所を設置して所長となり、満州事変後の鉄・銅その他金属材料、諸機械工具の需要増大に乗じて業績を伸ばし、三七年の日中全面戦争以降は河北方面にも進出した。その後、三九年三月に岡谷商店を親会社として岡谷商事㈱が設立されると常務取締役に就任した。

今岡　卓爾　▷10

大連銭鈔信託会社専務取締役／大連市大黒町／一八七九（明一二）二／東京府東京市小石川区江戸川町／京都帝大法科大学独法科

静岡県に生まれ、金沢の第四高等学校を経て一九一二年京都帝大法科大学独法科を卒業して渡満し、翌年関東庁に入り大連取引所に勤務した。一三年勤続して副所長に進んだが、二七年六月所長及び関東庁殖産課長の斡旋で大連銭鈔信託会社専務取締役に転じ、二六年六月の専務神成季吉の後任問題以来紛糾した同社の再建に取り組んだ。

今尾　登　▷11

大阪毎日新聞社記者、大連支局員／大連市北大山通大毎館／一八九九（明三二）八／京都府京都市上京区新町通／同志社大学法学部

京都府農業小林兵太郎の六男に生まれ、今尾政之助の婿養子となった。一九二四年同志社大学法学部を卒業して大阪毎日新聞の記者となり、同年九月から新聞事情視察のためアメリカ各州に留学した。二五年六月に帰国した後、二八年三月大連支局員となって渡満した。京都府立第二高女出身の夫人ツヤは日本画家今尾景年の姪で、松翠と号して日本画を能くした。

今数　楢蔵　▷2

今数商店主／大連市大山通／一八四八（嘉一）／大阪府

質屋・仲買・古着の三商を兼営する商家に生まれ、年少の頃から家業に従事した。一八七一年大阪府より三商取締に任じられ、町回り・徒刑囚の被服制定の際に被服一切を調達して用達商として急成長したが、藤田組や自由党系の草野某ら大商人との競争に敗れ、業務を中止して上京した。七七年に西南戦争が始まると陸軍用毛布の払い下げを受けて鹿児島の西郷軍の下に駆けつけたが、西郷軍全滅となって携行した毛布を官軍に没収され、細島から脱出して大阪に戻った。東区南新町で用達業を再開し、府吏の縁故によって警察、監獄、学校、郵便局、鉄道等の被服調達を請け負って成功した。さらに各府県はもとより台湾、朝鮮、満州に至るまで文武官の制服と各種給与服を調達し、事業のかたわら三等郵便局長、戸長、衛生議員、町会議員、市・府会議員、商業会議所議員を務めた。その後、神奈川電気㈾が創立されると重役に就き、舞鶴鎮守府の電気工事を請け負ったが失敗して引責辞任し、さらに息子が死去したため台湾と朝鮮の二支店を閉鎖し、満州支店整理のため渡満した。

今川　伊介　▷11

満州医科大学予科教授、正八位／奉天浅間町／一八八三（明一六）五／茨城県東茨城郡山根村／東亞同文書院

茨城県農業今川寅之介の次男に生まれ、一九〇六年七月上海東亞同文書院を卒業した。一一年六月に南満医学堂が開校すると同年一一月から助教授を務め、二二年三月に同学堂が満州医科大学に昇格すると同時に予科教授に就任した。

今川　嘉高　▷12

国務院民政部中央警察学校教授／新京特別市南嶺中央警察学校／一八九九（明三二）一〇／福井県三方郡八村／中央大学商科

福井県今川勝次郎の六男に生まれ、一九二〇年から小学校訓導を務め、この間の二六年に中央大学商科を卒業し、三四年に文官高等試験行政科に合格した。その後三〇年に朝鮮慶尚北道警部補に転じ、警察部警務科に勤務した。次いで三一年慶尚北道警部に進んで大邱警察署司法係主任、同警務係主任兼保安係主任兼兵事係主任等を歴任した。次いで三四年二月満州国国務院民政部中央警察学校教官に転じ、翌年同校教授となった。

今里　進三　▷12

国務院財政部税務司員／新京特別市朝日通第五錦ビル／一九〇一（明三四）一一／福岡県八女郡三河村／三井工業学校採鉱科

福岡県今里善次郎の次男に生まれ、大牟田市の三井工業学校採鉱科を卒業して三池鉱業所に勤務した。税官吏に転じて三池、横浜、東京の各税関に勤務した後、大蔵属となった。次いで一九三二年国務院財政部属官に転じて渡満し、三三年財政部事務官となり税務司に勤務した。この間、勲六位景雲章を授与された。

今清水昌平　▷12

㈾享和洋行代表社員／奉天千代田通／一八九一（明二四）七／長野県下水内郡太田村／東洋協会専門学校

一九一四年東洋協会専門学校を卒業して満鉄に入り、二二年に奉天の近藤組に転じた。二六年に同組を辞職し、奉天稲葉町で中国人華商合が経営した建築材料商を譲り受けて独立経営した。二七年一月資本金一万円で合資会社とし、後に店舗を千代田通に移転し、三四年八月錦県大馬路に出張所を設けた。昌光硝子㈱、満州ペイント㈱の特約店として日本人六人、中国人五人を使用し、年間にガラス四〇万円、塗料一五万円を売り上げた。

今城　説次　▷12

満州特産中央会本部調査部主事兼大連支部主事／大連市対馬町／一八九二（明二五）一〇／岡山県浅口郡大島村／神戸高等商業学校

一九一六年神戸高等商業学校を卒業し、同年四月神戸の鈴木商店に入った。香港、ロンドンの各支店に勤務したが、二七年四月に鈴木商店が倒産して豊年製油㈱ロンドン出張所長に転じた。二九年六月本社勤務となった後、三一年七月再びロンドン出張所に赴任し、さらに三三年一二月本社に帰任した後、三四年二月に退社して同年六月大阪の㈱日和商会に入った。三五年一一月満州特産中央会本部調査部主事に転じて渡満し、大連支部主事を兼任した。

今薗　龍吉　▷12

奉天陸軍病院長兼靖安軍軍医処長、従五位勲四等／奉天弥生町／一八九二（明二五）九／鹿児島県薩摩郡高城村／熊本医学専門学校

鹿児島県今薗武右衛の次男に生まれ、一九一五年六月熊本医学専門学校を卒業した。その後陸軍に入り、三四年一一月陸軍軍医中佐に累進して待命、依願予備役となった。その後三五年一月満州国陸軍軍医上校五級となって渡満し、靖安軍軍医処長を経て同年九月奉天陸軍病院長に転任し、三六年一月靖安軍軍医処長兼補となった。

今津　今吉　▷11

満鉄鞍山消防隊長／奉天省鞍山音羽町／一八九一（明二四）七／長崎県長崎市大浦東山町／満鉄育成学校

長崎県今津庄太郎の長男に生まれ、一九〇六年五月に渡満して満鉄育成学校に入ったが、修了と同時に満鉄を辞して青島の三井物産に入社した。一年後に帰国して郷里の三菱長崎造船所に入って二年務め、さらに一五年から長崎警察署に勤務した。その後一九年一月に再び渡満して満鉄に再入社し、奉天地方事務所、本社地方課土地係、公主嶺消防隊等に勤めた後、二七年一二月鞍山消防隊長に転任した。実妹のナガノも獣疫研究所員の宮崎末吉に嫁して奉天に居住した。

今津　十郎　▷14

／大連市近江町／一八六八（明一三）／大阪府大阪市西区幸町通

一九〇八年に渡満して大連で金物商を営んだ後、一八年に大連信託㈱社長となり、翌年大連商業銀行専務取締役に就任した。次いで西崗信託㈱社長、遼東木材㈱社長等を歴任し、この間二二年二月に初めて半数民選となった大連市会選挙に当選し、二四年一〇月まで議員を務めた。四一年に大連で病没した。

今津　清太郎　▷11

和洋百貨商旭商会主／大連市但馬町／一八九八（明三一）九／和歌山県東牟婁郡西向村

和歌山県浜地又作の次男に生まれ、伯父今津善次郎の養子となり、七歳で家督を継いだ。幼少より商業に従事していたが、一九一一年に一三歳で単身渡満し、大連に旭商会を興して和洋百貨商を営んだ。読書を唯一の趣味とし、大連高女出身の俊子を夫人とした。

今永　茂　▷11

南満州教育会教科書編輯部員／大連市紅葉町／一八八八（明二一）一〇／石川県河北郡宇ノ気村／教員養成所

石川県今永平兵衛の次男に生まれ、教員養成所を修了して検定試験で小学校本科正教員の資格を取得した。一九〇二年一二月から郷里の小学校訓導となり、校長、農業補習学校長兼図書館長、青年団報及び文芸雑誌主幹等を歴任した。その後二四年一一月に渡満して南満州教育会教科書編輯部員となり、教科書編纂のかたわら『愛児と家庭』編輯主任を務めた。文才に優れ、在満七校の校歌を作詞したほか、二五年の大正天皇銀婚式に際し全満州で歌われた「銀婚式奉祝歌」、及び二八年の昭和天皇即位に際して歌われた「御大典奉祝行進歌」を作詞し、大典記念に大連新聞社主催が募集した満州民謡の作詞部門でも一等に当選した。同郷で石川県女子師範学校出身の夫人シナも大連春日小学校に勤務した。

今中　良　▷12

今中洋行主、中央興業㈱専務取締役／大連市浪速町／一八八〇（明一三）五／三重県伊賀郡上野町

代々藤堂家の典医を務めた藤森家の三男に生まれ、一八九五年来八年にわたり横須賀、呉、佐世保、舞鶴の各鎮守府で働いた後、一九〇四年日露戦争に際し海軍軍楽隊に属して従軍した。戦後〇六年一〇月に再び渡満し、大連の草原に建てられた浪速勧商場の一画を借り受けて今中洋行を興し、半襟、髪飾り、口紅等の和風小間物商を営んだ。大連の発展とともに隆盛に向かったが、二八年一〇月の大火で店舗を焼失し、四ヶ月後に店舗を再建して業勢を盛り返し、経営のかたわら大連商工会議所議員、浪速町区長、大連信用組合長を務めた。

今西　莞爾　▷11

満鉄衛生研究所庶務主任／大連市桜花台／一八九二（明二五）七／和歌山県那賀郡鞆淵村／早稲田大学

和歌山県今西耕爾の次男に生まれ、一九一六年早稲田大学を卒業した後、翌年三月満鉄に入社した。衛生課に八年勤務した後、二五年に衛生研究所創立準備に従事し、二六年一月の発足と同時に研究所庶務主任となった。夫人ツネノは文部省教員検定試験に合格し、大連の女学校に勤務した。

今西　喜蔵　▷11

大連第一中学校教諭、従六位／大連市錦町／一八八三（明一六）五／奈良県生駒郡伏見村／東京外国語学校英語科本科

奈良県農業今西喜八郎の次男に生まれ、一九〇四年東京外国語学校英語科本科を卒業して栃木県立佐野中学校教諭となった。大分県立中津中学校、香川県立高松中学校等に転任した後、一四年に第一次世界大戦が始まると中支那派遣隊司令部付陸軍通訳となって漢口に従軍した。帰国して教育界に復帰し、愛媛県立今治中学校教諭、東京帝大本部に勤務した後、二四年三月に渡満して大連第一中学校教諭となった。

今西米次郎　▷12

中華電気商会主／奉天浪速通／一八八三（明一六）八／和歌山県和歌山市南通町／工手学校電気科

東京築地の工手学校電気科を卒業した後、日露戦争に従軍して功五級金鵄勲章を授与された。一九一二年に渡満して大連の佐藤電気商会に二年勤めた。次いで本渓湖煤鉄公司に転じて電気課試験主任となったが、三三年に辞職して奉天の宝信洋行電気工事主任となり、販売係長を兼務した。三四年九月に独立して電気機械製造業を営み、満州航空工廠の指定工場となった。

今橋　清一　▷11

一般輸出入並びに工業材料商／大連市山県通／一八九二（明二五）四／滋賀県滋賀郡堅田町／滋賀

県立商業学校

滋賀県商業岡本重太郎の次男に生まれ、父の兄今橋市之助の養子となった。一九一〇年三月滋賀県立商業学校を卒業し、同年六月に渡満して満鉄に勤めた。二年後に退社し、大連市山県通で実兄の岡本重平と共同で貿易業と工業材料商を始め、実兄亡き後は独力で経営にあたった。

今林　藤吉　▷7

桶製造業／大連市沙河口巴町／一八九六（明二九）二／鹿児島県揖宿郡指宿村

農家の六男に生まれ、桶屋に徒弟奉公して桶職人となったが、大連で旅館鹿児島館を営んで成功した実兄藤太郎の招きで一九一七年一二月に渡満した。満鉄に入って沙河口工場に勤めたが、月給生活になじめず二〇年に満鉄を退社し、中国人徒弟を養成しながら沙河口巴町で桶製造業を営んだ。

今林藤太郎　▷7

鹿児島旅館主／大連市常陸町／一八七九（明一二）一／鹿児島県揖宿郡指宿村

年少の頃から煙草耕作等の農業に従事したが、父が事業に手を出して失敗し、田畑が人手に渡った。家運再興を期して日露戦終結直後の一九〇五年一〇月に渡満し、大連市常陸町で旅館鹿児島館と運送業を兼営したが、大連の発展とともに旅館業が繁昌し、〇九年に広壮美観の建物を新築して旅館経営に専念した。巨万の富を築いて貸家数軒を所有し、一七年に弟の藤吉を呼び寄せて満鉄に入れ、郷里の田畑と山林を買い戻した。

今村　愛三　▷11

土木業並びに鑿井業旭東組主／吉林省城商埠地／一八九二（明二五）一〇／東京府東京市芝区南佐久間町

東京府鑿井業露崎勝太郎の長男に生まれ、露崎弥太郎から改氏改名して一九〇七年に家督を相続した。一八年に渡満して吉林省城商埠地に旭東組を設立し、東亜土木企業㈱の下請けとして土木・鑿井業に従事した。洮昂鉄道及び吉敦鉄道全線の水源井鑿設、築造工事、バラス撒布事業等の満鉄鉄道部の工事を手掛け、この間、北京、天津、済南、青島等を二年間巡遊した。二九年三月、通称名使用の不便を悟り本姓に戻した。

今村猪之吉　▷12

満鉄図們警務段巡監、社員会評議員、警友会幹事、図們倶楽部委員、在郷軍人会図們分会理事、同図們鉄道分会幹事、正八位／間島省図們山手局宅／一九〇〇（明三三）三／鹿児島県日置郡伊集院町／日置郡実業補習学校

鹿児島県今村勇吉の長男に生まれ、郷里の日置郡実業補習学校を卒業した後、一九年一二月現役志願兵として台湾駐剳の歩兵第一連隊に入営した。以来各地に勤務し、曹長に累進して予備役編入となった。三四年一二月満鉄に入り、同年鉄路学院専修科を修了して図們警務段巡監となった。銃剣術を得意とし、在英中に二回御前試合に出場した。

今村　宇市　▷11

満州医科大学庶務主任／奉天藤浪町／一八九〇（明二三）二／島根県松江市新材木町／島根県立商業学校

島根県今村千太郎の次男に生まれ、一九一〇年島根県立商業学校を卒業して同校の柔道教師となった。翌年一年志願兵として岡山の山砲兵第二大隊に入営し、一二年一二月に除隊して帰任した。一四年三月に渡満して関東都督府警察官練習所柔道教師となり、一七年一月に南満医学堂書記に転じ、二二年三月に満州医科大学に昇格した後も勤続して庶務主任を務めた。

今村　貫一　▷14

銃砲火薬商、従七位勲六等、後備陸軍歩兵中尉／大連市吉野町／一八七四（明七）四／佐賀県佐賀市水ヶ江町／名古屋商業学校、中京法政学院

佐賀県の村役場助役今村禎造の長男に生まれ、佐賀中学校を中退して名古屋商業学校に入り、一八九四年に卒業した。翌年一年志願兵として兵役に服した後、九七年に中京法政学院を卒業して北海道炭坑鉄道㈱に入社した。一九〇五年一一月日露戦争に召集されて従軍し、戦後予備歩兵中尉に進級して除隊した。その後〇六年一月に再び渡満し、旅順の新旧市外に軌道運輸事業を計画したり会社経営を試みたが失敗し、〇九年大連で銃砲と甲種火薬販売業を開業して成功した。政治問題と学生の世話を好み、二四年一一月から四〇年一〇月まで大連市会議員を四期務めたほか、在郷軍人会大連分会副会長、同第二分会長、大連衛生組合委員、吉野町町会長を務めた。長女芳枝は大連神明高女を卒業し、満鉄社員で後に満州電業㈱参事となった久保小市に嫁した。

今村　軍太　▷11

印章彫刻業／大連市磐城町／一八九五（明二八）一二／福岡県久留米市篠山町

福岡県製菓業今村与三郎の次男に生まれ、一九一一年四月一五歳で渡満し、同年七月大連市浪速町の市川開盛堂印房の徒弟となった。その後一五年に独立したが、間もなく徴兵され、店をたたんで兵役に服した。満期除隊後、再び渡満して大連市磐城町で印章彫刻業を再開し、かたわら大連印刻業組合理事を務めた。

今村　善励　▷11

浄土宗支那派遣布教師／奉天省大石橋盤麓街／一八九五（明二八）八／福岡県久留米市／東京宗教大学

福岡県醸造業今村藤次郎の長男に生まれ、一九二三年東京宗教大学を卒業した。二四年二月浄土宗支那派遣開教師として渡満し、大連の明照寺内に置かれた支那開教区教務所理事となった。次いで二八年七月大石橋の蟠竜寺主任となり、布教伝道の他に日曜学校も経営した。

今村辰四郎　▷11

貸家業、神職、正七位勲四等／旅順市鮫島町／一八五六（安三）三／広島県佐伯郡己斐町／陸軍経理学校

旧白河藩士今村信発の次男に生まれ、一八九一年一一月陸軍経理学校を卒業して軍籍に入った。日清・日露の両戦役に従軍した後、戦死者弔慰の目的で渡満し、そのまま旅順に住みついた。家屋を譲り受けて貸家業を営みながら、旅順神社建設の地ならしとして出雲大社教旅順教会建設に協力し、竣工後は同教会所主任権少参教となった。かたわら旅順町総代、衛生委員、橿原神宮利民講社旅順支部長、旅順敬神会長を務めた。

今村　貞治　▷12

ハルビン警察庁警察隊長、三州会会長、ハルビン体育協会幹事、正八位／ハルビン埠頭区森林街大道館／一八八九（明二二）／鹿児島県鹿児島市加治屋町／東洋協会専門学校

一九一五年東洋協会専門学校を卒業後、一年志願兵として兵役に服し、歩兵少尉に任官して除隊した。鹿児島市立商業学校教諭を務めた後、同市に大道館を興して武道道場を経営し、さらに大道館専修学校を併設して校長に就いた。その後三〇年に鹿児島市西郊の武岡に殉国祠堂を建立して南北朝時代及び元寇の役の死者を祀るなど国粋運動に傾倒し、三一年九月満州事変の勃発とともに渡満して軍の特別任務に服し、次いで満州国軍参謀としてハルビン攻撃に加わった。事変後に同地の公安局顧問となり、次いでハルビン警察庁警正に任じられて警察隊長に就き、ハルビン中学校漢文嘱託を務めた。公務のかたわら埠頭区森林街に大道館を設けて武道を教授し、三七年五月に公職を退いて後はこれに専念した。

今村　知光　▷12

富吉号主、㈾東洋印刷理事、吉林商工会議所議員、同居留民会議員、同輸入組合監事、同木材興信組合長、同木材同業組合評議員、東満林業協会理事長、明月溝官行斫伐組合長、五常伐採組合長／吉林二経路／一八九六（明二九）八／山梨県北巨摩郡登美村

山梨県今村安太郎の子に生まれ、早くから実業に従事し、後に王子製紙会社に勤務した。一九一九年一月吉林の富寧造紙公司に派遣されて渡満し、二三年六月同公司が共栄起業会社に併合されるとともに同社に転じた。二九年八月同社の事業縮小に際し辞職し、富吉号を創立して木材業を経営した。三五年五月鉄道東に製材所を設け、機械六台と従業員四〇人を使用して一般原木のほか鉄道枕木、薪炭貿易を営業課目とし、京図線蛟河新站、拉浜線五常等に出張所を置き、満鮮全域を販路として年商一五万円に達した。

今村　春逸　▷4

遼東病院長、関東都督府嘱託、関東州水産組合嘱託／旅順市八島町

／一八六八（明一）二／大分県日田郡中川村／東京済生学舎

一八九五年東京済生学舎を卒業し、伝染病研究所助手となった。北里柴三郎の下で細菌学の研究に三年従事して帰郷し、後に福岡市直方町で今村病院を開業した。その後一九〇六年二月日露戦争後に渡満して旅順で遼東病院を開設し、かたわら関東都督府と関東州水産組合の嘱託を務めた。

今村 護 ▷12

満州国財務職員養成所助教授／新京特別市北安南街胡同／一八八九（明二二）一／大分県速見郡杵築村

大分県今村徳二の長男に生まれ、一九二二年一月関東庁税務講習生となった。以来、関東庁民政署税務吏、関東庁属、関東庁翻訳生等を歴任し、三〇年二月旅順民政署財務部財務課勤務を経て三二年一二月に依願免官した。この間、三二年六月から満州国財政部嘱託として税務司国税科に勤務し、三三年三月財政部属官となった。三四年一月硝鉱総局総務科長代理を務めた後、同年一一月税捐局司税に転任して懐徳税捐局に勤務した。三六年一月税捐局理税官に昇格して下九税捐局に勤務した後、三七年二月財務職員養成所助教授となった。

今村 精男 ▷12

延吉専売署副署長、正六位勲五等／間島省延吉街戌字街／一八八五（明一八）三／東京府東京市渋谷区伊達町／陸軍士官学校

一九〇五年士官候補生として静岡の歩兵第三四連隊に入営し、〇七年五月陸軍士官学校を卒業して同年一二月歩兵少尉に任官し歩兵第三四連隊付となった。一四年朝鮮の忠清北道忠州に赴任した後、二〇年青島守備軍濰県守備隊長を経て二一年満州駐劄軍に補任されて寛城子及び鉄嶺に勤務した。次いで二三年連隊本部付を経て二四年一二月歩兵少佐に累進して予備役となり、郷里の静岡県安倍郡千代田村の学務委員及び同村青年訓練所顧問を務めた。その後三三年満州国に転出して塩務署嘱託となり、安東緝私局に勤務した後、三四年塩務署事務官補・安東緝私局長、三五年兼任権運署事務官に歴任して三七年延吉専売署副署長に就いた。

今元 盛市 ▷12

満鉄吉林鉄路監理所監理員／吉林敷島街／一八九八（明三一）二／広島県双三郡河内村

一九一九年三月満鉄に入り、沙河鎮駅、大石橋駅、奉天駅、公主嶺駅、長春列車区に歴勤して孟家屯駅助役となった。その後、大楡樹駅助役、四平街駅助役を経て非役となり、吉長鉄路局に派遣された。免非役の後、新京鉄路局機務処運転科、吉林鉄路局機務処運転科勤務を経て三五年一一月吉林鉄路監理所監理員となった。この間、三四年四月に勤続一五年の表彰を受けた。

今本 琢造 ▷11

東省実業㈱ハルビン支店／ハルビン埠頭区地段街／一八九六（明二九）三／山口県熊毛群室積町／東京外国語学校

山口県今本久松の三男に生まれ、一九二一年東京外国語学校を卒業して渡満し、同年一〇月東省実業㈱に入りハルビン支店に勤務した。

今山 忠次郎 ▷1

丸越呉服店主／大連市／一八七八（明一一）九／大阪府大阪市東区釣鐘町

一八九九年台湾に渡り呉服店を営んだが、一九〇二年大阪に引き揚げた。その後一九〇四年日露開戦とともに朝鮮に渡って仁川で呉服店を開業し、さらに京城に支店を設けたが、同年末に閉店して帰国した。戦後〇六年六月に渡満して大連で仮営業した後、〇七年四月間口七間半の店舗を新築し、中に商品陳列所を併設して大連一流の呉服店に発展した。

今吉 均 ▷12

黒河省公署総務庁総務科長兼経理科長、黒河居留民会計監督／黒河省公署総務庁／一九〇六（明三九）七／大分県中津市中殿町／東京帝大法学部法律科

大分県今吉実造の三男に生まれ、一九三〇年三月東京帝大法学部法律科を卒業して同年一二月近衛野砲兵連隊に入営し、翌年除隊して衆議院事務局に勤めた。満州事変後、三二年に渡満して奉天の自治指導部に入り、「満州国」成立後に国務院民政部警務司に勤務した。次いで奉天省昌図県参事官、熱河省公署事務官、浜江省文書科長等を歴任した後、三五年九月黒河省公署理事官に転任して総務庁総務科長となり、三七年五月から経理科長を兼任した。

井村周次郎 ▷9

井村医院主、居留民会評議員／ハルビン埠頭区ソフイスカヤ寺院内／一八八〇（明一三）三／長崎県東彼杵郡川棚村／長崎医学専門学校

一九〇五年長崎医学専門学校を卒業し、郷里で医院を開業した。その後〇七年一〇月に渡満してハルビンのソフイスカヤ寺院内に医院を開設し、診療のかたわら同地の居留民会評議員を務めた。

井村　真平 ▷11

満鉄埠頭保線区建築係／大連市伏見町／一八九三（明二六）八／静岡県田方郡修善寺町／工手学校建築科

静岡県農業井村乙五郎の長男に生まれ、一九一六年東京の築地工手学校建築科を卒業して満鉄に入った。本社建築課に勤めた後、長春、遼陽、鉄嶺の各保線係、奉天、鉄嶺工事係等を経て二三年に再び本社に戻って線路課に勤務した。翌年遼陽地方事務所建築主任に転じ、さらに安東保線区に勤務した後、大連埠頭保線区勤務となって建築業務を担当した。

井村　実 ▷11

大連沙河口公学堂職員／大連市仲町／一九〇一（明三四）八／山口県美祢郡伊佐町／県立長崎中学校、旅順師範学堂教員養成部

山口県田中満の子に生まれ、同県井村李之丞の養子となった。一九二〇年三月県立長崎中学校を卒業した後、二二年四月に渡満して旅順師範学堂教員養成部に入った。二三年三月に卒業し、大連沙河口公学堂職員となった。

猪本　音吉 ▷12

満鉄ハルビン検車段検車助役、勲八等／ハルビン松花江街／一八九七（明三〇）一一／福岡県京都郡小波瀬村

福岡県猪本音次郎の長男に生まれ、一九一六年二月下関の共同漁業㈱に入った。二二年四月満鉄に転じて社会課に勤務し、二四年六月大連検車区に転勤して二六年に鉄道教習所検車科を修了した。三五年六月綏芬河検車段副段長となり、同年一二月ハルビン検車段副段長を経て三六年一〇月の職制改正により同段検車助役となった。この間、満州事変時の功により勲八等白色桐葉章及び従軍記章を授与され、三七年四月勤続一五年の表彰を受けた。

井本　幸一 ▷11

満鉄庶務部調査課統計係／大連市楠町／一八八八（明二一）三／鳥取県西伯郡中浜村

鳥取県井元定蔵の子に生まれ、一九一一年一二月に渡満し、翌年二月満鉄に入社して電気作業所に勤続した。その後一四年一二月本社庶務部調査課に転任し、以来同課統計係として勤務した。

井本　伝次 ▷12

三和公司主、井本運送店主／奉天霞町／一九〇三（明三六）四／熊本県天草郡一丁田村

早くから朝鮮に渡って税官吏を務め、後に渡満して奉天の丸一運送店に勤務した。その後一九二八年に川上運送店の業務を継承して宮島町に井本運送店を開設し、次いで翌年霞町に井本公司を設立して陸軍用達商を兼営した。満州事変以降に軍関係の土木建築、自動車運輸、労力供給、木材伐採等の需用が急増し、錦州に三和公司を開設して軍部への馬糧納入業を始め、さらに新京永楽町に支店を設け、奉天本店を三和公司と改めた。

井元　徳助 ▷11

満鉄安東検車区長／安東北二条通／一八九四（明二七）六／宮崎県宮崎郡青島村／旅順工科学堂

宮崎県商業井元徳市の長男に生まれ、宮崎県立中学校を卒業して渡満して旅順工科学堂電気科に入学した。一九二〇年卒業と同時に満鉄に入社して本社運転課、沙河口工場、機関区等で実習した。二二年に検車区が創設されると大連検車区に勤務し、同助役、発電所主任を経て二七年一一月安東検車区長に就いた。

井門　文三 ▷11

本渓湖煤鉄公司製鉄科長／奉天省本渓湖東山公司社宅／一八九三（明二六）一一／熊本県宇土郡宇土町／九州帝大工学部

一九一八年七月九州帝大工科大学を卒業して渡満し、日中合弁の本渓湖煤鉄公司に入り、後に製鉄科長を務めた。

伊山銑太郎 ▷11

満鉄遼陽検車区助役／奉天省遼陽八区／一八八〇（明一三）一〇／岩手県盛岡市川原町／小学校

岩手県伊山定次郎の長男に生まれ、小学校を卒業して秋田県の三菱㊮荒川鉱山に入り、工作課で働いた。山形県の米沢染織㊮に転じた後、鉄道作業局に入って七年勤めた。一九〇七年一一月に渡満して満鉄に入り、後に遼陽検車区助役に就いた。

伊従喜代治 ▷12

満鉄新京列車区列車助役、社員消費組合総代、勲八等／新京特別市満鉄新京特別市列車区／一九〇一（明三四）五／神奈川県愛甲郡愛川村

神奈川県伊従金作の次男に生まれ、公主嶺守備隊に入隊して兵役に服した後、一九二四年満鉄に入り公主嶺駅に勤務した。二九年四月長春列車区、三二年四月大楡樹駅、三三年八月郭家店駅、三四年五月郭家店実業補習学校講師兼務、同年九月新京列車区に歴勤し、同年一二月四平街分区列車助役を経て三七年五月新京列車区列車助役となった。

入江　昂 ▷13

満鉄理事／一八九六（明二九）五／茨城県／東京帝大法科大学

一九一九年東京帝大法科大学在学中に高等文官試験に合格し、翌年卒業して大蔵省に入った。財務書記としてアメリカに駐在した後、司税官、営繕管財局事務官、同書記官兼大蔵事務官、預金部事務官を歴任した。三四年大蔵書記官となり、主計課長、調査課長、予算課長を経て三七年五月大臣官房文書課長に就いた。翌年六月銀行検査官、三九年一月銀行局検査課長を経て営繕管財局総務部長に就いたが四一年に退官し、同省出身の佐々木謙一郎満鉄副総裁の推挽により満鉄理事に就任して経理を担当した。

入江英一郎 ▷11

呉服商／奉天浪速通／一八八七（明二〇）五／広島県芦品郡戸手村／甲種商業学校

広島県の太物問屋入江信祐の長男に生まれ、甲種商業学校二年を修業して商業に従事した。一九一〇年一月に渡満して奉天で呉服店を営み、かたわら奉天商工会議所議員兼会計監督、第二期地方委員、第八区長、広島県人会長、中央浪速町内会長、奉天商店協会副会長等を務めた。養子義一は南満医学堂を卒業して新京特別市立医院外科医長を務めた。

入江　貫一 ▷12

宮内府次長、正三位勲二等／新京特別市北安路／一八七九（明一二）三／東京府東京市淀橋区戸塚町／東京帝大法科大学独法科

東京府子爵野村靖の次男に生まれ、吉田松陰の腹心として維新期に活躍し禁門の変で負傷自害した伯父九一の養子として入江家を再興した。一九〇六年七月東京帝大法科大学独法科を卒業し、文官高等試験に合格して内務省に入った。〇八年山梨県事務官を務めた後、枢密院書記官兼同院議長秘書官、法制局参事官、内閣恩給局長、内大臣秘書官長、内蔵頭、帝室会計審査局長官、日本銀行監事等を歴任した。この間、一九二六年大正天皇の死去に際し大喪使事務官、翌年の昭和天皇即位に際し大礼使参与官を務めた。その後三四年四月満州国に招聘されて宮内府次長に就き、国都建設記念式典準備委員会参与を兼任した。夫人登喜子との間に四男一女あり、長男弘は東京帝大法学部を卒業して商工省に入り、次男遠は北海道帝大を卒業して理化学研究所に勤務し、三男毅は洋画家となり、四男明は東北帝大工学部を卒業して商工省に勤務した。

入江　三一 ▷12

国務院軍政部総務課長兼測量課長、正五位勲五等／新京特別市崇智路／一八八五（明一八）三／東京府東京市杉並区松ノ木町／陸軍士官学校、陸軍歩兵学校

曾祖父渋江紫陽の儒学を継いで肥後菊池で私塾を開き、後に菊池神社宮司を務めた渋江晩香の子に生まれ、一九二一年一一月伯母入江友の養子となった。〇七年五月陸軍士官学校を卒業して同年一二月歩兵少尉に任官し、歩兵第一三連隊付、韓国派遣、漢口派遣、機関銃隊長、歩兵第一三連隊中隊長、陸地測量部員、台湾医学専門学校配属将校に歴補し、この間二一年に陸軍歩兵学校を卒業した。三〇年八月中佐に累進して三一年八月予備役編入となった。三二年四月から陸地測量部嘱託を務めた後、三三年四月満州国歩兵中校に転出して国務院軍政部測量課長となり、同年一二月歩兵上校に進んだ。次いで三四年七月総務課長兼任となり、三七年三月国都建設紀年式典準備委員会式典部幹事を務めた。

入江正太郎 ▷11

満鉄東京支社長、従六位／東京市麻布区狸穴町／一八八七(明二〇)一／東京府東京市赤坂区青山穏田／東京帝大法科大学政治学科

弁護士入江鷹之助の長男として横浜に生まれ、一九一一年七月東京帝大政治科を卒業してに満鉄に入社した。一三年から二年間イギリスに留学し、帰国して奉天地方事務所長に就いた。その後、外務省に転じて遼陽領事、安東領事を務めて二二年満鉄に復帰した。外事課長、人事課長、奉天公所長を歴任し、二七年一〇月東京支社長に就いた。

入江　武男 ▷11

関東庁逓信局技師、従六位勲六等、高等官五等／大連市児玉町／一八七九（明一二）三／兵庫県多紀郡篠山町／東京郵便電信学校技術科

兵庫県入江音十郎の長男に生まれ、一九〇一年東京郵便電信学校技術科を修了して東京逓信局に入った。長野、新潟、宇都宮、大阪、広島の各逓信局に勤務した後、二三年一二月高等官六等・逓信局技師となり臨時電信電話建設技師を兼任した。翌年四月関東庁逓信技師となって渡満し、電信電話事業施設の整備に従事して二七年高等官五等に進んだ。

入江　種正 ▷11

千代田生命保険相互会社満州出張所所長／大連市真弓町／一八八八（明二一）一二／秋田県雄勝郡湯沢町／東京豊島師範学校、満州法政学院

旧佐竹藩の剣士入江種俊の次男に生まれ、軍人を志して上京し、叔母婿の陸軍少将吉橋徳三郎方に寄寓して成城学校に通学した。修学途上で眼疾に罹り、教育界に志望を変えて東京豊島師範学校に入った。さらに渡満して大連の満州法政学院に学び、卒業後は東京や安東で訓導を務めたが、一八年九月に教職を去って千代田生命保険相互会社に入社し、後に満州出張所長に就いた。長兄種矩と弟三郎はともに陸軍大尉、築城学の権威として知られた縁戚の松井庫之助は陸軍中将を務めるなど、一族こぞって軍職に就いた。

入江　義一 ▷12

新京特別市立医院外科医長／新京特別市新京特別市立医院／一八九九（明三二）一一／広島県芦品郡戸手村／南満医学堂

旧姓は世良、後に奉天浪速通で呉服店を経営する入江英一郎の養子となった。一九二三年南満医学堂を卒業して同附属医院の外科医員補となり、二四年奉天医院医員を経て二五年非役満鉄地方部付となり慶応大学医学部に一年半留学して理学診療学を研究した。二六年に帰社して満州医科大学附属奉天医院医員となり、二七年ハルビン日本医院医員を経て三〇年満州医科大学助手兼附属医院医員となり、同外科専門部講師を兼務した。三二年同大講師兼専門部助教授兼医院副医長となり、三三年に論文「腹腔内ニ於ケル液体ノ分布吸収ニ関スル実験的研究」により慶応大学より医学博士号を取得し、三四年満州医科大学助教授となった。三六年社命により一年間欧米に留学して外科学の研究に従事した後、三七年二月新京特別市立医院外科医長に就き、同年三月国都建設紀年式典準備委員会警衛部幹事を兼務した。

入来　惇 ▷11

大連日本橋小学校訓導／大連市水仙町／一九〇三（明三六）一二／鹿児島県姶良郡福山村／旅順師範学堂

鹿児島県姶良郡福山村長の入来太兵衛の長男に生まれ、一九二二年鹿児島県立福山中学校を卒業した。渡満して旅順師範学堂に入り、翌年卒業して大連日本橋小学校本科正教員となった。

入佐清之亟 ▷7

長春高等女学校教諭／長春／一八八六（明一九）一〇／鹿児島県鹿児島郡谷山村／鹿児島県師範学校

一九〇六年三月、鹿児島県師範学校本科を卒業して噌唹郡末吉尋常小学校訓導となった。〇九年三月郷里の谷山村森山尋常小学校首席訓導となり、同校在職時に県教育会の実地授業者に選ばれた。一一年三月同村福平尋常小学校長に就任したが、一四年一一月満鉄に出向を命じられて渡満した。長春尋常高等小学校訓導を二年半務めた後、一七年三月開原小学校首席訓導となった。校長を補佐して六年勤めた後、二三年四月長春高等女学校が創立されると教諭に選任された。

色紙幸太郎　▷7

満鉄用度課倉庫主任／大連市楓町／一八七六（明九）三／鹿児島県鹿児島市樋之口町

一九〇五年四月、日露戦争に際して野戦鉄道提理部材料廠付として渡満し、鉄道敷設に従事した。〇七年四月の満鉄開業と同時に用度課材料部に入り、〇九年八月からの安奉線広軌改築工事には一二ヶ所の煉瓦工場と一四、五人の部下を差配した。提理部以来二十有余年を木材、煉瓦、石材等の鉄道材料供給に専念し、第一号倉庫主任を最後として二五年四月に満鉄を退職し、帰国して郷里で自適の生活に入った。

岩井　勘六　▷14

予備陸軍少将、在郷軍人会大連市連合分会長、大連軍人後援会副会長、㈶星桜会理事、大連自衛警備団長、満州修養団理事長、聖徳会長、大連市社会事業委員、大連市民射撃会副会長、㈳敬老会理事、従四位勲二等功四級／大連市聖徳街／一八七一（明四）九／山形県米沢市五十鈴町／陸軍士官学校

山形県岩井忠直の長男として米沢市峯町に生まれ、陸軍幼年学校を経て一八九三年七月陸軍士官学校を卒業し、翌年三月歩兵少尉に任官して日清戦争に従軍した。一九〇五年四月少佐に進んで日露戦争に従軍した後、翌年二月仙台の第二師団司令部付となり、同師団副官等を経て一二年三月中佐・歩兵第四一連隊付、一三年八月神戸連隊区司令官、一六年一月大佐・歩兵第二七連隊長と累進し、一八年から翌年にかけてシベリア派遣軍に従軍した。一九年八月陸軍少将となり歩兵第一一旅団長、第六師団司令部付、同師団留守隊司令官等に歴補し、二三年八月に待命予備役編入となった。二四年三月永住を決意して渡満し、大連市聖徳街に居住して帝国在郷軍人会大連市連合分会長、聖徳会会長、満州修養団理事長、満州国協和会参与、大連ロシア学校理事長等を務めた。さらに三一年八月満州事変の直前から翌年一二月まで関東軍司令部嘱託となり、四〇年一一月から大連市会議員を務めた。この間、三六年一二月青年学校実施一〇年記念にあたり陸軍大臣より表彰状及び賞牌を授与された。女子師範学校卒の夫人静子との間に一〇人の子女があり、長男忠一は京都帝大法学部政治科を卒業して蘭領ボルネオで開拓事業に従事し、次男忠秋は法政大学を卒業して満鉄に勤め、三男忠彦は慶応大学商学部を卒業して満州重工業廠に務め、四男忠楠は慶応大学商学部、五男忠正と六男忠熊は大連二中に在学し、長女淑子は塚田清男に嫁して夫と共にボルネオに在住、次女捷子は満鉄社員関尾悌蔵に嫁し、三女美智子と四女範子は大連神明高女を卒業した。

岩井　忠三　▷12

満鉄大連鉄道工場第二作業場塗裁縫職場主任、社員会評議員、社員消費組合総代／大連市霞町／一八九五（明二八）三／秋田県由利郡本荘町／秋田工業学校機械科

秋田県岩井源助の次男に生まれ、一九一二年三月秋田工業学校機械科を卒業し、同年四月鉄道院東部管理局職工手伝となった。鋳物工、旋盤工等を経て二一年一二月技手に昇格し、二三年七月土崎工場鋳物職場主任となり第一回土崎工場労務実施副調査員を務めた。次いで工場労務統計実地副調査員、盛岡工場旋盤職場主任兼塗工職場主任等を歴任し、三三年三月満鉄に転じて渡満した。技術員として鉄道工場客車塗職場に勤務し、三五年四月鉄道工場第二作業場塗裁縫職場主任となった。この間、満州事変時の功により賜盃及び従軍記章を授与された。

岩井　忠平　▷8

岩井洋行主／奉天／一八七七（明一〇）四／鹿児島県佐伯郡廿市町

日露戦中の一九〇五年二月に渡満し、奉天で食料雑貨商を営んだ。

岩井　鉄吉　▷11

関東庁警部補／大連市大和町／一八九八（明三一）六／岐阜県恵那郡苗木町

岐阜県農業岩井良三郎の長男に生まれ、郷里の苗木町役場に書記として四年勤めた後、一九二一年五月に渡満して関東庁警察官練習所に入った。修了して長春警察署に勤務したが、二四年一月甲科練習生として再び関東庁警察官練習所に入所し、同年九月巡査部長となった。二六年七月警部補に昇進して大連警察署に勤務した。

岩井　寅蔵　▷12

満鉄鉄道総局保線課員、社員会評議員、勲六等／大連市星ヶ浦水明荘／一九〇二（明三五）五／奈良県北葛城郡馬見村／京都帝大工学部土木科

奈良県岩井徳松の三男に生まれ、畝傍中学校、第四高等学校を経て一九二八年三月京都帝大工学部土木科を卒業し、同年四月満鉄に入社して鉄道部に勤務した。三〇年四月大連保線区工事助役、三一年一一月鉄道部工務課、三三年二月奉天省四平街保線区長、三四年五月鉄道部工務課工事係主任、同年九月同保線係主任、同年一一月鉄道部第二運送課第三係主任兼任を歴任し、三六年九月副参事となり鉄道総局保線課に勤務した。この間、満州事変時の功により勲六等及び従軍記章、建国功労賞、皇帝訪日記念章を授与された。

岩井　仁吉　▷12

三宜堂薬房主／大連市静ヶ浦／一八八三（明一六）一〇／福井県坂井郡本庄村

一九〇八年開業直後の満鉄に入り、本社商事部用度課に勤務した。その後退社して大連市山県通に薬房を開業し、かたわら多数の家屋を建築して貸家業を兼営した。後に経営を夫人の弟大場壮太に任せ、自らは法奉山旭柳と号して筑前琵琶と三味線を楽しんだ。

岩岡　俊一　▷12

国際運輸㈱奉天支店長、奉天商工会議所議員／奉天藤浪町／一八九五（明二八）二／兵庫県津名郡洲本町／大阪高等商業学校

大阪府立北野中学校を経て一九一六年三月大阪高等商業学校を卒業し、大阪の芝川商店に入り輸出入貿易に従事した。その後二一年二月に同店廃業となり、大阪で写真材料の輸入卸小売店を自営した後、二三年七月に渡満して国際運送㈱の創立とともに入社し、二六年二月の国際運輸㈱への組織変更後も引き続き同社員として勤務した。この間、庶務係長、秘書、大連支店勤務、業務係長、営業課勤務、業務課長代理、庶務課長を歴任し、三六年四月奉天支店長に就いて倉庫金融係主任を兼務した。

岩尾　真一　▷12

満州中央銀行国庫課長、関東軍司令部嘱託／新京特別市城後路／一八九三（明二六）三／大分県日田郡日田町／京都帝大法学部

大分県岩尾徳実の四男に生まれ、京都帝大法学部在学中の一九一九年に文官高等試験行政科に合格し、二〇年三月に卒業して同年七月日本銀行書記となり営業局に勤務した。次いで京都支店勤務、本店国庫局勤務、鹿児島国庫事務取扱所主任、熊本支店営業主任、本店営業局勤務、調査役を歴職した。三六年八月に辞任し、同年一〇月に渡満して満州中央銀行国庫課長となり、関東軍司令部嘱託を兼務した。

岩尾　精一　▷12

浜江省綏棱県参事官／浜江省綏棱県参事官公館／一九〇四（明三七）九／大分県日田郡日田町／東京帝大農学部農業経済学科、大同学院

一九三二年三月東京帝大農学部農業経済学科を卒業して渡満し、同年一〇月大同学院を卒業して奉天省洮南県属官となった。次いで同県参事官に進み、三五年九月浜江省綏棱県参事官に転任した。

岩男其二郎　▷11

産婦人科医／大連市三河町／一八八二（明一五）三／大分県宇佐郡南院内村／岡山医学専門学校

大分県医師岩男浩然の次男に生まれ、一九〇八年岡山医学専門学校を卒業して付属病院教室で産婦人科の研修を積んだ。その後一三年二月に渡満して満鉄大連医院の産婦人科医として勤務したが、二〇年一〇月に満鉄を辞して大連市三河町で開業した。二八年末に大連医院産婦人科主任の保科甚一郎が退職すると、同医院内に保科診療室を開設して診療に協力した。夫人ナヲ子は一男一女を遺して三七年一月に死去した。

岩上鷹一郎　▷12

満鉄四平街駅事務助役、勲八等／奉天省四平街南六条通／一九〇五（明三八）二／石川県江沼郡東谷口村／高等小学校

本姓は別、後に岩上常吉の養子となった。郷里の高等小学校を卒業して渡満し、一九二二年満鉄に入り石橋子駅に勤務した。以来勤続して高麗門駅、本渓湖駅、奉天列車区安東分区に歴勤して姚千戸駅助役となった。次いで安東駅構内助役、寛城子站副站長、四平街駅構内助役を歴任し、三六年五月四平街駅事務助役となった。この間、満州事変時の功により勲八等に叙せられた。

岩木 精一 ▷12

奉天省公署警務庁保安科員／奉天紅梅町／一八九五（明二八）五／広島県甲奴郡上川村／格知学院

一九一三年広島県比婆郡の私立格知学院を卒業した後、一九年三月関東都督府巡査となり、外務省巡査を兼務して鉄嶺に勤務した。巡査部長、警部補と累進して長春警察署司法保安主任、貔子窩警察署警務司法主任、大石橋警察署警務司法主任を歴職した後、関東庁警部兼外務省警部として営口警察署司法保安衛生主任を務めた。三二年八月依願免本兼官して満州国に転じ、奉天省公署警務庁に勤務した。次いで鴨緑江水上警察局警務科長に転任し、首都警察庁警務科勤務を経て三六年九月首都警察庁警正に進み、奉天省公署警務庁保安科兼務となって同省公署に赴任した。

岩城 武熊 ▷12

満鉄蘇家屯機関区運転助役、社員会評議員／奉天省蘇家屯穂高町／一八九九（明三二）四／鹿児島県姶良郡東襲山村／高等小学校

鹿児島県岩城静兵衛の次男に生まれ、一九一四年高等小学校を卒業した後、一七年に渡満して満鉄に入社し公主嶺車輌係となった。勤務のかたわら一九年五月鉄道教習所を修了し、二一年四月奉天機関区に転勤して二三年一二月機関士となり、二四年一一月遼陽、三二年一〇月蘇家屯の各機関区に勤務した。三三年八月遼陽機関区運転助役兼機関士となり、同年九月同機関区橋頭分区に転勤した後、三四年一月同機関区大官屯駐在所運転助役を経て三七年一月蘇家屯機関区運転助役となった。入社以来一貫して機関車・列車運用に従事し、満州事変の際の功により木杯一組及び従軍記章、三三年四月に一五年勤続の表彰を受け、満鉄社員会評議員を務めた。

岩城 達夫 ▷12

間島省公署民政庁員、正八位／間島省延吉間島省公署／一九〇三（明三六）八／愛媛県宇和島市鎌原町／京城高等工業学校土木科

愛媛県岩城信太郎の次男に生まれ、一九二七年三月京城高等工業学校土木科を卒業して朝鮮総督府に入り内務局に勤務した。この間、一年志願兵として兵役に就き、三一年三月陸軍歩兵少尉に任官して除隊し、同年五月総督府技手となった。三三年九月満州国国務院国道局技士に転じて渡満し、第一技術処に勤務して三六年一一月国道局技佐に昇格した。三七年一月吉林省公署技佐に転任して土木庁に勤務した後、同年五月間島省公署技佐に転任して民政庁に勤務した。野球と剣道を得意とし、剣道は四段位を有した。

岩切 受敬 ▷12

富久洋行主／大連市若狭町／一八九二（明二五）五／鹿児島県姶良郡国分町／工手学校

東京築地の工手学校を卒業して台湾に渡り、総督府鉄道部鉄道学校機械科を修了して鉄道技手となった。一九一三年に辞職し、同年六月に渡満して大連民政署に勤務し、次いで満鉄調弁所、富来洋行等に歴勤した後、奉天、鉄嶺、長春方面で特産物商を営んだ。三三年三月大連若狭町に富久洋行を開設し、銘酒「富久娘」の特約店として酒類を販売し、店員八人を使用した。

岩切 一二 ▷7

南台家畜市場長、陸軍予備三等獣医正、正六位勲四等／大連市八幡町／一八八四（明一七）一二／鹿児島県姶良郡国分村／宮崎県立農学校獣医科、東京陸軍獣医学校

一九〇三年三月宮崎県立農学校獣医科を卒業し、翌年一二月一年志願兵として熊本の第六師団に入隊した。成績良好のため抜擢されて東京陸軍獣医学校乙科に入学し、〇五年に卒業して第六師団に戻り見習獣医官として勤務した。師団司令部付留守師団付の二等獣医として勤めた後、一〇年に青森県軍馬補充部に転任して一等獣医となり、軍馬購買及び牧場経営に従事した。一八年に軍馬購買と物資調弁のためイルクーツク、オムスク、外蒙古方面に渡って二年滞在し、二〇年に帰国して東京陸軍獣医学校に甲種士官学生として入学した。同年、卒業とともに渡満して大連の関東陸軍倉庫に勤務した。二四年三月三等獣医正となって小倉重砲第五連隊付に転任し、同年一二月に依願待命となった。退役の身となってから果樹栽培と畜産奨励を以て満蒙開発に尽力する決意を固め、再び渡満して二五年七月大連に㈾南台家畜市場を設立した。乗馬術を得意とし、大連乗馬会名誉会員、関東州競馬倶楽部顧問を務めた。

岩切 惣吉 ▷12

満鉄鞍山医院庶務長、鞍山附属地衛生委員会委員、社員消費組合総代／奉天省鞍山満鉄医院／一八九五（明二八）六／宮崎県南那珂郡都井村／宮崎県立都城中学校

宮崎県岩切安次郎の五男に生まれ、一九一五年県立都城中学校を卒業した後、一六年一〇月熊本衛戍病院に勤務した。一九年二月満鉄に転じて渡満し、撫順炭砿医院、撫順医院、遼陽医院、鞍山医院に歴勤した。次いで奉天省四平街医院、吉林東洋医院の各庶務長を務め、三七年四月鞍山医院庶務長となった。この間、吉林在勤時に社員会評議員、満州国協和会吉林連合分会幹事を務め、満州事変時の功により賜品を授与された。

岩熊 之士 ▷12

図們税関琿春分関長、間島省琿春県治安維持会委員、正八位／間島省琿春分関長公館／一八九九（明三二）一／福岡県直方市上境／福岡県立嘉穂中学校

一九一八年福岡県立嘉穂中学校を卒業し、同年七月北京の日本郵便局臨時雇員となったが、母が病臥したため同年一一月に辞職した。一九年五月郷里の福知小学校の代用教員となり、同年一二月一年志願兵として小倉の歩兵第一四連隊に入営した。二一年三月甲種勤務を修了して退営し、同年八月両親の住む北京に赴いて中日合弁の大東銀行に勤務した。次いで中華民国青島海関地方巡役に転じ、二三年試用稽査員、二九年三月一等稽査員、三一年三月二等副監査員、三二年六月総税務司と累進し、同年七月の満州国による在満中国海関の接収により満州国海関勤務となった。三三年三月一等副監査員に進み、三四年五月税官監視官として安東税関に勤務した後、三六年八月税関監視官となり図們税関琿春分関長に就いた。この間、三四年三月に建国功労賞と大典記念章を授与された。

岩崎 勲 ▷3

大連煉瓦㈾支配人／大連市外老虎灘／一八七一（明四）八／神奈川県横浜市相生町

横浜で代々金物商を営む家に生まれ、幼時から長く家業に従事した。一九一一年に二、三の同志と共に大阪の岩崎次三郎、横山治兵衛等の合資経営であった大連煉瓦製造会社を買収して大連煉瓦㈾と改め、その支配人となって渡満した。

岩崎伊三郎 ▷12

三菱洋行洋服部主／大連市吉野町／一八九九（明三二）一二／山口県徳山市

山口商業学校を卒業した後、渡満して大連の羅紗商井上商店で働いた。満州事変後に独立し、吉野町に三菱洋行洋服部を開業して羅紗洋服を製造販売した。満州各地の会社制服を独占的に受注し、大連市但馬町に工場を設けて大量生産した。

岩佐 義一 ▷12

岩佐義一商店主、満州不動産信託㈱取締役、大連鮮魚仲買組合福組長、大連信濃町市場役員／大連市信濃町／一八七七（明一〇）九／山口県山口市金曽町

日露戦争後に渡満し、一九〇六年から大連で鮮魚商を営んだ。次いで青島戦役後の一六年に中国人慶発号と共に青島に支店を設けたが、失敗して二一年に撤退した。その後、信濃町市場に支店を設けて発展し、同市場組合長を務めた。

岩崎 卯一 ▷12

安東税関員／安東旧市街江岸安東税関／一八九二（明二五）五／山口県宇部市大字沖宇部／市立下関商業学校

岩崎常太郎の長男として山口県豊浦郡川中村に生まれ、一九一〇年三月市立下関商業学校及び同校随意科支那語科四年を卒業し、同年四月に渡満して安東の亀屋支店に勤務した。勤続して同店支配人となったが、一五年五月安東海関に転じて翌年五月同海関支那語二級試験に合格し、累進して二等験貨員となった。その後三〇年一〇月に退職し、三二年七月営口税関嘱託員として臨時検査主任を務め、次いで同税関奉天分関主任、安東税関嘱託員を経て三六年三月同税関鑑査官となった。この間、満州事変時の功により勲八等に叙され、建国功労賞及び皇帝訪日記念章を授与された。

岩崎儀三郎 ▷12

満鉄図們站貨物助役／間島省図們山手町／一九〇二（明三五）九／長崎県長崎市飽浦町／拓殖大学

長崎県岩崎八十一の長男に生まれ、一九二七年拓殖大学を卒業した後、二九年鉄道省に入り門司鉄道局に勤務した。その後三五年三月に退職して渡満し、満鉄に入り図們站貨物助役となった。

岩崎金十郎 ▷12

満鉄ハルビン警務段工場分所巡監、勲七等／ハルビン満鉄警務段鉄道工場分所／一八八九（明二二）一二／熊本県天草郡鬼池村

本姓は別、熊本県岩崎兵市の養子となった。一九二四年一月関東庁巡査となり、奉天、鉄嶺の各警察署に勤務した後、奉天警察署列車警乗監督等を歴職した。三三年九月満鉄鉄路総局に転じて警務処に勤務し、三五年七月ハルビン警務段工場分所巡監となった。

岩崎源三郎 ▷1

肥塚大連支店主任／大連大山通／一八七〇（明三）九／長崎県長崎市酒屋町

本姓は島田、長崎市酒屋町に生まれ、大阪府堺市の岩崎家の養嗣子となった。学業を終えた後、長崎の実家と縁故関係の肥塚清酒醸所に入り、堺醸造場に二十余年勤務した。日露戦中の一九〇四年一二月、満州進出を企図して御用船に便乗して大連に渡り、支店開設の下見をして帰国した。〇五年三月陸軍大臣の許可を得て再び渡連して大連市奥町に支店を設け、同年六月大山通に新築移転した。肥塚酒造の吟製品「白菊盛」をはじめ「都菊」「キリンビール」「孔雀印平野水」等を販売し、副業として蝋燭、板硝子、綿布、醤油等を扱い、鉄嶺に支店を置いたほか各地に特約販売店を設けた。

岩崎賢太郎 ▷12

三菱商事㈱大連支店食品係主任／大連市桜花台／一八九四（明二七）一／埼玉県比企郡松山町／東京外国語学校

埼玉県農業岩崎福次の長男に生まれ、一九一七年東京外国語学校を卒業して三菱(資)に入社した。漢口支店在勤中に桐油事業に関わったのが縁で一八年に日華製油㈱が創立されると同社に転籍したが、二一年に三菱商事漢口支店に復帰した。二七年四月東京本社勤務を経て同年一二月大連支店に転勤し、雑貨係、糖粉係、食品係、雑貨係、食品係の各主任を歴任した。俳句を趣味とし、ホトトギス派に属して鼎城と号した。

岩崎　小鹿 ▷12

満鉄産業部交通課員／大連市東公園町満鉄本社産業部／一八九〇（明二三）七／三重県津市大字岩田／東洋協会専門学校

三重県岩崎嘉熊の次男に生まれ、一九一一年三月東洋協会専門学校を卒業し、同年四月満鉄に入社して営口駅駅務助手となった。遼陽駅、蓋平駅、運輸部営業課、同販売課に歴勤し、一八年一月予備員として四鄭鉄路局に派遣された後、二一年六月ハルビン運輸営業所に転任し、かたわら極東運輸組合代表組合員を務めた。次いで社長室交通課、運輸部、北京公所勤務を経て二五年一二月に依願退社した。その後二六年二月日本電報通信社に入って上海、南京、広東の各地に勤務し、三二年一二月に満州国通信社が設立されると同社入りしてチチハル支社長となった。三四年に再び満鉄に入って鉄路総局総務処附業課嘱託となり、三五年四月同課職員に昇格して支那駐屯軍司令部嘱託を務めた。三六年九月副参事に昇格して鉄道総局産業課に勤務した後、三七年五月産業部交通課に転任した。この間、満州事変時の功により一時金七五円及び従軍記章を授与された。

岩崎　正一 ▷3

鴨緑江採木公司総務部長、従七位勲六等／安東県鴨緑江採木公司社宅／一八七四（明七）七／大分県北海部郡臼杵町／東京帝大農科大学林学科乙科

一八九五年七月東京帝大農科大学林学科乙科を卒業して東京大林区署営林主事となった。九九年五月林務官補となり、一九〇八年北海道庁に赴任して同年五月道庁技師となったが、同年一二月に官を辞して渡満し、鴨緑江採木公司技師に転じ、一二年一二月同公司総務課長に就任した。

い

岩崎　小吉　▷7

岩崎洋服店主／旅順市乃木町／一八七五（明八）八／鹿児島県鹿児島市西千石町

幼少から郷里鹿児島の洋服商に奉公し、一九〇〇年二五歳の時にウラジオストクに渡ってロシア人経営の洋服店で職工として働いた。その後同じくロシア人経営のベッケル洋服店に転じたが、日露関係が悪化して引き揚げた。〇五年日露戦争の終結とともに渡満し、旅順で洋服商を開業した。その後、家屋建築の需要を見込んで煉瓦製造業に投資して大失敗したが、夫人も和服裁縫を営業するなど本業に専念し、一二年には旅順市乃木町に九〇坪の高層店舗を建て、店員一〇人を擁する洋服店に発展した。

岩崎　荘吉　▷7

材木商／大連市楓町／一八七四（明七）九／鹿児島県姶良郡加治木村／大阪商業学校

一八九九年大阪商業学校を卒業して大倉組台湾支店に入り、会計主任として勤めた。一九〇四年二月日露開戦と同時に大倉組を退職し、第一五師団用達商人となって朝鮮に渡った。戦後は平壌で軍用達商を独立経営して成功し、事業を拡張して特産物貿易を始めたが荷を満載した運搬船の沈没によって資産のすべてを失った。その後〇七年に渡満し、長春で材木商高橋荘之助と図って高橋商会の名で北満材を移入して成功し、〇九年一二月には大連にも販路を拡張した。二三年に高橋と共に資本金六〇〇万円で日中露共同経営の東北木材㈱を大連に設立して監査役に就いた。豪放磊落で任侠の人として知られ、親族子弟の学費を援助して京城高等商業学校、上海東亜同文書院、大連商業学校等に就学させた。

岩崎　二郎　▷12

国務院司法部法学校助教授／新京特別市南嶺司法部法学校／一九〇七（明四〇）六／長野県長野市字東町／京城帝大法文学部法学科

長野県岩崎源治の次男に生まれ、一九三〇年三月京城帝大法文学部法学科を卒業した。同大法文学部助手となり国際法を専攻した後、同年一〇月仁川府庁嘱託として仁川府史の編纂に従事した。その後三三年一月に渡満して国務院司法部法務司に勤務し、民事司第二科勤務を経て三四年一一月司法部法学校助教授となった。

岩崎清次郎　▷1

岩崎組主／奉天省鉄嶺／一八八〇（明一三）三／鹿児島県揖宿郡今泉村

一九〇〇年義和団事件が起きると中国に渡り、天津と北京間で雑貨販売を営みながら語学校で中国語を習得した。一九〇二年から土木建築請負業を始めたが、〇四年一〇月日露戦争に際し陸軍用達となって営口に渡った。戦後〇五年一二月鉄嶺に移り、岩崎組を組織して土木建築請負業を経営し、さらに家屋を建築して貸家業を兼営した。

岩崎　恒義　▷10

撫順炭販売会社大連支店支配人／大連市薩摩町／一八八九（明二二）一二／長野県上田市／東洋協会専門学校

郷里の中学校を卒業して上京し、東洋協会専門学校を卒業した。一九一三年に渡満して満鉄に入り、販売課に勤務して撫順炭の販売事務に従事した。二三年三月満鉄、三井、三菱、南昌洋行、野沢組等により撫順炭販売㈱が創設される際、満鉄販売課長から専務取締役に就任した武部治右衛門に従って同社に入り、大連出張所長を務めた。撫順炭の日本・台湾向け販路拡張に努め、大連支店に昇格すると支店長に就いた。

岩崎　時夫　▷11

満鉄奉天機関区庶務主任／奉天稲葉町／一八九〇（明二三）三／熊本県八代郡文政村／熊本県立八代中学校

熊本県製塩業岩崎亀太郎の長男に生まれ、県立八代中学校を卒業した後、一九一一年四月に渡満して満鉄に入った。以来勤続して公主嶺車輌係庶務、本社運転部運転課統計係、撫順車輌係庶務、大連検車区勤務等を経て二七年一一月奉天機関区に転じて庶務主任となった。八代技芸高女出身の夫人満留子との間に一男四女あり、実弟は満鉄給費生としてハルビンの日露協会学校に学んだ。

岩崎　信毅　▷7

吉林同文商業学校長／吉林満鉄社宅／一八八八（明二一）八／鹿児島県熊毛郡北種子村／鹿児島県師

範学校第二部

種子島に生まれ、幼い時から東京に遊学して中学校を終え、その後帰郷して鹿児島県師範学校第二部に入った。一九一〇年三月に優等で卒業して長く県下で教職にあったが、後に渡満して満鉄遼陽公学堂教諭に転じた。その後満鉄本社教育研究所に勤め、社命で北京同学会に留学して中国事情と中国語を研究した後、公主嶺農学校首席教諭を経て二五年三月に吉林同文商業学校長に就いた。

岩崎 伯一　▷12

満州航空㈱航空工廠機体部第四工場長心得、勲八等／奉天藤浪町／一九〇八（明四一）六／広島県芦品郡戸手村／広島高等工業学校

広島県岩崎富五郎の長男に生まれ、一九二九年三月広島高等工業学校を卒業して同年五月陸軍航空本部に入った。補給部に勤務した後、三二年一一月重爆撃機修理のため満州に派遣された。その後三三年二月に依願免官し、同年三月満州航空㈱に転じて航空工廠機体部第四工場長心得となった。この間、満州事変時の功により勲八等に叙された。

岩崎 久男　▷12

奉天省蓋平県参事官／奉天省蓋平県参事官公館／一九〇三（明三六）／東京府／拓殖大学

群馬県新田郡綿打村に生まれ、一九二九年拓殖大学を卒業し、南京駐在陸軍武官秘書、上海憲兵隊嘱託を歴職した。その後三三年満州国官吏となり、黒龍江省拝出水県参事官を経て三六年四月蓋平県参事官に転任した。

岩崎秀太郎　▷9

岳南商会主／大連市山県通／一八九一（明二四）七／静岡県駿東郡沼津町

一九〇九年沼津商業学校を卒業して三井物産に入社し、大連支店詰となって渡満した。在職中に青島、上海、漢口方面を商業視察し、その後退社して山県通に岳南商会を設立し海陸運送業を営んだ。

岩崎丙午郎　▷12

新京特別市公署財務処理財科員、満州国協和会新京特別市分会班長、満州国武道会幹事／新京特別市豊楽路／一九〇六（明三九）一〇／青森県弘前市袋町／中央大学法学部本科

青森県岩崎修三の次男に生まれ、青森県立中学校を経て一九三二年三月中央大学法学部本科を卒業して渡満し、国務院資政局訓練所に入所した。同年一〇月改称後の大同学院を卒業して長春県属官となり、次いで三三年一二月新京特別市公署財務科属官に転任し、行政処教育科に勤務して三六年一月同公署事務官に進み、同年一〇月財務処理財科に転任した。剣道錬士五段の腕を有し、満州国武道会幹事を務めた。

巌崎弥五郎　▷3

満鉄長春経理主任、吉林貿易公司主任、吉林燐寸会社社長／長春新市街西第一〇区／一八七五（明八）七／茨城県鹿島郡大同村／東京帝大法科大学独法科

一九〇六年一〇月東京帝大法科大学独法科を卒業し、翌年三月満鉄に入社した。会計課に勤務した後、一〇年八月遼陽経理係主任に転じ、翌年九月に遼陽電灯公司支配人兼務となった。一三年九月長春経理係主任に転じ、一五年三月から吉林貿易公司主任を、翌月から吉林燐寸会社社長を兼務した。

岩崎 義雄　▷12

国務院民政部衛生技術廠庶務科長、満州国官吏消費組合常務理事／新京特別市昌平街／一八九五（明二八）／山口県都濃郡久米村／山口農学校

山口農学校を卒業した後、満鉄に入社して奉天の満州医科大学書記補となり、勤務のかたわら満鉄語学検定試験華語三等通訳に合格した。その後一九三二年満州国官吏に転じ、国務院民政部衛生司勤務を経て衛生技術廠庶務科長に就いた。

岩朝 庄作　▷12

関東局技師兼関東農事試験場技師、関東種馬所長、関東局衛生調査委員会委員、満州農業団体中央会理事、満州軍用犬協会理事、満州乗馬協会理事、満州獣医畜産学会評議員、従五位勲六等／旅順市赤羽町／一八八四（明一七）一〇／徳島県板野郡里浦村／東京帝大農学部獣医学科

徳島県岩朝友次郎の子に生まれ、一九一三年東京帝大農学部獣医学科を卒業して徳島県牛馬畜産組合連合会及び同県板野郡牛馬畜産組合の技師となり、県立農学校講師を兼任した。二〇年八月山口県立農学校教諭に転じて同県農業教員養成所講師を兼任した後、二四年一月島根県立松江農林学校教諭に転じて同県産業技師及び種畜場技師を兼任し、次いで二五年六月青森県農林技師に転じて種牡場検査員、同県種畜場長、種鶏場長等を歴任した。三二年七月関東庁技師に転じて渡満し、内務局農林課及び警務局衛生課に勤務して種馬所長、農事試験場技師を兼任した。その後、三四年一二月の職制改正により関東局技師となり、関東州庁内務部殖産課・警察部衛生課・関東局司政部殖産課勤務を兼任し、各種関連団体の役職に就いた。この間、青森県在職中に一等産馬地の確保と養鶏増殖、馬匹伝染病研究所の創立に貢献し、渡満後は馬政畜産行政施設の整備に尽力した。長男正男は九州帝大法文学部に学び、四女タマエは旅順高女を卒業した。

岩沢 猛 ▷11

正隆銀行奉天支店長代理／奉天住吉町／一八九五（明二八）四／福島県北会津郡神指村／東京帝大法科大学

福島県農業岩沢幸喜の長男に生まれ、会津中学校、第二高等学校を経て一九二〇年七月東京帝大法科大学を卒業して朝鮮銀行に入った。二二年一一月大連支店詰となって渡満し、後に正隆銀行に転じて奉天支店長代理に就任した。

岩重達三郎 ▷12

光武商店牡丹江支店長、牡丹江商工会議所議員／牡丹江太平路／一九〇五（明三八）四／山口県大島郡日良居村

義務教育を終えた後、渡満してハルビンの光武商店に入った。以来勤続して牡丹江支店長となり、店員一〇人を使用して特産物卸と火災保険代理業を経営し、年商二〇万円に達した。

岩重 春一 ▷12

国際運輸㈱ハルビン支店計画係主任、勲八等功七級／ハルビン地段街国際運輸㈱支店／一八九七（明三〇）三／山口県大島郡日良居村

山口県岩重房吉の次男に生まれ、一九一一年反物卸問屋の店員となった。一七年一二月徴兵されて広島の歩兵第七一連隊に入営し、一九年八月シベリア派遣軍に従軍し、ウスリー鉄道沿線各地で革命軍討伐線に参加した。二〇年八月歩兵伍長に進級して満州軍特務機関に派遣され、予備役編入後は満州里からハイラル方面で牧畜、蒙古貿易、毛皮類の取引に従事し、かたわら満鉄本社嘱託としてホロンバイル地方の諸調査を担当した。その後二七年五月国際運輸㈱に入り、ハルビン支店に勤務して三四年二月計画係主任となった。

岩下 英吉 ▷7

満鉄安東保線区長／安東県山手町／一八七五（明八）一〇／鹿児島県鹿児島市新屋敷町

九州鉄道会社に入社して鹿児島本線八代―鹿児島間の線路建設に従事した後、日露戦争が始まると野戦鉄道提理部付となって一九〇五年に渡満した。戦後〇七年四月に提理部の事業継承と同時に満鉄に入社し、以来各所に勤務して安東保線区長に就いた。

岩下喜之助 ▷7

黄金丸船長、従七位勲五等／旅順市東郷町／一八七六（明九）九／鹿児島県姶良郡加治木村

早くから海軍軍人を志し、一八九六年佐世保海兵団に入団した。日露戦争に従軍した後、一九一四年に第一次世界大戦が始まると青島戦役に従軍するなど二〇歳の時から二七年余を軍務に服して一一階級を進級した。二三年三月予備特務中尉として退役し、渡満して満州船渠㈱旅順工場所属の黄金丸船長に就いた。

岩島勇太郎 ▷12

三江省撫遠県公署参事官／三江省撫遠県公署／一八九五（明二八）一〇／北海道茅部郡砂原村／実業補習学校

北海道岩島勇次郎の四男に生まれ、実業補習学校を卒業した後、一九一五年徴兵されて旭川の騎兵第七連隊に入営した。満期後も軍務に服して憲兵に転科し、三〇年六月憲兵練習所を修了した。三二年満州国に転出して吉林省公署警務庁特務科長、穆稜県参事官兼北満特別区公署事務官、密山兼参事官を歴任し、三七年五月三江省撫遠県公署参事官に転任した。

岩瀬 儀一 ▷12

満州林業㈱業務課長／新京特別市豊楽路満州林業㈱／一八八三（明

一六）二／東京府東京市王子区上十条町／東京帝大農科大学林学実科

一九〇七年七月東京帝大農科大学林学実科を卒業した後、〇九年二月高知大林区署窪川小林区署に勤務し、後に中村小林区署長に就いた。その後一九年二月王子製紙㈱に入社し、同時に休職となり吉林の富寧公司に出向となって渡満した。次いで二四年九月岩見林業会社、二七年二月共栄起業会社を経て二九年九月吉林木材興業会社専務取締役となり、三〇年四月王子製紙本社に復帰した。その後三三年一〇月に再び渡満して吉林の共栄起業会社に入社し、同地の大同林業事務所に出向した。三六年三月に同所が解散し、満州林業(股)に業務が引き継がれると業務課長に就いた。

岩瀬　幸二　▷12

満鉄公主嶺駅助役、社員会評議員、勲八等／吉林省公主嶺駅／一九一二（明四五）七／栃木県下都賀郡小山町／県立栃木中学校

栃木県岩瀬義三郎の次男に生まれ、一九三〇年三月県立栃木中学校を卒業して渡満し、三一年三月満鉄鉄道教習所運輸科を修了して安東駅に勤務した。次いで奉天列車区車掌心得、同車掌、旅客専務に歴勤し、三六年一月公主嶺駅助役となった。この間、満州事変時の功により勲八等に叙された。

岩瀬治三郎　▷3

㈱三泰油房取締役兼大連支店主任／大連市軍用地区第二区／一八八三（明一六）五／群馬県北甘楽郡一ノ宮村／東京高等商業学校

一九〇六年七月東京高等商業学校を卒業して三井物産㈱に入社し、本店に勤務した後、同年一一月大連出張所に転任して渡満した。同出張所が支店に昇格すると主任に就き、一三年九月から㈱三泰油房取締役を兼任し、かたわら満州重要物産同業組合評議員を務めた。

岩田岩太郎　▷11

機械販売鉄工業／大連市沙河口黄金町／一八八五（明一八）一／神奈川県横浜市松影町

横浜市商業岩田兼次郎の長男に生まれ、横須賀海軍工廠から大連湾海軍工作部に派遣され、一九〇六年三月に渡満した。船渠施設の移管とともに川崎造船所大連出張所に移り、その後さらに満鉄工場、大連機械製作所に転じた。二七年に大連機械を退職して大連市沙河口で機械販売と鉄工業を営んだ。

岩田　勘造　▷12

満鉄密山工務段保線助役、社員会評議員／浜江省密山満鉄工務段／一八八四（明一七）四／山梨県北巨摩郡下条村／高等小学校

一八九七年高等小学校二年を修了した後、一九〇四年九月甲府の鉄道作業局出張所に勤務した。東京鉄道管理局に転勤した後、一三年八月に渡満して満鉄に転じ、奉天省四平街保線係双廟子詰所に勤務した。同保線区、十家堡工場、鉄嶺、昌図等に在勤して保線助役に進み、三七年三月密山工務段保線助役となった。この間、満州事変時の功により木杯及び従軍記章を受け、二九年四月勤続一五年の表彰を受けた。

岩田　邦夫　▷11

満鉄大官屯駅構内助役／奉天省撫順市春日町／一九〇三（明三六）四／愛知県西春日井郡楠村／名古屋市立簿記珠算教習所

愛知県農業岩田徳二郎の三男に生まれ、高等小学校卒業して家業に従事しながら補習学校で学んだ。名古屋市立簿記珠算教習所を修了して一九一九年三月に渡満して満鉄に入った。安奉線通遠堡駅の駅務助手として勤めた後、二三年本渓湖駅に転じ、翌年職員試験に合格した。二六年に奉天列車区車掌、二八年六月に満鉄本線八家子信号場助役となり、同年一〇月大官屯駅構内助役に就いた。

岩田熊治郎　▷14

満鉄鉄道経理課長、正七位／大連市楓町／一八八五（明一八）八／京都府京都市上京区姉小路通／神戸高等商業学校

一九〇八年三月神戸高等商業学校を卒業して広島商業学校教諭となった。その後〇九年三月に依願退職して渡満し、満鉄に入って運輸課に勤務した。一五年三月第一次世界大戦に際し陸軍省雇員として徴用され、山東鉄道管理部付となり、次いで青島守備軍民政部鉄道事務官、済南公所長を務めた。一九年に帰社した後、運輸部庶務課長を経て鉄道経理課長となった。二四年一一月大連市会議員に当選したが、二七年三月任期中に辞任した。

岩竹　博 ▷12

岩竹医院長／奉天八幡町／一九〇一（明三四）八／広島県比婆郡山内西村／南満医学堂

広島県岩竹庫一の長男に生まれ、三次中学校を卒業して渡満し、一九二四年南満医学堂を卒業して同年七月満鉄奉天医院皮膚科医員となった。その後二六年九月に退職し、奉天浪速通に医院を開業して皮膚科及び花柳病科の診療に従事し、後に八幡町に移転した。かたわら二九年から満州医科大学専修科で研究に従事し、三七年三月論文「筋肉運動ニ因ル発汗、疾走時ノ発汗」により医学博士号を取得した。

岩竹松之助 ▷12

満鉄鉄道研究所調査役、工業標準規格委員会委員、満鉄社員倶楽部評議員、勲六等／大連市月見ヶ丘／一八九七（明三〇）一一／神奈川県足柄下郡小田原町／東北帝大工学部電気工学科、同大学院

神奈川県岩竹勝太郎の次男に生まれ、一九二四年三月東北帝大工学部電気工学科を卒業して大学院に進み、二七年三月同大学講師となった。二九年四月に渡満して満鉄に入社し、技術研究所に勤務した。三〇年五月技師に昇格して計画部中央試験所電気研究科長となり、工業標準規格調査会委員兼幹事、弱電気研究室主任、南満州工業専門学校講師等を兼任した。三六年一〇月の職制改正で技師から参事となり産業部を兼務した後、三七年三月鉄道研究所調査役となった。この間、二九年五月論文「火花ト沿面放電ノ遅レニ就テノ研究」により母校より工学博士号を取得し、満州事変時の功により勲六等瑞宝章及び従軍記章、建国功労賞を受けた。

岩田鹿之助 ▷9

怡信洋行主、奉天商業会議所議員、奉天居留民会評議員、勲八等功七級／奉天大東門裡大街／一八八一（明一四）九／大阪府大阪市東区高麗橋詰町

丹波篠山に生まれ、青年期に大阪に出て同郷先輩が経営する藤本清七商店で働いた。一九〇四年日露戦争に従軍した後、戦後〇六年五月に再び渡満して奉天で実弟の細川耕之助が経営していた怡信洋行を継承し、中国人向けに雑貨、綿糸布、羅紗、洋服類を販売した。次いで一四年五月大阪の鵜川某と共同で資本金一〇万円半額払込の株式会社としたが、後に個人経営に移し、さらに二〇年一二月合資会社に改組して無限責任代表者となった。シルケット染糸、洋服調進材料及び付属品の販売と雑貨貿易委託販売を主な営業科目とし、売上げの増加とともに長春に支店を設け、経営のかたわら奉天商業会議所議員、奉天居留民会評議員を務めた。

岩田　繁 ▷12

国務院実業部工商司員、特許発明局審査官、従七位／新京特別市興安大路松屋旅館／一九〇四（明三七）三／埼玉県大里郡寄居町／東京高等工業学校

埼玉県岩田喜三郎の次男に生まれ、熊谷中学校を経て一九二七年三月東京高等工業学校を卒業して商工省に入り特許局に勤務した。三六年五月特許局技師に累進して退官し、同年六月国務院実業部特許発明局技佐に転じて渡満した。実業部特許発明局発明意匠弁事を経て工商司に勤務し、翌年四月実業部技佐兼職となった。

岩田　正五 ▷12

満鉄撫順炭砿竜鳳採炭所選炭係主任／奉天省撫順北台町／一八九九（明三二）一二／岐阜県安八郡多芸島村／旅順工科学堂採鉱冶金学科

一九二一年旅順工科学堂採鉱冶金学科を卒業し、同年一二月満鉄に入り撫順炭砿大山採炭所に勤務した。鉱務課勤務兼撫順簡易鉱山学校講師を経て炭砿運輸事務所、採炭課に歴勤し、次いで古城子採炭所操炭係主任、運輸事務所石炭係主任を歴任した。その後三六年六月竜鳳採炭所選炭係主任に転任し、同年一〇月副参事となり、三七年四月勤続一五年の表彰を受けた。

岩田　常雄 ▷12

国務院民政部総務司員／新京特別市義和胡同代用官舎／一九〇二（明三五）九／鹿児島県鹿児島郡谷山町

一九一九年警視庁書記となり、総監官房文書課電信係、同記録係、同統計係、四谷警察署巡査部長、高田警察署勤務を経て二九年一〇月文官高等試験行政科に合格し、同年一一月警視庁巡査教

習所を修了した。次いで警察官練習所助教師、警視庁警部補、警視庁・地方警察技手兼警視庁警部、工場監督補・保安部工場課設備係兼監督係、保安部交通課車輪係専任、警視庁警部・警務部警備課警備係兼保安部交通課車輪係を歴任した。その後三四年一一月国務院民政部嘱託となって渡満し、奉天省公署勤務を経て民政部事務官に進んで警務司法科に勤務した後、三七年四月民政部総務司に転任した。

岩田彦次郎 ▷1

岩田洋行主、奉天商業会議所議員／奉天／一八八二（明一五）一／神奈川県足柄下郡二川村／関西法律学校中退

一八九六年一五歳で出郷したが、大洪水で汽車が不通となり徒歩で大阪に着いた。無一文で徘徊して警察官の尋問を受け、その斡旋保証で陶器商の店員となったが、九八年に破産閉店で失業した。知人の帽子製造業松本亀太郎の下で働きながら錦城学校、関西法律学校に学び、一九〇一年に病を得ていったん帰郷し、翌年再び大阪に出て松本の助力で製帽業に従事し、〇三年の第五回内国勧業博覧会に出品した。〇四年二月に日露戦争が始まると志願して歩兵第八連隊の代用従卒となり、第三、四、五の三個師団による仁川兵站司令部に勤務した後、同年八月第一軍司令部雇員に転じて糧餉部付代用計手となった。〇五年一二月に帰国して陸軍大学校内の事務所で残務整理に従事した後、翌年二月末に帰郷したが、同年四月に渡満して奉天十間房に日本人向け家屋を建築して貸家業を営んだ。かたわら官衙用達業と食料品、薪炭等の小売業を経営し、後に商業会議所議員を務めた。

岩田　広次 ▷12

五興木材公司主、吉林居留民会議員、吉林枕木造材組合長／吉林五経路／一八八四（明一七）八／香川県香川郡弦打村

渡満して諸種の職業に就いた後、一九二一年七月吉林五経路に五興木材公司を興して木材業を営んだ。経営のかたわら、同地業界の古参として民会、同業組合等の公職に就いた。

岩田増太郎 ▷8

建築請負業／奉天／一八六五（慶応一）五／愛知県葉栗郡葉栗村

一九〇四年九月日露戦争に際し陸軍兵站部付として渡満し、同年一〇月鉄道大隊に編入され、翌年四月再び兵站部付となった。戦後〇六年九月関東都督府経理部付に転じたが、一〇年三月に辞職して奉天で建築請負業を営んだ。

岩田又兵衛 ▷11

満鉄安東駅構内助役／安東県山手町／一八九二（明二五）一一／愛知県中島郡稲沢村／愛知県立第三中学校

愛知県農業岩田又左衛門の次男に生まれ、一九一三年県立第三中学校を卒業して鉄道院に入り、名古屋駅駐在車掌として勤務した。五年勤めて退職し、一八年一一月に渡満して満鉄に入り奉天在勤車掌となった。次いで安東駅助役、遼陽駐在列車区助役、奉天運輸事務所等に歴勤し、二七年四月再び安東駅に転任して駅構内助役を務めた。

岩田保次郎 ▷13

日満商事㈱総務部長／新京特別市／一八九一（明二四）二／愛知県名古屋市木挽町／東京外国語学校仏語科

愛知県岩田新次郎の三男に生まれ、一九一六年三月東京外国語学校仏語科を卒業し、同年七月満鉄に入り青島販売課に勤務した。ついで奉天販売所主任、販売課照査係主任、同石炭係主任、商事部石炭課地売係主任、奉天販売事務所長、三二年九月参事に昇格し、商事部庶務科長、三六年春から八ヶ月間欧米を歴遊した後、同年一〇月商事部の業務を継承して日満商事㈱が創立されると同社奉天支店長となった。次いで理事となって大連支店長を務めた後、本社総務部長に就いた。この間、満州事変時の功により賜品を授与された。

岩田　穣 ▷11

満鉄地方部衛生課現業衛生主任、医学博士／大連市伏見町／一八八七（明二〇）九／愛知県中島郡奥町／愛知県立医学専門学校

愛知県岩田峻の長男に生まれ、一九一一年愛知県立医学専門学校を卒業し、同年七月警視庁警察医となり東京地方裁判所嘱託を兼務した。一三年九月鉄道員技手に転じ、官房保健主任付として鉄道衛生を担当した。一六年四月工場監督官となって四年勤続した後、二〇年に渡満して満鉄に入り地方部衛生課現業衛生主任に就いた。二八年八月

「産業衛生に関する研究」等三篇の論文を母校の愛知医科大学に提出して学位を取得した。

岩垂　悟 ▷12

満鉄農事試験場熊岳城分場病理昆虫科長兼熊岳城農業実習所講師／奉天省熊岳城満鉄農事試験場分場／一九〇四（明三七）一／長野県東筑摩郡洗馬村／北海道帝大農学部農業生物学科

長野県岩垂茂の長男に生まれ、一九二九年三月北海道帝大農学部農業生物学科を卒業して北海道庁技手となり、産業部農事試験場に勤務した。北海道農事試験場第七部に転勤した後、三六年五月満鉄技術員に転じて渡満し、同年八月農事試験場熊岳城分場病理昆虫科長に就き、熊岳城農業実習所講師を兼務した。

岩永　亀次 ▷11

大連聖徳街郵便所長、正七位勲六等／大連市聖徳街／一八七六（明九）九／熊本県飽託郡清水村／東京郵便電信学校郵便科

熊本県岩永徳次の三男に生まれ、一九〇〇年四月東京郵便電信学校郵便科を修了して通信書記となった。熊本、長崎に勤めた後、福州、上海等の在外局に勤務し、一〇年八月に牛荘郵便局郵便部主任となって渡満した。一九年四月関東都督府通信書記となって開原郵便局長を務めた後、高等官六等・関東庁属兼任逓信副事務官となったが二四年六月に退官した。同年一〇月関東庁郵便所長となり大連市沙河口大正通郵便所長に就き、後に大連市聖徳街郵便所長に転じた。

岩永　末次 ▷12

満月堂主、ハルビン菓子商組合長兼積立会会計、地段街町内会会計、地段街照明会副代表、地段街商店連合会会計、ハルビン長崎県人会会計／ハルビン地段街／一八八七（明二〇）八／長崎県西彼杵郡野母村／帝国実業講習会

帝国実業講習会を修了した後、日露戦争後の一九〇六年春ウラジオストクに渡航し、同年一一月ハルビンに移った。〇七年に一時帰国して徴兵検査を受けた後、再び渡満して吉林省三姓で東亜煙草公司の代売店と金融業及び日本薬店を営んだ。その後シベリア出兵に際し一九年に軍隊用達業に転じ、ブラゴエシチェンスク、ハバロフスク、ニコリスク等で日本軍に菓子類を納入した。日本軍の撤退に伴い二三年八月ハルビンに移り、地段街に満月堂商店を開業し、和洋菓子の製造販売業を営んだ。奉天、大連、大阪、東京、名古屋方面を仕入れ先としてハルビン市内及び沿線各地に販売し、年商四万五〇〇〇円に達した。経営のかたわら同地の同業組合、町内会、県人会等の公職に就き、夫人かねは国防婦人会地段街区長を務めた。

岩永　唯一 ▷11

満鉄鉄嶺機関区長／奉天省鉄嶺若竹町満鉄社宅／一八八九（明二二）一〇／熊本県阿蘇郡宮地町／南満工業学校

熊本県農業岩永佐三郎の五男に生まれ、一九〇九年に渡満して満鉄大連機関区火夫見習となった。勤務のかたわら満鉄経営の南満州工業学校に第一期生として入り、一五年三月に修了して機関方心得となり、三週間後に機関士に昇格した。一八年には助役を飛び越えて橋頭機関区運転主任に就き、大連機関区運転主任、鉄道部運転課勤務、橋頭機関区長を歴任して二七年一一月鉄嶺機関区長に就任し、同地の修養団支部長を務めた。この間、機関車の耐用年数を飛躍的に向上させた動輪振替方法の発明と煤煙転向器のパテント取得により勲績章並びに賞金を授与された。

岩永　浩 ▷11

ハルビン文化協会主事／ハルビン地段街／一八七九（明一二）八／東京府東京市四谷区荒木町／東京帝大法科大学中退

佐賀県唐津の旧小笠原藩士神崎音之助の子に生まれ、旧大村藩士岩永大八家の婿養子となった。一九〇四年七月東京帝大法科大学を中退した後、二〇年に渡満した。二一年ハルビン銀行の創立とともに専務取締役に就き、かたわら二三年から二五年までハルビン日本商業会議所会頭を務め、二八年に総領事からハルビン特別市自治会議員に推された。その後、ハルビン文化協会主事となり商業会議所相談役を兼務した。

岩永　保馬 ▷12

吉田屋店主／奉天省遼陽昭和通／一八八二（明一五）二／長崎県南

高木郡愛野村／佐賀県立中学校中退

長崎県の染物業兼生花師匠吉田重三郎の次男に生まれ、叔母婿の岩永辰三郎の養子となった。一九〇〇年佐賀県立中学校を中退して京都の菊地芳文の私塾で絵画と国漢文を学び、かたわら京染を研究した。その後〇七年一一月に渡満して遼陽幸町で京染・呉服商を開業し、副業に宇治銘茶商を営んだ。三三年九月店舗を昭和通に移転し、新たに洋服地及び婦人子供服・洋品部を設けた。この間、京染同業組合長、遼陽地方区長、遼陽第四区警備団長、帝国在郷軍人会遼陽分会後援会幹事、遼陽地方委員等を務めた。

岩永 裕吉　▷3

満鉄長春駅長／長春満鉄社宅／一八八三（明一六）九／東京府荏原郡下目黒／京都帝大法科大学英法科

医学者長与専斎の四男に生まれ、叔父の岩永家の養子となった。一九〇六年京都帝大法科大学に入学し、在学中に後藤新平の推挽で満鉄入社が内定した。〇九年七月同大英法科を卒業した後、一〇年一〇月文官高等試験に合格して同年一二月に渡満した。一一年一月から本社運輸部に勤務して同年九月長春駅助役となり、一三年九月に三〇歳で長春駅長に就いた。⇒一七年三月満鉄を退社して後藤鉄道院総裁の秘書官なったが一八年一〇月に退官し、翌月渡米して滞米中に後藤に随伴して第一次世界大戦後の欧州各国を視察した。一九年一〇月に帰国して岩永事務所を設立し、翌年五月から「岩永通信」を発行した。二三年一一月から国際通信社専務取締役に就いたが、二六年五月に同社を併合して日本新聞連合社が発足すると専務理事を務めた。三六年九月、同社が電通の通信部門を吸収して国策の下に同盟通信社が発足すると社長に就任した。夫人鈴との間に一男四女あり、長女愛子は満鉄社員秋吉勝広に嫁した。三九年九月没。作家の長与善郎は次弟。

岩永両之助　▷12

満州工廠㈱庶務課長兼秘書課長、奉天居留民会評議員、／奉天木曽町／一八八八（明二一）一〇／熊本県上益城郡宮内村／熊本県立中学済々黌中退

鹿児島県上益城郡甲佐町の農業島津万左衛門の子に生まれ、同郡宮内村岩永金太郎の養子となった。一九〇六年五月熊本県立中学済々黌五年を中退して家業の農業に従事した後、一四年一一月熊本県穀物検査員となり、熊本米穀取引所受渡米審査員、熊本県穀物検査所技手・同所検査主事、同所検査部長を歴任した。二〇年三月益城銀行書記に転じて甲佐支店長を務めた後、二一年一二月甲佐林業会社常務取締役に就任した。その後二七年八月満州取引所書記に転じて渡満し、三四年三月満州工廠㈱庶務課長兼秘書課長に転じた。

岩波蔵三郎　▷12

東亜煙草㈱常務取締役兼奉天支店長、奉天商工会議所議員／奉天琴平町／一八八〇（明一三）二／長野県諏訪郡下諏訪町／北海道帝大農学部

北海道帝大農学部を卒業して専売局に入り、以来勤続して技師となった。その後一九二七年東亜煙草㈱に転じて渡満し、累進して常務取締役に就き、二九年から奉天支店長を兼任した。

岩並 保　▷12

吉林税務監督署蛟河税捐局員／吉林省額穆県蛟河税捐局／一八九一（明二四）一／福島県石城郡磐崎村／福島県立磐城中学校

福島県立磐城中学校を卒業後、渡満して関東庁属となった。その後関東庁普通文官試験に合格して税官吏に転じ、普蘭店民政署に勤務した。一九三二年三月国務院財政部税務監督署属官となり、熱河税務監督署事務官・赤峰山出張所長、奉天税務監督署昌図税捐局理事官を歴任して三六年税捐局理税官となり、吉林税務監督署蛟河税捐局に転勤した。

岩功 平一　▷7

富久洋行主／大連市若狭町／一八九二（明二五）五／鹿児島県姶良郡国分町／工手学校中退、台湾総督府鉄道部の鉄道学校

少年時代に朝鮮に渡って鉄道部で働いていたが、帰国して東京築地の工手学校に入学した。卒業間近に中退して台湾総督府鉄道部経営の鉄道学校機械科に入り、修了後に鉄道技手に任官して鉄道部に勤務した。その後一九一三年六月に渡満して大連民政署に勤め、間もなく辞して奉天、鉄嶺、長春方面を転々としながら特産物商を営んだ。一九年三月大連に店舗を開き、富久洋行と命名して灘酒「富久娘」の特約店として卸小売業を営んだ。

岩根　元三

▷11

満鉄撫順炭砿運輸事務所採砂係主任／奉天省撫順北台町／一八九三（明二六）九／和歌山県那賀郡奥安楽川村／東京帝大工科大学鉱山科

一九二二年東京帝大工学部鉱山科を卒業して満鉄に入社した。以来撫順炭砿に勤続し、後に運輸事務所採砂主任を務めた。

岩野　俊治

▷3

満鉄南満医学堂教授／奉天新市街／一八七八（明一一）八／千葉県君津郡竹岡村／岡山医学専門学校

一九〇三年岡山医学専門学校を卒業して東京医科大学付属医院に勤務し、〇四年九月に医師開業免状を取得した。〇五年台湾に渡って総督府専売局事務嘱託となり、〇六年四月台北医院医務嘱託に転じた。その後〇七年七月に渡満して満鉄医員となり、〇八年四月からドイツに留学して一二年二月に帰国し、翌月南満医学堂教授に就いた。

岩藤与十郎

▷14

川崎造船所大連出張所事務長兼技師長、勲七等／大連市浜町／一八六二（文二）五／東京府豊多摩郡千駄ヶ谷／三菱商船学校

岡山市に生まれ、一八八〇年三菱商船学校を卒業した後、八五年一〇月日本郵船会社に入って汽船の運転士となった。八八年に出雲丸の船長となったのを皮切りに諸船の船長を務めたが日清戦争の時に陸上勤務に転じ、九四年一二月から宇品出張所監督事務取扱となった。九六年六月監督助役に進んで横浜勤務となり、九九年に欧州に出張したが翌年北清事変が起こると帰国して再び宇品出張所に勤務した。日露戦争が始まると宇品出張所長として御用船事務係を務め、〇六年六月監督に進んだが、一一年に日本郵船を依願退職した。一五年八月川崎造船所に入り、大連出張所事務長兼技師長となって渡満した。二三年四月に同出張所が満鉄に移管されて満州船渠㈱に組織変更すると、同社を辞して帰国した。この間、大連在任中の一七年二月から二二年一月まで大連市会議員を務めた。

岩淵　一夫

▷12

日満製粉(股)／ハイラル分廠代表者、ハイラル日本商工会議所創立発起人／興安北省ハイラル溝沿街日満製粉分廠／一八九七（明三〇）四／東京府東京市下谷区坂本町

徴兵検査に合格して軍務に服し、三等看護長に進んで除隊した。その後渡満して日満製粉(股)に入り、一九三四年一〇月ハイラル分廠代表者に就いた。

岩淵昇太郎

▷12

満蒙毛織㈱計画課長／奉天皇姑屯満蒙毛織㈱社宅／一九〇四（明三七）二／岐阜県大垣市室村町／東京高等工業学校紡織科

岐阜県岩淵覚太郎の長男に生まれ、一九二五年三月東京高等工業学校紡織科を卒業し、同年四月東京毛織会社に入った。勤続一〇年の後、三四年六月倉敷毛織㈱技師長に転じ、さらに三六年六月満蒙毛織㈱に転じて渡満した。

岩淵　次三

▷11

満鉄大連機関区運転主任、勲七等／大連市浜町／一八八四（明一七）一〇／福岡県遠賀郡折尾町／高等小学校

福岡県農業岩淵兵右衛門の三男に生まれ、高等小学校を出て一九〇〇年一二月九州鉄道に入った。若松機関庫に勤務したが、日露戦争に際し臨時鉄道大隊付として一九〇四年一二月に渡満し、臨時軍用鉄道監部及び鉄道提理部に勤務した。〇七年四月の満鉄開業と同時に入社し、鉄道従業員養成所を修了して機関士となった。安東県車輌係を経て大連車輌係機関士取締となり、二八年六月大連機関区運転主任となった。この間、日露戦争の功により勲八等、大正三年乃至九年戦役の功により勲七等に叙せられ、二七年四月の満鉄創業二〇周年記念祭で永年勤続の表彰を受けた。

岩淵藤一郎

▷12

満鉄鉄嶺地方事務所社会主事／奉天省鉄嶺松島町満鉄地方事務所／一九〇一（明三四）四／山形県酒田市新町／酒田商業学校

山形県岩淵藤太郎の次男に生まれ、一九一九年三月酒田商業学校を卒業して満鉄に入り、奉天駅に勤務した。運輸部庶務課、鉄道部庶務課、地方部庶務課、同部地方課、営口地方事務所に歴勤した。同所社会主事を務めた後、三三年一二月鉄嶺地方事務所社会主事に転任した。

岩部　成城　▷11

満鉄興業部商工課庶務係主任／大連市桃源台／一八八九（明二二）一〇／香川県小豆郡苗羽村／高松商業学校

香川県公吏岩部亀士の次男に生まれ、一九〇八年高松商業学校を卒業して満鉄に入社した。撫順炭砿庶務課に勤めた後、機械課勤務を経て二二年五月本社興業部商工課に転じ、後に同課庶務係主任となった。

岩間甲斐之助　▷13

岩間商会主／新京特別市寛城区／一八八四（明一七）一二／山梨県中巨摩郡三恵村

茨城県農業岩間広太郎の四男に生まれ、海軍を志望して一八九九年横浜に赴き、語学と船舶機関学を学んだ。一九〇一年に父が死亡すると木材商見習いに転じ、〇六年九月に渡満して大連で木材業に従事した。〇九年に独立して薪炭業を営み、一三年からは山東省産桐材の輸出業に転じたが、一六年に吉林燐寸㈱に招かれて製材部を担当した。一八年に退社して三井物産九站工場の事業監督に転じたが、翌年これを辞して吉林木材興業㈱、新京共同木材、九台温泉等を興し、二〇年には岩間商会を設立した。二三年ハルビンに移ってモストワヤ街で木材・宝石貴金属・質商を営み、後に新京に拠点を移して同市北郊で製材工場を経営した。かたわら市内中央通りで宝石商を営み、寛城区区長、満州国協和会首都本部委員、同寛城区支部長のほか十指に余る公職に就いた。

岩間茂次郎　▷11

大連商業学堂教諭／大連市児玉町／一八八五（明一八）一一／東京府東京市麻布区材木町／東京高等商業学校

東京市医師岩間茂枝の次男に生まれ、一九〇七年東京高等商業学校を卒業して青森、長野、新潟各県の商業学校教諭を務めた。一六年三月に旭硝子㈱に転じたが、後に教育界に復帰し、二三年八月に渡満して大連商業学堂教諭となった。小倉市の勝山女学校出身の夫人シツとの間に一男三女があり、長男は満州医科大学に学んだ。

岩間　信一　▷12

金華公司主、図們材木商組合監事、正八位／図們春風街／一九〇四（明三七）一一／山梨県中巨摩郡三恵村／明治大学法学部

山梨県岩間常蔵の子に生まれ、一九二八年三月明治大学法学部を卒業して東京日日新聞社に入った。二九年横須賀の重砲兵連隊に入営して兵役に服し、除隊復職した後、三四年二月に退社して渡満し、吉林で木材業に従事した。その後同年一〇月図們に移り、金華公司を興して木材商を経営した。上海、天津方面を主な取引先とし、店員三人を使用して年商内高二五万円に達した。

岩間　徳也　▷11

公学堂南金書院長、勲六等／金州城内会館廟街／一八七二（明五）三／秋田県由利郡本荘町／東亞同文書院

秋田県官吏岩間敬吾の長男に生まれ、秋田中学校を卒業した後、県下で教員や郡市役所の学務主任を数年間務めた。その後一九〇一年三月上海に渡航し、〇四年三月上海の東亞同文書院同院商務科を卒業した。日露戦争に際して上海で特別任務に服した後、〇五年一月金州軍政署に招聘されて渡満した。創立間もない南金書院民立小学堂の総教習として教務に従事し、〇六年一〇月に関東庁公学堂南金書院と改称されると書院長を務め、かたわら院内に金州蚕業伝習所を創設して所長に就き、金州農業学堂の学堂長も兼務した。他に奉天省長公署名誉顧問を務めるなど中国人教育に尽くした功により五等嘉禾章を受け、関東庁始政二〇周年及び満鉄創立二〇周年の記念祝賀に際し銀盃一組を授与された。読書と考古学研究を趣味とし、著書に『元張百戸墓碑考』がある。

岩間　寿包　▷12

金華木廠主、吉林木材興業㈱取締役、吉林木材業興信組合理事／吉林文廟東／一八九三（明二六）一〇／山梨県中巨摩郡三恵村

早くから渡満して実兄の啓次郎が一九二四年一一月に吉林で創業した金華木廠の業務を補佐した。後に経営を引き継ぎ、吉林文廟東に店舗を構えて吉林有数の木材商に成長し、吉林木材興業㈱取締役を兼務するかたわら吉林木材業興信組合理事を務めた。

岩丸軍三郎　▷12

満鉄綏化警務段長、社員会評議員、綏化日本人居留民会評議員、勲七等／浜江省綏化県満鉄綏化警務段／一八九二（明二五）三／福岡県比救郡比救町／福岡県立園芸学校

福岡県岩丸彦蔵の長男に生まれ、一九一〇年県立園芸学校三年を修了して朝鮮に渡り、同年六月京城の漢城衛生会に勤務した。その後帰国して兵役に服し、陸軍砲兵軍曹として除隊して福岡県巡査となり、次いで渡満して関東庁巡査、同巡査部長等を歴職した。二三年一〇月満鉄に転じ、鉄路総局警務処第一科に勤務した後、ハルビン鉄路局警務科勤務を経て綏化警務段に転勤し、三六年九月綏化警務段長となった。

岩満　虎二　▷12

新京鉄路医院庶務員、満州国協和会東新京鉄路分会班長、宮崎県人会幹事、勲七等／新京特別市鉄路医院／一八九〇（明二三）五／宮崎県宮崎市川原町／都城商業学校

岩満甚吉の三男として都城市上町に生まれ、後に宮崎市に移籍した。都城商業学校を卒業して一九一〇年一二月鹿児島の歩兵第六四連隊に入営し、一二年一二月伍長に進級した。次いで軍曹に昇級して中国漢口に派遣され、一三年から満州駐箚軍として鉄嶺、奉天省四平街に駐在し、主として教育方面を担当しながら在郷軍人会理事、修養団会計等を務めた。二五年五月特務曹長に進んで除隊し、同年一〇月再び渡満して満鉄に入り鉄嶺機関区に勤務した。三一年五月奉天省四平街機関区、三三年八月鉄路総局吉長吉敦鉄路局運輸処事務課、三四年四月新京鉄路局人事課、三五年九月吉林鉄路局人事課、三六年七月新京機関区庶務副段長、同年九月新京機務段庶務助役を歴任し、三七年四月鉄路医院庶務員となった。琵琶を得意とし、法顕山旭山将と号した。

岩満三七男　▷12

興安南省科爾沁左翼中旗参事官／興安南省科爾沁左翼中旗公署／一九一〇（明四三）一／宮崎県都城市前田町／早稲田大学政治経済学部政治学科

宮崎県岩満与兵衛の次男に生まれ、第二早稲田高等学院を経て早稲田大学政治経済学部政治学科を卒業し、一九三二年二月工兵幹部候補生として熊本の工兵第六大隊に入営した。除隊して三三年四月に渡満して大同学院に入り、同年一〇月に卒業して興安南分省東科中旗属官となった。次いで三五年二月興安南省庫倫旗属官に転任し、三六年八月同旗参事官を経て三七年四月同省科爾沁左翼中旗参事官となった。

石見　積　▷3

関東都督府大連土木課出張所王家店会水道工事主任、関東都督府土木事務嘱託、従七位／大連市西公園町／一八七〇（明三）一一／大分県速見郡日出町／攻玉社工学校土木工学科

一八九二年東京の攻玉社工学校土木工学科を卒業して東京市水道助手となり、九八年技手に昇格した。次いで一九〇二年二月台湾に渡って民政部土木局雇に転じ、翌年三月技手に進んだ。日露戦後の〇五年一一月関東州民政署技手となって渡満し、翌年九月の関東都督府設置とともに都督府技手となった。その後一一年四月に都督府作業所技師に進んで大連作業所長を務め、一二年に都督府技師兼任となった。一三年八月から休職となったが、一四年四月に土木事務を嘱託されて大連土木課出張場王家店会水道工事主任を務めた。

岩村　卯吉　▷12

大連取引所信託㈱庶務主任／大連市浅間町／一八八八（明二一）一／佐賀県西松浦郡伊万里町／東京高等商業学校

一九一一年東京高等商業学校を卒業して同年八月東洋汽船会社に入り、一六年一〇月南洋貿易㈱に転じた。二一年五月に退社して翌月㈱日本商会製作所を設立したが、二三年一二月に解散して大連取引所信託㈱に入り、後に庶務主任を務めた。夫人豊子との間に二男一女あり、長男和光は南満州鉱業専門学校に学んだ。

岩村　薩摩　▷11

満州船渠㈱支配人、退役陸軍騎兵中尉、従七位勲六等／大連市浜町／一八七九（明一二）九／東京府東京市／東京帝大法科大学政治学科中退

一二人兄弟の三男に生まれ、学習院高等科を卒業して一九〇二年東京帝大法科大学政治学科に入学した。在学中に日露戦争で召集されて退学し、〇六年に復員して牧畜と農業の研究に従事した。一四年七月川崎造船所に入社し、大連出張所勤務となって渡満した。二三年四月の満州船渠㈱への組織変更後も勤続し、二八年四月支配人に就任した。

岩本 栄吉 ▷12

国際運輸㈱附業課金融係主任／大連市東公園町／一九〇二（明三五）七／愛知県知多郡河和町／東京植民貿易語学校

愛知県岩本久之助の三男に生まれ、一九一七年四月同県渥美郡二川町の戸田製紙工場検量係となった。その後上京して二四年に東京植民貿易語学校を卒業し、安田銀行本店公金課に勤務した。次いで安田傘下の正隆銀行に転任して渡満し、大連本店貸付課、四平街支店、青島支店、本店貸付課等に歴勤した。三三年四月国際運輸㈱に転じて経理課に勤務し、同課金融係主任を経て三六年四月附業課金融係主任となった。

岩元岩次郎 ▷12

満鉄奉天用度事務所安東支所長、従七位／安東満鉄用度事務所支所／一八八九（明二二）三／鹿児島県大島郡笠利村／東洋協会専門学校

鹿児島県農業岩元岩徳の四男に生まれ、鹿児島県立第二中学校を経て一九一三年三月東洋協会専門学校を卒業し、一年志願兵として兵役に服し、除隊して予備陸軍二等主計となった。その後一六年七月に渡満して満鉄に入り、本社経理部用度課、商事部倉庫課、経理部用度課、遼陽地方区に歴勤して二三年六月同区経理係主任となり、鞍山地方事務所経理係長を経て二七年一一月大石橋地方事務所経理係長となった。次いで満州医科大学書記、同会計係長、同総務係長、本社地方部地方課勤務、農事試験場庶務係長兼地方部農務課勤務、地方部公主嶺在勤、ハルビン鉄路局経理課横河子在勤、ハルビン鉄路局用度科計画股長、同調度科弁事員に歴勤し、三六年五月ハルビン用度事務所牡丹江分所長を経て三七年六月奉天用度事務所安東支所長に就いた。

岩本 幸吉 ▷11

関東州公学堂教諭／大連市沙河口黄金町／一九〇三（明三六）七／大分県玖珠郡森町／大分県師範学校、旅順師範学堂研究科

大分県農業岩本半次の長男に生まれ、一九二三年三月大分県師範学校を卒業して郷里の玖珠郡野上小学校に訓導となった。その後二四年九月に渡満して旅順師範学堂研究科に入り、翌年卒業とともに関東州公学堂教諭となり、大連市沙河口公学堂に勤めた。

岩本 実造 ▷12

満鉄吉林機務段工作助役／吉林満鉄吉林機務段／一八八九（明二二）四／佐賀県西松浦郡大川村

佐賀県岩本甚太郎の長男に生まれ、一九〇三年同県東松浦郡相知村の内浦炭砿に入った。その後一一年に渡満して満鉄公主嶺車両掛となったが、一二年一一月に帰国して北筑軌道会社に入った。一七年一二月九州鉄道小倉工場に転じた後、一八年一〇月再び渡満して満鉄に入り沙河口工場に勤務した。二三年一一月瓦房店機関区、三二年一〇月大連機関区に歴勤して三三年八月鉄路総局に転任し、朝陽川機務段装車員、三五年二月敦化機務段装車副段長、三六年七月新京機務段装車副段長、同年九月同工作助役を経て三七年四月吉林機務段工作助役となった。この間、満州事変時の功により賜杯及び従軍記章を授与された。

岩本 四郎 ▷12

奉天税務監督署山城鎮出張所長、海竜税捐局兼柳河税捐局員／奉天省山城鎮中街／一九〇四（明三七）五／鳥取県鳥取市御弓町／東京外国語学校支那語科

一九二五年三月東京外国語学校支那語科を卒業し、同年四月逓信省に入り貯金局に勤務したが、二六年一一月に依願免官した。同年一二月に渡満してハルビンの昭和酒精公司浜江支店次席となり、次いで吉林省綏遠県出張所主任、本社重役室付秘書、仕入部主任、販売部主任兼重役室付秘書を歴任した。満州事変後の三二年二月関東軍嘱託として浜江税捐局の強制内容調査及び管理に従事した後、同年七月昭和酒精公司を退社して浜江税務監督署に勤務し、同年一一月税務監督署属官となり浜江税務監督署機要股長兼調査股長に就いた。その後ハルビン税捐局兼ハルビン木石税捐局勤務を経て税捐局事務官、税捐局理税官に累進し、三六年八月海竜税捐局勤務、奉天税務監督署山城鎮出張所長代理を経て三七年一月同出張所長となり、海竜税捐局及び柳河税捐局員を兼務した。この間、三五年一〇月国務院財政部大臣孫其昌の訪日に際し通訳兼秘書として随行した。

岩本信治郎 ▷12

満鉄北安機務段孫呉分段黒河駐在所運転助役兼点検助役兼機関士／黒河省黒河満鉄北安機務段黒河駐在所／一九〇五（明三八）一二／岡山県後月郡井原町

一九二〇年四月鉄道院に入り、梅小路機関庫勤務を経て二八年一二月吹田機関庫機関手となった。三三年一〇月鉄道局技手に進んだ後、同年一一月満鉄に転じて渡満し、蘇家屯機関区に勤務した。次いで三五年七月安東機関区運転助役、三六年五月新京機関区運転助役を歴任し、三七年一月北安機務段孫呉分段黒河駐在所運転助役に転任し、点検助役及び機関士を兼務した。

岩本宗太郎 ▷11

大連郵便局電信課主事、勲八等／大連市北大山通／一八八八（明二一）二／長崎県長崎市／東京通信官吏練習所科

長崎県製綿業岩本宗七の長男に生まれ、一九〇九年一一月東京通信官吏練習所を修了して通信手となった。通信書記を経て長崎郵便局に勤務したが、二五年四月に渡満して関東庁逓信書記に転じ、後に大連郵便局電信課主事となった。

岩本　土一 ▷11

有価証券仲介代理業／奉天省鉄嶺居留地東雲町／一八八九（明二二）一一／大阪府大阪市北区旅籠町

大阪府会社員岩本勝治郎の長男に生まれ、雑貨卸商を開業する目的で一九〇七年七月に渡満した。鉄嶺城内で開業して一〇年余り続け、一八年に法庫門に移って同業を営んだ。二六年一一月鉄嶺居留地の料理店「由良之助」を譲り受けて料理店経営に転じ、かたわら有価証券仲介及び代理業を兼業し、鉄嶺居留民会議員、居留地消防団副組頭、鉄嶺三業組合副組合長を務めた。

岩本　秀雄 ▷9

満鉄社長室秘書役／大連市児玉町／一八八四（明一七）三／石川県金沢市／東京帝大法科大学政治学科

東京帝大法科大学政治学科を卒業して逓信省に入り、石川県ほか各地に勤務した。一九一八年に官職を辞して北京に赴き、中国の政情と財政事情を視察して借款計画を立案し、同郷の先輩で三井銀行常務取締役の早川千吉郎の協力を取り付けた。一九年一月再び北京に赴いて「早川借款」を成立させた後、同年一二月ハルビンに赴き「西伯利新聞」を創刊して編集経営に当たった。風土気候が体に合わず二〇年九月に同地を引き揚げ、帰国して貴族院議員に勅撰された早川の秘書となった。二一年五月満鉄社長に任じられた早川に随行して渡満し、社長室秘書役を務めた。

岩本　政夫 ▷12

同生公司主／錦州省錦県木村土地／一八九三（明二六）一／広島県安芸郡江田島村

広島県岩本与市の子に生まれ、一九一二年に渡満して旅順で土建業に従事し、次いで一五年に鉄嶺に岩本洋行を興して土木建築と電気工事の請負業を営んだ。その後廃業して大倉組に入り、二七年に再び独立して吉林で吉長線工事に従事した。三三年五月奉天に同生公司を設立して土木建築請負業と石材発掘、人夫供給業を経営し、後に錦州省錦県に本店を移した。満鉄錦県鉄路局指定請負人となり、奉天省興城県と熱河省駱駝営子で採石して鉄路局に納入し、奉天紅梅町に支店、北票と興城に出張所を置いた。

岩本　海量 ▷11

本派本願寺関東別院輪番助勤／大連市若草山本派本願寺／一八九四（明二七）四／長崎県福島町

長崎県僧侶岩本英道の長男に生まれ、一九二〇年仏教大学を卒業して助教の称号を受け、同年七月開教教務練習生として大連に赴任し、後に開教使となった。支那開教教務所賛事事務取扱として関東別院輪番助勤事務取扱を兼任した後、関東別院輪番助勤となり支那開教教務所賛事、讃衆のほか大連幼稚園主事も兼任した。

岩本　善男 ▷12

昭和製鋼所㈱研究部熱管理所調査係主任／奉天省鞍山北九条町／一八九二（明二五）二／山口県佐波郡防府町／呉海軍技手養成所

山口県士族岩本熊太郎の三男に生まれ、一九〇六年四月呉海軍工廠製図工

場に入り、勤務のかたわら〇九年に呉英語学校を卒業した。次いで一〇年に呉海軍工廠講習会全科を修了し、同年渡満して旅順鎮守府工作部に勤務した。その後一六年一〇月満鉄に転じて沙河口工場図工、鞍山製鉄所工務課図工、同課設計科、鞍山製鉄所臨時研究部、製造課、製鉄部鞍山製鉄所製造課に歴勤した。三三年六月同所の業務を継承した昭和製鋼所㈱の操業開始とともに同職員となり、工務課機械係を経て三五年四月研究部熱管理所調査係主任となった。鞍山製鉄所在勤時に梅根常三郎技師の下で貧鉱処理のための鞍山式還元焙焼法の開発に従事し、二七年四月の満鉄創業二〇周年に際し銀製文鎮一個を授与され、二八年七月効績章及び金一封を授与されたほか、三二年四月満鉄勤続一五年の表彰を受けた。

宇井　寧　▷11

営口警察署警部補／奉天省営口南本街／一八九七（明三〇）三／千葉県匝瑳郡平松村

千葉県教員宇井喜代司の子に生まれ、一九一九年九月関東庁巡査となって渡満した。各署に勤務する中で二五年一〇月に甲科生を修了し、翌年二月巡査部長、二七年四月警部補となり営口警察署に勤務した。

植木　茂　▷11

満鉄参事、地方部建築課次席、従六位／大連市榊町／一八八八（明二一）一二／広島県広島市大手町／東京帝大工科大学建築学科

広島県植木恕の次男に生まれ、一九一四年東京帝大工科大学建築学科を卒業して陸軍雇員となった。青島、山東鉄道に勤務した後、一八年に渡満して満鉄に入社した。二〇年朝鮮鉄道に出向し、二五年三月満鉄への経営委託が解除されて国営になると鉄道技師に転じたが、間もなく満鉄に復帰した。以来勤続して参事となり、地方部建築課次席に就いた。

植木　鎮夫　▷12

浜江省公署警務庁長、正五位勲三等功五級／ハルビン浜江省公署警務庁／一八八八（明二一）一／福岡県久留米市西町／陸軍士官学校

一九〇九年陸軍士官学校を卒業し、同年一二月歩兵少尉に任官して歩兵第二四連隊付となった。対馬警備歩兵大隊付、独立守備隊第六大隊付を経て陸軍省依託学生として東京外国語学校でフランス語を修学した。歩兵第二四連隊中隊長としてシベリアに出動した後、憲兵に転科して憲兵練習所を修了し、岡山憲兵隊分隊長、浜田憲兵隊分隊長、鉄嶺憲兵分隊長、憲兵練習所教官、憲兵司令部付兼務、京城憲兵隊分隊長、憲兵練習所教官兼憲兵司令部部員を歴任した。三〇年四月思想及び憲兵警察制度研究のためフランスに出張した後、朝鮮咸鏡憲兵隊長を経て三二年八月憲兵中佐に累進し、三四年二月関東軍司令部付兼在満日本大使館警務部第二課長事務嘱託となって渡満した。その後三六年四月満州国に転じて安東省公署警務庁長となり、次いで三七年七月浜江省公署警務庁長に転任した。

上木仁三郎　▷12

上木組主、満州土木建築協会理事・同奉天分会長、奉天省聖徳会長／奉天橋立町／一八六四（元一）一〇／石川県江沼郡塩屋村

代々の建築業者の家に生まれ、義務教育を終えて大倉組に入り、後に朝鮮に渡って土木建築業に従事した。次いで日露戦中の一九〇五年六月大倉組の満州進出にともない大倉組出張員として安奉線臨時軍用鉄道の敷設工事に従事した。〇七年に同工事が竣工すると大倉組を退社し、奉天に上木組を創立して土木建築請負業を自営した。早稲田大学に学んだ嫡子政一に事業を補佐させ、奉天ヤマトホテル増築、満鉄奉天医院内科講義室、日本赤十字社奉天病院本館・同病舎、奉天第一小学校、奉天工業会社、奉天城内小学校、満鉄奉天医院理学治療所、南満州製糖㈱鉄嶺本館、満州医科大学予備校・同予科本館、満鉄丙種代用社宅、南満中学堂の新築工事、及び南満州興業㈱代用社宅、関東局警察宿舎、正隆銀行奉天支店長社宅・同行員宿舎、満州中央銀行奉天印刷工場の増改工事、奉天青葉町市場会社店舗、蘇家屯満鉄小学校、奉天千代田通郵便局、奉天ヤマトホテル宿舎、グリル入江アパート、淀町貸店舗、鞍山昭和製鋼所関係、奉天競馬倶楽部、満鉄社宅瓦斯工事、孟家屯鉄道敷設工事その他満州国関係工事を手がけた。

植木　貴福　▷12

満鉄鉄道総局工務局員、社員会評議員／奉天雪見町／一八九一（明二四）一二／長崎県上県郡峯村／皇典講究所神職養成所

一九一四年皇典講究所神職養成所を修了した後、一八年一一月小学校訓導となった。その後一九年一一月に渡満して満鉄に入り、奉天工務事務所に勤務した。奉天鉄道事務所、工事部庶務課、大連鉄道事務所、鉄道総局総務処人事科、吉林鉄路局総務処人事科長、鉄道総局総務処人事課に歴勤し、三六年一〇月鉄道総局工務局に転任した。この間、三五年四月勤続一五年の表彰を受けた。

植木　寿　▷10

東洋拓殖会社大連支店支配人／大連市松山町／一八八六（明一九）一〇／広島県広島市大手町／東洋協会学校

広陵中学校から東洋協会学校に進み、一九〇八年に卒業して同年五月満鉄に入り、電気作業所に勤務した。一四年七月に退社して東京に在住した後、一八年一月東洋拓殖会社に入社して東京本店庶務課に勤務した。二一年二月奉天支店に転勤して再び渡満し、二三年五月朝鮮の大田支店長に就いた。大邱支店勤務を経て二五年一二月大連支店支配人となって三度渡満し、業務のかたわら関東州経済調査会委員を務めた。

植木　万治　▷12

満鉄鉄道総局貨物課員／奉天満鉄鉄道総局貨物課／一九〇〇（明三三）九／大分県直入郡豊岡村／大分県立竹田中学校

大分県植木魂平の四男に生まれ、一九一七年三月県立竹田中学校を卒業し、同年一一月郷里で教職に就いた。その後一八年九月に渡満して満鉄に入り、開原駅に勤務した。以来勤続して新京鉄道事務所勤務、開原駅貨物助役を経て三五年九月新京駅貨物助役となり、三六年一一月鉄道総局貨物課に転勤した。この間、満州事変時の功により賜杯及び従軍記章を授与された。

植木　茂助　▷11

植半旅館主、植半大衆食堂主、植半食料品店主、四平街駅構内食堂主、四平街公会堂食堂主／奉天省四平街西区維新街／一八七九（明一二）八／神奈川県横浜市中区長者町

横浜の薬種売薬商の長男に生まれ、一九〇四年一一月日露戦中に満州軍倉庫傭人を志願して渡満し、柳樹屯支庫及び鉄嶺支庫に勤務した。戦後〇六年に奉天省四平街で運送業を始め、かたわら菓子製造業を営んで成功した。事業の発展とともに〇七年三月四平街北一条に植半旅館を開業し、次いで煉瓦の製造販売、植半大衆食堂、植半食料品店、四平街駅構内食堂、四平街公会堂食堂を開業し、さらに明治生命保険会社代理店を兼営した。奉天省四平街銀行㈱、満蒙貯金㈱、四平街検番の各取締役、四平街二業組合長を務めた。

植草　三郎　▷12

満鉄チチハル鉄路局総務処文書科長、社員会評議員／龍江省チチハル鉄路局／一九〇一（明三四）一二／千葉県長生郡八積村

本姓は別、千葉県人植草健治の養子となった。一九二四年ハルビンの日露学院を卒業して満鉄に入り、長春駅、ポクラニーチナヤ、大連、北安に勤務した後、三四年四月ハルビン鉄路局の開設と同時に同局総務処文書股長となった。三六年九月の職制改正により文書科勤務となり、次いで三七年四月チチハル鉄路局に転勤して総務処文書科長に就いた。

植草　駿一　▷12

国際運輸㈱雄基支店長兼経理係主任事務取扱／朝鮮感興北道雄基邑雄基洞／一九〇一（明三四）一／神奈川県横浜市神奈川区宮前町／早稲田大学商学部

神奈川県植草鼎三郎の長男として北海道根室で生まれ、横浜第二中学校を経て一九二四年三月早稲田大学商学部を卒業し、国際運輸㈱に入り横浜支店に勤務した。二六年七月大連支店に転勤して渡満し、三二年四月営業課、同年六月海運係主任、同年一二月海運課輸出係主任、三三年一〇月商船出貨係主任を歴職した。三五年一〇月清津支店長代理となって朝鮮に赴任し、三七年三月雄基支店長に転任して同年五月から経理係主任事務取扱を兼務した。

上坂　卓逸　▷12

満鉄鉄道研究所員、工業標準規格委員会地金規格小委員会委員兼幹事・同車輌用品規格小委員会委員／大連市芙蓉町／一九〇三（明三六）九／熊本県上益城郡御船町／九州帝大工学部機械工学科

熊本県上坂午男の長男に生まれ、一九二八年三月九州帝大工学部機械工学科を卒業し、同年七月満鉄に入社して技術研究所に勤務した。三〇年六月理学試験所に転任し、三三年八月社命でドイツに留学して溶接部位の金属疲労・強度及び耐高温高圧金属材料の研究に従事した。三五年一一月に帰社して中央試験所勤務となり、三六年一月同所機械研究室主任を経て三七年三月鉄道研究所に転任し、研究のかたわら工業標準規格委員会地金規格小委員会委員兼幹事・同車輌用品規格小委員会委員を務めた。

上里　勇義　▷12

満鉄河北站長、営口商工会議所特別議員／奉天省河北站長局宅／一八八六（明一九）一〇／東京府東

京市神田区神保町／日本大学商学部

上里勇一の長男として沖縄県島尻郡大里村に生まれ、一九二〇年日本大学商学部を卒業し、同年四月満鉄に入り埠頭事務所貨物課に勤務した。同陸運課及び庶務課勤務を経て大連埠頭貨物助役となり、旅順駅貨物助役、入船駅貨物助役、奉山鉄路局営口站長を歴職して三四年一〇月河北站長となった。この間、満州事変時の功により従軍記章及び賜盃を受け、三五年に一五年勤続の表彰を受けた。

上嶋　政一　▷12

国務院軍政部中央陸軍訓練処会計科長兼教官、従五位勲四等／奉天稲葉町／一八八四（明一七）八／鳥取県西伯郡大和村／陸軍経理学校

一九〇七年陸軍経理学校を卒業し、以来軍務に服して三〇年主計中佐に累進した。次いで三一年予備役編入となり、同年六月関東軍司令部嘱託となって渡満した。その後三四年二月満州国に転出して陸軍軍需上校となり、中央陸軍訓練処会計科長に就いて同処教官を兼務した。この間、満州事変時の功により旭日小綬章を授与された。

「上島」は「かみしま」も見よ

上島徳三郎　▷1

茶商、菓子製造販売業／旅順新市街明治町／一八五三（嘉六）一／三重県一志郡稲葉村

旧藤堂藩士の子に生まれ、一八七四年から地租改正事業に携わり、一志郡森村組扱所用係、稲葉村戸長・学務委員を歴任して七九年大島村前二ヶ村の戸長・地方学区取締を務め、八九年四月の町村制実施に際し稲葉村村長に当選した。以後も一志郡町村組合議員、久居村ほか三二ヶ村組合立高等小学校委員、三重県茶業組合連合会議員、日本茶業組合連合会中央会議員等の公職を務めた。この間、九七年農商務省の嘱託を受けロシアに半年余り茶業視察をし、九八年には東海五県連合共進会製茶審査員を務めた。政治団体一志会を組織して帝国議会に地価修正の請願をするなど、改進党員として郡会議員、県会議員に当選を重ねた。一九〇四年から近隣の四村落有志と共に度会郡二見村地先の海面埋立事業を始め、二回の水害を受け多大の損失を出しながら〇六年四月に竣工したが、この工事のために資産を蕩尽し、同年六月に渡満して旅順新市街明治町に居住して三重県産茶の販売と菓子の製造販売業を営んだ。

植島　秀人　▷11

満鉄鉄嶺医院医長心得／奉天省鉄嶺宮島町／一八九九（明三二）七／奈良県山辺郡丹波市町／慶応義塾医学部

奈良県神職植島頼政の三男に生まれ、一九二四年慶応大学医学部を卒業した。母校の産婦人科教室で研究に従事した後、東京市の赤羽恩賜財団済生会本院婦人科に勤めたが、二五年一一月に渡満して満鉄鉄嶺医院に勤務した。

上島　勝　▷12

満鉄大連鉄道工場文書係主任、社員会評議員／大連市霞町／一八九四（明二七）一二／長野県上伊那郡伊那富村／松本市立商業学校

長野県上島捨治郎の四男に生まれ、一九一三年松本市立商業学校を卒業し、同年四月同地の太田運送会社に入り電気課に勤務した。一五年一一月徴兵されて兵役に服した後、一八年三月に渡満して満鉄に入り、沙河口工場計算課事務助手となった。同会計課及び庶務課に勤務した後、大連鉄道工場に転勤して原価係主任となり、三七年四月文書係主任に転任した。この間、満州事変時の功により木杯一組及び従軍記章を授与され、三三年四月勤続一五年の表彰を受けた。

上杉　栄　▷12

国際運輸㈱附業課長代理兼倉庫係主任事務取扱／大連市山県通国際運輸㈱本社／一八九三（明二六）七／愛媛県松山市鍛冶屋町／松山商業学校補修科簿記科

松山城西実業夜学校を経て一九一〇年三月松山商業学校補修科簿記科を卒業し、同年五月仲田銀行に入った。その後一三年一〇月に渡満して満鉄に入り、撫順駅及び鉄嶺駅に勤務した後、退社して吉林倉庫金融会社、吉林貿易会社支配人に歴職した。二七年一〇月国際運輸㈱に転じ、吉林支店営業係主任、四平街支店長代理、本社附業課倉庫係主任を歴任し、三七年三月附業課長代理兼倉庫係主任事務取扱となった。

上杉　貞一　▷12

興安西省民政庁警務科長、従五位勲五等／興安西省開魯民政庁警務科長公館／一八八八（明二一）二／東京府東京市世田谷区東玉川町／陸軍士官学校

秋田県立本庄中学校を経て一九一一年陸軍士官学校を卒業し、同年一二月歩兵少尉に任官して歩兵第五二連隊付となった。一五年九月中尉に進級した後、一七年六月憲兵に転科して岡山憲兵隊分隊長、同副官、朝鮮憲兵隊義州憲兵分隊長を経て一八年八月朝鮮総督府警視となった。二一年四月憲兵大尉に進んで全州憲兵分隊長、咸興憲兵隊副官、大田、高知の各憲兵分隊長を歴任し、三一年八月憲兵少佐に累進して待命となった。三五年四月国務院国道局嘱託となって渡満し、総務処勤務を経て三六年八月興安西省公署警正に転任して民政庁警務科長となり、同年一二月理事官に昇格した。

上杉　益喜　▷12

龍江省竜江県参事官／龍江省チチハル新馬路竜江県公署／一九〇〇（明三三）三／熊本県菊池郡西合志村／東亜同文書院

熊本県上杉官平の子に生まれ、一九二二年上海の東亜同文書院を卒業し、同年一一月満鉄に入り営口商業学校教諭となった。その後二七年六月に退社して国際運輸㈱に転じ、長春、営口、大連の各労務主任を務めた。三一年九月満州事変が起きると奉天自治指導部に入り、三二年一月錦県指導委員長を経て同年九月錦県参事官となり、三六年四月龍江省竜江県参事官に転任した。

上住静太郎　▷9

三生洋行主／奉天小西関大什字街／一八八五（明一八）一〇／兵庫県赤穂郡塩屋村／大阪高等商業学校

一九〇七年大阪高等商業学校を卒業して安宅商会に入り、〇九年大連支店詰となって渡満した。一二年に同支店の営業が鈴木商店に引き継がれた後、一四年同商店下関支店に転勤したが、翌年退社して日本商事㈱に入社した。一九年七月日本商事を退職して渡満し、奉天小西関に三生洋行を開業して雑貨・特産物輸出業を営んだ。

上薗　精一　▷12

満州電信電話㈱竜井電報電話局長兼頭道溝電報電話局長、勲八等／間島省竜井広東街／一八九二（明二五）一一／鹿児島県姶良郡加治木町／郡立育英学校

郷里の姶良郡立育英学校を卒業した後、一九〇九年鹿児島県大根占電信局に入り、翌年一一月長崎台湾間に海底線が新設されるにともない長崎局へ転勤した。その後一五年一二月に渡満して大連郵便局電信課に勤務し、奉天郵便局電信課勤務を経て奉天城日本電信取扱所長となった。次いで安東郵便局主事、奉天中央電報局通信課長を歴職し、三三年八月満州電信電話㈱の創立とともに同社に転じ、三六年一月竜井電報電話局長となり頭道溝電報電話局長を兼任した。この間、満州事変時の功により勲八等及び従軍記章を授与された。

「上田」は「かみた」も見よ

上田宇之輔　▷12

大二公司ハルビン出張所主任／ハルビン外国二道街／一九〇三（明三六）九／大阪府大阪市住吉区阿倍野筋

一九二六年から三二年まで南海鉄道、大阪鉄道、大阪府土木課、鉄道省など各種工事の現場主任をした。三三年一〇月に渡満してチチハルの大二公司に入り、土木建築請負業に従事した。三五年三月ハルビン出張所の開設とともに主任となり、一二人の従業員を指揮して省公署、国務院営繕局、ハルビン特別市公署、各県公署などの建築工事を請け負った。渡満以来、チチハル警察庁改築、同日本小学校仮校舎新築、同市政局道路改修、浜江省珠河延寿間道路新設及び橋梁仮設、青岡・望奎・綏化の各金融合作社新築、ハルビン市公署第一五号路線道路工事のほか、各県公署工事を多数手がけた。

上田　統　▷11

輸出入貿易商、従五位勲五等／奉天加茂町／一八六八（明一）一〇／東京府豊多摩郡中野町／東京斯文学校、東京法学院法律科三年中退

東京府藤堂立常の四男に生まれ、福岡県士族上田与蔵の養子となった。東京斯文学校から東京法学院法律科に進み、三年次の九三年に中退した。九八年四月神奈川県警部となり、一九〇五年四月大蔵省属に転じて煙草専売局に勤務した。〇八年一月関東都督府警部に転任して渡満し、一三年二月警視に進んで鉄嶺警務署長となった。一六年四月、都督府警視として在官在職のまま中国政府の招聘を受けて奉天全省警務顧問に就いた。二四年に契約満期で自然廃官となると、同年九月奉天で貿易商を開業した。

植田　梶太　▷8

山陽堂主、勲七等／奉天／一八七五（明八）三／岡山県吉備郡菅谷村／陸軍戸山学校

一八九五年近衛師団に入営し、次いで陸軍戸山学校に入った。一九〇〇年北清事変の際に第五師団付として大沽に上陸し、天津、北京に従軍した。日露戦中は経理部員として広島の師団司令部、広島予備病院に勤務し、その後除隊した。〇七年に渡満して関東都督府警察官となり、一三年に退職して奉天で書籍販売と各地新聞の取次を開業した。一七年八月浪速通に大店舗を新築して移転したが、二二年一二月創業一〇周年を機に浜井松之助が経営する大阪屋号に業務一切を譲渡した。書店廃業とともに趣味で蒐集した美術骨董品を中心に美術工芸品店を開業し、北京、上海を往復して中国各地の文人と交わった。

植田　一夫　▷12

植田洋行主、義和福代表、勲六等／ハルビン馬家溝平安街／一八八〇（明一三）七／神奈川県足柄下郡小田原町／東京外国語学校ロシア語本科

神奈川県官吏植田卓爾の長男に生まれ、一九〇四年東京外国語学校露語本科を卒業した後、〇五年東京芝浦製作所に入り営業部に勤務した。その後一八年一〇月日露貿易会社に転じてウラジオストク初代支店長となって赴任したが、一九年六月安部幸兵衛商店に転じ、大連支店長次席となって渡満した。二〇年六月安部幸商店幹部の推薦で満州製粉会社に入社して長春支店長を務め、その後ハルビン支店長に就いた。二六年一二月に辞任して友人とハルビンに甯安木材公司を興し、裕甯新林業公司と提携して同公司所有林場の木材伐採と販売に従事した。次いで二八年一〇月地段街の商行ビル内に植田洋行を設立して金物、土木建築材料、工業薬品の輸出入貿易商を経営した。富士皮布、帝国電気、ボリデー製鋼、ユニオンオイル・カンパニー、バゾフスキー製薬、岩井金物商店、満鉄等の代理店としてハルビン市内及び北鉄沿線、浜北線一帯を販路とした。この間、三二年九月資本金五〇〇〇円の義和福を興し、満州国専売マッチの浜北線総売捌人として沿線一帯にマッチの元売捌きをし、ハルビン民会評議員、商業会議所議員を務めた。夫人ゑいとの間に二子あり、長男一郎は東北帝大医学部、長女千代は長春高女に学んだ。

植田　勝政　▷12

昭和製鋼所㈱採鉱部庶務課長兼甘井子採鉱所長／大連市下藤町／一八八五（明一八）一〇／長崎県下県郡厳原町／仙台高等工業学校採鉱冶金科選科

長崎県植田謹爾の長男に生まれ、東京の京北中学校を卒業した後、一九〇九年四月橋本組㈱に入り宮城県桃生金山に勤務した。かたわら一九一二年仙台高等工業学校採鉱冶金科選科を卒業し、同金山主任、福島県松川鉱山主任を経て斉藤鉱業部に転じ、島根県亀谷区尾山主任、同本部調査課勤務兼採鉱担当を歴職した。その後渡満して振興公司に入り、鉱務係、同桜桃園採鉱所、同王家堡子採鉱所に歴勤した後、二〇年八月満鉄に転じた。興業部鞍山在勤、火連寨採鉱所主任、鞍山製鉄所採鉱部甘井子在勤を経て三三年五月昭和製鋼所甘井子採鉱所長心得となり、次いで三五年一〇月採鉱部庶務課長に就き、甘井子採鉱所長を兼務した。この間、二七年四月満鉄創業二〇周年に際し優良社員として表彰され、三四年四月勤続一五年の表彰を受けた。

上田幾太郎　▷9

上田商会主、撫順倉庫㈱専務、撫順信託㈱取締役、撫順市場㈱監査役／奉天省撫順弥生町／一八八〇（明一三）八／大阪府大阪市南区難波／桃山中学校

一九〇〇年四月私立桃山中学校を卒業して大和銀行に入り、〇二年に独立して綿糸・棉花業を経営した。〇四年三月日露戦争に際し近衛師団輜重兵大隊付酒保となって渡満し、戦後帰国して大阪で棉花商を営んだが、〇七年に再び渡満して奉天の東三洋行出張所に勤務した。〇九年に退職して大連の力武精米所に入り、一一年に撫順の山県商会に転じたが一三年に同商会解散となり、独立して同地で銃砲火薬販売と土木建築請負業を開業した。経営のかたわら撫順倉庫㈱専務、撫順信託㈱取締役、撫順市場㈱監査役を務めた。

上田　恭輔　▷3

満鉄総務部庶務課員、秘書役、正六位勲五等／大連市浜町／一八七〇（明三）一二／東京府東京市赤坂区中之町／アメリカ留学、学位取得

アメリカで学位を取得し、帰国して台湾総督府通訳官となった。日露戦争の際に総司令部付として渡満し、戦後そのまま留まって関東都督府翻訳官となった。〇七年四月の満鉄創業とともに入社して調査役となり、後に総務部庶務課に転じて秘書を務めた。

上田　金城　▷1

陸軍用達業／奉天省遼陽西門外／一八五七（安四）二／熊本県熊本市妙体寺町

早くから故郷を出て、一八七七年の西南戦争の折は薩軍に参加して政府軍と戦った。一八九四年日清戦争が始まると山東省に渡り、芝罘、威海衛等に滞在し、九八年に帰郷した。その後再び中国に渡航して天津、北京で骨粉製造などの実業に従事したが、一九〇三年に廃業して山海関を経て錦州に入り、同地で日英語学校を開いた。〇四年六月日露戦争のために閉校して天津から帰国したが、熊本第六師団の依頼を受けて三度び中国に渡った。芝罘、天津、山海関を往来して軍務に服した後、蓋平の占領とともにロシア軍の後方で物資、輸送力等の調査に従事した。〇五年三月同師団と共に帰国したが、戦後再び渡満して遼陽西門外で陸軍用達業を営んだ。

上田国之助　▷12

百貨店丸宮号主、牡丹江商工会議所議員／浜江省牡丹江円明街／一八九四（明二七）五／鳥取県西伯郡御来屋町

鳥取県上田安次郎の養子となり、一九〇八年四月大阪市東区本町の福元徳次郎商店に入った。二一年八月に独立して大阪市内で洋品雑貨の卸商を営んだが、三四年八月東区久宝寺町の㈴宮川卯三郎商店と合併した。その後、牡丹江の発展に着眼して三六年春に渡満し、同地で百貨店丸宮号を経営した。

植田　健市　▷12

満鉄山城鎮站長兼山城鎮自動車営業所主任、山城鎮日本居留民会副会長、社員会評議員／奉天省山城鎮站長局宅／一八八八（明二一）一一／鳥取県西伯郡境町

鳥取県商業植田菊松の長男に生まれ、一九〇五年七月鉄道作業局に入り境駅に勤務した。〇六年三月野戦鉄道提理部職員となって渡満し、〇七年四月満鉄創業とともに入社して奉天、安東、橋頭駅に歴勤した。次いで呉家屯、本渓湖の各駅助役、祁家堡、十里河の各駅長を歴任して三一年八月待命となり、次いで瀋海鉄路局派遣を経て三四年四月山城鎮站長となり、山城鎮自動車営業所主任を兼務した。この間、二七年四月勤続二〇年の表彰を受けた。

植田　謙吉　▷12

関東軍司令官兼任満州国駐箚特命全権大使、満州国協和会名誉顧問、従三位勲一等功三級／新京特別市康平街関東軍司令官官邸／一八七五（明八）三／大阪府／陸軍大学校

大阪府植田謙八の次男に生まれ、東京高等商業学校を中退して一八九七年九月陸軍士官学校に入学し、九八年一一月に卒業して九九年六月騎兵少尉に任官し、騎兵第一二連隊付となった。一九〇三年六月陸軍士官学校生徒隊付、〇四年四月騎兵監部員を経て〇九年一二月陸軍大学校を卒業して第一八師団参謀となり、一二年八月第一六師団参謀、一三年七月陸軍省軍務局課員、一六年五月参謀本部付を歴任し、一八年一二月ウラジオ派遣軍参謀としてシベリア出兵に参加した。シベリア撤兵後、二二年一一月教育総監部付を経て二三年八月少将に進んで陸軍航空部付となり、二四年二月騎兵第三旅団長、二五年五月軍馬補充部付、二六年三月同本部長を経て二八年三月中将に進み、二九年三月支那駐屯軍司令官となった。三〇年一二月第九師団長となり、三二年一月第一次上海事変に出動した後、同年四月上海虹口公園の天長節祝賀会場で朝鮮独立党員による爆弾襲撃で重症を負った。その後三三年六月参謀本部次長、三四年八月朝鮮軍司令官に歴補して三四年一一月大将に累進し、三五年一二月軍事参議官を経て三六年三月関東軍司令官兼任満州国駐箚特命全権大使となって渡満した。⇒三九年五月ノモンハン事件で参謀本部の不拡大方針と対立して戦線を拡大したが、装備の優るソ連軍の攻撃で甚大な被害を出し、同年九月召還されて参謀本部付となり、同年一一月待命、翌月予備役編入となった。戦後は戦友団体連合会会長、日本郷友連盟会長、傷痍軍人会会長等を務め、六二年九月に没した。

上田耕一郎　▷11

安東商工会議所書記長、正八位／安東県六番街／一八八九（明二二）五／京都府葛野郡花園村／神戸高等商業学校

京都府上田平太郎の長男に生まれ、一九一三年神戸高等商業学校を卒業して一年志願兵として入営し、除隊して陸軍歩兵少尉となった。満鉄に入社して沙河口工場に務め、一六年四月に長春取引所信託㈱が創立されると同社に転じたが、翌年四月実父の病気により帰国して神戸市の海運業佐藤国商店に入った。一八年一一月同店経営の大阪製機㈱支配人に転任して船舶汽鑵の製造・販売に従事したが、一九年六月同社解散のため辞任し、同年一〇月神戸市の日本毛織㈱に入社した。原毛部購買課、毛糸販売課、大阪出張所勤務、加古川工場庶務係長、本店庶務課勤務、名古屋工場事務課長等を歴任して二六年八月に退社した。満蒙牛肉の日本向け輸出と缶詰製造を計画して同年一〇月再び渡満して大連の関東鑵詰製造所支配人に就いたが、二七年五月に事業中止となり帰国した。翌年五月、安東商工会議所書記長として三度び渡満した。

植田貢太郎　▷11

満鉄社長室業務課総務係副査／大連市楠町／一八九三（明二六）三／香川県香川郡仏生山町／高松商業学校

神奈川県植田春吉の長男に生まれ、一九〇七年香川県高松商業学校を卒業した。一二年五月に渡満して満鉄撫順炭砿機械課課員となり、一八年六月大連本社会計課に転勤し、二〇年に主計課が創設されると同課鉄道部方面担当となった。二五年経理部長付を経て二七年一一月社長室業務課総務係副査に就いた。印相の研究に打ち込み、満州生活主義の下に父母を呼び寄せて同居し、長姉利子は大日本塩業会社員の夫と普蘭店に、次姉寛子は警察官の夫と大石橋に在住し、一家眷属が満州で生活した。

植田　茂一　▷12

伊予市楽器店主／大連市浪速町／一九〇一（明三四）六／愛媛県温泉郡三津浜町／大連商業学校補習科

愛媛県植田市太郎の長男に生まれ、大連商業学校補習科を卒業した後、一九〇六年大連勧商場内に開業し一〇年に浪速町に移転した家業の楽器店を手伝った。二八年四月に父が他界すると同店を引き継ぎ、トンボハーモニカ、鈴木弦楽器、水野弦楽器の各代理店を務め、他に東京の新見商店、福山の牧本商店、大阪の高野商店等より仕入れて満鉄消費組合、満州電電などに販売して月間三〇〇〇円から四〇〇〇円を売上げた。さらに琴・三味線を製造販売し、三三年に開催された満州大博覧会に自社製の三味線を出品して受章したほか、三三年日本赤十字社に金一〇〇〇円を寄付して有功章を授与された。

植田　繁造　▷11

満州興業㈱営業主任／奉天省鞍山敷島町／一八九一（明二四）九／山梨県東山梨郡勝沼町／甲府商業学校

山梨県商業植田亀吉の次男に生まれ、一九〇九年甲府商業学校を卒業した。上京して東京電灯、王子電気、猪苗代水力電気の各社に勤務した後、一八年九月中日実業会社に入り上海支店詰となった。二一年九月満州興業㈱に転じて奉天出張所に勤めたが、二三年八月姉妹会社の東京建物会社に出向して漢口出張所に赴任した。二六年五月、満州興業に復帰して鞍山本店営業主任に就いた。

上田二三雄　▷12

大連汽船㈱奉天事務所長／奉天浪速通大連汽船㈱奉天事務所／一八九〇（明二三）二／宮崎県東臼杵郡岡富村／台湾協会専門学校

宮崎県上田信和の三男に生まれ、一九一三年三月台湾協会専門学校を卒業し、同年五月満鉄に入社して埠頭事務所、青島満鉄出張所に歴勤した。その後二〇年一〇月大連汽船㈱に転じ、天津支店に勤務した後、二七年四月大連本社勤務となった。次いで三〇年九月営口出張所長、三二年六月香港出張所長を歴任し、三六年一〇月奉天事務所長に転任した。

上田　正平　▷12

ハルビン郵政管理局秘書処長／ハルビン郵政管理局／一九〇七（明四〇）一／兵庫県神戸市東川崎町／京都帝大法学部

一九三一年三月京都帝大法学部を卒業して逓信省に入り、逓信局書記兼通信書記を務めた。三四年一月国務院交通部郵政管理局事務官に転出して渡満し、三五年一二月ハルビン郵政管理局秘書処長となった。

上田　慎八　▷11

営口尋常高等小学校教員／奉天省営口花園街／一八九一（明二四）九／京都府京都市上京区本町／三重県師範学校

京都府会社員原邦太郎の八男に生まれ、同府上田新次郎の娘キクの婿養子となった。一九一三年、三重県師範学校を卒業して四日市第五小学校教訓導となった。一九年七月に渡満して営口尋常高等小学校訓導に就いた。京都府女子師範学校出身の夫人キクと共に音楽を趣味とした。

上田　竹槌　▷12

満鉄錦県鉄路局自動車科長、勲七等／錦州省錦県南二経路／一八八七（明二〇）三／山口県玖珂郡川下村

山口県上田音松の次男に生まれ、一九〇五年三月山陽鉄道㈱車掌となり、同鉄道の国有化後も勤続して一二年に鉄道院中央教習所業務科を修了した。玖波駅助役を務めた後、芸備鉄道㈱書記に転じて後に三次駅長となった。その後一八年五月満鉄に転じ、大連管理局庶務課、長春運輸事務所、長春鉄道事務所、鉄道部庶務課、大連鉄道事務所に歴勤した。次いで沙河鎮駅長、鞍山駅長、鉄路総局運輸処安東在勤、安東自動車事務所長、奉天鉄路局運輸処自動車科長を歴任し、三七年四月参事に昇任して待命となり、同年六月に退職した。この間、鞍山地方委員会副議長及び鞍山山口県人会副会長を務めたほか、満州事変時の功により勲七等に叙され、三四年四月勤続一五年の表彰を受けた。夫人セツ子との間に二男二女あり、長女久子は満鉄職員橋垣義夫に嫁した。

植田　龍蔵　▷12

大連精糧㈱専務取締役、関東州米穀配給実業組合理事長、関東州主要雑穀配給実業組合理事長、大連工場地区区長、大連商工会議所議員、メリーダンスホール㈱監査役／大連市三春町／一八八二（明一五）三／奈良県高市郡八木町

一九〇五年六月に渡満して肥塚商店大連支店に入り、翌年鉄嶺出張所長となった。その後〇九年六月に退社して大連信濃町に工場を設けて味噌醸造業を営み、一一年に若狭町に拡張移転した。その後一九年一一月同業二店舗と精米商稲岡商店を合同して資本金一〇〇万円の大連精糧㈱を設立して取締役に就任した。二〇年の経済恐慌で大欠損を招いたが、専務に就いて経営立て直しに専念し、日中戦争期以降の需要増加と価格騰貴によって業績が大幅に好転した。経営のかたわら関東州米穀配給実業組合理事長、関東州主要雑穀配給実業組合理事長、大連工場地区区長、大連商工会議所議員、メリーダンスホール㈱監査役を務めた。

上田　鎚弥　▷11

大石橋小学校長／奉天省大石橋中央大街／一八七八（明一一）八／高知県土佐郡森村／日本大学高等師範部

高知県農業上田金次の三男に生まれ、一八九七年から高知県の小学校訓導、校長を務めた。一九一〇年東京市の小学校教員に転じ、かたわら日本大学高等師範部に学んで一三年三月に卒業した。翌年六月に渡満して安東小学校に勤務した後、二三年同地に第二小学校が新設されると校長に就き、二六年五月大石橋小学校長に転任した。講演に巧みなクリスチャン校長として知られ、長男精は京城医学専門学校を出て京城医大で研究に従事し、次女晄は撫順高等女学校を出て高知市で幼稚園保母となった。

植田　徳次　▷11

大石橋警察署長　警部／奉天省大石橋盤竜街／一八八七（明二〇）一〇／香川県香川郡仏生山町／香川県立大川中学校

香川県農業木村源吾の五男に生まれ、後に同郷で満鉄社員の植田寅太郎の娘

シナの婿養子となった。一九〇八年県立大川中学校を卒業して巡査となり、各地に勤務した。二四年二月関東庁出向を命じられて渡満し、大連警察署に勤務した後、二八年六月大石橋警察署長に就いた。

上田　利一　▷11

扇利洋行主／奉天小西裡大街／一八八七（明二〇）一二／大阪府大阪市東区本町

大阪府綿糸商上田利兵衛の長男に生まれ、一九〇六年五月に渡満した。奉天で雑貨・清酒商を開業し、その後綿布商も営んだ。経営のかたわら満鉄指定の洮南貿易館を兼営し、奉天醤園取締役、奉天商業会議所議員を務めた。長女すま子は浪速高女を卒業して満州医科大学助教授の川人定男に嫁した。

上田　知作　▷12

吉林省公所教育庁学務科長／吉林省公所教育庁／一九〇二（明三五）二／高知県土佐郡森村／京都帝大法学部

一九二七年朝鮮総督府巡査となり、次いで帰国して京都市立商工専修学校嘱託教員、明治生命保険会社営業部等に勤務しながら三一年に京都帝大法学部を卒業した。同年渡満して国務院民政部総務司に勤務し、同属官、吉林省伊通県参事官を経て三六年一〇月吉林省公所教育庁学務科長に就いた。

上田　直秀　▷4

朝鮮銀行長春支店長／長春朝鮮銀行社宅／一八八六（明一九）／鹿児島県鹿児島市高麗町／東京高等商業学校

一九〇九年東京高等商業学校を卒業し、翌年朝鮮銀行に入った。京城本店、仁川、木浦に勤務した後、一七年五月長春に赴任した。正金銀行から金券発行業務を引き継いだ鮮銀の出張所長として、黒龍江省、吉林省の生金の買収と一般銀行業務を差配した。

上田　久衛　▷4

上田〇商会主、勲八等／奉天小北門裡第一区／一八七〇（明三）一一／愛媛県喜多郡粟津村

代々神官を務める地方の名家に生まれ、一八九四年日清戦争に従軍して勲八等を受けた。九七年から三年間郷里の白滝生糸㈱専務取締役に就き、一九〇三年に粟津村名誉村長に推された。〇四年の日露戦争にも従軍し、戦後いったん帰郷して〇六年に再び渡満した。奉天に赴いて雑貨・文具・両替商の上田〇商会を開業し、商機をつかんで吉林城内、ハルビン傳家甸に支店を設けて事業の拡張を図った。かたわら奉天金融倉庫㈱取締役、奉天信託会社取締役、奉天共融組合専務理事を兼務し、奉天居留民会評議員、奉天商業会議所議員を務めた。歌道に長じて正明と号したほか、書画骨董を好み、刀剣の鑑識にも優れた。

上田　正喜　▷14

国際運輸㈱営口支店長／奉天省営口／一八八二（明一五）五／熊本県宇土郡花園村／熊本県立商業学校

熊本県山林経営植田弥三郎の長男に生まれ、一九〇〇年三月熊本県立商業学校を卒業して長崎市のホームリン商会に入った。〇三年一〇月同市の外国貿易商金万商店に転じた後、〇七年一二月満鉄に入社して埠頭事務所に勤務した。一八年四月に退社して大連市山県通に海陸運送代弁業上田商会を開業し、二二年から特産物取り扱いを始めたが失敗し、二五年一月国際運送㈱に入り大連支店に勤務した。翌年八月満鉄全額出資で国際運輸㈱に改組した後も勤続し、営口支店長を経て本社参事となり、三六年一一月から四〇年一〇月まで大連市会議員を務めた。

上田茂登治　▷12

国務院司法部行刑司第一科長、満州国協和会司法部分会常任幹事、従六位／新京特別市熙光路白山住宅／一八九一（明二四）八／京都府熊野郡久美浜町

京都府上田時蔵の長男に生まれ、台湾総督府に入り、通信手、看守、典獄を歴職した。その後一九三四年三月国務院司法部事務官に転出して行刑司刑政科長に就き、同年七月司法部理事官に昇格した。次いで三七年四月行刑司第一科長に転任し、監獄法起草委員会委員を兼務した。

植田安次郎　▷12

黒河警察庁警務科長、在郷軍人会黒河分会副会長、黒河日本尋常高等小学校児童保護者会長、従七位勲六等／黒河省黒河警察庁警務科長公館／一八九二（明二五）一二／奈良県磯城郡桜井町／立命館大

学法律専門部中退
奈良県植田宗治郎の長男に生まれ、一九一八年立命館大学法律専門部を中退した。その後陸軍に入り、二一年憲兵練習所を修了して二九年四月憲兵特務曹長、三四年一〇月憲兵少尉に累進して予備役編入となり、同年一二月黒河省璦琿県嘱託となって渡満した。次いで三五年四月同県警正となり、同年一〇月警察庁が設置されると同時に警務科長に就いた。

上田安次郎 ▷3

満州製粉会社長春出張所主任／長春東一八区／一八七〇（明三）六／奈良県磯城郡耳成村／慶應義塾理財科

一八九三年、慶應義塾理財科を卒業して横浜の貿易商増田屋に入った。九五年に砂糖事業視察のため台湾に渡り、三年後に帰国して支配人となり、越後インターナショナルオイルカンパニーの石油一手販売を担当した。一九〇五年からアメリカとドイツに出張して麦粉事業を視察し、〇七年に帰国した。〇九年六月に帝国製粉会社と日本製粉会社が合併すると支配人に就いたが、一〇年一月に渡満して鉄嶺製粉会社に入った。一四年八月、満州製粉会社に転じて長春出張所主任となった。

上田 義昌 ▷12

満鉄新京駅事務助役、社員会評議員／新京特別市駅／一九一一（明四四）八／石川県金沢市古道町／ハルビン学院

石川県上田総太郎の次男に生まれ、鞍山中学校を卒業した後、一九三〇年三月満鉄鉄道教習所運転科を修了して大連列車区大石橋分区車掌となった。三号非役・人事課勤務となった後、新京駅に転勤し、駅務方、貨物方を経て三六年一一月同駅事務助役となった。この間、三五年にハルビン学院を卒業した。

上中 治 ▷14

無職／大連市播磨町／一八六五（慶一）一〇／兵庫県有馬郡塩瀬村／進級学校、柏園書院

兵庫県農業上中治平の長男に生まれ、九歳の時に大阪に出て親戚の家から小学校に通学した。一八七九年に進級学校を卒業して河野春颿、藤沢南岳の漢学塾柏園書院で四年学んで帰郷した。二五歳の時に再び大阪に出て商業に従事したが、一九〇五年二月に渡満して扶桑号商店を興して陸軍用達商を開業した。経営のかたわら満州貯金信託㈱を創設して社長に就任し、商業会議所常議員、町内会長、区委員を務め、二一年四月から二四年一〇月まで大連市会議員を務めた。その後、一切の公職を退いて自適の生活に入り浩然吟社を再興して詩文を楽しんだが、病を得て大連で没した。実妹二人も結婚してともに同市浪花町に在住した。

上西 隆男 ▷12

満鉄ハルビン用度事務所購買係主任／ハルビン満鉄用度事務所／一九〇二（明三五）三／香川県仲多度郡多度津町／日露協会学校

香川県上西時治の次男に生まれ、一九二五年三月ハルビンの日露協会学校を卒業して満鉄に入り、本社経理部会計課に勤務した。次いで用度事務所、吉林公所、商事部用度課、用度事務所購買課調査係主任、同契約係主任に歴勤した。その後鉄路総局に転任し、経理処用度科監理係主任を経て三六年一月ハルビン用度事務所購買係主任となった。

上西常治郎 ▷12

満州航空㈱総務部庶務課員、在郷軍人会奉天満航分会副長、従六位勲四等／奉天弥生町／一八八七（明二〇）一〇／奈良県吉野郡川上村／陸軍士官学校

陸軍士官学校を卒業して一九二二年二月工兵少尉に任官した後、陸軍航空学校付等に歴勤した。三一年八月航空兵大尉となり、同年一〇月満州事変に際し独立飛行第九中隊付となって満州に出動した。三二年八月に帰国して三三年一月予備役編入となり、再び渡満して満州航空㈱に入り総務部庶務課に勤務した。この間、満州事変時の功により勲四等旭日章を授与された。

上野 晃 ▷12

満鉄産業部北満経済調査所出廻係主任／ハルビン南崗郵政街／一九〇〇（明三三）一／栃木県芳賀郡南高根沢村／東京帝大農学部農芸化学科

栃木県上野栄吉の四男に生まれ、一九二五年三月東京帝大農学部農芸化学科を卒業して大学院に進んだ。次いで二六年四月満鉄に入社して鉄道部に勤務し、長春駅検査人、大連埠頭検査人兼大連鉄道事務所勤務、四平街駅検査人、ハルビン事務所運輸課検査人、同庶務課混合保管係主任兼鉄路総局勤務、ハルビン鉄路局運輸課混合保管係主任兼ハルビン事務所庶務課混合保管係主任、ハルビン鉄路局運輸処貨物科混合保管段長を歴任した。その後、北満経済調査所第四班主任に転任し、三七年四月職制改正により北満経済調査所出廻係主任となった。

上野　一郎 ▷12

日満商事㈱本店参事室員／新京特別市百滙街東亞寮／一八九四（明二七）一〇／岡山県岡山市二番町／東京外国語学校

東京外国語学校を卒業した後、一九一九年四月満鉄に入社して総務部庶務課に勤務した。二五年二月長春地方事務所奉天省四平街販売所に転勤し、三一年八月商事部長春販売事務所奉天省四平街支所主任を経て三三年一月奉天省四平街販売事務所長となった。三六年九月参事に昇格して業務上免職となり、同年一〇月商事部の事業を分離して日満商事㈱が設立されると同社入りして本店参事室に勤務した。

上野　嘉吉 ▷12

上野商店主、全満米穀同業組合理事、春江ビル監査役、江島町町内会役員／奉天江島町／一八八八（明二一）八／大阪府泉南郡南葛城村

兵役に服した後、一九一三年朝鮮に渡り、各地を巡遊して一四年に山東省青島で米穀商と柑橘類委託問屋を開業した。業績が順調に発展する中、脚気に罹って頓挫し、帰国して郷里で静養した。その後一八年一〇月に渡満して奉天江島町で同業を再開し、柑橘類は主に紀州と泉州の原産地より直輸入し、白米は奉天付近の朝鮮人農家より籾を買い上げて西塔大街の精米工場で精白し、満鉄沿線と大連市場に販売した。

上野　小四 ▷12

満州採金㈱延吉出張所副長兼開山屯採鉱所長／間島省開山屯満州採金㈱開山屯採鉱所／一八八九（明二二）二／鹿児島県揖宿郡頴娃村／東京工手学校採鉱冶金科

一九〇九年東京工手学校採鉱冶金科を卒業し、一〇年七月新夕張鉱業所に入り石狩炭坑若鍋坑に勤務した後、同年一〇月岩手県田ノ上金山精錬所、一二年一月秋田県坊沢金山精錬及び採鉱嘱託、同年六月岩手県堂場金山精錬主任、一三年一〇月秋田県古河院内鉱業所、一四年一〇月鹿児島県三井串木野金山に歴職した。一六年七月古河㊔本店に転じて平安鉱業所に勤務した後、二一年五月朝鮮の谷口鉱業所に転じて谷口栗浦金山に勤務し、次いで二四年八月薩摩興業㈱技手に転じ、二八年五月朝鮮青岩金山技手・精錬主任を経て三一年一二月同技師となった。その後三二年六月東洋拓殖㈱朝鮮支社に転じて広長鉱業所主任となり、三五年二月同社斗升鉱業所長に就いた後、三六年一〇月満州採金㈱延吉出張所副長に転じて渡満し、開山屯採鉱所長を兼任した。

上野　亀雄 ▷12

奉天第一中学校教諭、正七位／奉天浅間町／一八九二（明二五）一〇／熊本県鹿本郡広見村／広島高等師範学校

熊本県に生まれ、一九一八年三月広島高等師範学校を卒業して長崎中学校教諭となった。郷里の熊本第一師範学校教諭に転任した後、二四年三月に渡満して奉天高等女学校教諭となり、二七年四月奉天第一中学校教諭に転任した。

上野　国雄 ▷12

満鉄橋頭駅長、社員消費組合総代、勲八等／奉天省橋頭駅長社宅／一八九〇（明二三）一二／熊本県飽託郡川尻町／私立猷興館

熊本県の小学校長上野長の長男に生まれ、一九〇七年私立猶興館二学年を中退し、〇八年一月に渡満して満鉄駅手となった。大石橋駅勤務を振り出しに、雇員に進んで車掌となり、次いで蘆家屯駅助役、遼陽駅助役、十里河駅長を歴任した。二〇年一〇月職員に進み、二三年四月十里河駅長、二七年六月陳相屯駅長を歴任した後、千山駅長、沙河鎮駅長を経て三七年四月橋頭駅長に就いた。この間、千山駅長在任時に満州事変に際会して在職のまま奉山線大虎山駅長を命じられ、嘉村混成第三九旅団に隷属して軍の行動作戦に参与し、功により勲八等に叙され、従軍記章及び建国功労賞を授与された。

上野　源次 ▷1

営口中等商業学堂教習／奉天省営口／一八八〇（明一三）一二／兵

庫県／東亜同文書院

旧姓は三田村、福井県今立郡岡本村に生まれ、後に兵庫県に移籍して上野姓となった。兵庫県の商業学校在学中の一九〇〇年に朝鮮の釜山、仁川、京城、平壌等を視察旅行し、〇一年に卒業して兵庫県の嘱託で中国北部の各所を視察した。〇二年同県実業練習生となり上海に渡ったが、中国語習得の必要を痛感して東亜同文書院に入学し、〇五年に卒業して同年六月営口軍政署に招聘され商業学堂長兼教習として赴任した。かたわら夜学校を設け、軍政署撤去までの一年半の間に在留日本人四〇〇人に英語、中国語、商業を教えた。その後、清国奉天学務公所に傭聘されて引き続き営口中等商業学堂教習を務めた。

上野　幸一 ▷11

関東庁昌図郵便局長、従七位勲七等／奉天省昌図中央街／一八八〇（明一三）一〇／山形県米沢市関東町

山形県教師上野誠一郎の長男に生まれ、一八九九年米沢中学校を卒業した。一九〇一年九月米沢郵便局通信事務員となり、東京郵便局臨時駐在員となって上京し、通信手に進んだ。日露戦中の〇五年六月、遼東兵站第一一局勤務となって渡満した。遼東兵站第一七野戦局、大連郵便局、関東都督府通信書記補、煙台郵便局炭坑出張所長を歴任して二〇年に関東庁逓信書記となった。二四年大連郵便局主事を経て二六年一〇月昌図郵便局長に就いた。父が早世したため四人の弟の修学を援助し、弟幸輔は予備歩兵少佐、次弟幸雄は鉄道省通信書記、三弟幸巳は関東庁逓信技手として旅順に在住、四弟幸至は仙台高等工業学校を出て東京の須川電力会社員となった。

上野治三郎 ▷12

永順洋行㈱監査役、永順保険部経営主／大連市山県通／一八七八（明一一）四／三重県河芸郡上野村

日露戦中の一九〇五年五月に渡満し、大連の永順洋行に入り会計方面を担当した。その後第一次世界大戦の戦後不況による同社の組織変更に際し、永井家直属の事業とされた不動産と保険業務を担当した。次いで三二年四月永井家より保険代理業の権利一切を譲り受け、永順保険部として独立経営した。以来、日本海上保険㈱代理店となって発展し、保険契約高六〇〇万円を超えた。御風と号して琴古流尺八を趣味とし、長男義之は日満商事㈱に勤務した。

上野　充一 ▷12

満鉄総裁室文書課員、勲六等／大連市桃源台／一八九〇（明二三）一〇／三重県名賀郡阿保町／東亜同文書院政治科

三重県上野市松の次男に生まれ、一九一二年上海の東亜同文書院政治科を卒業し、同年八月湖南省長沙の日本領事館の嘱託により諜報活動に従事した。その後一三年一〇月から一五年一二月まで奉天に滞在して蒙古語を習得し、一六年一月満鉄雇員となった。奉天省四平街駅貨物方、大連管理局庶務課勤務を経て一九年八月総務部外事課に転勤した。以来同課に勤続して三〇年六月第二係主任となり、三二年一月から経済調査会調査員を兼務して同年二月参事に昇任した。三三年三月鉄道建設局庶務課土地係主任、三六年一〇月同局計画課勤務を経て翌月総裁室文書課に転任した。この間、満州事変時の功により勲六等瑞宝章及び従軍記章並びに建国功労賞を授与された。夫人タカとの間に三女あり、いずれも大連弥生高女を卒業した。

上野正太郎 ▷1

北辰公司主、北辰ホテル主／大連市／一八六六（慶二）七／鹿児島県日置郡伊作村

一八九五年台湾に渡り、総督府運輸通信部に勤務した。九六年倉庫会社に転じたが、翌年独立して台北で輸送業を営んだ。一九〇二年マニラに渡って輸送業を経営したが、〇四年二月に日露戦争が始まったため帰国し、同年九月大連に渡って伊勢町で土木建築請負業と輸送業を開業した。〇五年一〇月公主嶺に出張所を開設し、建築・輸送業の他に「北辰ホテル」の名で旅館業を兼営し、後に鮫島通に土木建築輸送部を新築移転し、従来の出張所店舗をすべて旅館に改装した。その後長春支店を設けて材木販売業を営んだほか、奉天省四平街、昌図、開原、鉄嶺、奉天、営口等の各地に支店、代理店を設けた。

上野　靖 ▷11

大連汽船㈱用度課長／大連市竜田町／一八八六（明一九）六／東京府東京市本郷区西片町／青山学院

普通部
東京府官吏上野義勇の五男に生まれ、一九〇六年青山学院普通部を卒業した。一〇年六月満鉄に入社し、沙河口工場勤務を経て本社会計課に転じた。一六年五月、大連汽船㈱に入社して用度課長に就いた。

上野　精一 ▷12

㈾上野洋行代表／大連市加賀町／一八八六（明一九）五／福岡県三井郡山本村／九州帝大工科大学土木工学科

福岡県上野百次の長男に生まれ、一九一四年七月九州帝大工科大学土木工学科を卒業し、熊本市で上野工業所を経営した。満州事変後、三二年に渡満して大連市加賀町に上野洋行を設立して土木建築請負業を経営した。

上野　作 ▷1

志岐組奉天出張所主任／奉天／一八六六（慶二）一〇／福岡県小倉市博労町

福岡市船津町に生まれ、後に小倉市博労町に移籍した。日本土木会社に勤務した後、久米組に転じて台湾縦貫鉄道工事に従事した。日露戦争が始まると一九〇四年三月朝鮮に渡り、京義線鉄道工事の久米組請負区間の監督をした。〇六年二月志岐組に転じて営口出張所主任となり、その後奉天出張所主任を兼任し、奉天に常住して両所を主宰した。

上野篤三郎 ▷12

満鉄鉄道総局付待命副参事／奉天満鉄鉄道総局気付／一八八八（明二一）四／東京府東京市四谷区左門町／大成中学校中退

東京府上野元良の次男に生まれ、一九〇六年私立大成中学校三年を中退して同年五月逓信省に入った。東京郵便局工務課に勤務した後、同機械課通信工手、東京逓信局技手、工務部機械課通信工手兼逓信局電話建設局機械部電話試験係に歴勤し、三三年一二月技師に進んで退官した。同月満鉄に転じて渡満し、鉄路総局工務処電気科、奉天鉄路局工務処電気科、皇姑屯電気段長、瀋陽電気段長、図們鉄路監理所監理員兼牡丹江鉄路監理所監理員に歴任して三七年四月副参事となり、同月鉄道総局付待命となった。

上野　信孝 ▷11

満鉄鉄道部経理課審査係主任、勲七等／大連市榊町／一八七八（明一一）二／東京府東京市芝区南佐久間町／東京外国語学校専修科

東京府弁護士上野孝悌の長男に生まれ、一九〇七年東京外国語学校専修科を卒業して満鉄に入った。二五年九月から翌年一月まで欧亜連絡会議出席のためモスクワに駐在し、帰途にフランスを視察した。帰任して鉄道部に勤続し、経理課審査係主任を務めた。

上野　正夫 ▷12

国務院外交部政務司員、正八位／新京特別市宝清胡同第二政府代用官舎／一九〇五（明三八）一／鹿児島県大島郡与論村／ハルビン日露協会学校

鹿児島県上野正孝の次男に生まれ、一九二八年三月ハルビン日露協会学校を卒業して鉄道省雇となり、運輸局国際課に勤務した。幹部候補生として熊本の輜重兵第六大隊に入営して兵役に服し、除隊復職した後、三三年五月鉄道省属となった。その後三四年五月満州国に転出して外交部北満特派員公署属官となり、三六年九月外交部事務官に進んだ後、三七年三月外交部政務司勤務となった。

上野　正七 ▷7

質業／吉林省公主嶺大和町／一八七八（明一一）二／鹿児島県日置郡上伊作村

一九〇六年一一月営口の北清公司に入り、運送業に従事した。〇七年昌図支店に移り、翌年初め再び奉天支店に転勤し、〇九年さらに公主嶺支店に異動した。独立経営の準備のため一二年七月いったん帰省し、同年九月再び渡満したが、北清公司専務に嘱望されて特産商の興産公司に入り会計係となった。一年半勤めた後、一四年七月公主嶺で独立して金融業を開業した。かたわら同地の同郷団体三州会の顧問を務めた。

上野　政則 ▷1

営口中等商業学堂教習／奉天省営口／一八七五（明八）／宮崎県／第五高等学校

第五高等学校を卒業して上京し、二年余り各種私立学校の講師をしながらドイツ語を学んだ。一九〇一年北京に渡り、後に日露戦争の際チチハル付近の東清鉄道橋堡爆破を企てて横死した横川省三、沖禎介の両人と文明学堂を設立して中国人生徒延べ三〇〇人余りを教育した。〇六年八月営口軍政署に招聘され、学校を友人に託し瀛華実学院教頭兼教習として赴任した。その後同校が商業学堂と合併すると、新設された普通学部教習となり商業学堂教習を兼任した。軍政署が撤去して清国奉天学務公所の管理となった後も、傭聘されて引き続き同校で教鞭を執った。

植野万次郎　▷12

国際運輸㈱ハルビン支店官用係主任／ハルビン郵政街／一八九六（明二九）三／熊本県飽託郡川尻町／長春実業補習学校簿記科

一九一七年五月長春の日清燐寸会社に入り、会計事務を担当した。勤務のかたわら一八年三月長春実業補習学校簿記科を卒業して満鉄に転じ、長春駅貨物取扱所貨物方助手を経て同助手となった。次いで二五年三月国際運輸㈱に転じてハルビン支店に勤務し、三五年九月官用係主任兼官塩係主任となり、三七年五月に休職となった。

上野　道故　▷3

満鉄大連医院医長／大連市山城町／一八七九（明一二）／新潟県中頸城郡吉川村／京都帝大医科大学

一九〇六年一一月、京都帝大医科大学を卒業して助手となった。札幌の逸見病院産婦人科長を務めた後、一三年二月に渡満して満鉄大連医院産婦人科医長に転じた。

上野　幸巳　▷11

関東庁逓信技手／旅順市鮫島町／一八九三（明二六）五／山形県米沢市関東町／法政大学中退

山形県商業上野誠一郎の四男に生まれ、一九一三年米沢中学校を卒業して法政大学に進んだが中退し、翌年九月に渡満した。一五年二月関東都督府通信管理局に入り、工務課に勤務して通信工手となった。長春郵便局に転勤して二一年技手に進み、翌年大連逓信局工務課に転じ、二七年五月第五建築部担当心得として旅順郵便局勤務となった。長兄の幸一も渡満して昌図郵便局長を務めた。

上野誉一郎　▷12

満鉄ハルビン八区站長、勲七等／ハルビン八区站長局宅／一八九六（明二九）七／大分県直入郡竹田町／四日市商業学校

大分県商業上野多喜蔵の長男に生まれ、一九一四年三重県の四日市商業学校を卒業し、同年五月に渡満して満鉄運輸科練習生となった。修了後、奉天、開原、四平街の各駅に歴勤して范家屯駅貨物助役となり、同地の満鉄地方委員副議長を務めた後、撫順駅貨物主任、新京駅貨物主任を歴任し、三七年四月ハルビン八区站長に就いた。この間、満州事変時の功により勲七等に叙された。実妹の米子も渡満して満鉄社員と結婚した。

上野　善清　▷11

鞍山警察署警部補／奉天省鞍山元町／一八八七（明二〇）一／福島県耶麻郡新郷村／台湾総督府警察官司獄官練習所警察官部甲科

福島県農業上野太市郎の長男に生まれ、私立大沼義塾を卒業した。台湾に渡り、一九一〇年七月台湾総督府警察官及び司獄官練習所警察官部甲科を修了して台中庁警部補となった。翌年七月関東都督府警部補に転任して渡満し、六年勤続して一七年四月に退職した。南満州製糖会社に入社したが、一九年一二月に退社して翌年帰国した。その後二三年八月に再び渡満し、関東庁警部補として鞍山警察署に勤務した。

上畠五一郎　▷3

満鉄中央試験所職員、応用化学科／大連市加茂川町／一八八二（明一五）一二／大阪府大阪市東区伏見町／京都帝大理科大学化学科

一九〇七年京都帝大理科大学化学科を卒業し、一〇年四月満鉄中央試験所に入った。翌年末研究のためヨーロッパに渡航して一二年冬に帰社し、寺児溝製油所勤務を経て中央試験所応用化学科職員となった。

上原群一郎　▷12

国務院実業部特許発明局発明意匠科長兼陳列館長、従四位勲五等／新京特別市建和胡同建和ビル／一八九四（明二七）二／東京府東京市板橋区中村町／東京帝大工科大学応用化学科

東京府上原六四郎の長男として神田区仲猿楽町に生まれ、東京高等師範学校附属中学校、第七高等学校を経て一九一九年七月東京帝大工科大学応用化学科を卒業し、同年八月特許局化学課審査係となった。次いで特許局技師に進んで特許局審査官、化学電気部化学課勤務、特許局抗告審判官、特許局審判官兼務を歴任した。その後三六年七月国務院実業部特許発明局技正・発明意匠科長に転じて渡満し、陳列館長、特許発明局評定官、同審判官、同手続代理人銓衡委員会委員を兼務した。

上原　進 ▷14

大連図書印刷㈱専務取締役、大連高等女学校理事／大連市聖徳街／一八九五（明二八）一二／福岡県直方市下億町／明治大学法科

福岡県貸家業上原亀七郎の長男に生まれ、一九一八年明治大学法科を卒業して神戸市の日本産業㈱に入り、外国貿易に従事して取締役支配人となった。二〇年一〇月欧州戦争の戦後恐慌のため退社し、帝国産業会社取締役兼支配人に転じた。次いで東京の㈱共栄商会支配人に転じたが事業不振のため退任し、二二年九月に渡満して大連に在住し、二四年七月同地で「法律時報」を創刊し、主幹を経て社長に就いた。その後三六年に大連図書印刷㈱専務取締役に就任し、「法律時報」を弁護士の大内成美に譲渡した。この間、三二年一一月から三六年一〇月まで大連市会議員、同参事会員、同社会事業委員、満州大博覧会特別委員等を務めたほか、満州事変時の功により賜盃及び従軍記章を授与された。

上原　猛雄 ▷12

ハルビン国立種馬場長、従五位勲四等功四級／ハルビン王兆屯国立種馬場／一八八八（明二一）一／新潟県古志郡荷頃村／陸軍士官学校

陸軍士官学校を卒業して騎兵第九連隊及び第一二連隊に勤務した後、一九一八年シベリア出兵に従軍した。次いで騎兵学校教官、第一六連隊付、第二旅団副官に歴補し、三三年騎兵中佐に累進して予備役編入となった。同年一〇月国務院軍政部馬政局馬政官となって渡満し、奉天国立賽馬場長を務めた後、三六年一〇月国立種馬場技正となり同場長に就いた。この間、勲四等功四級金鵄勲章を授与された。

上原　種豊 ▷11

長春尋常高等小学校長／長春常盤町長春尋常高等小学校社宅／一八八五（明一八）九／鹿児島県囎唹郡志布志町／鹿児島県師範学校

一九〇六年三月鹿児島県師範学校を卒業し、同県熊毛郡西表村尋常高等小学校に訓導として八年勤めた。以来県内の各小学校に長く勤務した後、一四年四月に渡満して本渓湖小学校訓導となり、吉林小学校訓導を経て一九年奉天省四平街小学校長となった。奉天第一小学校長に転任した後、二三年長春尋常高等小学校長に就いた。

上原　朝次 ▷12

満鉄新京共立医院庶務長／新京特別市満鉄共立医院／一八八七（明二〇）二／熊本県玉名郡高瀬町

熊本県上原善三郎の長男に生まれ、一九〇七年一二月徴兵されて久留米の歩兵第五六連隊に入隊し、南満州駐屯の独立守備隊第六大隊に編入されて渡満した。陸軍二等看護長に進んで除隊し、一六年七月満鉄に入り撫順炭砿医院に勤務した。次いで撫順医院、撫順炭砿庶務科、撫順医院、奉天婦人医院庶務長、地方部衛生課林西在勤、林西医院庶務長に歴勤し、三七年五月新京共立医院庶務長となった。この間、三二年四月勤続一五年の表彰を受けた。

上原　茂吉 ▷1

高松洋行主、鉄嶺印刷㈱社長、「鉄嶺商報」発行人、鉄嶺行政委員、鉄嶺実業協会評議員、鉄嶺雑貨商組合評議員、鉄嶺居留民会会長／奉天省鉄嶺／一八七五（明八）一／香川県高松市

上京して法律学を学んだ後、帰郷して印刷業を経営し、かたわら高松市青年団体常務委員を務めた。一九〇二年高松港が竣成すると市民大会を開催して交渉委員となり、大阪汽船同盟会と交渉して同港への寄港を実現した。〇四年日露戦争が始まると丸亀の第一一師団に随行して渡満し、戦地で軍用達業を営んだ。戦後いったん帰国したが、〇五年高松市の商工業者の代表として朝鮮に渡り、釜山、元山、仁川、京城、木浦、群山、馬山浦等の各地を視察し、翌年三月大連に上陸した。営口を経て鉄嶺に入り、同地に高松号本店を設けて雑貨販売と貿易業を経営し、その後高松洋行と改称して昌図と長春に支店を置いた。さらに鉄嶺印刷㈱を創立して一般印刷業のほか週刊新聞「鉄嶺商報」を発行し、同地の行政委員、実業協会評議員、雑貨商組合評議員、居留民会会長を務めた。

植松虎一郎 ▷11

大連港水先案内人、従七位勲六等／大連市神明町／一八八七（明二〇）一一／福島県相馬郡鹿島町／商船学校航海科

福島県農業植松琢磨の五男に生まれ、一九一三年商船学校航海科を卒業した。三井物産会社に入社して一〇年ほど勤め、汽船運転士、船長として世界各港を回った。二三年一月に退社して甲種船長の免許を取得し、同年二月に渡満して大連港の水先案内人となった。

上松　良隆 ▷3

満鉄埠頭事務所職員、泰昌丸機関長、勲六等／大連市越後町／一八七九（明一二）五／兵庫県神戸市平野矢部町

鉄道作業局に入って一九〇三年六月一等機関士となり、〇五年一二月機関長の免状を取得した。一四年七月に渡満して満鉄に入って埠頭事務所職員となり、泰昌丸機関長を務めた。

「上村」は「かみむら」も見よ

上村小次郎 ▷12

国際運輸㈱奉天支店公用係主任／奉天青葉町／一八九〇（明二三）三／岩手県岩手郡浅岸村／岩手県立盛岡中学校

岩手県上村伊四郎の三男に生まれ、一九〇八年県立盛岡中学校を卒業した後、一〇年一二月徴兵されて弘前の歩兵第三一連隊で兵役に服した。満期除隊して一三年五月鉄道院に入ったが、一五年三月に退職して、同年四月から翌年一〇月まで樺太大泊管内で漁業に従事した。その後一八年三月に盛岡市書記となり学務係及び兵事掛に勤務したが、同年九月に辞職して渡満し、満鉄埠頭事務所現業助手代弁係となった。二三年一二月国際運送㈱に転じて大連支店に勤務し、二六年八月満鉄全額出資で国際運輸㈱に改組された後、三二年四月営業課勤務を経て同年九月奉天支店に転勤した。三三年一二月代弁係主任を務めた後、三七年四月公用係主任となった。

植村　秀一 ▷12

ハルビン特別市公署衛生科長兼市立第一病院長、正五位勲四等／ハルビン南崗郵政街／一八八七（明二〇）一／北海道石狩国上川郡愛別村／愛知医学専門学校

愛知県東春日井郡鳥居松村に生まれ、一九一〇年愛知医学専門学校を卒業して陸軍に入り、歩兵第二五連隊付、第七師団軍医部医員、満州駐箚奉天守備隊付兼奉天分院長、関東軍軍医部員、歩兵第二六連隊付、大阪衛戍病院付、陸軍造兵廠大阪工廠員に歴補した。この間、一一年二月三等軍医を経て三〇年八月二等軍医正に累進し、三一年五月論文「酵母ノ抗神経炎性ヴィタミンニ就イテ」により学位を取得した。その後三三年八月ハルビン特別市公署技正に転じて渡満し、市公署衛生科長に就いて市立第一病院長を兼任した。薦任一等に叙せられ、三五年九月の皇帝溥儀のハルビン訪問に際し単独謁見をした。

植村　良男 ▷12

奉天浪速高等女学校長、正六位勲六等／奉天葵町／一八九〇（明二三）三／和歌山県和歌山市小松原通／東京高等師範学校本科数物化学部

一九一一年三月東京高等師範学校本科数物化学部を卒業し、福井県師範学校教諭となった。次いで鹿児島県師範学校、広島県立中学校、朝鮮仁川公立高等女学校の各教諭を務めて高等官四等となった。二五年に渡満して満鉄に入り、安東高等女学校、撫順高等女学校、奉天高等女学校の各校長を歴任し、三五年四月奉天の奉天浪速高等女学校長に就いた。

植本伊市郎 ▷11

関東庁属土木課勤務／旅順市千歳町／一八八二（明一五）二／奈良県山辺郡丹波市町

奈良県神官植本伊三郎の長男に生まれ、日露戦後の一九〇六年六月に渡満した。〇八年一二月関東都督府雇員となって土木課に勤務した。一九年五月の関東都督府廃止とともに関東庁属となった。

植本　林造 ▷11

諸紙文房具商／大連市磐城町／一八八七（明二〇）五／岡山県真庭

郡勝山町

岡山県農業植本種治郎の次男に生まれ、幼少から薬店に見習奉公に入った。一九〇六年八月、渡満して大連の印刷業野坂清之助方の店員となった。〇九年六月に独立して印刷業を始め、一三年一月から紙文房具商を兼営したが、後に紙文房具商を主として印刷業を副業とした。

魚島　次吉　▷12

満鉄海城駅長、社員消費組合総代／奉天省海城永康街／一八九八（明三一）六／佐賀県藤津郡多良村

佐賀県魚島太郎吉の長男に生まれ、一九一四年一〇月満鉄従事員養成所電信科を修了して瓦房店駅に勤務した。以来勤続して大連列車区瓦房店分区勤務を経て普蘭店駅、金州駅、大連駅、瓦房店駅の各助役を務めた。次いで埠頭事務所に転勤して入船車務係同構内助役、入船駅構内助役、南関嶺駅長を経て三七年四月海城駅長となった。この間、三〇年四月勤続一五年の表彰を受けた。

魚住光三郎　▷11

日本綿花㈱奉天出張所員／奉天淀町／一八九六（明二九）二／兵庫県加古郡母里村／神戸市立第一神港商業学校

兵庫県農業魚住栄作の三男に生まれ、一九一三年神戸市立第一神港商業学校を卒業した。伯父を手伝って醤油醸造業に従事した後、一八年に日本綿花㈱に入り、同年一〇月大連支店詰となって渡満した。一九年七月鉄嶺出張所に転勤した後、二三年から奉天出張所に勤務した。

鵜飼　栄吉　▷6

朝鮮銀行大連支店貸付係主任／大連／一八九三（明二六）／鹿児島県日置郡日置村／鹿児島商業学校

鹿児島県鵜飼善太郎の次男に生まれ、一九一四年鹿児島商業学校を卒業して朝鮮銀行に入り、京城本店国庫係として勤務した。一五年末に奉天支店詰となって四年半勤務し、二〇年六月釜山支店に転勤したが、在勤半年で二一年二月大連支店に転任した。

鵜飼勘三郎　▷12

満蒙公司主、勲八等／ハルビン道裡斜紋街／一八八二（明一五）三／愛知県中島郡起町

愛知県農林学校を卒業した後、徴兵検査に合格して入営し、一九〇四年騎兵として日露戦争に従軍した。戦後再び渡満してロシア人が経営する大連のカテーク商会に勤務し、大連夜学校語学院でロシア語を学んだ。その後ハルビンのカテーク商会、松茂洋行に務め、いったん帰国した後、翌年三度渡満して満鉄系のハルビン日満商会運送部を一手に引き受けて経営し、かたわら雑貨の卸小売業を兼営した。次いで満蒙公司を設立し、三四年に実業部林務署より伐採許可を得て薪炭製造販売業を開始した。事業の成功とともにさらに農牧畜業、毛皮・木材・石材・土地建物売買及び輸出入貿易業へと業容を拡張し、ハルビン斜紋街に本店、八区に倉庫と販売所を置き、拉浜線沿線に農牧場、上営站に薪炭製造所、背蔭河站に石材廠を設けた。

鵜飼　敏文　▷12

営口地方検察庁次長兼営口区検察庁監督検察官／奉天省営口営口地方検察庁／一八八七（明二〇）四／鹿児島県鹿児島市山下町／東京帝大法科大学独法科

鹿児島県鵜飼清太郎の三男に生まれ、一九一五年七月東京帝大法科大学独法科を卒業して大阪の原田汽船㈱に入った。次いで毛斯綸紡織㈱に転じて調査係、人事係、本社工場事務長、相愛組合理事兼務、本社用度課長、中津工場長、本社保管課長を歴任し、さらに合同毛織㈱に転じて南千住工場事務長を務めた後、三〇年三月法学博士仁井田益太郎の法律事務所で弁護士を開業した。その後三三年六月国務院司法部事務官に転じて渡満し、総務司人事科長代理、刑事司勤務を経て検察官となり、営口地方検察庁に勤務して三六年七月同地方検察庁次長となり、営口区検察庁監督検察官を兼務した。帝大在学中から禅に親しみ、鎌倉円覚寺の白雲老師及び宗演禅師の下に参禅した。

鵜川　久介　▷12

錦州日日新聞社錦州支局長、満州国協和会錦州省本部評議員、同弘報分会副会長／錦州省錦県木村土地錦州日日新聞社錦州支局／一八

九六（明二九）九／福島県耶麻郡慶徳村／福島県立会津中学校中退

福島県鵜川久四郎の四男に生まれ、県立会津中学校を中退して郷里の私塾で漢文と政治・経済学を修めた後、一九一七年一二月に渡満して南満州製糖㈱に入り新台子出張所原料部に勤務した。間もなく退社して同地で五十天地農場を経営した後、一九年一月奉天内外通信社記者となった。次いで満州日日新聞社に転じて奉天支局、大連本社勤務を経て旅順支社長、本社社会部副部長、同部長を歴任し、三三年九月錦州支局長となった。長く司法記者を務め、二三年大連の婦女誘拐団検挙に際し山東人会より表彰を受けた。

浮田寅二郎 ▷11

精肉並びに飲食店／旅順市敦賀町／一八九八（明三一）一一／京都府京都市柳之馬場／立命館中学校

京都府青果問屋米森坂治郎の次男に生まれ、一九二六年一〇月廃家を再興して浮田家の戸主となった。一四年に立命館中学校を卒業し、一八年京都の歩兵第三八連隊に入営し、翌年四月満州守備隊として旅順に二年駐劄して除隊した。帰国して滋賀県巡査となったが、二五年三月に再び渡満し、旅順で精肉兼飲食店を開業した。

浮津　弘道 ▷11

大石橋本願寺開教使、勲七等／奉天省大石橋昌平街／一八九二（明二五）八／和歌山県日高郡比井崎村／和歌山県立耐久中学校

和歌山県僧侶浮津義直の次男に生まれ、一九一一年県立耐久中学校を卒業した。翌年大阪の騎兵第四連隊に入隊し、一六年六月撫順守備隊に転勤して渡満し、二六年一月予備役編入となった。帰国して二四年に本願寺僧侶となり、翌年八月開教使として再渡満した。大連本願寺関東別院に駐在した後、二六年三月大石橋本願寺主任に転じた。ロシア革命に際し撫順守備隊としてハルビンに従軍し、功により勲七等を受けた。観世流謡曲と琴古流尺八を能くした。

宇木　甫 ▷13

満鉄鉄道総局工務局長／旅順市敷島町／一八九一（明二四）五／佐賀県三養基郡旭村／京都帝大理工科大学土木工学科

軍医総監宇木碩太郎の長男として熊本市に生まれ、一九一八年七月京都帝大理工科大学土木工学科を卒業し、同年九月満鉄に入り撫順炭砿土木課に勤務した。撫順実業補習学校講師嘱託、技術委員会臨時委員兼務を経て工事事務所長となり、二七年に油頁岩貨車積込設備と貯炭設備研究のため社命で欧米に八ヶ月間出張した。帰社して三三年参事に昇進し、古城子採炭所長兼監査係主任、図們建設事務所長、寧北建設事務所長、牡丹江建設事務所長を経て三六年一〇月鉄道総局計画課長となった。次いで奉天鉄道局副局長、撫順炭砿工務局長、同次長等を経て錦州鉄道局長となり、四二年九月鉄道総局工務局長に就任した。

宇慶　勉 ▷12

浜江省望奎県参事官／浜江省望奎県参事官公館／一九〇二（明三五）七／京都府下加佐郡舞鶴村／奉天教育専門学校

京都府宇慶稲次郎の次男に生まれ、旅順中学校、大連第一中学校を経て中央大学予科に進んだが、一九二二年に中退した。二七年奉天教育専門学校を卒業して同年八月営口尋常高等小学校訓導となり、二九年四月から満鉄社命で一年間内地留学をした。帰任して三〇年四月から奉天省四平街尋常高等小学校に勤務したが、家事の都合で辞職した。三二年一月奉天城内の自治指導訓練所に入所し、同年五月に修了して奉天省梨樹県副参事となり、三三年三月吉林省賓清県参事官、同年五月富錦県参事官兼賓清県参事官を歴任して三六年四月浜江省望奎県参事官に就いた。

請　昌作 ▷1

松江木局主任／奉天省営口青堆子／一八七七（明一〇）二／和歌山県東牟婁郡新宮町

郷里の松江商会に入って長く木材売買業に従事し、後に広島県三原市糸崎町に支店が設置されると主任に就いた。一九〇四年日露戦争に際し広島市に大本営が置かれると、同社臨時出張所主任となって赴任した。〇五年五月店主の意向を受けて営口に渡り、青堆子に松江木局を開設して中国人業者相手に木材売買業を経営した。

右近　末穂 ▷11

朝鮮銀行奉天支店支配人／奉天新市街八幡町／一八八四（明一七）一一／佐賀県小城郡小城町／東京高

等商業学校

佐賀県実業家右近生行の長男に生まれ、一九〇九年東京高等商業学校を卒業して台湾銀行に入った。一五年に九江支店長となって中国江西省に赴任したが、一八年中日商業会社に転じて上海支店長を務め、中華電業会社取締役を兼任した。二〇年に朝鮮銀行に転じて東京支店に勤務した後、奉天支店支配人となって二四年に渡満した。長女初枝は朝鮮銀行大連支店員の市川清に嫁し、実弟の又雄も一六年に渡満して後に満州化学工業㈱常務取締役となった。

右近　又雄　▷12

満州化学工業㈱常務取締役、大連商工会議所議員、勲八等／大連市長春台／一八八七（明二〇）一二／佐賀県小城郡小城町／長崎高等商業学校

佐賀県実業家右近生行の次男に生まれ、一九一〇年三月長崎高等商業学校を卒業して同年六月日本窒素肥料㈱水俣工場に入社した。用度及び倉庫係長を歴任した後、一一年八月に退社してシンガポールに渡り、ゴム栽培業者懇話会で事務を実習した。一二年四月に帰国して電気化学工業㈱に入り、苫小牧工場庶務課長兼用度主任を務めた後、一六年三月同社撫順工場庶務課長となって渡満した。その後一八年に撫順鉄工㈱を創立して常務取締役に就いたが、二一年九月同社が満鉄に買収されて満鉄本社地方部勧業課商工主任となり、興業部商工課商務係主任、東京支社庶務課庶務係主任等を経て二六年に参事となった。二七年一二月社長室業務課第二部主査となり、次いで鞍山製鉄所庶務課長、計画部業務課長兼満州資源館長に歴任した後、三三年五月満鉄傘下の満州化学工業㈱常務取締役に就任した。この間、一六年に石灰山探索発見の功により電気化学工業㈱より表彰金一〇〇〇円を授与されたほか、撫順工場建設の功で表彰金二五〇円を受けた。長女達子は満州石油㈱社員の小関基に嫁し、実兄の末穂も二四年に渡満して朝鮮銀行奉天支配人を務めた。

宇佐美寛爾　▷12

満鉄理事、鉄道総局次長、㈶／大連医院評議員、鉄道総局員同仁共済審査委員会委員長、勲三等／大連市星ヶ浦小松台／一八八四（明一七）一／岐阜県揖斐郡小島村／東京帝大法科大学政治学科

岐阜県宇佐見又蔵の長男に生まれ、一九一一年七月東京帝大法科大学政治学科を卒業して鉄道院書記となり、長崎、博多の各駅助役を務めた。一三年六月運輸課庶務主任を経て一六年四月鉄道院参事となったが、一八年八月中島鉱業㈱に転じて佐賀炭砿長となり、一九年一〇月営業部長に就いた。その後二〇年四月満鉄に転じて渡満し、運輸部営業課長、同貨物課長兼旅客課長を歴任し、二二年七月から二四年二月まで欧米を視察した後、二五年八月参事に昇格して鉄道部次長に就き、モスクワで開かれた日満露連絡運輸会議で東支鉄道及びウスリー鉄道と折衝した。二七年四月鉄道部長を経てハルビン事務所長に転任し、三一年九月満州事変に際し奉天事務所長を兼任し、後に東北交通委員会最高顧問を兼務した。次いで三三年三月鉄路総局長となり、三四年七月理事に進んで鉄路総局長と鉄道部長を兼任し、三五年三月北鉄接収を掌理した後、三六年一〇月職制改正により鉄道総局が設置されると次長に就いた。この間、満州事変時の功により勲三等旭日中綬章及び勲三位景雲章を授与された。次弟卓爾と三弟喬爾も満鉄に入り、それぞれ鉄道総局旅客課長、錦県鉄路局副局長を務めた。

宇佐美勇蔵　▷12

奉天省法庫県参事官／奉天省法庫県参事官公館／一九〇四（明三七）一一／鳥取県東伯郡小鹿村／東京帝大法学部政治科

一九二八年三月東京帝大法学部政治科を卒業して住友炭砿㈱に入り、忠隈鉱業所守衛副長となった。北松浦鉱業所経理課等に歴勤して三一年八月に退職し、三二年一二月に渡満して浜江省寧安県警務指導官となった。次いで中央警察学校教官に転任し、三五年一〇月奉天省法庫県参事官となった。

鵜沢　祐　▷12

国務院国都建設局総務処員／新京特別市金輝路官舎／一八八二（明一五）三／千葉県長生郡本納町／東京主計学校

一九〇〇年、東京主計学校を卒業して鐘淵紡績会社に入った。その後〇八年に退社して朝鮮に渡り、朝鮮総督府に二五年勤続した。三二年国務院国都建設局事務官に転じて渡満し、同局総務処に勤務した。国都建設紀年式典準備委員会彰章部幹事を務め、後に建国記念章及び大典記念章を授与された。

氏家　嘉作 ▷1

氏家組主、旅順水産組合役員、旅順魚市場役員、旅順蔬菜市場理事、旅順消防組頭取／旅順市乃木町／一八六六（慶二）一二／福島県伊達郡睦合村

一九〇四年、日露戦争に際し第三軍兵站監部に属して大連に上陸した。同地で糧餉部長から鮮魚の供給を命じられ、朝鮮に赴いて仁川港魚市場幹部の義父神戸十郎の力を借り、漁船数十隻を大連に回航して漁業に従事した。〇五年三月旅順要塞司令部付並びに海軍鎮守府付魚類用達に指名され、乃木町に氏家組を設立して鮮魚の供給に従事した。戦後は漁業を営むかたわら製靴部と商業部を置いて陸海軍その他諸官衙の用達業を兼営し、旅順水産組合・魚市場・蔬菜市場の役員、旅順消防組頭取を務めた。

牛木寛三郎 ▷11

ハルビン興信所長／ハルビン・トルゴワヤ街／一八八二（明一五）五／新潟県中頸城郡津有村／明治大学法学部

新潟県牛木専三郎の次男に生まれ、第四高等学校を中退して東京外国語学校別科でドイツ語を学んだ後、一九〇四年明治大学法学部を卒業した。一〇年八月に渡満し、ハルビンの週刊紙「北満州」記者として邦文欄の編集を担当した。後に同社の経営に携わり、かたわら満州日日新聞、大阪毎日新聞のハルビン通信員、大阪朝日新聞ハルビン特置通信員を兼務した。二七年二月に電話通信「商通組合」を開設し、同年一一月からハルビン興信所及び朝日新聞北満販売店を兼営し、ハルビン日本居留民会副会長、大阪朝日新聞名誉通信員を務めた。

牛島　蒸 ▷14

満州土建公会理事長、勲六等／大連市桃源台／一八八二（明一五）三／福井県大野郡大野町／東京帝大工科大学土木科

福井県深美織人の子に生まれ、叔父牛島安之丞の養子となった。福井中学校、第四高等学校を経て〇八年七月東京帝大工科大学土木科を卒業して満鉄に入社した。本社工務課に勤務した後、一〇年一月安奉線橋頭工務課第三派出所、翌年一一月同保線係、一二年保線係主任、一四年四月連山関保線係、一五年一月安東保線係主任、一八年本社保線課、二二年鉄道部線路課長次席を歴任し、二三年七月欧米各国に出張し、翌年帰国して参事・保線課長となった。二七年四月社長室技術委員会を経て二八年二月大連鉄道事務所次長に転任した。三〇年一〇月満鉄を辞して大倉土木㈱顧問となり、三二年五月技師長に就いた。この間、大連市会参事会員のほか二八年一一月から三二年一〇月までは大連市会議員を務め、満州事変の功により勲六等瑞宝章及び賜金を受けた。三六年四月から満州土建協会副会長を務め、満州大倉土木㈱が設立されると取締役に就任したが、その後同社を辞して帰国した。しばらく自適の生活を送った後、招かれて再び渡満し満州土建公会理事長に就任した。

牛島　胖 ▷12

満鉄牡丹江鉄路局運輸処自動車科長、従七位勲七等／牡丹江満鉄牡丹江鉄路局運輸処／一八八九（明二二）五／福岡県久留米市田町

一九〇五年一二月門司鉄道局に入り、電信係兼改札係となった。次いで同出札方兼貨物掛、同貨物車掌代務、同車掌、同石炭掛、門司電信掛、鳥栖駅電信掛、熊本駅車掌、瀬戸駅助役、宇土駅助役に歴勤し、この間一二年に九州鉄道局教習所を修了した。書記に進んで栗野駅長、熊本運輸事務所勤務、矢部川駅長、熊本車掌所主任を経て三三年一二月鉄道局副参事に昇格した。その後三四年一月満鉄に転じて渡満し、鉄路総局運輸処自動車科に勤務した後、吉長吉敦鉄路局敦化在勤、新京鉄路局敦化自動車事務所長、同局運輸処自動車股長、吉林鉄路局運輸処自動車科長、吉林鉄路局勤務を歴任して副参事となり、三六年一〇月牡丹江鉄路局運輸処自動車科長に就いた。

宇治原啓蔵 ▷9

近江屋呉服店主／大連市伊勢町／一八九二（明二五）三／滋賀県坂田郡鳥居本村／八幡商業学校

滋賀県の地主の子に生まれ、県立八幡商業学校を卒業して敦賀の歩兵第一九連隊に入営した。除隊後に渡満し、旅順市乃木町の兄十蔵が経営する近江屋呉服店で働いた。その後兄の援助で青島支店を開設して同地で営業したが、さらに大連市伊勢町に移転して呉服商を営んだ。

宇治原十蔵 ▷10

近江屋呉服店主／旅順市乃木町／一八七九（明一二）一一／滋賀県坂田郡鳥居本村

滋賀県の地主の子に生まれ、郷里の小学校を終えて一五歳で大阪の呉服店に奉公した。二年後に伝を頼って紙屋に転じ、一〇年間洋紙の販売に従事した。日露戦中の一九〇五年三月に渡満して営口で呉服店を開業し、翌年四月旅順に移転して同業を営んだ。旅順の代表的な呉服店に発展して店員十数名を抱え、乃木町三丁目の町内総代を務めた。

牛丸周太郎 ▷12

満鉄地質調査所地質予察係主任、勲八等／大連市文化台／一九〇二（明三五）七／岐阜県大野郡高山町／東京帝大理学部地質学科

一九二七年三月東京帝大理学部地質学科を卒業し、翌年一一月満鉄に入り地質調査所に勤務した。以来同所に勤続し、三六年一〇月地質予察係主任に就いた。

牛丸　裕文 ▷12

三友印刷社主／奉天江ノ島町／一八九五（明二八）四／岐阜県吉城郡川合村／慶応商業学校

一九一五年慶応商業学校を卒業した後、一八年に渡満して安東の満州商業銀行に入り、次いで満州銀行に転じた。その後二六年四月に退職して奉天に移住し、同年一〇月江ノ島町に三友印刷社を興して印刷業を経営した。

後宮　淳 ▷11

関東軍司令部附、正六位勲三等功五級／大連市楓町／一八八四（明一七）九／京都府北桑田郡神吉村／陸軍大学校

京都府後宮力の四男に生まれ、一九〇五年陸軍士官学校を卒業して少尉に任官し、奈良の歩兵第三八連隊付となった。一九〇六年一月から二年間満州に勤務し、一八年のシベリア出兵の時はバイカル及び沿海州に出動した。帰国後は中隊付将校、旅団副官、士官学校区隊長を経て大尉となり、陸軍大学校に入学して一九一七年に卒業した。野戦交通部員、第三及び第五師団参謀、参謀本部部員を経て二五年九月関東軍司令部付として再び渡満し、満鉄嘱託を兼務した。⇒三一年八月第四師団参謀長として大阪に転任したが、三二年七月関東軍付となって三度び渡満して満州国交通部顧問を兼務した。三四年八月参謀本部第三部長、三五年八月陸軍省人事局長を経て三七年三月軍務局長に就き、二・二六事件後の粛軍人事を担当した。同年一〇月第二六師団長に転じ、三九年八月第四軍司令官、四〇年一〇月南支那方面軍司令官、四一年七月支那派遣軍総参謀長を歴任して四二年八月に陸軍大将・中部軍司令官となった。四四年二月東條内閣の時に陸軍参謀次長を務め、同年八月第三方面軍司令官となって奉天に赴任したが、二〇年八月敗戦とともにシベリアに抑留された。五六年一二月に帰国した後、六三年から日本郷友連盟会長を務め、七四年一一月に没した。

臼井　亀雄 ▷11

満州日報社理事、総務部長／大連市薩摩町／一八九四（明二七）六／東京府東京市本郷区駒込神明町／宇都宮商業学校、東京国民英学会

栃木県鈴木藤七の四男に生まれ、叔父臼井岩吉の絶家を継いで家督を相続した。宇都宮商業学校を出て東京国民英学会に学び、一九一四年読売新聞社に入って社会部記者となった。一六年四月に渡満して満州日日新聞社記者となったが、一年後に帰京して報知新聞社に入った。アメリカ特派員として一九年六月に渡米したが在米中に報知新聞社を辞め、二三年四月に帰国して中央新聞社会部長、万朝報外交部長を歴任した。二六年五月に京都日日新聞編輯局長に就いたが二七年一〇月に辞任し、再び渡満して満州日日新聞編輯長となり、二八年六月「遼東新報」と合併して改題した満州日報社の理事・総務部長に就任した。

臼井　熊吉 ▷11

臼井洋行主、大連重要物産取引所商議員、大連重要物産同業組合評議員／大連市東郷町／一八七二（明五）二／兵庫県神戸市魚棚町／私塾

神戸市問屋業本田久右衛門の次男に生まれ、小学校を卒業して大阪の私塾に学んだ後、大豆問屋の土佐源で働いた。以来歴勤して店主臼井源兵衛に認められ、二三歳の時に婿養子となって同家の店務一切を引き継いだ。その後一九〇六年四月に渡満して満鉄沿線を視察する中、日露戦時の日本軍の残糧米麦を買い占めて転売し、一〇万円の巨利を得た。これを資金として臼井洋行を創設し、同年六月大連を拠点に各地から大量の大豆を直接買い入れて特産貿易輸出業を経営した。次いで大連港の発展を力説して中国人大豆問屋と油房業者を大連に集め、一〇年に外国向け大豆五万トンの輸出を特約したのを始め、日本その他の諸外国に年額一〇〇〇万円に上る特産物を輸出して営口から大豆輸出港としての地位を奪い、大連港から積み出す大豆の三分の一を取り扱った。一三年に大連重要物産取引所信託会社監査役に就き、一四年に欧州戦争勃発により船舶が不足して多大の損失を受けて辞任した後も「日蓮」「日郎」二隻の汽船を購入して大豆輸出の拡大に努めた。一五年に大豆と高粱の大量買い占めを試みて外圧と同業者の妨害で頓挫したが、一七年には再び大豆と銀の買い占めによって数百万円の利益を得るなど事業と投機で名利を追求し、長春に出張所、遼陽、奉天その他各地に代理店を置き、重要物産取引所商議員、重要物産同業組合評議員を務めた。

臼井　健三 ▷12

関東局司政部行政課員兼関東州庁内務部土木科員、日本赤十字社満州委員、従五位勲六等／新京特別市興安大路関東局官舎／一八九四（明二七）二／岐阜県大垣市室村町／東京高等工業学校建築科

神奈川県飯塚角蔵の三男として横須賀市坂本町に生まれ、一九一八年旧大垣藩士臼井栄の娘ハナの婿養子となった。一九一六年東京高等工業学校建築科を卒業して同年七月朝鮮駐箚軍に勤務し、次いで関東都督府に転じて民政部土木課に勤務した。その後関東庁技師に昇格して内務局土木課に勤務し、建築技術者検定委員及び警務局保安課員、旅順民政署員を兼務した。満州事変に際し関東軍司令部事務嘱託となって関東庁新京出張所員を兼務した後、三四年一二月関東局司政部行政課に転勤し、三七年二月から関東州庁内務部土木科員を兼職した。この間、三四年四月に満州事変時の功により単光旭日章及び賜金二九〇円を授与された。

臼井　幸治 ▷3

山口運輸公司大連支店長代理／大連市監部通／一八七三（明六）一／兵庫県神戸市山本通

一八九五年、山口運送店に入って神戸支店及び大阪支店に勤務した。一九〇八年一月、大連支店長代理となって渡満した。

磨井　春亀 ▷11

関東庁旅順医院医師、正八位／旅順市大津町／一九〇二（明三五）三／熊本県飽託郡日吉村／熊本医学専門学校

熊本県農業磨井作太郎の三男に生まれ、一九二四年熊本医学専門学校を卒業した。一年志願兵として熊本の歩兵第一三連隊に入り、翌年五月に除隊して熊本県衛生技手となった。県立二本木病院に勤務したが、二六年八月現職のまま見習士官勤務に召集され、同年一一月に除隊した。二七年八月に渡満して満鉄旅順医院小児科に勤務し、翌年三月三等軍医となった。夫人英子の父岡内半蔵は教育家で、大連語学校・羽衣女学院を創立して校長・院長を務めた。

臼井　次郎 ▷11

関東軍司令部経理部付陸軍技師、正六位勲五等／旅順市鎮遠町／一八八六（明一九）七／静岡県賀茂郡下田町／名古屋高等工業学校

静岡県官吏臼井栄次郎の次男に生まれ、一九〇九年名古屋高等工業学校を卒業した。陸軍技師となり、関東軍司令部経理部付となって二三年五月に渡満した。

臼井　忠三 ▷1

飯塚工程局奉天支店主任／奉天／一八七九（明一二）一〇／神奈川県横浜市

一八九六年東京築地の工手学校を卒業して横浜正金銀行大阪支店の建築工事を監督し、かたわら建築家辰野金吾に師事して研鑽を積んだ。一九〇二年七月の工事落成とともに天津に渡り、イギリス人技師と共に正金銀行天津支店及び露清銀行支店の建築工事を監督した。その後同地で独立して建築設計製図の請負業を始めたが、土地の事情に通じないため失敗し多額の負債を抱えて廃業した。〇五年一月営口に移って飯塚松太郎の経営する飯塚工程局に入り、同仁会医院営口支部等を設計監督した。その後、奉天支店に転勤して主任を務めた。

臼井　経倫　▷11

三菱商事㈱大連支店員／大連市楓町／一八九二（明二五）一〇／山口県豊浦郡宇賀村／神戸高等商業学校

山口県臼井広三郎の長男に生まれ、一九一五年神戸高等商業学校を卒業して三菱㈾営業部に入った。八ヶ月後に長崎支店に転勤となり、在勤二年で新設された本社雑貨部に転任した。中国華北から華中にかけて視察して神戸支店に転勤し、その後ニューヨークに五年勤務し、在米中の二四年に明治製糖社長の相馬半治に随行して南米各国を視察旅行した。帰国して本社穀肥部に勤務し、二七年七月大連支店の特産取引担当員となって渡満した。夫人英子は海軍中将飯田久恒の娘で、お茶の水高等女学校に学んだ。

薄井　友治　▷12

浜江省公署警務庁特務科長、正八位／ハルビン浜江省公署警務庁／一九〇二（明三五）一一／石川県金沢市賢坂辻通／京都帝大法学部法律学科

金沢中学校、新潟高等学校を経て一九三〇年三月京都帝大法学部法律学科を卒業し、同年七月樺太庁巡査部長となった。三一年五月同警部補、三二年三月同警部、同年六月同警察部高等警察課長、同年九月同警察官練習所長を歴任した後、三三年一月に依願免官した。その後三四年六月国務院民政部事務官となって渡満し、警務司特高科に勤務した後、三五年七月ハルビン警察庁理事官に転任して警務科長を務め、三七年七月浜江省公署警務庁特務科長となった。

薄井　道亮　▷9

満鉄遼陽工事係主任／奉天省遼陽イ区／一八八七（明二〇）四／秋田県秋田市荒町／秋田工業学校建築科

秋田工業学校建築科を卒業して一九一〇年七月に渡満し、満鉄に入社して本社建築課に勤務した。その後二二年に工事係主任に昇進し、遼陽に転勤した。

歌川　四郎　▷12

国際運輸㈱庶務課員／奉天千代田通国際運輸㈱奉天支店／一八九五（明二八）七／福島県若松市字横三日町／慶応大学理財科

会津中学校を経て一九二二年三月慶応大学理財科を卒業し、同年四月東洋紡績会社に入った。その後教員に転じて新潟県立新発田中学校に勤務したが、二八年五月に渡満して国際運輸㈱に入り、大連本社庶務係となった。大連支店詰を経て本社経理課、調査課、経理課勤務を歴勤して三六年一一月庶務課に転任し、奉天在勤主任待遇となった。

宇田庄之助　▷8

美昌号主／奉天日吉町／一八八五（明一八）一一／福井県南条郡武生町

一九〇七年天津に渡り、以来同地に在住した。二〇年一一月に渡満して奉天日吉町に居住し、翌年から石炭石灰販売業を営んだ。

宇田　精一　▷11

海運業／大連市北大山通／一八七〇（明三）一〇／徳島県名東郡加茂名町／高等商業学校中退

陸軍大学校教授宇田廉平の長男に生まれ、一八八九年高等商業学校を中退した。大阪の砂糖輸入商の香野商店に入って倉庫主任を務めた後、守山回漕店、大阪築港合同組支配人を経て一九〇五年に渡満した。初め営口で海運業を営んだが、事業の発展に連れ大連に移転して同業を営んだ。養子の熊は大連商業学校を卒業して大連の正隆銀行に勤務した。

宇田　一　▷12

奉天高等農業学校長、正五位勲六等／奉天葵町／一八九三（明二六）一一／福島県安達郡二本松町／東京帝大農科大学農学科

福島県宇田四郎の長男に生まれ、一九一七年七月東京帝大農科大学農学科を卒業し、一八年七月蚕業試験所技手となった。二二年二月三重高等農林学校教授となり、同年九月論文「家蚕ニ於ケル肉色繭ノ遺伝学的研究」により東京帝大より農学博士号を取得し、官命でアメリカ、フランス、イタリア、トルコ各国に留学して二五年に帰国した。次いで三三年七月愛知県立安城農林学校長となり、県立教員養成所長、県立農業青年学校長、県農林技師等を兼任した後、三五年一一月奉天の高等農業学校長となって渡満した。夫人キヨ子との間に二男一女あり、長男博が旅順高等学校を去る際に作った「北帰行」は同校の寮歌とされ、戦後も歌謡曲として歌い継がれた。

内田　勲夫　▷11

満鉄撫順医院医員／奉天省撫順南台町／一八九二（明二五）一〇／福岡県山門郡瀬高町／長崎医学専門学校

福岡県農業内田小一郎の長男に生まれ、一九一六年三月長崎医学専門学校を卒業し、同年五月に渡満して営口で開業した後、一九年八月満鉄に入社して公主嶺及び吉林医院に勤務した。その後都合によりいったん辞任したが、二二年六月再び満鉄に入り撫順医院医員として勤務した。実弟も渡満して撫順炭砿機械科に務めた。

内田　勇　▷10

秋田商会木材㈱旅順支店長／旅順市乃木町／一八九三（明二六）一二／大分県西国東郡河内村／高等小学校

一九〇八年郷里の桂陽尋常高等小学校を卒業し、同年秋に下関市の秋田商会本社に入った。以来勤続して大阪出張所主任となり、会社より精勤の賞与として金時計を贈られた。その後本社の奉天移転と共に渡満して奉天本店に勤務し、二四年一〇月旅順支店長に就いた。

内田克三郎　▷12

満鉄三棵樹鉄道工場計画係主任、従七位／ハルビン協和街協和アパート内／一八九九（明三二）一二／和歌山県和歌山市湊北町／名古屋高等工業学校機械科

和歌山県内田房蔵の四男に生まれ、一九一八年三月名古屋高等工業学校機械科を卒業し、同年四月大阪の汽車製造㈱に入社した。在職中に一年志願兵として和歌山の歩兵第六一連隊に入営し、除隊して名古屋鉄道局四日市工場に転じた。第二職場供用品保管主任を経て技手となり、塗工職場主任、工作課車両係、庶務課勤務、名古屋鉄道教習所講師、工作課車両係を歴任した。その後三三年一二月鉄路総局に転じて渡満し、洮昂斉克洮索鉄路局洮南在勤を経て洮南鉄路局機務処工作科長となった。次いでチチハル工廠長兼同工廠計画股主任兼車両股長、松浦工廠計画股主任、松浦鉄道工場計画股主任を経て三七年四月副参事に昇格し、三棵樹鉄道工場計画係主任となった。

内田光太郎　▷9

特産物貿易商／奉天省鉄嶺付属地北五条通／一八七〇（明三）二／福岡県門司市大字門司／県立佐賀中学校

一八八九年九月県立佐賀中学校を卒業して郷里で酒造業と米穀商、佐賀米穀取引所仲買業を兼営したが、一九〇七年に廃業して長崎市書記に転じた。一七年四月に辞職し、翌月渡満して大連市敷島町の新隆洋行銭鈔部に入り、翌年四月鉄嶺出張所の開設とともに同所主任として赴任した。二一年五月に辞職し、同年八月鉄嶺信託㈱仲買人として特産物貿易を開業し、二〇年四月から付属地第一区長を務めた。

内田　五郎　▷11

奉天総領事館領事兼関東庁事務官、正六位勲五等／奉天住吉町／一八八八（明二一）八／山形県鶴岡市／外務書記生試験・外交官試験合格

山形県官吏内田維孝の五男に生まれ、一九一五年外務書記生試験に合格した。上海総領事館に四年勤務して本省に転勤し、二〇年外交官試験に合格して翌年一月領事館補となった。同年一〇月アントワープ領事館に赴任し、以来ゼノア財政国際会議全権随員、トルコ大使館勤務、平和条約実施委員、汕頭領事兼台湾総督府事務官等を歴任した。二七年一〇月奉天総領事館に転任して関東庁事務官を兼任し、かたわら奉天商工会議所特別委員、満州米穀同業組合顧問、奉天輸出組合顧問、日本赤十字社奉天支部副長兼会計監事を務めた。

内田　鎮敏　▷12

満鉄撫順炭砿臨時石炭液化工場建設事務所工作係主任／奉天省撫順松岡町／一八九八（明三一）五／福岡県山門郡瀬高町／熊本高等工業学校

福岡県内田小一郎の次男に生まれ、一九二一年三月熊本高等工業学校を卒業して満鉄に入り、撫順炭砿大山採炭所に勤務した。撫順炭砿機械課、東郷採炭所、撫順炭砿機械課、煙台採炭所、撫順炭砿機械課、撫順工業実習所指導員、本社計画部審査役付に歴勤し、三六年八月撫順炭砿臨時石炭液化工場建設事務所工作係主任となった。この間、三六年四月勤続一五年の表彰を受けた。

内田　鎮一　▷11

内田医院主、東興実業㈱取締役、満州製紙㈱取締役、正六位勲五等／大連市大黒町／一八七三（明六）六／福岡県山門郡瀬高町

福岡県水車業内田逸蔵の三男に生まれ、一八九四年陸軍軍医採用試験に合格して九五年二月陸軍三等軍医となり、以来各地に勤務して一九〇二年一一月一等軍医に進んだ。〇四年二月日露戦争に際し第一二師団第三野戦隊付として渡満し、九連城、楡樹子、大寒坡嶺、遼陽の戦闘に参加し、同年一〇月一等傷を得て転送され小倉予備病院に入院し、同年一一月に全治して同病院付となった。〇五年一月大里俘虜収容所開設委員を務めた後、〇六年三月関東都督府付として再び渡満し、安東県軍政署勤務及び営口軍政署付となり、同年一二月に営口軍政署が撤廃されると、清国営口道台の招聘に応じて衛生顧問に就いた。一〇年八月陸軍三等軍医正に進み、同年末に任期満了となり帰国して予備役編入となった。その後三度び渡満して営口衛生顧問に就き、かたわら同地で医院を開業したが、二〇年八月大連に移転して大黒町に内田医院を開設した。この間、日露戦争時の功により勲五等旭日章と賜金五〇〇円を下賜されたほか、営口道台在任当時の功により大清国三等第一宝星章、中国四等嘉禾章、中国四等文虎章を受け、営口居留民団行政委員、会計検査員、行政委員会副議長、営口在郷軍人分会長を務めた。大連に移転後は二二年二月大連市会議員に官選され、二四年一〇月に任期満了した後、再び翌月の選挙で当選し、二八年一〇月に任期満了した。実妹の千歳は長崎県選出の衆議院議員志波安一郎に嫁した。

内田　仙次　▷12

内田法律事務所長／吉林河南街／一九〇三（明三六）九／栃木県安蘇郡田沼町／東京帝大法学部

一九二七年三月東京帝大法学部を卒業した後、二九年東京市役所に入った。その後三三年四月に辞任し、三四年七月に渡満して吉林で弁護士事務所を開業した。

内田　孝　▷12

ハルビン税関税務科長／ハルビン郵政街税関税務科長公館／一八八八（明二一）二／和歌山県和歌山市小貝町／専修大学専門部経済科中退

和歌山県徳義中学校を卒業して一九〇八年八月税関監吏となり、税関監査官補を経て大蔵省技手兼大蔵属に進んで主税局関税課に勤務した。勤務のかたわら一九二三年専修大学専門部経済科第二学年を修了し、同年七月に依願免本官して満鉄に転じ、埠頭事務所陸運課に勤務した。満州事変後三二年三月奉天の関東軍司令部特務部へ出向を命じられ、同年七月臨時琿春分関長事務取扱を経て同年一一月満州国税関嘱託となり大連税関に勤務した。次いで承徳税関総務科長、税関事務官・同税関税務科長兼総務科長を歴任し、三五年一二月ハルビン税関税務科長に転任し、三六年一二月税関理事官に累進した。

内田　連城　▷11

運送取扱業／大連市弥生町／一八八八（明二一）三／熊本県鹿本郡中富村

熊本県農業内田長蔵の長男に生まれ、一四歳の時から二〇年近く運送業に従事した。一九年四月に渡満し、引き続き大連で内田運送店を営んだ。

内田富次郎　▷11

満鉄撫順炭砿老虎台工作係主任／奉天省撫順老虎台／一八八六（明一九）五／福岡県朝倉郡三奈木村／福岡工業専門学校

一九〇五年、福岡工業専門学校機械科を卒業し一年志願兵として入営した。除隊して山口県の大嶺海軍採炭部に勤務し、〇九年徳山海軍煉炭所に転じた。一四年四月に渡満して満鉄撫順炭砿に入り、楊柏堡坑及び竜鳳採炭所勤務を経て二一年老虎台採炭所工作係主任に就いた。

内田　信夫　▷12

満鉄奉天鉄道事務所事務課員／奉天宮島町／一九〇七（明四〇）一〇／山口県下関市大字大坪／南満州工業専門学校機械工作分科

山口県内田菊太郎の次男に生まれ、一九二八年三月南満州工業専門学校機械工作分科を卒業し、同年四月満鉄に入社して鉄道部工作課に勤務した。三〇年六月工事部築港課に転任し、次いで同年一〇月鞍山工事事務所、三一年八月長春鉄道事務所に転勤して三三年一二月新京保線区工事助役となり、三七年四月満鉄奉天鉄道事務所事務課に転任した。この間、長春鉄道事務所在勤時に満州事変の功により杯と従軍記章を受けた。

内田　憲民　▷12

内田洋行㈱代表取締役／奉天千代田通／一九〇五（明三八）一一／大阪府住吉区晴明通／大阪市立市岡商業学校

大阪で文房具販売業を営む内田小太郎の長男として佐賀県に生まれ、一九二五年大阪市立市岡商業学校を卒業して家業に従事した。青島支店、東京支店、大阪本店等に勤務した後、本店を奉天に移して二六年一二月資本金三五万円で株式会社に改組して代表取締役に就いた。文具事務用品、測量器械、製図用品、度量衡器類を販売し、東京のほか大連、新京、ハルビン、チチハル等に支店を設けた。

内田　弘四　▷12

国務院水力電気建設局工務処員、正七位／新京特別市水力電気建設局工務処／一九〇四（明三七）一／岡山県倉敷市本町／東京帝大工学部土木科

岡山県内田繁造の四男に生まれ、一九二八年三月東京帝大工学部土木科を卒業し、同年四月朝鮮総督府技手となった。内務局及び京城土木出張所に勤務して技師に進んだ後、三三年五月国務院国道局技正に転じて渡満し、第一技術処計画科に勤務した。次いで国道局チチハル建設事務所長、ハイラル建設事務所長を歴職して技佐に進み、三七年一月水力電気建設局工務処に転任した。この間、昭和大礼記念章及び建国功労賞を授与された。

内田　実　▷12

内田写真館主／大連市吉野町／一八九四（明二七）二／福岡県山門郡柳河町

一九〇八年熊本市の富重写真館に入り、写真術を修業した。一七年六月同館を辞めて渡満し、大連市吉野町に内田写真館を開業した。業務のかたわら各種の展覧会、競技会に作品を出品して受賞を重ねた。

内田　盛二　▷12

満州棉花㈱会計課長／奉天淀町縣吉荘／一八八八（明二一）二／兵庫県神戸市湊東区相生町／長崎高等商業学校

長崎高等商業学校を卒業して渡満し、大連のシンガー・ソーイングメシーン・カンパニーに入社した。以来勤続して大連支部長、満州支配人等を歴任した後、満州棉花㈱に転じて会計課長に就いた。

内野恩三郎　▷11

旅順第一小学校訓導／旅順市鯖江町／一八九〇（明二三）四／鳥取県鳥取市栗谷町／鳥取県師範学校

陸軍軍人内野定規の五男に生まれ、一九一二年鳥取県師範学校を卒業した。県下の日野高等小学校訓導、日吉小学校長兼日吉補習学校長、河北高等小学校訓導を務めた後、一九年九月に渡満して旅順第一小学校訓導に転任した。この間、南満と華北を学事視察し、旅順少年団幹事を務めた。弟恵五郎は鳥取県視学を務め、姉辰子は同志社神学部卒の剣持省吾、妹栄子は海軍中将砂川兼雄に嫁した。

内野　捨一　▷11

満鉄撫順医院院長兼外科医長／奉天省撫順永安台南台町／一八八六（明一九）七／熊本県熊本市知足寺町／東京帝大医科大学

熊本県内野茂三郎の長男に生まれ、一九〇八年東京帝大医科大学を卒業した。一九年四月に南満医学堂教授兼奉天医院医長となり、二三年一月から社命で欧米各国に二年留学して医学博士号を取得した。二五年八月に帰国して満鉄参事となり、二八年一二月撫順医院長に就いて外科医長を兼任した。

内野　正夫　▷12

満州軽金属製造㈱理事兼技師長／大連市楓町／一八九二（明二五）二／熊本県／東京帝大工科大学応用化学科

第五高等学校を経て一九一五年東京帝大工科大学応用化学科を卒業し、同年四月から三ヶ月間、細川護立侯爵の内意を受けて東西内蒙古を視察した。その後、一年志願兵として兵役に服した後、一七年に古河㈴に入って足尾鉱業所に勤務し、煙害・鉱毒問題対策のコットレル式電気収塵工場とその副産物を原料とする亜砒酸製造工場の建設に従事した。二一年古河系列の大阪製煉㈱工場長に就き、次いで二七年に大阪工業試験所に入り、二九年一一月に論文「銅ノ湿式冶金法ニ於ケル副産物トシテ（コバルト）回収ニ就テ」を京都帝大に提出して工学博士号を取得した。三二年満鉄に転じて中央試験所無機化学科長となり、審査役及び臨時撫順アルミニウム試験工場長を兼任した。三六年一〇月の職制改正により参事となり、同年一〇月非役・総裁室付を経て新設の満州軽金属製造㈱理事に転じて技師長に就任した。

内橋　善吾　▷12

ハルビン鉄路局機務処車輛科員／ハルビン鉄路局機務処／一八九五（明二八）九／佐賀県佐賀郡兵庫村／県立佐賀中学校

県立佐賀中学校を出た後、一九一一年鉄道院に入り九州管理局に勤務した。累進して技手となったが、三三年一二月満鉄に転じて渡満し、鄭家屯機務段、寧年機務段勤務を経て三五年一二月満州里機務段ハイラル分段副段長となった。三六年一〇月運転助役兼点検助役・機関士に進み、三七年一月チチハル鉄路局機務処運転科に勤務した後、同年五月ハルビン鉄路局機務処車輛科に転勤した。

内堀　維文　▷9

奉天中学校長兼南満中学堂長、正六位／奉天新市街八幡町／一八七二（明五）四／熊本県玉名郡南関町／高等師範学校

一八九八年高等師範学校を卒業して同校助教諭兼訓導となり、翌年一二月師範学校学科程度調査委員となった。一九〇三年清国政府に招聘され、現職のまま山東省師範学堂総教習として赴任した。〇九年九月帰国して神奈川県師範学校長となり、一三年五月静岡県師範学校長、一五年九月長野県師範学校長を歴任した。一七年七月満鉄に入社して南満中学堂長に就き、一九年三月から奉天中学校長を兼任した。

内丸　勇　▷11

満鉄参事、臨時経済調査委員会委員／大連市榊町／一八八七（明二〇）二／福岡県築上郡沓川村／東京高等商業学校

福岡県農業内丸民平の次男に生まれ、一九一〇年東京高等商業学校を卒業して満鉄に入った。大連埠頭事務所に勤務した後、参事に昇任し臨時経済調査委員会第一部委員を務めた。

内村敬一郎　▷12

連山関郵便局長、勲八等／奉天省連山関郵便局／一八九七（明三〇）一／岩手県紫波郡日詰町

一九二〇年五月関東通信官署に入り、奉天、本渓湖、新京の各郵便局に勤務した。三一年満州事変に際し軍事郵便取扱主任として敦化、熱河、古北口方面に従軍した後、公主嶺、泰平通の各郵便局長を歴任し、三七年七月連山関郵便局長に転任した。この間、満州事変時の功により勲八等に叙された。

内山　石松　▷12

奉天印刷所主／奉天加茂町／一八七一（明四）五／三重県桑名市

二〇歳の頃に台湾に渡り、日露戦争後一九〇五年に渡満して遼陽で運送業と雑貨商を経営した。次いで一一年に奉天に移り、内外通信社に勤務して政治経済面を担当した。さらに盛京時報社、奉天共同通信社等にも関係し、一七年六月奉天新聞社に入り理事として営業部長や経済部長を兼任した。二五年四月に奉天印刷所を譲り受けて印刷業を経営し、奉天印刷業組合副組合長や奉天商工会議所議員を務めた。満鉄鉄道総局や満州医科大学等を主要取引先とし、三七年五月に加茂町の満州オフセット工場を買収して隅田町に増築移転した。業余に日本画、和歌、写真を嗜み、桑洲と号した。

内山亀之助　▷12

大東商事代表者／ハルビン中央大街／一八九七（明三〇）一一／長崎県壱岐郡武生水町／長崎県立壱岐中学校

一九一六年長崎県立壱岐中学校を卒業して渡満し、安東県の日東洋行に入った。西播洋行に転じた後、二三年ハルビン取引所の設立と同時に同地に移住して株式仲買人となり、次いで雑穀商・銭鈔・両替商・土建材料商を営んだ。その後三五年に中央大街に大東商事を設立し、株式・公債・社債・債権の売買、不動産管理並びに仲介、電話売買及び貸付、諸官公署納品、拉浜石炭埠頭区販売及び卸小売委託販売業を経営した。資本金三万円、日本人七人、朝鮮人三人、中国人八人、ロシア人三人を使用して傅家甸景陽街に分行を置いた。この間、満州事変時の功により有功章及び従軍記章を授与された。

内山　清　▷12

北満窯業公司主／ハルビン／一八八七（明二〇）三／京都府加佐郡舞鶴町

京都府内山数麿の子に生まれ、旧名を二郎と称した。学業を終えて渡満し、ハルビン南崗の大陸窯業公司に一〇年勤務した。大連の吉川組に転じた後、天津に渡って特産物商を七年営んだ。その後三四年にハルビンに移り、資本金一万円で北満窯業公司を設立し、セメントの製作販売業とコンクリート工事請負業を経営した。

内山金之助　▷12

内山光明写真館主、満州刀剣会常任理事／大連市伊勢町／一八八二（明一五）一二／東京府東京市日本橋区桧物町／高等小学校

湯崗子で土木請負業を営む内山辰之助の次男に生まれ、一八九八年高等小学校を卒業して東京新橋の江木写真館に入った。写真術を修得した後、一九〇五年一〇月中国に渡り、北京の山本写真館に入った。次いで一〇年一〇月大連の㈱光明洋行に転じたが、一七年七月に同洋行が解散となったため、同市伊勢町に内山光明写真館を開設して独立経営した。

内山　新治　▷12

満鉄総裁室福祉課庶務係主任、社員会評議員／大連市白菊町／一八九三（明二六）二／東京府東京市牛込区市谷本村町／専修大学専門部経済科

東京府内山菊太郎の三男に生まれ、一九二〇年三月専修大学専門部経済科を卒業し、同年四月満鉄に入社して経理部会計課に勤務した。同主計課に転任した後、チチハル公所獣疫研究所庶務係主任、監理部考査課計画班副査、総務部審査役付地方班主査心得、同審査員を歴職し、三六年一〇月総裁室福祉課庶務係主任となった。この間、社員会調査部長、消費部長、民会評議員を務め、三五年四月勤続一五年の表彰を受けた。

内山田敏忠　▷12

満鉄奉天列車区蘇家屯分区列車助役、社員会評議員・同蘇家屯連合会通報部長、社員消費組合総代／奉天省蘇家屯穂高町／一九〇六（明三九）五／福岡県山門郡三橋村／日本大学専門部商科中退

旧姓は中村、内山田安太郎の婿養子となった。一九一九年四月満鉄東京支社に入り、勤務しながら二二年大倉商業学校専修科を卒業し、さらに日本大学専門部商科に進んだが、二三年九月に中退した。二四年九月大阪鮮満案内所に転任した後、二七年五月本社鉄道部庶務課勤務となって渡満した。その後、遼陽駅駅務方車掌心得を経て二九年二月車掌となり、煙台採炭所在勤、奉天列車区蘇家屯分区勤務、孤家子駅助役、奉天列車区旅客専務、遼陽駅助役を歴任した。三五年八月奉天列車区橋頭分区列車助役となり、三六年九月満鉄奉天列車区蘇家屯分区列車助役に転任した。業務のかたわら満鉄社員会評議員・同蘇家屯連合会通報部長、社員消費組合総代を務めた。

内山弥五郎　▷12

日満商事㈱名古屋支店会計係主任／名古屋市中区原町／一八九六（明二九）四／福岡県築上郡椎田町／専修大学専門部経済科

福岡県内山直吉の三男に生まれ、一九一七年六月青島守備軍民政部鉄道部に入り淄川炭砿に勤務した。二〇年三月㈱南昌洋行に転じ、撫順支店勤務を経て東京本店詰となった。次いで二三年四月撫順炭販売㈱東京店に転じ、勤務のかたわら二五年に専修大学専門部経済科を卒業し、同年名古屋支店に転勤した。三六年一〇月撫順炭販売㈱の事業を継承して日満商事㈱が設立されると同社入りし、名古屋支店会計係主任となった。

内山安之助　▷11

金福鉄路公司蚕廠屯駅長／金福線蚕廠屯駅／一八九五（明二八）一一／長崎県壱岐郡武生水町／長崎県立壱岐中学校

長崎県商業内山弁吉の次男に生まれ、県立壱岐中学校を卒業して渡満し、満鉄鉄道教習所に入った。一九一七年同所運輸科を卒業して双廟子駅電信係、同駅務方助手、大連駅車掌、公主嶺駅助役、開原駅貨物係等を務めた。二六年七月病を得て退社し、同年一〇月東京双葉会社の満州代理店となり、かたわら油脂業を営んだ。二七年九月業務不振のため閉店し、金福鉄路公司に入って蚕廠屯駅助役となり、二九年二月駅長に就いた。兄弟そろって満州に渡り、長兄と二人の弟は大連とハルビンで実業に従事し、末弟は満州医科大学に学び、妹は大連復興商会主長田貞吉に嫁した。

宇津木藤吉 ▷12

(資)大連洋行代表社員、勲八等／大連市連鎖街広小路／一八八二（明一五）一一／千葉県山武郡東金町

上京して商店の住み込み店員として働いた後、一九〇四年日露開戦に際し臨時鉄道大隊に召集されて安奉線建設工事に従事した。戦後いったん帰国したが、一九一二年に再び渡満して大連に赴き、次いで山東省芝罘で岡崎栄次郎が経営する回生堂に入って売薬業に従事した。一五年に青島戦が始まると竜口に移転して実業に従事したが、大戦中の好景気に再会して岡崎と大連に赴いて一七年に共同で大連洋行を創立し、学芸品とゴム製品の奥地販売に従事した。その後、匿名組合を組織して薬種・雑貨貿易商に進出し、資本金五万円の合資会社に改組し代表社員として経営に当たった。久留米、大阪、神戸、名古屋方面より仕入れ、四平街、芝罘、天津に支店を置き、第一徴兵保険、住友生命、三菱海上火災、有隣生命の各保険会社の代理店を兼ねて年商高五〇万円近くを計上した。

打木兵三郎 ▷11

船具漁具商、漁業、勲八等／大連市東郷町／一八八三（明一六）一二／石川県石川郡金石町

石川県打木孫三郎の長男に生まれ、一九〇八年に渡満して大連の日名子船具店に入った。一二年二月、店主の日名子由吉が内地に引き揚げるに際し独立して船具商を営んだ。資金を蓄えて鳥取県で発動漁船加州丸を新造し、二八年一〇月から漁業部を設けて兼営し、かたわら北部区長代理を務めた。

宇津木陸朗 ▷12

満鉄高家歳信号場駅長／安奉線石橋子満鉄高家歳信号場駅長社宅／一八九四（明二七）一／滋賀県彦根市下片原町／滋賀県立彦根中学校中退

一九〇八年滋賀県立彦根中学校を中退した後、一五年六月に入営したが、同年八月に除隊した。その後一八年一〇月満鉄に入り、瓦房店駅に勤務した。一九年一一月関子信号所勤務、二二年六月万家嶺駅勤務を経て二四年九月車掌となり大連列車区瓦房店分区に勤務した。次いで二五年七月大連列車区、三〇年九月営口駅に勤務して三五年四月大楡樹助役となり、三七年四月高家歳信号場駅長に就いた。この間、満州事変時の功に木杯及び従軍記章を授与され、三四年四月勤続一五年の表彰を受けた。

宇都宮綱久 ▷12

新京地方検察庁検察官、国務院司法部民事司第二科長職務代行、司法部法学校講師／新京特別市金輝路代用官舎／一八九三（明二六）一一／長崎県北高来郡諫早町／明治大学法科、同大学高等研究科

長崎県宇都宮辰太郎の長男に生まれ、一九二〇年明治大学法科を経て二二年同大学高等研究科を卒業し、二四年一一月弁理士試験、次いで弁護士試験に合格した。二七年一月弁護士を開業し、かたわら東京弁護士会に属して同会常議員、同法令調査委員、日本弁理士協会理事等に就いた。その後三二年八月国務院司法部嘱託となって渡満し、司法部法令審議委員会委員を務めた後、三四年七月新京地方検察庁検察官に転任し、国務院司法部民事司第二科長職務代行を兼務した。この間、勲六位景雲章、建国功労賞及び大典記念章、皇帝訪日記念章を授与された。

内海　治一 ▷12

満鉄総裁室付／大連市黒礁屯潮台／一八九四（明二七）八／兵庫県姫路市新身町／東京帝大法学部仏法科

早稲田中学校、第一高等学校を経て一九二〇年七月東京帝大法学部仏法科を卒業して満鉄に入社し、地方部勧業課に勤務した。興業部商工課勤務を経て長春商品陳列所主任となり、北京に二年留学した。帰社して興業部付、同部商工課勤務を経て奉天地方事務所勧業係長、総務部考査課、監理部考査課、総務部外事課を歴職して同部経済調査会調査委員・第一部第四班主任となり、計画部業務課員を兼務した。三三年八月参事に昇格して経済調査会委員兼幹事、関東軍事務嘱託、総務部東亜課長兼経済調査会幹事を経て三六年一〇月職制改正により総裁室東亜課長兼経済調査会幹事となった。同年一二月総裁室付となり、欧米における東洋政策に関する調査研究のため欧米に出張した。

内海　一朗　▷12

国務院交通部郵政司企画科長、満鉄鉄道総局嘱託、従七位／新京特別市新発屯官舎／一八九五（明二八）四／広島県御厨郡美之郷村／関西大学法科

広島県内海宇一郎の次男に生まれ、一九一五年関西大学法科を卒業し、同年七月通信書記補となり大阪中央郵便局に勤務した。次いで通信書記、通信属、通信事務官として大阪通信局、本省郵務局等に歴勤した後、三二年七月国務院交通部事務官に転出して渡満した。郵政管理局理事官を兼務した後、三六年一一月交通部理事官に昇任して郵政司企画科長となり、郵政権調整準備委員を務めた。この間、建国功労賞、大典記念章、勲六位景雲章、皇帝訪日記念章を授与された。

内海静太郎　▷3

満鉄中央試験所職員庶務科／大連市若狭町／一八八〇（明一三）一二／大阪府大阪市南区塩町

一八九四年大阪の第三十四銀行に入り、一九〇五年一二月まで勤めた。翌年一月東京の東亜公司に入り上海支店会計主任として赴任したが、〇八年三月に退職して上海銀行に入り長崎支店に勤務した。一二年一二月、満鉄に入社して中央試験所庶務科に勤務した。

内海　専吉　▷1

内海歯科医院主／大連市大山通／一八八一（明一四）六／広島県蘆品郡府中町／東京歯科医学院

一八九八年に上京して翌年東京歯科医学院を卒業し、内務省の歯科開業試験に合格して郷里で歯科医院を開業した。その後一九〇六年四月に渡満し、大連市大山通に内海歯科医院を開業した。

内海　安吉　▷11

日本電報通信社理事、大連支局長、大連市会議員／大連市北大山通／一八九〇（明二三）四／宮城県桃生郡小野村／日本大学法科

宮城県農業内海芳蔵の長男に生まれ、一九一一年日本大学法科を卒業し、翌年日本電報通信社政治部記者となった。二〇年九月に南満州における電報通信事業拡張のため渡満し、大連支局長を務めた。二二年理事に就任し、かたわら二四年一一月から二八年一〇月まで大連市会議員を二期務めた。

有働　軍記　▷12

熱河税務監督署赤峰出張所長赤峰税捐局在勤、居留民会評議員、熊本県人会長、勲七等／熱河省赤峰頭道街公館／一八九六（明二九）八／熊本県鹿本郡三嶽村

熊本県有働元吉の長男に生まれ、一九一四年一〇月郷里の鹿本郡役所属となった。一六年に徴兵されて近衛師団中野電信隊に入営し、一八年シベリア派遣軍に従軍して武勲を立て、一九年六月陸軍工兵伍長に進級してチタ電信交換所長に任じられた。二〇年一月バイカル駅通信所長を務めた後、原隊に復帰して帰国し、除隊して熊本税務監督局山鹿税務署に勤務した。二二年一月関東庁税務講習生を命じられて渡満し、民政署税務吏として普蘭店民政支署に勤務した。二三年九月関東庁税務吏に昇格して金州民政署に勤務した後、二九年五月大連民政署財務課関税係を経て三一年八月関東庁属となった。三二年二月関東軍司令部事務嘱託を経て同年一一月満州国吉黒榷運署属官に転出し、次いで税務監督署属官となって熱河税務監督署赤峰出張所に勤務した。三五年二月税捐局司税を兼任して赤峰税捐局に転勤し、三六年一月税務監督署事務官兼税捐局理事官に昇進した。この間の二〇年一一月、大正四年乃至九年事件の功により勲七等青色桐葉章を授与された。

宇戸修次郎　▷11

満鉄長春地方事務所獣医／長春中央通／一八八九（明二二）一〇／和歌山県日高郡南部町／麻布獣医畜産学校

和歌山県宇戸重の四男に生まれ、一九一〇年麻布獣医畜産学校を卒業し、翌年五月に渡満した。満鉄に入社して長春地方事務所に勤務し、かたわら関東庁獣医事務嘱託を兼務した。

宇土　正司　▷11

請負業、吉川組支配人／奉天松島町／一八九三（明二六）二／大分県宇佐郡豊川村／中央工学校

大分県農業宇土村次郎の子に生まれ、上京して中央工学校入った。一九一七年に卒業し、同年四月渡満して奉天の

建築請負業吉川組に入った。奉天省四平街出張所主任を経て一九年本店営業主任に転じ、二六年吉川組支配人に就いた。かたわら奉天大分県人会副会長、奉天中学校父兄会会計監事を務めた。

鵜殿長寿恵 ▷12

鵜殿兄弟商会主、在郷軍人会新京連合分会幹事、同第一分会評議員、新京防護団第二分団第二分隊長兼第五班長、新京第四区町内会庶務係、新京畳同業組合庶務会計、新京長崎県人会庶務会計、新京詩吟会常任幹事／新京特別市室町／一八九九（明三二）一二／長崎県南高来郡島原町／長崎県立島原中学校中退

長崎県鵜殿寿三郎の長男に生まれ、県立島原中学校を中退して家業の畳職に従事した。その後一九二〇年三月に渡満して大連の南満建物会社畳工作部に勤務したが、同年一〇月長春の畳業土屋商店の店員となった。その後二六年四月に独立して鵜殿兄弟商会を創立し、室町に店舗及び第一工場、富士町に大工場を設けた。実弟の長重、寿春、寿幸、寿数に事業を補佐させて満州事変後に急速に売上げを伸ばし、従業員一六人を使用して年商高四万円を超えた。かたわら在郷軍人会及び軍人後援会の事業に尽瘁し、鈴木荘六陸軍大将、山岡万之助長崎県知事、鈴木信太郎新京連合分会長、同第一分会長等より数多くの賞状、感謝状、記念品を授与された。

海上　定吉 ▷11

奉天鉄道事務所旅客係主任／奉天藤浪町／一八八七（明二〇）三／東京府東京市神田区猿楽町／銚子中学

御歌所寄人海上義一郎の五男に生まれ、海上家を相続した。銚子中学校を卒業し、日露戦争に際し一九〇六年に野戦鉄道提理部運転班員として渡満した。戦後満鉄に入社して大連駅助役、本社運転課、営業課旅客係、湯崗子駅勤務を経て二〇年一一月奉天鉄道事務所旅客係主任に就いた。奉天軍と直隷軍による奉直戦争及び二五年の郭松齢事件当時の功により、中国政府から嘉禾章五等を授与された。

海南　右門 ▷3

有馬當主、勲八等／奉天省遼陽城内／一八六六（慶二）八／新潟県刈羽郡柏崎町

日清戦争に従軍した後、東京建物㈱に入り横浜支店長を四年務めた。一九〇四年日露戦争に際して有馬組に入り、近衛師団に従属して鎮南浦、九連城で土木建築に従事した。戦後、遼陽で有馬組支店を開設したが、一九〇九年四月に独立して有馬當を経営した。かたわら同地に日本人会を組織して会長に就き、居留民会が創設されると会長に推され、遼陽実業会長を務めた

宇野　即成 ▷11

日蓮宗大蓮寺住職、権僧正／大連市春日町／一八八三（明一六）二／福井県今立郡国高村／早稲田大学政治経済科

福井県農業宇野彦右衛門の次男に生まれ、一九〇九年早稲田大学政治経済科を卒業した。一二年五月から千葉県印旛郡和田村の妙勝寺住職を務めたが、大連の大蓮寺住職に迎えられて一七年二月に渡満し、二五年三月権僧正に就いた。

鵜木　健造 ▷11

山下汽船㈱大連支店長／大連市但馬町／一八八九（明二二）六／佐賀県神埼郡背振村／神戸高等商業学校、東京高等商業学校専攻部

佐賀県鵜木竹次郎の長男に生まれ、岡山商業学校を経て一九一四年神戸高等商業学校を卒業した。上京して東京高等商業学校専攻部に進み、一七年に卒業して山下汽船㈱に入り東京支店に勤務した。一九年神戸本社勤務、二〇年門司出張所主任を経て二二年四月本社近海配船主任となり、同年一一月に渡満して大連出張所を創設して主任に就いた。二七年一月に同出張所が支店に昇格すると支店長に就任した。実弟の辰二郎も二四年に渡満して国際運輸㈱大連支店経理係主任を務めた。

宇野　進 ▷12

満鉄敦化機務段運転助役兼点検助役兼機関士／吉林省敦化満鉄機務段／一九〇〇（明三三）四／滋賀県阪田郡米原町／大連商業学校中退

滋賀県宇野藤作の長男に生まれ、一九一六年六月大連商業学校を中退して満鉄に入り、奉天車輌係となった。二三年一一月機関士となり、二五年一一月鉄嶺機関区に転勤した。三四年六月敦化機務段に転勤し、運転副段長を経て

三六年一〇月運転助役となり点検助役及び機関士を兼務した。この間の三一年、鉄嶺機関区に勤務中に特に命じられて閑院宮乗車の御召列車を運転した。

宇野　武治　▷11

満鉄沙河口駅長、勲八等／大連市沙河口霞町／一八八二（明一五）一一／秋田県秋田市楢山餌刺町

秋田市水口安輝の三男に生まれ、三歳の時に宇野惣太の養子となった。一九〇三年一二月新橋鉄道作業局管下山北駅雇員となり、翌年七月日露戦争に際し野戦鉄道提理部付通信係として渡満した。〇七年二月創立間もない満鉄に入り、以来一貫して鉄道運転現業に従事して沙河口駅長に就いた。

宇野　太郎　▷12

満鉄新京支社地方課地方係公費主務者、地方行政権調整移譲準備委員会新京在勤員／新京特別市常盤町／一九〇八（明四一）八／兵庫県明石市山下町／東北帝大法文学部

兵庫県宇野清長の子に生まれ一九三三年三月東北帝大法文学部を卒業して満鉄に入り、地方部地方課に勤務した。次いで三五年五月新京地方事務所に転勤し、三六年一〇月地方課地方係公費主務者となった。

宇野　常吉　▷12

㈾阿川組代表社員、新京倉庫運輸㈱取締役、日本橋町内会長、新京衛生組合日本橋区組合長／新京日本橋通／一八七七（明一〇）七／福井県今立郡粟田部町

福井県の生糸羽二重業宇野久左衛門の長男に生まれ、一八九五年五月から家業に従事した後、一九〇四年六月日露戦争に際し第四師団野戦衛生隊酒保として渡満した。戦後〇六年五月長春の阿川洋行支配人として土木建築請負業を経営し、かたわら長春座取締役、長春材木同業組合幹事を兼務し、長春地方委員を務めた。その後、資本金二〇万円の合資会社に改組して代表社員となり、満鉄指定請負人として奉天、鞍山、四平街、公主嶺、ハルビン、大連に支店出張所を設け、年商高三〇〇万円に達した。

海村円次郎　▷12

三江省公署警務庁長／三江省佳木斯省公署／一八九五（明二八）一／兵庫県姫路市柿山伏／陸軍士官学校

陸軍士官学校を卒業して一九二五年北京に留学した後、土浦憲兵分隊長、奉天憲兵分隊長等を歴任して憲兵少佐に累進した。その後三二年国務院民政部事務官に転じて渡満し、警務司偵輯室に勤務した。次いで民政部理事官に進み、牡丹江弁事処長兼浜江省理事官を経て三七年七月三江省公署警務庁長に就いた。

梅垣　豊蔵　▷12

満州オフセット印刷㈱専務取締役／奉天信濃町／一八八三（明一六）六／京都府京都市上京区紫野御所田町／京都府立城丹蚕業学校

京都府何鹿郡以久田村に生まれ、府立城丹蚕業学校を卒業して陸軍に入り日露戦争に従軍した。戦後第一〇師団参謀部付を経て一九一五年に軍籍を離れて大阪精版印刷㈱に入り、後に営業部長に就いた。三四年七月満州オフセット印刷㈱に資本参加するに際し同社代表として渡満し、同年九月専務取締役に就任した。東亞煙草㈱、満鉄鉄道総局、満州国軍政部等を得意先とし、従業員一八〇人を使用した。夫人静野との間に二子あり、長男懋は京都帝大医学部、長女弥生は奉天浪速高女に学んだ。

梅北　冬子　▷7

トランプ占断／大連市西通／一八七一（明四）一一／鹿児島県鹿児島市山下町岩崎

鹿児島市に生まれ、大阪商船の機関長大賀十郎と結婚して大阪に住んだが、夫婦揃って一九一〇年一月に渡満した。夫は船員となり、自らはトランプ占断で高名な大連市松公園の太田占断所に入門し、インドで一四年修業した同郷出身の太田女史の下で修業した。断食、水垢離などの荒修業で奥義を極め、一三年九月に免状を取って大連市西通にトランプ占断所を開設した。トランプで日蓮聖人、天照大神、釈迦如来の霊力を引き、一日平均一六人の顧客を集めた。料金相場が一円以上のところ、別に礼金を定めず志として隆盛を極め、十余年の間に六万人以上を占って財を成し、自宅のほか市内に貸家五軒を持ち、郷里の鹿児島に三〇坪の邸宅を建てた。占断師となって間もなく夫と離婚し、生家の甥と姪を引き取って養育した。

梅田嘉四郎 ▷11

満鉄安東医院長兼医長、医学博士／安東県山手町／一八八七（明二〇）一／京都府竹野郡溝谷村／京都帝大医科大学

京都府医師梅田養安の四男に生まれ、一九〇五年三月東京府立第一中学校を卒業、同年七月第三高等学校に入学し、〇八年九月京都帝大医科大学医学科に進み、一二年一一月卒業して助手として内科学の研究に従事した。一三年一月から京都医科大学付属病院に勤務し、一五年六月に渡満して満鉄長春医院医員となり二〇年九月院長に就いた。翌年一一月社命で京都帝大大学院で薬物学の研究に従事し、二四年一月から八月まで欧米に医事視察に出張した。帰任して同年一〇月瓦房店医院長兼医長に転じ、二七年一一月安東医院長兼医長に就いた。長兄、次兄、三兄を含め父子五人がそろって医業に従事した。

梅田　正二 ▷12

満州電信電話㈱営業部規画課電話係長、勲七等／新京特別市恵民路／一八九四（明二七）三／山口県／高水中学校

山口県梅田紋之助の三男に生まれ、熊毛郡の私立高水中学校を卒業した後、広島逓信所を修了して広島、山口の各郵便局に勤務した。その後渡満して大連郵便局に勤務し、営口電信局在勤中に召集されてシベリアに従軍した後、関東庁逓信書記登用試験に合格して長春郵便局書記補となった。次いで一九一八年大連通信局に転任し、二三年逓信書記に進んだ。その後満州電信電話㈱に転じて同社書記となり、営業部規画課電話係長を務めた。

梅田　生 ▷11

満鉄撫順医院内科医長、医学博士／奉天省撫順永安台南台町／一八九六（明二九）九／熊本県天草郡鬼地村／九州帝大医学部

天草に生まれ、一九二二年九州帝大医学部を卒業した。二八年一二月に渡満して満鉄撫順医院内科医長に就き、翌年一月医学博士号を取得した。

梅　只茂 ▷12

満州電業㈱奉天支店営業課外線係長／奉天藤浪町／一九〇七（明四〇）三／京都府天田郡福知山町／京都帝大工学部電気工学科

京都府梅只佐二郎の次男に生まれ、一九三〇年三月京都帝大工学部電気工学科を卒業し、同年六月京都電灯会社に入り山陰支店に勤務した。その後三二年一二月に渡満して新京特別市電灯廠に入り、後に業務科長に就いた。次いで三四年一二月満州電業㈱に転じ、奉天支店営業課外線係長を務めた。

梅田富三郎 ▷12

嚶鳴会統宰者／奉天省撫順東五条通／一八八〇（明一三）一／東京府東京市日本橋区呉服町

六歳の時から謡曲を習い、一時謡曲を離れて実業に従事したが、後に再び謡曲界に戻り宗家梅若六郎の直接指導を受けた。一九一七年に宗家の依頼で正統梅若流普及のため渡満し、撫順に嚶鳴会を組織した。竜晃と号し、撫順を本拠に満鉄沿線の奉天、鞍山、大石橋、公主嶺、新京等に毎週出張教授をしたほか、満鉄謡曲部にも巡回教授をして門下の拡大に努めた。

梅谷　斌雄 ▷12

国務院外務局長官官房文書科長、従七位／新京特別市中央通／一八九九（明三二）六／静岡県浜松市元城町／東京外国語学校支那語科

一九二二年三月東京外国語学校支那語科を卒業し、同年五月外務通訳生として内蒙古の赤峰に赴任した。次いで湖南省長沙、江西省九江に在勤して外務書記生、外務属と累進し、本省亜細亜局第一課に勤務した後、外務書記生に進んで奉天副領事となった。その後退官し、三二年八月国務院外交部事務官となって渡満し、外交部政務司に勤務した。三三年一月総務司文書科長を経て三四年七月理事官となり、三七年七月の行政機構改革によって外務局長官官房文書科長となった。この間、建国功労賞、大典記念章、勲六位景雲章、皇帝訪日記念章を授与された。

梅田満洲雄 ▷12

満鉄チチハル鉄路局福祉科長、社員会評議員、勲八等／龍江省チチハル駅前局宅／一九〇四（明三七）三／東京府東京市四谷区愛住町／慶応大学経済学部

東京府出身で後にハルビンに在住した梅田潔の長男に生まれ、一九二六年三月慶応大学経済学部を卒業して満鉄に

入り本社地方部に勤務した。三一年四月ハルビン事務所、三三年九月同所庶務課地方係主任、三五年三月ハルビン鉄路局学事係主任兼務を経て同年一一月チチハル鉄路局福祉科長となった。この間、三一年から三二年にかけての満州事変時に関東軍によるハルビン占領の際に義勇隊及び収用班長として活動し、大橋忠一総領事より感謝状二通を受けた。父の潔はハルビンに北満工廠を設立し、造船・機械製作・自動車修理業を経営した。

梅津　理　▷12

奉天工業土地㈱専務董事、国務院財政部囑託、勲五等／奉天ヤマトホテル／一八八八（明二一）七／宮城県仙台市南町／東亜同文書院

宮城県立第一中学校を卒業して上海の東亜同文書院に入学し、一九〇九年に卒業した。東京の佐藤製衡所に勤務した後、一〇年に渡満して奉天の共益公司に入り、一三年に本渓湖軽便鉄道建設事業を一手受注した。その後一七年に満鉄に入社し、四洮鉄道に派遣された後、本社文書課、ニューヨーク事務所、本社庶務部、奉天地方事務所に歴勤して参事に昇格し、本社鉄道部勤務を経て二七年五月上海事務所長となった。次いで三一年九月満州事変に際し関東軍特務部、同財政部囑託を務めた後、三三年に奉天工業土地㈱の創立に参画し、同年一二月専務董事に就いた。この間、満州事変時の功により勲五等旭日章を授与された。東北帝大工学専門部を卒業した三弟の理三も二六年に渡満して満鉄に入り、後に参事として奉天の鉄道総局に勤務した。

梅津　重雄　▷12

大倉洋紙店㈱取締役、西大洋行経理／ハルビン道裡中国七道街／一八八八（明二一）八／東京府東京市荏原郡神明町／東亜同文書院

一九一二年上海の東亜同文書院を卒業して大倉洋紙店に入り、天津支店に勤務した。南洋、インド方面の販路拡張に従事した後、東京本店、大阪支店等に歴勤して取締役に就いた。その後ハルビン支店開設のため渡満し、三六年二月同店ハルビン支店として西大洋行を開設し、従業員一四人を使用して和洋紙の販売と加工業を経営した。

梅津　忠良　▷13

鞍山鋼材㈱常務取締役、正六位勲四等／奉天省鞍山／一八九〇（明二三）一〇／秋田県秋田市／海軍大学校乙種航海科

岡山市に生まれ、海軍大学校乙種航海科を卒業した後、海軍兵学校教官等に歴補して少佐に累進した。予備役編入後、新聞連合社、昭和製鋼所を経て一九三四年七月鞍山鋼材㈱取締役となり、後に常務取締役に就いた。経営のかたわら在郷軍人会鞍山分会海軍部長を務めた。

梅津　理三　▷12

満鉄鉄道総局工事課員、正八位／奉天満鉄鉄道総局建設局／一八九八（明三一）八／宮城県仙台市南町通／東北帝大工学専門部土木科

宮城県梅津理勝の三男に生まれ、一九二〇年三月東北帝大工学専門部土木科を優等で卒業して東京鉄道局に勤務し、同年一二月一年志願兵として兵役に服し、除隊復職して鉄道局技手となった。その後二六年一月満鉄に転じて渡満し、鉄道部計画課勤務を経て二七年一一月長春保線区工事助役となった。次いで長春保線区長、吉長吉敦鉄路局派遣、ハルビン建設事務所、チチハル建設事務所線路長兼建築長、白城子建設事務所建築長に歴勤して技師に昇格し、三五年九月職制改正により参事となった後、三七年四月鉄道総局工事課に転任した。長兄の理は東亜同文書院を卒業して満鉄に入り、後に参事に進んで上海事務所長を経て満鉄傍系会社の役員を務めた。

梅津　敏雄　▷11

満鉄鉄道部電気課員、勲七等／大連市楠町／一八八〇（明一三）九／福岡県福岡市大字谷／東京郵便電信学校

福岡県梅津盛太郎の長男に生まれ、一九〇二年東京郵便電信学校を卒業し、同年四月通信官署に勤務した。日露戦争に際し臨時電信隊付として〇五年五月に渡満し、翌年九月関東都督府通信管理局に入った。〇八年四月の満鉄開業とともに入社し、十余年勤続した。一九年八月に退社して実業に従事したが、二一年四月再び満鉄に入り鉄道部電気課に勤務した。

梅根常三郎　▷11

満鉄参事、鞍山製鉄所製造課長、正七位勲六等／奉天省鞍山上台町

／一八八四（明一七）二／福岡県嘉穂郡宮野村／京都帝大理工科大学冶金学科

福岡県安元俊次の次男に生まれ、同県梅根専一郎の養子となった。一九一一年京都帝大理工科大学冶金学科を卒業して農商務省製鉄所に勤務し、一五年製鉄所技師となった。一七年農商務省技師を兼任となり翌年同所第一製鋼課長に就いたが、満鉄の招聘で一九年二月に退官して渡満し、満鉄鞍山製鉄所製鋼部主任技師に就いた。二一年八月に還元焙焼法による貧鉱処理法を開発して満鉄並びに日本鉱業会の表彰を受け、二三年二月参事・製造課長に就いた。

梅野　茂人　▷12

満鉄ハルビン鉄路局員／ハルビン満鉄鉄路局／一八九三（明二六）一二／福岡県八女郡三河村／市立下関商業学校

福岡県梅野小太郎の五男に生まれ、一九一三年市立下関商業学校を卒業して同年四月に満鉄に入社した。長く大連、上海、旅順の各埠頭関係業務に従事した後、三四年五月鉄路総局ハルビン水運局埠頭股長に就き、三五年五月同局ハルビン自動車事務所長兼務となった。三六年九月職制改正によりハルビン鉄路局水運局営業科長となり、三七年六月ハルビン鉄路局に転任した。この間、鉄道部港湾課勤務中に著書『大連港及羅津港ト密接ナル貿易関係ヲ有スル各港々湾諸掛調』『大連港勢一斑』を著し、水運局勤務中は北満水運事業のみならず哈同線九一六キロにわたる自動車事業務も担当し、松花江沿岸の治安維持と交通、地方経済開発に尽力した。大連在勤時から写真を趣味として上海在勤時に上海素人写真クラブ審査員を務めたほか、漕艇と柔道の選手としても活躍し、ハルビンに転勤するまで満州柔道後援会幹事、満鉄漕艇部幹事を務めた。

梅野　一　▷12

浜江税務監督署員、正八位／ハルビン馬家溝政府代用官舎／一九〇六（明三九）九／福岡県筑紫郡二日市町／東京帝大法学部法律学科

福岡県梅野金蔵の長男に生まれ、福岡中学校、福岡高等学校を経て一九三一年三月東京帝大法学部法律学科を卒業し、同年五月郷里の筑紫銀行に入り調査課に勤務した。三二年一月幹部候補生として小倉の歩兵第一四連隊に入営し、除隊して歩兵少尉に任官した。その後三三年に渡満して大同学院に入り、同年一〇月卒業とともに税務監督署属官となり浜江税務監督署に勤務した。次いで税捐局司税兼任となり、依蘭税捐局、一面坡税捐局勤務を経て税捐局理税官に進み、西安及び浜江の各税捐局に勤務し、三七年四月税務監督署事務官になり浜江税務監督署に転勤した。

梅野　実　▷9

満鉄運輸部長／大連市浜町／一八七一（明四）一二／福岡県福岡市／東京帝大理工科大学

一八九六年東京帝大理工科大学を卒業して同年七月九州鉄道㈱に入社し、九九年二月長崎保線事務所長となった。一九〇八年五月東京の太田六郎工業事務所技師長に転じ、次いで一四年一月三菱㈾技師に転じ、翌年二月同社参事となった。一七年一一月三菱兼二浦製鉄所長兼工作課長となって朝鮮黄海北道に赴任し、一九年四月三菱製鉄㈱常務取締役に就任して兼二浦製鉄所長を兼務した。二〇年三月満鉄に転じて埠頭事務所長となり、二二年二月運輸部長に就いた。

梅原小次郎　▷12

チチハル市参与官兼地籍整理局事務官、地籍整理局チチハル支局兼務／龍江省チチハル邵家胡同／一八九五（明二八）六／長崎県長崎市浪平町／長崎高等商業学校

一九二〇年長崎高等商業学校を卒業し、同年九月満鉄に入り経理部会計課、興業部農務課、チチハル公所、鉄道部等に勤務した。その後三二年六月に退社して黒龍江省公署総務庁経理科長に転じ、同年八月事務官となった。三五年九月同省呼蘭県参事官を経て三六年四月チチハル市参与官となり、三七年二月から地籍整理局事務官を兼任して地籍整理局チチハル支局に勤務した。

梅原米次郎　▷4

梅原洋行主／ハルビン埠頭区キタイスカヤ街／一八七〇（明三）一／滋賀県神崎郡八日市村

横浜で貿易業を経営した後、一九〇七年のハルビン開市とともに同地に梅原洋行を開設した。横浜本店を商品の供給拠点とし、ハルビン支店を販路拡張の要として日露貿易に従事した。第一次世界大戦後は東京製の電線類をオデッサ方面に輸出したほか、綿布・メリヤス・絹物・雑貨類をロシア婦人向けに販売し、松花江や黒竜江沿岸の中国人には主として綿布を主な取引品として業績を伸ばした。ハルビン日本商店中の老舗として重きをなし、民会評議員を務めた。

梅村　泰雄　▷12

満鉄奉天列車区長、社員会評議員、社員消費組合総代、勲八等／奉天満鉄列車区／一八八八（明二一）九／東京府東京市麻布区谷町

一九一〇年満鉄に入り、同年九月従事員養成所を修了して遼陽駅に勤務した。長春駅、大連駅、安東駅の車掌を務めて石河駅助役となり、次いで安東駅助役、同駅構内助役を経て張台子駅長となった。新城子駅長、撫順駅長、鞍山駅長、奉天事務所鉄道課及び奉天鉄道事務所勤務を経て三五年四月奉天列車区長に就き、三六年に勤続二五年の表彰を受け、同年九月副参事となった。

梅本長四郎　▷12

熱河税務監督署副署長、従七位／熱河省承徳熱河税務監督署／一九〇四（明三七）三／和歌山県新宮市三輪崎／中央大学専門部法学科

一九二三年一一月税務属となり、以来税務監督局属、大蔵属・主税局勤務、大臣官房秘書課勤務、主税局勤務、税務家督局事務官を歴任し、この間三〇年に中央大学専門部法学科を卒業した。その後三三年六月国務院財政部事務官に転出して渡満し、総務司文書科長となった。民政部事務官・衛生司総務科長、同理事官、政務監督署理事官・奉天税務監督署総務科長兼経理科長を歴任し、三七年七月熱河税務監督署副署長に就いた。この間、昭和大礼記念章を受章し、新京在勤時に新京居留民会評議員及び満州国協和会財政官署分会常務員を務めた。

梅本　正倫　▷12

満鉄撫順炭砿庶務課長兼人事係主任、撫順炭砿現業員育成所・現業員訓練所所長、社員会常任幹事・撫順連合会長、社員消費組合理事、撫順奈良県人会長／奉天省撫順北台町／一九〇一（明三四）一〇／奈良県吉野郡下市町／京都帝大経済学部

奈良県梅本馨の長男に生まれ、一九二六年三月京都帝大経済学部を卒業して満鉄に入り、撫順炭砿古城子採炭所に勤務した。二八年七月経理課勤務、三〇年二月東ヶ岡採炭所勤務、同年八月東郷採炭所庶務係主任、三一年一一月庶務課労務係主任、三三年九月人事係主任を歴職して三六年九月参事となり、同年一〇月古城子採炭所副長となった。三七年五月撫順炭砿庶務課長兼人事係主任となり、現業員育成所及び現業員訓練所の各所長を兼務した。この間、満州事変時の功により賜盃及び従軍記章を授与され、業務のかたわら社員会常任幹事、社員消費組合理事、撫順奈良県人会長を務めた。

梅森　実　▷12

梅森小児科医院長／大連市白菊町／一九〇〇（明三三）一／宮城県桃生郡前谷地村／南満医学堂

宮城県梅森慶之助の四男に生まれ、一九二二年南満医学堂を卒業して東北帝大医学部教室で研究に従事した。二三年五月満鉄に入社して大連医院小児科に勤務した後、二五年に退社して大連市白菊町に小児科医院を開業した。

宇山於菟雄　▷12

同和自動車工業㈱組立工場長／奉天工業区一馬路同和自動車工業会社／一九〇二（明三五）一二／東京府東京市世田谷区太子堂／金沢高等工業学校機械工学科

元陸軍少尉宇山熊太郎の子に生まれ、一九二七年金沢高等工業学校機械工学科を卒業して日本自動車㈱に入社した。三四年三月同和自動車工業㈱の設立に際し同社に転じて渡満し、ハルビン支店長を務めた後、奉天の同社組立工場長に就いた。

浦　亀槌　▷12

満鉄奉天駅構内助役、勲八等／奉天白菊町／一八九七（明三〇）五／山口県都濃郡鹿野村

山口県浦好蔵の次男に生まれ、一九二〇年二月満鉄に入り奉天駅に勤務した。同年八月連結手、二一年一月転轍方、二二年六月操車方を経て三五年八月奉天駅構内助役となった。この間、満州事変時の功により勲八等瑞宝章を授与されたほか、三六年四月勤続一五年の表彰、同年六月善行記帳を受けた。

浦川四郎左右衛門 ▷12

国際運輸㈱安東支店長代理兼陸運係主任兼貨物代弁係主任／安東北一条通国際運輸㈱支店社宅／一八九八（明三一）九／長崎県南松浦郡奥浦村／松浦中学校

長崎県浦川長松の長男に生まれ、一九一六年三月松浦中学校を卒業した後、一九年五月満鉄に入った。大連管理局に勤務した後、二五年満鉄教習所駅務講習を修了して安東駅小荷物方を務めた。その後二七年一一月国際運輸㈱に転じて安東支店代弁係主任、貨物代弁係主任に歴勤し、三五年一二月安東支店長代理となり、次いで陸運係主任及び貨物代弁係主任を兼職した。

浦　謹爾 ▷3

満鉄南満州工業学校教諭／大連市播磨町／一八七一（明四）七／山口県豊浦郡小月村／東京高等工業学校

一八九三年、東京高等工業学校を卒業した。九六年から鉄道院に勤続したが、一九一三年に南満州工業学校の招聘を受け、渡満して同校教諭となった。

浦島喜久衛 ▷12

国務院交通部総務司人事科長、郵政権調整準備委員、満州国協和会交通部分会幹事長、正七位／新京特別市義和路代用官舎／一九〇四（明三七）七／熊本県八代郡八代町／東京帝大法学部政治学科

熊本県松島喜平の次男に生まれ、浦島芳治の養子となった。一九二七年一〇月東京帝大法学部政治学科在学中に文官高等試験行政科に合格し、翌年四月卒業とともに逓信局書記となり熊本逓信局保健課に勤務した。同監督課勤務を経て逓信省郵務局に転任し、三二年七月通信事務官に進んで敦賀郵便局長となり、次いで三三年一〇月通信局事務官兼任となり名古屋逓信局保健課に勤務した後、簡易保険局書記官を最後に退官して満州国に転出した。三四年三月国務院交通部事務官郵務司庶務科長に就任して同年七月理事官に進み、三六年一一月総務司人事科長となり、同年一二月郵政権調整準備委員、三七年三月国都建設紀年式典準備委員会地方部幹事を兼務した。この間、満州国協和会交通部分会幹事長を務め、三五年九月皇帝訪日記念章を授与された。

浦田　繁松 ▷11

南満州教育会教科書編輯部員／大連市沙河口仲町／一八八九（明二二）一／富山県下新川郡三日市町／富山師範学校

富山県荻野安吉の長男に生まれ、同県浦田九郎三郎の養子となった。一九〇九年、富山県師範学校を卒業して魚津尋常高等小学校訓導となった。大布施尋常小学校に転勤した後、一八年四月に渡満して沙河口尋常高等小学校訓導となった。二二年一月、南満州教育会教科書編輯部員に転じ、小学校・公学堂の理科及び公学堂農業科の教科書編輯に従事した。銭貨学・先史考古学の研究を趣味とし、東洋貨幣一万点、石器・土器二〇〇〇点を蒐集した。

浦田　静三 ▷12

安東税関監視科長、正五位勲三等／安東税関／一八八六（明一九）五／青森県弘前市徳田町／海軍兵学校

一九〇五年海軍兵学校を卒業して〇六年一二月少尉に任官し、次いで砲術学校及び水雷学校を卒業した。以来軍務に就いて軍艦吾妻、姉川等に乗務し、二七年一二月大佐に累進して予備役編入となった。その後二八年四月横浜市主事として開港記念横浜会館長を務めた後、三三年五月営口税関嘱託となって渡満した。三四年三月税関監視官・営口税関勤務、三五年一二月税関理事官・営口税関総務科長を経て三七年一月同税関監視科長となった。

浦田　中蔵 ▷12

営口専売署員／奉天省営口営口専売署／一八九六（明二九）／福岡県筑紫郡八幡村／福岡県立中学修猷館

福岡県立中学修猷館を卒業して専売局技手となり、神戸専売支局、網干八木専売官吏派出所主任、八木専売官吏派出所主任を歴職した。その後一九三三年一〇月に渡満して国務院財政部技正兼塩務署技正となり、税務司塩務科に勤務した。三四年七月塩務署技佐に進み、同年一〇月吉黒榷運署事務官を務めた後、三五年四月塩務署事務官兼塩務署技佐となり、三七年一月営口専売署に転勤した。

浦野三代治 ▷12

満鉄朝陽陳鉄路監理所監理員、勲

八等／奉天省朝陽鎮満鉄鉄路監理所／一八九五（明二八）三／福岡県築上郡八屋町

福岡県浦野繁次の長男に生まれ、一九一五年一〇月満鉄に入り遼陽車輌係となった。遼陽機関区に転勤した後、安東機関区点検助役兼運転助役、同区運転助役専任、鉄路総局呼海在勤、同ハルビン在勤、北安機務段運転主任、三棵樹機務段運転主任、朝陽川機務段長に歴勤し、三六年一〇月朝陽陳鉄路監理所監理員となった。この間、三一年四月勤続一五年の表彰を受け、満州事変時の功により勲八等に叙された。

浦　保寿　▷4

三井物産㈱長春出張所主任、勲六等／長春三井物産社宅／一八八一（明一四）二／高知県長岡郡三里村／東京外国語学校清語科

高知県浦清海の子に生まれ、東京外国語学校清語科に入学し、日露戦中の一九〇五年に卒業した。陸軍通訳官を志願して従軍し、功により勲六等を受けた。〇六年三井物産に入って天津に勤務した後、一二年大連支店に転任した。翌年三月長春出張所長に就き、長春居留民会常議員、満鉄諮問委員を務めた。実弟の澄江と秀雄はともに陸軍砲兵となり、それぞれ少将、大尉となった。

浦山　武一　▷12

大同学院教授／新京特別市金輝路官舎／一九〇四（明三七）七／宮城県加美郡色麻村／東北帝大法文学部、大同学院

宮城県浦山佐太夫の次男に生まれ、一九三三年三月東北帝大法文学部を卒業して渡満し、大同学院に入学した。同年一〇月卒業とともに税務監督署属官となり、竜江税務監督署に勤務した。次いで国務院財政部属官を兼務して税務司国税科に勤務し、吉林税務監督署勤務、財政部総務司、同文書科勤務を経て財政部事務官となり、三七年四月大同学院教授となった。同郷の夫人淑子は東京女子高等師範学校家事科を卒業した。

瓜谷　長造　▷13

瓜谷商店主／大連市老虎灘後方高地／一八八二（明一五）一二／富山県射水郡新湊町

旧姓は荒木、一九〇一年穀肥の輸入業を志して富山から神戸に出た。穀肥輸入商瓜生英一経営の堺力洋行の事務員となり、〇九年に店の暖簾を譲り受けて瓜生姓を名乗った。大連出張所開設に際し主任となって渡満し、以来神戸本店と連携して特産物輸出に業績を伸ばしたが、一二年に本店が倒産したため大連出張所を閉鎖して引き揚げた。残務整理を済ませて翌年再び渡満し、僅かの自己資金で山県通に特産物貿易を開業し、種々の難関を乗りこえて資産数百万円と称されるまでになった。経営のかたわら商工会議所会頭ほか多数の要職に就き、大連実業界に重きを成した。

瓜峰小嘉三郎　▷4

香川洋行主／吉林省農安県東大街路北／一八六九（明二）／香川県綾歌郡造田村

一八八六年、一七歳で独立して郷里で煙草製造を始め、かたわら肥料・穀物商を営んだ。一九〇一、二年頃、煙草専売局の設置とともに廃業して三年余り全国津々浦々を歴遊した。〇四年に日露戦争が始まると軍属となって渡満し、従軍中に大連で飲料雑貨を扱う香川洋行を開業した。戦後いったん帰国して再び渡満し、香川洋行の事業拡張を図り一〇年に長春支店、一五年に吉林省農安に支店を置いた。大連本店を弟に任せ、自ら日本人在住者十数名の農安に腰を据え、長春、農安の二支店を往復しながら経営にあたった。一四年の日独戦後は青島と台東鎮に支店を設け、青島は弟に台東鎮は姉に一任し、本支店ともに繁栄を見た。

瓜生　基　▷11

大連警察署警務係警部補／大連市花園町／一八九七（明三〇）一一／岡山県久米郡久米村／東京農業大学中退

岡山県農業瓜生沢治郎の長男に生まれ、一九一六年私立時敏学舎を卒業した。大日本農会付属東京農学校に入学したが中退し、帰郷して一八年五月から久米郡役所に勤めた。翌年関東庁警察官となって渡満し、奉天、撫順警察署に勤務し、二六年警部補に進んで大連警察署警務係に転じた。この間、二一年に鴨緑江上流で抗日朝鮮軍と二度にわたり交戦して平安北道庁から感謝状を受けたほか、東三省一帯及び鴨緑江上流方面を巡遊して朝鮮人の動静観察を行った。近衛歩兵第二連隊に在営時に大正天皇の前で軍歌を唱ったことを終生の誇りとし、二刀流剣道に長じたほか、生花は未生流国会頭師範代の免許を有した。

瓜生　雪雄　▷11

横浜正金銀行開原支店支配人、正八位／奉天省開原正金銀行社宅／一八八六（明一九）一一／東京府東京市麹町区紀尾井町／慶応義塾大学

東京府瓜生復の長男に生まれ、一九〇八年慶応義塾大学部を卒業して横浜正金銀行に入った。在職中一年志願兵として入営し、退営して陸軍三等主計となった。神戸支店、サンフランシスコ、ニューヨーク各支店勤務を経て二三年東京支店支配人代理となった。バタビア支店に転勤した後、二七年八月奉天副支配人となって渡満し、二九年二月開原支店支配人に就いた。

江上　隆明 ▷12

満州炭砿㈱阜新砿業所孫家湾炭砿総務課長、阜新居留民会議員、満州国協和会阜新県本部評議員、同孫家湾支部長、阜新福岡県人会長／錦州省阜新県城内徳明長街／一八九五（明二八）四／福岡県八女郡下広川村／福岡県立中学明善校

一九一四年福岡県立中学明善校を卒業した後、二〇年一二月三菱鉱業に入り筑豊鉱業所新入炭砿、筑豊鉱業所本部労務係、中山田炭砿、大夕張鉱業所労務係等に歴勤した。その後退職して渡満し、三二年一一月奉天省黒山県八道壕炭砿の嘱託となり、次いで三三年四月北票炭砿㈱に転じて庶務主任兼労務係主任となった。三六年四月満州炭砿㈱に転じて本社庶務課に勤務した後、同年五月阜新砿業所孫家湾炭砿総務課長に就いた。

江川　一三 ▷11

満鉄鉄道部庶務課統計係／大連市伏見町／一八九四（明二七）八／広島県沼隈郡松永町／市立下関商業学校

広島県農業大塚平四郎の三男に生まれ、同県の江川家を相続した。一九一三年三月市立下関商業学校を卒業して満鉄に入り、鉄道部庶務課統計係に勤務した。勤務中に一年志願兵として入営し、陸軍予備歩兵少尉となって復職した。三昧と号して俳句を能くした。

江川憲二郎 ▷11

満鉄鉄道部営業課旅客係／大連市聖徳街／一八九四（明二七）七／熊本県天草郡坂瀬川村／満鉄鉄道教習所

熊本県江川高次の長男に生まれ、一二歳で家督を相続して一九一〇年に渡満し、貿易商の店員となった。その後満鉄鉄道教習所に入所して一三年に卒業し、湯岡子駅勤務助手を振り出しに奉天駅車掌、大連駅旅客専務、奉天列車区助役等を経て鉄道部旅客課に勤務した。二七年四月の職制改正で鉄道部営業課勤務となり旅客係を務めた。庭球、大弓、囲碁、盆栽、野球と多彩な趣味を持ち、次弟と三弟もそれぞれ鉄道部営業課貨物係、大連鉄道事務所運転係として満鉄に勤めた。

江川　二六 ▷12

国務院司法部総務司人事科員／新京特別市金輝路第二官舎／一九〇二（明三五）八／岡山県上房郡上有漢村

一九二二年裁判所書記登用試験に合格し、同年四月裁判所書記となり、後に司法属を兼任した。三三年一一月国務院司法部属官に転出して渡満し、総務司勤務を経て司法部学校入学試験委員会補助委員を務めた。次いで三五年八月司法部事務官となり、総務司人事科に勤務した。この間、昭和大礼記念章、建国功労賞、大典記念章、皇帝訪日記念章を授与された。

江草光太郎 ▷12

江草工務所主、ハルビン土木建築業組合幹事／ハルビン埠頭区／一八九七（明三〇）一二／広島県芦品郡常金丸村

一九一三年北京に渡って土木建築工事に従事した後、二〇年山東省で同業を独立自営し、天津、済南の各地で諸工事を手がけた。次いで三三年大連の福昌公司に入って技術面を担当し、翌年同公司の下請人として土木建築請負業を独立自営した。

江口　治 ▷12

間島省公署警務庁長、従六位勲四等功七級／間島省延吉省公署警務庁長公館／一八八一（明一四）六／東京府東京市麹町区隼町／早稲田大学専門部政治経済科

高知市鉄砲町に生まれ、一八九九年に東京市麻布中学校を卒業して早稲田大学専門部政治経済科に学んだ。警視庁に入り一九年六月累進して警務部刑事課庶務係長となり、歳入歳出外現金出納官吏及び保管物品取扱官吏、警務部刑事課鑑識係長、内務省警察講習所講師嘱託を歴職して警視庁警視となり、芝、三田、麹町、日比谷、下谷、上野の各警察署長を歴任した。その後二九年七月警視庁刑事部捜査第一課長を経て三一年一二月に休職となり、三二年六月に依願免官した。三三年三月ハルビン警察庁事務官・刑事科長となって渡満し、三四年三月から北満特別区警官練習所講師を兼任して同年七月ハルビン警察庁理事官に進んだ。次いで三五年一二月国務院民政部首都警察庁理事官に転任して司法科長を務めた後、三六年八月間島省公署警務庁長に就いた。

江口　音三 ▷11

有馬洋行大連出張所主任／大連市薩摩町／一八七一（明四）一二／長崎県北高来郡諫早町／日清貿易研究所

長崎県の地主森林平の三男に生まれ、祖母の実家を相続した。一八九四年日清貿易研究所を修了して大本営付を命ぜられ、第一軍付として日清戦争に従軍した。九五年六月台湾総督府に転任して台南民政支部、嘉義地方法院等に勤務した後、九九年に官を辞して実業界に転じ、台湾で商業を営むかたわら斗六製糖㈱専務取締役・同監査役、台湾赤糖㈱専務取締役を歴任した。一九一六年に両社が東洋製糖㈱に合併解散すると同時に辞職し、後に有馬洋行大連出張所主任となって二三年五月に渡満した。

江口菅太郎 ▷3

奉天省鉄嶺県行政署顧問、獣医、正七位勲六等／奉天省鉄嶺日之出町／一八七七（明一〇）一二／大分県宇佐郡高並村／大分県農学校

大分県江口勘蔵の子に生まれ、大分県農学校を卒業し、一八九九年に一年志願兵として兵役に服した後、一九〇一年台湾の台北庁に勤務した。その後〇四年に召集されて日露戦争に従軍し、戦後〇六年九月鉄嶺県行政署に招かれて顧問に就任した。

江口正兵衛 ▷11

大連市衛生課長、勲七等／大連市柳町／一八七六（明九）二／鹿児島県曽於郡恒吉村

鹿児島県農業江口金助の長男に生まれ、一九〇三年八月台湾総督府施行の文官普通試験に合格した。〇五年八月陸軍一等看護長として日露戦争に従軍し、翌年一二月から関東都督府雇員となった。〇八年四月帰国して農商務省山林属となって一〇年三月まで勤めたが、一二年七月再び渡満して関東都督府属に転じ、一五年一〇月大連特別市政実施の際に同市会計課長に就任した。二五年四月衛生課長に転じ、同年一〇月市政一〇周年記念に際して一〇年勤続者として金時計を授与された。帝国軍人後援会満州出張所幹事を務め、二〇年五月の衆院選挙に普選実施と階級打破を主張して郷里の鹿児島県曽於郡から立候補したが政友会の壁に阻まれて落選した。銃猟、弓術、囲碁のほか短歌と俳句に熱を入れ、夫人トリ子も短歌が趣味でアララギ派に属した。

江口八七吉 ▷11

満鉄撫順炭砿製図係主任／奉天省撫順南台町／一八九〇（明二三）九／佐賀県佐賀郡新北村／佐賀工業学校

佐賀県江口与助の次男に生まれ、一九〇七年佐賀工業学校を卒業して長崎の三菱造船所に勤務した。一一年に同所を辞職した後、二〇年に渡満して満鉄撫順炭砿に入り、後に製図係主任を務めた。

江口　渉 ▷12

安東省長白県参事官／安東省長白県公署参事官公館／一九〇五（明三八）九／佐賀県佐賀市材木町／東亜同文書院

佐賀商業学校を卒業して上海の東亜同文書院に入り、一九三〇年三月に卒業して同年六月第一遣外艦隊軍艦勢多の通訳となった。三一年に依願退職した後、三二年六月新京南嶺の資政局訓練所に入り、同年一〇月組織変更後の大同学院を卒業して奉天省寛甸県属官となった。次いで三三年一二月同県代理参事官に進み、三五年一一月安東省長白県参事官となった。

江坂　剛三 ▷11

特産物貿易、油房、精粟、雑貨運送業／満州里馬仲河昌隆街／一八八四（明一七）一一／佐賀県東松浦郡唐津町

佐賀県炭砿業江坂福政の次男に生まれ、尋常小学校を卒業して九州鉄道㈱に入り、以来勤続して長崎、熊本駅等の助役を務めた。その後一九〇九年九月に退社し、満鉄鉄道部職員に転じて渡満した。本渓湖、撫順、范家屯、奉天省四平街の各駅助役を経て金溝子及び馬仲河の駅長を歴任した後、二四年一二月に退社し、翌年四月から馬仲河で特産物貿易と油房・精粟・運送業、雑貨商を営んだ。

江崎　猛 ▷12

国務院営繕需品局総務科長、満州国協和会需品局分会常任幹事／新京特別市錦町／一八九二（明二五）一一／長崎県佐世保市城山町／長崎海星商業学校

江崎万吉の長男として佐賀県神埼郡蓮

池村に生まれ、一九一二年長崎海星商業学校を卒業して満鉄に入った。工務課、技術部、鉄道部、地方部、工事課等に歴勤した後、三二年一〇月国務院国都建設局事務官に転出して総務処庶務科長となり、総務庁需用処用度科長を兼務した。次いで三四年七月国都建設局理事官に進んで国都建設記念式典準備委員会幹事を務めた後、三五年一一月営繕需品局総務科長に就いた。この間、建国功労賞及び大典記念章、皇帝訪日記念章を授与された。

江崎　八郎　▷12

満鉄鉄道総局計画課員、工業標準規格委員会委員、満州建築協会評議員、勲六等／奉天琴平町／一八九三（明二六）九／福岡県八女郡羽犬塚町／名古屋高等工業学校建築科

福岡県江崎奥七の長男に生まれ、一九一九年名古屋高等工業学校建築科を卒業し、同年七月満鉄に入社して工務局建築課に勤務した。鞍山派出所、鞍山工務所工務係、鞍山実業補習学校講師、鞍山工務所工事係主任、長春工務事務所、長春地方事務所、瓦房店地方事務所、長春地方事務所奉天省四平街在勤、安東地方事務所建築係長、安東工事区事務所建築長、総務部考査課、鉄道部工務課、鉄道建設局計画課建築係主任を経て三六年九月参事に昇任し、同年一〇月鉄道総局計画課に転任した。満州建築協会評議員を務め、新京神社を設計したほか、満州事変時の功により勲六等旭日章及び従軍記章、建国功労賞を授与され、三五年四月勤続一五年の表彰を受けた。

江崎　保次　▷9

弁護士／奉天八幡町／一八八六（明一九）四／熊本県玉名郡長洲町／東京帝大法科大学独法科

一九〇九年熊本の第五高等学校を卒業して東京帝大法科大学独法科に進み、一三年に卒業して東京地方裁判所検事局に弁護士登録をした。東京、福岡で弁護士を開業した後、一八年春に渡満して奉天で弁護士事務所を開業した。

江島　和雄　▷12

エジマ写真館主／ハルビン地段街／一九〇一（明三四）六／長崎県南高来郡島原町／中学校中退

長崎県江島吉太郎の三男に生まれ、中学校を中退して渡満し、長く写真業に従事した。その後一九三四年七月、ハルビン地段街にエジマ写真館を開設した。この間、満州事変時の功により大楯一個及び従軍記章を授与された。

江島　静男　▷13

日満漁業㈱常務取締役／大連／一八九五（明二八）／静岡県／東京水産講習所

一九二〇年東京水産講習所を修了して共同漁業会社に勤務し、後に日本水産㈱に転じた。三四年に同社が大連に日満漁業㈱を創立すると常務取締役に就任し、関東州水産界に重きをなして各種団体の重職を務めた。

江尻　喜峯　▷9

江尻装飾店主、大連金融㈱専務取締役、大連債権㈱取締役、日華製糸㈱取締役、南満金融信託㈱監査役／大連市西公園町／一八八六（明一九）八／富山県富山市惣曲輪町／関西大学法律科

一九〇四年、関西大学法律科を卒業して大阪地方裁判所書記となった。一八年に辞職して渡満し、大連で造花装飾業を開業した。生花材料の入手難から需要が増大して成功し、業務のかたわら大連金融㈱専務取締役、大連債権㈱及び日華製糸㈱の各取締役、南満金融信託㈱監査役等を務めた。

枝国　勇夫　▷12

国務院地籍整理局測量科長／新京特別市義和路代用官舎／一九〇六（明三九）一／福岡県直方市大字感田／南満州工業専門学校建設工学科鉱山分科

本姓は別、後に福岡県枝国雄の養子となった。一九二六年三月大連の南満州工業専門学校建設工学科鉱山分科を卒業して帰国し、八王子市役所土木課都市計画技手嘱託となった。次いで台湾に渡り、台北州羅東郡羅東街都市計画技手を務めた。その後一九三二年六月国務院民政部土地局技正に転出して渡満し、地籍整理局技佐・測量科長代理を経て測量科長に就いた。

枝吉　勇　▷12

満鉄産業部調査班東亞経済係主任／大連市黒礁屯／一九〇四（明三七）二／東京府東京市世田谷区新町／東京帝大経済学部計税学科

東京府枝吉歌麿の五男に生まれ、麻布中学校、松本高等学校を経て一九二七年三月東京帝大経済学部計税学科を卒業して大学院に進んだ。三〇年四月満鉄に入社して東京支社内の東亜経済調査局に勤務し、三四年六月から経済調査会東京在勤嘱託を兼務した。三五年一一月総務部資料課資料係主任となって渡満し、三七年六月産業部調査班東亜経済係主任となった。

越後長三郎　▷11

石河駅長／満鉄線石河駅／一八八七（明二〇）二／山形県最上郡大蔵村／仙台郵便局伝習生養成所

山形県農業越後長兵衛の次男に生まれ、一九〇五年四月郷里の清水郵便局通信事務員となった。〇七年三月に退職して仙台の郵便局伝習生養成所に入り、同年一〇月に卒業して翌月から新荘郵便局通信事務員となった。〇八年一月に徴兵されて東京中野電信隊に入営し、同年一〇月北清駐屯軍電信通信員として天津通信所に派遣された。一〇年一二月現地除隊して満鉄に入社し、電信方を振り出しに満鉄沿線各駅に勤務した後、石河駅長に就任した。

越前屋幸吉　▷12

満鉄四平街駅庶務助役、勲八等／奉天省四平街駅／一九〇二（明三五）七／秋田県北秋田郡大館町／大館小学校高等科

秋田県越前屋永造の次男に生まれ、一九一七年三月大館小学校高等科を卒業した後、一八年二月に渡満して満鉄に入り、公主嶺車輌係、同係庶務方、公主嶺機関区調度方を経て同年四月四平街機関区に勤務した。三三年三月チチハル建設事務所調度方に転勤した後、四平街機関区調度方を経て三五年三月四平街駅庶務助役となった。この間、満州事変時の功により勲八等及び従軍記章、建国功労賞を授与され、三三年四月勤続一五年の表彰を受けた。

衛藤　亥吉　▷12

日満商事㈱大連受渡事務所長／大連市日満商事㈱大連受渡事務所／一八九三（明二六）一／熊本県熊本市船場町／満鉄育成学校

熊本県衛藤運吉の長男に生まれ、一九〇七年四月一四歳で渡満し、満鉄見習として埠頭事務所に勤務した。次いで一〇年に満鉄見習学校を修了して社員に昇格し、大連鉄道事務所勤務を経て、営口販売事務所長となった。その後三六年一〇月満鉄商事部の業務を継承して日満商事㈱が創立されると同社に転出し、本社参事を経て三七年七月大連受渡事務所長となった。この間、勤務良好により模範社員として表彰を受け、三三年四月満鉄勤続二五年の表彰を受けた。

江頭　七次　▷12

満鉄蘇家屯医院薬剤長／奉天省蘇家屯穂高町／一九〇一（明三四）九／佐賀県佐賀郡新北村／長崎医科大学附属薬学専門部

佐賀県江頭常吉の七男に生まれ、一九二四年長崎医科大学附属薬学専門部を卒業し、二六年五月に渡満して満鉄撫順医院薬剤員となった。三一年四月安東医院に転勤した後、三五年八月蘇家屯医院薬剤長となった。この間、満州事変時の功により従軍記章及び楯を授与された。

江頭　仁三　▷12

満鉄八区站貨物主任、勲八等／浜江省八区站／一九〇一（明三四）／佐賀県三養基郡北茂安村／拓殖大学支那語科

佐賀県江頭兵吉の四男に生まれ、佐賀中学校を経て一九二四年三月拓殖大学支那語科を卒業し、同年四月関東庁武道教師となって渡満した。柔道五段の腕を生かして武徳会満州支部武道教師嘱託、旅順第一中学校武道教師嘱託を務めた後、満鉄に入社して庶務部社会課奉天在勤武道教師となり、満州医科大学予科武道教師、南満医学堂武道教師を兼務した。次いで大連埠頭貨物方、埠頭事務所勤務を経て同監視係事務助役となり、消防副監督及び学務課武道教師を兼務した後、埠頭事務所第一埠頭貨物助役、同倉庫係貨物助役を歴職し、三五年三月ハルビンに転勤して八区站貨物主任となった。

衛藤　祐盛　▷3

満鉄運輸部運転課職員、正八位／大連市近江町／一八八三（明一六）一二／大分県宇佐郡安心院村／京都帝大理工科大学機械科

一九〇八年七月京都帝大理工科大学機械科を卒業し、同年八月に渡満して満鉄に入社し、運輸部運転課に勤務した。

江藤　盛一　▷11

東洋拓殖㈱ハルビン支店副支配人、北満電気会社取締役／ハルビン埠頭区地段街／一八九〇（明二

三）八／鹿児島県肝属郡高山村／東京東洋協会専門学校

鹿児島県官吏江藤盛美の長男に生まれ、一九一四年東京東洋協会専門学校を卒業し、同年七月京城の東洋拓殖会社に入社して計算課に勤務した。一七年九月庶務課に転じ、二三年四月参事となった。二四年三月大連支店庶務係長として渡満し、同年一二月から事業係長を兼任した。二五年四月ハルビン支店に転任して庶務係長となり、同年一二月副支配人に就いて北満電気会社取締役を兼任した。

江藤　透　▷12

満鉄撫順炭砿竜鳳採炭所工作係主任／奉天省撫順竜鳳三丁目／一九〇六（明三九）一〇／佐賀県佐賀郡新北村／九州帝大工学部機械科

佐賀県江藤筎太郎の長男に生まれ、一九三〇年三月九州帝大工学部機械科を卒業して同年四月満鉄に入り撫順炭砿大山採炭所に勤務した。三三年一二月工作課、三五年一二月機械係技術担当員を経て三六年一〇月竜鳳採炭所工作係主任となった。この間、満州事変時の功により大盾及び従軍記章を授与された。

衛藤　利夫　▷12

満鉄奉天図書館長、王道書院維持会顧問／奉天新高町／一八八三（明一六）一一／熊本県上益城郡飯野村／東京帝大文科大学哲学専科

熊本県衛藤東春の長男に生まれ、一九一二年東京帝大文科大学哲学専科を卒業した後、一五年に東京帝大図書館司書となった。その後一九年七月に渡満して満鉄に入社し、二〇年一月奉天図書館主事、同年二月奉天実業補習学校主事嘱託を経て二二年五月奉天図書館長となり、二七年五月から奉天八幡町図書館主事を兼務した。二八年三月東洋文献及びその処理法、図書館業務改善の調査研究のため東京に留学した後、二九年四月奉天図書館長専任となり、三四年六月参事に昇格した。この間、図書館学に関する著訳書多数を著し、奉天地方委員会副議長を務めたほか、満州事変後に自治指導部講師として資政局訓練所で学生の指導に当たり、功により軍士像及び従軍記章を授与された。長男馨は奉天の満州医科大学に学んだ。

江藤　豊二　▷3

三井物産㈱奉天出張所主任、奉天商業会議所会頭／奉天新市街西四条街／一八八二（明一五）一一／鹿児島県日置郡串木野村／東京立教学院

鹿児島県江藤治兵衛の子に生まれ、一九〇〇年三月東京の立教学院を卒業して三井物産の中国修学生となり、上海、天津に三年留学した。その後同社員となり、一〇年一〇月奉天出張所主任に抜擢されて渡満した。業務のかたわら一二年四月から奉天居留民会会長代理を務めたほか、一五年八月奉天商業会議所会頭に就任した。

榎並　直　▷12

満州炭砿㈱西安炭砿工事課長／奉天省西安県満州炭砿㈱西安炭砿社宅／一八九六（明二九）一一／宮城県伊具郡金山町／岩倉鉄道学校本科建設科

宮城県榎並芳右衛門の次男に生まれ、一九一二年東京の岩倉鉄道学校本科建設科を卒業し、同年一〇月京成電気軌道会社技手補となった。次いで一六年一〇月鹿児島県土木技手、一七年九月桃沖鉱山技術員、一九年九月浦塩派遣軍倉庫嘱託、二〇年一一月東洋塩業㈱技手、二三年五月新農墾植公司技師、同年八月東洋拓殖㈱嘱託兼務、二四年七月小田原電気鉄道会社嘱託、二七年四月大東京鉄道会社技師を歴職した。その後三四年三月西安煤砿公司に入り、三五年一月満州炭砿㈱に編入された後、西安炭砿工事課長となった。

榎田　修二　▷12

満鉄博克図検車段検車助役／興安東省博克図検車段／一九〇三（明三六）一〇／岩手県盛岡市上田／盛岡工業学校機械科

旧姓は松坂、盛岡市榎田秀代の養子となり、一九二二年県立盛岡工業学校機械科を卒業した。二四年一月仙台鉄道局に入って青森検車所に勤務し、三五年一一月鉄道局技手に昇格して同時に免官となり、同年一二月に渡満して満鉄に入った。新京検車区検車助役を務めた後、三七年一月博克図検車段検車助役となった。

榎本　要　▷1

榎本組主、大連競売所重役／大連市／一八七三（明六）一一／兵庫県

え

神戸市南仲町

一八九二年から数年の間実業に従事し、その後外務省に勤務した。一九〇〇年義和団事件の際に辞職し、中国に渡って北京、天津間で陸軍用達業を営み、事件終息後は海軍用達も兼営した。〇四年二月日露戦争が始まると宇品停泊司令部の用達となって柳樹屯に上陸し、大連に入って陸海軍の用達業に従事した。戦後は海軍専属用達と満鉄の用達業を経営して大連港築港工事の石材供給等を行い、かたわら大連競売所の重役を務めた。

榎本謙七郎 ▷3

榎本商店主／大連市霧島町／一八六六（慶二）／兵庫県神戸市山本通／東京高等商業学校

一八八八年東京高等商業学校を卒業して貿易商、海運業を営んだ後、欧米に数年間巡遊した。その後一九一三年九月に渡満して大連市山県通に榎本商店を設立して海産物販売業を始め、翌年四月業務の拡張に伴って武蔵町に移転した。重要物産取引所取引人として特産物貿易に従事するかたわら海運業と土木請負業も兼営した。

榎本　了教 ▷12

奉天省四平街専売署員／奉天省四平街専売署／一九〇二（明三五）五／和歌山県和歌山市鳴神／九州帝大法文学部

一九二五年大阪外国語学校仏語科を卒業して九州帝大法文学部に進み、二八年に卒業した。三二年一〇月黒龍江省禁烟勤務処職員となり、三三年一月竜江専売支署、次いで三四年七月ハルビン専売署に転勤し、三五年四月浜江専売処弁事となった。三六年九月専売署事務官に昇格して浜江専売署富錦分署長となり、佳木斯専売署勤務を経て三七年三月奉天省四平街専売署に転勤した。

江幡　亀寿 ▷12

大連第二中学校長、正六位／大連市水仙町／一八九〇（明二三）一／茨城県水戸市大字下市藤柄町／東京高等師範学校本科博物部

一九一五年東京高等師範学校本科博物部を卒業し、群馬県立太田中学校教諭、山梨県南都留郡瑞穂尋常高等小学校長、瑞穂実業補習学校訓導兼校長、埼玉県立浦和中学校教諭、福島県師範学校教諭に歴任した。次いで香川県視学、香川県立高松中学校教諭、同県立大川中学校長兼教諭、同県立多度津中学校長兼教諭を経て名古屋市主事となり、社会教育課長、兵事課長兼務に歴任した。その後三六年九月関東中学校長となって渡満し、大連第二中学校長に就いた。

江畑　トラ ▷8

料亭松廼家主／奉天／一八七六（明九）一一／和歌山県西牟婁郡田辺町

日露戦後の一九〇五年、夫と共に朝鮮に渡り仁川に在住した。安東県草河口、本渓湖を経て一四年奉天に移り、夫婦で柳町に料亭廼家主を開業し女将として差配した。

江幡　寛夫 ▷12

国務院文教部編査官、学務司勤務／新京特別市永昌胡同第一代用官舎／一九〇三（明三六）二／茨城県水戸市藤柄町／東京帝大法学部政治学科

茨城県教員江幡辰三郎の長男に生まれ、水戸中学校、水戸高校を経て東京帝大法学部政治学科に入学し、一九二八年に卒業して大学院に進んだ。三〇年一月東京政治学校教授となったが、三二年七月に渡満して満州国文教部編査官となり、学務司に勤務した。

江浜　賢吉 ▷13

南満州瓦斯㈱錦州支店長／錦州／一八九一（明二四）一／福岡県福岡市南港町

一九一二年水産学校を卒業して長く水産事業に従事した後、二五年に渡満して創立直後の南満州瓦斯㈱に入社して安東支店経理係主任となった。二九年六月鞍山支店に転勤した後、三四年四月同支店経理係主任、三九年三月新京支店長代理兼庶務係主任を経て四二年一月錦州支店長に就任した。

頴原　淳 ▷12

㈱満州弘報協会奉天支社通信部長／奉天藤浪町／一九〇四（明三七）五／長崎県南松浦郡富江町／大阪外国語学校スペイン語科

一九二六年大阪外国語学校スペイン語科を卒業し、二七年一月朝鮮の京城日報社に入った。三三年一二月国際通運会社に転じて本社に勤務した後、三四年一二月奉天支社勤務となって渡満し

え

た。その後三六年七月満州弘報協会に転じて奉天支社に勤務し、後に通信部長を務めた。

江原　幹三　▷12

関東海務局港務課長、関東海員審判所審判官、海務協会常議員、従五位／大連市愛宕町／一八八五（明一八）三／佐賀県佐賀市赤松町／東京高等商船学校

佐賀県江原宏雄の三男に生まれ、一九一二年東京高等商船学校を卒業して日新汽船会社に入った。一六年一二月神戸の㈱互光商会に転じた後、一八年二月さらに川崎造船所船舶部に転じて盛福丸、イースト・ウインド号、来福丸、丁抹丸、けいぷたうん丸、ていむす丸、おはいを丸、ふろりだ丸等の船長及び新造船艤装監督を務めた。二八年七月に退社して関東庁海務局技師となり、海務局港務課長に就任した。また関東州船舶職員及水先人懲戒委員会理事及び関東州水先人試験委員を務めたほか、三六年九月に関東海員審判所が設置されると審判官に就いた。この間、三四年に昭和六年乃至九年事変の功により一時賜金を授与され、三五年に皇帝訪日記念章を受けた。

江原　儀一　▷12

満鉄博克図警務段長、従六位勲六等／興安東省博克図満鉄警務段長局宅／一八九六（明二九）五／山口県大津郡日置村／陸軍士官学校

陸軍中央幼年学校を卒業し、一九一六年五月士官候補生として歩兵第六三連隊付となり旅順に半年間駐箚した。次いで一九年五月陸軍士官学校を卒業して各地に勤務し、この間二五年五月から半年間奉天及び天津に派遣された。三一年八月歩兵第六三連隊付、鳥取県立農学校配属を経て三四年八月歩兵少佐に累進して待命となった。三五年三月満鉄鉄路総局職員となって渡満し、奉天鉄路局警務処防務科勤務を経て同年四月瀋陽警備犬訓練所主任兼務、同年一一月朝陽鎮警務段長となった。その後三六年七月朝陽鉄路監理所監理員、同年九月同所巡監、同年一〇月ハルビン鉄路局警務処警務科長を歴任し、三七年四月博克図警務段長となった。

顕原　卓爾　▷12

満州電業㈱工務部建設課発電係／新京特別市東光路／一九〇七（明四〇）三／長崎県南松浦郡富江町／旅順工科大学第二類

長崎県顕原修一郎の五男に生まれ、一九三〇年三月旅順工科大学第二類を卒業し、大連の南満州電気㈱に入社した。三一年一二月旅順の砲兵大隊に入隊して兵役に服し、除隊復職した後、三四年一二月南満州電気㈱の電気供給部門が独立して満州電業㈱が創立されると同社安東支店発電係長となった。次いで三五年九月工務部技術課発電係長を経て工務部建設課発電係となった。

江原　忠　▷4

中華民国署理税務司、大連海関長、支那双竜三等第二宝星／大連市壱岐町海関官舎／一八七六（明九）七／三重県志摩郡鳥羽町／東京高等商業学校

旧鳥羽藩士江原信彦の子に生まれ、一八九九年七月東京高等商業学校を卒業し、同年九月中国に渡り福州海関幇弁となった。一九〇六年五月営口海関に転じ、同年一〇月から二年間の賜暇を得た後、〇八年一〇月から安東県海関に勤務した。一一年一二月大連海関に転じ、一五年八月に海関署税務司頭等幇弁となり、同年秋海関長に就任した。

榎原徳三郎　▷12

㈱盛京時報社営業部長兼広告部長／奉天琴平町／一九〇五（明三八）六／滋賀県大津市観音寺町／東亞同文書院

滋賀県榎原古城の子に生まれ、一九三〇年上海の東亞同文書院を卒業し、三二年三月大阪女子高等医学専門学校に勤務した。その後渡満して仁丹㈱大連支社に勤務し、三六年六月奉天の㈱盛京時報社広告部長に転じ、三七年一月営業部長兼任となった。

江原　徳次　▷12

国際運輸㈱吉林支店敦化営業所主任／吉林省敦化国際運輸㈱営業所／一八九八（明三一）七／佐賀県小城郡三日月村／青島学院支那語初等科・英語各初等科

私立青島学院の支那語及び英語の各初等科を修了し、佐賀県中津町の㈾小松屋青島支店、佐賀県の土木建築請負業池田組青島支店、満鉄作業請負業西村組青島支店、同組安東本店に歴勤した。次いで二五年四月国際運輸㈱に転じて安東支店、新義州支店、安東支店に歴勤し、三六年九月吉林支店敦化営業所主任となった。

海老沢　清　▷12

吉林省公署総務庁総務科員／吉林江沿街省公署総務庁／一九〇八（明四一）九／東京府東京市芝区西久保桜川町

東京府海老沢兌一の四男に生まれ、慶応義塾商工学校を経て一九三二年三月慶応大学経済学部を卒業し、同年六月国務院資政局訓練所に入所した。同年一〇月改称後の大同学院を卒業して奉天省鳳城県属官となった。次いで三六年五月吉林省公署事務官となり、総務庁総務科に勤務した。

蝦名　六郎　▷12

満鉄奉天保健所検診医／奉天新高町満鉄保健所／一八九九（明三二）七／青森県弘前市大字本町／南満医学堂本科

弘前中学校を卒業して渡満し、一九二三年南満医学堂本科を卒業して同年九月満鉄奉天医院医員補となり、耳鼻咽喉科及び内科に勤務した。次いで二四年安東医院医員兼安東区学校医に転任し、三一年五月から安東中学校医を兼務した。その後三三年三月に瓦房店医院医長となり、三五年二月から内科学研究のため京城帝大に二年間留学し、地方部付医長を経て三七年四月奉天保健所検診医となった。

江部　易開　▷11

奉天中学校教諭／奉天稲葉町／一八八八（明二一）五／新潟県南蒲原郡下條村／広島高等師範学校

新潟県教員江部易往の三男に生まれ、一九一一年広島高等師範学校を卒業した。富山県立砺波中学校教諭となって六年勤めた後、一七年三月中国に渡って山東省の青島中学校教諭となった。二四年三月、奉天中学校主席教諭に転じて渡満した。

江部金太郎　▷12

㈾／ハルビン建築公司チチハル支店主任／龍江省チチハル財神廟街／一九一〇（明四三）三／新潟県南蒲原郡田上村／高等小学校

新潟県江部惣吉の次男に生まれ、郷里の高等小学校を卒業した後、ハルビンの建築公司を経営する叔父江部継太郎を頼って渡満した。以来叔父の下で土木建築請負業に従事し、一九二七年四月チチハル支店の開設と同時に同地に赴任し、三四年二月主任となった。業務のかたわらチチハル居留民会第一区副区長を務めた。

江部継太郎　▷12

ハルビン建築公司主／ハルビン新安埠安寧街／一八八二（明一五）一／新潟県南蒲原郡田上村

一九一二年秋に渡満していったん帰国し、一三年一〇月に再び渡満して北満製粉㈱建築技術者となった。その後一九年に退社し、同年八月石頭道街に㈾ハルビン建築公司を興して代表社員となり、二一年に個人経営として業務を拡張し、後に本店営業所を安寧街に移した。この間、二七年四月チチハルに支店を開設して甥の江部金太郎に任せ、後に主任とした。

江馬　正壽　▷11

公主嶺郵便局鮫島通出張所長／吉林省公主嶺朝日町／一八八五（明一八）三／和歌山県和歌山市小松原通

和歌山県公吏江馬虎之助の長男に生まれ、三歳で家督を相続した。一九一〇年七月に渡満して安東県郵便局に勤務し、二八年四月公主嶺郵便局鮫島通出張所が開所されると同時に所長に就任した。

江村栄三郎　▷12

福昌号主／吉林新開門外／一九〇五（明三八）七／山口県山口市大国下宇野

本姓は別、後に吉林南大路で木材商を営む同郷の江村武治郎の養子となった。早くから実業に従事し、一九三三年一〇月同県阿武郡出身の吉武常一が経営する吉林新開門外の石光洋行の店舗一切を譲り受けて食料雑貨・世帯道具商を営んだ。大連及び日本から仕入れて卸小売を半々とし、従業員七人を使用して年商高一二、三万円を計上した。

江村武治郎　▷12

木材商、吉林銀行監査役／吉林南大路／一八七二（明五）九／山口県山口市上宇野令町

早くから渡満し、一九一二年三月吉林で木材商を開業した。以来同業を経営し、かたわら同地古参の日本人として吉林銀行ほか多くの事業に関係した。夫婦間に男子なく、同郷で吉林新開門外で食料雑貨・世帯道具商を営む栄三郎を養子とした。

榎森　新　▷10

榎森商店主／大連市柳町／一八八八（明二一）一一／兵庫県武庫郡西灘村／函館商業学校

函館に生まれ、一九〇八年函館商業学校を卒業して渡満した。大連の日清豆粕製造㈱に勤務し、一〇年に函館出身の実業家小島鉦太郎の娘と結婚した。営口、開原、長春の各支店主任を務め、一七年にハルビンに赴き同社支店を開設して主任に就いた。その後、岳父の小島が特産物取引人の免許を得て特産物商を開業することになり、一九年九月に退社して小島の設立した新正洋行を共同経営した。その後業務を拡張して繁忙を極めたため、二四年八月に業務を分割して特産部の営業一切を引き継ぎ、榎森商店として独立開業した。

江森　正直　▷12

満鉄鉄道総局輸送委員会会員、勲七等／奉天八幡町八幡館／一八九〇（明二三）一〇／埼玉県北葛飾郡上高野村／攻玉社工学校土木科

埼玉県江森和三郎の五男に生まれ、一九一四年東京の攻玉社工学校土木科を卒業して研究科に進んだが、大沼攻玉社校長の推薦により満鉄に入社して工務課に勤務した。大連保線係、技術局保線課、大連管理局保線課、運輸部線路課、鉄道部保線課、同工務課に歴勤した後、三四年一一月鉄道部第二輸送課に転勤し、鉄道橋梁の検査・補修と保線業務の組織、保線定員の設定と保線業務の改善指導、特殊輸送に関する施設の計画業務を担任した。その後三六年一〇月副参事に昇格して鉄道総局に転任し、輸送委員会に勤務した。この間、満州事変時の功により勲七等瑞宝章及び従軍記章を授与されたほか、二七年四月に創立二〇周年記念表彰、三〇年四月に勤続一五年の表彰を受けた。

江山　芳明　▷12

満鉄ハルビン食堂営業所支配人／ハルビン馬家溝協和街／一八九八（明三一）一／山口県吉城郡平川村／県立山口中学校

山口県江山辰之助の四男に生まれ、一九一六年三月県立山口中学校を卒業し、同年九月鉄道院に入り横浜駅に勤務した。次いで浅草ビルディング食堂部係、同庶務仕入係等を経て朝鮮に渡り、総督府鉄道局事務助手、朝鮮鉄道ホテル㈱等に歴勤した。その後三四年四月に渡満して満鉄鉄路総局食堂車営業所に勤務し、奉天食堂車段勤務、同食堂車副段長、同食堂車助役を経て三六年一一月ハルビン食堂営業所支配人となった。

江里口吉太郎　▷11

文具商／旅順市青葉町／一八八九（明二二）七／佐賀県小城郡岩松村

佐賀県農業江里口庄吉の次男に生まれ、一九〇六年三月郷里の小城中学校を卒業し、朝鮮に渡って京城郵便局に勤務した。〇九年一二月に帰国し、一年志願兵として佐賀歩兵第五五連隊に入営して兵役に服した後、一一年一月に再び朝鮮に渡って朝鮮鉄道局に入り、京元線及び咸鏡線の建設工事に従事した。その後一八年四月朝鮮鉄道局を辞め、同年五月に渡満して旅順で文具商を営んだ。

槐　常蔵　▷11

書籍支那向け雑貨商／大連市北大山通／一八八五（明一八）一二／千葉県香取郡新島村／法政大学

千葉県商業林周助の次男に生まれ、同県槐安次郎の娘婦佐の婿養子となった。一九〇六年法政大学を卒業した後、〇七年に千代田銀行に入ったが、〇九年二月満鉄に転じて渡満し調査課に勤務した。一五年六月満鉄を退社して大連で書籍・雑貨商を始め、かたわら星ヶ浦土地㈱監査役、商工会議所常議員、関東庁経済調査会臨時委員等を務めた。

円城寺半蔵　▷12

国務院総務庁人事処員／新京特別市大同大街国務院総務庁／一九〇一（明三四）三／千葉県印旛郡千代田村／満州法政学院政治経済科

一九一七年三月鉄道院に入り、次いで二〇年三月満鉄に転じて渡満し、勤務のかたわら二五年に大連の満州法政学院政治経済科を卒業した。その後三二年六月満州国監察院事務官となり、国都建設紀年式典準備委員会彰賞部幹事を務めた後、同年九月国務院総務庁事務官に転任して人事処に勤務した。

遠藤　伊平　▷11

関東州貔子窩小学校訓導／貔子窩財神廟街／一八九九（明三二）九

／岐阜県益田郡下呂町／岐阜県師範学校、旅順師範学堂研究科

岐阜県農業遠藤竹次郎の次男に生まれ、一九二一年岐阜県師範学校を卒業した。二三年に渡満して旅順師範学堂研究科に入学し、翌年三月卒業して関東州貔子窩小学校訓導に就いた。

遠藤梅三郎　▷11

旅館業、勲七等／吉林商埠地／一八七七（明一〇）一〇／愛知県碧海郡大浜町

愛知県農業遠藤松助の次男に生まれ、叔母遠藤ハルの養嗣子となった。一九〇六年一月に渡満して満鉄奉天公所に勤務したが、一二年に退社して吉林で旅館業を営んだ。

遠藤　一夫　▷12

満鉄鉄道研究所員／大連市黒礁屯／一八八六（明一九）二／東京府東京市本郷区根津宮永町／東京高等工業学校窯業科

東京府遠藤義澄の長男に生まれ、一九一三年東京高等工業学校窯業科を卒業し、同年五月大阪窯業会社に入った。一五年八月㈾高田商会、二二年七月日本光学工業研究部技手、二六年七月極東硬質硝子工業所に歴勤した後、二七年五月満鉄に入り技術研究所に勤務した。三〇年六月理学試験所、三一年一二月中央試験所に勤務して三五年一〇月中央試験所金属分析室主任となった。三六年九月副参事に進み、三七年三月鉄道研究所に転任した。大日本窯業協会、日本工業化学会、満州技術協会の各会員として分析化学を専門とした。

遠藤　清　▷12

清華商会主、ハルビン運動倶楽部幹事、勲六等／ハルビン道裡外国八道街／一八八八（明二一）三／東京府東京市本郷区春木町／早稲田大学英文科

東京府遠藤喜徳の長男に生まれ、明治学院を経て早稲田大学英文科を卒業し、一九〇九年スタンダードオイルカンパニー横浜支店に入った。在職一年で陸軍砲兵工廠技手に転じ、次いで一七年八月ロシアに渡りモスクワに一年半滞在した。その後ハルビンに移り、一八年四月に北満電気㈱が創立されると同社に勤務した。二五年八月に退社して清華商会を興し、建築材料販売と特殊工事設計施工請負業を経営した。奉天、新京、牡丹江に支店・出張所を置き、従業員一五人を擁した。

遠藤憲治郎　▷11

満鉄開原地方事務所地方係長／奉天省開原長寿街／一八八九（明二二）二／三重県津市綿内町／東京外国語学校支那語本科

三重県軍人遠藤敬吉の長男に生まれ、一九一一年東京外国語学校清語本科を卒業した。翌年五月に渡満し、関東都督府雇員として財務課に勤務した。一三年一一月満鉄に転じ、遼陽公学堂授業嘱託、奉天省四平街公学堂、奉天省四平街、本渓湖、奉天鉄嶺の各地方事務所勤務を経て二六年九月開原地方事務所地方係長に就いた。この間上海、南京、青島、済南、天津、北京等を視察した。実弟の河野栄二も渡満して大連で実業に従事した。

遠藤愿四郎　▷11

大連郵便局員、従七位勲八等／大連市大和町／一八八三（明一六）一二／岩手県西磐井郡一関町

岩手県の三陸商社支配人遠藤健二の子に生まれ、一九〇一年一〇月通信事務員となり一関郵便局に勤務した。東京芝郵便局、東京郵便局に転勤した後、〇六年五月判任待遇の野戦郵便吏となって渡満した。その後関東都督府付、都督府通信書記補を経て二二年一〇月関東庁逓信書記となり、大連郵便局小包郵便課に勤務した。この間「大正四、九年事件」の功により賜金を受けたほか、始政二〇年勤続者として関東長官から銀盃を受けた。長男正幹と次男緒雄はともに満鉄育成学校を修了した。

遠藤　後一　▷12

満州弘報協会理事、満州日日新聞社取締役、大新京日報社、満蒙日報社㈱董事／新京特別市中央通金華寮／一八九三（明二六）一二／岩手県胆沢郡前沢町／東京帝大法学部法律学科

岩手県遠藤精の四男に生まれ、一九二〇年一〇月東京帝大法学部法律学科在学中に文官高等試験行政科に合格し、二一年三月に卒業して同年五月逓信局書記兼通信属となった。山口、岡山の各郵便局長を務めた後、通信局事務官・通信事務官に進んで広島逓信局逓信講習所岡山支所長に就いた。ドイツ、アメリカに留学した後、貯金局書記官となり同局整理課長、電気局業務課長、

逓信監察官を歴任した。その後満州電信電話㈱営業部業務課長に転出して渡満し、三六年八月満州弘報協会理事に就任して満州日日新聞社、大新京日報社、満蒙日報社の役員を兼任した。

遠藤 繁清 ▷12

満鉄南満州保養院長、大連市衛生委員／大連市黒礁屯／一八八四（明一七）四／北海道小樽市高砂町／東京帝大医科大学

遠藤次郎右衛門の長男として静岡県駿東郡片浜村に生まれ、一九〇八年東京帝大医科大学を卒業して病理学教室で研究に従事した。〇九年九月同大学助手を経て一一年副手となり、附属病院青山内科に勤務した。一四年伝染病研究所技手に転じたが、一五年九月病気のため退職した。その後一八年一一月ロシア赤十字社茅ヶ崎療養所長となり、次いで二〇年三月東京市技師に転じて市立療養所副所長となった。二八年二月論文「結核ノ人工的免疫ニ関スル実験的研究」により東京帝大より医学博士号を取得し、同年欧米に出張して結核研究並びにその治療施設を視察した。二九年七月に帰国し、同年一二月に渡満して満鉄に入り、南満州保養院の創設に従事して後に院長に就いた。著書に『通俗結核病論』『療養新道』がある。

遠藤 重助 ▷11

開原守備隊付陸軍歩兵中尉、従七位／奉天省開原守備隊／一九〇一（明三四）三／宮城県仙台市上染師町／陸軍士官学校

宮城県軍人丹野重治の次男に生まれ、同県遠藤彦七の養子となった。一九二二年陸軍士官学校を卒業して少尉に任官し、仙台歩兵第二九連隊、会津若松連隊に勤務して中尉に昇任し、二六年九月開原守備隊に転任して渡満した。文筆の才があり、独立守備隊歌の募集に応じて三等に入選した。

遠藤 丈次 ▷12

満鉄ハルビン営繕所建築係主任／満鉄ハルビン営繕所／一九〇一（明三四）一〇／東京府東京市四谷区内藤町／早稲田大学理工学部建築科

早稲田中学校を経て一九二四年三月早稲田大学理工学部建築科を卒業し、同年五月鉄道省東京第二改良事務所に勤務した。次いで八王子、東京改良事務所に勤務した後、三三年三月満鉄に転じて渡満した。鉄道建設局計画課、ハルビン建設事務所、同所北安分所、鉄道建設局ハルビン分所、ハルビン工事処工務員、三棵樹工務段建築副段長、工事助役を歴職し、三六年一一月ハルビン営繕所建築係主任となった。

遠藤 真一 ▷8

満蒙毛織㈱専務取締役／奉天／一八八四（明一七）一二／愛知県西加茂郡挙母町

三井物産上海支店に勤務した後、上海紡績㈱に転じ、さらに足利紡績㈱に転じた。一九二五年七月、満蒙毛織㈱専務取締役となって渡満した。

遠藤 盛邦 ▷3

関東都督府警視、金州民政署支署長、従六位勲六等／金州城内／一八七五（明八）一二／山形県米沢市関東町

一九〇五年一二月に渡満して関東都督府巡査となり、大連、旅順、公主嶺、長春、安東県の各警察署に勤務した。一一年一月警視に昇任して金州に赴任し、金州民政署支署長を務めた。

遠藤 盛弥 ▷13

山下汽船㈱大連支店長／大連／一八八九（明二二）／福島県大沼郡玉路村／早稲田大学

旧会津藩士遠藤介五郎の三男に生まれ、一九一六年早稲田大学を卒業して神戸の山下汽船に入社した。勤続して山下亀三郎社長の厚い信任を受け、大連支店長に抜擢されて渡満した。在学中は早大柔道部の選手として同部の黄金時代を築き「ジャイアント盛ちゃん」と愛称され、大連滞在中は講道館七段として関東州柔道有段者会会長を務めた。

遠藤 武夫 ▷11

湯崗子温泉㈱支配人、勲八等／湯崗子／一八七五（明八）一／佐賀県杵島郡西川登村／明治法律学校第二学年修業

一八九六年明治法律学校第二学年を修業し、一九〇四年六月日露戦争に際し野戦鉄道雇員となり、翌月大連に渡った。〇七年四月の満鉄開業とともに入社し、以来鉄道部庶務係員として鉄道業務に従事した。二二年勤続して二六年七月に退社し、湯崗子温泉㈱支配人に就任した。

遠藤　常久　▷11

正隆銀行調査課長／大連市霧島町／一八九七（明三〇）一二／鳥取県東伯郡浅津村／東京帝大法学部独法科

鳥取県医師和泉漱三の三男に生まれ、伯父遠藤河津三の養子となった。一九二一年一〇月東京帝大法学部独法科を卒業し、翌年四月第三銀行に入り浅草支店に勤務した。二三年一一月安田系の銀行が合同したため安田銀行員となり、二五年千束町支店勤務を経て翌年五月安田系の正隆銀行に転勤となって渡満した。大連本店に勤務し、二七年三月調査課長代理を経て同年九月調査課長に就いた。夫人郁は東京音楽学校ヴァイオリン科の出身で、夫妻ともに音楽を愛好した。

遠藤　藤吉　▷9

満鉄社長室参事、従四位勲四等／大連市乃木町／一八六八（明一）一二／新潟県長岡市城内町／帝国大学工科大学土木工学科

一八九三年帝国大学工科大学土木工学科を卒業し、翌年一一月南海鉄道㈱創業の際に招かれて入社した。九六年一月建設課長となり、一九〇一年七月営業課長を兼務し、〇二年五月技師となった。〇三年五月から翌年六月まで鉄道事業視察のため欧米各国に出張し、〇五年四月日露戦争に際し逓信省より臨時軍用鉄道監部付に任じられ奏任官待遇として軍用鉄道建設に従事した。次いで〇六年一〇月韓国統監府鉄道監理局技師に任じられ、臨時建設部工務課長として京義線の竣成に従事して勲六等単光章と金三五〇円を受けた。〇八年二月監査課長を兼任し、翌年六月の官制改正により統監府鉄道庁技師となり建築課長に就いた。一一年二月鉄道院西部鉄道管理局工務課長に転任して帰国し、同年七月勲四等瑞宝章を受けた。一三年五月神戸鉄道管理局技術課長に就任し、京都停車場改造に際し現業員の意見を取り入れ模範的停車場を完成して名声を博し、同年一二月大正天皇即位の大礼に関する委員に任命された。一九年八月満鉄技術部次長に転じて渡満し、二二年一月社長室参事となった。

遠藤藤次郎　▷3

満鉄営口駅長／奉天省営口新市街／一八七五（明八）七／東京府東京市麹町区有楽町／東京早稲田専門学校

一八九五年早稲田専門学校を卒業して逓信省鉄道作業局に勤務し、一九〇六年日露戦争直後に野戦鉄道提理部に編属されて渡満した。その後〇七年四月満鉄開業とともに入社し、以来勤続して営口駅長を務めた。

遠藤　寿儼　▷11

満鉄嘱託、従四位勲三等功五級／鄭家屯／一八七五（明八）五／東京府荏原郡駒沢町／陸軍大学校

東京府官吏遠藤諄造の長男に生まれ、一八九三年広島中学校を卒業した。陸軍に入って砲工学校、砲兵射撃学校を修了して中尉に任官し、〇四年日露戦争に従軍して各地の戦闘で十数回負傷し、功により勲五等功五級に叙された。砲兵工廠検査官を務めた後、陸軍大学校に入り、一九一二年に卒業して参謀本部付となり、参謀官や農商務省の産業調査班長として内外蒙古とシベリア及び南北中国に駐在した。その後、北京公使館付、近衛連隊付旅順司令部参謀長に就いたが、持病のため辞職して満鉄嘱託となり、かたわら大連市会議員を務めた。長男功は近衛歩兵連隊中尉を務め、夫人と長女及び次女はともに日本女子大学を卒業した。

遠藤　裕太　▷14

満州起業㈱社長／大連市加賀町／一八六八（明一）八／東京府東京市京橋区新湊町／東京築地小学校

東京府陸軍用達商遠藤万兵衛の次男に生まれ、一八八〇年東京の築地小学校を卒業した。八一年九月三井物産横浜支店の給仕となり、上海、芝罘、香港、大阪、横浜の各支店に勤務した後、一九〇二年営口支店主任となって渡満した。〇五年奉天支店主任に転じ、〇七年には長春支店主任を務めたが〇九年七月に退社した。翌年四月満鉄社員調弁所に入って後に主任を務めたが、一二年四月に和洋紙・綿布商の光明洋行に転じ、一五年七月同社が解散すると事業を継承して行主に就いた。一七年に為替仲立業の満州起業㈱を興して社長に就任したほか、大連取引所信託㈱及びソーライト㈱の取締役と満州貯金信託会社及び満州皮革㈱の重役、大連商業会議所常議員を兼務し、一五年一〇月から二一年三月まで大連市会議員を務めた。夫人スズとの間に一男四女

え

あり、長男藤吉は慶應義塾を出て三井物産に勤務した。

遠藤　昌義　▷12

国務院民政部警務司員、満州国協和会民政部分会幹事／新京特別市北安路市営住宅九号／一九〇六（明三九）二／愛知県名古屋市西区手木町／東京帝大法学部法律学科

愛知県遠藤政三郎の三男に生まれ、名古屋中学校、第八高等学校を経て一九二九年三月東京帝大法学部法律学科を卒業した。高等文官試験行政科及び司法科に合格して三二年一月山梨県警部補となり、巡査教習所教官を経て同年八月猿橋警察署長となった。三四年六月国務院民政部事務官に転じて渡満し、警務司に勤務した。柔道二段の腕を有し、学窓を出て以来一貫して保安警察事務に従事し、満州国協和会の創立とともに民政部分会幹事を務めた。

遠藤万一郎　▷12

満鉄牡丹江鉄路局図們鉄路教習所員／間島省図們満鉄図們鉄路教習所／一八八四（明一七）一一／島根県能義郡宇賀荘村／日本大学専門部法科

島根県遠藤徳太郎の長男に生まれ、一九〇六年五月日本大学専門部法科を卒業し、同年一一月総武鉄道会社に入った。〇七年九月鉄道庁車掌に転じて上野駅助役、田端駅助役に歴勤し、一二年五月文官普通試験に合格した。一四年一二月鉄道院書記に進んで南酒々井、稲毛、四街道の各駅長を歴任した後、二〇年一〇月満鉄に転じて渡満した。大連列車区車掌心得、埠頭事務所車務課助役、興業部販売課勤務、同計画係主任、販売部石炭課計画係主任、商事部石炭課大連受渡事務所作業主任、大連販売事務所旅順販売所主任を経て寛城子站長となった。次いでチチハル鉄路局機務処勤務、白城子列車段長を経て三六年九月副参事となり、牡丹江鉄路局人事科勤務図們在勤を経て三七年四月図們鉄路教習所勤務となった。

遠藤盛三郎　▷12

満鉄博克図鉄路監理所監理員／興安東省布特哈旗博克図満鉄博克図鉄路監理所／一九〇一（明三四）二／宮城県遠田郡涌谷町／中学校中退

中学校を中退した後、一九一六年北部逓信局通信生養成所を修了し、一七年一月逓信書記補となり、逓信局勤務のかたわら一七年に組合教会仙台支部専修科、一八年に逓信省監理練習所を修了した。その後一九年一月に渡満して満鉄に入り、長春駅電信方見習、長春列車区車掌、長春駅出札方、同庶務方に歴勤した。その後、第一条第二号非役・鉄道部付となって四洮鉄路局に派遣されて総務処庶務科庶務主査を務め、鉄路総局総局付・洮南鉄路局四平街弁事処総務股人事係主査を経て三五年一一月博克図鉄路監理所に転任した。この間、満州事変時の功により盃及び従軍記章を授与され、三四年四月勤続一五年の表彰を受けた。

遠藤　吉治　▷11

関東庁営口警察署警部補／奉天省営口南本街警察署官舎／一八八七（明二〇）一／福島県安達郡旭村／福島師範学校乙種講習科

福島県農業遠藤吉郎右衛門の次男に生まれ、一九〇七年福島県師範学校乙種講習科を卒業した。県下の小学校教員を務めたが、一四年五月に渡満して関東庁巡査となり、同年七月から鉄嶺警察署に勤務した。一九年一〇月警部補に進み、二六年営口警察署に転任した。この間「大正三年乃至九年戦役」の功により賞勲局から七〇円を受けた。

遠藤　隆次　▷11

満州教育専門学校教授／奉天八幡町／一八九二（明二五）二／福島県岩瀬郡須賀川町／東北帝大理学部地質学科

福島県遠藤源太郎の長男に生まれ、一九一六年東京帝大理科大学の藤井健治郎博士に就いて理学を学び、翌年から二〇年まで中学校教諭を務めた後、東北帝大理学部地質学科に入学した。二四年に卒業して満鉄に入り、満州教育専門学校教授となった。二九年三月一日付で満鉄の給付学生に選ばれ、二年間欧米各国に留学して南満州に発達するカンブリア紀系及びオルドビス紀系地層を研究した。⇒戦後は埼玉大学長に就いた。

遠藤　良作　▷12

満鉄大官屯駅助役、社員消費組合総代／奉天省撫順線大官屯駅／一八九八（明三一）八／山形県東村山郡大郷村／県立山形中学校

一九一六年三月県立山形中学校を卒業した後、同年一〇月仙台鉄道局福島分教所電信修技科を修了し、仙台鉄道局雇として山形駅電信掛に勤務した。次いで一八年一二月徴兵されて中野電信隊に入隊し、北支駐屯軍司令部付、秦皇島無線電信所付として軍務に服した。除隊復職して米沢駅車掌業務見習、山形駅車掌、楯岡駅駅務助手、余目駅助役、山形運輸事務所運転掛に歴勤して鉄道局書記に進んだ。その後三三年二月満鉄に転出して渡満し、三五年七月となった。

及川　三男 ▷12

熱河省公署民政庁旗務科長／熱河省承徳省公署理事官公館／一八九四（明二七）一一／宮城県登米郡錦織村／東京外国語学校本科蒙古語科

宮城県及川祐治の三男に生まれ、一九一七年東京外国語学校本科蒙古語科を卒業して蒙古産業協会に勤務した。一八年シベリア出兵に際し派遣軍通訳官としてシベリア各地に従軍した後、二二年に渡満して奉天の東亞勧業㈱に勤務した。その後三三年五月熱河省公署事務官に転じて民政庁に勤務し、三四年七月同省公署理事官兼地籍整理局事務官となり民政庁旗務科長に就いた。この間一九年一〇月シベリア出兵時の功により勲六等旭日章及び賜金五六〇円、さらに第二次論功により金一四〇円を授与された。

老木　近信 ▷11

長春実業新聞社主幹、新聞連合社長春支局長／長春祝町／一八九七（明三〇）九／大阪府泉南郡八木村

大阪府農業老木松太郎の長男に生まれ、一九二〇年九月に渡満した。長春実業新聞社に入り、後に同紙主幹に就き、かたわら新聞連合社の長春支局長を兼務した。同郷の夫人ソメとの間に渡満後に生まれた長男に長春、長女には支那子と命名した。

老田太十郎 ▷12

太平洋行主、全満米穀同業組合理事／奉天住吉町／一八八八（明二一）四／富山県婦負郡朝日村

富山県老田虎次郎の長男に生まれ、一九〇六年朝鮮に渡り雄基で漁業に従事した。一四年に渡満して奉天及び皇姑屯で商業を営んだ後、一六年から華北方面で諸種の事業に従事した。その後二〇年に再び奉天に移り、翌年四月から住吉町で米穀商を経営した。奉天市内を中心に錦州、熱河方面を販路とし、かたわら太陽生命保険代理店として保険代理業を兼営し、従業員三人を使用して年間一二万円を売り上げた。

扇田　健治 ▷12

満鉄鉄道総局車輌課長、社員会分会代表、勲六等／奉天稲葉町／一八九五（明二八）一〇／奈良県磯城郡川東村／旅順工科学堂機械工学科

奈良県扇田夏次郎の次男に生まれ、畝傍中学校を卒業して渡満し、旅順工科学堂機械工学科に入学した。一九一九年に卒業し、同年一二月満鉄に入り沙河口工場機械課に勤務した。二〇年一一月製罐工場に転任して二五年六月同工場鉄工課組立仕上職場主任となり、次いで二七年四月車台職場主任、三〇年一月大連工場車台職場主任、三一年四月同工場組立仕上職場主任、同年八月旋盤工具職場主任兼任、三三年五月鉄道工場計画係主任を歴任した。三四年六月技師に昇格し、三五年一〇月の職制改正で参事となり鉄道総局車輌課長に就いた。この間、満州事変時の功により勲六等及び従軍記章、建国功労賞、皇帝訪日記念章を授与された。

扇谷　亮 ▷11

満州日報社理事／大連市東公園町／一八八二（明一五）六／東京府東京市芝区愛宕町／日本大学

東京府で酒造業と呉服業を経営する扇谷嘉七の三男に生まれ、一九〇四年日本大学を卒業して国民新聞社に入った。印刷部次長、印刷部長、工場管理人、理事・工務局長等を歴任した後、国民教育奨励会理事に転じた。二七年一〇月に渡満して満州日報社営業局長となり、後に理事・満日社印刷所支配人、満州日報連合販売店取締役を兼任した。

樗木浅次郎 ▷11

瓦房店保線区保線助役／奉天省瓦房店敷島街／一八九七（明三〇）一一／鹿児島県鹿児島市上之園町／工手学校土木科

満鉄社員溝添助次郎の長男に生まれ、養母樗木トクの養子となった。一九一九年、東京築地の工手学校土木課を卒業して満鉄に入り、技術部線路課に勤務した。その後大連鉄道事務所、熊岳城保線区等に転勤し、二九年四月瓦房店保線区助役となった。

大網　利吉 ▷12

国務院外交部総務司員兼総務庁秘書処員、正七位勲七等／新京特別市東朝陽路／一八八六（明一九）八／東京府東京市芝区新橋

本姓は別、大網源之助の養子となった。一九〇三年一〇月函館郵便局通信伝習生養成所を修了して函館郵便局通信事務員となった。以来勤続して石崎、宇都宮、三田、京橋の各郵便局通信書記を務め、一〇年五月逓信官吏練習所電信科を修了して東京中央電信局内国通信課主事、臨時電信電話建設局書記兼逓信局勤務、外務省事務嘱託、逓信省事務嘱託、外務省電信官を歴任した。三五年五月国務院外交部事務官に転出して総務司に勤務し、三六年一月から総務庁秘書処勤務を兼職した。この間、大正四年乃至九年事件の功により賜金一〇〇円を受け、三四年八月満州事変時の功により勲七等白色桐葉章を授与された。夫人多喜との間に一男三女あり、長男利雄は慶応大学経済学部、長女静子は東京音楽学校箏曲科、次女重子は麹町高等女学校を卒業した。

大池　喜市　▷12

大喜洋行主／奉天琴平町／一九〇〇（明三三）六／愛知県丹羽郡古知野町

愛知県大池桂次郎の子に生まれ、一九一五年一宮市の㈱森林商店に入り綿糸布商に従事した。二三年奉天出張所詰となって渡満し、二五年安東支店の開設に当たり支店長に就いた。三一年森林商店の満州撤退に際し、その業務一切を継承して独立経営した。三六年一月店名を大喜洋行と改称し、奉天小西関南大什字街に本店を置き、大阪、一宮、東京、久留米などから原料の綿糸、毛糸、人絹を輸入し、奉天と新義州に靴下、手袋、ジャケット類の製造工場、安東に染色工場を設けた。製造業と卸商を兼ねて満州一円、朝鮮各地に販路を拡げ、後に金融業を兼営した。

大石義三郎　▷12

満鉄四平街駅長、勲六等／奉天省四平街満鉄四平街駅長社宅／一八八九（明二二）四／東京府東京市赤坂区青山南町／東京麻布中学校

東京府大石義忠の次男に生まれ、一九〇八年麻布中学校を卒業して渡満した。〇九年九月満鉄従事員養成所運輸科を修了して鉄嶺駅電信係となり、次いで同出札方、公主嶺駅車掌、奉天・瓦房店・長春各駅の車掌、奉天駅助役、奉天列車区助役、劉家河駅駅長に歴任し、二七年一一月鳳凰城駅長となった。次いで本渓湖駅長、海城駅長、新京列車区長、鉄道総局兼務を経て三六年九月参事に昇進し、三七年四月四平街駅長に就いた。この間、満州事変時の功により勲六等及び従軍記章、建国功労賞を授与され、三五年四月勤続二五年の表彰を受けた。

大石　三郎　▷12

満鉄四平街保線区保線助役／奉天省四平街南四条通／一九〇六（明三九）四／東京府東京市浅草区田原町／南満州工業学校土木科

東京府大石春吉の三男に生まれ、一九二五年南満州工業学校土木科を卒業して満鉄に入り、鉄道部計画課に勤務した。臨時建設事務所、鉄道部工務課、安東保線区鶏冠山在勤、同安東在勤を経て三四年二月保線区助役となり鶏冠山に在勤した。次いで三六年二月橋頭保線区連山関在勤保線助役となり、同年一〇月四平街保線区保線助役に転任した。

大石　重義　▷12

満鉄撫順炭砿古城子採炭所庶務係主任兼労務係主任、社員会撫順連合会幹事、撫順体育協会理事／奉天省撫順北台町／一九〇二（明三五）七／京都府南桑田郡稗田野村／同志社大学経済学科

京都府大石繁吉の次男に生まれ、一九二八年三月同志社大学経済学科を卒業して満鉄に入社した。社長室人事課に配属された後、同年七月撫順炭砿に転任して大山採炭所に勤務し、三〇年五月東ヶ丘採炭所に転勤した。三一年六月炭砿部語学検定試験華語鉱山用語試験二級に合格して同年八月楊柏堡採炭所勤務となり、同年一二月さらに竜鳳産炭所に転勤した。三二年三月華語試験鉱山用語試験一級に合格し、三三年六月古城子採炭所勤務を経て同年一二月竜鳳産炭所庶務係主任となり、三六年二月古城子採炭所に転勤して庶務係主任と労務係主任を兼任した。

大石　新作　▷11

満鉄石河駅助役／関東州普蘭店管内石河会／一八九二（明二五）一二／静岡県小笠郡河城村／双松学舎

静岡県農業大石儀兵衛門の次男に生まれ、一九一〇年双松学舎を卒業した。一三年に徴兵されて浜松の歩兵第六七連隊に入営し、臨時派遣隊として朝鮮に渡った。除隊して全羅南道の光州憲兵隊本部に勤務したが、一九年九月に渡満して満鉄に入り、後に石河駅助役となった。政治、文学、囲碁を好み、大弓は初段の腕を誇った。

大石　龍彦　▷12

満鉄総裁室監理課第二係主任、勲八等／大連市月見ヶ岡／一九〇四（明三七）九／静岡県安倍郡長田村／東京帝大法学部政治学科

静岡県大石六之助の長男に生まれ、一九三〇年三月東京帝大法学部政治学科を卒業して満鉄に入った。鉄道部に勤務した後、総務部、同経済調査会調査員奉天在勤、総務部外事課勤務兼南満州工業専門学校講師、総務部文書課勤務、同監理課勤務を経て三六年九月総裁室監理課第二係主任となった。この間、満州事変時の功により勲八等旭日章及び従軍記章、建国功労賞を授与された。

大石　智郎　▷11

盛京時報社編輯長／奉天隅田町／一八九一（明二四）一／高知県高岡郡佐川町／東亜同文書院

高知県大石虎之助の長男に生まれ、一九一四年東亜同文書院を卒業し、同年九月関東都督府嘱託となって公主嶺に赴任した。一五年二月職を辞して山東に移り、中国人富豪の劉子山に協力して扶桑官烟膏局の経営にあたったが、間もなく粛親王の檄に応じて蒙古独立運動に参画し、一七年までパプチャップと共に内外蒙古各地を転戦した。同年八月運動が頓挫すると奉天に赴いて盛京時報社に入り、後に編集長に就いた。

大井　俊介　▷12

満州生命保険㈱新京第二部長／新京特別市大同大街康徳会館内満州生命保険㈱／一九〇四（明三七）一一／山形県鶴岡市大字八日町／東京帝大法学部

山形県大井精一の長男に生まれ、一九三〇年三月東京帝大法学部を卒業して東洋生命保険㈱に入社した。以来勤続して山口外務部長となり、三五年一〇月同社が帝国生命保険㈱に併合されると帝国生命保険㈱宇部監督所長となった。その後三七年一月満州生命保険㈱に転じて渡満し、新京第三部長を経て同第二部長に就いた。

大泉　一　▷12

満鉄副参事、地方部工事課住宅係主任、関東州庁満州工業標準委員会委員、満鉄工業標準規格委員会委員、満州建築協会評議員／大連市楓町／一八九三（明二六）六／宮城県志太郡古川町／早稲田大学理工科建築学科

宮城県大泉平之丞の長男に生まれ、一九一六年早稲田大学理工科建築学科を卒業し、翌年満鉄に入社して本社技術局建築課に勤務した。一八年公主嶺に転勤して工事係建築主任を務めた後、長春工務事務所建築係に転任して長春、吉林、ハルビン等の建築工事を設計監督した。二二年本社建築課に戻って学校、医院等を設計し、次いで二四年総務部社会課に転任して住宅研究に従事した。二五年に寒地家屋研究のため華北及びシベリア方面を視察し、同年一〇月寒地対応家屋試験住宅を奉天に四棟、大連に東西南北別二四棟を建て、高梨・三浦両博士の下で研究に従事した。三〇年計画部に転任して一般建築の設計及び標準規格制定に従事した後、三五年に地方部工事事務所に転勤したが、三七年五月抜擢されて地方部工事課住宅係主任に就いた。この間、一七年五月に閑院宮と北白川宮が来満した折に満州一般住宅事情の御前説明をしたほか、一九年四月に満鉄勤続一五年の表彰を受け、翌年一一月にはシベリア出兵時の功により勲位を受けた。

大磯　義勇　▷13

満州電業㈱常務取締役／新京特別市／一八九三（明二六）一一／熊本県玉名郡豊水村／九州帝大工科大学電気科

熊本県玉名郡豊水村の村長大磯準蔵の三男に生まれ、一九一七年七月九州帝大工科大学電気工学科を卒業して佐賀の日本電気鉄道㈱に入社した。次いで一九年に渡満して満鉄電気作業所に転じ、二六年六月に同所が独立して南満州電気㈱となると同社発電課長となり、欧米に渡航して電気事業を一年間視察した後、帰社後に工務課長、調査役等を歴任した。その後三一年九月奉天電灯廠副総理に転じ、三四年一一月に満州電業㈱が創立されると招かれて技術部次長に就き、三六年九月ハルビン支店長を経て常務取締役に就任した。この間、満州事変時の功により銀盃を授与された。

大井　忠夫　▷12

林盛堂薬房主、満州国協和会常任幹事／吉林河南街／一九〇一（明三四）四／愛知県知多郡横須賀町

／愛知薬学校

愛知県の薬剤師大井昇三郎の子に生まれ、一九二一年愛知薬学校を卒業した後、徴兵されて豊橋の第一五師団に入営した。満期除隊して二七年薬剤師試験に合格し、三一年五月父の没後に家業の薬局を引き継いだ。従業員六人を使用して大阪、名古屋、大連方面から仕入れ、卸と小売を兼ねた。

大出　正篤　▷11

南満州教育会教科書編輯部主事、従七位／大連市楓町／一八八六（明一九）二／長野県松本市萩町／東京高等師範学校

長野県大出勝義の次男に生まれ、一九〇八年東京高等師範学校を卒業して京都府師範学校教諭となった。その後朝鮮に渡って漢城師範学校、京城高等普通学校、京城医学専門学校の教諭を歴任したが、一九年一〇月に渡満して満鉄学務課編輯主任となり、後に南満州教育会教科書編輯部主事に就任した。運動を趣味とし、一人娘の静子は大連神明高女に学んだ。

大岩　銀象　▷12

満鉄産業部鉱業部課長兼経済調査委員会委員、南満鉱業取締役／大連市大山通遼東ホテル／一八九四（明二七）四／愛知県／早稲田大学英法科

愛知県大岩常吉の四男に生まれ、一九一九年早稲田大学英法科を卒業して満鉄に入り、本社地方部に勤務した。以来歴勤して本渓湖地方事務所長、鉄路総局総務処付、附業課産業係主任、同処附業課長を務めて参事に進み、三六年一〇月産業部の創設とともに鉱業部課長となり経済調査委員会委員を兼務した。

大岩根軍吉　▷12

満鉄チチハル検車段庶務助役、社員会評議員／龍江省チチハル礼化街／一八九二（明二五）一／鹿児島県鹿児島市常盤町

鹿児島県大岩根清之丞の長男に生まれ、一九一六年二月に渡満し、翌月満鉄に入り奉天車輌係となった。四平街機関区、安東機関区に勤務した後、三三年鉄路局に転任してチチハル検車段庶務助役となった。

大岩　峯吉　▷11

満鉄参事、社長室人事課庶務係主任、勲八等／大連市楓町／一八九〇（明二三）五／東京府荏原郡大井町／中央大学経済学科

東京府大岩伝之助の長男に生まれ、東京外国語学校英語科を卒業した後、さらに一四年に中央大学経済学科を卒業して同年一〇月外務省属となった。大臣官房文書課、通商局第二課、電信課等に勤務した後、一八年八月外務書記生としてロシア革命下のウラジオストクに渡ってウラジオ派遣軍政務部付となり、翌年シベリア経済援助委員会調査課に勤務した。同年一一月本省通商局第三課に転じ、帰国して間もなく高等文官試験外交科筆記試験に合格したが、二一年に外務省を辞して満鉄に入社した。社長室文書課に勤務した後、二五年八月満鉄参事となり奉天地方事務所長代理、公主嶺地方事務所長等を歴任し、二七年一一月社長室人事課庶務係主任に就いて人事係主任、育成学校主幹兼講師等を兼務した。六女を残して夫人に先立たれ、職務と育児のかたわら読書や乗馬を趣味とした。

大内　逸朗　▷9

福昌公司庶務係主任／大連市舞子町／一八八〇（明一三）二／茨城県那珂郡前渡村／中央大学

一九〇一年七月中央大学を卒業して茨城日報社に入り主筆を務めた。次いで常総新聞主筆、関西法律新聞主筆、保険銀行時報東京支局長、やまと新聞水戸支局長を歴任して一五年に新聞界を去り、翌年二月に渡満して福昌公司に入り庶務係主任を務めた。

大内丑之助　▷3

関東都督府事務官大連民政署長、高等官二等、従四位勲三等／大連市土佐町官舎／一八六五（慶一）四／福島県安達郡二本松町／東京外国語学校

福島県大内淳の子に生まれ、一八八五年東京外国語学校に入り、ドイツ語学及び普通学科を学んだ。卒業して独逸協会学校専修科に入り、八八年九月の卒業と同時に司法官を志願ドイツ法律高等試験に合格して判事試補となった。九〇年一〇月白河区裁判所判事、九二年一月予審係、同一二月検査官補を経て九五年二月高等官七等となった。九六年七月法制局参事官に就き、その後累進して〇一年四月に高等官四等となり、〇二年二月台湾総督府参事官に転じて同年四月欧米に派遣され、翌年

お

八月に帰国して高等官三等となった。〇八年二月高等官三等・関東都督府事務官となって渡満し、同年五月民政部庶務課長を務めて高等官二等に進んだ。〇九年五月関東都督府外事総長兼任となり、同年六月清国皇帝から二等第一双竜宝星佩用を允許された。一三年八月、関東都督府事務官大連民政署長に就任した。

大内亀太郎　▷12

国務院恩賞局勲章科員、従七位／新京特別市六馬路恩賞局／一八九二（明二五）一一／長野県上水内郡日里村／高等小学校

一九〇七年郷里の組合立中条高等小学校を卒業し、外務省警察官となった。次いで関東庁属兼関東庁逓信書記に転じ、後に同庁東京出張所主任、同庁理事官に進み、勤務のかたわら弁護士試験に合格した。三三年吉林省公署事務官となって渡満し、総務庁人事科長、同署理事官を経て三五年一一月国務院恩賞局勲章科に転任し、国都建設記念式典準備委員会彰賞部幹事を兼務した。

大内貞治郎　▷12

大内組主、吉林商工会議所議員、満州土木建築協会吉林支部長／吉林大馬路／一八八二（明一五）一一／愛媛県越智郡瀬戸崎村／小学校

愛媛県農業大内多作の長男に生まれ、小学校を卒業して建築業に従事し、一九〇四年九月日露戦中に遼陽第五臨時築城団付木工となって渡満した。戦後〇五年八月宇品碇泊司令部付となって大連に在勤し、次いで〇六年四月満鉄堤理部に勤務し、〇七年四月満鉄開業とともに同社員となった。その後一九年七月に退社して吉林新開門外に大内組を興し、満鉄、吉長・吉敦鉄路局等の鉄道指定請負人として土木建築請負業を経営した。鉄道以外にも吉林銀行や吉林日本総領事館など吉林市内の主要建築を請負い、満州事変後は関東軍経理部及び満州国政府指定請負人となり、満州土木建築協会吉林支部長及び吉林労働同志会会長を務めた。

大内　成美　▷14

弁護士／大連市伏見町／一八八三（明一六）一〇／東京府東京市本郷区金助町／東京帝大法科大学独法科

福島県農業大内直の長男に生まれ、一四歳で父と死別した。以来貧困の中で学業を続け、弟の喜光と共に上京して本郷区金助町に居を据えて苦学の末に東京帝大法科大学独法科に入った。一九一一年に卒業して東京で弁護士を開業したが、一九年一〇月に喜光のいる大連に渡って弁護士業を始めた。かたわら法律時報社社長を務め、二二年二月に半数民選となった大連市会議員に初当選し、以後当選を重ねて市会議長を務めた。他に大連市会参事・同副議長、関東州弁護士会長、大連競馬倶楽部理事長、大連醤油㈱取締役等を務めた。乗馬を趣味とし、日本女子大学家政部出身の夫人光子は読書と音楽等を好んだ。

大内　佐蔵　▷11

奉天省鉄嶺警察署長、勲七等／奉天省鉄嶺中央通／一八八三（明一六）七／宮城県加美郡広原村

宮城県公吏大内三郎の長男に生まれ、一九〇七年一二月に渡満して関東都督府巡査となった。大連民政署、長春警察署、小崗子警察署、大連警察署等に勤務して警部に昇任し、二七年四月鉄嶺警察署長に就いた。

大内田義夫　▷12

満鉄三岔河站長兼三岔河自動車営業所主任兼楡樹自動車営業所主任、三岔河居留民会長、満州国協和会三岔河分会顧問、国防婦人会三岔河分会顧問、道徳会三岔河分会顧問／吉林省扶余県三岔河站長社宅／一八九七（明三〇）六／福岡県朝倉郡福田村

福岡県大内田保太郎の長男に生まれ、一九一四年一〇月満鉄鉄道教習所を修了して運輸部運転課電信方となった。以来勤続して臭水子駅駅務助手、鞍山駅電信方、鉄嶺駅電信方、公主嶺駅電信方、同駅車掌、長春列車区公主嶺在勤、劉房子駅助役、埠頭事務所車務課助役、大連埠頭、大連鉄道事務所甘井子在勤を歴職した。次いで大連駅、甘井子駅、埠頭、入船の各駅構内助役を経て三五年三月三岔河站長となり、三岔河及び楡樹の各自動車営業所主任を兼務した。この間、三〇年四月に勤続一五年の表彰を受けた。

大内　次男　▷11

満鉄社長室能率係／大連市白金町／一八九六（明二九）一二／佐賀県杵島郡須古村／旅順工科学堂

佐賀県大内弘の次男に生まれ、一九二一年旅順工科学堂を卒業して満鉄に入社した。鉄道部運転課、工場機関区、検車区、保線区等に勤務したが、二五年四月社長室に能率係が設置されると同係勤務となり鉄道部運転課を兼務した。さらに二七年から育成学校講師を兼務し、他に日本能率連合会理事、満州能率研究会常任幹事も務めた。

大内吉太郎　▷12

新京桜木尋常小学校長、正八位／新京特別市花園町／一八九二（明二五）八／愛媛県越智郡瀬戸崎村／愛媛県師範学校第一部

本姓は別、後に大内リョウの養子となった。一九一二年三月愛媛県師範学校第一部を卒業して西宇和郡八幡浜尋常高等小学校の訓導となり、次いで越智郡津島、同郡北浦の各尋常高等小学校訓導を歴任した。一六年九月満鉄に転じて渡満し、本渓湖、撫順、長春の各小学校訓導、昌図尋常高等小学校長兼訓導、安東朝日尋常小学校長を歴任した。三五年一〇月新京総領事館に出向して新京白菊尋常小学校訓導を務めた後、三六年一月新京桜木尋常小学校長となった。

大内　喜光　▷11

大連市書記／大連市水仙町／一八九二（明二五）一一／東京府東京市本郷区金助町／明治大学法科

福島県農業大内直の次男に生まれ、五歳で父に死別し、兄と共に東京に転籍した。一九一八年七月明治大学法科を卒業して満鉄に入社したが、翌年一年志願兵として近衛歩兵第四連隊に入営した。除隊して帰任した後、二三年から奉天地方事務所社宅係主任、鉄嶺地方事務所庶務係長を歴任したが、二六年八月に退社して翌年四月大連市職員となり市営住宅係主任に就いた。兄の成美も東京帝大を出て大連で弁護士業を営み、かたわら市会議員等を務めた。

大浦　力　▷11

南満州電気㈱長春支店長／長春常盤町／一八九一（明二四）四／長崎県下県郡厳原町／旅順工科学堂電気科

長崎県大浦道の次男に生まれ、一九一四年旅順工科学堂電気科を卒業し、旅順民政署に勤務した。水道電気事務所電気工場主任を務めた後、一七年に満鉄に入って電気作業所に勤務した。二二年奉天電灯営業所主任となり、二六年六月に電気作業所が南満州電気㈱として分離独立すると長春支店長に就任し、かたわら長春地方委員会副議長や同商工会議所評議員を務めた。野外遊歩を趣味とし、夫人綾子は読書と園芸を好んだ。

大浦元三郎　▷1

大浦組主、大浦洋行主／大連市／一八六七（慶三）一〇／熊本県鹿本郡大浦村／独逸協会学校専修科

一八八〇年に上京し、一八九一年独逸協会学校専修科を卒業して内閣官報局に勤務した。程なく辞任してベルリンに遊学し、さらに九四年オーストラリアを訪れて一年余り製糖事業を調査した後、台湾で諸種の事業を画策したが立ちゆかず、東京に戻ってドイツ書の翻訳に従事し、かたわら東京外国語学校と三井家でドイツ語を教えた。一九〇五年五月英修作の発起した満州商品調弁所理事となって渡満したが、同所開設に至らず解散となり、そのまま英組に入って大連支店支配人となった。〇六年一月に大連で大浦組を組織して独立し、大連で諸官衙用達と土木建築請負業を営み、旅順に民政署が設置されると同地にも支店を設けた。ドイツ学に精通し、経営のかたわら余暇に私宅でドイツ語を教えた。

大江　以可　▷12

㈴大松号代表／奉天省撫順東七条通／一八六五（慶一）七／高知県幡多郡宿毛町

土佐勤皇の志士で後に政友会代議士となり逓信大臣、農商務大臣を務めた林有造の長女に生まれ、同郷の大江惟慶と結婚した。日露戦中の一九〇五年七月に渡満し、夫の事業と共に旅順、大連、千金寨を経て〇九年四月から撫順に在住した。二〇年五月に夫が病没すると大松農場を継承し、同年六月資本金三〇万円で合名会社として代表者となった。撫順県下に水田八四町歩を経営して精米業を兼営し、さらに「富久娘」の特約販売店として清酒販売業を兼営したほか、「千金正宗」「司松」「永安」の銘柄で年二〇〇〇石の清酒を醸造し、首山と千山で年六〇〇〇石の高梁酒を醸造した。撫順東七条通に本店、奉天十間房と遼陽京町に支店、新京興安大街と錦州市場内に出張所を置き、遼陽支店は日満商事指定石炭販売店として年間二万七、八〇〇〇トンの石炭を販売した。実弟の林譲治は高知県下の豪農として知られ、衆議院議員に数期当選した。

大江 惟慶 ▷3

大松農場主／奉天省撫順明石町／一八五九（安六）九／高知県幡多郡宿毛町

高知県大江惟英の子に生まれ、一八八六年天津で東亞貿易商会を開設したが成功せず、引き揚げて大阪で石炭業を営んだ。日露戦中の一九〇五年七月に渡満して旅順で閉塞船引き上げに従事した後、事業の終了とともに大連で遼陽通運公司を興して鉄道運送業を営んだ。〇七年、さらに千金寨に移って石炭販売の共同経営を行なった後、〇九年四月に撫順で大松農場を開設して農園業と精米業を兼営した。土佐勤皇の志士で後に政友会代議士を務めた林有造の娘以可を夫人とした。二〇年五月撫順で病没した。

大江 茂 ▷12

国際運輸㈱錦県支店綏中営業所主任、綏中日本居留民会評議員、大日本国防婦人会綏中分会理事／錦州省綏中国際運輸㈱綏中営業所／一八九八（明三一）六／大阪府大阪市南区難波櫻川町／営口実業補習学校中退

大阪府大江順造の長男に生まれ、私立京城薬学講習所を修了して一九二〇年一一月営口の日満通商公司に入った。勤務のかたわら営口実業補習学校に学び、二三年七月営口証券信託㈱に転じた。その後退社してしばらく家事に従事し、二五年一一月国際運輸㈱に入り奉天、平壌の各支店経理課に勤務した。次いで大連支店、奉天支店、錦県出張所勤務を経て三三年一二月錦県支店綏中営業所主任となった。この間、満州事変の功により従軍記念章、熱河治安作戦の功により楯を授与された。

大江 新 ▷11

国際運輸㈱員、正八位／ハルビン埠頭区地段街／一八八五（明一八）四／岡山県児島郡福田村／早稲田大学商科

岡山県農業大江弥七の長男に生まれ、一九〇八年早稲田大学商科を卒業し、一年志願兵として入営し予備陸軍三等主計となった。一一年一月に渡満して横浜正金銀行安東支社に入り、一八年大連支店に転勤した後、翌年二月安東県の満州商業銀行に転じて支配人となった。二三年八月に同行が他の三行と併合して満州銀行が発足すると大連本店支配人に就任し、後に検査役、審査課長を歴任した。二六年三月に同行を辞し、同年七月国際運輸㈱に入社して監査員を務め、二八年一月ハルビン支店の支店長代理に就任した。

大恵新治郎 ▷11

和洋雑貨商／奉天省鞍山北二条町／一八八九（明二二）一二／和歌山県和歌山市黒田町

和歌山県僧侶大恵徳太郎の次男に生まれ、一九〇七年朝鮮に渡って大恵兄弟商会を設立して陸軍用達商となり、かたわら雑貨商を兼営した。満鉄鞍山製鉄所の操業が始まると一九年一〇月同地に移住して和洋雑貨商を営んだ。

大小田友一 ▷7

満州銀行本渓湖支店長／奉天省本渓湖／一八九五（明二八）／鹿児島県揖宿郡揖宿村／鹿児島商業学校

一九一三年三月鹿児島商業学校を卒業して朝鮮銀行に入り、京城本店調査室に勤務した。翌年四月元山支店に転じて三年勤めた後、一七年九月に退社して満州に渡り、奉天の満蒙薬品貿易(名)に入社して貿易部主任を務めた。一九年一〇月同社を辞し、同地に設立された南満農産㈱に入って会計主任となったが、翌年七月同社が整理されるに至り、二一年末まで整理委員として残務処理にあたった。二二年一月奉天銀行城内次席に就き、二三年一月本渓湖支店支配人心得として赴任したが、同年七月に奉天・満州商業・大連・遼東の四銀行が合併して満州銀行が設立されると鉄嶺支店次席となり、二四年三月再び本渓湖支店支配人に就任した。

大賀 一郎 ▷11

満州教育専門学校教授、従六位／奉天葵町／一八八三（明一六）四／岡山県吉備郡庭瀬町／東京帝大理科大学大学院

岡山県大賀義海の長男に生まれ、岡山中学校、第一高等学校を経て一九〇九年東京帝大理工科大学植物学科を卒業して大学院に進み、植物学教室の副手を務めた。一〇年から七年間名古屋第八高等学校の教授を務め、この間旧ドイツ領南洋諸島を回り植生の調査研究に従事した。一七年に渡満して満鉄に入り教育研究所の設立及び関東庁博物館の創設に尽くした後、二三年から社命で渡米しジョンズ・ホプキンズ大学で植物学研究に従事し、普蘭店付近の泥炭地で採掘した二百数十年前の古蓮実に発芽能力があることを示して斯界の注目を集めた。この間、同行した夫人の歌もマクドウェル学校を経てコロンビア大学を卒業した。⇒二六年六月に帰任し、奉天の満州教育専門学校教授を務めるかたわら、論文「南満州フランテン産の生存古蓮実の研究」で学位を取得した。その他満州の植物及び生理学的植物棲態学に関する著述を多数著したが、日本の植民地政策に対する疑問から三二年四月に満鉄を辞し、帰国して東京女子大講師となった。戦後も在野の植物学者として東京農工大、鳥取大、関東学院大などの講師を務めながら研究を続け、上野不忍池の復興に尽くしたほか、五一年に千葉県滑検見川出土の二千年前の種子を開花させ「大賀ハス」の名で一般に知られた。晩年は東京府中に居住して日本染色体学会理事、日本植物学会名誉会員、古文化染料自然科学研究会長等を務め、六三年に紫綬褒章を受けた。六五年六月没。著書に『植物生理学』『植物と水』『ハスと共に六十年』等がある。

大垣　研 ▷13

満鉄理事／一八八八（明二一）八／兵庫県有馬郡有野村／神戸高等商業学校

一九一二年神戸高等商業学校を卒業して中国山東省に赴き、山東鉱業の前身淄川炭砿に入社して用度課に勤務した。一八年六月満鉄に転じて鞍山製鉄所経理課に勤務し、二〇年三月撫順炭砿に転任して用度課長となった。二六年三月会計課長を兼務、同年四月経理課長、三〇年六月庶務課長を歴任した後、三一年八月本社経理部主計課長に就いた。三二年四月再び撫順炭砿に転じて次長を務めた後、三六年一〇月経理部長を経て三八年九月に理事となり、総局経理局長に就任した。

大垣　鶴蔵 ▷11

長春商工会議所書記長／長春吉野町／一八八一（明一四）三／京都府加佐郡仲舞鶴町／関西法律学校

一九〇六年関西法律学校を卒業した後、一〇年五月旅順海軍経理部付となって渡満した。除隊後もそのまま残留し、後に長春商工会議所書記長を務めた。夫人ユウは宏道流花道の師範免許を有した。

大垣　主一 ▷11

土木建築請負業／大連市竜田町／一八九二（明二五）四／広島県賀茂郡板城村

広島県農業大垣新作の三男に生まれ、一九一二年徴兵されて広島の歩兵第一一連隊に入営し、満州駐屯軍に編入されて渡満した。関東州柳樹屯で六ヶ月間軍務に服して除隊し、いったん帰国した後、再び渡満して大連で土木建築請負業を営んだ。

大形　孝平 ▷12

満鉄上海事務所員／上海黄埔灘路満鉄上海事務所／一九〇六（明三九）一／大阪府大阪市天王寺区真法院町／京都帝大経済学部経済学科

大阪府大形常五郎の長男に生まれ、一九二九年三月京都帝大経済学部経済学科を卒業し、三〇年四月満鉄に入社した。社長室人事課、上海事務所総務部調査課兼経済調査会調査員、総務部資料課等に歴勤した後、一時退社して同盟通信社に入り外信局モスクワ特派員となった。三六年一二月再入社して産業部資料室北方班第二北方係主任となり、次いで三七年五月上海事務所勤務となった。

大神九八郎 ▷9

大神質店主、大連貯金㈱社長／大連市伏見台／一八六七（慶三）八／長崎県長崎市伊勢町

長崎県高来郡南串山村に生まれ、一八八五年に父が死亡して家業の質屋を引き継いだ。日露戦争後に渡満して大連に質店を開設し、長崎と大連を往来して両店舗を経営するかたわら、一三年一一月には大連貯金㈱を設立して社長に就いた。この間、一八八九年に長崎市水道事業企画協議会伊勢町内代表者となり、その後も一九〇四年長崎港湾委員、〇七年長崎市参事会員等の公職に就き、一二年から市会議員に当選して学務委員等を務めた。

大川広太郎　▷11

開原取引所長、従六位勲六等／奉天省開原昌平街／一八七八（明一一）三／山形県東田川郡手向村／法政大学

山形県農業大川広省の長男に生まれ、一九〇五年仏和法律学校を卒業した。会計検査院に勤めた後、関東都督府に転じて〇八年一一月に渡満した。財務課勤務を経て二一年七月関東庁理事官となり旅順民政署財務課長、庶務課長、普蘭店民政支署長等を歴任して二七年四月に開原取引所長となった。同郷の夫人シゲヲは東京女子高等師範学校を卒業した。

大河　荘　▷13

㈾宏信公司代表者／大連／一九〇三（明三六）／鹿児島県出水郡阿久根町／東京帝大法学部独法科

第七高等学校を経て一九二六年三月東京帝大法学部独法科を卒業した。一年志願兵として兵役に服した後、二八年に除隊して日本国際観光局に入り大連支部に勤務した。その後、天津、青島の各案内所主任を務めたが、三二年満州国官吏に転じてチチハル市公署の社会科長兼市業科長に就任した。翌年南満州電気㈱に迎えられて大連に戻り、さらに大連都市交通㈱が創立されると同社に入って庶務課長を務めた。三七年に退社して㈾宏信公司を設立し機械、工具、工業薬品の貿易と吉林での鉱山経営に従事した。

大川　周三　▷11

ハルビン通信社記者／ハルビン埠頭区水道街／一八九四（明二七）二／山形県飽海郡西荒瀬村

山形県医師大川周賢の三男に生まれた。一九一七年六月に渡満して百貨商を営んだ後、二〇年にハルビン通信社を興した。経営に当たるかたわら自らも紙面にペンを振るい、俳句と川柳を趣味とした。⇒長兄の大川周明は満鉄東亜経済調査局理事長を務めた国家主義思想家で、後に五・一五事件に連座した。

大川　忠吾　▷12

㈾岳南公司代表社員、㈾旅順振興協会有限社員、旅順乃木三総代／旅順市乃木町／一八八九（明二二）／静岡県駿東郡片浜村

一九二〇年頃に大連の竜口銀行貸付主任を辞職し、旅順の後藤織布工場の設備一切を譲り受けて木綿、タオル等の製織業を経営した。次いで二五年に㈾岳南公司を設立して船舶用具、塗料、鉱油、機械工具、綿製品商を営み、かたわら大連郊外で果樹園を兼営した。

大河原厚仁　▷4

遼東新報支局主任、東京時事・大阪朝日通信員／ハルビン埠頭区／熊本県熊本市外大江村

黒竜江州護境軍団付属日語学校の教官としてロシア人教育に従事していたが、遼東新報社に招かれてハルビン支局の主任となった。「菫狐」の筆名で同紙上に健筆を振るうかたわら大阪朝日、東京時事新聞の通信員を務めた。ロシア語とロシア文学に造詣が深くハルビン文壇に勇名を馳せ、数千頁の地誌『吉林省』を著した。文筆で活躍する一方、ウラジオストクで起きた在留日本人馬賊遭難事件の際は身を挺して馬賊の首魁と交渉して救出するなど、義侠と気骨の人でもあった。

大木　円治　▷11

関東都督府警察官練習所武道教師／新旅順吉野町／一八七三（明六）六／千葉県匝瑳郡東陽村

千葉県大木佐内の次男に生まれ、九歳の時から父に不二心流剣術、居合術、棒術、長刀、槍術等を学び、さらに馬術、弓術、水府流水泳を修得した。長じて一八八三年から北辰一刀流の野見浜雄と三輪広居、無刀流の山岡鉄太郎に就いて剣道を修業し、八八年には嘉納塾で柔道を修めた。八九年から東京帝大、一高、京都三高、西本願寺文学寮等で武道を教え、また京都に講道館分場道場を創設した。その後も熊本五高、東京高師、鹿児島七高、仙台二高、宮崎師範、福岡修猷館等で武道教師を務めたが、一九〇六年九月に渡満して関東都督府警察官練習所の武道教師となった。

大木　謙吉　▷12

奉天市公署行政処員／奉天稲葉町／一八七二（明五）八／香川県仲多度郡琴平町／東京成城学校

香川県大木真備の長男に生まれ、一八九二年東京成城学校を卒業した後、一八九四年新宿植物御苑園芸見習員となった。次いで宮内省内匠寮雇、農商務省雇、新潟県立加茂農林学校助教諭、新潟県立農事試験場技手、新潟県農会

お

嘱託、加茂農林学校教諭を歴任した。一九〇七年中国政府に招聘されて北京農工商部農事試験場技手となり、北京高等師範学校農場教員を兼務した。二八年六月満鉄嘱託となって渡満したが、三二年四月奉天市公署秘書に転じて同年一一月行政科技正となり、三六年四月同行政処勤務となった。

大来　修治　▷14

遼東新報編輯長、大連記者団幹事／大連市薩摩町／一八八三（明一六）三／三重県飯南郡松坂町

三重県に生まれ、一九〇二年東京の人民新聞社に入って二年余り勤めた。〇五年から郷里の「南勢新報」主筆を務めたが、〇六年一〇月に渡満して大連の遼東新報社に入った。その後編集長に就いて大連記者団幹事を務め、副社長を経て社長に就任した。この間、一九年一〇月大連市会議員に官選されたが直後に辞任した。二七年一一月、同社が満州日日新聞社に併合されると同時に帰国して実業界に身を投じた。

大木　延邑　▷12

満鉄参事、工務局保線課主任、正八位勲六等／奉天平安通／一八九四（明二七）一一／大分県宇佐郡柳ヶ浦村／名古屋高等工業学校土木科

大分県岡田又右衛門の五男に生まれ、同県大木藤一の婿養子となった。一九一八年名古屋高等工業学校土木科を卒業し、同年四月満鉄に入社して保線課に勤務した。技術部線路課、運輸部線路課、大連工務事務所に勤務した後、同鉄道事務所鞍山保線区主任、同区長を経て安東、奉天の各鉄道事務所保線区長を歴任した。洮昂、吉長、吉敦の各鉄路局に派遣された後、新京鉄路局工務所長心得を経て三四年六月技師となり、吉林工務所長、総局工務所工務課主任、同保線課主任を歴任して三六年九月参事となり、同年一〇月工務局保線課主任に就き、工業標準規格委員会委員を務めた。この間、勲六等旭日章を受けたほか、満州事変時の功により勲六位従軍記章及び建国功労賞、皇帝訪日記念章を受け、三三年八月に満鉄一五年勤続の表彰を受けた。

大草初太郎　▷12

満州モータース㈱大連本社部分品部長／大連市初音町／一八九八（明三一）四／北海道函館市大町／明治大学附属商業部

東京市浅草区三間町に生まれ、一九一八年明治大学附属商業部を卒業した後、一九年にYMCA英語科を卒業してセールフレザー会社に入り、後に函館支店自動車部主任となった。次いで㈱セール商会函館支店フォード部主任、㈱ウロコ商会フォード部主任に歴職して日本フォード自動車会社に転じ、大阪商用自動車陳列所主任、本社、京都、日光等に歴勤した。その後、三四年に渡満して満州モータース㈱に入り大連本社部分品部長に就いた。

大草　村明　▷8

貴金属時計店大草洋行主／奉天／一八六六（慶二）三／熊本県熊本市下通

一九〇四年二月日露戦争開戦とともに第六師団工兵第六大隊付酒保商人となり、同年六月張家屯に上陸して各地に従軍した。〇五年一〇月、戦争終結とともに奉天小西関に大草商会を設けて貴金属時計商を営んだ。満鉄医院指定眼鏡店、内外著名メーカー十数社の特約代理店として売上げを伸ばし、一九年四月店舗を浪速通に移転した。

大草　志一　▷13

朝鮮銀行大連支店長／大連／一八九二（明二五）／山口県萩市／神戸高等商業学校

一九一六年神戸高等商業学校を卒業して朝鮮銀行に入り、京城本店に勤務した。次いでウラジオストク支店、本店外国為替課、ハルビン支店、大阪支店に歴勤した後、上海、青島、奉天、ハルビンの各支店支配人代理を歴任した。その語三一年にロンドン派遣員主任となって一一年余り欧州各国に駐在し、帰国して東京支店外国為替課長に就いた。三七年七月上海支店長となり、日中戦争が始まって物情騒然たる上海に赴任して四年半勤め、四二年二月大連支店長に転じて渡満した。

大口　靖太　▷11

売薬商、勲八等／吉林省公主嶺市場町／一八八三（明一六）六／岡山県岡山市新道東京明治薬学校

岡山県小松友太の三男に生まれ、旧岡山藩士大口富次郎の婿養子となった。一九〇二年岡山県春霞中学校教員養成部を卒業し、県下早島町小学校の訓導となった。〇三年徴兵されて入営し、翌年第三軍の兵士として日露戦争に従軍し、法庫門及び鉄嶺に駐在した。復員後しばらく倉敷町小学校で教員生活を送った後、上京して明治薬学校に入学し、一一年二月に卒業して関東都督府臨時防疫部雇員となって渡満し、同年七月満鉄公主嶺医院薬局に転じた。その後一二年一〇月に退社して公主嶺で薬店を開業し、営業のかたわら同地の地方委員や同志貯金会長を務めた。

大久保伊之助 ▷11

薬種商／大連沙河口元町／一八七六（明九）三／千葉県夷隅郡中川村

千葉県農業大久保喜右衛門の三男に生まれ、一八九八年海軍横須賀造船所に入り縫工部に勤めた。一九〇四年九月、日露戦争に際し大連海軍ドックの防備隊員となって渡満した。一〇年一月満鉄に入社して車輪工場に勤務したが、在職中の一七年から副業として沙河口で薬種店を営んだ。二〇年に満鉄を退職し、薬種業のかたわら生花の師範もした。

大久保鹿次郎 ▷12

奉天第一中学校教頭、正六位／長春稲葉町／一八八六（明一九）一／三重県多気郡佐奈村／東京高等師範学校

三重県農業大久保松次郎の次男に生まれ、一九一一年東京高等師範学校を卒業して仙台第一中学校、神奈川工業学校の各教諭を歴職した。次いで二二年八月奉天高等女学校教諭に転じて渡満し、二七年四月長春高等女学校長となった。その後、南満中学堂、撫順中学校の各教諭を経て奉天第一中学校教頭となった。

大久保喜作 ▷3

大連信濃町郵便所長、正八位勲七等／大連市信濃町／一八六七（慶三）三／大阪府大阪市東区博労町

一八八五年七月大阪郵便局に入り、九三年一二月郵便電信書記となった。一九〇四年二月から大阪船場郵便局に通信手として勤務したが日露戦争で徴兵され、第四軍兵站監部付通信属として鹿児島丸で戦地に向かう途中、〇五年五月二七日の日本海海戦に遭遇した。大連に上陸して鉄嶺、開原、大牛圏等の野戦郵便局に勤務した後、〇六年二月関東総督府分遣として寨馬集第八野戦郵便局長心得となり、同年五月大連野戦郵便局に転じた。〇八年七月大連郵便局児玉町出張所長となったが、一〇年四月に依願免官して翌月から大連信濃町郵便所長を務め、かたわら一五年八月から信濃町町会常議員を務めた。

大久保九内蔵 ▷3

営口尋常高等小学校訓導兼校長／奉天省営口新市街／一八六〇（万一）七／長野県東筑摩郡島主村／長野県師範学校

一八八一年三月長野県師範学校師範科を卒業し、県下の各小学校に訓導兼校長として勤務した。一九〇〇年四月長野県郡視学に転じ、在勤中に文部大臣の表彰を受け一五〇円を下賜された。その語〇九年三月に依願退職し、同年四月に渡満して営口尋常高等小学校訓導兼校長に就任した。夫人ふで子との間に三男四女あり、長男成雄は川崎造船所大連出張所に勤めた。

大久保　謙 ▷12

昭和製鋼所㈱総務部人事課人事係主任、在郷軍人会鞍山分会幹事、鞍山新潟県人会幹事、勲六等／奉天省鞍山北九条町／一八八五（明一八）一／新潟県刈羽郡上小国村／補習学校

一九〇一年郷里の補習学校を卒業した後、一九〇五年一二月徴兵されて新津の歩兵第三〇連隊に入営し、韓国守備を経て独立守備第二大隊に編入されて渡満した。一五年四月特務曹長に進級して一七年八月予備役編入となり、鞍山製鉄所に入った。準備係を経て庶務課に勤務し、三三年六月同所の事業を継承した昭和製鋼所が操業を開始すると同社文書係主任となり、記録係主任と浄書係主任を兼務した。次いで庶務課庶務係主任等を歴任し、三五年七月総務部人事課人事係主任となり、社員表彰懲戒委員会幹事を兼任した。この間、韓国守備軍勤務中に日本による併合に反対する義兵闘争の鎮圧に従事して勲七等旭日章及び漢口勲七等大極章、満州事変時の功により賜盃及び従軍記章、建国功労賞を授与されたほか、三三年四月満鉄勤続一五年の表彰を受けた。

大久保七五三一 ▷12

満鉄安東機関区運転助役、勲八等／安東満鉄安東機関区／一九〇二（明三五）七／大分県宇佐郡安心

院村／小倉工業学校機械科

一九二三年三月福岡県立小倉工業学校機械科を卒業し、同年六月満鉄に入り安東機関区機手となった。二四年一月一年志願兵として兵役に服し、除隊復職して二五年一〇月機関士に進んだ。その後三六年六月運転点検助役資格試験に合格し、同年一〇月安東機関区運転助役に就いた。この間、満州事変時の功により勲八等瑞宝章及び賜金、従軍記章、建国功労賞を授与された。 ▷11

大久保準一

奉天春日小学校長、従七位／奉天八幡町／一八九一（明二四）三／兵庫県加東郡加茂村／東京高等師範学校

兵庫県大久保半治郎の長男に生まれ、一九一一年兵庫県姫路師範学校を卒業した。県下の有馬郡三田小学校訓導となったが、数年で職を辞して東京高等師範学校に入り、一八年三月本科物理化学部を卒業した。同年四月奈良県師範学校教諭となり、大阪市育英高等小学校訓導、奈良県女子師範学校教諭兼付属小学校主事等を歴任し、二三年五月に渡満して撫順高等女学校教諭となった。二七年六月奉天尋常高等小学校訓導に転じて校長を兼任し、後に奉天春日小学校長を務めた。アメリカンフットボール等の戸外運動を得意とした。

大久保鶴治 ▷9

営口倉庫汽船㈱専務取締役／奉天省営口青堆子／一八八六（明一九）一二／兵庫県神戸市須磨町

岡山県大久保柳次郎の次男に生まれ、神戸で大三商会の名で船舶海運業を経営した。一九二三年六月、営口倉庫汽船㈱専務取締役に就任して渡満した。

大久保子之吉 ▷1

土木建築請負業、貸家業、倉庫業、新義州興農会理事／安東県一八五二（嘉五）一二／茨城県新治郡安飾村

新治郡の代々庄屋を務めた家に生まれ、一八六四年一一歳の時に水戸藩士武田耕雲斎に近侍して天狗党の乱に加わったが、小金原、湊の戦に敗れた後、耕雲斎の命により長州藩に預けられた。数年後に帰郷して土木業に従事し、利根運河開鑿工事の際に同業者の腐敗と入札をめぐる過当競争の弊を指弾して「時事新報」に紹介され、八七年夏に鈴木周四郎の紹介で東京芝浦の見晴亭で「時事新報」主宰者の福沢諭吉と中上川彦治郎社長に会見して時論を開陳した。その後、日露戦中の一九〇五年に渡満して安東県で土木建築請負業を経営し、かたわら数十戸の家屋を建築して貸家業を兼営した。さらに鴨緑江対岸の新義州新市街が計画されると同地に八〇戸の貸家を建築し、警察署にも自己所有の建物が借用された。両地を往来して事業を拡張し、安東県では柞蚕会社に投資し、新義州では倉庫業を経営し新義州興農会の理事を務めた。

大久保広二 ▷12

満州電業㈱工務部技術課試験係長／新京特別市大同大街満州電業㈱工務部／一九〇〇（明三三）三／新潟県岩船郡村上町／旅順工科大学

一九二二年一二月旅順工科大学を卒業した後、二三年一月満鉄に入り電気作業所に勤務した。二六年五月同所が分離独立して南満州電気㈱が創立されると同社入りし、試験所研究部員その他を歴職した。次いで三四年一一月同社の電気供給部門が分離して満州電業㈱が創立されると、同社工務部技術課試験係長となった。ヴァイオリンを得意とし、満鉄音楽会に属した。

大久保正登 ▷12

広島屋店主、大連輸入組合監事、大連沙河口金融組合長、大連獣鳥肉商組合長、大連市場通町内会長、大連晴明台市場・同西市場組合相談役／大連市沙河口大正通／一八八九（明二二）九／広島県広島市仁保町／広島県立工業学校

広島県の農家の次男に生まれ、一九〇七年広島県立工業学校を卒業して呉海軍工廠に勤めた。〇九年一二月徴兵されて入営し、広島糧秣廠に勤務して二等計手に進み、一四年に除隊して呉海軍工廠に復職した。その後大阪に出て鉄材の売買業に従事したが鉄価格の下落で廃業して渡満し、一七年一月実兄の知人で元満鉄理事の川村鉚次郎の斡旋で満鉄に入り沙河口鉄道工場に勤務した。その後二四年三月に退社し、沙河口大正通で広島屋を開業した。蒙古方面より牛豚肉を仕入れて関東軍、海軍、満鉄等に納入したほか、東京、大阪、神戸、広島、門司方面に輸出した。次いで西公設市場及び信濃町・蔦町・

晴明台・山県通の各公設市場内に支店を開設して精肉、履物類を販売し、本支店合わせて日本人八人、中国人五五人を使用した。経営のかたわら民会常議員、沙河口実業会常議員、大連市西区常議員、沙河口消防組相談役、沙河口倉庫会社取締役、沙河口礼葬会社取締役等多くの公職に就いた。

大久保易治 ▷1

石橋駅機関庫主任／一八七五（明八）八／北海道日高

宮城県仙台市に生まれ、幼い頃に一家で北海道に移住した。同地の小学校を卒業して中学校に進んだが、三年で中退して北海道炭鉱㈱に入った。火夫見習から機関手に進み、鉄道条例で未成年者の機関手を禁止されて以降も降雪運転の技倆を評価され特例として職務に留まった。一九〇五年一一月日露戦争後に野戦鉄道提理部安奉鉄道班に編入されて渡満し、後に満鉄に入社して石橋駅機関庫主任を務めた。

大熊　治 ▷11

正隆銀行出納課長／大連市東公園町／一八九一（明二四）五／千葉県印旛郡千代田村／小樽高等商業学校

千葉県農業大熊吉五郎の次男に生まれ、一九一四年小樽高等商業学校を卒業した。東京の渋沢倉庫会社、大阪の大正鉄工所等に各二年余勤務した後、二〇年七月に渡満し、同年九月大連の正隆銀行に入り、後に出納課長を務めた。銃猟を趣味とし、東京女子美術学校出身の夫人滝野との間に五男一女があった。

大隈勘次郎 ▷12

公主嶺公学堂長兼教諭／新京特別市平安街／一八九四（明二七）一〇／福岡県田川郡採銅所村／福岡県小倉師範学校

福岡県農業大隈辰治の次男に生まれ、一九一四年三月小倉師範学校を卒業して県下の香春尋常高等小学校の訓導となった。一五年三月同郡採銅所尋常高等小学校に転勤した後、二〇年三月に渡満して満鉄瓦房店尋常高等小学校訓導に転じ、同年一〇月公主嶺公学堂教員に転任した。次いで二四年四月から中国語と中国事情研究のため北京に一年間留学し、帰途に漢口から揚子江沿岸各地、青島、済南等を視察して帰任し、二五年四月公主嶺公学堂長兼教諭となった。その後三〇年六月開原公学堂長兼教諭に転任し、三三年九月新京公学堂長に就いた。この間、三五年四月満鉄勤続一五年の表彰を受けた。

大熊登喜蔵 ▷10

海運業、船舶売買、傭船仲介業、大熊商会主／大連市山県通／一八八九（明二二）七／熊本県熊本市島崎町／県立熊本中学校

旧熊本藩士の子に生まれ、一九〇七年県立熊本中学校を卒業して香川県立粟島航海学校の柔道教師を務めた。〇九年徴兵されて歩兵第六三連隊に入営し、除隊後の一二年に渡満して満鉄埠頭事務所に入り海運事務に従事した。第一次世界大戦の好況期にあった一八年に海運業の宮崎商会に招かれて支配人に就いたが、まもなく戦後不況で事業不振となり、二五年に宮崎商会を辞して大熊商会を設立し、一般海運業のほか船舶売買、傭船仲介業を営んだ。

大隈一二三 ▷12

㈾大隈商行社員、正八位勲八等／奉天江島町／一九〇五（明三八）六／佐賀県三養基郡北安村／立教大学商科

一九二七年立教大学商科を卒業し、幹部候補生として朝鮮羅南の騎兵第二七連隊に入営し、翌年退営した。その後二九年から安東の鴨緑江採木公司に勤務したが、満州事変後三二年に関東軍経理部事務嘱託に転じて奉天に勤務した。次いで三三年二月から満州派遣軍の炊事請負と酒保を経営し、かたわら大隈商行の名で食料品雑貨商を兼営した。その後同商行を妻名義で合資会社に改組し、酒類と食料品商を主業とした。この間、満州事変時の功により勲八等に叙された。

大蔵　公望 ▷11

満鉄理事、従四位勲五等、男爵／大連市星ヶ浦／一八八二（明一五）七／東京府東京市牛込区仲町／東京帝大理工科大学土木科

東京府陸軍中将大蔵平三の三男に生まれ、一九〇四年東京帝大理工科大学土木科を卒業した。同年九月鉄道研究のためアメリカに渡り、〇八年に帰国して鉄道院に入り逓信技師として中部管理局営業課新橋運輸事務所に勤務した。同所長、中部管理局貨物課長、運輸局貨物課長、西部管理局運輸課長を歴任し、一九年七月に満鉄運輸部次長となって渡満し、二一年に満鉄理事に就任した。⇒二七年に満鉄を辞して欧米を巡遊し、帰国後は三二年から貴族院議員となり国策研究会を組織して大陸政策を推進し、満州移住協会理事長、東亜研究所副総裁、東亜旅行社総裁等を歴任した。戦後に公職追放となり、解除後は交通公社会長、国鉄幹線調査会長等を務めた。囲碁やゴルフのほか中国研究を趣味とした。六八年一二月没。

大倉清七郎　▷12

満鉄鉄道総局付待命参事／奉天雪見町／一八八四（明一七）一一／岡山県御津郡牧山村／満鉄従事員養成所車輛科

岡山県大倉吉造の三男に生まれ、一九〇一年四月山陽鉄道会社に入った。〇五年一月兵役のため休職して翌月第一〇師団歩兵第一〇連隊第三中隊に入隊し、同年七月日露戦争に従軍した。戦後〇六年二月に帰還し、同年六月に除隊して復職した。その後鉄道作業局出伺となり、野戦鉄道部付として再び渡満した。〇七年四月満鉄開業とともに同社入りし、〇九年従業員養成所車輛科を修了した。奉天機関庫勤務、奉天車輛係、遼陽車輛係、遼陽機関区勤務兼運転助役、鉄嶺機関区点検助役、同区運転助役、長春機関区兼公主嶺機関区指導助役、同区運転助役兼点検助役、奉天鉄道事務所勤務、奉天省四平街機関区指導主任兼技術主任を経て三二年六月第二号非役となり、四洮鉄路局に派遣されて鄭家屯機務段長となった。三三年四月非役を免じられ、三四年四月洮南鉄路局鄭家屯機務段長に転任し、次いで同年一二月皇姑屯機務段長、三六年五月吉林鉄路監理所監理員を経て同年九月副参事に昇任し、三七年四月参事待命・総局勤務となった。この間、満州事変の功により勲七等旭日章を授与され、三七年一二月に創業以来三〇年の勤続者として功績章を受けた。夫人金子との間に三男三女あり、長男馨は京城歯科医学専門学校を卒業し、次男清は満鉄鉄道総局に勤務した。

大倉太七郎　▷11

満州銀行公主嶺支店支配人／吉林省公主嶺大和町／一八九〇（明二三）九／富山県高岡市元町

富山県商業大倉藤助の長男に生まれ、一九一一年一二月に渡満して満州商業銀行に入った。二三年七月に満州商業銀行が満州銀行に改組された後も勤続し、後に公主嶺支店支配人に就いた。

大栗宇十郎　▷11

満鉄旅順駅助役／旅順市朝日町／一八九〇（明二三）三／栃木県下都賀郡南犬飼村／明治大学法学部

栃木県農業大栗宇吉の次男に生まれ、上京して一九一〇年に高輪中学校を卒業した。渡満して満鉄従事員養成所運輸科に入り、翌年卒業して千金寨駅貨物方となった。遼陽駅貨物方、大連駅及び鉄嶺駅車掌を経て鉄嶺駅助役となったが、一九年四月に満鉄を辞めて帰国し、明治大学法学部に入学した。苦学しつつ二一年四月に卒業して大蔵省収税官となったが、翌二二年に大蔵省を辞めて再び渡満し満鉄に復帰して千山駅助役となり、後に旅順駅助役に就いた。勤務のかたわら旅順朝日町の町内総代を務め、変態心理の研究を趣味とした。夫人琴は宇都宮高女の出身で、その名のごとく琴を嗜んだ。

大桑　辰雄　▷9

大桑洋行主／大連市越後町／一八七〇（明三）一二／石川県金沢市片町／東京師範学校

北陸有数の酒造家の子に生まれ、東京師範学校を卒業して海軍省に勤務した。他官庁、諸会社に転じた後、独立して土木建築請負業を営んだ。一九〇四年日露戦争に際し第九師団野戦隊付として第三軍に従い、旅順や奉天で酒保を開いた。戦後〇五年に大連で土木建築請負業を再開して大連民政署庁舎の工事に従事したが、その後は苦力の供給事業を主業務とした。

大河内重助　▷12

旅順工科大学教授、財産法人菱刈学術研究奨励資金理事、従五位勲六等／旅順市吉野町／一八九三（明二六）一一／福島県福島市大字福島／東北帝大工学専門部電気工学科

福島中学校を卒業した後、一九一七年久原鉱業会社日立製作所に入った。二一年五月に退社して東北帝大工学専門部電気工学科に入り、二二年に卒業して同大講師兼仙台高等工業学校講師を勤め、後に同大助教授となった。二七年四月旅順工科大学助教授に転任して渡満し、二八年六月教授に昇格し、同年一〇月関東庁在外研究員としてドイツ、スイス、アメリカに二年三ヶ月出張して電気機械学の研究に従事した。帰国して三一年四月在独中の研究業績によりドレスデン工科大学より工学博士号を受け、さらに三六年一一月東北帝大より工学博士号を取得した。

大河内得一　▷3

関東都督府海務局技師／大連市児玉町／一八七一（明四）一／愛知県名古屋市南鍛治屋町／東京帝大工科大学造船学科

一八九九年七月、東京帝大工科大学造船学科を卒業して海事官となった。その後一九一一年、関東都督府海務局技師に転任して渡満した。

大越栄次郎　▷12

満州国軍機本廠副廠長、従五位勲五等／奉天軍政部軍機本廠／一八八九（明二二）七／秋田県鹿角郡花輪町／陸軍士官学校、東京外国語学校

盛岡中学校を卒業して長崎高等商業学校に進んだが、中退して陸軍士官学校に入学し、卒業後一九一三年砲兵少尉に任官して野砲兵第一六連隊付となった。次いで野戦重砲第七連隊、陸軍造兵廠、火工廠、兵器廠等に勤務し、この間東京外国語学校を卒業した。三六年八月砲兵中佐に累進して予備役編入となり、同年一〇月に渡満して満州国軍砲兵上校・軍機本廠副廠長に就いた。陸軍砲兵大佐坂部正恒の次女道子を夫人とし、二男二女があった。

大越　文平　▷4

貸家業、旅順市長／旅順市鯖江町／一八六〇（万一）一／東京府東京市神田区駿河台袋町／東京外国語学校露語科

旧仙台藩士大越文五郎の子として仙台に生まれ、幼時から漢学を修めた。一二歳の時に上京して数年間ロシア語を学び、東京外国語学校露語科に入って一八七九年に卒業した。同年七月東京駐箚ロシア公使館の通訳となり、九月から長崎ロシア領事館付として勤務したが、八五年に職を辞して東京で商業に従事しながら内職にロシア語の翻訳をした。一九〇二年一〇月に渡満して旅順口で軍港用達業を営み、〇三年四月旅順居留日本人総代に公選されてロシア極東総督の認可を得て日本人会会長に就いた。翌年二月の日露開戦とともに一時帰国したが、同年六月再び渡航して山東省芝罘で回漕業に従事し、九月に大連に移って旅順包囲軍及び艦隊の用達を務めた。〇五年三月遼東守備軍司令部付となって旅順で軍政事務に従事しながら商業を営んだが、同年六月の軍政廃止により嘱託を解かれた後は米穀雑貨商、石炭販売、船舶業、貸家業などを手広く営んだ。〇六年六月に旅順衛生組合を組織して委員となったほか、翌年九月市の有力者を網羅して旅順協会が創立されると役員に就き、一一年四月から一五年九月の解散に至るまで会長を務めた。一五年一〇月旅順特別市政の施行とともに市会議員に官選され、初代市長に就任した。

大越雄之介　▷12

満鉄帽児山站長／浜江省双城県帽児山站長社宅／一八八八（明二一）八／茨城県那珂郡小瀬村／岩倉鉄道学校本科業務科

茨城県大越仙之介の長男に生まれ、一九〇九年岩倉鉄道学校本科業務科を卒業して満鉄に入った。大連駅、長春駅、鉄嶺駅勤務をへて長春列車区車掌、開原駅貨物方、下馬塘駅助役、林家台駅長を歴任した。その後三〇年一一月に依願退職して奉天弥生町で明治生命保険代理店と三望商行食料品部満州総売捌所を開業したが、三三年一一月満鉄に再入社して鉄路総局職員となり呼海鉄路局に派遣された。次いで三四年四月ハルビン鉄路局機務処運転科勤務、同年九月拉林站長兼三棵樹警務段拉林分所長、三五年八月三棵樹警務段巡監兼務を経て三七年六月帽児山站長となった。

大河平隆光　▷3

満鉄公主嶺経理主任兼産業試験場主事／吉林省公主嶺菊地町／一八七九（明一二）一〇／鹿児島県鹿児島市新屋敷町／京都帝大法科大学経済学科

鹿児島県大河平隆輝の子に生まれ、第一高等学校を経て一九〇五年七月京都帝大法科大学経済学科を卒業した。日露戦争後〇六年五月に渡満して営口軍政署嘱託となり、次いで〇七年三月創立直後の満鉄に入社した。同年一〇月奉天出張所長となり、〇八年地方課勤務を経て一〇年六月公主嶺経理主任に転じ、一三年六月から産業試験場主事を兼任した。著書に『日本移民論』『営口軍政誌』がある。

大坂　茂吉　▷11

満鉄得勝台駅長、勲八等／得勝台駅社宅／一八九二（明二五）八／山形県南村山郡宮生村／岩倉鉄道学校本科業務科

山形県農業大坂伊平治の六男に生まれ、小学校准教員検定試験に合格した後、岩倉鉄道学校に入学した。一九一二年四月本科業務科を卒業して台湾に渡り、台湾鉄道部台北駅車長見習となった。苗栗駅勤務中に徴兵され、第一次世界大戦に際し一四年九月青島戦に従軍した。除隊後に渡満して満鉄に入り、遼陽駅貨物係、奉天駅車掌見習、長春駅勤務、大連駅旅客車掌を経て再び長春駅勤務となり、さらに鉄嶺列車区助役、奉天駅助役等を歴任して二七年六月得勝台駅長に就いた。囲碁、テニス、写真を趣味とし、夫人ノブは琴、三味線、琵琶を能くした。

大迫　末吉　▷11

金福鉄路公司夾心子駅長／金福線夾心子／一八九七（明三〇）四／鹿児島県肝属郡垂水町／小学校

鹿児島県農業大迫熊吉の五男に生まれ、小学校を卒業した後、一九一四年五月に渡満した。始め満鉄大連駅の駅夫となったが、一八年三月に奉天駅改札係に転じて一〇年勤続した。二七年に満鉄を退社し、同年九月金福鉄路公司に入って夾心子駅助役を務め、二九年二月駅長に就任した。

大迫　元光　▷12

満鉄奉天用度事務所長、社員会奉天第一五分会長、社員消費組合総代／奉天浪速通満州ホテル／一八九五（明二八）八／鹿児島県鹿児島市山下町／鹿児島高等農林学校農科

鹿児島第一中学校を経て一九一六年鹿児島高等農林学校農科を卒業し、同年七月三重県桑名町の諸戸殖産会社に入った。その後二〇年五月に渡満して満鉄に入り、本社倉庫課、用度課、倉庫課、同長春支庫、用度事務所に歴勤した。次いで同長春支所長、商事部用度課奉天分庫長春支庫主任、用度事務所新京支所長、兼現品係主任、新京倉庫長同倉庫課長心得、鉄路総局経理処用度科長心得兼務、同課倉庫係主任に歴任し、三六年九月参事に昇格して同年一〇月奉天用度事務所長に就いた。この間、三六年四月勤続一五年の表彰を受けた。

大迫　幸男　▷12

ハルビン市副市長、正八位／ハルビン中央大街市公署／一九〇一（明三四）二／鹿児島県揖宿郡山川町／東京帝大法学部政治学科

鹿児島県大迫幸内の長男に生まれ、志布志中学校、第七高等学校を経て東京帝大に入り、在学中の一九二四年文官高等試験に合格した。二五年三月同大法学部政治学科を卒業して満鉄に入社し、七年勤続の後に退社した。その後三二年六月国務院総務庁事務官に転じ、人事処人事科長兼給与科長を経て同年九月駐日代表公署参事官となった。次いで三三年二月外交部事務官・総務司勤務、三四年七月国道局理事官・総務処長を歴任して三六年一〇月間島省公署総務庁長に就いた。⇒三七年七月興安北省参与官に転任した後、同年八月ハルビン市副市長に就いた。この間、満州事変時の功により勲四位景雲章を授与された。

大里　正三　▷12

満鉄横道河子電気段長、社員会評議員、勲八等／浜江省横道河子満鉄電気段長社宅／一九〇五（明三八）一二／青森県上北郡百石町

青森県大里久之助の三男に生まれ、一九二六年三月南満州工業専門学校機械工学科電気分科を卒業して朝鮮総督府鉄道局工務課電気係となった。鉄道従事員養成所講師を兼務した後、二七年九月平壌通信区助役、次いで同区長心得となった。その後三三年三月満鉄技術員に転じて安東保安区橋頭在勤電気助役となり、次いで三四年六月安東保安区技術助役を経て三五年三月横道河子電気段長となった。この間、満州事変時の功により勲八等に叙された。

大里甚三郎　▷12

満鉄鉄道研究所調査役、奉天地方委員／奉天白菊町／一八九四（明二七）五／長崎県北松浦郡南田平村／東京帝大法学部政治科

長崎県梶川辰三郎の次男に生まれ、一九一二年宗家の大里家を嗣いだ。二〇年七月東京帝大法学部政治科を卒業し、同年八月満鉄に入り地方部庶務課に勤務した。埠頭事務所海運課、開原駅、長春列車区、長春鉄道事務所、鉄道部貨物課、鉄道教習所講師、鉄道部庶務課兼貨物課に歴勤した後、鉄道従業員の採用及び養成方法と定員・定率及び昇級に関する調査研究のため満二ヶ年欧米に出張した。帰任後、三〇年九月参事となり、奉天事務所鉄道課営業長、鉄路総局総務処人事科長兼総務処人事科人事係主任、同人事科長、総局表彰並懲戒委員会委員、鉄路総局監察、鉄道研究所業務課長を歴任し、三七年三月同所調査役となった。この間、三六年四月勤続一五年の表彰を受けた。

大里　定治 ▷12

満鉄公主嶺駅助役／吉林省公主嶺駅／一九〇二（明三五）一／鹿児島県大島郡笠利村

一九二三年一月熊本の工兵第六大隊に入営し、満期除隊後二五年八月満鉄に入った。貨物方、駅務方、庶務方として長春駅、孟家屯駅、鉄嶺駅に歴勤した後、新京列車区鉄嶺分区車掌、郭家店駅助役兼郭家店消防組監督を歴任し、三七年四月公主嶺駅助役となった。この間、満州事変時の功により小楯を授与された。

大里　哲夫 ▷12

満鉄張家堡簡易駅長、勲八等／奉天省張家堡簡易駅長社宅／一八九九（明三二）七／宮崎県西臼杵郡七折村／宮崎県立延岡中学校

宮崎県大里精蔵の長男に生まれ、一九一九年三月県立延岡中学校を卒業して満鉄に入り、本渓湖駅、安東列車区橋頭分区、奉天列車区安東分区、奉天列車区橋頭分区の各車掌に歴勤した。その後、三三年一一月得勝台駅駅務方兼助役心得となり、三六年一一月張家堡簡易駅長に就いた。この間、満州事変時の功により勲八等に叙され、建国功労賞を受けた。

大佐三四五 ▷12

満鉄大連図書館司書係主任、社員会評議員、大連組合教会執事／大連市晴明台／一八九九（明三二）四／京都府京都市左京区一乗寺門口町／同志社大学英文学科、コロンビア大学大学院

明治天皇の生母中山一位局を六歳まで養育した京都大佐家の当主三次郎の次男に生まれた。一九二一年三月同志社大学英文学科を卒業し、同年四月満鉄に入り大連図書館に勤務した。満鉄見習学校講師兼務、満鉄鉄道教習所講師兼務を経て二六年七月北米コロンビア大学大学院に留学し、同年一〇月アトランティック市で開催の万国図書館大会に出席して日本の図書館事業の沿革と現状について説述した。二八年同大学院修士課程を卒業し、ヨーロッパを巡遊して帰社し、大連図書館に復帰して育成学校講師を兼務した。次いで撫順図書館主事となり、同館長、撫順中学校講師兼務を経て三六年二月大連図書館司書係主任となった。この間、三四年七月東京市で開催の日本図書館協会主催第一回図書館学講習会講師を務めたほか、大連、撫順における英語社交会の創設に尽力した。

大沢　勝次 ▷12

満鉄奉天食堂営業所新京支所副支配人、勲八等／新京特別市駅構内奉天食堂営業所新京特別市支所／一八八四（明一七）六／東京府東京市淀橋区百人町

一九〇五年四月鉄道作業局雇となり、一五年七月鉄道院書記に累進した。一七年三月青島守備軍民政部鉄道部雇として営業課に勤務した後、中華民国膠済鉄路管理局会計処に出向した。二四年一月に帰任して鉄道省書記となり、門司鉄道局運輸課庶務係に勤務した後、鉄道省属に進んで運輸局旅客課に転勤した。その後三二年二月に依願免官となり㈱精養軒に勤めたが、三三年九月満鉄に転じて渡満し、食堂車営業所に勤務した。三五年四月安東在勤、同年七月食堂長、三六年一〇月吉林食堂車段長、同年一一月吉林食堂営業所支配人を歴任し、三七年四月奉天食堂営業所新京支所副支配人に就いた。この間、青島戦役の功により賜金、大正三年乃至九年事変の功により従軍記章を授与された。

大沢菊太郎 ▷12

満州中央銀行理事、満州特産中央会理事／新京特別市城後路／一八八五（明一八）二／群馬県／東京帝大法科大学政治学科

群馬県大沢福太郎の長男に生まれ、一九一一年七月東京帝大法科大学政治学科を卒業した。大学院で経済史を専攻した後、一三年雑誌「東洋経済」の記者となったが、一五年に退社した。その後一六年に日本銀行書記となり、計算局及び国庫局に勤務した後、一七年新潟支店、二一年調査局、二四年名古屋支店等に歴勤して二八年検査役となった。次いで二九年福島支店調査役、三一年小樽支店調査役、三二年岡山支店長を歴任して三五年本店考査部長となった。その後三六年六月満州中央銀行理事に転出して渡満した。夫人芳子との間に三男二女あり、長男広太郎は東京帝大経済学部、長女醇子は津田英学塾に学んだ。

大沢源次郎 ▷11

大沢商店主／大連市若狭町／一八七八（明一一）二／東京府東京市本所区松代町／小学校

東京府砂糖商大沢源左衛門の長男に生まれ、小学校を卒業後に築地精養軒、亀屋製パン部等でパン製造を修業した。一九〇七年九月に渡満して大連ヤマトホテルのパン部に入り、以来勤続して二〇年勤続の表彰を受けた後、二七年一一月に退社してパン製造業を始めたが、二八年一月ヤマトホテルが満鉄から分離すると同ホテルのパン部を引き受けて独立経営した。

大沢　慎一 ▷11

満鉄社会課社宅管理係主任／大連市榊町／一八八六（明一九）四／埼玉県比企郡小川町

埼玉県大沢長太郎の長男に生まれ、一九〇五年立憲政友会本部書記となり、その後東京電灯会社水力部に転じた。一一年に退社して電気事業の営業に従事したが、一四年五月に渡満して満鉄に入社した。地方課及び監査課に勤務した後、鞍山製鉄所工場係主任、人事課慰藉係主任を経て二四年に社会課社宅管理係主任となった。

大沢次三郎 ▷3

満鉄工場設計科員／大連市沙河口／一八八一（明一四）四／福井県福井市簸川下町／東京帝大工科大学機械科

福井県大沢市三郎の子に生まれ、一九〇六年七月東京帝大理工科大学機械科を卒業し、同年八月野戦鉄道提理部付通信所雇員として渡満した。その後〇七年四月満鉄開業とともに入社して鉄道工場に勤務し、〇九年一一月から一二年八月までイギリスに留学して工場設計科員となった。

大沢　堂文 ▷12

満鉄大楡樹駅長／吉林省大楡樹駅長社宅／一八九九（明三二）一／福島県安達郡杉田村

福島県大沢勝賢の次男に生まれ、一九一八年に渡満して満鉄に入り、鞍山駅、営口駅運輸部庶務課、大連列車区勤務を経て九寨駅助役となった。熊岳城駅助役に転任した後、三四年一月新京駅構内助役を経て三七年四月大楡樹駅長に就いた。この間、満州事変時の功により賜盃及び従軍記章を授与された。

大沢富三 ▷3

東亜煙草㈱安東県販売所長／安東県三番通／一八七七（明一〇）九／岐阜県恵那郡苗木町／法政大学

一九〇〇年法政大学を卒業して埼玉県属となり、静岡県下で周知郡、阿部郡、岩田郡の各郡長を歴任した。その後一〇年に官界を辞して東亜煙草㈱に転じ、一三年八月同社安東販売所長となって渡満した。

大沢　隼 ▷12

㈾ハルビン・スコエ・ヴレーミヤ社長、正七位勲六等／ハルビン道裡地段街／一八九四（明二七）八／千葉県印旛郡千代田村／東京外国語学校

千葉県大沢綱五郎の長男に生まれ、一九一六年東京外国語学校を卒業し、満鉄に入社してハルビン地方事務所外事係となり、一年志願兵として兵役に服し、陸軍砲兵中尉に任官して除隊復職した。以来外事係として勤続し、その間社命で交通経済視察のため欧米諸国を歴遊した。その後満鉄を退社してハルビン日日新聞社長に就き、次いでハルビン・スコエ・ヴレーミヤ社長を兼任して満州弘報協会理事を務めたが、後にハルビン・スコエ・ヴレーミヤ社長専任となった。

大沢広三郎 ▷12

満鉄副参事、撫順炭砿古城子採炭所監査係技術担当員、満州国協和会撫順県本部委員会議長、撫順古城子協和両級小学校長、撫順乗馬倶楽部幹事長、満州乗馬協会理事、撫順競馬倶楽部理事、撫順埼玉県人会会長／奉天省撫順北台町／一八九七（明三〇）七／埼玉県入間郡加治村／旅順工科学堂採鉱冶金科

埼玉県大沢彦太郎の三男に生まれ、東京の私立日本中学校を卒業して渡満し、旅順工科学堂採鉱冶金科に入学した。一九二〇年に卒業して満鉄に入社し、撫順炭砿竜鳳採炭所、撫順炭砿発電所、竜鳳採炭所、煙台採炭所等に勤務して煙台練炭係主任となった。次いで楊柏堡採炭所勤務を経て楊柏堡坑採掘係主任兼東ヶ丘坑採掘係主任、撫順採炭課勤務、露天掘係技術担当員、古城子採炭所選炭係主任等を歴任して三六年四月古城子採炭所監査係技術担当員となり、同年九月副参事となった。この間、二四年三月社員表彰規定第一条第四号により表彰されたほか、満州事変時の功により従軍記章と大盾を授与され、三六年四月に一五年勤続の表彰を受けた。業務のかたわら満州国協和会撫順県本部委員会議長、撫順古城子協和雨級小学校長、撫順乗馬倶楽部幹事長、満州乗馬協会理事、撫順競馬倶楽部理事、撫順埼玉県人会会長など多くの公職に就いた。同郷の夫人秋子は撫順高女を卒業して埼玉県女子師範学校二部を卒業した。

大重　兼年　▷12

満鉄奉天省四平街鉄路監理所監理員、勲八等／奉天省四平街北五条通／一八九八（明三一）四／鹿児島県姶良郡吉松村

鹿児島県大重休八の次男に生まれ、一九二〇年五月満鉄に入り安東車輌係となった。二一年六月撫順機関区、二二年一一月奉天機関区に勤務した後、三一年八月奉天省四平街機関区庶務助役となった。三三年一一月四洮鉄路局に派遣され、三四年四月奉天省四平街機務段庶務副段長を経て三五年三月洮南鉄路局総務処人事科給与股長を務め、三六年一〇月奉天省四平街鉄路監理所に転任した。この間、満州事変時の功により勲八等及び従軍記章、建国功労賞を授与され、三六年四月勤続一五年の表彰を受けた。

大重　盛熊　▷7

洋服商／奉天省撫順明石町／一八九四（明二七）一／鹿児島県日置郡郡山村／小学校

小学校を卒えて鹿児島市内の中馬洋服店に入り、裁縫技術を修得した。同店の満州進出に伴って店主に同行し、大連を振り出しに各地で店主と共に裁縫業に従事した後、撫順市明石町に中馬商店の店舗を構えた。経営が軌道に乗った一九二二年六月、同商店を譲り受けて独立経営し、市内十数軒の同業者中で筆頭に数えられるまでになった。

大下　寅吉　▷12

大下洋行主、開原実業会評議員、開原輸入組合監事、開原特産物商評議員、勲八等／奉天省開原車站街／一八八九（明二二）三／山口県大島郡家室西方村／中等学校

山口県農業大下豊吉の次男に生まれ、中学校を卒業した後、一九〇九年に徴兵され広島の工兵第五大隊に入営した。一一年一〇月憲兵に転科し、大連憲兵分隊勤務となって渡満し、次いで青島軍司令部、広島憲兵隊等に勤務して除隊した。その後一五年一〇月に渡満して撫順電気化学工業㈱に入り、一九年四月三井物産開原出張所に転じて四年勤め、二三年に開原で特産物貿易商を開業した。この間、日中親善に努めた功により中華民国文虎章を授与された。

大下　隆三　▷12

大下洋品店主、勲八等／牡丹江円明街牡丹江劇場前／一九〇九（明四二）一〇／広島県広島市仁保町

広島県大下幸松の三男に生まれ、広島修道中学校四年を中退した後、三〇年一月徴兵されて呉海兵団に入団した。三三年五月に満期除隊して家業に従事した後、三五年九月に独立して牡丹江円明街で和洋百貨商を開業した。

大島　勇　▷13

満州生活必需品㈱撫順第二支店長、撫順製氷取締役、撫順商工会副会長、撫順金融組合監事／奉天省撫順東三番町／一八九〇（明二三）一／福島県若松市上六日町／東亜同文書院

福島県公吏大島勇造の六男に生まれ、後に長兄大島徳太郎の養子となった。宮城県立中学校を卒業した後、上海に渡って東亜同文書院に入学し、一九一四年に卒業して同地の新利洋行支店で輸出入貿易に従事した。その後二〇年八月に同店を辞して渡満し、二一年九月奉天取引信託㈱に入り、次いで二二年四月撫順市場㈱に転じ、後に取締役支配人を経て常務となった。四一年七月同社が満州生活必需品㈱に統合されると、撫順第二支店長として従来の業務を継承し、かたわら撫順製氷取締役、撫順商工会副会長、撫順金融組合監事を務めた。この間、満州事変時の功により盾及び従軍記章を授与された。会津高女卒の夫人キクノは国防婦人会撫順第二分会長を務めた。

大島　音吉　▷12

大連汽船㈱機関長／大連市文化台／一八九四（明二七）八／島根県那賀郡浜田町／山口県立大島商船学校

一九一八年山口県立大島商船学校を卒業し、船舶会社に入り海上に勤務した。その後一九三〇年三月大連汽船㈱に入り、同社船の機関長を務めた。

大島喜美子　▷12

大島産院主、牡丹江産婆会長、国防婦人会第四部会長／浜江省牡丹江鉄道街／一八九二（明二五）三／栃木県那須郡川西町／女学校

栃木県前田鶴松の三女として長崎県に生まれ、後に栃木県出身の大島祥通と結婚した。長崎の女学校を卒業して東京に遊学し、一九一三年岩手県産婆免状、次いで東京府産婆免状を取得し、二四年東京市牛込区山伏町で産院を開業した。二八年麹町区飯田町に転住し、さらに葛飾区本田原町に移転した。三四年五月家族で渡満して牡丹江鉄道街に大島産院を開業し、助手一人を雇って軍部方面を中心に診療した。

大島　吾市　▷11

陸海軍御用達食糧品卸問屋／旅順市乃木町／一九〇七（明四〇）一〇／山口県阿武郡萩町／山口県立萩中学校

本姓は別、後に大島竹槌の養子となり、一九二八年に家督を相続した。山口県立萩中学校を卒業して渡満し、旅順市乃木町で陸海軍御用達を開業し、食糧品卸問屋を兼営した。

大島　鴻三　▷12

亞細亞貿易㈱代表取締役、大連市嶺前区評議員、大連神社世話役／大連市鳴鶴台／一八八六（明一九）七／愛知県名古屋市東区千種町／レキシントンカレッジ

名古屋の明倫中学を卒業して渡米し、ニューヨークのレキシントンカレッジを卒業した。一九一七年ロサンゼルスの大和商会に入り、次いでニューヨークのナショナル金銭登録機会社に転じた後、二五年に帰国して神戸の米国貿易会社に勤務した。その後二八年に渡満し、福昌公司に勤務した後三五年に独立して亞細亞貿易㈱を設立し、常務取締役を経て三七年二月代表取締役に就いた。広島県呉高女出身の夫人千恵野との間に三男一女あり、長男巌は奉天の満州医科大学に学んだ。

大島　甲槌　▷12

大正洋行主、大連精糧㈱取締役、㈶大連方面事業助成会理事、関東州方面委員、大連輸入組合評議員、大連土建材料商組合幹事、大連入船町内会長／大連市山城町／一八八四（明一七）五／山口県萩市／大阪商業学校

山口県大島富蔵の次男に生まれ、一九〇四年大阪商業学校を卒業した後、日露戦争に従軍して奉天西方の高力屯に駐屯したが、病気のため後送され除隊した。病が癒えた後〇六年に再び渡満して大連で食料雑貨商を開き、後に満鉄築港工事の労力供給業を営んだ。その後一八年に帆船一隻を建造し、他に一隻を買収して大連・日本間の海運業を経営した。次いで大正洋行を設立して杉丸太等の日本産建材の輸入と硅石の輸出業を経営した。事業経営のかたわら大連方面事業助成会理事、関東州方面委員等の公職に就き、三六年一二月大正天皇即位一〇周年祭に当たり皇太后より方面事業の功により蒔絵硯箱を下賜された。

大島　茂　▷12

明治洋行主／奉天青葉町市場内／一九〇七（明四〇）二／岡山県浅口郡玉島町

一九二六年吉備郡箭田村出身の先輩塩尻弥太郎を頼って渡満し、奉天青葉町で同氏が経営する吉備商会に入り食料品雑貨と世帯道具の販売業に従事した。三〇年八月に独立し、奉天弥生町に明治洋行を興して同業を営み、三三年に青葉町市場が開設されると同市場内に移転した。

大島　大平　▷13

満州土建協会常務理事／大連／一八九〇（明二三）一／福岡県宗像郡上西郷村

一九〇七年に渡満して関東都督府土木科に勤務し、一三年に関東都督府属となり土木科大連出張所調度課主任に就いた。一〇年余勤続して二四年に官職を辞して満州土建協会に入り、書記長を経て三六年四月常務理事に就任した。「濤明」のペンネームで新聞や雑誌に川柳・俳句・短歌を数多く発表し、満州文壇に広く名を知られた。

大島伝兵衛 ▷4

大島洋行主／奉天城内鐘路／一八六七（慶三）一〇／大阪府大阪市東区石町

一九〇六年五月に渡満して奉天大南門の近くで大島洋行を開業し、中国人相手に綿布と雑貨を扱って繁昌した。事業の拡大とともに一三年一〇月には奉天城内鐘路に店舗を移転し、奉天屈指の大商店として隆盛を極めた。

大島　敏敬 ▷12

志岐土木㈱理事、ハルビン支店代表、チチハル商工会議所会頭、同居留民会評議員、満州土木建築業会支部長、長野県人会会長／龍江省チチハル新馬路九号／一八八七（明二〇）四／長野県諏訪郡上諏訪町／長野県立諏訪中学校

旧諏訪藩士大島清栄の次男に生まれ、長野県立諏訪中学校を卒業して東京で土建業に従事した。一九一二年朝鮮に渡って京城の松本組に入り、三年後さらに同地の高島組に転じた。二三年独立して京城に大島工務所を設立し、釜山と海州に出張所を置いて土木建築請負業を経営した。二八年京城の志岐工業㈱に招かれて同社入りし、三二年六月新京の志岐土木㈱に転じて渡満した。新京及び吉林方面の都市建設工事を担当して三四年六月同社理事となり、ハルビン支店代表に就いた。浜州線満州里、ハイラル、博克図の各出張所を統括してチチハル鉄路局及び満州国政府関係の諸工事を手がけ、年請負高一〇〇万円に上った。チチハルに在勤し、業務のかたわら同地の商工会議所会頭、居留民会評議員、満州土木建築業会支部長、長野県人会会長を務めた。

大島　文市 ▷11

長春日本領事館書記生／長春日本領事館／一九〇七（明四〇）一〇／岡山県浅口郡玉島町／岡山県金光中学校

岡山県農業大島岩蔵の長男に生まれ、一九二五年岡山県金光中学校を卒業した後、二七年四月外務省書記生試験に合格し、翌月外務書記生に任官した。二八年一〇月長春領事館書記生となって渡満した。

大島　善次 ▷8

大東公司主、大東代書事務所主／奉天／一八七四（明七）一／山形県米沢市山上通町

旧米沢藩士の子に生まれ、一八九七年台湾に渡り嘉義県属となった。九八年八月台南県弁務署主記を経て一九〇一年台湾総督府蕃署察庁属に転任し、会計課長、土木係長、臨時台湾戸口調査監督委員、歳入歳出現金出納官吏、演習召集旅費現金前渡官吏等を歴任して三級俸となったが、〇九年九月に辞職して高砂製糖㈱庶務次席に転じた。一〇年に高砂製糖㈱と塩水港製糖㈱が合併して塩水製糖㈱となった後も勤続し、一四年に庶務課長となった。一六年に南満州製糖㈱が奉天に設立されると同年一二月同社に転じ、かたわら大同号主任を務めた。一九年二月南満製糖を退職して松島町で石炭商大東公司を開業し、代書業を兼業した。

大島　良治 ▷12

大島洋行主／龍江省チチハル永安大街／一九〇一（明三四）一／栃木県河内郡吉田村

学業を終えて大連の国際運輸㈱に入り、各地に勤務した。その後一九三四年に退社し、チチハル永安大街で下谷洋行支店として白米、食料雑貨類の卸小売業を経営し、後に大島洋行に改称した。

大島陸太郎 ▷12

国務院民政部警務司長、観光委員会委員、子爵、正四位勲三等／新京特別市民政部警務司／一八八四（明一七）一〇／東京府東京市四谷区花園町／陸軍大学校

初代関東都督を務めた陸軍大将大島義昌の次男に生まれ、陸軍中央幼年学校を経て一九〇五年士官学校を卒業した。歩兵少尉に任官して近衛歩兵第四連隊付、同第二旅団副官、参謀本部付を経て一三年陸軍大学校を卒業した。次いで参謀本部員、技術本部付兼陸軍省軍務局課員、侍従武官兼軍事参議院幹事、歩兵第一連隊付を経て歩兵第四連隊長となり、満州事変勃発時に長春に駐屯して南嶺、寛城子、昂々渓、ハルビンの戦闘に参加した。その後第一六師団参謀長を経て三四年八月少将に昇任して近衛歩兵第二旅団長となり、同年四月功四級金鵄勲章及び旭日中綬章を授与された。三六年三月二・二六事件により引責辞職して待命、同年七月予備役編入となり、同年八月満州国民政部警務司長となって渡満した。

お

大須賀国広 ▷12

国務院蒙政部勧業司畜産科員、満州国協和会蒙政部分会常任幹事、畜産委員会幹事／新京特別市新発屯聚合住宅／一八九八（明三一）／大須賀鎌吉／神奈川県横浜市中区初音町／北海道帝大農学部畜産科

神奈川県大須賀鎌吉の次男に生まれ、第一横浜中学校、東北帝大農科予科を経て一九二四年三月北海道帝大農学部畜産科を卒業して北海道庁技手となった。その後三三年一〇月国務院興安総署技佐に転じて渡満し、勧業処畜産科に勤務した。三四年一二月行政機構改正にともない蒙政部技佐となり、勧業司畜産科勤務となった。

大杉京太郎 ▷12

大杉組主、吉林製材所主／吉林駅前／一八八九（明二二）一二／静岡県浜名郡五島村

一九一五年朝鮮の咸鏡北道庁土木科に勤務し、一八年に独立して樺太工業専属土木建築請負人となり、次いで二四年に近衛第一師団経理部指定請負人となった。その後三一年に渡満し、関東軍経理部指定請負人として長春で同業を営んだ後、三三年六月大同洋灰㈱専属となって吉林に移り、三四年七月から吉林製材所を兼営した。

大関誠一郎 ▷4

無職、従七位勲六等／長春東第一七区／一八七八（明一一）一一／新潟県中蒲原郡白根町／早稲田専門学校法学行政科

代々純兵衛を名乗って近郷近在に知られた儒者の家に生まれた。祖父の代には門弟千名を数え、父も漢方医として令名が高かったが、九歳の時に火災に遭って生家が零落した。上京して浅原代用小学校の授業生となったが、習字の採点で校長と衝突して一ヶ月余りで退校し、早稲田専門学校の講習録編集助手となって学資と食費免除の恩典を受けながら同校に学んだ。一八九九年法学行政科を卒業し、同年七月新潟の日本石油㈱に入社した。庶務課長、消防頭取、同業組合世話係を経て週報「日本之石油」の編集に従事したが、一九〇一年に退職して一年志願兵として入営した。退営後に石油興業会社の設立に参画し、支配人として鑿井事業に従事したが日露開戦に伴い工兵将校として徴兵され、臨時鉄道大隊付となって安奉線軍用鉄道工事に従事した。戦後〇六年四月から鉄嶺軍政署に勤めたが、八月に同軍政署が撤廃された後は営口、鉄嶺、公主嶺で土木建築請負人の手代となって働いた。〇八年に先輩の久間九郎と共に長春に久間組を設立して同地の郵便局、警務署、満鉄医院、機関庫、発電所等の建築と付属地道路工事の大部分を請け負ったが、工事完成後に同組は多大の欠損を出して解散した。一一年に辛亥革命が起きると見物のため漢口、武昌方面に出かけ、長春に帰って薬種商と質屋を兼営した。一四年に共立㈱を設立して新規事業を画策したが、官幣暴落のため失敗して本業に戻った。その後病を得て一切の事業を中止したが、捲土重来の念をこめて静養中に生まれた男子に満洲男と名付けた。

大関　英達 ▷12

駐満日本大使館電信官兼大使館三等書記官、従六位勲五等／新京特別市朝日通日本大使館官舎／一八九三（明二六）二／福島県北会津郡門田村／東洋協会専門学校

一九一四年東洋協会専門学校を卒業し、一七年一二月外務書記生となり天津に赴任した。一九年五月外務属に進んで本省の通商局、亜細亜局、大臣官房電信課に歴勤し、二四年に文官高等試験行政科に合格した。二五年四月外務省電信官、同年一二月外務事務官兼任となって欧米局に勤務し、二九年一一月ロンドン海軍軍縮会議の全権随員を務めた。その後海外に在勤して三四年九月に帰国し、三五年八月在満日本大使館電信官兼大使館三等書記官となって渡満した。この間ロンドン会議の功績により勲六等単光旭日章、満州事変時の功により勲五等瑞宝章を授与された。

大園直次郎 ▷7

理髪業千代田軒主／奉天／一八九二（明二五）一一／鹿児島県鹿児島郡伊敷村

商家に生まれたが早くから理髪業を志し、鹿児島市の理髪店で修業した。技術を身に着け資金を蓄えた後、渡満して大連で理髪店を始め鮮魚商など各種の商売に手を染めたが、ことごとく失敗して資金の大半を失った。一九二二年に大連を引き揚げて奉天に居を定め、翌年千代田通りに理髪店千代田軒

を開業し、夫人ワイ子と共に働いて夫婦床と称され奉天一流の理髪店として知られるようになった。天性剛毅闊達で斗酒なお辞せず、趣味の柔道は三段相当を自称した。

大園　長喜　▷12

牡丹江省公署警務庁長、正六位勲五等／牡丹江省公署警務庁／一八九〇（明二三）一／熊本県宇土郡不知火村／陸軍士官学校、陸軍戸山学校

熊本中学校を経て一九一二年五月陸軍士官学校を卒業し、歩兵少尉に任官して小倉の歩兵第四七連隊付となった。次いで一六年に陸軍戸山学校を卒業し、以来シベリア派遣軍、久留米憲兵隊副官、弘前憲兵隊分隊長、東京憲兵隊分隊長、支那駐屯軍憲兵長天津在勤、福岡憲兵分隊長に歴補し、二八年憲兵少佐に累進した。その後二九年国務院民政部警務司督察官に転出して渡満し、民政部事務官として警務司に勤務した。次いで三三年ハルビン警察庁事務官、三四年七月同庁理事官、同年一二月黒河省公署警務庁長、三五年四月特殊警察隊長兼任、三七年六月浜江省公署理事官兼任・警務庁勤務を経て同年六月牡丹江省公署警務庁長に転任した。

太田伊之助　▷14

永順洋行支配人／大連市山城町／一八七五（明八）九／三重県一志郡元白村

一八八八年、一三歳で東京日本橋の綿糸布商長井商店に入店した。以来勤続して一九〇四年に支配人となったが、翌年四月に渡満して大連の永順洋行に入り、主任として輸出入貿易業に従事した。その後、営口、名古屋の各出張所主任を経て一六年七月に本店支配人に就いた。大連商業銀行監査役、満州不動産信託会社取締役、大和染料製布㈱社長を兼務し、二一年四月から翌年一月まで大連市会議員を務めた。

大高市太郎　▷4

日華合木廠／吉林省城外東大灘／一八七五（明八）一二／石川県鳳至郡鵜川村／札幌農学校森林学科

近郷近在に聞こえた木材商の家に生まれ、小学校を卒業して家業の木材販売に従事した後、北海道に渡って札幌農学校森林学科に入学した。同校卒業後は大倉土木組に入ったが、後に三井物産㈱札幌出張所に転じて材木製材に従事した。一九〇七年北海道炭砿汽船㈱輪西製材所に招かれて同所に勤務したが、三年後に同社を辞して渡満した。鴨緑江、松花江上流域の長白山脈を踏破して森林状態を調査した後、一四年八月吉林省城外に日中合弁の日華合木廠を設立した。松花江上流域で伐木して製材し、満鉄線路の枕木を一手に扱ったほか中国南部にまで販路を拡大した。満州事変後の三二年三月、匪賊に襲われて落命した。

太田垣市治　▷1

大連競売所主任／大連市／一八七三（明六）三／兵庫県朝来郡梁瀬村

一八九二年沿海州に渡り、さらに朝鮮各地を巡遊して九七年に帰国した。その後再び渡航して満州、朝鮮、シベリア各地で諸種の事業を画策したが、一九〇四年に日露戦争が始まると奉天から山海関に移り、さらに金州に赴いて軍の用達業に従事した後、同年六月芝罘から二三〇〇人の苦力を引率して大連に入り軍需品の輸送に従事した。その後満州軍倉庫の雇員として旅順捕虜収容所の通訳を務め、さらに新民府に出張して特別任務に服した。戦後は軍関係の仕事を離れ、大連市磐城町に大連競売所を設立して委託品販売と雑貨卸小売及び古物売買を営み、薄利多売で多数の勧商場に対抗して多数の客を集めた。

大高洋太郎　▷12

大連税関税務科長、勲八等／大連市東公園町／一八九一（明二四）五／茨城県東茨城郡沢山村／麻布中学校

一九〇九年東京の私立麻布中学校を卒業した後、一三年一月朝鮮総督府土木局属となり、鎮南浦税官吏、新義州税関税務課長心得、同課長を歴任した。その後一九年三月朝鮮総督府専売局属を最後に退官し、大連税関嘱託に転じて渡満した。以来勤続し、三三年五月国務院財政部税務司兼務を経て同年一一月財政部事務官に進み、三五年一二月税務理事官となり大連税関税務科長に就いた。この間、建国功労賞及び大典記念章を授与された。

大高　和三　▷12

日満印刷社主、初音旅館主、吉林北大馬路区長、満州国協和会車站

分会幹事長、勲八等／吉林大馬路／一九〇七（明四〇）三／兵庫県姫路市仁豊野／京都市立第二商業学校

兵庫県材木商大高市太郎の長男に生まれ、一九一〇年両親に伴われて渡満し、吉林第二小学校を終えて京都に遊学し、二六年に市立第二商業学校を卒業した。吉林に戻り父市太郎が経営する日華合木廠で伐採事業に従事したが、三二年三月匪賊に襲われて父が死亡したため廃業し、翌年一一月日満印刷社を興した。吉林大馬路に本店、奉山線磐石に出張所を置き、日本人一〇人、中国人三三人を使用して印刷、製本、和洋紙・文具販売を営業課目として年商一〇万円以上に達した。本業の他に初音旅館を経営し、吉林北大馬路区長、満州国協和会車站分会幹事長を務めた。満州事変により勲八等瑞宝章を受章した。

太田　義一　▷12

南満州瓦斯㈱新京支店長、新京商工会議所議員／新京特別市羽衣町／一八九九（明三二）一／宮崎県宮崎郡赤江町／旅順工科学堂夜勤分科

宮崎県太田寛三の長男に生まれ、一九二二年旅順工科学堂夜勤分科を卒業した後、二三年一月満鉄に入り瓦斯作業所に勤務した。二五年七月同所が満鉄から独立して南満州瓦斯㈱が設立されると同社員となり、二九年六月鞍山支店長を経て三五年一二月新京支店長となった。

大滝　八郎　▷3

大連海関副税務司／大連市越後町／一八六八（明一）六／山形県米沢市門東町／米国の大学

幼少の頃から海軍軍人になることを夢とし、一八歳の時に試験に応募したが体重不足で受験できず、進路を変えてアメリカに渡航した。中学、予備門を経て大学を卒業して帰国し、教職に就いて五年勤めた。一九九九年、中国税関が初めて日本人職員三人を試用するに際し神田男爵の推挙で採用され、漢口、広東、厦門、寧波の各海関に勤めた。一九一五年八月、大連海関に転じて副税務司に就いた。

大滝　正寛　▷12

満鉄本渓湖地方事務所庶務係長、社員消費組合総代／大連市星ヶ浦水明荘／一八九七（明三〇）一／新潟県中蒲原郡村松町／高千穂高等商業学校

新潟県大滝幹正の次男に生まれ、一九一九年高千穂高等商業学校を卒業して満鉄に入り、経理部会計課に勤務した。次いで地方部農務課興安嶺林区在勤、興業部農務課、経理部会計課、同主計課、奉天地方事務所に歴勤して公主嶺地方事務所庶務係長となり、同所長を経て三六年一一月本渓湖地方事務所庶務係長に転任した。この間、三五年四月勤続一五年の表彰を受けた。

太田　久作　▷12

満鉄錦県鉄路局長／錦州省錦県鉄路局／一八八八（明二一）二／富山県富山市愛宕元町／東京帝大工科大学機械科

富山県農業太田作太郎の長男に生まれ、一九一二年七月東京帝大工科大学機械科を卒業して満鉄に入社した。鉄道部運転課に勤務した後、公主嶺車輌係、遼陽車輌係、安東車輌係主任、奉天車輌係主任、長春運輸事務所運転課長を経て参事に昇格し、奉天鉄道事務所所長代理となった。二五年八月列車運転施設及び「オートマチック・トレーンコントロール」等の保安装置研究のため半年間欧米に出張した後、本社鉄道部に帰任し、南満州工業専門学校教授等を経て二七年四月鉄道部運転課長となった。次いで鉄道部車務課長、関東軍司令部事務嘱託、鉄路総局次長兼機務処長、鉄路総局設備委員会委員長、奉山鉄路局長を歴任し、三六年九月錦県鉄路局長に就いた。この間、二四年に満鉄勤続章、二八年に勤続一五年の表彰を受けた。

大竹　亀吉　▷4

大竹商会主／奉天省営口／一八六六（慶二）三／福島県西白河郡白河町／小学校

郷里の小学校を卒業した後、一八八三年に上京して漢籍・漢文と経済学を三年間学んだ。大阪、神戸などで経済の実地を修得した後一九〇一年に天津に渡り、中国語を学びながら各地を巡遊して経済の実情を視察した。翌年から天津を中心として対蒙古貿易を営んだが、〇四年の日露開戦と同時に営口に赴き大盛公司を興して軍需品供給に従事した。〇六年から事業を拡張して満州特産物、綿糸布、麦類の取引を始め、さらに一三年には営口旧市街に試験工

場を造って製紙の研究に着手し、牛家屯の満鉄付属地に土地・建物を確保して満鉄と関東都督府の資金援助を受け、一六年から製紙業を開始した。一四年の青島戦役以後は淄川炭坑を中心に青島から済南方面に進出した。仏教経典や文学・哲学に造詣が深く、漏月と号して俳諧も嗜んだ。

大竹　久蔵　▷11

満州紡績㈱工場長／奉天省遼陽満州紡績会社／一八八八（明二一）四／福岡県築上郡友枝村／熊本高等工業学校

福岡県農業大竹末太郎の長男に生まれ、一九一〇年熊本高等工業学校を卒業した。富士瓦斯紡績会社に入社して大分工場、名古屋工場、本社、青島工場、大阪工場等に勤務したが、満州紡績会社の招きに応じ二八年九月に渡満して遼陽の同社工場長に就任した。

大竹　清行　▷11

大倉商事㈱大連出張所員／大連市播磨町／一八九五（明二八）二／東京府南葛飾郡寺島町／慶応大学理財科

京都府大竹晶七郎の六男に生まれ、一九一九年慶応大学理財科を卒業して大倉商事㈱に入社した。東京本社機械係に六年勤務した後、大連出張所勤務となって二五年に渡満した。⇒叔父の大竹貫一は衆議院議員を一六期務め、日露講和反対の日比谷焼打事件の首謀者とされ、国体明徴運動などに奔走した。

大竹　孝助　▷12

大丸旅館主、㈾大丸倉庫運送店代表社員、紅梅若松町会副会長、奉天旅館組合長／奉天若松町／一八八〇（明一三）二／福岡県遠賀郡山鹿村

一九〇四年日露戦争に従軍し、戦後奉天に留まって質商と金融業を営んだ後、一八年に若松町に大丸旅館を開設した。その後三〇年に旅館業を分離し、金融業と貸家業を一括して資本金五万円の合資会社とし、三三年に増資して松島町で㈾大丸倉庫運送店を兼営した。大丸旅館は客室二七を備え、他に団体宿泊所として別館を設けた。

大竹　茂晴　▷12

満鉄鉄嶺医院庶務長、社員会鉄嶺連合会幹事、鉄嶺体育協会柔道部幹事長、鉄嶺福島県人会長／奉天省鉄嶺満鉄医院／一八九一（明二四）一二／福島県南会津郡田島町／東北中学校

福島県大竹茂平の四男に生まれ、一九一三年宮城県の私立東北中学校を卒業して渡満し、一五年六月から南満医学堂に勤務した。二二年九月から満州医科大学予科書記を兼務した後、二五年四月同大書記兼南満医学堂書記となり、二九年七月同大医院賄係主任を経て三四年五月鉄嶺医院庶務長となった。この間、関東局施政三〇周年に際し銀盃一組を授与された。

大竹多三郎　▷12

ハルビン地方検察庁次長兼ハルビン区検察庁監督検察官、学習法官指導官、従六位／ハルビン馬家溝永安街代用官舎／一八九八（明三一）三／新潟県新潟市学校町通三番町／東北帝大法文学部英法科

一九一七年新潟県高田師範学校を卒業して県下の新津尋常高等小学校訓導を務めた後、上京して東京高等師範学校に入学した。二三年に卒業して青山師範学校教諭兼訓導を務めた後、東北帝大法文学部英法科に入学して在学中の二七年一二月文官高等試験行政科、二八年一〇月同司法科試験に合格した。二九年三月に卒業して同年五月司法官試補となり、同年一〇月東京区裁判所代理検事を経て三〇年一二月検事に進み、東京地方及び同区各検事局に勤務した。次いで三二年四月土浦区兼水戸地方裁判所土浦支部、三四年四月東京地方兼同区各裁判所に勤務した後、三五年一月満州国検察官に転じて渡満し、瀋陽地方検察庁首席検察官兼北満特別区地方検察庁首席検察官、北満特別区地方検察庁首席検察官兼新京地方検察庁検察官を歴任し、同年八月北満特別区地方検察庁首席検察官兼浜江地方検察庁首席検察官を経て三六年七月ハルビン地方検察庁次長となり、ハルビン区検察庁監督検察官及び学習法官指導官を兼務した。

太田顧四郎　▷11

国際運輸㈱監査員／大連市水仙町／一八九〇（明二三）七／千葉県匝瑳郡平和村／正教神学校

千葉県太田勇治の三男に生まれ、一九一二年七月正教神学校を卒業した。熱烈な信仰心に駆られて数年の間名古屋、仙台、千葉でギリシャ正教の布教活動に従事したが、第一次世界大戦やロシア革命の影響を受けて教界を去った。一九年に渡満して山口運輸㈱ハルビン支店員となり、二三年七月に同社が国際運送㈱に買収されると大連支社詰となって監査係長を務めた。二六年八月、満鉄資本で国際運輸㈱に改組されると監査員に就任した。

太田　三郎　▷9

朝鮮銀行理事／大連市山城町／一八七三（明六）一／石川県金沢市長町／帝国大学法科大学

地方に聞こえた漢学者の子に生まれ、一八九八年帝国大学法科大学を卒業して第百銀行に入った。一九〇四年第一銀行に転じて文書課長に就き、次いで朝鮮支店に転任して仁川、平壌の支店長を歴任した。一九〇九年一〇月第一銀行京城支店の業務を継承して韓国銀行が創立されると出納局長に就き、調査部長を兼務した。一一年三月に朝鮮銀行に改称された後も要職を歴任し、関東州及び満鉄付属地における朝鮮銀行券の流通に尽力した。一六年理事に就任し、大連支店在勤となって渡満した。

太田　茂　▷12

太田軍装店主／ハルビン道裡地段街／一八九三（明二六）二／香川県大川郡富田村／高等小学校

香川県太田従教の三男に生まれ、高等小学校を卒業して一七歳の時から神戸の柴田洋服店で働いた後、一九一二年朝鮮に渡って京城府長者町で洋服商を営んだ。その後一七年に渡満してハルビンの秋林洋行仕立部に勤務し、二〇年四月に独立して太田洋服店を開業した。満州事変後に太田軍装店と改称し、関東軍、満州国陸軍及び軍管区の北満唯一の指定商として洋服・軍服、羅紗・毛皮、各種軍装品を扱い、牡丹江に支店を置いて同地及び掖河駐屯師団の用命を受けるなど、従業員一三人を使用して年商一〇万円を超える規模に発展した。

太田　治郎　▷9

大連牛乳㈱取締役兼支配人／大連市西公園町／一八八一（明一四）一／島根県知夫郡浦郷村／修道館

郷里の修道館を卒業した後、缶詰製造業に従事するかたわら畜産業を経営した。一九〇七年に渡満し、大連郊外に大連舎牧場を開設して乳業を始め、年を追って生産量が増大したが、一三年に牛疫が流行して休業に追い込まれた。その後事業を再開して盛り返し、一九年二月に大連牛乳㈱を組織して取締役兼支配人として経営に当たった。

太田　信三　▷11

小林活版所主任／大連市大山通／一八七八（明一一）一〇／静岡県庵原郡富士川町／小学校

静岡県の塩問屋太田唯助の五男に生まれ、一八九一年一一月小学校を卒業して上京し、東京麹町の印刷業小林又七商店に入店した。精励ぶりを主人に見込まれて娘鋠の婿となり、九八年四月に大連支店を出す際に支店長となって渡満した。以来大山通で小林活版所を経営した。

太田　資愛　▷12

国務院国都建設局技術処員／新京特別市豊楽胡同／一八九〇（明二三）四／山形県鶴岡市高畑町／早稲田大学理工学部建築科

東京市麹町区に生まれ、一九二四年三月早稲田大学理工学部建築科を卒業して東京市役所技手となった。次いで神奈川県建築技手、横須賀市技師を歴職し、三二年九月国務院国都建設局技正に転じて渡満し、技術処建築科主任を経て三四年七月国都建設局技佐となった。

太田　清作　▷12

安東省鳳城県警正、従七位勲六等功七級／安東省鳳城県公署／一八九三（明二六）三／長崎県東彼杵郡上波佐見町

一九一三年一二月徴兵されて久留米の騎兵第二二連隊に入営し、青島攻囲軍に従軍した。帰国して憲兵に転科し、二一年に憲兵練習所を修了した後、甘木、関東憲兵分隊柳樹屯、佐世保、長崎、関東憲兵隊扎蘭屯の各分遣隊長を歴任して憲兵少尉に累進した。その後三四年一一月予備役編入と同時に安東省通化県嘱託となり、同県警正を経て三六年一一月鳳城県警正に転任した。

太田宗太郎　▷12

満鉄地方部工事課長、工務委員会委員／大連市真弓町／一八八五（明一八）九／東京府東京市麹町区霞ヶ関／東京工学院、コロンビア大学建築科本科、同大学院

静岡県浜名郡蒲町農業吉田利平の長男に生まれ、後に太田毅の養子となった。一九〇六年三月東京工学院を卒業して同年五月警視庁工手となり、〇七年四月開業早々の満鉄建築技手に転じて渡満した。建築技師太田毅の指導下に奉天駅や大連ヤマトホテル、正金銀行大連支店等の設計に従事した後、太田の薫陶が転機となって一〇年五月に満鉄を辞して渡米し、ニューヨークの建築事務所に勤めながらコロンビア大学建築科本科、同大学院に学んで工学修士の称号を得た。この間、一一年に病気療養のため帰国していた恩師太田が三四歳で病没し、滞米中の一四年に養子縁組をして太田姓を名乗った。十数年アメリカで学んだ後、ヨーロッパ各国を視察して帰国し、二四年二月再び渡満して大連の小野木・横井共同建築事務所に入り、かたわら南満工業専門学校講師を務めた。二九年八月再び満鉄に入社して地方部建築課に務め、三〇年六月技師に進んで工事部建築課勤務、地方部工事課一般建物係主任に歴勤した。その後三七年一月大連工事事務所長兼地方部工事課勤務を経て同年四月地方部工事課長に就いた。

太田 辰雄 ▷12

国際運輸㈱庶務課統計係主任／大連市山県通国際運輸㈱／一九〇四（明三七）八／愛知県碧海郡六ツ美村／京城高等商業学校

愛知県太田竹治郎の長男に生まれ、一九二八年三月京城高等商業学校を卒業し、同年六月国際運輸㈱に入り大連本社に勤務した。次いで大連支店経理課、錦県出張所勤務、同計理係主任を経て本社調査課統計係主任となり、同管理課統計係主任を経て三七年五月庶務課統計係主任となった。

太田 鉄也 ▷11

金州郵便局長／金州真武廟街／一八八七（明二〇）五／東京府東京市本所区柳島元町／市立下関商業学校、神戸パルモーア英学院

東京府弁護士太田勇造の次男に生まれ、市立下関商業学校と神戸パルモーア英学院に学んだ。神戸市三宮の麦稈真田貿易商の村上森造方に勤めた後、尼崎汽船に転じて下関支店会計係となった。一九一四年為替貯金書記補に転じ、下関貯金支局経理課勤務を経て小樽貯金支局等に転勤し、一七年から小樽区立量徳商業補習学校、稲穂商業補習学校、私立北海商業学校、北海道庁立小樽商業学校等に珠算科講師嘱託として勤めた。二一年に貯金講習所教官となり、講習所教務係主任を経て関東庁逓信局に転任して同年七月に渡満した。逓信局総務課に勤務した後、二七年六月金州郵便局長に就任した。

太田 利輔 ▷12

国際運輸㈱庶務課長代理兼人事係主任／大連市楠町／一八八七（明二〇）一二／山口県豊浦郡清末村／満州法政学院法律科

山口県大田半治郎の長男に生まれ、一九〇六年一月郷里の豊浦郡清末村役場書記となった。〇七年一〇月に辞任し、〇八年三月に渡満して満鉄埠頭事務所に勤務したが、同年七月関東都督府郵便電信局通信事務員に転じた。二〇年一〇月関東庁逓信書記に進んで総務課監督係兼経理課規画係となり、勤務のかたわら二三年に大連の私立満州法政学院法律科を卒業した。その後二四年一二月に辞職して国際運輸㈱に転じ、支店庶務課に勤務した後、二六年一月大連支店、同年八月庶務課に歴勤した。三二年六月庶務課人事係主任となり、次いで三五年四月庶務課長代理となり人事係主任を兼務した。

太田 直一 ▷12

竜江税務監督署総務科長兼経理科長、従七位勲八等／龍江省チチハル商埠街六号公館／一八九六（明二九）九／兵庫県津名郡洲本町大工町

兵庫県大津介八の次男に生まれ、一九一三年一二月税務属となり神戸税務署に勤務した。二〇年八月伊丹税務署庶務課長、二二年一月洲本庶務課長を歴任して二四年一二月税務監督署属となり、大阪税務監督署に勤務した。三三年一月預金部属兼任・大阪支部兼務を経て同年九月司税官となったが、同年一〇月渡満して奉天省公署事務官に転じて総務庁に勤務した。三四年一一月税務監督署事務官・奉天税務監督署国有財産科長、三六年六月地積整理局事務官兼任・奉天分局勤務を経て同年八月竜江税務監督署総務科長兼経理科長に就いた。

「大谷」は「おおや」も見よ

大谷　清　▷12

大谷写真館主、ハイラル居留民会区長、同国防青年団副団長／興安北省ハイラル消防街／一八九九（明三二）九／北海道札幌郡江別町

一九三二年に渡満して騎兵第一旅団騎砲兵隊付従軍写真班員となったが、翌年一月に辞してハイラルに赴いた。三四年一〇月写真館を開業し、技師三人、弟子二人を置いて軍部関係を最大得意先とした。営業のかたわらハイラル日本商工会議所の創立発起人となり、居留民会区長、国防青年団副団長を務めた。

大谷震太郎　▷12

㈾大谷洋行主、奉天米穀商同業組合長／奉天松島町／一八七四（明七）三／福岡県嘉穂郡大分村

福岡県大谷朱一郎の長男に生まれ、中学校を卒業した後、一九一五年に渡満して満鉄に入り撫順炭砿に勤務した。その後一九年一二月に退社し、奉天松島町で米穀商及び陸軍御用達を開業して満州産米の販売と品種改良に取り組み、二五年に資本金一万九〇〇〇円の合資会社とした。かたわら三〇年一二月松島町内にヤマトタクシーを開業して女婿の服部慶次郎に経営させ、三二年に日満自動車㈱を創立してこれと合併した。この間、二二年に奉天の同業者二三名で米穀商同業組合を創立して組合長に推され、三五年に再選された。

大谷　高寛　▷1

天草組主／大連市／一八五〇（嘉三）一二／熊本県天草郡本渡町

一八七一年里正となり、後に村吏として児童教育に尽力して学区取締を務めた。八二年県会議員に当選し、佐々友房の主宰する熊本国権党に属して当選を重ね、県参事会員、県会副議長を歴任した。政治活動のかたわら九五年に東肥製糸㈱、日清貿易㈱、肥後汽船㈱等を組織して重役に就き、韓国沿岸を視察して韓国通漁組合を設立するなど漁業振興に尽力して熊本県水産協会副会長に就いた。日露戦争後、凱旋した漁夫から関東州沿海が漁場として有望なることを聞き、上京して陸軍大臣の特許を得、多数の漁夫を引率して大連に渡り愛宕町に天草組を設立して漁業を経営した。さらに関東都督府の保護の下に関東州水産組合を設立して副組合長となり、大連魚市場を設置して相談役に就いた。

大谷　要造　▷1

大谷商会支配人／大連市浪花町／一八八一（明一四）七／大阪府大阪市北区伝馬市場

大阪府伝馬青物市場で食料品問屋を経営する大谷藤七の長男に生まれた。幼少の頃から家業を手伝って全国各地に赴き、一九〇一年にはウラジオストクに渡り、帰路に北海道を巡って商談をまとめた。〇二年に青物業者間の競争乱売から出荷渋りが起きると関西果実合同売買組を組織して組長に就き、公定相場を立てて供給の安定化を図った。さらに〇四年には同業部の機関紙「日刊市場新聞」を発行したが、日露開戦で多忙となり中止した。〇五年二月単身渡満して大連市浪花町に大谷商会を設立し、満州軍倉庫その他諸官衙の用達業を開業し、後に旅順、京城に支店を設けた。

太田　久　▷12

大日本国粋会安東本部幹事、朝鮮総督府外事課嘱託／安東五番通／一九〇二（明三五）三／愛媛県松山市御室町／松山商業学校

愛媛県太田久忠の長男に生まれ、一九一八年三月松山商業学校を卒業し、同年五月大連市愛宕町の村上土地興業㈾に入った。二三年に一時帰国した後、二六年に再び渡満し、三〇年三月から安東に居を移した。満州事変当時から要路の特命による秘密活動に従事し、在満朝鮮人農民問題、東辺道の満州国軍警駐屯状況、農村開発状況等の調査等を行った。

太田秀次郎　▷1

安東県居留民団理事／安東県一八六六（慶二）四／東京府東京市本所区緑町／明治法律学校

小諸藩士の子として長野県に生まれ、後に東京市本所区に移籍した。一八八八年明治法律学校を卒業して内務省に入り、香川県、秋田県、石川県の各警察部に勤務した。九三年外務省警部に選任され、朝鮮京城警察署長として赴任した。在職中に改革・守旧の政争と日中露の勢力抗争の中で大陸浪人らと交わり、九五年一〇月閔妃暗殺事件に連座して広島の監獄に収監されたが、数ヶ月後に釈放されて上海領事館警察署長に転任した。九九年朝鮮釜山の居留民有志の要請で職を辞して釜山の民長に就き、水道敷設、学校建設、海面埋立工事などの事業を推進した。一九〇四年民長を辞任して長谷川芳助、大谷貫一らと農事改良運動に取り組んだが、まもなく外務省警部に復職して〇六年五月安東領事館の設置と同時に安東警察署長に就いた。軍政撤廃後に中国官憲による利権回収の要求が出ると、自ら折衝の任に当たって事態を収拾した。その後、安東県居留民団が組織されると民団役所の理事を務めた。

太田　寛　▷11

山葉洋行会計庶務主任／大連市大山通／一八九一（明二四）一〇／愛知県岡崎市材木町／愛知県立第二中学校中退

愛知県太田権太郎の長男に生まれ、一九〇七年県立第二中学校を中退して岡崎銀行に入った。〇九年一〇月に渡満して大連の山葉洋行に入り、会計庶務主任を務めた。夫人ミワは商売が好きで、内職として市内浪速町で桔梗屋商店を経営し、半襟、小間物、化粧品、東亜煙草等を販売した。

太田　雅夫　▷13

撫順炭砿次長／奉天省満鉄撫順炭砿次長社宅／一八九三（明二六）三／岡山県浅口郡鴨方町／東京帝大法科大学

岡山県太田右三郎の次男に生まれ、一九一七年七月東京帝大法科大学を卒業し、一九年四月満鉄に入社して埠頭事務所に勤務した。次いで営口、安東、奉天の各地方事務所長を歴任し、三〇年一月各国の植民政策及びその施設に関する調査研究のため一〇ヶ月間欧米に出張した。その間参事に昇格し、同年一一月に帰社して地方部学務課長、チチハル公所長、チチハル事務所長、審査役兼経済調査委員会委員、天津事務所長を歴任して三七年四月撫順炭砿次長に就き、同年六月撫順地方事務所長事務取扱を兼務した。この間、済南事変時の功により賜金を授与され、三四年四月勤続一五年の表彰を受けた。

太田　安基　▷12

奉天高等法院書記官／奉天大西関奉天高等法院／一八八六（明一九）／長崎県長崎市中川町

長崎地方裁判所書記、長崎控訴医院書記を務めた後、一九三三年七月北満特別区高等法院書記に転じて渡満し、同年一〇月奉天高等法院書記に転任した。三六年七月法院組織法施行とともに書記官となり、奉天高等法院書記官となった。この間、満州事変時の功により建国功労賞及び大典記念章、皇帝訪日記念章を授与されたほか、勤労特給賞与を四回受けた。

太田　芳郎　▷12

大連中学校教諭、従七位／大連市臥竜台／一九〇〇（明三三）一／新潟県刈羽郡中通村／東京高等師範学校文科三部

一九二五年三月東京高等師範学校文科三部を卒業し、東京府立第八中学校教諭となった。次いで関東州公立中学校教諭に転じて渡満し、大連市立高等女学校に勤務した。二七年五月関東庁在外研究員として六ヶ月間欧米に出張して英語教授法を研究した後、大連商業学校教務嘱託、同教諭を経て三四年四月大連中学校教諭となった。

太田原宇一　▷7

関東庁監獄看守部長兼剣道師範／旅順市元実町官舎／一八七二（明五）一／宮崎県宮崎郡大宮村

幼時から武術を習い、小野派一刀流と無力流の指南を受けて奥義を極めた。一九〇四年日露戦争に際して第一六師団歩兵第六四連隊付特務曹長として従軍し、旅順戦に参加した。戦後〇六年に帰国したが〇九年一一月に再び渡満し、関東都督府監獄署に勤務して一七年から看守部長兼剣道師範を務めたが、二四年一二月に退職した。

大塚秋次郎　▷11

満鉄経理部会計課出納係主任、勲七等／大連市児玉町／一八七九（明一二）八／長崎県長崎市伊良林町

長崎市商業小野益造の次男に生まれ、同じ長崎市内の大塚家の婿養子となった。野戦鉄道堤理部第一採炭班陸軍省雇員となって日露戦後の一九〇六年九月に渡満し、〇七年四月の満鉄開業とともに同社撫順炭坑会計課に勤務した。その後煙台炭坑の開坑事務に従事し、一〇年七月再び撫順炭坑会計課に戻った。家事の都合により一九年二月にいったん退社して帰郷したが、翌年三月再び渡満して満鉄経理部会計課出納係主任に就いた。釣魚を趣味とし、長崎市玉ノ浦女学校出身の夫人八重子は和歌と生花を嗜んだ。

大塚　宇平　▷11

東亞煙草㈱奉天支店広告主任／奉天富士町／一八八九（明二二）一／岐阜県稲葉郡島村

岐阜県農業大塚仙三郎の三男に生まれ、一九一〇年東亞煙草㈱に入社した。本社勤務の後、北京・天津の各販売所に赴任したが、二二年に家事の都合で退社した。翌年二月クラブ化粧品本店中山太陽堂に入って上海支店長及び堂ビル営業部長を務めたが、二八年三月に退社して再び東亞煙草㈱に入り、奉天支店広告主任に就いた。散歩を趣味とし、渡辺女学校出身の夫人貞との間に二女があった。

大塚覚十郎　▷11

訴訟代理人／ハルビン地段街／一八八九（明二二）二／大分県大分郡西庄内村／早稲田大学法科専門部

大分県医師大塚伸太郎の長男に生まれ、一九〇九年早稲田大学法科専門部を卒業し、小学校本科正教員検定試験及び文官普通試験に合格した。大分県下の小学校教員を二年間勤めた後、農商務省林務主事特別任用試験に合格して同省林務局主事となった。一九年八月に渡満し、有川藤吉弁護士事務所に入った。ここで訴訟事務を修得した後、二一年一〇月ハルビンで訴訟代理業を開業して日露中英米各国の領事裁判を手がけたが、後に中国人、ロシア人弁護士と同地で合同事務所を経営して訴訟事務に従事した。テニスが得意で、学生時代は選手として前衛を務めた。夫人静子は大分市立岩田女学校技芸科の出身で音楽を趣味とした。

大塚　協　▷11

満鉄橋頭公医／奉天省橋頭／一八九六（明二九）五／大阪府大阪市東区常盤町／愛知医学専門学校

大阪府吉田恒男の四男に生まれ、大塚浅吉の娘ハナの婿養子となった。一九一九年愛知県立医学専門学校を卒業した後、二五年三月に渡満して大連で医院を開業した。その後二七年に満鉄公医となり、安奉線沿線の橋頭に赴任した。

大塚　乾一　▷11

予備陸軍砲兵大佐、正五位勲三等功五級／旅順市大島町／一八七五（明八）九／佐賀県佐賀市西田代町／陸軍士官学校

佐賀県大塚安之助の長男に生まれ、一八九八年陸軍士官学校を卒業した。一九〇四年、日露戦争に際し金沢の第九師団に属して従軍した。旅順陥落後さらに北進して乃木軍の砲兵中隊長として奉天会戦に参加した。〇六年一月金沢に凱旋した後、一四年から朝鮮の羅南駐屯軍に勤務した。一六年に近衛砲兵隊長となり、翌年八月天皇皇后の日光田母沢行幸啓に供奉した。一九年関東軍兵器部長、二三年名古屋兵器支廠長を歴任した後、二四年二月に依願退役して予備陸軍砲兵大佐となった。軍務を退いた後、家族を連れて再び渡満して大連市大島町に居住して自適の生活を送った。

大塚　毅一　▷12

満鉄撫順炭砿研究所技術担当員、社員会評議員、社員消費組合総代／奉天省撫順北台町／一九〇〇（明三三）七／茨城県新治郡高浜町／ミシガン州立大学

茨城県大塚寅次の次男に生まれ、土浦中学校を経て一九二三年三月横浜高等工業学校応用化学科を卒業し、同年七月渡米してミシガン州立大学に学んだ。二八年一〇月に帰国し、翌年三月満鉄に入社して撫順炭砿研究所に勤務し、ガス・ベンジンの研究に従事した。三〇年六月技術員を経て三四年四月技術担当員となり、業務のかたわら社員会評議員、消費組合総代を務めた。

大塚　源吾　▷11

大連汽船㈱船舶課長／大連市桜町／一八八一（明一四）四／岐阜県揖斐郡池田村／東京高等商船学校

岐阜県酒造業大塚清太郎の五男に生まれ、一九〇五年東京高等商船学校を卒業して日本郵船会社に入社した。一三年七月同社を辞して満鉄に入り、上海航路の榊丸一等運転士として勤務し、一六年に同船の船長となった。二二年七月に上海航路が大連汽船㈱に引き継がれた後も同社に移って引き続き乗務したが、二六年に船舶課勤務に転じた。二八年一月船舶課長に就き、かたわら大連海務協会副会長を務めた。

大塚謙三郎　▷12

浜江省公署民政庁財務科長／ハルビン馬家溝代用官舎／一九〇三

（明三六）七／茨城県新治郡高浜町／東京帝大経済学部経済学科

一九二九年三月東京帝大経済学部経済学科を卒業し、翌年東洋経済新報社に入った。東京の鈴木徳五郎商店に転じた後、満州事変後に渡満して三二年四月国務院司法部総務司に勤務した。次いで黒龍江省慶城県属官、同県代理参事官、龍江省公署事務官を歴任し、三六年四月浜江省公署理事官となり民政庁財務科長に就いた。

大塚　栄　▷12

満鉄皇姑屯機務段運転助役兼機関士、勲八等／奉天省皇姑屯満鉄機務段／一九〇〇（明三三）八／佐賀県小城郡三日月村

佐賀県大塚亀吉の長男に生まれ、一九一八年九月満鉄に入り奉天機関区に勤務した。一九年に従事員養成所を修了した後、翌年入営して兵役に服し、満期除隊後復職して蘇家屯機務段に勤務した。その後累進して皇姑屯機務段副段長となり、三六年一〇月の職制改正により同段運転助役兼機関士となった。この間、満州事変時の功により勲八等旭日章を授与され、三四年四月勤続一五年の表彰を受けた。

大塚　松次　▷10

大日本塩業会社満州代表／旅順市朝日町／一八八六（明一九）一〇／栃木県芳賀郡大内村／東京高等師範学校中退、水産講習所製造科

一九〇六年真岡中学校を卒業して東京高等師範学校に入学したが、過度の勉強で精神を病んで二年で中退した。農商務省水産講習所に入所し、かたわら明治大学専攻科に学び、さらに水産講習所製造科を修了して大蔵省専売局に入った。〇八年から一〇年まで塩田の整理に当たり、その後塩専売局の技師を務めたが、一七年に大日本塩業会社横浜工場長に転じた。その後本社技師として生産主任を務め、同社が下関市外彦島に造った大製塩工場が機械の不調で失敗すると、その原因を追究して粉砕洗滌式製塩法を発明して特許を取得した。二〇年三月大日本塩業会社満州代表となって渡満し、旅順及び隻島湾出張所長を務めた。経営のかたわら関東州経済調査会委員として州内製塩業の振興を図り、方家屯会評議員を務めた。

大塚　素　▷3

満鉄総務部庶務課員慰問掛主任／大連市浜町／一八六八（明一）二／愛知県幡豆郡西尾町／京都同志社普通学校

一八九二年、同志社普通学校を卒業して北海道釧路監獄の教誨師となった。九五年冬、北米に遊学して社会事業を視察し、九九年にベルギーで開かれた第六回万国監獄会議に出席した後欧米各国を巡遊した。一九〇〇年に帰国して同志社幹事兼教授となったが、〇四年六月に同志社を辞して再び渡米し、テキサスの農業を視察した。帰国してキリスト教青年会満州出征軍慰問事業総主事となり、日露戦中の満州に渡った。戦後は同青年会同盟幹事として朝鮮鉄道青年会を組織したが、〇九年に満鉄に招かれて総務部庶務課員慰問掛主任となった。かたわら満鉄見習夜学校主事、大連キリスト教青年会理事を務めた。

大塚　精一　▷11

満鉄安東地方事務所機械主任／安東県山手町／一八九六（明二九）二／神奈川県津久井郡中野町／早稲田大学機械工学科

神奈川県官吏大塚菊三郎の長男に生まれ、一九二〇年早稲田大学機械工学科を卒業して満鉄に入社した。初め技術部機械課に勤務したが、職制変更により鉄道部機械課勤務となり、その後地方部建築課、奉天地方事務所、奉天省四平街勤務等を経て二七年八月に安東地方事務所機械主任となった。

大塚　力　▷12

満鉄新京駅貨物助役／新京特別市錦町／一九〇二（明三五）二／大分県大分市三茅大字椎迫

一九一九年一月満鉄に入り、以来長春駅に勤続して三五年七月同駅貨物助役となった。この間、満州事変時の功により大盾を授与され、三四年四月勤続一五年の表彰を受けた。

大塚　伝治　▷12

満鉄撫順炭砿大山採炭所坑内係主任、社員会評議員、在郷軍人会監事／奉天省満鉄撫順炭砿大山採炭所／一八九七（明三〇）一一／佐賀県佐賀市神野町／旅順工科学堂採鉱冶金科

佐賀県林三郎の四男に生まれ、一九二

三年一二月旅順工科学堂採鉱冶金科を卒業し、翌年一月九州炭砿汽船㈱崎戸鉱業所に入った。三三年三月技師に昇格し、運輸係として検炭・選炭・本船積込などの実務全般を担当した。三四年一月に渡満して満鉄に転じ、撫順炭砿技術員として東郷採炭所に勤務した。三五年一〇月同所坑内係主任となり、次いで三六年一一月大山採炭所坑内係主任に転任した。

大塚　藤吉　▷12

満鉄鉄道総局付待命参事、勲八等／奉天満鉄鉄道総局気付／一八七七（明一〇）一二／岐阜県羽島郡八剣村／尋常小学校

一八八八年尋常小学校を卒業した後、一八九九年六月名古屋保線事務所線路工夫となった。一九〇四年九月日露戦争に際し野戦鉄道提理部付として渡満し、第一軌道班第一組に属して大連、遼陽、煙台、五家芳、旅順等でロシア式広軌から日本式の狭軌への改修工事に従事した後、〇五年九月湯崗子保線班に転勤した。戦後〇七年四月の満鉄開業とともに同社入りし、三線式による標準軌道への改修工事に従事し、次いで〇九年から複線敷設工事に従事した後、一〇年に千山に転勤した。その後一九年三月鞍山保線区線路工夫長、二八年六月蘇家屯保線区勤務を経て三四年二月保線助役となり、三七年四月勤続三〇年の表彰を受けて待命・鉄道総局付となった。この間、満州事変時に関東軍線区司令官の指揮下で奉天駅に待機して新海線作戦に出動の軍用一二ヶ列車先駆班長を務め、功により勲八等に叙され、賜金一三〇円及び従軍記章、建国功労賞を授与された。

大塚　俊雄　▷13

三井物産㈱大連支店長／大連／一八九〇（明二三）／福井県／東京帝大法科大学経済学科

一九一四年七月東京帝大法科大学経済学科を卒業して三井物産に入社した。営業部木材掛主任、営業部長代理を経てロンドン・バンコク・青島・京城の各支店長を歴任し、後に大連支店長となって渡満した。

大塚　直記　▷4

満州製粉㈱ハルビン出張所／ハルビン／一八八二（明一五）一二／東京府東京市日本橋区坂本町

東京市深川の大塚留吉の子に生まれ、兄が営む米雑穀商を手伝っていたが、長く実家に留まるのを潔しとせず二四歳の時に満州に渡った。満鉄に入って遼陽駅貨物係を三年務め、その後撫順駅など沿線各駅に転勤して一二年に退社した。翌年満州製粉会社に入社して双城堡出張所に赴任した後、一七年二月にハルビン出張所主任となった。米雑穀商と貨車係の経験を生かし、東清鉄道沿線で産する原料の買い入れと同社長春分工場への貨車輸送の手配に卓越した手腕を発揮した。

大塚　平吉　▷12

料亭「武蔵野」主、営口料理屋組合長／奉天省営口千代田街／一八六五（慶一）六／大分県北海部郡下ノ江村

早くから大阪に出て商船の水夫となり、後に釜山に渡った。一八九四年日清戦争に際して軍夫を志願し、輸送隊員として安東県で働いた後、商業に従事して成功した。いったん帰国した後、再び釜山に渡り、一九〇四年日露戦争が始まると御用商人となり、戦後営口の同仁病院の厨夫となった。その後一二年に同地で料亭「武蔵野」を開業し、かたわら一九年二月㈱共立検番を設立して専務取締役を務め、営口大分県人会長を務めた。

大塚　将史　▷12

満鉄海倫機務段長、社員会評議員、勲八等／浜江省海倫県満鉄海倫機務段長社宅／一八八三（明一六）六／茨城県新治郡土浦町／京北中学校中退

東京の私立京北中学三年を中退した後、一九〇一年九月関西鉄道会社に入った。〇四年一二月日露戦争に際し軍用鉄道出向となり、翌年一月韓国の開城及び土城に勤務した後、同年三月安奉鉄道大隊付、同年一〇月新義州車輛班に歴勤し、戦後も引き続き朝鮮各地の機関庫に勤務した。その後一七年七月満鉄に入社して安東車輛係、公主嶺機関区勤務、長春機関区勤務を経て二七年一一月大石橋機関区点検助役となった。次いで同運転助役機関士兼務、鉄路総局呼海海倫在勤を経て三四年八月海倫機務段長となった。この間、日露戦争の功により勲八等瑞宝章、満州事変時の功により勲八等旭日章を授与され、三三年四月勤続一五年の表彰を受けた。

大津　鎌武　▷9

大阪商船大連支店長次席／大連市播磨町／一八八四（明一七）八／茨城県多賀郡豊浦町／東京帝大法科大学政治学科

自由民権運動家で代議士の大津淳一郎の長男に生まれ、一九一一年七月東京帝大法科大学政治学科を卒業した。一二年一二月大阪商船㈱に入り大連航路の天草丸、はるびん丸等の事務長を務めた後、一七年一一月大連支店在勤となった。一八年三月東京駐在専務取締役秘書に転任し、二一年四月再び大連支店に転任して支店長次席を務めた。

大塚　操　▷11

関東軍軍法会議法務官、従六位／旅順市明治町／一八九四（明二七）九／長野県北佐久郡小諸町／東京帝大法学部英法科

長野県農業大塚金吉郎の長男に生まれ、父の死亡により六歳で家督を相続した。一九二一年東京帝大法学部英法科を卒業して陸軍に入り、法務官試補を経て法務官となり、二二年六月第三師団軍法会議法務官、二四年二月第四師団軍法会議法務官を歴任した。二五年八月、関東軍軍法会議法務官となって渡満した。庭球と囲碁を趣味とした。

大槻　敬蔵　▷11

安東領事館外務書記生、勲七等／安東県山手町領事館内／一八八一（明一四）四／宮城県柴田郡大河原町／法政大学法科

宮城県大槻京蔵の長男に生まれ、一九一〇年七月法政大学法科を卒業して中国山東省に渡り、済南居留民団業務委員を三年間務めた。第一次世界大戦が始まると山東省内旧ドイツ権益の略取、日貨排斥運動への対処等に尽力して勲七等に叙せられた。その後一八年八月外務省に入り、二七年二月安東領事館外務部書記生となって渡満した。

大津寄祥次郎　▷11

不破洋行長春出張所主任、正八位／長春日本橋通／一八九八（明三一）一〇／岡山県後月郡井原町／山口商業高等学校

岡山県商業大津寄恒太郎の次男に生まれ、一九二〇年山口高等商業学校を卒業して㈱丸永商店に入った。二二年に同社大連支店の不破洋行に転任して渡満し、綿糸布貿易に従事した。翌年長春出張所主任となり、業務のかたわら長春商工会議所議員を務めた。予備陸軍三等主計で、尺八と読書を趣味とした。

大槻　寿　▷12

大連民政署水道課長、従六位／大連市錦町／一八九二（明二五）五／宮城県栗原郡高清水町／旅順工科学堂機械工学科

宮城県大槻英之進の長男に生まれ、一九一〇年古川中学校を卒業して渡満し、一四年に旅順工科学堂機械工学科を卒業した。一五年一月関東都督府に入り、一八年同技手を経て三〇年一月関東庁技師に進み、引き続き内務局土木課に勤務した。三一年四月関東庁土木技師に進み、三二年七月大連民政署水道課長兼務、三三年六月同署水道課長兼内務局土木課勤務を経て三四年一二月官制改正により関東局土木技師・大連民政署水道課長専任となった。この間、竜王塘水源地工事、沙河口上水、竜ヶ岡上水工事、第四水源地工事等を計画実施し、三六年一〇月関東局施政三〇年記念に際し二〇年以上勤続者総代として表彰を受けた。

大槻　孫市　▷12

満州里電報電話局長、満州国協和会満州里本部評議員、勲八等／興安北省満州里二道街／一八九五（明二八）四／京都府何鹿郡中筋村

一九一三年京都通信生養成所を修了して同年五月通信事務員となり、以来各地に歴勤した。その後二〇年六月関東庁に転出して渡満し、通信管理局庶務課勤務を経て四平街郵便局に勤務した。二一年四月関東庁逓信書記補となり、二四年八月四平街郵便局主事を経て二七年一二月関東庁逓信書記に進み、三三年六月逓信局に転任して同年八月旅順電報電話局に勤務し、同年九月満州電信電話㈱の設立とともに同社旅順電報電話局勤務となった。三五年八月ハイラル電報電話局長に栄転した後、三六年五月満州里電報電話局長となった。この間、満州事変時の功により勲八等及び従軍記章、建国功労賞を授与された。

大槻　満次郎　▷11

関東庁旅順医院病理部長、正五位勲五等／旅順市大津町／一八七五

お

（明八）一〇／京都府南桑田郡亀岡町／東京帝大医科大学

京都府の小間物商安達甚助の次男に生まれ、大槻理右衛門家の次男として養子入籍した。一八九七年七月京都府立医学校を卒業して函館の藤野病院に医員として勤めた後、一九〇一年七月に北海道渡島国福島村で開業して村医、学校医、警察医を兼務した。〇四年四月に上京して東京医科大学で病理学研究に従事し、〇六年九月私立東京医学校講師嘱託、〇七年四月文部省医術開業試験付属医院医員を経て一〇年一月関東都督府医院医務嘱託となって渡満した。翌年二月医員に昇任し、後に東京帝大医科大学病理学教室で研究に従事して二二年三月医学博士の学位を取得して欧米に出張した。翌年帰国して関東庁医官となり旅順医院病理部長に就任して関東庁技師、旅順婦人病院長を兼任した。

大津　孝吉　▷11

歯科医師／大連市入船町／一八九一（明二四）一〇／大分県大野郡三重町／日本歯科医専

大分県荒牧元次郎の子に生まれ、同県大津市五郎の養嗣子となった。東京の順天堂中学校を経て日本歯科医学専門学校に学び、一九二一年四月文部省歯科医術開業試験に合格し、同年五月東京神田の文部省歯科病院医員となった。同院で一年実地研修をした後、郷里の大分に帰って歯科医院を開業したが、二五年一一月に渡満して大連市入船町で開業した。

大津　峻　▷11

鴨緑江採木公司参事／安東県鴨緑江採木公司社宅／一八七二（明五）七／福岡県山門郡大和村／福岡県立柳河中学校

福岡県大津武一の長男に生まれ、一八九一年県立柳河中学校を卒業して福岡大林区署に入り、山林属を経て山林事務官となった。その後一九〇八年九月、安東の鴨緑江採木公司に招致されて在官のまま渡満し、同公司参事を務めるかたわら安東居留民団行政委員会副議長、同地方委員会議長を務めた。夫人ヨノとの間に一男一女あり、長男敏男は東京帝大法科を出て内務省官僚となり、三六年に渡満して国務院内務局長官を務めた。

大津　隆　▷12

満鉄奉天第二中学校講師委嘱／奉天葵町／一八八二（明一五）一一／宮城県仙台市東四番町／第二高等学校、同文書院

宮城県大津義一郎の次男に生まれ、第二高等学校を卒業して上京し、神田の東京同文書院を卒業した。一九〇六年から一二年間、東京の正則英語学校、日本大学、法政大学、専修大学等で講師を務めた後、一八年に渡満して満鉄鉄道部に勤務した。次いで二四年奉天の南満教育専門学校教授、鞍山中学校教諭、奉天第二中学校首席教諭となり、三七年五月同中学校講師委嘱となった。

大津　哲郎　▷9

遼陽取引所長／奉天省遼陽／一八七〇（明三）五／福岡県久留米市京町

一八九〇年に台湾に渡ったが、後に朝鮮に移って警察官となり各地の警察署長を歴任して釜山警察署長となった。一九一九年に再び渡満して関東庁大連取引所嘱託に転じ、二一年五月遼陽取引所長に就いた。

大津　敏男　▷12

国務院内務局長官、民生振興会議委員、高等土地審定委員会委員、水力電気建設委員会委員、満州国協和会参与、従四位勲五等／新京特別市恵民路代用官舎／一八九三（明二六）一〇／福岡県山門郡大和村／東京帝大法科大学独法科

一九〇八年に渡満して安東取引所理事長を務めた大津峻の三男に生まれ、熊本県立中学済々黌、第五高等学校を経て一八年七月東京帝大法科大学独法科を卒業した。翌年一年志願兵として久留米の歩兵第五六連隊に入営し、予備三等主計となって除隊した後、二一年に大阪府属となった。その後二三年同府西成郡長、二五年地方警視・大阪府九条警察署長、二八年内務事務官補・警察官、三一年福岡県書記官補・警察部長、三二年二月警視庁書記官・警務部長、同年六月長崎県書記官・内務部長、三五年神奈川県書記官・経済部長を歴任した。次いで三六年七月勅任内閣調査局調査官となり、同年国務院民政部総務司長に転出して渡満し、三七年七月行政機構改革と同時に内務局長官に就いた。

大津　尚　▷11

関東庁旅順療病院長、従五位勲四等、予備陸軍一等軍医／旅順市桃園町／一八八〇（明一三）一一／山梨県中巨摩郡三川村／東京済生学舎

山梨県大津宝栄の次男に生まれ、上京して東京済生学舎で医学を学び一九〇〇年に卒業した。陸軍に入り〇五年五月三等軍医に任官し、遼陽の衛戍病院付軍医となって一〇年七月に渡満した。翌年八月一等軍医に進んで関東都督府医院嘱託を経て医員となり、官制改正とともに関東庁医官・庶務部長となった。二三年五月関東庁旅順療病院長兼務となり、二五年七月から同院院長を専任した。

大津久次郎　▷10

料亭湖月店主／大連市美濃町／一八六六（慶二）八／大阪府泉南郡樽井村

大阪の雑貨商の子に生まれ、幼少から商売に従事した。日清戦争当時に御用商人として台湾に渡り、戦後は北海道開拓事業やシベリア鉄道敷設事業等で働いた。その後は再び台湾に渡って料理店を開き、あるいは広島で呉服商を営むなど各地を転々とした。日露戦後の一九〇五年七月に渡満し、同年一一月大連美濃町に建築費八〇〇〇円で家屋を新築して料理店湖月を開業した。創業後しばらくは低迷したが第一次世界大戦中の好景気で顧客が増大し、増築改築を重ねて大連屈指の料理店となった。かたわら㈱高砂検番や㈱九八検番を設立して社長に就き、大連三業組合長を務めた。

大坪　市郎　▷12

満鉄吉林鉄路局総務処人事科員、吉林佐賀県人会副会長／吉林大和街／一八九三（明二六）二／佐賀県杵島郡江北村／日本大学法文学部

佐賀県大坪鹿太郎の長男に生まれ、鉄道省に入り、新橋駅、浜松駅、静岡運輸事務所、新橋運輸事務所、東京鉄道局運輸課、両国運輸事務所、千葉運輸事務所、鉄道省監督局業務課に歴勤し、この間一九二四年に日本大学法文学部を卒業した。二八年二月に退職して信貴生駒電鉄会社運輸課長に転じ、次いで大阪鉄道学校教諭を務めた後、三三年一一月に渡満して鉄路総局に入り、人事科に勤務して鉄路学院の創設事務に従事した。三四年九月の開校後は同校講師を務め、次いで同年一一月新京鉄路局人事科勤務を経て吉林鉄路局人事科に転勤した。この間、鉄道省在職時に関東大震災の復旧に従事して賜金を授与された。

大坪　清人　▷13

南満州瓦斯㈱総務課長兼技術部長／奉天稲葉町／一九〇一（明三四）二／福岡県浮羽郡田主丸町／旅順工科大学工学専門部機械工学科

一九二二年一二月旅順工科大学工学専門部機械工学科を卒業し、二三年一月満鉄に入り撫順炭砿機械工場に勤務した。次いで瓦斯作業所に転任し、二五年七月同所が分離独立して南満州瓦斯㈱となった後も職員として残留し、二九年六月研究所長に就いた。三四年二月欧米に留学し、滞欧中の同年五月関東局瓦斯事業主任技術者甲種免状を交付された。帰社して三五年八月奉天支店長となり、三八年技師に昇格して業務課長兼技術課長に就き、三九年企画課長兼務、四〇年企画課長兼研究所長、四一年技術部長兼同課長を歴任した。四二年七月瓦斯技術部長兼監察役兼新京支店長に就き、同年九月に新京支店長を解かれて総務課長を兼務した。実弟の宇人は横浜正金銀行ロンドン支店に勤務したが、四一年一二月日本の対米英開戦によりイギリスに抑留された。

大坪　隆良　▷12

大連第二中学校教諭、正七位／大連市水仙町／一九〇〇（明三三）二／宮崎県東臼杵郡富高町／広島高等師範学校文科第三部

宮崎県師範学校を卒業して郷里の富高尋常高等小学校に務めた後、広島高等師範学校に進み、在学中の一九二〇年短期現役兵として大分の歩兵第七二連隊に入営した。除隊復学して二四年に文科第三部を卒業し、大連第二中学校教諭となって渡満し、大連南山麓尋常高等小学校本科正教員を兼務した後、二八年三月中学校教諭専任となった。

大坪　為助　▷12

カフェー「曙」店主／興安北省ハイラル中央大街／一九〇五（明三八）三／岐阜県益田郡馬瀬村

岐阜県農業大坪仙松の次男に生まれ、郷里で家業に従事した後、土岐郡瑞波町の瑞波旅館で働いた。その後一九三三年六月に渡満してハイラルでカフェーを開業し、同地一流の店に成長して従業員一三人を使用した。経営のかたわらハイラル在留日本人の発展に尽くし、三五年と三六年の二度にわたり居留民会長より表彰された。

大坪 英雄 ▷12

国際運輸㈱奉天支店運搬係主任／奉天宮島町国際運輸㈱奉天支店／一九〇六（明三九）一〇／長崎県佐世保市島瀬町／東亞同文書院

長崎県大坪大吉の長男に生まれ、佐世保中学校を卒業して上海の東亞同文書院に入学した。一九二九年三月同学院を卒業して国際運輸㈱に入り、大連支店に勤務した。奉天支店に転勤した後、奉天大西関荷扱所主任、皇姑屯荷扱所主任に歴勤し、三七年六月奉天支店運搬係主任となった。

大坪 福三 ▷12

佳木斯日本尋常高等小学校長／三江省佳木斯日本尋常高等小学校／一八九五（明二八）六／香川県仲多度郡垂水村

学業を終えた後、渡満して満鉄に入り、以来勤続して吉林鉄路局総務処福祉科学事股長を務め、その後の職制改正により福祉科職員となった。一九三六年一〇月、佳木斯日本尋常高等小学校長に就任した。

大利 伴幸 ▷12

ミカサ薬局主／大連市聖徳街／一八九〇（明二三）一二／高知県土佐郡朝倉村／大阪薬学校

高知県医師大利伴保の長男に生まれ、一九一二年私立大阪薬学校を卒業した。一五年四月高知県警察部に入り技手として薬品取締及び売薬検査に従事した後、二〇年五月関東庁医院調剤手となって渡満し、旅順医院薬局に勤務した。その後三三年に退職して同年末大連市聖徳街に薬局を開業し、田辺五兵衛商店、武田長兵衛商店、日本売薬会社、三共、藤沢友吉商店、塩野義商店等を主要取引先として処方調剤、薬種薬品・衛生材料と化粧品の販売を営業科目とし、従業員八人を使用して年間二万円を売り上げた。古くからのカナモジカイ員で、業余に国字問題の活動に携わった。

大友啓三郎 ▷8

栃木洋行主／奉天／一八八二（明一五）一二／栃木県芳賀郡長沼村

上京して諸機械類及び付属備品の販売業に従事した後、一九一九年五月に渡満した。奉天松島町に栃木洋行を設立して同業を営み、満鉄沿線からシベリア方面にまで販路を伸ばした。長く精米機の改良に取り組み、本業のかたわら精米業も兼営した。

大友 佐平 ▷8

簡易食堂主／奉天／一八八四（明一七）四／北海道勇払郡苫小牧町

東京に生まれ、初め綿糸業を営んだが、二三年一一月奉天に赴き市場に簡易食堂を開業した。

大伴 一郎 ▷12

浜江省公署総務庁員／ハルビン浜江省公署総務庁／一九〇二（明三五）七／東京府世田谷区弦巻町／東京外国語学校支那語科

東京府大伴来目雄の次男に生まれ、一九二七年東京外国語学校支那語科を卒業した。中国語教師と翻訳に従事した後、東京市役所に入り文書係、調査係等を務めた。三二年九月浜江税関満文秘書に転じて渡満し、ハルビン市政籌備処勤務を経てハルビン特別市公署行政処社会科属官となり、実業科長代理に就いてハルビン煤油批発㈱資本検査員、中央批発市場長を兼務した。次いで浜江省公署事務官に累進して理財分処第一科長を務めた後、三六年一一月同公署総務庁に転任した。この間、建国功労賞及び大典記念章、皇帝訪日記念章を授与された。

大友 専治 ▷11

大連聖徳小学校訓導／大連市譚家屯水仙町／一九〇三（明三六）二／宮城県名取郡岩沼町／宮城県師範学校本科第二部

宮城県農業大友専太郎の長男に生まれ、一九二四年宮城県師範学校本科第二部を卒業した。柴田郡村田小学校など同県下の小学校訓導を五年勤めた後、二八年七月に渡満して大連聖徳小学校訓導となった。読書、テニス、登山、ボートを趣味とし、同郷で宮城第一高女出身の夫人しとは読書、編物、生花、散歩を好んだ。

大友　狎 ▷12

満鉄鉄道総局計画課員、勲八等／奉天弥生町／一八九九（明三二）三／宮城県仙台市柳町／東亞同文書院

宮城県大友栄の次男に生まれ、仙台第一中学校を卒業して中国に渡り、一九二〇年上海の東亞同文書院を卒業して日中合弁の天図軽便鉄路公司に入社した。二二年弓長嶺鉄鉱公司に転属した後、二四年天図軽便鉄路公司に戻り計理課長に就いた。三三年九月満鉄に入社して図們建設事務所に勤務した後、三四年五月新京建設事務所、三五年九月奉天省四平街建設事務所勤務を経て三六年一一月奉天の満鉄鉄道総局計画課付となった。長く線路建設用地買収に従事して土地慣習に通暁し、満州事変時の功により勲八等従軍記章及び建国功労賞を受賞した。

大仲斉之助 ▷11

三越呉服店大連出張所長／大連市楓町／一八八五（明一八）四／三重県度会郡豊浜村

三重県農業大仲卯市の次男に生まれ、一一歳で家督を相続した。上京して三越呉服店に入り、勤続して同店の大連出張所長となって一九二七年一〇月に渡満した。盆栽を趣味とし、夫人安江との間に二男二女があった。

大中　信夫 ▷12

南満州鉄道参事、満鉄高等学院教務課長兼教授、機械課長／大連市播磨町／明治三五（一九〇二）七／鹿児島県佐伯郡水内村／旅順工大専門部機械科

京城中学を経て一九二四年旅順工大専門部機械科卒。同年満鉄入社。鉄道現場を経て、三〇年計画部能率課、三一年育成学校講師を兼務、監理部考査課三二年監理部能率班副査・主査を歴任。三五年経済調査会調査員、三六年技術委員会等を経て三七年技術委員会能率班主査。三九年満鉄副参事・総裁室能率班第二係主任、総裁室能率班班長（参事）、監査役を経て四三年現職につく。家族は〇七年生まれ、大連弥生高女卒の妻・清子、娘・和子がいる。

大成　潔 ▷12

満州医科大学教授兼同専門部教授、同大付属医院精神科医長／奉天稲葉町／一八八五（明一八）六／広島県豊田郡中野村／東京帝大医科大学

広島県大成洋斉の長男に生まれ、一九〇九年一二月東京帝大医科大学を卒業して同大学精神病学教室で研究に従事し、一時新潟脳病院院長を務めた後、再び母校の精神病学教室に復帰した。その後一七年一〇月に渡満して満鉄に入社して南満医学堂教授兼奉天医院医長となり、二三年から二年間社命でヨーロッパに留学した。帰任して二五年一一月満州医科大学教授となり、同専門部教授と同大付属奉天医院精神科医長を兼任し、二六年に論文「スターツス・マルモラーツスノ組織病理及発生論ニ就キテ」により東京帝大より医学博士号を取得した。

大西　菊治 ▷11

満鉄奉天省鉄嶺育英学校長／奉天省鉄嶺付属地北三条通満鉄宿舎／一八八六（明一九）九／香川県三豊郡財田村／香川県師範学校

香川県農業大西虎吉の四男に生まれ、一九〇七年三月香川県師範学校を卒業して郷里の財田小学校訓導となった。高瀬小学校に転じて校長となり同村の実業補習学校長を兼務した後、朝鮮に渡って平安南道孟山公立普通学校長となった。同立石公立普通学校長を経て二二年四月に渡満し、開原公学堂教諭となった。二八年四月、満鉄学務課鉄嶺派遣員として鉄嶺育英学校長に就任した。

大西　喜策 ▷12

満鉄奉天鉄道事務所庶務課文書係主任、社員会奉天第一連合会幹事、勲八等／奉天稲葉町／一九〇〇（明三三）一／山口県下関市東南部町／九州帝大法文学部

山口県大西弥市の次男に生まれ、一九二八年三月九州帝大法文学部を卒業し、同年四月満鉄に入り鉄道部に勤務した。大連列車区勤務、営口駅勤務を経て大連駅、入船駅、営口の各駅貨物助役、奉天駅貨物主任を歴任し、三五年四月奉天鉄道事務所庶務課文書係主任となった。この間、満州事変時の功により勲八等及び従軍記章、建国功労賞を授与された。

大西　清 ▷3

満鉄公主嶺保線係主任、満鉄諮問委員、正七位勲六等／吉林省公主嶺満鉄社宅／一八七七（明一〇）

七／東京府東京市本所区横網町／東京帝大工科大学土木科
一九〇四年七月東京帝大工科大学土木科を卒業し、翌年五月鉄道作業局雇員となった。〇六年四月鉄道技手、同年七月鉄道技師に進み、〇七年四月に渡満して満鉄技師となった。〇八年一二月遼陽保線係主任を務めた後、一二年四月に公主嶺保線係主任に転じて満鉄諮問委員を兼務した。

大西謹五郎 ▷12

新京税務署四平街出張所長／奉天省四平街若葉町／一八九四（明二七）一二／三重県多気郡相可町／東京外国語学校

三重県大西松五郎の五男に生まれ、一九一八年三月東京外国語学校を卒業して三井物産に入社し、長春、開原、大連の各支店に勤務した。その後退社して撫順宇都合補習学校の教員を四年務め、二九年関東庁に入った。以来勤続し、三六年新京税務署四平街出張所長に就いた。この間、満州事変時の功により賜金及び従軍記章を授与された。

大西　庫治 ▷12

中央採木㈱総経理／ハルビン道裡警察街／一八八九（明二二）七／大阪府大阪市西区新町通／北京貴胄学校

北京の貴胄学校を卒業した後、一九一八年一二月に日中合弁による中東海林実業公司の創設に参与し、一九年二月に同公司を設立した。次いで一九年一二月日中合弁の中東製材公司副総理となり、二三年二月日本株主側を代表して日露中合弁による資本金六〇〇万円の東北木材公司の常務理事に就任した。さらに日中合弁の華興実業公司創設に着手したが、主要人物が相次いで逝去したため頓挫し、以後は中央採木公司に専属して総経理に就任した。

大西　三郎 ▷11

奉天省鉄嶺満鉄医院医長／奉天省鉄嶺／一八九一（明二四）一／香川県三豊郡大野原村／九州帝大医学部

香川県農業大西万吉の三男に生まれ、一九一八年九州帝大医学部を卒業した。同大の三宅外科教室で一年間研究に従事した後、一九年に渡満して本渓湖煤鉄公司医院に勤めた。その後関東庁医院勤務を経て満鉄に入社し、瓦房店医院外科医長、吉林東洋医院長を歴任した。二七年、社命で母校に内地留学して病理学と外科を研究し、翌年一二月に帰任して鉄嶺医院医長に就任した。

大西重次郎 ▷12

大西商会主、旅順金融組合評議員、旅順競馬倶楽部理事、旅順観光協会理事／旅順市乃木町／一八八〇（明一三）一二／愛媛県伊予郡松前町／小学校

愛媛県農業大西禎次郎の次男に生まれ、郷里の小学校を卒業して松前町の鷲野私塾に学んだ。その後一九一三年三月旅順で大西商会を経営する兄好太郎に招かれて渡満し、陸海軍その他諸官衙の用達商に従事した。一七年に兄が他界し、事業を引き継いで関東州庁、旅順要塞司令部、関東軍経理部、旅順重砲兵大隊、関東刑務所、衛戍病院その他諸官衙の用達業を営んだ。さらに朝日町市場に食料部を設けて食料品・雑貨商を兼営し、旅順市会議員を務めたほか、金融組合、観光協会その他数多くの公職に就いた。

大西　俊信 ▷12

満鉄王家駅長、社員会評議員／奉天省王家駅長社宅／一九〇一（明三四）八／島根県那賀郡渡津村

一九一九年五月満鉄従事員養成所電信科を修了し、遼陽駅、本渓湖駅、安東列車区、奉天列車区安東分区、同遼陽分区に歴勤した。次いで馬仲河、夏家河子、沙河口の各駅助役を歴任し、三五年四月勤続一五年の表彰を受けた後、三六年一〇月王家駅長に就いた。

大西　秀治 ▷12

㈱満州弘報協会奉天支社長、満州国協和会奉天弘報分会副分会長、勲六等／奉天萩町／一九〇一（明三四）九／京都府相楽郡上柏町／東亜同文書院

京都府大西岩吉の次男に生まれ、東京工科学校を経て一九二四年三月上海の東亜同文書院を卒業し、同年一二月日本電報通信社に入った。上海、北京の各支局に勤務した後、本社詰記者、奉天支局主任、満州支社次長を歴任した。次いで三二年一二月満州国通信社の発足とともに同社奉天支社長に転じ、三六年九月同社が満州弘報協会に併合されると奉天支社長に就いた。この間、満州事変時の功により勲六等に叙された。

大西　正弘　▷14

満鉄大連検車区長／大連市近江町／一八九四（明二七）七／石川県鹿島郡能登部村／早稲田大学理工科

一九一九年三月早稲田大学理工科機械工学科を卒業し、同年六月満鉄に入社して大連管理局運転課に勤務した。二〇年奉天運輸事務所に転勤した後、奉天検車区長を経て二五年に鉄道部運転課勤務となり大連検車区長に就任した。三八年一一月から四二年一〇月まで大連市会議員を務めた。

大西　恵　▷12

昭和製鋼所㈱銑鉄部副産物工場無機係主任／奉天省鞍山北九条町昭和製鋼所㈱社宅／一九〇五（明三八）一／高知県安芸郡室戸町／京都帝大工学部工業化学科

旧姓は安田、徳島県那賀郡富岡町に生まれ、後に大西喜蔵の養子となった。一九二九年三月京都帝大工学部工業化学科を卒業し、同年五月満鉄に入社して鞍山製鉄所に勤務し、同化学工場勤務、同工場副産物係長心得、副産物係主任に歴勤した。その後三三年六月同製鉄所の事業を継承した昭和製鋼所の操業開始とともに同社員となり、三五年四月副産物工場無機係主任兼有機係主任となり、後に兼任を解かれ無機係主任となった。

大貫　正　▷12

関東局視学兼旅順高等公学校教諭、関東局司政部行政課員、従六位勲六等／旅順松林町旅順高等公学校／一八八七（明二〇）八／茨城県久慈郡東小沢村／茨城県師範学校

一九一〇年三月茨城県師範学校を卒業し、郷里の久慈尋常高等小学校勤務となった。新潟県立長岡高等女学校教諭に転じて長岡市立商業学校教諭嘱託を兼務した後、二二年大連高等女学校教諭に転じて渡満した。三三年四月関東庁視学となり内務局学務課に勤務した後、同年一〇月から旅順高等公学校教諭を兼任し、三四年一二月の官制改正により関東局視学兼旅順高等公学校教諭、関東局司政部行政課勤務となった。この間、三四年に勲六等瑞宝章を授与された。

大貫　辰三　▷12

国務院実業部工商司員、特許発明局審査官、満州国協和会実業部分会常任幹事、従七位／新京特別市興安大路松屋旅館／一九〇四（明三七）二／栃木県河内郡城山村／東京高等工業学校機械科

栃木県大貫源八郎の三男に生まれ、下野中学校を経て一九二七年三月東京高等工業学校機械科を卒業し、同年四月商工省特許局技師となり審査官補を務めた。二八年二月一年志願兵として入営し、陸軍航空少尉となって退営復職した。三六年五月特許局技師に昇格して依願免本官し、同年六月国務院実業部特許発明局技佐となって渡満した。発明意匠科に勤務して同局審査官を務めた後、三七年四月実業部技佐兼官となり実業部工商司に勤務した。

大貫　与十　▷12

松浦洋行㈱取締役兼チチハル支店昭和祥支配人、チチハル信託㈱監査役、チチハル商工会議所議員、チチハル商店協会副会長／龍江省チチハル雷家胡同／一八九四（明二七）三／栃木県安蘇郡三好村

横浜市の松浦貿易店に入り、一九一一年ハルビン松浦商会詰となって渡満した。以来勤続して卸部主任となり、モスクワはじめヨーロッパ・ロシア方面及び天津、北京等にたびたび出張した。二七年一〇月満鉄貿易館としてチチハル支店昭和祥が開設されると同時に支配人となり、和洋百貨の卸小売と満州国石油・燐寸専売卸売人として日本人一〇人、中国人三二人を使用して年間一二〇万円を売り上げた。その後本店の株式会社改組に際し取締役に就任し、業務のかたわらチチハル居留民会評議員・会計主任、商店組合副組合長を務めた。

大沼　寿雄　▷12

満州炭砿㈱技術部工務課工事係主任／大連市明治町／一八九六（明二九）二／愛媛県伊予郡中山村／南満州工業学校土木科

愛媛県大沼顕良の長男に生まれ、一九一六年三月南満州工業学校土木科を卒業し、同年四月満鉄に入り撫順炭砿土木課に勤務した。以来勤続して三一年一月古城子採炭所剥離係運輸班長となり、三二年二月鉄道部、次いで三三年三月鉄道建設局計画課に転勤した。その後三四年五月満州炭砿㈱が創立されると同社技術部工務課工事係主任となり、新京に単身赴任した。この間、満州事変時の功により勲八等瑞宝章を授与され、三二年四月に満鉄勤続一五年の表彰を受けた。

大沼幹三郎　▷12

吉林省公署実業庁農務科長、正八位勲八等／吉林省公署実業庁／一九〇四（明三七）一二／岩手県紫波郡赤石村／盛岡高等農林学校農学科

一九二二年四月郷里の赤石尋常高等小学校専科訓導兼実業補習学校助教諭となり、さらに同年六月から赤石村農会技手を兼務した。その後盛岡高等農林学校農学科に入学して二七年に卒業し、二八年八月奉天の東亞勧業㈱に入り事業課に勤務した。三〇年六月同社が経営する東部内蒙古の公済号農場に転勤した。三一年一一月関東軍による自治指導部の設置とともに同社非役となり、奉天省荘河県自治指導委員長を務めた。三二年三月東亞勧業㈱を正式に退社して同県参事官となり、三三年三月国務院実業部臨時嘱託を経て同総務庁、関東軍、国務院実業部総務司統制科、臨時産業調査局調査部に歴勤した。三五年一一月臨時産業調査局技佐に進んで調査部第一科に勤務した後、三七年五月吉林省公署理事官に転任して実業庁農務科長となった。この間、満州事変直後に満州青年連盟の内地遊説隊に参加し、日本政府要路及び民間各方面への政治工作に従事した。

大沼　良三　▷3

関東都督府医院医長、外科主任、高等官三等、従五位勲四等功五級、陸軍二等軍医正／旅順新市街鮫島町官舎／一八七二（明五）六／東京府東京市芝区三田豊岡町／東京帝大医科大学

旧高崎藩士の子に生まれ、一九〇〇年一二月東京帝大医科大学を卒業し、翌年五月陸軍二等軍医となった。大阪、仙台の衛戍病院付、医術開業試験委員、輜重兵第二大隊付一等軍医等を歴任した後、〇七年三月東京帝大大学院に入学し、卒業後は近衛師団に勤務して陸軍軍医学校教官兼補となった。一一年一二月関東都督府医院医長に就任して渡満し、翌年一月旅順婦人医院長兼務となり、一三年八月陸軍二等軍医正に昇任した。

大野　巌　▷12

満鉄鉄道総局水道課長、工務委員会委員、社員会分会代表／奉天平安通一義合祥／一八九五（明二八）五／北海道有珠郡壮瞥村／東京帝大工科大学土木工学科

北海道大野石助の長男に生まれ、一九一九年七月東京帝大工科大学土木工学科を卒業し、同年八月横浜市技手となり水道局に勤務した。その後技師に昇格し、水道局工務課長に就いて臨時水道拡張部工事課長を兼務した後、清水組に転じて台湾出張所主任となった。三三年一二月満鉄技師に転じて渡満し、鉄道建設局水道調査所調査課長となった。水源係主任及び地質係主任、鉄路局勤務を兼務した後、三六年一〇月鉄道総局水道課長となった。

大野　敬信　▷11

三井物産㈱大連支店穀物掛主任／大連市楓町／一八八六（明一九）一一／東京府東京市神田区駿河台北甲賀町／東京高等商業学校

京都府大野政忠の次男に生まれ、一九〇九年東京高等商業学校を卒業して三井物産に入社した。上海、ニューヨーク、シアトル等の支店・出張所に勤務した後、一九年三月から欧州各国に出張して翌年一月に帰国した。神戸穀肥部及び東京穀肥部を経て大連支店穀物掛主任となって二三年一〇月に渡満した。ゴルフが得意で、星ヶ浦ゴルフ倶楽部のオーラブル・セクレタリーでもあった。夫人温子は伯爵広沢金次郎の娘で学習院女子部の出身で、実兄の篤雄は京都帝大を出て横浜正金銀行済南支店の支配人を務めた。

大野　幸作　▷11

鴨緑江採木公司理事長秘書、正六位勲五等功五級／鴨緑江採木公司社宅／一八七五（明八）三／岐阜県岐阜市

長く軍務に就いた後、陸軍憲兵少佐となって退役した。渡満して鴨緑江採木公司理事長秘書を務め、かたわら在郷軍人会安東連合分会所及び同第一分会長を務めた。

大野　重雄　▷12

大野重商店主、地方委員会議長／奉天省郭家店北一条街／一八九七（明三〇）一一／岐阜県本巣郡北方町

一九一三年親戚の経営する公主嶺の小河商行に入り、特産物売買に従事した。その後二一年に独立し、同店主後援の下に郭家店で特産商を営んだ。三井物産、三菱商事、瓜谷商店、日清製油、神戸の日比野商店等を主要取引先とし、日本人・中国人計五人を使用した。

大野順之助 ▷12

満鉄衛生研究所細菌科長／大連市伏見町／一九〇〇（明三三）六／東京府東京市小石川区原町／慶応大学医学部

東京府大野金太郎の四男に生まれ、東京高等師範学校付属中学校を経て一九二七年三月慶応大学医学部を卒業し、同大細菌学教室助手となった。三二年四月論文「腸チフスパラチフス菌属赤痢菌属及メタ大腸菌のムダビール型変異に就て」により医学博士号を取得して同大学講師となった。その後三三年五月に渡満して満鉄に入社し、地方部衛生課新京在勤兼新京地方事務所勤務を経て衛生研究所に勤務し、三六年七月副参事に昇格して同所細菌科長に就いた。

大野　武三 ▷9

暖房材料販売・工事請負業／大連市西通／一八八二（明一五）／愛知県名古屋市新栄町

一九一三年に渡満し、大連の石田商会に勤務した。二〇年一〇月に独立し、同地で暖房材料販売及び暖房工事請負業を営んだ。

大野　一夫 ▷11

満鉄鞍山製鉄所職員／奉天省鞍山大正通／一八九八（明三一）八／熊本県玉名郡弥富村／明治専門学校

熊本県大野憬の次男に生まれ、一九二〇年明治専門学校を卒業して満鉄に入社した。鞍山製鉄所製造課骸炭工場に勤務し、二一年一〇月副産物主務者となった。ゴルフを好み、熊本県立第一高女出身の夫人功はテニスと音楽を趣味とした。

大野　暢夫 ▷11

福昌華工㈱石炭係主任／大連市久方町／一八九一（明二四）八／東京府豊多摩郡代々幡町／山口県立萩中学校

東京府大野規一の三男に生まれ、一九〇六年山口県立萩中学校を卒業して鉄道院書記となり、北海道鉄道管理局に勤務した。一七年四月に渡満して大連の福昌公司に入り、埠頭華工荷役作業の研究指導に当たった。二六年一〇月に同社が福昌華工㈱に組織変更すると、石炭係主任となった。囲碁と謡曲を趣味とし、柔道は講道館初段を有した。

大野　肇 ▷12

国際運輸㈱庶務課庶務係主任／大連市吉野町国際運輸㈱社宅／一八九六（明二九）一一／群馬県碓氷郡臼井町／大連高等小学校

群馬県大野永四郎の長男に生まれ、大連高等小学校を卒業した後、一九一四年四月満鉄育成学校を修了して倉庫部旅館係となった。一八年上海在勤となった後、同年七月に退社して九月から満州製粉会社ハルビン出張所に勤務した。二二年同販売係主任、二三年奉天出張所長を歴任して二四年に退社し、二五年奉天取引所銭鈔仲買人となったが、二六年に廃業した。その後二七年六月大連に移住し、同年一〇月国際運輸㈱に入社して庶務係となり、以来勤続して三二年六月庶務課庶務係主任となった。この間、満州事変時の功により賜品及び従軍記章を授与された。

大野　久次 ▷12

大野洋行主、満州国協和会評議員／吉林大馬路／一八九七（明三〇）四／福岡県筑紫郡二日市町／長崎高等商業学校

本姓は別、後に福岡県大野峯次郎の長女静子の婿養子となった。一九二一年長崎高等商業学校を卒業して中国に渡り、上海取引所に勤務した。その後帰国して大阪のキンタク自動車会社、新大阪土地会社等に勤務した後、三一年に朝鮮総督府経営の釜山の朝鮮海産物移出組合に入り上海駐在員を務め、後に日本硬質陶器上海支社長に転じた。満州事変後三二年に渡満して吉林で材木商を営んだが、翌年九月中国人向けの海産物及び陶磁器、和洋食器類の卸商に転業し、新京に倉庫を設けて名古屋、大阪、有田、金沢、釜山方面から仕入れ、年間売上げ五万円に達した。

大野　弘 ▷11

満鉄満井駅助役／満井駅付属地社宅／一八九五（明二八）八／愛知

県東春井郡篠木村

愛知県農業大野鈴太郎の三男に生まれ、一九一八年一一月に渡満して満鉄に入った。熊岳城駅員として勤務しながら電信技術認定試験に合格し、次いで運転科を修了した。満鉄各駅線手、線路方、列車区車掌、助役等を務めて二七年五月に満井駅助役となった。読書と尺八を趣味とし、夫人ゑいは読書と手芸を好んだ。

大野　峯武　▷12

睦屋靴店牡丹江支店代表者／牡丹江円明街／一九一九（大八）五／山口県大島郡日良居村

ハルビン市モストワヤ街で靴の製造販売業を経営する大野穆の四男として同市地段街に生まれ、学校卒業と同時に家業に従事した。その後一九三六年二月牡丹江支店の開設に際し代表者として赴任し、従業員一〇人内外を使用して靴店を経営した。

大野　章三　▷11

満州医科大学教授、医学博士／奉天萩町／一八八五（明一八）八／福岡県遠賀郡中間町／九州帝大医科大学

福岡県医師桂元碩の三男に生まれ、叔父大野麓の婿養子となった。一九一二年七月九州帝大医科大学を卒業して同大学助手及び副手嘱託を務めた後、一六年一二月に渡満して南満医学堂教授に就いた。二〇年一二月から二三年九月まで満鉄社命で海外に留学し、渡航中に大学に昇格した満州医科大学に復任し、二五年四月同大教授に就任した。夫人歌子との間に子がなく、一男二女を養子に迎えて育てた。実弟の桂七郎も渡満し、満鉄撫順医院内科医員を務めた。

大場鑑次郎　▷11

関東庁警務局高等警察課長、正五位勲五等／旅順市吾妻町／一八八八（明二一）二／山形県山形市香澄町／東京帝大法科大学政治学科

本姓は別、山形市大場徳太郎の養嫡子となり、一九一一年七月東京帝大法科大学政治学科を卒業した。愛媛県試補を振り出しに各県で地方官を務めた後、二一年七月関東庁事務官兼朝鮮総督府事務官に転出して渡満した。以来累進し、後に関東庁警務局高等警察課長に就いた。

大庭　幸介　▷12

奉天高等農業学校助教授／奉天萩町／一九〇二（明三五）四／島根県美濃郡豊田村／東京帝大農学部獣医学実科

島根県大庭貞治の次男に生まれ、一九二七年三月東京帝大農学部獣医学実科を卒業して農林省獣疫調査所助手となった。三〇年同所技手に昇格して獣疫調査所支所に転勤した後、三三年神奈川県技手に転じて内務部農務課に勤務した。その後三六年四月満州国立高等農業学校助教授に任じられて渡満した。

大庭　栄　▷11

朝鮮銀行開原支店支配人代理／奉天省開原朝日街／一八九〇（明二三）一／東京府東京市芝区白金三光町／京都帝大法学部

東京府教員大庭景竜の五男に生まれ、一九二〇年三月京都帝大法学部を卒業して朝鮮銀行に入った。京城本店に勤務した後、安東県支店勤務となって渡満し、二三年五月開原支店支配人代理となった。長兄は東京帝大医科大学を出て台湾に赴任し、四兄も東京帝大医科大学を出て名古屋医科大学教授を務めた。

大橋　明　▷12

満鉄新站機務段運転助役兼機関士／吉林省新站満鉄機務段運転助役局宅／一八九六（明二九）七／高知県高岡郡窪川村

高知県大橋米吉の次男に生まれ、一九一三年七月満鉄に入り大連車両係に勤務した。一五年に満鉄従事員養成所を修了した後、二〇年一月瓦房店機関区、二三年一二月安東機関区、二八年一〇月長春機関区に歴勤した。その後三四年六月鉄路総局勤務となり、新京機務段運転副段長、三六年九月同運転助役を経て三七年五月新站機務段に転勤し、運転助役兼機関士となった。この間、二九年四月に勤続一五年の表彰を受け、満州事変時の功により賜杯を授与された。渡満後に尺八を嗜み、夫人嘉子の箏曲との合作曲四五曲は新京日日新聞社主催の新人ラジオ放送コンクールに当選した。

大橋郁太郎　▷12

㈾康徳電業社牡丹江営業所主任、満州電業指定商組合長／浜江省牡

お

丹江七星街／一八八八（明二一）四／静岡県磐田郡池田村／静岡県立農学校

静岡県大橋善九郎の長男に生まれ、一九〇六年静岡県立農学校を卒業して丸十製材池田委託会社に勤務した。その後退社して一九年に横浜に出て実業に従事し、三三年に渡満して新京の康徳電業社に入り会計事務を担当した。三五年四月牡丹江営業所主任に転任し、電気工事請負業を専らとして年間一〇万円を売上げ、かたわら満州電業指定商組合を結成して組合長に就いた。

大橋　三二　▷12

満鉄新京鉄道工場客車廠主任、満州国協和会評議員／新京特別市老松町／一八九〇（明二三）五／岐阜県本巣郡北方町／岩倉鉄道学校機械科

大熊百太郎の三男として岐阜県本巣郡席田村に生まれ、後に大橋かむの養子となった。一九一六年岩倉鉄道学校機械科を卒業した後、一八年一一月満鉄に入り沙河口工場設計課に勤務した。一九年八月技術部機械課、二二年一月運輸部、二七年四月鉄道部工作課、三〇年六月鉄道工場、三一年八月鉄道部車務課、三二年一二月鉄道部工作課、三四年八月鉄路総局機務処運転課、同年一一月同輸送課兼務、三六年一月同機務処輸送課、同年八月新京工廠に歴勤し、同年九月新京鉄道工場客車廠主任となった。この間満州事変時の功により賜盃及び従軍記章を授与され、三四年四月勤続一五年の表彰を受けた。

大橋　忠一　▷12

国務院外務局長官、満州国協和会参与、満州飛行協会董事、正五位勲三等／新京特別市五色胡同外務局長官公館／一八九三（明二六）一二／岐阜県羽島郡小熊村／東京帝大法科大学英法科

岐阜県大橋利太郎の長男に生まれ、先代忠四郎の養子となり一九三四年に家督を相続した。東京帝大法科大学英法科在学中に外交官試験に合格し、一九一八年卒業とともに外務属・領事官補となり在米大使館に勤務した。外交官補に進んでシアトル及びロサンゼルス、奉天の各領事館に勤務した後、外務省通商局第三課長、ワシントン会議随員、駐華公使館二等書記官、ハルビン総領事館勤務を歴職した。三二年六月国務院外交部次長に転出して渡満し、臨時訂立条約準備委員会幹事長、日本帝国満州承認答礼専使首席随員、積缺善後委員会委員、官衙建築計画委員会委員を兼務した。満州国代表としてソ連との間で北鉄譲渡交渉に当たり、三五年三月に同協定の成立を見た後、日満経済共同委員会満州帝国委員随員・同委員会幹事を務め、同年一一月から総務司長を兼務した。次いで三七年二月外交事情視察のため五ヶ月間欧米に出張し、同年七月外務局長官に就任した。この間、満州事変時の功により建国功労賞及び大典記念章を授与されたほか、三四年五月勲二位景雲章を受章した。⇒四〇年七月第二次近衛内閣の成立とともに松岡洋右外相の下で政務次官を務め、戦後公職追放を受けた。解除後、郷里の岐阜一区から衆院選に三期当選し、岸信介らの民主党に参加した後、五九年に駐カンボジア大使となった。

大橋　貞一　▷12

大連第二中学校教諭、正七位／大連市水仙町大連第二中学校／一八八八（明二一）一／東京府東京市下谷区南稲荷町／東京美術学校西洋画科本科

弘前市大字本町に生まれ、青森県立第一中学校を経て一九一五年東京美術学校西洋画科本科を卒業し、同年八月福岡県直方中学校教諭となった。愛知県第三中学校に転勤した後、二五年四月関東中学校教諭に転じて渡満し、旅順高等女学校教諭となった。次いで二九年大連第二中学校教諭、三一年一月大連弥生高等女学校教諭兼務を経て三五年九月再び大連第二中学校教諭となった。

大橋　慎　▷8

大橋医院院長／奉天橋立町／一八九一（明二四）八／岐阜県安八郡洲本村／京都府立医学専門学校

一九一三年京都府立医学専門学校を卒業して京都帝大医科大学小児科に勤務した。一五年八月に渡満して奉天の南満医学堂小児科医となり、一九年一〇月に退職して同地の橋立町に小児科医院を開業した。

大橋　正巳　▷12

㈱昭和製鋼所製鋼部第一圧延工場圧延係主任兼精整係主任／奉天省鞍山北九条町／一八九八（明三一）七／広島県広島市天満町／広島工

業学校機械科
一九一七年広島工業学校機械科を卒業し、同年八月官営八幡製鉄所に入った。二〇年一月工手、二六年一月技手に累進し、三四年一月の日本製鉄㈱への改組後、同年一一月に辞任して㈱昭和製鋼所に転じた。以来勤続して三六年四月製鋼部第一圧延工場圧延係主任となり、精整係主任を兼務した。

大橋　正巳　▷13

奉天鉄道局長／奉天／一八九三（明二六）一二／滋賀県／京都帝大法学部

一九二〇年七月京都帝大法学部を卒業して朝鮮総督府鉄道局に入り、同局運転課勤務を振り出しに平壌駅勤務、太田駅助役、鉄道局副参事、釜山運輸事務所長等を歴任した。その後満鉄による受託経営とともに満鉄参事となり、北鮮鉄道管理局運輸課長、奉天鉄道事務所副所長、同所長、吉林鉄道局副局長、ハルビン鉄道局長を歴任し、四二年九月奉天鉄道局長に就任した。

大橋　松治　▷3

満鉄吉林東洋医院長兼医長／吉林省城内糧米行易安胡同／一八八五（明一八）一一／栃木県上都賀郡西方村／京都帝大医科大学

一九一一年京都帝大医科大学を卒業し、翌年一月同大学副手となった。一三年三月吉林省城内の吉林東洋医院副院長となって渡満し、一四年一〇月、同医院が満鉄の経営になるとともに医院長兼医長に就任した。

大橋安太郎　▷11

旅館業日本館主／大連市西公園町／一八八七（明二〇）四／熊本県下益城郡守富村／熊本鎮西中学校

熊本県農業大橋辰次郎の長男に生まれ、熊本鎮西中学校を卒業して家業に従事した後、一九〇七年に海軍入りして一一年まで軍隊生活を送った。退役して農業のかたわら材木商を営んでいたが、二一年二月に渡満して関東庁に勤めた。その後、大連市西公園町で旅館日本館を経営した。読書に親しみ、熊本成美高女出身の夫人允子は音楽を楽しんだ。

大場　周三　▷11

旅順工科大学予科教授／旅順市江戸町／一八九三（明二六）九／福岡県小倉市木町／広島高等師範学校

福岡県新井清治郎の次男に生まれ、後にカリフォルニア大学卒の大場巌と結婚して大場姓となった。一九一八年広島高等師範学校を卒業し、翌年四月に渡満して大連中学校教諭となった。二二年に関東庁により英語研究のため米国留学を命じられ、在米中に在外研究員に任命された。二四年コロンビア大学で修士号を取得した後、欧州を巡遊して帰任し、二五年六月旅順工科大学予科教授となった。

大場　衆平　▷12

大場呉服店主／奉天省撫順西五条通／一八八三（明一六）八／静岡県磐田郡長野村／静岡県立簡易農学校

静岡県大場長平の長男に生まれ、県立簡易農学校を卒業して家業の農業に従事した。一九〇五年日露戦争に際し野戦鉄道監部に従軍して渡満し、戦後〇八年満鉄に入り鉄道部及び撫順駅に勤務した。その後一三年に退社して撫順で広告取次業を始め、二三年に呉服太物商に転業した。

大橋　芳彦　▷12

満鉄開原医院長兼医長／奉天省開原敷島街満鉄奉天省開原医院長社宅／一八九一（明二四）一／山口県山口市／東京帝大医学部

山口県大橋忠久の子に生まれ、一九一七年七月東京帝大医科大学を卒業して慶応大学医学部助手を務めた。その後二三年三月に渡満して満鉄に入り、開原医院長、営口医院長、本渓湖医院長を経て再び開原医院長となり、医長を兼務した。この間、三〇年に論文「血液尿素調節中枢ノ特異性並ニ特異性興奮ニツイテ」により慶応大学より医学博士号を取得した。

大庭仙三郎　▷14

㈾大庭組代表者／大連市紀伊町／一八七〇（明三）七／静岡県浜松市元城町

静岡県農業大庭円治郎の長男に生まれ、一八九〇年王子製紙会社に勤めたが九八年に退社して材木業を営んだ。一九〇二年に山葉洋行主の山葉寅楠と浜松に日本木工㈱を設立して支配人となり、各種木工業と建築請負を兼営した。〇四年に同社が日本楽器製造㈱と合併した後もしばらく社員として留まったが、山葉と朝鮮満州を視察して翌年七月大連に山葉洋行を設立し、主任として土木建築請負、室内装飾、西洋家具製造、木材販売に従事した。一二年一一月に同社が建築部を廃止すると商号を譲り受け、建築請負業を独立経営した。一五年一一月に大庭商会と改称、二五年二月には㈾大庭組に改組し、大連ヤマトホテルのほか横浜正金銀行・三井物産・大阪商船の各大連支店、大連税関長官舎、富士製紙会社樺太知取工場などの建築を請け負った。満州土木建築同業組合副組長、大連実業倶楽部理事を務め、大連市制施行以来市会議員を三期、大連商業会議所常議員を四期務め、紺綬褒章を受章した。

大畑　覚了　▷11

鉄嶺本願寺布教使、正八位歩兵少尉／奉天省鉄嶺北二条通本願寺／一八八七（明二〇）一一／大分県西国東郡東都甲村／仏教専門学校

大分県僧侶大畑覚円の長男に生まれ、一九一二年仏教専門学校を卒業した。一七年五月から福岡監獄の布教使、巡回布教使を務めた後、渡満して大連駐在開教使となった。その後、大石橋駐在布教使等を経て二七年八月に鉄嶺本願寺布教使となった。謡曲、囲碁、生花を趣味とし、夫人アヤ子との間に三女があったが、二八年一一月に一六歳と一〇歳の長女次女を同時に失う不幸に遭った。

大幡勝之助　▷13

㈱安宅商会大連支店長／大連／一八九五（明二八）／石川県能美郡小松町／東京高等商業学校

一九一八年東京高等商業学校を卒業して大阪の伊藤忠商事に入社した。その後二八年に高商先輩の安宅弥吉が経営する安宅商会に迎えられて東京支店詰となり、三九年四月大連支店長となって渡満した。

大畑　蘇一　▷12

錦州省公署警務庁警務科長、正七位勲四等／錦州省錦県大馬路／一八八七（明二〇）二／静岡県志太郡相川村

一九〇七年一二月徴兵されて歩兵第六七連隊に入隊し、憲兵科に転科して支那駐屯軍天津憲兵部に勤務した。山海関、北京、豊橋、横須賀、サハリン、ニコラエフスク、マリンスクの各憲兵隊勤務を経て東京憲兵隊麹町憲兵分隊浅草憲兵分遣隊長となり、関東大震災後に臨時上野憲兵隊本部に勤務して吉原及び浅草の各憲兵分遣隊長を兼務した。次いで善通寺憲兵隊副官、朝鮮平壌憲兵隊江界憲兵分隊長、金沢憲兵隊金沢憲兵分隊長、名古屋憲兵隊名古屋分隊長に歴補し、関東憲兵隊チチハル憲兵隊本部付となって渡満した。奉天憲兵隊営口分隊長に転任して三二年一月憲兵大尉に累進し、三四年一二月に退官して錦州省公署理事官となり警務庁警務科長に就いた。この間、青島戦役時の功により従軍記章、満州事変時の功により勲四等旭日小綬賞及び建国功労賞を授与されたほか、三三年九月遼河地方で匪賊に拉致されたイギリス人船員三名を救出してイギリス政府より金時計を贈られた。

大場辰之助　▷12

国務院蒙政部理事官、正七位／新京特別市百滙街／一九〇四（明三七）三／静岡県浜松市砂山町／日本大学法文学部法律科

静岡県大場浜吉の子に生まれ、一九二五年三月日本大学予科独法科を卒業して法文学部法律科に進み、在学中の二六年一一月文官高等試験に合格した。二八年三月に卒業して内務省に入って福島県属兼福島県警部となり、警察部警務課に勤務した。同県内務部庶務課に転任した後、一年志願兵として入営し陸軍工兵少尉に任官した。三〇年五月に帰任して福島県内務部農務課兼務となり、福島県書記・内務部庶務課勤務を経て地方事務官となり島根県内務部地方課勤務兼学務部社会課長に転任した。三一年七月同県学務部社寺兵事課長兼学務部社会課長を経て内務部地方課勤務兼同部商工課長を務めた後、三三年一二月満州国法制局参事官に転じて渡満した。三五年八月蒙政部理事官に転任して財政科長兼文書科長となり、その後文書科長専任となったが、三七年五月に退官した。この間、治外法権撤廃委員会、土地制度調査委員会、国都建設紀年式典準備委員会地方部の各幹事を兼任し、三六年三月建国記念章、大典記念章を授与された。

大羽　豊治　▷7

日本貿易商会主／大連市千歳町／一八六五（慶一）一〇／宮崎県東臼杵郡北浦村／東京明治法律学校の校外生として修学

小学校を卒業して延岡亮天社、鹿児島公藤塾、甲府修生舎塾に学び、さらに上京して明治法律学校の校外生として修学した。帰郷して日州義塾の幹事となり法律講義録の編集にあたるかたわら県会書記を務めたが、一八八九年から日向高千穂諸鉑銅山の仕事に従事した。九一年に大阪に出て郷土物産普及の小冊子を刊行し、三菱の川田小一郎や品川弥二郎らの後援で九三年に帝国物産㈱を興した。翌年から汽船を買い入れて海運業にも進出し、かたわら東京で政治に奔走した。日露戦中の一九〇四年一一月に軍需品八〇〇トンを芝罘に輸送した後、〇五年三月に渡満して大連で酒保卸商を始めた。翌年大連造船所及び日本鉄工所を設立したが、〇八年に川崎造船所が進出すると両事業を閉鎖してガラス製造業に転じて製品を満鉄用度課に納入した。一四年から海城公益公司との間に滑石荒砿の一手買入れを契約してこれを満鉄に売却する事業を始めた。一時中断を経て二三年五月からは自ら滑石砿の採掘に着手し、他にホワイトメタル製造業をも営んだ。事業のかたわら政治活動にも身を入れ、〇六年から一五年まで大連実業会幹事を務めたほか、辛亥革命当時は大連において種々の画策に奔走した。夫人トク子との間に一女があり、養子に迎えた時男は南満州工業学校採鉱冶金科を卒業して満鉄地質調査部に勤めた。

大庭般太郎　▷1

三井物産安東支店支配人／安東県／一八七三（明六）七／鳥取県鳥取市／東京高等商業学校

一八九七年、東京高等商業学校を卒業して三井物産に入った。九九年台湾支店に転勤した後、一九〇三年本社に戻った。〇六年満韓視察員として各地を巡覧して安東県に至り、同地の有望を見て復命し、翌年四月新市街に店舗を設けて取引を開始した。売上げの増加とともに四番通に常設店舗を新築して米穀・砂糖・メリケン粉・綿糸棉花・雑貨の輸入と大豆・豆粕・柞蚕・木材の輸出業を経営し、中国人居住区の中冨街に出張所を設け、店員十数人を使用して業務を差配した。

大林恵美四郎　▷12

満鉄ハルビン桃山尋常高等小学校長、ハルビン実業補習学校長、ハルビン青年学校長、社員会評議員、正七位／ハルビン道裡外国頭道街／一八九三（明二六）三／熊本県天草郡亀場村／広島高等師範学校教育科

熊本県大林国八の長男に生まれ、一九一四年熊本県師範学校を卒業して小学校訓導となった。一七年に文検体操科中等教員免許状を取得した後、広島高等師範学校に入り二一年に同校教育科を卒業した。熊本県第一師範学校及び広島高等師範学校附属小学校の訓導を務めた後、呉高等女学校教諭、広島高等師範学校体操講師嘱託、広島県体育委員を歴職した。その後二五年に渡満して満鉄に入り、満州医科大学予科助教授、満鉄学務課体操科委員兼撫順高女教諭を経て安東大和尋常小学校長となり、同地の幼稚園・実業補習学校・青年訓練所の長を兼務した。次いでハルビン尋常高等小学校長に転任し、三六年四月にハルビン桃山尋常高等小学校と改称した後も引き続き同職に留まり、同地の実業補習学校・青年学校の校長を兼務した。

大林太久美　▷12

ハイラル警察庁長、従七位／興安北省ハイラル警察庁長公館／一八九〇（明二三）九／岡山県赤磐郡笹岡村

岡山県農業大林邦太郎の長男に生まれ、一九〇九年一月関東都督府に入り、一一年五月関東都督府巡査となった。一六年四月警部補を経て一九年六月警部に累進して四平街警察署長となり、次いで二八年七月警視となり撫順警察署長を務めた後、東京の原宿、渋谷、京橋の各警察署長を歴任した。その後三二年四月に休職し、国務院民政部事務官・警務司保安科長に転出して再び渡満し、三四年民政部理事官を経て三七年二月ハイラル警察庁長に就いた。この間、勲五位景雲章を授与された。

大原丑太郎　▷12

大原洋行主、敦化商業組合評議員／吉林省敦化小東門外／一九〇一（明三四）一／福島県田村郡美山村

福島県大原弥一郎の次男に生まれ、小学校卒業後に実業に従事した。その後渡満して一九三二年六月吉林省敦化に大原洋行を興し、洋酒類を主として食料雑貨商を営んだ。

大原　幸吉　▷11

薬剤師、薬種商、製薬業／大連市敷島町／一八九八（明三一）一／愛知県名古屋市南区熱田新宮阪町／愛知薬学校

熱田神宮宮掌大原満彦の次男に生まれ、一九一五年愛知薬学校を卒業した。その後一八年九月に渡満して大連市敷島町で薬種商を開業し、かたわら満蒙物産の標本製作に従事した。満州美術展に入選するなど、水彩画を得意とした。

大原　清逸　▷12

安東実業銀行専務取締役、安東商工会議所議員・同会計委員／安東県四番通／一八七六（明九）一〇／広島県沼隈郡田島村

日露戦争後から安東で金融業を営み、一九一五年安東信託会社を創設し、後にこれを安東商事信託会社と改めた。その後さらに安東実業銀行に改組して専務取締役に就任した。同地経済界の古参として重きを成し、一二年以来安東居留民団の民会議員を務めたほか、満鉄地方委員、安東株式商品取引所理事等の公職に就いた。

大平　国士　▷12

大連神明高等女学校教諭、正六位勲六等／大連市清水町／一八九六（明二九）一一／和歌山県新宮市取出／東京高等師範学校文科第二部

新潟県三島郡片貝村に生まれ、和歌山県立新宮中学校を卒業して同校書記となった。その後上京して東京高等師範学校文科第二部に入学し、一九一九年三月に卒業して大分中学校教諭兼舎監となった。次いで和歌山県師範学校教諭兼舎監、同県臨時地方視学を歴職し、二九年四月関東高等女学校教諭に転じて渡満し大連神明高等女学校に勤務した。

大平　駒槌　▷10

満鉄副社長、従六位／大連市児玉町／一八七三（明六）一二／広島県福山市深津町／東京帝大法科大学政治学科

一八九六年帝国大学法科を卒業して農商務省に入り、翌年三月農商務省鉱山監督官補となり福岡鉱山監督署に勤務した。一九〇三年一二月大阪鉱山監督署長に就いたが、〇六年五月藤田伝三郎に招聘されて藤田組鉱山課長に転じ、〇七年一月小坂銅山の庶務課長兼小坂鉄道㈱取締役に就いた。一一年八月住友から懇望されて住友総本店副支配人に転じ、一四年一月住友別子鉱業所支配人、一八年一二月同所長となり、吉野川水力電気㈱専務を兼任した。二二年一月大阪本店に復帰して総本店理事に就いたが、同年末に辞任した。二三年農商務省から欧米の製鉄事業調査を嘱託されて視察の途につき、帰国後の二四年一一月満鉄副社長に任命されて渡満した。⇒二六年七月に退任したが、二九年八月千石貢総裁の下で再任されて副総裁に就任し、三〇年六月まで在任した。

太平準一郎　▷12

満鉄経理部庶務課員、満鉄社員倶楽部幹事／大連市聖徳街／一八九二（明二五）二／秋田県由利郡亀田町／立教大学商科

秋田県太平成一の長男に生まれ、秋田中学校を経て一九一九年立教大学商科を卒業し、同年四月満鉄に入社して奉天保線係となった。以来、安東工務事務所、安東実業補習学校講師嘱託、安東鉄道事務所、奉天鉄道事務所、鉄道部経理課に歴勤して安東工事区事務所庶務長となった。次いで地方部工事課、鉄道部経理課、経理部主計課財産係主任を経て三五年九月経理部庶務課に転任し、三六年九月副参事に昇任した。

大淵　貞吉　▷11

満州不動産信託㈱常務取締役／大連市山城町／一八八七（明二〇）一／新潟県北魚沼郡田麦山村／東京専修大学

新潟県農業大淵徳蔵の長男に生まれ、一九一六年専修大学を卒業して三菱㈾に入って銀行部に勤務した。二〇年六月同社を辞して渡満し、大連の満州不動産信託会社に入社した。二三年一月常務取締役に就任し、二八年一一月から現職のまま関東報社理事を兼務したほか専修大学同窓会満州支部長も務めた。囲碁と読書を趣味とし、同郷の長岡女子師範出身の夫人よし子との間に三男二女があった。

大堀　新治　▷12

満鉄安東機関区鶏冠山分区運転主任、社員会評議員、社員消費組合総代、鶏冠山市民会副会長、同青年学校後援会長、同在郷軍人分会

お

顧問、勲八等／安奉線鶏冠山南町／一九〇三（明三六）一／新潟県中頸城郡保倉村

新潟県大堀八十治の三男に生まれ、一九一八年六月満鉄に入り奉天車輌係となった。奉天省四平街及び長春の各機関区を転勤して点検助役、運転助役、機関士を歴職し、次いで新京鉄道事務所、奉天鉄道事務所の各庶務課に勤務した。三六年四月安東機関区鶏冠山分区運転主任に転任し、同地の社員会評議員、消費組合総代、市民会副会長、青年学校後援会長、在郷軍人分会顧問等を務めた。この間、満州事変時の功により勲八等を授与され、三四年四月勤続一五年の表彰を受けた。

大町　茂春　▷11

南満州瓦斯㈱社員、従七位勲六等／大連市伏見台千歳町／一八七六（明九）六／高知県高知市／商船学校

高知県官吏大町摠策の長男に生まれ、一九〇一年東京商船学校を卒業して日本郵船㈱に入社した。その後九州瓦斯㈱、大阪瓦斯㈱等に勤めたが、一〇年三月に渡満して満鉄瓦斯作業所に入った。二五年七月に南満州瓦斯㈱として分離独立してからも引き続き同社に勤続した。

大町　登佐　▷1

志岐組満韓総支配人／大連市／一八六〇（万一）一〇／福岡県三池郡銀水村

旧柳川藩士の子として福岡県筑後に生まれ、後に同県三池郡に移籍した。福岡県警部、三池集治監看守長を経て同県三潴郡書記に転じ、第二課長として土木衛生会計等の事務を管掌した。日清戦争後の起業ブームで職務を通じて多くの企業家に接するなか、志岐信太郎に招かれて一八九六年志岐組に入った。東京本店支配人を数年務めた後、家事の都合で退社して帰郷し、九州セメント㈱支配人を三年務めた。日露戦争後の起業熱勃興とともに再び志岐に招かれて復帰し、渡満して安東県に志岐組支店を設けた。事業の発展とともに一九〇七年一月安東県支店を出張所として大連に支店を移し、満韓各地の支店・出張所を総括監督した。

大道　熊一　▷12

大和新館主、新京旅館組合副組合長／新京特別市東二条通／一八八六（明一九）一二／広島県安佐郡深川村／高等小学校中退

広島県大道正五郎の三男に生まれ、高等小学校二年で中退して中国に渡り、各種の職業に従事した。後に済南で材木商を営んで成功し、同地の居留民団議員、民会行政委員、信用組合理事、広島県人会会長などに就いた。三二年満州国の建国とともに済南を引き揚げて新京に移り、大和通に大和館を設けて旅館業を開業した。三四年五月同館を治郎丸令介に売却し、東二条通に移転して大和新館を新築した。三七年四月さらに三階建に増築して宿泊人数八〇人とし、日本人一五人、中国人七人を使用した。旅館業のほかに済南と新京に土地と貸家を所有して一ヶ月一〇〇〇円の地代・家賃収入があり、営業のかたわら新京旅館組合副組合長を務めた。

大村　卓一　▷13

満鉄総裁、正三位勲一等／大連市星ヶ浦公園内社宅／一八七二（明五）二／福井県福井市松ヶ枝下町／札幌農学校工科

福井県大村素農衛の長男に生まれ、福井中学校を経て一八九六年七月札幌農学校工科を卒業して北海道炭砿汽船㈱に入社した。技師として技術方面の指導監督に当たり、後に工務課長に昇任し、一九〇二年鉄道事業視察のため欧米諸国及びシベリアに出張して翌年帰国した。〇六年に同社が国有鉄道に買収されると同時に官界に転じて鉄道庁技師となり、北海道鉄道管理局岩見保線事務所長、同管理局技術課長・工務課長、同管理局長心得、鉄道省監察官等を歴任した。一八年にロシア革命が起こりシベリア鉄道が列国共同管理となるとシベリア鉄道監理官に任ぜられ、ハルビンに駐在して首席管理官を務めた。次いで山東鉄道の移管返還問題に際し日本政府委員として交渉に当たり、二〇年以降は前後三回にわたり外務省事務嘱託、さらに中国政府顧問として北京に在勤した後、山東鉄道車務総監・膠済鉄路局車務処長として青島に在勤し、京漢線の黄河大鉄橋架設審査委員を務めた。その後二五年四月に朝鮮総督府鉄道局が設置されて朝鮮鉄道が官営になると、下岡政務総監の招きで朝鮮総督府に入り鉄道局長に就任した。同局長を八年務めて官営直後の事業が軌道に乗ると、関東軍交通監督部長となって三二年に渡満し、三四

年一二月同職在任のまま関東局監理部長兼関東軍交通監督部長に転じて渡満し、満鉄監理官を兼任した。三五年九月南次郎関東軍司令官及び松岡洋右満鉄総裁の懇望により満鉄副総裁に就任し、三六年一〇月から新設の鉄道総局局長を兼任した後、三九年三月松岡の跡を受けて満鉄総裁に就任した。⇒四三年七月総裁を退任して大陸科学院院長に就任したが、四五年八月通化事件の際に中国軍に連行され、梅河口で悪性腫瘍のため死去した。この間、満州事変時の功により勲一等に叙せられた。毎朝素裸で自彊術体操を励行し、趣味は読書専一、酒煙草を嗜まず日本座敷の和食宴会を断りヤマトホテル等の洋食宴会にのみ出る大村式で通すなど、敬虔なクリスチャンとして知られた。三男五女あり、長男博は東京帝大法学部独法科を卒業して三菱製鉄に勤務し、次男英之助は東京帝大経済学部を卒業して芸術映画社長となり、三男潤四郎は東京帝大医学部に学んだ。

大村孫三郎 ▷9

大成洋行主、天華洋行大連支店長／大連市山県通／一八八四（明一七）一／京都府京都市上京区荒神橋亀尾町／京都高等工業学校

一九〇六年京都高等工業学校を卒業して、同校の教員を務めた。〇九年満鉄に招聘されて渡満し、大連の中央試験所に勤務して柞蚕の製糸・染色等の研究に従事した。二一年に退社して大成洋行を設立し、綿糸布・柞蚕糸布及び諸雑貨の貿易業を営み、かたわら天華洋行大連支店長を務めた。

大室兵右衛門 ▷3

大連浪速町郵便所長、従七位／大連市浪速町／一八六一（文一）一／東京府豊島郡滝の川村

愛知県岡崎に生まれ、一八八五年駅逓局傭となり、八七年逓信属に昇格した。九七年奈良郵便電信局に転任した後、大阪、京都、岡山、神戸の各郵便電信局勤務を経て一九〇二年に通信属となり通信局に勤務した。日露戦争の時に長崎・台湾線、カラフト線、朝鮮線の海底電信敷設工事に従事し、戦後〇六年に関東都督府通信書記となって渡満した。一〇年五月関東都督府郵便所長に任じられ、大連市浪速町郵便所長となった。一三年以来、長く浪速町二丁目会副会長を務めた。

大本　謙一 ▷13

大本商店主畑中商店／大連市寺内通／一八九一（明二四）四／広島県三原市糸崎町／小学校

広島県建築請負業大本喜太郎の長男に生まれ、小学校を卒業して商業に従事した後、一九〇八年八月に渡満して商店で働いた。その後一六年に大連市吉野町の金物商畑中商店に入り、二八年一月に独立して三河町で金物商大本商店を開業して銅・鉄地金、新古鉄、雑砿類を取り扱い、奉天、天津、北京に支店、済南、新京に出張所を置いた。さらに旧主の畑中佐太吉と新京に㈾畑中洋行を創立し、奉天で友人と共同で資本金一〇万円の鉄切断工場を経営した。経営のかたわら大連松林国民学校の校庭に楠木正成の銅像を建立するなど、社会事業家として知られた。夫人賀根子との間に三男四女あり、長女光子は大連神明高女を経て日本女子大を卒業した。

大本　猛 ▷12

国際運輸㈱ハイラル出張所博克図営業所主任／興安東省博克図国際運輸営業所主任社宅／一九一五（大四）一一／広島県御調郡糸崎町／大連商業学校

一九三三年三月大連商業学校を卒業して国際運輸㈱に入り、ハルビン支店大黒河出張所に勤務した。次いでハイラル出張所に転勤し、三六年二月同出張所博克図営業所主任となった。

大本　六二 ▷11

自転車商／長春日本橋通／一八九三（明二六）八／広島県御調郡美ノ郷村／広島県立呉中学校

広島県農業大本太七の四男に生まれ、一九〇七年広島県立呉中学校を卒業して呉海軍工廠に入り、水雷部電気科及び機械部に勤務した。その後、呉毎日新聞、呉日日新聞の記者を務めたが、一三年に陸軍憲兵となって渡満した。退役後は長春の日本橋通で自転車業を営み、かたわら商工会議所議員、輸入組合・商店協会・軍人会等の委員を務めた。

大森　栄助 ▷12

錦州専売署副署長、従七位勲六等／錦州省錦県新市街木村土地専売署副署長公館／一八八九（明二二）五／福島県耶麻郡喜多方町

福島県大森盛二郎の次男に生まれ、一九一五年九月関東都督府属となり民政部財務課に勤務した。以来主計係主任として予算決算事務を担当し、帝国議会における政府委員随員その他庁所属出納官吏及び地方費現金取扱所出納役並びに補助会社等の検査員、臨時防疫部、恩賜財団児童奨学資金・同教化事業奨励資金、満州戦蹟保存会等の書記嘱託を兼務した。三三年二月関東庁理事官に累進し、翌月国務院財政部事務官兼専売公署事務官に転出して専売公署経理科に勤務し、同年六月奉天専売支署事業科長を経て同年一二月再び本署経理科に復帰し、三五年四月錦州専売署副署長となった。この間、建国功労賞及び大礼記念章を授与された。

大森規矩司 ▷12

満鉄安東保線区長、社員会安東連合会青年部長、社員消費組合総代、勲八等／安東満鉄保線区長社宅／一九〇四（明三七）一／福井県今立郡北中山村／南満州工業専門学校土木分科

福井県大森文吉の次男に生まれ、一九二六年三月南満州工業専門学校土木分科を卒業して満鉄に入り、長春鉄道事務所に勤務した。鉄嶺保線区、長春保線区に歴勤して鉄嶺保線区保線助役となり、次いで遼陽保線区海城在勤保線助役、鉄嶺保線区長を経て三六年九月安東保線区長となった。この間、満州事変時に北満海倫方面の線路復旧新設工事に従事して勲八等に叙された。

大森　清騰 ▷12

ハルビン日日新聞社取締役主幹／愛媛県喜多郡柳沢村／一八九七（明三〇）八／愛媛県喜多郡柳沢村／拓殖大学

一九一九年拓殖大学を卒業して満鉄に入り、二〇年に退社して長春の北満日報社に転じた。次いで二三年に独立して日刊長春商業時報を発刊したが、二六年末に廃刊してハルビン日日新聞社取締役に転じ、主幹として国粋主義の論陣を張った。その後三六、七年頃に辞任して帰国し、郷里に隠棲した。

大森　貞夫 ▷12

満鉄牡丹江站事務助役／牡丹江省図佳線牡丹江站／一八九九（明三二）二／青森県弘前市富田町／青森県立弘前中学校

青森県大森徳三郎の長男に生まれ、県立弘前中学校を卒業して一九一五年一〇月朝鮮に渡り、総督府鉄道局に勤務した。次いで京南鉄道線及び金剛山電鉄に転任して新礼院、仙掌、挿橋、金城、東鉄原の各駅長を務めた後、運輸課庶務審査係となり、剣道四段の腕を買われて忠清南道及び江原道の各武道教師嘱託を務めた。三三年八月朝鮮鉄道の満鉄移管にともない満鉄鉄路総局に移籍し、哈爾巴嶺、図們、明月溝、吉林の各站副站長を歴職した。三五年七月牡丹江站副站長に転任し、運輸副站長、構内助役を経て三七年三月事務助役となった。ハルビン特務機関に勤務した歩兵大尉佐藤嘉三の長女で、大連神明高女及び東京の教員保姆養成所出身の栄子を夫人とした。

大森　貞信 ▷11

関東庁大連刑務支所長、従七位勲七等／大連市向陽台／一八八二（明一五）八／福島県若松市徒之町

福島県大森四十八の長男に生まれた。一九〇四年一一月裁判所書記登用試験に合格したが、翌月日露戦争に際して補充兵として徴兵され、仙台の第二師団歩兵第二九連隊に入営した。間もなく後備連隊に編入され、〇五年一一月に召集解除となって若松裁判所書記となった。関東都督府に転任して〇六年一〇月に渡満し、刑務所作業主任、会計係長等を経て二七年五月関東庁典獄補となり、大連刑務支所長に就任した。釣魚、囲碁、謡曲を趣味とした。

大森　佐重 ▷12

大森歯科医院長、奉天山梨県人会会長、富士町会長、奉天歯科医師会副会長／奉天富士町／一八八九（明二二）二／山梨県南都留郡忍野村／東京歯科医学校

山梨県農業大森長左衛門の六男に生まれ、一九一三年東京歯科医学校を卒業し、一四年六月に渡満して満鉄に入り安東満鉄医院及び奉天医院に勤務した。その後一七年六月にいったん帰国し、一八年九月に再び渡満して奉天市浪速通に歯科医院を開業し、二一年五月富士町に移転した。張作霖、呉俊陞、張作相、湯玉麟一族の治療をして信用を獲得し、奉天の中国人患者の三分の一を同院で扱った。四兄、五兄も医師となり、それぞれ甲府と徳島で開業した。

大森　清吉　▷12

東省実業㈱取締役支配人、大陸窯業㈱代表取締役、奉天石灰セメント㈱取締役／奉天萩町／一八九一（明二四）九／鳥取県／大倉高等商業学校

鳥取県大森新八の三男に生まれ、一九一三年大倉高等商業学校を卒業して朝鮮京城府の善隣商業学校教諭となった。その後一七年一二月に渡満して本渓湖煤鉄公司に入り、次いで一九年に東省実業㈱に転じて取締役となり、後に支配人に就いて大陸窯業㈱及び奉天石灰セメント㈱の各役員を兼任した。

大森　為次　▷12

大連汽船㈱船長心得／大連市聖徳街／一九〇一（明三四）九／愛媛県越智郡弓削村／弓削商船学校

愛媛県大森伊之助の次男に生まれ、県立弓削商船学校を卒業した。海運会社に入り船上勤務をしながら一九二三年七月二等運転士、二五年七月一等運転士、二八年七月船長の免状を取得した。二九年四月大連汽船㈱に転じて一等運転士となり、三七年一月船長心得となった。

大森　鋭治　▷12

満鉄承徳工務段長、満州国協和会承徳分会幹事、承徳満鉄倶楽部会長、勲八等／承徳満鉄工務段電構内／一八九〇（明二三）六／岡山県岡山市上伊福東町／岡山工業学校土木科

平尾愿海の子として岡山県赤磐郡仁堀村に生まれ、三八歳の時に大森留吉の養子となった。一九〇九年三月岡山工業学校土木科を卒業して鉄道院に入り、中津建設事務所に勤務した。次いで佐志生、大泊、宗太郎詰所に歴勤して鉄道技手となり、大分建設事務所在勤、同小ヶ倉詰所主任を経て岡山建設事務所に転勤し、同高梁在勤・同富原在勤・同忠海在勤・同竹原在勤各主任を歴任した。その後三三年三月満鉄に転じて渡満し、鉄道建設局に勤務した後、熱河線測量班長、大平房工事区長、錦州建設事務所平泉工事区長、新義線測量班長、同線路調査測量班長を歴任し、三六年六月承徳工務段長となった。この間、昭和大礼記念章及び満州事変従軍記章を授与された。

大森　寿一　▷11

瓦房店公学堂教諭／奉天省瓦房店朝日街／一八九四（明二七）一一／香川県三豊郡一ノ谷村／香川県師範学校

香川県農業大森東三郎の長男に生まれ、一九一五年三月香川県師範学校を卒業した。県下の紀伊村小学校、一ノ谷小学校の訓導を務めた後、満鉄の募集に応じて二二年に渡満して満鉄教育研究所に入り、卒業後に瓦房店公学堂教諭となった。

大森　弘資　▷1

営口道台工程総局製図技師／奉天省営口／一八七六（明九）五／愛媛県越智郡今治町／工手学校

一八歳の時に上京して東京築地の工手学校に入り、一八九六年に卒業して土木請負業吉田組に入った。九州鉄道会社の長崎線、熊本線、三角線敷設工事に三年従事した後、一九〇二年韓国に渡って稲田組土木建築部主任に転じ、京釜鉄道等の諸工事を監督した。〇五年六月日露戦中に渡満して営口軍政署雇員に転じ、会計その他の事務を執りながら後に新市街が造成される牛家屯の測量を行った。その後軍政署が廃止されると、営口道台工程総局に傭聘され製図技師として勤務した。

大森　文美　▷12

満鉄深井子駅長／奉天省撫順線深井子駅長社宅／一九〇〇（明三三）二／福井県今立郡北中山村

福井県大森文吉の長男に生まれ、一九一六年一〇月満鉄従事員養成所を修了して安東駅に勤務した。奉天列車区安東分区、長春列車区勤務を経て二三年一〇月鉄道教習所を修了し、八家子駅助役、八家子信号場勤務、煙台駅勤務、遼陽駅構内助役、同助役に歴勤し、三三年一一月撫順線深井子駅長に就いた。この間、三二年四月勤続一五年の表彰を受けた。

大矢麻二郎　▷3

㈾大矢組大連支店長、勲七等／大連市朝日町／一八七八（明一一）八／大阪府大阪市東区内淡路町

大阪府大矢奈良吉の子に生まれ、一九〇〇年大阪の第四師団に入営し、日露戦争に従軍した。除隊して予備陸軍看護長となり、〇七年に渡満して㈾大矢組大連支店に入り、後に支店長を務めた。

「大谷」は「おおたに」も見よ

大谷音次郎 ▷11

奉天省鉄嶺三業組合長／奉天省鉄嶺敷島町／一八七〇（明三）三／東京府荏原郡大森町

東京府大谷宗三郎の長男に生まれ、一八八七年から一七年間石炭商を営んだ。日露戦後に廃業して材木商を始め、陸軍御用材木商となって一九〇六年三月に渡満した。〇九年に鉄嶺で料理店を開業して成功し、後に同地の三業組合長を務めた。

大家　清 ▷12

満鉄蘇家屯駅助役、社員会運動部員、在郷軍人評議員、勲八等／奉天省蘇家屯穂高町／一八九九（明三二）一二／佐賀県佐賀郡川上村／竜山鉄道従業員養成所

佐賀県大家清成の長男に生まれ、一九一八年竜山鉄道従業員養成所を修了して朝鮮鉄道に勤務し、二三年五月満鉄に転じて新京駅電信方となった。二八年一二月新京列車区車掌、三一年五月蚯牛哨駅駅務方を経て三三年一一月昌図駅助役となり、三五年八月蘇家屯駅助役に就いた。この間、満州事変時の功により勲八等旭日章及び従軍記章並びに建国功労賞、皇帝訪日記念章を授与された。

大谷　二郎 ▷4

外務通訳生／ハルビン日本領事館内／一八九〇（明二三）二／東京府豊多摩郡代々幡村／外国語学校

鹿児島県大谷深造の子に生まれ、早くから語学で身を立てることを志し、外国語学校でロシア語と中国語を学んだ。卒業して旅順の関東都督府に勤務したが、後にハルビンに移って領事館に勤めた。一九一七年四月、語学力を認められて外務通訳生に任じられ、同領事館通訳となった。

大屋徳次郎 ▷11

大連進和商会常務取締役／大連市霧島町／一八八六（明一九）一〇／福岡県嘉穂郡大隈町／山口高等商業学校

福岡県農業大屋徳右衛門の三男に生まれ、一九〇八年山口高等商業学校を卒業した。同年七月に渡満して小野田セメント大連支社に勤めたが、翌年退社して帰国し、鉄道院書記となった。一二年九月鉄道院を辞して再び渡満し、大連の[資]進和商会に入社した。京城出張所、大阪支店勤務を経て二二年三月欧米に出張し、翌年四月から大連の本店勤務となり、同社が株式会社に改組されるに伴い常務取締役に就任した。

大谷　直定 ▷11

奉天大阪屋書店主／奉天浪速通／一八八七（明二〇）二／鳥取県米子市道笑町／小学校

米子市の薬種商大谷虎吉郎の四男に生まれ、小学校を卒業して長崎市の鈴田薬店に丁稚奉公した。同店に七年余り勤めた後、一九〇六年三月に渡満して営口の大阪屋書店に入った。鉄嶺、大連等の支店を経て一二年二月から東京本店に勤務したが、一九年に鞍山支店が開設されると主任となって再び渡満した。二二年一二月に同支店が閉鎖されると、奉天の山陽堂書店を譲り受け、これを大阪屋書店と改称して独立経営した。

大柳　善一 ▷12

満鉄副参事、チチハル鉄路局工務処改良科長、従七位勲七等／龍江省チチハル鉄路局工務処改良科／一八九三（明二六）九／福島県安達郡旭村／東北帝大工科大学土木工学科

福島県大柳善作の長男に生まれ、一九一七年東北帝大工科大学土木工学科を卒業し、同年九月鉄道院に入り九州鉄道管理局に勤務した。門司保線事務所管内の折尾に在勤して筑豊線折尾・直方間第三線増設工事の現場監督を務めた。神戸改良事務所工務局、国府津派出所改良事務所勤務を経て東京第二改良事務所工務局計画課に転勤し、関東大震災で損壊した横浜線横浜海陸連絡線の復興工事に従事した。三三年三月満鉄に転じて渡満し、吉林建設事務所、鉄道建設局、鉄道総局工務処工務課に勤務し、この間凌承線第六工区及び第七工区の現場監督を務めた。三六年九月副参事に昇任して工務局改良課に転勤した後、三七年三月チチハル鉄路局に出向して工務処改良科長に就いた。鉄道省勤務時の二八年一一月昭和天皇の即位式に際し大礼記念章を受章し、三一年五月に帝都復興記念章、渡満後に満州国建国功労賞を受章して従七位勲七等に叙せられた。

お

大屋　元　▷12

図們税関員、従七位／間島省図們税関／一八九四（明二七）二／千葉県夷隅郡中根村／麻布中学校

一九一五年東京の私立麻布中学校を卒業した後、一六年に横浜税関監吏となった。以来勤続して二八年大蔵省主税局に転任し、三三年関税官に進んだ後、満州国に転出して図們税関琿春分関長となり、三六年一二月琿春分関長を解かれて図們税関勤務となった。

大藪鉦太郎　▷11

南満州昌図太福公司経営者／奉天省昌図／一八六九（明二）一二／東京府東京市牛込区市谷山伏町

旧武州忍藩士大藪伴助の長男に生まれ、一八八八年日本鉄道会社に入社した。日露戦争の際に在社のまま陸軍参謀本部線区司令部付として軍事輸送計画を担当し、一九〇六年五月に復職した。同年一一月同社が国有化されると鉄道作業局運輸部に転じたが、翌年八月に辞職した。一二年五月に渡満して満鉄に入り、鉄嶺駅長等を歴任した後、二五年に撫順炭砿庶務課長を最後に満鉄を退社した。その後は満鉄嘱託として奉天で華勝炭砿事件の解決にあたり、郭松齢事件の際は臨時時局事務所を担任した。二六年に満鉄代表として洮昂鉄路局の顧問に就任して洮南に駐在したが、二八年六月の任期満了とともに満鉄嘱託を辞し、昌図に太福公司を設立して経営にあたった。著書に『日本語と蒙古語』がある。

大山　亀蔵　▷12

大山木廠主、新京西広場町会役員、新京福岡県人会役員／新京特別市和泉町／一九〇一（明三四）／福岡県田川郡採銅所村

福岡県大山道太郎の子に生まれ、一九二三年九月勉学のため上京の途次門司で関東大震災の報に接して断念し、同年渡満して長春の松永洋行木材部に勤務した。以来勤続して二七年八月勤続五年の模範店員として表彰状を受け、二八年五月店主の勧めで原木販売・製材業を独立開業し、かたわら日清生命代理店を兼営した。満州事変後に各地の飛行場新設や兵舎新改築等の工事を大量受注して発展し、新京和泉町に店舗、興安大路に工場を置いて従業員三〇人を使用した。

大山　貞畝　▷7

関東庁郵便所長／旅順市鮫島町／一八七八（明一一）五／鹿児島県肝属郡垂水村／日本大学中退

鹿児島中学校を卒業して日本大学に入学したが、家事の都合で中退して逓信省に入った。一九一一年二月関東都督府逓信局兼務となって渡満し、貯金局書記として業務課に五年勤めた。以来勤続し、一五年一〇月蓋平郵便局長を経て二四年一〇月旅順郵便所長となった。

大山　専一　▷12

三井物産㈱ハルビン出張所長、ハルビン煤油総批発(股)監査役、ハルビン日本商工会議所議員／ハルビン南崗奉天街／一八九四（明二七）一〇／岐阜県恵那郡中津町／東京高等商業学校

岐阜県大山甲子郎の子に生まれ、一九一七年東京高等商業学校を卒業して三井物産㈱に入った。香港支店詰、サイゴン出張員、本店業務課勤務を経てハルビン出張所長代理、営口出張所長を歴任し、三六年ハルビン出張所長となった。

大山　寿　▷11

満鉄経理部会計課員、正八位／大連市桂町／一八九八（明三一）一〇／鹿児島県鹿児島市新屋敷町／大阪高等商業学校

鹿児島県大山彦十郎の三男に生まれ、郷里の学校を卒業して大阪高等商業学校に入学した。一九二一年に卒業して満鉄に入り、経理部会計課に勤務した。柔道四段、尺八は皆伝指南と文武両道に秀で、神戸市立高女出身の夫人美子は琴を能くして大授導の免状を有した。

大谷和三郎　▷11

安東領事館副領事、正七位勲六等／安東県山手町領事館内／一八七三（明六）七／広島県広島市大手町／日本法律学校

広島県農業大谷勇蔵の次男に生まれ、一八九七年日本法律学校を卒業した。一九〇三年一二月東京区裁判所兼東京地方裁判所書記となり、大審院検事局書記を経て〇七年四月関東都督府法院書記に転じて渡満した。一八年七月外務書記生となって長春領事館に赴任し、吉林領事館勤務を兼ねた。この間、

お

一五年から二〇年にかけての抗日運動・日貨排斥問題における功により正七位勲六等高等官六等となり、二六年一一月安東領事館副領事に転任した。竹窓、宙崖と号して俳句を詠み、夫人加満と共に宝生流謡曲を趣味とした。

大和田弥一 ▷12

関東州庁警察部長、従六位／大連市関東州庁／一九〇二（明三五）九／福島県石城郡夏井村／京都帝大法学部

福島県農業大和田政保の長男に生まれ、一九二七年京都帝大法学部在学中に文官高等試験行政科試験に合格した。二八年三月に卒業し、同年六月関東庁属となって渡満し長官官房審議室に勤務した。次いで関東庁専売局属兼関東庁属、専任関東庁属、関東庁理事官、関東庁専売局理事官兼関東庁理事官に歴任して三二年三月大連民政署地方課長に就いた。次いで同年九月関東庁事務官となり、金州民政署長、関東庁警保局保安課長を務めた後、三四年一二月関東州庁長官官房庶務課長を経て三七年二月関東州庁警察部長に就いた。

岡内　半蔵 ▷11

大連語学校長兼羽衣女学院長、従六位／大連市羽衣町／一八八五（明一八）五／香川県高松市天神前／東京英語学校

旧高松藩弓道師範を務めた岡内半八郎の次男に生まれ、幼少から藩儒の岡内春塘に就いて学んだ。上京して東京英語学校、国民英学会等で英語を学んだ後、郷里の高松に帰って私立英華学校を設立した。一九〇一年から岡山で関西中学校教師を務めた後、〇三年に渡米して語学を研究した。〇七年に帰国して国民英学会、中央大学、慶應義塾、攻玉舎、警視庁、外語練習所等の講師を務めたが、一三年一一月に渡満して関東庁に入った。翻訳事務を担当するかたわら語学教育に従事し、二〇年二月に大連語学校、二七年五月には羽衣女学院を設立してそれぞれ校長・院長に就いた。二五年七月から大連市学務委員を嘱託され、二八年一一月の昭和天皇即位の大典に際し民間功労者として銀杯を授与された。英語教科書のほか数種の著書を著し、文学と園芸を趣味とした。東京府立女子師範出身の夫人光子との間に四男二女あり、長女は関東庁医院医員の磨井春亀に嫁した。

岡口　竹次 ▷12

満鉄錦県鉄路局工務処保線科員、勲七等／錦州省錦県鉄路局工務処／一八九一（明二四）一一／熊本県葦北郡百済来村

一九一六年三月満鉄に入社し、鉄嶺保線係を振り出しに四鄭鉄路局派遣、撫順保線区員、奉天鉄道事務所員撫順在勤、大石橋保線区保線区助役営口在勤を経て同保線助役となった。次いで鉄道部工務課員、埠頭事務所工務区保線助役、錦州建設事務所朝陽工務段長を歴任し、三七年三月錦県鉄路局に転勤して工務処保線科に勤務した。この間、満州事変時の功により勲七等に叙され、三五年四月勤続一五年の表彰を受けた。

岡　健次 ▷12

満鉄遼陽地方事務所庶務係長兼所長代理、社員会幹事、社員消費組合遼陽区理事、日本赤十字社遼陽委員嘱託、正八位／奉天省遼陽泉町／一九〇五（明三八）一〇／大分県大分市勢家町／大分高等商業学校

本姓は別、岡寿孝の養子となった。一九二六年三月大分高等商業学校を卒業し、南満中学堂英語講師嘱託となって渡満した。一年志願兵として兵役に服した後、再び渡満して二七年一二月満鉄に入り満州医科大学書記となった。次いで地方部庶務課、同地方課、遼陽地方事務所公費主任に歴勤し、中国語研究のため上海に二年留学した後、新京地方事務所渉外係主任、営口地方事務所地方係長兼営口図書館長を歴任して三七年二月遼陽地方事務所庶務係長となり、同所長代理を兼務した。陸上競技を得意とし、極東オリンピック大会に三回出場した。

岡崎　篤義 ▷12

旅順工科大学助教授、正六位／旅順市日進町／一九〇三（明三六）二／福岡県築上郡黒土村／東京帝大理学部物理学科

福岡県官吏岡崎篤之の長男に生まれ、六歳で家督を相続した。一九二六年三月東京帝大理学部物理学科を卒業し、旅順工科大学教務嘱託となって渡満した。二七年六月助教授に進み、同年九月から予科教務嘱託を兼任し、三五年八月嘱託を解かれ助教授専任となった。

岡崎　三二　▷12

満鉄洮南鉄路監理所監理員／龍江省洮南満鉄鉄路監理所／一八九六（明二九）八／静岡県志太郡高洲村

静岡県岡崎繁蔵の次男に生まれ、一九一八年二月満鉄に入り瓦房店駅に勤務した。以来勤続して大石橋駅車掌心得、奉天駅車掌、公主嶺駅車掌、長春列車区公主嶺在勤を経て四平街駅助役となった。次いで満井駅助役、四平街駅助役、鉄嶺駅助役、同構内助役、長春鉄道事務所勤務、奉天鉄道事務所営業課新京在勤を経て三五年一一月洮南鉄路監理所監理員に転任した。この間、三四年四月勤続一五年の表彰を受けた。

岡崎　得郎　▷12

満鉄奉天鉄道事務所車務課員、正八位勲八等／奉天鉄道事務所車務課／一九〇八（明四一）四／埼玉県北葛飾郡堤郷村／東洋商業学校

埼玉県岡崎三蔵の次男に生まれ、一九二七年三月東洋商業学校を卒業して渡満した。満鉄鉄道教習所を修了して大石橋駅に勤務し、二八年一月大連列車区大石橋分区に転勤し、同年一一月一年志願兵として入営した後、三〇年九月奉天省四平街駅に勤務した。三一年七月長春列車区奉天省四平街分区勤務、同年一二月奉天省四平街駅勤務を経て三五年三月構内助役となり、三六年一月新京駅構内助役を経て三七年五月奉天鉄道事務所車務課に勤務した。この間、奉天省四平街在住の伊藤起一郎の長女久美子と結婚し、満州事変時の功により勲八等瑞宝章及び従軍記章並びに建国功労賞を受けた。

岡崎　弘文　▷12

国際運輸㈱参事／大連市桜花台／一八八五（明一八）二／和歌山県和歌山市八番丁／東亞同文書院

和歌山県会社員鈴木福の次男に生まれ、同県岡崎政次郎の養子となった。一九〇八年上海の東亞同文書院を卒業して満鉄に勤務したが、一〇年三月大阪商船に転じて一七年二月上海支店輸入係主任兼桟橋倉庫主任となった。大阪市の㈱芝川商店に転じた後、一八年九月貿易商柳商店及び㈾和昌洋行を創立し、次いで大日本営林㈱事務顧問、第二青島株式商品信託㈱取締役、満鮮林業土地㈱専務取締役、大阪商業通信社取締役等を歴任した。その後二六年九月国際運輸㈱に入り、大連支店海運係長、支店長代理、支店長、本社営業課長代理、調査課長代理、陸運課長代理を歴任し、参事に進んで大連に駐在した後、三七年四月に辞職した。

小笠　亨　▷12

満鉄冨錦碼頭営業所蓮江口碼頭主任／三江省湯原県蓮江口碼頭営業所／一八九九（明三二）九／徳島県美馬郡江原町／徳島県立脇町中学校

徳島県小笠民蔵の四男に生まれ、一九一八年三月徳島県立脇町中学校を卒業して満鉄に入り、埠頭事務所助手となった。以来勤続して海運課勤務、埠頭事務所貨物方、第三埠頭貨物方、鉄路総局泰山鉄路局営口在勤、奉天鉄路局勤務、営口站貨物主任、河北站貨物主任を歴任し、三七年四月冨錦碼頭営業所蓮江口碼頭主任となった。この間、三三年四月勤続一五年の表彰を受けた。

小笠原　馨　▷12

満鉄皇姑屯鉄道工場庶務科長、従七位勲八等／奉天雪見町／一八九〇（明二三）三／北海道札幌郡江別村／庁立札幌中学校

北海道小笠原又八の次男に生まれ、一九〇九年庁立札幌中学校を卒業し、同年七月札幌郡の代用教員となった。一〇年二月辞職して北海道鉄道管理局札幌工場の事務雇員となり、同局工作課事務雇、同課書記を経て二八年札幌鉄道局五稜郭工場事務掛主任、工場労務統計実地調査員、同局工作課車輌係などを歴任した。この間、亀田村の村会議員を務め、二八年一一月昭和天皇の即位式に際し大礼記念章を受けた。三四年満鉄に転じて渡満し、奉山鉄路局に派遣されて経理処会計課弁事員となり、同年九月皇姑屯工廠庶務科長に就いた。三五年会計股主任を兼任した後、三六年九月職制改正により皇姑屯鉄道工場庶務科長となった。

小笠原吉太郎　▷1

小笠原薬房主／大連市大山通／一八五六（安三）一一／長崎県佐世保市元町

代々の薬舗を継いで郷里で家業を営んだが、日露戦中の一九〇五年三月陸軍大臣の許可を得て大連に渡った。先に渡満した長男の辰次郎が開設した大山通の薬種店を引き継いで医薬品、医療器械、写真機用薬剤を販売し、かたわら陸海軍用達業を経営した。その後満州屈指の大薬房に発展し、旅順市厳島町に第一支店、大連市監部通東郷町に第二支店、同岩城町に第三支店、撫順に第四支店、奉天に第五支店を設置した。辰次郎はその後貿易商に転じ、株式売買その他に事業を拡張して関東州薬剤師会副会長も務めた。

小笠原司馬太　▷10

華東信託㈱代表取締役／小笠原組主／東亜商事㈱取締役／大連市西公園町／一八七五（明八）六／岡山県岡山市中山

岡山県邑久郡玉津村の小笠原三郎の次男に生まれ、県庁に勤務する父に従い幼年期に岡山市に移住した。京都に出て日本絹糸紡織会社に勤務した後、九州印刷所に入って支配人に就いたがまもなく辞任し、久良知鉱業事務所に転じて三年勤務した。日露戦中の一九〇五年六月に渡満して大連の監部通で海陸運送業を開業し、かたわら陸軍払下品を扱った。〇六年に営口の松茂洋行が大連に出張所を開設する際、大連の発展は見込みなしと判断して監部通の店舗を譲り、〇八年に帰国した。郷里の岡山市で陸軍用達業を営んだが、その後満州渡航者が増加するのを見て一三年に再び渡満して大連に滞在した。翌年天津に移り、旭街に大昌洋行を設立して四年ほど薬種業を営んだが、第一次世界大戦が始まると店舗を森上卯平に譲り、帰国して鉱山業に従事した。二〇年に大連五品取引所が開設されると三度目の渡満をして株式取引人となったが、戦後不況のため翌年廃業し、二三年から華東信託㈱代表取締役を務めた。次男博は京都帝大法科大学経済科を卒業して国務院財政部に勤務した。

小笠原辰次郎　▷11

貿易商、従七位勲五等／大連市楓町／一八八一（明一四）四／長崎県佐世保市元町／第五高等学校医学部薬学科

長崎県薬種商小笠原吉太郎の長男に生まれ、一八九八年熊本の第五高等学校医学部薬学科を卒業して薬学得業士となった。郷里の佐世保で薬剤師をした後、軍籍に入って陸軍二等薬剤官となった。日露戦時の一九〇四年一一月に渡満して大連で薬局を開いたが、半年後に渡満した父吉太郎に経営を託し、貿易商に転じて麻袋、綿糸、綿布のほか薬品等を扱った。かたわら大連株式商品取引所株式部取引人を兼ね、在郷軍人会大連第二分会長、薬業青年会会長、関東州薬剤師会副会長も務めた。

小笠原長政　▷1

奉天館主、日清通運公司、日清公司／奉天／一八六六（慶二）九／福岡県田川郡大任村

旧小倉藩小笠原家の別家で代々家老職を務めた名家に生まれ、幼年から東京で学業を修め、余暇に写真術を習得した。一九〇四年三月日露戦争に際し宇品港に赴いて第二軍参謀及び副官に懇請して従軍を許され、戦線に随行して各地の戦闘状況・地形を撮影し、同年八月の遼陽会戦後は軍司令部の嘱託を受けて撮影活動に従事した。〇五年三月の奉天会戦後に嘱託を辞し、同地で陸軍用達商を開業した。総司令部が奉天を引き揚げた後に家屋の保管を委任され、後に当局の許可を得て日清倶楽部の名で駐在軍将校等の集会所に改造し、料理人を雇って和洋食を提供した。その後これを一三棟四八室の料理屋に発展させて第一奉天館とし、他に第二奉天館として旅館を経営した。さらに奉天駅前に日清通運公司を設立して鉄道貨物輸送業を経営したほか、営口で木材、雑貨、売薬、書籍、雑誌類販売の日清公司を経営した。

小笠原又吉　▷11

小笠原商店主／奉天省遼陽梅園町／一八九二（明二五）一／静岡県庵原郡蒲原町／小学校

静岡県増田又七の六男に生まれ、小笠原万太郎の養子となった。郷里の小学校を卒業して商店に奉公した後、一九〇八年一一月に渡満した。一一年三月実父の増田又七と共に遼陽で食料品雑貨商を開業したが、同年召集されて帰国し豊橋の騎兵第一九連隊に入営した。一三年二月憲兵上等兵として朝鮮に派遣され、一七年一一月に除隊した。再び遼陽に戻って商店経営に努め、次第に規模を拡大して中国人店員五名と日本人店員一名を使用するまでになった。

岡　茂　▷11

三菱商事㈱ハルビン支店員／ハルビン地段街／一八八七（明二〇）六／福岡県三潴郡蒲池村／東亞同

文書院
福岡県神職岡二郎の三男に生まれ、中国に渡って上海東亜同文書院に学んだ。卒業の翌一九一〇年五月関東都督府通訳となり、鉄嶺警務署及び同地領事館に勤務した。一三年に辞職して農商務省海外練習生となり長春貿易協会に入ったが、翌年転じて小寺洋行に入社して綏化、安達、双城堡、ハルビン等に勤務した。一八年一二月同社を辞して三菱商事に入り、ハルビン勤務を経て長春に赴任したが、二二年四月再びハルビン支店に転任した。

岡島　乙一　▷12

満鉄四平街地方事務所商工主務者／四平街満鉄地方事務所／一八九〇（明二三）七／富山県下新川郡石田村／明治大学法科

一九一四年明治大学法科を卒業し、同年七月㈴安田保善社の秘書役となった。系列の安田銀行に転任した後、満州興業㈱販売課長となって渡満し、次いで満州商業銀行公主嶺支店長、満州銀行公主嶺支配人、撫順支店支配人、本店営業課支配人代理・整理係主任、新義州支店支配人を歴任した。本店詰を経て大連商工会議所書記となり、庶務係主任及び同統計係主任を歴任し、三二年一二月満鉄経済調査会より関税調査事務を嘱託された後、三三年三月満鉄に入社して地方部商工課兼経済調査会調査員を務め、三五年一一月四平街地方事務所商工主務者となった。

岡島　貞　▷11

熊岳城殖産㈱取締役／奉天省熊岳城特第一号地／一八八一（明一四）四／栃木県上都賀郡東大蘆村／東亞同文書院

栃木県農業岡島義光の三男に生まれ、一九〇五年上海東亞同文書院を卒業すると、満州を永住の地と決めて同年六月に渡満した。始め商業に従事したが、〇八年三月満鉄に入社して本社地方部に勤務した後、瓦房店経理係、公主嶺経理係等を務めた。一三年五月に退社し、熊岳城殖産㈱を設立して果樹園経営を始め、熊岳城果樹組合代表、同地方委員を務めた。

岡　俊平　▷12

旅順工科大学教授、従五位／旅順千歳町／一八九八（明三一）六／岡山県岡山市栄町／東京帝大工学部応用化学科

岡山県鉄道員岡三蔵の長男に生まれ、一九二二年東京帝大工学部応用化学科を卒業して大学院に進み、同年一一月工学部講師となった。助教授に進んで三六年七月旅順工科大学教授に転じて渡満した。

丘　襄二　▷11

大連興信銀行頭取、大連郊外土地㈱取締役、横浜船渠㈱顧問、大連郊外土地㈱取締役、勲六等／大連市山城町／一八五八（安五）三／東京府東京市日本橋区米沢町

三重県海産物問屋丘嘉平治の次男に生まれ、一六歳で家督を相続したが二七歳の時に分家した。一八七九年地元の第百五国立銀行取締役兼支配人となり、翌年頭取に就任し、かたわら八一年三月三重県商業会議所会長及び三重県水産会会長、八二年大日本水産会学芸委員に就いた。八七年に上記の役職を辞して上京し、三井物産に入社して東京本店に勤務した。次いで九四年東京電灯会社幹事となり、電気事業に貢献して九六年に日本電気協会より有功金章と賞状を受けた。その後一九〇二年中国に渡って山東省方面で船舶運輸業を経営し、〇四年二月に日露戦争が勃発すると海軍軍令部の特殊命令を受け潜水器械船六〇隻余を率いて大連湾内の掃海にあたった。戦後は旅順に移って旅順衛生組合長を五年、旅順協会長を四期務め、かたわら〇九年の南満州実業聯合大会の議長を務め、一二年の明治天皇大喪儀に関東州居住民総代として参列した。一四年八月の青島攻略戦に軍に協力して銀杯一、木杯五、賞状六通を授与された後、同年末大連に移って田中末吉と田中商事会社を興した。その後シベリア方面に事業を展開するため東露興業公司を設立経営し、かたわら東亞図書会社、ハルビン土地建物会社、竜口銀行等の重役を務めた。次いで二五年に教育銀行の頭取に就任し、引き続き後身の大連興信銀行の頭取を務め、大連郊外土地㈱取締役、横浜船渠㈱顧問を兼任した。

岡橋　秀造　▷3

大連聖公会伝道師／大連市天神町／一八七七（明一〇）六／鳥取県鳥取市上魚町／神学研究科

二四歳の時に聖公会に入信し、一九〇五年神学研究科を卒業した。在学中から伝道に従事し、〇八年に京城教会監督所書記となって五年務めた後、大連教会所伝道師に抜擢されて一四年一月に渡満した。

岡　信一　▷11

満鉄大連医院沙河口分院長、満鉄参事、従七位／大連市沙河口霞町／一八八七（明二〇）一〇／岡山県川上郡成羽町／京都帝大医学部

岡山県岡次郎四郎の長男に生まれ、一九一三年一一月京都帝大医科大学を卒業し、翌年六月陸軍二等軍医として福山の歩兵第四一連隊付となった。一六年一一月に渡満して満鉄鉄嶺医院嘱託となり、一九年に大連沙河口分院長兼医長に就任し、二五年に参事待遇となった。

岡　新六　▷12

満鉄撫順炭砿研究所長、石炭液化委員会委員、従五位／奉天省撫順南台町／一八七八（明一一）一一／福井県坂井郡兵庫村／京都帝大理工科大学採鉱冶金科

一九〇三年七月京都帝大理工科大学採鉱冶金科を卒業して農商務省鉱山局監督官補となり、大阪鉱山監督署に勤務した。鉱山監督署技師に進んで札幌鉱山局監督署に勤務した後、退官して日本鉱業会社大奔別炭砿技師長、村井炭砿㈴鉱務部長、台湾総督府殖産局嘱託、中日実業公司顧問に歴職した。次いで鉄道省経理局事務嘱託となり、鉄道技師に進んで大臣官房研究所に勤務し、経理局購買第二課勤務を兼任した後、アメリカ及びドイツに出張した。帰国して朝鮮総督府嘱託、大臣官房研究所第一科長に歴勤し、論文「延長ト厚サヨニ於ケル撫順炭質ノ変化ト其成因研究」により工学博士号を取得した。その後免官と同時に渡満して満鉄嘱託となり、撫順炭砿調査研究事務嘱託、液体燃料調査委員会委員を経て三〇年一〇月撫順炭砿研究所長に就任した。三七年四月硫酸洗浄法による頁岩灯油の経済的大量生産方法を考案し、効績章及び金一封を授与された。

岡　大路　▷11

南満州工業専門学校教授／大連市桃源台／一八八九（明二二）一一／宮城県仙台市土樋町／東京帝大工科大学建築学科

宮城県岡濯の次男に生まれ、一九一二年東京帝大理工科大学建築学科を卒業して満鉄に入社した。工務課、奉天保線係、撫順炭砿土木課等に勤務した後、二一年一一月から一年間欧米に出張して建築事情を視察した。帰任後は本社建築課長を経て二五年四月南満州工業専門学校教授に転任し、後に旅順工科大学講師嘱託と関東庁建築主任を兼任し、満州建築協会副会長、技術者検定試験委員を務めた。

岡田栄太郎　▷11

書籍文房具新聞販売業／大連市聖徳街／一八七五（明八）四／愛媛県宇和島市北新町／長崎高等海員養成所

愛媛県岡田金七郎の長男に生まれ、一九〇一年長崎高等海員養成所を修了して三等機関士となった。〇九年九月に渡満して満鉄電気作業所発電所の傭員となり、一六年四月職員に昇格した。二三年に退社して大連市聖徳街で書籍文房具店と新聞販売業を兼営し、満州日報連合販売店代表取締役、聖徳会評議員を務めた。

小形乙次郎　▷11

関東庁翻訳生／奉天省鉄嶺緑町／一八八六（明一九）一〇／佐賀県東松浦郡七山村／小学校

佐賀県農業小形安造の次男に生まれ、小学校を卒業して農業に従事していたが、一九〇六年に徴兵されて佐世保重砲兵大隊に入隊した。除隊して一二年に渡満し、関東都督府巡査となった。一九年に関東庁中国語嘱託となって公主嶺警察署に勤務し、翌年さらに中国語翻訳生として鉄嶺警察署に転勤し、同地の在郷軍人分会幹事を務めた。

岡田　克巳　▷12

満鉄鉄道警務局巡監、社員消費組合奉天区総代、従五位勲五等／奉天葵町／一八八六（明一九）一〇／岡山県邑久郡太伯村／陸軍士官学校

岡山県岡田義孝の次男に生まれ、大阪陸軍幼年学校を経て一九〇八年五月士官学校を卒業し、同年一二月歩兵少尉に任官した。一三年四月北清駐屯軍付として中国に赴任し、一四年七月に原隊復帰した後、台湾第二師団歩兵第五四連隊大隊副官、同連隊中隊長を経て二六年三月少佐に進級して兵器委員首座・乗馬委員長となった。二七年一月将校学生として陸軍工科学校に入学したが同年三月に退学し、同年八月予備役編入となり大阪銃砲製造会社製作部長に転じた。次いで東京市社会局及び陸軍省嘱託、在満職業補導部主事を歴職し、三三年二月満州国興安省警察局督察科長に転じて渡満した。北鉄接収処理委員、興安東省高等法院検察事務処理警正を歴任した後、機構改正により依願免官して三五年一一月満鉄に転じ、鉄路総局警務処嘱託として鉄道警務局巡監を務めた。この間、満州事変時の功により勲五等旭日章及び従軍記章、建国功労賞、皇帝訪日記念章を受けた。

尾形　要　▷12

ハルビン特別市公署行政処教育科員、満州国体育連盟ハルビン地方事務局常任幹事／ハルビン埠頭区中央大街モデルンホテル／一九〇六（明三九）八／徳島県板野郡大津村／東京帝大経済学部経済学科

徳島県立撫養中学校、第四高等学校を経て一九三〇年三月東京帝大経済学部経済学科を卒業して東京府嘱託となり、三一年二月陸軍経理部候補生として丸亀の歩兵第一二連隊に入営し、同年一一月に退営した。三二年五月から母校の大橋爪助教授の下で金融辞典の編纂に従事した後、同年一二月に渡満してハルビン憲兵隊本部に勤務した。三三年三月ハルビン市政籌備処に転じ、同年七月ハルビン特別市公署属官となった。三四年一〇月同市事務官となり総務処主計科に勤務した後、三五年一一月同行政処教育科勤務となった。この間、建国功労賞及び大典記念章、皇帝訪日記念章を授与された。

岡田　銀治　▷12

満鉄撫順医院薬剤長兼看護婦養成所講師／奉天省撫順満鉄撫順医院／一八九七（明三〇）六／岐阜県大垣市俵／私立愛知薬学校

一九一三年私立愛知薬学校を卒業して岐阜県の小坂病院に勤務し、一五年六月薬剤師試験に合格した。その後一八年一〇月に渡満して満鉄に入り、撫順炭砿医院、撫順医院、大石橋医院に歴勤した。二八年六月安東医院薬剤長兼看護婦養成所講師となり、三七年四月撫順医院薬剤長兼看護婦養成所講師に転任した。この間、三四年四月勤続一五年の表彰を受けた。

岡田　倉吉　▷12

満鉄新京支社地方課范家屯派出所主任、范家屯消防監督、社員倶楽部范家屯分会長、在郷軍人会范家屯分会顧問、范家屯神社氏子総代長／吉林省范家屯満鉄新京特別市支社派出所／一八八八（明二一）一二／群馬県群馬郡久留馬村／群馬県立高崎中学校

一九〇七年群馬県立高崎中学校を卒業し、〇九年一二月徴兵されて近衛歩兵第二連隊に入営した。満期除隊して郷里の久留馬村役場に勤めた後、群馬県内務部土木課に勤務した。その後一八年一二月に渡満して満鉄に入り、地方部、瓦房店地方事務所松樹在勤、営口地方区、営口地方事務所に歴勤した。次いで本渓湖地方事務所橋頭在勤橋頭消防組監督兼務を経て新京地方事務所范家屯在勤となり、三四年四月の職制改正により新京支社地方課范家屯派出所主任となった。この間、満州事変時の功により木杯一組及び従軍記章を授与され、三四年四月勤続一五年の表彰を受けた。

岡　健夫　▷13

鞍山鋼材㈱常務取締役、鞍山商工会議所常議員、満州工業会理事、鞍山体育会長、鞍山体育連盟副会長、満州防空協会理事／奉天省鞍山北四条町／一八八二（明一五）四／山口県徳山市／東京外国語学校英語本科

一九〇六年、東京外国語学校英語本科を卒業して三井物産に入り大阪支店に勤務した。その後東京の渡辺商事に転じて副理事に就き、さらにハルビンの北満電気会社支配人、日本レール会社取締役兼大阪支店長・同専務取締役等を歴任し、この間アメリカに遊学した。三四年七月に鞍山鋼材㈱が設立されると同社常務取締役に就任し、かたわら鞍山商工会常議員、満州工業会理事、鞍山体育会会長、満州防空会理事等を務めた。舞と謡に優れ、年に一度会社主催で開かれる傷病兵慰問演芸会で一席演ずるのを恒例とした。

岡田　兼一　▷11

安東領事、従五位勲五等／安東領事館／一八八二（明一五）／山形県鶴岡市若葉町／外国語学校、早稲田大学

山形県官吏岡田兼信の長男に生まれ、東京外国語学校、早稲田大学等に学んだ。卒業して中等教育に従事した後、外務省に入り本省勤務を経てイギリス、スウェーデン、中国各地に勤務した。その後二五年末牛荘領事となって渡満し、間もなく安東領事に転任した。

岡田小太郎 ▷11

和洋雑貨商、勲六等／長春日本橋通／一八七六（明九）五／広島県賀茂郡竹原町／広島県立忠海中学校

広島県岡田直七の次男に生まれ、一八九三年県立忠海中学校を卒業した。九六年に徴兵されて歩兵第一連隊に入営し、台湾総督府陸軍幕僚を経て満州独立守備隊第五大隊等に勤務した。一九一三年に予備役編入となって南満医学堂に勤めたが、同年九月長春に平本洋行の商号で和洋雑貨商を開業して成功し、二八年一二月からは支店として吉林貿易館裕桑号を兼営した。経営のかたわら長春商工会議所議員、商店連合会長、信用組合長、輸入組合評議員を務めた。

緒方　維弘 ▷12

満州医科大学講師兼同大学専門部助教授／奉天平安通／一九〇五（明三八）四／大分県北海部郡臼杵町／満州医科大学

臼杵中学校を経て山口高等学校理科乙類を卒業し、渡満して奉天の満州医科大学に入学した。一九三二年四月に卒業し、同大学副手として生理学教室に勤務し、助手を経て三五年一〇月同大学講師兼専門部助教授となった。三七年三月同大学提出の論文「人体汗腺ノ官能的種別並ニ汗量ノ部位的差異ト其原因」により医学博士号を授与された。大分県中津市長を務めた中里真清の三女元子を夫人とし、二男があった。

緒方　惟義 ▷12

南満火工品㈱取締役兼作業所長／奉天省撫順東九条通／一八八四（明一七）一／鹿児島県薩摩郡下東郷村／陸軍工科学校

一九〇六年陸軍工科学校を卒業し、陸軍砲兵工廠に勤務した。その後一七年に東京瓦斯電気㈱工場長に転じ、次いで中外雷管㈱工場担当員を務めた後、二九年七月南満火工品㈱取締役兼作業所長となって渡満した。

緒方　作助 ▷7

竜山丸機関長、勲七等／大連市日ノ出町／一八七三（明六）六／鹿児島県姶良郡蒲生村／機関術練習所

幼い頃から海軍軍人を志し、一八九三年佐世保海兵団に入った。翌年日清戦争が始まると朝鮮から動員されて旅順戦に参加し、陥落後は台湾に従軍した。戦後九六年に海軍機関術練習所に入り、九八年に卒業してイギリスから回航された新造軍艦富士に乗務した。秋津に転乗した後、一九〇四年の日露戦争時には敷島に乗艦して倉庫係を務めた。戦後は佐世保貯炭部軍需品係を務めて上等兵曹となり、〇八年五月機関兵曹長に昇任して退役となった。翌年五月満鉄に入って海上勤務に就き、一三年に二等機関士の免状を取得して後に竜山丸機関長に就任した。

岡田　三郎 ▷12

満鉄新京事務局業務課経済調査係主任、社員会新京連合会庶務部長代理、勲八等／新京特別市花園町／一九〇四（明三七）三／広島県広島市天神町／大分高等商業学校

広島県岡田伝三郎の長男に生まれ、大連商業学校を経て一九二八年三月大分高等商業学校を卒業し、満鉄に入社して経理部に勤務した。三一年八月商事部用度課、三二年八月経済調査会奉天在勤、三六年一月同新京在勤、同年一〇月新京事務局業務課総務係主任を経て三七年三月同課経済調査係主任となった。この間、昭和六年乃至九年事変の功により勲八等瑞宝章を授与された。

岡田繁三郎 ▷12

昭和自動車㈱取締役／牡丹江平安街／一八九九（明三二）一／鳥取県気高郡大和村

鳥取県岡田市蔵の長男に生まれ、早くから自動車修理・付属品販売業、鉄工業等に従事し、後に田村太平治が経営する田村工業所に入った。一九三五年二月田村工業所が牡丹江に進出し、本業とは別に昭和自動車㈱を設立すると同社取締役となり自動車及び付属品の販売業を経営した。

岡田　信壱 ▷11

安東尋常高等小学校訓導／安東県九番通／一八九三（明二六）一一／新潟県刈羽郡北条村／高田師範学校

新潟県農業岡田万吉の長男に生まれ、一九一三年高田師範学校を卒業して渡満し、満鉄小学校の訓導となった。中国研究のため北京に一年半留学して帰任し、安東小学校訓導を務めるかたわら安東実業補習学校、安東華商学校講師を兼任した。夫人ヨシ子も女子師範二部を卒業して教員の免状を有した。

岡田 清市 ▷4

岡田洋行主／奉天大北関／一八七七（明一〇）三／兵庫県加西郡北条町

郷里で農業と木綿製造に従事していたが、日露戦争で召集され第四軍兵站司令部付となって一九〇四年六月に渡満した。講和後、鉄嶺で待命中に余暇を見て各地商業の実状を調査し、〇六年二月に除隊していったん帰郷した後、両親と親戚の反対を押し切って再び渡満した。戦時中に兵站司令官を務めた萩原後備陸軍少将を訪ね、同少将ら七人の賛同を得て二〇万円の資金を調達し、奉天に軍用払下品と特産物売買の会社を設立した。時流に乗って大連にも出張所を設けるなど一時は隆盛を見たが、まもなく同業者が乱立し、大の損失を出して倒産した。その後一二年一〇月同地に岡田洋行を設立して真鍮地金・鉄材一切・洋釘・亞鉛板・ガラス類を扱い、第一次世界大戦後の好況に乗じて成功し、満州一円から日本、アメリカにまで販路を広げた。

岡田 清次 ▷8

岡田金物店主／奉天江ノ島町／一八七七（明一〇）二／大阪府大阪市北区／中学校

中学校三年で中退して漢学塾に二年学んだ後、銅鉄工業に従事した。一九〇四年八月、日露戦中に渡満して安東の陸軍建築本部に勤務した。〇六年旅順の関東都督府営繕課技工班に転じた後、〇八年七月に退職して奉天に移り、銅鉄工事請負業及び官衙用達業を営んだ。

纓片 清次 ▷12

国務院産業部鉄工司技正、従六位／新京特別市蓬莱町蓬莱荘／一八八七（明二〇）五／愛知県名古屋市東区田代町／仙台高等工業学校

纓片与一郎の五男として宮城県柴田郡金ヶ瀬村に生まれ、一九一五年三月仙台高等工業学校を卒業して古河鉱業会社に入った。次いで国勢院技手に転じて第二部工場課に勤務し、農商務技手・工務局工業課勤務、商工技手兼資源局技師・総務部勤務、資源局技師・総務部兼企画部勤務、資源局企画部兼総務部勤務、名古屋市技師兼名古屋市主事・産業部勤務を歴職した。その後、三三年国務院実業部臨時産業調査局技佐に転じて渡満し、調査部第二科兼第一科及び総務部資料科勤務を経て三七年七月産業部鉄工司技正となった。

岡田善次郎 ▷12

満鉄安東機関区工作助役、勲八等／安東満鉄安東機関区／一八八三（明一六）四／東京府東京市小石川区原町

東京府岡田芳次郎の次男に生まれ、一八九四年一〇月一一歳の時から東京市の鉄工所に徒弟奉公した。次いで同市中島鉄工所、神戸市川崎造船所、大阪市汽車製造会社、北海道鉄道管理局小樽工場、東京市深川瓦斯会社等に歴職した。その後一一年三月に渡満して満鉄に入り、沙河口工場に勤務した後、大石橋車輌係修繕方、橋頭機関区修繕方、遼陽機関区修繕方、蘇家屯機関区勤務を経て三五年九月安東機関区工作助役となった。この間、満州事変時の功により勲八等瑞宝章及び従軍記章・建国功労賞を授与され、三六年四月勤続二五年の表彰を受けた。

岡田 総一 ▷12

吉林省乾安県参事官／吉林省乾安県公署／一九〇一（明三四）一〇／兵庫県宍粟郡安師村／東京帝大文学部教育学科、同法学部政治学科

一九二七年三月東京帝大文学部教育学科を卒業して愛知県岡崎師範学校講師となり、次いで姫路市立高等女学校教諭を務めた。その後退職して三〇年に東京帝大法学部政治学科を卒業し、三四年三月に渡満して吉林省教育庁設計科に勤務した。同省公署属官に進んで学務科に勤務した後、三六年四月同省乾安県参事官に転任した。

岡田 大六 ▷12

浜江省蘭西県参事官／浜江省蘭西県参事官公館／一九〇四（明三七）六／愛媛県松山市湊町／早稲田大学法学部英法科

大連第一中学校、旅順工科大学予科を経て一九二九年三月早稲田大学法学部英法科を卒業し、大連市の社団法人中日文化協会に勤務した。同年一二月徴兵されて香川県善通寺の輜重兵第一一大隊に入隊し、除隊後に復職した。その後満州事変に際し三一年一二月関東軍の依嘱により黒龍江省政府顧問部員としてチチハルに赴任した。三二年六月の顧問部廃止後も引き続き黒龍江省公署民政庁文書股長を務め、三四年一二月浜江省公署民政庁財務科主計股長を経て三五年七月浜江省蘭西県参事官に転任した。

岡田　卓雄　▷14

満鉄理事、勲五等／大連市ヤマトホテル内／一八九五（明二八）九／長崎県長崎市本紙屋町／東京帝大法科大学独法科

一九二〇年七月、東京帝大法科大学独法科を卒業して満鉄に入社した。総務部文書課に勤務した後、二三年一月から二年間欧米に留学した。三〇年六月総務部文書課長、三一年九月奉天事務所地方課長、三二年二月経済調査会委員・第五部主査、関東軍司令部事務嘱託、特務部勤務、三四年東京支社業務課長、三六年支社次長、三八年支社長を歴任し、三九年理事待遇となり四〇年一〇月理事に就任した。四〇年一一月から四二年一一月まで大連市会議員を務めた。

岡田　猛馬　▷12

鮮満拓殖㈱理事、満鮮拓殖(股)理事、移民衛生調査委員会委員／新京特別市興亜胡同／一八九一（明二四）一／高知県幡多郡三崎村／麻布獣医畜産学校、日本大学政治科

高知県岡田岩太郎の長男に生まれ、麻布獣医畜産学校及び日本大学政治科を卒業した後、一九一七年一二月に渡満して満蒙各地を数年遊歴した。その後も農場を経営するかたわら満蒙事情の調査にあたり、満州事変前後から朝野の間に満州問題の真相を訴えて挙国一致の与論喚起に務めた。事変後に関東軍司令部の嘱託を務めた後、三三年ハルビン特務機関第二班長となり、国務院軍政部嘱託を兼務して特別任務に服し、朝鮮人問題等を研究した。その後三六年九月鮮満拓殖㈱及び満鮮拓殖(股)の各理事に就き、開拓移民問題に携わった。この間、二二年にハルビン六烈士碑の建設運動に奔走したほか、二八年に満州里―東京間の騎乗突破を挙行した。

緒方　正　▷12

満鉄鞍山医院医長／奉天省鞍山北五条町／一九〇三（明三六）三／福岡県三井郡弓削村／九州帝大医学部

福岡県緒方守蔵の長男に生まれ、一九二八年三月九州帝大医学部を卒業して同年六月満鉄に入り、奉天医院耳鼻咽喉科に勤務して満州医科大学専門部講師を兼任した。二九年八月同大学助手兼附属医院医員となり、三六年五月医学博士号を取得して同年六月鞍山医院医長に就いた。

緒方　丹宮　▷3

奉天省遼陽郵便局長、都督府通信事務官補、正七位勲五等／奉天省遼陽白搭街／一八七四（明七）五／福岡県久留米市京町／東京郵便電信学校

一八九四年、東京郵便電信学校を卒業して逓信省に入った。鹿児島、京都、大阪に勤務したが、一九〇四年日露戦争に召集されて従軍した。〇七年一〇月、関東都督府通信事務官補となって安東県郵便電信支局長を務め、一二年に遼陽郵便局長に就任した。

緒方千代治　▷3

関東都督府技師、水産試験場長、高等官三等、従五位勲四等／大連市老虎灘水産試験場官舎／一八六七（慶三）三／福岡県山門郡柳河町／水産講習所

一八九〇年水産講習所を修了して石川県水産講習長、石川県技師、山口県水産講習技師兼水産巡回教師等を歴任した。一九〇二年高等官六等、〇四年高等官五等となり、新潟県技師に転じて水産試験場長を務めた。〇九年高等官四等に進み、一一年に渡満して関東都督府技師となり、翌年高等官三等に昇任した。老虎灘水産試験場長を務め、かたわら関東州水産組合長を務めた。

岡田　徹平　▷11

昭和工業㈱代表取締役／大連市恵比須町／一八八二（明一五）四／岡山県苫田郡久田村／東京帝大理科大学

岡山県農業岡田長一郎の長男に生まれ、一九一一年東京帝大理工科大学を卒業した。東北帝大理科大学の講師を務めたが、一三年五月に渡満して満鉄中央試験所技師に就いた。その後、大連油房工業㈱専務、関東庁硫酸工場長を歴任して昭和工業㈱代表取締役に就任した。

岡田　秀夫　▷12

満州国実業部技正兼臨時産業調査局技正兼特許発明局技正、国務院実業部鉱務司鉱業科長、満州鉱業協会評議員、従七位／新京特別市七馬路永康荘／一九〇五（明三八）九／東京府東京市麻布区笄町／東京帝大工学部鉱山及冶金学科

岡田半次郎の長男として東京麻布に生まれ、一九三一年三月東京帝大工学部鉱山及冶金学科を卒業し、同年四月鉱山監督局技手兼商工技手となった。三三年九月商工技師に昇格した後、同年一二月満州国実業部技正に任じられて渡満し、鉱務司鉱業科に勤務した。三四年七月実業部技佐となった後、三六年二月から二ヶ月間休職し、関東軍嘱託として特務機関に勤務した。復職して同年七月実業部鉱務司鉱業科長心得を経て三七年二月同科長に就き、同年三月臨時産業調査局技正兼務、次いで同年五月特許発明局技正兼務となった。

岡田　文雄　▷11

中華民国海関幇弁／安東県山手町海関官舎／一八九八（明三一）三／山形県米沢市／慶応義塾大学部

山形県貴族院議員岡田文次の長男に生まれ、一九二〇年慶応義塾大学部を卒業した。二一年一月に渡満して奉天の天華洋行に入ったが翌年退社して八ヶ月間欧米を巡遊し、二三年七月から中華民国海関幇弁となり、漢口、牛荘海関勤務等を経て二七年一〇月安東海関に転任した。

緒方　政臣　▷12

大同殖産㈳吉林事務所主任／吉林新開門外大同殖産㈳事務所／一九〇八（明四一）一／熊本県上益城郡福田村／早稲田大学法学部

一九三二年三月早稲田大学法学部を卒業した後、岐阜県荘川で砂金採金業を経営した。その後三四年六月東京の大同殖産㈱に入り、同年七月門倉調査団に加わって渡満し、夾皮溝での調査終了後に大同殖産㈳吉林事務所主任となった。

岡田　省胤　▷3

三井物産㈱大連支店船舶掛主任／大連市能登町／一八七〇（明三）一〇／福島県相馬郡中村町

一八九六年二月、三井物産㈱に入社した。以来同社に勤続し、大連支店船舶掛主任を務めた。

緒方　義門　▷12

浜江省延寿県参事官／浜江省延寿県参事官公館／一九〇六（明三九）一／福岡県久留米市梅満町／東京帝大法学部法律科

福岡県緒方乕吉の次男に生まれ、県立中学明善校、第五高等学校文科甲類を経て一九三〇年三月東京帝大法学部法律科を卒業した。その後渡満し、三二年二月自治指導部員に採用されて自治訓練所に勤務した後、同年四月国務院民政部地方司勤務を経て同年六月吉林省阿城県に転任し、同年一〇月同県属官となった。次いで三四年一一月浜江省延寿県代理参事官に転任し、三五年三月同県参事官となった。

緒勝　吉蔵　▷12

満鉄錦県鉄路監理所監理員／錦州省錦県満鉄鉄路監理所／一八九五（明二八）三／山形県南置賜郡広幡村／岩倉鉄道学校

本姓は別、後に緒勝与総次の養子となった。一九一八年東京の岩倉鉄道学校を卒業し、同年一一月満鉄に入社して公主嶺駅貨物方見習となった。以来勤続して大連駅車掌心得、大連列車区車掌瓦房店在勤、同荷物方大石橋在勤、熊岳城駅貨物方、大連駅小荷物方、営口駅貨物方、同小荷物方、同駅務方、鉄路総局経理処会計科弁事員を歴任し、三五年一一月錦県鉄路監理所に転勤した。

岡　常次郎　▷13

土木建築業岡組主、勲六等／大連市弥生町／一八八二（明一五）一／岡山県浅口郡玉島町

岡山県農業岡嘉市の次男に生まれ、一七歳の時から実兄が請け負った阪鶴鉄道工事の現場見習いとして働いた。一九〇一年に徴兵されて海軍に入り、日露戦後の〇五年に除隊して官営八幡製鉄所、朝鮮鉄道局の諸工事に従事した。〇七年に渡満して大連の久保田組に入ったが一三年に帰国して独立し、佐賀県嬉野電鉄工事、山口県長州鉄道工事、朝鮮鉄道工事など国内外で土木建築請負業を営んだ。一八年に久保田組の招きで再び渡満し、二〇年に組主の久保田勇吉が死去後は組代表を務めたが、二四年に同組を後継者に譲って大連に岡組を設立した。満鉄指定請負人として土木建築請負のほか材料納入、苦力供給を行ない、満州事変後に鉄道建設工事が盛んになると敦図線、熱河鉄道工事等の難工事を手がけたほか満州各地はもとより朝鮮にも事業網を伸長して主要地に支店・出張所を設け、大連土建協会評議員・同理事、山県通区委員、聖徳会評議員等の名誉職も務めた。

岡　虎太郎 ▷11

満鉄理事／大連市星ヶ浦月見ヶ岡／一八八三（明一六）一〇／岡山県岡山市下片上町／京都帝大法科大学

岡山県醤油醸造業岡円太郎の長男に生まれ、一九〇六年京都帝大法科大学を卒業した。翌年七月に渡満して満鉄に入り、鉄道部営業課長、監査課長、製鉄所次長、興業部長等を歴任し、二五年一二月理事に就任した。この間欧米に二年間留学し、北米に八ヶ月視察旅行をした。

岡西　為人 ▷12

満州医科大学講師兼同大学専門部助教授、奉天市漢薬同業公会敷設漢薬成方委員会顧問／奉天稲葉町／一八九八（明三一）八／広島県安佐郡福本村／南満医学堂

広島県商業岡西徳太郎の長男に生まれ、一九一三年武庫仏教中学に入学し、以来同校創立者の大谷光瑞に師事した。卒業とともに渡満して南満医学堂聴講生となり、大連医院内科の戸谷博士の下で内科学を研究した。二一年五月上海に渡り、ドイツ語を修得するかたわら私立策東進書院の生徒監督を務めた。二二年五月同地の大乗社営業主任に転じて機関誌「大乗」の編集部長を兼務した後、二四年三月南満医学堂助手に転じて薬物学教室に勤務した。次いで満州医科大学助手となり、中国医学研究室勤務を経て三二年五月同大学講師兼同大学専門部助教授となった。この間、同大学の巡回診察団に加わって東蒙一帯を回り、さらに満鉄本社調査課主催の内外蒙古学術調査隊に参加して医事衛生状態の調査を行ない、論文「胡満疆ノ研究」により同大学より医学博士号を取得した。

岡野　勇 ▷14

弁護士、大連図書印刷㈱取締役、満州興信所所長、㈶為仁会理事／大連市山城町／一八九一（明二四）三／青森県青森市／東京帝大法科大学英法科

青森県岡野正治の長男に生まれ、県立青森中学校、第二高等学校を経て一九一七年七月東京帝大法科大学英法科を卒業し、同年八月横浜の増田貿易㈱に入社して社長秘書となったが、中国各支店を視察中の二〇年三月同社整理の報を受け、同年六月から二一年一〇月まで大連に滞在してハルビン・大連両支店の整理にあたった。整理終了とともに大連に順記洋行を開業し、増田貿易代理店を兼ねて貿易業に従事した。その後二二年一二月に廃業し、紀伊町で弁護士を開業し、かたわら㈱満州興信所長、満州法政学院講師、法律時報社副社長を務めた。二四年一一月大連市会議員に当選して二八年一〇月まで務め、三〇年九月の補欠選挙で再選されたが三二年に辞任し、同年二月から三六年一月まで大連市助役を務めた。

岡野栄次郎 ▷12

㈾岡野農場代表社員、旅順機業㈱取締役、満州養蚕会理事、対時局市民会委員、旅順養蚕組合副組合長、勲八等／旅順市磐手町／一八八〇（明一三）二／愛媛県北宇和郡吉田町

愛媛県商業岡野新太郎の次男に生まれ、一六歳の時から長く製糸業に従事した。日露戦争に従軍した後、一九一三年二月に渡満して精米業と雑貨商を営んだ。その後二二年一月㈾岡野農場を設立して果樹園経営に転じ、他に旅順機業㈱を設立して養蚕と真綿製造を兼営した。同郷の夫人タケノとの間に二子があり、長男新三は広島県立農学校を卒業して父の事業を補佐し、長女由子は結婚して大連に居住した。

岡野　定吉 ▷11

大連沙河口公学堂会計係／大連市聖徳街／一八八二（明一五）一一／茨城県鹿島郡夏海村／茨城師範学校

松浦藩郡奉行を務めた小池音次郎の三男に生まれ、同郷の岡野政孝の婿養子となった。一九〇五年茨城師範学校を卒業して同県の猿島小学校、境小学校で訓導を務めたが、〇九年四月に渡満して大連第一小学校訓導となった。同第二小学校訓導を経て二四年九月から沙河口公学堂会計係に転じた。地元の聖徳小学校保護者会評議員も務める一方、大の野球好きで試合は一回も欠かさず観覧した。東京神田一ツ橋職業学校出身の夫人孝子はかつて山梨県立高女で教鞭を取ったことがあり、日本画と習字を嗜んだ。一人娘の美津恵は大連弥生高女に通うかたわら大連音楽学校のヴァイオリン科に学んだ。

岡野　定義　▷3

旅順工科学堂教授、高等官三等、従五位勲六等／旅順市鴻ノ台／一八七八（明一一）九／福岡県浮羽郡船越村／京都帝大理科大学物理学科

一九〇二年七月京都帝大理科大学物理学科を卒業し、同年一〇月熊本の第五高等学校教授に就いた。一〇年四月に渡満して、旅順工科学堂教授に就任した。

岡野　清吉　▷12

広島県産業奨励館主事補／ハルビン道裡買売街ハルビン貿易館内／一九〇七（明四〇）七／広島県広島市仁保町／ハワイ大学

広島県岡野清一の長男に生まれ、広島第一中学校、ホノルルのミッド・パシフィック・インスティチュートを経て一九三三年ハワイ大学を卒業した。三四年四月広島県産業奨励館職員となり、同年五月対満貿易振興のためハルビン出張員事務所が開設されるに伴い、商工主事補となって渡満した。

岡野　誠治　▷12

国務院外交部総務司員、勲六等／新京特別市崇智路／一八九三（明二六）一／千葉県香取郡東城村

千葉県岡野与三郎の長男に生まれ、一九一六年朝鮮総督府巡査となり、次いで外務省巡査に転じて一八年二月外務省警部補に累進した。その後三二年三月満州国の成立とともに国務院外交部嘱託となって渡満し、同年一〇月満州国承認答礼専使随員を務めた後、三三年三月外交部事務官となり同総務司に勤務した。この間、建国功労賞及び大典記念章、皇帝訪日記念章を授与された。千葉県選出の代議士川島貞治郎の次女トモを夫人とした。

岡野　保　▷12

満鉄大連埠頭監視主任、大連市埠頭区長代理、満州柔道有段者会評議員、社員消費組合総代、満鉄柔道部幹事、大連長崎県人会評議員、大連神社氏子総代／大連市真金町／一八九〇（明二三）一一／長崎県南高来郡島原町

長崎県岡野東作の次男に生まれ、一九一一年五月島原鉄道会社に入り、同年一二月徴兵されて兵役に服した。除隊復職した後、一九年朝鮮に渡って総督府に勤務し、次いで同年一〇月満鉄に転じて埠頭事務所庶務係となった。以来勤続して大連鉄道事務所庶務課文書係主任、大連埠頭庶務主任等を歴任し、三七年四月大連埠頭監視主任となり、同年六月から消防監督兼務となった。この間、満州事変時の功により木杯一組及び従軍記章を授与され、三五年四月勤続一五年の表彰を受けた。柔道四段で満州柔道有段者会評議員も務めたほか、スポーツ全般を得意として大連鉄道事務所紫友会陸上部長も務めた。

岡野　博一　▷12

岡野法律事務所長、ハルビン特別市公署交通局嘱託、ハルビン弁護士協会長／ハルビン道裡十道街／一八九〇（明二三）一／千葉県香取郡神埼町／東京帝大法学部法律学科

岡野一郎の長男として東京市四谷区に生まれ、一九二一年東京帝大法学部法律学科を卒業し、同年六月陸軍理事試補となり軍法会議構成員となった。次いで陸軍法務官となり朝鮮軍法会議に勤務した後、退官して京城、東京で弁護士を開業した。その後三二年に渡満してハルビン道裡に弁護士事務所を開設した。

岡野平九郎　▷1

喜久旅館主／安東県東橋通／一八六九（明二）九／山口県熊毛郡浅江村

一八九六年台湾に渡り実兄の播田義之助と共に軍隊用達業と雑貨商を経営した後、一九〇三年二月に引き揚げて長崎の喜久屋本店に戻った。日露戦中の〇四年朝鮮鎮南浦に渡って軍隊輸送の御用船を供給した後、同年九月安東県に入り、軍政署の勧めで東橋通に旅館を開業した。安東県における日本旅館の鼻祖として知られ、朝鮮恵山鎮にも木材廠の御用旅館を経営した。兄の義之助は芝罘、営口で喜久洋行を経営した後、満州石鹸㈱専務取締役として大連に居住した。

岡　昇　▷12

満鉄撫順炭砿採炭課坑内掘係技術

担当員／奉天省撫順南台町／一九〇〇（明三三）一／福岡県久留米市野中／京城工業専門学校鉱山学科

福岡県立中学明善校を経て一九二二年朝鮮の京城工業専門学校鉱山学科を卒業し、満鉄に入り撫順炭砿大山採炭所に勤務した。二九年三月煙台採炭所勤務を経て三一年一二月撫順炭砿採炭課に転勤し、三五年一二月同課坑内掘係技術担当員となった。

岡林 好茂 ▷12

国務院総務庁企画処員／新京特別市建和胡同／一九〇八（明四一）四／大阪府大阪市西区江ノ子島東ノ町／東京帝大法学部法律学科

大阪府岡林源十郎の長男に生まれ、第一神戸中学校、第三高等学校を経て東京帝大法学部法律学科に入学した。在学中の一九三〇年一〇月文官高等試験行政科に合格し、三一年に卒業した後、同年一一月さらに文官高等試験司法科に合格した。三二年七月京都帝大大学院に入り、汐見三郎教授に就いて貨幣金融論の研究に従事した。三三年九月満州国監察院審計部雇員となって渡満し、三四年一〇月国務院総務庁属官・主計処勤務を経て三五年一一月事務官に進み、同庁企画処に勤務した。

岡 久雄 ▷12

栄昌公司主／大連市紀伊町／一九〇八（明四一）三／京都府京都市下京区黒門通／大連商工学校支那語科、大連語学校

京都府岡定平の五男に生まれ、年少の頃に渡満して大連の庄村洋行に勤務し、かたわら大連商工学校支那語科及び大連語学校を卒業した。その後一九三二年五月に独立し、寺児溝の大信洋行工場内に店舗を仮設して建築材料商を営み、後に紀伊町に店舗を設けた。満鉄用度部指定、諸官衙御用達として建築・左官材料、工業用品、工業用薬品、染料、顔料、石綿、保温剤等を扱い、日本人五人、中国人六人を使用した。

岡部 次郎 ▷4

営口水道電気㈱監査役、正隆銀行取締役、鉄嶺陳列館監査役、営口硝子製造会社社長、満州電気㈱取締役、満州新報社長、正七位勲六等／奉天省営口／一八六四（元一）八／長野県北佐久郡春日村／北米、欧州の大学

幼時から漢学に親しみ、大沼枕山に就いて詩を学んだ。長じてアメリカに渡って経済学と社会学を修め、さらにヨーロッパの諸大学にも遊学した。その後ハワイで長く牧師をしていたが、一九〇〇年に帰国して立憲政友会の結成に参画し、伊藤博文の知遇を得て北海タイムスの社長に就いた。〇四年に日露戦争が始まると通訳官として従軍し、戦後も営口に留まって軍政署嘱託を務め、後に営口官有財産管理委員会理事に就任し、牛荘居留民団議長を兼務した。他に営口水道電気㈱、正隆銀行、鉄嶺陳列館、営口硝子製造会社、満州電気㈱、満州新報社など数多くの会社・銀行の重役に就任したが、一二年五月の総選挙で郷里の長野県から代議士に当選し、一五年五月に再選されるなど後年は国事に奔走して多くは東京に在住した。

岡部 直 ▷11

岡部商店主、南満銀行専務取締役、勲六等／奉天省鞍山北一条町／一八七九（明一二）五／熊本県天草郡今津村／熊本九州学院

熊本県農業岡部久米治の長男に生まれ、熊本の私立九州学院を卒業し、一八九五年日清戦争に従軍して旅順に渡り、翌年帰国した。次いで一九〇〇年一〇月台湾に渡って台中県属、臨時台湾土地調査局属、臨時台湾土地調査局属兼桃園庁属等を歴職し、日露戦争が始まると陸軍通訳として〇四年九月に渡満し、戦後勲功により宮中で天皇に拝謁して勲六等に叙せられた。〇六年五月中国人経営の東盛和に招かれて営口に渡ったが、同社破綻のため遼東新報社に入って鉄嶺支局主任となり、実業協会事務嘱託を兼務した。〇九年に松茂洋行に転じた後、一二年一一月から開原に岡部商店を興して特産物商と石炭販売業を経営した。その後、満鉄鞍山製鉄所創設の際に煉瓦納入の指定を受けたのを機に一七年に鞍山に移転して建築材料商及び用達業を営み、かたわら南満銀行専務取締役、商工銀行監査役、満鉄諮問委員等を務めた。

岡部 猛 ▷12

恵通航空(股)董事、従五位勲五等／中華民国天津法界七号路／一八九一（明二四）九／福岡県朝倉郡夜須村

福岡県岡部音介の三男に生まれ、明善

中学校を経て陸軍士官学校に入学し、一九一五年五月に卒業して歩兵少尉に任官した。以来軍務に服し、陸軍航空学校教官、飛行第五連隊中隊長に歴補して二五年航空兵大尉に累進した。予備役編入後、二九年日本航空輸送会社に入り大刀洗支所長を務めた後、ハルビン在勤となって渡満した。その後満州航空㈱に転じてハルビン支所長、運航部長本社付、北平在勤、天津在勤を経て支那駐屯軍嘱託上海駐在となり、次いで三七年恵通航空(股)董事に就いた。この間、満州事変時の功により勲五等旭日章に除された。

岡部　平太　▷11

満鉄本社社会課員／大連市星ヶ浦水明荘／一八九一（明二四）九／福岡県糸島郡芥屋村／東京高等師範学校

福岡県岡部峰吉の長男に生まれ、一九〇八年福岡師範学校に入学し、在学中から柔道、剣道、相撲、テニスなどスポーツの万能選手として活躍した。卒業して久留米市内の小学校訓導となったが、一三年に上京して東京高等師範学校に入り、一七年に卒業してシカゴ大学、ペンシルバニア大学、ハーバード大学に三年余り留学して体育学を専攻した。二〇年に帰国して母校の高師、水戸高の講師を務めた後、二一年に渡満して満鉄本社社会課体育主任となり、翌年満州体育協会を創設して理事長を務めた。⇒剣道五段で二刀流の達人、柔道は六段の名手で、在満当時は「スポーツの神様」の異名を取り、二七年の満鉄創立二五周年に際して特別功労社員として表彰された。三七年から北京師範大学教授を務めたが、敗戦により帰国して福岡学芸大学教授となり、五一年のボストンマラソンでコーチを務めるなどマラソンの復興に努めた。文芸と絵画を趣味とし、『世界の運動界』『陸上競技史』『世界体育史』『コーチ五十年』等を著した。六六年一一月没。

岡部　善修　▷12

奉天省公署総務庁事務官／奉天藤浪町／一九一〇（明四三）／福井県／東亜同文書院

大阪府立北野中学校を経て上海の東亜同文書院を卒業し、渡満して大同学院に入った。卒業後に東辺道討伐軍に従い、次いで一九三二年一一月奉天省新民県属官となり、同代理参事官、同省開原県副参事官を歴任し、三七年二月奉天省公署総務庁事務官となった。

岡松弼一郎　▷9

東洋拓殖㈱安東駐在事務所長、安東商業会議所議員／安東県四番通／一八八二（明一五）一二／大分県大分郡高田村／第三高等学校

一九一一年五月第三高等学校を卒業して東洋拓殖㈱に入社し、京城本店に勤務した。平壌、奉天等の支店に勤務した後、二一年安東事務所長に転任し、安東商業会議所議員を務めた。

「尾上」は「おのえ」も見よ

尾上七八二　▷12

満州化学工業㈱硫安部第二硫安係長／大連市外甘井子中町／一九〇〇（明三三）七／広島県沼隈郡今津町／工手学校

一九二〇年三月東京築地の工手学校を卒業し、同年九月日本紙品製造㈱技手となった。次いで二三年七月臨時窯業研究所に転じ、二八年六月東京工業試験所に併合されると同所に勤務した。堀氏の下で遊離硫酸を使用しない硫安の製造法の研究に従事し、三四年三月工業化実現のため満州化学工業㈱に入社し、堀氏を補佐して亞硫酸法硫安製造法を開発した。

岡見　正治　▷11

南満州電気㈱社員、従七位勲六等功四級／大連市桃源台／一八七六（明九）一／滋賀県犬上郡青波村／中学校

滋賀県軍人岡見正美の長男に生まれ、一八九六年中学校を卒業して兵役に服した。一九〇四年の日露戦争に際し予備陸軍歩兵少尉として応召し、後備歩兵第九連隊小隊長として従軍し、中尉に進級して各地に転戦した。講和後いったん除隊して帰国したが、〇七年三月独立守備隊付となって再び渡満し、第四大隊に勤務した。〇九年七月に除隊して満鉄電気作業所に入り、二六年に南満州電気㈱に組織変更すると同社員として重役室に勤務した。

岡村　泉　▷1

岡村洋行主／安東県旧市街東尖頭街／一八七三（明六）七／東京府東京市下谷区五条町

群馬県北甘楽郡富岡町に生まれ、幼少の頃に上京して下谷区の呉服太物商川越屋に奉公し、一八九八年同区五条町の岡村家の養嗣子となった。一九〇三年川越屋店主の阿部孝助に随行して北京、天津、内蒙古を視察し、翌年再び阿部に同行して満韓各地を訪れた。その後独立して安東県に雑貨店を開業し、後に旧市街東尖頭街に移転して陶磁器類の販売に従事した。

岡村嘉市郎 ▷12

岡村株式店主、満州不動産信託㈱取締役、大連株式商品取引人組合副委員長、勲八等／大連市東郷町／一八九二（明二五）七／大阪府大阪市北区伊勢町／郷里の実業学校

大阪府畳表商岡村定吉の長男に生まれ、郷里の実業学校を卒業して商業に従事した。その後一九〇九年一〇月に渡満して大連の岸田清三郎商店に入り、一四年に徴兵されて青島戦役に従軍し、翌年復員してオーストラリア、ニュージーランドを巡遊して復職し、後に支配人を務めた。一九年に岸田商店の廃業にともない同店の業務を引き継いで独立し、大連株式商品取引所株式取引員として有価証券売買業を営み、敷島町五品ビルに市場内出張所を置いて二八年五月から安田生命保険会社の代理店も兼営した。

岡村　金蔵 ▷12

満州電業㈱取締役兼企画局長、社団法人満州電気協会理事、従七位勲五等／新京特別市恵民路／一八八一（明一四）七／京都府京都市上京区一条通／京都帝大理工科大学電気工学科

三重県阿山郡西柘植村に生まれ、一九〇六年七月京都帝大理工科大学電気工学科を卒業して同年一〇月農商務省製鉄所雇員となり、後に同所技師に進んだ。次いで一〇年六月京都市技師に転じ、さらに一三年五月満鉄に転じて撫順炭砿機械課工業課長兼機械課員となった。一八年六月工業課長専任を経て一九年三月から欧米各地に出張して同年一二月に帰任し、二五年参事に昇格した。その後三四年一一月満州電業㈱が創立されると同社取締役に就いて新京電業局長を兼務し、後に兼任を解かれ新たに企画局長を兼務した。この間、三六年一〇月関東局施政三〇年記念に民間功労者として表彰された。

岡村熊治郎 ▷12

大連汽船㈱船長／大阪市大正区北恩加島町／一八九九（明三二）五／三重県志摩郡加茂村／鳥羽商船学校航海科

鳥羽商船学校航海科を卒業した後、一九二四年一月大連汽船㈱に入社して一等機関士となった。以来海上に勤務し、三二年七月船長に昇格した。

岡村　五郎 ▷12

満州電業㈱工務部計画課員／新京特別市大同大街康徳会館内満州電業㈱工務部／一九〇八（明四一）／山口県下関市西之端一／明治専門学校電気工学科

一九二九年三月明治専門学校電気工学科を卒業して渡満し、南満州電気㈱に入り試験所に勤務した。技術課試験係を経て非役・遼陽電灯公司在勤となり、次いで三四年一二月南満州電気㈱の電気供給事業を継承した満州電業㈱に入り、乙号非役・遼陽電灯公司在勤、鞍山支店電路係長を経て三七年四月本社工務部計画課に転勤した。

岡村清太郎 ▷11

金福鉄路公司運輸係主任／大連市真金町／一八八四（明一七）六／鳥取県米子市糀町

鳥取県商業岡村善太郎の長男に生まれ、一九〇三年に逓信省鉄道作業局に入った。翌年日露戦争に際して臨時鉄道電信大隊に編入されて渡満し、後に野戦鉄道提理部付として戦時鉄道業務に従事した。戦後〇七年四月の満鉄開業とともに入社して大石橋、長春、安東、開原、金州各駅の助役、駅長を務めた。二一年に本社運輸部旅客課勤務となったが、二六年に金福鉄路公司が創業すると同社に転じて運輸係主任を務めた。ホトトギス派の俳句を能くし、夫人トクとの間に一男三女があり、旅順工大卒で機械技師の渡部良と結婚した長女夫婦と同居した。

岡本　一雄 ▷12

興中公司㈱総務課経理係主任、勲七等／大連市桃源台／一八八七（明二〇）九／北海道札幌市南五条／北海中学校

一九〇六年北海中学校を卒業した後、渡満して満鉄に入社し、中央試験所、経理部、北京公所等に勤務した。その後、満州炭砿㈱参事に転じて庶務課長を務め、次いで興中公司㈱に転じて総務課経理係主任となった。

岡本　一雄　▷12

大阪市主事、大阪貿易調査所所長、ハルビン高女評議員、勲六等／ハルビン道裡石頭道街／一八九三（明二六）一一／熊本県鹿本郡稲田村／東京外国語学校

東京外国語学校を卒業して東京築地の堀越商会に入り、外国貿易に従事した。次いで神戸の英支東洋貿易㈱会社員、陸軍省奏任通訳官を経て内務省警保局外事課に転じてウラジオストクに赴任した。一九二四年大阪市役所に入り、本庁、上海、天津在勤を経てハルビンの大阪貿易調査所所長となった。

岡本　勝次　▷12

国務院軍政部軍需司兵器課員、正八位勲六等／新京特別市清明街／一八九九（明三二）一／栃木県河内郡田原村／陸軍工科学校銃工科、名古屋高等理工科学校夜学部電気科

栃木県岡本庄蔵の次男に生まれ、早くから軍籍に入り、一九一九年陸軍工科学校銃工科を卒業して陸軍砲兵三等銃工長、同上等工長を務め、軍務のかたわら二九年に名古屋高等理工科学校夜学部電気科を卒業した。その後三四年八月少尉に累進して予備役編入となり、同年九月満州国陸軍砲兵上尉に転じて渡満し、軍政部軍需司兵器課に勤務した。

岡本　兼松　▷11

満鉄撫順炭砿東郷採炭所労務係主任／奉天省撫順北台町／一八八八（明二一）六／佐賀県東松浦郡七山村

佐賀県岡本熊造の長男に生まれ、一九〇七年四月に渡満し、一一年二月満鉄撫順炭砿に勤務した。苦力係として山東、直隷、熱河特別区等に出張して華工募集と労働力調査等に従事した後、二五年八月同炭砿土地係主任に転じ、二九年一月から東郷採炭所労務係主任を務めた。

岡本喜一郎　▷12

吉林省懐徳県警正、従七位勲六等功七級／吉林省懐徳県警正公館／一八九四（明二七）一〇／和歌山県海草郡西脇野村

一九一四年一二月徴兵されて和歌山の歩兵第六一連隊に入営し、翌年上等兵に進級した。次いで憲兵練習所を修了して憲兵上等兵となり、三一年二月憲兵特務曹長に累進して満州に派遣され、各地の分遣隊長を経てチチハル憲兵隊本部特高主任となった。その後三四年一一月予備役編入となり、同年一二月龍江省洮南県嘱託に転じ、同県警正を経て三六年六月吉林省懐徳県警正となった。この間、満州事変時の功により勲六等功七級に叙された。

岡本　清志　▷12

満鉄楊柏堡採炭所工作係主任、勲八等／奉天省撫順南台町／一九〇六（明三九）一／鳥取県鳥取市行徳／旅順工科大学機械科

鳥取県岡本勝蔵の長男に生まれ、鳥取第一中学校を卒業して渡満し、旅順工科大学機械科に入学した。一九二九年三月に卒業して同年五月満鉄に入社し、撫順炭砿東郷鉱に勤務した。三三年五月古城子採炭所に転勤した後、三五年四月工作課勤務、同年六月機械係技術担当員を経て同年八月楊柏堡採炭所に転勤して工作係主任を務めた。

岡本　敬一　▷12

満鉄経理部庶務課証券係主任、社員会評議員／大連市星ヶ浦水明荘／一九〇一（明三四）一一／広島県安芸郡府中村

広島県岡本政太郎の四男に生まれ、一九一六年に渡満して満鉄に入り総務部文書課に勤務した。社長室文書課、北京公所経理部、監理部庶務係主任心得、経理部主計課勤務を経て経理部会計課証券係主任となり、三六年一〇月職制改正により経理部庶務課証券係主任となった。

岡本　治郎　▷12

満鉄鉄道総局付待命参事、勲六等／奉天満鉄鉄道総局／一八八七（明二〇）一二／鳥取県西伯郡御来屋町

鳥取県岡本万次郎の次男に生まれ、一九〇三年五月神戸郵便局通信伝習生養成所を修了して鳥取局に勤務した。御来屋、大篠津、米子、青谷の各駅に勤務した後、〇六年六月野戦鉄道提理部付として渡満し、遼陽、奉天、公主嶺の各駅に勤務した後、〇八年一二月徴兵されて松江の歩兵第六三連隊に入営した。一〇年に退営して大石橋、開原、大連の各駅勤務を経て大連駅助役となり、次いで埠頭事務所車務課、同所運転助役、同助役、大連埠頭監視主任兼消防監督を歴職して三〇年六月埠頭事務所車務主任となった。三五年四月蘇家屯駅長に就任して同年七月参事となった後、三七年四月待命となり鉄道総局に勤務した。この間、満州結核予防会評議員、社員消費組合奉天区総代を務めたほか、二十数年の間在郷軍人会の活動に従事して三三年に総裁より功労賞を授与され、三六年四月に満鉄勤続二五年の表彰を受けた。長女淳子は大連神明高女及び大阪帝国薬学専門学校を卒業し、満州医大出身で撫順炭砿に勤務する医師山下喜久雄に嫁した。

岡本　武徳　▷12

監察院監察部員／新京特別市西三道街監察院／一九〇二（明三五）九／岡山県英田郡土居村／岡山県師範学校、旅順師範学堂研究科

岡山県師範学校を経て一九二二年旅順師範学堂研究科を卒業し、同年九月関東州公学堂教諭となり旅順公学堂に勤務した。二五年一〇月中国語及び中国事情研究のため直隷省に一年間出張した後、二九年三月旅順師範学堂訓導となった。その後三二年六月国務院財政部属官に転じて財政部総務司に勤務し、次いで監察院属官に転任して監察部に勤務し、三三年三月監察院事務官となった。

岡本　忠雄　▷12

錦州省彰武県参事官／錦州省彰武県公署／一九〇〇（明三三）七／千葉県山武郡東金町／海軍兵学校、海軍砲術学校、海軍水雷学校、中央大学法学部中退

千葉県岡本徹治の長男に生まれ、成東中学校を経て一九二二年海軍兵学校を卒業し、同年九月海軍少尉に任官した。次いで海軍砲術学校普通科学生教程、海軍水雷学校普通科学生教程を修了して二五年一二月海軍中尉に進んで予備役となった。その後二八年に中央大学法学部二年を修了し、三二年八月満州国遼河水上警察局警佐となって渡満し、錦州省盤山県警正・首席指導官を経て三六年四月同省彰武県参事官となった。

岡本　忠雄　▷12

国務院交通部郵政総局副局長、正六位／新京特別市郵政総局副局長公館／一八九九（明三二）九／広島県三原市木原町／東京帝大法学部英法科

広島県岡本忠三郎の長男に生まれ、一九二四年三月東京帝大法学部英法科を卒業して同年五月逓信局書記となり、東京逓信局保健課に勤務した。同年一二月一年志願兵として兵役に服し、陸軍三等主計となって除隊復職した後、二八年文官高等試験行政科に合格した。以来、通信事務官兼逓信局事務官・堺郵便局長、貯金局事務官・大阪貯金支局振替貯金課長、逓信局事務官・札幌逓信局庶務課長、同局逓信講習所長兼札幌逓信診療所長、熊本逓信局経理課長を歴職して三五年七月逓信局書記官となった。その後三六年四月国務院交通部理事官に転出して渡満し、郵務司郵務課長兼満鉄鉄路総局嘱託を経て同年一一月郵務司業務課長兼総務司勤務となり郵政権調整準備主任を務めた後、三七年七月行政機構改革により交通部の外局として創設された郵政総局副局長に就いた。

岡本辰之助　▷3

満鉄地方部地方課教育主任／大連市能登町／一八六八（明一）四／東京府東京市麹町区飯田町／京都師範学校高等師範科

一八八六年二月、京都師範学校高等師範科を卒業して同市の小学校教育事業に従事した。九八年三月愛媛県越智郡視学に転じた後、一九〇〇年四月東京府南豊多摩郡視学、〇六年四月東京府視学を歴任した。〇八年四月に渡満して満鉄に入り、地方部地方課教育主任を務めた。

岡元　為吉　▷12

大連税関員／大連市山県通税関官舎／一八九一（明二四）一二／鹿児島県日置郡伊作町

鹿児島県岡元二次郎の長男に生まれ、一九一二年一二月鹿児島の歩兵第四五連隊に入営し、後に憲兵に転科して一八年一一月に除隊した。一九年五月青島海関に入り、次いで上海、青島、上海、厦門、大連の各税関に勤務した。その後三二年六月満州国による中国海関の接収により満州国税関属となり、引き続き大連税関に勤務した。次いで承徳税関籌備処に転勤し、三三年七月古北口分関勤務を経て三四年三月再び大連税関勤務となった。この間、建国功労賞及び皇帝訪日記念章を授与された。

岡本 直一 ▷12

岡本洋行主、チチハル居留民会第九区長、チチハル商業組合評議員、チチハル商店協会評議員／龍江省チチハル正陽大街／一八八六（明一九）八／山口県熊毛郡室積町

一九〇五年朝鮮に渡って鎮南浦の会社に勤務した後、一一年に渡満してハルビンで果実問屋を経営した。その後三三年にチチハルに移住して食料品雑貨商を開業し、大連、奉天、大阪、名古屋方面から仕入れ、店員一〇人を使用した。

岡本 春海 ▷12

満鉄蘆家屯駅助役、勲八等／奉天省蘆家屯駅／一九〇〇（明三三）二／高知県高知市大膳様町／高知県立第一中学校

高知県岡本正気の長男に生まれ、一九一八年三月県立第一中学校を卒業し、同年五月満鉄に入り海城駅駅務見習となった。駅務助手、駅務方、大連列車区大石橋分区車掌、海城駅貨物方、長春列車区鉄嶺分区車掌、煙台駅駅務方兼助役心得に歴勤した。次いで助役試験に合格して石橋子駅助役、蘇家屯駅助役を経て三七年四月蘆家屯駅助役に転任した。この間、満州事変時の功により勲八等瑞宝章及び従軍記章、建国功労賞、皇帝訪日記念章を授与された。

岡本 英敏 ▷14

岡本会計事務所主、正八位／大連市柳町／一八九一（明二四）五／青森県弘前市袋町／同志社大学政治学科

農業神石之助の三男に生まれ、後に岡本丈吉の養子となった。京都府立第一中学校を経て一九一七年七月同志社大学政治学科を卒業し、同年一二月一年志願兵として兵役に服した。除隊して一九年に東洋拓殖会社に入社し、大連支店、京城支店に勤務した後、二六年に退社して大連市近江町に満鮮興益社を創立して一般会計事務の請負を始めた。かたわら三十里堡果樹園㈱代表取締役として大連近郊で農園業を経営したが、三一年に辞職して岡本会計事務所主として会計業務に従事した。この間、東亜農林商会を兼営し、二八年一一月から三二年一〇月まで大連市会議員を務めた。

岡本巳代治 ▷12

錦州警察庁警務科長兼錦県守勢指導官、従七位勲六等／錦州省錦県大馬路錦州省警察庁警務科長公館／一八九三（明二六）一〇／静岡県小笠郡佐東村

静岡県岡本庄重の四男に生まれ、一九一三年一二月徴兵されて浜松の歩兵第六七連隊に入営した。一五年憲兵に転科し、以来各地に勤務して憲兵特務曹長に進級した。勤務のかたわら中国語の修得に努め、二九年三月中国語一等通訳の資格を取った。その後三三年一月予備役編入と同時に渡満し、錦県警務局警佐・警務指導官を経て三五年一〇月錦県警正に進み、錦州警察庁警務科長兼錦県守勢指導官となった。この間、三二年四月満州事変時の功により従七位勲六等単光旭日章、三四年五月勲六位景雲章を授与された。

岡本 義雄 ▷12

大連機械製作所㈱技術部第一工作係主任、勲八等／大連市聖徳街／一八九七（明三〇）二／広島県広島市／広島県立工業学校

ハワイのマウイ島ラハイナに生まれ、一九一四年三月広島県立工業学校を卒業して満鉄に入り、鉄道工場技術部機械課に勤務した。運輸部機械課、鉄道部事務課、鉄道部工作課に歴勤して特急あじあ号機関車、重量貨物機関車、急行貨物機関車、重油燃焼高速度旅客機関車の設計製作に従事した。その後三六年九月、満鉄傘下の大連機械製作所㈱が機関車新造計画を進めるに際し同社に招かれ技術部第一工作係主任となった。この間、満州事変時の功により勲八等旭日章を授与された。

岡本芳二郎 ▶14

満鉄総務部調査課勤務、正五位勲六等／大連市乃木町／一八六八（明一）六／東京府東京市麹町区飯田町／独逸協会学校

一八八九年独逸協会学校を卒業してドイツに留学し、法学博士の学位を取得して九三年に帰国した。九六年に第一高等学校教授となったが、一九〇七年四月に満鉄が創業すると在官のまま渡満して同社総務部調査課に勤務した。一五年一〇月大連市会議員に官選され、市会議事規則の編成に従事したが、同年一二月任期中に辞任した。

岡　弥一　▷11

満鉄社長室文書課員／大連市日ノ出町／一八九四（明二七）八／山口県阿武郡萩町／満鉄育成学校

山口県岡亀吉の次男に生まれ、六歳で家督を相続した後、渡満して満鉄育成学校に入った。一九一三年に修了して満鉄雇員となり、以来勤続して職員に昇格し、後に社長室文書課経理係に就いた。

岡谷英太郎　▷11

長春日本領事館書記生、正八位／長春日本領事館／一八九七（明三〇）一二／香川県大川郡鴨庄村／香川県立高松中学校

香川県農業岡谷新造の長男に生まれ、一九一七年県立高松中学校を卒業した。一九年に外務省留学生となり、ロシア語研究のため三年間ハルビンに留学した。この間一年志願兵として岡山歩兵第五四連隊に入営し、除隊して予備陸軍歩兵少尉となった。二四年四月外務省書記として本省に勤務し、翌年長春日本領事館書記生となって渡満した。

岡山　源六　▷7

大阪朝日新聞特派員／奉天住吉町／一八七五（明八）一一／鹿児島県肝属郡鹿屋町

郷里で教員をしていたが、一九〇三年上海に渡り、同地で教育事業に従事した。〇四年二月日露開戦とともに特別任務を帯びて直隷、山西、山東を始め中国全域を踏破して各種の調査に従事した。その後一一年六月に帰国して大阪朝日新聞社に入社し、一五年五月同紙特派員として奉天に赴任した。

岡山　武治　▷11

連山関小学校校長／連山関満鉄社宅／一八八四（明一七）二／石川県羽咋郡柏崎村／石川県師範学校

石川県農業岡山武助の三男に生まれ、一九〇五年石川県師範学校を卒業した。郷里の北川尻、羽咋各小学校の訓導を経て若部、桶川各小学校校長を歴任したが、一四年に渡満して公主嶺小学校訓導となった。一八年鉄嶺小学校に転じた後、二〇年から連山関小学校訓導兼校長に就き、同地の地方委員会議長を六年務めた。

小川　勇　▷11

日本赤十字社奉天病院長、正五位勲四等、陸軍一等軍医正、医学博士／奉天浪速通／一八八〇（明一三）三／愛媛県北宇和島郡三島村／福岡医科大学

愛媛県農業小川武七郎の長男に生まれ、松山中学校、第五高等学校を経て一九〇七年一二月福岡医科大学を卒業した。同年熊本歩兵第二三連隊に見習医官として入営し、〇八年陸軍二等軍医となって連隊付のまま朝鮮に渡り、鏡城衛戍病院付咸興分院に勤めた。〇九年一〇月広島衛戍病院に転じたが、翌年七月広島歩兵第一一連隊付になると同時に軍医学校に入り、一一月に陸軍一等軍医となった。一二年七月旅順重砲兵大隊付として渡満し、翌年八月から旅順衛戍病院に勤務した後、一四年九月に奉天独立守備隊第三大隊付軍医となり奉天赤十字病院長を兼務した。二〇年から二年間欧米に留学し、帰任後二四年八月陸軍一等軍医正に進級して翌月予備役編入となった。

小川　勇　▷12

満鉄撫順炭砿老虎台採炭所工作係主任、社員会評議員／奉天省撫順老虎台／一八九九（明三二）二／佐賀県佐賀郡金立村／南満州工業学校電気科

佐賀県小川勇三郎の長男に生まれ、一九一八年三月南満州工業学校電気科を卒業して満鉄に入り、撫順炭砿機械課に勤務した。一九年一〇月一年志願兵として兵役に服した後、二一年三月炭砿機械課に復職し、二五年一一月同砿務課、二六年四月同東ヶ丘採炭所、三一年七月老虎台採炭所坑外係主任を経て三七年四月同工作係主任となった。この間、油入断路器を考案して二七年四月満鉄創業二〇周年記念式に際し社員表彰規定第一条第二号により功績章並びに金一封を受けたほか、満州事変時の功により従軍記章を授与された。

小川　一郎　▷12

満鉄ハルビン鉄路局産業処副処長兼ハルビン林業所長兼ハルビン畜産加工所長代理、ハルビン土地建物㈱取締役／ハルビン濬陽街／一八九七（明三〇）八／東京府東京市本郷区向ヶ丘弥生町／東京高等商業学校

陸軍騎兵少佐小川捨五郎の長男として

広島県に生まれ、一九二一年三月東京高等商業学校を卒業し、同年六月満鉄に入社して総務部文書課に勤務した。興業部商工課に転任して満州物資参考館を兼務した後、二八年一一月満蒙資源館と改称後も引き続き同館及び殖産部商工課を兼務した。畜産加工所長に就いた。次いで鉄路総局総務処地方科に転任して安東及び奉天の各地方事務所勧業係長を兼任した後、ハルビン鉄路局産業課庶務係主任を経て鉄路総局総務処附業科、地方部農務課農事係主任を歴任した。三六年副参事に昇格してハルビン鉄路局産業処副処長となり、三七年四月まで北満経済調査所長を兼任した後、ハルビン林業所長及びハルビン畜産加工所長代理兼務となった。この間、三七年四月勤続一五年の表彰を受けた。

小川　逸郎　▷13

日満商事㈱理事長／新京特別市五色胡同／一八八七（明二〇）七／三重県名賀郡名張町／東京外国語学校

三重県小川松太郎の長男に生まれ、一九〇九年東京外国語学校を卒業し、翌年七月に渡満して満鉄に入社した。庶務課、鉱業課に勤務した後、一二年三月安東鉱業課出張所に転勤し、その後ハルビン鉱業課出張所、大連鉱業課出張所勤務を経て一八年に本社鉱業課地売主任となった。二二年一〇月販売課次席に転じ、翌年三月販売課長に就いて大連汽船㈱監査役、福昌華工㈱取締役、南満鉱業㈱取締役を兼任した。次いで三〇年六月参事に昇格し、販売部次長を経て三一年八月商事部次長となり、三六年一〇月日満商事が設立されると常務取締役に就任し、後に社長、理事長を歴任した。

小川　清　▷1

三和洋行主／奉天省鉄嶺／一八六二（文二）六／広島県深安郡下加茂村

一八八七年から大阪で石筆、人造ゴム、ブラシ等の製造に従事したが、その後経営が悪化したため日清戦中に朝鮮に渡った。仁川から大連に密航して上陸許可を懇願し、漸く許されて金州城内で酒保を開いた。その後軍隊の前進とともに復州、蓋平に移動し、戦後九五年に帰国した。その後、酒保で稼いだ資金で台湾での商売を企図し、大阪で一万円分の雑貨食料品を買い入れて外国船スカップス号を傭船し、さらに貨客船豊州丸に一万円相当の貨物を積んで台湾に向かった。出港まもなくスカップス号との間に係争が生じて長崎で領事裁判に付され、繋留中に積荷の大半が腐敗した。さらに豊州丸が八重山沖で座礁し、積荷を食料として乗客四百余名と船員七十数名に提供したため救出までの十数日間にそのほとんどを失った。大損失を蒙りながら九六年四月台湾に上陸し、台中で雑貨販売と旅館業、諸官衙用達業を開業し、ほどなく日本の台湾支配に対する武力蜂起事件で物価が暴騰して数日間で巨万の利益を収めた。同地有数の実業家として日本人会総代に選ばれ、一時は地方税だけで年額一五〇円を納めるほどになったが、後に事業に失敗して無一物となり、一九〇一年に帰国して郷里に帰った。その後神戸に出て花筵、薄荷などの輸出業に従事し、〇四年三月日露開戦の翌月に井上角五郎と共に朝鮮に渡り、堀内組で働いた。〇六年一月堀内組を辞め、安東県、奉天を経て鉄嶺に至り、同地に旅館を開業し、かたわら三和洋行の名で諸種の事業を経営した。

小川　清秀　▷12

大連税関員／大連市光風台／一八九二（明二五）一一／長崎県長崎市酒屋町／長崎海星学校中退

一九一〇年長崎海星学校三年を中退し、同年五月朝鮮の英米煙草会社元山出張所に就職した。その後徴兵されて佐世保の重砲兵大隊に入隊し、除隊後に中国海関に入り、上海、営口、青島、瓊州、大連の各海関歴勤して二等副監察長となった。三二年六月満州国による中国海関の接収にともない満州国税関官吏となり、三四年三月税関監視官に進んで引き続き大連税関に勤務した。

小川　国広　▷12

ハルビン警察庁警務科規画股員／ハルビン山街ハルビン警察庁／一八九六（明二九）一二／千葉県印旛郡臼井村／明治大学専門部法科

一九一七年徴兵されて佐倉の歩兵第五七連隊に入営し、除隊後二一年八月警察庁巡査となった。勤務のかたわら明治大学専門部法科に学んで二五年に卒業し、同年九月巡査部長、二八年二月警部補に累進した。三三年六月ハルビン警察庁警佐に転じて渡満し、警務科規画股に勤務して三六年五月同庁警正に進んだ。

小川慶治郎 ▷11

大連醤油㈱社長／大連市武蔵町／一八六四（元一）二／三重県員弁郡梅戸井村

三重県醤油味噌醸造・肥料雑穀商小川彦四郎の六男に生まれ、一九歳で家業を継いだ。一九〇四年七月、同志五人と名古屋市に資本金一〇万円で㈾東海肥料を設立したが、日露戦後不況のため〇七年に事業閉鎖のやむなきに至った。同年六月に渡満して大連で醤油醸造業を始めたが、一九年に業務一切を譲渡して大連醤油㈱を設立して社長に就任した。他に煉瓦製造業、保険代理業、東海電線代理店を経営し、小松台土地㈱取締役、大連商工会議所常議員を務めた。

小川　賢 ▷12

満鉄牡丹江建設事務所技術員、社員会評議員、牡丹江居留民会評議員／牡丹江昌徳街牡丹寮／一八九九（明三二）一二／千葉県山武郡増穂村／早稲田工手学校土木科、同建築科

一九一六年早稲田工手学校土木科を卒業し、同年八月横浜市役所水道局に勤務した。以来一貫して水道関係の公共事業に従事し、勤務のかたわら二二年に早稲田工手学校建築科を卒業した。二三年九月の関東大震災後に復興事業と第三期臨時水道拡張部等に勤務した後、三二年二月に退職して㈾清水組に入り台湾出張所に勤務した。その後三三年一二月に退職し、三四年一月満鉄に入り鉄道建設局水道調査所に勤務した。次いで図們建設事務所土木主任となり、同所が牡丹江建設事務所と改称して牡丹江に移転すると、土木技術員として図們以北の虎林、佳木斯方面に至る一帯の鉄道給水その他一般土木工事を担当した。

小川　惟澂 ▷12

満鉄地方部衛生課学校衛生係主任兼地方行政権調整移譲準備委員会幹事／大連市星ヶ丘／一九〇〇（明三三）一／千葉県長生郡新治村／慶応大学医学部

千葉県小川民蔵の次男に生まれ、一九二六年三月慶応大学医学部を卒業して同大医学部助手となり、同年八月医師免許下付と同時に満鉄臨時防疫事務嘱託となって渡満した。二七年九月から工場衛生に関する業務調査を嘱託された後、二九年二月満鉄に入社して地方部衛生課に勤務した。三一年一二月現業衛生係主任、三四年三月学校衛生係主任兼任を経て同年六月技師となり、次いで三六年九月参事に進み、地方行政権調整移譲準備委員会幹事を兼務した。

小川順之助 ▷13

関東州薬工品㈱社長／大連／一八八三（明一六）一一／東京府北多摩郡小平村／東京帝大法科大学政治学科

東京府農業小川弥二郎の次男に生まれ、一九一一年七月東京帝大法科大学政治学科を卒業した。官界に入って長野県属、岩手県東磐井郡長、同下閉伊郡長、大阪府理事官等を歴任し、関東都督府参事官兼事務官となって一八年一二月に渡満した。二八年一二月に勅任官となり欧米各国に出張して帰国後は地方課長を務めたが、三〇年の水産事件の責任をとって官職を辞した。東京に戻って中野町の町長を務めた後、三一年一〇月満州事変の渦中に再び渡満して大連市長に就任した。三五年に退任すると関東州天津貿易斡旋所長として河北経済の調査や貿易斡旋に従事したが、薬工品の統制会社として関東州薬工品㈱が設立されると社長に就任した。埼玉から衆院議員に一〇回当選を重ねて議長を務めた粕谷義三の娘で浦和高女卒の喜代を夫人とした。

小川丈太郎 ▷4

小川商店主／ハルビン傅家甸北白同街／一八八〇（明一三）／長崎県松浦郡若和村

実家で農業に従事していたが、農耕に満足せず海外雄飛を志してウラジオストクに渡った。一年後にハルビンに移り、領事館の使用人となるなど種々の職業を転々とした末、中国人街の傅家甸で食料品雑貨と小間物の店を開いた。薄利多売で業績を伸ばし、伝家甸で成功した唯一の日本人商店として気を吐いた。

小川　清一 ▷12

旅順工科大学教授、㈶旅順工科大学奨学資金理事、従五位／旅順市赤羽町／一八九三（明二六）九／愛知県名古屋市南区熱田東町／東

京帝大工科大学機械工学科

小川梅三郎の子として東京市本郷区西片町に生まれ、京都府立第五中学校、第三高等学校を経て一九一七年七月東京帝大工科大学機械工学科を卒業し、三菱㊮に入り造船部神戸造船所に勤務した。同年一二月内燃機関研究のためフランスに出張し、一九年三月に帰国して三菱内燃機製造会社の創立に参画し、後に三菱航空機会社と改称後も引き続き同社名古屋航空機製作所設計課長を務めた。二八年六月東京帝大に論文「航空発動機曲軸ノ捩振動」を提出して工学博士号を取得し、三四年三月旅順工科大学教授に転じて渡満した。航空内燃機関の設計製作を専門とし、著書『航空発動機』がある。

小川　善次　▷12

満鉄朝陽鉄路監理所監理員／錦州省朝陽県満鉄朝陽鉄路監理所／一八九九（明三二）六／茨城県水戸市浜田／水戸商業学校

茨城県小川勝次郎の長男に生まれ、一九一七年水戸商業学校を卒業した後、二〇年六月満鉄に入り撫順駅に勤務した。遼陽駅に転勤した後、奉天列車区勤務、新台子駅助役、遼陽駅勤務、鉄路総局錦県鉄路弁事処弁事員を経て三五年一一月朝陽鉄路監理所監理員となった。この間、満州事変時の功により賜杯及び従軍記章を授与され、三六年四月勤続一五年の表彰を受けた。水陽と号して観世流謡曲と漢詩、文芸を趣味とした。

小川　健夫　▷12

満鉄奉天駅事務主任、社員会評議員、社員消費組合総代、修養団奉天駅支部長／奉天藤浪町／一八九六（明二九）四／新潟県中頸城郡直江津町／早稲田大学専門部政経科

新潟県小川真勇美の長男に生まれ、旅順中学校を経て一九二三年三月早稲田大学専門部政経科を卒業し、同年八月満鉄に入り安東駅に勤務した。二五年六月奉天列車区、同年一〇月安東分区、二七年一〇月奉天列車区、三一年五月鉄道部経理課、三三年三月奉天鉄道事務所に歴勤した後、三四年六月大阪出張所に転勤して帰国した。大阪鮮満案内所主任に転任した後、三六年一〇月奉天駅事務主任となって再び渡満した。この間、満州事変時の功により木杯三組及び従軍記章を授与された。

小川　武司　▷12

満鉄奉天鉄道事務所庶務課事故係主任、勲八等／奉天満鉄鉄道事務所／一九〇三（明三六）八／福井県足羽郡東郷村／明治大学法学部

福井県小川喜三郎の長男に生まれ、福井中学校、明治大学予科を経て一九二九年三月同大学法学部を卒業し、同年五月満鉄に入社した。社長室人事課、鉄道部勤務を経て奉天列車区車掌となり、次いで奉天駅駅務方、奉天列車区車掌、奉天駅貨物方、同駅構内助役、鉄路総局総務処文書科弁事員、公主嶺駅貨物主任を歴任し、三七年四月奉天鉄道事務所庶務課事故係主任となった。剣道四段、満州事変時の功により勲八等瑞宝章を授与された。

小川　哲二　▷12

満鉄新京鉄路医院前郭旗診療所主任兼医員兼ペスト調査所前郭旗在勤防疫医／吉林省前郭旗鉄路医院診療所／一九〇八（明四一）一／広島県蘆品郡大正村／京城帝大医学部

朝鮮の竜山公立中学校を経て一九三二年三月京城帝大医学部を卒業し、同年四月附属医院副手として医学部小川外科に勤務した。三三年二月幹部候補生として朝鮮竜山の歩兵第七九連隊に入営し、同年一一月一等看護長となって除隊し、京城帝大医学部副手に復職した。三四年六月満鉄診療医に転じて地方部衛生課鄭家窩舗在勤となり、同年一〇月辰清、三五年五月孫呉、同年六月新京在勤を経て同年一〇月満鉄技術員となり地方部衛生課に勤務した。次いで同年一一月新京鉄路医院前郭旗診療所主任となり、三六年一月からペスト調査所前郭旗在勤防疫医を兼務した。

小川　伝助　▷11

満鉄遼陽機関区運転兼技術主任／奉天省遼陽イ区／一八八八（明二一）五／山口県玖珂郡柳井町／小学校

山口県小川太之助の次男に生まれ、一九〇二年小学校を卒業して山陽鉄道会社機関区に掃除夫として入った。日露戦争が始まると野戦堤理部付として一六歳で戦地に赴き、〇八年に兵役のため帰郷して呉海兵団に入団した。一二年に満期除隊すると再び渡満し、満鉄に入社して各地に勤務し、後に遼陽機関区運転兼技術主任となった。

「小河」は「おごう」も見よ

小河　駿雄　▷12

満州電業㈱営口支店営業係長／ゑ生雄満州電業支店／一九〇八（明四一）九／福岡県福岡市土手町／慶応大学経済学部

福岡県小河雪長の子に生まれ、県立静岡商業学校を歴て一九三二年三月慶応大学経済学部を卒業し、同年四月南満州電気㈱に入社した。三四年一二月同社の電気供給部門を継承して満州電業㈱が設立されると同社に転じ、三六年六月営口支店営業係長となった。

小川　寅男　▷11

小売雑貨商／大連市伊勢町／一八九〇（明二三）一／愛知県豊橋市旭町

愛知県農業小川寅一の四男に生まれ、幼年より商店で働いていたが一九〇六年三月、一六歳の時にウラジオストクに渡った。同地で大和商会の店員として三年勤めたほか種々の職業に従事し、一二年一二月ハルビンの松浦商会に入店して貿易業務に従事した。二四年に同店を辞めて上海、南京、杭州等を巡遊し、大連に赴いて伊勢町に婦人子供服と洋品雑貨の小売商を開業した。

小川　久門　▷12

満鉄参事、鉄道総局自動車課員／奉天商埠地三経路七緯路／一八九三（明二六）六／大分県下毛郡東耶馬溪村／旅順工科学堂電気工学科

大分県小川古吉の次男に生まれ、一九一六年一二月旅順工科学堂電気工学科を卒業し、翌年一月満鉄に入社して沙河口工場に勤務した。二〇年九月依願免職して自動車講習所講師をした後、同年九月旅順工科学堂助教授に就いた。二五年二月旅大自動車会社専務取締役に転じ、さらに二七年六月南満州電気㈱車輌係長に転じて電車の補修とバスの設計製作に従事した。三四年一月満鉄に復帰して技術員となり、鉄路総局運輸処自動車科施設係主任を務めた。三六年九月参事に昇任し、同年一〇月鉄道総局営業局自動車課に勤務した。

小川　増雄　▷12

満州国協和会吉林省本部事務長兼吉林市本部事務長／吉林財神廟胡同協和会吉林省本部／一八九七（明三〇）四／大分県東国東郡西安岐町／農学校

大分県農業小川金五郎の次男に生まれ、一九一七年農学校を卒業して朝鮮に渡り、全羅北道の不二興業㈱全北農場に勤務した。次いで一八年三月に渡満して満鉄に入り、教育研究所助手を経て熊岳城農事試験場職員となり、満州青年連盟熊岳城支部幹事長、満鉄倶楽部幹事、修養団熊岳城支部幹事長を務めた。その後協和会に入り、中央事務局社会科長を務めた後、三五年八月協和会吉林省本部事務長となり、翌年から吉林市本部事務長を兼任した。

小川　松雄　▷12

承徳専売署副署長心得、従六位勲五等／熱河省承徳専売署／一八八八（明二一）三／東京府東京市麹町区三番町／第六高等学校中退

高松市に生まれ、第六高等学校を中退して陸軍に入り、広島野砲兵第五連隊士官候補生を経て一九一一年砲兵少尉に任官した。陸軍砲工学校を修了した後、大隊副官としてシベリア派遣軍に従軍し、原隊復帰後に兵器委員兼日本製鋼所陸軍検査官等を歴任し、大尉に累進して軍籍を離れた。東洋モスリン会社調査課員、東洋毛織会社鳩ヶ谷工場主任を経て渡満し、北満産業調査員、関東庁嘱託、ハルビン警備総隊教官顧問等を歴職した。三三年専売署事務官に転じ、浜江省、熱河省の各専売所緝私科長を務めた後、三七年一月承徳専売署副署長心得となった。

小川真勇美　▷9

営口電話局長／奉天省営口永世街／一八七〇（明三）三／新潟県高田市蓮池／新潟県立高田中学校、東京郵便電信学校

一八八五年新潟県立高田中学校を卒業した後、九一年四月東京郵便電信学校を卒業して逓信省官吏となった。二〇年勤続して一九一〇年一〇月に依願免職し、翌月渡満して満鉄に入り工務課に勤務した後、一二年七月営口電話局長に転じた。

小河　元治　▷12

小河商工主、勲八等功七級／吉林

省公主嶺敷島町／一八八三（明一六）一／兵庫県揖保郡神部村

日露戦争に従軍した後、一九〇六年再び渡満して営口に在住した。その後〇八年奉天に移住し、次いで鉄嶺で雑貨商を営んだ後、〇九年から公主嶺に小河商工を興した。日本人一人、中国人三人を使用して公主嶺付近より仕入れ、特産物輸出を専門として年商一〇〇万円を売り上げた。

小川弥三郎 ▷12

間島省公署警務庁司法科長／間島省延吉丁字街／一八九一（明二四）／愛媛県越智郡日高村

憲兵少尉に累進して退役した後、一九三三年満州国警正となって渡満した。満州里国境警察隊副隊長を務めた後、間島省警務庁督察官に転任し、次いで同省公署事務官となり警務庁司法科長に就いた。

小川　義和 ▷11

新聞記者、満州新報社長／奉天省営口新市街南本街／一八七九（明一二）八／東京府東京市芝区三田松阪町／東京工業学校附属職工徒弟学校

東京府囲碁指南小川儀一郎の長男に生まれ、小学校高等科二年を修業して東京工業学校付属職工徒弟学校に入ったが一年で中退し、三吉鉄工所、芝浦製作所等で職工として働いた。二一歳の時から警視庁巡査となったが、第一回関東州民政署巡査募集に応じて一九〇五年一二月に渡満した。勤務一年足らずで民政署巡査を辞め、その後は北京など中国各地を放浪した。〇八年一一月営口の満州新報社に入り、校正より叩き上げて記者となり、一一年六月から編集に携わった。一四年六月からは社務全般を担任し、二五年八月社長に就任した。経営のかたわら二一年三月から二三年一〇月の民団廃止まで牛荘居留民団行政委員、同委員会議長を務めたほか、満鉄営口公費区地方委員、委員会議長、営口商業会議所特別議員などを務めた。

小川　亮一 ▷14

満州海運㈱社長、正八位／大連市光風台／一八九〇（明二三）五／静岡県熱海市伊豆山／東京高等商船学校

一九一四年一〇月東京高等商船学校航海科を卒業して日本郵船㈱に入社し、兵役に服して予備海軍少尉となり、帰任して上海、欧州、北米の各航路に乗務して甲種一等運転士となった。その後一八年五月に退社して山下汽船㈱に転じ、二五年四月まで勤めた。二六年八月国際運輸㈱が設立されると請われて神戸出張所長に就任し、三四年に大連本社海運課長となって渡満した。次いで三四年三月取締役を経て三八年三月常務取締役に就任し、㈱一ノ瀬回漕店取締役、塘沽運輸(股)取締役、大連海務協会常議員、大連海運同業組合常議員を務めた後、四二年六月に退社して満州海運㈱社長に就任した。この間四〇年一一月大連市会議員に当選した。

沖　長松 ▷9

日本綿花㈱長春出張所員／長春日本橋通／一八八二（明一五）八／石川県石川郡松任町

一九〇〇年一五歳で中国に渡り、その後〇七年に日本綿花㈱上海支店に入社し、同年一二月漢口支店に赴任した。一三年五月、長春出張所詰となって渡満した。

荻巣常三郎 ▷9

開原取引所信託㈱社員／奉天省開原付属地第二九号地／一八九五（明二八）四／愛知県名古屋市南区熱田尾頭町／市立名古屋商業学校

一九一四年三月市立名古屋商業学校を卒業し、同年五月満鉄に入社した。一七年三月に退社し、開原取引所信託㈱に勤務した。

小木曽藤作 ▷4

料理店経営／興安北省ハイラル／一八七八（明一一）八／岐阜県土岐郡曾木村

岐阜県商業小木曽幸三郎の子に生まれ、父亡き後二七歳まで郷里で家業の雑貨商をしていたが、生糸投資に失敗して家産のほとんどを失った。一九〇五年日露戦争の終結と同時に朝鮮に渡り、京城や竜山で行商をして資金を蓄え、奉天の友人から「満州好景気」と聞いて〇六年に渡満した。種々画策したがいずれも立ち行かず、同年冬から開市早々の長春で雑貨・売薬商を営んで三年後に軌道に乗った。次いで「今後は北満が有望」との情報に接し、一〇年に黒龍江省ハイラルに赴いて料理店を開業して成功した。

隠岐　猛男　▷12

満鉄奉天地方事務所庶務係長、社員会評議員／奉天藤浪町／一九〇五（明三八）一／広島県広島市平塚町／京都帝大経済学部

広島県隠岐熊男の長男に生まれ、一九二九年三月京都帝大経済学部を卒業して同年四月東京の新聞連合社に入った。三〇年一月に退社し、同年四月に渡満して満鉄に入社した。鉄道部、大連列車区、大連駅、監理部考査課に歴勤した後、総務部審査役付としてドイツに派遣され、同国での満州産大豆・豆油・豆粕の取引状況と油脂工業の実態調査に従事した。帰任後は総務部東亜課に勤務して南満州工業専門学校講師を兼務し、鉄路総局総務処付、同産業課勤務を経て三六年一〇月奉天地方事務所庶務係長となった。この間、満州事変時の功により賜盃及び従軍記章を授与された。

興津　章男　▷12

旅順工科大学助教授、従六位／旅順市高崎町／一九〇六（明三九）五／熊本県熊本市京町／旅順工科大学

兵庫県姫路市外に生まれ、福岡県立中学明善校から旅順中学校に転校し、旅順工科大学に進んだ。一九二九年三月同大卒業とともに助手となり、三〇年八月助教授に昇格した。

興津哲太郎　▷11

満鉄長春列車区長／長春錦町／一八八三（明一六）一／埼玉県比企郡北吉見村

埼玉県興津吉久の長男に生まれ、一九〇三年横浜郵便局通信書記となった。日露講和直後の〇五年一〇月、鉄道作業局雇臨時軍用鉄道監部付となって渡満し野戦鉄道提理部安奉鉄道班に勤務した。〇七年四月の満鉄開業とともに入社し、沙河鎮駅電信係、鶏冠山兼鳳凰城駅助役、安東鉄道事務所運転旅客係、安東駅助役、南大屯、郭家站、范家屯等の駅長を歴任し、二六年一〇月長春列車区長に就いた。

興津　礼三　▷12

満鉄奉天駅構内助役、勲八等／奉天萩町／一九〇二（明三五）四／静岡県庵原郡袖師村／岩倉鉄道学校

静岡県興津六郎の三男に生まれ、一九二一年岩倉鉄道学校を卒業し、同年四月に渡満して満鉄に入り奉天駅車号方となった。運輸部付非役、奉天駅勤務、奉天列車区橋頭分区車掌心得を経て車掌となり、さらに助役資格試験に合格して渾河駅助役となった。三六年九月職員に昇格し、同年一〇月奉天駅構内助役に就いた。この間、三四年四月満州事変時の功により勲八等瑞宝章及び従軍記章並びに建国功労賞、皇帝訪日記念章を受けた。

沖中　忠一　▷11

満鉄撫順炭砿研究所研究主任、従七位、理学博士／奉天省撫順永安台南台町／一八九一（明二四）六／奈良県宇陀郡宇大村／京都帝大理科大学

奈良県商業沖中忠七の子に生まれ、一九一八年京都帝大理科大学を卒業して同大学副手嘱託となった。その後、大阪工業試験所の嘱託で絶縁材料に関する試験研究に従事し、一九年一一月から同工業試験所の技師に迎えられ、高等官七等となった。二一年六月再び母校に戻って副手嘱託を務めた後、二七年三月に辞して渡満し、満鉄撫順炭砿研究所研究主任に就いた。同年一一月、母校より理学博士の学位を取得した。

荻野　貫一　▷11

満鉄大連医院内科医員／大連市聖徳街／一八九八（明三一）一／滋賀県愛知郡稲枝村／京都帝大医学部

滋賀県医師荻野驥一の長男に生まれ、一九二五年京都帝大医学部を卒業して同大学真下内科の副手となった。その後二七年一〇月に渡満して満鉄に入り、大連医院内科に勤めた。

荻野　玄八　▷4

荻野洋行／奉天省撫順上町／一八七〇（明三）／愛媛県宇摩郡大分町

日露講和直後の一九〇五年九月、満州起業を志して大連に渡った。翌年二月撫順に移って日用雑貨の販売を始めたが、九年九月に撫順炭坑が満鉄経営に変わって増産体制に入ると、炭坑労働者の移住増加を見込んで質屋業及び金融業に転じた。以来同市の中国人街で営業し、撫順城内から近郊村落まで顧客を拡大して巨万の富を得た。一三年三月に金融組合の公済公司が発足すると資本金六万円の半額を引き受けるなど、同地在住日本人中第一の資産家とされた。

荻野　順次 ▷11

満州写真通信社社長／大連市三河町／一八八九（明二二）八／埼玉県入間郡三芳野村

埼玉県農業荻野惣吉の次男に生まれ、東京の小川写真製版所で働いて技術を修得した。一九一五年四月に渡満して満州日日新聞社写真部に入ったが、二一年七月に退職して大連に満州写真通信社を興し、満州唯一の写真通信社として成功した。日本の大新聞のほか台湾、青島、上海、朝鮮等の各社に記事を供給し、二八年夏にはニューヨークタイムスと特約し、続いて独仏の通信社からも特約通信の申込みを受け、満州の風物を全世界に配信して業務繁忙を極めた。

荻野　亨 ▷11

満鉄大連鉄道事務所工務長／大連市伏見町／一八八九（明二二）四／岡山県上房郡高梁町／熊本高等工業学校

岡山県荻野石松の三男に生まれ、一九一一年熊本高等工業学校を卒業して満鉄に入った。本社工務課に勤務した後、一六年に四鄭鉄路工務局に派遣されて民国交通部工務司を務めた。一九年に復任してすぐにシベリア出張となり、内閣嘱託・シベリア鉄道監理官としてウラジオストク、ハバロフスク、アレキセーフスク、ハルビン等に駐在した。二二年一〇月に帰社し、昌図保線区長を経て二五年から大連鉄道事務所勤務となり、二七年五月同事務所工務長に就いた。この間、二七年四月満鉄創業二〇周年記念祝典に際して表彰を受けた。

荻野　朝陽 ▷12

満鉄地方部工事課給水係主任、社員会評議員／大連市伏見町／一八九〇（明二三）一一／新潟県高田市幸町／攻玉社工業学校研究科中退

新潟県荻野又作の七男に生まれ、一九〇九年東京の攻玉社工業学校本科を卒業して研究科に進んだが、同年六月に中退して満鉄に入った。工務課、奉天保線係、工務課、安東保線係、瓦房店保線係、立山臨時工事係、総務部工事課、立山派出所、鞍山工事係に歴勤した。次いで遼陽工事係主任、鞍山工務事務所土木長、鞍山製鋼所庶務課、大石橋地方事務所、鞍山地方区土木係主任、兼鞍山地方事務所勤務、長春地方事務所工務係長を歴任し、三一年二月に退社した。三三年一月再び満鉄に入り、調査所、工務課準備係主任を務め、鉄道部、羅津建設事務所土木長、水道建設局計画課兼務を経て三六年九月副参事となった。同年一〇月地方部工事課に転勤して一般土木掛主任を務めた後、三七年一月から給水係主任を兼務し、同年五月地方部工事課給水係主任となった。この間、二五年四月社員表彰規定により表彰されたほか、満州事変時の功により銀盃一個及び従軍記章を授与された。

「荻原」は「おぎわら」も見よ

荻原　哲蔵 ▷11

大連取引所重要物産取引人組合書記長／大連市真弓町／一八八二（明一五）七／山口県佐波郡小野村／早稲田大学

山口県農業荻原貞助の次男に生まれ、一九〇六年早稲田大学を卒業した。同年一〇月外務省嘱託となって渡満したが、〇八年一月満州日日新聞社に転じて奉天支局長、旅順支局長を歴任した。一〇年五月大連取引所重要物産取引人組合に転じ、一四年五月から組合書記長を務めた。

荻山　貞一 ▷12

最高検察庁繙訳官、勲六等／新京特別市最高検察庁／一九〇五（明三八）一／福井県遠敷郡雲浜村／東京外国語学校支那語科

福井県荻山熊吉の長男に生まれ、小浜中学校を経て一九一八年東京外国語学校支那語科を卒業し、朝鮮京城の㈱共益社に入った。大阪の伊藤忠㈱に転じた後、一八年七月陸軍通訳に任じられ、第一四師団付としてシベリア派遣軍に従軍した。同師団司令部付を経て二〇年二月満鉄に入り、長春実業補習学校教諭、長春商業学校講師兼務、長春商業学校教諭、同舎監を歴職し、社命により一年間北京に留学した後、再び長春実業補習学校教諭となった。二六年四月待命となり、同年八月天理外国語学校教授に転じて北京語主幹を務め、後に同校庶務課長を兼務した。その後三三年五月国務院文教部嘱託に転じて学務司に勤務し、同年六月文教部語学講習所講師嘱託を経て同年一一月留学生事務打合及び状況調査のため日本に出張した後、文教部補助留学生選抜試験委員、吉林高等師範学校入学試験委員、検察庁繙訳官、文教部語学講習所講師を歴職し、三六年七月法院組織法の施行により最高検察庁繙訳官となった。この間、シベリア出兵従軍時の功により勲六等旭日章を授与されたほか、昭和大礼記念章、建国功労賞を受章した。仁通と号して書道を能くした。

尾木 儀枝 ▷11

関東庁刑務所戒護係長、看守長／旅順市元実町官舎／一八八七（明二〇）一／高知県高知市材木町／奈良県立郡山中学校、奈良監獄官練習所

高知県尾木馬太郎の次男に生まれ、一九〇七年奈良県立郡山中学校を卒業して奈良監獄に勤めた。同監獄官練習所を修了して看守長になったが、一八年二月に退職して大阪の千島土地㈱に入社した。二一年七月再び監獄官に戻って高知監獄に勤めた後、関東庁属・同監獄看守長に転任して二三年一月に渡満し、後に戒護係長に就いた。

小木 良一 ▷12

白城子站貨物助役／龍江省洮安県白城子站／一八九九（明三二）一／静岡県磐田郡光明村／静岡県立韮山中学校

静岡県小木寿太郎の次男に生まれ、県立韮山中学校を卒業した後、一九一九年に渡満して満鉄に勤務した。三三年鉄路局に転出し、東昂々渓、チチハルの各站に勤務した後、三六年四月ハイラル站貨物副站長、同年一〇月同站貨物助役を経て三七年五月白城子站貨物助役となった。

「荻原」は「おぎはら」も見よ

荻原 蕃 ▷12

満鉄牡丹江鉄路局工務処電気科員、社員会評議員／牡丹江満鉄牡丹江鉄路局／一九〇三（明三六）七／山口県佐波郡小野村／南満州工業専門学校

山口県荻原彦一の長男に生まれ、一九二六年南満州工業専門学校を卒業して満鉄に入社した。以来歴勤し、大連、安東の各保安区助役、ハルビン建設事務所電気係主任を経て北鉄接収後にハルビン電気段長となり、三六年一〇月職制改正に際し牡丹江鉄路局工務処電気科に転任した。

荻原 清司 ▷12

日満商事㈱京城支店平壌出張所主任／朝鮮平安南道平壌府橋口町／一九〇四（明三七）一／茨城県北相馬郡井野村／東京商科大学

茨城県荻原清次郎の長男に生まれ、一九三三年三月東京商科大学を卒業して満鉄に入社した。商事部輸出課、同販売第一課勤務を経て三六年六月平壌営業所主任となって朝鮮に赴任し、同年一〇月職制改正により商事部の業務を継承して日満商事㈱が設立されると、同社京城支店平壌出張所主任となった。

荻原 良三 ▷12

満鉄公主嶺地方事務所庶務係長兼社会主事、社員消費組合総代、満州国協和会懐徳県本部委員、大日本国防婦人会公主嶺支部幹事長／吉林省公主嶺菊地町／一八九五（明二八）六／福井県丹生郡天津村／福井県師範学校

福井県荻原弥三右衛門の三男に生まれ、一九一五年三月福井県師範学校を卒業して郷里の丹生郡安井尋常小学校訓導となった。一七年三月満鉄への出向を命じられ、渡満して瓦房店小学校訓導となり、同年一二月満鉄教育研究所に入所した。一八年三月同所を修了して大石橋尋常高等小学校訓導として蓋平分教場に勤務した後、鉄嶺尋常高等小学校に転勤して家政女学校及び鉄嶺実業補習学校教員、鉄嶺青年訓練所指導員を兼務した。次いで公主嶺地方事務所社会主事に転任し、三六年一一月同所庶務係長となり社会主事を兼務した。この間、満州事変時の功により賜品と従軍記章を授与された。

奥井 博治 ▷12

千代田農園主／大連市台山屯／一八七六（明九）四／山形県東田川郡藤島町／札幌農学校農芸科

山形県奥井寛信の次男に生まれ、山形中学校、札幌北海英語学校を経て一八九六年札幌農学校農芸科を卒業し、池田侯爵家所有の十勝農場の経営に従事した。九九年北海道庁に入り、河西、室蘭の各支庁勤務を経て札幌本庁に勤務した。一九〇四年に辞職して農事研究のためアメリカに四年遊学し、〇八年に帰国して福沢捨次郎経営の開田事業に従事した。その後、二〇年に母校の南博士の推薦により満鉄に入社し、勤務のかたわら二一年に大連市台山屯の土地四万坪を買収して林檎、葡萄、梨、桃、桜桃等の果樹三〇〇〇株を植樹した。二五年に満鉄を退社し、以後は農園経営に専念した。四男一女あり、長男は北海道帝大農学部実科を卒業して家業を補佐し、次男は満鉄に勤務した。

奥沢　耕造　▷3

満鉄奉天保線係主任、満鉄諮問委員、従六位勲六等／奉天新市街鉄路大街／一八七八（明一一）一／秋田県秋田郡川尻村／京都帝大理工科大学土木科

一九〇四年七月京都帝大理工科大学土木科を卒業し、日露戦争に際し同年九月臨時鉄道監部付となって朝鮮に渡った。〇五年七月、休戦直前に新義州保線班車輦館保線区南市で負傷して後送され、同年一〇月臨時鉄道監部を辞職した。〇六年五月に秋田県技手兼工師となったが、〇七年三月在職のまま渡満して満鉄技師に任じた。〇九年一一月高等官六等、一二年一二月高等官五等に進んだ後、翌年一二月の勅令改正により秋田県技師を免官となった。一三年六月奉天保線係主任に就き、満鉄諮問委員を務めた。

奥平　広敏　▷14

長春取引所長／長春蓬莱町官舎／一八八五（明一八）一／長崎県南高来郡島原村／東京帝大法科大学政治学科

旧島原藩の家老職にあった旧家に生まれ、父奥平広包は島原の数寄屋銀行重役その他の会社役員を務めた。日本中学校、第七高等学校を経て一九一四年七月東京帝大法科大学政治学科を卒業し、東洋製氷会社に入社して秘書を務めた。一六年に村井貿易㈱に転じ、翌年大連出張所長主任となって渡満し、村井汽船㈱大連出張所主任を兼任した。一九年に大連株式商品取引所創立の事務開始とともに入所して調査係兼秘書役、庶務係主任となった。二一年大連商品信託会社監査役兼任となり、二四年に取引所を辞した後は大連商品信託会社嘱託、日華特産㈱代表取締役、関東庁大連取引所嘱託、ハルビン取引所長、満州国特殊会社理事長等を歴任し、二九年二月に長春取引所長に就任した。この間二四年一一月から二八年一〇月まで大連市会議員を務めた。

奥平　広直　▷12

満州電業㈱安東支店長、新義州電気㈱取締役／安東江月台／一八九八（明三一）三／長崎県南高来郡島原町／旅順工科学堂電気工学科

長崎県奥平勢紀の長男に生まれ、県立島原中学校を卒業して渡満し、一九二〇年一二月旅順工科学堂電気工学科を卒業して満鉄に入り、電気作業所天ノ川発電所に勤務した。二六年六月に同所が独立して南満州電気㈱となると同社発電課浜町発電所運転主任となり、二七年五月長春支店発電係主任兼長春発電所増設臨時建設係長に転任した。次いで鞍山支店長となって大石橋電灯㈱取締役及び海城電気(股)顧問を兼任した後、三四年一一月南満州電気㈱の電気供給事業を継承して満州電業㈱が設立されると同社鞍山支店長となった。その後三五年三月奉天電業局営業課長を経て三六年三月安東支店長兼新義州電気㈱取締役となり、同年一二月参事に昇格した。

奥田　一男　▷12

満鉄四平街機関区運転主任、社員会幹事／奉天省四平街北五条通／一八九三（明二六）二／山口県防府市三田尻町

一九〇八年六月郷里の三田尻機関区機関夫となり、一〇年一月鉄道院西部鉄道管理局属に昇格した。一三年一二月徴兵されて広島の輜重兵第五大隊に入隊し、除隊復職後、一八年二月に依願辞職して朝鮮に渡り、三菱兼二浦製鉄所の運転手となった。その後一九年六月に渡満して満鉄に入り、大連車輛係となった。以来勤続して瓦房店車輛係、同機関士心得、同点検方、遼陽機関区点検助役、同運転助役、蘇家屯機関区運転助役兼機関士、安東機関区運転助役、鶏冠山分区運転助役兼機関士に歴勤し、三五年四月勤続一五年の表彰を受けた後、同年六月四平街機関区運転主任となった。

奥田　貞夫　▷12

チチハル警察庁警務科長／龍江省チチハル警察庁警務科／一九〇三（明三六）五／北海道札幌市北七条／京都帝大法学部法律科

北海道奥田春貞の六男に生まれ、札幌中学校、弘前高等学校を経て一九二七年京都帝大法学部法律科を卒業し、さらに東京帝大経済学部に学んだが、在学一年で中退した。二九年一二月青森県巡査となり、巡査部長、警部補、警部と昇進して特別高等課に勤務したが、三四年五月に依願退官し、同月渡満して北満特別区公署警佐となり警務処に勤務した。同年一二月チチハル警察庁警佐に転任し、翌年一一月警正に昇任して警務科長に就いた。

奥田　禎文　▷12

満鉄鉄道総局工事課員、勲六等／奉天富士町第二吉興アパート／一八九八（明三一）二／鹿児島県鹿児島市冷水町／南満州工業学校土木科

竹下真蔵の子に生まれ、後に奥田家の養子となった。一九一六年三月南満州工業学校土木科を卒業し、同年四月満鉄に入り大石橋保線係工手となった。奉天保線係、奉天工務事務所に勤務して二〇年四月職員に昇格し、奉天鉄道事務所に転勤した。次いで遼陽保線区保線助役、鉄道部保線課勤務を経て二六年三月非役となり、吉敦鉄路局に派遣された。三〇年六月技術員となり交渉部、総務部、鉄道部に勤務した後、三三年三月非役を免じられて鉄道建設局工事課に勤務し、三五年四月同課線路係主任を経て三六年九月副参事に昇任し、同年一〇月鉄道総局工事課に転任した。この間、満州事変時の功により勲六等単光旭日章並びに満州国勲六位景雲章、建国功労賞を授与された。

奥田三之助　▷11

時計商／大連市浪速町／一八八六（明一九）三／宮城県桃生郡大塩村／小学校

宮城県奥田三十郎の長男に生まれ、七歳の時から時計店に働いて技術を身に着けた。一九〇八年に渡満し、翌年から大連市浪速町で時計商を営み、業務のかたわら町区の区長代理を務めた。囲碁と謡曲を好み、夫人ミヤは挿花を嗜んだ。

奥田　鹿造　▷11

撫順無尽㈱支配人、正八位／奉天省撫順西四条通／一八八七（明二〇）七／滋賀県滋賀郡膳所町／滋賀県立第二中学校

滋賀県家具商沢想吉の長男に生まれ、叔父奥田庄次郎の養子となった。一九〇六年三月滋賀県立第二中学校を卒業し、大津市立商業学校の嘱託教員となった。翌年一年志願兵として入営し、予備陸軍歩兵少尉となって退営した。一五年一月不動貯金銀行に転じて大津、八幡、彦根の各支店に勤務した後、二二年に退職して渡満し奉天銀行に入った。二三年八月に満州商業・大連・遼東各銀行と合併して満州銀行が発足すると奉天城内支店に転勤し、その後撫順支店支配人代理として二六年まで勤めて退職し、二七年一〇月に撫順無尽㈱が設立されると支配人に就任した。

奥田十太郎　▷12

大連伏見台公学堂長、正七位勲七等／大連市若菜町／一八八八（明二一）四／兵庫県姫路市下手野／姫路師範学校

旧姓は川上、兵庫県飾磨郡余部村に生まれ、一九〇八年三月姫路師範学校を卒業して県下の飾磨郡谷外小学校の訓導となった。次いで同郡城北小学校、書写小学校及び養父郡口大屋小学校、広谷小学校の各訓導を務めた後、一五年七月普蘭店小学校訓導に転出して渡満した。一九年普蘭店公学堂教諭、二五年関東庁視学兼任を経て二八年一月免本官専任視学として普蘭店民政署及び大連民政署に勤務した。三二年七月から関東庁属を兼任した後、三四年八月大連伏見台公学堂長に就いた。

奥田　直　▷12

満鉄用度部購買課長、工業標準規格委員会地金規格小委員会委員、社員消費組合理事／大連市児玉町／一八九六（明二九）九／新潟県佐渡郡小木町／小樽高等商業学校

一九二〇年三月小樽高等商業学校を卒業して満鉄に入り、商事部購買課に勤務した。経理部用度課、同購買課第一購買係主任、用度事務所、用度部購買課、商事部用度課購買係主任、同課第一購買係主任に歴勤した後、三三年七月ニューヨーク事務所に転勤した。三四年六月参事に昇格し、用度事務所庶務課長、同購買課長を経て三六年一〇月用度部購買課長となった。この間、三五年四月勤続一五年の表彰を受けた。

奥田　光央　▷12

満鉄チチハル鉄路局総務処人事科

員／長春露月町／一八九八（明三一）一〇／石川県金沢市桜畠／金沢通信生養成所

石川県吏員奥田光規の次男に生まれ、一九一三年九月金沢通信生養成所を修了して通信事務員となった。その後一六年一二月に渡満して満鉄に入社し、大石橋駅に勤務するかたわら電信技術甲種認定試験に合格し、大連駅車掌、大連運輸事務所、同鉄道事務所、安東鉄道事務所、長春鉄道事務所に歴勤して二五年四月長春通信区庶務方となった。次いで長春電気区、同庶務助役、長春保安区、新京保安区庶務助役、ハルビン鉄路局線路科庶務主任、洮南鉄路監理所監理員に歴任した後、三七年六月チチハル鉄路局総務処人事科に転勤した。この間、三二年四月勤続一五年の表彰を受けた。

奥津　五郎 ▷12

満鉄地方部工事課土木工事係主任兼地方行政権調整移譲準備委員会幹事、工業標準規格委員会委員／大連市三室町／一八九五（明二八）四／群馬県前橋市栄町／北海道帝大附属土木専門部

群馬県奥津啓三の五男に生まれ、一九一八年北海道帝大附属土木専門部を卒業し、一九年八月満鉄に入り技術部土木課に勤務した。地方部土木課、奉天省四平街地方区、同土木係主任、同工務係長、長春地方事務所、地方部土木課、工事部土木課、地方部工事課、新京地方事務所、同土木係長、奉天地方事務所土木係長を歴任し、三二年八月のハルビン大水害の際は満鉄派遣員として復旧工事に従事した。三六年四月地方部工事課道路係主任となり、同年九月副参事に昇格して同課土木工事係主任に転任し、地方行政権調整移譲準備委員会幹事を兼務した。この間、満州事変時の功により木杯及び従軍記章を授与され、三五年四月勤続一五年の表彰を受けた。

奥出　勇 ▷12

奉天省新民県参事官／奉天省新民県参事官公館／一九〇四（明三七）七／大阪府泉南郡深日村／東亞同文書院

大阪府奥出亀太郎の三男に生まれ、和歌山中学校を卒業して上海に渡り、東亞同文書院に入学した。一九二八年に卒業して上海日日新聞社に入り、政治部記者及び翻訳担当員となったが、同年一一月兵役のため退社して帰国した。二九年五月に除隊して再び上海に渡り、上海日報社の経済部記者及び翻訳担当員となったが、翌年四月に退社して鴻泰号の商号で輸出入貿易商を自営した。満州事変後の三二年一二月満州国官吏に転じ、吉林省延寿県属官、長嶺県属官、同県参事官を歴職し、三六年一〇月奉天省新民県参事官に転任した。

奥　寿 ▷11

麦粉麩雑穀商／大連市加賀町／一八九〇（明二三）三／富山県高岡市下川原町／市立高岡商業

富山県奥清平の子に生まれ、一九〇五年三月市立高岡商業学校を卒業して渡満した。営口の盛進商行の店員となった後、満州各地で種々の商業に従事したが、二四年に大連市加賀町で雑穀商を開業し、雑穀のほか麦粉や麩を販売して成功した。

奥　利夫 ▷11

関東庁旅順苗圃事務所主任／旅順市外楊樹溝官舎／一八九二（明二五）八／鹿児島県鹿児島市池之上町／鹿児島高等農林学校林学科

鹿児島県奥利典の次男に生まれ、一九一四年三月鹿児島高等農林学校林学科を卒業して鹿児島大林区署に勤務した。二一年に農商務省林業試験場技手に昇任し、翌年一〇月関東庁技手に転任して渡満した。殖産課林業部に勤めた後、旅順苗圃事務所主任に就いた。テニスと写真を趣味とした。

奥戸　大蔵 ▷12

満鉄副参事、ハルビン鉄路局工務処建築科長、満州建築協会評議員、従六位／ハルビン交通街／一九〇一（明三四）七／大阪府豊能郡箕面村／東京帝大工学部建築学科

大阪府奥戸善之助の長男に生まれ、一九二五年三月東京帝大工学部建築学科を卒業して東京市役所建築課に勤務した。同年末、一年志願兵として大阪の工兵第四大隊に入営し、翌年除隊して神奈川県警察部建築監督官となった。三三年一二月に退官して満鉄に入社し、鉄路総局工務処工務課建築設計係主任となった。三六年一一月副参事に昇任し、ハルビン鉄路局工務処建築科長に就いた。この間、東京市役所に在勤時に小学校建築を監督して帝都復興記念章を受けたほか、公共事業及び乳

お

児院建築資金に一〇〇〇円を寄付して二九年に賞勲局より表彰状を受けた。

奥野　税　▷11

製陶業／大連市北崗子／一八八二（明一五）八／兵庫県津名郡大町村／兵庫県立工業学校

兵庫県製陶業奥野加賀次郎の長男に生まれ、一五歳で家督を相続した。一九〇二年三月兵庫県立工業学校を卒業し、名古屋市の森村組が経営する日本陶器会社に入った。一一年二月に渡満して満鉄中央試験所窯業科に勤務したが、一九年一〇月に退社して大連で独立開業し、電用品、碍子類、耐火煉瓦、張付タイル、敷瓦類の製造に従事した。

奥原　成義　▷7

満鉄地方区経理係主任／奉天省営口花園街／一八九二（明二五）六／鹿児島県日置郡下伊集院村

一九一一年満鉄従業員養成所を修了して埠頭事務所に勤務した。その後大連埠頭営口支所に転じて同所事務助役となり、二三年一二月営口民団会が事務の一切を満鉄に引き継いで営口地方事務所となると、経理係主任を務めた。

奥洞　保　▷12

大連港水先案内人／大連市桜町／一八八四（明一七）一／長野県南佐久郡大沢村／商船学校

長野県高畑太平の次男に生まれ、後に商船学校教授奥洞元次郎の養子となり、一九二六年に家督を相続した。〇九年商船学校を卒業して日本郵船会社に入り、欧米各地を巡航した。二四年同社系列の近海郵船会社に転じた後、渡満して大連港水先案内人となった。保土ヶ谷カントリー倶楽部に所属してゴルフを趣味とし、夫人縫子との間に三男二女あり、長男元嗣は東京帝大、長女俊枝は桜陰女学校を卒業した。

屋宮　為利　▷12

吉林市公署経理科長、勲八等／吉林市公署経理科／一八九八（明三一）一二／鹿児島県大島郡宇検村

一九一五年、郷里の鹿児島県庁大島支庁の書記となった。一九年一二月徴兵されて入営し、二三年第六師団経理部付となって渡満し遼陽に駐屯した。二四年陸軍一等計手に進み、第一〇師団経理部付遼陽在勤、旅順駐箚歩兵第一五連隊付を経て二九年に除隊し、満鉄鞍山製鉄所庶務課会計に勤務した。満州事変後、自治指導部に転出して統務課会計を務め、次いで国務院資政局総務処会計科勤務を経て三二年八月監察院総務処庶務科属官となった。その後三四年一一月黒河省公署籌備員、同年一二月同公署属官・総務庁勤務、三五年五月黒河省公署事務官・総務庁経理科長を歴任し、三七年五月吉林市公署経理科長に転任した。この間、二六年に勲八等瑞宝章、三四年に建国功労賞を授与された。

奥村軍之進　▷12

奥村呉服店主、勲八等／ハルビン石頭道街／一八九四（明二七）三／岐阜県羽島郡中屋村

学業を終えて京都の呉服問屋大橋商店に奉公し、一九一八年シベリア派遣軍に従軍した。除隊後ハルビンに残留し、二一年七月石頭道街に奥村呉服店を開業した。京阪地方より仕入れて同地一帯に販路を拡げ、店員九人を使用した。

奥村敬五郎　▷11

横浜正金銀行大連支店支配人代理／大連市楠町／一八九二（明二五）三／福岡県福岡市天神町／東京帝大法科大学経済学科

外交官・枢密顧問官栗野慎一郎の五男に生まれ、母の実家奥村七郎の養子となった。一九一七年七月東京帝大法科大学経済学科を卒業して横浜正金銀行に入り、東京、天津、ニューヨークの各支店に勤務した後、頭取席詰として再び東京支店に戻った。その後八年一〇月大連支店勤務となって渡満し、後に同支店支配人代理に就いた。

奥村順四郎　▷3

満鉄中央試験所醸造科長、正五位勲六等／大連市浜町／一八六八（明一）一一／福井県福井市佐桂枝町／東京帝大農科大学大学院

一八九四年七月東京帝大農科大学農芸化学科を卒業し、引き続き同大学院で研究に従事した。その後九六年一〇月東京工業学校教授となり、一九〇〇年三月から農事試験場技師を兼任した。〇一年九月から酒類醸造法研究のためドイツ、イギリス、フランスに留学し、〇四年一月に帰国して同年五月から醸造試験場技師を兼任し、〇六年五月応用化学科副長に就いた。〇七年三月京都帝国大学理工科大学講師嘱託に転任した後、一二年八月に依願免官し、満鉄中央試験所醸造科長となって渡満した。

奥村　四郎　▷11

満鉄鞍山製鉄所用度係員、正八位／奉天省鞍山大和町／一八九三（明二六）六／愛知県名古屋市中区流町／名古屋商業学校

一九一二年名古屋市立商業学校を卒業して翌年一年志願兵として入営し、除隊して予備歩兵中尉となった。青島戦役後の一五年八月、中国に渡って山東鉄道管理部鉱山課淄川炭砿に勤めた。一八年五月に渡満して満鉄に入り、鞍山製鉄所用度係として勤務した。

奥村　慎次　▷13

満州重工業開発㈱常務理事／一八九四（明二七）／神奈川県中郡秦野町／東京帝大法科大学

一九二〇年七月東京帝大法科大学法学部を卒業して満鉄に入社した。総務部勤務を振り出しに吉林公所、北京公所に勤務した後、二七年から欧米に留学した。帰国後の三一年総務部外事課長となり、三二年一月に経済調査会が設置されると第一部兼第五部主査を務め、三三年には計画部業務課長を兼任した。三六年一〇月の職制改革により新設の産業部次長に就いたが、翌年一二月満州重工業開発㈱が設立されると鮎川義介総裁の懇望により同社に転じた。総裁を補佐して創立当初の枢機に参画した後、三八年九月に子会社の東辺道開発㈱が設立されると同社常務取締役に転じたが、四二年二月の満業の機構改革に伴い本社常務理事に就任した。

奥村　銑吉　▷11

質及び両替業／ハルビン埠頭区学堂街／一八七二（明五）八／福岡県京都郡今元村

福岡県奥村剛二の長男に生まれ、一九〇四年七月、日露戦争の時に陸軍通訳として満州に渡った。戦後そのまま在留してハルビン市埠頭区で薬店を開業し、後には質屋と両替業も兼営した。一家あげての熱心な本派本願寺門徒として知られた。

奥村　次六　▷12

吉林工務段技術員、吉林鉄路区委員／吉林敷島街／一八八二（明一五）二／広島県豊田郡豊田村

広島県奥村順一の次男に生まれ、一九〇二年呉海軍工廠に入り、日露戦争後に朝鮮の度支部に転勤した。その後、朝鮮総督府に転じて土木局に勤務し、さらに一九年満鉄に転じて鉄嶺に勤務した。三一年いったん退社した後、翌年一〇月吉長吉敦鉄路局工務処に勤務し、三三年三月鉄路総局の設置とともに吉林工務段技術員に転任した。

奥村日出男　▷12

旅順工科大学予科教授、従六位／旅順市常盤町／一八九五（明二八）七／岡山県岡山市大雲寺町／京都帝大文学部

岡山中学校、第六高等学校を経て東京帝大文科大学に進んだが一年で中退し、一九一八年四月岡山県立高梁中学校教諭となった。母校の岡山中学校に転勤した後、二五年に依願退職して京都帝大文学部に入学し、二八年三月に卒業して岡山県勝山中学校教諭となった。その後三〇年四月旅順工科大学予科教授となって渡満したが、三三年九月帰国して第六高等学校教授に転じ、次いで三四年一月再び旅順工科大学予科教授となって渡満した。

奥村　勝　▷12

国務院民政部土木局技佐、牡丹江建設事務所長／浜江省牡丹江建設事務所／一九〇六（明三九）一／岩手県盛岡市加賀野／東京帝大工学部土木工学科

一九二九年三月東京帝大工学部土木工学科を卒業し、同年九月静岡県道路技手兼土木技手として内務部土木課に勤務した。その後土木部橋梁課技師となったが、三五年満州国国道局技佐に転じて渡満した。ハルビン建設処勤務、浜江建設事務所長を経て牡丹江建設事務所長に就き、三七年一月の官制改革で土木局技佐となった。

奥村　義信　▷13

㈱満州事情案内所社長／新京特別市西朝陽路南胡同／一八九三（明二六）二／北海道小樽市花園町／小樽高等商業学校

北海道奥村繁蔵の長男に生まれ、一九一五年三月小樽高等商業学校をして中国山東省に渡り、済南市緯五路の中国人経営の同義和公司に入った。その後二一年七月に退職し、翌月渡満して社団法人満州文化協会に入った。三三年一月関東軍特務部の指令により新京に満州事情案内所を開設して初代所長に就任し、次いで三六年八月満州弘報協会設立と同時に調査部資料課長を兼任した。三九年一二月に政府全額出資で株式組織に改組された後も引き続き社長を務め、満州諸般事情の調査、宣伝紹介、刊行物頒布等に従事した。

奥山重次郎 ▷12

満蒙興業㈱常務取締役、乾卯工業廠㈱取締役／大連市桃源台／一八八三（明一六）一／三重県度会郡豊浜村／高等小学校

一八九七年、宇治山田の豊川尋常高等小学校を卒業した。一九一七年九月満蒙興業㈱の創立と同時に入社し、以来勤続し、二八年監査役を経て三四年六月常務取締役となり、乾卯工業廠㈱取締役を兼任した。

奥山　賢 ▷12

満州医科大学予科主事兼教授、従四位勲五等／奉天稲葉町／一八八四（明一七）三／三重県河芸郡黒田村／京都帝大理科大学

一九〇八年七月京都帝大理科大学を卒業して第三高等学校教授となった。その後二七年三月に依願辞職して渡満し、同年四月満鉄に入り満州医科大学予科教授となり、同年九月予科主事・参事待遇を経て二九年七月主事兼教授となった。

奥山　丸乙 ▷12

満州化学工業㈱工務部長／大連市外甘井子中町／一八九〇（明二三）一／山形県南村山郡上山町／東京高等工業学校機械科

山形県奥山芳雄の長男に生まれ、一九一一年東京高等工業学校機械科を卒業し、同年八月専売局技手となった。一七年六月に依願免官し、同年八月に渡満して満鉄に入り撫順炭砿機械科に勤務した。三二年二月満鉄を依願退社し、満州化学工業㈱工務部長に就いた。

奥山　光義 ▷7

ハルビン満鉄事務所運輸部庶務課主任／ハルビン満鉄事務所／一八八六（明一九）六／鹿児島県大島郡室亀津村／東京外国語学校専科露語科

一九〇八年東京外国語学校専科露語科を卒業して満鉄に入社し、大連本社に勤務した後、衛生科看護婦採用係、学務課勤務を経て一七年ハルビン事務所運輸部に転勤した。得意のロシア語で東支鉄道との運輸交渉にあたり、後に同所庶務課主任に就いた。

小倉栄太郎 ▷12

小倉商店主／浜江省牡丹江円明街／一八九七（明三〇）一一／和歌山県西牟婁郡朝来村

農業、皮革商、土木請負業に従事した後、一九三四年四月から吉林省図們の商会に勤務した。その後、牡丹江で白米商を独立経営し、売り上げが増加して納税年額一万円に達した。

小倉　円平 ▷12

カサ、ギ図案社主、円平窯主／奉天浪速通／一八九二（明二五）一〇／兵庫県津名郡洲本町／京都絵画専門学校

郷里の津名郡窯業学校を卒業した後、京都に出て陶画工となり日本画を修業した。次いで鈴木松平の門下生となり、京都絵画専門学校を卒業して京都三越の図案部に勤務したその後、洛外等持院北にアトリエを設けて図案設計に従事した。一九二三年東亜煙草㈱の図案係主任となって渡満し、三〇年六月に独立して浪速通にカサ、ギ図案社を設立し、風俗人形の製作を始めた。さらに三三年に大興㈱の援助を受けて小東関大街南にドイツ・ホフマン式の窯を設け、満州郷土芸術研究工廠の名で人形製作と陶器製作を行い、後に円平窯と改称した。三七年二月満蒙百貨店で第一回陶展を開催して人気を博し、「北陵焼」「円平人形」として内外に知られた。製作のかたわら京都の一行詩社同人及び『層雲』詩友として俳詩、俳画、洋画を能くした。

小倉　金作 ▷9

薬種商／大連市信濃町／一八七九（明一二）／東京府東京市本郷区本郷／東京薬学校、東京帝大医科大学薬学科選科

一九〇〇年東京薬学校を卒業し、同年七月日本赤十字社の病院船に乗務して義和団事件戦病傷者の救護活動に従事した。その後も赤十字社病院に勤務したが、〇一年八月に退職して東京帝大医科大学薬学科選科に入学した。〇二年九月に卒業して東京薬学校講師となったが、〇四年三月日露戦争に際し日本赤十字社救護員として召集され、第一軍兵站監部付になって従軍し、戦後

お

〇五年一一月に帰国して勲六等に叙せられた。〇六年一月大連の満州官設医院医員に任じられて渡満し、翌年一〇月満鉄医院に転職した。一八年一一月に退社して翌年三月信濃町で薬種商を開業し、医療・工業用薬品、理化学器械、染料類を販売した。

小倉　鐸二　▷12

大連農事㈱専務取締役、協和建物㈱取締役、㈶大連保健浴場理事、満州農業団体中央会理事、熊岳城農業実習所評議員、従七位／大連市榊町／一八八七（明二〇）一／神奈川県足柄下郡小田原町／東京帝大法科大学政治学科

神奈川県小倉嘉尚の次男に生まれ、一九一二年七月東京帝大法科大学政治学科を卒業して満鉄に入社して地方課に勤務し、同年一一月文官高等試験に合格して瓦房店、安東の各地方事務所長を務めた。その後一八年に退社して領事となり鉄嶺領事館に勤務したが、二一年に満鉄に復帰して外事課長、社長室人事課長を歴任し、二三年から二年余り欧米に出張して植民地経営の研究に従事した。二五年に帰社して審査役となり、次いで参事に昇格して社会課長を務めた後、三一年に退社して大連農事㈱専務取締役に就き、協和建物㈱取締役を兼任した。

小倉　勉　▷11

旅順工科大学教授、従六位勲六等／旅順市常盤町／一八八八（明二一）一二／宮城県仙台市北一番丁／東京帝大理科大学地質学科

宮城県小倉長太郎の七男に生まれ、一九一三年七月東京帝大理工科大学地質学科を卒業した。一七年に農商務省に入って鉱山局に勤めたが、二六年に旅順工科大学教授に任命されて欧米に留学し、帰国後二八年七月に渡満して着任した。

小倉　時義　▷12

満鉄敦化機務段運転助役兼機関士／吉林省敦化満鉄社宅／一八九六（明二九）九／鹿児島県日置郡下伊集院村

鹿児島県小倉卯之助の長男に生まれ、郷里の東市来村上市来尋常小学校補習科を卒業した後、一九一四年五月門司鉄道局に入り若松機関庫に勤務した。一六年一二月徴兵されて鹿児島の歩兵第四五連隊に入営し、二〇年一一月門司鉄道局宮崎機関庫に復職し、二六年一〇月機関手試験に合格した。三三年一二月に渡満して満鉄敦化機務段副団長となり、三六年一〇月同段運転助役兼機関士となった。

小倉　久雄　▷11

満鉄長春医院医長／長春三笠町満州屋旅館／一八九五（明二八）四／群馬県前橋市曲輪町／九州帝大医学部

一九二三年三月九州帝大医学部を卒業し、同大医学部小児科学教室に勤務した後、二五年七月朝鮮兼二浦の三菱製鉄所病院小児科部長となって赴任した。二七年一〇月に帰国して再び母校の小児科学教室で研究した後、二九年一月に渡満して満鉄長春医院小児科医長となり、後に同院医長を務めた。

小栗　半平　▷11

満州ペイント㈱常務取締役／大連市星ヶ浦小松台／一八八二（明一五）九／愛知県知多郡半田町／早稲田大学商科

愛知県米穀商小栗弥吉の次男に生まれ、一九〇七年早稲田大学商科を卒業して名古屋の小栗銀行の整理事務に従事した。その後、日清豆粕製造会社に入社して〇八年九月に渡満し、一九年二月大連に満州ペイント㈱が設立されると常務取締役に就任した。長男光基は東京帝大法学部を卒業して同社上海支店長を務めた。

小黒隆太郎　▷13

関東州土建協会常務理事／大連／一八七六（明九）／新潟県中蒲原郡村松町／工手学校

一八九八年東京築地の工手学校を卒業して山形県庁に勤め、次いで東京帝大、文部省、外務省、東京建物等の嘱託を歴任した。その後満鉄に招聘されて一九〇八年春に渡満し、撫順炭砿・鞍山製鉄所の各建築主任を経て参事・本社建築課長代理となり、南満州工業専門学校講師を兼任した。二九年一月満州土建協会常務理事に就任し、満鉄鉄道総局の奉天移転に随伴して三六年一〇月から奉天に駐在したが、四一年一〇月関東州土建協会が創立されると常務理事に就任して再び大連に戻った。満州土建業界の生き字引とされ、敬虔なクリスチャンとして宗教研究に情熱を注ぎ『納涼台上の福音』『旧約聖書の手引』等を著した。

「小河」は「おがわ」も見よ

小河　庸弥　▷12

国務院営繕需品局営繕処員／新京特別市清和街／一八九三（明二六）一／福岡県福岡市大字平尾／福岡工業学校本科建築科

一九一五年三月福岡工業学校本科建築科を卒業し、同年一二月福岡の歩兵第二四連隊に入営した。一七年一一月に退営して小倉の第一二師団経理部に勤務し、北部沿海州派遣軍司令部付としてシベリア出兵に従軍した後、第一二師団経理部付、陸軍造兵廠東京工廠付兼造兵廠技術部付に歴任した。その後三三年一月奉天造兵所技術課に転じて渡満し、同年六月国務院総務庁需品処営繕科勤務を経て三六年三月営繕需品局営繕処勤務となった。

小此木九三　▷12

ハルビン堂書店主／ハルビン地段街／一八八〇（明一三）一〇／栃木県足利市通三丁目

大和源氏の末流で、祖父の佐治兵衛は明治維新の際に会津戦争に参加した後に太物商となり、父の藤四郎は上海に日中合弁の辛丑洋行を創設して木綿縮の輸出商を営んだ。幼少の頃から家業に従事し、日露戦争後に渡満して満鉄に入った。その後一九二〇年に退社し、翌年四月ハルビン地段街にハルビン堂書店を開業して書籍雑誌文房具商を経営した。ハルビン市内、浜洲線及び拉浜線沿線、松花江流域の各都市を販路とし、店員一五人を使用して年間一〇万円内外を売り上げた。

小此木藤雄　▷12

カフェー「黒猫」店主／龍江省チチハル永安大街／一八九九（明三二）一／栃木県足利市通二丁目

一九二一年に渡満し、満州事変後の三一年一二月チチハル永安大街にカフェー「黒猫」を開店した。その後中央馬路に支店を設け、経営のかたわらチチハル飲食店組合長を務めた。

尾坂　一佐　▷11

満蒙毛織㈱営業部長／奉天満蒙毛織会社社宅／一八八九（明二二）四／岡山県赤磐郡太田村／東京外国語学校

岡山県官吏尾坂才五郎の次男に生まれ、一九一四年東京外国語学校を卒業した。三井物産㈱に入社して天津支店に勤務したが、二一年六月に退社して満蒙毛織㈱に転じ、後に営業部長を務めた。宝生流謡曲を趣味とし、柔道初段、弓道は二段の腕前を有した。岡山山陽高女出身の夫人小梅との間に三男一女があり、次男恕一は関西学院高等部卒業後渡米してシアトルの山長木材会社に勤務した。

尾崎　一郎　▷12

満鉄横道河子鉄路監理所監理員、勲八等／浜江省横道河子満鉄鉄路監理所／一九〇二（明三五）二／山形県米沢市清水町／北海道帝大附属土木専門部

山形県尾崎勝次郎の長男に生まれ、小樽中学校を経て一九二三年三月北海道帝大附属土木専門部を卒業し、同年四月北海道建設事務所に勤務して二五年六月鉄道技手となった。次いで九州電気軌道会社技手に転じて建設部に勤務し、その後三二年六月に渡満して満鉄に入社した。鉄道部、チチハル建設事務所に歴勤した後、ハルビン鉄路局北安工務段長を経て三六年四月横道河子鉄路監理所に転勤した。

尾崎　一雄　▷12

旅順高等女学校教諭兼旅順女子師範学校教諭、従七位勲七等／旅順市日進町／一八九四（明二七）四／神奈川県横浜市中区西戸部町／神奈川県師範学校

一九一三年三月神奈川県師範学校を卒業して横浜市の日枝第一小学校訓導となり、次いで同市一本松小学校に転勤した。その後一九年に中等学校地理科教員検定試験に合格して徳島県師範学校教諭、横浜第二中学校教諭を歴職した。二七年五月関東庁に出向して旅順高等女学校教諭となり、三六年六月から旅順女子師範学校教諭を兼務した。

尾崎　重樹　▷12

満州電信電話㈱チチハル管理局長、正七位勲七等／奉天省瓦房店東区春日街／一八八八（明二一）二／広島県広島市宇品町／逓信講習所

広島県商業尾崎長作の長男に生まれ、一九〇五年二月逓信講習所を修了して広島郵便局通信事務員となった。宇品局、下関局に勤務した後、〇八年一二月関東都督府通信管理局雇員に転じて渡満した。鉄嶺及び瓦房店の各局に勤務した後、逓信書記補に進んで奉天に転勤し、次いで一七年四月逓信書記に昇格した。奉天、大連、范家屯、瓦房店、本渓湖の各局に歴勤して三三年九月逓信副事務官となった。同年同月満州電信電話㈱に転出して新京中央電話局長となり、三六年四月チチハル管理局長に転任した。

尾崎重三郎　▷12

満州屋果実店主／ハルビン道裡買売街／一八八二（明一五）一／福岡県福岡市千代田

長く郷里の福岡で果実商を営んだ後、一九三三年に渡満した。同年九月ハルビンに至り、中央市場生果部の仲買人となり、道裡買売街で果実商を営んだ。

尾崎淳一郎　▷11

満鉄地方部大連工務事務所庶務係長兼経理係長／大連市桜花台／一八九一（明二四）一〇／長野県小県郡神川村／実業補習学校、満鉄見習学校

長野県尾崎秀次郎の長男に生まれ、一九〇六年実業補習学校を卒業した。一六歳で満鉄総裁後藤新平の書生となり、次いで同郷の国沢新兵衛理事の書生となった。翌年四月の満鉄開業と同時に社員見習として入社し、満鉄見習学校に学んだ。一〇年七月職員に昇格し、工務課、大連保線係、大連管理局保線係、技術部庶務課、地方部土木課、同庶務課等に勤務した後、二六年四月に大連工務事務所庶務係長に就き、二七年六月経理係長兼任となった。満鉄一五年祭及び二〇年祭に際しそれぞれ勤続表彰を受け、大連市嶺前北区長、桜花台町内組合長を務めた。園芸と囲碁を趣味とし、郷里から両親を呼び寄せて同居した。熊本工業学校を卒業した実弟の竹村勝清も渡満して満鉄奉天省四平街保線区長を務めた。

尾崎　唯一　▷12

満鉄遼陽図書館長／奉天省遼陽満鉄図書館／一九〇四（明三七）一／鹿児島県日置郡串木野村

鹿児島県尾崎次郎の三男に生まれ、一九二三年一二月満鉄見習学校を卒業して大連図書館に勤務した。勤務のかたわら文部省図書館員教習所を修了して大連図書館司書、同書記に歴勤し、三四年四月遼陽図書館長に就いた。

尾崎虎太郎　▷11

撫順第一尋常高等小学校訓導／奉天省撫順明石町／一八八九（明二二）一一／山口県大島郡久賀町／山口県師範学校

山口県尾崎栄蔵の五男に生まれ、一九一二年山口県師範学校を卒業して郷里の大島郡立実科高等女学校助教諭となった。その後、山口町大殿小学校訓導、同今道小学校首席訓導、嘉川小学校訓導兼校長兼農業補習学校長、嘉川図書館長、阿知須小学校訓導兼校長兼実業補習学校長・図書館長を歴任し、二五年四月に渡満して撫順第一尋常高等小学校訓導となった。

尾崎　安松　▷11

土木建築請負業／大連市美濃町／一八九二（明二五）五／愛知県幡豆郡一色町

愛知県尾崎三次郎の次男に生まれ、一九一四年八月に渡満し、翌年四月満鉄に入社した。一八年五月に退社し、久保田組及び岡組の下請けとして土木建築に従事した。二五年八月から東亜土木企業㈱の配下となり、洮昂線及び吉敦線の建築請負に従事した。

尾崎　吉助　▷11

満鉄地方部衛生課員／大連市桃源台／一八八九（明二二）一一／長野県南佐久郡平賀村／長野県師範学校、南満医科大学

長野県農業尾崎豊二郎の長男に生まれ、一九一二年長野県師範学校を卒業した。県下の小学校訓導を五年間務めた後、一六年五月に渡満して関東庁小学校訓導となり大連第三小学校に務めた。二三年七月満鉄に転じて地方部衛生課員として勤務したが、一念発起して南満医科大学に入学し、卒業後に再入社して地方部衛生課員となった。医事視察のため天津、北京、漢口、長沙、南京等を巡遊し、ペスト防疫のため鄭家屯、白音太来、洮南、チチハル等に出張した。

尾崎　済　▷11

東亜興信所所長、勲六等／奉天宮島町／一八六七（慶三）九／長崎県佐世保市万徳町／医学校

長崎県製塩業尾崎増蔵の長男に生まれ、早くから医学を志した。日清戦争の時に軍隊で外科を実地研究する目的で渡満したが、ほどなく休戦となって現地で軍隊用達商を始めた。一九九七年に参謀本部陸地測量部付通訳として青島方面の測量に従事し、九九年に北清事変が起こると大阪毎日新聞従軍記者となった。その後同紙特派員として北京に駐在したが、日露戦争が始まると特別任務に就いて遼西、内蒙古方面で活動し、任務終了後北京に戻って再び通信事業に就いた。一九〇七年陸軍用木材廠に入り、後に鴨緑江採木公司に転じて参事となり、二一年に辞職した。その後、安東取引所設立に参画して同所重役に就いたが、二五年に奉天に移り東亜興信所を設立して所長となった。夫人安恵との間に四男があったが、皆早世した。

長竹 信次 ▷11

南満州工業専門学校教授、正六位／大連市光風台／一八八八（明二一）四／群馬県／東京帝大工科大学

群馬県工業長竹政次郎の長男に生まれ、一九一四年東京帝大工科大学を卒業した。機械製作、紡績業を経て高等工業学校教授となった。二六年五月に渡満して満鉄に入り、南満州工業専門学校教授に就任した。在任中、欧米に二年間留学して機械製作を視察した。

長竹 達三 ▷12

満鉄用度部チチハル支所事務係主任、社員会チチハル連合会事業部長／龍江省チチハル智広街／一九〇〇（明三三）三／千葉県印旛郡成田町／日本大学専門部法律科

千葉県長竹馬之助の三男に生まれ、一九一七年九月鉄道院に入り東部鉄道管理局経理課本倉庫に勤務した。次いで東京鉄道局経理課調度掛、鉄道省経理局会計課に歴勤し、この間二一年に日本大学専門部法律科を卒業して鉄道属となった。その後三三年一二月満鉄に転じて渡満し、鉄路総局経理処奉山鉄路局派遣を経て三四年四月奉天鉄路局経理処会計課勤務、三六年四月同用度課勤務を経て同年一〇月用度部チチハル支所事務係主任となった。スポーツを得意とし、野球は鉄道省在職時に選手・監督を務めたほか、剣道は三段位を有した。

小山内大六 ▷10

満州日日新聞社長／大連市播磨町／一八六九（明二）三／青森県弘前市森町／青森県立師範学校、哲学館大学

津軽藩重臣の子に生まれ、一八八七年頃青森県師範学校を卒業して教職に就いた後、上京して哲学館大学に入り東洋哲学を研究した。卒業後九八年に時事通信社に入社したが、翌年光岡威一郎の招きで実業の日本社に転じて編輯を担当し、初めて名士の成功談を掲載し読者の好評を得た。一九〇〇年光岡の死去と同時に退社し、菊池武徳の斡旋で日本新聞社に入った。同郷の先輩陸羯南の下で教育及び政治面を担当して原敬の知遇を得、一四年に政友会の機関紙「中央新聞」編集長に就いた。二三年一二月、満鉄社長で政友会顧問の川村竹治の招聘により満州日日新聞社長となって渡満した。

小沢梅次郎 ▷11

大連西崗子公学堂教諭、勲八等／大連市錦町／一八八五（明一八）一／富山県氷見郡氷見町／富山師範学校

富山県商業小沢周次郎の三男に生まれ、一九〇六年三月富山県師範学校を卒業し、県下の氷見郡第一氷見小学校訓導となった。十二町小学校長、第一氷見小学校首席訓導、第二氷見小学校訓導、仏生寺小学校長を歴任した後、一八年に渡満して関東州公学堂教諭となった。二〇年四月から大連語学校教師を兼任し、二二年四月に大連西崗子公学堂教諭に転じた。都山流尺八を得意とし、大連加越能郷友会幹事、富山師範学校同窓会支部代表常任幹事を務めた。

小沢 茂一 ▷12

新京専売署副署長／新京特別市北大街新京特別市専売署／一八八三（明一六）／山口県徳山市／東洋協会専門学校

一九〇六年東洋協会専門学校を卒業した後、〇八年に渡満して満鉄に入った。以来同社に勤続して北京公所、大連埠頭事務所等に勤務して参事となった。満州事変の直後、東北行政委員会の招聘を受けて営口税関監督顧問を務め、次いで三二年に国務院財政部事務官となり塩務署総務科長、同部理事官を経て三七年一月新京専売署副署長に就いた。この間、中国各地を跋渉して『山東避難民記』『支那の擾乱と農村』等を著した。

お

小沢新之助 ▷11

大連取引所信託㈱支配人／大連市若狭町／一八八〇（明一三）三／千葉県千葉市／東京高等商業学校専攻部

千葉県商業小沢忠兵衛の次男に生まれ、一九〇〇年七月東京高等商業学校本科を卒業して専攻部に学んだ。〇二年七月大阪の㈱岩井商店に入って輸入係として勤務した後、〇四年七月東京の三井物産㈱に転じて雑貨係を務め、〇六年八月さらに大日本製糖㈱に移った。原糖主任時代に香港に赴いて同地の二大製糖会社と販売協定を結ぶなどしたが、〇九年に同社を辞めて大阪市築港で改良豆粕製造業に従事した。一五年一月に渡満して大連取引所信託㈱に入り、後に取締役支配人に就任した。二七年二月に辞任してからは、大連市若狭町で書画骨董と謡曲、読書等を趣味として自適の生活を送った。

小沢　清二 ▷11

満鉄中央試験所畜産化学科長／大連市桜町／一八八九（明二二）一一／長野県下伊那郡喬木村／東京高等工業学校

長野県農業小沢馬太郎の三男に生まれ、一九一二年東京高等工業学校を卒業して明治製革㈱工場に入り、以来一六年勤続した。この間一八年九月から半年間、製革事業研究のため渡米した。二七年一一月に渡満して満鉄に入り、後に中央試験所畜産化学科長に就任した。

小沢　孟 ▷3

満鉄大連医院医長、小児科部長／大連市山城町／一八八三（明一六）一一／岡山県上道郡宇野村／京都帝大医科大学

一九〇九年一一月、京都帝大医科大学を卒業して付属医院の小児科助手を務めた。一一年八月に渡満して満鉄に入社し、大連医院医長に就いて小児科部長を兼任した。

小沢武之助 ▷3

満州製粉㈱技師、工務長／長春北二街満州製粉会社分工場内／一八八一（明一四）三／東京府東京市小石川区初音町／東京高等工業学校機械科

一九〇六年七月東京高等工業学校機械科を卒業し、日清製粉㈱に入社した。一二年四月に退社して渡満し、長春の満州製粉㈱技師となり、後に工務長を務めた。

小沢太兵衛 ▷14

貿易業及び鉄工業／大連市敷島町／一八八〇（明一三）四／東京府東京市神田区西福田町

東京神田の金物商小沢滝次郎の長男に生まれ、一九〇二年一一月上海で新隆洋行を設立して金物商を営んだ。〇七年一〇月大連に出張所を設けたが、この地の有望を見て本店を大連に移した。市中心部の淡路町に店舗を構え、埠頭付近の広大な敷地に大倉庫を建設して上海を中心に天津、朝鮮、満鉄沿線等で石油空缶を回収し、良品を選別し豆油容器として小寺・鈴木・三井・湯浅・日清等の各油房会社に納めた。また海上輸送中に漏洩することが多い従来の石油缶に代え、新工場を建設してドラム缶の製造にも着手した。大連商界が不景気の時に多数の貸家を建設し、景気の上向きとともに売り出して成功したほか、一七年八月には大連銭鈔信託会社の仲買店として徳信銭荘を設立して金融業に進出した。一九年に大連新聞社を設立し、二五年一二月に智光院無料宿泊所を創設、二八年には大連更新会を興して会長に就くなど公共慈善事業に尽くして関東庁長官より表彰された。ほかに大連市会議員、商業会議所常議員、大連海上火災保険会社監査役、大連市紀伊町区区長、大連神社御造営副委員長、大連輸入組合常議員をも務めた。四〇年九月、市会議員在任中に病没し、大連市警防団葬として盛大な葬儀が営まれた。

小沢　宣義 ▷11

満鉄参事・社長室業務課勤務／大連市榊町／一八八八（明二一）四／東京府東京市麻布区笄町／東京高等商業学校

東京府田中与三右衛門の子に生まれ、小沢家の婿養子となった。一九一一年東京高等商業学校を卒業して満鉄に入社した。埠頭事務所貨物係として勤務した後、庶務係主任、庶務課長次席、陸運課長次席・同課長等を歴任した。社命により二四年四月から二年間欧米に留学し、帰社後は鞍山製鉄所庶務課長を経て二七年一一月に満鉄参事・社長室業務課勤務となった。

小沢　肇　▷12

吉林税務監督署員兼国務院財政部税務司員、正八位／吉林税務監督署／一九〇五（明三八）一二／長野県上伊那郡箕輪村／東京帝大法学部、大同学院

長野県小沢胖三郎の長男に生まれ、兵役に服した後。一九三三年三月東京帝大法学部を卒業して渡満し、同年一〇月大同学院を卒業して奉天税務監督署属官となった。次いで瀋陽税捐局副局長、国務院財政部事務官を歴任して税捐局理税官兼財政部事務官となり、三七年三月吉林税務監督署に転任し、国務院財政部税務司員を兼務した。

尾沢　光章　▷4

医師、正八位／吉林一面坡／一八七〇（明三）一〇／長野県伊那郡山本村／愛知県立医学校

伊那で代々庄屋を務めた家に生まれ、幼い頃から学問を好み、郷里で種々の学会を主宰して後進の指導にあたった。一八九〇年愛知県立医学校に入学し、九五年に卒業して愛知病院の助手を務めながら同年八月医術開業の免状を取得し、医学士吾妻愛治の下で二年間内科及び小児科を研究した。九九年に三重県検疫医員となり、一九〇〇年から同県九鬼尋常高等小学校、早田、行野各小学校の校医を務めた後、〇四年陸軍予備役見習医官、同年一二月後備歩兵五六連隊担架卒教官、〇五年同連隊付陸軍三等軍医を歴任した。〇七年に韓国警務顧問医となって朝鮮に渡り、翌年警察医務嘱託として金州警察署錦山分署、寧辺警察医及び学校組合管理者、公立農業学校・普通学校校医等を務めた。一四年に中江鎮憲兵分隊公医となり、翌年から朝鮮総督府営林廠中江鎮出張所衛生事務嘱託を務めたが、吉林省一面坡日本人会の要請を受け一六年一〇月に渡満して同地で開業した。幼時から陽明学を修め、日中露人の間に多大の信用を得て一面坡在留民総代を務めた。

小沢康之助　▷11

大連沙河口公学堂長／大連市伏見町／一八八六（明一九）三／富山県下新川郡泊町／富山師範学校

富山県小沢篤の長男に生まれ、一九〇八年三月富山師範学校を卒業した。一〇年余り小学教員を務めた後、中国人教育を志して一八年四月に渡満し、金州の南金書院に勤めた。大連市土佐町公学堂に転じた後、二八年五月沙河口公学堂長に就任した。

押川　一郎　▷12

内閣企画庁調査官／東京市麹町区内閣企画庁／一八九九（明三二）一一／鹿児島県鹿児島市加治屋町／東京帝大経済学部、オックスフォード大学

一九二二年三月東京帝大経済学部を卒業し、同年四月第一五銀行に入った。二三年一一月に依願休職し、二四年四月オックスフォード大学に留学して政治経済学を修めた。二七年一月に帰国し、同年六月満鉄に入社して社長室人事課に勤務した。次いで臨時経済調査委員会勤務兼育成学校講師、北京公所、交渉部資料課に歴勤して奉天公所渉外係長となり庶務係長及び経済調査会調査員、奉天事務所庶務課文書係長を兼務した。その後、ハルビン事務所庶務課員、同課長を経て三四年六月参事となり、三五年五月経済調査会委員兼幹事、同年七月関東軍司令部事務嘱託を歴任して三六年一〇月産業部庶務課長となり、経済調査会委員会幹事事務取扱を兼務した。三七年五月に退社して帰国し、同月内閣調査局から拡大改編された企画庁調査官に転じて総力戦体制の企画立案に従事した。

押川　公実　▷7

歩兵第二三連隊長歩兵大佐、従五位勲三等功四級／旅順歩兵第二三連隊官舎／一八七三（明六）一〇／鹿児島県鹿児島市樋ノ口町／陸軍士官学校

石田三成に「押川強兵衛」の勇名を授かった武門に生まれ、父の一之丞は鹿児島県会議員等を務め、母の鈴子は縞大島を創始して織物工場を開き士族女子授産に尽くした。郷里の学校を出て陸軍士官学校に学び、一八九九年六月歩兵少尉に任官して長く中国、蒙古方面に勤務し、韓国併合当時は朝鮮方面で情報活動に従事した。日露戦争時には中尉として従軍し、青島戦役時には大隊長として指揮を執った。二一年七月陸軍歩兵大佐に進み、二二年一二月駐屯軍歩兵第二三連隊長として旅順に単身赴任した。二五年五月交代により帰還して都城連隊長を務め、二六年三月少将に累進して予備役編入となった。

押田　伝　▷12

満鉄牡丹江鉄路局機務処機械科長、鉄路総局度量衡器検査員、正八位／浜江省牡丹江鉄路局機務処機械科／一九〇五（明三八）二／東京府東京市小石川区第六天町／東京帝大工学部機械工学科

東京府押田三吉の四男として牛込区早稲田鶴巻町に生まれた。市立錦城中学校、第四高等学校を経て一九二九年三月東京帝大工学部機械工学科を卒業し、同年五月満鉄鉄道部工作課工手となり、同年一二月満鉄語学検定試験華語三等に合格した。三〇年一月第一号非役となり鉄道部に勤務した後、同年一二月非役を解かれて鉄道工場鉄道工場工手となり、三一年一月工事部築港課技術助手、同年八月鉄道部事務課技術方、同年九月事務課技術員を歴職した。三二年一二月鉄道部工作課、さらに同月大連鉄道事務所に転任した後、三六年一一月鉄道部第二輸送課勤務を経て三七年一月牡丹江鉄路局機務処機械科長となった。

押野　慶浄　▷12

本派本願寺ハルビン出張所長、ハルビン仏教青年会会長、ハルビン仏教婦人会事務担当、ハルビン紅女子学寮長、ハルビン幼稚園長、ハルビン康徳語学舎長、ハルビン日曜学園長／ハルビン軍官街／一八八二（明一五）三／石川県能美郡小松町／仏教大学英語科、早稲田大学大学部英文学科

石川県僧侶押野慶周の子に生まれ、一九〇五年東京高輪の仏教大学英語科を卒業し、さらに〇九年早稲田大学大学部英文学科を卒業した。一〇年五月本派本願寺開教師兼清国開教総監部付録事として上海に渡り、同地本願寺で布教に従事した。次いで一二年六月ハルビン本願寺出張所に赴任し、埠頭区モストワヤ街で教宣拡張に努め、一五年八月満州里布教場を兼掌して北満州、バイカル方面を管轄した。布教のかたわら一七年四月ハルビン幼稚園を創設したほか、日曜学園、康徳語学舎、紅女子学寮を経営し、昭和六年乃至九年事変の功により銀杯を授与された。

押野　吉二　▷12

吉林省樺甸県公署警正、大日本国防婦人会敦化県支部顧問、満州国協和会敦化府本部幹事長、従七位勲六等／吉林省樺甸県公署／一八九三（明二六）一／山形県東村山郡成生村／高等小学校

郷里の小学校高等科を卒業し、後に陸軍に入り各地に勤務した。一九三四年一〇月憲兵少尉に累進して予備役編入となり、同年一二月に渡満して寛城子警察官講習所に入所した。三五年一月同所修了とともに敦化県首席警務指導官を務め、三七年二月吉林省樺甸県公署警正となった。

小住　功　▷12

満鉄鉄道総局員／奉天満鉄鉄道総局／一八九六（明二九）一／福岡県企救郡足立村／早稲田大学商科

福岡県小住仁三郎の三男に生まれ、一九一九年三月早稲田大学商科を卒業して満鉄に入り、工務局鞍山派出所に勤務した。技術部庶務課、運輸部庶務課、鉄道部経理課、工事部庶務課、地方部工事課に歴勤した後、工務委員会幹事、鉄道部勤務を経て鉄路総局洮昂斉克洮索局に派遣されて洮南に在勤した。三三年参事に昇格した後、三四年四月洮南鉄路局経理処長、三五年一月ハルビン鉄路局経理科長、同年一一月同経理処長を歴任し、三七年二月から六ヶ月間欧米に出張した後、待命・鉄道総局勤務となった。この間、三五年四月勤続一五年の表彰を受けた。

小住　善蔵　▷13

復州鉱業㈱社長／奉天／一八八六（明一九）一／福岡県門司市

福岡県商業小住次太郎の長男に生まれ、一九〇九年五月に渡満して同年一一月に同郷先輩の相生由太郎が始めた福昌公司に入社した。大連埠頭荷役の労働者供給事業に従事し、二二年には欧米、北支、シベリア等の港湾事情を視察巡遊した。二六年一〇月、満鉄の出資により福昌華工㈱に組織変更すると常務取締役に就任したが、三〇年に同社を辞し、前年一二月に創立された復州鉱業㈱社長に転じた。同郷出身の夫人ヤスとの間に二男三女があった。

小住種次郎　▷12

日満商事㈱営口出張所庶務係主任兼受渡係主任／奉天省営口北本街／一八九八（明三一）七／福岡県門司市大字門司／旅順工科学堂

一九二三年旅順工科学堂を卒業した後、二六年五月満鉄に入り撫順炭砿研究所に勤務した。三〇年五月本社購買

部石炭課、三二年四月地売課、三四年四月商事部、三六年四月営口営業所庶務係主任に歴勤し、同年九月副参事・業務上免職を経て同年一〇月商事部の業務を継承した日満商事㈱に転出し、営口出張所庶務係主任兼受渡係主任となった。

尾関　行良　▷12

依蘭金融合作社理事、三姓日本居留民会評議員、満州国協和会日鮮分会長／三江省依蘭県城内東大街／一九〇七（明四〇）八／茨城県水戸市泉町／法政大学法文学部法律科

水戸電気鉄道㈱の専務取締役で水戸市議会議員の関道太郎の長男に生まれ、一九三一年三月法政大学法文学部法律科を卒業した。三二年七月父の経営する水戸電気鉄道㈱の会計嘱託を務めた後、三三年八月に渡満して依蘭金融合作社理事に就いた。この間、水戸市在住中に同市五軒町青年団長として活動し、全国青年団会議に県代表として参加したほか県立商業学校競技部を創設し、三五年五月同市連合青年団長より感状を受けた。柔道二段で、大学在学中には陸上競技部の四〇〇メートル選手として活躍した。

小副川鹿太郎　▷9

朝鮮銀行鉄嶺支店長／奉天省鉄嶺西町／一八八二（明一五）五／佐賀県

一九一七年朝鮮銀行に入り、奉天支店に勤務した。長春支店に転勤した後、二一年鉄嶺支店長に就いた。

小曽根盛彦　▷12

吉林省伊通県参事官、正八位／吉林省伊通県参事官公館／一九〇六（明三九）六／広島県双三郡三次町／明治大学専門部法科、大同学院

一九二五年三月広島県立三次中学校を卒業して上京し、三一年明治大学専門部法科を卒業して渡満した。三二年一月本渓県公署自治指導委員会に勤務し、同年四月営口県公署自治指導委員会に転勤した後、同年五月に退職して満州国資政局訓練所に入り、同年一〇月改称後の大同学院を卒業して本渓県属官となった。三三年四月営口県属官、同年一〇月昌図県事務代行、三四年一月昌図県属官、三六年六月法庫県属官を経て同年一〇月伊通県参事官となった。

小田　明次　▷9

奉天公株信託㈱支配人／奉天新市街／一八八〇（明一三）六／東京府／日本大学法学部

愛媛県越智郡津倉村に生まれ、一九〇四年日本大学法学部を卒業して警視庁に入った。一四年関東都督府に出向して渡満し、二〇年に辞職して翌年七月奉天取引所信託㈱の創立とともに支配人に就き、二一年さらに奉天公株信託㈱支配人に転じた。

小田　斌　▷14

石炭商／大連市沙河口通／一八八三（明一六）八／大分県東国東郡大内村／拓殖大学

大分県官吏小田東畊の次男に生まれ、一九〇八年七月東洋協会拓殖大学を卒業し、翌年渡満して満鉄に入社した。興業部販売課を振り出しに奉天省四平街、遼陽、営口、京城、安東勤務を経て本社販売課庶務主任となったが、二〇年三月に退職して満鉄の沙河口石炭特約販売人となった。二七年一一月から満州銀行頭取の弟村井清との共同経営とし、㈴東莱洋行代表社員となった。二一年六月から二四年七月まで沙河口居住民会役員を務めたほか、二三年一一月に沙河口実業会が設立されると会長に就任し、二四年一一月から二八年一〇月まで大連市会議員も務め、他に大連商工会議所常議員、沙河口金融組合長等の多くの公職に就いた。

小胎今朝治郎　▷12

国務院総務庁秘書処総務科長、正八位／新京特別市永昌胡同／一九〇一（明三四）二／長崎県小県郡泉田村／東京外国語学校支那語科

長野県小胎利兵衛の三男に生まれ、一九二三年東京外国語学校支那語科を卒業し、一年志願兵として兵役に服した。陸軍歩兵少尉に任官して除隊した後、二五年にハルビンの満州製粉㈱に入った。その後青島に渡って同地の日本商工会議所に勤務し、次いで関東軍参謀部第二課嘱託となり同軍法会議勤務を兼任した。その後三三年七月国務院総務庁秘書処事務官となり、後に同理事官に進んで秘書処総務科長に就いた。

小田　梅吉　▷12

大連汽船㈱機関長／大阪市港区八

幡屋宝町／一八九二（明二五）五／長崎県南松浦郡富江町

一九二九年五月大連汽船㈱に入り、同月一等機関士となった。以来同社の各船に乗務し、三六年一月機関長となった。

小田柿喜次郎 ▷12

満鉄横道河子工務段長、社員会評議員、勲八等／浜江省横道河子満鉄工務段長局宅／一九〇一（明三四）一〇／滋賀県犬上郡日夏村／工手学校土木科

満鉄社員小田柿喜代次郎の長男に生まれ、一九二〇年三月東京築地の工手学校土木科を卒業して同年五月満鉄に入り、技術部線路課に勤務した。運輸部線路課、奉天鉄道事務所工務係、蘇家屯保線区助役等に歴勤して二七年一一月瓦房店保線区助役となり、大連保線区金州在勤保線助役を経て三五年三月横道河子工務段長に就いた。この間、満州事変時の功により勲八等及び従軍記章を授与され、三六年四月勤続一五年の表彰を受けたほか、携帯式軌間器兼水準照査器と枕木鉄巻器の考案により社員規程表彰を二回受けた。

尾高　善一 ▷12

国務院文教部督学官兼教育司学務科長、正六位／新京特別市新発屯聚合住宅／一八九四（明二七）一／佐賀県杵島郡錦江村／九州帝大法文学部

本姓は別、後に尾高卯六の養子となった。一九一四年三月九州帝大法文学部を卒業して佐賀県師範学校訓導となり、次いで同校教諭兼訓導、満州医科大学予科教授、明治専門学校教授、福岡県女子師範学校教員を歴職した。その後、国務院文教部学務司嘱託となって再び渡満し、同部督学官として学務司に勤務した後、三七年七月教育司学務科長に就いた。

小田切　豊 ▷11

大連鉄工所主／大連市大山通／一八六四（元一）四／山梨県甲府市新青沼町／山梨師範学校

山梨県農業守屋正直の次男に生まれ、小田切謙明の養子となった。一八八一年三月山梨師範学校を卒業して郷里の小学校で教員、校長を務めた後、御料局技手・同属、北海道庁属、内務省属等を経て一九〇五年五月に渡満した。〇七年七月に大連鉄工所を設立して機械類の製造・修繕業を始め、経営に成功して年産二〇万円の企業に成長した。本業のかたわら一九年六月に熊岳城満鉄付属地に六万坪の果樹園を買収し、周水子でも一万余坪の農園を兼営した。

小田　敬三 ▷12

満鉄総務部監察役付監察員兼庶務係主任、社員消費組合総代／一八九〇（明二三）三／福岡県遠賀郡蘆屋町／市立下関商業学校

福岡県小田彦助の次男に生まれ、一九〇八年市立下関商業学校を卒業した後、一七年に満鉄に入り撫順炭砿に勤務した。一八年一月同砿務課、同年六月同運炭課、同年九月同鉱務課に歴勤し、二五年三月大山採炭所庶務主任となった。次いで三〇年七月総務部考査課、三一年八月監理部考査課、三二年二月鉱業班主査、同年一二月総務部審査役付鉱業班主査、三三年一一月同審査員を歴任して三五年七月参事に昇格した。三六年一〇月総務部監察役付監察員となり、同年一二月から庶務係主任を兼務した。この間、三二年四月に勤続一五年の表彰を受けた。

小田　孝三 ▷12

黒河省公署理事官、警務庁警務科長、正六位／黒河省黒河九道街代用官舎／一八九三（明二六）七／愛媛県松山市萱町

香川県三豊郡観音寺町に生まれ、一九一五年警視庁巡査となった。八王子警察署町田分署、西神田警察署に勤務して警部補に進み、一八年文官普通試験に合格して翌年警視総監官房外事課勤務となった。二〇年警視庁警部に昇格し、同年一一月内務属となり警保局外事課に転任し、次いで二四年中華民国北京駐在事務官付に転じ、二六年に帰国して警保局保安課に勤務した。二七年一月大阪府朝日橋、二九年八月同府鶴橋、同月泉津、三一年一月川口、同年四月戎、三二年一月九条、同年八月天満の各警察署長を歴任し、三四年四月満州国北満特別区公署警正に転任して渡満した。熱河省公署理事官・警務庁警務科長を務めた後、三六年九月黒河省公署理事官・警務庁警務科長に転任し、翌年薦任三等に陞叙された。

小田島興三 ▷12

満州拓殖㈱総裁室企画課長／新京

特別市中央通／一八九八（明三一）一一／秋田県鹿角郡花輪町／東京帝大法学部政治学科

秋田県小田島源太郎の長男に生まれ、一九二四年三月東京帝大法学部政治学科を卒業し、同年五月満鉄に入り庶務課に勤務した。次いで社長室人事課、満鉄育成学校舎監兼講師、同校主幹、地方部等に歴勤し、二九年三月傘下の東亜勧業㈱に転出して事業課営業係主任となった。同企業係主任兼営業係主任、企業課長等を歴任して参事となり、三六年一月同社の一部事業を継承して満州拓殖㈱が創立されると総裁室企画課長となった。

小田　正治　▷12

満州電信電話㈱経理部会計課長／新京特別市恵民路／一八九二（明二五）九／愛媛県松山市新立町／明治大学商科

平井亀三郎の三男に生まれ、後に小田寛の養子となった。一九一六年三月明治大学商科を卒業した後、兵役に服して一八年歩兵曹長となって除隊した。同年渡満して満鉄に入り、計理部用度課、用度事務所奉天出張所、ニューヨーク事務所、用度部購買課に歴勤し、三一年一月欧米に出張した後、商事部用度課、大連倉庫発着係主任を経て奉天倉庫長となった。その後三三年九月満州電信電話㈱の創立とともに同社参事に転じ、経理部会計課長に就いた。

小田　信治　▷11

東洋拓殖㈱奉天支店支配人／奉天淀町／一八七五（明八）三／大阪府泉北郡浜寺町

大阪府農業小田平三郎の長男に生まれ、大蔵省に勤務した後、朝鮮に渡り朝鮮総督府官吏となった。一九一七年一〇月官を辞して東洋拓殖㈱に入り、後に奉天支店支配人となって渡満し、東省実業㈱取締役を兼任した。

小田　澄道　▷11

綿糸商兼活動写真営業／大連市近江町／一八七〇（明三）三／香川県仲多度郡南村

香川県古市吉太郎の次男に生まれ、小田貞治の養子となった。日露戦争に際して陸軍酒保御用達となり、第一一師団に従って一九〇四年七月に渡満した。戦後もそのまま残留して大連で土木請負業を始めたが、後に綿糸商に転業した。かたわら活動写真業を兼営し、日華貿易会社、電影会社、満州貯金信託会社等の重役も務めた。

尾立　米喜　▷11

大連郵便局通常郵便課長、正七位勲六等／大連市児玉町／一八八二（明一五）一二／高知県高知市水通町／東京郵便電信学校

高知県尾立兵馬の長男に生まれ、一九〇二年東京郵便電信学校を卒業して逓信書記となった。二二年四月名古屋逓信局から関東庁逓信書記に転任して渡満し、大連逓信局総務課、監督課、電務係、奉天郵便局電信課長、大連郵便局郵便課長を歴任し、二六年に同局に小包郵便課が新設されると通常郵便課長に就いた。

小田　虎雄　▷12

小松屋商店主、吉林商店協会幹事／吉林大馬路／一八九三（明二六）二／京都府熊野郡下佐濃村／慶応義塾普通部

一九一〇年三月慶応義塾普通部を卒業して渡満し、関東都督府陸軍経理部鉄嶺派出所付書記となった。鉄嶺毎日新聞社編集長に転じた後、二二年二月同地で和洋楽器商を開業し、次いで二四年大連に移って趣味の錦心流琵琶を習練し、二七年から撫順で琥珀細工商を営んだ。その後三三年三月吉林に移転し、大馬路で小間物・化粧品・三味線の販売業に従事した。東京、大阪、名古屋方面から仕入れ、従業員三人を使用して年間一万五千円内外を売り上げた。

小谷　寿　▷12

「小谷」は「こたに」も見よ

満鉄新京駅事務主任、社員会評議員、社員消費組合総代／新京特別市羽衣町／一九〇五（明三八）六／神奈川県横須賀市若松町／東京外国語学校独逸語部貿易科

神奈川県堀佐蔵の次男に生まれ、後に小谷家を継いだ。一九二七年三月東京外国語学校独逸語部貿易科を卒業して満鉄に入り、鉄道部に勤務した。長春列車区、長春駅、鉄道部連運課、同営業課、同旅客課に歴勤した後、安東駅事務主任を経て三六年一〇月新京駅事務主任となった。

小田　半平　▷3

小寺洋行支配人／奉天省営口旧市

街老爺閣小寺洋行内／一八七一（明四）八／兵庫県有馬郡三田町／神戸商業学校

幼年から父に漢学を学び、神戸商業学校を卒業して三井物産大阪支店への勤務が内定していたが、家庭の事情で入社を断念した。一八九三年神戸桟橋会社に入り一五年余り勤続して輸出入課長となったが、小寺洋行に転じて神戸支店副支配人を務めた後、営口本店支配人に昇任して一三年一〇月に渡満した。

小田三七十　▷9

山葉洋行奉天出張所主任／奉天浪速通／一八九一（明二四）七／静岡県浜名郡赤佐村／静岡県立中学校

静岡県立中学校を卒業し、一年志願兵として豊橋の工兵第一五連隊に入営した。除隊して一九一二年日英水電㈱に入社したが、一六年日本楽器製造㈱に転じ、同年五月大連山葉洋行に転任して渡満した。その後長春の三井木廠主任に転じたが、その後奉天に移住して山葉洋行奉天出張所主任として楽器販売に従事し、三井木廠の業務を兼務した。

小田村信一　▷8

㈴原田組奉天支店長／奉天／一八八七（明二〇）七／山口県熊毛郡上関村

一九一二年八月大連の㈴原田組に入り、鉄鋼機械類の販売に従事した。一七年八月奉天千代田通に支店を開設する際、支店長に選任されて赴任し、主として英国エドカーアレ社製の機械類販売に従事した。

小田　基衛　▷12

関東地方法院判官兼高等法院覆審部判官兼同上告部判官予審掛、従五位勲六等／大連市榊町／一八九五（明二八）二／山口県佐波郡島地村／京都帝大法学部

山口県小田権之丞の長男に生まれ、一九二一年三月京都帝大法学部を卒業して同年五月司法官試補となり、広島地方裁判所及び東京地方裁判所で事務を修習した。二三年三月判事となり東京地方裁判所・東京地方区裁判所判事代理となり、次いで松山地方裁判所大洲支部判事を経て同年七月関東法院検察官となって渡満し、地方法院検察官を務めた。二四年一二月関東法院判官となり、高等法院覆審部判官及び同上告部判官予審掛を兼務した。

小田　善満　▷9

東洋工業商会大連出張所主任／大連市山県通／一八八六（明一九）九／長崎県南高来郡西郷村／長崎高等商業学校

一九一一年三月長崎高等商業学校を卒業して逓信省に入り、為替貯金局に勤務した。一五年五月農商務省商工局に転任した後、一九年四月に退職して東洋工業商会に入社し、二一年一月大連出張所開設の際に渡満して主任を務めた。

小田原寅吉　▷9

東省実業㈱ハルビン支店長／ハルビン埠頭区ポレワヤ街／一八八二（明一五）七／宮城県宮崎郡大淀町／東亜同文書院

一九〇五年四月上海の東亜同文書院を卒業し、第三軍司令部に属して日露戦争に従軍した。戦後、中国側に招かれて営口商業学堂の教諭を五年務めた後、一〇年五月満鉄に入社し運輸課員として奉天に在勤した。一八年内国通運㈱に転じたが、程なく退社して東省実業㈱に転じた。その後同社の推薦で安東興業㈱専務取締役に就任したが、まもなく辞任して東省実業に復帰し、ハルビン支店長に就いた。

落合　丑彦　▷3

長寿堂薬房主／奉天省営口永世街／一八七〇（明三）六／東京府東京市小石川区戸崎町／東京師範学校

旧会津藩士落合経三郎の子に生まれたが、維新後の藩没落のため一家で北海道に渡って農業に従事した。同地で少年時代を過ごした後、上京して東京師範学校に学んだ。卒業後は北海道に帰って教職に就いたが、後に再び上京して東京府の教員となった。一八九五年教職を辞して三越呉服店に入り一〇年勤続した後、一九一〇年七月に渡満して営口に居住し、永世街の長寿堂を譲り受けて薬種業を経営した。

落合　兼明　▷12

満鉄ハルビン站事務主任、ハルビン宮崎県人会評議員、勲八等／ハルビン新市街交通街／一九〇五（明三八）三／宮崎県宮崎郡清武村／名古屋高等商業学校

宮崎県落合貞嘉の五男に生まれ、一九二七年三月名古屋高等商業学校を卒業し、同年四月に渡満して満鉄に入った。鉄道部、長春駅、長春列車区、長春駅、ハルビン鉄路局文書課に勤務した後、三六年九月ハルビン站事務主任に就いた。この間、満州事変の功により勲八等瑞宝章を受け、ハルビン宮崎県人会評議員を務めた。

落合　兼行　▷11

満鉄技術研究所電気主任／大連市光風台／一八九一（明二四）一一／宮崎県宮崎郡清武村／旅順工科学堂

宮崎県落合貞嘉の次男に生まれ、一九一二年四月に渡満して旅順工科学堂に入学した。一六年に電気科を卒業して満鉄沙河口工場に勤め、二一年三月欧米に留学して電気工学を研究し、二三年六月に帰任して満鉄技術研究所電気主任に就いた。夫人貞子の実兄川越茂は外交官として在満州国大使館参事官、駐華大使等を務めた。

落合　周市　▷11

薬種商／大連市春日町／一八七七（明一〇）四／熊本県天草郡須子村

熊本県農業落合為雄の三男に生まれ、日露戦中の一九〇五年三月に渡満して大連で薬種商を開業した。以来同市春日町で営業しながら春日町区委員・区長として町務に尽力し、春日町町内会から表彰された。

落合　悌蔵　▷12

満鉄奉天検車区検車助役、社員会評議員、満鉄弓道部幹事、勲八等／奉天白菊町／一八九二（明二五）五／長崎県北松浦郡相浦町／高等小学校

長崎県落合徳之平の長男に生まれ、一九〇六年三月高等小学校を卒業して佐世保海軍工廠に入り造機部仕上工となった。次いで三菱造船所鉄工、大阪市中川鉄工所仕上工を歴職し、一九年五月に渡満して満鉄沙河口工場仕上工となった。二二年奉天検車区修理方、二三年検車方を経て二九年准職員、三〇年雇員、三四年技術員、三六年職員と累進し、同年一〇月検車助役試験に合格して奉天検車区検車助役となった。この間、三四年九月満州事変時の功により勲八等瑞宝章及び従軍記章、建国功労賞を授与された。

落合　利致　▷12

大阪商船㈱大連支店奉天駐在員／奉天紅梅町／一八九六（明二九）九／兵庫県武庫郡魚崎町／京都帝大経済学部

愛知県立第五中学校、第八高等学校を経て一九二〇年京都帝大経済学部を卒業し、同年大阪商船㈱に入社して本社遠洋課に勤務した。シンガポール、ボンベイ、神戸、大連の各支店に勤務し、三五年六月大連支店奉天駐在員となった。

落合　康　▷12

国務院国都建設局総務処員／新京特別市清和街／一八九七（明三〇）一／宮崎県宮崎郡清武村／小樽高等商業学校

宮崎中学校を経て一九一八年三月小樽高等商業学校を卒業し、同年四月㈴鈴木商店に入った。二〇年二月満鉄に転じて渡満し、商事部倉庫課、経理部用度課、上海事務所、本社経理部用度課勤務を経て二四年一一月興業部窯業工場倉庫主任となった。次いで経理部用度課埠頭係主任、経理部倉庫課埠頭係主任、技術研究所医院兼務、経理部購買課第二購買係主任、用度事務所庶務主任を歴職し、満鉄傍系の南満州電気㈱に出向して購買主任を務めた後、二九年六月に依願退社した。三三年一月国務院国都建設局職員となり、三六年三月同局事務官に昇格して三七年三月国都建設紀年式典準備委員会総務部幹事に就いた。

越智　末孝　▷12

満州電信電話㈱奉天管理局総務課長、勲八等／奉天葵町／一八八八（明二一）二／愛媛県越智郡日高村

愛媛県越智佳太郎の六男に生まれ、一九〇四年五月通信事務員となり、高松、松山、今治の各局に勤務した。次いで関東都督府通信管理局に転じて渡満し、奉天局に勤務して後に関東庁通信書記に進んだ。その後三三年九月満州電信電話㈱に転じて奉天管理処総務課文書係長兼人事係長、奉天城内電話局長を経て奉天管理局総務課長となった。

乙竹　茂郎　▷10

横浜正金銀行大連支店長／大連市児玉町／一八八一（明一四）一〇

／三重県阿山郡上野町／東京高等商業学校

旧上野藩士の子に生まれ、上京して丸の内の商工中学校に学んだ後、東京高等商業学校に進んだ。一九〇三年に卒業して横浜正金銀行に入り、国内各地に六年勤務した後、ロンドン、ニューヨーク、上海、天津等の支店に勤務した。二三年四月、大連支店長となって渡満した。

鬼丸　末松　▷11

関東庁属／金州新金州奥町／一八八二（明一五）八／福岡県山門郡瀬高村

福岡県農業鬼丸弥平の七男に生まれ、一九一〇年佐世保海軍経理部雇員となり、翌年一一月文官普通試験に合格した。一六年に渡満して関東庁臨時土地調査部雇員となり、一八年に関東庁属となった。金州民政支署勤務を経て普蘭店民政支署に転勤し、二四年に再び金州支署に転じた。同郷で福岡師範学校出身の夫人チカは渡満後一〇年ほど小学校教員を務めた。

小野　淡路　▷12

弁護士、全満地方委員会連合会議長、奉天地方委員会議長／奉天淀町／一八八二（明一五）一二／秋田県秋田市下中城町／京都帝大法科大学独法科

秋田県平鹿郡三重村に生まれ、同郡増田町立高等小学校を卒業して三重村尋常小学校の代用教員となった。一八九八年六月尋常小学校準教員免状、次いで一九〇一年五月に正教員の資格を取得し、県下の各小学校教員を歴任した。〇四年日露戦争に際し第一五師団に属して従軍し、朝鮮北部の警備に当たった後、安東県一帯の警備に就いた。除隊した後、苦学を重ねて東京の中学校を卒業し、さらに第四高等学校を経て一九一七年京都帝大法科大学独法科を卒業して朝鮮銀行に入った。京城本店に勤務した後、安東県、大連、奉天、マカオの各支店に歴勤して二二年一〇月本店に転勤した。その後退職して釜山で弁護士を開業し、次いで三一年三月奉天に移住して同業を営み、三四年一〇月全満地方委員会連合会議長に就いた。夫人ミヨとの間に五男二女あり、長男正は明治大学を卒業して国務院実業部に勤務し、次女俊子は東京実践女子専門学校英文科を卒業した。

「尾上」は「おがみ」も見よ

尾上亀之助　▷12

尾上商店主、安東商工会議所議員、安東輸入組合評議員／安東市場通／一八七九（明一二）二／兵庫県揖保郡御津村

日露戦中の一九〇五年四月に渡満し、〇八年から木材仲買商を営んだ。次いで一〇年に人力車の製造販売業を創始したが、後に安東市場通に尾上商店を開設して和洋菓子商に転じた。経営のかたわら一二年二月安東美術倶楽部幹事となり、書画骨董の鑑賞を趣味とした。

尾上　京助　▷12

満鉄四平街機関区運転助役兼機関士、社員会評議員、勲八等／奉天省四平街北五条通／一八九七（明三〇）二／山口県熊毛郡麻郷村

山口県尾上市郎の次男に生まれ、一九一三年七月神戸鉄道管理局教習所を修了して大阪機関庫詰機関夫となった。機関助手、機関手に進んで神戸機関庫に勤務した後、二〇年六月に依願退職して青島守備軍民政部鉄道部機関手となった。その後二三年五月満鉄に入り、公主嶺、四平街の各機関区に勤務し、三三年一一月四平街機関区運転助役兼機関士となった。この間、満州事変時の功により勲八等及び従軍記章、建国功労賞を授与され、三三年の事務所主催の運動競技に一等賞となった。実兄の太市は日露戦争に従軍して渡満し、〇七年四月満鉄開業とともに入社して後に満鉄副参事となった。

尾上　慎吾　▷12

満鉄瓦房店医院歯科医長／奉天省瓦房店満鉄瓦房店医院／一九〇七（明四〇）九／東京府東京市渋谷区神山町／東京帝大医学部専科歯科

鹿児島県尾上貞固の六男に生まれ、名教中学校、第五中学校補習科、日本歯科医学専門学校を経て一九三二年三月東京帝大医学部専科歯科を卒業し、同大学付属病院介補嘱託となり、かたわら同大学伝染病研究所黴菌学講習を修了した。その後三五年五月に渡満して満鉄に入り、新京医院勤務兼新京西広場尋常小学校診療医を経て三六年四月瓦房店医院歯科医長となった。

尾上　太市　▷12

満鉄鉄道総局付待命副参事、勲八等／奉天満鉄鉄道総局気付／一八八七（明二〇）三／山口県熊毛郡麻郷村

山口県尾上市郎の長男に生まれ、一九〇五年二月山陽鉄道会社に入り、同年六月日露戦争に際し野戦鉄道準備員となって渡満し、同年九月から遼陽機関区に勤務した。戦後〇七年四月の満鉄開業とともに第一期生として満鉄従事員養成所を修了し、以来各地に勤務した。一五年三月青島戦役に際し運輸部予備員として山東鉄道監理部付となり、一九年六月陸軍省付を経て二二年一二月青島守備軍民政部鉄道技手となった。二三年一月山東派遣日本軍の撤退に伴い鉄道部機関手取締を務め、翌月に残務整理を終了して解職となり、同年五月満鉄に復帰して大石橋機関区に勤務した。二九年一月点検助役、同年一〇月運転助役を経て三三年七月鉄道建設局運転助役となり錦州建設事務所に勤務した。次いで三四年一二月葉柏寿機務段長、三五年八月錦州建設事務所兼務、三六年五月四平街鉄路監理所監理員を歴勤し、三七年四月副参事に昇格して待命鉄道総局付となった。この間、満州事変時の功により勲八等旭日章及び従軍記章、建国功労賞を授与された。次弟の京助も二三年に渡満して満鉄に勤務した。

小野　嘉代二　▷12

日満商会主、ナショナルホテル経営主、ハルビン居留民会評議員／ハルビン地段街／一八八八（明二一）四／岡山県小田郡山田村／ニコライ神学校

ニコライ神学校を卒業した後、渡満して各種の職業に従事した。その後、ハルビンに日満商会を興して建築材料商を経営し、地段街の横浜正金銀行支店隣で「ナショナルホテル」の屋号で旅館業を兼営した。経営のかたわら同地古参の日本人としてハルビン市衛生組合長、ハルビン旅館組合長、満州旅館協会副会長等の公職に就いた。

小野木　光次　▷11

満鉄本社専任監査役附、正八位／大連市明治町／一八九七（明三〇）三／岐阜県稲葉郡南長森町／大連商業学校、北京書院

一九一八年、大連商業学校を卒業して三菱に入社した。北京留学を命じられて北京書院に入学し、二〇年四月に卒業して三菱商事㈱に勤務したが同年一一月に退社し、翌月満鉄に入社して本社専任監査役付を務めた。奈良県出身で大連神明女学校卒のタマエを夫人とした。

小野木　孝治　▷14

建築事務所経営／大連市山城町／一八七四（明七）三／神奈川県鎌倉郡鎌倉町／東京帝大工科大学建築学科

静岡県中村茂雅の次男に生まれ、小野木家を相続した。一八九九年七月東京帝大理工科大学建築学科を卒業し、高等官七等・海軍技師として呉鎮守府経理部建築課に勤務した。一九〇〇年二月に依願免官し、〇二年一〇月から台湾総督府嘱託を務め、翌年高等官六等・土木局建築課技師となり、〇五年に高等官五等に進んだ。〇六年五月に陸軍技師・台湾陸軍経理部付となったが、〇七年二月在官のまま渡満して創業間もない満鉄の技師となった。〇九年高等官四等、一一年高等官三等に昇任し、満鉄総務部技術局の初代建築課長として初期満鉄の建築事業を指導した。二三年一二月に退社し、大連で小野木横井市田共同建築事務所を開業した。この間、二二年二月から大連市会議員を一期務めた。三二年、大連で没した。長男敏雄は東京帝大工学部船舶科を出て逓信省技手となり、長女輝子は大連神明高等女学校を出て満鉄中央試験所員の渡部進に嫁した。

小野　儀七郎　▷12

国務院実業部商務科長職務代行、実業部法令審査委員会委員／新京特別市義和胡同代用官舎／一九〇六（明三九）一一／宮城県伊具郡角田町／東京帝大法学部法律学科

宮城県小野儀左衛門の三男に生まれ、東京府立第一中学校、第一高等学校を経て東京帝大法学部法律学科に入学し、一九二九年在学中に文官高等試験行政科に合格した。三〇年四月商工省に入り商務局貿易課、貿易局貿易課に勤務した後、三三年一〇月満州国実業部属官に転じて渡満し、総務司計画科弁事を経て同年一二月同部事務官となった。三四年八月総務司統制科弁事・実業部法令審査委員会委員、同年一二月臨時産業調査局事務官を歴職し、三五年八月関東軍司令部の嘱託で北支経済調査に派遣された。三六年八月実業部事務官・工商司弁事を経て商務科長職務代行・法令審査委員会委員となった。この間、三四年三月建国功労賞、三五年九月皇帝訪日記念章を受章した。

小野木八五郎 ▷9

(名)小野木呉服店主／大連市大山通／一八八〇（明一三）二／岐阜県稲葉郡南長森村

代々織物業を営む家に生まれ、早くから郷里で織物卸商に従事し、名古屋、京阪、東京方面と取引し一時は宮内省御用達も務めた。日露戦後一九〇五年に渡満して陸軍御用達商となり、店舗を旅順に置いて呉服商を兼営した。その後一四年に旅順を引き揚げて大連に移り、大山通に店舗を構えて(資)とし、売上げの増加とともに沿線各地に支店を設けた。

小野求太郎 ▷11

満鉄撫順図書館長／奉天省撫順南台町／一八八二（明一五）五／愛知県名古屋市東区富士塚町／早稲田大学英文科

愛知県小野荘五郎の長男に生まれ、一九〇八年早稲田大学英文科を卒業して京都帝国大学司書となった。一六年に退職して渡満し、満鉄に入社して調査課に勤務した。一九年撫順図書館長、二三年大連図書館司書主任を歴任し、二七年撫順図書館長に再任した。

小野　清 ▷11

大連聖徳尋常小学校訓導／大連市聖徳街／一九〇五（明三八）九／大分県下毛郡上津村／大分師範学校

大分県小野参治郎の三男に生まれ、一九二五年三月大分師範学校を卒業し、一年志願兵として小倉の歩兵第七二連隊に入営した。除隊して大分県下毛郡和田小学校訓導を務めた後、二六年三月に渡満して旅順師範学堂付属小学校教員養成部研究科に入学した。二七年三月、卒業と同時に大連聖徳小学校訓導に就いた。

小野　原 ▷12

吉林省穆稜県警正、勲七等／吉林省穆稜県公署／一八九三（明二六）一／北海道河東郡士幌村／利別小学校高等科

郷里の利別小学校高等科を卒業した後、一九〇七年北海道庁主催の准教員養成所を修了した。一三年一二月徴兵されて歩兵第二七連隊に入隊し、翌年伍長勤務を経て一五年一二月憲兵上等兵となり、各地の憲兵隊に勤務した。二二年一二月憲兵伍長に進級して予備役編入となり、同時に外務省巡査となって渡満し、間島総領事館警察署に勤務した。二八年三月巡査部長を経て二九年一〇月外務省警部警部補学術試験及び実務考査試験に合格し、三〇年九月外務省警部補となり琿春分館警察署に勤務した。三二年四月外務省警部に進級して三三年九月に依願免官し、同年一一月吉林省永吉県警佐に転じた。三五年一二月同省穆稜県首席警佐を務めた後、三六年四月同警正となった。この間、三三年一〇月勲七等瑞宝章を授与された。

小野　健治 ▷11

鉄嶺満鉄医院長兼医長／奉天省鉄嶺宮島町／一八八九（明二二）三／新潟県佐渡郡相川町／九州帝大医科大学

新潟県医師小野琳平の長男に生まれ、一九一六年七月九州帝大医科大学を卒業した。一八年七月に渡満して満鉄に入社し、瓦房店満鉄医院長兼医長を務めた。二四年から二年間社命で内科学研究のため欧米各国に留学し、帰国して鉄嶺医院長兼医長に就任した。和歌・俳句・創作・随筆などの文芸創作を趣味とし、鉄嶺運動協会の会長を務めた。

小野　茂 ▷12

税務監督署事務官兼税捐局理事官／奉天省四平街税務監督署四平街出張所／一八九四（明二七）一〇／北海道札幌郡琴似村

北海道小野三太郎の次男に生まれ、一九三二年税務監督署事務官となり竜口政務監督署総務科長に就いた。以来、吉林税務監督署延吉出張所兼延吉税捐局理税官、吉林税捐局理税官等を歴任し、三七年四月奉天税務監督署四平街出張所長兼梨樹税捐局勤務を経て同年六月に退官した。

尾野島市左衛門 ▷7

天然堂薬房主／大連市監部通／一八八六（明一九）一二／鹿児島県出水郡三笠村

一九〇六年、日露戦後の満州発展の機運に刺激されて渡満した。大連の将来性と売薬業の利幅が大きいことに着眼し、同地の小笠原薬房に入った。翌年七月第一支店から第二支店に移って売り上げ増進に貢献したが、同薬房が営業不振のため業務縮小となると倒産寸前の第一支店を譲り受けた。天然堂薬房と改めて独立経営し、商才を発揮して衰頽を挽回した。性剛毅で狩猟を趣味とし、銀相場に出入りして相場を張るのを好んだ。夫人貞子との間に一女菊枝があり、大連高女を優等で卒業した。

小野田文助 ▷11

欧州スコダ工場大連出張所主任／大連平和台／一八八七（明二〇）二／愛知県宝飯郡下地町／東京外国語学校英語科

愛知県陶器商小野田九蔵の四男に生まれ、一九一〇年東京外国語学校英語科を卒業して神戸の湯浅貿易㈱輸出部に勤務した。一七年から同社輸出部出張員としてサンフランシスコやキューバで東洋物産の販売に従事し、一九年に帰国して大連支店に赴任した。二二年に同社が解散となって徳大洋行に移り、さらに欧州スコダ工場大連出張所に転じて主任となり、南満及び朝鮮方面の貿易を担当した。

小野寺清雄 ▷11

満鉄地方部庶務課人事係主任、従七位／大連市桜花台／一八九二（明二五）一一／岩手県東磐井郡黄海村

岩手県の実業家小野寺大之進の長男に生まれたが、二歳で父に生き別れ、八歳で母に死別して天涯孤独の身となった。苦学して一九一六年中央大学商科を卒業し、同郷の陸軍大将斉藤実の後援で満鉄に入社して地方課に勤務した。一七年に一年志願兵として弘前歩兵第五二連隊に入営し、除隊後帰任して公主嶺地方事務所、大石橋地方事務所を経て奉天省四平街地方事務所地方係主任兼用度係主任、図書館主事、消防組副監督、付属地衛生委員等を歴任した。その後長春に赴任して長春地方区土地水道係主任、長春地方事務所庶務係長、同地方係長、同消防隊監督、同付属地衛生委員等を歴任した。二六年九月本社に戻り地方部地方課を経て庶務課に転じ、二七年一一月同課人事係主任となった。後備陸軍二等主計として在郷軍人東公園分会副長、大連警備副団長を務めた。

小野寺　勉 ▷12

満鉄葉柏樹警務段長兼金嶺寺警務段長、社員会評議員、従五位勲五等／熱河省建平県満鉄葉柏樹警務段長局宅／一八八八（明二一）一一／東京府東京市渋谷区氷川町／陸軍士官学校

陸軍中央幼年学校を経て一九一〇年五月陸軍士官学校を卒業し、同年一二月歩兵少尉に任官した。台湾歩兵第一連隊付、歩兵第二八連隊付、旭川連隊区司令部部員、旭川中学校配属将校に歴任し、この間累進して二八年少佐となった。三一年八月予備役編入となり、三二年盛岡市の岩手殖産銀行に入り、花巻支店、本店貸付主任に歴勤して三五年三月に辞職した。その後三六年二月に渡満して満鉄に入り、柏樹警務段長となり、赤峰警務段長を兼務した後、三七年六月金嶺寺警務段長兼務となった。

小野寺兵右衛門 ▷10

関東庁地方法院検察官事務取扱／大連市清水町／一八八八（明二一）一一／岩手県西磐井郡涌津村

宮城県栗原郡志波姫村に生まれ、その後岩手県に移った。一九〇八年徴兵されて札幌の第七師団歩兵第二五連隊に入営し、除隊して一三年から帝国在郷軍人会涌津村分会副会長を務めた。一四年九月に渡満して関東庁巡査となり、旅順警察署に勤務した。一九年二月警部補に進んで営口警察署に転勤し、同年五月さらに大連警察署に転勤した。警務、高等、司法の各係を務めた後、二五年四月警部に昇進して関東庁地方法院検察官事務取扱となった。剣道初段、尺八では都山流の奥伝を極め、修養団分団長として白色倫理運動に挺身したほか、大連在郷軍人会大広場分会幹事、小学校保護者会評議員、岩手県人会幹事を務めた。

小野　徳一 ▷11

関東庁海務局属／大連市清水町／一八八三（明一六）一一／大分県速見郡亀川町

大分県小野徳風の長男に生まれ、一九〇六年一一月税務署属となり、兵庫県、岡山県の各署に勤務した。一三年五月に退官して翌年四月から大分県東国東郡書記を務めたが、一七年に郷里の速見郡亀川町役場が温泉課を増設するとこれに転じた。一八年五月に町役場を辞めて渡満し、関東庁土木課に入り、二一年七月海務局属に転じた。

小野　敏夫　▷13

マンチユリアデリーニユース社長／新京特別市／一八九三（明二六）／東京府／慶応大学

金沢に生まれ、一九二〇年慶応大学を卒業して時事新報社に入社した。二七年から二年半ロンドン特派員を務め、三〇年のロンドン海軍軍縮会議の際はアメリカ提案をスクープするなど、協定に対する反対機運を喚起して名を馳せ、帰国して政治部長に就いた。三一年の五・一五事件では報道の陣頭指揮に立つなどして翌年編集総務の要職に就いたが、新聞製作をめぐり武藤山治社長と意見が衝突して退社し、新聞連合社の満州総局長となって渡満した。新京に駐在して誕生直後の満州国の実情報道に従事したが、三七年七月に満州弘報協会から分離して満州国通信社が設立されると理事兼編集局長に就任し、盧溝橋事件の報道活動を督励するかたわら各地に支局を開設した。三八年一一月、マンチユリアデリーニユース社長の古城少将の急逝に伴い後任社長に就任し、翌年一一月本社を大連から新京に移した。

小野友三郎　▷12

満州採金㈱警備主任、従五位勲五等／新京特別市昌平胡同／一九〇〇（明三三）二／愛知県豊橋市／陸軍士官学校、陸軍戸山学校

愛知県小野藤七の子に生まれ、愛知第四中学校を経て一九一二年陸軍士官学校を卒業、同年一二月歩兵少尉に任官して第六八連隊付となった。次いで一六年に陸軍戸山学校を優等で卒業して拳銃一丁を下賜され、士官学校教官、第六八連隊大隊副官、同連隊付中隊長、台湾駐剳歩兵第一連隊大隊副官、台湾総督府台北高等商業学校服務、第六八連隊付中隊長に歴補した。二八年五月済南事件に際し第三師団に属して青島に上陸した後、歩兵第六八連隊付、岐阜県本巣中学校服務、台湾駐剳歩兵第一連隊付に歴補し、中佐に累進して予備役編入となった。その後、三七年二月満州採金㈱警備主任となって渡満した。

小野　豊和　▷12

国務院交通部総務司秘書科勤務兼路政司勤務／新京特別市隆礼路／一九〇三（明三六）八／宮崎県宮崎郡広瀬村／東亜同文書院

宮崎県小野成夫の次男に生まれ、宮崎中学校を経て一九二六年上海の東亜同文書院を卒業し、同年一一月大連汽船㈱に入社した。三二年七月国務院総務庁に転じて人事処に勤務し、三三年三月国務院総務庁属に進んだ後、同年一一月興安南分省公署事務官に転任して総務庁総務科長となった。三四年七月同省公署理事官となり、次いで同年一一月の改組により興安南省公署事務官となった。三五年一〇月国務院に転任して交通部総務司秘書科に勤務し、三七年二月から同部路政司員を兼務した。

小野原　近　▷7

パイジス商会主／旅順市乃木町／一八八五（明一八）一〇／鹿児島県薩摩郡上東郷村／中学校

鹿児島県に生まれたが熊本の中学校に学び、卒業後は英語の修学に努めた。一九〇五年に渡満して奉天で実業に手を染めたが失敗し、大連に引揚げて西洋人経営のパイジス商会に入った。ここで商法の実地を体得し、一二年二月に旅順でパイジス商会旅順支店の看板を掲げて洋酒類、煙草の販売に従事した。本業のかたわら世界大戦後の不況時に砂金採掘事業に投資し、一時はかなりの好成績を納めたが人件費がかさんで採算がとれず撤退し、毛糸物類の扱いを始めた。これに合わせて編物講習会を開催して好評を博し、講習の申し込みが殺到して多数の卒業生を送り出した。

小野　実雄　▷14

弁護士、満州法政学院講師、法律新聞支社長／大連市但馬町／一八九七（明三〇）一一／岡山県倉敷市川入／中央大学法科

岡山県農業小野陸太の長男に生まれ、一九一八年中央大学法科を卒業して同年一一月弁護士試験に合格した。東京で弁護士を開業するかたわら法律新聞社の編集担当を務めたが、二一年五月に渡満して大連で弁護士業を始めた。同年七月に陸海軍大臣より陸海軍の軍法会議法による弁護士に指定され、前後して法律新聞社大連支社長に就いた。その後、満州法政学院理事兼講師、満州日報社顧問弁護士、大連株式商品取引所監査役、大連証券信託㈱社長を歴任し、大連市社会事業委員嘱託、岡

山県人会副会長、関東庁国勢調査参事嘱託、皇道普及会副会長、大連青年団幹事長、大連市特別事業委員嘱託、満州青年連盟理事、大連昭和高等女学校理事、大連技芸女学校理事、日本弁護士協会名誉理事、帝国弁護士会理事、関東州弁護士会会長等も務めた。二四年一一月に初当選して以来、長く大連市会議員を務めた。

小野村米吉　▷11

満鉄瓦房店医院長、医学博士／奉天省瓦房店大和街／一八九二（明二五）三／茨城県結城郡石下町／東京帝大医学部

茨城県医師坂入熊吉の三男に生まれ、同郷の小野村伊助の婿養子となった。一九一七年七月東京帝大医科大学を卒業して同大副手を務めた後、コレラ防疫のため一九年八月に渡満した。一一月にいったん帰国したが、翌年三月再び渡満して満鉄に入社した。奉天省四平街医院長兼医長を務めた後、二四年に社命で東京帝大伝染病研究所に留学し二木謙三博士の下で研究に従事した。二六年一月に帰任して遼陽医院内科医長を務めた後医学博士の学位を受けて満鉄参事となり、二七年一一月瓦房店医院長兼医長に就任した。

小野　力蔵　▷12

満鉄奉天機関区運転助役兼機関士、勲八等／奉天満鉄奉天機関区／一九〇二（明三五）四／神奈川県足柄上郡吉田島村

一九一九年七月満鉄従事員養成所を修了し、鉄嶺車輌係の機関夫となった。次いで機関方・運輸部勤務となり、鉄嶺機関区機関方、同機関士、同点検方、安東機関区機関士に歴勤した。その後三四年七月奉天機関区運転助役となり、三五年七月から機関士を兼務した。この間、満州事変時の功により勲八等旭日章及び従軍記章、建国功労賞を授与され、三三年四月勤続一五年の表彰を受けた。

小野　六蔵　▷3

関東都督府医院医長眼科主任、高等官三等従五位勲五等／旅順新市街朝日町／一八七一（明四）一／山梨県甲府市太田町／東京帝大医科大学

第一高等学校に在学中、一八九四年の日清戦争で召集を受けて中退した。戦後九六年六月に再入学し、東京帝大医科大学に進んで一九〇一年六月に卒業した。同大学副手及び助手として付属医院に勤務した後、〇二年二月福島県立福島病院副院長兼眼科医長に就いたが、〇四年一一月に日露戦争で再び召集され、従軍中の〇五年に陸軍二等軍医となった。復員して〇六年六月北海道函館病院眼科部長、〇七年五月釧路国厚岸町立厚岸病院長、〇八年五月山口県立病院眼科部長を歴任し、同年一二月に渡満して関東都督府医院医長兼眼科主任となった。

小野　六郎　▷11

日本郵船大連出張所輸出入係主任／大連市対馬町／一八九一（明二四）一／岡山県岡山市七軒町／東京帝大法科大学

岡山県小野槙一郎の長男に生まれ、一九一七年七月東京帝大法科大学を卒業して日本郵船㈱に入社した。本社、上海支店勤務を経て二六年三月大連出張所に転勤して輸出入係主任を務めた。

小畑悦次郎　▷12

満鉄皇姑屯検車段検車助役／奉天青葉町青葉寮／一九〇五（明三八）一一／宮城県仙台市荒町／仙台工業学校

宮城県小畑誠次の次男に生まれ、一九二三年三月仙台工業学校を卒業して仙台鉄道局青森検車所に勤務した。二五年一二月仙台鉄道局教習所専科検車手科を修了した後、勤続して三三年一二月技手に進んだが、同年満鉄に転出して安東検車区に勤務した。三四年六月鉄道総局に転任して山海関機務段に勤務した後、同年八月錦県検車段山海関分段、次いで同年一〇月皇姑屯検車段に転勤した。三六年五月検車副段長試験に合格し、奉天鉄路局機務処運転科、同処車輌科勤務を経て同年一一月錦県鉄路局機務処運転科に歴勤し、三七年一月皇姑屯検車段検車助役となった。

小畑　猛雄　▷11

満鉄社長室業務課員／大連市白金町／一八九九（明三二）一／兵庫県三原郡大野村／神戸商業専修科

兵庫県小畑伊代造の長男に生まれ、一九一八年神戸高等商業学校専修科を卒業し、大阪市の貿易商丸松㈾に入社した。同年一二月に退職して兵庫県洲本郵便局通信書記補に転じ、翌年一一月これも辞して渡満し、満鉄に入社した。埠頭勤務を経て二三年に社長室文書課監査役付となり、後に業務課に転じた。

小畑儀三郎 ▷11

日露機械金物輸出協会ハルビン分行主任／ハルビン埠頭区田地街／一八七七（明一〇）二／東京府東京市淀橋区／東京専門学校

東京府農業小畑儀助の三男に生まれ、一九〇〇年東京専門学校を卒業した。〇六年に東京山武商会に入社して機械工具材料類の輸入業務に従事し、二〇年勤続して監事となった。その後二六年八月に退社し、翌月渡満して日露機械金物輸出協会ハルビン分行主任となった。

尾花　芳雄 ▷12

満鉄鉄道総局機械課員、工業標準規格委員会小委員会委員、鉄道総局度量衡器検査員／奉天雪見町／一八九九（明三二）一／宮城県仙台市東四番町／旅順工科学堂機械工学科

宮城県尾花経造の長男に生まれ、一九一九年旅順工科学堂機械工学科を卒業して同年一二月満鉄に入社した。以来勤続して技術部機械課、運輸部機械課、地方部建築課、南満州工業専門学校講師兼務、大連工務事務所、大連医院技術員兼務、地方部建築課、工事部建築課、奉天工事区事務所、奉天地方事務所、ハルビン鉄路局工事課、鉄路総局機務処工作課に歴勤した。三六年九月副参事となり、同年一〇月鉄道総局機械課に転任した。長く暖房・衛生機械施設関係の業務に従事し、三五年四月に勤続一五年の表彰を受けた。

「小浜」は「こはま」も見よ

小浜為五郎 ▷3

安東県居留民団理事、安東官有財産管理会委員長、安東商業会議所特別議員、従七位勲六等／安東県大和橋通／一八六八（明一）二／鹿児島県姶良郡加治木町／東京外国語学校

東京外国語学校で中国語を学んだ後、一八八七年上海に渡航して日清貿易研究所の英語教師となった。九四年の日清戦争の際に高等通訳として台湾に渡り、そのまま残留して台湾総督府弁務署長等を務めた。日露戦争が始まると再び通訳となって〇五年に安東県に赴き、翌年一〇月同地で安東新報を創刊した。さらに満鮮運送㈱を創設して新聞業と兼営したが、一三年に両社から退いて安東県居留民団理事、安東官有財産管理会委員長、安東商業会議所特別議員等の名誉職に就いた。その後、後任社長の死去により安東新報社の社長に復帰したが、一九年一二月に没した。

小浜彦三郎 ▷12

満鉄錦州建設事務所員、社員会評議員、正八位／錦州省錦県満鉄錦州建設事務所／一八九九（明三二）一一／秋田県由利郡東滝沢村／早稲田大学商学部

秋田県立本荘中学校を経て一九二五年早稲田大学商学部を卒業し、一年志願兵として兵役に服した。二六年四月陸軍歩兵少尉に任官して退営し、同年七月仙台鉄道局に入って工務課勤務、同局書記・改良課庶務掛、秋田保線事務所物品会計官吏、同事務係を歴職した。その後三三年三月満鉄に転じて渡満し、鉄道建設局庶務課勤務を経て三六年一〇月錦州建設事務所に転勤した。

小原　敬介 ▷11

熊岳城農業学校長／奉天省熊岳城日出街／一八八五（明一八）一一／岩手県稗貫郡花巻町／ミネソタ州農科大学

岩手県教師小原忠次郎の子に生まれ、渡米してミネソタ州立農科大学に学んだ。一九一七年に卒業してアメリカ逓信省検閲官、南カリフォルニア州日本人農会技師、魚肥製造会社支配人を経てサンフランシスコ日米新聞社に勤務した。帰国後は東京で著述と翻訳業に従事したが、二八年七月に渡満し、熊岳城農業学校長に就任して実習所長を兼任した。著書に『米国多産鶏の鑑査と飼養』がある。

小原　貞敏 ▷11

満鉄鉄道部運転課客車係／大連市桂町／一九〇一（明三四）一／鹿児島県鹿児島市高麗町／京都帝大工学部

外務省警視小原甚三郎の次男に生まれ、一九二五年三月京都帝大工学部を卒業して満鉄鉄道部機械課に勤務した。同年一二月一年志願兵として太刀洗の飛行第四連隊に入営し、二七年三月見習士官勤務を終えて満鉄に復帰した。鉄道部工作課貨車係勤務を経て、二八年一〇月に鉄道部運転課客車係となった。夫人恒子は大連神明高女出身で、実父の小数賀政市は大連市助役を務めた。

小原 恒雄 ▷11

東亞土木企業会社員／大連市桃源台／一八八四（明一七）六／石川県金沢市裏古寺町／攻玉社工学校

石川県小原有隣の子に生まれ、一八九八年四月鉄道作業局に入り北陸鉄道線路建設工事や保線業務等に従事した。日露戦争に際し一九〇五年一月に召集されて金沢の砲兵第九連隊に入営したが、鉄道班員として国内に残留した。除隊後は東京の攻玉社工学校に入り、〇六年に卒業すると満鉄創立事務所に招雇されて同年一二月に渡満した。翌年四月の満鉄開業とともに工務課に勤務し、安奉線改築本線複線工事や鄭洮・洮昂・吉敦等の借款鉄道の敷設工事に従事するなどして、満鉄創業一〇年・一五年・二〇年に際し各勤続表彰を受けた。二六年一一月に非役在籍となった後は東亞土木企業会社に勤めた。スポーツを好み、北陸高女出身の夫人孝子は生花と箏曲を嗜んだが、子宝に恵まれず養子を迎えた。

小原 博一 ▷12

満鉄農事試験場農芸化学科員／吉林省公主嶺霞町／一八九七（明三〇）五／兵庫県神戸市荒田町／北海道帝大農学部

兵庫県小原史の三男に生まれ、一九二三年三月北海道帝大農学部を卒業して同年五月満鉄に入り、公主嶺の農事試験場に勤務した。三〇年六月技術員に昇格し、三五年六月ハルビン鉄路局産業課工務員を務めた後、同年一〇月再び農事試験場に戻り農芸化学科に勤務した。この間、満州事変時の功により賜盃を授与された。

小原二三夫 ▷12

国務院民政部土木局総務処庶務科長、満州国協和会土木局分会常任幹事／新京特別市西朝陽路南胡同／一九〇二（明三五）二／京都府久世郡宇治町／京都帝大経済学部経済学科

京都府小原為の長男に生まれ、一九二三年三月京都帝大経済学部経済学科を卒業した後、二六年九月釜山府庁行政調査嘱託となった。その後二七年四月満鉄に入り、鉄道部、大連埠頭事務所、長春駅に勤務した。次いで三二年六月国務院交通部事務官に転じて鉄道司第一科長心得となり、国道局事務官・庶務科長、同理事官を経て三七年一月民政部土木局総務処庶務科長となった。この間、勲五位景雲章、建国功労賞、大典記念章、皇帝訪日記念章を授与された。

小原孫四郎 ▷12

岡山洋行主、吉林中央卸市場㈱専属仲買人組合評議員／吉林大馬路／一八八七（明二〇）八／岡山県都窪郡清音村

岡山県小原友吉の長男に生まれ、一九一一年朝鮮京畿道の開城独立守備隊に入営し、一六年に除隊した。一八年三月再び朝鮮に渡り大邱その他の地で煙草栽培に従事したが、二一年四月の朝鮮煙草専売法の制定と同時に廃業し、渡満して安奉線草河口で義父の経営する木炭・坑木の卸販売業を手伝った。二八年吉林に移ってゴム靴商を営んだ後、三一年果実の卸小売商に転業した。経営のかたわら吉林中央卸市場㈱専属仲買人組合評議員を務め、満州事変当時は自警団分隊長として活動した。

小原 弥作 ▷9

大連商業学校英語教諭／大連市播磨町東洋協会宿舎／一八八〇（明一三）二／石川県金沢市宝船路町／東京先進学院

石川県の専門学校を卒業して東京先進学院に学び、一八九四年二月に築地で英語学校を開いた。次いで九九年から東京中学校、東京数学院等の英語教師を務め、一九〇一年長崎県立中学校の教諭となった。〇四年神戸市書記に転じて通訳を務めた後、〇六年神戸のシイグフリート商館に転じ、さらに翌年同市の私立神港商業学校教諭に転じた。一〇年八月東洋協会学校の開設とともに校長松本喜一に招かれて渡満し、英語科教諭を務めた。実弟の小原祥村は画家になり、東京小石川に在住した。

大日方一司 ▷11

旅順工科大学助教授、従七位／新旅順常盤町／一九〇二（明三五）五／東京府荏原郡入新井町／東京帝大工学部冶金学科

長野県大日方一輔の長男に生まれたが、一九一三年、一一歳の時に満州で炭砿調査をしていた父が馬賊の襲撃に遭い殺害された。父亡き後、苦学して東京帝大工学部に学んだ。二六年四月に冶金科を卒業すると満州に渡って旅順工科大学講師となり、翌年六月同大学助教授に昇任した。

尾間　明　▷11

満州日報社取締役／一八七七（明一〇）七／大分県南海部郡佐伯町

大分県尾間郡治の次男に生まれ、一八九四年国民新聞社に入社した。後に広告部長、営業局長、理事を歴任して民友社出版部長も兼ねた。一九二七年一〇月、「満州日日新聞」と「遼東新報」が合併して「満州日報」となる際に顧問となって渡満し、同社発足後は取締役に就任した。

尾股　忠助　▷11

普蘭店金融組合理事／関東州普蘭店会蓬莱街／一八九一（明二四）一／福島県西白河郡五個村／東洋協会専門学校

福島県酒造業尾俣銀蔵の三男に生まれ、一九一四年三月東洋協会専門学校を卒業して朝鮮に渡り、全羅南道金融組合理事となった。順天、綾州を経て長興に勤務し、長平、康津、兵営の三組合の理事を兼任したが、九年勤続して辞職した。帰国して家業の酒造業に従事し、かたわら幾つかの事業を兼営したが、二四年九月再び朝鮮に渡って全羅北道院坪及び金堤金融組合に勤務した。二五年七月、普蘭店金融組合理事に就任して渡満した。

小俣　良治　▷12

満鉄チチハル医院皮膚科医長／龍江省チチハル満鉄医院／一九〇四（明三七）一二／山梨県南都留郡禾生村／満州医科大学

山梨県小俣一致の次男に生まれ、一九三一年満州医科大学を卒業して同大学皮膚科学教室に入った。三二年二月衛生部幹部候補生として兵役に服し、同年一二月教室に復帰した。その後三三年五月満鉄に入り、撫順医院勤務を経て三四年七月チチハル医院皮膚科医長に就いた。

尾見　薫　▷3

満鉄大連医院医長、外科部長、大連婦人医院長、南満医学堂教授、衛生課勤務、正六位医学博士／大連市山城町／一八七四（明七）八／京都府与謝郡宮津町／京都府立医学校

一八九七年京都府立医学校を卒業し、京都府立療病院、京都帝大医科大学助手を経て台湾総督府医学校講師となった。一九〇五年から医学研究のためドイツのブレスラウ医科大学に留学し、〇七年七月に医学博士の学位を得て帰国した。〇九年に渡満して満鉄大連医院医長・外科部長に就き、南満医学堂教授、大連婦人医院長を兼任し、さらに一四年から満鉄地方部衛生課外科主任を兼務した。

重茂　重雄　▷12

満鉄蘇家屯駅助役、社員会蘇家屯連合会宣伝部委員、勲八等／奉天省蘇家屯穂高町／一九〇五（明三八）八／岩手県下閉伊郡宮古町

一九二〇年五月鉄道教習所電信科を修了して満鉄に入社し、鉄嶺駅駅務方見習となった。次いで二三年六月同駅電信方、二五年二月同駅駅務方、二六年一〇月長春列車区鉄嶺分区車掌、二八年一〇月千山駅駅務方兼助役心得に歴勤した。三三年一〇月助役試験に合格して同年一一月祁家堡駅助役となり、三五年一月蘇家屯駅助役に転任した。この間、満州事変時の功により勲八等及び従軍記章、建国功労賞を授与され、三六年四月勤続一五年の表彰を受けた。

小柳津正蔵　▷12

昭和製鋼所㈱取締役兼研究部長、満州火薬販売㈱理事長、正四位勲二等功五級／奉天省鞍山中台町／一八八一（明一四）五／東京府／陸軍士官学校

一九〇一年一一月陸軍士官学校を卒業して〇二年陸軍砲兵中尉に任官し、以来長く軍務に就いた。二八年八月東京工廠付兼造兵廠付を経て二九年八月少将に進んで東京工廠長となり、次いで三二年四月大阪工廠長に歴補した。その後三三年八月中将に累進して待命・予備役編入となり、昭和製鋼所㈱取締役兼研究部長となって渡満した。

尾山　貫一　▷3

満鉄南満州工業学校教諭、建築科主任、正八位／大連市近江町／一八八二（明一五）三／埼玉県北埼玉郡忍町／東京高等工業学校付設工業教員養成所建設科

一九〇四年、東京高等工業学校付設工

業教員養成所建設科を卒業した。一二年六月に渡満して南満州工業学校教諭となり、建築科主任を務めた。

小山田篤太郎 ▷1

泉水屯煉瓦製造所主／大連市／一八七一（明四）一一／奈良県添上郡柳生村／攻玉社工学校土木科

旧柳生藩士で勤皇家として知られた柳生一義の次男に生まれ、小山田家を相続した。父の旧友で奈良県知事の税所子爵家で養育され、奈良中学校を経て東京の攻玉社工学校土木科を卒業した。一九〇三年大阪の製鉄会社に入社して工業部主任を務めたが、納品先の大阪砲兵工廠技師が日本製耐火煉瓦の劣悪を嘆くのを聞き、大阪商品陳列所から陳列標本の最上舶来耐火煉瓦を譲り受け、退社してこれを粉砕分析して舶来品同等の耐火煉瓦製造に成功した。この間、鳥取県の河川築堤工事を一二〇万円で請け負って多大の損失を招いたが、大阪府下鯰江に工場を設けて再び耐火煉瓦の製造に着手し、大阪砲兵工廠の品質試験に合格した。以来、同工廠用達として耐火煉瓦を製造するかたわら阪鶴、関西、奈良鉄道等の諸工事に普通煉瓦を多数納入した。一九〇五年三月日露戦中に陸軍大臣の認可を得て大連に渡り、各地の煉瓦製造業や商工業を視察した後、同年九月に再び渡満して大連民政署の許可を得てロシアが遼東経営のために設置した泉水屯煉瓦製造所を租借した。同年一一月にいったん帰国し、翌年三月多数の職工と事務員を同行して三度び渡満して煉瓦製造を開始した。三井物産大連支店に販売を委託し、開業早々に鉄道提理部が発注した八〇〇万個を中国人労働者一五〇〇名を使用し短時日に納入して実績を上げた。

小山田直右衛門 ▷12

国務院民政部警務司特務科特務股長、従七位勲六等／新京特別市大同大街国務院民政部警務司／一八九三（明二六）五／鹿児島県熊毛郡中種子村／熊毛郡立種子島農林学校

鹿児島県小山田直吉の次男に生まれ、一九一〇年熊毛郡立種子島農林学校を卒業した。その後陸軍に入って一五年に憲兵上等兵となり、一七年憲兵練習所第一期兵種学生を修了した後、憲兵司令部付、久留米憲兵隊付を経て柳樹屯憲兵分遣隊長となって渡満した。次いで鞍山憲兵分遣隊長、奉天城外憲兵隊本部配属、鄭家屯憲兵分遣隊長、奉天城内憲兵隊本部配属、奉天憲兵隊本部付庶務主任を歴任して三四年九月待命となり、同年一〇月吉林警務庁警正・特務科長を経て三六年四月国務院民政部事務官となり、警務司特務科特務股長に就いた。

折笠　好 ▷12

満鉄新京駅構内助役／新京特別市露月町／一九〇二（明三五）八／福島県田村郡高瀬村／安積学館

福島県折笠源太郎の次男に生まれ、一九一四年郡山市の県立安積学館を卒業し、一九年一月鉄道院に入り郡山駅に勤務した。福島駅駐在車掌、五百川信号場助役、会津坂下駅予備助役、同駅長代理を経て鉄道書記となったが、三三年二月に免官となり、渡満して満鉄に入った。蘇家屯駅に勤務した後、四台子駅助役、蘇家屯駅助役を経て三六年四月新京駅構内助役となった。

折笠　義光 ▷11

奉天総領事館書記生／奉天総領事館構内／一八九七（明三〇）一二／福島県田村郡谷田川村／拓殖大学

福島県の農家の四男に生まれ、一九二二年三月東洋協会専門学校を卒業した。外務省に入って事務嘱託となり、翌年一二月外務通訳生に昇格した。二四年九月に奉天総領事館勤務となって渡満し、二七年六月外務書記生に進んだ。

折田　有信 ▷14

大連埠頭局長、勲六等／大連市榊町／一八九三（明二六）三／京都府京都市上京区河原町広小路／京都帝大経済学部

一九二一年三月京都帝大経済学部を卒業し、同年一一月満鉄に入社した。経理部会計課、同主計課、大連駅、営口駅、大連駅、大連列車区車掌、大連駅助役、安東駅貨物助役、同貨物主任、大連埠頭第三埠頭主任、同第二埠頭主任に歴勤して安東駅長となった。次いで三一年八月大連鉄道事務所営業長、鉄道部勤務を経て三二年二月鉄路総局に転任し、四洮鉄路局車務処長兼洮昂斉克洮索鉄路局派遣となった。三三年八月参事に昇格し、三四年洮南鉄路局総務処長、三五年ハルビン鉄路局人事課長兼庶務係主任兼文書課長事務取扱、三六年鉄路総局総務処人事課長兼人事係主任兼養成係主任、同月牡丹江鉄路総局総務処長を歴任した。三七年六月開拓鉄道運用に関する調査研究のため欧米各国に出張した後、三八年九月大連埠頭事務所長兼奉天鉄道局副局長を経て四〇年四月大連埠頭局長に就き、同年一一月から大連市会議員を務めた。

折田　節 ▷12

満鉄鉄道総局建設局員、勲八等／奉天藤浪町／一八九八（明三一）四／鹿児島県日置郡上伊集院村

鹿児島県折田彦熊の長男に生まれ、一九一五年満鉄鉄道教習所電信科を修了して本社運輸部電信係に勤務した。以来勤続し、大石橋駅車掌、鶏冠山列車区車掌、橋頭列車区車掌、本渓湖駅駅務方、海城駅助役心得、新台子駅助役心得を歴任した。次いで鉄道建設局水道調査所庶務係、同庶務課勤務を経て三六年一〇月鉄道総局建設局に転任した。この間、三一年九月一八日満州事変勃発時の当夜、駅長事務代行者として勤務地守備兵員の柳条湖出動の輸送事務と警備に当たり、勲八等瑞宝章及び従軍記章を授与された。

恩田　明 ▷14

関東州興亜奉公連盟実践部長／大連市東山町／一八九八（明三一）九／鳥取県日野郡二部村

鳥取県恩田熊寿郎の長男に生まれ、小学生の時に一家で大連に渡った。一九一七年三月、旅順の関東都督府中学校を卒業して東京の青山学院英語師範科に学んだ。二二年三月に卒業して翌年九月から大連第一中学校に語学教員として勤務したが、三二年三月に父熊寿郎の急死により依願退職して家業の煉瓦製造販売業を継いだ。三二年一一月から大連市会議員に三回当選したほか東山区長を務め、四一年一月から関東州興亜奉公連盟文化部副部長となり、後に同連盟実践部長に就いた。庭球と囲碁を趣味とし、東京一橋女子職業学校出身の夫人ゑいは大連弥生高女の裁縫科教員を務めた。

恩田熊寿郎 ▷14

煉瓦製造業／大連市東山町／一八六七（慶三）一／鳥取県日野郡二部村／英吉利法律学校

鳥取県工業恩田真吉の長男に生まれ、一八九〇年英吉利法律学校を卒業して敬業社に入り書籍出版に従事した。九六年末に退社して一〇年ほど商業に携わったが、一九〇六年三月に渡満して大連で煉瓦製造業を始めた。かたわら大連株式信託会社取締役社長を務め、二八年一一月大連市会議員に当選し、翌年七月には市会議員補欠選挙に当選したが翌年辞任した。三二年三月、議員在任中に昭和製鋼所建設運動のため帰国途中、大阪で病没した。家業を継いだ長男の明も、亡父の後を承けて同年一一月から長く大連市会議員を務めた。

海江田栄之助 ▷11

海江田兄弟商会大連支店主任／大連市薩摩町／一八八二（明一五）九／鹿児島県鹿児島市上野園町／東京高等商業学校

鹿児島県の穀物雑貨商海江田丑之助の次男に生まれ、一九〇六年東京高等商業学校を卒業した。〇九年一二月、公主嶺で雑貨商を営む実兄の新之丞を頼って渡満した。同地で兄と共に大豆・豆粕等の満州特産物を販売する海江田兄弟商会を経営し、後に大連支店主任を務めた。実践女学校出身の夫人ミヲとの間に二女があり、長女マサ子は旅順高女を卒業して日本女子大学に学んだ。

海江田新之丞 ▷11

海江田兄弟商会代表人／吉林省公主嶺東雲町／一八八〇（明一三）七／鹿児島県鹿児島市上野園町

鹿児島県の穀物雑貨商海江田丑之助の長男に生まれ、一九〇六年一月に渡満して昌図付大牛圏駐屯騎兵第一八連隊で酒保を経営した。同年一〇月連隊の公主嶺移駐に随伴し、同地で営内酒保及び副食物・消耗品納入等の軍用達に従事したが、酒保が官営となるに伴い市中に出て食料品・雑貨商に転じた。〇七年一一月に海江田兄弟商会を設立し、〇九年一二月に弟の栄之助を呼び寄せ、兄弟二人で大豆・豆粕等の満州特産物販売を営んだ。一一年四月からは独立守備第一大隊の用達も務め、事業の発展とともに大連・奉天・長春に支店、神戸・鹿児島・台湾に代理店を設けた。満鉄諮問委員、公主嶺電灯会社取締役、同取引所信託取締役、同特産商組合長、同三州会会長を務めたほか、二五年一〇月地方区委員に当選し議長に就任した。大弓を趣味とし、実業補習学校出身の夫人ヨシは音楽を嗜んだ。

海江田俊明 ▷12

満州電業㈱新京支店電業課電路係長／新京特別市通化路／一九〇五（明三八）六／鹿児島県日置郡日置村／早稲田大学理工学部電気工学科第一分科

鹿児島県海江田十兵衛の三男に生まれ、一九三二年三月早稲田大学理工学部電気工学科第一分科を卒業し、同年四月南満州電気㈱に入った。三四年一二月電気供給部門が独立して満州電業㈱が創立されると同社に転じ、奉天電業局営業課電力係長を経て新京支店電業課電路係長となった。

海尾　国広 ▷12

満鉄公主嶺地方事務所水道主務者、社員会評議員／吉林省公主嶺地方事務所／一九〇五（明三八）八／福岡県飯塚市飯塚

一九二九年二月満鉄に入社して長春地方事務所に勤務し、三四年四月本渓湖地方事務所に転勤した。次いで三六年一〇月公主嶺地方事務所に転勤し、水道主務者となった。

魁生　政五 ▷11

公主嶺憲兵分遣所長、従七位勲七等／吉林省公主嶺憲兵分遣所官舎／一八八八（明二一）八／徳島県那賀郡宝田町／小学校教員養成所、憲兵練習所

徳島県農業魁生佐喜次の三男に生まれ、小学校教員養成所を修了した。郷里の小学校訓導になったが、一九〇八年一二月徳島の歩兵第六二連隊に入隊し、憲兵科に転じた。一八年六月憲兵練習所を修了して朝鮮、徳島、高知、善通寺等の各憲兵隊に勤務し、シベリア出兵の際にはハルビンに、関東大震災時には東京に派遣された。二六年五月陸軍憲兵特務曹長となり、二七年一二月公主嶺憲兵分遣所長に転任して渡満した。兄弟五人全員が兵役に就き、二三年の徴兵令施行記念にあたり第一師団長から表彰を受けた。

甲斐　進 ▷12

満鉄公主嶺地方事務所農務主務者、満州養鶏組合連合会理事、公主嶺養鶏組合常任幹事、公主嶺農業組合参与／吉林省公主嶺敷島町／一九〇〇（明三三）八／大分県大野郡小富士村／大分県立三重農学校農科

大分県甲斐帍次郎の三男に生まれ、一九一八年県立三重農学校農科を卒業して同年四月大野郡今市村役場に勤務した。一九年九月に辞職して大分県巡査となり、次いで二二年大分県農務課耕地整理係に転じた。二八年一月に辞職し、翌年一一月に渡満して満鉄に入り撫順炭砿に勤務した。大石橋地方事務所に転任した後、瓦房店、営口の各地方事務所勤務を経て三五年二月公主嶺地方事務所農務主務者となった。この間、満州事変時の功により賜品及び従

軍記章を受け、著書『満州に於ける箒高粱栽培並に加工製造に関して』を著した。

貝瀬　勤吾　▶14

満州化学工業㈱社長、従六位勲四等／大連市星ヶ浦小松台／一八七八（明一一）三／東京府東京市下谷区竹町／京都帝大理工科大学機械工学科

東京府島野厳吾の三男に生まれ、継母の入籍に伴い貝瀬家の養嗣子となった。一九〇一年七月京都帝大理工科大学機械工学科を卒業して鉄道院に入り、鉄道技手として鉄道作業局神戸工場に勤務した。〇四年五月鉄道技師に昇任し、翌月野戦鉄道運転班車輌長として日露戦争に従軍した。〇六年、日露講和条約による東支鉄道長春以南線の受領委員を務め、〇七年四月の満鉄開業とともに入社して満鉄技師となった。運輸部運転課に勤務した後、従事員養成所主事、運輸部運転課長、軍事輸送委員会委員、大連管理局運転課長、大連管理局長、埠頭事務所長、興業部長を歴任し、二四年に審査役・技術委員会委員長兼技術研究所所長兼能率係長を務め、後に参事となった。三一年六月に満鉄を退社して三三年五月から計画部嘱託となり、協和建物㈱社長、昭和製鋼所監査役を務めた後、三九年に満州化学工業㈱社長に就任した。その他、満州技術協会会長、大連力行会理事長、満鉄社友会満州支部長、満州学術連合会代表、満蒙文化協会理事長、女子人文学院長、機械学会評議員、燃料協会常議員、学術研究会議工学研究員、大連海務協会評議員、日本能率連合会顧問、満州体育協会常務理事等の名誉職を務めた。この間二四年一一月から大連市会議員に選任され、副議長・議長を務めた。

貝塚　新作　▷12

満鉄東京支社庶務課秘書係主任／東京市赤坂区葵町満鉄東京支社気付／一八八五（明一八）九／茨城県稲敷郡十余島村

茨城県貝塚熊太郎の長男に生まれ、一九〇二年鉄道作業局に入り新橋駅に勤務した。〇七年四月韓国統監府鉄道局に転じ、〇九年六月釜山鎮駅長心得を経て一二年六月朝鮮総督府鉄道局書記に進んだ。一七年七月同鉄道が満鉄に委託経営される際に満鉄に転じて渡満し、運輸部営業課勤務、旅客課勤務、運輸従事員養成所講師兼務等を歴任し、二五年九月日満露連合運輸会議出席のため三ヶ月間出張した。二七年四月鉄道部営業課勤務を経て三〇年六月参事に昇格して鉄道部旅客課勤務となり、三一年四月鉄道部食堂車営業所支配人兼二葉旅館支配人を経て同年八月東京支社庶務課に転勤して下関の鮮満案内所主任となった。次いで三二年一二月東京支社庶務課秘書係主任に転任し、三七年二月から六ヶ月間社命で欧米に出張した。この間、日露戦争の功により金五〇円を下賜され、三三年四月勤続一五年の表彰を受けた。

甲斐九十九　▷11

貸家業、勲六等／大連市柳町／一八七二（明五）八／長崎県長崎市樺島町

長崎県貿易商大町太平の子に生まれ、甲斐家の養子となった。長じて英米人に就いて英語を習い、一八九四年八月長崎税関属となり、事務官補を経て一九〇〇年鑑定官補となった。〇七年七月に大連海関が設置されると大蔵省の推薦で検査官となって渡満した。一一年一〇月外勤部長心得となり、一六年四月から漢口、青島、広東、天津、各地海関に転勤した後、二三年に職を辞して大連に戻り、貸家業を営んだ。

海渡　弘一　▷12

延吉税捐局員、吉林税務監督署延吉出張所長、地籍整理局延吉支局員、正八位／間島省延吉西大街／一八九七（明三〇）四／石川県羽咋郡千里浜村

本姓は別、後に旅順で古物商を営む海渡勇作の次女初枝の婿養子となった。一九一五年三月徳島県立商業学校を卒業して同年四月山口銀行に入り、一七年一二月一年志願兵として善通寺の輜重兵第一一大隊に入営した。除隊復職後、渡満して二二年三月関東庁税務講習所を修了して税務吏となり、普蘭店、金州、大連の各民政署に勤務した。二六年関東庁属となって財務部財政課に勤務し、三一年八月租税制度調査会書記を経て国務院財政部属官に転出して税務司経理科に勤務した。三三年一〇月税関事務官佐に進んで大連税関に勤務した後、三六年八月税捐局理税官・税務監督署事務官に累進して吉林税務監督署延吉出張所長兼延吉税捐局員となり、同年一〇月から地籍整理局延吉支局員を兼務した。

海渡　勇作　▷11

古物商、勲七等／旅順市敦賀町／一八七三（明六）一一／石川県羽咋郡千里浜村

石川県の船舶業兼古物商海渡勇造の長男に生まれ、日清戦争後の一八九五年から台湾の憲兵第二区隊に勤務した。九八年四月に除隊して台中で陸軍御用達業に従事した後、一九〇五年一〇月に渡満して旅順で古物商を開業した。夫婦に男子なく、徳島県人で税捐局理税官の弘一を次女初枝の婿養子とした。

開沼　一興　▷12

宝来号主、勲八等／奉天富士町／一八八三（明一六）四／山形県南村山郡南沼原村

日露戦争に従軍して勲八等旭日章を授与され、帰国後に再び渡満して鄭家屯で甘草の取引をして成功した。一九二五年奉天に移り、田中某の経営した宝来号質店を継承して質商と金融業を営んだ。かたわら特産商㈱三益号常務取締役に就き、満州事変後に昌和公司主の和田巌と特産商を共同経営した。

改野　耕三　▷3

満鉄理事・地方部長、大連商業会議所特別常議員、正五位勲四等／大連市山城町／一八五七（安四）三／兵庫県揖保郡東南村

廃藩置県の際に郷里の揖保郡飾磨小学校係兼東南村戸長となり、郡書記、農会議員、同副議長、県会議員、同常置委員等を歴任した。一八九〇年の第一回帝国議会に当選して以来衆議院議員を一〇期務め、政友会に籍を置いた。一九〇〇年伊藤博文内閣の農商務省官房長に就任したほか農商務省博覧会評議員、内閣工場調査員、文部省教育調査委員、衆議院予算委員を務めた。一四年三月満鉄理事に任命され、同年一二月衆議院議員を辞して渡満して地方部長に就任し、かたわら大連商業会議所特別常議員を務めた。

甲斐初五郎　▷4

甲斐商店／満州里／一八七四（明七）／長崎県南高来郡島原村

長崎県商業甲斐喜代太郎の子に生まれ、幼少から家業を手伝い、父亡き後は業を継いで米穀・肥料、雑貨商を営んだが立ち行かず、家産のほとんどを失った。一九〇七年、老母と別れ単身故郷を後にしてウラジオストクに渡った。頼るべき人も職の当てもなく、やむなくロシア人経営の鍛冶屋に入って職工となり、鎚を振るって三年働いて多少の資金を蓄え、一〇年に渡満して満州里に甲斐商店を興した。基礎が固まるとともに扱い品目を増やし、食料品や雑貨、薬品・化粧品・酒類等を大阪・博多・長崎方面から仕入れ、日中露人に販売して財を成した。

貝原　収蔵　▷3

東亜煙草㈱大連販売所主任／大連市大山通／一八八〇（明一三）一二／福岡県福岡市瓦町／福岡県立中学修猷館

福岡県立中学修猷館を経て一九〇五年台湾協会専門学校を卒業し、江副商店に入り煙草部勤務となって渡満した。〇六年に東亜煙草㈱が創立されると江副商店煙草部と共に同社に合流し、後に大連販売所主任を務めた。

甲斐　ヒサ　▷9

大連市立高等女学校教諭、正八位／大連市播磨町／一八七六（明九）四／北海道札幌区山鼻町

一八九八年、東京の女子高等師範学校を卒業した。各地で二四年間教師を務めた後、一九二二年に渡満して大連市立高等女学校教諭となった。

甲斐　正治　▷12

鞍山地方事務所所長代理兼地方係長、関東州外果樹組合連合会理事／奉天省鞍山北十条町／一八九四（明二七）一一／熊本県熊本市迎町／明治大学政治経済科

熊本県甲斐善次郎の五男に生まれ、一九二一年三月明治大学政治経済科を卒業し、同年四月満鉄に入り地方部庶務課に勤務した。奉天地方事務所、奉天地方区、鉄嶺地方区勤務を経て二四年六月庶務係主任となり、奉天地方事務所、安東地方事務所、鶏冠山在勤、地方部地方課、開原地方事務所に歴勤した。次いで二九年一二月本渓湖地方事務所地方係長兼本渓湖消防組監督、三一年八月瓦房店地方事務所地方係長兼瓦房店消防組監督、三三年三月営口地方事務所地方係長兼営口消防組監督を歴職し、総務部審査役付審査員を経て三六年五月鞍山地方事務所地方係長となり、三七年四月副参事に昇格して所長代理兼務となった。この間、満州事

変時の功により賜品及び従軍記章を授与され、三六年四月勤続一五年の表彰を受けた。

加悦　宇八 ▷12

満州電業㈱総務部人事課長／新京特別市通化路／一九〇三（明三六）八／長崎県長崎市桜馬場町／京都帝大経済学部

第五高等学校を経て一九二九年三月京都帝大経済学部を卒業して渡満し、南満州電気㈱に入り電灯課助手となった。三〇年一二月職員に昇格して調査役付となり、三一年九月長春支店に転勤して三三年一月新京支店庶務係長となり、同年八月人事係長に転任した。三四年一一月南満州電気㈱の電気供給事業を継承して満州電業㈱が創立されると同社入りして人事係長となり、三七年四月人事課長に就いた。

加悦喜一郎 ▷1

加悦商会主／安東県一八六六（慶二）一〇／長崎県長崎市引地町

一八九八年に渡満して旅順で雑貨店を開業したが、一九〇〇年に義和団事件が起きると天津に渡って軍隊用達商となった。〇五年四月安東県に移り、財神廟街に仮営業所を設けて薪炭業を始め、〇六年堂前街に新築移転して食塩、薪炭、木材販売業を営んだ。

加賀　種二 ▷11

営口水道電気㈱代表取締役、従五位勲六等／奉天省営口営口水道電気会社社宅／一八七九（明一二）二／熊本県球磨郡人吉町／京都帝大理工科大学土木科

一九〇一年、京都帝大理工科大学土木科を卒業した。〇四年茨城県技師、〇六年鉄道技師、一〇年韓国鉄道管理局勤務等を経て、一七年満鉄に入社した。一九年奉天工務事務所長となり、二三年四月の職制変更に際し奉天鉄道事務所長となった。二五年欧米に出張し、帰任して本社審査役兼技術員会委員を務めたが二八年に満鉄を辞し、営口水道電気㈱代表取締役に就任した。

加々美忠太郎 ▷11

加々美建築事務所主／大連市大黒町／一八八七（明二〇）四／山形県最上郡新庄町／山形県立工業学校

山形県土木建築請負業加々美重次郎の長男に生まれ、一九〇七年山形県立工業学校を卒業した。一三年に山形市建築主任となったが、間もなく渡満して満鉄撫順炭坑職員となった。その後大連土木建築会社に転じ、吉川組大連出張所建築主任等を経て独立し、大連で加々美建築事務所を経営した。

加賀美康夫 ▷12

満州牧場主／奉天高千穂通／一八九九（明三二）八／奈良県生駒郡郡山町

一九一七年ハルビンに渡ってロシア語を学び、ハルビン日日新聞記者となった。東方通信社、新聞連合社に転じた後、二七年に鞍山の牧場を買収し、大連市南山麓で満州牧場を経営する義兄の勝俣喜十郎の後援で満州牧場鞍山支店として経営した。その後三二年七月から奉天支店の開設準備に当たり、同年一一月勝俣との共同形式で牛乳とバター、クリームの製造販売業を開始した。事業の発展にともない三四年秋に牛乳販売所、貸店舗、貸事務所として数万円を投じて高千穂通に鉄筋コンクリート二階建ビルを建築した。

各務米次郎 ▷12

満州炭砿八道壕炭砿技術係長、正八位／錦州省八道壕満炭社宅／一八九二（明二五）六／岐阜県岐阜市美殿町／京都帝大理工科大学電気工学科

岐阜中学校、第八高等学校を経て一九一八年七月京都帝大理工科大学電気工学科を卒業し、横浜電気会社に入社した。一九年一二月兵役のため中野電信隊に入営し、二〇年一二月に除隊して逓信省電気試験所に入った。二一年東邦電力会社に転じ、次いで二四年三月から三五年二月まで日本電力会社に勤め、この間二九年一〇月から傍系の因幡水力電気会社電気主任技師を兼務した。その後三五年三月満州炭砿技師に転じて渡満し、技術部勤務を経て八道壕炭砿技術係長に就いた。

香川　正一 ▷12

東洋拓殖㈱ハルビン支店長、鴻業公司取締役、大同酒精㈱取締役、ハルビン日本商工会議所評議員／ハルビン南崗奉天街／一八九一（明二四）七／香川県高松市浜ノ町／東京帝大法学部政治科

一九一九年七月東京帝大法学部政治科を卒業し、東洋拓殖㈱に入り奉天支店に勤務した。以来勤続して天津出張所支配人、元山支店支配人、京城支社庶務課長を歴任し、三三年一二月ハルビン支店長となって渡満した。

香川 義憲 ▷12

大連松林尋常小学校長、大連松林青年学校長、従七位勲七等／大連市松林町松林尋常小学校／一八八九（明二二）九／香川県三豊郡高室村／京都府師範学校本科第一部

一九一一年三月京都府師範学校本科第一部を卒業して与謝郡世屋下尋常高等小学校訓導となり、同校長兼任、同郡順津尋常高等小学校訓導兼校長、同郡阿蘇尋常高等小学校訓導兼校長、同郡府中村村立農業補習学校助教諭兼校長を歴職した。その後二五年一一月関東州公学堂教員となって渡満し、旅順公学堂に勤務した。二六年二月関東州小学校訓導に転任して旅順第一尋常高等小学校本科正教員を務めた後、三〇年四月関東庁視学兼関東庁属となり内務局学務課に勤務した。次いで三二年三月関東州小学校訓導となって大連嶺前尋常小学校長を務めた後、三六年三月旅順第二尋常小学校長を経て三七年二月大連松林尋常小学校長に就き、大連松林青年学校長を兼任した。

垣内富士雄 ▷12

昭和製鋼所㈱研究部研究所副査、正八位／奉天省鞍山北九条町昭和製鋼所社宅／一九〇一（明三四）四／和歌山県海草郡木本村／東京帝大工学部冶金学科

和歌山県垣内次郎松の長男に生まれ、一九二七年三月東京帝大工学部冶金学科を卒業して同学部冶金学教室で研究に従事した後、二八年二月深山の重砲兵連隊に入営して兵役に服した。除隊後三三年六月に渡満して昭和製鋼所に入り、臨時建設部八幡在勤、臨時建設部付研究所技術課勤務を経て三四年四月研究部研究所副査となり、三五年三月から一年間外国に出張した。貴族院議員紀俊秀男爵の三女に生まれ兵庫県平野義賢の養女となった富佐子を夫人とした。

柿島 保雄 ▷4

松花銀行員／ハルビン埠頭区モストワヤ街／一八九三（明二六）一二／山梨県中巨摩郡西条村／東京外国語学校

山梨県柿島励秀の子に生まれ、一九一一年甲府中学校を卒業して上京し、神田の正則英語学校に学んだ。さらに東京外国語学校に入学して中国語を専攻し、一五年四月優等の成績で卒業した。請われて横浜の佐藤㈾に入社して貿易業務に従事したが、語学力を生かすべく一七年一月に渡満してハルビンの松花銀行に勤務し、業務のかたわら夜にはハルビン語学校の講師を務めた。

柿沼 介 ▷13

満鉄大連図書館長／大連市星ヶ浦水明荘／一八八四（明一七）八／京都府加佐郡舞鶴町／東京帝大文科大学

東京府柿沼精一の次男に生まれ、一九一一年七月東京帝大文科大学を卒業した。図書蒐集の趣味を生かして東京市立日比谷図書館に勤めたが、一九年五月満鉄に招聘されて渡満し、前年一月に創立された満鉄大連図書館に勤務した。欧米に二年留学した後、二五年同館館長に就いて参事となり視学を兼任した。中国諸文献に造詣深く、蔵書と設備の充実に務めて同館を世界的ライブラリーに育て上げ、三九年に満州から初めて日本図書館協会理事に選任された。

柿沼 準一 ▷12

満鉄奉天駅構内助役／満鉄奉天駅／一九一三（大二）一〇／埼玉県比企郡明覚村／東京外国語学校支那語貿易科

埼玉県柿沼富一の三男に生まれ、一九三五年三月東京外国語学校支那語貿易科を卒業し、満鉄に入社して鉄嶺駅に勤務した。次いで新京列車区鉄嶺分区車掌、鉄嶺駅貨物方に歴勤し、三六年一二月奉天駅構内助役となった。

柿沼 平一 ▷12

満鉄ハルビン鉄路監理所監理員／ハルビン満鉄鉄路監理所／一八九五（明二八）四／群馬県邑楽郡大箇野村／岩倉鉄道学校業務科

一九一七年東京の岩倉鉄道学校業務科を卒業し、同年四月鉄道院に入った。二〇年六月満鉄に転じて渡満し、奉天列車区、同区遼陽在勤、奉天運輸事務所に歴勤して撫順駅助役となり、次いで安東駅に転勤して貨物方、庶務方、出札方、駅務方を経て事務助役となった。三五年六月ハルビン鉄路局に転勤して運輸課に勤務し、三六年一月同運輸処旅客科勤務を経て同年七月ハルビ

か

ン鉄路監理所監理員となった。この間、三六年四月に勤続一五年の表彰を受けた。

柿野 三郎 ▷12

大連聖徳街尋常高等小学校長、大連家政女学校長、㈳関東州教職員共済会理事、正七位勲六等／大連市聖徳街尋常高等学校／一八八六（明一九）一／福岡県山門郡三橋村／福岡県師範学校

福岡県柿野喜十の三男に生まれ、一九〇八年三月福岡県師範学校を卒業して門司市錦町小学校訓導となった。次いで一四年三月大連第三小学校訓導に転じて渡満し、朝日小学校訓導、春日小学校校長を歴任して二八年三月南山麓尋常高等小学校校長となった。三〇年五月大連南麓尋常小学校と改称後も引き続き同職を務め、三七年三月大連聖徳街尋常高等小学校長に転任し、大連家政女学校長を兼務した。

垣見清一郎 ▷12

満鉄錦県鉄路局総務処文書科長／錦州省錦県南五経路／一九〇四（明三七）八／鹿児島県鹿児島郡谷山村／東亜同文書院商務科

鹿児島県垣見仁右衛門の長男に生まれ、第二鹿児島中学校を卒業して上海に渡った。一九二五年三月東亜同文書院商務科を卒業し、同年四月満鉄に入り営口駅役務方となった。同駅貨物方、大連列車区車掌、大連埠頭貨物方、埠頭事務所輸出係貨物助役を歴職して非役となり、吉長吉敦鉄路局に派遣された。次いで新京鉄路局総務処文書科文書股長兼調査股長となり、三六年九月錦県鉄路局総務処文書科長に転任した。

柿元 利国 ▷12

国際運輸㈱安東支店海運係主任／安東北一条通国際運輸㈱社宅／一八九二（明二五）三／鹿児島県姶良郡加治木町／鹿児島県立加治木中学校

鹿児島県立加治木中学校を卒業して家業の竹器商に従事した後、一九一五年四月神戸の山口㈴に入った。次いで渡満して大連の山口運輸㈱及び安東県の松原回漕店で税関係事務を担当した後、吉田運輸㈱安東出張所輸入係、国際通運㈱安東支店輸出係を歴職した。その後三四年二月国際運輸㈱に転じ、安東支店詰を経て同年一〇月同支店海運係主任となった。

加来 数義 ▷12

㈾大同組牡丹江出張所主任／牡丹江昌徳街大同組牡丹江出張所内／一九〇三（明三六）三／福岡県田川郡方城村

早くから渡満して大連市山県通の大同組に入り、土木建築請負業に従事した。以来勤続してハルビン出張所主任となり、次いで牡丹江出張所主任に転任して同社北満業務を統轄した。

賀来 惟利 ▷12

満鉄皇姑屯鉄道工場監理科長兼鉄工科長／奉天弥生町／一八九七（明三〇）二／大分県宇佐郡佐田村／米沢工業高等学校機械科

大分県医師賀来粲次郎の三男に生まれ、一九一九年米沢工業高等学校機械科を卒業して同年四月満鉄に入社し、鞍山製鉄所工務課設計課に勤務した。二〇年三月満鉄遼陽工場に転勤し、同年八月から遼陽実業補習学校講師嘱託を兼務した。二一年一月同工場機関車職場助役、二四年四月車輌職場主任、二七年一月客貨車職場主任を経て三〇年一月職制改正により大連工場再用品職場主任となったが、三一年四月に非役となり吉長吉敦鉄路局に派遣された。次いで三四年四月新京鉄路局新京工廠長、三五年九月皇姑屯鉄道工場監理科長を経て三六年参事に昇任し、三七年五月同工場鉄工科長を兼任した。次兄の之憲は旅順工科大学を卒業して南満州電気㈱の電鉄課車輌係主任を務め、大連に在住した。

賀来 之憲 ▷13

奉天交通㈱専務取締役／大連市初音町／一八九五（明二八）一／大分県宇佐郡佐田村／旅順工科学堂電気工学科

大分県医師賀来粲次郎の次男に生まれ、一九一七年旅順工科学堂電気工学科を卒業して満鉄電気作業所に入った。一八年一二月一年志願兵として兵役に服した後、除隊復職して二〇年四月車輌係主任となった。その後二六年五月に電気作業所が南満州電気㈱として独立した後も同職に留まり、電鉄課車輌係主任として旅順線のバス車輌改良、裏旅順線の開通、近郊路線の延長等を担当した。三四年一二月に電気事業の大部分を新設の電業公司に譲渡した後も満電に留まり、三六年四月一日に大連都市交通会社と改称されると同社支配人に就いた。次いで三七年三月に同社と奉天市公署との共同出資で奉天交通㈱が設立されると専務に就任し、乗合自動車及び電車の経営にあたった。島原藩侍医を務めた祖父の賀来飛霞は国学・植物学の権威として世に知られた。次弟の惟利も米沢工業高等学校を卒業して渡満し、満鉄に勤務して奉天に在住した。

「角田」は「すみだ」と「つのだ」も見よ

角田菊太郎 ▷12

角田商店主／奉天省撫順東一番町／一八九八（明三一）六／愛媛県温泉郡三津浜町

一九一二年一一月に渡満し、従兄の角田竜吉が経営する撫順の角田商店に入り、酒類卸小売と鮮魚仲買商に従事した。一四年に竜吉が死亡すると実兄の米太郎と共同で同店を継承し、三五年から自身の個人経営とし、組合市場内に納入店を設けた。業余に芸術写真を趣味とし、二四年秋の全満写真展覧会に出品して二等賞を受賞した。

岳田 忍声 ▷11

奉天省遼陽本願寺布教使／奉天省遼陽大和通本願寺出張所／一八八五（明一八）一／島根県那賀郡有福村／仏教大学予科

島根県僧侶岳田忍力の長男に生まれ、一九一〇年仏教大学予科を卒業した。一五年七月から島根県授産会保護主任、浜田組組長、巡回布教使等を歴務し、二五年一一月に遼陽本願寺出張所布教使となって渡満した。

「角野」は「すみの」も見よ

角野弥三郎 ▷12

満鉄撫順炭砿老虎台採炭所副長、社員会評議員／奉天省満鉄撫順炭砿老虎台採炭所／一八九八（明三一）三／大阪府泉南郡西信達村／旅順工科学堂採鉱冶金科

大阪府角野徳太郎の四男に生まれ、一九一九年旅順工科学堂採鉱冶金科を卒業して満鉄に入り撫順炭砿東郷採炭所に勤務した。以来勤続し、南坑坑内係主任、奶子山在勤を経て三五年七月技師となった。三六年五月老虎台採炭所万達屋坑内係主任に転任し、同年一〇月職制改正により参事となり、三七年三月同採炭所副長に就いた。この間、三五年四月勤続一五年の表彰を受けた。

加来富勇雄 ▷12

新京建材社主、亜細亜スレート工業所主／新京特別市東二条通／一九〇二（明三五）一一／福岡県田川郡油須原赤村

乙種商業学校を卒業した後、一八歳の時に父母兄弟と共に渡満して大連で各種の商業に従事した。その後一九三三年八月に単身新京に赴き、東二条通に新京建材社を興して建築材料商を始めた。小倉、大阪、東京、名古屋方面から衛生陶器、鉛管・鉛版、タイルその他を仕入れて販売したほか、防水・タイルの工事請負を兼営して新京、吉林、ハルビン、牡丹江、チチハル等に販路を拡げ、ハルビン斜紋街及び吉林六経路の各支店をそれぞれ長兄の加来勇治、次兄の須原義彦に経営させた。さらに新京城内大経路三馬路に亜細亜スレート工業所を設立してスレート製品及び煙突等を製造販売し、従業員二五人を使用して年間売上高五〇万円内外、納税額二〇〇〇円に達した。

筧 淵 ▷11

満鉄庶務部庶務課勤務／大連市朝日町／一八九三（明二六）四／福井県吉田郡円山西村

福井県の機織業筧清吉の次男に生まれ、一九一三年一二月に渡満して満州日日新聞社に入った。一八年一〇月満鉄に転じ、本社文書係勤務を経て庶務部庶務課に勤務し、社員弘報紙「満鉄社報」の編纂係主任を務めた。

筧 文造 ▷11

㈾筧商店代表社員／大連市若狭町／一八七三（明六）一〇／東京府豊多摩郡渋谷町

東京に生まれ、藤原商店大連支店の主任となって一九〇五年九月に渡満した。その後同支店支配人に就いたが、一一年に退社して岩佐洋行支配人に転じた。一四年一一月、㈾筧商店を興して建築材料販売と貿易業を営み、かたわら大連商業銀行監査役、大連郊外土地㈱取締役を兼務した。長男の太郎は東京外国語学校英語部を卒業して満鉄に務めた。

か

景浦　哲造　▷12

ハルビン地方観象台長／ハルビン大直街／一八九九（明三二）五／愛媛県温泉郡久米村／松山農業学校

愛媛県景浦長次郎の長男に生まれ、一九一八年松山農業学校を卒業し、一九年二月松山郵便局の臨時通信事務員となった。翌月通信事務員に昇格した後、同年一〇月朝鮮総督府観測所助手に転じ、二一年三月同府技手となった。三三年九月実業部嘱託に転じて渡満し、中央観象台に勤務して同年一一月中央観象台技士に進み、三五年八月同台技佐となりハルビン地方観象台長に就いた。この間、建国功労賞及び大典記念章、皇帝訪日記念章を授与された。

影浦　政雄　▷11

土木建築請負業／奉天省撫順東三番町／一八八二（明一五）七／愛媛県松山市唐人町／愛媛県立松山中学校中退

愛媛県影浦安次の長男に生まれ、一八九八年県立松山中学校を中退して土木建築請負業の寺本組に入り、丸亀の第一一師団兵営その他の建築に従事した。一九〇五年四月、日露戦争に際し補充兵として同師団歩兵第四三連隊に入隊し満州に従軍した。〇六年一月に除隊した後、同年四月再び渡満して矢野商会に技術員として入社し、関東庁及び陸海軍、満鉄などの請負工事に従事した。一八年に撫順出張所詰となり、満鉄撫順炭砿土木課発注の各工事や市街移転による市中工事請負などに従事した。長男政直も中学を卒業して同業に従事し、愛媛出身の松子と結婚した。

加計　薫　▷11

内外綿㈱工場主任、正八位／金州内外綿会社社宅／一八九三（明二六）八／広島県賀茂郡三津町／大阪高等工業学校

広島県加計忠吉の次男に生まれ、一九一六年大阪高等工業学校を卒業して内外綿㈱に入社した。二八年一月、青島支店から金州工場に転任して渡満した。金州工場主任を務めるかたわら、斯業視察のため中国各地に赴いた。

鹿毛　終蔵　▷11

安東県普通学校長、勲八等／安東県七番通／一八八一（明一四）七／福岡県三井郡草野村／福岡県師範学校

福岡県農業鹿毛七平の四男に生まれ、一九〇二年三月福岡県師範学校を卒業して同県浮羽郡千年小学校の訓導となった。次いで田主丸小学校訓導に転任し、後に同小学校校長を務めた。その後、一七年一二月安東県普通学校長に転出して渡満した。

掛札　幸晴　▷12

満鉄新京駅構内助役、社員会評議員、勲八等／新京特別市常盤町／一九〇三（明三六）六／岐阜県岐阜市多賀町／岐阜商業学校

岐阜県掛札幸太郎の長男に生まれ、一九二〇年岐阜商業学校を卒業して渡満し、翌年三月満鉄運輸従事員養成所を修了して安東駅に勤務した。二六年九月遼陽列車区に転勤した後、二八年二月馬仲河駅助役となり、三〇年七月奉天省四平街駅構内助役を経て三四年一二月新京駅構内助役となった。この間、満州事変時の功により勲八等瑞宝章及び従軍記章並びに建国功労賞を受けた。

懸　政次　▷12

錦県鉄路局計理処主計科員／錦州省錦県鉄路局計理処／一九一一（明四四）一一／北海道旭川市九条通／小樽高等商業学校

北海道懸喜市の次男に生まれ、旭川中学校を経て一九三二年三月小樽高等商業学校を卒業し、同年四月に渡満して満鉄に入り鉄道部に勤務した。同年八月営口駅に転勤した後、三三年三月大連列車区車掌心得を経て同年七月車掌に進み、同年九月大連保線区に転勤した。三四年九月鉄道部経理課勤務、三六年四月新京保線区庶務助役を経て三七年四月錦県鉄路局に派遣され、計理処主計科に勤務した。

影本　雅雄　▷12

㈾中東貿易代表社員／奉天富士町／一八九二（明二五）二／広島県佐伯郡河内村

早くから実業に従事し、一九一三年朝鮮に渡り、日露戦後から父が経営する海産物商を手伝った。一四年に満州、華北、上海方面に出張して中国向け販路の開拓に従事して相当の成功を収めたが、一六年に父が死去すると奉天に移り、大西関に山星公司を設立して貿易業を営んだ。二〇年に富士町に移転し、次いで二三年一一月業務の発展にともない資本金三万円の㈾中東貿易に改組して代表社員となった。紡績機械、染色・撚糸・メリヤス・製綿・農業・鉱山用の諸機械類の製作と原棉・羊毛・毛織物・毛糸・人絹糸・雑貨類の輸出入を営業課目とし、満州一円から華北、山東方面を販路とした。郷里の影本一族は一九〇〇年頃に南米ペルーに渡って貿易業と不動産業を経営して数百万円の資産を作り、ペルー在住日本人間で随一の成功者として知られた。

影本弥九郎 ▷8

影本商店主／奉天江ノ島町／一八七六（明九）一二／岡山県英田郡土居村

一九一八年七月に渡満し、二二年五月奉天千代田通に影本商店を開業した。鉄骨、鉄筋、平角鉄を扱い、翌年江ノ島町に移転して営業した。

蔭山栄太郎 ▷12

浜田工業所主、正五位勲三等／大連市若松町／一八七八（明一一）三／香川県大川郡三本松町／陸軍士官学校、陸軍砲工学校

香川県蔭山安兵衛の六男に生まれ、一八九九年一二月陸軍士官学校を卒業し、翌年六月陸軍工兵少尉に任官した。一九〇二年陸軍砲工学校を卒業して翌年三月中尉に進み、日露戦争に際し鴨緑江軍兵站電信隊長として〇五年三月に従軍し、同年五月戦地で大尉に進んだ。戦後〇六年三月に帰還し、〇七年一二月清国駐屯軍通信長となって中国に赴任した。一三年以降に築城部本部部員、電信連隊材料廠長等を歴任して二三年三月中佐に累進し、翌月予備役編入と同時に渡満して旅順第一中学校教務嘱託となった。次いで二四年三月旅順第二中学校教務嘱託に転じた後、二九年一月旅順市助役に就任した。その後実業界に転じ、故浜田光三創業の浜田工業所を三五年に継承してトラックボディー製作と自動車修理業を経営した。夫人なをとの間に二男一女あり、長男達郎は大阪医大、次男秀雄は早大専門部商科を卒業し、長女志づは奈良女子師範学校家政科を出て関東庁事務官の乾武に嫁した。

蔭山　正三 ▷12

武久商事㈱取締役、朝鮮物産販売所代表、朝鮮貿易協会奉天支部理事、朝鮮総督府嘱託／奉天浪速通／一八九二（明二五）四／兵庫県津名郡仮谷町／陸軍士官学校

兵庫県淡路島に生まれ、中学校を卒業して陸軍士官学校を卒業したが、後に軍籍を離れて実業に従事した。一九一三年朝鮮に渡り、釜山の土城町郵便局長となり、かたわら淡盛商会の名で海陸物産商を営んだ。二七年改組し武久商事㈱として経営し、三二年四月総督府より対満貿易に関する調査を嘱託され、釜山商工会議所議員団に参加して渡満した。以来家族を釜山から呼び寄せ、奉天に在住して武久商事と朝鮮水産物輸出組合等の販路拡張に従事し、調査報告のかたわら三三年一月から朝鮮物産販売所を経営し、朝鮮貿易協会奉天支部理事を務めた。本業の武久商事は釜山に本店、大連に支店、ハルビンと新京に出張所を置き、従業員一五人を使用して年商二〇〇万円に達した。

景山　忠夫 ▷10

株式取引人、景山株式店主／大連市信濃町／一八七六（明九）二／兵庫県神戸市湊西部南逆瀬川町／津市立中学校中退

剣道指南役を務めた旧桑名藩士の子に生まれ、津市立中学校を中退して大阪の砂糖・藍玉商小山文吉商店に入った。八年勤めた後、二三歳の時に雑貨商として独立したが、日露戦後に朝鮮に渡り、一九〇八年六月さらに大連に移って貸家業を営み、かたわら富士屋の名で履物商を兼営した。好況時に各種の新会社にも関係し、二〇年の五品取引所設立とともに株式取引人に転じたが、翌年以降の株式下落で一時休業に追い込まれ、二六年から再び株式店を経営した。

影山常三郎 ▷13

三省精米所主／安東県三番通／一八八〇（明一三）三／栃木県安蘇郡三好村

栃木県農業影山庄造の三男に生まれ、日露戦争の際に砲兵軍曹として従軍し功七級金鵄勲章を受けた。除隊後の一九〇六年八月、再び渡満して安東で三省精米所を興した。社員消費組合を始め満州全域から北支方面まで取引先を拡大し、年額百数十万円の売上げに達して安東実業界で重きをなし、安東産業自動車公司の専務取締役を務めた。

影山八瀬樹 ▷12

ハルビン警察庁督察官、従七位勲

六等／ハルビン交通街警察庁督察官公館／一八九五（明二八）一一／広島県加茂郡造賀村／高等小学校

一九一〇年造賀村立高等小学校を卒業した後、一五年一二月徴兵されて工兵第五大隊に入隊し、一七年に憲兵に転科した。広島憲兵分隊、朝鮮済州憲兵隊、広島憲兵隊本部、名古屋憲兵隊本部、憲兵司令部、支那駐屯軍司令部付を歴勤し、この間二一年に憲兵練習所を修了した。次いで二九年七月平壌憲兵隊本部付、三二年三月満浦鎮憲兵分遣隊長、三四年四月呉憲兵分隊付を歴任し、三五年一月憲兵少尉に累進して待命となった。同年二月ハルビン警察庁警正となって渡満し、三六年二月同庁督察官に就いた。

蔭山　猶祐　▷12

満鉄吉林電気段庶務助役、社員会青年部役員／吉林大和街／一九〇三（明三六）九／東京府東京市芝区三田豊岡町／大連商業学校

東京府蔭山金作の長男に生まれ、一九二四年大連商業学校を卒業した後、二七年満鉄に入り技術研究所に勤務した。三三年鉄路総局警務処第一科、三四年同局工務処電気科勤務を経て同年吉林鉄路局に転勤して電気段庶務副段長となり、三六年一〇月職制改正により同庶務助役となった。

加香孝次郎　▷12

錦州省公署民政庁土木科長次席／錦州省錦県省公署民政庁／一八八九（明二二）五／東京府東京市神田区小川町／正則英語学校普通科、攻玉社工学校本科土木科

弘前市に生まれ、五歳で父と死別し、苦学して青森県立第一中学校に進んだが二年で中退した。一九〇五年九月青森郵便局通信伝習生養成所を修了し青森郵便局通信事務員となり、電信課電信掛に勤務した。その後上京して東京郵便局電信課事務員となり、電信課に勤務して通信書記補に進んだ。勤務のかたわら〇九年正則英語学校普通科、一二年攻玉社工学校本科土木科を卒業して東京市河港課護岸掛工手に転じた。その後帰郷して青森県第二土木管区事務所工手に転じ、第一土木管区員、田名部派出所長、第二土木管区事務所員勤務第二方面主任を務めた後、北海道小樽区役所に転じて小樽区技手となり、小樽港湾修築事務所勤務工務主任を務めた。次いで樺太庁内務部土木課雇員に転じて軍用道路開鑿工事第四班主任となり、樺太庁技手に進んで内務部土木課に勤務した後、栄浜船修築工事直営事務所長、豊原支庁財務係兼殖産係を経て土木工事事務官・土木行政事務官となり、官有財産木材流送駅逓渡船事務主任を務めた。三六年九月三江省公署技佐に転じて渡満し、民政庁土木科に勤務した後、三七年一月錦州省公署に転任して民政庁土木科長次席に就いた。この間、樺太庁勤続一〇年の功労により表彰状と木杯一組を授与された。

河西　健次　▷5

満鉄地方部衛生課長兼大連医院長、南満医学堂教授、正五位勲四等／大連市児玉町／一八六八（明一）二／長野県小県郡和田村／帝国大学医科大学

一八九三年帝国大学医科大学を卒業し、九四年五月陸軍三等軍医として日清戦争に従軍して勲六等瑞宝章を受け、さらに一九〇四年には三等軍医正として日露戦争に従軍し、功四級金鵄勲章・勲四等旭日小綬賞を受けた。予備役編入後、〇六年ドイツに留学して〇八年三月医学博士号を取得し、同年四月満鉄に入社して大連医院長に就き、地方部衛生課長を兼務した。職務のかたわら奉天の南満医学堂の創設に携わり、一一年六月に開校すると学長に就任して一四年九月まで在任し、その後は地方部衛生課長と大連医院長を兼務しながら同校教授を務めた。

笠井　貞男　▷12

満州炭砿㈱総務部庶務課文書係主任、北票炭坑(股)清算人／新京特別市錦町満州炭砿㈱総務部／一九〇八（明四一）一〇／山梨県南巨摩郡西島村／東京帝大法学部法律学科

山梨県笠井嘉一の次男に生まれ、山形高等学校を経て東京帝大法学部法律学科に進み、在学中の一九三二年一二月文官高等試験司法科に合格した。三三年三月に卒業して山梨県甲府市役所に入り、甲府電力買収交渉委員会事務嘱託となった。その後三三年五月に渡満して国務院実業部砿務司に勤務し、三六年七月に依願退職して満州炭砿㈱総務部庶務課文書係主任に就いた。

笠井　重光

▷12

満鉄ハルビン站貨物主任、正八位／満鉄ハルビン站／一九〇五（明三八）一一／秋田県山本郡檜山町／東京帝大法学部法律学科

秋田中学校、第二高等学校を経て一九三四年三月東京帝大法学部法律学科を卒業し、同年四月満鉄に入り安東駅に勤務した。同年一一月大連列車区車掌心得、三五年八月新京駅構内助役、三六年四月同駅貨物助役、同年一一月鉄道総局営業局貨物課勤務を経て三七年ハルビン站貨物主任となった。

河西　孝行

▷12

満鉄大連鉄道工場検査場客貨車検査係主任／大連市霞町／一八九四（明二七）一二／長野県諏訪郡上諏訪町

長野県河西浦平の次男に生まれ、一九一五年四月満鉄に入った。大連車輌係、同注油夫、検車夫に歴勤して大連検車区検車方となり、次いで鉄道工場、鉄道部工作課に歴勤し、三五年九月大連鉄道工場検査場客貨車検査係主任となった。この間、満州事変時の功により盃一組と従軍記章を授与され、三一年四月勤続一五年の表彰を受けた。

笠島　陽二

▷3

南満医学堂教授、奉天医院医長産婦人科部長／奉天新市街／一八七四（明七）三／新潟県中頸城郡高田町／京都帝大医科大学

一九〇四年七月京都帝大医科大学を卒業し、同大学副手嘱託となった。〇五年二月に医術開業免状を取得し、同年一〇月同大学医院看護婦見習科嘱託講師を経て〇六年同大学助手となった。その後、高知県の私立民田医院産婦人科長、同県衛生会産婆科講師等を経て〇八年五月に渡満し、満鉄医長に就いた。〇九年から一二年一一月までドイツに留学した後、一三年一月奉天医院産科婦人科部長に就任して南満医学堂教授を兼任した。

風早　義確

▷12

国務院産業部鉱工司重工業科長、正七位／新京特別市永昌胡同第一代用官舎／一九〇二（明三五）五／鹿児島県肝属郡高山町／京都帝大法学部英法科

鹿児島県風早儀三郎の次男に生まれ、一九二五年三月京都帝大法学部英法科を卒業し、同年一一月文官高等試験行政科に合格した。二六年四月商工省鉱山監督局属となり商工属を兼務した後、同年六月商工属専任となった。二九年九月商工省統計官、三二年八月鉱山監督局書記官を経て三四年七月国務院実業部権度局理事官・総務科長に転出して渡満し、同年八月実業部法令審査委員会委員、三五年三月実業部理事官・鉱業科長を経て同年八月北支経済調査に派遣され、関東軍司令部事務嘱託を務めた。三六年七月実業部総務司に帰任して臨時産業調査局理事官・臨時産業調査局調査部第二科長を兼任した後、同年一〇月チチハル鉱業監督署長となり、同年一二月同監督署の廃止と同時に実業部理事官に復帰して総務司に勤務し、特殊会社の監督統制法の運用と産業開発五ヶ年計画の実施に従事した。その後、三七年七月の機構改革に伴い実業部が産業部へと改組されると産業部鉱工司重工業科長に就いた。この間、大礼記念章および皇帝訪日記念章を授与された。

笠原親之助

▷12

旅順医院外科部長、旅順柔道連盟理事長、正六位／旅順市鮫島町／一八九八（明三一）一二／栃木県宇都宮市旭町／九州帝大医学部

岩手県西磐井郡で代々医業を営む旧家の長男に生まれ、父の笠原親文はドイツのイエナ大学で医術を学び、福岡県若松病院長、秋田病院長、宇都宮病院長を歴任した後、宇都宮で開業した。第四高等学校を経て一九二四年三月九州帝大医学部を卒業して同大学附属病院医員兼副手となり、同年一二月一年志願兵として宇都宮の歩兵第五九連隊に入営した。除隊復職して三〇年に九大医学部助手となり赤岩外科医局長を兼務した後、三一年七月関東医院医官に転じて渡満し、旅順医院外科部長に就いた。この間、三一年一二月に論文「哺乳動物人膽道ノ形態学的研究其臨床的意義」を提出して九大より医学博士号を取得した。柔道四段で旅順柔道連盟理事長を務め、関東州庁土木課員の次弟英節は五段、古川合名会社員の三弟岩夫は六段と兄弟揃って柔道の高段者で、さらに妹の文子は石川島造船所社員で柔道六段の市川劉に嫁し、同じく妹の亀美世は国務院民政部警務司総務科長で同四段の中野四郎に嫁した。

笠原　敏郎　▷12

国務院営繕需品局長、正四位勲二等／新京特別市崇智胡同／一八八二（明一五）六／東京府東京市牛込区原町／東京帝大工科大学建築学科

笠原永昌の子として新潟県南蒲原郡加茂村に生まれ、一九〇七年七月東京帝大工科大学建築学科を卒業して横河民輔建築事務所に入った。〇九年六月海軍造兵廠改築工事業務嘱託に転じた後、さらに一〇年六月陸軍技師補に転じて近衛師団経理部付となり、陸軍省経理局御用掛を兼務した。一五年五月免本職補近衛師団経理部付、同年七月臨時軍用気球研究会御用掛、一六年四月免本職補陸軍東京経理部付を歴職して一七年四月警視庁技師となった。次いで一八年五月内務技師に転じ、万国都市計画会議参列のためロンドンに出張した後、欧米各国を視察して二〇年五月に帰国し、日本大学高等工業学校建築科長に就任した。次いで二二年五月都市計画局第二技術課長に転じ、二三年一一月帝都復興院技師・同院建築局技術課長兼計画局第二技術課長、二四年六月復興局建築部長、二五年一一月震災予防評議員を歴職して二九年二月建築学会副会長に就任し、同年一一月に論文「都市計画ニ於ケル建築的施設ノ基本計画（主トシテ東京ノ場合ニ於ケル）ニ就テ」により東京帝大より工学博士の学位を受けた。三〇年四月日本大学教授、同年六月都市計画東京委員会委員、同年一二月都市計画神奈川地方委員会委員、三一年二月日本大学工業学校長を歴任した後、三六年二月国務院営繕需品局長となって渡満し、翌年から国都建設局総務紀年式典準備委員会参与を兼務した。この間、三四年六月に帝都復興の功により勲二等瑞宝章を授与された。

笠原　秀彦　▷12

㈱間組大連支店営業部長／大連市晴明台／一八九七（明三〇）四／佐賀県佐賀郡本庄村／熊本高等工業学校

一九二一年熊本高等工業学校を卒業して東京電灯㈱に入り、二六年㈱間組に転じた。以来勤続して大連支店営業部長となり、全満の同社業務を統轄した。

笠原　弘　▷12

笠原組主／奉天省鞍山北三条町／一八七九（明一二）九／長野県北佐久郡小諸町

長野中学校を卒業した後、一九〇三年朝鮮に渡り京釜線工事現場で働いた。次いで〇五年に竜山で土木建築請負業を自営したが、〇七年に渡満して安奉線工事に従事した。その後一七年鞍山に移転して鞍山製鉄所の溶鉱炉掘鑿工事を担当し、竣工後に永興公司の名で苦力供給業を始めたが、二三年に笠原組を興して再び土木建築請負業に従事した。

笠原　博　▷14

貿易商／大連市青雲台／一八九六（明二九）二／長野県諏訪郡豊田村／早稲田大学政治経済科

長野県農業笠原弥次郎の次男に生まれ、一九一五年七月早稲田大学政治経済科を卒業し、同年九月黒潮社に入社した。一七年一一月満蒙物資の調査研究を目的として渡満し、満州日日新聞社に入社して経済部記者となった。二〇年八月に満蒙文化協会を創立して書記長となり、二五年一月に東海貿易公司を設立して台湾・中国沿岸貿易に従事した後、二六年五月には北支那青果㈱を設立して専務取締役に就いた。三七年に大連市主事となり中央卸売場長、殖産課長、物資統整課長を歴任して四二年に関東州青果統制販売㈱常務取締役に就任した。かたわら大連市参事会員を務め、二八年一一月から三六年一〇月まで大連市会議員を務めた。著書に『日本羊毛自給策ト満蒙ノ緬羊』『満州ニ於ケル金融機関ト通貨』その他がある。

笠原　房吉　▷12

笠原農場主、笠原商店主、勲八等／奉天省四平街祝町／一八八三（明一六）九／新潟県南魚沼郡大巻村／小学校

新潟県農業笠原杉郎治の次男に生まれ、小学校を卒業して家業の農業に従事した。その後一九〇三年に徴兵されて入営し、翌年日露戦争に際し第一軍に属して従軍した。戦後も独立守備隊第二大隊第三中隊に編入されて四平街に駐屯し、満期除隊後に同地で農業を始め、一八年から公順街で質屋業を兼営した。その後徐々に耕地を拡大して二〇万坪に達したが、二三年一一月の四洮鉄道開通により漸次市街地に編入されて五万坪に減少し、鉄道西市外に家屋を建築して貸家業を兼営した。次いで三一年に鉄道東満州街南三馬路に皮革工場を経営したが、後にこれを利源当の商号で中国人向け質屋とした。農場に五人、質屋に六人の従業員を使用したほか、貸家一〇軒を所有して同地有数の資産家として知られた。夫人テイとの間に五男二女あり、長男利雄は大連商業学校を卒業して満州国官吏となり、次男昇平は旅順第一中学校を卒業して四平街実業協会に勤務、三男猛は大連工業専門学校を卒業して関東軍に勤務した。

笠間　万蔵 ▷11

大連株式商品取引所株式取引人／大連市吉野町／一八九七（明三〇）三／福岡県山門郡両開村

福岡県農業笠間亀次郎の次男に生まれ、一九一四年七月に渡満した。大連観測所に勤務した後、一六年七月から大連市内で旅館業を営んだ。一九年八月株式現物売買業に転じ、二八年六月大連株式商品取引所の株式取引人となった。

鍛治　梅雄 ▷12

満鉄四平街機関区鉄嶺分区庶務助役、社員会評議員、勲八等／奉天省鉄嶺満鉄機関区鉄嶺分区／一九〇九（明四二）三／大分県中津市／大分県立中津中学校

大分県鍛治勝之助の長男に生まれ、一九二六年県立中津中学校を卒業した後、二七年一月満鉄に入り遼陽機関区に勤務した。機関助手、庶務方を経て蘇家屯機関区に転勤し、次いで奉天鉄道事務所事務助手、同庶務課員を経て三六年五月四平街機関区鉄嶺分区庶務助役となった。この間、満州事変時の功により勲八等瑞宝章及び従軍記章、建国功労賞を授与された。

樫浦彦次郎 ▷11

貸家業、料理業、勲八等／奉天省大石橋石橋大街／一八七三（明六）一二／埼玉県南埼玉郡江面村

埼玉県樫浦忠次郎の子に生まれ、東京麻布の歩兵第三連隊に入隊して日清戦争時の一八九四年、盛京省花園口に上陸して旅順口攻撃戦に参加した。日露戦争の時は予備役で応召して朝鮮咸鏡道城津に上陸し、吉州、明川、鏡城、富寧の線を進軍した。翌年七月朝鮮北部の会寧で休戦となり除隊して帰国したが、同年一二月埼玉県木綿織物同業組合視察員として三度目の渡満をし、そのまま満州に留まって大石橋で貸家業兼料理業を営んだ。

梶岡　新平 ▷12

梶岡洋行主／間島省図們銀河街／一八九八（明三一）三／香川県綾歌郡宇多津町／多津尋常高等小学校

香川県梶岡清次郎の四男に生まれ、一九一二年宇多津尋常高等小学校を卒業して朝鮮に渡り、元山スタンダード石油会社に入った。三一年まで二〇年勤続した後、三三年に渡満して図們で薪炭商を営んだ。朝鮮咸鏡南道方面より仕入れて図們、牡丹江一円に販売し、年商一万五〇〇〇円に達した。

樫尾　信次 ▷12

新京特別市公署総務処経理科長、満州国協和会評議員／新京特別市北安南胡同／一九〇四（明三七）一二／福井県南条郡北杣山村／東京帝大法学部法律学科

本姓は別、後に福井県樫尾次郎兵衛の長女千鶴の婿養子となった。一九二八年三月東京帝大法学部法律学科を卒業し、同年四月満鉄に入り経理部に勤務した。三二年六月国務院総務庁事務官に転じ、同年一〇月積欠善後委員会委員となった。国都建設紀年式典準備委員会市民部幹事を兼務した後、三六年八月新京特別市公署に転任して総務処経理科長に就いた。この間、三五年五月に勲五位景雲章及び建国功労賞、大典記念章を授与された。

梶川　清水 ▷12

大連汽船㈱船長／神戸市葺合区籠池通／一八九一（明二四）一／香川県綾歌郡加茂村／香川県立粟島航海学校

香川県立粟島航海学校を卒業して船会社に入り、以来海上に勤務した。一九二八年五月大連汽船㈱に転じ、船長として同社船籍の各船に乗務した。

加治木栄吉 ▷12

牡丹江鉄路監理所監理員、勲八等／浜江省牡丹江昌徳街／一八八九（明二二）三／鹿児島県鹿児島市山下町／岩倉鉄道学校

鹿児島県加治木栄介の子として東京市麻布区材木町に生まれ、一九〇九年岩倉鉄道学校を卒業し翌年五月鉄道省に入った。三二年一一月に退職し、翌月渡満して満鉄に入り本社工事課に勤務した。三三年三月から五月まで拉浜線工事に従事した後、引き続き翌年一二月まで錦県建設事務所所管の凌源・三十家子間四〇キロの測量工事に従事した。その後鉄道総局図們工務段に勤務し、さらに三六年六月牡丹江鉄路監理所に転勤した。この間、満州事変の際の功により勲八等旭日章を授与された。

梶田　宗貞　▷12

貞鳳軒松粧、表千家茶道指南、池坊華道指南／大連市対馬町／一八七一（明四）四／大阪府

本名は梶田貞子、旧鍋島藩士の子に生まれ、一四歳の時から二三歳まで大阪で山本繁春に師事して池坊華道を修業し、かたわら一九歳の時から守田守造に就いて裏千家茶道を修業した。梶田家に嫁した後、日清戦争後の一八九七年夫と共に台湾に渡り、同地で華道と茶道を教えた。次いで日露戦争後一九〇六年に渡満して大連で華道、茶道、琴を教え、〇七年京城で開かれた全国婦人大会に大連在留婦人を代表して参加した。一八年に夫に死別した後も引き続き大連に在住して華道と茶道を教授し、二〇年に京都六角堂の家元より華道の特別高職に任命され、さらに二五年一一月の家元七夕会で大日本総華督の免状を受け、茶道では二六年七月に乱相伝を授けられ、同時に宗貞と改名した。門弟の総数累計千数百人に達し、二九年四月の高松宮、三四年の久邇宮、三五年五月の賀陽宮の満州訪問に際して献茶したほか、三四年三月一日皇帝溥儀の即位式に際し新京で献茶し、さらに三五年一月の皇帝溥儀の大連訪問に際し星ヶ浦で献茶した。

梶谷　武夫　▷11

横浜正金銀行大連支店計算係長／大連市柳町／一八八二（明一五）九／岡山県都窪郡中洲村

岡山県近藤千賀造の三男に生まれ、同県梶谷家の養嗣子となった。一九二三年五月に渡満し、横浜正金銀行大連支店に勤務して計算係長を務めた。

梶田　森之　▷11

小児科医師／大連市越後町／一八八四（明一七）二／愛知県東春日井郡坂下町／愛知医学専門学校

愛知県農業梶田文左衛門の長男に生まれ、一九〇九年愛知県立医学専門学校を卒業した。母校の小児科、東大小児科教室、朝鮮総督府医院小児科等に勤務した後、一四年三月に渡満して満鉄に入社した。大連医院小児科に六年勤めた後、二〇年三月に退社して大連市越後町で小児科医院を開業した。

可児　鶴二　▷3

退役陸軍砲兵大尉、戦利品陳列場主管、正七位勲五等功五級／旅順旧市街大阪町陳列場内／一八七六（明九）九／岐阜県大垣市郭町／陸軍士官学校

一八九七年陸軍士官学校に入学し、一九〇〇年陸軍砲兵少尉に任官して金沢の第九師団野砲兵第九連隊付となった。日露戦争の際に旅順攻囲軍に参加し、〇五年三月奉天省四方台の戦闘で砲弾により負傷して左脚を失った。〇八年一月砲兵大尉で退役し、一〇年八月から旅順旧市街にある戦利品陳列場の主管となり、日露戦跡観光団が訪れると自ら案内役を買って出て指呼説話した。

柏野菊太郎　▷12

柏内洋行[資]代表社員、福助公司[名]代表社員、奉天商工会議所議員／奉天小西門裡翰墨軒胡同路南／一八八三（明一六）五／岡山県児島郡琴浦町

一九〇六年三月に渡満し、奉天に柏野洋行を興して雑貨と綿布・綿製品販売業を営んだ。その後二四年に内藤洋行を合併して資本金二〇万円の[名]柏内洋行とし、新京、ハルビン、吉林、安東、図們に支店・出張所を開設した。次いで奉天加茂町に従業員一〇〇人を使用する化粧品工場を設け、鉄西に敷地一四〇〇坪、建坪五五〇坪、従業員一〇〇人を使用する製瓶工場を設けて化粧品の製造販売業を兼営し、三五年一月資本金三〇万円の合資会社に改組した。さらに同年六月奉天で西尾洋行を経営する西尾一五郎と共同で加茂町に資本金六万円の福助公司を設立し、福助足袋会社の製品を販売した。

梶野喜重郎　▷1

雑貨食料品販売業、陸軍用達商／奉天小西辺門内／一八七三（明六）一二／愛媛県松山市木屋町／愛媛県立中学校

一八九一年愛媛県立中学校を卒業して商店に勤務した後、九四年に松山市で梶野商店を独立開業した。その後九九年に廃業して台湾に渡り、台南府西江街で台湾守備隊の用達商を営んだ。一九〇四年に日露戦争が始まると翌年帰国し、陸軍酒保となって大連に上陸した。師団に随行して各地で物資の供給に従事した後、戦後〇六年一月奉天に移駐したが、同年四月師団酒保が官営となったため、小西辺門内に店舗を開いて雑貨食料品販売と駐在軍の用達業を営んだ。

加島甲子太郎　▷11

呉服商／満州里五番街／一八九一（明二四）一二／埼玉県川越市石原町／横浜商業補習学校

埼玉県商業加島徳次郎の次男に生まれ、一九〇四年横浜商業補習学校を卒業した。〇六年一一月横浜の絹物雑貨商梅原洋行員としてウラジオストクに渡り、以来ハルビン、西シベリアのウエルフネウジンスク各支店勤務を経て再びハルビン支店に勤務した。一五年に同店を辞して満州里の片岡洋行に入り、ウルシュン河漁業部主任となった。一八年のシベリア出兵と同時に陸軍用達に転じたが、二〇年に満州里を引き揚げて北樺太亜港に渡った。陸軍憲兵隊通訳として四年勤めた後、再び満州里に戻って雑貨及び呉服商を営んだ。

加地　信　▷12

国務院民政部衛生技術廠細菌科長／新京特別市興安大露衛生技術廠／一九〇八（明四一）六／東京府東京市芝区白金三光町／慶應義塾大学医学部

東京府加地利夫の次男に生まれ、慶應義塾普通部を経て一九三二年三月同大学医学部を卒業し、東京帝大付設伝染病研究所技手となった。三五年一二月国務院民政部衛生技術廠技佐に転じて渡満し、細菌科長を務めた。

鹿島　清三　▷1

御門写真館主、御門商会主／旅順市／一八七四（明七）六／東京府東京市京橋区木挽町

大阪市北区富田町に生まれ、後に東京京橋に転籍した。家庭教師に就いて英語、漢学、数学を学び、野口晩斉の下で画を修業して晩清と号し、さらに柳清の名で挿花を能くした。その後写真術を修得して東京で玄鹿館撮影店を開業したが、一八八九年ロンドンに渡って同地の商社に入った。勤務のかたわら生花と絵を教授して一〇年余りロンドンに滞在し、欧米各地を巡遊して九九年冬に帰国した。〇三年天津に渡り同地で写真業を営んだが、翌年日露戦争が始まると営口に赴き、次いで旅順に移って鮫島町に御門写真館を開設した。さらに同市乃木町に御門商会を設立して陸海軍その他諸官衙の用達業を兼営し、後に大連に御門商会支店を設けた。

加島膳一郎　▷9

平本洋行主、営口商工銀行取締役、営口興業㈱取締役、営口硝子㈱各取締役、振興銀行監査役、営口取引所信託㈱監査役、勲七等／奉天省営口新市街千代田街／一八七八（明一一）九／広島県佐伯郡五日市町

日露戦中の一九〇四年に渡満し、営口に平本洋行を開業して各国高等雑貨、貴金属、文房具、化粧品、楽器、洋酒類を販売した。売上げの増加とともに長春に卸小売の支店を置いて満鉄沿線の主要地に代理店を設け、東京市牛込区神楽町に仕入部を置いた。経営のかたわら営口商工銀行・営口興業㈱・営口硝子㈱の各取締役、振興銀行・営口取引所信託㈱の各監査役のほか、営口商業会議所評議員、営口居留民団行政委員、営口広島県人会会長を務めた。

鹿島鶴之助　▷12

関東高等法院長兼上告部長、㈶為仁会理事、従四位勲四等／旅順市出雲町／一八八一（明一四）六／大阪府／東京帝大法科大学独法科

大阪府鹿島芳太郎の養子となり、一九〇八年七月東京帝大法科大学独法科を卒業した。一〇年検事に任官して横浜地方裁判所に勤務した後、判事に転じて福岡区裁判所・同地方裁判所、那覇区裁判所・同地方裁判所、久留米区裁判所、宮崎地方裁判所、佐賀区裁判所・同地方裁判所に歴勤した。次いで宮城控訴院判事を経て二八年岡山地方裁判所部長、三一年広島控訴院部長を歴任し、三五年二月関東法院長兼上告部長に転出して渡満した。

樫村　フヂ　▷3

樫村洋行主／大連市伊勢町／一八七〇（明三）／鹿児島県鹿児島市下洗馬町

一八九一年樫村保と結婚し、日露戦中の一九〇四年一二月親子三人で渡満し、大連市磐城町に樫村洋行を開業して時計貴金属商を営んだ。出征軍人を顧客として繁盛し、〇七年に信濃町に移転し、さらに翌年一一月伊勢町に新築移転した。一三年に夫が病没すると、多年勤続した店員を頼りに同店を経営して一人息子を育てた。二六年に大連で没し、従弟溝口福次郎が代表者となり写真機の販売専業として経営を引き継いだ。

梶本　貢　▷12

満鉄橋頭保線区長、社員会評議員／奉天省橋頭宮島町満鉄社宅／一八九二（明二五）一一／山口県熊毛郡上ノ関村／岡山県立工業学校土木科

旧姓は宮本、後に梶本家の養子となった。一九一三年三月岡山県立工業学校土木科を卒業して広島県の両備軽便鉄道会社に入った。その後、朝鮮鉄道局に転じて馬山保線区進水在勤、井邑保線区勤務兼大田建設事務所改良工事係、大田工務事務所、釜山工務事務所、草梁保線区助役、金泉保線区長、元山保線区長、清津保線区長を歴職した。三三年一〇月満鉄への経営委託にともない満鉄社員となり、引き続き清津保線区長を務めた後、三七年三月橋頭保線区長となった。この間、線路不良箇所印示器の考案により社員表彰規定により表彰された。

加治屋武盛　▷11

満鉄遼陽列車区助役、正八位／奉天省遼陽桜木町／一八九六（明二九）一二／鹿児島県伊佐郡羽月村／東京府海城中学

鹿児島県農業加治屋休八の四男に生まれ、一九一七年東京府海城中学を卒業して翌年一一月に渡満した。満鉄に入社して、撫順駅貨物係、奉天列車区車掌を経て二八年六月施行の助役試験に合格し、遼陽列車区助役に就いた。この間一年志願兵として熊本歩兵第一二連隊に入営し、歩兵少尉に任官して予備役編入となった。

鍛治屋治吉　▷12

満鉄奉天機関区庶務助役、社員消費組合総代／奉天藤浪町／一九〇二（明三五）三／鹿児島県日置郡永吉村

鹿児島県鍛冶屋太吉の次男に生まれ、鍛冶屋太次の養子となった。一九二二年一一月満鉄に入り、鉄嶺機関区に勤務した。二三年一一月遼陽機関区に転勤し、勤務のかたわら二四年に鉄道教習所を修了した。二六年四月安東機関区、二九年一〇月遼陽機関区、三二年一〇月蘇家屯機関区、三四年四月錦州建設事務所に歴勤し、三五年九月奉天省四平街機関区鉄嶺分区庶務助役、三六年五月奉天検車区庶務助役を経て三七年四月奉天機関区庶務助役となった。この間、満州事変時の功により木杯及び従軍記章を授与された。

梶山　敬　▷12

満鉄新京支社庶務課資料係情報主務者／新京特別市花園町／一九〇三（明三六）二／茨城県久慈郡佐竹村／日露協会学校

茨城県梶山卯之吉の子に生まれ、一九二六年ハルビンの日露協会学校を卒業し、同年一二月満鉄ハルビン事務所調査課嘱託となった。三二年一〇月満鉄社員に昇格して同所庶務課に勤務し、三三年九月産業課勤務を経て三五年五月ハルビン鉄路局に転任し、文書課、次いで総務部資料課に勤務した。次いで三六年四月新京地方事務所に転勤し、同年一〇月新京支社庶務課資料係情報主務者となった。ソ連事情に精通し、満州事変時の功により賜盃及び従軍記章を授与された。

梶山　鶴吉　▷11

海産物仲買商、勲八等／大連市信濃町／一八七八（明一一）一一／佐賀県西松浦郡伊万里町

佐賀県の実業家梶山久米吉の次男に生まれ、郷里の小学校を卒業して商業に従事した。日露戦争に従軍した後、一九〇六年一一月に渡満して大連で海産物仲買商を営んだ。

梶山　又吉　▷11

本渓湖煤鉄公司工務科長／奉天省本渓湖東山公司社宅／一八七九（明一二）四／広島県広島市観音寺町／東京帝大

一九〇四年七月、東京帝大を卒業して鉄道庁技師となった。大倉鉱業㈱技師に転じた後、本渓湖煤鉄公司の機械科長となって一四年一〇月に渡満し、後に工務科長を務めた。

柏井権三郎　▷1

柏井洋行主／大連市羽前町／一八六三（文三）一一／大阪府中河内郡意岐部村

里正として地方行政に尽力し所司代より賞状・金品等を数多く授与された旧

家に生まれ、長く家業の農業に従事した。一九〇四年親類縁者の反対を押し切って佐世保に赴き、二三の有志と緒方商会を設立して海軍用達業を開業したが、翌年九月に解散して単身渡満した。柳樹屯で駐屯軍用達と酒類雑貨の販売に従事した後、〇六年四月に廃業し朝鮮に渡って農業経営を企図したが、中途で断念して帰国した。数ヶ月郷里で静養した後、再び渡満して大連市羽前町に柏井洋行を設立して倉庫業を始め、かたわら知人と満鉄及び民政署諸工事への苦力供給業を営んだ。

柏木讃五郎　▷12

柏木商店主／ハルビン道裡地段街／一九〇四（明三七）九／三重県名賀郡滝川村／国民英学舎

東京の国民英学舎で二年修学した後、三星商会に入り大阪、台南、新京等の各地に歴勤した。その後、ハルビン道裡地段街で呉服雑貨商を開業し、満州事変後に用達業に転じた。この間、満州事変時の功により陸軍大臣より楯を授与された。

柏木　安次　▷12

満鉄新京駅構内助役、社員会役員、勲八等／新京特別市白菊町／一九〇七（明四〇）四／長野県北佐久郡南大井村／小諸商業学校

長野県柏木庄九郎の三男に生まれ、一九二五年三月県立小諸商業学校を卒業して渡満した。満鉄鉄道教習所運転科に入所し、二六年三月に終了して本渓湖駅に勤務した。二八年一月奉天列車区勤務を経て三三年一一月四台子駅助役となり、三四年九月湯山城駅助役に転任した後、三五年八月新京駅構内助役に就いた。この間、満州事変時の功により勲八等瑞宝章及び従軍記章並びに建国功労賞を受けた。

柏田鍵太郎　▷3

関東都督府通信書記奉天郵便局電信課長、勲七等／奉天郵便局官舎／一八七七（明一〇）六／新潟県岩船郡村上本町／東京郵便電信学校電信科

一八九六年三月、東京郵便電信学校電信科を卒業して郵便電信書記となった。九九年に逓信属となり、一九〇二年九月母校の東京郵便電信学校書記兼助教に就任した。〇四年九月電信隊付として日露戦争に従軍し、〇六年九月関東都督府の施政開始とともに同庁通信書記となった。一一年に奉天郵便局通信課長となり、翌年四月同電信課長に転じた。

柏原　孝久　▷4

遼東新聞長春支局長、大阪毎日新聞通信員／長春鉄道付属地／一八七八（明一一）六／東京府東京市牛込区早稲田鶴巻町

一九〇三年二六新報社に入り、その後日本電報通信社、日本通信社等に勤務した。〇六年四月東京に同志と東亜通信社を設立して満州に赴任したが、〇七年九月同社の引き揚げとともに遼東新報社に入社した。新設された長春支局の支局長に就き、かたわら大阪毎日新聞の通信員も務めた。長春日本人会の設立に尽力して評議員となったほか、〇七年に居留民会が設立されると常議員と理事を兼任し、一〇年から鉄道付属地に転居する一二年まで副会長を務めた。

柏原　尋保　▷12

安東税関員／安東日満ホテル／一八八四（明一七）三／大阪府／奈良県立五条中学校

奈良県宇智郡五条町に生まれ、一九〇六年県立五条中学校を卒業して大阪税関監吏となった。敦賀税関に転勤した後、大阪駅出張所長、七尾税関支署長を歴任して三三年九月税関監査官に累進した。その後満州国税関監査官に転じ、夫人と四男一女を石川県七尾町に残して単身渡満し、間島省竜井村税関勤務を経て安東税関に転勤した。

梶原　岩吉　▷12

梶原洋行主、遼陽地方委員、遼陽実業会評議員、遼陽輸入組合評議員／奉天省遼陽本町／一八七三（明六）三／香川県高松市鶴屋町

一九〇五年二月日露戦中に営口に上陸し、同年一二月遼陽に入り城内什字路で中国人相手の雑貨商を開業し、陶磁器及び硝子を販売した。次いで一時料亭を経営したが、後に食料品雑貨商に転業した。〇八年に附属地一の橋付近に移転し、次いで一〇年に本町に移転営業し、同地在住日本人の草分けとして各種の公職に就いた。

梶原　英三　▷12

㈱鈴木商店奉天事務所主任、正八位／奉天琴平町／一九〇五（明三八）六／香川県高松市鶴屋町／東

亞同文書院
新京商業学校を経て上海の東亞同文書院に入学し、在学中に華南から雲南省・四川省方面及びインドシナ各地を視察旅行した。一九三〇年に卒業して味の素㈱本舗鈴木商店に入り、大阪支店勤務を経て国内及び台湾の各地事務所に勤務した。三三年に大連事務所に転勤し、ハルビン事務所勤務を経て奉天事務所主任となった。

梶原　米吉 ▷12

梶原洋行主、長春貯金信託㈱取締役、勲八等／新京特別市日本橋通／一八八〇（明一三）一〇／香川県高松市井口町

一九〇五年二月歩兵第五四連隊に属して日露戦争に従軍し、〇六年二月奉天で除隊して第三軍兵站部御用商人となった。次いで新台子に移住して食料雑貨商を営み、さらに〇七年五月新京に移転して城内で同業に従事した。〇八年六月日本橋通に店舗を新築移転し、店員一〇人を使用した。

春日井賛一 ▷12

国際運輸㈱吉林支店業務係主任／吉林新開門外国際運輸㈱社宅／一八九九（明三二）三／岐阜県本巣郡西郷村／岐阜県師範学校本科二部

旧姓は松野、後に春日井松三郎の養嗣子となった。岐阜中学校を経て一九一八年三月岐阜県師範学校本科二部を卒業し、郷里の本巣郡真桑尋常高等小学校訓導となった。次いで大蔵省醸造試験所清酒醸造部講習生を修了し、家業の醸造業に従事した。その後二六年八月に渡満して国際運輸㈱に入社し、大連支店営業課陸運課に歴勤した後、三三年四月吉林支店業務係主任となった。

春日　徳二 ▷7

鉄嶺日華銀行支配人／鉄嶺日華銀行／一八八六（明一九）三／鹿児島県曽於郡志布志町／鹿児島県立鹿屋農学校農科

鹿児島県立鹿屋農学校農科を卒業し、鹿児島県庁に勤務した。その後朝鮮に渡って朝鮮農工銀行に入ったが、渡満して鉄嶺の日華銀行に転じて支配人に就いた。

可須水義山 ▷11

大連伏見台公学堂教諭／大連市弥生町／一八九一（明二四）一一／滋賀県坂田郡醒ヶ井村／滋賀県師範学校

滋賀県僧侶可須水信教の次男に生まれ、一九一三年三月滋賀県師範学校を卒業した。その後二〇年五月に渡満して大連公学堂教諭となり、二二年四月大連西崗子公学堂教諭に転じた。二四年に関東庁命で北京に一年留学して中国事情を研究した後、二七年から大連伏見台公学堂教諭を務めた。

粕谷　好助 ▷3

天理教大連宣教所長／大連競売地区／一八七七（明一〇）一一／埼玉県入間郡藤沢村／東京外国語学校

一九〇一年東京外国語学校を卒業し、農商務省から天津に派遣されて綿糸綿布の研究に従事した。〇三年これを辞し、語学教師として第七師団に付随し北海道に赴いたが、翌年日露戦争が始まると陸軍通訳として従軍した。一六歳で入信して以来の熱心な天理教信者で、一九一〇年に脱俗して天理教布教師となり大連宣教所長を務めた。

粕谷　益雄 ▷12

満鉄奉天地方事務所渉外係長、社員会奉天第一連合会幹事、同庶務部長兼消費部長／奉天霞町／一九〇三（明三六）五／埼玉県入間郡豊岡町／慶応大学経済学部

立憲政友会の代議士で衆議院議長を務めた粕谷義三の長男に生まれ、慶応大学経済学部を卒業して一九二九年五月満鉄に入り、社長室人事課に勤務した。三〇年五月経理部付、三二年五月同会計課、三四年六月総務部審査役付、三六年四月同審査員を歴職し、同年八月奉天地方事務所に転勤して渉外係長を務めた。消費組合問題に精しく、本社在勤時に社員消費組合本部の宣伝部長及び消費部長を務めた。

加世田弥二郎 ▷7

金州製綿工場主、棉花栽培、果樹園経営／金州付属地／一八七一（明四）一二／鹿児島県鹿児島市清水町／攻玉黌

鹿児島の造士館に学び、海軍軍人を志して上京した。攻玉黌に入って兵学校入学に備えたが、受験直前に負傷して断念し、台湾に渡って陸軍部員として勤めた。在勤中に同志を糾合してフィリピン占領を企図したが挫折し、その後台湾の新聞社、大阪商船会社などに勤務したが続かず、普通文官試験を受験して官吏となった。一年後に税官改革で通信局に転じて勤務する中、友人の須田大連川崎造船所長に招かれて一九一四年に渡満した。大連海関官吏となった後、一六年に関東州海関監視所に転じて二四年四月まで勤めた。渡満以来長く金州付属地に居住して顔が広く、単独綿花㈱の委託で二〇万坪の土地買収にあたり、終了後は四〇町歩の土地を委任された。かたわら棉花栽培に取り組み、六町歩を試作して同地における棉花栽培個人経営の嚆矢となった。本業として屑綿の製綿工場を経営したほか一万坪の果樹園でリンゴを栽培し、セメント瓦の製造にも手を広げた。二五年三月には棉花事業視察のため黒竜江に赴き、同地で棉花栽培を試みた。二四年に金州付属地市民会が設立されると初代会長に就き、満州棉花栽培協会の理事を務めた。

加勢　藤吉 ▷12

満鉄皇姑屯機務段長、勲八等／奉天雪見町／一八九三（明二六）一一／栃木県下都賀郡小山町

一九〇八年五月から鉄道庁小山機関庫に勤務したが、一六年二月に辞職して満鉄に転じ、翌年満鉄従事員養成所を修了した。以来、大石橋車輌係、同機務見習、瓦房店車輌係、同機関助手、同機関士心得、同機関士、遼陽機関区点検助役、奉天機関区点検助手、同区大官屯駐在所運転助役、同区運転助役兼機関士を歴職した。奉天鉄道事務所及び奉天車輌事務所に転勤した後、安東機関区運転主任兼技術主任、瀋海鉄路局、奉天鉄路局総務処文書科事故股長、瀋陽機務段長を歴任し、三六年五月皇姑屯機務段長に転任した。この間、満州事変時の功により勲八等及び従軍記章、建国功労賞を授与され、三三年四月勤続一五年の表彰を受けた。

片井　元衛 ▷12

満州計器㈱ハルビン支店長／ハルビン黒山街／一九〇四（明三七）／長野県南佐久郡岸野村／東洋大学倫理学教育科

一九二八年三月東洋大学倫理学教育科を卒業して同年五月文部省修身科教育科教員免許状を取得し、同年八月北海道寿都郡の寿都町女子職業学校教員となった。その後三三年三月に退職して渡満し、チチハル市政公署社会科に勤務した。次いで同年九月満州計器有限公司設立準備事務所事務員に転じ、三六年一〇月の設立と同時に同社ハルビン支店長代理となり、三七年一月同支店長に就いた。

片岡　完二 ▷9

金融業、特産物商、倉庫業／ハルビン埠頭区ウチャストコワヤ街／一八八九（明二二）二／岡山県邑久郡牛窓町

一九〇七年朝鮮に渡り、仁川で運送業に従事した。一三年にハルビンに移住し、梅原洋行に勤務して中国人やロシア人の人情風俗に慣れた後、一六年に独立してウチャストコワヤ街に商店を開設した。両替、金銀地金売買、公債・証券・株式売買等の金融業の他に特産物仲買商と倉庫業を兼営し、さらに横浜正金銀行ハルビン支店専属為替仲買人として外国為替も取扱った。

片岡　語咲 ▷11

大連神明高等女学校教諭、関東庁体育研究所指導員／大連市神明町／一九〇〇（明三三）一二／島根県邑智郡田所村／東京高等師範学校体育科

島根県農業片岡玉吉の次男に生まれ、一九二四年東京高等師範学校体育科を卒業し、一年志願兵として入営した。予備歩兵少尉となって除隊して二五年四月に長野中学校教諭となり、翌年四月神戸第三中学校教諭に転任した。二七年七月に渡満し、大連神明高等女学校教諭として各運動部を指導し、翌年一二月関東庁体育研究所指導員となった。

片岡　栄 ▷12

満鉄ハルビン鉄路医院庶務長、社員会評議員／ハルビン埠頭区北安街／一八九〇（明二三）一一／広島県安佐郡飯室村／早稲田大学政治経済学部

広島県片岡真八の次男に生まれ、一九一九年三月早稲田大学政治経済学部を卒業し、同年九月満鉄に入社して地方部庶務課に勤務した。次いで二二年一月社長室社会課、二七年一一月公主嶺地方事務所、三〇年八月撫順炭砿庶務課、三三年四月鉄路総局、三五年四月ハルビン鉄路局勤務を経て同年一一月ハルビン鉄路医院庶務長となった。この間、満州事変時の功により賜盃及び従軍記章を授与された。

片岡　節三　▷12

満鉄ハルビン鉄路局運輸処自動車科長、社員会評議員、ハルビン自動車協会副会長、ハルビン自動車研究会副会長、勲八等／ハルビン海関街／一八九六（明二九）一一／大分県北海部郡臼杵町／東京外国語学校露語部貿易科

本姓は別、後に大分県片岡清松の長女松子の婿養子となった。一九二二年東京外国語学校露語部貿易科を卒業し、同年渡満して満鉄に入り大連本社外事課に勤務した。以来勤続してハルビン事務所調査課、本社鉄道部経理課、同営業課、技術局、同計画部、鉄路総局運輸処自動車課計画係主任に歴勤し、三四年ハルビン鉄路局運輸処自動車科長となった。この間、満州事変時の功により勲八等に叙せられ、三七年四月勤続一五年の表彰を受けた。

片岡　対吉　▷11

鉄工業／奉天省鞍山栄町／一八八〇（明一三）九／佐賀県東松浦郡唐津町

佐賀県の鉄工業片岡猪助の六男に生まれ、長崎三菱造船所に入り、職工として三年勤めた。一九〇三年朝鮮の仁川に渡って鉄工業を自営し、翌年鎮南浦に移った。〇六年四月満州に渡り、鞍山で再び鉄工業を営んだ。

片岡　武雄　▷12

国務院水力電気建設局工務処員／新京特別市恵民路政府代用官舎／一九〇五（明三八）六／香川県香川郡弦打村／京城高等工業学校土木学科

香川県片岡善七の長男に生まれ、京城中学校を経て京城高等工業学校土木学科に入学した。一九二六年に卒業し、同年四月京城府土木技手となり土木課に配属された後、同年五月京城府臨時都市計画係を経て同年七月朝鮮総督府雇員に転じ、内務局土木課に勤務した。二八年三月朝鮮総督府技手に昇格して京城土木出張所に転勤したが、三四年一一月に依願免官して渡満し、国務院国道局技師として第一技術処に勤務した。三五年一二月国道局技佐に昇任し、次いで三六年一月水力電気建設局技佐となり同局工務処に勤務した。

片岡峰太郎　▷4

堂徳洋行支店勤務／ハルビン馬街／一八七九（明一二）／兵庫県赤穂郡塩屋村／第三高等学校法科

一九〇四年第三高等学校法科を卒業し、一年志願兵として兵役に服した後、神戸の神栄㈱に入社して生糸貿易業に従事した。一〇年余勤続した後、一六年に至って同社社長で元貴族院議員、三十八銀行・加古川銀行頭取、日の出紡績社長、朝鮮銀行監事の伊藤長蔵が社長を辞任する際に行を共にし、神戸に伊藤長商店を設立する補佐役を務めた。同年一二月ハルビン支店の堂徳洋行に派遣され、同地で米穀・大豆・砂糖・雑貨・綿糸等の貿易業務を差配した。

片岡　亮二　▷12

満鉄吉林工務段建築副段長、勲八等／吉林九経路代用社宅／一八九八（明三一）一／滋賀県東浅井郡大郷村／南満州工業学校

滋賀県片岡於莵の子に生まれ、一九一七年三月南満州工業学校を卒業して同年四月満鉄に入社した。その後大連市役所、次いで大倉土木㈱に転じた。三三年五月再び満鉄に入り、錦州建設事務所勤務を経て三六年一月吉林工務段建築副段長となった。

片岡　林吉　▷1

梅原商会ハルビン支店主任、ハルビン日本人会副会長／ハルビン／一八七七（明一〇）二／愛知県知多郡坂井町

横浜で十数年間輸出貿易業を経営した後、同市花咲町の梅原商会に入り同業に従事した。日露戦争前に渡満して旅順支店を開設して絹製品と日本美術品を販売したが、一九〇四年日露開戦となって閉店した。戦後〇六年一〇月に再び渡満し、ハルビンに支店を設けて同業を再開し、後に日本人会が組織されると副会長を務めた。

片桐　慎八　▷11

満鉄奉天駅貨物助役／奉天藤浪町／一八九九（明三二）二／福島県若松市新横町／東京帝大法学部

福島県片桐留吉の三男に生まれ、一九二四年三月東京帝大法学部を卒業して朝鮮総督府鉄道局書記となった。二六年八月満鉄に転じて奉天駅駅務方を務め、後に同駅貨物助役となった。

片桐寅八郎 ▷11

満蒙証券㈱取締役兼支配人／奉天平安通／一八九七（明三〇）四／新潟県新潟市西堀通／新潟商業学校

新潟県片桐寅蔵の次男に生まれ、一九一五年三月新潟商業学校を卒業した。一八年八月、亡父の友人で前近江洋行主の市田三郎に伴われて渡満し、営口で同店の会計事務に従事したが、市田の死去により同店を辞した。二一年五月鉄嶺公益信託㈱に入社し、二四年一二月奉天の満蒙証券㈱に転じて二七年九月に支配人となり、後に取締役に就任した。剣道を趣味とし、夫人もとは文学を愛好した。

片瀬　晋 ▷12

満鉄チチハル鉄路局機務処長、チチハル在郷軍人分会評議員、正八位勲六等／龍江省チチハル礼化街／一八九八（明三一）一一／熊本県菊池郡隈府町／旅順工科学堂

一九一九年旅順工科学堂を卒業して満鉄に入り、大連本社に勤務した。二〇年七月奉天運輸事務所に転勤した後、一年志願兵として兵役に就き、除隊復職して奉天機関区技術主任となった。次いで長春、奉天、瓦房店の各機関区長を歴任してチチハル鉄路局機務処長となった。この間、満州事変時の功により勲六等旭日章を授与された。

片田　真造 ▷13

満州電業㈱営口支店長代理／奉天省営口／一八九七（明三〇）／福岡県小倉市／同志社大学経済科

一九二一年同志社大学経済科を卒業し、一年志願兵として兵役に服した後、三菱製鉄㈱に勤務した。三一年朝鮮平壌府庁の嘱託に転じた後、三三年に渡満して営口水道電気㈱に入社した。次いで三四年一二月創立直後の満州電業㈱に転じ、新京電業局庶務課調度係長、経理部用度課勤務、同課発着係長、同課新京支庫主任、経理部庶務係長を歴任し、三九年秘書役主事代理を経て四二年五月営口支店長代理に就いた。

片田　義一 ▷12

満州電業㈱安東支店発電係長／満州電業㈱安東支店／一八九六（明二九）五／福岡県朝倉郡安川村／工手学校電工科

立教中学校二年を修了した後一九一五年工手学校電工科を卒業し、同年一一月九州水力電気中間変電所に勤務した。一六年九月横浜電気会社に転じて常盤町変電所に勤務し、一七年七月同神奈川発電所に転勤した。二〇年五月満鉄に転じて渡満し、電気作業所技術課勤務を経て二一年六月安東発電所に転勤した。二六年六月同所が満鉄から分離して南満州電気㈱となるに伴い同社員となり、次いで三四年一二月電気供給部門が独立して満州電業㈱となると、同社安東支店発電係長となった。

片柳　徳造 ▷11

吉林総領事館在勤外務省警部、勲七等／吉林日本領事館内／一八七七（明一〇）五／茨城県真壁郡上妻村

茨城県農業平石貞治の次男に生まれ、同県片柳藤左衛門の養子となった。神奈川県警察官として七年勤めた後、一九一一年外務省に入った。同年三月渡満して煙台、漢口、杭州、北京、九江、青島等に駐在した後、吉林総領事館在勤外務省警部を務めた。

片山　嵓 ▷11

満鉄撫順炭鉱研究所長／奉天省撫順市敷島町／一八八一（明一四）一／東京府東京市芝区白金三光町／東京帝大医科大学薬学科

東京府官吏片山義弐の長男に生まれ、一九〇三年六月東京帝大医科大学薬学科選科を卒業して同大助手となった。〇五年九月内務省伝染病研究所技手に任じ、引き続き母校で医学研究に従事した。〇七年一一月に渡満して満鉄に入り、地質課に勤務した後、中央試験所応用化学科に転じた。一八年一月満鉄を辞して朝鮮に渡り、朝鮮総督府中央試験所技師となり工業専門学校教授を務めたが、二六年に再び満鉄に入社して嘱託となり後に撫順炭砿研究所長に就任した。この間、樹脂工業・石炭低乾溜・中頁岩油製蠟工場の機械設備調査のため数回欧米に巡遊した。

片山　賀吉 ▷12

竜江税捐局副局長、満州国協和会チチハル市本部委員／龍江省チチハル徳貴胡同竜江税捐局公館／一九〇二（明三五）四／北海道上川郡鷹栖村／北海道庁立旭川中学校

一九二一年三月北海道庁立旭川中学校を卒業した後、二三年一月税務署属となった。旭川、帯広、小樽の各税務署勤務を経て三〇年一一月小樽税務署直税課第三係主任に就いた。三三年六月預金部属となり札幌支部員を兼務した後、同年一〇月国務院財政部税務監督署委任官に転出して渡満し、吉林税務監督署監察科監視股長となった。次いで三五年三月税捐局司税兼任となって延吉税捐局に転勤し、三六年一月税捐局理税官に進んで竜江税捐局副局長に就いた。

片山　勝治　▷12

満鉄ハルビン站構内助役／満鉄ハルビン站／一九〇六（明三九）七／長崎県南高来郡島原町／長春商業学校

長崎県片山辰三郎の長男に生まれ、長春商業学校を卒業して満鉄に入った。鉄道教習所運輸科を修了して長春駅に勤務した後、長春、大連、奉天、大連の各列車区に転勤した。次いで大連鉄道事務所、鉄道部、ハルビン鉄路局運輸科、同局運輸処貨物科に歴勤し、三六年八月ハルビン站構内助役となった。

片山金次郎　▷12

満鉄ハルビン鉄道工場貨車廠主任、勲八等／ハルビン満鉄鉄道工場／一八九七（明三〇）二／岡山県岡山市北方本町／岡山工業学校機械科

岡山県片山喜三郎の三男に生まれ、一九一五年三月岡山工業学校機械科を卒業し、同年五月三菱神戸造船所に入った。その後一七年二月に渡満して満鉄に入り、沙河口工場に勤務した。鞍山製鉄所工務課、同設計課、沙河口工場車台職場、同貨車製材職場、同木工課第二作業課に歴勤した後、吉長鉄路局及び吉長吉敦鉄路局派遣を経てハルビン鉄路局松浦工廠に勤務した。同廠計画股主任兼客貨車廠主任、同廠計画係主任兼客貨車廠主任、同工場客車廠主任を務めた後、ハルビン鉄道工場に転勤して車輌廠主任となり、次いで三七年四月同工場貨車廠主任となった。この間、満州事変時の功により勲八等に叙され、三二年四月勤続一五年の表彰を受けた。

片山金太郎　▷12

満鉄大石橋機関区工作助役、社員消費組合総代、大石橋地方委員／奉天省大石橋盤竜街／一八八九（明二二）六／広島県呉市明神町

広島県片山三次郎の次男に生まれ、一九〇八年二月満鉄に入り大連鉄道工場に勤務した。橋頭、安東、遼陽、蘇家屯の各機関区に歴勤した後、大石橋機関区工作助役となった。この間、満州事変時の功により木杯一組を授与され、勤続二五年の表彰を受けた。

片山　坂人　▷12

片山商店主／奉天青葉町／一八九九（明三二）八／島根県邑智郡川下村

一九二〇年奉天商埠地の戊申洋行に入ったが、二三年に同洋行廃業のため春日町の井原奉天支店に転じて建築用金物商に従事した。その後三一年三月青葉町に片山商店を独立開業し、建築金物材料商を営んだ。主として大阪方面から仕入れ、一般小売のほか市内土建業者を得意先として卸商も兼ねた。

片山　茂丸　▷11

国際運輸㈱大連支店経理係長／大連市柳町／一八九〇（明二三）二／熊本県熊本市下通町／早稲田大学商科

熊本県商業片山竹二の三男に生まれ、一九一八年早稲田大学商科を卒業して大阪煉瓦㈱に入社した。翌年事務主任となったが、二〇年に渡満して大連株式商品取引所に勤務した。二三年七月国際運送㈱が創立されるとこれに転じ、翌年上海支店に転勤し、二六年に大連支店経理係長となった。早大在学中は短距離選手として全国陸上競技大会に出場し、社会人となってからもテニスや卓球、短艇などのスポーツを愛好した。

片山　篤郎　▷11

満鉄鉄道教習所講師／大連市伏見町／一八八六（明一九）八／島根県松江市北堀町／東京外国語学校英文科

島根県教員片山育郎の長男に生まれ、一九〇八年東京外国語学校英文科を卒業した。山梨、島根、鳥取、滋賀、千葉の各県立中学校に一一年勤めた後、満鉄の招聘を受けて二〇年二月に渡満し、主として国際運輸関係の事務に従事した。二一年末に営口に転じて外人係主任を務めた後、二四年三月から満鉄窯業工場・窓硝石工場建設事務主任を務めたが、翌年同工場が満鉄から分離したため鉄道部旅客課勤務に転任した。二七年一〇月鉄道教習所講師兼舎監・渉外課兼務となり、勤務のかたわら大連語学校の英語講師を務めた。実弟の信は伝道医師クリスティーが創立した奉天医科大学の一期生として二九年に卒業した。

片山　直彦　▷12

満鉄安東保健所主任兼保険医兼安東地方事務所勤務、関東局安東・鳳凰城各警察署嘱託医、正八位／安東山手町満鉄社宅／一九〇四（明三七）四／和歌山県海草郡黒江町／九州帝大医学部

和歌山県片山元三郎の四男に生まれ、山口高等学校を経て一九三〇年三月九州帝大医学部を卒業し、副手として細菌学教室に勤務した。同大助手に進んだ後、三四年四月に渡満して満鉄に入社した。地方部衛生課新京在勤兼新京地方事務所勤務、新京保健所主任兼保健医兼新京地方事務所勤務、四平街保健所主任兼保険医兼四平街地方事務所勤務を経て三六年三月安東保健所主任兼保険医兼安東地方事務所勤務となり、三七年四月副参事に昇格した。

片山　信　▷12

国務院蒙政部民政司員／新京特別市金輝路第二代用官舎／一九〇三（明三六）五／島根県松江市北堀町／満州医科大学

松江中学校を卒業して渡満し、一九二九年三月満州医科大学を卒業して同大学法医学教室助手となり、同年七月助手に昇格した。その後三四年一〇月興安総署嘱託に転じて政務処警務科に勤務し、三五年二月蒙政部技佐に進んで民政司勤務となった。

片山　民部　▷11

奉天毎日新聞社主幹／奉天十間房第四区／一八八八（明二一）一／神奈川県川崎市／早稲田大学専門部

神奈川県片山藤太郎の長男に生まれ、一九〇五年早稲田大学専門部を卒業した。一二年七月東京中央新聞に入って編輯部員となり、その後東京夕刊新報、東京毎日新聞、東京毎夕新聞、時事新報等の記者となった。東京日日新聞記者をしていた二六年八月に渡満し、後に奉天毎日新聞に移って主幹を務めた。

片山　与太郎　▷11

長春実業銀行常務取締役、長春建物会社監査役／長春蓬莱町／一八七三（明六）五／熊本県宇土郡宇土町／京都同志社

熊本県片山八八来の長男に生まれ、一八九四年同志社英学校を卒業して郷里の九州商業銀行に入った。一九〇八年第一銀行に移って朝鮮支店に勤め、その後朝鮮銀行に転じた。一九年一〇月に渡満して長春実業銀行に入り、常務取締役に就任して長春建物会社監査役を兼任し、長春商業会議所議員、長春熊本県人会長等の名誉職を務めた。

勝浦　鞆雄　▷3

関東都督府中学校長、高等官四等、正六位勲五等／旅順市常盤町／一八五〇（嘉三）一二／宮崎県児湯郡高鍋町

廃藩後しばらく藩務に従事し、一八七三年一二月から和歌山県下で教職に就いた。七五年に和歌山師範学校長となって同校の創設準備にあたった後、八七年八月に上京して東京府尋常師範学校幹事となり、九〇年四月に東京尋常中学校長となった。九八年から一九〇九年の間に高等教育会議議員を五回務め、〇八年三月には多年の教育従事の功に対し文部大臣より金二〇〇円の報奨を受けた。関東都督府中学校長兼教諭となって〇九年四月に渡満し、一四年五月に多年中等教育に尽くした功績大なりとして帝国教育会功牌を受けた。

勝　卓郎　▷1

永盛洋行主、大連実業会書記長／大連市／一八七一（明四）一／岐阜県恵那郡遠山村

郷里で憲政党系の新聞「濃飛日報」の発行に数年間携わった後、渡満して大連の行実洋行に入り支配人を務めた。一九〇五年一〇月開原、鉄嶺等に出張した後、翌年四月大連で永盛洋行を設立して諸官衙用達と土木建築請負業を経営し、他に麻袋、蝋燭、古地金等の売買を行った。かたわら大連実業会書記長を務め、新聞記者の経験を活かして会報を編集した。

勝田精一郎　▷12

満州電信電話㈱技術部機械課手動電話係長／新京特別市恵民路／一八九二（明二五）三／大阪府豊能郡池田町／逓信官吏練習所

大阪府商業勝田金之助の次男に生まれ、一九一六年逓信官吏練習所を修了して関東都督府逓信書記補となって渡満し、同年一二月逓信技手に任じられて奉天郵便局電話課に勤務した。試験部技手を経て逓信技師に進んだ後、三四年満州電信電話㈱技手に転じて奉天工務所長兼奉天中央電話局交換課長となった。次いで三五年八月技術部機械課手動電話係長に転任し、同年一二月電信電話事業調査のため欧米各国に出張し、三六年八月に帰任した。業務のかたわら写真を趣味として奉天斜陽会に属し、二七年一一月の満州写真美術展覧会に出品して特選となった。

勝沼　海三　▷11

満鉄撫順炭砿調査役室勤務／奉天省撫順市北台町／一八九五（明二八）一二／新潟県古志郡上北谷村／東京帝大工学部

一九二〇年七月東京帝大工学部を卒業して満鉄に入社し、撫順炭砿調査役室に勤務して採掘技術担当員を務めた。

勝野　愛敏　▷12

敦化列車分段長、勲八等／吉林省敦化朝陽街局宅／一九〇三（明三六）二／長野県北安曇郡常盤村／逓信講習所、鉄道教習所

長野県勝野直の長男に生まれ、逓信講習所及び鉄道教習所を修了した。一九一九年から各地に勤務して逓信書記補に進んだが、二四年満鉄に転じて大石橋駅に勤務した。二七年大石橋列車区訓務を経て三三年四月大平山駅助役となり、同年八月満州国鉄道の委託経営に伴い第一回国線派遣員に選任されて敦化車務段車務副段長となり、その後の職制改正で敦化列車分段長に就いた。

勝弘貞次郎　▷4

奉天勝弘農場主／奉天西一条街／一八六九（明二）五／兵庫県神戸市元町／神戸商業学校、大阪泰西学館中退

大阪府豊能郡細河村の大庄屋勝弘市良右衛門の次男に生まれ、郷里の小学校を卒業して一四歳の時から京都東寺の土宜法隆師について漢学を学んだ。その後、神戸商業学校、大阪泰西学館等に遊学したが、病を得て帰郷した。一八九二年五月分家して神戸市元町で雑貨及び天産物の貿易業を始め、かたわら京都で型付反物の輸出会社錦染紐を興したが失敗し、九七年からは神戸本店の経営に専念した。九八年五月に中国南部を視察した後、同年九月上海に勝弘洋行支店を開設したが、一年で閉鎖して神戸に戻った。一九〇一年五月に㈾勝弘商店と改称し、日露戦中の〇五年五月陸軍大臣の許可を受けて満州各地を視察した後、営口に本店を移した。その後、事業本拠地を営口から新民屯、さらに〇七年二月には奉天へと北上させた。〇八年に満鉄が農業地の貸下げを始めると奉天で水田耕作に着手し、一〇年一一月には奉天勝弘農場を開設して米と雑穀の生産を始め、さらに精米業も兼営した。

勝俣喜十郎　▷11

耕牧舎代表、大連慈恵病院理事、大連基督教青年会理事／大連市桜町／一八七二（明五）一一／静岡県駿東郡原里村

福岡県農業勝俣小右衛門の次男に生まれ、一八九一年から箱根仙石原の耕牧舎で畜産業に従事した後、牧畜業研究のため九四年に渡米した。一九〇〇年に帰国し、〇一年から〇四年まで英国聖書会社の要務で日本全国、台湾、朝鮮等を巡遊した。日露戦争が始まると朝鮮を経て満州に渡り、戦後〇七年三月大連市南山麓に満州牧場を開設した。後に㈴耕牧舎とし、二七年から義弟の加賀美康夫と満州牧場鞍山支店及び奉天支店を共同経営した。大連にまだ搾乳業者がなかった当時、病人のため日本から乳牛を買い入れて一般市民にも供給するなど、大連における牧場の元祖とされた。経営のかたわら大連慈恵病院理事、大連基督教青年会理事、西広場教会長老を務め、大連始政二十周年に際し大日本教会、関東庁、満鉄等の表彰を受けた。日本女子大学家政科出身の夫人貞江との間に五女があり、長女は東京女子大学、次女は自由学園に学んだ。

勝俣　幸逸　▷12

満鉄開原地方事務所消防監督兼衛生監督、在郷軍人会開原分会理事、勲六等／奉天省開原長寿街／一八九六（明二九）二／静岡県駿東郡北郷村

一九一六年一二月徴兵されて豊橋の騎兵第一九連隊に入隊し、二七年一月騎兵特務曹長に進んだ。除隊した後、二九年一二月満鉄に入り、奉天、長春の各地方事務所の消防長を務めた。次いで開原地方事務所消防副監督に転任し、三六年一〇月同消防監督となり衛

生監督を兼務した。

勝亦　賤男　▷12

山葉洋行㈱ハルビン出張所長／ハルビン道裡透籠街／一八九四（明二七）三／静岡県駿東郡原里村

静岡県勝亦喜太郎の次男に生まれ、一九一四年鉄道院教習所を修了して鉄道員となったが、一九年に辞職して渡満した。各種の職業に就いた後、二六年大連の山葉洋行に入って山葉ピアノ、オルガンの販売と家具の製造販売業に従事し、三五年三月ハルビン出張所開設と同時に所長に就任した。

勝又　文彦　▷12

勝又洋服店主、大連連鎖街㈱取締役、大連小売業合理化委員会委員／大連市栄町／一八九二（明二五）三／静岡県駿東郡富士岡村

東京の三越呉服店洋服部に勤務し、一九一一年大連三越支店開設と同時に渡満して洋服部を担当した。その後一八年に退店して磐城町で洋服店を独立開業し、二六年二月栄町に移転した。経営のかたわら各種の公職に就き、三四年一一月㈱大連連鎖街が設立されると取締役に就任した。

勝間良太郎　▷11

特産物輸出商／大連市弥生町／一八九一（明二四）七／兵庫県神戸市山本通／兵庫県立神戸商業学校

兵庫県勝間万助の次男に生まれ、一九一二年兵庫県立神戸商業学校を卒業し、一年志願兵として大阪の騎兵第四連隊に入営した。除隊して一五年八月に渡満してハルビンの光武商店に入り、ウラジオストク本店勤務を経て一九年四月大連に派遣され、北満物資の販路開拓に従事した。同年八月、安部幸兵衛商店大連支店に転じて輸出部担任となったが、翌年経営破綻のため退社した。伯父夫婦の後援を受けて二一年四月から大連で特産物商を始め、二七年には合資会社に改組して経営にあたった。

勝村　保　▷12

満鉄周水子駅長、社員消費組合総代／大連市外周水子駅長社宅／一八九〇（明二三）三／山梨県山梨郡加納岩村

山梨県勝村半甫の三男に生まれ、一九一三年満鉄に入り橋頭駅に勤務した。一七年一〇月乗務貨車方奉天駅在勤、一八年一二月車掌見習奉天駅在勤、一九年三月車掌遼陽駅在勤、同年八月同奉天駅在勤、二〇年七月同奉天列車区勤務を経て同年一二月蘇家屯駅助役となった。その後二九年七月孟家屯駅長、三三年一一月郭家店駅長、三四年五月郭家店実業補習学校長兼務、三六年一月公主嶺青年学校郭家店分教場指導員兼務を歴任し、三七年四月周水子駅長となった。この間、二九年四月に勤続一五年の表彰を受けた。

勝本永次郎　▷11

機械、暖房具直輸入商／大連市霧島町／一八八一（明一四）八／香川県高松市兵庫町／東京帝大工学部機械科

香川県商業勝本惣太郎の次男に生まれ、一九〇八年七月東京帝大理工科大学機械科を卒業して東京の高田商会に入社した。一四年九月に大連出張所主任となって渡満した。その後本社調査部主事を経て一八年に機械部次長に昇進したが、翌年同商会を退社して再び渡満し、撫順で機械暖房衛生工事設計請負並びに同上用材料の製作・販売を始めた。二〇年には本店を大連に移して放熱器製作工場を開設し、海外通信部を設置するなどして業務を拡張した。

勝家　清勝　▷12

満鉄沙河口図書館長兼南沙河口図書館長、向栄住宅組合監事／大連市星ヶ浦水明荘／一八九七（明三〇）四／長野県北安曇郡広津村／専修大学経済科

長野県勝家勘弥の長男に生まれ、一九二〇年三月専修大学経済科を卒業して満鉄に入り、図書館に勤務した。二二年六月大連図書館に転勤した後、二四年二月文部省図書館員教習所に入所し、二五年三月に帰社して二六年一〇月主事となった。次いで二七年一一月大連図書館司書、三一年二月ハルビン図書館主事、三三年四月同館長、三四年一月埠頭図書館長に歴任し、三五年四月沙河口図書館長に就いて南沙河口図書館長を兼務した。この間、満州事変時の功により記念品及び従軍記章を授与された。入社以来一貫して図書館業務に従事して月刊『図書館新報』を刊行し、親類にあたる東京新宿中村屋の主人相馬愛藏に私淑した。

か

勝山　乙吉　▷8

藤屋洋行主／奉天浪速通／一八七六（明九）二／青森県東津軽郡油川村

日露戦中に臨時鉄道監部付として渡満し、一九〇七年四月の満鉄開業とともに同社鉄道部に入った。一九年四月に退職し、奉天浪速通に浪速洋行を設立して和洋雑貨商を営んだ。長く満鉄に勤めて同社関係の顧客を多く持ち、後に藤屋洋行と改称した。

桂　馨三　▷11

大和洋行主、奉天省四平街輸入組合理事／奉天省四平街中央大街／一八八五（明一八）六／京都府京都市上京区下立売通／早稲田大学専門部

一九〇六年三月早稲田大学専門部を卒業した後、一四年八月に渡満した。一七年に奉天省四平街で大和洋行を創業して雑貨商を営み、経営のかたわら奉天省四平街市民協会副会長、奉天省四平街輸入組合理事も務めた。

桂　五郎　▷12

満鉄吉林鉄路局警務処警務科長、満洲国協和会吉林省本部委員、勲八等／吉林松江寮／一八九四（明二七）一二／千葉県君津郡久留里町／専修大学経済学部

千葉県桂正儀の次男に生まれ、一九二〇年三月専修大学経済学部を卒業して満鉄に入り埠頭事務所に勤務した。公主嶺地方事務所に転勤した後、二五年から二七年まで社命で北支事情研究のため北京に留学した。帰任して三一年総務部に転任し、満州事変の勃発とともに第二師団嘱託となりチチハルに在勤した。三三年鉄路総局に転任し、総務処及び警務処に勤務した後、三六年五月吉林鉄路局警務処警務科長となった。この間、満州事変時の功により勲八等に叙された。

桂　七郎　▷11

満鉄撫順医院内科医員／奉天省撫順永安台南台町／一八九五（明二八）一／福岡県宗像郡南郷村／長崎医学専門学校

福岡県医師桂元碩の六男に生まれ、一九一六年長崎医学専門学校を卒業した。一八年から二一年一月まで九州帝大医学部武谷内科に勤め、翌年から福岡県嘉穂郡の中島病院に勤務したが、二三年九月に渡満して満鉄撫順医院内科医員となった。謡曲、写真、囲碁、将棋、テニス、卓球と多彩な趣味を持ち、熱心なカナモジ会員でエスペラントの宣伝にも意を注いだ。三兄の大野章三は満州医科大学教授を務め、四兄の阿部経重は朝鮮で医院を経営した。

桂　正一　▷12

国際運輸㈱監察員／大連市山県通国際運輸㈱／一九〇四（明三七）一／京都府南桑田郡保津村／同志社大学経済科

京都府桂彦太郎の長男に生まれ、一九二八年三月同志社大学経済科を卒業して関東庁雇となり、旅順民政署庶務課電気係に勤務した。次いで二九年一〇月国際運輸㈱に転じ、大連支店詰、本社経理課勤務、陸運課経理係主任、大連支店経理係主任を経て三七年五月同監察員となった。

桂　代五郎　▷8

丸福商店主／奉天松島町／一八七六（明九）五／福岡県宗像郡神湊町

一九〇六年三月に渡満して奉天で畳製造、諸材料卸販売を営んだ。事業の発展とともに貸家業を兼営し、沿線一帯に販路を拡張した。長男保雄は南満州工業学校機械科を卒業して満鉄に勤務した。

桂　平次郎　▷11

東京電気㈱大連出張所長、正八位／大連市柳町／一八八九（明二二）二／京都府京都市／京都市立商業学校

京都府教員桂明の長男に生まれ、一九〇七年京都市立商業学校を卒業した。一九一六年一一月東京電気㈱に入社して大阪、漢口出張所に勤務した後、二八年八月大連出張所長となって渡満した。

桂　保雄　▷12

満鉄新京検車区長、社員会評議員、社員消費組合総代、勲六等／新京特別市羽衣町／一八九九（明三二）八／福岡県宗像郡神湊町／南満州工業学校機械科

福岡県桂代五郎の長男に生まれ、一九〇六年三月両親に伴われて渡満し、奉天に在住した。一八年三月南満州工業学校機械科を卒業して満鉄に入り、機関助手として奉天車輌係に勤務した。一九年八月長春車輌係に転勤して二〇年三月から長春実業補習学校講師嘱託を兼務し、同年七月長春運輸事務所に転任した。二七年一一月鉄道部運転課勤務、二九年一一月大連検車区検車助役、三一年九月同主任を歴任して三二年二月長春検車区長となった。新京検車区への改称後も引き続き同区長として在任し、勤務のかたわら満鉄社員会評議員、満鉄社員消費組合総代を務めた。この間、満州事変時の功により勲六等瑞宝章及び従軍記章並びに建国功労賞、三三年四月満鉄勤続一五年の表彰を受けた。

門井　甕　▷11

料理店主、勲七等／奉天省鞍山柳町／一八七八（明一一）七／茨城県鹿島郡白鳥村

茨城県農業門井源左衛門の次男に生まれ、陸軍省雇員として日露戦争下の一九〇五年七月に渡満した。除隊後もそのまま満州に留まり、後に鞍山市柳町で料理店を開き、鞍山柳町区長、鞍山料理店組合長を務めた。

加藤　明　▷12

ハルビン交易所(股)理事、ハルビン銀行㈱取締役、ハルビン日日新聞社㈱取締役、ハルビンセメント㈱監査役、ハルビン洋灰(股)監察人、ハルビン貯金信託㈱相談役、ハルビン日本商工会議所会頭、ハルビン居留民会議員、ハルビン輸入組合顧問、満州特産中央会評議員、満州青年連盟ハルビン支部顧問、ハルビン愛知県人会長、勲六等／ハルビン道裡短街／一八七九（明一二）九／愛知県名古屋市東区千種町／東京外国語学校露語科本科

愛知県加藤豊の長男に生まれ、一九〇四年東京外国語学校露語科本科を卒業し、同年一一月陸軍通訳官として日露戦争に従軍した。戦後〇五年一一月に退官して大阪の貿易商五百井長商店に入り、同店ウラジオストク出張所長となった。その後〇七年七月相生由太郎が経営する大連泰成公司の支配人に就いたが、同年一〇月満鉄に転じて大連埠頭の労務関係を担任した。一二年三月に退社して同年五月からハルビンで輸出入貿易と建物請負業を独立経営し、さらに二一年一二月有志と共に日中露合弁で資本金一千万円のハルビン交易所を設立して理事に就いた。経営のかたわらハルビン日本人会を設立して会長を務めたほか、ハルビン実業協会及びその後身の日本商業会議所の設立に尽力して会頭に就いた。他に当地実業界の巨頭としてハルビン銀行、ハルビン日日新聞社、ハルビン貯金信託㈱、同輸入組合等の公職に就き、民会議員、満州青年連盟支部顧問等も務め、三五年九月皇帝溥儀のハルビン行幸に際し特に謁見を許された。

加藤　郁哉　▷11

満鉄鉄道部営業課員／大連薩摩町／一八九八（明三一）五／東京府東京市牛込区若松町／東京外国語学校

東京府加藤泰次郎の長男に生まれ、一九二一年東京外国語学校を卒業し、同年六月満鉄に入社した。現業見習として長春駅駅務方を務めるうちに徴兵され、帰国して近衛歩兵第一連隊に入営した。帰任して二四年に鉄道部経理課連絡審査係となったが、翌年ウスリー鉄道との間に「数量協定」が成立するとハルビン共同事務所に派遣された。二七年に本社に戻って営業課旅客係勤務となり、満蒙紹介の事務に従事した。勤務のかたわら詩人協会会員として詩作に励み、詩集「逃水」「杏」「第一短詩集（共著）」等を上梓した。

加藤宇太郎　▷1

加賀藤洋行主／奉天省営口永世街／一八六九（明二）一／香川県高松市塩屋町

高松市内に兄と共に加賀藤商店を開業して海産物、乾物類を販売した。日清戦争後の一八九六年、支店開設の目的で台湾に渡航して各地を視察したが、商況が思わしくなく支店開設を断念して帰国した。その後日露戦中の一九〇五年五月に渡満し、営口永世街に加賀藤洋行を設立して高松本店と同品目を販売し、かたわら同地駐屯の第五四連隊で酒保を営んだ。

加藤　尹　▷12

満州採金㈱佳木斯出張所長／三江省佳木斯満州採金㈱出張所／一八八九（明二二）／福井県今立郡舟津村／福井県立武生中学校

福井県立武生中学校を卒業し、郷里の今立郡書記となった。一九一四年朝鮮総督府官吏に転じ、江原道内の主要郡で内務課長を務めた後、道会計会計課長、官房主事等を歴任した。その後、満州国官吏に転じて間島省公署総務庁経理科長となったが、三七年五月に退官し、満州採金㈱参事に転じて佳木斯出張所長を務めた。

加藤　勝市　▷11

満鉄奉天地方事務所水道主任／奉天葵町／一八八五（明一八）五／佐賀県小城郡晴田村／早稲田大学予科

佐賀県の呉服商加藤藤吉の長男に生まれ、一九〇三年早稲田大学予科を卒業した。郷里で家業に従事した後、一五年に小城町で㈱小城共同商会を開設して専務取締役に就いたが、翌年一二月に渡満した。一七年四月満鉄に入って本渓湖地方事務所に勤務し、二三年九月奉天地方事務所に転任した。

加藤　金保　▷12

国民新聞新京特売店主、新京地方委員、新京客桟組合顧問、新京雑誌記者協会代表、満州体育連盟常任幹事、新京庭球連盟理事兼マネージャー、新京愛知県人会長／新京特別市桜木町／一九〇一（明三四）八／愛知県西加茂郡挙母町／名古屋高等商業学校

名古屋高等商業学校を卒業した後、一九二三年に渡満して長春に在住し、「満蒙評論」その他二、三の新京支社長として言論活動に従事した。かたわら印刷業、客桟、市場経営、貸家業ほか各種の事業を兼営した。

加藤喜一郎　▷12

満鉄鉄道総局員、工業標準規格委員会委員／奉天加茂町菱藤閣／一八九三（明二六）九／三重県四日市市北町／東京帝大工学部土木学科

富田中学校、第八高等学校を経て一九二七年三月東京帝大工学部土木学科を卒業して満鉄に入社した。鉄道部工務課に勤務した後、三二年一月非役となり吉長吉敦鉄路局へ派遣された。三三年三月非役を免じられて吉林建設事務所に勤務し、同年一二月鉄道部工務課線路係主任、三四年一月鉄道建設局兼務、三五年四月新京保線区長、同年一二月鉄道建設局計画課設計係主任を歴職して三六年九月副参事に昇任し、同年一〇月鉄道総局計画課付となった。三七年二月鉄道総局付となり、停車場諸設計の調査研究のため社命で欧米に出張した。

加藤吉五郎　▷9

加藤商店主／大連市浪速町／一八七六（明九）四／京都府京都市下京区五条通

一九〇七年五月に渡満して大連で加藤商店を開業し、鉄材・建築材料・金物商を営んだ。後に西崗子北大竜街に鉄工場を設けて建築金物を自社製作し、さらに設備を拡張して製鉄、鉄筋・鉄骨製造も行った。

加藤　清　▷12

満鉄安東保線区保線助役、社員会評議員／安奉県安東駅前市場通満鉄安東保線区／一九一〇（明四三）四／東京府南多摩郡恩方村／日本大学専門部工科土木科

東京府加藤万次郎の長男に生まれ、一九三三年三月日本大学専門部工科土木科を卒業し、同年四月満鉄に入社して鉄道部に配属された。翌月新京鉄道事務所技術方に転任した後、三五年四月奉天鉄道事務所工務課勤務、同年五月新京保線区工事助役を経て三七年三月安東保線区保線助役となった。野球を得意とし、新京在勤時は新京満鉄運動会軟式野球部幹事を務めた。

加藤邦五郎　▷4

貿易商、三加登商会主／ハルビン埠頭区キタイスカヤ街／一八八六（明一九）五／栃木県下都賀郡壬生町／大倉商業学校

栃木県の肥料商加藤六左衛門の子に生まれ、大倉商業学校を卒業した。東京の勧業銀行に入って三年勤めたが、役所的拘束を嫌って異境に活路を求め一九〇六年ウラジオストクに渡った。今西儀太郎商店に入り店員として三年間勤めた後、一〇年ハルビンに移ってキタイスカヤ街に日光洋行を設立した。東清鉄道に日本製機械油を納入する交渉に成功し、大阪の吉川製油処と特約して巨利を納め、後に三加登洋行と改称して機械油の他に文具、玩具、雑貨の販売も行った。

加藤内蔵助　▷12

宮内府帝室会計審査局長兼宮内府礼官、勲四等／新京特別市帝室会計審査局／一八八三（明一六）九／東京府東京市渋谷区栄通／東京帝大農科大学農学科

一九〇九年七月東京帝大農科大学農学科を卒業した後、一二年五月長野県農

事試験場技師・同試験場長心得となり、次いで長野県技師・同試験場長、長野県農会技師嘱託を務めた。その後宮内属に転じて大膳寮庶務課購買係、兼任主膳大礼使書記、内匠寮兼務、式部官・大膳寮事務嘱託、式部官兼宮内事務官・式部職主猟課長、臨時災害事務委員会委員、宮内省大喪関係事務官、大礼使事務官・典礼部勤務、帝室林野局事務官、宮内事務官伏見宮付、兼任式部官等を歴任した。その後三四年四月満州国に転出して宮内府秘書官となり、三七年三月帝室会計審査局長に就いて宮内府礼官を兼務した。この間、一五年に大礼記念章、二二年にイギリス国王よりメンバーフォース・クラックス・ヴィクトリア勲章、二六年にスウェーデン国王よりオフィンシェー・エトアル・ボレール勲章を授与された。

加藤啓太郎 ▷11

満鉄鉄道部経理課調度係／大連市柳町／一八九二（明二五）四／神奈川県横浜市中区不老町

神奈川県洋品商加藤太郎吉の長男に生まれ、一九〇八年八月、一六歳の時に渡満した。翌年四月見習として満鉄に入社し、以来勤務に励んで職員に昇格し、築港事務所及び埠頭事務所庶務課勤務を経て二七年一二月鉄道部経理課に転じ、調度係を務めた。

加藤　玄一 ▷11

世帯道具商／大連市浪速町／一八九二（明二五）二／愛知県名古屋市西区俵町／岐阜市立商業学校中退

愛知県加藤善衛の長男に生まれ、一九〇八年岐阜市立商業学校を中退して商業に従事した。かたわら大連に世帯道具商を興して支配人を置いたが、二三年一〇月に渡満して自ら経営にあたり、大連輸入組合会評議員を務めた。

加藤　栄 ▷12

順天医院長／奉天藤浪町／一八八二（明一五）七／鹿児島県日置郡串木野村／長崎医学専門学校

鹿児島県農業加藤清の長男に生まれ、一九〇八年長崎医学専門学校を卒業して県立鹿児島病院外科医となった。〇九年一〇月に辞職して鹿児島郡西桜島村で医院を開業したが、一四年一月の桜島大噴火による溶岩流で被災し、薩摩郡下甑村に移転した。一八年一一月三井鉱山㈱に招かれて三池鉱業所医局外科部に勤務した後、二〇年五月に渡満して満鉄鞍山医院外科医員となり、同主任、外科部長を経て公主嶺医院長に就いた。その後三〇年八月に退社して大連の日本赤十字社満州医員本部診療所に入り、三三年一二月外科第二医長に就いた後、三五年一〇月に辞職し、同年一二月奉天藤浪町に順天医院を開業した。

加藤　定吉 ▷11

輸出入貿易商、勲四等／大連市紀伊町／一八七〇（明三）一二／静岡県小笠郡土方村／慶應義塾

静岡県農業加藤勘重の長男に生まれ、一八九一年慶應義塾を卒業した。九五年台湾に渡航して商業に従事した後、一九〇〇年天津に移って加藤洋行を興して請負業と商業を営み、〇四年牛荘、〇六年長春、〇八年大連、一四年京城に各支店を開設した。同年合資会社に改組して雑貨、羅紗、板ガラス及び羊毛、棉花の輸出入業を営業課目とし、大連に土木建築部を付設したほか東京川崎工場製金網及び英国バーレル会社製水性ペイントの特約店、明治生命保険代理店を兼営した。東海起業会社社長、満州興業会社取締役、奉天製麻会社取締役、東京建物会社監査役を兼務し、一五年五月には郷里の静岡県郡部から衆議院議員に当選した。

加藤佐太郎 ▷11

洋雑貨商、藤屋用品店主／奉天春日町／一八八五（明一八）七／奈良県吉野郡賀名生村／小学校

奈良県農業加藤常三郎の長男に生まれ、小学校を卒業して大阪の綿布商馬場商店に入った。一九〇六年に渡満し、安東県から大連、旅順方面で呉服類を商った。同年九月末から奉天に居住して同業を続け、〇八年四月に十間房で和洋雑貨と既製洋服の藤屋洋品店を開いたが、一九年一一月に春日町に移転し、浪速通りにも支店を出した。商売のかたわら㈱奉天検番取締役、商工会議所議員、町内会副会長、春日信用組合理事長等も務めた。

加藤　了 ▷11

満州医科大学助教授、医学博士／奉天浅間町／一八九九（明三二）五／三重県阿山郡上野町／南満医学堂

三重県加藤泰の長男に生まれ、一九二〇年南満医学堂を卒業した。満州医科大学で生理学教室の久野教授の下で生理学を修めた後、京都帝大医学部生理学教室の正路教授の下で生物物理化学を研究し、二七年同大学で医学博士の称号を取得した。同年四月満州医科大学講師となり、同年一二月助教授に進んだ。大連神明高女出身の夫人美弥子と共に宝生流謡曲を趣味とし、実妹やす子は満州医科大学医科学教室の工藤文雄に嫁して奉天に在住した。

加藤　三郎 ▷12

錦州省公署教育庁視学官／錦州省錦県省公署教育庁／一九〇〇（明三三）二／東京府東京市淀橋区西大久保／東京帝大文学部社会学科、同大法学部政治学科

陸軍幼年学校を卒業して陸軍士官学校に進んだが病気のため退学し、一九二四年一〇月学塾志学林の塾長となった。次いで松山高等学校を経て一九二七年東京帝大文学部社会学科を卒業し、さらに三〇年に同大法学部政治学科を卒業して日本大学医学科講師兼学生監、同歯科講師、同商科講師、護国健児団常務理事、高等獣医学校教授、日本大学第二中学校講師、関東防護団淀橋区評議員、大久保青年訓練所後援会理事を歴職した。その後三四年一一月興安総署属官となって渡満し、興安南省東科中旗属官、奉天省双山県代理参事官歴任を経て三六年一〇月錦州省公署教育庁視学官に転任した。

加藤　三吉 ▷12

満州電信電話㈱大連管理局経理課長、正七位勲七等／大連市初音町／一八八三（明一六）五／岐阜県恵那郡明智村

岐阜県加藤米次郎の次男に生まれ、一八九九年名古屋郵便局に入り、次いで桑名、山田、長野等の各郵便局に勤務した。一九〇五年四月電信隊付として日露戦争に従軍し、戦後も〇六年四月まで朝鮮駐屯軍電信隊本部に勤務した。除隊して帰国した後、〇八年五月に渡満して奉天、旅順、鉄嶺、営口の各郵便局・通信局に歴勤し、二六年一一月公主嶺郵便局長に就いた。その後三三年九月満州電信電話㈱の設立と同時に同社経理部営繕課長に転じ、三五年一〇月副参事に昇格して大連管理局経理課長となった。俳句を趣味として一茶に傾倒し、酒井野梅、古川面作等に私淑した。

加藤　重良 ▷12

ハルビン中央批発市場主任／ハルビン中馬路中央批発市場／一九〇〇（明三三）八／大分県大野郡緒方村／大分県立農学校

大分県加藤兵太郎の四男に生まれ、一九一八年大分県立農学校を卒業して渡満し、関東都督府雇員として大連取引所に勤務した。一九年旅順民政署に転勤した後、二〇年五月大連の加藤直輔商店に入って貿易業に従事した。二二年六月再び関東庁雇員となって統計係及び市場係を務め、二五年九月開原取引所に転勤した。二八年関東庁書記となり、会計主任、物品出納役、政務報告主任、新京取引所文書主任、同特別調査主任、ハルビン特別市中央家畜市場勤務を経て三四年一二月ハルビン中央批発市場主任となった。

加藤重太郎 ▷12

大満商会主／ハルビン薬舗街／一八九四（明二七）五／兵庫県武庫郡御影町

渡満して満鉄に勤めた後、退社して社員消費組合の食堂を経営した。その後ハルビンに移り、一九三三年四月薬舗街に資本金一万円で大満商会を設立した。従業員二人を使用して各県公署用達業を営み、後に佳木斯に支店を設置した。

加藤順次郎 ▷3

関東都督府通信管理局長、高等官二等正五位勲四等／大連市児玉町／一八六九（明二）一〇／滋賀県犬上郡豊郷村／東京帝大法科大学英法科

一八九六年七月東京帝大法科大学英法科を卒業し、同年一二月文官高等試験に合格した。翌年一一月通信事務官兼逓信事務官となり、高等官七等従七位となった。以来、長野、熊本郵便電信局長を歴任し、一九〇三年四月一等郵便局長・高等官五等に進み、再び熊本郵便電信局長に転じた。〇五年八月高等官四等正六位に進み、翌年四月長崎郵便局長に就いた。同月、日露戦争時の功により勲五等旭日章及び金七〇〇円を授与された。同年九月関東都督府通信事務・高等官四等となって渡満し、都督府郵便電信局長、事務官を経て〇八年一一月通信管理局長・高等官三等に就いた。一一年一二月高等官二等に進み、翌年二月正五位を授与され、同六月勲四等瑞宝章を受けた。一五年一月、関東都督府勅任官代表者として大正天皇の即位式に参列した。

加藤　二郎　▷12

満鉄中央試験所農産化学科長兼産業部員／大連市桃源台／一八九五（明二八）七／静岡県志太郡静浜村／東京帝大農科大学農芸化学科

静岡県加藤勘吉の次男に生まれ、一九一九年七月東京帝大農科大学農芸化学科を卒業し、同年九月農学部助手となった。二一年四月満鉄に入社して渡満し、中央試験所研究課に勤務した。二七年一一月二年間の欧米留学を命じられ、二八年一月に出発してタンパク質の利用及び加工に関する化学的研究に従事した。三〇年三月に帰社して同年六月中央試験所農産化学科長となり、三二年四月食品発酵研究室主任に就いた。三三年一月計画部有機化学班主査兼務となり、同年三月論文「柞蚕ニ関スル生物化学的研究」により母校より農学博士号を取得し、同年八月技師に昇任した。三五年三月再び農産化学科長に就いて同年九月参事となり、同年一〇月から産業部兼務となった。この間、満州事変時の功により銀盃及び従軍記章を授与され、三六年四月勤続一五年の表彰を受けた。

加藤　新吉　▷11

満鉄社長室情報課弘報主任／大連市伏見町／一八九六（明二九）六／福岡県朝倉郡三奈木／明治大学法科

福岡県農業加藤新次郎の長男に生まれ、一九二〇年明治大学法科を卒業して満鉄に入社した。人事課、文書課勤務を経て二七年四月情報課に転じて弘報主任となった。二九年三月から社命で欧米に留学し、帰任して鉄道総局資料課長に就いた

加藤清一郎　▷12

加藤外科整形外科病院長／大連市若狭町／一八九六（明二九）八／京都府／九州帝大医学部

京都府加藤清七の長男に生まれ、一九二四年三月九州帝大医学部を卒業して同大学助手となった。その後福岡の輔仁堂病院に勤務し、次いで大阪市の住田外科病院の医局主席となり、かたわら大阪帝大医学部病理学教室で骨関節病理学を研究し、論文「食餌性アチドージス性骨病犬ノ胸郭変化並ローゼンクランツ発生ニ関スル実験的研究」で三二年八月医学博士号を取得した。三四年に辞職して渡満し、大連市若狭町に加藤外科整形外科病院を開業した。

加藤　清吉　▷8

土木建築請負業／奉天柳町／一八七二（明五）九／大阪府大阪市西区阿波野

一九〇五年一月、日露戦中に旅順陥落と同時に渡満した。奉天で土木建築請負業を始め、徐々に事業を拡張して建築材料商、貿易、鉱業、貸家業等を手がけた。一八年一一月には夫人名義で料亭泉楼を開業し、二四年柳町に新築移転した。経営のかたわら第四代奉天居留民会消防組頭を務めた。

加藤善次郎　▷11

満蒙殖産㈱取締役／奉天末広町／一八八四（明一七）八／栃木県下都賀郡栃木町

栃木県加藤金三郎の次男に生まれ、一九〇四年五月、近衛師団付陸軍通訳として日露戦争に従軍した。翌年一一月戦地で解職となり、翌月遼陽の向井竜造経営の向井洋行に入り、〇六年四月から奉天支店主任に就いた。一八年に同行経営の皮革会社に転じて営業主任を勤めたが、同年四月満蒙殖産会社に併合されると奉天工場営業主任となり、二三年取締役に就任した。夫人ルミとの間に子が無く、実兄の四男武雄を迎えて養嗣子とした。

加藤　喬樹　▷7

加藤商店主／大連市大黒町／一八九四（明二七）三／鹿児島県出水郡阿久根町／早稲田大学政治科

一九一二年、鹿児島県立第一中学校を卒業して早稲田大学予科に入り、一七年同大学政治科を卒業した。九州の商事会社に入って肥料取引に従事したが、不況で会社解散となり、整理完了後二四年六月に渡満した。大連で貿易商を始め、満州産の大豆と高粱を熊本、鹿児島の酒造会社に販売した。八〇キロを超える威風堂々たる体軀で大学時代から柔道の強者として鳴らし、三段の腕前を誇った。

加藤　武斉　▷13

㈱三泰油房取締役会長／大連／一八八九（明二二）／東京府／東京商科大学

東京商科大学を卒業して三井物産に入

社し、以来各地に勤務した。一九三八年一一月ボンベイ支店長から系列の㈱三泰油房常務に転じて渡満した。四一年一二月、前会長広瀬金蔵の後を継いで会長に就任した。

加藤　弼 ▷11

用達商、勲七等／奉天省鞍山北一番町／一八八二（明一五）四／宮崎県東臼杵郡西郷村／小学校教員養成所

宮崎県加藤田鶴夫の長男に生まれ、一九〇二年小学校教員養成所を修了して郷里の小学校に勤務した。同年近衛騎兵連隊に入隊し、日露戦争に従軍した。戦後除隊して復職したが、〇七年一一月に再び渡満して関東都督府雇員となった。その後満鉄に入社して用度係として勤務したが、一八年八月に退社し、鞍山で坑木丸太、薪炭、家具、被服、雑品等の用達販売業を経営した。鞍山地方委員を務め、同郷の夫人花子との間に六男三女があった。

加藤　正 ▷12

満鉄山海関站貨物助役／錦州省山海関站貨物助役局宅／一九〇一（明三四）一二／福岡県朝倉郡三奈木村／早稲田大学政治経済学部経済科

福岡県加藤新次郎の三男に生まれ、一九二八年三月早稲田大学政治経済学部経済科を卒業し、同年四月満鉄に入社して鉄道部事務助手となった。大連駅駅務方、大連列車区車掌心得、同車掌、小崗子駅貨物方、同貨物助役を歴任した。三三年一一月鉄総局運輸処自動車科弁事員を務めた後、三六年九月山海関站貨物助役となった。

加藤忠之亟 ▷12

愛知商会主、ハルビン桃山小学校保護者会委員／ハルビン埠頭区地段街／一九〇一（明三四）一一／愛知県瀬戸市大字瀬戸／愛知県陶器学校

愛知県加藤三千次の次男に生まれ、愛知県陶器学校を卒業した。郷里の瀬戸町で陶磁器商に従事した後、実兄の経営する加藤政谷商店がハルビンに支店を開設する際、その責任者となって三五年四月に渡満した。資本金五万円、十数人の従業員を使用し、埠頭区地段街に店舗、同区工廠街に卸部、水道街とモストワヤ街に支店を置いた。食器、碍子、衛生陶器、タイル、神仏具等の陶磁器類のほか、ガソリンこんろ、石油こんろ等の世帯道具を扱い、全満各地から朝鮮全道の商店、軍部・諸官衙、満鉄鉄路局を販売先として年商一〇〇万円を売り上げた。

加藤　為一 ▷12

関東局鞍山警察署長、鞍山附属地衛生委員会委員、従七位勲七等／奉天省鞍山元町警察署長官舎／一九〇三（明三六）一／東京府東京市浅草区吉野町／中央大学法学部研究科

山梨県立都留中学校、中央大学法学部を経て一九三〇年同研究科を卒業し、同年一一月文官高等試験司法科に合格して東京市浅草区で弁護士を開業した。三一年文官高等試験行政科に合格し、三二年七月弁護士登録の取消申請をして関東庁警部補に転じた。安東警察署に勤務して外務省警部補・安東領事館警察署勤務を兼任した後、関東庁警部となり、関東庁属を兼任して警務局警務課に勤務した。次いで新京警察署に転勤して外務省警部兼任・新京領事館警察署勤務、関東局警務部警務課勤務を歴職した後、関東局及び外務省警視に進んで営口警察署及び営口領事館警察署長となり、三七年三月鞍山警察署長に転任した。

加藤為治郎 ▷12

徳勝号主／吉林東大灘／一八八一（明一四）三／福岡県直方市大字感田

一九〇四年日露戦中に渡満して陸軍御用達となり、戦後〇七年四月満鉄開業とともに同社入りして大連埠頭事務所に勤務した。一八年に退社して吉林に赴き、一九年同地の茂林公司に入り、同公司の解散とともに徳勝号を設立して木材商を独立経営した。

加藤　鉄矢 ▷12

国務院地籍整理局総務処長兼事業処長、土地制度調査会幹事長、高等土地審定委員会委員兼幹事長、商租権整理委員会委員兼幹事長、中央都邑計画委員、移民会議幹事、地籍員養成所長、関東軍嘱託、満州国協和会分会長、新京桜木小学校父兄会評議員／新京特別市西朝陽路／一八九五（明二八）五／山形県鶴岡市八日町／陸軍経理学校、東京帝大法学部

山形県加藤又三郎の次男に生まれ、一

九一九年陸軍経理学校を首席で卒業し、三等主計として歩兵第四連隊に勤務した。第二師団経理部に転任した後、軍縮にともない陸軍用地整地主任に任じられ、さらに師団廃止にともなう不動産整理主任、近衛師団経理部員、国有財産係主任を歴任した。この間、陸軍派遣学生として東京帝大法学部に入学し、三三年に卒業した。近衛歩兵第四連隊高級主計を務めた後、関東軍司令部付調査科長兼特務部委員に転任して渡満した。三四年八月三等主計正に進んで同年九月依願予備役となり、国務院民政部土地局顧問を経て三五年七月土地局総務処長となり、三六年三月地籍整理局が設置されると同局総務処長兼事業処長に就いた。長兄の加藤茂苞は東京帝大農学部を出て稲の育種研究に従事し、朝鮮総督府農事試験場長を務めた。

加藤時次郎 ▷12

満鉄安東機関区運転主任、社員会安東連合会調査部長、勲八等／安東北一条通／一九〇〇（明三三）八／三重県四日市市南納屋町／南満州工業学校機械科

三重県加藤富吉の長男に生まれ、一九二〇年三月南満州工業学校機械科を卒業して満鉄に入社した。遼陽車輌係、大連運輸事務所、瓦房店機関区技術方、奉天検車区遼陽分区、遼陽機関区に歴勤して同機関区技術助役となった。鉄道教習所講師兼舎監に転任した後、奉天鉄道事務所、奉天車輌事務所、奉天事務所鉄道課、奉天鉄道事務所勤務を経て奉天機関庫主任となった。次いで三五年三月安東機関区運転主任となり、同年四月勤続一五年の表彰を受けた。

加藤　徳三 ▷4

加藤醤油醸造公司／ハルビン伝家甸北四道街／一八六七（慶三）一二／長崎県西彼杵郡上長崎村

一八九六年ハルビンに渡り、ハバロフスク、ブラゴエシチェンスク、ニコリスクなどシベリア各地を歴遊した後、日露戦争直前にロシア料理店を経営したが、開戦と同時に引き揚げた。戦後再び渡満して安東県、奉天等で請負業に従事した後、〇六年ハルビンに移った。特産の大豆を原料に種々模索の末、〇八年に醤油醸造を開始した。風味濃厚でロシア人や中国人にも好評を博し、北満州からシベリア一帯に販路を拡張して醤油王として知られた。さらに味噌醸造にも成功したほか、米穀商も兼営した。

加藤　知正 ▷11

関東庁通信技手、従七位勲六等／大連市大和町／一八七七(明一〇)五／大阪府堺市中ノ町

大阪府加藤知義の長男に生まれ、一八九八年六月大阪電話交換局堺支局に入り電話工手となった。その後金沢、大阪の各電話局に転勤したが、日露戦争が始まると大本営参謀部付として一九〇四年四月に渡満し、清国青泥窪で電話交換局開設に従事した。同年九月通信技手に昇格して遼陽、鉄嶺、公主嶺等で電話交換局の開設に携わって所長、建築課長を歴任した。〇六年八月に復員して関東都督府通信技手に任命され、長春、遼陽等の電話交換局開設を担当した。一三年以降は奉天郵便局電話掛主事、通信局工務課勤務、自動電話交換調査委員等を歴任して通信局工務課第一建築部担当者となり、満州における電話交換事務に貢献した。専門の機械類の分解のほか、心霊術関連の研究を趣味とした。青森県出身の夫人とくは日本赤十字社看護婦養成所の出身で、ミシン裁縫と編物を好んだ。

加藤　直輔 ▷9

加藤商店主、加藤油房主、中華製粉㈱取締役／大連市山県通／一八八五（明一八）三／山口県熊毛郡阿月村

幼い時に孤児となり、貧苦の中で義務教育を終えて玖珂郡柳井津の木綿問屋に奉公した。日露戦争直後の一九〇五年末に単身渡満して大連の磯部組倉庫で働き、次いで三重洋行に転じて荷役、特産物取引に従事した。〇六年四月に独立して豆粕の海外輸送を始め、徐々に地歩を築いて特産物貿易業を営んだ。特産物相場の乱高下で浮沈を重ねたが、その経験から欧州大戦後の不景気を予測し、種々の対策を講じて数百万円の財を成した。二〇年から不動産に投資して山県通信濃町角に第一加藤ビルデングを建築し、その後第二・第三加藤ビルデングを建てた。さらに斉藤油房を買収して加藤油房を経営し、中華製粉㈱取締役を兼務して大連有数の実業家となったが、郷里の公共事業に多額の寄付をするなど篤志家としても知られた。

か

加藤 仲二 ▷12

満鉄大連鉄道工場長、満州発明協会理事、従四位勲四等／大連市霞町／一八八七（明二〇）二／東京府東京市／東京帝大工科大学機械工学科

東京府加藤尚志の次男に生まれ、一九一〇年七月東京帝大工科大学機械工学科を卒業して鉄道院に入った。一六年鉄道院技師となり、二〇年から二三年まで鉄道関係事業の調査研究のためアメリカ、ドイツに留学した。二四年門司鉄道局小倉工場長、二七年東京鉄道局大宮工場長を歴任し、三〇年にソ連政府に招かれて鉄道技術の指導に当たった。次いで三一年ドイツに出張して同国の鉄道事業を視察し、帰国して三二年三月東京鉄道局工作課長に就いた。その後退官し、満鉄鉄路総局に転じて渡満し、ハルビン工廠長を経て三六年九月参事となり大連鉄道工場長に就任した。

加藤 治雄 ▷12

奉天商工会議所理事／奉天琴平町／一八九八（明三一）一〇／兵庫県西宮市松原町／大阪高等商業学校

兵庫県加藤正雄の長男として大阪市東区北浜に生まれ、大阪の明星商業学校を経て一九二一年大阪高等商業学校を卒業し、大阪市産業部に勤務した。二七年天津出張所の開設を命じられて同地に赴任し、開設後に同駐在員となった。二九年大連に出張所を開設して同駐在員を務めた後、三三年に大阪市に帰任した。三四年から一年間南北アメリカに出張した後、大阪市主事等を歴任し、その後渡満して奉天商工会議所理事に就いた。

加藤 久男 ▷12

満州拓殖㈱事業部建設課長、従五位勲六等／新京特別市満州拓殖㈱事業部／一八九六（明二九）三／三重県桑名市矢田川原／東京帝大農学部

兵庫県立第一神戸中学校、第八高等学校を経て一九二一年三月東京帝大農学部を卒業し、同年五月農商務省の耕地整理事務嘱託となった。次いで二三年一二月千葉県産業技師・内務部耕地整理課勤務、二五年一〇月奈良県農林技師・内務部勧業課勤務、二六年七月同農林課勤務を歴職した。二七年九月農商務省農務局耕地整理課に転任した後、三二年八月拓務技師兼任となり拓務省管理局に勤務した。その後満州拓殖㈱に転出して渡満し、事業部建設課長を務めた。

加藤 久雄 ▷1

崎陽館主／旅順市鮫島町／一八七二（明五）六／長崎県南高来郡島原村／師範学校

一八九二年から数年の間長崎県下の各小学校訓導を務めた後、長崎県庁に転じて税務属となった。九九年山陽鉄道会社に転じて建築課に勤務し、保線事務に従事した。日露戦争後〇五年八月に退職して渡満し、義弟の経営する旅順の松田旅館の経営を補佐した。その後独立して鮫島町に旅館崎陽館を開設し、軍指定旅館として風紀を重んじて女性従業員を置かず、「真面目屋」の異称で信用を得た。

加藤 秀登 ▷6

官衙用達・満鉄指定請負業／大連市浪速町／一八八四（明一七）／福岡県久留米市洗町／熊本医学専門学校中退

郷里の明善中学校を卒業して熊本医学専門学校に進んだが、中退して郷里の三潴郡大善寺小学校の代用教員となった。その後二年あまり九州日日新聞久留米支社の記者をし、一九〇九年朝鮮に渡り咸鏡南道の北青郡書記となった。一一年に渡満して満鉄埠頭事務所に勤務した後、一九年に独立して大連市浪速町で諸官衙用達業と満鉄指定の請負業を営んだ。

加藤 日吉 ▷12

ドイツ駐劄満州国通商代表、正六位／ベルリン満州国通商代表部／一八九二（明二五）一／佐賀県三養基郡三川村／東亞同文書院商務科

佐賀県加藤十四郎の長男に生まれ、一九一三年上海の東亞同文書院商務科を卒業し、同年八月三菱㈾上海支店に入った。香港、広東、大連、吉林、東京の各地に勤務した後、二二年三月に退社して外務省副商務官に転じて上海に駐在した。次いで副領事となり、上海在勤を経て長春に赴任したが、三二年一〇月に依願免官して国務院外交部事務官に転じて通商司に勤務した。外交部理事官に進んで通商司商政科長を務めた後、ドイツ駐劄満州国通商代表部

に転任した。

加藤　博　▷11

南満州工業専門学校教授／大連市伏見町／一八八四（明一七）三／石川県金沢市彦三町／京都帝大理工科大学電気工学科

石川県教師加藤寛勝の次男に生まれ、一九〇九年京都帝大理工科大学電気工学科を卒業した。弘前電灯会社に入社して主任技術者となったが、翌年二月に渡満して満鉄電気作業所に入った。試験係主任、電路係主任、大連電鉄営業所主任、大連電気営業所主任技術者を経て南満州工業学校に転じて電気科主任となった。二二年五月に同校が南満州工業専門学校に昇格した後、電気分科主任、同機械工学科長等を歴任して教授に就任した。

加藤　福次　▷12

満鉄鉄道総局水運課員／奉天雪見町／一八九八（明三一）五／愛媛県宇摩郡小富士村／中央大学法科

愛媛県加藤照次の四男に生まれ、愛媛県立商船学校航海科を卒業して大阪商船会社に入り遠洋航路の船舶運転士となった。その後上京して中央大学法科に入り、卒業後一九二七年四月に渡満して満鉄に入り、港湾・海運関係業務に従事した。三三年四月ハルビン鉄路局水運所碼頭営業所長を務めた後、三六年九月同鉄路局総務処資料科弁事員を経て同年一一月鉄道総局水運課に転任した。満州青年運動の指導者金子雪斎に私淑し、満州事変時の功により木杯一組を授与された。

加藤復太郎　▷3

満鉄大連駅長、埠頭事務所兼務、従七位勲七等／大連市山城町／一八七三（明六）一一／東京府豊多摩郡西大久保／慶應義塾

慶應義塾に学んだ後、一八九三年鉄道局に入った。〇七年三月に渡満して創業間もない満鉄に入社し、同年八月大連駅長となり埠頭事務所業務を兼務した。

加藤　政人　▷13

／奉天省鞍山敷島町／一八八四（明一七）一〇／福岡県久留米市京町／早稲田大学予科中退

福岡県加藤仁作の三男に生まれ、一九〇三年早稲田大学予科を中退し、〇八年九月に渡満した。翌月満鉄に入社して埠頭事務所に勤務し、一四年に退社した。青島で原塩販売に従事した後、一七年から鞍山に移って砂糖麦粉の販売と両替商を兼営した。かたわら鞍山実業会長、鞍山地方委員を務め、三〇年一一月に同地の有力者九人を発起人として資本金五万円で鞍山市場㈱を設立して社長に就いた。満鉄資本を一切受けず地場資本のみで経営したが、鉄都鞍山の発展に伴って業績を伸ばし、全満市場の模範とされた。三六年一一月には姉妹会社の昭和建物㈱を設立して社長を兼務した。

加藤　真利　▷11

大倉土木㈱社員／大連市大江町／一八八三（明一六）一〇／鹿児島県出水郡出水町／工手学校

鹿児島県山下覚之介の子に生まれ、三歳で父を亡くし、貧苦の中で母の手一つで育てられた。郷里の小学校を卒業して上京し、私立工手学校に入って苦学しながら一九〇四年二月に卒業した。〇六年二月大倉土木組に入り、〇九年九月に渡満して安奉線広軌改築工事に従事した。以来満州各地に勤務し、二三年三月大連出張所土木主任に就いた。三一歳の時に母方の親戚加藤豹之丞の養子となり、家督を相続した。

加藤　賢宜　▷12

加藤商会主／ハルビン沙曼街／一八八八（明二一）一一／静岡県沼津市城内湊池／小学校

小学校を卒業して上京し、洋服販売業に従事した。一九二二年ハルビンの知人を頼って渡満し、同地で毛皮・洋服の卸小売商を開業した。店舗を沙曼街に置き、十八道街に被服工場、透籠街に家具工場を置いて家具の製造販売と衛生煖房工事請負業を兼営し、資本金一五万円、従業員六人の規模に発展した。

加藤　政義　▷12

加藤鉄工所主／龍江省チチハル財神廟街／一九〇九（明四二）四／静岡県富士郡鷹岡町

静岡県加藤忠作の次男に生まれ、一九二四年五月郷里鷹岡町の岩科鉄工所に入り、翌年九月同所自動車部配属となった。三〇年一月徴兵されて兵役に就き、精勤賞を二回受けて上等兵となり、三一年七月除隊の際に銃工長適任証書及び善行証を授与された。岩科鉄工所に復職した後、三二年六月に渡満して

大連、新京を経てチチハルに在住した。三三年二月同地財神廟街の大同汽車公司に入り、三四年四月に独立して洪来胡同に加藤鉄工所を開設した。鉄骨・橋梁・ボイラーの製作と鉄工・機械修理及び水道・煖房工事請負を営業課目とし、三五年四月財神廟街に拡張移転した。

加藤 育一　▷12

満鉄撫順炭砿火薬製造所楊柏堡作業所主任／奉天省撫順北台町／一八九〇（明二三）一一／東京府東京市渋谷区代々木山谷町／東京帝大工科大学火薬学科

東京府加藤禎佑の長男に生まれ、一九一七年七月東京帝大工科大学火薬学科を卒業して日本化薬製造会社技師となった。一八年七月厚狭工場作業主任となったが、二〇年八月に退社して東京砲兵廠で新規爆薬の研究に従事した。二一年三月日本カーリット会社に入り保土ヶ谷工場作業主任を務めた後、同年一〇月の会社組織変更により浅野セメント保土ヶ谷工場主任となったが、二三年三月に退社して二五年四月弁理士を開業した。三〇年四月に渡満して満鉄に入り、撫順炭砿火薬製造所に勤務して撫順工業実習所講師を兼任した。同年六月同所楊柏堡作業所主任に転任して三三年八月技師となり、さらに三六年九月参事に昇任した。この間、満州事変時の功により銀盃一個及び従軍記章を授与されたほか、露天掘剥岩作業用K号硝安爆薬を案出した功績により三二年と三七年の二度にわたり表彰された。

加藤 友治　▷11

福昌華工㈱重役兼庶務課長／大連市大黒町／一八七八（明一一）四／島根県松江市殿町／明治大学

島根県農業加藤増蔵の子に生まれ、一九〇四年明治大学を卒業した。日露戦争に際し臨時鉄道班雇員として〇五年六月に渡満し、戦後〇七年四月の満鉄開業とともに入社した。満鉄本社鉄道部主計係主任、同課長代理等を歴任したが、二六年一一月に福昌華工㈱が発足すると満鉄を辞して入社し、重役兼庶務課長に就いた。自他共に認める世話好きで、関東州明治大学校友会支部長を務めた。園芸女学校出身で一〇歳下の夫人亀代との間に子が無く、養子に迎えた俊夫は工業専門学校を出て満鉄鉄道部に勤務した。

加藤 芳雄　▷12

南満州工業専門学校教授、電気工学科長、満州電気協会規格委員、電気学会満州支部幹事、従六位／大連市三室町／一八九六（明二九）一二／福井県福井市館町／九州帝大工科大学電気工学科

福井県加藤満太郎の三男に生まれ、一九二〇年七月九州帝大工科大学電気工学科を卒業して金沢市の横山鉱業部に勤務した。その後教職に転じて米沢高等工業学校講師となり、電気工学と高周波工学研究のためイギリス、アメリカ、ドイツに一年半留学した後、同校教授となった。二八年八月満鉄に転じて渡満し、南満州工業専門学校教授となり電気工学科長を務めた。

加藤 嘉三　▷12

共愛洋行主、チチハル商店協会評議員、勲八等／龍江省チチハル正陽大街／一八八二（明一五）一／熊本県／熊本市坪井町

一九〇四年日露戦争に際し熊本の第一師団補充兵として従軍し、勲八等旭日章を受けた。その後台湾に渡って台東で大和屋号の名で商業を営み、さらに上海に移って一四年ほど婦人子供洋服店を経営した。三一年満州事変の際に陸軍御用商人として馬占山、蘇炳文追討軍に従った後、三二年九月第一四師団付御用商人としてチチハルに赴き、三四年八月正陽大街に共愛洋行を開設して和洋雑貨販売業を経営した。三四年九月に器械材料部を設け、百貨部及び両部の購入事務を養子留蔵と一一名の店員に担当させ、自らは三名の店員を使用して度量衡器及び家具類を卸売りしたほか、軍部、官庁、鉄路局方面に納入した。

加藤 米吉　▷9

加藤醤油醸造公司主／ハルビン傅家甸／一八八四（明一七）四／長崎県西彼杵郡上長崎村

一九〇八年に渡満してハルビンに赴き、ウラジオストク、ニコライエフスク等のシベリア各地を回って商況民情を視察した。その後、再びハルビンに戻って傅家甸で醤油醸造業を始めた。日本式製法の醤油がロシア人、中国人の嗜好に合い、北満、シベリア一帯から南満各地に販路を広げ、「醤油王」として知られた。

か

加藤与之吉 ▷9

満鉄地方部土木課長、従四位勲五等／大連市乃木町／一八六七（慶三）六／埼玉県入間郡高麗川村／帝国大学工科大学土木科

一八九四年七月帝国大学工科大学土木科を卒業した後、九六年八月新潟県技師となり、九七年二月同県土木課長に就いた。次いで一九〇七年五月満鉄技師に転じて渡満し、一四年五月技術局土木課長に就き、その後の職制改正により一八年一月総務部工務局土木課長、二二年一月地方部土木課長を歴任した。

加藤　蕾二 ▷12

満鉄総裁室員／大連市東公園町満鉄本社総裁室／一九〇三（明三六）二／兵庫県武庫郡本庄村／東京帝大工学部機械科、同大経済学部

本姓は別、後に兵庫県人加藤慎太郎の養子となった。一九二五年三月東京帝大工学部機械科を卒業し、さらに二八年に同大経済学部を卒業した。同年四月満鉄に入り、鉄道部技術研究所に勤務した後、学理試験所員・計画部能率課兼務、監理部考査課能率班副査兼務、監理部考査課事務能率班主査心得、総務部審査役付・鉄路総局兼務を経て三三年一一月審査員となった。次いで総務部人事課に勤務して総務部審査役付を兼任し、パリ事務所勤務を経て三七年二月総裁室勤務となった。

加藤　令造 ▷12

ハルビン高等法院庭長、正六位／ハルビン南崗ハイラル街／一九〇一（明三四）一二／岐阜県土岐郡笠原町／東京帝大法学部法律学科

岐阜県加藤定七の子に生まれ、東京帝大法学部法律学科に在学中の一九二五年に文官高等試験行政科及び司法科に合格し、翌年四月卒業とともに司法官試補となり東京区裁判所検事代理となった。二七年一二月判事となり予審判事として東京、名古屋、金沢、名古屋、東京の各地方裁判所及び同区裁判所に勤務した後、三五年五月東京民事地方裁判所判事兼東京刑事地方裁判所判事となった。三六年一一月満州国審判官に転出して渡満し、ハルビン高等法院庭長に就いた。

加藤　怜二 ▷11

旅順要塞司令部参謀／旅順要塞司令部官舎／一八八八（明二一）一二／岐阜県土岐郡妻木村／士官学校

岐阜県工業加藤唯吉の四男に生まれ、陸軍士官学校を卒業した。以来軍人として累進して歩兵少佐になり、旅順要塞司令部参謀として一九二八年八月に渡満した。

加藤六兵衛 ▷12

満鉄朝陽鎮機務段長、社員会評議員、勲八等／奉天省朝陽鎮満鉄機務段／一八八九（明二二）三／富山県富山市田刈屋

富山県加藤実明の長男に生まれ、一九〇五年五月鉄道作業局に入り、軍用鉄道付となって渡満した。〇七年四月鉄道業務が満鉄に引き継がれると帰国し、千葉の鉄道大隊に入営して兵役に服した後、鉄道省に入って機関手となった。その後一九年二月に再び渡満して満鉄に入り、安東車輌係、奉天車輌係、同機関方、同機関士、奉天機関区勤務、同点検方に歴勤した。次いで橋頭機関区運転助役兼点検助役、同運転助役兼機関士、奉天機関区運転助役、ハルビン建設事務所勤務、鉄道総局三棵樹機務段運転主任に歴任し、三四年一二月朝陽鎮機務段長となった。この間、満州事変時の功により勲八等に叙され、三四年四月勤続一五年の表彰を受けた。

「門川」は「もんかわ」も見よ

門川　一男 ▷11

下野農園支配人、熊岳城殖産㈱監査役／奉天省熊岳城東部月見街／一八八二（明一五）二／宮崎県那珂郡飫肥村／宮崎県師範学校

宮崎県門川小平次の長男に生まれ、一九〇五年宮崎県師範学校を卒業して県下の西臼杵郡田原高等小学校訓導兼校長、同県南那珂郡大藤尋常高等小学校訓導兼校長を歴任した。その後一二年四月に渡満して営口尋常高等小学校訓導となり、同校に八年勤続した後、二〇年四月に退職して長春商業会議所書記となった。二二年一二月同所を退任し、熊岳城下野農園支配人に就いて八三町歩の大農園を差配した。夫人ユキとの間に二男二女あり、次男の満洲男は母の実家大関家の養子となった。

加登野謙三郎 ▷12

監察院審計部員／新京特別市北安路／一八九六（明二九）／福井県三方郡耳村／敦賀商業学校

一九一四年三月敦賀商業学校を卒業して渡満し、満鉄撫順炭砿会計課、大連工業会社等に歴職した後、財団法人大連医院経理課長となった。その後三二年四月満州国官吏に転じ、監察院審計部に勤務した。

門野　昌二 ▷12

満鉄鉄道総局庶務課長、社員会奉天第二連合会幹事、社員消費組合理事、勲六等／奉天白菊町／一八九七（明三〇）三／岡山県小田郡小田町

岡山県門野利太郎の四男に生まれ、一九一六年四月満鉄従事員養成所を修了して鉄嶺駅に勤務した。橋頭駅、大連管理局営業課、運輸部庶務課勤務を経て鉄道部に勤務し、庶務課、経理課、貨物課、営業課、庶務課に歴勤し、臨時設置の法規係として鉄道営業関係規程類の根本改正に携わった。その後、奉天事務所庶務課庶務係長兼文書課係長を経て関東軍司令部事務嘱託として出向し、東北交通委員会の創立事務に当たり、後に庶務関係を担当した。次いで鉄道部奉天在勤となって鉄道総局の創立事務に参画し、同局総処文書科庶務係主任を経て三六年九月参事となり、同年一〇月鉄道総局庶務課長に就いた。この間、満州事変時の功により勲六等及び従軍記章、建国功労賞、皇帝訪日記念章を授与された。

門野　良造 ▷12

満鉄鉄道総局産業課員、正八位勲八等／奉天朝日町／一八九八（明三一）四／山形県鶴岡市鷹匠町／北海道帝大農学部農学専門部

代々庄内藩国家老を務めた酒井家に生まれ、母方の門野家の養子となった。一九二〇年七月北海道帝大農学部農学専門部を卒業して満鉄に入社し、農事試験場熊岳城分場に勤務した。公主嶺地方事務所及びハルビン事務所に勤務した後、三五年三月ハルビン鉄路局産業課農務係主任となり、同総務処附業課農林係主任を経て三六年一〇月鉄道総局産業課に転勤した。この間、ハルビン事務所在勤時に満州事変に際会し、籠城野戦小隊長として関東軍の討匪作戦に従軍したほか、関東軍による日本移民招致の基礎計画確立に従事して勲八等に叙せられた。刀剣と尺八を趣味とし、旧庄内藩家老朝岡良高の五女トメ子を妻とした。

門原　真沢 ▷11

安東尋常高等小学校訓導／安東県北二条通／一八九六（明二九）一二／広島県世羅郡三川村／広島県師範学校

広島県教員門原真廉の長男に生まれ、一九一六年三月広島県師範学校を卒業して県下の西大田小学校訓導兼同村農業補習学校訓導となった。次いで同小国小学校訓導兼農業補習学校助教諭兼世羅郡立高等補習学校助教諭、小国小学校校長、甲山小学校訓導兼同町実業補習学校助教諭などを歴任した。その後二三年三月に渡満して満鉄に入社し、鉄嶺及び撫順の各尋常高等小学校訓導を務めた後、二五年に安東尋常高等小学校訓導に転じた。書道、俳句、川柳、尺八を趣味としたが、二二年に大阪朝日新聞社主催夏季陸上競技試練会のハンマー投で優勝したのを始め、各種競技会でハンマー投げや円盤投げ、跳躍技等で優勝するなど陸上競技選手として活躍した。

香取　桂一 ▷11

朝日新聞大連特派員／大連市霧島町／一八九六（明二九）一〇／兵庫県赤穂郡赤穂町／山口高等商業学校支那貿易科

兵庫県香取熊太郎の長男に生まれ、一九二一年山口高等商業学校支那貿易科を卒業して翌年六月大阪朝日新聞社に入社した。調査部勤務を経て二五年一月支那部に転じ、二八年一一月大連特派員となって渡満した。

香取　真策 ▷13

奉天中央卸売市場㈱社長／奉天八幡町／一八八二（明一五）一一／東京府東京市牛込区市谷／法学院

東京府会社員香取新十郎の長男に生まれ、一九〇二年東京法学院を卒業した。〇五年七月日露戦争に際し野戦鉄道提理部大連運輸長付として渡満し、〇七年四月の満鉄開業とともに入社し、遼陽、鉄嶺の各地方事務所、鞍山製鉄所庶務課等に勤務した。その後二〇年五月に退社し、同年一〇月満鉄傍系の鞍山不動産信託会社専務取締役に転じた。次いで二八年一一月同じく満鉄傍系の満州市場㈱取締役兼支配人に就任し、三八年一二月の奉天中央卸売市場㈱への改組後も引き続きその任に留まった。

香取譱四郎 ▷11

旅順郵便局主事／旅順市大津町／一八八五（明一八）九／茨城県水戸市常盤町

茨城県香取兼善の四男に生まれ、一九〇六年六月臨時電信隊付として渡満し、同年九月関東都督府郵便電信局に転じた。満州各地に勤務した後、二四年一二月に昌図郵便局長、二六年一〇月に旅順郵便局主事となった。関東庁二〇年記念に際し功労者として表彰された。釣、写真、囲碁を趣味とし、東洋家政女学校出身の夫人利子は琴を嗜んだ。

香取 政夫 ▷11

満鉄鞍山医院薬剤長／奉天省鞍山中台町／一八九二（明二五）四／岡山県吉備郡大井村／東京明治薬学校

岡山県伊丹伝五郎の子に生まれ、実兄香取弥五郎の家督を相続した。一九一二年明治薬学校を卒業して東京の松山病院薬剤科主任となり、岡山県立病院薬剤科に転じた後、一八年一〇月に渡満して満鉄遼陽医院薬剤科主任となり、二六年四月鞍山医院薬剤長に就いた。

金井 温治 ▷12

国務院民政部警務司規画科長、正七位勲六等／新京特別市興亜胡同／一九〇二（明三五）一〇／長野県東筑摩郡広丘村／東京帝大法学部

長野県金井悦蔵の四男に生まれ、松本中学校、松本高等学校を経て一九二九年三月東京帝大法学部を卒業し、同年文官高等試験行政科に合格して拓務省に入り、拓務局第一課に勤務した。三一年一月大臣官房文書課に転任した後、三二年六月関東庁事務官に転出して渡満し、内務局地方課に勤務した後、同年九月大連民政署地方課長に就いた。次いで三三年二月関東庁理事官・警保局保安課長、同年一一月警務局勤務、三四年三月外務事務官兼任亜細亜局第二課勤務、同年一〇月関東庁内務局商工課長、同年一二月関東州庁警察部警務課長兼高等警察課長、三五年三月関東局警視兼関東局事務官補・奉天警察署長兼任外務省警視・奉天総領事館警察署長を歴任した。三六年三月国務院民政部事務官に転出して警務司規画科長に就き、同年七月民政部理事官に昇格した。この間、満州事変時の功により従軍記章、皇帝訪日記念章を授与され、三四年九月勲六等瑞宝章に叙せられた。

叶井 貫一 ▷12

叶井商会主、鞍山市場㈱取締役、鞍山無尽㈱取締役／奉天省奉天省鞍山南駅前通／一八八八（明二一）一二／山口県大島郡家室西方村

一九〇七年徴兵されて広島の歩兵第一一連隊に入営し、鉄嶺に駐劄した。除隊して帰国した後、一九年三月に再び渡満して鞍山郊外の陶家屯で煉瓦製造業を始めた。二三年鞍山南駅前通に事務所を移して木材と煉瓦の販売業を経営し、さらに北二条町と南六番町に雑貨販売部、南五条通に家屋係を開設した。多角経営に成功して鞍山市場㈱及び鞍山無尽㈱の役員を務めたほか、鞍山輸入組合評議員、第四区長、鞍山商工会議所議員等の公職に就いた。

金池藤太郎 ▷12

国務院総務庁人事処員、満州国協和会総務庁分会幹事／新京特別市崇智路／一九〇一（明三四）一一／新潟県北蒲原郡新発田町／新潟県立新発田中学校

新潟県金池藤七の長男に生まれ、一九一九年三月県立新発田中学校を卒業し、二〇年二月満鉄に入社して鶏冠山駅に勤務した。社命で鉄道省中央教習所業務科に派遣され、同所修了後二五年四月営口駅に転勤した。二七年二月大連列車区、二八年一〇月大連鉄道事務所、三〇年一月鉄道部庶務課に歴勤した後、三三年二月に退社して国務院総務庁事務官に転じ、人事処に勤務して国都建設紀年式典準備委員会幹事を務めた。この間、満州事変時の功により天杯一個と従軍記章及び建国功労賞、皇帝訪日記念章を授与された。

金井 健 ▷12

自動車商／奉天宇治町／一八九八（明三一）五／新潟県佐渡郡小木町

早くから渡満して自動車運輸業に従事し、一九二七年三月に独立して奉天宇治町に車庫を設け、安全タクシーの商号で貸自動車業を始めた。その後三二年一一月同業者と共に日満自動車㈱の

設立に参画して宇治町営業所主任となった。次いで三四年に大タクと合同して奉天自動車㈱になると同社重役に就いたが、後に宇治町で自動車商を個人経営した。

金井　健吉　▷12

満州炭砿㈱技術部工務課電気係主任／新京特別市錦町満州炭砿㈱技術部工務課／一八九八（明三一）七／大阪府豊中市桜塚／京都帝大工学部電気工学科

大阪府金井市作の長男に生まれ、一九二五年三月京都帝大工学部電気工学科を卒業して川北電気製作所に入り発電機及び電動機の設計に従事した。二六年一〇月親会社の川北電気企業社工事部技術課に転勤し、発電所及び送電線の設計・施工に従事した。二七年一〇月川北電気土木工事㈱の創立と共に同社に転じて三〇年四月都市電気工事部長となり、次いで三一年一一月姉妹会社の山陽無煙炭砿会社の火力発電所の設計並びに設立出願事務に従事した。三二年四月同発電所の計画中止により川北電気土木工事㈱に復帰して次長となり、砿務課長を兼任した。その後三五年一月満州炭砿技師に転じて渡満し、技術部採炭課に勤務した後、同年六月鶴岡炭砿次長を経て同年一一月技術部工務課電気係主任となった。

金井　周次　▷12

日陸公司経営主、陸記油房経営主、満州特産工業㈱監査役／安東江岸通／一八九〇（明二三）八／神奈川県久良岐郡六浦荘村／東京高等商業学校

神奈川県金井左衛門の五男に生まれ、一九一四年東京高等商業学校を卒業して渡満した。日露戦争直後から安東で長兄佐次が経営する事業を次兄佐彦と共に補佐し、油房業及び特産貿易業を経営した。

金井　章次　▷14

間島省長／間島省延吉間島省長公館／一八八六（明一九）一二／長野県上田市馬場町／東京帝大医科大学

長野県倉島稲平の四男に生まれ、同県金井広治の養子となった。一九一二年東京帝大医科大学を卒業して同大病理学教室の副手を務めた後、一四年一月内務省伝染病研究所助手となり、次いで同年一〇月北里研究所病理部副部長に転じ、二〇年七月イギリスのリスター研究所に留学した。その後二二年一月からジュネーブの国際連盟事務局保健部員として極東方面の伝染病調査に従事し、同年六月論文「連鎖状球菌溶血素ニ就テ」で東京帝大より医学博士号を取得した後、同年一二月ロンドン国際炭疽病委員会日本代表となって再びイギリスに渡った。二三年年四月に帰国して慶応大学医学部教授となったが、二四年四月に渡満して満鉄地方部衛生課長兼衛生研究所長に就任して後に参事となった。職務のかたわら関東庁体育協会評議員を務め、二八年に満鉄中堅社員を中心とする満州青年連盟が発足すると顧問となり、同年一一月大連市会議員に当選した。三一年九月満州事変が勃発すると遼寧治安維持会最高顧問に就き、三二年二月満州国の成立とともに奉天省公署総務庁長、国務院民政部地方制度調査会幹事長、浜江省公署総務庁長を歴任して三六年八月間島省長となった。⇒その後、蒙疆連合政府最高顧問に就いたが、四一年に退任した。

金井　佐次　▷13

満州特産工業㈱社長／安東県江岸通／一八七九（明一二）一／神奈川県久良岐郡六浦荘村

神奈川県農業金井左衛門の次男に生まれ、日露戦争末期の一九〇五年五月に渡満した。翌年三月安東で陳列場を開設して貿易商を始め、同年一二月資本金五万円で㈾日陸公司に改組した。〇九年には㈾日興油房を設立して製粕製油倉庫業に進出し、後に安部油房、陸記油房、満鮮鉄工所を兼営した。この間、〇八年に次弟の佐彦、一四年に末弟の周次を呼び寄せて事業を補佐させた。その後三二年に満州産業公司を創立し、三五年六月同公司の事業を継承して奉天に資本金三〇〇万円の満州特産工業㈱を設立した。満州特産の高粱と包米を原料として文化米、文化粉、玉米粉を製造し、副産物として酒精、理研清酒、ウィスキー、葡萄酒を生産し、代用食品製造会社として戦時経済体制の時運に乗って発展した。

金井　佐彦　▷11

油房及び特産物貿易商／安東県江岸通／一八八八（明二一）九／神奈川県久良岐郡六浦荘村／中央商業学校

神奈川県農業金井左衛門の四男に生ま

れ、東京の中央商業学校を卒業して〇八年に渡満した。以来一四年に渡満した弟の周次と共に、安東及び大連で兄の佐次が経営する満州特産工業㈱と傘下の油房会社の経営を補佐した。

金井　経彦　▷12

横浜正金銀行奉天支店副支配人／奉天富士町／一八九五（明二八）九／静岡県磐田郡三川村／東京帝大法学部政治科

東京帝大法学部政治科を卒業した後、一九二〇年横浜正金銀行に入り東京支店に勤務した。以来勤続し、大連、ハンブルグ、ロンドンの各支店に勤務して奉天支店副支配人となった。

金井　好助　▷12

満鉄鉄道総局水道課員、工業標準規格委員会委員／奉天雪見町／一八九五（明二八）八／埼玉県児玉郡七本木村／工手学校建築科

埼玉県金井梅次郎の長男に生まれ、一九一二年七月逓信省臨時発電水力調査局作業課に入り、勤務のかたわら一四年に東京築地の工手学校建築科を卒業した。一六年三月名古屋電灯㈱建設部土木課に転じ、さらに二〇年五月横浜市技手に転じて水道課に勤務した。三〇年七月横浜市臨時水道拡張部工事課勤務、三三年四月工事課設計係兼第二工事区長心得に歴勤した後、同年一二月満鉄鉄道建設局に転じて渡満した。三四年一月水道調査所調査課設計係主任となり、三六年一〇月鉄道総局水道課に転任した。この間、満州事変時の功により賜品及び従軍記章を授与された。

金井　量三　▷12

大連中央郵便局長、正七位勲六等／大連市乃木町／一八八三（明一六）三／長野県上田市大字上田

長野県金井伝太郎の次男に生まれ、逓信省に入り通信事務員、通信書記補、通信手を経て一九〇七年一二月関東都督府郵便電信局雇に転出して渡満し、大連郵便局に勤務した。〇八年通信書記補に進んで大連、大石橋、煙台、本渓湖、奉天の各郵便局に歴勤し、二三年六月関東庁逓信書記となった。三二年六月奉天郵便局郵便課長、三三年一〇月安東郵便局長心得を経て三六年一〇月関東逓信官署逓信副事務官となった。次いで安東郵便局長、逓信局兼務関東軍司令部事務嘱託を歴任し、三七年一月大連中央郵便局長に就いた。この間、二八年に大礼記念章を受章し、三六年一二月に勲六等瑞宝章を授与された。夫人秀との間に一男一女あり、長男満喜は東京商科大学を卒業して新京郵政管理局に勤務し、長女梅は同郷人で吉林高等法院勤務の白井金右衛門に嫁した。

金衛金次郎　▷12

満鉄鉄嶺地方事務所地方係長、社員会評議員、鉄嶺商工会議所特別議員、鉄嶺県嘱託／奉天省鉄嶺緑町／一八九四（明二七）九／茨城県筑波郡筑波町／常総学院

一九一〇年常総学院を卒業し、一一年九月板倉㈾に入った。一六年三月に退社して中国に渡り、同年五月から済南で貿易業を営んだ。次いで一七年一一月青島に移って市外の滄口で買炭業に従事した後、一八年一〇月に渡満して満鉄に入り埠頭事務所に勤務した。一九年一〇月瓦房店地方事務所、二五年四月松樹在勤、二七年八月熊岳城在勤を経て同年一一月長春地方事務所范家屯在勤となり、同地の消防組合監督を務めたほか、弓道四段の高段者として弓道部助教師を兼務した。次いで三〇年六月安東地方事務所に転勤して消防隊副監督を兼任した後、三二年一二月遼陽地方事務所に転勤して同地の弓道部支部助教師及び段級試験委員を兼務した。三六年一〇月鉄嶺地方事務所に転勤して地方係長となり、附属地衛生委員会委員を務めた。この間、二八年二月在郷軍人後援会地方委員部幹事として後援会より感謝状を贈られたほか、三二年一一月にコレラ防疫に尽力した功績により関東庁より感謝状を贈られ、三四年四月に満鉄勤続一五年の表彰を受けた。

金折　弥助　▷12

関東局属兼関東逓信官署逓信副事務官／大連市大和町／一八八四（明一七）八／島根県簸川郡佐香村／中学校

中学校を卒業後、日露戦中の一九〇五年六月に渡満して鴨緑江軍兵站部に勤務した。戦後〇六年二月関東総督府郵便部に勤務した後、一二年六月関東都督府通信管理局勤務、一九年四月関東軍嘱託を経て二〇年一月関東庁通信書記となり、関東逓信局経理課に勤務した。三四年四月大連中央郵便局庶務課長に就き、三七年六月関東局属兼関東逓信官署逓信副事務官・大連局臨時在勤を経て同月免官となった。この間、満州事変時の功により従軍記章及び賜金並びに建国功労賞を授与された。

金粕　善助　▷12

関東局関東逓信官署逓信局総務課秘書係長、勲八等／大連市大和町／一八九五（明二八）一／福井県今立郡北中山村／金沢逓信管理局通信伝習生養成所

福井県金粕善太夫の五男に生まれ、一九一〇年九月金沢逓信管理局通信伝習生養成所を修了して鯖江郵便局に勤務した。その後一四年一一月に渡満して関東庁逓信局に転じ、通信生養成所教官、逓信局庶務課庶務係長を経て逓信局総務課秘書係長となった。この間、満州事変時の功により勲八等瑞宝章を授与された。

金川敏太郎　▷12

満鉄経理部会計課収納係主任、社員会評議員、勲八等／大連市芝生町／一八九九（明三二）八／広島県安佐郡八木村／広島商業学校

広島県金川千太郎の次男に生まれ、一九一九年三月広島商業学校を卒業し、同年五月満鉄に入社して会計課に勤務した。次いで二二年一月経理部主計課、三三年九月鉄道部、同年一〇月北鮮鉄道管理局経理課、三四年七月総務部監理課、三五年一一月経理部庶務課に勤務し、三六年一二月同部会計課収納係主任となった。決算関係に通暁し、三五年四月に勤続一五年の表彰を受けた。業余にはラグビーを趣味とし、三三年に北鮮鉄道管理局に転勤するまで選手兼監督を務めた。

金木　博　▷12

二葉堂看板店主／ハルビン道理外国五道街／一九〇六（明三九）一〇／北海道後志国寿都郡寿都町

北海道金木清造の次男に生まれ、鉄道教習所を修了して鉄道省に勤務した後、一九二八年に退職して看板図案業に従事した。その後三〇年に函館で独立したが、三四年三月の函館大火で焼き出され、同年九月に渡満して新京の看板業者の下で働いた。次いで三五年九月ハルビンに移住し、翌月から二葉堂看板店の屋号で看板図案業を営んだ。早くから書道を志して札幌の春谿書院に入門し、次いで函館積翠書院の大塚鶴洞に師事し、渡満してからは東京書道芸術社志友となり金洞と号した。

金栗　良二　▷11

大連日本橋尋常小学校訓導／大連市大黒町／一九〇二（明三五）一一／熊本県玉名郡春富村／熊本県第一師範学校

熊本県農業金栗三郎の次男に生まれ、一九二二年熊本県第一師範学校を卒業した。郷里の玉名郡賢木北尋常小学校訓導となり、農業補習学校助教諭を兼務した。この間六週間現役にて兵役を終え、二五年四月に渡満して旅順師範学堂研究科に入学した。同年一〇月に卒業して金州公学堂南金書院教諭となり、二八年四月大連市日本橋尋常小学校訓導に転任した。

金沢真太郎　▷12

撫順炭砿東郷採炭所庶務係主任、社員会評議員、撫順体育協会剣道部幹事／奉天省撫順東郷／一九〇一（明三四）六／福岡県福岡市大浜町／山口高等商業学校

福岡県金沢百太郎の長男に生まれ、一九二七年山口高等商業学校を卒業し、同年一一月満鉄に入社して撫順炭砿庶務課に勤務した。二九年一一月古城子採炭所勤務、三三年一二月老頭溝在勤、三四年一月経理課勤務を経て三六年一〇月東郷採炭所庶務係主任となった。この間、満州事変時の功により賜盃及び従軍記章を授与された。二刀流剣道四段の腕を有し、撫順体育協会剣道部幹事を務めた。

金沢　武司　▷12

満鉄白城子建設事務所電気長、社員会評議員、勲七等／龍江省白城子満鉄建設事務所／一八九五（明二八）六／岡山県後月郡共和村／電機学校

岡山県金沢安太郎の次男に生まれ、興譲館中学校を経て東京の電機学校を卒業した。一九二三年六月に渡満して満鉄に入り、奉天通信区に勤務して同年一二月同区助役となった。二五年一一月奉天鉄道事務所兼務を経て二九年四月大連電気区技術助役となり、三一年八月安東保安区長、三四年五月奉天保安区長、三五年四月新京保安区長を歴職し、三七年三月白城子建設事務所電気長に就いた。この間、満州事変時の功により勲七等及び従軍記章、建国功労賞、皇帝訪日記念章を授与された。

か

金沢　辰夫　▷12

熱河省承徳県参事官兼地籍整理局事務官／熱河省承徳県参事官公館／一九〇四（明三七）一／東京府東京市本郷区駒込林町／中央大学英法学部

豊山中学校を経て一九三〇年三月中央大学英法学部を卒業し、東京日日新聞社に入社して調査課に勤務した。翌年満州事変が起きると退社して渡満し、三二年五月国務院資政局自治指導部員となり、同年一〇月大同学院を卒業して法制局統計処に勤務した。三五年九月熱河省承徳県参事官に転任し、三七年二月から地籍整理局事務官を兼務して熱河支局に勤務した。

金沢　八郎　▷12

満鉄鉄道総局混保検査所庶務係主任、勲八等／奉天雪見町／一八九七（明三〇）七／福島県西白河郡小野田村／石川中学校

福島県金沢金次の四男に生まれ、一九一七年石川中学校を卒業し、一八年一〇月満鉄に入社して長春駅に勤務した。一九年五月同駅貨物方、二四年九月同駅副検査人を経て二七年九月本社鉄道部営業課に転勤した。次いで三〇年六月同部貨物課、三一年五月ハルビン事務所運輸課検査人、三三年四月鉄路総局運輸処貨物科工務員を歴職し、三六年一〇月鉄道総局混保検査所庶務係主任となった。この間、満州事変時の功により勲八等瑞宝章及び従軍記章、建国功労賞、皇帝訪日記念章を授与され、三四年四月勤続一五年の表彰を受けた。

金沢　義夫　▷13

㈱満州松田清商店専務取締役／一九〇六（明三九）／工業専門学校

工業専門学校を出て奉天の満州松田清商店に入り、機械設計製作に従事した。各地の炭砿、鉱山、精錬所等の設計を手がけて頭角を現わし、後に専務取締役に就いて大連、新京、ハルビン、安東等の各支店を統括した。戦時下で競合する日本商品の輸入が困難になると、主力のMPS型ポンプを始め各種機械を官衙、鉱山、工場等に数多く納入した。

「金田」は「かねだ」も見よ

金田倖太郎　▷12

大連中央郵便局保険課長／大連市大和町／一八九三（明二六）四／香川県仲多度郡筆岡村

一九一〇年通信講習所を修了して通信事務員となり、各地の郵便局に勤務した。次いで青島守備軍通信部雇員として同地に赴任し、二三年一二月関東庁通信局事務官に転じて渡満した。大連中央局、関東通信局に勤務した後、関東通信官署通信書記となり大連中央郵便局保険課長に就いた。この間、皇帝訪日記念章及び建国功労賞を授与された。

金田　純一　▷11

満鉄興業部販売課運輸係主任／大連市桜町／一八八四（明一七）二／福岡県築上郡黒土村／神戸高等商業学校

福岡県金田荘次郎の長男に生まれ、一九〇八年神戸高等商業学校を卒業した。個人経営の商店に勤めた後、一一年五月朝鮮に渡って半官半民の大邱府慶尚農工銀行に入ったが、同行が朝鮮殖産銀行に併合されると一九年八月に辞職し、翌年二月満鉄に入社した。販売課勘定係主任、同庶務係主任を経て二五年一一月運輸係主任に就いた。次弟の苑二が名古屋高工を出て東拓大連支店に勤務したほか、七人の弟妹全員が満鮮に在住した。

金丸　陟章　▷12

満鉄産業部鉱業課選鉱係主任／大連市初音町／一九〇〇（明三三）一〇／大分県大野郡犬飼町／旅順工科大学工学専門部

南満州工業学校採鉱科を経て一九二二年一二月旅順工科大学工学専門部を卒業し、二三年一月満鉄に入り鞍山製鉄所製造課銑鉄工場に勤務した。銑鉄工場第三高炉係長を務めた後、二九年七月同所の事業を継承して昭和製鋼所が設立されると同社員となり、業務課技術係主任となった。その後三七年六月満鉄に戻り、産業部鉱業課第一採鉱係主任を経て同選鉱係主任となった。この間、満州事変時の功により賜品及び従軍記章を授与された。

金丸　保　▷12

満鉄皇姑屯鉄道工場鉄工科旋盤廠主任、大分県立杵築中学校奉天支

か

部幹事／奉天萩町／一九〇〇（明三三）六／大分県東国東郡国東町／旅順工科大学附属工専機械工学科

大分県金丸建造の長男に生まれ、杵築中学校を卒業して渡満し、旅順工科大学附属工専機械工学科に入学した。一九二二年一二月に卒業して翌年三月神戸の川崎車輌㈱に入社し、二七年八月同地の日本エヤーブレーキ会社に転じた。三一年一一月に退社し、翌年八月再び渡満して大連の橋本商会に入った。三四年二月さらに満鉄に転じて奉山鉄路局に派遣され、三五年四月に帰社して皇姑屯鉄工廠工務員となり、同年八月鉄工科旋盤廠主任に就いた。三六年一〇月の職制改正後も同職に留まり、車輌用空気制動装置の設計製作に従事した。大分県立杵築中学校奉天支部幹事を務め、大分県女子師範学校を卒業した夫人ヤエキとの間に四女があった。

金丸　徹　▷12

安東省通化県参事官／安東省通化県公署参事官公館／一九〇七（明四〇）一一／山梨県中巨摩郡諏訪村／東京帝大法学部、大同学院

横浜第一中学校、第一高等学校を経て一九三二年三月東京帝大法学部を卒業して渡満し、大同学院に入った。同年一〇月に卒業して奉天省興城県属官となり、次いで三四年八月同省桓仁県属官、三六年一月同省荘河県属官を歴任した後、同年一〇月安東省通化県参事官となった。

金丸　徳重　▷12

国務院交通部総務司会計科長、郵政権調整準備委員、従七位／新京特別市金輝路／一九〇〇（明三三）八／山梨県中巨摩郡南湖村／東北帝大法文学部

明治法律学校から東北帝大法文学部に進み、在学中の二五年一一月文官高等試験に合格し、一九二七年に卒業した。二九年一二月逓信省通信書記となり東京下谷郵便局に勤務し、翌年八月逓信局書記に昇格して東京逓信局保険課に勤務した。三三年八月簡易保険局書記兼通信属となり、簡易保険局庶務課、大臣官房保険課勤務を経て三四年六月満州国官吏に転任して渡満した。交通部事務官郵務司弁事を務めた後、六年一〇月交通部理事官・郵務司経理科長に進み、翌月総務司会計科長に就任した。一貫して郵政畑を歩み、著書に『英国郵政の話』がある。

金丸富八郎　▷11

満鉄関係会社監査役／大連市山城町／一八八三（明一六）九／佐賀県杵島郡武雄町／山口高等商業学校

佐賀県農業金丸要八の次男に生まれ、一九〇八年山口高等商業学校を卒業した。鉄道院に一年半勤務した後、〇九年一〇月に渡満して満鉄に入社した。開原駅長、長春駅長、長春鉄道事務所営業長、大連鉄道事務所所長代理等を歴任し、二六年五月末に満鉄関係会社の南満電気、南満瓦斯、大連工業、南満鉱業、その他十数社の専務監査役に就任した。長崎敷島女学校出身の夫人満津子との間に一男三女があった。

金丸　久　▷11

大連第一中学校教諭／大連市菫町／一八九七（明三〇）八／鹿児島県姶良郡蒲生町／鹿児島県師範学校本科第二部

鹿児島県の女学校校長金丸雅の長男に生まれ、一九一八年鹿児島県師範学校本科第二部を卒業した。二〇年六月に渡満して大連伏見台小学校の訓導となり、二六年に文部省検定試験に合格して師範学校と中学校及び高等女学校の教員免状を取得した。翌年三月から関東州中学校教諭となって大連第一中学校に勤務した。同郷で鶴嶺女学校出身の川崎ノブと結婚し、郷里の親許から末弟久宣を引き取って大連で修学させた。次弟の久秋も山葉洋行大連支店に勤務した。

金森　英一　▷11

満鉄中央試験所庶務課長／大連市榊町／一八九八（明三一）一／三重県桑名郡桑名町／明治大学法科

三重県の紙商金森彦市の次男に生まれ、一九二一年三月明治大学法科を卒業して満鉄に入社した。地方部庶務課に勤務し、同課人事主任を経て三五年に参事・公主嶺地方事務所長となり、翌年一〇月中央試験所庶務課長に就いた。銃猟を趣味とし、同郷で四日市高女出身の夫人春枝との間に三男一女があった。

金森　貫一　▷12

金森農園主、泰信無線㈱監査役／奉天省撫順東七条通／一八九一

（明二四）二／福岡県小倉市紺屋町

福岡県金森末吉の子に生まれ、東筑中学校を卒業した後、一九一六年に渡満した。叔父が経営する農園で働いた後、一九年に市場会社仲買人となった。二六年一〇月に独立して金森農園を開き、営農のかたわら野菜、果実の販売業を兼営した。

金森　英明 ▷12

金森薬房主、金森木廠主／奉天省撫順中央大街／一八八三（明一六）七／三重県桑名郡長島村

陸軍看護手として日露戦争に従軍し、安東兵站部に勤務した。戦後一九〇七年満鉄に入って撫順医院調剤師となり、一八年に退社して同地で金森薬房を営んだ。かたわら二六年八月撫順二番町に金森木廠を設け、夫人いよの弟出崎種次に製材業を経営させ、後に糧桟街に移転した。

鉄谷　政造 ▷1

鉄谷商店大連出張所長／大連市／一八七六（明九）六／長崎県長崎市大村町／東京高等商業学校中退

一八九三年長崎中学校を卒業して東京高等商業学校に進んだが、病気のため中退して療養生活を送った。九五年から家業の和洋種・醤油類の卸売業に従事したが、日露戦中の一九〇五年六月業務拡張の目的で渡満した。大連市岩城町に出張店を設け、灘の日本酒会社と特約して「菊正宗」の一手販売店となり、他にも「金鶏正宗」「喜久栄」の清酒、各社ビール、醤油等を販売し、硝石・硫黄の卸売業を兼営した。

金谷　準 ▷12

満州航空㈱ハルビン管区長心得、勲七等／ハルビン馬家溝土肥原街／一八九九（明三二）一二／長崎県佐世保市谷郷町／陸軍飛行学校

一九一九年陸軍航空第四大隊付、二〇年下志津陸軍飛行学校分遣、二一年平壌飛行第六大隊付を経て二三年操縦学生として所沢の陸軍飛行学校に入校した。次いで二四年特種学生として下志津、明野の両飛行学校に分遣された後、二六年飛行第六連隊付となった。その後二九年に退役し、日本航空輸送会社平壌出張所主任となった。三二年新京出張所主任となって渡満し、同年九月満州航空㈱の設立と同時に同社に転じて本社運航主任を務め、三三年七月運航部運航課長を経て三五年四月ハルビン管区長心得となった。この間、満州事変時の功により勲七等に叙された。

金山　直蔵 ▷12

国務院民政部土木局チチハル建設処員／国務院民政部土木局チチハル建設処／一八九七（明三〇）一一／北海道函館市高砂町／攻玉社工学校

一九一七年東京の攻玉社工学校を卒業し、朝鮮総督府慶尚南道土木技手となった。忠清北道技手に転任した後、総督府技手に進んで内務局土木課に勤務した。その後三三年九月国務院国道局技正に転じて渡満し、奉天国道建設処に勤務した。次いで国道局技佐となり、三七年一月土木局チチハル建設処に転勤した。

蟹谷　乗養 ▷11

旅順工科大学教授、理学博士／旅順市日進町／一八九三（明二六）一二／富山県氷見郡太田村／京都帝大理学部

富山県僧侶蟹谷持養の長男に生まれ、一九一九年七月京都帝大理学部を卒業して母校の教員となり、後に助教授に就いた。二六年三月数学研究のためフランス、イタリアに留学した後、二八年六月旅順工科大学教授に転任して渡満した。

兼井　林蔵 ▷12

協成公司主、復成永土木建築公司代表者、チチハル日満商工会長、北満静岡県人会長、世界紅卍字会チチハル支部長、大日本富蓉会長／龍江省チチハル万増胡同／一八八六（明一九）五／静岡県駿東郡富岡町

静岡県農業兼井新平の長男に生まれ、後に鴻臣とも称した。一九〇七年四月満鉄の開業とともに入社し、以来累進して一五年三月河北に派遣され、青島戦役により接収した山東鉄道の審査係長を務めた。二〇年五月旅客係長兼審査係長兼ジャパンツーリストビューロー主事となり、二一年に旅客運輸及び山東炭販売のため中国南部を視察した。二三年一月山東鉄道引渡委員を務めた後、同年六月満鉄に復帰して鉄道部経理課収入総括係長となった。次いで奉天鉄道事務所営業課長、鉄道部庶務課統計係長を経て審査係長兼鉄道教習所講師となり、この間社に献策して金一〇万円でタブレイティングマシン（自働計算機）を導入して業務の合理化を図った。その後三二年三月に二五年勤続した満鉄を退社して金福鉄路公司支配人に転じ、関東庁と満鉄より八五万二〇〇〇円の補助金を受けて同社を再建した後、三四年六月に退任してチチハルに移住し、協成公司及び日満合資の復成永土木建築公司を設立して土木建築請負業を経営した。この間、軍部の依頼で三三年一一月から二ヶ月にわたり上海、香港、広東方面の政治・経済・軍事事情を調査報告した。業務のかたわら横浜の大蔵精神文化研究所に入所し、二三年七月鎌倉円覚寺管長より「月心居士」の居士号を受け、大日本富蓉会長兼講師として各地の民衆講座で講演するなど民衆教化運動に奔走し、著書『糧と奮闘』『個人と民衆』『此の人を見よ』『駅務の友』『社会と人』『富士の如く生きよ』を著したほか、満鉄在社中は修養団講師として旅順に派遣され、奉天、新京、安東では修養団団長平沼騏一郎男爵の代理として訓示し団旗を授与した。

鹿子生　崇　▷12

満鉄ハルビン鉄路医院三棵樹診療所主任兼医員／ハルビン三棵樹満鉄診療所／一九〇六（明三九）五／福岡県八女郡豊岡村

福岡県鹿子生儀三郎の長男に生まれ、奉天中学校を経て一九三一年三月満州医科大学本科を卒業して同大内科副手兼医員となった。その後三四年三月満鉄に入り、京医院医員兼新京商業学校医、ハルビン精神病患者収容所医員、同主任を歴任した。次いでハルビン鉄路医院ハルビン道裡診療所主任兼ハルビン精神病患者収容所主任、ハルビン鉄路医院孫呉診療所主任兼医員を経て三七年一月三棵樹診療所主任兼医員となった。

鐘ヶ江一夫　▷12

国華祥主／ハルビン透籠街／一八九九（明三二）一一／福岡県三潴郡青木村

早くから北満で諸種の職業に従事し、一九三三年五月ハルビン透籠街に資本金五〇〇〇円で履物類の卸商を開業した。三菱商事より月星印の国華ゴム靴と地下足袋を仕入れ、北満一帯を販路として年間五万円を売り上げた。

鐘ヶ江恒太郎　▷12

ハルビン税関員／ハルビン車站街ハルビン税関／一八九八（明三一）／佐賀県杵島郡杉古村／興風中学校

一九一七年山口県の私立興風中学校を卒業し、門司税関に勤務した。三三年満州国税関事務官に転出して渡満し、安東税関に勤務した後、三六年一二月ハルビン税関に転勤した。

鐘ヶ江利三郎　▷4

鐘ヶ江支店主／ハルビン埠頭区モストワヤ街／一八七二（明五）三／福岡県三潴郡青木村

一九〇九年七月のハルビン開市とともに最初の日本人として移住し、モストワヤ街で日本人向けに食料品雑貨を販売した。薄利多売をもって繁昌したが、翌年火災で商品と家財の一切を失った。その後店舗を再興し、同地在住日本人の古参として信用を集めた。

金子栄一郎　▷11

満鉄奉天地方事務所会計主任、勲八等功七級／奉天浅間町／一八九二（明二五）三／長崎県南高楽郡南串山村／満鉄見習学校

長崎県商業金子亀八郎の長男に生まれ、一九〇九年三月に渡満して満鉄見習となった。一二年に見習学校を卒業し、本社調査課に勤務したが、同年一二月徴兵されて佐賀歩兵第五五連隊に入隊した。一四年八月の青島戦に従軍して前額部を負傷し、除隊して満鉄に帰任した。経理部会計課、吉林公所長、南満医学堂書記、満州医科大学会計主任等を歴任して一六年一一月奉天地方事務所に転任し、後に会計主任に就いた。末弟の秀男も満鉄に入り、撫順に勤務した。

金子　嘉一　▷12

国務院軍政部馬政局代理総務科長／新京特別市入船町／一八八五（明一八）三／東京府東京市浅草区寿町

山梨県南巨摩郡万沢村に生まれ、徴兵されて陸軍に入り、騎兵特務曹長に累進して退役した。陸軍省属、馬匹協会嘱託等を務めた後、一九三三年国務院軍政部馬政局創設のために招聘されて渡満し、馬政機関の創設事務に従事した。その後、軍政部馬政局馬政官代理総務科長として業務の整備拡張に努め、三七年二月から馬疫研究所事務官を兼務した後、同年四月に兼務を解かれた。この間、勲六位景雲章を授与された。

金子亀三郎 ▷11

建築請負業、勲八等／大連市若狭町／一八八四（明一七）六／愛媛県松山市松前町

愛媛県建築請負業金子市太郎の次男に生まれ、一九二四年、四〇歳の時に渡満した。大工として働きながら少しずつ資金を蓄え、建築請負業を始めて成功した。釣魚を趣味とし、夫人ヨキと芝居に行くのを楽しみとした。

金子　重義 ▷12

満鉄吉林機務段運転助役兼機関士／吉林満鉄機務段／一八九七（明三〇）六／富山県射水郡七美村

徴兵検査後に警察官となり、その後一九一九年一一月に渡満して満鉄に入り、瓦房店車輌係に勤務して二一年に鉄道教習所を修了した。三〇年六月技術員を経て三四年八月運転助役となり、鉄道総局に勤務した後、ハルビン鉄路局三棵樹機務段五常分段運転副段長、三六年九月同段運転助役兼機関士を歴職して三七年五月吉林機務段運転助役兼機関士となった。この間、瓦房店在勤時に同地の富山県人会副会長及び本願寺世話役、三一年から三四年まで乗務員会幹事、親睦会修養部長を務めたほか、満州事変時の功により勲八等瑞宝章及び賜金、従軍記章、建国功労賞を授与され、三五年四月に勤続一五年の表彰を受けた。

金子寿三郎 ▷12

満鉄チチハル鉄路局工務処電気科員／龍江省チチハル鉄路局工務処／一八九九（明三二）二／山口県阿武郡三見村／明治大学法科中退

一九一八年萩中学校を卒業して明治大学法科に進んだが、二〇年一二月に中退し、一年志願兵として大分の歩兵第七二連隊に入営した。除隊後、二四年四月門司鉄道管理局に入って門司駅貨物掛に勤務し、同年一二月鉄道局書記となった。二六年三月車掌見習、二八年八月門司運輸事務所勤務を経て三三年一二月満鉄に転じ、鉄路総局運輸処貨物科に勤務した。次いで三四年四月洮南鉄路局運輸処チチハル在勤、同年一一月同貨物科勤務、三六年三月チチハル鉄路監理所監理員を経て三七年四月チチハル鉄路局工務処電気科に転勤した。

金子　四郎 ▷1

大連海関幇弁／大連市／一八七三（明六）八／東京府東京市浅草区小島町／早稲田専門学校

早稲田専門学校を卒業して逓信省に勤務した後、一九〇二年一月清国の天津郵便局に転じた。〇五年一月に辞職して営口西税関に転じたが、〇七年五月清国海関に傭聘されて幇弁となり、同年七月の大連海関開設と同時に同所に勤務した。

金子　甚蔵 ▷11

満鉄大連医院小児科副医長、医学博士／大連市伏見町／一八九二（明二五）一一／福島県石城郡平町／南満医学堂

福島県の和洋酒商金子豊吉の次男に生まれ、渡満して南満医学堂に入学した。一九一七年七月に卒業して満鉄大連医院小児科に勤務し、二二年九月「血液粘稠度ヨリ見タル乳児脚気ノ血液像ニ就テ」の論文により満鉄の表彰を受け、二四年から二六年九月まで社命で京都帝大に留学して小児科学を研究した。帰任後、二七年一月に医学博士の学位を取得し、大連医院小児科副医長に就いた。

金子　武夫 ▷11

満州医科大学付属医院医員／奉天琴平町／一九〇五（明三八）三／静岡県沼津市本町／南満医学堂

静岡県金子彪吾の次男に生まれ、渡満して奉天の満州医科大学に入学し、一九二七年に卒業して同大付属の奉天医院外科教室に勤務した。実姉も結婚して渡満し、奉天の同じ町内に住んだ。

金子　定一 ▷12

国務院蒙政部嘱託、満鮮拓殖㈱嘱託、従四位勲三等／新京特別市大同大街康徳会館満鮮拓殖㈱気付／一八八五（明一八）六／岩手県盛岡市加賀野／陸軍大学校

岩手県金子定敬の子に生まれ、一九〇六年陸軍士官学校を卒業して歩兵第三一連隊付として勤務した後、一四年に陸軍大学校を卒業して第八師団参謀となった。参謀本部員を経て支那駐屯軍参謀として天津に赴任し、在任五年の後に帰国して参謀本部班長となり、士官学校中華民国学生隊長を四年務めた。次いで陸軍大学校教官、山東出兵軍参謀、歩兵第八〇連隊付を歴職し、三一年九月満州事変とともに朝鮮軍連絡将校として関東軍司令部に赴任した。三二年に帰国して金沢連隊区司令官を務め、三六年八月少将に累進して待命・予備役編入となり、同年渡満して国務院蒙政部嘱託となった。夫人のぶとの間に五男三女あり、長男雍二は京都帝大、次男陸奥三と三男武山司はそれぞれ朝鮮の水原高等農林学校、京畿商業学校に学び、長女花枝は富山高等学校教授渡辺義一に嫁した。

金子　八郎　▷12

大連汽船㈱船長、勲七等／山口県豊浦郡長府町／一八八二（明一五）一〇／山口県豊浦郡長府町／山口県立豊浦中学校

山口県立豊浦中学校を卒業した後、一九三四年八月大連汽船㈱に入り、以来同社船籍船長として海上に勤務した。

金子　春雄　▷12

満鉄蘇家屯機関区技術主任、社員会評議員／奉天省蘇家屯穂高町／一九〇七（明四〇）三／長野県諏訪郡上諏訪町／東京帝大工学部機械工学科

長野県金子広太郎の三男に生まれ、一九三二年三月東京帝大工学部機械工学科を卒業し、同年四月満鉄に入り大連機関区に勤務した。三三年九月鉄道部輸送課、三四年一一月同第一輸送課に勤務した後、三五年一二月蘇家屯機関区技術主任となった。機械学会正会員となり、業余に高速度機関車の研究に従事した。

金子　秀夫　▷12

新京ヤマトホテル事務主任、社員会評議員／新京特別市和泉町白山寮／一八九七（明三〇）三／長崎県南高麗郡多比良町

長崎県金子鉄太郎の次男に生まれ、一九一八年六月満鉄に入り埠頭監視となった。次いで埠頭貨物係、埠頭海運課、埠頭庶務科、大連埠頭、大連鉄道事務所、鉄道部経理課に歴勤した。この間、二六年に満鉄語学検定試験露語二等、二七年に同華語二等に合格して新京ヤマトホテルに転任し、三五年七月同事務主任となった。

金子　平吉　▷14

泰東日報社長、大陸青年団長、勲六等／大連市奥町／一八六四（元一）八／福井県福井市佐桂枝下町／福井医学校

五歳の時から書を読み始め、福井藩校明道館で山本居敬に詩経を、広部鳥道に漢学を学んだ。福井医学校に入って正科及び英独文を修めた後、上京して双桂精舎で島田重礼に漢学を学び、さらに中村正直の門に入って王治本の下で中国語を学んだ。一八八三年東京鎮台に入営し、除隊後は牛込矢来町に私塾を開いて漢英両科を教えた。日清戦争に従軍した後、台湾に留まって総督府に勤めたが、〇四年に日露戦争が始まると高等通訳官として従軍し、戦後は大連の遼東新報社に入って漢文版主幹を務めた。〇八年一一月泰東日報社を設立して日刊紙「泰東日報」を発行し、雪齋と号して大陸青年団、振東学舎を統裁して在満日本青年に多大の影響力を持ち、一一年一〇月から一七年九月まで大連市会議員を務めた。

金子孟太郎　▷12

国務院文教部礼教司社会教育科員、満州国協和会文教部分会常任理事／新京特別市義和路代用官舎／一九〇五（明三八）九／山口県都濃郡下松町／京都帝大法学部法律学科

山口県金子徳治郎の次男に生まれ、第七高等学校を経て一九三一年三月京都帝大法学部法律学科を卒業した。三二年七月国務院文教部総務司員となり、三三年八月同部礼教司に転任して社会教育科に勤務し、三六年四月同部事務官に昇任した。この間、建国功労賞及び皇帝訪日記念章、大典記念章を授与された。学生時代から剣道を愛好して三段位を有し、同郷で京都同志社女子専門学校卒の藤井良子を夫人とした。

金子　基　▷1

玉井商店営口支店主任／奉天省営口花園街／一八六七（慶三）九／愛媛県温泉郡三津浜村

郷里で藩の儒者に就いて漢学を修めた後、一八九一年大阪に出て商業に従事した。一九〇〇年義和団事件の際に天津に渡り、同県出身の玉井信之輔と共にイギリス租界に玉井商店を開設して和洋雑貨を販売した。日露戦争が始まると〇四年八月営口に渡って店舗を設け、大阪・天津の玉井商店と連携して呉服太物、和洋雑貨、文具商を営んだ。かたわら営口領事の特選で旧市街第九

区長を務めたが、新市街造営が計画されると区長を辞し、花園街に移転して営業に専念した。

金子利八郎 ▷11

満鉄社長室嘱託／大連市山城町／一八八四（明一七）四／岩手県紫波郡日詰町／東京高等商業学校本科、同専攻科

日詰町長金子七郎兵衛の七男に生まれ、一九一〇年東京高等商業学校本科を卒業して古河鉱業㈱に入った。会計課に勤務しながら母校の専攻科に入学して会計学を学び、一二年に経理科を卒業して鉱山部に勤務した。その後、足尾鉱業所会計係長、本社会計課精算係長、古河㈴管理課長を歴任し、欧米を視察して鉱山会計制度を研究した。帰国後は簿記課長を経て古河㈴詰となったが、二八年五月満鉄に招かれて渡満し、社長室嘱託として業務改善に従事した。一貫して経理畑を歩み、著書に『事務管理』がある。

金子　隆二 ▷11

大連製油会社専務取締役／大連市天神町／一八八三（明一六）八／石川県金沢市森町／東京専修学校

石川県金子安則の次男に生まれ、一九〇三年東京専修学校を卒業し、〇六年三月に渡満して奉天総領事館に勤務した。〇八年に官を辞して満鉄に入り、一八年満州ベンジン工業会社に転じて専務となり、二〇年に大連製油会社専務取締役に就任した。

兼田　乙治 ▷12

心霊術治療師／大連市紅葉町／一八八二（明一五）二／神奈川県横浜市中区日出町／法政大学法科、明治大学法科

神奈川県兼田義治の三男に生まれ、一二歳の時から横浜の実兄の許に寄寓して神奈川県立第二中学校、横浜英語専門学校、法政大学法科、明治大学法科、東京国民英語学校正科及び高等科、東京哲学館、日本心霊学会で修学した。一九〇一年日本鉄道㈱に入り運輸課に勤務した後、〇四年八月日露戦争に際し野戦鉄道付となって渡満し、ダルニー駅に勤務した。遼陽駅に転勤した後、湯崗子駅助役、撫順線千金寨駅助役、大石橋駅助役を経て〇七年四月満鉄の開業とともに同社入りし、大石橋駅助役、同列車長、奉天駅助役、関東都督府臨時防疫部書記兼務、公主嶺駅助役、撫安駅長、周水子駅長、橋頭駅長、蘇家屯駅長を歴任し、二三年五月に退社した。その後大連で予て研究の心霊術を応用した施療所を開業した。この間、満鉄橋頭諮問委員、橋頭在郷軍人会名誉会員及び同顧問、橋頭公楽会長、橋頭実業補習学校商議委員及び同校英語科教師、蘇家屯実業補習学校長兼英語科講師、満州文化協会主事を務めたほか、三六年四月に日露戦争の功により勲八等及び賜金、二〇年一一月に欧州大戦の功により一時金を授与され、二二年一一月に満鉄勤続一五年の表彰を受けた。

「金田」は「かなだ」も見よ

金田　乙弥 ▷11

南満州瓦斯㈱営業課員／大連市文化台／一九〇三（明三六）一／兵庫県揖保郡大津村／東京帝大法学部

兵庫県医師金田正の長男に生まれ、七歳の時に一家で渡満し、大連で少年期を過ごした。一九二六年東京帝大法学部を卒業して大連に戻り、満鉄に入社して瓦房店作業所に勤務したが、事業が南満州瓦斯会社に引き継がれた後も引き続き営業課員として勤務した。

金田　詮造 ▷12

満鉄奉天鉄道事務所営業課長、満州猟友連盟常任理事、正八位勲六等／奉天満鉄鉄道事務所／一八九五（明二八）一／広島県御調郡宇津戸村／東洋協会植民専門学校

広島県世良正雄の三男に生まれ、後に金田平兵衛の婿養子となった。広島市明道中学校を経て一九一八年三月東洋協会植民専門学校を卒業し、同年七月満鉄に入り奉天駅貨物方となった。以来勤続し、奉天列車区車掌、奉天駅事務助役、奉天鉄道事務所勤務、鉄路総局運輸処旅客科輸送係主任、同局設委員会幹事、鉄道部旅客課旅客係主任、国際観光局満州支部幹事兼任を歴任した。三六年九月奉天鉄路局運輸処長となり、同月参事に昇格した後、錦県鉄路局運輸処長を経て三七年五月奉天鉄道事務所営業課長に就いた。この間、満州事変時の功により勲六等に叙され、三四年四月勤続一五年の表彰を受けた。

金田　宗次 ▷12

日満商事㈱東京支店長兼営業係主

任／東京市世田谷区代田／一八八九（明二二）一二／東京府東京市滝野川区田端／東京外国語学校

一九一二年三月東京外国語学校を卒業し、同年六月満鉄に入り鉱業課に勤務した。以来勤続し、二四年六月満鉄傘下の撫順炭販売㈱に転出した。その後三六年一〇月満鉄商事部の業務を継承して日満商事㈱が創立されると同社に転出し、東京支店長兼営業係主任に就いた。

金田　正　▷11

開業医、従七位勲五等功五級／大連市敷島町／一八七三（明六）三／兵庫県揖保郡大津村／第三高等学校医学部

兵庫県医師金田泰蔵の長男に生まれ、一八九五年第三高等学校医学部を卒業し、一年志願兵として入営した。退営後は医業に従事していたが、日露戦争に従軍した後、一九〇七年三月に渡満して満鉄大連医院に勤務した。一〇年余勤めた後、一七年に満鉄を退社して大連で開業した。夫人スエとの間に一男二女あり、長男の乙弥は帝大法科を卒業して南満州瓦斯会社に勤務した。

金田　腎　▷11

安東尋常高等小学校訓導／安東山手町／一八九五（明二八）二／山口県大島郡小松町／山口県立室積師範学校

山口県農業金田秀吉の子に生まれ、一九一六年山口県立室積師範学校を卒業した。県下の和田小学校、明新小学校訓導を経て二五年四月から和田尋常高等小学校校長に就いたが、翌年九月に渡満して安東尋常高等小学校訓導に転じた。

兼田弥太郎　▷12

㈾兼田商行代表社員／ハルビン埠頭区石頭道街／一八九一（明二四）二／京都府京都市伏見区紙子屋／京都市立第一商業学校

代々尾州家の御用商人を務めた旧家に生まれ、一九〇八年京都市立第一商業学校を卒業して大阪市東区の福井庄次郎商店に入り、欧米文房具類の輸入商に従事した。その後一四年に父の死去により帰郷して家業を継いだが、同年ハルビンで兼田商行を経営する叔父兼田弥市の誘いで渡満し、同商行を共同経営した。一六年三月合資会社に改組した後、同年六月に独立して埠頭区地段街で文房具と事務用品の販売業を営み、二四年六月石頭街に拡張移転した。三三年一一月同街高岡ビルに機械器具と度量衡器部を開設し、次いで三五年六月南崗大直街に南崗納品部と倉庫を新設し、資本金を九万円に増資した。ロモンド高級文具、福井商店ライオン印文具、日本図師商行、日本タイプライター、タイガー計算器、堀井謄写堂、中央理化学工業、東京モーター、竹内金庫店、佐川金庫製作所、熊平商行等の会社・商店の代理権を持ち、さらに満州計器㈱と特約して政府各機関、ハルビン鉄路局等を主要顧客とし、黒竜江沿線、シベリア鉄道沿線、ペトログラード方面に販路を拡張した。

金田　慶質　▷3

満鉄埠頭事務所員／大連市寺児溝社宅／一八七二（明五）／京都府京都下京区八条通／東京商船学校

東京商船学校を卒業して板谷㈴に入り、同社所属の船長を長年務めた。一九〇七年の満鉄創業とともに入社し、埠頭事務所に勤務した。

金塚　久則　▷12

満鉄吉林工務段工事助役、社員会評議員、同連絡副部長、吉林在郷軍人分会副班長、正八位／吉林大和街／一九〇六（明三九）一二／富山県上新川郡熊野村／九州帝大工学部土木科

富山県金塚久之助の次男に生まれ、一九三二年三月九州帝大工学部土木科を卒業して満鉄に入り、吉長吉敦鉄路局に勤務した。三三年幹部候補生として金沢の工兵第九大隊に入営し、同年一一月に除隊して復職した。総務局に勤務した後、吉林工務段に転勤して工事助役を務めた。

兼松　干　▷11

関東州小学校訓導／大連市錦町／一九〇三（明三六）三／高知県幡多郡山奈村／旅順師範学堂

高知県農業兼松忠の次男に生まれ、渡満して旅順師範学堂に学んだ。一九二三年に卒業して兵役に服し、翌年四月除隊して大連の日本橋小学校訓導となった。師範学堂在学中に北京・天津に遊学したことがあり、二九年三月には関東庁命で東京に留学した。

金光　建助　▷12

満鉄新京工務段長、満州国協和会首都本部東新京分会委員、従七位勲七等／新京特別市東満鉄新京特別市工務段／一八八八（明二一）一／山口県吉敷郡嘉川村／工手学校土木科

山口県金光卯左衛門の長男に生まれ、一九一二年東京の工手学校土木科を卒業し、同年五月逓信省鉄道作業局鹿児島出張所人吉派出所に勤務した。〇七年一月野戦鉄道提理部大連保線事務所勤務となって渡満し、同年四月満鉄の開業とともに同社入りして大連建設事務所に勤務した。〇八年一二月本社工務課に転任した後、一〇年三月鉄道院に出向して鉄道調査所、同年四月業務調査会議第二分科会兼務、一二年七月鉄道省建設部小郡派出所に歴勤し、次いで一五年八月牧川、一六年一一月山口、一八年八月横田、二六年一〇月黄波在勤を経て二九年四月技師となった。同年一一月満鉄に復帰し、図們建設事務所を経て翌月寧安工事区長となり、三五年一月寧北工事区長、同年七月牡丹江工務段長を歴職して三七年三月新京工務段長となった。この間、三三年九月従七位、三六年四月勲七等瑞宝章及び賜金を授与された。夫人サツ子との間に四男一女あり、長男松雄は京城歯科医学専門学校に学んだ。

金光　光男　▷9

三越呉服店大連支店長／大連市加茂川町／一八八三（明一六）九／岡山県赤磐郡小野田村／東京帝大法科大学

一九一四年七月東京帝大法科大学を卒業して古河[名]に入り、保険部に勤務した後札幌支店長となった。一六年一〇月三越呉服店に転じ、一九年八月大連支店長となって渡満した。

加納　吉次　▷12

満鉄撫順炭砿瓦房店坑長／奉天省瓦房店朝日街／一八九二（明二五）七／鹿児島県鹿児島市鷹師町／鹿児島商業学校

鹿児島県加納直道の四男に生まれ、一九一三年三月鹿児島商業学校を卒業し、同年五月満鉄に入り撫順炭砿坑務課に勤務した。一八年六月大山採炭所坑務課、二六年一〇月経理課、二九年四月古城子採炭所に歴勤し、三〇年七月大山採炭所庶務係主任となった。次いで三三年一二月撫順炭砿炸子窑在勤、三四年一月炸子窑坑主任、三五年二月炸子窑坑長兼庶務係主任に歴任して三六年八月瓦房店坑長となり、同年九月副参事に昇格した。この間、満州事変時の功により賜品及び従軍記章を授与され、二九年四月勤続一五年の表彰を受けた。

嘉納　三治　▷3

安東新報社理事／安東県安東新報社内／一八八〇（明一三）三／兵庫県武庫郡御影町

一九〇六年一〇月、安東新報社創立と共に入社して外交記者となった。〇八年一一月に安東毎夕新聞を興したが、一二年九月に至って両社協議のうえ安東新報と併合することになり、再び安東新報に戻って理事として主に外交方面を担当した。

加納　正武　▷9

[資]大正運輸公司代表／安東県江岸通／一八七五（明八）四／滋賀県野洲郡守山町

一九〇四年、日露戦中に渡満して安東県で運輸業を始めた。満鮮国境の地の利を活かし、両国にわたって営業範囲を広げ安東第一の運送店に成長した。

金生　荘路　▷12

[株]昭和製鋼所採鉱部庶務課鉱務係主任兼牛心山採鉱係主任、社員会幹事／奉天省鞍山北九条町／一九〇六（明三九）二／福岡県福岡市荒戸町／九州帝大工学部採鉱学科

福岡県金生徳の八男に生まれ、福岡高等学校理科を経て一九三〇年三月九州帝大工学部採鉱学科を卒業し満鉄に入社し、鞍山製鉄所採鉱課に勤務した。三三年六月満鉄から分離した同所が[株]昭和製鋼所として操業を開始すると採鉱部大孤山採鉱所鉱務係主任となり、三五年四月採鉱部庶務課鉱務係主任に転任して牛心山採鉱係主任を兼務した。この間、満州事変時の功により木杯及び従軍記章を授与された。

鹿野　克明　▷13

横浜正金銀行大連支店長／大連／一八九〇（明二三）／長野県埴科郡松代町／東京高等商業学校

一九一五年東京高等商業学校を卒業して横浜正金銀行に入り、本店を振り出しに神戸、上海、ニューヨーク、ロンドンの各支店に勤務した。二五年に本店の頭取席詰となって一時帰国した後、再び上海支店に勤務し、次いで二八年七月大連支店副支配人となって渡満した。三二年七月に帰国して本店勤務となり、三四年四月大阪支店副支配人、三六年九月香港支店支配人兼広東出張所主任を歴任した。三九年二月広東出張所長の兼務を解かれ、四二年二月帰国の辞令に接したが軍嘱託として広東に留まり、三月付で再び大連支店支配人となって渡満した。

彼末　徳松　▷3

鴨緑江採木公司技師、従七位勲六等功五級／安東県鴨緑江採木公司社宅／一八七八（明一一）八／岐阜県稲葉郡加納町／東京帝大農科大学乙科林学科

高知市に生まれ、一八九八年七月東京帝大農科大学乙科林学科を卒業して宮内省御料局技手となった。翌年一年志願兵として入営して一九〇〇年に復職したが、〇二年に宮内省を辞して岐阜県立農林学校教諭となった。日露戦争の際に歩兵少尉として従軍したが旅順総攻撃戦で負傷し、後送されて中尉に昇任した。〇五年に再び渡満して軍用木材廠付として鴨緑江森林事業に従事し、〇八年鴨緑江採木公司技師となった。

鹿野千代槌　▷13

満鉄生計組合理事長／一八八九（明二二）九／島根県鹿足郡津和野町／東京帝大法科大学

島根県商業鹿野寿太の次男に生まれ、一九一五年東京帝大法科大学を卒業して大阪の奥田㈴に入り、金融貿易業に従事した。一七年久原鉱業会社に転じて採鉱買鉱を担当したが、翌年東京の渡辺商事会社に転じて貿易業に従事した。二〇年三月満鉄に入社してニューヨーク事務所に赴任し、在勤中欧州各国に出張した。帰任して商事部購買課に勤務し、満鉄参事・経理部用度事務所購買長、用度課長を経て用度課独立とともに用度事務所長に就いた。職制改革で用度部に格下げとなると用度部長となったが、四〇年一〇月一日に満鉄社員組合、満鉄福祉生計所、北鮮満鉄沿線消費組合を統合して満鉄生計組合が設立されると理事長に就任した。

鹿野　鶴造　▷12

満鉄白城子站長、白城子居留民会評議員、洮安県諮問委員、同尚武会顧問、同国防婦人会顧問、勲八等／龍江省洮安県白城子站長社宅／一八九四（明二七）八／山口県防府市三田尻

一九一八年三月満鉄従事員養成所運輸科を修了して遼陽駅に勤務し、同年一二月大石橋駅車掌となった。二〇年一月長春駅旅客車掌、同年一〇月長春列車区旅客専務、同年一二月奉天列車区勤務、二四年五月大連列車区勤務、二五年三月旅順駅助役、二六年一一月旅順実業補習学校書記兼務、二七年四月大石橋駅助役を歴職した。次いで二八年四月営口駅勤務を経て三〇年六月許家屯駅長となり、三三年九月松樹駅長、三四年八月鉄路総局鄭家屯列車段長を経て三六年四月白城子站長となり、平安鎮站長及び索格営子站長を兼務した後、三七年一月兼務を解かれた。この間、満州事変時の功により勲八等及び従軍記章並びに建国功労賞、大典記念章を授与され、三三年四月勤続一五年の表彰を受けた。

鹿野　又吉　▷12

井筒洋行主、牡丹江商工会議所議員／浜江省牡丹江円明街／一八九八（明三一）二／徳島県板野郡撫養町／東京商科大学

徳島県鹿野豊吉の長男に生まれ、一九二二年三月東京商科大学を卒業して大阪の棉花綿糸生糸貿易商江商㈱に入社し、同年七月香港支店に赴任した。同支店に勤続して支店次席に進んだ後、二九年末大阪本社詰となり、三〇年五月に退社した。三一年二月朝鮮に渡って羅南の北鮮醤油㈱支配人となったが、三三年三月に辞任して渡満し、図們で井筒洋行を興して金物商を経営し、大阪、下関、新京、清津方面から仕入れて東満州一帯に販路を拡張し、年商三万円に達した。三五年三月牡丹江に支店を開設し、翌年から同支店に常駐した。

鹿野八千代　▷11

満鉄長春医院歯科部主任／長春錦町／一八八九（明二二）一二／東京府東京市愛宕下町／東京歯科医学校

貴族院議員・男爵で海軍中将の鹿野勇之進の三男に生まれた。一九一三年東京歯科医学校を卒業後、三年間欧米を巡遊した。二三年一二月に渡満して満鉄に入り、長春医院歯科部主任を務めた。

樺島　信夫 ▷12

満州電業㈱ハルビン支店営業課長兼営業係長事務取扱／ハルビン工廠街満州電業社宅／一八九四（明二七）二／福岡県三池郡三川村／拓殖大学

福岡県会社員樺島彦一郎の四男に生まれ、一九二〇年三月拓殖大学を卒業して渡満し、同年五月満鉄に入り電気作業所に勤務した。二六年五月に同所が南満州電気㈱に改組した後も勤続し、二八年八月長春支店営業係主任となった。さらに三四年一一月同社の電気供給事業を継承して満州電業㈱が設立されると同職員となり、大連支店営業課長を経て三五年九月ハルビン支店営業課長に就き、営業係長事務取扱を兼務した。

樺藤　袈裟 ▷7

満州船渠㈱倉庫主任、勲六等功七級／大連市武蔵町／一八八五（明一八）七／鹿児島県出水郡出光町

幼少の頃から海軍軍人を志し、一九〇三年志願合格して海軍に入った。一六年から一九年まで第一次世界大戦中の欧州に遠洋航海するなど二〇年近く軍務に服した後、二二年五月海軍兵曹長に進級して退役した。渡満して黄金丸機関長として満州船渠会社に入社したが、事務の都合で同社旅順工場の倉庫係主任として勤務した。長い海軍生活で多額の恩給金があり、温厚篤実の人柄と万事に誠心誠意取り組んで厚い信用を得た。

樺山　資英 ▷3

満鉄理事・鉱業部長、従五位勲六等／大連市山城町／一八六八（明一）一一／東京府東京市麹町区平河町／エール大学

旧鹿児島藩士樺山資雄の長男に生まれ、第一高等学校を卒業した後、アメリカ遊学中に陸奥宗光の知遇を得てコロンビア大学に学び、その後エール大学で学士・修士・博士の学位を取得した。一八九三年一〇月に帰国したが、日清講和後の九五年四月広島大本営付となり、翌五月に樺山資紀が台湾総督として赴任する際に総督府参事官心得となって福島安正大佐と共に随行した。台湾基隆庁開設の任にあたり民政創始に参与した後、淡水税関受渡事務及び台北庁顧問となって主に外交関係の衝にあたり、総督府外事部長心得として在台外人の所有地整理を行なった。台湾派遣軍の南進に従軍して外交顧問を務め、安平・打狗税関の受け渡しを済ませて同年一一月に帰国して台湾事務局の事務に従事した。九六年三月拓殖務省が新設されると同省秘書官、次いで内閣総理大臣秘書官となり、九八年一〇月文部省秘書官に転補した。一九〇〇年に官を辞して諸種の事業に関与し後、一四年三月満鉄理事に任じて渡満し、鉱業部長に就任した。高島友武子爵の養妹となり華族学校を卒業した球磨子を夫人とした。

加原　兼吉 ▷12

牡丹江鉄路局総務処事故科員、勲八等／浜江省牡丹江鉄路局総務処／一八九八（明三一）一一／岡山県御津郡江与味村／呉市立成徳中学校中退

本姓は別、岡山県加原徳太郎の養子となり、後に次女の以知子と結婚した。呉市立成徳中学校を四年で中退した後、一九二三年一二月朝鮮総督府巡査となった。三〇年四月部長に昇進し、三三年八月警部補考試験に合格したが、同年九月に退職して渡満した。同年一一月満鉄に入社して鉄路総局図們警務段巡査となり、三七年二月牡丹江鉄路局総務処に転勤して事故科に勤務した。剣道・柔道ともに初段で、図們在勤時は同地の剣道有段者幹事を務めた。

賀部　主計 ▷12

安東税関監視官／安東三番通／一八九七（明三〇）一〇／福岡県筑紫郡東吉富村／大分県立中津中学校

福岡県賀部滝右衛門の三男に生まれ、一九一七年大分県立中津中学校を卒業し、同年一二月一年志願兵として小倉の野砲兵第一二連隊に入営した。除隊後、一九年一月門司税関に入り、翌月税関監吏、二三年税関監視となった。三二年八月税関事務官補を経て同年九月専売局書記に転じ、三三年一〇月安東税関嘱託となって渡満し、三四年五月税関監視官佐を経て翌年同税関監視官となった。

鎌倉　巌 ▷12

奉天省海城県参事官／奉天省海城県海城第一区参事官公館／一八九七（明三〇）一〇／広島県御調郡今津野村／拓殖大学華語科

広島県鎌倉小一の子に生まれ、一九二〇年拓殖大学華語科を卒業して渡満し、中華滙業銀行に勤務した。その後二八年に同行閉業のため帰国し、東京市のトキワ工業所に入った。次いで満州事変後に在満軍部の推薦により自治指導員となって再び渡満し、奉天自治指導部に勤務した。三二年三月国務院民政部に転出して総務司人事科長となり、奉天省鉄嶺県参事官等を経て同省海城県参事官となった。

鎌倉　太壹　▷12

大連中央郵便局通常郵便課長／大連市大和町／一九〇二（明三五）一／長野県上水内郡南小川村／長野通信講習所

一九一七年長野通信講習所を修了して長野県玉川郵便局に勤務し、一九年松本郵便局に転勤した。その後三二年八月関東逓信局に転じて渡満し、経理課に勤務して関東逓信官署通信書記に進んで大連中央郵便局通常郵便課長に就いた。この間、満州事変時の功により賜金一封を授与された。

鎌瀬　正助　▷12

国務院軍政部中央陸軍訓練処本部長、従五位勲四等／奉天紅梅町公館／一八八四（明一七）三／福岡県宗像郡田島村／陸軍士官学校

福岡県鎌瀬惣太の三男に生まれ、陸軍士官学校を卒業して各地で軍務に服した。この間陸軍戸山学校、陸軍歩兵学校を卒業し、二七年七月歩兵中佐に累進して予備役編入となった。その後三二年七月中央陸軍訓練処の創設に際し招聘されて同処教官兼研究部部員となり、後に同処本部長に就いて三七年五月陸軍少将に任じられた。

鎌田卯四造　▷9

高橋信雄商店員、勲七等／奉天加茂町／一八九一（明二四）四／東京府東京市日本橋区亀島町／慶応大学理財科

私立麻布中学校から慶応大学理財科に進み、一九一五年に卒業して北海道炭鉱汽船㈱に入社した。在職中に一年志願兵として入営し、除隊後一八年四月東京株式取引所仲買人の高橋信雄商店に転じたが、同年八月召集されてシベリアに従軍し、同年一二月に帰国して勲七等に叙せられた。店務に復帰した後、二一年一二月店主と共に渡満して奉天で同業に従事した。

鎌田　清彦　▷7

東亞土木企業会社員／大連市霧島町／一八八一（明一四）六／鹿児島県鹿児島市荒田町

熊本県鎌田正泰の次男に生まれ、野戦鉄道提理部工務部員として日露開戦直後の一九〇四年六月に渡満した。〇七年四月の満鉄開業と同時に入社し、安奉線を始めとして各所に転任した後、吉長鉄路局に出向して保線課長を務めた。二〇年四月満鉄に戻るとともに退社して東亞土木企業会社に入社し、チチハル方面の鉄道敷設工事の主任を務めた。

鎌田　敬三　▷11

大連モーターセールス商会代表社員／大連播磨町／一八八六（明一九）六／東京府東京市麻布区仲ノ町／東京帝大法学部

東京府株式仲買人鎌田政吉の子に生まれ、一九一二年七月東京帝大法科大学を卒業して三井物産㈱に入った。参事付として中国各地に出張して支店・出張所の業務・会計検査に従事し、本店会計課、上海支店等に勤務した後一八年三月に退社した。翌月茂木総本店に入り合名会社検査役、大連支店支配人を務めたが同社解散となって帰国し、東京京橋に鎌田商会を設立して石油発動機と燃料油の販売業を始めた。その後シベリア出兵に際し一年志願兵出身の陸軍二等計手として従軍し、復員後は友野鉄工所営業顧問を務めたが、二七年一二月に再び渡満して大連の末永組支配人となり、川畑商店顧問を兼任した。二九年三月、大連モーターセールス商会を設立してフォード自動車を中心に各種自動車及び付属品の販売・修繕業を営んだ。

鎌田　兼助　▷1

鎌田洋行主、奉天商業会議所議員、勲七等／奉天／一八七九（明一二）四／大阪府北河内郡星田村

一八九九年徴兵されて大阪の第四師団歩兵第八連隊に入営し、翌年一二月上等兵に進級した。一九〇一年五月台湾守備隊の第四大隊に派遣され、翌年九月原師団に復帰した後、同年九月に満期除隊した。〇三年一月から大阪府技手として勤務したが、〇四年三月日露戦争に際し充員召集されて第四師団歩兵第八連隊に編入され、同年九月陸軍三等計手として遼東守備軍司令部付となって渡満した。〇五年一月二等計手に進み、同年五月遼東兵站監部に転勤し、次いで同年八月一等計手に進級して同年一〇月関東都督府に転任した。〇六年四月に召集解除となり、いったん帰国した後、同年六月に再び渡満して奉天十間房に鎌田洋行を設け、日用品雑貨、食料品、和洋酒、売薬の販売業を営み、後に奉天商業会議所議員を務めた。日露戦争時、一等計手に進級した翌日敵襲を受け、負傷者後送と糧秣の確保などに万全の処置をして勲功を挙げ、勲七等青色桐葉章と金八〇円を授与された。

鎌田善太郎　▷1

鎌田洋行主、居留民会副会長、勲七等／海城／一八七六（明九）五／香川県大川郡志度町

大阪で株式仲買と堂島米穀取引所の仲買をして巨万の富を築いたが、一九〇三年事業に失敗して無一物となった。一九〇四年日露戦争に際し従軍を志願したが体質虚弱のため許されず、陸軍省雇員として善通寺の予備病院に半年勤め、勲七等と一時賜金二〇〇円及び従軍記章を受けた。戦後〇五年一一月に渡満して大連に上陸し、鞍山站で輸送業と日本雑貨の販売業を営んだ。〇六年四月鞍山の店を支店として残し、海城に移転して鎌田洋行本店を設立して質屋と雑貨販売、一般運輸業を経営し、営業のかたわら同地の居留民会副会長を務めた。

蒲田　敏丸　▷12

満鉄吉林鉄路局機務処運転科長／吉林敷島街／一八八七（明二〇）一一／群馬県新田郡藪塚本町／栃木県立工業学校

蒲田愛義の四男として北海道函館市に生まれ、一九〇四年三月栃木県立工業学校を卒業し、〇五年二月日本鉄道会社に入り電信手となった。次いで〇六年三月の鉄道国有法により鉄道庁に転じ、車掌、駅務助手、予備助役、運転事務所員、車掌所助役、東京鉄道局員、鉄道省運輸局運転課員を歴職して鉄道事務所事務官となった。その後三三年一二月満鉄に転じて鉄路総局に入り、ハルビン、吉林、呼海の各鉄路局列車股長を経て三六年九月吉林鉄路局機務処運転科長に就いた。

鎌田　正暉　▷12

奉天地方委員、勲五等／奉天萩町／一八七九（明一二）一二／熊本県玉名郡木葉村／私立中学有為黌中退

熊本県鎌田正泰の次男に生まれ、私立中学有為黌三学年を中退して九州鉄道㈱電信修技生教習所に入り、一八九六年六月に修了して鉄道電信方となった。車掌、助役、運転事務所員等を歴職した後、一九〇四年三月古河鉱業所に転じて目尾炭坑事務員となった。〇五年九月日露戦争終結直後に軍用鉄道監部付に任命されて渡満し、安東軽便鉄道助役、運輸事務所員等を務めた。〇七年四月満鉄創業とともに同社入りし、沿線各地の駅長を経て大連駅長、奉天駅長を歴任して三五年三月に退職した。この間、シベリア出兵時に運転課派出員として軍事輸送事務に従事して勲八等、満州事変時の功により勲五等に叙され、三二年四月勤続二五年の表彰を受けた。

鎌田　弥助　▷7

満鉄奉天公所長、鞍山振興公司総理／奉天南門内社宅／一八七四（明七）一〇／鹿児島県揖宿郡指宿村／東京外国語学校清語科

西南戦争で武勲を立て国士として知られた父弥左衛門の影響を受けて早くから中国大陸に関心を持ち、上京して東京外国語学校清語科に学んだ。一八九九年に卒業して間もなく、清国軍人の黎元洪が軍事視察に来日した際に通訳に選ばれ習志野に随行した。一九〇〇年八月北清事変に従軍して中国に渡り、〇二年四月から保定府警務学堂に招聘されて教習を務め、翌年五月西太后及び光緒帝に謁見して勲章を授与された。〇四年二月日露戦争が始まると陸軍通訳となり、大本営付として遼河以西の蒙古地方で特別任務に就いた。戦後再び北京に戻り、〇六年一月北京高等巡警学堂教習となり内務部教練所教官を兼務したが一年で辞め、翌年五月満鉄に入社して奉天公所に勤務した。〇九年に安奉線改築工事が始まると購地第一分局長兼総局副長を務め、一一年の工事終了とともに復任し、奉天公所次席を経て所長に就任した。一六年三月、鞍山製鉄所建設のため日中合弁で鞍山鉄鉱振興無限公司が設立されると総理を兼務した。肥満大兵・豪放闊達の「支那通」として知られ、趣味の刀剣では家伝来の兼光、書画では王鐸等の名品を所蔵した。夫人琴子は鹿児島高女出身で正教員の免状を有した。

蒲地　正蔵　▷12

満鉄奉天用度事務所受渡係主任／奉天若松町／一八九五（明二八）一〇／鹿児島県肝属郡東串良村

鹿児島県蒲地正之助の三男に生まれ、一九一八年四月満鉄に入り、事務助役となった。一九年八月経理部用度課、二〇年三月商事部倉庫課、二二年一月経理部用度課、二五年一二月経理部倉庫課、二七年一一月用度事務所倉庫課、三〇年六月用度部倉庫課、三一年八月商事部用度課大連倉庫、三三年四月用度事務所倉庫課に歴勤し、三六年九月奉天用度事務所受渡係主任となった。この間、満州事変の功により従軍記章及び楯を授与された。

蒲地　義隆　▷12

国際運輸㈱大連支店輸入仲継係主任／大連市初音町／一八九七（明三〇）七／長崎県東彼杵郡大村町／東亜同文書院

長崎県蒲地寅吉の長男に生まれ、一九一九年上海の東亜同文書院を卒業して三菱商事上海支店に勤務した。朽木商事上海出張所に転じた後、三〇年九月に申茂公司を興して通関運送取扱業を経営したが、三二年一月上海事変に遭って家財全部を焼失し、さらに激しい排日運動のため事業が挫折した。その後三三年九月に渡満し、同年一一月国際運輸㈱に入り陸運課に勤務した後、三六年四月大連支店輸入仲継係主任となった。

鎌塚　文夫　▷12

満鉄撫順炭砿古城子採炭所工事係主任／奉天省撫順北台町／一九〇八（明四一）三／北海道札幌市北三条／北海道帝大工学部土木科

北海道鎌塚勝三郎の次男に生まれ、札幌第一中学校、北海道帝大予科を経て一九三一年四月北海道帝大工学部土木科を卒業して満鉄に入社した。大連の炭砿部に勤務した後、同年五月満鉄撫順炭砿古城子採炭所土木手となり、一二月に炭砿部語学検定試験華語一般用語三等に合格した。以来同炭砿に勤続し、三六年二月工事係主任に就いた。

一尺八寸安太郎　▷12

満鉄チチハル站事務助役、勲八等／龍江省チチハル竜門大街／一八九九（明三二）一二／静岡県富士郡富士町

静岡県一尺八寸佐太郎の子に生まれ、一九一五年一一月満鉄に入社し、以来各地に勤務した。その後三一年三月に退社したが、満州事変に際し三二年一月満鉄鉄道部嘱託として洮南站に勤務し、次いでチチハル站事務副段長を経て同站事務助役となった。

鎌野与三郎　▷4

乾卯出張所員／大連市山県通／一八八九（明二二）／大阪府泉南郡佐野町

一一歳の時に大阪の乾卯商店に入り、十数年同店に奉公するかたわら学力の必要を痛感し、寸暇を惜しんでは独学して中学以上の学力を身に着けた。努力が認められ同店の大連出張員に選任されて一九一一年に渡満した。赴任して越後町で薬種貿易業を開始し、南北満州から欧露・シベリアにまで販路を伸ばし、一三年には業務拡張に伴って店舗を盤城町に移し、工場を建設して蒙古産甘草を原料として製薬業を始めた。さらに前台湾総督府衛生技師の大中太次郎を招いてソーダ製造にも着手し、一七年一〇月には山県通りに移転して大店舗を構えた。

上奥　留輔　▷7

大東洋行主／安東県三番通／一八七八（明一一）一二／鹿児島県日置郡中伊集院村／東洋学院研究科

一八九八年、台湾に渡って弁務省に勤務した。勤務のかたわら台湾語の習得に努め、間もなく弁務省を辞して台湾人李春生の経営する汽船問屋に通訳兼事務員として入社した。在職中から台北の日清学堂に入会して中国語を学んだが、さらに研鑽を積むため一九〇五年二月に帰国して東洋学院研究科に学び、再び台湾に渡った。日露戦後にロシアから引き継いだ鴨緑江材木の採伐事業のため〇五年一〇月に安東軍用木材公司が設立されると、渡満して同社に入った。翌年一月から鴨緑江上流に赴いて激しい抗日運動の中で恵山鎮営材所の建築に従事し、水路、筏流などの状況視察を行なった。輯安県での軍用木材筏流妨害事件の際は軍隊通訳として鎮圧に協力し、軍用木材省が国旗陵辱事件として張作霖から賠償金二万円を獲取すると一五〇円の功労金を受領した。その後しばらく貯木場の買収検査係を務めたが、採木公司が設立されて事業を継承すると職を辞して安東で精米業を始めたが、後に大東洋行を設立して木材商に転じ、製材業を兼営して満州屈指の実業家として知られた。

神尾 多仲 ▷12

昭和製鋼所㈱工務部動力工場水道係主任／奉天省鞍山北九条通／一八九〇（明二三）一〇／福島県石川郡川東村／東京商工学校本科電気部

福島県神尾作蔵の三男に生まれ、一九一二年六月東京電灯㈱に入り電灯設計係に勤務した。勤務のかたわら日本工科学校予科を経て一三年東京商工学校本科電気部を卒業し、同年一〇月日立製作所に転じた。次いで朝鮮に渡り、一四年六月京城の日幹瓦斯電気会社技手を経て同年一〇月大田電気会社に転じ、一六年六月主任技術者代務となった。その後一九年四月満鉄に転じて鞍山製鉄所工務課機械科に勤務し、製造課、動力水道工場に歴勤した後、三三年六月鞍山製鉄所の事業を継承した昭和製鋼所㈱の操業開始とともに同社職員となり、三五年四月工務部動力工場水道係主任となった。この間、満州事変時の功により木杯一組及び従軍記章を授与され、三四年四月勤続一五年の表彰を受けた。

神尾 弌春 ▷12

龍江省次長、王道書院維持会顧問、従五位勲六等／龍江省チチハル省次長公館／一八九三（明二六）六／広島県広島市大手町／東京帝大法科大学独法科

広島県神尾省二の長男に生まれ、一九一七年東京帝大在学中に文官高等試験に合格し、翌年七月同大法科大学独法科を卒業して福岡県属となった。次いで内務属となり、山口県大津郡長、山口県理事官、東京府理事官、朝鮮全羅南道警察部長、朝鮮総督府事務官、同内務局社会課長、同学務局学務課長を歴任した。その後三三年国務院に転出して渡満し、総務庁秘書処長兼法制局参事官、文教部学務司長を経て三六年二月龍江省次長に就任した。

神岡 房雄 ▷12

満鉄新京駅事務助役、満鉄黒水寮幹事／新京特別市和泉町／一九一一（明四四）一二／富山県高岡市大手町／東京外国語学校露語科

一九三四年三月東京外国語学校露語科を卒業して満鉄に入社し、新京駅に勤務した後、同年一一月大連列車区に転勤した。三五年三月新京列車区勤務、三六年二月新京駅貨物方、同年四月同駅構内助役を経て同年一〇月新京駅事務助役に就いた。三兄の新五も渡満して満鉄に勤務した。

神尾 武雄 ▷13

安田銀行大連出張所長／大連／一九〇〇（明三三）／福島県／京都帝大法学部英法科

一九二五年三月京都帝大法学部英法科を卒業して安田銀行に入った。本店に一五年勤務し、浅草支店の店長を一年務めた後、四一年六月大連出張所長となって渡満した。三六年末に安田系の正隆銀行が興銀に併合された後を受け、大連での失地回復に努めた。

上加世田成法 ▷12

安東税関総務科長／安東山手町安東税関総務科長公館／一九〇三（明三六）二／東京府東京市小石川区大塚坂下町／東京帝大経済学部経済学科

明治中学校、水戸高等学校を経て一九二八年三月東京帝大経済学部経済学科を卒業し、満鉄に入社して庶務部に勤務した。三二年三月総務部付経済調査委員を経て翌月満州国財政部に派遣され、同年五月満鉄を退社して財政部事務官となり、理財司に勤務した後、同年一一月国有財産科長代理となった。三四年三月満州電信電話㈱第一次定期股東総会、同年四月開豊長途汽車公司定時股東総会、同年五月同公司臨時股東総会に政府委任者として出席した後、同年七月財政部理事官となり、同年一二月税関理事官に転任して安東税関総務科長となった。この間、満州事変時の功により勲五位景雲章を授与された。

上片平直輔 ▷12

㈱大矢組代表取締役、東亜鉛筆㈱董事、鉄嶺商工会議所議員／大連市明治町／一八八三（明一六）五／鹿児島県鹿児島市外伊敷村／早稲田大学商科

一九〇九年七月早稲田大学商科を卒業して長岡市の小川商店に勤務した後、同年一一月に渡満して大矢組㈱に入社した。精米、馬糧、軍納入品などを扱い、鉄嶺、海城の出張所長を務めた後、二〇年五月同組が株式組織に変更される際に常務取締役に就いた。三三年八月に社長の大矢奈良吉の逝去にともない代表取締役に就任し、大連、旅順、海城、公主嶺等の支店・出張所を統轄した。

上釜　直三　▷11

安東尋常小学校訓導／安奉県安東駅前通／一九〇〇（明三三）一／鹿児島県川辺郡万世町／鹿児島第一師範学校

鹿児島県前田喜太郎の三男に生まれ、同県上釜清太郎の養嗣子となった。鹿児島第一師範学校を卒業して同県第二師範学校付属小学校訓導となり、翌年知覧実科高等女学校教諭に転じた。一九二六年四月に渡満して満州教育専門学校に入り、二八年に卒業して安東尋常小学校訓導となった。弁論と文筆に優れ、満蒙の地理歴史を紹介する読売新聞主催の映画脚本募集に佳作入選し、満鉄社長賞を受けて中国各地を巡遊した。

神子　勇　▷12

奉天省公署警務庁警務科長、勲七等／奉天九経路／一八九七（明三〇）七／徳島県勝浦郡横瀬町

一九一五年現役志願兵として徳島の歩兵第六二連隊に入営し、一七年憲兵上等兵となった。善通寺、青島、大阪、サハリン、善通寺、京城の各憲兵隊勤務を経て朝鮮憲兵隊司令部付、平壌憲兵隊付に歴勤し、この間二六年に憲兵練習所丙種学生を修了した。二七年一二月憲兵少尉に進んで弘前憲兵隊副官となり、二九年に憲兵練習所乙種学生を修了した後、三二年六月憲兵中尉に累進して予備役編入となり、同年九月奉天省公署事務官・警務庁特務科長となって渡満した。次いで三四年七月奉天省公署理事官に進み、三六年四月警務庁警務科長兼特務科長を経て警務科長専任となった。

上郡山九効　▷11

開原商品証券㈱取締役／奉天省開原紅梅街／一八七七（明一〇）一／宮城県仙台市北四番丁

宮城県官吏上郡山保為の次男に生まれ、一八九四年第二師団の酒保員として日清戦争に従軍した。戦後台湾に渡ったが、日露戦争に際し第八師団の酒保員として一九〇四年に再び渡満した。戦後そのまま残留して〇八年から開原屠獣場を経営し、かたわら開原商品証券㈱取締役を務めた。

「上島」は「うえしま」も見よ

上島　慶篤　▷13

大華電気冶金公司㈾代表社員、大華採金公司㈱代表取締役、大華工具㈱取締役社長、大華鉱山会社社長、満鉄嘱託／大連市星ヶ浦月見ヶ丘／一八八六（明一九）一／長野県上伊那郡伊那富村／独逸伯林大学院

長野県上島慶治の長男に生まれ、一九〇七年東京高等工業学校電気科を卒業して満鉄に入社し、電気作業所に勤務した。一二年に社命によりベルリン大学に留学して電気工学を研究し、かたわらクルップ社で軍器製造を実習した。一六年に帰社して高速度鋼ジルタンの製法を開発に従事し、この功により一八年三月電気作業所の一部を割譲され、大華電気冶金公司を設立して代表社員に就き、さらに鋼材販売と工具製造のため東京に大華工具会社を設立して社長を兼任した。また満鮮各地を踏破して朝鮮忠州でタングステンとモリブデンの大鉱山を発見し、その採掘権を獲得して大華鉱山会社を興したほか、本渓湖牛心台近辺の鉄鉱採掘権を獲得して協和鉄山㈱を興し、さらに三四年に満鉄と折半投資で大満採金公司を設立した。この間、六ヵ国の特許を取得した高速度鋼ジルタン開発の功により勅定の緑綬褒章を受章し、国防献金に一〇〇万円を醵出した。次弟と三弟は大華工具㈱役員、四弟は大華電気冶金公司理事を務めたほか、次妹はコロンビア大学を卒業し、三妹は日本女子大教授を務め、東京音楽学校日本楽器科卒の夫人ミナ子との間に二男四女があった。

神園　岩吉　▷7

鴨緑江材木公司分局主任／ハルビン／一八九五（明二八）二／鹿児島県日置郡伊集院町

少年時代から海外雄飛を志し、一九一四年に渡満した。安東県で米穀商を始めたが、経験不足と土地の事情に通ぜず失敗した。一九年にハルビンに転住し、以来南牡丹江下流の森林で製材業に従事していたが、日中両政府合弁で鴨緑江材木公司が設立されるとハルビン分局主任に推挙され、沿線各地から天津や青島方面まで販路を求めて奔走した。

「上田」は「うえだ」も見よ

上田　信一　▷7

陸軍歩兵大尉、正七位／旅順市歩兵第二三連隊官舎／一八九〇（明二三）八／鹿児島県鹿児島市下竜尾町／陸軍士官学校、陸軍歩兵学校

一九〇九年三月鹿児島県立第一中学校を卒業し、一〇年一二月熊本の歩兵第二三連隊に入隊した。翌年一二月陸軍士官学校に入学し、一二年五月に卒業して同年一二月歩兵少尉に任官して第二三連隊付となった。さらに一七年七月陸軍戸山学校を卒業して歩兵中尉に昇進し、一九年七月陸軍歩兵学校を卒業した。二三年四月満州駐屯の命を受け、渡満して関東軍軍法会議判士となった。同年八月歩兵大尉に進んで大隊副官を務めた後、駐屯軍交代により二五年五月に帰国した。

上林　季四　▷12

国際運輸㈱チチハル支店長／龍江省チチハル新馬路国際運輸㈱支店／一八九九（明三二）一二／栃木県那須郡向田村／拓殖大学

一九一八年満鉄に入り埠頭事務所に勤務したが程なく非役となり、帰国して拓殖大学に入学した。二三年に卒業し、同年一二月埠頭業務の一部が国際運輸㈱に移管されるにともない同社入りした。以来勤続して三三年五月新京支店長代理に就いて輸入直通係及び保険係の各主任を兼務した後、三七年二月チチハル支店長に転任し、同年四月から販売係・駅構内荷扱所・運輸係の各主任事務取扱兼務となった。

「神宮」は「じんぐう」も見よ

神宮才次郎　▷4

朝鮮銀行傅家甸出張所員／ハルビン新市街／一八八七（明二〇）四／長崎県上県郡佐須奈港／釜山公立商業補習学校

一九〇五年釜山公立商業補習学校を卒業して第一銀行釜山支店に勤務し、〇九年一〇月同行京城支店を母胎に韓国銀行が設立されると同時に同行京城本店に勤務した。一〇年八月の韓国併合とともに朝鮮銀行に改称されると安東県支店勤務となって渡満し、同地に四年勤めた。その後朝鮮銀行の満蒙進出により大連、奉天、営口、長春に支店が設けられ、一六年七月にハルビン支店が開設されると同支店に転任し、次いで同年一二月傅家甸出張所開設とともに同所に転じた。

神村　鶴雲　▷7

特産物商／吉林商埠地／一八八九（明二二）二／鹿児島県揖宿郡頴娃町／清語学校

鹿児島県神村次右衛門の長男に生まれ、一九〇六年鹿児島清語学校を優等で卒業し、校則により校費留学生として北京に留学した。中国語と中国事情を修学する中で北京警察顧問鎌田弥助の知遇を得、〇八年関東都督府嘱託となって渡満し、鉄嶺商品陳列館に勤務して陸軍の残務整理に従事した。一四年に同館鄭家屯支店に転勤したが、満州特産物貿易に着眼して一八年に都督府嘱託を辞して東省実業㈱奉天省四平街実業料山に入った。一九年に業務拡張のためウラジュウ製粉場の設立を企て、次いで二〇年吉林に赴いて吉林実業烟創業の万端を差配した。その後二一年に独立し、同地で大豆輸出業と製粉業を経営した。

「上村」は「うえむら」も見よ

上村　重伝　▷3

大連海関検査官／大連市若狭町海関官舎／一八七一（明四）一／高知県長岡郡東豊永村／第三高等学校医学部薬学科

一八九二年、第三高等学校医学部薬学科を修了した。九五年から税関に勤務し、後に神戸税関鑑定官補となった。一九〇七年七月に大連海関が開設される際、大蔵省の推薦により大連海関検査官となって渡満した。

上村政次郎　▷11

長春郵便局電信課主事／長春祝町長春郵便局官舎／一八八六（明一九）七／熊本県熊本市迎町／熊本数学院

熊本県商業上村弥平の次男に生まれ、一九〇二年熊本数学院三期を卒業して通信事務員を務めた後、一二年七月に渡満した。一八年一月関東都督府通信書記補、二〇年関東庁逓信書記に進んで二一年七月に橋頭郵便局長となった。二三年九月、長春郵便局に転勤して電信課主事を務めた。

上村　辰巳　▷12

奉天市調査科員／奉天葵町／一九〇七（明四〇）一二／大阪府北河内郡守口町／香港大学

香港大学に入学し、在学中の一九二四年逓信省航空局嘱託となってヨーロッパの航空事業を視察した。二六年に同大学卒業した後、二七年三月トルコの首都アンカラに行き、浄土真宗本願寺派の元宗主大谷光瑞がケマル大統領と共同経営する農園の主任となり、さらに大谷がブルサ市で経営する日土合弁の絹織物工場支配人を兼任した。次いで満州事変後の三二年九月、在トルコ日本陸軍武官及び大使館当局の内命により新聞連合社特派員として国際連盟に関する特殊任務に従事した。大谷の下を離れて帰国した後、渡満して三三年一二月東亜産業協会の設立とともに賛事に就いて総務係主任を務め、三六年四月奉天市主事に転じて調査科に勤務した。

上村　哲弥　▷12

満鉄総裁室福祉課長兼参与、満鉄運動会幹事長、満州弘済会理事、大連基督教青年会理事／大連市榊町／一八九三（明二六）七／鹿児島県薩摩郡上甑村／東京帝大法科大学政治学科

鹿児島上村菊太郎の三男に生まれ、第七高等学校を経て一九一九年七月東京帝大法科大学政治学科を卒業して満鉄に入り、東京支社内の東亜経済調査局に勤務した。二〇年三月大連本社総務部調査課勤務となって渡満し、庶務部社会課勤務を経て二五年四月から社命により社会事業研究のため欧米各国に留学した。同年五月からアメリカの大学で教育学と社会学を修めた後、二七年一月から三月までロンドン大学と大英哲学会で聴講し、オランダ、フランス、ベルギー、スイス、イタリア、オーストリア、ドイツの社会事業、教育事情を見学して帰社し、二八年満州社会事業協会理事となった。三一年四月社会施設及び社会教育指導官に任じられ、三二年八月国務院文教部理事官に出向して学務司長を務めた後、三五年三月に辞任し、翌月満鉄に復帰して参事・審査役となり、三六年一〇月総裁室福祉課長兼参与に就いた。この間、二一年六月に婦人の知識・徳性の向上を目的に同志と大連実科高等女学校内に大連女子人文学院を創設して女子中高等学校から簡易大学程度の総合的教育機関とした。後に満蒙文化協会内に校舎を移し、満鉄から年三〇〇〇円の補助金を受けて選科・予科・本科に五〇名を収容し、働く婦人の便宜を図って二部制を採った。さらに社会事業のかたわら二一年一月中村芳法と雑誌「新天地」を創刊し、二八年七月日本両親再教育会を組織して同年一〇月から「子供研究講座」を発刊した。

上村与三郎　▷12

㈶大連競馬倶楽部庶務会計、東亜煉瓦㈱監査役／大連市播磨町／一八九二（明二五）／兵庫県姫路市

大正初年に渡満し、大連や華北方面で商業に従事した。その後財団法人大連競馬倶楽部に勤務し、一九二七年から東亜煉瓦㈱監査役を兼務した。

上村　義雄　▷11

大連弥生高等女学校教諭／大連市沙河口／一八九二（明二五）二／石川県金沢市中川除町／石川県師範学校

石川県医師上村元貞の長男に生まれ、一九一三年三月石川県師範学校を卒業して金沢市新堅町小学校訓導となった。一七年六月に渡満して大連市沙河口尋常高等小学校訓導を務めた後、二五年同市立高等女学校教諭に転じ、翌年六月から大連弥生高等女学校教諭を務めた。

神本　彦治　▷11

満鉄長春電気区長、勲七等／長春常盤町／一八八九（明二二）一〇／山口県都濃郡末武北村／工手学校電気科

山口県神本金作の長男に生まれ、一九一〇年東京築地の工手学校電気科を卒業して満鉄に入り、鉄道業務に従事した。ロシア革命に際してシベリア鉄道が国際管理になると、一九年に内閣嘱託としてシベリアに派遣され、ハルビン、ウラジオストクに駐在した。二二年に日本軍がシベリアから撤兵するとともに満鉄に復帰し、二三年に鄭家屯・洮南間、二四年には洮南・チチハル間の鉄道建設工事に従事した。二六年から吉敦鉄路局に派遣され、吉林、敦化等の鉄道電気施設の完成にあたるなど満鉄社外鉄道の事業に従事し、二七年末に満鉄に戻って長春電気区長となった。この間、シベリア出兵時の功により勲七等に叙せられたほか、満鉄一五年勤続表彰を受けた。夫人俊子との間に二男三女あり、音楽と舞踊を趣味とした。

神谷　岩造　▷12

満鉄牡丹江鉄路局工務処改良科長／牡丹江満鉄鉄路局工務処／一八九一（明二四）五／愛媛県今治市蔵敷／東北帝大理科大学土木工学科

一九一六年七月東北帝大理科大学土木工学科を卒業して九州鉄道管理局工務課改良掛となり、博多派出所に勤務した。次いで門司鉄道局工務課改良掛兼鳥栖保線事務所勤務、工務課保線掛勤務、下関改良事務所兼門司鉄道局鉄道講習所講師を経て藤寺保線区主任、門司保線事務所勤務、同技術掛主任、広島保線事務所技術掛主任を歴任した。その後三三年一〇月満鉄に転出して渡満し、鉄道部工務課勤務、安東保線区長を歴任して三六年九月副参事となり、鉄道部安東在勤を経て同年一〇月牡丹江鉄路局工務処改良科長に就いた。

神谷　薫　▷3

露国領事館通訳、勲六等／大連ロシア領事館内／一八八三（明一六）一二／三重県鈴鹿郡関町／東京外国語学校露語科

一九〇四年東京外国語学校露語科を卒業と同時に日露戦争に従軍し、通訳官としての功により勲六等を受けた。戦後〇七年にロシア領事館が大連に開設されると、再び渡満して同領事館通訳として勤務した。

神谷　金一　▷12

国際運輸㈱奉天支店鉄西荷扱所主任／奉天霞町／一九〇五（明三八）五／愛知県碧海郡刈谷町／長春商業学校

神谷金一郎の長男として東京市麹町区飯田町に生まれ、一九二五年三月長春商業学校を卒業して国際運輸㈱に入り長春支店に勤務した。以来勤続し、大連、四平街、大連、奉天の各支店勤務を経て奉天支店大西関荷扱所主任となり、次いで三六年一二月同鉄西荷扱所主任となった。

神谷　儀逸　▷12

満鉄蘇家屯機関区橋頭分区運転助役兼機関士／奉天省橋頭満鉄蘇家屯機関区分区／一九〇二（明三五）一二／愛知県幡豆郡室場村

一九一八年一二月満鉄に入り、二〇年に従事員養成所を修了した。橋頭車輌係機関方、同準備方を経て機関士となり、蘇家屯機関区橋頭分区に勤務した。奉天機関区運転助役兼機関士を経て、三五年四月蘇家屯機関区橋頭分区運転助役兼機関士となった。この間、満州事変時の功により木杯一組を授与され、三四年に一五年勤続の表彰を受けた。洋画と俳句を趣味とし、一松と号した。

神谷　長十　▷12

満鉄公主嶺地方事務所郭家店派出所主務者兼公主嶺青年学校郭家店分教場指導員／吉林省公主嶺満鉄地方事務所郭家店派出所／一八九三（明二六）六／愛知県宝飯郡八幡村

愛知県神谷幾蔵の五男に生まれ、一九一三年徴兵されて兵役に服し、上等兵となって満期除隊した。次いで一七年五月遼陽衛戍病院に採用されて渡満し、翌年一一月に依願退職した。その後二四年四月満鉄に入り、遼陽及び四平街の各地方事務所に勤務した後、三六年四月公主嶺地方事務所に転勤して郭家店派出所主務者となり、同年一二月から公主嶺青年学校郭家店分教場指導員を兼務した。この間、満州事変時の功により賜品を授与され、三四年四月勤続一五年の表彰を受けた。

神谷豊太郎　▷3

旅順工科学堂教授、高等官三等、正五位勲五等／旅順新市街日進町官舎／一八六八（明一）六／東京府東京市牛込区若松町／東京帝大理科大学純正化学科

一八九三年七月東京帝大理科大学純正化学科を卒業し、同年九月東京高等商業学校の講師となった。次いで九五年九月仙台の第二高等学校教授、九七年七月熊本の第五高等学校教授を歴任し、一九〇三年九月に文部省留学生としてドイツに留学し、〇五年一二月に帰国して翌年四月から熊本高等工業学校教授に就いた。その後〇九年一二月撫順工科学堂教授となって渡満し、後に旅順工科学堂教授に転じた。

神谷　久治　▷12

満鉄五竜背駅助役／安東省五竜背満鉄五竜背駅助役社宅／一八九六（明二九）一二／静岡県小笠郡笠

原村／准教員養成所

静岡県神谷又蔵の長男に生まれ、一九一二年准教員養成所を修了して一五年六月北海道珊内小学校の准訓導となった。その後一八年一〇月に渡満して満鉄に入り、旅順駅に勤務した。以来勤続して奉天駅車掌心得、撫順駅勤務、奉天駅車掌、奉天列車区遼陽分区勤務、奉天列車区勤務、長春駅貨物方、中固駅駅務方兼助役心得、大屯駅駅務方、同駅助役を歴職し、三六年一二月五竜背駅助役となった。この間、満州事変時の功により賜品及び従軍記章を授与された。

上谷　正道　▷12

㈾高岡号代表社員、牡丹江商工会議所議員・商事部長／浜江省牡丹江長安街／一九〇〇（明三三）四／京都府竹野郡間久町／神戸市立神港商業学校

京都府上谷岩蔵の三男に生まれ、神戸市立神港商業学校を卒業した。一九一九年一二月に渡満してハルビンに赴き、満州事変の際は寧安県寧安に在住した。三三年五月図們・牡丹江間の鉄道開通計画が決定されると同年一〇月牡丹江に移住し、資本金一五万円で㈾高岡号を設立した。各種雑貨・建築材料・食料品・綿糸販売のほか精米所を兼営し、三十数名の従業員を擁して牡丹江新市街太平路に支店を置き、大阪、東京、名古屋方面から仕入れて浜綏線、図佳線、林密線の沿線各地に販売した。

上山　武熊　▷9

満鉄安東工務事務所長／安東県山平町／一八七七（明一〇）一〇／鹿児島県／京都帝大理工科大学土木科

旧鹿児島藩士の子として江戸藩邸で生まれ、一九〇四年七月京都帝大理工科大学土木科を卒業した。〇五年朝鮮臨時軍用鉄道監部に入り、〇六年朝鮮統監府鉄道局に転じて翌年鉄道技師となった。一七年に渡満して満鉄に入社し、一九年一一月安東工務事務所長に就いた。

神山　哲二　▷12

奉天商工新報社社長、奉天不動産組合常務理事／奉天千代田通／一八八七（明二〇）七／栃木県下都賀郡中村／法政大学法律科

栃木県農業神山徳治郎の次男に生まれ、一九一一年三月法政大学法律科を卒業して同年六月満鉄に入社した。その後一八年三月に退社し、翌年二月から昌図、鉄嶺等で特産物輸出業を始めたが一年で失敗し、大連に引き揚げて㈱食料品加工所常務取締役に就いた。二一年一〇月に会社解散となり、奉天に移って言論界に身を投じ、二六年一月「奉天商工新報」を譲り受けて社長に就いた。かたわら不動産業を兼営し、三三年に旅順の二万二〇〇〇坪の苹果園を買収し、次いで三四年に奉天駅前平安目抜き通りに四階建ての商工ビルヂングを建設して管理経営した。著書に幣原外交を痛撃し田中外交を支持する『満蒙対策の真髄を考覈して現内閣の対支政策を検す』があり、二八年五月に歌誌「曠原」を発刊した。

加美山　寿　▷9

横浜正金銀行奉天支店副支配人／奉天淀町／一八八一（明一四）八／宮城県仙台市支倉町／東京外国語学校

一九〇六年東京外国語学校を卒業して横浜正金銀行に入った。上海、北京、大連等の各支店に勤務した後、二〇年一〇月奉天支店に転勤し後に副支配人に就いた。

神山一二三　▷11

営口尋常高等小学校長／奉天省営口北本街／一八八五（明一八）一／埼玉県北足立郡大久保村／埼玉県師範学校

埼玉県農業神山清宗の三男に生まれ、一九〇五年三月埼玉県師範学校を卒業して郷里の土合尋常高等小学校訓導となった。郡内の内間木校、常光校の校長を歴任した後、一九年五月に渡満して鞍山尋常高等小学校訓導となり、二七年に営口尋常高等小学校長となった。夫人の駒は埼玉県女子師範学校出身で、長男将文も埼玉師範学校二部に学んだ。

神山　政幸　▷11

長春駅貨物助役、三州会理事／長春平安町／一八九六（明二九）二／鹿児島県噌唹郡志布志町

鹿児島県農業神山益太郎の長男に生まれ、一九一六年六月に渡満した。満鉄橋頭駅に勤務した後、長春駅に転勤して構内助役となり、二二年一二月同駅貨物助役となった。剣道を趣味とし、同郷者団体の三州会理事を務めた。

神谷　精夫 ▷12

満州電業㈱経理部用度課計画係長／新京特別市大同大街満州電業経理部用度課／一九〇九（明四二）三／広島県広島市白島東中町／山口高等商業学校

一九三〇年三月山口高等商業学校を卒業して渡満し、大連の南満州電気㈱に入った。助手を経て三一年一二月職員に昇格し、三四年一一月電気供給部門が独立して満州電業㈱が創立されると同社職員となり、後に経理部用度課計画係長を務めた。

亀井　俊彰 ▷12

錦州省公署教育庁学務科長、観光委員会幹事／錦州省錦県省公署教育庁学務科長公館／一八九八（明三一）二／島根県簸川郡田儀村／島根県師範学校本科、東洋大学専門部倫理学科・教育学科

一九一八年三月島根県師範学校本科を卒業し、県下の美濃郡吉田村尋常高等小学校訓導となった。次いで島根県女子師範学校、島根県立隠岐高等女学校、京都女子専門学校保姆養成所の各教諭を歴職した。その後退職して東洋大学に入学し、三二年に同大学専門部倫理学科及び教育学科を卒業した。同年七月国務院文教部礼教司に転じて渡満し、学務司に勤務して事務官に進み、礼教司総務科長を経て三七年七月錦州省公署教育庁学務科長に転任した。

亀井　宝一 ▷14

復州鉱業㈱社長、大連市会議員／大連市柳町／一八八六（明一九）一二／広島県双三郡川西村／東亜同文書院

広島県農業亀井儀作の長男に生まれ、一九〇五年に家督を相続すると中国に渡って上海東亜同文書院に入学した。〇七年一〇月同院商務科を卒業して渡満し、初め営口の才賀商会に就職したが、翌年満鉄に入社して電気作業所に勤めた。奉天、長春、大連の各電灯営業主任を歴任して二一年に所長次席、二二年四月に参事となった。二六年六月に地方部衛生課医務係主任となったが、二七年一一月に退社して復州鉱業㈱社長に就任した。二四年一一月から二八年一〇月まで大連市会議員を務めたほか、大連市特別事業委員も務めた。

亀岡　精二 ▷14

満鉄参事、鉄道部経理課長／大連市柳町／一八八六（明一九）七／茨城県新治郡石岡町／東京高等商業学校

茨城県亀岡長次郎の次男に生まれ、一九一一年七月東京高等商業学校を卒業して同年一〇月満鉄に入社した。会計課に勤務した後、一四年四月に埠頭事務所へ転じ、二〇年一一月同所庶務課長次席となり、翌年八ヶ月間欧米に出張して海陸運輸連絡、船車連絡方法の調査を行なった。二三年四月庶務課参事を経て同年一一月庶務課長となって埠頭実業補習学校長を兼務し、二六年三月に満鉄参事・鉄道部経理課長に就いた。二七年四月に一五年勤続の表彰を受け、二四年一一月から二八年一〇月まで大連市会議員も務めた。

亀倉　霊鎧 ▷3

関東都督府医院産・婦人科医長、高等官四等、正六位勲五等／旅順新市街鮫島町／一八七八（明一一）二／新潟県長岡市表五ノ町／東京帝大医科大学

一九〇四年一二月東京帝大医科大学を卒業し、〇五年三月陸軍三等軍医となった。東京予備病院、樺太守備軍、東京衛戍病院に勤めた後、〇六年一〇月母校に戻って副手、助手を務め、〇八年六月松山病院に転じて婦人科主任となり、後に副院長に就いた。一〇年一月関東都督府医院医員に任じられて渡満し、一一年五月から同医院の産婦人科医長を務めた。

亀沢　福禎 ▷14

介弁業、大連市会議員／大連市但馬町／一八九二（明二五）六／鹿児島県大島郡亀津村／文官試験合格

鹿児島県亀沢宝寿の三男に生まれ、一九〇九年鹿児島県尋常小学校准教員試験に合格して郷里の小学校教員となった。一二年に朝鮮に渡って朝鮮総督府巡査となったが、一六年に朝鮮総督府文官普通試験に合格して裁判所書記に転じた。一九年末に退官して渡満し、大連の値賀法律事務所に勤務し、かたわら大島紬の購買会を催して郷土産物の海外紹介も行なった。二六年九月に介弁業を独立開業し、正隆銀行、大連海上火災保険会社の嘱託を務める一方、三二年一一月から三六年一〇月まで大連市会議員を務めた。夫人カナの実兄徳三実は日本柔道界の雄として勇名を馳せた。

亀田清次郎 ▷4

ハルビン長野商会代表／ハルビン／一八五二（嘉五）／東京府東京市芝区愛宕町

早くから商界に身を投じ、東京で靴・皮革品販売業を営んで成功し一代で大店舗を築き上げた。六五歳の時に隠居を宣言して店舗を息子に譲ったが、楽隠居を嫌って一九一七年二月に渡満し、ハルビンに長野商会を興して靴・皮革品商を営んだ。

亀田政太郎 ▷11

開原神社社司、全国社司掌会評議員／奉天省開原鉄道付属地神明街／一八九二（明二五）三／三重県度会郡四郷村

三重県亀田房吉の三男に生まれ、海軍に入って一等機関兵として勤務した後、一九一六年三月に退役した。帰郷して伊勢神宮で神職に就いたが、一九年六月に渡満して開原神社社司となり、かたわら全国社司掌会評議員を務めた。

亀谷　利一 ▷12

国務院総務庁情報処情報科員／新京特別市新発屯聚合住宅／一八九九（明三二）三／岐阜県可児郡帷子村／北京高等師範学校付属第二中学校

岐阜県亀谷金五郎の次男に生まれ、北京支那語同学舎を経て一九一八年北京高等師範学校付属第二中学校を卒業し、同年九月北京大学聴講生として政治経済を専攻した。修学のかたわら中国全土を巡歴して二二年に邦字紙「京津日日新聞」社に入り、二四年に編集長に就いた。次いで二六年に新聞連合社に転じて北京、各支局に勤務した後、南京、天津、北京の各支局長を歴任した。三二年三月社命により新通信社開設のため渡満し、同年一二月満州国通信社の設立を見た後、三三年四月国務院総務庁事務官に転じて情報処情報科に勤務した。この間、国都建設記念式典準備委員会宣伝部幹事を務め、満州事変時の功により建国功労賞及び勲六位景雲章を授与された。

亀山　浅吉 ▷12

満鉄ハルビン用度事務所長、正七位勲七等／ハルビン道裡面包街／一八八三（明一六）一／静岡県志太郡豊田村

一八九六年一月静岡保線事務所に入り、以来、新橋営業事務所、新橋保線事務所、甲府保線事務所に勤続し、一九二四年三月名古屋鉄道局工務課主任となった。三四年一月満鉄に転じて鉄路総局経理処に勤務し、同年四月同処用度課計算係主任を経て三六年一〇月ハルビン用度事務所長に就いた。この間、大正天皇及び昭和天皇の即位式に際しそれぞれ記念章を授与され、二六年一〇月に鉄道省部内職員表彰規定により功績章を受けた。

亀山　憲三 ▷12

満鉄牡丹江検車段検車助役、勲八等／牡丹江昌徳街図佳寮／一八九八（明三一）一〇／静岡県志太郡豊田村／藤枝農学校

静岡県亀山安五郎の子に生まれ、一九一六年藤枝農学校を卒業した後、二二年満鉄に入り鶏冠山機関区に勤務した。以来勤続し、三三年鉄路総局に転属して図們機務段に勤務した後、三五年九月牡丹江検車段検車助役となった。この間、大正七八年事変の功により勲八等に叙された。

亀山　孝平 ▷13

東洋棉花㈱大連支店長、関東州織維製品㈱取締役会長、東和興業㈱取締役、大連商工会議所議員ほか／大連／一八九六（明二九）／岡山県浅口郡玉島町／神戸高商

一九二一年神戸高商を卒業して東洋棉花本社に入社し、翌年ボンベイ支店に転勤して一〇年ほど現地で棉花買い付けに従事した。三一年上海支店に転勤した後、翌年本社に戻って棉花掛の要職に就いた。三八年七月大連支店長となって渡満し、関東州人絹貿易実業組合、同洋品雑貨実業組合、同羅紗商貿易組合など斯界の要職を兼務したほか大連商工会議所議員も務めた。

亀山　亨 ▷12

満州電業㈱営業部勤務延吉在勤／間島省延吉満州電業㈱延吉支店／一八九一（明二四）三／東京府東京市小石川区久堅町／旅順工科学堂電気科

東京府官吏亀山玄明の長男に生まれ、一九一〇年に渡満して旅順工科学堂に入学し、一四年一二月同校電気科を卒

業した。一五年一月満鉄に入社し、電気作業所電気工場に勤務した。二〇年八月満鉄貸費生としてアメリカに留学し、GE社見習技師として電気機械の研究に携わった後、二二年九月電気作業所に帰任した。その後二六年五月電気作業所が分離独立して南満州電気㈱になると同社配電課長となり、二七年試験所長を経て長春支店長となった。三四年一二月同社の電気供給部門が独立して満州電業㈱が創立されると同社に転出し、奉天電業局営業課長、奉天支店長、本社検査課検査役を歴任して三七年四月参事となり、営業部勤務延吉在勤となった。

鴨井　俊蔵　▷12

満鉄橋頭保線区石橋子在勤保線助役、勲七等／奉天省石橋子満鉄保線助役社宅／一八八四（明一七）九／新潟県中頸城郡上郷村

一九一九年四月満鉄に入り、大連保線区に勤務した。以来勤続して技術部、大連工務事務所、大連保線区、長春工務事務所、長春保線区工長助手、同線路工長、四平街保線区保線助役を歴職し、三七年三月橋頭保線区石橋子在勤保線助役となった。この間、三四年四月勤続一五年の表彰を受けた。

蒲生　浜二　▷12

満鉄産業部員／大連市伏見町／一八九六（明二九）三／山口県豊浦郡長府町／山口高等商業学校

一九一九年三月山口高等商業学校を卒業して㈱芝川商店に入り、横浜支店に勤務した。その後二一年三月に渡満して満鉄に入り、地方部務課、大石橋地方事務所、大石橋地方区、大石橋実業補習学校講師嘱託、大石橋地方事務所に歴勤した。次いで営口地方事務所地方係長となり、地方部地方課、同衛生課、同商工課工業係主任、同輸出係主任を歴任し、三七年五月副参事に昇格して産業部に転任した。

加茂貞次郎　▷14

骨董商、方外軒店主、勲六等／大連市吉野町／一八七四（明七）一二／滋賀県大津市鹿関町／同志社英学校

一八九六年京都の同志社英学校を卒業し、台湾及び中国南部を歴遊して中国語に精通した。一九〇四年、日露戦争に際し陸軍通訳官に任命され遼東守備軍司令部付となって渡満した。翌年辞任して各地を歴訪しつつ遼陽時報、遼東新報などに執筆した。〇九年から大連に居住して大阪毎日新聞通信特派員となり、通信業務のかたわら一五年に中国骨董商の方外軒を開業した。この間蒙古、間島、満州各地で新聞通信に関係し、州政研究会幹事長、同志社大連交友会幹事長、満州興信公所相談役に就いたほか、二四年一一月から二八年一〇月まで大連市会議員を務めた。

加茂　増平　▷12

満鉄錦県鉄路局工務処保線科長、勲六等／錦州省錦県南三経路／一八九一（明二四）七／静岡県浜名郡雄踏村／岩倉鉄道学校建設科

静岡県加茂勘吉の長男に生まれ、岩倉鉄道学校建設科を卒業し、一九〇八年一一月満鉄に入り公主嶺建設事務所に勤務した。四平街保線係、工務課、山東鉄道管理部付雇員、鉄道部線路課、同計画課に歴勤して庶務部非役となり、四洮鉄道に派遣された。次いで臨時経済調査委員会委員、瓦房店保線区工事助役、鉄道部工務課、四平街保線区長、鉄路総局奉山鉄路局派遣、奉天鉄路局、工務処改良科長、同保線科長兼調査股長を歴任し、三六年九月副参事となり錦県鉄路局工務処保線科長に就いた。

掃部関広恵　▷12

日満商事㈱奉天支店会計係主任／奉天弥生町／一八九七（明三〇）八／福島県双葉郡幾世橋村／慶応義塾商工学校

一九一六年慶応義塾商工学校を卒業して富士製紙会社、㈱小倉久兵衛商店貿易部、原町紡績会社に歴勤した。その後渡満し、満州炭砿㈱に勤務した後、三六年一〇月日満商事㈱に転じて奉天支店会計係主任となった。福島市会議員半谷真雄の長女欣子を夫人とし、三男があった。

唐沢　準吉　▷9

満鉄大連医院外科医長／大連市山城町／一八八一（明一四）四／京都府京都市下京区三条通／京都府立医学専門学校

一九〇三年京都府立医学専門学校を卒業して公立彦根病院に勤務した後、台湾に渡り台北医院、日本赤十字社台湾支部医院等に勤務した。〇九年台湾総督府医院医員に任じられて高等官七等従七位となったが、一〇年五月満鉄大連医院に転じて渡満した。一二年一二月社命でドイツに留学し、帰任して一四年外科医長心得を経て翌年外科医長となった。

柄沢秀三郎　▷1

㈾蔬菜市場専務取締役／旅順市鯖江町／一八八〇（明一三）一／新潟県中蒲原郡村松町／慶應義塾

一九〇一年慶應義塾を卒業して有馬組に入り、陸軍用達部の主任となった。〇四年二月日露戦争に際し有馬組を代表して第二軍と共に金州を経て大石橋に随行し、兵站司令部付として軍用物資の供給に従事した。戦後有馬組を辞して大連に残留し、東京博文館の依頼で旅順口に出張所を設けて書籍雑誌類を販売した。帰還を待つ間の陸海軍人の退屈しのぎとして好評を博し多大の利益を上げたが、その後出張所を閉鎖して鯖江町に㈾蔬菜市場を組織し、専務取締役として経営に当たった。

柄沢　幸男　▷9

裕泰洋行主、泰記銭荘主、日華証券信託㈱取締役、大連商品信託㈱取締役、満州貿易㈱監査役、不動産信託㈱監査役／大連市奥町／一八八一（明一四）一一／長野県埴科郡西条村／京都法政専門学校

一九〇三年京都法政専門学校を卒業し、翌年五月大阪商船㈱に入社して釜山支店会計主任となった。〇八年五月に退社して朝鮮、満州各地を巡遊した後、一〇年四月大連の光明洋行に入り輸入係主任となった。一五年六月に独立して裕泰洋行と泰記銭荘を開業し、銭鈔部取引人として金融業を営み、二〇年九月大連株式商品取引所の第一部取引人となった。かたわら綿糸布販売と保険代理店を兼営し、日華証券信託㈱・大連商品信託㈱の各取締役、満州貿易㈱・不動産信託㈱の各監査役を務めた。

辛島　馨　▷12

満鉄産業部員、工業標準規格委員会小委員会委員／大連市光風台／一八九三（明二六）三／大分県宇佐郡駅館村／北海道帝大農学部林学科

大分県辛島新作の次男に生まれ、大成中学校を経て一九二〇年七月北海道帝大農学部林学科を卒業し、同年八月三菱商事に入り技師補として小樽木材部に勤務した。次いで樺太木材㈱に転じて樺太作業所駐在技師となり、さらに同所古舟岸製材所に転勤した。その後二二年五月三菱㈾に転じて北樺太亜港査業課に勤務したが、二三年三月に依願退社して満鉄に転じ、二四年四月興業部農務課勤務興安嶺在勤となった。三〇年六月殖産部農務課、三一年八月地方部農務課勤務を経て三二年三月経済調査会調査員兼務となり、三四年一一月同会林産係主任を務めた。三五年一一月鉄道建設局兼務を経て三六年一〇月副参事となり、職制改正で新設された産業部に転任した。『満州森林分布』『満州樹木名称』の著書があり、柔道三段、陸上競技の選手として活躍し、オリンピック出場第二次予選に短距離選手として出場した。

辛島　太吉　▷12

満鉄撫順高等女学校長兼教諭／撫順満鉄撫順高等女学校長社宅／一八九六（明二九）一〇／大分県大分市王子町／東京高等師範学校

大分県辛島正三の長男に生まれ、一九二一年三月東京高等師範学校を卒業して大分中学校教諭となった。その後二六年三月に渡満して満鉄に入り、安東中学校教諭に転じた。次いで同舎監兼務、本社地方部学務課視学、同初等教育係主任兼地方行政権調整移譲準備委員会委員を歴任して副参事となり、三七年四月撫順高等女学校長兼教諭に就いた。

唐津　準吉　▷3

満鉄大連医院医長心得、従七位／大連市山城町／一八八一（明一四）四／京都府京都市下京区三条通／京都府立医学専門学校

一九〇三年京都府立医学専門学校を卒業し、滋賀県の公立彦根病院に勤務した。その後台湾に渡って台北医院、日本赤十字社台湾支部医院等に勤め、〇九年に台湾総督府医院医員となった。一〇年五月に渡満して満鉄大連医院医員となり、一二年一二月から一年間ドイツに留学し、帰任して一四年に医長心得となった。

唐渡　弘　▷12

国際運輸㈱営口支店鞍山営業所主任／奉天省鞍山駅前国際運輸営業所／一九〇三（明三六）一〇／香川県高松市北古馬場町／明治大学法学部

松江中学校を経て一九二八年三月明治

か

大学法学部を卒業し、同年六月国際運輸㈱に入社した。本社営業課、同業務課、大連支店営業課、同陸運課、撫順出張所運輸課に歴勤して鞍山営業所主任となった。

苅田　博夫　▷12

満鉄チチハル鉄路局総務処事故科長、勲八等／龍江省チチハル鉄路局総務処／一八九六（明二九）一二／島根県大原郡幡屋村／東京外国語学校印度語科

島根県銀行員苅田吉四郎の次男に生まれ、一九二〇年東京外国語学校印度語科を卒業した後、二二年三月満鉄に入り営口駅駅務方となった。以来勤続して奉天列車区助役、安東駅構内助役、奉天駅事務助役、鉄道部庶務課勤務を経て鉄路総局に転任して洮南鉄路局総務処に勤務した。次いで同局文書科事故股長、チチハル鉄路局文書科長に歴任し、三六年九月同局総務処事故科長となった。この間、三六年四月勤続一五年の表彰を受けた。

雁畑　卯助　▷12

大連税関瓦房店分関長／奉天省大連税関瓦房店分関長公館／一九〇〇（明三三）四／福島県相馬郡中村町／福島県立相馬中学校

福島県雁畑次郎次の次男に生まれ、一九一九年三月県立相馬中学校を卒業して同年五月横浜税関監吏となった。二〇年一二月一年志願兵として仙台の工兵第二大隊に入営し、二一年一二月に復職した。二八年六月横浜税関事務官補、三三年東京税関支署監視係長に累進した後、同年三月安東税関嘱託に転じて渡満し、同税関検査課に勤務した。三四年五月税関監査官佐に進んだ後、三五年三月税関事務官佐兼務となってハルビン税関新京分関に勤務した。次いで三六年五月税関事務官佐専任・大連税関瓦房店分関長となり、同年専売署事務官兼任となった。この間、建国功労賞及び大典記念章、皇帝訪日記念章を授与された。

苅部清四郎　▷12

苅部商店主／ハルビン道裡地段街／一八九四（明二七）三／大阪府大阪市東淀川区豊崎町／高等小学校

郷里の高等小学校を卒業した後、一八歳の時から大阪の小池商店で用品雑貨商に従事し、一九一三年ウラジオストク支店詰となって同地に赴任した。その後大阪本店に帰任したが、二三年に退店して渡満し、ハルビン道裡買売街に苅部商店を興して用品・雑貨・毛糸商を営んだ。以来同業に従事して地歩を固め、三四年に道裡地段街に拡張移転して店員四人を使用した。

狩谷　忠麿　▷12

満鉄鉄道総局建築課員、満州建築協会評議員、勲六等／奉天白菊町／一八八八（明二一）六／東京府東京市渋谷区原宿／早稲田大学理工学部建築学科

村田昌寛の六男に生まれ、狩谷重秀の養子となった。一九一四年早稲田大学理工学部建築学科を卒業して満鉄に入社し、技術局建築課に勤務した。二〇年三月満州土地建物㈱技師長に転じた後、さらに二二年一一月南満州興業㈱技師長に転じ、主として大連の伏見台、沙河口、日ノ出町などの満鉄代用社宅の建築設計に従事した。二四年に退社してドイツ人ワーレンと設計事務所を経営した後、二五年に高岡久留工務所に入り、二六年五月再び満鉄に入社して建築課に勤務した。二七年工務事務所に転任して大連第二工事区事務所建築係長となり、三一年に工事部の職制改正により鞍山工事事務所長に転任し、同年九月総務部審査役付となった。三三年三月の鉄路総局が創設されると工務処工務科建築係主任に就き、三六年一月に駅舎、旅館、病院、学校など鉄道附属建築の防寒構造研究のため欧米に出張した後、同年一〇月の鉄道総局設置とともに同局建築課勤務となった。この間、満州事変時の功により勲六等瑞宝章及び従軍記章並びに建国功労賞を授与された。岡倉天心の弟で東京高等師範学校英語科主任教授を務めた岡倉由三郎の娘文子と結婚し、一男五女があった。

刈谷　稲吉　▷12

国際運輸㈱奉天支店陸運課公用係主任／奉天千代田通国際運輸㈱／一八九七（明三〇）九／高知県長岡郡五台山村／高知市立高知商業学校

高知県刈谷久万治の次男に生まれ、一九一五年三月高知市立高知商業学校を卒業し、同年五月満鉄運輸部養成所に入った。同所修了して鉄嶺駅に勤務した後、一年志願兵として高知の歩兵第四四連隊に入営し、除隊復職して鉄嶺駅に勤務した。大豆混合保管制度の実施とともに検査員として鉄嶺及び長春駅に勤務した後、二〇年に退社して長春の貿易商裕興洋行に入り、次いで長春の桑原商店、公主嶺の糧桟三盛桟等に勤めた。その後二五年一〇月国際運輸㈱に入り、ハルビン支店、大連本社陸運課、同計画課勤務を経て三六年四月奉天支店陸運課公用係主任となった。

軽部浩太郎　▷12

満鉄連山関尋常高等小学校長兼橋頭青年学校連山関分教場助教諭／奉天省連山関尋常高等小学校長社宅／一八九八（明三一）二／秋田県秋田市楢山／秋田県師範学校本科第一部

一九一七年三月秋田県師範学校本科第一部を卒業し、秋田郡土崎女子尋常高等小学校訓導、秋田市保戸野尋常小学校訓導、秋田郡金足西尋常高等小学校訓導兼金足農業補習学校助教諭を歴任した。その後二四年四月に渡満して満鉄に入り、大石橋尋常高等小学校、連山関尋常高等小学校の各訓導を務めた後、安東尋常小学校訓導に転勤して安東中学校講師を兼務した。次いで安東朝日尋常小学校訓導、四平街尋常高等小学校訓導兼四平街青年訓練所指導員兼四平街青年学校助教諭を歴任し、三六年四月連山関尋常高等小学校長となり橋頭青年学校連山関分教場助教諭を兼務した。

河井宇多吉　▷11

質屋業／大連市若狭町／一八六六（慶二）三／山口県吉敷郡山口町／永野私塾

山口県農業中村喜八の三男に生まれ、同県河井貞雄の養子となった。小学校を卒業して永野私塾に四年学んだ後、一九〇六年六月四〇歳の時に商業を志して渡満した。大連で質屋業を始めて成功し、㈱花月館取締役社長、大連質屋業組合長、大連衛生組合委員、区委員・区長を務めたほか、二七年八月関東庁業態調査参事を嘱託された。

河合積太郎　▷8

丸京呉服店主／奉天／一八九四（明二七）／京都府北桑田郡宇津村

京都府谷口市太郎の次男に生まれ、親戚筋の京都小林呉服店に勤めた後、一九二〇年朝鮮平壌で丸京呉服店を経営する河合安兵衛の養子となった。二二年九月奉天支店長となって渡満し、二四年九月平壌本店から奉天支店一切の業務を譲り受けて独立経営した。

河合　源志　▷11

南満州電気㈱電鉄課線路係主任／大連市聖徳街／一八八九（明二二）二／岡山県吉備郡秦村／岩倉鉄道学校建設科

岡山県農業河合岩太郎の三男に生まれ、一九〇八年岩倉鉄道学校建設科を卒業した。鉄道庁に勤め、岡山、新庄建設事務所で宇野線、陸羽線の鉄道建設に従事した。一四年末、神戸鉄道局に転じて下関在勤となり関門連絡設備改良工事に従事した。一九年一一月、渡満して満鉄に入社し技術部線路課に勤務した。大連工務事務所、本渓湖保線区主任を経て電気作業所に転任し、二六年に南満州電気㈱に組織変更した後も勤続し、電鉄課線路係主任を務めた。

河合　光栄　▷12

満鉄大連鉄道事務所築港区長、社員会連鎖街連合会評議員・事業部長、社員消費組合大連区総代、正八位／大連市桃源台／一九〇五（明三八）二／新潟県刈羽郡西通村／南満州工業専門学校土木学科

新潟県河合辰治の四男に生まれ、一九二二年三月柏崎中学校土木学科を卒業して渡満し、南満州工業専門学校に入学した。二五年四月卒業とともに満鉄に入社して鉄道部計画課に勤務したが、同年一一月第一号非役となった。二六年一二月非役を免じられて埠頭事務所工務課に勤務し、二七年一一月大連築港所、二八年八月臨時甘井子建設事務所、三〇年七月工事部築港課、三一年八月鉄道部港湾課に歴勤して三六年三月大連鉄道事務所築港区長に就いた。業務のかたわら社員会連鎖街連合会評議員・事業部長、社員消費組合大連区総代を務めた。

川井　広胖　▷11

地方部建築課勤務／大連市久方町／一八九二（明二五）一〇／岡山県久米郡西苫田村／旅順工科学堂機械工学科

岡山県川井知賀の子に生まれ、一九一二年旅順工科学堂機械工学科を卒業して満鉄に入社した。沙河口工場に鋳物職工として勤務した後、鞍山製鉄臨時設計課に勤めて職員となったが、間もなく満鉄を退社して大連油脂工業会社に入社した。その後再び満鉄に入って技術部機械課、長春地方事務所勤務を経て、二四年に地方部建築課に転じた。この間、北京に赴いて支那語同学会に留学した。

河合寿三郎 ▷11

満州教育専門学校付属小学校訓導／奉天稲葉町／一九〇一（明三四）二／新潟県刈羽郡柏崎町／新潟県高田師範学校

新潟県河合辰治の三男に生まれ、一九一二年三月高田師範学校一部を卒業した。県下の日吉、安田各小学校訓導を勤めた後、一七年八月満鉄に入社して安東小学校訓導となった。二四年九月、社命により精神障害者教育研究のため内地留学した。翌春帰任し、奉天尋常高等小学校訓導を経て満州教育専門学校付属小学校訓導となって補助学級を担任し、童謡、童話、考古学研究を趣味とした。

河合　清治 ▷11

安東大和小学校訓導／安東県山下町／一八九二（明二五）一二／香川県高松市宮脇町／香川県師範学校

香川県河合新蔵の長男に生まれ、一九一五年香川県師範学校を卒業して県下の四海小学校、高松市小学校などの訓導を務めた。一九年一〇月、渡満して満鉄に入社し安東尋常高等小学校訓導となり、後に同大和小学校訓導に転じた。庭球を得意とし、安東庭球部幹事を務めた。実弟の喜田貞義も渡満し、安東商工会議所に書記として勤務した。

河合善太郎 ▷8

河合硝子店主／奉天浪速通／一八八四（明一七）一一／愛知県幡豆郡西尾町

年少の時に上京して硝子商の元に丁稚奉公し、一九〇五年日露戦争に際し補充兵として召集された。〇六年三月に除隊して帰郷し、同年五月再び渡満して大連浪速町に高橋洋行の名で硝子商を共同経営した。一二年三月奉天に移り、松島町に河合硝子店を独立開業して主に板硝子を販売した。二〇年奉天商品館内に玩具類販売の支店を設け、二三年には浪速通に本店移転し、硝子部のほか額縁部と玩具部を設けて事業を拡大した。

川井田文蔵 ▷11

正隆銀行撫順支店長代理／奉天省撫順中央大街／一八九九（明三二）一〇／鹿児島県肝属郡垂水町／大連商業学校

鹿児島県川井田政次郎の長男に生まれ、一九〇七年四月八歳の時に母・兄弟と共に父のいる大連に渡った。一四年三月大連商業学校を卒業して正隆銀行本店に見習生として入り、引き続き大連商業学校夜学部に通った。一七年一一月旅順支店に転じ、准書記、書記を経て支店長代理となり、二八年二月に撫順支店長代理として赴任した。実弟の一久は満鉄倉庫課に勤務し、実姉の久子は同郷で関東庁逓信局振替貯金部員の繭牟田恵に嫁した。

河合　務 ▷12

関東海務局庶務課長、関東海員審判所審判官、大連海務協会常議員、従六位／大連市清水町／一九〇二（明三五）一二／兵庫県加東郡河合村／京都帝大法学部仏法科

兵庫県河合八太郎の四男に生まれ、一九二六年三月京都帝大法学部仏法科を卒業し、一年志願兵として広島の野砲兵第五連隊に入営した。除隊後、二七年一一月文官高等試験行政科に合格し、文部大臣官房会計課事務嘱託となった。次いで文部属に昇格して東京高等工業学校書記を務めた後、旅順工科大学事務官となって渡満し、三五年関東局に転任して海務局庶務課長に就いた。

河合　藤七 ▷14

湯浅洋行大連出張所主任／大連市山県通／一八七一（明四）九／岐阜県武儀郡関町

三〇代半ばまで商業を営んでいたが、一九〇四年に神戸の貿易商湯浅洋行に入った。日露戦後の〇六年、前年設けられた大連出張所主任として渡満し、麦粉輸入に従事して全満州に販路を広げた。奉天、鉄嶺に出張所を増設し、綿糸布、砂糖、米、建築材料等を輸入し、満州特産物、牛骨、骨粉等を輸出して業績を伸ばした。一三年には店舗を新築し、三井、小寺、鈴木、臼井等と並び称され、大連商業会議所常議員、満州重要物産同業組合評議員を務めた。一八年八月大連市会議員に補欠当選したが一〇月に辞任した。

か

河合 友之 ▷12

満鉄経理部会計課支払係主任／大連市桃源台／一九〇一（明三四）五／神奈川県足柄下郡小田原町／東京帝大経済学部商業学科

小田原中学校、松本高等学校を経て一九二七年三月東京帝大経済学部商業学科を卒業し、満鉄に入社して経理部会計課に勤務した。次いで同主計課勤務、同会計課計算係主任を経て三五年九月経理部会計課支払係主任となった。

川井平太郎 ▷3

旅順工科学堂教授、採礦冶金科長、高等官四等、正六位／旅順新市街特権地／一八七一（明四）五／東京府東京市麻布区網代町／東京帝国大学工科大学採礦冶金科

一八九七年七月帝国大学を卒業して宮崎県の日平銅山に入り、同年一〇月坑業課長となった。一九〇三年二月精錬課長となったが、一九一〇年五月旅順工科学堂教授に転じて渡満し、採鉱冶金学科長に就いた。

川合 正勝 ▷11

満鉄長春地方事務所勧業係長、正八位／長春常盤町／一八九九（明三二）一／福島県北会津郡川南村／山口高等商業学校

福島県川合良隣の長男に生まれ、幼い時に父に伴われて渡満して旅順で幼少年期を過ごした。同地の中学校を卒業した後、帰国して山口高等商業学校に入学した。一九一九年に卒業して安部幸兵衛商店傍系会社の済南の東亞蛋粉㈱に入社したが、同年末一年志願兵として名古屋の歩兵第六連隊に入営した。予備陸軍三等主計として除隊し、二一年二月満鉄に入社して本社勧業課に勤め、その後長春地方事務所に転勤した。

川合 又一 ▷11

関東庁警務局衛生課長／旅順市中村町／一八九六（明二九）三／石川県能美郡苗代村／東京帝大法学部政治科

石川県川合作松の長男に生まれ、一九二一年東京帝大法学部政治学科を卒業して同年一〇月文官高等試験行政科に合格し、同年一年志願兵として金沢の歩兵第七連隊に入営した。二三年四月に除隊した後、二四年六月に渡満して関東庁警視となり、後に事務官に転任して金州民政支署長を務め、二七年四月警務局衛生課長に就いた。

河井松之介 ▷11

撫順炭販売協通公司代表者／ハルビン買売街／一八六八（明一）四／東京府荏原郡碑衾町／東京商業学校中退

旧古河藩士河合正路の三男に生まれ、一八八三年東京外国語学校ロシア語科に入学したが、八六年の廃校とともに東京商業学校に転学した。九二年一月同校を退学し、同年六月ウラジオストクに渡り沿海州ノボキエーブスクで雑貨商を営んだ。九四年一〇月病を得て帰国した後、九七年再びシベリアに赴き、九九年三井物産㈱に入社して旅順及び大連に勤務した。日露戦中の一九〇五年に朝鮮、満州、樺太に出張し、戦後〇六年に長春出張所を開設して主任となった。〇七年欧州に出張して英仏独露を回り、翌年三月ハルビン出張所を開設して主任に就いた。一一年頃に本店参事となって一旦帰国し、間もなく退社した。一三年一〇月、ロシア人経営のロバチョーフ製粉所を買収してハルビンに北満製粉会社を設立し、専務取締役に就任した。さらに河井商会を創設してハルビン唯一の倉庫業を始め、一四年には松花銀行を創設して専務取締役となり、二七年一一月撫順炭販売協通公司代表者に就いた。一九〇八年からハルビン居留民会長を務め、邦人指導及び産業開発の功で日本産業協会より表彰された。夫人理代との間に一男二女あり、長男は慶応義塾、長女は山脇学園、次女は聖心女子学園に学んだ。

河合 友次 ▷4

河合医院院長／ハルビン埠頭区ポレワヤ街／一八八八（明二一）一〇／静岡県引佐郡気賀町／日本医学校

一九〇七年東京神田の日本医学校に入学し、〇九年四月に卒業した。同年九月の後期学術試験に合格した後、一一年二月の後期実地試験に合格して医術開業許可証を取得した。南品川の戸塚外科病院で外科と耳鼻科、愛知県の原病院で内科と眼科を実地に学んだ後、滋賀郡立病院医員となって外科と耳鼻科を担当した。ウラジオストクに渡って共立日本病院に勤務したが、間もなく吉林省双城堡で開業し、検黴事務の嘱託医を務めた。一四年六月、さらにハルビンに移って埠頭区に河合医院を開業した。

河合　美雄 ▷10

近江洋行主／大連市浪速町／一八八〇（明一三）一〇／滋賀県犬上郡彦根町

旧彦根藩士河合彦次の長男に生まれ、一一歳で母と一三歳で父と死別した。郷里の叔父堀部某に引き取られて時計店の業務を手伝った後、各地の時計店で働いて腕を磨き、一八歳の時に彦根町で時計店を開業した。その後日露戦中の一九〇四年九月叔父と共に渡満して営口永世街に近江洋行を開業して時計貴金属を販売し、〇五年六月大連に移って浪速町に独立店舗を構えた。時計、宝石、貴金属装身具、眼鏡、蓄音器等を主要営業品とし、〇九年以降は毎年購買会を催して月賦販売に力を入れるなどして売上げを伸ばし、一二年一二月店舗を新築し、アメリカのウォルサム社、エルジン社、スイスのウィルカ社等と直接取引し、東京蓄音器社他内外の著名会社・商店の特約店・代理店となった。一五年に青島山東街に支店を設けて山東鉄道沿線に進出し、二二年には京城林町に出張所を置いて朝鮮から九州方面に販路を開拓、さらに二四年には神戸出張所を開設して京阪・中国・四国地方にまで販路を広げた。

河合芳太郎 ▷11

安東窯業㈱専務取締役／安東県大和橋通／一八七三（明六）八／愛知県名古屋市東区呉服町

一九〇五年四月、㈾有馬組員として渡満した。安東で河合洋行を開設して雑貨貿易、保険代理店等を営んだ。一二年一二月、安東窯業㈱を設立して専務取締役に就任した。他に㈱安東油房取締役、撫順窯業㈱監査役、満州飲料㈱取締役、新義州窯業㈱取締役を兼務し、安東居留民団行政委員、安東地方委員を務めた。同郷の夫人ちよとの間に四男六女があった。

「河内」は「かわち」と「こうち」も見よ

河内　清大 ▷12

満鉄四平街医院薬剤長／奉天省四平街北六条通／一九〇二（明三五）一〇／鹿児島県鹿児島郡中郡字村／大阪薬学専門学校

鹿児島県陸軍技師河内滸の長男に生まれ、一九一九年大阪薬学専門学校を卒業し、二〇年一月郷里の県立鹿児島病院薬剤部助手となった。その後和歌山市の赤門薬局薬剤師、東京の星製薬会社員を経て再び鹿児島病院に勤務し、次いで渡満して大連市の近藤病院薬局員となった。二四年五月満鉄薬剤員に転じて満鉄営口医院に勤務し、吉林東洋医院薬剤員、大石橋医院薬剤長を経て三五年三月四平街医院薬剤長となった。

河内　三雄 ▷11

満鉄築港所工事助役／大連市早苗町／一八九一（明二四）七／山口県熊毛郡麻里府村／山口県立工業学校

山口県河内謙吉の三男に生まれ、一九一二年三月山口県立工業学校を卒業した。一五年三月に渡満して満鉄に入社し、電気作業所を経て沙河口工場に勤務した。一九年三月、満鉄第一貸費修学生として東京高等工業学校に入学し機械学を専攻した。帰任して技術部機械課、築港事務所、埠頭事務所、大連鉄道事務所勤務を経て築港所工事助役となった。

川勝　作二 ▷12

満州麦酒㈱奉天第一工場長兼製造係長／奉天西区南四路／一八九四（明二七）五／京都府南桑田郡旭村／東京帝大農科大学農芸化学科

一九一九年七月東京帝大農科大学農芸化学科を卒業し、大日本麦酒㈱に入り目黒工場に勤務した。名古屋工場醸造副係長、同係長待遇、博多工場製造係長に歴勤した後、三五年一一月満州麦酒㈱に転じて渡満し、奉天第一工場製造係長を経て三七年一月同工場長となった。

川上　清水 ▷11

満鉄金州駅助役／金州新金州会鳥海町／一八九九（明三二）一〇／山口県阿武郡三見村／山口県立萩中学校

山口県川上金蔵の三男に生まれ、一九一九年三月県立萩中学校を卒業して朝鮮の釜山税関に勤務した。翌年三月満鉄に入社して旅順駅貨物係、大連列車区瓦房店分区車掌、王家駅助役等を歴任し、二九年一月に金州駅助役となった。

川上　源市　▷12

大連汽船㈱船舶部海務課副監督、正八位／大連市明治町／一八九四（明二七）一〇／広島県御調郡坂井原村／広島県立商船学校航海科

広島県川上喜代平の三男に生まれ、一九一六年広島県立商船学校航海科を卒業して日本郵船会社に入った。次いで帝国汽船会社に転じ、運転士及び船長として乗務した後、二六年に下船して監督課に勤務した。その後二九年に退社し、同年九月大連汽船㈱に入社して船長を務め、三七年一月船舶部海務課副監督となった。

川上　健治　▷11

大連大正小学校訓導、従七位勲八等／大連市沙河口／一八八二（明一五）一〇／島根県簸川郡田儀村／島根県師範学校

島根県川上元二郎の長男に生まれ、一九〇三年三月島根県師範学校を卒業して郷里の簸川郡内で小学校長を務めた。二〇年四月に渡満し、大連春日小学校の訓導となり、二八年に大連大正小学校に転じた。

川上　賢三　▷14

満州貯金信託㈱社長、大連木材㈱社長、大連市会議員、勲六等／大連市越後町／一八六四（元一）八／佐賀県東松浦郡唐津町

一八八三年一一月、中学校を卒業してウラジオストクに渡った。沿海州各地で建築請負業に従事した後、九八年九月からロシア統治下の旅順に移って同業を継続したが、一九〇四年二月に日露戦争が始まると大連に移って不動産業と農園経営を始めた。戦後は満州貯金信託㈱、大連木材㈱の各社長に就任して大連実業会会長を務めた。ロシア統治時代から在住した故老として重きを成し、一五年一〇月から二一年三月まで大連市会議員を務めたが、老後は帰国して郷里で療養生活を送った。

川上好治郎　▷9

川上煤廠主、川上農場主／奉天省瓦房店西一街／一八七三（明六）一二／長野県南佐久郡川上村

一九一一年九月から営口に川上煤廠を設立して石炭販売業を営み、営口郊外で農場を兼営した。三万六二〇〇坪の耕地を開墾して雑穀と野菜を栽培し、中国人農民を雇用して農業技術の指導も行った。

川上　行蔵　▷12

大陸科学院研究官／東京市杉並区上荻窪／一八九八（明三一）九／新潟県古志郡上組村／盛岡高等農林学校農芸化学科

新潟県川上半四郎の五男に生まれ、一九二二年三月盛岡高等農林学校農芸化学科を卒業して東京帝大農学部農芸化学教室介補嘱託となり、次いで同年一〇月理化学研究所助手に転じて鈴木研究室に勤務した。その後三五年八月大陸科学院研究官に転じて渡満した。長兄で病理学者の川上漸は慶応大学医学部教授を務めた。

川上　茂　▷12

満鉄チチハル鉄路局工務処保線科員／チチハル智広街／一八九八（明三一）七／栃木県那須郡那珂村／南満州工業学校土木科

栃木県川上要吉の三男に生まれ、一九一九年三月大連の南満州工業学校土木科を卒業して満鉄に入り、撫順炭砿土木課に勤務した。次いで工務事務所、楊柏堡採炭所、瀋海鉄路局派遣、奉天鉄路局工務処工務科、五常工務段長に歴勤し、三七年三月チチハル鉄路局工務処保線科に転勤した。この間、三四年四月勤続一五年の表彰を受けた。

川上　浄介　▷1

満州日報鉄嶺支局主任／奉天省鉄嶺／一八七〇（明三）三／鹿児島県大隅郡垂水村／明治法律学校法律科

一八九二年に上京して明治法律学校法律科に学んだ後、九四年に卒業して報知新聞記者となった。九五年三月艦隊付従軍記者として日清戦争の取材に当たった後、戦後退社して台湾に渡り土木建築請負業と諸官衙用達業を営んだ。一九〇五年五月日露戦中に渡満して安東県、営口、遼陽、奉天を巡覧した後、鉄嶺に居住して軍用達と土木建築請負業に従事したが、後に満州日報社の嘱託を受けて鉄嶺支局主任に就いた。

川上　惣吉　▷1

三河楼主／奉天小西辺門外／一八五九（安六）一〇／熊本県天草郡牛深町

郷里の牛深町で「猥褻淫靡の風俗矯正」

を主唱して公娼制度導入運動を行い、官許が下りると大遊郭を経営した。営業のかたわら一九〇〇年に水道敷設運動を始め、コレラが流行して死者が出たため多数の同意者を得て市会で可決され、工事一切を委託された。〇五年一二月、工事がほぼ完成に近づいたことを見届けると郷里を後にして渡満し、奉天小西辺門外に旅館兼料理店を開業した。後に同市に同じ三河楼の名で第二、第三店を設け、営業のかたわら行政委員を務めた。

川上 泰蔵 ▷1

川上組主／大連市磐城町／一八七一（明四）七／熊本県天草郡島子村

一八九一年ウラジオストクに渡り、七年間商業に従事した。その後ニコラエフスからシベリア内地を巡覧し、再びニコラエフスクから黒竜江・松花江を遡上してハルビンに渡り、満州各地を巡った後、柳樹屯に在留して商業に従事した。一九〇四年日露関係が険悪化したため芝罘に移転したが、開戦後は貔子窩に赴き、第二軍兵站部で車輌・人夫の調達と物資輸送に従事した後、同年七月貔子窩に酒保を開設した。〇五年四月営口に移って新民屯駐在軍の用達を務めたが、後に大連岩城町に川上組を設立して陸海軍・満鉄の用達業を営んだ。

川上長三郎 ▷12

関東屋経営主／吉林三経路／一八八八（明二一）九／石川県江沼郡大聖寺町

義務教育を終えて京都、大阪の味噌醤油醸造場で働いた。一九〇八年一二月徴兵されて金沢の歩兵第七連隊に入営し、〇九年に部隊とともに朝鮮に派遣された。一一年に満期除隊し、朝鮮に在留して全羅南道で雑貨商を経営した。二七年に帰国して郷里で食料品商を営んだ後、三四年六月に渡満して吉林で味噌醤油醸造業を開業した。夫人秀子は産婆業と美粧院を経営した。

川上続太郎 ▷9

登喜和商会主、大連貯金㈱取締役、中華電気工業㈱取締役／大連市山県通／一八七九（明一二）五／福岡県朝倉郡上秋月村／福岡県立中学修猷館中退

一八九六年三月福岡県立中学修猷館を四年で中退し、同年五月に上京して杉浦塾で英漢学を修学した。一九〇五年一月陸軍省の認可を得て渡満し、大連を商業視察した。以来大連に在住し、〇七年五月肥塚㈴大連支店代理部となった。一七年八月に代理店を止め、翌月登喜和商会を興して輸出入貿易業を営み、かたわら大連貯金㈱、中華電気工業㈱の各取締役を務めた。

川上 俊彦 ▷3

満鉄理事、総務部交渉局長、日露協会会長、従四位勲三等／大連市児玉町／一八六一（文一）一二／新潟県岩船郡村上町／東京外国語学校露語科

東京に生まれ、一八八四年七月東京外国語学校露語科を卒業した。八六年一〇月外務省に入り、釜山領事館書記生を経て九〇年秋ウラジオストク貿易事務館に赴任した。以来同地に長く在勤し、一九〇四年二月の日露戦争の開戦に際し日本居留民の引き上げに尽力し、〇五年一月水師営での乃木・ステッセル会見で通訳を務めた。次いでペテルブルグ公使館書記生、ウラジオストク貿易事務官を経て一九〇七年九月ハルビン総領事となり、同年一〇月ロシア蔵相ココフツォフとの会談のためハルビンに赴いた伊藤博文に随行し、ハルビン駅頭で伊藤の遭難に際会して負傷した。一二年三月モスクワ総領事に転任した後、一三年一二月満鉄理事に任じられ、一四年一月外務省を退官して満鉄総務部交渉局長に就き、日露協会会長を務めた。⇒その後外務省に復帰して在ワルシャワ特命全権公使を務めた後、北樺太鉱業会長、日魯漁業㈱社長を歴任した。著書にウラジオストク在勤時の地誌研究をまとめた『浦潮斯徳』がある。

川上 虎男 ▷12

協祥洋行主／大連楓町／一八九〇（明二三）八／佐賀県東松浦郡唐津町／佐賀県立唐津中学校中退

佐賀県官吏川上一頼の長男として東京市麹町区飯田町に生まれ、一九〇五年佐賀県立唐津中学校三年を中退した。〇八年に前年渡満した父を頼って渡満し、大連のイギリス人F・J・バーデンスの経営する商会の見習タイピストとなり、次いで速記・翻訳係、販売係を務めた。かたわら二一年から大連郊外の田家で果樹園を経営したが、後にこれを知人の小林武二に譲渡した。二六年に同商会業態不振のため退職し、二大連市児玉町に同志と共に協祥洋行を設立して貿易代理業を営み、その後個人経営とした。ドイツ、チェコスロバキア、イギリス、アメリカ、ベルギー、フランス等から雑貨・羅紗地等を輸入販売した。

河上　律一　▷12

大同実業公司主、㈾満州広業代表社員、大同鉱業公司総理／奉天葵町／一八八七（明二〇）五／岡山県小田郡山田村／東亞同文書院

一九一〇年上海の東亞同文書院を卒業して満鉄に入社し、次いで茂木㈴、湯浅貿易㈱、内外貿易会社等に務めて出張所長及び支店長を歴任した。その後三二年三月奉天葵町に大同実業公司を設立して貿易業を経営し、かたわら片倉生命及び日本海上保険、富国火災保険各会社の代理店業を兼営した。次いで三五年四月馬路溝に満州広業㈾を興して市街広告業、三六年一〇月に大同鉱業公司を興して金鉱・炭鉱業を経営した。

川上　又治　▷11

満鉄参事、奉天地方事務所経理係長／奉天新高町／一八七九（明一二）一二／栃木県那須郡大田原町／栃木県立宇都宮中学校

本姓は別、栃木県に生まれ、後に同県川上保太郎の婿養子となった。一八九九年県立宇都宮中学校を卒業して大蔵省に入り、税務属を経て税務監督局技手となった。一九〇四年七月栃木県より上海東亞同文書院への留学を命じられて上海に渡り、〇七年に商務科を卒業して満鉄に入社した。会計課、奉天公所、臨時防疫部書記、大連埠頭事務所、同営口支所、奉天地方事務所勤務等を経て二五年八月に満鉄参事となり、奉天地方事務所経理係長に就任した。

川上　六馬　▷12

国務院民政部保健司防疫科長、満鉄衛生課嘱託／新京特別市北安南胡同／一九〇二（明三五）二／岡山県川上郡吹屋町／慶応大学医学部

岡山県川上佐源太の三男に生まれ、一九二六年慶応大学医学部を卒業して同大細菌学教室助手を務めた後、同年一〇月京都帝大医学部衛生学教室専修生となった。次いで二七年六月倉敷労働科学研究所、二八年鐘紡衛生係に歴勤し、三二年九月論文「日本婦人ノ基礎新陳代謝ノ年齢的変化」により慶大より医学博士号を取得し、三四年満鉄衛生課現業衛生係主任に転じて渡満した。その後三六年七月国務院民政部技佐に転じて衛生司防疫科長となり、同年九月特許発明局技佐・評定官兼審査官を経て三七年七月行政機構改革により民政部保健司防疫科長となった。

川岸　藤太夫　▷9

川岸株式店主、奉天信託㈱取締役、奉天信託㈱監査役、小栗商会顧問／奉天加茂町／一八六五（慶一）七／岐阜県養老郡笠郷村

郷里の喬木塾で角田錦江に就いて漢学を修め、一七歳で家督を継ぎ東濃で桑園を経営した。一八九三年名古屋に出て米穀仲買に従事した後、上京して深川で米穀仲買委託問屋を開業した。その後一九〇三年栗生武右衛門に招かれ、店舗をたたんで栗生商店に入った。〇八年台湾支店の開設とともに支店長として赴任し、次いで一二年上海支店の開設とともに主任を務めたが、一五年一月栗生商店の経営が悪化したため帰国して店務の整理に従事した。その後二一年五月に渡満して奉天に川岸商店を開業し、株式仲買業を営んだ。

川岸　芳助　▷12

川岸商店主／奉天省撫順東四条通／一八七九（明一二）一一／三重県宇治山田市外二軒茶屋

一九〇七年に渡満し、一〇年から撫順東四条通で履物商を営んだ。かたわら中国人向けの貸家業を共同経営し、さらに金融投資も行い、三三年に満鮮特産興業会社を創立して代表者となったが、後に解散して商店経営に専念した。

川北筑太郎　▷3

満州興信公所主事／大連市監部通／一八六八（明一）二／滋賀県滋賀郡膳所町

旧姓は岡、旧膳所藩士の子に生まれ、後に川北家を相続した。若年の時から東京で修学し、逓信属から転じて北海道物産商会員となって小樽築港事務を兼務し、物産商会の解散後は大倉組に入って石狩川汽船会社を兼掌した。次いで札幌麦酒㈱に転じ、勤務のかたわら印刷事業を興したが、父の病のため事業を譲渡して郷里の膳所町に帰った。その後一九〇〇年に北清事変が起きると宇品に赴いて海軍用達業を始め、さらに横須賀鎮守府経理部、造船所等の用達をしながら土木請負業を兼営した。日露戦中の〇五年一月旅順鎮守府開庁に際して随行を命じられて渡満し、同地で海軍用達業を営む一方、川北組を開設した。関東都督府の指定請負人として陸海軍その他諸官衙用達と土木建築請負、内外諸雑貨販売業を経営し、後に同市鯖江町に新築移転した。その後一〇年に満州興信公所代表人の中野寅次郎に頼まれて同公所を経営したが、翌年これを石本鑽太郎に譲って同公所主事を務めた。

川喜多正時 ▷12

国務院司法部総務司員、従六位／新京特別市大同大街国務院司法部／一九〇一（明三四）七／滋賀県滋賀郡坂本村／京都帝大法学部英法科

一九二五年三月京都帝大法学部英法科を卒業し、翌年文官高等試験司法科に合格した。二七年三月司法官試補となり、同年八月大阪区裁判所検事代理、二八年一〇月予備判事、二九年四月大阪地方裁判所・大阪区裁判所判事を歴職した。三五年八月に退職し、翌月国務院司法部事務官となって渡満し、司法部総務司に勤務して三六年八月法典制定委員会委員兼幹事、民事法典起草委員会委員を務め、三七年四月司法部参事官となった。

川北　義徳 ▷12

吉林国立医院医官／吉林三義廟胡同吉林国立医院／一八九四（明二七）三／東京府東京市目黒区駒場町／東京歯科医学専門学校

島根県立浜田中学校を卒業した後、一九一五年国府台の野砲兵第一六連隊に入営して兵役に服した。その後東京歯科医学専門学校に入学して二四年に卒業し、同年六月原籍地で歯科医院を開業した。診療のかたわら二五年一二月東明学士会理事、二六年一一月東京歯科医学士会幹事、同支部理事、東京府荏原歯科医師会幹事等を務め、二八年四月から東京歯科医師会代議を三年務めた。その後三五年六月に渡満して吉林国立医院医官となり、三七年二月勲六位景雲章を授与された。

川口　泉 ▷3

関東都督府医院医員、庶務部長、高等官五等、従六位勲五等／旅順旧市街一戸町官舎／一八七七（明一〇）四／長野県北佐久郡小諸町／第一高等学校医学部医学科

一八九八年一〇月、第一高等学校医学部医学科を卒業した。一年志願兵として入営したが、そのまま軍籍に入り、一九〇一年三月に陸軍三等軍医となった。東京衛戍病院、第一師団軍医部員、東京予備病院、東京第一衛戍病院付などを歴任し、この間『三十七八年戦役衛生史』の編纂委員を務めた。一一年一二月関東都督府医院医員となって渡満し、後に同院庶務部長を兼務した。

川口幸治郎 ▷12

満鉄大連鉄道事務所車務課機械係主任、工業標準規格委員会委員、鉄道総局度量衡器検査員、正八位／大連市聖徳街／一九〇一（明三四）三／長崎県長崎市新町／旅順工科大学専門部機械科

長崎県川口常吉の三男に生まれ、一九二〇年三月南満州工業学校を卒業して満鉄に入り技術部機械課に勤務した。二一年四月旅順工科大学に入学のため非役となり、二四年に同大専門部機械科を卒業して復職し、同年一二月兵役のため再び非役となり、満期除隊して復職した。その後三〇年六月鉄道工場、三一年八月鉄道部車務課埠頭事務所工務区工事助役、三三年二月鉄道部工作課に歴勤して三六年九月副参事に昇格し、大連鉄道事務所車務課機械係主任に就いた。

川口　漸 ▷12

吉林専売署事業科長／吉林専売署事業科長公館／一九〇一（明三四）一〇／高知県安芸郡安芸町／東亜同文書院

高知県川口秀弥の子に生まれ、県立安芸中学校を経て一九二三年三月上海の東亜同文書院を卒業し、同年一二月朝鮮清津府の大陸木材工業会社に入った。本社林業部勤務を経て二六年一月神戸の総務部に転勤した後、同年五月山口県通訳嘱託に転じて県警察部特高課に勤務し、下関警察署及び下関水上署を兼務した。次いで二八年関東庁開原取引所に転じて渡満したが、二九年五月に帰国して佐賀県立唐津商業学校教諭となり中国語を担当した。その後三三年四月国務院財政部専売総署属官に転じて再び渡満し、同年八月総務科文書股長となった。三六年一月専売総署事務官に進み、同年九月間島専売署事業科長を経て三七年三月吉林専売署事業科長となった。

川口清次郎 ▷12

満州鉱㈱経理課長／奉天省鞍山南八条町／一八九五（明二八）八／神奈川県横浜市岡野町／満州法政学院経済科

滋賀県に生まれ、後に渡満して大連の満州法政学院経済科を卒業し、一九一五年一〇月満鉄に入社した。以来勤続し、三〇年四月経理部主計課主任待遇、三一年八月経理部会計課貯金係主任を歴任した後、三二年五月満州国政府の招聘により退社し、翌月から国務院蒙政部経理科長を務めた。その後三五年六月に依願免官し、満州鉱㈱に転じて経理課長に就いた。この間、満州事変時の功により従軍記章及び勲五位景雲章を授与された。

川口　達郎 ▷14

大連埠頭事務所副所長、大連市会議員／大連市臥竜台／一八九一（明二四）一／宮崎県東諸県郡高岡町／九州帝国大学工科大学土木学科

熊本の第五高等学校から九州帝国大学工科大学土木学科に進み、一九一八年七月に卒業して満鉄に入社した。大連埠頭事務所築港事務所第二埠頭改築工事監督主任として勤務したが、同年一二月一年志願兵として熊本の第六師団野砲兵第五連隊に入隊した。翌年除隊して予備砲兵少尉に任官して築港事務所に帰任し、二二年三月満鉄本社線路課に転じた後、二四年の職制変更で計画課港湾係主任となった。その後累進して大連埠頭事務所副所長に就任し、三六年一一月からは大連市会議員も務めたが、翌年九月に満鉄、議員をともに辞して帰国した。

川口丁次郎 ▷11

旅順衛戍病院附、陸軍二等薬剤正、正六位勲三等／旅順市朝日町／一八八二（明一五）九／福岡県八女郡三河村／長崎医学専門学校薬学科

福岡県儒者川口深造の次男に生まれ、一九〇四年長崎医学専門学校薬学科を卒業して陸軍に入った。翌年から熊本予備病院付を振り出しに大石橋兵站病院、関東陸軍病院、鹿児島衛戍病院、天津駐屯軍病院、和歌山衛戍病院、横須賀衛戍病院、浦潮第一陸軍病院、福山衛戍病院、弘前衛戍病院など国内外の軍病院に勤務した。その後再び渡満して旅順衛戍病院付となり、関東軍軍医部部員を兼務した。

河口　登 ▷12

国務院交通部郵政管理局事務官兼郵局事務官、奉天郵政管理局承徳郵局長／熱河省承徳粮子街承徳郵局／一九〇五（明三八）一〇／山口県都濃郡花岡村／京都帝大法学部

徳山中学校、第五高等学校を経て一九三〇年三月京都帝大法学部を卒業した。三三年に渡満し、同年九月満州国郵政管理局属官となった。三五年一二月郵政管理局事務官となり、奉天郵政管理局に転勤し、郵局事務官及び承徳郵局長を兼任した。この間、勲八位景雲章を授与され、三四年に建国功労賞及び大典記念章を授与された。

川口　彦治 ▷7

関東庁事務総長、従四位／大連／一八七〇（明三）一二／宮崎県西諸県郡加久藤村／帝国大学法科大学政治学科

鹿児島高等中学造士館を卒業して帝国大学法科大学に進み、一八九九年七月政治学科を卒業した。警視庁属となって府中警察署長に就き、山梨県警察部長・同事務官、茨城・大分・愛知各県の事務官、愛知県内務部長を経て奈良・秋田・熊本・愛知各県知事を歴任した。二三年六月関東庁事務総長に任じられて渡満したが、翌二四年六月加藤高明内閣が成立すると職を辞して欧州に外遊し、翌年帰国して東京に住んだ。

川口松太郎 ▷12

奉天税務監督署経理科長／奉天商埠地南三経路松風館／一八九二（明二五）三／三重県名賀郡名張町

税務属として上村、下田、名古屋、桑名の各税務署に歴勤した後、名古屋税務監督局経理部に勤務した。三三年司税官に進んで退官し、国務院財政部事務官となって渡満し、税務司に勤務した。次いで三七年一月税務監督署事務官に転任し、奉天税務監督署経理科長となった。

川口　盛夫 ▷12

満鉄撫順炭砿竜鳳採炭所経理係主任、在郷軍人会撫順第一分会監事、撫順長崎県人会幹事、正八位勲八

等／奉天省撫順竜鳳／一九〇一（明三四）一／長崎県東彼杵郡彼杵村／早稲田大学専門部政経科

佐世保中学校を卒業して一九二五年三月早稲田大学専門部政経科を卒業し、同年四月一年志願兵として入営した。退営後、二六年一二月満鉄に入社して撫順炭砿庶務課に勤務した。三〇年六月炭砿部庶務課、同年九月同部経理課、三一年八月撫順炭砿経理課、三四年四月臨時竜鳳炭坑建設事務所勤務を経て三五年一〇月竜鳳採炭所経理係主任となった。この間、満州事変時の功により勲八等瑞宝章並びに従軍記章及び建国功労賞を受けた。

川口　芳遠　▷12

満鉄鉄道総局会計課員／奉天平安通／一八九二（明二五）三／福岡県福岡市大字下警固／福岡商業学校

福岡県川口久重の五男に生まれ、一九一二年福岡商業学校を卒業して満鉄に入社し、撫順炭砿に勤務して後に出納係主任となった。勤務のかたわら撫順体育協会を創立して幹事となり、同会及び満鉄運動会撫順支部の幹事を務めた。次いで鉄路総局に転任して経理処出納係主任を務めた後、三六年一〇月副参事に昇格して鉄道総局会計課に転任し、三七年四月勤続一五年の表彰を受けた。

川久保鉄三　▷1

川久保洋行主／旅順市乃木町／一八七一（明四）二／大阪府大阪市天王寺区／明治大学

大阪の天王寺に生まれ、後に奈良県の旧郡山藩士川久保家の養嗣子となり、郡山中学校を卒業した。上京して明治大学に学んだ後、一八九八年天津に渡り諸種の事業を画策したが失敗し、シベリアに渡った。その後旅順でシーマン商会に勤務中に日露戦争が始まり、陸軍通訳として従軍して勲六等旭日章と賜金を授与された。戦後再び旅順に戻って乃木町に川久保洋行を設立して海陸運送業と時計・貴金属装飾品の販売業を営み、かたわら旅順市衛生組合員と旅順赤十字社病院評議員を務めた。

河越　重隆　▷11

本渓湖煤鉄公司医師／奉天省本渓湖東山公司社宅／一九〇三（明三六）三／鳥取県鳥取市西品渡町／東京医学専門学校

一九二五年東京医学専門学校を卒業し、翌年渡満して開業した。その後、本渓湖煤鉄公司に入社して同公司医師となった。

川越　重治　▷9

泰隆油房主、泰隆銭荘主／奉天省営口入船町／一八七九（明一二）七／東京府東京市牛込区市谷

一九〇四年日露戦争に従軍し、翌年帰国して除隊した。〇六年六月小寺洋行に入って営口支店主任を一五年務め、二〇年一一月に退店して同地で泰隆油房と泰隆銭荘を独立経営した。

川越　茂　▷11

吉林総領事、従五位勲四等／吉林／一八八一（明一四）一／宮崎県宮崎市赤江町／東京帝大法科大学独法科

宮崎県士族で代議士を務めた川越進の長男として生まれ、鹿児島第七高等学校造士館を出て上京し、一九〇八年七月東京帝大法科大学独法科を卒業した。一〇年外交官領事官試験に合格して外務省に入り、ハルビン領事館領事官補として渡満した。その後漢口領事を経て一八年に外務書記官となり、シベリヤ事情調査局に勤務した。さらにドイツ大使館書記官として在欧二年、亜細亜局第三課長、ホノルル駐在総領事等を歴任し、二五年四月吉林総領事となって再び渡満した。⇒以後、青島、広東、天津駐在各総領事を歴任して三二年に在満州国大使館参事官となったが、熱河作戦をめぐって関東軍と対立して帰国した。三三年広東総領事、三四年天津総領事を務めた後、三六年駐華大使となって日貨排斥・抗日運動昂揚の下で国民政府と国交調整に努めたが挫折し、三八年一月に帰国して同年一二月退官した。六九年一二月没。

川越　伝治　▷12

川越酒造店主、牡丹江商工会議所議員／牡丹江円明街／一八九三（明二六）七／北海道空知郡滝川町

北海道川越岩吉の長男に生まれ、年少の頃から醸造業に従事し、後に独立して札幌市で味噌醤油の醸造販売業を営んだ。その後一九三四年に渡満して牡丹江に居を定め、翌年円明街に醸造場を設けて酒造業を開始し、銘酒「凱歌」を醸造して年商高一万数千円を計上した。

川越巳之助　▷12

川越歯科医院主／大連市桃源台／一八八六（明一九）九／山形県西村山郡高松村／日本歯科医専

山形県農業川越富次の三男に生まれ、一九〇五年小学校教員検定試験に合格した後、医師に志望を変えて一九一〇年六月日本歯科医学専門学校を卒業した。一二年医術開業歯科実地試験に合格し、一三年四月に渡満して満鉄に入り長春医院に勤務した。その後一六年三月に退社し、大連市伊勢町で歯科医院を開業した。

川越　守二　▷11

関東軍幕僚付、陸軍砲兵大尉／旅順市春日町／一八九五（明二八）一／鹿児島県日置郡伊作町／陸軍士官学校、砲工学校高等科、陸軍大学

鹿児島県川越半之丞の六男に生まれ、一九一六年五月陸軍士官学校を卒業し、同年一二月砲兵少尉に任官して野砲兵一大隊付となった。その後砲工学校普通科、同高等科に学び、陸軍大学校を卒業して陸軍工科学校教官、参謀本部付となった。二七年八月関東軍司令部付となって渡満し、関東軍幕僚付として勤務した。

川越　良光　▷12

満鉄洮南鉄路監理所監理員、勲八等／龍江省洮南満鉄鉄路監理所／一九〇一（明三四）一一／鹿児島県日置郡仲伊集院村

鹿児島県川越孝介の次男に生まれ、一九一七年八月通信事務員となった。一八年六月満鉄に転じて安東駅及び奉天駅に勤務した後、二一年一二月徴兵されて兵役に服した。除隊復職して奉天列車区勤務、遼陽分区、耽火信号場勤務を経て石山駅助役、鞍山駅助役、高家歳信号場長、沙河駅長を歴任した。三七年五月チチハル鉄路局機務処配車科に転勤し、次いで同年六月洮南鉄路監理所監理員となった。この間、満州事変時の功により勲八等に叙され、三四年四月勤続一五年の表彰を受けた。

川崎　一郎　▷11

熊岳城電灯営業所営業係長／奉天省熊岳城日清街／一八七四（明七）八／大阪府大阪市北区国分寺町

警察官・郡書記・会社員など諸種の職業に従事した後、渡満して瓦房店電灯㈱に入り、後に熊岳城営業所営業係長となった。

川崎亥之吉　▷11

満鉄開原地方事務所長／奉天省開原付属地敷島街／一八八七（明二〇）八／茨城県那珂郡勝田村／中央大学商科

茨城県農業川崎已之吉の三男に生まれ、一九一二年三月中央大学商科を卒業して満鉄に入社し、撫順炭砿会計課に勤務した。給与係主任を経て一九年三月熱河特別区域の新邱炭砿に庶務主任兼経理主任として赴任した。二三年一月本社に戻り、経理部主計課審査係主任、地方部庶務課人事係を経て二七年一一月に開原地方事務所長となり、かたわら同地の帝国軍人後援会委員長、満州結核予防会支部長を務めた。

川崎　英治　▷7

満蒙毛織物㈱会計主任／奉天八幡町／一八八九（明二二）八／鹿児島県鹿児島市上竜尾町／鹿児島商業学校

一九一八年三月鹿児島商業学校を卒業して渡満し、同年一二月、東拓と満鉄の共同出資で創業した満蒙毛織物㈱に入社した。以来、同社の会計事務を専任して会計主任を務めた。

川崎喜三郎　▷1

万松号支店主任／大連市乃木町／一八八〇（明一三）九／東京府東京市四谷区麹町

東京市四谷区伝馬町に生まれ、後に同区麹町に転籍した。学業を終えた後、東京日本橋の時計貴金属製造販売業万松号商店に入り、店主の村松万三郎が農商務省の特命で東京美術商組合の代表として中国美術品調査に赴くのに同行し、一九〇五年に渡満した。御用船博多丸で大連に上陸し、旅順、金州、熊岳城、海城、大石橋、遼陽、奉天、鉄嶺、営口等の各地を調査した後、営口で京津方面に向かう店主と別れた。その後店主命で大連市大山通に万松号支店を開設し、主任として貴金属時計類の販売に従事した。

河崎　泰次　▷12

㈱荒井組ハルビン出張所主任、従七位／ハルビン南崗花園街荒井組出張所／一八九四（明二七）一二／新潟県高田市大平町／工手学校

一九一七年東京築地の工手学校を卒業して鉄道院に入り、敦賀建設事務所に勤務した。次いで青島地処建物㈱、東洋塩業㈱技術部、朝鮮総督府に歴職し、三五年荒井組に転じてハルビン出張所主任を務めた。

川崎　辰美　▷12

間島省公署民政庁行政科員、正八位／間島省延吉省公署民政庁／一八九八（明三一）一二／広島県高田軍根野村／西条農学校

一九一八年広島県立西条農学校を卒業した後、一九年一二月一年志願兵として浜田の歩兵第二一連隊に入営した。除隊して二一年八月京畿道産業技手兼書記となり、二三年三月朝鮮総督府行政所を修了して朝鮮総督府道属に進み、三一年五月咸鏡南道土木書記となった。その後三四年一二月間島省公署属官に転じて渡満し、三六年五月同事務官に進んで民政庁行政科に勤務した。

川崎　文雄　▷12

満鉄新京駅事務助役／新京特別市駅／一九一一（明四四）四／福岡県糸島郡神吉村／東京外国語学校露語部貿易科

一九三三年三月東京外国語学校露語部貿易科を卒業して満鉄に入り、鉄道部勤務を経て同年八月新京駅に勤務した。三四年四月新京列車区に転勤した後、三五年二月新京駅事務助役となった。

河崎安次郎　▷1

河崎組主／奉天省鉄嶺／一八六六（慶二）八／京都府京都市下京区諏訪町

一八九七年四月台湾に渡り、基隆で陸軍その他官衙の用達業と土木建築請負業に従事した。一九〇五年四月に廃業し、渡満して鉄嶺の第五五連隊付酒保となったが、その後酒保が官営となったため軍隊用達業と土木建築請負業に転じた。後にラムネ製造業と牛肉販売業も兼営し、営業のかたわら同地の行政委員を務めた。

川崎　義生　▷12

満鉄佳木斯警務段巡監、在郷軍人会鉄路分会班長、勲七等／三江省佳木斯満鉄警務段／一八九九（明三二）七／三重県名賀郡古山村

三重県川崎千吉の次男に生まれ、一九二〇年大津の歩兵第九連隊に入営し、以来軍務に服して三三年特務曹長に進級した。三五年一二月予備役編入と同時に満鉄鉄路総局に入り、鉄路総局警務科専修科を修了して北安及びハルビンの各警務段巡監を務め、三七年六月佳木斯警務段に転勤した。

河崎　精之　▷12

河崎商店主／大連市加賀町／一八九六（明二九）一二／山口県下関市田中町／市立下関商業学校

山口県商業河崎亀助の三男に生まれ、一九一六年市立下関商業学校を卒業して下関の湯浅竹之助商店に入り、同月大連の湯浅洋行に転勤して渡満した。一〇年勤続した後、二七年一一月に退社して大連市加賀町に河崎商店を興し、満州特産物と食用油の販売業を独立経営した。

川崎　流三　▷3

関東都督府属土木課員／旅順新市街旭川町／一八六八（明一）四／福岡県宗像郡上西郷村

一八九九年四月、台湾に渡って総督府土木局に勤務した。日露戦後の一九〇六年一二月に渡満し、関東都督府属となって土木課に勤務した。

川崎　良平　▷11

満鉄臨時経済調査委員会委員／大連市三室町／一八七五（明八）六／宮崎県南那珂郡飫肥町／宮崎県師範学校

宮崎県農業川崎小太郎の次男に生まれ、一八九六年三月宮崎県師範学校を卒業した。以来一七年間県下で教職に就いた後、一九一二年七月に渡満し、翌年一〇月満鉄に入社して撫順炭砿に勤務した。二五年五月本社経理部会計課に転任し、二七年一二月から臨時経済調査委員会に勤務した。家庭運に恵まれず、先妻は二女を遺し、後妻も三男二女を遺して逝った。

川路　喜平　▷13

撫順窯業㈱取締役社長、東亞鉛筆遼司(股)／董事長、撫順製紙㈱取締役、撫順起業㈱監査役、満州松風工業(股)／監察人、撫順地方委員、勲八等功七級／奉天省撫順東三番町／一八八三（明一六）三／鹿児島県鹿児島市田上町／中学校

鹿児島県農業川路清太郎の四男として鹿児島郡西武田村に生まれ、中学校を卒業した後徴兵されて日露戦争に従軍し、勲八等功七級金鵄勲章を授与された。除隊後一九〇八年三月に渡満して満鉄に入社し、撫順炭砿用度課に勤務した。その後二〇年四月に退社して撫順窯業㈱常務取締役に就き、専務取締役を経て三三年七月社長に就任した。かたわら撫順新市街設定問題等に尽力し、地方区委員や撫順区諮問委員等のほか、同郷団体の南州会幹事を務めた。長男正平は熊本高等工業学校を卒業して満鉄に入り、撫順炭砿に勤務した。

川島　梅吉　▷11

満鉄営口地方事務所庶務係渉外主任／奉天省営口青柳街／一八七八（明一一）三／滋賀県甲賀郡柏木村／バージニア大学

滋賀県農業川島善太郎の四男に生まれ、渡米してバージニア大学に学び、文学士と文学修士の学位を取得した。帰国して岡山県高梁町の順生女学校、神戸の関西学院、神戸女学院などで数学を教えた後、教職を辞して神戸で輸出貿易業に携わった。一九二一年八月に渡満して大連のアメリカ領事館書記となったが、まもなく同地で再び貿易業を始めた。その後、大連医院の建築が始まると満鉄嘱託として八ヶ月務め、二四年四月に満鉄外人係に登用されて営口地方事務所に勤務した。岡山県順正高女出身の夫人文との間に二男三女があり、長女は大連医院医師の星直利に嫁した。

川島　銃一　▷4

三井洋行社員／ハルビン／一八八四（明一七）／岡山県上房郡高梁町／東亜同文書院

岡山県高梁に生まれ、一九〇二年上海の東亜同文書院に入学し、〇五年に優等の成績で卒業した。以後七年にわたり上海、漢口、天津等の諸都市を始めとして華北・華中の各地を歴遊し、中国語を実地習得しつつ中国事情を踏査した。その後、語学力と実際知識を買われて三井洋行に招かれ、同社ハルビン事業所に勤務した。

川島定兵衛　▷12

㈾豊泰洋行代表社員、日満特産商連合会幹事、開原特産商組合長、開原取引所日商取引人組合長、西方電業㈱重役、亞細亞製粉㈱副社長、開原電気㈱取締役、開原長途汽車公司董事、西豊電業(股)董事、開原実業会会頭、開原金融組合長／奉天省開原付属地東洋街／一八七六（明九）一一／栃木県足利市

栃木県川島幸吉の長男に生まれ、五歳で家督を相続した。一八九九年東京製粉㈱に入り、次いで薩摩商会に転じ、一九〇六年同社旅順出張員となって渡満した。その後〇七年に旅順出張所撤収となり、帰国して大阪支店に勤務したが、〇九年二月同商会を辞して再び渡満し、翌年から開原の清和公司内に寄寓して特産物の買い入れに従事した。一二年に開原福昌街に豊泰洋行を設立して特産物商を営み、社業の発展とともに合資会社に改組した。本業のかたわら開原実業会会頭、日満特産商連合会幹事、開原特産商組合長、開原取引所日商取引人組合長、開原金融組合長等多くの役職を兼ねた。

川島　順吉　▷12

ハルビン総領事館牡丹江警察署長、勲七等／牡丹江日本領事館警察署長官舎／一八九〇（明二三）一一／栃木県下都賀郡藤岡町／中学校中退

中学校を中退して陸軍に入り、憲兵軍曹に累進した後、除隊して外務省警察に入り間島日本総領事館に勤務した。以来勤続し、満州里警察署長を経てハルビン総領事館牡丹江警察署長に就いた。この間、満州事変時の功により恩賞局より年金付勲七等旭日章、外務大臣より警察功労賞、満州国より勲七位景雲章を授与された。

川島信太郎　▷11

新聞連合社大連支局長／大連市明治町／一八九四（明二七）一〇／大阪府大阪市東区徳井町／逓信管理練習所無線電信科

大阪府判官川島治兵衛の四男に生まれ、一九一四年逓信官吏練習所電信科を卒業して引き続き無線電信科に学んだ。一六年に修了して逓信省に入ったが、まもなくこれを辞して欧米各国を巡訪した。翌一七年神戸の明治海運㈱に入社したが、二二年国際通信社に転じ、大連支局長となって二四年に渡満した。二六年五月に国際通信社が解散して日本新聞連合社が発足した後も、引き続き大連支局長を務めた。

河島　常夫　▷12

錦州省公署官房経理科長／錦州省錦県新市街木村土地省公署官房経

理科長公館／一九〇四（明三七）五／鹿児島県熊毛郡西之表町／東京帝大経済学部商業学科

鹿児島県河島源千代の長男に生まれ、一九二九年三月東京帝大経済学部商業学科を卒業して渡満し、満鉄社員消費組合に勤務した。三一年奉天電灯廠に転じ、次いで三二年六月国務院総務庁事務官に転じて総務庁主計処に勤務した。三五年一一月錦州省公署理事官に転任して同省公署総務庁経理科長に就き、三七年七月の行政機構改革により同官房経理科長となった。この間、勲六位景雲章を授与され、建国功労賞及び大典記念章を受章した。

川島　藤蔵　▷1

永順洋行奉天出張店主任、勲七等／奉天／一八七七（明一〇）四／三重県津市八幡町

旧藤堂藩士の子に生まれ、一三歳の時に上京して長井九郎右衛門商店東京出張所に奉公に入った。その後徴兵適齢に達して兵役に服し、満期除隊して復職したが、一九〇四年日露戦争に召集され第三師団の砲兵軍曹として従軍し、各地に転戦して後に勲七等瑞宝章と金一二〇円を受けた。戦後〇六年に長井商店が大連、営口、奉天に進出して出張店を設置する際、奉天出張店主任となって渡満した。

川島俵治郎　▷12

東亜自動車商会㈱支配人／ハルビン埠頭区中央大街／一八九六（明二九）一一／滋賀県神崎郡南五ヶ庄村／東京府立第一中学校

東京府立第一中学校を卒業した後、大阪の伊藤忠に入社した。一九三二年京城に本社を置く㈱共益社に転じ、翌年五月ハルビンの子会社東亜自動車商会に派遣されて会計部長に就いた。三六年八月支配人となり、シボレー及びビユイックの北満における特約販売権を獲得し、漸次発展して三四年一二月株式組織に改組した。

河島　平吉　▷12

河島ミシン商会主／大連市信濃町／一八八三（明一六）二／石川県羽咋郡高浜町

年少の頃から郷里で実業に従事し、石川汽船会社を創業した。その後一九一五年に渡満してシンガーミシン会社に入り、北満各地に勤務した。大連支店長を務めた後、二六年に退社して信濃町に河島ミシン商会を開業し、ミシン、蓄音器、レコード、ラジオ等を販売した。

河島　義人　▷3

正隆銀行旅順支店主任／旅順市鯖江町／一八七六（明九）一一／東京府東京市芝区下高輪町

一八歳の時に上京し、苦学して安田銀行の給仕になった。以来同行に勤続したが、一九〇七年病気のため退職して静養した。同年一二月、営口に渡り正隆銀行に入った。〇九年一二月奉天支店の開設に伴い創始の任にあたり、一五年九月旅順支店主任に転じた。この間夫人の死去に遭い、五人の児女を養育した。

川路　吉蔵　▷7

川路洋行主／ハルビン埠頭区モストワヤ街／一八八三（明一六）一／鹿児島県鹿児島市上町

一九〇三年に渡満してハルビンで事業を手がけたが、日露戦争が始まって奉天に引き揚げた。〇四年に徴兵されて帰国したが、ほどなく戦争終結となり入営を免れた。短い渡満の経験から中国語習得の必要を痛感し、鹿児島市で種子島氏が経営する清語学校に入学して半年学んだ後、〇六年にウラジオストクに赴いて川路洋行を興し、京阪地方から雑貨を仕入れてロシア人と中国人向けに販売して財を成した。第一次世界大戦が始まると再びハルビンに商機を見出し、一五年にウラジオストクを撤収してハルビン市モストワヤ街に移り、得意の中国語とロシア語を駆使して日本製雑貨の売り込みに腐心して成功した。

川澄勝太郎　▷12

長尾洋行ハルビン支店主任／ハルビン外国八道街／一九〇五（明三八）二／愛知県宝飯郡小坂井町

少年期から豊橋市の長尾洋行本店で働き、一九三四年四月ハルビン支店の開設とともに主任となって渡満した。陸海軍諸官衙用達商として請負賄い、野菜・乾物・魚肉・酒保品を取り扱い、日本人四人、中国人五人を使用して奥地の駐屯部隊にも納入し、三七年に資本金を二万円に増額した。業務のかたわら満州国防会正会員として活動し、国防献金により民政部大臣の表彰を受けた。

川住　軍吉 ▷12

川住鉄工所主／奉天紅梅町／一八八五（明一八）二／広島県広島市下柳町／広島工業実習学校

広島工業実習学校を卒業して広島市で鉄工業に従事した後、一九一二年に渡満して満鉄に入り撫順炭砿に勤務した。その後一七年に退社し、一八年に夫人政子の実家である瀬川鉄工所に入った。次いで一九年四月に独立して川住鉄工所を創立し、満鉄奉天管内鉄工指定請負人として鉄工業を営んだ。この間、満州事変時の功により木杯及び従軍記章を授与された。

川住　忠造 ▷12

吉林薬房主、在郷軍人会吉林第二分会理事、満州国協和会幹事／吉林新開門外／一九〇一（明三四）一／山梨県南巨摩郡増穂村

山梨県川住長十郎の次男に生まれ、一九二一年兵役に服し、公主嶺守備隊勤務となって渡満した。一九二四年現地除隊して同地に在住し、二七年から新開門外で売薬商を営んだ。

河済　友吉 ▷3

瓦房店警務支署長／奉天省瓦房店東街／一八八一（明一四）六／山口県都濃郡戸田村／東亜同文書院政治科

一九〇五年四月、上海東亜同文書院政治科を卒業した。同年八月陸軍通訳として日露戦争に従軍し、翌年一二月陸軍通訳を解かれた。〇七年八月関東都督府翻訳生として大石橋警務署付となり、同年一一月遼陽警務署に転任した。〇八年二月関東都督府警部兼外務署警部に昇任し、同年五月営口警務署に転じて牛荘領事館兼務となった。〇九年八月関東都督府警部専任となり、同年一二月から営口庁警務教習に応聘した後、一四年二月瓦房店警務支署長・外務省警部となった。

川澄　末吉 ▷3

正隆銀行支配人／大連市神明町／一八七一（明四）九／茨城県水戸市上市鉄砲町／東京専修学校経済科

一八九五年東京専修学校経済科を卒業し、翌年神戸の日本商業銀行に入社した。一九〇五年第三銀行に転じ、各地支店長を歴任して大阪支店長となったが、一九一四年一〇月正隆銀行に転じて渡満し、同行支配人に就いた。

河瀬寿美雄 ▷12

国務院営繕需品局技佐兼国務院総務庁秘書処事務官、日本工学会衛生技術協会評議員、満州技術協会新京支部幹事・煤煙防止委員会幹事／新京特別市崇智胡同／一八九六（明二九）一二／神奈川県横浜市神奈川区篠原町／東京高等工業学校機械科

神奈川県河瀬早治の長男に生まれ、一九一六年早稲田大学理工科を中退して東京高等工業学校機械科に入学した。二〇年に卒業して渡満し、大連の勝本機械事務所に勤務した後、満鉄に転じて機械技術方面を担当した。三二年一一月満州国官吏に転出して国都建設局技正となり、国都建設紀年式典準備委員会工営部幹事を兼任した。その後官制改正で営繕需品局技佐となり、国務院総務庁秘書処事務官を兼務した。

川瀬　石仙 ▷12

三江省樺川県参事官兼地籍整理局樺川支局員／三江省樺川県参事官公館／一九〇五（明三八）七／宮崎県南那珂郡南郷村／東京帝大文学部大学院

一九三〇年東京帝大文学部社会学科を卒業し、次いで三二年同大学院第一期を修了した。その後三三年三月に渡満して国務院民政部地方司に勤務し、次いで北安省徳都県属官、龍江省公署総務庁総務科人事股長を歴任した。三六年一〇月三江省樺川県参事官に転任し、三七年三月地籍整理局事務官兼任となり地籍整理局樺川支局に勤務した。

川添　茂頼 ▷11

土木建築請負業／大連市若狭町／一八九一（明二四）一二／岡山県阿哲郡新郷村

岡山県大工川添喜次郎の長男に生まれ、家業を継いで郷里で大工をしていたが、一九一一年に渡満した。大連で五年ほど大工職を営んだ後、一六年から土木建築請負業を独立経営した。

川副　孝 ▷12

満鉄吉林鉄路局総務処事故科長、社員会吉林連合会幹事、勲八等／吉林満鉄鉄路局総務処／一九〇七

（明四〇）二／佐賀県佐賀郡東与賀村／京城帝大法文学部

佐賀県川副次衛の長男に生まれ、一九二九年三月京城帝大法文学部を卒業して満鉄に入り、鉄道部に勤務した。長春駅に転勤した後、三三年五月鉄道建設局庶務課員となり、三六年一〇月の職制改正に際し吉林鉄路局総務処事故科長となった。この間、満州事変時の功により勲八等に叙され、柔道は講道館四段の腕を有した。

川田佐一郎 ▷12

奉天省濛江県参事官、勲八等／奉天省濛江県参事官公館／一八九四（明二七）五／埼玉県北足立郡原市町／東京善隣書院

埼玉県川田熊次郎の次男に生まれ、一九二〇年東京善隣書院を卒業して中国に渡り、山東省張店の日語支那語学校教師となり、翌年三月校長兼務となった。その後、二二年八月青島商業学校教師、二六年一一月在張家口小見山駐在武官の助手、二八年三月支那駐屯軍司令部嘱託、二九年八月天津の中日中学校教師を歴任した。満州事変後、三二年九月大迫貞通中佐の命を受けて渡満し、吉林喜平第一遊撃支隊連絡指導員となった。次いで三三年一月吉林陸軍機関及び吉林警備司令部顧問部情報主任、同年三月関東軍事務嘱託を経て同年一〇月満州国虎林県属官・代理参事官となり、三四年一〇月濛江県参事官に転任した。

河田　清二 ▷11

日本物産㈱大連出張所主任／大連市山県通／一八九九（明三二）三／兵庫県揖保郡旭陽村／神戸商業専修科

兵庫県河田豊太郎の次男に生まれ、一九一九年神戸商業学校専修科を卒業して大阪の日本物産㈱に入社した。二一年ハルビン支店となって渡満し、二四年大連出張所主任に就いた。内閣書記官長を務めた貴族院議員の塚本清治を叔父に持ち、予備陸軍一等主計正で関東軍経理部付・関東倉庫支庫長の石飛行一の長女春江を妻とした。

川田　赳 ▷12

満鉄大連鉄道事務所車務課客貨車係主任、社員会評議員／大連市菖蒲町／一九〇三（明三六）三／東京府東京市赤坂区青山南町／東北帝大工学部機械科

東京府川田敬三の長男に生まれ、一九二七年三月東北帝大工学部機械科を卒業して満鉄に入り、社長室人事課に勤務した。撫順炭砿機械工場、鉄道部工作課、鉄道工場、理学試験所、中央試験所兼南満鉱業専門学校講師、一般車両研究室主任等に歴勤し、三七年一月大連鉄道事務所に転任して車務課客貨車係主任を務めた。

河谷　俊清 ▷12

満州国協和会錦州省本部事務長兼総務科長／錦州省錦県満州国協和会本部／一九〇四（明三七）四／山口県熊毛郡勝間村／京都帝大経済学部

山口県河谷俊貴の三男に生まれ、一九二一年京都帝大経済学部を卒業した。以来銀行・会社等に勤務して後に会社重役となり、かたわら皇風会その他の愛国団体幹部となり日本精神発揚運動に従事した。その後三四年夏に渡満してハルビン特別市批発市場公司の創設に参与した後、三五年四月から満州国協和会中央事務局新京調査室に勤務して同年六月中央組織科長、同年八月中央組織処長兼組織科長を歴任した。三六年三月中央より錦州省本部に派遣され、事務長兼総務科長として省管下一二県及び国境地帯の工作を担当した。

河谷　正憲 ▷11

安東県六角堂相音寺布教師／安東県堀割通／一八八五（明一八）五／島根県川下町／曹洞宗専門学堂

島根県農業河谷寿一郎の長男に生まれ、曹洞宗専門学堂を卒業した。朝鮮布教師補として釜山に渡り、一九一一年一二月満州布教師として安東県に転じた。シベリア出兵に際し軍人布教のため従軍したほか、曹洞宗満州布教団長、安東仏教団常任幹事を務めた。書を能くして大乗と号し、東京書道展覧会に入選を重ねた。唐津高女出身の夫人照子も華幽の号で書道を得意とした。

川田　正躬 ▷12

満州中央銀行大連支行経理／大連市聖徳街／一八九三（明二六）九／高知県高知市久方／東京高等商業学校

一九一七年三月東京高等商業学校を卒業し、同年五月横浜正金銀行に入った。本店に勤務した後、神戸、上海、香港、上海、カルカッタ、本店等に歴勤して三〇年五月に退職した。その後三二年六月満州中央銀行の創立とともに入行し、為替課副課長を経て三七年三月大連支行経理となった。

河田　正義　▷12

満州中央銀行南広場支行経理／新京特別市興安胡同／一八九二（明二五）四／奈良県生駒郡郡山町／東京帝大法科大学政治学科

一九一七年七月東京帝大法科大学政治学科を卒業し、同年一〇月㈱松昌洋行船舶部に勤務した。次いで中央信託㈱創立事務所、大成化学工業㈱庶務課長、東京市大塚職業紹介所長等を歴職した。その後三三年四月満州中央銀行に転じて渡満し、後に南広場支店経理を務めた。

川田　隆太　▷11

開原公学堂教諭／奉天省開原敷島街／一八九八（明三一）一二／香川県木田郡井戸村／朝鮮京城師範学校

香川県川田恒太の長男に生まれ、一九二三年朝鮮の京城師範学校を卒業した。京畿道公立普通学校訓導、同尋常小学校長等を歴任したが、中国人子弟教育を志して二七年一〇月に渡満し、満鉄に入社して開原公学堂教諭に就いた。夫人峯子も京城教員養成所を修了して教員資格を有した。

「河内」は「かわうち」と「こうち」も見よ

河内　志郎　▷12

三江省公署総務庁長／三江省佳木斯総務庁長公館／一八八六（明一九）六／東京府東京市麻布区我善坊町／陸軍士官学校、陸軍砲兵学校

東京の私立麻布中学を経て一九〇九年七月陸軍士官学校を卒業し、同年一二月工兵少尉に任官した。工兵第八大隊付、朝鮮咸鏡北道軽便鉄道保線隊長、中野電信隊分遣、工兵第八大隊副官に歴補し、この間一一年に陸軍砲兵学校を卒業した。その後憲兵に転科し、東京憲兵隊付を経て憲兵練習所を修了し、朝鮮義州憲兵隊熙川憲兵分隊長、朝鮮総督府警視・平安北道警務部勤務、義州憲兵分隊長、義州憲兵隊副官、朝鮮憲兵隊司令部付に歴補した。次いで名古屋憲兵分隊長、岐阜憲兵分隊長、憲兵司令部付、東京憲兵隊分隊長、習志野憲兵分隊長、市川憲兵分隊長、東京憲兵隊副官、横浜憲兵分隊長、横須賀憲兵分隊長、憲兵練習所教官兼憲兵司令部部員、姫路憲兵隊長を歴任した。三一年八月憲兵中佐に累進して予備役編入となり、三三年八月黒龍江省公署理事官・警務庁長となって渡満し、吉林省公署警務庁長を経て三六年八月三江省公署総務庁長に就き、三七年六月に退官した。

河内　由蔵　▷11

満鉄大石橋地方事務所長／奉天省大街／一八八九（明二二）一／新潟県南蒲原郡中之島村／日本大学

新潟県農業河内与市の四男に生まれ、一九一六年日本大学を卒業して満鉄に入社した。遼陽、安東、奉天、長春の各地方事務所等に勤務し、二五年四月本社地方部地方課に転じた。同学務課に転じた後、二七年一一月大石橋地方事務所長に就任した。

川津　謹一　▷11

満鉄興行部庶務課鉱務係主任／大連市伏見町／一八九二（明二五）八／栃木県下都賀郡赤津／東京帝大法科大学

栃木県川津要一郎の三男に生まれ、一九一九年七月東京帝大法科大学を卒業して満鉄に入社した。本社興業部に勤め、後に庶務課鉱務係主任を務めた。夫人鞠江は静岡県に生まれ、女子美術学校を卒業して日本女子大学に学んだ。

川手与九郎　▷12

ハルビン警察庁特務科長／ハルビン竜江街ハルビン警察庁特務科長公館／一八九四（明二七）八／山口県大島郡蒲野村／広陵中学校

一九一二年広陵中学校を卒業した後、一四年一二月徴兵されて広島の騎兵第五連隊に入営し、一六年に憲兵に転科して広島憲兵隊に勤務した。次いで京城憲兵隊、朝鮮憲兵隊司令部、金沢憲兵隊副官兼鯖江憲兵分隊長代理、新発田憲兵分隊長、上海派遣、市川憲兵分隊長を歴補して憲兵中尉に累進した。その後三四年一二月依願予備役となり、ハルビン警察庁嘱託となって渡満し、三五年四月同特務科長となった。

川戸　愛雄　▷12

錦県専売署産塩科長／錦州省錦県専売署／一九〇三（明三六）五／鳥取県八頭郡河原町／東亜同

文書院商務科

鳥取県川戸啓四郎の三男に生まれ、鳥取中学校を経て一九二七年上海の東亞同文書院商務科を卒業した。二八年国際運輸㈱に入社して長春支店に勤務し、三〇年一〇月庶務主任となった。三二年四月吉黒権運署に派遣され、同年九月そのまま満州国官吏に転じて吉黒権運署属官となった。三四年一〇月同署事務官、三五年新京権運局副局長兼任を経て三六年二月塩務署事務官・経理科長となった。三七年一月塩務機関の専売総署への合体と同時に専売署事務官となり、錦県専売署産塩科長に就いた。この間の三二年、満州事変等により荒廃した塩場に入って塩業の振興と製塩業者の救済に尽力し、三三年一〇月復県製塩業者一同の発起で白家口に頌徳碑が建立された。

川辺　謙司　▷13

福昌公司㈱取締役兼工事部長、満州塗装㈱取締役、満州土木建築業協会副会長／大連市土佐町／一八九一（明二四）／福岡県筑紫郡那珂村／東京帝大工科大学土木科

福岡県立中学修猷館、第五高等学校を経て一九一六年七月東京帝大工科大学土木科を卒業した。台湾総督府鉄道部技師として線路調査及び改良線計画、新線建設工事等に従事した後、二〇年一〇月大連の福昌公司に請われて渡満し、同社工事部長に就いた。二九年株式会社への改組にともない取締役となり、三二年の満州国建国後の建設ブームに際し陣頭指揮をとって社業発展に努め、さらに華北進出を図って青島埠頭築造の国際入札を落札し、工期を半年短縮して三六年二月に完成させた。

川辺　惣作　▷11

関東庁警官練習所教官／旅順関東庁警察官練習所官舎／一八九七（明三〇）三／福岡県福岡市野間町／福岡県立修猷館中学

福岡県川辺長太郎の次男に生まれ、一九一七年福岡県立修猷館中学を卒業し、一九年に渡満して関東庁警察官となった。長春警察署に勤務した後、大連警察署に転じて高等警察出版物係を務め、二九年三月に関東庁警察官練習所教官となった。

「汾陽」は「かわみなみ」も見よ

汾陽　泰造　▷12

華豊洋行主／奉天平安通／一八八八（明二一）一一／鹿児島県出水郡出水町／東京高等商業学校

一九一四年東京高等商業学校を卒業した後、渡満して各種の仕事に従事し、二八年三月大阪範多商店奉天出張所主任となった。その後三一年に同店の満州撤退に際し業務一切を継承して華豊洋行を独立経営し、東京電気㈱代理店として同社製品を満鉄、満州電業公司その他に納入した。

河南　拓　▷11

奉天中学校舎監／奉天葵町／一八九三（明二六）一〇／石川県金沢市彦三一番町／東京美術学校西洋画科本科

陸軍歩兵少佐河南環の長男に生まれ、一九二一年東京美術学校西洋画科本科を卒業した。同年七月に渡満して満鉄に入り、南満州教育会教科書編輯部に勤務した。二五年四月奉天中学校講師に転任し、舎監を兼任した。

川南　元春　▷7

大石橋機関区助役／奉天省大石橋盤竜街／一八八七（明二〇）一／鹿児島県鹿児島市池之上町／鹿児島県立鹿屋農学校中退

鹿児島県立鹿屋農学校に入学したが家事の都合で中退し、鹿児島鉄道作業局に勤務した。日露戦中の一九〇五年七月、野戦鉄道提理部に編入されて渡満し、鉄嶺に勤務した。戦後〇七年四月に満鉄が開業すると同社に入り、引き続き鉄嶺に勤務した。一四年一一月公主嶺に転勤し、かたわら鉄嶺三州会副会長を務めた。二三年六月大石橋機関区助役に転じたが、ここでも同郷人二六人で三州会を組織して会長を務め、さらに同駅勤務の鹿児島出身者で作る錦江会の一五人を併合して三州会を拡大した。

汾陽　雄蔵　▷11

安奉線蛤蟆塘駅長／安奉線蛤蟆塘駅社宅／一八八九（明二二）一二／鹿児島県出水郡出水町

鹿児島県商業汾陽十八の次男に生まれ、一九〇八年八月に渡満して満鉄に入った。埠頭事務所船係として勤務した後、一四年営口埠頭支所、一八年長春駅、二〇年安東駅貨物方を経て二二年に奉天駅車掌となった。二四年に助役試験に合格し、石橋子駅、火連寨駅の各助役を歴任して二六年に宮原駅長となり、二八年一〇月安奉線蛤蟆塘駅長に転任した。野球を趣味とし、大連球界草分時代に選手として活躍した。

川西　信蔵　▷12

満鉄新京駅構内助役、錦町内会評議員、鳥取県人会評議員、勲八等／新京特別市錦町／一八八九（明二二）一一／鳥取県東伯郡小鴨村

鳥取県川西長蔵の長男に生まれ、日露戦争直後に渡満し、一九〇七年四月満鉄開業とともに入社した。旅順駅、万家嶺駅に勤務した後、〇八年八月瓦房店駅勤務を経て〇九年一一月長春駅に転勤し、三二年四月長春駅構内助役となった。この間、軌道毀損発見その他の功績で九回の表彰と三〇年勤続の表彰を受けたほか、関東庁施政二五年記念に際し木杯を授与され、満州事変時の功により勲八等瑞宝章及び従軍記章並びに建国功労賞、皇帝訪日記念章を授与された。長距離競走選手として活躍し、一九一一年から一六年まで三〇〇〇メートル、五〇〇〇メートル、一五〇〇メートルの記録を保持した。長男の勝政は京城医学専門学校を卒業して満鉄鞍山医院に勤務した。

川西　幸夫　▷8

[資]利順成主／奉天加茂町／一八九四（明二七）六／樺太／豊原郡豊原町／郁文館中学校

樺太豊原郡豊原町に生まれ、東京の郁文館中学校を卒業した。一九一六年三井物産に入り、朝鮮の群山出張所に勤務した。一九年に退社して渡満し、大連の千六屋株式店に入ったが、翌年三月奉天に移り喜久屋株式店を創設した。後に合資会社に改めて利順成と改称し、奉天取引所銭鈔取引人及び満州取引所仲介人として営業した。

「河野」は「こうの」も見よ

河野　卯之助　▷12

大連工業㈱経理係兼庶務係主任／大連市乃木町／一九〇三（明三六）二／長崎県長崎市八幡町／長崎高等商業学校

長崎県河野貞四郎の長男に生まれ、一九二六年長崎高等商業学校を卒業した。その後二九年一一月大連工業㈱に入社し、以来勤続して経理係兼庶務係主任となった。

河野　数一　▷12

丸美屋呉服店主任／龍江省チチハル正陽大街／一九一一（明四四）四／愛媛県北宇和郡岩松村

愛媛県河野慶治の次男に生まれ、創立早々の博多の[名]丸美洋行に入店し、後に貿易部が設けられて大阪に本店が移されると同地に赴任した。満州事変後、奉天に貿易部と呉服部の二支店が開設されると呉服部詰となって渡満した。次いで三四年五月牡丹江とチチハルに支店として丸美屋呉服店が設置されると、チチハル丸美屋呉服店主任となった。

川野　宗義　▷12

吉林国立医院附属医学校講師／吉林国立医院附属医学校内／一九〇一（明三四）四／鹿児島県川辺郡加世田町／長崎医学専門学校

鹿児島県川野川右衛門の長男に生まれ、一九二三年三月長崎医学専門学校を卒業して長崎医科大学附属病院外科副手となった。二四年四月同病院産婦人科助手となり、次いで二五年一一月愛媛県伊予郡中山町立病院、二七年二月鹿児島県立病院に歴勤し、二九年三月から郷里で医院を開業した。その後三六年一月に渡満し、吉林国立医院附属医学校講師となった。

川野　吉樹　▷12

大連機械製作所㈱技術部第三工作係主任兼第二工作係主任／大連市台山町／一八九一（明二四）八／広島県広島市大手町／名古屋高等工業学校機械科

一九一五年三月名古屋高等工業学校機械科を卒業して満鉄に入った。その後二〇年二月大連機械製作所㈱に転じて渡満し、以来勤続して技師長代理に就き、第三工作係主任となり兼第二工作係主任を兼務した。

川野　頼雄　▷11

三井物産会社員／大連市真弓町／一八九四（明二七）九／山口県豊浦郡長府町／市立下関商業学校

山口県商業川野栄七の三男に生まれ、一九一三年市立下関商業学校を卒業して三井物産門司支店に入社した。勤務中、一年志願兵として入営し、予備輜重少尉となって帰任した。一八年に大連支店に転じて渡満し、その後マニラ支店勤務を経て二六年に再び大連支店に戻った。

河野　良一　▷11

瓦房店警察署司法、衛生係主任／奉天省瓦房店大和街／一八九七（明三〇）三／徳島県名東郡南井上村／県立徳島中学校

徳島県神職鎌田義三太の七男に生まれ、河野石見の婿養子となった。一九一六年県立徳島中学校を卒業し、一八年に渡満して関東庁巡査となった。二一年巡査部長、翌年警部補に進み、この間馬賊討伐の功により中華民国三等三級警察奨章を授与された。

川畑　篤清　▷7

三賀洋行主／大連市但馬町／一八八五（明一八）八／鹿児島県始良郡東襲山村／鹿児島県立第一中学校

鹿児島県立第一中学校を卒業した後、同郷先輩の伊集院彦吉北京総領事の縁で北京大学堂師範総教習の服部宇之吉に招かれ、一九〇五年北京に渡った。同地で領事館の西田耕一、瀬之上恕治らと北京同学会を組織し、自らもここで中国語を修学した。その後逓信省北京郵便局に入り、牛荘郵便局勤務となって〇六年に渡満した。同局に一〇年勤続して一六年に退職し、同郷で満鉄理事・鉱業部長の樺山資英の世話で満鉄石炭の特売業を始めた。かたわら鉱山業に乗り出して各地の鉱脈を探査したが、間もなく事業を満鉄に譲って満鉄嘱託に就いた。シベリア出兵に際して鉱山業経営と兵站業務を行う東露公司が設立されると、野村竜太郎満鉄社長らの推挽で同公司中国側顧問に就任し、陸軍用達商としてチチハル方面に酒保を開いた。ほどなく東露公司チチハル支店長に任命されて軍需糧食の配給に当たり、ウェルフネウジンスクでは軍命により両替商を経営した。最前線で身の危険を冒して軍糧食の買収納品に従事し、シベリア撤兵時には日本軍の最後尾に就き、イルクーツクでウングル中将率いる白軍に糧食を売却するなどして引き揚げた。帰営後に病を得て帰国し、郷里でしばらく療養した後、再び渡満して営口の中国人街に宝源銀行銭鈔店、新市街に宝昌貿易部を開いたが業績振るわず、二三年に大連に移り三賀洋行を興して特産物取引に従事した。鹿児島の高名な歌人林公民の妹民子を夫人とし、自身も和歌を能くした。

川畑　勘次　▷12

満鉄林西自動車営業所主任／興安西省林西県満鉄林西自動車営業所／一九〇一（明三四）七／宮崎県南那珂郡福島町

宮崎県川畑勘兵衛の次男に生まれ、一九一六年一一月大阪市の小泉運送店に入った。大阪市電気局運輸部自動車課に転じた後、三三年一二月に渡満して満鉄に入り鉄路総局運輸処自動車科に勤務した。次いで新京自動車車務所弁事員、新京、安東、大孤山の各自動車営業所監督員を歴職し、三六年三月林西自動車営業所主任となった。

川畑喜次郎　▷7

川畑組主／奉天省営口青堆街／一八七七（明一〇）六／鹿児島県鹿児島市西千石町

一八九八年四月、郷里の鹿児島で土木建築請負業を興し、同年一〇月天津に渡った。一九〇一年に三井物産㈱天津支店本館その他付属家屋新築工事を請け負ったのを始め、東京建物㈱天津支店の貸家店舗及び住宅の新築工事、武齋洋行の店舗・工場その他付属工事など多くの土木建築を手がけた。日露戦争中の〇五年二月に営口に本拠を移し、満州軍倉庫営口支庫用達となって建築・盛土工事などを請け負ったほか営口軍政署兵站司令官よりの官需も受注した。さらに満鉄遼陽経理係御用を兼ね、遼陽・奉天・大石橋に出張所を置いて沿線の土木建築工事を数多く請け負った。夫婦間に子なく、東京帝大出身で満州国官吏の昌秀を養子に迎えた。

川畑源一郎　▷12

関東庁地方法院判官、従七位／大連市榊町／一八八三（明一六）八／鹿児島県大島郡笠利村／中央大学法科研究科

鹿児島県立川辺中学校を卒業した後、一九〇七年郷里の大島郡下の小学校代用教員となった。一一年に税務属に転じて鹿屋税務署、種子島税務署、知覧税務署に勤務し、後に民政党代議士となった勝正憲税務監督局長に引き立てられて一六年に東京税務監督局に転勤した。かたわら中央大学法科研究科に学んで一九年一〇月判検事登用試験に合格し、二一年七月判事となり京都地方裁判所及び同区裁判所予審判事、同年一二月高知地方裁判所兼同区裁判所判事を歴任した。その後二三年一〇月関東庁地方法院判官に転じて渡満し、二四年一二月高等法院上告部判官兼同覆審部判官となった。次いで三三年一一月地方法院部長を経て三五年七月高等法院上告部判官となり、同覆審部判官を兼務した。

川端　泰造　▷12

ハルビン郵政管理局員／ハルビン郵政管理局／一九〇三（明三六）三／東京府東京市四谷区伝馬町／東京帝大経済学部経済学科

一九二九年三月東京帝大経済学部経済学科を卒業し、同年一一月朝鮮総督府逓信局嘱託となった。三二年二月同逓信書記に進んだ後、同年一〇月に依願免官して渡満し、吉黒郵政管理局に勤務した。三三年九月郵政管理局属官を経て三四年一二月郵局事務官に進んで図們郵便局長に就き、次いで三七年三月郵政管理局事務官となってハルビン郵政管理局に転勤した。この間、建国功労賞及び大典記念章を授与された。

河端　長吉　▷11

満鉄大連機関区運転助役／大連市北大山通／一八八五（明一八）八／新潟県柿崎町

新潟県農業河端重太郎の三男に生まれ、一九〇五年八月日本鉄道㈱に入社した。同年一二月日露戦争に際し野戦鉄道提理部付となり、翌年一月に渡満した。遼陽機関庫に勤務した後、満鉄への業務引き継ぎに従事して〇八年一一月満鉄社員となった。一二年六月鉄道教習所に学び、一三年一〇月機関士心得となり、機関士、点検方を経て二三年二月運転助役となって大連埠頭事務所車務課に転任した。二七年四月勤続二〇年の表彰を受け、同年一〇月大連機関区運転助役に就いた。

川畑　篤治　▷12

満鉄昂昂渓站助役／龍江省昂昂渓中央街／一八九九（明三二）一〇／鹿児島県姶良郡蒲生村

鹿児島県川畑佐業友の三男に生まれ、一九一七年九月満鉄に入り奉天駅駅手となった。以来勤続し、同駅車掌、大連列車区車掌、南関嶺駅助役心得、吾妻駅貨物方、新京建設事務所勤務、洮南站運転副站長、昂昂渓站副站長を経て三六年三月同站助役となった。

川畑　友吉　▷12

営口税関員／奉天省営口営口東税関街／一八九二（明二五）／石川県羽咋郡志加浦村／石川県立第三中学校

一九一〇年三月石川県立第三中学校を卒業して渡満し、関東都督府に勤務した。その後三二年一一月国務院財政部事務官に転じて税務司経理科勤務し、三三年一〇月税関事務官に転任して大連税関に勤務した。次いで三五年六月図們税関清津弁公処に勤務した後、三六年一二月営口税関に転勤した。

川畑　豊治　▷7

大連正金銀行秘書役／大連市播磨町／一八八一（明一四）九／鹿児島県鹿児島郡谷山村／東亜同文書院

一九〇八年上海東亜同文書院を卒業し、翌年横浜正金銀行に入社した。本店に勤務した後、営口支店に転任して一四年一二月に渡満し、二一年二月さらに大連正金銀行に転勤して秘書役を務めた。大連在勤中は業務のかたわら鹿児島県の依頼で海外経済調査に従事したが、二四年一〇月に東京支社詰となって帰国した。俳句を能くして「白村」の号で雑誌に寄稿した。

川端　直一　▷12

満鉄チチハル鉄路局機務処車輌科員、チチハル鉄路局第一区教育自治区幹事、勲八等／龍江省チチハル鉄路局機務処車輌科／一八九三（明二六）一一／岡山県久米郡佐良山村

岡山県川端数右衛門の次男に生まれ、一九〇八年中国鉄道会社に入り、一〇年一月に退社した。一三年に渡満して満鉄に入り、長く大連機関区に勤務して二九年九月点検助役となったが、三〇年七月に退社した。三二年六月鉄道部臨時業務嘱託として復帰し、洮南機務段長を務めた後、三四年四月洮南鉄路局洮南機務段運転主任、同年一二月鄭家屯機務段長、三六年一月満州里機務段長、同年五月奉天省四平街機務段長を経て三七年五月チチハル鉄路局機務処車輌科に転勤した。

川畑　直二　▷7

石炭販売業、保険代理業／大連市

北大山通／一八八〇（明一三）五／鹿児島県鹿児島市稲荷町

郷里の鹿児島市で米穀商を営んでいたが、日露戦後の一九〇五年に渡満して営口で陸軍用達商となった。三年後に貔子窩に移り、再び陸軍用達業を営みながら民政署の土木請負も手がけた。さらに撫順炭特約販売人となって大連に出張所を設けたが、業務の拡張に伴い大連出張所を本店とし、貔子窩を支店とした。一四年から質商も始め、二一年には各種保険代理店も兼営した。二四年に質商は廃した後もなお従業員十数人を抱えて石炭販売と保険代理業を営んだ。二八年三月大連で没した。

▷12

川畑 秀志

満州興行銀行吉林支店支配人代理／吉林大馬路満州興行銀行吉林支店／一八九九（明三二）二／鹿児島県熊毛郡上屋久村／朝鮮善隣商業学校

鹿児島県川畑太兵衛の長男に生まれ、一九一六年三月朝鮮の善隣商業学校を卒業して朝鮮銀行に入った。その後二二年に辞任して天津信託㈱に転じ、次いで二五年に満州銀行に転じて大連本店に勤務した。三三年四月吉林支店支配人代理となり、三六年一二月満州興行銀行に併合された後も引き続き同行吉林支店支配人代理を務めた。

▷12

川畑 昌秀

錦州省阜新県参事官／錦州省阜新県参事官公館／一九〇七（明四〇）一／鹿児島県鹿児島市西千石町／東京帝大法学部法律学科

本姓は別、後に営口の実業家川畑喜次郎の養子となった。大連第一中学校、第一高等学校を経て一九三二年三月東京帝大法学部法律学科を卒業し、同年六月国務院資政局訓練所に入り、同年一〇月改称後の大同学院を卒業して奉天省鎮東県属官となった。三四年八月同省興城県属官に転任した後、三六年三月錦州省阜新県参事官となった。養父喜次郎は〇五年二月に渡満して営口で土木建築請負業を経営した。

▷11

川畑 洋一

満鉄石炭特約業、太平洋海上火災保険㈱満州支部長／大連市北大山通／一九〇五（明三八）九／鹿児島県鹿児島市稲荷町／東洋協会大学中退

鹿児島から日露戦中に渡満した川畑直二の長男に生まれ、二三年に大連商業学校を卒業して東京の東洋協会大学予科に入学した。翌年中退して大連に戻り、家業の土木請負業及び満鉄石炭販売業に従事した。二八年に父が死去すると家業を継ぎ、各種保険会社の代理店を兼営しながら太平洋海上火災保険㈱の満州支部長を務めた。

▷7

川原 侃

陸軍歩兵中佐、公主嶺独立守備大隊長、従五位勲三等功五級／吉林省公主嶺守備大隊／一八七八（明一一）一一／鹿児島県薩摩郡川内隈之城／陸軍士官学校、陸軍歩兵学校

小学校卒業後、一七歳まで独学で漢学を修めた。一九〇一年頃に一時小学校で教えたが、ほどなく中学校三年級の編入試験に応募し、八十余名中第一位で合格した。中学四年級を修了して陸軍士官学校に入り、卒業後少尉に任官して北京に駐箚したが、〇四年に日露戦争が始まると熊本師団の副官として従軍した。一三年に陸軍歩兵学校に入り、卒業とともに同校教官を務めたが、陸大出身者以外の教官任用は異例の抜擢とされた。一八年に公主嶺独立守備隊司令部高級副官となって渡満し、二〇年に帰国して再び陸軍歩兵学校教官に就いたが、二二年八月再び渡満して公主嶺守備隊大隊長を務めた。⇒二五年に帰国した後は豊橋陸軍教導学校長等を経て少将に進み、三五年三月予備役編入となった。

▷12

川原久一郎

新京ヤマトホテル支配人／新京特別市中央通新京特別市ヤマトホテル／一八八九（明二二）二／熊本県天草郡一町田町／熊本師範学校

熊本県農業川原藤十の次男に生まれ、一九一〇年三月熊本師範学校を卒業して県下の小学校に三年勤務した。次いで上海に渡って五年滞在し、帰国して東京無線電報通信社の英文記者、東京石特許事務所の外国特許係等に勤務した。その後二〇年一月に渡満して満鉄に入り、ヤマトホテルに勤務した。以来勤続して二七年九月旅順ヤマトホテル支配人となり、大連ヤマトホテル支配人を経て三五年一〇月副参事となり、新京ヤマトホテル支配人に就いた。

▷7

川原 貞夫

満鉄機関区給与係／大連北大山通

／一八九六（明二九）二／鹿児島県肝属郡新城村／垂上学院

郷里の小学校から教員養成講習所の垂上学院に入り、卒業して教職に就いたが二年足らずで退職し、渡満して満鉄鉄道教習所に入った。一九一六年三月の卒業とともに徴兵適齢となり、帰国して鹿児島の歩兵第六四連隊に入隊した。一八年に満期除隊して満鉄に復帰し、大連機関区に給与係として勤務した。社内有数のテニス選手として知られ、二四年に東公園町在郷軍人分会が結成されると評議員を務めた。

川原庄次郎 ▷8

川原金物店主／奉天／一八七七（明一〇）三／福岡県山門郡沖端村

一九一〇年一二月に渡満し、翌年一月奉天で金物店を開業した。中国人相手に売上げを伸ばしたが、一九年に物価高騰のため一時休業し、その後二四年に再開して損害の回復に努めた。

川原　二郎 ▷7

満鉄埠頭事務所華工係、満鉄会社選手柔道部主将／大連西通／一八九七（明三〇）二／鹿児島県薩摩郡隈之城村／東洋協会大学

鹿児島県川内中学校を卒業して同県の第七高等学校二部に進んだが、病気のため中退した。一九一七年四月に上京し、東洋協会大学に入って満州苦力の研究をし、二〇年に卒業して満鉄に入社した。長春駅に勤務した後、同年末に大連埠頭事務所に転勤して華工係を務めた。中学時代から柔道を始め、大学入学時に東京講道館に入門して二〇年に三段、満鉄入社後の二五年には四段となって満鉄柔道部の主将を務めた。

川原　清市 ▷12

ハルビン日本高等女学校長、従五位勲六等／ハルビン馬家溝中和街／一八八四（明一七）四／福岡県福岡市下中浜町／福岡県師範学校

川原喜次郎の長男として福岡県八女郡北川内村に生まれ、福岡県師範学校卒業後に文部省中学教員検定試験に合格し、一九〇五年三月以来小学校教員養成所、商業学校、高等女学校、中学校の教員を務めた。次いで二二年三月鹿児島県加治木高等女学校長、福岡県糸島高等女学校長、同若松高等女学校長を歴任し、三四年三月ハルビン日本高等女学校長となって渡満した。読書、園芸を趣味とし、時折時事問題や教育問題に関する研究を新聞・雑誌に発表した。

川原　伝吉 ▷11

満鉄大連医院耳鼻科医員／大連伏見町／一九〇二（明三五）三／長崎県長崎市小川町／南満医学堂

長崎県官吏星野吉松の四男に生まれ、同郷の関東庁外事課員川原忠恕の養子となった。一九二六年南満医学堂を卒業して奉天日本赤十字病院外科医員となり奉天日本総領事館警察医嘱託を兼任したが、翌年六月満鉄に入り、大連医院耳鼻科に勤務した。

川原　皆太 ▷4

同仁医院院長／長春新市街／一八八三（明一六）六／長崎県北高来郡真津山村／私立日本医学校

幼い時から学業を好んだが、尋常小学校卒業時に病気のため療養を余儀なくされた。回復してなお学業を志したが「商人の子に学問の必要なし」とする父の無理解のため種々の家業に追われ、進学を断念した。一五歳の時に家を出て船乗りとなり、重労働の合間に寸暇を惜しんで読書に励み、ついに私立中学に進んだ。卒業後さらに医学を志して私立熊本医学校に入学したが、一年の時に徴兵適齢に達して大村の第四六連隊に入営した。翌一九〇四年に日露戦争が始まり補充隊に編入されたが、出発間際に病気のため衛戍病院に収容された。翌年除隊して熊本医学校に復学した後、〇九年に上京して私立日本医学校に学び、市内の病院数ヶ所に働いて学資を稼ぎながら一二年に卒業して医術開業試験に合格した。郷里で開業して近在の信頼を得たが、一四年九月に渡満して長春市新市街で医院を開いた。

川原与三郎 ▷12

大阪川原出張所主、日満估衣同業組合長／大連市西崗街／一八八〇（明一三）二／福井県大野郡勝山町

一九〇四年、大阪に出て晒・ウエス商を営み、各方面の信用を得て大阪砲兵工廠その他の官庁に納入した。大阪屑物商組合長を務め、一二年から中国、南洋方面及びアメリカに晒木綿、ウエス、新聞紙等の輸出も開始した。二五年八月大連出張所を設け、自ら所長と

なって渡満した。東京、大阪、名古屋、四国、九州、満州一円を商圏とし、本店を大阪市天王寺区下寺町、ウエス工場を同区桜島駅前に置き、大連市西崗街に出張所と消毒所を置いて估衣・破布・ウエス等の製紙原料の販売・輸入と運送業を経営した。

川人　勝一　▷12

国務院民政部警務司特務科長、満州国協和会監察部員、観光委員会幹事／新京特別市崇智路／一九〇〇（明三三）／北海道札幌市北一三条／陸軍士官学校

陸軍士官学校を卒業して少尉に任官し、後に憲兵に転科して憲兵練習所を修了した。各地に勤務した後、関東州憲兵隊付となって渡満し、憲兵大尉に累進した。三二年に満州国民政部事務官に傭聘されて警務司特務科長に就き、三四年七月理事官・薦任官三等に進み、三七年三月国都建設紀年式典準備委員会警衛部幹事を務めた。

川人　定男　▷12

満州医科大学助教授兼同専門部助教授、満鉄社員会評議員／奉天八幡町奉信ビル／一九〇八（明四一）三／徳島県美馬郡脇町／満州医科大学

徳島県川人谷一郎の長男に生まれ、郷里の脇町中学校を卒業して渡満し、満州医科大学予科に入学した。一九三一年同大学本科を卒業し、副手として衛生学教室に勤務し、同年一二月助手、三二年六月同大学専門部講師兼務を経て三四年二月同大学講師兼専門部助教授となった。次いで三六年四月同大学助教授兼同専門部助教授となり、同年一二月論文「満州ニ於ケル気候ト疾病ニ関スル統計学的研究」により医学博士号を取得した。奉天小西裡大街で綿布雑貨貿易商を営む上田利一の長女で奉天浪速高女卒のすま子を夫人とした。

川船　直次　▷9

開原交易信託㈱専務取締役／奉天省開原付属地第一区／一八七八（明一一）六／長野県東筑摩郡島内村／法政大学法律科

一九〇四年七月法政大学法律科を卒業し、〇七年三月横浜正金銀行に入った。二〇年九月に渡満して満州銀行に勤務したが、同年一二月竜口銀行へ合併と同時に同行に転じた。二一年一一月開原交易信託㈱が設立されると同社に転じ、専務取締役に就任した。同郷の夫人としへは一六年三月東京女子高等師範学校を卒業して岡崎市立高女教諭を務め、一八年三月に退職した。

河部　是与　▷11

満鉄長春駅貨物助役、勲八等／長春常盤町／一八八四（明一七）八／愛媛県松山市／私立北与中学校

愛媛県河部寧静の次男に生まれ、一九〇三年私立北与中学校を卒業した後、〇九年一月に渡満した。満鉄に入社して埠頭事務所、営口埠頭支所、長春鉄道事務所に勤務し、二四年三月長春駅に転任して貨物助役となった。

河辺　勝　▷14

松茂洋行主、大洋汽船㈱社長、大連汽船㈱取締役、従七位勲六等／大連市若狭町／一八七二（明五）三／茨城県真壁郡真壁町／東京高等商業学校

一八九三年東京高等商業学校を卒業し、一年志願兵として近衛歩兵第二連隊に入営した。満期退営して大阪の日本海陸保険㈱に入ったが、一九〇〇年に退社して同地で海運業に従事した。〇二年九月営口に松茂洋行を設立し、渤海湾内及び日中間の海運業を営んだ。〇四年に日露戦争が始まると陸軍歩兵中尉として従軍し、第一回旅順総攻撃戦で負傷した。戦後〇六年から二年間欧米を視察し、〇八年大連に松茂洋行を再興して海運業に従事した。一一年五月田中末雄と共同で北清輪船公司を創立し、間もなく大連汽船㈱に組織変更して取締役に就任した。さらに一五年五月に大洋汽船㈱を創立して専務取締役に就いたほか大連銀行頭取として多くの企業に関係し、大連商業会議所常議員を務めた。一五年一〇月復選による大連市会議員に当選した後、第二期官選、第四期半数民選議員選挙に当選して二四年一〇月任期満了まで務めた。

河辺　義郎　▷12

満鉄鉄道総局工事課長、工務委員会委員、日満対満事業公司㈱取締役、東亜土木企業㈱取締役、／奉天商埠地十緯路北斗寮／一八九四（明二七）九／愛知県渥美郡神戸村／名古屋高等工業学校土木科

愛知県河辺儀助の長男に生まれ、一九一五年名古屋高等工業学校土木科を卒業し、同年八月満鉄に入社して総務部技術局保線課に勤務した。遼陽、長春、大連の各保線区勤務を経て安東鉄道事務所工務長となり、次いで二五年三月洮昂線建設に派遣され、二六年二月吉敦鉄路工程局工程股長として出向した後、二八年一二月奉天鉄道事務所工務長となった。その後三〇年六月技師に昇任して鉄道部勤務非役、吉長吉敦鉄路局派遣吉林建設事務所長を経て三四年四月鉄道建設局命で鉄道建設工事用機器及び内陸水路と鉄道との連絡設備、森林鉄道に関する調査のため欧米各国に出張し、鉄道建設局計画課長、同工事課長を経て三六年一〇月職制改正により鉄道総局工事課長となった。

川俣　篤　▷12

安東新報社社長、安東印刷所監査役／安東大和橋通／一八八二（明一五）一一／鹿児島県姶良郡山田村／鹿児島県立第三中学校

鹿児島県立第三中学校の一期生として入学し、在学中に川俣菊亭の筆名で文芸雑誌に投稿して中学文壇に名を知られた。卒業後、一九〇二年一二月熊本の第六師団第二三連隊に入隊し、同隊の満州駐箚に従って渡満した。除隊後も満州に留まり、同郷出身の小浜為五郎を頼って安東に赴き、〇九年八月小浜の経営する安東新報社記者となった。その後同紙編集局長に就き、一九年一二月に小浜が死去すると社長に就任し、三四年三階建ての社屋を新築して印刷工場その他の設備を拡充した。この間、満州事変時の功により賜金及び従軍記章を授与された。

川又甚一郎　▷12

吉林高等検察庁次長、従五位勲六等／吉林新開門外陽明街／一八九〇（明二三）九／愛媛県周桑郡三芳村／京都帝大法科大学英法科

一九一八年七月京都帝大法科大学英法科を卒業し、同年八月司法官試補となった。一九年四月神戸区裁判所検事代理を経て二〇年三月検事となり、神戸、大津の各地方裁判所検事を務めた。その後三四年三月大阪地方裁判所検事となったが、翌月満州国最高検察庁検察官に転出して渡満し、吉林高等検察庁検察官を経て三六年七月同庁次長となった。

川又　政忠　▷11

満鉄奉天検車区長、勲七等／奉天稲葉町／一八八五（明一八）四／茨城県東茨城郡大野村／茨城県立水戸中学校

茨城県農業川又常吉の次男に生まれ、県立水戸中学校を卒業した。一九〇四年九月、日露戦争に際し野戦鉄道提理部付雇員として渡満した。第三運転班車輛、同汽車課長付として勤務した後、〇七年四月に満鉄が開業すると同社に入り、運輸部運転課、安東車輛係、長春車輛係等を歴任した。一八年一二月シベリア出兵に際し野戦交通部付として同地に出張し、帰任後は長春車輛係主任、本社運転課勤務、安東検車区長、長春検車区長を務め、二七年一二月奉天検車区長に就いた。

「汾陽」は「かわなみ」も見よ

汾陽　四郎　▷11

吉林総領事館外務書記生／吉林日本領事館内／一九〇二（明三五）三／鹿児島県鹿児島市山下町／東京府立荏原中学校、神戸パルモーア英学院中退

鹿児島県汾陽光宏の三男に生まれ、一九一九年東京府立荏原中学校を卒業して神戸のパルモア英学院に学んだ。二一年五月に中退して同年八月に外務書記生となり、二二年八月吉林総領事館に赴任した。

川見　久松　▷11

土木建築請負業、聖徳会理事、大連神社御造営委員／大連市二葉町／一八七八（明一一）五／東京府豊多摩郡渋谷町

一八九〇年、渡米してハアーメルトン会社に入って西洋建築の研究をした。一九〇四年、日露戦争中に渡満して飯塚工程局の下請けで建築工事に従事した。二〇年に[資]川見組を組織したが二七年に解体し、以後は独力で土木建築請負業を営んで共栄住宅、陸軍下士宿舎、周水子飛行場等などを手がけた。聖徳会理事、大連神社造営委員を務め、在満二〇周年に際して木盃を受けた。

河村　汪　▷4

薬剤師、医療器械薬品販売、河村大正堂、従六位／大連市伊勢町／一八六四（元一）／京都府京都市岡崎町／岩手県師範学校、東京帝大医科大学製薬科

一八八一年岩手県立師範学校を卒業し、翌年東京帝大医科大学製薬科に入

学して八五年一二月に卒業した。八六年岩手県立病院薬局長兼県立医学校技師となり、九〇年郷里の京都府に転任して警察部衛生課に勤務した。九九年京都府技師・高等官七等に進んで衛生課長に就き、その後高等官五等に累進し、日露戦争の功により勲五等瑞宝章を受けた。一九〇六年一二月官を辞して商界に身を投じ、一二年に家族を郷里に残して大連に渡り河村大正堂を開店して医療器械及び薬品の販売に従事した。関東都督府、関東軍、満鉄医院、諸会社、中国軍及び中国の各官衙に納品し、事業の発展とともに満州各地に支店を設けて青島、天津、北京等の業者と取引を行い、一八年に甥の末次喬を呼び寄せて事業を補佐させた。非人道的商行為を好まず、満州の薬種貿易業者の中にあって唯一禁制のモルヒネを取り扱わない信念の人として人望を集め、大連薬業組合長を務めた。趣味の義太夫では大狂と号し声量豊富を以て素義界に名を馳せた。

河村　音吉　▷11

大連市役所吏員、勲八等／大連市菫町／一八六八（明一）九／石川県金沢市／石川県師範学校

石川県吉浦弥平の四男に生まれ、河村家の養子となった。一八九三年石川県師範学校を卒業し、県下河北郡上田上小学校及び小坂小学校訓導、小坂小学校校長、同津幡小学校校長、石川県師範学校訓導、広島高等師範訓導を歴任した。この間、石川県小坂村・津幡町の学務委員、同県教育諮問委員・小学校教員検定試験委員を務めた。〇八年に渡満して満鉄に入り、奉天小学校校長、奉天実業補習学校主事兼講師、実科高等女学校校長、満鉄学務課視学、同社参事等を経て大連市役所に入り学務課に勤務した。一九〇〇年二月文部大臣から普通免許状を授与され、一四年五月帝国教育会から功績状及び功牌を受けた。石川県女子師範の夫人簾との間に一男三女があった。

川村　一治　▷11

満鉄遼陽保線区長、勲八等／奉天省遼陽有明町／一八八〇（明一三）七／岐阜県本巣郡席田村／工手学校

岐阜県農業川村清七の長男に生まれ、一九〇一年東京築地の工手学校を卒業した。日露戦中の〇五年四月、臨時鉄道大隊第二中隊付軍属として渡満し、鉄道大隊、鉄道監部、野戦鉄道提理部等に勤務した。安東線建設の時は輸卒隊三〇〇を率いて咸廠に赴いて建設材料運送に当たり、講和条約締結の際は新民屯線引継委員を務めた。〇七年四月の満鉄開業とともに入社し、〇九年から安奉線広軌改築工事に従事し、後に満鉄各地の保線区長を務めた。

川村　嘉八　▷12

満鉄新京機関区運転助役、社員会新京連合会評議員、勲八等／新京特別市芙蓉町／一九〇二（明三五）三／長崎県南高来郡東有家町

長崎県川村甚之の四男に生まれ、一九二〇年四月に渡満して満鉄に入り奉天車輌係に勤務し、業務のかたわら二三年鉄道教習所を修了した。二五年六月遼陽機関区に転勤した後、三六年七月新京機関区運転助役となった。この間、満州事変時の功により、勲八等瑞宝章並びに従軍記章及び建国功労賞を受け、三五年四月に勤続一五年の表彰を受けた。

河村久三郎　▷11

撫順中学校教諭／奉天省撫順南台町／一八九九（明三二）一一／山口県豊浦郡宇賀村／京都帝大文学部東洋史学科

山口県の二見郵便局長河村伊左衛門の長男に生まれ、一九二六年京都帝大文学部東洋史学科を卒業した。福岡県門司中学校、新潟県小千谷中学校教諭を務めた後、二八年六月に渡満して満鉄撫順中学校教諭となった。

河村国太郎　▷11

食料雑貨、世帯道具商／奉天省鞍山北二条通／一八八四（明一七）二／山口県玖珂郡鳴門村

山口県商業河村貞助の長男に生まれ、小学校を卒業して商業の道に入った。一八年二月に渡満して、鞍山で食料雑貨と世帯道具商を開業した。神社仏閣を巡る旅行を趣味とした。

河村　恵吉　▷12

土木建築設計請負業、勲八等／新京特別市興亜街／一八九四（明二七）二／静岡県榛原郡坂部村／東京工科学校建築科

静岡県農業河村重太郎の次男に生まれ、一九一五年東京工科学校建築科を卒業して大阪の大林組に入った。次いで一八年に青島守備軍民政部土木課に勤務した後、渡満して関東庁土木課勤務を経て二六年陸軍技手に転じた。二八年五月張作霖軍の東三省復帰に際し関東軍司令部付として出動部隊の営舎その他の臨時建築工事に従事し、関東軍経理部奉天出張所主任となった。その後退官して新京興亜街で土木建築設計請負業を経営し、軍方面を得意先として二ヶ所に出張所を設け、従業員一五人を使用して年請負高五〇万円を超えた。

河村　武秀　▷12

錦州省公署実業庁農務科長／錦州省錦県省公署実業庁／一九〇七（明四〇）二／福岡県福岡市地行東町／九州帝大農学部農芸化学科

福岡県河村武威の長男に生まれ、県立中学修猷館、佐賀高等学校を経て一九三一年三月九州帝大農学部農芸化学科を卒業し、同年五月同大副手となり農学部農芸化学科教室に勤務した。その後三二年六月国務院実業部に転じて渡満し、農鉱司農務科に勤務して同部属官、同部技士を歴任し、三七年四月錦州省公署事務官に転任して実業庁農務科長に就いた。

川村　龍雄　▷13

大連汽船㈱専務取締役、国際運輸㈱取締役、大連海運業連合会会長、正七位／大連市台山屯／一八八一（明一四）三／長野県南佐久郡田口村／京都帝大法科大学独法科

長野県川村清音の次男に生まれ、一九〇七年七月京都帝大法科大学独法科を卒業した。〇八年陸軍法務官となり、同年一一月豊橋の第一五師団軍法会議理事を務めた後、第二師団、朝鮮駐劄軍、第五師団の各軍法会議理事に歴補した。その後一八年に渡満して大連汽船㈱に入社し、一九年三月天津出張所主任を経て同支店長となり、業務のかたわら天津居留民会議員、同法規調査特別委員、同居留民団行政委員会議長、天津日本商業会議所評議員、天津日本倶楽部評議員、天津体育会評議員等を務めた。二二年一二月欧米に出張して運輸業を視察し、二三年七月に帰社した後、二六年上海支店長を経て三二年九月専務取締役に就任した。

河村常左衛門　▷12

河村商会主、吉林大和書店主／吉林大馬路／一八八七（明二〇）一／山口県都濃郡福川町

年少の頃から山口市、防府町等で洋服店や洋品店の店員として働いた後、一九〇二年小野田駅に勤めた。以来勤続して車掌に進み、日露戦中の〇五年四月野戦鉄道提理部付となって渡満した。〇七年一二月徴兵されて広島の重砲兵第四連隊に入営し、陸軍衛生部看護手に転科した後、〇九年一一月に満期除隊した。その後一一年に再び渡満して満鉄に入り、大石橋駅車掌、同駅旅客列車専務車掌、芬家屯、許家屯・大石橋の各駅助役、松樹駅長、本社経理部倉庫課勤務、同第三倉庫係主任に歴勤した。三〇年三月用度部庶務課庶務係主任となった後、同倉庫課第一倉庫係主任を最後に退社し、吉林大馬路に河村商会を興して枕木・石油の販売業を営み、かたわら吉林省城新開門外に大和書店を設けて書籍・文房具・和洋雑貨類を販売した。この間、吉林鉄路局の開設と同時に調度課弁事員となり、次いで満鉄本社用度部庶務課に勤務したが、三六年一一月に依願退職した。

河村常次郎　▷11

特産物商、日本生命保険代理店、正六位勲四等／奉天省鉄嶺花園町／一八七八（明一一）九／石川県羽咋郡中荘村／陸軍経理学校

石川県農業河村庄左衛門の三男に生まれ、一九〇六年陸軍経理学校を卒業した。経理官として陸軍省に勤務し、一八年陸軍一等主計で依願予備役となった。山東省に渡って鉄材輸出と畜産業を営んだ後、二一年から鉄嶺商品陳列館に勤務した。二六年に陳列館が解散されると同地で特産物商を始め、新台子に支店を設けて主に大豆の輸出に従事した。かたわら鉄嶺地方委員、同商業会議所議員を務めた。

河村二四郎　▷12

横浜正金銀行ハルビン支店支配人、ハルビン日本商工会議所評議員／ハルビン地段街正金舎宅／一八九一（明二四）六／佐賀県唐津市城内／東京帝大法科大学経済学科

一九一六年七月東京帝大法科大学経済学科を卒業し、横浜正金銀行に入行した。海外各地に勤務した後、三五年六月ハルビン支店支配人となって渡満した。

河村 秀雄 ▷12

満州興業銀行計算課副課長／新京特別市北安南胡同／一九〇一（明三四）一／東京府東京市／東京外国語学校独逸語科

一九二一年東京外国語学校独逸語科を卒業して朝鮮銀行に入り、一五年勤続した。その後三六年一二月在満州朝鮮銀行支店、満州銀行本支店、正隆銀行本支店を統合して満州興業銀行が設立されると、翌年同銀行に計算課副課長に転出して渡満した。

河村 房次 ▷9

三井物産ハルビン出張所長／ハルビン／一八八四（明一七）五／静岡県静岡市／静岡商業学校

静岡県下に名の知れた紙商の次男に生まれ、一九〇六年三月静岡商業学校を卒業して静岡商業会議所に勤めた後、〇七年一月三井物産に転じて東京本店に勤務した。次いで牛荘、大連、錦州等の支店に歴勤し、一六年一月ハルビン出張所に転勤して綿布係主任となり、後に同所長に就いた。

河村文三郎 ▷11

満鉄奉天地方事務所員／奉天浅間町／一八八二（明一五）一〇／宮城県伊具郡西根村／鉄道作業局教習所

宮城県農業河村松治の次男に生まれ、一九〇二年鉄道作業局教習所を修了した。〇四年八月、日露戦争に際して野戦鉄道提理部付雇員として渡満した。〇七年の満鉄開業とともに入社し、京奉鉄路派遣員、吉長鉄路工程司同工程課長、四洮鉄路工程局庶務課長、同材料課長兼任等を歴任した。二五年四月満鉄に帰任し、同年七月奉天地方事務所勤務となった。

河村 牧男 ▷11

満鉄奉天地方事務所社会主事／奉天藤浪町／一八八一（明一四）一〇／滋賀県滋賀郡雄琴村／滋賀県師範学校

滋賀県和田泰輔の三男に生まれ、同県河村専治の養子となった。一九〇三年滋賀県師範学校を卒業して県内の小学校訓導、校長を務めたが、一一年に朝鮮に渡り鎮南小学校訓導となった。一五年四月平安南道院陽公立普通学校校長、翌年一〇月平壌府私立光成高等普通学校教員を務めた後、二〇年二月に渡満して満鉄に入社し、本社慰藉係勤務を経て奉天地方事務所社会主事に就き、二七年四月満鉄創業二〇周年に際し善行者として表彰された。

川村 元忠 ▷12

満鉄図們工務段長、社員会評議員、勲七等／間島省図們山ノ手局宅／一八九二（明二五）八／愛知県東春日井郡旭村／岩倉鉄道学校

愛知県川村元彦の長男に生まれ、一九一二年岩倉鉄道学校を卒業して鉄道院に入り建設事務所に勤務した。その後信濃川電信事務所に二〇年余り勤続し、三二年一一月に退職して満鉄に転じ、本社計画課に勤務した。三三年三月吉林建設事務所に転勤した後、三五年七月鉄路総局鹿道工務段長を経て三六年六月図們工務段長に転任した。この間、満州事変時の功により勲七等旭日章を授与された。

河村 統治 ▷12

河村商店主、ペロケダンスホール㈱代表取締役／大連市山県通／一八八九（明二二）三／岐阜県武儀郡美濃町

岐阜県の製紙原料商河村藤九郎の長男に生まれ、一九〇二年に小学校を卒業して名古屋市の工業染料商沢重商店に奉公した。その後〇五年六月日露戦中に渡満して従兄弟の河村梅介とともに菓子商を営み、次いで建築請負業に従事した。一二年に独立してブローカーをした後、一五年一一月大連市淡路町で薬種商を営んだ。次いで一八年に河村商店を開業して建築材料、雑貨、毛糸毛織物の輸入商を経営し、かたわら亞細亞貿易㈱、満州製糖㈱の重役、土木建築請負業㈾柳生組出資社員に就いた。

川村 元弘 ▷12

満鉄撫順炭坑煙台採炭所長兼監査係主任、在郷軍人会煙台炭坑分会長／奉天省遼陽県煙台／一八九七（明三〇）一／三重県阿山郡新居村／旅順工科学堂採鉱冶金科

井岡正之助の四男に生まれ、後に川村家の養子となった。一九一九年旅順工科学堂採鉱冶金科を卒業し、同年一二月満鉄に入り撫順炭坑老虎台採炭所に勤務した。以来勤続して竜鳳採炭所、煙台採炭所万達屋坑坑内係主任、撫順炭砿採炭課坑内係技術担当員に歴勤して三五年七月技師となり、撫順炭砿奶子山在勤、蛟河採炭所長兼監査係主任兼坑内係主任を経て三七年三月煙台採炭所長兼監査係主任となった。この間、二四年三月社員表章規定による表章を受けたほか、三一年一二月粘土ブロック充填考案により効績章を授与され、三五年四月勤続一五年の表彰を受けた。

河村 百平 ▷3

満鉄中央試験所庶務課員／大連市北大山通／一八六八（明一）八／山口県吉敷郡山口町／市立下関商業学校

一八八八年市立下関商業学校を卒業し、翌年三井銀行に入った。九二年に同行を辞し、九五年から九八年まで福島県双葉炭坑支配人を務めた後、一九〇二年東京日宗生命保険会社に入り会計係長兼庶務課長に就いた。〇六年に退社して翌年四月満鉄に入り、撫順炭砿秘書、本社庶務課詰等を経て一五年夏に中央試験所庶務科員となった。

河村与三郎 ▷10

茶舗辻利支店主／大連市浪速町／一八七八（明一一）九／京都府久世郡宇治町

土木建築請負業者の子に生まれたが、家業を継がず幼年から宇治茶の老舗辻利兵衛商店に奉公した。この間、第四師団野砲兵として日露戦争に従軍し、功により勲七等功七級を受けた。復員後、〇六年一〇月大連支店開設のため渡満し、開業後は支店経営の業務一切を担当し、一二年に浪速町に四階建ての新店舗を構えた。

川村 義郎 ▷11

南満建物㈱取締役、鞍山不動産信託㈱取締役／大連市西公園町／一八七四（明七）二／静岡県浜名郡三方原村

静岡県教師川村為行の長男に生まれ、日露戦後の一九〇五年に渡満した。日本からの移住促進を図るには先ず住まいが必要と考え、大連で貸家業を始めて地歩を築いた。南満建物㈱及び鞍山不動産信託㈱の取締役を兼務し、経営のかたわらアメリカ、中国、蒙古などにたびたび視察旅行を行なった。

河村 頼 ▷8

河村工務所主／奉天富士町／一八八九（明二二）五／大分県大野郡東大野村／旅順工科学堂機械部

一九一三年旅順工科学堂機械部を卒業して漢口の東亜製粉会社に入社したが、翌年退社して本渓湖煤鉄公司に転じた。機械課に六年勤務した後、二一年一月奉天富士町に河村工務所を興し、暖房工事請負業を営んだ。

川村鉚次郎 ▷3

満鉄調査課長、営口水道電気㈱社長、大連汽船㈱監査役、遼陽電灯公司監事、勲六等／大連市乃木町／一八六九（明二）四／長野県南佐久郡田口村／帝国大学法科大学政治学科

一八九四年七月帝国大学法科大学政治学科を卒業し、翌年八月まで大蔵省官房に勤務した。その後、日本中立銀行、三十四銀行、岡橋銀行、百三十銀行等を経て一九〇五年二月京都市助役に就任した。〇八年九月に渡満して満鉄調査課長となり、かたわら営口水道電気、大連汽船、遼陽電灯公司など傍系各社の役員を兼任した。

川本 静夫 ▷12

大同産業㈱取締役理事長、大同生薬工業㈱社長、国産軽銀工業㈱社長、大同殖産㈱取締役／東京市渋谷区代々木山谷／一八八一（明一四）六／熊本県玉名郡豊水村／東亜同文書院

一九〇一年熊本県立中学を卒業して上海に渡り、〇六年に東亜同文書院を卒業して㈴大倉組に入った。東京本社、上海、漢口の各支店に勤務した後、一六年七月奉天支店長となり、かたわら瀋陽馬鉄公司取締役、長春中日豊材公司総弁、吉林興林造紙公司監査役、㈱協済公司相談役、蒙古華興農業公司総弁等を兼任し、奉天商業会議所議員、奉天倶楽部副会長、奉天公会副会長、奉天在郷軍人分会顧問、奉天熊本県人会長、奉天朝鮮人協会長等の公職に就いた。その後二七年東京本社支那部長となって帰国し、三二年一〇月東亜拓殖㈱が大同産業㈱に改称すると取締役理事長に就任し、直営事業として間島省琿春に数千万坪の砂金鉱区を獲得し、さらに三四年二月子会社として大同生薬工業㈱を創立して社長に就いた。この間、二〇年一〇月から奉天居留民会長に五選され、同会二〇周年及び三〇周年記念に際し表彰状と記念品を授与された。また、上海在勤時に第一次中国革命に際し孫文、黄興等に三〇〇万円の軍資金と多数の武器弾薬を提供したほか、満州事変時には土肥原賢二臨時奉天市長、三谷清憲兵隊長に協力して治安回復と奉天地方維持会の創設に尽力した功により軍士像及び従軍記章を授与された。

川本善四郎 ▷12

范家屯警察署長、従七位勲七等／吉林省范家屯警察署長官舎／一八八四（明一七）四／岡山県後月郡井原町／私立中学校二年中退

一九〇〇年郷里の私立中学二年を中退した後、一九一一年三月に渡満して関東都督府巡査となった。以来勤続し、警部補に累進して公主嶺警察署保安係主任、営口警察署勤務を経て警部に進み、三五年五月范家屯警察署長に就いた。

「河本」は「こうもと」も見よ

河本　照雄 ▷11

満鉄奉天駅構内助役／奉天稲葉町／一九〇一（明三四）三／愛知県名古屋市西区泥町

愛知県河本鉞次郎の三男に生まれ、一九一一年五月、一〇歳の時に満鉄社員の父を頼って渡満した。奉天小学校から旅順中学校に進んだが、一七年四月不慮の災禍で父母と妹を一時に失い、同年一〇月には大連高女勤務の姉シナも亡くした。中学卒業後に帰国し、早稲田大学商科に入って二五年に卒業し、満鉄に入社して本社経理部に勤めた。一年志願兵として入営した後、帰任して奉天駅勤務、同列車区勤務を経て二七年同駅構内助役に就いた。囲碁と琵琶を趣味とし、柔道は二段の腕前を有した。

河盛恒治郎 ▷3

醤油味噌販売業、河又分店主／大連市山県通／一八六六（慶二）一一／大阪府堺市新在家町

郷里の堺で海産物及び肥料商を営んでいたが、兄の指示で亀甲及び醤油の販路視察のため一九〇五年四月に渡満した。同年七月大連で開店したが思わしくなく、木材と米穀類の販売に活路を求め、数十戸の家屋を建築して貸家業も兼営した。その後、軍隊での醤油の需要が高まると醤油味噌の製造販売を主とし、政記公司と特約を結ぶなどして中国人の嗜好に合わせ廉価で販売促進を図って成功し、中国各地の都市部、朝鮮、露領方面にまで販路を拡張した。

河原木宗治 ▷11

大連商業学校事務員／大連市千歳町／一八九一（明二四）八／青森県三戸郡八戸町

青森県河原賢五郎の長男に生まれ、一九一二年家督を相続した。一九年一二月に渡満し、大連商業学校の事務職員となった。

河原地悦三 ▷12

満鉄新京列車区四平街分区列車助役、勲八等／四平街満鉄新京特別市列車区四平街分区／一九〇二（明三五）九／長野県西筑摩郡日義村

長野県河原地佐太郎の四男に生まれ、一九一八年鉄道教習所電信科を修了して渡満し、同年一〇月満鉄に入り安東駅に勤務した。同駅務見習、電信方、出札方を経て奉天列車区に転勤し、同遼陽分区勤務を経て八家子信号場助役となった。次いで郭家店駅勤務、長春鉄道事務所勤務を経て新京列車区列車助役となり、三七年五月新京列車区四平街分区列車助役となった。音楽を趣味とし、満鉄新京ブラスバンドのマネージャーを務めた。

河原信之助 ▷11

大連新聞大連西部支局長／大連市沙河口京町／一八七八（明一一）一一／大阪府大阪市此花区上福島／広島県立福山中学中退、陸軍教導団

広島県医師河原世為治の次男に生まれ、二三歳で分家した。県立福山中学校を中退して陸軍教導団に入り、卒業して中央幼年学校兼士官学校付助教となった。その後税務官吏に転じて十余年勤め、一九〇四年の日露戦争に際し第五師団に従軍した。〇九年朝鮮総督府官吏となったが一三年に退官し、咸鏡北道羅南学校組合会計役に就いた。一九年に大連に渡って大連新聞大連西部支局長となり、沙河口京町内会長、小学校評議員を務めた。

河原忠二郎 ▷3

関東都督府民政部属臨時土地調査部総務課員、勲七等／旅順赤羽町／一八七五（明八）一／京都府京都市上京区丸太町通／早稲田大学校外生行政科、東亜同文会京都支

部支那語講習本科

一九〇〇年早稲田大学校外生として行政科に学び、東亜同文会京都支部の支那語講習本科を卒業した。京都府税務属として勤務したが、〇四年七月陸軍通訳官試験に合格し、翌年六月に渡満して関東州民政属となった。以来、大連民政署、通信管理局に勤め、一五年三月民政部臨時土地調査部勤務となった。

河原塚重忠 ▷3

関東都督府通信事務官、大連郵便局長、高等官六等従六位勲五等／大連市乃木町／一八六八（明一）四／新潟県中蒲原郡村松町

一八九四年郵便電信書記になり、東京、函館、長崎等に勤務した。一九〇二年京都荒神口郵便局長に進んだが、日露戦後の〇六年関東総督局付郵便監査を命ぜられて渡満した。同年関東都督府郵便電信局庶務課長に就いて大連郵便局長を兼任し、一一年から大連郵便局長専任となった。

河原禄四郎 ▷11

中和電気洋行代表社員／大連市西岡町／一八八七（明二〇）一〇／東京府東京市芝区巴町／東京高等工業学校

京都府河原徳立の四男に生まれた、二五歳の時に家督を相続した。一九一〇年東京高等工業学校を卒業して満鉄に入社し、本社電気係として六年勤めた。その後、青島に渡り盛和洋行を興して七年経営し、青島守備軍鉄道部に三年務めた後、大連に戻って電気工業に従事した。長兄広瀬次郎は愛媛県の多額納税者、次兄百木三郎は日本陶器会社取締役技師長、弟河原五郎は福岡市立補習学校教諭を務め、姉五百枝は貴族院議員赤池濃に嫁した。

神上善四郎 ▷9

巴商行主／大連市小崗子西崗東街／一八八一（明一四）四／愛媛県西宇和郡日出村

三歳の時に両親を失い、親族に養われて小学校を卒業し、郷里の呉服店に奉公した。後に独立して呉服商を営んだが、日露戦中の一九〇五年四月に渡満して大連に在住した。〇七年三月小崗子に店舗を設け、満州産大豆を原料に味噌・醤油を醸造して販売した。

神吉　正一 ▷12

国務院総務庁次長、観光委員会委員長、水力電気建設委員会委員、民生振興会議議員、満州国協和会参与、従五位勲五等／新京特別市北安南胡同／一八九七（明三〇）一／東京府東京市麻布区本村町／東京帝大法学部独法科

東京府神吉常吉の次男に生まれ、一九二〇年東京帝大法学部独法科を卒業し、同年文官高等試験行政科に合格した。二一年外務省事務官となり、領事・奉天総領事館在勤を経て大使館三等書記官・イギリス在勤、第八回国際連盟日本代表随員、本省アジア局第一課長を歴任した。その後三二年八月に退官し、国務院外交部理事官となって渡満し政務司長を務めた。法制処長兼任を経て三五年四月皇帝溥儀の日本訪問に随行し、同年六月ハルハ廟事件をめぐる国境画定の満州里会議に政府代表として出席した後、三六年六月総務庁次長に就いた。

神崎卯多太 ▷2

神崎洋行主、民会議員／奉天省営口永世街／一八七〇（明三）／熊本県天草郡志岐村

長崎で土木建築請負業を営んだが、ロシアによる東清鉄道の建設が始まると工夫二〇〇〇人を率いてシベリアに渡り鉄道工事に従事した。その後ハルビンに在住して日本人会副会長を三年務め、さらにハバロフスクに移住して日本人会長を四年務めた。日露戦争が始まると一九〇四年九月営口に渡り、永世街で和洋雑貨商を開業した。商品はすべて東京・大阪より仕入れ、旧市街唯一の雑貨店として多数の中国人顧客を獲得し、近隣の地はもとより遠く遼西一帯に販路を拡げた。

勘崎　仙英 ▷11

介弁業、長春地方委員議長／長春日本橋通／一八七八（明一一）三／東京府東京市本郷区根岸町／哲学館大学

哲学館大学を卒業して読売新聞社に勤めた後、朝鮮に渡って仁川の朝鮮新報社社員となった。日露戦後の一九〇六年に渡満して孟家屯で運送業と特産商を兼営し、翌年長春に移転して引き続き同業を営んだ。一九年六月に廃業して介弁業に転じ、かたわら長春地方委員や議長を務めた。

神崎　常一　▷9

大連取引所銭鈔信託㈱取締役兼支配人／大連市紀伊町／一八七七（明一〇）三／岡山県都窪郡大高村／法政大学

一九〇七年、法政大学を卒業して農商務省に入った。その後一四年五月に渡満して大連重要物産取引所書記となり、一七年五月に大連取引所銭鈔信託㈱が設立されると取締役兼支配人に就いた。

神崎富三郎　▷12

神崎組主／奉天青葉町／一八八三（明一六）一／北海道旭川市五条通

岡山県上房郡上竹庄村に生まれ、一九〇五年陸軍技手として日露戦争に従軍した。戦後〇七年四月満鉄に入り、撫順、大連、奉天等の各地に勤務した。二〇年に退社し、奉天に神崎組を創立して土木建築請負業を経営し、本業の他に貸家業も兼営した。書道と俳句を趣味とし、句誌『石の味』を主宰した。

神崎　延夫　▷12

㈱乾卯商店ハルビン支店代表／ハルビン八区南馬路／一九〇二（明三五）四／兵庫県赤穂郡赤穂町／岡山商業学校

岡山商業学校を卒業後、一九二二年大阪の㈱乾卯商店に入り東区道修町の本店に勤務した。次いで天津支店に六年務めて大連支店詰となり、三三年一一月ハルビン支店開設に際し代表者となって赴任した。工業用及び医療用薬品、ラクトーゲン、衛生材料、香料などを扱い、年間販売高四〇万円に達した。

神崎　孫助　▷11

関東庁衛生技手／大連市千歳町／一八八五（明一八）六／千葉県安房郡千歳村／東京麻布獣医学校

千葉県農業神崎伊兵衛の次男に生まれ、一九〇三年四月千葉県小学校訓導の免状を取得した。横浜市立戸部小学校訓導を二年務めた後、東京麻布獣医学校に入学し、〇八年同本科を卒業して同年六月獣医の免許状を得た。一〇年一月に渡満して関東都督府の獣医事務嘱託となり、金州民政支署、旅順民政署、海務局、旅順屠場長、畜産事務嘱託、検疫委員、関東庁屠場長、関東庁衛生技手兼産業技手、大連警察署、大連民政署、水上警察署勤務等を歴任し、小崗子警察署兼沙河口警察署勤務並びに海務本局嘱託畜牛結核検査員となった。この間二〇年一一月に「大正四年乃至九年事件」の勤労により賜金を授与された。謡曲と乗馬を好み、東京裁縫女学校出身の夫人たまは長唄を嗜んだ。

神田　磯吉　▷11

満鉄海城駅長／海城安福街／一八八八（明二一）三／大分県南海部郡西上浦村／熊本郵便局通信生養成所

大分県廻運業神田佐市の三男に生まれ、一九〇五年熊本郵便局通信生養成所を修了した。大分、二栄、美々津等の郵便局に通信事務員として勤務したが、〇九年一二月に渡満して満鉄に入った。遼陽電信方、沙河鎮及び連山関駅の駅務助手、大連駅車掌、大石橋駅勤務を経て、一七年二月本社営業課勤務となった。その後大連鉄道事務所営業事務担当となり、二七年四月海城駅長に就任した。任地においてそれぞれ帝国軍人後援会大石橋支部幹事や海城軍人会名誉会員を務めた。

神田　勝亥　▷11

満鉄農事試験場長、従五位／吉林省公主嶺／一八七五（明八）一〇／北海道／亀田郡亀田村／札幌農学校

北海道神田一勝の長男に生まれ、一九〇〇年札幌農学校を卒業して同校助教授となったが、後に北海道庁技師に転じて農学校助教授を兼務し高等官四等に進んだ。一三年四月に渡満して満鉄公主嶺農事試験場長に就任し、以来勤続して二八年に農事改良に関する施設事項調査のため欧米各国を巡遊した。長女の友子は旅順高女を卒業して国務院総務庁理事官の岡田益吉に嫁した。

神田　久八　▷12

神田商会主、／奉天省撫順東七条通／一八八九（明二二）二／長崎県北松浦郡神野浦村

一九〇八年に渡満し、その後一三年に山東省済南府に赴き、一四年の日独戦役に際し特別任務に服した。次いで山東鉄道の用達商となったが、一九年に帰国して石油商を営んだ。その後二七年四月に再び渡満して撫順東七条通に神田商会を設立し、撫順炭砿用達商及び三菱商事代理販売店、門司出光商会代理店となり、石油・揮発油・クレオソート・麦粉・機械・雑貨類の販売業を経営し、奉天千代田通に出張所を設けた。

神田　重一 ▷3

横浜正金銀行大連支店計算主任／大連市播磨町／一八七四（明七）三／大分県玖珠郡森町

一八九二年五月横浜正金銀行に入った。九六年香港支店に赴任し、一九〇五年八月大阪支店に転じた後、〇六年一一月大連支店勤務となって渡満し、計算主任を務めた。

神田重太郎 ▷12

熱河省新恵県参事官／熱河省新恵県参事官公館／一九〇八（明四一）六／京都府京都市中京区三条大宮町／同志社大学文学部英文学科

京都府神田益吉の四男に生まれ、一九三二年三月同志社大学文学部英文学科を卒業し、京都日日新聞社に入り社長秘書を務めた。次いで三三年四月に渡満して大同学院に入学し、同年一〇月に卒業して熱河省囲場県属官となり、三六年四月同県参事官を経て三七年三月同省新恵県参事官に転任した。

神田　純一 ▷11

関東庁内務局長、従五位／旅順日進町／一八八五（明一八）五／山口県／東京帝大法科大学政治学科

山口県神田柳助の長男に生まれ、一九一一年一〇月東京帝大法科大学政治学科を卒業した。一二年一一月文官高等試験に合格して朝鮮総督府試補となり、一三年事務官に昇格して土木課に勤務した。一六年一〇月同秘書官、一九年七月農商工部水産課長を経て、一二月長崎県理事官、二〇年八月航空局書記官・第三課長となった。二二年八月、国際航空委員会帝国代表者随員及び平和条約実施委員に任命されて同年一一月パリに赴いた。欧州各国を視察して二四年二月に帰国し、航空局第一課長に就いた。同年五月関東庁事務官兼関東長官秘書官となって渡満し、長官官房文書課長を経て二七年一一月内務局長に昇任した。

神田　末一 ▷12

満鉄奉天営繕所技術員、勲八等／奉天満鉄営繕所／一八八六（明一九）五／長崎県西彼杵郡大草村

一九一〇年七月開業直後の満鉄に入り、安奉線工務課第二派出所勤務を振り出しに鶏冠山保線係、連山関保線係、安東工務事務所、本渓湖工事係、奉天鉄道事務所、安東保線区、安東工務事務所、安東保線区に歴勤した。次いで新京保線区工事助役となり、奉天保線区工事助役を経て三七年六月奉天営繕所技術員となった。この間、満州事変時の功により勲八等旭日章及び従軍記章を授与され、二六年四月勤続一五年の表彰を受けた。

神田太郎松 ▷12

国際運輸㈱参事／大連市山県通国際運輸㈱本社／一八九七（明三〇）一一／和歌山県日高郡岩代村／東京外国語学校露語貿易科

和歌山県立田辺中学校を経て一九二一年三月東京外国語学校露語貿易科を卒業して伊丹商店に入り、次いで高田ボロヂン醸造㈱、山下汽船会社に歴職した。二九年二月国際運輸㈱に転じて渡満し、ハルビン支店に勤務し、同支店海運係主任、天津出張所長、天津支店長を歴任して三七年二月本社参事となったが、同年六月に退社した。

神立弥太郎 ▷9

正隆銀行長春支店員／長春日本橋通／一八九一（明二四）四／茨城県筑紫郡北条町

一九一二年安田保善社に入り、同年安田銀行に転任した。一五年九月安田系の正隆銀行に転任して渡満し、大連本店出納課に勤務した後、一八年五月長春支店に転勤した。

神田　悌吾 ▷12

国際運輸㈱ハルビン支店到着係主任／ハルビン馬家溝市営住宅／一九〇六（明三九）一〇／新潟県南蒲原郡田上村／日露協会学校

新潟県立三条中学校を卒業して渡満し、一九二八年三月ハルビンの日露協会学校を卒業して函館の日魯漁業㈱に勤務した。二九年一二月大連の東薬洋行に転じた後、三〇年一〇月さらに国際運輸㈱に転じた。大連支店勤務、長春支店発送係主任に歴勤した後、三五年一二月ハルビン支店に転勤して到着係主任を務めた。

神田　藤太 ▷12

㈾神田組代表社員／奉天省撫順東

二条通／一八八四（明一七）五／熊本県天草郡御領村

熊本県農業神田法順の長男に生まれ、六歳で家督を継いだ。一九〇六年一〇月に渡満し、鉄嶺で土木建築請負業に従事した後、撫順に転住して神田工務所の名で同業を営んだ。二五年に満鉄指定請負人、次いで撫順炭砿指定請負人となり、三〇年四月に資本金一〇万円の合資会社に改組した。奉天及び錦県に出張所を設けて年間請負高二〇万円に達し、本業のかたわら貸家業と湯屋業を兼営した。

神田藤兵衛 ▷12

㈾神田商会代表社員、鞍山市場㈱取締役、南満機械製氷㈱取締役、鞍山不動産信託㈱監査役／奉天省鞍山北八条町／一八八一（明一四）／長崎県北松浦郡神浦村

一九〇一年一一月ハルビンに渡り、ラムネの製造販売業を営んだが、一九〇四年日露開戦となったために帰国した。程なく陸軍軍属として従軍し、戦後遼陽で陸軍病院の用達と酒保を営んだ。その後〇八年本渓湖に移り、醤油醸造業を営んだ。次いで一八年に鞍山製鉄所が創設されると同地に赴き、同所への各種用達業と煉瓦製造業を営んだ。この間、鞍山金融組合長、鞍山輸入組合監事、防空協会理事、地方委員等の公職に就いた。

神田松次郎 ▷8

神田工務所主／奉天富士町／一八九三（明二六）一／島根県松江市米子町／島根県立工業学校

島根県立工業学校の第一期生として卒業し、一九一八年七月に渡満して奉天に赴いた。一九年二月富士町に神田工務所を設立して土木建築請負・設計業を始め、満蒙証券㈱社屋新築工事、奉天納涼園諸工事等を手がけた。二〇年以降は中国側の工事請負に進出し、兵工廠等の諸工事を請け負った。

神田　安之 ▷12

国際運輸㈱安東支店小荷物代弁係主任／安東市場通国際運輸㈱安東支店／一八九五（明二八）一一／愛媛県新居郡西条町／愛媛県立西条中学校中退

愛媛県神田万太郎の長男に生まれ、一九一〇年三月県立西条中学校二年を中退した後、一三年一二月近衛騎兵連隊に入営して伍長勤務上等兵に進んだ。その後一九年四月に渡満して満鉄に入り、安東駅勤務を経て小荷物方となった。次いで二七年一一月国際運輸㈱に転じて安東支店に勤務し、三五年四月同支店小荷物代弁係主任となった。この間、大正大礼記念章を授与された。

「菅」は「すが」も見よ

菅　友吉 ▷9

竜慶号主／奉天省遼陽城内西二道街／一八八四（明一七）二／香川県高松市

一九〇五年日露戦争に従軍して各地に転戦し、戦後引き続き残留して満州軍倉庫に勤務した。〇八年に辞職して陸軍諸官衙用達商を開業し、一四年に遼陽に移転し竜慶号の名で用達商と建築材料商を兼営した。直後に欧州戦争による好況に際会して売上げが急伸し、遼陽随一の店舗に成長した。

神成　季吉 ▷14

満州輸入組合連合会理事長、従七位勲六等／大連薩摩町／一八七五（明八）二／福島県田村郡三春村／東京高等商業学校

福島県神成季憲の長男に生まれ、一八九七年東京高等商業学校を卒業した。翌年一年志願兵として入営し、除隊して陸軍歩兵少尉をとなり後に中尉に進級した。九八年日本郵船㈱に入社してロンドン支店に勤務したが、一九〇四年に日露戦争が始まると大本営陸軍幕僚付として従軍した。〇六年日本郵船を退社し、〇八年に三井物産㈱に入社してインド、南洋、中国各地に出張し、一二年四月に満州営業部長代理となって渡満した。その後大連支店長代理に昇進したが、一七年に退社して大連銭鈔信託㈱専務取締役に就任した。一九年周水土地建物㈱専務取締役、二八年満州輸入組合連合会理事長となり、かたわら満州製麻㈱及び大連火災保険㈱の取締役、銭鈔信託㈱監査役を兼務した。この間一七年と二一年の二度大連市会議員に当選したが、いずれも短期間で辞職した。

「菅野」は「すがの」も見よ

菅野　茂一 ▷12

管野商店主／大連市土佐町／一八八四（明一七）三／愛媛県温泉郡三内村／東亜同文書院

一九〇五年上海の東亜同文書院を卒業

し、陸軍通訳として日露戦争に従軍し、戦後〇六年に昌図で昌図公司を独立開業した。野戦鉄道提理部に懇請して大連向け鉄道運賃半減を実現し、奥地糧桟より集荷して大連との特産取引を営んだが、〇八年白井洋行に入店して大豆のヨーロッパ向け輸出を手掛けた。その後一五年一一月大連に菅野商店を興し、大連取引所重要物産取引人として特産物商を経営した。本業の他に義升福銭荘を兼営し、一時は東和公司支配人も兼任した。

菅野　精三 ▷11

満州鉱山薬㈱取締役支配人／安東県六道溝鉱山薬会社社宅／一八八七（明二〇）七／岩手県盛岡市／東京帝大法科大学独法科

岩手県菅野忠之助の四男に生まれ、一九一六年七月東京帝大法科大学独法科を卒業して王子製紙に入り、樺太の大向工場に勤務した。二〇年五月、同社在職のまま渡満して富寧造紙有限公司に転じて吉林、長春に勤務した。二五年三月、安東県六道溝の満州鉱山薬㈱に招聘されて同社取締役支配人に就任した。スポーツを趣味とし、淑徳高女出身の夫人富実は長唄を嗜んだ。

神之村清太郎 ▷12

満鉄鉄道総局付待命参事、鹿児島県人会評議員、勲六等／奉天満鉄鉄道総局／一八八九（明二二）六／鹿児島県日置郡伊作村

鹿児島県神之村宗右衛門の三男に生まれ、一九〇七年五月開業直後の満鉄に入り大石橋機関庫に勤務した。〇八年六月遼陽機関庫勤務を経て一〇年七月大連車輌係となり、同年満鉄従事員養成所を修了した。一二年四月機関助手を経て一八年一〇月機関手となり、二〇年七月奉天機関区、二一年七月鶏冠山機関区、二二年四月運輸部運転課、二四年三月鉄道部庶務課に歴勤して三三年四月勤続一五年の表彰を受け、鉄路総局総務処文書科事故係主任心得兼総務処人事科勤務を経て三四年二月同科事故係主任となった。その後、三六年一〇月鉄道総局人事課に転任して鉄道総局表彰並懲戒委員会幹事を務め、三七年四月参事に昇進して待命となった。この間、満州事変時の功により勲六等従軍記章及び建国功労賞を授与された。

神原　忠一 ▷12

満鉄沙河鎮駅貨物助役／安東省沙河鎮駅／一九〇二（明三五）二／茨城県真壁郡河間村

一九一七年一〇月満鉄従事員養成所電信科を修了し、鉄嶺駅駅務見習、同電信方、鉄嶺列車区車掌心得、同車掌に歴勤した。徴兵されて兵役に服した後、復職して長春列車区公主嶺分区車掌を経て長春列車区旅客専務となり、華語講習のため鉄道教習所に入所した。次いで長春駅務方、同貨物方を歴職し、三五年八月沙河鎮駅貨物助役となった。この間、満州事変時の功により木杯を授与され、三三年四月勤続一五年の表彰を受けた。

神戸　薫男 ▷11

マンチユリヤデリーニユース奉天支局長／奉天浪速通／一九〇〇（明三三）二／栃木県河内郡吉田村／栃木県立宇都宮農学校

栃木県神戸伝一郎の長男に生まれ、宇都宮農学校を卒業して記者となり新聞各社で働いた。上海日日新聞に四年半勤めた後、渡満して「マンチユリアデリーニユース」紙の奉天支局長を務めた。

冠満　七二 ▷12

満鉄奉天機関区庶務助役／奉天紅梅町／一八九八（明三一）七／鹿児島県始良郡国分村

鹿児島県冠満七右衛門の次男に生まれ、一九一三年一二月郷里の始良郡国分役場に勤務した。その後一六年一二月に渡満して満鉄に入り、一八年一二月徴兵されて兵役に服した後、上等兵となって除隊復職した。大石橋機関区機関助手、同機関方、調度方、瓦房店機関区、大連機関区瓦房店分区に歴勤し、三四年五月奉天機関区庶務助役となった。この間、満州事変時の功により従軍記章及び木杯、皇帝訪日記念章を授与され、三六年四月勤続一五年の表彰を受けた。

神守源一郎 ▷13

満鉄新京支社次長兼企画室主事／一九〇〇（明三三）四／三重県飯南郡機殿村／東京帝大法学部政治学科

三重県神守源三郎の長男に生まれ、一九二四年三月東京帝大法学部政治学科を卒業し、同年五月満鉄に入り地方部に勤務した。二五年四月地方部地方課から長春地方事務所地方係に転任し、翌年一一月再び本社地方部地方課に戻って土地建物係に勤務した。三三年九月参事に進んで地方部庶務課長となり、地方行政権調整移譲準備委員会副委員長、工務委員会委員、熊岳城農業実習所評議員、社員消費組合理事を兼務した。次いで三五年一二月から欧米各国及びその植民地に二年間出張し、植民地経営の財政及び税制の研究に従事した。帰任して地方部長事務取扱となったが、三七年一二月の付属地行政権の移譲に伴い同部が解消すると鉄道総局付業局長に転任した。その後新京支社次長を経て支社長に就任したが、新京支社の昇格大拡充により理事支社長制となり、新理事の古山勝夫支社長を迎えて再び支社次長に戻り、後に総合企画・交通動員計画・主計・人事・労務・労需・防衛等を企画立案する企画室が新設されると同主事を兼任した。

姜　竜用　▷11

朝鮮総督府派遣教員／奉天省鉄嶺宮島町／一八七七（明一〇）二／愛知県宝飯郡国府町

朝鮮人姜慶燦の次男に生まれ、一九二一年から朝鮮平安南道で地方改良嘱託を務めた。二五年九月朝鮮総督府から教員として鉄嶺に派遣され、かたわら同地の朝鮮人会顧問、朝鮮人金融組合監事を兼務した。

紀井　一　▷12

駐日満州国大使館員／東京市麻布区桜田町満州国大使館／一九〇三（明三六）一／愛媛県宇摩郡金田村／早稲田大学専門部商科

日露戦争時に渡満して撫順で石炭販売・煉瓦製造業を営む紀井紋治の長男に生まれ、一九二五年三月早稲田大学専門部商科を卒業して父の事業を補佐した。その後二七年一一月撫順青年団長となり、三一年一一月満州事変に際し自治指導部指導課主事として活動した。三二年七月満州国協和会中央事務局員となり、次いで同年一一月事務局委員及び総務処副処長に就いた。三五年七月国務院外交部事務官兼文教部事務官に転出し、外交部総務司、駐日大使館学務処、文教部学務司に歴勤した後、三七年四月大使館二等秘書官に進んで駐日大使館に勤務した。

紀井　紋治　▷12

四国洋行主／奉天省撫順西五条通／一八七六（明九）七／愛媛県宇摩郡金田村

一九〇五年二月、日露戦争の際に軍隊御用雑貨食料商となって渡満した。戦後も撫順に留まって同業を営んだが、一六年一月石炭販売・煉瓦製造業に転じ、後に石炭販売専業とした。長男一は早大商科を卒業して家業に従事した後、自治指導部、満州国協和会中央事務局を経て国務院外交部に勤務した。

紀内　一夫　▷12

浜江省公署民政庁財務科長／ハルビン浜江省公署民政庁／一九〇一（明三四）七／長崎県東彼杵郡大村町／京都帝大法学部

長崎県紀内源次の三男に生まれ、大村中学校、第七高等学校を経て一九三〇年三月京都帝大法学部を卒業した。京都市電気局に勤務した後、三二年に渡満して国務院資政局訓練所に入所し、同年一〇月改称後の大同学院を卒業して奉天省遼陽県属官となった。次いで同省綏中県属官、同参事官、錦州省公署事務官・民政庁行政科勤務兼地籍整理局事務官、国務院民政部事務官・地方司総務科勤務を経て三六年一〇月浜江省公署民政庁財務科長となった。

木内　忠雄　▷12

間島総領事館副領事兼延吉在勤、従七位勲五等／間島省延吉間島総領事館延吉分館／一八九二（明二五）八／東京府東京市豊島区日之出町／東京外国語学校朝鮮語本科

一九一四年東京外国語学校朝鮮語本科を卒業した後、一七年八月朝鮮総督府属、一八年一〇月陸軍通訳を歴職した。その後二一年三月外務通訳生となり、間島及び奉天に在勤した後、二六年二月外務属を経て二八年六月外務書記生となりホノルルに赴任した。次いで三一年九月本省勤務、三四年三月大使館理事官満州国在勤を経て三七年二月間島総領事館副領事となり、延吉分館に勤務した。この間、大正三・四年事変の功により勲六等に叙された。

木浦　和男　▷13

南満州瓦斯㈱奉天支店長／奉天／一八九三（明二六）八／岡山県真庭郡美和村／中学校

岡山県官吏木浦栄次郎の次男に生まれ、郷里の中学校を卒業した後、一九〇九年一二月神戸通信伝習生養成所を修了して神戸郵便局電信課に勤務した。一一年三月大連市若狭町郵便局勤務となって渡満し、一五年九月大連郵便局に転勤した後、同年一一月満鉄に転じて瓦斯作業所事務助手となり、二〇年職員に昇格した。その後二五年七月同所が満鉄から分離して南満州瓦斯㈱となり、同社庶務、会計に勤務した後、二七年一月秘書・人事係主任、二九年六月庶務課長心得、三一年一一月安東支店長を歴任した。その後三八年参事、四〇年二月営業課長兼大連瓦斯営業所長、同年四月庶務係主任兼務、同年八月経理課長代理、四一年三月経理部長を歴任し、四二年七月奉天支店長に就任した。

木浦　将一　▷11

満鉄中央試験所庶務係主任／大連市柳町／一八八五（明一八）六／岡山県真庭郡美和村／中学校

岡山県木浦浅治郎の長男に生まれ、一九〇一年中学校を卒業して通信生養成所に入った。〇二年に修了して通信省に勤めたが、〇六年に辞して会社員に転じた。一二年一一月に渡満して満鉄に入り、中央試験所庶務課に勤務した。一八年会計主任、二〇年六月庶務係主任となり、二七年四月満鉄創業二〇周年記念の際に表彰を受けた。

城川　範之　▷11

米穀商／大連市須磨町／一八八四

（明一七）六／富山県中新川郡上段村

富山県の漢学者城川八範の長男に生まれ、七歳の時から父に孝経の素読を学んだ。私立の普通学校を出て文部省の講習や慶応義塾の短期研修を受け、中等学校教諭として八年間勤務した。一九二〇年に教職を辞して渡満し、翌年営口に城川洋行を開業して海上火災保険代理及び満鉄撫順炭砿用達等を営んだ。かたわら二六年には大連で米穀商を開業し、主に大連港で営業して東亞煙草会社水上卸商を兼業し、大連水上商副組合長を務めた。俳句を趣味とし、営口に高浜虚子を迎えて遼河を案内した際、濁流の俳号を贈られた。

城川　久盛　▷12

富山県東亞輸出組合ハルビン出張所長／ハルビン道裡透籠街／一八八八（明二一）九／富山県中新川郡上段村／早稲田大学政治経済科

富山県城川久兵衛の四男に生まれ、早稲田大学政治経済科を卒業し、郷里の「富山日報」記者を経て越中銀行支配人を務めた。その後辞任して荒地開墾に当たり、果樹栽培と家畜飼養に従事したが、一九三四年一月富山県東亞輸出組合ハルビン出張所の開設とともに所長となって渡満し、売薬を中心に富山県産品の販路開拓、輸出仲介斡旋、手続代行等に従事した。

菊繁　権一　▷12

菊繁医院主、大新日報支局長、民衆時論社理事兼牡丹江支社長、牡丹江居留民会評議員、牡丹江医師会理事、牡丹江自衛隊長、牡丹江神社建設委員、満州軍用犬協会牡丹江支部副支部長、在郷軍人会牡丹江分会長、勲七等／浜江省牡丹江平安街／一八九九（明三二）四／山口県吉敷郡秋穂村

山口県菊繁為之助の三男に生まれ、康直と通称した。一九一九年一二月徴兵されて山口の歩兵第四二連隊に入営し、満期後に再役を志願して第五師団付三等看護長となった。二二年一一月第一九師団付二等看護長、二五年一二月同師団一等看護長を経て三二年一一月大阪衛戍病院長より医師技術証明書を受け、上等看護長に進級して野砲兵第二五連隊付となった。三三年九月羅南勤務中に予備役となり、図們副領事より医業免許指令を交付されて図們で菊繁医院を開業した。次いで三四年二月間島総領事より開業医合格証書を交付され、三五年八月牡丹江に移転して大安街で開業し、掖河料理屋組合検黴医、安田生命・第一生命・片倉生命・日清生命の嘱託医となり、牡丹江医師会理事を務めた。この間、軍務服役中の三二年一月に粉炭を使用した再燃焼無煙式湯沸器を考案して特許を取得した。診療のかたわら大新日報支局長、民衆時論社理事兼牡丹江支社長、牡丹江居留民会評議員を務めたほか、牡丹江在郷軍人会分会を組織して分会長に就き、南牡丹江駅前の忠魂碑建立や稲荷神社建設に尽力し、牡丹江神社建設委員、満州軍用犬協会牡丹江支部副支部長、牡丹江自衛隊長など多くの公職に就いた。この間、シベリア出兵時の功により賜金と従軍記章を受けたほか、二八年に昭和大礼記念章、三四年に満州事変時の功により勲七等青色桐葉章及び従軍記章並びに建国功労賞、三五年二月に帝国在郷軍人会長より感謝状と金盃、三六年一月に満州軍用犬協会牡丹江支部長より感謝状と銀盃を受けた。

菊竹　実造　▷11

満鉄鄭家屯公所長／鄭家屯公所／一八八九（明二二）一／福岡県浮羽郡椿子村／東京外国語学校

福岡県菊竹忠五郎の三男に生まれ、東京外国語学校を卒業して中国に渡り、北京に居住した。その後、蒙古方面の各地を遍歴して文学、人情、風俗習慣をはじめ産業、貿易、資源状況、言語等の蒙古事情を調査した。一九二一年頃から満鉄嘱託となり、引き続き蒙古事情の調査研究に従事して蒙古研究の第一人者として知られた。蒙古在住十数年の後、二七年一〇月鄭家屯公所長に就いて渡満した。無妻主義を奉じ、独身を通した。

菊田　直次　▷13

満州鉱業㈱専務取締役／奉天／一八九八（明三一）／愛知県名古屋市熱田区／京都帝大経済学部

一九二二年、京都帝大経済学部を卒業して満鉄に入社した。調査課勤務を振り出しに大連保線事務所、吉長吉敦鉄道派遣員、鉄道部経理課、大連鉄道事務所庶務長、同庶務課長等を歴任した。三七年八月北支事務局に転任し、人事班長、総務班長として後の華北交通会社の基礎を作った。三八年九月鉄道総局会計課長となったが四〇年七月に非役となり、満州鉱業㈱の専務取締役に就いた。

菊池愛太郎 ▷3

小野田セメント会社大連支社支配人／臭水子／一八八一（明一四）四／愛媛県喜多郡内子町／京都帝大理工科大学製化学科

一九〇六年、京都帝大理工科大学製化学科を卒業した。小野田セメント会社に入社し、以来勤続して大連支社支配人に就任した。

菊池秋四郎 ▷11

鉱山業／大連／一八八四（明一七）一〇／東京府東京市芝区田町／日本大学

東京府菊池大亟の三男に生まれ、一九〇八年日本大学を卒業して読売新聞社に入った。報知新聞に転じた後、一三年大阪朝日新聞に入り福岡支局長を務めた。一九年に渡満して遼東新報社奉天支社長に就き、かたわら奉天地方委員、副議長を務めた。二五年編輯長に就任して大連に居住したが、二七年に退社して同地で鉱山業を営んだ。詩吟と演説を得意とし、『玄洋社社史』『日蓮聖人伝』『奉天二十年史』ほか二十数点の著書を著した。

菊地音之助 ▷3

東信医院主／大連市佐渡町／一八六五（慶一）一〇／長野県南佐久郡北相木村

一八九一年、内務省医術開業試験に合格した。九七年郷里に近い北佐久郡軽井沢に病院を設立し、次いで岩村田町に産婆講習所を設けて講師となり、郡内各学校の校医を兼務した。日露戦後の一九〇五年に渡満し、大連で軍政署嘱託医を務めた。その後、同地で産婦人科専門の専門東信医院を開業し、かたわら大連市民協会幹事を務めた。

菊池　薫 ▷11

国際運輸㈱開原出張所長／奉天省開原付属地隆盛街／一八八一（明一四）一〇／兵庫県神戸市荒田町

兵庫県公吏菊池安太郎の五男に生まれ、一九〇一年阪鶴鉄道会社に入社した。その後鉄道庁雇員となったが、〇八年山口㈴に転じた。二三年七月同社が国際運送会社に買収されると鉄嶺出張所主任となり、二五年一〇月開原出張所の新設とともに所長に就任した。翌年八月国際運輸に改組した後も引き続き所長として勤務し、開原第二区長を務めた。

菊地　亀助 ▷12

農業、鞍山日日新聞㈱取締役、鞍山市場㈱監査役、鞍山商工会議所議員／奉天省鞍山北一条町／一八八五（明一八）五／大分県速見郡別府町

農業上敷領市郎の四男として鹿児島県揖宿郡指宿村に生まれ、一九一六年大分県菊地彦市の長女栄子の婿養子となった。一九〇七年郷里鹿児島県の小学校教員となったが、〇八年に退職して上海、漢口等の揚子江沿岸を巡遊視察した後、台湾に渡って台北のマルサ商会に入り烏龍茶輸送請負業に従事した。次いで一一年一月に退社して朝鮮に渡り、同年七月から京城で諸官衙用達業を始め、一四年には青島に支店を設けたが失敗し、一六年六月本店支店ともに閉店した。一八年七月に渡満して鞍山に移り、一一月から遼鞍毎日新聞鞍山支社長を務めた。二〇年三月尼港事件に際し、実業団の依頼を受けて北樺太サガレン地方の経済事情を半年にわたって調査した。その後二六年七月満鉄から農耕地を借り受けて輸出向けの草花の栽培と養蚕業を経営したほか、煉瓦製造業及び各種材料販売業人夫供給業を兼営し、鞍山日日新聞㈱取締役を務めた。

菊池喜藤太 ▷11

関東庁検疫医／大連清水町／一八八一（明一四）一一／長野県南佐久郡北相木村／東京慈恵医学専門学校中退

長野県公吏菊池市三郎の長男に生まれ、上京して済生学舎に学んだ。一八九九年に卒業して慈恵医学専門学校に進んだが中途退学し、一九〇三年四月医術開業試験に合格して東京の岩佐病院に勤務した。〇七年関東都督府医務嘱託となって渡満し、同年一〇月関東州公医として普蘭店に勤務した。二〇年関東庁海務局技手に転任し、検疫医として勤めた。

菊地　邦平 ▷11

南満中学堂教諭、正七位／奉天葵町／一八八三（明一六）五／青森県上北郡野辺地町／東京高等師範学校

青森県教員菊池判次郎の次男に生まれ、一九〇六年東京高等師範学校を卒業した。宮城県師範学校教諭を務めた後、一一年九月京都府立第二高等女学校教諭に転任した。一九年一一月に渡満し、南満中学堂教諭となった。

菊地　定治　▷12

浜江省鉄驪県参事官／浜江省鉄驪県参事官公館／一九〇四（明三七）四／宮城県刈田郡福岡村／明治大学商科専門部

一九三〇年三月明治大学商科専門部を卒業した後、渡満して国務院資政局訓練所に入所し、三二年一〇月改称後の大同学院を卒業して黒龍江省呼蘭県副参事官となった。同年一一月奉天省宣撫工作員として派遣された後、三六年四月浜江省鉄驪県参事官に転任した。

菊地　茂　▷12

承徳税関税務科長兼総務科長、勲七等／熱河省承徳税関税務科長公館／一八九一（明二四）五／長崎県北松浦郡南田平村／長崎県立中学猶興館

一九一〇年長崎県立中学猶興館を卒業し、翌年一二月徴兵されて大村の歩兵第四六連隊に入営した。一四年八月青島戦役に従軍し、軍曹に進級して同年末に除隊した。一七年に税官吏となって長崎税関に勤務し、二二年税関事務官補、二七年税関監視兼税関港吏兼任を経て三一年崎戸税関監視署長、同年長崎税関長官房文書係長を歴職した。三三年大連税関嘱託に転じて渡満し、三四年税関事務官佐を経て三五年税関事務官に進み、同年承徳税関に転勤して税務科長となり、後に総務科長を兼任した。

菊池　順二　▷11

南満州電気㈱員／大連市菊町／一八八四（明一七）九／千葉県山武郡成東町／商工学校

千葉県菊池兵四郎の長男に生まれ、一九一一年商工学校を卒業して東京市電気局に入った。京成電気軌道会社に転じた後、京都市事業部を経て渡満し満鉄電気作業所に勤務した。二六年五月、電気作業所から分離して南満州電気㈱が設立されると同社工務課に勤務した。

菊地　正三　▷12

満鉄錦県鉄路医院山海関診療所主任兼医員／錦州省山海関満鉄錦県鉄路医院診療所／一八九六（明二九）一〇／山形県東置賜郡小松町／南満医学堂

一九二〇年南満医学堂を卒業し、同年九月満鉄長春医院外科医員となった。二一年一一月安東医院に転勤した後、関東庁旅順医院病理試験室医務嘱託を経て二七年六月満州医科大学助手・附属医院城内分院長に就いた。三二年七月論文「胆汁性肝硬変症ノ成因ニ関スル研究」を九州帝大に提出して医学博士号を取得し、三四年九月から満州医科大学専門部講師を兼任した後、三六年一一月満鉄錦県鉄路医院山海関診療所主任となった。

菊池　璋三　▷12

ハルビン特別市公署行政処実業科長、正六位／ハルビン特別市公署行政処／一八九五（明二八）一／愛媛県西宇和郡二木生村

一九一八年専検に合格し、次いで二〇年に弁護士試験、二一年に文官高等試験行政科に合格した。二二年内務属に採用され、二四年岐阜県理事官となり内務部産業課長兼物産館長事務取扱を務めた後、二七年二月鹿児島県事務官、二八年四月山口県内務部地方課長兼庶務課長、三一年三月同県内務部商工水産課長兼務、三二年一月同県内務部会計課長兼務、同年七月愛媛県事務官・内務部庶務課長を歴任し、三四年五月に依願免官した。その後三五年一〇月ハルビン特別市公署理事官となって渡満し、行政科長を務めた。⇒三七年八月吉林市副市長に就き、国務院地籍整理局事務官を兼任した。

菊池　武夫　▷7

陸軍少将男爵、正四位勲三等功四級／奉天／一八七五（明八）七／宮崎県児湯郡西米良村／陸軍士官学校、陸軍大学校

男爵・貴族院議員の菊池武臣の長男として鹿児島市に生まれ、一八八八年に上京して陸軍幼年学校に入った。九七年一月陸軍士官学校を卒業して歩兵少尉となり、一九〇四年五月日露戦争に際し歩兵第二三連隊第一一中隊長として従軍し、遼陽戦に参加した。その後第六旅団副官に転じて鴨緑江軍に属し、翌年三月の奉天戦後は韓国駐剳軍本部兵站部参謀を務めた。講和後、〇六年一一月陸軍大学校を卒業して参謀本部勤務、第一六師団参謀、北京駐屯歩兵隊長、都城連隊大隊長、陸軍大学校兵学教官を経て一四年九月鎮安上将軍の軍事顧問として奉天に駐在した。二〇年都城連隊長、二二年八月第一一旅団長に進んで翌年四月柳樹屯に駐剳した後、二四年八月奉天特務機関に転じた。⇒二七年中将に進んで予備役となり、三一年貴族院議員となった。種々の右翼団体に関係し、三五年二月の貴族院本会議で美濃部達吉の憲法学説を天皇機関説として攻撃して国体明徴運動の急先鋒となった。戦後、戦犯に指名されたが四七年に釈放された。五五年一二月没。

菊池　貞二　▷12

盛京時報主筆／奉天隅田町／一八八四（明一七）六／宮城県遠田郡涌屋村／東亜同文書院

一九〇八年上海の東亜同文書院を卒業し、中島真雄が経営する奉天の盛京時報社に入った。以来終始一貫して同紙上で健筆を揮い、三六年一〇月関東局施政三〇年記念に際し地方自治功労者として表彰された。

菊池　吉蔵　▷3

東和公司重役、満州電気㈱取締役／奉天省営口永世街／一八七四（明七）九／山形県西村山郡大名村

日清戦争の頃に大阪の河辺家営業部で働いていたが、北清事変後に山東半島の芝罘に渡った。同地の高橋回送店に入り渤海湾航行の小汽船の事務長を務め、下船後は芝罘回漕店に勤務した。一九〇二年に営口松茂洋行の河辺勝の下に復帰して船舶主任を勤めたが、松茂洋行が衰退したため〇七年に退店した。その後、東和公司に出資して共同経営者となり、かたわら営口民団行政委員を務めた。

菊池利機太郎　▷11

洋服手芸材料商／奉天省撫順西五条通／一八九五（明二八）一二／青森県下北郡田名部町

青森県菊池喜代八の子に生まれ、郷里の下北で京阪地方向けの海産物商を営んでいたが、一九二五年に渡満して会社員となった。その後、撫順で洋服手芸品の材料商を営んだ。

岸　一郎　▷12

日満商事㈱奉天支店長代理／奉天日満商事㈱支店／一八九四（明二七）一〇／福井県敦賀郡松原村／早稲田大学商科

一九一八年三月早稲田大学商科を卒業し、同年六月満鉄に入り人事課に勤務した。三〇年六月販売部銑鉄課、三一年八月商事部銑鉄課計画係主任に歴勤して三六年九月参事に昇格して商事部台北在勤となった。次いで同年一〇月商事部の業務を継承して日満商事㈱が創立されると同社入りし、本店参事室勤務を経て同年一二月奉天支店長代理に就いた。

岸居　往水　▷12

博多屋店主／奉天省撫順東四条通／一八八五（明一八）八／福岡県福岡市東港町

日露戦後一九〇六年に渡満し、撫順で炭砿酒保を営んだ後、翌年満鉄の開業とともに同社入りして撫順炭砿老虎台運炭課に勤務した。一三年に退社して旧市街千金寨曙町に料亭粋月を開業したが、翌年江橋に移転して同業を営み、食料品商を兼営した。かたわら官民各方面と折衝して水田開発を図り、商品券の単独発行、通化郵局及び領事館の設置等を画策したが、日本人無頼の徒の圧迫を受けて一七年に撫順に引き揚げ、博多屋店の商号で小間物・化粧品・雑貨商を営んだ。

岸　巌　▷12

満州興業銀行調査課長兼計算課長／新京特別市八島通／一八八六（明一九）五／青森県西津軽郡鰺ヶ沢町／東京帝大法科大学政治学科

一九一三年東京帝大法科大学政治学科を卒業して翌年東京日日新聞社に入り、次いで一七年に大蔵省臨時調査局嘱託となった。その後一八年朝鮮銀行に転じ、発行課長、整理課長、仁川支店支配人、平壌支店支配人を歴任し、三六年一二月在満州朝鮮銀行支店及び満州銀行本支店、正隆銀行本支店が統合して満州興業銀行が創立されると調査課長兼計算課長に就いた。

岸　久蔵　▷12

岸回生堂主、奉天省四平街地方員／奉天省四平街南三条通／一八八八（明二一）五／富山県西礪波郡石動町

富山県岸久五郎の長男に生まれ、一九一三年に渡満して奉天省四平街南三条通で薬種売薬商・計器販売業を開業した。二〇年から大連市外沙河口に岸窯業部を開設して煉瓦の製造販売業を兼営し、新京永楽町に薬局支店、公主嶺に窯業部支店を設けた。

貴志　重光 ▷12

営口税関奉天分関長兼税関監視犬育成所長、満州軍用犬協会専務理事、正六位勲四等／奉天稲葉町／一八九五（明二八）二／和歌山県海草郡貴志村／陸軍士官学校

一九一七年五月陸軍士官学校を卒業し、同年一二月歩兵少尉に任官した。以来各地に勤務して三四年八月少佐に累進し、同年一二月予備役編入となり国務院財政部嘱託となって渡満した。その後三五年二月税関理事官となり、営口税関に勤務した後、同年一一月奉天分関長に就いて税関監視犬育成所長を兼任した。この間、満州事変時の功により勲四等旭日章を授与された。

岸田正次郎 ▷14

幾久屋百貨店専務理事／大連市平和台／一八九七（明三〇）一二／広島県賀茂郡西志和村／早稲田大学専門部政治経済科、バージニア大学大学院

台湾で生まれ、父母に伴われて渡満し大連で育った。広島県立第一中学校から早稲田大学政治経済科に進み、一九二一年三月に卒業してアメリカに留学した。二四年三月バージニア大学経済科で修士号を取得し、翌年三月ハーバード大学大学院に学んだ。その後欧州に渡り、ケンブリッジ大学、パリ大学等の聴講生として修学し、二六年夏に帰国した。二八年五月から同郷の先輩で内務大臣の望月圭介の秘書役を務めた後、二八年一二月富士電力会社に入社し、三一年二月富士瓦斯紡績会社に転じた。三四年二月、実兄正記が大連に幾久屋百貨店を開設すると渡満して経営の一切を差配した。かたわら㈴奉天幾久屋代表社員、関東州貿易実業振興㈱取締役、大連商工会議所議員を務め、四〇年一一月から大連市会議員を務めた。兄の正記は代議士当選数回、第一次近衛内閣の海軍参与官を務めた。

岸谷隆一郎 ▷12

通化省警務庁長／通化省公署警務庁／一九〇一（明三四）二／青森県南津軽郡黒石町／日露協会学校

青森県岸谷秀太郎の次男に生まれ、弘前中学校を卒業して渡満し、一九二三年ハルビンの日露協会学校を卒業した。母校の助教授兼寮監を務めた後、二四年に依願退職し、二七年に満鉄庶務部調査課嘱託となった。三二年一月経済調査会の設置とともに第一部嘱託となったが、同年黒龍江省事務官に転じて同公署総務庁に勤務した。三三年同省竜江県参事官に転任した後、三四年璦琿県参事官、三六年吉林省長春県参事官を経て三七年七月通化省警務庁長となった。

岸田　憲行 ▷11

歯科開業医／大連市八幡町／一九〇二（明三五）一一／徳島県麻植郡川島町／日本歯科医学専門学校

徳島県官吏岸田愛文の長男に生まれ、一九〇八年関東都督府に赴任する父に従って渡満した。旅順小学から旅順中学と進んだ後、東京の杉浦重剛の家塾称好塾に寄寓して日本歯科医学専門学校に学び、二六年に卒業した。二七年一一月、大連に戻り歯科医を開業した。父の岸田愛文は関東都督府理事、旅順市名誉助役を務めた。

岸田　正記 ▷12

幾久屋百貨店主、衆議院議員、勲四等／東京市本郷区駒込富士町／一八九五（明二八）一二／広島県広島市段原町／京都帝大法学部法律学科、同大学院

広島県岸田幾太郎の長男に生まれ、長崎高等商業学校を経て一九二四年三月京都帝大法学部法律学科を卒業し、大学院に進んだ。その後政界に入って立憲政友会に属し、二八年二月最初の普通選挙に広島県第一区より立候補して当選し、以後五回の当選を重ねた。政治活動のかたわら、〇六年に渡満して大連で借地借家業を経営した父幾太郎の没後、事業を引き継いだ。不動産業のほかに、三三年一〇月に資本金一〇〇万円で幾久屋百貨店を開設し、実弟の正次郎を経営に当たらせた。

岸田　愛文 ▷11

旅順市助役、正七位／旅順／一八七四（明七）一一／徳島県麻植郡川島町

徳島県商業岸田秀蔵の長男に生まれ、一八九七年普通文官試験に合格した。関東都督府法院書記となって一九〇八年二月に渡満し、二二年高等法院監督書記、二四年関東庁理事官となった。二四年一二月から二八年一二月まで旅順市名誉助役を務め、退任後は俳句、囲碁、謡曲などの趣味を楽しむ自適の生活を送った。長男の憲行は大連で歯科医院を開業した。

岸　利信　▷9

奉天取引所信託㈱専務取締役／奉天琴平町／一八七九（明一二）一〇／岐阜県大垣市

長く鉄道省及び朝鮮総督府鉄道局に勤めた後、一九一七年一〇月に渡満して満鉄に入り日中・日露の連絡運輸事務を担当した。二一年七月奉天取引所重要物産信託㈱の設立に際し、満鉄を代表して専務取締役に就任した。

岸名　幸基　▷12

宮内府掌礼処員／新京特別市興亞街／一九〇三（明三六）五／福井県坂井郡三国町／早稲田大学商学部

一九二三年東京外国語学校専修科を卒業した後、さらに早稲田大学商学部に進み、在学中の二五年に内務省令英語通訳試験に合格した。二八年三月に卒業して満鉄に入社し、同年五月満鉄の推薦で日本国際観光局に転じた。三〇年青島分局主任となったが、その後満州国に転出して執政府警衛処に勤務し、次いで諮議室勤務、掌礼処属官、宮内府属官、掌礼処勤務兼礼官を歴職し、秩父宮来満接伴事務員、奉天・吉林巡狩扈従、日本行幸扈従、大典観艦扈従等を務めた。三五年一〇月宮内府事務官に進んで掌礼処に勤務した後、三七年二月礼官兼任となり、翌月から国都建設紀年式典準備委員会式典部幹事を兼務した。この間、建国功労賞、大典記念章、皇帝訪日記念章を受章し、勲八位景雲章を授与された。実兄の清次は二七年一二月に渡満して大連汽船㈱に入り、船舶部海務課副監督を務めた。

岸名　清次　▷12

大連汽船㈱船舶部海務課副監督／大連市早苗町／一八九〇（明二三）一一／福井県坂井郡三国町／大阪高等工業学校

大阪高等工業学校を卒業した後、一九二七年一二月大連汽船㈱に入社した。三〇年三月技士となり、次いで三六年一月船舶部海務課に勤務し、後に副監督を務めた。実弟の幸基は二八年に渡満し、満鉄勤務を経て満州国官吏となり宮内府掌礼処に勤務した。

貴志二一郎　▷11

満鉄撫順炭砿研究所員／奉天省撫順南台町／一八九四（明二七）一二／東京府東京市麻布区谷町／東京帝大医学部薬学科

東京府貴志哲三郎の長男に生まれ、一九一九年東京帝大医学部薬学科を卒業した。二八年八月、満鉄に入社して撫順炭砿研究所に勤務した。

岸　信介　▷12

国務院産業部次長兼特許発明局長、土地制度調査委員会委員、高等土地審定委員会委員、商租権整理委員会委員、林場権審定委員会委員、水力電気建設委員会委員、満州国協和会産業部分会長、満州特産中央会理事長／新京特別市東朝陽街産業部次長公館／一八九六（明二九）一一／山口県熊毛郡田布施町／東京帝大法学部独法科

山口県酒造業佐藤秀助の次男として山口県吉敷郡山口町に生まれ、中学の時に父の実家にあたる岸信政の婿養子となった。山口中学校、第一高等学校を経て一九二〇年七月東京帝大法学部独法科を卒業し、同年九月農商務省に入り商務局に勤務した。二一年五月農商務省事務官として文書課に転任し、関東大震災後に臨時震災救護事務局事務官及び臨時産業合理局事務官を兼務した後、商工書記官兼任、特許局事務官を歴任して三四年二月資源局事務官となった。三五年五月臨時産業合理局第一部長兼外務書記官を経て三六年五月商工省工務局長となったが、同年一〇月に辞職し、関東軍の要望を受け満州国国務院実業部総務司長に転出して渡満した。三七年七月行政機構改革により実業部を改組して産業部が創設されると同次長・総務庁次長となり、特許発明局長及び国都建設紀年式典準備委員会参与を兼任し、東條英機関東軍参謀長の支援の下に遠縁に当たる鮎川義介の率いる日産コンツェルンを誘致して満州産業開発五ヶ年計画を推進した。⇒三九年一〇月に帰国し、商工省に復帰して阿部信行内閣の商工次官となった。四一年一月小林一三商工相と対立して辞任したが、同年一〇月東条内閣の商工相に就任し、四二年四月の翼賛選挙で郷里の山口県から衆議院議員に当選した。四三年一一月軍需省が新設されると東条首相兼軍需相の下で軍需次官兼国務相として軍需物資の生産増強を指導し、四四年七月の東条内閣総辞職とともに護国同志会の領袖となった。戦後、四五年九月A級戦犯容疑者として逮捕され巣鴨拘置所に収容されたが、四八年一二月に釈放され、公職追放中に東洋パルプ㈱会長、日本鋼材商事㈱会長に就いた。追放解除後五二年一〇月の総選挙で衆議院議員に当選し、自由党憲法調査会会長として日本国憲法の改定・再軍備を主張した。五四年一一月自由党を除名された後、日本民主党の創立に参加して幹事長に就き、五五年一一月の保守合同を経て五六年一二月自民党総裁選に出馬したが破れ、石橋湛山内閣の外相に就任した。五七年二月石橋の病気辞任を受けて内閣総理大臣に就任し、五八年六月二度目の組閣をして六〇年六月安保条約改定を強行したが、国民の強い反対運動に遇って同年七月に総辞職した。以後は自民党最高顧問として自主憲法制定促進国民会議議長等を務め、沖縄返還交渉の際にニクソン米大統領と会談するなど政界裏面で影響力を保持した。八七年八月没。実弟の佐藤栄作は東京帝大を卒業して鉄道省に入り、運輸次官を経て政界入りして第二次岸内閣の大蔵相を務めた後、六四年一一月から七二年一一月まで四期にわたり首相を務めた。叔父の義兄の松岡洋右は外務省に入り、満鉄理事・副総裁を経て後政界入りし、三三年二月国際連盟脱退時の首席全権を務めた後、三五年八月から三八年三月まで満鉄総裁に就き、第二次近衛内閣の外相として日独伊三国同盟、日ソ中立条約を締結し戦後A級戦犯に指名された。女婿の安倍晋太郎は毎日新聞記者、首相秘書官を経て政界入りして農相・通産相・外相を務め、その子晋三も政界入りして二〇〇六年に首相に就いた。

岸　秀次　▷11

満州棉花栽培協会副会長、正四位勲四等／旅順市扶桑町／一八七〇（明三）六／茨城県水戸市／帝国大学農科大学

茨城県農業岸倉三の次男に生まれ、一八九四年帝国大学農科大学を卒業した。埼玉県属から拓殖務省技手となり、同省廃止後は滋賀、青森、岐阜等の農事試験場長、農学校長を歴任した。一九〇八年韓国政府の傭聘を受け同国の試験場長、農学校長を務めたが、一〇年八月の韓国併合により朝鮮総督府に転属した。二一年関東庁技師となって渡満し、農事試験場長、蚕業試験場長を務め、日露戦争直後に五年間試作されて頓挫した米・棉作に取り組んだ。栽培法を改良して二二年に再興し、奨励機関としてイギリスに倣い満州棉花栽培協会を組織し、退官後も同会副会長として満州棉作の拡張に努めた。長男は音楽家となり、三・四・五男はそれぞれ慶大医学部、東京帝大文学部、東京高等商船に学び、長女は京城帝大助教授兼学生監の渡辺洞雲に嫁し、二・三女は東京薬専、東京高女に学んだ。

貴島　克己　▷11

満鉄社長室人事課審査係主任／大連市伏見町／一八九六（明二九）三／宮崎県都城市／東京帝大法学部英法科

宮崎県貴島基の次男に生まれ、一九二〇年東京帝大法学部英法科を卒業して満鉄に入り、東京支社内の東亜経済調査局に勤務した。二二年北京公所勤務を経て二五年五月安東地方事務所に転任して渉外係となり、翌年四月庶務係長に進んだ。その後二七年四月満鉄社長室人事課審査係主任に就き、三二年七月に経済調査会が発足すると幹事室及び第六部の幹事を務めた。私稿「満鉄経済調査会沿革史」がある。

貴島　清俊　▷7

陸軍歩兵少佐、従六位勲五等／旅順連隊長官舎／一八八六（明一九）／鹿児島県日置郡東市来村／陸軍士官学校

鹿児島中学校を卒業して陸軍士官学校に入った。卒業後一九〇六年六月歩兵少尉に任官し、その後陸軍大尉に進んで熊本の歩兵第二三連隊付第二大隊付副官となった。二二年一二月旅順駐屯軍幹部として渡満し、連隊副官を務めた。二二年八月歩兵少佐に進級し、二五年五月駐屯軍交代により帰国した。

技之　政之　▷7

関東庁翻訳生、勲七等／旅順市高千木町官舎／一八八一（明一四）七／鹿児島県薩摩郡藺牟田村

一七歳の時から郷里で教職に就いていたが、一九〇四年に召集されて日露戦争に従軍した。〇六年に召集解除となって教職に復帰した後、上京して警視庁に入った。〇八年関東庁に転じて渡満し、金州、普蘭店、長春の各警察署を経て旅順警察署の中国語翻訳生となった。

き

木島久五郎 ▷11

満鉄開原地方事務所昌図派出所勤務／奉天省昌図満鉄社宅／一八八九（明二二）五／群馬県勢多郡大胡町

群馬県木島寅吉の五男に生まれ、一九〇九年宇都宮の第一四師団歩兵第一五連隊に入営した。一一年から五年間憲兵として朝鮮に勤務し、帰還後は舞鶴、鳥取、福知山の各分隊に所属した。満州に渡る目的で一九年に軍を辞したが欧州大戦終結後の経済変動に遭い、前橋区裁判所に一〇ヶ月勤務した。二〇年一二月に渡満して満鉄本渓湖地方事務所に入り、二五年安東地方事務所に転勤した。二七年一二月、開原地方事務所昌図派出所勤務となり、同地の在郷軍人分会長を務めた。

岸水喜三郎 ▷12

満鉄副参事、新京事務局地方課地方係長、正八位／新京特別市羽衣町／一九〇二（明三五）一〇／島根県那賀郡浜田町原井／東亜同文書院商務科

島根県岸水義次の長男に生まれ、一九二三年三月上海の東亜同文書院商務科を卒業し、同年六月満鉄に入り地方部庶務課に勤務した。二五年四月同部地方課、二六年六月開原地方事務所、二八年一一月長春地方事務所、三〇年六月地方部地方課に歴勤した後、三四年四月奉天省四平街地方事務所地方係長となった。三六年八月新京地方事務所地方係長を経て同年一〇月副参事に昇任し、新京事務局地方課地方係長に就いた。三七年三月、満州国政府より国都建設紀年式典準備委員会市民部幹事を委嘱された。

岸　道三 ▷12

興中公司㈱広東出張所長／中華民国広東沙面イギリス租界／一九〇〇（明三三）一二／北海道小樽市稲穂町／東京帝大工学部鉱山学科

岸音五郎の三男として大阪市西区に生まれ、一九一八年から二一年まで鉄工業を経営した。その後、第一高等学校に入り全寮委員長として活動した後、一九二九年三月東京帝大工学部鉱山学科を卒業した。三一年八月名古屋合板㈱支配人、同社取締役兼支配人、明治製革会社取締役を歴職した後、満鉄事務嘱託となり経済調査会調査員、北平事務所天津在勤兼経済調査会調査事務嘱託を経て三五年一〇月満鉄に入社し、北平事務所天津在勤を経て同年一一月総務部東亜課第一係主任となった。次いで三六年二月総務部勤務興中公司㈱派遣、同年一〇月総裁室勤務（非役）を経て興中公司㈱広東出張所長となった。⇒その後帰国して三七年六月第一近衛内閣の首相秘書官、四五年四月鈴木内閣の総合計画局参与を務めた。戦後は大同亜炭㈱社長、近海漁業㈱社長、同和鉱業㈱副社長を経て経済同友会代表幹事となり、近江絹糸争議の調停をするなど同会の主導的役割を果たした後、五六年日本道路公団の初代総裁に就任した。六二年三月没。

岸本朝次朗 ▷12

吉野屋楽器店主、朝日座主、新京キネマ主／新京特別市祝町／一八七八（明一一）二／兵庫県多可郡比延庄村

早くから郷里を出て巡査となり、後に実業に従事した。日露戦争後一九〇六年に渡満し、大連で楽器商を営んだ後、〇九年長春吉野町に吉野屋楽器店を開業して和洋楽器を販売した。その後店舗を祝町に移し、さらに同所に新京キネマ、第一区第一段に朝日座を設けて映画館を兼営した。

岸本　俊治 ▷12

国務院交通部郵務司員、電信電話学会満州支部評議員／新京特別市雲鶴胡同／一九〇一（明三四）一／兵庫県加東郡福田村／逓信官吏練習所技術科

兵庫県岸本市太郎の六男に生まれ、一九二四年逓信官吏練習所技術科を修了して同年六月臨時電信電話建設局技手となった。二四年一一月逓信技手となり、二九年一〇月電信協会無線電信講習所講師嘱託を経て三〇年三月に渡満して関東庁嘱託に転じた。三二年一一月逓信局技手兼逓信技手に任官したが、三二年七月依願免本官となりハルビン電政管理局技正に転じた。次いで国務院交通部郵政司に転任して三三年九月交通部技正となり、三四年七月交通部技佐に進んだ。三五年六月無線電気通信従事者資格考察委員を兼務し、さらに三六年五月から中央観象台技佐を兼任した。この間、昭和大礼記念章、帝都復興記念章、建国功労賞、大典記念章、勲六位景雲章、皇帝訪日記念章を授与された。

岸本　正雄　▷9

関東庁警務局長、従五位勲四等／旅順市新市街官舎／一八八一（明一四）一〇／鳥取県／東京帝大法科大学

一九〇六年東京帝大法科大学を卒業し、文官高等試験に合格した。秋田県事務官、山形・滋賀・福岡各県の警察部長、香川県内務部長を歴任し、二〇年三月関東庁警務局長に任じられて渡満した。

岸本　正雄　▷12

図們税関雄基弁公処長、雄基商工会顧問、雄基軍友会顧問、勲八等／朝鮮雄基港満州税関官舎／一八九二（明二五）三／福岡県京都郡久保村／明治大学商科

福岡県岸本素波の長男に生まれ、豊津中学校、明道中学校を経て一九一五年三月明治大学商科を卒業し、同年一二月一年志願兵として小倉の野砲兵第一二連隊に入営した。一六年一一月に除隊して朝鮮に渡り、咸鏡道の定平金山鉱主代理人となった。二〇年六月青島守備軍民政部鉄道部埠頭事務所事務員に転じ、二二年一一月青島港政局業務科長嘱託となった。二三年六月満鉄に転じて大連埠頭事務所事務員となり、二八年一〇月営口埠頭支所に転勤した後、三三年六月鉄路総局経理処会計科審査貨物班主査となった。三四年四月に退社して満州国税関監視官に転じ、図們税関に勤務して三六年税関事務官となり図們税関雄基弁公処長に就いた。この間、満州事変時の功により勲八等瑞宝章及び従軍記章を授与された。

岸本　政治　▷12

吉林警察庁特務科長、従七位勲六等／吉林警察庁特務科長公館／一八九五（明二八）一／兵庫県多可郡中町

一九一五年徴兵されて福知山の工兵第一〇大隊に入営し、その後憲兵に転科して一七年に憲兵上等兵となった。福知山、青島、張店、姫路の各憲兵分隊に勤務し、二五年に憲兵練習所を修了した。憲兵司令部付、北京憲兵分遣隊長等を歴職して三六年少尉に任官し、同年四月満州国警察庁警正に転じて吉林警察庁特務科長に就いた。この間、三四年に勲六等旭日章及び建国功労賞を授与された。

岸　善次　▷11

満鉄地方部庶務課工務係主任／大連市桜花台／一八八八（明二一）一〇／群馬県多野郡小野村／満鉄育成学校

群馬県岸佐重の五男に生まれ、日露戦後の一九〇六年九月、野戦鉄道提理部定傭夫となって渡満した。満鉄開業後に育成学校に入り、〇九年四月に卒業して満鉄社員となり大連工務事務所庶務係主任となった。二七年一一月地方部庶務課工務係主任に転じ、翌年一月満鉄に工務委員会が設置されると同会幹事を兼任した。創業以来勤続して一五年及び二〇年の表彰を受け、長男雄一郎も育成学校に学んだ。

岸　良一　▷12

国務院産業部林野局長、満州帝国馬術協会長、従四位勲四等／新京特別市恵民路第一代用官舎／一八九〇（明二三）五／東京府東京市牛込区余丁町／東京帝大農科大学農学科

東京府岸三郎の長男に生まれ、一九一五年七月東京帝大農科大学農学科を卒業し、一七年三月農商務省に入り農商務技手兼畜産試験場技手となった。一八年七月緬羊に関する研究のため英米に二年間留学し、引き続き二〇年七月欧米出張を命じられた。帰任して農商務技師兼商工技師となり、二七年四月再び欧米に出張し、さらに三二年二月関東州及び満州に出張した。三四年五月国務院実業部理事官に転出して林務局長を務めた後、三七年七月産業部林野局長に転任して林場権審査委員会委員を兼務した。この間、満州事変時の功により勲四等及び皇帝訪日記念章を授与された。

喜早　圭吾　▷12

満鉄新京医院眼科医長／新京特別市菖蒲町／一八九九（明三二）二／東京府東京市杉並区井荻町／慶応大学医学部

東京都喜早定四郎の子に生まれ、一九二五年三月慶応大学医学部を卒業して同大助手を務めた後、二七年八月宇都宮で菅又眼科医院を経営した。三〇年四月母校の研究生となって研鑽を積み、三二年八月に渡満して満鉄奉天省四平街医院医長に就いた。三三年八月母校より医学博士号を受けた後、三五年三月新京医院に転任して眼科医長を務めた。

北　章 ▷12

国際運輸㈱経理課会計係主任、正八位／大連市山県通国際運輸内／一九〇七（明四〇）七／鳥取県西伯郡中浜村／神戸商業大学

鳥取県北直太郎の三男に生まれ、米子中学校、松江高等学校を経て一九三二年三月神戸高等商業学校を卒業し、同年七月国際運輸㈱に入り長春支店に勤務した。三三年二月休職して幹部候補生として姫路の歩兵第三九連隊に入営し、同年一一月に除隊して復職した。三五年一一月本社経理課に転勤し、三六年七月会計係主任となった。

北岡　啓 ▷12

国務院交通部技佐路政司水運科員、満州軍用犬協会幹事、正八位／新京特別市建和胡同建和ビル／一九〇一（明三四）三／高知県高知市小高坂／神戸高等商船学校航海科

高知県北岡伝の長男に生まれ、京都中学校を経て一九二六年三月神戸高等商船学校航海科を卒業し、同年一二月甲種二等運転士免状を取得した。二七年一月日本タンカー㈱に入り、以来遠洋航路への乗務と三菱造船所及び横浜船渠での新造船の艤装に従事し、三〇年七月甲種一等運転士免状を取得した。三三年二月満州国外交部総務司に転じて渡満し、同年七月交通部ハルビン航政局に勤務した。三五年八月交通部事務官に昇格して路政司勤務となり、次いで技佐に進んで水運科に勤務した。この間、建国功労賞、大典記念章及び皇帝訪日記念章を受けた。実弟の先は東京電機学校を卒業して黒河の恒曜電業公司支配人兼技師長を務めた。

北折澄太郎 ▷12

国務院交通部総務司会計科員、広島県人会評議員、正七位勲七等／新京特別市北安路市営住宅／一八八六（明一九）七／広島県広島市白島中町

広島県北折松左衛門の長男に生まれ、一九〇六年八月税務署雇員となり、名古屋税務監督局小折税務署に勤務した。〇七年裁判所書記登用試験に合格して翌年一月税務属に昇任し、中津川税務署、次いで宮上野税務署に勤務した。一二年三月税務監督局属に進んで広島税務監督局に転任した後、一六年一二月広島税務署、一八年三月広島税務監督局、二〇年六月浜田税務署に勤務し、二一年三月尾道税務署間税課長、二四年一二月広島税務署間税課長・税務署長心得、二五年八月広島税務監督局間税部第三係主任兼間税監督員、二六年一月間税第二係主任、二八年四月同係長を歴任した。三二年一一月税務監督局事務官に昇格し、同年一二月満州国財政部企画科嘱託に転じて渡満した。三三年七月専売公署事務官として浜江省専売支署に勤務した後、三四年二月ハルビン専売署副署長を経て同年五月交通部事務官となり総務司会計科に勤務した。この間、大正四年乃至九年事件時の功により賜金を受けたほか、昭和大礼記念章、建国功労賞、大典記念章、皇帝訪日記念章を受けた。

北川猪三郎 ▷12

北川呉服店主／大連市淡路町／一八九九（明三二）一／滋賀県犬上郡豊郷村

滋賀県北川庄三の三男に生まれ、一九一五年夏に渡満して呉服店で働いた。その後二一年一月に独立して大連で北川呉服店を開業し、出張販売を主として呉服、モスリン、和洋雑貨を扱った。

北川　勝夫 ▷12

満鉄総裁室弘報課員／大連市星ヶ浦黒礁屯／一八九六（明二九）一一／東京府東京市淀橋区下落合／東京帝大法学部英法科

北川勘三郎の子として鹿児島市新屋敷町に生まれ、一九二〇年七月東京帝大法学部英法科を卒業し、同年一〇月満鉄に入り商事部販売課に勤務した。二二年一月興業部販売課、二三年四月庶務部調査課、二四年六月東亜経済調査局調査課等に勤務した後、三三年六月経済調査会事務嘱託を経て三五年一一月総務部人事課、三六年三月同部資料課勤務を経て副参事となり、同年一〇月総裁室弘報課に転任した。

北川　孜 ▷11

関東庁土木技手／大連市回春街／一八八四（明一七）二／三重県志摩郡鳥羽町／三重県鳥羽商船学校

三重県官吏林深見の次男に生まれ、叔父北川浦之助の養子となった。一九〇五年三重県鳥羽商船学校を卒業して高等海員となり、船舶職員として日露戦争に従軍した。〇八年六月機関長試験に合格し、翌年三月関東庁海務局員となって渡満し、回航汽船の機関長を務めた。一二年四月関東都督府土木技手となり、大連民政署地方課水道係として沙河口浄水場に勤めた。この間、公務の余暇を利用して不凍給水栓及び置ペーチカなどの考案をし、前者は二八年三月に実用新案登録をした。

北川　富雄　▷12

新京農畜業信用組合専務理事、新京農畜業組合専務理事、新京養鶏組合専務理事／振興東一条通／一九〇五（明三八）一一／愛知県知多郡横須賀町／金城英語専修学校

金城英語専修学校を卒業した後、一九三〇年拓殖協会嘱託となり、移民問題研究のため中国南部、南洋を視察して三二年に帰国した。その後岐阜市の海外興業㈱の業務代理となり、ブラジル移民奨励事業に従事した。三四年九月ブラジルでの移民制限法成立を受け、自由移民の調査旁々渡満して新京郊外の伊通河畔に蔬菜園を開設した。その後三六年九月新京農畜業信用組合の創設に尽力して専務理事となり、さらに同年一二月に設立された新京農畜業信用組合及び新京養鶏組合の各専務理事に就いた。

北川武八郎　▷4

金光堂主／奉天省遼陽東洋街／一八七二（明五）／長崎県南高来郡愛野村

日露戦争前にハルビンに店舗を構えて時計及び雑貨商を営んでいたが、開戦とともに同地を去った。一九〇五年に大連の奥町で開業したものの失敗に帰し、〇八年遼陽に移った。同地で資金を蓄えて店舗を開き、書籍、文房具を扱って朝鮮、山東鉄道沿線、満州全線を往復して予約を取るなどして売上げを伸ばした。時計、貴金属まで品目を拡げて地方有数の商店となり、遼東新報社遼陽主局主任、満鉄遼陽区諮問委員を務めた。

北川　芳洲　▷11

北川工務所主／大連市大山通／一八八三（明一六）一二／福岡県三井郡合川村／工手学校電工科

福岡県官吏北川一敬の次男に生まれ、一九〇七年東京築地の工手学校電工科を卒業した。東京電灯会社、官営八幡製鉄所勤務を経て〇八年一一月満鉄に入社した。一〇年余在職して一六年三月に退社し、大連に北川工務所を設立して電気設計、機械販売、工事請負業を営んだ。

木田　清　▷12

国務院総務庁人事処人事科長、民生振興会議幹事／新京特別市崇智胡同／一九〇〇（明三三）三／山形県最上郡東小国村／山形県師範学校、東京商科大学付設商業教員養成所

山形県師範学校を卒業して県下の小学校訓導を務めた後、上京して一九二五年三月東京商科大学付設商業教員養成所を修了して新潟県師範学校教諭兼訓導となり、勤務のかたわら二六年一二月文官高等試験行政科に合格した。その後三二年四月に依願免本官となり、同年六月国務院法制局参事官となって渡満した。その後三四年一二月総務庁人事処人事科長に就き、三七年六月まで給与科長を兼任した。

北里　正吉　▷12

大連汽船㈱船長／神戸市灘区国玉通／一九〇〇（明三三）三／熊本県阿蘇郡北小国村／佐賀商船学校

佐賀商船学校を卒業して海上勤務に就き、一九二六年五月大連汽船㈱に入った。二八年六月一等機関士に進み、次いで三六年一月船長となった。

北里　房義　▷12

北里洋行主、勲七等／ハルビン斜紋街／一八九八（明三一）二／熊本県阿蘇郡南小国村／高等小学校

熊本県北里万次の子に生まれ、高等小学校を卒業後、渡満して関東都督府巡査となった。以来各地に勤務し、累進して関東庁警部補に累進した。その後、満州国警佐に転出して首席警務指導官となった。一九三四年に依願退官し、資本金三万円でハルビンに北里洋行を開業し、諸官衙御用達として被服、警察装用具品、防毒面、消火器、国旗類を販売した。十数人の従業員を使用し、東京、大阪、名古屋、大連、新京、奉天等から商品を仕入れて浜江・竜江・黒河の各省公署、在ハルビン日満各軍部、諸官公衙などに納入し、年商一五万円内外を計上した。

北沢益一郎　▷12

満鉄公主嶺農事試験場員、勲八等／吉林省公主嶺満鉄農事試験場／一八九六（明二九）一一／長野県上

水内郡鬼無里村／東京府国民実用学会

長野県北沢茂吉の五男に生まれ、一九一六年東京府国民実用学会を卒業し、同年一二月徴兵されて旭川の騎兵第七連隊に入営した。一九年一一月に満期除隊した後、二一年三月満鉄に入社して農事試験場熊岳城分場に勤務した。その後三〇年六月公主嶺地方事務所に転勤して大楡樹採種田主務者となり、次いで三七年五月公主嶺農事試験場に転勤した。この間、三六年に満州事変時の功により勲八等に叙せられ、同年四月満鉄勤続一五年の表彰を受けた。

北沢　通康　▷12

満鉄副参事、牡丹江建設事務所電気長、勲七等／浜江省牡丹江昌徳街牡丹寮／一八九五（明二八）三／長野県長野市新田町／東京高等工業学校

本名は誉司、通康と通称した。一九一五年大連の南満州工業学校電気科を卒業し、帰国して東京高等工業学校に入学した。二〇年三月に卒業して満鉄に入り、技術部機械課に勤務した。二二年六月から母校の講師を兼務し、同校が専門学校に昇格した後も引き続き講師を兼務した。二七年四月鉄道部電気課に転任し、三〇年五月満州工業標準規格委員会調査員となり、三一年九月同委員会幹事を務めた。三四年二月ハルビン建設事務所電気長に転任した後、三五年一一月奉天省四平街建設事務所勤務となり、家族をハルビン市南崗奉天街の自宅に残して単身赴任した。三六年四月牡丹江建設事務所電気長となり、同年一〇月副参事に昇任した。この間、満州事変時の功により勲七等瑞宝章を受けた。

北島　亨亮　▷11

満鉄臨時経済調査委員会勤務／大連市聖徳街／一八八九（明二二）一二／山口県厚狭郡吉田村／旅順工科大学電気工学科

山口県北島道之の次男に生まれ、一九一五年一二月旅順工科大学電気工学科を卒業して満鉄に入社した。撫順炭砿発電所、電鉄、採炭所、煙台炭坑発電所等に勤務した後、二七年一二月臨時経済調査委員会に転任した。

北島　守　▷12

満鉄撫順高等女学校教諭兼撫順医院看護部養成所講師、社員会評議員、社員消費組合総代、正七位／撫順南台町／一八九一（明二四）一一／東京府東京市芝区金杉川口町／慶応大学英文科

北島宗平の長男として静岡県磐田郡今井村に生まれ、一九一三年九月に渡満して満鉄に入り、満鉄従事員養成所を修了して三年間鉄道部に勤務した。その後休職して東京外国語学校露語専修科を卒業し、さらに二三年慶応大学英文科を卒業した。復職して鞍山中学校教諭に任じられ、三一年四月撫順高等女学校教諭に転任して撫順医院看護部養成所講師を兼務した。

北島　済　▷11

大連第二中学校教諭、従七位／大連市菫町／一八九三（明二六）五／徳島県板野郡北灘村／広島高等師範学校、東北帝大工学部専攻科

徳島県北島邦太郎の次男に生まれ、一九二〇年広島高等師範学校を卒業して大阪府立高津中学校教諭となった。その後東北帝大工学部に入り二四年に卒業し、翌年同専攻科を修了した。山形県寒河江中学校教諭を務めた後、二六年四月関東庁中学校教諭となって渡満し大連第二中学校に勤務した。マラカイトグリーンの製造及びセメントクリンカーの顕微鏡的研究を発表するなど、教育と研究の両面で活躍した。

北代　真幸　▷11

大連関税務司／大連市壱岐町／一八七九（明一二）九／高知県高知市築屋敷町／東京高等商業学校専攻科

高知県北代揆一の三男に生まれ、一九〇三年東京高等商業学校専攻科を卒業して上海海関に入った。その後、北京、大連、厦門、芝罘、大連、上海、蕪湖、大連、瓊州等の各海関に勤務して副税務司となった。二七年、四度目の大連勤務に際し税務司に昇任した。

北田栄太郎　▷9

北田栄太郎商店主／安東県市場通／一八七八（明一一）一〇／三重県阿山郡中瀬村

天津で木材業に従事し、一九〇八年九月安東県軍政署木材部から分離して鴨緑江採木公司が創立された際、軍政署から払い下げられた原木一二万連を鴨緑江口の大東溝から船積みして天津の吉田洋行に納入し、鴨緑江材の汽船積輸送の先駆けとなった。その後一四年に三井物産安東県出張所木材部に入ったが、二〇年一二月に独立して同地で木材貿易業を営み、かたわら三井物産保険部及び日本生命保険会社の日本徴兵保険会社の代理店業を兼営した。

北爪　保雄　▷12

参議府秘書局事務官／新京特別市北安路市営住宅／一九〇三（明三六）一／兵庫県飾磨郡高浜村／姫路商業学校

一九二〇年三月姫路商業学校を卒業して満鉄に入り、地方部庶務課に勤務した。二一年六月社長室人事課、二二年一月同社会課、二三年四月庶務部社会課、二七年五月興業部庶務課、三〇年七月総務部人事課に歴勤した後、三三年八月に退社して新京特別市公署総務処に勤務した。次いで三四年二月参議府秘書局に転任し、同年一〇月同事務官に昇格した。

木谷　繁二　▷12

貸家・貿易業／奉天江ノ島町／一八八五（明一八）一一／和歌山県西牟婁郡三舞村／東亞同文書院

和歌山県農業木谷駒太郎の次男に生まれ、一九〇九年上海の東亞同文書院を卒業して満鉄に入った。以来主として地方事務に従事し、一七年奉天地方事務所土地係主任となった。その後一八年五月に退社し、奉天で貸家業と貿易業を営んだ。

木谷甚兵衛　▷9

福生号主／大連市播磨町／一八七二（明五）九／福井県敦賀郡敦賀町／福井県立中学校

旧姓は別、福井県武生町に生まれ、同県木谷家の養子となった。福井県立中学校を卒業して南条郡会議員、武生町会議員を歴職した。一九〇五年政友会総務の川原茂輔と共に陸軍省の許可を受けて関東州の沿海漁業調査を行った後、〇六年九月関東都督府属となり税務課賦課及び徴収係長に就いた。次いで一三年六月に大連取引所信託㈱が創立されると同社に転じて会計主任を務めたが、二一年七月に辞職し、山県通に福生号を設立して公債株式現物問屋・貿易業・石炭販売業を経営した。叔父の杉田定一は自由民権運動の闘士として知られ、第一回衆院選以来連続九回の当選を重ね、後に貴族院議員に勅撰された。長男要一は旅順工科大学を経て二一年に東北帝大理科大学を卒業し、後に母校の旅順工科大学教授となった。

木谷　辰巳　▷11

満州土地建物㈱支配人／奉天隅田町／一八九二（明二五）六／福岡県小倉市木町／早稲田大学政治経済科経済専攻科

福岡県農業木谷国太郎の六男に生まれ、一九一六年早稲田大学政治経済科経済専攻科を卒業した。村役場書記、鋳物会社社員、商店員、兄の仕事の手伝いなどした後、一七年八月に渡満した。二一年四月、満州土地建物㈱に入社して支配人となった。かたわら奉天地方委員会委員、奉天体育協会副会長、奉天青年団副団長を務め、巽六郎のペンネームで創作を発表するなど文学を愛好した。

木谷鶴次郎　▷11

関東庁金州民政支署電気係主任／金州南山通／一八八一（明一四）一一／東京府東京市四谷区南寺町／東京工科学校

東京府木谷徳蔵の次男に生まれ、一九〇八年東京工科学校を卒業し、一八年一一月に渡満した。関東庁技手となり、二二年に大連—金州間の送電線路建設に従事したほか、金州—三十里堡間、三十里堡—普蘭店間、普蘭店—貔子窩間、普蘭店—瓦房店間の送電線路を完成させるなど州内の電化工事に従事し、金州民政支署電気係主任を務めた。

木谷　要一　▷12

旅順工科大学教授、従五位勲六等／旅順市吾妻町／一八九六（明二九）一〇／福井県敦賀市浪花／旅順工科大学電気工学科、東北帝大理学部物理学科

福井県木谷甚兵衛の長男に生まれ、一九〇六年関東都督府属となった父甚兵衛に伴われて渡満し、一九一七年旅順工科大学電気工学科を卒業した後、東北帝大に進んだ。二一年三月同大理学部物理学科を卒業して同年一一月東京帝大工学部助手となり、講師を経て二二年七月助教授となり、造兵学第二講座を担当した。三一年一一月論文「金属材料ニ関スル二三ノ機械的特性ノ結晶学的研究」により工学博士号を取得した後、三五年三月母校の旅順工科大学教授に就任し、同年一二月関東局在外研究員として一年半ドイツ及びアメリカに留学した。

き

北野　武市 ▷12

大連汽船㈱船長、従七位／大連市臥竜台／一八九五（明二八）四／熊本県天草郡赤崎村／広島商船学校

旧姓は上原、一九二八年に改姓した。広島商船学校を卒業して一九一七年大連汽船㈱に入り、一九年八月一等機関士となった。各船に乗務して二四年に船長となり、後に天津航路の天洋丸船長を務めた。

北畠　保吉 ▷3

関東都督府通信書記、公主嶺郵便局長／吉林省公主嶺堀町／一八七三（明六）八／愛媛県越智郡今治町

郷里の多度津局を振り出しに長く通信事務に従事し、一九〇六年五月に渡満して大連郵便局に入った。以来、旅順、大石橋、遼陽、奉天各局勤務を経て関東都督府通信書記となった。一一年三月公主嶺郵便局長に就き、かたわら満鉄諮問委員を務めた。

北原　正一 ▷12

国務院民政部警務司員／新京特別市大同大街国務院民政部／一九〇三（明三六）三／静岡県志太郡焼津町／東北帝大法文学部

一九二五年台北高等商業学校を卒業して東北帝大に進み、二八年三月同大法文学部を卒業して栃木県巡査部長となった。警察部保安課、特別高等警察課外事主任を経て栃木県属となり、工場監督官、警察部保安課勤務、警察部特別高等警察課思想運動取締主任を歴任して三四年警部に累進した。その後三四年一二月満州国に転出して渡満し、奉天省公署警正・警務庁特務科勤務、錦州省公署事務官・警務庁司法科長を務めた後、三七年国務院民政部事務官・警務司勤務となった。

北原　孝麿 ▷11

満鉄大連医院小児科医師／大連市桃源台／一八九七（明三〇）七／長野県上伊那郡手良村／南満医学堂

長野県農業北原沢次郎の四男に生まれ、一九二一年四月に渡満して南満医学堂に入学した。二五年に卒業して奉天医科大学小児科教室に勤務し、翌年大連医院小児科に転じた。

北堀　誠 ▷11

満鉄非役、吉長頭道溝駅長／長春羽衣町／一八九六（明二九）一一／静岡県駿東郡片浜村／満鉄教習所

静岡県教員北堀竜蔵の長男に生まれ、一九一三年七月に渡満して満鉄教習所に入った。翌年卒業して満鉄雇員となり、鉄道事務に従事した。一九年二月、吉長線派遣員に任命され頭道溝駅長に就いた。この間、シベリア出兵の際の功により賞金を授与された。

北村五十彦 ▷3

大倉組大連出張所主任／大連市但馬町／一八八一（明一四）一一／愛知県名古屋市中区葛町／京都帝大法科大学

京都帝大法科大学を卒業し、一九〇六年大倉組に入った。翌年ロンドン支店に赴任した後、一〇年ドイツのハンブルク支店に転任し、一三年に帰国して本店勤務となった。一四年六月、大連出張所主任となって渡満した。

北村卯之助 ▷9

㈾北村洋行代表、安東県綿糸布商組合長、安東商業会議所議員／安東県大和橋通／一八九七（明三〇）二／大阪府大阪市西区籾上通

一九〇七年五月大阪洋行安東県主任となって渡満し、対中国貿易に従事した。一三年六月に同社が満州を引き揚げることになり、残務整理に当たった後、翌年三月同地に北村洋行を開業して綿糸布、砂糖等の輸入販売業を営んだ。二〇年五月に合資会社に変更して本店を奉天に移し、安東県と鉄嶺に支店を置いた。経営のかたわら安東県綿糸布商組合長、安東商業会議所議員を務めた。

北村　一雄 ▷12

㈾北村誠実堂代表社員／大連市西通／一八九六（明二九）七／大阪府大阪市西区南堀江／東洋協会学校

一九一一年東洋協会学校を卒業して特産商店に勤務した後、一四年に父虎次郎より紙器製造業を引き継いだ。大連市西通に紙器工場、恵比須町に印刷工場を置き、従業員三五人を使用して封筒、荷札、紙袋の製造と石版印刷業を経営した。二五年に資本金五〇〇〇円の合資会社に改組し、市内及び満鉄沿線の官公署と満鉄鉄道総局を主な得意先として年間五万円を売り上げた。

喜田村朔治 ▷3

満鉄大連医院副院長兼医長、眼科部長、南満医学堂教授、地方部衛生課兼務、医学博士／大連市乃木町／一八七六（明九）四／福岡県京都郡豊津村／東京帝大医科大学

一九〇一年東京帝大医科大学を卒業し、翌年東京医科大学病院副手嘱託となった。その後京都医科大学助手を経て兵庫県立病院等に勤務し、〇五年一〇月ドイツのブレスラウ医科大学に留学して眼科学を学び、〇七年同大学助手代理を務めた。〇八年に帰国し、同年五月満鉄地方部衛生課兼務大連医院副院長となって渡満し、南満医学堂教授を兼任した。

北村　三郎 ▷12

国務院財政部税務司員、従七位／新京特別市大同大街国務院財政部／一八九八（明三一）三／大阪府大阪市此花区玉川町／関西大学専門部法律科

一九一九年関西大学専門部法律科を卒業して税務監督局属となった。勤続して大阪西税務署庶務課長、経理部第一係長を歴職した後、関東庁属に転じて渡満し、財務課税務係主任、大連民政署税務課長を歴任した。三三年黒竜江公署事務官に転じて総務庁総務科長に就き、その後省制改革により同省民政庁財務科長となり、次いで錦州省公署理事官に転任して民政庁財務科長を務め、三七年一月国務院財政部税務司に転任した。地方税制に明るく、著書『徴税手続』がある。

北村　秀二 ▷12

満鉄営口医院歯科医長、勲七等／奉天省営口入船街満鉄奉天省営口医院／一八九九（明三二）二／東京府東京市京橋区槙町／日本歯科医学専門学校

北村除雲の子として兵庫県城崎郡日高町に生まれ、一九二四年日本歯科医学専門学校を卒業して日本赤十字社病院に勤務した。二八年五月第三師団軍医に転じた後、二九年六月東京市内で開業したが、三三年五月に閉鎖して渡満し、ハイラル衛戍病院嘱託となった。三五年五月満鉄に入社して奉天省四平街医院医長となり、三六年四月営口医院歯科医長に転任した。

北村甚之助 ▷12

満鉄蘇家屯駅助役／奉天省蘇家屯穂高町／一八九一（明二四）七／滋賀県東浅井郡虎姫村

滋賀県北村寅吉の子に生まれ、一九一八年一一月満鉄に入り安東駅に勤務した。二一年一月転轍方、二二年一月操車方、三一年一一月車号方を歴職して三五年三月構内助役となり、同年五月蘇家屯駅助役に就いた。この間、満州事変時の功により従軍記章と木杯一個を授与され、三四年四月一五年勤続の表彰を受けた。

北村　誠一 ▷12

吉林国立医院附属医学校助教員／吉林国立医院附属医学校／一九一一（明四四）二／長崎県長崎市紺屋町／長崎医科大学附属薬学専門部

長崎県北村勘三郎の長男に生まれ、一九三二年三月長崎医科大学附属薬学専門部を卒業し、同年五月から京洛化学研究所、長崎の三菱病院と母校で実地研修に従事した。その後三三年八月に渡満し、吉林省立医学校及び同附属医院に勤務した。三六年一月同医院の国立への移管とともに国立医院嘱託となり、吉林国立医院附属医学校助教員となった。

来村　琢磨 ▷11

大連港水先案内人、勲六等／大連市桜町／一八七四（明七）一二／佐賀県東松浦郡唐津町／東京商船学校

佐賀県山野辺近信の三男に生まれ、同県来村鉄之助の婿養子となった。一八九五年東京商船学校を卒業し、一九〇九年五月に渡満して大連港の水先案内人となった。一八年に人命救助賞を受けたほか、二七年には岡内半蔵に協力して大連羽衣女学院の創設に尽くし、同校主幹を務めた。次男広紀は奉天医科大学を出て満鉄大連医院の産婦人科医となり、三女須磨子は大連高女を出て大連税官吏森田良太郎に嫁した。

北村　正 ▷12

国務院交通部郵務司業務科勤務兼総務司勤務、郵政権調整準備委員、法令審査委員／新京特別市城後路／一九〇三（明三六）一／兵庫県城崎郡日高町

兵庫県北村竜蔵の子に生まれ、一九二

七年逓信官吏練習所第一部行政科を修了して同年五月通信書記となり、東京中央電話局に勤務した。三一年に文官高等試験に合格した後、三二年六月満州国に転出して郵政接収業務に従事した。三四年一二月郵政管理局事務官に進み、三六年一一月交通部郵務司業務科に転任して翌月から総務司を兼務した。

北村　董　▷12

奉天省双山県参事官／奉天省双山県参事官公館／一九〇九（明四二）一／東京府東京市杉並区和泉町／中央大学法学部

一九三二年三月中央大学法学部を卒業して渡満し、同年一〇月大同学院を卒業して奉天省錦西県属官となった。三四年一月瀋陽県属官に転任した後、三六年一〇月双山県参事官となった。

北村藤三郎　▷12

安東専売署副署長／安東省安東専売署／一八九七（明三〇）八／滋賀県犬神郡北青柳村／滋賀県立彦根中学校中退

一九一五年滋賀県立彦根中学校を三年で中退し、一八年に文官普通試験に合格して同年四月税務署属となった。住道、彦根、今津、彦根の各税務署に勤務した後、大阪税務監督局属・特別監視員を経て奈良税務署間税課長となった。その後三三年九月に依願免官し、同年一〇月満州国専売公署事務官に転出して渡満し、同年一二月新京専売署事務科長兼副署長事務取扱となり、三七年一月安東専売署副署長に就いた。

北村　久直　▷12

国務院司法部刑事司第一科長、最高検察庁検察官、正六位／新京特別市城後路司法部公館／一九〇〇（明三三）三／滋賀県大津市葭原／京都帝大法学部法律学科

一九二四年三月京都帝大法学部法律学科を卒業し、同年五月裁判所書記兼司法属となった。勤続して司法官試補を経て検事となり、三五年八月満州国に転じて渡満し、新京地方検察庁検察官兼最高検察庁検察官となった。三六年四月国務院司法部刑事司第一科長に転任し、最高検察庁検察官を兼任した。かたわら中央治安維持会幹事、学習法官指導官、法典制定委員会委員兼幹事、刑事法及び監獄法起草委員会委員を兼務した。

北村　広徳　▷12

北村太陽堂薬局主、奉天実業薬剤師会副会長、奉天青葉霞町会副会長／奉天青葉町／一八九七（明三〇）一一／鹿児島県鹿児島市西田町／東京薬学専門学校

東京薬学専門学校を卒業して星製薬㈱に入り、東京の大崎工場に勤務した。勤続して同工場調剤主任となったが、一九二四年に渡満して奉天の鶴原薬房に転じた。その後二八年一一月に独立して青葉町に北村太陽堂薬局を開設し、薬品、医療品、英税材料商を営んだ。

北村　文徳　▷1

鉄嶺居留民会理事／奉天省鉄嶺／一八六六（慶二）九／滋賀県滋賀郡仰木村

「日本新聞」記者として北京に滞在したが、日清戦争が始まったため小村公使一行と共に上海に逃れ、陸軍通訳となって旅順に赴いた。その後台湾に従軍して淡水支庁内務課長となり、次いで支庁長代理を務めた。鳳山支庁内務課長に転任した後、官制改革により鳳山県庶務課長兼殖産課長となったが、間もなく辞任して帰国し、北海道史編纂事務・同庁殖産事務嘱託を五年務めた。その後上京して海外事情講習所を開設し、さらに杉浦重剛・長谷川芳之助らと東洋殖民学校を創設した。一九〇五年四月日露戦争に際し尉官待遇の通訳官として渡満し、鉄嶺軍政署総務課長を務めて佐官相当官に進んだ。軍政署の廃止に伴い残務整理委員を務めた後、居留民会が組織されると同時に理事に就いた。

北村万太郎　▷12

満鉄奉天鉄路監理所監理員兼大虎山鉄路監理所監理員兼山城鎮鉄路監理所監理員、勲八等／奉天雪見町／一八九五（明二八）一二／京都府船井郡園部町／南満州工業学校電気科

京都府北村亀太郎の長男に生まれ、一九二九年三月大連の南満州工業学校電気科を卒業し、同年五月満鉄に入り工場に勤務した。三一年九月南満州工業専門学校助手となり、三二年九月社命で九州帝大へ留学した。三三年一一月に帰任し、南満州工業専門学校助教諭、長春通信区、長春電気区、技術研究所、鉄道部電気課、臨時甘井子建設事務所に歴勤した。次いで大連保安区助役、奉天鉄道事務所勤務、ハルビン鉄道局電気課信号係副主任兼ハルビン臨時改良事務所電気係主任を歴職し、三五年一一月奉天鉄路監理所監理員となり、大虎山及び山城鎮の各鉄路監理所監理員を兼務した。この間、満州事変時の功により勲八等及び従軍記章並びに建国功労賞を授与され、三一年に一五年勤続の表彰を受けた。

北村　勇二 ▷12

北村新聞舗主、牡丹江防護団庶務係長／牡丹江昌徳街／一八九九（明三二）八／愛知県名古屋市西区北川町／東京帝大中退

東京帝大を中退した後、一九二七年朝鮮平安北道岩浦の吉田交通㈱支配人となり、同社安東支店（丸三タクシー）の支店長を兼務した。その後三四年六月に辞職して図們で自動車用品販売業と材木業を営んだが、翌年五月牡丹江に移住して北村新聞舗を経営し、新聞販売のかたわら大阪朝日新聞通信員を務めた。経営のかたわら武道奨励に尽力して軍方面の信用を得、牡丹江防護団を結成したほか満州軍犬協会牡丹江支部員としても活動した。

北村義太郎 ▷11

大連大華窯業公司支配人／大連市聖徳街／一八七四（明七）一／鳥取県鳥取市

鳥取県北村峯雄の長男に生まれ、一九〇四年一〇月村井兄弟商会に入った。〇六年三月名古屋の日本陶器会社に転じ、一六年五月に衛生陶器部門が独立して東洋陶器会社が設立されると小倉に転勤した。二〇年一〇月、大連に大華窯業公司が設立されると渡満して支配人に就任した。

北脇　金治 ▷12

満鉄撫順炭砿発電所製造工場主任／奉天省撫順南台町／一九〇二（明三五）一〇／鳥取県気高郡松保村／東北帝大工学部化学工学科

鳥取県北脇永治の長男に生まれ、一九二三年三月鳥取第一中学校教諭となった。二四年一二月に退職して翌年東北帝大工学部化学工学科に入り、卒業後二八年六月満鉄に入り撫順炭砿研究所に勤務した。三一年五月撫順炭砿発電所に転任して翌年一二月製造工場主任となり、三七年四月副参事に昇任して同年六月から半年間ドイツに出張した。有機化学を専門とし、コークス及び硫酸工業の研究に従事した。

橘川　成三 ▷11

奉天信託会社鉄嶺支店支配人／奉天省鉄嶺朝日町／一八八七（明二〇）一二／神奈川県足柄下郡小田原町／慶應義塾商業学校

神奈川県官吏橘川武紹の次男に生まれ、一九一〇年慶應義塾商業学校を卒業して朝鮮総督府通信局に入った。一九年通信書記となったが、翌年官を辞して朝鮮銀行に転じ、京城本店、清津、安東等の各係、主任を務めた。二八年八月、退社して奉天信託会社鉄嶺支店支配人に就任した。実兄の橘川克彦は京城放送局理事長を務めた。

木付　玄聖 ▷3

浄土宗満州開教区長、大連布教所（明照寺）／主任／大連市対馬町明照寺内／一八七五（明八）／大分県速見郡杵築町

生まれて孤児となり、一五歳まで各地を流浪した末、一八九〇年に上京した。一徹な性格で世間との交わりに馴染めず、仏門に入り浄土宗満州開教区長となった。一九一四年五月に渡満し、大連明照寺布教所主任を務めた。

木付　鎮雄 ▷12

国務院総務庁法制処員／新京特別市義和路第一代用官舎／一九〇六（明三九）三／熊本県八代郡八代町／東亜同文書院

熊本県木付鎮定の長男に生まれ、一九二七年三月上海の東亜同文書院を卒業して満鉄に入り、社長室人事課に勤務した。同情報課に転任して北京に留学した後、同調査課勤務を経て吉林公所に転勤した。その後三二年六月国務院法制局事務官に転じて三三年一一月同局参事官となり、三五年一一月機構改革により総務庁参事官となった。

橘内　徳治 ▷12

国務院交通部営口航政局工程科長、従七位／奉天省営口平和街／一九〇三（明三六）一〇／宮城県名取郡高彼村／北海道帝大工学部土木工学科

本姓は別、後に宮城県人橘内健治の養子となった。一九二九年三月北海道帝大工学部土木工学科を卒業し、同年四月内務省に入り名古屋土木出張所工務部工事係となった。木曽川上流改修事務所、蟹江国道改修事務所蟹江工場主任心得、名古屋国道改良事務所一色工場主任心得、愛知国道改良事務所附属第二工場主任心得を歴職した。三四年五月内務技師となり名古屋土木出張所に勤務したが、同年一一月国務院交通部航政局技佐に転出して渡満した。三五年八月営口航政局工程科長に就き、三六年四月航政局技正となった。

城戸一二郎 ▷4

城戸写真館主／ハルビン埠頭区ウチヤストコワヤ街／一八八二（明一五）一／福岡県福岡市博多掛町／県立福岡中学校

県立福岡中学校を卒業した後、独学で写真術を習得し、一八九七年五月一五歳の時にウラジオストクに渡った。同地で四年間写真業に従事した後、一九〇〇年八月ハルビンに移って写真館を開いた。卓越した技術で日中露人の顧客を獲得したが、日露開戦により店を畳んで第二軍の通訳を務めた。戦後ウチャストコウワヤ街で写真業を再開して盛況を極め、キタイスカヤ街にも支店を開設した。

「木藤」は「きふじ」も見よ

木藤　格之 ▷11

奉天省四平街取引所信託会社支配人／奉天省四平街東陸街／一八九二（明二五）五／鹿児島県鹿児島郡谷山村／鹿児島商業学校

鹿児島県木藤彦五郎の長男に生まれ、一九一三年三月鹿児島商業学校を卒業し、同年六月に渡満した。満鉄に入社して大連本社地方課に勤務し、一五年四月奉天省四平街地方事務所に転任した。一九年九月、奉天省四平街取引所信託会社の創設に際し満鉄から選抜派遣され、二七年六月支配人に就任した。

鬼頭正太郎 ▷12

大連郊外土地㈱技師長、日華興業㈱取締役、従七位勲八等／大連市静浦町／一八七二（明五）六／愛知県西春日井郡山田村／明治法律学校、岩倉鉄道学校建設科高等科

旧名古屋藩士鬼頭和七の長男に生まれ、明治法律学校で経済学を学んだ後、一九〇〇年三月岩倉鉄道学校建設科高等科を卒業して東京市技手となった。土木課に勤務して河川港湾の調査に従事した後、〇六年七月満州軍総督府民政署員に転じて渡満し、同年九月関東都督府設置に伴い都督府技手となった。以来勤続して関東庁技師に進み、旅順、大連の市街計画や工事を監督した。二四年一二月に退官した後も引き続き関東庁嘱託として塩田・港湾の調査に従事し、二七年三月調査事業の完了とともに退任して大連郊外土地会社技師長に就き、日華興業㈱取締役を兼務した。長男誠は早大商科を卒業して満鉄に入り、大連医院会計係長を務めた。

鬼頭常太郎 ▷12

鬼頭鉄工所主／龍江省チチハル中央馬路／一八九八（明三一）八／愛知県名古屋市中区鎌田町／高等小学校

愛知県鬼頭常治郎の長男に生まれ、高等小学校を卒業して日本車輌会社に入った。川崎造船所に転じて七年余り勤めた後、大阪鉄工所を経て浦賀船渠会社に一年余在職したが、一九二三年九月関東大震災に遭って郷里に帰り、二四年から名古屋市で鬼頭鉄工所を経営した。満州事変後、三二年に渡満してチチハルで鉄工所を経営し、日本人一七人、中国人三〇人の従業員を使用して満鉄、軍部、官公署方面の工事を請け負い、年請負高六万円内外に達した。この間、関東大震災時に人命救助をして神奈川県知事の表彰を受けた。

紀藤　義也 ▷12

日華銀行専務取締役、鉄嶺商工会議所会頭、鉄嶺居留民会会長／奉天省鉄嶺城内鼓楼西日華銀行社宅／一八七八（明一一）五／愛知県丹羽郡城東村／日本大学法科

愛知県商業紀藤米次郎の長男に生まれ、一九〇三年日本大学法科を卒業した後、〇八年に渡満して鉄嶺で綿糸綿布と特産物の貿易業を営んだ。漸次売上げを伸ばして大連、長春、公主嶺、開原等に支店・出張所を設け、さらに新台子で油房を経営した。その後一九年一〇月に日中合弁で日華銀行の設立を発起して常務取締役となり、二七年六月専務取締役に就いた。経営のかたわら同地の居留民会長、商工会議所会頭を務めた。

木戸　久平 ▷11

満鉄社長室文書課員／大連市大江町／一八九五（明二八）三／長崎県南高来郡小浜町

長崎県木戸繁蔵の長男に生まれ、一九一一年七月、一六歳の時に渡満して満鉄見習となった。一四年四月見習夜学校を修了して職員に昇格し、庶務課を経て社長室文書課に勤務した。

城戸　賢助　▷12

満州炭砿㈱経理部用度課長／新京特別市熙光路白山住宅／一八九二（明二五）八／福岡県福岡市西新町／福岡市立商業学校

福岡県商業城戸源太郎の長男に生まれ、一九一一年三月福岡市立商業学校を卒業して三菱㈾門司支店に入社した。漢口支店、沙市・常徳・長沙の各出張所勤務を経て二一年一月大連支店に転勤し、二七年一月三菱商事奉天出張員首席となった。その後三三年五月に依願退職し、三四年四月福岡市長より対満産業振興調査事務を嘱託された後、同年一一月満州炭砿㈱に入り、後に参事に昇格して経理部用度課長に就いた。実弟の城戸良之輔は九州帝大を出て大阪合同紡績会社に勤務した。

城戸小四郎　▷1

鳳凰公司主／草河溝／一八七三（明六）六／京都府京都市

幼い時から呉服商に奉公し、後に独立して同業を営み、かたわらユニオン㈱を設立して取締役に就いた。一九〇四年五月日露戦争に際し第四八連隊付御用商となり、朝鮮の鎮南浦に上陸して軍と共に各地に赴いた後、同年九月御用商を辞めて安東県の阿部組に入った。〇五年八月独立して五番通に店舗を新築して鍵屋の商号で呉服店を開業し、次いで翌年草河溝に鳳凰公司を設立し、安東県、鳳凰城、鶏冠山、林家台、連山関、橋頭、本渓湖等に支店を置いて輸送業を兼営した。

城所　英績　▷11

貸家業／大連市播磨町／一八七三（明六）八／福岡県遠賀郡芦屋町

福岡県親泊英貞の三男に生まれ、城所幾江の婿養子となった。一九〇一年長崎税関吏となり、〇四年朝鮮の釜山海関に転じた。〇八年七月大連の中国海関吏となって渡満し、以来十余年勤続した。二一年に退職した後は貸家業を営んで自適の生活を送った。

城戸崎万寿彦　▷3

満鉄鉱業部販売課職員、奉天鉱業課出張所主任／奉天新市街／一八七五（明八）一二／福岡県築上郡宇島町

学業修了後、二年間高等教育に従事し、その後唐津の芳谷炭坑に勤務した。一九一一年三月に渡満して鉱業部販売課職員となり、奉天鉱業課出張所主任を務めた。

木戸忠太郎　▷3

満鉄地質研究所長、参考品陳列所長、撫順炭砿兼務、従五位勲五等／大連市児玉町／一八七二（明五）四／東京府東京府北豊島郡巣鴨町上駒込／東京帝大理科大学地質学科

一八九八年東京帝大理科大学地質学科を卒業し、東京鉱山監督署、鉱山局、製鉄所等に勤務した。一九〇七年三月に渡満し、創立直後の満鉄に入社した。同年四月、撫順炭砿採鉱のため同地に創設された地質研究所長に就任し、参考品陳列所長を兼務した。

城戸百太郎　▷8

大連機械製作所奉天支店長／奉天／一八八二（明一五）五／福岡県福岡市住吉町／山口高等商業学校

一九〇八年山口高等商業学校を卒業して満鉄に入り、撫順炭砿に勤務した。その後退社して大連機械製作所に転じ、二〇年奉天支店長に就任した。

木虎松之助　▷12

大松商行主／大連市竜田町／一八八二（明一五）三／兵庫県赤穂郡有年村

三井物産㈱大連支店木材部に勤務した後、独立して木材商を営んだが、欧州戦争の戦後不況で市場価格が低落して廃業した。一九二一年三月大松商行を興し、油缶・ドラム缶・木樽及び石鹸材料の販売業を営んだ。二八年二月資本金一万円で㈾日満家畜飼料公司を設立し、大連市汐見町に砕粉機四台、電気動力七馬力の工場を設けて三井物産の専属工場として月産四〇〇〇袋を生産したが、その後物産が自営工場を設けて専属を解かれたため休業し、専ら大松商行の経営に専念した。神戸、大阪、四国、九州を仕入先とし、朝鮮、満州のほか天津新壽街に出張所を設けて青島、上海、天津を販路とし、三〇数名の従業員を擁して年商二〇万円に達した。

き

木滑　寛 ▷12

満鉄監察役付監察員、正八位／大連市光風台／一八九〇（明二三）二／東京府東京市四谷区仲町／早稲田大学理工科建築科

東京府木滑政信の長男に生まれ、一九一五年早稲田大学理工科建築科を卒業して東京真水工務所に勤務し、次いで朝鮮駐劄軍経理部に転じて一六年四月陸軍技手となった。その後二〇年一月満鉄に入社し、大連建築事務所勤務、大連工務事務所勤務、安東地方事務所勤務、同建築係長、奉天地方事務所建築係長、奉天工事事務所建築長、奉天事務所地方課工事係長兼地方部工事課勤務奉天駐在員、奉天地方事務所工事係長に歴勤した。その後、総務部審査役付工事班主査、同審査員を経て三六年一〇月参事に昇格して監察役付監察員となった。

杵渕　孫蔵 ▷1

三友洋行主／安東県一八七七（明一〇）／神奈川県横浜市初音町

逓信省に勤務中、簡抜されて海底電信技術研究生となりイギリスに二年半留学した。帰国して職責を果たした後、一八九九年に辞職してカナダに渡り、ノースウェスト州警察に勤務した。一九〇三年に帰国し、翌年朝鮮の群山で荒蕪地開発を始めたが、間もなく放棄して日露戦中の〇五年四月に渡満した。安東県に三友洋行を設立して雑貨販売業を営むかたわら新市街に多数の家屋を建築して貸家業を兼営した。

杵渕弥太郎 ▷12

満鉄地方部学務課青年教育係主任兼視学、社員会評議員／大連市榊町／一八九一（明二四）七／長野県更級郡西寺尾村／長野県師範学校、満鉄教育研究所

長野県農業杵渕九郎治の三男に生まれ、一九一三年三月長野県師範学校を卒業して県下の小学校訓導となった。一八年四月に渡満して満鉄教育研究所に入り、一九年三月に修了して本渓湖小学校訓導となった。理科教育研究のため半年間内地留学した後、二六年四月瓦房店小学校長となり、次いで遼陽小学校長、撫順東七条尋常高等小学校長を歴任した。三五年四月地方部学務課青年教育係主任に転任して大連実業補習学校長を兼任した後、三六年九月副参事に昇格し、三七年四月から視学を兼任した。

木下梅之助 ▷12

やまき呉服店主／奉天春日町／一八七〇（明三）六／京都府京都市下京区三条通

京都の呉服商の子に生まれ、義務教育を終えて家業を手伝い、大阪、京都、秩父、伊勢崎等の機業地と直接取引し、薄利多売で成功した。日露戦争後に販路拡張のため渡満し、一九〇六年五月遼陽にやまき呉服店を開業して呉服、洋反物、服飾品を扱い、一九年五月に鞍山支店を設けた。その後三〇年に奉天春日町に店舗を新築してこれを本店とし、遼陽店を支店とした。さらに三一年に京都に仕入店を設け、翌年一二月新京吉野町に支店を開設した。男子無く、旅順高女卒のミツに婿養子治作を迎えて経営を補佐させた。

木下　鋭吉 ▷3

営口水道電気㈱専務取締役／奉天省営口南本街／一八七一（明四）一／長野県下伊那郡三穂村

一八九二年、東京芝区の潮留町鉄道局経理部に入った。一九〇七年七月に渡満し、満鉄用度課購買主任に就いた。〇九年九月同社が慶和氏の繰糸改良法による柞蚕製糸工場を設立すると、同工場の創業事務に従事した。一一年一二月営口水道電気㈱支配人になり、一五年五月専務取締役に就任した。一二年三月営口居留民団行政委員に選ばれて会計主任を務め、一三年議長代理、翌年から議長を務めた。

木下謙次郎 ▷11

関東庁長官、従四位勲二等／旅順市関東庁長官官舎／一八六九（明二）二／大分県宇佐郡安心院村／東京法学院

大分県木下雄吉の次男に生まれ、後に分家して一家を創設した。一八九二年東京法学院を卒業した後、一九〇二年八月、大分県郡部から衆院選挙に出て当選し、憲政本党、進歩党、国民党、憲政会、政友会と所属を変えながら九回当選を重ねた。この間、逓信省参政官、鉄道省勅任参事官、東京歯科医専理事、松平育英会長、東洋生命保険会社重役等を歴任した。二七年一一月、田中義一内閣のもとで関東庁長官に就任した。⇒戦後四六年に貴族院議員に勅撰されたが、四七年三月死去した。随筆『美味求真』全三巻を著すなど、食通として広く知られた。

木下作太郎　▷12

木下時計店主、防護団班長、保甲自衛団長／ハルビン南崗大直街／一八九九（明三二）一一／長崎県西彼杵郡西浦上村

長崎県木下嘉左衛門の長男に生まれ、一九一二年ウラジオストクに渡って遠山時計店で働き、業務のかたわらロシア語学校を卒業した。二一年に同店が閉鎖解散となり、独立して二四年一〇月まで同地で時計店を営んだ。その後二五年三月に渡満してハルビンの前田時計店に入り、三四年に同市大直街で木下時計店を独立開業し、時計・貴金属・宝石類を販売した。この間、満州事変時の功により大盾及び従軍記章を授与された。

木下　修一　▷11

大連取引所銭鈔市場係主任／大連市大和町／一八八六（明一九）一〇／長野県下伊那郡竜丘村／早稲田大学政治経済科

長野県醸造業竹村健治郎の次男に生まれ、親戚の木下金作の養嗣子となった。一九一〇年早稲田大学政治経済科を卒業して大阪毎日新聞社に入社した。阪神電気鉄道会社に転じた後、郷里の信濃時事新聞社に入って主筆を務めた。その後二一年一〇月に渡満し、大連取引所に入り銭鈔市場主任を務めた。

木下　季吉　▷12

木下商店主、撫順不動産金融㈱取締役／奉天省撫順東四条通／一八六九（明二）三／福岡県糸島郡今津村

郷里で米穀商を営んだが失敗し、長崎及び東京で働いた後、日清戦争後に帰郷して糟屋郡須恵村の海軍採炭所に入った。その後一九〇七年に渡満し、創業直後の満鉄撫順炭砿に一年半勤務した後、同地で木炭・建築材料商を営んだ。一一年より区長・町内会長を一七年間務め、経営のかたわら三一年一二月から撫順不動産金融㈱取締役を兼ねた。長男正敏は東京帝大を卒業して満州弘報協会に勤務した。

木下　助男　▷12

満鉄新京図書館長／新京特別市花園町／一八九九（明三二）一二／愛知県知多郡大高町／東亞同文書院商務科

愛知県木下平之助の長男に生まれ、一九二一年三月上海の東亞同文書院商務科を卒業し、同年八月満鉄に入社して地方部庶務課に勤務した。二二年五月長春地方事務所に転勤した後、二三年四月長春地方区勤務となり、同年五月から長春実業補習学校講師嘱託を兼務した。二五年四月再び長春地方事務所に転勤した後、二七年三月大連図書館司書、三三年四月新京図書館主事を歴任して三四年四月新京図書館長に就いた。勤務のかたわら三七年五月に国道書院を設立して幹事を務めた。

木下　鈴雄　▷12

愛国婦人会満州本部主事／旅順市高碕町／一八八三（明一六）二／東京府東京市本郷区駒込神明町／明治大学

木下祥之の五男として愛媛県に生まれ、一九〇四年明治大学を卒業した。〇五年四月税務属として銚子税務署に勤めたが、同年八月旧藩主加藤子爵家の家職となり、次いで〇九年同郷の先輩力石雄一郎に招かれて渡満し大連民政署に勤務した。一三年三月満鉄に転じて大石橋経理係、本社地方課、遼陽地方事務所、奉天地方事務所、瓦房店地方区長、瓦房店地方事務所長、本社地方部等に歴勤し、かたわら瓦房店電灯㈱社長、得利子煙草耕作組合長、満州果樹組合顧問、関東庁国勢調査参事、帝国軍人後援会瓦房店支部長を務めた。その後二六年一〇月に退社して帰国し、しばらく東京で実業に従事した後、郷里の愛媛県で三年過ごした。二九年一月に再び渡満して大連の慈恵病院事務長となり、三〇年七月に聖愛医院と改称後も引き続き在任して満州社会事業協会理事を兼任したが、後に愛国婦人会満州本部主事に転じた。同郷の夫人静代との間に二女あり、謡曲と聖書の研究に親しんだ。

木下　千一　▷13

国際運輸㈱営口支店長／奉天省営口／一九〇二（明三五）一二／愛媛県伊予郡砥部町／浦塩ロシア語学校

一九二二年、ウラジオストクのロシア語学校を卒業して国際運輸浦塩支店に入った。ハルビン支店勤務、黒河出張所長、天津支店長代理、青島出張所長、雄基支店長、北満江運事務所長等を歴任し、四一年一一月営口支店長に就任した。

木下竹次郎 ▷12

木下竹次郎事務所長／奉天省鞍山南三条町／一八七六（明九）九／石川県珠洲郡蛸島村／東京専門学校政治法律科

石川県堂端四兵衛の子に生まれ、後に木下喜三の婿養子となった。一八九五年東京専門学校政治経済科を卒業した後、山田喜之助の下で法学を研究した。次いで一九〇六年一月に渡満して関東都督府嘱託となり、関東州水産組合理事、大連市役所書記等を務めた。その後鞍山に移住して訴訟代理業及び弁護人を開業し、㈱大昌銀行清算人、協栄商事・満州紡績各㈱の破産管財人を務め、本業のかたわら鞍山不動産信託㈱嘱託を兼務した。

木下　龍 ▶14

満州日日新聞副社長、正七位勲六等／金州新市街／一八七〇（明三）五／福岡県八女郡北川内村／独逸教会学校専門部

福岡県商業木下虎吉の次男に生まれ、一八九三年七月独逸協会学校専門部を卒業した。九五年三月から九七年一二月まで外務省属、九九年二月から同年七月まで司法省属として勤めた。その後、台湾総督府警察官及び司獄官練習所教授嘱託、同教官等を経て一九〇五年九月から〇七年四月までドイツに留学した。〇八年四月に渡満して関東都督府警察事務嘱託となり、翌年一〇月満鉄に入社して調査課に勤務した。一四年八月総務部技術局事務主任を経て中央試験所庶務課長等を歴任し、二一年一月に退社した。台湾に渡って総督府警察官及び司獄官練習所教官を務めた後、再び渡満して満州日日新聞社副社長に就任し、まもなく退社して金州で農事経営に従事した。満鉄在職中の一七年一〇月から一九年九月まで大連市会議員を二期務め、翌一〇月に再任されたがすぐに辞任した。養子に迎えた兄の実子三雄は、熊本高等工業学校を卒業して遼陽の満州紡績会社に勤務した。

木下　初男 ▷12

新京中央郵便局長兼逓信局新京出張所長、正七位勲七等／新京特別市平安町／一八九〇（明二三）二／熊本県鹿本郡山鹿町

一九〇五年八月逓信事務員となり、〇七年一月関東都督府雇に転出して渡満し、大連、営口の各観測所及び長春支所に勤務した。大連郵便局、瓦房店郵便局に歴勤して一八年九月通信書記となり、次いで簡易保険局書記兼任となった。その後三三年八月警保局高等警察課出版物検閲事務嘱託となり、三五年一一月奉天中央郵便局長心得兼奉天貯金管理所長を経て三六年新京中央郵便局長に就き、逓信局新京出張所長を兼任した。この間、大礼記念章及び皇帝訪日記念章を受章した。

木下　秀教 ▷11

吉林木材興業㈱監査役／吉林省城新開門外新開馬路街／一八八八（明二一）七／富山県下新川郡田家村／東亜同文書院

富山県木下智方の三男に生まれ、一九一一年上海東亜同文書院を卒業し、同年八月満鉄に入り撫順炭砿に勤務した。庶務課、坑務課勤務など大山坑に七年在職した後、一八年一一月に退社して長春の森林業豊材(股)に入り吉林支店会計主任となった。二〇年一一月総務課会計主任となって長春本社に転じ、二三年六月共栄起業㈱が設立されて事業が引き継がれると会計課長に就いた。二五年一月総務課長兼任となり、かたわら吉林木材興業㈱監査役を兼務した。

木下　孫一 ▷12

牧川洋行主／大連市磐城町／一八七九（明一二）四／佐賀県小城郡三里村

佐賀県木下久蔵の次男に生まれ、郷里で商業に従事した後、一九〇九年五月に渡満して義兄の牧川茂太郎が経営する大連吉野町の陶磁器商牧川洋行に入った。その後、義兄が没して同店を継承し、店舗を磐城町に移して陶磁器類と世帯道具及び荒物の卸商を経営し、店員五人を使用して市内外、沿線各地に販売した。

木下巳三郎 ▷11

大連盲唖学校経営主／大連市沙河口大正通／一八七四（明七）四／福岡県山門郡柳河町

福岡県の染呉服商木下巳三郎の次男に生まれ、分家して郷里で染呉服商を経営した。かたわら花莚を捺染してアメリカに輸出していたが、一九一三年九月、渡満して志岐組商業部に入った。一七年八月遼東新報社に転じ、二一年六月沙河口支局詰となり通信販売を兼務した。二七年一一月、満州日日との合併で満州日報となった後も引き続き販売業務に従事した。この間二〇年に奨学新聞を自力発行し、二三年四月には六年制の大連盲唖学校を設立して障害者への技術教育に力を注ぎ、居住民会会議員を務めた。

木下　通敏　▷12

満州拓殖㈱常任理事、移民衛生調査委員会委員／新京特別市熙光胡同白山住宅南八／一八八六（明一九）五／東京府東京市世田谷区代田／鳥取県立第一中学校、陸軍経理学校生徒科学生科員外学生科

鳥取県木下欽造の長男に生まれ、県立第一中学校を卒業して陸軍に入り、満州及び台湾に勤務した。次いで陸軍経理学校生徒科学生科員外学生科を卒業し、同校教官を経て一九一五年陸軍一等主計に進んだ。その後、軍籍を離れて三菱㈾に入り、シベリア・北樺太の現地産業調査及び南樺太・北海道の産業調査に従事し、次いで北京駐在員として北満・内蒙における農林事業開発調査を行った。二二年に退社して山東省で牧牛事業及び満州で水田事業を手がけた後、二五年三月外務省の委嘱により著書『人口問題を基調とせる満州拓殖政策の研究』を上梓し、同年一二月東山農事㈱に入社してマレー半島、ボルネオ、セレベス、ジャワ、スマトラ方面を三回にわたり踏査して熱帯産業の研究と会社事業の経営に従事した。三三年三月満州移民に関する意見書「満州国における経済的農業移民設定に関する方策と其の具体策」を発表し、関東軍司令部嘱託として満州各地を踏査した。三四年七月著書『満州に於ける農業経営の実際と移民問題』を出版し、同年一一月新京で開かれた移民会議の委員を務めた後、三五年一二月東山農事㈱を退社して満州拓殖㈱常任理事に就いた。

木下亮九郎　▷12

㈾第一公司代表社員、利泰洋行㈱社長、富国徴兵保険相互会社満州中央事務取扱所主任、在郷軍人会奉天連合分会長、同満州連合支部副長、同奉天支部副長、奉天競馬倶楽部理事長、正五位勲三等功五級／奉天浪速通／一八七一（明四）五／東京府東京市芝区三田四国町／陸軍士官学校

東京府木下内蔵太の次男として佐賀県佐賀郡北川副村に生まれ、後に兄豹太郎の養嗣子となった。一八九四年陸軍士官学校を卒業して歩兵少尉に任官し、日清戦争に際し九五年に近衛歩兵第二連隊付として台湾に出征し、九六年九月台湾守備歩兵第二連隊付となった。次いで同大隊副官、歩兵第一連隊付、北京駐屯歩兵隊副官に歴補し、一九〇四年日露戦争に際し旅順総攻撃当日に補充将校として第三軍に参加し、その後も第一連隊第一一中隊長として歴戦した。次いで歩兵第一連隊中隊長、同大隊長、台湾歩兵第六大隊長、歩兵第九連隊付、歩兵第六四連隊付、歩兵第八〇連隊付に歴補し、一九一七年八月歩兵大佐に累進して同年一二月予備役となった。その後一九年七月朝鮮煙草会社奉天出張所長となって渡満し、二一年七月に辞職して奉天に第一公司を設立して煙草の製造販売業を経営した。「国の光」「橋立」「舞子」等の口付煙草を発売して逐年業績を上げ、三六年に合資会社とした。さらに日満商事会社の指定石炭販売人となり、富国徴兵保険相互会社の満州中央事務取扱所主任を兼務し、奉天佐賀県人会名誉会長を務めた。また熱心なカナモジ論者として知られ、日頃その宣伝に努めた。

木下　ワサ　▷12

木下婦人洋服店主、ハルビン普通学校洋裁教授／ハルビン大安街／一八八六（明一九）五／長崎県北高来郡長田村

長崎県木下夘太郎の四女に生まれ、一九二六年ハルビン大安街に木下婦人洋服店を開設し、婦人子供洋服の仕立業を営んだ。かたわら普通学校洋裁教授をし、満州事変後に同市南崗大直街に支店を設け、従業員一五人を使用した。

喜野　常雄　▷11

金物電機一般工業材料品商／大連市紀伊町／一八八六（明一九）九／熊本県熊本市京町／熊本商業学校

熊本県喜野常八の長男に生まれ、一九〇五年熊本商業学校を卒業して久美商会博多支店に入った。〇七年の日本安全油会社への組織変更後も引き続き博多出張所に勤務し、〇九年門司出張所の開設とともに同所主任となった。一七年一月、同社が日本兵器会社と合併する際に辞職して渡満し、大連のイギリス直輸入商富士屋商店に入った。二〇年一月、店主井上志郎が大阪に引き揚げるに際し同店の一切を譲り受けた。大阪に支店を設け、鉄材、マシン油、石油、船底塗料、洋膠等を扱って北満州からロシアまで販路を広げた。

木幡　保 ▷11

農業（果樹園）／、勲八等／南満州得利寺区外／一八八〇（明一三）一一／福島県相馬郡松ヶ江村

福島県農業木幡勲の次男に生まれ、一九〇六年九月に渡満して関東都督府巡査となった。九年勤続して辞職し、一五年から得利寺区外で水田及び果樹園を経営した。

木原　隆恒 ▷11

営口商業学校教諭／奉天省営口新市街花園街／一八八四（明一七）一一／佐賀県佐賀市水ヶ江町／東亜同文書院

佐賀県藩校教諭中野逸作の三男に生まれ、木原隆忠の養子となった。一九〇六年、上海の東亜同文書院を卒業して中井㈴に入った。〇八年に退社し、一〇年から郷里の佐賀商業学校に五年勤めた後、自営業を営んだ。二〇年一一月に渡満し、営口商業学校教諭に就いた。同郷で佐賀高女出身の夫人キクヨとの間に五男四女があった。

木原　猛良 ▷12

満州興業銀行ハルビン傅家甸支店支配人／ハルビン地段街／一八九三（明二六）一一／鹿児島県鹿児島市上荒田町

朝鮮銀行に入り、勤続してハルビンの傅家甸派出所主任となった。一九三六年一二月に在満朝鮮銀行支店と満州銀行、正隆銀行が統合して満州興業銀行が設立されると、同行ハルビン傅家甸支店支配人に就いた。

木原　千楯 ▷1

長春興木原兄弟商会主、長春日本人会常議員／長春／一八六七（慶三）一二／熊本県熊本市上通町／明治法律学校

熊本藩士で勤王家として知られた木原楯臣・楯列を祖父・父として生まれ、同藩の山田武甫に就いて漢学を修めた後、徳富蘇峰の大江義塾に学んだ。一八八九年明治法律学校を卒業し、翌年政治運動に携わって保安条例で検束されたが、引き続き大同団結運動、大同倶楽部、自由党等に関わった。九一年大阪の関西日報記者となり、九五年大阪の私立商業学校教諭に転じ、かたわら『台湾語全集』の編纂に従事した。九六年台湾に渡って総督府民政局法務部に勤務し、一九〇三年に帰国してニューヨーク・ミューチュアル生命保険会社の熊本支部長として保険事務に従事したが、〇四年さらに転じて衆議院書記官長室に勤務し、同年一二月に辞職して朝鮮各地を漫遊した。〇五年一二月に渡満して昌図公司の設立に参画して運輸部長に就いたが、翌年一〇月独立して孟家屯で鉄道輸送業を開業した。経営のかたわら孟家屯運送業組合を組織して理事長に就いたほか、日清商議会会長、孟家屯日本人会会長を務めた。次いで同地に長春興貿易店を開設して寛城子城内に支店を設けたが、満鉄線の延長とともに長春城内に移転した。商号を長春興木原兄弟商会と改称し、業務を拡張して米穀、雑貨、和洋酒、食料品、建築材料、機械類の販売と土木建築請負業、諸官衙用達業を経営し、長春日本人会常議員を務めた。

木原鉄之助 ▷14

弁護士／大連市近江町／一八九七（明三〇）九／愛媛県越智郡波止浜町／京都帝大法学部法律科

愛媛県木原通徳の長男に生まれ、松山中学校、第六高等学校を経て一九一九年京都帝大法学部政治科独法科に入学し、翌年法律科に転じた。二三年に卒業して渡満し、同年一二月大連で弁護士を開業した。三〇年九月の補欠選挙で大連市会議員に当選し、三二年一〇月任期満了となった。

木原仁三郎 ▷12

木原理髪館主、吉林劇場主／吉林大馬路／一八八四（明一七）三／福岡県三潴郡大川町

福岡県木原福松の長男に生まれ、一九一二年八月吉林城内牛馬行で理髪店を開業した。次いで一五年に粮米行に移転して撞球場を兼営し、さらに一九年に新開内外に移転した。その後三四年一一月山本信貴蔵との共同出資で永楽茶園を借り受けて吉林劇場を開設し、後に本格的な映画館に改装して新興キネマ、松竹キネマ、諸演芸を上場した。

木原　英雄 ▷12

満鉄鉄道総局保線課員、従七位／奉天藤浪町／一八九〇（明二三）

一一／福岡県遠賀郡岡垣村／攻玉社工学校土木科

一九一四年三月攻玉社工学校土木科を卒業して鉄道院に入り、両国保線事務所に勤務した。以来勤続し、東京鉄道局、両国保線区、成田保線区、北条保線区、門司鉄道局、門司保線事務所、小倉保線区、直方保線区に歴勤した。その後三三年九月鉄道局技師に進み、同年一二月満鉄技術員に転出して渡満し、鉄路総局勤務を経て三六年一〇月鉄道総局保線課勤務となった。この間、三三年九月鉄道省部内職員表章規定第一条一項により金一六〇円を受けたほか、満州事変時の功により金三〇円を授与された。

木原　一壮　▷12

満鉄産業部鉱業課鉱産調査係主任、勲六等／大連市伏見町／一八九四（明二七）一一／福岡県八幡市大字尾倉／東京帝大理科大学地質学科

福岡県木原常吉の三男に生まれ、一九一九年七月東京帝大理科大学地質学科を卒業して三菱鉱業会社技師となった。尾去沢、荒川、生野の各鉱山及び本店に歴勤した後、二八年五月満鉄に転じて地質調査所に勤務し、三三年一月鉱産地第二班主査となった。その後三四年六月技師に昇格し、同年一〇月産業部鉱業課鉱産調査係主任となり支那駐屯軍嘱託を兼務した。この間、満州事変時の功により勲六等瑞宝章及び従軍記章、建国功労賞を授与された。

「木藤」は「きとう」も見よ

木藤品次郎　▷11

煉瓦製造業、勲八等／奉天省四平街公順街／一八八二（明一五）八／東京府北豊島郡日暮里町

東京府農業木藤関太郎の次男に生まれ、一八九七年歩兵第二五連隊に入営した。北清駐屯軍として日露戦争に従軍し、一九〇六年五月に除隊した。〇八年四月渡満して撫順で煉瓦製造業を営んだが、後に奉天省四平街に移って同業に従事した。業務のかたわら市民協会評議員、聖徳会会長を務めた。

木部　守一　▷11

満鉄庶務部長、参事、従五位勲五等／大連市乃木町／一八七七（明一〇）一／福岡県小倉市鍛冶町／学習院

福岡県木部茂の長男に生まれ、一九〇二年学習院を卒業し、〇四年領事官補となった。以後、外務書記官、大使館書記官、領事、総領事等を歴任したが、一六年に官界を去り古河(名)に入った。二一年満鉄に転じて東京支社長を務め、二三年本社庶務部長に就任して渡満した。

岐部　与平　▷12

ハルビン郵政管理局長、正五位勲六等／ハルビン花園街／一八九五（明二八）八／大分県東国東郡熊毛村

大分県農業岐部豊太郎の子に生まれ、一九一八年通信官吏練習所行政科を修了した後、二〇年一二月関東庁逓信書記となった。以来勤続して関東庁理事官・大連民政署財務課長となり、次いで二三年地方課長、二四年通信副事務官・鉄嶺郵便局長、二五年長春郵便局長を歴任した。二九年欧米各国に出張して第九回万国郵便会議委員随員を務めた後、奉天郵便局長、関東軍司令部事務嘱託、東北電信管理処顧問、ハルビン電政管理局長兼吉黒郵政管理局長代理を経て三五年九月ハルビン郵政管理局長に就いた。この間、三一年に満州事変時の功により勲六等瑞宝章及び建国功労章、大典記念章、勲四位景雲章を授与され、三五年九月皇帝溥儀のハルビン行幸に際し単独拝謁の栄誉を受けた。

木全徳太郎　▷11

満鉄文書課員兼秘書役心得／大連市伏見町／一八九四（明二七）八／愛知県名古屋市東区小川町／東洋協会旅順語学校支那語科

愛知県商業木全佐兵衛の長男に生まれ、一九〇七年五月に渡満した。浄土宗旅順夜学校で中等普通学を修め、谷信近に中国語を学んで東洋協会旅順語学校支那語科に入学した。東洋協会支那語一等通訳試験及び満鉄第一回支那語特等検定試験に合格し、一九年五月大連取引所銭鈔信託会社に入社して庶務係に勤務した。二四年満鉄に転じて本社文書課に勤務した後、二六年六月秘書役心得兼務となった。かたわら大連語学校及び大連実業補習学校支那語科講師を兼ね、『支那語教科書総訳』を著した。

君塚浅治郎 ▷11

石炭販売日隆洋行主／ハルビン買売街／一八七〇（明三）四／千葉県千葉町／東京高等商業学校付属主計学校、カーディフ大学

千葉県川村清兵衛の長男に生まれ、後に君塚家の養子となった。一八九二年東京高等商業学校付属主計学校を卒業し、一九〇〇年唐津の芳谷炭坑副坑長となった。翌年六月イギリスのカーディフ大学に留学して採鉱学を学び、〇四年に卒業して欧米各国の石炭及び練炭事業を視察して帰国した。〇九年に渡満して満鉄に入り販売課課長次席となったが、一六年二月に辞職した。同年五月ハルビンに日隆洋行を開設して石炭販売業を営んだ。著書に『英国石炭練炭事情』『英国炭坑事情』『石炭洗炭概要』等がある。

木村　勝喜 ▷11

関東庁海務局検疫課長、従七位／大連市清水町／一八八二（明一五）一／熊本県玉名郡小田村

熊本県木村哲次郎の長男に生まれたが、生後すぐ父が死去し、一歳未満で家督を相続した。一九一七年八月に渡満して関東都督府海務局技手となり、二八年四月関東庁医院医官を兼任し高等官七等となった。同年一二月海務局技師に昇級し、検疫課長に就いた。

木村　要 ▷13

満州大倉商事㈱大連支店長／大連／一九〇二（明三五）九／東京府東京市小石川区小日向台町／東京帝大工学部機械工学科

一九二六年、東京帝大工学部機械工学科を卒業して大倉商事に入った。東京本社の鉄道係を振り出しに機械関係一筋に進み、三三年大連支店勤務となって渡満した。三八年支店長に就任し、翌年一〇月満州国と関東州の支店を統合して新京に満州大倉商事㈱が設立されると、引き続き同社大連支店長を務めた。

木村　清 ▷12

木村屋店主／奉天弥生町／一八九八（明三一）七／茨城県北相馬郡川原代村／旅順中学校

一九〇五年日露戦争直後に渡満して木村屋満州支店を開設した木村清一郎の子に生まれ、旅順中学校を卒業して家業を補佐した。その後二六年一一月奉天に移住してビスケット製造業を独立経営し、後に業容を拡大してパンの製造販売も行った。三一年九月に満州事変が起きると奉天に野戦パン製造所を設置し、極寒のため飯盒炊飯ができない軍にパンとカステラを納入して関東陸軍倉庫長石原通主計中佐より感謝状を授与された。

木村　欽一 ▷1

吉林法政学館教習／吉林／一八七九（明一二）五／佐賀県藤津郡鹿島村／日本大学

旧姓は田中、一八九六年宮崎県の同志黌を卒業し、上京して仏和法律学校に入学した。その後日本大学に転入学して一九〇三年に卒業し、中国に渡航して各地を漫遊した。〇六年吉林法政学館の教習に招聘され、法律学を教授した。

木村賢太郎 ▷12

満鉄総裁室員、社員会評議員／大連市伏見町／一八九八（明三一）一二／愛媛県新居郡西条町／東京帝大経済学部経済学科

愛媛県木村清松の長男に生まれ、一九二二年三月東京帝大経済学部経済学科を卒業して満鉄に入り、東京支社内の東亜経済調査局編輯課に勤務した。二四年六月東京支社経理課勤務、二七年二月東京支社経理課兼東亜経済調査局勤務を経て参事に昇格した。次いで三〇年七月同支社経理課資金係主任兼経済調査会調査員を経て監察役付監察員となって渡満し、三七年六月総裁室勤務となった。二弟の唯助は東京帝大工学部を卒業して古河鉱業会社に勤務し、三弟の敬三郎は水産講習所を修了して東洋製罐㈱に勤務した。

木村好太郎 ▷14

満州不動貯金㈱専務取締役、大連新聞社副社長、勲八等／大連市大黒町／一八八六（明一九）八／福岡県筑紫郡堅粕町

一九〇三年、陸軍留学生として北京の日出学校に入学した。〇五年陸軍通訳として日露戦争に従軍し、引き続き関東都督府陸軍部通訳を務めた。〇九年清国政府外交部交渉員に就いたが、翌年陸軍参謀本部勤務となって帰国した。一五年中華民国政府交通部及び財政部委員嘱託として中国に渡り、一七年に辞職した。大連に五福公司を設立して実業に従事し、一九年満州不動貯金㈱を設立して専務取締役に就いた。二二年中日実業興信社を創立して社長に就任し、他に西岡信託㈱取締役、㈱大連新聞社取締役等を兼務した。二四年一一月大連市会議員に当選したが、二六年六月任期途中で病没した。

木村 成之 ▷12

昭和製鋼所㈱秘書課鑑査係主任、社員会評議員／奉天省鞍山北九条町／一八八八（明二一）五／茨城県那珂郡川田村／東京工手学校

水戸の藤田塾、東京の工手学校等に学んだ後、一九〇八年徴兵されて宇都宮の騎兵第一八連隊に入営した。騎兵学校を卒業して独立守備第五大隊に編入されて渡満し、騎兵曹長に進んで除隊した。その後一七年一二月満鉄に入り、沙河口工場立山出張所、鞍山製鉄所工務課、同工作課、同庶務課、製鉄部庶務科に歴勤した後、三三年六月鞍山製鉄所の事業を継承した昭和製鋼所㈱の操業開始とともに同社入りし、三五年四月秘書課鑑査係主任となった。この間、三三年四月満鉄勤続一五年の表彰を受けた。

木村 住造 ▷12

満鉄皇姑屯站長／奉天省皇姑屯站長局宅／一八九九（明三二）六／大分県下毛郡桜州村

大分県商業木村長太郎の四男に生まれ、一九一六年に渡満し、一七年二月満鉄に入り奉天駅駅夫となった。以来勤続し、同駅転轍方、大石橋駅車掌心得、同車掌、大石橋列車区庶務方、大連列車区車掌、他山駅助役、安東列車区助役等を経て二六年九月大連列車区瓦房店分区列車区助役となった。次いでチチハル鉄路局総務処文書科文書股長を経て三七年四月皇姑屯站長に就いた。次兄の菊尾も渡満して満鉄に勤務した。

木村 清一 ▷8

木村洋行主／奉天浪速通／一八九四（明二七）六／和歌山県東牟婁郡勝浦町

日露戦中から朝鮮で開墾事業に従事した父を訪ねて仁川に渡ったが、事業が不首尾に終わり父子で大阪に引揚げた。二年後に単身渡満して大連の写真材料店で働いた。その後一九一二年に奉天浪速通で岡田某と同業を共同経営し、一九年に岡田が死去した後は独力で経営した。北満、朝鮮、北京にまで販路を広げて年商三〇万円に達し、二四年一月に城内鐘楼南に支店を設け、さらに二六年には大連市西通にも支店を設けた。

木村清一郎 ▷2

木村屋満州支店主／大連市信濃町／一九〇五（明三八）

東京市京橋区木村屋総本店の子に生まれ、日露戦争後一九〇五年に渡満して大連に満州支店を開設した。信濃町市場前に店舗と工場を設けて食パン、菓子パン、ビスケットその他各種の洋菓子の製造を開始した。同業が少ないため独占の勢いで売上げを伸ばし、若狭町に工場を新設して最新のビスケット、ドロップス製造機械を導入し、「木村クリーム・キャラメル」等を発売した。業務の隆盛とともに壱岐町と近江町に支店を置き、満鉄沿線各地に特約店を設けたほか、朝鮮の京城明治町、天津の北馬路鍋店街、出花路にも支店を設置し、満州一円から天津、北京、上海方面に販売した。

木村左馬輔 ▷12

ハルビン中央卸売市場青果部主任／ハルビン水道街／一八八二（明一五）五／青森県青森市字米町

日露戦争後の一九〇六年ウラジオストクに渡り、〇九年青浦商会のウラジオ支店担任となり日本各地の果実野菜類を輸入販売した。一六年にハルビンに出張所を設けて大豆豆粕の輸出業を始め、次いで大連にも出張所を開設した。二〇年に至り世界大戦の戦後不況とシベリア出兵のため両支店を閉鎖し、二四年にはウラジオ支店も閉鎖してハルビンに移り、同年九月協和商会を興して青果販売業を営んだ。その後三五年三月店舗を清水氏に譲り、ハルビン中央卸売市場に入り青果部主任を務めた。

木村 忠儀 ▷12

満鉄ハルビン鉄路医院小児科医員／ハルビン奉天街市営住宅／一九〇九（明四二）一／山口県大島郡家室西方村／京都帝大医学部

一九三二年三月京都帝大医学部を卒業して同大副手となり、同年幹部候補生として兵役に服した。その後三六年九月に渡満して満鉄に入り、ハルビン鉄路医院小児科に勤務した。

木村　常治　▷12

国務院財政部税務司塩務科員／新京特別市宝清胡同／一八九六（明二九）／山口県豊浦郡吉見村

山口県木村百合松の子に生まれ、大連語学校を卒業して満鉄に入り埠頭事務所に勤務した。その後一九三二年九月満州国塩務署事務官となり、三三年一〇月財政部事務官兼任となって塩務科に勤務した。次いで三四年一〇月財政部事務官専任となって税務司塩務科に勤務し、三七年一月専売総署事務官となった。この間、満州事変時の功により勲六位景雲章を授与され、建国功労賞及び大典記念章、皇帝訪日記念章を受けた。

木村常次郎　▷13

満鉄経理部長事務取扱／奉天／一八九四（明二七）二／和歌山県伊都郡見好村／京都帝大経済学部

和歌山県師範学校を経て東京高等師範学校を卒業し、東京府青山師範学校教諭を二年務めた後、京都帝大経済学部に入学し、一九二四年三月に卒業して満鉄に入社した。経理部会計課、同主計課に勤務した後、三一年二月予算制度の調査研究のため欧米に二年留学した。帰社して三三年四月経理部主計課予算係主任、三五年三月ハルビン鉄路局経理課長を歴任して同年七月参事に昇格し、同年九月経理部主計科長となり経済調査委員会委員を兼務した。その後四二年九月の異動で経理部主計課長事務取扱兼務となり、満鉄社員会幹事長を務めた。

木村貞次郎　▷12

満鉄四平街建設事務所技術員、社員会評議員、正八位勲八等／奉天省四平街栄町協和寮／一八九七（明三〇）八／青森県弘前市和徳町／東京高等工業学校建築科

一九二一年三月東京高等工業学校建築科を卒業して満鉄に入り、技術部建築課に勤務した。一時帰国して兵役に服した後、除隊復職して大連工務事務所、長春地方事務所公主嶺在勤、公主嶺地方事務所、ハルビン建設事務所、鉄道建設局新京分所、新京建設事務所に歴勤した。次いで四平街建設事務所技術員となり、三六年一〇月副参事に昇格した。この間、満州事変時の功により勲八等に叙された。

木村　鉄　▷8

興記洋行主／奉天／一八七九（明一二）一二／愛媛県宇和島市

宮崎中学を中退した後、一九〇四年日露戦争に際し近衛第六兵站司令部付酒保となり、朝鮮の鎮南浦に上陸して各地に従軍した。戦後〇五年一二月に帰国したが、翌年一二月再び渡満して奉天に(資)興記洋行を設立して貿易業を営んだ。売上げの増加とともに山東、天津等に支店を設けたが、一八年にいったん解散して個人経営にし、同時に事業を拡張して洋酒の醸造卸商を開始し、沿線全域に販路を広げた。

木村　通　▷11

満鉄参事、社長室人事課長、正六位勲六等／大連市児玉町／一八八六（明一九）一二／茨城県真壁郡下妻町／東京帝大法科大学

茨城県農業藤倉治三郎の五男に生まれ、同県木村牧の養子となった。一九一〇年東京帝大法科大学を卒業し、翌年一〇月逓信管理局事務官となり金沢逓信管理局総務部長、名古屋郵便局第一課長を務めた。青島戦役が始まると一四年八月青島に出張して野戦郵便監査を務め、翌年四月逓信省通信局勤務となった。同年七月台湾総督府秘書官兼参事官に転じ、総督官房秘書課長兼外事課長に就いた。一八年六月に退官して山下(名)に入り参事となったが、二〇年一二月に退社した。二一年一二月満鉄に入社し、二二年三月参事、二三年四月興業部庶務課長、二六年三月社長室文書課長を歴任し、二七年一〇月人事課長に就いた。

木村　徳助　▷12

新京特別市公署総務処員、従七位勲七等／新京特別市北安路市営住宅／一八九一（明二四）一／山形県南村山郡東村／実業補習学校

一九〇七年郷里の東小学校付属実業補習学校を卒業した後、一一年一二月徴兵されて山形の歩兵第三二連隊留守対に入営した。以来軍務に服し、二五年に東京憲兵練習所を修了して三一年五月憲兵特務曹長に累進した。次いで関東憲兵隊勤務となって渡満し、長春城内憲兵分遣隊長を務めた。その後三二年一一月予備役編入と同時に新京特別市公署庶務科員となり、三三年四月同公署属官に進んで総務処庶務科に勤務し、三六年一月同公署事務官となった。

木村 朝一 ▷11

鉄嶺日本領事館書記生／奉天省鉄嶺花園町／一八九八（明三一）五／東京府荏原郡大崎町／関西大学専門部法律科

東京府木村梅次郎の長男に生まれ、一九一六年関西大学専門部法律科を卒業して仏教布教に従事した。二〇年シベリア派遣軍に従軍した後、二二年一月東京地方裁判所書記に就き、翌年東京区裁判所勤務となった。二六年七月外務書記生に転じて渡満し、牛荘領事館、間島日本総領事館勤務を経て二八年八月鉄嶺領事館に転任し、鉄嶺商業会議所特別議員を務めた。

木村 知彦 ▷12

満鉄鉄道総局監察、勲五等／奉天商埠地五経路十緯路北斗寮／一八八七（明二〇）一〇／広島県広島市白島九軒町／大阪高等工業学校機械科

広島県木村彦作の次男に生まれ、一九一〇年大阪高等工業学校機械科を卒業し、同年七月満鉄に入り公主嶺車輌係となった。大石橋車輌係、長春車輌係主任、公主嶺車輌係兼長春車輌係主任、大連運輸事務所に歴勤した後、二一年五月から二年間欧米に留学し、二三年ローマで開かれた万国鉄道会議に出席した。帰社して鉄道部運転課勤務、南満州鉱業学校講師を経て二五年五月参事に昇格し、長春鉄道事務所長代理、鉄道部運転課勤務、大連車輌事務所長、工業標準規格調査会委員、鉄道部車務課機関係主任を歴任した。次いで鉄路総局機務処運転科長、同設備委員会幹事長、臨時運輸委員会幹事、鉄路局機務処長、同設備委員会委員、鉄道部工作課長、審査役計画部兼務を経て三六年一〇月鉄道総局監察となった。この間、満州事変時の功により従軍記章及び建国功労賞、皇帝訪日記念章を授与され、三六年四月勤続二五年の表彰を受けた。

木村 隼太 ▷12

龍江省公署民政庁員兼地籍整理局竜江分局員／チチハル龍江省公署民政庁／一八九七（明三〇）／和歌山県海草郡和佐村／同志社大学

一九二四年同志社大学を卒業し、神戸市役所商工課に勤務した。その後三二年に渡満して満州国官吏となり、黒龍江省事務官・教育庁総務科長、龍江省通北県参事官を経て三六年一〇月龍江省公署事務官・民政庁勤務となり、三七年二月地籍整理局事務官兼任となった。

木村 春雄 ▷13

満州柞蚕㈱社長／新京特別市／一八八五（明一八）／静岡県／陸軍経理学校

陸軍経理学校を卒業して第一五師団経理部長に就き、主計大佐となった。一九三二年満州国に転じ、軍需少将から軍政部顧問、被服廠長等を経て中将に進んだ。一九四〇年、被服、衣類、繊維、柞蚕に関する造詣を買われ満州柞蚕㈱社長に就任した。

木村 秀美 ▷12

国際運輸㈱大連支店輸入直通係主任／大連市聖徳街／一八九九（明三二）九／広島県安芸郡仁深村／明道中学校

一九一九年広島市の私立明道中学校を卒業して渡満し、同年八月満鉄に入り大連埠頭事務所に勤務した。二四年一二月国際運輸㈱に転じ、大連支店営業課吾妻駅荷扱所主任、陸運課吾妻駅荷扱所主任、陸運課満鉄代弁係主任、大連支店満鉄代弁係主任を経て同支店輸入直通係主任となった。

木村 秀儀 ▷13

三井銀行大連出張所長／大連／一八九九（明三二）／福島県若松市／東京商科大学

一九二一年、東京商科大学を卒業して三井銀行に入り外国課に勤務した。二四年ニューヨーク支店、二九年横浜支店、三二年上海支店勤務を経て同年九月大連出張所長に転じて渡満した。時運を捉え、業務を為替から預金・貸出等の一般銀行業務に拡張し、着任時に二人だった行員を三八年には三八人に増員し、事務所を裏通りから東拓ビル内に移した。

木村 広吉 ▷12

吉林省公署土木庁庶務科長兼国務院民政部土木局総務処員／吉林省公署土木庁／一八九一（明二四）五／和歌山県新宮市一三六／和歌山県立新宮中学校中退

和歌山県木村覚之助の三男に生まれ、一九〇八年県立新宮中学校四年を中退し、同年一〇月に渡満して遼陽で兄の経営する事業に従事した。次いで満鉄調弁所、鞍山製鉄所経理課勤務、同一般経理関係審査事務担当、同所長室監査員兼務を歴職した。その後三一年九月満州事変が勃発すると奉天自治指導部員となり、三二年六月満州国監察院属官に転じて審計部に勤務し、三三年三月国道局事務官・総務庁経理課勤務、三五年九月兼任吉林省公署事務官総務庁勤務を経て三七年一月吉林省公署理事官・土木庁庶務科長に就き、国務院民政部土木局総務処員を兼務した。この間、満州事変時の功により勲五位景雲章を受章し、建国功労賞及び大典記念章、皇帝訪日記念章を授与された。

木村　寛　▷12

ハルビン高等検察庁繙訳官、従七位／ハルビン南崗長官公署街高等検察庁／一八八五（明一八）七／宮城県桃生郡十五浜村／日本文章学院

小学校を卒業して十五浜村の西方塾で漢数学専攻科を修めた後、上京して一九〇五年日本文章学院を卒業した。その後一五年に関東都督府巡査兼外務省巡査となって渡満し、三三年八月関東庁警視に累進した。三五年八月最高検察庁繙訳官に転じ、次いで奉天高等検察庁繙訳官、北満特別区高等法院繙訳官兼北満特別区地方法院繙訳官、北満特別区高等検察庁繙訳官を歴任し、三六年七月ハルビン高等検察庁繙訳官に転任した。この間、満州事変時の功により建国功労賞及び大典記念章、皇帝訪日記念章を受章した。

木村　政平　▷1

関東魚市場専務取締役／大連市／一八七五（明八）一／福岡県企救郡板櫃村

製鉄用石灰石の採掘業と陸軍用達業を経営したが、日露戦中の一九〇五年四月、陸軍大臣の許可を得て五〇隻の漁船に三〇〇名の漁夫と店員を乗せて大連に渡り、軍隊用達として満州軍倉庫その他に漁獲した鮮魚を供給した。〇六年一一月㈾関東魚市場を組織して専務取締役に就き、さらに東京・大阪・名古屋、中国・四国地方の資産家を発起人として資本金一〇〇万円の満州水産㈱の設立計画に奔走した。

木村　正身　▷12

関東海員審判所理事官、大連海務協会常議員、従六位／大連市楓町／一八八五（明一八）四／山形県鶴岡市馬場町／官立商船学校航海科

山形県木村正の長男に生まれ、一九一〇年官立商船学校航海科を卒業し、一一年三月大阪商船会社に入った。一八年一〇月近海航路船長となり、次いで二〇年一一月ニューヨーク航路船長、二二年八月南米航路船長を歴職した。その後、三〇年四月関東局海務局海事事務嘱託となって渡満し、関東州船舶職員懲戒委員会理事、関東州水先案内人懲戒委員会理事を務めた後、三五年三月関東州水先案内人試験委員を経て三六年九月関東海務局技師高等官五等となり海員審判所理事官に就いた。

木村　正道　▷13

満州生活必需品㈱常務理事／新京特別市／一八八五（明一八）一〇／東京府東京市四谷区塩町／東京高等商業学校

東京府木村繁次郎の次男に生まれ、一九一四年東京高等商業学校を卒業して満鉄に入り、総務部事務局調査課に勤務した。一九年一月見習夜学部講師嘱託となり、二二年一月の分掌規定改正とともに社長室調査課勤務となった。二四年四月から経済予想法研究及び鉄道統計事務調査のため欧米に留学し、二六年七月調査課に帰任した。二七年四月満鉄創業二〇周年記念に善良社員として表彰され、二八年八月参事となった。三一年に退社して社員消費組合主事に転じ、三九年二月に満州生活必需品配給㈱が新京に設立されると常務取締役に就いた。同年一二月、組織変更と社名改称により満州生活必需品㈱常務理事となった。

木村松之助　▷12

伊敏川主、ハイラル料理屋組合評議、ハイラル神社専任幹事・氏子総代、満州国協和会評議員／興安北省ハイラル西二道街／一八九〇（明二三）三／福岡県糟屋郡箱崎網屋町

福岡県木村梅吉の長男に生まれ、渡満して実兄が経営する遼陽の料理屋「正廼屋」で働いた後、一九一四年日本軍の山東半島上陸とともに青島に渡り陸軍酒保となった。二二年に帰国して久留米市で料理店を営んだが、二四年朝鮮に渡り慶尚南道の昌寧で旅館兼料理店を経営した。そこで騎兵第一旅団長中山蕃大尉の知遇を得、三四年九月同軍が駐屯するハイラルに移り、料理店伊敏川を開業した。営業のかたわらハイラル料理屋組合評議、ハイラル神社専任幹事・氏子総代、満州国協和会評議員等を務めた。

木村　裕三　▷11

満鉄撫順医院小児科医員／奉天省撫順北台町／一九〇三（明三六）八／長野県南安曇郡梓村／京都帝大医学部

一九二七年京都帝大医学部を卒業し、同年一〇月満鉄に入社した。撫順医院に勤務して小児科を担当した。野球、庭球等のスポーツを愛好し、大連神明高女出身の夫人和子は洋楽に親しんだ。

木村　要平　▷11

関東庁新旅順購買組合事務員、勲七等功七級／旅順市常盤町／一八八〇（明一三）一〇／福岡県宗像郡河東村

福岡県木村重平の長男に生まれ、一九〇四年七月、日露戦争に際し第三軍に属して大連に上陸した。旅順攻囲戦に参加し、翌年一月旅順に入った。〇六年一一月旅順要塞司令部付となり、翌年一一月砲兵曹長に進んだ。一六年一一月に満期除隊して翌年一二月から二四年一二月まで関東都督府属として勤務した。二五年四月満州戦蹟保存会書記に転じたが、同年六月関東庁職員となり新旅順購買組合事務員を務めた。

木村芳五郎　▷11

自転車商、勲七等／大連市岩代町／一八八〇（明一三）八／和歌山県那賀郡川原村／攻玉社工学校

和歌山県農業木村宇右衛門の三男に生まれ、一八九九年志願して陸軍に入った。日露戦争に従軍し、一九〇五年四月進級して工兵特務曹長となった。〇九年に予備役編入となると東京の攻玉社工学校に入り、一一年に卒業して水力電気、鉄道敷設等に従事した。一九年六月に渡満して沈没船の引き揚げ等に従事し、その後大連に居住して自転車商を開業した。同郷の夫人圭子との間に三男二女があり、長男は南満医科大、長女は弥生高女、次男は大阪高等医専に学んだ。

木村　吉輔　▷9

㈾三吉商会代表／大連市大山通／一八七〇（明三）七／奈良県南葛城郡掖上村／中学校

一八八七年三月郷里の中学校を卒業して家業の織物業に従事した後、九四年大阪に出て南区清水町に木津銀行を創立して常務取締役に就任した。次いで九五年難波に浪速貯蓄銀行を設立して取締役に就き、日本時計製造㈱、阪神曳舟㈱、大阪骸炭㈾、関西製糸㈱、文芸㈱等を創設して社長及び取締役を兼任した。九九年日清戦後の不況に際会して事業の多くが頓挫し、さらに北浜での株投機にも失敗した。一九〇三年大阪を引き揚げ、郷里に木村織物伝習所を開設して海外向け織物製造の振興に取り組んだ。日露戦後の〇六年八月営口に赴いて柞蚕糸の調査をして帰り、翌年八月再び渡満して同地に㈱牛荘取引所を創立したが、種々の事情で失敗した。〇九年大連に移り満鉄の請負工事に従事して欧州戦争による好況で財を成し、二〇年一月大山通に㈾三吉商会を組織して株式現物仲買業を営んだ。

木村　喜徳　▷12

満鮮拓殖㈱企業課長／新京特別市城後路／一八九七（明三〇）九／熊本県熊本市新町／東京帝大農学部農業土木科

熊本県木村喜太郎の四男に生まれ、一九二二年東京帝大農学部農業土木科を卒業した後、二三年朝鮮総督府技師となった。二五年全羅北道東津水利組合次席技師に転じ、次いで二八年東洋拓殖㈱土地改良部技師、三一年全羅南道宝城郡良井干拓工事技師長を経て三三年に奉天の東亜勧業㈱土木課長となった。その後三六年九月に同社の事業を継承して満鮮拓殖㈱が創立されると同社企業課長に就いた。

木村　六郎　▷11

満鉄興業部地質調査所員、従六位／大連市桃源台／一八八八（明二一）一一／福島県石城郡湯本町／東京帝大理科大学地質学科

福島県商業木村重五郎の六男に生まれ、一九一五年東京帝大理科大学地質学科を卒業して藤田鉱業㈱に入り小坂鉱山買鉱課に勤務した。二〇年九月農商務技師に任官して鉱山局地質調査所に勤め、工業原料となる鉱物の研究に従事した。二四年一月に渡満して満鉄地質調査所に勤務し、鉱産地や応用地質の調査に従事した。三兄の廉助は帝大工科を出て鉄道省技師、五兄の真五郎は帝大農科を出て香川県技師を務めた。

木本　氏房　▷12

満州航空㈱顧問、正五位勲三等／奉天葵町／一八八四（明一七）九／東京府東京市牛込区市谷薬王寺町／陸軍士官学校

東京府木本好の三男に生まれ、陸軍士官学校を卒業して一九〇五年四月工兵少尉に任官した。日露戦争に従軍した後、一〇年一二月参謀本部陸地測量部班員となり、一五年六月から一六年二月まで中国に出張した。次いで一八年九月第二臨時測図部班長、二〇年兼任陸軍工兵学校教官、二四年兼任下志津飛行学校教官、二五年五月陸軍技術本部部員等を歴職した。三一年八月工兵大佐に累進して三三年四月予備役編入となり、満州航空㈱嘱託となって渡満し、同年八月器材購入のためドイツに出張した後、三五年九月同社顧問となった。陸地測量部在職中に派遣学生として東京帝大理学部で修講し、日本における航空写真測量の権威として知られた。

木本恵喜蔵　▷12

満鉄朝陽川警務段延吉分所巡査、延吉愛路少年隊副隊長、延吉地区警務統制委員会委員、延吉竜湖坪模範愛護村農家組合顧問／間島省延吉警務段延吉分所／一八九五（明二八）九／徳島県那賀郡椿村／徳島県立富岡中学校

徳島県木本与吉の長男に生まれ、県立富岡中学校を卒業した後、入営して陸軍憲兵となった。一九一七年一二月朝鮮駐剳軍憲兵上等兵となり、一九年八月朝鮮総督府巡査に転じた。三三年一二月満鉄鉄路局巡査に転じ、翌年一二月朝陽川警務段延吉分所長兼巡査となったが、三六年九月の職制改正により同所巡査となった。業務のかたわら同地の愛路少年隊副隊長、警務統制委員会委員、模範愛護村農家組合顧問などを務めた。

木本　修蔵　▷11

ハルビン総領事館書記生／ハルビン日本領事館内／一八九七（明三〇）一二／広島県佐伯郡観音村／広島修道中学校

広島県木本千代松の五男に生まれ、一九一七年広島修道中学校を卒業し、上京して法律と英語を学んだ。二〇年六月広島県土木技手補となり、翌年土木書記補となった。二二年四月外務書記生試験に合格し、同年外務書記生として宜昌領事館に赴任した。その後、済南総領事館、本省、吉林総領事館勤務を経て二九年二月ハルビン総領事館勤務となった。

木本貞次郎　▷11

木本工務所主／大連市佐渡町／一八八〇（明一三）一二／広島県広島市中島新町／工手学校

広島県建築設計監督木本熊吉の三男に生まれ、一九〇二年東京築地の工手学校を卒業し、同年八月広島県営繕課に勤務した。〇三年一二月東京市土木課勤務を経て日本郵船会社建築係に転じ、〇五年七月大連出張所詰となって渡満し、陸軍運輸部の建築工事に従事した。次いで〇七年二月岡田工務所に入り、遼東新報社、三泰油房工場、大連商業会議所等の建築設計に従事した後、一七年八月に辞職した。その後一九年に大連建築主任技術者に認定され、翌年佐渡町に木本工務所を開設して土木建築請負業を経営し、大連機械製作所や大連市内外の建築設計を手がけた。

木元　等　▷12

大連取引所市場先物取引主任／大連市大和町／一八九八（明三一）三／福岡県山門郡城内村／明治大学法学部専門部中退

一九一八年福岡県立中学伝習館を卒業して明治大学法学部専門部に進んだが、中退して一九年八月海軍技術部本部に勤務した。その後二四年二月に渡満して開原取引所に勤務し、次いで関東庁取引所書記となった。二五年九月大連取引所に転任し、以来同所に勤続して市場先物取引主任を務めた。この間、シベリア出兵時の功労により海軍省より賜金を受けた。

京谷松次郎　▷1

東清公司鉄嶺支店長、勲七等／奉天省鉄嶺／一八七六（明九）一〇／石川県江沼郡山城村

一八九六年徴兵されて海軍に入り、一九〇〇年義和団事件の際に「浅間」に乗務して従軍し、勲七等年金一〇〇円を授与された。〇四年日露戦争の時は「初瀬」に乗務し、同艦が沈没した際に梨羽時起艦長を救出した。その後「日進」に転乗して日本海海戦に参加し、負傷して免官となり金鵄勲章功七級を受けた。除隊後は海員掖済会書記を務めたが、〇七年一月に渡満して東清公司に入り、鉄嶺支店長として鉄道貨物輸送業と和洋酒類の販売に従事した。

京谷松之助 ▷8

満州窯業㈱専務取締役／奉天／一八九四（明二七）四／大阪府泉南郡佐野町／明星商業学校

一九一二年大阪の明星商業学校を卒業し、一四年から朝鮮平壌で窯業事業を経営した。一九二〇年に渡満して奉天で満州窯業㈱の創立に参画し、設立と同時に専務取締役に就任した。資本金二〇万円で奉天鉄西の敷地三万坪に工場を設け、年生産額煉瓦一〇〇〇万円、瓦二〇〇〇万円に達した。

清岡　克巳 ▷12

清岡酒造場経営主、譚家屯区長、勲八等／大連市菫町／一八七六（明九）九／高知県安芸郡伊尾木村／台湾総督府国語学校支那語科

県下各地の戸長・村長を務めた元自由党闘士の子に生まれ、一八九七年台湾総督府国語学校支那語科を第一期生として卒業し、次いで九八年三月総督府臨時土地調査局開墾測量講習科を修了して台湾総督府臨時土地調査局技手となった。一九〇四年日露戦争に際し陸軍通訳官として鴨緑江軍に従軍した後、大連軍政署に出向して利源調査委員を務めた。〇五年六月民政署に移行した後も関東都督府翻訳生兼属官として官有財産係の事務に従事したが、一一年に退職して石本鏆太郎が経営する牛心台炭砿に勤務した。その後独立して郷里の土佐から海産物を輸入して各地に販売し、さらに桃梨の果樹園経営に転業した。その後廃業して大連で酒造業を始め、清酒「大連富士」を醸造販売し、一五年八月に醸造施設の大拡張を行った。二五年から味噌の醸造も始め、大連市内数十ヶ所に特約店、全満各地に販売店網を設けた。

清岡己久思 ▷11

満鉄大連築港長／大連市朝日町／一八八一（明一四）九／高知県安芸郡田野町／第五高等学校工学部土木工学科

高知県農業清岡茂八の長男に生まれ、一九〇六年第五高等学校工学部土木工学科を特待生として卒業した。九州鉄道㈱技手となったが〇八年七月に職を辞して渡満し、関東都督府技手となり民政部土木課に勤務した。旅順の日本橋架設工事主任を務めたほか、市街下水施設、王家店水源地施設の設計及び工事主任として堰堤及び貯水池の築造に従事した。一四年三月に依願退職して朝鮮鉄道建設の請負事業に従事した後、一六年一一月満鉄に入り築港事務所に勤務した。埠頭事務所工務課土木係主任、築港係主任を経て二七年五月埠頭事務所工務課長に就き、同年一一月職制変更により大連築港長となった。⇒その後ハルビン鉄道工場造船所長を務めて定年退職し、大連市南山麓で建築請負業をしながら読書、バイオリン、絵画、弓術などを趣味として自適の生活に入った。同郷で高知県立高女出身の夫人鹿代との間に四男四女あり、長女奈美子は大連神明高女を卒業して満鉄中央試験所研究員の石田義豊に嫁し、三男卓行は大連中学校、第一高等学校を経て東京帝大文学部仏文科を卒業して後に詩人・小説家となり『アカシヤの大連』等で知られた。

清岡健一郎 ▷12

満蒙毛織㈱販売課長／奉天皇姑屯満蒙毛織㈱社宅／一八九二（明二五）一一／高知県安芸郡安田町

高知県清岡亀蔵の長男に生まれ、東京毛織会社に入り一四年勤続した。その後一九三四年三月に渡満して満蒙毛織㈱に転じ、三六年一二月販売課長に就いた。

清島　末記 ▷12

満鉄図們鉄路監理所監理員／間島省図們山ノ手局宅／一九〇一（明三四）一／熊本県飽託郡城山村／熊本県立工業学校

熊本県清島万蔵の子に生まれ、一九一九年熊本県立工業学校を卒業して満鉄に入り、大連機関区に勤務した。安東機関区、奉天鉄道事務所等に勤務した後、三五年一〇月図們鉄路監理所に転勤した。

清島　貢 ▷11

満鉄奉天鉄道事務所員／奉天稲葉町／一八八九（明二二）二／熊本県熊本市五十人組町／満鉄鉄道教習所

熊本県清島次郎平の次男に生まれ、一九〇八年満鉄鉄道教習所を修了して大連駅車掌となった。鉄嶺駅助役、本社運輸部勤務、長春鉄道事務所勤務を経て奉天鉄道事務所に転じた。文学と演劇を趣味とし、著書に短編集『三つの世界』がある。

清末　国一　▷12

満鉄牡丹江鉄路局運輸処旅客科員／浜江省牡丹江鉄路局運輸処旅客科／一九一〇（明四三）八／大分県速見郡杵築町／東京外国語学校支那語科

大分県清末金八郎の子に生まれ、一九三四年三月東京外国語学校支那語科を卒業し、同年四月満鉄に入り奉天駅に勤務した。同駅駅務方、貨物方、大連列車区車掌心得、新京列車区車掌、吉林鉄路局運輸処に歴勤し、三六年六月牡丹江站事務副站長を経て三七年三月牡丹江鉄路局運輸処旅客科に転任した。

清瀬　行夫　▷12

興安南省公署総務庁経理科長／興安南省王爺廟省公署総務庁経理科長公館／一九〇三（明三六）八／山形県最上郡新庄町／山形県立新庄中学校

一九二一年三月山形県立新庄中学校を卒業し、同年四月から二四年一月まで県下の各校で代用教員を務めた。二四年二月新庄税務署に入り、次いで大曲税務署属、仙台税務監督局属、五所川原税務署庶務課長、仙台税務監督局属、大蔵省預金部属を歴任した。三三年国務院総務庁属官に転出して渡満し、三六年四月興安南省公署事務官となり総務庁経理科長となった。

清田栄之助　▷12

清栄公司主、㈴満州電業社代表社員／奉天加茂町／一八八八（明二一）一／新潟県北蒲原郡米倉村

早くから渡満して大連の貿易商湯浅商行に勤務し、一九二三年に退社して満州起業㈱に転じ、奉天出張所で不動産の管理に従事した。その後三〇年三月に独立し、奉天加茂町に清栄公司を興して家屋不動産管理業を始め、三井生命保険及び帝国生命保険の代理店業を兼営した。かたわら三四年二月に他二名と共同出資で資本金一万円の㈴満州電業社を設立し、星印乾電池の商標で小型乾電池一二種を製造し、全満各地に代理店を設けた。

清滝梅三郎　▷11

貸家兼農業／奉天省昌図福順大街／一八六八（明一）一一／大阪府大阪市西区真美堀江

大阪府清滝徳之助の長男に生まれ、一二歳で家督を相続した。一八七九年から大阪で鉄工業に従事したが、日清戦争直後の九五年四月にロシア領ウラジオストクに渡り、ドイツ人経営のクンストアルベレスに入社した。一九〇五年一月、日露戦争に際し陸軍通訳となって渡満した。〇六年二月昌図城内で雑貨商を開業し、一〇年から一二年まで昌図城内民会長を務めた。一六年から昌図付属地に移って農業に従事し、かたわら貸家業を営んで同地の地方委員、南満州融通貯蓄㈱監査役を務めた。

清永　長策　▷11

大連鉄道事務所庶務係文書主任、勲七等／大連市榊町／一八八六（明一九）一二／大分県宇佐郡駅館村／九州鉄道駅務練習所

大分県農業清永治右衛門の長男に生まれ、一九〇三年九州鉄道駅務練習所を修了して電信係となった。〇五年一月、日露戦争に際し野戦鉄道提理部付車掌として渡満した。戦後満鉄に入り、鉄道業務一筋に勤続して旅順駅長となり、二七年末に大連鉄道事務所庶務係文書主任に就いた。勤務のかたわら旅順市会議員、同副議長を務めた。

桐原　三郎　▷12

満鉄チチハル医院長兼医長、社員会評議員／龍江省チチハル満鉄医院長社宅／一九〇一（明三四）一／山梨県東山梨郡塩山町／満州医科大学

山梨県桐原平治郎の三男に生まれ、一九二四年奉天の満州医科大学を卒業して満鉄に入り、大連医院内科に勤務した。二九年四月満州医大留学生として京都帝大医学部薬物学教室に派遣され、尾崎良純教授の下でフィブロブラステン純培養に関する研究に従事し、この培養液によるアルコールの習慣性及び栄養価値についての研究で医学博士号を取得した。帰社して三三年鉄路総局洮南医院長となり、三五年チチハル鉄路医院長に転任して三六年一〇月の職制改正でチチハル医院長となった。

き

桐原　善次　▷11

医師／大連市吉野町／一八七七（明一〇）一／山梨県東山梨郡七里村／東京医学専門学校

山梨県農業桐原徳実の三男に生まれ、一八九八年東京医学専門学校を卒業した。海港検疫医官補・東京府医務嘱託、衛生調査所技師を歴任し、一九〇六年八月関東都督府医務嘱託となって渡満した。〇九年九月官を辞して大連で医院を開業し、かたわら吉野町区長、大連医師会副会長を務めた。長男東一は奉天医科大学に学び、ロサンゼルスで果樹園を経営する次兄も医師免状を有した。

近都　聖二　▷13

㈱北沢商店大連支店長／大連／一九〇七（明四〇）／兵庫県加東郡小野町／大阪薬学校

一九二九年、大阪薬学校を卒業して㈱北沢商店に入った。大阪本店に七年間勤務し、ソーダ灰、苛性ソーダなどの化学薬品や油脂、鉱油、コークス、コーライトなどの工業原料の貿易に従事した。三五年五月、大連支店開設に伴い支店長となって渡満した。

金原　誠　▷12

旅順工科大学予科教授、正七位／旅順市千歳町／一九〇九（明四二）一／静岡県浜松市鍛冶町／京都帝大理学部

第八高等学校を経て一九三二年三月京都帝大理学部を卒業し、同年四月旅順工科大学予科助教授を嘱託されて渡満し、三三年同大予科教授となった。

九鬼　栄助 ▷14

高粱焼酎醸造業／大連小崗子南部／一八七二（明五）五／大阪府大阪市西区幸町通

一八九六年に桐材買入のため中国北部を視察した後、翌年一月芝罘に金舛洋行の商号で支店を開設し、山東桐の輸出と日本麦酒平野水の販売、日本軍艦の用達業を営んだ。一九〇四年、日露戦争による営口占領と同時に営口出張所を設けて酒保用品を販売した。戦後〇六年一一月に営口、芝罘を引き揚げて大連に移り、東清公司の名で輸送業に従事した。〇九年奉天に移って高粱酒醸造業を始めたが失敗し、一一年大連に戻って再び高粱焼酎醸造業を営み、かたわら一五年一〇月から一九年九月まで大連市会議員を務めた。

久木田重雄 ▷12

満鉄安東医院分院長／安東山下町／一八九六（明二九）四／鹿児島県始良郡国分町／北海道帝大医学部

一九二八年三月北海道帝大医学部を卒業して札幌鉄道病院内科に勤務した後、三〇年三月九州帝大医学部副手となり、次いで助手、講師を歴任した。その後三五年六月満鉄に入社して地方部衛生課検診医となり、同年八月医学博士号を取得した。三六年九月参事となり、同年一二月安東医院分院長に就いた。

釘宮松三郎 ▷11

国際運輸㈱長春支店長／長春蓬莱町／一八八三（明一六）一二／大分県大分郡高田村

大分県野々垣孫十郎の次男に生まれ、釘宮常馬の次女露子の婿養子となったが、次女が死亡したため三女ヒナ子と再婚した。一九〇六年一一月野戦鉄道提理部員となって渡満し、〇七年四月の満鉄創業とともに入社して運輸部に勤務した。公主嶺出札係、同駅小荷物及び貨物係を経て長春駅助役に進んだが、一八年二月に満鉄を退社して陸軍省鉄道属となった。二〇年二月長春運輸㈱支配人に転じ、さらに二四年一月国際運送㈱長春支店長代理に就いた。二六年八月に国際運輸㈱に改組した後も引き続き長春支店長を務め、長春商工会議所議員を務めた。

久家　啓次 ▷12

満鉄鉄道総局産業課員、勲八等／奉天満鉄鉄道総局産業課／一九〇〇（明三三）五／福島県大沼郡永井野村／東亜同文書院

一九二五年上海の東亜同文書院を卒業して満鉄に入り、人事課勤務を経て撫順炭砿竜鳳坑労務係主任、同務課土地係主任代理等に歴勤した。次いで三三年から鉄道建設局図們建設事務所及び牡丹江建設事務所の地畝主任として敦図・図佳・虎林線の土地買収・貸付、図們及び牡丹江の市街建設第一期創設事務に従事した。その後、三七年五月奉天の鉄道総局に転勤して産業課に勤務した。この間、満州事変時の功により勲八等に叙された。

久下沼　英 ▷12

大連警察署長、従六位勲六等／大連市播磨町／一八八九（明二二）一二／茨城県久慈郡世喜村／茨城県立太田中学校

茨城県久下三代之助の六男に生まれ、一九〇九年県立太田中学校を卒業して同年一二月小倉の騎兵第一二連隊に入営し、一三年一一月に帰休退営した。一四年四月に渡満して関東都督府巡査兼外務省巡査となり、以来勤続して関東庁警部補兼外務省警部補、関東庁警部兼外務省警部に累進した。次いで三二年七月関東庁警視となり、旅順警察署長、関東庁警務局刑事課長、大連水上警察署長を歴任して三五年三月大連警察署長となった。この間、一八年に海賊逮捕の功により功労記章を受けた。

日下　和治 ▷12

満鉄中央試験所冶金研究室主任、工業標準規格小委員会委員、満州冶金学会理事／大連市真金町／一八九八（明三一）一一／岡山県津山市田町／旅順工科学堂冶金工学科

岡山県日下為四郎の長男に生まれ、津山中学校を卒業して渡満し、一九二一年旅順工科学堂冶金工学科を卒業して満鉄に入り沙河口工場鋳鉄職場に勤務した。二二年四月南満州工業専門学校講師兼務となり、同年八月第二作業課に転任した。二六年六月技術研究所兼務を経て二七年七月技術研究所専属となり、二九年社命で渡米してワシントンのビューローオブスタンダードに八ヶ月入所した。その後、北欧及びドイツの鉄鋼中心地に滞在して各地の研究所と工場を見学視察して三二年一月に帰任し、同年四月中央試験所金相研究室主任となった。三四年一一月石炭液化委員会副委員に選任され、三六年八月臨時石炭液化工場建設事務所兼務を経て同年九月副参事となり、中央試験所冶金研究室主任に就いた。長く金属材料の鋳造・加工・熱処理・分析の試験研究に従事した後、外国品輸入防遏の見地から還元鉄の製造・応用に関する研究に専念した。

日下卓四郎 ▷11

歯科医師／大連市三河町／一八八九（明二二）一一／和歌山県東牟婁郡三尾川村／日本歯科医学校、東京顕微鏡学院

和歌山県農業日下四郎三郎の三男に生まれ、一九〇九年日本歯科医学校を卒業した。同年歯科医術開業試験に合格して翌年同校教授となったが、さらに東京顕微鏡学院に入り、一一年に卒業して東京女子歯科医学校教授に就いた。一三年一〇月に渡満して満鉄大連医院に勤務したが、後に大連で開業し、二一年関東州歯科医師会長に就いた。

日下　辰太 ▷11

関東庁文書課長、高等官三等一級、従五位勲六等／旅順市春日町／一八九〇（明二三）一一／岡山県岡山市瓦町／東京帝大法科大学

岡山県日下謙太の長男に生まれ、一九一六年東京帝大法科大学を卒業した。農商務省及び商工省の工業課長兼法政局参事を経て、二八年七月関東庁事務官となり、文書課長に就任した。

草壁幸次郎 ▷12

吉林税務監督署員／吉林税務監督署／一八九二（明二五）六／兵庫県神埼郡銀長谷村

一九一二年一二月徴兵されて姫路の歩兵第一〇連隊に入営し、除隊して二〇年一月神戸税務署属となり高岡税務署に勤務した。次いで神戸税務署に転勤し、同署庶務課第二係長を経て大阪税務監督局属となった。その後三三年九月に依願免本官し、翌月国務院財政部属官に転じて渡満し理財司官産科に勤務し、その後三四年四月北満特別区公署属官に転任して国有財産股に勤務し、次いで同年六月地畝処に転勤して三五年二月地畝管理局属官、同年一〇月同事務官となった。三六年八月税務監督署事務官兼任となって吉林税務監督署国有財産科長となり、さらに地籍整理局事務官を兼任して吉林分局に勤務した後、三七年四月吉林税務監督署に転勤した。

日下部鉦次郎 ▷11

関東庁逓信局工務課長、正六位／大連市清水町／一八九六（明二九）一一／愛知県名古屋市中区丸屋町／東京帝大工学部電気工学科

愛知県日下部新蔵の次男に生まれ、一九一九年東京帝大工学部電気工学科を卒業して逓信省に入り、翌年一月技師となって大阪逓信局に勤務した。二一年二月、臨時電信電話建設局技師に任じて広島出張所機械課長に就いた。二三年一一月関東庁逓信技師に転任し、渡満して逓信局工務課長に就任し、電信電話技術研究のため二六年一月から一年二ヶ月欧米に出張した。

草ヶ谷省三 ▷12

満鉄鉄道総局人事課員、総局表章並懲戒委員会幹事／奉天満鉄鉄道総局人事課／一八九九（明三二）一一／静岡県庵原郡調布村／東京帝大法学部

一九二九年三月東京帝大法学部を卒業し、同年五月満鉄に入り鉄道部に勤務した。次いで長春駅、長春列車区、公主嶺駅、鉄道部庶務課に歴勤し、同課人事係主任となった。その後三六年一〇月ハルビン鉄路局人事科長となり、三七年四月鉄道総局人事課に転任した。

日下　良吉 ▷12

[資]和登商行代表社員、ハルビン商工会議所議員／ハルビン地段街／一八八九（明二二）一二／大阪府大阪市南区高津町／大阪府立天王寺中学校

大阪府立天王寺中学校を卒業して商業に従事した後、一九一二年九月に渡満して長春の和登商行に入った。一九一四年ハルビン支店の開設とともに主任とし赴任し、かたわらハルビン輸入組合評議員を務めた。二八年に和登氏が没した後、合資会社に改めて代表社員に就き、日本電気や沖商会製の電気機械器具をロシア・中国商人に卸売りし、黒龍江省産木材を満鉄ほか南満各地の企業に販売した。

草地　一雄 ▷12

国都建設局総務処土地科長兼計画科長／新京特別市北安南胡同／一八八九（明二二）一二／岡山県久米郡西川村／天理中学校

一九〇八年天理中学校を卒業した後、一四年に渡満して中国語を修学した。その後一九年五月満鉄に入り鞍山製鉄所に勤務し、二九年に退社した。三一年九月満州事変が起きると自治指導部に入り、三二年六月満州国監察院監察官、次いで同年九月国都建設局事務官となり、総務処土地科長代理となった。三四年七月国都建設局理事官に進み、三六年一〇月から計画科長を兼任した。この間、建国功労賞及び大典記念章を授与された。

草地　一次 ▷9

大連株式商品取引所取引人／大連市紀伊町／一八八〇（明一三）一一／岡山県久米郡垪和村

日露戦争直後の一九〇五年一一月に渡満して関東州民政署に勤務したが、翌年一一月に退職して大連で商業に従事した。一五年から株式売買を始め、二〇年三月に大連株式商品取引所が開設されると株式取引人の免許を受けて株式店を経営した。

草薙　稽三 ▷12

関東局司政部財務課員、従六位勲六等／新京特別市建和胡同官舎／一八九二（明二五）五／香川県仲多度郡郡家村／香川県立丸亀中学校

香川県草薙金次郎の長男に生まれ、一九〇九年三月県立丸亀中学校を卒業した後、一二年明治大学法科校外生第二学年試験に合格して丸亀税務署に勤務した。税務署属、税務監督局属、香川県綾歌郡書記、香川県属を歴職した後、関東庁属となって渡満した。以来勤続して関東庁理事官に進み、財務部財務課勤務、同税務課勤務、大連民政署財務課長を経て三四年一二月関東局の発足にともない同局司政部財務課勤務となった。この間、満州事変時の功により賜金を授与された。夫人久栄との間に三男一女あり、長男碩夫は北海道帝大、長女貞子は同志社女子専門部、次男通夫は旅順工科大学、三男重雄は新京中学校に学んだ。

草野　金一 ▷12

満鉄鉄道総局付待命参事／奉天満鉄鉄道総局／一八九〇（明二三）三／長崎県南高来郡小浜町／東京市立商工学校

長崎県草野伝吉の子に生まれ、一九〇九年東京市立商工学校を卒業して翌年満鉄に入った。旅順、十家堡、松樹、大石橋の各駅に歴勤して大連列車区車掌となったが、三二年に退社して商業を自営した。その後三六年に満鉄鉄道建設局の要請で再入社し、温春駅長に就任した。次いで三五年七月牡丹江列車段副段長に転任し、三七年三月横道河子列車段一面坡分段列車助役を経て同年四月待命総局付となった。この間満州事変時の功により従軍記章を授与された。夫人美弥子との間に四男四女あり、長男俊秋は牡丹江中央市場で商業を営んだ。

草野　利男 ▷12

国際運輸㈱羅津支店陸運係主任／朝鮮咸鏡北道羅津府新安洞国際運輸㈱支店／一九〇四（明三七）一一／福島県石城郡平窪村／日露協会学校

福島県草野常弥の三男に生まれ、県立磐城中学校を卒業し、福島県派遣生としてハルビンの日露協会学校に入学した。一九二六年三月に卒業した後、三〇年四月国際運輸㈱に入り、ハルビン、四平街の各支店勤務を経て開原出張所陸運課、羅津支店に歴勤し、三六年一月同支店陸運係主任となった。

草野友次郎 ▷11

撫順郵便局長、正七位勲六等／奉天省撫順四十条通郵便局官舎／一八八二（明一五）／長崎県長崎市伊良林町

一八九八年通信書記補となり、一九〇〇年書記、〇三年通信属に進んだ。一二年関東都督府通信管理局勤務となって渡満し、一九年大石橋郵便局長を経て翌年大連郵便局電信課長となった。二四年一月撫順郵便局長に就き、二九年二月の撫順自動式電話交換施設の開設に尽力した。

草野龍次郎 ▷12

国際運輸㈱ハイラル出張所満州里営業所主任／興安北省満州里国際運輸営業所／一九〇二（明三五）一／熊本県宇土郡宇土町／日露協

会学校熊本県立中学済々黌を卒業した後、満鉄派遣生としてハルビンの日露協会学校に入った。一九二三年三月卒業と同時に満鉄に入社し、ハルビン事務所調査課に勤務した。二五年七月にいったん辞職したが、同年九月に再入社して同事務所調査課翻訳係となり、二六年七月在ハルビン内務事務官の翻訳を嘱託され、次いで同年九月在北京内務事務官の翻訳を嘱託された後、同年一一月に退職した。二七年二月国際運輸㈱ハルビン支店に入り、三四年五月発送課係主任を経て三六年二月ハイラル出張所に転勤し、満州里営業所主任を務めた。

草場　磯吉　▷13

錦州草場組主／錦州／一八九八（明三一）／福岡県八女郡三河町

一九二五年、建築技術で身を立てる決意を述べ、両親の許しを得て渡満した。三田組安東出張所に入り、組主の三田芳之助に見込まれ現場責任者となって三年働いた。その後伊賀原岩吉の知遇を得て伊賀原組に入り、安東出張所幹部となった。一九三二年、満州事変後の建設ブームの中で錦州出張所主任となって赴任した。三四年に伊賀原組を辞め、翌年の夏から錦州草場組の看板を掲げて独立営業した。「責任を重んじ、熱と努力を持って望み、犠牲的精神を貴び、感謝の生活に生きる」を事業のモットーとして錦州錦華区に営業所を置き、数十人の組員と数百人の職人・人夫を擁するまでになり、創業の地に感謝の意を込めて市民集会所を献納した。

草場　又一　▷10

土木建築請負業草場工務所主／大連市北大山通／一八八一（明一四）一〇／山口県美祢郡於福村

学業を終えて家業に従事した後、一九〇〇年九州鉄道㈱に勤務した。一九〇四年若松市の影山組に転じ、九州鉄道や八幡製鉄所等の土木建築工事に従事した。〇七年一月小林組に転じ、翌年七月同組と共に渡満したがまもなく解散となり、鈴木建築事務所に入って満鉄や関東都督府等の建築工事に従事した。一〇年一〇月久保田組に転じ、その後十有余年勤続して同組支配人になった。二一年四月久保田組を辞めて郷里に帰ったが、同年一〇月再び渡満して大連の上田工務店の業務を譲り受け、翌年一一月草場工務所と改称した。経営のかたわら大連石灰㈱常務取締役、大連土木建築業組合評議員を務めた。

草場元三郎　▷10

貿易商／大連市加賀町／一八八一（明一四）二／佐賀県西松浦郡有田町

有田の陶器商の子に生まれ、家業に従事した後、二六歳の時に知人を頼って台湾に渡り、台南に居住して持参した有田焼を販売し、かたわら同地の守備軍に雑貨を納品した。次第に軍の信用を得て鳳山部隊の酒保となり、同地に三年滞在した。一九〇五年一月同部隊酒保として日露戦争に従軍し、遼陽の兵站部で陸軍御用達商を営んだ。各地に部隊と行動を共にした後、〇八年から橋頭に在留し、安奉線広軌改築工事を請け負った鹿島組に雑貨を納入しながら質屋を兼営した。安奉線の工事竣工後、一四年に山東省李村に赴いて軍政署の用達商となり、次いで歩兵第三九連隊の酒保として済南に赴いた。一六年に同地を引き揚げ、大連の田中商事会社に入りウラジオストクに出張して支店事務に従事した。一七年に辞職して大連市加賀町に居を定め、広島県の伴伝商店と特約して備後表を輸入し満鉄その他に納入した。畳表の年間取引高一五、六万円、日本向けアンペラの輸出高一〇万円に達し、貿易業の他に薬種商も兼営した。

草間　秀雄　▷12

満州採金㈱副理事長、満州国鉱業開発委員会委員、新京ロータリー倶楽部会長、新京商工会議所特別議員、正四位勲三等／新京特別市常盤町／一八八二（明一五）五／福井県今立郡鯖江町／東京帝大法科大学法律学科

福井県草間時雄の次男に生まれ、一九〇七年東京帝大法科大学法律学科を卒業し、同年文官高等試験にして税務監督局事務官となった。次いで税務副監督官、ロシア駐在海外駐剳財務官、大蔵書記官・主税局国税課長、地価調査課長、朝鮮総督府財務局長、朝鮮銀行監理官、東洋拓殖㈱監理官を歴任し、三一年七月長崎市長に就任した。その後三四年三月に辞任し、同年五月満州採金㈱副理事長となって渡満した。

草間　正慶 ▷12

満鉄農事試験場熊岳城分場林産科長兼鉄道総局附業課員／奉天省熊岳城大正街／一八八七（明二〇）一二／長野県松本市北深志／東北帝大農科大学林学科

一九一三年七月東北帝大農科大学林学科を卒業し、同年一二月同大林学実科の講師となった。その後一六年に依願解嘱して満鉄に転じ、農事試験場熊岳城分場林産科に勤務して二三年一二月同主任となった。二五年一二月技師に昇格して三五年六月から鉄道総局附業課員を兼務し、三六年九月の職制改正で参事となった。

草村　龍蔵 ▷4

雑貨商、草村商店主／満州里北道街／一八七八（明一一）／長崎県南高来郡千々石村

二三歳の時に郷里の長崎で醤油・石炭商を始めたが、四年で失敗して家産の一切を失った。一九〇八年シベリアに渡り、三年の間ロシア領各地を流浪した。一〇年に満州里で漁業を始め、一時は盛況を見たが一二年の大旱魃で再び失敗に帰した。一五年から同地で食料品・雑貨の草村商店を開業した。日本・大連・ハルビンから仕入れ、ロシア領シベリア一帯に販売して商運を得た。満州里に移り住んだ当時の日本人男子は三人で、同地在留邦人の古参株として重きを成した。

櫛田　文男 ▷12

奉天税務監督署副署長、従五位勲六等／奉天竹園町奉天税務監督署副署長公館／一九〇〇（明三三）一／福島県石城郡勿来町／東京帝大法学部政治学科

福島県櫛田要輔の子に生まれ、一九二二年東京帝大法学部政治学科在学中に文官高等試験行政科に合格し、二三年三月に卒業して内務省に入り大分県属となった。同県警視、同県東国東郡長、同大野郡長を歴職し、郡役所の廃止とともに地方事務官となり大分、高知、岩手の各県に勤務した。三三年一一月国務院民政部事務官に転出して渡満し、地方司総務科長となった。次いで三四年民政部理事官に進んで地方司財務科長、総務司経理科長、監察院秘書官、監察院総務処長を歴任し、三七年七月奉天税務監督署副署長に就いた。

具島太三郎 ▷12

満鉄奉天保線区長、社員消費組合総代、正八位勲八等／奉天萩町／一九〇八（明四一）一／福岡県福岡市下桶屋町／九州帝大工学部土木工学科

一九三一年三月九州帝大工学部土木工学科を卒業して満鉄に入社し、本社鉄道部勤務を経て同年八月奉天事務所鉄道課に転勤した。次いで三三年八月橋頭保線区本渓湖在勤保線助役、三四年六月東京支社業務課、三六年四月鉄道部工務課、同年一〇月工務局保線課に歴勤し、三七年一月奉天保線区長に就いた。この間、満州事変時の功により勲八等旭日章及び従軍記章、建国功労賞を授与された。

葛岡　正男 ▷12

国務院営繕需品局営繕処員／新京特別市金輝路第三政府代用官舎／一九〇六（明三九）九／宮城県仙台市北二番丁／東京帝大工学部建築学科

一九三〇年三月東京帝大工学部建築学科を卒業し、[資]清水組に入り工事部に勤務した。その後三五年五月に退職して渡満し、同年六月国務院実業部満州大博覧会事務局嘱託となった。次いで三六年六月営繕需品局技佐に進んで営繕処に勤務し、三七年三月国都建設紀年式典準備委員会工営部幹事を務めた。

楠川　保 ▷12

満鉄南満州保養院庶務長／大連市小平島南満州保養院／一八八四（明一七）八／山形県米沢市関東町／東京外国語学校

一九〇七年東京外国語学校を卒業して帝国鉄道庁に入り、鉄道調査所に勤務して翻訳事務を担当した。次いで鉄道院文書課、東部鉄道管理局経理課等に歴勤した後、一八年に満鉄に転じて渡満した。用度課勤務を経て経理部購買課契約主任、チチハル医院庶務長を歴任した後、南満州保養院庶務長を務めた。

楠田　謙三 ▷11

関東庁内務局殖産課嘱託／旅順市常盤町／一八八六（明一九）四／奈良県吉野郡吉野町／東京帝大工科大学土木工学科

奈良県の農業兼商業楠田良三の長男に

生まれ、一九一三年東京帝大工科大学土木工学科を卒業した。同年八月東洋拓殖㈱に入り、奉天支店勤務となって渡満した。二二年一二月東拓を休職して東亞勧業㈱に土木課長として出向し、二四年一二月に復職した。二七年七月東拓を辞して関東庁嘱託となり、内務局殖産課に勤務して農業土木事務に従事した。

葛畑　秀夫　▷12

満鉄ハイラル站長、在郷軍人会ハイラル分会長／興安北省ハイラル沿站街／一八九五（明二八）三／東京府東京市中野区宮前町／東京高等商業学校

東京高等商業学校を卒業後、一九二〇年久原商事㈱に入社して大阪支店に勤務した。次いで二三年に鉄道省に転じ、一〇年勤続した。その後三三年に渡満して満鉄に入り、後にハイラル站長となった。

楠部　善男　▷12

大吉林社長、奉天毎日新聞吉林支局長／吉林通天街／一八九三（明二六）一一／和歌山県有田郡石垣村／大阪高等商業学校付属商業学校

和歌山県楠部重兵衛の長男に生まれ、一九一〇年大阪高等商業学校付属商業学校を卒業し、一二年から東京本郷の団子坂で俳華堂の商号で美術商を営んだ。その後二六年から日本各地、中国南部、全満各地を転々とした後、三二年一一月から吉林で俳華堂を経営した。次いで奉天毎日新聞吉林支局長となり、かたわら大吉林社を興して言論活動を行い、南涯と号しホトトギス派の俳人として吉林俳壇で重きをなした。

楠美　省吾　▷12

奉天省東豊県参事官／奉天省東豊県参事官公館／一九〇五（明三八）九／青森県北津軽郡七和村／東北帝大法文学部、大同学院

青森県楠美芳幹の次男に生まれ、日本大学中学校、弘前高等学校を経て一九三一年三月東北帝大法文学部を卒業した。その後三二年に渡満して国務院資政局訓練所に入所し、同年一〇月改称後の大同学院を卒業して奉天省鉄嶺県属官となった。次いで三五年六月同省東豊県代理参事官に転任し、同年一一月参事官に就いた。

葛山　計一　▷11

満鉄撫順炭砿機械工場電気係主任／奉天省撫順北台町／一八九七（明三〇）一一／大阪府南河内郡志紀村／南満工業専門学校

大阪府葛山孫太郎の長男に生まれ、一九一五年南満工業専門学校を卒業して満鉄に入った。撫順炭砿に勤務し、後に機械工場電気係主任に就いた。

楠山　又助　▷11

予備役陸軍中将、正四位勲二等功四級／奉天淀町／一八七三（明六）四／和歌山県日高郡東内原村／陸軍大学校

和歌山県農業楠山喜次郎の三男に生まれ、一八九四年陸軍歩兵少尉として日清戦争に従軍した。九六年台湾に転戦した後、帰国して陸軍大学校に入学し一九〇〇年に卒業した。〇四年の日露戦争に際し第一二師団参謀として従軍した。〇六年から〇九年までロシア駐在武官、一三年大佐・鹿児島連隊長、一五年一月参謀本部支那課長に就いた。一七年八月少将・山口の歩兵第二一旅団長となり、翌年七月関東都督府参謀長となって渡満した。二一年三月ハルビン特務機関長、二二年八月中将に進んで同年一一月第三師団長に就いたが、病のため二三年三月依願予備役となり、奉天で自適の生活を送った。

葛和　善雄　▷12

ヤマト商会専務取締役／奉天千代田通／一八九七（明三〇）一〇／奈良県北葛城郡盤城村

渡満して満鉄自動車部、長春ヤマトホテルに勤めた後、一九二三年に退社して大連で自動車業を始めた。その後、大連自動車会社を興して専務取締役となり、次いで三三年五月満州モータース会社を創立して専務取締役に就いたが、三四年六月に辞任してヤマト商会専務取締役となり、自動車及び付属品の修理販売業と鉱油販売業に従事した。

百済　文輔　▷3

関東都督府参事官、庶務課学務課兼務、警察官練習所教務嘱託、高等官五等正七位／旅順新市街特権地／一八八三（明一六）四／山口県厚狭郡高千帆村／京都帝大法科大学政治学科

一九〇七年京都帝大法科大学政治学科

を卒業し、翌年山梨県庁に入った。属、警部として官房、学事、兵事、警察、衛生等の事務に従事し、一〇年文官高等試験に合格して警視兼事務官補に進んだ。一一年に東山梨郡長に転任し、一三年七月関東都督府参事官となって渡満した。一五年三月庶務課兼務となって教育事務にあたり、同年一〇月の大連、旅順特別市制施行に伴い旅順市会議員となった。一五年一一月、都督部内奏任官総代として大正天皇の即位大礼に参列した。

朽網　宗一　▷1

志岐組商業部主任／大連市／一八七八（明一一）一〇／福岡県三潴郡大莞村／東京高等商業学校

一九〇一年東京高等商業学校を卒業して北方商会に入り、旅順支店詰となって渡満し、石炭と一般輸入品の販売に従事した。〇四年二月日露関係の悪化により支店を撤去して帰国の途中、南関嶺で同行者のピクト号船長ガターソンが海図を所持したためロシア側の詰問を受けた際、ロシア語の通訳をしてスパイの嫌疑を受けて旅順に送致され、ステッセルの前に引致され取調を受けた後、営倉に四〇日間留置された。その後営口に護送されたが、東京高商の同窓生で営口領事の太田喜平の弁明でアメリカ領事に引き渡され、関外鉄道で天津に出て上海から帰国した。〇五年三月志岐組に入り、営口と大連の間を往来した後、同年七月神戸支店詰となりアメリカ向けの輸出業務に従事した。日露戦後の〇六年一月、志岐組本店商業部主任となって再び渡満した。

朽木　忠雄　▷12

ハルビン特別市公署交通局庶務科長兼工務科長／ハルビン南崗鉄嶺街／一八九〇（明二三）一〇／茨城県稲敷郡竜ヶ崎／日本大学高等専攻科

朽木春男の長男として千葉県香取郡佐原町に生まれ、義務教育修了後に鉄道庁に入り大宮工場に勤務し、一九一四年鉄道院職員中央教習所英語科を修了した。その後も勤務のかたわら勉学を続け、一七年に日本大学専門部法科を経て同大高等専攻科を卒業し、一八年一一月鉄道院書記に昇格して運輸局旅客課に勤務した。二二年六月東京市電気局電車課に転じ、二三年に高等文官試験行政科に合格して二四年二月同課広尾出張所長、同年一〇月青山出張所長を経て東京市主事となり、秘書課監察掛長、労働課労務掛長、工場庶務掛長、庶務課文書掛長を歴任した。三二年五月関東庁事務嘱託に転じて渡満し、次いで三三年七月ハルビン特別市公署事務官に転じて行政処公用科勤務を経て第二弁事処第一科長となり、三四年一二月交通局庶務科長に転任した。三五年一一月同公署理事官に昇格し、翌年から工務科長を兼任した。この間、建国功労賞及び昭和大礼記念章、皇帝訪日記念章を授与された。

沓掛　重義　▷12

満鉄鉄道総局保線課員、正八位／大連市青雲台／一九〇一（明三四）九／長野県南安曇郡高家村／名古屋高等工業学校土木科

長野県沓掛文治郎の三男に生まれ、松本中学校を経て一九二四年三月名古屋高等工業学校土木科を卒業し、同年四月満鉄に入社して鉄道部計画課に勤務した。同年一一月非役となり一年志願兵として兵役に就き、二五年一二月に退営して帰任した。二七年七月技術研究所に転勤し、次いで三五年七月中央試験所線路研究室主任、三七年三月鉄道研究所大連在勤を経て同年五月鉄道総局保線課に転任した。

久津見末吉　▷12

大連機械製作所㈱技術部鍛冶職場主任、勲八等／大連市台山町／一八八四（明一七）一一／東京府東京市小石川区宮下町／工手学校機械科

旧姓は結城、大阪市北区梅田に生まれ、後に久津見息忠の養子となった。一九〇三年三月東京の工手学校機械科を卒業して京釜鉄道会社本社に入り、日露戦争に際し〇四年秋から朝鮮総督府鉄道局運転方を務め、判任一等二級に累進した。次いで一九年満鉄に転じて本社運転課、長春機関区に勤務した後、二三年に退社した。その後二七年二月大連機械製作所㈱に入り、後に技術部鍛冶職場主任を務めた。

工藤　和馬　▷12

満鉄鉄道総局自動車課員、社員会評議員、従七位／奉天雪見町／一八九九（明三二）七／福岡県築上郡岩屋村

福岡県工藤荒喜の長男に生まれ、一九一六年一〇月鉄道員となり、二一年七月鉄道教習所英語科を修了して鉄道属に進んだ。次いで二四年に文官高等試験行政科に合格して鉄道省書記に進み、門司鉄道局庶務課文書掛、博多駅助役、同駅予備助役、広島運輸事務所勤務、門司鉄道局運輸課庶務掛長、熊本駅長、鹿児島運輸事務所営業掛主任を歴任した。その後三四年一月満鉄に転じて渡満し、鉄路総局運輸処に勤務した後、同処貨物科勤務を経て自動車科計画係主任となった。その後三六年一〇月職制改正により自動車科員となり、三七年四月副参事に昇格した。

工藤　喬三　▷11

満州医科大学教授、医学博士／奉天浅間町／一八八七（明二〇）三／秋田県仙北郡六郷町／東京帝大医科大学

北海道石狩町の漁業工藤重作の次男に生まれ、一九一二年東京帝大医科大学を卒業した。同大学副手、助手として解剖学教室に勤務したが、一六年一一月に渡満して南満医学堂教授に就いた。二一年から二年間オランダ、ドイツに留学して解剖学を研究し、帰任後に医学博士号を取得した。二二年に満州医科大学に昇格すると、引き続き同大教授を務めた。実弟の雄助も東京帝大法科大学を出て満鉄興業部庶務課長を務めた。

工棟佐一郎　▷4

工棟組主／長春東第一六区／一八五八（安五）一〇／山口県熊毛郡上ノ関村

一九〇五年、日露戦争後の工事勃興を見越して渡満した。長春で工棟組を興して建築請負業に従事し、〇八年から事業を拡張して煉瓦・瓦製販売を兼営した。低廉で良質の赤煉瓦製造法を工夫して一千万個を年産し、満鉄や諸官衙の建築工事に供給した。

工藤　貞雄　▷12

国際運輸㈱天津支店長代理／中華民国天津法租界国際運輸㈱天津支店／一九〇三（明三六）二／青森県東津軽郡筒井村／日露協会学校

青森県土田貞次郎の次男に生まれ、一九二四年三月ハルビンの日露協会学校を卒業して国際運輸㈱庶務課に勤務した。以来勤続して大連支店営業課、同陸運課輸入仲継係主任、陸運課長代理を経て三六年八月天津支店に転勤して支店長代理を務めた。

工藤　重信　▷12

満鉄ハルビン用度事務所チチハル支所博克図在勤／大連市聖徳街／一八八八（明二一）六／青森県弘前市若党町／日本大学法科

青森県立第一中学校を卒業して上京し、一九一一年日本大学法科を卒業して鉄道院に勤務した。一七年五月満鉄に転じて渡満し、経理部用度課に勤務し、二五年春に洮昂鉄路建設のため昂昂渓に赴任した。勤続一八年余りの後、三五年春に北鉄接収責任者として博克図倉庫長に任じられ、ソ連代表のスミノルフ段長と交渉に当たった。手続完了後、同年六月ハルビン鉄路局に転勤し、同年一二月の職制改正によりチチハル鉄路局経理処博克図在勤となった。その後、三六年一〇月ハルビン用度事務所チチハル支所博克図在勤を経て三七年三月依願退職となった。長く博克図に在勤し、同地で剣道五段として師範を務めたほか、鉄路倶楽部顧問、博克図神社氏子総代を務めた。旧津軽藩の旧家に生まれ、実兄の盛勝は二〇年余り米国に滞在し、オレゴン歯科大学を卒業して神戸と朝鮮仁川で歯科医院を経営した。

工藤　重之　▷12

満州鉱業開発㈱業務部長、満州鉱業協会董事／新京特別市雲鶴街／一八九七（明三〇）七／熊本県熊本市黒髪町／東京帝大工学部採鉱学科

一九二一年東京帝大工学部採鉱学科を卒業し、同年六月青島守備軍民政部鉄道技手となり、一年志願兵として輜重兵第六大隊に入営した後、私立九州学院教師に転じた。その後二九年六月に渡満して満鉄に入り、社長室勤務を経て興業部庶務課、殖産部庶務課、地方部商工課兼経済調査会調査員に歴勤して地方部商工課鉱務係主任となり、経済調査会第二部第六班主任及び鉱山班主任を兼務した。次いで総務部東亜課第一係主任となり、地方部商工課及び経済調査会第二部鉱山班主任を兼務した。三五年一〇月参事に昇格して非役となり、三六年九月満州鉱業開発㈱業務部長に転出した。

工藤　璋平　▷10

朝鮮銀行旅順支店支配人／旅順市朝日町／一八八三（明一六）五／愛媛県新居郡神戸村／東京帝大法

科大学政治学科

東京帝大法科大学政治学科を卒業して第百銀行に入り、十数年の間銀行業務に従事した。一九一七年に渡満して満鉄に勤務したが、二四年に退社して朝鮮銀行に転じた。大連支店に勤務した後、二五年に旅順支店支配人に就いた。

工藤　祐則　▷11

大連大正小学校訓導／大連市大正通／一八九六（明二九）一〇／大分県大野郡小富士村／大分師範学校、旅順師範学堂研究科

大分県の村長を務めた工藤吾六の長男に生まれ、一九一八年大分県師範学校を卒業した。二〇年に渡満して旅順師範学堂研究科に入学し、修了して西崗子公学堂及び大連商業学堂で中国人生徒への理科教育にあたり、二四年大連大正小学校訓導に転じた。

工藤　荘平　▷9

関東庁官秘書官、官房秘書課長、従五位勲五等／旅順市朝日町官舎／一八八〇（明一三）一二／岡山県／東京帝大法科大学政治学科

一九〇八年東京帝大法科大学政治学科を卒業し、朝鮮総督府文書課長、同府咸鏡北道事務官を歴任した。二〇年五月政務総監の山県伊三郎が関東長官に就任する際、山県に従って関東庁に入り秘書官兼長官官房秘書課長に就いた。

工藤　孝雄　▷11

大連松林小学校訓導／大連市水仙町／一九〇四（明三七）一／新潟県岩船郡岩舟町／旅順師範学堂

新潟県の小学校長工藤令太郎の長男に生まれ、一九二一年村上中学校を卒業し、翌年三月に渡満して旅順師範学堂に入学した。二三年三月、卒業と同時に一年現役兵として平壌の歩兵第七七連隊に入営した。翌年四月に除隊して大連第四小学校訓導となり、二五年松林小学校に転じた。ユダヤ人問題とエスペラント語の研究を趣味とした。

工藤　忠　▷12

宮内府侍衛処長兼警衛処警衛官／新京特別市東朝陽路／一八八二（明一五）／青森県／専修学校

東京の専修学校を卒業した後、陸軍省及び外務省の嘱託となり中国各地に出張した。一九一二年陝西総督升允将軍の顧問に招かれ、以来一六年討袁軍中国参謀長兼最高顧問、二〇年甘粛省護軍使馬福祥将軍顧問等に就いた。その後三二年に満州国が成立すると執政府侍従武官となり、警衛官兼侍衛官を経て宮内府侍衛処長兼警衛処警衛官となった。

工藤　文雄　▷12

承徳国立医院長／熱河省承徳四条胡同中街公館／一八九九（明三二）五／長野県小県郡富士山村／満州医科大学専門部

長野県農業工藤文太の長男に生まれ、上田中学校を卒業して一九二一年に渡満し、奉天の満州医科大学専門部に入学した。二五年に卒業して同大学講師兼専門部助教授となり、医化学教室で生化学を研究した。次いで守中博士の指導を受けて大連医院内科で内科学を研究し、三二年に論文「チャンの生化学的研究」を京都帝大に提出して医学博士号を受けた。その後三三年一〇月承徳国立医院長に就き、戒煙所技正・承徳戒煙所長及び熱河省公署警務庁技正を兼務した。

工藤　政次　▷11

朝鮮総督府通訳官吉林派遣員、正七位／吉林商埠地／一八八八（明二一）四／熊本県菊池郡西合志村／東京外国語学校中退

熊本県工藤貞喜の次男に生まれ、熊本中学校を卒業して東京外国語学校に学んだが、一九〇七年に熊本県費生となり韓国に三年間留学した。〇九年統監府裁判所書記兼通訳官に就き、二一年朝鮮総督府通訳官となった。二四年吉林派遣員となって渡満し、業務のかたわら赤十字社吉林支部協賛委員、吉林在郷軍人会名誉会員等の名誉職に就いた。

工藤　安夫　▷12

奉天省営口県警務局長、従七位勲六等／奉天省営口花園街／一八九七（明三〇）四／大分県直入郡玉来町

一九一五年現役志願兵として小倉の輜重兵第一二大隊に入隊し、一七年一二月憲兵に転科して上等兵に進んだ。小倉、朝鮮大田、東京浅草、同赤坂の各憲兵分隊に勤務した後、牛込憲兵隊本部付、八幡憲兵分遣隊付、朝鮮平壌憲兵隊本部付、江界憲兵分遣隊付を経て三一年二月憲兵特務曹長に進級して大阪憲兵隊付となった。次いで三三年二月東京憲兵隊本部付を経て三四年四月関東憲兵隊新京憲兵隊本部付となって渡満し、三六年二月奉天省営口県警正に転じて営口県警務局長に就いた。この間、二四年三月に関東大震災における功により勲八等瑞宝章、三二年一二月勲七等瑞宝章、三四年四月に満州事変時の功により勲六等瑞宝章を授与された。

工藤　勇一　▷12

国務院交通部郵政司員、郵政権調整準備委員／新京特別市新発屯政府聚合住宅／一八九四（明二七）一〇／山口県下関市奥小路町／高等小学校

山口県工藤健蔵の次男に生まれ、下関市の高等小学校を卒業して一九一一年二月下関郵便局に入った。一二年八月朝鮮京畿道竜仁郵便所に転じ、次いで光化門、連川、群山、尚州の各郵便所に勤務した。二〇年一月依願免職となって帰国し、二一年八月まで山口県の長門鉱業に勤務した後、二二年二月宇都宮郵便局に入った。その後三二年七月に依願免官し、国務院交通部属官に転出して渡満し、郵務司経理科に勤務して三四年一二月同事務官、三七年三月理事官に累進した。この間、満州事変時の功により勲八位景雲章、建国功労賞、大典記念章、皇帝訪日記念章を授与された。勤務のかたわら、居住地の集合住宅親和会幹事を務めた。

工藤　雄助　▷12

安東造紙㈱董事長、奉天紡紗㈱常駐監察人／奉天紅葉町／一八八九（明二二）一／東京府牛込区市谷田町／東京帝大法科大学独法科

漁業工藤重作の三男として北海道石狩町に生まれ、第四高等学校を経て一九一三年七月東京帝大法科大学独法科を卒業し、文官高等試験に合格して同年一二月満鉄に入った。地方部に勤務した後、一七年一二月大石橋地方事務所長となり大石橋電灯会社社長を兼務した。次いで本社監査課監察員人事課兼務となり、二〇年に社命で労働問題研究のためドイツに留学し、二三年に帰社して参事となり社会課に勤務した。二六年三月興業部庶務課長となり東洋炭砿㈱取締役、復州砿業㈱監査役を兼任した後、二九年三月東亜経済調査局に転任し、同年一一月に辞職した。その後三三年四月奉天省公署実業庁嘱託となり、国営・国家投資事業の管理及び工商事務一般を担任し、かたわら同年一〇月から錦県電気公司董事を兼務して翌年監察人となったが、後に同公司解散となり清算人を務めた。三五年一一月奉天紡紗㈱常駐監察人に就き、さらに同年七月六合成造紙廠監察人を兼務した。三六年に同廠が王子製紙㈱に併合されて辞任し、同年九月巻煙草用紙の自給自足を図り安東の日満有力者と共に安東造紙㈱を創立して董事長に就任した。夫人幸との間に五男三女あり、長女洲子は撫順炭砿勤務の阿野顕三に嫁し、次兄の喬三は東京帝大医科大学を卒業して満州医科大学教授を務めた。

国枝　説夫　▷12

満鉄三棵樹鉄道工場製鑵職場主任、社員消費組合ハルビン区評議員／三棵樹鉄道工場製鑵職場／一九〇〇（明三三）一〇／岡山県浅口郡玉島町／南満州工業学校

岡山県国枝喜三郎の長男に生まれ、一九一九年三月南満州工業学校を卒業して満鉄に入り、沙河口工場に勤務した。二〇年一一月鋳鉄職場、二二年五月鍛冶職場、二五年六月木工課に歴勤して三四年四月鍛冶職場助役となった。三五年六月ハルビン鉄道工場製鑵廠主任に転任し、三六年一二月松浦鉄道工場を兼務した後、三七年四月三棵樹鉄道工場に転任して製鑵職場主任となった。ハルビン工場在勤時に定期的に見学に訪れる鉄道連隊の兵士に実地教育を行ったほか、社員消費組合ハルビン区評議員を務めた。短歌の同人雑誌を発行し、囲碁、将棋、野球、釣魚、マンドリンと多彩な趣味を持った。

国崎毅一郎　▷11

満鉄開原駅貨物主任／奉天省開原敷島町街／一八九三（明二六）七／福岡県三池郡二川村／東京拓殖大学

福岡県医師国崎久成の四男に生まれ、一九一八年東洋協会学校を卒業し、同年六月に渡満して満鉄遼陽駅貨物係となった。二〇年三月安東駅勤務、二六年四月撫順駅貨物事務を経て二八年一〇月開原駅貨物主任に就いた。

国崎　国雄　▷12

国崎畳襖店主／ハルビン買売街／一八九三（明二六）三／福岡県直方市新知町

義務教育を終えて福岡の炭坑で働いた

後、一八歳の時に宗方醤油店に転じ、次いで伯父経営の佐世保の畳店に入った。徴兵されて兵役に服した後、満期除隊して台湾に渡ったが、一四年に帰国して郷里で畳製造業に従事した。その後三二年に渡満し、同年五月からハルビンで畳と襖の製造販売業を営んだ。

国東　正路　▷11

大連常盤小学校訓導／大連市大黒町／一九〇六（明三九）八／大分県速見郡石垣村／大分県師範学校、旅順師範学堂研究科

大分県宗教者国東鴻基の長男に生まれ、一九二六年大分県師範学校を卒業して渡満した。旅順師範学堂に入り、翌年三月研究科を卒業して大連常盤尋常小学校訓導となった。二七年四月から五ヶ月間平壌第七七連隊に入営し、除隊時に予備歩兵伍長に進んで帰任した。

国沢新兵衛　▷3

満鉄副総裁、総務部長、総務部事務局長、運輸部長、正五位勲二等、工学博士／大連市児玉町／一八六四（元一）一一／東京府豊多摩郡大久保町百人町／帝国大学工科大学土木科

旧高知藩士国沢四郎右衛門の三男に生まれ、一八八九年帝国大学工科大学土木科を卒業した。同年八月九州鉄道㈱に入社したが、九二年八月鉄道庁技師に転じ、通信省鉄道技師を経て一九〇六年一一月の満鉄創立とともに理事に就いた。鉄道部を統轄して軌道の広軌化に尽力し、〇八年一二月副総裁に就任した。⇒一三年一二月任期満了で退任したが翌年七月再び副総裁に就き、一七年七月理事長に就任した。一九年四月に任期満となり、帰国して二〇年五月の総選挙で郷里の高知県から衆院議員に当選した。二五年帝国鉄道協会会長、二八年朝鮮京南鉄道取締役会長を歴任し、三七年日本通運の初代社長に就任して四〇年まで務めた。戦後五三年一一月に没した。

国武　務　▷12

大連水上警察署長、従七位勲七等／大連市桂町／一八九四（明二七）六／福岡県浮羽郡姫沼村

福岡県国武幾太郎の三男に生まれ、一九〇九年浮羽郡立准教員養成所を修了して同年四月小学校教員免許状を取得した。一四年一二月徴兵されて久留米の騎兵第二二連隊に入営し、満期除隊後一八年二月関東都督府巡査兼外務省巡査となって渡満した。二〇年一月関東庁警部補兼外務省警部補を経て二九年一二月関東庁警部兼外務省警部となり、次いで三六年七月関東局警視兼外務省警視に累進して鳳凰城警察署長となり、三七年三月大連水上警察署長に転任した。

国武　保夫　▷12

ハルビン特別市立医院小児科医長兼ハルビン医学専門学校教授／ハルビン南崗奉天街／一九〇三（明三六）二／愛知県東春日井郡守山町／愛知医科大学

岡山市下石井に生まれ、一九二八年三月愛知医科大学を卒業し、同年六月副手となり付属病院小児科教室に勤務した。次いで三二年一二月同大学助手となり、三三年九月論文「大原菌の本態に関する研究補遺」により医学博士号を取得し、愛知県社会事業協会津島共存園診療所長に就いた。その後三五年一一月ハルビン特別市立医院小児科医長に転じて渡満し、診療のかたわらハルビン医学専門学校教授を務めた。

国信　常雄　▷12

満州拓殖㈱総務部用度課長、従六位勲五等／新京特別市大同大街満州拓殖㈱総務部／一八九四（明二七）五／山口県大津郡向津具村／陸軍経理学校

一九二三年陸軍経理学校を卒業して同年八月三等主計となり、陸軍被服本廠に勤務した。次いで下関重砲兵連隊付、対馬要塞司令部部員兼第一二師団経理部部員、近衛歩兵第二連隊付、独立守備歩兵第一大隊付兼関東軍経理部部員に歴補した。三三年一等主計に累進して予備役編入となり、同年九月国務院民政部首都警察庁事務官に転じて渡満した。三四年九月民政部事務官・経理科勤務、三五年七月同拓務司勤務を歴任した後、三五年一〇月満州拓殖㈱の設立事務を鞅掌し、設立後三六年二月同社入りして総務部用度課長を務めた。この間、満州事変時の功により勲五等旭日章、満州国勲五位を授与された。

国政与三郎　▷14

輸出入商国政商会主、勲七等／大連市山県通／一八七四（明七）一

一／東京府東京市銀座／横浜商業学校

東京府海産物商白水徳兵衛の次男に生まれ、母の実家国政源次郎の養子となった。一八九七年横浜商業学校を卒業し、同年一二月横浜の明治屋本店に入社した。神戸支店副支配人、横浜本店副支配人を経て〇七年一月神戸支店長に就いたが、同年九月に退社した。同年一一月、渡満して㈱三星洋行の創立に参画し代表取締役に就任した。二〇年一〇月に独立して国政商会を興し、輸出入貿易に従事した。一九年二月から二二年一月まで大連市の第二期・第三期市会議員も務めたほか、吉野町会長、吉野町区委員、山県通区長代理を務めた。夫妻で謡曲を趣味とし、ともに梅若流謡曲・仕舞の師範免状を有した。

国松 緑 ▷11

満鉄撫順炭砿調査役、参事／奉天省撫順永安台南台町／一八八一（明一四）一二／三重県河芸郡神戸町／東京帝大工科大学機械科

一九〇八年、東京帝大工科大学機械科を卒業して満鉄に入社した。一八年撫順炭砿機械課長を経て参事に昇格し、二七年同炭砿調査役に就いた。この間、二回にわたって採砂機及び選炭機研究のため欧米各国を視察した。

国本小太郎 ▷11

大連伏見台尋常小学校長、従七位勲七等／大連市桂町／一八七六（明九）一〇／熊本県飽託郡西里村／熊本県師範学校

熊本県農業杉本七平の三男に生まれ、同県国本勇七の七女初美の婿となった。一八九八年三月熊本県師範学校を卒業して同県菊池郡原水小学校訓導となり、翌年六月学校長兼任となった。一九〇一年熊本師範訓導に転じた後、〇九年熊本市白川尋常小学校長に就いた。一五年四月に渡満して大連第一尋常高等小学校分教場主任を務め、同年九月から校長を兼務した。二八年三月、伏見台小学校長に就いた。児童と共に運動、武道をするのを楽しみとした。

国安 進 ▷11

満鉄大連機関区長／大連市山城町／一八九〇（明二三）三／愛媛県宇和島市麻元結掛／大阪高等工業学校

愛媛県郡長を務めた国安清治の次男に生まれ、一九一二年大阪高等工業学校を卒業して満鉄に入社した。大連、公主嶺、鉄嶺の各車輛係を経て撫順車輛係主任に就いた。その後橋頭、大石橋、奉天の各機関区に勤務し、大連機関区長となった。この間、橋頭、奉天で各地方委員を務めた。

国安久次郎 ▷11

関東隊営口憲兵分遣所長、勲七等／奉天省営口新市街南本街憲兵隊宿舎／一八八九（明二二）一二／徳島県三好郡三庄村

徳島県農業国安卯太郎の長男に生まれ、一九一〇年一二月徳島の歩兵第六二連隊に入隊した。一二年八月憲兵に転科して朝鮮憲兵隊に入り、大邱、礼泉、奉化の各地に駐屯した。一七年に帰国し、東京憲兵練習所に入所して法律・軍事学を修めた。その後東京憲兵司令部に勤務して二五年八月憲兵特務曹長に進み、関東憲兵隊営口分遣所長となって渡満した。かたわら同地の軍人後援会幹事を務めた。

国吉 喜一 ▷14

小野田セメント製造㈱取締役／大連市泡崖屯／一八九四（明二七）三／山口県吉敷郡嘉川村／九州帝大工科大学応用化学科

山口県農業辻野友蔵の三男に生まれ、同県国吉ユクの養子となった。一九一八年七月九州帝大工科大学応用化学科を卒業し、同年八月小野田セメント㈱技師となり本社工務課に勤務入社した。二〇年三月大連支社工務課主任に転じて渡満し、第一次拡張工事担任主宰に就いた。二四年九月から一年半スイス国連邦立工業大学機械科に留学して欧米各国のセメント工業を視察し、二六年一〇月に大連支社に帰社して第一次拡張工事担任主宰に就いた。その後、三〇年八月大連支社支配人、三四年一一月関東州小野田セメント製造㈱取締役兼支配人、翌年五月満州小野田洋灰(股)常務董事、同年七月小野田セメント製造㈱取締役、三八年一〇月満州共同セメント㈱取締役、三九年関東州小野田セメント製造㈱常務取締役を歴任し、四二年に帰国して本社に復帰した。この間、三六年七月大連商工会議所常議員、三七年七月同会議所工業部長、四〇年一一月から四二年三月まで大連市会議員を務めた。

久禰田孫兵衛 ▷11

吉林燐寸会社代表取締役／吉林省城昌邑屯／一八八〇（明一三）一一／兵庫県津名郡生穂町

兵庫県農業久禰田浜蔵の長男に生まれ、一九〇六年から燐寸業に従事し、かたわら北海道、樺太、シベリア方面の燐寸軸木原料材の輸入業を兼営した。毎年冬に東支沿線、ウラジオストク、吉林地方に出張して燐寸原料材及び燐寸業の状況調査を行ったが、二三年以降は満州に常住して工場経営にあたった。吉林燐寸会社代表取締役のほか、長春日清燐寸会社及び吉林製軸㈱の代表取締役、大連燐寸会社取締役を務めた。

久野健太郎 ▷12

満鉄撫順炭砿機械工場電機職場主任／撫順北台町／一九〇四（明三七）九／愛知県愛知郡猪高村／南満州工業専門学校

愛知県久野兼三郎の三男に生まれ、一九二七年三月南満州工業専門学校を卒業して満鉄に入り撫順炭砿に勤務した。二八年六月撫順炭砿発電所、三三年三月古城子採炭所勤務を経て三六年三月撫順炭砿機械工場電気職場主任となり、同年四月同電機職場主任に転任した。

久野　寧 ▷11

満州医科大学教授、医学博士、正八位勲六等／奉天浅間町／一八八二（明一五）三／愛知県名古屋市江川町／愛知医学専門学校

旧尾州藩主久野賢宗の五男に生まれ、一九〇三年愛知医学専門学校を卒業した。〇四年一月東京帝大助手となったが同年末に入営して陸軍三等軍医となり、〇六年二月から京都帝大助手として勤めた。一一年に満鉄に入って渡満し、南満医学堂教授に就いた。一三年にドイツ及びイギリスに留学して生理学を専攻し、一六年に帰任して満州医科大学教授に就いた。二一年に学会出席のためオランダ領東インドに出張し、二四年に学事視察で再度欧米を巡遊した。

久芳　亨介 ▷12

満州興業銀行秘書課長／新京特別市常盤町／一八九三（明二六）一〇／山口県厚狭郡二股瀬村／京都帝大法科大学政治経済学科

一九一九年七月京都帝大法科大学政治経済学科を卒業し、同年八月朝鮮銀行に入り、京城本店、天津支店、東京支店、総裁席検査課に歴勤した。三一年六月長春支店支配人代理を経て三六年一一月新京支店支配人心得となり、同年一二月に在満州朝鮮銀行支店、満州銀行本支店、正隆銀行本支店を統合して満州興業銀行が創業すると、翌年一月同行秘書課長に就いた。

久芳　輝顕 ▷11

満鉄奉天鉄道事務所工務係保安主任／奉天弥生町／一八九九（明三二）六／福岡県／八幡市／南満州工業学校

福岡県久芳庫吉の次男に生まれ、一九一三年五月に渡満して南満州工業学校に入学した。一九年に卒業して満鉄工務局設計課に勤務し、同年一〇月洮昂、鄭洮、洮熱間の鉄道予定線調査に従事した。二三年五月長春保線区助役となり、長春鉄道事務所勤務を経て二七年一一月の事務所廃止とともに奉天鉄道事務所に転じ、工務課保安主任に就いた。実兄の輝虎も渡満して南満州電気会社に勤務した。

久原　市次 ▷12

満鉄撫順東公園尋常小学校長、社員会評議員、社員消費組合総代／奉天省撫順北台町／一八九五（明二八）九／佐賀県小城郡芦刈村／佐賀県師範学校本科第二部

佐賀県農業久原虎吉の長男に生まれ、小城中学校を経て一九一六年三月佐賀県師範学校本科第二部を卒業し、小城郡芦刈小学校の代用教員となった。次いで同郡北山尋常高等小学校及び芦刈尋常高等小学校の訓導を務めた後、二二年三月に渡満して満鉄に入った。教育研究所を修了して鞍山尋常高等小学校訓導兼鞍山中学校講師、奉天第二尋常小学校訓導、満州教育専門学校付属小学校訓導、奉天千代田尋常高等小学校訓導を歴任して三六年三月撫順東公園尋常小学校長に就き、三七年四月勤続一五年の表彰を受けた。「満州日報」紙にドルメンの研究を発表するなど南満州の考古学研究とペスタロッチの研究で知られた。

久原　研吾 ▷12

国際運輸㈱ハルビン支店長／ハルビン埠頭区北安街／一八九二（明

二五）五／佐賀県杵島郡福富村／東京帝大法科大学政治学科

佐賀県久原伊八の長男に生まれ、一九一七年七月東京帝大法科大学政治学科を卒業して三井物産に入り京城支店に勤務した。同年一年志願兵として入営し、一八年一二月に除隊して帰任した。二二年四月朝鮮勧業信託会社に転じ、さらに二六年八月国際運輸㈱の創立とともに同社に転じて渡満した。庶務課勤務を経て営業課に転任し、同整理係長、同業務係長を経てハルビン支店に転勤し、三〇年九月ハルビン支店長代理となった。次いで計画課長代理、チチハル支店長を歴職して三四年九月参事となり、三六年一一月ハルビン支店長に就いて三七年二月から同支店輸出係主任事務取扱を兼務した。

久保　岩熊　▷12

久保畳店主／ハルビン道裡買売街／一八九三（明二六）一／鹿児島県日置郡伊集院町／尋常小学校

鹿児島県久保金次郎の子に生まれ、小学校を卒業して郷里で畳職を見習った後、釜山、大連、奉天、京城を経て一九一八年ハルビンの石動畳店に入った。その後二一年に独立し、道裡買売街に久保畳店を開業して畳の製造販売業を営んだ。以来逐次発展して鉄路局指定商となり、八区警察運動場際に工場を設けて日本人三人、中国人六人を使用し、鉄路局、関東軍、諸会社、旅館等を得意先とした。この間、満州事変時の功により大盾一個並びに感謝状を授与された。

窪内石太郎　▷12

満州炭砿㈱阜新砿業所長／錦州省阜新満州炭砿㈱阜新砿業所長社宅／一八八五（明一八）二／愛媛県温泉郡興居島村／東京帝大工科大学

一九一三年七月東京帝大工科大学を卒業して明治鉱業㈱に入り、以来勤続して三四年に取締役となり、平山鉱業㈱及び嘉穂鉱業㈱の各取締役を兼任した。その後三六年に辞任し、満州炭砿㈱に転じて渡満し、阜新砿業所の新設と同時に所長に就いた。

久保　衛門　▷11

丸二商会員／大連市楓町／一八八二（明一五）五／長崎県南松浦郡富江町／東亜同文書院

長崎県教員久保泰蔵の次男に生まれ、一九〇八年上海の東亜同文書院を卒業した。広東の岩崎商会に入ったが一一年に退社し、渡満して丸二商会に勤務した。

久保　数夫　▷12

満州電業㈱新京支店庶務係長／新京特別市通化路／一八九八（明三一）七／兵庫県赤穂郡鞍居村

一九一三年六月、通信官吏養成所を修了して西部逓信局に勤務した。その後一八年一〇月に退職し、翌月渡満して満鉄電気作業所に入った。二六年五月に同所が南満州電気㈱として満鉄から分離独立すると同社に移り、さらに三四年一二月に電気供給事業が満州電業㈱として分離すると同社に転じて新京支店庶務係長に就いた。

久保　小市　▷12

満州電業㈱錦県支店長／錦州省錦県満州電業㈱支店／一八九五（明二八）一／佐賀県藤津郡鹿島町／旅順工科学堂

佐賀中学校を卒業して渡満し、一九一七年一二月旅順工科学堂を卒業して満鉄に入り電気作業所に勤務した。その後二〇年五月営口水道電気㈱に転じ、発電所主任を経て本社工務科長となった。次いで三四年一二月満州電業㈱参事に転じ、営業部興業課企画係長を経て三七年三月錦県支店長となった。大連神明高女卒の夫人芳枝の実父今村貫一は大連市吉野町で鉄砲火薬店を経営し、大連市会議員を四期務めた。

久保　三郎　▷12

大連汽船㈱営口出張所長、営口商工会議所常議員、正八位／奉天省営口入船街／一八九二（明二五）三／福井県坂井郡春江村／東洋協会専門学校

福井県農業久保庄太郎の長男に生まれ、一九一四年三月東洋協会専門学校を卒業して満鉄に入り、埠頭事務所に勤務した。次いで同年一二月兵役に服し、歩兵少尉に任官して一六年に除隊復職した。青島埠頭支所、上海支所に勤務した後、二二年に非役となり、同年七月大連汽船㈱に入社し、青島埠頭事務所及び上海支所に勤務した。その後二七年本社詰となり、営業課輸入係主任を務めた後、三〇年九月船舶課副長心得を経て三一年六月営口出張所長に就いた。

久保重四郎 ▷9

土木建築請負業／大連市加賀町／一八六〇（万一）九／東京府東京市神田区富山町

神田の寺子屋で修学した後、一八八八年に土木建築請負業を開業して仙台区裁判所の工事に従事した。引き続き八九年京都区裁判所、九〇年広島区裁判所及び姫路区裁判所、同年一二月北海道陸軍兵舎等工事、九八年小倉師団等の諸工事の竣成に従事した。日露戦争後一九〇五年に渡満し、大連で同業を営んだ。

久保　章一 ▷11

船具金物商久保洋行主／大連市伊勢町／一八五七（安四）二／広島県広島市鍛冶屋町

広島県船具金物商久保仁助の長男に生まれ、一九〇五年一月岡沢精侍従武官長の随行員として父と共に渡満した。各地を視察した後、同年七月大連の監部通に船具金物商の久保洋行を開業した。商運を得て後に店舗を伊勢町に移し、かたわら広島県人会長、町内会会長を務めた。

久保清市郎 ▷12

㈾久保商店代表社員／奉天省開原東洋街／一八八五（明一八）／和歌山県伊都郡紀見村

和歌山県久保安松の四男に生まれ、奈良県立五条中学校を卒業した後、一九〇九年末に本渓湖独立守備第四大隊付として渡満した。一一年七月に帰国して除隊した後、一二年三月に再び渡満して関東庁警察官となった。その後、二〇年四月に退職して開原で煉瓦の製造販売業と精米業を経営し、二四年九月一族出資の合資会社に改めた。同時に六〇〇〇坪の敷地に工場を拡張新築して年産二五〇万個を製造し、満鉄、関東局方面に納入して五万円内外を売り上げた。かたわら三六年三月に開原県城東九社村の水田三三町歩を中国人より借り入れ、朝鮮人五名と中国人一〇名を使用して水田経営に当たり、年産八〇〇石を収穫した。

久保田愛城 ▷12

松茂洋行主、吉林愛岐県人会副会長／吉林新開門外／一八七〇（明三）一〇／岐阜県揖斐郡養基村

多年軍務に服した後、一九〇七年に渡満して関東都督府巡査となった。次いで鴨緑江製材無限公司に転じて安東支店に勤務し、一八年五月吉林支店に転勤した。その後姉妹関係の茂林公司に転じたが、同公司が解散したため再び鴨緑江製材無限公司に入った。二四年に退社して木材業を開業して満鉄枕木指定請負人となり、三四年から雑貨部を設けて世帯道具、陶器、漆器、アルミニウム製品、ガラス器、荒物等の販売業を兼営し、店員五人を使用した。

久保田　勇 ▷11

久保田組代表／大連市山県通／一九〇七（明四〇）五／岐阜県養老郡広幡村／早稲田大学第一高等学院理工科中退

大連で請負業久保田組を経営する久保田勇吉の長男に生まれた。早稲田大学第一高等学院理工科在学中の一九二二年六月、父の急死により大連に戻り、事業を継いで久保田組代表に就いた。ボート、蹴球、スキーなどスポーツ全般を愛好した。

久保田伊平 ▷11

久保田工務所主、正八位／奉天住吉町／一八八五（明一八）六／熊本県球磨郡大村／熊本工業学校建築科

熊本県農業農蘇慶七の次男に生まれ、同県の久保田家を相続した。一九〇六年熊本工業学校建築科を卒業し、一二年四月に渡満して関東都督府民政部に勤務した。一八年九月東省実業㈱に転じて土木建築課長に就いたが、二〇年四月に退社して奉天に久保田工務所を独立開業した。二二年には商事部を開設し、かたわら在郷軍人奉天分会理事、町内会副会長を務めた。

久保田　巌 ▷3

久保田歯科医院主／大連市大山通／一八六九（明二）九／愛媛県北宇和郡宇和島町／東京医学校

旧臼杵藩士久保田嘉平の子に生まれ、一八七六年に上京して東京医学校に入った。卒業後さらに歯科専門医学校に学び、九一年医術開業試験に合格した。東京で六年開業した後、アメリカ人ブラックの下で三年修業し、郷里の有志に請われて宇和島で開業した。日露戦争末期の一九〇五年七月に渡満し、大連の旧遼東ホテルの一室で歯科医を開業し、後に大山通に移転した。日本女子大学師範科卒の長女静子に同郷の森謙次郎を迎えて家業を継がせ、関東州歯科医師会長及び南満州歯科医学会長を務めたが、二四年三月に大連で病没した。

久保田金平 ▷3

満鉄旅順駅長／旅順市朝日町／一八六七（慶三）一一／山口県阿武郡萩町／太田塾

幼年に母を亡くし、赤貧の中で郷里の太田塾に学び、一四歳で家を離れ独立した。一九〇五年七月、日露戦争に際し野戦鉄道提理部付駅長となって渡満した。〇七年四月満鉄の開業とともに入社し、翌年三月から旅順駅長に就いた。かたわら白玉山上で観光客に日露戦役における乃木将軍等の実話を伝えることを第二の職務とし、旅順市会議員、戦蹟保存会幹事を務めた。

久保田熊吉 ▷12

満鉄図們站長兼図們自動車営業所主任、図們商工会議所顧問、勲七等／間島省京図線図們站長局宅／一八八八（明二一）六／鳥取県東伯郡八橋町

本姓は別、後に久保田幾蔵の養子となった。一九二三年六月満鉄に入り、同年一一月鉄道部貨物課に勤務した。以来勤続して二七年一一月三十里堡駅長、二九年金州駅長、三一年八月公主嶺駅長、三三年八月新京鉄道事務所庶務係、三五年三月博克図鉄路弁事処庶務長を歴任した。次いで三六年九月副参事に昇進して図們站長となり、図們自動車営業所主任を兼任した。この間、満州事変時の功により勲七等に叙された。

久保田蔵二 ▷4

盛倉洋行主／大連市西通／一八七九（明一二）／長崎県南高来郡土黒村

一九〇一年、二一歳の時に渡満して小間物商や料理店の番頭などをしたが立ち行かず、〇三年に引き揚げた。その後〇四年四月日露戦争に際して第一軍司令部通訳となって従軍し、〇五年一二月に帰還した。〇六年三月、三度び渡満して大連で味噌醤油醸造業を始め、事業が軌道に乗ると黒龍江省一面坡方面の材木にも手を広げたが失敗した。以後は本業の醸造業に専念して品質の改善と販路拡張に務めて年産一〇〇〇石を醸造し、〇八年に長春、一二年にはハルビンに支店を設けた。

久保田賢一 ▷12

久保田組主／大連市楓町／一八八八（明二一）一〇／長崎県東彼杵郡西大村／神戸高等商業学校

長崎県久保田勝俊の長男に生まれ、一九一三年神戸高等商業学校を卒業して満鉄に入り埠頭事務所貨物課に勤務した。ハルビン事務所に転勤した後、本渓湖地方事務所、営口地方事務所、公主嶺地方事務所の各所長を歴任した。その後、大連市山県通で久保田組を経営した知友の久保田勇吉が他界すると満鉄を辞め、嗣子の勇を扶けて事業の整理に当たった。次いで営業名義人となって満鉄関係の土木建築請負業に従事し、石材採掘販売業を兼営した。

久保田源次 ▷11

ハルビン銀行庶務預金係主任／ハルビン地段街／一九〇〇（明三三）二／佐賀県西松浦郡伊万里町／東洋協会大連商業学校

佐賀県久保田万太郎の四男に生まれ、一九一七年東洋協会大連商業学校を卒業して田中商事に入り船舶係を務めた。翌年ハルビンに出張して東露公司兼務となり、その後チチハル支店長代理、満州里支店長を経て本店会計主任に就いた。二〇年に退社して新聞販売業と貿易商を兼営したが、翌年のハルビン銀行創立にあたり店舗を譲って創立事務に専念した。開業後に庶務預金係主任に就き、かたわら佐賀県人会常任幹事を務めた。

久保田謙次郎 ▷12

歯科医師／大連市文化台／一八九八（明三一）二／愛媛県宇和島市／東京歯科医学専門学校

愛媛県の歯科医師森幽斉の子に生まれ、一九二一年東京歯科医学専門学校を卒業して渡満し、大連市大山通で歯科医院を開業する同郷の久保田巌の娘で日本女子大学師範科卒の静子の婿養子となった。関東州歯科医師会長及び南満州歯科医学会長を務める養父を補佐して歯科医療に従事し、二四年三月に養父が病没すると同医院を継承した。

窪田　五六 ▷11

大連水上警察署警部／大連史丹後町／一八八九（明二二）五／山口県厚狭郡万倉村／中学校

山口県農業窪田信直の長男に生まれ、

一九〇八年中学校を卒業して小学校教員となった。一六年五月に渡満して関東庁巡査となり、一九年七月警部補に進んだ。二四年一月東京の内務省警察講習所に入所し、同年一〇月に修了して帰任した。二六年一〇月、警部に昇進して大連水上警察署に勤務した。

久保田省三　▷12

昭和製鋼所㈱常務取締役、従四位勲三等／奉天省鞍山上台町／一八八二（明一五）六／長野県長野市大字鶴賀間御所町／京都帝大理工科大学採鉱冶金科

長野県久保田新兵衛の子に生まれ、一九一〇年七月京都帝大理工科大学採鉱冶金科を卒業して官営八幡製鉄所研究員となった。鋼材部製鋼工場付、同部製鋼科平炉係を経て一三年一二月製鋼所技師となり、製鋼科造塊係長兼平炉係、第二製鋼科長、平炉工場設計主任、同工場建設主任、第二及び第三製鋼工場設計主任兼建設主任、製鋼部第一製鋼科長、第二製鋼科長兼務、製鋼部長兼第二製鋼科長、研究所第二研究室主事兼務等を歴職した。この間、一二年六月にドイツ、一七年九月にアメリカ、二五年一〇月に朝鮮・中国、二八年一二月に欧米に出張して製鉄事業を視察した。その後三三年九月に依願免本官して昭和製鋼所㈱に転じ、同年一一月取締役・臨時建設部長となった。

久保田慎蔵　▷4

朝鮮銀行吉林支店長／吉林／一八八三（明一六）二／熊本県

一九一一年朝鮮銀行本店に入り、各支店を経て鎮南浦支店に勤務した。一七年五月、吉林支店が開設されると支店長に抜擢されて渡満した。

久保田　畯　▷11

内務事務官、従六位／ハルビン吉林街／一八九七（明三〇）八／東京府豊多摩郡杉並町／東京帝大法科大学

東京府久保田愿の次男に生まれ、一九二一年東京帝大法科大学を卒業し、翌年七月北海道庁理事官となった。二三年九月愛知県警視に転じ、二四年一二月地方警視・京都府勤務を経て二七年一月内務事務官となった。同年三月遣外内務事務官に任じ、渡満してハルビンに駐在した。

久保田豊四郎　▷10

関東庁警務局長、正五位勲五等／旅順市高崎町／一八八二（明一五）二／東京府東京市浅草区須賀町／東京帝大法科大学独法科

富山県東礪波郡井波町に生まれ、富山中学校、第四高等学校を経て東京帝大法科大学独法科に入り、一九〇八年七月に卒業して内閣属となった。一〇年文官高等試験に合格して長崎県事務官補となり、静岡県理事官、福岡県理事官、愛知県事務官等を歴任して茨城県警察部長となった。二一年七月関東庁参事官に任じられて渡満し、警務局高等課長を務めた後、二四年八月警務局長に就任した。

久保田晴光　▷11

満州医科大学教授、医学博士／奉天琴平町／一八八四（明一七）七／岩手県稗貫郡湯口村／京都帝大医科大学生理科

岩手県農業久保田二造の長男に生まれ、一九一〇年京都帝大医科大学生理科を卒業した。同年一二月医術開業免状を取得して副手、生理学教室助手として研究を続けた。一三年四月満鉄に入社し、南満医学堂教授として渡満した。一六年から翌年まで交同学堂幹事を兼任した後、一七年四月に渡米してジョーンズ・ホプキンス大学で実験薬物学を研究した。欧州諸国を巡遊して一九年に帰任し、二一年医学博士号を取得した。二二年三月医学堂が満州医科大学に昇格すると同大教授となり、専門部主事、図書館長を兼任した。スポーツと音楽を愛好し、奉天体育協会長、奉天青年団長を務めた。

久保田久晴　▷11

関東州在勤海軍中佐、正六位勲三等／旅順市東郷町海軍官舎／一八八五（明一八）一〇／東京府東京市麻布区笄町／海軍大学校選科学生教程

東京府海軍軍人久保田留三の長男に生まれ、一九〇八年海軍兵学校を卒業した。海軍砲術学校及び水雷学校に学んだ後、一四年四月海軍大学校選科学生教程を修了した。一〇年に少尉となり、一四年の日独戦に参加して青島臨時要港部付、練習艦隊千歳分隊長、海軍軍令部出仕兼水路部部員、第一遣外艦隊参謀、軍令部出仕、支那公使館付武官、軍令部参謀兼海軍大学校教官等を歴任した。二七年一二月、佐世保鎮守府参謀兼第二遣外艦隊司令部付関東州在勤海軍武官に転任して関東庁御用掛を兼務した。軍令部在職中は支那班主務参謀として中国各地、東部蒙古等を視察するなど中国研究に従事し、中国三・四等文虎章、三等嘉禾章、中国航空甲種一等有功章を受章した。

久保田俵治　▷12

久保田商会主、㈱木村洋行専務取締役、ハルビン居留民会評議員、ハルビン日本商工会議所議員、ハルビン輸入組合評議員／ハルビン買売街／一八九五（明二八）四／長崎県南高来郡土黒村／大連商業補習学校中退

一九一一年、第一回移民として家族で渡満した。一五年に東洋協会経営の大連商業補習学校を中退して北満、シベリア方面を転々とした後、二二年からハルビンで木炭販売業を営んだ。北満材を原料とする白燃木炭の製造に取り組み、二三年に北満で水田が開発されると精米所を設けるなど、北満における白燃木炭の日本向け輸出及び精米業の嚆矢となった。精米精穀業を主力として農具販売、木炭商を兼営し、二〇馬力の精米機を据えて日本人九人、中国人三人を使用し、仕入先・販路を北満各地に広げて年商二〇万円から三〇万円に達した。ハルビン在住日本人の草分けとして各種の公職に就き、居留民会及び商工会議所よりそれぞれ銀盃と感謝状を受けた。

久保田文一　▷12

奉天高等検察庁検察官、従五位勲六等／奉天萩町／一八九一（明二四）一〇／長野県上伊那郡中沢村／日本大学法律科

長野県久保田源七の次男に生まれ、一九二二年三月日本大学法律科を卒業した。二三年二月判検事登用試験及び弁護士試験に合格して同年三月司法官試補となり、浦和区裁判所検事代理となった。二四年判事となり、二六年八月岐阜地方裁判所御嵩支部判事を経て岡崎区、名古屋地方裁判所岡崎支部、豊橋区、高山区、岐阜地方裁判所高山支部の各裁判所判事に歴補した。次いで三〇年五月名古屋地方裁判所兼名古屋区裁判所検事、三一年七月一宮区裁判所検事、三二年一二月福井地方裁判所兼福井区裁判所検事、三五年一二月安濃濃津地方裁判所兼濃濃津区裁判所検事を歴任し、三六年一一月奉天高等検察庁検察官に転出して渡満した。

久保田正次　▷11

満鉄鉄道部工作課機関車主任／大連市光風台／一八九三（明二六）一／東京府東京市牛込区矢来町／旅順工科学堂

東京府久保田信平の次男に生まれ、一九一一年四月に渡満して旅順工科学堂に入った。一四年に卒業して翌年一月満鉄に入社し、京奉、津浦、滬寧各鉄路を回って車輌を視察するなど各方面に勤務した。二四年に機関車設計調査のため欧米に出張し、帰任して工作課機関車主任に就いた。

久保田正信　▷11

奉天総領事館勤務外務書記生／奉天宇治町／一八八七（明二〇）二／東京府豊多摩郡千駄ヶ谷町／日本大学法律科

東京府久保田宗太郎の長男に生まれ、一九〇九年中央大学経済科を中退し、一一年日本大学法律科を卒業した。一一年六月東京区裁判所書記となって四年勤続し、一五年一月共同銀行に転じた。翌年八月に退社して一三の会社の取締役に就いたが、二三年九月の関東大震災を転機に再び裁判所書記に戻った。二六年二月司法属となり、同年七月外務書記生として奉天総領事館に勤務した。

窪田　宗隆　▷12

満鉄ハルビン鉄路医院歯科医長／ハルビン馬家溝協和街／一九〇二（明三五）三／福井県南条郡武生町／日本歯科医学専門学校

福井県窪田房吉の三男に生まれ、一九二八年三月日本歯科医学専門学校を卒業し、同年四月東京帝大医学部歯科教室介補嘱託となった。その後三五年三月満鉄に転じて渡満し、鉄路総局北鉄接収員を務めた後、同年六月ハルビン鉄路医院勤務となり、三六年九月同歯科医長に就いた。

久保田勇吉　▷9

久保田組主、東洋防水材製造㈱社長、大正コンクリート㈱社長、満州製陶㈱社長、南満信託㈱取締役、満州セメント㈱取締役、中華煙公司㈱監査役／大連市山県通／一八六六（慶二）六／岐阜県養老郡広幡村

二〇歳の頃から土木建築業に従事し、一九〇九年一月に渡満して大連に久保田組を興した。関東都督府、満鉄その他の諸工事を請け負い、工事現場を自ら監督して名望と信用を獲得し、満州土木建築界の重鎮として多数の関連取引先の重役を務めた。二二年六月大連で没した後、長男の勇が事業を継承した。

久保田吉雄　▷12

大連汽船㈱船長／神戸市灘区高羽字楠丘／一八九九（明三二）三／千葉県安房郡九重村／東京商船学校

一九二三年東京商船学校を卒業し、翌年六月大連汽船㈱に入社した。以来同社各船に乗務して二七年一二月一等運転士となり、三四年一月船長となった。

窪田　利平　▷11

撫順新報社長／奉天省撫順東七条／一八八一（明一四）九／山口県豊浦郡黒井村

山口県医師窪田清蔵の三男に生まれ、下関要塞砲兵隊下士官として兵役に服した後、台湾に渡って総督府法院書記となった。一九〇六年以来台湾及び中国本土を旅行して一一年一二月に渡満した。満州日日新聞社に入社して後に撫順支局長となったが、在職一〇年で退社して撫順新報社を継承して社長に就任した。二七年四月満鉄二〇周年に際し記念の銀盃を受け、撫順体育協会副会長を務めた。碧梧桐派の俳句に親しみ、句坊と号した。

久保　通猷　▷14

商業、工業経営、従五位勲四等／大連市天神町／一八六三（文三）九／山口県厚狭郡厚狭町

一八九五年文官高等試験に合格し、会計検査官補となった。台湾鉄道事務官、栃木県及び富山県警部長、高知県事務官、台湾南投庁長等を歴任し、一九一二年五月郷里の山口県から衆院選挙に出て当選した。一期を務めた後、一六年に渡満して大連で商業及び工業を営んだ。二四年一一月から二八年一〇月まで大連市会議員を務めた。

久保　藤吉　▷12

満鉄ハルビン警務段副段長、社員会評議員、海倫在郷軍人分会長、勲八等／ハルビン外国二道街／一八九二（明二五）一／香川県木田郡西植田村／香川県立大川中学校

香川県久保八蔵の長男に生まれ、一九一一年県立大川中学校を卒業した後、一三年徴兵されて丸亀の歩兵第一二連隊に入営した。一五年一二月憲兵に転科して高知、善光寺の各憲兵分隊に勤務した。一九年東京憲兵練習所に入所し、翌年六月に修了して高知分隊、憲兵司令部付、大阪憲兵隊、松山分隊に歴勤して二六年特務曹長に累進した。咸境憲兵隊本部付として朝鮮に赴任した後、三〇年二月待命となり、三二年一二月に渡満して関東憲兵隊司令部に勤務した。三三年七月満鉄鉄路総局に転じて呼海鉄路局に勤務し、北鉄接収に際しハルビン警備班副班長を兼務した。三五年一二月海倫警務段副段長に進み、翌年七月ハルビン警務段副段長に転任した。一貫して憲兵畑を歩み、思想労働問題など特高方面を得意とした。

久保　孚　▷13

撫順炭砿長、満鉄理事／奉天省撫順／一八八七（明二〇）五／高知県高知市大川筋／東京帝大工科採礦学科

憲政党の地方政治家久保義道の長男に生まれ、高知第一中学校から第三高等学校に進んだ。在学中に実家が破産したが、郷里の育英団体土佐協会の援助を得て学業を続け東京帝大工科大学に入学した。一九一二年七月採鉱学科を卒業して同年九月満鉄撫順炭砿に入り、技術員として坑務課に勤務した。翌年九月高知の歩兵第四四連隊に補充兵として入営したが、第一乙種のため即日帰郷となって帰任した。以来撫順炭砿に勤続し揚柏堡坑坑内主任、大山坑採炭所長を経て二一年四月欧米の炭鉱を視察旅行して翌年四月に帰任した。二三年七月鉱務課長、二七年一〇月炭鉱次長を歴任し、三二年三月「撫順炭砿に発達せる濾砂充填採掘法」により母校から工学博士号を授与され、同年一二月炭鉱長に就いた。⇒三七年六月満鉄理事となり、四二年二月満州石炭協議会理事長となって新京に赴任した。四五年四月阜新炭鉱㈱社長に就任し、錦州の阜新で敗戦を迎えた。戦後同地の居留民団団長に推されて終戦処理に従事したが、四六年三月中国国民党軍保安隊によって戦犯容疑で逮捕され瀋陽第一監獄に収容された。同年四月に釈放されて東北行営経済委員会瀋陽支部に留用されたが、四七年一二月再び国民党軍によって収監され、二三年一月軍事裁判で平頂山事件の首謀者として死刑の判決を受け、四月に執行された。

久保豊四郎 ▷9

関東庁参事官、正六位勲六等／旅順市関東庁官舎／一八八二（明一五）二／東京府／東京帝大法科大学独法科

富山市に生まれ、一九〇八年東京帝大法科大学独法科を卒業した。一〇年文官高等試験に合格して内閣属となり、静岡県、福岡県の各理事官、愛知県事務官、茨城県警察部長を経て関東庁参事官に任じられて渡満した。⇒事務官、警務局長を歴任した後、帰国して鳥取、岩手各県知事を務め、三一年に退官して金沢市助役となった。

久保　久雄 ▷11

満州医科大学教授、医学博士／奉天／一八九四（明二七）九／和歌山県伊都郡信太村／京都帝大医学部

一九二一年、京都帝大医学部を卒業した。満州医科大学教授となって二五年九月に渡満し、病理学を講じた。

久保不可止 ▷12

満鉄ハルビン鉄路医院眼科医長／ハルビン奉天街市営住宅／一九〇六（明三九）一／福岡県八幡市大蔵／満州医科大学

福岡県久保小七郎の子に生まれ、一九三三年奉天の満州医科大学を卒業して同大付属医院の眼科医員兼副手となり、次いで同年一一月満鉄に入り新京医院眼科医員に転じたが、翌月満州医大に復帰した。その後三五年六月再び満鉄に入ってハルビン鉄路医院に勤務し、三六年九月同医院眼科医長に就いた。

久保　正憲 ▷12

満鉄前郭旗機務段長、社員会評議員、勲八等／吉林省前郭旗機務段長社宅／一八九九（明三二）一一／長野県上伊那郡高遠町／南満州工業学校

長野県久保正雄の次男に生まれ、一九一九年南満州工業学校を卒業して奉天製糖会社に入社したが、翌年満鉄に転じて長春機関区に勤務した。二五年二月吉長鉄路管理局に派遣され、二七年四月吉林警務段に転勤した後、白城子機務段前郭旗分段機務分段長となり、後に職制改正により前郭旗機務段長となった。この間、満州事変時の功により勲八等旭日及び従軍記章を授与され、長春在勤中に同地の居留民会副会長を務めた。

久保　要蔵 ▷4

満鉄理事、朝鮮鉄道管理局長、従五位勲四等／朝鮮京城／一八七五（明八）九／群馬県佐波郡三郷村

一八九六年一二月文官高等試験に合格し、翌年二月大蔵省に入った。以来累進し秋田税務監督局長に就き、一九〇七年三月在官のまま満鉄に入社して総務部庶務課長、交渉局第一課長、同第二課長を歴任した。一二年に欧米視察に派遣されて各国の鉄道事業を調査して一三年一月に帰任した後、一七年に理事となり、同年七月朝鮮鉄道が満鉄の管理になると朝鮮鉄道管理局長として京城に赴任した。

久保　義衛 ▷12

(資)久保洋行代表社員、奉天居留民会評議員／奉天小西関大街第三区／一八九三（明二六）六／愛媛県喜多郡白滝村

一九〇六年上田久衛が奉天に雑貨貿易商上田〇商会を開業する際、上田に従って渡満した。以来同店に勤続して主任を務めた後、二六年七月に久保洋行を設立して各種雑貨、綿製品、化粧品の卸商を独立経営した。三四年新京城内南大街に支店を設け、三六年四月資本金三万円の合資会社に改組して日本人三人、中国人二三人を使用し、年商五〇万円内外を売り上げた。

熊井　元吉 ▷11

旅行用具商・熊井洋行主／大連市伊勢町／一八七七（明一〇）二／大阪府大阪市西区江ノ子島／育英高等小学校

大阪府乾物商熊井栄助の長男に生まれ、市内南区の育英高等小学校を卒業して商業に従事した。一九〇六年五月に渡満し、翌年旅順で熊井洋行を開業した。官衙・会社に革具を納入して事業を拡張し、一八年に大連市大山通に支店を開設し、二二年には同市伊勢町に本店を移し、旅順店を支店として三歳下の実弟千代吉を支店長とした。

熊谷　勝弥 ▷11

満鉄大連電気区大石橋分区電気助

役／奉天省大石橋昌平街／一八九六（明二九）三／福岡県八女郡北川内村

福岡県農業熊谷桃吉の三男に生まれ、二〇歳の時に普通文官試験に合格した。一九一二年、台湾総督府通信工手として台南に駐在した。一八年一二月に渡満して満鉄に入り、大連電気区に勤務した。

熊谷　貫一 ▷12

同和興業㈱取締役兼事業部長、熊谷商行主／奉天萩町／一八九〇（明二三）／広島県広島市西地方町

片倉組派遣員として渡満し、三二年一一月片倉製糸㈱の出資で昭和農業公司を改組して資本金二〇〇万円の同和興業㈱が創立されると取締役兼事業部長に就いた。二〇〇万坪の土地を買収して土地経営とその付帯事業、及び森林、鉱山の経営に当たるかたわら、これとは別に熊谷商行を興して貿易業を経営した。

熊谷　恭治 ▷12

戸田組奉天出張所長／奉天葵町戸田組／一九〇三（明三六）三／長野県上伊那郡伊那町／東京帝大農学部林学科

長野県熊谷修一郎の次男に生まれ、一九二六年東京帝大農学部林学科を卒業して戸田組に入り、土木建築請負業に従事して横浜出張所主任となった。その後、一九三二年五月同組奉天出張所の開設に際し所長となって渡満した。

熊谷　耕平 ▷12

満鉄撫順炭砿蛟河採炭所長兼監査係主任／吉林省額穆県撫順炭砿蛟河採炭所長社宅／一八九九（明三二）四／長野県上伊那郡伊那町／旅順工科学堂採鉱冶金学科

長野県熊谷慶治郎の次男に生まれ、一九二〇年旅順工科学堂採鉱冶金学科を卒業し、同年一二月本渓湖煤鉄公司に入り坑務科に勤務した。次いで徳能洋行、山東省南定炭砿坑務主任、利興煤鉄公司、山東省博山炭砿砿務相談役を経て二四年四月満鉄に入り、撫順炭砿煙台採炭所に勤務した。竜鳳採炭所、大山採炭所、塔連坑坑内係主任、新屯坑坑内係主任、採炭課坑内掘係技術担当員を経て三六年九月副参事に昇進し、三七年三月蛟河採炭所長となり監査係主任を兼務した。この間、三二年にコンベヤー改良の功績により表彰を受けた。

熊谷　三郎 ▷11

旅順工科大学助教授／旅順市日進町／一九〇四（明三七）一／山口県都濃郡福川町／京都帝大工学部電気工学科

山口県商業熊谷松次郎の三男に生まれ、京都帝大工学部に入学した。一九二七年三月電気工学科を卒業し、旅順工科大学助教授に就任した。

熊谷　直治 ▷14

満蒙土地建物㈱常務取締役、星ヶ浦小松台建物㈱支配人、大連醤油㈱監査役、㈾誠興社社長／大連市浪速町／一八八七（明二〇）一二／山形県鶴岡市八日町／東京帝大法科大学英法科中退

山形県熊谷直能の次男に生まれ、一九一二年東京帝大法科大学英法科に入学したが翌年中退し、一四年東京火災保険㈱に入社した。その後退社し、一八年五月中国山東省の青島建物㈱青島出張所支配人に転じた後、一九年一二月に大連に渡り、満蒙土地建物㈱の創立とともに同社営業部長に就いた。次いで常務取締役に就任し、かたわら㈾誠興社を興して建築材料販売・一般代理業を経営し、星ヶ浦小松台建物㈱支配人、大連醤油㈱監査役等を兼務した。三〇年九月の補欠選挙で大連市会議員に当選し、三六年一〇月まで二期務めた。

熊谷　豊 ▷12

満鉄吉林鉄路局機務処車輌係、社員会評議員／吉林満鉄鉄路局機務処／一九〇三（明三六）二／宮城県仙台市宮城野町／米沢高等工業学校

宮城県熊谷孝造の長男に生まれ、一九二四年三月米沢高等工業学校を卒業して鉄道省に入り仙台鉄道局に勤務した。二五年四月秋田機関庫に転勤して二六年一二月助役となり、次いで二九年一月秋田運輸事務所運転掛となった。三三年八月一関機関庫助役に転任して同年一二月免官となり、満鉄に転じて渡満した。鉄道総局技術員として吉長吉敦鉄路局に派遣され、三四年四月吉林機務段長、同年七月蛟河機務段長兼務、同年一一月新京機務段長を歴任し、三七年五月吉林鉄路局機務処車輌係となった。

久間　善助 ▷3

日東洋行主（貿易・精米販売商）／安東県市場通／一八六二（文二）一一／長崎県壱岐郡武生水村

早くから貿易業に従事し、一八八五年から朝鮮の釜山で貿易商を営んだ。日露戦後の一九〇五年一〇月から安東に移り、同地で貿易業・米穀商の日東洋行を経営した。安東油房取締役、安東窯業㈱監査役を兼務し、安東居留民会予備行政委員、安東商業会議所常議員兼会計委員を務めた。

熊野　久作 ▷12

奉天市公署工務処水道科長、満州国協和会市公署分会副事業部長、日大奉天支部会幹事、日大高工五日会長／奉天竹園町／一八九五（明二八）五／山口県豊浦郡宇賀村／日本大学高等工学校土木科

山口県熊野鶴松の三男に生まれ、一九二二年三月日本大学高等工学校土木科を卒業し、同年五月東京市技手となった。二五年五月東京府荒玉水道組合技手に転じ、さらに二七年四月豊橋市臨時水道部技手に転じて第三工区主任となり、三〇年一月同部経理係長兼鉄管試験場主任兼第三工区主任を経て同年四月豊橋市技手に進んで水道部工務課工務主任となり、次いで同年五月豊橋市技師に昇格した。三三年四月水道課長に就いたが、同年一〇月奉天市自来水籌備処嘱託・技術主任に転じて渡満した。その後三五年二月ハルビン特別市公署歳建設局水道嘱託を経て三六年四月奉天市嘱託・工務処水道課長に就き、同月奉天市技佐となった。

熊野　雪 ▷12

ハルビン特別市公署行政処員、正八位／ハルビン特別市公署行政処／一九〇四（明三七）一／広島県安芸郡畑賀村／南満州工業専門学校

広島県熊野隆一の長男に生まれ、一九二七年三月南満州工業専門学校を卒業して南満州電気㈱に入り電鉄課に勤務した。三三年一月同社在籍のまま電業局嘱託となり、三二年八月市公署公用科嘱託を経て同年九月電業局電鉄科工務股長となった。次いで三四年一二月ハルビン特別市公署嘱託に転任し、三五年五月同公署技佐として交通局工務科長代理を務めた後、三六年一月同運輸科自動車車庫勤務を経て同公署行政処に転任した。この間、皇帝訪日記念章を授与された。

熊野　光次 ▷8

熊野商会主／奉天／一八九四（明二七）四／香川県木田郡水上村／香川県立工芸学校

香川県立工芸学校を卒業した後、大阪の商店に二年間勤めた。一九一二年に渡満して鉄嶺で質店を開業し、次いで一六年同地に合資会社を設立して経営した。二〇年一月奉天浪速通に移転して熊野商会を設立し、和洋雑貨、化粧品を販売するかたわら沿線各地に卸売りをした。割引制度を取らず正札主義と薄利多売をモットーとし、「正札の熊野」として知られた。

隈元　章義 ▷7

満鉄瓦房店地方区事務所地方係／奉天省瓦房店東街／一八八四（明一七）三／鹿児島県鹿児島郡西桜島村／鹿児島学校

鹿児島市の博約義塾で修業した後、鹿児島学校を卒業した。一九〇八年一一月に渡満して関東都督府警察官として勤続したが、一九年一〇月に退職し、翌月満鉄に入社した。瓦房店地方区事務所地方係として勤務し、かたわら同郷団体の三州会幹事を務めた。

隈元　昂 ▷12

満州電業㈱経理部用度課長／新京特別市大同大街満州電業㈱／一八九九（明三二）四／鹿児島県鹿児島郡西桜島村／東京商科大学本科

鹿児島県隈元豊吉の長男に生まれ、一九二三年三月東京商科大学本科を卒業して満鉄に入社した。以来勤続して経理部用度課、経理部用度事務所第四購買係主任、同審査係主任、用度部庶務課計画係主任、商事部用度課経理係主任に歴勤した。次いで国務院に転じて総務庁需要処長事務取扱、総務庁事務官・需要処長心得を歴任したが、程なく退官して東京で会計事務所を経営した。その後三四年六月再び渡満して南満州電気㈱経理課長となり、同年一二月南満州電気より電気供給事業を継承して満州電業㈱が創立されると同社経理部用度課長に就いた。この間、満州事変時の功により銀杯一個及び建国功労賞を授与された。

熊本　政之 ▷12

満鉄経理部主計課第一予算係主任

／大連市聖徳街／一九〇三（明三六）七／佐賀県東松浦郡久里村／長崎高等商業学校

佐賀県熊本直太郎の四男に生まれ、一九二七年三月長崎高等商業学校を卒業して満鉄に入り、経理部主計課に勤務した。以来勤続し、三六年六月資金係主任を経て同年一〇月経理部主計課第一予算係主任となった。

久米　甚六　▷1

日陽商会新民府支店主任、新民府行政委員、新民府日本人会幹事、勲六等／新民府一八八〇（明一三）一／佐賀県佐賀郡嘉瀬新村／東亞商業学校

東京の東亞商業学校を第一期生として卒業した後、一九〇一年中国に渡った。北京に二年滞在して蒙古方面に赴いたが、〇四年日露戦争が始まると陸軍通訳として新民府軍政署に勤務し、戦後功により勲六等と一時賜金を受けた。軍政署が廃止されると日陽商会に入り、新民府支店主任として食料品雑貨と木材の販売業を営み、同地の行政委員、日本人会幹事を務めた。

久米　哲夫　▷12

昭和製鋼所㈱銑鉄部選鉱工場長／奉天省鞍山上台町／一八八七（明二〇）四／福島県安積郡桑野村／東京高等工業学校電気科電気機械分科

一九一〇年七月東京高等工業学校電気科電気機械分科を卒業して函館水力電気㈱に入り、工務係、発電所長兼第一発電所主任を経て工務係技師となった。その後一七年一〇月に渡満して満鉄に入り、沙河口工場内鞍山製鉄所臨時建設係に勤務し、製鉄所の完成とともに工務課、設計課、臨時研究部兼務、臨時研究所兼工務課に歴勤した。二四年二月欧米に出張して製鉄所付帯電気施設及び選鉱工場を視察した後、二七年一〇月に帰任して製造課動力水道係主任となった。次いで二八年一月臨時建設事務所兼務、三〇年五月満州工業標準規格委員会調査員、三一年四月動力水道工場長を歴任した。三三年六月鞍山製鉄所の事業を継承した昭和製鋼所㈱の操業開始とともに同社参事となり、工務部動力工場長兼銑鉄部選鉱工場長を経て三四年八月銑鉄部選鉱工場長専任となった。この間、二七年四月還元焙焼炉の発明による表彰、三三年四月満鉄勤続一五年の表彰を受けたほか、満州事変時の功により銀杯及び従軍記章を授与された。

公門　仲　▷13

満州中央銀行大連支行経理、勲六等／大連／一九〇一（明三四）三／佐賀県佐賀郡兵庫村／東亞同文書院

佐賀県公門弥一の次男に生まれ、一九二一年三月上海の東亞同文書院を卒業して横浜正金銀行に入った。以来二〇年余り勤続した後、三二年六月満州中央銀行の創立とともに同行に転じ、整理課副課長、秘書課副課長を経て大連支行経理となり、銀行業務のかたわら臨時為替局大連弁事処長を兼務した。この間、満州事変時の功により勲六等瑞宝章及び満州国勲六位景雲章を授与された。

倉井　満弘　▷11

大連日本橋小学校長、従七位勲八等／大連市児玉町／一八八二（明一五）五／栃木県那須郡黒羽町／東京府師範学校

栃木県黒羽町長の倉井文道の長男に生まれ、一九〇五年東京府師範学校を卒業した。一〇年八月に渡満して旅順第一尋常高等小学校訓導となり、後に大連日本橋小学校長に就いた。

倉井　盛行　▷11

吉林尋常高等小学校長／吉林省商埠地満鉄社宅／一八八八（明二一）七／香川県綾歌郡川西村／香川県師範学校

香川県農業倉井清七の三男に生まれ、一九一〇年香川県師範学校を卒業した。県下の飯山、川西、坂出各小学校の訓導を務めた後、一七年九月に渡満して安東小学校訓導となった。二一年四月吉林尋常小学校長に転任し、吉林居留民学務委員を務めた。

倉内喜久雄　▷11

満鉄衛生研究所員／大連市真金町／一八九七（明三〇）一二／福井県今立郡上池田村／慶応大学医学部

福井県農業倉内市兵衛の三男に生まれ、一九二六年慶応大学医学部を卒業して満鉄に入り、衛生研究所細菌科に勤務した。長兄研治は京都府立医大を卒業して郷里で開業し、次弟孝は東京帝大法学部法律科を卒業して台湾総督府専売局に勤務し、末弟井碩は第三高等学校理科に学んだ。

倉内　末愛　▷11

正隆銀行奉天支店長代理／奉天住吉町／一八九六（明二九）一二／鹿児島県日置郡上伊集院村／鹿児島県師範学校

鹿児島県農業倉内覚次郎の四男に生まれ、一九一五年鹿児島県師範学校を卒業した。県下の肝属郡佐多尋常高等小学校訓導を三年務めた後、一八年一〇月に渡満して正隆銀行に入り大連支店書記となった。二〇年八月小崗子支店主任を経て二四年九月奉天支店勤務となり、二五年九月鄭家屯支店長代理、二七年開原支店長代理を歴任して二八年奉天支店長代理に就いた。

倉岡　岩　▷7

益和湧・益和堂焼鍋主、満州電気㈱取締役、従七位勲八等／奉天省開原鉄道付属地／一八八二（明一五）八／鹿児島県薩摩郡平佐村／東京外国語学校清語学科中退

一九〇三年七月東京外国語学校清語科に入学したが、翌年二月に日露国交が断絶すると陸軍通訳に選ばれ、同年四月日露戦争に従軍した。戦後〇五年一二月に職を解かれて翌年一二月母校の三年級に復学したが、〇七年三月病気により退校した。同五月に渡満して鉄嶺、開原地方に赴き、秋から開原で農園を経営した。陋屋に住み粗食に耐えて事業に専念し、経営が軌道に乗ると中国人向けの焼酎醸造に着手し、さらに質業と油房業を兼営した。事業の発展により資金を蓄え、一四年には二二〇〇坪の敷地に五〇戸の貸家を造営し、他に上郡山九劾と開原屠殺場を共同経営し、満鉄諮問委員、満州電気㈱取締役を務めた。二三年に農場を満鉄に返還したが、八十余名の中国人従業員を擁して資産一〇〇万円を超すと称された。昭和初年に同地で没し、東京外国語学校貿易科に就学中の長男勝行が事業を継いだ。

倉岡　克行　▷11

高粱酒醸造業／奉天省開原鉄道付属地／一九〇九（明四二）七／鹿児島県薩摩郡平佐村／東京外国語学校貿易科

開原付属地で手広く事業を経営する倉岡岩の長男に生まれた。東京府立第六中学校に学んだが、父の死により一時学業を中断して高粱酒醸造業、上郡山・倉岡㈴、開原屠獣場を継承した。経営のかたわら二八年四月、父の母校東京外国語学校に入り貿易科に学んだ。

倉岡　寅雄　▷12

国務院交通部郵政司儲金科員兼総務司員、郵政権調整準備委員／新京特別市宝清胡同第二政府代用官舎／一九〇三（明三六）三／熊本県鹿本郡中富村／台北中学校

熊本県倉岡二三の長男に生まれ、一九二〇年三月台北州立台北中学校を卒業して台湾銀行に入ったが、二二年四月に辞職した。二五年五月逓信省貯金局書記補となり、逓信官吏練習所第一部行政科修了して同年一二月書記となった。三二年六月貯金局為替課外国為替係決済班長に進んだが、同年七月国務院交通部属官に転じて渡満した。三四年一二月郵政管理局事務官兼交通部事務官に進んで交通部郵政司儲金科に勤務し、三六年一二月総務司兼務となった。この間、三四年に勲八位景雲章と大典記念章を授与された。

倉崎　清治　▷12

倉崎電気商会主、倉崎商店主／吉林四経路／一九〇四（明三七）三／長崎県南高来郡三会村／電機学校

一九二一年東京電機学校を卒業して渡満し、吉林に在住した。二五年一二月徴兵されて広島の連隊に入営し、満期除隊後は東京の滋谷電気商会に勤務した。その後三〇年三月に再び渡満し、吉林四経路に倉崎商店を開いて電気・機械材料の販売業を始めた。三二年に販売を夫人ひで子に担当させ、自らは倉橋電気商会を設立して電気機械工事請負業を経営した。

倉迫　来　▷11

奉天総領事館警察署警部補、勲七等／奉天総領事館警察署／一八九六（明二九）一／大分県下毛郡深株村／明治学館

大分県農業倉迫作太郎の五男に生まれ、一九一二年明治学館を卒業した。一六年一二月小倉の歩兵第四七連隊に入営し、シベリア出兵に際し機関銃隊に編入されて従軍した。帰還後軍曹に進んで二〇年一一月に満期退営し、翌年三月関東庁巡査となって渡満した。その後、警察官練習所甲科生を修了して警部補考試に合格した。巡査部長を経て二八年六月警部補に進み、外務省警部補兼務となり奉天総領事館に勤務した。

倉重禎三郎 ▷12

奉天省公署総務庁員／奉天藤浪町省公署公館／一八九五（明二八）／山口県美祢郡真長田村

一九一九年一二月関東庁巡査となり、大石橋警察署、長春領事館警察署、開原警察署に歴勤し、大石橋及び開原在勤時に同地の実業補習学校講師を嘱託された。二七年関東庁翻訳生となり、次いで三二年に奉天省公署事務官に転じて総務庁に勤務した。

倉島丑太郎 ▷11

大連西崗子公学堂長兼大連商業学堂長、正七位勲七等／大連市山吹町／一八七〇（明三）二／長野県上高井郡川田村／明治法律学校

長野県農業倉島善治の子に生まれ、一八九一年小学校教員の免許を取得した。その後上京して明治法律学校に入り、一九〇二年に卒業して長野県、東京市の各小学校で教鞭を執った。〇五年一〇月に渡満して関東州民政署教務嘱託となり、翌年旅順小学校長に就任した。以来大連第一小学校、同第二小学校の校長を経て二三年二月大連西崗子公学堂長に転じ、大連商業学堂長を兼任した。この間教育視察のため中国各地を巡遊し、一五年一〇月の大連市制実施以来大連市学務委員を務め、二〇年五月に帝国教育会から教育功牌を受けた。

倉田　耕平 ▷11

旅順重砲兵大隊付砲兵少佐、正六位勲五等／旅順重砲兵隊官舎／一八八九（明二二）三／東京府荏原郡池上町／陸軍士官学校

東京府教員倉田義比の長男に生まれ、一九一二年陸軍士官学校を卒業して砲兵少尉に任官した。一六年中尉に進み、一八年のシベリア派遣軍に従軍して翌年帰還した。二〇年大尉、二八年少佐に昇進し、同年八月旅順重砲兵大隊付となって渡満した。

倉地綱五郎 ▷12

満州電業㈱ハルビン支店営業課内線係長／ハルビン新城大街満州電業㈱支店／一八九八（明三一）一／福岡県朝倉郡秋月町

一九一三年六月満鉄に入社して大連電気作業所に勤務し、二二年に社命で京都帝大工学部電気工学教室内の電気工学講習所を修了した。二六年五月に同所が南満州電業㈱として満鉄から分離独立すると同社に移り、三〇年四月試験所試験係、同年一二月大連発電所電気係長、三一年九月大連電灯営業所内線係長、三三年一月営業課内線係長を歴任した。その後三四年一二月に電気供給事業が満州電業㈱として分離すると、同社に転じてハルビン支店営業課内線係長となった。

倉知久太郎 ▷12

満鉄四平街医院産婦人科医長／奉天省四平街南六条通／一八九九（明三二）一二／愛知県岡崎市八幡町／慶応大学医学部

一九二五年慶応大学医学部を卒業した後、三〇年四月満鉄に入り公主嶺医院医長心得となり、同年六月同医院医長となった。三二年二月撫順医院に転勤した後、三三年二月遼陽医院医長となり、三四年一〇月関東庁医務嘱託を経て三六年一〇月四平街医院産婦人科医長に就いた。

倉知　要松 ▷12

小塚商店㈱奉天支店支配人／奉天宇治町／一九〇七（明四〇）五／愛知県東春日井郡篠岡村

愛知県倉知乙吉の三男に生まれ、年少の頃から小塚商店に入り多年勤続した。後に店主小塚豊一に認められて妹田鶴子を夫人とし、奉天支店支配人となって渡満した。

倉塚　良夫 ▷3

関東都督府技師、民政部土木課出張所長、高等官三等、正六位勲五等／大連市児玉町／一八七九（明一二）一〇／福岡県早良郡西新町／東京帝大工科大学土木工学科

一九〇一年六月、第五高等学校大学予科第二部を卒業して東京帝大工科大学に入学した。〇四年七月土木工学科を卒業して留守第一師団経理部雇員となり、同年一一月高等官七等・関東州民政署技師となって渡満した。その後関東都督府技師として土木課、民政部大連土木課出張所に勤務し、〇九年九月高等官五等に進んだ。一二年九月高等官四等、一三年七月民政部土木課長心得を経て同年九月土木課出張所長に就き、一三年秋高等官三等に進んだ。

倉　尚貞　▷11

満鉄撫順医院医員／奉天省撫順南台町／一八九八（明三一）一二／大阪府中河内郡孔舎衙村／京都府立医学専門学校

大阪府北島熊三郎の三男に生まれ、倉家の養子となった。一九二二年京都府立医学専門学校を卒業し、二八年八月に渡満し満鉄撫順医院医員として勤務した。

倉永毅志夫　▷11

満鉄遼陽工場機関車職場主任／奉天省遼陽イ区／一八九三（明二六）四／熊本県飽託郡白坪村／熊本高等工業学校機械科

熊本県官吏倉永安基の長男に生まれ、一九一三年熊本高等工業学校機械科を卒業して川崎造船所兵庫工場に入った。一六年に設計係員から検査係員に転じたが、在勤六年で退社した。一九年三月に渡満して大連機械製作所に入り設計主任となったが、翌年三月退社して満鉄に入り、遼陽工場車輛職場主任を経て二四年機関車職場主任に就いた。

倉橋　泰彦　▷12

奉天市財務処長、勲六等／奉天葵町／一八八九（明二二）七／新潟県北蒲原郡川東村／新潟県立新発田中学校

新潟県公吏倉橋秀磨の次男に生まれ、一九〇七年県立新発田中学校を卒業した。一〇年から北海道属として勤務した後、一八年四月青島守備軍民政部鉄道属となって中国に渡り、二二年二月に締結された山東懸案解決に関する条約所定の共同委員会委員付として北京会議に随行し、引き続き山東鉄道引継実施委員を務めた。引継ぎ完了後二三年三月に退官し、同年六月陸軍省臨時嘱託として山東鉄道の資料整理事務に従事した後、同年一一月満鉄に入社して鉄道部貨物課に勤務した。次いで二六年四月営口地方事務所庶務係長、二七年四月奉天地方事務所庶務主任を歴任し、同所庶務係長、地方係長を務めた後、大石橋地方事務所長を経て参事に昇格し、三四年五月奉天地方事務所副所長となった。その後三七年七月招聘されて奉天市理事官に転出し、市公署財務処長に就いた。

倉橋　右介　▷12

㈾昭和工務所ハルビン支店代表、同牡丹江支店代表／ハルビン新市街河溝街／一八八四（明一七）一二／東京府東京市神田区表神保町／工手学校土木科

赤穂義士倉橋伝助の血を引く旧飯山藩家老の子に生まれ、東京の私立工手学校土木科を卒業して猪苗代水力電気会社、北陸電気会社、京浜電力会社に歴勤した。次いで日本窒素肥料会社土木部主任技師、田島組名古屋支店長を歴任した後、渡満して東亞土木企業㈱新京支店長、㈱志岐土木組新京主張所長、同ハルビン出張所長を務めた。その後三六年新京に本社を置く昭和工務所のハルビン支店代表となり、牡丹江支店代表を兼任した。「新声」「白虹」等の同人として文学、美術、短歌、俳句を能くした。

倉持広治郎　▷11

撫順永安尋常小学校訓導／奉天省撫順南台町／一八九四（明二七）四／茨城県筑波郡吉沼村／茨城県師範学校

茨城県神官倉持銀次の次男に生まれ、一九一六年茨城県師範学校を卒業した。県下の真壁郡紫尾小学校、同郡関本小学校に七年勤めた後、二三年五月に渡満し、撫順第二尋常高等小学校訓導となった。

倉本　純一　▷12

国務院軍政部第一教導隊司令部付、正六位勲五等／奉天北大営陸軍第一教導隊司令部／一八八九（明二二）／広島県広島市鉄砲町／陸軍士官学校

広島陸軍幼年学校を経て陸軍士官学校を卒業し、現役将校として各地に勤務し、この間東京外国語学校支那語科を卒業した。一九二八年歩兵少佐に累進して退役し、文部省国語漢文科中等教員免状を取得して平壌公立農業学校の教諭となった。満州国建国後に陸軍歩兵中校に転じて渡満し、請安軍副官を経て国務院軍政部第一教導隊司令部付となった。漢籍に造詣深く、馬賊名の研究では第一人者とされた。

蔵本　常雄　▷11

満鉄大連医院産婦人科医員／大連市山城町／一八九六（明二九）九／広島県賀茂郡西高屋村／岡山医

科大学専門部

広島県官吏蔵本敬夫の次男に生まれ、一九二二年岡山医科大学専門部を卒業した。同大学副手嘱託として産科婦人科教室で研究に従事した後、二四年二月朝鮮総督府医院医員兼朝鮮総督府京城医学専門学校助教授となったが、同年一二月に辞職した。二五年一月に渡満して満鉄に入社し、大連医院医員として産婦人科診療に従事した。兄は広島市で内科医を開業し、二人の弟も岡山医科大学に学んだ。

蔵本　英明　▷11

ハルビン日本総領事館支那係主任／ハルビン日本総領事館館員宿舎／一八九〇（明二三）九／奈良県磯城郡織田村

奈良県官吏蔵本国蔵の長男に生まれ、日露戦中の一九〇五年二月、一五歳で中国に渡った。商店員として働いた後新聞記者に転じ、一八年に外務省官吏となった。二五年三月に渡満して海竜領事館に勤務し、ハルビン総領事館に転勤して支那係主任を務めた。

栗木栄太郎　▷11

大連新聞社取締役副社長／大連市神明町／一八七六（明九）一／愛知県名古屋市裏門前町

横浜洋銀取引所役員の栗木栄八の長男に生まれ、幼い時に父を亡くして名古屋に帰り、大豆王として知られた吉川卯助商店に入った。独立して米穀商を営んだ後、一八九五年鉄道局に入って豊川鉄道の営業準備係となった。同鉄道開通後は助役、駅長を経て一九〇四年尾張瀬戸自動鉄道瀬戸運輸主任に就いた。翌年九月、日露戦争の際に臨時軍用鉄道監部付運輸課員として渡満した。〇七年四月臨時野戦鉄道提理部付を経て満鉄に入り、調査課に勤務して統計事務にあたった。二〇年二月に退社して大連新聞創刊に関わり、同社取締役副社長に就任した。聖賢先覚者仏門諸師の書画蒐集を趣味とし、観音主義をもって社会奉仕することを信念とした。

栗島紋太郎　▷12

満鉄安東検車区検車助役兼安東青年学校指導員／安奉線安東駅構内安東検車区／一八九五（明二八）二／富山県射水郡大門町／高等小学校

富山県栗島外次郎の次男に生まれ、一九〇九年三月郷里の高等小学校を卒業した後、一二年五月富山市小島町の佐藤組に入り、一五年三月大阪の汽車製造会社木工部に転じた。その後一九年九月に渡満して満鉄に入り、撫順車輌係を経て二〇年一〇月同検車方、二二年一一月奉天検車区撫順分区に歴勤し、二四年一〇月第二期検車科を修了した。その後二七年六月橋頭分区、二八年三月長春検車区四平街分区、三四年四月鉄嶺分区の各検車方を務めて同年一一月安東検車区検車助役となり、安東青年学校指導員を兼務した。この間、三四年四月満州事変時の功により木杯一個及び銀鐔一具を授与されたほか、三五年四月勤続一五年の表彰を受けた。

九里　正蔵　▷11

満鉄大連埠頭事務所輸出主任／大連市朝日町／一八九三（明二六）五／大阪府中河内郡巽村／東京帝大経済学部経済科

大阪府九里善吉の長男に生まれ、一九二一年東京帝大経済学部経済科を卒業し、同年五月満鉄に入社した。大連埠頭事務所に勤務し、統計係、発送係、第二埠頭勤務を経て二八年一〇月輸出主任に就いた。

栗栖順三郎　▷12

山県商会主／奉天住吉町／一八九〇（明二三）九／広島県山県郡戸河内町

広島県栗栖直市の次男に生まれ、一九一四年鉄道守備兵として渡満し大石橋及び営口に勤務した。除隊後一七年に南満州製糖㈱に入り、次いで二〇年に満鉄に転じ、勤務のかたわら奉天中学校の使丁取締役を務めた。その後二四年に退職して富士町で食料品雑貨商を営み、三一年住吉町に移転した。さらに春日町市場に支店、青葉町にヤスイ商店と山県果物店を経営し、本支店合わせて男一六人、女九人、中国人二人の従業員を使用して年間一五万円を売り上げた。

栗田　顕善　▷11

旅順明照寺僧侶／旅順市鯖江町明照寺／一八八五（明一八）四／岐阜県海津郡城山村／東京宗教大学

岐阜県農業栗田権左衛門の次男に生まれ、一九一六年三月東京の浄土宗宗教大学を卒業した。同年一〇月に渡満し、浄土宗支那開教本部理事として大連明照寺に勤め、翌年一〇月旅順の明照寺主任に転じて寺門経営と布教に努めた。著書に『法話大観』『現代女性の覚醒と修養』がある。

栗田五三郎 ▷12

栗田商店主／旅順市乃木町／一八八一（明一四）三／岐阜県不破郡岩手村

早くから志願して海軍に入り、一九一八年春に旅順の海軍電信所に赴任した。その後軍籍を離れ、二二年から乃木町で履物・煙草商を営んだ。営業のかたわら三三年以降は財団法人満州戦跡保存会の活動に奔走した。

栗田作四郎 ▷11

㈱協済公司専務／奉天八幡町／一八八四（明一七）一〇／静岡県安倍郡有度村／東京外国語学校

静岡県農業栗田孝太郎の四男に生まれ、一九〇八年東京外国語学校を卒業した。同年九月韓国政府度支部財務署に勤務し、一〇年八月の韓国併合とともに朝鮮総督府官吏となった。慶尚南道管内の郡・本府に勤めた後、二二年四月に辞して渡満し、奉天の㈱協済公司専務に就いた。

栗田　一郎 ▷12

満州興業銀行庶務課長／新京特別市千島町／一八九一（明二四）一二／静岡県小笠郡西口村／東洋協会専門学校

一九一三年三月東洋協会専門学校を卒業した後、一四年から金融組合の理事を務めた。その後一九年に渡満して大連銀行に入り、二三年七月満州銀行への併合とともに同行に転じ、調査役、奉天支店副支配人を経て新京支店支配人となり、新京商工会議所議員を務めた。次いで三六年一二月在満州朝鮮銀行の支店、満州銀行本支店、正隆銀行本支店を統合して満州興業銀行が設立されると同行庶務課長に就いた。

栗田　千足 ▷12

国務院財政部税務司国税科員／新京特別市金輝路第二代用官舎／一九〇〇（明三三）二／長野県飯田市／長野県立飯田中学校

長野県栗田安人の長男に生まれ、一九一七年県立飯田中学校を卒業し、一八年一〇月税務署属となり飯田税務署に勤務した。名古屋税務署に転勤した後、二六年五月税務監督局属に転じて名古屋税務監督署直税部に勤務した。三三年九月に依願免官し、同年一〇月満州国税務監督署事務官に転出して渡満し、吉林税務監督署新京出張所長となり、税捐局事務官を兼任して新京税捐局に勤務した。三五年一月税捐局理税官兼任となり引き続き新京税捐局に勤務した後、三五年二月浜江税務監督署経理科長兼総務科長となった。次いで三六年八月吉林税務監督署事務官に転任して吉林税務監督署に勤務した後、三七年四月国務院財政部税務司国税科に転任した。

栗林豊次郎 ▷8

東亞薬房主／奉天／一八八四（明一七）二／富山県上新川郡針原村

代々の薬種商の家に生まれ、一九〇七年実兄と共に渡満して長春の田中薬房で働いた。一六年奉天に移って東亞薬房を独立開業し、一八年に店舗を新築移転した。

栗原卯之助 ▷12

金福鉄路公司㈱取締役支配人／大連市光風台／一八九一（明二四）八／東京府東京市麻布区笄町／東京帝大法科大学政治学科

栗原重吉の次男として茨城県猿島郡古河町に生まれ、一九一七年七月東京帝大法科大学政治学科を卒業して大阪の住友総本店に入った。二一年に東京市電気局に転じ、電車課庶務係長兼監察係長となり、次いで運輸課調査係長、高速鉄道調査課庶務係長、同運輸課長、共済組合長、労働課長を歴任した。その後欧米各国を視察し、三三年一一月金福鉄路公司㈱取締役支配人となって渡満した。

栗原喜四郎 ▷12

満州炭砿㈱西安炭砿総務課労務係主任、西安炭砿社員倶楽部幹事、満州国協和会西安県本部委員、西安県日本人居留民会評議員、西安在郷軍人分会理事、西安青年学校教練指導員、西安寺信徒総代、西安県内福岡県人会会長／奉天省西安県西安炭砿機東山社宅／一九〇一（明三四）一〇／福岡県嘉穂郡頴田村／嘉穂農学校

福岡県栗原久助の子に生まれ、嘉穂農学校を卒業して小倉の歩兵第一四連隊に入営した。一九二二年千葉陸軍歩兵学校教導隊に入学し、二四年に除隊して予備歩兵伍長となった。二六年に郷里の嘉穂郡頴田村役場書記となり、かたわら在郷軍人会頴田村分会理事、青年訓練所指導員、嘉穂農学校校友会本部委員、農業調査委員、国勢調査委員等を務めた。三二年一〇月依願退職して渡満し、しばらく大連に留まった後、三三年四月奉天省西安煤鉄公司に入り、翌年五月総務課労務係主任となった。三四年五月に満州炭砿㈱に併合後も引き続き同職に留まり、勤務のかたわら同地の満州国協和会、日本人居留民会、在郷軍人分会、青年学校、福岡県人会等の役職に就いた。この間、三二年九月に在郷軍人会嘉穂郡北部連合分会長より優良分会員として表彰され、次いで翌月同役員功労表彰状を受け、三六年九月には鈴木荘六在郷軍人会長より有功章及び賞状を授与された。

栗原　吾助　▷12

栗原書店主、図們一八区長、図們防護団警報第一八班長／間島省図們中秋街／一九〇〇（明三三）七／東京府東京市蒲田区今泉町

埼玉県栗原政五郎の子に生まれ、入間郡三芳野小学校を卒業して私塾で漢学と語学を修めた後、上京して実業に従事した。三四年三月に渡満して図們で書店を開業し、新刊書籍・雑誌の販売と「朝日新聞」「大新京日報」の取次販売業を営んだ。内鮮融和の見地から店員一〇名はすべて朝鮮人とし、起居を共にし、年商一五万円を売り上げた。

栗原　純一　▷12

国務院実業部臨時産業調査局調査部第二科員、従六位／新京特別市慈光胡同／一八九八（明三一）四／東京府東京市王子区稲付町／東京帝大農学部農学科

栗原蔵治の長男として大阪市に生まれ、一九二五年東京帝大農学部農学科を卒業して農林省耕地課の耕地整理及び農業水利事務取扱嘱託となった。同年一二月一年志願兵として近衛工兵大隊に入営した後、二七年一月朝鮮総督府に入り、殖産局水利課、土地改良部勤務を経て同年九月朝鮮総督府技師となった。次いで二八年二月江原道内務部産業課、三〇年一月平安北道内務部農務課、三一年六月平安北道農会技師嘱託、三二年一月平安南道内務部農務課、三三年一月平安南道農村振興委員会委員を歴任した。その後三四年五月に依願免本官して奉天省公署嘱託に転じ、同省公署実業庁に勤務して水利行政を担当した後、同年一二月国務院実業部に転出して臨時産業調査局技佐となり同局調査部第二科に勤務した。業務のかたわら山宮充主宰の「鈴蘭」同人として詩作を趣味とした。

栗原　百松　▷11

貸家業／大連市東郷町／一八八二（明一五）一二／神奈川県中郡秦野町

神奈川県商業栗原梅吉の次男に生まれ、日露戦中の一九〇四年に渡満して海軍御用商となった。戦後いったん帰国したが、〇六年に再び渡満して大連で食料雑貨商を営んだ。事業を拡張して資金を蓄え、一八年に貸家業に転じた。かたわら大連北部町区長、平和銀行監査役を務めた。

栗原　喜賢　▷11

昭和工業㈱取締役兼技師長／大連市伏見台恵比寿町／一八八二（明一五）八／愛媛県松山市出淵町／東京帝大理科大学

愛媛県栗原喜邦の次男に生まれ、一九〇七年から東京帝大理科大学化学教室で池田菊苗理学博士の下でグルタミン酸調味料製造法の研究に従事した。特許が下りて工業化のため鈴木商店川崎味の素工場が創立されると、二三年七月まで技師長を務めた。二四年四月味の素澱粉製造工場創立のため渡満し、昭和工業㈱を設立して取締役兼技師長に就任した。

栗本　秀顕　▷11

吉林日本総領事館書記生／吉林日本領事館内／一八九七（明三〇）一〇／和歌山県那賀郡中貴志村／東亜同文書院

和歌山県栗本秀楠の次男に生まれ、一九一九年上海の東亜同文書院を卒業した後、二一年八月外務省属となった。二二年一二月書記生となり、青島、福州の各総領事館勤務を経て二七年五月吉林総領事館に転任した。

栗山　勝治　▷12

満鉄チチハル鉄道工場長／龍江省チチハル正陽大街チチハルホテル／一八九五（明二八）六／新潟県長岡市殿町／旅順工科学堂機械科

新潟県栗山栄蔵の次男に生まれ、長岡中学校を卒業して渡満し、旅順工科学堂に入学した。一九一九年一二月同学堂機械科を卒業して満鉄に入り、沙河口工場倉庫課に勤務した。二三年四月沙河口実業補習学校講師嘱託兼務、二五年六月沙河口工場監理課勤務、二八年一月同工場旋盤工具職場助役、三一年八月兼任計画部能率課・監理部考査課勤務に歴勤し、同年一〇月免兼務鉄道工場旋盤工具職場助役を経て三二年一月同工場原価係主任となった。次いで三三年二月鉄道部に転勤し、さらに同年三月鉄路総局に転勤して機務処工作科計画係主任となり、三四年一二月皇姑屯工廠監理科長、三五年九月チチハル工廠長兼計画股主任に歴任して同年一〇月副参事となり、三六年一二月チチハル鉄道工場長に就いた。この間、三五年四月勤続一五年の表彰を受けた。

栗山　茂二　▷12

龍江省公署警務庁長、従六位／龍江省チチハル省公署警務庁／一八九八（明三一）／石川県金沢市／東京帝大法学部独法科

一九二三年三月東京帝大法学部独法科を卒業した後、二六年四月朝鮮総督府試補となった。二七年三月京城地方法院検事代理を経て同年一二月総督府判事補となり、京城地方法院判事をつとめた。次いで三〇年一〇月予審掛、三二年二月京城覆審法院判事を歴任した後、同年四月に依願免本職し、国務院司法部法務司長に転じて同年六月司法部理事官となり司法部司法科長に就いた。その後三四年三月北満特別区高等法院推事に転任し、三五年九月熱河高等検察庁検察官、三六年七月錦州高等検察庁次長を経て三七年七月龍江省公署警務庁長となった。この間、大礼記念章及び建国功労賞、大典記念章、皇帝訪日記念章を授与された。

栗山　藤二　▷13

満州電業㈱大連支店長／大連市臥竜台／一八九一（明二四）一二／兵庫県川辺郡立花村／大阪高等工業学校

兵庫県農業栗山常次郎の次男に生まれ、一九一三年大阪高等工業学校を卒業した。同年七月に渡満して満鉄電気作業所に入り、一六年長春営業所に転勤した後、二六年再び大連本社に戻った。同年五月に同所が満鉄から分離して南満州電気㈱となると電灯課長に就き、三四年一一月に満州電業㈱に改称後は大連支店長を務めた。後備工兵少尉の時に在郷軍人会の集会で散髪の決議が出るや、その足で散髪屋に飛び込んで丸坊主となるなど、一徹な実践家として知られた。

来島　勝男　▷12

奉天省昌図県参事官／奉天省昌図県公署参事官公館／一九〇四（明三七）五／山口県萩市大字北片町／九州帝大法文学部

山口県来島金槌の長男に生まれ、一九二七年下関の㈱折谷商店に入った。その後退店して三二年三月九州帝大法文学部を卒業し、同年七月郷里の萩市役所に勤務した。三二年一二月吉林省延寿県属官に転じて渡満し、三三年三月黒龍江省依安県属官、三四年五月同省鴎浦県代理参事官、三五年一一月同参事官を経て三六年四月奉天省昌図県参事官となった。

久留島秀三郎　▷12

昭和製鋼所㈱採鉱部長、満州鉛鉱㈱専務取締役、鞍山神社相談役、正七位／奉天省鞍山上台町／一八八八（明二一）九／大分県玖珠郡森町／九州帝大工科大学採鉱学科

大分県の薬種商中野忠八の次男に生まれ、後に同県の児童教育家久留島武彦の婿養子となった。一九一四年七月九州帝大工科大学採鉱学科を卒業して同年九月満鉄に入り、同年一二月一年志願兵として工兵第一六大隊に入営して兵役に服した。除隊復職した後、一六年八月に満鉄を退社して農商務省札幌鉱務所鉱務技手に転じ、同年一二月鉱務技師を経て一七年一月小樽高等商業学校講師兼任鉱務監督官となった。その後二〇年一〇月再び満鉄に入社して総務部鞍山在勤採鉱総局長次席に就き、二二年一月鉱山設備及び管理法の調査研究のため欧米各国に出張した後、二三年四月採鉱局長、同年一一月西鞍山採鉱所主任兼務、二五年二月大孤山採鉱所主任を歴任して同年八月参事となった。次いで二七年一〇月鞍山製鉄所事務課長、三〇年八月庶務課長兼務、同年九月炭砿部化学課長兼務、三一年八月採鉱課長を歴任した。三三年五月鞍山製鉄所の事業を継承した昭和製鋼所㈱取締役に就き、後に採鉱部長となった。この間、二九年九月原鉱採掘方法として液体酸素爆薬包の製造法の発明により満鉄効績章を受けた。⇒戦後帰国して同和鉱業社長、日経連常任理事を歴任し、七〇年九月に没した。

来栖　国広　▷12

満鉄チチハル検車段技術助役／龍江省チチハル鉄路局北局宅晴明寮／一九〇五（明三八）七／秋田県秋田市楢山南新町／秋田工業学校本科機械科

秋田県来栖久治の次男に生まれ、秋田工業学校本科機械科を卒業し、一九二三年八月鉄道省に入り汐留検車所検車手となった。次いで二五年四月秋田検車所に転勤し、二七年一二月鉄道省技手となった。その後三六年八月に退官し、同月渡満して満鉄に入りチチハル検車段機務副段長となり、同年一〇月の職制改正により同段技術助役となった。

来栖　弘侑　▷11

安東取引所理事／安東県大和橋通／一八八四（明一七）四／東京府東京市小石川区宮下町／明治大学政治経済科中退

東京府米穀肥料商来栖林助の長男に生まれ、一九一九年に家督を相続して前名健助から改名した。明治大学政治経済科を中退した。一九〇七年二月東京株式取引所臨時雇員となり、各係を経て文書係長に就いたが、一九年に辞職した。翌年二月に渡満して大連株式商品取引所の開業事務に携わった後、二一年二月安東取引所に入って営業部長を務めた。二三年二月に辞して同年四月安東で両替商を営業し、二九年一月から安東取引所理事を務めた。

椡沢　約郎　▷12

満鉄東京城站長、鉄路愛護会東京城愛護区幹事、勲八等／牡丹江省東京城站長局宅／一九〇〇（明三三）九／長野県北佐久郡平根村／岩倉鉄道学校

長野県椡沢譲八の三男に生まれ、一九一七年岩倉鉄道学校を卒業して同年一一月満鉄に入った。本渓湖駅貨物方を経て奉天列車区車掌となり、奉天列車区遼陽分区、同安東分区、同橋頭分区に歴勤した。次いで沙河鎮駅助役、ハルビン建設事務所勤務、寧北建設事務所勤務、図們建設事務所勤務、寧北建設事務所図們在勤を経て、三五年七月東京城站長に就いて馬蓮河站長及び石頭站長を兼職し、後に兼職を解かれた。この間、満州事変時の功により勲八等瑞宝章を授与され、三三年四月勤続一五年の表彰を受けた。

呉石　権一　▷13

東洋木材㈱社長／大連／一八八五（明一八）九／山口県大津郡深川町

一九〇六年に渡満して㈾秋田商会旅順支店に入った。一九一四年の日独戦後に青島支店長を務め、二〇年四月株式会社に改組されると取締役に就任した。二三年大連支店支配人となって大連に戻り、三九年一月に改組改称して大連が本社となると取締役社長に就任した。かたわら鴨緑江木材㈱、牡丹江木材工業㈱、新京共同木材㈱、鞍山共同木材㈱等の取締役を兼任し、満州木材輸入組合の理事を務めた。

紅松　雄二　▷3

大連海関幇弁／大連播磨町／一八八三（明一六）一／東京府北豊島郡高田村／東京高等商業学校

一九〇四年東京高等商業学校を卒業し、翌年五月中国に渡って杭州海関の幇弁となった。〇八年一二月寧波海関に転じ、一四年二月大連海関に転じて渡満した。

黒井　忠一　▷12

国務院民政部衛生司員、従四位勲四等／新京特別市崇智路／一八八六（明一九）一／山形県米沢市元中馬口労町／千葉医学専門学校

一九一〇年千葉医学専門学校を卒業して新潟県警察医、高知県衛生課勤務、和歌山県衛生課技師、石川県衛生技師、同県警察医、同警察部衛生課長を歴職した。次いで二二年六月関東庁衛生技師となって渡満し、警務局衛生課主事を務めた。その後三四年に国務院民政部技正に転出して衛生司に勤務し、三七年四月満鉄地方部衛生課兼鉄道総局福祉課新京在勤防疫医務を委嘱された。この間、三一年三月論文「溶血性連鎖状球菌保菌者処理ニヨル猩紅熱予防ニ関スル研究」で金沢医大より医学博士号を取得したほか、満州事変時の功により賜金及び従軍記章を授与され、三三年に勲四等瑞宝章を受章した。

黒岩　重人　▷3

満鉄大連車輌係主任／大連市児玉町／一八八二（明一五）一／長野県南安曇郡烏川村／東京帝大工科大学機械科

一九〇六年七月東京帝大工科大学機械科を卒業し、同年八月野戦鉄道提理部雇員となって渡満した。翌年四月、提理部の業務引継とともに満鉄に転属して大連車輌係主任に就いた。

黒岩　直温　▷12

満州計器㈱理事長、正五位勲五等功五級／新京特別市建国胡同／一八八〇（明一三）四／東京府東京市麹町区九段／陸軍士官学校

東京府黒岩直方の長男に生まれ、陸軍士官学校を卒業して歩兵少尉に任官し、一九〇四年日露戦争に従軍した。戦後、大尉に進級して第一旅団副官を務めた後、退役してシンガポールでゴム栽培の研究に従事した。マレー半島その他の南洋諸島及びヨーロッパを二年余り視察し、一七年に帰国して鈴木商店に入った。二七年四月に同商店が倒産すると東京偕行社新館支配人となり、次いで満州電信電話㈱参事に転じて渡満し、総裁秘書役を務めた。国務院実業部総務司庶務科長、同部権度局総務科長を歴任した後、三六年一〇月満州計器㈱改組に際し同社理事長に就任した。長男喜雄は拓殖大学を卒業して満州電信電話㈱に入り、新京本社に勤務した。

黒岩　正夫　▷13

㈱満州清水組常務取締役／一八九七（明三〇）／香川県高松市／名古屋高等工業学校建築科

一九一八年、名古屋高等工業学校建築科を卒業して清水組に入った。大連支店、長春出張所、横浜支店、本社工事部勤務を経て、四〇年満州清水組常務取締役に就任した。

黒川　巌夫　▷12

旅順市役所財務主任、正八位／旅順市大津町／一八九二（明二五）二／山口県大津郡通村／山口県立鴻城中学校

山口県黒川光照の次男に生まれ、一九一三年県立鴻城中学校を卒業して県下の小学校教員を六年務めた。その後、一年志願兵として兵役に就き、陸軍歩兵少尉となった。除隊後、一九年に渡満して満鉄に入ったが、二〇年八月に退社して旅順市役所書記となり、庶務主任、衛生主任を経て財務主任となった。

黒川　清　▷12

満州航空㈱総務部庶務課長、従六位勲五等／奉天藤浪町／一八九〇（明二三）三／東京府東京市蒲田区羽田穴守町／陸軍士官学校

一九一一年五月陸軍士官学校を卒業して同年一二月歩兵少尉に任官し、一四年九月青島攻囲戦に参加した。一九年四月歩兵大尉に累進した後、二〇年三月臨時航空技術練習委員となり、同年四月委託学生として東京外国語学校に派遣された。次いで二二年陸軍省軍務局勤務、同年八月明野陸軍飛行学校教官を歴任して二三年九月予備役となった。その後二七年帝国飛行協会嘱託となり、二九年三月日本航空㈱に入社して東京に在勤した後、三二年九月満州航空㈱に転じて渡満し総務部企画課長に就いた。この間、満州事変時の功により銀盃一個を授与された。

黒河　宗蔵　▷11

諸機械工具建築金物商、勲七等／奉天省営口新市街南本街／一八七七（明一〇）一／愛媛県周桑郡徳田村

愛媛県農業兼醤油醸造業黒河佐治右衛門の次男に生まれ、一八九六年八月海軍機関兵を志願して呉海兵団に入った。以来軍艦厳島、八島、浅間等に乗船し、日露戦争では日本海海戦に参加して勲七等青色桐葉章及び一時賜金三百円を受けた。一九〇七年、一等機関兵曹で満期退役して電気及び機械業に従事した。〇八年に大阪の才賀電気商会に入って松山火力発電所据付工事主任を務め、〇九年八月旧牛家屯営口発電所主任となって渡満した。その後営口新市街発電所据付けに従事し、完成後も引き続き同発電所に勤務したが、二〇年に退社して同地で機械工具建築金物商を独立開業した。

黒木　新平　▷12

興振号店主、チチハル区長連合会長／龍江省チチハル財神廟街／一八八五（明一八）二／宮崎県延岡市土々呂町

早くから実業に就き、一九一八年に渡満した。一九年から奉天で株式仲買業を始め、二一年開原取引所株式仲買人となって同地に移った。満州事変後の三二年二月チチハルに移転して財神廟街で木炭・薪・海産物・米穀商を開業し、時流に乗って売上げを伸ばし、店員八人を使用した。三六年九月に竜華路の新商店街に支店を開設し、和洋雑貨・化粧品・文房具・薬品・衛生材料・医療器械を取り扱った。

黒木俊三郎 ▷12

開光堂主、奉天三景町会幹事、奉天土産物商組合副組合長、奉天古物商組合評議員、奉天宮崎県人会相談役、奉天三州人会委員、明治会奉天支部会計係／奉天宮島町／一八八六（明一九）一二／宮崎県児湯郡高鍋町

旧秋月藩士の子に生まれ、一九〇四年四月宮崎県官吏となり、〇五年三月山口県官吏を経て〇八年六月内務省に転じて地方局に勤務した。かたわら岩倉鉄道学校に学んで〇九年に卒業し、一〇年三月満鉄に転じて渡満し、瓦房店車輌係となった。次いで一四年一一月運転課、一九年八月鶏冠山車輌係、二二年一一月奉天検車区に歴勤し、二四年三月遼陽機関区庶務助役となった。その後二六年五月に退社し、奉天宮島町で翡翠土産品、煙草、骨董商を営んだ。

黒木八五郎 ▷12

満鉄監察役付監察員／大連市東公園町満鉄本社／一八九三（明二六）七／鹿児島県鹿児島郡谷山町松崎／攻玉社工学校

一九一二年東京の攻玉社工学校を卒業して鉄道院に入り、鹿児島建設事務所に勤務した。一六年二月南薩鉄道㈱技手に転じ、次いで一八年四月朝鮮の慶尚南道庁に転じて土木課に勤務した。その後一九年四月に渡満して満鉄に入り、吉長鉄路公司管理局派遣員、同局工程課長を経て本社監察員となり、三六年一〇月の職制改正により監察役付監察員となった。

黒子　純造 ▷11

満鉄鉄道教習所講師／大連市北大山通／一八八五（明一八）一／秋田県秋田市／県立秋田中学校

秋田県黒子高智の三男に生まれ、一八九九年県立秋田中学校を卒業した。一九〇五年一〇月、日露戦争に際し臨時軍用鉄道監部付として渡満した。〇七年四月の満鉄開業とともに職員となり、以来沿線各駅の助役・駅長を務めた。一九年八月本社運輸部創設にあたり庶務課に入り、次いで運転課に転じて人事課員を兼ね、主として鉄道事故を担当した。二六年五月洮昂鉄路局に派遣され、二八年一月に帰社して鉄道教習所講師に就いた。この間、鉄道背後地経済情勢視察のため華北に赴き、勤続二〇年と業務功労で三回の表彰を受けた。

黒子　高一 ▷12

黒子工務所主、勲七等／ハルビン外国六道街／一八八二（明一五）五／秋田県秋田市楢山入川橋通登町／（中等学校）

中学校を卒業後、秋田県技手、陸軍測量手等を経て一九〇六年栗原源三組に入り、土木請負業に従事した。新見組に転じた後、一五年末に渡満して土木建築業に従事し、三四年一月ハルビンに黒子工務所を興して土木建築請負業と労力供給業を営んだ。ハルビン特別市公署、浜江省公署土木科、ハルビン鉄路局、牡丹江都市建設局、軍部関係を得意先として年請負高一五万円を計上した。この間、満州事変時の功により勲七等に叙された。

黒崎　誠三 ▷11

関東州貔子窩公学堂教諭／関東州貔子窩公学堂官舎／一八九四（明二七）五／岡山県上道郡操陽村／広島県立西条農学校別科

広島県農業金原九市の四男に生まれ、岡山県黒崎馬太の長女竹子の養子婿となった。一九一五年広島県立西条農学校別科を卒業し、同県熊野跡小学校兼村立農業補習学校訓導、呉市東本通小学校訓導を務めた。二〇年一〇月に渡満して関東州貔子窩公学堂教諭となり、かたわら二四年六月から貔子窩奨学会発行の月刊雑誌『ちから』の編輯にあたった。二四年九月、管内普通学堂長とともに北満及び朝鮮を学事視察した。文芸と音楽を好み、夫人竹子は専敬流生花の師範で梅松亭竹子と号した。

黒崎　真也 ▷14

大連銭鈔信託㈱専務、正五位勲五等／大連市西公園町／一八七八（明一一）五／山形県南置賜郡南原村／東京帝大法科大学政治学科

一九〇五年七月東京帝大法科大学政治学科を卒業し、翌年一一月文官高等試

験に合格した。〇七年八月香川県事務官補、翌年四月奈良県事務官、一〇年七月大分県事務官・警察部長を歴任した。一三年七月関東都督府事務官となって渡満し、民政部庶務課長として大連・旅順の特別市制など関東州市制の公布実施に尽力した。二〇年三月に依願免官して大連銭鈔信託㈱専務取締役に就き、大連取引所建値問題の紛糾に直面し、銀建派の中堅として活動した。二〇年七月復選議員の補欠として大連市会議員に当選したが、翌年三月辞任した。その後帰国して一時地方長官を務め、退任後は東京で静養した。

黒崎　与吉　▷11

出光商会員／大連市青雲台／一八九四（明二七）六／島根県簸川郡国富村／島根県立商業学校

島根県黒崎忠太郎の長男に生まれ、一九一二年島根県立商業学校を卒業して満鉄に入った。その後鈴木商店に入ったが二七年四月に退職し、同年八月礦油、アルコール、金物機械商の出光商会大連支店に勤務した。

黒沢　惇造　▷11

満鉄中央試験所員／大連市三室町／一八七八（明一一）一二／宮城県仙台市／東北帝大理学部化学科

茨城県の小学校教師黒沢秀太郎の次男に生まれ、中学校教師を退職して東北帝大理科大学化学科に入った。一九一五年に卒業して同大及び理化学研究所の実験室で研究に従事した後、二一年八月に渡満して満鉄中央試験所に勤務した。

黒沢　二郎　▷4

領事官補、従七位／ハルビン日本領事館内／一八九〇（明二三）六／秋田県仙北郡豊川村／東京帝大法科大学

東京市立錦華小学校、県立千葉中学校、第一高等学校を経て東京帝大法科に入学し、一六年五月に卒業した。大学院に進んで同年一〇月外交官、領事官試験に合格し、翌年三月退学して外交官補となり北京に赴任した。同年一二月、ハルビン駐在領事官補となって渡満した。

黒沢　隆世　▷12

国務院地籍整理局事業処員、高等土地審定委員会幹事、正八位／新京特別市興運路地籍整理局／一九〇四（明三七）三／福島県石城郡勿来町／中央大学法学部

磐城中学校を経て一九二七年三月中央大学法学部を卒業し、同年六月幸橋税務署雇となった。二八年二月幹部候補生として柴田の歩兵第一六連隊に入営し、服役後二九年九月税務署属として幸橋税務署に帰任した。その後三二年一一月に依願免本官し、塩務署属官に転じて渡満した。三三年九月国務院財政部属官となり理財司官産科勤務、同国有財産科弁事を経て三六年六月地籍整理局事務官となり、同局事業処に勤務した。この間、建国功労賞及び大典記念章を授与された。

黒沢　輝弥　▷3

黒沢医院院長／大連市信濃町／一八八一（明一四）一一／京都府宇治郡山科村／京都医学専門学校

一九〇九年、京都医学専門学校を卒業した。一一年に渡満して防疫医となり、翌年三月に辞任して大連で小児科医院を開業した。

黒沢　易徳　▷1

営口海関幇弁／奉天省営口／一八七八（明一一）／秋田県秋田市／順天中学

旧佐竹藩士で碩学の勤王家として近隣に知られた黒沢宗明の子に生まれた。早くから東京に出て順天中学に学び、さらに商業学校を卒業して日本銀行に入った。日露戦争後、営口税関に傭聘されて渡満し、四等幇弁として西税関に勤務した。実兄は日露戦中に営口税関長の職にあり、局外中立の清国を代表して日本軍政官と厳正な折衝をして内外に信用を博し、後に大連海関税務司を務めた。

黒住　恒太　▷11

満鉄大連電気修繕場長、正八位／大連市伏見町／一八九六（明二九）五／岡山県御津郡今村／早稲田大学理工科電気科

岡山県農業黒住和平治の次男に生まれ、一九一九年早稲田大学理工科電気科を卒業して満鉄に入社した。線路課、大連電気修繕場に勤務し、翌年一二月一年志願兵として入隊し、二一年一一月に除隊して帰任した。大連通信区、奉天電気区助役を経て鉄道部保線課に転勤し、二七年四月大連電気修繕場長に就いた。この間二四年三月予備工兵少尉に任官し、帝国在郷軍人会長から模範会員として表彰された。言語学の研究と乗馬を趣味とし、東公園分会の班長を務めた。

黒住孫一郎　▷12

㈴千代の春酒造代表社員／奉天紅梅町／一八八五（明一八）一一／岡山県浅口郡大島村

二四歳の時に広島県賀茂郡志和堀村の竹尾三郎平が経営する「千代の春」酒造場に入った。以来同社の醸造部門を担当し、東京清酒試験所で醸造研究に従事したほか、日本各地の蔵元を視察した。その後、奉天支店長となって渡満し、合名会社への改組とともに代表社員に就き、「千代の春」「金冠千代の春」「祥福」「旺盛」を醸造した。

黒瀬　勝美　▷12

満鉄産業部庶務課庶務係主任、社員会本社連合会事業部長、勲七等／大連市桔梗町／一八九三（明二六）五／岡山県久米郡三保村

岡山県黒瀬恪太郎の長男に生まれ、一九一三年郷里の久米郡書記となった。その後一八年三月青島守備軍民政部付となって山東省に渡り、二一年一二月鉄道属となった。次いで二三年七月満鉄に入り、庶務部社会課に勤務した。以来三〇年六月総務部労務課、三一年八月同人事課、三三年三月経済調査会幹事付庶務班主任に歴勤し、三六年一〇月産業部庶務課庶務係主任となった。この間、満州事変時の功により従軍記章及び建国功労賞を授与された。同郷の夫人喜代との間に一男二女あり、長男茂は東京農業大学、長女嘉子は大連神明高女、次女俊子は大連羽衣高女に学んだ。

黒瀬　慶爾　▷11

関東庁撫順郵便局逓信技手／奉天省撫順高砂町／一九〇〇（明三三）五／大分県下毛郡桜州村／旅順工科大学工学専門部電気工学科

大分県黒瀬桂蔵の五男に生まれ、一九二二年一二月旅順工科大学工学専門部電気工学科を卒業して関東庁逓信局嘱託となった。翌年逓信技手となり、撫順郵便局に勤務した。実弟の五三三も渡満して旅順工科大学に学んだ。

黒瀬　三郎　▷12

大連汽船㈱船長／名古屋市南区瑞穂町／一八八六（明一九）一／東京府東京市品川区大崎本町／東京商船学校

東京商船学校を卒業して海運会社に勤務した後、一九二九年九月大連汽船㈱に入り、船長として同社船籍の各船に乗務した。

黒田　悦二　▷12

浜江省寧安県参事官兼北満特別市公署事務官／浜江省寧安県公署／一九〇二（明三五）二／熊本県熊本市大江町／九州帝大法文学部法科

一九二八年三月九州帝大法文学部法科を卒業した後、二九年五月宮崎県警部補となり警察部特別高等警察課に勤務した。三二年一月警部に進んだ後、翌月渡満して新京警務指導官講習所に入所し、同年六月に修了してハルビン警察庁警察特務科に勤務した。三四年六月警正に進んで同庁督察官となり、次いで三五年四月浜江省寧安県参事官に転任して北満特別市公署事務官を兼務した。

黒田　源次　▷11

満州医科大学教授、文学博士／奉天淀町／一八八六（明一九）一二／熊本県玉名郡玉名村／京都帝大文学部

熊本県有馬源内の子に生まれ、同県黒田甲八の養子となった。一九一一年京都帝大文学部を卒業し、同大学医学部の石川日出鶴丸博士の生理学教室で研究に従事した。医学部副手及び講師を経て文部省留学生となり、一年間ドイツに留学した。帰国後の二六年五月満鉄に入り、満州医科大学教授に就任した。浮世絵と漢代文化史に造詣深く、撫順に恰好のスロープを発見するなど満州におけるスキーの先駆をなした。

黒田憲之輔　▷11

奉天中学校教諭／奉天藤浪町／一九〇一（明三四）四／熊本県鹿本郡岳間村／第一臨時教員養成所

熊本県黒田亀彦次男に生まれ、一九二四年第一臨時教員養成所を修了した。鹿児島県立鹿屋中学校教諭を務めた後、翌二五年に退任し、同年一〇月渡満して奉天中学校教諭となった。

黒田　重治　▷12

安東省公署民政庁土木科長／安東七番通／一九〇二（明三五）／石川県河北郡川北村／北海道帝大工学部土木工学科

一九二八年三月北海道帝大工学部土木工学科を卒業して岡山県技師となった。その後三三年に奉天省公署民政庁技正に転じて渡満し、次いで安東省公署技正に転じて民政庁土木科長代理を経て三七年七月同科長となった。

黒田　修三　▷12

満鉄産業部調査役兼同無機化学係主任兼中央試験所員、社員表彰並懲戒委員会委員、正六位／大連市青雲台／一八九〇（明二三）八／東京府東京市赤坂区台町／東京帝大工科大学応用化学科

東京府黒田綱彦の三男に生まれ、第六高等学校を経て一九一四年七月東京帝大工科大学応用化学科を卒業し、同年一二月一年志願兵として中野電信隊に入隊した。除隊後、一五年一二月三共㈱に入り、次いで一六年九月東京帝大工科大学講師を経て一七年四月臨時産業調査局技師兼窒素研究所技師となり、一八年に欧米に留学し、帰国後に窒素研究所技師薦任となった。二四年一二月鹿児島電気㈱の委嘱により空中窒素工業計画に従事した後、二七年二月帝国酸素㈱東京支社長に就いた。その後三五年二月に渡満計画部に転じて渡満し、同年七月審査役計画部勤務を経て三六年九月参事となり、同年一〇月産業部調査役兼同無機化学係主任兼中央試験所勤務となった。

黒田　章治　▷12

監察院審計部員／新京特別市西三道街監察院審計部／一八九二（明二五）二／新潟県高田市六ノ辻町／私立英語速成学会

郷里の組合立高等小学校四年を修了した後、私立英語速成学会二年を修了して税務署官吏となった。名古屋税務監督局、高田税務署等に歴勤した後、一九三三年六月監察院事務官に招聘されて渡満し、審計部に勤務した。以来歴勤して薦任五等に進み、建国功労賞及び大典記念章を授与された。

黒田長太郎　▷11

質屋業、勲七等／奉天省昌図付属地／一八七九（明一二）三／香川県高松市塩上町／小学校

香川県農業黒田為八の長男に生まれ、一八九〇年小学校を卒業した。一九〇四年の日露戦争に従軍した後、〇六年七月に再び渡満して雑貨商を営み、北満、ハルビン、江南、上海方面を商業視察した。その後質屋業に転じ、昌図の神社総代や地方委員を務めた。

黒田藤次郎　▷12

国際運輸㈱羅津支店海運係主任／朝鮮咸鏡北道羅津府新安洞国際運輸㈱支店／一九〇〇（明三三）一／北海道余市郡余市町富沢町／北海道庁立小樽商業学校

北海道黒田長次郎の長男に生まれ、一九二一年三月庁立小樽商業学校を卒業し、同年六月北海道拓殖貯金銀行小樽支店に入り、同年九月ウラジオストクの茂利洋行に転じた。その後二七年一二月国際運輸㈱に転じてウラジオストク支店、ハルビン支店作業係主任、同運搬係主任、牡丹江出張所、羅津支店運搬係主任、同自動車係主任に歴勤し、三七年四月羅津支店海運係主任となった。

黒田　友七　▷12

チチハル市行政科衛生股長、勲七等／龍江省チチハル栄貴胡同二号公館／一九〇〇（明三三）一／兵庫県飾磨郡高浜村

別名を友人と称し、一九一六年四月姫路郵便局通信局員となったが、同年一二月志願して姫路の歩兵第一〇連隊に入営した。三〇年陸軍衛生部准尉となり、三二年四月満州に動員されて反満抗日軍の掃討作戦に参加した。三三年六月予備役編入と同時にチチハル市政局総務科衛生股長となり、三六年四月同市行政科衛生股長となった。

畔田　長保　▷12

満鉄四平街建設事務所土木主務、玉工同窓会満州支部幹事／奉天省四平街旭町／一八九六（明二九）一／富山県射水郡海老江村／攻玉社工学校

畔田九郎二の子として富山県婦負郡四方町に生まれ、富山市立商業学校を経て東京の攻玉社工学校を卒業し、一九一七年東京市役所に入った。二〇年六月技手に進んだ後、二四年八月まで水道拡張課に勤務して村山貯水池羽村取入口、村山境線水路隧道の諸工事に従事した。次いで荒玉水道町村組合に転じて池袋出張所工務主任、給水部工事主任、杉並工営所主任等を歴任した。三一年六月仙台市技手に転じて水道拡張課第三工区第四工区主任を務めた後、三三年七月に渡満して満鉄に入り、新京地方事務所土木係を経て三四年七

月新京建設事務所土木主務となり、同事務所の四平街移転とともに四平街建設事務所土木主務となった。

黒田　秀麿　▷14

貿易商／大連市大黒町／一八八六（明一九）二／山口県大島郡蒲野村／東京高等商業学校

山口県吉村軌一の次男に生まれ、同県黒田一久の養嗣子となった。一九〇九年東京高等商業学校を卒業し、同年八月満鉄に入社した。庶務課、会計課勤務を経て一九年八月埠頭貨物課長次席に就いた。その後海運課長、陸運課長を歴任して二六年一一月に退社し、実業界に入って主として貿易業に従事した。この間、二〇年から二四年まで大連汽船㈱取締役を兼務し、二四年一一月から二八年一〇月まで大連市会議員を務めた。

黒田　誠　▷11

国際運輸㈱専務取締役、従五位、陸軍二等計手／大連市薩摩町／一八九〇（明二三）九／新潟県高田市四之辻通町／東京帝大法科大学独法科

新潟県司法官黒田英雄の長男に生まれ、一九一四年東京帝大法科大学独法科を卒業して三井物産㈱に入社した。同年末近衛歩兵第二連隊に入営し、翌年末に除隊して帰任した。アメリカ勤務を経て一六年ロンドン支店に赴任し、二一年に東京営業部勤務となった。二二年農商務大臣秘書官に転じ、大臣官房秘書課長に就いた。二三年高等官三等に進んだが同年九月に依願退官し、翌月東洋拓殖会社参事となり、秘書課長、庶務課長を歴任してハルビン支店長に就いた。二七年一一月に東拓を退社し、国際運輸㈱専務取締役に就任し、かたわら大連商工会議所常議員、大連輸入組合顧問を務めた。和洋音楽、絵画、撞球、ゴルフ、囲碁、将棋、和歌と多趣味で鳴らし、お茶の水女子大学英文研究科出身の夫人宮子も謡曲、長唄、囲碁を楽しんだ。

黒田　茂八　▷12

豊生号主、李家顧問、東亜倶楽部理事、大連骨仏建立会監事／大連市能登町／一八八四（明一七）一一／富山県中新川郡西加積村／東京外国語学校支那語専修科

一九〇三年小学校本科正教員検定試験に合格した後、〇七年東京外国語学校支那語専修科を卒業して陸軍通訳となり、臨時測図部付として渡満した。吉林、奉天、直隷各省、熱河地方の調査に随行した後、一〇年三月関東州に転じて公学堂教諭、陸軍通訳生、関東都督府翻訳生、関東都督府属、関東庁理事官を歴職した。その後二六年二月に退官して㈱金福鉄路公司に勤務したが、三一年三月に退社して豊生号の商号で医療保健具商を経営した。

黒柳　一晴　▷12

奉天市総務処総務科長、地籍整理局奉天市局員、満州国協和会奉天省市本部幹事、勲八等／奉天霞町／一九〇三（明三六）九／長野県上水内郡中郷村

長野県黒柳与市の長男に生まれ、一九二三年一〇月満鉄育成学校を修了して庶務部社会課に勤務した。以来勤続し、三一年一〇月満州事変に際し関東軍司令部嘱託として参謀部第三課に勤務し行政諸機関復興事務を担当した。次いで三二年一月奉天省政府諮議として奉天省公署総務庁人事科に勤務した後、三二年六月満鉄を退社して奉天省公署事務官となり総務庁総務科勤務を経て三六年四月奉天市総務処総務科長に就き、三七年二月から地籍整理局奉天市局員を兼務した。

桑尾　勝雪　▷13

満州興業銀行大連支店長／大連／一八九三（明二六）一／高知県土佐郡朝倉村／京都帝大法学部政治経済科

一九一八年三月京都帝大法学部政治経済科を卒業して朝鮮銀行に入り、大阪、京城、平壌、鎮南浦の各支店に勤務した。その後二九年に満州銀行四平街支店支配人に転じて渡満し、三五年ハルビン支店支配人に転任した。一九三六年一二月に鮮銀・満銀・正隆が合併して満州興業銀行となった後も引き続き勤務し、三八年本店商業金融課長を経て四二年に大連支店長となった。

桑貝　秀二　▷12

満州拓殖㈱総務部経理課長／新京特別市大同広場満州拓殖㈱総務部／一八八六（明一九）一二／山梨県南都留郡谷村町／陸軍経理学校

一九一〇年一二月陸軍三等主計となり、第一師団経理部員、航空大隊付兼陸軍東京経理部員兼、兼補航空第一大隊材料廠付、第一七師団経理部員、

朝鮮軍経理部付、同糧秣本廠付兼経理局課員、陸軍糧秣本廠付兼陸軍省経理局課員、被服本廠員、陸軍経理学校教官、教育総幹部付を歴補し、この間一六年に陸軍経理学校を卒業した。次いで満州事変に際し第一〇師団経理部部員として渡満し、満州拓殖㈱による吉林省東北部移民用地買収に腐心した。その後三六年八月一等主計正に累進して予備役編入となり、満州拓殖㈱に入り総務部経理課長となった。

桑島　秋寿　▷9

福昌公司社員／大連市山県通／一八七四（明七）一〇／長崎県南高来郡深口村

日露戦中の一九〇五年四月に渡満し、大連土地建物㈱に勤務した。一三年八月、相生由太郎の経営する福昌公司に転じた。

桑島　豊重　▷10

日本橋ホテル主、満州ホテル主／大連市大山通／一八七四（明七）三／山梨県中巨摩郡明穂村

代々の医家に生まれたが、一八歳の時から郷里で生糸、繭、綿、海産物等の商売を営んで資金を蓄え、上京して米穀商を開業した。商売不振のため仙台に行って第二師団の御用商人となり、一九〇四年日露戦争の勃発とともに同師団酒保として渡満した。戦後いったん帰国し、〇六年九月に再び渡満して大連で木炭商を営み、かたわら下宿屋を兼営して下宿屋組合長を三年務め、大連市役所の前身である衛生組合委員も務めた。その後一四年に吉野町で桑島旅館を開業し、一六年三月大山通に移転して日本橋ホテルと改称した。二〇年から一年間日本各地を旅行して旅館経営の実態を視察し、茶代廃止を断行し内部を刷新するなど各種改良を加えた。純日本式の旅館として遼東ホテルと並び称された日本橋ホテルのほか、東郷町でも満州ホテルを経営した。

桑田　実　▷12

満鉄地方部衛生課医務係主任、勲八等／大連市三室町／一八九〇（明二三）一二／広島県双三郡三良坂村／早稲田大学文学科高等予科中退

広島県桑田遠吉の長男に生まれ、一九一〇年六月早稲田大学文学科高等予科を中退して呉海軍経理部に勤務し、一四年三月大分県の文官普通試験に合格して一七年五月海軍書記となった。その後二〇年一二月満鉄に転じて渡満し、地方部衛生課に勤務した。二七年九月遼陽医院に転勤した後、二九年四月同医院事務長、同年八月長春医院事務長、三〇年六月同庶務長、三一年一二月地方部衛生課、三三年三月鉄路総局総務処地方科、三四年四月付業科、三五年三月ハルビン鉄路局福祉科衛生係副主任を経て地方部衛生課医務係主任となり、三六年九月副参事に昇格した。この間、三六年四月勤続一五年の表彰を受けた。

桑鶴常太郎　▷7

大島紬購買会主／大連市但馬町／一八七一（明四）二／鹿児島県鹿児島郡谷山町

叔父の経営する金物商店で働くうち、一八九一年叔父の知人に招かれて大阪の小倉朝鮮貿易商店の見習となった。翌年日韓貿易会社が創立されると、副社長の知人の伝手で同社に転じて外務主任となった。九四年に日清の国交が断絶すると、官命により軍需糧食等の供給のため第一師団付御用商人として威海衛に出張所を開店し、主任となって上海、芝罘方面と取引した。日清戦争後、帰国して大阪で朝鮮貿易商を独立開業した。一九〇四年の日露戦争時に第三師団酒保として従軍の準備をしたが思惑が外れ、旅順に渡って松本商会の名で軍需糧食の納入をした。かたわら古鉄を買収して日本に送り巨利を得たが、鉄価の暴落で多大の損失を招き、旅順を引き揚げてしばらく朝鮮で商売をした。一二年に再び渡満して大連で会社員となったが耳の病気を患い、日本に戻って療養に専念し、この間夫人ウメ子が下宿業で家計を支えた。三度び渡満して但馬町で菓子製造業を始めたが振るわず、二二年一二月大島紬購買会を組織して会員数二、三百に上り、ようやく商運を得た。満鉄養成所を修了して職員となった長男常雄は尺八に堪能で、その妙音は通行人を立ち止まらせるほどの腕前と称された。

桑名　楯男　▷11

満鉄吉林公所職員／吉林省城保真閣胡同社宅／一八九五（明二八）一二／高知県高知市北新町／高知県立海南中学

高知県桑名俊男の次男に生まれ、海南中学校を卒業して旧藩主の侯爵山内家で働いた。その後一年志願兵として善通寺の歩兵第四四連隊に入隊し、一九一八年一一月に除隊して渡満した。満鉄経理部会計課に勤務し、二七年七月吉林公所詰となった。

桑野　広　▷12

丸大洋行主、㈴丸大運輸公司代表社員、日本シトロン㈾代表／奉天琴平町／一八九四（明二七）一〇／福岡県山門郡大和村

一九一二年満鉄に入り、奉天駅貨物係、同庶務係を務めた後、一六年に退社して運輸業を営んだ。その後一九年に奉天運輸倉庫㈱に入り営業主任となったが、同社解散に伴い二一年一二月平安通に丸大運輸公司を興して再び運輸業を自営し、業績の向上にともない資本金を二万円に増額して貸家業を兼営した。次いで二四年七月八幡町に資本金一万円で日本シトロン会社を興して「キングシトロン」を年間二万箱生産し、三二年には丸大洋行の名で陸軍御用達として大豆、豆粕、胡麻、雑穀類を扱い、錦州と打虎山に支店を設けた。

桑野弥一郎　▷14

桑野洋行代表社員、関東州方面委員、大連市栄町区長、大連防空協会伏見台分団相談役、大連商業学校保護者会長／大連市栄町／一八七〇（明三）一一／福岡県朝倉郡安川村／福岡県立甘木中学校

福岡県朝倉郡の旧家に生まれ、一七代弥一郎を襲名した。一八八八年県立甘木中学校を卒業して家業に従事し、九〇年に府県・郡制が施行されると郷里で各種の地方行政職に就いた。その後一九一八年一〇月に渡満して大連購買㈱支配人となり、かたわら栄町に道路が敷設されると同地に桑野洋行を設立して清酒・米穀、食料・雑貨類の卸・小売業を営んだ。二二年九月に大連購買㈱を辞職した後、大連商業学校卒の長男博に補佐させながら桑野洋行の経営に専念し、三六年春に晴明台市場内に支店を設けた。この間、三三年一一月から三六年一〇月まで大連市会議員を務めた。

桑畑　忍　▷11

奉天普通学堂長／奉天富士町／一八八六（明一九）二／鹿児島県肝属郡高隈村／鹿児島県師範学校

一九〇六年鹿児島県師範学校を卒業し、県下の大島郡、鹿児島郡の各尋常高等小学校訓導を務めた。一三年に渡満して満鉄教育研究所で一年間中国語を学び、一四年四月熊岳城公学堂長となった。一八年に社命で一年間北京に留学した後、帰任して校舎建築、農学校設置に尽力して二三年四月から熊岳城農業学校長を兼任し、二八年四月奉天普通学堂長に就いた。

桑原　英治　▷12

国務院営繕需品局営繕処工務科長、満州国体育連盟常務理事、同陸上競技協会理事長、同ラグビー協会理事／新京特別市東朝陽胡同／一八九九（明三二）一／熊本県鹿本郡来民村／東京帝大工学部建築学科

熊本県桑原栄次郎の四男に生まれ、一九二三年三月東京帝大工学部建築学科を卒業し、同年四月東京市技手となり建築課に勤務して二四年五月技師に昇格した。二七年五月神奈川県建築技師に転じて県庁舎建築事務所長に就任し、庁舎竣工とともに二九年六月名古屋市技師に転じて市庁舎建築係長に就いた。三三年一〇月竣工とともに依願免職し、渡満して満州中央銀行技術員となり、翌年一二月建築事務所長に就任した。三六年六月営繕需品局技正となり、営繕処監督科長を経て三七年四月同処工務科長に就いた。三七年三月国都建設紀年式典準備委員会工営部幹事を務めたほか、満州国体育連盟常務理事、同陸上競技協会理事長、同ラグビー協会理事など各種運動団体の役職を務めた。

桑原　三郎　▷12

満鉄張家堡簡易駅助役／安東省張家堡簡易駅／一八九四（明二七）三／熊本県玉名郡大原村／高等小学校

一九〇八年三月郷里の高等小学校を卒業した後、一四年一二月徴兵されて歩兵第五八連隊に入営した。満期除隊後、一八年一二月に渡満して満鉄に入り蓋平駅駅夫となった。次いで同駅貨物方、三十里堡駅駅務方、大連列車区車掌、得利寺駅駅務方兼助役心得に歴勤し、三五年七月張家堡簡易駅助役となった。この間、満州事変時の功により大楯を授与され、三四年四月勤続一五年の表彰を受けた。

桑原　正次　▷12

満鉄遼陽地方事務所消防監督兼衛

生監督、勲八等／遼陽鞍馬町／一八九六（明二九）一二／新潟県中魚沼郡秋木村

一九一六年一二月徴兵されて新発田の歩兵第三〇連隊に入営し、満期除隊後に渡満して一九年五月満鉄に入社した。鞍山製鉄所、鞍山地方区、鞍山地方事務所に歴勤して鞍山消防隊副監督、遼陽地方事務所消防隊副監督を歴任した。その後三六年一〇月遼陽地方事務所消防監督となり、三七年一月衛生監督兼職となった。この間、三〇年に社員表彰規程第一条第二号により功績章及び金一封を授与され、三五年四月勤続一五年の表彰を受けたほか、三六年に満州事変時の功により勲八等旭日章及び従軍記章、建国功労賞を授与された。

桑原　清七　▷12

桑原商店主／新京特別市祝町／一八九二（明二五）一〇／兵庫県明石市大明石

一九二〇年一二月に渡満し、長春東四条通に桑原商店を開設して特産物商を営み、後に祝町に拡張移転した。

桑原　利英　▷12

満鉄鉄道総局築港課長、工務委員会委員、勲六等／大連市楓町／一八八六（明一九）六／山口県佐波郡牟礼村／東京帝大工科大学土木科

山口県桑原宰登の長男に生まれ、一九一四年七月東京帝大工科大学土木科を卒業し、同年九月満鉄に入社した。築港事務所工務課、埠頭事務所工務課勤務を経て二六年六月参事に昇進し、二七年四月鉄道部工務課勤務を経て二八年八月臨時甘井子建設事務所長となった。次いで三〇年六月技師となり、工事部築港課長兼臨時建設事務所長、同年九月大連港湾計画課調査委員会委員に歴任し、三一年一月築港及び埠頭設備視察研究のため欧米各国とその植民地に出張して同年一一月に帰任した。その後三二年二月経済調査会調査員兼任、同年三月同第三部第四班主任、三三年三月羅津建設事務所長、三六年一月同築港長兼任、同年四月鉄道建設局計画課長を歴任し、同年一〇月鉄道総局築港課長となった。この間、満州事変時の功により従軍記章及び建国功労賞を授与され、三〇年四月勤続一五年の表彰を受けた。

桑原巳代治　▷12

満鉄北鮮鉄道事務所運輸課貨物係主任、勲六等／朝鮮咸鏡北道清津府浦項洞満鉄北鮮鉄道事務所／一八九三（明二六）八／福岡県遠賀郡芦屋町／早稲田大学商科

福岡県醤油醸造業桑原宗重の長男に生まれ、東筑中学校を経て一九一八年早稲田大学商科を卒業し、同年九月満鉄に入社した。大連駅貨物方、長春駅貨物方に歴勤して二一年長春駅貨物助役となり、鉄嶺駅貨物助役を経て二四年同駅貨物主任となった。次いで開原駅貨物主任、奉天駅貨物主任、鉄道部貨物課勤務、大連鉄道事務所勤務、長春鉄道事務所勤務、新京鉄道事務所勤務、鉄道部勤務を経て北鮮鉄道管理局運輸課に転任し、三五年七月参事に進んで三六年一一月同貨物係主任となった。この間、満州事変時の功により勲六等に叙され、三四年四月勤続一五年の表彰を受けた。

桑原義三郎　▷9

満鉄撫順炭砿運炭課長兼撫順駅長、勲八等／奉天省撫順春日町／一八七六（明九）九／愛知県名古屋市東区東芳野町

一九〇一年五月水戸駅助役を経て〇五年四月鉄道作業局雇員となり、同年一一月野戦鉄道提理部助役として日露戦争に従軍した。〇七年四月満鉄開業とともに入社し、奉天駅助役として勤務した後、一〇年九月蘇家屯駅長となった。一九年八月大連駅長に転任し、さらに翌年七月満鉄撫順炭砿運炭課に転任して撫順駅長を兼任し、二一年六月運炭課長となった。

桑村　松二　▷11

満鉄撫順炭砿古城子採炭所採炭係主任／奉天省撫順永安台北台町／一八九四（明二七）／京都府国中郡峰山町／京都帝大工学部

一九二〇年、京都帝大工学部を卒業して満鉄に入社した。各部署に勤務した後、撫順炭砿古城子採炭所採炭係主任に就いた。

軍司　三郎　▷12

満鉄穆稜站長、勲八等／牡丹江省穆稜站長局宅／一九〇五（明三八）一／茨城県東茨城郡西郷村／日露協会学校

茨城県軍司弘三の三男に生まれ、一九二三年満鉄従事員見習学校を修了して満鉄に入った。一九二九年勤務のかたわら満鉄給費生としてハルビンの日露協会学校を卒業し、同年四月鉄道部事務助手となった。次いで同年九月長春駅駅務方、三〇年八月長春列車区車掌、三一年一月長春駅駅務方、同年五月同駅貨物方、三二年一一月新京駅貨物方、三三年一月同駅構内助役、三四年四月同駅事務助役に歴勤した。その後三五年六月ハルビン鉄路局運輸科勤務、同年一一月綏芬河鉄路監理所監理員を経て三六年七月穆稜站長に就いた。

軍司　義男

▷11

満鉄ハルビン事務所庶務課長、勲五等／ハルビン新市街新買売街／一八七六（明九）一一／茨城県多賀郡南中郷村

茨城県農業山形情一郎の三男に生まれ、同県軍司甫の娘千代の婿養子となった。一九〇七年五月、関東都督府陸軍部嘱託となって渡満した。一七年三月に退職して翌月満鉄に入社し、以来勤続してハルビン事務所庶務課長に就き、ハルビン日本居留民会評議員、同日本運動倶楽部会長を務めた。この間モスクワ鉄道連絡会議に参加し、帰任途中にロシア、ポーランド、ドイツ、フランス等を巡遊した。

慶徳　敏夫　▷12

満鉄副参事、撫順地方事務所庶務係長／奉天省撫順南大街南寮／一八九三（明二六）九／愛知県渥美郡田原町／中央大学商科

愛知県慶徳次郎平の長男に生まれ、錦城中学校を経て一九一八年中央大学商科を卒業し、同年七月満鉄に入社して地方課に勤務した。一九年七月地方部庶務課、二二年一〇月瓦房店地方事務所勤務を経て二三年一二月大石橋地方事務所庶務係長となった。二七年一一月開原地方事務所庶務係長に転任した後、三三年一月奉天地方事務所蘇家屯派出所主任を経て三四年九月経済調査会調査員となった。三六年九月副参事に昇任して撫順地方事務所庶務係長に就き、家族を大連市榊町の自宅に残して単身赴任した。この間、満州事変時の功により銀杯及び従軍記章を授与され、三四年九月一五年勤続の表彰を受けた。

慶松勝左衛門　▷9

満鉄中央試験所長／大連市山城町／一八七六（明九）九／京都府京都市上京区二条通烏丸東仁王門町／東京帝大医科大学薬学科

前名は勝太郎、後に先代勝左衛門を襲名した。一九〇一年七月東京帝大医科大学薬学科を卒業して同大学助手となり、〇四年六月内務省衛生試験所技師に転じて調査部長を務めた。〇七年七月関東都督府技師に転じて中央試験所長に就き、〇九年三月薬学博士の学位を取得した。一〇年五月中央試験所が満鉄に移管されるに伴い同社入りし、欧州各国に出張して化学工業を視察した後、帰社して満鉄中央試験所衛生科長となり、一九年所長に就任した。⇓二二年東京帝大教授に転じて帰国し、三七年に退官して同大名誉教授となった。この間、東方文化事業上海委員会委員、中央衛生会委員、学術研究会議員、日本薬局方調査会長、第一製薬㈱顧問等に就き、戦後は参議院議員、日本薬剤師協会会長等を務めた。五四年一月没。著書に『製造化学図譜』がある。

計良　元彦　▷12

関東測候所四平街支所長／奉天省四平街北一二条通関東測候所四平街支所長官舎／一九〇〇（明三三）七／新潟県佐渡郡新穂村

新潟県計良彦一の長男に生まれ、中央気象台附設測候技術官養成所専修科及び別科を修了して新潟測候所に勤務した。その後一九二七年大連の関東測候所に転出して渡満し、二九年三月営口支所長を経て三六年三月四平街支所長となった。この間、満州事変時の功により勲八等瑞宝章及び建国功労賞を授与された。

毛原　撰三　▷8

毛原洋行主／奉天城内／一八八二（明一五）四／広島県芦品郡府中町

日露戦中の一九〇五年七月営口に渡り、〇七年一〇月奉天の内外通信社に入社した。一一年に退社し、小西門に毛原洋行を開業して商業に従事した。二一年東華門外灰市胡同に店舗を移転拡張し、二二年には江の島町に支店を設け、被服裁縫請負、帽子、シャツ類の製造販売をし、軍や満鉄各学校、病院に納入した。

毛谷　惣助　▷12

満鉄図們機務段運転助役兼機関士、勲八等／間島省図們山手局宅／一八九六（明二九）一〇／兵庫県神戸市東川崎町／湊川高等小学校

兵庫県毛谷菊松の長男に生まれ、一九一一年三月神戸の湊川高等小学校を卒業し、同年一〇月鉄道院に入り神戸機関庫に勤務した。その後二〇年一二月満鉄に転じて渡満し、公主嶺機関区機関士となった。以来勤続し、三五年七月鹿道機務分段運転副段長、三六年図們機務段運転副段長を経て同年一一月職制改正により同段運転助役兼機関士となった。この間、満州事変時の功により勲八等に叙された。

解良　武夫　▷12

錦州省錦県参事官兼地籍整理局事務官／錦州省錦県公署／一九〇四（明三七）四／新潟県三島郡寺泊町／拓殖大学

柏崎中学校、拓殖大学予科を経て一九二九年三月同大学本科を卒業した後、満州事変に際し三一年一二月に渡満して奉天省自治指導員となった。次いで三二年一〇月奉天省義県参事官を経て三六年四月錦州省錦県参事官となり、地籍整理局事務官を兼任して錦支局に勤務した。

剣持　寛忠　▷12

国際運輸㈱黒河出張所孫呉営業所主任、正八位／龍江省竜鎮県国際運輸㈱孫呉営業所主任／一九〇八（明四一）八／山形県酒田市下台町／東京外国語学校本科露語貿易科

山形県剣持寛容の五男に生まれ、一九三一年三月東京外国語学校本科露語貿易科を卒業した。三二年二月秋田の歩兵第一七連隊に入営し、同年一一月幹部候補生として除隊した後、三三年一月から同年一一月まで陸軍参謀本部第四部の臨時雇員として翻訳に従事した。その後三四年五月に渡満して国際運輸㈱に入り、黒河出張所勤務を経て三六年五月孫呉営業所主任となった。

け

小池　筧　▷12

満州電業㈱常務取締役兼総務部長／新京特別市八島通／一八八八（明二一）三／長野県上伊那郡中沢村／東京帝大法科大学政治学科

長野県小池亀次郎の三男に生まれ、一九一八年七月東京帝大法科大学政治学科を卒業して朝鮮銀行に入った。その後二八年に郡山合同銀行常務取締役に就き、次いで三〇年に第百七銀行顧問となった。三二年八月関東軍特務部部員となって渡満し、三四年一〇月同部員を辞した後、同年一二月満州電業㈱常務取締役に就いて総務部長を兼任した。

小池　寛治　▷3

関東都督府事務官、民政部土木課大連出張所勤務、正七位高等官六等／大連市児玉町／一八八三（明一六）八／東京府／京都帝大法科大学政治学科

一九〇七年七月京都帝大法科大学政治学科を卒業し、〇九年文官試験に合格した。翌年二月関東都督府属となって渡満し、一一年五月事務官に進み、民政部土木課大連出張所に勤務した。

小池　経策　▷12

満鉄チチハル鉄路局経理処長／龍江省チチハル鉄路局経理処／一八九八（明三一）一／長野県諏訪郡本郷村／東京帝大法科大学政治学科

長野県小池長三郎の次男に生まれ、第八高等学校を経て一九二三年三月東京帝大法科大学政治学科を卒業し、満鉄に入社して東京支社内の東亜経済調査局資料課に勤務した。庶務課勤務、調査課兼務を経て二五年一〇月東京支社庶務課兼経理課勤務となり、次いで二八年二月支社臨時建築係兼務、三〇年六月庶務係主任、三二年三月運輸係主任兼務を経て事務管理法の研究のため欧米各国へ満二年間留学した。帰社して三四年四月奉天の鉄路総局経理処会計課に転任し、三五年七月参事に昇進して三六年一〇月本社経理部に勤務した後、三七年二月チチハル鉄路局経理処長となった。

小池　謙三　▷12

満鉄衛生研究所員、従七位／大連市伏見町／一八九二（明二五）七／岐阜県可児郡帷子村／愛知県立医学専門学校

岐阜県小池幾次郎の長男に生まれ、一九一六年愛知県立医学専門学校を卒業して同年九月愛知県検疫員となり、次いで福井、滋賀の各県警察医を務めて衛生技師となった。その後二四年一月に渡満して満鉄に入社し、地方部衛生課勤務、同撫順在勤兼務、撫順炭砿庶務課勤務、地方部衛生課安東在勤兼安東地方事務所勤務を歴職した。三四年六月技師に昇格して安東保健所主任兼保険医を務めた後、三六年四月衛生研究所に転任して同年九月参事となった。細菌学殊に赤痢の研究に造詣深く、撫順炭砿在職中に撫順区地方委員を務めたほか、炭砿衛生の基礎確立に尽力した。

小池　健平　▷12

国際運輸㈱錦県支店阜新営業所主任兼義県営業所主任、勲八等／錦州省阜新県国際運輸㈱阜新営業所主任社宅／一八八二（明一五）一二／長野県上水内郡水内村

長野県農業小池庄吉の三男に生まれ、一九〇二年徴兵されて習志野の騎兵第一三連隊に入隊し、〇四年五月日露戦争に従軍した。戦後〇七年三月独立守備隊第一大隊に編入されて公主嶺に駐屯し、除隊後一〇年八月満鉄に入り運輸課に勤務した。その後一一年五月陸軍諜報勤務となり、内蒙古の産業・風俗調査のため多倫、諾爾、赤峰、烏丹、城林、西開魯、小庫倫方面を踏査した。任務修了後、一九年一二月長春の山口運輸公司に入り、二三年七月国際運送㈱、さらに二六年八月国際運輸㈱への組織変更後も勤続し、同年一〇月鉄嶺出張所詰、二九年一一月奉天支店詰、三三年四月朝陽鎮営業所主任を経て同年一〇月朝陽鎮出張所長となった。次いで三五年六月本社計画課勤務を経て三六年三月錦県支店義県営業所主任となり、同年八月阜新営業所主任兼務となった。

小池　真一　▷11

満鉄鞍山製鉄所勤務／奉天省鞍山製鉄所社宅／一八九二（明二五）二／東京府南多摩郡小宮前村／旅順工科学堂冶金科

東京府農業小池孚達の三男に生まれ、一九一三年に渡満して旅順工科学堂に入学した。一六年冶金科を卒業して満鉄に入り、沙河口工場に勤務した。鞍山製鉄所設立翌年の一九年、同所製造

課に転じた。

小池 全道 ▷11

曹洞宗布教師／奉天省開原東洋街奉天省開原寺／一八八八（明二一）二／東京府東京市下谷区御徒町／東京法学院法律科、明大法政科

俗名は青木孝造、東京府官吏青木政五郎の四男に生まれ、絶家した小池志満家を再興した。一九〇六年東京法学院法律科を卒業し、さらに〇八年明治大学法政科を卒業した。一三年曹洞宗本山仏教科に学び、かたわら中国語を習得した。一七年一〇月大連の常安寺駐在布教師となって渡満し、翌年一二月瓦房店に曹洞宗布教所の昭和寺を開創した。同布教所主任として軍人布教師を兼任し、二三年五月開原の開原寺主任布教師に転じて警察布教師を兼ね、二五年に開原寺本堂を再建した。南北中国を巡遊して居留民慰問と布教に従事するかたわら、禅の実際化として易学、骨相学等の研究を趣味とした。

小池 孜 ▷12

浜江税務監督署牡丹江出張所長／牡丹江浜江税務監督署出張所／一八九五（明二八）一／東京府東京市牛込区箪笥町／明治大学政治経済科中退

復興局嘱託小池粂治郎の長男として新潟県岩船郡館腰村に生まれ、一九一三年新潟県立巻中学校を卒業して早稲田大学英文学科に入学し、一五年一月明治大学政治経済科に転じたが、同年一二月に退学して四谷税務署属となった。その後二〇年一〇月関東庁属となって渡満し、財務局に勤務した後、三二年国務院財政部税務監督署事務官に転じてチチハルの竜江税務監督署監察科長となった。次いで三三年四月熱河作戦の直後に熱河税務監督署に転任し、旧熱河財務庁を接収して初代監察科長に就いた。三四年奉天税務監督署事務官に転任して四平街出張所長となり、奉天省梨樹税捐局理事官・副局長を兼任した後、三七年四月浜江税務監督署牡丹江出張所長に就いた。この間、協和会四平街官公吏分会副分会長、同会梨樹県本部委員、軍用犬協会支部相談役、防空協会支部理事、新潟県人会会長等を務め、満州事変時の功により勲六位景雲章を授与された。錦心流琵琶宗家永田錦心に師事して奥伝を受け、鞠水と号した。

小池 徳市 ▷9

小池徳正堂薬舗主、開原実業信託㈱取締役、開原有価証券仲介業組合長、開原金融組合副組合長、開原薬種組合幹事／奉天省開原付属地第一区／一八八一（明一四）六／佐賀県藤津郡古枝村／県立佐賀中学校

酒造業者の子に生まれ、一九〇〇年県立佐賀中学校を卒業して佐世保鎮守府経理部筆生となった。〇七年に辞職して渡満し、開業草創の満鉄に入り地方課に勤務した。〇九年長春地方事務所に転勤した後、一四年七月に退社して同地で薬種商を開業したが、翌年一月開原に移り小池徳正堂薬舗を経営し、かたわら金融・薬種商関係諸会社の役員を務めた。

小池 友平 ▷12

満鉄十家堡駅長、勲八等／奉天省梨樹県十家堡駅長社宅／一九〇〇（明三三）四／山梨県南都留郡小立村

小池寅吉の長男として甲府市三日町に生まれ、一九一六年一〇月満鉄従事員養成所を修了して安東駅見習となった。以来勤続して安東駅電信方、奉天駅電信方、鳳凰城駅駅務方、安東列車区車掌、安東駅駅務方に歴勤した。次いで新台子駅駅務方兼助役心得、海城駅駅務方兼助役心得、草河口駅助役、金抗信号場駅長を歴任し、三七年三月十家堡駅長に就いた。この間、満州事変時の功により勲八等に叙せられた。

小池 文雄 ▷12

満鉄ハルビン鉄路局運輸処長、正八位／ハルビン鉄路局／一八九八（明三一）三／東京府東京市牛込区矢来町／京都帝大経済学部

東京府小池順の長男に生まれ、一九二一年京都帝大経済学部を卒業し、同年五月満鉄に入社して大連駅に勤務した。一年志願兵として入営し、主計少尉に任官して除隊復職した後、営口駅、奉天列車区、鉄道部旅客課県鉄道教習所公司、鉄道部渉外課に歴勤した。二八年一〇月社命により旅客誘致に関する施策・実情調査のため欧米に出張した後、旅客課旅客係主任を経て鉄路総局運輸処旅客科長となり、輸送係主任と食堂車営業所支配人、鉄路総局設備委員会委員を兼務した。その後三六年九月参事に昇格してハルビン鉄路局運輸処長に就き、三七年四月勤続一五年の表彰を受けた。

小池　元二　▷12

昭和製鋼所㈱銑鉄部骸炭工場第二骸炭係主任／奉天省鞍山南十条町／一九〇五（明三八）八／長野県諏訪郡金沢村／長岡高等工業学校応用化学科

長野県小池元蔵の次男に生まれ、一九二九年三月長岡高等工業学校応用化学科を卒業し、同年五月満鉄に入り製鉄所製造課に勤務した。鞍山製鉄所化学工場工務部工務課兼務を経て同所の事業を継承した昭和製鋼所㈱に移り、三六年四月銑鉄部骸炭工場第二骸炭係主任を務めた。

小井沢庫造　▷12

満鉄瓦房店尋常高等小学校長兼瓦房店青年学校長、満州国協和会復県本部評議員、大日本国防婦人会瓦房店支部顧問／奉天省瓦房店鹿島街／一八九九（明三二）二／埼玉県入間郡山口村／埼玉県師範学校、満州教育専門学校

埼玉県小井沢八五郎の三男に生まれ、一九二〇年三月埼玉県師範学校を卒業して所沢尋常小学校の訓導となった。その後二二年三月満鉄訓導に転じて渡満し、四平街尋常高等小学校に勤務した。安東尋常高等小学校、安東尋常小学校の各訓導を務めた後、地方部付非役となって満州教育専門学校に入学し、二七年に卒業して奉天第二尋常小学校訓導となった。営口尋常高等小学校に転勤して営口家政女学校教員を兼任した後、海城尋常高等小学校長となり海城実業補習学校長及び海城青年学校長を兼任した。次いで三七年四月瓦房店尋常高等小学校長に転任し、瓦房店青年学校長を兼任した。

小石沢定義　▷11

長春地方事務所庶務主任／長春常盤町／一八九五（明二八）一／山梨県東山梨郡三富村／松本商業学校

山梨県官吏小石沢藤平の五男に生まれ、一九一二年松本商業学校を卒業した。郷里の小学校で教鞭を執った後、一六年に渡満して関東庁に勤務した。一八年五月満鉄に転じて文書課に勤務し、二六年五月長春地方事務所庶務主任となった。

小石沢万作　▷12

満鉄本渓湖医院庶務長／奉天省本渓湖満鉄医院／一八八三（明一六）九／山梨県東山梨郡三富村

一九〇二年山梨県巡査となり、以来勤続して一四年八月同県属となった。一八年一二月満鉄に転じて渡満し、遼陽、鞍山、撫順、ハルビンの各満鉄に医院に勤務した。次いでハルビン医院庶務長、安東医院庶務員を経て三六年七月本渓湖医院庶務長となった。この間、三四年四月に勤続一五年の表彰を受けた。

小石　茂吉　▷12

義昌洋行主／牡丹江円明街／一九〇〇（明三三）一／大分県速見郡大神村

一九二四年から釜山で商業に従事した後、三四年に渡満して図們明徳街で食料品商を営んだ。その後二二年三月牡丹江に移って和洋菓子の製造販売業を始め、食料品雑貨・和洋酒販売業を兼営し、鉄路局御用達として同地方屈指の商店に発展した。

小泉　三郎　▷12

国務院営繕需品局需品処長、従五位勲四等／新京特別市建国路公館／一八八九（明二二）一／茨城県久慈郡誉田村／陸軍経理学校

茨城県久慈郡幸久村に生まれ、一九一〇年陸軍経理学校を卒業して同年一二月陸軍三等主計に任官した。一五年二等主計に進んだ後、陸軍造兵廠東京工廠員、小倉兵器製造所廠員、第一師団経理部員を歴任した。三三年二等主計正に累進して予備役編入となり、国務院総務庁事務官・需用処長となって渡満した。次いで同理事官に進み、三五年一一月営繕需品局需品処長となった。

小泉正次郎　▷12

小泉正次郎海事事務所長、帝国海事協会技師、国務院交通部嘱託兼大連弁事員、中華民国交通部航政司嘱託／大連市東公園町／一八八二（明一五）四／山口県下関市関後地村／東京高等商船学校機関科

盛岡市に生まれ、一九〇七年東京高等商船学校機関科を卒業して大阪商船会社に入り、機関部員として遠洋航海に

四年従事した。その後、鉄道院、内田国際汽船会社等に勤め、二三年に政記輪船㈱に入り船舶部監督に就いた。シンガポール、アメリカ、フランスの各出張員を務めた後、海事協会検船師を経て大連市寺内通に小泉正次郎海事事務所を設立して船舶検査代理業を経営した。三二年に国務院交通部嘱託となり大連弁事員を兼務したほか、中華民国交通部航政司嘱託を兼務した。

小泉常次郎 ▷12

大連電機製作所主／大連市加賀町／一八八一（明一四）一／富山県富山市越前町

一九〇八年に北米に渡り、バンクーバー、シアトル等で実業に従事し、一八年に帰国した。次いで一九年に渡満し、大連で電気機械器具製作修理業を営んだ。夫人元喜子との間に六子あり、長男正雄は南満州工業専門学校を卒業して満鉄に入り建築課に勤務した。

古泉　光男 ▷14

満州電業㈱取締役兼大連支店長事務取扱、大連市産業委員、大連商工会議所議員、満州電気協会理事、正八位／大連市桃源台／一八八八（明二一）七／広島県福山市南町／東京高等工業学校電気科

広島県古泉染三の次男に生まれ、一九〇九年東京高等工業学校電気科を卒業して東京市淀橋の豊多摩工場の技師となった。一四年二月一年志願兵として入営し、陸軍工兵少尉に任官して除隊復職した後、一七年一月満鉄技師に転じて渡満した。沙河口工場電気課第三分科主任、鞍山製鉄所主任技術者を歴任した後、社命により一年間欧米に出張して電気事業視察をし、帰社して参事となった。その後二七年満鉄傘下の南満州電気㈱計画課長に転出し、技術課長を経て三一年一月取締役兼技師長に就任した。次いで三四年一一月同社の電気供給事業を継承して満州電業㈱が創立されると同社取締役兼大連支店長事務取扱となった。この間、三二年一一月から三六年一〇月まで大連市会議員を務めた。

小出　英吉 ▷12

小出洋行主、満州日日新聞社普蘭店支局長、関東州営業税審査委員、普蘭店営業税調査委員、普蘭店居住民会評議員、普蘭店金融組合評議員、普蘭店会協議員、勲八等／関東州普蘭店福寿街／一八八三（明一六）一〇／東京府東京市麻布区六本木町／慶応商業学校、善隣書院

東京府小出英発の三男に生まれ、一九〇二年慶応商業学校を卒業した後、さらに善隣書院に学んで〇四年に卒業し、陸軍通訳として日露戦争に従軍した。戦後〇六年に除隊して普蘭店で旅館業、物品販売業等を営み、二〇年に普蘭店電灯会社、満州バリウム会社等を創立した。その後二四年一一月に小出洋行を設立し、福寿街鉄路沿いの官有地一万二〇〇〇坪を借り受けて林檎、梨、桜桃、葡萄などの果樹園を経営し、かたわら日満商事特約販売人として石炭販売業、成文堂と称して代書業を兼営した。長男安来英は東京帝大農学部に学んだ。

小出　健蔵 ▷11

満鉄鉄道部渉外課勤務／大連市白金町／一八九五（明二八）一／千葉県印旛郡佐倉町／千葉県立佐倉中学校、満鉄教習所

千葉県農業小出喜三郎の長男に生まれ、一九一二年三月県立佐倉中学校を卒業して満鉄教習所に入った。一四年七月に卒業して奉天駅に勤務した後、橋頭、煙台、長春、大連駅勤務を経て奉天列車区勤務となり、さらに運輸部営業課、鉄道部旅客課に転任して二七年四月から鉄道部渉外課に勤務した。

小出　順造 ▷11

満鉄奉天鉄道事務所経理係主計主任／奉天琴平町／一八九五（明二八）三／広島県佐伯郡己斐町／早稲田大学

広島県農業小出与太郎の三男に生まれ、一九一八年早稲田大学を卒業して同年一二月に渡満した。満鉄総務部工務局に勤務し、安東保線係、安東工務事務所、同鉄道事務所等を経て二五年四月奉天鉄道事務所に転じて経理係主計主任となった。

小出　尚 ▷11

医師／満州里五道街／一八八八（明二一）八／大分県直入郡柏原村／熊本医学専門学校

熊本医学専門学校を卒業した後、東京で九年間医学を学び、さらに東京帝大医科大学研究室で四年間研究に従事した。一九一六年九月に渡満して満州里マカロスキー街で開業し、国籍の別なく日中露住民の医療活動に従事した。中国人から「扁鵲の再来」と称えられ、日本居留民会評議員・会長を務めたが、二〇年八月に日本軍が満州里から撤兵することになり、同地を引き揚げニコリスクで再び医療に従事した。かたわら沿海州在留民大会の決議により請願委員に選ばれ、上京して要路に折衝するなど種々奔走した。その後二二年九月から再び満州里に医院を開き、診療のかたわら農場を経営して牧畜を営み、二三年から再び民会評議員を務めた。

小出　啓法　▷12

満鉄錦県列車段長、勲八等／錦州省錦県満鉄列車段長局宅／一九〇〇（明三三）三／新潟県中蒲原郡村松町／岩倉鉄道学校業務科

新潟県小出福松の五男に生まれ、一九一八年岩倉鉄道学校業務科を卒業して同年一一月満鉄に入った。范家屯駅貨物方として勤務する中二〇年一二月徴兵され、帰国して兵役に服した。除隊復職して長春駅貨物方となり、満鉄教習所を修了して長春列車区車掌、同客専務、鉄嶺駅助役、奉天鉄道事務所、開原駅助役に歴勤した。次いで蛤蟆塘駅長、連山関駅長を経て三七年四月錦県列車段長となった。この間、満州事変時の功により勲八等に叙され、三四年四月勤続一五年の表彰を受けた。

鯉沼　忍　▷11

鯉沼牧場主／奉天藤浪町／一八九四（明二七）一／栃木県下都賀郡稲葉村／盛岡高等農林学校

栃木県教師鯉沼道賢の三男に生まれ、一九一八年盛岡高等農林学校を卒業して山形県庁に勤めた。牧畜業経営を目途して翌年末に渡満し、撫順の牧畜会社に入り、かたわら満鉄及び関東庁の嘱託を務めた。二三年に退社して奉天で乳牛牧場を開設した。浪花町の町内会長を務めたほか、少年団理事、青年団常任幹事、青年連盟奉天支部長に就くなど、政治・青年運動に関心を持ち、著書に『老教師の歩いた道』がある。八人の兄弟姉妹があり、長姉トモ子は奉天で鯉沼産院を経営し、次姉トミは大連の小島薬局主小島一雄に嫁し、妹花は満鉄社員斉藤寛に嫁し、長兄茆吾は東京帝大医科大学を出て名古屋医科大学教授となり、次兄登は満鉄撫順医院薬局員となり、次弟兵士郎は早稲田大学商科を出て撫順市長を務め、末弟昵は東京帝大経済学部を卒業して国務院総務庁に勤務した。

鯉沼トモ子　▷8

鯉沼産院長／奉天琴平町／一八八九（明二二）二／栃木県下都賀郡稲葉村／宇都宮高女中退

栃木県教員鯉沼道賢の長女に生まれ、宇都宮高等女学校を中退して上京し、千葉博士経営の真泉病院で産婆術を修業した。一九一〇年に渡満して赤十字社病院奉天支部に入り、助産婦として一一年勤続した。さらに同地の西田病院に転じて五年勤務した後、二五年一月琴平町に鯉沼産院を開業した。八人兄弟の長女として長く弟妹の学資を援助し、次妹トミは大連の小島薬局主小島一雄に嫁し、三妹花は満鉄社員斉藤寛に嫁し、長弟茆吾は東京帝大医科大学を出て名古屋医科大学教授となり、次弟登は満鉄撫順医院薬局員となり、三弟は盛岡高等農林学校を出て奉天で鯉沼牧場を経営し、四弟兵士郎は早稲田大学商科を出て撫順市長を務め、末弟昵は東京帝大経済学部を卒業して国務院総務庁に勤務した。

鯉沼兵士郎　▷13

撫順市長／奉天省撫順／一八九六（明二九）四／栃木県下都賀郡稲葉村／早稲田大学商学部

栃木県教師鯉沼道賢の四男に生まれ、一九二三年早稲田大学商学部を卒業し、同年七月に渡満して満鉄に入り撫順炭砿に勤務した。庶務課、土地整理係、庶務課勤務を経て四平街地方事務所地方係長となり、消防隊監督及び庶務係長を兼務した。次いで新京地方事務所地方係長、同副所長兼地方係長を経て三六年九月参事となり、同年一〇月新京事務所に転任した。その後三七年六月に退社して新京特別市公署財務処長に転じ、三九年六月撫順市長に就任した。長姉トモ子は奉天で鯉沼産院を経営し、次姉トミは大連の小島薬局主小島一雄に嫁し、妹花は満鉄社員の斎藤寛に嫁し、長兄茆吾は名古屋医科大学教授となり、次兄登は満鉄撫順医院薬局員となり、三兄忍は奉天で鯉沼牧場を経営し、弟昵は国務院総務庁に勤務した。

鯉沼　昵　▷12

国務院総務庁法制処員、満州国協

和会総務庁分会幹事、大同会常任幹事／新京特別市羽衣町／一九〇二（明三五）一一／栃木県下都賀郡稲葉村／東京帝大経済学部経済学科、同大学院

栃木県教員鯉沼道賢の五男に生まれ、栃木中学校、浦和高校を経て一九二九年三月東京帝大経済学部経済学科を卒業した。三〇年三月同大学院財政学科一期を修了した後、雑誌『歌ト評論』の編集に従事した。満州事変後の三二年一月に渡満して自治指導部自治訓練所に入り、同年五月に修了して黒龍江省海倫県救済員として同地に赴任し、同年一〇月海倫県参事官を経て三五年一二月国務院総務庁法制処に転任した。短歌を能くし、歌集に『海の科学』がある。八人の兄弟姉妹があり、長姉トモ子は奉天で鯉沼産院を経営し、次姉トミは大連の小島薬局主小島一雄に嫁し、三姉花は満鉄社員斉藤寛に嫁し、長兄茆吾は東京帝大医科大学を出て名古屋医科大学教授となり、次兄登は満鉄撫順医院薬局員となり、三兄は盛岡高等農林学校を出て奉天で鯉沼牧場を経営し、四兄兵士郎は早稲田大学商科を出て撫順市長を務めた。

小岩井諫衛　▷12

奉天省海城県警正、正八位勲六等／奉天省海城県公署／一八九四（明二七）六／長野県東筑摩郡里山辺村／里山補習学校

郷里の里山補習学校を卒業した後、一九一二年現役志願兵として小千谷の工兵第一三大隊に入隊し、満州駐箚軍に編入されて渡満した。次いで憲兵に転科して佐賀憲兵分遣隊等、関東憲兵隊付等に歴補し、三三年憲兵少尉に任官して予備役編入となり、同年二月国務院民政部首都警察庁警佐となって渡満した。特務特高股長、警務科警務股長を歴任した後、首都警察庁警正に進んで司法科に勤務し、三七年三月奉天省海城県警正に転任した。この間、済南事件に従軍して勲六等に叙された。

小岩　信吉　▷1

東亜煙草遼陽出張所主任／奉天省遼陽／一八七三（明六）一／岐阜県岐阜市稲東

煙草専売法の施行とともに専売局に勤務したが、一九〇五年江副洋行に入り満州総支配人となって渡満した。その後、江副・代々木の両氏が合同して東亜煙草会社を組織すると奉天出張所主任となった。販路拡張に努めて奉天で販売される煙草の五割、遼陽では七割を占めた。

広垣　治助　▷10

広垣組主／旅順市忠海町／一八八二（明一五）九／三重県度会郡豊浜村

年少の頃から家業の土木建築請負業に従事し、一九〇四年七月日露戦争に際し第三師団に属して従軍した。牛荘に上陸して各地に転戦した後、〇六年三月に除隊し、そのまま旅順に留まって土木建築請負業を開業し、関東庁博物館の修築工事など陸海軍及び民政署の諸工事を手がけた。一四年一一月に青島戦役で日本軍が青島及び山東鉄道を占領すると、翌月現地に渡って山東鉄道、防備隊、軍司令部等の土木建築工事に従事し、一七年五月旅順に戻って広垣組を再開した。

高阪　景顕　▷1

高阪洋行主／奉天省営口新市街南本街／一八六五（慶一）四／鳥取県鳥取市東町

京都に出て漢学の私塾を開き、かたわらドイツ語学校の漢学教師を務めた。詩を能くして府知事中井桜洲と交流があり、その後任の渡辺千秋男爵の紹介で和歌山県属となった。農商務省に転じた後、愛知県碧海郡長に転じて明治・下枝用水問題や農学校建設地問題を解決して郡内の党派抗争を収拾したが、某事件に連座して辞職した。その後、郡下の有志から衆議院出馬を懇請されたが固辞し、湘南で療養生活を送った。日露戦中の一九〇五年三月に渡満し、営口に日中合弁で東清通運総局を設立して運送業を開始した。かたわら遼河運輸組合長となり、後に同組合が東清鉄道輸送営業組合に改組されると専任幹事に就いたほか、営口行政委員、同日本人会評議員等を務めた。後に一切の公職を辞し、新市街南本街に居住して輸送業に専念した。

高坂　知甫　▷12

満鉄遼陽医院医長兼遼陽尋常高等小学校診療医兼遼陽商業学校検査医／奉天省遼陽満鉄医院／一九〇七（明四〇）七／山形県鶴岡市鍛冶町／満州医科大学

福岡県立三池中学校を卒業して渡満

し、一九三三年三月満州医科大学を卒業して同大耳鼻咽喉科副手兼医員となった。同年一二月一年志願兵として兵役に服した後、三五年二月に帰任し、同年一二月耳鼻咽喉科助手兼医員となった。その後三六年七月満鉄医長に転出して遼陽医院に勤務し、同年八月同医院長に就いた。

郷　敏　▷12

満鉄総裁室事務嘱託、勲八等／東京市赤坂区葵町満鉄東京支社／一八八八（明二一）七／栃木県那須郡大田原町／東京外国語学校英語科

大田原中学校を経て一九一一年三月東京外国語学校英語科を卒業し、新潟県長岡市立商業学校及び滋賀県八幡商業学校の教諭を務めた。その後一六年一月農商務省嘱託となり、イギリスに在勤した後、一九年外務省よりパリ講和会議の事務を嘱託され、次いで第一回労働会議随員としてワシントンに出張した。二〇年九月満鉄に転じて渡満し、総務部文書課兼外事課勤務を経て奉天運輸事務所員に転勤し、総務部・社長室外事課の各奉天在勤員、庶務部庶務課奉天在勤、奉天地方事務所員に歴勤した。次いでニューヨーク事務所長代理、同所長心得を経て参事に昇格し、ニューヨーク事務所長を務めた。その後、上海事務所勤務を経て三七年五月総裁室事務嘱託上海在勤となり、さらに同年六月総裁室事務嘱託として東京支社に転勤した。この間、パリ講和会議時の功労として勲八等及び一時金四八〇円、満州事変及び上海事変時にニューヨーク事務所に在勤してアメリカ世論工作に従事した功により銀盃及び従軍記章を授与されたほか、三六年四月満鉄勤続一五年の表彰を受けた。

好沢　賢三　▷11

関東庁官吏・森林主事、正八位／金州管内大魏家屯会大魏家屯／一九〇〇（明三三）五／広島県賀茂郡原村／広島県立西条農林学校

広島県農業好沢幸四郎の次男に生まれ、一九二〇年広島県立西条農林学校を卒業した。一年志願兵として兵役を終え、二二年に渡満して関東庁に入った。苗圃事務所に勤務した後、二七年森林保護係に転任した。

小路　国作　▷12

満鉄博克図検車段長、勲八等／興安東省布特哈満鉄博克図検車段／一八九八（明三一）一／島根県那賀郡渡津村

島根県小路常市の長男に生まれ、一九一八年八月満鉄に入り沙河口工場に勤務した。以来勤続して二三年に鉄道教習所検車科を修了し、瓦房店機関区及び大連検車区瓦房店分区勤務を経て長春検車区検車助役となり、次いで新京検車区検車助役、同四平街分区検車助役を経て三五年三月博克図検車段長となった。この間、満州事変時の功により勲八等に叙され、三四年四月勤続一五年の表彰を受けた。

合志　俊吾　▷12

満鉄錦県鉄路局総務処福祉科員／錦州省錦県鉄路局総務処／一八八七（明二〇）五／熊本県熊本市京町

一九二三年満鉄に入り、以来遼陽駅出札係、奉天鉄路局総務処人事科勤務等に勤務した。その後一九三六年秋に錦県鉄路局に転勤し、総務処福祉科に勤務した。

神代　新市　▷12

満鉄ハルビン鉄路監理所長、勲六等／ハルビン海城街／一八九三（明二六）五／大分県下毛郡中津村／満鉄教習所運転科

大分県神代政右衛門の長男に生まれ、父の死亡により一四歳で家督を継ぎ、渡満して一九〇九満鉄従事員養成所運輸科を修了して郭家店駅駅務助手となった。以来勤続して大連駅勤務、同駅助役、大連実業補習学校嘱託、大連列車区助役、九寨駅長、大連鉄道事務所勤務、鉄嶺駅長、長春列車区長を歴職した後、非役となって四洮鉄路局に派遣された。次いで新京鉄路局総務処文書科長となり、総務処副処長を兼務した後、三六年九月参事となりハルビン鉄路監理所長に就いた。この間、三一年四月勤続一五年の表彰を受けた。

香曽我部太郎　▷12

図們税関羅津弁公処長、従七位勲七等／朝鮮咸鏡北道羅津府図們税関羅津弁公処／一八九五（明二八）三／大阪府南河内郡高鷲村／大阪市立工業学校本科機械科

一九一三年三月大阪市立工業学校本科機械科を卒業し、同年四月大阪税関に入った。一五年九月税関鑑査官補となり、植物検査官補兼務を経て税関事務官補となり、監視部貨物係長兼税関監視、税関長官房保税地域係長を歴職した。三三年九月税関鑑査官となったが、同年ハルビン税関嘱託員に転じて渡満し、同年一二月ハルビン税関税務科長に就いた。税関事務官に進んで第二回関税講習会講師を務めた後、国務院財政部事務官に累進して税務司関税科に勤務し、第三回関税講習会講師を経て三六年五月図們税関羅津弁公処長に就いた。この間、大正四年乃至九年事件の功により金七〇円を下賜されたほか、昭和大礼記念章、建国功労賞、大典記念章を授与された。

香宗我部操 ▷3

大連小岡子郵便所長、従七位勲八等／大連市小崗子西崗横街／一八七一（明四）一一／滋賀県滋賀郡膳所町

通信省に入って技手を務めていたが、一八九六年台湾総督府に転任した。一九〇五年五月通信省に再任され、翌年九月に関東都督府付となって渡満し、後に大連小岡子郵便所長に就いた。

古宇田晶 ▷12

弁護士、弁理士、満州国弁理士会長、正五位／新京特別市東五条通二永衡通院内／一八八二（明一五）四／東京府東京市牛込区筑土八幡町／東京帝大法科大学独法科

東京府大審院判事古宇田義鼎の四男に生まれ、一九〇八年東京帝大法科大学独法科を卒業して大学院に進み、〇九年文官高等試験に合格した。農商務省に入り、後に内務省に転じて宮城県事務官補となり、同県事務官、新潟県理事官、兵庫県理事官、岩手・宮城・静岡・愛知各県の警察部長、栃木県内務部長、北海道書記官、同土木部長を歴任し、後に宮崎県知事を務めた。その後退官して東京で弁護士を開業したが、三三年に渡満して新京日本橋通新京ビル三階に法律事務所を開設した。弁護士及び弁理士として一般法律事務と特許事務を扱い、満州国弁理士会長を務めた。実兄の実は神戸高等工業学校長、厳は甲子不動産・昭和証券・佐賀炭砿の専務取締役を務め、海軍中将玉利親賢の四女のスエを妻として二男七女があった。

甲田一誠 ▷12

営口税関奉天分関保税貨場事務所主任兼奉天市郵便局税関検査所主任／奉天紅梅町／一九〇三（明三六）六／東京府東京市中野区打越町／東京農業大学農学専門部

甲田昇信の三男として札幌市北八条に生まれ、長崎県立佐世保中学校を経て一九二五年三月東京農業大学農学専門部を卒業し、同年六月税関監査官補となり横浜税関に勤務した。二六年五月から八月まで税関事務官補を兼任した後、三三年三月に依願免官して満州国税関に転じた。三四年五月税関監査官佐として大連税関に勤務した後、三六年八月税関監査官に進み、同年一二月営口税関奉天分関保税貨場事務所主任となり奉天市郵便局税関検査所主任を兼務した。この間、建国功労賞及び大典記念章、皇帝訪日記念章を受けた。

合田愿 ▷3

内外通信社長／奉天十間房／一八五九（安五）一〇／愛媛県宇摩郡寒川村

長く東京で通信業に従事した後、一九〇四年に渡満した。翌年奉天に居を定めて内外通信社を開設し、小型の謄写版新聞を発行して満州での謄写版新聞の魁となった。一五年一一月に印刷部を新設し、新聞発行のかたわら一般印刷業を兼営した。

紅田小一 ▷1

三信洋行主／長春／一八七四（明七）九／福岡県田川郡金川村

玄洋社社長の平岡浩太郎が所有する福岡の豊国炭鉱で働いた後、独立して採炭業を営んだ。一九〇四年一〇月、日露戦争に際し鉱山を部下に托し第四軍第一師団第一二平安司令部付酒保となって渡満した。戦後〇六年二月に軍と共に帰国したが、間もなく再び渡満して各地の商況を見て回り、〇七年二月長春に三信洋行を設立して雑貨食料品の販売と諸官衙用達業を営んだ。

幸田武雄 ▷12

新京専売署員／新京特別市清和街／一九〇四（明三七）九／千葉県印旛郡佐倉町／日本大学法学部

千葉県幸田竹二郎の子に生まれ、一九二九年日本大学法学部を卒業した後、同年一二月中国近世社会思想研究のため中国に渡り南京に在住した。三二年四月外務省対支文化事業部より中国近世社会思想の研究を委嘱され、北平、新京等で二年間同研究に従事した後、三四年四月満州国協和会中央事務局嘱託となり、同組織科長に就いた。次いで調査室勤務、中央事務局社会科長、中央治安維持会宣撫小委員会委員、調査室勤務、新京特別工作委員、臨時調査委員会委員、中央本部総務部付を歴任した。その後国務院財政部専売総署事務官に転じ、三七年三月専売署事務官に転任して新京専売署に勤務した。

合田　千畝　▷12

満鉄撫順炭砿古城子採炭所監査係技術担当員、在郷軍人会撫順第二分会副長、正八位勲八等／奉天省撫順南台町／一九〇一（明三四）五／愛媛県新居郡西条町／旅順工科大学工学専門部電気工学科

愛媛県合田暢逸の次男に生まれ、西条中学校を卒業して渡満し、一九二三年一二月旅順工科大学工学専門部電気工学科を卒業した。二四年四月満鉄に入り撫順炭砿工業課に勤務した後、老虎台採炭所坑外係主任兼監査係鑑査担当員を経て三四年七月古城子採炭所監査係技術担当員となった。

香田　常英　▷12

満州電信電話㈱ハルビン中央電話局長心得／ハルビン石頭道街／一八九一（明二四）七／佐賀県佐賀市水ヶ江町／長崎県立五島中学校

佐賀県三養基郡中原村に生まれ、一九一〇年長崎県立五島中学校を卒業した。その後渡満して関東都督府逓信部に勤務し、一七年に関東都督府通信書記補となった。通信書記に進んで大連中央電話局庶務主任を務めた後、三二年満州国に転出してハルビン電政管理局経理科副科長に就いた。三三年九月満州電信電話㈱の創立とともに同社に転じ、ハルビン中央電話局庶務課長兼管理処経理科長心得を経て三七年にハルビン中央電話局長心得となった。

合田　徳松　▷11

満鉄地方部地方課公費係主任／大連市桜花台／一八八八（明二一）六／香川県三豊郡一谷村／香川県師範学校

香川県農業合田良之助の長男に生まれ、一九〇九年三月香川県師範学校を卒業して小学校訓導となった。一一年九月朝鮮に渡り、平安北道庁雇員を経て朝鮮総督府郡書記となり、平安北道寧辺、雲山の二郡に勤務した。一八年八月同総督府道書記に進んで平安北道に勤務したが、翌年七月に依願退職して満鉄に入った。奉天地方事務所、公主嶺地方事務所、本社地方部庶務課勤務を経て二五年二月地方課に転任して公費係主任となった。三谷実科高等女学校出身の夫人センは、かつて小学校専科訓導を務めた。

高　太郎　▷12

満鉄地方部員／大連市東公園町満鉄本社地方部気付／一八九九（明三二）一二／福岡県福岡市今泉町／慶応大学医学部

九州帝大工学部教授高壮吉の長男に生まれ、一九二五年慶応大学医学部を卒業して同大医学部眼科教室助手となった。その後二八年二月に渡満して満鉄鞍山医院眼科医員となり、三二年一〇月撫順医院眼科医長に就いた。その後三七年二月葡萄膜色素に関する研究のため母校の慶大に二ヶ月留学し、帰任後同年三月本社地方部に転任した。

郷地逸太郎　▷12

大連製材㈱専務取締役／大連市栄町／一八九二（明二五）一／愛知県東春日井郡篠岡村／中学校

愛知県の材木商兼グリセリン製造業郷地俊三の長男に生まれ、一九一一年東京神田の中学校を卒業して家業に従事した後、一二年一二月徴兵されて兵役に服した。満期除隊後に義兄の経営する大阪の浪花リスリン会社に勤務し、一七年一月同社大連分工場主任となって渡満した。リスリンの製造に従事するかたわら同地で製材業を始め、二〇年に大連製材㈱を設立して専務取締役に就いた。

「河内」は「かわうち」と「かわち」も見よ

河内　圭司　▷1

河内組主、鉄嶺雑貨商組合長／奉天省鉄嶺／一八七一（明四）／新潟県北蒲原郡

仙台市に生まれ、後に新潟県北蒲原郡に移籍した。一八九四年日清戦争に際し陸軍通訳として従軍し、後に台湾総督府に転じて高等法院に勤務した。一九〇四年日露戦争が始まると再び陸軍通訳となり営口軍政署に勤務した。〇五年五月に辞任し、同年七月から同地で信祥洋行の名で雑貨販売業を営み、後に鉄嶺に移転して河内組の名で和洋雑貨販売と土木建築請負業を経営した。軍政署時代に居留民取締、衛生評議員、赤十字社地方委員、鉄嶺倶楽部委員を務め、後に行政委員として居留民会会長代理として創立事務を監督したほか、雑貨商組合を組織して組合長を務めた。

河内山武雄 ▷14

弁護士／大連市天神町／一八八七（明二〇）三／山口県熊毛郡室津村／東京帝大法科大学政治学科、同法学部法律科

一九一五年東京帝大法科大学政治学科を卒業し、一七年奉天の盛京時報社に入社して編集に従事した。二〇年に退社して帰国して東京で弁護士を開業し、かたわら二一年三月には東京帝大法学部法律科を卒業した。翌年一〇月、再び渡満して大連で弁護士を開業した。二八年一一月大連市会議員に当選したが翌年七月任期途中で辞任し、帰国後に病没した。

上月　顕軌 ▷11

奉天日本総領事館書記生／奉天日本領事館官舎／一八九八（明三一）／愛媛県宇和島市／東京帝大文学部

一九二四年三月東京帝大文学部を卒業し、鹿児島県第一師範学校教授嘱託を経て富山県師範学校教諭となり、県立実業補習学校教員養成所教諭を兼任した。高等官待遇ではあったが教員たるの地位に満足せず二八年に退職し、外務省に入って書記生となり、同年一二月奉天総領事館書記生として渡満した。

高堂　武則 ▷11

家具商品川洋行主／大連市敷島町／一八九三（明二六）五／大分県宇佐郡柳ヶ浦村／市立下関商業学校

大分県高堂久兵衛の長男に生まれ、一九一一年三月市立下関商業学校を卒業した。一二年四月に渡満して旅順の醤油会社に勤務したが、翌年退社して大連の成三商行に入った。一八年に同店を辞し、同年一二月独力で品川洋行を開業して家具を販売した。

「河野」は「かわの」も見よ

河野　農夫 ▷7

遼東新報社販売部主任／大連市松林町／一八九六（明二九）七／宮崎県児湯郡都農町

一九一五年六月、小学校本科正教員検定試験に合格した。一八年五月に渡満して関東庁官吏となり、二二年一一月職を辞して遼東新報社に入った。二三年六月には販売主任に就いたが、二五年七月に退社して大連の松林小学校書記に転じた。ピアノとヴァイオリンの名手として広く知られた。

河野五百里 ▷12

善生堂病院長、新京医師会副会長、新京広島県人会副会長／新京特別市吉野町／一八八五（明一八）一／広島県佐伯郡高田村／岡山医学専門学校

広島県医師河野謙益の三男として安佐郡安村に生まれ、一九〇九年岡山医学専門学校を卒業して岡山病院産婦人科助手となった。一〇年一一月東京本郷区根津の真泉病院産婦人科医に転じた後、一二年四月若松市の会津病院副院長兼産婦人科主任となった。その後一五年九月に渡満してハイラル日本医院の経営に携わり、ハルビン総領事館嘱託医を務めた後、一九年五月長春吉野町に善生堂病院を開設した。岩本勇医師を主任として産婦人科を担当させ、自らは松本孝雄医師と内科・小児科の治療に当たり、三六年七月関東庁令により新京医師会が設立されると副会長に就いた。

河野　巌男 ▷3

奉天稽核分所協理、従五位勲五等／奉天省営口新市街南本街／一八七五（明八）八／宮崎県児湯郡高鍋町／東京帝大法科大学大学院

千葉県に生まれ、幼年から父の転勤に伴い各地に転住した。一九〇〇年、東京帝大法科大学政治学科を卒業して大学院に進んだ。翌年四月大蔵省に入り、在職中の同年一〇月文官高等試験に合格した。〇二年五月司税官として函館税務管理局に赴任し、同年一一月の官制改正により税務官・函館税務署長に就いた。税務監督局事務官、味野塩務局長、専売局参事、同局収納部塩務課長を歴任して〇八年一二月高等官四等に進み、〇九年四月樺太及び露領アジアに派遣され同年一〇月に帰国した。塩田整理の事業に二年従事した後、一二年六月広島専売支局長、同年八月専売局事業部勤務を経て中国に出張した。同年一〇月、中国政府に聘用され在官のまま奉天稽核分所協理に就き、同年一二月高等官三等に進んだ。

神浦万十郎　▷11

撫順中学校教頭、従六位／奉天省撫順南台町／一八九一（明二四）一二／長崎県東彼杵郡大村町／京都帝大文科大学

長崎県神浦勇作の長男に生まれ、一九一七年京都帝大文科大学を卒業して和歌山県粉河中学校の教諭となった。二一年六月朝鮮京城女学校教諭に転じ、二五年六月光州高等普通学校教諭に就いた。二七年四月に渡満して満鉄に入り、撫順中学校教頭に就任した。

河野　要　▷12

満鉄鉄道総局計画課員、勲八等／奉天満鉄鉄道総局計画課／一九〇八（明四一）一／島根県美濃郡益田町／東京帝大工学部土木科

島根県河野豊吉の子に生まれ、一九三一年三月東京帝大工学部土木科を卒業し、同年四月満鉄に入社して中央試験所に勤務した。三二年九月建設局に転任し、同年一一月から奥地の建設現場に勤務した。三五年五月牡丹江建設事務所線路係主任となり、次いで三七年三月鉄道総局計画課に転任した。

河野　亀治　▷14

大阪商船会社大連支店長／大連市霧島町／一八八〇（明一三）一〇／岡山県岡山市東田町／京都帝大法科大学独法科第一部

一九〇七年、京都帝大法科大学独法科第一部を卒業して大阪商船会社に入社した。勤続して大連支店長となり、一七年二月に渡満した。同年六月大連市会議員に当選したが、一九年六月に辞任した。

河野喜一郎　▷3

満鉄瓦房店車輌係主任、正八位勲七等／奉天省瓦房店満鉄社宅／一八八一（明一四）九／大阪府大阪市南区清水町／大阪高等工業学校

一九〇〇年八月大阪高等工業学校を卒業し、〇四年五月鉄道作業局技手となった。日露戦争に際し野戦鉄道提理部付となり、一九〇七年四月の満鉄開業とともに入社して同年一一月瓦房店詰となり、後に同駅車輌係主任を務めた。

河野　喜作　▷12

大同洋灰㈱常任董事、東亞紙袋㈱監査役、吉林商工会議所会頭／吉林省城商埠地大馬路／一八八三（明一六）一二／長野県東筑摩郡島内村／京都帝大理工科大学

長野県河野猪太郎の次男に生まれ、一九〇七年東京高等師範学校を卒業して札幌師範学校教諭となった。次いで京都帝大に入学し、一三年七月同大理工科大学を卒業し、長野県師範学校、新潟中学校の各教諭を経て鹿児島県立志布志中学校長を務めた。その後二〇年に浅野セメント会社に転じて川崎工場製造課長、北海道工場支配人を歴任し、三三年一二月大同洋灰㈱常任董事に転じて渡満した。

河野　九郎　▷12

国際運輸㈱羅津支店長／朝鮮咸鏡北道羅津府新安洞国際運輸羅津支店長社宅／一八九二（明二五）一／山口県大津郡日置村／大島商船学校

一九一四年大島商船学校を卒業し、同年八月日本郵船会社に入り海上に勤務した。二一年に甲種船長免許状を取得し、帝国汽船会社に転じて船長を務めた後、横浜支店監督、台湾高雄出張所整理課、ウラジオストク出張所に歴勤した。その後二九年九月国際運輸㈱に転じて神戸出張所に勤務し、次いでハルビン支店勤務、同支店長代理を経て三四年四月羅津支店長となり、庶務係及び自動車係主任事務取扱を兼務した。この間、満州事変時の功により木杯一組を授与された。

向野　堅一　▷11

茂林洋行主、奉天商業会議所副会頭、同産業部長、奉天連合町内会長、満鉄諮問委員、奉天供融組合理事、勲七等／奉天琴平町／一八六八（明一）九／福岡県鞍手郡直方村／上海日清貿易研究所

福岡県農業向野弥作の四男に生まれ、一八九三年上海日清貿易研究所を修了した。九四年八月日清戦争に際し陸軍通訳官として特別任務に従事し、九五年から二年間台湾遠征軍に従軍した。九六年に北京で筑紫洋行を開設して日本公使館の用達業を始めたが、一九〇〇年の義和団事件で店舗を焼かれて廃業した。日露戦中の一九〇五年五月に渡満して奉天で石炭販売及び陸軍用品払下物販売業を営んだ後、〇七年瀋陽建物組合の主任となった。次いで〇八年から貸家業を営み、一二年にこれを瀋陽建物㈱とし、さらに茂林洋行の名でドライクリーニング業を経営した。かたわら商工会議所副会頭、連合町内会長、満鉄諮問委員等多くの公職を務めたが、三一年に奉天で病没した。夫人シウとの間に五男二女あり、長男晋は福岡工業学校染色科を卒業して満鉄、満蒙毛織㈱に勤務したが病のため退職し、父の没後に家業を引き継いだ。次男有二は長崎高等商業学校、三男元生は東京帝大法学部、四男啓助は陸軍士官学校、長女信子は日本女子大学に学んだ。

河野小七郎 ▷11

洋服生地販売及び洋服業／大連市磐城町／一八七七（明一〇）六／徳島県麻植郡西尾村／工手学校電気工学科

一九〇四年、東京築地の工手学校電気工学科を卒業して神戸電灯㈱に入った。その後、東京電車鉄道㈱、東京鉄道㈱、神戸電灯㈱等に技手として勤務し、〇七年八月に渡満して満鉄電気作業所技手となった。二〇年六月に退社し、大連で洋服生地販売及び洋服業を営んだ。

河野 栄 ▷8

食料品雑貨商喜多商行主／奉天／一八七三（明六）四／愛媛県喜多郡大洲村

日露戦中の一九〇五年四月営口に渡り、同年一〇月奉天に移り小西関で食料品雑貨商を開業した。売上げの上昇にともない一一年に十間房に新築移転し、二三年一二月市場正門入口に分店を開設した。

河野 茂 ▷12

朝鮮総督府咸鏡北道立延吉医院長、正七位／間島省延吉咸鏡北道立延吉医院長官舎／一八九四（明二七）一一／大分県東国東郡豊崎村／愛知医学専門学校

大分県河野惣八の四男に生まれ、一九二〇年愛知医学専門学校を卒業して別府の鳥潟保養院に勤務した後、翌年郷里で医院を開業した。その後二九年一二月朝鮮に渡り、総督府属官となって咸鏡医院、大田医院に勤務した。次いで三二年六月咸鏡北道立延吉医院が開設されるにともない、初代医院長となって渡満した。

河野正二郎 ▷1

第一銀行安東県支店主任／安東県／一八七六（明九）一／鹿児島県鹿児島市／東京高等商業学校

幼少の頃から東京に遊学し、一九〇一年東京高等商業学校を卒業して第一銀行に入った。横浜支店に勤務した後、〇四年京城支店に転勤し、さらに中央金庫派出所主任として安東県に転任し、〇六年七月に横浜正金銀行安東県出張所が開設されると金庫事務を同所に引き継ぎ、第一銀行安東県支店の業務に復帰した。業務のかたわら軍政時代から安東居留民会長を務め、領事制度が敷かれてからは行政委員長、民団委員を務めた。

向野 晋 ▷12

㈾茂林洋行代表社員、瀋陽建物㈱監査役、奉天琴平町会委員、満蒙毛織㈱染色科嘱託、福陵校友会奉天支部幹事／奉天琴平町／一八九九（明三二）四／福岡県直方市上新入／福岡工業学校染色科

向野堅一の長男に生まれ、一九〇五年父に伴われて渡満し奉天に在住した。一九年三月福岡工業学校染色科を卒業して大連の満鉄中央試験所に勤務した後、二一年一〇月奉天の満蒙毛織㈱に転じた。その後二八年病のため退社し、三一年に父が病没すると家業の貸家業とドライクリーニング業を引き継いだ。三六年五月にドライクリーニング業を分離して㈾茂林洋行として染色部を新設し、さらに満鉄社員消費組合の要望で洗張部を設け、巾出乾燥機や艶出機を設置するなど機械化を図った。業余に奉天アマチュアシネマクラブ「パテーベービー」の幹事を務めたほか、謡曲、ラジオセットの製作を趣味とした。三弟の元生は東京帝大法学部を卒業して国務院交通部鉄路司鉄道科長を務め、四弟啓助は陸軍士官学校を卒業し航空兵大尉として会寧に駐屯した。

神瀬龍次郎 ▷12

満鉄大連鉄道事務所員、社員会評議員、勲六等／大連市初音町／一八八八（明二一）一一／熊本県球磨郡西村／攻玉社工学校

熊本県神瀬鱗太郎の次男に生まれ、一九〇九年東京の攻玉社工学校を卒業し、同年一一月鉄道院札幌鉄道管理局工務課に入り手宮保線区に勤務した。

こ

一四年一一月朝鮮に渡り咸鏡北道庁土木課に勤務し、次いで一九年四月に渡満して満鉄に入り技術部設計課に勤務した。二〇年四月奉天工務事務所、二一年一二月奉天保線区保線助役、二三年四月撫順保線区長兼撫順炭砿勤務、二四年四月昌図保線区長、二五年四月本社工務課勤務、二七年一一月大連鉄道事務所工務係、三〇年四月本社計画部技術課勤務、三一年八月長春鉄道事務所工務係を歴職し、三二年三月新京保線区長となった。三五年三月大連鉄道事務所工務課保線係主任に転任し、三七年に副参事に昇進した。この間、満州事変時の功により勲六等及び従軍記章、建国功労賞、皇帝訪日記念章を授与された。また熊本県女子師範学校出身の夫人輝子は事変当時、新京連合婦人会の役員として傷病兵の看護慰問に当たり、陸軍大臣より感謝状と銀製帯留一個を授与された。

河野　達一　▷12

満州国外交部北満特派員公署事務官、従六位／ハルビン地段街北満特派員公署／一九〇三（明三六）一二／東京府東京市牛込区市谷加賀町／東京帝大大学院

東京府河野元三の三男に生まれ、一九二八年三月東京帝大法学部仏法科を卒業して大学院に進んだ。三〇年二月に修了して宮内省侍従職事務嘱託となったが、同年一〇月文官高等試験外交科に合格し、同年一二月外務書記生となってフランスに赴任した。外交官補に進んでソ連に在勤した後、満州国に転出し外交部事務官となった。政務司に勤務した後、三七年三月北満特派員公署に転任した。夫人鶴代はお茶の水高女を経て東京音楽学校師範科を卒業した。

河野　通一　▷12

満鉄天津事務所庶務課庶務係主任／中華民国天津法租界二九号路連璧里／一八九五（明二八）一二／広島県呉市大字荘山田村／中央大学専門部法律科

広島県高田郡郷野村に生まれ、一九一九年三月中央大学専門部法律科を卒業し、同年五月満鉄に入り大連保線課に勤務した。技術部線路課、同土木課勤務を経て北京に二年留学した後、北京公所、鄭家屯公所、吉林公所関東竜井村在勤、奉天地方事務所渉外係長、北平事務所済南在勤を歴任した。その後三五年一一月天津事務所庶務課庶務係主任となり、三六年一〇月副参事に昇進した。この間、北京留学中に著書『支那語諺語研究』を著し、満州事変時の功により勲六等及び従軍記章、建国功労賞を授与され、三五年四月勤続一五年の表彰を受けた。

河野　秀雄　▷11

安東県郵便局長、正六位勲五等／安東郵便局長官舎／一八七六（明九）六／鹿児島県鹿児島市草牟田町／東京郵便電信学校行政科

西南戦争で西郷軍の指揮長を務め西郷と死を共にした河野通徳の長男に生まれた。一八八九年鹿児島造士館に入学したが、翌年退学して上京した。九六年東京商工中学校を卒業して熊本砲兵第六連隊に入隊し、翌年一一月満期除隊した。一九〇二年三月東京郵便電信学校行政科を卒業して通信書記として大阪郵便局に勤めた後、〇五年通信省通信局勤務を経て翌年一二月鹿児島郵便局に転じた。〇八年五月関東都督府通信書記に任じられ、渡満して郵便電信局に勤務し、一九年に関東庁通信事務官補・通信副事務官となり通信管理局庶務課長に就いた。二三年七月旅順郵便局長、翌年一二月安東県郵便局長を歴任し、二七年一二月高等官四等に進んだ。安東商工会議所当別評議員を務め、考古学と古銭の研究を趣味とした。

河野　央　▷12

黒竜商会主／ハルビン馬家溝文景街／一九〇五（明三八）一／愛媛県東宇和郡石城村

愛媛県河野亀治郎の次男に生まれ、郷里の小学校を卒業して渡満し、大連の山田三平株式店に入った。二五年ハルビンに移住して正隆銀行に三年勤めた後、同地のジャパン・ツーリスト・ビューロー、大連のソ連通商部、満州航空㈱等に勤務した。三四年に再びハルビンに移って道裡斜紋街に黒竜商会を設立して三菱商事燃料部、大同酒精㈱の特約店及び日本ペイント㈱代理店業を始め、揮発油、石油、機械油、ペイント、アルコール、鋼管、ケーミス殺虫液等を扱った。後に資本金を五万円に増額し、牡丹江太平路、佳木斯南崗大街、新京興安大路に支店を置いて日本人一六人、中国人三人の従業員を使用した。

河野　正明 ▷12

吉林税務監督署監察科長、地籍整理局吉林分局勤務／吉林通天街公館／一八九四（明二七）一／宮崎県児湯郡妻町／県立宮崎中学校

一九一一年三月県立宮崎中学校を卒業し、同年八月税務署属となった。一四年一二月徴兵されて熊本の騎兵第六連隊に入隊し、騎兵軍曹に進んで除隊した。渡満して関東都督府属となり、大連民政署に勤務し、同財務課間税係主任を経て関東庁理事官に進んだ。その後三三年七月満州国税務監督署事務官に転じ、奉天税務監督署勤務を経て同年一〇月営口出張所長に転任し、税捐局事務官を兼任して営口税捐局に勤務した。次いで三四年九月浜江税務監督署監察科長を経て三五年九月税務監督署理事官に累進して吉林税務監督署監察科長に転任し、三六年六月地籍整理局事務官兼任となり地籍整理局吉林分局に勤務した。この間、勲六位景雲章に叙され建国功労賞を授与された。

河野　通男 ▷12

満鉄新京医院病理科医員、勲六等／新京特別市菖蒲町／一九〇〇（明三三）九／千葉県長生郡東村

千葉県河野庄作の三男に生まれ、一九二七年三月慶応大学医学部を卒業して病理細菌学教室に勤務した後、同年九月満鉄に入社して渡満した。大連の衛生研究所に勤務した後、三六年六月新京医院病理科に転任した。

河野　通雄 ▷8

㈾奉天起業公司社員／奉天／一八八三（明一六）一〇／鹿児島県姶良郡西国分村／大倉商業学校

一九〇三年大倉商業学校を卒業して熊本の第六師団歩兵第二三連隊に入営し、〇四年二月の日露開戦とともに満州に渡り十数回の戦闘に参加した。〇六年三月に除隊して帰郷した後、〇八年三月に渡満して満鉄に入社した。公主嶺経理係として勤務した後、一七年安東地方事務所に転勤し、さらに一九年一〇月奉天地方事務所に転勤した。二三年四月に退社して奉天不動産㈱取締役となり、かたわら活動常設館奉天館の経営に当たった。その後、赤塚真清と共に㈾奉天起業公司を設立して土地建物業を経営した。この間、日露戦争の功により功七級金鵄勲章及び勲八等白色桐葉章を受けたほか、奉天区地方委員、第一区長、満鉄地方委員等の名誉職に就いた。

河野　通隆 ▷12

満鉄大連鉄道事務所車務課員／大連市満鉄大連鉄道事務所／一九〇二（明三五）二／鹿児島県熊毛郡北種子村

一九一六年四月本渓湖煤鉄公司中央工場に入り、次いで一九年九月満鉄に転じて安東車輌係検査方となった。奉天検車区安東分区、安東検車区、奉天検車区技術方、大官屯検車区技術方に歴勤し、この間二三年に従事員養成所第一期検車科を修了した。次いで奉天鉄道事務所、鉄道部奉天在勤、ハルビン鉄路局機務科工務員、ハルビン鉄路監理所監理員兼北安鉄路監理所監理員に歴任して三五年四月勤続一五年の表彰を受け、三七年四月大連鉄道事務所車務課に転任した。

河野林太郎 ▷1

力武精米所大連支店主任／大連市／一八七〇（明三）七／鹿児島県姶良郡蒲生村

一九〇六年三月、朝鮮の力武精米所から支店設置のため大連に派遣された。常陸町に店舗を構え、主任として知名度の低かった朝鮮米の普及に努め、日本米に比べて廉価で品質良好なことから月間売上一〇〇〇石に達した。

郷　広衛 ▷12

大連汽船㈱船長、正八位／兵庫県神戸市灘区城内通／一八九〇（明二三）七／京都府京都市下京区宝町通／東京高等商船学校

一九一六年東京高等商船学校を卒業して海上に勤務し、二九年三月大連汽船㈱に転じて船長を務めた。

幸福三樹夫 ▷7

満鉄開原原種圃主任／奉天省開原第五区／一八九一（明二四）九／鹿児島県鹿児島郡伊敷村／鹿児島高等農林学校

一九一四年七月、鹿児島高等農林学校を卒業して満鉄に入り、鉄嶺地方事務所に勤務した。友人の招きで一六年八月に関東庁土地調査局に転じたが、転職を後悔して二一年八月再び満鉄に戻った。公主嶺農事試験場に勤務した後、二三年一〇月開原の原種圃主任となった。

幸丸 政和 ▷12

国務院実業部臨時産業調査局調査部員、勲六等／大連市光風台／一八九二（明二五）一／秋田県南秋田郡寺内町／旅順工科学堂採鉱冶金学科

秋田県幸丸政祐の長男に生まれ、秋田中学校を卒業して渡満し、一九一四年旅順工科学堂採鉱冶金学科を卒業して関東都督府嘱託となった。次いで三井鉱山㈱大連出張所員、外務省嘱託、陸軍省嘱託、関東軍委嘱満鉄経済調査会嘱託、関東軍司令部嘱託・熱河省資源調査団第一班班長を歴職した。その後三三年一〇月満州国官吏となり、熱河省公署技正・実業庁鉱務科長を務めた後、実業部技佐・鉱業監督署理事官となり承徳鉱業監督署代理署長、同署鉱政科長を歴任し、三六年一二月実業部臨時産業調査局調査部に転任した。この間、満州事変時の功により勲六等及び銀盃を授与された。

高 光雄 ▷12

高光工務社主／ハルビン道裡高士街／一九〇一（明三四）六／京都府

東京の青山工業学校を卒業して東京市建設局に入り、土木建築工事に従事した。次いで清水組に数年勤続した後、一九三三年に渡満してハルビンで土木建築請負業を自営した。

神鞭 常孝 ▷11

満鉄理事、正四位勲三等／大連市山城町／一八八三（明一六）二／京都府与謝郡石川村／東京帝大法科大学政治学科

代議士・法制局長官を務め対露同志会を組織した神鞭知常の長男に生まれ、一九〇七年東京帝大法科大学政治学科を卒業して税務監督局税務属となった。大蔵属参事官付を兼務して理財局兼務となり、〇八年一〇月欧米各国へ出張した。一一年五月に帰国し、横浜税関監査課長、関税局関税課長等を経て二一年九月にワシントン会議参列全権委員随員として渡米し、翌年四月ゼノア経済財政会議参列全権委員随員としてスイスに赴任した。二二年高等官二等・横浜税関長となり、二三年九月の関東大震災時に臨時震災救護事務局委員となり、翌年六月大蔵省臨時建築課横浜出張所長を兼務した。二七年六月高等官一等に進み、七月に依頼免官して渡満し、満鉄理事に就任した。

香村 岱二 ▷12

満鉄農事試験場長、勲六等／吉林省公主嶺菊地町／一八八九（明二二）一二／兵庫県武庫郡御影町／東北帝大農科大学畜産学科

兵庫県会社員香村文之助の次男として神戸市山本通に生まれ、一九一三年七月東北帝大農科大学畜産学科を卒業して満鉄に入社した。地方課に配属されて公主嶺の農事試験場に勤務し、一五年五月緬羊購入のため渡米した。二二年一二月東亜勧業㈱より嘱託を受けて畜産の指導に当たった後、二四年四月興業部農務課兼務を経て農事試験場畜産科長となり臨時馬政委員会委員嘱託を兼務した。次いで三〇年三月畜産改良に関する事項研究のため欧米に留学し、同年六月技師に昇進して本社地方部に勤務した。三二年三月に論文「蒙古脂肪尾羊（ラムブイエー）種トノ交配試験特ニ毛質及毛長ノ遺伝ニ就イテ」で北海道帝大より農学博士号を取得した後、獣疫研究所長兼農事試験場勤務、地方部農務課長兼獣疫研究所長を経て三六年一〇月農事試験場長に就いた。この間、昭和六年乃至九年事変の功により勲六等瑞宝章を授与され、関東施政三三年記念式典に際し満鉄地方行政並びに教育功労者総代として表彰を受けた。陸軍中将川村宗五郎の娘で日本女子大付属高女卒の安芸子を夫人とし、二男二女があった。

「河本」は「かわもと」も見よ

河本茂次郎 ▷12

満州化学工業㈱審査役／大連市桃源台／一八九一（明二四）一二／広島県沼隈郡松永町／今津中学校中退

本姓は別、後に河本万助の養子となった。一九〇七年今津中学校三年を中退して専売局雇員となった。その後一九一〇年に渡満して満鉄に入り、撫順炭砿に勤務した。以来勤続して二六年本社会計課調査係主任、同年四月大連医院経理課長を経て二七年二月本社社長室業務課第二部副査となった。次いで監理部管理課農鉱主査等を歴任した後、満州化学工業㈱の創立事務を担当し、三三年五月創立と同時に審査役に就いた。

河本　辰弥　▷12

満州電信電話㈱総裁秘書、正七位勲五等／新京特別市雲鶴街／一八九二（明二五）九／愛知県名古屋市中区老松町／陸軍工科学校高等科

岐阜県揖斐郡豊木村に生まれ、一九一二年一二月徴兵されて豊橋の騎兵第二五連隊に入営した。砲兵科に転科し、陸軍工科学校高等科を卒業して陸軍技術本部付となり、次いで関東軍兵器部付となって渡満した。旅順要塞司令部付を経て大連兵站支部長となり、満州事変に際し停車場司令官を兼務した後、近衛師団兵器部付に転補して帰国した。その後三五年八月予備役編入となり、再び渡満して満州電信電話㈱に入社して総裁秘書を務めた。

河本　大作　▷13

満州炭砿㈱理事長、正五位勲四等功四級／新京特別市城後路／一八八三（明一六）一／兵庫県佐用郡三日月村／陸軍士官学校

兵庫県の三等郵便局長河本参二の次男に生まれ、郷里の広業尋常高等小学校を卒業して大阪地方幼年学校に入学した。中央幼年学校を経て〇三年一一月陸軍士官学校を卒業し、〇四年四月日露戦争に際し歩兵第三七連隊第一中隊小隊長として従軍した。遼陽戦で負傷して送還されたが、〇五年四月再び渡満して第三軍に所属した。〇六年一月連隊副官兼安東守備隊副官となり、〇八年一月旅順に移駐し、〇七年一一月に帰国した。一四年一二月陸軍大学を卒業して歩兵第三八連隊第一中隊長となり、漢口守備隊司令部付参謀、中支那派遣隊司令部を経て一七年一一月参謀本部員となった。一八年七月ウラジオ派遣軍参謀としてシベリアに赴き、翌年一一月に帰国して参謀本部第四部戦史課員となり、シベリア戦史の編纂に従事した。二〇年八月第一部演習課員、二一年四月中佐・北京公使館付武官補佐官、二三年八月参謀本部支那班長兼陸大教官、二四年八月歩兵第一四連隊付を経て二六年三月大佐・関東軍高級参謀となって赴任し、同年六月の東方会議に軍司令官随員として参加した。二八年六月、奉天近郊での張作霖爆殺を指揮して翌年八月停職となり、三〇年七月予備役に編入された。森恪、大川周明等と交わり、三一年の三月事件、十月事件に関与し、同年の満州事変に際して渡満した。三二年二月西安煤礦公司を接収して総弁となり、同年一〇月満鉄理事に就任した。⇒三四年一〇月満州炭砿理事長を経て四二年に山西省太原の山西産業社長に就いた。日本の敗戦後は閻錫山と謀って国共内戦に参加したが、四九年一二月戦犯として逮捕され、五五年八月太原収容所で病死した。

「高山」は「たかやま」も見よ

高山源次郎　▷7

金融業、大和炭製造／大連市若狭町／一八八〇（明一三）八／宮崎県宮崎郡佐土原町

一九〇八年に渡満して満鉄に入り、本社工務課に勤務した。十年余り勤続した後、実業界入りを決意をして一七年に退職し、知人数人と合資会社組織の金融業を始めた。満鉄社員や銀行員、会社員向けの小口融資を専門とし、堅実な経営で安定した利益を上げた。かたわら無煙炭を原料とする大和炭の発明に投資し、発明者の宮本氏ほか数人と合資会社を組織して大量に製造販売した。

「高谷」は「たかたに」も見よ

高谷　道弘　▷12

国務院実業部権度局第二検証科長／新京特別市清和街／一九〇三（明三六）三／大阪府三島郡高槻町／東京帝大工学部電気工学科

福岡県立小倉中学校、第一高等学校を経て一九二八年三月東京帝大工学部電気工学科を卒業し、同年四月逓信省電気試験所研究員となり、研究のかたわら日本大学専門部及び工学院の講師を務めた。三四年四月退官し、満州国に転出して国務院実業部権度局嘱託となった。三五年六月権度局技佐に昇格し、同年八月度量衡検査官を経て三六年五月権度局第二検証科長に就いた。

高麗　文英　▷11

南満中学堂庶務主任、勲八等／奉天浅間町／一八八一（明一四）一〇／埼玉県入間郡高麗村／東京外国語学校別科

埼玉県神職高麗大記の次男に生まれ、一九〇〇年に上京して二松学舎で漢学を修め、かたわら東京外国語学校別科に学んだ。修学を終えた一九〇四年七月、日露戦争に際して第九師団付陸軍通訳として渡満した。〇七年一二月満鉄に採用されて撫順炭砿に勤務し、以来同炭砿芝罘出張所、鉱務課勤務、新邱炭坑勤務を経て二三年七月南満中学堂庶務主任に就き、満鉄一五年勤続、模範社員表彰を受けた。古武道に通じて剣道三段の腕を有し、儒教を信仰して和歌を嗜んだ。東京渡辺裁縫女学校出身の夫人しげはメソジスト派キリスト教を信仰した。

高良 俊武 ▷7

満鉄電気作業所庶務主任／大連市伏見町／一八八七（明二〇）六／鹿児島県川辺郡川辺村／鹿児島県立川辺中学校

鹿児島県立川辺中学校を卒業して上京し、私塾で理財と語学を学んだ。先輩の勧めで一九〇九年一二月に渡満し、満鉄長春電灯営業所に入った。鹿児島から酷寒の北満に就職したことを後悔しつつ七年勤続し、大連の電気作業所に転任して物品係主任となり、二五年五月庶務主任に就いた。

郡 新一郎 ▷11

満鉄撫順炭砿工務事務所長／奉天省撫順南台町／一八九三（明二六）九／三重県員弁郡久米村／東京帝大工科大学

三重県農業郡竹治郎の長男に生まれ、一九一六年東京帝大工科大学を卒業した。同年八月に渡満して満鉄工務局保線課に勤務し、遼陽保線区主任、奉天工務事務所線路長、奉天鉄道事務所工務長を経て二六年七月洮昂鉄路局顧問助手となった。翌年五月撫順炭砿土木課長に転任し、同年一一月同工務事務所長に就いた。この間錦州、連山湾、赤峰、開魯、新邱方面の各鉄道線路を踏査した。

郡山 智 ▷12

満鉄理事、社員表彰並懲戒委員会委員長、㈶大連医院理事長、同評議員、従四位勲三等／大連市台山屯／一八八六（明一九）二／宮城県仙台市／東京帝大法科大学政治学科

宮城県郡山真昌の三男に生まれ、一九一一年七月東京帝大法科大学政治学科を卒業し、同年文官高等試験に合格して朝鮮総督府試補となった。以来官界にあって総督官房事務官・会計課長、同書記官、仁川税関長、賞勲局書記官兼拓殖局書記官、拓殖事務局書記官兼賞勲局書記官、東洋拓殖㈱監理官兼関東庁事務官、故大勲位李王殿下葬儀委員、関東庁逓信事務官兼同庁事務官、内閣拓殖局書記官・拓殖局第二課長、拓務省拓務局長を歴任した。その後三四年七月満鉄理事に転出して渡満し、満州特産中央会理事、大連医院理事長等を務めた。

郡山 好道 ▷12

満鉄ハルビン鉄路医院海倫分院長兼医員兼海倫日本尋常小学校医／浜江省海倫満鉄鉄路医院海倫分院／一九〇六（明三九）九／鹿児島県姶良郡加治木町／長崎医科大学

鹿児島県郡山清の長男に生まれ、一九三三年長崎医科大学を卒業して郷里の杉田医院に勤務した。その後渡満して満鉄大連医院外科に勤務し、次いで鉄路総局臨時嘱託・総務処附業課勤務、ハルビン鉄路医院双城堡診療所主任兼医員、一面坡診療所主任兼医員、一面坡尋常高等小学校医に歴任した。三七年四月ハルビン鉄路医院海倫分院長兼医員となり、海倫日本尋常小学校医を兼務した。

小海淳三郎 ▷12

ハルビン特別市公署都市建設局土木科員兼工務処道路科員／ハルビン馬家溝代用官舎／一九〇四（明三七）九／新潟県中魚沼郡上野村／北海道帝大土木専門部

新潟県小海勝の子に生まれ、北海道帝大土木専門部を卒業して東京市技手となった。日本道路舗装㈱技手に転じた後、一九三二年ハルビン特別市公署技佐に転じて渡満し、都市建設局に勤務した。

古賀 栄次 ▷12

満州炭砿㈱密山炭砿技術係長／牡丹江省密山県満州炭砿㈱密山炭砿技術係長社宅／一八九三（明二六）五／東京工科学校土木科

古賀長次郎の長男に生まれ、一九一六年東京工科学校土木科を卒業し、一八年三月満鉄に入り撫順炭砿工務課に勤務した。竜鳳、東郷、老虎台の各採炭所に歴勤した後、三五年二月満州炭砿㈱に転じて密山炭砿技術係長に就いた。

古賀角左右エ門 ▷1

古賀洋行主／長春／一八七六（明九）一／長崎県南松浦郡大浜村

一一歳の時に父と死別し、以来各地を転々として諸種の仕事に就いた。一八九七年台湾に渡り基隆、台北、新竹、台南等の各地で運送業に従事したが、一九〇三年に帰国して門司で汽船への食料品売込業を営んだ。日露戦中の〇五年四月に渡満して営口の東清公司に入り、戦線の北上につれて各地に支店、主張所を開設し、〇六年一〇月孟家屯支店設置の際に主任となって赴任した。〇七年七月長春に古賀洋行を設けて運送業を独立経営し、かたわら同地の運送組合理事となり、奉天、鉄嶺、昌図、双廟子、公主嶺等の各地に同業組合を組織してそれぞれ役員を務めた。

古賀　叶 ▷12

満鉄鉄道総局福祉課長、鉄道総局員同仁共済審査委員会委員、満州医科大学評議員、社員消費組合理事、㈶満州弘済会理事、勲六等／奉天高千穂通／一九〇二（明三五）一〇／福岡県小倉市紺屋町／東京帝大法学部政治学科

福岡県古賀孟の長男に生まれ、一九二四年東京帝大在学中に文官高等試験行政科に合格した。二五年三月同大法学部政治学科を卒業して同年一一月満鉄に入り、社長室人事課に勤務して育成学校講師を兼任した。次いで総務部人事課調査係主任兼経済調査会調査員、総務部人事課労務主任兼鉄路総局総務処人事科給与係主任兼調査係主任、総務部人事課給与係主任に歴勤して三六年九月参事に昇格し、同年一〇月鉄道総局福祉課長に就いた。この間、社命により会社工場の人事組織と従事員の給与制度・待遇・施設の調査研究のため二年間欧米各国に留学した。

古閑癸巳生 ▷11

満鉄奉天鉄道事務所員／奉天葵町／一八九三（明二六）九／熊本県八代郡和鹿島村／熊本高等工業学校

熊本県農業古閑大平の三男に生まれ、一九一六年熊本高等工業学校を卒業して満鉄に入り、技術局保線課に勤務した。翌年六月立山臨時工事係、一九年本渓湖保線手、二一年六月鞍山工務事務所、二二年六月交通課、二三年五月安東鉄道事務所等に勤務し、二五年奉天鉄道事務所に転任した。

古賀源四郎 ▷12

畜産公司主／奉天省撫順東五条通／一八八六（明一九）二／佐賀県杵島郡小田村／佐賀県立中学校

佐賀県古賀幸之助の三男に生まれ、一九〇三年佐賀県立中学校を卒業した。〇四年門司の九州鉄道管理局駅務伝習所を修了して鉄道現業に就いたが、〇六年に退職した。その後一四年に渡満して満鉄に入り、金州駅に勤務した後、一八年に退社して撫順で畜産公司を開業し、精肉と清酒の販売業を営んだ。夫人ウタとの間に二男三女あり、長女イヨ子は満鉄社員緒方義隆に嫁した。

古賀康八郎 ▷12

満鉄ハルビン鉄路医院産婦人科医長／ハルビン炮隊街／一九〇四（明三七）一一／佐賀県三養基郡旭村／九州帝大医学部

佐賀県古賀平八の三男に生まれ、一九三一年三月九州帝大医学部を卒業し、同大付属病院に勤務して副手となった。その後三五年九月満鉄ハルビン鉄路医院産婦人科医長となって渡満し、同年一二月医学博士号を取得した。

古賀　諭 ▷11

安東県荒井組支店主任／安東県五番通／一八八九（明二二）一／福岡県久留米市東櫛原町／中学校三年修業

福岡県古賀民次郎の長男に生まれ、一九〇五年中学校を三年で中退し、〇七年に渡満した。西本組に入り、鉄道複線化工事及び安奉線改築工事に三年従事した。一一年から朝鮮で土木建築請負業を営んだが、一九年四月荒井組に入り、現場代人として土木事業にあたった。二四年一月安東県出張所主任となって再び渡満し、安東工友会幹事長を務めた。

古賀　健 ▷12

満鉄鉄道総局監察付監察補、勲六等／奉天八幡町八幡館／一八九二（明二五）一一／福岡県久留米市洗町／旅順工科学堂電気工学科

福岡県古賀宜令の長男に生まれ、一九一三年旅順工科学堂電気工学科を卒業した。一四年一月満鉄に入り工務課に勤務した後、同年五月総務部技術局保線課、一六年六月公主嶺保線係、一七年一二月技術局保線課に歴勤した後、一八年二月吉長吉敦鉄路局に派遣された。次いで二〇年五月技術部線路課勤務、同年一一月鞍山工務事務所鞍山通信区主任、二一年七月奉天通信区主任、同年一二月奉天工務事務所勤務兼奉天通信区主任、二三年五月奉天通信区主任を経て同年六月奉天通信区長となり、同年八月奉天鉄道事務所兼務となった。次いで二七年四月奉天電気区長、同年一一月奉天鉄道事務所勤務、二八年八月兼満州医科大学勤務、二九年一〇月奉天鉄道事務所電気長心得を経て三〇年九月技師に進み、同年一〇月奉天保線事務所保安長に就いた。次いで三二年二月鉄道部電気課奉天在勤、同年七月同通信係主任、三五年三月ハルビン鉄路局電気科長、同年一一月鉄路総局監察付を歴任し、三六年一〇月職制改正により参事・監察付監察補となった。この間、満州事変時の功により勲六等瑞宝章を授与された。

古賀　董　▷11

満鉄本社社長室人事課人事係／大連市楠町／一八九一（明二四）一二／佐賀県佐賀市西田代町／中央大学法科専門部

佐賀県の中学教師古賀保昌の次男に生まれたが、父の死亡により中学校三年で中退し、佐賀地方裁判所雇員となって家計を助けた。孝子として近傍に推称されたが一八歳で孤児となり、二一歳の時に上京して弁護士宅の書生となり明治大学に学んだ。間もなく大審院検事局に入り、かたわら中央大学法科専門部三学年を修業した。一七年二月に渡満し、親戚に当たる満鉄撫順炭砿長の米倉清族の許に寄寓した。同年一二月炭砿事務助手となり、沙河口工場雇員を経て本社人事課に転任した。

古賀忠四郎　▷12

満鉄大石橋消費組合主事、社員会評議員、南満蔬菜出荷組合顧問／奉天省大石橋昌平街／一八九二（明二五）五／福岡県三潴郡青木村

福岡県古賀仲太郎の三男に生まれ、一九二〇年二月満鉄に入り人事課消費組合鞍山在勤となった。次いで二二年四月奉天在勤、二四年一月公主嶺在勤、二五年三月大連伏見台分配所主任、二六年四月本渓湖支部主事、三一年八月安東支部主事に歴勤し、三五年九月大石橋消費組合主事となった。この間、三六年四月勤続一五年の表彰を受けた。

古勝　福友　▷7

大島紬購買会主／大連市播磨町／一八八〇（明一三）一／鹿児島県大島郡亀津村

奄美大島に生まれ、一九〇七年に渡満して海軍経理部に勤務した。〇九年関東庁警察官となり一五年勤めたが、二一年五月に退職して大島紬購買会を始めた。本場大島紬の他に銘仙も加え、廉価販売で成功した。岡田式静座法の研究を趣味とし、自ら一〇〇キロほどの体軀をつくりあげ、無料で鍛錬法を教授した。

古賀　鶴松　▷11

開原公学堂教諭／奉天省開原清河寮／一九〇二（明三五）四／佐賀県三養基郡南茂安村／佐賀県師範学校

一九二三年、佐賀県師範学校を卒業した。二五年に渡満して満鉄に入り、開原公学堂教諭を務めた。

古賀　利衛　▷12

満鉄敦化機務段員／吉林省敦化満鉄機務段／一九〇七（明四〇）二／福岡県若松市堺町

本姓は別、後に古賀清吾の長女富子の婿養子となった。一九二三年鉄道教習所を修了して門司鉄道局に入り若松機関庫に勤務した。その後三六年六月満鉄に転じて渡満し、敦化機務段検査員となった。

古賀　仁吉　▷12

石橋兄弟商会主、ハイラル日本商工会議所創立発起人／興安北省ハイラル中央大街／一九一〇（明四三）一二／福岡県山門郡宮永村

福岡県古賀末次の次男に生まれ、小学校を卒業して洋服店に奉公した。一九三〇年二月に独立して郷里で洋服店を開業したが、満州事変後三三年八月に渡満してハイラルで同業を開業した。ハイラル駐屯の関東軍酒保指定人となり、従業員三〇人を使用して洋服・毛皮・防寒具の製造販売業と靴原皮の輸出業を経営し、同地の西大街に支店を設け、さらにハイラル会館撞球部を経営した。

小金丸貞市　▷12

満鉄鉄道総局付待命参事／奉天満

鉄鉄道総局気付／一八八五（明一八）四／長崎県壱岐郡武生水町

長崎県海産物商小金丸卯作の次男に生まれ、長兄の早世により一九〇八年二月に家督を相続し、同年五月に渡満して満鉄に入り総務部土木課に勤務した。瓦房店保線係、運輸部大連工務事務所物品主任、地方部庶務課用度係主任、経理部倉庫課地方係主任を歴職して二七年一一月用度事務所大連支所長となった。次いで鉄道建設局庶務課用度係主任、経理局調度課勤務を経て三七年四月参事に昇進して鉄道総局付待命となった。この間、二九年四月勤続二五年の表彰を受けた。

古賀　等　▷12

満鉄チチハル鉄路局工務処保線科員／龍江省チチハル鉄路局工務処／一八九七（明三〇）二／佐賀県杵島郡南有明村／東亜鉄道学校

佐賀県三浦綱次郎の長男に生まれ、一九一六年三月熊本市の私立東亜鉄道学校を卒業し、同年五月満鉄に入り開原駅に勤務した。次いで大石橋駅、長春駅、鉄道部庶務課、博克図鉄路弁事処、洮南鉄路監理所監理員に歴勤し、三七年六月チチハル鉄路局工務処保線科に転任した。この間、三二年四月勤続一五年の表彰を受けた。

古閑　正雄　▷13

満州不動産㈱社長／一八九三（明二六）一〇／熊本県飽託郡白坪村／東京帝大工科大学土木工学科

熊本県富田長蔵の三男に生まれ、同県古閑健蔵の養子となった。一八年七月東京帝大工科大学土木工学科を卒業し、同年八月満鉄に入社して遼陽保線係、遼陽保線手、線路課勤務運輸従事員養成所工事兼務、庶務部調査課、鉄道部計画課、同工務課に歴勤した。二五年から金福鉄道の測量・設計に従事し、二六年六月非役となり金福鉄道技師長に派遣され、二七年一〇月に同線が完成すると満鉄に戻って鉄道部線路係主任兼設計係主任に就いた。次いで三〇年六月技師に進み、計画部鉄道主査、奉山鉄路顧問、関東軍司令部事務嘱託、鉄道建設局計画課調査係主任、錦州建設事務所長兼電気長、大連鉄道事務所副所長を歴任した。三六年一月輸送量より見た長大軌条の経済的価値に関する調査研究のため八ヶ月間欧米各国に出張し、三七年四月牡丹江鉄路局副局長を経て奉天鉄路局副局長を務めた後、四〇年四月満鉄を退社して満州不動産㈱社長に就任した。

古賀　精敏　▷12

古賀建設工業事務所主／大連市聖徳街／一八八七（明二〇）一／福岡県糸島郡今宿村／東京工科学校建築科高等科

福岡県遠賀郡岡垣村に生まれ、福岡工業学校建築科を経て一九〇六年三月東京工科学校建築科高等科を卒業して九州鉄道㈱に入り、技手として工務課設計係に勤務した。〇七年七月鉄道国有化のため会社解散となり、翌月渡満して大連市監部通の長谷川鉒五郎事務所の建築部主任となった。〇九年八月同事務所が事業縮小して建築部を廃止したため、同年九月満鉄に転じて工務課建築係に勤務した。その後一六年四月に退社して古賀建築事務所を開設して一般建築物の設計、施工、監督、鑑定に従事し、かたわら同年七月から関東都督府地方法院指定鑑定人となった。二〇年一一月財団法人建築学会の正会員となり、二一年三月に関東庁建築技術者検定委員会より第一級主任技術者の認定を受け、沙河口神社、大連神社参集殿、大連金比羅神社、大連出雲大社教満州分院、大連日本山妙法寺等の神社建築を手がけた。長男精華は旅順工科大学を卒業して昭和製鋼所に勤務し、次男正二は日本大学、長女慶子は大連弥生高女、次女皎子は大連羽衣高女に学んだ。

古賀　初一　▷12

古賀初一精米所主、撫順起業㈱取締役、撫順実業協会評議員、撫順産馬組合長、撫順金融組合評議員、撫順佐賀県人会副会長／奉天省撫順西八条通／一八九三（明二六）七／佐賀県佐賀市与賀町／明治大学法科

古賀駒吉の長男に生まれ、一九〇八年一一月に渡満して撫順で父が営む貸家業を補佐した。次いで一一年から撫順奥地で木材業と木炭業を始め、大連、奉天、営口方面に移出した。一時帰国して二〇年に明治大学法科を卒業した後、再び渡満して父の貸家業を継いだ。その後廃業して二五年四月から撫順県心太和で水田事業を始め、二七年から精米業を兼営し、三一年に奉撫沿線に総面積三〇〇〇町歩の水田経営に着手した。

古賀羊太郎 ▷1

同興桟主／奉天省開原／一八八〇（明一三）八／佐賀県佐賀郡新北村／東京外国語学校支那語科

東京外国語学校支那語科を卒業した後、一九〇四年七月日露戦争に際し陸軍通訳として第四軍兵站監部と共に大孤山に上陸し、岫巌城、析木城、海城、遼陽、奉天を経て開原に勤務した。戦後〇六年二月に帰国して勲八等旭日章と一時賜金を受けた後、同年七月再び渡満して開原に純中国式の旅館「同興桟」を開設した。かたわら鐵平公司開原支店主として鉄道輸送業を兼営し、後に同業組合が設立されると会計主任を務めた。

「古川」は「ふるかわ」も見よ

古川　清行 ▷7

鈴木商店輸出部勤務／大連市桜花台／一八九六（明二九）一〇／鹿児島県日置郡日置村／東亞同文書院

鹿児島県立第一中学校を卒業した後、選ばれて上海の東亞同文書院に入学した。一九一八年九月に卒業して鈴木商店上海支店に入り、漢口、天津支店勤務を経て二二年に大連支店勤務となって渡満した。

小口　忠太 ▷3

満鉄南満医学堂教授兼医長、奉天医院眼科部長、正六位勲四等／奉天新市街／一八七五（明八）一／長野県小県郡上田町／済生学舎

一八八八年四月医学専門学校済生学舎に入学し、九一年六月医術開業試験に合格した。さらに東京顕微鏡院に学び、九三年に卒業して大成学館、私立ドイツ語学校、壬申義塾等でドイツ語を学んだ。九四年一二月一年志願兵として歩兵第一連隊に入営して翌年四月陸軍三等軍医、九九年陸軍二等軍医となった。一九〇一年横須賀市立湘南病院眼科部長を務めた後、台湾総督府台南医院医務嘱託となったが日露戦争に際し〇四年四月に補充召集され、同年九月陸軍一等軍医となった。戦後〇六年四月功により勲四等旭日小綬章を受け、一〇年陸軍三等軍医正に進んで翌年陸軍医学校教官に就いたが、同年一一月南満医学堂教授に転じて渡満した。着任早々ドイツに留学し、一四年七月に帰任して南満医学堂医長に就き、奉天医院眼科部長を兼任した。

小口　光男 ▷12

満鉄公主嶺駅貨物主任／吉林省公主嶺駅貨物主任社宅／一九〇七（明四〇）二／長野県岡谷市／早稲田大学政治経済学部

一九三二年三月早稲田大学政治経済学部を卒業して同年四月満鉄に入り、鉄道部勤務を経て同年八月安東駅駅務方となった。三三年一月非役となったが、同年一二月非役を免じられて安東駅貨物方となり、三四年一月奉天列車区車掌心得、同年四月同車掌、同年六月開原駅助役、三五年七月奉天駅貨物助役を歴任して三七年四月公主嶺駅貨物主任となった。この間、三四年に満州事変時の功により賜品及び大盾、従軍記章を授与された。

国分　信雄 ▷12

満鉄撫順医院長兼医長、勲六等／奉天省撫順満鉄医院／一八九一（明二四）一二／東京府東京市本郷区駒込西片町／東京帝大医科大学

国分信房の三男として埼玉県北埼玉郡忍町に生まれ、一九一七年七月東京帝大医科大学を卒業し、翌年一月大学付属医院の副手となった。次いで一九年七月満鉄に入社して鉄嶺医院内科医長となり、安東医院医長を経て二五年二月東京帝大に留学して内科学及び血清化学を専攻した。二七年に復社して安東医院医長、ハルビン医院長、ハルビン鉄路医院長兼務を経て三七年四月撫順医院院長兼医長となった。この間、二九年一月論文「インシュリン寡血糖症ノ原因」により東京帝大より医学博士号を取得した。

小久保徳次 ▷12

小久保写真館主、勲七等／奉天春日町／一八九〇（明二三）一二／埼玉県比企郡三保谷村

徴兵されて軍務に服し、現役中に再役となった。一九一八年憲兵として渡満し、遼陽及び奉天に勤務した後、憲兵曹長に累進した。その後二五年に退役し、奉天春日町で写真館を経営した。さらに清朝の太宗文皇帝を祀る奉天郊外の北陵に出張所を設け、観光客相手の記念写真撮影も行った。

小久保守造 ▷12

北安省海倫県警務局首席指導官、

勲七等／北安省海倫県公署官舎／一八九二（明二五）一一／埼玉県大里郡小原村

一九一一年郷里の大里郡御正小学校代用教員となり、一二年徴兵されて宇都宮の野砲兵第二〇連隊に入営した。一八年第一四師団参謀部付を経て一九年四月動員下令とともにシベリア派遣軍に従軍し、同年六月曹長に進級した。二〇年一一月に撤兵帰国し、二一年八月に依願退官して文官技倆証明書を授与された。二三年一月朝鮮総督府巡査となり、同年四月平安北道の泰川警察署に赴任した。二四年一二月巡査部長試験に合格して二五年二月巡査部長となり、次いで二六年一一月総督府道警部・警部補考試試験に合格し、二七年一二月総督府警察官講習所を修了して警部補となり平安北道警察部保安課司法主任に就いた。三一年一二月総督府道警部に進んで慈城警察署長となり、三二年一一月匪賊の襲撃を受けて激戦の末に撃退し、同月泰川警察署長に就任した。三三年四月には平北周辺で抗日運動を展開した辺洛奎ほか一六人を逮捕し、拳銃、銃弾、檄文その他を押収した。三四年九月に依願免本官となり、同年四月浜江省安達県警佐兼北満特別区公署警佐に転じて安達県公署に勤務し、同年一二月吉林省張家湾署に転勤した。三五年一二月北安省海倫県警佐に転任し、三六年四月同県警正に進んで警務局首席指導官を務めた後、三七年六月に退官した。この間、シベリア出兵時の功により勲八等瑞宝章、二一年六月に勲七等青色桐葉章及び一時金六〇〇円を受け、二六年四月泰川警察署在勤時に泰川郡江東方面で朝鮮人二名と交戦して一名を斃し一名を逮捕して知事感状と金二五円を授与されたほか、同年六月京畿道に応援に赴いて治安維持法違反者二名を逮捕して表彰され、三四年九月には満州事変時の功により金四七五円を下賜された。

小久保勇八 ▷12

小久保商行主、公主嶺居留民会第五区長、公主嶺金融組合評議員、公主嶺輸入組合評議員、勲八等／吉林省公主嶺花園町／一八八三（明一六）一／滋賀県伊香郡永原村

早くから陸軍に入り、一九〇四年日露戦争に従軍して渡満し、戦後〇八年三月独立守備隊に編入された。その後一〇年三月に除隊し、公主嶺に小久保商行を興して和洋雑貨と書籍・雑誌販売業を営んだ。かたわら三四年に公主嶺附属地の宅地三〇〇〇坪を買収し、家屋四〇戸を建築して貸家業を兼営した。

国米　穣 ▷9

満鉄長春列車区長、勲八等／吉林省公主嶺堀町満鉄社宅／一八八四（明一七）三／岡山県真庭郡久世町／高等小学校

一八九七年三月郷里の高等小学校を卒業し、九九年神戸郵便電信局に入った。一九〇二年日本鉄道㈱に転じた後、〇五年三月日露戦争に際し野戦鉄道隊付雇員となって渡満した。〇七年四月満鉄の開業とともに入社し、勤続して後に長春列車区長となった。

木暮　寅 ▷12

奉天ヤマトホテル支配人兼事務主任兼撫順筑紫館支配人、社員会評議員／奉天浪速通／一九〇二（明三五）一／群馬県群馬郡伊香保町／中央大学専門部政治科、同経済科

一九一八年大蔵商業学校専修科を卒業し、同年九月三菱㈾地所部に勤務した。その後二二年に中央大学専門部政治科及び経済科で修学し、二四年一月ホテル業研究のため渡米し、同年三月ホノルル市モアナホテルに就職した。二七年四月北米各都市の主要ホテルを視察後、ワシントン市ルイスホテルのトレーニングコースを修了し、同年七月フィラデルフィア市ベンジャミン・フランクリンホテルに勤務し、次いで二八年一月ホノルル市ローヤルハワイアンホテルに転じた。二九年六月に帰国して横浜ニューグランドホテルの客座係、接客係主任を務めた後、三一年四月に渡満して満鉄に入り、大連ヤマトホテルに勤務した。その後、星ヶ浦ヤマトホテル及び食堂車事務所の各副支配人、旅順ヤマトホテル支配人を歴任し、三五年一〇月奉天ヤマトホテル支配人兼事務主任となり、撫順筑紫館支配人を兼務した。

木暮　一 ▷11

長春高等女学校教諭／長春常盤町／一八九一（明二四）二／群馬県佐波郡玉村町／東京高等師範学校

群馬県農業木暮勝三郎の次男に生まれ、一九一八年東京高等師範学校を卒業した。栃木県師範学校、山口県防府

中学校、岐阜県恵那中学校の各教諭を務めた後、二六年に渡満して長春高等女学校教諭となった。

小暮　鶴雄　▷6

関東庁大連民政署財務課徴税係／大連市／一八八五（明一八）／東京府豊多摩郡渋谷村

旧熊本藩士で維新後に官吏となった小暮英記の次男に生まれた。旅順に在留する実兄の義雄に誘われ、一九〇九年に渡満して関東都督府に入り、旅順水道事務所に勤務した。二二年末に大連民政署に転任し、財務課徴税係を務めた。

小暮　文寿　▷11

満鉄大連埠頭倉庫係貨物助役／大連市伏見町／一八九四（明二七）九／群馬県邑楽郡三野谷村／東京外国語学校

群馬県農業小暮祐三郎の四男に生まれ、一九一九年東京外国語学校を卒業した。横浜のピヤス商会に入ったが、同年一〇月明治紡織㈱に転じた。翌年一月に退社して渡満し、満鉄に入って大連埠頭倉庫に勤務し、後に貨物助役となった。

古財　治八　▷11

大連語学学校理事、勲八等／大連市老虎灘／一八七八（明一一）八／熊本県熊本市内坪井町

熊本県古財茂八の子に生まれ、一八九八年中国に渡航して上海、南京、武昌を二年間巡遊した。日露戦争に従軍した後、一九〇八年から渡満して大連に在住した。二〇年三月、第一次大戦後の好況時に資本金二〇〇〇万円で大連郊外土地㈱を創立して社長に就いた。かたわら銀行、会社など多数の関連企業役員に就いたほか、大連庶民銀行理事長、財団法人語学学校理事、大連商業会議所常議員、大連市会議員を務めた。

小佐井元吉　▷12

満鉄農事試験場畜産科員／吉林省公主嶺菊地町／一八九五（明二八）一二／熊本県熊本市大江町／熊本県立農業学校

熊本県小佐井要八の四男に生まれ、一九一四年熊本県立農業学校を卒業し、同年一〇月満鉄に入り築港事務所及び大連電気遊園に勤務した後、同年一二月熊本の歩兵第二三連隊に入隊して兵役に服した。一七年三月予備歩兵少尉に任官して復職し、同年七月産業助手となり農事試験場に勤務した。以来歴勤して三〇年六月技術員となり、三六年九月職員に昇格した。この間、三三年四月勤続一五年の表彰を受けた。

小坂　次郎　▷11

産婦人科開業医／大連市佐渡町／一八八七（明二〇）四／広島県山県郡殿賀村／岡山医学専門学校

広島県小坂甚平の三男に生まれたが、幼い時に父を亡くし、長兄市之助の養嗣子となった。一九一一年岡山医学専門学校を卒業し、同校病理学教室で研究に従事した。日本赤十字社医員、同救護医員を経て一四年三月に渡満し、満鉄大連医院産婦人科医員となった。一八年に退社し、大連の土佐町に産婦人科医院を開業した。二五年にいったん帰国して岡山医大及び新潟医大の産婦人科副手として研究に従事した後、医院を再開して大連医師会理事、広島県人会相談役を務めた。次兄の覚四郎は東京の日暮里警察署長を務めた。

小阪　籾逸　▷11

警察官練習所主任教官／旅順市松村町／一八八九（明二二）一二／岡山県勝田郡梶並村／農林学校、警察官練習所甲科

岡山県農業小阪当吉の長男に生まれ、一九〇七年農林学校を卒業し、一七年一月に渡満して長春警察署の警官となった。一九年七月警察官練習所甲科を卒業し、文官試験に合格して警部補に進み大連民政署高等係に転任した。二一年三月、選ばれて東京警察講習所に入所して一年学び、大連に戻って警察官練習所教官となった。二三年警部に昇進し、警務局高等課、大連警察署高等主任を経て二八年七月警察官練習所主任教官に就いた。同年末『警察教科要論』の編集担当となり、主任として全四冊の刊行にあたった。

小坂　隆雄　▷12

関東州庁警察部衛生課長兼関東局保健所長事務取扱、従六位／新京特別市興安大路／一九〇〇（明三三）八／長野県諏訪郡湊村／南満医学堂

郷里の諏訪中学校を卒業して渡満し、一九二四年三月南満医学堂を主席で卒業して生理学教室副手となった。同年末、高田の歩兵第三〇連隊に入営して兵役に服した後、除隊して満州医科大学生理学教室副手、助手を経て北平の協和医科大学に給費留学生として派遣された。その後三〇年八月論文「人体ノ精神性発汗ニ就テ」により京都帝大より医学博士号を取得し、三一年協和医科大学生理学系教員となって北平に赴任した。三二年四月関東長官秘書官に転じ、同年一一月旅順医院医務嘱託、三四年四月関東庁技師・警務局衛生課長、同年一二月の官制改革を経て三五年一月関東州庁警察部衛生課長となり、三六年一二月から関東局保健所長事務取扱を兼務した。

小坂　通明　▷12

共和洋行主、日満特産連合会評議員、四平街体育協会常任理事、四平街野球後援会幹事、町内会役員／奉天省四平街北二条通／一八九七（明三〇）二／山口県豊浦郡王司村／立教大学商科

一九二〇年立教大学商科を卒業して渡満し、特産商世泰興に入った。長春、大連、四平街の各支店に歴勤した後、二二年六月に独立して四平街に共和洋行を設立し、現物取扱を専門として特産物貿易商を営んだ。この間、満州事変時の功により賜品を授与された。

小坂　好治　▷11

内外棉㈱金州支店工場主任／金州内外棉㈱社宅／一八九四（明二七）一一／岡山県赤磐郡瀬戸町／兵庫県立工業学校

岡山県農業小坂与市郎の次男に生まれ、一九一四年兵庫県立工業学校を卒業した。紡織技術に従事した後、一六年内外棉㈱に入り上海支店に勤務した。二四年、金州支店の工場主任となって渡満した。

小崎　長八　▷12

満州炭砿㈱経理部経理課予算係主任／新京特別市錦町満州炭砿㈱経理部／一九〇三（明三六）四／長崎県南高来郡千々岩町／長崎高等商業学校

一九二八年長崎高等商業学校を卒業し、家業の陶磁器販売業に従事した。満州事変後三二年一一月に渡満して西安煤鉄公司に勤務し、三五年一月同炭坑その他が合併して創立された満州炭砿㈱に転じた。本社会計課に勤務した後、西安炭砿勤務を経て本社経理部経理課予算係主任となった。この間、西安在勤時に西安県日本居留民会評議員を務めた。

小佐々　勤　▷12

満鉄大連鉄道事務所庶務課文書係主任、社員消費組合総代／大連市満鉄鉄道事務所／一八九九（明三二）一〇／長崎県東彼杵郡大村町／山口高等商業学校

一九二三年三月山口高等商業学校を卒業し、同年四月満鉄に入り埠頭事務所庶務課に勤務した。以来勤続して埠頭実業補習学校講師嘱託、埠頭事務所海運課勤務、大連埠頭事務助役、埠頭事務所庶務係大連埠頭庶務主任、同輸出主任を歴任し、三七年四月大連鉄道事務所庶務課文書係主任となった。この間、社員会連鉄連合会青年部長を務めたほか、満州事変時の功により賜杯及び従軍記章を授与された。

輿石　敬彰　▷12

奉天隅田町郵便所長／奉天隅田町郵便所／一八八四（明一七）二／山梨県北巨摩郡上手村

山梨県農業輿石新作の長男に生まれ、独学で漢学と中国語を身に着けた。日露戦争に召集されて一九〇五年六月に渡満し、戦後〇七年一二月営口電信局に入った。一一年書記補、一八年九月書記に進み、各地の郵便局に勤務して二七年六月奉天郵便局鉄道郵便課課長となり、次いで営口郵便局長を経て三六年五月逓信副事務官となり、同年七月奉天隅田町郵便所長となった。この間、満州事変時の功により賜金を授与された。

越浦　徳市　▷12

越浦組主／吉林二経路／一九〇〇（明三三）一二／新潟県西蒲原郡間瀬村

新潟県越浦徳蔵の次男に生まれ、幼少の頃に大工職見習となり、後に北海道に渡り釧路、帯広、華松等で神社・仏閣の造営工事に従事した。その後一九三三年に渡満して大内組に入り、三四年二月に独立して吉林で土木建築請負業を営んだ。

越川　克　▷11

満鉄遼陽機関区庶務助役／奉天省遼陽イ区／一八八九（明二二）一二／埼玉県北埼玉郡三俣村

埼玉県教師越川皆之助の四男に生まれ、一九〇八年三月に渡満して満鉄に入り、大連工場に勤務した。一八年一〇月物品方、翌年四月庶務方、二〇年三月技術方を経て、遼陽機関区庶務助役に就いた。

越川　直作　▷11

大連春日小学校長、従七位勲八等／大連市紅葉町／一八八〇（明一三）六／千葉県山武郡横芝町／東京府師範学校

千葉県農業越川丑松の次男に生まれ、一九〇四年東京府師範学校を卒業して西多摩小学校訓導となった。翌年戸倉小学校に転じて校長に就いたが、〇七年七月に渡満して大連小学校の訓導となった。沙河口小学校に転じた後、二一年四月に沙河口の大正小学校長となった。金州小学校長を経て二八年三月、大連春日小学校長に就いた。夫人静乃も東京女子師範学校を出た。

小芝　元吉　▷11

満鉄臨時経済調査委員会職員／大連市沙河口霞町／一八八九（明二二）三／千葉県安房郡館山町／九州帝大工科大学機械工学科

千葉県米穀商小芝定吉の長男に生まれ、一九一四年七月九州帝大工科大学機械工学科を卒業し、同年八月満鉄に入社した。沙河口工場に勤務した後、材料試験室主任、旋盤工具職場主任、組立仕上職場主任を歴任した。二七年一二月臨時経済調査委員会に転属し、翌年八月から旅順工科大学機械工学科の講師嘱託を兼任した。

児島　卯吉　▷14

大連製氷㈱代表取締役／大連市聖徳街／一九〇〇（明三三）四／鳥取県鳥取市／早稲田大学大学部商科

鳥取県酒造業児島幸吉の長男に生まれ、一九二二年早稲田大学商科を卒業した。一年志願兵として入隊し、退営して二五年に陸軍歩兵少尉となった。二八年に父の経営する大連製氷㈱の取締役に就き、実家の鳥取酒造㈱取締役、鳥取瓦斯㈱監査役を兼務した。三四年日満漁業㈱取締役、㈱太陽商会取締役、興亜食料㈱取締役、満州秀英舎㈱取締役等に就き、三九年鳥取酒造㈱取締役社長、翌年大連製氷㈱取締役社長に就任した。三四年から三七年まで大連市伏見台東区区長を務めたほか、四三年大連商工会議所常議員、四〇年一一月から大連市会議員を務めた。

小島　一男　▷11

満鉄庶務部吉林公所勤務／吉林商埠地／一八九九（明三二）七／佐賀県西松浦郡黒川村／商業学校

佐賀県鉱山師小島嘉造の長男に生まれ、一九一七年三月商業学校を卒業して翌年一月に渡満した。二一年満鉄埠頭事務所に入り、翌年末地方部に転勤した。二四年から一年間北京に留学し、二八年四月庶務部に移って吉林公所に勤務した。

小島　一雄　▷9

小島薬局主／大連市若狭町／一八八七（明二〇）五／長野県長野市西長野町／東京薬学校

一九〇六年東京薬学校を卒業して内務省衛生試験所に入り、薬品試験部に勤務した。一三年一〇月満鉄に招聘されて大連医院に勤務し、一七年営口医院に転勤して関東都督府衛生事務嘱託を兼任したが、同年一一月大連医院分院に転勤した。一八年五月に退社して若桜町に小島薬局を開設し、営業のかたわら大連中学校校医を務めた。

小島　一雄　▷12

満鉄大連鉄道工場人事係主任兼大連工場青年学校指導員、社員会評議員、社員消費組合総代／大連市霞町／一八九六（明二九）三／長崎県下県郡厳原町／長崎県立対馬中学校

長崎県立対馬中学校を卒業した後、一九一七年日本生命八幡代理店事務員となったが、程なく徴兵されて対馬警備歩兵大隊に入営した。除隊後一九年三月に渡満して満鉄事務助手となり、埠頭事務所庶務課に勤務した。次いで埠頭実業補習学校書記嘱託、大連埠頭事務所庶務方、埠頭事務所庶務課、本社総務部人事課勤務兼鉄路総局総務処人事科に歴勤した後、鉄道工場文書係主任、大連鉄道工場文書係主任を経て三七年四月大連鉄道工場人事係主任となり、大連工場青年学校指導員を兼務した。この間、三四年四月勤続一五年の表彰を受けた。

小島喜久馬　▷11

本渓湖煤鉄公司工務科技師／奉天省本渓湖東山公司社宅／一八八二（明一五）九／福井県福井市浪速

町／京都帝国大学

福井県小島喜作の長男に生まれ、一九〇八年京都帝大を卒業して東京芝浦製作所に入社した。その後、大分県の日田水電㈱、三重県の津電灯㈱に勤務したが、一三年六月に渡満して本渓湖煤鉄公司工務科技師となった。

小島銀三郎 ▷9

早川家執事／大連市児玉町満州館／一八六七（慶三）一二／石川県金沢市彦三町／石川県立農学校

石川県立農学校を卒業して金沢の政治結社盈進社に入り、社長遠藤秀景の下で民権運動に従事した。その後実業界に入り、同郷の先輩早川千吉郎の知遇を得て早川家の執事となり、早川の満鉄社長就任に随行して二一年五月に渡満した。

小島　啓介 ▷12

満鉄撫順炭砿採炭課坑内掘技術担当員／奉天省撫順北台町／一九〇一（明三四）七／千葉県夷隅郡大多喜町／旅順工科大学工学専門部採鉱分科

千葉県小島房吉の五男に生まれ、旧名を恒と称し、後に啓介と改称した。大多喜中学校を卒業して渡満し、一九二〇年四月満鉄に入り埠頭事務所庶務課に勤務した。二一年四月第三号非役となり、貸費生として旅順工科大学に入学した。二四年三月同大工学専門部採鉱分科を卒業して非役を免じられ、撫順炭砿礦務課に勤務した。次いで二六年四月竜鳳採炭所、三三年二月撫順炭砿採炭課、三四年四月臨時竜鳳竪坑建設事務所、同年一二月同計画係主任、三五年一〇月竜鳳採炭所監査係技術担当員、三六年八月竜鳳採炭所竜鳳坑内係主任を歴職した。三七年四月撫順炭砿採炭課坑内掘係となり、技術担当員として掘深部採掘計画を担当した。

小島　憲市 ▷12

満鉄天津事務所員、勲六等／中華民国天津法租界満鉄天津事務所／一八九五（明二八）八／愛知県豊橋市洗島町／小樽高等商業学校

愛知県小島伝吉の長男として宝飯郡牛久保町に生まれ、愛知県第四中学校を経て一九二〇年三月小樽高等商業学校を卒業し、同年五月満鉄に入り経理部会計課に勤務した。その後北京修学生として二年間北京に滞在し、帰社して二七年一一月庶務部庶務課勤務、交渉部渉外課第一係主任、鄭家屯公所長心得兼産業調査所長事務取扱、鄭家屯公所長、鄭家屯事務所長兼洮南事務所長に歴勤して三四年六月参事となった。次いでチチハル事務所長、本社総務部勤務を経て三六年九月天津事務所に転勤し、支那駐屯軍嘱託を兼務した。この間、満州事変後の三二年に関東軍嘱託、三三年鄭家屯在勤時に同地の居留民会長を務め、満州事変時の功により勲六等に叙された。

小島　剣一 ▷12

㈾小島組代表社員、満州土木建築協会安東副支部長、地方委員、満鉄地方区長、満鉄福祉委員、満州帝国賽馬場賛助員、満州競馬協会理事、安東競馬倶楽部理事長／安奉県安東駅前三番通／一八九六（明二九）三／愛知県／京都高等工芸学校土木科

岩倉鉄道学校を経て京都高等工芸学校土木科を卒業し、一九一六年満鉄に入社して技術部に勤務した。沿線各地に転勤して土木係、水道係主任を務めた後、二七年に退社して㈴原組技師に転じ、安東出張所長となった。三二年に退社し、安東駅前に㈾小島組を興して土木建築水道工事請負業を経営し、工事請負高年額三五万円に達した。

児島　幸吉 ▷11

大連製氷㈱社長／大連市常盤町／一八五七（安四）一一／鳥取県鳥取市瓦町

鳥取県下有数の資産家として知られた酒造業者の長男に生まれた。一八九二年五月鳥取汽船㈱を設立したが一九〇〇年に解散し、九三年に鳥取倉庫㈱を興し、後に鳥取農業倉庫に改組して経営した。日露戦後の一九〇五年八月、米穀業・製氷業経営を企図して渡満し、各地を視察して〇六年大連の磐城町に支店を開設した。旅順乃木町にも原田商会を置いて米穀・酒類販売と諸官衙の用達業を営み、さらに製氷・冷蔵・清涼飲料水、製壜業に進出した。一一年に大連に工場を新築したほか青島にも出張所を設け、一七年四月に大連製氷㈱を設立した。翌年七月郷里に鳥取瓦斯会社、二三年一〇月鳥取酒造会社を設立し、かたわら鳥取商工会議所会頭、全国酒造組合連合会相談役兼評議員、鳥取県酒造組合連合会会長、鳥取農業倉庫組合長を務め、さらに市会議員、県会議員を務めた。一五年七月、実業界での功労により県知事の表彰を受けた。〇五年から長く大連に居住して大連商業会議所常議員を務めたが、二一年に引き揚げて郷里に住み、年三、四回日満間を往復しながら事業の経営にあたった。

小島鉦太郎 ▷14

大連起業倉庫主／大連市山県通／一八六九（明二）四／東京府東京市芝区二本橋

岡山県官吏小島利政の長男に生まれ、一八八八年から横浜で商業に従事した。九二年に函館に渡って海産物売買、船舶業、倉庫業を営んだ後、一九〇一年四月に渡満した。特産物取引業を三年営んだ後、土木建築請負業に従事した。〇八年一一月に大連起業倉庫を開業し、その後新正洋行を設立して特産物商を兼営したが、業務繁忙のため娘婿の榎森新に経営を一任し、二六年から倉庫業に専念した。一八年八月から大連市会議員を務めたほか、満州ビール㈱取締役、大連銀行取締役、大連商業会議所常議員、山県通区長等を務めた。夫人サダとの間に二男九女があった。

小島　新三 ▷12

満寿屋モスリン店主／大連市磐城町／一八八七（明二〇）二／滋賀県神崎郡能登川村

一九一一年に渡満し、日露戦争直後から大連市若桜町で呉服商を営む父を補佐した。その後本店を浪速町に移して若狭町店を支店とし、さらに磐城町に移転して二五年からモスリン専門店とした。

小島清重郎 ▷12

満鉄農事試験場熊岳城分場種芸科長／奉天省熊岳城満鉄農事試験場分場／一九〇一（明三四）五／栃木県上都賀郡粟野町／宇都宮高等農林学校農学科

一九二三年まで家業の農業に従事した後、二七年三月宇都宮高等農林学校農学科を卒業し、同校助手を経て農林省農事試験場に勤務した。その後二八年五月に渡満して満鉄に入り、農事試験場熊岳城分場に勤務した。以来勤続し、種芸科長心得を経て三六年三月種芸科長となった。

小島　忠三 ▷11

奉天中学校教諭／奉天藤浪町／一九〇〇（明三三）一〇／秋田県北秋田郡十二所町／秋田鉱山専門学校

秋田県小島善之丞の三男に生まれ、一九二三年秋田鉱山専門学校を卒業し、同年九月新潟中学校の博物科教諭となった。二七年九月、奉天中学校に転任して渡満した。

小島　定吉 ▷12

小島定吉商店主／大連市星ヶ浦小松台／一八八三（明一六）六／兵庫県揖保郡勝原村

揖保川で舟運業を営んだ旧家に生まれ、大阪西区の木炭商杉田与兵衛商店の店員となった。日露戦中の一九〇五年七月店主の命で渡満し、大連に駐在して軍政署や鉄道に燃料・暖房・炊事用の木炭を納入した。以来大連に駐在し、大連支店を創設して支店長を務めたが、一七年に店主と店舗一切の譲渡契約を結び、小島商店として独立経営した。撫順炭が出回って木炭の需要が減衰すると、小野田セメント及び大日本人造肥料の代理店業と火山灰等の建築諸材料の販売を主力とし、大連市西通小島ビル一四号室に店舗を構えて欧州大戦中の好況時には年間五〇万円を売上げた。

小島　文爾 ▷11

関東庁大連民政署地方課技師／大連佐渡町／一八八二（明一五）五／大分県速見郡亀川村／攻玉社工学校

大分県医師小島欣爾の次男に生まれ、一九〇四年攻玉社工学校を卒業した。同年七月東京電気鉄道会社に入ったが、翌年一月日露戦争に召集されて留守第一師団に入営し、旅順水道修理のため水道班に編制されて渡満した。戦後は旅順水道事務所技術員、同技手等を歴任し、関東都督府作業所の官制廃止後は大連民政署に転じ、二五年一二月関東庁技師となり民政署地方課に勤務した。関東庁始政二〇周年記念に際し、二〇年勤続者として銀盃一組を受けた。一人娘の富子は神明高女を出て津田英学塾に学んだ。

小嶋余四三 ▷1

鉄嶺印刷会社専務取締役／奉天省鉄嶺／一八七〇（明三）一二／京

都府天田郡福知山町

旧福知山藩士の子に生まれ、小学校を卒業して私塾で漢学と数学を学んだ。数年後神戸に出て日本郵船に入り、海上勤務員として各地に巡航した。一八九四年日清戦争が始まると渡満して柳樹屯、旅順等で種々の事業を始めたが、伯母の訃報に接して帰国した。京都鉄道会社に入って用地買収に従事し、さらに阪神電気鉄道会社に転じた後、福井県で鷹巣炭鉱を経営し、次いで郷里の三丹地方で製板事業を興したが、いずれも失敗した。一九〇四年日露戦争が始まると第一軍第三兵站部付酒保となって渡満し、戦後は鉄嶺で酒保の残品売り捌きをした。その後上原茂吉と同地に印刷会社を創立して専務取締役に就き、印刷業の他に新聞「鉄嶺商報」を発行した。

小島　竜像　▷12

奉天省鉄嶺県参事官／奉天省鉄嶺老松／一八九六（明二九）一一／熊本県玉名郡長洲町／熊本県立玉名中学校

熊本県立玉名中学校を卒業した後、一九一六年漢口に渡り中国第二革命後の渦中で南方派の白文蔚将軍の知遇を得て、地方実状調査のため河南、湖北、湖南、安徽の各省を踏破した。その後同地の海軍武官通訳、茂木㈴漢口支店員を経て二〇年満鉄に入社し、公主嶺電気会社に勤務した。三一年九月満州事変が勃発すると奉天自治指導部に入り、奉天省懐徳県に赴いた。次いで三二年奉天省本渓湖県参事官となり、奉天省公署事務官を経て鉄嶺県参事官となった。

小島和三郎　▷8

昌和洋行主／奉天大北門裡／一八八六（明一九）四／滋賀県愛知郡西押立村

一九一八年奉天大北門裡に昌和洋行を設立した。竹内式金庫の満州総代理店として金庫の販売を始め、人力車、自転車、文具、事務用品、ゴム製品、雑貨類を輸入販売し、大連、天津、ハルビンに支店を設けた。

小島　鷲雄　▷12

満鉄撫順炭砿楊柏堡採炭所臨時工事係主任／奉天省撫順北台町／一九〇五（明三八）四／福島県大沼郡東川村／北海道帝大工学部採鉱科

福島県小島貞治の五男に生まれ、秋田県立横手中学校、秋田鉱山専門学校を経て一九三〇年四月北海道帝大工学部採鉱科を卒業し、同年七月満鉄に入り炭砿部採炭課に勤務した。次いで老虎台採炭所、古城子採炭所、撫順炭砿採炭課、柏堡採炭所に歴勤し、柏堡採炭所剥離係主任を経て三六年四月同所臨時工事係主任となった。

古城　良知　▷12

満州電業㈱新京支店次長、新京地方委員、新京商工会議所議員、勲六等／新京特別市蓬莱町／一八九〇（明二三）四／大分県東国東郡竹田津町／旅順工科学堂電気工学科

大分県古城恭平の六男として東国東郡熊毛村に生まれ、後に古城清三郎の養子となった。一九一三年旅順工科学堂電気工学科を卒業し、一四年一月朝鮮の京城電気㈱に入り営業課に勤務した。仁川支店主任技術者を経て技師に進んだ後、中華民国江西省南昌の開明電灯公司総工程師兼会計顧問に転じ、次いで湖北省の武昌電灯公司に転じて総工程師兼営業顧問を務めた後、帰国して山口県電気技師となり電気局業務課、徳山電気出張所長に歴勤した。その後、満州事変に際し関東軍司令部特務部嘱託となって渡満し、事変後に南満州電気㈱嘱託として満州の電気事業合同工作に携わった。三四年一一月満州電業㈱の創立と同時に入社して参事となり、三五年九月新京支店営業課長に転任して三七年五月同支店次長に就いた。この間、満州事変時の功により勲六等に叙された。

小数賀　淳　▷11

満鉄撫順大山炭坑勤務／奉天省撫順山城町／一九〇三（明三六）一／島根県八東郡法吉村／京都帝大工学部採鉱科

内務属小数賀政市の次男に生まれ、一九二八年京都帝大工学部採鉱科を卒業して満鉄に入社した。撫順炭砿大山坑勤務となった。父政市は開業以来の満鉄社員で、後に大連市助役を務めた。

小数賀政市　▷11

大連市助役、勲八等／大連市乃木町／一八七六（明九）一／島根県八東郡法吉村／東京法学院

島根県農業小数賀幸吉の三男に生まれ、一八九八年二月内務属となり地方局に勤務した。かたわら東京法学院に学び、一九〇一年七月に卒業した。一九〇七年四月の満鉄開業に際して渡満し、地方行政事務を担当した。以来一九年勤続して地方課員、大連経理係主任等を務め、二五年四月に退職して大連市助役に就任した。⇒二九年満鉄に戻って大連医院事務局長を務めた後、三四年に退職して協和建物㈱専務、大連自動車監査役に就いた。この間、財団法人為仁会副会長、帝国軍人後援会満州支部大連地方委員部副委員長、帝国海軍協会満州支部幹事、財団法人保健浴場理事、大連青年団副会長等を務めた。

小杉佐一郎 ▷9

㈱三泰油房商務係主任／大連市軍用地二区／一八七六（明九）二／滋賀県愛知郡八木荘村／滋賀県立彦根中学校

一八九四年滋賀県立彦根中学校を卒業した後、九七年九月営口に渡り、福富洋行に客員として入店し中国各地の商業を視察した。一九〇〇年七月に帰国したが、同年九月義和団事件に際して天津に渡り北清貿易商会に勤務した。次いで同地の茂利洋行に転じ、営口支店の開設とともに主任となって赴任した。〇四年九月日露戦争に際し第五師団兵站司令部付通訳を務め、戦後は有馬組所属の御用商人として兵站司令部の用達業を営んだ。一四年一一月大連に移り、翌年六月㈱三泰油房に入って商務係主任を務めた。

小杉　輝男 ▷11

社員消費組合鶏冠山委託経営／鶏冠山南町／一八九八（明三一）七／滋賀県伊香郡柳ヶ瀬村／南満工業学校採鉱科

滋賀県小杉松之助の長男に生まれ、一九一三年三月、安奉線の劉家河駅長を務める父を頼って渡満した。一九年に南満工業学校採鉱科を卒業して撫順炭砿に勤め、翌年退社して津久居平吉経営の昌図炭坑に入った。間もなく津久居が経営から手を引くと事業を引き継いだが、二一年二月に炭坑を畳み、同年六月鴨緑江採木公司に入った。その後朝鮮総督府専売局に転じたが、二四年一〇月に退任して再び渡満し、翌年から旅順郊外の鶏冠山社員消費組合を委託経営した。かたわら同地の地方委員、満州青年連盟支部長を務めた。

小杉　勝 ▷12

満鉄錦県鉄路医院庶務長／錦州省錦県満鉄錦県鉄路医院／一八九三（明二六）三／新潟県佐渡郡新穂村／青山学院中学科

一九一二年東京の青山学院中学科を卒業した後、一四年一二月舞鶴海兵団に入団し、舞鶴海軍病院勤務を経て軍艦鹿島に乗務した。一等看護卒に進んで帰休・除隊した後、東洋拓殖㈱に入社して後に書記となった。その後二一年七月満鉄に転じ、大連医院事務員を経て同院沙河口分院事務員、公主嶺医院庶務長、本渓湖医院庶務長、奉天鉄路医院庶務長を歴任した。三六年一〇月錦県鉄路医院庶務長に転任し、三七年四月勤続一五年の表彰を受けた。

小杉与治郎 ▷12

㈴小杉洋行代表者、森永製品満州販売㈱社長、満州製氷㈱代表取締役、奉天信託㈱取締役、奉信無尽㈱取締役、徳和紡織廠㈱監査役、奉天商工会議所議員／奉天千代田通／一八八三（明一六）三／滋賀県愛知郡八木荘村

滋賀県小杉儀兵衛の四男に生まれ、日露戦争に従軍した後、一九〇五年三月現地除隊して奉天で食料品卸商を始めた。森永製品・日清食油等の特約店としてツボミシトロン・カルピス等の飲料、赤玉ポートワイン・キリンビール・月桂冠・大関・千代乃春・鳳凰・新世界・芳泉等の酒類、味の素・ヤマサ醤油・マル金醤油・九重味醂・イカリソース・カゴメトマト製品等の調味料をはじめ食料品万般を扱った。以来「小杉洋行商報」を発行するなど顧客サービスに努めて発展し、森永製品満州販売㈱社長等数多くの会社役員を務めた。

小菅　尚次 ▷13

国際運輸㈱常務取締役／新京特別市／一九〇三（明三六）一二／新潟県北蒲原郡分田村／東京帝大法学部独法科

新潟県小菅一の次男に生まれ、一九二七年四月東京帝大法学部独法科を卒業し、満鉄に入社して鉄道部に勤務した。次いで奉天列車区、奉天駅、長春列車区四平街分区、奉天駅、鉄道部連運課、交渉部渉外係、総務部外事課勤務兼南満州工業専門学校講師、総務部外事課第一係主任、鉄道建設局庶務課、鉄路総局総務処文書科文書係主任に歴勤した。三五年一一月社命により欧米に出張し、植民地鉄道及びその付帯事業の経営状態、欧州大戦中の鉄道統制動員とこれに対する国家補償を研究した。三六年一月帰社して貨物課長となり、三六年一月鉄道総局付を経て満鉄全額出資の国際運輸㈱に転出し、常務取締役として新京に駐在した。

小須田常三郎 ▷12

満州採金㈱専務理事、同経理部長兼業務部長兼用度課長事務取扱、満鉄社友会評議員、正七位勲四等／新京特別市北安南胡同／一八八六（明一九）一／群馬県北甘楽郡岩戸村／東京高等商業学校

群馬県農業小須田武吉の三男に生まれ、一九一〇年東京高等商業学校を卒業して満鉄に入り運輸課に勤務した。鉄嶺駅助役、大連駅助役兼列車長、長春駅貨物主任、運輸部勤務を経て一五年四月山東鉄道に派遣され、管理部埠頭荷扱主任を務めた。一七年四月済南駅長を経て一八年六月青島守備軍民政部鉄道事務官となり、一九年三月鉄道部販売課長兼鉄道部秘書係長兼運輸課庶務係主任を務めた。二一年五月満鉄に復帰して鉄道部巡察員、大連鉄道事務所営業長、奉天鉄道事務所庶務係長を経て二四年三月大連鉄道事務所付参事となり、沙河口工場会計課長兼庶務課長に就いた。二八年に工場経営法視察のため海外に出張し、帰社して鉄道部付興業部庶務課長、地方部商工課長、奉山鉄路局代表、瀋海鉄路局代表を歴任し、三四年五月日満合弁の満州採金㈱が設立されると常務理事となり、三七年五月専務理事に就いて経理部長及び業務部長、用度課長事務取扱を兼任した。

小瀬川謙三 ▷12

山邑酒造㈱奉天支店長／奉天春日町／一八九九（明三二）一〇／三重県南牟婁郡木本町

長く兵庫県灘の山邑酒造㈱に勤務した後、一九二九年三月に渡満して同社直営の桜屋商店を山邑酒造奉天支店と改めて支店長に就いた。奉天を中心に銘酒「桜正宗」を直販したほか、大連、営口、旅順、安東等に特約店を設けて年間一〇〇万円を売り上げた。

小関　教政 ▷

関東庁嘱託警察官教習所武道教授／旅順市常盤町／一八七一（明四）一〇／京都府南桑田郡亀岡町／小学校

京都府官吏小関教道の次男に生まれ、小学校を卒業した後、京都市の平安義塾及び坂上私塾で漢学を修めた。かたわら剣道修業に励み、日本武徳会本部より剣道範士の称号を受け、一八九二年以降は宮内省、新潟県、滋賀県、京都府、台湾、武徳会本部、福井県、山形県、大阪府等の府県警察や学校、武徳会で剣道の教授をした。一九二四年二月に渡満し、関東庁嘱託武道教授として警察官練習所に勤務したほか武徳会支部、工科大学でも剣道を教えた。

五泉　賢三 ▷11

弁護士、正五位／大連市山城町／一八八二（明一五）一二／東京府東京市本郷区駒込曙町／早稲田大学法科

旧姓は牧野、新潟市に生まれ、同県五泉キチの養嗣子となった。一九〇五年七月早稲田大学法科を卒業し、翌年一一月文官高等試験及び弁護士試験に合格した。〇七年一月山林属・農商務省山林局勤務となり、同年九月山林事務官として青森大林区署経理課長に就いた。翌年八月関東都督府事務官となって渡満し、民政部庶務課、財務課勤務、水産試験所長、博物館長、取引所長、臨時土地調査部長を歴任した。一八年三月高等官三等で退官し、大連で弁護士を開業した。かたわら大連商業銀行取締役、満州不動産信託会社取締役を務め、二九年大連市長選に際し候補に推された。

小園　貞助 ▷12

関東州庁内務部土木課兼警察部保安課員、旅順工科大学講師／大連市関東州庁内務部／一九〇四（明三七）一／秋田県由利郡本荘町／東京帝大工学部建築学科

秋田県小園豊太郎の子に生まれ、本荘中学校、第二高等学校を経て一九二八年三月東京帝大工学部建築学科を卒業し、同年五月関東庁技手となり内務局土木課に勤務した。三一年四月関東庁技師に進み、三四年一二月官制改革により関東局技師となり、関東州庁内務部土木課に勤務して警察部保安課勤務を兼務した。この間、満州事変時の功により一時賜金を授与された。

五代吉五郎 ▷7

関東庁逓信技手／旅順市鮫島町／一八七六（明九）一〇／鹿児島県囎唹郡志布志村

一八九七年一〇月長崎県警察官となり、四年後に長崎郵便局に転じて工務課に勤務した。一九〇八年一月に渡満して関東都督府通信管理局に入り、電信電話・建築事務に従事して一八年一月通信技手となった。鞍山、撫順勤務を経て二三年一〇月第五建築部担当として旅順局電話掛主事を務め、後に旅順電話交換局技術員監督に就いた。

呉　泰寿 ▷9

和泰銭荘主、日華興業㈱取締役、㈱大連証券交換所監査役、大連製油㈱監査役／大連市西公園町／一八六五（慶一）二／東京府東京市芝区三田小山町／東京商業学校

長崎県西彼杵郡に生まれ、幼少の頃に神戸に転居した。父に就いて漢学と広東語を習った後、一八八一年官費生として東京商業学校で北京語を学んだ。八四年一二月に甲申事変が起きると伊藤博文に随行し、家伯の鄭永寧と共に芝罘、天津、北京で通訳を務めた。八七年帝国水産学校教授に任じられたが辞退し、同年八月に設立された大阪の内外綿㈱に入社した。上海に出張して原棉と為替売買の調査に従事した後、上海出張所を開設した。九四年に日清戦争が始まると再び徴集され、台湾に派遣されて行政開始事務に従事し、その後台湾各地の地方法院に勤務した。一九〇〇年に義和団事件が起きると陸軍通訳官として従軍し、帰国して東京外国語学校教授となり東京高等商業学校講師を兼任した。〇四年日露戦争に際し三度び徴集されて渡満し、翌年一二月に帰国した。〇六年三井物産穀肥部に嘱託されて再び渡満し、大連で特産物と地金銀の売買に従事した。その後大連取引所銭鈔取引人として和泰銭荘を経営し、かたわら日華興業㈱取締役、㈱大連証券交換所及び大連製油㈱の各監査役を務めた。

「小平」は「こひら」も見よ

小平　権一 ▷13

興農合作社中央会理事長、満州国参議、従三位勲三等、農学博士／新京特別市康平街／一八八四（明一七）一／長野県諏訪郡米沢村／東京帝大農科大学農政科、同法科大学政治学科

長野県小平邦之助の長男に生まれ、一九一〇年七月東京帝大農科大学農政科を卒業した後、さらに一四年七月同法科大学政治学科を卒業して農商務省属となった。同省事務官を振り出しに産業臨時調査局事務官兼農務局事務官、農商務省技師兼文部督学官、農商務事務官兼農商務省参事官、農林技師、同書記官兼農林技師、農務局農務課長、同農政課長、同米穀課長、農林省蚕糸局長、同農務局長を歴任し、三二年同省経済更正部長に就いた。次いで三六年八月在職のまま関東軍顧問となって渡満し、かたわら日本国民高等学校理事、満州移民協会評議員、農林更正協会理事を務めた。その後三八年に帰国して農林次官に就任したが、三九年五月に退官して再び渡満し、前年一二月に設立された満州国特殊法人満州糧穀㈱理事長に就任して全満米穀の生産・配給統制にあたった。四〇年四月興農合作社中央会理事長に就き、鮎川義介、吉野信次、大村卓一と共に満州国経済顧問を務めた。⇒その後四二年四月の翼賛選挙で衆院議員に当選して大政翼賛会総務局長を務めたが、敗戦後四六年に公職追放となり、五一年に解除されて農林中央金庫顧問、農政調査会会長等を歴任して七六年八月に没した。著書に『農業金融論』『産業組合論』がある。長男邦彦は三八年東京帝大理学部数学科、四一年同物理学科を卒業して数学者となり、東京大学、プリンストン大学等で教鞭をとり、五四年にフィールズ賞、五七年に文化勲章を受章した。

小平　修二 ▷10

小平商店主／大連市伊勢町／一八八六（明一九）七／東京府東京市芝区二本榎西町／慶應義塾

長野県北佐久郡中津村に生まれ、慶應義塾を卒業して一九〇五年三井物産会社に入った。〇六年牛荘支店詰となって渡満し、一二年に満州支店総括の権能が大連支店に移ると共に大連に転勤して庶務掛主任に就いた。二四年に退社して伊勢町の一角に小平商店を開業し、自らも創設発起人の一人となった匋雅堂窯の製品を一手販売した。

小平　一 ▷12

満鉄吉林鉄路局経理処審査科長、勲七等／吉林朝日街／一八九二

（明二五）五／長野県小県郡西内村

長野県教員小平銀治郎の長男に生まれ、一九〇九年に渡満し、一〇年九月満鉄鉄道教習所運輸科を修了して奉天駅貨物方となった。一五年一二月本社運輸部運転課勤務、一八年二月同奉天在勤を経て二〇年一一月四洮鉄路局に派遣されて運転科長を務め、二一年一二月非役となった。その後二八年一一月奉天鉄道事務所営業課配車係主任、二九年四月ハルビン鉄路局総務処人事科長、三五年一〇月ハルビン鉄路弁事処庶務長、同年一一月ハルビン鉄路監理所監理員を歴任して三六年九月副参事となり、三七年四月吉林鉄路局経理処審査科長に就いた。この間、満州事変時の功により勲七等瑞宝章を受け、三六年四月勤続一五年の表彰を受けた。次弟の允も南満州工業学校を卒業して満鉄撫順炭砿に勤務した。

小平　允　▷12

満鉄撫順炭砿楊柏堡採炭所剥離係主任、社員消費組合撫順炭砿総代／奉天省撫順南台町／一八九四（明二七）一一／長野県小県郡西内村／南満州工業学校採鉱科

長野県教員小平銀次郎の次男に生まれ、一九一七年三月南満州工業学校採鉱科を卒業して同年四月京城の志岐組鉱山部に入った。一八年三月大倉鉱業本渓湖出張所に転じ、さらに同年八月満鉄に転じて撫順炭砿千金寨採炭所に勤務した。二〇年六月大山採炭所坑内係、二三年一二月古城子採炭所選炭係等を歴職し、三六年四月楊柏堡採炭所剥離係主任となった。実兄の一は一九〇九年一七歳で渡満して満鉄に入り、奉天に居住した。

小平　義輝　▷12

満州電信電話㈱安東電報電話局電報課長、勲七等／安東電報電話局／一八九八（明三一）三／長野県諏訪郡豊平村

長野県小平金作の四男に生まれ、一九一七年長春郵便局に勤務した後、シベリア出兵に従軍して野戦局に勤務し、撤退後も二年間関東軍の軍属として長春局に勤務した。次いで二一年関東庁通信書記補、三一年通信書記に累進し、三三年九月満州電信電話㈱の創立とともに業務が同社に引き継がれて撫順に在勤した。その後三五年北安鎮電報電話局長、三六年ハイラル電報電話局長を歴任し、三七年三月安東電報電話局電報課長となった。この間、満州事変時に奉天郵便局に在勤して事変関係の通信事務に従事し、勲七等に叙された。

小高　兵司　▷12

普蘭店尋常高等小学校長、正七位勲七等／関東州普蘭店蓬莱街普蘭店尋常高等小学校／一八八五（明一八）一〇／千葉県長生郡豊岡村／千葉県師範学校

一九〇七年千葉県師範学校を卒業して千葉郡生浜尋常小学校、長生郡豊岡尋常高等小学校、同郡高根尋常高等小学校の各訓導を務めて一五年九月高根尋常高等小学校訓導となった。その後一七年四月関東州小学校訓導となって渡満し、大連第二尋常小学校本科正教員、沙河口尋常高等小学校本科正教員を経て柳樹屯尋常高等小学校長、大連大広場尋常小学校本科正教員を歴任し、三一年五月普蘭店尋常高等小学校長となった。

古岳　新治　▷10

大連憲兵分隊長、陸軍憲兵少佐、従五位勲五等／大連市東公園町／一八八八（明二一）二／和歌山県那賀郡王子村／陸軍士官学校

一九〇六年郷里の粉河中学校を卒業して陸軍士官学校に入り、〇九年に卒業して歩兵少尉に任官した。一三年中尉に進級したが、翌年憲兵を志望して憲兵練習所に入り、修了後憲兵中尉として東京憲兵隊本部付となった。仙台、徳島等の地方分隊勤務を経て一八年朝鮮憲兵司令部付に転勤し、朝鮮総督府警視となった。警務総監部に勤務して一九年大尉に進級し、同年三月の「三・一万歳独立運動」事件を鎮圧して釜山分隊長に就いた。二三年九月の関東大震災で東京憲兵隊本部に転任し、東京憲兵隊特高課長として戒厳令下の治安維持に当たった。赤坂憲兵分隊長を経て二六年少佐に進級し、大連憲兵分隊長となって渡満した。⇒遼陽憲兵分隊長に転任した後、三五年憲兵司令部第一憲兵隊長となり奉天に在勤した。思想問題の研究者として部内の最高権威とされた。

小竹　次雄　▷12

大連汽船㈱上海支店副長／上海黄羅路／一八九八（明三一）三／富山県富山市総曲輪／北海道庁立函館商船学校

一九二〇年北海道庁立函館商船学校を卒業した後、二四年五月大連汽船㈱に入り一等機関誌として海上に勤務し、二六年一二月船長に昇格した。その後三四年一一月上海支店在勤となり、三六年一月支店副長に就いた。

古田島慎造 ▷13

日本郵船大連支店長／大連／一八九二（明二五）／新潟県北魚沼郡川口村／京都帝大法科大学

一九一七年京都帝大法科大学を卒業して日本郵船会社に入社した。本社勤務を振り出しにボンベイ支店輸出係主任、門司支店輸出係主任、シンガポール支店輸出係主任、横浜支店輸入係主任、大阪支店副長等を歴任した。四〇年一〇月大連支店副長となって渡満し、四二年三月支店長に就いた。

「小谷」は「おだに」も見よ

小谷市太郎 ▷11

満鉄大連築港所工事助役／大連市日ノ出町／一八七八（明一一）六／千葉県安房郡長尾村

千葉県の築港作業員小谷定吉の長男に生まれ、父の急死により一六歳で家督を相続して臨時横浜築港局の築港工事に働いた。鉄道局の東海道複線工事に従事した後、舞鶴海軍経理部建築科に属して土木工事の監督を務めた。一九〇八年日本潜水会社に入って工事部担当として二年勤めた後、朝鮮の鎮海海軍建築部に入り海陸測量と各種工事にあたった。一二年に旅順海軍経理部技生となって渡満し、一四年五月鎮守府が廃庁されると満鉄に入り、築港工事係を経て工事助役となった。

小谷　鎌吉 ▷9

山口運輸㈱奉天支店長／奉天千代田通／一八七九（明一二）三／兵庫県川辺郡伊丹町／福島県立平中学校

福島県岩城郡平町に生まれ、一八九二年県立平中学校を卒業して北海道炭鉱鉄道㈱に入った。一九〇一年阿讃鉄道㈱に転じて大阪荷扱所主任となり、〇七年四月に同社が国有化されると同時に鉄道作業局大阪荷扱所主任として勤務した。一一年二月神戸駅貨物主任に転任した後、一四年八月鉄道院釜山派出所主任助役となって朝鮮に赴任した。一七年六月に辞職して大連の山口運輸㈱に入り、長春支店開設業務に従事して同支店長となり、その後ハルビン支店長を経て二〇年九月奉天支店長に就いた。朝鮮在勤中に夫人を亡くし、満州に単身赴任して長男を竜山中学校、長女を釜山高女で修学させた。

小谷　健吉 ▷12

小谷育児ホーム理事長、満鉄経営職業紹介所嘱託、大日本国粋会奉天本部副部長／奉天紅梅町小谷育児ホーム／一八八六（明一九）九／山口県都濃郡花岡町

山口県小谷儀兵衛の子に生まれ、一九二一年に渡満して奉天で土木建築請負業を営んだ。次いで興業界方面にも進出して経営の基盤を確立した後、不遇の幼児の増加傾向を見て育児事業を志し、二七年八月奉天霞町に私費を投じて小谷育児ホームを創設し、以来夫妻で協力して運営に腐心した。その後三三年九月紅梅町に三〇〇坪の屋舎を建設して移転し、三五年に財団法人の認可を受けて理事長に就任し、三六年九月関東局施政三〇周年に際し社会事業功労者として表彰された。

小谷定太郎 ▷11

外務省警部、満州里領事館勤務／満州里日本領事館内／一八七九（明一二）一／大阪府南河内郡大草村

大阪府小谷駒蔵の長男に生まれ、一九一一年外務省巡査となった。二五年警部補に進んで厦門領事館分署長を務め、二六年八月満州里領事館警察署長に転任して渡満し、在任中の二八年六月警部に昇進した。

小谷真太郎 ▷10

アメリカ領事館秘書／大連市恵比須町／一八九三（明二六）四／鳥取県岩美郡岩井村／慶應大学理財科

一九一五年、慶應大学理財科を卒業して森村組に入った。一八年に三井物産に転じて神戸支店に勤務し、同年九月カルカッタ支店に転勤した。二一年に本店詰となって帰国し、その後退社して二五年四月に渡満した。大連の国際運送会社に勤務した後、同地のアメリカ領事館の勧誘で領事館秘書となった。

小谷　綱吉 ▷12

国務院総務庁秘書処員／新京特別市北安路市営住宅／一八八六（明一九）四／愛知県名古屋市東区千

種町／早稲田大学専門部政治経済科

一九〇八年八月東亞煙草会社に入ったが、その後退社して早稲田大学専門部政治経済科に入学した。一四年に卒業して同年八月陸軍通訳となり、一七年三月横浜の茂木㈴に転じた。その後二六年一一月に渡満して満鉄に入り、調査課及び経済調査会に勤務した後、三二年六月国務院総務庁事務官に転出して秘書処に勤務した。この間、建国功労賞及び大典記念章を授与された。

児玉　翠静　▷11

南満州旅館㈱取締役／大連市能登町／一八九二（明二五）一／和歌山県日高郡松原村／神戸高等商業学校

和歌山県教員児玉友次郎の長男に生まれ、一九一四年神戸高等商業学校を卒業して満鉄に入社した。埠頭事務所勤務、本社地方課詰、勧業課詰、販売課勘定係主任を歴任し、二〇年三月に湯崗子温泉㈱が設立されると専務取締役に就いた。二三年満蒙冷蔵㈱常務取締役に転じ、二六年満鉄営業課旅館係主任を経て翌年一二月南満州旅館㈱取締役となり、㈱遼東ホテル取締役を兼任した。

児玉　多一　▷11

吉林時報主幹／吉林商埠地／一八七八（明一一）四／岡山県倉敷市／明治法律学校

岡山県児玉紋三郎の三男に生まれ、一九〇二年明治法律学校を卒業した。一〇年に渡満して吉林で「吉林時報」を発行し、かたわら印刷紙、文具を販売し、吉林銀行監査役、吉林居留民会会長・議員を務めた。一九年一〇月吉林地方にコレラが流行した際の尽力により外務省から木杯を授与され、二四年には居留民会の表彰を受けた。

児玉　辰巳　▷12

国際運輸㈱黒河出張所長／黒河省黒河国際運輸出張所／一八九二（明二五）二／和歌山県那賀郡竜門村／大阪高等工業学校採鉱冶金科

一九一三年七月大阪高等工業学校採鉱冶金科を卒業して大阪鉱山監督署に入り、管内の鉱毒調査に従事した。一四年八月満鉄に転じて撫順炭砿に勤務し、一七年五月から犬塚信太郎元満鉄理事その他の委嘱により松花江と黒竜江沿岸地方の金鉱業及び航運業調査に従事し、次いで山東省の中国工業調査と鉱山出願事務に従事した。その後二三年一二月撫順の南昌洋行技師長に転じ、さらに二九年三月山東省博山の博東鉱業公司技師長に転じた後、三二年一二月に再び渡満した。三四年二月国際運輸㈱に入り、ハルビン支店運輸係主任、大黒河出張所長を経て三六年一二月黒河出張所長となった。

児玉　常雄　▷12

満州航空㈱副社長、恵通航空(股)副董事、奉天商工会議所特別議員、従四位勲二等功四級／奉天平安通／一八八四（明一七）三／山口県徳山市／陸軍士官学校、東京帝大工科大学機械工学科

陸軍大将で満鉄創立委員長を務めた児玉源太郎の四男に生まれ、一九〇五年陸軍士官学校を卒業して工兵少尉に任官した。以来各地で軍務に就き、一三年に陸軍派遣学生として東京帝大工科大学機械工学科を卒業してヨーロッパに留学した。一九年四月陸軍省軍務局航空課に勤務し後、航空本部付、航空局第一課付、航空器材取扱委員主座、航空局第二課長、航空評議会臨時評議員、航空技術課長、航空機設計奨励審査委員、日本航空輸送㈱設立準備委員会幹事を歴任し、この間二八年に陸軍航空兵大佐に累進した。その後三二年満州航空㈱創設に際し代表者として官を辞し関東軍特務部付陸軍省嘱託となって渡満し、同年九月副社長に就任した。長兄の秀雄は大蔵官僚を経て関東庁官、拓相、逓相、内相、文相等を歴任した。侯爵木戸幸一の妹で女子学習院卒の八重子を夫人とし、一男二女があった。

児玉　得三　▷12

満鉄衛生研究所衛生科長／大連市鳴鶴台／一八九五（明二八）八／愛知県豊橋市大字旭／慶応大学医学部

愛知県医師児玉太郎の三男に生まれ、一九二三年三月慶応大学医学部を卒業し、雑誌寄稿、翻訳、病院の夜間勤務などをしながら同大学薬物学教室で研究を続けた。その後二七年四月に渡満して満鉄に入り、地方部衛生課に勤務を経て同年一二月衛生研究所勤務となり、一般薬物学のほか慢性モルヒネ中毒と漢薬の研究に従事した。二八年一一月論文「香檀油一新結晶セスキテルベンアルコホル（ガンノール）ニ関スル化学研究」を母校に提出して医学博士号を取得し、三〇年九月技師となった。次いで三二年二月同所衛生科長に就き、三六年九月職制改正により参事となった。この間、満州事変時の功により銀杯一個を授与された。

児玉　秀雄　▷10

関東庁長官、貴族院議員、伯爵、従二位勲一等／旅順市朝日町／一八七六（明九）七／東京府東京市牛込区薬王寺町／東京帝大法科大学政治学科

日露戦争時の満州軍総参謀長で戦後に満鉄設立委員会委員長を務めた陸軍大将児玉源太郎の長男に生まれた。一九〇〇年東京帝大法科大学政治学科を卒業して大蔵省書記官となった。〇五年に渡満して満州経済事情の調査に従事した後、韓国統監府書記官に転任した。〇七年九月亡父の勲功により伯爵に叙せられ、一〇年一〇月朝鮮総督府が設置されると寺内正毅総督の下で会計課長となり、次いで総務局長に進んで文官普通試験委員、文官懲戒委員、李王職職員懲戒委員、朝鮮貴族に関する審査委員を兼任したほか、鉄道局参事として総務課長を兼務し、一四年に勲三等瑞宝章と金一〇〇〇円を受けた。この間一一年に貴族院議員に選任され、一六年一〇月寺内内閣が成立すると内閣書記官長となり賞勲局総裁を兼任した。二三年九月関東庁長官に任じられて渡満した。⇒二六年六月田中義一内閣の対中国強硬方針を策定した第二次東方会議に出席した後、同年一二月任期満了となって帰国した。二九年朝鮮総督府政務総監として再び朝鮮に渡り、三四年七月岡田啓助内閣の拓務大臣、三七年二月林銑十郎内閣の逓信大臣、一五年一月米内光政内閣の内務大臣を歴任した。四二年に陸軍軍政最高顧問としてジャワに赴任した後、四四年七月小磯国昭内閣の国務大臣・文部大臣を務めた。敗戦後に公職追放となり、四七年四月に没した。寺内正毅の娘サワを夫人として三男一女あり、実弟の八郎は満鉄技師を務めた。

児玉　丙三　▷12

旅順鮫島町郵便所長、従六位勲六等／旅順市鮫島町／一八八三（明一六）四／北海道根室郡和田村

福井県遠敷郡小浜町に生まれ、一九〇四年野戦郵便隊に属して日露戦争に従軍し、戦後遼陽、旅順、大連の各郵便局に勤務した。〇八年九月奉天郵便局に転勤した後、二四年公主嶺郵便局長となり、同年一二月再び奉天郵便局に転勤して郵便課長となった。その後、関東逓信官署郵便所長に転任して旅順鮫島町郵便所長に就いた。

児玉　正文　▷11

歯科医師／安東県市場通／一九〇二（明三五）八／広島県深安郡下加茂村／大阪歯科医学専門学校

広島県医師児玉三代太郎の長男に生まれ、一九二五年大阪歯科医学専門学校を卒業して同年九月から福山市外で開業した。二七年三月釜山に渡って義兄の高橋歯科医院に勤務した後、同年一〇月安東県で開業した。弟の洋二、均もそれぞれ奉天医大、京城歯科医専を出て医師になった。

児玉　宗敬　▷1

川村洋行大連支店支配人／大連市／一八七九（明一二）三／東京府東京市京橋区五郎兵衛町

横浜のドイツ商館に入り薬品輸入業に従事した後、宮城県石越鉱山の分析事務主管となった。数年後に独立して横浜に児玉商会を設立してアルコール、薬品類の輸入販売を開始した。その後業務を拡張し自社工場を設けてアルコール、薬品、石鹸の製造も行ったが、一九〇五年一月日露戦中の関税改正で多大の損失を出して倒産し、同年九月に渡満して大連の川村洋行支店に入り、後に副支配人となった。

小寺　荘吉　▷3

営口小寺洋行主、大連小寺油房主、満州重要物産同業組合評議員、勲七等／奉天省営口牛家屯／一八八一（明一四）三／兵庫県神戸市中山手通／第一高等学校中退

神戸商業学校で三年修学した後、上京して東京開成中学、大成中学校等に学んだ。その後第一高等中学校英語科に入り、在学中に米国留学を企図したが徴兵適齢に達し、一年志願兵として入営した。一九〇四年四月日露戦争に際し砲兵として従軍し、除隊して勲七等を受けた後、一九〇九年再び渡満して営口に小寺洋行を興して特産貿易業を経営した。一〇年一二月大連市軍用地一区の敷地六〇〇〇坪に建坪一〇〇〇坪の製油工場を設けて油房業に進出し、日本人二十数名、中国人二〇〇人を使用して豆油・豆粕製造を開始した。特産物貿易商と油房業を兼営して原料大豆と豆油・豆粕の年間取引高三〇〇〇万円に達し、三井物産に次ぐ大取引商として満州重要物産同業組合評議員を務めた。

小寺　武市　▷10

㈾靖和商会代表社員／大連市山県通／一八八六（明一九）七／佐賀県佐賀郡久保田村

佐賀県酒造業小寺友吉郎の三男に生まれ、郷里の小学校を終えて上京し、私立学校で六年間法律を学んだ。神戸の岡崎汽船会社に勤務したが、一九一七年春に津田靖平が靖和商会を開業する際に招かれ、同商会に転じて海運業に従事した。一九年一月大連出張所開設にともない主任となって渡満し、欧州大戦による好況で業績を伸ばしたが、まもなく戦後不況のため本店が青島に移転した。さらに二二年四月には大連出張所が閉鎖となったため、㈾靖和商会を組織して大連出張所の業務を継承して代表社員となり、神戸の乾㈴、津田汽船会社、勝田汽船会社の社船を傭船して大連―日本間の海運業を営んだ。

後藤　愛助　▷11

後藤工務所主／奉天省撫順東三条通／一八七九（明一二）三／広島県御調郡藤野村

広島県公吏後藤利平の三男に生まれ、一九〇四年、日露戦争に際し陸軍軍属として大連に渡った。戦後〇六年から撫順で土木建築請負業を営み、撫順炭砿指定請負人となって土木建築工事その他の各種工事を請け負った。事業のかたわら地方委員、撫順繁栄会長、満州土木建築協会支部評議委員等を務めた。

後藤　昌　▷12

満鉄ハルビン列車段列車助役、在郷軍人会ハルビン分会鉄道班長、正八位勲八等／ハルビン建築街／一九〇九（明四二）三／大分県東国東郡豊崎村

大分県後藤一の次男に生まれ、一九二八年満鉄鉄道教習所運転科を終了して翌年車掌となり大連列車区に勤務した。三〇年に一年志願兵として熊本の野砲兵第六連隊に入営し、砲兵少尉に任官して復職した。三四年に夏家河子站助役心得となり、三五年双城堡站助役を経て三六年ハルビン列車段列車助役となった。この間、満州事変時の功により勲八等従軍記章、建国功労賞、及び賜金として最高額の金二〇〇円を授与された。

後藤　岩男　▷12

国際運輸㈱天津支店庶務係主任兼付業係主任／中華民国天津法租界国際運輸㈱天津支店／一九〇四（明三七）四／大分県直入郡竹田町／東京商科大学専門部

大分県後藤由男の長男に生まれ、一九二六年三月東京商科大学専門部を卒業して藤本ビルブローカー銀行に入った。その後三一年七月に渡満して国際運輸㈱に転じ、経理課、ハルビン支店勤務を経て天津出張所に転勤し、三六年八月天津支店庶務係主任兼付業係主任となった。

後藤悦三郎　▷11

長春公学堂教諭／長春敷島通／一八九五（明二八）二／香川県三豊郡笠田村／香川県師範学校

香川県農業後藤美代吉の三男に生まれ、一九一七年香川県師範学校を卒業して郷里の笠田小学校訓導を務めた。二〇年四月に渡満して満鉄教育研究所に入り、修了して開原公学堂教員となった。二五年から一年間北京に留学して中国語を研究し、二六年四月長春公学堂教諭に就いた。

後藤悦之助　▷7

満鉄安東地方区会計係／安東県山下町／一八八七（明二〇）八／鹿児島県囎於郡恒吉村／台湾総督府国語学校中学部

一九一〇年五月、台湾総督府国語学校中学部を卒業して渡満した。関東都督府観測所に勤務した後、一四年一月大連民政署に転じた。一八年に満鉄に入り、本社勤務を経て二〇年二月安東地方区に転勤して会計係を務めた。

後藤　鶴叟　▷3

満州製粉㈱員／奉天省鉄嶺／一八七六（明九）一〇／岩手県胆沢郡水沢町／東京中央大学

一八九六年七月、東京法学院大学を卒業した。日露戦後に渡満し、満州製粉㈱に勤務した。

後藤　義一　▷9

満鉄開原医院長／奉天省開原付属

地第二区／一八八八（明二一）一〇／岐阜県揖斐郡豊木村／九州帝大医科大学

一九一一年七月鹿児島高校造士館を卒業して九州帝大医科大学に進んだ。一五年一二月に卒業して渡満し、満鉄に入社して後に開原医院長に就いた。

後藤　金治　▷12

満鉄奉天駅構内助役、勲八等／奉天紅梅町／一九〇一（明三四）九／新潟県中頸城郡原通村

新潟県後藤五郎作の四男に生まれ、一九二一年一二月徴兵されて高田の歩兵第五八連隊に入営し、二三年一一月に除隊して渡満した。満鉄に入社して奉天駅に勤務し、三五年八月構内助役となった。この間、満州事変時の功により勲八等瑞宝章及び従軍記章並びに建国功労賞を授与された。

後藤　国蔵　▷12

満鉄職員、勲八等／龍江省大賚城站／一八九二（明二五）九／山形県南村山郡上山町

山形県後藤安蔵の四男に生まれ、一九一〇年一〇月から一九年七月まで小学校教員を務めた後、渡満して同年九月満鉄に入り大連車輌係となった。社長室人事係、ヤマトホテル、安東駅、奉天列車区、奉天駅、長春列車区、奉天駅に歴勤して同駅構内助役となった。次いで鉄路総局呼海、ハルビンに在勤を経てハルビン鉄路局総務処文書科に転勤し、勤務のかたわら二四年に同地の日露協会学校を卒業した。その後、五常站貨物主任を経て大賚城站長となり、三七年六月に依願免職した。この間、満州事変時の功により勲八等旭日章及び従軍記章、建国功労賞を授与された。

後藤　計吉　▷12

満鉄海倫站長／浜北線海倫站長局宅／一九〇四（明三七）三／岐阜県恵那郡遠山村／早稲田大学政治経済学部経済科

岐阜県後藤小市の長男に生まれ、一九二九年三月早稲田大学政治経済学部経済科を卒業して満鉄に入り、鉄道部に勤務した。大連駅勤務、大連列車区車掌、営口駅助役、大連鉄道事務所勤務、鉄道部輸送課勤務、同第一輸送課勤務を経てハルビン鉄路局運輸科に転任した。次いで牡丹江鉄路監理所監理員、浜江站貨物主任を歴任し、三七年四月海倫站長に就いた。この間、満州事変時の功により賜杯を授与された。

後藤　憲一　▷12

国務院水力電気建設局工務処土木科長、従六位／新京特別市西朝陽路南胡同／一八九八（明三一）一〇／静岡県富士郡須津村／東京帝大工学部土木工学科

一九二三年三月東京帝大工学部土木工学科を卒業し、同年五月内務省に入った。以来勤続して二六年七月内務技師に進み、神戸、新潟、長野等の各土木出張所に歴勤した。その後三三年国務院国道局技正に転出して渡満し、第二技術処治水科長を務めた後、三七年四月水力電気建設局工務処土木科長に転任した。

後藤　恒助　▷12

満鉄洮南鉄路監理所監理員、勲八等／龍江省洮南満鉄鉄路監理所／一九〇二（明三五）一一／山形県最上郡新庄町／山形県立新庄中学校

山形県後藤清吉の次男に生まれ、県立新庄中学校を卒業して渡満し、一九二一年三月満鉄従事員養成所を修了して本渓湖駅に勤務した。以来勤続して奉天列車区旅客専務、安東列車区勤務、奉天列車区勤務、鉄路総局洮昂斉克洮索派遣洮南在勤、洮南鉄路局運輸処旅客科勤務、同チチハル在勤を経て三五年一一月洮南鉄路監理所監理員に転任した。この間、満州事変時の功により勲八等に叙された。

後藤　広三　▷12

満州航空㈱第一常務取締役、従四位勲三等／奉天浅間町／一八八六（明一九）七／東京府東京市杉並区成宗／陸軍士官学校、陸軍大学校

陸軍士官学校を卒業して一九〇六年歩兵少尉に任官し、各地に勤務した後、陸軍大学校を卒業した。朝鮮軍参謀、歩兵第三二連隊大隊長、飛行第八連隊長、下志津陸軍飛行学校幹事に歴補し、三四年八月陸軍少将に累進した。その後三五年に予備役編入となり、同年渡満して満州航空㈱第一常務取締役に就任した。

後藤　三郎　▷12

満州炭砿㈱北票炭坑採炭課長、北票日本人居留民会評議員、在郷軍

人会北票分会名誉会員／錦州省朝陽県北票満炭北票炭砿／一九〇〇（明三三）一一／大分県速見郡中山香村／旅順工科大学採鉱学科

大分県後藤竹市の長男に生まれ、旅順工科学堂採鉱冶金学科を卒業した後、一九二六年四月同学堂が昇格した旅順工科大学採鉱学実験室に勤務した。その後三〇年三月同大採鉱学科を卒業し、同年一一月朝鮮咸鏡北道明川郡の昭和炭砿に入った。三三年一月錦州省の北票煤鉱(股)臨時営業局に転じて北票に派遣され、北票炭砿(股)勤務を経て三五年一一月満州炭砿㈱に入り、後に北票炭坑採炭課長となり同炭砿増産計画樹立を担当した。

後藤　進一　▷12

満鉄北安鉄路監理所長、社員会評議員、勲七等／ハルビン極楽寺局宅／一八九六（明二九）三／三重県三重郡朝日村／拓殖大学

三重県農業後藤庄五郎の四男に生まれ、一九一九年三月東洋協会専門学校を卒業し、同年六月満鉄に入り公主嶺駅貨物方となった。以来勤続し、二二年長春列車区車掌、二三年開原駅助役、二六年奉天鉄道事務所営業係、二七年奉天駅貨物助役に歴勤した。次いで奉山鉄路局錦県在勤、新京鉄路局図們弁事処運輸長を経て三五年一一月北安鉄路監理所長となり、三六年九月副参事に昇進した。この間、満州事変時の功により勲七等旭日章を授与された。

後藤　末男　▷13

南満州瓦斯㈱経理部長、正八位／大連市臥竜台／一九〇一（明三四）一一／愛知県名古屋市東区船付町／長崎高等商業学校

一九二四年三月長崎高等商業学校を卒業して満鉄に入り、瓦斯作業所に勤務した。二五年七月同所が分離独立して南満州瓦斯㈱となった後も大連本社に勤続し、二九年六月庶務課会計係主任となった。次いで三四年一〇月庶務課長に進んで重役秘書を兼任した後、子会社の満州瓦斯㈱が設立されると同社奉天支店長に抜擢され、四〇年二月総務課長兼新京支店長に就いた。その後四二年七月大連本社に戻り、経理部長に就任した。

後藤　末久　▷12

満鉄小家信号場助役／安奉線鶏冠山南町社宅／一九〇一（明三四）一〇／熊本県菊池郡合志村／高等小学校

熊本県後藤源蔵の三男に生まれ、高等小学校を卒業した後、一九二〇年九月満鉄に入り撫順駅に勤務した。千金寨駅、大官屯駅、奉天列車区橋頭分区、張台子駅に歴勤して海城駅助役心得となり、三六年五月小家信号場助役となった。この間、満州事変時の功により賜品及び従軍記章を授与され、三六年四月勤続一五年の表彰を受けた。

五島　精一　▷12

満鉄皇姑屯検車段検車助役兼鉄路学院講師、勲八等／奉天白菊町／一八九一（明二四）八／佐賀県三養基郡南茂安村

佐賀県五島文明の四男に生まれ、一九一三年満鉄に入り遼陽工場に勤務した。同工場に長く勤続した後、三〇年一月奉天検車区転勤し、さらに三三年八月鉄路局勤務となり瀋海鉄路局に派遣された。三四年四月瀋陽機務段検車副段長、同年八月皇姑屯検車段瀋陽分段検車副段長を歴職し、三六年六月皇姑屯検車段に転任して同年一〇月同段検車助役となり、三七年三月から鉄路学院講師を兼任した。この間、満州事変時の功により勲八等瑞宝章及び従軍記章並びに建国功労賞を授与された。

古藤　誠蔵　▷3

関東都督府警視、安東警務署長、高等官五等正七位、支那勲五等／安東県警務署官舎／一八七五（明八）九／鹿児島県囎於郡米吉村

一九〇一年一月、台湾総督府台南県の警部となった。同年五月、同県施行の文官普通試験に合格して台湾総督府警部に転じた。〇九年に渡満して関東都督府警部となり、翌年一〇月鉄嶺警務署長に就いた。翌月安東警務署長に転じ、翌月関東都督府警視に昇任した。

後藤　登丸　▷9

朝鮮銀行安東支店支配人／安東県八番通／一八八一（明一四）八／熊本県熊本市千反町／専修学校

一九〇三年、東京の私立専修学校を卒業した。〇六年一一月第一銀行京城支店に入り、〇九年一〇月同支店の業務を継承して設立された韓国銀行に転籍し、さらに翌年朝鮮銀行への名称変更とともに同行員となった。一五年奉天省四平街出張所長となって渡満し、一七年六月開原支店に転勤した後、一九年三月吉林支店勤務を経て二一年五月安東支店支配人となった。

伍堂　卓雄　▷11

満鉄顧問、鞍山製鉄所勤務、従四位勲二等、海軍造兵中将／奉天省鞍山製鉄所／一八七七（明一〇）九／東京府／東京帝大工科大学造兵科

東京府伍堂卓爾の長男に生まれ、一九〇一年東京帝大工科大学造兵科を卒業して海軍造兵技師となった。呉工廠砲熕部員、砲熕部長、製鋼部長、砲熕実験部長、広島工廠航空機部長等を歴任して二四年に呉海軍工廠長に就いた。この間累進して造兵中将となり、官命で欧米に四回渡航した。二八年一二月に退官して渡満し、満鉄鞍山製鉄所の顧問となった。

後藤　民蔵　▷12

白蓮舎後藤民蔵商店主、満蒙電機商会主、撫順仏教連合会会計監事／奉天省撫順中央大街／一八七七（明一〇）三／大分県大分市永与

大分県農業後藤吟蔵の次男に生まれ、後に後藤春斉の三女タマ子の婿養子となった。小学校を卒業して私塾で漢学を修めた後、一八九九年三月朝鮮に渡り、京城の秋吉富太郎商店で貿易業に従事した。日露戦争に際し衛生部員として従軍し、戦後除隊して満鉄撫順炭砿病院に勤務した。大連本社用度課に転任した後、一九〇九年一二月に退社して撫順で質屋を開業し、次いで一四年六月仏具商・葬儀請負業に転業し、さらに三四年四月から満蒙電機商会を兼営した。

後藤　長七　▷3

松茂洋行船舶主任、東和公司代表社員／大連市敷島町／一八七六（明九）二／愛媛県伊予郡中山泉町

一九〇四年大阪商船会社に入り、〇一年尼崎汽船会社に転じた。日露戦後の〇五年に渡満して大連の松茂洋行に入り、以来勤続して船舶主任を務め、かたわら一四年四月から㈴東和公司を経営した。

後藤俊二郎　▷12

満鉄撫順炭砿工作課長兼計画部員、従七位／奉天省撫順南台町／一八九八（明三一）二／宮崎県宮崎市福島町／九州帝大工学部電気工学科

本姓は別、後に後藤章の養子となった。第五高等学校を経て一九二一年三月九州帝大工学部電気工学科を卒業し、同年五月満鉄に入社して撫順炭砿機械課に勤務した。同年兵役に服し、除隊して撫順炭砿機械課に復職した後、機械工場、大山採炭所、炭砿部電気課、撫順炭砿工作課兼撫順工業実習所講師、電気係技術担当員兼撫順炭砿臨時竜鳳竪坑計画係電気担当員に歴勤して三四年六月技師となった。次いで竜鳳採炭所長兼監査係主任を経て三五年一〇月工作課長兼計画部員となり、程なく参事に昇任した。この間、社命により熱管理研究のため一年余りジュッセルドルフに出張した。

後藤　直久　▷12

満州興業銀行秘書、従七位勲七等／新京特別市ヤマトホテル内／一八八九（明二二）三／東京府

一九一七年大蔵省属となり、以来歴勤して三六年銀行検査官となり、同年一二月に満州興業銀行が創立されると同行秘書に転じて渡満した。

後藤　憲章　▷11

満州医科大学予科教授／奉天稲葉町／一八九九（明三二）八／京都府京都市上京区北白川久保田／京都帝大理学部

京都府商業後藤新太郎の子に生まれ、一九二五年京都帝大理学部を卒業して京都高等工芸学校講師を務めた。二八年三月に辞職して渡満し、満州医科大学予科教授に就いた。

後藤　治基　▷12

満鉄鉄道総局自動車課員／奉天紅葉町清風寮／一九〇二（明三五）二／愛媛県松山市二番町／京都帝大経済学部

愛媛県後藤守衛の三男に生まれ、一九二七年三月京都帝大経済学部を卒業した後、二八年満鉄に入り鉄道部に勤務した。同年七月大連駅勤務、二九年二月大連列車区車掌、三〇年三月大連埠頭勤務、三一年八月埠頭事務所第三埠頭に歴勤し、同年一二月安東駅貨物助役となった。次いで三三年八月安東駅貨物主任、三四年一一月新京駅貨物主任、三五年四月鉄道部貨物課賃率係主任を歴職し、三六年一〇月鉄道総局自動車課に転任した。この間、満州事変時の功により木杯及び従軍記章を授与された。元ハルビン総領事で鴨緑江採木公司理事長の八木元八の長女英子を夫人とした。

後藤　春吉　▷12

浜江省公署教育庁視学官、治安工作隊指導員、勲八等／ハルビン南崗市営住宅A／一九〇五（明三八）一二／愛知県海部郡七宝村／満州教育専門学校文科第一部

愛知県立津島中学校を経て名古屋高等商業学校を卒業した後、渡満して満州教育専門学校に入った。一九二七年同校文科第一部を卒業して同年八月満鉄に入り、撫順第二尋常高等小学校教員となり、同時に教育研究所に入所した。次いで撫順中学校講師、ハルビン尋常高等小学校教員を務めた後、帰国して東京邦文社に入り邦文外国雑誌の編集に従事した。その後三二年五月に再び渡満し、国務院民政部属官として文教司に勤務した後、三四年一二月浜江省公署視学官に転任して同省公署教育庁に勤務した。この間、建国功労賞及び大典記念章、皇帝訪日記念章を授与された。

後藤　英雄　▷13

撫順市長／奉天省撫順／一九〇二（明三五）／宮崎県北諸県郡高城町／東亜同文書院

都城中学校を卒業して中国に渡り、一九二三年上海の東亜同文書院を卒業した。満鉄に入って調査部に勤務したが、三一年に関東軍嘱託に転出した。奉天市政公署諮議となり、三二年顧問、三三年参事官を経て三五年営口県参事官、三七年間島省理事官・庶務課長、三九年国務院総務庁理事官・福祉科長、四〇年総務庁参事官（簡任二等）を歴任した。四一年三月、建国一〇周年祝典事務局副局長を務め、同年一〇月撫順市長に就任した。

後藤　英男　▷12

間島省公署官房総務科長／間島省延吉省公署官房／一九〇二（明三五）八／宮崎県北諸県郡高城町／東亜同文書院

一九二三年上海の東亜同文書院を卒業して満鉄に入り、調査課、大連法政学院講師兼務、本社人事課に歴勤した。次いで奉天市政公署諮議に転じて同顧問、同参事官、奉天省営口県参事官を歴任し、三七年七月間島省公署官房総務科長に就いた。

後藤　英祐　▷7

大連警察署高等係警部補／大連二葉町／一八八八（明二一）六／宮崎県宮崎市佐土原町／宮崎県師範学校二部

宮崎中学校から宮崎県師範学校二部に入り、卒業して郷里の尋常高等小学校訓導を務めた。その後知人の勧めで官界に入る決意をし、一九二〇年四月に渡満して関東庁巡査となった。金州民政署に勤務しながら甲科生試験に合格し、修了後は大連警察署に転じて高等警察係となった。二四年警部補・高等係次席に就き、かたわら同郷団体の大連三州会理事を務めた。

後藤　基次　▷11

撫順中学校長／奉天省撫順大和町／一八九〇（明二三）二／鳥取県西伯郡大国村／東京帝大法科大学、京都帝大文学部

鳥取県の地主後藤貞四郎の四男に生まれ、一九一七年東京帝大法科大学を卒業した。二三年まで大阪市の住友家に勤務した後、京都帝大文学部に入学して二六年に卒業した。翌二七年四月に渡満して撫順中学校長を務めた。夫人克己も東京女子高等師範学校を出て教員の免状を有した。

後藤　基矢　▷12

満鉄北鮮鉄道事務所庶務課統計係主任／朝鮮咸鏡北道清津府浦項洞満鉄北鮮鉄道事務所／一八八八（明二一）一二／愛媛県松山市二番町／松山商業学校

愛媛県後藤守衛の長男に生まれ、一九一〇年松山商業学校を卒業して県下の温泉郡余土尋常小学校教員となった。次いで一一年八月に渡満して満鉄に入り、千金寨車輛係に勤務した。以来、大石橋車輛係、運輸部運輸課、長春車輛係、長春機関区庶務助役、長春検車区検車助役、鉄道部運転課、同庶務課に歴勤した。その後、北鮮鉄道管理局庶務課に転勤し、三五年一月北鮮鉄道事務所庶務課統計係主任となり、三七年四月勤続二五年の表彰を受けた。

後藤勇太郎　▷11

古物商／旅順市末広町／一八六八（明一）一一／東京府東京市下谷区南稲荷町／小学校

東京府質商後藤藤兵衛の長男に生まれ、一八八〇年神田の芳林小学校を卒業した。質屋の見習いとなった後、実家に戻って家業に従事した。日露戦中の一九〇五年四月、ニューヨーク大学を卒業して第三軍高等通訳官として旅順の行政官を務めていた弟薫の勧めに応じ、渡満して旅順に赴いた。アメリカ人経営のクラクソン商会の財産保管人となったが、一年半後に不法解任された。〇六年九月から古物商を営み、かたわら旅順衛生組合委員嘱託、旅順古物商組合長、長野県人会顧問役を務めた。長女貞子は旅順高女を卒業して三井物産大連支店員川野頼雄に嫁した。

後藤吉太郎　▷1

川村洋行大連支店副支配人／大連市／一八七一（明四）一／茨城県稲敷郡源清田村

早くから東京に出て芝区田町で野菜の缶詰製造業を経営したが倒産し、川村組に入って各種食料品の販売に従事した。一九〇五年一〇月大連支店支配人となって渡満し、吉野町の店舗で雑貨、漬物、缶詰、味噌醤油、乾物類を販売し、陸海軍諸官衙にも納入した。

後藤　隆三　▷11

満鉄奉天地方事務所機械係主任／奉天葵町／一八九五（明二八）一〇／鹿児島県姶良郡重富村／旅順工科学堂機械科

鹿児島県運送業後藤藤太郎の三男に生まれ、一九一四年四月に渡満して旅順工科学堂機械科に入学した。一七年一二月に卒業して満鉄に入社し、沙河口工場に勤務した。一九年四月鞍山製鉄所、二〇年一月技術部機械課、二三年五月地方部建築課、同年六月大連工務事務所機械係等を経て二四年一〇月奉天地方事務所機械係主任に就いた。二九年三月から三二年まで暖房換気、衛生工学研究のためアメリカに留学し、帰任して関東庁原動機検査事務嘱託を兼務した。

小泊　六翁　▷11

大連市庶務課長兼学務課長／大連市柳町／一八七九（明一二）六／大分県西国東郡西真玉村／関西法律学校

大分県小泊謙一の次男に生まれ、一八九九年関西法律学校を卒業して大阪市役所に入った。一九一四年京都府主事に転じて五年勤め、一九年に古河電気㈱に入った。二一年一〇月大連市主事となって渡満し、庶務課長兼学務課長を務めた。

小鳥井虎雄　▷1

小鳥井医院主／大連市伊勢町／一八七五（明八）八／長崎県東彼杵郡彼杵村／第五高等学校医学部

第五高等学校医学部を卒業して医学得業士となり、一八九七年から山口県私立馬関病院で外科部助手として修業した。九九年二月郷里で開業したが、一九〇二年長崎市に移り、開業医として治療に従事するかたわら長崎県検疫官を務めた。日露戦中の〇五年六月陸軍大臣の許可を得て渡満し、大連市伊勢町に小鳥井医院を開業した。外科の名医として知られ、大連医会評議員を務めた。

小中　義美　▷11

満鉄撫順炭砿研究所員／奉天省撫順弥生町／一九〇三（明三六）一二／奈良県奈良市小西町／京都帝大工学部応用化学科

奈良県小中謙吉の長男に生まれ、一九二八年京都帝大工学部応用化学科を卒業した。同年五月に渡満して満鉄に入社し、撫順炭砿研究所に勤務した。

小西　三郎　▷12

竜江税務監督署監察科長、チチハル居留民会第五区副区長／龍江省チチハル税務監督署官舎／一九〇一（明三四）二／兵庫県有馬郡三田町／京都帝大経済学部選科

一九二一年五月税務署属となり、かたわら二六年に京都帝大経済学部選科を卒業し、二九年一月税務監督局属となった。その後三二年一一月国務院財政部税捐局事務官に転出して渡満し、安東税捐局に勤務した。次いで税務監督署事務官・奉天税務監督署錦県出張所長となり、税捐局事務官及び同理税官兼任を経て三六年一月竜江税務監督署監察科長に就き、三七年二月地籍整理局事務官兼任となり地籍整理局竜江分局に勤務した。

小西新一郎　▷11

満鉄奉天鉄道事務所建築係主任／奉天藤波町／一八八九（明二二）一〇／福岡県嘉穂郡飯塚町／福岡工業学校

福岡県農業小西松次郎の長男に生ま

れ、一九一一年福岡工業学校を卒業した。同年四月に渡満して満鉄に入り、工務課建築係職員として勤務した。遼陽、連山関、本渓湖、長春等の保線係、長春工務事務所、公主嶺工事係等を経て二三年公主嶺地方事務所に転任し、二五年二月奉天鉄道事務所建築係主任に就いた。

小西　春雄　▷3

朝鮮銀行奉天出張所長／奉天十間房／一八七九（明一二）一／福岡県福岡市天神町／東京専門学校政治科、法政大学高等研究科

一九〇二年七月東京専門学校政治科を卒業し、さらに〇四年法政大学高等研究科を卒業して同年一一月第一銀行に入った。本店に勤務した後、翌年一二月咸興出張所主任となって朝鮮に赴任し、〇九年一一月京城支店の業務を引き継いで韓国銀行が創立されると咸興出張所長に就いた。一〇年七月本店国庫局に転じたが、一四年一〇月奉天出張所長となって渡満した。業務のかたわら奉天商業会議所議員、奉天居留民会議員を務めた。

小西　秀雄　▷11

旅順公学堂教諭／旅順市柳町／一八九三（明二六）九／福岡県遠賀郡岡垣村／小倉師範学校

福岡県農業小西専太郎の長男に生まれ、一九一六年小倉師範学校を卒業して郷里の小学校訓導となった。二一年九月に退職して渡満し、旅順第一小学校に勤務し、二八年三月旅順公学堂教諭に転じた。末弟準二の学費を援助し、九州歯科専門学校を卒業させた。

古仁所　豊　▷11

満鉄参事、社長室勤務／大連市星ヶ浦／一八八五（明一八）四／茨城県新治郡上大津村／東京帝大法科大学政治学科

新潟県農業古仁所仁兵衛の次男に生まれ、一九一〇年四月東京帝大法科大学政治学科を卒業して日本銀行に入った。本店計算局、調査局、秘書役、営業局勤務を経て一六年一月海外代理店監督役となり、アメリカに一年、ロンドンに三年勤務した。一年間欧州を回って二〇年に帰国し、翌年二月日本銀行を辞して満鉄に入り、本社経理部会計課長となって渡満した。二二年四月参事・調査課長、二三年四月東京支社経理課長兼庶務課長兼鮮満案内所長、二四年七月本社経理部長、二六年北京公所長を歴任し、二八年六月本社社長室参事となった。日露戦争による戦後不況時の東大在学中に『恐慌論』を著し、欧州戦争が始まった日銀在職時には『最近独逸産業の発達』を刊行した。

小橋　茂穂　▷12

順天医院院長、新京医師会評議員、正七位／新京特別市富士町／一八九九（明三二）一二／島根県松江市東本町／京城医学専門学校

松江中学校を卒業して朝鮮に渡り、一九二一年京城中学校附属臨時小学校教員養成所を修了して京城東大門小学校訓導となった。同南大門小学校に異動した後、退職して京城医学専門学校に入学し、一九二七年首席で卒業して京城帝大医学部助手となった。三一年同大講師を経て三三年八月母校の京城医専教授に迎えられ、京城帝大医学部講師を兼務し、論文「アヴィタミノーゼト感受性素質ニ関スル研究」により京城帝大より博士号を受けた。その後三五年八月に退職して渡満し、新京に従業員一六人、病床数三〇の順天医院を開業して内科・外科の診療に従事した。代議士小山寛蔵の三女で広島第一高女出身の治を妻とした。

「小浜」は「おばま」も見よ

小浜　新　▷12

奉天毎日新聞社社会部長／奉天八幡町／一八九七（明三〇）一／奈良県磯城郡耳成村／早稲田大学文学部

早稲田大学文学部を卒業した後、劇作・著述業、次いで新聞記者、映画製作業などに従事した。その後、渡満して奉天毎日新聞社社会部長を務めた。この間、満州事変時の功により賜金及び従軍記章を授与された。

小早川常雄　▷4

東洋堂主／ハルビン埠頭区モストワヤ街／一八八三（明一六）／広島県賀茂郡御薗宇村

早くから商業に従事して経験を積んだ後、一九〇九年に渡満してハルビンで醤油の製造販売業を始めた。醸造技術の研究と販路拡張に努力したが、間もなく廃業してモストワヤ街に東洋堂を開設して薬品と化粧品、教育玩具の販売業に転業した。その後逐年事業が発展し、北満州からロシア一円に販路を拡張して一七年六月東京に支店を設けるに至った。徒手空拳で身を起こして北満に一大店舗を築き上げた立志伝中の一人とされ、飛舟と号した。

小早川貞二 ▷9

関東庁金州民政署長、正七位／金州城内官舎／一八九〇（明二三）九／広島県高田郡戸島村

一九一二年一一月文官高等試験に合格し、翌年六月石川県属・警部となった。一四年一二月一年志願兵として兵役に服した後一八年三月陸軍歩兵少尉に任官し、同年四月福島県警視となった。一九年八月関東庁事務官に任じられて渡満し、金州民政署長に就任した。

小林　明 ▷12

旅順工科大学教授、従五位／旅順市赤羽町／一八九七（明三〇）八／兵庫県姫路市橋本新町／東京帝大工学部機械工学科

一九二一年東京帝大工学部機械工学科を卒業して桐生高等工業学校講師嘱託となり、かたわら二三年同大学院内燃機関学専攻を修了した。次いで早稲田大学理工学部講師、同高等学院教授嘱託を歴任した後、旅順工科大学教務嘱託となって渡満し、同大学助教授を経て二八年六月教授となった。この間、関東庁在外研究員としてイギリス、ドイツに二年間滞在して熱機関学を研究し、三七年一月東京帝大より工学博士号を取得した。

小林　朝逸 ▷11

畜産物貿易商／奉天省鉄嶺鉄道西／一八八三（明一六）六／山梨県北巨摩郡塩崎村／東京工科学校建築科

山梨県農業小林多十郎の長男に生まれ、一九〇九年八月東京工科学校建築科を卒業した。同年一一月、安東県の山口文次郎方の建築技術員となって渡満した。一四年三月から志岐組安東県出張所主任を務めた後、一六年四月に独立して鉄嶺で土木建築請負業を始め、満鉄の工事請負に従事した。二〇年三月鉄嶺満州畜産㈱を設立して専務取締役に就いたが、二二年九月東亜勧業㈱鉄嶺牧場嘱託に転じ、二七年三月から同牧場の事業を引き継いだ。農業・牧場・畜産物貿易に従事して年に数千頭の生牛肉を日本に輸出し、鉄嶺地方委員会委員を務めた。

小林　磯蔵 ▷11

新聞記者／奉天浪速通／一八九二（明二五）一／秋田県北秋田郡小阿仁村／早稲田大学

秋田県農業小林兵左衛門の五男に生まれ、一九一三年中央大学から早稲田大学に転学して一五年に卒業した。朝鮮で土木請負、鉱山業等に従事した後、一六年に渡満した。鉄嶺時報社、遼東新報社、安東新報社等に勤務した後フリーの記者となり、五十城と号して時事新報社、帝国通信社の仕事に従事した。

小林市太郎 ▷11

満鉄鉄道部工作課員／大連市伏見町／一八九九（明三二）八／鳥取県鳥取市／東京帝大工学部機械科

鳥取県小林辰藏の長男に生まれ、一九二四年東京帝大工学部機械科を卒業して満鉄鉄道部工作課に勤務した。平斎線の洮南、街基各機関庫竣工検査に出張した際、チチハル、ハルビンを視察した。

小林　岩蔵 ▷12

満鉄牡丹江機務段長／牡丹江省満鉄牡丹江機務段／一八九六（明二九）六／三重県鈴鹿郡神辺村

鉄道院亀山機関庫の機関夫を務めた後、渡満して一九一六年満鉄従事員養成所を修了して瓦房店車輌係となった。次いで瓦房店機関区機関助手、同機関士、同点検助役、同運転助役兼機関士、奉天鉄道事務所鉄道課勤務、奉天機関区運転主任、大連機関区運転主任に歴勤し、三五年七月牡丹江機務段長となった。この間、三〇年四月勤続一五年の表彰を受けた。

小林　完一 ▷11

満鉄興業部商工課輸出貿易係主任／大連／一八九二（明二五）一二／山口県防府市中関町／市立下関商業学校

山口県小林慈太郎の長男に生まれ、一九一一年市立下関商業学校を卒業して満鉄に入った。大連駅に勤務して駅務助手、出札方、貨物方を経て本社鉄道部庶務課に転任した。二〇年ニューヨーク事務所開設のため派遣され、二三年一月に帰国して社長室文書課勤務となり大蔵理事の秘書事務にあたり、二七年一〇月興業部商工課に転任した。

小林　淳　▷12

満鉄撫順炭砿竜鳳採炭所監査係技術担当員／奉天省撫順竜鳳／一九〇四（明三七）一／富山県下新川郡新屋村／九州帝大工学部採鉱冶金科

富山県小林二三右衛門の次男に生まれ、魚津中学校、山形高等学校を経て一九三一年三月九州帝大工学部採鉱冶金科を卒業し、同年四月満鉄に入り撫順炭砿竜鳳採炭所に勤務した。三五年一二月炭砿採炭課に転勤した後、三六年一一月再び竜鳳採炭所に戻り監査係技術担当員となった。この間、満州事変時の功により楯を授与された。

小林　清　▷12

満鉄牡丹江鉄路局工務処電気科員、社員会評議員／牡丹江鉄路局工務処電気科／一九〇〇（明三三）七／北海道函館市音羽町

北海道小林達弘の長男に生まれ、一九二〇年逓信官吏練習所を終了して札幌逓信局に勤務した。その後三三年一二月満鉄に転じて渡満し、錦県電気段に勤務した後、三五年一一月図們電気段長となり、次いで三七年三月牡丹江鉄路局工務処電気科に転勤した。

小林　金作　▷11

満鉄長春検車区庶務助役／長春羽衣町／一八九二（明二五）四／神奈川県中郡旭町／岩倉鉄道学校

神奈川県農業小林音次郎の六男に生まれ、一九一三年岩倉鉄道学校を卒業した。翌年四月に渡満して満鉄に入り、大連機関区調度方に勤務した。以来、大石橋機関区、同物品方、安東機関区、本社鉄道部運転課勤務を経て二四年三月長春検車区庶務助役に就いた。

小林　九郎　▷11

満鉄ハルビン事務所勧業係主任、勲八等／ハルビン埠頭区石頭道街／一八八五（明一八）一〇／長崎県北松浦郡平戸町／東京外国語学校

長崎県農業小林岩太郎の長男に生まれ、一九一〇年東京外国語学校を卒業してロシア各地を巡遊した後、一四年に満鉄に入った。長春駅貨物方、同駅助役、貨物主任を歴任して一八年埠頭事務所船舶係、二〇年総務部調査課ロシア係主任となった。二三年ハルビン事務所調査課経済係主任兼資料係主任に転じ、貿易係主任を経て二七年庶務課勧業係主任に就いた。この間経済地理研究にロシアに一年間出張したほか、極東ロシア領各地を視察調査した。著書『浦塩斯徳商港』『露領沿海地方及北樺太』のほか数種の翻訳書があり、ハルビン長崎県人青年会長を務めた。

小林敬次郎　▷12

南昌洋行㈱取締役兼大連支店長、大和染料㈱取締役、東洋スレート工業㈱取締役、満州タルク㈱監査役、小松台土地㈱監査役／大連市天神町／一八八四（明一七）九／茨城県結城郡絹川村／中央大学

茨城県農業小林長吉の次男に生まれ、一九〇七年中央大学法科を卒業した後、一四年に渡満して吉林貿易公司に入った。次いで一五年一月㈾南昌洋行に転じて大連出張所に勤務し、株式会社への組織変更後も引き続き勤務し、大連支店会計庶務主任、営業主任を経て同支店長となった。三一年一月取締役に就き、経営のかたわら大和染料㈱取締役、東洋スレート工業㈱取締役、満州タルク㈱監査役、小松台土地㈱監査役等を兼務した。

小林　五郎　▷12

満鉄産業部調査役、満州特産中央会参与、満州製油工場振興委員会委員／大連市月見ヶ丘／一八八九（明二二）一〇／東京府東京市牛込区南榎町／早稲田実業学校

東京府官吏小林一成の五男として芝区神谷町に生まれ、一九〇六年早稲田実業学校を卒業した。〇八年鉄道庁に入り一〇年余勤務した後、一九年一〇月に満鉄に転じて渡満し、鉄道部営業課に勤務した。以来勤続し、同課貨物係主任を務めて参事に昇格し、三四年総務部審査役を経て三六年一〇月産業部調査役となった。

小林　才治　▷11

旅館業、勲八等／奉天省大石橋大街／一八六八（明一）六／長野県上水内郡三水村

長野県農業小林力太郎の長男に生まれ、一八八七年鉄道省に入り信越線に勤務した。九三年五月総武鉄道㈱に転じ、さらに九八年一月房総鉄道㈱に転じて運輸課長に就いたが、一九〇二年八月に退社して翌月日本鉄道㈱に入社した。〇四年九月、日露戦争に際し逓信省雇を命じられ野戦鉄道提理部に編入されて渡満した。戦後任を解かれて帰国したが、〇六年六月に再び渡満して大石橋で農業を営み、かたわら旅館業を経営した。〇七年三月同地に実業会を組織して会長を務めたほか、金融組合長、居留民会行政委員、地方委員議長、市民協会長、満州日報支局長、大石橋電灯㈱取締役、大海信託㈱取締役、菱苦土工業㈾代表社員を兼務した。二八年に夫人を亡くしたが、長男竜勇が福島県立中学校を卒業して満鉄に入り、大石橋機関区に勤務した。

小林周次郎 ▷12

満鉄安東自動車修理工場主任、社員消費組合総代／安東満鉄安東自動車修理工場／一九一一（明四四）二／三重県三重郡八郷村／旅順工科大学機械工学科

大連第二中学校を経て一九三五年三月旅順工科大学機械工学科を卒業し、満鉄に入社して技術員となった。次いで鉄路総局運輸処自動車課工務員となり、同年一一月安東自動車修理工場主任に転任した。

小林　舜二 ▷11

奉天総領事館外務書記生／奉天木曾町／一八九二（明二五）一／大阪府大阪市北区黒崎町／桃山中学

大阪市田中四良三郎の四男に生まれ、同市小林文助の養子となった。一九一一年京都府桃山中学校を卒業し、一七年八月から大阪地方裁判所書記として勤務した。二三年一二月外務書記生に任じられ、翌年一月に渡満して奉天総領事館に勤務した。

小林庄五郎 ▷10

小林株式店主／大連市敷島町／一八六三（文三）一二／大阪府大阪市東区生玉町

堺の米穀問屋の子に生まれ、年少の頃大阪に出て堂島の米穀商沢次郎兵衛商店で働いた。年季を積んで各地の出張所主任を務めた後、一八八八年一月堺市甲斐町で米穀及び株式現物問屋を開業した。日清戦争時の景気昂揚で相当の資産を成したが、戦後反動で損失を受け九七年一二月に廃業した。九八年再び大阪に出て東区唐物町に公債現物問屋を開業したが、一九〇六年五月に閉店して翌月渡満した。奥地で塩の販売と特産物売買を営んだ後、大連の伊勢町に店舗を構えて特産物、木炭、雑貨商を開業した。一七年丹波町に移転して再び株式現物問屋に転業し、一九年に満州証券の仲買人となり組合委員長に選ばれた。二〇年三月に五品取引所が設立されると株式取引人の免許を取り、営業のかたわら取引人組合の委員や副委員長を務めた。

小林　治郎 ▷11

長春公学堂長／長春平安町／一八八三（明一六）／広島県福山市／広島師範学校

一九〇三年広島県師範学校を卒業し、日露戦後の〇六年五月に渡満した。蒙古語及び蒙古事情を研究するため蒙古地陶代屯駐錫阿旺活仏のラマ寺に入り、達拉営子駐屯パプチャプ団練長の陣営に転じた。〇七年一一月長春の守田駐在武官の事務所で調査活動に従事し、一一年八月満鉄に入って中国人教育を担当した。一二年二月から一七年三月まで長春公学堂に勤務した後、同年四月奉天省四平街公学堂長に転じ、一九年から一年間中国語及び中国事情研究に北京に留学した。二三年四月開原公学堂長を経て翌年五月長春公学堂長に就任した。

小林　仙次 ▷9

小林建築事務所主／奉天八幡町／一八九一（明二四）一二／兵庫県姫路市新町／名古屋高等工業学校建築科

一九一四年三月名古屋高等工業学校建築科を卒業し、同年六月台湾総督府土木局に入った。一八年二月に辞職し、同年一〇月に渡満して東洋拓殖㈱奉天支店に勤務した。二〇年三月に退社して同地に小林建築事務所を開業した。

小林　太市 ▷12

満鉄赤峰医院薬剤長／熱河省満鉄赤峰医院／一八九四（明二七）一一／東京府東京市目黒区上目黒／愛知薬学校

小林弥市の四男として愛知県宝飯郡一宮村に生まれ、一九一九年愛知薬学校を卒業し、同年一〇月薬剤師試験に合格して東京化学工業会社技手となり、東京クローム会社研究部員を兼務した。その後二二年三月満鉄に転じて渡満し、撫順医院に勤務した。次いで本渓湖医院薬剤長、地方部衛生課赤峰在勤を経て三六年三月同医院薬剤長となった。この間、撫順少俱少年団を創立し後に少年団に改組して主事兼指導員、満州青年連盟幹事、満鉄社員会幹事、本渓湖地方委員を務め、三七年四月満鉄勤続一五年の表彰を受けた。

小林　竹次　▷11

公主嶺取引所信託㈱社員／吉林省公主嶺楠町／一八八九（明二二）一／福島県耶麻郡月輪町

福島県商業小林竹吉の次男に生まれ、一九〇六年一一月に渡満して野戦鉄道提理部安奉鉄道班運輸掛となった。翌年四月の満鉄開業とともに入社し、安東事務所に勤務した。〇九年一二月近衛歩兵第四連隊に入営し、除隊後の一四年満鉄に復帰した。撫順車輌係、本社鉄道管理局に勤務した後、一九年九月に退社して公主嶺取引所信託㈱社員となった。

小林　太作　▷12

満州託児所専務理事／大連市老虎灘海岸／一八八六（明一九）七／山口県都濃郡下松町

山口県熊毛郡室積町に生まれ、日露戦争に際し通訳官として従軍した後、長く朝鮮で実業に従事した。その後一九二七年一二月に渡満して大連市春日町に満州託児所を創設し、後に老虎灘海岸に拡張移転した。関東庁及び満鉄の特別補助金と賛助会員会費、事業部純益金により運営して開設以来延べ四万五〇〇〇人を収容し、三二年と三三年の両年に渡り紀元節に際し下賜金を授与された。

小林千恵三郎　▷11

満鉄大連機関区庶務助役、勲八等／大連市北大山通／一八八三（明一六）八／島根県那賀郡川波村

島根県農業小林千代太の長男に生まれ、日露戦争に従軍して功により勲八等白色桐葉章を受けた。一九〇六年四月に渡満して呉服商を営んだ後、満鉄に入り大連機関区庶務助役に就いた。

小林恒太郎　▷10

山陽商会主／大連市山県通／一八六五（慶一）六／山口県佐波郡中関村

陸軍教導団を修了して長く軍隊生活を送り、中尉に進級して門司の陸軍運輸事務所に勤務していた時、三井物産門司支店次席兼石炭部主任の相生由太郎と知り合った。退役後に相生の招きで三井物産門司支店に入ったが、〇七年に相生が満鉄埠頭事務所長に転じると再び招かれて同所営繕係に勤務した。一九一一年満鉄を退社して翌年大連市山県通に山陽商会を設立し、周水子の小野田洋灰会社工場と特約を結んで洋灰樽と麻袋を同工場に納入し、かたわら窓枠その他の建築材料を販売した。一四年頃から洋灰タイルの製造を計画し、周水子の小野田洋灰工場の設備・従業員を譲り受けて小崗子の大連蒸気洗濯会社工場内に製造場を置き、二二年七月から洋灰タイルの製造に着手した。以来製品に改良を加えて売上げを伸ばし、大連埠頭待合所にも同社製の洋灰タイルが使用された。

小林　貞介　▷12

国際運輸㈱撫順出張所経理係／奉天省撫順中央大街国際運輸㈱出張所／一八九三（明二六）二／長崎県北松浦郡平戸町／早稲田大学専門部政治経済科

一九一三年ブラジル・リオデジャネイロ州の山県勇三郎農場に入ったが、病を得て一七年に帰国し、早稲田大学に入学した。二〇年に同大専門部政治経済科を卒業して朝鮮咸鏡北道の清津倉庫会社に勤務し、次いで吉林韓家経営の興吉林業(股)に入った。その後二七年七月国際運輸㈱に転じて清津支店、本社勤務、営口支店経理課、大連支店経理課に歴勤し、三三年二月撫順出張所経理係となった。

小林　徹一　▷12

浜江省木蘭県参事官／浜江省木蘭県参事官公館／一九〇四（明三七）七／長崎県西彼杵郡松島村／拓殖大学

東京大成中学校を経て一九三〇年三月拓殖大学を卒業し、翌年帰郷して松島炭砿会社嘱託となり、剣道四段として同社の剣道師範を務めた。三二年四月に渡満して国務院民政部地方司に勤務し、黒龍江省肇東県救済員、肇東県属官、肇州県代理参事官、同県参事官を経て三六年八月浜江省木蘭県参事官となった。

小林　鉄蔵　▷11

関東庁旅順民政署農務係主任／旅順市青葉町／一八八五（明一八）一二／茨城県久慈郡世喜村／東京主計学校

茨城県公吏小林弥重の次男に生まれ、

一九〇七年四月に渡満して関東都督府雇員となった。財務課に勤務し、かたわら〇八年に東京主計学校を卒業して一〇年普通文官試験に合格した。金州民政署会計係、普蘭店民政支署庶務主任、総務課長を歴任し、二七年七月旅順民政署農務係主任に就いた。夫人梅子は高女を卒業し、後に小学校専科正教員検定試験に合格して教員免状を有した。

小林　豊次　▷12

小林洋行主／牡丹江光化街／一九〇一（明三四）六／香川県仲多度郡多度津町

本姓は隆、後に小林嘉吉の養子となった。尋常小学校修了後に独学で漢籍を修め、一九一六年に朝鮮に渡り商業に従事した。その後脚気に罹って帰国し、郷里で療養し、以来同地で商業に従事した。三一年一二月に再び朝鮮に渡って清津に一年滞在した後、三三年に渡満して南満州に在住した。次いで三四年四月から一年八ヶ月図們に在住した。三五年一二月牡丹江に移り、図們の桜屋商店と特約を結んで小林洋行を興し、「桜正宗」「満州桜」「慶典」等の酒類卸販売業を経営した。

小林　宣広　▷12

国際運輸㈱清津支店陸運係主任／朝鮮咸鏡北道清津府福泉町国際運輸㈱清津支店社宅／一九〇一（明三四）三／長野県上田市本町／東京市立商業学校

一九一四年山下汽船東京支社に入り、同支店会計部、横浜支店詰、東京支店貨物係に歴勤し、この間一九年に東京市立商業学校を卒業した。その後、国際運送㈱神戸支店に転じ、二六年八月同社が満鉄出資で国際運輸㈱に改組されると同社員となり、神戸出張所に勤務した。次いで釜山、ハルビン、元山の各支店勤務を経て雄基出張所長、営口支店海運係主任、清津支店連絡輸送係主任に歴任し、三六年九月清津支店陸運係主任となった。

小林八次郎　▷12

満鉄東京支社文書係主任／東京市赤坂区葵町満鉄東京支社／一八九二（明二五）四／茨城県水戸市上市鷹匠町／明治大学法学部本科

一九一五年明治大学法学部本科を卒業した後、一七年六月満鉄に入り公主嶺地方事務所四平街出張所に勤務した。四平街簡易図書館主事兼務、四平街実業補習学校講師嘱託、地方部庶務課、社長室人事課、同社会課に歴勤した後、東京支社に転勤して庶務課兼支社臨時建築係主任となった。次いで東京支社調査係主任兼経済調査員を経て三二年二月文書係主任となり、三六年九月参事に昇格した。この間、三三年四月勤続一五年の表彰を受けた。

小林　寿雄　▷12

満鉄南新京駅助役／新京特別市清和胡同／一九〇六（明三九）二／福島県河沼郡勝常村／福島県立喜多方中学校

福島県小林円信の三男に生まれ、一九二四年県立喜多方中学校を卒業し、二五年一月仙台鉄道局会津若松駅車掌乗務見習となった。以来勤続して車掌補、車掌を経て三三年二月鉄道局書記となり、同年三月満鉄に転出して渡満した。大連列車区勤務、新京列車区鉄嶺分区車掌を経て三六年五月南新京駅助役となり、この間、満州事変時の功により賜品を授与された。

小林　勝　▷12

旅順師範学校教諭兼舎監、従七位／旅順市明治町旅順師範学校／一八九六（明二九）八／福島県大沼郡田川村／福島県師範学校

一九一八年三月福島県師範学校を卒業し、県下の小学校訓導を務めた後、白河中学校教諭となった。その後二七年四月関東庁中学校教諭に転じて渡満し、大連第一中学校に勤務した。次いで三六年六月旅順師範学校教諭兼旅順女子師範学校教諭となり、後に旅順師範学校教諭兼舎監となった。

小林　益造　▷11

撫順窯業㈱取締役、質商／奉天省撫順西四条通／一八七六（明九）九／大阪府三島郡高槻町／中学校

大阪府教員小林信志の長男に生まれ、中学校を卒業して渡満し、建築家を志して満鉄建築部雇員となった。日露戦中の一九〇四年六月、安東県軍政署通商課市政準備員に転じて安東県市街の衛生、土木、公共建築物の建設に従事し、〇六年二月昌図府軍政署に転任した。翌年堀内商会に入って大連、旅順、撫順の各支店設置を担当した。同年五月から撫順に居住して同地の守備隊その他の建築にあたり、その後独立して煉瓦製造業と質屋業を兼営した。撫順印刷会社取締役を兼任したほか、区長、撫順神社常務総代を務めた。

小林 三夫 ▷6

関東庁大連民政署法務係／大連市／一八九四（明二七）一〇／熊本県飽託郡／早稲田大学政治科

熊本県玉名郡清里村に生まれ、後に同県飽託郡に移籍した。一九一四年四月熊本中学校を卒業した後、一六年に上京して早稲田大学政治科に入り、一九年七月に卒業して神戸の内外貿易㈱に入社した。二〇年五月に退社し、同年七月渡満して大連民政署に勤務した。

小林 盛 ▷11

満鉄鉄道部長春検車区庶務助役／長春平安町／一八八六（明一九）三／富山県婦負郡百塚村

富山県農業小林久七の長男に生まれ、一九〇五年五月鉄道院金沢機関庫機関夫となった。日露戦争に際し野戦鉄道提理部機関夫として同年九月に渡満し、〇七年四月の満鉄開業とともに鉄道教習所に入った。修了後は鉄道部に勤務し、一六年五月物品方、二二年一一月長春検車区勤務を経て翌年二月同庶務助役に進んだ。この間、日露戦争従軍と満鉄永年勤続の表彰を受けた。

小林 保信 ▷12

満鉄ハルビン自動車営業所主任、社員会評議員／満鉄ハルビン自動車営業所／一八九八（明三一）六／長野県更級郡信里村／長野県立小県蚕糸学校

長野県小林真喜太の三男に生まれ、一九一六年長野県立小県蚕糸学校を卒業し、一七年二月から郷里で生糸製造業を始めた。貨物自動車業に転じた後、上京して東京市電気局自動車課に勤め、後に東京市運輸監督となった。三四年一月満鉄に転じて鉄路総局に勤務し、運輸処自動車科奉山鉄路局派遣員、朝陽自動車営業所弁事員、ハルビン自動車営業所弁事員を経て三六年九月同所主任となった。

小林勇次郎 ▷1

小林商会主／大連市佐渡町／一八六四（元一）一／愛知県名古屋市小林町

一八九一年自ら建造した帆船で千島に渡り、二年間同島周辺を探検した。日清戦争の際に陸軍雇員となり、建築部に属して台湾に渡った。九八年に辞職して同地で建築請負業を営んだが、一九〇〇年に帰国して広島市に小林商会を設立した。宮崎と浜田に支店を置き、朝鮮京釜鉄道建設工事の材料を供給して相当の利益を上げたが、ある事情のため失敗して廃業した。〇四年七月日露戦争に際し再び陸軍雇員となり、第四軍に従って渡満した。〇五年三月奉天会戦後に辞職し、いったん帰国した後、陸軍大臣の許可を得て再び渡満して大連で軍用達に従事した。その後佐渡町に家屋を新築して移転し、海産物販売と土木建築請負業を営んだ。

小林 胖生 ▷11

満鉄興業部非役参事、中日合弁大新鉱業合資公司理事／大連市恵比須町／一八七六（明九）七／東京府豊多摩郡渋谷町／工手学校採鉱冶金科

東京府医師小林柳庵の四男に生まれたが、台湾栗立法院長や東京府会副議長等を歴任した弁護士の兄一生が早世したため、準養子として家督を相続した。一八九五年、工手学校採鉱冶金科を卒業し、一九〇五年煙台炭坑調査のため渡満した。〇七年満鉄鉱業部地質課に入って地質・鉱産地の調査に従事し、課長の木戸忠太郎らと鞍山鉄山、復州耐火粘土層、海城滑石層等を発見した。満鉄参事となった後、一七年に在社非役のまま大新鉱業合資公司に入り、日本側代表として新邱炭砿の経営にあたった。地質及び鉱産地調査に中国本土及び満州、シベリアの各地を歴訪し、かたわら考古学と民俗学の研究を通じて北京大学教授等の中国人学者と交流が深く、東方考古学協会幹事、中国国民政府教育部歴史博物館北平名誉顧問、東亜考古学会幹事、満州考古学会評議員を務めた。旅順博物館の満鉄出品考古資料の九割を発掘したほか、鏃の研究にも造詣が深く、中国を中心とする各国出土の鏃一万数千を蒐集した。自身はマンドリン、夫人虎江は三味線を得意とするなど一家そろって音楽を愛好した。夫人の従兄の金井章次は満鉄衛生課長・衛生研究所所長、満州青年連盟顧問を務めた。

小林 豊 ▷12

満鉄ハルビン鉄道工場会計係主任、ハルビン鉄道工場運動部会計幹事／ハルビン中国三道街／一九〇二（明三五）一／長野県小県郡禰津村／岩倉鉄道学校本科

長野県小林幸太郎の六男に生まれ、一九一九年岩倉鉄道学校本科を卒業して満鉄に入り、沙河口工場会計課に勤務した。三二年七月鉄道部経理課に転任した後、三五年六月ハルビン工廠会計係主任となり、三六年一〇月の職制改正によりハルビン鉄道工場会計係主任となった。この間、満州事変時の功により賜品を授与され、三五年四月勤続一五年の表彰を受けた。

小林　可蔵　▷12

大連工業㈱家具部主任／大連市菖蒲町／一八七七（明一〇）五／名古屋市立工芸学校

小林米蔵の三男に生まれ、一九二五年三月名古屋市立工芸学校を卒業し、同年一二月大連工業㈱に入った。以来勤続し、三三年一二月家具部主任となった。

小林　淑人　▷12

ハルビン航政局黒河分局長、黒河居留民会長、従五位勲四等／黒河省黒河大興街／一八九〇（明二三）七／兵庫県揖保郡竜野町／海軍大学校

兵庫県小林助太郎の長男に生まれ、一九一一年海軍兵学校を卒業して海軍少尉候補生となった。次いで水雷学校及び砲術学校を経て二二年に海軍大学校を卒業し、松江分隊長、生駒分隊長兼砲術学校教官、野間分隊長、水路部部員、淀運用長等に歴補し、三一年一二月中佐に累進して呉鎮守府付となり、次いで予備役編入となった。その後三四年一一月ハルビン航政局嘱託となって渡満し、三六年四月航政局技佐に進んでハルビン航政局及びソ連アムール船舶局共同技術委員会委員を務めた後、ハルビン航政局黒河分局長となり、業務のかたわら同地の居留民会長を務めた。

小林　和介　▷9

横浜正金銀行大連支店支配人／大連市児玉町／一八七三（明六）一二／広島県／東京高等商業学校

広島県士族小林義直の長男に生まれ、一八九五年東京高等商業学校を卒業して横浜正金銀行に入った。本店勤務、副支配人、支配人を経て天津支店長を歴任し、一九二一年一一月大連支店長となって渡満した。

小日山直登　▷13

満鉄総裁／大連市桜町／一八八六（明一九）四／福島県若松市／東京帝大法科大学英法科

旧会津藩士小日山猶太郎の長男に生まれ、一九〇八年東京帝大法科大学英法科を卒業した。一二年一一月満鉄に入り、長春駅長、撫順炭砿庶務部長兼庶務課長を経て二三年国際運送㈱専務取締役に就き、大連汽船取締役、大連株式取引所理事、大連商業会議所常議員を兼務した。二七年九月山本条太郎満鉄社長に抜擢されて理事に就き、中国との懸案解決に努めるなどして中華民国七等嘉禾章及びロシア国神聖スタニスラフ三級勲章を受けた。社業のかたわら二八年一一月、満鉄中堅社員を中心に満州青年連盟を組織して理事長に就いた。満鉄理事を任期満了すると北満金鉱会社を創立して社長となり、石炭・金鉱等の重工業部門に関係して昭和製鋼所理事長に就任した。⇒満鉄顧問、鉄鋼連盟副会長、鉄鋼統制会理事長を務めた後、四三年七月満鉄総裁に就任した。四五年四月鈴木貫太郎内閣の運輸通信相に転じ、敗戦後も東久邇内閣に留任して同年一〇月貴族院議員となった。四六年に公職追放となり、四九年八月に没した。著書に『獄に行く』『雪移る』がある。

小平　勝彭　▷12

「小平」は「こだいら」も見よ

満鉄吉林鉄路局総務処人事科員、勲八等／吉林鉄路局総務処／一九〇七（明四〇）一／栃木県下都賀郡小山町／東京外国語学校蒙古語科

栃木県小平茂八郎の長男に生まれ、一九二八年三月東京外国語学校蒙古語科を卒業し、翌年満鉄に入り興業部に勤務した。農務課事務助手、産業調査所事務助手、瓦房店地方事務所勤務、奉天駅駅務方、奉天列車区車掌、奉天駅構内助役、同事務助役を経て三七年五月吉林鉄路局総務処人事科に転勤した。この間、満州事変時の功により勲八等瑞宝章及び従軍記章、建国功労賞を授与された。

小袋　半蔵　▷12

満鉄撫順駅長、社員消費組合総代／奉天省撫順南台町／一八九四（明二七）一／大分県下毛郡真坂

村

大分県小袋武三郎の子に生まれ、一九一〇年一二月鉄道院九州管理局大里電信修技生養成所を修了し、筯原駅、鳥栖駅、西唐津駅に歴勤し、この間一四年八月九州管理局教習所甲種別科を修了した。その後一八年八月に渡満して満鉄に入り、蘇家屯駅勤務、大石橋駅車掌を経て奉天列車区、大連列車区の各旅客専務に歴勤した。次いで三〇年一月大連駅事務助役、三一年八月夏家河子駅長、三三年八月連山関駅長に歴任し、三五年一〇月撫順駅長に就いた。実弟の美年も一九年に渡満して満鉄に入り、後に双廟子駅助役を務めた。

小堀文六郎 ▷11

大連市役所社会課書記／大連市大黒町／一八九三（明二六）三／熊本県熊本市東子飼町／香川県立丸亀中学

熊本県軍人小堀房之助の長男に生まれ、一九一二年三月香川県立丸亀中学校を卒業した。一六年六月から台湾総督府作業所に勤務したが、一九年七月の官制消滅により台湾電力㈱に転じた。二四年三月に退社して渡満し、大連市役所に勤務した。

駒井　七郎 ▷12

満鉄奉天駅事務助役、社員会評議員／奉天藤浪町／一九〇七（明四〇）九／山梨県北巨摩郡駒城村／甲府商業学校

山梨県駒井長平の四男に生まれ、甲府商業学校を卒業した後、一九二七年三月鉄道教習所運転科を修了して満鉄に入り、奉天駅駅務方となった。以来勤続し、奉天列車区車掌、奉天駅駅務方、同案内方、奉天列車区旅客専務を経て三五年七月奉天駅事務助役となった。この間、満州事変時の功により木杯大一個及び従軍記章を授与された。

駒越　哲貞 ▷12

満州医科大学予科教授／大連市楓町／一八八九（明二二）一〇／三重県河芸郡椋本村／京都帝大文科大学英文科

三重県農業駒越準貞の三男に生まれ、一九一四年京都帝大文科大学英文学本科を卒業して三重県立第三中学校の教諭となった。一八年一月東京の成城中学校教諭に転じ、さらに同年六月逓信省通信局外信課事務取扱を半年務めた後、関西電化工業会社化学工場を経営してマグネシウム製造事業に従事し、後に日本マグネシウム㈱乗務取締役に就いた。その後二一年八月満鉄に転じて渡満し、社長室総務部文書課に勤務して満鉄育成学校講師を兼務し、二六年一一月英文学研究のため欧米を巡遊して二八年二月に帰任し、二九年七月満州医科大学予科教授に就いた。

駒越　五貞 ▷13

満州図書㈱理事長、満州書籍配給㈱常務取締役／新京特別市／一八九六（明二九）／三重県／明治大学商学部

一九二三年、明治大学商学部を卒業した。東京書籍㈱に入社し、以来一貫して教科書出版業界に身を置いたが、三四年に国定教科書制度及び審定制度確立のため図書出版配給の一元的統制が企図されると、「満州国」政府に招かれて渡満した。三七年三月特殊会社法により満州図書㈱が設立されると理事長に就任し、三九年末に配給部門を分離して満州書籍㈱が設立されると常務取締役を兼務した。

駒田　熊雄 ▷12

旅順高等女学校教諭、旅順女子師範学校舎監嘱託、従六位勲六等／旅順市千歳町／一八八五（明一八）七／茨城県水戸市上市鷹匠町／東京物理学校数学選科

一九〇八年東京物理学校数学選科を卒業し、福島県立会津中学校助教授心得となった。宮城県立古川中学校嘱託教員に転じた後、旅順高等学堂教師となって渡満し、旅順師範学堂教諭、同生徒舎監を歴任した。二〇年四月関東庁中学校教諭となって旅順中学校に勤務した後、二五年五月旅順高等女学校教諭兼旅順第一中学校教諭を経て三六年六月旅順女子師範学校教諭となり、同年九月から同校舎監を兼務した。

小松　円吉 ▷12

小松勉強堂主、南満信託会社取締役、㈱東亞物産館取締役、大連商工会議所常議員、同金融問題研究特別委員会委員、大連輸入組合評議員、大連小売業合理化委員会第二分科会副主査／大連市大正通／一八八五（明一八）三／大分県東国東郡国東町／大分県師範学校

大分県農業清末与次郎の次男に生まれ、後に叔父小松荘次郎の養子となった。一九〇五年三月大分県師範学校を卒業し、県下の下毛郡桜洲小学校、東国東郡横手小学校の各訓導を務めた。かたわら法律を勉強して弁護士試験を受けたが通らず、中等教員免状を取得しようとしたが頓挫し、教職を続けて東国東郡上国東尋常高等小学校長に就いた。次いで一二年三月に渡満して瓦房店小学校訓導に転じ、一八年に再び中等教員免状試験を受けたが不首尾に終わり、同年教員を辞職した。その後二〇年に沙河口に書店を開業し、経営のかたわら沙河口実業会を組織して副会頭に就き、沙河口停車場設置や電車賃均一運動、大連市との合併問題、南沙河口と結ぶ水道橋仮設など多くの社会活動に奔走し、同地の諸会社、同業組合等の役職に就いた。

小松　海蔵　▷1

沢井組工事部長／大連市／一八六三（文三）一二／福岡県小倉市小倉新屋敷

旧小笠原藩士の子に生まれ、一八八七年から大阪鉄道会社に勤務した。八九年同社の工事を請け負った沢井市造に招かれ、沢井組主に入って建築請負業に従事した。日清戦争後に同組が有馬組と合同すると、沢井組の代表として台湾に渡り、後に合同を解いた後も沢井組代表者に留まった。日露戦争後〇五年八月に渡満して大連と営口に沢井組を設け、後に営口を閉店して遼陽、奉天、千金寨、大石橋等に出張所を置いた。組員・雇員数十人と数百人の下請従業員を指揮して土木建築請負業を営み、後に三〇万円の資本で合資会社に改組されると工事部長に就いた。

小松　軌平　▷12

鉄道工業㈱ハルビン出張所主任／ハルビン吉林街／一八九五（明二八）六／岩手県和賀郡湯田村／北海道帝大附属土木専門部

岩手県小松喜三郎の長男に生まれ、北海道帝大附属土木専門部を卒業して実業に従事し、後に鉄道工業㈱に勤務した。三五年一月ハルビン出張所が開設されると、同所主任となって渡満した。

小松　啓一　▷12

吉林高等師範学校助教授／吉林商埠地八経路／一九〇五（明三八）三／宮崎県児湯郡妻町／東京帝大経済学部

一九三〇年三月東京帝大経済学部を卒業し、三一年四月宮崎県師範学校教授となった。その後三六年七月満州国に転出し、吉林高等師範学校助教授に就いた。

小松　繁太　▷11

公主嶺和洋雑貨商、勲七等／吉林省公主嶺花園町／一八六八（明一）八／岡山県倉敷市老松町

岡山県小松友太の子に生まれ、郷里で農業に従事しながら勉学に励み、二八歳の時に小学校訓導となった。その後、紡績会社に入り人事課長として一五年勤続し、この間、日清、北清、日露の三戦に歩兵として従軍した。その後、渡満して公主嶺で和洋雑貨商を営み、長男用太も渡満して公主嶺で歯科医を開業した。

小松田重一　▷12

満鉄皇姑屯検車段瀋陽分段検車主任、正八位／奉天満鉄皇姑屯検車段瀋陽分段／一八九七（明三〇）九／秋田県平鹿郡阿気村／秋田工業学校機械科

秋田県小松田作左衛門の長男に生まれ、一九一五年秋田工業学校機械科を卒業し、一六年三月鉄道院に入り秋田機関庫に勤務した。同年一年志願兵として鉄道隊に入隊し、除隊後に盛岡機関庫助役となり、二四年六月鉄道局技手に進んだ。その後三三年一二月満鉄に転じて鉄路総局勤務、奉山鉄路局派遣、錦県鉄路弁事処工務員、錦県検車段葉柏寿分段検車副段長、同検車助役を歴任し、三七年二月皇姑屯検車段瀋陽分段検車主任となった。

小松　統祥　▷12

関東州庁警察部衛生課兼警務課員、正七位勲六等／大連市関東州庁警察部／一八八七（明二〇）二／高知県香美郡富家村

一九一一年関東都督府巡査兼外務省巡査となり、大連民政署、奉天警察署、関東庁警務局高等警察、同警務局警務課、警察官練習所教官に歴勤し、三五年関東局警視に累進して旅順警察署長に就いた。次いで三七年四月関東局衛生主事となり、関東州庁警察部衛生課兼警務課勤務となった。

小松　徹　▷12

博済堂医院長、吉林居留民会議員／吉林省城満鉄東洋医院／一八八五（明一八）一二／熊本県天草郡富岡町／熊本医学専門学校

熊本県小松武人の長男に生まれ、一九一一年三月熊本医学専門学校を優等の成績で卒業し、渡満して大連の慈恵病院に勤務した。次いで一五年満鉄に転じて吉林東洋医院に勤務した後、一八年に吉林河南街で博済堂医院を開業した。満州語に習熟し、前蒙政部大臣と十数年来の親交があり、上流社会に絶大の信望を得て中華民国政府より二度勲章を授与された。

小松　八郎　▷12

満鉄農事試験場畜産科長兼押木営子分場長、満州緬羊組合長、公主嶺在郷軍人分会長、正八位／吉林省公主嶺菊地町／一八九一（明二四）一／福島県安達郡本宮町／東北帝大札幌農科大学畜産学科第二部

一九一六年東北帝大札幌農科大学畜産学科第二部を卒業し、一年志願兵として仙台の野砲兵第二連隊に入営した。除隊後一八年四月に渡満して満鉄に入社し、農事試験場に勤務した。以来勤続し、二四年に緬羊購入とその輸入監督のためアメリカに出張し、次いで二七年六月種馬購入のためインド、ペルシャ、アフリカ地方に出張した。その後三〇年七月農事試験場畜産科長に就き、同年九月技師に昇格した。次いで臨時馬政委員会委員、満州軍政部馬政局嘱託等を兼任して三六年四月押木営子分場長兼務となり、同年九月参事となった。この間、三三年四月勤続一五年の表彰を受けた。

小松　信　▷12

満鉄公主嶺地方事務所住宅主務者、社員会評議員、公主嶺在郷軍人会理事、公主嶺福島県人会幹事、正八位／吉林省公主嶺楠三丁目／一九一一（明四四）二／福島県大沼郡西方村／長春商業学校

福島県小松寅之助の長男に生まれ、一九二九年三月長春商業学校を卒業し、同年四月満鉄に入社して公主嶺地方事務所に勤務した。翌年一年志願兵として入営し、砲兵少尉として退営して復職した。三六年一〇月職員に昇格し、公主嶺地方事務所住宅主務者となった。この間、満州事変時の功により従軍記章及び賜品を授与された。

小松　三男　▷11

満鉄社長室業務課監察役補／大連市楓町／一八九八（明三一）二／高知県香美郡夜須村／満鉄見習学校

高知県浅井満の三男に生まれ、同県の小松家を相続した。一九一二年、一四歳で渡満して満鉄見習となった。一五年一一月満鉄見習学校を出て雇員として会計課に勤務し、二一年四月職員に昇格した。二三年六月南満医学堂書記に転じ、翌年六月満鉄社長室業務課監察役補に就いた。

小松　光治　▷11

貿易商、勲六等／吉林省公主嶺敷島町／一八八四（明一七）一二／大阪府南河内郡金岡村／東京外国語学校

大阪府農業小松寛治の次男に生まれ、東京外国語学校に学んだ。在学中の一九〇四年六月日露戦争に召集され、乗船した佐渡丸が津島沖でウラジオストク艦隊に砲撃される危難に遭遇した。〇五年に卒業し、翌年九月渡満して公主嶺に特産物商を開業した。経営が軌道に乗ると輸送業、煉瓦業、石炭・麦粉・セメントの販売、粮桟経営、各種保険代理業などを兼営した。かたわら公主嶺電灯会社、公主嶺取引所信託会社等の取締役を兼務し、地方委員会副議長を務めた。

小松　弥市　▷3

奉天省城内警察庁顧問獣医官、正七位勲五等／奉天小西辺門外／一八八三（明一六）一二／大分県速見郡中山香村

日露戦中の一九〇五年、三等獣医として小倉の野砲一二連隊補充隊付となり、同年七月歩兵第三一旅団司令部付として従軍し、翌年功により勲六等を受けた。同年京都の第一六師団司令部付、〇七年弘前の騎兵第三連隊付を経て同年一二月二等獣医に進んだ。〇八年千葉の野砲第三連隊付、〇九年東京の野砲第一一隊付を経て一〇年一等獣医に進んで名古屋の輜重兵第八大隊付となった。一三年に退役し、一四年六月に渡満して奉天城内警察庁顧問獣医官に就いた。

小松　用太　▷11

歯科医師／吉林省公主嶺花園町／一九〇五（明三八）二／岡山県倉敷市老松町／大阪歯科医学専門学校

岡山県会社員小松繁太の長男に生まれ、一九二六年大阪歯科医学専門学校を卒業した。翌年五月、先に渡満して公主嶺で雑貨商を営む父の許に至り、同地で歯科医を開業した。

小松力太郎 ▷1

旅順座主／旅順市／一八四一（天一二）一／東京府東京市麹町区永田町

天保一二年江戸市中に生まれ、維新後に京橋区に小松組を設立して宮内省と陸軍省の用達業を営んだ。一八九四年日清戦争が始まると満州各地に小松組出張所を設け、営口と海城間の糧食運搬に従事した。日露戦争後の一九〇五年、六五歳の時に家族を引き連れて渡満し、旅順に居住して砲台跡の掃除を請負った。その後、数千円の資金を投じて旅順座を建築し種々の興業を催し、軍人軍属に対しては無料観覧券を発行して駐在軍の大隊長や連隊本部等より感謝状を贈られた。

五味武太郎 ▷12

富士屋旅館主、富士屋自動車部経営主、新京自動車㈱取締役、新京地方委員、新京商工会議所議員、満州旅館協会副会長、新京旅館組合長、新京自動車組合長、新京賽馬倶楽部常務理事、新京購買組合常務理事、勲七等／新京特別市中央通／一八九二（明二五）一／長野県北佐久郡協和村／蓼科農学校

長野県農業五味角平の長男に生まれ、一九〇九年三月蓼科農学校を卒業して家業に従事した後、一二年一二月徴兵されて高田の第一三師団第五〇連隊に入営した。一三年三月満州駐剳軍に編入されて渡満し、鉄嶺に駐在した後、憲兵に転科して長春に八年勤務した。憲兵伍長に進んで二〇年一二月予備役編入となり、長春中央通に富士屋旅館を開設し、蓬莱町に富士屋自動車部を兼営した。関東軍、関東庁、満州航空㈱等の指定旅館として当地一流の旅館に発展し、富国徴兵保険新京事務取扱所主任、日清生命保険新京代理店を兼ねたほか、同業組合等の役員を務めた。

小南夫一 ▷13

㈱進和商会常務取締役、満州鋼材組合長／新京特別市／一八八五（明一八）一〇／山口県厚狭郡出合村／山口県岩国中学校

山口県官吏小南十郎の長男に生まれ、一九〇五年県立岩国中学校を卒業した後、〇八年七月に渡満して㈾進和商会に入った。以来勤続し、一九年に同社の株式会社への改組に際し常務取締役に就任した。大連市外甘井子に大規模な洋釘鋲・亜鉛鍍鉄線工場を建設し、軍部、満鉄、官庁に納入して業績を伸ばし、新京に満州進和商会を設立したほか、満州進和釘鋲[股]董事、日華特産㈱取締役、日満興業㈱取締役を兼務した。その後四一年一〇月鋼材類の配給一元化のため新京に満州鋼材組合が創設されると組合長に就任した。

小峯鹿三郎 ▷12

安東検疫所長兼安東地方警察学校教官、従六位／安東元宝山麓安東省公署／一九〇一（明三四）八／東京府東京市目黒区下目黒町／金沢医科大学医学専門部

一九二五年金沢医科大学医学専門部を卒業して東京市田端の東京脳病院に勤務し、二六年に東京市伝染病研究所衛生講習会を修了して警視庁防疫医となり、衛生部細菌検査所、群馬県警察部衛生課に歴勤した。次いで北里研究所衛生講習会を修了し、三四年九月国務院民政部技佐となって渡満し、衛生司に勤務した後、同年一二月安東省公署技佐兼検疫所医官に転任して安東検疫所長を務めた。

小嶺真次 ▷12

満州電業㈱ハルビン支店営業課外線係長／ハルビン斜紋街／一九〇二（明三五）一〇／長崎県長崎市十人町／南満州工業学校電気科

一九二二年三月南満州工業学校電気科を卒業して満鉄に入り、電気作業所雇員となった。その後職員に昇格し、二六年五月に電気作業所から分離独立して南満州電気㈱が設立されると同社入りして電灯課本店等に勤務した。三四年一二月さらに同社の電気供給事業を継承した満州電業㈱に転じてハルビン電業局営業課外線係長となり、支店に改称された後も引き続き同職を務めた。

小味淵肇 ▷11

満鉄安東地方事務所土木係長／安東県北二条通／一八九八（明三一）一二／秋田県平鹿郡横手町／京都帝大工学部土木科

秋田県教員小味淵泰の長男に生まれ、一九一七年横手中学校を卒業して第二高等学校に入り、京都帝大工学部土木科に進んで二三年に卒業した。渡満して満鉄本社土木課に勤務し、二六年一月奉天地方事務所に転任した。二七年一一月、安東地方事務所に移り土木係長に就いた。

小宮山民之助 ▷4

大和旅館館主、小宮山酒店店主、勲八等／大黒河／一八七七（明一〇）四／長野県長野市千歳町

一八九七年ウラジオストクに渡り、ロシア人経営の商店に入って商業の実務とロシア語を修得した。四年後にハバロフスクに移って起業を画策したが、〇四年二月に日露開戦のため同地を引揚げた。帰国直後に徴兵されて名古屋の第三師団に入営し、ロシア語通訳として煙台、沙河、奉天の会戦に従軍した。戦後〇七年に再び渡航してロシア領ブラゴエシチェンスクで雑貨店を営み、一二年に黒龍江省黒河道に移ってロシア人向けの大和旅館と小宮山酒店を開業し、漸次売上げを伸ばして日本人四人、中国人十余人を使用した。

小見山　徹 ▷12

満鉄瓦房店医院医長／奉天省瓦房店満鉄医院／一九〇三（明三六）五／岡山県小田郡神島内村／南満医学堂

一九二七年三月奉天の南満医学堂を卒業して帰国し、同年五月福岡県小倉市記念病院医員となった。その後二九年一〇月再び渡満し、満鉄に入社して満州医科大学助手となった。次いで衛生研究所、地方部衛生課等に歴勤して三五年九月医学博士号を取得し、三六年五月瓦房店医院医長となった。

小宮山佑次 ▷12

小宮山工務所主／吉林九緯路／一九〇一（明三四）六／山梨県北都留郡大原村／南満州工業専門学校土木科

山梨県小宮山銀太郎の三男に生まれ、一九一七年六月一六歳で渡満した。二三年に南満州工業専門学校土木科を卒業して満鉄に入り、大連鉄道事務所工務係となった。二七年に本社鉄道部工務課に転勤した後、同年一一月遼陽保線区保線助役に就いた。業務のかたわら同地の「白陽ハーモニカソサエティ」の会長を務めたほか、遼陽童話研究会の会員として童話を研究した。その後三四年七月に退社し、吉林に小宮山工務所を興して土木建築請負業と家具製造業を営み、同年一一月奉天日吉町に出張所を設けた。

小村　専一 ▷12

熱河税務監督署監察科長兼地籍整理局事務官／熱河省承徳熱河税務監督署／一八九七（明三〇）八／島根県簸川郡大社町

一九一九年七月税務署属となり、税務監督局属、税務署属を歴任した後、一九三三年一〇月国務院財政部税捐局事務官に転出して渡満した。奉天税捐局に勤務した後、税務監督署事務官兼任、税捐局副司税官、税捐局理税官を経て三六年一月税務監督署事務官となって熱河税務監督署に転勤し、三七年二月兼任地籍整理局事務官・地籍整理局熱河分局勤務となった。

小村　俊夫 ▷11

東亞土木企業㈱社員／大連市松山町／一八九二（明二五）四／鳥取県西伯郡五千石村／山口高等商業学校

鳥取県農業小村久太郎の長男に生まれ、一九一五年山口高等商業学校を卒業して中日実業㈱に入り、東京本社に勤務した。一八年に同社の長沙鉱物分析所が開設されると同所主任に就いたが、二〇年に退社して東亞土木企業会社に入った。大連市松山町区区長代理を務め、東洋の陶磁器研究と短詩を趣味とし鳥巣人と号した。

小室奥之助 ▷9

小室工務所主／奉天富士町／一八八〇（明一三）一〇／島根県八束郡揖屋村／尋常中学校

尋常中学校を卒業した後、辰野金吾に師事して建築学を研修した。一九一〇年韓国政府に招聘されて度支部に勤務したが、翌年辞職して京城の中村与資平建築事務所に入り京城日報社、漢城銀行等の大工事に従事した。一五年朝鮮銀行嘱託として奉天、大連両支店の建築工事を担当したが、一七年一一月に嘱託を辞し、翌年一月奉天に小室工務所を設立して土木建築請負業を経営した。松昌公司本店、ニューヨーク・スタンダードビル、東亞煙草会社基礎工事、朝鮮銀行奉天社宅、満蒙毛織会社、満州毛織会社鉄嶺工場等の建築工事を手がけ、二二年五月安東県に出張所を開設したほか、下馬塘で花崗岩採掘事業を経営した。

小森　茂 ▷12

満鉄敦化機務段長、社員会評議員、敦化居留民会議員、勲八等／吉林省敦化駅前社宅／一八九四（明二七）九／滋賀県伊香郡片岡村

滋賀県に生まれ、後に小森乙松の長女イエ子の婿養子となった。一九一〇年鉄道庁に入って米原機関区に勤務した後、一九年五月に退職し、翌月渡満して満鉄に入り大石橋機関区に勤務した。二九年二月鶏冠山機関区、三二年一月安東機関区、三三年五月蘇家屯機関区、同年一一月吉林機務段に歴勤した後、三四年八月敦化機務段長となった。この間、満州事変時の功により勲八等旭日章を受けた。夫人との間に一男三女あり、長男弘は安東中学校を卒業して満鉄に勤務した。

小森　忍 ▷10

小森陶磁器研究所長／大連市外台山屯／一八八九（明二二）一二／大阪府北河内郡枚方町／大阪高等工業学校窯業科

大阪高等工業学校窯業科に学び、在学中から中国陶器の研究に没頭した。卒業して京都陶器試験所に勤務した後、一九一七年六月に渡満して満鉄に入り、中央試験所窯業科に勤務した。ガラス、耐火煉瓦の製造に従事しながら中国古陶磁器の科学分析に取り組み、博山、景徳鎮、宜興、蜀山、鼎山など中国各地の古窯を実地調査した。その研究成果を元に青磁、天目、辰砂の作品を試作し、中央試験所で二回の展覧会を開催して好評を博した。二一年六月満鉄を退社し、嘱託として窯業試験工場の一部を無償で借り受けて小森陶磁器研究所を開設した。同好の士を集めて萄雅会を結成し、大連で春秋二回の展覧会を開き、上海、大阪、名古屋でも展覧会を開いて新進の陶芸家として名を上げた。その後工場を大連市外台山屯の満州坩堝会社工場内に移し、作品制作に従事した。

小森仁三太 ▷12

満鉄新站機務段五常分段運転主任、満州国協和会東新京鉄路分会評議員、勲八等／浜江省満鉄五常分段／一八九三（明二六）九／福岡県若松市外町／鉄道院中央教習所機械科

福岡県小森常吉の長男に生まれ、早くから鉄道院に勤務し、一九一六年鉄道院中央教習所機械科を修了した。その後二〇年一月満鉄に転じて渡満し、公主嶺機関区に勤務した。二二年一一月新京機関区、二九年九月鉄嶺機関区、三三年一一月松浦機務段に歴勤し、三四年八月新京機務段運転主任を経て三七年四月新站機務段五常分段運転主任となった。この間、満州事変時の功により勲八等及び従軍記章、建国功労賞を授与された。

子安　甚平 ▷11

満鉄奉天省四平街機関区長、勲八等／奉天省四平街宝泉街／一八七六（明九）四／岐阜県安八郡三城村

岐阜県農業子安彦八郎の長男に生まれ、一九〇四年九月日露戦争に際し野戦鉄道提理部第三運転班機関士として渡満し、軍事輸送に服務した。業務が満鉄に引き継がれた後も引き続き満鉄に勤務し、機関庫勤務、機関士取締、遼陽・鉄嶺等の車輌係を経て一二年四月機関区長に進んだ。長春、公主嶺の各機関区長を歴任して二六年一二月新設の奉天省四平街機関区長に転任した。勤続一五年、二〇年の表彰を受け、奉天省四平街地方委員を務めた。

小柳　健吉 ▷13

関東州工業土地㈱常務取締役／大連／一八九六（明二九）／熊本県玉名郡府本村／九州帝大工学部土木工学科

一九二〇年、九州帝大工学部土木工学科を卒業して内務省に入った。内務技師に任じ、二三年九月の関東大震災後に臨時震災救護事務局事務官、復興局技師等を務めたが、三〇年に官を辞して渡満し満鉄に入った。鉄道部工務課を経て工事部築港課に勤務した後、臨時川崎工事事務所工事係主任技師、埠頭事務所工務長兼工務区長、参事・大連鉄道事務所工務課長、錦州建設事務所長等を歴任して調査役に就いた。三九年八月に非役となり、大連臨海工業地帯造成のため設立された関東州工業土地㈱の常務取締役に就いた。

小柳　徳治 ▷8

印字篆刻業／奉天小西関／一八八二（明一五）八／長崎県長崎市八幡町

一三歳の時に大阪に出て大石堂に弟子入りし、二一歳で独立した。一九〇五年朝鮮に渡って釜山で彫刻業を開業し、さらに新義州に移転して同業を営んだ。一四年に渡満して奉天印刷所彫刻部に入り、その後再び独立して小西関で印字篆刻所を開業した。

小柳　雪生　▷4

外務通訳生／黒龍江省チチハル日本領事館内／一八八四（明一七）二／熊本県葦北郡水俣町／熊本県立中学済々黌、東京外国語学校

熊本県小柳徳次の子に生まれ、一九〇四年三月熊本県立中学済々黌を卒業した。上京して東京外国語学校に入って中国語を修学し、〇七年三月に卒業した。一四年三月外務通訳生に採用され、ハルビン領事館付となって渡満し、翌年四月チチハル領事館付に転任した。

小谷野鶴吉　▷12

国際運輸㈱牡丹江支店綏芬河営業所主任／牡丹江省綏芬河国際運輸㈱営業所主任社宅／一九〇四（明三七）五／埼玉県浦和市／高等小学校

埼玉県小谷野長三郎の六男に生まれ、一九一九年師範学校附属高等小学校を卒業した後、二〇年一一月山口運輸㈱大連支店に入った。二三年八月同社が国際運送㈱に吸収されて同社大連支店勤務となり、次いで二六年八月同社が国際運輸㈱に改組されると同社員となり、四平街出張所、大連支店営業課、陸運課、開原出張所に歴勤した。その後、図們支店詰構内荷扱所主任、牡丹江支店詰を経て三六年一一月同支店綏芬河営業所主任となった。

児山　歌吉　▷4

ハーリス商会主／大連市山県通／一八七八（明一一）／香川県三豊郡吉津村／ハワイの商業学校

一一歳で神戸に出て、親戚の下で教育を受けた。一九九六年に語学習得のためハワイの商業学校に入り、卒業して同地で請負業者となり、八年の間諸工事に従事した。一九〇四年に日露国交が断絶すると帰国し、朝鮮に渡った。翌年営口に移り、さらに大連に移って山県通りに店舗を構え、艦船売込業を始めた。得意の英語を駆使して外国船舶を売込み、多大の利益を上げた。一六年にロシア人経営の旅順のビール醸造場を買い取り、ロシア人技師を招いて醸造を始め、翌年から「布袋ビール」を売り出して成功した。慈善心に富み、新聞記事を見ては不幸に遭った人に金品を贈るのを常とし、奇特の人としてしばしば新聞で紹介された。

小山　貞司　▷12

昭和製鋼所㈱工務部電気課設計係主任、鞍山長野県人会幹事、鞍山稲門会幹事／鞍山北九条町／一八九一（明二四）一／長野県北佐久郡小諸町／早稲田大学理工学部電気工学科

一九一一年長野県師範学校第二部を卒業した後、一三年八月東京の私立甲津学舎教授嘱託となった。次いで早稲田大学に入学して一九年三月同大理工学部電気工学科を卒業し、同年九月満鉄に入社した。鞍山製鉄所工務課機械科、製造課、製鉄部製造課勤務を経て製鉄部動力水道工場発電係長、動力水道工場に歴勤した。その後三三年六月鞍山製鉄所の事業を継承した昭和製鋼所㈱が操業を開始すると同社に転じ、動力工場水道係主任を経て三五年四月工務部電気課設計係主任となった。この間、三四年一一月汚水処理設備改善のための自動混薬装置を完成して社員表章規定による表彰、三五年四月勤続一五年の表彰を受けたほか、満州事変時の功により賜杯及び従軍記章を授与された。

小山　周助　▷12

瀋陽税捐局員、勲八等／奉天皇姑屯前大街路南瀋陽税捐局／一八八七（明二〇）五／長野県北佐久郡北大井村

一九一一年九月税務署属となり、松本、岩村田、半田、松本の各税務署に歴勤し、二二年一二月桑名税務署間税課長となった。その後三四年一一月満州国税捐局理税官に転出して渡満し、浜江税捐局勤務を経て三六年八月瀋陽税捐局に転勤した。この間、昭和大礼記念章を授与された。

小山　介蔵　▷11

関東憲兵隊長、陸軍少将、正五位勲二等／旅順市鎮遠町／一八七七（明一〇）三／山口県佐波郡防府町／陸軍士官学校

山口県小山九甫の長男に生まれ、祖父久右衛門の家督を継いだ。一八九九年陸軍士官学校を卒業して歩兵少尉となったが、一九〇六年憲兵に転科し、満州軍政署付となって渡満した。東京、横須賀に勤務した後、天津憲兵分隊長、憲兵練習所教官、憲兵副官、憲兵練習所長を歴任した。さらに姫路、大阪、東京、京城憲兵隊長を経て二六年三月少将に昇任し、関東憲兵隊長に就いた。

小山　朝佐　▷12

社団法人満州技術協会工業博物館長、従五位／大連市聖徳街／一八七九（明一二）一／東京府東京市麹町区九段／東京帝大工科大学電気工学科

東京府官吏小山朝寛の次男に生まれ、一九〇三年七月東京帝大工科大学電気工学科を卒業して東京電車鉄道㈱技術員となった。〇四年一月名古屋電気鉄道㈱主任技師に転じた後、〇六年一月名古屋電力㈱主任技師に転じ、一一年八月から半年間アメリカに派遣されて特別高圧送電線路の調査をした。帰社後一二年七月に辞任して愛知電気鉄道技師長、大分水力電気技師長、函館水電技師長、田中鉱山㈱釜石鉱業所技術課長を歴職し、二〇年八月米沢高等工業学校教授に就いて機械科長代理、電気科長等を務めた。その後二三年五月に渡満して満鉄に入り、同年七月南満州工業専門学校教授に就いて満鉄技術委員会委員を兼務した後、二五年九月同学校長代理を経て同年一〇月学校長に就いた。三五年四月待命となり、三〇年以来理事を務めた満州技術協会の工業博物館長に就任した。長男朝治は東京帝大工学部機械科を卒業して宇部曹達㈱に勤務した。

小山　深蔵　▷12

満鉄奉天駅構内助役、勲八等／奉天藤浪町／一八九八（明三一）五／宮城県仙台市東三番丁／東北学院中学部

宮城県小山鉄也の三男に生まれ、一九一八年東北学院中学部を卒業して渡満し、同年一二月満鉄新台子駅貨物方となった。同年同月在職のまま入営して兵役に服し、除隊後に奉天列車区車掌となり遼陽在勤、奉天列車区蘇家屯分区勤務、高麗門駅助役を歴職して三三年一一月奉天駅構内助役となり、三五年四月勤続一五年の表彰を受けた。この間、満州事変時の功により勲八等及び従軍記章、建国功労賞を授与された。

小山　真春　▷12

小山商会主、在郷軍人会評議員、従五位勲五等／奉天千代田通／一八九〇（明二三）三／鹿児島県日置郡伊佐町／中学校

中学校を卒業して陸軍に入り、以来各地に勤務して砲兵中尉に進んだ。軍命でアメリカに留学した後、参謀本部付、大阪第四師団副官、関東軍副官等に歴補して少佐に累進し、予備役編入となって渡満した。その後一九三三年九月奉天千代田通に満州軍需品商会を興して軍用達商を開業し、三六年一月小山商会と改称した。大連市吉野町、東京、チチハルに出張所を設け、兵器用物品、建築材料、電機・航空機・自動車部品、塗料、食料品、油類を営業品目とした。

小吉　篤志　▷7

満鉄埠頭奉天丸船長／大連市山手町／一八八四（明一七）二／鹿児島県揖宿郡揖宿村／小学校

一八九八年、小学校を卒業して一四歳で日本郵船会社の海員見習となった。鹿児島丸のハワイ航路、備後丸の欧州航路など四回の航海に見習い水夫として乗り込んだ。一九〇一年から土佐丸、博愛丸に乗船し、〇四年四月徴兵検査で帰国したが不合格となり、帰社して立神丸の舵夫となり、日露戦争の際は御用船乗組員として従軍した。〇六年に下船して大阪で海員免状試験を受け、乙種二等運転士免状を取得して宜蘭丸の舵夫となった。同年八月台湾の基隆で下船し、沖縄沿岸航路の辰島丸一等運転士に転じた。〇七年一一月再び勉強のため下船し、翌年一月乙種一等運転士に合格し、四月から捕鯨船丸三丸の船長を務めた。〇九年一一月乙種船長免状試験に挑戦し、筆記は通ったものの口述試験で不合格とされた。しばらく鹿児島湾内就航の小蒸気日吉丸船長を務めた後、一〇年七月に渡満して満鉄に入り、大連埠頭築港事務所の船長として勤務した。一三年に大連で乙種船長免状に再挑戦して合格し、以来各船の船長、一等運転士を務め、後に奉天丸船長に就いた。小学校卒ながら埠頭満鉄海員で最高位の免状を持つ好学篤行の奮闘家として知られた。

是枝　真一　▷12

満鉄奉天鉄路監理所監理員／奉天萩町／一八九三（明二六）七／鹿児島県鹿児島郡谷山村／岩倉鉄道学校

鹿児島県是枝熊次郎の次男に生まれ、一九一〇年一月鉄道院経理部調査課に入り、勤務のかたわら一二年四月岩倉鉄道学校を卒業した。鹿児島建設事務所勤務を経て一七年四月満鉄事務助手

に転出して渡満し、遼陽保線係、保線課勤務吉長鉄路局派遣、非役を経て本社運輸部、庶務部、総務部、鉄道部に歴勤した。次いで鉄道部経理課、鉄路総局運輸処旅客科、同運輸処食堂車営業所、同旅客科勤務を経て三五年一一月奉天鉄路監理所監理員に転任した。この間、三二年四月勤続一五年の表彰を受けた。

是枝　辰二　▷12

満鉄陶家屯駅長／吉林省陶家屯駅長社宅／一九〇二（明三五）四／鹿児島県鹿児島郡谷山村

一九一八年一〇月満鉄従事員養成所電信科を修了して奉天駅に勤務した。以来勤続して同駅電信方、奉天運輸事務所、鶏冠山駅駅務方、安東鉄道事務所電信方、沙河鎮駅駅務方、奉天列車区車掌遼陽分区勤務、安東分区勤務を経て高麗川駅助役となった。次いで蘇家屯駅助役、奉天鉄道事務所車務課勤務を経て三六年五月陶家屯駅長に就いた。

是枝　定助　▷14

石綿・礦産物・雑貨貿易商／大連市西公園町／一八八四（明一七）一一／鹿児島県鹿児島郡谷山村／鹿児島商業学校

油屋の名で製油業・骨粉製造・米穀商を兼営し、県下有数の実業家として知られた是枝定右衛門の次男に生まれた。一九〇四年三月鹿児島商業学校を卒業して天津に渡り商業を視察した後、直隷省保定に赴いて木堂直枝大尉の許に寄寓し、二年間中国語を修学して帰国した。〇九年に渡満して大倉組に入り、勤務のかたわら一八年から日本アスベスト㈱と共同で金州和尚屯で石綿採掘事業を営んだ。一九年に大倉組系の鴨緑江製材無限公司大連支店長に転じたが二二年四月に退社し、関東州石綿会社を設立して独力で鉱産物採掘と輸出販売に従事した。二三年から復州耐火粘土の採掘販売、二四年から奉天隆泉海焼鍋と高粱酒醸造販売等の諸事業を経営した。かたわら大連信託取締役、大連競馬倶楽部常任理事、大連乗馬会幹事長を務め、日本種の愛馬高千穂のほか中国馬三頭を飼養して競馬でたびたび入賞を果たした。大連在住七〇〇〇人に上る同郷者で作る三州会の倶楽部建設に尽力し、新市制に伴う大連市会議員選挙では三州人に推され三三名中第一〇位で当選した。次弟の勇平も二〇年に渡満して大連に住み、日清製油㈱に勤務した。

是枝　勇平　▷11

大連日清製油㈱為替係兼庶務課係主任／大連市但馬町／一八九三（明二六）九／鹿児島県鹿児島郡谷山村／長崎高等商業学校

油屋の商号で知られた鹿児島県の実業家是枝定右衛門の三男に生まれた。一九二〇年三月長崎高等商業学校を卒業して渡満し、日清製油㈱に入った。外国係、会計係主任を経て為替係兼庶務課係主任に就いた。兄の定助は明治末年に渡満して大連有数の実業家となり、大連市会議員を務めた。

是永　栄一　▷12

是永鉄工所主／大連市秋月町／一八八九（明二二）一二／広島県安芸郡下蒲刈島村／呉海成中学校中退

呉海成中学校二年を中退して呉海軍工廠に入り、魚形水雷機工となった。一四年勤続した後、満鉄に転じて渡満し、沙河口工場電気職場に勤務して機械場責任者となった。大連機械製作所機械場責任組長に転じた後、一九二三年に退社して松本鉄工所の名称で一般鉄工業を共同経営したが、三四年二月に同所を買収して是永鉄工所と改称して個人経営とした。三馬力モーター一基、八尺物旋盤とボール盤各二台、セビングー・水圧機・エヤーコンプレッサー・電気溶接機を各一台とガス溶接機二台の設備を持ち、職工二〇数名を使用して貨物自動車、サイドカー、諸機械を製作した。経営のかたわら、趣味として是永農園で養兎殖産の研究に取り組んだ。

衣川　水門　▷12

駐満日本大使館理事官兼新京在勤副領事、従七位勲八等／新京特別市朝日通日本総領事館内第六号官舎／一八八六（明一九）九／佐賀県東松浦郡鬼塚村／佐賀県立唐津中学校

一九〇八年三月佐賀県立唐津中学校を卒業した後、一八年一月会計検査院書記となった。二一年四月外務省に転じ、二五年一〇月外務書記生となって天津に赴任し、三〇年六月外務属に進んだ。三六年四月新京在勤副領事となって渡満し、在満日本大使館理事官を兼務した。

こ

昆　九郎　▷12

中和洋行主、在郷軍人会奉天東分会評議員／奉天富士町／一九〇〇（明三三）一一／岩手県下閉伊郡織笠村／岩手県立水産学校

岩手県昆彦次郎の長男に生まれ、一九一七年岩手県立水産学校を卒業した後、二〇年一二月に渡満して満鉄社員消費組合に勤務した。その後二二年七月に退社し、奉天富士町に中和洋行を興してタイプライターと高級文具類の販売業を経営した。事業の発展とともに天津に駐在員を置き、奉天城内と吉林に中国人タイピストの養成所を設けた。

今　三郎　▷12

満鉄新京事務局地方課土木係長、勲八等／新京特別市羽衣町／一八九九（明三二）四／石川県金沢市茨城町／南満州工業学校

一九一七年三月南満州工業学校を卒業して満鉄に入社し、技術局土木課に勤務した後、同年一一月立山臨時工事係となって現地に赴任した。一九年一二月技術部土木課、二二年一一月地方部土木課、二七年一一月安東地方事務所、三〇年六月奉天工事区事務所勤務を経て三四年六月鞍山地方事務所工事係長となった。三六年二月新京地方事務所土木係長に転任し、同年一〇月の職制改正で新京事務局地方課土木係長となった。長く市街地土木施設の諸工事に従事し、国都建設紀年式典準備委員会市民部幹事を務めた。

今　周而　▷11

満州ラヂオ日報社長／大連市桃源台／一八八五（明一八）二／東京府東京市小石川区雑司ヶ谷町／早稲田大学文学部哲学科

東京府今成男の子に生まれ、一九一〇年早稲田大学文学部哲学科を卒業して東京毎日新聞記者となった。一三年に東京日日新聞社に転じた後、二二年二月に渡満して日満通信主幹となった。翌年満州日日新聞社編輯局に入り、二五年に同社印刷所長に就いた。二七年一〇月に依願退社して満州公論印刷部を経営し、二九年二月満州ラヂオ日報社を設立した。次弟の和次郎は東京美術学校を出て早大理工科教授を務め、民家研究を通じて民俗建築学を確立し、考現学の提唱者として知られた。

権随　繁治　▷12

北満特別区公署地畝管理局管理科長／ハルビン馬家溝政府代用官舎／一八九一（明二四）六／山口県玖珂郡坂上村

山口県権髄豊槌の長男に生まれ、一九一一年徴兵されて広島の歩兵第七一連隊に入営し、退営後一七年二月岩国税務署に勤務した。広島、尾道の各税務署に転勤した後、徳山、鳥取、尾道の各税務署直税課長及び預金部属を歴任した。その後三三年八月黒龍江省公署事務官に転じて渡満し、北満特別区公署事務官・地畝処勤務を経て三五年二月地畝管理局理事官となり管理科長に就いた。

権太　親吉　▷11

貿易商、満州電気㈱取締役社長／奉天省鉄嶺元町／一八六六（慶二）一／山梨県甲府市

旧旗本で煙草問屋を営む星野久四郎の次男に生まれ、絶家となっていた権太家を再興した。長じて生糸商となったが、度重なる失敗のため廃業して上海に渡り、一八九六年イギリス人ゴメスと輸入雑貨商を営んだ。一九〇〇年に北京で権太商店を経営した後、〇四年に営口に移り、〇六年さらに鉄嶺へと移り、土木建築請負業、特産商、輸入品取扱、油房、石材採取等の事業を経営した。一〇年春から本渓湖—牛心台間の軽便鉄道一六〇キロの敷設に着手し、一四年二月に開通して同年七月満鉄に引き渡し、満州での純然たる個人による鉄道建設の嚆矢とされた。貿易商のかたわら満州電気㈱取締役社長、満鮮製函会社取締役社長、鉄嶺公益信託会社取締役社長、奉天信託㈱取締役、鉄嶺銀行頭取、鉄嶺商品陳列館監査役、鉄嶺実業協会長、鉄嶺商業会議所議員、鉄嶺居留民会長等多くの役職を兼ね、日本産業協会、関東長官、内務大臣等の表彰を受けた。三〇年五月に秩父宮が満州を巡歴した際、鉄嶺在住の成功者として列車に同乗して満州事情を種々説明した。

権田　虎城　▷4

加藤洋行長春支店主任／長春新市街／一八六七（慶三）一二／栃木県那須郡大田原村／慶應義塾

一八九一年、慶應義塾を卒業して実業界に入った。一九〇七年、代議士加藤定吉経営の㈾加藤洋行が長春支店を開設する際、同洋行に入って渡満し、土木建築部主任を務めた。

近藤興次郎 ▷11

関東軍軍法会議法務官、従六位／旅順市明治町／一八八八（明二一）六／長野県上高井郡川田村／東京帝大法科大学独法科

長野県農業近藤啓之助の次男に生まれ、一九一四年東京帝大法科大学独法科を卒業した。北海道の飯田美吹炭砿に勤めた後、一九年二月常陸炭砿、同年一一月東京の朝鮮産業鉄道㈱に転じ、二一年四月陸軍に入った。理事試補に任じて第一師団法官部付となり、翌年三月理事に進み、翌月制度改正により法務官となり近衛師団軍法会議法務官となった。二五年四月、関東軍軍法会議法務官に転任して渡満した。

近藤　治 ▷11

満州銀行普蘭店支店支配人／関東州普蘭店／一八九二（明二五）四／新潟県中頸城郡板倉村／高田師範学校

新潟県教員近藤久寿の次男に生まれ、一九一二年高田師範学校を卒業した。一八年七月に渡満して大連大広場小学校訓導となったが、在職一年半で実業界に転じ、二〇年一月遼東銀行庶務主任に就いた。貔子窩支店に転勤して支配人代理となり、二三年八月満州銀行に合併された後も勤続し、二四年七月小崗子支店支配人代理を経て二六年一一月普蘭店支店支配人に就いた。

近藤外次郎 ▷12

近江屋商店主、奉天住吉町会副会長／奉天住吉町／一八七七（明一〇）七／滋賀県犬上郡彦根町

本姓は別、後に近藤タカの長女ステの婿養子となった。年少の頃から郷里の彦根町で米穀商に従事し、日露戦争後に渡満して一九〇六年五月奉天十間房に近江屋商店を開業して食料品雑貨商を営んだ。その後二〇年に住吉町に移転し、貸家業を兼営した。夫人との間に四男あり、長男茂一郎は八幡商業学校を卒業して奉天信託㈱に勤務し、三男繁三は日満合弁の同和自動車㈱、四男四郎は大阪の伊藤忠商店に勤務した。

近藤寛次郎 ▷12

近藤病院主／大連市三河町／一八七七（明一〇）一一／岡山県和気郡塩田村／第三高等学校医学部

旧浜田藩士で代官職を務めた御供又蔵の次男に生まれ、後に母方の近藤家を相続した。一八九八年第三高等学校医学部を卒業して岡山市東田町の島村眼科医院に勤務した後、一九〇一年同県笠岡町で眼科医院を開業した。〇二年帝国生命保険会社大坂支店検査医に転じて大阪に三年余り在勤し、その後〇五年四月に渡満して大連の北大山通で近藤病院を開業し、〇六年西広場に新築移転した。次いで一二年から京都帝大医科大学の荒木寅三郎教授に師事して同年八月ドイツに留学したが、一四年八月第一次世界大戦の勃発のため帰国し、一二月に再び渡満して大連で開業し、一六年に三河町に移転した。その後医学博士号を取得し、眼科の他に内科、外科、性病科、肛門科、物療科を増設した。夫人圭との間に二男二女あり、長男久は京都医科大学、次男弘は満州医科大学、次女文子は同志社女子専門学校英文科をそれぞれ卒業し、長女満子は旅順工科学堂を卒業して大連第一中学校教諭を務めた越智政勝に嫁した。

近藤　勘助 ▷11

満鉄鶏冠山機関区長、勲七等／鶏冠山南町／一八八〇（明一三）七／愛媛県新居郡中萩村

愛媛県農業近藤元吉の長男に生まれ、一八九八年神戸機関庫の機関夫となり、一九〇三年機関助手となった。日露戦争に際し野戦鉄道第一運転班に属して佐渡丸に乗船し、〇四年六月一五日対馬海峡でウラジオストク艦隊に攻撃され、下関海岸で救助された。再び装を整えて海を渡り、七月五日青泥窪湾に上陸して二台の機関車を組み立て、青泥窪機関庫に勤務して軍事輸送にあたった。〇五年一〇月機関士に昇格し、〇七年四月の事業引き継ぎとともに満鉄に入った。一八年四月機関士取締・橋頭機関区勤務、翌年一一月鉄嶺機関区勤務、二〇年六月技士・大石橋機関区勤務、二二年四月運転主任・瓦房店機関区勤務を経て二五年八月鶏冠山機関区長に就いた。満鉄二〇年勤続・模範社員表彰を受け、瓦房店地方委員会議長を務めたほか、弟早一の学費を出して帝大工科を卒業させ、甥二人の就学を援助してそれぞれ山口高商、鞍山中学に学ばせた。

こ

近藤　喜助　▷11

南満中学堂教諭／奉天藤浪町／一八九七（明三〇）一一／福井県丹生郡吉野村／東京高等師範学校

福井県農業近藤惣左衛門の四男に生まれ、一九一六年三月福井県師範学校を卒業した。郷里の小学校に勤務した後、東京高等師範学校に入って二二年三月に卒業した。翌月渡満して奉天中学校教諭兼奉天小学校訓導となり、二四年一〇月北京に留学した。中国各地を巡遊視察して中国文学及び中国語を研究し、二六年九月奉天に戻って南満中学堂教諭となり、舎監を兼務した。夫人不二子は弘前高女から東京の和洋裁縫女学校高等師範部に進み、中等教員裁縫科の免許状を有した。

近藤　清成　▷12

龍江省公署民政庁財務科長、地籍整理局竜江分局員／龍江省チチハル省公署民政庁／一八九九（明三二）／北海道小樽市／日露協会学校

ハルビンの日露協会学校を卒業して沿海州土木会社に勤務し、次いで国際運輸㈱に転じた。その後満州国官吏となり、龍江省竜江県参事官を経て龍江省公署理事官兼地籍整理局事務官となり、地籍整理局竜江分局に勤務した。

近藤錦太郎　▷3

鴨緑江製材無限公司監査役、従七位勲八等／安東県鴨緑江製材無限公司社宅／一八六四（元一）一一／東京府東京市下谷区

一八九二年外務省に入り、一九〇三年在清国日本公使館に赴任した。一一年五月副領事として安東県に転任したが、退職して同地の鴨緑江採木公司参事に転じ、一五年一〇月に大倉組と合併して鴨緑江製材無限公司になると監査役に就いた。かたわら安東居留民会行政委員会議長代理、安東官有財産管理会委員、安東商業会議所特別委員を務めた。

近藤　九一　▷8

松茂洋行工業部／奉天／一八七四（明七）四／愛媛県新治郡金子村／明治法律学校

一八九七年明治法律学校を卒業した後、商店員、会社員を経て一九〇七年大阪の松茂洋行に入った。〇八年鉄嶺支店主任となって渡満し、後に工業部を創設して奉天、鉄嶺、大連に工場を設け、煉瓦の製造販売に従事した。満鉄駅舎、地方事務所、郵便局などの大建築工事に納入して業界一、二を争う規模に発展した。

近藤謙三郎　▷12

ハルビン市公署工務処長／ハルビン市公署工務処／一八九七（明三〇）二／高知県安芸郡／東京帝大工学部土木工学科

一九二一年七月東京帝大工学部土木工学科を卒業し、東京市道路技師となった。関東大震災後に帝都復興院技師に転出して復興局土木部道路課に勤務し、次いで蔵前工場主任、長官官房計画課勤務、都市計画東京地方委員会技師等を歴職した。その後三三年六月国務院民政部技正に転じて渡満し、土木司勤務を経て技術科長、都邑科長、土木局第二工務処都邑科長を歴任して三七年七月ハルビン市公署工務処長となった。

近藤　繁司　▷12

近藤林業公司主、ハルビン商工会議所議員、満州木材同業組合連合会副会長、ハルビン木材商同業組合長／ハルビン道裡地段街／一八八三（明一六）一／大分県西国東郡草地村

一九〇二年ウラジオストクに渡り、十数年間運送業、回漕業等に携わった。その後独立して同地に商船組を興し、船舶・車輌連絡、倉庫、運送業を経営した。満州事変の直後に林業王と呼ばれたロシア人カワリスキーの利権と林場を継承し、三三年九月から東支鉄道東部線の亜布洛尼駅北方二七〇〇平方キロの林区及び横道河子林区四三三平方キロ、穆稜林区一七〇七平方キロの伐採・製材に着手した。白系ロシア人百数十名を自衛団に組織し、匪徒と銃火を交えながら林区を開発し、従業員一二〇〇余名を使用して年間三〇万石から五〇万石の建築材、家具材、兵器用ベニヤ用材のほか大量の鉄道枕木、電柱、薪材を生産して新京以北の北満各地に販売した。

近藤　繁美　▷8

近藤洋行主／奉天浪速通／一八八四（明一七）一二／高知県香美郡岸本町

一九〇六年八月に渡満して営口で陸軍御用商人となった。一〇年から営口と大石橋の二ヶ所で薬種店を営んだが、一七年一一月奉天浪速通に移転して工業薬品貿易に従事した。

近藤寿三郎 ▷9

㈴近藤組主、第一奉天館主／奉天藤浪町／一八六九（明二）一二／長野県上水内郡神郷村

一九〇七年に渡満して昌図で土木建築業を開業し、翌年満鉄指定請負人となった。その後公主嶺に移転し、一六年四月奉天に出張所を設けた。二一年四月合名会社に改め、同時に本店を奉天に移転し、本業とは別に活動写真常設館第一奉天館を経営した。

近藤　次郎 ▷11

奉天省四平街地方事務所庶務係／奉天省四平街鳳瑞街／一八八五（明一八）五／福岡県八女郡水田村／日本中学校

福岡県官吏尋木長作の三男に生まれ、同県近藤俊夫の養子となった。杉浦重剛の称好塾に入り、一九〇六年杉浦の経営する日本中学校を卒業し、〇八年文官普通試験に合格した。一〇年二月韓国政府に傭聘されて平壌財務監督局主事に就いたが、同年八月の韓国併合により朝鮮総督府道属となった。二〇年三月黄海道税務課長に就いたが、翌年五月に退官して渡満した。安東居留民団庶務課長となり、二三年一〇月の民団廃止と同時に満鉄安東地方事務所に転じ、開原地方事務所社会主事、鞍山地方事務所庶務係長を経て奉天省四平街地方事務所庶務係に就いた。

近藤　信一 ▷11

鉄嶺領事館領事、従六位勲五等／奉天省鉄嶺日本領事館／一八八一（明一四）三／東京府東京市／東京外国語学校

東京府近藤直一の長男に生まれ、一九〇五年東京外国語学校を卒業した。〇八年に韓国統監府嘱託となったが、翌年外務省に転じて間島、ホノルル、掏鹿、局子街等に赴任した。この間、二〇年に副領事、二七年に領事に昇格して二八年四月鉄嶺領事館に転任した。

近藤新太郎 ▷12

満鉄北安站助役／龍江省竜鎮県北安站／一九〇一（明三四）五／静岡県加茂郡下河津村／海城中学校中退

静岡県近藤竹吉の次男に生まれ、一九一九年東京の私立海城中学校四年を中退して渡満し、同年一二月長春運輸会社に入った。二一年一二月徴兵されて静岡の歩兵第三四連隊に入営し、満期除隊後再び渡満して二四年六月満鉄に入社した。長春、陶家屯、平頂堡の各駅勤務を経て四平街駅に転勤し、同連結方、同構内助手、同転轍方を歴職した。次いで十里河駅駅務方、奉天列車区車掌心得、同車掌を経て高麗門駅、昌図駅、陶頼昭站の各助役を務めた後、三七年六月北安站助役となった。この間、満州事変時の功により木杯小一組及び従軍記章を授与された。

近藤　朴 ▷11

旅順第一中学校教諭／旅順市吉野町／一八九七（明三〇）一一／長崎県南松浦郡富江町／東京高等師範学校

長崎県近藤勝巳の長男に生まれ、一九二三年東京高等師範学校を卒業し、同年四月鹿児島県第二師範学校教諭となった。翌年四月福岡県中学修献館に転任した後、二六年四月に渡満して旅順第一中学校教諭となった。夫人フジも長崎県女子師範を出て教員免状を有した。

近藤　続行 ▷12

浜江省公署官房経理科長／ハルビン浜江省公署／一八九八（明三一）一／愛媛県新居郡中萩村／新居農学校

愛媛県近藤吉五郎の長男に生まれ、一九一三年新居農学校を卒業して伯父が経営する福岡県嘉穂郡熊田村の為朝炭坑に勤務した。その後一五年一二月に渡満して満鉄に入り、撫順炭砿大山採炭所に勤めた。三二年八月奉天省公署事務官に転じて同省公署総務庁に勤務し、三四年一二月理事官に進んで経理科長に就き、三七年七月の行政機構改革により同省公署官房経理科長となった。

近藤　武一 ▷4

貿易商／ハルビン埠頭ベルジワーヤ街／一八八四（明一七）／熊本県熊本市山林町／熊本中学済々黌

熊本中学済々黌を卒業して外国語学校に学び、沿海州のロシア義勇艦隊取扱ギンスブルグ商会に入り商業に従事した。その後軍隊に入って朝鮮総督府軍司令部付陸軍少尉となり、朝鮮咸鏡北道慶興に勤務してロシア語通訳を務めた。予備役編入後の一九一五年ハルビンに渡って仲買業を始めたが、長岡商会の両角主任に請われて同商会に入った。ロシア語に精通してハルビン在住のロシア人、フランス人に知己が多く、後に独立して貿易商となった。

近藤武三郎 ▷9

奉天銀行支配人／奉天淀町／一八八七（明二〇）二／福岡県三潴郡大川町／長崎商業学校

一九〇六年長崎商業学校を卒業して第一銀行に入り、京城支店に勤務した。鎮南浦支店に転勤した後、〇九年一〇月同行京城支店の業務を継承して韓国銀行が設立されるに伴い韓国銀行員となり、次いで一一年八月名称変更により朝鮮銀行員となった。大邱支店、ウラジオストク支店、京城本店検査部に勤務した後、二二年一月奉天銀行支配人に転じて渡満した。

近藤　武 ▷12

満州医科大学講師兼同専門部助教授／奉天平安通／一九〇五（明三八）一／新潟県中頸城郡板倉村／満州医科大学

新潟県近藤政吉の五男に生まれ、郷里の市立有恒学者と卒業して渡満し、一九三一年三月満州医科大学を卒業して同大副手となり解剖学教室に勤務した。次いで助手に昇格して専門部講師を務めた後、三四年一月同大学講師となり専門部助教授を兼務した。

近藤　徹 ▷12

満鉄産業部調査役付電力係主任、工業標準規格委員会委員、電気学会満州支部会計幹事／大連市臥竜台／一九〇一（明三四）八／兵庫県姫路市地内町／東京帝大工学部電気工学科

兵庫県近藤最登の長男に生まれ、姫路中学校、第三高等学校を経て一九二五年三月東京帝大工学部電気工学科を卒業し、満鉄に入社して鞍山製鉄所工務課に勤務した。以来、鞍山中学校講師兼任、鞍山製鉄所製造課、本社興業部庶務課、鞍山製鉄所臨時建設事務所、同所工務課、本社製鉄部工作課、同計画部審査役付発電係主査兼鉄道教習所講師に歴勤した。三六年九月副参事となり、産業部調査役付発電係主任を経て三七年五月同電力係主任となった。

近藤　徳蔵 ▷7

北華通関運送㈱専務取締役／安東県北一条通／一八八一（明一四）四／鹿児島県鹿児島市塩屋町／鹿児島県立第一中学校

鹿児島県立第一中学校を卒業し、日露戦後の一九〇五年に渡満した。安東で運送業を始めて巨利を得たが、間もなく同業者が続出して共倒れとなるのを見越し、同業を束ねて合名会社を組織した。一九年八月、資本金一〇万円で通関代弁と運送業兼営の北華通関運送㈱に改組して専務取締役に就いた。

近藤　智夫 ▷12

満鉄ハルビン鉄路学院講師、従七位／ハルビン満鉄鉄路学院／一八八九（明二二）一〇／山形県最上郡古口村

一九一〇年九月鉄道院に入り、東部鉄道管理局福島機関庫に勤務した。以来勤続して秋田機関庫、秋田運輸事務所、新潟機関庫助役兼盛岡運輸事務所運転課に歴勤して三三年九月鉄道局技師・高等官七等となり従七位に叙された。次いで翌月満鉄に転出し、蘇家屯機関区技術助役、ハルビン機務段運転主任、新站鉄路監理所監理員を経て三七年四月ハルビン鉄路学院講師となった。

近藤　直吉 ▷7

鴨緑江採木公司副参事／安東県八番通／一八八六（明一九）三／鹿児島県鹿児島市塩屋町

一九〇九年四月に渡満し、同年八月安東の鴨緑江採木公司に入った。流暢な中国語を駆使して販売業務に従事し、一五年一〇月の鴨緑江製材無限公司への組織変更後も勤続して一九年に副参事となった。

近藤　平治 ▷8

近藤商会主／奉天／一八八〇（明一三）一一／新潟県長岡市神田

年少の頃に上京して東京市芝区の井手製作所で働き、夜は築地の工手学校に学んだ。一九〇九年九月に渡満し、大連の戸田商会に入って暖房設備施工に従事した。同商会の事業縮小により一八年二月奉天に移り、近藤商会を設立して各種暖房設備・ガス管工事の設計工事請負業と付属器具類の販売を開始した。満鉄指定請負人となり、奉天・鉄嶺・橋頭・遼陽・瓦房店の満鉄独身宿舎を始め鞍山製鉄所、奉天省四平街駅、公主嶺地方事務所、長春集合社宅などの暖房新設工事を請け負った。

近藤平次郎 ▷12

錦州省磐山県参事官／錦州省磐山県公署／一八九八（明三一）六／東京高等師範学校

一九二四年三月東京高等師範学校を卒業し、鳥取県師範学校教諭となった。その後渡満して奉天中学校教諭となり、満州事変後に自治指導委員として奉天省黒山県に赴任した。次いで三二年一〇月浜江省綏化県参事官、三六年四月錦州省磐山県参事官を務めた後、三七年六月薦任四等に叙されると同時に退官した。

近藤　兵太 ▷12

満鉄奉天営繕所長、従六位／奉天高千穂通／一八八九（明二二）九／東京府東京市王子区上十条町／名古屋高等工業学校建築科

東京府近藤兵三郎の次男に生まれ、滋賀県立第一中学校を経て一九一一年三月名古屋高等工業学校建築科を卒業して鉄道院に入った。技師に進んで鉄道院鉄道局に勤務した後、退職して南海鉄道会社、阪神電鉄会社に歴職した。その後三三年一二月鉄路総局職員に転じて渡満し、同局工務処、同工務課、同工務処臨時営繕係主任を歴任し、三六年九月参事に昇進して奉天営繕所長に就いた。

近藤　正郎 ▷12

満鉄産業部鉱業課測量試錐係主任、社員会評議員／大連市芝生町／一八九八（明三一）三／愛媛県越智郡瀬戸崎村／熊本高等工業学校採鉱冶金学科

愛媛県近藤珍隆の次男に生まれ、一九二〇年三月熊本高等工業学校採鉱冶金学科を卒業して満鉄に入り、撫順炭砿千金寨採炭所に勤務した。大山産炭所、東郷採炭所に歴勤した後、地質調査所に転勤して庶務係主任を務めた後、三六年一〇月本社産業部鉱業課測量試錐係主任となった。この間、論文「満州の炭田概要」を発表したほか、三五年四月勤続一五年の表彰を受けた。

近藤　万作 ▷9

公主嶺公学堂長／吉林省公主嶺花園町／一八八二（明一五）五／山口県大津郡深川村／山口県師範学校

一九〇五年三月、山口県師範学校を卒業して郷里の深川尋常高等小学校訓導となった。〇八年一〇月大津郡通尋常小学校長兼訓導に転任した後、一三年四月に渡満して満鉄に入り地方課営口出張所に勤務した。一五年四月社命で北京に留学し、翌年四月に帰任して営口実業学堂教員となり、一七年一一月公主嶺公学堂長兼教員となった。

近藤　基喜 ▷11

大阪毎日新聞社通信員／旅順市乃木町／一八七七（明一〇）四／熊本県飽託郡清水村／東京専門学校政治科

熊本県近藤武英の長男に生まれ、一八九九年東京専門学校政治科を卒業した。〇七年一月日本電報通信社に入り外交記者として政党方面を担当し、一二年自由通信社に転じて理事兼編輯長に就いた。この間、第二次桂内閣及び山本内閣の時に憲政擁護・閥族打破運動に参画した。一七年に自由通信社を退社し、翌年渡満して遼東新報社に入り旅順支局長を務めた。二七年一〇月に退社し、同地の大阪毎日新聞社通信員を務めた。長男の基武も早稲田大学を卒業して旅順民政署に勤めた。

近藤　安吉 ▷13

満州労工協会理事長、従五位／一八八七（明二〇）一二／東京府東京市麹町区永田町／京都帝大土木工学科

三宮熊太郎の長男として高知市潮江に生まれ、後に近藤勝之助の養子となった。東京商工中学校、第六高等学校を経て一九一六年七月京都帝大工科大学土木工学科を卒業し、一七年四月満鉄に入社した。その後二三年一〇月官界に転じて内務省に入り、都市計画地方委員会技師、復興局技師、復興事務局技師、内務技師を歴任した。三二年六月国務院民政部事務官に転出して渡満し、土木司勤務、国都建設局技正・技術処長兼建築科長を経て三六年八月国都建設局技術処長兼産業部技正となった。黒龍江省次長に転任した後、三九年六月国務院総務庁参事官となり、次いで四一年秋に重藤理事長の後を受けて満州労工協会理事長に就き、就任半年後に地方重点主義による大改革を断行した。

近藤　吉登 ▷12

満鉄本渓湖地方事務所地方係長、

満州国協和会本渓県本部委員、本渓湖附属地衛生委員会委員、満州防空協会本渓湖支部理事、本渓湖観光協会常任委員／奉天省本渓湖満鉄地方事務所／一九〇八（明四一）三／福岡県久留米市白山町／東京帝大経済学部経済学科

福岡県近藤亀吉の長男に生まれ、一九三一年三月東京帝大経済学部経済学科を卒業して満鉄に入り製鉄部大連在勤となった。次いで鞍山製鉄所庶務課、地方部庶務課文書係、同地方課土地係を経て奉天地方事務所土地建物係主任となり、大奉天の都市計画に参画した後、三六年四月本渓湖地方事務所地方係長となった。

権頭　喜彦 ▷11

遼鞍毎日新聞鞍山支社長／奉天省鞍山大正通／一九〇三（明三六）二／鹿児島県大島郡名瀬町／関西甲種商業学校

鹿児島県商業権頭直円の次男に生まれ、一九二二年関西甲種商業学校を卒業して大阪で銀行員となった。二四年五月に渡満して遼鞍毎日新聞に入り、後に鞍山支社長に就いた。読書と音楽を趣味とし、二八年一一月『勿忘草』を出版した。姉米子は巡査部長熊谷徳治に嫁して旅順に在住した。

紺野　徳 ▷12

国務院蒙政部勧業司農鉱科長、満州国協和会幹事、従五位／新京特別市義和胡同第一代用官舎／一八九四（明二七）一／宮城県仙台市上杉山通／東京帝大農学部農学科

宮城県紺野繁三郎の次男に生まれ、一九一九年七月東京帝大農学部農学科を卒業して同年八月農商務省農事試験場技手となり、同年一二月一年志願兵として山形の歩兵第四連隊に入営した。二一年七月産業技師に進んで愛知県立農事試験場に勤務し、次いで二五年三月鳥取県穀物検査所長に転出し、同年四月の規定改正により地方農林技師となり同県農会技師嘱託及び同県農事調査会・同産業調査会委員を兼務した。三〇年七月長野県農林技師となり、内務部農商課に勤務して同年九月同県農会技師となった。かたわら自作農創設維持審査会委員長、農林経済改善会幹事、穀物検査所員、米穀現在高調査指導員、同県農会産業技術員資格認定試験委員、内務部経済更正課員、県立農事講習所員、米穀移動調査指導委員、県立物産所員、県立御牧ヶ原修練農場講師、同県産業調査委員会幹事等を兼職した。三五年七月長野県経済部農務課長に就いたが翌月依願免官し、同年九月満州国臨時産業調査局技佐に転じて渡満した。国務院実業部調査部に勤務した後、技正に昇任して国務院蒙政部勧業司農鉱科長を務めた。

昆野　巽 ▷12

関東局種馬所産業技手、金州市民会委員／金州東門外屯関東種馬所／一八九三（明二六）二／岩手県江刺郡福岡村／麻布獣医畜産学校

岩手県農業昆野喜惣兵衛の三男に生まれ、一九一五年東京の麻布獣医畜産学校を卒業して東京市窪野家畜病院に勤務した。次いで二〇年一二月馬政局に転じて種馬育成部に勤め、二一年一一月青森種馬所、二三年北海道長万部種馬所に歴勤したが、同年三月官制廃止となり農林省長万部種馬所に転任した。その後二六年五月関東庁種馬所技術員に転じて渡満し、後に産業技手に昇格した。

今野　万次 ▷12

満鉄鉄道総局工事課員、正八位勲八等／奉天満鉄鉄道総局／一九〇八（明四一）三／宮城県遠田郡中埣村／山梨高等工業学校土木工学科

宮城県今野万五郎の子に生まれ、一九二九年三月山梨高等工業学校土木工学科を卒業して満鉄に入り、鉄道部に勤務した。三〇年二月幹部候補生として千葉の鉄道第一連隊に入営して兵役に服し、同年一二月に復職した。三一年六月大連鉄道事務所に転勤した後、同年一一月吉長吉敦鉄路局に派遣されて長大線測量隊に勤務し、次いで三二年五月同局工程課、同年一二月拉浜線第二測量隊、三三年三月図寧線第二測量隊、同年六月図們建設事務所老松嶺工事区、三四年四月図寧線軌道敷設班、同年一二月寧佐線軌道敷設班に歴勤した。次いで三六年五月牡丹江建設事務所線路第二係に転任し、同線路係主任を経て三七年三月鉄道総局工事課に転勤した。

金野　光明 ▷12

満鉄瓦房店機関区庶務主任／錦州省錦県鉄路局総務処／一八九一（明二四）一／広島県御調郡市村／尾道商業学校

広島県農業金野源吉の三男に生まれ、一九一〇年尾道商業学校を卒業して満鉄に入った。以来勤続して安東車輌係物品主務者、大連機関区庶務助役、満鉄養成所講師等を経て二七年六月瓦房店機関区庶務主任となり、瓦房店地方委員を務めた。次いで三二年一〇月蘇家屯機関区庶務主任、三三年一一月鉄路総局瀋海鉄路局勤務、三四年四月はハルビン鉄路局総務処人事科人事股長、三五年三月同人事科勤務、同年八月奉天鉄路局総務処人事科人事股長に歴任して副参事に昇格し、人事科勤務を経て待命となり三七年六月に依願退職した。この間、三六年四月勤続一五年の表彰を受けた。同郷の夫人尚枝は女子師範学校を卒業して教員免状を有した。

今　景彦　▷14

大連市立商工学校校長、正七位／大連市児玉町／一八七〇（明三）一／東京府東京市麻布区麻布山元町／東京高等工業学校

一八九五年東京高等工業学校を卒業して同校の助教授となった。次いで九八年岩手県立実業学校、一九〇〇年東京府立職工学校、〇七年東京府立工芸学校の各創立に際して校長を務めた。その後一一年に渡満して満鉄地方部地方課員となり、南満州工業学校の創立とともに校長に就任し、二一年に大連市立商工学校が創立されると同校長に転じた。二二年二月から二四年一〇月まで大連市会議員を務め、満州から帰国して間もなく病を得て没した。

金万　計吾　▷3

満鉄工場設計科主任、勲七等／大連市沙河口／一八七五（明八）六／岡山県御野郡御野村

一八九五年六月以来鉄道局に勤務していたが、日露戦争に際し野戦鉄道付となり、一九〇四年五月に渡満した。〇七年四月の満鉄開業とともに入社し、後に工場設計科主任に就いた。

斎川　圭嗣　▷11

満鉄陶家屯駅長／南満州陶家屯付属地満鉄社宅／一八九二（明二五）三／千葉県千葉郡幕張町／満鉄養成所運輸科

千葉県農業斎川菊造の長男に生まれ、満鉄東京支社で行われた養成所入所試験に合格し、一九一〇年九月に渡満した。翌年八月、運輸科を修了して開原駅駅務助手となった。鳳凰城駅勤務中に徴兵適齢となり、帰国して中野電信隊に入営し、一五年三月に除隊して復職した。大連駅車掌、瓦房店駅勤務、蔡家駅助役、長春駅構内助役、八家子駅長を歴任して二七年五月陶家屯駅長に就いた。

「三枝」は「さえぐさ」も見よ

三枝　勇　▷12

満鉄皇姑屯列車段長／奉天省皇姑屯満鉄皇姑屯列車段／一八九四（明二七）一一／静岡県田方郡伊東町／明治大学予科中退

静岡県公吏三枝宰次郎の長男に生まれ、一九一四年一一月明治大学予科を中退した後、一五年一二月名古屋の歩兵第三四連隊に入営して兵役に服した。満期除隊して郷里の田方郡三島第一小学校、伊東小学校の教員を務めた後、一八年一一月に渡満して満鉄に入り、営口駅駅務見習となった。以来勤続して大連駅、公主嶺駅、奉天列車区旅客専務、遼陽駅助役、奉天駅事務助役、大連駅事務助役、大連列車区助役を経て松樹駅長となった。次いで奉山鉄路局派遣、奉天鉄路局運輸処旅客科旅客股長兼輸送股長、奉天鉄路監理所監理員を経て三六年三月皇姑屯列車段長となった。この間、三四年四月勤続一五年の表彰を受けた。

西郷　佐熊　▷11

大連商業学堂教諭／大連市紅葉町／一八九三（明二六）二／鹿児島県噌於郡市成村／鹿児島県師範学校本科

鹿児島県医師西郷重矩の五男に生まれ、一九一三年鹿児島県師範学校本科を卒業して県下の始良郡蒲生村女子尋常高等小学校訓導となった。次いで一七年四月に渡満して満鉄遼陽尋常高等小学校訓導となり、在任中に中国語の習得に努め、一九年四月満鉄北京公所に転任した。勤務のかたわら北京支那語同学会に学び、二〇年に帰社した後、二一年三月に退職したが、二三年九月教職に復帰して金州公学堂南京書院教諭となった。二四年四月大連商業学堂教諭に転任して中国人生徒に日本語・商業文・体操等を教え、かたわら大連商工学校夜学部で日本人に中国語を教えた。その後、二八年四月から同学堂寄宿舎舎監と大連市立商工学校中国語教師を兼務した。写真、散策、狩猟を趣味とし、二五年の狩猟会で一等賞を得た。

最首　政吉　▷11

打刃物・理髪器具商、勲八等／大連市浪速町／一八八四（明一七）一〇／千葉県夷隅郡東海村

千葉県呉服商最首市三郎の次男に生まれ、一九〇四年一二月近衛歩兵第四連隊補充大隊に入営した。翌年三月日露戦争に従軍して柳樹屯に上陸し、戦争終結とともに同年一二月に帰国して召集解除となった。〇八年四月に再び渡満して営口や奉天の知人の店で中国人相手の商業に従事し、一一年に大連で打刃物・理髪器具商を開業した。園芸と長唄を趣味とし、二区町内幹事、千葉県人会幹事を務めた。

細　駿郎　▷1

細洋行主、勲五等／奉天省遼陽／一八七一（明四）三／広島県安芸郡牛田村

一九〇四年日露戦争に召集され、同年一〇月満州軍総司令部直轄部隊として遼陽に入り、軍政官の下で守備に当たった。〇五年二月遼陽兵站部副官兼停車場司令部副官となり、〇六年一月の軍政署設置とともにその副官事務を兼務した後、同年三月に帰国除隊して勲五等双光旭日章と一時賜金を受けた。〇七年四月に再び渡満して遼陽に細洋行を開設し、日用品雑貨・食料品の販売と陸軍用達業を営んだ。商売のかたわら遼陽城内居留民会行政委員と実業会議員などの公職を務めた。

税所　壮吉　▷11

南満州電気㈱鞍山支店長／奉天省鞍山北四條町／一八八八（明二一）一〇／鹿児島県鹿児島市薬師町／鹿児島商業学校

鹿児島県肥田木盛安の八男に生まれ、同県税所四郎二の養子となった。一九〇八年鹿児島商業学校を卒業して鹿児島電気会社に入社し、一一年九月神戸電気鉄道会社に転じた。一三年に渡満して満鉄に入り電気作業所に勤務し、二六年五月に南満州電気㈱として分離独立すると鞍山支店長に就き、同地の地方委員を務めた。

斉田　朝英　▷12

／龍江省チチハル正陽大街／一九〇九（明四二）八／福井県敦賀郡粟野村／明治大学

明治大学を卒業した後、渡満してハルビンの高岡号貿易商会に入りチチハル支店長となった。その後独立して同支店を個人経営とし、野菜及び果実類の販売業を営んだ。

税田　義人　▷12

義記洋行主、満州造酒㈱常務取締役、奉天地方委員、満州工業会副理事長／奉天常盤町／一八九四（明二七）一一／福岡県朝倉郡夜須村／中学校

郷里の中学校を卒業して上海に渡り、実兄の経営する機械五金商・東郷ハガネ代理店の隆記洋行に入り十数年勤続した。一九二七年東郷ハガネ発売元の河合鋼洋行が奉天に支店を開設する際、同支店顧問となって渡満した。三一年九月満州事変の勃発により唯一の得意先とした東三省兵工廠が閉鎖されて売上金の回収不能となり、一年半後に「満州国政府」と折衝して円満解決した。その後、河合鋼洋行との関係を絶ち、奉天に義記洋行を創立して機械五金商を営み、満州工業会副理事長を務めた。本業の他に三三年八月満州造酒㈱監査役となり、後に常務取締役に就いた。

財津　正生　▷12

鞍山鋼材㈱庶務課長／奉天省鞍山南七条町／一八九三（明二六）三／熊本県八代郡竜峰村

熊本県財津虎次郎の次男に生まれ、一九一三年熊本県教育会附属正教員養成所を修了し、同年四月郷里の竜峰尋常高等小学校訓導となった。その後退職して一四年一月に渡満し、遼陽電灯公司に入り物品事務担当員となった。一八年九月ハルビンの北満電気㈱に転じて物品係主任、庶務係主任を務めた後、三〇年二月南満州電気㈱に転じ、さらに三四年九月鞍山鋼材㈱に入社して後に庶務課長を務めた。

斉藤　勇　▷12

満鉄大虎山站長、大虎山在郷軍人分会長、大虎山居留民会評議員、正八位勲八等／錦州省大虎山站長局宅／一九〇三（明三六）九／福島県若松市馬場下三之町／早稲田大学政治経済学部政治科

一九二七年早稲田大学政治経済学部政治科を卒業し、二八年幹部候補生として秋田の歩兵第一六連隊に入営した。除隊して札幌鉄道局に入り、小樽駅、札幌運輸事務所に歴勤して書記に進んだ。その後三三年三月満鉄に転じて渡満し、奉天鉄道事務所、鉄路総局運輸処貨物科、奉天鉄路局運輸処貨物科、平泉站長兼平泉自動車営業所主任を歴任し、三六年八月大虎山站長となった。この間、満州事変時の功により勲八等に叙された。

斉藤　固　▷12

満鉄鉄道総局付待命参事、正四位勲三等／奉天満鉄鉄道総局気付／一八八一（明一四）六／山形県鶴岡市高畑町／京都帝大工科大学土木工学科

五十嵐茂久の次男に生まれ、後に五十嵐親広の養子となった。一九〇五年七月京都帝大工科大学土木工学科を卒業し、〇六年鉄道技手となった。〇七年に満鉄が創業すると同社技師に転じて渡満し、運輸部建設課に勤務した。次いで青島戦役後に陸軍省山東鉄道管理部員に転じ、青島守備軍民政部技師、青島鉄道部工務課長に歴任した。二三年一月山東鉄道の中国政府への引き継ぎ事務を完了すると朝鮮総督府鉄道局に転じ、同局技師、同清津出張所長を経て二六年二月勅任技師に進み、二七年同局工務課長となった。その後三三年五月再び満鉄技師となり、同年一〇月北鮮鉄道管理局長、三六年一〇月牡丹江鉄路局長に歴任し、三七年四月総局勤務を経て翌月待命となった。

斎藤　兼吉　▷11

満州教育専門学校助教授／奉天葵町／一八九五（明二八）一／新潟県佐渡郡相川村／東京高等師範学校体育科

新潟県斎藤元治郎の子に生まれ、一九一九年東京高等師範学校体育科を卒業し、同校嘱託を経て天王寺師範学校教諭、大阪高等学校嘱託を歴任した。二二年一〇月満州医科大学予科講師嘱託

となって渡満し、二五年満州教育専門学校助教授に就任した。この間二〇年五月から翌年二月までイギリス、アメリカ、ベルギーに出張し、二〇年八月の国際オリンピック・アントワープ大会に陸上競技選手として出場し、二八年一二月には冬季屋内運動研究のため欧米各国に出張した。夫人ワカも東京女子高等師範の出身で体操を得意とし、長男に自由、長女に満離枝、次女に恵離那と名付けた。

斉藤　兼吉　▷8

斉藤洋行主／奉天西塔／一八七一（明四）六／愛知県額田郡幸田村

一九〇六年に渡満し、撫順その他の地で商業に従事した。二一年四月奉天に移り、西塔で米穀・縄・叺の販売と精米業を営み、安東製粉会社の特約店を兼営した。

斎藤　勘七　▷13

南満州瓦斯㈱常務取締役／大連市／一八八九（明二二）九／新潟県新潟市西堀通／蔵前高等工業学校

蔵前高等工業学校機械科を卒業して満鉄に勤務したが、朝鮮の京城電気㈱に招かれて同社の瓦斯部長に就任した。満州事変後の事業拡大に伴い南満州瓦斯㈱に請われ、三四年に常務取締役として再び大連に赴任し、子会社の満州瓦斯㈱常務取締役を兼任した。四〇年から鴨緑江へのガス管架設工事を指揮し、零下三〇度の酷寒の条件下で安東—新義州間一キロのガス送出に成功した。

斎藤久治郎　▷3

共同組主、石炭販売・運送業／大連市監部通／一八七七（明一〇）一二／石川県金沢市本町

一八九七年から郷里の石川県で生糸と羽二重の輸出業に従事したが、日露戦後の〇五年一〇月に渡満した。遼東新報社設立直後の末永純一郎を補佐して同社を経営し、これとは別に個人事業として運送業と石炭販売業を営んだ。

斉藤　護邦　▷12

満鉄新京医院産婦人科医長兼新京婦人医院長、医学博士／新京特別市常盤町／一八九四（明二七）九／福岡県筑紫郡太宰府町／京都帝大医学部、同大学院

福岡県斉藤文山の次男に生まれ、一九一九年京都帝大医学部を卒業し、翌年一月母校の副手となり婦人科教室に勤務した。同時に産婦人科学教室の高山、岡林両教授の下で研究を続けた。二二年五月助手に昇格して付属病院産婦人科教室勤務となる。二三年には大学院に進学し婦人学と解剖学を研究した。二五年五月満鉄に入社して撫順医院医長に就任し、翌年一二月医学博士号を取得した。三四年一二月社命で欧米に留学して産婦人科学を研究した後、三六年三月新京医院産婦人科医長に転任し、翌年四月から新京婦人医院長を兼任した。

斉藤　邦造　▷8

公益公司主／奉天／一八六九（明二）九／新潟県三島郡日吉村／神戸商業学校

新潟県医学校に学んだが廃校となり、一八八七年神戸商業学校に入って九一年に卒業し、同年五月の大津事件に際しロシア語通訳を務めた。上京して博文館に入ったが九三年に退社して神戸に戻り、日清戦争後の九五年秋に江商㈾を設立して台湾、福州で貿易業を営んだ。九八年に帰国して久留米商業学校教員となり、一九〇〇年から大日本製糖会社製ラム酒の関西、朝鮮、中国の一手販売を開始し、かたわら神戸商業学校の嘱託教員を務めた。〇二年に陶器の輸出入業に転じたが、〇四年に日露戦争が始まると安東、連山関、遼陽、大連、旅順等を巡って同年末に帰国した。〇五年再び渡満して安東で大倉組に入り下馬塘班主任として勤務したが、同年一二月奉天に赴き、翌年から特産貿易業を営んだ。〇八年に満鉄が奉天に石炭販売課を設置すると指定販売人となり、次いで一〇年に古賀松二、松井小右衛門らと公益公司を設立して石炭販売に従事した。一五年の解散後は公益公司を引き継いで個人経営とし、後に事業を拡張して畳襖部、塗工部、保険部を設けた。経営のかたわら満州取引所信託会社代表取締役、中華電気㈱・奉天検番㈱監査役等多くの会社重役を務めた。

斎藤源治郎　▷11

満鉄吉林東洋医院長／吉林省城商埠地満鉄社宅／一八九〇（明二三）一／山梨県中巨摩郡秋穂村／九州帝大医学部

山梨県農業斎藤吉右衛門の三男に生まれ、一九一六年九州帝大医科大学を卒業した。同大学小野寺内科で胃液と諸種物質との関係の研究に従事した後、一九年五月高知県中村町の幡多病院内科部長となった。二四年五月に渡満して満鉄鞍山医院内科医長に就き、二七年九月吉林の東洋医院長に就任した。

斉藤　錕 ▷12

南満州硝子㈱取締役社長／大連市黒礁屯／一八九〇（明二三）六／栃木県芳賀郡水橋村／東京高等商業学校

栃木県斉藤清十郎の五男に生まれ、一九一二年東京高等商業学校を卒業して満鉄に入った。一七年中央試験所窯業課に転任し、二八年に満鉄傘下の南満州硝子㈱が創立されると同社取締役に転出し、後に社長に就任した。

斉藤　康治 ▷12

満鉄図們鉄路監理所監理員、勲八等／間島省図們山ノ手局／一九〇一（明三四）四／秋田県南秋田郡北浦町／逓信講習所

秋田県斉藤久助の三男に生まれ、一九一七年逓信講習所を修了した。一九一九年満鉄に入って奉天省四平街駅に勤務し、二三年新京駅に転勤した。三五年三月日満ソ間に北鉄接収協定が結ばれると接収員として派遣され、帰任後同年七月図們鉄路弁事処に転勤し、同年一〇月の職制改正で図們鉄路監理所監理員となった。この間、満州事変時の功により勲八等瑞宝章及び従軍記章並びに建国功労賞を受けた。

斉藤幸次郎 ▷11

雑貨商、勲八等／旅順市大津町／一八六九（明二）九／静岡県浜松市亀山町／小学校

静岡県商業高柳国吉の長男に生まれ、叔父斉藤守吉の養子となった。一八八〇年に小学校を卒業し、一二歳の時から商業に従事した。一九〇六年五月に渡満して旅順で雑貨商を開業し、かたわら旅順東部町内会総代を務めた。

斉藤孝之輔 ▷12

満鉄新站鉄路監理所監理員／吉林省新站満鉄鉄路監理所／一八九五（明二八）一〇／神奈川県横浜市鶴見区子安町

旧姓は喜多川、後に斉藤又太郎の養子となった。一九一八年九月満鉄に入り、安東駅に勤務した。以来勤続し、ハルビン鉄路弁事処弁事員を経て三五年一一月新站鉄路監理所監理員となった。この間、三四年四月勤続一五年の表彰を受けた。

斉藤　貞治 ▷12

満鉄万家嶺駅長、社員消費組合総代／奉天省蓋平県万家嶺駅長社宅／一八九六（明二九）九／愛知県渥美郡田原町

一九一四年一一月、神戸鉄道管理局電信修技生養成所を修了して豊橋駅に勤務した。一六年八月名古屋駅に転勤した後、同年一二月徴兵されて豊橋の騎兵第二六連隊に入営し、一八年一一月に除隊した。二〇年一月に渡満して満鉄に入り、奉天駅、大石橋駅勤務を経て同年七月大連列車区大石橋在勤となった。二二年一二月大連列車区勤務、二五年四月沙崗駅助役、二六年一月九寨駅助役、同年七月大石橋駅助役、二九年二月同構内助役、三一年九月同助役を歴職し、三四年八月松樹駅長を経て三五年七月万家嶺駅長となった。この間、三五年四月勤続一五年の表彰を受けた。

斎藤　実行 ▷7

沙河口警務署警務高等主任、警部補／大連市沙河口京町／一八九二（明二五）／宮崎県西諸県郡真幸村

鹿児島県警察官として鹿児島郡谷山村の駐在所に勤務し、同村住民のつよ子と知り合って結婚した。一九一六年一二月関東都督府出向を命じられて渡満し、鞍山警務署に勤務した。湯崗子駐在所に勤務中、警察官練習所甲科生に選抜され、二一年に修了して関東庁警務官に任官した。沙河口警務署に赴任し、司法保安主任を経て同署警務主任に就いた。

斉藤　重郎 ▷12

㈾狩野運輸公司代表者／奉天宮島町／一八八三（明一六）七／福島県安達郡高川村

一九〇九年に渡満して大連の狩野公司に入り、運輸業に従事した。勤続して奉天支店主任となり、後に商号を継承して独立経営した。その後業績の向上に伴い合資会社に改組して宮島町と奉天城内に出張所を置き、従業員五八人を使用した。

斉藤　茂信 ▷12

安居アパート経営主／大連市松風台／一八九七（明三〇）九／富山

県西礪波郡西野尻村／明治大学法科

明治大学法科を卒業して満鉄に入り、その後退社して貸家業を始め、三〇年に安居アパートを設立した。戸数一〇三、図書館一、事務所一を所有し、日本人・中国人各三人を使用して年間家賃収入四万五〇〇〇円に達した。

斉藤　重英　▷12

浜江省公署警務庁員、従七位勲六等／ハルビン馬家溝宣化街代用官舎／一八九四（明二七）一〇／新潟県中蒲原郡両川村／明治大学法学部専門部中退

一九一四年徴兵されて新発田の歩兵第三〇連隊に入営し、在営中に憲兵に転科して二一年に憲兵練習所を修了した。以来軍務に服して大石橋、営口、旅順の各憲兵分遣隊長等に歴補し、この間明治大学法学部専門部に学んだ。三三年憲兵少尉に進んで予備役編入となり、民政部事務官となって再び渡満して浜江省公署警務司に勤務し、三六年一〇月同省公署督察官となった。

斎藤　茂　▷12

満州国立高等師範学校教授／吉林天壇後胡同東大灘／一八八七（明二〇）一〇／東京府東京市牛込区払方町／東京帝大文科大学史学科西洋史科

一九一三年七月東京帝大文科大学史学科西洋史科を卒業し、一四年四月早稲田中学校教諭となり歴史地理学科を担当した。一九年四月立教大学に転じて商業史と地理を講じ、立教中学校の歴史地理学科担当を兼務した。次いで二六年四月明治大学予科で西洋史を担当した後、二八年四月東京商科大学予科講師となり西洋史を講じた。その後、三六年七月満州国立高等師範学校教授となって渡満した。

斉藤　志鉄　▷12

大連第一中学校教諭、従七位／大連市博文町大連第一中学校／一八九八（明三一）六／山形県酒田市染屋小路／東洋大学専門学部倫理学東洋文学科、大東文化学院高等科

斉藤弘道の子として熊本県下益城郡東砥用村に生まれ、一九二五年東洋大学専門学部倫理学東洋文学科を卒業した。次いで二八年に大東文化学院高等科を卒業し、同年四月愛媛県立越智中学校教諭となった。その後三四年七月関東庁中学校教諭に転じて渡満し、大連第一中学校に勤務した。

斎藤　順治　▷11

長春駅事務主任／長春常盤町／一八八六（明一九）四／山形県飽海郡蕨岡村／山形県立荘内中学校、満鉄鉄道教習所

山形県村長斎藤壮吉の三男に生まれ、一九〇九年県立荘内中学校を卒業して小学校に勤務したが、同年一〇月に渡満して満鉄鉄道教習所に入った。一〇年九月に修了して公主嶺駅に勤務し、一七年同駅助役となり、一九年二月から同地の実業補習学校講師嘱託を兼務した。二二年八月劉房子駅長を経て二六年四月長春駅事務主任に就き、長春地方委員を務めた。この間、シベリア出兵時の中東鉄道運輸の功により金百四十円を受けた。

斉藤　甚治　▷12

満鉄鉄道総局計画課員、従七位勲八等／奉天江ノ島町／一八九一（明二四）五／宮城県仙台市米ヶ袋鍛冶屋前町／東北帝大工学専門部土木科

宮城県斉藤甚左衛門の次男に生まれ、一九一三年三月東北帝大工学専門部土木科を卒業し、同年四月鉄道院に入り秋田保線事務所に勤務した。一四年八月鉄道院技手に進んで同年一二月酒田保線区保線手となり、次いで一五年一二月秋田保線事務所、二四年一月横手保線区主任、二五年一月工務課、二七年五月仙台保線事務所土木掛主任、三二年六月保線課技術掛を歴任した。三三年八月満鉄に転じて渡満し、鉄道建設局計画課に勤務して三六年九月副参事となり、同年一〇月鉄道総局計画課に転任した。この間、満州事変時の功により銀盃及び従軍記章を授与された。

斎藤　申七　▷11

満鉄大石橋地方事務所員、正八位／南満州蓋平明和街／一八八六（明一九）一〇／宮城県仙台市原町／東京外国語学校

宮城県農業斎藤四郎の四男に生まれ、一九一一年東京外国語学校を卒業し一年志願兵として東京赤坂の歩兵第一連隊に入営した。除隊して外務省に入り、一五年に渡満して鉄嶺領事館に勤務したが、一九年三月満鉄に転じた。奉天地方事務所、瓦房店地方事務所勤務を経て二五年四月大石橋地方事務所員となり、蓋平に勤務した。柔道二段で、後備歩兵少尉として帝国在郷軍人会蓋平分会長を務めた。

斉藤　進　▷9

斉藤進商店主、協成銀行取締役、安東株式商品取引所監査役／安東県五番通／一八八〇（明一三）三／長崎県壱岐郡石田村

一九〇五年に渡満して安東県で斉藤進商店を開業し、綿糸布、雑穀、海産物の販売と倉庫業を営んだ。次第に信用を獲得して同地屈指の貿易商となり、安東株式商品取引所の監査役に就き、さらに日中鮮合弁で協成銀行を設立して取締役を務めた。実家も朝鮮鎮南浦に移住して同業を営み、かたわら黄海道で広大な水田を経営した。

斉藤　政一　▷4

外務書記生／ハルビン総領事館／一八八七（明二〇）／埼玉県／郁文館

一九〇五年四月、郁文館中学を卒業した。一四年一二月外務属となって本省文書課に勤務した後、一七年二月外務書記生に昇格してハルビン領事館に赴任した。

斉藤　専太　▷12

斉藤商店主、富士洋行主／浜江省牡丹江平安街／一八九六（明二九）一／北海道小樽市豊川町／慶応大学高等部

斉藤太吉の次男として新潟県南蒲原郡中之島村に生まれ、新潟商業学校を経て一九二四年慶応大学高等部を卒業した。北海道小樽市豊川町で斉藤商店を開業して米穀と日用雑貨類を販売し、漸次売上げを伸ばして同市長橋町に支店を設けた。満州事変後、北満の発展を予測して三五年三月牡丹江に渡って清涼飲料水と各種高級シロップの製造販売を始め、従業員二十数名を使用して年間四ダース入り一万箱を東部北満一帯に販売して五万円の売上げを計上した。

斎藤　尊雄　▷3

川崎造船所技師／大連市浜町川崎造船所大連出張所内／一八七九（明一二）三／鹿児島県薩摩郡東水引村／東京帝大工科大学造船科

一九〇八年七月、東京帝大工科大学造船科を卒業した。㈱川崎造船所の技師となり、一一年に大連出張所に転任して渡満した。

斉藤　孝康　▷12

満鉄皇姑屯鉄道工場監理科検査股主任、社員会評議員、正八位／奉天青葉町／一八九七（明三〇）七／宮城県仙台市本荒町／宮城県立工業学校機械科

宮城県斉藤大二郎の三男に生まれ、一九一八年三月宮城県立工業学校機械科を卒業して満鉄に入り、沙河口工場に勤務した。一九年二月機械課、二〇年一一月仕上職場、二五年六月鉄工課勤務を経て三〇年一月大連工場に転勤し、同年七月鉄道工場組立仕上職場に勤務した。三三年九月同助役に昇任して三五年四月第一作業場仕上職場主任、同年一二月皇姑屯工廠監理科検査股主任を歴任し、三六年九月皇姑屯鉄道工場監理科検査股主任となった。この間、満州事変時の功により賜盃と従軍記章及び一五年勤続の表彰を受け、宮城県立工業学校同窓会奉天支部長を務めた。

斉藤竹次郎　▷12

満鮮拓殖㈱事業部長／新京特別市東順治路／一八九一（明二四）一一／茨城県真壁郡関本町／盛岡高等農林学校農学科

茨城県斉藤庄四郎の子に生まれ、一九一四年盛岡高等農林学校農学科を卒業し、同年七月東洋拓殖㈱に入り京城本社事業部に勤務した。江景出張所、本社事業部、京城支店に歴勤して二二年四月参事に昇任した。大邱支店に転勤した後、沙里院支店事業主任、同副支配人、裡里支店副支配人、同支配人、裡里支店長を歴任した。その後三六年四月に退職し、同年九月新京の満鮮拓殖㈱事業部長に転じて渡満した。

斎藤　忠雄　▷11

満鉄社長室文書課員／大連市桂町／一八九七（明三〇）九／山形県鶴岡町／早稲田大学商学部

山形県斎藤斧三郎の三男に生まれ、一九二四年早稲田大学商学部を卒業して満鉄に入社した。埠頭事務所陸運課に勤務した後、二六年四月社長室文書課に転任した。

斉藤　正　▷12

国務院文教部学務司員／新京特別市清和街／一八九一（明二四）八／福島県相馬郡中村町／福島県師範学校第二部

一九一三年三月福島県師範学校第二部を卒業し、県下の小学校訓導、実業補習学校教諭を務めた後、朝鮮に渡り確基公立子学校訓導兼校長となった。その後三二年四月に渡満して奉天省公署教育庁総務科経理股長、錦州省台安県参事官を歴任し、次いで国務院文教部事務官として学務司に勤務したが三七年五月に退官した。

斉藤　正　▷11

煙台郵便局長、従七位勲七等／煙台郵便局官舎／一八八一（明一四）一一／福井県大野郡下庄村／福井県立農学校別科

福井県農業明石九の次男に生まれ、斎藤源之助の養子となった。一八九七年、福井県立農学校別科を卒業して京都郵便局に勤務した。在職中の一九〇五年八月、第二軍兵站監部付通信手として日露戦争に従軍し、各地の野戦郵便局に勤務した。終戦後、大連局勤務、鉄嶺西門出張所長、公主嶺局・奉天局・橋頭郵便局長を歴任して関東庁通信書記となり、煙台郵便局長を務めた。

斉藤　忠士　▷12

新京郵政管理局秘書処長、満州国協和会新京郵政管理局分会幹事長、新京福井県人会幹事／新京特別市金輝路第三代用官舎／一九〇二（明三五）一一／福井県福井市照手上町／京都帝大法学部

福井県斉藤喜平の七男に生まれ、一九三一年三月京都帝大法学部を卒業して東京逓信局嘱託となり、同局用品課に勤務した。三三年三月通信書記に進んだが翌月辞職し、吉黒郵政管理局郵務員に転じて渡満し、同年九月郵政管理局属官となった。三五年五月交通部属官兼務となり同部郵政司に勤務した後、同年一二月郵司事務官に転任して新京頭道溝郵局長となり、次いで三六年一一月新京郵政管理局秘書処長に就いた。この間、建国功労賞及び大典記念章、皇帝訪日記念章を授与された。

斉藤忠之丞　▷12

[名]義合祥代表社員、志岐土木[株]取締役、勲八等／奉天平安通／一八八一（明一四）三／福島県相馬郡中村町

福島県の生糸・米穀商斉藤忠蔵の三男に生まれ、義務教育を終えて家業に従事した。その後一九〇五年日露戦中に野戦鉄道提理部専属となって渡満し、安奉線軽便鉄道工事に従事した。戦後も引き続き各地で鉄道敷設工事及び一般土木建築業に従事し、一九年五月奉天に斉藤忠[資]を設立して土木建築請負業を経営し、三三年資本金一〇万円で[名]義合祥に改組した。東亜土木企業[株]の鉄道建設工事を引き受けて業績を伸ばし、三七年四月満鉄指定請負人となり、さらに関東軍、満州国、満州電業[株]、満州炭砿[株]の指定業者となり、大連に支店、遼源、チチハル、ハルビン、鞍山、承徳、ハイラル、満州里、綏芬河、大黒河、新京、天津に出張所を置き、満州事変後の三三、四年には一〇〇〇万円、その後も五〇〇万円以上の年請負高を算した。三七年七月に日中戦争が勃発すると華北、蒙疆、華中に進出して天津、北京、済南、張家口、太原、開封、九江、南京、漢口等に出張所を設け、軍部及び満鉄の鉄道建設工事に従事した。この間、満州事変時の功により勲八等及び従軍記章、建国功労賞を授与された。

斉藤　忠行　▷12

国際運輸[株]陸運課陸運係主任／大連市西公園町／一九〇五（明三八）三／長崎県下県郡厳原町／長崎高等商業学校

長崎県斉藤忠次郎の長男に生まれ、一九一九年四月満鉄沙河口工場見習となったが、同年六月に辞職し、翌月から朝鮮銀行大連支店に勤務した。二〇年三月進学のため退社して帰国し、長崎高等商業学校に入学した。二八年に同校を卒業して再び渡満し、大連の国際運輸[株]に入社して本社に勤務した。二九年一一月大連支店、三二年四月本社営業課、同年一二月同陸運課に勤務した後、三四年二月チチハル支店駅構内荷扱所主任を経て三六年一一月本社陸運課陸運係主任となった。

斉藤　龍吉　▷12

図們税関総務科長／間島省図們税関本関構内公館／一八九六（明二九）／山形県西田川郡大山町／山形県立荘内中学校

一九一五年山形県立荘内中学校を卒業し、函館税関監吏となった。その後三

三年に満州国税関事務官に転じて渡満し、竜井村税関税務科長兼総務科長に就いた。三五年七月竜井村税関の廃止にともない図們税関税務科長兼総務科長に転任し、三六年一二月総務科長専任となった。

斉藤太郎治　▷12

ハルビン税関鑑査科長／ハルビン税関内／一八八八（明二一）／新潟県長岡市新町／新潟県立長岡中学校

一九一二年新潟県立長岡中学校を卒業して中国に渡り中国海関に入った。膠州、九江、漢口、竜江、上海、大連の各海関に勤務した後、三二年六月満州国による中国海関の強行接収にともない大連税関嘱託となった。その後三四年三月税関鑑査官となり、大連税関鑑査科長事務取扱を経て三六年一二月税関技正となりハルビン税関鑑査科長に就いた。

斎藤　親嗣　▷13

㈱佐野洋行社長、昭和金属㈱社長、昭和電機工業㈱社長／奉天／一九〇九（明四二）／神奈川県横浜市

一九三四年に渡満して大連の佐野洋行に入り、支配人となった。三八年に奉天支店が開設されると支店長に就き、翌年一一月㈱改組と同時に専務取締役に進んだ。四一年末に三二歳で社長に就任し、ドラム缶製造の昭和金属㈱社長、無線送受信機製造の昭和電機工業㈱社長を兼任し、㈱満州新興洋行常任監査役を務めた。

斉藤　継述　▷12

満鉄チチハル鉄路局警務処長／竜江省チチハル鉄路局警務処／一八八六（明一九）一〇／兵庫県武庫郡本山村／陸軍士官学校

斉藤梢の長男として滋賀県堅田町に生まれ、陸軍士官学校を卒業した後、憲兵練習所を修了して憲兵に転科した。以来歴勤して憲兵大佐に累進し、広島憲兵隊長を最後に現役を退いた。その後渡満して満鉄に入り、一九三七年一月チチハル鉄路局警務処長に就いた。

斉藤　利三　▷12

敦昌洋行主、敦化金融㈱取締役、敦化商業組合長／吉林省敦化凱旋道路／一八八九（明二二）四／山梨県東山梨郡奥野田村

山梨県斉藤市重の三男に生まれ、義務教育を修了して農業に従事した後、一九一三年に渡満して満鉄試験所に勤務した。一五年に退社して四平街で特産物商を営んだ後、吉林を経て二九年に敦化に移り、満鉄吉林貿易館敦化分館の創設とともに同館の経営に従事した。その後三三年に敦昌洋行を設立して洋品雑貨の卸・小売商を経営し、敦化公設市場を兼営した。同地の有力者として商業組合長等の公職に就き、満州事変後二年にわたって居留民会長を務めた。

斉藤　寅吉　▷12

満州興業銀行奉天支店支配人、奉天商工会議所議員／奉天八幡町／一八九〇（明二三）五／千葉県海上郡飯岡町／京都帝大法学部政治学科

東京高等師範学校を経て京都帝大法学部政治学科に入学し、一九一九年七月に卒業して教職に就いた。その後朝鮮銀行に入り、東京、ロンドン等各地支店に勤務し、三四年奉天支店支配人となって渡満した。三六年一二月在満州朝鮮銀行支店と満州銀行本支店、正隆銀行本支店が合併して満州興業銀行が成立すると同銀行に移り、三七年一月奉天支店支配人となった。

斉藤　直友　▷11

関東庁警務局保安課警部／旅順市明治町／一八八七（明二〇）七／島根県美濃郡匹見上村／島根県立第二中学校四年中退、東京警察講習所本科

島根県神職斎藤直墨の六男に生まれ、実兄斎藤真一郎の養子となった。一九〇三年島根県立第二中学校を四年で中退し、〇五年五月宇品碇泊場司令部門司出張所雇員となった。〇七年五月陸軍運輸部本部雇に転じて門司出張所に勤務し、一〇年五月大連支部に転任して渡満した。翌年一二月関東都督府巡査に転じ、旅順民政署に勤務した。一八年に警察官練習所を修了して同年八月警部補に進み、奉天、本渓湖に勤務した。二三年に東京警察講習所本科を修了して翌年警部に昇任し、鉄嶺警察署勤務を経て二六年七月関東庁警務局保安課勤務となった。

斎藤　仁吉　▷11

関東庁旅順民政署財務課土地係主任／旅順市高千穂町／一八八五（明一八）六／福島県安積郡福良

村／東京外国語学校支那語本科

福島県農業斎藤房次の次男に生まれ、小学校を卒業して代用教員を二年務めて学資を貯め、仙台の東北学院に入った。その後上京して東京外国語学校に進み、苦学しながら一九一一年に清語本科を卒業した。同年九月関東州公学堂教諭となって渡満し、貔子窩公学堂に勤務した。一八年七月関東都督府翻訳生に転じて旅順民政署に勤務し、東洋協会旅順語学校講師を兼任した。その後関東都督府属に昇格して庶務課商工係主任、関東庁土地審査委員会通訳事務嘱託を経て財務課土地係主任となり、かたわら東洋協会旅順語学校校務嘱託を務めた。

斎藤　秀雄　▷3

関東都督府医院医務嘱託／旅順旧市街鮫島町／一八八四（明一七）一一／島根県美濃郡二条村／東京帝大医科大学小児科

一九〇八年一二月、東京帝大医科大学小児科を卒業した。研究室に残って細菌学を学んだ後、翌年三月から副手、助手として小児科の研究に従事した。一二年五月、関東都督府医院医務嘱託となって渡満した。

斉藤　博　▷12

日本国際観光局チチハル案内所主任／龍江省チチハル正陽大街日本国際観光局龍江省チチハル案内所／一九〇三（明三六）六／千葉県千葉郡都村

満鉄に一四年勤続した後、一九三四年七月日本交通公社の前身ジャパン・ツウリスト・ビューローに転じた。同年九月日本国際観光局吉林案内所主任となり、三六年一〇月チチハル案内所主任に転任した。

斎藤　文男　▷11

電気機械器具商斎藤公司主／大連市桃源台／一八九五（明二八）三／東京府荏原郡品川町／東京高等商業学校

東京府医師斎藤清文の三男に生まれ、一九二一年東京高等商業学校を卒業して渡満した。大連の特産輸出商伊丹商店に入店したが、欧州大戦の戦後不況で二三年に同店が解散となり、同業の裕泰洋行に入社した。二五年に同店も閉店となり、翌年自ら斎藤公司を興して電気機械器具の輸入業を始めた。東京電気、東洋電気その他内外諸会社と代理店・特約店契約を結んで業績を伸ばし、さらに東京支店を設置して販路を拡張した。

斉藤　文二　▷12

満鉄奉天用度事務所庶務係主任、奉天山口県人会幹事／奉天雪見町／一八九一（明二四）五／山口県豊浦郡勝山村／市立下関商業学校

竜崎義高の次男に生まれ、後に山口県人斉藤甫一の養女千枝子の婿養子となった。一九一一年三月市立下関商業学校を卒業して渡満し、同年五月満鉄に入り撫順炭砿用度課に勤務した。二六年四月経理課勤務を経て三三年鉄路総局経理処用度科に転任し、次いで三六年一〇月奉天用度事務所庶務係主任となった。

斎藤　賢道　▷3

満鉄中央試験所醸造科長、理学博士／大連市山城町／一八七八（明一一）六／石川県金沢市長町／東京帝大理科大学植物科、同大学院

一九〇〇年七月、東京帝大理科大学植物科を卒業して大学院に進んだ。大学院在籍中、農商務省から醸造試験所設立事務及び臨時調査、東京税務監督局から酒類分析事務取扱を嘱託された。〇六年一月千葉県の山サ印醤油醸造所技術顧問となり、翌年一月円城製薬所の技師に転じた。〇九年三月理学博士号を取得し、同年一〇月農商務省の実業練習生としてドイツに派遣された。一一年九月留学免除を依願し、同年一一月満鉄に入って中央試験場醸造科長に就いた。

斎藤　増吉　▷12

瑞泉堂主／ハルビン馬家溝国課街／一八九五（明二八）五／富山県高岡市御旅屋町／高等小学校

高等小学校を卒業して実業に従事した後、高岡市で瑞泉堂時計店を経営した。その後、一九三三年一〇月ハルビン馬家溝に資本金一万円で支店を設けた。陸海軍及び諸官衙御用達となり、日露戦争時に松花江鉄橋爆破を企図して戦死した沖・横川等六志士記念の「志士万年筆」発売元、北満産白樺細工製造卸、小学校児童用「日の丸名札」全満代理店として時計・文具・土産品等を販売した。

斉藤　貢　▷12

満鉄総裁室監理課第四係主任、正

七位／大連市伏見町／一八九七（明三〇）一〇／神奈川県横浜市伊勢町／山口高等商業学校本科

神奈川県斉藤乙吉の四男に生まれ、一九二〇年三月山口高等商業学校本科を卒業して茂木㈴横浜本店に入った。次いでスタンダード石油会社横浜支店、横浜市立商業補習学校講師、栃木県立宇都宮商業学校教諭、島根県立商業学校教諭兼島根県師範学校講師、岡山県津山商業学校教諭を歴職した。その後三一年一一月満鉄に入社して渡満し、長春及び新京商業学校の教諭兼舎監を経て地方部商工課輸入係主任となった。三六年九月副参事に昇進して産業部商工課輸入係主任を務めた後、三七年五月総裁室監理課第四係主任となった。本社勤務以後は日満貿易促進を担当し、著書『新撰商事要項』を著した。この間、満州事変時の功により賜品及び従軍記章を授与された。

斉藤　貢　▷9

南満倉庫㈱支配人／大連市伏見台／一八八七（明二〇）一〇／岡山県上道郡幡多村／京都帝大法科大学政治学科

一九一四年京都帝大法科大学政治学科を卒業して台湾銀行に入り、台北の本店に勤務した。一六年シンガポール支店詰となり、さらに一八年バタビヤ支店に転勤した。一九年に退社して帰国し、同年九月に渡満して南満倉庫㈱の創立事務に従事し、設立後に支配人となった。

斎藤　光広　▷11

一番館印刷所主／大連市敷島町／一八八八（明二一）一二／東京府東京市芝区浜松町／福島県立工業学校

福島県農業斎藤幸八の次男に生まれ、一九〇六年福島県立工業学校を卒業し、翌年分家して東京に転籍した。〇八年四月内閣印刷局官報部員となり、一〇年一月やまと新聞編輯局記者に転じた。東京印刷㈱営業部員を経て一九年一月に渡満し、満州日日新聞社編輯局に勤務した。同じ大連の遼東新報社に転じた後、二四年に独立して一番館印刷所を経営した。

斎藤　稔　▷4

陸軍砲兵少佐、正六位勲四等功五級／吉林省城二道花園／一八七八（明一一）／岡山県／陸軍士官学校、陸軍大学校

一八九六年成城中学校を卒業して高等科に進んだが、翌年中退して陸軍士官学校に入学し、九九年に卒業した。さらに砲工学校、射撃学校を卒業して一九〇六年陸軍大学校に進み、〇九年に卒業した。この間一九〇〇年に砲兵少尉、〇二年中尉に進んだ。〇四年一〇月日露戦争に際し第七師団副官として従軍し、旅順、奉天の会戦に参加して翌年二月大尉に累進した。一〇年参謀部部員、同年一一月関東都督府陸軍参謀を経て一三年少佐に進み、野戦砲兵第四連隊大隊長となった。一六年五月、関東都督府陸軍部付として三度び渡満した。

斎藤茂一郎　▷13

朝鮮銀行大連支店長／大連市／一八八九（明二二）／京都府京都市／京都帝大法科大学

一九一五年京都帝大法科大学を卒業し、共保生命保険会社に入った。一八年朝鮮銀行に転じ、京城本店勤務を振り出しに奉天、大阪、天津、京城、平壌、鎮南浦の各支店に勤務した。その後青島、天津の各支店長を経て三九年六月大連支店長に就任した。

斎藤茂一郎　▷13

南昌洋行社長／大連市／一八八一（明一四）二／茨城県結城郡絹川村／慶應義塾理財科

茨城県の農家に生まれ、一九〇三年慶應義塾理財科二年を修業して三井物産に入り、香港支店で貿易業務に従事した。取引を通じて荒井泰治と知り合い、一〇年秋に帰国して翌年一月荒井らと㈾南昌洋行を興した。一二年八月大連出張所詰として渡満し、一七年に㈱改組に伴い支店に昇格すると大連支店長となった。二〇年五月専務取締役、次いで社長に就任して東京本社と大連支店を管理した。かたわら東洋スレート工業㈱を創立して社長を兼務し、二三年三月には満鉄、三井、三菱、野沢組と共に撫順炭販売会社を設立して取締役に就任した。さらに二七年に満鉄、大倉組、日本綿花㈱等と組んで満州棉花㈱を設立して専務取締役、次いで社長に就任した。他に大和染料製布㈱取締役、金沢鉱業社長、富士電炉社長、満州製糖取締役、満州造酒取締役、日本気化器取締役、日満アルミニウム監査役等を兼任した。

斎藤　元昇　▷11

満鉄鉄嶺地方事務所地方係長、勲六等／奉天省鉄嶺橋立町／一八八二（明一五）一／群馬県前橋市田中町／東亜同文書院

一九〇五年、上海の東亜同文書院を卒業した。陸軍通訳として日露戦中の満州に渡り、〇九年に関東庁翻訳生となった。一九年三月に退任して翌月満鉄に入り、地方部勤務を経て鉄嶺地方事務所地方係長に就いた。

斎藤安治郎　▷12

国務院財政部総務司人事科員、勲八等／新京特別市義和路代用官舎／一八八九（明二二）六／北海道札幌市大通西／山形県立荘内中学校

北海道斎藤弥助の長男に生まれ、一九〇八年山形県立荘内中学校を卒業した後、〇九年一二月盛岡の騎兵第二四連隊に入営し、一二年一一月に除隊した。その後一六年六月税務監督局に入り、札幌、小樽、空知、小樽の各税務署に勤務した。次いで小樽税務署直税課第二係主任、同第三係主任、函館税務署直税課長、札幌税務監督局直税部勤務、同総務部秘書係長、兼任預金部属・札幌支部総務係長を歴任した。その後三四年一一月に退官し、国務院財政部事務官に転じて渡満した。

斉藤　征生　▷12

満鉄産業部資料室資料班編纂主任、社員会評議員、勲八等／大連市伏見町／一九〇五（明三八）二／福岡県小倉市砂津／東亜同文書院

福岡県斉藤茂の長男に生まれ、一九二七年三月上海の東亜同文書院を卒業して満鉄に入り、庶務部調査課に勤務した。三二年二月総務部経済調査員、同年四月同奉天在勤、同年一二月経済調査会調査員、三三年一二月同東京在勤、三五年八月経済調査会調査員を歴職し、三六年一〇月産業部の発足とともに資料室資料班編纂主任となった。この間、満州事変時の功により勲八等及び従軍記章、建国功労賞を授与された。

斎藤　良一　▷11

大倉商事㈱大連出張所員／大連市平和台／一八九四（明二七）二／長崎県壱岐郡石田村／東京高等商業学校

長崎県商業斎藤良策の長男に生まれ、一九一七年東京高等商業学校を卒業して大倉商事会社に入社した。東京本店支那係、会計係等を経て一九年七月大連出張所に転勤して渡満した。

斉藤　良象　▷12

浜江省牡丹江専売署副署長、勲八等／浜江省牡丹江専売署／一八八八（明二一）／熊本県宇土郡網津村／中学校

一九一一年東京の中学校を卒業して同年一二月歩兵第一三連隊に入営し、一三年一一月に除隊した。一四年七月熊本税務監督局人吉税務署に入り、玉津、厳原、久留米、行橋、宮崎、大島、遠賀の各税務署勤務を経て武生水、唐津、武雄、小倉の各税務署関税課長を歴任した。その後三三年九月に依願免官し、同年一〇月国務院財政部専売公署事務官となって渡満した。奉天専売支署営口分署事業科長、営口専売署事業科長を務めた後、三四年四月同副署長を経て三七年一月浜江省牡丹江専売署副署長となった。

斎藤　良衛　▷11

満鉄理事、従四位勲四等、法学博士／大連市児玉町／一八八三（明一六）一一／福島県耶麻郡喜多方町／東京帝大法科大学政治学科

旧会津藩士で医師の斎藤良淳の長男に生まれ、一九〇九年東京帝大法科大学政治学科を卒業して外務省に入った。翌年領事館補となり天津、漢口、オタワに駐在した後、一五年に福州領事となった。一七年外務事務官に進み、外務書記官、外務省参事官、農商務書記官、総領事、外務省通商局長等を歴任した後、二七年九月満鉄理事に転じて渡満した。二九年関東軍司令部顧問を経て四〇年七月に第二次近衛内閣が成立すると松岡外相の下で外務省顧問となり、日独伊三国同盟締結に立ち会った。戦後は福島大学学長を務め、五六年に没した。中国に関する国際法研究で法学博士号を取得し、『東洋外交史序説』『支那国際関係概観』『支那国際法研究』『欺かれた歴史』等の著書がある。

斎藤　齢鎧　▷11

瓦房店警察署翻訳生／奉天省瓦房店東区常盤街官舎／一八九〇（明二三）四／熊本県飽託郡八分字村／熊本県立玉名中学校中退、北京

直隷官立東文学社中等科

熊本県僧侶斉藤真演の次男に生まれ、一九〇四年熊本県立玉名中学校を三年で中退した。一三年五月北京の直隷官立東文学社中等科に入って中国語を学び、翌年九月陸軍通訳となって青島戦で特別任務にあたった。さらに一九年四月にも特別任務を帯びて東部内蒙古地方の軍事調査に従事した。二六年七月関東庁翻訳生となり、以来瓦房店警察署に勤続した。この間中国各地、仏領インドシナを巡遊し、中華民国嘉禾章七等及び塩務二等勲章を受けた。

斉藤六兵衛 ▷12

斉藤鉱業所主／奉天省海城県南台広安街／一八九七（明三〇）四／福井県今立郡新横江村

一九一八年斉藤兄弟商会を設立し、北陸線鯖江駅より杉丸太電柱等を出荷した。その後一九年から原木の他に松、杉、柏等の挽材も扱って年間七〇万才内外を販売し、さらに延一〇〇〇坪の敷地に工場四棟を建てて建築部を設けたが、二〇年に第一次世界大戦の戦後不況による相場下落で打撃を受けて事業を閉鎖した。二一年朝鮮に渡って平壌の建築業林組に入り、かたわら夫人に古物商を営ませた。さらに二五年に山口県宇部市の山下組に転じて土木建築係主任となり、次いで二七年大連の渡辺組土木部瓦斯管設置工事現場主任を務めた。二九年に鞍山南一条に斉藤工務所を設立して土木建築請負を開業し、年平均四五万円を請け負うまでに発展し、三五年に合資組織に改めた。その後三六年五月奉天省海城県南台に移転して鉱石の採掘・加工販売業と左官材料製造・卸業を経営した。埋蔵量五〇万トンの硅石・長石・蛍石の鉱区六〇万坪を所有し、南台に工場を設置して二台の製粉機で月産五〇〇屯を製造し、昭和製鋼所、撫順窯業をはじめ奉天のガラス製造工場や琺瑯工場に納入した。

斉藤鷲太郎 ▷14

弁護士／大連市西公園町／一八八二（明一五）三／愛知県額田郡幸田村／明治法律学校、明治大学、日本大学

愛知県農業斉藤喜一の四男に生まれ、一九〇二年明治法律学校を卒業した。日露戦後の〇五年一二月に渡満して関東州民政署雇員となり、その後関東都督府属に昇格した。〇九年に関東都督府警部となり、大連民政署警務課保安係長その他を歴任して一四年に退職した。同年弁護士試験に合格して翌年から大連で弁護士業を開業し、かたわら二、三の会社の取締役を兼務した。一九年一〇月大連市会議員に官選されたが即日辞任し、翌年五月郷里の愛知県一一区から衆院選挙に立候補して当選した。関東州弁護士会長を三期務めたほか、二四年一一月から二八年一〇月まで大連市会議員を務め、政情調査のためウラジオストク、ハルビン、北平、天津、青島、上海等に赴いた。

道祖土　剛 ▷12

満州国協和会長春県本部事務長、桜蔭会常務理事／新京特別市興亞街／一九〇三（明三六）一二／東京府東京市杉並区方南町／早稲田大学政経科、ミズーリ大学

東京府道祖土寅吉の次男に生まれ、早稲田中学校を経て早稲田大学政経科を卒業した。「北海タイムス」の政治記者を務めた後、渡米してミズーリ大学に三年留学し、帰国後は右翼運動に専心した。その後一九三四年に渡満して全満を視察し、三五年に元代議士で後に満鉄理事となった平島敏夫と共に満州国協和会に入り、後に長春県本部事務長を務めた。かたわら神武会及び木曜クラブに属し、『新聞学』『大陸を行く』を著した。

道祖尾　要 ▷12

満鉄ハルビン警務段巡監、勲八等／ハルビン馬家溝協和街／一九〇九（明四二）五／鳥取県東伯郡由良町／育英中学校

鳥取県道祖尾長蔵の次男に生まれ、一九二七年東伯郡由良町の育英中学校を卒業して家業の農業に従事した。次いで二八年四月山栗米店に勤務し、かたわら物理学校夜間部に通学して二九年一〇月から自動車運輸業に従事した。三一年一月松江の歩兵第六三連隊に入営し、満州事変に従軍した後、三三年一二月除隊とともに満鉄鉄路総局に入り、ハルビン水運局に勤務した。その後三四年四月ハルビン鉄路局巡監となり、松浦警務段三棵樹在勤を経て三六年七月ハルビン警務段巡監となった。

佐伯　貫一 ▷10

㈾大同組代表社員／大連市能登町／一八八五（明一八）六／東京府東京市神田区宮本町／名古屋高等

工業学校建築科

一九〇九年名古屋高等工業学校建築科を卒業して鉄道院に入り、勤続して技師となった。一九年に鞍山の満州興業会社に招かれ、同社技師に転じて渡満し、貸屋新築を担当した。二一年に退社し、関東庁一級主任技術者の検定に合格して大連市伏見台に佐伯建築設計事務所を開業したが、翌年一〇月㈾柳生組の技術主任間瀬昇吉が退任する際その後任として同組に入り、後に創業者の柳生亀吉に代わって代表社員に就いた。二七年春に石光洋行を合併して大同組となった後も引き続き代表社員として経営に当たり、かたわら満州土木建築組合評議員、建築協会評議員、建築士会理事を務めた。

佐伯　才蔵 ▷3

大連海関検査官／大連市若狭町／一八七四（明七）二／兵庫県加西郡下里村／大阪市立高等商業学校

一八九八年大阪市立高等商業学校を卒業し、翌年一二月神戸税関に入り鑑定官補として勤務した。一九〇七年に大連海関が設置される際、大蔵省の推薦で検査官となって渡満した。

佐伯　仁寿 ▷11

満州医科大学助教授兼同付属病院内科副医長／奉天紅梅町青雲寮／一九〇〇（明三三）四／愛媛県伊予郡北山崎村／京都帝大医学部

愛媛県医師佐伯卓爾の次男に生まれ、一九二四年京都帝大医学部を卒業した。同大学内科教室で研究に従事した後、二八年三月に渡満して満州医科大学助教授となり、付属病院内科副医長を兼務した。

佐伯次郎恵 ▷8

佐伯洋行主／奉天／一八七八（明一一）一一／愛媛県周桑郡中川村

一九〇六年に渡満し、実兄の直平が経営する奉天の佐伯洋行に入った。二〇年一一月兄から事業を継承し、輸出入貿易、鈴木商店代理店業を経営した。

佐伯長太郎 ▷12

平安座館主／奉天弥生町／一八八九（明二二）三／広島県比婆郡山内東村

一九二〇年に渡満して奉天で土木建築請負業に従事した後、平安建物会社を独立経営した。木建築請負業を経営するかたわら、三一年二月松竹キネマとの共営で映画館平安座を創業し、三三年七月ハルビンにも平安座を開設し、さらに撫順公会堂及び新京の長春座とも長期契約を結んで興行した。

佐伯　直平 ▷11

奉天窯業㈱社長／奉天松島町／一八七八（明一一）一二／愛媛県周桑郡中川村

愛媛県佐伯吾平の長男に生まれ、日露戦中の一九〇四年九月、軍隊御用達商となって営口に渡った。翌年いったん帰国し、〇六年六月再び渡満して奉天に至り、同年一一月佐伯洋行を開設した。一一年に日本蝋燭の製造に着手して低価格販売で業績を伸ばし、洋蝋燭の一流品とされたイギリス製帆前船印と伯仲した。かたわら綿糸布、砂糖、燐寸、メリケン等の輸入貿易を兼営して奉天信託会社専務取締役、奉天金融倉庫会社監査役、奉天信託㈱社長、奉天窯業㈱社長を歴任した。奉天居留民会評議員、奉天商業会議所議員を務め、一八年に郷里の教育事業に一千円を寄付して賞勲局から銀盃を授与された。

佐伯不二男 ▷11

満鉄鞍山医院内科医員／奉天省鞍山大正通／一八九九（明三二）一／長崎県北松浦郡平戸町／長崎医学専門学校

長崎県医師佐伯登人の長男に生まれ、一九二二年三月長崎医学専門学校を卒業し、同年五月長崎県衛生課に勤務した。その後二五年九月に渡満して満鉄に入り、鞍山医院内科に勤務した。

佐伯　正芳 ▷13

満州住友金属工業㈱常務取締役／一八九一（明二四）／長野県諏訪郡落合村／東京帝大法科大学

一九一八年、東京帝大法科大学を卒業して住友本社に入社した。満州住友金属工業㈱は、「大住友」が大資本をバックに満州に進出し、日満経済ブロックの一翼として創立した会社で、住友生え抜きの常務取締役として就任した。

佐伯　宗夫 ▷12

国際運輸㈱清津支店船客係主任／朝鮮咸鏡北道清津府北星町国際運輸㈱清津支店／一八九二（明二五）

六／山口県玖珂郡岩国町／東洋協会専門学校
旧姓は中村、後に佐伯姓となった。一九一五年東洋協会専門学校を卒業し、一六年一月大阪商船会社に入社した。五年間海上に勤務した後、本社遠洋課勤務を経て基隆支店台北出張所船客係主任、門司支店船客係主任を歴任した。その後退社してT・T・B大連支部、北鮮運輸㈱に勤務し、三四年二月国際運輸㈱に転じて清津支店に勤務し、同年四月船客係主任となった。

「三枝」は「さいぐさ」も見よ

三枝岩次郎 ▷3

玉屋号主／大連市大山通／一八六六（慶二）一二／大阪府大阪市西区九条町

大阪市西区で毛織物綿布貿易商を経営したが、日露戦争後一九〇六年に渡満して大連市磐城町に支店を設け、羅紗類・洋服の販売業を始めた。一〇年三月大山通に移転し、引き続き同業に従事した。

三枝　久一 ▷9

玉屋号支店主／大連市大山通／一八九九（明三二）六／大阪府大阪市西区九条町／旅順中学校

大阪西区で毛織物綿布貿易商を経営する三枝岩次郎の長男に生まれた。一九〇六年から大連に支店を設けて羅紗類・洋服の販売業を営む父を追って〇八年に渡満した。大連の小学校から旅順中学校に進み、一四年に卒業して大阪の伊藤忠商店に見習奉公した後、翌年再び渡満して家業を引き継いだ。

早乙女忠国 ▷1

関東都督府技師、関東州水産組合名誉組長、従七位／大連／一八七一（明四）六／栃木県河内郡姿川村／東京水産講習所

幼名は鶴吉、後に忠国と改名した。東京水産講習所を第一期生として卒業した後、島根県隠岐の島庁の書記となった。在職中に五組の漁業組合のほか農業、畜産、植林組合の設立に尽力し、スルメの製法に改良を加えて第五回内国勧業博覧会に出品して名誉金牌を受賞し、島根県農興銀行の委員を務めた。次いで北海道小樽支庁に転じて勧業課長に就き、漁業法施行にともなう諸制度改正に努めた。その後福島県に転じ、県知事及び県参事会員の賛同を得て産業育成十年計画を立案したが、一九〇五年六月関東州民政署が開設されると農商務省により関東都督府技師に選任されて渡満した。公務のかたわら沿海を調査して関東州水産組合の設立に尽力し、設立後は副組長として漁業の発展に寄与した。この間、それぞれの任地において献身職務に尽瘁し、隠岐水産組合より感謝状と金時計を、北海道小樽その他六郡水陸共進会より感謝状と金製洋服ボタンを、関東州水産組合会議員から感謝状と金時計を贈られた。

酒井　栄次 ▷3

酒井医院主／奉天省営口元神廟街／一八六九（明二）五／新潟県中蒲原郡川内村

医術免状を取得して後、東京田代病院医員、市立富山病院医員、富山監獄医、東京医科大学助手・法医学教室勤務、東京医科大学付属病院勤務、東京病院医務嘱託、東京地方裁判所医務嘱託等を歴任した。一九〇二年五月牛荘衛生会に招かれて渡満し、営口で酒井医院を開業した。趣味の俳句では野梅と号し、満州俳壇に広く知られた。

酒井　確爾 ▷11

関東庁属、勲七等／大連市壱岐町／一八八三（明一六）六／岐阜県海津郡高須町

岐阜県官吏酒井牧太の三男に生まれ、一九一一年五月専売局書記となった。二〇年一一月関東庁に転任し、翌年一月に渡満した。その後、吉林税務監督署総務科長、遼源専売所副署長を経て奉天省四平街専売所副署長となった。長男透は奉天医科大学、長女津名は大連女子技芸学校、次男明は金州農業学堂に学んだ。

酒井熊太郎 ▷12

敦化機務段運転助役兼点検助役、勲八等／吉林省敦化通河街／一八八七（明二〇）八／福岡県小倉市長浜中之丁

福岡県酒井久次郎の五男に生まれ、一九〇四年鉄道作業局に入り大里機関庫に勤務した。一九〇九年満鉄に転じて渡満し、大石橋機関庫に勤務した。その後各地に歴勤して三四年六月吉林機務段副段長となり、三五年五月敦化機務段運転副段長を経て三六年一〇月同段運転助役兼点検助役に就いた。この間、満州事変時の功により勲八等従軍記章及び建国功労賞を受けた。

坂井　慶治 ▷14

成三洋行主／大連市愛宕町／一八六六（慶二）三／兵庫県神戸市平野／陸軍士官学校

一八八六年陸軍士官学校に入学したが、翌年退学した。九〇年に渡米し、九三年開催のシカゴ万国博覧会の神戸市博覧会委員として出品事務にあたった。九五年に帰国し、翌年台湾に渡って榎本農商務大臣の嘱託で人造綿糸「ラミー」の調査に従事した。一九〇五年二月、大連に渡って家具製作・装飾品商の成三洋行を興し、かたわら満州殖産㈱を創設して取締役社長に就任した。大連実業会、実業倶楽部にも創業以来関与し、青島魚市場専務取締役、大連商業会議所常議員を務めたほか、一九年一〇月復選により大連市会議員に当選し二二年一月に任期満了した。公職を退いて後、大連で病没した。

酒井　佐市 ▷11

開原小学校訓導／奉天省開原付属地敷島街／一八九〇（明二三）八／福井県福井市老松上町／福井県師範学校

福井県の古物骨董商若宮甚与門の子に生まれ、酒井文四郎の娘かよの婿養子となった。一九一一年福井県師範学校を卒業して郷里の小学校訓導を務めた後、一八年四月に渡満して開原小学校訓導となった。夫人かよも福井師範学校女子部を卒業した。

酒井　茂 ▷12

㈾成発東有限責任社員／大連市平和台／一八九一（明二四）一二／岡山県真庭郡勝山町／神戸高等商業学校

一九一五年神戸高等商業学校を卒業してウラジオストクに渡り、光武邦一の経営する光武商店に入った。一六年にハルビン支店開設のため渡満し、以来同地で支店長として業務一切を担当した。その後、二五年一一月同地で宗像金吾が経営する特産物商成発東の大連分号が設立されると同店代表者に転じ、合資会社への改組後は支配人・有限責任社員として経営に当たった。

堺　七蔵 ▷12

吉林省長嶺県参事官／吉林省長嶺県公署／一九〇〇（明三三）一二／福岡県糟屋郡新宮村／大阪高等工業学校醸造科

福岡県堺七裕の長男に生まれ、一九二二年三月大阪高等工業学校醸造科を卒業し、同年四月㈴万屋商店に入り酒造部主任となった。その後二六年四月に辞職し、翌月から醤油醸造業を自営した。満州事変後、三二年一月に廃業して渡満し、同年六月から北満救済員として活動した後、一一月に吉林省双陽県属官となった。三三年五月同参事官を経て三六年三月長嶺県参事官に転任したが、三七年六月に退官した。

酒井　秀一 ▷12

満鉄鉄道総局第一経理課員／奉天満鉄鉄道総局第一経理課／一八九七（明三〇）九／愛知県知多郡横須賀町／名古屋主計学校

愛知県酒井鋤太郎の長男に生まれ、一九一二年名古屋主計学校を卒業し、一三年二月郷里の横須賀町役場に勤務した。㈾三工社、橋本善商店等に転じた後、一九年に渡満して満鉄に入り撫順炭砿庶務課に勤務した。二五年七月満鉄本社鉄道部工務課勤務となり、次いで大連鉄道事務所埠頭保線区、鉄道部工務課に勤務して、三三年一二月奉天保線区庶務助役となり、三七年三月鉄道総局第一経理課に転任した。この間、満州事変時の功により木杯一組と従軍記章を授与され、三五年四月勤続一五年の表彰を受けた。

境　次郎 ▷11

労力請負業／旅順市大迫町／一八七九（明一二）一二／福岡県三潴郡大莞村

福岡県の花莚輸出商境信太郎の次男に生まれ、一八九七年税務属となり長崎税務監督局に勤務した。日露戦中の一九〇四年九月、佐世保の川副商会に転じて艦船の石炭積込みに従事した。〇六年に退社して渡満し、〇九年一〇月に旅順駅の貨物積卸請負を始め、運送業を兼営した。一三年八月から旅順埠頭の荷役請負も始め、かたわら旅順運送㈾代表者を務めた。長男正久は大分高商を出て長春取引所に勤務した。

酒井清兵衛 ▷13

国際運輸㈱社長／一八八五（明一八）四／岐阜県稲葉郡黒野村／東京外国語学校清語科

岐阜県農業白木文六の次男に生まれ、同県の酒井是一の養子となった。一九

さ

〇八年、東京外国語学校清語科を卒業して満鉄に入った。二七年二月参事・鉄道部庶務課長となり、三三年三月吉長鉄路局に派遣された。その後、洮南鉄路局副局長、鉄路総局総務処長を歴任して国際運輸㈱社長に就任した。

酒井　節司　▷12

満鉄総裁室文書課渉外係主任、社員会評議員／大連市桔梗町／一九〇八（明四一）三／広島県双三郡酒河村／京都帝大法学部

広島県酒井譲一の三男に生まれ、一九三二年三月京都帝大法学部を卒業し、同年四月満鉄に入社して総務部文書課に勤務した。三三年一〇月から満鉄育成学校講師を兼任した後、三六年一〇月同課渉外係主任となった。夫人菊江は大連神明高女を経て日本女子大を卒業した。

酒井　武　▷9

光武商店ハルビン支店長／ハルビン／一八八九（明二二）二／岡山県真庭郡勝山町／神戸高等商業学校

岡山県立中学校から神戸高等商業学校に進み、一九一五年に卒業してウラジオストクの光武商店に入った。一六年ハルビン支店に転勤して主任となり、一九年に支店長となった。

坂井　千丈　▷12

満鉄チチハル鉄路局工務処電気科員、社員会評議員／龍江省チチハル鉄路局工務処／一八九一（明二四）二／長野県上伊那郡西春近村／長野郵便局通信伝習所

長野県教員坂井熊治郎の長男に生まれ、高等小学校を卒業した後、〇七年長野郵便局通信伝習所を修了して郵便局に勤務した。一〇年一二月徴兵されて工兵隊に入営し、一四年四月伍長に昇進して除隊復職した。その後一七年二月朝鮮総督府逓信局に転出し、さらに同年一一月満鉄に転じて安東駅電信方に勤務した。二〇年七月電信主任、二二年八月事務助役、二三年四月安東鉄道事務所勤務を経て二五年安東駅事務助役となった。次いで奉天駅事務助役、鉄道部電気課、ハルビン鉄路局電気課電務係主任、チチハル鉄路局工務処電気科電務股長を歴任し、三六年九月職制改革により同処電気科勤務となった。この間、安東在勤時に在郷軍人分会第三班長を務め、分会評議員を七年務めて支部長表彰を受けた。

酒井　恒雄　▷12

満鉄新京駅事務助役、社員会評議員／新京特別市平安町／一九〇一（明三四）七／高知県長岡郡大杉村

一九一六年郷里大杉村の杉郵便局に入り、翌年三月新改村の繁藤郵便局に転勤した。その後一九年四月に渡満して満鉄に入り、三十里堡駅に勤務した。以来勤続して二一年二月得利寺駅、二四年五月大連鉄道事務所、二五年八月大連列車区、三一年一二月奉天列車区に歴勤して三三年六月湯崗子駅助役となり、三四年四月四平街駅事務助役を経て同年一二月新京駅事務助役となった。この間、満州事変時の功により賜盃及び従軍記章を授与された。

坂井　敏保　▷12

広進洋行主／ハルビン道裡中国十六街／一九〇〇（明三三）九／富山県中新川郡五百石町／拓殖大学

大連商業学校を経て拓殖大学を卒業し、一九二五年東京の大倉商事㈱に入った。二九年撫順支店長、三二年ハルビン支店長を歴任した後、三五年四月ハルビン道裡で広進洋行を独立開業した。資本金一〇万円で従業員一〇人を使用し、機械器具、自動車用品、農用機械器具、肥料、鉱油、工業薬品、ジーゼルその他の内燃機、電動機を販売した。

酒井　肇　▷11

満鉄撫順医院歯科主任／奉天省撫順南台町／一八九一（明二四）五／東京府荏原郡世田ヶ谷町／東京医学専門学校

東京府酒井秀見の次男に生まれ、一九一八年一〇月東京医学専門学校を卒業し、翌年渡満して満鉄長春医院に勤務した。二三年撫順医院に転じて歯科主任となり、満鉄社員会撫順支部婦人部長を務めた。

酒井　甫　▷12

満鉄牡丹江機務段運転助役兼点検助役、勲八等／牡丹江満鉄機務段／一八九九（明三二）二／福井県坂井郡本郷村

福井県酒井助五郎の三男に生まれ、一九二〇年一月満鉄に入り奉天車輌係となった。二二年鉄道教習所車輌科を修了し、奉天車輌係機関助手、同機関方心得、同機関方を経て公主嶺、四平街の各機関区機関方、同機関士心得、同機関士に歴勤した。次いで遼陽、蘇家屯の各機関区機関士、新京機関区運転助役、四平街機関区運転助役を歴任し、三七年六月牡丹江機務段運転助役兼点検助役となった。この間、満州事変時の功により勲八等瑞宝章及び賜金、従軍記章、建国功労賞を授与され、三五年四月勤続一五年の表彰を受けた。

酒井　福一　▷12

満鉄鉄道総局会計課員／奉天満鉄鉄道総局会計課／一八九七（明三〇）一〇／岡山県小田郡金浦町／法政学院

定藤安吉の三男に生まれ、後に酒井仁三郎の養嗣子となった。一九一二年六月満鉄見習となり、運輸部営業課、同庶務課、鉄道部庶務課、同経理課に歴勤し、勤務のかたわら二三年に大連の法政学院を卒業した。次いで鉄路総局に派遣され、洮昂、斉克、洮索、洮南在勤を経て鉄路総局会計処検査科長事務取扱、洮南鉄路局経理処会計科審査股長チチハル在勤、チチハル鉄路局経理処審査科長を歴任し、三七年四月鉄道総局会計課に転任した。この間、三二年四月勤続一五年の表彰を受けた。

境　岬　▷1

安東同仁医院長／安東県一八七七（明一〇）五／福岡県三池郡上内村／京都府立医科大学

旧柳川藩士の子に生まれ、京都府立医科大学を卒業して同大学内科の助手となり、京都避病院の嘱託医を兼任した。一九〇五年安東県軍政署に招かれて渡満し、同地の公立病院長を務め、軍政署が廃止され領事館所管となった後も引き続き同病院に勤務した。さらに同仁会本部に引き継がれると院長に就任し、〇六年に病院を新築して設備を整え、職員の指導と診療に従事した。

酒井安太郎　▷12

酒井商店主、吉林葬儀社長／吉林大馬路／一八七三（明六）二／東京府東京市下谷区御徒町

一九一三年吉林城内牛馬行で自転車・人力車・ミシンの販売を始め、かたわら土木建築業及び諸機械据付工事請負業を営んだ。一七年から古物商を兼営し、さらに一九年には葬儀社も開業した。その後、独立守備隊御用商人として土木請負に主力を注ぎ、吉林葬儀社も満州事変後は同地唯一の葬儀社として繁盛した。

坂井　喜則　▷12

満州盛進商行㈱代表取締役、営口興業㈱取締役社長、営口土地建物㈱代表取締役、福申銀号㈱取締役、振興銀行（株）／取締役、営口商工会議所常議員、営口輸入組合評議員／奉天省営口新市街南本街／一八八五（明一八）二／富山県中新川郡五百石町

富山県坂井喜一郎の長男に生まれ、一九〇六年三月に渡満して営口の満州盛進商行㈱に入り精米・製粉・運輸・倉庫・貿易業に従事した。以来勤続し、支配人を経て代表取締役に累進して営口興業㈱、営口土地建物㈱、福申銀号㈱、振興銀行（株）等の役員を兼務した。この間、三六年一〇月関東局施政三〇年記念に際し民間功労者として表彰された。

境　米市　▷12

満鉄産業部商工課商業係主任、満州国国務院実業部嘱託、社員消費組合総代／大連市初音町／一九〇二（明三五）一〇／福岡県直方市古町／東京商科大学

福岡県境兵太郎の子に生まれ、東筑中学校を経て一九二六年三月東京商科大学を卒業し、同年四月満鉄に入社して経理部に勤務した。二七年七月興業部商工課、三〇年六月殖産部商工課勤務を経て三一年八月奉天事務所地方課勧業係長となり、同年九月の満州事変に際し翌月から事務嘱託として関東軍に出向した。三二年五月嘱託を解かれて帰社し、同年一二月地方部商工課輸入係主任、三五年一月同輸出係主任を歴職した。三六年九月副参事に昇格し、同年一〇月産業部の設置とともに同部商工課産業係主任となり、三七年五月同部商工課商業係主任に転任した。この間、社員会消費部長、満州法政学院講師を務め、満州事変時の功により賜盃及び従軍記章を授与された。

寒河江堅吾　▷12

満州弘報協会理事、満蒙日報社董事／新京特別市永昌路／一八八九（明二二）一／東京府東京市小石川区林町／早稲田大学専門部政治経済科

山形県農業寒河江又七の四男として東田川郡広瀬村に生まれ、一九一三年早

さ

稲田大学専門部政治経済科を卒業して憲政新聞社政治部記者となった。一五年に同紙経営者の岡田雄一郎と代議士の大野敬吉らにより日刊通信「ジャパンタイムス」が創刊されると同紙記者に転じ、次いで帝国通信社、万朝報社記者を経て二〇年に東京日日新聞社政治部記者となった。二七年七月政友会幹事長山本条太郎の満鉄社長就任に際し、山本社長と松岡洋右副社長の斡旋により同年九月満鉄に入り社長室情報課長を務めた。三二年一二月満州国通信社の創立とともに同社大連支社長に就き、三六年九月満州弘報協会に併合されると同協会大連支社長となり、さらに三七年二月本社調査部長となり理事に選任された。この間、大連記者協会常任幹事を務め、昭和三年事件の功により陸軍大臣より賜金の行賞を受けた。

坂上休次郎 ▷12

錦州公署民政庁財務科員、地籍整理局錦州分局勤務／錦州省錦県省公署民政庁／一九〇一（明三四）四／鹿児島県出水郡出水町／山北学館

鹿児島県坂上蔵助の長男に生まれ、一九一九年私立山北学館を卒業した後、二一年一二月徴兵されて熊本の歩兵第二三連隊に入営した。二三年一一月に満期除隊し、二四年一二月関東庁巡査兼外務省巡査となって渡満した。二八年一〇月巡査部長に進み、二九年一二月警察官練習所高等科を修了し、警部警部補考査試験に合格して警察官練習所助教授となった。三一年七月関東庁警部補に進級して大連警察署に勤務した後、三二年三月警察官練習所教官を経て国務院民政部属官に転出し、警務司警務科に勤務した。次いで首都警察庁警佐、熱河省公署属官・同省公署警務庁勤務、奉天省公署属官・警務庁勤務、錦州省公署属官・民政庁財務科勤務兼地籍整理局属官を歴任し、三五年一〇月錦州公署民政庁財務科に転任して三七年五月から地籍整理局錦州分局員を兼務した。

榊原　勝治 ▷12

榊原仁天堂薬局主、関東州外薬剤師会会長、奉天中央会長／奉天青葉町／一八八三（明一六）一／愛知県宝飯郡三谷町／明治薬学専門学校

明治薬学専門学校を卒業して東京帝大医院模範薬局で調剤学と薬理学を研究した後、一九一一年に渡満して満鉄に入り大連医院に勤務した。一二年に奉天の満州医科大学附属医院薬局に転任し、以来同医院に長く勤続したが、二九年に退職して同大学細菌学教室で研究に従事した。三二年一月奉天青葉町に榊原仁天堂薬局を開業し、一般調剤のほか医療薬品、売薬、衛生材料等を販売した。営業のかたわら関東庁衛生事務嘱託、福祉委員、関東州外薬剤師会会長、奉天中央会長等の公職を務めた。

榊原喜久治 ▷12

関東局司政部行政課員、関東局教育主事、従七位勲六等／新京特別市関東局司政部／一九〇一（明三四）一〇／愛知県豊橋市大字中柴／愛知県第二師範学校第二部

一九一九年愛知県立第四中学校を卒業し、次いで二一年同県第二師範学校第二部を卒業した。一年志願兵として入営した後、豊橋市狭間尋常高等小学校、岡崎師範学校附属小学校ほか県立・公立の各小学校訓導を経て三三年三月豊橋市の羽根井尋常小学校校長兼訓導となった。三五年一〇月関東局教育主事に転じて渡満し、司政部行政課に勤務した。

榊原　康吉 ▷1

小栗洋行奉天出張所主任、正八位／奉天／一八八二（明一五）三／愛知県知多郡半田町／名古屋商業学校

一九〇〇年三月名古屋商業学校を卒業し、同年一二月一年志願兵として第三師団に入営した。兵役を終えて三等主計となり、〇二年名古屋の小栗商店に入り小栗洋行詰となって天津に赴任した。〇三年輸送業調査のため直隷省順徳に赴き、〇五年三月には三菱の電気銅売り込みのため河南省開封に出張したが、同年八月日露戦争に召集されて名古屋の留守第三師団経理部付として勤務し、同年一〇月に召集解除となり天津に戻った。〇六年一月満州に出張して各地を視察した後、奉天小西辺門内に小栗洋行奉天出張所を開設し、主任として三菱の電気銅と材木の販売業、その他一般貿易業に従事した。

榊原　正一 ▷12

満鉄牡丹江鉄路局機務処長／牡丹江満鉄鉄路局機務処／一八九七

（明三〇）一二／三重県三重郡日永村／旅順工科学堂機械科

一九一九年旅順工科学堂機械科を卒業し、同年一二月満鉄に入り運輸部運転課に勤務した。以来勤続して大連運輸事務所、大連機関区運輸部運転課、鉄道部運転課兼鉄道教習所講師、鉄嶺機関区運転主任兼技術主任、鉄道部運転課に勤務して瓦房店機関区長となった。次いで鉄道部事務課勤務、同輸送課勤務、鉄道建設局工事課車務係主任を経て三四年六月技師となり、鉄道建設局懲戒委員会委員、鉄道総局機務処運転科長兼客貨車係主任、設備委員会委員を歴任して三六年一〇月牡丹江鉄路局機務処長に就いた。

榊原　健　▷3

朝鮮銀行大連出張所員／大連市大山通／一八八五（明一八）七／京都府天田郡福知山町／京都市商業学校

京都市商業学校を卒業して㈱第一銀行に入り、後に朝鮮銀行に転じた。一九一三年、同行の満州進出とともに大連出張所に転任した。

榊原　増朗　▷11

満鉄鞍山製鉄所製造課化学工業係／奉天省鞍山音羽町／一九〇二（明三五）三／東京府東京市赤坂区／東京高等工業学校

東京府請負業榊原釟次郎の長男に生まれ、一九二四年東京高等工業学校を卒業して渡満した。満鉄窯業工場に入り、同年六月から昌光硝子㈱の前身の窓硝子工場建設に従事した。翌年三月鞍山製鉄所製造課窯業工場に転じ、工場主務者として生産作業に従事した。業務のかたわら満州青年連盟鞍山支部幹事を務め、ラグビー、ゴルフ等の競技とマンドリン演奏を趣味とした。

榊原　好之　▷12

満鉄吉林列車段助役、在郷軍人会鉄路分会評議員／吉林敷島街／一九〇二（明三五）一一／栃木県宇都宮市今泉町／県立福島中学校

榊原定規の長男として東京市王子区岩淵町に生まれ、県立福島中学校を卒業して鉄道省に入り、宇都宮駅、宇都宮車掌所、宇都宮運輸事務所に歴勤した。その後一九三三年一二月満鉄に転出して渡満し、吉林列車段助役となった。

榊　増介　▷1

榊組主／奉天省鉄嶺／一八五三（嘉六）一二／鹿児島県日置郡田布施村

一八七一年の海軍部創設とともに海軍軍人となり、三〇年勤務して大尉に進んで従六位勲六等を授与され、一九〇〇年に退役した。水難救済会幹事を務めた後、〇四年日露戦争に際して辞任し、同年八月長山列島を経て大連に上陸した。各地を視察した後、鉄嶺に榊組を設けて陸軍用達業と土木建築請負業、鉄道輸送業、食料品雑貨商、銃砲火薬販売業、鉄工業など数多くの事業を経営した。営業のかたわら同地の行政委員、実業協会員を務めた。

榊谷仙次郎　▷13

関東州土建協会理事長、榊谷組社長、勲五等／大連市能登町／一八七七（明一〇）三／広島県安芸郡下蒲刈島村／工手学校土木測量科

広島県教員木村謙吉の長男に生まれ、三一歳の時から祖父方の榊谷姓を名乗った。日露戦中の一九〇四年郷里を出奔して朝鮮に渡り、荒井組に入って京釜線鉄道速成工事に従事し、〇五年一月に同鉄道が竣工すると引き続き臨時軍用京義鉄道の安東橋梁工事に従事した。〇六年二月に帰国して東京の工手学校土木測量科に入学し、〇九年三月に卒業して荒井組に復帰し、安奉線広軌改築工事の最難関とされた四台子—鶏冠山の工区主任を務めたが、同年末に荒井組を辞め、翌年三月大連の菅原工務所に転じて鶏冠山及び黒坑嶺の隧道工事に従事した。一一年一一月の竣工後、引き続き四鄭線新設工事等に従事して菅原工務所総支配人となり、鞍山製鉄所地築工事を請け負った。二一年四月菅原工務所を離れて大連に榊谷組を独立開業し、関東庁及び満鉄の指定請負人となって業績を伸ばし、奉天その他の主要都市に支店を設け、さらに朝鮮に進出して朝鮮総督府指定請負人となった。二八年一〇月、満州土木建築組合が改組されて満州土木建築業協会が創立されると初代会長に就任した。三一年九月の満州事変以降は多くの鉄道敷設工事を請け負い、事変功労者として勲五等瑞宝章と賜金を受け、関東州土建協会専任理事長に就いた。⇒敗戦により事業と資産のすべてを没収され、四七年に帰国して榊谷組の再興を図ったが果たせず、外務省在外公館借入金整理準備審査委員を務めた後、六八年九月九一歳で没した。著書に『榊谷仙次郎日記』がある。

坂口　兌 ▷11

撫順炭砿大山坑採炭所長／奉天省撫順大山坑／一八八八（明二一）／長野県下高井郡夜間瀬村／東京帝大工科大学

一九一三年、東京帝大工科大学を卒業した。二〇年文部省海外留学生として欧米に留学し、帰国して二二年三月から二六年六月まで明治専門学校教授を務めた。同年一二月、渡満して満鉄撫順炭砿大山坑採炭所長に就任した。

坂口　貞治 ▷12

満鉄奉天機関区工作助役／奉天青葉町／一八八七（明二〇）六／長野県長野市吉田町

長野県坂口庄兵衛の次男に生まれ、一九〇二年一一月鉄道作業局長野工場に入った。日露戦争に際し〇四年一二月野戦鉄道提理部に属して渡満し、その後満鉄に入社して大連工場に勤務した。遼陽分工場、大連工場に転勤した後、退社して大連鉄工所㈱に転じたが〇九年三月に退社した。一〇年五月再び満鉄に入って遼陽車輌係に勤務し、大連工場、瓦房店車輌係、遼陽車輌係、蘇家屯機関区に歴勤し、三三年八月奉天機関区工作助役となった。この間、満州事変時の功により木杯一組と従軍記章を授与され、三五年に勤続二五年の表彰を受けた。

坂口新兵衛 ▷7

関東庁土木課青写真師、勲八等／旅順市明治町／一八七六（明九）九／鹿児島県揖宿郡今和泉村

一八九六年一二月、徴兵されて熊本の野砲第六連隊に入隊し、善行証を得て満期退営した。一九〇四年日露戦争に際して召集され、川村景明大将の鴨緑江軍に属して従軍した。戦後除隊して帰国したが、〇六年三月関東庁軍馬補充所調馬師となって再び渡満した。翌年退任して海軍経理部に入り、青写真の技術を習得して海軍建築課の青写真師を七年務めた後、関東庁土木課に同職で転じた。旅順に起こった故萩氏の遺族を援助し、郷里の青年を満州に呼んで面倒を見るなど、篤厚の人として知られた。

坂口　新圃 ▷3

満鉄鉱業部鉱務課長兼山東鉄道管理部鉱山課長嘱託、従五位勲四等／大連市山城町／一八六五（慶一）一一／東京府東京市下谷区下根岸町／和歌山県師範学校、東京熟習英語学校、東京専修学校

和歌山県に生まれ、一八八四年和歌山県師範学校に入学した。上京して東京熟習英語学校に学んだ後、東京専修学校に入り九二年に卒業した。九四年文部省検定試験に合格して尋常師範学校教員免許を取得し、九七年文官高等試験に合格した。翌年高等官七等・司税官となって新潟県に赴任し、一九〇〇年税関監視官兼事務官として函館に転勤した。〇二年高等官四等・千住製絨所事務官となったが、〇六年在官のまま満鉄に入社して調査役に就いた。一一年撫順炭砿次長を経て一二年に鉱務課長となり、一五年から陸軍命により山東鉄道管理部鉱山課長嘱託を兼務した。

坂口　義枝 ▷12

国際運輸㈱鉄嶺出張所長／奉天省鉄嶺国際運輸㈱出張所／一九〇〇（明三三）三／長崎県長崎市飽之浦町／東京殖民貿易語学校

本姓は別、坂口柳八の養子となった。一九一九年東京殖民貿易語学校を卒業して満鉄に入った。勤続七年の後、二六年に退社して国際運輸㈱に転じ、大連陸運課吾妻荷扱所主任、チチハル支店長代理を経て三七年四月鉄嶺出張所長となった。

坂口　遼 ▷12

満鉄撫順炭砿庶務課文書係主任、社員会撫順連合会幹事／奉天省満鉄撫順炭砿庶務課／一九〇四（明三七）九／京都府京都市上京区岡崎北御所町／京都帝大経済学部

一九二九年三月京都帝大経済学部を卒業し、同年五月満鉄に入社した。社長室人事課、鞍山製鉄所事務課、同庶務課、経済調査会調査員兼務を経て撫順炭砿庶務課に転任し、三三年九月東郷採炭所庶務係主任を経て三六年一〇月庶務課文書係主任となった。

阪倉　淳吉 ▷3

満鉄地質研究所職員／大連市若狭町／一八七八（明一一）一一／兵庫県武庫郡西宮町／東京帝大理科

大学地質学科

奈良県吉野郡に生まれ、一九一一年六月東京帝大理科大学地質学科を卒業した。翌年二月に渡満し、満鉄地質研究所に勤務した。

坂　敬治　▷12

大連工業学校長、㈶関東州教職員共済会理事、従五位勲六等／大連市下霞町関東州庁官舎／一八八八（明二一）五／滋賀県蒲生郡西大路村／滋賀県師範学校本科、東京高等工業学校工業教員養成所

旧近江西大路藩士坂玄竜の長男に生まれ、一九〇八年滋賀県師範学校本科を卒業して県下の蒲生郡日野、同郡市原西の各尋常高等小学校訓導を務めた。その後上京して東京高等工業学校工業教員養成所に入り、一四年に修了して岩手県立工業学校、佐賀県立佐賀工業学校の各教諭、官営八幡製鉄所技手、鹿児島県立工業学校教諭、鹿児島高等農林学校講師、佐賀県立佐賀工業学校長を歴任した。三五年四月、大連工業学校が創立されると初代校長に招聘されて渡満した。

佐賀　七郎　▷10

佐賀商店主／大連市能登町／一八八五（明一八）五／岐阜県可児郡上三郷村／早稲田大学商科

郷里の中学校を卒業して上京し、一九〇四年早稲田大学商科を卒業して実業に従事した。一六年増田貿易会社に入り、勤続して大連支店次席・輸入部主任となって渡満した。二〇年に欧州大戦後の不況により支店引揚となったが、そのまま残留して翌年四月能登町に佐賀商店を開業した。麻袋、麦粉、砂糖、綿糸布等の雑貨貿易業を営んで着実に発展し、大連株式商品取引所商品市場の現物組合委員、大連古麻袋同業組合委員を務めたほか、修養団の活動にも取り組んだ。

酒瀬川伝太郎　▷12

大盛堂書店主、鞍山商工会議所常議員、同商店協会長、同輸入組合監事、同金融組合評議員、関東局営業税調査委員、鹿児島県人会副会長／奉天省鞍山赤城町／一八八七（明二〇）八／鹿児島県熊毛郡下屋久村／鹿児島中学校

一九〇四年三月鹿児島中学校を卒業し、同年一二月佐世保海軍仮設望楼通信部に入った。日露戦争終結とともに〇六年に同部が解散された後、〇七年一二月徴兵されて鹿児島の歩兵第四五連隊に入隊した。〇九年一一月に満期除隊して帰郷し、翌年一月から下屋久村役場の書記を務めた。次いで一一年五月に渡満して満鉄に入り、撫順炭砿土木事務所に勤務した。その後一四年九月に退社して双廟子付属地で貿易商を自営し、一八年一一月鞍山に立山仮市街が造成されると同地に移り、店員三名を使用して書籍文房具商を経営した。

酒田栄太郎　▷12

皇姑屯機務段運転主任、勲八等／奉天雪見町／一八九八（明三一）一〇／石川県羽咋郡千里浜村／満鉄従事員養成所

石川県酒田久太郎の長男に生まれ、一九一四年七月に渡満して満鉄に入り、大連機関区に勤務した。一六年従事員養成所を修了して翌年五月橋頭車輌係となり、同年一二月公主嶺車輌係に転任した。一八年一一月徴兵されて兵役に就き、二〇年一二月に満期除隊して帰任した。二八年一〇月奉天省四平街機関区に転勤して三〇年八月点検助役となり、三一年八月鉄嶺機関区運転助役を経て三四年八月新京鉄道事務所に転勤した。この間、満州事変時の功により勲八等従軍記章及び建国功労賞、赤十字記章を授与された。三五年四月奉天鉄道事務所車務課に転勤した後、同年五月奉天鉄路局機務処運転科に転任して同年六月山海関機務段運転主任となり、三六年五月皇姑屯機務段運転主任となった。

嵯峨　卓郎　▷12

旅順工科大学予科教授、正七位／旅順市江戸町／一九一〇（明四三）／和歌山県西牟婁郡生馬村／旅順工科大学機械科

一九二六年大連第一中学校四年を修了して旅順工科大学機械科に入学り、三二年に卒業して同大予科教務嘱託となった。三三年四月同予科助教授となり、次いで三四年七月同大学最年少の教授となった。

坂田　謙二　▷12

満鉄牡丹江鉄路局総務処人事科長／牡丹江満鉄鉄路局総務処／一九〇〇（明三三）一〇／栃木県下都

賀郡皆川村／東京帝大法学部政治学科

栃木県坂田久吉の次男に生まれ、一九二六年三月東京帝大法学部政治学科を卒業し、同年一二月一年志願兵として千葉県国府台の野戦重砲兵第七連隊に入営した。除隊して玉川電気鉄道㈱、東京帝大学生共済会嘱託に歴職した後、二九年五月に渡満して満鉄に入り鉄道部に勤務した。奉天駅、奉天列車区、奉天駅、総務部人事課に歴勤して三三年一一月同調査係主任となり、次いで三六年一〇月牡丹江鉄路局総務処人事科長に就いた。

坂田　修一　▷12

満州国協和会浜江省本部事務長兼ハルビン特別市本部長／ハルビン満州国協和会浜江省本部／一九〇六（明三九）／広島県広島市榎町／東京帝大法学部法律科

第六高等学校を経て東京帝大法学部法律科を卒業し、南満州電気に入社した。社命で海外に二年間派遣された後、一九三三年国務院民政部事務官に転じて総務司調査科長に就いた。その後三六年七月満州国協和会指導部組織科長に転じ、次いで浜江省本部事務長に転任してハルビン特別市本部長を兼務した。柔道を得意とし、五段位を有した。

坂田　辰治　▷11

満鉄他山駅長／南満州他山満鉄社宅／一八八八（明二一）九／熊本県八代郡文政村

熊本県農業坂田元治の三男に生まれ、渡満して一九〇八年一二月奉天駅の駅夫となった。翌年一〇月車掌見習として大石橋駅に勤務し、翌年四月車掌に昇任して鉄嶺駅に転勤した。一九年一一月助役に進んで石河駅勤務、翌年一〇月瓦房店駅助役、二一年七月大石橋駅助役を歴任して二六年七月他山駅長に就任した。この間、満鉄創立一五周年に際し表彰を受けた。

坂田　長平　▷3

瀋陽馬車鉄道公司董事／奉天新市街瀋陽馬車鉄道公司宿舎／一八八二（明一五）六／熊本県八代郡千丁村／熊本県立中学済々黌、東亞同文書院

一九〇〇年熊本県立中学済々黌を卒業し、熊本県の第一期中国留学生に選ばれた。同年五月同文書院に入学し、商務科に学んで〇四年四月に卒業した。同年七月から〇七年六月まで農商務省海外実業練習生として天津に赴き、中国の実業に関する研究調査に従事した。〇八年三月、日支合弁の瀋陽馬車鉄道公司に入って会計及び庶務に従事し、一五年三月董事に就いた。

坂田　徹治　▷12

満州国立高等師範学校学監、従五位勲四等／吉林新開門外陽明街／一八九一（明二四）一／静岡県田方郡伊東町／陸軍士官学校、東京外国語学校

一九一二年陸軍士官学校を卒業して同年一二月陸軍歩兵少尉に任官し、歩兵第三四連隊付、同中隊長等に歴補し、この間一九年に東京外国語学校を卒業した。三〇年八月少佐に累進して予備役編入となった。その後三二年一〇月国務院民政部首都警察庁警正となって渡満し、警察隊総隊長を務めた後、三五年七月浜江省公署督察官を経て三六年四月吉林の高等師範学校学監となった。

坂田　輝夫　▷11

旅順中学校教諭／奉天省撫順南台町／一八九六（明二九）七／熊本県熊本市大江町／東京高等師範学校

一九一七年から郷里で教員を務めたが、上京して東京高等師範学校に入り二二年に卒業した。二六年三月に渡満し、撫順中学校教諭となった。夫人久も女子師範を出て教員免状を有した。

阪谷　希一　▷11

関東庁財務課長、華族／旅順市高崎町／一八八九（明二二）五／東京府東京市小石川区原町／東京帝大法科大学政治学科

大蔵大臣・東京市長等を歴任した貴族院議員・子爵阪谷芳郎を父とし、渋沢栄一の次女を母として長男に生まれた。東京高師附属中学校、第二高等学校を経て一九一四年東京帝大法科大学政治学科を卒業した。日本銀行に入り、本店、名古屋支店勤務を経てロンドンに赴任し、二四年五月に帰国して本店調査局調査役となった。二五年三月関東庁長官児玉秀雄に嘱望されて渡満し、関東庁理事官として財務課長に就任した。⇒二九年六月に拓務省が設置されると文書課長に起用されて帰国し、その後殖産局長心得となったが、三二年三月旧知の関東軍参謀石原莞爾の招きで渡満し、満州国財政部総務司長に就任した。同年六月国務院総務庁次長に転じて財政部門を指揮し、同年一〇月駒井徳三の跡を承けて総務庁長代理に就いて行政機構全般を統轄した。三五年五月満州国官吏を辞して満州中央銀行常任監事に転じ、通貨制度の整備を指導した。三六年一〇月満鉄の職制改革に伴い理事に迎えられ、新設の産業部長に就任して東辺道開発計画等を推進した。三七年七月盧溝橋事件が起きると支那担当理事として天津に駐在して在華満鉄機関を指揮し、三八年三月中国聯合準備銀行が発足すると顧問に就任して華北通貨金融工作を指導した。敗戦後の四五年一二月戦犯容疑で召喚され、四七年一一月まで北京に残留した。帰国して公職追放に遭い、解除後は理化学研究所、科研薬販売会社等の経営に関与したが、五七年一一月に没した。

坂田秀太郎 ▷12

坂田商会主、ハルビン土木建築公司主／ハルビン外国四道街／一八九六（明二九）三／長崎県長崎市伊勢町／東山学院

長崎市の東山学院を卒業してウラジオストクに渡り、一九一七年同地のロシア語学校を卒業した。一八年㈾フランク商会を設立して輸出入業を営み、大阪でもロシア向けの石油貿易業を経営した。二二年大阪の山嘉組ウラジオストク支店主任に転じてメルクーロフ政府の借款事務に従事したが、ロシア革命のため支店閉鎖となり、二四年から沿海州で漁業を経営した。三〇年外務省嘱託としてハルビンで開かれた第一回極東学術大会の日本側通訳を務め、さらに農林省嘱託により露領水田調査に従事した。三二年東京の野沢組ウラジオストク出張所主任となって木炭と海草の貿易業に従事した後、三五年ハルビンに坂田商会及びハルビン土木建築公司を設立した。日本人五人、中国人一〇名の従業員を使用し、満州国軍管区御用達として土木建築業、金鉱業、薪炭・鉱油・機械油販売業を営んだ。

佐方文次郎 ▷11

東洋拓殖㈱大連支店支配人／大連市松山町／一八八三（明一六）一一／東京府東京市本郷森川町／東京帝大法科大学経済学科

東京府農業小室常三郎の次男に生まれ、佐方しづの養子となった。一九一三年東京帝大法科大学経済学科を卒業して東洋拓殖㈱に入社した。一九年に大連支店勤務となって渡満し、後に支配人を務めた。

坂田　昌亮 ▷12

国務院交通部道路司長、正五位勲六等／新京特別市崇智胡同／一八九〇（明二三）五／熊本県八代郡八代町／東京帝大工科大学土木工学科

八代中学校、第五高等学校を経て一九一三年三月東京帝大工科大学土木工学科を卒業し、内務省土木局に入った。以来勤続し、三一年八月横浜土木出張所兼務を経て同年ヨーロッパに出張し、三二年二月に帰任した。三四年五月木曽川既成河川監督を経て同年七月工務部長となり、内務省名古屋土木出張所に勤務して愛知地方森林会議員を務めたが、同年一二月国務院国道局技正に転出して渡満し、第一技術処長となった。その後三七年一月の官制改革で土木局技正となり、同年七月交通部道路司長に就いた。

佐賀常次郎 ▷12

㈴佐賀商店代表社員、満州製油工場振興委員会委員、ハルビン商工会議所議員、満州特産中央会評議員、ハルビン特産同業組合長／ハルビン通道街／一八九一（明二四）一二／富山県射水郡新湊町

神戸に本社を置く竹内商会のハルビン支店長を務めたが、一九二三年五月同支店引き揚げに際し独立し、大連の瓜生商店代理店として特産商を開業した。満州事変に際し関東軍が同市に進出すると精米部を設け、さらに交易所を開設して仲買人となり、三六年に合名組織に改めた。

嵯峨武都郎 ▷7

装行社主／大連市磐城町／一八六三（文三）八／大分県下毛郡中津町

大分県に生まれ、幼時に鹿児島に転居した。一八八〇年一六歳で鹿児島県庁雇員となり、大島勤務を経て沖縄県属官となった。八八年に退職して門司の八十七銀行支配人に転じたが、百三十銀行との合併に際し退社した。門司鉱業倶楽部の整理に従事する中で犬塚信太郎満鉄理事の知遇を得、犬塚に従って一九〇八年に渡満した。大連で商店を開業したが、客に挨拶もできない士族の商法で振るわず、官吏上がりに適した葬儀取扱いと花類販売業に転じた。大連における斯業の元祖として地歩を築き、社寺用達として神仏具を販売したほか、電明会社の代理店として新案特許の「ハイカラ噴霧器」「洗濯用アクの素」等の特約販売を兼営した。

坂本 栄一 ▷12

満鉄奉天省四平街電気段庶務助役／奉天省四平街元副局長公館／一九〇四（明三七）九／島根県美濃郡高津町／盈進商業学校

旧姓は山田。島根県坂本小三郎の養子となった。一九二一年福山市の盈進商業学校を卒業した後、二七年二月に渡満して満鉄に入り、長春通信区次いで長春電気区に勤務し、かたわら同年九月鉄道教習所経理講習科を修了した。三〇年六月長春保安区勤務、三五年六月ハイラル電気段庶務副段長を経て三六年一〇月奉天省四平街電気段庶務助役となった。この間、満州事変時の功により従軍記章と木杯を授与された。

坂本寛吉郎 ▷11

満鉄衛生研究所痘苗科長、正七位／大連市聖徳街／一八九一（明二四）一一／栃木県芳賀郡清原村／東京帝大農学部獣医科

栃木県農業坂本吉十郎の三男に生まれ、一九一八年東京帝大農科大学獣医科を卒業した。農商務省獣疫調査所に入って二三年一〇月技師になったが、衛生研究所の創立に際し満鉄に招聘され二六年九月に渡満した。衛生研究所痘苗科長として獣疫の研究と痘苗製造に従事した。

阪本 恭輔 ▷11

開業医、正八位／大連市佐渡町／一八九一（明二四）一〇／群馬県北甘楽郡富岡町／南満医学堂

群馬県富岡町長坂本治平の三男に生まれ、渡満して南満医学堂に入学した。一九一六年に卒業して満鉄大連医院皮膚科で第一次勤務演習を受け、かたわら同年八月から一一月まで関東都督府海務局検疫員嘱託を務めた。翌月から一年志願兵として宇都宮連隊に入営し、一七年一一月に除隊して引き続き勤務演習を受け、一八年四月大連医院医員となった。二四年一二月、満鉄を退社して大連で皮膚科泌尿器科医院を開業した。

坂元 国尾 ▷1

日清通商㈱長春支店員／長春／一八八二（明一五）一二／石川県羽咋郡樋川村

一〇代半ばで樺太に渡り、現地でロシア語を習得した後、一九〇〇年義和団事件の際に中国に渡り、天津、北京等で軍用達業と雑貨販売業を営んだ。その後廃業してハルビンに渡り、同地で参謀本部の指令で諜報活動を行った石光真清のロシア語通訳を務めた。まもなく日露開戦となって帰国したが、第二軍第一旅団司令部付通訳として再び渡満し、戦後〇六年四月に帰国した後、翌月再び渡満して旅順の水産組合巡視員となった。その後、石光の叔父の野田豁通男爵が経営する大連の日清通商に転じ、長春支店に勤務して貿易業と輸送業に従事した。勲八等と一時賜金を受けた。

坂本 熊彦 ▷12

坂本商会主／奉天弥生町／一八七四（明七）三／熊本県熊本市

日露戦争直後の一九〇五年に渡満し、大連で味噌醤油の醸造販売業を営んだ。その後一七年に奉天市場内に小売り貸店舗場が開設されると同所に支店を設け、一九年に本店を奉天春日町に移した。次いで三三年弥生町に新築移転し、和洋食料品・雑貨販売業と製菓・製麺業を経営した。

坂元 三蔵 ▷7

社員消費組合大連支部近江町分配所主任、勲七等功六級／大連市北大山通／一八七九（明一二）一／鹿児島県日置郡伊集院町

幼時から陸軍軍人を志望し、一八九七年一〇月陸軍教導団歩兵科に入団した。一九〇四年、第六師団第一大隊炊事軍曹として日露戦争に従軍して普蘭店から昌図に進軍し、歩兵曹長に進級して歩兵第四八連隊第八中隊付となり、間もなく歩兵特務曹長に進んだ。戦功により勲七等功六級を受け、〇七年一二月に予備役となり退営した。〇八年、朝鮮の京城に渡って朝鮮総督府郵便為替貯金管理所に入り決算事務に従事した。一二年勤続して退職し、知人の満鉄社員に誘われ一九年六月に渡満して撫順炭砿用度課雇員となった。同年一一月社員消費組合が設立されると消費組合撫順支部に転じ、二四年六月大連支部に転勤して翌年三月近江町分配所主任となった。

酒本繁太郎　▷12

国務院財政部地畝管理局事務官／新京特別市地畝管理局／一八八三（明一六）／北海道

徴兵されて軍務に服し、一九〇七年陸軍上等計手に任じられて関東軍経理部付となった。その後一九三二年に満州国が建国されると同政府に転出し、三三年逆産委員会幹事を務めた。次いで三四年に国務院財政部事務官となり理財司国有財産科に勤務し、三七年四月地畝管理局事務官に転任した。この間、三六年五月勲六位景雲章を授与された。

阪本　庄助　▷4

阪本製靴店／ハルビン埠頭区ウチヤストコワヤ街／一八七五（明八）／兵庫県神戸市北長

若い頃から製靴業に従事し、大阪、名古屋各地で靴商を営んだが、業績振るわず京城に渡った。同業者が多く過当競争が激しいため靴店開業を断念し、種々の職業を物色した末、スッポンの養殖に着手した。漢江上流で釣り上げたスッポンを池で養殖して一、二年後に日本向けに出荷する段取をつけたが、その間の損耗率が高いうえ資金が続かず、三年で失敗に帰した。一四年に渡満して撫順で靴店を開業したが、同年に欧州大戦が始まると北満地方が有望と見てハルビンに移った。阪本製靴店を開業して商運を掴み、日本人、中国人合わせて三十余人の店員・職工を置いて製造販売にあたった。

坂本　信一　▷11

大連朝日小学校訓導／大連市桂町／一八八七（明二〇）九／熊本県鹿本郡桜井村／師範学校

熊本県農業坂本松平の次男に生まれ、一九一〇年師範学校を卒業した。一八年五月に渡満して関東州小学校訓導となり、大連第一尋常小学校に勤務した。同郷の夫人サダも女子師範を出て教員免状を有した。

坂本　信治　▷12

奉天省公署土木庁員、勲七等／奉天省公署土木庁／一八八三（明一六）八／高知県長岡郡大平村／高知県立中学海南校中退

一九〇二年高知県立中学海南校第五学年を病気で中退した後、翌年一二月徴兵されて歩兵第四四連隊に入営し、〇四年に第三軍及び鴨緑江軍に属して日露戦争に従軍した。戦後帰国して除隊し、〇八年一月高知県営の甫喜峰水力電気工事助手となった。その後一六年二月青島軍政署雇員に転じて山東省に渡り、次いで二一年六月青島守備軍民政部技手となり、さらに二三年五月関東庁技手に転じて渡満し、内務局土木課に勤務した。三三年五月国務院国道局技正に転じ、奉天建設処に勤務して三四年七月技佐に進み、三七年一月奉天省に土木庁が新設されると同庁勤務となった。この間、日露戦争の功により勲八等白色桐葉章及び賜金、二九年三月関東庁在官時の功により勲七等瑞宝章を授与された。

坂本　晋　▷12

満鉄社員／一八八八（明二一）九／栃木県河内郡平石村

栃木県坂本金次郎の三男に生まれ、郷里の小学校を卒業後に渡満し、一九一一年一二月満鉄に入り奉天車輌係となった。以来一三年間同地に勤務した後、三四年六月奉天省四平街機務段運転副段長となった。三六年一〇月の職制改正により運転助役となり機関士を兼務した後、三七年四月待命となり翌月依願退社した。この間、三七年四月に勤続二五年の表彰を受け、満州事変時の功により勲八等及び従軍記章、建国功労賞を授与された。

坂本　延　▷12

満鉄錦県站長、社員会評議員、従七位勲八等／錦州省錦県站長社宅／一八九一（明二四）四／熊本県菊池郡津田村／東亜鉄道学校

熊本県坂本武雄の長男に生まれ、一九〇八年三月熊本市の私立東亜鉄道学校を卒業して同年五月九州鉄道管理局属となった。八代駅出札掛兼貨物掛、熊本駅荷物扱、熊本運輸事務所に歴勤して一二年に鉄道院九州地方教習所を修了した。次いで一三年に中央教習所業務科を修了して同年一二月鉄道院書記となり、三角駅予備助役、熊本駅車掌監督助役、九州鉄道管理局運輸課列車掛、肥後大津駅長、長門駅長、有佐駅長、熊本運輸事務所員を歴職した。その後三四年一月満鉄に転じて渡満し、同年四月ハルビン鉄路局運輸処旅客副科長となり、旅客股長を兼務した。三五年三月横道河子鉄路弁事処運輸長、同年一一月ハルビン鉄路局運輸署旅客

さ

科長を歴任して、三六年九月錦県站長に就き、三七年四月副参事となった。

坂本　泰一 ▷12

錦州省公署民政庁財務科長／錦県錦州省公署民政庁／一九〇三（明三六）五／東京府東京市渋谷区千駄ヶ谷／東京帝大法学部法律学科

一九二八年三月東京帝大法学部法律学科を卒業して群馬県属となり、二九年文官高等試験行政科、次いで翌年司法科に合格した。その後三三年一二月国務院民政部事務官に転じて渡満し、地方司行政科に勤務した後、三六年五月総務司文書科勤務を経て三七年四月錦州省公署理事官に転任し、民政庁財務科長に就いた。

坂本　高 ▷12

旅順高等女学校教諭／旅順市赤羽町／一八九七（明三〇）四／熊本県天草郡御領村／東京美術学校

一九二四年東京美術学校を卒業して宮崎県師範学校教諭となり、図画科を担任した。二六年三月大連第二中学校教諭に転任して渡満し、その後関東高等女学校教諭に転任して旅順高等女学校に勤務した。洋画の他に刀剣、琴古流尺八などを嗜み、弓道は三段位を有した。

坂本　武 ▷11

満鉄公主嶺駅助役／吉林省公主嶺菊地町／一八九八（明三一）一二／山梨県北巨摩郡安都玉村

山梨県農業坂本清苗の長男に生まれ、一九一八年一一月に渡満した。満鉄に入って奉天駅駐在車掌となり、二二年七月公主嶺駅助役に就いた。

坂本　猛 ▷12

満鉄慶源駅長／朝鮮咸鏡北道満鉄慶源駅長社宅／一八九〇（明二三）一／福岡県福岡市大字七隈

福岡県坂本隆介の長男に生まれ、一九〇六年岡山の私塾を卒業した。〇七年五月逓信通信伝習生養成所を修了し、福岡、西新町、博多、飯塚、直方、朝鮮京城、同群山の各郵便局に歴勤した。その後二〇年一月に依願退職して朝鮮竜山駅の電信方に転じ、井邑駅駅務方、大田列車区車掌心得、同車掌、釜山列車区車掌城津派出所勤務、城津列車区車掌、京城列車区車掌に歴勤した。次いで物開、洗浦、新北青、福湊の各駅助役、雲浦駅駅長、全巨里駅長を歴任して三三年九月に依願免職となり、同年一〇月満鉄による朝鮮鉄道の経営受託と同時に満鉄社員となり、全巨里駅長、潼関駅長を経て三五年六月慶源駅長に転任した。この間、三五年四月満鉄勤続一五年の表彰を受けた。

坂本　格 ▷11

土木建築請負、日東洋行主／奉天省撫順曙町／一八六五（慶一）三／福岡県八女郡豊岡村／東京法学院

一八八六年久留米中学校を卒業して東京法学院に進み、九一年に卒業した。翌年郷里の福岡県会議員に当選したが、日清戦後の九五年に議員を辞職して台湾に渡り、同志と図って南庄で樟脳製造業を始めた。事業が軌道に乗ったところで大手資本に買収され、東京に引揚げて日本農業㈱取締役を務めた後、帰郷して福岡県興業銀行取締役に就任した。一九〇五年七月、日露休戦とともに大連に渡り、翌年三月撫順に移って雑貨商を営んだ。かたわら炭坑地域の居住開放に奔走して土地の有力者となり、日東洋行を興して土木建築請負業に転じ、〇七年から煉瓦製造に着手して炭坑に納入した。さらに㈾大和公司を組織して杭木を供給するなど事業を拡張して財を築き、撫順実業会長、撫順居留民会長、満鉄撫順区諮問委員長を務めた。

坂元　種清 ▷7

原田ハム商会支配人／奉天藤浪町／一八八八（明二一）一一／鹿児島県姶良郡蒲生村／鹿児島県師範学校

一九〇六年三月、鹿児島県師範学校を卒業して出水郡阿久根小学校の訓導となった。姶良郡山田小学校訓導、母校の蒲生小学校訓導を歴任して八年間教鞭を執り、一四年に教職を辞して実業界に転じた。一八年八月に渡満して本渓湖煤鉄公司に入り、二一年五月㈱満州取引所に転じた。翌年義兄の原田経武がハム・ソーセージ製造販売業を開始する際、招かれて原田ハム商会の支配人に就任した。

坂本　民造 ▷12

奉天市公署工務処庶務科員、仏教青年会顧問、勲七等功七級／奉天萩町／一八八〇（明一三）一二／兵庫県美方郡照来村

一九〇〇年一二月徴兵されて歩兵第四

〇連隊に入営し、日露戦争に従軍して〇六年曹長に累進し、〇七年に除隊した。〇八年に再び渡満し、初め関東都督府旅順電気作業所経理係に勤務し、次いで一〇年満鉄に転じて撫順炭砿営繕課に勤務した。一八年一二月日本カーボン㈱書記を経て二〇年再び撫順炭砿に転じ、土木課勤務を経て三一年同庶務課に転任した。三四年五月大奉天都市計画委員会に転じた後、同年一〇月奉天市公署自来水籌備処事務主任となり、三六年四月工務処庶務科に転任した。この間、日露戦争時の功により勲七等功七級旭日章及び金鵄勲章を授与された。二女敏江はハルビン鉄路医院耳鼻科医長の溝口征に嫁した。

坂本治一郎 ▷11

銃砲火薬商、坂本商店主／大連市浪速町／一八九〇（明二三）八／富山県氷見郡十二町村

富山県農業坂本次郎右衛門の長男に生まれ、一九一三年一一月に渡満して大連市吉野町の田崎銃砲火薬店支配人となった。一六年一二月店主田崎綱三郎の死去に伴い中辻喜次郎が事業継承すると、営業管理人に就いた。二一年一〇月、中辻が廃業すると資産負債一切を譲り受け、独力で田崎銃砲火薬店を経営した。二八年七月浪速町に移転して商号を坂本商店と改め、ハルビンにも主張所を開設した。かたわら一族で㈾日独商会を創設して代表社員となり、ドイツ雑貨類の輸入業を営んだ。㈱大信洋行監査役、大連商工会議所議員、大連輸入組合評議員、満州社会事業協会理事、大連市社会事業委員等の役職を務めたほか、田崎店主の遺産を基金とした財団法人田崎育英会の専務理事も務めた。

坂本　チマ ▷8

穂積館主／奉天柳町／一八七六（明九）一二／熊本県天草郡御領村

一九〇七年九月から夫と共に奉天柳町で料亭穂積館を経営した。二三年七月に夫が死去した後、家業を引き継いで一切を切り回したが、二九年頃に鹿児島出身の宮田信春に店を譲渡した。

坂本　常吉 ▷8

土木建築請負業、坂本工務所／奉天／一八八三（明一六）四／広島県広島市段原町

広島県呉市の倉本組に入り、海軍省関係の工事や材木売買等に従事した。日露戦争終結直後の一九〇五年七月組主と共に渡満し、各地を視察して硝子製造業が有望と見て、呉市の本店を引き払い奉天小西関に硝子製造所を開設した。予期に反して業務が上がらず廃業し、組主倉本が台湾に渡った後、奉天に残留して岡田時太郎の奉天代理請負業に従事した。一二年九月坂本工務所を独立開業し、土木建築・設計製図請負業を営んだ。

阪元藤三郎 ▷11

鞍山輸入組合理事／奉天省鞍山南三条町／一八八四（明一七）一〇／宮崎県南那珂郡目井津村／東亜同文書院

宮崎県水産業阪元伝次郎の三男に生まれ、中学卒業後に特待生として上海の東亜同文書院に学んだ。一九〇九年に卒業して渡満し、満鉄鉱業課に勤務した。一七年六月販売課勤務となったが、退社して鞍山振興公司採鉱総局庶務課長に就いた。二一年五月に退職して鞍山で果樹園を経営し、かたわら満鉄総務部嘱託を務めた。二一年一二月大昌銀行監査役、二三年一二月㈾鞍山機械製作所代表社員に就き、二四年八月から天地号を開業して有田ドラックの一手販売をした。二八年四月鞍山輸入組合理事に就任したほか、鞍山地方区委員・同副議長や同郷団体の鞍山三州会会長も務めた。

坂本徳一郎 ▷11

満鉄長春細菌検査所主任／長春常盤町／一八七八（明一一）六／愛知県碧海郡知立町／愛知県立医学専門学校

愛知県商業坂本栄次郎の長男に生まれ、一九〇一年愛知県立医学専門学校を卒業した。〇九年伝染病研究所に入って細菌学を専攻し、その後福岡県検疫医員、兵庫県検疫医員、朝鮮総督府嘱託医、関東庁嘱託医等を経て二一年一月満鉄に入社した。長春細菌検査所に勤務して関東庁医務嘱託を兼任し、勤務のかたわら長春愛知県人会長を務めた。

坂本虎之助 ▷12

太茂号主、従七位／奉天加茂町／一八八九（明二二）四／岡山県小田郡城見村／陸軍士官学校

一九一一年陸軍士官学校を卒業して歩兵少尉に任官し、各地に勤務して中尉に進級した。一八年に依願退職して渡満し、立山に在住した後、二〇年奉天の吉川組に入り長春及び鞍山の各出張所に勤務した。二三年奉天に吉川組商事部銀号が開設されると営業主宰者に任じられ、株式取引業に従事した。二七年四月同組から業務を譲り受け、三〇年に商号を太茂号と改称して加茂町に移転した。

坂本　直吉　▷12

坂本直吉商店主、市民協会評議員、聖徳会幹事／奉天省四平街紅梅町／一八七八（明一一）一／島根県美濃郡高津町

早くから土木建築業に就き、後に朝鮮に渡り各種工事に携わった。一九〇五年五月日露戦中に釜山から営口に渡って同業に従事した後、一二年に四平街益盛街に坂本直吉商店を興して土木建築請負業を営んだ。かたわら二四年一〇月に鉄道東側の糧桟敷地に精米工場を設けて精米業を始め、次いで質屋業も兼営した。さらに三三年六月大鄭線大罕站に事務所を置いて六〇万坪の土地を三〇年租借し、翌年から水田経営に着手した。

坂本　直道　▷12

満鉄欧州事務所長／在パリ満鉄欧州事務所／一八九二（明二五）三／高知県香美郡山北村／東京帝大法学部政治学科

一九二〇年七月東京帝大法学部政治学科を卒業して満鉄に入り、地方部庶務課に勤務した。以来、埠頭事務所陸運課、大連駅、大連列車区、運輸部貨物課兼運輸従事員養成所講師、鉄道部貨物課、鉄道部上海在勤、埠頭事務所上海支所、上海事務所、鉄道部貨物課、ハルビン事務所調査課、同運輸課、鉄道部パリ在勤、鉄道部連運課パリ在勤に歴勤した。三二年九月参事となり、同年一二月鉄道部営業課パリ在勤を経て三四年六月満鉄パリ出張所の初代所長に就任した。三六年四月勤続一五年の表彰を受けた。

坂元　彦吉　▷7

関東庁財務課属、関東庁宏済善堂書記／大連市愛宕町／一八八〇（明一三）六／鹿児島県鹿児島市外吉野町

鹿児島財務監督局に入って税務属となった。福岡県税務監督局に転任した後、鹿児島県に復帰して岩川、知覧の各税務署に勤務した。一九二一年一一月関東庁出向となって渡満し財務課に勤務したが、二四年末以来の官吏の大更迭で職を辞し、慈善団体の宏済善堂事務部に転じた。

坂本　弥直　▷12

国務院実業部臨時産業調査局調査部第二科員、勲八等／新京特別市寛城子南街／一九〇四（明三七）六／北海道札幌郡藻岩村／北海道帝大農学部畜産課第一部

坂本竜馬の子の養子となった弥太郎の長男に生まれ、札幌第二中学校、北海道帝大予科を経て一九三〇年三月同大農学部畜産課第一部を卒業し、同年一二月母校の畜産科副手となった。三二年五月㈳中央畜産会技手を経て三三年一〇月満鉄に転じて渡満し、経済調査会調査員嘱託となった。次いで三五年一月国務院実業部臨時産業調査局技士に転じて調査部に勤務し、三六年七月同部第二科勤務となった。この間、満州事変時の功により勲八等及び従軍記章、建国功労賞、皇帝訪日記念章を授与された。

阪本平次郎　▷9

阪本洋行主／奉天小西関／一八八二（明一五）二／大阪府大阪市西区北堀江

一九〇一年一六歳で渡満してハルビンのロシア商館に務め、〇四年二月日露戦争が始まると一等通訳官として従軍した。戦後、父・兄と三人で大連に阪本洋行を興して毛皮、薬草、海産物を取り扱った。奉天と上海に支店を設け、長く上海支店を経営したが、後に本店・上海支店を兄に譲って奉天支店を独立経営した。

坂元　正美　▷7

満鉄埠頭機関長、勲八等／大連市天神町／一八九〇（明二三）二／鹿児島県鹿児島郡吉野村／山口大島商船学校中退

幼時から海員を志して山口県の大島商船学校に入学したが、家事の都合で中退した。一九一〇年に徴兵されて佐世保海兵団に入り、翌年旅順警備勤務となった。一四年の日独戦に際し水雷艇に乗務して青島攻囲軍に参加し、戦功により勲八等と一時賜金を受けた。終結後は再び旅順防備に就き、一七年に満期退団して帰国した。二日後に再び渡満して満鉄埠頭事務所に入り、機関長を務めた。秋田高女出身の夫人尚子は副業に薬店を営んだ。

坂本　道弘　▷12

㈾三田組チチハル出張所主任、満州土木建築業協会チチハル支部幹事／龍江省チチハル竜華路／一九〇一（明三四）一一／鹿児島県鹿児島市坂元町／鹿児島工業学校

鹿児島県坂本義輔の次男に生まれ、一九一九年三月鹿児島工業学校を卒業して渡満し、大連の三田組に入った。その後一時帰国して大阪、神戸に一年在住し、再び渡満して同組で土木建築業に従事した。大連に六年、新京・奉天に各三年在勤した後、三三年五月チチハル出張所の開設とともに派遣され、間もなく同所主任となった。鉄路局、龍江省公署、興安東省公署の指定業者として従業員一二人の他に臨時工三、四〇〇名を使用し、年間請負高二〇万円から三〇万円に上った。この間、三五年一二月チチハル日本小学校校舎新築落成に際し、厳寒を冒して優秀なる施工を行ったとして内田領事より表彰を受けた。

坂本　光次　▷12

建築請負業／奉天霞町／一八九二（明二五）二／熊本県飽託郡松尾村

早くから建築業に従事し、後に渡満して一九一八年奉天の工務所に勤務した。二四年に独立して建築請負業を経営した。

坂本　泰通　▷13

㈱坂本組社長／奉天省鞍山／一八七七（明一〇）一二／大分県別府市

一九〇四年、日露戦争勃発とともに朝鮮に渡り京義線改良工事に従事した。工事完了後いったん帰郷し、戦後〇八年大連に渡り菅原工務所に入った。二三年に同工務所が解散すると坂本組を興し、二四年に一時工事を中止していた鞍山製鉄所の工事を請負って契約期日前に竣工し、満鉄指定請負人としての地位を築いた。その後、同業で親友の長谷川辰次郎が没すると長谷川組と合同し、資本金一〇〇万円で㈾長谷川坂本組に改組して経営し、合同の目的が達せられた三六年四月から坂本組の看板に復した。

坂元　良満　▷7

関東庁警部、旅順行商組合長／旅順市高千穂町／一八八七（明二〇）四／宮崎県北諸県郡都城町

一九〇六年から郷里の都城区裁判所に勤務していたが、警察界に転じて宮崎警察署長心得となった。二二年一〇月関東庁に出向して旅順警察署保安主任に就いたが、行政整理のため二四年一二月に退職して旅順行商組合長に転じた。

坂元　亮助　▷12

満鉄横道河子鉄路監理所監理員、鹿児島県人会評議員、勲八等／浜江省横道河子満鉄監理所／一九〇〇（明三三）九／鹿児島県鹿児島郡谷山町

鹿児島県玉利仲之助の次男に生まれ、後に坂元家の養子となった。一九一九年五月満鉄従事員養成所電信科を修了して奉天駅に勤務した。二二年一二月奉天運輸事務所に転勤した後、二四年五月家事の都合で退社したが、二五年六月に再入社して乱石山駅に勤務した。次いで二八年三月奉天駅、同年一〇月奉天列車区、三〇年一〇月蘇家屯駅、三一年一一月奉天列車区遼陽分区に歴勤し、三二年一〇月奉天列車区蘇家屯分区煙台採炭所在勤となった。三四年一月孤家子駅助役心得となり、同年七月鉄路総局工務処電気科勤務、三五年一一月奉天省四平街鉄路管理所管理員を経て三七年四月横道河子鉄路監理所に転勤した。この間、満州事変時の功により勲八等及び従軍記章を授与されたほか、犯人逮捕その他の善行により四回の表彰を受けた。

坂本　和吉　▷1

白川公司支配人／大連市／一八七二（明五）一〇／高知県香美郡佐古村／明治専門学校

一九〇〇年明治専門学校を卒業し、二年余り同校で部長として校務に従事した。その後東京冷水会社の相談役など二、三の会社役員を務めたが、再び母校に戻って講師となった。〇六年三月白川鉄路公司支配人に転じて渡満し、営口で運送業に従事した。〇七年二月営口本店が大連市監部通に移転した後も引き続き支配人に留まり、大連輸送組合の評議員を務めた。雄弁家として知られ、営口在勤中に同地の日本人会の解散を唱え前後二回総会に出席して熱弁をふるい、遂に解散を決定させた。

酒家彦太郎 ▷12

満鉄産業部商工課工業係主任、満州国国務院実業部嘱託、社員会幹事、同宣伝部・消費部員、勲七等／大連市伏見町／一九〇四（明三七）九／香川県仲多度郡豊原村／東亜同文書院

香川県酒家清治の長男に生まれ、丸亀中学校を卒業した後、満鉄給費生として上海の東亜同文書院に入学した。一九二六年三月に卒業して満鉄に入り、奉天地方事務所に勤務し、三一年八月同所地方課に転任した。次いで三二年三月本社総務部経済調査会調査員となり、三三年二月地方部商工課員兼務を経て同年九月経済調査会第二部第四班主任となった。三五年二月同会第二部工業班主任を務めた後、三六年一〇月産業部の発足とともに商工課工業係主任となった。この間、満州事変時の功により勲七等に叙され、賜金及び従軍記章、建国功労賞を授与された。

佐賀雄太郎 ▷9

北満ホテル支配人／ハルビン／一八八二（明一五）一二／愛媛県松山市

大阪汽船㈱の乗組員として海外航路に乗務した後、朝鮮忠清南道の公州で金鉱採掘に着手したが失敗した。一九一五年に渡満して親戚が経営するハルビンの北満ホテルで働き、後に同ホテルが東省実業㈱の経営に移った後も支配人を務めた。

相良　礼三 ▷11

開原取引所信託㈱専務取締役／奉天省開原東洋街／一八七六（明九）一〇／大分県下毛郡下郷村／京都帝大法科大学独法政治科

一九一一年、京都帝大独法政治科を卒業した。二〇年に奉天商業会議所書記長となって渡満し、二三年二月関東庁公主嶺取引所長に転じた。二五年八月開原取引所長に転任した後、二七年四月に退任して開原取引所信託㈱専務取締役に就任した。

佐川　岩熊 ▷7

満鉄沙河口工場工長／大連市聖徳街／一八七九（明一二）七／鹿児島県始良郡重富村／小学校、遼陽の実業学校

郷里の小学校を卒業して台湾に渡り、台湾総督府鉄道部台北鉄道工場の旋盤工となった。一九〇一年九月職長に進んだが、翌年大阪汽車製造㈾に転じた。その後呉海軍工廠機械職場、〇五年大阪砲兵工廠班長を経て〇七年に渡満し、満鉄遼陽工場旋盤工場に入った。一三年同工場組長となった後、一六年沙河口工場に転任して一八年同工場組長、二〇年一一月同工長に就いた。小学校卒ながら遼陽在勤中に同地の実業学校で英語と機械学を修得し、沙河口工場工長に就いてからは外国からの注文品を担当した。長男を旅順工科大学に学ばせ、二二年四月には大連市聖徳街に居宅を新築した。大弓を趣味とし、工場と聖徳街で大弓術を教えた。

佐川　重蔵 ▷1

佐川洋行主／奉天小西辺門内大街／一八六九（明二）八／大阪府大阪市北区堂島浜通／大阪商業講習所

大阪商業講習所を修了して貿易業に従事し、一八九〇年には朝鮮の釜山、仁川、京城等を商況視察した。九六年二月台湾に渡り基隆で雑貨店を開業したが、同年五月に廃業して厦門を経て香港に渡った。同地で諸種の貿易業に従事した後、九七年六月ウラジオストクに立ち寄って大阪に帰った。日露戦中の一九〇五年三月に渡満して営口で輸入雑貨の販売業を営んだが、翌年二月奉天に移り小西辺門内大街で諸官衙用達業と和洋雑貨販売業を経営した。

先川喜代次 ▷11

満州銀行奉天支店支配人／奉天八幡町／一八八六（明一九）七／兵庫県津名郡洲本町／台湾協会学校

兵庫県先川熊蔵の次男に生まれ、一九〇九年台湾協会学校を卒業して朝鮮銀行京城支店に入り、国庫課長として勤務した。一八年奉天支店支配人代理、翌年奉天省四平街支店支配人、二〇年大連支店支配人代理を歴任して二一年一月に辞任した。大連の加藤直輔商店支配人に就いたが、翌年七月に辞任して帰国した。二三年一〇月大連の多田工務所支配人となって再び渡満し、二五年に山東省竜口の中山鉱業公司支配人に招かれて翌年八月まで勤めた。翌月満州銀行に入り、二八年八月奉天支店支配人に就いた。

崎川　清二 ▷12

四平街専売署副署長／奉天省四平

街専売署副署長公館／一八九一（明二四）五／石川県石川郡旭村／岩倉鉄道学校本科業務科

一九一四年三月岩倉鉄道学校本科業務科を卒業し、同年五月朝鮮総督府鉄道局に入り竜山、南大門、新義州の各駅に勤務した。一七年七月同鉄道の満鉄への経営委託に際し満鉄に転じて安東列車区、安東駅に勤務した後、国際運輸㈱安東支店に転じて二七年七月同計理係長となった。その後三二年三月安東税関顧問に転じて同年七月国務院交通部嘱託、同年一一月安東税関嘱託となり、同年一二月奉天専売支署安東分署に勤務した。三三年四月奉天専売支署安東分署事業科長兼署長事務取扱を経て同年一〇月専売公署事務官に進み、三五年四月安東専売所副署長兼事業科長を務めた後、三七年一月四平街専売署副署長に就いた。この間、建国功労賞及び大礼記念章を授与された。

崎田 善七 ▷12

ハルビン林務署長、正八位／ハルビン馬家溝ハルビン林務署／一八九八（明三一）九／佐賀県西松浦郡黒川村／鹿児島高等農林学校林業科

一九二三年三月鹿児島高等農林学校林業科を卒業し、同年六月農商務省山林技手となり、同年一年志願兵として福岡の歩兵第二四連隊に入営した。その後、三五年六月満州国森林事務所長に転出して寧安森林事務所長となり、同年一一月ハルビン森林事務所長事務取扱兼任を経て翌月ハルビンに転勤し、三六年七月ハルビン林務署長となった。

崎山 熊楠 ▷9

大二号支店主／大連市伏見台／一八六五（慶一）四／和歌山県和歌山市元寺町南

一八九九年天津に渡航し、製靴業に従事した。〇八年大連に渡って伊勢町に大二号支店の名で靴商を開業し、洋装の普及とともに漸次顧客を獲得した。業務の発展にともない市内西通二丁目に工員二十数名を擁する製靴工場を設け、大連靴商の老舗として知られた。

作田 稔三 ▷11

北満電気㈱技師長／ハルビン市道裡東田地街／一八八三（明一六）七／山口県佐波郡防府町／京都帝大理工科電気工学科

山口県作田総吉の子に生まれ、父の早世により実兄右手雄の養子となり、一九〇七年京都帝大理工科電気工学科を卒業した。翌年一月東京砲兵工廠に入って技術科発電所主任となったが、大倉組に転じて静岡県の東海紙料㈱電気主任技師となり、一二年に朝鮮平安北道博川郡の大倉組発電所主任に転任した。その後、平壌電気興業㈱嘱託を経て二一年五月に渡満し、ハルビンの北満電気㈱技師長に就いた。

作野 延 ▷11

満鉄長春医院医員／長春常磐町／一八九七（明三〇）一一／島根県八束郡片江村／南満医学堂

島根県農業作野実の長男に生まれ、渡満して奉天の南満医学堂に入学した。一九二二年に卒業して満鉄奉天医院の医員補となり、二四年二月医員に昇任し、二七年一二月長春医院に転じた。

佐久間 章 ▷12

同和自動車工業㈱常務理事／奉天竹園町／一八八六（明一九）一一／福井県三方郡八村／早稲田大学商科

福井県佐久間可盛の三男に生まれ、攻玉社中学校を経て一九一一年三月早稲田大学商科を卒業して満鉄に入り、経理部用度係となった。以来勤続して購買係主任を経て総務部参事となり、かたわら南満鉱業㈱その他満鉄関係会社の監査役を務めた。三四年三月、奉天に日満合弁の同和自動車工業㈱が創立されると同時に常務理事に就任した。

佐久間繁雄 ▷12

旅順無尽㈱社員、旅順商工青年会副会長／旅順市朝日町／一九〇三（明三六）八／福岡県久留米市西町／大連商業学校

福岡県佐久間佐久次の長男に生まれ、一九〇七年六月、三歳の時に父に伴われて渡満した。二〇年三月大連商業学校を卒業して同地の貿易商浜崎商店に入ったが、二二年一一月に退社して大連経済日報社記者となった。二三年一二月奉天毎日新聞社の旅順支局が開設されると同支局記者に転じ、さらに二六年一〇月旅順無尽㈱が創立されると同社に転じた。

佐久間退輔 ▷12

満鉄湯山城駅長、勲八等／安東省安東県湯山城駅／一九〇二（明三

五）一〇／千葉県君津郡中郷村／**千葉県立木更津中学校**

千葉県佐久間豊作の次男に生まれ、一九二〇年三月県立木更津中学校を卒業して満鉄に入り遼陽駅に勤務した。奉天列車区、同区遼陽分区、奉天列車区、長春列車区、開原駅、長春鉄道事務所に歴勤した後、三四年八月新京列車区助役を経て三七年五月湯山城駅長に就いた。この間、満州事変時の功により勲八等及び従軍記章、建国功労賞を授与され、三五年四月勤続一五年の表彰を受けた。

佐久間 務 ▷12

満州煙火㈱常務取締役、興亜印刷局取締役、新進コンクリート工業取締役、満州図書㈱監査役、中外鉱業㈱嘱託、中外産業㈱満州駐在員／奉天藤浪町／一八八〇（明一三）一〇／兵庫県武庫郡東山村／三井書院

三井書院を卒業して三井物産に入り、各地に勤務した後、安東県出張所主任となった。一九二一年に退社し、同年四月中日実業公司に転じて済南出張所主任となり、かたわら済南商埠局顧問を務めた。次いで中外鉱業㈱に転じ、朝鮮平安朔州橋洞鉱業所長代理として経理課長を兼務したが、三五年一月に渡満して満州煙火㈱常務取締役に就任し、かたわら各社の役員を兼任した。

佐久間弘雄 ▷11

満鉄長春公学堂教諭／長春敷島通／一八九四（明二七）一一／山口県佐渡郡右田村／大分県師範学校本科二部

山口県教員佐久間嘉作の長男に生まれ、一九一三年大分県立宇佐中学校を卒業して同県師範学校に進んだ。本科二部を修了して県下の高瀬小学校、四日市小学校の訓導を務めた後、二三年四月に渡満して満鉄に入社した。二四年一月松樹公学堂教諭に就き、その後長春公学堂教諭に転じた。二七年四月から一年間社命により北京に留学し、中国語及び中国事情の研究に従事した。

作本 定 ▷12

満鉄新京機関区庶務助役、社員会評議員／新京特別市花園町／一八九九（明三二）一二／長崎県北松浦郡御厨村

長崎県作本飛佐吉の四男に生まれ、一九一四年佐世保海軍工廠に入り造機部機械工場に勤務した。その後一八年一二月に渡満して満鉄長春車輌係となり、鉄嶺機関区勤務を経て二〇年に満鉄従事員養成所車輌科を修了したが、同年一二月徴兵されて大村の歩兵第四六連隊に入営した。二二年八月下士適任証を受けて除隊復職し、翌月から公主嶺機関区に勤務した。二六年一〇月四平街機関区、三三年九月四平街青年訓練所指導員兼務、同年一一月鉄嶺分区庶務助役を歴任し、三四年一二月新京機関区庶務助役となった。この間、大正三年乃至九年事変時の功により賜金、満州事変時の功により賜盃及び従軍記章を授与され、三四年四月勤続一五年の表彰を受けた。

桜井 香織 ▷3

大連高等女学校教諭／大連市播磨町／一八八五（明一八）一二／京都府与謝郡宮津町／東京高等師範学校本科

一九〇九年、東京高等師範学校本科を卒業して三重県立第四中学校教諭となった。一四年、大連高等女学校教諭に転じて渡満した。

桜井勤四郎 ▷14

大連朝日小学校長、正七位勲七等／大連市恵比須町／一八八一（明一四）三／東京府東京市本郷区駒込千駄木町／東京府師範学校

宮城県農業桜井菊治の次男に生まれ、一九〇四年東京府師範学校を卒業して府下の小学校訓導を務めた。その後〇七年四月に渡満して大連唯一の小学校で児童数二〇〇名の大連尋常高等小学校訓導となり、次いで第一・第二・第三小学校に歴勤した。その後大連第四小学校開設に際して準備事務にあたり、一七年二月の開校とともに同校長に就き、二三年二月大連第三小学校校長、二八年三月大連朝日小学校長を歴任し、三三年三月関東庁視学官となると同時に退官した。退職後は恵比須町で商業を営むかたわら、三六年一一月から四〇年一〇月まで大連市会議員を務めたが、間もなく同地で病没した。夫人琴意も高知女子師範学校を卒業して高知、大阪、東京で訓導を務めた後、渡満して旅順、大連の各小学校で教鞭を執った。

さ

桜井 重義 ▷8

東方通信社奉天支社長／奉天／一八九四（明二七）一〇／東京府東京市小石川区小日向台町

一九一九年東洋協会学校を卒業して東方通信社に入り、上海、広東、香港に勤務した後、二五年三月奉天支社長に就任した。

桜井 二郎 ▷12

昭盛号主、洮南満蒙貿易館主／奉天省撫順東三番町／一八九二（明二五）一一／富山県西礪波郡戸出町／東洋協会専門学校

東洋協会専門学校を卒業して汽船会社に勤務した後、一九一七年満鉄本社経理課長の朝倉伝次郎を頼って渡満し、奉天の南満州製糖㈱に入った。二〇年満鉄に転じて撫順炭砿古城子採炭所華工係主任、煙台炭砿事務主任等を務めた後、二九年四月に退社し、同年六月匿名組合昭興号を組織して苦力への食料品供給業を始め、次いで厚生公司を設立して古城子炭坑の拾い炭払下げに従事した。三二年四月大江惟賢、寺西圭之らと洮南満蒙貿易館を匿名組織で創設し、大江の病没後は独力で経営した。かたわら撫順千金寨東大街に昭盛号を設立して輸出入貿易と石炭販売業を兼営し、大連市敷島町五品ビル内に支店を設けて商品仕入部とした。その後、大連支店を本店として実弟の三郎に委ね、自らは洮南と撫順を往復して満蒙貿易館と撫順支店の経営に専念した。

桜井 長市 ▷12

桜井眼鏡店主／ハルビン地段街／一八八二（明一五）三／富山県東礪波郡広塚村

早くから実業に従事し、渡満して種々の職業に就いた後、一九一七年二月ハルビン地段街で時計店を開いた。満州事変後に眼鏡専門店とし、資本金を二万円に増額して数人の店員を使用した。

桜井常之助 ▷9

桜井洋行主、日本スレート工業㈱監査役／大連市岩代町／一八七四（明七）五／和歌山県那賀郡麻生津村

日清戦争後の一八九六年朝鮮に渡り、釜山で和歌山県産柑橘類の販売拡張に従事した。その後ウラジオストクで諸業に従事したが、日露戦争後の一九〇五年和歌山県庁より柑橘類のシベリア販路開拓を委嘱され、シベリア及び満州各地を視察してウラジオストクを経て帰国した。復命した後に再び渡満し、旅順港口で日露戦争時の沈没艦船引揚業を始めた。ロシア艦隊旗艦ペトロパウロス号の引揚を請け負った際に、同艦と運命を共にしたマカロフ司令官の参謀長モーラス少将以下将士の遺骨遺留品を引き揚げ、ロシア皇帝より三等勲章を贈与された。事業のかたわら東京の日本スレート㈱監査役を務め、夫人との間に八男三女があった。

桜井友一郎 ▷12

国際運輸㈱ハルビン支店三姓営業所主任／三江省依蘭県三姓国際運輸㈱三姓営業所／一九〇三（明三六）七／広島県加茂郡竹原町／東京外国語学校露語部貿易科

広島県桜井米吉の長男に生まれ、一九二八年三月東京外国語学校露語部貿易科を卒業して日魯漁業㈱に入った。その後渡満してハルビン建築公司に勤務し、次いで三〇年四月国際運輸㈱に転じた。ハルビン支店海倫営業所勤務を経て三五年一一月三姓営業所主任となった。

桜井 弘之 ▷14

大連市会議員、正八位／大連市長春台／一九〇〇（明三三）二／福岡県福岡市大字春吉／早稲田大学商学部

一九二五年三月早稲田大学商学部を卒業し、同年六月に渡満して社員消費組合に入った。間もなく一年志願兵として入営し、予備陸軍歩兵少尉となって帰任した。大連支部児玉町分配所主任、中央分配所主任を経て本部庶務係主任に就き、三六年一一月から四〇年一〇月まで大連市会議員を務めた。

桜井 正春 ▷10

桜井内科医院長／大連市愛宕町／一八九一（明二四）四／熊本県玉名郡平井村／長崎医学専門学校

旧細川藩士で医師の桜井正哉の長男に生まれ、玉名中学校を卒業して長崎医学専門学校に入学した。一九一三年に卒業して大牟田市の三井病院内科に勤務した後、一五年に先輩に招かれ満鉄大連医院に転じて渡満した。同院に勤務中、一八年のシベリア出兵の際に応援隊として遼陽の陸軍衛戍病院に二ヶ月派遣された。二三年六月に満鉄を退社し、愛宕町に桜井内科医院を開業した。

桜井　学　▷11

関東庁逓信局長、従五位勲五等／大連市児玉町／一八八六（明一九）四／東京府東京市麻布区本村町／東京帝大法科大学経済学科

熊本県桜井真治の次男に生まれ、一九一二年東京帝大法科大学経済学科を卒業した。翌年逓信省に入り、大阪為替貯金支局振替貯金課長、仙台鉄道船舶郵便局長、京都郵便局長を経て二一年八月関東庁逓信事務官となって渡満した。逓信局総務課長に就任し、翌年七月逓信事業視察のため欧米各国に出張した。二四年三月に帰国して逓信局長代理となり、同年一二月関東庁逓信局長に進んだ。

桜井　初平　▷11

㊮桜井時計店代表者／旅順乃木町／一八七二（明五）四／熊本県熊本市水道町

熊本県製油業桜井光平の長男に生まれ、一八八三年から通学のかたわら時計職のもとに徒弟奉公に入った。九〇年に独立して時計職を営んだ後、一九一二年七月に渡満して旅順に㊮桜井時計店を設立して代表者に就いた。経営のかたわら芸術写真の制作を趣味とした。

桜井勇次郎　▷3

セメント・白米・石材販売業／大連市浪速町／一八七七（明一〇）二／山口県厚狭郡須恵村

小野田セメント会社に一六年勤続した後、一九〇七年に渡満して大連市浪速町でセメント・白米・石材販売業を営んだ。

桜井　良三　▷11

訴訟代理業、弁護士／安東県三番通／一八七九（明一二）九／奈良県宇智郡牧野村／明治法律学校

奈良県公吏増田智吉の長男に生まれ、同県桜井ハヤの養子となった。一九〇二年明治法律学校を卒業し、〇六年四月に渡満した。雑貨、酒、米、缶詰等の売買を営んだが失敗し、一〇年に訴訟代理の特許を得て弁護士を開業した。かたわら石灰製造と木炭販売業を兼営し、二三年から安東地方委員を務めた。夫人ヨシエはかつて群馬県立高崎高女の教諭を務めた。

桜内　辰郎　▷12

桜内商事㈱社長、百軒店土地建物㈱社長／大連市楓町／一八八六（明一九）三／東京府東京市牛込区戸山町／早稲田大学政治経済科

雲州広瀬藩大参事を務めた桜内和一郎の次男として米子市に生まれ、一九〇〇年愛知県の亀崎銀行に入り、後に同行留学生として早稲田大学政治経済科を卒業し、以来累進して常務取締役に就いた。興国銀行取締役に転じた後、日本人造絹糸会社を創立して常務取締役となり、東海ラミー紡績㈱取締役社長、日本コナミルク㈱取締役、桜組工業㈱取締役、帝国麻糸紡績㈱取締役社長等を兼任し、この間民政党より衆院議員に二期当選した。その後渡満して二九年から大連株式商品取引所理事長を務め、三六年一二月に辞任した。実兄の桜内幸雄は早大を中退した後、新聞記者を経て実業界に入り、次いで一九二〇年以来衆院議員に八期当選して民政党幹事長、第二次若槻内閣の商工相、平沼内閣の農相、米内内閣の蔵相を歴任した。

佐倉　毅一　▷12

愛知県ハルビン貿易館長、正七位／ハルビン道裡石頭道街／一八八六（明一九）一一／東京府東京市麻布区霞町／東京外国語学校清語科

東京府佐倉二郎の子に生まれ、一九一〇年東京外国語学校清語科を卒業して満鉄に入社した。その後満鉄を退社して長春運輸㈱専務取締役に転じ、さらに特産物商自営、ハルビン日本商工会議所職員を経て愛知県ハルビン貿易館長に就いた。

桜木　芳国　▷11

満鉄大石橋地方事務所社会主事、正八位、陸軍三等主計／奉天省大石橋中央大街／一八九五（明二八）六／愛知県中島郡明治村／中央大学商科

愛知県会社員桜木梅松の次男に生まれ、一九一九年中央大学商科を卒業した。同年五月に渡満して満鉄経理部用度課に勤務した。程なく入営して二三年五月に陸軍三等主計として退営して帰任し、後に大石橋地方事務所社会主事に転じた。勤務のかたわら修養団大

石橋支部幹事長、大石橋婦人会幹事、大石橋武道有段者会常任幹事、同武道後援会庶務幹事を務めた。

桜谷清太郎 ▷12

満州国立高等師範学校教授／吉林高等師範学校宿舎／一九〇五（明三八）一／香川県綾歌郡坂出町／旅順工科大学電気科

一九二九年三月旅順工科大学電気科を卒業し、同年五月満鉄奉天実業学校教諭となった。その後三三年三月奉天省立奉天第一工科高級中学校電気科主任教諭に転任し、次いで三六年四月満州国立高等師範学校教授となった。

桜田　博 ▷12

国務院民政部警務司員／奉天省営口南本街／一八八八（明二一）六／宮城県仙台市船町／海軍機関学校

一九一〇年海軍機関学校を卒業して軍務に服し、三二年海軍機関大佐に累進した後、満州国官吏に転出した。満州国海上警備船の第一船として海光が竣工すると、神戸からこれに乗船して営口に回航した後、三三年特殊警察隊警正に任じられて営口海辺警察隊に勤務した。次いで三六年四月同隊長事務取扱、同隊機政科長等を歴任し、三七年六月国務院民政部事務官・警務司勤務となると同時に退官した。

桜庭　啓一 ▷12

満鉄安東保安区長／安東満鉄保安区／一九〇二（明三五）六／青森県青森市古川番外戸／旅順工科学堂電気科

青森県桜庭啓太郎の長男に生まれ、一九二四年三月旅順工科学堂電気科を卒業して満鉄に入った。勤続して原動部主任兼電気主任技術者となり、三四年三月奉天鉄路局工務処電気科電力股長、三五年一一月チチハル電気段長を経て三七年三月安東保安区長に就いた。

桜場　春彦 ▷12

国務院財政部税務司員／新京特別市大同大街国務院財政部／一九〇一（明三四）九／山形県東田川郡手向村／小樽高等商業学校

宮城県立佐沼中学校を経て一九二四年三月小樽高等商業学校を卒業し、翌年六月税関監吏となった。以来勤続して税関事務官補となり、三三年三月大連税関嘱託に転じて渡満した。三四年五月満州国税関事務官佐、同年一一月国務院財政部属官を経て三六年八月税関事務官となり、ハルビン税関勤務兼財政部事務官を経て三七年三月財政部税務司に転勤した。この間、建国功労賞及び大典記念章、皇帝訪日記念章を授与された。

酒匂　秀一 ▷4

鉄嶺領事館領事、高等官三等正七位勲七等／鉄嶺領事館官舎／一八八七（明二〇）二／鹿児島県鹿児島市金生町／東京高等商業学校専攻部

一九一一年七月東京高等商業学校専攻部を卒業し、同年一〇月外交官領事官試験に合格した。翌月、高等官七等・領事館補として長春領事館に赴任した。一四年一〇月鉄嶺領事館に転じ、翌月から関東都督府事務官を兼任した。日独戦の功により金二〇〇円を受け、一五年一二月高等官六等に進み、一六年一二月領事に就いた。

迫川伊太郎 ▷12

日光写真館主、ハルビン写真協会幹事兼会計／ハルビン道裡地段街／一八九四（明二七）三／広島県尾道市十四日町／高等小学校

高等小学校を卒業後、一九一一年イギリス領ペナンに渡って写真技術を習得し、オランダ軍の技師となった。一九年からタイのプーケットで写真業を営んだが、二九年に一人息子穂の教育のため一時帰国した。義務教育を授けた後、三五年にハルビン在住の甥に招かれて一家で渡満し、同年五月から地段街で写真館を経営した。

迫　喜平次 ▷7

満鉄営口駅長／奉天省営口満鉄社宅／一八八九（明二二）六／鹿児島県日置郡吉利村／東京帝大法科大学独法科

第七高等学校造士館から東京帝大法科大学独法科に進み、一九一七年に卒業した。翌年司法官を志して朝鮮に渡り京城地方法院に勤務したが、官吏生活を厭い二〇年に満鉄に転じた。大連本社人事課を振り出しに営口貨物方・駅務方、大連列車区車掌、大連駅助役、営口貨物助役、同貨物主任を歴任した。二四年四月安東鉄道事務所の開設と同時に庶務長に就いたが、翌年三月安東鉄道事務所が廃止され、営口駅長に転任した。

迫田采之助　▷9

鉄嶺毎日新聞社長、鉄嶺証券金融㈱専務取締役、勲八等／奉天省鉄嶺桜町／一八八四（明一七）三／鹿児島県曽於郡末吉村

一九〇四年日露戦争に輜重兵として従軍し、勲八等白色桐葉章を受けた。戦後〇七年に再び渡満して「鉄嶺商況日報」の記者を務めた後、一四年に中国人の羅卒真と共同で中日両文の新聞「鉄嶺毎日新聞」を発刊した。同社社長として経営の任に当たるかたわら、二一年九月鉄嶺証券金融㈱を設立して専務取締役に就いた。

佐古　龍祐　▷12

満鉄新京警務段長、従五位勲四等／新京特別市満鉄警務段長社宅／一八九二（明二五）一／山口県都濃郡富岡村／陸軍士官学校、東京外国語学校独語科専科

山口県佐古藤兵衛の次男に生まれ、一九一二年陸軍士官学校を卒業して一三年一二月歩兵少尉に任官した。歩兵第二一連隊付、満州及び北支駐屯軍付を経て一七年八月中尉に進み、第一四師団司令部付としてシベリアに派遣された。その後一九年に派遣学生として東京外国語学校独語科専科を卒業し、二三年八月大尉に累進して歩兵第二一連隊中隊長となり、次いで航空本部付、測量本部事務官を経て三〇年八月少佐に進み、歩兵第一連隊付となった。三四年八月中佐に任官して待命となり、同年一一月満鉄に入社して錦県警務段長に転じた。ハルビン鉄路局警務処警務科長に転任して三棵樹警備犬訓練所主任及びハルビン警備犬訓練所主任を兼任した後、牡丹江鉄路局警務処警務科長を経て三七年四月新京警務段長に就いた。

迫森　竹　▷12

満鉄寧年警務段訥河分所巡監、勲八等／龍江省訥河県満鉄寧年警務段訥河分所／一九一〇（明四三）九／鹿児島県肝属郡大根占町

鹿児島県迫森太郎の長男に生まれ、一九二七年二月池田三業組合に勤めた。三〇年一二月服役のために辞職し、翌年一月鹿児島の歩兵第四五連隊に入営して三二年八月に除隊したが、同月臨時動員により召集され、第四五連隊留守部隊に編入された。三三年四月長城戦師団司令部援護隊として満州に動員された後、同年一〇月に除隊して満鉄に入った。鉄道総局警察員講習所を修了して四洮鉄路局警務課に勤務し、四平街警務段、八面城分所勤務を経て三四年一二月四平街警務所に転勤した。次いで三六年九月巡監となり、三七年五月寧年警務段訥河分所に転勤した。この間、満州事変時の功により勲八等旭日章及び従軍記章、建国功労賞を授与された。

迫　保雄　▷12

満鉄鳳凰城駅長兼鳳凰城自動車営業所主任、勲八等／安東省鳳凰城駅長社宅／一八九九（明三二）二／熊本県菊池郡迫間村

熊本県迫徳五郎の次男に生まれ、一九一四年六月九州逓信局通信生養成所を修了して熊本県菊池郡の隈府郵便局通信事務員となった。その後一九年八月に渡満して満鉄に入り、煙台駅、奉天列車区、立山駅に歴勤して南坎駅助役となった。次いで本渓湖駅助役、奉天列車区橋頭分区列車区助役、蘇家屯分区列車区助役、奉天列車区助役、南坎駅長を歴任して三七年四月鳳凰城駅長となり、鳳凰城自動車営業所主任を兼務した。この間、満州事変時の功により勲八等旭日章及び従軍記章、建国功労賞を授与され、三五年四月勤続一五年の表彰を受けた。

佐々江嘉吉　▷11

農事経営兼輸出入業、勲六等／奉天琴平町／一八八二（明一五）一〇／山口県玖珂郡通津村／東亞同文書院第一期

山口県佐々江浅次郎の長男に生まれ、一九〇四年上海の東亜同文書院第一期生として卒業した。三井物産上海支店に入ったが、日露戦争に際して特別任務を帯び、同年五月に退社して遼東半島に赴いた。同年七月の任務終了とともに再び三井物産上海支店に入り、翌年二月営口支店、同年三月牛荘支店、〇六年一〇月長春出張所勤務を経て一一年七月鉄嶺出張所に転任した。翌年所長に就任して同地の居留民会議員も務めたが、一七年末に退社して奉天で土地事業を経営し、かたわら豊益洋行を開設して輸出入業を兼営した。この間、日露戦争の功により勲六等旭日単光章を授与され、戦中に親交を深めた呉佩孚の顧問として北京で活動し、秦皇島に出陣した。

さ

笹尾 長　▷12

満鉄黒河医院長兼医長／黒河省黒河満鉄黒河医院／一八九九（明三二）一／秋田県南秋田郡五城目町／慶応大学医学部

秋田県笹尾朝敬の長男に生まれ、一九二五年三月慶応大学医学部を卒業して同年五月済生会病院内科医局員となった。同年一〇月に辞職して郷里の五城目町で内科小児科医院を開業し、二七年四月五城目尋常高等小学校校医嘱託となり、さらに三五年七月から警察医嘱託を務めた。診療のかたわら東北地方農民の窮状を慨嘆し、国家社会主義団体に加盟して国家改造運動に従事した。その後三六年一月に廃業して渡満し、満鉄に入り地方部衛生課黒河在勤として同地の満鉄医院長を務めた。

佐々 亀太　▷12

国務院実業部総務科員／奉天鉄西南五路奉天工業土地会社内金鉱製錬廠事務所／一八八九（明二二）八／京都府何鹿郡山家村／東洋協会学校中退

福知山中学校を経て東洋協会学校に入学し、一九〇九年二年で中退して中国に渡り、在華日本公使館の河野通訳官宅に寄寓して中国語を修得した。一二年三月朝鮮に渡って仁川税関監視課に勤務した後、大連の貿易商森上商会に入ったが、二五年一〇月大阪支店に転勤と同時に退職した。その後二八年二月東京地方裁判所の保護事情に携わり、次いで大日本教化会事業部に勤務したが、三二年五月国務院実業部属官に転じて渡満し、総務司調査課勤務を経て三四年一一月金鉱製錬廠事務官となり奉天に赴任した。

佐々川豊吉　▷3

満鉄南満工業学校教諭／大連市近江町／一八七六（明九）八／東京府東京市麹町区下六番町／東京物理学校

一八九五年東京物理学校を卒業して第一高等学校、第三高等学校で教員を務めた。九七年から京都帝大理工科大学に勤務したが、一九〇六年九月大日本塩業会社技師長に転じ、さらに翌年一〇月尼ヶ崎製鋼所顧問技師となった。〇八年一二月、中国四川省から勧業道工業顧問兼同省工業学校教習として招聘された。一二年二月、清朝滅亡・中華民国成立による政情不安のため政府命で帰国し、同年五月に渡満して南満州工業学校教諭となった。

笹川安太郎　▷12

関東洋行主／龍江省チチハル正陽大街／一八八八（明二一）一／千葉県山武郡千代田村／千葉県立成田中学校

千葉県立成田中学校を卒業し、千葉市で実業に従事した後、一九一八年シベリア出兵に際し御用商人となって軍に随行した。二二年撤兵とともに引き揚げ、千葉市で「東京朝日新聞」「時事新報」の地方記者となった。満州事変後の三二年三月宇都宮師団の御用商人となり、家族を千葉に残して単身渡満し、チチハルに在住した。その後同地に関東洋行を興し、陸軍用達商として砂利販売業と食堂を経営した。

佐々木義山　▷11

㈱正隆銀行管理課長／大連市月見ヶ岡／一八八〇（明一三）一／新潟県高田市中寺町／早稲田大学

一九〇四年早稲田大学を卒業し、翌年一二月関東州民政署職員として渡満した。庶務部官有財産係、外国人私有財産整理委員付属兼務、関東都督府大連民政署勤務、同民政部庶務課兼務を歴任して〇八年に退官した。大連実業会書記長を務めた後、一〇年に満鉄に入り埠頭事務所、地方部奉天地方事務所等に勤務して大石橋地方事務所長となったが、二四年に退社して正隆銀行に入り管理課長に就いた。

佐々木清永　▷12

満鉄牡丹江站貨物助役、勲八等／牡丹江省図佳線牡丹江站／一八九八（明三一）七／長崎県南松浦郡福江町

本姓は別、熊本県八代郡種山村に生まれ、後に長崎県佐々木惣五郎の養子となった。一九一七年満鉄に入り、新京駅駅夫、長春鉄道事務所、鉄道部営業課に歴勤して奉天駅貨物助役となった。次いで蘇家屯駅貨物助役、同駅貨物主任、鉄嶺駅貨物主任、奉天鉄道事務所営業課勤務、同新京在勤を経て三六年九月牡丹江站貨物助役となった。

佐々木謙一郎　▷13

満鉄副総裁／一八八二（明一五）／東京府東京市／東京帝大法科大学

第一銀行頭取佐々木勇之助の子に生ま

れ、一九〇七年東京帝大法科大学を卒業した。同年高等文官試験に合格して大蔵省に入り、税務監督局属官を振り出しに監督官、税関事務官、神戸・横浜両税関の監視部長等を経て本省に戻った。理財局書記官、大蔵参事官、同書記官、大臣官房会計課長、臨時議院建築局理事等を経て二三年専売局経理部長、事業部長、販売部長等を歴任して三二年専売局長官に就いた。三四年に官界を辞し、三五年三月蔵相高橋是清の要請で満鉄理事に就き経理方面を担当した。三八年六月副総裁に就任し、財界の反対を乗り切り四〇年一月に六億円増資を成功させた。理学博士三宅秀の四女菊尾と結婚し、三男一女があった。

佐々木健児 ▷12

㈱満州弘報協会通信部長代理兼取材課長、勲六等／新京特別市北安路満州弘報協会／一九〇四（明三七）三／兵庫県神戸市神戸区下山手通／東亜同文書院中退

兵庫県佐々木虎吉の次男に生まれ、一九二三年上海の東亜同文書院を中退し、二四年六月東方通信社に入り北京支局に勤務した。二六年五月国際通信社と合併して新聞連合社が設立されると同社入りし、北京支局勤務、南京支局長を経て三一年一一月奉天支局長となった。三二年一二月満州国通信社の創立とともに通信部長に就き、さらに三六年九月国策により満州弘報協会が創立されると通信部取材課長となり、次いで参与となり通信部長代理を務めた。

佐々木謙治郎 ▷12

佐々木洋行主／大連市大山通／一八八八（明二一）一一／宮城県登米郡佐沼町／日本大学法律科

宮城県農業佐々木駒吉の長男に生まれ、一九一〇年日本大学法律科を卒業し、同年九月函館市松風町に佐々木漁業事務所を設け、カムチャツカ西海岸及び北海道沿岸で漁業に従事した。次いで一四年三月宮城県加美郡宮崎村に佐々木鉱業事務所を設けて岩手、青森県下で鉱業に従事した。さらに宮城味噌醤油㈱取締役等を務めた後、二一年から朝鮮咸鏡南道豊山郡安水面で日韓マイカ鉱業所を経営し、この間の二〇年九月から二三年三月まで大阪市立工業研究所の研究生として酒粕蒸留製粉装器の研究をし、その専売特許権を取得した。その後二八年一二月に渡満し、大連市露西亜町波止場と甘井子港叔樹房間の船舶輸送業及び雲母鉱産品、タイプライター、ウェスチングハウス社製機械の販売業を経営し、かたわら三一年一一月関東庁の許可を受けて大連市外金家屯でドロマイト砿の採掘販売事業を兼営した。

佐々木謙蔵 ▷12

山惣果物店主／奉天春日町／一九〇二（明三五）六／広島県山県郡上殿町

一九二六年に渡満して奉天住吉町の食料品雑貨商山縣商会に入り、後に同商会市場内支店主任となった。その後三一年に独立して春日町二に山惣果物店を設け、果実缶詰類の販売業を営んだ。売上げの増加とともに、春日町七に支店山惣商店を設け、後にこれを本店として旧本店を支店とした。

佐々木元三 ▷12

関東局社会事業主事、正六位／大連市関東州庁／一八九八（明三一）一一／長崎県長崎市竹ノ久保町／京都帝大文学部

長崎県佐々木浜之助の次男に生まれ、静岡県立沼津中学校、第四高等学校を経て一九二四年三月京都帝大文学部を卒業し、県立長崎高等女学校教諭となった。次いで熊本逓信講習所長崎支所教授、新潟県社会事業主事補・学務部社会課勤務、同社会事業主事を歴職し、三六年八月関東局社会事業主事に転じて渡満し、関東州庁に勤務した。

佐々木孝三郎 ▷11

奉天興信所主事／奉天加茂町／一八九二（明二五）六／宮城県宮城郡利府村／東京外国語学校蒙古語科

宮城県農業佐々木佐太郎の長男に生まれ、一九一七年東京外国語学校を卒業し、同年五月に渡満した。南満製糖会社に勤務した後、一九年二月満蒙毛織㈱に転じ、製品販売・原料仕入のため中国華北各省を巡った。二五年五月に退社し、同年一二月奉天新聞社主幹に就いた。翌年一〇月に退職して同社客員となり、奉天で興信所を経営した。

佐々木貞治郎 ▷12

満州土木建築業協会チチハル支部副支部長、チチハル税捐局税務諮問委員／龍江省チチハル竜華路／

一八九四（明二七）一二／秋田県仙北郡強首村／早稲田大学政治経済科

早稲田大学政治経済科を卒業して一九二〇年時事新報社に入り、二三年外交主任となり、三一年に退社した。その後渡満して三四年一月満州土木建築業協会に入り、後にチチハル支部副支部長を務めた。満州事変時の功により陸軍大臣より賜品を授与され、満州移民問題の実際的研究を趣味とした。

佐々木定治郎 ▷3

日本蓄音器商会大連支店主任／大連市大山通／一八八〇（明一三）一／愛媛県宇摩郡別子山村

別子の代々住友家に仕えた家に生まれ、早くから同家に勤務した。一九一〇年に辞して、翌年九月東京の日本蓄音器商会に入り、本店支配人補佐を務めた後、一二年一一月大連支店主任となって渡満した。

佐々木実造 ▷11

満鉄撫順炭砿機械工場庶務係主任／奉天省撫順南台町／一八八九（明二二）四／大分県日田郡日田町／市立下関商業学校

大分県に生まれ、一九一〇年市立下関商業学校を卒業し、同年六月に渡満した。満鉄撫順炭砿機械工場に勤務し、後に庶務係主任に就いた。

佐々木茂蔵 ▷12

満鉄綏化工務段長、勲八等／浜江省綏化県綏化工務段長局宅／一八九九（明三二）一〇／愛媛県西宇和郡日土村／南満州工業専門学校土木分科

東京の名教中学校を卒業後、渡満して南満州工業専門学校土木分科に入学し、一九二八年三月に卒業して満鉄に入り鉄道部に勤務した。大連保線区技術方、鉄道部工務課勤務を経て大石橋保線区営口在勤保線助役、四平街保線区保線助役を歴任し、三六年九月綏化工務段長となった。この間、昭和六年乃至九年事件の功により勲八等瑞宝章を授与された。

佐々木治平 ▷12

吉林省懐徳県参事官／吉林省懐徳県公署／一八九七（明三〇）五／宮城県本吉郡十三浜村

一九一七年尋常小学校教員検定試験に合格した後、同年一二月徴兵されて旭川の歩兵第二七連隊に入営し、北支駐屯第一〇中隊に編入されて北京に駐屯した。一九年一一月伍長勤務上等兵に進んで満期となったが、現役を志願して憲兵に転科し、同年六月憲兵上等兵となり旭川憲兵隊に配属された。次いで青島に派遣されて中国語一等通訳を務めた後、二三年に文官普通試験に合格し、二四年に予備役編入となった。二六年七月宮城県巡査となり、同県警部補を経て三〇年三月内務省警察講習所本科を修了し、さらに同年文官高等試験に合格して三一年七月警部に累進し、岩出山、岩沼、登米の各警察署長を歴職した。三四年一月に依願辞職し、翌月渡満して国務院民政部属官に転じ、同年四月三江省撫遠県参事官となり、三七年五月吉林省懐徳県参事官に転任した。この間、二四年に憲兵善行証書及び憲兵下士適任証を受け、二九年に警察官精勤証書を受けた。

佐々木周一 ▷12

大連汽船㈱機関長、正八位／神戸市灘区深田町／一八九〇（明二三）一二／広島県賀茂郡広村／東京商船学校

東京商船学校を卒業して海運会社に入り、機関員として船上に勤務した。一九二九年五月大連汽船㈱に転じ、以来機関長として各船に乗務した。

佐々木修司 ▷12

土木建築請負業／大連市紅葉町／一八九八（明三一）八／岐阜県恵那郡明知町／愛知県立明倫中学校

岐阜県佐々木治左吉の長男に生まれ、名古屋の愛知県立明倫中学校を卒業した後、一九二〇年二月に渡満して叔父の赤崎治助が創業した土木建築・測量・設計・監督請負業の赤崎組に入った。会計と労力供給方を担当し、かたわら旅大道路の土木工事用水タンクその他の諸工事を手がけた。その後一九年に叔父が日本に帰ると赤崎組を継承したが、三三年に関東庁の意向により赤崎組を解散し、個人名義で大連上水第二次拡張工事、第三次拡張工事その他の大連道路・下水工事等を手がけて一日当たり一〇〇〇人を動員し、年請負高一五万円内外に達した。

佐々木順一 ▷12

大連汽船㈱船長心得／神戸市港区都由乃町／一九〇一（明三四）二／岡山県浅口郡連島町／岡山県立

さ

児島商船学校

岡山県立児島商船学校を卒業して海運会社に入り、各船上に勤務した。その後一九二九年六月大連汽船㈱に転じ、一頭機関士を経て三七年一月船長心得となった。

佐々木正作 ▷12

華盛公司主／奉天加茂町／一八八〇（明一三）七／長崎県長崎市大浦下町

一八九九年父と共に旅順に渡って商業に従事し、翌年大連に支店を設け、同年七月行商のかたわら奉天方面を視察した。一九〇一年一二月ハルビンに転住して商業に従事した後、〇二年一〇月ハイラルに赴き、横川省三、井深彦三郎、服部賢吉と共に北平の小林商店員と称して活動したが、三日目に国事探偵の嫌疑を受けてロシア官憲に留置され、同地在住日本人らの尽力で救助された後、横川らに托された秘密書類をハルビンに運んで在ウラジオストク帝国貿易事務官川上俊彦に届けた。〇四年二月日露開戦のため引き揚げた後、同年三月ロシア語通訳として再び渡満し竜岩浦碇泊司令部付として勤務した。鴨緑江占領後に第一〇師団、第四軍司令官付、第二〇旅団付として勤務したが、病気のためいったん帰国した後、同年一一月三度渡満して安東で商業に従事した。その後一四年一一月青島占領とともに同地に赴いて博山炭坑を経営し、かたわら同地の民団議員、行政委員、信用組合理事等を務めた。次いで一九年に炭坑を譲渡して山東省原塩の輸出商を始め、朝鮮の元山、清津方面に販路を開拓した。その後三四年四月青島の事業を次弟の佐一に引き継いで奉天に移り、華盛公司を興してラジオ・電気材料の卸小売商を経営した。

佐々木四郎 ▷12

満鉄奉天鉄道事務所工務課建築係主任、社員会評議員、勲八等／奉天葵町／一九〇三（明三六）一／滋賀県蒲生郡安土村／南満州工業専門学校建築科

滋賀県佐々木織之助の四男に生まれ、一九二一年三月満鉄に入り技術部線路課に勤務した。二二年一月運輸部線路課に転任した後、同年五月非役となり南満州工業専門学校建築科に入学し、二五年三月に卒業して鉄道部保線課に勤務した。次いで二七年四月鉄道部工務課、二九年一月奉天鉄道事務所、三〇年六月奉天工事区事務所、同年九月奉天工事事務所、三一年八月奉天事務所鉄道課、三三年一二月奉天鉄道事務所に歴勤し、三五年四月同所工務課建築係主任となった。この間、満州事変時の功により勲八等従軍記章及び建国功労賞を授与された。

佐々木甚三 ▷12

芸陽洋行主、鉄嶺商工会議所議員、鉄嶺金融組合評議員／奉天省鉄嶺松島町／一八八九（明二二）／広島県豊田郡瀬戸田町

早くから渡満して鉄嶺に在住し、一九一二年に能地洋行に勤務した。二〇年に関東庁の購買組合に転じた後、二七年一一月に独立して鉄嶺松島町に芸陽洋行を開業し、食料品雑貨商を営んだ。

佐々木 盛一 ▷9

満蒙毛織㈱支配人／奉天浅間町／一八八二（明一五）一一／大分県宇佐郡八幡町／東亜同文書院商務科

一九〇四年上海の東亜同文書院商務科を卒業し、日露戦争に際し陸軍通訳として蓋平軍政署に勤務した。戦後〇七年三月、満鉄に入社して電気作業所に勤務した。一九年四月東洋拓殖㈱に転じて奉天支店に勤務したが、翌年三月満鉄と東拓共同出資の満蒙毛織㈱支配人に転じた。

佐々木静吾 ▷4

副領事、従七位勲六等／吉林省農安県一八七七（明一〇）六／沖縄県那覇区泉崎／関西法律学校

一八九三年税関監吏補となり、勤務のかたわら司法省指定関西法律学校で法律を学び、九六年九月に卒業した。九八年三月に依願免官し、翌年四月外務属に転じた。一九〇一年一〇月外務書記生に進んでウラジオストクに勤務し、義和団事件の功により翌年一二月勲八等白色桐葉章及び金二〇〇円を受けた。日露戦中の〇四年九月に休職となり、奏任官待遇の陸軍通訳を命じられて渡満した。軍政時代の大連で土木課主任を務め、倉塚土木出張所長、吉田前民政署長らと意見交換をしながら大連の町名を考えるなど民政事務に従事した。〇五年八月に復職して臨時外務省の事務に従事し、〇六年二月韓国統監府属となった。同年四月日露戦争の功で勲六等を受け、同年一二月再び外務書記生となってオデッサに勤務した後、〇九年二月モスクワに転任した。一二年一二月本省通商局第二課勤務となり、その後ハルビン領事館に勤務して一六年七月副領事に進んだ。

佐々木善八 ▷12

満鉄赤峰工務段長、従七位勲七等／熱河省赤峰満鉄工務段長局宅／一八九八（明三一）八／岩手県盛岡市仁王第五地割／北海道帝大附属土木専門部

岩手県佐々木寅吉の三男に生まれ、盛岡中学校を経て北海道帝大附属土木専門部を卒業し、一九二〇年八月鉄道省に入り盛岡建設事務所に勤務した。折戸在勤、山田線第五工区直轄工事監督、千厩在勤、大船渡第六工区主任、作並在勤、仙山東線第四工区主任、盛岡建設事務所宮古在勤、山田線第一七工区計画掛主任を歴職した。三三年一一月鉄道技師となり、同年同月満鉄に転じて渡満した。鉄道建設局工事課に勤務した後、図們建設事務処、林密線第二測量隊長、寧北建設事務処、滴道工事区長、奉天鉄路局工務処工務科、新京鉄路局工務処工務科吉林在勤臨時工事係長、吉林鉄路局工務処保線科保線股長を歴職し、三六年九月赤峰工務段長となった。この間、昭和六年乃至九年事変の功により勲七等瑞宝章及び従軍記章、建国功労賞を授与された。

佐々木　堯 ▷12

熱河省公署民政庁員／熱河省承徳熱河省公署民政庁／一九〇七（明四〇）五／福岡県久留米市裏町／九州帝大法文学部法科

福岡県佐々木礼三の長男に生まれ、熊本中学校、第五高等学校を経て一九三二年三月九州帝大法文学部法科を卒業し、同年四月満州国政府に招聘されて国務院民政部特別調査隊チチハル班員となった。次いで吉林省双城県救済員、同省浜江県属官、吉林省公署属官、同永吉県属官等を歴任して三四年三月吉林省徳恵県参事官となり、三七年二月熱河省公署に転任して民政庁に勤務した。

佐々木武男 ▷12

満鉄馬仲河駅助役／奉天省馬仲河駅満鉄社宅／一九〇七（明四〇）六／青森県三戸郡平良崎村

青森県佐々木源十郎の五男に生まれ、一九二六年仙台鉄道教習所普通部を修了し、同年三月同鉄道局管内の湊駅貨物掛となった。次いで盛岡駅車掌となり、二八年一月兵役のため休職し、退営後二九年一二月盛岡車掌所車掌に復帰した。その後三三年三月満鉄に転じて渡満し、鞍山駅駅務方、奉天列車区蘇家屯分区車掌心得、同車掌を経て三六年五月馬仲河駅助役となった。この間、満州事変時の功により小楯を授与された。

佐々木　善 ▷7

営口商業学校教諭／奉天省営口花園街満鉄社宅／一八八四（明一七）四／鹿児島県揖宿郡山川村／鹿児島県師範学校本科

一九〇六年鹿児島県師範学校本科を卒業し、日置郡伊作村の尋常高等小学校訓導となった。揖宿郡別府小学校、揖宿小学校、同所徒弟学校等に勤務したが、一三年四月病気のため退職した。翌月渡満して蓋平公学堂授業嘱託となり、翌年四月満鉄教育研究所に入った。一五年四月遼陽公学堂教諭に就いたが、同年八月南満医学堂講師兼舎監に転任して予科博物科担任を務めた。一七年五月営口商業学校教諭となり、博物学と理化学を担任した。

佐々木長太郎 ▷12

大越商行主／奉天小西関／一八七一（明四）九／富山県東礪波郡高瀬村

一八八八年小学校を卒業して布織物の製造販売に従事し、九一年から絹織物の製造と卸販売を自営した。日露戦争終結間近い一九〇五年六月に渡満し、営口で軍隊酒保を営んだ。〇六年一月奉天に移り大南門外に中越洋行の名で店舗を構えて雑貨食料品と薬種売薬販売を開始し、同年五月小南門外に店舗を移転し、〇七年八月さらに小西門外大什字街に移転して雑貨食料品販売を専業とした。その後店舗を手放し、小西関三区に新たに大越商行を興して雑貨貿易商を営んだ。この間、同業組合長、民会評議員、民会区長、神社総代等を務めた。

佐々木恒一 ▷12

満鉄鉄道研究所員／奉天満鉄鉄道総局鉄道研究所／一九〇九（明四二）六／愛媛県新居郡垣生村／東京帝大法学部

愛媛県佐々木甚作の長男に生まれ、一九三四年三月東京帝大法学部を卒業して満鉄に入り新京駅に勤務した。同年一一月大連列車区、三五年三月奉天列車区蘇家屯分区、同年八月奉天駅構内助役、三六年九月四平街駅貨物助役を経て三七年三月鉄道研究所に転任した。

佐々木恒治 ▷12

満鉄奉天駅構内助役、社員会評議員／奉天紅梅町／一八九八（明三一）八／宮城県玉造郡東大崎村／宮城県立古川中学校

宮城県佐々木利惣太の次男に生まれ、一九一七年県立古川中学校を卒業して鉄道院に入り、同年八月東部鉄道管理局教習所を修了して小牛田駅乗務見習となった。一八年一月同駅車掌、一九年一月宇都宮駅車掌、二四年九月白河駅貨物掛、二六年三月東那須野駅助役、二八年七月岡本駅助役を歴任し、同年一二月鉄道局書記となり東京鉄道局に勤務した。三一年七月仙台鉄道管理局に転勤して富岡駅助役を務めたが、三三年二月に退職して満鉄に転じ、奉天鉄道事務所に勤務した後、同年六月満鉄奉天駅構内助役となり、かたわら満鉄社員会評議員を務めた。

佐々木貞之助 ▷12

満鉄鶏黒信号場助役／安東省鶏黒信号場／一八九九（明三二）五／宮城県加美郡小野田村／高等小学校

高等小学校を卒業した後、一九二三年一二月満鉄に入り大連駅駅手となった。同駅連結方・転轍方・操車方、千山駅駅務方、蘇家屯駅駅務方・転轍方・構内助手、奉天列車区車掌心得、蘇家屯分区車掌、蘇家屯駅駅務方・信号方に歴勤し、三五年八月鶏黒信号場助役となった。この間、満州事変時の功により大盾及び従軍記章を授与された。

佐々木藤吉 ▷12

三合興主、金水旅館主、吉林枕木造材組合副組合長、吉林旅館組合副組合長／吉林大馬路／一八七八（明一一）一一／広島県尾道市

志願して軍隊に入り、一九〇四年日露戦争に従軍して渡満した。除隊して奉天、山東省済南等に在住した後、一八年に吉林に三合興を興し、京図線各地から原木を仕入れて線路枕木等を製造し、満鉄その他新京方面に納入した。木材業のかたわら三四年六月から大馬路で妻女に金水旅館を経営させ、同地の枕木造材組合及び旅館組合の副組合長を務めた。

佐々木藤太 ▷12

新京自動車㈱常務取締役、ヤマト商会㈱監査役／新京特別市羽衣町／一八九八（明三一）二／島根県邑智郡川戸村

一九二一年に渡満して大連でタクシー業を営んだ後、大連自動車㈱を経て㈱満州モータースに勤務し、三三年同社奉天支店長となった。次いで三四年七月奉天商埠地南一経路に極東モータース修理工場を興して自動車修理・販売業を経営したが、その後再び大連自動車㈱に転じて新京支店長を務め、三七年一月新京自動車㈱の創立と同時に常務取締役に就任した。

佐々木常磐 ▷11

撫順神社主任神職／奉天省撫順西公園／一八七七（明一〇）四／広島県山県郡加計町／皇典講究所

広島県神職佐々木彦麿の次男に生まれ、皇典講究所に学んで皇典講究所一等司業・小学校正教員の資格を得た。一八九五年から小学校教員及び神官を務め、この間神職会支会長となり郡史編纂にあたった。二三年二月朝鮮海州神社社掌となって赴任し、黄海道鳳山郡沙里院神祠、同載寧郡北栗神祠の創建事業に従事して神職を兼務した。二五年九月に渡満して撫順神社主任神職となり、満州神職会幹事を務めた。著書に『国定教科書に表はれたる神祇事項』『方言訛語』『幣帛供進使提要』『靖国神社御事歴忠烈の光』等がある。

佐々木敏郎 ▷12

満州電信電話㈱新京管理局技術課長／新京特別市同治街恵民路／一八八八（明二一）一／秋田県仙北郡花館村

秋田県佐々木清太郎の長男として秋田市に生まれ、東京通信官吏練習所無線通信科及び無線技術科を修了して逓信省に入った。以来勤続して船舶無線局長を経て本省工務局に転勤して通信技師に進み、一九二三年三井物産嘱託として北京の双橋無電台の建設に従事した。二五年一一月日本無線電信㈱の創立に際し技師として入社し、建設課無線係主任兼経営課無線係主任となった。アメリカ及びヨーロッパとの国際無線送受信所の設計・建設と保守・運転を担当し、テレフンケン社に発注した七〇〇kWの長波無線電信装置の工場試験のためドイツに出張し、イギリス、フランス、イタリアその他の諸国を回って無線事業を視察した。三三年二月満州電信電話㈱設立準備事務所嘱託となり、同年五月に渡満して新京無線電台の設計建設に従事し、同年一二月日本無線電信㈱を退社して満州電信電話㈱技師となり新京無線工務所長に就いた。その後、三五年一〇月職制改正とともに新京管理局技術課長となった。

佐々木春人 ▷12

松花堂主／ハルビン埠頭区石頭道街／一八九四（明二七）三／広島県広島市比治山本町／高等小学校

郷里の高等小学校を卒業した後、一九一六年に渡満して鉄嶺で陸軍御用達業に従事した。一八年にハルビンに移って同業に従事した後、二二年二月に独立して同地で製菓業と陸軍御用達業を営んだ。奉天、新京、大連、大阪、福岡方面から仕入れ、埠頭区石頭道街に営業所を置き、熱河、古北口、綏芬河に出張所を設けて従業員一二人を使用した。

佐々木彦七郎 ▷11

満州電気㈱主任技術者／奉天省開原鉄道付属地隆盛街／一八九七（明三〇）八／宮城県栗原郡宮野村／旅順工科学堂

宮城県農業佐々木彦七の次男に生まれ、一九一八年旅順工科学堂を卒業して同年一二月満鉄に入った。二一年七月漢口の既済水電公司技師として招聘され、翌年任期終了とともに開原の満州電気㈱に入社し、主任技術者を務めた。

佐々木久松 ▷11

東洋拓殖㈱ハルビン支店支配人、従七位／ハルビン道裡地段街東拓社宅／一八九一（明二四）四／新潟県北蒲原郡新発田町／東京帝大法科大学政治学科

新潟県佐々木重松の三男に生まれ、一九一七年東京帝大法科大学政治学科を卒業して東洋拓殖㈱に入った。秘書役、平壌支店長、朝鮮肥料㈱取締役、裡里支店支配人、全羅北道農会顧問等を歴任して二八年一二月ハルビン支店支配人に就任し、北満電気㈱監査役、中東海林採木有限公司理事長を兼任した。夫妻共に俳句を愛好し、裡里在任中に俳句雑誌『朝雲』を発刊した。

佐々木兵吉 ▷11

陸軍砲兵大尉、従六位勲六等／旅順市司台町／一八九二（明二五）一／福島県相馬郡中村町／陸軍士官学校

福島県商業佐々木三之助の三男に生まれ、一九一三年陸軍士官学校を卒業した。仙台の野砲兵第二連隊付となり、同年一二月少尉に任官した。一七年八月中尉に進んで同連隊第二大隊副官となり、二三年八月大尉に昇進して野戦重砲兵第一連隊中隊長となった。二八年八月、旅順要塞司令部砲兵高級部員となって渡満した。

佐々木方策 ▷12

農業、満州農業団体中央会理事、関東州外果樹組合連合会理事、南満蔬菜出荷組合幹事、蓋平果樹組合副組合長、大石橋小学校蓋平分教場父兄会会長／奉天省蓋平付属地／一八九一（明二四）一一／宮城県遠田郡元涌谷村／東京帝大農科大学農経科

宮城県公吏佐々木次郎太の長男に生まれ、一九一六年七月東京帝大農科大学農経科を卒業して東京府下で農業に従事した。一七年から一年間アメリカで甜菜栽培その他の研究に従事した後、一九年四月に渡満して奉天の南満州製糖㈱に入社した。その後二六年八月に退社し、蓋平に一八万坪の土地を入手して果樹栽培を始め、ナス、トマト等の温室栽培と養鶏、綿羊飼養、養豚を副業とした。経営のかたわら長く同地の地方委員を務め、数多くの同業団体の役員を務めた。

佐々木正章 ▷11

営口輸入組合理事／奉天省営口南本街／一八七七（明一〇）六／岡山県浅口郡連島町

岡山県農業佐々木総平の長男に生まれ、一八九七年一二月通信書記補となった。その後通信書記を経て通信属に進んだが、一九〇七年一二月に渡満して満鉄社員となり、満鉄埠頭事務所、同所営口支所等に勤務した。二〇年六月に退社し、二八年五月営口輸入組合の創立に際し、理事に就任した。

佐々木松四郎 ▷12

佐々木組主／ハルビン炮隊街／一

さ

八八三（明一六）五／**北海道札幌郡豊平町**

早くから土木建築業に従事し、後に同業を独立経営した。一九三二年の満州「建国」後、いち早く渡満して各地を巡ってハルビンに居を据え、三五年一二月に佐々木組を興した。資本金五万円、従業員八人を擁し、佳木斯と富錦に出張所を設け、ハルビン市公署、三江省公署、第四軍を得意先とした。

佐々木満五郎 ▷11

薪炭卸小売並び御用達／旅順市鮫島町／一八七六（明九）九／長崎県北松浦郡江迎村／平戸中学校

長崎県酒造業佐々木半助の五男に生まれ、一八九五年平戸中学校を卒業した。九七年に神戸郵便局通信書記補となったが九九年に辞任し、同年一月東京の南洋貿易会社に入った。南洋カロリン群島を遊歴し、翌年東京に帰って辞職した。一九〇五年五月に渡満して営口に滞在し、翌年八月から旅順に居住して薪炭卸小売並びに用達業を営み、かたわら鮫島町総代を二年、副総代を五年務めた。同郷の夫人美子との間に子女一七人を儲けたが内六人は死亡し、長男は南満工業専門学校を出て満鉄本社に勤務、次男も満鉄鉄道教習所を出て満鉄に勤務し、三女と四女は旅順高女を出てそれぞれ満鉄本社、大連医院に勤務した。

佐々木　求 ▷12

満鉄撫順炭砿大山採炭所工作係主任、社員会評議員、社員消費組合総代、在郷軍人会撫順第一分会理事、正八位／奉天省撫順北台町／一九〇二（明三五）二／島根県周吉郡西郷町／九州帝大工学部電気学科

島根県佐々木東吉の次男に生まれ、小倉中学、第五高等学校を経て一九二六年三月九州帝大工学部電気学科を卒業し、同年四月明治礦業㈱赤池発電所に勤務した。二八年五月赤池礦業所機械電気係兼安全灯係に転任した後、二九年四月赤池炭砿電気事業主任技術者となった。三四年二月に退社し、同年五月渡満して満鉄に入り撫順炭砿工作課に配属され、同年七月大山採炭所勤務となった。三五年四月同所坑外係主任を務めた後、三七年四月工作係主任に就いた。

佐々木守夫 ▷11

満鉄大連医院産婦人科医員／大連市恵比須町／一九〇四（明三七）三／広島県双三郡十日市町／京城医学専門学校

広島県教員佐々木貞作の長男に生まれ、一九二六年京城医学専門学校を卒業した。同年四月から釜山鉄道病院に勤務したが、二七年九月に渡満して満鉄大連医院産婦人科医員に就いた。

佐々木保治郎 ▷12

安東地方警察学校教官、正六位／安東八道溝安東地方警察学校／一八八二（明一五）一一／東京府東京市小石川区大塚坂下町／東京帝大経済学部

山形県佐々木宗元の五男に生まれ、後に東京市に移籍した。一九〇六年陸軍士官学校を卒業して歩兵少尉に任官し、秋田連隊付、台湾守備隊付として勤務した後、朝鮮の会寧守備隊副官、秋田旅団副官、弘前師団副官等を歴補して少佐に累進した。北京に留学した後、シベリア出兵に際し交通部員として従軍し、帰還後二四年に陸軍委託学生として東京帝大経済学部に入学し二七年に卒業した。その後、勤務中に負傷して依願退職し、日本新聞社に入社した。満州事変後に渡満して北満鉄護路軍司令顧問となり、次いで剿匪軍総司令顧問、満州国ハルビン警察庁督察官、同警察総隊長、龍江省公署督察官を歴任した。三六年四月吉林省公署督察官に転任し、三七年二月安東地方警察学校教官に転任した。文筆に優れ、『精神訓話』『戦術問題決心理由処置』『下士教育方案』『突撃戦闘論』『銃剣術奨励方案』等多数の著述がある。

佐々木保之助 ▷12

満鉄奉天省四平街駅構内助役／奉天省四平街南六条通／一九〇二（明三五）二／宮城県加美郡鳴瀬村／加美郡立加美蚕業学校本科

一九一六年宮城県加美郡立加美蚕業学校本科を卒業した後、一九年六月仙台鉄道管理局に入り中新田駅に勤務した。二二年五月一関駅駐在車掌、次いで長町駅駐在車掌、同駅予備助役、田尻駅助役、一関駅予備助役、矢越駅長代理を歴任して三三年二月鉄道局書記となり、同月依願退官して満鉄に転じた。事務助手として新京鉄道事務所に勤務した後、三四年一〇月職員に昇格して奉天省四平街駅構内助役となった。この間、昭和六年乃至九年事変の功により従軍記章及び大盾を授与され、三五年に皇帝訪日記念章を受けた。

佐々木弥太郎 ▷11

福昌公司営業部員／大連市竜田町／一八九〇（明二三）九／鳥取県気高郡青谷村／呉陽学院

鳥取県商業佐々木定造の長男に生まれ、一九〇九年呉陽学院を卒業した。翌年五月三井物産会社香港支店に入社し、一三年四月広東出張所に転任した。一七年八月に退社し、翌月大連の福昌公司に入店した。

佐々木雄次郎 ▷14

大連株式商品取引所監査役／大連市霞町／一八七五（明八）一一／東京府豊多摩郡渋谷町／東京帝大法科大学政治学科

佐々木銈太郎の次男として山形県最上郡新庄町に生まれ、一九〇一年七月東京帝大法科大学政治学科を卒業して大蔵省に入った。日露戦後の〇五年、満州での商権確立のため大蔵省が満州貿易組合を組織すると組合主任となって渡満し、かたわら組合員の福栄洋行支配人を兼務した。その後〇七年八月満鉄に転じて沙河口工場に勤務し、以来同工場に一八年勤続して庶務課長兼会計課長に就いた。次いで二五年四月満州船渠㈱常務取締役に転出した後、二七年三月大連株式商品取引所監査役に就いた。この間、二四年一一月から二八年一〇月まで大連市会議員・同市参事会員を務めた。長女春枝は大連汽船会社員で京大経済学士の三角武雄に嫁した。

佐々木良七 ▷12

満鉄皇姑屯工務段長、社員会評議員、第二〇分会代表／奉天皇姑屯局宅／一八八九（明二二）一二／山形県飽海郡観音寺村／岩倉鉄道学校

山形県佐々木与右衛門の三男に生まれ、一九一一年東京の岩倉鉄道学校を卒業した。その後渡満して一八年五月南満州工業学校講師となり、同年一〇月満鉄に入り保線課に勤務した。一九年七月技術部線路課、二一年六月鞍山工務事務所勤務を経て奉天鉄道事務所鞍山在勤、大連鉄道事務所、普蘭店保線区主任、同保線区長、大連保線区保線助役、電鉄保線区保線助役、電気作業所、鉄道部保線課、同計画課、奉天鉄道事務所、安東保線区保線助役、遼陽保線区海城在勤保線助役を歴職した。次いで鉄道部経理課、総局経理処会計課、総局工務処工務課勤務を経て三四年八月皇姑屯工務段長となった。この間、満州事変時の功により賜盃及び従軍記章を授与された。

佐々木遼太郎 ▷12

満鉄ハルビン電気段電気助役／ハルビン南崗四道街／一九〇九（明四二）三／愛媛県新居郡西条町／早稲田大学理工学部電気工学科第二分科

一九三四年三月早稲田大学理工学部電気工学科第二分科を卒業し、満鉄に入社して鉄路総局に勤務した。同年一一月皇姑屯電気段に転勤した後、三五年四月鉄路総局勤務、三六年四月鉄路学院講師兼務を経て同年九月ハルビン電気段電気助役となった。無線工学の専門家として列車無線通信搬送式電信電話の研究に従事し、架空電気通信線の線路損失の変化を記録するレベルレコーダーを考案した。

笹島房次郎 ▷12

三栄洋行主、従六位勲六等／奉天千代田通／一八九三（明二六）一／東京府東京市小石川区大塚窪町／陸軍士官学校

陸軍士官学校を卒業して歩兵少尉に任官し、以来各地で軍務に服した後、歩兵大尉に累進して依願退役し、「東郷ハガネ」発売元の河合鋼商店に入った。一九二六年五月新設の奉天支店長となって渡満し、八幡製鉄及び住友製鋼所製品の東三省兵工廠への販路開拓に従事した。漸次外国製品を駆逐して業績を上げたが、満州事変による兵工廠の廃止に伴い河合鋼洋行が解散となり、三二年四月その業務を継承して資本金二万円で三栄洋行を設立した。商事・製作、自動車運輸・製材の四部門を擁して奉天千代田通に本店、大連市紀伊町に出張所、奉天商埠地三経路と七経路に工場を置き、住友製鋼所、ドイツのクルップ製鋼会社、スウェーデンのブッホース製鋼会社、尼崎製鋼所、肥田鋼鉄家具会社、日本工具会社等と代理店あるいは特約店契約をし、関東軍、鉄道総局、撫順炭砿、昭和製鋼所その他諸官衙会社の土木建築請負業者を得意先とした。さらに三五年に大連市に進出してガソリン・石油用の木箱製造を始め、日吉町の工場で耐酸鋼の加工溶接を行ったほか、三六年一一月にはクルップ社と提携したショーラー式無水酒精事業と石炭液化事業推進のため東京市丸ノ内三菱仲一二号館に東京出張所を設けた。

笹沼　清　▷11

満鉄長春駅構内助役／長春平安町／一八九七（明三〇）四／茨城県那珂郡静村／茨城県立太田中学校

茨城県農業笹沼留吉の次男に生まれ、一九一八年県立太田中学校を卒業した。二〇年二月に渡満して満鉄に入り、長春駅貨物係を経て同駅構内助役に就いた。

笹沼　周作　▷12

安東省公署実業庁農務科長／安東中央通／一八九一（明二四）四／栃木県那須郡上江川村／千葉園芸専門学校

一九一三年三月千葉園芸専門学校を卒業し、同年九月栃木県矢板農林学校教諭となった。次いで一七年八月農商務省嘱託、一九年八月内務省嘱託を経て二三年六月内外農業㈱常務取締役に就任した。その後三四年一二月国務院実業部嘱託となって渡満し、総務司税制科勤務、臨時産業調査局嘱託・調査部勤務を経て三五年一二月安東省公署事務官となり、実業庁農務科長に就いた。この間、二四年に人命救助により警視総監の表彰を受けた。

笹沼　鉄雄　▷11

満鉄販売課開原貯炭場事務所主任、勲六等／奉天省開原満鉄新社宅／一八九四（明二七）二／兵庫県姫路市小姓町／東京外国語学校支那語科

兵庫県笹沼重吉の次男に生まれ、一九一七年東京外国語学校清語科を卒業し、同年四月大阪の長瀬商店に入り神戸支店、天津出張所に勤務した。一八年八月、シベリア出兵に際し陸軍通訳として従軍した。二〇年四月に渡満して満鉄に入り、販売課員として大連・長春の各貯炭場に勤務し、後に開原貯炭場事務所主任に就いた。二〇年一一月、シベリア従軍の功により勲六等に叙された。

佐々野播雄　▷10

大連中央土地㈱大連支店長／大連市楠町／一八七七（明一〇）一一／長崎県南松浦郡福江町／帝国大学法科大学中退

旧五島藩重臣の子に生まれ、藩校で修学した後上京して帝国大学法科大学に入学したが、事情により中退して帰郷した。その後再び上京し、一八九八年内務省土木局に入り道路課軌道係として京浜電鉄、東京電車鉄道、京都電鉄、名古屋電鉄、大阪築港の二階付電車等の検査・監督に当たった。一九〇四年東京電気鉄道会社から招聘され、官職を辞して同社運転課長に転じた。〇六年東京電車鉄道・東京市街鉄道と合同して東京鉄道会社が発足すると同社文書課長に就き、翌年九月の合同反対派による電車焼打事件に対処した後、〇八年九月社内改革の必要を唱えて自ら勇退した。一〇年一月和歌山県土木課長に就任した後、一二年一月京都市長川上親晴に招かれ京都市電気局運輸課長に転じて六線共用問題の解決に腐心した。一七年六月朝鮮鉄山会社常務に転じて鎮南浦や平壌に駐在した後、二一年末に退社して帰国し、京都パラダイスの経営に当たった。二三年春に大連中央土地㈱が創設されると大連支店長となって渡満し、各種民衆娯楽機関の設営に従事した。

笹生　俊平　▷11

満鉄用度事務所庶務係、従五位勲四等、予備陸軍歩兵少佐／大連市桂町／一八八三（明一六）五／山形県米沢市表町／陸軍士官学校

山形県笹生新太郎の長男に生まれ、一九〇二年士官候補生として秋田の歩兵第一七連隊に入隊した。〇四年に陸軍士官学校を卒業して陸軍歩兵少尉となり、〇五年四月日露戦争に従軍した。〇六年三月に帰還し、中尉に進級して各地に勤務した後、一〇年四月臨時朝鮮派遣歩兵第一連隊付として朝鮮に二年勤務した。一四年八月歩兵大尉に進んで歩兵第一七連隊中隊長、秋田連隊区司令部部員、同副官に歴補し、二二年四月歩兵少佐に累進して竜山歩兵第七九連隊付に転じ、同年五月忠清北道清州第五守備大隊長となった。その後二三年九月予備役編入となり、同年一二月に渡満して満鉄に入り用度事務所庶務係として勤めた。

笹部　杉一　▷3

大昌煤局主、南満銀行取締役／奉天小西辺門外警／一八六二（文二）六／大分県下毛郡中津町

医学校在学時の一八八九年、学業中途で大倉組に入った。小倉支店など各地に十有余年勤続し、東京本社在勤時は納品主任として千葉県一円の各連隊に出入りした。一九〇〇年に北清事変が起きると天津・北京の主任を務め、日露戦争時には朝鮮の京城で納品主任の任に就いた。一九〇五年土木部に転じ、石橋子・渾河間の工事事務主任として安奉線軽便鉄敷設に従事し、同年一二月奉天大倉組次席となった。〇八年本社に転任して間もなく退社し、同年再び渡満して奉天で石炭商大昌煤局を開業した。

笹本　桂助　▷3

歯科医師／奉天省営口元神廟街／一八七八（明一一）一二／茨城県新治郡中家村／東京歯科医学校

一九〇三年四月東京歯科医学校を卒業し、翌年一一月文部省歯科医術開業試験に合格した。〇五年三月京都歯科医学校講師となり、付属病院の主任を兼務した。営口の森病院に招聘され〇七年三月に渡満して歯科部を担当したが、同年一〇月森病院が閉院となり、営口で歯科医院を開業した。

笹山卯三郎　▷12

成和公司主、咸鏡北道古乾原徳昌炭砿主、興城県荊條山鉛亜鉛砿代表、蓋平電業㈱董事、蓋平地方委員会副議長／奉天省蓋平城内東大街／一八八三（明一六）九／広島県広島市斜屋町／東亜同文書院

広島県の和紙・金箔商笹山理兵衛の次男に生まれ、一九〇七年上海の東亜同文書院を卒業して蓋平及び上海で柞蚕糸・柞蚕繭・絹紬の輸出業を営んだ。次いで一一年に満鉄指定石炭特約販売人となって石炭販売を兼業し、一四年から鉱山業に進出して蛍石・重晶石・滑石・苦土鉱等の探鉱と採鉱・買鉱事業を兼営した。その後一八年に鉱業部門を組合組織に改め、遼西の銀亜鉛銅鉱や随家屯の蛍石鉱を採掘販売したほか、一九年には朝鮮咸鏡北道炭砿を出願試掘して古乾原に炭砿区を開発し、さらに二七年から中国人向けに織物・雑貨類の卸小売商を兼営した。他に日満商事特約販売店、日本足袋会社・日本生命その他各社の代理店を兼ねて商業と鉱業を兼営し、かたわら蓋平居留民会長及び地方委員を務めた。この間、満州事変に際し蓋平県諮議・蓋平自治指導委員として活動し、同県各法団及び官民一同より金盃・銀瓶・扁額等を贈られたほか、自治指導部より銀盾を贈られた。

笹山　次郎　▷12

満鉄奉天営繕所工事係主任／奉天朝日町／一八九五（明二八）四／東京府東京市牛込区市谷薬王寺町／県立秋田工業学校

東京府笹山喜作の次男に生まれ、一九一二年三月県立秋田工業学校を卒業して同年九月満鉄に入り建築課に勤務した。一九年三月に退社し、二一年五月横浜正金銀行長春支店新築工事の現場監督主任となり、工事竣成後に帰国し、二八年六月日本トラスコン鋼材㈱に入社して設計部に勤務した。次いで三二年一〇月宮内省内匠寮嘱託に転じ、本庁舎新築設計及び工事監督鉄骨工事担任を務めた。三三年一二月に再び渡満して満鉄に再入社し、鉄道建設局計画課、ハルビン鉄路局工事課勤務を経てハルビン工事処建築係主任、ハルビン営繕所建築係主任を歴任し、三六年一一月奉天営繕所工事係主任となった。

左座　養伝　▷10

関東庁高等法院判官、正六位／旅順市柳町法院官舎／一八八六（明一九）二／福岡県早良郡原村／東京帝大法科大学

福岡県漢方医の左座泰貞の次男に生まれ、福岡修猷館中学、第五高等学校を経て東京帝大法科大学に入学し、一九一六年に卒業して鉄道院に入った。一七年五月司法官試補に転じて神戸地方裁判所に勤務し、一八年一一月判事となり、翌年一月奈良地方裁判所に転勤した。二〇年九月関東庁高等法院兼地方法院判官に任じられて渡満し、高等法院覆審部兼上告部判官を務めた。

桟敷　七蔵　▷12

山城鎮専売署員／奉天省海竜県山城鎮専売署／一八九三（明二六）／三重県員弁郡白瀬村／東京高等商業学校

東京高等商業学校を卒業した後、芝川商店勤務、千代田石材会社役員を経て製粉事業を独立経営した。その後一九三二年に渡満して国務院財政部塩務署事務官となり、徴榷科長を務めた。次いで榷運署事務官に転任し、同署最初の試みとしてハルビン榷運局日系副局長に配属されて局務一新を断行した後、三七年一月専売署事務官となり海竜県山城鎮専売署に勤務した。

佐志騄次郎 ▷10

佐志医院長／大連市敷島町／一八九六（明二九）六／長崎県北松浦郡平戸町／南満医学堂本科

一九一三年長崎県立中学猶興館を卒業し、翌年九月に渡満して奉天の南満医学堂本科に入学した。一八年に卒業して満鉄大連医院に勤務したが、翌年一月大村衛戍病院の補充兵として召集され、兵役を終えて大連医院に帰任したが、二〇年五月に退社して北京に赴いた。二一年二月大連に戻り、関東庁の嘱託を受けて北満の肺ペスト流行地で日中露の共同防疫活動に参加し、二九名の真性患者を発見した。一年契約で中国交通部直轄の四洮鉄路局の嘱託医を務めた後、二二年七月から母校の南満医学堂副手に就いたが、病を得て辞任した。大連で静養した後、二三年二月敷島町に佐志医院を開業して内科と婦人科を診療した。

佐治　大助 ▷3

満鉄埠頭事務所次席兼寺児溝実業補習学校主事／大連市寺児溝社宅／一八七七（明一〇）五／愛媛県松山市松前町／東京郵便電信学校

東京郵便電信学校を卒業し、一九〇七年に渡満して満鉄に入り大連埠頭事務所に勤務した。営口埠頭事務所主任に転じた後、一〇年一〇月所長となった。一一年一一月大連埠頭事務所に戻って次席に就き、寺児溝実業補習学校の主事を兼務した。

佐志　雅雄 ▷11

丸二商会、復州粘土窯業公司代表社員／大連市敷島町／一八七五（明八）一〇／長崎県北松浦郡御厨村／県立長崎中学校

長崎県医師佐志世民の次男に生まれ、一八九三年県立長崎中学校を卒業して海外に留学した。九六年に帰国して豊州鉄道会社、蔵内礦業等に勤務したが、一九〇五年四月日露戦争に際して営口に渡り、陸軍軍糧中立地輸送の特別任務に従事した。〇九年に丸二商会を設立して海陸運送業と保険代理業を営み、果樹園と水田を兼営した。一九年には復州粘土窯業公司を創設して耐火材料と陶器の製造販売を始め、青島にも丸二商会を設立して海運業と鉱山業を営んだ。他に大連郊外土地㈱取締役、復州礦業公司取締役を兼任し、大連商工会議所常議員を務めた。

佐生　惣吉 ▷12

㈱大矢組奉天支店長／奉天松島町／一八八四（明一七）一／滋賀県神崎郡旭村

日露戦争に従軍した後、一九〇七年㈱大矢組の創設と同時に大連支店に勤務した。以来勤続して柳樹屯、海城、鉄嶺の各出張所に勤務し、二〇年四月旅順出張所主任となった。次いで二八年一〇月奉天出張所に転勤し、三二年八月同所の支店昇格と同時に支店長に就いた。

佐多　篤 ▷12

満鉄職員／安東山下町満鉄社宅／一八九八（明三一）四／鹿児島県薩摩郡永利村

鹿児島県佐多八次郎の長男に生まれ、一九一五年一二月満鉄に入り鉄嶺車輌係となった。一九年四月撫順に転勤して車輌係、物品方、庶務方、調度方を歴職し、遼陽機関区勤務を経て二八年五月安東検車区に転勤した。次いで二九年一〇月鉄嶺機関区庶務助役、三二年一〇月四平街機関区鉄嶺分区庶務助役を経て安東機関区庶務助役を務めた後、三七年四月待命・鉄道総局付となり、同年六月依願免職となった。この間、満州事変時の功により木杯及び従軍記章を授与された。

佐多　逸郎 ▷7

満鉄大石橋地方区土木係主任／奉天省大石橋満鉄社宅／一八九一（明二四）一二／鹿児島県川辺郡知覧村／熊本鉄道学校

郷里の熊本鉄道学校を卒業し、一九一七年五月に渡満した。満鉄に入社し、安東県地方事務所土木係を経て二三年大石橋地方区土木係主任となった。

佐竹音次郎 ▷12

㈶鎌倉保育園理事／大連市老虎灘／一八六四（元一）五／神奈川県／済生学舎医学専門学校

神奈川県佐竹源左衛門の子に生まれ、済生学舎医学専門学校を卒業して神奈川県鎌倉郡腰越村で腰越医院を開業した。一八九六年七月不遇の孤児を収容

して小児保育園を開設し、キリスト者としての博愛主義の下に保育事業を始めた。一九〇六年五月鎌倉佐介ヶ谷に拡張移転して鎌倉小児保育園と改称し、一三年四月に旅順に同園支部を設立して日本人及び中国人貧困家庭の児童を収容し、また朝鮮京城に支部を設けて朝鮮人児童の保護養育に当たった。一五年一二月には台湾台北に支部を設置して台湾住民子弟の保育事業を始め、さらに一七年に愛育幼稚園を併設して幼児教育を行った。二〇年に財団法人鎌倉保育園と改めて理事に就任し、鎌倉町大町に本園を置き、自己所有財産の全部を提供して同園の基本財産とした。旅順支部は農園収入、賛助金、寄付金及び満鉄・旅順市・関東州競馬会等の補助金のほか、二三年から毎年宮内省より下賜金を受けて運営資金に充て、三二年九月大連市老虎灘に分園を設けた。事業開始以来救済した乳幼児学童は延べ数千人に達し、二八年一一月の昭和天皇即位大典に際し藍綬褒章を受け、三二年夏の新京における日満社会事業合同の際に執政溥儀に引見されたほか、三五年四月皇太后より銀製扇形文鎮を授与され、三六年一〇月関東局施政三〇年記念に際し民間功労者として表彰を受けた。

佐武　金治　▷12

満鉄奉天検車区庶務助役／奉天満鉄検車区／一九〇二（明三五）八／石川県金沢市材木町／鉄嶺実業補習学校華語科第二期

本姓は別、後に石川県佐武甚作の養子となった。一九一八年鉄嶺実業補習学校華語科第二期を修了し、一九年一二月ハルビンの北満興業㈱に入った。二〇年一〇月に退職し、二一年一二月満鉄に入り鉄嶺機関区に勤務した。以来勤続して庶務方、調度方を経て三二年一〇月四平街機関区鉄嶺分区に転勤し、三五年四月奉天検車区庶務助役となった。この間、満州事変時の功により大盾及び従軍記章を授与され、三六年に一五年勤続の表彰を受けた。

佐竹〆太郎　▷11

酒類製造販売業、従七位勲六等／旅順市八島町／一八八一（明一四）四／福岡県筑紫郡二日市町

福岡県商業佐竹武市の四男に生まれ、一八九九年佐世保海兵団に入団した。翌年北清事変に従軍し、日露戦争の時は連合艦隊「敷島」乗組員として従軍した。一九一四年の日独戦役に掃海隊員として参加し、膠州湾で機雷に触れて艦が爆沈し、九死に一生を得た。一九年海軍兵曹長となって旅順防備隊に勤務し、二二年海軍特務少尉に進んで予備役編入となった。退役後は旅順で酒類製造販売業を営み、関東州酒造組合副組合長を務めた。

佐竹　昇　▷11

旅順鎌倉保育園支部主事／旅順市旭川町／一八九九（明三二）一〇／神奈川県鎌倉町／東洋大学社会学科中退

東京府官吏井東安五郎の長男に生まれたが、幼くして両親を失い、佐竹音次郎に引き取られて養子婿となった。一九二一年東洋大学社会学科に入学したが、中退して同年一〇月に渡満し、旅順の鎌倉保育園主事となった。

佐竹　義継　▷11

満鉄学務課図書館係主任、奉天図書館長／大連市榊町／一八八一（明一四）三／京都府京都市堺町松原上夕顔町／哲学館中退

京都府佐竹義三の長男に生まれ、東京中学校を卒業して哲学館に入学したが、中退して文学博士島田重礼の双桂精舎に学んだ。京都帝大図書館に勤務した後、一九一〇年五月に渡満して満鉄に入った。地方課教育係を経て学務課図書館係主任となり、奉天図書館長を務めた。二七年四月満鉄創業二〇周年に際し勤続表彰を受け、勤務のかたわら『幕末勤王烈士手翰抄』（実業之日本社）を著し、中国貨幣の研究を趣味とした。

佐竹　令信　▷11

製油業、勲六等／奉天省開原付属地隆盛街／一八七三（明六）一二／滋賀県蒲生郡八幡町／九州学院

滋賀県佐竹徳令の長男に生まれ、一八九三年九州学院を卒業して藐姑射石門塾で漢学を学び、中国語を研究した。一八九四年清国の直隷・山東両省を遊歴して陸軍通訳官となり、日清戦争中は陸軍の特別任務に就いた。戦後台湾に渡って淡水民政庁警務課長、内務部拓殖課長等を歴任した後、九九年八月日本郵船㈱に入り北清航路開設の調査・準備事務を担当した。一九〇〇年に北清事変が起きると陸軍通訳官として通州臨時軍政署長に就き、〇二年清国直隷総督府顧問に招かれて高等工芸学堂教習を兼務した。日露戦争の際に参謀本部諜報課に属し、陸軍通訳官として特別任務に就いて乃木第三軍司令官から賞状と金一千円を授与された。和平後は満州利源調査委員に任命され、〇六年外務省から満州事情調査を嘱託された。同年七月大倉組に入って奉天馬車鉄道の創設にあたり、〇九年に大倉組を辞して長春で赤煉瓦製造業を始め、かたわら㈱信泰公司を創設して邦人初の大豆油の搾製に先鞭をつけた。一二年七月開原に移住して友信洋行の名で特産物、建築材料、麻袋商を兼営した。二七年八月関東庁業態調査参事及び同庁労働調査参事を嘱託され、同年一一月には満州日報開原支局長を委嘱された。他に開原取引所信託、開原交易信託、満州電気、開原市場、亜細亜製粉、開原鉄業等の各㈱取締役を務め、開原公費区地方委員会議長、帝国在郷軍人会開原分会顧問、開原実業会評議員、全満日本人大会常置委員、開原取引所監査委員、滋賀県人会会長、江商起業組合長等の名誉職に就き、大正・昭和天皇の即位大典に参列した。

佐田弘治郎 ▷11

満鉄参事、庶務部調査課長／大連市星ヶ浦水明荘／一八七五（明八）一二／東京府東京市麹町区元衛町／学習院大学科

大阪府菊池角兵衛の次男に生まれ、東京市佐田清治の長女アキの養子婿となった。一九〇三年学習院大学科を卒業し、同年九月から翌年五月まで東京帝大で英語科を聴講し、さらに学外で中国語、スペイン語、ドイツ語を学んだ。〇五年一二月三井銀行に入社して一三年に外国課長となり、一五年に神戸支店に転じて調査係長に就いた。二一年七月に渡満して満鉄に入社し、社長室勤務を経て翌年参事となった。二三年四月の職制改正とともに庶務部調査課長に就き、二六年一〇月から一年間社命で欧米に出張した。著書に『奉天昭陵図譜』『時局救済国本確立共済富籤国営論』がある。

佐多　彦美 ▷14

貿易商、従七位勲六等／大連市千歳町／一八七三（明六）六／鹿児島県薩摩郡永利村

法政大学を卒業して大蔵省に入り、税務属から税務官に進んだ。この間、兵庫県属、大蔵省勤務、札幌税務監督局事務官、函館・長崎・横浜税務署長を歴任した。一九一〇年に渡満して満鉄に入り、本渓湖地方事務所長を経て一五年鉄嶺地方事務所長に就いた。欧州大戦後の財界好況を見て一九年に退社し、資本金三〇〇万円で東洋セメント㈱を創設して専務取締役に就いたが、間もなく戦後不況に遭って解散した。その後、二〇年一二月南満州建物㈱社長に就いたが立ちゆかず、二一年遼陽に大昌銀行を創設したが不況のためこれも頓挫した。以後は珪石の採掘に従事し、粉砕工場を設けて工業用材として販売した。鉄嶺地方事務所長時代に同郷団体の三州人会を創設したほか、二八年一一月から三二年一〇月まで大連市会議員を務めた。

定　忠 ▷12

満鉄錦県鉄路医院皇姑屯分院医員兼新民府小学校校医／奉天省瀋陽県鉄路局宅／一九〇七（明四〇）二／熊本県天草郡楠浦村／満州医科大学本科

熊本県定丑丸の子に生まれ、一九三二年三月満州医科大学本科を卒業し、副手兼医員として同大高森内科教室に勤務した。助手兼医員、同大校医兼務を経てハルビン鉄路医院満州里分院長兼医員兼満州里日本尋常小学校医となり、次いで三六年一一月錦県鉄路医院皇姑屯分院医員兼新民府小学校校医となった。

貞松　恒郎 ▷12

チチハル建設処庶務科長／龍江省チチハル市怡安街／一九〇三（明三六）七／長崎県東彼杵郡大村町／京都帝大経済学部

長崎県貞松修蔵の次男に生まれ、一九二九年三月京都帝大経済学部を卒業して同年四月㈱大林組に入った。五年あまり勤続した後、三四年一二月国務院国道局理事官に転じて渡満し、ハルビン建設処庶務科長となった。次いで三五年三月チチハル建設処庶務科長となり、三七年一月土木局理事官となった。

貞森　三男 ▷11

満鉄長春駅構内助役／長春羽衣町／一八九二（明二五）一二／岡山県勝田郡豊国村／岡山県立津山中学校中退

岡山県農業貞森実次郎の三男に生ま

れ、県立津山中学校に入学したが、一九一一年に中退した。一八年六月満鉄に入って長春駅駅夫となり、翌年五月車掌心得を経て同年八月車掌に進み、遼陽、鉄嶺、公主嶺に勤務した。二三年七月助役に昇任して桓勾子に赴任し、二八年一〇月長春駅に転勤して構内助役に就いた。

里井揚之助 ▷12

満州炭砿㈱経理部経理課会計係主任／新京特別市中央通満鮮ビル／一九〇〇（明三三）九／大阪府泉南郡北中通村／早稲田大学専門部商科

大阪府里井元治郎の次男に生まれ、一九二三年三月早稲田大学専門部商科を卒業して同年五月東京市の㈱山田商店に入った。六年勤続して二九年二月に退店し、その後三五年一〇月愛知県岡崎市役所に入って勧業課に勤務し、同市の商品陳列所員を兼務した。三六年二月に辞任して渡満し、満州炭砿㈱経理部経理課会計係主任に就いた。

佐藤　明 ▷12

大連取引所庶務主任／大連市土佐町／一八九〇（明二三）一／大分県大野郡牧口村／私立中学校

本姓は高森、後に佐藤家の養子となった。一九〇六年大分の私立中学を卒業した後、翌年熊本通信生養成所を修了した。一一年二月に渡満して旅順郵便局に勤めた後、二〇年五月関東庁取引所属となった。次いで二二年三月書記に進み、大連取引所庶務主任に就いた。

佐藤宇治太郎 ▷12

㈾佐藤商会代表社員、祝町町内会長、新京西本願寺世話人、新京佐賀県人会副会長／新京特別市祝町／一八七〇（明三）一／佐賀県西松浦郡大山村

佐賀県佐藤八郎の長男に生まれ、一九〇四年日露戦争に際し第一軍第一二師団野戦酒保及び御用達商として朝鮮・満州に従軍した。戦後、鉄嶺で野戦鉄道提理部の酒保及び陸軍御用達商をした後、〇八年公主嶺に移り松茂洋行商号の下で運送業と御用達商を兼営し、後に特産商に転じた。二〇年に㈾佐藤商会を設立して新京に出張所を設け、後に新京に本拠を移して新京取引所取引人となった。従業員六人を使用して満州各地、日本及び朝鮮との特産貿易業を経営し、満州事変前後からは白米・木炭・食料品の販売を兼業し、三六年には新京の取引人中第一位の取引高に達した。夫人哲子との間に二男あり、長男豊一は鹿島中学校を卒業して大連に在住し、次男忠一は神戸高等商業学校を卒業して西安で石炭商を営んだ。

佐藤　馬太 ▷11

旅順高等女学校長、従五位勲五等／旅順市常盤町／一八七二（明五）九／山口県都濃郡末武北村／東京帝大文科大学

山口県佐藤荘助の長男に生まれ、一九〇〇年東京帝大文科大学を卒業し、山口県立岩国中学校教諭となった。同県立徳山中学校長、千葉県立大多喜中学校長を経て一九年に渡満した。二二年一一月旅順高等女学校長に就任し、二六年七月関東庁在外研究員を任じられ、欧米を巡遊して教育思潮及び学校施設を視察した。

佐藤栄三郎 ▷11

満鉄農事試験場庶務主任／吉林省公主嶺楠町／一八八〇（明一三）三／北海道函館市蓬莱町／函館商業学校

函館市の商業佐藤利三郎の長男に生まれ、一八九七年函館商業学校を卒業して竜紋氷室函館支店に入社した。この間、九九年七月に材木取引のために中国各地を巡遊視察した。一九〇七年に独立して商業を営んだが、一五年七月に渡満して満鉄に入社し、一七年五月から公主嶺の農事試験場に勤務した。

佐藤　栄蔵 ▷12

佐藤洋行主／大連市白菊町／一八七三（明六）四／山形県米沢市塩野

郷里の米沢で家業の時計商に従事した後、一九〇四年一〇月日露戦中に渡満して安東で時計商を開業した。次いで鳳凰城に移り、さらに〇五年七月大連に移って磐城町に店舗を設けた。一三年四月鉄工業に転業し、一八年に白菊町に店舗を移転して設備を拡充し、木工部を併設した。電気用金物類と線路用品の製造販売を営業課目とし、鉄工部には一〇馬力モーター一〇台、五馬力モーター二台、八尺物旋盤一六台、大型ボール盤一一台、エヤーハンマー一台、ボールトマシン二台、大型プレス五台を備え、木工部には二五馬力モーター一台、四二インチ帯鋸一台、自動送り機械鉋四台を備えた。さらに栄町に防腐加工工場を設け、独自の考案になるクレオソート注入法で電柱・枕木を製造販売した。店員一三人、職工二二〇人を使用し、満鉄鉄道総局、関東州逓信局その他の各官衙・諸会社に納入して年商四〇万円に達した。夫人貞子との間に三男八女があった。

佐藤応次郎 ▷13

満鉄副総裁、鉄道総局長／大連市山城町／一八八一（明一四）一〇／山形県西置賜郡長井町／東京帝大工科大学土木工学科

米沢興譲館中学、第一高等学校を経て一九〇七年七月東京帝大工科大学土木工学科を卒業し、創業早々の満鉄に入社して運輸部建設課に勤務した。〇九年九月から安奉線広軌改築工事に従事して一三年一月安東保線係主任となった後、一五年一月在職のまま陸軍省嘱託として山東鉄道青島保線事務所長となり、陸軍当局の命により山東、河南、山西方面の延長線踏査に従事した。一六年一二月満鉄に復帰して一七年四月鞍山工務事務所長となり、鞍山製鉄所建設に従事した後、二〇年三月から一年間社命により欧米に出張した。二二年交通課長代理として四洮鉄道の建設に従事した後、二三年四月撫順炭砿に転任して土木課長となり、二五年八月参事に昇格した。次いで二七年五月古城子採炭所長となり、撫順炭砿調査役を兼務して撫順炭砿の大露天掘りを指導した。三〇年六月技師に進んだ後、三一年八月鉄道部次長となり、同年九月満州事変に際し関東軍司令部嘱託を務めて三二年六月に帰任した。三三年三月職制改正により新設された鉄道建設局長に就いて工務委員会委員長を務めた後、三四年一一月経済調査委員会委員兼務を経て三五年七月理事となり、鉄道建設局長を兼任した。次いで三六年一〇月の職制改正により鉄道総局が新設されると同局次長に就き、技術委員会委員長を兼任した。その後三九年三月創業以来初の社員副総裁に就任し、鉄道総局長を兼務した。この間、三三年四月勤続二五年の表彰を受け、三六年一一月満州事変時の功により満州国勲三位に叙された。

佐藤織之助 ▷11

大倉土木㈱大連出張所庶務主任、正八位／大連市黄金町／一八八二（明一五）四／徳島県板野郡松茂村／日本大学本科

徳島県農業佐藤惣八の次男に生まれ、一九〇五年日本大学本科を卒業し、引き続き高等専攻科二年を修了した。〇九年三月関東都督府属となって渡満し、旅順工科学堂の創立事務に従事した。一〇年四月に開校すると官房秘書課に転任し、一八年に都督府から補助金を下付されて満州坩堝㈱が創立されると同社に入って業務の一切を担当したが、二〇年の財界不況時に社長と意見が対立して辞職した。その後二二年に大倉組土木部に入り、大連出張所庶務主任に就いた。長男実は旅順工科学堂が昇格した旅順工科大学に学んだ。

佐藤　和男 ▷12

昭和製鋼所㈱研究部検定課検査係主任、正八位／奉天省鞍山下台町／一九〇一（明三四）一〇／岡山県都窪郡妹尾町／旅順工科大学工学専門部機械工学科

岡山県佐藤猛之の六男に生まれ、一九二五年一二月旅順工科大学工学専門部機械工学科を卒業し、一年志願兵として近衛鉄道第二連隊に入営した。除隊後二八年一月満鉄に入り、臨時建設事務所工務科及び工作課に勤務した。その後三三年六月満鉄鞍山製鉄所の事業を継承した昭和製鋼所㈱が事業を開始すると同社に転出し、三五年四月研究部検定課検査係主任となった。この間、満州事変時の功により木杯及び従軍記章を授与された。

佐藤　鼎 ▷13

満鉄理事／一八八五（明一八）九／新潟県／東京帝大工科大学土木科

新潟県佐藤三郎の長男に生まれ、東京帝大工科大学土木科を卒業して鉄道院に入った。技手・技師と進んで名古屋鉄道局工務課に勤務し、その後門司鉄道局改良課長、大阪鉄道局工務課長、同改良事務所長を歴任して一九三七年に退官した。吉林鉄道㈱常務取締役となって渡満し、鴨緑江水力発電㈱顧問、日本窒素㈱取締役等の要職を歴任して四二年八月満鉄理事に就任した。東条英機の実妹次枝を夫人とした。

佐藤　亀記 ▷11

精米業、屠畜業、勲八等功七級／奉天省四平街中央大路／一八八一（明一四）六／福島県相馬郡新館村

福島県佐藤長喜の三男に生まれ、一九

○六年五月奉天軍政署雇員となって渡満したが、同年九月に軍政署廃止のため辞職し、翌年四月から陸軍用達を営んだ。○九年に満鉄の承認と関東庁許可の下に奉天省四平街屠畜場を設置して経営し、一九年四月さらに奉天省四平街精米場を設けて精米業を兼営した。

佐藤　寛一　▷12

満州興業銀行傅家甸支店支配人代理／ハルビン地段街／一八九八（明三一）五／広島県深安郡森脇村／東亞同文書院

広島県佐藤嘉三郎の五男に生まれ、県立福山誠之館中学を経て上海の東亞同文書院を卒業し、朝鮮銀行に入った。京城本店に五ヶ月勤務した後、ハルビン支店傅家甸派出所に転勤して渡満し、ハルビン支店支配人代理、チチハル派出所主任、ハルビン支店傅家甸派出所支配人代理を歴任した。三六年一二月に在満州朝鮮銀行支店と満州銀行本支店、正隆銀行本支店が合同して満州銀行が設立されると同行入りし、引き続き傅家甸支店支配人代理を務めた。

佐藤菊次郎　▷11

薬種及び医療機械商／奉天市小西関大街／一八六六（慶二）五／富山県富山市星井町／高等小学校

富山県薬種商佐藤平七の次男に生まれ、高等小学校を卒業して漢学塾に学んだ。薬店開業を志して一九〇五年に渡満し、以来一貫して売薬・薬種業を営んだ。かたわら瀋陽建物会社取締役、満州市場㈱監査役を兼務し、地方委員、商業会議所議員、居留民会評議員、区長、町内会長を務めた。

佐藤久三郎　▷12

佐藤内科医院長／大連市三河町／一八八九（明二二）一一／山形県鶴岡市大海町／南満医学堂

山形県立荘内中学校を卒業して渡満し、一九一一年六月満鉄設立の奉天南満医学堂に第一期生として入学した。一五年に卒業し、同年一年志願兵として仙台の歩兵第四連隊に入営し、除隊後再び渡満して母校の附属医院内科医員となった。二〇年に同医院奉天城内分院長となり、二七年一一月満鉄社命で満州医科大学に二年間留学した。三一年二月京都帝大に論文「生体内ロダン化合体ノ形成機転並ニ其形成部位」を提出して医学博士号を受け、同年一〇月大連市三河町で内科医院を開業した。

佐藤　清　▷9

佐藤電気㈱社長／大連市伊勢町／一八七六（明九）九／香川県高松市宮脇町／陸軍教導団

一八九四年日清戦争に際し陸軍教導団随時募集に応じて入団し、翌年卒業とともに第四師団野戦砲兵第四連隊付として従軍した。戦後九六年に帰国して陸軍砲兵工科学校付となり、九九年砲兵曹長として満期除隊し陸軍酒保を経営した。一九〇〇年酒保を廃業して東京電灯㈱に勤務したが、〇四年日露戦争に際して召集され、第一師団付砲兵少尉として従軍した。〇五年野戦兵器本廠付に転じた後、〇六年四月大連で召集解除となった。そのまま大連に残留して商業に従事し、一九年に佐藤電気㈱を設立して社長となった。

佐藤　欽一　▷12

国務院財政部税務司員／新京特別市清和胡同／一九〇三（明三六）／福島県信夫郡瀬上町／福島高等商業学校

福島県佐藤金次郎の長男に生まれ、一九二五年三月福島高等商業学校を卒業し、翌年七月仙台税務署属となった。二九年七月仙台税務監督局属に転じた後、三二年一一月奉天税務監督署属官に転出して渡満した。三三年五月熱河税務監督署属官、三四年一〇月国務院財政部属官を経て三六年一月財政部事務官に進み、税務監督署事務官を兼務した。次いで三七年四月兼務を解かれ、財政部事務官として同部税務司に勤務した。この間、勲八位景雲章及び建国功労賞、大典記念章、皇帝訪日記念章を授与された。

佐藤　近良　▷11

教誨師、正七位／旅順市柳町／一八七二（明五）六／大分県宇佐郡竜王村

大分県僧侶佐藤大照の長男に生まれ、一八九八年四月教誨師となって京都監獄に勤務した。佐賀、高知両監獄勤務を経て一九一五年一〇月関東庁教誨師に転じて渡満した。

佐藤　熊吉　▷4

／興安北省ハイラル／一八六四

（元一）／東京府東京市小石川区小石川宮下町

二四歳まで東京で家業に従事した後、横浜に出て兄と共同で運送業回漕店を始めたが失敗に帰した。二六歳の時に渡米を決意し、兄から若干の資金を引き出して植木・雑貨類を二トンほど仕入れ、荷と共にサンフランシスコに渡った。思惑通に荷が捌け、引き続き日本から品物を仕入れて販売にあたり莫大な利益を得た。さらに兄も呼び寄せて商売を拡張し、二年目に兄に後事を託し、仕入れかたがた日本に向かったが、帰国途中で盗難に遭い全財産の数千円を失った。旅費を工面して再びサンフランシスコに戻ったが、留守中の資金切れのため店舗は閉鎖され、兄の行方も知れなかった。その後三年の間各地の料理店で働いて多少の資金を作り、ワシントンのスッポーゲンで西洋料理店を開業して評判を得た。店舗を拡張して地元第一の料理店と称されるまでになったが、間もなく病気になり、やむなく弟に店を任せて帰国した。三年ほど療養して快方に向かった頃、弟の大失敗により料理店は閉店のやむなきに至った。渡米の旅費がないため満州での再起を期し、一九一一年に渡満して大連で種々の商売を試みたが立ち行かず、北上してハルビンに至り、一三年さらにハイラルに進んで商業に従事した。

佐藤　敬三　▷3

満鉄埠頭事務所職員、榊丸船長、勲六等／大連市山県通／一八七二（明五）五／宮城県宮城郡塩釜町

一八九〇年から海上に勤務し、九七年一〇月日本郵船会社に入社して一九〇六年船長に進んだ。一三年七月満鉄に入り、榊丸船長に就いた。この間、日清・日露・青島戦役に従軍して勲六等を受けた。

佐藤　憲一　▷12

満鉄ハルビン鉄路医院外科医員／ハルビン馬家溝分部街／一九〇七（明四〇）八／秋田県北秋田郡阿仁合町／慶応大学医学部

秋田県佐藤広吉の長男に生まれ、一九三三年三月慶応大学医学部を卒業して外科教室助手となった。その後三五年九月満鉄に転じて渡満し、ハルビン鉄路医院外科医員となった。

佐藤　賢次　▷11

満州医科大学助教授兼付属医院副医長、正八位／奉天萩町／一八九〇（明二三）四／静岡県富士郡吉永村／南満医学堂

静岡県商業佐藤清松の次男に生まれ、一九一七年南満医学堂を卒業した。一年志願兵として豊橋の歩兵第一八連隊に入隊し、二一年三等軍医となった。一九年から母校の眼科教室医員となったが、二二年に帰国して京都帝大医学部専修科に学び、翌年修了して母校の講師に就いた。二六年満州医科大学講師に転じ、二八年助教授に就任した。

佐藤　建次　▷9

竜口銀行副支配人／大連市淡路町／一八八二（明一五）三／新潟県中頸城郡金谷村／東洋協会専門学校

一九〇九年東洋協会専門学校を卒業して朝鮮に渡り、韓国統監府に勤務した。その後朝鮮殖産銀行に転じ、一九一八年八月さらに大連の竜口銀行に転じて渡満し、後に副支配人を務めた。

佐藤　元治　▷12

満鉄穆稜站助役、社員会評議員、勲八等／浜江省牡丹江省穆稜県満鉄穆稜站助役局宅／一八九八（明三一）二／福島県福島市腰之浜／高等小学校

佐藤万吉の次男として宮城県志太郡古川町に生まれ、一九一二年高等小学校を卒業した後、一七年九月奥羽本線赤岩駅駅夫となった。その後一八年一一月に渡満して満鉄に入り、本渓湖駅駅夫となった。同駅の転轍手・転轍方・操車方を務めた後、大官屯駅操車方、奉天列車区車掌、連山関駅助役、安東駅構内助役を歴職し、三七年三月穆稜站助役となった。この間、三四年四月満州事変時の功により勲八等及び従軍記章、建国功労賞を授与され、同月勤続一五年の表彰を受けた。

佐藤　健三　▷13

満州石油㈱専務取締役／一八八二（明一五）／岩手県／東京帝大工科大学応用化学科

一九〇七年、東京帝大工科大学応用化学科を卒業して日本石油㈱に入社した。新潟製油所長を経て下松製油所長

となったが、三四年二月に日満合弁の満州石油㈱が設立されると、日本石油側を代表して理事に就いた。その後株式会社への改組を経て常務理事、専務理事を歴任した。

佐藤源太郎 ▷12

満鉄敦化分院長、社員会評議員／吉林省敦化総局社宅／一九〇四（明三七）一二／宮城県仙台市北目町／東北帝大医学部

宮城県佐藤源之助の長男に生まれ、一九二九年三月東北帝大医学部を卒業し、東京帝大山川内科教室で内科学を研究した。三三年八月に渡満して満鉄に入社し、吉林医院敦化分院に勤務した。三四年二月論文「種々ナル分散度ノ脂肪乳化液ノ静脈内注射後ニ於ケル態度」により東北帝大より医学博士号を取得し、後に同分院長兼内科医長を務めた。

佐藤鹿三郎 ▷12

佐藤房商店主／奉天青葉町／一八八七（明二〇）四／大阪府布施市

義務教育修了後、玉突台製造業に従事した。その後一九三〇年に奉天青葉町に佐藤房商店を開業し、玉突台及び附属品一式の製造販売業を営んだ。東京、大阪、アメリカ、フランスから材料を仕入れ、奉天平安通に工場を設けて全満一円に販売し、かたわら撞球場「青葉倶楽部」を兼営した。

佐藤　重蔵 ▷11

撫順中学校体育剣道教師、勲八等／奉天省撫順南台町／一八八七（明二〇）一〇／福岡県三潴郡川口村／陸軍戸山学校

福岡県の建築請負業佐藤儀七の三男に生まれ、一九〇七年久留米の第一八師団歩兵第四八連隊に入営した。一三年四月陸軍戸山学校に入り、同年一二月中央幼年学校付を経て一四年三月戸山学校体育武道教官に就いた。一九年一月中国軍の北京三戦軍教道団教官となって赴任し、剣道と体操を教えて同地に二年滞在した。二〇年に退職して第三高等学校体育科教官となり、二二年一一月大阪府立富田林中学校教師に転じた。二四年に渡満して撫順中学校体育剣道教師となり、青年訓練所指導員を兼任した。現役時代に神宮の競技大会で優勝したことがあり、北京在勤時の功により中国の勲七等文虎章を受章した。

佐藤　重成 ▷12

佐藤洋行主、㈱帝国館取締役、営口青果荷受組合長／大連市二葉町／一八九九（明三二）一／愛知県西春日井郡西枇杷島町／早稲田大学法科

沢田桂次郎の次男に生まれ、一九二四年三月早稲田大学法科を卒業して大連の正隆銀行に入った。その後二六年に台湾総督府に転じ、台南州庁及び台北州庁に勤務した後、三三年に退官して大連で貸家と金融業を経営する佐藤汲次郎の養子となった。以来業務を拡張して台湾珊瑚の販売を主とし、バナナ、野菜、蜜柑類等台湾物産の輸入業を経営した。

佐藤　重喜 ▷12

佐藤歯科医院主／ハルビン道裡石頭道街／一八九八（明三一）一一／熊本県鹿本郡来民町／東京歯科医学校、日本大学歯科部

東京歯科医学校及び日本大学歯科部を卒業し、しばらく東京で歯科医の研修をした後、歯科女医の妹と共に東京、浜松、小倉等で歯科医院を開業した。その後満州事変が起きると、郷里で開業した妹と別れ、渡満してハルビンで佐藤歯科医院を開業した。

佐藤　周吉 ▷12

満鉄白城子建設事務所長、正五位勲四等／新京特別市西朝陽路／一八八六（明一九）七／福島県相馬郡八幡村／北海道帝大工学部土木工学科

福島県佐藤巳八の次男に生まれ、北海道帝大工学部土木工学科を卒業し、一九〇八年八月朝鮮鉄道局に入り平壌出張所に勤務した。次いで新義州、元山、清津の鉄道建設事務所に転勤し、一七年六月満鉄に経営委託された後も鉄道部に残り建設改良工事と新線計画に従事し、二二年に南部ウスリー、ウラジオストク方面に出張した。二五年に再び朝鮮鉄道局の直営となると同局に移り、二七年から三年間インド、ヨーロッパ、南北アメリカを巡遊して各地の特殊鉄道を視察した。三一年の満州事変後に吉会鉄道敷設問題に関係し、三二年九月関東軍交通監督部工務課長を務めた後、三六年六月満鉄鉄道総局建設局白城子建設事務所長に就いた。この間、満州事変時の功により勲四等旭日章、満州国より勲四位景雲章を授与された。

佐藤寿太郎 ▷12

満州電信電話㈱瓦房店電報電話局長、勲八等／奉天省瓦房店大和街電電社宅／一八九一（明二四）一〇／岡山県川上郡吹屋町

一九一七年二月関東庁逓信局に入り、勤続して二九年通信書記に進み公主嶺郵便局に勤務した。三三年八月大連中央電話局に転勤したが、直後に電話電報の業務が分離され、新たに創立された満州電信電話㈱に転じた。三四年六月新京中央電話局庶務課長となり、次いで三六年二月瓦房店電報電話局長に就いた。

佐藤　昌一 ▷1

営口工程総局製図司／奉天省営口／一八八〇（明一三）一〇／東京府東京市麻布区新門前町／攻玉社中学校工学科

一一歳の時に父が死亡して親戚の許で育てられた。一八九六年大阪商業学校別科支那語学科を卒業して大阪鉄道会社、紀和鉄道会社等に勤務した。九九年東京に帰り、逓信省電信灯台用品製造所で働きながら攻玉社中学校工学科を卒業して東京市街鉄道会社に入った。〇六年営口軍政署雇員に転じて渡満し、設計製図と測量に従事したが、後に軍政署廃止となり、営口工程総局に傭聘されて絵図司を務めた。この間、母と姉妹の生活・教育費捻出のために独身を通し、姉は逓信省に入って判任官となり、妹は津田専門学校に学んだ。

佐藤象次郎 ▷9

特産物輸出業、雑貨輸入委託販売業／ハルビン埠頭区スカチスナヤ街／一八九〇（明二三）三／岡山県岡山市広瀬町／神戸市立神港商業学校

一九〇八年三月、神戸市立神港商業学校を卒業して東京海上保険㈱神戸支店に入った。湯浅貿易㈱神戸本店に転じた後、ウラジオストクに渡り光武商店に入った。一七年七月に独立して同地で商業を営んだが、翌年ロシア革命が起きたため難を避けてハルビンに移転した。同市埠頭区で輸出入貿易と両替商を営んで一〇〇万円ほどの巨利を得たが、ルーブル貨の暴落で大損失を蒙り、その後特産物輸出と雑貨輸入委託販売業で経営を建て直した。

佐藤　四郎 ▷11

ハルビン日日新聞社社長／ハルビン埠頭区水道街／一八八五（明一八）三／茨城県真壁郡小栗村／早稲田大学政経科

茨城県農業佐藤市太郎の長男に生まれ、一九〇八年七月早稲田大学政経科を卒業して新聞界に入った。記者時代の一二年に華南、一四年に南洋、一六年に華南・華北・満州・朝鮮、一九年に欧州を視察した。二一年に渡満してハルビン日日新聞社社長に就き、三二年満州文化協会書記長に転じた。養嗣子の正一は東京帝大政治科を卒業して満鉄経理部に勤務した。

佐藤　四郎 ▷12

満鉄奉天総站貨物主任、奉天福島県人会幹事、勲八等功七級／奉天加茂町菱藤閣／一九〇九（明四二）三／福島県耶麻郡岩月村／日露協会学校

福島県佐藤松五郎の四男に生まれ、一九三〇年三月ハルビンの日露協会学校を卒業して同年四月満鉄に入社した。鉄道部に勤務した後、同年六月奉天列車区車掌心得となり、次いで三三年一月奉天駅駅務方、同年五月同貨物方、同年一〇月同構内助役、三四年一二月同貨物助役を歴職した。三六年四月鉄道部貨物課勤務を経て同年一〇月鉄道総局営業局貨物科に転勤し、同年一一月奉天総站貨物主任となった。この間、満州事変時の功により勲八等旭日章功七級金鵄勲章及び従軍記章、建国功労賞、皇帝訪日記念章を授与された。

佐藤　信一 ▷11

満鉄社長室技術委員／大連市桃源台／一八八九（明二二）九／宮城県仙台市鍛冶屋前町／東京帝大工科大学機械科

宮城県農業佐藤荘六の長男に生まれ、一九一四年東京帝大工科大学機械科を卒業して満鉄に入社した。一六年工場主任、撫順炭砿機械工場係員となり、二五年設計主任を経て二七年一〇月社長室技術委員となり、満州技術協会編纂委員を務めた。この間、古城子選炭機製造監督を務め、欧米に出張した。

佐藤甚左衛門 ▷12

細川組撫順出張所主任／奉天省撫順東二条通／一八八九（明二二）三／福島県伊達郡粟野村

さ

一九〇九年に渡満して満鉄に入り、撫順炭砿庶務課倉庫土木器具係となり、本務の他に社内工事の監督等に従事した。一七年に独立して楊柏堡の給水業のほか、農業、割石・角石の搬出販売、煤炭・炭団・黒煉瓦製造業を営み、さらに細川組撫順出張所主任として三〇〇人の従業員を指揮して土木建築請負業を経営し、年商八万円に達した。

佐藤 新蔵 ▷12

佐藤仁和煤廠主／奉天省鞍山南駅前通／一八八八（明二一）八／岡山県川上郡吹屋町

日露戦争後一九〇六年九月に渡満し、関東都督府郵便電信局寛城子支局に勤務した。長春、ハルビン、公主嶺の各郵便局勤務を経て鞍山郵便局に転勤し、二五年四月に辞職して同地で大連新聞鞍山支局を経営した。その後、鞍山南駅前通に佐藤仁和煤廠を開業して薪炭・コークスの販売業を営んだ。

佐藤新太郎 ▷3

大連海関幇弁／大連市播磨町／一八七四（明七）九／山形県米沢市居代町／東京外国語学校

東京外国語学校を卒業して一九〇二年八月から一〇年まで天津鈔関に勤務した。一一年一月天津海関に転任し、翌年四月大連海関勤務となって渡満した。

佐藤 仁平 ▷11

羅紗洋服商／長春吉野町／一八八七（明二〇）一二／佐賀県杵島郡山口村／高等小学校

高等小学校を卒業して洋服商に見習奉公に入り、二〇歳の時に上京して五年間商業に従事した。一九一二年に渡満して長春で洋服商を開業し、かたわら商店協会役員、輸入組合役員、佐賀県人会役員を務めた。店員見習いをしていた一七歳の時、火災を未然に発見して県知事から金一封と賞状を授与された。

佐藤 季雄 ▷11

歯科医師／奉天浪速通／一八九五（明二八）六／長野県埴科郡松代町／日本歯科医学専門学校

長野県佐藤則信の三男に生まれ、一九一七年日本歯科医学専門学校を卒業し、一九年九月に渡満した。鞍山で医院を開き、かたわら遼陽衛戍病院嘱託を務めた。その後奉天に移って開業し、奉天陸軍衛戍病院委託と日本赤十字社奉天病院嘱託を兼任した。夫人良子は奉天省立女子第一初級中学校教師で、満州国国防婦女会奉天支部理事を務めた。

佐藤 精一 ▷13

長春洋火工廠主、吉林燐寸㈱社長、勲七等／吉林省城昌邑屯／一八八三（明一六）六／神奈川県愛甲郡愛川村／横浜商業学校

神奈川県佐藤嘉助の長男に生まれ、一九〇二年横浜商業学校を卒業して渡満し、同年九月長春で広仁津火柴公司を創業した。〇七年に至り社業を日清燐寸会社に譲渡し、その後は同社員として燐寸製造業に従事した。一四年二月に退社し、同年四月吉林燐寸会社を設立して専務取締役に就き、「招財」の商標で中国各地に販路を拡張した。一五年四月長春付属地に分工場を設け、翌年三月から製材会社を兼営した。その後国際的マッチ・トラストのクロイガー社による株買い占めに遭い、株主総会でダンピング商法を決議されると奮然辞任し、独力で長春洋火工廠を興した。クロイガーの没落後、三四年に再び吉林燐寸会社の社長に迎えられ、帝都建物社長、日清燐寸取締役、吉林木材取締役、新京共同木材取締役を兼務した。かたわら吉林居留民会議員、新京商工公会参事、新京順天区・承徳区長を務め、移民産業功労者として日本産業協会・内務省・吉林民会等の表彰を受け、三五年一一月の観菊御宴に在満民間から唯一人参加した。実弟の英雄も満鉄に勤務して大連に居住した。

佐藤専次郎 ▷9

弁護士／大連市西公園町／一八七六（明九）四／新潟県岩船郡村上村／明治大学法科

一八九三年陸軍地方幼年学校に入り、さらに一八九八年士官学校を卒業して歩兵少尉に任官し、新発田の第六連隊に勤務した。一九〇四年第一軍に属して日露戦争に従軍し、各地に転戦して同年八月大尉に進級した。戦後勲五等旭日章及び一時賜金七〇〇円を受けたが、病のため一〇年一〇月依願予備役となった。その後明治大学法科に入学して一三年七月に卒業し、一五年判検事登用試験及び弁護士試験に合格して同年一一月東京で弁護士を開業した。その後二〇年五月に渡満して大連市山県通で佐藤弁護士事務所を開設し、後に西公園町に移転して同業を営んだ。実弟の政四郎も陸軍に入って輜重兵少佐となり、同茂雄は東京帝大医学部に学んだ。

佐藤総三郎 ▷12

満鉄ハルビン鉄路局運輸処旅客科長、社員会ハルビン連合会幹事／ハルビン南崗瀋陽街局宅／一九〇二（明三五）二／群馬県北甘楽郡小坂村／日露協会学校

一九二一年三月群馬県立富岡中学校を卒業して満鉄に入り、満鉄消費組合に勤務した。その後二二年四月日露協会学校給費生となり、二五年三月に卒業して長春駅に勤務した。次いで鉄道部、長春駅、長春列車区、四平街駅、同駅助役、鉄道部旅客課、同営業課、同旅客課に歴勤し、ハルビン鉄路局文書科編纂係副主任、鉄道総局総務処文書科兼ハルビン鉄路局運輸処旅客科旅客股長に歴勤し、三六年九月職制改正により同運輸処旅客科長となった。

佐藤　高瀬 ▷12

満鉄安東駅事務助役／安東線安東駅／一九一二（大一）一一／三重県志摩郡鳥羽町／ハルビン学院

三重県佐藤忠の長男に生まれ、一九三四年三月ハルビン学院を卒業して満鉄に入社した。新京駅駅務方、同貨物方、大連列車区車掌心得、新京列車区車掌、新京駅貨物方、安東駅構内助役を経て三七年四月満鉄安東駅事務助役となった。

佐藤拓四郎 ▷12

国務院民政部総務司員／新京特別市大経路民政部総務司／一九〇八（明四一）三／栃木県足利郡名草村／東京帝大法学部法律学科

一九二九年三月東京帝大法学部法律学科を卒業した後、三二年に渡満して大同学院に入り、同年一〇月に卒業して国務院民政部属となり総務司に勤務した。三四年三月地方司兼務を経て同年一二月浜江省公署属官に転任して総務庁に勤務し、三五年五月同公署事務官に進んだ。三六年一一月同公署民政庁に異動した後、三七年五月国務院民政部事務官となり総務司に勤務した。

佐藤　武夫 ▷10

真声建築事務所主／大連市若狭町／一九〇〇（明三三）三／岩手県江刺郡愛宕村／盛岡工業学校本科建築科

一九一七年盛岡工業学校本科建築科を卒業して東京電気会社に入り、建築課に勤務した。横浜ゴム会社工事部、大阪の渡辺建築事務所等に勤務した後、二二年四月に渡満して大連に真声建築事務所を開き、西村建築事務所や小川組が請け負った工事の設計監督に従事した。二三年三月共立組建築部に入り設計主任となったが、その後再び独立して建築事務所を開業した。関東庁一級主任技術者の資格を取得し、沙河口満鉄代用社宅、信濃町木村洋行店舗、奉天無線電信局長邸、大連住宅組合住宅、杉山治助ビル、昌光硝子会社吹部工場、中村楢次郎店舗、熊井元吉本店、大内成美奉天貸事務所、大連商業銀行本店、高橋峯次郎貸店舗、川口賃貸住宅等の建築工事を設計監督した。

佐藤　武雄 ▷11

満鉄鉄道部工務課員／大連市聖徳街／一八八二（明一五）八／岡山県津山市／東京鉄道学校

岡山県浜野忠右衛門の三男に生まれ、同県佐藤嘉秀の娘敏子の婿養子となった。一九〇一年東京鉄道学校を卒業し、中国鉄道会社に入社した。一二年四月台湾に渡り、南日本製糖会社鉄道係主任を務めたが、一五年三月に退社して西美鉄道会社建設係主任に転じた。一七年三月に渡満して満鉄に入り、鉄道部工務課に勤務した。

佐藤　武雄 ▷12

満州日日新聞社編輯局総務兼政経部長／大連市聖徳街／一八七九（明一二）七／山形県西村山郡高松村／早稲田大学政経学部

一九〇四年早稲田大学政経学部を卒業した後、〇八年大連の満州日日新聞記者となった。一一年に帰国して横浜貿易新報社経済部記者となり、次いで一三年経済誌「ダイヤモンド」の創刊とともに同誌記者に転じた。一六年に再び渡満して大連の遼東新報社経済部記者を務めた後、一九年に周水土地建物㈱を創立して取締役兼支配人となった。二四年に再び言論界に復帰して奉天新聞大連支社長となり、三一年一一月満州日報社編集局幹事を経て満州日日新聞社新京支社長に転じ、三六年四月本社編輯局総務となり政経部長を兼務した。

佐藤　忠　▷11

長春駅事務助役／長春曙町／一九〇二（明三五）二／長崎県佐世保市勝富町／大連商業学校

長崎県商業佐藤啓太郎の長男に生まれ、四歳の時に父に連れられて渡満した。二一年に大連商業学校を卒業して満鉄に入り、本社人事課に勤務した。翌年給付留学生としてハルビン日露協会学校に入学し、二五年三月に卒業して長春駅務方となった。同年一〇月貨物方、翌年一一月車掌、二七年一月旅客専務を経て同年一〇月事務助役に就いた。この間東支鉄道全線、ウスリー、洮昂線、北京・天津付近、青島を視察した。夫人光子は旅順高等女学校を卒業した後、文部省委託生として東京女子専門学校に学び、さらに満鉄貸費生として同女子高等師範臨時教員養成所を修了した。

佐藤　達男　▷12

奉天省公署民政庁員／奉天軍署街省公署民政庁／一九〇八（明四一）六／福岡県久留米市西町／東京帝大法学部法律学科

福岡県佐藤辰次の長男に生まれ、平壌中学校、福岡高等学校を経て一九三二年三月東京帝大法学部法律学科を卒業して渡満し、同年六月国務院資政局訓練所に入所した。同年一〇月改称後の大同学院を卒業して民政部属官となり、地方司財務科に勤務した。三六年三月ハイラル市政管理署事務官に転任した後、三七年二月奉天省公署事務官となり民政庁に勤務した。

佐藤　種徳　▷12

撫順神社主任神職、正七位勲八等／撫順西公園町撫順神社／一八八六（明一九）三／山形県米沢市越後番匠町／神宮皇學館本科

山形県佐藤辰助の長男に生まれ、一九〇七年神宮皇學館本科を卒業し、宮城県立佐沼中学校教諭、山形県立米沢中学校教諭兼舎監、同県立米沢高等女学校講師、広島県立工業学校教諭兼舎監を歴職した。次いで二一年一月順中学校教諭兼生徒監となって渡満し、二六年三月旅順第二中学校教諭兼生徒監に転任した。その後三〇年に撫順神社主任神職に転じ、かたわら三一年撫順少年団の創設以来副段長を務めた。

佐藤　太郎　▷11

開原憲兵分遣所長／奉天省開原憲兵分遣所官舎／一八九五（明二八）八／福島県信夫郡野田村／中央大学専門部経済科

福島県農業佐藤伴六の四男に生まれ、一九二六年苦学して中央大学専門部経済科を卒業した。仙台憲兵隊本部付、東京憲兵司令部付、憲兵練習所助教を経て二七年七月満州に転任し、翌年三月開原憲兵分遣所長に就いた。長兄と次兄は共にブラジルに渡り、サンパウロ州でそれぞれ農園と牧場を経営した。

佐藤　長治　▷11

泰東興信所長、勲六等／大連市播磨町／一八七一（明四）二／福島県伊達郡小綱木村／東京法学院原書科

福島県農業佐藤安五郎の次男に生まれ、上野東叡山の儒者野村師に漢学を学び、東京法学院原書科で法律を学んだ。一九〇二年以来中国・蒙古地方を視察し、日露戦中の一九〇四年五月陸軍通訳となって北京から満州に入り、特別任務に従事して勲六等を受けた。一六年九月泰東日報社に入り、総務理事として経営にあたるかたわら二一年一一月に泰東興信公所を創設した。二四年一一月に泰東日報社を辞し、泰東興信公所の経営に専念した。

佐藤　続　▷12

吉林機務段技術主任／吉林敷島町／一八八五（明一八）一／長野県長野市中御所

長野県佐藤浜吉の次男に生まれ、郷里の小学校を卒業して一八九七年鉄道省に入り、長野工場に勤務した。新橋工場、浜松機関庫、新津機関庫、会津若松機関庫、福島機関庫等に転勤した後、一九三三年に退職し、同年一二月に渡満して満鉄に入った。皇姑屯機務段機務主任、図們機務段運転主任、吉林機務段運転主任を歴任し、三六年一一月同段技術主任となった。

佐藤　恒俊　▷12

満鉄牡丹江建設事務所電気係弱電主任／牡丹江満鉄建設事務所／一八九三（明二六）一〇／島根県知夫郡浦郷村

島根県佐藤亀次郎の子に生まれ、一九一八年通信官吏練習所を修了し、二一年一〇月逓信局技手となった。その後三三年一二月に依願免官して満鉄に転じ、図們建設事務所寧安電気区長、同林口電気区長を務めた後、牡丹江建設事務所電気係弱電主任となった。この間、満州事変時の功により木杯一組を授与された。

佐藤貞次郎　▷11

満鉄臨時経済調査会委員兼第三部幹事／大連市星ヶ浦／一八八六（明一九）四／青森県南津軽郡黒石町／東京帝大文科大学、同法科大学

青森県商業佐藤才八の三男に生まれ、一九一一年東京帝大文科大学を卒業して一四年まで第三高等学校講師を務めた。その後母校の法科大学に入学し、一九年に卒業して満鉄に入社した。調査課に勤務して『満蒙全書』の編纂に従事した後、二三年から二五年まで欧米各国の港湾を視察した。二五年五月ハルビン事務所調査課長に就き、二七年臨時経済調査会委員兼第三部幹事に転じた。

佐藤　哲雄　▷11

撫順炭砿東郷坑庶務主任／奉天省撫順東郷坑／一八九八（明三一）四／大分県日田郡中川村／東京帝大法学部政治科

大分県農業佐藤椿之助の四男に生まれ、一九二四年東京帝大法学部政治科を卒業して満鉄に入社した。撫順炭砿庶務課に勤務し、以来同炭坑に勤続して庶務主任に就いた。

佐藤　鉄司　▷12

満鉄吉林検車段技術助役、社員会評議員／吉林大和街／一九〇六（明三九）一／新潟県三島郡西越村／長岡工業学校

新潟県佐藤寅次郎の次男に生まれ、一九二三年長岡工業学校を卒業し、翌年札幌鉄道局に入り岩見沢検車所に勤務した。その後三三年一二月満鉄に転じて渡満し、図們機務段勤務を経て三四年八月吉林検車段検車副段長に就き、三六年一一月同段技術助役となった。

佐藤　俊久　▷11

満鉄鉄道部次長、参事／大連ヤマトホテル内／一八七八（明一一）七／岡山県岡山市二番町／東京帝大工科大学土木工学科

岡山県佐藤英久の次男に生まれ、一九〇六年三月東京帝大工科大学土木工学科を卒業し、同年二月に湖広総督の張之洞の招聘で粤漢川漢鉄路総局技師として中国武昌に赴任し、〇八年六月依願解聘した。中国各地の鉄道を視察した後、〇九年満鉄に入って工務課員となり、翌年一月安奉線改築工事第二派出所に転じた。一二年四月大石橋保線係主任に就き、一六年五月満鉄在職のまま四鄭鉄路局に派遣され、工務司として勤務した。一九年四月大連保線係として復帰し、翌年一月本社工務課に転じた。二二年三月欧米各地を出張視察し、翌年四月安東鉄道事務所長に就き、二五年一月奉天鉄道事務所長に転じた。二七年四月本社鉄道部工務課長に進み、翌年二月参事となり鉄道部次長に就任した。

佐藤　友熊　▷3

関東都督府警視総長、警務課長、高等官二等従四位勲三等／旅順新市街鎮遠町／一八六五（慶一）一一／鹿児島県揖宿郡喜入村／東京帝大法科大学英法科

一八九四年、東京帝大法科大学英法科を卒業した。各地の裁判所検事を歴任した後、一九〇〇年二月台湾の台南警部長に転じた。桃園、宜蘭、台北庁長を経て〇七年九月関東都督府事務官となって渡満し、翌年一月都督府警視総長に就任した。

佐藤　尚武　▷4

ハルビン総領事、高等官五等従六位勲五等／ハルビン総領事館／一八八二（明一五）一〇／青森県弘前市笹森町／東京高等商業学校

旧津軽藩士田中坤六の次男に生まれ、米国大使を務めた佐藤愛麿の娘文子の婿養子となった。一九〇四年七月東京高等商業学校を卒業して同校専攻部領事科に進み、〇五年一〇月外交官領事官試験に合格した。翌月高等官七等・外交官補としてメキシコに赴任し、〇六年一月ロシアに転任して〇九年ロシア大使館三等書記、一二年同二等書記生に進んだ。一四年一二月ハルビン領事に転任し、一七年七月総領事に昇任した。⇒一九年スイス公使館一等書記官、二一年フランス大使館参事官を経て二三年ポーランド公使となり、在任中の二五年にモスクワに出張し、国交樹立に伴うソ連大使館開設の準備に当たった。二七年国際連盟日本国事務局長に転じ、二七年六月のジュネーブ軍縮会議、三〇年一月のロンドン軍縮会議に出席した。三〇年ベルギー大使となり、在任中に三三年二月の国際連盟臨時総会に出席し、満州国不承認決議に抗議して首席全権松岡洋右と共に退場した。同年末フランス大使に転任し、三七年二月林銑十郎内閣の外相に就任して日中問題の平和的解決を模索したが、同年六月内閣総辞職のため辞任した。四二年東郷外相の懇請でソ連大使として赴任し、戦争末期の四五年五月ソ連への和平仲介工作に当たったが成功せず、無条件降伏の外ないことを打電した。敗戦後に帰国し、四七年四月の第一回参院選挙に当選して山本有三らと緑風会を結成し、六五年まで三期在職した。この間四九年から五三年まで参院議長を務め、その後も外務委員長等を務めた。五六年一二月、日本の加盟を承認した国際連合総会に日本代表の一人として出席した。七一年一二月没。著書に『回顧八十年』『国際連盟における日本』がある。

佐藤　長雄 ▷4

佐藤長生堂薬房主／長春新市街東八区／一八七一（明四）九／徳島県徳島市西富田幟丁／高等小学校

旧蜂須賀藩士で質商を営む佐藤佐一郎の子に生まれた。高等小学校を卒業後、一八歳の時から商業に従事して質業と阿波縮の製造販売を営んだが、一八九一年に徴兵適齢となり近衛第一連隊に入営した。満期除隊直後の一八九四年、日清戦争の勃発で召集されて従軍した。一九〇四年の日露戦争に際しても召集され、両戦の功により勲七等功七級となった。二度の戦争で満州に従軍した経験から商業立身の確信を得て一一年五月に渡満し、長春で質業及び金貸業を営んだ。三年後から薬種売薬業に乗り出し、医療器具、衛生材料品の販売にも手を広げ、長春を中心に吉林、ハルビン、東支鉄道西部沿線にも販路を拡張した。

佐藤　恕一 ▷14

大連機械製作所専務取締役／大連市楓町／一八八三（明一六）四／兵庫県尼崎市別所村／東京帝大工科大学機械科

兵庫県佐藤秀広の次男に生まれ、一九〇九年七月東京帝大工科大学機械科を卒業し、同年八月満鉄に入社した。日本橋工場に勤務し、同工場の沙河口移転とともに沙河口工場に移った。一八年四月から一年間欧米各国を視察した後、技術部機械課長次席、技術課長、工作課長を歴任して参事となった。三六年二月、満鉄傍系の大連機械製作所に転じて専務取締役に就いた。この間二八年一一月から三二年一〇月まで大連市会議員を務めた。

佐藤　一 ▷12

観察院総務処庶務科長兼秘書科長／新京特別市崇智路／一九〇一（明三四）八／群馬県北甘楽郡馬山村／東京帝大文学部心理学科

群馬県佐藤福次郎の長男に生まれ、一九二〇年四月満鉄に入社して社長室人事課事務助手となった。その後帰国し、二七年三月東京帝大文学部心理学科を卒業して同大附属航空研究所心理学部嘱託となり、一年志願兵として横須賀重砲兵連隊で兵役に就き、除隊後に東京の曙石綿工業所支配人となった。三二年六月満州国監察院事務官に転じて再び渡満し、総務処庶務科長心得を経て三三年三月庶務科長となり秘書科長を兼務した。

佐藤　晴雄 ▷11

満鉄社長室文書課詰／大連市児玉町／一八九八（明三一）九／山梨県東山梨郡上万力村／東京帝大法学部政治科

山梨県農業佐藤三郎兵衛の長男に生まれ、一九二四年東京帝大法学部政治科を卒業して満鉄に入り、東京支社内の東亜経済調査局に勤務した。次いで二六年六月社長室文書課に転任して渡満した。

佐藤　汎愛 ▷12

満鉄ハルビン鉄路局嘱託、ハルビン文化協会主事、ハルビン日本居留民会評議員、ハルビンゴルフ倶楽部幹事、ハルビンロータリークラブ会員／ハルビン南崗大直街／一八八八（明二一）一一／長野県小県郡殿城村

二度にわたり外遊した後、北京の日本国際観光局主任を一二年、日本鉄道省弁公所嘱託を一〇年務めた。その後渡満してハルビン特別市公所に勤務し、次いで満鉄嘱託に転じた。勤務のかたわら同地の文化協会、居留民会ほか多くの公職に就いた。

佐藤　半二 ▷12

満州炭砿㈱技術部工務課長／新京

特別市山吹町／一八九一(明二四)六／徳島県海部郡川東村／旅順工科学堂機械科

一九一六年旅順工科学堂機械科を卒業し、同年一二月満鉄に入社して撫順炭砿機械課雇員となった。一九年二月大山採炭所勤務、同年九月同炭砿機械課勤務、二一年一二月東郷採炭所工作課主任を経て二九年四月撫順炭砿技術担当員となった。次いで三二年一月古城子採炭所に転勤して同年九月技師に昇格し、三三年五月同所副長となった。三四年七月新京の満州炭砿㈱技師に転じ、技術部工務課長に就いた。

佐藤　寿吉 ▷4

佐藤写真館主／満州里アレキサンドルスカヤ街／一八八六(明一九)／岩手県西磐井郡萩庄村／仙台市東北学院

蚕種製造業者の子に生まれたが、農桑で生涯を送ることを嫌って仙台市の東北学院に学んだ。二二歳の時に天津に渡り、東京の山下写真館支店の斡旋で天津電車会社に入り三年勤務した。勤務のかたわら写真術を研究し、資金を蓄えて大連に移ったが、間もなく病床に就いて資金のほとんどを使い果たした。友人の援助で満州里に移り、当地初の日本写真館を開業してロシア人の信用を獲得し、ロシア専門の写真館として繁盛した。

佐藤　英雄 ▷11

満鉄臨時経済調査委員会勤務／大連市霞町／一八九〇(明二三)一／神奈川県足柄下郡小田原町／仙台高等工業学校

神奈川県愛甲郡の佐藤嘉助の次男に生まれ、分家して小田原に転籍した。一九一二年、仙台高等工業学校を卒業して京都の奥村電機商会に入社した。翌年三月退社して千葉の鉄道連隊に入隊したが二ヶ月後に除隊となり、同年一二月に渡満して満鉄沙河口工場鋳物職場に勤務した。主任、貨車製材職場主任を経て二七年一二月から臨時経済調査委員会に勤務した。実兄精一は吉林実業界の名士として知られ、義兄の早川正雄はチチハルの満鉄公所長を務めた。

佐藤福治郎 ▷11

特成泰主／奉天省鉄嶺北五条通／一八八六(明一九)八／岡山県英田郡大原町／小学校

岡山県米穀商熊見武吉の次男に生まれ、佐藤安吉の養子となった。小学校を卒業して生糸、玄米の仲買と諸雑貨卸小売商を営んだ後、一九〇六年姫路の歩兵第四〇連隊に入営した。除隊後の一二年三月に渡満して関東都督府警察官となったが、一九年に依願退職して鉄嶺で特産物商を営んだ。かたわら鉄嶺証券信託㈱支配人、鉄嶺証券現物団長を兼任し、鉄嶺居留民会議員を務めた。

佐藤平太郎 ▷12

公主嶺輸入組合理事、公主嶺商店協会顧問／吉林省公主嶺柳町／一八九六(明二九)三／広島県深安郡中条町

一九一七年二月満鉄に入り、地方部衛生課、提理部用度課に歴勤した後、一九年五月㈱山本商店大阪支店に転じてハルビン出張所長となった。次いで二七年五月ハルビンに平一洋行を創業して綿糸布輸入商を経営したが、三一年二月に閉店してハルビン輸入組合首席書記となり、三五年一一月公主嶺輸入組合理事に転じた。

佐藤　正親 ▷11

朝鮮銀行開原支店貸付係主任／奉天省開原鉄道付属地朝日街／一八九六(明二九)四／三重県河芸郡豊津村／三重県立第二中学校

三重県佐藤弁之助の長男に生まれ、一九一四年県立第二中学校を卒業した。一五年朝鮮銀行本店に入り、同年一二月全羅北道の群山府に赴任した。二二年一〇月開原支店詰となって渡満し、勤務のかたわら開原青年団副団長を務めた。

佐藤　正典 ▷13

満鉄中央試験所長／大連市桃源台／一八九一(明二四)一二／大分県日田郡日田町／九州帝大工学部応用化学科

多額納税者として知られた大分県酒造業佐藤武作の三男に生まれたが、少年時代に生家が没落し、長姉の婚家の援助で第八高等学校を卒業して九州帝大工科大学に進んだ。在学中に渡満して満鉄中央試験所で卒業実習を受け、撫順炭砿、本渓湖煤鉄公司を見学して帰国した。一九一七年応用化学科を卒業し、同年八月満鉄中央試験所に入った。

応用化学課勤務、教育研究所講師兼理科補充教科書編纂委員、研究課勤務を経て二三年五月から社命でヨーロッパ各国に留学して油脂化学を研究した。滞欧中に病を得て二四年五月に帰国し、試験課主任となった。大豆油脂の工業的利用の研究に取り組んで研究課に復帰し、二七年四月油脂化学科長に就いた。二八年七月工学博士号を取得して三〇年六月技師に進み、三二年一月再び欧米各国に出張し、帰任して計画部（審査役付）有機化学班主査となった。三六年九月参事、同年一一月次長を経て四〇年一〇月恩師の丸沢常哉の後を受けて所長に就任した。⇒この間、大豆油のエタノール抽出法を開発し、日産コンツェルンとの協力で工業化された。四五年七月丸沢と交代して満州化学工業委員会委員長となって新京に赴任したが、間もなく敗戦を迎えた。ソ連糧穀廠の顧問を務めた後、四七年四月に引き揚げ、帰国後は帰還技術者の就職斡旋に尽力した。四八年六月から大阪府立工業奨励館館長を八年務め、その後は科学研究所社長、千葉工業大学学長、人事院人事官等を歴任した。著書に『一科学者の回想』（私家版）がある。

佐藤　正秀　▷12

満鉄奉天省四平街鉄路監理所監理員、奉天省四平街福島県人会副会長、勲六等／奉天省四平街満鉄鉄路監理所局宅／一八八七（明二〇）四／福島県信夫郡笹谷村／農業補習学校

福島県佐藤治兵衛の三男に生まれ、農業補習学校を卒業した後、一九一三年に渡満して満鉄に入った。遼陽・大石橋・范家屯の各駅に勤務して開原駅貨物助役となり、長春駅貨物助役、撫順駅貨物主任を経て奉天運輸事務所、奉天鉄道事務所鉄道課、鉄路総局に歴勤した。次いで四洮鉄路管理局営業課長、四平街鉄路弁事処運輸長、同食堂車営業所長、同奉天省四平街支所主任兼務を歴職して三五年一一月奉天省四平街鉄路監理所となり、三六年九月副参事に昇任した。この間、満州事変時の功により勲六等及び従軍記章並びに建国功労賞を授与された。同郷の夫人若子との間に五男六女があった。

佐藤　雅英　▷12

満鉄皇姑屯鉄道工場鉄工科仕上廠主任、勲八等／奉天朝日町／一八九五（明二八）五／熊本県熊本市大江町／熊本県立工業学校機械科

熊本県佐藤宗次郎の長男に生まれ、幼名を宗太郎と称した。一九一四年三月熊本県立工業学校機械科を卒業して熊本専売支局製造課に勤務した後、小倉の九州電気軌道会社、日本銑鉄会社等に勤務した。その後熊本で乗合自動車業と自動自転車販売業を自営したが、二五年に渡満して満鉄に入り沙河口工場監理課に勤務した。次いで鉄路総局機務処工作科、皇姑屯工廠御花園分工廠、同鉄工廠主任兼奉天鉄路局運輸処自動車科施設股長に歴勤し、三五年一二月皇姑屯鉄道工場鉄工科仕上廠主任となった。この間、満州事変時の功により勲八等及び従軍記章、建国功労賞を授与された。

佐藤　方平　▷12

満鮮拓殖㈱農務課長／奉天稲葉町／一八九〇（明二三）二／宮城県仙台市狐小路／東北帝大農科大学

一九一五年七月札幌の東北帝大農科大学を卒業した後、一七年に渡満して奉天の南満州製糖㈱に入社し、二〇年一月より二年間欧米に留学して製糖業の研究に従事した。その後二九年に同社解散となり、東亜勧業㈱に入り農場経営と朝鮮人移民事業を担当した。三六年九月同社の事業を継承して満鮮拓殖㈱が設立されると同社入りし、農務科長に就いた。

佐藤　通男　▷12

国務院交通部路政司鉄道科員、勲八等／新京特別市東朝陽路／一九〇四（明三七）二／福岡県朝倉郡夜須村／露語学校

福岡県佐藤鶴吉の次男に生まれ、ウラジオストクの日本小学校を卒業した後、一九一九年当地の露語学校を卒業した。二〇年二月浦塩派遣軍通訳となり、騎兵第一七連隊、歩兵第四三連隊、第六旅団司令部等に配属され、二二年一一月の派遣軍撤退とともに辞職した。二三年一月満鉄に入り長春駅庶務部調査課に勤務した後、二七年一一月海外派遣留学生としてソ連に派遣され、ロシア語及びロシア文学の研究に従事した。三〇年三月に帰社して総務部調査課に勤務し、満州事変後の三二年一月に経済調査会が創設されると第一部に属して満蒙交通網統制計画及びソ連極東経済調査、東支鉄道問題対策研究を担当した。三三年一月満州国国務院交通部事務官に転出して路政司第五科勤務ハルビン駐在員となり、次いで第二科勤務ハルビン弁事処代理処長として北満鉄路接収専使随員を務め、三五年一一月に北鉄接収の現地業務が終了するとともに本部に復帰して路政司庶務科に勤務し、後に鉄道科に転任した。この間、大正三年乃至九年戦役の功により勲八等瑞宝章及び従軍記章を受けたほか、二二年一一月シベリア出兵時の功により賜金、三四年三月建国功労賞及び大典記念章、同年五月勲六位景雲賞、三五年九月皇帝訪日記念章を受けた。

佐藤　実　▷12

国際運輸㈱朝陽鎮出張所長／奉天省朝陽鎮国際運輸㈱出張所長社宅／一八九〇（明二三）五／宮崎県西臼杵郡田原村／同志社普通学校

一九一一年同志社普通学校を卒業し、志願兵として大分の歩兵第七二連隊に入営した。軍曹に累進して一三年に除隊し、郷里の小学校教員を務めた後、畜産研究に従事した。次いで一七年八月に渡満して南満州製糖㈱に入社し、農務課沙河在勤を経て文官屯、鞍山、海城、蘇家屯の各駐在所主任、兼任遼陽農場主任に歴任した。その後二八年三月国際運輸㈱に転じ、ハルビン支店安達営業所主任、江岸荷役係主任、牡丹江出張所勤務を経て三五年六月朝陽鎮出張所長に就いた。

佐藤安之助　▷3

関東都督府陸軍部付、満鉄奉天公所長嘱託、陸軍歩兵大佐、正六位勲四等功四級／奉天城内大南門裡満鉄公所内／一八七一（明四）一／東京府東京市牛込区若松町／陸軍士官学校

旧姓は高橋、佐藤家を相続した。一八九五年五月、陸軍士官学校を卒業して歩兵少尉に任官した。日露戦争に従軍して功四級金鵄勲章を受章し、以後累進して一九一一年九月中佐に進み、関東都督府陸軍部付となって満鉄奉天公所長嘱託に就いた。一四年八月の青島戦役に際し山東に派遣され、翌年夏に帰任して陸軍歩兵大佐に進んだ。⇩一六年七月スイス公使館付武官として赴任し、一九年七月少将に昇進した。同年一一月参謀本部付となって帰国し、二一年一月から臨時軍事調査委員長を務め、翌年四月に退役した。

佐藤弥太郎　▷12

錦州省錦県警正／錦州省錦県警正公館／一八九二（明二五）一／秋田県雄勝郡川連町

秋田県佐藤竜太郎の子に生まれ、一九一四年八月秋田県巡査となり大曲警察署に勤務した。以来各署に勤務して小坂警察署長となり、二七年に内務省警察講習所を修了した後、巡査教習所教官、角館、大曲、上崎の各警察署長、県警察部刑事科長を歴任した。その後三一年一二月に依願免官し、関東庁警察官となって渡満し、貔子窩、遼陽、范家屯の各警察署に勤務した。三三年一〇月奉天省公署属官に転じて警務庁保安科に勤務し、次いで三四年一二月錦州省公署属官に転任して警務庁に勤務し、三六年一〇月同省公署警正となった。

佐藤　雄三　▷11

長春領事館勤務／長春日本領事館／一八九二（明二五）七／東京府東京市神田区三崎町／早稲田大学

東京府佐藤信義の四男に生まれ、一九一九年早稲田大学を卒業した。二二年八月外務省雇、翌年六月外務属となり、二六年一月外務書記生に昇格して長春領事館に勤務した。

佐藤　雄太　▷9

宏済善堂薬房理事／大連市愛宕町宿舎／一八六五（慶一）二／山形県東置賜郡高畠町／専修学校理財科、東京専門学校政治科

上京して専修学校理財科を卒業し、さらに東京専門学校政治科を卒業した。帰郷して東置賜郡和田村村長を務めた後、一八九六年から同郡書記として勤務したが、一九〇七年に渡満して関東都督府旅順水道事務員となった。〇八年大連水道事務員に転任し、一一年関東都督府属に昇格して大連民政署水道係用度会計及び官有財産係主任となった。一〇年勤続して二〇年四月に辞職し、社会事業団体の宏済善堂薬房理事に転じた。

佐藤勇太郎　▷11

旅順第一小学校訓導／旅順市鮫島町／一八八七（明二〇）二／山形県西村山郡本道寺村／山形県師範学校

山形県農業佐藤西順の三男に生まれ、一九〇九年山形県師範学校を卒業した。郷里の本道寺尋常小学校訓導を務めた後、一五年八月に渡満して旅順第一尋常高等小学校訓導となった。

佐藤祐太郎 ▷11

農業／奉天省開原付属地／一八七九（明一二）六／佐賀県西松浦郡大山村

佐賀県農業佐藤儀八の長男に生まれ、一九〇四年六月日露戦争に際して野戦隊酒保付として渡満した。以来満州に留まって農業を営み、開原地方委員を務めた。

佐藤　善衛 ▷12

国際運輸㈱清津支店長代理／朝鮮咸鏡北道清津府北星町国際運輸㈱清津支店／一九〇一（明三四）一〇／三重県員弁郡阿下喜町／四日市商業学校

三重県佐藤儀市郎の長男に生まれ、一九一九年三月県立四日市商業学校を卒業して大阪商船㈱に入り近海課に勤務した。次いで大連支店に転勤して渡満し、入貨係と出貨係を兼務した後、二七年一〇月北鮮運輸㈱に転じて回漕部主任を務めた。次いで三四年二月国際運輸㈱に入社し、清津支店詰、同支店回漕部主任を経て三六年八月同支店長代理となった。

佐藤　善雄 ▷11

奉天新聞社社長／奉天小西辺門外／一八八五（明一八）二／宮城県仙台市土橋通／東亞同文書院

宮城県医師佐藤今朝吾の長男に生まれ、一九〇三年宮城県第一中学校を卒業して中国に渡り、〇六年六月上海の東亞同文書院を卒業した。同年一一月奉天の漢字紙盛京時報社に入り、〇九年編輯主筆に就いた。一七年九月、同地で服部暢と奉天新聞社を創刊し、後に社長に就任した。

佐藤　芳夫 ▷11

旅順工科大学教授／旅順市常盤町／一八九八（明三一）三／大分県北海部郡神崎村／東京帝大工学部電気科

大分県佐藤松人の次男に生まれ、一九二二年東京帝大工学部電気科を卒業して大同電力㈱に入社した。技師として木曽・名古屋の発電所建設工事に従事した後、二五年に旅順工科大学嘱託を命じられ、翌年三月から関東庁在外研究員として北米及び欧州に留学して電気工学を研究した。二八年六月に渡満して旅順工科大学教授に就任した。夫人マリアとはドイツ滞在中に知り合って結婚した。

佐藤　喜三 ▷12

満州電業㈱奉天支店営業課営業係長／奉天藤浪町／一九〇六（明三九）一／広島県広島市猫屋町／日露協会専門学校

一九二六年三月ハルビンの日露協会専門学校を卒業し、同地の北満電気㈱に入社した。以来勤続し、三四年一二月満州電業㈱に合併と同時に奉天支店営業課営業係長となった。俳句を趣味とし青水草と号した。

佐藤吉太郎 ▷1

佐藤商店主／長崎市瀬之脇／一八六九（明二）／長崎県長崎市西泊町／第五高等学校医学部中退

一八八五年長崎外国語学校を卒業した後、八八年第五高等学校医学部に進んだが、三年で中退して上京した。伊藤弥次郎鉱山局長に就いて鉱山学を勉強した後、熊本県球磨郡と宮崎県臼杵郡でアンチモニーや銅の採掘に従事した。一九〇五年熊本県自由党に入って政治活動に奔走した後、朝鮮沿岸その他で潜水業に従事し、一九〇〇年七月蔚山沖で沈没したロシア船シベリヤ号の機械・船具類を引き揚げ、同年一一月には長崎港外の伊豆島沖で一五〇〇トンのノルウェー船カランタ号を引き揚げた。〇一年には朝鮮海通漁組合連合会より潜水器漁獲調査の嘱託を受けたほか、鹿児島県硫黄島沿海で沈没した吉野丸の積載貨物引き揚げ、長崎県南松浦郡大島女島付近で沈没した大倉喜八郎所有の鶴彦丸の引き揚げ調査に従事し、〇三年青森県下北郡猿ヶ森海岸で座礁した一七八〇トンのノルウェー船ノア号の引き揚げを行った。日露戦後に旅順口外の沈没艦船調査に従事し、さらに木浦沖で沈没した二五〇〇トンの台湾丸と全羅道沿岸で沈没した第一四観音丸を買い受けて引き揚げた。〇五年一一月旅順市乃木町に支店を設けて潜水工事請負業を経営し、〇六年四月に旅順鎮守府船渠口仮水防工事を竣成した。本店を長崎市瀬之脇に置いてアスベスト製造と船舶回漕、潜水工事請負、古銅鉄売買、労働者請負業等を兼営し、旅順支店は弟に監督させた。

さ

佐藤　至誠 ▷14

大連石炭販売組合理事長／大連市佐渡町／一八七〇（明三）二／大阪府大阪市湊区南安治川／和仏法律学校

宮崎県農業佐藤房治の四男に生まれ、役場に勤めて家計を助けながら苦学し、上京して一八九一年和仏法律学校を卒業した。司法省に勤務した後、九四年三月から大阪で石炭商を営み、かたわら福岡県で㈾組織の下に炭坑業を経営した。日露戦中の一九〇五年四月に渡満して大連で佐藤組を興し、野戦鉄道提理部から撫順炭の払い下げを受けて陸軍御用達と石炭商を営んだ。さらに東亜煙草公司と特約して煙草販売業を兼営し、正隆銀行、大連製氷会社、大連工業会社、満州銀行、満州興業会社、大連油脂工業会社、大連石炭㈱、大和染料、興亜食料興業等の重役を兼務し、資産一〇〇万円の立志伝中の人とされた。他に大連石炭販売組合理事長、大連商業会議所会頭、大連実業会幹事を務め、一五年一〇月から大連市会議員を三期務めた。

佐藤　良治 ▷12

満鉄営口医院長兼医長／奉天省営口旭街満鉄医院長社宅／一八八三（明一六）五／東京府東京市麻布区三河台町／東京慈恵会医学専門学校

一九〇六年東京慈恵会医学専門学校を卒業し、東京病院の外科・皮膚科・泌尿器科を担当した。一〇年六月横浜の六角病院に転じて外科・皮膚科・泌尿生殖器科主任となり、次いで函館の豊川病院に転じて外科・皮膚科主任を務めた後、山東鉄道病院付となって中国に渡った。一五年に帰国して東京帝大医科大学で外科・皮膚科・泌尿器科の研究に従事した後、一八年に再び中国に渡って済南病院皮膚科長となった。二一年に帰国して再び東京帝大医学部で外科・皮膚科・泌尿器科の研究に従事し、同年ベルリン大学に留学して外科病理学を研究し、医学博士の学位を受けた。二四年一月に帰国し、同年三月に渡満して満鉄奉天省四平街医院長兼医長となり、奉天省四平街区学校医を兼務した。二五年八月参事待遇となり、二八年一一月から二年間外科学研究のため東京帝大に留学した後、本渓湖医院長兼医長となった。三一年二月論文「硫黄新陳代謝ニ関スル研究」を慈恵医大に提出して医学博士号を取得し、三三年三月瓦房店医院長兼医長を経て三五年四月営口医院長兼医長となった。夫人みよとの間に二男あり、長男忠昭は北海道帝大、次男英夫は慈恵会医科大学に学んだ。

佐藤　純之 ▷12

満鉄鉄道総局工事課員、興業標準規格委員会委員、勲六等／大連市臥竜台／一八九六（明二九）六／新潟県刈羽郡石地町／東京高等工業学校電気科

本姓は別、新潟県吉川純三郎の子に生まれ、後に佐藤家の養子となった。一九一七年東京高等工業学校電気科を卒業し、同年八月日本電気㈱に入った。翌年退社し、一九年二月に渡満して満鉄に入り、沙河口工場電気課に勤務した。次いで技術部機械課、運輸部機械課、鉄道部機械課、同部工作課、同電気課に歴勤して臨時甘井子建設事務所電気係主任となり、工事部建築課員を兼務した。さらに工業標準規格調査委員会委員、埠頭事務所工務区長を歴任して三三年八月技師に昇格し、鉄道建設局工事課電気係主任を経て三六年一〇月鉄道総局工事課に転任した。この間、昭和六年乃至九年事変時の功により勲六等瑞宝章を授与され、三五年四月勤続一五年の表彰を受けた。

佐藤　吉郎 ▷3

関東都督府通信事務官補、旅順郵便局長、高等官七等従七位／旅順市朝日町／一八八二（明一五）一二／群馬県北甘楽郡富岡町／東京帝大法科大学英法科

一九一〇年、東京帝大法科大学英法科を卒業した。同年八月関東都督府通信書記となって渡満し、通信管理局に勤務した。一二年一一月通信事務官補に進み、後に旅順郵便局長に就いた。

佐藤良太郎 ▷12

満鉄用度部倉庫課第三倉庫係主任、社員会本社連合会評議員／大連市埠頭満鉄用度部倉庫課／一八九四（明二七）三／青森県南津軽郡田舎館村／中央大学専門部経済科

青森県佐藤治郎七の三男に生まれ、一九一七年四月為替貯金局事務員となり、次いで戦時保険局に勤務した。か

たわら二〇年三月中央大学専門部経済科を卒業し、翌月満鉄に入社して商事部購買課に勤務した。経理部用度課、同購買課、同倉庫課、社長室人事課、経理部倉庫課、用度事務所に歴勤して用度部庶務課現場係主任となった。次いで商事部用度課整理品係主任、同大連倉庫整理品係主任、用度事務所倉庫課第三現品係主任、同所第四倉庫係主任、新京支所長を歴任して三六年一〇月副参事となり、用度部倉庫課第三倉庫係主任に就いた。この間、三五年四月勤続一五年の表彰を受けた。

佐土原　孝　▷11

関東庁逓信書記補／奉天省開原富華街逓信官舎／一八九七(明三〇)九／宮崎県南那珂郡飫肥町／飫肥農学校、逓信生養成所

宮崎県公吏佐土原久馬の次男に生まれ、一九一五年宮崎県飫肥農学校を卒業して渡満した。翌年一月逓信生養成所を修了し、一九年に書記補に進んだが同年一二月依願免官し、翌年一〇月再び逓信局入り通信事務員となった。二八年六月、関東庁通信書記補に任官して開原郵便局に勤務した。

佐土原親光　▷7

海軍中尉、従七位／旅順防備隊官舎／一八九六（明二九）八／鹿児島県日置郡永吉村／海軍兵学校

一九一八年一一月海軍兵学校を卒業し、少尉候補生として軍艦常磐に乗艦した。豪州及び南洋方面を航海し、翌年七月に帰港して少尉に進んだ。二一年一二月中尉に昇進し、旅順防備隊分隊長心得となって二三年一二月に渡満した。二五年に離任し、帰国して海軍大学校に入校した。

里村　英夫　▷12

満鉄総裁室福祉課住宅係主任、社員会評議員、伏見台社員倶楽部幹事長、都山流尺八大連幹部会幹事長／大連市伏見町／一八八四（明一七）八／京都府京都市下京区猪熊通／京都法政大学法科専門部

佐賀県溝田村次郎の次男として同県神崎郡神埼町に生まれ、後に里村家の養子となった。佐賀県立鹿島中学校を卒業して一九〇七年佐賀県下の小学校訓導となり、次いで京都府下の小学校訓導となり、かたわら一一年に京都法政大学法科専門部を卒業した。その後、朝鮮及び安東県で同職に就き、一七年七月朝鮮総督府の推薦で山東鉄道管理部の学事担当者となって青島に赴任し、民政部の設置とともに鉄道部文書課勤務となり、二二年六月主書課庶務係主任となった。その後、山東還付により二三年五月満鉄に転じて庶務部社会課に勤務した。二六年四月本渓湖地方事務所庶務係長を経て社長室人事課、総裁室人事課、総務部人事課を歴職して三四年二月住宅係主任となり、住宅研究委員会幹事、社員住宅審査委員会幹事を兼務し、三四年一〇月総裁室福祉課住宅係主任に就いた。尺八を得意とし、都山流尺八大連幹部会幹事長を務めた。

佐中　秋良　▷12

国務院文教部学務司員／新京特別市金輝路第二代用官舎／一九〇八（明四一）一〇／鳥取県西伯郡御来屋町／京城帝大医学部

鳥取県佐中万蔵の長男に生まれ、一九三三年三月京城帝大医学部を卒業して同大助手となった。三四年に渡満し、同年一〇月大同学院を卒業して国務院民政部技士となり、衛生司に勤務した。三五年五月文教部属官に転任して学務司に勤務し、三六年八月同部学校衛生官となった。

佐奈木十郎　▷12

振興洋行主、奉天地方委員、満州取引所仲買人組合副組合長、在郷軍人分会長、正八位勲六等／奉天宮島町／一九〇〇（明三三）八／兵庫県神戸市神戸区北野町／関西学院高等部

一九二二年神戸の関西学院高等部を卒業し、姫路の歩兵第三九連隊に入営して兵役に服した。満期除隊後、二六年に渡満して大阪の内外物産出張所に勤務し、その後三〇年に奉天宮島町に振興洋行を設立して貿易業を経営した。かたわら三二年一一月十間房に振興銀号を開設して銭鈔業を兼営したが、三六年一〇月勅令による銭鈔取引停止後は貿易業と株式売買業に従事した。

実松　儀一　▷12

茂林商会主、奉天居留民会評議員、奉天第二区長／奉天小西関／一八八三（明一六）三／佐賀県神埼郡蓮池村

日露戦争後に渡満して種々の職業に就いた後、向野堅一が経営する奉天の茂林洋行に入りガラス器製造部門を担当した。後に向野から同洋行の営業権一切を譲り受けて独立経営し、陶磁器及びガラス器の卸を専業とした。小西関に店舗を置いて大阪、名古屋、有田方面から陶磁器、琺瑯器、軽銀器、ランプ類を仕入れ、奉天を中心に満鉄沿線各地に販路を持った。

佐野　高一　▷12

綏芬河警察署長、従七位勲七等／牡丹江省東寧県綏芬河警察署長公館／一八九〇（明二三）六／山梨県西八代郡栄村／静岡県田方郡教員養成所

山梨県佐野巳之助の三男に生まれ、静岡県田方郡教員養成所を修了した。その後一九一〇年一二月徴兵されて近衛歩兵第二連隊に入隊し、憲兵に転科して各地に勤務して二七年七月憲兵准尉に累進した。三一年五月予備役編入となり、三三年八月黒龍江省警務庁属官となって渡満した。警正に進んで浜江省海倫県首席指導官となり、次いで三六年四月綏芬河警察署長に就いた。この間、海倫在任中に同地の西郷軍人分会長を務めた。

佐野　三六　▷9

佐野洋行主／大連市大山通／一八七六（明九）一二／埼玉県北足立郡蕨町

一九〇三年日本鉄道㈱に入り鉄道業務を習得した後、〇六年有馬組に転じて渡満した。鉄嶺―営口間の軍用軽便鉄道の運転事務を担当したが、まもなく同線が廃止となったため大連の写真材料商光明洋行に入った。その後同社が北浜事件により倒産したため、一二年一二月事業の一切を継承して大山通で写真材料商を営んだ。その後二九年に資本金三万五〇〇〇円の合資会社に改組し、嫡男の米雄が代表社員として経営を引き継いだ。

佐野専太郎　▷12

満鉄ハルビン検車段長、正七位勲七等／ハルビン満鉄検車段／一八八五（明一八）七／東京府東京市芝区白金三光町／工手学校機械科

一九〇三年東京築地の工手学校機械科を卒業した後、〇七年一月朝鮮鉄道に入り竜山出張所運輸課に勤務した。一三年鉄道局技手に進んで大田機関庫助役、新幕機関庫主任等を歴任し、一七年七月朝鮮鉄道の満鉄への経営委託にともない在官のまま満鉄に出向した。二八年清津出張所運転係主任を経て二九年三月鉄道局技師に昇格し、三〇年八月に退官した。その後三四年八月満鉄に入ってハルビン鉄路局機務処運転科に勤務し、三五年三月同検車段長となった。

佐野　忠吉　▷12

国務院財政部専売総署技正兼実業部特許発明局技正／新京特別市義和路代用官舎／一八九六（明二九）三／香川県高松市天神前町／東京帝大医学部薬学科

一九二一年三月東京帝大医学部薬学科を卒業し、同年四月専売局技手となり、二三年八月技師に進んだ。三三年七月国務院財政部塩務署技正に転出して渡満し、同年一〇月財政部技正兼務となって税務司国税科に転任し、さらに翌月塩務科に転任した。三五年一〇月塩務署技佐兼任、三六年九月実業部特許発明局技正・審査官・評定官兼任を経て三七年一月財政部専売総署技正に転任し、同年五月実業部特許発明局技正兼務となった。

佐野哲太郎　▷12

満鉄満州里警務段長、社員会評議員、正六位勲四等／興安北省満州里満鉄警務段／一八八八（明二一）五／愛知県豊橋市東田町／陸軍士官学校

佐野知哲の子として東京市浅草区に生まれ、陸軍士官学校を卒業して歩兵少尉に任官した。以来各地に勤務し、少佐に累進して予備役編入となった。満州事変後、一九三二年満州国執政府教官となって渡満し、次いで関東軍司令部嘱託を経て満鉄鉄道建設局嘱託となった。昂昂渓警務段長を務めた後、三六年二月満州里警務段長に転任した。

佐野　峰吉　▷12

満鉄鉄道総局付待命職員／奉天満鉄鉄道総局気付／一九〇〇（明三三）七／山梨県南巨摩郡大須成村／日本大学法科

一九一九年鉄道院に入り、勤務のかたわら日本大学法科を卒業した。その後三三年満鉄に入社し、洮南鉄路局在勤を経て洮南站運転副站長、白城子站副站長、ハイラル站副站長を歴任し、チチハル鉄路局総務処勤務を経て三七年四月待命となった。

佐野　義臣　▷11

奉天金融組合理事／奉天木曽町／一八九五（明二八）九／大分県下毛郡中津町／大分県立中津中学校

大分県会議員佐野義範の長男に生まれ、県立中津中学校を卒業した。中津銀行に入り出納預金貸付係等を経て支配人代理に就いたが、一九二〇年に渡満して大連銀行に入った。為替係主任、貸付係を務めた後、二三年七月満州銀行に合併する際の整理にあたった。発足後は奉天省四平街銀行支配人に転じて同行を整理し、朝鮮銀行に譲渡して朝鮮銀行奉天省四平街支店とした。二七年末の譲渡終了とともに退社して一七年間の銀行員生活の幕を閉じ、奉天金融組合の設立に際し、官選理事に任命された。俳句を楽しみ、弥生と号した。

佐野　米吉　▷11

関東庁獣医事務嘱託／大連市聖徳街／一八九三（明二六）一〇／徳島県那賀郡坂野村／麻布獣医学校

徳島県商業佐野平四郎の次男に生まれ、一二歳の時に渡満して瓦房店で義兄が経営する雑貨店で働いた。その後帰国して東京の麻布獣医学校に入り、一六年に卒業して再び渡満し、奉天で畜産品の取引店を開業した。二二年一一月関東庁獣医となって貔子窩警察署に勤務し、次いで大連警察署に転任して大連海務局、小崗子警察署嘱託を兼務した。実姉のツタも結婚して瓦房店に在住した。

「佐原」は「さわら」も見よ

佐原　篤介　▷11

㈱盛京時報社取締役社長、勲五等／奉天宇治町／一八七四（明七）二／東京府東京市本郷区駒込西片町／慶應義塾

東京府佐原純一の長男に生まれ、一八九三年慶應義塾を卒業し、法学博士増島六一郎の法律事務所で法律事務を修得した。九八年一二月時事新報社に入り、翌年一月上海特派員として赴任し、大毎特派員を兼務した。翌月から一九〇四年六月まで上海英字新聞「チャイナガゼット」の編輯長を務め、〇一年からは東亜同文書院講師も兼務した。〇四年七月上海「マーキュリー」編集長に転じ、一七年に取締役に就いた。この間〇七年から時事、朝日、毎日三社六新聞の上海通信員を兼任し、同年英国新聞記者協会会員に推薦され、東亜同文会評議員、中日文化協会理事を務めた。二六年五月、㈱盛京時報社取締役社長となって渡満した。

鮫島　七郎　▷7

公主嶺取引所長／吉林省公主嶺／一八八五（明一八）七／鹿児島県鹿児島市荒田町／東京帝大法学部独法科

郷里の第七高等学校を卒業して東京帝大法学部独法科に入り、一九一三年三月に卒業して鉄道省に入った。運輸現業等を経験して累進したが、一九年関東庁調査部に転じて渡満し、警官練習所教師を兼務した。二一年大連重要物産取引所に迎えられて庶務主任を務め、二五年七月公主嶺取引所長に転じた。

鮫島　宗平　▷11

本渓湖煤鉄公司総弁／奉天省本渓湖順山子／一八七六（明九）九／鹿児島県川辺郡川辺町

鹿児島の博約義塾に学んだ後、上京して和仏法律学校に入学した。在学中の一九〇〇年から海軍省経理部に勤め、翌年卒業後も引き続き海軍省に勤務した。〇四年に退職して大倉組本社に入り、翌年横須賀出張所長となった。一二年から本社内国部主任を務めたが、一七年に大倉組鉱業部の㈱山陽製鉄所所長に転じ、後に監査役となった。二三年二月、監査役在任のまま大倉組系列の本渓湖煤鉄公司総弁となって渡満し、同公司営業部長に就いた。他に本渓湖杭木㈱監査役を兼任し、かたわら同郷団体の本渓湖三州会会長を務めた。

鮫島　正　▷12

宮崎組チチハル支店長、チチハル居留民会第七区長／龍江省チチハル新馬路／一九〇六（明三九）四／鹿児島県姶良郡加治木町

一九二四年に渡満し、「宮崎ペーチカ」で知られる宮崎組に入り、煉瓦の製造販売に従事した。三一年に安東支店に転勤した後、三三年チチハル支店の開設と同時に支店長となり、軍部及び鉄路局を主要納入先とした。

鮫島　光彦　▷12

奉天市公署総務処経理科長兼国務

院地籍整理局奉天支局員、満州国協和会市公署分会経理部長、奉天市同善堂評議員、／奉天稲葉町／一八九三（明二六）一〇／鹿児島県鹿児島市山ノ口町／東京帝大法科大学商業学科

鹿児島県鮫島左八郎の長男に生まれ、一九一八年七月東京帝大法科大学商業学科を卒業した。二二年九月東京電灯㈱に入社し、勤務のかたわら二七年五月から泰明商業専修学校教諭を務めた。三〇年六月芝出張所主任を経て三一年一二月京橋営業所経理係長となったが、三四年四月に退社して渡満し、奉天市公署経理科長に転じた。三六年四月国務院地籍整理局事務官兼任となり、同局奉天支局に勤務した。

鮫島　嶺春　▷7

長春警察署警部／長春蓬莱町／一八八九（明二二）七／鹿児島県大島郡亀津村／旅順練習所

奄美大島に生まれ、一九一〇年一二月に渡満して関東都督府巡査となった。一六年七月警部補任用試験に合格し、旅順警察官練習所に入って甲科生を修了した。一七年五月警部補に昇任して本渓湖支署に勤務し、一九年一二月支署長事務取扱となった。翌年三月奉天警務署に転勤し、同年一〇月奉天総領事館検事事務取扱兼同警察署司法主任となった。二三年八月警部に進み、長春警察署司法主任となった。

鮫島　宗堅　▷12

穆稜林務署長／浜江省穆稜県穆稜站穆稜林務署／一九〇〇（明三三）七／鹿児島県揖宿郡頴娃村／九州帝大農学部

鹿児島県鮫島小四郎の三男に生まれ、一九二九年三月九州帝大農学部を卒業して福岡県篠栗の同大学演習林に勤務した。三〇年二月樺太庁技手に転じて農林部林業課に勤務し、さらに三五年一〇月国務院実業部嘱託に転じて渡満した。林務司林業科勤務・満州航空㈱詰として山林の航空偵察と森林航空写真の判読作業に従事した後、三六年一〇月穆稜林務署長となった。実兄の宗起は熊本高等工業学校を卒業した後、三三年に渡満して満鉄博克図工務段長を務めた。

猿川　直治　▷3

安東県鴨緑江採木公司技師、長白分局長／長白県採木公司長白分局内／一八八一（明一四）七／鹿児島県姶良郡重富村／東京帝大農科大学林学実科

一九〇五年、東京帝大農科大学林学実科を卒業して森林官となった。長野県大林区署、東京大林区署勤務を経て〇七年一二月に渡満して鴨緑江採木公司に入った。〇九年に同公司技師となり、その後技師長に就いた。

猿渡　実政　▷12

吉林輸入組合専務理事／吉林新開門外／一八九四（明二七）七／福岡県大牟田市浜町／慶応大学理財科

一九一八年三月慶応大学理財科を卒業し、同年四月明治生命保険会社に入り東京本社に勤務した。勤務のかたわら二〇年に東京帝大法科の保険講習講座を修了し、二一年六月郷里の三池銀行に転じた。その後二三年三月に渡満して遼陽商工銀行に勤務し、二五年遼陽実業会書記長に転じた。次いで二八年四月に吉林輸入組合が設立されるとこれに転じ、後に専務理事に就いた。

沢井　市造　▷1

沢井組主／大連市／一八五〇（嘉三）一／京都府下加佐郡由良町

早くから土木建築請負業に従事して多くの鉄道その他の大工事に関わり、訥弁ながら知勇に優れ、関西地方で一大勢力を持った。その後渡満して賀田、荒井の両氏と共同で大連市愛宕町に資本金三〇万円で沢井組を組織した。郷里へ納税するためと称して長く原籍地の由良町に本店を置いたが、後に大阪市土佐堀に移し、支店を大連、奉天、遼陽、千金寨等に置き小松海蔵を工事部長として管理させた。

沢井喜久太郎　▷12

三菱商事大連支店金属係主任／大連市楠町／一八九八（明三一）一一／京都府京都市左京区下鴨中川原町／長崎高等商業学校

一九一九年長崎高等商業学校を卒業して三菱商事に入り、本店金属部に勤務した。二三年大連支店、二九年ロンドン支店、三四年東京本店金属部に歴勤した後、三六年再び大連支店に転勤し、金属係主任を務めた。

沢井　純一　▷12

満鉄撫順炭砿採炭課坑内掘技術担当員／奉天省撫順南台町／一九〇

四（明三七）二／福井県敦賀郡中郷村／旅順工科大学第一四類採鉱

福井県沢井由松の長男に生まれ、一九二九年三月旅順工科大学第一四類採鉱を卒業し、同年五月満鉄に入り撫順炭砿東郷採炭所に勤務した。三三年八月老虎台採炭所を経て三七年七月撫順炭砿採炭課に歴勤し、同年一二月同課坑内掘技術担当員となった。

沢井　教吉　▷11

貿易商沢井商会主、満鉄石炭特約店東華公司主、勲六等／大連市黄金町／一八八〇（明一三）一一／東京府東京市三田四国町／明治大学法科

東京府沢井近知の子に生まれ、一九〇六年明治大学法科を卒業し、渡満して関東都督府逓信局に勤務した。各地の郵便局長を歴任して逓信局事務官に進み、二一年八月に退官した。翌年七月からハルビン取引所取引人となったが、その後大連に移って東華公司を興し、満鉄石炭特約店を経営した。さらに貿易業に進出して㈾沢井商会を経営し、かたわら㈱平和銀行代表取締役、大連石炭商組合代表幹事を務めた。

沢木　国衛　▷12

延吉地方検察庁次長兼延吉区検察庁検察官、従五位勲五等／間島省延吉地方検察庁次長公館／一八八五（明一八）六／東京府東京市世田谷区新町／東京帝大法科大学法律学科

高等学校を卒業した後、一年志願兵として兵役に服し、除隊して一九一六年三月陸軍騎兵少尉に任官した。その後東京帝大法科大学法律学科に入学し、一八年三月に卒業して同年八月司法官試補となった。一六年三月二〇年六月検事となり、同年七月東京地方裁判所兼東京区裁判所検事、二一年一一月朝鮮総督府検事、二二年一二月京城地方法院判事、二四年一月京城覆審法院判事を歴職した。次いで大邱地方法院、公州地方法院、元山支庁、忠州支庁の各判事を務めた後、三五年六月満州国に転出して吉林高等法院推事となり、吉林高等法院に勤務した。三六年七月吉林地方法院審判官を兼任した後、同年一一月検察官に転任して延吉地方検察庁次長となり、延吉区検察庁検察官を兼務した。

沢　介治　▷11

満鉄地質調査所員／大連市大山通大山寮／一九〇一（明三四）八／兵庫県神戸市／東京帝大理学部地質学科

兵庫県沢国次郎の次男に生まれ、一九二六年東京帝大理学部地質学科を卒業した。翌年三月に渡満し、満鉄地質調査所に勤務した。

沢田　鍬治　▷12

満州電信電話㈱奉天管理局長／奉天馬路湾放送局構内／一八九四（明二七）一／愛知県西加茂郡石野村

愛知県沢田栄三郎の六男に生まれ、一九一八年逓信官吏練習所を修了して各地に勤務した。その後二一年文官高等試験に合格し、二二年南洋庁警視兼事務官として東南アジアに赴任した。次いで三二年八月関東庁逓信副事務官となって渡満し、三三年九月満州電信電話㈱の創立に際し同社入りして用度課長となった。三四年参事に累進し、奉天管理処長兼経理部員を経て奉天管理局長に就いた。

沢田　賢太　▷10

沢田組主、大連商業会議所常議員／大連市越後町／一八六八（明一）一／兵庫県津名郡室津村

淡路島の酒造業沢田仙右衛門の長男に生まれ、家業に従事するかたわら村会議員となり、二二歳で村長、次いで郡会議員、郡参事会員に選出された。その後一切の公職を退き、沢田組を興して土木建築請負業を始めたが、失敗して父祖伝来の家業を手放した。一九〇四年日露戦争に際し大倉組に入って朝鮮に渡り、軍属として建築班の作業に従事し、同年九月兵站部に従って安東県から大連に赴いたが、翌月大倉組を辞めて郷里に帰った。〇五年夏、大量の雑貨を仕入れ、数名の店員を従えて再び渡満し、大連の西通に店舗を新築して陸海軍用達商を開業した。経営が軌道に乗ると海産物の納入も始め、軍隊引揚後は北海産の塩鱒その他の海産物輸入を主として麻袋、滑石、雑穀、麩、種苗も扱った。大連三大海産物商に挙げられ、信濃町市場組合長、大連商業会議所常議員を務めた。

沢田　茂　▷11
陸軍砲兵中佐、正六位勲四等功五級／ハルビン南崗街／一八八七（明二〇）三／高知県土佐郡鴨田村／陸軍大学校

高知県農業沢田栄之助の三男に生まれ、陸軍士官学校を卒業して一九〇六年六月砲兵少尉となった。次いで一四年に陸軍大学校を卒業し、以後累進して中佐に進級し、二八年一二月関東軍司令部付となって渡満した。⇒その後、近衛師団参謀長、参謀本部付、第四師団長、第一三軍司令官等を歴任して中将に進み、四二年一一月予備役編入となった。

沢田治三郎　▷9
沢田商行主／大連市吉野町／一八八六（明一九）七／大阪府堺市南半町

一九〇九年大塚㈴に入り、一一年三月台北支店に転勤した後、一五年一一月大連支店長に転任して渡満した。二一年八月同支店が廃止となり、業務の譲渡を受け銘酒「金露」満州発売元として沢田商行を経営した。

沢田　捨三　▷11
耳鼻咽喉科医師／大連市西通／一八八九（明二二）二／東京府豊多摩郡淀橋町／南満医学堂

東京府沢田正秀の三男に生まれ、一九一五年南満医学堂を卒業して医学堂付属奉天医院耳鼻咽喉科教室に入った。同年一一月満鉄に入って大連医院耳鼻咽喉科に勤務し、二四年一一月に退社した。大連市信濃町に耳鼻咽喉科医院を開設し、二八年一二月同市西通に移転した。

沢田　千熊　▷3
関東都督府通信書記、開原郵便局長、従七位勲七等／奉天省開原郵便局官舎／一八七六（明九）一一／福井県福井市毛矢町

一八九六年二月、高岡電信局に入り郵便電信書記となった。以来福井、名古屋郵便電信局に勤めたが、一九〇四年七月第三軍司令部通信所長として日露戦争に従軍した。翌年一月から旅順要塞整理委員を務め、〇六年四月勲七等青色桐葉章を受けた。同年九月関東都督府通信書記となり、一三年二月開原郵便局長となった。この間の一二年二月、清国皇帝から四等双竜宝星を授与された。

沢田　壮吉　▷11
満鉄公主嶺農業学校教諭、従六位勲六等／吉林省公主嶺楠町／一八九一（明二四）一／大阪府大阪市東区小橋元町／盛岡高等農林学校

大阪府官吏沢田専吉の長男に生まれ、一九一二年盛岡高等農林学校を卒業した。同年一一月陸軍に入って三等獣医となり、各地に勤務して二三年三月一等獣医に進んだ。同年予備役編入となり、渡満して奉天の東亜勧業㈱に入り、二四年一二月鉄嶺出張所主任に就いた。二五年六月に退社し、翌年三月満鉄に入り公主嶺農業学校教諭となった。畜産開発に努めるかたわら満州青年連盟理事も務めた。

沢田　貞一　▷12
龍江省公署警務庁警務科長、従六位／龍江省チチハル省公署警務庁／一九〇五（明三八）五／東京府東京市大森区池上本町／東京帝大法学部政治科

一九三一年三月東京帝大法学部政治科を卒業し、引き続き大学院で民法を専攻した。その後三二年四月に渡満して奉天省遼陽県公署自治指導部員となり、同年一〇月黒龍江省呼蘭県参事官、次いで三三年九月同省克山県参事官となった。その後三五年一二月龍江省公署事務官に転任して警務庁に勤務し、三六年四月同署理事官となり警務庁長に就いた。

沢田　定一　▷12
大連汽船㈱機関長、正八位／大連市桃源台／一八九八（明三一）一一／三重県河芸郡河曲村／鳥羽商船学校

三重県沢田新兵衛の次男に生まれ、鳥羽商船学校を卒業した後、一九二一年四月日本郵船会社に入り各船の機関士を務めた。二八年七月に退社し、翌年二月大連汽船㈱に転じて一等機関士として同社船に乗務し、三六年一月機関長となった。

沢田　春喜　▷11
大連沙河口公学堂教諭、正八位／大連市沙河口大正通／一九〇二（明三五）三／熊本県上益城郡滝尾村／熊本県第二師範学校二部、旅順師範学堂研究科

熊本県農業沢田作之助の四男に生まれ、一九一三年九月郷里の上益城郡大島尋常高等小学校准訓導心得となった。同郡金内尋常小学校准訓導、島木尋常小学校准訓導、御船尋常高等小学校訓導を務めた後、熊本県第二師範学校二部に入り二二年に卒業した。同年一年志願兵として熊本の歩兵第一三連隊に入営し、除隊して歩兵少尉となった。その後、渡満して旅順師範学堂研究科に入り、二七年三月に卒業して大連沙河口公学堂教諭となった。

沢田保嘉次郎 ▷9

辰村洋行主／大連市吉野町／一八七四（明七）一〇／石川県金沢市蛤坂町

郷里で兄の経営する建築請負業を手伝った後、一九〇五年四月日露戦中に渡満して大連で建築請負業を始め、材木商を兼営した。かたわら貸家業を経営し、低廉な家賃で好評を博して事業を拡張した。夫人との間に長女静枝、次女嘉枝の二女あり、ともに日本女子大学を卒業した。

沢田　幸雄 ▷12

国務院総務庁事務官／新京特別市永昌胡同代用官舎／一八八八（明二一）／東京府東京市赤坂区

一九一二年大蔵属となり、後に関東庁中学校書記に転じて渡満した。次いで三二年国務院総務庁事務官に転じ、立法院秘書庁事務官を兼任した後、三七年三月国都建設記念式典準備委員会接伴部幹事を務めた。

沢畠　貞之介 ▷11

満鉄鳳凰城煙草試作場主任／鳳凰城満鉄付属地／一八九三（明二六）七／茨城県那珂郡玉川村／乙種農業学校

茨城県農業沢畠徳太郎の次男に生まれ、一九一〇年乙種農業学校を卒業した。日本・朝鮮・満州各地の煙草耕作法を研究した後、一三年二月水戸専売支局煙草技術員養成所に入り、同年五月に修了して朝鮮総督府司税局忠州出張所員となった。一五年に総督府専売課と改称された後、同年一二月に技術員となった。一八年三月満鉄の招聘により得利寺煙草試作場主任として赴任し、二五年に同試作場が閉鎖されると鳳凰城煙草試作場に転任して主任となった。かたわら二六年から奉天省鳳城県公署農事顧問として日本人・朝鮮人による煙草耕作用地の商租問題に取り組み、奉天省鳳城県公署農事名誉顧問を務めた。

沢　　浩 ▷12

満鉄鉄嶺図書館長／奉天省鉄嶺満鉄図書館長社宅／一八九七（明三〇）三／山口県山口市上宇野令／県立山口中学校

山口県沢岩雄の長男に生まれ、一九一七年三月県立山口中学校を卒業した後、一九年九月満鉄に入社して大連図書館に勤務した。二三年四月から一年間社命で東京の図書館講習所で修学し、帰社して長春図書館長となった。二六年奉天省四平街図書館長に転任した後、三三年鉄嶺図書館長となった。汀蒲と号して「鉄嶺しろがね俳句会」を主宰したほか「鉄嶺音楽会」も主宰し、さらに水彩画、写真と多趣味で知られた。

沢辺安太郎 ▷12

満鉄錦県鉄路局経理処用度科員／錦州省錦県鉄路局／一八八四（明一七）二／富山県上新川郡東岩瀬村

日露戦争直後の一九〇五年九月に渡満して野戦鉄道提理部に入り、馬頭軽便鉄道監部付となり新民屯機関庫に勤務した。〇七年四月の満鉄開業とともに同社入りし、鶏冠山機関庫に勤務した後、安東機関庫勤務、橋頭機関区庶務助役等を歴職し、三六年九月錦県鉄路局に転任して経理処用度科に勤務した。

沢山政太郎 ▷12

国務院軍政部第二教導隊教育部付歩兵上校／吉林東大営第二教導隊／一八八七（明二〇）三／福岡県筑紫郡那珂村／陸軍士官学校

福岡県沢山勝太郎の次男に生まれ、一九一〇年五月陸軍士官学校を卒業した。以来各地に勤務し、一九三二年八月歩兵中佐に累進して予備役編入となり、三四年四月国務院軍政部第二軍管区司令部付となって渡満した。次いで琿春国境監視隊長、第二軍管区司令部付を経て三六年七月第二教導隊教育部付となった。

「佐原」は「さはら」も見よ

佐原　憲次 ▷12

満鉄鉄道総局営業局長、輸送委員

会委員、経済調査委員会委員兼遼東ホテル㈱取締役／奉天浪速通／一八八九（明二二）一一／東京府東京市渋谷区代々木山谷町／東京帝大法科大学

兵庫県佐藤成教の次男として神戸市に生まれ、母方の佐原家を相続した。一九一四年東京帝大法科大学に在学中に文官高等試験に合格し、翌年五月卒業とともに鉄道院に入った。鉄道院書記、同参事補、同副参事、鉄道事務官、鉄道局参事、鉄道書記官、運輸局配車課長、鉄道監査官、運輸局総務課長、大臣官房文書課長兼法規課長、鉄道大臣秘書官、国際観光局長等を歴任した後、三四年六月満鉄参事に転出して渡満した。ハルビン鉄路局長を務めるかたわら満州文化協会理事、ハルビン土地建物代表取締役、鉄道総局表彰委員会委員、鉄道総局設備委員会委員を兼務し、三六年九月鉄道総局営業局長に就いた。

三箇　功　▷11

満鉄庶務部調査課課員／大連市秀月台／一八九三（明二六）七／富山県氷見郡太田村／東京農業学校

一九一八年東京農業学校を卒業して日本製麻㈱に入社したが、翌年一月に退社した。同年九月に渡満して満鉄に入り、本社勧業課、農務課勤務を経て二四年調査課に転じた。以来同課に勤続して中国各地、蒙古地方を視察旅行し、『大豆の栽培』『阿片の話』その他の著書を著した。夫人八重子は京都府立第一高女国漢文専攻科を出て広島県竹原高女教諭を務め、渡満後は満鉄図書館館員となり、その後大連の羽衣女学院講師を務めた。

三藤　順記　▷12

㈱満州弘報協会牡丹江支局長／牡丹江満州弘報協会支局／一九〇三（明三六）九／熊本県上益城郡秋津村

一九二八年日本電報通信社に入り、大連支店に勤務した。次いで三二年一二月満州国通信社の創立とともに同社入りし、大連支社勤務を経て三三年一一月チチハル支局長、三五年五月ハルビン支社長を歴任した。その後三六年九月満州弘報協会の設立にともない同社ハルビン支社長となり、三七年二月牡丹江支局開設と同時に同支局長に就いた。

山東　実　▷13

大日本麦酒㈱満州出張所長／一八九〇（明二三）／和歌山県／東亞同文書院

一九一一年、上海の東亞同文書院を卒業して古河商事に入った。欧州大戦時に大連出張所が豆粕投機取引に失敗して二二年に同社解散となり、大日本麦酒㈱に転じた。本社輸出課に勤務した後、三六年に満州出張所長となって渡満し、機構拡充と販路拡大により満州でのビール消費量の過半を供給した。

三宮　春吉　▷12

満鉄奉天鉄道事務所車務課配車係主任、社員会奉天第一連合会調査部長、勲八等／奉天葵町／一八九三（明二六）一二／神奈川県中郡国府村／岩倉鉄道学校業務科

神奈川県三宮治兵衛の七男に生まれ、一九一三年岩倉鉄道学校業務科を卒業し、一四年二月鉄道院に入り新宿駅車掌心得となった。同年一一月品川駅車掌に昇格し、一六年四月東京駅改札掛、一七年一月同駅車掌を歴職した。一九年二月満鉄に転出して大連駅車掌見習となり、二〇年四月大連列車区、二一年一月同瓦房店在勤を経て同年八月金州駅助役となった。次いで二二年一二月大連列車区助役、二七年二月鉄道部貨物課、三一年八月同部営業課、三三年五月奉天事務所鉄道課、同年一二月奉天鉄道事務所に歴勤し、三五年四月同所営業課配車係主任を経て三六年九月同所車務課配車係主任となった。この間、満州事変時の功により勲八等及び従軍記章並びに建国功労賞を受けた。

三溝　又三　▷12

日満商事㈱常務取締役兼大連支店代表者、南満瓦斯㈱取締役、日本精蠟取締役／大連市花園町／一八九一（明二四）四／岐阜県海津郡今尾町／東京帝大法科大学法律学科

一九一七年七月東京帝大法科大学法律学科を卒業して神戸市の㈴鈴木商店に入った。翌年退社して渋沢貿易㈴に転じ、シアトル出張所に赴任して鉄材輸出入係を務めたが、同年会社解散となって帰国した。次いで二〇年一月満鉄に入社して興業部販売課に勤務し、三〇年六月販売部銑鉄課長を経て同年九月参事となった。三一年八月商事部銑

鉄課長、三四年一月兼任雑品係主任、三五年七月商事部販売第二課長、三六年六月商事部長兼庶務課長を歴任し、同年一〇月商事部の業務を継承して日満商事が創立されると同派常務取締役に就いて大連支店代表者を兼務した。雑誌「平原」の同人として和歌と俳句を趣味とした。

さ

し

椎名悦三郎 ▷12

国務院産業部鉄工司長兼大同学院教授、満州特産中央会監事、満州製油工場振興委員会委員／新京特別市錦町／一八九八（明三一）一／岩手県胆沢郡水沢町／東京帝大法学部独法科

岩手県後藤広の三男に生まれ、後に満鉄初代総裁となった伯父後藤新平の実姉の嫁ぎ先椎名家の養子となった。一九一九年東京帝大に入学し、在学中の二二年文官高等試験行政科に合格した。二三年三月同大学法学部独法科を卒業して農商務属となり、次いで商工属・都市計画愛知地方委員会幹事、商工事務官、臨時産業合理局事務官兼任商工書記官を歴任した。その後三三年一〇月国務院実業部事務官に転出して渡満し、総務司計画科長兼文書科長、商標手続代理人銓衡委員会委員、実業部法令審査委員会委員、林場権審査委員会委員等を歴任した。三四年七月実業部理事官に進んで大臣訪日随行出張に際し総務司長代理を務めた後、総務司統制科長、炭業統制委員会幹事、満州鉱業開発会社設立準備委員、満州火薬販売㈱設立準備委員、満州特産中央会設立委員、満州鉱業開発委員会幹事、満州塩業㈱設立委員等を歴任した。三六年臨時産業調査局理事官となり、調査部長、同部第二科長事務取扱、大同学院教授を兼任し、総務司文書科長、農業政策調査委員会委員、満州生命保険㈱設立準備委員、満州国自動車工業確立研究委員会幹事等を兼任し、三七年七月行政機構改革により実業部を改組して産業部が創設されると商工省先輩の岸信介産業部次長の下で鉄工司長に就き、満州産業開発五ヶ年計画を推進した。⇒三九年一〇月商工省に復帰して岸商工相の下で次官となり、次いで四五年軍需省総動員局長となって国家総動員法・国民徴用令により朝鮮人の強制徴用等の労務動員計画を進めた。日本の敗戦後に公職追放となったが、解除後五五年二月民主党に属して郷里の岩手県から衆院議員に当選し、五九年六月第二次岸内閣の官房長官となった。次いで六〇年に自民党政調会長として安保条約改定強行の裏方を務めた後、第二次池田内閣の通産相、六四年第三次池田内閣及び第一次佐藤内閣の外相を歴任し、六五年二月日韓外相会談で日韓正常化交渉に当たった。その後六六年自民党総務会長、六七年一一月第二次佐藤内閣の通産相、七二年自民党副総裁を歴任し、七六年一二月に政界を引退した。七九年九月没。著書に『童話と政治』がある。

椎名政次郎 ▷12

大華公司主／ハルビン馬家溝文昌街／一八八六（明一九）／大阪府大阪市住吉区阪南町

一九一三年鐘ヶ淵紡績㈱に入り、用度係として三〇年まで勤務した。三一年から大阪で一年ほど化学工業を研究した後、三二年に渡満してハルビンに在住した。三四年三月馬家溝文昌街に資本金二〇万円で大華公司を設立し、日本人、中国人各八人を使用してチェリーサイダー、シトロン、炭酸飲料、乳酸飲料、エステル、シロップ、葡萄酒等を製造した。

椎名　義雄 ▷13

満蒙毛織㈱社長、奉天商工会議所議員、満州工業会理事、日満緬羊協会評議員／奉天皇姑屯満蒙毛織社宅／一八九四（明二七）一／群馬県佐波郡剛志村／東京高等工業学校染色科

群馬県椎名勤次郎の四男に生まれ、桐生工業専門学校染色科を経て一九一五年東京高等工業学校染色科を卒業し、後藤毛織㈱に入社した。一七年に三社が合併して東京毛織㈱となると同社大井工場仕上科長となり、二四年工務長を経て二七年に大阪モスリン紡織合併して合同毛織㈱が創立されると大阪本社工務部技師となった。その後三〇年に辞職して新興毛織㈱の創立に際し、顧問技師として事業に参与した後、同年五月に渡満して奉天の満蒙毛織㈱技術顧問となり、同年六月常務取締役に就いた。三二年に姉妹会社の満蒙毛織百貨店を創立して常務取締役となり、三四年満蒙毛織㈱専務取締役及び満蒙百貨店㈱取締役会長を経て四一年満蒙毛織㈱社長に就任した。⇒盧溝橋事件後、上海に東亞繊維工業㈱を設立するなど積極的な華北進出を図ったが、四五年八月の敗戦で奉天工場がソ連軍に接収される際、ソ連軍と暴徒との銃撃戦に巻き込まれて死亡した。

椎野鋳太郎 ▷11

満州医科大学教授、医学博士／奉天琴平町／一八七九（明一二）一二／愛知県名古屋市千種町／東京帝大医科大学

愛知県椎野政吉の長男に生まれ、一九〇七年一二月東京帝大医科大学を卒業し、翌年母校の助手となった。一一年六月に南満医学堂が創立されると教授に任命され、同時にドイツ、オーストリアに留学した。一三年一一月に帰任し、一五年に医学博士号を取得した。二五年欧米視察に出張し、帰任して二六年七月満州医科大学教授となった。

椎野 末雄 ▷12

満鉄監査役付監察員／大連市東公園町満鉄本社／一八八七（明二〇）一〇／福岡県築上郡八津田村／福岡県立豊津中学校

福岡県椎野有節の五男に生まれ、一九〇九年県立豊津中学校を卒業した後、一二年一月鉄道院に入った。その後一七年二月に依願免官して満鉄に転じ、総務部、技術局、奉天保線係、技術部庶務課、鉱滓製品利用委員会幹事、鞍山工事事務所、奉天鉄道事務所鞍山在勤、鞍山地方事務所、地方部庶務課、社長室業務課に歴勤した。次いで監察役補、総務部検査課長、監理部考査課工事班副査、審査役付審査員を歴任して三六年九月副参事となり、同年一〇月監査役付監察員となった。この間、三二年四月勤続一五年の表彰を受けた。

椎葉 糺民 ▷12

錦州省北鎮県参事官、従六位／錦州省北鎮県参事官公館／一八九八（明三一）七／長崎県北松浦郡紐差村／東京帝大法学部独法科

一九二五年三月東京帝大法学部独法科を卒業して京城の私立培材高等普通学校講師となり、次いで同年九月財団法人法政学校講師、二八年四月朝鮮総督府鉄道従事員要請所教諭を歴職した。三〇年五月に依願免本官して帰国し、同年三月財団法人東京基督教青年会主事を務めたが、三四年一二月に依願退職し、満州国駐剳特命全権大使秘書官となって渡満した。その後三五年五月に依願免官して国務院総務庁秘書官に転じ、三六年五月総務庁事務官・秘書処勤務、民政部事務官・総務司文書科勤務を経て同年八月錦州省北鎮県参事官に転任した。

塩入 利助 ▷12

大連取引所信託㈱簿記係主任／大連市浅間町／一八九〇（明二三）一一／鹿児島県日置郡伊集院町／鹿児島商業学校

鹿児島商業学校を卒業した後、一九一一年五月朝鮮農工銀行に入った。二〇年大連取引所信託㈱に転じて渡満し、以来勤続して簿記係主任を務めた。

塩川 満彦 ▷12

満鉄ハルビン検車段庶務助役／ハルビン阿什河街第二満鉄社宅／一八九五（明二八）一二／鹿児島県姶良郡東襲山村

鹿児島県塩川助市の次男に生まれ、一九一七年三月満鉄に入り大石橋に勤務した。二五年四月遼陽機関区、二六年九月奉天機関区、二九年一〇月安東検車区勤務を経て三三年一一月安東検車区庶務助役となり、三五年六月ハルビン検車段庶務助役に転任した。この間、満州事変時の功により木杯及び従軍記章を授与された。

塩川 峯吉 ▷1

塩川商会主／奉天省営口／一八七五（明八）一一／福岡県若松市

老舗の商家に生まれ、一八八三年父と従兄の共同出資した塩川商店に入り、炭山への用材供給と石炭販売に従事した。一九〇四年日露戦争に際し自社所有の汽船で木材を営口に送って多大の利益を生んだため、翌年三月店員を率いて営口に渡り塩川商会を設けた。既設の仁川支店の他、新たに遼陽と大連に支店を設けて木材販売業を経営した。

塩川 泰雄 ▷11

満鉄鉄道部運転課員／大連市伏見町／一八九六（明二九）七／長野県北佐久郡南大井村／旅順工科学堂

長野県農業塩川吉蔵の三男に生まれ、同県塩川泰山の養子となった。一七年に渡満して旅順工科学堂に入り、二一年に卒業して満鉄鉄道部運転課に勤務した。沙河口工場員、奉天機関区現場実習、奉天鉄道事務所運転係、鉄嶺機関区技術主任兼運転主任、大連鉄道事務所運転係を経て二七年二月再び鉄道部運転課勤務となった。実兄の清水賢雄も満鉄鉄道部に勤務し、工務課長を務めた。

塩川隆太郎 ▷3

満鉄鉄嶺保線係主任／奉天省鉄嶺満鉄社宅／一八七〇（明三）一〇／徳島県徳島市下助任町

一八八九年三月、九州鉄道会社に入り小倉—黒崎間の鉄道建設工事に従事した。その後、門司—赤間間及びに赤間—二日市間の線路修繕工事に従事し、九三年一一月から小倉—行橋間線路測量・工事監督、早岐佐世保間線路工事監督を務めた。九七年四月本社工務課勤務となったが、一九〇〇年六月北越鉄道会社に転じて各地の線路改良工事や保線工事にあたった。日露戦争に際して臨時軍用鉄道監部付となり、〇五年七月に渡満して下馬塘—奉天間軽便鉄道敷設工事に従事した。〇七年四月満鉄創業とともに入社して大連建設事務所に勤務し、翌年一一月瓦房店保線係を経て一二年五月鉄嶺保線係主任に就いた。

潮崎喜八郎 ▷3

日本綿花㈱大連出張所主任／大連市山県通／一八八四（明一七）一／兵庫県津名郡郡家村／大阪府立高等商業学校

一九〇四年、大阪府立高等商業学校を卒業した。日本綿花㈱に入り、以来勤続して一三年五月大連出張所主任となって渡満した。

塩沢角兵衛 ▷11

金州金融組合理事／金州会新金州伏見町／一八八八（明二一）一二／栃木県下都賀郡国分寺村／東洋協会専門学校

栃木県の醤油醸造業塩沢角之亟の三男に生まれ、一九〇七年栃木県立中学校を卒業した。上京して東洋協会専門学校に入り、一〇年に卒業して同年七月総督府澎湖庁雇員となって台湾に渡り、庶務課に勤務した。翌年属に進んで引き続き庶務課に勤務した後、統計主務兼総督府法院書記となった。一四年一一月台湾総督府雇に転じて官房統計課、官房臨時戸口調査部兼統計課員を経て翌年七月新竹庁雇員となり、一六年三月同庁属に進んで統計主務を務めた。一八年八月に依願免官し、同年一〇月神戸の大正運輸㈱事務員、翌年三月朝鮮全南筏橋金融組合理事、二二年一一月全南麗川金融組合理事を経て二四年四月に渡満し、金州金融組合を設立して理事に就いた。

塩尻弥太郎 ▷12

㈾吉備商会代表社員、奉天商工会議所議員、奉天輸入組合監事、奉天金融組合評議員、奉天商店協会評議員、奉天岡山県人会長、奉天化粧品和洋雑貨商組合副組合長、鞍山競馬倶楽部副理事長、南満競馬倶楽部常務理事、従七位勲六等／奉天青葉町／一八七一（明四）二／岡山県吉備郡箭田村／東京法学院法律科

岡山県塩尻伊三次の長男に生まれ、一八九八年東京法学院法律科を卒業した後、高等文官試験に合格した。一九〇〇年一一月農商務省鉱山局監督官補となり、臨時糖務局属として台湾に赴任した。〇六年から一年間厦門に滞在して業務視察を行い、その後総督府警部となって恒春支庁長を務めた。その後一六年一〇月に退官して台北で信託㈾を組織し代表社員となったが、同年一一月に渡満して奉天の南満州製糖㈱に入社した。一九年三月に退社して、同年八月宝玉商事㈱を創立して代表取締役に就き、かたわら合資組織の商事会社を興したが、間もなく両社を解散して新たに個人経営の吉備商会を設立して食料品雑貨商と運送・倉庫業を営み、二二年五月合資組織に改めた。経営のかたわら商工会議所、輸入組合、金融組合、商店協会、県人会、化粧品和洋雑貨商組合、競馬倶楽部等多くの公職に就いた。

塩田　官吉 ▷8

天狗店主／奉天／一八九一（明二四）三／兵庫県

一九一四年一月に渡満し、奉天柳町で飲食店を営んだ。

塩田　重継 ▷12

塩田洋行主、鉄嶺金融組合評議員／奉天省鉄嶺松島町／一八九六（明二九）二／京都府与謝郡宮津町

京都府塩田重雄の子に生まれ、日露戦争後に一家で渡満した。学業を終えた後、一九〇六年九月以来父重雄が経営する和洋雑貨卸小売と株式業に従事した。二四年に父が他界すると経営を引継ぎ、株式業を廃して雑貨商専業とし、鉄嶺城内に卸部を設置した。

塩田　伝吉 ▷1

塩田洋行主／旅順市乃木町／一八七〇（明三）四／山口県赤間関市岬之町

長く赤間関市神崎町の上村商店に勤め、一九〇六年五月店主の上村宇吉と共に旅順に渡航して商況視察をした。いったん帰国して数日後に再び旅順に渡り、店主の後援で乃木町に塩田洋行を開業した。上村本店と連携して和洋船具販売と朝鮮産縄・筵・叺・笘の卸売り、内外米穀・肥料販売のほか、能代挽材㈱・秋田製材㈾・能代材木㈾の代理店として材木商を兼営し、さらにペイント、機械油、マニラロープ、帆布類、古鉄なども扱った。

塩原　照雄 ▷12

昭和製鋼所㈱銑鉄部副産物工場窯業係主任／奉天省鞍山北七条町／一九〇〇（明三三）八／埼玉県児玉郡旭村／岩倉鉄道学校本科工業化学科

埼玉県塩原浜吉の次男に生まれ、一九一八年一一月東京市蒲田区の中村化学研究所に就職した。勤務のかたわら一九年三月岩倉鉄道学校本科工業化学科を卒業し、同年五月満鉄に入社して鞍山製鉄所製造課勤務八幡在勤となった。二〇年三月免八幡在勤となり、渡満して鞍山製鉄所に勤続し、三〇年六月製鉄部製造課、同年八月同部化学工場、三一年八月鞍山製鉄所化学工場に歴勤した。その後、鞍山製鉄所の事業が昭和製鋼所㈱に引き継がれると同社員となり、三六年四月銑鉄部副産物工場窯業係主任となった。この間、満州事変時の功により賜品及び従軍記章を授与され、三四年六月満鉄勤続一五年の表彰を受けた。

潮海　辰亥 ▷12

関東局警務部警務課勤務兼警察練習所主事、警部警部補特別任用考試委員、巡査及消防手懲戒委員会予備委員、警察共済組合審査会委員、観光委員会幹事、従七位／新京特別市崇智胡同／一九〇四（明三七）一／兵庫県赤穂郡有年村／京都帝大法学部

竜野中学校、第三高等学校を経て京都帝大法学部に進み、在学中に文官高等試験行政科に合格した。一九三〇年三月に卒業し、三一年二月幹部候補生として姫路の野砲兵第一〇連隊に入営し、同年一一月に除隊した。三二年六月関東庁属となって渡満し、長官官房審議室に勤務した後、三五年六月関東局理事官・官房審議室勤務、同官房文書課兼務を経て三六年六月関東局事務官に昇格し、警務部警務課に勤務して警察練習所主事を兼務した。

塩見　寅一 ▷12

裕豊泰経営主、塩見洋行主／ハルビン道裡工廠街／一八九〇（明二三）一〇／山口県山口市上宇野令／山口高等商業学校

山口県塩見久米蔵の次男に生まれ、一九一四年山口高等商業学校を卒業して朝鮮総督府鉄道局に勤務した。一七年東厚昌鉱業会社に転じ、次いで二〇年東印度貿易会社に転じた後、二三年にハルビンに転住して同年一二月裕豊泰を興した。裕豊泰の商号で巻煙草の製造販売業と巻煙草原料、ゴム靴、駆虫剤その他雑貨類の販売業を営み、さらに塩見洋行の商号で大阪の中和公司より食料品雑貨を仕入れ、老巴奪煙公司、満鉄鉄路局、ハルビン市公署等に納入し、五常県五常に支店を設けて日中両国人九人を使用した。

塩見　寅吉 ▷12

ハルビン工務段保線助役、ハルビン静岡県人会幹事、勲八等／ハルビン建築街／一八八九（明二二）六／静岡県駿東郡片浜村

静岡県長谷川茂三郎の次男に生まれ、塩見家の養子となった。一九一〇年三月鉄道院に入り、沼津保線区に勤務した。一四年八月に渡満して満鉄遼陽保線区に勤務し、以来二〇年同地に勤務した。三三年八月技術員に昇任し、三五年六月ハルビン工務段保線助役に就いた。この間、満州事変時の功により勲八等従軍記章及び建国功労賞を授与されたほか、青島戦争の際に七カ国同盟赤十字記章を受け、遼陽在勤中は同地の静岡県人会幹事を務めた。

塩見　峰治 ▷12

親和鉱業(股)専務取締役、琿春鉄路(股)専務取締役、東海産業(股)取締役、琿春炭砿(股)監査役、親和企業㈱監査役／朝鮮咸鏡北道雄基／一八八一（明一四）／岡山県

一九一八年朝鮮に渡り、後に咸鏡北道雄基に移住した。以来同地を根拠として鉱業を営み、逐年業果を収めて諸種の事業を興し、経営のかたわら雄基都市計画委員長、雄基商工会長、同更正準備委員長等を務めた。その後三六年に一切の公職を辞し、東満州の開拓事業に専念した。

塩谷孝治郎 ▷12

満鉄鞍山図書館長、社員会鞍山連

合会宣伝部長兼通報部長／奉天省鞍山南十条町／一八九三（明二六）四／東京府東京市本所区向島／大原簿記学校

東京府塩谷伝八の六男に生まれ、一九一三年六月東京本所図書館員となり、かたわら一五年に大原簿記学校を卒業して東京市役所日比谷図書館員、月島図書館主任に歴勤した。次いで一九年二月満鉄に転じて渡満し、大連図書館員、沙河口図書館主事兼任、大連図書館主事、同館長兼近江町図書館長、撫順図書館長を歴任した後、職制改正により主事となり、安東図書館、鞍山図書館の各主事を務めた。その後三三年四月の職制改正で再び館長となり、鞍山図書館長となった。

塩谷　末吉　▷12

関東州庁長官官房庶務課長、大連都市計画委員会委員、従六位／大連市関東州庁／一九〇四（明三七）四／秋田県秋田市中亀ノ町／東京帝大法学部政治学科

小田島伝五郎の子として秋田県鹿角郡小坂鉱山に生まれ、後に同県塩谷安の養子となった。山梨県立甲府中学校、第一高等学校を経て一九二九年三月東京帝大法学部政治学科を卒業し、同年一〇月拓務属として拓務省第三課に勤務した。三〇年文官高等試験行政科に合格し、三一年英領マレー半島及び蘭領東インドに出張して同年六月に帰国した。三二年九月関東庁理事官に転出して渡満し、内務局地方課に勤務した。次いで海務局理事官・庶務課長、関東局警視・大連小崗子警察署長を経て奉天警察署長となり、外務省警視・奉天総領事館警察署長及び関東局事務官・警務部勤務を兼務した後、三七年三月関東州庁長官官房庶務課長となった。

塩谷　利済　▷11

満鉄参事、社長室業務課長次席、勲七等／大連市榊町／一八七九（明一二）五／新潟県高田市下寺町／私立鉄道学校

新潟県塩谷利情の長男に生まれ、一九〇〇年私立の鉄道学校を卒業した。〇七年三月に渡満して満鉄創業時に入社した。運輸課審査係主任、吉長鉄道営業課長、満鉄運輸部貨物係主任、ハルビン事務所運輸課長、監察員等を経て満鉄参事となり、社長室業務課長次席を務めた。

塩谷　友輔　▷1

中村文治商店大連出張所主任／大連市／一八七五（明八）五／東京府東京市深川区東森下町

下谷区御徒町に生まれ、後に深川区に移籍した。銀座三丁目の直輸入業中村商店に入り、石油坑鑿井機械、鋼管類、汽罐類、諸機械、銅鉄、亜鉛板、ガス管、継手バルブ・コック類、ロープ類、石油鉱油の輸入販売に従事した。一九〇五年四月大連出張所の開設に際し主任となって渡満し、浪花町に店舗を設けて建築材料、鉄材を販売した。さらに新潟県長岡市の宝田石油㈱の代理店として鉱油を販売し、〇六年六月以降はスタンダード石油芝罘支店と特約して石油も販売した。

潮谷孫三郎　▷4

松茂洋行出張所主任／吉林省双城堡／一八八五（明一八）／熊本県葦北郡日奈久町

小学校を卒業して書籍店に入り、七年勤めて二〇歳の時に同店を辞し、徴兵検査終了後の一九〇五年に渡満した。瓦房店の古畑氏の下で福州産食塩の販売に従事したが、福州からの輸送が途絶して事業中断となった。しばらく大連に滞在した後、古畑氏の実弟で運送業を営む蒙家屯の土橋大次郎の下で働いた。満鉄の営業権が長春まで延び、土橋が松茂洋行北方監督に就任すると同行して長春松茂洋行に勤務したが、事業が満鉄直営に移ったため解散となり、いったん帰国した。その後、土橋が大同運輸公司を創業して満鉄の積込業を請け負うと招かれて再び渡満したが、まもなくこれも満鉄直営となり、松茂洋行の名で石炭販売・雑穀取扱業を開業した。鉄工廠、醸造業の石炭への燃料転換の進展とともに事業を拡張し、一四年に東支鉄道沿線に双城堡支店が設置されると主任に就き、かたわら同地の居留民会長を務めた。

志垣　徳海　▷12

貔子窩旅館主／関東州貔子窩東街／一八八四（明一七）九／熊本県飽託郡松尾村／仏教中学東亜教校、熊本簿記学校

志垣土佐守の末裔で菩提寺常楽寺の住職を務める志垣大暢の六男に生まれ、仏教中学東亜教校、熊本簿記学校を卒業して僧侶となり、一九一〇年から郷里の松尾村役場に勤めた。次いで二〇

年四月に渡満して創立直後の大連郊外土地㈱に勤務し、業務のかたわら二七年から旅館業を経営した。その後三三年に退社し、煉瓦造平屋客室一二の同旅館の経営に専念した。養子慎吾は中学校を卒業して貔子窩民政署に勤務し、姪の綾子は貔子窩市場㈱社長で貔子窩居留民会長を務める緒方三太郎に嫁した。

志賀　庄七　▷11

関東庁大連民政署官有財産係主任／大連市児玉町／一八八五（明一八）六／佐賀県西松浦郡伊万里町／正則英語学校

佐賀県の旅館業志賀清吉の長男に生まれ、一九〇〇年に上京して正則英語学校に学んだ。〇七年二月に渡満して大連民政署税務係となり、〇九年山口県で行われた普通文官試験に合格した。民政署に勤続して二〇年に徴税係主任となり、二六年一月官有財産係主任に就いた。川柳を好み、蚕十と号した。

四方　辰治　▷12

満鉄鉄道総局旅館課員／奉天稲葉町／一八九二（明二五）七／東京府東京市四谷区須賀町

東京府四方繁吉の長男に生まれ、一九〇三年四月から陸軍官衙に勤め、〇五年六月関東州民政署が編成される際に渡満して同署員となった。次いで〇七年七月満鉄に転じて開業早々の大連ヤマトホテルに勤務し、かたわら〇九年に満鉄育成学校を修了した。二〇年五月大連星ヶ浦ヤマトホテルに転勤した後、二一年二月旅順ヤマトホテル支配人、二四年八月食堂車事務所支配人、二六年七月星ヶ浦ヤマトホテル支配人を歴任し、二八年一月旅館業が満鉄から分離独立して南満州旅館会社が設立されると奉天ヤマトホテル支配人に就いた。その後三一年四月再び満鉄経営に戻ると同年六月参事に昇格し、同年一一月鉄道部旅客課旅館係主任を経て三六年一〇月鉄道総局旅館課に転任した。この間、満州事変時の功により銀杯及び従軍記章、建国功労賞を授与された。

志方虎之助　▷4

日本同仁医院長／ハルビン埠頭区モストワヤ街／一八六四（元一）八／長崎県北松浦郡吉井村

一八八四年医術を志して高名な医家の門下生となり、八九年内務省医術開業試験に合格して開業免状を取得した。九二年に長崎県東彼杵郡志自岐村で開業したが、九五年に北海道根室に移転し、九八年再び長崎県の生地で医院を開いた。日露戦後の一九〇六年秋にウラジオストクに渡り、同年一〇月ハルビンに赴いて同仁病院を開いた。翌年同地に日本人会を組織して会長に就き、後に居留民会と改称されると副会長を務めた。〇七年から一六年まで検黴医を務めたほか、一〇年のペスト大流行の際は検疫医として東奔西走した。杏花庵主人、あるいは二十七回生と号して俳句に親しみ、画は四君子を描くことを最も得意とした。

志賀　俊夫　▷12

大連税関副税関長、従四位勲四等／大連市東公園町／一八九〇（明二三）九／福島県相馬郡大甕村／東京帝大農科大学農業化学科

福島県志賀敏の長男に生まれ、福島中学校、第二高等学校を経て一九一六年七月東京帝大農科大学農業化学科を卒業し、同年八月税関監査官補となった。一七年二月大蔵省臨時調査局技手を経て一九年一一月税関監査官となり、二三年一二月長崎税関検査課長、二九年一一月門司税関検査課長を歴任した。三〇年九月朝鮮総督府技師に転じて財務局及び殖産局に歴勤した後、三五年一二月に依願免官して満州国税関技正に転じ、大連税関鑑査科長兼郵包科長を経て三七年一月同副税関長となった。

志岐信太郎　▷11

土木建築請負業志岐組主／大連市信濃町／一八六九（明二）三／東京府東京市／工手学校土木科

東京府志岐甚三郎の長男に生まれ、一八八八年工手学校土木科を卒業した。日本土木会社、参宮鉄道会社、久米組等の技術員として各地の土木工事に従事した後、九六年一月東京に志岐組を創立して土木建築業を営んだ。業績の伸長とともに関東、関西、四国、九州、北海道、台湾、朝鮮、満州、山東に支店・出張所を設置し、後に大連に本拠を移した。本業の他に衛生肥料工場、鉱山・林業・牧畜業、対米貿易、銃砲火薬・諸機械輸入販売業を兼営し、日露戦前に鴨緑江上流域の森林伐採・販売権を獲得し、後にその権利を日本政府に移譲した。戦後一九〇六年に資本金七〇〇万円で満州興業会社を創立して専務に就いたが、間もなく解散した。志岐組のほか志岐工業会社・大連志岐肥料会社等の系列会社社長、東亜土木企業会社・満州不動産信託会社・朝鮮天然氷会社・同火薬銃砲会社等の重役を務め、関東庁命で沿岸運輸事業にも従事した。

志岐武一郎 ▷11

撫順炭砿東ヶ岡採炭所長／奉天省撫順東ヶ岡採炭所社宅／一八八九（明二二）四／福岡県糟屋郡大川町／旅順工科学堂採鉱科

福岡県商業志岐久吉の次男に生まれ、福岡県立中学伝習館を卒業した。渡満して旅順工科学堂に入り、一九一三年一二月採鉱科を卒業した。翌年二月満鉄に入って撫順炭砿楊柏堡坑坑内係となり、一八年八月万達屋坑主任、二四年一月千金寨坑主任、二五年三月大山坑主任を歴任し、二七年七月東ヶ岡採炭所長代理を経て同年一〇月所長に就いた。この間、撫順炭砿稼働華工原地生活状態及び労銀関係調査のため河北方面を巡遊した。

式村　茂 ▷11

／安東県六番通／一八六八（明一）九／東京府東京市芝区高輪南町

東京府式村吉太郎の長男に生まれ、一八九四年日清戦争の際に大倉組を代表して渡満し、翌年帰国した。一九〇四年五月、日露戦争の時に再び渡満し、以来安東県を根拠にして実業に従事した。鴨緑江製材無限公司代表、大連機械製作所取締役、満州鉱山業㈱監査役、広島電気㈱取締役、鴨緑江製紙㈱取締役、平安木材会社取締役社長、豆満江林業㈱社長、大倉鉱業㈱相談役等を歴任し、安東商業会議所議員を務めた。この間日本産業協会から表彰され、章勲局から紺綬褒章を受章したほか、二八年秋の昭和天皇即位式に銀盃を受けた。

執行　易一 ▷12

満鉄新京警務段巡査、新京地方警務統制委員会常任幹事、勲八等／新京特別市満鉄新京特別市鉄路局宅／一九〇六（明三九）九／佐賀県神埼郡三田川村

佐賀県執行順吉の三男に生まれ、一九二七年一月鶏知の重砲兵大隊に入営し、砲兵伍長勤務上等兵となって除隊した。その後渡満して関東庁巡査兼外務省巡査となり、警部補に累進して退官した。三四年八月満鉄に入り、保安兼愛路主務者として新京鉄路局敦化警務段に勤務した後、鹿道警務段東京城分所長を経て牡丹江警務段巡監となり庶務兼警備兼保安主務者を務めた。次いで吉林鉄路局警務処勤務を経て三六年一〇月新京警務段巡査となり、新京地方警務統制委員会常任幹事を兼務した。この間、満州事変時の功により勲八等及び従軍記章、建国功労賞を授与された。

重浦　卓一 ▷12

満鉄新京医院歯科医長、満州歯科医学会副会長／新京特別市花園町満鉄社宅／一九〇〇（明三三）九／長野県南佐久郡田口村／東京歯科医学専門学校

長野県重浦正夫の長男に生まれ、東京開成中学を経て一九二一年東京歯科医学専門学校を卒業し、同年八月盛岡市の庄司歯科医院に勤務した。二二年六月仙台市の杉本歯科医院に転じた後、二三年五月母校の助手を経て同年一一月慶応大学医学部歯科学教室研究生となった。二四年九月同大助手を経て二九年六月寄生虫学教室研究生に転じ、三三年九月医学博士号を取得した。三四年四月同大学医学部講師・歯科教室医局長を経て三六年四月助教授となったが、翌月渡満して満鉄新京医院歯科医長に就き、診療のかたわら満州歯科医学会副会長を務めた。

重岡　材輔 ▷12

浜江省賓県参事官、正八位／浜江省賓県参事官公館／一九〇二（明三五）七／山口県都濃郡太華村／拓殖大学予科支那語科

一九二三年三月広島広陵中学校を卒業し、同年四月一年志願兵として広島の歩兵第一一連隊に入営した。除隊して陸軍歩兵少尉に任官した後、二六年三月拓殖大学予科支那語科を卒業し、二七年一二月に渡満して満鉄に入り撫順炭砿庶務課労務係となった。三二年一月自治指導部員となり、奉天省興城県自治指導委員会、同省通遼県自治指導委員会等に勤務し、同年五月満鉄を退社して同年一〇月通遼県参事官となった。三四年四月同省海城県参事官、同年一二月黒河省公署理事官・総務庁商務科長を経て三五年九月浜江省賓県参事官に転任した。

地家　精 ▷11

満鉄石炭特約販売人、正八位勲五等／奉天省遼陽城内西街／一八七〇（明三）三／山口県熊毛郡麻郷村／陸軍教導団

山口県農業地家利兵衛の次男に生まれ、一八九〇年陸軍教導団を卒業して姫路の歩兵第一〇連隊付となった。九四年の日清戦争の際は復州及び台湾の雲林で掃討作戦に従軍した。一九〇四年の日露戦争では乃木軍に属して奉天会戦に参加し、奉天駅の戦闘で部隊全滅に遭った。生き残った唯一の将校として部下五六名を率いて新民屯及び遼河右岸の守備に就き、満州義軍と連携してミスチェンコ騎兵団と数回の遭遇戦を行った。戦後は営口軍政署兵站部勤務を経て鉄道守備隊に配属され、遼陽守備隊長として駐在した。〇九年八月に軍職を辞し、満鉄石炭特約販売人として奉天で石炭商を営んだ。

重住　文男 ▷12

国都建設局技術処水道科長／新京特別市北安路／一八八七（明二〇）一二／福岡県福岡市西新町／名古屋高等工業学校土木科

東京府立第一中学校を経て名古屋高等工業学校に進み、一九一一年三月同校土木科を優等で卒業して満鉄に入社した。工務課立山臨時工事係に勤務した後、社長室技術委員会委員、鞍山製鉄所臨時建設事務所工事係主任を経て鞍山工事事務所長となり、建築長及び機械長を兼務した。次いで工事部土木課兼計画部技術課勤務、地方部工事課土木工事係主任兼給水係主任、関東庁水源調査委員会委員・給水係主任、経済調査会調査員・道路班主任兼治水班主任を歴任し、三三年九月国務院国都建設局技正に転出して国都建設局技術処水道科長に就いた。著書に『地下水と其採集法』がある。

重田　金輔 ▷9

隆泰洋行主／奉天加茂町／一八八六（明一九）一〇／山口県玖珂郡由宇村／東京外国語学校

東京外国語学校を卒業して満鉄に入り、長く販売課に勤務した。その後帰国して大阪で事業を経営したが、一九年九月に再び渡満して奉天で雑貨貿易業を営んだ。

重富　貢 ▷12

吉林警察庁警務科長／吉林省公署警察庁／一八九九（明三二）二／福岡県糸島郡前原町

小学校を卒業して家業の果物卸商・米穀商に従事し、一九一九年徴兵されて福岡の歩兵第二四連隊に入営した。除隊後、二三年に台湾に渡って台湾総督府巡査となり、新竹州に勤務した。二七年三月巡査部長、同年五月警部補を経て三二年五月警部に累進して警察部高等警察課特別高等係主任を務めた。その後三四年二月に依願免官して渡満し、国務院民政部属官に転じて警務司特務科に勤務した。三五年一一月吉林省公署事務官に転任して警務庁警務科に勤務し、三六年一〇月警察庁警正となり警務科長に就いた。

繁富　元治 ▷11

旅順第一中学校教諭兼舎監、正七位、高等官六等／旅順市千歳町／一八九六（明二九）六／山口県玖珂郡川下村／広島高等師範学校

山口県農業繁富兼次郎の四男に生まれ、一九一八年広島高等師範学校を卒業した。仙台第二中学校、京都第一中学校、広島県呉中学校等の教諭を歴任した後、二六年五月に渡満して旅順第一中学校教諭となり、舎監を兼務した。

重友　毅 ▷11

旅順工科大学予科教授／旅順市赤羽町／一八九九（明三二）一二／山口県阿武郡萩町／東京帝大文学部国文科

山口県軍人重友敏衛の長男に生まれ、東京帝大文学部国文科に入学した。一九二四年三月に卒業し、翌月渡満して旅順工科大学予科教授に就いた。

重信　一郎 ▷12

満州電信電話㈱チチハル電報電話局長、従七位勲七等／龍江省チチハル順利胡同／一八八四（明一七）一／鹿児島県鹿児島市鷹師町

一九〇一年六月通信省通信技術員となり、鹿児島県宮ノ浦局に勤務した。〇七年通信手に進み、同年一〇月関東都督府電信局に転出して渡満した。奉天、長春、大連の各局に勤務し、二〇年一〇月関東庁通信書記補、二四年八月書記となった。二五年松樹郵便局長、二九年連山関郵便局長を経て三三年八月通信副事務官に進み、同年九月満州電

し

信電話㈱の創立とともに同社書記に転じて大石橋電報電話局長となった。三五年満州里電報電話局長に転任した後、三六年チチハル電報電話局長となった。この間、満州事変時の功により勲七等青色桐葉章を授与された。

重信　竹郎 ▷7

満鉄第二埠頭主管／大連市桜町／一八九二（明二五）八／兵庫県神戸市笠松通

鹿児島県日置郡下伊集院村に生まれ、郷里の小学校を卒業した後、一九一〇年一月に渡満して満鉄に入った。以来一貫して埠頭業務に従事し、後に第二埠頭主管を務めた。かたわら埠頭に働く同郷の一五〇人余りを結集し、二一年一一月大連埠頭三州会を組織して会長を務めた。

重信　直道 ▷3

大連海関検査官／大連市若狭町税関官舎／一八七二（明五）八／鹿児島県揖宿郡今和泉村

一八九九年一月横浜税関に入り、長崎税関に転じて鑑定官補になった。一九〇七年七月、大連海関の事務開始とともに大蔵省の推薦で入関して検査官を務めた。

重政　文夫 ▷12

満鉄鉄道総局付待命職員、勲八等／奉天満鉄鉄道総局気付／一八九四（明二七）三／広島県深安郡神辺町／広島県立忠海中学校

広島県重政順吉の次男に生まれ、県立忠海中学校を卒業して一九一六年一月三宮駅に勤務した。その後大阪駅雇員、京都駅車掌心得を経て一九年一二月に渡満し、満鉄奉天駅車掌心得となった。以来歴勤して同駅車掌、大連駅在勤、大連列車区大石橋駅在勤、海城駅貨物方、蘆家屯信号所信号方、白旗信号所運転方、万家嶺駅駅務方、同運転方、蓋平駅駅務方、沙河屯信号所運転方、大石橋駅信号方、得利寺駅駅務方兼助役心得、九寨駅駅務方兼助役心得、ハルビン建設事務所、鉄路総局、浜江站站務員を歴職した。次いで北安站副站長、水曲柳站副站長、同站站長を歴任して三七年四月待命となり、鉄道総局付となった。この間、満州事変時の功により勲八等瑞宝章を授与され、三五年四月勤続一五年の表彰を受けた。

重松　定義 ▷11

満鉄鉄嶺駅助役／奉天省鉄嶺宮島町／一八九六（明二九）四／東京府北多摩郡谷保村／拓殖大学

東京府農業重松松寿の次男に生まれ、府立第二中学校から東洋協会植民専門学校に入学した。一九二〇年に卒業し、同年五月に渡満して満鉄に入り本社運輸部に勤務した。奉天省四平街駅勤務を経て二二年八月再び本社運輸部に戻り、二四年九月長春駅に転勤した後、二七年二月鉄嶺駅助役に就いた。

重松　三郎 ▷12

ハルビン専売署員／ハルビン専売署／一八九八（明三一）五／兵庫県加東郡社町

戸長及び村長を歴任して酢醸造業及び農業を営む重松和三郎を祖父に持ち、同業を継承した兼松の次男に生まれた。一九一四年一〇月姫路区裁判所出張所に勤務し、次いで大阪税務監督局社税務署、篠山税務署、下京税務署、神戸東税務署に歴勤した。その後三三年一〇月満州国専売公署事務官に転じて渡満し、奉天専売署副署長事務取扱として事業第一科長、同事業科長を務めた後、三七年三月ハルビン専売署に転勤した。この間、三四年三月建国功労賞及び大礼記念章を授与された。

重松藤四郎 ▷6

満州銀行大連本店庶務課長／大連市嶺前屯／一八七九（明一二）六／福岡県八女郡広川村

税務署勤務を経て税務監督局に転じ、一九〇五年一月大蔵省主税局長の目賀田種太郎男爵の韓国視察に随行した。〇六年目賀田が韓国政府の財政顧問に赴任する際、再び随行してその下で財務事務に従事した。一〇年に日本が韓国を併合すると朝鮮総督府主税局に転任し、後に朝鮮農工銀行事務を兼任し、済州島支店に三年勤務した。一九年に官職を退いて安東県の満州商業銀行に転じ、二三年七月に同行が奉天・大連・遼東の三行と合同して満州銀行となると大連本店庶務課長に就いた。多彩な趣味を持ち、大坪流馬術、日置流弓術のほか柔道、絵画、俳句を能くした。

重満　新一 ▷9

開原取引所信託㈱社員／奉天省開原付属地／一八九一（明二四）四／広島県安佐郡狩小川村／県立広

島中学校

一九一二年県立広島中学校を卒業した。一五年一二月に渡満し、開原取引所信託㈱の創業とともに入社し、後に庶務主任を務めた。

重満　洋　▷12

重満商店主／奉天稲葉町／一九〇四（明三七）七／広島県安佐郡狩小川村

少年時代から満州に在住し、旅順中学校を卒業して会社員となった。その後兵役に就き、退営後は大連の西川商店で六年間貿易業に従事した。一九三二年三月に独立して奉天稲葉町に重満商店を開業し、西川商店を通じてイギリス、アメリカ、エジプト等の外国煙草と洋酒を仕入れ、奉天市内及び満鉄沿線の小売業者に卸売りをした。

重村　聖富　▷12

満鉄奉天駅事務助役、駅友会評議員、社員会評議員、勲八等／奉天江島町／一九〇四（明三七）二／広島県呉市西畑町

広島県重村長次郎の長男に生まれ、一九二四年三月青島中学校を卒業し、同年一一月満鉄に入り奉天検車区に勤務した。以来勤続し、奉天駅駅手、同改札方、奉天列車区車掌、同旅客専務大連列車区在勤を経て三六年四月奉天駅事務助役となった。この間、三二年八月第四期華語講習科を修了したほか、満州事変時の功により勲八等旭日章及び従軍記章、建国功労賞を授与された。

重村慎三郎　▷12

大連取引所市場現物主任／大連市土佐町／一八九九（明三二）五／山口県萩市大字津守町／大連商業学校

旧姓は安永、後に重村姓となった。一九一八年三月大連商業学校を卒業して大阪の伊藤商事会社に入った。青島支店、大阪本店に歴勤した後、二一年一〇月大連取引所雇に転じ、三二年八月関東庁取引所書記に進んで同取引所現物主任となった。

重本　亀一　▷12

満鉄開原医院庶務長、社員会評議員／奉天省開原福昌街満鉄開原医院／一八八七（明二〇）一／山口県玖珂郡由宇町／成器商業学校

大阪の成器商業学校を卒業した後、一九一二年秋に渡満して陸軍衛戍病院に勤務した。一六年に満鉄に転じて大連医院衛生課に勤務したが、一九年秋に退社して実業に従事した。その後二三年一二月再び満鉄に入り、衛生課勤務を経て後に開原医院庶務長に就いた。筑前琵琶の名手として知られ、二二年に五絃教授免状と院号を受け、同好の士を募って旭勢会を主催した。

繁本　国光　▷12

満鉄奉天省四平街図書館長／奉天省四平街南四条通／一八八九（明二二）四／宮崎県宮崎市旭通／宮崎県師範学校

一九〇九年三月宮崎県師範学校を卒業し、同年四月宮崎郡の生目尋常高等小学校訓導となった。一三年九月宮崎市の宮崎尋常高等小学校訓導に転勤した後、一七年二月宮崎郡鏡洲尋常小学校長に就いた。一八年八月満鉄に転じて大石橋尋常高等小学校訓導となり、撫順尋常高等小学校、撫順永安台尋常高等小学校、鞍山尋常高等小学校、鶏冠山尋常高等小学校、大石橋尋常高等小学校の各訓導を歴職した。二九年四月鶏冠山尋常高等小学校長を務めた後、三三年四月満鉄奉天省四平街図書館長に就任した。この間、三三年四月勤続一五年の表彰を受けた。

完倉栄太郎　▷12

チチハル検車段長／龍江省チチハル鉄路局局宅／一八八七（明二〇）一〇／千葉県／岩倉鉄道学校

岩倉鉄道学校を卒業した後、一九一一年八月鉄道院に入り新橋工場に勤務した。以来、新宿検車所検車手、甲府機関庫助手、浜松機関庫助手、甲府検車所主任、塩尻検車所主任に歴勤した。その後三三年一二月に渡満して満鉄に入り、チチハル機務段に勤務して三四年八月同検車段長となった。夫人仁江との間に二男四女あり、長男泰一はPCL映画技師、次男寿郎は陸軍歩兵少尉となった。

宍戸　保　▷12

大同林業㈱敦化事務所長、敦化居留民会議員／吉林省敦化東門外／一八九一（明二四）二／福島県信夫郡鳥川村

一九〇六年福島県庁に入り、翌年福島地方裁判所会計課に転じた後、一三年八月に渡満して土木建築請負業に従事した。さらに郵便局、居留民団等に勤めた後、一八年六月三井物産安東出張

し

所に入った。同所に長く勤務した後、大同林業㈱に転じて敦化事務所長を務めた。

始関　伊平　▷12

国務院実業部工商司員兼同部臨時産業調査局第一科事務官／新京特別市金輝路／一九〇七（明四〇）四／千葉県市原郡千種村／東京帝大法学部法律学科

千葉県始関忠次郎の長男に生まれ、一九三〇年三月東京帝大法学部法律学科を卒業して同年四月商工省に入った。工務局及び貿易局に勤務して商工属から商工事務官に進んだ後、三五年四月満州国に転出して国務院実業部工商司に勤務し、臨時産業調査局第一科事務官を兼務した。陸士校長、技術本部長、軍事参議官等を歴任した陸軍大将鈴木孝夫の次女千鶴子を妻とした。

志田　正一　▷12

満鉄四平街扶輪小学校長／奉天省四平街鉄路局公館／一八八九（明二二）六／福井県坂井郡伊井村／福井県立師範学校

一九一二年三月福井県立師範学校を卒業し、坂井郡金津尋常高等小学校の訓導となった。その後一四年五月満鉄訓導に転出して渡満し、長春、鉄嶺の各尋常高等小学校訓導を務め、鉄嶺実業補習学校講師を兼務した。次いで満鉄教育研究所に入り、修了後に中国語研究生として半年間北京に留学した。帰任して南満州教育会教科書編輯部小学校支那語委員を委嘱され、鉄嶺家政女学校教員を兼務した。さらに撫順千金尋常高等小学校訓導を経て再び南満州教育会教科書編輯部初等支那語教科書調査員を務め、次いで四平街扶輪小学校訓導に転任し、同校校長代理を経て三六年四月校長に就いた。この間三〇年四月に満鉄勤続一五年の表彰を受けた。一男一女あり、長男正和は旅順工科大学、長女満州子は東京女子専門学校を卒業した。

七田　積　▷12

満鉄ハルビン鉄路局機務処長、勲六等／ハルビン鉄路局機務処／一八九二（明二五）四／福岡県宗像郡岬村／旅順工科学堂機械工学科

呉服商牛尾弥名吉の五男として島根県に生まれ、後に従兄に当たる七田茂吉の養子となった。一九一三年三月に渡満して旅順工科学堂に入学し、一六年一二月機械工学科を卒業して満鉄運輸部運輸課に勤務した。長春、安東、遼陽の各車輌係を経て一九年四月奉天車輌係技士に進み、同年八月大連管理局運輸課勤務を経て鶏冠山車輌係主任となり、鉄嶺機関区長、鉄道部運輸課勤務を経て二六年七月洮昂線建設列車運転のため洮南に出張し、同年一一月大石橋機関区長に就いた。次いで奉天、大連の各機関区長、大連鉄道事務所車務長を歴任して技師に昇進し、鉄道部第一輸送課車両係主任、奉天鉄道事務所車務課長を経て三六年九月参事となり、ハルビン鉄路局機務処長に就いた。この間、満州事変時の功により勲六等、大正四年乃至九年事変により賜金を授与され、三二年四月勤続一五年の表彰を受けた。

七里恭三郎　▷1

吉林日本人会会長、正七位勲五等／吉林／一八六七（慶三）一〇／新潟県北蒲原郡新発田町／東京外国語学校、明治法律学校

上京して東京外国語学校を卒業し、さらに明治法律学校を卒業した。一八八七年中国に渡って天津、北京、上海を巡遊した後、翌年台湾に渡り劉銘伝将軍の顧問となった。日清戦争が始まると高等官待遇の陸軍通訳となり、戦後は台湾総督府の弁務署長として台北や基隆に勤務したが数年で退官した。一九〇四年日露戦争が始まると再び陸軍通訳を務め、戦後正七位勲五等に叙せられた。〇六年一一月から吉林に在住し、各種の事業を経営しながら同地の日本人会会長を務めた。

志藤栄三郎　▷12

満鉄四平街地方事務所双廟子派出所主任／奉天省双廟子満鉄双廟子派出所／一八八八（明二一）四／山形県西村山郡大谷村／山形県立中学校

一九〇六年山形県立中学校を卒業した後、一八年二月満鉄に入り地方部地方課に勤務した。大連消防隊副監督、営口地方区勤務、営口消防隊副監督、開原地方事務所勤務、奉天地方事務所勤務、奉天消防隊副監督兼奉天事務所地方課蘇家屯在勤、奉天地方事務所勤務を経て三三年七月四平街地方事務所双廟子派出所主任となった。この間、三三年四月勤続一五年の表彰を受けた。

四道　為人 ▷12

四道歯科医院長、勲八等／吉林省公主嶺堀町／一八八三（明一六）一／広島県安芸郡倉橋島村／日本歯科医学専門学校

広島県医師四道泰造の次男に生まれ、一九一四年日本歯科医学専門学校を卒業して渡満し、公主嶺堀町で歯科医院を開業した。後に柳町にも分院を設け、以来長年にわたり歯科医療に従事して勲八等に叙された。

紫藤貞一郎 ▷12

満鉄衛生研究所化学科長、従七位／大連市真金町／一八九五（明二八）六／北海道小樽市花園町／東京帝大医学部

鹿児島県大島郡早町村に生まれ、一九二二年三月東京帝大医学部を卒業して附属病院の副手となった。次いで東京市立養育院医局に勤務し、兵役に服した後、札幌創成病院医長、北海道帝大医学部講師、同助教授を歴任した。その後二九年二月満鉄衛生研究所に転じて渡満し、同年五月主論文「両性電解質ノ状態化学」により医学博士号を取得して参事に昇格し、同所衛生科長兼化学科長を経て三〇年一一月化学科長専任となった。

品川　渉 ▷11

横浜正金銀行奉天支店輸入係／奉天葵町／一八九四（明二七）一二／山口県熊毛郡大野村／関西学院高等商業部

山口県品川国太郎の長男に生まれ、一九二〇年神戸の関西学院高等商業部を卒業した。同年三月横浜正金銀行神戸支店に入り、二五年四月奉天支店に転勤して渡満し、計算係、輸入係として勤務した。

品田　直知 ▷14

書籍文房具商、広信社主／大連市春日町／一八八六（明一九）一〇／新潟県刈羽郡荒浜村／東洋協会専門学校

新潟県農業品田永秋の三男に生まれ、叔父品田松太郎の養子となった。一九〇八年三月東洋協会専門学校を卒業し、同年五月満鉄に入り電気作業所に勤務した。一八年三月大華電気冶金公司支配人に転じ、二一年一〇月東亞図書㈱支配人、二五年三月大連勧業博覧会参事・出品係長を経て二六年大連市嘱託となった。同年四月に退職して書籍文房具商を開業し、かたわら二八年一一月から三二年一〇月まで大連市会議員を務めた。三三年七月に開催された大連市主催の満州大博覧会事務長を務めたが、その後大連で病没した。

篠　有邦 ▷11

関東庁農事試験場長、従五位勲五等／旅順市中村町／一八七七（明一〇）一一／茨城県水戸市常盤町／東京帝大農科大学

茨城県篠有隣の次男に生まれ、一九〇六年東京帝大農科大学を卒業して佐賀県立農学校教諭となった。岐阜県立農林学校教諭に転じた後、一一年一〇月長崎県技師・農事試験場長、二〇年四月高知県技師・農務課長を歴任した。二五年三月関東庁産業技師として招聘され、渡満して農事試験場長となった。夫人密は女子大学出身で、長男邦彦は東京帝大理学部に学んだ。

篠崎　健一 ▷12

満鉄総裁室監理課第六係主任／大連市真金町／一九〇〇（明三三）七／福島県若松市鳥居町／成蹊高等商業学校

福島県篠崎健吉の長男に生まれ、会津中学校を経て一九二三年三月成蹊高等商業学校を卒業して満鉄に入り、地方部庶務課に勤務した。窯業工場経理部主計課審査係次席、総務部監理課業務係主任等を歴職して三七年六月総裁室監理課第六係主任となった。

篠崎　順一 ▷11

福昌公司工事部勤務／大連市薩摩町／一八九二（明二五）一〇／福岡県糟屋郡席内村／工手学校土木本科

福岡県篠崎菊太郎の長男に生まれ、一九一五年四月東京築地の工手学校土木本科を卒業した。渡満して福昌公司土木部に入り、大連港の第四埠頭埋立工事、第一埠頭からスタンダード石油会社東部に至る護岸工事、小崗子海岸埋立工事、旅大道路第一工区、洮昂線第八工区等の工事を担当した。この間、満州土木建築協会の鉄道調査委員として中国鉄道の調査にあたり、同協会と大連市長から一〇年以上勤続者として表彰された。

篠崎　成一 ▷11

大連商工学校教諭／大連市久方町

／一八八六（明一九）一二／群馬県邑楽郡館林町／東京高等商業学校

群馬県医師篠崎寛教の長男に生まれ、一九一〇年東京高等商業学校を卒業した。英独仏露語を学んだ後、渡満して満鉄に入った。一六年大連汽船会社、二〇年一月伊藤忠商事会社勤務を経て二五年四月大連市役所に入り、大連商工学校教諭となった。

篠崎　嘉郎　▷11

大連商業会議所書記長／大連市児玉町／一八八二（明一五）九／福岡県鞍手郡小竹町／早稲田大学

福岡県農業篠崎伍八郎の次男に生まれ、一九一一年早稲田大学を卒業した。同年七月に渡満して満州日日新聞社経済部記者となった。一五年七月に退社して大連商業会議所書記長に就き、東亜印刷㈱取締役を兼務した。著書に『大連』『満州金融及財界の現状』がある。

篠崎　和吉　▷12

日満商事㈱東京支店石炭係主任／東京市目黒区松ヶ丘／一八九八（明三一）九／福島県若松市片柳町／東京商科大学本科

一九二六年三月東京商科大学本科を卒業して渡満し、撫順炭砿販売㈱に入社した。三六年一〇月日満商事㈱の創立とともに同社に転じ、東京支店に勤務して石炭係主任を務めた。

篠田　重行　▷12

国務院民政部土木局牡丹江建設処員／ハルビン馬家溝永和街／一九〇二（明三五）一／秋田県秋田市楢山医王院前町／北海道帝大附属土木専門部

秋田県篠田重玄の次男に生まれ、秋田中学校を経て一九二四年三月北海道帝大附属土木専門部を卒業し、同年四月山梨県道路技手兼土木技手となった。同年一二月一年志願兵として盛岡の工兵第八大隊に入営し、除隊後朝鮮に渡り平安北道土木技手となった。その後朝鮮総督府技手に昇格して三四年七月に退官し、国務院国道局技士に転じて渡満した。奉天建設処及びハルビン建設処勤務を経て国道局技佐となり、三七年一月牡丹江建設処に転勤した。

篠田　頼　▷12

河村工務所主、河村商会主、奉天連合町会常任幹事、奉天稲葉町会長／奉天稲葉町／一八八九（明二二）五／大分県大野郡東大野／旅順工科学堂

旧姓は河村、大野家を相続した。一九一四年旅順工科学堂を卒業して亜細亜製粉㈱に入り漢口支店に勤務した。一五年本渓湖煤鉄公司に転じて機械課に勤務した後、二一年に独立して奉天富士町に河村工務所を興し、煖房・水道・衛生設備の工事請負業を経営した。満鉄及び関東局の煖房工事指定請負人となり、日満各鉄道の列車給水装置工事の一切を請け負って成長し、奉天省四平街と鄭家屯に支店を設けた。三〇年には奉天千代田通に河村商会を開業し、東京、大阪、小倉方面から諸機械・器具、衛生材料を仕入れて販売した。

篠田　利英　▷3

旅順高等女学校長、高等官三等、正四位勲四等／旅順市特権地／一八五九（安五）一／東京府東京市牛込区早稲田南町／東京高等師範学校

旧松本藩士の子に生まれ、幼年から藩校で漢学と英数学を学び、自弁流の剣道を修めた。上京して同人社と慶應義塾で英語を学び、東京高等師範学校を卒業して群馬県師範学校教諭となった。その後母校の高等師範学校教授に就き、三年間のアメリカ留学を経て女子高等師範学校教授となったが、病気のため一九一三年に辞職した。快癒して翌年六月に渡満し、旅順高等女学校長に就任した。

篠田　武助　▷12

満州棉花㈱錦県工場主任、錦州日本商工会議所副会頭、正八位／錦州省錦県／一八九八（明三一）二／山形県米沢市番正町／山形県立米沢中学校、海軍兵学校

山形県篠田甚左衛門の五男に生まれ、米沢中学校を経て江田島の海軍兵学校を卒業して軍務に就いた。さらに海軍水雷学校に進んだが、中退して軍籍を離れ、郷里の米沢で織物製造業と製氷会社を兼営した。次いで東京に出て共同ゴム会社に勤務した後、渡満して満州棉花㈱に入り、三四年に同社錦県工場が新設されると工場主任となった。

篠田利三郎　▷11

株式取引人／大連市伊勢町／一八七四（明七）一／岐阜県稲葉郡加納町

し

一八八二年五月、八歳で家督を相続して戸主となった。一九〇七年七月に渡満して陸軍御用達となり、後に株式取引人に転業して㈱大連ビルブローカー代表取締役を兼務した。

篠原　勇 ▷12

石川ハルビン支店主任／ハルビン買売街／一九〇八（明四一）二／愛媛県宇摩郡三島町

郷里の小学校を卒業して渡満し、新京の石川本店に入った。同店に多年従事し、一九三四年一〇月ハルビン支店の開設とともに主任となり、日中の従業員六人を使用して清酒「日本晴」「福鶴」の販売に従事した。

篠原　茂 ▷12

満鉄撫順新屯尋常小学校長、社員会評議員／奉天省撫順新屯若松町／一九〇五（明三八）二／福岡県京都郡豊津村／満州教育専門学校

福岡県篠原菊太郎の次男に生まれ、一九二七年七月満州教育専門学校を卒業し、同年八月満鉄に入り開原尋常高等小学校教員となった。次いで開原家政女学校教員兼任、満州教育専門学校附属小学校教員、奉天千代田尋常高等小学校訓導、鞍山大宮尋常小学校訓導を歴任し、三六年三月撫順新屯尋常小学校長に就いた。

篠原　清助 ▷12

国務院実業部特許発明局発明意匠科員兼審査官兼実業部工商司員、従七位／新京特別市金輝路第三代用官舎／一九〇六（明三九）五／群馬県北甘楽郡富岡町／東京高等工業学校電気科

群馬県篠原粂吉の五男に生まれ、一九二七年三月東京高等工業学校電気科を卒業して特許局審査官補となった。二八年二月一年志願兵として兵役に服し、除隊復職して三三年二月審判部兼務となった。三六年五月特許局技師に進んだ後、翌月国務院実業部特許発明局技佐に転出して渡満し、発明意匠科に勤務して審査官を兼務した。次いで三七年四月実業部技佐・工商司兼務となった。

篠原　忠男 ▷11

関東庁逓信局庶務課長、正七位／大連市桃源台／一九〇〇（明三三）一〇／山梨県北巨摩郡上手村／東京帝大法学部政治科

山梨県篠原芳太の次男に生まれ、一九二四年東京帝大法学部政治科を卒業した。関東庁逓信局に入り、後に庶務課長に進んで逓信講習所長を兼務した。

篠原豊三郎 ▷12

満鉄鉄道総局付待命参事、勲六等／奉天満鉄鉄道総局気付／一八九一（明二四）一〇／長野県南佐久郡海瀬村／早稲田大学商科

長野県篠原元吉の三男に生まれ、一九一七年三月早稲田大学商科を卒業し、同年七月満鉄に入り埠頭事務所に勤務した。以来勤続して二七年一一月大連埠頭事務所助役、二八年五月沙河口工場文書係主任、三〇年六月鉄道工場文書係主任、同年八月同庶務係主任、三二年一二月同庶務長、三四年一一月鉄道部勤務、三五年三月ハルビン工廠庶務長を歴任した。次いで三六年九月副参事を経て三七年四月参事に昇格し、鉄道総局付待命となった。この間、満州事変時の功により勲六等に叙せられ、三三年四月勤続一五年の表彰を受けた。

篠原　吉丸 ▷12

国務院地籍整理局事業処長／新京特別市地籍整理局／一八九六（明二九）九／岡山県後月郡芳井町／東京帝大法学部独法科

岡山県教員篠原吉為の長男に生まれ、一九二三年三月東京帝大法学部独法科を卒業して渡満し満鉄に入社し、庶務部庶務課に勤務した。総務部庶務課、ニューヨーク事務所、地方部等に歴勤した後、三四年七月欧米に出張した。帰社して地方部学務課図書館係主任、鄭家屯事務所長兼産業調査所事務取扱を経て三五年七月参事となり、総務部に勤務した後、撫順地方事務所長を経て三七年七月満州国官吏に転出し、国務院地籍整理局事業処長に就いた。

篠原　良治 ▷11

撫順第二小学校訓導／奉天省撫順北台町／一八八六（明一九）九／山梨県北巨摩郡上手村／山梨県師範学校、満鉄教育研究所

山梨県農業篠原秀盛の四男に生まれ、一九〇八年山梨県師範学校を卒業して県下の小学校訓導となった。二三年四月に渡満して満鉄に入り、小学校訓導を務めた後、満鉄教育研究所に入って修身科、公民科、書方科を研究し、撫順第二小学校訓導となった。

四戸友太郎 ▷11

吉林燐寸㈱取締役、従六位勲五等功五級／長春東五条通／一八七一（明四）八／岩手県盛岡市下厨川／陸軍士官学校

岩手県官吏四戸永求の次男に生まれ、一八九八年陸軍士官学校を卒業した。少尉に任官して各地に勤務し、〇七年から二年間、派遣されて広東省の陸軍総教習を務めた。一九一二年一月守備隊勤務となって渡満し、以来一四年三月まで軍隊生活を送った。同年四月吉林燐寸㈱の創立に際し佐藤精一に協力し、設立後に取締役となった。かたわら日清マッチ会社取締役、満州製油会社監査役のほか、在郷軍人分会長、商工会議所副会頭、市民会副会長を務めた。

柴入　春吉 ▷12

満州航空㈱航空工廠発動機部第一三工場長兼社用工場長、勲七等／奉天稲葉町／一八九八（明三一）四／千葉県千葉市千葉／早稲田工手学校

一九一九年陸軍省内の臨時航空委員会に勤めた後、二〇年航空局に入り航空機の検査に従事し、かたわら二二年に早稲田工手学校を卒業した。二三年四月逓信省航空局に転じ、二八年一〇月日本航空輸送㈱の設立と同時に同社入りし、営業に先立ち航空輸送事情視察のため欧米各国に派遣された。次いで三二年七月社命により渡満して航空工廠の設立準備に当たり、同年九月満州航空㈱創立と同時に同社に転属して発動機工場長兼鉄工場長となった。その後三五年に航空工廠発動機部第一三工場長に就き、社用工場長を兼任して発動機及び飛行機の製作に従事した。この間、二五年に朝日新聞社訪欧飛行機「初風」の器材準備に従事したほか、三三年に熱河作戦の航空器材整備に従事し、満州事変時の功により勲七等に叙された。

芝　喜代二 ▷12

満州塩業㈱理事／東京市本郷区駒込富士前町／一八八九（明二二）五／徳島県徳島市富田浦町／京都帝大理工科大学工業化学科

徳島県芝廉三郎の次男に生まれ、一九一六年京都帝大理工科大学工業化学科を卒業し、同年七月大阪市の増田㈴に入社した。一八年四月神戸の鈴木商店に転じ、同年一一月鈴木商店傘下の大日本塩業㈱に入り門司支店に勤務した。二〇年七月関東州普蘭店出張所に転勤して渡満し、二一年一月同所長となった。二八年一〇月本社詰となって帰国し、生産係主任等を経て三五年九月取締役に就き、次いで常務取締役兼業務課長となった。三六年四月子会社として満州塩業㈱が設立されると理事を兼任した。

柴草　寅光 ▷11

大連朝日小学校訓導／大連市薩摩町／一八八四（明一七）八／長野県下高井郡穂波村

長野県農業柴草新之助の長男に生まれ、一九〇七年長野県鳥居小学校訓導となり、〇九年四月同県堺小学校訓導に転じた。一四年一二月大連第三尋常小学校訓導となって渡満し、翌年九月第一尋常小学校に転任した。その後朝日尋常小学校に転じ、二四年に地理及び教育研究のため七ヶ月間東京、奈良、阪神地方に出張したほか、全満州、華北方面を視察した。

柴崎　白尾 ▷9

牛荘領事館副領事、従七位勲八等／牛荘日本領事館／一八八四（明一七）七／東京府

一九〇八年七月外務省に入り、吉林総領事館に赴任した。一三年七月福州、一五年遼陽の各領事館に転勤し、一九年四月牛荘領事館副領事となった。

柴崎又一郎 ▷8

細川組奉天支店土木主任／奉天／一八七八（明一一）一〇／群馬県碓氷郡横川町

年少の頃から父の建築請負業を手伝い、一九〇四年日露戦争に際して野戦鉄道提理部に従って渡満した。〇六年に提理部の事業が満鉄に引き継がれるといったん帰国し、翌年再び渡満して鹿島組に入り、安奉線広軌改築工事に従事した。一一年に竣工すると朝鮮の鹿島組に転じたが、一九年四月三度渡満して細川組に入り、土木主任として奉天に赴任した。

芝崎　路可 ▷11

安東領事館副領事、正七位勲六等／安東日本領事館／一八八三（明一六）一一／東京府東京市神田区西小川町／東京外国語学校

東京府官吏芝崎大次郎の次男に生ま

れ、一九〇八年東京外国語学校を卒業した。〇九年一〇月外務通訳生として間島に勤務し、一四年ウラジオストクに転任し、一六年外務書記生となった。一八年海竜、二〇年新民府勤務を経てロサンゼルス勤務となり、二一年副領事に進んだ。二四年再び間島局子街に勤務した後、二六年安東領事館に赴任した。次弟弥額爾（ミカエル）も副領事としてでロサンゼルスに勤務し、三弟葆禄（ポーロ）は東北帝大工学部で研究に従事した。

柴田　一郎　▷11

著述業／大連市榊町／一八七二（明五）一〇／鹿児島県鹿児島市天神馬場

鹿児島県教員柴田圭三の長男に生まれ、新聞記者となった。一九〇五年四月、日露戦争に際し鴨緑江軍の従軍記者となって渡満した。戦後満州に留まって経世新報記者、国益新聞編輯長、朝鮮新報特派員を歴任して安東新報社に招かれた。安奉新報編輯長として健筆を振るった後、安東商業会議所書記長を経て満鉄に入社した。本社に勤務して満鉄自修会雑誌及び満鉄読書会雑誌を刊行し、かたわら満鉄見習夜学校で教鞭を執った。その後満鉄から選抜されて満州日日新聞社経営部長に転じ、後に取締役支配人に就いた。長くその任にあって東亞図書㈱監査役、日華興業㈱監査役も兼務したが、後に著述業に転じて緑華、籃洲、或いは生地に名を取って天馬と号し『安奉鉄道改築論』『鴨緑之伏禍』『女傑一丈青』『和訳聊斎志異』『対支策』等を著した。文筆と経営の手腕を兼ねて満州言論界に重きを成し、大連南山麓の最高所に邸宅を構え、同市大黒町に建物を所有したほか朝鮮にも千町歩の山林を有した。

柴田　円槌　▷2

吉野屋店主／大連市浪速町／一八八三（明一六）／広島県

広島県の旧浅野藩士柴田新助の長男に生まれ、八人の弟妹を養育するため年少の頃から実業に従事した。一九一一年二月に渡満して大連で菓子の製造販売業を始めた。満州特産の原料を用い、皇室御買上の光栄に浴した「満州乃秋」を始め「御酒の友」「豆落雁」「桜飴」「栗羊羹」「葡萄飴」を製造して各国博覧会、共進会で多数の賞牌を受領した。次弟の一太郎は外務省書記生となって広東に赴任し、三弟の腴三郎は山東省濰県で石油業の復昌洋行を経営し、四弟を早稲田大学、五弟を商業学校、六弟を旅順中学校に学ばせた。

柴田　一勝　▷12

奉天省公署土木庁庶務科長、従六位勲六等／奉天藤浪町／一八八一（明一四）七／茨城県那珂郡塩田村／明治大学法科

茨城県農業柴田謙吉の長男に生まれ、一九〇二年福島県立会津中学校を卒業した後、〇六年一二月関東都督府属となって渡満した。金州民政支署に勤務するかたわら東洋協会旅順語学校清語科に学び、〇八年五月旅順民政署に転勤したが、一二年九月に休職して明治大学法科に入学した。一五年七月に卒業して民政部土木課に復職した後、臨時関東州水源調査会書記を経て土木主事・内務局土木課勤務、大連市主事・財務課長、大連市会参与員に歴任した。その後三三年九月国務院国道局事務官に転出して新京建設処庶務科長を務め、三四年七月奉天省公署理事官・奉天建設処庶務科長を経て三七年一月同省公署土木庁庶務科長となった。この間、日露戦争に従軍して勲七等賜金一二〇円、次いで二七年三月勲六等に叙された。

柴田規矩三　▷11

三井物産大連支店庶務係主任／大連市播磨町／一八九〇（明二三）四／東京府豊多摩郡千駄ヶ谷／京都帝大法科大学

東京府柴田弥市の三男に生まれ、一九一六年京都帝大法科大学を卒業して三井物産会社に入社した。本店業務課に勤務した後、二〇年一一月英領インドのカルカッタ支店に転勤した。二五年七月大連支店勤務となって渡満し、庶務係主任に就いた。

柴田　顕一　▷1

柴田組主／安東県四番通／一八六九（明二）／福岡県／明治法律学校

一八九〇年中学校を卒業して上京し、明治法律学校を卒業して日本鉄道㈱に入社したが、半年で退社して牛込区でコークス製造会社を経営した。かたわら学生の風紀紊乱防止のため大蔵次官添田寿一の後援で模範寄宿舎を設営し、さらに不動産銀行の設立と富士山裾野の疎水・開墾事業等を画策したが、日露戦争が始まって中止した。一九〇五年三月に渡満して安東県に柴田組を設立し、土木建築請負業と諸官衙用達業を経営した。かたわら民団議員、日刊紙「安東タイムス」社理事を務め、〇七年からは満鉄の用地貸下げを受けて各種農産物の試験栽培も行った。

柴田賢治郎　▷12

満鉄牡丹江鉄路局機務処文書科長、従七位／牡丹江満鉄鉄路局機務処文書科／一九〇二（明三五）一／東京府東京市中野区昭和通

秋田県に生まれ、一九二六年文官高等試験行政科に合格した後、満鉄に入社した。以来勤続して三四年四月チチハル鉄路局旅客科長、鉄道総局監察付を経て三六年九月副参事となり、同年一〇月牡丹江鉄路局機務処文書科長に就いた。

芝田　研三　▷12

満鉄総裁室弘報課情報第一係主任、勲八等／大連市浅間町／一九〇四（明三七）九／東京府東京市赤坂区青山北町／九州帝大法文学部経済科

川添滝三の次男に生まれ、芝田文之助の養子となった。一九二五年四月横浜高等商業学校講師となったが、辞職して九州帝大法文学部経済科に入学し、二九年三月に卒業して満鉄に入り東京支社に勤務した。その後、奉天公所、奉天事務所、北京公所、北平事務所、東京支社経理課、同庶務課に歴勤して奉天地方事務所渉外係長となり、総務部資料課調査係主任を経て三六年一〇月総裁室弘報課情報第一係主任となった。この間、満州事変に際して官銀号諮議を務め、勲八等従軍記章及び建国功労賞を授与された。

芝田小三郎　▷1

東亞洋行員／奉天／一八八二（明一五）一二／和歌山県西牟婁郡瀬戸鉛山村／東亞商業専門学校

和歌山県芝田与七の長男に生まれ、一九〇四年六月東京の東亞商業専門学校を卒業して東京同文書院の教習となった。〇五年一月に辞職して芝罘に渡り、二ヶ月余り天津、北京などの都市を巡遊して帰国し、同年五月再び渡航して営口の大清通運公司に入った。数ヶ月後に同県西牟婁郡出身の知人山下作次郎に招かれ、奉天に移って山下が経営する東亞洋行に入り建築請負業に従事した。

柴田　五郎　▷12

国務院民政部ハルビン警察庁警正／ハルビン馬家溝永安街代用官舎／一八八八（明二一）三／栃木県宇都宮市二条町／陸軍中央幼年学校、東京外国語学校中退

陸軍中央幼年学校を卒業し、一九〇七年六月士官候補生として山口の歩兵第四二連隊に入営したが、同年九月病気のため兵役免除となった。一一年東京外国語学校第三学年を修了した後、一三年に渡満して満鉄に入り電気作業所長春電灯営業所に勤務した。一八年三月社命でハルビンの北満電気㈱営業係主任に派遣され、同年八月ポクラニチヤナ電灯公司支配人等を務めた後、一九年二月ハルビン東露公司に転じてロシア語通訳事務に従事した。二〇年三月さらに関東庁嘱託に転じて大連警察署に勤務し、二六年七月関東庁翻訳生となった。三三年二月に依願免官して瀋陽警察庁警正に転じ、三五年六月ハルビン警察庁警正に転任した。

柴田　五郎　▷12

満鉄平泉站長、勲八等／熱河省平泉站長社宅／一八九四（明二七）一〇／茨城県那珂郡塩田村／小瀬商業学校

茨城県柴田謙吉の五男に生まれ、一九一〇年小瀬商業学校を卒業した。一三年三月鉄道院に入って両国橋駅に勤務し、一四年に東鉄教習所業務科を修了した。その後一九年一月満鉄に転じて渡満し、奉天駅車掌見習となった。次いで安東駅車掌、奉天列車区勤務鶏冠山在勤、奉天運輸事務所勤務、奉天鉄道事務所勤務、安東駅勤務を経て奉天鉄路局機務処運転科に転勤し、三六年八月平泉站長に就いた。この間、満州事変時の功により勲八等瑞宝章を授与され、三四年四月勤続一五年の表彰を受けた。

柴田繁太郎　▷10

福昌公司苦力配給所長／大連市竜田町／一八六八（明一）三／福岡県糸島郡今宿村

福岡県属官柴田平七の長男に生まれ、正木昌陽の門に学んだ後、東京で修学して山座円次郎と知り合った。その後玄洋社に入って政治運動に奔走したが、一八九二年に運動から身を引いて帰郷し、玄洋社社長の平岡浩太郎が経営する豊国炭鉱に入った。採炭部長として多数の坑夫を使役したが、九九年平岡の留守中に発生したガス爆発の責任を取って辞任し、独立して九州各地で炭鉱を経営した。一九一五年友人の相生由太郎に招かれて渡満し、相生が経営する福昌公司の苦力配供所長となった。碧山荘に収容した一万人の中国人労働者を満鉄埠頭の荷役作業に供給したが、その後配給所が独立したため帰国して郷里に隠棲した。

柴田季太郎 ▷12

満鉄鉄道総局員／奉天満鉄鉄道総局／一八九六（明二九）五／兵庫県神戸市永沢町

一九一一年一一月神戸機関庫の機関夫となり、一七年に西部鉄道管理局教習所機関手科を卒業した。以来勤続して機関手、火夫指導員、神戸鉄道管理局教習所講師、神戸機関庫助役、神戸鉄道管理局姫路機関庫勤務、仙台鉄道管理局運転課勤務、仙台鉄道管理局教習所講師に歴職した。その後三三年一一月満鉄に転じて渡満し、大石橋機関区技術助役、鉄道建設局工事課勤務、錦州建設事務所事務長を経て三七年四月鉄道総局勤務となり、同時に副参事に昇進した。

柴田 正 ▷12

柴田建築事務所主、新京衛生組合中央区組合長、新京附属地衛生委員会委員／新京特別市蓬莱町／一八八九（明二二）二／愛知県岡崎市花岡町／工業学校

一九一三年工業学校を卒業して埼玉県庁に入り、一六年外務省建築技手に転じ、済南領事館新設のため同地に出張して工事主任を務めた。一七年に工事が竣成すると、同年一〇月満鉄に転じて建築課に勤務した。二〇年二月奉天土地建物㈱に招かれて同社入りしたが、二二年二月に同社解散のため独立して新京に柴田建築事務所を開設し、以来建築設計監督と工事施工請負業を営んだ。洋画・日本画、都山流尺八を嗜んだほか、剣道・柔道は共に二段の腕を持ち、長女美恵子は東京女子美術専門学校、次女恵美子は新京高女を卒業した。

柴田虎太郎 ▷14

大連取引所信託㈱社長／大連市第一一三区／一八六八（明一）七／東京府東京市芝区高輪南区

岡山県勝山町に生まれ、大倉組に入り横浜支店長に就いた。その後台湾、朝鮮、漢口、上海、厦門、香港、天津、営口各支店に勤務した。日露戦後の一九〇五年営口に赴いて戦後経営の調査にあたり、〇七年四月大連で日清豆粕製造㈱を設立して取締役に就いた。一四年三月大連取引所信託㈱の創設に参画し、一五年一月専務取締役に就任した。大連商業会議所常議員を務めたほか、一五年一〇月から一七年九月まで大連市会議員を務めた。

柴田 直光 ▷12

満鉄鉄道総局改良課員／奉天稲葉町／一八九八（明三一）一一／岡山県岡山市西中山下／岡山県立工業学校

岡山県柴田喜代松の長男に生まれ、一九一七年三月岡山県立工業学校を卒業し、同年四月鉄道院に入り工務局設計課に勤務した。総裁室官房研究所、大臣官房研究所第四科に勤務した後、満鉄に転じて鉄道部工務課に勤務し、鉄道教習所講師を兼任した。三六年一〇月副参事となり、同月鉄道総局改良課に転任した。勤務のかたわら鉄筋コンクリートに関する著書二冊を著した。

柴田 秀雄 ▷12

満州航空㈱写真部長、正六位勲四等／奉天葵町／一八九五（明二八）三／熊本県上益城郡白旗村／陸軍士官学校

熊本県柴田徳蔵の子に生まれ、一九一六年五月陸軍士官学校を卒業して同年一二月歩兵少尉に任官し、以来各地に勤務した。次いで二二年六月陸軍航空学校教官、二九年八月飛行第二連隊中隊長、三一年八月軍事参議官副官に歴補した。三三年一月航空兵少佐に累進して予備役編入となり、満州航空㈱ハイラル出張所長となって渡満し、同年七月錦州臨時管区長、三四年一月本社写真班長を経て三六年九月同部長に就いた。この間、満州事変時の功により正六位勲四等旭日章に叙された。

柴田 博陽 ▷12

柴田医院主、大連日本基督教会維持財団理事、大連慈恵病院名誉顧問／大連市桃源台／一八七四（明七）一〇／栃木県下都賀郡栃木町

栃木県農業柴田源吉の子に生まれ、一八九七年下野日日新聞記者となった。次いで一九〇一年金沢の北国新聞記者

し

に転じ、さらに〇四年大阪新報記者に転じた。その後〇六年四月に渡満して遼東新報社に入ったが、同年九月に退社し、大連市浪花町に基督教慈恵病院を創立して貧困患者への施療に従事した。一五年に財団法人に改組して理事長に就任し、一九年に播磨町に拡張移転した。その後二九年二月昭和天皇即位の大典記念事業として同病院を関東庁に譲り、同時に理事長を辞して名誉顧問となり、桃源台に柴田医院を開業した。東京女子医専出身の夫人千代鶴と九州歯科医専卒の長男亨が医療に従事した。この間、二三年二月宮内省から社会事業功労者として銀杯を授与されたほか、二八年一一月紺綬褒章を受章し、内務省から銀牌を受けた。戦後、病臥のまま引揚船で帰国の途についたが、船上で没した。

柴田　広吉　▷12

満鉄草河口駅長、社員会評議員、勲八等／安東省鳳城県草河口駅長社宅／一八九六（明二九）四／静岡県浜名郡舞阪町

一九一二年横浜通信管理局通信生養成所を修了し、同年一二月郷里の舞阪郵便局に勤務した。通信書記補に進んで東京の九段郵便局に転勤した後、一八年九月満鉄に転じて奉天駅電信方見習となった。次いで奉天列車区車掌心得、同車掌遼陽在勤、李石寨駅助役、奉天駅貨物方、虎石台駅助役、沙河鎮駅助役、開原駅助役、孟家屯駅長を歴任し、三六年一一月草河口駅長となった。この間、満州事変時の功により勲八等瑞宝章及び従軍記章、建国功労賞、大典記念章、皇帝訪日記念章を授与され、三四年四月勤続一五年の表彰を受けた。

柴田広太郎　▷11

介弁業／大連市壱岐町／一八八四（明一七）四／愛知県名古屋市東区飯田町／関西法律学校

愛知県柴田徳三郎の長男に生まれ、一九〇六年関西法律学校を卒業した。一二年六月に渡満し、関東庁警部補となって各地に勤務した。二〇年三月に辞職し、土木建築会社に勤務した後、大連で介弁業を開業した。

柴田　福男　▷4

同仁病院長／黒龍江省大黒河／一八七六（明九）四／長崎県東彼杵郡早岐村

一九一二年、医術普及を志して黒龍江省大黒河に赴いて同仁医院を開設した。的確な治療と高邁な人格で中露両国人に信頼を寄せられ、対岸のブラゴエシチェンスクにも旅券無しで随意に往診し、ロシア人からは済生の父、中国人からは神農の遺型と称された。辺地の医療に尽くすかたわら、同院の宮崎医師と交互に日本居留民会長を務めた。

柴田弥三郎　▷12

奉天江島町市場食堂主／奉天江島町／一八八六（明一九）一二／福岡県小倉市大門町／高等小学校

福岡県柴田孫三の三男に生まれ、高等小学校を卒業した後、一九一二年一月に渡満した。一四年三月から旅順港及び大連港で食料品雑貨と漁具商を営んだが、好況期に株式に手を出して失敗し二〇年一二月に廃業した。その後二五年三月奉天に移住して奉天警察署の炊事を請け負い、次いで満州教育専門学校の炊事を請け負った。三一年七月江島町の市場食堂を買収して改築し、以来同食堂の経営を専業とした。

柴沼　一則　▷4

外務省警部、従七位勲七等／農安領事分館警察署／一八五九（安五）七／東京府北豊島郡滝野川村

警視庁巡査、皇宮警固、島根県警部を務めた後、一九一六年農安に領事館が新設される際に外務省警部として赴任した。領事分館警察署長として、同地のモルヒネや阿片等の密売取締りに従事した。

柴沼　繁　▷13

㈱大連鉄工所専務取締役／一八九一（明二四）／京都府与謝郡宮津町／同志社

同志社を卒業して渡満し、大連鉄工所に入った。一九一九年支配人に就いて大連本社、新京・奉天・天津各出張所を差配し、三七年に資本金二〇〇万円で株式会社に改組されると、専務取締役に就任した。

柴原房太郎　▷12

満鉄図們站構内主任、勲八等／間島省図們站／一八九七（明三〇）一二／三重県志摩郡浜島町

三重県柴原由松の次男に生まれ、一九

一三年一一月郷里の浜島郵便局通信事務員となり、同局長代理を務めた。その後一九年に渡満し、同年八月満鉄に入り湯崗子駅に勤務した。下馬塘駅、奉天駅、奉天列車区車掌、蛤蟆塘駅助役、楡樹台駅助役、遼陽駅構内助役、同駅助役に歴勤した後、鉄路総局に転出して吉長吉敦鉄路局哈爾巴嶺站長となった。次いで新京鉄路局図們站副站長に転任し、三六年三月明月溝站長を経て三七年四月図們站構内主任となった。この間、満州事変時の功により勲八等瑞宝章及び金一一〇円、従軍記章、建国功労賞を授与され、三五年四月勤続一五年の表彰を受けた。

柴　碩文　▷12

満州国最高検察庁次長、従四位勲三等／新京特別市ヤマトホテル五八号室／一八八一（明一四）一一／東京府東京市杉並区大宮前／東京帝大法科大学仏法科

柴茂三郎の次男として奈良県生駒郡郡山町に生まれ、一九〇八年七月東京帝大法科大学仏法科を卒業し、翌年司法官試補となった。一二年検事に転じて浦和、熊谷、札幌、釧路、旭川、神戸、大阪、長崎の各区地方裁判所検事を歴職した後、長崎、東京の各控訴院検事、大審院検事を経て二九年札幌地方裁判所検事正となった。その後再び大審院検事を務めたが、三五年四月満州国に転出して渡満し、最高検察庁首席検察官を経て同庁次長に就き、司法考試委員を兼務した。

柴部　一之　▷11

満鉄経済調査委員会石炭係主任／大連市桃源台／一八九一（明二四）一一／岡山県和気郡香登町／大阪高等工業学校

岡山県農業柴沼十吉の次男に生まれ、一九一四年大阪高等工業学校を卒業して渡満し、満鉄撫順炭砿老虎台坑に勤務した。二〇年一月新屯坑主任、同年六月竜鳳坑主任、二三年四月塔連坑主任、同年一二月万達屋坑主任を歴任し、二七年一二月満鉄臨時経済調査委員会に転任して石炭係主任を務めた。夫人病死のため、長女美枝子を実姉藤森美弥の養女とした。

芝元正次郎　▷11

満鉄吉長鉄路派遣員／吉林省城外吉林駅公寓／一九〇〇（明三三）一一／鹿児島県鹿児島郡谷山町／満鉄従事員養成所車輌科

鹿児島県農業芝元熊次郎の長男に生まれ、一九一六年四月に渡満して満鉄に入った。勤務のかたわら大連の従事員養成所車輌科に学び、一八年に修了して同年八月から吉長鉄路局に派遣され、吉林に赴任した。この間、在郷軍人の模範として在郷軍人会会長一戸兵衛大将から表彰され、吉林分会評議員を務めた。夫人春子は鹿児島市立女子興業学校裁縫科を卒業して小学校裁縫専科訓導の免状を取得し、結婚まで鹿児島の小学校で教鞭を執った。

柴山兼四郎　▷11

張学良顧問、従六位勲六等／奉天住吉町／一八八九（明二二）五／茨城県真壁郡雨引村／陸軍大学校

茨城県農業柴山定次郎の三男に生まれ、一九一二年陸軍士官学校を卒業し、同年一二月少尉に任官して宇都宮の輜重兵第一四大隊付となった。その後、一四年二月戸山学校、一六年騎兵学校、二二年陸軍大学校を卒業して二三年参謀本部員兼獣医学校教官となった。二五年八月研究員として中国に出張して北平、鄭州に駐在し、二七年八月参謀本部員に復任して輜重兵監部部員と陸軍大学校兵学教官を兼務した。二八年一一月張学良の顧問補佐官に就いて渡満し、関東軍の満州工作に従事した。⇒日中戦争期の三八年六月天津特務機関長、翌年少将・漢口特務機関長として政治工作に従事した。四〇年九月輜重兵監部付、同年一二月輜重兵学校長、四一年一〇月中将・輜重兵監に累進し、四二年四月第二六師団長、四三年四月汪兆銘政府軍事顧問を歴任して四四年八月小磯内閣の陸軍次官となり、翌年五月から大本営兵站総監を兼任した。敗戦後は戦犯に指名されたが、五一年に仮釈放されて軍人恩給全国連合会会長に就任し、五六年一月に没した。

柴山　清　▷12

㈱大連機械製作所技術部製罐職場主任／大連市台山町／一九〇四（明三七）六／宮崎県宮崎市神宮西町／南満州工業専門学校

一九二七年三月南満州工業専門学校を卒業して㈱大連機械製作所に入社した。以来勤続し、技術部製罐職場主任を務めた。

柴谷　与助 ▷11

旅順第一小学校訓導／旅順鯖江町／一八八九（明二二）一二／青森県西津軽郡柏村／青森県師範学校二部

青森県農業柴谷弥惣司の五男に生まれ、一九〇九年青森県師範学校二部を卒業した。同県南金沢、森田、舘岡、舞戸、林の各小学校訓導、校長を経て、二一年四月青森県女子師範学校教諭に就いた。二三年四月同県北津軽郡視学に選任されたが、翌年渡満して関東庁旅順師範学堂訓導となり、二六年二月旅順第一小学校訓導に転じた。二七年七月文部省中等教員検定試験教育科に合格し、同年一二月に論文集「教育自論集」を刊行して知人間に頒布した。

渋江友之助 ▷11

満州福紡㈱工務長／大連市播磨町／一八八六（明一九）一〇／鹿児島県薩摩郡西水引村／東京高等工業学校

鹿児島県官吏渋江有一郎の次男に生まれ、一九〇九年東京高等工業学校を卒業した。岡山の倉敷紡績会社に入り工場機械係と務めた後、工務課長、本店試験課長、工場長、重役秘書等を歴任し、この間一六年に河北及び長江沿岸一帯の棉業を視察した。一九年勤続して退社し、二七年三月に渡満して満州福紡㈱工務長となった。

渋川　正雄 ▷12

進和商会㈱ハルビン出張所主任／ハルビン道裡透籠街／一九〇五（明三八）九／兵庫県神戸市下山手通／大連商業学校

兵庫県渋川仁郎の長男に生まれ、一九二六年大連商業学校を卒業し、高田友吉が経営する大連の㈱進和商会に入った。三〇年にハルビン道裡透籠街に出張所が開設される際、同所主任となって赴任した。

渋木　藤作 ▷11

金物商／大連市伊勢町／一八九七（明三〇）一／新潟県新潟市本町通／新潟商業学校

新潟県渋木藤作の長男に生まれ、二三年一一月父の名を継いで家督相続した。一九一二年新潟商業学校を卒業し、商業を志して同年一二月に渡満し、大連で父とともに金物商を開業した。

渋田　俊介 ▷11

弁護士／大連市光風台／一八九四（明二七）九／福岡県糟屋郡席内村／関西大学法科

福岡県商業渋田徳次郎の七男に生まれ、一九一四年関西大学法科を卒業した。弁護士試験に合格して東京で弁護士を開業した後、二〇年五月に渡満して大連市愛宕町に法律事務所を開設した。

渋田弥太郎 ▷12

満鉄大屯駅助役／吉林省長春県大屯駅／一九〇六（明三九）一／福岡県三潴郡蒲池村／高等小学校

一九二〇年高等小学校を卒業して渡満し、同年四月満鉄に入り橋頭駅に勤務した。二二年六月連結方、二三年一二月役務方を経て三三年七月奉天列車区車掌心得となり、同年九月橋頭分区車掌となった。三四年一一月助役試験に合格して林家台助役となり、三五年八月五竜背駅助役を経て三六年一二月大屯駅助役となった。この間、満州事変時の功により大盾及び従軍記章を授与され、三五年四月勤続一五年の表彰を受けた。

渋野多賀次 ▷11

奉天第一尋常小学校長／奉天淀町／一八八七（明二〇）九／岡山県上道郡平島村／岡山師範学校

岡山県農業渋野勝太の長男に生まれ、一九〇九年岡山県師範学校を卒業して郷里の平島尋常小学校訓導となった。同県西大寺尋常高等小学校訓導、浮田尋常高等小学校長を歴任した後、一六年五月に渡満して撫順尋常高等小学校訓導となった。ハルビン尋常高等小学校訓導に転任した後、二三年六月奉天第一尋常小学校長に就任した。この間、地理歴史研究のため中国北部を視察した。

渋谷　兼吉 ▷11

大連伏見台小学校訓導／大連市紅葉町／一八九一（明二四）四／埼玉県北足立郡谷田村／埼玉県師範学校

埼玉県農業渋谷吉右衛門の次男に生まれ、一九一三年埼玉県師範学校を卒業した。郷里の小学校に勤務した後、二一年一〇月に渡満して大連の貔子窩小学校訓導となり、二四年九月校長に就任した。二八年三月、大連伏見台尋常小学校訓導に転じた。

渋谷　貞雄　▷12

参天堂薬房主、小学校父兄会評議員、三州会幹事／新京特別市三笠町／一八九四（明二七）二／鹿児島県薩摩郡高江村

鹿児島県渋谷良平の長男に生まれ、一九一五年四月に渡満して翌年から長春で参天堂薬房を経営した。薬種、売薬のほか化粧品類を販売し、新京有数の薬房に発展した。

渋谷　三郎　▷12

国務院治安部警務司長、従五位勲三等／新京特別市大同大街国務院治安部／一八八八（明二一）一／東京府東京市芝区三田小山町／陸軍大学校

後に陸軍中将となった渋谷伊之彦の子として宮崎県宮崎郡広瀬村に生まれ、一九〇六年士官候補生として福知山の歩兵第三九連隊に入隊した。〇八年陸軍士官学校を卒業し、同年六月第三九連隊の満州駐箚として渡満し、同年一二月歩兵少尉に進級した。その後一七年に陸軍大学校を卒業して陸軍歩兵学校教導大隊付、参謀本部付、同部員を経て第一四師団参謀となり、シベリア出兵に出動した。同地で第一一師団参謀に転任した後、参謀本部付、歩兵第七〇連隊大隊長、陸軍歩兵学校共同体付兼同校教官、同校研究部員、第一一師団参謀、歩兵第四九連隊付、第一師団司令部付東京農業大学服務、関東軍司令部付黒河特務機関長、歩兵第三連隊長に歴補して三一年歩兵大佐に累進した。三六年七月予備役編入となり、翌月渡満して浜江省公署警務庁長となり、三七年七月国務院治安部警務司長に就いた。この間、二〇年に勲五等旭日章、三三年に勲三等瑞宝章及び皇帝訪日記念章を授与された。

渋谷　従容　▷12

渋谷工務所主、敷島女学校幹事、勲八等／新京特別市昌平胡同／一八九一（明二四）三／鹿児島県鹿児島郡伊敷村／攻玉社工学校

一九一五年東京の攻玉社工学校を卒業して満鉄に入り、鞍山製鉄所の建設に際し土木方面を担当した。次いで志岐組に転じて支店長を務めた後、三五年四月に独立して新京に渋谷組を開設して土木建築請負業を経営した。市公署営繕局、国都建設局、需品局、郵政局及び満鉄鉄路局等の指定請負人として牡丹江、吉林、ハルビンに出張所を置き、年請負高四〇万円を計上し、事業の発展とともに薩摩運送店を設立してトラック運送業を兼営した。この間、満州事変時の功により勲八等旭日章に叙せられた。

渋谷　清一　▷12

満鉄鉄道総局運転課員兼監察付監察補、従七位／奉天雪見町／一九〇〇（明三三）一二／宮城県仙台市常盤町／東北帝大工学専門部機械工学科

宮城県渋谷喜助の長男に生まれ、一九二一年東北帝大工学専門部機械工学科を卒業し、二二年三月仙台鉄道局運転課に勤務した。仙台運輸事務所、仙台駅車掌、同助役を務めた後、兵役に服して除隊後に会津若松機関庫助役となり、次いで坂田機関庫主任、米沢機関庫主任、和田建設事務所兼務、山形運輸事務所運転掛主任、仙台鉄道局運転課機関車掛、仙台鉄道教習所講師兼務を歴職して鉄道局技師となった。その後三三年一二月満鉄に転じて渡満し、奉山鉄路局派遣、奉天鉄路局機務処運転科長、鉄路総局機務処運転科列車係主任を歴任し、三六年九月副参事に進み、同年一〇月鉄道総局運転課に転任し、監察付監察補を兼務した。

渋谷　武雄　▷12

国務院実業部臨時産業調査局調査部第二科員、実業部林務科兼務／新京特別市恵民路第一代用官舎／一八九五（明二八）一〇／山形県米沢市下矢来町／東京帝大農学部林学科

山形県渋谷辰四郎の三男に生まれ、一九二四年東京帝大農学部林学科を卒業して農商務省山林技手となった。営林局技手・青森営林局勤務を経て営林署技手となり、高田、宮古、宮崎、日田の各営林署長を歴任して技師に昇格し、青森営林局利用課員兼計画課員となった。その後三六年一月国務院実業部臨時産業調査局技佐に転出して渡満し、同年五月調査部第二科に配属され、三七年三月実業部技佐・林務科兼務となった。

渋谷　近蔵　▷11

奉天実業補習学校長兼奉天青年訓練所主事／奉天富士町／一八七五（明八）八／神奈川県足柄上郡松

田町／神奈川県師範学校

神奈川県農業古瀬伊兵衛の三男に生まれ、同県渋谷伊太郎の娘ヨシの婿養子となった。一八九七年神奈川県師範学校を卒業して県下の小学校訓導となったが、教育科及び地理科の中等教員文部省検定試験に合格して一九〇三年四月母校の師範学校教諭に就いた。一七年八月に渡満して南満中学堂教諭となり、二二年八月奉天中学校教諭、二七年七月奉天実業学校長兼奉天青年訓練所主事に就いた。夫人ヨシとの間に四男七女があり、二八年一一月の昭和天皇即位に際し三〇年以上勤続により関東長官から表彰を受けた。

渋谷虎之助 ▷11

大連伏見台公学堂教諭／大連市錦町／一八九三（明二六）三／長崎県北松浦郡宇久神浦村／長崎県師範学校第二部、旅順師範学堂研究科

長崎県商業渋谷三代吉の次男に生まれ、長崎県立中学校猶興館から同県師範学校第二部に進み、一九一五年に卒業した。二一年四月に渡満して関東州普蘭店尋常高等小学校訓導となり、翌年一〇月旅順師範学堂訓導に転じ、同年教務のかたわら旅順師範学堂研究科を卒業した。二四年から一年間北京に留学して中国語と中国事情を研究し、二七年四月大連伏見台公学堂教諭に就いた。

渋谷弥五郎 ▷11

満鉄公主嶺地方事務所社会主事／吉林省公主嶺楠町／一八九六（明二九）一二／山形県飽海郡北平田村／同志社大学法学部政治科

山形県農業渋谷弥作の五男に生まれ、一九二一年京都の同志社大学法学部政治科を卒業して満鉄に入り、埠頭事務所に勤務した。二三年社会主事補として撫順炭坑に単身赴任し、二五年社会主事となって遼陽地方事務所に勤務し、二七年四月公主嶺地方事務所に転任した。

島　一郎 ▷11

満鉄庶務部社会課庶務係主任／大連市三室町／一八九六（明二九）三／広島県広島市段原町／東京帝大法学部政治科

広島県島岩太郎の長男に生まれ、一九二一年四月東京帝大法学部政治科を卒業し、翌月満鉄に入社した。瓦斯作業所、本社調査課、東京支社等に勤務し、二五年四月本社社会課勤務となった。

島内　満男 ▷12

満鉄公主嶺農事試験場農業経営科／吉林省公主嶺霞町／一九〇五（明三八）一〇／北海道札幌市南九条西／北海道帝大農学部農業経済科

北海道島内二太郎の長男に生まれ、一九二八年三月北海道帝大農学部農業経済科を卒業し、同年四月明治製糖㈱に入社した。二九年二月台北帝大に転じ、同大附属農林専門部の講師等を務めた。三五年五月満鉄に転じ、公主嶺農事試験場農業経営科に勤務した。

島川　清久 ▷12

島川組主／新京特別市清和街／一八九七（明三〇）七／熊本県阿蘇郡永水村

軍人を志望して長く軍隊生活を送った後、退役して一九三一年新京で島川木材店を営んだ。その後、同地で島川組を興して土木建築請負業を始め、技術員八人、事務員四人を使用してハルビン、大連、奉天、吉林に営業所・出張所を置いた。

嶋倉　久吉 ▷11

関東庁農事試験場長技手／金州東門外農事試験場官舎／一九〇三（明三六）二／山形県東置羽郡小松町／宇都宮高等農林学校

山形県農業嶋倉久次郎の五男に生まれ、一九二七年宇都宮高等農林学校を卒業した。同年四月に渡満し、関東庁農事試験場技手となった。

島崎　和彦 ▷12

昭和製鋼所㈱工務部工務課計画係主任代理／奉天省鞍山南十一条町／一九〇四（明三七）一二／鹿児島県鹿児島市常盤町／東北帝大工学部機械工学科

鹿児島県島崎端吾の次男に生まれ、一九二九年三月東北帝大工学部機械工学科を卒業して㈱斎藤省三商店東京支店に勤務した。次いで㈳衛生工業協会抄録委員嘱託、同鋳鉄罐能力調査委員嘱託を歴職した。その後三四年四月昭和製鋼所嘱託に転じて渡満し、工務部工務課に勤務して三五年八月計画係主任代理となった。

島崎　兼男　▷4

朝日洋行主／満州里／一八七九（明一二）／長崎県南高来郡杉谷村／高等小学校

長崎県穀物商島崎金次郎の子に生まれた。高等小学校を卒業して家業に従事したが、海外発展を志して家族を説得し、呉服と反物を携えて上海に渡った。二年後さらに青島に転じたが、一九〇四年の日露開戦により引き揚げた。戦争終結後、北方が有望と見てハルビン開市とともに同地に渡ったが、戦争の余波で景気が思わしくなく、満州里に赴いて朝日洋行を開設した。小店舗を構えて呉服、太物の他に薬品、化粧品、雑貨、穀物等を販売し、基盤が固まると京都、大阪、博多、長崎等から商品を仕入れ、販路をシベリア一帯に拡張して地方唯一の老舗となった。

島崎　勘一　▷11

社員消費組合従事員・監査員／大連市三室町／一八八二（明一五）四／岐阜県恵那郡中津町

岐阜県農業島崎金五郎の次男に生まれ、一九〇六年二月野戦鉄道作業局雇員として渡満した。翌年四月、満鉄開業とともに入社して運輸部営業課、大連管理局営業課に勤務した後、社長室人事課・社会課、庶務部社会課に属して消費組合を担当した。二六年七月に退社し、満鉄から分離した社員消費組合監査員に就いた。この間の二二年、満鉄社員表彰規程第一条第二号により表彰された。

島崎　久座　▷11

開原公学堂教諭、正八位／奉天省開原敷島街満鉄社宅／一八九一（明二四）一〇／北海道旭川市／札幌師範学校、朝鮮高等普通学校臨時教員養成所

旭川市島崎元治の長男に生まれ、一九一三年札幌師範学校を卒業し、山越郡八雲尋常高等小学校訓導となった。旭川市第四尋常小学校訓導を経て朝鮮に渡り、一八年に朝鮮高等普通学校臨時教員養成所を修了して仁峴公立普通学校に勤務した。一年志願兵として入営した後、除隊して開城公立普通学校、梨浦公立普通学校長、京城師範学校付属普通学校等に勤務した。二三年一一月に渡満して鉄嶺日語学堂に入り、翌年四月長春公学堂教諭となり、二八年一〇月開原公学堂に転任した。

島崎　金一　▷1

島崎病院主、勲六等／旅順市／一八七三（明六）三／佐賀県杵島郡大町村／済生学舎

医師の子に生まれ、中学校を卒業して公立柄崎病院で医学を実地研修した後、一八九三年東京の済生学舎に入学した。卒業後九九年に内務省の医術開業試験に合格して父の跡を継ぎ、かたわら武雄病院副院長を務め、大町学校医を兼務した。一九〇四年一〇月日露戦争に際し召集されて第一二師団軍医として従軍し、旅順兵站病院、遼陽兵站病院で治療に従事した跡、奉天兵站病院付として五万八〇〇〇人の負傷者後送を担任し、戦後勲六等旭日章と金若干を受けた。〇六年七月旅順の中国人街に病室十数室の島崎病院を開設し、主として中国人の診療に従事した。

島崎　静馬　▷12

満鉄安東地方事務所勧業係長、安東商工会議所特別議員／満鉄安東地方事務所／一八九四（明二七）四／福井県足羽郡六条村／九州帝大法学部

福井県島崎志馬之助の長男に生まれ、一九一九年広島高等師範学校文科を卒業し、二一年四月滋賀県立膳所中学校教諭となった。その後退職して九州帝大法学部に入り、二八年三月に卒業して同年四月満鉄に入社して東京支社に勤務した。二九年七月同庶務課勤務を経て三二年五月から経済調査会調査員を兼任し、同年一一月総務部庶務課勤務となって渡満した。三三年九月秘書役心得、三五年八月地方部商工課勤務を経て三六年六月安東地方事務所に転任して勧業係長に就いた。

島崎　捨吉　▷11

満鉄大連機関区運転助役／大連市北大山通／一八八六（明一九）二／福井県南条郡今庄村／満鉄養成所

福井県建築業島崎文五郎の三男に生まれ、一九〇七年六月に渡満して開業直後の満鉄に入った。大石橋駅機関方として勤務するかたわら一三年五月に養成所に入り、卒業と同時に大連に転勤した。一六年機関士に進み、二三年六月大連機関区運転助役に就いた。那須祐直に就いて琵琶を修め、大弓は満鉄運動会弓術部四段の腕を有した。

し

島崎　辰美 ▷12

[資]朝日洋行ハイラル支店代表、ハイラル日本居留民会副会長、ハイラル日本商工会議所創立発起人／興安北省ハイラル中央大街／一九〇六（明三九）三／長崎県南高来郡板谷村

早くから渡満して各種の実業に従事し、後に満州里の[資]朝日洋行本店に入り貿易商に従事した。その後ハイラル支店に転勤し、業務のかたわら同地の日本居留民会副会長を務めた。

島崎　伝治 ▷1

営口工程総局副工程司／奉天省営口／一八七〇（明三）一／埼玉県北埼玉郡忍村／工手学校

一八九一年七月東京築地の工手学校を卒業して岐阜県公吏となり、濃尾地震の復旧工事に従事した。その後岡山県に転じて水害復旧工事を管掌し、次いで九六年三月東京府に転じた。一九〇六年三月に渡満して営口軍政署の嘱託雇員となり、新市街の道路・下水を設計し牛家屯護岸工事を監督した。同年一一月に軍政署が廃止されると営口工程総局に傭聘され、副工程司を務めた。

島崎豊太郎 ▷12

[資]山田商店奉天出張所主任、奉天染色[股]董事長、奉天防護団第二区第一分区副分団長／奉天大西辺門外／一九〇一（明三四）一二／富山県富山市

大阪の山田商店に入り、長く染料・工業薬品の販売に従事した。その後、満州出張員として渡満し、市況調査のかたわら販路の開拓に努め、奉天大西辺門外に同商店奉天出張所を開設して主任となった。次いで一九三六年一一月に現地法人の奉天染色[股]を設立し、董事長に就任した。

島崎　役治 ▷12

亜細亜写真大観社社長、黄海渤海裕民漁業㈱監査役／大連市山県通／一八九二（明二五）一〇／高知県香美郡大楠植村／オリエンタル写真学校

高知県島崎常吉の次男に生まれ、オリエンタル写真学校を卒業した後、一八年に渡満して大連の豊年製油㈱に勤務した。二一年に退社した後、二四年五月共同経営で会員制の月刊誌「亜細亜大観」を創刊し、三二年一一月から個人経営にし「亜細亜写真大観」と名称変更して刊行した。雑誌のほかに満蒙、中国各地の風景、風俗、産業、交通、鉱業その他の学術資料・写真類を販売し、新京に支店を置いたほか札幌・京都・大阪・台北・京城・新京・奉天・ハルビン・上海・牡丹江・チチハルの各地に代理店を置いた。

島崎　庸一 ▷13

鞍山市長／奉天省鞍山／一九〇二（明三五）一一／鹿児島県鹿児島市常盤町／東京帝大法学部

鹿児島県島崎端吾の長男に生まれ、一九二六年三月東京帝大法学部を卒業して大連の国際運輸㈱に入社した。一年志願兵として近衛野砲兵連隊で兵役に服した後、除隊復職して神戸出張所に勤務した。二八年一二月港湾施設視察のため半年間欧米に出張した後、営口支店運輸主任となった。その後三二年六月に退社して国務院交通部水運司事務官となり、庶務科長、路政司第三科長に歴任して三四年七月交通部理事官となり、次いで三五年一〇月航政局事務官・安東航政局総務科長を経て三六年四月交通部理事官・航路司水運科長に就いた。その後三江省警務庁長を経て鞍山市長に就任した。この間、建国功労賞及び大典記念章、皇帝訪日記念章、勲五位景雲章を授与された。

島崎　好直 ▷4

満鉄長春地方事務所主任、従七位勲六等功五級／長春西第一三区／一八七三（明六）一／東京府豊多摩郡大久保村／東京帝大法科大学法律学科

旧姓は中川、旧土佐藩士の家に生まれ、長じて海軍少将島崎好忠の養子となった。一八九七年第一高等学校を卒業して東京帝大に進み、一九〇六年七月法科大学法律学科を卒業して翌年九月満鉄に入社した。一四年九月遼陽経理係主任となって遼陽電灯公司支配人を兼任し、一六年一二月安東県地方事務所主任、翌年六月長春地方事務所主任に転任した。一年志願兵出身の予備陸軍中尉で、兄弟共に海軍にあり、実兄の中川繁丑は大佐から少将に進み、実弟清海は海軍機関大尉を務めた。

島崎　隆一 ▷1

東洋洋行主、鉄嶺居留民会行政委員、鉄嶺実業協会評議員、鉄嶺輪

送業組合理事、鉄嶺印刷㈱取締役／奉天省鉄嶺／一八六七（慶三）六／石川県羽咋郡志雄村

郷里で羽二重機業経営、米穀取引所仲買等をしていたが、日露戦中の一九〇五年五月に渡満して兵站司令部付商人となり、軍需品の供給に従事した。〇七年四月に満鉄が開業すると鉄嶺に移住して鉄道運送業を開業し、大豆・豆粕の委託販売と木材商を兼営した。鉄嶺居留民会の設立以来行政委員を務め、他に鉄嶺実業協会評議員、鉄嶺輸送業組合理事、鉄嶺印刷㈱取締役を兼務した。

島末 連 ▷11

奉天日日新聞撫順支社長／奉天省撫順西五条通／一八八八（明二一）一／大分県別府市野口町／大阪工業専門学校機械科

大分県農業田原方吉の三男に生まれ、同県島末家の養子となった。一九〇五年大阪工業専門学校機械科を卒業し、同年六月農商務省技師となり八幡製鉄所に勤務した。〇九年から九州各地の瓦斯会社に勤務したが、一七年六月に渡満して満鉄に入った。撫順炭砿に一〇年勤続した後、二七年四月奉天日日新聞撫順支社長に転じた。

島田 兼義 ▷12

㈾星野組ハルビン出張所主任兼牡丹江出張所主任／ハルビン大安街／一九〇〇（明三三）三／宮崎県北諸県郡山田村／宮崎県立工業学校建築科

宮崎県島田五衛門の三男に生まれ、一九一七年県立工業学校建築科を卒業して朝鮮総督府景福宮建築出張所に勤務した。その後渡満して三五年五月星野組に入り、以来勤続してハルビン出張所主任となり、牡丹江出張所主任を兼務した。

島田 寛二 ▷12

島田歯科医院院長、勲八等／ハルビン石頭街日本居留民会ビル内／一八九〇（明二三）九／東京府東京市滝野川区田端町／シンガポール・メディカル・スクール・オブ・デンタル

東京府島田平松の次男に生まれ、中学校を卒業して英領シンガポールに渡り、同地のメディカル・スクール・オブ・デンタルを卒業した。一九二三年九月に渡満してハルビンの日本居留民会ビルで歯科医院を開業した。診療のかたわら三一年の満州事変に際し関東軍嘱託医として従軍し、勲八等に叙せられた。

嶋田欽一郎 ▷12

帝国殖産㈱社長、昭和勧業（株）／専務取締役兼ハルビン支店長／ハルビン道裡中国十五道街／一八九〇（明二三）八／山口県豊浦郡破居村／長崎高等商業学校

一九一七年長崎高等商業学校を卒業後、湯浅棉花㈱に三年勤めた後、二二年に東洋麻糸紡績㈱に転じ、大阪支店長、京都支店長を歴任した。二九年七月ハルビン道裡に帝国殖産㈱を創立して社長に就き、三四年から昭和勧業（株）専務取締役を兼務した。

島田 健吉 ▷11

関東長官秘書官／旅順市朝日町官舎／一八八四（明一七）一一／大分県宇佐郡安心院村／東京帝大法科大学政治学科

大分県農業島田助右衛門の三男に生まれ、一九一二年七月東京帝大法科大学政治学科を卒業した。東武鉄道に入って運輸課に勤務した後、一七年に北海道製鉄㈱に転じたが、二八年一二月関東長官秘書官に任じられて渡満した。業務のかたわら松平育英会監事、同理事を務めた。

島田 定持 ▷3

島田法律事務所主、従五位勲五等／旅順市鮫島町／一八七五（明八）三／埼玉県北葛飾郡栗橋町／東京法学院

一八九六年七月、東京法学院を卒業した。一九〇〇年五月判事となったが、翌年四月検事に転じた。〇四年一一月日露戦争に際して充員召集され、翌年二月旅順要塞守備付となって渡満した。翌月歩兵中尉に進み、同年六月から一〇月まで旅順要塞司令部出張所長として兵站業務を司り、かたわら同年七月から一〇月まで同要塞軍事法廷判士を兼任した。戦争終結とともに同年一一月に帰国し、〇六年七月大連の関東州審理所検察官となって再び渡満した。同年九月関東都督府法院判官に就いたが、一二年一二月に休職となり、翌年三月から旅順市で弁護士を開業した。

島田 三郎 ▷12

本渓湖税捐局副局長／奉天省本渓湖税捐局／一九〇三（明三六）一一／千葉県夷隅郡御宿町／東亜同文書院

大多喜中学校を卒業して上海に渡り、一九二五年三月東亜同文書院を卒業して満鉄に入社した。奉天駅、撫順駅、蘇家屯駅に勤務した後、三〇年二月瀛革洋行に転じた。三一年一〇月満州事変に際し再び渡満して関東憲兵隊嘱託となり、次いで三二年五月国務院民政部に入り、吉林省方正県救済員を経て吉林税務監督署属官となった。三三年一〇月竜江税務監督署事務官兼税捐局理税官に転任して海竜税捐局、黒河税捐局に勤務し、三五年一月竜江税務監督署総務科長を経て三六年九月本渓湖税捐局副局長となった。

島田 繁造 ▷12

島田洋服店主、天満ホテル主、ハルビン洋服同業組合幹事、東本願寺世話役／ハルビン道裡石頭道街／一八九四（明二七）三／三重県鈴鹿郡関町

三重県島田辰蔵の五男に生まれ、幼少の頃に名古屋の桜井洋服店に一二年間奉公し、大正天皇の即位式に際し名古屋市長より模範店員として善行賞を授与された。その後一九一四年に渡満し、同年二月ハルビン田地街で洋服店を開業した。その後業務を拡張して一八年に田地街の店舗を工場として道裡石頭道街に新店舗を開設し、東京の佐藤商店、大連及びハルビンのイギリス商より仕入れ、店員五人、職人三〇人を使用した。満鉄鉄路総局、税関、領事館、満州電電、郵政局、諸会社の指定商として年商三四万円を計上し、本業のかたわら南崗義州街で客室一六の天満ホテルを兼営した。この間、満州事変時の功により関東軍特務機関長及び奉天総領事より感謝状を授与された。

島田 滋 ▷4

ハルビン領事館外務書記生／ハルビン／一八八五（明一八）六／高知県長岡郡国府津村／東京外国語学校

東京外国語学校ロシア語に入学し、一九〇六年七月に卒業して外務省官吏となった。牛荘領事館に二年、ウラジオストク総領事館に六年、外務省政務局に一年、北京公使館に一年勤務した後、ハルビン領事館に転じた。実弟の二郎も横浜正金銀行員としてハルビンに在勤した。

島田 茂 ▷13

満州火災海上保険㈱会長、満州生活必需品㈱理事長／一八八五（明一八）／岡山県／東京帝大法科大学経済学科

一九一二年、東京帝大法科大学経済学科を卒業した。鳥取税務署長、永代橋税務署長、東京・名古屋各税務監督局関税部長、大蔵書記官、特別銀行課長を歴任した後、二七年に官界を辞して台湾銀行頭取に就任した。金融恐慌のあおりで休業となった同行の立て直しを図ったが、三四年に帝人事件が起きて同行の関与が取り沙汰されて辞任した。その後、中華匯業銀行理事を経て満州火災海上保険㈱会長となり、満州生活必需品㈱理事長を兼任した。

島田 淳蔵 ▷9

竜口銀行ハルビン支店支配人／ハルビン埠頭区モストワヤ街／一八八九（明二二）一一／埼玉県児玉郡児玉町

一九一六年から横浜正金銀行ハルビン支店に勤務し、一九年六月松花銀行支配人に転じた。二〇年に同行が竜口銀行に吸収されると、竜口銀行ハルビン支店支配人となった。

島田 信吉 ▷12

大連汽船㈱取締役兼総務部長、塘沽運輸公司取締役／大連市神明町／一八九〇（明二三）三／鳥取県鳥取市／東京高等商業学校

一九一四年東京高等商業学校を卒業して青島に渡り、その後二三年大連汽船㈱に入社した。二四年九月安東支店長となり、以来各地支店に転勤して本社庶務課長に就いた。三五年一二月職制改革に際し新制の総務部長となり、三六年一二月取締役に就任し、塘沽運輸公司取締役を兼務した。

嶋田 武志 ▷12

満鉄安東機関区運転助役兼安東青年学校指導員、社員会評議員、勲八等／安東山手町／一九〇八（明四一）三／熊本県飽託郡銭塘村／熊本工業学校機械科

一九二六年三月熊本工業学校機械科を卒業し、同年六月満鉄に入った。公主嶺機関区機関助手を経て四平街機関区に転勤し、機関方心得、機関方、機関士心得、機関士と累進した。三六年六月運転点検助役試験に合格して安東機関区運転助役となり、翌月から安東青年学校指導員を兼務した。この間、満州事変時の功により勲八等旭日章及び従軍記章、建国功労賞を授与された。

島田千代治　▷11

三井物産㈱ハルビン出張所長、勲八等／ハルビン水道街三井洋行社宅／一八八二（明一五）二／山梨県中巨摩郡貢川村／東京外国語学校支那語本科

山梨県農業島田政春の三男に生まれ、一九〇七年東京外国語学校支那語本科を卒業した。同年四月に渡満して三井物産牛荘支店輸出品掛となり、一二年八月大連支店穀肥掛に転勤した。一九年一二月穀肥掛主任、二二年四月穀肥支部長代理、二四年九月大連支店長代理等を経て二六年三月ハルビン出張所長に就き、同地の日本商業会議所議員を務めた。

島田　利吉　▷13

満州鉛鉱㈱社長、満州鉱山㈱取締役会長、東辺道開発㈱代表取締役／一八八四（明一七）／東京府／東京帝大工科大学採鉱冶金科

宮城県に生まれ、一九〇七年東京帝大工科大学採鉱冶金科を卒業して日立鉱山に入った。以来三〇年、一貫して日産コンツェルンの鉱業部門に勤めたが、日産の満州移駐に伴い渡満して満業直系の満州鉱山㈱取締役会長に就任した。他に満州鉛鉱㈱社長、東辺道開発㈱代表取締役を兼任し、鮎川義介満業総裁に最も近い人物とされた。

島田　元麿　▷12

ハルビン高等検察庁繙訳官兼ハルビン地方検察庁繙訳官、従六位勲五等／ハルビン南崗花園街／一八八四（明一七）一二／東京府東京市王子区赤羽町／東京外国語学校露語本科

東京府島田一義の長男に生まれ、一九〇六年東京外国語学校露語本科を卒業し、同年七月に渡欧した。英仏両国に滞在した後、ペテルブルグの東洋大学日本語科講師となり、一〇年一月から同大学派遣日本留学生の研究指導に当たった。一五年に㈾高田商会に入りウラジオストクに勤務した後、一八年七月海軍省に移ってシベリア方面で活動し、ニコラエフスク、ハバロフスク方面での戦闘に参加した。二三年九月の関東大震災時に東京湾警備に従事した後、北樺太アレキサンドロフスク海軍防備隊付繙訳官として北樺太撤退に際しソ連海軍との折衝に従事した。二五年一二月海軍繙訳官を辞任して二六年から海軍水路部委嘱の「露領沿岸水路誌」の編纂に従事し、二七年六月昭和金鉱㈱に入社してオホーツク方面に滞在した。次いで二九年七月司法省調査課の委嘱でロシア語法律書の翻訳に従事し、三二年一月司法省嘱託となり刑事局思想部に勤務した。その後三四年六月解任となり、北満特別区高等検察庁繙訳官兼同地方検察庁繙訳官に転じて渡満し、三六年四月北満特別区の解消によりハルビン高等検察庁繙訳官兼ハルビン地方検察庁繙訳官となった。

島田　盛夫　▷11

正隆銀行旅順支店長代理／旅順市伊地知町／一八九九（明三二）七／長崎県北松浦郡平戸町／奉天外国語学校華語科

山岡鉄舟の高弟で男爵の籠手田安造を祖父に持ち、長崎県剣道教師島田梶之助の三男として生まれた。一九一三年六月父に伴い一四歳の時に渡満し、長崎中学校から旅順中学校に転じたが翌年二月に中退した。同年四月から正隆銀行奉天支店に見習生として勤務し、かたわら奉天外国語学校華語科に学んで一七年に卒業し、翌年八月准書記となった。二〇年一〇月本店勤務となり、二三年八月書記に進んだ後、二八年二月旅順支店長代理に就いた。

島田　好　▷11

満鉄監察役、陸軍三等主計、正八位／大連市白菊町／一八八九（明二二）五／鳥取県西伯郡余子村／東亞同文書院

鳥取県農業島田円次郎の次男に生まれ、実兄鉄文の養嗣子となった。一九一〇年上海の東亞同文書院を卒業し、同年九月に渡満して関東都督府に入った。都督府警部補、警部を歴任した後、一九年に満鉄に入社し、本渓湖地方事務所長、遼陽地方事務所長等を経て満鉄監察役に就いた。

島田　吉郎　▷12

満鉄大連工事事務所長／大連市伏見町／一八八四（明一七）一一／島根県那賀郡浅利村／東京工手学

校

島根県島田作太郎の長男に生まれ、一九〇五年東京工手学校を卒業した後、〇八年四月満鉄に入社した。総務部土木課、奉天保線係兼千金寨保線係、工務課、総務部、技術局建築課、遼陽保線係、大石橋工務事務所、鞍山工務事務所、大石橋工事係主任、鞍山工事係主任を経て鞍山工務事務所建築長となった。次いで鞍山製鉄所庶務課、大石橋地方事務所、鞍山地方事務所工務係長、地方部建築課、工事部建築課に歴勤して三〇年九月技師に進み、工業標準規格調査会委員、地方部工事課建築工事係主任を経て三六年九月参事となり、三七年四月大連工事事務所長に就いた。この間、青島戦役時の功により賜金を授与されて、三三年四月勤続二五年の表彰を受けた。

島津　春雄 ▷12

撫順炭砿製油工場重油係主任、従七位／奉天省撫順北台町／一八九九（明三二）三／山梨県北巨摩郡若神子村／東北帝大工学部化学工業科

山梨県島津忠吉の三男に生まれ、東京高等工業学校染色科を経て一九二六年三月東北帝大工学部化学工業科を卒業し、同年四月母校の東京高等工業学校講師となった。二九年七月満鉄に転じて渡満し、満州教育専門学校教授となった。三二年三月撫順炭砿研究所に転任し、三四年四月技術担当員、同年一二月製油工場蒸留係主任を経て三五年二月重油係主任となった。三七年四月硫酸洗滌法による頁岩灯油の効率的な製造法を開発した功績により表彰を受け、副参事に昇任した。

島名福十郎 ▷11

長春実業銀行取締役頭取、隆泰公司主／長春吉野町／一八七六（明九）八／鹿児島県鹿児島市上竜尾町／鹿児島高等中学造士館中途退学

鹿児島県商業福崎金蔵の次男に生まれ、島名作次郎の養嗣子となった。一八九一年七月鹿児島英和学校を卒業して鹿児島高等中学造士館に入学したが、九四年七月病気のため退学した。九九年に米穀仲買人となったが一九〇二年に廃業し、久米田商会に入り支配人となり、翌年六月店用で天津、青島、南満州を視察した。〇三年八月に再び渡満したが、翌年二月旅順滞在中に日露開戦により捕虜となり、釈放されて帰国した。同年四月肥料と汽船購入のため上海に渡った後、九月から第一〇師団酒保用達となった。〇五年一月営口に日中合弁の福茂東洋公司を設立したが、翌年営口軍政廃止とともに孟家屯に移り、〇七年一月隆泰公司を設立した。同年四月長春に移転し、貿易・土木建築請負・貸家業を営んだ。かたわら一八年一月長春実業銀行、一九年三月吉長窯業㈱、二〇年日支合弁中東製材(股)、二一年長春建物㈱、二三年日露支合弁東北木材(股)等を設立し、長春商工会議所会頭、長春地方委員会審査委員、長春第三区区長、三州会会長、修養団支部顧問、長春健児団顧問等を務め、二六年の関東庁始政二〇周年に際し木盃、二七年四月満鉄創業二〇周年に際して銀盃を受けた。鹿児島女子興業学校出身で鹿児島商工会議所会頭久米田新太郎の妹の夫人アイとの間に一男一女があり、鹿児島高女に学んだ長女は静岡高校教授兼東京帝大文学部講師長島喜一に嫁した。

島根　用三 ▷3

満鉄地方部衛生課事務長、勲七等／大連市山城町／一八六九（明二）一〇／埼玉県南埼玉郡大沢町

一八八九年に入営して九五年一等看護長に進み、翌年陸軍軍属となり、日露戦争の功により勲七等に叙せられた。一九一一年五月、満鉄に入り地方部衛生課事務長に就いた。

島　弥 ▷12

満鉄撫順炭砿古城子採炭所西採炭係主任／奉天省撫順北台町／一八九六（明二九）一／富山県東礪波郡東般若村／早稲田大学理工学部採鉱冶金科

富山県島荘次の次男に生まれ、一九一八年早稲田大学理工学部採鉱冶金科を卒業し、同年七月満鉄に入り撫順炭砿老虎台採炭所に勤務した。以来勤続して二七年一〇月煙台採炭所、三〇年六月撫順炭砿炭砿部採炭課、三二年一〇月坑内掘係技術担当員に歴任し、三六年一〇月副参事に昇格して古城子採炭所西採炭係主任となった。この間、二四年に社員表彰規定により表彰され、三六年四月勤続一五年の表彰を受けた。

島村　敏夫 ▷11

大連市役所書記、勲六等功七級／

大連市千歳町／一八七九（明一二）二／大分県直入郡竹田町

大分県官吏鶴原達夫の五男に生まれ、三〇歳の時に福岡県商業佐藤直人の婿養子となった。一九〇〇年小倉の歩兵第四七連隊に入り、特務曹長に進んで一七年一二月に予備役となった。翌年二月大分県竹田町の役場書記に就いたが半年後に退職し、戸畑の東洋製鉄㈱事務員となった。二〇年に退社して渡満し、大連市役所書記に就き、かたわら大連在郷軍人大広場分会副長を務めた。

島村紋太郎　▷12

島村洋服店主、旅順敦賀町会総代、㈶大連昭和学園理事／旅順市敦賀町／一八八五（明一八）／岡山県岡山市上石井町

長く洋服商に従事した後、一九〇七年に渡満して旅順に島村洋服店を開業した。以来同地で洋服と羅紗、綿布、洋服材料の卸小売商を営み、旅順工科大学その他諸学校、諸官衙の制服指定洋服商として発展した。

島本　斉　▷12

満鉄陶家屯駅助役／吉林省陶家屯駅／一九一〇（明四三）二／鹿児島県曽於郡大崎村／鹿児島実業学校

鹿児島県島本善兵衛の三男に生まれ、一九二八年鹿児島実業学校を卒業した後、二九年一〇月満鉄に入り長春駅駅手となった。三〇年一〇月第一二期駅務講習科を修了して翌月貨物方となり、かたわら三二年八月第四期華語講習科を修了した。その後三四年八月新京列車区車掌心得を経て同月第一一期車掌講習科を修了して翌月車掌となり、三六年九月陶家屯駅助役に就いた。この間、満州事変時の功により大盾を授与された。

島屋　進治　▷12

満州日日新聞社調査部長兼支那部長／大連市桜花台／一九〇一（明三四）四／石川県鹿島郡滝尾村／中学校

石川県島屋力蔵の五男に生まれ、中学校を卒業した後、北京に四年間留学した。帰国して一九二二年から二四年まで横浜日日新聞社及び報知新聞社の編集局に勤めた後、二八年六月に渡満して満州日日新聞社に入社した。以来勤続し、編集局連絡部長を経て三五年八月調査部長兼支那部長に就いた。

島　安次郎　▷9

満鉄理事、正四位勲三等／大連市児玉町／一八七〇（明三）八／和歌山県和歌山市北町／東京帝大工科大学機械科

一八九四年東京帝大工科大学機械科を卒業し、同年八月関西鉄道㈱に入社して汽車課長に就いた。一九〇一年六月逓信省技師に転じて鉄道局に勤務し、〇三年五月から一年間休職して欧米を旅行し鉄道事情を視察した。〇六年五月鉄道国有準備局技師を兼任し、国有化後の〇八年一二月鉄道院技師専任となった。〇九年八月から東京帝大教授を兼任し、一〇年三月再び欧米に出張して一二年六月に帰国した。一三年二月工学博士の学位を取得し、同年六月鉄道院理事となり工作局長に就いた。一七年九月米国に出張して翌年一月に帰任し、同年四月鉄道院技監となった。一九年三月中国に出張して同年五月に帰任し、翌月休職となると同時に満鉄理事となって渡満し、技術部長に就任した。二二年一月職制改正により技術部が廃止されると、理事筆頭として社務に専念した。⇒二三年六月任期満了となり、帰国して汽車製造㈱の会長に就任した。夫人順との間に五男二女あり、長男の秀雄は一九二五年東京帝大工学部機械工学科を卒業して鉄道省に入り、C53・D51型を始め多くの機関車を設計して四九年国鉄理事・工作局長で退職したが、五五年元満鉄理事の十河信二国鉄総裁に乞われて復職し、東海道新幹線計画の技師長を務めた。

島　芳蔵　▷3

横浜正金銀行大連支店副支配人／大連市児玉町／一八七六（明九）八／大阪府三島郡清渓村／京都帝大法科大学法律学科

一九〇四年京都帝大法科大学法律学科を卒業し、翌年四月横浜正金銀行に入った。以来勤続し、累進して大連支店副支配人に就任した。

爾見淳太郎　▷3

満鉄安東医院長兼医長、従六位勲四等／安東県新市街満鉄社宅／一八七四（明七）六／愛知県西加茂郡猿投村／東京帝大医科大学

一九〇二年、東京帝大医科大学を卒業した。〇三年海軍中軍医に任官して舞鶴海軍病院付となり、同年七月海軍大

し

軍医に進んだ。〇六年四月日露戦争の功により勲五等双光旭日章を受け、〇九年七月旅順海軍病院付兼旅順鎮守府付として渡満した。同年九月日本赤十字社関東州病院医員嘱託となり、一〇年一二月海軍軍医少監に進んだ。一二年四月海軍工機学校軍医長、同年一二月海軍機関学校軍医長教官兼任を経て一三年二月満鉄に招かれて再び渡満した。営口医院長兼内科部長を務めた後、翌年一一月安東医院長に就いた。

清水　亀吉　▷12

満鉄奉天列車区橋頭分区列車区助役、勲八等／奉天省橋頭満鉄奉天列車区橋頭分区列車区／一九〇五（明三八）七／大分県北海部郡大在村

大分県清水富太郎の長男に生まれ、一九二五年三月満鉄育成学校を修了して開原駅に勤務した。二八年一〇月職員に昇格し、二九年九月長春列車区鉄嶺分区車掌心得を経て同年一二月車掌となった。三三年一〇月楊木林駅助役、三四年八月奉天省四平街駅構内助役、同年一〇月事務助役を経て三六年九月奉天列車区に転勤し、橋頭分区列車区助役となった。

清水　喜一　▷11

撫順炭砿調査役室事務担当員／奉天省撫順北台町／一八九五（明二八）三／新潟県中頸城郡名香山村／早稲田大学商科

新潟県清水儀作の長男に生まれ、一九一八年早稲田大学商科を卒業して満鉄に入社した。撫順炭砿会計課財産係、給与係、経理課決算係を経て調査役室事務担当員に転任した。この間兵役に就き、退営して後備陸軍歩兵曹長となった。

清水　喜七　▷12

大連取引所信託㈱会計係主任／大連市浅間町／一八八九（明二二）六／岐阜県養老郡牧田村／大垣商業学校

大垣商業学校を卒業し、一九〇九年四月岐阜市の第一六銀行に入った。一一年三月に退職し、翌月渡満して大連の原田洋行に転じ貿易業に従事した。二三年大連取引所信託㈱に転じ、勤続して後に会計係主任を務めた。

清水楠次郎　▷12

十一屋商店主、従六位勲六等／大連市水仙町／一八七九（明一二）一／三重県員弁郡大長村

三重県郵便局長清水伝右衛門の三男に生まれ、日露戦中の一九〇四年三月韓国駐劄軍電信隊付として仁川に上陸し、同年一一月軍とともに満州に進軍した。〇五年五月臨時電信隊付に編入されて通信技手を務め、戦後は安東県旧市街電信取扱所長、橋頭郵便局長、瓦房店郵便局長、本渓湖郵便局長を歴任して二七年六月開原郵便局長に就いた。二九年一〇月逓信副事務官に進んだ後、三五年三月に退官して大連市水仙町で食料品雑貨商を開業し、菓子、漬物、缶詰、佃煮、乾物類を販売した。かたわら満鉄諮問委員、地方委員、日本赤十字社本部協賛委員を務め、二六年九月の関東庁始政二〇周年記念に際し関東長官から銀盃一組を受けた。

清水　淳司　▷8

満州市場㈱支配人／奉天／一八七七（明一〇）四／愛知県名古屋市東区堅代官町

一九〇六年第一銀行に入り、同行京城支店の業務を継承した韓国銀行に転じた。一一年三月の朝鮮銀行への改称後も引き続き勤務したが、一四年に辞職した。一九年四月安東銀行奉天支店長として渡満したが、翌年二月に退職した。その後、二五年五月奉天の満州市場㈱支配人に就任した。

清水　三郎　▷13

営口水道交通㈱社長／一八九一（明二四）三／石川県河北郡小坂村／早稲田大学法学部英法科

一九一七年、早稲田大学法学部英法科を卒業して満鉄に入社した。埠頭事務所勤務を振り出しに、本社総務部文書課編纂係主任、監理課総務係主任、同調査係主任等を歴任して参事となった。三六年、総裁室監理課調査係主任から営口水道交通㈱社長に転出した。

清水　繁次　▷12

満鉄安東機関区長、社員消費組合総代、勲七等／安東満鉄機関区／一八九六（明二九）一〇／岐阜県安八郡三城村

岐阜県清水米吉の次男に生まれ、一九一二年一月鉄道院に入り大垣機関庫に勤務した。一三年に鉄道院東京中部教習所を修了した後、一四年六月満鉄に転じて大石橋車輌係となった。長春車両係、同機関助手、鶏冠山車輌係、

し

鶏冠山機関区機関士心得、同機関士、遼陽機関区点検助役を経て鶏冠山機関区、瓦房店機関区、大連機関区瓦房店分区の各運転助役兼機関士を歴任して鉄道部庶務課に勤務した。次いで大連機関区瓦房店分区運転主任兼撫順炭砿勤務兼瓦房店実業補習学校講師兼瓦房店青年学校指導員、瓦房店機関区主任に歴任し、三七年四月安東機関区長に就いた。この間、一九年に勲七等青色桐葉章を授与され、三〇年四月満鉄勤続一五年の表彰を受けた。

清水　卯治　▷12

大連汽船㈱機関長、従七位勲六等／横浜市神奈川区鳥越／一八七九（明一二）一／新潟県中頸城郡新井町／商船学校

一九〇二年商船学校を卒業した。一九二九年四月大連汽船㈱に入り、機関長を務めた。

清水　滋　▷12

満鉄ハルビン鉄路局水運処営業科長／ハルビン鉄路局水運処／一八九九（明三二）五／福井県三方郡十村／京都帝大法学部英法科

一九二七年三月京都帝大法学部英法科を卒業して大学院で研究に従事した後、二八年四月満鉄に入社して鉄道部事務助手となった。長春駅駅務方、長春列車区車掌、安東駅貨物方、奉天駅貨物助役、鉄道部連運課、同営業課に歴勤して開原駅貨物主任となり、次いで安東駅貨物主任、大連埠頭第一埠頭主任、鉄道総局水運課勤務を経て三七年六月ハルビン鉄路局水運処営業科長となった。この間、満州事変時の功により賜杯及び従軍記章を授与された。

清水助太郎　▷12

満鉄鉄道警務局警務参与、正七位／奉天木曽町／一八八五（明一八）七／山口県佐波郡和田村／山口県師範学校

山口県清水市蔵の子に生まれ、山口県師範学校を卒業した後、一九〇七年一〇月山口県巡査となった。以来勤続して小郡警察署長、巡査教習所長、下関水上警察署長、山口警察署長を歴任した。その後二七年二月関東庁警視に転じて渡満し、旅順、安東の各警察署長を経て外務省警視兼務となり、撫順警察署長を務めた。次いで満鉄に転じて新京鉄路局警務処警務科長、同副処長、吉林鉄路局警務処副所長兼警務科長を歴任し、三七年三月鉄道警務局警務参与となった。この間、三四年に単光旭日章を授与された。

清水　孫秉　▷12

満州中央銀行業務課副課長、冀東政府顧問／新京特別市豊楽路／一八八六（明一九）九／長野県東筑摩郡島立村／明治大学商科

長野県清水倉吉の次男に生まれ、一九〇八年明治大学商科を卒業し、同年九月清国欽命修訂法律館法典編纂補助嘱となった。次いで一一年五月台湾銀行に入り高雄、台中の各支店長を歴任した後、一九年三月華南銀行常務取締役に就いたが、二二年三月に辞任して東京製材所を経営した。かたわら母校明大の商議員及び同講師、南方拓植公司理事長を務めた。その後三二年六月満州中央銀行文書課長となって渡満し、三七年五月業務課副課長となった。著書に『支那貨幣論』『拓植金融論』がある。

清水　賢雄　▷13

東亜土木企業㈱社長、満州土建協会副理事長、勲四等／大連市聖徳街／一八八六（明一九）一〇／岐阜県安八郡和合村／京都帝大理工科大学土木科

長野県農業塩川吉蔵の子に生まれ、後に清水恒三郎の養子となった。一九一一年京都帝大理工科大学土木科を卒業して満鉄に入り、本社工務課、大石橋保線係、撫順保線手、遼陽保線係主任、吉長鉄道派遣工務主任を経て大連鉄道事務所長代理となった。次いで二四年から一年間欧米に出張して各国の鉄道事業を視察し、帰社して鉄道部計画課に勤務した後、奉天鉄道事務所長、大連鉄道事務所長を経て参事に昇進し、鉄道部工務課長、鉄道部次長を経て監査役となり、技術委員会委員及び工務委員会委員を兼務した。その後三七年四月に待命となり、満州技術協会副会長を務めた後、二〇年一月東亜土木企業㈱社長に就任し、満州土建協会副理事長を務めた。実弟の塩川泰雄も満鉄に入り鉄道部運転課に勤めた。この間、シベリア出兵時の功により勲八等、満州事変時の功により勲四等に叙され、三七年四月勤続二五年の表彰を受けた。

清水　長策　▷12

満鉄鉄道総局付待命参事、勲六等

し

／奉天萩町／一八八六（明一九）一二／大分県宇佐郡駅館村

大分県清水治左衛門の長男に生まれ、一九〇三年九州鉄道管理局駅務練習所を修了して電信係となり、豊津駅、門司駅に勤務した。〇四年一二月日露戦争に際し野戦鉄道提理部付車掌として従軍し、大石橋駅、瓦房店駅等に勤務した。〇七年四月満鉄開業とともに同社入りし、引き続き瓦房店駅に勤務した後、大連駅勤務、同駅助役、普蘭店駅長、普蘭店実業補習学校長、旅順駅長、大連鉄道事務所庶務係文書主任を歴任した。三〇年六月依願免職・鉄道部嘱託となり、鉄路総局職員に転じて洮昂鉄路局に派遣され、三四年四月チチハル站長となり同地の自動車営業所主任を兼任した。三六年四月奉天鉄路監理所監理員に転任し、三七年四月副参事に昇格して待命となった。この間、旅順駅長在職時に旅順市会議員・副議長、チチハル站長在職時に同地の居留民会副会長を務め、二七年四月満鉄勤続二〇年の表彰を受けた。また、日露戦争時の功により勲七等瑞宝章、満州事変時の功により勲六等瑞宝章及び建国功労賞を授与された。熊本県出身の夫人艶子との間に四男一女あり、長男太郎は奉天の満州医科大学に学んだ。

清水 鼎良 ▷12

満州国最高法院審判官、正六位／新京特別市熙光路白山住宅／一八九八（明三一）五／鹿児島県大島郡伊仙村／東京帝大法学部独法科

一九二二年三月東京帝大法学部独法科を卒業し、翌年五月司法官試補となった。東京区裁判所検事代理、検事局勤務、東京地方裁判所検事兼同区裁判所検事を歴任し、二九年六月からプロレタリア芸術運動についての調査に従事し、次いで国際共産主義宣伝活動の実状調査を担当した。その後東京地方裁判所及び同区裁判所の判事として予審係を務め、三五年五月満州国最高法院推事に転出して渡満した。三六年七月学習法官指導官となり、刑事法典起草委員等を経て同法院審判官に就いた。

清水友三郎 ▷1

東亜煙草㈱鉄嶺出張所主任兼長春出張所主任／奉天省鉄嶺／一八七二（明五）二／愛知県名古屋市長者町／横浜商業学校

一八九二年横浜商業学校を卒業して横浜市のドイツ商会に二年勤務した後、米国炭鉱冶金学士の伊藤弥二郎に就いて鉱山学を学んだ。中国・九州地方で鉱業に従事したが、一九〇五年に廃業して代々木商会に入り、同年二月日露戦中に大連に渡り、遼陽、奉天等に支店を開設した。〇六年七月同商会と江副洋行が合同して官製煙草輸出組合を組織すると営口支店主任となった。さらに同組合が東亜煙草㈱に改組された後、〇七年六月鉄嶺出張所主任となり長春出張所主任を兼任した。

清水豊太郎 ▷13

㈱大興公司専務董事／新京特別市城後路／一八九三（明二六）一二／広島県賀茂郡竹原町／早稲田大学商科

広島県清水熊太郎の長男に生まれ、一九一七年三月早稲田大学商科を卒業し、同年七月満鉄に入り経理部主計課に勤務した。二〇年三月主計課勤務、二五年六月地方部庶務課勤務を経て三〇年九月参事に進み、商事部庶務課長、同部長代理に歴任した後、三三年一一月満州中央銀行に転じ、同年一二月庶務課長に就いた。その後四〇年七月㈱大興公司専務董事に転じ、農民向けの彩票と貯金を兼ねた有奨儲蓄の普及増進を手がけた。

清水 虎蔵 ▷1

三七商会主、鉄嶺雑貨商組合評議員、鉄嶺印刷㈱監査役／奉天省鉄嶺／一八七五（明八）二／鳥取県東伯郡倉吉町

鳥取、大阪等で郵便電信局に勤務したが、病気のため退職した。その後橋本組に入り、北越、奥羽、北海道等で鉄道工事の監督をした。日露戦争が始まると第二軍兵站監部の酒保に転じ、一九〇四年六月蔡家屯に上陸して軍と共に鉄嶺前方八里の老辺に進んだ。その後第四師団第一〇兵站司令部の酒保に転じ、戦後〇六年四月に軍が帰国すると残留品処分のために三七商会を設けて雑貨店を開業した。以来引き続き同地で雑貨商と軍用達業を経営し、鉄嶺雑貨商組合評議員、鉄嶺印刷㈱監査役等を務めた。

清水 兵三 ▷11

奉天総領事館駐在朝鮮総督府道理事官、従七位勲七等／奉天淀町／一八九〇（明二三）七／島根県松江市堅町／東京外国語学校

島根県清水光之助の三男に生まれ、一

九一三年東京外国語学校を卒業し、翌年六月朝鮮総督府書記となって安東領事館に勤務した。シベリア出兵に際しウラジオストク派遣軍政務部付として従軍した後、二四年一月総督府属兼外務属となってハルビン総領事館に勤務した。二八年三月総督府道理事官に任官して奉天領事館に赴任し、在満朝鮮人の保護に従事して中華民国嘉禾章六等を受けた。

清水　寛之　▷12

図們税関員／朝鮮咸鏡北道清津府満州国税関弁公処官舎／一八九八（明三一）一一／東京府東京市麻布区霞町／早稲田大学専門部政治経済科

明治学院中学を経て一九二〇年早稲田大学専門部政治経済科を卒業し、同年五月満鉄に入社して地方部に勤務した。二一年一二月家事の都合で退社して青島膠海関試用稽査員となり、二八年三月一等稽査員に累進し、同年一〇月上海海関に転勤した。三二年四月安東海関一等副験貨員に転任した後、同年六月の満州国による中国海関接収により満州国税官吏となった。三四年四月二等験貨員となり、安東税関勤務及び大連税関に勤務した後、三五年六月図們税関に転勤して三六年に税関鑑査官に昇格した。この間、三四年三月建国功労賞及び大典記念章、同年五月勲八位景雲賞、三五年九月皇帝訪日記念章を授与された。

清水　勝　▷12

日満商事㈱大阪支店会計係主任／大阪府豊中市新免／一九〇〇（明三三）一／石川県金沢市野町／神戸高等商業学校

石川県清水鉄次郎の長男に生まれ、一九二五年三月神戸高等商業学校を卒業して同年四月に渡満し、満鉄・三井・三菱・南昌洋行・野沢組の共同出資で設立された撫順炭販売㈱に入社した。以来一〇年余り勤続した。三六年一〇月新京に満鉄直系の日満商事㈱が設立されると同社に転じ、後に大阪支店に転勤した。

清水松之助　▷12

清水洋行主／ハルビン石頭道街／一八九一（明二四）一／京都府久世郡宇治町

長く軍隊生活を送った後、退役して青島で清酒、醤油、白米、銘茶商を営んだ。その後、ハルビンで同業を営んでいた実弟が死去したため、青島の店舗を閉鎖して実弟の店を継承した。

清水　光雄　▷12

吉林国立医院附属医学校助教員／吉林国立医院附属医学校／一九一一（明四四）五／長野県更級郡共和村／早稲田大学高等師範部国語漢文科

一九三四年三月早稲田大学高等師範部国語漢文科を卒業して渡満し、同年八月吉林国立医院附属医学校の日語講師となった。三六年一月国立医院嘱託となり、同校助教員に就いた。

清水　宗雄　▷12

大熊医科器械店新京支店主、三共商事㈱専務取締役、開寿栃興業㈱取締役／新京特別市興安大路／一八九五（明二八）七／岡山県吉備郡総社町

一九一五年朝鮮に渡り、京城の大熊医科器械店に入った。同店に長く勤続した後、満州事変後に渡満して種々画策のうえ、新京興安大路に大熊医科器械店新京支店の商号で店舗を開設した。満鉄、満州国政府をはじめ諸官衙に医療器械を納入し、ソ満国境方面まで販路を拡張した。

清水本之助　▷12

関東州庁内務部土木課長、正五位勲四等／大連市関東州庁内務部土木課／一八八五（明一八）四／東京府東京市芝区芝公園／京都帝大理工科大学土木工学科

清水鷲重の次男として長野県上水内郡水内村に生まれ、一九一五年七月京都帝大理工科大学土木工学科を卒業し、一六年四月山林技手に任官して大阪大林区署に勤務した。一七年一二月山林技師に進み、高知大林区署、熊本大林区署勤務を経て二一年四月千葉県技師となり、翌年三月群馬県技師に転任した。次いで二四年四月関東庁技師となって渡満し、二七年三月から一年間欧米に出張して各国の土木事業を視察した。その後三五年一二月官制改正により関東局技師となり、後に関東州庁内務部土木課長を務めた。長崎県選出代議士で実業家の臼井哲夫の三女スミ子を夫人とし、三男三女があった。

清水八百一　▷11

チチハル日本領事館領事、正六位

勲五等／龍江省チチハル／一八七九（明一二）三／岡山県吉備郡総社町

岡山県商業清水多蔵の次男に生まれ、清水豊治の長女茂子の婿養子となった。一八九八年九月外務省留学生試験に合格し、ウラジオストクに留学してロシア語を習得した。一九〇二年五月外務書記となり、コルサコフ、馬山、芝罘、シカゴ、北京、ケープタウンに勤務して一八年五月副領事となった。一九年一二月ケープタウン領事に昇任し、ニコライエフスク、営口、長沙勤務を経て二六年二月チチハル領事に就いた。

清水　勇吉　▷12

満鉄扶輪小学校長／奉天省鄭家屯扶輪小学校／一八九四（明二七）四／静岡県榛原郡五和村／静岡県師範学校

一九一七年三月静岡県師範学校を卒業して県下の小学校で訓導を務めた後、一九年四月に渡満して満鉄に入り遼陽尋常高等小学校訓導となった。遼陽実科女学校教員及び遼陽実業補習学校講師を兼務した後、吉林尋常小学校、安東尋常高等小学校訓導兼安東実業補習学校講師を経て二六年一〇月手工科研究のため六ヵ月間内地留学した。帰任して営口尋常高等小学校、大石橋尋常高等小学校の訓導及び実業補習学校講師、実科女学校教員を歴職し、この間の二八年文部省中等教員検定試験に合格した。次いで鄭家屯の扶輪小学校訓導に転任し、三六年四月同校長に就いた。

清水祐太郎　▷12

清水商店主、新京聖徳会理事／新京特別市吉野町／一八九五（明二八）七／長野県小県郡傍陽村／高等小学校

長野県清水弥次郎の子に生まれ、一九一〇年三月高等小学校を卒業して東京清水組に入った。次いで一三年四月朝鮮の京城清水組に転じ、さらに一六年四月長春清水組勤務となって渡満した。業務のかたわら二一年から同地で小間物雑貨店を経営し、後に清水組を退職して同店と建築請負業を兼営した。

清水　要次　▷12

満鉄敦化工務段員／吉林省敦化満鉄工務段／一九〇四（明三七）一／群馬県多野郡吉井町／岩倉鉄道学校

群馬県清水房吉の次男に生まれ、一九二四年岩倉鉄道学校を卒業して鉄道省に入った。その後三三年に渡満して満鉄に入社し、吉海鉄路局、新京工務段勤務を経て三四年七月敦化工務段に転勤した。

清水　利吉　▷11

満鉄長春駅貨物助役／長春敷島寮／一九〇二（明三五）一一／石川県金沢市小立野新町／日露協会学校

石川県紙卸商清水甚助の次男に生まれ、一九二〇年五月に渡満して満鉄文書課に勤務した。翌年五月ハルビンの日露協会学校に派遣入学を命じられ、二四年三月に卒業してハルビン事務所調査課に勤務した。その後長春商業学校講師、長春駅勤務を経て二八年一二月同駅貨物助役に就いた。

志村　悦郎　▷12

満鉄参事、産業部調査役、満州国実業部嘱託、勲六等／大連市桃源台／一八九四（明二七）七／神奈川県足柄下郡下府中村／東亜同文書院商務科

神奈川県山中勝太郎の長男に生まれ、一九一四年上海の東亜同文書院商務科を卒業し、同年七月森村商事㈱に入社した。一五年七月上海在勤となり、重慶在勤を経て再び上海に勤務して一九年四月上海出張所主任となった。二三年八月同僚と共に同社支那部事業の譲渡を受け、華森公司を設立して常務取締役となったが、同年九月の関東大震災により辞職した。二六年二月満鉄嘱託となり、興業部商工課に属して上海に在勤した。二八年二月職員に昇格して上海事務所に勤務し、三〇年六月殖産部商工課勤務、同年八月ハルビン事務所庶務課勧業係主任、三三年九月同所産業課兼商工係主任を経て三四年六月参事に昇格し、鉄路総局に勤務した。三五年三月局長待遇のハルビン鉄路局産業課副課長兼ハルビン事務所産業課勤務となり、同年九月経済調査会委員兼第六部綜合班主任、同年一一月同第四部商業班主任、三六年一〇月産業部付を経て三七年二月同部調査役に就いた。著書に『浙江財閥』『農村協同組合』等があり、満州事変時の功により勲六等従軍記章及び建国功労賞、大典記念章を受けた。

志村　源蔵 ▷11

関東庁旅順民政署税務係主任、従七位勲八等／旅順市東郷町／一八七八（明一一）九／岩手県稗貫郡花巻町／岩手県師範学校

岩手県志村丈吉の長男に生まれ、一九〇〇年岩手県師範学校を卒業して東京法学院に進んだが、病を得て退学した。〇四年大蔵省文官普通試験に合格し、翌年一月税務属となった。宮城、福島、秋田、青森、栃木、千葉の各県に勤務し、二二年六月関東庁出向となって渡満した。同年八月大連民政署財務課関税係主任となり、翌年一一月旅順民政署税務係主任に就いた。

志村　重二 ▷11

鞍山郵便局長、正七位勲七等／奉天省鞍山北一条町郵便官舎／一八七九（明一二）三／岐阜県海津郡高須町／電気通信技術養成所

岐阜県加藤清一の三男に生まれ、同県志村鏡太郎の長女伊久の婿養子となった。一八九四年電気通信技術養成所を修了し、九六年一〇月郵便電信書記補となった。以来逓信省に勤務し、一九〇四年六月臨時電信隊として日露戦争に従軍した。戦後も満州に残留し、〇六年関東都督府に入り、一一年通信書記に昇格した。都督府構内電信取扱所長、旅順郵便局主事、同局長心得を経て鞍山郵便局長となった。夫人伊久は嘱託として旅順高女で生花、茶道を教えた。

志村　徳造 ▷14

満州瓦斯㈱常務取締役／大連市桜町／一八八七（明二〇）一〇／神奈川県横浜市神奈川区台町／明治大学

神奈川県商業金子宇吉の長男に生まれ、志村家を相続した。一九一〇年七月明治大学法科を卒業し、同年九月に渡満して満鉄瓦斯作業所に勤務した。一七年計算主任、翌年庶務主任を経て二五年七月南満州瓦斯㈱への組織変更とともに庶務課長となった。二七年一〇月支配人に就き、翌年九月から欧米に出張して瓦斯事業を視察し、帰国して二九年取締役兼任、三一年常務取締役に就任した。三二年一一月から三六年一〇月まで大連市会議員を務め、四二年に大連で病没した。

志村松右衛門 ▷12

満鉄撫順炭砿工事事務所水道係主任、工業標準規格委員会委員／奉天省撫順南台町／一九〇四（明三七）一／東京府東京市浅草句柳原町／南満州工業専門学校土木分科

旧姓は渡辺、志村三之助の養子となった。一九二五年三月南満州工業専門学校土木分科を卒業し、同年四月満鉄に入り撫順炭砿土木課に勤務した。撫順実業補習学校講師嘱託、工務事務所勤務、工事事務所勤務を経て三二年二月工事事務所水道係主任となった。

下井多四郎 ▷12

南満州工業専門学校教授、機械工学科長、正八位／大連市光風台／一八九二（明二五）四／三重県津市中新町／東京帝大工科大学機械科

下井喜三郎の三男として大津市大谷町に生まれ、滋賀県立膳所中学校、第八高等学校を経て東京帝大に進んだ。一九一六年七月同大工科大学機械科を卒業して㈱住友製鋼所に入社し、同年一〇月設計係に配属された後、同年一二月一年志願兵として横須賀の重砲兵第二連隊に入隊した。一八年三月に除隊復職し、二〇年一月砂落係を経て二一年二月製輪係となり鉄道外輪製造と火砲類の鍛錬焼入工程を担当した後、三〇年四月工務係となった。業務のかたわら三一年九月高等学校図画科教員免許を取得し、三二年八月大阪府立豊中中学校の数学科教員に転じた。その後三四年五月南満州工業専門学校教授に転じて渡満し、三六年四月機械工学科長に就いた。

下尾　栄 ▷12

ハルビン高等法院審判官／ハルビン高等法院／一九〇四（明三七）一／佐賀県唐津市大字唐津／東京帝大法学部独法科

東京帝大法学部独法科に入学し、在学中の一九二九年に文官高等試験司法科に合格した。三〇年六月司法官試補となり、同年一〇月東京区裁判所検事代理、三一年一二月東京地方区裁判所判事、三二年一二月甲府地方裁判所及び同区裁判所判事、三五年一二月千葉地方裁判所及び同区裁判所判事を歴任した。三六年一一月満州国に転じて渡満し、ハルビン高等法院審判官に就いた。

下尾弥太郎 ▷12

満鉄鉄嶺医院長／奉天省鉄嶺宮島町満鉄鉄嶺医院／一八九九（明三二）六／佐賀県唐津市唐津／九州帝大医学部

佐賀県下尾安太郎の次男に生まれ、一九二五年三月九州帝大医学部を卒業して同大後藤外科教室の副手となった。次いで二六年六月愛媛県北宇和郡明治村の松丸病院外科部長となり、二七年五月高知県幡多郡で医院を開業した後、二八年一〇月熊本県球磨郡多良木町ほか九ヶ村が経営する組合病院長に就いた。その後三一年一〇月に渡満して満鉄に入り、営口医院外科に勤務して三三年三月鉄嶺医院外科医長を経て三七年四月待命・地方部勤務となり、同年六月に退職した。この間、満州事変時の功により銀盃を授与された。

下釜　五作 ▷6

大連機械製作所庶務係、勲七等／大連市／一八八六（明一九）／長崎県北高来郡江の浦村

一九〇六年徴兵されて佐世保海兵団に入営し、敷島、比叡等に乗務した後、一八年旅順要港部参謀付となって渡満した。一九年一一月一等主計兵曹として予備役編入となり、二〇年五月大連機械製作所に入り庶務係を務めた。

下川　龍爾 ▷3

満鉄埠頭事務所職員、船長、勲六等／大連市越後町／一八七五（明八）四／北海道函館区春日町／商船学校航海科

一八九六年五月、商船学校航海科を卒業して同校の助教諭となった。九八年六月、山口県立大島商船学校の創立とともに同校教諭に赴任した。その後三井物産、大阪商船、川崎汽船船舶部等の運転士・船長を歴任し、満鉄埠頭事務所に入り船長を務めた。

下川　与市 ▷12

安東省公署民政庁勤務、従七位／安東省公署民政庁内／一八九五（明二八）一／福岡県飯塚市鯰田／攻玉社工学校

福岡県下川与四郎の次男に生まれ、一九一五年東京の攻玉社工学校を卒業し、同年一一月朝鮮に渡り平壌府土木課に勤務した。一七年四月に帰国して福岡県の友枝鉱業所測量係主任となり、翌年四月技術監督者に就いた。一九年五月に退社して船木鉄道㈱に転じたが、さらに同年六月朝鮮総督府技手に転じた。都市計画課に勤務した後、二四年四月平安北道出向、二七年慶尚南道出向を経て三四年土木技師に昇格したが、同年一一月に退官し、翌年渡満して満州国官吏に転じた。間島省民政庁技佐として同庁土木科長を務めた後、三七年五月安東省公署技佐に転任して民政庁に勤務した。

下河辺正直 ▷12

和信洋行主、ハルビン居留民会区長、同在郷軍人会役員／ハルビン一面街／一八八九（明二二）一二／神奈川県横浜市／高等小学校

高等小学校卒業後、一九〇五年六月に渡満して大連の渋谷商店に入った。一九一〇年徴兵されて入営し、満期除隊後にハルビン百貨店松浦商会に転じた。一六年に独立してロシア人相手に貿易商を営んだが、翌年日本人向けの雑貨商に転業した。東京、大阪、京都、福岡から商品を仕入れ、従業員四人を使用して婦人用小間物類を販売した。

下園　鷹蔵 ▷7

剣道教範／旅順市松村町／一八八七（明二〇）一二／鹿児島県薩摩郡平佐村

幼少から武道に励み、剣道四段の武術指南で身を立てるべく一九一〇年に渡満した。大連民政署及び旅順民政署の剣道助教を務めた後、旅順中学校と旅順工科大学剣道教範の嘱託となり、二〇年五月大日本武徳会総裁から精練証を受けた。

下薗長右衛門 ▷7

満鉄電気作業所検査監督工長／大連市武蔵町／一八八四（明一七）三／鹿児島県揖宿郡喜入村／大連工業学校夜学部

鹿児島県の豪農の長男に生まれたが、父一次の事業失敗で破産し、小学校高等科二年で退学した。尾久島の叔父に引き取られ、一七歳から鰹節問屋兼久の奉公人となり、店主北五郎に認められ一番番頭になった。一九〇五年補充兵として熊本の歩兵第四五連隊に入隊し、満期退営して長崎スタンド会社に入った。一一年に渡満して満鉄電気作業所に入り、日給七〇銭の人夫として働きながら大連工業学校夜学部に通った。一六年組長に抜擢され、一九年六月雇員に進んで工長となり、翌年職員に昇格して検査監督工長に就き七、八〇人の部下を指揮した。研究心に富み、電車の運転機構に関する諸種の発明をし、電車用電動機下菌式の特許を取得した。

下田 勝久 ▷12

関東高等法院検察官長兼地方法院検察官長、正五位勲三等／旅順市一戸町官舎／一八八三（明一六）八／東京府／日本大学法律科

東京府下田兼松の三男に生まれ、一九〇七年日本大学法律科を卒業した後、一四年に判事登用試験に合格して司法官試補となった。三〇年に検事となり甲府地方裁判所兼同区裁判所、東京地方裁判所兼同区裁判所の各検事を務めた後、広島控訴院検事、名古屋地方裁判所思想係検事、名古屋区裁判所上席検事、名古屋地方裁判所次席検事を歴任した後、関東高等法院検察官長兼地方法院検察官長となって渡満した。

下田吉兵衛 ▷1

順吉洋行主／奉天省営口元神廟街／一八六四（元一）四／長崎県南高来郡安市村

二一代続いた大庄屋の子に生まれたが、少年時代に出奔して神戸や広島で長く放蕩生活を送った。一九〇〇年義和団事件に際し「長崎新報」記者として北京に赴き、その後「朝鮮新報」の通信員となった。〇三年四月天津で中国人と煉瓦製造業を始めたが、商慣行に不案内のため多大の損失を出して廃業した。〇四年八月日露戦争に際し第一軍経理部の用達商人となり、遼陽、鉄嶺に従軍した後、〇五年五月営口元神廟街で再び煉瓦製造業を開始した。その後順調に売上げを伸ばし、営口、田庄台、大石橋のほか各地にも煉瓦工場を設置し、石材販売業を兼営した。

下田 為蔵 ▷9

特産物商、奉天省四平街取引所信託㈱監査役／奉天省四平街中央大路／一八七三（明六）三／熊本県上益城郡浜町

一九〇六年に渡満し、奉天省四平街で特産物商を開業した。奉天省四平街在住日本商人の先達として同地の特産物商組合長に選任され、一九年一〇月奉天省四平街取引所が開設されると同所仲買人となり、奉天省四平街取引所信託㈱監査役を務めた。

下田忠兵衛 ▷12

満鉄大虎山工務段長、社員会評議員、勲八等／錦州省大虎山満鉄工務段／一八八七（明二〇）二／長崎県東彼杵郡千綿村／高等小学校

長崎県下田幸作の長男に生まれ、高等小学校を卒業した後、一九一七年四月満鉄に入り技術局に勤務した。奉天鉄道事務所遼陽在勤、撫順保線区、蘇家屯保線区を経て同区助役となり、次いで奉天保線区撫順在勤保線助役、鉄道部勤務、奉山鉄路局大虎山在勤を経て三三年九月大虎山工務段長となった。この間、大虎山居留民会評議員を四期、同消防長を一期務めて三六年に新民領事より民会功労者として表彰されたほか、満州事変時の功により勲八等及び従軍記章を授与され、三二年四月に満鉄勤続一五年の表彰を受けた。

下田鉄三郎 ▷12

国際運輸㈱監察員／大連市山県通国際運輸㈱本社／一八九五（明二八）八／石川県金沢市天神町／石川県立金沢第二中学校

一九一五年石川県立金沢第二中学校を卒業し、一六年に内国通運金沢支店に入った。一時実兄の副業陶器商に従事した後、二〇年に再び内国通運支店に入り到着係、会計主任に歴勤した。その後二九年朝鮮に渡って国際通運平壌支店に勤務し、京城支部調査課、城津支店詰、雄基支店助役に歴勤した後、三四年二月国際運輸㈱に転じて雄基支店作業係主任となった。次いで本社調査課勤務となって渡満し、管理課監査員を経て三七年五月主任待遇監察員となった。

下田万次郎 ▷12

満鉄吉林検車段検車助役／吉林敷島街／一八九〇（明二三）四／長崎県上県郡仁田村

長崎県下田与吉の子に生まれ、小学校を卒業して家業の農業に従事した後、一九歳の時に朝鮮に渡り釜山駅及び蔚山駅に勤務した。一九一〇年一二月帰国して兵役に服した後、再び朝鮮に渡って朝鮮総督府鉄道局に入り清津及び釜山に在勤した。その後帰国して呉海軍工廠、九州若松石川島造船所黒崎工場、安川電気工場等に務め、一九一九年一一月に渡満して満鉄に入り、沙河口工場、大連検車区分区駐在所勤務を経て三五年七月吉林検車段検車助役となった。この間、満鉄社員表彰規程に基づく表彰を受けた。

下田　米蔵　▷12

大和薬房牡丹江支店支配人／牡丹江太平路／一九一〇（明四三）一一／長崎県南高来郡口之津町

長崎県下田清三郎の長男に生まれ、一九二六年長春吉野町の㈾大和薬房に入った。その後三二年に独立して吉林で薬種商を営んだが、三三年に大和薬房に復帰して支配人となった。三五年九月牡丹江支店開設とともに支配人となり、大阪、奉天、ハルビン、図們方面から仕入れ、従業員五人を使用して薬種一般と衛生材料を販売した。

下津春五郎　▷12

大連鉄道事務所長、大連都市交通㈱取締役、福昌華工㈱取締役、大連汽船㈱取締役、遼東ホテル㈱取締役、大連海務協会理事長、㈶大連医院評議員、正八位勲五等／大連市楓町／一八八九（明二二）四／京都府南桑田郡亀岡町／山口高等商業学校

京都府下津直路の五男に生まれ、一九一一年山口高等商業学校を卒業した後、一四年一月満鉄に入社し、以来一貫して鉄道関係の業務に従事した。二三年一二月ニューヨーク事務所に赴任し、二五年所長代理を務めた後、二六年九月鉄道部勤務となりヨーロッパを巡遊して二七年二月に帰社した。次いで奉天鉄道事務所庶務長、監理部考査課勤務を経て参事に昇格し、鉄道部旅客課長、地方部庶務課長、鉄路総局総務処長、ハルビン水運局長、同営業処長兼務を歴任し、三六年九月大連鉄道事務所長に就き、関連諸会社の取締役を兼任した。

下徳　直助　▷7

下徳商会主／長春東二条／一八八四（明一七）四／宮崎県都城市前田

早くから柔道と剣道に親しんで軍人を志したが、父の意向で普通学校に入り、不満が高じて乱暴を働き退学処分を受けた。日露戦中の一九〇五年三月、大村の歩兵第二三連隊に入営して同年七月に渡満した。〇六年三月旅順で召集解除となり、金州民政署雇員となったが〇七年九月に退職し、翌月長春に赴いて西寛城子駅の構内で両替店と物品販売店を開いた。営業のかたわら警務署に武道教育を加えることを関東都督府に献言し、自ら警務署や憲兵隊で武術指導にあたった。同年一二月の長春駅開設後も引き続き構内で営業したが、治安が悪く両替店への襲撃が頻発し、〇九年四月には馬賊一〇人による襲撃を受け、九ヵ所三八針も縫うほどの傷を負いながら一人で撃退した。長春市場㈱取締役を兼務し、満鉄付属地の区長や在郷軍人会長春分会理事、青年会副会長を務め、二四年一月の摂政裕仁の婚礼に際し陸海軍大臣より表彰され時計を下賜された。

霜鳥　正治　▷11

満鉄開原駅助役／奉天省開原敷島街／一八九八（明三一）一／新潟県中頸城郡金谷村／長野商業学校、満鉄鉄道教習所運輸科

新潟県霜鳥孫四郎の長男に生まれ、一九一六年県立長野商業学校を卒業し、同年五月に渡満して満鉄に入った。翌年鉄道教習所運輸科を卒業し、以来勤続して開原駅助役に就いた。

下鳥元次郎　▷11

輸出入貿易、保険代理業、下鳥商店主／大連市能登町／一八九一（明二四）五／新潟県高田市直江町／高田第一実業補習学校

新潟県荒物雑貨商下鳥啓作の次男に生まれ、高田第一実業補習学校を卒業した。駐剳兵として一九一三年三月に渡満し、同年除隊となり帰国したが、翌年妻を伴って再び渡満した。同年一〇月運送業の山口公司に入り、一七年五月鈴木商店大連支店に転じた。一九年一月営口新市街で特産商を独立開業したが、二〇年に満州共益社輸出部嘱託に転じ、同年五月から天津、済南、青島、芝罘、竜口等を回って日中貿易の現地調査に従事した。同年一一月嘱託を辞して大連市能登町に下鳥商店を開設し、米穀と揮発油、重油、軽油、機械油、縄、叺、莚、麻袋等を取り扱った。かたわらスタンダード石油会社、朝鮮殖産㈱、火災海上保険各社の代理店を兼営し、帝国在郷軍人会大連第四分会理事、西公園区協議員、新潟県人評議員、高田郷友会幹事を務めた。

下野重三郎　▷12

盛京時報社大連支局長、大北新報社大連支局長、大同報社大連支局長／大連市長生街／一八九九（明三二）四／長崎県長崎市上筑後町

／東亞同文書院

一九二二年上海の東亞同文書院を卒業し、同年九月ニューヨークのスタンダード石油会社京城支店に入り新義州出張所主任となった。その後二四年三月奉天の盛京時報社営業部に転じて三〇年一月大連支局長となり、大北新報社大連支局長及び大同報社大連支局長を兼ねた。かたわら三五年八月大連放送局の「サンデーラジオ」創刊に際し、経営の一切を引き受けて同紙の基盤を作った。

下野仲之助 ▷7

満鉄社員地方区熊岳城出張所主任／奉天省熊岳城北五区／一八八四（明一七）三／鹿児島県鹿児島市永吉町／高等小学校

鹿児島高等小学校を卒業し、一九〇四年一二月徴兵されて熊本の歩兵第四五連隊に入隊した。〇五年三月日露戦争に従軍し、〇六年三月に帰還した。〇九年七月公主嶺の独立守備隊第三中隊に編入されて再び渡満し、歩兵伍長に進んだ後、一二年六月に満期退営した。一三年三月満鉄に入り、遼陽経理係となった。一五年熊岳城勤務を経て一九年に松樹派出所創設とともに転任し、二三年五月熊岳城派出所主任に就いた。勤務のかたわら地方行政事務、在郷軍人会分会理事、消防監督、赤十字社地方委員を務めた。

志茂　平蔵 ▷11

満鉄撫順医院東郷出張所主任／奉天省撫順東郷坑／一八八二（明一五）一一／北海道札幌市山鼻町／東京慈恵医学専門学校

札幌市志茂モモジの三男に生まれ、一九〇三年東京慈恵医学専門学校を卒業して医術開業試験に合格した。一七年に渡満して満鉄撫順医院に勤務し、後に同院東郷出張所主任を務めた。謡曲を趣味とし、日本女子大卒の夫人コハキはピアノを得意とした。

下村　猛 ▷12

満鉄撫順炭砿経理課出納係主任／奉天省撫順南台町／一九〇一（明三四）六／長崎県南高来郡西郷村／京城高等商業学校

長崎県下村小三郎の次男に生まれ、一九一九年六月満鉄に入り経理部会計課に勤務した。その後私費留学の許可を得て京城高等商業学校に入学し、二四年に卒業して復職し、撫順炭砿会計課に勤務した。撫順実業補習学校講師嘱託、撫順炭砿経理課、老虎台採炭所、煙台採炭所、楊柏堡採炭所、東郷採炭所、撫順炭砿経理課に歴勤し、三三年三月同出納係主任となった。

下村　信貞 ▷12

国務院外交部北満特派員公署理事官／ハルビン外交部北満特派員公署／一八九九（明三二）三／福岡県築上郡千束村／東京帝大法学部政治学科

福岡県下村政雄の次男に生まれ、一九二三年東京帝大法学部政治学科を卒業した後、二四年四月満鉄に入社した。その後三二年六月国務院外交部事務官に転じて総務司計画科長に就き、三三年四月政務司外国科長兼務を経て三四年八月北満特派員公署理事官となった。この間、三四年に建国功労賞及び大典記念章、勲五位景雲章、三五年に皇帝訪日記念章を授与された。

下村六郎兵衛 ▷12

興大号主、在郷軍人会監事、兵庫県人会評議員、町内会役員／奉天省四平街北二条通／一八九一（明二四）一／兵庫県三原郡湊町／兵庫県立洲本中学校

兵庫県下村平吉の次男に生まれ、県立洲本中学校を卒業した後兵役に服し、一九一五年六月独立守備隊勤務となって渡満し、鄭家屯に二年在営した。その後一八年に除隊して通遼県で蒙古天然産品、甘草、薬草などの商取引に従事した。二四年に四平街に本拠を移して日本各地産のミカン、塩魚を輸入販売し、貸家、運送業、日本生命保険会社の代理店業を兼営した。支店三、出張所七を設けて中国人従業員三八人を使用し、年商高二八万円、納税額一五〇〇円に達した。この間、在営中に善行賞証を受けたほか、長く在郷軍人会の役員を務め、同会長の表彰を受けた。

下村　亘 ▷1

下村洋行主、安東運輸会社取締役、㈱貯蓄会取締役、安東県水産㈱監査役／安東県／一八七一（明四）五／徳島県徳島市出来島町

一八九六年台湾に渡り、台南で雑貨商と米穀商を営んだ。一九〇五年四月に廃業し、日露戦中に渡満して安東県四番通に下村洋行を設立して貿易業と雑貨商を経営し、安東運輸会社取締役、㈱貯蓄会取締役、安東県水産㈱監査役を務めた。

下山　一男　▷12

㈾丸一洋行労務無限社員兼吉林支店長／吉林大馬路／一八九六（明二九）六／岡山県吉備郡民材村

岡山県下山秀太郎の長男に生まれ、一九一七年朝鮮煙草会社に入り、奉天出張所の開設とともに同地に赴任した。二一年に同出張所撤廃となり、撫順に丸一洋品店を開業して洋品雑貨商を営み、二四年の市街地移転に伴って西五条通に店舗を新築した。満州事変後に北満及びチタ方面の商業視察をし、三五年八月吉林大馬路に支店を開設して和洋雑貨・小間物・履物類の販売業を経営し、後に合資会社に改組して労務無限社員兼吉林支店長となった。

下山恭次郎　▷11

石炭商、㈾怡信洋行店主／奉天省鉄嶺北五条通／一八八八（明二一）一／青森県北津軽郡内潟町

青森県農業下山熹の三男に生まれ、臨時鉄道監部付として日露戦争直後の一九〇五年一一月に渡満した。〇七年に辞職して石炭商を営み、一七年に合資会社とした。二八年六月鉄嶺輸入組合理事に就任し、満州織布㈱取締役、㈱日華銀行監査役、鉄嶺証券㈱取締役を兼務し、鉄嶺地方委員、鉄嶺商業会議所常議員を務めた。

下山多次郎　▷12

満鉄産業部農林課畜産係主任／大連市臥竜台／一八九八（明三一）三／青森県上北郡法奥沢村／盛岡高等農林学校獣医科

青森県下山太蔵の三男に生まれ、一九一九年三月盛岡高等農林学校獣医科を卒業し、同年五月満鉄に入り農事試験場に勤務した。地方部勧業課黒山屯在勤、同公主嶺在勤、農事試験場兼興業部農務課勤務、興業部農務課勤務兼経済調査会調査員、地方部農務課畜産係主任に歴勤した後、三六年九月副参事に昇格して同年一〇月産業部農林課畜産係主任となった。この間、満州事変時の功により従軍記章と盾を授与された。

釈河野龍丸　▷11

正隆銀行ハルビン支店長／ハルビン埠頭区モストワヤ街／一八九二（明二五）／福岡県早良郡姪浜町／東亜同文書院

一九一三年上海の東亜同文書院を卒業して正隆銀行に入り、同年営口支店に転じて渡満した。一五年兵役のため帰国し、翌年退営して天津支店に転任した。二一年本店預金主任、翌年開原支店長、二五年安東支店長等を歴任して二六年ハルビン支店長に就いた。

周　鶴林　▷3

裕和盛主／奉天省営口永世街／一八七〇（明三）八／長崎県長崎市梅ヶ崎町

九歳の時に広東に渡り、一六歳まで学堂に学んだ。長崎に戻って鎮西学校で二年学び、その後父の経営する裕和盛商店で商業に従事した。一九〇四年に日露戦争が始まると芝罘に赴き、翌年から〇七年まで営口、鉄嶺に在留した。いったん長崎に帰った後、朝鮮の仁川に渡り、六年後に営口に移った。一四年八月日本に帰化し、引き続き営口で食料雑貨、運送、貸家業を営んだ。

首藤　定　▷14

東裕公司社長、大連商工会議所会頭、新京自動車㈱社長、関東州貿易実業振興会社社長、関東州青果統制配給㈱社長、関東州工業土地㈱取締役／大連市桜町／一八九〇（明二三）六／大分県北海部郡臼杵町

一九一一年八月に渡満して関東庁外事課雇員となり、勤務のかたわら東洋協会旅順語学校で中国語を修学した。一四年四月竜口の渤海輪施公司に転じ、翌年から二一年四月まで青島、済南等で豊後ミカンの輸入と両替商に従事した。一七年四月大連取引所銭鈔信託会社の創立事務にあたり、発足とともに庶務係主任に就いた。その後二三年八月に退社して和盛泰銭荘に入店したが、二八年八月神成季吉が経営する東裕銭荘を譲り受け、大連取引所銭鈔部取引人の免許を受けて独立した。インドの幣制改革と日本の金輸出再禁止にともなう為替相場の大変動で巨利を得たが、三三年以降の満州中央銀行による幣制改革と為替管理令により銭鈔取引が低調となり、新設の証券部に主力を注いだ。三六年九月株式会社に改組して東裕公司とし、銭鈔部を廃して不動産経営と株式その他の有価証券取引及び神戸海上火災㈱大連代理店の業務に専心した。三六年八月大連商工会議所副会頭に挙げられ、後に同会頭に就いたほか、同年一一月から大連市会議員を務めて四〇年に再選された。他に新京自動車㈱社長、関東州貿易実業振興会社社長、関東州青果統制配給㈱社長、関東州工業土地㈱取締役を兼務し大分県出身の成功者として大連和歌山県人会長を務め、郷里の青年の育英事業に力を注いだ。⇒日本・東洋の美術品蒐集を趣味とし、敗戦時にその一部を大連に進駐したソ連軍司令部に提供し、関東軍の備蓄穀物一〇〇トンの払い下げを受けて食糧に困窮した居留民に分配した。その後帰国し、五九年に没した。

首藤　利恭　▷4

大豊洋行主、勲八等／吉林省張家湾／一八七八（明一一）一〇／大分県北海部郡上北津留村

大分県の農家に生まれ、陸軍に入った。日露戦争に従軍して勲八等を受け、戦後除隊した。一九〇六年ロシア領ウラジオストクに渡って雑貨商を営んだ後、〇八年横道河子に移って引き続き雑貨商を営んだ。さらに西に進んで一面坡に至り、一〇年から一五年まで同地でシベリア式生活を送った。その後同地を引き払って張家湾に大豊洋行を設立し、質屋と薬種業を兼営した。

正垣厚之助　▷12

岡田商店主、ハルビン日本居留民会第七区副区長、ハルビン兵庫県人会役員、小学校保護者会役員／ハルビン道裡石頭道街／一八九六（明二九）七／兵庫県養父郡大屋市場

一九一八年奉天の岡田商店に入り、二〇年にハルビン岡田商店として独立開業し、写真機及び写真材料と書籍・雑誌、文具類を販売した。翌年一〇月店舗を地段街に移転し、次いで二三年に道裡石頭道街に拡張移転し、店員七人を使用した。経営のかたわら近畿地方の震災に際し兵庫県人会を代表して義捐金募集に奔走して表彰され、さらに関西大水害に際し尺八演奏会を開催して義金を募集し関西邦楽協会の表彰を受けたほか、満州事変時の働きにより外務省とハルビン総領事の感謝状を受けた。

荘国　四郎　▷10

建築材料商徳和公司主／大連市山城町／一八八六（明一九）四／東京府東京市麹町区麹町／東京府立第二中学校

一九〇五年東京府立第二中学校を卒業し、翌年二月に渡満して大連の羅紗洋服商徳海屋支店に入った。〇七年店主の荘伴治に認められ、娘ミチ子と結婚して旧姓市倉から荘となった。以来義父を助けて同店の発展を図り、義父が東京九段下の本店に帰った後は店務一切を任され、その死後は遺子晋一と協力して業務に当たった。本業とは別に徳和公司を設立して建築材料販売と石灰製造販売業を営み、アパートメントハウス徳海屋ビルディングを建設して運営したほか、第一次世界大戦中の好況時には大連モルタル、ヤマト商会、東洋防水材製造等の各会社の重役を兼ねた。

城　慶次　▷12

満州中央銀行総行検査課副課長／新京特別市興安胡同中和行寓／一八九七（明三〇）一二／長崎県長崎市本大工町／東亜同文書院商務科

一九二一年上海の東亜同文書院商務科を卒業して同年八月日中合弁の中華滙業銀行に入り、北京本店外国為替係書記となり、以来勤続して二八年六月天津支店支配人代理となった。その後二九年六月同行閉鎖のため帰国し、同年一〇月東亜高等予備学校教員兼庶務課長となった。次いで三二年一一月に渡満して満州中央銀行に入り、三三年一月安東駐在員を経て三四年一月本店検査課副課長となった。

城西　恒吉　▷12

城西商店主、東千代田町会副会長／奉天千代田通／一九〇二（明三五）一二／徳島県美馬郡半田町

一九一五年一二歳で渡満して安東の井原商店に入り、建築金物の販売に従事した。以来勤続して二四年に奉天支店長となり、二八年に独立して奉天千代田通に城西商店を開業した。東京、大阪、大連方面から仕入れ、鉄工所、工場、鉄道総局等に機械工具、金物、建築材料を卸小売りをした。

城崎　貞蔵　▷11

関東庁属、勲八等／旅順市朝日町／一八八八（明二一）九／福岡県八女郡水田村／八女農業学校

福岡県城崎儀作の三男に生まれ、一九〇五年八女農業学校を卒業した。〇九年官界に入り、一六年四月関東庁勤務となって渡満した。⇒勤続して関東庁理事官、監察院審計官を歴任し、三七年七月間島省理事官となり省長官房経理科長を務めた。

城崎茂四郎 ▷11

満鉄洮昂鉄路局顧問助手／奉天省洮南／一八九五（明二八）六／福岡県八女郡豊岡村／熊本高等工業学校

福岡県城崎伊四郎の次男に生まれ、一九一八年熊本高等工業学校を卒業して満鉄に入った。大石橋保線区長、埠頭事務所工務課土木主任を経て洮昂鉄路局に派遣され、顧問助手を務めた。

城　作郎 ▷12

同和洋行主、図們第一三区区長、防護団警報第一三班長／間島省図們銀河街／一九〇七（明四〇）七／山口県熊毛郡三輪村

山口県城和作の子に生まれ、一九二七年朝鮮に渡り大邱の伊藤商店で二年働いた後、北海道で実業に従事した。三四年一〇月に渡満して図們で煙草の卸売り商を開業し、年間二万円を売り上げた。

荘司鐘五郎 ▷3

満鉄交渉局職員第二課主任、運輸部営業課兼務、勲六等／大連市児玉町／一八七〇（明三）四／北海道宗谷郡稚内村

島根県松江市に生まれ、ロシアに留学し、帰国後東京にロシア語学校を設立した。日清戦後の一八九五年台湾総督府通訳官となり、その後外務省に転じてウラジオストクに四年在勤した。大倉組顧問に転じた後、一九〇〇年に渡満して大連で日本製美術品の販売に従事したが、間もなく後東清鉄道汽船会社支配人に就き、長崎上海間定期船の代理店として切符発売と貨物取扱事務に従事した。その後寛城子で小麦の輸出業を始めたが、〇四年に日露戦争が始まると参謀本部通訳として従軍し、戦後満鉄に入って交渉局に勤務し、かたわら日露協会幹事を務めた。

庄司　清 ▷12

国際運輸㈱新京支店下九台営業所主任／吉林省九台県下九台国際運輸㈱営業所／一八九〇（明二三）二／長崎県南松浦郡富江町

一九〇七年福江区裁判所属となり、次いで富江村役場書記、奈留島村漁業組合共同購買所主事に歴職した。一八年九月司法代書人となり、さらに長崎信用組合に勤務した後、二四年一一月に渡満して国際運輸㈱に入社した。ハルビン、長春の各支店に勤務した後、三五年一〇月新京支店下九台営業所主任となった。

正司　清介 ▷12

満鉄皇姑屯鉄道工場木工科台車廠副主任／奉天白菊町／一九〇八（明四一）八／山口県厚狭郡小野田町／大阪帝大工学部機械学科

山口県正司彦介の長男に生まれ、一九三四年三月大阪帝大工学部機械学科を卒業して満鉄に入り、鉄道工場に勤務した。皇姑屯工廠監理科、同木工科台車廠副主任に歴勤し、三六年九月鉄道工場への改組後も引き続き同職を務めた。

東海林太郎 ▷11

満鉄鉄嶺図書館長／奉天省鉄嶺益済寮／一八九八（明三一）一二／秋田県秋田市／早稲田大学商学部

秋田県東海林大象の長男に生まれ、秋田中学校を経て一九二三年早稲田大学商学部を卒業し、満鉄に入社して本社庶務部調査課に勤務した。現地調査により「満州に於ける産業組合」を調査報告した後、二七年四月鉄嶺図書館長に就いた。⇒勤務のかたわら満鉄音楽会声楽部で活動し、同会のヴァイオリン奏者渡辺静子と結婚した。満鉄に八年勤務した後、三〇年八月に退社して帰国した。ドイツに留学して音楽を学んだ後、三三年時事新報主催の音楽コンクールでアリアを歌って入賞し、キングレコードに入った。ポリドールレコードに移籍した後、三四年二月映画主題歌「赤城の子守歌」が大ヒットし、その後「国境の町」「野崎小唄」「麦と兵隊」「上海だより」等で流行歌手としての地位を確立した。戦後も歌手活動を続け、六三年に日本歌手協会が設立されると会長を務め、「なつメロ」ブームでテレビ等にも出演した。七二年一〇月東京で没した。著書に『満州に於ける産業組合』がある。

庄司　虎造 ▷9

庄司洋行主、㈱奉天醤園専務取締役／奉天宮島町／一八六九（明二）七／鳥取県西伯郡渡村

一九〇六年六月に渡満し、同年九月新

民府で売薬業を開業し、質屋と中国人相手の金貸業を兼営した。一〇年から肥料用の獣骨仲買業を始めて莫大な利益を収め、一八年に奉天に支店を出し、後にこれを本店として新民府の店舗を支店とした。後に娘春子に養子婿を迎えて新民府支店と庄司洋行の経営を任せ、㈱奉天醤園専務取締役を務めるかたわら貸家業を兼営した。

庄司　益吉　▷12

日本医院長、ハイラル日本小学校校医／興安北省ハイラル東二道街／一八九五（明二八）二／山形県最上郡真室川村

一九二八年七月樺太庁の医術開業試験に合格し、樺太栄浜郡落合町の落合病院に勤務した。その後三三年七月に渡満し、ハイラル東二道街で開業した。

城島　徳寿　▷11

月刊雑誌撫順社社長／奉天省撫順市中央街／一八九二（明二五）／福岡県／関西大学法律科

関西大学法律科を卒業し、一九一七年八月に渡満して満鉄に入った。本社、鞍山振興公司採鉱総局、鞍山製鉄所勤務を経て二四年二月撫順炭砿庶務課に転任した。同礦機関誌「炭の光」の編輯に二年従事したが、病気のため二八年五月に退社し、同年一〇月から「月刊撫順」の発行経営にあたった。六朝書道と俳句を趣味として寒舟礼と号し、「有明貝」「いとなみ」「蔦の門」等の俳誌を発行した。

城島　類造　▷12

城島商店主／大連市若狭町／一八八二（明一五）三／佐賀県西松浦郡東山代村

佐賀県城島宇市の長男に生まれ、海軍に入り技手として軍務に服した後、一九〇四年一二月朝鮮に渡り仁川で米穀商と陸軍御用達商を営んだ。次いで〇六年四月に渡満して大連市駿河町で父と共に米穀商を経営し、かたわら建築製図と土木建築監督に従事した。その後店務に専念して朝鮮米の移入を始め、三井物産会社の大連精米特約販売店となり、一〇年七月同市若狭町に拡張移転して貸家業を兼営した。さらに二三年に近江町に移転し、卸小売合わせて年間六〇万叺を販売した。

庄司　光雄　▷12

ハルビン工務段庶務助役、社員会評議員／ハルビン交通街七号／一九〇〇（明三三）五／北海道札幌市南七条／北海中学校

北海道庄司義雄の長男に生まれ、一九二〇年札幌市北海中学校を卒業し、同年三月札幌鉄道局に入った。二一年一〇月樺太庁鉄道事務所に転勤し、翌年一二月同庁鉄道書記に昇任した。三四年三月満鉄に転出して渡満し、ハルビン鉄路局に勤務した後、三六年一月ハルビン工務段庶務助役となった。

東海林光治　▷1

東亞煙草㈱吉林出張所主任／吉林／一八八三（明一六）一〇／神奈川県足柄下郡湯本村／東京外国語学校清語科

県立小田原中学校を卒業して東京外国語学校清語科に入学し、一九〇五年七月に卒業して代々木商会に入り営口支店に勤務した。〇六年二月奉天支店開設に当たり主任となって赴任し、同年一〇月東亞煙草㈱に改組されると吉林出張所を開設して主任を務めた。

庄　捨吉　▷12

山田工務所吉林出張所長／吉林南大路／一八八九（明二二）五／京都府北桑田郡山国村

京都府庄忠兵衛の次男に生まれ、日露戦争後に渡満して奉天大倉土木組の下請けに従事した後、一九一〇年満鉄に入った。一四年の青島戦役後に山東鉄道に派遣され、一八年に辞任して済南で土木建築業を自営し、三井、三菱、日本綿花等の小路を請け負った。その後同地で石炭商を開業したが、二八年五月に山東出兵の日本軍と北伐軍が衝突した済南事件が起きると引き揚げた。三二年に山田工務所本店に入り、三四年に吉林出張所が開設されると同時に同所長となって赴任した。

城地良之助　▷12

興安東省公署総務庁総務科長、扎蘭屯日本居留民会副会長／興安東省扎蘭屯省公署総務庁／一八九八（明三一）八／福井県大野郡大野町／京都帝大法学部政治学科

福井県城地筆松の次男に生まれ、福井県立大野中学校、山形高等学校を経て一九二七年三月京都帝大法学部政治学科を卒業し、同年五月㈾清水組東京本社に入った。勧銀本店新築工事庶務係、第四師団司令部庁舎庶務係、同堺騎兵連隊敷地工事庶務係、城東線第三工区

副主任、鳥取県蒲生川改良工事現場主任等を歴任し、三三年一一月大連の満州支社詰となって渡満した。その後三四年八月興安東省喜扎嘎爾旗参事官に転じ、三六年六月興安東省公署総務庁総務科長に就いた。

荘　伴治　▷3

洋服商、徳海屋主／大連市大山通／一八六二（文二）五／東京府東京市麹町区飯田町

東京で徳海屋の屋号で洋服裁縫業を営んだが、一八九七年事業を兄に託して株式仲買商に転じた。一時は成功して巨富を築いたが、その後失敗が続き、一九〇四年に廃業して洋服商に戻った。日露戦中の〇五年二月に渡満して大連で徳海屋支店を開き、本業のかたわら石灰の製造販売も行った。長男晋一がロンドン遊学から帰ると営業名義を譲り、自らは店務を監督しつつ大連商業会議所常議員、市民協会幹事等の公務に就いた。

「生野」は「いくの」も見よ

生野　熊一　▷11

関東庁海務局長、正六位／大連市清水町／一八九〇（明二三）六／愛媛県西宇和郡三崎村／東京帝大工科大学造船科

愛媛県医師兵頭春馬の次男に生まれ、伯母生野リウの養子となった。一九一六年東京帝大工科大学造船科を卒業し、同年九月逓信局技手となった。同年一二月一年志願兵として入営し、陸軍工兵軍曹として満期除隊した。一八年八月大阪逓信局技師、二一年一一月シンガポール日本総領事館付、二四年三月札幌逓信局勤務を経て二七年八月関東庁海務局長に就任し、大連海務協会顧問を兼任した。

正野　友重　▷12

興安北省西新巴旗公署参事官／興安北省西新巴旗公署／一九〇〇（明三三）一二／日露協会学校

一九二六年日露協会学校を卒業した後、三二年一一月満州国官吏となり蒙政部に勤務した。三四年四月から三五年一〇月末まで興安北省の奥地に出張して人文地誌調査に当たり、『西新巴旗』ほか数冊の編纂に従事した後、同年一一月同省東新巴旗公署参事官となった。在任中の三六年二月満蒙国境で日満・外蒙古軍が交戦するオラホドガ事件が発生し、事件後の民心鎮撫に務めた後、三六年六月西新巴旗公署参事官に転任した。

城　始　▷1

営口工程総局製図司、勲七等／奉天省営口／一八八二（明一五）一一／熊本県熊本市京町／私立工業学校

一八九六年熊本中学校済々黌に入学したが在学二年で中退し、私立工業学校に転校して一九〇一年に卒業した。長崎県立病院建築工事の監督をした後、〇二年門司市役所の技手となったが、同年一二月一年志願兵として小倉の歩兵第一四連隊に入営した。〇三年一一月伍長となって退営したが、翌年五月日露戦争で充員召集されて歩兵第一三連隊に入営し、軍曹に進級した。〇五年二月野戦補充として柳樹屯に上陸し、各地に転戦して翌年三月に召集解除となり、営口軍政署雇員となった。軍政署の廃止とともに営口工程総局に傭兵され、製図司として勤務した。この間、門司市役所在勤中に防疫事務に勉励して金若干を授与されたほか、日露戦争の功により勲七等旭日章を受け、さらに〇六年一一月営口軍政署より慰労金を下賜された。

城宝権次郎　▷12

満鉄蔡家駅長、社員会評議員／奉天省蔡家駅長社宅／一八九二（明二五）三／富山県砺波郡山野村

富山県城宝兵助の三男に生まれ、一九一二年一二月徴兵されて兵役に服し、一四年一一月陸軍歩兵軍曹となって満期除隊した。その後渡満して一七年九月満鉄に入り、埠頭事務所勤務、ハルビン在勤、長春駅兼鉄道部勤務、郭家店駅勤務、長春列車区鉄嶺分区勤務、新京列車区鉄嶺分区に歴勤した。次いで郭家店駅助役兼郭家店消防組副監督を歴任し、三三年一一月蔡家駅長に就いた。この間、三三年四月勤続一五年の表彰を受けた。

庄村伊之助　▷4

東華洋行主／奉天省営口永世街／一八八六（明一九）二／佐賀県西松浦郡有田村／長崎高等商業学校

横浜市の陶器輸出業者の子に生まれ、長崎高等商業学校を卒業した。一九〇四年九月、日露戦中に渡満して奉天省通化に東華公司を設立して鴨緑江の木材の取り扱いを始めた。〇八年九月に日支合弁の鴨緑江採木公司が創業すると事業を閉鎖して帰国し、翌年父の郷里の佐賀県有田に陶器工のための信用購買組合を設立した。これが認められて一一年一一月農商務省特別練習生に選ばれ、営口に赴いて東華洋行を創立して日本雑貨の輸入業を始めた。業績の向上とともに鉱物売買・鉱山業、戎船輸送業を兼営し、琺瑯製品、鉄器、陶器等を輸入し、滑石、蛍石、粘土、鉛、牛皮等を輸出し、一四年一月天津出張所、翌年三月大阪出張所を開設した。日中合弁の鉱山事業を企図して一七年八月山海関に鉱物分析所を設立し、満蒙鉱物の探索、雑礦売買事業を展開して滑石鉱区、石綿鉱区、鉛鉱区を所有した。事業のかたわら、私費を投じて有為の青年を東京に遊学させるなど、育英事業を楽しみとした。

正山　勝　▷12

満鉄副参事・衛生研究所員／大連市聖徳街／一九〇四（明三七）一〇／新潟県長岡市観光院町／満州医科大学

新潟県正山寅太の五男に生まれ、長岡中学校を卒業して渡満し、一九三一年三月満州医科大学を卒業した。三二年八月母校の病理学教室副手、同年一一月助手を経て三三年五月満鉄に入社し、衛生研究所に勤務した。三五年六月満州医学会より鶴見賞を受け、三六年二月学位論文「衣虱ノ同病毒媒介機転ノ研究同病ノ予防的研究」で満州医大より医学博士号を取得し、同年一〇月満鉄副参事となった。引き続き満州チブス、発疹チブスの研究に従事したが、三七年四月待命地方部勤務となり、翌月満鉄を依願退職した。

白井　喜一　▷13

国際運輸㈱常務取締役、勲四等／奉天千代田通国際運輸㈱支店／一八八八（明二一）一〇／広島県広島市大手町／山口高等商業学校

広島県白井峯吉の長男に生まれ、一九一一年三月山口高等商業学校を卒業し、同年五月満鉄に入社して運輸課に勤務した。次いで奉天、大連、長春の各駅に勤務して二〇年六月開原駅長となり、二一年六月から鉄道貨物輸送研究のため欧米に二年留学した。次いで運輸部巡察員、長春鉄道事務所庶務長を歴任して二六年六月参事に昇格し、大連鉄道事務所長代理、特別検閲委員、奉天鉄道事務所営業長、埠頭事務所庶務長、埠頭実業補習学校長、長春鉄道事務所長、鉄道部庶務課長、奉天鉄道事務所長兼庶務長兼営業長を歴任した。その後三五年一二月満鉄系列の国際運輸㈱に転出して常務取締役に就任し、奉天に駐在した。この間、二七年四月満鉄勤続一五年の表彰を受けた。

白井　潔　▷1

丸重洋行営口本店理事／奉天省営口／一八七四（明七）八／京都府京都市東山区清水三丁目

旧名は鐘一郎、後に潔を名乗った。小学校を卒業して画家の下で修業を重ね、白井清水の雅号で博覧会・共進会に出品して十数回賞状賞牌を受けた。〇四年日露戦争に召集され、第三軍第三八連隊第二大隊に属して二〇三高地、鶏冠山、北砲台などの旅順包囲戦に参加した。旅順が陥落すると大隊書記に任じられ、さらに北進して各地に転戦し、後に金鵄勲章功七級・旭日桐葉章を受けた。戦後除隊して知人の柴田源右衛門が経営する丸重洋行に入り、営口本店の理事として水陸輸送業に従事した。

白井　昿吉　▷12

満鉄樺林站長／満鉄図佳線樺林站長社宅／一八九六（明二九）五／愛知県豊橋市花田字堀先

愛知県白井源次郎の長男に生まれ、一九一〇年七月豊橋憲兵隊本部に就職した後、一三年一一月鉄道院に転じて東部鉄道管理局浜松駅に勤務した。次いで名古屋鉄道局大塚信号所勤務、御油駅助役、由比駅助役、東京鉄道局飯田町駅貨物掛、大久保駅助役に歴勤した。その後三四年一月満鉄に転じて渡満し、鉄路総局呼海鉄路局馬船口在勤、同ハルビン在勤、浜江站運転副站長、綏化站副站長兼三棵樹列車段綏化分段列車副段長、下城子站副站長、麻山站長を歴任し、三七年四月樺林站長に就いた。

白石　研一　▷11

満鉄用度事務所庶務主任／大連市伏見町／一八九〇（明二三）四／鹿児島県鹿児島郡谷山町／満鉄見習夜学校

消防士白石秀為の次男として東京市に生まれたが、九歳で母を失い、父も間もなく他界して学校に行けず、極貧の

し

中で自学自習した。一九〇四年六月、鉄道作業局長野出納事務所長の今藤慶四郎の世話により一四歳で鉄道局給仕となった。翌年一一月、野戦鉄道提理部付として日露戦争講和後に渡満して材料課に勤務した。〇七年四月の事業継承とともに満鉄に入社し、同年一〇月見習となった。勤務のかたわら満鉄見習学校に入り、〇九年に第二期生として卒業し、同年七月職員に昇格して用度課に勤めた。以来同課に勤続して二六年計算係主任、二九年三月庶務主任となり、満鉄一五周年及び二〇周年に際し勤続社員として表彰された。父の郷里鹿児島の同郷団体三州会に入り、大連三州会常任幹事を務めた。

白石　順蔵　▷11

奉天駅構内助役／奉天宮島町／一八九一（明二四）九／福岡県大牟田市新地町

福岡県白石徳平の長男に生まれ、一九一三年三月満鉄に入り、大石橋駅駅手となった。信号手操車方を経て一九年二月安東駅の信号方、操車方を務め、二二年六月奉天列車区車掌、二四年二月祁家堡駅助役を歴任して二八年二月奉天駅助役に就いた。武道を好み、柔道は初段の腕を有した。

白石　竹市　▷12

満鉄撫順炭砿発電所長兼化学工業所長事務取扱、撫順地方委員、撫順体育協会理事／奉天省撫順南台町撫順炭砿社宅／一八九四（明二七）三／福岡県築上郡三毛門村／旅順工科学堂

福岡県白石角蔵の五男に生まれ、一九一六年一二月旅順工科学堂を卒業して満鉄に入社した。以来勤続して技師となり、撫順炭砿大官屯発電工場主任を経て三三年二月撫順炭砿発電所長となり、大官屯発電工場主任を兼務した。次いで三五年一一月発電所設計に関する研究のためアメリカ、ドイツ、フランスに半年出張し、帰社して三六年一〇月参事に昇進して化学工業所長事務取扱を兼任した。

白石藤吉郎　▷12

昭和製鋼所㈱研究部検定課機器取締係主任、同防空委員会副班長、佐賀県人会幹事／奉天省鞍山北八条町／一八九四（明二七）七／佐賀県東松浦郡満島村／電機学校

佐賀県白石馬吉の長男に生まれ、一九一〇年一一月満鉄に入り大連、安東の各電灯営業所に勤務した。一五年に退社して帰国し、一七年に電機学校を卒業して芝浦製作所、福岡市の田沼電機商会に勤務した。その後一八年一月再び渡満して満鉄に入り、沙河口工場立山出張所に勤務した。次いで鞍山製鉄所工務課、同機械課、製鉄部製造課、同庶務課に歴勤し、三三年六月同所の事業を継承した昭和製鋼所の事業開始とともに同職員となり、工作工場兼庶務課勤務、工務部電機課電気係を経て三六年一一月研究部検定課機器取締係主任となった。この間、満州事変時の功により木杯及び従軍記章を授与され、三三年四月満鉄勤続一五年の表彰を受けた。

白石　広蔵　▷12

敦化機務段工作助役／吉林省満鉄敦化機務段／一八八八（明二一）一二／山口県都濃郡富岡村

山口県白石仁吉の六男に生まれ、大阪砲兵工廠に三年勤めた後、一九一〇年一月に渡満して満鉄遼陽工場に勤務した。二二年同工場に勤続して蘇家屯機関区組立修繕工長となり、次いで三四年六月図們機務段装車副段長に転任し、その後の職制改正で同段工作助役となった。三七年五月敦化機務段工作助役に転任し、業務のかたわら総局運動部役員を務めた。二七年無欠勤を通し、この間に一五年勤続及び二五年勤続の表彰を受けた。

白井　修一　▷12

満鉄ハルビン医院庶務長、社員会評議員／ハルビン協和街／一九〇六（明三九）九／福井県遠敷郡小浜町／神戸高等商業学校

福井県白井勝太郎の長男に生まれ、一九二九年三月神戸高等商業学校を卒業して渡満し、同年一〇月㈶大連医院に勤務した。三三年六月満鉄撫順医院庶務員に転じ、三四年九月公主嶺医院庶務長、三五年六月ハルビン鉄路医院庶務長を歴職して同年一一月ハルビン医院庶務長となった。

白井　卓　▷12

満鉄地方部員／大連市東公園町満鉄本社／一九〇七（明四〇）八／新潟県長岡市東神田町／東京帝大法学部

新潟県白井勇松の長男に生まれ、学習院高等科文科を経て一九三一年三月東京帝大法学部を卒業し、同年四月満鉄に入社して地方部に勤務した。次いで同年八月学務課、三二年三月安東地方事務所、三四年五月地方部地方課、三五年六月土地建物係主任心得、三六年二月同主任を経て奉天地方事務所地方係長となった。同年一一月私設鉄道会社の土地建物経営状況調査のため欧米に一年半留学し、帰社して本社地方部に勤務した。

白井　太郎　▷12

熱河省喀喇沁左旗参事官／熱河省喀喇沁左旗参事官公館／一九〇六（明三九）五／神奈川県都筑郡中里村／拓殖大学商学部

一九三〇年拓殖大学商学部を卒業した後、渡満して三二年四月国務院民政部土木司に勤務した。同年六月安東省岫巌県自治指導部員に転出し、同年一〇月岫巌県属官となり、三三年四月新民県属官に転任し、同年七月さらに凌源県属官に転任した。その後、同県参事官に進み、三七年一月熱河省喀喇沁左旗参事官に転任した。

白井　盛里　▷12

国際運輸㈱竜井出張所長／間島省竜井村第二区国際運輸出張所／一八九一（明二四）一一／愛知県宝飯郡八幡村

一九一〇年一一月郷里の八幡村役場書記となり、次いで同村収入役、宝飯郡農会書記、宝飯郡役所第一課税務副主任、同会計副主任、愛国婦人会宝飯郡幹事部事務嘱託を歴職した。一六年一一月から明治運送会社及び日本運送会社に勤務した後、三二年六月朝鮮運送会社に入社して雄基出張所主任兼訓戎営業所主任となった。その後同社が国際運輸㈱に併合されると国際運輸雄基支店陸運係主任となり、図們支店長代理を経て三六年一一月竜井村出張所長となった。

白井　靖敏　▷11

喜多流謡曲仕舞教授／大連市近江町／一八八二（明一五）九／大分県西国東郡西高田町／県立大分中学校中津分校二学年修業

地謡いとして代々島原藩主に仕えた家柄に生まれ、幼時から師匠について小謡を習い、能の子方を務めた。一八九七年県立大分中学校中津分校に入ったが二年で中退して上京し、旧師の斡旋で喜多流宗家の内弟子となった。一九一九年秋に独立を許され、二二年初冬に宗家から満州に派遣され大連に喜多会満州支部を設立した。同地で謡曲仕舞の教授をし、毎年春秋の大連神社大祭に奉納能楽を催した。同郷の夫人光子も謡曲、能楽小鼓、太鼓を能くした。

白岩　寅蔵　▷12

満鉄撫順炭砿古城子採炭所運輸係主任／奉天省撫順南台町／一八九〇（明二三）五／福島県田村郡中郷村／工手学校電工科

福島県白岩亀三の三男に生まれ、一九一四年東京築地の工手学校電工科を卒業し、同年八月満鉄に入り撫順炭砿機械課に勤務した。大山採炭所、部綏炭砿工業課、同発電所、古城子採炭所に歴勤し、三三年三月古城子採炭所運輸係主任となり、三六年九月副参事に昇格した。この間、功労者及び善良社員として満鉄創立二〇周年記念表彰を受けたほか、三〇年一月社員表章規程第一条第一号表彰、同年四月勤続一五年の表彰を受けた。

白男川泰輔　▷7

礦山業／奉天省本渓湖石山町／一八七二（明五）一〇／鹿児島県薩摩郡高城村／北京官話講習所講習科

一八九七年台湾に渡ったが、間もなく北京に赴いて働きながら北京官話講習所に通い中国語を二年半学んだ。日露戦中の一九〇五年五月、陸軍省の中国語通訳の採用試験を受け、受験一五〇人余中合格者三人の一人となった。騎兵第二旅団付として蒙古方面に従軍し、講和後いったん東京に引き揚げたが、再び渡満して蒙古方面の調査にあたった。引き続きシベリアからバイカルに至る東支鉄道沿線と東三省一帯の礦山・産業調査に従事する中で犬塚信太郎満鉄理事の目に留まり、一一年に嘱託として満鉄地質研究所に入った。一八年五月、満鉄を退社して佐賀深川商店礦山部が経営する朝鮮平安北道の礦山五ヶ所に就いた。本渓湖の牛心台礦山が専任主任者の乱費で四〇余万円の負債を抱えて窮地に陥ったため、二一年五月に本渓湖の同礦山整理に着手したが、その矢先に深川商店礦山部門が破綻した。その後深川商店との関係を断ち、本渓湖に腰を据えて自ら鉱山業を営んだ。

白尾 幸吉 ▷7

丸正呉服店主／大連市浪速町／一八七九（明一二）六／鹿児島県鹿児島市東千石町

一九〇四年一〇月、朝鮮に渡って京城の竜山で畳・建具商を開業した。商運を得て資金を蓄え開墾事業に手を広げたが、一二昼夜続いた降雨による大水害で田地が泥砂に埋まり、資本の大半を失った。一四年の青島戦役で日本軍が青島を占領すると山東省済南に移り、特産貿易と金融業を開業した。事業が軌道に乗って諸種事業に手を染めた矢先に青島還付が決まり、二三年一二月青島を引き揚げて大連に渡った。質素な店舗で丸正の商号で呉服商を始め、大島物と秩父銘仙モスリンの薄利多売で顧客を獲得し、旅順方面にも販路を拡張した。実子に恵まれず、定休日に店員一同と野外に出かけるのを趣味とした。

白髪 隆孫 ▷11

鉄嶺小学校長／奉天省鉄嶺宮島町／一八八八（明二一）五／岡山県児島郡琴浦町／岡山県師範学校

岡山県農業白髪孫次郎の長男に生まれ、一九〇九年岡山県師範学校を卒業した。母校の小学校訓導を務めた後、一七年九月に渡満して奉天小学校訓導となった。その後、奉天省四平街小学校長、瓦房店小学校長を経て鉄嶺小学校長に就いた。

白神 静一 ▷12

満鉄ハルビン鉄路局経理処会計科長／ハルビン満鉄ハルビン鉄路局経理処／一八九〇（明二三）九／岡山県吉備郡薗村／早稲田大学政治経済科

順天中学校を経て一九一四年早稲田大学政治経済科を卒業し、同年九月満鉄に入り撫順炭砿に勤務した。同坑務課、古城子採炭所、庶務部会計課、撫順炭砿経理課、鉄道部、鉄道建設局庶務課に歴勤し、三六年九月ハルビン鉄路局経理処会計科長となった。この間、三〇年四月勤続一五年の表彰を受けた。

白神 栄松 ▷11

ハルビン日本総領事館在勤外務警部、勲七等／ハルビン日本総領事館警察官舎／一八八五（明一八）六／岡山県浅口郡船穂村

岡山県の柔道師範白神光蔵の長男に生まれ、一九一一年三月外務巡査となった。二〇年九月外務警部補に進み、間島総領事館警務署大拉子分署長となって渡満した。翌年一〇月外務警部に昇進し、二二年一〇月青島総領事館勤務、同年一二月済南領事館博山出張所勤務、二四年三月長春領事館農安分領事館事務取扱を経て二七年一一月ハルビン総領事館警察署勤務となり、司法主任兼検事事務取扱となった。従兄の白神源次郎は日清戦争に従軍し、成歓戦に際し安譲の渡で喇叭手として壮烈な戦死を遂げ、軍歌「安譲の渡」に歌われた。

白川 諄 ▷12

料亭淡月店主、㈱東亞会館取締役、中央興業㈱取締役、㈱メリーダンスホール取締役、東洋クロードネオン㈱取締役、大連市区長代理、大連三業組合評議員、日本全国料理同盟組合理事、女紅場理事、積立会理事長／大連市浪速町／一八八四（明一七）五／兵庫県津名郡室津村

本姓は別、兵庫県三原郡神代村に生まれ、大阪の岸和田中学校を卒業した後、一九一〇年津名郡室津村出身の白川五平の娘ふさの婿養子となった。大連市西通で養父が営む料亭を補佐した後、父の隠退後に家業を継いだ。その後二四年に浪速町に客室一二の店舗を新築し、五〇人の使用人を抱える大連屈指の料亭に発展した。経営のかたわら二六年三月大連三業組合副組長に選任されたほか、数多くの関連業界団体の役員に就いた。

白川 友一 ▷11

鉄道、土地、建物会社経営、貿易商／一八七三（明六）六／香川県仲多度郡柞原村

香川県製塩業安達小平太の四男に生まれ、白川八十太の養子となった。郷里で町村長や郡会議員、会社・銀行の役員を務めた後、香川県県会議員に二回、衆議院議員に二回当選した。岡山県の下津井鉄道㈱及びハルビン土地建物㈱の取締役社長、神戸の㈾白川商会代表社員、白川洋行主、協通公司代表者、白川組長として多数の事業を経営した。八男二女の子があり、次男一雄は東大法科を卒業してハルビンの無限公司に勤務した。

白川　義隆　▷11

満鉄吾妻駅貨物助役／大連市黄金町／一八九六（明二九）三／福井県吉田郡森田村／福井商業学校

福井県機業白川仁平の次男に生まれ、一九一三年福井商業学校を卒業した。同年五月に渡満して満鉄に入り、大連駅貨物係となった。一六年に徴兵適齢となり帰国して鯖江連隊に入営し、除隊後は吾妻駅に勤続して貨物助役となった。兄亀太郎は郷里の村会議員を務め、弟はボンベイ三井物産支店に勤務した。

白木　正雄　▷12

花乃屋本店主／大連市浪速町／一九〇四（明三七）七／愛知県海部郡鍋田村／大津商業学校

愛知県の白木庄太郎の子に生まれ、日露戦争直後の一九〇五年九月両親に伴われて渡満した。小学校卒業後、単身帰国して大津商業学校に入学し、三年を修了して東京日本橋の森八菓子店で二年間菓子製造業を修業した。その後大連に帰って家業の生菓子、干菓子、洋菓子製造業に従事し、父の没後に経営を引き継ぎ、三二年一一月に資本金一万五〇〇〇円で㈾花乃屋を再組織して浪速町の本店と伊勢町の分舗、山県通の支店を経営したが、三六年一一月㈾を解散して各支店を分離し、花乃屋本店の経営に専念した。

白木　政一　▷11

大連松林小学校訓導／大連市須磨町／一八九九（明三二）一一／岐阜県本巣郡真桑村／岐阜師範学校、旅順師範学堂研究科

岐阜県教員白木初五郎の三男に生まれ、一九二〇年岐阜師範学校を卒業して県下の八幡小学校訓導となった。二二年三月に渡満して旅順師範学堂研究科に入学し、同年一〇月から大連松林小学校訓導を務めた。

白坂　粂雄　▷12

ハイラル日本尋常高等小学校長／興安北省ハイラル東四道街／一九〇四（明三七）二／福島県石川郡沢田村／福島県師範学校

福島県白坂常次郎の長男に生まれ、一九二五年三月福島県師範学校を卒業して県下の小学校を訓導を五年務めた。その後三〇年四月中華民国漢口の明治尋常高等小学校訓導に転じ、次いで三五年四月ハイラル日本尋常高等小学校長に転じて渡満した。

白須　信次　▷10

㈾加藤洋行大連支店支配人／大連市光風台／一八八七（明二〇）一一／山梨県南都留郡瑞穂村／東京高等商業学校専攻部

山梨県に生まれたが幼い頃に東京に移住し、一九一二年東京高等商業学校専攻部を卒業した。浦賀船渠㈱に入社して横浜工場に勤務した後、一七年三月元代議士の加藤定吉が経営する加藤洋行に転じて東京支店に勤務した。その後大連支店支配人となって渡満し、羅紗・洋服材料、諸雑貨、建築材料及び塗料等の輸入貿易に従事した。一九年六月経営が悪化したハルビン支店の救済に赴き、同支店と長春支店と合併し、さらに奉天支店を大連支店に合併して二〇年四月大連支店支配人に復帰した。庭球を得意とし、大連在住の同好の士を集めて日之出倶楽部を組織して活動した。

白須　直　▷3

関東都督府事務官兼秘書官、秘書課長、高等官三等従五位勲五等／旅順旧市街朝日町官舎／一八六四（元一）一／大分県北海部郡臼杵町／東京外国語学校

東京外国語学校で中国語を専攻し、在学中に外務省留学生として芝罘、上海、京城等に派遣された。一八九一年外務書記生となり、芝罘・香港・サンフランシスコの各領事館、竜動公使館、上海・天津の総領事館に勤務し、一九〇三年六月蘇州領事となった。〇七年三月重慶領事に転じたが、眼病のため翌年春に帰国療養した後、〇九年九月関東都督府に転官した。一五年九月大礼使事務官兼務となり大正天皇の即位大典に参列したほか、多年の外務奉職の功でタイ国皇帝から勲四等、ロシア国皇帝から勲二等を受けた。

白滝　正次　▷8

京和商店主／奉天／一八八七（明二〇）二／新潟県東頸城郡保倉村／新潟県立高田中学校

新潟県立高田中学を卒業して家業に従事した後、一九〇七年徴兵されて高田の第一三師団に入営した。五年後に除隊し、一九一三年二月台湾に渡って巡査となり台北、宜蘭、花蓮港、台東、高雄などで治安維持に当たり、一五年以降は一般警察事務に従事した。二四年に退職して同年一〇月に渡満し、翌年二月縁戚に当たる奉天の小川利三郎経営の京和商店を譲り受けて綿・蒲団販売業を営んだ。

白土昌一郎 ▷7

柔道教士／旅順市千歳町／一八八六（明一九）一／宮崎県東臼杵郡岡富村／宮崎県立延岡中学校

一九〇六年三月宮崎県立延岡中学校を卒業し、大日本武徳会武術教員養成所柔道部に入って師範の資格を取得した。一〇年に渡満して旅順工科学堂教官となり、多年にわたり学生を指導して多数の有段者を輩出した。一五年に精錬証を受け、二四年春には京都武徳会総裁から在満日本人柔道家として二人目の柔道教士号を授与された。

白鳥 文雄 ▷11

満鉄遼陽医院長、医学博士、正八位／奉天省遼陽昭和通／一八八九（明二二）一〇／長野県諏訪郡中洲村／京都帝大医科大学

長野県商業伊藤弥一郎の次男に生まれ、叔父白鳥三郎兵衛の養子となった。一九一五年京都帝大医科大学を卒業し、母校で研究に従事した後、満鉄本渓湖医院長として招かれ一八年九月に渡満した。翌年一二月営口医院長に転じ、二三年九月から欧米に留学した。帰国後、医学博士の学位を取得して安東医院内科医長に就き、その後長春医院長を経て二八年一二月遼陽医院長に就いた。

白仁田金蔵 ▷11

歯科医師／大連市山県通／一八九〇（明二三）一二／長崎県長崎市紺屋町／東京歯科医学専門学校

長崎県白仁田喜八の三男に生まれ、一九〇九年に渡満して満鉄に勤務したが、間もなく帰国して東京歯科医学専門学校に入学した。一八年に卒業して再び渡満し、大連市山県通で歯科医を開業した。実兄の朝市も一九一三年に渡満して同市伊勢町で歯科医院を開業した。

白仁 武 ▷3

関東都督府民政長官、土地審査委員会委員長、旅順工科学堂学長、東洋協会満州支部長、日本赤十字社満州委任部監督、正四位勲二等、士族／旅順新市街特権地／一八六三（文三）一〇／福岡県山門郡城内村／東京帝大法科大学政治学科

福岡県白仁成功の子に生まれ、一八九〇年東京帝大法科大学政治学科を卒業して内務省に入った。司法省参事官、北海道庁参事官、文部省書記官、拓殖務省書記官、内務省書記官等を経て一九〇二年内務省神社局長となり造神官副使を兼務した。その後栃木県知事、文部省普通学務局長を歴任し、〇八年五月関東都督府民政長官となって渡満した。⇓旅順工科学堂長、東洋協会満州支部長等多くの名誉職に就き、一五年一一月の大正天皇即位大典に参列した。一七年拓務局長官、一八年八幡製鉄所長官を歴任し、二四年日本郵船社長に就いた。四一年没。

白仁田朝市 ▷11

白仁田歯科医院長、大連歯科医師会評議員、勲八等／大連市伊勢町／一八八七（明二〇）一二／長崎県長崎市紺屋町／東京歯科医学専門学校

白仁田喜八の次男として佐賀県藤津郡鹿島町に生まれ、一九〇二年一五歳の時にロシア語と中国語を学ぶ目的で渡満し、日露戦争に際し海軍軍属として従軍した。その後帰国して〇九年に本願寺外語研究所支那語高等科を卒業し、次いで一一年九月東京歯科医学専門学校を卒業した。鈴木復三博士に就いて歯科医学を研究した後、一三年一月に再び渡満して大連市伊勢町で歯科医院を開業した。この間、日露戦争時の功により勲八等に叙された。実弟の金蔵も東京歯科医専に学び、一八年から大連市山県通で歯科医院を開業した。

白根 卓 ▷12

奉天春日尋常小学校長、正八位／奉天葵町／一八九一（明二四）八／鳥取県日野郡大宮村／鳥取県師範学校

一九一二年三月鳥取県師範学校を卒業して郷里日野郡内の小学校、農業補習学校の訓導及び校長を務めた。その後一九二四年九月満鉄に転じて渡満し、奉天尋常高等小学校長兼奉天家政女学校教員、橋頭尋常小学校長兼橋頭実業補習学校長を歴任して三五年四月奉天春日尋常小学校訓導となり、同年一二月同校長に就いた。

白幡　喜一 ▷12

満鉄農事試験場熊岳城分場員兼熊岳城農業実習所講師／奉天省熊岳城農事試験場分場／一八九九（明三二）一／山形県西田川郡湯田川村／北海道帝大農学部農学実科

一九二五年三月北海道帝大農学部農学実科を卒業し、同年五月同大学農学部第一農場園芸係となった。次いで農林技手となり、青森農事試験場員、青森県五戸町立実業公民学校教員嘱託、青森県病害虫駆除予防委員等に歴任した。その後三四年一月満鉄に転じて渡満し、農事試験場熊岳城分場に勤務して熊岳城農業実習所講師を兼務した。

白浜　巌 ▷7

満鉄販売課参事／大連市乃木町／一八八七（明二〇）七／鹿児島県鹿児島市下竜尾町／東亜同文書院

一九一〇年九月、上海の東亜同文書院政治科を卒業して満鉄に入った。本社販売課に勤務した後、一七年八月香港在勤となり、南洋方面を視察したのち一九年一月本社に帰任した。二一年五月欧米各国への留学を命じられていったん帰国し、翌年一月に渡欧して燃料に関する研究に従事し、二三年六月に帰任して販売課参事に就いた。ゴルフと写真術を趣味とし、満州船渠㈱専務取締役の次女英子を夫人とした。

白浜　重久 ▷12

満鉄牡丹江鉄路局工務処保線科長、正八位／浜江省牡丹江鉄路局工務処保線科／一八九九（明三二）六／鹿児島県鹿児島市草平町／熊本高等工業学校土木工学科

白浜重平の長男として熊本市に生まれ、一九二一年三月熊本高等工業学校土木工学科を卒業し、同年四月満鉄に入社して技術部線路課に勤務した。運輸部線路課、長春工務事務所、鉄道部線路課、同計画課、同保線課に歴勤して奉天保線区助役蘇家屯在勤となった。次いで鞍山製鉄所工務課、同製鉄部工作課、鞍山工事事務所土木長、長春鉄道事務所、新京鉄道事務所、橋頭保線区長、奉天省四平街保線区長、鉄道部第二輸送課第三係主任を歴職して三六年九月副参事となり、同年一〇月牡丹江鉄路局工務処保線科長に就いた。

白浜　砂吉 ▷11

満鉄長春地方事務所庶務係長／長春羽衣町／一八八八（明二一）一／鹿児島県薩摩郡高江村／鹿児島県立川内中学校

鹿児島県農業白浜佐太郎の長男に生まれ、一九〇六年県立川内中学校を卒業した。〇九年三月峯山小学校訓導となり、一二年三月永利小学校に転任した後、一六年七月に教職を辞して渡満した。同年九月満鉄に入社して鉄嶺地方事務所に勤務し、二〇年地方係主任、二二年一〇月庶務係長に進んだ。翌年一〇月奉天地方事務所庶務課に転勤し、二五年四月地方係主任、二六年三月再び鉄嶺地方事務所庶務係長を務めた後、二八年長春地方事務所庶務係長に就いた。

白浜多次郎 ▷12

南満州瓦斯㈱専務取締役、大連商工会議所議員、同工業部会副委員長、大連市公会堂建設調査臨時委員、満鉄社友会評議員、正八位／大連市黒礁屯／一八八五（明一八）一二／鹿児島県出水郡下出水村／神戸高等商業学校

鹿児島県農業白浜権右衛門の次男に生まれ、川内中学校を経て一九〇八年三月神戸高等商業学校を卒業し、同年五月満鉄に入り撫順炭砿に勤務した。同年一二月一年志願兵として久留米の歩兵第四八連隊に入営し、三等主計に任官して一〇年四月に除隊復職した。一八年六月撫順炭砿用度課長、二〇年三月本社商事部購買課長、二二年一月経理部用度課長を歴任し、二三年七月商況・工場視察に欧米各国を巡遊した。帰社して二四年五月経理部会計課長を経て用度部次長となり、三一年七月に退社して南満州瓦斯㈱専務取締役に就任した。

白浜　晴澄 ▷12

国務院興安局参与官／新京特別市大同大街国務院公安局／一八九七（明三〇）四／鹿児島県姶良郡加治木町／陸軍士官学校中退、ハルビン日露協会学校

鹿児島県白浜庄太郎の長男に生まれ、陸軍中央幼年学校を経て士官学校に入学したが、一九年一月病気のため中退して帰省療養した。その後同年三月に渡満して満鉄に入り、長春地方事務所に勤務した。二〇年九月にハルビン日露協会学校が創立されると第一回満鉄派遣学生として入学し、在学中に鮮満専門学校雄弁大会に出場して一等になった。二三年三月に卒業して興業部販売課に勤務し、次いで二八年五月社長室情報課庶務係主任、三〇年六月交渉部資料課第二係主任、三一年一月同庶務課庶務係主任、同年八月奉天事務所庶務課文書係長を歴任した。三二年六月国務院興安局理事官・総務処長に転じ、三四年蒙政部参与官・興安南省公署参与官を経て三七年七月の行政機構改革により興安局参与官となった。

白浜　秀吉　▷12

満鉄四平街構内助役／四平街南四条通芳明寮／一九一四（大三）一／鹿児島県出水郡三笠村／早稲田大学専門部商科

鹿児島県白浜多之助の長男に生まれ、出水中学校を経て一九三四年三月早稲田大学専門部商科を卒業して満鉄に入り、撫順駅駅務方となった。大連列車区車掌心得、新京列車区四平街分区車掌心得、同車掌、四平街駅貨物方に歴勤し、三六年四月四平街構内助役となった。

白髭　清　▷12

国務院財政部理財司理財科員／新京特別市宝清胡同／一九〇四（明三七）九／長崎県南松浦郡福江町／長崎県立五島中学校

長崎県白髭甚吉の長男に生まれ、一九二二年三月県立五島中学校を卒業し、同年七月税務署属となった。以来勤続して大蔵省銀行検査官補に累進し、三二年一一月国務院財政部属官に転出して渡満し、理財司特殊金融科に勤務した。次いで三三年二月理財司銀行科に転任して満州中央銀行継承資産審定委員会書記を務め、同年一一月理財司理財科勤務を経て三六年五月財政部事務官となった。この間、建国功労賞、大典記念章、皇帝訪日記念章及び勲八位景雲章を授与された。

「白水」は「しろうず」も見よ

白水　淳稔　▷11

特産物、米穀商、勲八等／奉天省開原福昌街／一八七四（明七）六／長崎県西彼杵郡矢上村

長崎県木材商白水善助の三男に生まれ、一八九六年陸軍憲兵隊に入った。翌年四月に退任して陸軍諸官衙用達を営み、一九〇六年から安奉線全線官用物件輸送を請負い、運送業のほか特産物商、米穀商を兼営し、開原実業会副会頭、商品証券会社監査役、市民協会副会長を務めた。

城井　盛一　▷12

満鉄新京用度事務所計画係主任／新京特別市羽衣町／一八九五（明二八）一一／鹿児島県日置郡中伊集院村／高等小学校

一九一〇年三月郷里の高等小学校を卒業した後、一一年五月に渡満して満鉄に入った。長春保線区四平街保線係、安東工務事務所、本社地方部庶務課、経理部倉庫課、用度課、用度事務所用度部庶務課、商事部用度課、用度事務所庶務課に歴勤し、三六年一〇月新京用度事務所計画係主任となった。この間、二七年に社員表章規定第一条第二号による表彰を受けたほか、三七年四月勤続二五年表彰の金杯を受けた。

「白水」は「しらみず」も見よ

白水七三郎　▷12

白水商店主／ハルビン道裡街一面街／一八六七（慶三）一／佐賀県佐賀郡金立村

朝鮮の馬山浦に二年余り滞在した後、日露戦後一九〇五年に渡満して奉天に三年、公主嶺に一年余り居留した。その後ハルビンに移り、三井と取引して米麦、ビール、日本酒、雑貨類を扱い、かたわら一三年から貸座敷「松花楼」を経営した。一八年に店を売り払い、帰国して郷里で自適の生活に入ったが、その間にルーブル貨幣の投機に失敗して全財産を失った。二〇年に再び渡満してハルビンに赴き、かつて自ら率先組織した見番取締役となった。二一年に一面街に白水商店を開業し、大阪、東京、京都、岡山方面から化粧品、小間物、雑貨、呉服類を仕入れて販売した。一子勇六もハルビンで洗張り業を営み、孫二人はそれぞれハルビン工業学校、新京商業学校に学んだ。

白水　治郎　▷9

三菱商事大連支店員／大連市外老虎灘／一八九一（明二四）九／長崎県下県郡厳原町／東京高等商業学校

一九一〇年対馬中学校を卒業して東京高等商業学校に入学し、一五年に卒業して三菱商事に入社した。各地に勤務した後、大連支店に転勤して雑貨係主任を務めた。

白崎喜之助 ▷11

両替商、勲八等／奉天住吉町／一八八二（明一五）二／兵庫県神戸市中山手通

福井県白崎庄太郎の長男に生まれ、一九〇二年神戸郵便局に入った。〇四年一〇月日露戦争に召集されて奉天会戦に参加し、翌年一〇月に召集解除となった。〇六年四月仁川郵便局に職を得て、同年太田郵便局に転任したが、翌年三月に辞職して竜山民団に入った。〇八年七月関東庁大連郵便局に入り、奉天、安東の各郵便局に勤務した後、一七年六月に退任して奉天で両替商を営み、奉天商工会議所議員、区長、地方委員等を務めた。

城野　正 ▷12

龍江省公署警務庁司法科長／龍江省チチハル省公署警務庁／一八九四（明二七）六／熊本県下益城郡砥用町／鎮西中学校中退

熊本県の私立鎮西中学校三年を中退した後、一九一四年一二月徴兵されて熊本の歩兵第一三連隊に入営した。一六年に朝鮮竜山の歩兵第七八連隊に編入され、満期後に憲兵科を志願して海州憲兵隊に勤務した。一九年に予備役に編入されると同時に朝鮮総督府巡査となり、黄海道甕津警察署に勤務して同年巡査部長試験に合格し、さらに二四年に朝鮮総督府道警部及び警部補試験に合格した。延白警察署、海州警察署勤務を経て道警部に昇進し、黄海道警察部警務課に勤務して警察官教習所教官を兼務した後、朝鮮総督府属となり、知事官房文書課巡査部長試験委員、黄州警察署長、甕津警察署長に歴任した。その後三二年一一月に依願免本官し、ハルビン警察庁警佐に転じて警務科に勤務し、次いで黒河省公署督察官に転任して警務庁特務科に勤務した。三五年一二月同省公署事務官に昇任した後、三七年七月龍江省公署事務官に転任して警務庁司法科長に就いた。

城野和三郎 ▷12

旅順工科大学教授、正七位／旅順市吉野町／一九〇三（明三六）一二／大阪府泉南郡樽井村／京都帝大理学部化学科、同大学院

大阪府城野伊三郎の三男に生まれ、一九二七年三月京都帝大理学部化学科を卒業して大学院に進み、物理化学の研究に従事して三〇年に同大理学部講師となった。三五年一月論文「爆発反応ノ研究」により理学博士号を取得し、同年三月助教授となったが、同年一〇月旅順工科大学教授に転じて渡満した。

城間　朝吉 ▷12

満州電業㈱ハルビン支店工務課電気係長、正八位／ハルビン国民街／一九〇八（明四一）三／沖縄県首里市儀保町／南満州工業専門学校機械工学科電気分科

一九二九年三月南満州工業専門学校機械工学科電気分科を卒業し、同年四月南満州電気㈱に入社した。三〇年二月一年志願兵として広島の第二電信連隊に入営し、除隊後工兵少尉に任官して復職した。三四年一二月に南満州電気㈱の電気供給事業を継承して満州電業㈱が創立されると同社ハルビン支店工務課作業係長となり、三五年一一月同課電気係長に転任した。

代谷　勝三 ▷12

新京郵政管理局副局長、満州国協和会新京郵政管理局分会長、従六位勲六等／新京特別市清和街／一八八八（明二一）三／大阪府大阪市北区西梅田町／逓信省通信官吏練習所行政科

大阪府商業代谷久兵衛の三男に生まれ、一九〇四年八月大阪郵便局に入り、〇七年四月逓信省通信官吏練習所行政科を修了した。一〇年一〇月関東都督府通信書記に転出して渡満し、一六年三月関東都督府通信管理局に転任した。次いで大連通信伝習生養成所講師兼任、関東庁通信局監理課郵務係長に歴勤して二四年文官高等試験に合格し、二七年一月関東庁逓信副事務官に進んで安東郵便局長となった。その後三二年七月国務院交通部事務官に転出して郵務司長となり、三四年一一月新京郵政管理局副局長に就いた。次兄兵二は画家となって耕外と号し、弟清志は駐満海軍部参謀長、北京・南京の各駐在武官等を歴任して海軍中将となった。

志波源太郎 ▷4

仲介業、東亜商会／ハルビン／一八八四（明一七）七／佐賀県小城郡小城町／東亜同文書院商務科

一九〇七年七月上海の東亞同文書院商務科を卒業し、同年九月浜松の日本形集㈱に入社した。〇八年九月台湾に渡り、台北の宮崎商会に入ったが三ヶ月で辞め、同年一二月朝鮮の会寧に渡った。翌年さらに吉林省琿春に移り、五年余り滞在して同地の居留民会長を務めた。一四年一一月ハルビンに移って東亞商会を開設し、中国各地の事情と中国語に精通せることを生かして仲介業を営んだ。

志和　俊陽　▷11

石炭商／奉天淀町／一八八六（明一九）一一／高知県長岡郡本山町／県立高知中学校

高知県農業和田彦司の三男に生まれ、伯父志和省三郎の養子となった。一九〇四年県立高知中学校を卒業して私塾に学んだ後、日露戦後の〇六年に渡満して奉天商品展覧会事務員となった。〇七年奉天居留民会事務員に転じ、同年一〇月満鉄への事務引き継ぎとともに満鉄地方部奉天出張所員となった。〇八年一二月満鉄を退社して材木商を営んだ後、一〇年に奉天石炭販売組合に入った。一一年一月新民屯に転じ、石炭販路の拡張に従事しながら新邱炭坑やその他の鉱山事業に関与した。一七年に再び奉天に戻り、淀町で石炭商を開業し、かたわら満蒙牧場・満州企業・満州自動車等の取締役、奉天商工会議所議員・淀町内会長を務めた。俳句と銃猟を趣味とし、斗史と号して奉天猟友会副会長を務めた。

神　英一　▷12

満鉄ハルビン医院外科医長／一九〇三（明三六）四／青森県青森市大字浦町／新潟医科大学、東北帝大大学院

西村長松の四男に生まれ、後に神家の養子となった。一九二八年二月新潟医科大学を卒業して同医大副手を務めた後、三〇年七月郷里の青森市浜町に神医院を開業した。その後三一年六月東北帝大副手となり、次いで翌年同大学院に入学して医学博士号を取得した。卒業後、三四年七月に渡満して満鉄に入りハルビン医院外科医長に就いた。

新貝松次郎　▷12

満鉄副参事、勲七等／龍江省チチハル新馬路東方ビル／一九〇〇（明三三）四／福岡県福岡市和田町／山口高等商業学校

一九二二年三月山口高等商業学校を卒業して満鉄に入り、埠頭事務所陸運課に勤務した。社命により中国語及び中国事情研究のため北京に二年留学した後、奉天満鉄公所、庶務部庶務課、奉天満鉄公所、鄭家屯公所に歴勤した。三三年二月関東軍の熱河作戦に際し服部部隊司令部嘱託として従軍した後、チチハル満鉄事務所ハイラル在勤、チチハル鉄路局総務処資料科長を歴任して三七年四月副参事に昇進して待命となり、同年五月依願退社した。この間満州事変時の功により勲七等に叙され、三七年四月勤続一五年の表彰を受けた。

新開　貢　▷14

農事経営／大連市岩代町／一八六〇（安六）七／徳島県勝浦郡小松島町／東京専門学校政治科

藩主より特に苗字帯刀を許された地方資産家の子に生まれ、幼年から浅野、小倉、多田の各師範の下で武芸を磨き、岡久桂堂に就いて文を修めた。一四歳の時に藩立学校長の推薦で西の丸学校に入学し、かたわら洋学校にも学んだ。一八七九年六月、一九歳で田野・芝生連合村会議員に当選して議長を務め、八二年一月政治結社に入って運動に奔走した。八四年八月、上京して大隈重信邸に寄宿し東京専門学校で政治学を学んだ。卒業後帰郷して八七年に県会議員に当選、以来当選を重ねて県参事会員、副議長に就き、かたわら徳島県蚕糸業組合取締所頭取、郡農会長を務めた。九八年八月衆議院議員に当選し、〇三年一二月まで二期在任した。同年、蜂須賀侯の推薦で札幌興産㈱に入社し、人事を一新して農事経営の改善に尽力した。翌年、日露戦争が始まると主宰する徳島新聞の記者として渡満し、以後満州に在留した。〇七年に大連衛生組合が設立されると副組合長に就き、〇九年から一五年一〇月の解散まで組合長を務めた。その後、農業を経営しながら一九年一〇月から二二年一一月まで大連市会議員を務めた。

新宮　勇六　▷12

満鉄鉄道総局貨物課員／奉天満鉄鉄道総局／一九一三（大二）八／東京府東京市品川区大井出石町／東京商科大学専門部

東京府新宮理一の四男に生まれ、一九三四年三月東京商科大学専門部を卒業して満鉄に入社した。営口駅、大連列車区、奉天列車区安東分区、新京駅構内助役を経て三七年五月鉄道総局貨物課勤務となった。

「神宮」は「かみみや」も見よ

神宮　敏男　▷3

大星ホテル主、南満銀行監査役、奉天調弁㈱取締役／奉天新市街／一八八五（明一八）八／佐賀県杵島郡武雄町／私立長崎語学校

一九〇四年三月私立長崎語学校を卒業し、翌年五月に渡満した。営口に大星公司を開設して税関代弁、荷物運搬業を経営したが、〇六年九月奉天に移って雑貨商に転じた。〇八年三月から宿屋業を兼営したほか、奉天駅構内に搬荷と両替・雑貨店を開設し、一四年九月奉天信託会社取締役、満鉄調弁所監査役に就いた。

身上市太郎　▷8

奉天演芸館主／奉天／一八八〇（明一三）一／愛媛県温泉郡曽我村

青年期に渡満し、長く奉天に居住した。一九二一年に奉天不動産㈱から奉天演芸館を借り受け、身上興行部を組織して寄席色物、活動写真等を上場した。市民に娯楽を提供する一方、社会問題に関心を持ち奉天国粋会の設立に参画した。

新宅　啓三　▷12

西脇洋行主、新盛洋行主／新京特別市三笠町／一八九七（明三〇）七／和歌山県那賀郡上神野村／大阪商業学校

一九一五年大阪商業学校を卒業して渡満し、親戚の西脇清六が経営する長春の西脇洋行に入った。二八年に店主が他界すると同店を引き受け、三三年に新京興安大路に支店新盛洋行を設けて建築材料商と金物商を経営した。都山流尺八の師範免状を有し、柊山と号した。

「新谷」は「にいや」も見よ

新谷　清潔　▷11

無職、従六位勲六等／大連市青雲台／一八七一（明四）二／広島県豊田郡大長村／関西法律学校

鹿児島県新谷慎十郎の子に生まれ、一八九七年関西法律学校を卒業し、一九〇一年高等文官試験に合格した。翌年一〇月和歌山県警部保安課長、〇七年四月台湾総督府警視、一四年一〇月北海道小樽区助役を歴任し、一八年関東都督府嘱託となって渡満した。二一年七月関東庁理事官に転じて大連民政署地方課長を務め、二三年に退官した。夫人亡き後、三人の娘を養育しながら大連で自適の生活を送った。

新谷多喜地　▷12

チチハル工務段庶務助役、正八位／龍江省チチハル駅前信永街／一八九七（明三〇）五／石川県金沢市旭町／石川県立金沢第二中学校

石川県新谷吉太郎の子に生まれ、県立金沢第二中学校を卒業した。一九一九年鉄道院に入り上野保線事務所に勤務し、二五年鉄道省書記に昇任して富山保線区事務助役となった。三三年満鉄に転じて渡満し、チチハル工務段庶務副段長に就き、その後の職制改革で庶務助役となった。

新藤　千秋　▷12

大連第一中学校教諭、大連雲仙会長、正七位／大連市榊町／一八九五（明二八）四／長崎県南高来郡小浜町／国学院大學大学部本科国文科

四〇年に渡り村社の神職を務めた新藤孟宗の子に生まれ、一九一八年三月国学院大學大学部本科国文科を卒業して大分県立宇佐中学校の教諭となった。佐伯中学校に転勤した後、二二年五月関東中学校教諭に転じて渡満し、以来大連第一中学校に勤務した。

新藤　作　▷12

満鉄鉄道総局水道課員／奉天／一九〇六（明三九）九／宮崎県児湯郡川南村／南満州工業専門学校

宮崎県新藤今朝吉の次男に生まれ、一九二八年三月南満州工業専門学校を卒業し、翌月満鉄に入社して地方部土木課兼大連工事事務所勤務となった。三一年四月奉天地方事務所上下水道主任等を経て三五年三月北鉄接収員として派遣され、ハルビン鉄路総局の開設とともに工事課土木係副主任となり、同年一一月同局工務所改良科に転任した。三六年一一月三棵樹工務段技術員、三七年二月総局工務局水道課勤務等を経て同年四月待命となり、翌月依願退職した。

「新富」は「にいとみ」も見よ

新富　音松　▷1

秋田商会主／奉天省営口新市街本町／一八六二（文二）一〇／山口県厚狭郡藤山村

秋田商会に入って材木販売に従事し、後に馬関岬之町出張所の主幹となった。一九〇四年二月日露開戦と同時に朝鮮に渡り、仁川に出張所を設けて鉄道監部に建設材料を納入し、併せて材木・雑貨の販売に従事した。出張所の業務が軌道に乗ると店務を部下に任せ、鎮南浦から鴨緑江沿岸の満鮮各地を跋渉して木材生産地の調査をし、〇五年四月営口新市街本町に秋田商会を開設した。陸軍用達業と材木販売業を兼営し、能代材木㈾、能代挽材株、秋田製材㈾の特約販売店として仁川と大連に支店を置いた。

陣内　六郎　▷11

満州医科大学医員／奉天紅梅町／一九〇四（明三七）七／福岡県若松市／満州医科大学

福岡県陣内繁太郎の四男に生まれ、一九二七年満州医科大学を卒業した。同大学付属医院に勤務した後、外科学教室に転任した。

神野　要　▷12

満州日日新聞図們支局長、図們第一六区長、在郷軍人会図們分会理事、国防婦人会理事、防護団第一六班長／間島省図們中秋街／一九〇二（明三五）三／北海道雨竜郡一已村／釜山中学校

一九一八年朝鮮の釜山中学校を卒業して翌年北鮮日報社に入り、勤続一〇年の後、三〇年に渡満して竜井県の間島新報社に入社した。その後三三年四月図們に移住して満州日日新聞図們支局長となり、従業員一〇人を使用して「大阪毎日新聞」と「満州日日新聞」の販売店を兼営した。福岡県出身の夫人光枝は産婆業を営んだ。

新野　武一　▷11

関東庁旅順医院産婦人科医員／旅順市鮫島町／一九〇三（明三六）八／福井県坂井郡雄島村／京城医学専門学校

福井県金融業新野吉兵衛の長男に生まれ、一九二六年京城医学専門学校を卒業した。同年一二月、平壌の慈恵医院医員となり、平壌専売局医務嘱託、平壌医学講習所講師を兼任した。翌年関東庁医院に転任して渡満し、旅順婦人病院嘱託、同警察署医務嘱託を兼務し、満州結核予防会会員を務めた。

神野　良　▷1

神井洋行主／奉天省営口新市街南本町／一八五一（嘉四）三／石川県鹿島郡徳田村

一八七三年地租改正が実施された時、代々の旧家として土地の総代を務めた。その後一二ヶ村の村長となり、荒蕪地の開墾や水利事業を行い、さらに同年博覧会を開いて商工業の発展を図った。七九年には模範桑園と養蚕室を設けて養蚕業振興を図り、同年府県会の創設にともない県会議員に選出されて議長を務めた。八〇年に私費で農事試験場を開設し、次いで八四年に品評会、八四年に勧業会を興し、九〇年に帝国議会が開設されると衆議院議員に選出された。この間、東亞貿易同盟会を組織して七尾港の開発を促進し、七尾鉄道の敷設に尽力したほか、多数の銀行・会社を興し、さらにウラジオストクに三回渡航して商況視察をした。三〇年余り公共の事業に携わった後、日露戦中の一九〇四年九月に渡満して営口に神井洋行を開業して陸軍用達業を営み、営口日本人会が組織されると副会長として事務を総覧した。

榛葉　可省　▷12

満州林業㈱理事長、正四位勲三等／新京特別市崇智胡同／一八七九（明一二）九／静岡県榛葉郡初倉村／東京帝大農科大学林学科乙科

静岡県榛葉七左衛門の三男に生まれ、実兄良男の養子となった。一九〇一年七月東京帝大農科大学林学科乙科を卒業して同大助手を務めた後、〇四年日露戦争に際し第三師団騎兵第三連隊補充中隊に召集され、兵站部副官として従軍した。〇五年中尉に進級して翌年召集解除となり、功により勲六等単光旭日章を授与された。一〇年一〇月山梨県林業技師となり、山林技師・青森大林区署在勤兼帝都復興院技師兼復興局技師、営林局技師・青森営林局利用課長、青森営林局長等を歴任した。三六年二月、退官と同時に渡満して満州林業㈱理事長に就任した。

神保　実正　▷12

満鉄錦県鉄路局工務処保線科員、勲八等／錦州省錦県鉄路局工務処

／一八九七（明三〇）三／富山県下新川郡田家村／攻玉社工学校土木科

富山県神保七兵衛の長男に生まれ、一九二〇年攻玉社工学校土木科を卒業して富山県の野積川水力電気会社に入り、次いで富山県土木技手、大阪市有馬電気軌道㈱、堺市の南大阪電気鉄道㈱に歴職した。勤務のかたわら二四年に関西工学専修学校高等数学講習会を修了し、三重県の志摩電気鉄道㈱に転じた後、二八年八月四日市市三岐鉄道第五工区第四工区主任に就いた。その後三二年三月に渡満し、瀋海鉄路局工務処顧問補として満州事変により損壊した沿線の復旧班長を務め、同年一〇月瀋陽保線区長、三四年八月奉天鉄路局工務処工務科保線科勤務を経て三六年一〇月錦県鉄路局工務処保線科に転任した。この間、三二年に奉吉線復旧作業指導者として関東軍より功績現認書を受けたほか、満州事変時の功により勲八等旭日章及び従軍記章、建国功労賞を授与された。

神保 信吉 ▷9

弁護士、新義州電灯㈱社長、小峯製糸㈱取締役、鴨緑江採木公司法律顧問、正六位勲五等／安東県四番通／一八七七（明一〇）八／栃木県安蘇郡佐野町／日本法律学校

旧宇都宮藩士の子として江戸藩邸で生まれ、日本法律学校を卒業した。伊藤博文韓国統監の知遇を得て秘書官となり、日韓協約司法委員協約に関わった後、一九〇九年一一月判事に任命されて咸鏡法院元山支庁に赴任した。公州地方法院、新義州法院支庁等に転勤した後、二一年一月に辞職して弁護士を開業し、新義州府真砂町に本部を置き、鴨緑江対岸の安東県四番通に法律事務所を設置した。鴨緑江採木公司法律顧問の他に新義州電灯㈱代表取締役社長、小峯製糸㈱取締役等に就くなど実業方面に関係した。

神保 太仲 ▷9

満鉄開原地方事務所長、勲八等／奉天省開原付属地第七区／一八七五（明八）八／千葉県君津郡鎌足村

大蔵省官吏として勤務する中、一九〇四年日露戦争に従軍した。戦後〇七年四月満鉄開業と同時に入社し、勤続して二〇年に開原地方事務所長に就いた。

神保 良助 ▷12

満鉄撫順炭砿機械工場製罐車輌職場主任兼撫順炭砿現業員育成所指導員、社員会幹事、撫順山形県人会幹事／奉天省撫順南台町／一九〇一（明三四）五／山形県南村山郡上山町／山形県立工業学校

山形県神保助蔵の五男に生まれ、一九二〇年三月山形県立工業学校を卒業して満鉄に入り、撫順炭砿機械課に勤務した。以来勤続して同機械工場、古城子採炭所勤務を経て三六年一二月機械工場製罐車輌職場主任となり、撫順炭砿現業員育成所を兼務した。この間、三五年四月勤続一五年の表彰を受けた。

新羅 祐三 ▷4

満鉄販売部出張所、貨物取扱所／吉林省城／一八八一（明一四）三／岐阜県羽鳥郡笠松町／東亞同文書院

中学校卒業後、中国に渡って上海の東亞同文書院に入り、一九〇五年に卒業した。〇九年一二月満鉄に入り、以来勤続して長春駅助役となったが、満鉄が吉林に貿易商会を設立すると在職のまま同商会に出向した。土居節主任の失策と引責退社により後任に就き、撫順炭の販売を柱としながら鉄道運輸、満鉄乗車券の取り扱いなどで業績を挽回した。

す

吹田　信行　▷12

満州電信電話㈱新城子電話局長／奉天省新城子万盛街／一九〇五（明三八）七／大阪府大阪市西淀川区大和田町／商業学校中退

大阪市西区梅ヶ枝町に生まれ、商業学校を中退した後、一九二一年一二月大阪中央電信局通信事務員となった。二三年二月通信書記補に進み、二五年大阪逓信講習所高等科を修了した。三二年七月通信書記に進んだ後、同年八月関東庁逓信局通信事務員に転出して渡満した。三三年八月逓信書記補に進み、同年九月満州電信電話㈱の創立とともに同社書記となり新城子電話局長に就いた。

水津　利輔　▷11

満鉄鞍山製鉄所製造課付主務者／奉天省鞍山大正通／一八九三（明二六）六／山口県阿武郡奈古村／南満州工業学校

山口県農業水津源吉の次男に生まれ、一九一六年南満州工業学校卒業に際し成績優秀により満鉄社長より時計を賞与された。満鉄撫順炭砿に入り東郷炭坑内係員となったが、同年九月鞍山製鉄所従事員に任じられ、製鋼作業研究のため官営八幡製鉄所に派遣された。二〇年三月に帰社して溶鉱炉作業に従事し、二三年六月庶務課に転任して工場管理と能率研究に従事した。二五年三月から製造課付主務者として工場管理事務を担当した。

水津　文夫　▷12

旅順製氷㈱専務取締役、旅順商工協会常議員、旅順商工青年会長、旅順観光協会常任幹事／旅順市厳島町／一九〇五（明三八）五／山口県豊浦郡殿居村／東京商科大学

山口世基の子に生まれ、後に母の兄水津稔の養子となった。旅順中学校を卒業した後、一九二七年東京商科大学を卒業して旅順に帰り、実父と共に山口商会を経営した。その後旅順製氷㈾を経営したが、三五年一〇月これを主体として旅順製氷㈱を創立して専務取締役についた。かたわら三五年六月旅順商工協会の附属団体だった旅順商工青年会の分離独立と同時に同会長に就き、同年七月旅順商工協会常議員に選任された。

水津　弥吉　▷14

横浜正金銀行大連支配人／大連市山城町／一八七八（明一一）一二／島根県鹿足郡日原村／京都帝大法科大学

一九〇三年七月京都帝大法科大学を卒業して横浜正金銀行に入った。横浜本店に勤務した後、ニューヨーク、ホノルル、上海、漢口各支店に転勤し、一八年二月大連支店支配人となった。大連取引所の建値問題が紛糾した際に銀建派の中堅として活躍し、一八年一〇月大連市会議員に当選し、翌年一〇月官選議員として再選された。二一年一二月大阪支店長に転任し、本店重役を経て台湾銀行総裁に就いた。

末石　久人　▷12

国務院地籍整理局事業処員／新京特別市地籍整理局事業処／一九〇三（明三六）一一／福岡県福岡市大字下警固／京城帝大法文学部

福岡県末石毅の長男に生まれ、一九二九年三月京城帝大法文学部を卒業して京城地方法院に勤務し、後に書記に進んだ。その後三三年六月に渡満して法典高等法院書記官に転じ、兼任司法部民事司を経て地籍整理局に転任し、属官・同事務官総務処勤務を経て三七年四月事業処勤務となった。この間、建国功労賞、大典記念章、皇帝訪日記念章を授与された。俳句を趣味とし、ホトトギス派に属した。

末石　義衛　▷12

朝日商店主／浜江省牡丹江円明街／一八八五（明一八）八／岡山県赤磐郡仁堀村

小学校を卒業して家業の農業に従事したが、一九〇七年に渡満して種々の職業に就き、後に安東で薬種業を営んだ。その後三五年六月牡丹江に移り、円明街に朝日商店を興して清酒「稲鶴」特約店となり、酒類、醤油・味噌を販売した。

末岡　正二　▷9

末岡薬局主／奉天浪速通／一八八六（明一九）二／山口県玖珂郡師木野村

一九〇五年一一月薬剤師試験に合格し、翌年二月から東京帝大医科模範薬局に勤務した。〇九年二月三井慈善病院に転職し、さらに翌年八月満鉄に転じて渡満した。大連、奉天、遼陽の各医院薬局に勤務した後、一八年六月奉天の南満医学堂助教授となったが、二〇年六月に辞職して浪速通に薬局を開業した。

末木　義種　▷12

安東税務署長、従七位勲八等／安東四番通／一八九五（明二八）三／山梨県西山梨郡千代田村／山梨県立甲府中学校

山梨県末木清太郎の長男に生まれ、一九一四年県立甲府中学校を卒業して甲府税務署に勤務し、一六年一一月税務属となった。矢板、高崎、前橋、亀戸の各税務署勤務を経て二五年一二月水道橋税務署直税課第二主任兼第一主任、三一年一二月京橋税務署直税課第二主任兼第一主任を歴任した。三二年五月関東庁属に転任して渡満し、財務部財務課に勤務した後、同年一二月大連民政署直税係長となった。三五年五月関東州庁内務部財政課税務係主任となり、地価調査係主任及び関東州庁収入役を兼任した。三六年五月関東局理事官となり、司政部財務課勤務を経て同年六月安東税務署長に就いた。この間、二八年一一月に大礼記念章、三一年五月に帝都復興記念章を受章した。

末次　喬　▷9

河村大正堂主／大連市伊勢町／一八九五（明二八）九／京都府京都市上京区上長者町／京都薬学校

京都薬学校を卒業して大阪で薬種業に従事した後、大連で河村大正堂を経営する伯父の河村汪に招かれ、一九一八年に渡満した。伯父の下で関東都督府、関東軍、満鉄医院、諸会社、中国軍及び中国の各官衙に医薬品、医療器械を販売し、後に伯父の事業を継承した。

末綱　胖　▷13

満州電業㈱首席秘書役／一八八五（明一八）二／大分県速見郡日出町／東亜同文書院商務科

大分県末綱忠義の次男に生まれ、宇佐中学校を卒業し、県費生として上海の東亜同文書院に学んだ。在学中に香港、広東方面を一ヶ月半旅行して金融事業を調査し、一九〇八年商務科を卒業して満鉄に入った。運輸部電気係、奉天電灯営業所、長春電灯営業所に勤務した後、遼陽電灯公司主任、長春電灯営業所主任、興業部勧業課電気瓦斯係主任、商工課勧業係主任等を歴任し、この間満鉄一五年勤続表彰を受けた。二六年六月、満鉄電気作業所から分離独立して南満州電気㈱が設立されると庶務課長として入社した。三四年海外視察に出張し、同年一一月の帰国と同時に南満州電気から分離した満州電業㈱に入り、首席秘書役となった。

末永　穆　▷12

満鉄撫順炭砿工作課電気係技術担当員／奉天省撫順南台町／一九〇三（明三六）三／福岡県福岡市高宮／九州帝大工学部電気工学科

福岡県末永吉太郎の長男に生まれ、一九二六年三月九州帝大工学部電気工学科を卒業して東邦電力会社に入り、九州技術部電気課に勤務した。その後三五年に退社して渡満し、満鉄に入社して撫順炭砿工作課に勤務した。

末永　嘉吉　▷12

満鉄牡丹江建設事務所事務係次席、勲八等／浜江省牡丹江昌徳街／一九〇一（明三四）一二／鹿児島県姶良郡帖佐村

一九二一年満鉄に入社し、勤務のかたわら鉄道教習所運輸科を修了した。三一年九月、満州事変の勃発直後から軍輸送に派遣され、事変の拡大に伴いチチハル、熱河等で軍隊及び建設材料の輸送と新線建設に従事し、後に勲八等従軍記章及び建国功労賞を授与された。三三年錦州建設事務所勤務を経て三四年図們建設事務所に転勤し、三五年に牡丹江建設事務所と改称後も引き続き同所に勤務した。

末永純一郎　▷2

遼東新報社主／大連市敷島町／一八六七（慶三）三／福岡県筑紫郡住吉町

上京して杉浦重剛の称好塾に学んだ後、「芸備日日新聞」記者となり、次いで「日本新聞」「二六新報」等に転じた。一八九四年日清戦争に際し従軍記者として中国に渡り、後に孫文や康有為らと親交を結んだ。日露戦中の一九〇五年四月大連に渡り、同年一〇月紀伊町で隔日発行の「遼東新報」を創刊した。〇六年四月から日本文四ページ、中国文二ページ建ての日刊とし、〇八年一〇月から全紙日本文とした。一〇六年五月若狭町に移転したが、一〇年六月さらに敷島町に新築移転し、新聞発行の他に各種印刷業を兼営した。一二年一月に輪転機とルビ付活字を導入して八ページ建てにするなど紙面の革新を図ったが、一三年一二月大連で病没した。没後も大連在住の旧友らにより生前の功績を称えて「末永鉄巌碑」が建てられ、遺子花子が社主となり実弟の節が社長に就任して社業を継続したが、一五年一一月に節が退任し、二七年一一月満鉄系の「満州日日新聞」と合併して「満州日報」となった。

末永　捨　▷12

(名)/末永組代表社員/大連市越後町/一九〇二(明三五)一/長崎県南松浦郡浜ノ浦村/早稲田大学商学部

末永鎮太郎の次男に生まれ、叔父末永豊太郎の養子となった。早稲田大学商学部を卒業し、日露戦争時に陸軍用達として渡満以来養父が経営する末永組を補佐し、その没後に事業を継承して石炭・硅石の販売と石炭荷役作業請負業を経営した。

末永　善三　▷12

奉天省復県税捐局副局長/奉天省瓦房店復県税捐局/一八九七(明三〇)一〇/佐賀県西松浦郡西山村/伊万里商業学校

一九一四年伊万里商業学校を卒業した後、二二年三月関東庁税務講習所を修了して関東庁民政署税務吏となり、二九年関東庁属に進んだ。三二年六月満州国に転じて国務院財政部税務司に勤務した後、三三年三月兼大連税関嘱託関東庁勤務、同年六月奉天税務監督署兼財政部税務司兼大連税関嘱託関東庁勤務を歴職した。次いで三四年一二月税関事務官に進んで大連税関に勤務し、三六年八月税捐局理税官となり奉天省復県税捐局副局長に就いた。

末永豊太郎　▷11

末永組主石炭及び珪石販売、荷役作業請負/大連市摂津町/一八六八(明一)九/長崎県北松浦郡前方村/亀井塾

長崎県末永甚八の四男に生まれ、父方の親戚末永粂八の養子となった。一八八二年小学校を卒業して福岡の亀井塾その他の私塾で漢学と数学を学んだ。一八九四年の日清戦争の際に第一軍兵站部付軍属となって渡満し、講和後台湾に渡り宜蘭で官衙用達・鉄砲火薬商を営んだ。一九〇四年日露戦争に際して再び第一軍司令部及び第四軍兵站監部糧餉部用達として渡満し、後に鴨緑江軍兵站監部付に転じ後、軍の撤退とともに通化県で木材事業に従事した。次いで朝鮮の新義州に一時滞在した後、営口に引き揚げて軍隊用達業を再開し、さらに貔子窩で製塩業を開始した。営口の豆粕が大連に出まわると、〇七年に営口の豆粕荷役苦力を率いて大連埠頭の豆粕荷役作業を請け負い、以後は大連に居住して満鉄石炭特約販売、満鉄荷役への苦力供給と珪石輸出業を経営した。夫人しもとの間に子無く、実兄鎮太郎の次男捨を養嗣子とし、早大商科に学ばせた。

末永　宗市　▷11

金州公学堂南金書院教諭/金州南金書院/一八九六(明二九)一/鹿児島県鹿児島郡谷山町/鹿児島工業学校木工科、工手学校

鹿児島県末永熊助の長男に生まれ、一九一三年鹿児島工業学校木工科を卒業した。翌年小学校手工専科正教員の免状を取得し、鹿児島県師範学校教員となり手工科部を担任した。その後上京して工手学校で機械学を修め、一八年四月に朝鮮に渡って二、三の工場で技術を磨き、翌年から鎮南浦公立商工学校で教鞭を執った。二二年に渡満して金州公学堂教諭となったが、二四年に実業学校機械科木型教員免状を取得して同学堂工業部を担当した。

末広　孫市　▷9

末広商会主/大連市若狭町/一八七八(明一一)九/広島県安佐郡亀山村

仙台、青森、北海道方面に自家製造の山繭製糸・織物を販売して資金を蓄え、日露戦争後一九〇六年に渡満して旅順で旅館業を経営した。〇七年に廃業して大連市浪速町に移住し、次いで一〇年同市但馬町に転居して建築材料商を営んだ。二三年さらに若桜町に転居して同業を経営し、かたわら一六年に海中の中国軍艦二隻と日本の商船玉浦丸を買い受けて沈没船の引揚事業を行った。

末松　三郎　▷11

満鉄普蘭店駅助役/関東州普蘭店福寿街/一九〇一(明三四)四/福岡県糸島郡元岡村

福岡県農業末松鹿吉の五男に生まれ、一九一六年一〇月一五歳で満鉄大連駅の駅夫となった。精勤して二四年一〇月車掌、二七年一〇月助役に進み、普蘭店に勤務した。

末光　源蔵　▷11

貿易業、従六位勲六等／奉天琴平町／一八七八（明一一）七／大分県北海部郡小佐井村

大分県末光文平の長男に生まれ、一八九九年四月台湾総督府巡査となった。勤続中の一九〇五年一〇月文官普通試験に合格し、〇六年八月警部補、〇九年三月警部に進んだ。一一年一月関東都督府警部に転任して渡満し、旅順民政署警務課長、鉄嶺署長、撫順署長を歴任し、二一年一月警視となり営口警務署長に就任した。二二年八月奉天警察署長に就いたが、二四年一一月に辞して奉天で貿易業を営んだ。かたわら奉天温泉会社社長を兼務し、地方委員会議長を務めた。渡満後に夫人ムラを亡くし、挙を養子に迎えた。

末光　俊介　▷12

満鉄撫順炭砿工作課機械技術担当員／奉天省撫順北台町／一八九五（明二八）一二／福岡県直方市下境／九州帝大工学部機械工学科

福岡県末光愛造の長男に生まれ、一九二〇年七月九州帝大工学部機械工学科を卒業して三井鉱山に入った。台湾の基隆炭坑会社に転じた後、三三年満鉄に転じて渡満し、撫順炭砿に勤務して工作課機械技術担当員となった。

末光平十郎　▷3

米国領事館員／大連市摂津町／一八七三（明六）二／愛媛県東宇和郡卯之町／同志社英学校

一八八七年京都の同志社英学校に入学し、九〇年に卒業した。九七年九月神戸税関に入り、一九〇四年まで勤務した。〇六年に渡満し、大連の米国領事館員となった。

末宗　繁市　▷11

銑鉄・石炭業／奉天省鞍山赤城町／一八八九（明二二）三／大分県宇佐郡北馬城村／満鉄育成学校、北京学会

大分県農業末宗和平の次男に生まれ、一九〇七年六月に渡満して満鉄見習となった。〇九年に育成学校を卒業し、同年一一月から三年間北京同学会に留学した。一九年一月興業部遼陽販売所主任に就いたが、翌年三月に退社して鞍山で満鉄石炭及び銑鉄の特約販売店を開業した。次弟の安吉も渡満し、同じ鞍山で両替商のほか各種事業を手広く経営した。

末宗　安吉　▷13

鞍山中央商事㈱社長、鞍山劇場㈱社長／奉天省鞍山／一八九一（明二四）一一／大分県宇佐郡北馬城村

大分県農業末宗和平の三男に生まれ、一九一九年九月に渡満して酒類及び白米商を営んだ後、同和銀号を設立して両替商を営んだ。かたわら鞍山中央商事㈱、鞍山劇場㈱を興し、中央劇場や中央百貨店などを経営して鞍山実業界で頭角を現し、鞍山の初代商工会議所副会頭を務めた。実兄繁市は〇八年に渡満して満鉄に入り、後に鞍山で石炭・銑鉄商を営んだ。

陶山　太平　▷12

満鉄延吉站長／間島省延吉站長局宅／一九〇〇（明三三）七／大分県大分郡戸次村

大分県陶山宇八の長男に生まれ、一九一七年一〇月満鉄従事員養成所電信科を修了して奉天駅に勤務した。蘇家屯駅、公主嶺駅に転勤した後、二二年一二月車掌心得を経て車掌となり、長春列車区公主嶺分区、奉天列車区安東分区等に歴勤して二七年四月得勝台駅助役となった。次いで蓋平駅助役、大石橋駅助役を歴任して三三年一一月蘆家屯駅長となり、三七年四月延吉站長に転任した。この間、三三年八月勤続一五年の表彰を受けた。

末吉岡次郎　▷11

運送業、陸軍用達、特産物商／奉天省鉄嶺柳町／一八七七（明一〇）一一／石川県羽咋郡羽咋町／早稲田専門学校政治経済科

石川県運送業末吉安太郎の長男に生まれ、一八九九年三月札幌中学校を卒業して速成学館で国文学を修め、早稲田専門学校政治経済科に学んだ。陸軍省金沢陸軍病院付となった後、一九〇六年五月陸軍省雇員として渡満した。〇七年四月鉄嶺で陸軍用達及び運送業を開業し、北満からシベリア、チタ方面を巡って大麦・燕麦・高粱等の馬糧事情を調査した。一二年から特産物商を兼営し、かたわら鉄嶺第五区長を務めた。夕張高女出身の夫人マリナとの一男四女あり、次女幸は鉄嶺駅助役石田武に嫁した。

末吉 国蔵 ▷12

満鉄図們站構内助役、勲七等／間島省図們站／一八九四（明二七）一二／千葉県夷隅郡総野村

千葉県末吉巳之吉の三男に生まれ、一九一五年徴兵されて千葉の鉄道大隊に入営し、一九年六月に満期除隊した。二〇年一月に渡満して満鉄に入り、長春駅に勤務した。三五年七月助役試験に合格して翌月新京駅構内助役となり、三七年三月図們站構内助役に転任した。この間、シベリア出兵時の功により勲八等旭日章、満州事変時の功により勲七等従軍記章及び建国功労賞を受けた。

菅井直三郎 ▷12

満州化学工業㈱経理課株式係主任／大連市下藤町／一九〇一（明三四）八／千葉県香取郡佐原町／慶応大学法科

一九二六年三月慶応大学法科を卒業して日魯漁業会社に入り、次いで二九年に渡満して満鉄に入社した。その後三三年に満州化学工業㈱に転じ、後に経理課株式係主任を務めた。

「菅」は「かん」も見よ

菅 端 ▷11

満鉄撫順医院医員／奉天省撫順老虎台／一八八九（明二二）二／熊本県熊本市内坪井町／長崎医学専門学校

熊本県鹿井貞雄の次男に生まれ、同県菅テイの養子となった。一九一二年長崎医学専門学校を卒業した後、一三年に渡満して満鉄に入り本渓湖医院に勤務した。次いで大石橋、営口、瓦房店の各医院に勤務し、二八年一〇月撫順医院医員となった。

菅 辰次 ▷11

満州戦蹟保存会理事、正六位勲五等、陸軍予備歩兵少佐／旅順市佐倉町／一八八五（明一八）九／東京府東京市牛込区市谷台町／陸軍士官学校、文部省中等学校英語科教員養成所

東京府商業菅一松の長男に生まれ、一九〇七年陸軍士官学校を卒業して歩兵少尉に任官した。一九年六月歩兵第一一連隊機関銃隊長としてシベリアに出征し、勲五等旭日章を受章した。二三年七月歩兵少佐に進み、同年九月予備役編入となった。アメリカに二年間留学して語学研究に従事した後、二六年に文部省中等学校英語科教員養成所を修了した。二七年一月中等学校英語科教員免許状を取得して渡満し、財団法人戦蹟保存会理事となり四月から旅順第一中学校教務嘱託を兼務した。

「菅野」は「かんの」も見よ

菅野 貫一 ▷3

満鉄公主嶺医院長、予備陸軍一等軍医、正七位勲五等、士族／吉林省公主嶺満鉄社宅内／一八七八（明一一）三／東京府東京市小石川区諏訪町／千葉医学専門学校

一九〇二年一一月、千葉医学専門学校を卒業して陸軍軍医となった。〇四年三月陸軍三等軍医、〇五年八月二等軍医、〇七年一二月一等軍医に進み、一一年予備役編入となった。同年八月に渡満して満鉄瓦房店分院長となり、一二年八月公主嶺医院長に就いた。

菅野 誠 ▷11

満鉄撫順炭砿発電所員／奉天省撫順弥生町／一九〇二（明三五）一〇／山口県豊浦郡長府町／東京帝大法学部政治科

山口県菅野尚の次男に生まれ、一九二六年東京帝大法学部政治科を卒業した。満鉄に入社して撫順炭砿発電所に勤務した。

菅谷七三郎 ▷11

仁寿堂病院主／大連市聖徳街／一八九三（明二六）一二／大阪府大阪市北区曽根崎町／実践商業学校中等科

大阪府菅谷諸三郎の五男に生まれ、一九一三年実践商業学校中等科を卒業し、一五年から大阪で兄の三重郎と共同で売薬製造販売業を営んだ。二六年一月兄の四郎に後事を託して渡満し、大連に仁寿堂病院を開設して経営にあたった。

菅屋 時春 ▷12

国際運輸㈱チチハル支店長代理兼庶務係主任／龍江省チチハル新馬路国際運輸㈱支店／一八九八（明三一）一／熊本県熊本市坪井町／九州学院

熊本県菅屋時易の長男に生まれ、一九一七年三月熊本市の中学九州学院を卒業した後、一九年一一月山口運輸㈱に入り長春支店書記補となった。大連の満州監理部職員に転任した後、勤務先の合従連衡により国際運送㈱ハルビン支店、同釜山支店、国際運輸㈱釜山支店、朝鮮運送㈱釜山支店助役、大邱支店助役に歴勤した。その後三三年一〇月国際運輸㈱経理課、チチハル支店経理係主任を経て三四年一二月同支店長代理となり、庶務係主任を兼務した。

須賀　幸内　▷7

満鉄図書館長／大連市沙河口十区／一八七九（明一二）二／鹿児島県揖宿郡指宿村

鹿児島県に生まれ、郷里の揖宿郡柳田小学校、魚見小学校で一三年にわたり教鞭を執った。一九一一年七月妻子を残して単身渡満し、満鉄沙河口工場庶務課に勤務した。沙河口実業補習学校兼沙河口図書館勤務に転じた後、一五年三月同館主事に進み、新設の南沙河口図書館主事を兼務した。沙河口小学校評議員に選挙されたほか、同地に同郷団体の三州会が作られると初代会長を務めた。和歌を趣味とし、在郷の頃は児島新聞社の懸賞募集にも当選した。

菅原久治郎　▷12

満鉄朝陽鉄路監理所監理員／錦州省朝陽満鉄監理所／一八九三（明二六）七／山形県飽海郡稲田村／岩倉鉄道学校業務科本科

山形県菅原善治の五男に生まれ、一九一八年三月岩倉鉄道学校業務科本科を卒業して鉄道院に入った。札幌駅に勤務した後、同年八月満鉄に転出して渡満し、大連駅勤務を経て同年九月公主嶺駅、二二年六月郭家店駅助役心得、同年一二月同助役、二七年九月長春列車区列車助役、同年一一月鉄嶺分区列車助役、二九年一〇月海城駅助役に歴勤した。次いで三三年四月林家台駅長、三五年三月分水駅長を経て同年一一月朝陽鉄路監理所監理員となった。この間、三四年四月に勤続一五年の表彰を受けた。

菅原　二郎　▷12

満州炭砿㈱総務部調査課鉱区係主任／新京特別市羽衣町／一九〇七（明四〇）一〇／宮城県登米郡吉田村／東京帝大経済学部経済学科

福岡県立浮羽中学校、福岡高等学校を経て一九三一年三月東京帝大経済学部経済学科を卒業した。その後三四年満州炭砿㈱に入り、以来勤続して総務部調査課鉱区係主任を務めた。

菅原　恒男　▷14

満鉄鉄道部鉄道工場技師工作長／大連市霞町／一八八七（明二〇）三／山形県山形市宮町／東京高等工業学校機械科

山形県菅原長雄の四男に生まれる。一九一一年七月東京高等工業学校機械科を卒業し、同年八月満鉄に入社した。撫順炭砿機械課に勤務し、三一年九月からは沙河口工場勤務等を経て鉄道部鉄道工場技師となり、後に工作長に就いた。三三年に社命で欧州に出張したほか、三二年一一月から四〇年一〇月まで二期にわたり大連市会議員を務めた。

杉浦　熊男　▷12

満鉄鉄道総局大阪在勤事務嘱託、正七位勲六等／大阪市東区安土町満鉄大阪出張所／一八八一（明一四）三／大阪府西成郡鷺州村／大阪高等工業学校機械科

大阪府杉浦定貫の長男に生まれ、一九〇二年大阪高等工業学校機械科を卒業し、同年八月鉄道作業局神戸工場に勤務して〇四年鉄道技師となった。その後一七年七月朝鮮鉄道局の経営が満鉄に委託される際、総督府鉄道技師に転出して朝鮮に渡った。次いで一八年八月満鉄に入社し、運輸部運転課、鉄道部運転課に歴勤して二五年八月参事制定とともに参事となった。二六年六月から八ヶ月間欧米に出張して検車区の組織、客貨車の構造及び油脂屑糸使用に関する事項を調査研究した後、大連鉄道事務所運転長、鉄道工場長、総務部審査役、鉄道部大阪在勤事務嘱託を経て三六年一〇月鉄道総局大阪在勤事務嘱託となった。

杉浦　三郎　▷11

㈱大連製薬所取締役支配人／大連市大黒町／一八九二（明二五）四／静岡県浜名郡入出村／東亞同文書院

静岡県商業杉浦宗治郎の三男に生まれ、一九一五年上海の東亞同文書院を卒業した。日本郵船㈱に入社して三年勤務した後、カルカッタの㈱千田商会に転じた。翌年ラングーン支店支配人となり、二四年に神戸支店支配人に就いたが、病気のため二六年に退社した。

療養後の二七年一〇月に渡満し、翌年一月㈱大連製薬所取締役兼支配人に就任した。

杉浦　周治　▷11

山田洋紙店大連出張所主任、正八位勲六等／大連市須磨町／一八八三（明一六）五／愛知県碧海郡明治村／名古屋商業

愛知県農業杉浦嘉隆の四男に生まれ、一九〇〇年名古屋商業学校を卒業した。増田貿易会社に入社して一七年四ヶ月勤続したが、同社破産のため二〇年山田洋紙店に転じた。洋紙貿易調査にマニラに赴いた後、大連出張所設立に伴い二四年に渡満し主任を務めた。

杉浦　爾郎　▷12

金泰号薬房主、ハルビン薬業組合幹事、ハルビン愛知県人会幹事／ハルビン地段街／一八九四（明二七）一一／愛知県碧海郡安城町／大連商業学校

愛知県杉浦由松の次男に生まれ、一九一〇年に渡満して大連商業学校を卒業した。その後一八年からチチハルで質屋業を営んだが、二八年にハルビンに移転して金泰号薬房を開業し、薬品・売薬の処方・調剤、化粧品類の卸小売業を経営した。一般市販のほか官庁その他を得意先として牡丹江五常に支店を設け、従業員一一人を使用して年間一三万円を売り上げた。

杉浦　龍吉　▷11

貿易商、勲六等／ハルビン地段街／一八六八（明一）六／東京府東京市牛込区若宮町／東京外国語学校、東京高等商業学校中途退学

一八八六年、東京外国語学校を卒業して東京高等商業学校に入学した。八八年に退学してウラジオストクに渡り、貿易、船舶、銀行業などを経営した。一九〇一年シベリア全域と樺太地方を二ヶ月かけて視察し、翌年一〇月東支鉄道が開通すると北満一帯から旅順、大連、営口、芝罘等を巡遊した。一四年に欧州大戦が始まると欧露を巡遊し、翌年九月ハルビンで対露貿易を始めた。ハルビン銀行取締役、北満製油㈱監査役、カワルスキー林業公司顧問等を兼務したほか、ハルビン日本商業会議所議員を務め、日露貿易と在留邦人に尽力した功で勲六等を受けた。長崎市西島男爵の娘幸と結婚し二男三女があったが、夫人は一七年に他界した。

杉浦徳治郎　▷12

満州中央銀行発行課副課長／新京特別市興安胡同／一八八三（明一六）四／兵庫県多可郡中町／東北帝大農科大学農学科

兵庫県杉浦源治郎の三男に生まれ、一九一一年四月山口県師範学校の教員となったが、一三年三月に辞職して東北帝大農科大学農学科に入学し、一七年七月卒業と同時に朝鮮銀行に入った。大連支店、本店総裁席等に勤務した後、三二年六月満州中央銀行の設立とともに同行に転じて造幣課副課長となり、三七年五月発行課副課長に就いた。

杉浦　平八　▷11

満鉄地方部庶務課文書係、正八位／大連市山城町／一八九八（明三一）一〇／東京府東京市深川区島田町／中央大学大学部英法科

静岡県商業杉浦善四郎の四男として小笠郡日坂村に生まれ、一九二〇年一〇月中央大学英法科在学中に文官高等試験行政科試験に合格した。翌年七月卒業と同時に満鉄に入り地方部庶務課に勤務したが、同年一二月一年志願兵として近衛歩兵第四連隊に入営した。二三年四月に除隊して地方部に復職した後、長春地方事務所兼長春地方区勤務、同区庶務係主任を経て二四年八月再び地方部庶務課勤務となり、二八年六月地方部庶務課文書係主任に就いた。この間の二四年一二月、高等文官試験司法科試験に合格して東京地方裁判所検事局弁護士名簿に登録された。

杉浦守次郎　▷12

龍江省泰康県参事官／龍江省泰康県参事官公館／一九〇六（明三九）八／埼玉県大里郡佐谷田村／東京外国語学校支那語部専修科

埼玉県杉浦久太郎の次男に生まれ、一九二五年五月東京帝大理学部附属植物園に勤務した。勤務のかたわら二七年三月東京外国語学校支那語部専修科を卒業し、同年六月満州医科大学生物学教室助手に転じて渡満した。その後三二年一月に依願免職し、同年五月自治訓練所を修了して奉天省撫順県自治指導員となった。次いで関東軍騎兵第四旅団付宣撫員、吉林省永吉県属官、双河固政治工作員、永吉県属官、九台県属官、同参事官、吉林市公署理事官・総務科長を歴職し、三七年五月龍江省泰康県参事官となった。

杉浦　由郎 ▷12

日満洋行主、チチハル商工会議所議員、チチハル商店協会評議員、同商業組合評議員／龍江省チチハル永安大街／一八九二（明二五）五／愛知県碧海郡安城町

早くから渡満し、一九二五年にチチハルに移住し、電気器具及び材料販売業と一般工事請負業を営んだ。東京、大阪、名古屋、大連、奉天等を仕入地とし、チチハル電業公司の指定請負人として満州事変後に大幅に売上げを伸ばし、チチハル在住日本商人の草分けとして同地の業者団体で重きを成した。

杉岡　令一 ▷12

黒河省公署警務庁特務科長／黒河省公署警務庁／一八九五（明二八）一〇／岐阜県安八郡神戸町／岐阜県立大垣中学校中退

岐阜県杉岡梅之助の長男に生まれ、一九一二年県立大垣中学校を中退して翌年愛知県巡査となった。一九年同県巡査部長を経て二〇年岐阜県巡査部長に転じ、二二年同警部補に進んで二三年警察講習所を修了した。揖斐警察署、県警察部警察課、御嵩町警察署、大井町警察署勤務に勤務して太田警察署八百津分署長となり、八百津警察署長を経て二七年岐阜県警部となり、巡査教習所教官を務めた。次いで高富、北方、岐阜、高山、高田の各警察署長を歴任して三二年一月県警察部刑事課長、三三年二月同高等警察課長を歴任した。その後三四年二月国務院民政部中央警察学校教官兼民政部警務司員に転じて渡満し、三五年七月中央警察学校教授兼民政部事務官を経て三六年四月黒河省公署警務庁特務科長となった。

杉木　心一 ▷11

大連新聞遼陽支局長、印刷及び保険業／奉天省遼陽幸町／一八七一（明四）九／京都府京都市／京都平安義黌

京都府神官杉木心介の長男に生まれ、一八八九年華士族学校の京都平安義黌を卒業した。天津で会社員をしていたが、一九〇四年一一月に渡満して遼陽で印刷・保険業を営んだ。かたわら大連新聞遼陽支局長として新聞雑誌事業に従事し、同地の地方委員を務めた。二八年に夫人とくを亡くし、実子を他家に預け養女と甥を養育した。

杉　広三郎 ▷12

満鉄鉄路学院長事務取扱、鉄道総局輸送委員会委員長、同設備委員会委員長、技術委員会委員、従四位勲四等／奉天白菊町／一八八三（明一六）一二／東京府／東京帝大工科大学土木工学科

東京府杉晴之助の三男に生まれ、一九〇七年七月東京帝大工科大学土木工学科を卒業して鉄道庁に入り、一〇年に鉄道院技師となった。一四年に海外に留学した後、岡山建設事務所長、国府津改良工事事務所長、鉄道省工務局計画課長等を歴任した。二九年東京地下鉄道会社計画部長に転出した後、さらに満鉄に転じて渡満し、鉄路総局次長、同工務処長を歴任した。三六年二月鉄路学院長事務取扱となり、総務処長事務取扱及び工務処工務科長事務取扱を兼務した後、同年九月参事に昇任して鉄道総局輸送委員会委員長及び同設備委員会委員長、技術委員会委員を兼務した。

杉　小太郎 ▷11

満鉄ハルビン事務所会計主任／ハルビン市ポレワヤ街／一八八五（明一八）五／熊本県熊本市寺原町／熊本錦城学館

熊本県の銀行家杉直枝の次男に生まれ、一九〇〇年熊本錦城学館を卒業した。上京して苦学しながら政治経済学を学び、大阪、熊本で銀行に勤めた。この間兵役に服し、一九一〇年の韓国併合に際して併合記念章を受章したほか、経理研究のため鶏林八道を踏査した。一七年九月に渡満して満鉄に入り、本社経理部会計課に勤務した後、ハルビン事務所に転任して会計主任を務めた。夫人睦子は宏道流生花と表千家茶道を教授した。

杉崎　規矩 ▷12

満鉄吉林鉄路局工務処電気科員／吉林松江寮／一九〇〇（明三三）九／神奈川県中郡国府村

神奈川県杉崎三蔵の次男に生まれ、早くから満鉄に勤務し、累進して吉林鉄路局工務処電気科電力股長に就いた。その後、一九三六年一〇月の職制改正により同処電気科員となった。

杉下　純平 ▷3

関東都督府医院医員、高等官五等、陸軍一等軍医、従六位勲五等功五

級／旅順旧市街鮫島町官舎／一八八三（明一六）八／岐阜県郡上郡八幡町／京都府立医学専門学校、陸軍軍医学校

一九〇四年京都府立医学専門学校を卒業し、同年八月陸軍三等軍医に任じられ、第七師団衛生隊付として日露戦争に従軍した。戦後帰国して樺太及び大阪の衛戍病院に勤務した後、一〇年二月陸軍軍医学校の内科専攻学生となり、一一年七月に修了した。一二年一二月、関東都督府医院医員として渡満した。

杉田　数二　▷1

杉田洋服商店大連支店主／大連市伊勢町／一八七〇（明三）三／東京府東京市麹町区一番町

福井市籔川上町に生まれ、後に東京市麹町区に移籍した。一八八七年から東京で洋服裁縫店を開業し、諸官衙及び陸軍の用達として第五師団、第七師団、第八師団、陸軍経理学校、軍医学校等に納品した。一九〇四年日露戦争が始まると師団所在地の旭川や弘前で物資供給に従事した後、翌年四月陸軍大臣の許可を得て大連に渡り、伊勢町に店舗を新築して陸海軍及び軍政署の用達業を営んだ。戦後は本店をそのまま東京に置き、大連店を支店として洋服仕立業のほかにラシャ等の洋服地を販売し、旭川にも支店を置いた。この間、〇六年六月東京勧業協会より満州利源調査委員を嘱託され満州、朝鮮、天津、北京等の各地を視察した。

椙　直次　▷12

横浜堂店主、森永製品満州販売㈱取締役、大安汽船(股)董事、安東昼夜無尽㈱監査役、安東商工会議所議員／安東市場通／一八八〇（明一三）一二／神奈川県横浜市根岸町／小学校

神奈川県キロー販売業椙市太郎の次男に生まれ、小学校を卒業して商家に奉公した。その後一九〇五年四月、日露戦中に渡満して安東県市場通で菓子製造販売を開業した。かたわら二四年から朝鮮の車輦館で果樹園を経営し、三六年一一月安東税務署管内営業税諮問委員会委員となったほか、満鉄安東地方区長、安東輸入組合幹事、安東公費査定員、安東満鉄福祉委員、協和会北部班長等の公職に就いた。

杉野耕三郎　▷11

大連市長、正四位勲三等／大連市楠町／一八七六（明九）一二／岐阜県養老郡高田町／東京帝大法科大学法律学科

岐阜県杉野直次郎の三男に生まれ、一九〇五年七月東京帝大法科大学法律学科を卒業し、同年一一月高等文官試験に合格した。〇六年五月通信事務官となり、関東総督府軍郵便監査官として渡満した。同年九月逓信省に戻り、〇七年二月北京郵便局長となって赴任し、一三年に帰任した。その後、神戸、長野、名古屋の各郵便局長を歴任して一九年五月熊本逓信局監査課長となった。二〇年六月国際通信予備会議委員随員としてワシントンに出張し、同年一二月から五ヵ月間欧米各国に出張した。二一年五月関東庁逓信局長に転じて再び渡満し、二四年三月ストックホルムで開かれた第八回万国郵便会議に委員として参列した。同年一二月の退官と同時に大連市長に選ばれ、二八年三月まで務めた。この間一二年一月清国皇帝から三等第一双竜宝星勲章、二五年二月スウェーデン皇帝から乙級コンマンドール・ワザ勲章を受章した。

杉之原孝善　▷11

朝鮮銀行開原支店支配人／奉天省開原朝日街／一八八七（明二〇）六／熊本県熊本市春竹町／長崎高等商業学校

熊本県材木商杉之原寿三郎の長男に生まれ、一九一〇年長崎高等商業学校を卒業して朝鮮銀行に入った。京城、釜山、東京、大阪、営口、鉄嶺、済南、奉天省四平街の各支店勤務を経て、二四年七月開原支店支配人に就いた。

杉野鉾太郎　▷4

外務書記生、勲七等、士族／ハルビン総領事館／一八六八（明一）四／東京府東京市浅草区東三筋町／外国語学校

安藤対馬守信時の家老の子に生まれ、外国語学校に学んだ後、二〇歳の時に北海道に渡り、二五歳から三四歳まで樺太で商工業に従事した。一九〇二年六月官界に入って外務通訳生となり、牛荘に赴任した。〇六年四月日露戦争の功で勲八等白色桐葉章を受け、同年一一月外務書記生となって長春に転任し、〇七年五月からハルビン総領事館に勤務した。日露外交に尽くした功に

より一三年六月勲七等瑞宝章を授与され、翌年四月ロシア皇帝から神聖スタラスタス第三等勲章を受けた。四人の娘を東京の夫人に託し、単身任地にあって書画骨董と詩歌を趣味とし、武州または半仙と号した。

杉野　雄二　▷11

満鉄撫順炭砿老虎台採炭所員／奉天省撫順老虎台／一九〇二（明三五）一一／東京府東京市下谷区仲御徒町／東京帝大工学部採鉱科

東京府杉野藤太郎の長男に生まれ、一九二七年東京帝大工学部採礦科を卒業した。満鉄に入社して撫順炭砿老虎台採炭所に勤続した。

杉原　環　▷12

満鉄新京保線区保線助役、勲八等／吉林省公主嶺堀町／一八八二（明一五）一一／山梨県東八代郡石和町

一九〇二年五月徴兵されて兵役に服した後、〇四年鉄道管理局に入り甲府保線事務所に勤務した。一三年八月満鉄に転じて渡満し、公主嶺保線係に勤務した。後に同係が廃止され新京保線係の管轄に入ると新京在勤となり、二四年新京保線区線路工長を経て三五年三月同区保線助役となった。この間、三一年九月満州事変に際し第一回ハルビン出動日本軍の輸送列車修理班員及び中東鉄道日本軍輸送列車の軌道修理班長として派遣され、後に勲八等旭日章及び従軍記章並びに建国功労賞、皇帝訪日記念章を授与された。同郷の夫人モトとの間に四男五女あり、長男甚平と次男喜平はともに満鉄に勤務し、長女玉枝は奉天省の吉江昌美に次女の静は満鉄社員の溝部誠に嫁した。

杉原佐一郎　▷3

杉原法律事務所主、安東貯蓄銀行取締役、従七位／安東県大和橋／一八六三（文三）七／岡山県都窪郡万寿村

一八八三年一〇月司法省法学生徒となり、八六年一二月に卒業して判事登用試験に合格し、判事試補となった。八七年一〇月奏任官五等となり、同年一二月始審裁判所判事として和歌山始審裁判所詰となった。九一年一〇月依願免官し、翌月代言人免許を取得した。九三年四月弁護士登録となり、一九〇六年四月に渡満して安東市内に弁護士事務所を開設し、〇九年一二月統監府弁護士名簿に登録された。一三年一月安東商業会議所特別議員に選任され、一五年三月安東貯蓄銀行取締役に就任した。

杉原　信助　▷12

満鉄用度部倉庫課員／大連市文化台／一八九〇（明二三）四／山形県米沢市米岡町／弘道館中学校

山口県熊毛郡平生町に生まれ、一九〇七年弘道館中学校を卒業して同年四月に渡満し、満鉄本社用度課倉庫係となった。以来勤続し、三三年国線の受託経営にともない海克線引き継ぎのため呼海鉄路局に派遣され、業務を終了して三四年四月ハルビン鉄路局調度股長となった。引き続き拉浜線、大黒河線の引き継ぎ業務に当たった後、北満鉄路接収の準備計画作成に従事し、接収修了後は南部線改築工事の用品調達、津清・黒河間の新線引き継ぎ業務等に従事した。三六年一月吉林鉄路局経理処用度科に転任し、新京に駐在して旧吉敦鉄路の倉庫業務整理に従事した後、同年七月牡丹江線林口・密山線等の新線引き継ぎに当たり、業務終了とともに同年一〇月用度部倉庫課に転任した。静水と号して写真を趣味とし、アマチュア写真家団体の光彩倶楽部創設に尽力して幹事となったほか、写真同好会の写光会にも属した。

杉原　千畝　▷11

ハルビン日本総領事館書記生／ハルビン日本総領事館／一九〇〇（明三三）一／岐阜県加茂郡八百津町／早稲田大学高等師範部英語科中退

岐阜県官吏杉原好水の次男に生まれ、一九一九年七月早稲田大学高等師範部英語科に在学中外務省留学生採用試験に合格し、同年一〇月ロシア語留学生としてハルビンに渡った。二〇年一二月一年志願兵として京城の歩兵第七九連隊に入隊した後、二二年九月ハルビン日本総領事館に勤務するかたわら日露協会学校特修科に入学した。二四年二月外務書記生となり、ロシア人クラウディア・アポロノワと結婚していったん帰国した後、再びハルビン総領事館に赴任し、かたわら日露協会学校講師を務めた。⇒三二年六月満州国外交部特派員公署事務官となり、翌年六月からロシアとの北満鉄道譲渡交渉に従事した。三四年八月外交部理事官となり政務司ロシア科長兼計画課長に就い

す

たが、三五年七月満州国外交部を依願免官した。帰国して外務省情報部第一課に勤務し、同年一二月クラウディアと離婚し、翌年四月菊池幸子と再婚した。三六年五月日露漁業交渉の通訳官としてペトロパブロスクに赴き、同年一二月ソ連大使館二等通訳官に任じられたがソ連政府に入国を拒否され、三七年八月ヘルシンキ公使館に転任した。三九年七月リトアニアの首都カウナス領事館副領事に転じ、在任中の四〇年七月から八月にかけてユダヤ難民二一三九人に日本通過ビザを発給したが領事館閉鎖となり、同年九月プラハ総領事館に赴任した。四一年二月ケーニヒスベルク総領事館総領事代理、同年一一月ブカレスト公使館一等通訳官、四三年同公使館三等書記官を歴任し、四五年八月敗戦によりブカレスト郊外のゲンチャ捕虜収容所に収容された。四七年二月に帰国したが、同年六月外務省を去り㈱世界平和建設団事務局渉外部長に就いた。その後ロシア語を活用してPXや商社に勤務し、ロシア語教授、翻訳業等に従事した後、六〇年一一月から商社のモスクワ事務所長等を務めて七五年に帰国した。八五年一月イスラエル政府より「諸国民の中の正義の人賞」を授与され、翌年七月鎌倉で没した。

杉　牧夫　▷11

関東庁逓信局工務課機械係、従七位／大連市壱岐町／一九〇四（明三七）三／岡山県真庭郡落合町／九州帝大工学部電気工学科

東京市の浅草区長を務めた大内長十郎の次男に生まれ、杉梅元治の娘安弥子の婿養子となった。一九二七年九州帝大工学部電気工学科を卒業して逓信省に入り、工務局員として電気に関する事務を修習した。二八年六月関東庁逓信技師となり、翌月渡満して大連通信局工務課に勤務した。

杉町勝次郎　▷11

撫順警察署警部／奉天省撫順新市街西八条通／一八八五（明一八）八／佐賀県佐賀郡高木瀬村

佐賀県農業杉町宗八の長男に生まれ、一九〇三年から〇六年まで農事研究に従事した。〇六年九月台湾に渡り、同年一一月台湾総督府巡査となった。一一年七月警部補に進み、関東都督府出向を命じられて渡満した。一八年一〇月警部に昇格したが翌年辞職し、銀行、特産業、株式取引等に従事した後、二三年再び関東庁警部補となり、二七年七月警部に進み、二九年二月から撫順警察署に勤務した。俳句を趣味とし、妙寛と号した。

杉村　正　▷12

関東局司政部財務課長、朝鮮銀行監理官、満州金融組合連合会理事長、従五位勲六等／新京特別市錦町関東局官舎／一八九九（明三二）二／静岡県磐田郡池田村／東京帝大法学部

一九二二年一一月東京帝大法学部在学中に文官高等試験行政科に合格し、二三年三月卒業とともに大蔵省に入り大蔵属兼税関事務官となった。大蔵省主税局に勤務した後、二四年一二月司税官に進んで盛岡、浦和、千葉の各税務署長に歴任した。その後三四年一月関東庁事務官に転出して渡満し、財務局税務課長を務めた後、同年一二月官制改革により関東局司政部財務課長となった。この間、二八年一一月大礼記念章を授与され、三六年八月勲六等に叙された。

杉本梅之助　▷12

満州医科大学予科講師兼舎監／奉天葵町／一八八三（明一六）四／広島県御調郡大浜村／広島県師範学校

一九〇四年広島県師範学校を卒業し、同年九月御調郡中庄尋常高等小学校訓導となった。郡内の向島西、津部田、向島西各小学校訓導を歴任した後、一三年三月満鉄遼陽尋常高等小学校業務嘱託となって渡満した。一四年四月遼陽公学堂教員を経て同年六月四平街公学堂長兼教員となり、一六年四月から一年間北京に留学した。一七年四月開原公学堂長兼教員を経て二三年五月満州医科大学予科講師となり、二九年七月から同大学舎監を兼任して三一年一〇月満鉄職員となった。

杉本吉五郎　▷11

満鉄地方部、勲七等／大連市児玉町／一八七六（明九）三／東京府東京市本郷区丸山福山町／明治法律学校、東京外国語学校支那語科

東京府杉本新三郎の三男に生まれ、明治法律学校に学んだ後、一九〇七年東京外国語学校支那語科を卒業した。大蔵省属、台湾総督府土地調査局属、陸軍通訳を経て〇九年に渡満し、関東都督府属兼翻訳生となった。一五年に土地調査部及び都督府職員講習所講師兼任となり、一八年調査課に転任して社命により吉林で木材業に従事した。その後本社地方部で中国の土地制度を中心とする法政研究に従事し、『支那語教程』『急就篇総訳』『関東州土地旧慣提要』『関東州土地制度論』『吉林省東北部経済調査』『支那民法』等を著した。

杉本昌五郎　▷11

東洋拓殖㈱奉天支店副支配人／奉天淀町／一八八九（明二二）四／岩手県盛岡市下厨川／東北帝大農科大学

一九一五年七月北海道の東北帝大農科大学を卒業し、日本製麻会社に入社した。翌年退社して朝鮮金融組合理事となり、義州、新寧等に勤務した後、一八年に東洋拓殖㈱に転じた。京城、大邱、水原、金堤、裡里、大田各支店の金融主任を歴任して二五年一二月大連支店副支配人となり、二七年春奉天支店副支配人に転任した。

杉本　大周　▷11

満鉄撫順医院医員／奉天省撫順南台町／一八九四（明二七）一二／新潟県東頸城郡安塚村／京都府立医学専門学校

新潟県長井順周の次男に生まれ、杉本ミセの養子となった。一九一九年京都府立医学専門学校を卒業し、翌年四月満鉄に入社した。奉天医院に勤務した後、二一年七月撫順医院に転任した。

杉本　恒記　▷12

満鉄ハルビン鉄路局水運処船舶科長、ハルビン航業公会評議員、航業特殊防護団副団長、ハルビン特別市連合防護団講師、高級船所講習会幹事長、勲六等／ハルビン奉天街／一八九七（明三〇）一／広島県豊田郡大崎南村／広島商船学校航海科

広島県杉本吉太郎の次男に生まれ、一九一七年三月広島商船学校航海科を卒業して同年七月大連汽船㈱に入社した。二〇年一一月甲種船長免許状を取得して二三年一二月船長となり、二八年から三二年一〇月まで欧米航路の船長を務めた。その後三三年一月満鉄に転じて鉄道部に勤務した後、ハルビンに派遣され船舶関係主管として満州国有船舶百数十隻の接収に従事した。次いで同年三月鉄路総局水運箇所派遣ハルビン在勤を経て同年四月ハルビン航業連合局の設立と同時に同局常務理事を兼務し、船舶検査委員会委員長及び船舶課長を務めた。三四年四月ハルビン水運局営業処股長を経て三六年九月副参事に昇格し、ハルビン鉄路局水運処船舶科長に就いた。この間、満州事変時の功により勲六等及び従軍記章、建国功労賞、一時金一八〇円を授与された。

杉本　春喜　▷11

満鉄遼陽地方事務所社会主事／奉天省遼陽昭和通満鉄社宅／一八九一（明二四）三／北海道樺戸郡浦臼村／救世軍士官学校

北海道農業杉本尚之の長男に生まれ、東京牛込区の救世軍士官学校を卒業した。一九一五年六月から救世軍士官としてキリスト教伝道に従事した後、一七年一一月横浜市南太田町の貧民窟に私立明徳学園を創立し、二三年三月まで園主として貧民児童の教化と託児事業に従事した。同年七月に渡満して満鉄撫順炭砿庶務課保衛係員となり、二七年四月遼陽地方事務所社会主事に就いた。

杉本　喜　▷12

満鉄奉天鉄路監理所監理員、奉天防護団委員、勲八等／奉天白菊町／一八九四（明二七）五／熊本県菊池郡西合志村／農学校中退

熊本県杉本喜太郎の長男に生まれ、一九一二年郷里の農学校を二年で中退した。一六年二月大阪府巡査となったが一七年に免官となり、同年一二月内国通信社大阪支店に入った。一八年九月に退社して渡満し、同年一〇月満鉄に入り奉天駅に勤務した。二七年一〇月奉天列車区車掌、三二年九月石橋子駅助役、同年一二月奉天駅構内助役、三五年一月新京鉄路局運輸処貨物科に歴勤し、同年一一月奉天鉄路監理所監理員となった。この間、満州事変時の功により勲八等及び従軍記章、建国功労賞を授与され、三四年四月勤続一五年の表彰を受けた。

杉本　安造　▷12

満鉄鳳凰城駅助役、勲八等／安東省鳳凰城県鳳凰城駅／一九一〇（明

四三）一一／静岡県田方郡錦田村／三島商業学校

静岡県杉本弥次郎の次男に生まれ、一九二九年三島商業学校を卒業して渡満し、三〇年三月満鉄鉄道教習所運輸科を修了して奉天列車区に勤務した。安東列車区、奉天列車区蘇家屯分区に歴勤して陳相屯駅助役となり、三六年七月鳳凰城駅助役に転任した。この間、満州事変時の功により勲八等旭日章及び従軍記章、建国功労賞を授与された。

杉本　義蔵　▷12

満鉄鉄道総局付待命参事、正七位／大連市桜町／一八八七（明二〇）一〇／京都府加佐郡舞鶴町／商船学校航海科

京都府杉本忠兵衛の次男に生まれ、後に杉本清七の養子となった。一九一四年三月商船学校航海科を卒業して同年五月満鉄に入社し、埠頭事務所に属して同社船に乗務し、一九年一〇月運転士となった。二二年七月大連汽船㈱に転じた後、三三年一月満鉄に復帰して埠頭事務所に勤務し、同年一二月海運長となった。次いで三五年四月大連埠頭長、同年六月埠頭実業補習学校長兼務を経て三六年九月参事となり、三七年五月鉄道総局付待命となった。

杉本　亘　▷12

満鉄撫順炭砿工作課機械係技術担当員／奉天省撫順南台町／一八九六（明二九）一〇／三重県桑名市伝馬町／熊本高等工業学校機械科

旧姓は別、後に杉本定祐の養子となった。一九二一年三月熊本高等工業学校機械科を卒業して満鉄に入り、撫順炭砿に勤務した。以来勤続し、鳳凰採炭所工作係主任を経て三六年四月撫順炭砿工作課機械係技術担当員となり、同年九月副参事に累進した。

杉山　純治　▷12

日満商会牡丹江支店主任／浜江省牡丹江金鈴街／一九一〇（明四三）六／鹿児島県鹿児島市山ノ口町／鹿児島市立商業学校

鹿児島県杉山吉五郎の子に生まれ、一九二九年鹿児島市立商業学校を卒業して渡満し、ハルビンの日満商会に入った。三四年一月牡丹江支店が開設されると同支店主任となって赴任し、支店開設一年後の三六年上半期には石炭三万二〇〇〇円、同小売五四〇〇円、煉瓦二万円の売上げを達成した。

杉山　清一　▷1

山田洋行大連支店主任／大連市／一八八一（明一四）八／山口県大津郡三隅村／中学校中退

一七歳の時に中学校を中退して下関の内田商店に入り、海産物・雑穀の販売に従事した。一九〇五年に長崎に出て同地の商人小川氏と知り合い、旅順で山田洋行を経営する親戚の山田浩三を紹介されて渡満した。山田洋行大連支店に入り、主任として満州軍倉庫の用達業に従事し、〇六年七月には洋服部と製靴部を設けた。

杉山　武夫　▷12

国務院外交部政務司員／新京特別市義和路官舎／一九〇三（明三六）八／静岡県駿東郡小泉村／九州帝大法学部

静岡県杉山銀蔵の四男に生まれ、沼津中学校、日露協会学校を卒業して高等学校学力検定試験に合格し、九州帝大法学部に入学した。一九二九年に卒業して同年四月朝鮮総督府属となり、総督官房総務課勤務を経て同年一一月総督官房外事課に転任した。三四年九月文官高等試験行政科に合格し、国務院外交部属官に転出して政務司に勤務した。三六年九月外交部事務官に昇格し、植民地政策及び国際法の専門家として関東軍司令部事務を嘱託された。

杉山　太郎　▷12

扶桑海上火災保険㈱大連支店長、勲六等／大連市東公園町扶桑海上火災保険㈱大連支店／一九〇〇（明三三）三／愛知県／東京商科大学

愛知県杉山藤吉の長男に生まれ、一九二三年東京商科大学を卒業した後、二五年に扶桑海上火災保険㈱に入社した。名古屋、大阪の各支店勤務を経て三〇年に大連支店長となって渡満した。

杉山　俊郎　▷12

奉天省公署総務庁総務科長、地籍整理局奉天分局員、正七位／奉天稲葉町／一九〇二（明三五）八／静岡県駿東富士岡村／東京帝大法学部政治学科

静岡県杉山左門治の次男に生まれ、一九二七年三月東京帝大法学部政治学科を卒業して山梨県属となり、同年一一月文官高等試験行政科に合格した。静岡県属、和歌山県事務官、茨城県地方課長に歴任した後、三五年一〇月国務院民政部事務官に転出して渡満した。地方司財務科勤務を経て民政部理事官に進み、総務司経理科長を経て三六年九月奉天省公署理事官兼地籍整理局事務官に転任し、三七年七月奉天省公署総務庁総務科長に就いた。

杉山　虎太　▷12

三江省公署総務庁経理科長／三江省佳木斯三江省公署官舎／一八九七（明三〇）一一／山形県西田川郡大山町／山形県立庄内中学校

一九一六年山形県立庄内中学校を卒業し、翌年一二月千葉の鉄道連隊に入営した。二〇年に満期除隊し、渡満して関東庁土木課に勤務した。三二年満州国官吏に転出し、後に三江省事務官に転任して総務庁経理科長に就いた。

杉山　武一　▷1

日清通商㈱社員／長春／一八七九（明一二）／東京府東京市神田区東竜閑町

一九〇〇年ウラジオストクに渡り、諸種の仕事に就きながらロシア語を習得した。〇三年大連に渡って和洋雑貨商と洋服裁縫・服地販売業を営んだが、翌年二月日露開戦のため閉店して陸軍通訳となり、第三軍第一一師団歩兵第一二連隊付として従軍し、旅順陥落後は鴨緑江軍に転じた。〇五年一一月に帰国して勲八等と一時賜金を受けた後、〇六年再び渡満して旅順に入り、魚類販売業を営んだ。その後廃業して孟家屯に移り、日清通商㈱に勤務した。

杉山　光武　▷12

三省洋行主、裕長桟代表者／ハルビン八区許公路／一八九一（明二四）五／愛媛県松山市永木町／北予中学校

愛媛県杉山光忠の長男に生まれ、松山市の北予中学校を卒業して各地の小学校代用教員を務めた。一九一五年に渡満してハルビンでロシア人向けの写真材料商を営んだ後、一七年末に大連の遼東新報記者となった。二二年に再びハルビンに移って結束用品製造業を営んだ後、二六年に三省洋行を興して各種農具、機械、精米機、煖房用品、砂糖の販売業を始めた。東京、名古屋、九州、神奈川方面を仕入先とし、牡丹江に出張所を置き、従業員五人を使用して年間五万円を売り上げた。本業の他に、三五年から資本金二〇〇〇円で客室二〇の旅館裕長桟を承徳街で共同経営した。

杉山　嘉雄　▷11

奉天毎日新聞社副社長／大連市霧島町／一八八五（明一八）五／岡山県苫田郡院庄村／湊西中学校

岡山県山口小一郎の次男に生まれ、幼い時に両親を失い杉山弥市の養子となった。湊西中学校を卒業して一年余り新聞記者をした後、徴兵されて兵役に就き、一九〇八年憲兵として渡満し、安東、奉天等に勤務した。一六年に退役して大連経済日報社取締役専務理事となり、二一年大連新聞営業局長に転じた。二二年奉天毎日新聞に移って副社長兼大連支社長に就任した。かたわらスミス自動車㈱、東亜板金工業㈱、第一商事㈱、満州家具製作㈱、大連共栄信託㈱等の重役を務めた。二五、六歳の頃から頭髪が薄くなり、大連に居住するようになってからは光輝ある大連禿頭会の常任幹事を務めた。

菅川　貞雄　▷12

大連第一中学校教諭、従七位／大連市博文町大連第一中学校内／一八九八（明三一）五／広島県加茂郡原村／広島県師範学校

広島県師範学校を卒業して郷里の加茂郡広尋常高等小学校、広島市袋町尋常小学校の訓導を務めた。その後一九二四年に第二臨時教員養成所物理化学科を卒業し、島根県師範学校教諭兼舎監となった。次いで二六年一〇月関東中学校教諭に転じて渡満し、大連第一中学校に勤務した。

助川　徳輩　▷11

関東庁刑務所長、従六位勲六等／旅順市元宝町／一八八〇（明一三）一一／茨城県那珂郡大賀村／日本法律学校

茨城県農業助川徳清の四男に生まれ、一九〇二年日本法律学校を卒業した。裁判所書記、栃木県警部を経て一九年に渡満して関東庁警部となった。二三年九月関東庁属兼警視に進んで参事官室及び保安課に勤務し、二四年九月遼陽警察署長となった。二八年七月、関東庁典獄となり関東庁刑務所長に就いた。著書に『司法警察提要』（一九二一年）、『警察犯処罰規則通解』（一九二二年）がある。俳句研究に没頭して水也と号し、職務柄「初蝉や眼上げた

す

る少年囚」等の句を詠んだ。

助川　良輔　▷12

国際運輸㈱参事・大連駐在／大連市臥竜台／一八八六（明一九）一二／山形県鶴岡市家中新町／山形県立荘内中学校、満鉄鉄道部従事員養成所運輸科

山形県助川小十郎の四男に生まれ、県立荘内中学校を卒業した後、一九一〇年七月に渡満した。一一年九月満鉄鉄道部従事員養成所運輸科を卒業して公主嶺駅貨物方見習となり、遼陽、安東、公主嶺の各駅貨物方を経て長春駅貨物助役となった。次いで埠頭事務所車務課助役、運輸部貨物課貨物係、鉄道部庶務課事故係、同貨物課渉外係、渉外課第三係、連運課に歴勤し、二三年四月鉄道部の新設とともに同部渉外課に転任し、北満の穀物出回りその他の調査を担当し、社外鉄道経済調査を主管した。その後待命となり、三一年三月国際運輸㈱に入社して運輸課、計画課勤務を経て陸運第二係主任、計画課陸運係主任、計画課長代理を歴任し、三六年四月参事に進んで大連駐在となった。随筆に巧みで、満鉄読書会雑誌の懸賞に数回入選した。

須郷侊太郎　▷12

満州国立高等師範学校教授／吉林新開門外隆興街／一八九六（明二九）七／青森県北津軽郡六郷村／東北帝大法文学部

一九二一年三月岩手県師範学校教諭、二二年七月山形中学校教諭を歴職した後、東北帝大法文学部に入学した。二七年三月卒業と同時に同大学副手となり、次いで三〇年三月宮城県女子師範学校教諭となった。その後三六年四月、満州国立高等師範学校教授に転じて渡満した。

須崎　朝則　▷12

満鉄高麗門駅助役／安東省鳳城県高麗門駅長社宅／一九〇〇（明三三）六／愛知県愛知郡天白村

愛知県須崎鹿次郎の長男に生まれ、一九一八年一一月満鉄に入社した。奉天駅、蘇家屯の各駅に勤務した後、二〇年一二月徴兵されて入営し、電信二級乙に合格した。満期除隊後、復職して各地に勤務し、三六年五月新京列車区鉄嶺分区車掌心得、翌月同区車掌を経て同年一〇月高麗門駅助役となった。この間、満州事変時の功により大盾と従軍記章を授与された。

須崎　憲雄　▷9

須崎商店主、大連被服㈱監査役／大連市加賀町／一八九二（明二五）六／鳥取県鳥取市吉方町／中学校中退

一九一〇年郷里の中学校を中退して三越呉服店東京本店に入り、毛織物部に勤務した。一九年七月大連支店に転勤して毛織洋服部主任を務めたが、二一年六月に退店して加賀町に須崎商店を開業した。毛織物、洋服生地、毛皮類、洋品類の直輸出入業を営むかたわら、大連被服㈱監査役を務めた。

図師庄一郎　▷1

満州商業㈱第二支店長、従六位勲五等／大連市／一八六七（慶三）一〇／宮城県延岡市／日本法律学校

郷里の小学校を卒業して独学を続け、一八九六年に上京して日本法律学校に入学し、三カ年の修業年限を試験により一年未満で卒業した。九七年文官高等試験に合格して会計検査院に入り、その後台湾総督府事務官に転任して警視を兼任し、警察事務の改良に従事した。一九〇六年官職を辞して神戸の満州商業㈱に入り、翌年八月に渡満して大連市浪花町に第二支店を開設し、支店長として諸官衙用達と建築材料等の販売に従事した。著書に『会計論綱』『会計法通義』『商法釈義』『家』等がある。

鈴江　静雄　▷11

関東庁逓信局工務課機械係技手／大連市菫町／一九〇〇（明三三）一一／徳島県那賀郡羽ノ浦町／旅順工科大学工学専門部電気科

徳島県農業鈴江佐吉の長男に生まれ、一九一九年三月徳島県立富岡中学校を卒業した。県内の高樋小学校、羽浦小学校の教員を務めた後、二〇年三月に渡満して旅順工科大学工学専門部電気科に入学した。二三年一二月に卒業して関東庁逓信局工務課機械係となり、二五年四月から半年間東京逓信官吏練習所で無線電信電話技術を学び、帰任して技手となった。夫人フジエは徳島県師範学校二部を卒業して教員免状を有した。

鈴鹿五三郎　▷9

鈴鹿商店主、㈾丸辰醤油代表、満州清酒醸造㈱専務取締役、大正興

業専務／大連市伊勢町／一八七五（明八）一一／京都府京都市上京区

一九〇七年に渡満し、大連に鈴鹿商店、老虎灘嶺前屯に鈴鹿醸造所を設けて清酒「満州一」を製造販売した。さらに一九年八月資本金一〇〇万円で満州清酒醸造㈱を設立して清酒「満州鶴」「皇花」を醸造したほか、㈾丸辰醤油を設立して醤油醸造にも進出して満州醸造界で重きを成した。

鈴木　郁郎　▷12

昌図税捐局員／奉天省昌図県城昌図税捐局／一九〇一（明三四）一二／福島県東白河郡石井村／石井村立実業補習学校

福島県鈴木秀夫の子に生まれ、一九二〇年郷里の石井村立実業補習学校第四学年を修了し、同年五月仙台税務監督局政務署に勤務した。以来勤続して二一年一一月税務署属となり、二六年六月税務監督局属兼任を経て二九年税務監督局属専任となった。三二年一一月国務院財政部税務監督署属官に転じて渡満し、竜江税務監督署監察科、同署監察股勤務を経て三六年一月理税官に進んで昌図税捐局に転勤した。

鈴木岩太郎　▷8

鈴木洗布所主／奉天淀町／一八七九（明一二）一一／東京府東京市麹町区

宮内省御用達の岡野洗濯店に入ってクリーニング業に従事し、技倆を見込まれて各宮家下命品の大部分を担当した。一九〇四年日露戦争に際し満州軍総司令部付傭人として従軍し、大山巌総司令官に仕えた。戦後そのまま奉天に残留して〇六年六月鈴木洗布所を開業し、〇七年小西関に移り、二二年さらに淀町に移転した。奉天における洗濯業の老舗として知られた。

鈴木卯之吉　▷3

田中商会会計主任、勲八等／大連市寺内通／一八七九（明一二）三／三重県河芸郡箕田村

三重県鈴木伊之助の子に生まれ、郵便局事務員を経て村役場書記となった。一九〇五年四月、日露戦争に従軍して功により勲八等を受けた。戦後箕田村役場書記に復職したが、〇八年五月に渡満して大連の田中商会に勤務した。

鈴木卯之吉　▷12

満鉄楡樹台駅長、勲八等／奉天省楡樹台駅長社宅／一八九六（明二九）六／山形県南村山郡本沢村／東北学院中学部

山形県鈴木卯佐吉の五男に生まれ、仙台の東北学院中学部を卒業し、一九一七年鉄道院教習所車掌養成科を修了して同年五月鉄道院に入った。二〇年四月満鉄に転じて渡満し、大連駅小荷物方となった。以来勤続して大連列車区瓦房店車掌、石河駅助役、大連列車区助役、周水子駅助役、許家屯駅助役、蔡家駅助役、長春駅構内助役、連山関駅助役、安東駅構内助役、小家簡易駅長、鉄道部鶏冠山在勤、扎蘭屯站長、江橋站長を歴任し、三七年四月楡樹台駅長となった。この間、満州事変時の功により勲八等に叙せられたほか、扎蘭屯・江橋在勤時に社員会チチハル連合会評議員を務め、三五年四月に勤続一五年の表彰を受けた。

鈴木悦之助　▷11

大連郵便局小包郵便課主事、逓信書記、従七位勲七等／大連市弥生町／一八七九（明一二）一二／北海道札幌市北一条通／私立中学校

北海道官吏松田嘉造の三男に生まれ、鈴木紋之助の養子となり私立中学校を卒業した。一九〇五年八月、日露戦争に際し第四軍兵站監部付郵便吏として翌月大連に上陸した。鉄嶺の第四野戦局、大牛圏の第八野戦局に勤務して関東都督府付となり、第二八野戦局、第二一野戦局、郵便電信局大連支局を経て一二年六月奉天局に転じた。一八年九月シベリア出兵とともにハルビン臨時局に転任した後、一九年四月長春局、二一年四月同局長春城出張所長、二二年一二月長春日本橋出張所長、二四年九月長春東出張所長、二六年一一月長春局主事を歴任した。二八年一月大連局に転じ、翌月小包郵便課主事に就いた。

鈴木　円吉　▷12

満鉄熊岳城駅長、熊岳城地方委員、熊岳城鉄道愛護区長、社員会評議員、社員消費組合総代、社員倶楽部熊岳城分会長、熊岳城果樹組合相談役／奉天省熊岳城八千代街／一八九四（明二七）八／静岡県小笠郡南山村

静岡県鈴木春吉の四男に生まれ、一九

す

一九年一月満鉄に入り安東駅に勤務した。以来勤続して奉天列車区安東分区在勤、安東列車区勤務、祁家堡駅助役心得、本渓湖駅助役、奉天駅構内助役、同駅事務助役を経て大楡樹駅長となった。その後三三年一一月熊岳城駅長となり、勤務のかたわら同地の地方委員ほか種々の公職に就いた。この間、満州事変時の功により勲八等に叙され、三四年四月勤続一五年の表彰を受けた。

鈴木　督　▷12

満鉄ハルビン列車段列車助役、社員会福祉部評議員、勲八等／ハルビン南崗福泰胡同／一八九九（明三二）六／福島県耶麻郡月輪村／拓殖大学中退

福島県の郵便局長鈴木勘四郎の次男に生まれ、拓殖大学を中退し、一九二三年満鉄に入社して奉天省四平街駅貨物方となった。三一年安奉県宮原駅助役、三三年奉天鉄道事務所運転司令、三五年三月ハルビン鉄路局機務課設備係等を歴任し、同年一二月ハルビン列車段列車助役となった。この間、満州事変時の功により勲八等従軍記章及び建国功労賞を受けた。

鈴木　万枝　▷12

満鉄チチハル鉄路局機務処運転科員、勲八等／龍江省チチハル鉄路局機務処運転科／一八九三（明二六）七／静岡県田方郡北狩野村

静岡県鈴木百太郎の三男に生まれ、一九一五年一二月満鉄に入り大連車輛係、安東車輌係として勤務し、この間一八年に満鉄従事員養成所を修了した。二七年二月瓦房店機関区に転勤して三〇年五月点検助役、三一年三月運転助役となった。次いで三三年九月鉄路総局勤務、三四年四月ハルビン鉄路局機務処運転科工務員を経て同年八月洮南鉄路局に転勤して鄭家屯機務段、奉天省四平街機務段運転主任、奉天省四平街鉄路監理所勤務を歴職し、三七年六月チチハル鉄路局機務処運転科に転勤した。この間、満州事変時の功により勲八等従軍記章及び建国功労賞を受け、三一年に一五年勤続の表彰を受けた。

鈴木　和夫　▷12

満州炭砿㈱経理部主計課決算係主任／新京特別市新発路帝都ビル内／一八九六（明二九）二／神奈川県横浜市中区紅葉丘／静岡県立沼津中学校

神奈川県鈴木俊夫の長男に生まれ、一九一四年静岡県立沼津中学校を卒業した。一九年一二月南海鉱業㈱に入社し、本社庶務係、会計係、販売係、庶務係に歴勤した。関東大震災後の二四年三月内務省復興局に転じて経理部購買課に勤務し、二九年七月経理部倉庫課勤務を経て三〇年四月復興事務局経理課嘱託となり、同年七月に辞職した。三五年五月に渡満して満州炭砿㈱に入り、考査部勤務、復州炭坑庶務課長代理、経理部経理課予算係主任を経て同部主計課決算係主任となった。この間、昭和大礼記念章及び帝都復興記念章を授与された。

鈴木　一也　▷12

奉天高等法院書記官兼奉天高等検察庁書記官、正七位勲七等／奉天雪見町／一八九二（明二五）一二／愛知県名古屋市東区手代町

愛知県鈴木栄太郎の長男に生まれ、一九〇三年名古屋市立古渡小学校を卒業して名古屋地方裁判所の給仕となった。一三年一一月同裁判所書記に進んだ後、一九年六月関東庁法院書記に転出して渡満し、二〇年四月関東庁高等法院書記・高等法院物品会計官吏、二一年八月同法院政務報告主務、二三年七月高等法院書記兼同地方法院書記に歴勤した。次いで二四年一二関東庁属兼高等法院監督書記・同庁高等法院収入官吏、二五年六月高等法院収入官吏、三二年一〇月同現金出納官吏、三四年四月兼任関東庁理事官を歴任し、同年五月満州国法院書記官に転出して奉天高等法院に勤務した。その後、国務院司法部事務官兼任司法部総務司弁事兼補、三五年一二月奉天高等法院兼奉天高等検察庁会計主任を経て三六年七月同高等法院書記官兼同高等検察庁書記官を歴任し、三七年四月奉天地方法院同地方検察庁書記官及び同区法院同区検察庁書記官兼任となった。この間、満州国大典記念章及び皇帝訪日記念章を受けた。

鈴木　兼重　▷11

鈴木呉服店主／大連市浪速町／一八六七（慶三）四／愛知県東加茂郡阿摺村

愛知県岡崎市の呉服商鈴木藤吉の長男に生まれ、学業を終えて家業に従事した後、栃木県で養蚕教師、北海道で薪

す

炭商、台湾で官吏になるなど種々画策したが志を得ず、再び本業の呉服商に戻った。日露戦中の一九〇五年四月に渡満して営口に上陸し、呉服行商に赴いた大連で呉服店を開業して成功した。大連商業会議所常議員を務め、大連商業学校卒の長男淳二は日本橋小学校長倉井満弘の娘智恵子を妻とした。

鈴木　亀広　▷12

満鉄奉天省四平街駅構内助役、勲八等／奉天省四平街北七条通／一八九三（明二六）九／長野県上水内郡中郷村

長野県鈴木重蔵の長男に生まれ、一九一〇年一二月中部鉄道管理局を修了して鉄道員となった。一九年一〇月に依願退職して渡満し、同年一一月満鉄に入社して本渓湖駅に勤務した。長春列車区奉天省四平街分区、鉄嶺列車分区、鉄嶺駅勤務を経て三三年一一月奉天省四平街駅構内助役となった。この間、満州事変時の功により勲八等に叙せられ、三五年四月勤続一五年の表彰を受けた。宝生流謡曲を趣味とし、剣道は五段位を有した。

鈴木　潔　▷12

大連火災海上保険㈱経理課長／大連市臥竜台／一八八一（明一四）七／東京府東京市本郷区森川町／東京商業学校

東京府官吏鈴木信勝の長男として松江市に生まれ、一九〇五年東京商業学校を卒業して北海道拓殖銀行に入った。次いで〇七年㈱浪速商会に転じ、シドニーに派遣されて羊毛輸入業に従事した。その後一七年に東洋拓殖会社嘱託となって渡満し、満蒙羊毛投資事業の計画に参画したが、一八年に同計画の一時中止にともない東拓系列で日中合弁の海林林業公司参事に転出して会計課長を務めた。その後二二年に帰国して国民新聞社経済部員となったが、二四年に再び渡満して大連火災海上保険㈱に入り経理課長に就いた。

鈴木　潔　▷12

満鉄ハルビン電気段技術助役／ハルビン長官公署街／一九一二（明四五）一／栃木県下都賀郡寺尾村／山梨高等工業学校電気工学科

栃木県鈴木勝四郎の長男に生まれ、一九三四年三月山梨高等工業学校電気工学科を卒業し、同年四月満鉄に入社して奉天の鉄路総局に勤務した。同年七月ハルビン鉄路局、次いで同年一〇月三棵樹電気段に勤務した後、三六年一月ハルビン電気段に転勤して技術助役となった。

鈴木　銀作　▷11

大連大広場尋常小学校長、勲八等／大連市薩摩町／一八八四（明一七）九／秋田県由利郡院内町／秋田県師範学校

秋田県鈴木銀次郎の次男に生まれ、一九〇六年秋田県師範学校を卒業して下山田小学校に勤務した。師範学校教諭、花館小学校長を経て一八年九月に渡満し、大連第三小学校訓導となった。伏見台小学校首席訓導に転じた後、二四年四月南山麓小学校開設に際し校長に就任した。二七年三月大広場小学校長に就き、青年訓練所主事を兼任した。

鈴木　邦武　▷12

大連汽船㈱船渠部大連工場長／大連市菖蒲町／一八八四（明一七）九／長野県南佐久郡田口村／横須賀工業学校補修科全科

長野県鈴木卯之助の次男に生まれ、日露戦争に従軍した後、一九〇六年四月横須賀海軍工廠造機部に入った。勤務のかたわら一九〇九年私立横須賀工業学校補修科全科を卒業し、同年六月川崎造船所大連出張所に転じて渡満した。造機部助手を経て技師に昇格し、二三年四月同所の事業を継承して満州船渠㈱が設立されると同社員となった。さらに三一年九月大連汽船㈱に事業が継承されると同社船渠部副長として旅順工場に勤務し、三五年一二月旅順工場長を経て三六年七月大連工場長となった。この間日露戦争に従軍して白色桐葉章を授与された。

鈴木恵四郎　▷11

関東庁逓信局第三試験部担当／大連市大和町／一八八五（明一八）八／秋田県仙北郡檜木内町／東京工学院

秋田県農業鈴木松之助の五男に生まれ、一九一〇年東京工学院を卒業した。同年八月に渡満して大連中央電話局に入り、二四年六月関東庁逓信局第三試験部担当となった。

鈴木縣市郎　▷12

朝日旅館主、朝日楼主、チチハル

愛知県人会長、チチハル老兵会副会長、チチハル料理屋組合長、チチハル市営業税諮問委員、勲八等／龍江省チチハル永安裡／一八九六（明二九）五／愛知県碧海郡明治村

愛知県鈴木喜太郎の子に生まれ、一九一九年に渡満して〇九年来チチハル永安裡で父の経営する朝日楼と朝日旅館の経営を補佐し、父の病没後に事業を継承した。朝日旅館は関東軍指定旅館として全館和室、収容能力一〇〇人、従業員三五名を使用し、昂昂渓に支店昂栄館を設けた。経営のかたわら三一年六月に中村大尉事件が起きると民間側の一人として関東軍に協力し、同年九月に満州事変が始まると多数の中国人を使役して各方面の情報を集め、関東軍のチチハル入城に際しては残留民一〇人を引率して第二師団の先頭に立って実戦に参加し、後に勲八等瑞宝章を授与された。

鈴木　健吉　▷11

大連日本橋小学校訓導／大連市錦町／一八九八（明三一）九／宮城県栗原郡岩ヶ崎町／宮城県師範学校

宮城県鈴木正吾郎の子に生まれ、一九一九年宮城県師範学校を卒業し県下の小学校訓導となった。二二年七月に渡満して関東州小学校訓導となり、大連日本橋小学校に勤務した。

鈴木　健吉　▷3

鈴木病院主／大連市監部通／一八八二（明一五）一〇／山形県西村上郡西村上沢町／東京帝大医科大学

七代続く漢方医の家に生まれ、一四歳から叔父の医学博士石川貞吉の下に寄寓した。一九〇二年三月静岡中学校を卒業し、第一高等中学校を経て東京帝大医科大学に入った。〇九年に卒業して同大学産婦人科副手となり、翌年三月同助手に進んだが、同年八月産後重病に陥った親戚の見舞いに大連を訪れ、同地で開業することを決意した。帰国後小児科、皮膚科に転じて研究を重ね、一一年六月大連に鈴木病院を開業した。

鈴木　玄吉　▷10

㈾久保田組代表社員／大連市聖徳街／一八五九（安六）一／東京府豊多摩郡淀橋町

一八歳の時に安波組に入り、組主死去後は事業を継いで土木建築に従事した。一九〇九年に渡満して久保田組、清水組、堀内組、岡田組等に出入りして多くの建築工事を手がけて地盤を築いた。久保田組主の久保田勇吉が若年の一子勇を遺して二二年六月に死去すると、生前の恩顧に応えるため未亡人と遺児に代わり同志を募って㈾久保田組を設立し、代表社員として事業を継続した。

鈴木源之助　▷9

奉天銀行専務取締役／奉天富士町／一八七五（明八）七／愛知県名古屋市中区末広町

日本銀行台北出張所に勤めた後、一八九九年に台湾銀行が創立されると同行に転じて一〇年勤続した。次いで第一銀行に転じて京城支店に勤務したが、一九〇九年一〇月同支店の業務を継承して韓国銀行が創立されると同行に移り、朝鮮銀行と改称した後も勤続して新義州、会寧、開原等の各出張所長を歴任した。その後大連の遼東銀行取締役となって渡満し、さらに二一年奉天銀行に転じて専務取締役に就任した。

鈴木定次郎　▷11

雑貨貿易、浴場経営／ハルビン埠頭区ペカルナヤ街／一八七二（明五）四／千葉県君津郡真舟村／東京商業学校

多年村長を務めた千葉県農業鈴木治郎の長男に生まれ、一六歳の時に東京に出て東京商業学校を卒業した。一八九三年貿易商丹野商店に入り、支店開設に伴い同年九月ウラジオストクに渡った。本店の都合で九六年に支店が閉鎖されると、同地に留まってロシア商会に入り日露貿易に従事した。九九年五月ブラゴエシチェンスク市で友人と㈾大和商会を興し貿易業を始めたが、間もなく自由港閉鎖となり閉店した。一九〇一年五月ハルビンに移転し、同年一一月ハルビン日本人会を創立して会長に選ばれた。翌年七月日満商会を設立して貿易業を始め、かたわら大和商会を再興して家具製造その他の事業を営んだ。〇二年一〇月には大連に大和商会支店を設けて家具及び室内装飾業を始めたが、〇四年二月日露開戦のため閉業し、戦時中は軍隊付御用商に従事した。〇六年二月ウラジオストクで友人と大和商会を再興して雑貨貿易を

始めたが、〇九年同市の自由港閉鎖により翌年閉店して東京に引き揚げた。一四年八月再びハルビンに渡り、欧州戦役の経済効果を期待して翌年七月鈴木商店を設立し、雑貨貿易業を開始した。さらに二一年四月ハルビン郊外で蔬菜農園を経営したが、二五年に閉園した。二七年四月から浴場を兼営したほか、ハルビン製麺会社専務取締役、同競馬倶楽部取締役に就き、ハルビン日本居留民会評議員、商業会議所評議員を務めた。

鈴木 定寛　▷12

満州炭砿㈱総務部庶務課労務係主任、正五位勲四等／新京特別市錦町満州炭砿㈱総務部／一八八六（明一九）一一／福岡県糟屋郡多々良村／岡山県立津山中学校

福岡県鈴木尚一の三男に生まれ、一九〇五年三月岡山県立津山中学校を卒業し、同年七月士官候補生として福知山の歩兵第三九連隊に入隊した。〇七年八月歩兵少尉に任官し、以来各地で軍務に就き、三四年八月歩兵大佐に累進して予備役編入となった。その後三五年一一月に渡満して満州炭砿㈱に入社し、後に総務部庶務課労務係主任を務めた。

鈴木佐太郎　▷12

紀南商会主、牡丹江木材商工組合監事／浜江省牡丹江金鈴街／一八九五（明二八）五／和歌山県西牟婁郡東富田村

和歌山県鈴木音吉の長男に生まれ、郷里の小学校を卒業した後、田辺町の私塾に学んで銀行に就職したが、一五年に渡満して満鉄に入った。一八年に退社して大倉組が経営する長春の日中合豊村公司に転じ、次いで二五年に東海林採木公司に転じ、勤続して三姓出張所長を経て三五年一二月牡丹江出張所長となった。三六年一一月に同公司を辞職し、同郷人の西川源四郎と共同で牡丹江金鈴街に紀南商会を創立し、木材の伐採・販売と水運業、河川工事などの請負業を経営した。

鈴木 重憲　▷9

安東尋常高等小学校長／安東県九番通／一八六三（文三）七／福井県遠敷郡雲浜村／福井県師範学校

一八九七年四月、福井県師範学校を卒業して県下の恵懐尋常小学校訓導兼校長となった。九九年四月同校に高等科が設置され、改称して宮野尋常高等小学校となると同校長を務めた。一九〇八年四月満鉄運営の昌図尋常高等小学校に転じて渡満し、同年五月文部大臣より全国普通免許状を交付された後、同年一〇月大石橋尋常高等小学校長に就いた。一一年四月遼陽尋常高等小学校長、一五年四月撫順尋常高等小学校長を歴任し、一七年四月安東県尋常高等小学校長となった。

鈴木 静夫　▷12

満鉄副参事、撫順炭砿採炭課露天掘係技術担当員／奉天省撫順南台町／一八九六（明二九）二／静岡県磐田郡田原村／秋田鉱山専門学校採鉱科

静岡県鈴木桂次郎の三男に生まれ、静岡中学校を経て一九二〇年秋田鉱山専門学校採鉱科を卒業し、満鉄に入社して撫順炭砿礦務課に勤務した。二七年一一月庶務課に転任した後、二八年三月古城子採炭所勤務、三二年九月監査係監査担当員、三四年四月監査係技術担当員を歴職して同年七月採炭課露天掘係技術担当員となった。この間、満州事変時の功により従軍記章及び大盾を授与され、三五年四月に一五年勤続の表彰を受けた。

鈴木 七八　▷11

満鉄瓦房店地方事務所経理係長／奉天省瓦房店敷島町／一八九二（明二五）／千葉県山武郡片貝町／東京帝大法科大学経済学科

千葉県農業鈴木弥市の次男に生まれ、一九一七年七月東京帝大法科大学経済学科を卒業して浅野物産会社に入社した。二一年一月に退社して翌年九月満鉄に入り、奉天の満州医科大学書記となった。二三年一二月経理部会計課に転任し、二七年一一月瓦房店地方事務所経理係長に就いた。同郷の夫人幸子はお茶の水高等女学校専攻科を卒業した。

鈴木 修一　▷12

満鉄四平街医院皮膚科医長／奉天省四平街南六条通／一八九七（明三〇）三／宮城県志田郡敷玉村／東京帝大医学部

宮城県鈴木陸二の三男に生まれ、一九二一年東京帝大医学部を卒業し、同年九月同大伝染病研究所技手となり付属病院に勤務した。次いで二三年二月医学部副手・付属病院皮膚科教室勤務、二五年五月同助手を経て二六年八月満鉄医長となって渡満した。三四年二月社命で皮膚科泌尿器科学研究のため東京帝大に二年間留学した後、三六年五月四平街医院皮膚科医長に就き、三七年四月医学博士号を取得した。

鈴木　修二　▷11

開原独立守備隊付特務曹長、勲七等／奉天省開原独立守備隊／一八九九（明三二）三／岐阜県可児郡平牧村

岐阜県農業鈴木逸平の次男に生まれ、徴兵されて岐阜の歩兵第六八連隊に入隊した。一九一八年八月、シベリア出兵に際し第三師団の動員下令とともにチタ市、ウラジオストク方面に従軍した。二四年三月から独立守備隊付として開原に駐屯し、特務曹長に進んだ。

鈴木　醇　▷12

日本製粉㈱顧問、正六位勲四等／新京特別市住吉町／一八八五（明一八）二／東京府東京市世田谷区代田／陸軍士官学校

鈴木庸徳の次男として埼玉県比企郡三保谷村に生まれ、一九〇七年五月陸軍士官学校を卒業して麻布の歩兵第三連隊付となった。その後憲兵に転科し、水戸、東京、朝鮮、シベリア、満州、京都の各地憲兵隊長を歴任し、二六年憲兵少佐に累進し、憲兵司令部特高課長を最後に軍籍を離れた。その後、相生無尽、精養軒、新田製粉、東満人絹の各社秘書課長・参事、日東製粉㈱主事を経て日本製粉㈱顧問に就いた。夫人基子との間に四男二女あり、長男は東京帝大法科、次男は東京商大、三男は早稲田第二高等学院、四男は東京府立一中、長女は東京府立第三高女、次女は青山女学院に学んだ。

鈴木　正一　▷12

満鉄ハルビン鉄道工場材料係主任／ハルビン炮隊街／一八九八（明三一）四／愛知県東春日井郡小牧町／名古屋中学校

愛知県鈴木兵蔵の子に生まれ、私立名古屋中学校を卒業した後、一九一八年五月満鉄に入社して遼陽工場に勤務した。以来勤続し、大連鉄道工場勤務を経てハルビン鉄道工場に転勤し、後に材料係主任を務めた。

鈴木　正吉　▷12

満鉄ハルビン站構内助役、勲八等／ハルビン長官公署街／一九〇〇（明三三）七／山梨県中巨摩郡源村

山梨県鈴木善之助の四男に生まれ、甲府の歩兵第四九連隊に入営して兵役に服した後、一九二三年五月に渡満して満鉄に入った。大連駅、大楡樹駅、奉天省四平街駅、新京列車区奉天省四平街分区に歴勤して大楡樹駅助役となり、次いで免渡河站副站長を経て三五年八月ハルビン站構内助役となった。この間、満州事変時の功により勲八等及び従軍記章、建国功労賞を授与された。

鈴木　正二　▷12

奉天地方検察庁次長兼奉天区検察庁監督検察官、学習法官指導官、従六位／奉天藤浪町／一九〇四（明三七）四／東京府東京市日本橋区小伝馬町／東京帝大法学部政治学科

鈴木十吉の四男として千葉県君津郡小糸村に生まれ、東京帝大法学部に入学し、在学中の一九二七年文官高等試験司法科に合格した。二八年四月同学部政治学科を卒業し、司法官試補として東京区裁判所検事代理を務めた後、予備検事として釧路区兼釧路地方裁判所、函館区兼函館地方裁判所に歴勤した。その後三五年八月満州国検察官に転出して渡満し、瀋陽地方検察庁首席検察官兼新京地方検察庁検察官を経て三六年七月奉天地方検察庁次長兼奉天区検察庁監督検察官となった。

鈴木丈太郎　▷14

鍼灸業／大連市二葉町／一八八一（明一四）八／愛知県愛知郡下之一色町

愛知県貿易業鈴木丈太郎の次男に生まれたが、九歳の時に眼病に罹り、二ヶ月後に盲目となった。一一歳から按摩術と点字を習い、一八九八年鍼灸術学科を卒業して名古屋で開業した。一九〇二年台湾に渡ったが、〇五年八月に渡満して大連で鍼灸業を開業した。二八年一一月から三二年一〇月まで大連市会議員を務めた後、大連で病没した。

鈴木　四郎　▷12

営口海辺警察隊航空科長、正七位／奉天省営口海辺警察隊／一九〇五（明三八）一二／長野県更級郡村上村／海軍兵学校

志願して海軍に入り、一九二五年海軍

す

兵学校を卒業して翌年少尉に任官した。各船に乗務して三一年大尉に累進し、三三年に予備役編入となった。その後三四年二月海辺警察隊嘱託となって渡満し、三五年特殊警察隊警正に進んで営口海辺警察隊航空科長に就いた。

鈴木　二郎　▷11

満鉄参事、奉天鉄道事務所長、勲六等／奉天淀町／一八八四（明一七）一一／茨城県水戸市／東京帝大工科大学機械工学科

茨城県鈴木良時の次男に生まれ、一九〇八年七月東京帝大工学部を卒業し、翌月満鉄に入った。大連機関庫に勤務した後、同年一二月本社運輸課、〇九年五月同調査課兼務、一〇年三月瓦房店車輌係、一一年三月遼陽車輌係、同年一一月大石橋車輌係主任、一七年二月大連車輌係主任、一九年四月運輸部運転課勤務を経て、二〇年五月から翌年一〇月まで欧米各国に出張して鉄道事業を視察した。二二年七月運転課長代理、二三年四月鉄道部運転課長、二七年四月長春事務所長を歴任し、同年一一月奉天鉄道事務所長に就任し、渓城鉄路理事を兼任した。

鈴木　新吉　▷12

ハルビン特別市公署工務処員／ハルビン道裡東商市街市公署／一八九〇（明二三）八／静岡県志太郡大洲村／早稲田大学理工科

静岡県志太郡大洲村に生まれ、同県選出の代議士鈴木辰次郎の養子となった。一九一五年早稲田大学理工科を卒業して新潟鉄工所に勤務した後、久原鉱業、復興局技手、内務技手、内務技師等を歴職した。三二年満州国に転出し、ハルビン特別市公署技佐として工務処に勤務した。

鈴木新五郎　▷11

米穀商、志摩洋行主／大連市若狭町／一八七三（明六）六／三重県志摩郡鳥羽町

三重県米穀商鈴木伊輔の長男に生まれ、郷里で米穀商、質業、石炭販売業、鉱山経営などに従事した。日露戦中の一九〇五年七月に渡満して大連で質業を始めたが、その後米穀商に転じた。かたわら戊申組合、大連銀行等を創立し、南満倉庫建物㈱、大連機械製作所、大連精糧会社の重役を兼務し、郷里の郡会議員、町会議員も務めた。同郷の夫人春枝との間に二男五女あり、長男輔は慶応大学、次男満州生は早稲田大学に学んだ。

鈴木　伸二　▷13

興亜食料工業㈱専務取締役／営城子／一八九六（明二九）／東京府／慶応大学

慶応大学を卒業後、一九二三年に渡満して満鉄用度課に勤務した。二六年に退社して営城子でリンゴ園の経営を始め、かたわら州内リンゴの統制会社東亜生果会社の常務を務めた。三九年五月に興亜食料工業㈱が設立されると専務取締役に就き、缶詰製造を母体に乾燥食品、金州沢庵・奈良漬・福神漬等の漬物など食品加工業全般に事業を拡大した。関東州缶詰実業組合理事長、関東州農会理事を務めたほか、中西満鉄理事と共に満州農業信用組合の創立に参与した。

鈴木　末良　▷11

満鉄鉄道教習所講師／大連市楓町／一八八八（明二一）三／福島県北会津郡門田村／東洋協会専門学校

福島県鈴木代太郎の長男に生まれ、一九〇七年会津中学を卒業して東洋協会専門学校に入学した。一〇年に卒業して満鉄に入り、運輸課審査係に就いた。一五年奉天駅に転任し、営口駅勤務を経て一九年公主嶺駅貨物係主任、翌年長春駅貨物係主任を歴任し、二一年本社鉄道部貨物課に転任した。経理課勤務を経て二五年三月から三ヶ月間中国各地を回って鉄道輸送視察し、帰社して満鉄鉄道教習所講師となった。

鈴木　誠一　▷11

満州医科大学皮膚科勤務／奉天紅梅町／一八九九（明三二）三／千葉県香取郡八都町／南満医学堂

千葉県製材業鈴木捨松の次男に生まれ、一九一八年四月に渡満して南満医学堂に入学した。二二年に卒業し、同学の一部が昇格して満州医科大学が設立されると皮膚科教室医員として勤務した。

鈴木　善作　▷11

鉄嶺地方事務所社会主事／奉天省鉄嶺宮島町／一八九二（明二五）九／栃木県塩谷郡片岡町／早稲田大学専門部政治経済科

栃木県農業鈴木富三郎の三男に生ま

れ、一九一七年早稲田大学専門部政治経済科を卒業した。同年一〇月満鉄に入り、翌年三月から二年間社命でアメリカに留学し、後に鉄嶺地方事務所社会主事を務めた。

鈴木　泰治　▷12

満鉄図們検車段長、従七位勲六等／間島省図們満鉄図們検車段／一八九二（明二五）六／静岡県田方郡中狩野村／岩倉鉄道学校

静岡県鈴木与四郎の三男に生まれ、一九〇九年岩倉鉄道学校を卒業して鉄道院に入り新橋工場に勤務した。一二年徴兵適齢となって豊橋の工兵第一五大隊に入営し、一四年青島戦に参加した後、一五年に除隊して翌年新橋検車所に復職した。三三年九月に退職し、翌月渡満して満鉄に入り大連検車区に勤務した。三四年図們検車段長に転任し、大連市伏見町に家族を残して単身赴任した。鉄道省在職時、二三年九月関東大震災に際しての功により功績章を授与された。

鈴木　高　▷12

満蒙毛織㈱ハルビン出張所主任／ハルビン道外南四道街満蒙毛織㈱ハルビン出張所／一九〇四（明三七）八／千葉県君津郡昭和町／法政大学商科専門部

千葉県鈴木常吉の次男に生まれ、法政大学商科専門部を卒業して渡満し、満蒙毛織㈱に入社した。以来勤続し、新京出張所主任兼吉林出張所主任を経てハルビン出張所主任となった。日本人五人、中国人八人を使用してサージ、羅紗、毛布、帽子、フェルト、靴、毛糸、天津絨毯を販売した。

鈴木　鷹信　▷14

満鉄木造船製作所長／大連市霞町／一八九一（明二四）三／福島県石川郡川東村／岩倉鉄道学校

福島県鈴木惣次郎の長男に生まれ、一九一一年東京の岩倉鉄道学校を卒業した。一八年六月鉄道院技手となったが、二三年に依願免官してゼ・イングリッシュ・エレクトリック・コンパニー・リミテッド東京支社に転じた。三一年一二月拓務省事務嘱託に任ぜられて大臣秘書を務めた後、三二年六月武蔵野カントリー倶楽部常務理事となった。その後三三年九月満鉄鉄道建設局事務嘱託に転じて渡満し、三四年一一月鉄道工場庶務長、三五年一二月兼任文書係主任、三六年四月兼任鉄道工場青年学校長事務取扱を経て同年九月参事となり、木造船製作所長に就いた。この間、三六年一一月大連市会議員に当選し、四〇年一一月に再選された。夫人登米との間に三男二女あり、長男正光は法政大学を卒業して満鉄に勤務した。

鈴木　武二　▷7

満鉄巡察員／大連市楓町／一八八三（明一六）四／鹿児島県鹿児島市武町

一九〇二年から小学校教員を務めたが、日露戦争に際し第一軍の輜重輸卒として召集され、奉天、鉄嶺、昌図に従軍した。戦後帰国したが、一〇年に再び渡満して満鉄に入り、長春臨時工事係として勤務した。一四年本社工務局に転任し、その後職制変更により技術部、大連管理局を経て地方部庶務課工務係主任となり、二四年四月地方部勤務巡察員となった。

鈴木忠之丞　▷9

朝鮮銀行奉天省四平街支配人／奉天省四平街南二条路／一八八九（明二二）四／千葉県東葛飾郡船橋町／東京帝大法科大学経済学科

一九一六年東京帝大法科大学経済学科を卒業して朝鮮銀行に入り、京城本店に勤務した。一八年一〇月大連支店詰となって渡満し、二〇年四月奉天省四平街支配人に就いた。

鈴木　辰雄　▷12

満鉄ハルビン営繕所土木係主任、社員会評議員／ハルビン埠頭区外国四道街／一八九三（明二六）一／東京府東京市淀橋区角筈町／攻玉社工業学校

一九一一年攻玉社工業学校を卒業し、同年七月内務省に入り東京土木出張所安喰工区に勤務した。次いで利根川第二期改修事務所、東京第一土木出張所第二改修事務所、東京第二土木出張所荒川改修事務所、東京府江戸川上水町村組合配水塔屋建設事務所等に勤務して技師となった。その後二六年一二月樺島橋梁事務所に転じて三重県桑名町の土木建築・水道・都市計画の各事業に従事した後、三四年一月に渡満して満鉄に入った。呼海鉄路局に配属されてハルビンに在勤した後、ハルビン鉄路局工務処工務科土木股長、線路課勤務、ハルビン工事処土木係主任を経て三五年九月ハルビン営繕所土木係主任となった。

鈴木 辰雄 ▷12

国務院実業部臨時産業調査局調査部第二科兼第二科勤務／新京特別市大同大街臨時産業調査局調査部／一九〇四（明三七）四／岩手県西磐井郡山目村／東京帝大農学部農業経済学科

第八高等学校を経て一九二八年三月東京帝大農学部農業経済学科を卒業して農学部副手となり、太平洋問題調査会嘱託を兼務した。その後三〇年一月から三二年三月まで日本評論社発行の『日本農業百科大事典』の編輯事務嘱託を務め、三二年三月外務省文化事業部第三種補給生を経て同年七月に渡満して満鉄に入った。総務部奉天在勤事務嘱託として経済調査会調査員を務めた後、三四年六月鉄路総局事務兼嘱を経て三五年五月国務院実業部臨時産業調査局技佐となり、調査部第二科及び第二科に勤務した。

鈴木 忠治 ▷12

満鉄蘇家屯機関区工作助役、社員会評議員、勲八等／奉天省蘇家屯穂高町／一九〇〇（明三三）二／山形県山形市塗師町

山形県鈴木忠太郎の次男に生まれ、一九一四年七月尋常小学校を終えて福島県の磐城炭砿に入り、翌年三月入山採炭㈱に転じて工作課に勤務した。一八年六月渡満して満鉄に入り、公主嶺車輌係製罐工となった。二〇年一一月依願退職して兵役に服し、二二年一一月復職して公主嶺機関区暖房方となった。二四年二月同修繕方、二六年一〇月奉天省四平街機関区勤務、三〇年一月安東機関区修繕方、三三年一一月修繕工長、三四年一一月技術員等を歴務して蘇家屯機関区工作助役となった。この間、満州事変時の功により勲八等従軍記章及び建国功労賞を受けた。

鈴木 長吉 ▷1

日清通運公司主任／奉天／一八七九（明一二）七／東京府東京市京橋区本湊町

東京京橋の船舶輸送業者の子に生まれ、一九〇五年五月陸軍大臣の許可を得て日露戦中に渡満し、大連、旅順を経て営口に入った。同地で売薬と雑貨の販売業を営んだが、半年後に奉天に移り、小笠原長政が奉天駅前に日清通運公司を設立すると同社に入った。主任として鉄道貨物輸送業に従事するかたわら、鉄道付属地居留民会の初代会長を務めた。

鈴木 時二 ▷11

関東庁保健技師、従七位／旅順市元宝町官舎／一八九二（明二五）五／栃木県塩谷郡喜連川町／東京慈恵医学専門学校

栃木県官吏鈴木保一郎の長男に生まれ、一九一六年東京慈恵医院医学専門学校を卒業し、一年志願兵として宇都宮の歩兵第五九連隊に入隊した。一八年七月大阪商船会社に入社し、二四年三月まで欧州、南米、北米航路の船医を務め、この間の二〇年三月予備三等軍医となった。二四年四月関東庁海務局技手に転じて渡満し、二七年五月関東庁保健技師となった。

鈴木 俊久 ▷12

満州弘報協会㈱通信局通信部連絡課長／新京特別市興安胡同／一八九九（明三二）六／静岡県富士郡上野村／東京外国語学校英語専修科

静岡県鈴木茂久の次男に生まれ、一九二二年東京外国語学校英語専修科を卒業した後、一六年に東京市の国際通信社に入社した。大阪毎日新聞に転じて「英文毎日」編集部に勤務した後、ジャパンタイムス社、国際通信社、新聞連合社上海支局、同本社詰、満州国通信社等に歴職した。その後三六年九月満州国通信社を吸収して満州弘報協会が創立されると同社入りし、三七年一月通信局通信部連絡課長に就いた。

鈴木 友一 ▷9

鈴木写真館主、満州写真タイムス社長、営口電影㈱社長、／奉天省営口永世街／一八六四（元一）六／愛知県東加茂郡旭村

一八九七年台湾総督府通信局官吏となったが、日露戦後一九〇五年に渡満して営口永世街で写真館を開設した。かたわら「満州写真タイムス」を発行し、営口証券信託㈱の仲買人として有価証券の売買仲買業を兼営し、営口商業会議所議員を務めた。

鈴木豊次郎 ▷11

旅順海軍無線電信所長、海軍少佐、従六位勲四等／旅順市東郷町／一八九〇（明二三）一一／神奈川県

す

横須賀市／海軍兵学校、砲術学校、水雷学校

神奈川県鈴木福松の次男に生まれ、一九〇九年逗子開成中学校を卒業して翌年海軍兵学校に入った。一三年に卒業して翌年海軍少尉に任官し、砲術学校、水雷学校普通科・高等科を終了した。累進して少佐となり旅順海軍無線電信所長を務め、佐世保軍需部部員を兼任した。実弟の栄次郎も海軍に入り、中尉として軍艦長門に乗務した。

鈴木 長明 ▷12

満鉄鉄路総局改良課長、工務委員会委員、勲五等／奉天平安通／一八九二（明二五）二／愛知県碧海郡富士松村／東京帝大工学部土木科

愛知県鈴木源松の長男に生まれ、一九一八年七月東京帝大工学部土木科を卒業して満鉄に入社し、工務局設計課に勤務した。二三年一月遼陽保線区長、二五年奉天鉄道事務所工務長を経て二八年一二月四洮鉄路局に派遣されて工務処長を務めた。次いで三三年三月チチハル建設事務所長、三四年四月鉄道建設局計画課長を歴任し、三五年四月社命で欧米に出張した。三六年四月ハルビン鉄路局工務処長となり水運局工程処長事務取扱を兼務した後、三六年一〇月鉄路総局改良課長となった。この間、満州事変時の功により勲五等双光旭日章を授与された。

鈴木 延平 ▷12

日満商事㈱計画課運送係主任／奉天浅間町／一八九四（明二七）七／静岡県小笠郡河城村／中学校中退

静岡県鈴木仲平の次男に生まれ、中学校三年を中退した後、一九一八年に渡満して満鉄に入社した。以来勤続して三一年一〇月撫順受渡事務所作業主任、三五年七月撫順営業所受渡係主任を歴任した。三六年九月副参事・業務上免本職となり、同年一〇月満鉄商事部の業務を継承した日満商事㈱に転出して計画課運送係主任となった。

鈴木 昇 ▷11

満州日報社理事・会計部長、従五位勲四等／大連市水仙町／一八七三（明六）一／福島県石城郡玉川村

福島県農業鈴木政次郎の三男に生まれ、一九〇二年徴兵され陸軍に入営した。日清・日露の両戦争に従軍し、二一年七月陸軍三等主計正に進んだ。二四年三月予備役編入となり、翌月渡満して満州日日新聞社に入り会計主任を務めた。二七年一一月、同社が遼東新報と合併して満州日報社となると理事に就任した。

鈴木 寛 ▷11

大連伏見台小学校訓導／大連市錦町／一八九一（明二四）一一／宮城県伊具郡丸森町／宮城県師範学校

宮城県養蚕業鈴木与四郎の長男に生まれ、一九〇八年四月亘理蚕業学校を卒業して宮城県師範学校に進んだ。一三年三月に卒業して郷里の小学校訓導となったが、二二年四月関東庁出向を命じられ、渡満して大連伏見台小学校訓導となった。

鈴木兵一郎 ▷12

国務院交通部牡丹江建設処長、正五位勲三等功五級／浜江省牡丹江建設処／一八八八（明二一）三／福島県石城郡高久村／陸軍士官学校、陸軍砲工学校高等科

一九〇九年陸軍士官学校を卒業して工兵少尉に任官し、工兵第一〇大隊、鉄道連隊付を経て一四年に青島攻撃に従軍し、帰還後一五年に陸軍砲工学校高等科を卒業した。一八年シベリア派遣軍に従軍して工兵中佐に累進し、陸軍省課員、築城部部員を経て中国駐在武官となり、雲南、貴州、仏領インドシナ、ビルマ等の交通調査に従事して六年在勤した。三三年三月依願予備役編入となり、国務院国道局技正に転じて渡満し、チチハル建設処長を務めた後、三七年一月土木局総務処長を経て同年七月牡丹江建設処長に転任した。

鈴木 正雄 ▷12

ハルビン高等工業学校長、勲六等／ハルビン高等工業学校内／一八八九（明二二）九／山形県飽海郡観音寺村／東京高等工業学校建築科

山形県鈴木岩記の長男に生まれ、荘内中学校を経て一九一一年東京高等工業学校建築科を卒業し、同年八月満鉄に入社して工務課に勤務した。一三年四月南満州工業学校講師兼任、一四年五月総務部技術局建築課、一六年一二月南満州工業学校教諭、二二年四月南満州工業専門学校講師兼任、二三年五月

地方部建築課、二四年六月技術研究所兼任、二六年九月特別検閲委員を歴職し、同年一二月結核療養所建築施設の研究のため欧米に出張した。二八年八月に帰任した後、三〇年六月技師に昇格して奉天工事区事務所長となり、次いで同年九月奉天工事事務所長、三一年八月鉄道部工務課建築係主任、三二年一二月大連工事事務所長を歴任した。三五年二月北鉄接収委員としてハルビンに赴任し、工事関係の接収業務及びその後の整理事務に従事した後、ハルビン鉄路局工事課副課長を経て同年一一月鉄道総局監察付となった。三六年一月同局工務処に転任した後、同年九月参事に昇任して鉄道総局建築課長となったが、三七年四月に依願退職して同年五月に新設されたハルビン高等工業学校長に就任した。この間、満州建築協会理事、関東庁大連市建築主任技術者検定委員を務め、満州事変時の功により勲六等及び従軍記章、建国功労賞を授与された。

鈴木　正之　▷12

国務院民政部地方司員／新京特別市東一条通／一九〇七（明四〇）一／静岡県浜名郡篠原村／東北帝大法文学部英法科

静岡県鈴木新之亟の長男に生まれ、一九三三年三月東北帝大法文学部英法科を卒業し、同年四月に渡満して国務院資政局訓練所に入所した。同年一〇月改称後の大同学院を卒業して国務院民政部総務司調査科属官となり、三五年五月同部地方司総務科勤務を経て三六年一一月民政部事務官となった。満州及び朝鮮の地方制度、満州における労働統制問題等を専門業務とした。

鈴木　道太　▷12

㈾鈴木商店代表社員、下野農園主／奉天浪速通／一八九一（明二四）一二／岩手県稗貫郡花巻町／実業補習学校

郷里の実業補習学校を卒業した後、一九〇九年に上京して高橋勝三の主宰する芝山会絵画研究所及び黒田清輝主宰の葵橋洋画研究所で洋画を修業した。その後画業を離れ、一四年末から横浜の植木会社で温室園芸業に従事した。東京の西ヶ原種苗店に転じた後、一七年四月に渡満して奉天に鈴木商店を開設し、種苗及び果実類の販売業と農園を経営し、三四年三月合資会社に改めた。

鈴木　達徳　▷12

日満商事㈱計画課長／新京特別市千鳥町／一八九四（明二七）四／茨城県久慈郡機初村

茨城県鈴木達の長男に生まれ、一九一六年旅順工科学堂採鉱冶金科を卒業した後、一八年三井物産に入社した。その後三二年昭和石炭会社、三三年北票炭砿㈱、三五年満州炭砿㈱に歴職し、三六年日満商事㈱に入社して計画課長に就いた。

鈴木　峯一　▷12

満鉄ハルビン站構内助役／ハルビン春遠胡同局住宅／一八九八（明三一）一一／山形県山形市五日町／県立山形中学校中退

山形県鈴木彦四郎の長男に生まれ、一九一六年県立山形中学校五年で中退した後、一八年一一月満鉄に入社して本渓湖駅に勤務した。長春列車区公主嶺分区、同奉天省四平街分区、奉天省四平街駅、桓勾子駅に歴勤した後、三五年六月ハルビン八区站に転勤し、次いで翌年二月ハルビン站構内助役となった。

鈴木　基紀　▷12

穂積玻璃工廠主、勲八等／奉天大西門外／一八六〇（万一）九／愛知県東春日井郡小牧町

郷里の町長、郡会議員、県会議員を務めた後、日露戦争時に渡満して穂積組の名で陸軍用達業を営んだ。その後いったん帰国したが、〇八年一月に再び渡満して奉天で軍用達業を営み、その後大西門外に穂積玻璃工廠を創業してガラス製品、鏡類を製造した。一三年六月の明治記念会拓殖博覧会にガラス器を出品して銀賞牌を受賞し、同年九月には福島安正関東都督の工場視察に際し賞状を受け、一七年一一月の化学工業博覧会にも出品して褒状を受けた。奉天省、吉林省、東蒙古全体に販路を広げ、各地に支店・特約店を設置した。経営のかたわら一九〇八年以来同地の居留民会行政委員・同評議員、商業会議所議員を務めた。この間、満州事変時の功により勲八等に叙された。二八年に奉天で没し、長男勇吉が経営を引き継いだ。

鈴木茂利治　▷11

東亜煙草㈱奉天支店販売課長／奉

天富士町／一八八二（明一五）七／宮城県玉造郡東大崎村／東洋協会専門学校

宮城県農業鈴木英五郎の五男に生まれ、一九〇六年東洋協会専門学校を卒業し、同年九月久米㈴に入り台湾に赴任した。〇八年九月東亜煙草㈱に転じて渡満し、大連、ハルビン、長春、吉林、営口、青島、鉄嶺等の販売所主任を経て、奉天支店の販売課長に就いた。この間、長春商工会議所の前身の長春貿易会を設立したほか、鉄嶺居留民会官選議員、軍人会、赤十字社委員等を各地で務めた。日本最初の工学博士原口要の姪で実践女学校出身の夫人テイを妻とし、長兄は郷里の村長を務め、長兄と三兄、弟は共に日露戦争に従軍して金鵄勲章を受けた。

鈴木　庸生　▷9

満鉄鞍山製鉄所製造課長、満鉄瓦斯作業所長、中央試験所応用化学科長、撫順炭砿兼務、ソウライト製造㈱顧問、勲六等／奉天省鞍山北四条町／一八七八（明一一）九／東京府東京市京橋区月島東仲通／東京帝大理科大学化学科

一九〇三年東京帝大理科大学化学科を卒業し、〇五年同校講師嘱託となった。かたわら日露戦争に際し陸軍技術審査部で兵器審査の事務嘱託を務め、後に勲六等に叙せられた。〇七年ドイツに留学し、滞欧中の〇九年満鉄に入社した。一〇年に留学を終えて満鉄中央試験所に勤務し、応用化学科長及び瓦斯作業所長を歴任して鞍山製鉄所製造課長に就いた。満州産大豆を原料とした塗料ソウライトと防水塗料タンタルスを開発し、ソウライト製造㈱の顧問も務めた。⇒二二年に帰国し、理化学研究所に入って主任研究員となり、三一年博士号を取得した。研究に従事するかたわら燃料協会理事、工業化学会評議員、商工省燃料研究所嘱託を務めた。

鈴木　勇吉　▷12

穂積玻璃工廠主／奉天大西門外／一九〇一（明三四）七／愛知県東春日井郡小牧町

一九〇八年に父基紀が創業した奉天の穂積玻璃工廠を補佐し、二八年に父が死去したあと経営を引き継いだ。従業員四三人を使用してランプ、化学用ガラス標本瓶、電灯石笠、薬瓶、化粧瓶、コップ、石鹸容器、蝿取器その他のガラス器を製造し、奉天を中心に満鉄沿線各地及びチチハル、ハルビン、吉林方面の薬店、病院、牛乳商を得意先として年間一〇万円を売り上げた。

鈴木　雪房　▷12

満鉄皇姑屯検車段大虎山分段検車主任／錦州省黒山県満鉄大虎山分段／一八九四（明二七）一〇／神奈川県足柄上郡金田村

一九一五年九月に渡満して安東で建築業に従事した後、一七年三月満鉄に入り沙河口工場に勤務した。以来勤続して奉天検車区、橋頭分区、遼陽駐在所、奉天検車区、蘇家屯駐在所検車助役、大官屯検車区検車助役、錦県検車段山海関分段長、皇姑屯検車段西安分段長、吉林検車段西安分段検車主任に歴勤し、三六年一〇月皇姑屯検車段大虎山分段検車主任となった。この間、三二年四月勤続一五年の表彰を受けた。

鈴木要太郎　▷11

間島総領事館領事、正七位勲四等／間島総領事館／一八七五（明八）九／静岡県／東京専門学校

静岡県鈴木麦作の長男に生まれ、一八九五年東京専門学校を卒業した。九七年文官高等試験に合格して外務属となり、同参事官を経て副領事として遼陽に赴任した。その後、間島領事館一等書記官に転任し、後に領事を務めた。

鈴木　嘉男　▷12

満州電業㈱承徳出張所凌源営業所長、凌源商工会顧問、満州国協和会凌源治城第二分会長／熱河省凌源満州電業凌源営業所／一八八八（明二一）七／東京府南多摩郡浅川村／築地工手学校電工科

東京府鈴木新八の長男に生まれ、一九〇八年築地工手学校電工科を卒業して東京電灯㈱技手補となり、外線係に勤務して翌年技手に進んだ。一七年六月満鉄に転じて渡満し、長春電灯営業所電路係となった。一八年四月ハルビンに北満電気㈱が設立されると、満鉄在籍のまま同社創立事務に従事し、創立後に電路係主任となった。同社に七年在籍し、中央発電所の竣工にともない従来の直流配電を交流に切り替え、日露戦争直後から愛用されたハルビン市の旧式照明を新式に改めるなどの革新を行った。二五年一一月満鉄に復帰して奉天電気営業所送電係主任となり、二七年一月南満州電気㈱電灯課員、三〇年九月集金係長、三二年八月奉天支

店営業係長を経て三三年八月満州里電灯廠に出向し、同時に同所市政公署より電灯廠長を委嘱された。同廠内部を改組し、満州里電業[股]を設立して董事を務めた後、三五年三月満州電業奉天支店通遼出張所に転勤し、三六年六月承徳出張所凌源営業所長に就いた。

鈴木 嘉雄 ▷11

南満州電気㈱長春支店電路係主任／長春／一八八七（明二〇）六／三重県阿山郡中瀬村／岐阜県立斐太中学校

三重県警察官鈴木嘉津之助の長男に生まれ、一九〇七年岐阜県立斐太中学校を卒業して飛騨電灯[資]に入り、発電所に勤務した。〇九年京都電灯㈱に転じて外線係、内線係、水力発電係等を務めた後、一六年に朝鮮成歓の稜山金鉱㈱に入り、火力発電所建設、送電線路担当等として勤務した。一九年三月満鉄に転じて電気作業所外線係に勤めたが、二六年に南満電気㈱として満鉄から分離創立と外線係主任となり、二八年一二月長春支店電路係主任に転じた。修養団運動の信奉者で、その普及に尽力した。

鈴木 義男 ▷12

満鉄奉天自動車営業所主任兼撫順自動車営業所主任／奉天白菊町／一八九七（明三〇）五／和歌山県和歌山市卜半町

和歌山県鈴木常治郎の次男に生まれ、一九一四年一〇月満鉄教習所を修了して遼陽、奉天の各駅に勤務した。次いで奉天列車区、大連列車区の各旅客専務、奉天運輸事務所、奉天鉄路局、錦県鉄路局運輸処旅客科に歴勤して三七年一月奉天自動車営業所主任となり、撫順自動車営業所主任を兼務した。この間、三〇年四月勤続一五年の表彰を受けたほか、野球、スケートの指導者として二〇年にわたり奉天体育運動競技界の発展に寄与した。

鈴木 義孝 ▷12

満鉄産業部交通課土木係主任、従六位／大連市桃源台／一八九九（明三二）一二／鳥取県米子市角盤町／東京帝大工学部

鳥取県鈴木春蔵の次男に生まれ、米子中学校、第四高等学校を経て一九二六年三月東京帝大工学部を卒業して大蔵省営繕管財局技手となった。同局横浜出張所土木掛に転勤した後、二七年七月営繕管財局技師に進み、二九年一二月土木掛道路工場主任兼土木掛所管工費物品取扱主任を経て三〇年三月山梨県へ出張した。次いで三一年四月横浜出張所残務整理取扱、同年六月営繕管財局工務課土木掛を歴任した後、同年一二月に依願免本官となった。その後三二年一月に渡満して満鉄に入社し、技術局に勤務した後、同年一二月計画部審査役付、三三年一月計画部土木班主査を経て三六年九月副参事となり、同年一〇月産業部交通課土木係主任となった。

鈴木 謙則 ▷12

満州中央銀行奉天分行総経理兼千代田通支行経理／満州中央銀行奉天分行／一八九一（明二四）一二／福島県／東京帝大法科大学独法科

一九一七年七月東京帝大法科大学独法科を卒業して台湾銀行に入り、横浜、台北、香港、カルカッタの各支店支配人代理を経て厦門、広東の各支店支配人を歴任した。三二年満州中央銀行管理課長に転じ、東京市大森区久ヶ原町に夫人と四男一女を残して単身渡満した。その後三五年一二月ハルビン分行総経理兼道外支行経理となり、次いで三七年五月奉天分行総経理に転任して千代田通支行経理を兼任した。

鈴木 美通 ▷9

吉林督軍顧問、正六位勲四等／吉林商埠地／一八八二（明一五）九／山形県山形市香澄町／陸軍大学校

一九〇二年一二月陸軍士官学校を卒業し、翌年六月歩兵少尉に任官して第三二連隊付となった。〇四年一〇月日露戦争に従軍して黒溝台、奉天の戦闘に参加し、戦後〇六年に帰国した。〇八年一二月陸軍大学校に入学し、一一年一二月に卒業して参謀本部に勤務した後、一四年三月北京公使館付武官として赴任した。一五年一〇月に帰国したが、翌年九月上海在勤となって再び中国に渡り、同年一二月少佐に進級して帰国し、歩兵第一連隊大隊長となった。一八年六月陸軍大学校兵学教官を経て一九年一〇月関東軍司令部付となって渡満し、奉天に駐在した。二一年四月中佐に進級し、同年八月吉林督軍に顧問として招聘された。

鈴木　義保 ▷12

鞍山鋼材㈱計理課長、明大校友会鞍山支部長／奉天省鞍山北九条町／一八九〇（明二三）三／東京府東京市芝区西久保桜川町／明治大学商科

明治大学商科を卒業して一九一六年に渡満し、各地で諸種の職業に就いた。二三年から正隆銀行に勤務したが、三四年八月に辞職して鞍山鋼材㈱に転じ、後に計理科長を務めた。

鈴木　良太 ▷11

満州銀行吉林支店支配人／吉林城内河南街、満州銀行内／一八八六（明一九）一一／千葉県安房郡豊房村／拓殖大学

千葉県農業鈴木半右衛門の四男に生まれ、一九〇九年台湾協会専門学校を卒業した。一〇年六月大蔵省理財局調査課係勤務となり大蔵属に進んだが、一二年一一月に退官した。同月渡満して東亜煙草会社に入社したが、一五年一二月に退社して翌年六月朝鮮銀行に入った。二〇年七月大連銀行に転じ、二三年七月に奉天・満州商業・大連・遼東の四銀行が合併して満州銀行が設立されると吉林支店支配人に就いた。

鈴木鎌次郎 ▷11

尾張屋洋服店主／大連市能登町／一八五七（安四）二／東京府東京市神田区和泉町

東京府鈴木鎌次郎の五男に生まれ、一六歳の時から洋服商に従事した。一九〇六年に渡満し、大連で尾張屋洋服店を開業した。

須田　貞夫 ▷12

満鉄ハルビン林業所業務係主任、正七位／ハルビン大直街／一八九三（明二六）四／新潟県佐渡郡相川町／北海道帝大農学部林業科

一九二〇年北海道帝大農学部林業科を卒業し、同年八月兵庫県尼崎市の大日本木管会社に入った。次いで二一年一一月朝鮮総督府道技手に転じ、咸鏡南道在勤、内務部勧業課、殖産局山林課安辺出張所長兼永興出張所長、元山営林署長、黄海道産業技師・林務主任、内務部産業課に歴勤した。その後渡満して満鉄鉄路総局に入り、総務処附業科事務嘱託を経て職員となり、三六年四月ハルビン林業所業務係主任に就き、同年九月副参事に昇格した。

「隅田」は「すみだ」も見よ

隅田　順吉 ▷11

石炭細工製造販売業／奉天省撫順山城町／一八八九（明二二）八／京都府南桑田郡篠村／伏見商業学校

京都府農業隅田弘太郎の次男に生まれ、一九〇九年徴兵されて京都の歩兵第三八連隊に入営した。除隊して伏見商業学校に入り一七年に卒業したが、再び軍人となって一九年一一月に渡満した。歩兵特務曹長に進んで二〇年に予備役編入となり、同年六月満鉄撫順炭砿に入った。二七年一一月に退社し、翌年六月から撫順で石炭細工製造販売業を営んだ。品質改良に努めた結果、満州訪問の各皇族の買い上げるところとなり、二九年二月には川岸侍従武官を経て天覧に供するまでになり、満州及び日本各地に多数の特約店を設け、二八年夏にはドイツにも輸出した。

須田　徳市 ▷11

本渓湖郵便局長、従七位勲八等／奉天省本渓湖石山町／一八八七（明二〇）六／北海道上川郡剣淵村／札幌電気通信技術養成所

北海道の農業須田小三郎の三男に生まれ、一九〇三年札幌電気通信技術養成所を修了した。日露戦中の〇五年八月に臨時電信隊付通信技手として渡満し、翌年九月関東都督府通信書記補となり大連郵便局電信課に勤務した。一三年九月遼陽郵便局に転任し、一七年四月関東庁通信書記に進み、同年九月鉄嶺日本電信取扱所長に就いた。その後、二〇年一一月鉄嶺郵便局主事、二五年九月同郵便局長心得を経て二七年六月本渓湖郵便局長に就任した。二五年から第三次満鉄地方委員を務めたほか、鉄嶺商業会議所特別議員、本渓湖市民会評議員を務めた。夫人春代は高等小学校卒業後、産婆検査試験に合格して産婆の資格を有した。

須田睦次郎 ▷12

須田洋行主／奉天十間房／一八八三（明一六）一二／福岡県築上郡山田村

日露戦争後一九〇六年に渡満して満鉄に入り、撫順炭砿機械課に勤務した。一八年一〇月沙河口工場機械部に転勤した後、一九年に退社して奉天で煖房工具・機械の修繕業を営んだ。

須藤 廉 ▷12

国際運輸㈱海運課員／奉天千代田通国際運輸㈱奉天支店／一九〇〇（明三三）七／兵庫県多紀郡篠山町／慶応大学経済学部本科

一九二六年慶応大学経済学部本科を卒業して国際通運会社に入り、三四年に国際運輸㈱に転じた。安東支店海運課に勤務して商船入貨係主任となり、次いで大連支店貨係主任、同海運課連保係主任を経て奉天支店海運課に転勤した。

須藤 清 ▷12

満州電業㈱総務部文書課長兼調査局委員会委員／新京特別市朝日通／一八八四（明一七）九／福岡県嘉穂郡庄内村／福岡県師範学校

一九〇五年福岡県師範学校を卒業して門司市小森江小学校、福岡高等小学校等の訓導を務めた。〇七年に上京して京橋区の帝国貯蓄銀行に勤め、勤務のかたわら中央大学専門部正科、日本簿記専修学校会社簿記科、慶応義塾商業英語専修科、日本簿記学校工業簿記科に学んだ。その後福岡に戻り、郷里の官営八幡製鉄所二瀬出張所経理課に勤務した。一八年一〇月満鉄に転じて渡満し、鞍山製鉄所経理課に勤務した。会計係主任、総務部考査課勤務を経て三一年七月南満州電気㈱に転じ、調査役重役室勤務電灯課兼務、監査役業務課兼務を歴職し、三六年一二月南満州電気㈱の電気供給事業を継承して満州電業㈱が創立されると同社入りし、総務部文書課長となり調査局委員会委員を兼務した。この間、三四年三月に建国功労賞及び大典記念章を授与された。

須藤 清美 ▷11

満鉄機関士、勲八等／大連市北大山通／一八七八（明一一）八／山形県米沢市花沢弓町

山形県農業須藤宮次の三男に生まれ、一八九九年福島鉄道作業局員となった。一九〇四年一二月日露戦争に際し野戦鉄道付として従軍し、〇七年四月の満鉄開業とともに入社した。満鉄創業一〇周年、一五周年、二〇周年に際して表彰され、日露戦争の功により勲八等瑞宝章を受けた。

須藤精一郎 ▷11

旅順師範学堂訓導／旅順市中村町／一八九〇（明二三）三／群馬県碓氷郡磯部村／群馬県師範学校

群馬県農業須藤三弥の次男に生まれ、一九一一年群馬県師範学校を卒業した。臼井尋常高等小学校訓導、前橋市桃井尋常小学校訓導を務めた後、一八年四月に渡満した。大連の日本橋小学校訓導となり、二六年四月旅順師範学堂に転任した。児童教育に没頭し、子供と共に遊戯することを唯一の楽しみとした。

須東 忠三 ▷12

奉天市行政処実業科長／奉天稲葉町／一八九五（明二八）九／群馬県桐生市新宿通／早稲田大学政治経済科

一九一八年早稲田大学政治経済科を卒業して三井物産に入り、石炭部に勤務した。次いでシンガポール支店雑貨係、大阪支店石炭部に歴勤して二四年に退社し、二五年桜井貿易会社専務取締役に就任した。二六年にオーストラリア各地を視察した後、二七年に辞任して直輸入商を自営したが三一年に廃業した。その後三四年奉天市政公署に入って財源整理室助理員を務め、三五年総務科庶務課庶務股主任を経て三六年四月行政処実業科長に就いた。

須藤 陽一 ▷12

黒河警察庁員兼ハルビン税関黒河分関員／黒河省黒河警察庁／一八九八（明三一）二／青森県弘前市徒町／青森県立弘前中学校

青森県立弘前中学校を卒業した後、一九一七年徴兵されて弘前の歩兵第五二連隊に入営した。一八年上等兵に進んだ後、翌年憲兵に転科して弘前憲兵隊に勤務し、二〇年シベリア出兵に際し北部沿海州に派遣されてサハリン憲兵隊に勤務した。二三年に帰還して青森憲兵隊付となり、同年東京の江東憲兵隊付に転勤した後、二四年大阪憲兵隊勤務を経て青森憲兵隊に復帰した。二五年関東憲兵隊大連憲兵分隊に編入されて渡満し、同年柳樹屯憲兵分隊に転勤した。二六年憲兵伍長に進級し、長春憲兵分隊に勤務して憲兵科露語一等通訳を務めた後、二七年憲兵軍曹となり翌年同分隊特高係長に就いた。三二年憲兵曹長に進んで予備役編入となり、同年八月首都警察庁警佐に転じて外事科に勤務した。三五年一〇月警察庁警佐に転任して黒河警察庁特務科長となり、次いで黒河省瑷琿県警正兼税

関監視官となった。

須永　茂平 ▷4

外務通訳生／ハルビン新市街／一八八一（明一四）／栃木県足利郡山辺村／東京外国語学校韓語学科本科

群馬県立中学校から東京外国語学校韓語学科本科に進み、卒業後さらに同校で国語、漢文、英語、経済学、国際法を学び一九〇六年に修了した。〇八年韓国統監府の命により七級俸を以て理事庁通訳生兼理事庁属に就いた。木浦、京城勤務を経て〇九年六級俸に昇給し、一〇年朝鮮総督府府書記として元山府に転任した。一一年統計主任、一二年総督府道書記を経て同年一二月四級俸に昇給し、一五年郡書記として咸鏡南道徳源郡に勤務して庶務係主任となり、この間雇員試験委員、朝鮮語講師などを務めた。一六年五月に外務通訳生としてハルビン日本総領事館に転任し、同年一〇月日本赤十字社満州委員総長からハルビン委員支部事務委員の嘱託を受けた。

砂川　恵良 ▷12

満鉄チチハル站構内主任、勲八等／龍江省チチハル站気付／一八九三（明二六）三／大分県宇佐郡駅館村／沖縄県立第一中学校

砂川恵祥の子として沖縄県宮古郡城辺村に生まれ、一九一四年県立第一中学校を卒業して一五年一二月大村の歩兵第四六連隊に入営し、歩兵軍曹に進んで除隊した。二〇年一月満鉄に入社して撫順駅に勤務貨物方となり、奉天列車区車掌、同区遼陽分区車掌を経て張台子駅助役となった。次いで奉天鉄道事務所勤務、撫順駅助役、奉天列車区助役、同安東分区助役、下馬塘駅長を歴任した後、三七年五月チチハル站構内主任となった。この間、満州事変時の功により勲八等及び賜金七五円を授与され、三五年四月勤続一五年の表彰を受けた。

砂塚　貞吉 ▷12

豊盛當主、吉林質屋同業組合長、満州国協和会北三分会常任幹事、吉林新潟県人会長／吉林徳勝門外／一八七九（明一二）一〇／新潟県刈羽郡南鯖石村

早くから渡満し、一九〇八年に郵便局吉林出張所員として赴任した後、一〇年に辞職して同地でガラス店を経営した。その後一三年に質屋業に転じて成功し、店員五人を使用して年間二〇万円の利益を上げ、不動産に投資して多数の土地家屋を所有した。夫人との間に一男四女があったが、満州国協和会吉林市本部委員を務める源治を養子として事業に当たらせた。

須能　義利 ▷12

満州計器㈱重役室付／新京特別市豊楽路郡ビル内満州計器㈱／一八八八（明二一）二／茨城県那珂郡国田村／陸軍砲兵工科学校

一九〇八年五月陸軍砲兵工科学校を卒業して野砲兵第一連隊付となり、以来軍務に服して野砲兵第一五連隊付、第一〇師団付、第一四師団付、旅順重砲兵大隊付、第八師団付を歴職した。その後一八年に依願予備役編入となり、一九年に渡満して関東軍司令部軍属に転じた。満州事変後、三二年に関東軍特務部に勤務したが、三三年一二月満州計器㈱設立準備事務所事務主任に転じた。三五年一〇月同社設立とともに庶務科長となり、三七年一月の職制改正により重役室付となった。この間、大正大礼記念章、大正四年乃至九年戦役従軍記章、満州事変従軍記章を授与された。

須鼻　梁平 ▷12

大連汽船㈱船舶部海務課監督、従七位／大連市菖蒲町／一八八七（明二〇）九／香川県綾歌郡林田村／香川県立粟島航海学校

一九一〇年香川県立粟島航海学校を卒業した後、一六年大連汽船㈱に入社した。一等運転士を経て一九年に船長となり、以来海上に勤務したが、二九年大連本社船舶課に転任し、同年六月船舶部海務課監督となった。

栖原常三郎 ▷11

富士瓦斯紡績㈱安東工場長／安東県駅前通／一八八五（明一八）六／和歌山県有田郡田栖川村／東亜同文書院

和歌山県農業栖原重三郎の三男に生まれ、一九〇八年上海の東亞同文書院を卒業した。富士瓦斯紡績㈱に入って保土ヶ谷工場倉庫係となり、一八年六月工場次長に進み、二〇年九月本社営業部絹糸原料主任となった。二二年一月安東工場次長に転じて渡満し、同年一〇月大分県中津工場主任を兼任した。二三年六月安東工場長に昇進し、安東商工会議所常議員を務めた。

栖原豊太郎 ▷12

旅順工科大学教授、㈶菱刈学術研究奨励資金理事、義勇財団海防義会理事、学術研究会議会員、帝国海事協会評議員、帝国飛行協会評議員、正四位勲三等／旅順市吾妻町／一八八六（明一九）九／和歌山県／東京帝大工科大学機械工学科、同大学院

和歌山県栖原洋三の長男に生まれ、第一高等学校第二部を経て一九一〇年東京帝大工科大学機械工学科を卒業した後、一五年に同大学院を修了して一八年東京帝大助教授となった。航空学研究のため欧米に留学した後、一九年七月論文「航空用発動機ノ〈カム〉ニ就テノ研究」により東京帝大より工学博士号を取得し、後に同大学教授となった。二七年に多角度反射鏡の機械的高速度回転により一秒間二万枚の高速度撮影に成功し、次いで二九年日本で開催された万国工業会議で毎秒四万枚撮影を発表して翌年一月朝日賞を受賞し、その後六万枚の撮影に成功した。さらに三二年七月航空用発動機の研究により海防義会総裁より表彰状を受けた。その後三四年七月旅順工科大学教授となって渡満した。

須原　坦 ▷10

満州船渠㈱旅順工場長／旅順市東郷町／一八八一（明一四）六／静岡県田方郡韮山村／東京高等工業学校

一九〇〇年韮山中学校を卒業して東京高等工業学校に入り、〇四年に卒業して翌年横須賀の海軍工廠造機部に入った。〇六年神戸の川崎造船所に転じ、〇九年三月大連出張所勤務となって渡満した。二三年四月川崎造船大連出張所の業務を継承して満州船渠㈱が設立されると同社入りし、二五年八月旅順工場長に就いた。

澄川　帝介 ▷12

不二電業公司主／ハルビン南崗大直街／一八八九（明二二）二／山口県萩市御弓町／中学校

一九〇八年三月中学校を卒業した後、大阪電灯会社をはじめ数社の電灯会社に歴職して二七年見島電灯㈱主任技術者となった。その後三二年に渡満して大連の満州電気会社に勤務し、次いで三四年哈北黒電気工業所を起業し、担当技術者として各地に出張所を開設した。三六年二月新たにハルビン南崗大直街に資本金三万円の不二電業公司を設立し、十数人を使用して電気工事請負業を経営し、チチハル永安大街に出張所を設けた。この間、満州事変時の功により陸軍省より盾一枚を授与された。

澄川　友敬 ▷11

大連株式商品取引所員／大連市霧島町／一八八六（明一九）三／山口県吉敷郡山口町／東亜同文書院商務科

山口県澄川久仁吉の次男に生まれ、一九〇六年六月上海の東亜同文書院商務科を卒業して三井物産㈱に入った。上海支店に勤務した後、一六年一一月青島支店に転じて穀肥掛兼輸出雑貨掛主任を務めた。二〇年一〇月本店勤務となったが、翌年一月に退社した。二六年八月に渡満して大連株式商品取引所員となった。

隅　清麿 ▷11

奉天公学堂教諭／奉天稲葉町満鉄社宅／一八九五（明二八）一一／宮崎県北諸県郡中郷村／台北師範学校

宮崎県医師隅清治の四男に生まれ、一九二〇年台北師範学校を卒業して台湾公学堂教諭となった。台中州永靖公学校、台北師範学校訓導を務めた後、二五年三月に渡満して奉天公学堂教諭となった。次兄清雄は大阪医科大学を卒業して郷里で医院を開業し、弟忠夫は満鉄安東駅に勤務した。

角　慶一 ▷1

小笠原薬房旅順支店支配人／旅順市厳島町／一八七四（明七）五／佐賀県藤津郡鹿島村

一九〇五年五月小笠原吉太郎の招きで渡満し、大連市大山通の小笠原薬房に入った。同年九月厳島町に旅順支店を開設して支配人となり、永住の決意を固めて家族を呼び寄せ、〇六年一〇月には店舗を新築し、薬種薬剤を軍に納入して旅順第一の規模に発展した。

住繁　正治 ▷9

英米煙草会社南北満州代表社員／大連市伏見台／一八九五(明二八)一一／広島県広島市国泰寺町／専修学校

一九一七年東京の専修学校を卒業して

米国領事館に勤務した。一九年二月英米煙草会社に転じ、後に南北満州日本人側代表社員に就いた。

「角田」は「かくた」と「つのだ」も見よ

角田　市郎 ▷11

撫順独立守備隊付／奉天省撫順南台町陸軍官舎／一九〇三（明三六）三／兵庫県神戸市兵庫北宮内町／陸軍士官学校

一九二四年七月、陸軍士官学校を卒業した。松江の歩兵第六三連隊付となり、二五年五月から旅順に駐剳した。二七年五月山東出兵の際に動員された後、二八年一月撫順独立守備隊付となった。

角田　一雄 ▷11

満鉄撫順炭砿経理課倉庫係主任／奉天省撫順南台町／一八九七（明三〇）一一／愛媛県宇和島市／神戸高等商業学校

宇和島中学校を卒業して神戸高等商業学校に進み、一九二一年に卒業して満鉄に入社した。撫順炭砿に勤務し、後に経理課倉庫係主任に就いた。

角田勝三郎 ▷12

[資]坂本組技師長兼奉天支店長／奉天萩町／一八九三（明二六）一〇／山口県山口市荒高町／攻玉社工学校

一九一三年東京の攻玉社工学校を卒業して満鉄に入り、撫順炭砿振興公司、鞍山製鉄所、本社土木課に歴勤して奉天工事事務所工事係長となった。三四年四月に退社して[資]長谷川坂本組技師長に転じ、三六年四月長谷川組と坂本組の分離改組に際し坂本泰通を代表社員とする[資]坂本組の重役に就き、技師長と奉天支店長を兼任した。

角田憲太郎 ▷12

満鉄大連鉄道事務所車務課列車係主任／大連市桔梗町／一八九四（明二七）七／千葉県安房郡館野村／千葉県立安房中学校中退

千葉県角田守治の長男に生まれ、県立安房中学校四年を中退して渡満し、一九一二年八月満鉄従事員養成所を修了して大石橋駅電信方となった。以来同駅車掌、瓦房店駅車掌、大石橋駅助役、大連鉄道事務所、本社鉄道部、大連鉄道事務所に歴勤し、三五年四月大連鉄道事務所車務課列車係主任となった。この間、二八年四月勤続一五年の表彰を受けた。

角田　茂一 ▷9

角茂商会主／大連市岩代町／一八八七（明二〇）六／徳島県那賀郡平島村／（中等教育）

一九一一年三月郷里で中等教育を終えた後、平島村役場の吏員となった。その後辞職して一七年一〇月に渡満し、大連に角茂商会を設立して土木建築請負業を始めた。一八年五月関東都督府内務部土木課の工事を請け負って実績を上げ、引き続き同業を経営した。

角田壮次郎 ▷12

満鉄鉄道総局旅客課員、勲六等／奉天白菊町／一九〇一（明三四）五／愛媛県宇和島市笹町／カリフォルニア州立大学商科

愛媛県角田金一の三男に生まれ、米国カリフォルニア州サクラメント高等学校を経て一九二四年五月カリフォルニア州立大学商科を卒業した。二五年三月満鉄に入社して安東駅駅務方として勤務した後、同年四月安東実業補習学校講師を兼務した。二六年三月同駅貨物方、同年一一月鉄道部貨物課、二七年一月同旅客課兼貨物課、三二年一二月鉄道部営業課勤務を経て三三年三月鉄路局総務処文書課兼務となり、同年九月鉄路総局総務処に転任した。三六年二月第八回欧亜貨物連絡運輸会議出席のためポーランド、ソ連、フランスに出張し、帰任して同年九月副参事に昇任し、同年一〇月鉄道総局旅客課に転任した。

「隅田」は「すだ」も見よ

隅田虎二郎 ▷12

満鉄総裁室監査役兼同監理課員、国際運輸[株]・大連汽船[株]・遼東ホテル[株]・福昌華工[株]・湯崗子温泉[株]各監査役／大連市榊町／一八八七（明二〇）二／高知県吾川郡池川町／東京高等商業学校

一九一四年東京高等商業学校を卒業して満鉄に入り、以来勤続して参事に昇格し、埠頭事務所庶務長、鉄路総局運輸処水運課長を歴任した。三六年四月総務部監査役兼監理課勤務を経て同年一〇月総裁室監査役兼同監理課員となり、満鉄傘下の国際運輸・大連汽船・遼東ホテル・福昌華工・湯崗子温泉[株]

の各監査役を兼務した。

角田　宏顕　▷3
遼東新報記者兼理事、旅順分局長／大連市敷島町／一八八一（明一四）一〇／佐賀県佐賀郡久保泉村／早稲田大学
一九〇三年早稲田専門学校を卒業し、同年九月新声社に入り雑誌編集に従事した。〇六年三月に渡満して遼東新報社に転じ、長く旅順分局長を務めた後、理事となって大連本社に在勤し旅順分局長を兼任した。

隅田　兵一　▷10
昌光硝子㈱工場長／大連市外星ヶ浦公園西門前／一八八二（明一五）三／京都府京都市下京区本町／京都帝大理工科大学化学科
一九一一年京都帝大理工科大学化学科を卒業し、一三年に旭硝子会社に入社して鶴見工場でガラス製造の研究に従事した。二五年一月社命でガラス工場設立準備のために渡満し、同年四月満鉄と旭硝子の共同出資で昌光硝子㈱が設立されると大連市沙河口の同社工場長を務めた。

角　徳一郎　▷11
貿易業／奉天省撫順西六条通／一八八七（明二〇）二／和歌山県那賀郡田中村／東亜同文書院
和歌山県農業角友吉の三男に生まれ、一九〇九年上海の東亜同文書院を卒業した。同年一〇月満鉄に入り撫順炭砿に勤務したが、一三年一〇月に退社した。撫順で大連鈴木商店支店の代理店として輸出入貿易に従事するかたわら撫順炭砿への各種納品、精米業を兼営した。

住友　兼吉　▷3
満鉄地方部地方課職員、教育研究所講師、従七位／大連市若狭町／一八六七（慶三）八／徳島県美馬郡三島村／徳島県尋常師範学校、東京高等工業学校教員養成所応用化学科
一八八九年七月徳島県尋常師範学校を卒業し、東京高等工業学校教員養成所応用化学科に入学して九六年七月に卒業した。徳島県脇町中学校、神奈川県横浜商業学校、香川県工芸学校教諭を務めた後、一九〇八年四月私立三井工業学校教諭に転じた。一三年三月に渡満して満鉄に入り、実業補習学校総主事を務めた後、満鉄地方部地方課職員となり教育研究所講師を兼任した。

住野　邦蔵　▷9
雑貨商、有価証券売買業、勲八等／奉天省開原付属地第一区／一八八三（明一六）三／長崎県下県郡厳原町
一九〇五年日露戦争に従軍して日本海海戦に参加し、戦後除隊して勲八等旭日章を受けた。〇六年九月に再び渡満して大連に滞在した後、翌年九月開原で雑貨商を開業し、二一年三月から有価証券売買業を兼営した。

隅野　光世　▷12
満鉄撫順炭砿老虎台採炭所庶務係主任、社員会評議員、社員消費組合総代／奉天省撫順北台町／一九〇四（明三七）三／大阪府大阪市此花区上福島中／日露協会学校
河瀬卯三郎の長男に生まれ、隅野家の養子となった。大連中学校を経て一九二六年日露協会学校を卒業し、同年一二月満鉄に入り撫順炭砿庶務課に勤務した。二七年一一月同経理課、三一年一一月古城子採炭所に勤務した後、三三年九月再び経理課勤務となった。三四年一二月奶子山在勤、三六年八月蛟河採炭所庶務係主任を経て同年一二月老虎台採炭所庶務係主任となった。

「角野」は「かくの」も見よ

角野万寿彦　▷11
満鉄特約石炭商／奉天八幡町／一八七三（明六）一一／福岡県築上郡宇島町／東京高等商業学校
福岡県農業渡辺弥五平の次男に生まれ、角野庄助の養子となった。一八九三年東京高等商業学校を卒業し、尾道商業学校の教諭となったが九六年に退職して唐津の芳谷炭坑会社副支配人に就いた。在職中に唐津開港に尽力した功により木杯を授与され、一九〇二年に半年間かけて石炭販売視察のため中国南部から香港、シンガポール、マニラ方面を回った。〇六年に退社して郷里で家業に従事したが、その間二年ほど満州、朝鮮を視察した。一二年に渡満して満鉄に入社し、一八年に退社して奉天で満鉄特約石炭商を開業し、奉天各種炭組合常務理事を務めた。

鷲見 保承 ▷11

関東庁逓信書記開原局主事、従七位勲八等／奉天省開原車站街／一八八五（明一八）一一／岐阜県山県郡高富町／名古屋電気通信技術養成所

岐阜県の高富町長鷲見基保の次男に生まれ、一九〇一年名古屋電気通信技術養成所を修了した。名古屋郵便電信局通信助手、高富郵便電信局、東京郵便局通信事務員を経て、〇六年六月臨時電信隊付として渡満した。以来関東都督府郵便電信局雇員として、鞍山站、遼陽、本渓湖の各支局に勤務して〇八年三月通信書記補に進み、さらに橋頭、奉天、瓦房店、公主嶺、営口等に勤務して二三年六月逓信書記となり、二八年四月開原局主事に就いた。

角 由吉 ▷12

熱河省公署警務庁特務科長、正七位勲七等／熱河省承徳熱河省公署警務庁／一八八七（明二〇）二／石川県石川郡一木村／高等小学校

郷里の高等小学校を卒業して金沢の私塾文学院で漢文、英語、論文を二年修めた。一九一〇年憲兵上等兵として韓国に渡り、一七年朝鮮総督府警部を経て一八年憲兵軍曹に進み、金沢憲兵隊付となった。さらに第三師団司令部付としてシベリア派遣軍に従軍した後、金沢憲兵隊付、豊橋憲兵隊付、東京憲兵隊付、大阪憲兵隊付を経て憲兵曹長に進級し、二八年七月山東出兵に際し第三師団に配属されて従軍し、翌年五月大阪憲兵隊に復帰した。三四年四月関東憲兵隊に配属されて渡満し、三六年一〇月熱河省公署事務官に転じて警務庁特務科長に就いた。この間、二〇年一一月青島戦役の功により勲七等青色桐葉章、二九年九月山東派遣の際の功により単光旭日章を授与された。

住吉 平治 ▷7

満鉄調査課交通係／大連市聖徳街／一八八五（明一八）一二／鹿児島県日置郡東市来村／大倉商業学校

鹿児島県から上京し、大倉商業学校に学んだ。一九〇四年七月語学研究のため中国に渡り北京、天津に滞在した後、日露戦争に徴用されて遼西から法庫門地方で活動した。〇六年末に三井物産に臨時入社したが、翌年営口の東肥洋行に転じ、同年参謀本部臨時嘱託として北満を踏査した。〇九年満鉄に入り安奉線広軌改築工事の用地買収に従事し、翌年職員に採用され奉天公所及び安東に勤務した。一四年大連本社技術局に転じ、その後庶務部調査課に勤務し、精密な踏査を基にした満蒙交通政策を中心に満蒙事情に関する著述を十数冊著した。勤倹節約を旨として蓄財に励み、高壮美観の私宅のほか貸家も所有した。

住吉 勇蔵 ▷12

野田洋行主、日満漁業㈱牡丹江出張所鮮魚部経営主／浜江省牡丹江金鈴街／一九〇三（明三六）一一／北海道留萌郡鬼鹿村

北海道住吉佐吉の次男に生まれ、郷里の学校を出て木材業及び漁業に携わった。一九二三年に徴兵されて旭川の工兵第七大隊に入営し、満期除隊後も引き続き同業に従事した。その後一九三六年に渡満し、同年三月から牡丹江に野田洋行を設立して青果卸商を始め、新潟、下関方面より青果、野菜、漬物を仕入れて販売した。後に日満漁業㈱牡丹江出張所鮮魚部の商号で大連、釜山、清津方面から鮮魚を仕入れて魚類の卸売商も経営し、両店合わせて従業員四人を使用した。

須本長次郎 ▷11

東北銀号常務理事／ハルビン道裡地段街／一八九五（明二八）一〇／宮崎県宮崎市上別府町／鹿児島高等農林学校

宮崎県の材木・金物商須本長作の四男に生まれ、一九一四年鹿児島高等農林学校を卒業した。翌年鹿児島大林区所森林主事となったが、華富銀行副総理に転じて渡満し、同年さらに奉天酒造㈾代表社員に転じた。一六年に貿易商富盛洋行、富盛和銀号を独立経営したが、一九年に亜細亜製粉㈱常務取締役となり、次いで山陽紡績㈱取締役兼社長を兼務した後、東北銀号常務理事に就いた。

諏訪 績 ▷12

宮内府警衛処員兼皇宮近衛教官、勲六等／新京特別市祝町／一八九七（明三〇）七／広島県賀茂郡原村

一九一七年一二月徴兵されて広島の歩兵第一一連隊に入営し、一九年七月シベリアに従軍した。満期除隊後も現役を志願して二九年八月歩兵特務曹長に

す

累進し、三一年六月天津駐屯軍歩兵第三中隊付として天津に派遣された。同年一一月の土肥原機関による天津事件に参画し、清朝廃帝溥儀の天津脱出に際し警衛隊長として塘沽に派遣され、任務終了後天津に戻り小隊長として戦闘に参加した。三二年六月駐屯軍歩兵隊の交代により原隊に復帰して予備役編入となり、同年一一月国務院民政部首都警察庁警佐となって渡満し、首都内警備事務及び警察隊員教育教官を務めた。三三年三月万玉山付近の討匪作戦に出動した後、同月執政溥儀に拝謁して執政府に転任し、警備士兼護軍教官となり、三五年四月皇帝溥儀の訪日に扈従した。三七年一月、宮内府警衛処に転任して皇宮近衛教官を兼任した。この間、勲六等旭日章のほか、従軍記章、建国功労賞、大典記念章、皇帝訪日記念章等を授与された。

諏訪　甚十　▷11

関東庁逓信書記補／奉天省開原香山街郵便局官舎／一八九四（明二七）二／鹿児島県大島郡笠利村／関東都督府通信管理局通信養成所

鹿児島県農業諏訪東水の五男に生まれ、一九一二年関東都督府通信管理局通信養成所を修了して通信事務員となった。一九年通信書記補に進んだが、病気のため二一年に退職し、翌年復職して通信事務員に戻った。二四年、逓信書記補となり開原郵便局に勤務した。

諏訪　光瓊　▷3

外務書記生、勲七等、士族／奉天省営口旧市街牛荘領事館官舎／一八七五（明八）一一／山形県最上郡新庄町

一八九九年七月大蔵省文官普通試験に合格し、同年八月外務属となった。一九〇二年一〇月外務書記生として京城に勤務し、同年一二月北清事変の功により勲八等白色桐葉章と金二〇〇円を下賜された。〇六年一月京城理事庁属となり、同年四月日露戦争の功により勲七等白色桐葉章と金八〇円を下賜された。〇九年五月外務属に戻り、同年一一月外務書記生としてバタビヤに勤務した後、一四年八月牛荘領事館勤務となって渡満した。

清野源之助 ▷12

共栄木材商会主、牡丹江木材商工組合理事、牡丹江防護団副班長／浜江省牡丹江平安街／一九〇〇（明三三）二／北海道太櫓郡太櫓村

北海道清野汀の長男に生まれ、小学校を卒業して家業の農業を手伝った後、一六歳の時から木材業に従事した。その後事業に失敗して一九二二年二月樺太に渡り、三年余り種々の職業に就いた後、高谷木材店に入り敷香出張所に勤務した。三三年九月に渡満して延吉に滞在した後、翌年六月牡丹江の大東林業公司に入り馬橋河に勤務した。三四年一一月静岡県出身の渡辺文蔵と共同で共栄木材商会を設立し、製材を渡辺が担当し、自身は採木と販売を担当した。磨刀石に出張所と製材所を置いて三五馬力の機械二台を設備し、製品の大半を関東軍に納入して年商一〇万円に上った。

清野長太郎 ▷12

興中公司㈱天津出張所長、従五位勲四等／中華民国天津日本租界須磨街／一八八四（明一七）一／山形県南村山郡上山町／東洋協会専門学校

山形県清埜久作の子に生まれ、一九〇五年三月東洋協会専門学校を卒業し、第一軍兵站監部付通訳として日露戦争に従軍した。戦争終結とともに外務通訳生となり、奉天日本総領事館警察署に勤務した後、奉天、間島、南京、杭州等の領事館に勤務して領事に進んだ。二八年再び奉天総領事館に赴任し、日本赤十字社奉天委員支部副長を務めた。その後高等官四等に進んで依願免官となり、興中公司㈱に入社して北平駐在員を務めた後、天津出張所長に就いた。

清野　富蔵 ▷8

雙合館主／奉天／一八八三（明一六）五／福島県伊達郡掛田町

福島県の生糸絹織物問屋の子に生まれ、年少の時から横浜の生糸商店に奉公し、働きながら英語を独学した。一九〇八年に渡満し、安東県の北村洋行に入って柞蚕業に従事し、かたわら横浜向けの輸出業を営んだ。その後京城に移って朝鮮産蚕繭の日本、ロシア、ポーランド向け輸出を始めたが第一次世界大戦のため挫折し、一五年に大連を経て鞍山に赴き、同地で大阪朝日新聞通信員となり新聞販売店を兼業した。一八年さらに奉天に移って貿易業に転じたが、翌年再び新聞販売店を開業し、大阪朝日新聞を始め内外の新聞、和洋図書、事務用品を販売した。

瀬尾栄太郎 ▷8

特産物貿易商／奉天／一八八一（明一四）九／徳島県阿波郡柿原村

一九〇四年第一一師団第三軍に属して日露戦争に従軍し、旅順攻撃に参加した。〇五年一月の旅順陥落とともに北進して鳳凰城、撫順で戦い、同年末に帰国して除隊した。〇六年三月大阪の豪商河辺勝が満州各地に支店を開設する際、奉天支店長に採用されて再び渡満して松茂洋行奉天支店を開設した。〇八年に独立して小西関で貿易商を開業し、華南飢饉に際して趙爾巽と契約し満州一円から高粱一二万トンの海陸輸送をした。〇八年工業部を開設して煉瓦製造業に進出し、満鉄病院、奉天駅、駅前貸事務所、満鉄地方事務所、宮島町満鉄宿舎、瀋陽館、郵便局などに供給した。一二年にロシア、満州里を根拠地として鉱山業に着手するため工業部を近藤氏に譲り、シベリアの鉱山開発主要業務とし、銃砲火薬業を兼営した。一八年に日本がシベリアに出兵すると、ザイバイカル州のセミョーノフ軍顧問として反革命派に協力した。一一年に奉天で初めて自家用自動車を運転したことで知られた、奉天在住日本人長老の一人として奉天公立病院創立委員、居留民会行政委員、商業会議所副会頭、奉天倶楽部創立委員、赤十字協賛員を務めたほか、満州銀行の創立にも参与した。

瀬尾喜代三 ▷12

昭和製鋼所㈱製鋼部第一圧延工場長心得、同分塊係主任心得兼鋼片係主任心得兼ロール係主任／奉天省鞍山北大宮通／一八九六（明二九）一一／大阪府大阪市港区石田神楽町／京都帝大工学部冶金科選科

一九一九年三月大阪高等工業学校機械科を卒業し、同年八月大阪の汽車製造会社に入り研究室に勤務した。その後退社して二四年三月京都帝大工学部冶金科選科を卒業し、神戸製鋼所圧延工場、豊田式織機会社大阪支店材料係兼工具工場長等に歴職した。二九年三月満鉄に入社し、製鉄所勤務八幡在勤を経て三三年六月昭和製鋼所㈱の事業開始とともに同社員となって渡満した。三四年二月圧延課兼工務部工務課工作工場勤務、三五年四月圧延係主任兼整正係兼ロール係主任、同年一二月鋼片工場分塊係主任兼鋼片係主任各事務取扱を歴任し、三六年四月製鋼部第一圧延工場長心得となり、同分塊係主任心得、鋼片係主任心得、ロール係主任を兼務した。

瀬川　克己 ▷12

満鉄地方部地方課施設係主任兼地方行政権調整移譲準備委員会幹事、社員会評議員／大連市芝生町／一九〇五（明三八）一一／広島県安佐郡山本村／長崎高等商業学校

広島県瀬川卯一の三男に生まれ、広島商業学校を経て一九二八年三月長崎高等商業学校を卒業し、満鉄に入社して地方部庶務課に勤務した。同年七月大連医院、二九年一二月地方部庶務課、三三年一〇月同地方課に歴勤し、三七年一月同施設係主任となった。

瀬川　順平 ▷11

昌図小学校訓導／奉天省昌図満鉄付属地／一八八七（明二〇）七／三重県志摩郡磯部村／三重県師範学校

一九一〇年三重県師範学校を卒業し、郷里の小学校訓導となった。一七年に渡満して撫順小学校訓導となり、その後開原小学校を経て昌図小学校に転任した。

瀬川　義輔 ▷12

満鉄北鮮鉄道事務所工務課保線係主任、従七位／朝鮮清津府浦項洞満鉄北鮮鉄道事務所／一九〇二（明三五）四／山口県大津郡日置村／名古屋高等工業学校土木科

山口県瀬川猪之輔の長男に生まれ、朝鮮の京城中学校を経て一九二二年三月名古屋高等工業学校土木科を卒業し、朝鮮総督府鉄道局工務課に勤務した。大田工務事務所勤務を経て二三年二月輜重特務兵として一ヶ月入営して兵役に服した後、二五年四月朝鮮総督府技手となり、大田保線区助役、裡里改良工事係助役、大田工務事務所、木浦保線区長、南陽建設工事係主任、清津出張所、清津鉄道事務所に歴勤した。三三年九月技師に進み、同年一〇月同鉄道の満鉄への経営委託にともない満鉄社員となり、北鮮鉄道管理局工務課勤務を経て三四年一二月工務課長心得兼保線係主任となった。その後三五年八月保線係主任を経て三六年一〇月北鮮鉄道事務所工務課保線係主任となり、三七年四月満鉄勤続一五年の表彰を受けた。

関　伊勢松 ▷12

国際運輸㈱清津支店埠頭係主任、正八位／朝鮮咸鏡北道清津府弥生町／一八九七（明三〇）三／福岡県三井郡宮ノ陣村／東京商船学校

一九二〇年東京商船学校を卒業し、二一年二月満鉄に入り埠頭事務所海運課に勤務した。上海支所に転勤した後、二六年九月に上海埠頭事務が大連汽船㈱に移管されて非役となり、大連汽船㈱上海支店黄埔碼頭に勤務した。その後二八年に大阪の丸信商店に入って絹綿布商を見習い、二九年三月上海で絹綿布商を開業し、次いで絹織物業を兼営した。三四年二月に廃業して郷里に引き揚げた後、同年五月朝鮮に渡って国際運輸㈱清津支店に入り、埠頭事務所主任を経て三六年九月清津支店埠頭係主任となった。

関　乙槌 ▷9

南満銀行常務取締役／奉天省鞍山明治通／一八七七（明一〇）一／広島県広島市国泰寺町／広島県師範学校

一八九八年三月広島県師範学校を卒業して市立小学校訓導を六年務め、一九〇八年四月に渡満して旅順管内の三沼堡公学堂長となった。一三年八月に退職して関東州阿片総局に入り、六年在職した。一九年七月鞍山で南満銀行の創立事務に当たり、同年一一月の設立とともに常務取締役に就任した。

関　数雄 ▷12

南満州工業専門学校教授、従六位／大連市桃源台／一八九五（明二八）一／熊本県玉名郡小田村／広島高等師範学校、東北帝大工学部

熊本県農業荒木初太郎の子に生まれ、後に同県関明多の娘世津の婿養子となった。一九一九年三月広島高等師範学校を卒業して大分県女子師範学校教諭となった。その後東北帝大工学部化学科に入り、二四年三月に卒業して朝鮮の京城第一高等普通学校教諭となった。次いで二五年七月に満鉄に転じ、撫順中学校教諭を経て南満州工業専門学校教授となった。

関　一信　▷11

開原尋常高等小学校訓導／奉天省開原付属地神明街／一八九四（明二七）一二／新潟県南魚沼郡伊米の崎村／新潟県高田師範学校

新潟県農業関清治郎の四男に生まれ、一九一五年新潟県高田師範学校を卒業した。県下の西五十沢尋常高等小学校訓導を務めた後、土樽尋常高等小学校、上田尋常高等小学校、間瀬尋常高等小学校訓導を歴任した。二四年四月に渡満して満鉄に入り、開原尋常高等小学校訓導を務めた。

関　貫一　▷12

満州石油㈱技師／大連市聖徳街／一八八八（明二一）五／新潟県刈羽郡柏崎町／新潟県立柏崎中学校

一九〇八年新潟県立柏崎中学校を卒業して日本石油㈱に入り、柏崎製油所、秋田製油所、鶴見製油所に歴勤した。三四年五月に退社し、同年満州石油㈱技師に転じて渡満した。

関口　威　▷12

満鉄チチハル鉄路医院満州里分院長兼医員兼満州里日本尋常小学校校医／興安北省満州里学堂街／一九〇六（明三九）三／群馬県多野郡小野村／京城帝大医学部

函館市に生まれ、一九三〇年三月京城帝大医学部を卒業して同大付属医院伊藤内科に勤務した。次いで警察官講習所臨時医務嘱託、忠清南道立大田医院医員、同院構内麻薬中毒者治療所医員に歴勤した後、三六年一月満鉄鉄路総局職員に転じて渡満し、奉天鉄路医院医員を経て同年一一月チチハル鉄路医院満州里分院長兼医員となり、三七年一月から満州里日本尋常小学校校医を兼務した。海軍中将上田良武の姪北郷芳子を夫人とし、実兄の関口聡は朝鮮平安北道内務部長を務めた。

関口　保　▷12

国務院民政部首都警察庁警察副総監、正六位／新京特別市首都警察庁／一八九九（明三二）二／東京府東京市中野区野方町／東京帝大法学部独法科

正則中学校、第六高等学校を経て一九二三年三月東京帝大法学部独法科を卒業して新潟県属となり、内務部地方課に勤務して同年一一月内務部社会課長となった。次いで二五年五月地方警視となり、徳島県警察部保安課長、青森県警察部保安課長兼刑事主任、同部警務課長を経て二八年一月地方事務官となり、山梨県学務部社寺兵事課長、内務部庶務課長、知事官房主事、愛媛県警察部工場課長、学務部社会課長、群馬県警察部工場課長、内務部地方課長、桐生市長職務管掌、県自治講習所長を歴任した。その後三三年八月に依願免官し、国務院総務庁秘書官に転じて渡満した。三四年九月興安総署総務処長、三五年一〇月蒙政部総務司長を経て三七年七月民政部首都警察庁警察副総監に就いた。この間、高等土地審定委員会委員、商租権整理委員会委員、民政振興会議委員、満州国協和会蒙政部分会長等を兼任した。

関　甲子郎　▷3

三和公司主、満州電気㈱常務取締役、勲八等／奉天省営口新市街南本街／一八七二（明五）八／東京府東京市芝区三田四国町

幼年から漢学を修め、一八九六年五月台湾に渡って商業に従事した。その後総督府に職を得て陸軍通訳となり、台南旅団司令部に勤務した。日露戦争に通訳として従軍したが、講和前に職を辞して帰国し、〇六年五月に渡満した。復州方面で製塩事業に携わった後、同年一〇月営口電気㈱に入った。〇七年一二月に退社し、営口に三和公司を開設して石炭販売及び貿易業を始めた。一時は松茂洋行営口支店を兼営したが、〇九年五月から三和公司の経営に専念し、かたわら営口居留民団行政委員を務めた。

関　誠一　▷11

関東軍司令部幕僚付陸軍歩兵少佐、従六位勲六等／旅順市春日町／一八八八（明二一）九／静岡県榛原郡坂部村／陸軍士官学校

一九一〇年、陸軍士官学校を卒業して歩兵少尉に任官した。豊橋、東京、京都、大分の各地に勤務して歩兵少佐に進み、二六年六月関東軍司令部幕僚付となって渡満した。

関　時蔵　▷11

満鉄鉄道部渉外課員／大連市伏見町／一八八四（明一七）一二／茨

せ

城県那珂郡山方村／東洋協会専門学校

茨城県農業関昌雄の四男に生まれ、一九〇九年東洋協会専門学校を卒業して満鉄に入った。大石橋、奉天省四平街駅貨物方を務めた後、鉄嶺運輸課出張所に転任して背後地調査、出貨勧誘に従事し、かたわら鉱業課出張所事務を兼任した。その後満鉄を退社して長春の特産物商協和桟に一年余り勤務し、次いで奉天省四平街鄭家屯で満鉄の公益車行の経営に携わり、鄭家屯—通遼—洮南間の馬車輸送に従事した。その後再び満鉄に戻って本渓湖、安東で貨物主任を務めた後、退社してハルビンの特産商協昌桟に入ったが、後にまた満鉄に戻り鉄道部渉外課に勤務した。

関根　勇 ▷11

南満州電気㈱経理課現金係主任／大連市星ヶ浦小松町／一八八九（明二二）二／茨城県久慈郡山田村／茨城県立太田中学校

茨城県神職関根力松の四男に生まれ、一九一〇年県立太田中学校を卒業して九月に渡満した。翌年満鉄に入り電気作業所大連電灯営業所に勤務し、一七年同作業所現金係となった。二六年六月満鉄から分離して南満州電気㈱となると、経理課現金係に就いた。長兄は大連行商人組合理事を務めた。

関根四男吉 ▷11

満鉄大連鉄道事務所船舶長、正六位勲六等／大連市楓町／一八八三（明一六）七／愛知県豊橋市／東京商船学校

愛知県医師渡辺喜三太の四男に生まれ、叔父の関根家を相続した。一九〇七年八月東京商船学校を卒業して甲種船長の免許状を取得し、日本郵船会社に入った。一三年八月満鉄に転じて大連埠頭事務所職員となり、隆昌丸運転士を務めた。二三年二月関東庁海務局技師に任じられたが、二八年七月に依願免官して満鉄大連鉄道事務所船舶長に就いた。

関根道一郎 ▷11

弁護士、満州法政学院講師／大連市近江町／一八九三（明二六）九／東京府南葛飾郡奥戸村／東京府立第一中学校三年修業、東京逓信官吏練習所

東京府通信事務官関根訂二の長男に生まれ、一九〇八年府立第一中学校を三年で中退した。一〇年二月に渡満して翌月関東都督府通信管理局通信事務員となり、一一年に通信書記補となった。その後東京通信官吏練習所に入って一五年に終了し、一七年関東都督府通信書記に進んだ。二四年に高等試験司法科試験に合格し、翌年退官して大連で弁護士を開業し、かたわら二六年四月から満州法政学院講師を務めた。

関根　義雄 ▷12

満鉄孟家屯駅長／吉林省長春県孟家屯駅長社宅／一八九八（明三一）一／群馬県群馬郡上郊村

群馬県関根茂平の三男に生まれ、一九一九年五月満鉄に入り鉄嶺駅に勤務した。二八年に鉄道教習所を修了した後、同年五月長春列車区鉄嶺分区勤務を経て三二年四月金溝子駅助役となった。次いで三三年一一月四平街駅助役、同年一二月同駅構内助役、三五年七月張家堡簡易駅長を歴職し、三六年一一月孟家屯駅長となった。この間、三五年四月に勤続一五年の表彰を受けた。

関　弘 ▷12

満鉄大連埠頭事務所営業課長、遼東ホテル㈱支配人／大連市埠頭大連鉄道事務所／一八九四（明二七）二／福岡県三井郡宮ノ陣村／東京帝大法学部

福岡県関虎太の長男に生まれ、一九二一年三月東京帝大法学部政治学科を卒業し、同年五月満鉄に入社した。長春駅駅務方、同貨物方に勤務した後、二二年四月長春列車区公主嶺在勤車掌心得、同車掌、同年一〇月安東駅貨物助役、二三年鉄道部貨物課勤務、二四年四月営口駅貨物主任、二六年四月開原駅駅長を歴任した。次いで二七年一一月大連埠頭事務所第三埠頭主任となり、同第二埠頭主任を経て三〇年二月鉄道港湾連絡施設と保税輸送制度の研究のため欧米各国に一年半留学した。帰任して鉄道部連運課第三係主任となり、三二年九月参事に昇任した後、鉄道部営業課勤務を経て埠頭事務所営業長、奉天鉄道事務所営業課長、奉天鉄路局運輸処長兼総務処長事務取扱に歴任し、三六年九月大連埠頭事務所営業課長となり、満鉄傘下の遼東ホテル㈱支配人を兼務した。満鉄嘱託渡辺精吉郎の次女で大連神明高女卒の献子を夫人とした。

関　平一郎　▷12

牡丹江警察署長／浜江省寧安県牡丹江／一八九九（明三二）三／富山県氷見郡神代村

一九一九年富山県巡査となり、二五年に内務省警察講習所本科を修了し、巡査教習所教授、石動警察署員、戸出警察署長、福光警察署長、小杉警察署長、県警察部高等警察課員、高岡警察署署長、県警察部警務課員、伏木水上警察署長、県警察部保安課員を歴任した。累進して三二年一月警部に累進した後、三四年二月に退官し、熱河省公署属官となって渡満した。次いで同省青竜県警佐、錦州省公署警佐・保安股長、錦州専売署専売事務嘱託・自動車運転手免許試験委員を歴職し、三六年四月浜江省寧安県警正・牡丹江警察署長に就いた。

関　平吾　▷12

熱河省公署技佐兼警察庁技佐、保安科勤務兼承徳警察庁勤務／熱河省承徳南営子代用官舎／一九〇七（明四〇）一二／茨城県新治郡小桜村／東北帝大医学部、大同学院

茨城県関兵吾の次男に生まれ、水戸中学校、水戸高校を経て一九三四年三月東北帝大医学部を卒業し、同年満州国政府の招聘を受けて渡満した。同年一〇月大同学院卒業とともに民政部技士となり、衛生司に勤務した。三六年七月熱河省公署技佐兼警察庁技佐に転任して保安科に勤務し、承徳警察庁勤務を兼任した。

関　真　▷12

興亜印刷局(股)／専務取締役、奉天商工会議所議員、奉天居留民会評議員／奉天工業区四馬路興亜印刷局／一八九一（明二四）六／福岡県久留米市日吉町／旅順工科学堂電気工学科

旧久留米藩士関直太の六男に生まれ、福岡県立中学明善校を卒業して渡満し、一九一三年一二月旅順工科学堂第一期生として電気工学科を卒業した。同校助教諭を務めた後、一七年一二月満鉄に入って沙河口工場に勤務し、次いで一九年一二月技術部機械科、二七年四月鉄道部電気課、二八年一〇月大連鉄道事務所に歴勤した。三一年九月満州事変に際し産業委員会委員及び関東軍嘱託となり、同年一一月旧東北印刷局の整理を委嘱され、これを基礎として奉天省公署印刷局を設立して局長に就いた。その後三五年四月(股)興亜印刷局を創立して業務一切を継承し、代表者として経営を統括し年商内高六〇万円に達した。

関本　雅三　▷12

満鉄ハルビン医院薬剤長／ハルビン道裡買売街／一八九八（明三一）二／栃木県上都賀郡粟野村／東京薬学学校

栃木県関本長次の三男に生まれ、一九一九年東京薬学学校を卒業した。二〇年二月岡山亞砒酸工業会社に入社したが、同年五月盛岡の初見病院に転じた。次いで二三年一一月に渡満して満鉄に入り、安産医院薬剤員を務めた後、三一年四月ハルビン医院薬剤長に就いた。

関谷秋治郎　▷12

国務院司法部行刑司員／新京特別市永昌胡同代用官舎／一九〇二（明三五）九／秋田県北秋田郡大館町／満州医科大学本科

秋田県関谷儀三郎の長男に生まれ、大館中学校を卒業して渡満し、南満医学堂を中退して満州医科大学に進んだ。一九二九年三月同大学本科を卒業して副手となり、同年七月助手となった。その後三四年六月国務院司法部属官に転じて行刑司に勤務し、三五年七月司法部衛生官に進んで引き続き行刑司に勤務した。

関谷　祥治　▷12

満鉄吉林鉄路局総務処事故科員／吉林敷島街／一八九五（明二八）一〇／長野県上高井郡高井村

青年期に満鉄に入り、以来各地に勤続して吉林鉄路局文書科事故股長となり、一九三六年一〇月の職制改正により総務処事故科員となった。

関山　勝三　▷11

大連沙河口尋常高等小学校長、勲八等／大連市沙河口霞町／一八八四（明一七）二／神奈川県橘樹郡稲田村／東京府師範学校、日本大学法律科

神奈川県農業関山清次郎の長男に生まれ、一九〇五年東京府師範学校を卒業した。麻布、神田、小石川など東京市内の各小学校に一八年勤務し、その間の一二年七月日本大学法律科を卒業した。二〇年四月に渡満して大連第五尋常小学校訓導となり、一二年三月大連沙河口尋常高等小学校長に就いた。二七年七月に沙河口青年訓練所が開設されると同校主事を兼務したが、同月四男一女を遺して夫人に先立たれた。

関屋　諒蔵　▷4

日光洋行／ハルビン市ヒルコフ公爵街／一八七七（明一〇）四／栃木県足利郡御厨村／中学校

栃木県医師関屋良純の子に生まれ、中学校を卒業して経済界に入った。一九〇〇年北海道拓殖銀行創立の際、美濃部総裁に随行して北海道に渡り、五年同地に滞在した。〇七年満鉄の倉庫設置に際し農産物に関する知識を買われ、犬塚信太郎理事の推挽で満鉄に入社した。四年勤務した後、在京の友人から銀行の整理を要請され、満鉄を退社して東京で一年間その任に当たった。その後欧州大戦による日露貿易の発展に着眼し、一六年八月ハルビンに渡り日光洋行を設立した。皮革、毛織物、石鹸、建築材料などを営業品目として大連、長春に支店を設け、満州一帯からロシア全般に販路を拡張した。長兄貞三郎は東京帝大を出て内務官僚となり、満鉄創立委員、大連民政署長、朝鮮総督府学務局長、貴族院議員等を務めた。

関　良一　▷12

満州住友鋼管㈱業務部経理課長／奉天省鞍山中台町／一八九九（明三二）一一／和歌山県東牟婁郡那智村／東京帝大経済学部経済学科

一九二五年三月、東京帝大経済学部経済学科を卒業して住友炭砿㈱に入社した。一〇年勤続した後、三四年に満州住友鋼管㈱に転出して渡満し、業務部経理課長を務めた。

瀬崎　清　▷12

興安北省公署総務庁総務科長／興安北省ハイラル省公署総務科長公館／一九〇六（明三九）七／福岡県福岡市御供所町／九州帝大工学部機械工学科

福岡中学校、福岡高等学校理科甲種を経て一九三〇年三月九州帝大工学部機械工学科を卒業し、家業の鉄工業に従事した。その後三二年四月国務院実業部嘱託官となって渡満し、工商司工務科に勤務して同年七月実業部属官、三三年三月同事務官、同年一一月同技正、三四年七月同技佐に累進し、満州石油㈱、同和自動車工業㈱、満州電業㈱その他各種工業会社の設立事務に従事した。三五年二月興安西省克什克騰旗参事官に転任し、次いで同月興安北省額爾克納左翼旗参事官となり、治安維持会警務委員会委員として国境線の調査確保と治安維持の指導監督に当たり、日満軍の行動に対し諸種の便宜を供与した。その後三六年五月同省公署に転任し、総務庁総務科長に就いた。

瀬下　金　▷11

石炭商／長春蓬莱町／一八八六（明一九）六／群馬県北甘楽郡富岡町／東亞同文書院

群馬県官吏瀬下政信の三男に生まれ、一九〇九年上海の東亞同文書院を卒業した。奉天の大昌煤局に入り、一二年に独立して長春大昌煤局を開業し、かたわら一八年に満州醤油㈾を設立して代表社員となった。二三年には長春仁和洋行を創立して経営に当たり、関東州外醸造組合副組合長を務めた。

勢多　章康　▷12

満鉄承徳站長、承徳居留民会評議員、正八位勲八等／熱河省承徳武烈街承徳站長社宅／一九〇二（明三五）八／東京府東京市杉並区高円寺／東京外国語学校蒙古語部貿易科

東京市勢多章之の長男として麹町区下二番町に生まれ、開成中学校を経て一九二四年三月東京外国語学校蒙古語部貿易科を卒業し、満鉄に入社して庶務部庶務課に勤務した。二六年一〇月鄭家屯公所通遼在勤、二八年六月奉天省四平街駅勤務、二九年六月長春列車区勤務、三〇年六月鞍山駅助役、三一年八月安東駅事務助役、三三年一一月安東駅事務主任を歴職し、三六年一〇月承徳站長となった。温泉と清朝の避暑山荘をセールスポイントとして観光地として売り出すため承徳駅長に抜擢され、著書『承徳の歴史的考察及蒙古人』を著した。

瀬田川為蔵　▷12

満鉄拉林站長／浜江省双城県満鉄拉林站／一八九八（明三一）一／秋田県平鹿郡浅舞町／横手教員準備場

秋田県瀬田川為吉の長男に生まれ、一九一三年横手教員準備場を卒業した後、同年一一月鉄道院に入った。田端機関庫、新庄駅、長岡建設事務所、酒田駅、新庄駅に歴勤して三二年三月鉄道書記となった。三三年三月満鉄に転じて渡満し、新京鉄道事務所鉄嶺在勤を経て双廟子駅助役、鞍山駅助役、南牡丹江站副站長を歴任した。三五年一〇月ハルビン站構内助役を務めた後、三七年六月拉浜線拉林站長に就いた。この間、満州事変時の功により賜盃及び従軍記章を授与された。

瀬田　常男　▷12

満州電信電話㈱総務部人事課長／新京特別市恵民路／一八九〇（明二三）四／熊本県安蘇郡宮地町／陸軍砲工学校高等科

一九一四年陸軍砲工学校高等科を卒業し、一五年六月工兵中尉に任官し、同年一〇月中支那派遣隊司令部付、一八年九月陸軍省軍務局付、一九年一二月金沢陸軍無線電信所長に歴補した。二七年一二月電信第一連隊付を経て二八年四月英米に出張し、二九年一月に帰任した後、三二年一月関東軍司令部付となって渡満し、関東軍特殊通信部長を務めた。その後三三年八月工兵中佐に累進して予備役編入となり、同年九月満州電信電話㈱参事に転じ、文書課長、監査課長兼務を経て三五年二月総務部人事課長に就いた。

瀬田芳太郎　▷11

諸新聞取次販売業、質商／奉天省撫順永安大街／一八七九（明一二）一／広島県沼隈郡松永村

広島県製造業瀬田定助の長男に生まれ、一九〇二年から郷里で諸新聞の取次販売業に従事した。〇九年四月に渡満して撫順で同業を営み、かたわら炭砿指定洗濯所を経営した。その後洗濯所は他に譲り、撫順西五条通に吉隆当、老虎台に瀬合当の中国人相手の質商二軒を兼営した。

説田　留吉　▷12

満鉄前郭旗工務段長、社員会評議員、勲八等／吉林省満鉄前郭旗工務段／一八八八（明二一）三／滋賀県坂田郡米原町／高等小学校

滋賀県説田武助の五男に生まれ、一九〇四年高等小学校を卒業して鉄道作業局に入り、神戸鉄道事務所保線区に勤務した。〇五年日露戦争に際し野戦鉄道提理部付となって渡満し、工長として瓦房店に在勤した。〇七年四月満鉄の開業にともない同社入りし、以来各地に勤務して大石橋保線区熊岳城在勤助役となり熊岳城消防組副監督を兼任した後、三七年三月前郭旗工務段長となった。この間、満州事変に際して河北線及び北票線の修繕班長として派遣され、勲八等旭日章及び従軍記章並びに建国功労賞を授与され、三七年四月勤続三〇年の表彰を受けた。

摂待　初郎　▷3

満鉄地方部地方課員、高等官五等従六位、士族／大連市西公園町／一八七三（明六）二／岩手県盛岡市鷹匠小路／札幌農学校農学科

一八九九年六月札幌農学校農学科を卒業し、同年八月北海道拓殖に関する交通経済の調査を嘱託された。一九〇二年一二月岩手県技師となり農事試験場長に就いたが、〇三年一一月大分県技師に転じて農事教師となった。さらに〇六年一〇月岐阜県技師に転じて農事試験場長を務め、翌年高等官五等に進んだ。一〇年六月明治製糖㈱に入り農務部長を務めた後、一四年四月満鉄臨時農事調査嘱託となって渡満し、翌年四月から地方部地方課に勤務した。

瀬戸　　巌　▷12

満鉄中央試験所油脂研究室主任、工業標準規格委員会委員／大連市臥竜台／一九〇二（明三五）九／東京府東京市日本橋区箱崎町／東京帝大理学部化学科

本姓は別、後に東京府瀬戸卯之助の養子となった。一九二五年三月東京帝大理学部化学科を卒業して満鉄に入り、中央試験所試験課に勤務した。以来主として高圧放電の科学的応用に関する研究に従事し、三三年一般有機化学研究室主任、同年六月油脂研究室主任を歴任して三六年副参事に昇格し、工業標準規格委員会委員を兼任した。

瀬戸　清夫　▷12

満鉄横道河子機務段運転主任、勲八等／浜江省横道河子満鉄横道河子機務段／一八九六（明二九）八／宮崎県都城市八幡町

宮崎県瀬戸清心の次男に生まれ、一九一三年八月鹿児島県の吉松機関庫に入った。二一年五月満鉄に転じて渡満し、撫順機関区、奉天機関区勤務を経て三二年に大里機関手教習所を修了し、三三年八月点検助役となった。三五年七月新京機関区点検助役を務めた後、三七年一月横道河子機務段運転主任に転任した。この間、満州事変時の功により勲八等従軍記章及び建国功労賞、皇帝訪日記念章を授与された。

瀬戸口精治 ▷12

国際運輸㈱営口支店官塩係主任／奉天省営口南本街国際運輸㈱奉天省営口支店／一八九七（明三〇）一〇／佐賀県西松浦郡伊万里町／伊万里商業学校中退

一九一三年伊万里商業学校三年を中退した後、渡満して二〇年本渓湖煤鉄公司に入った。次いで天津の富義順号、奉天の森鉱業所に歴職した後、南満太平山で駅貨物積卸請負と運送業を営んだ。その後三〇年一〇月国際運輸㈱に入社して営口支店に勤務し、三六年四月官塩係主任となった。

瀬戸口英夫 ▷12

龍江省拝泉県参事官／龍江省拝泉県参事官公館／一八九一（明二四）一二／鹿児島県日置郡田布施村／京都帝大法学部英法科

鹿児島県立川辺中学校、第七高等学校一部甲類を経て一九二五年三月京都帝大法学部英法科を卒業した。その後渡満して三二年満州国監察院監察官となり、監察部勤務を経て三四年五月吉林省珠河県参事官に転任した。三五年一二月北満特別区公署事務官兼任となって北満特別区一面坡行政分処に勤務した後、三六年四月龍江省拝泉県参事官に転任し、三七年六月に退官した。

瀬戸辰五郎 ▷11

南昌洋行㈱支配人兼技師長、撫順体育協会理事、撫順在郷軍人分会長／奉天省撫順西公園町／一八九二（明二五）／神奈川県足柄上郡山田村／京都帝大理工科大学採鉱冶金科

神奈川県瀬戸吉三郎の次男に生まれ、第八高等学校を経て一九一八年七月京都帝大理工科大学採鉱冶金科を卒業し、同年八月満鉄に入社して撫順炭砿に勤務した。大山坑、老虎台、煙台の各坑に勤務した後、調査役室勤務を経て二九年東郷採炭所長となった。その後三一年に南昌洋行㈱支配人に転じて技師長を兼任した。

瀬戸　光三 ▷9

湯浅貿易㈱大連支店員／大連市山県通／一八八七（明二〇）九／滋賀県高島郡朽木村／滋賀県立第二中学校

一九〇一年滋賀県立第二中学校を卒業し、その後〇九年に東亜同文書院商務科を卒業した。一三年神戸市の湯浅貿易㈱に入社し、大連支店詰となって渡満した。

妹尾　君美 ▷1

関東洋行主／旅順市鮫島町／一八八七（明二〇）一／鳥取県西伯郡巌村／中央商業学校本科

鳥取第二中学校を三年で中退して上京し、中央商業学校本科に入学した。卒業して日本製粉㈱に入り、一九〇四年八月日露戦中に社命で渡満して大連に出張所を開設して主任を務めた。その後、旅順市鮫島町の代理店関東洋行が倒産したため退社して同店の整理を引き受け、再建後は同洋行主としてメリケン粉と砂糖の販売に従事した。渡満後すぐに教師に就いて中国語を習得し、顧客との会話も自在にこなすなど誠心営業に腐心したが、〇七年に徴兵適齢となって営業を中断し、一年志願兵として旅順要塞砲兵隊に入営した。

瀬之口澄元 ▷7

大連港水先人組合長、勲五等／大連市薩摩町／一八六〇（安六）二／鹿児島県姶良郡蒲生村／東京高等商船学校

会津戦争の勇士として知られ、後に鹿児島市に自源流剣術道場を開いた瀬之口覚左衛門の子に生まれた。東京高等商船学校を卒業して一八八〇年から海上に勤務し、日本郵船会社や北海道の炭坑会社所有船の船長を務めた。日清戦争に従軍して勲六等旭日章を受章し、戦後浦賀造船所の船渠長に就いた。日露戦争では弾薬輸送の監督にあたり、勲五等瑞宝章を受章した。一九一〇年一〇月大連港の強制水先法施行に際し、招聘されて大連水先人組合長に就いた。渡満以来、午前三時半に起床して自ら食事を済ませ四時半に出勤する生活を励行し、玉突と尺八を趣味とした。長男渉は東北帝大医科大学、次男虎男は東北帝大法科大学、三男三七男は南満州医科大学に学んだ。

瀬之口藤太郎 ▷7

安東昼夜金融㈱専務取締役／安東県市場通／一八七二（明五）二／宮崎県宮崎郡広瀬村／東京外国語学校清語科中途退学、慶応大学商科

宮崎県から上京して東京外国語学校清

語科に入ったが、中退して慶応義塾大学部商科に転じ、一八九七年に卒業して実業に従事した。日露戦争に際し特別任務に服し、その功により安東で陸軍側御用商人となった。その後同地で質商を開業し、安東昼夜金融㈱専務取締役を兼務したほか、一九二五年一〇月地方委員に当選して行政委員を務めた。

瀬谷佐次郎 ▷11

大連商業学校首席教諭、従六位／大連市紅葉町／一八八六（明一九）九／福島県石城郡植田町／京都帝大法科大学政治経済学科

福島県農業瀬谷文太の長男に生まれ、一九〇七年八月富山県高岡商業学校教諭となり、熊本県立商業学校教諭、小樽高等商業学校助教授を歴任した後、京都帝大法科大学政治経済学科に入学した。在学中の一七年文官高等試験に合格し、一八年七月に卒業して高砂水電会社に入ったが、一九年同志社大学法学部教授に転じた。福島高等商業学校教授兼東北帝大講師を務めた後、二六年一一月大連商業学校講師に転じて渡満し、後に首席教諭となった。長女八重子は福島高女を卒業し、満鉄営口地方事務所に勤めた。

世良　昌 ▷8

三昌洋行主／奉天／一八七四（明七）一一／広島県双三郡三良坂町

尾道の橋本木綿問屋に奉公した後、独立して専売局の御用運送業を営んだ。その後一九〇六年に廃業して渡満し、営口の石光洋行で働いた。一三年八月奉天に移って上木組に入り、建築材料の仕入れに従事した。一九年四月に退社し、同地に三昌洋行を設立して建築用金物一式、亜鉛鉄板、洋釘、衛生陶磁器、鉛管、タイル、アスファルト、フェルト等の建築材料を販売したほか、米国テキサス社製のルーフィングを一手販売した。後に大連に支店を設け、満鉄、関東庁のほか各地の諸会社に納品し、二三年度の売上げは総計四〇万円に達した。

世良　正一 ▷11

満鉄産業部次長兼地質調査所長事務取扱兼技術委員会委員兼経済調査委員会委員、大連油脂工業㈱取締役、満州大豆工業㈱取締役、撫順セメント㈱取締役、満州特産中央会参与／大連市光風台／一八八七（明二〇）五／広島県高田郡吉田町／東京帝大農科大学農芸化学科

広島県世良準平の子に生まれ、一九一四年七月東京帝大農科大学農芸化学科を卒業した後、同大鈴木教室で栄養化学を研究した。その後一五年七月三共㈱に入社して品川工場技師となり、同工場製薬第九科長、同第六科長兼務、同社主事・品川工場副長に歴任した。二五年一一月化学工業視察のため欧米に出張し、帰国後二七年三月に退社して満鉄参事となり中央試験所研究課長に就いた。次いで同所長代理兼農産化学科長事務取扱、同所長、本社審査役を歴任して三六年九月産業部の設置とともに次長となり、三七年四月地質調査所長事務取扱兼務となった。

千秋　寛 ▷13

「千秋」は「ちあき」も見よ

満州大豆工業㈱専務取締役、満州特産中央会評議員、満州製油工場振興委員会委員／大連市寺児溝満州大豆工業㈱／一八八三（明一六）五／福井県丹生郡朝日村／京都帝大法科大学

福井県農業千秋磯之助の三男に生まれ、後に千秋貞之の養子となった。一九〇七年七月京都帝大法科大学を卒業し、同年一二月満鉄に入り奉天駅助役となった。次いで長春駅貨物主任、開原駅長、長春駅長、本社運輸部旅客係主任を歴任し、一三年から一五年まで社命で欧米に留学した。その後山東鉄道に出向して営業課長を務め、帰任して本社貨物課長、庶務課長を経て審査役に就き、鞍山製鉄所次長、同所長を歴任した。その後三〇年に辞任して国際運輸㈱取締役となり、同年九月日満倉庫㈱の取締役を兼務し、任期満了とともに帰国した。三四年七月に満鉄・日本油脂・味の素他の共同出資で大連に満州大豆工業㈱が創立されると再び渡満して専務取締役に就任した。

千田　貞康 ▷12

国務院実業部工商司工務科員、実業部法令審査委員会委員／新京特別市梅ヶ枝町梅ヶ枝会館内／一九〇九（明四二）二／東京府東京市中野区塔ノ山町／京都帝大経済学部、大同学院

東京府千田嘉平の四男に生まれ、学習院高等科を経て一九三三年三月京都帝大経済学部を卒業して満州国資政局自治訓練所に入所し、同年一〇月改称後の大同学院を卒業し商標局属官となった。三四年六月特許発明局属官、総務科勤務を経て同年九月実業部事務官となり、工商司工務科に勤務した。実業部法令審査委員会委員を兼務し、三四年三月建国功労賞、三五年九月皇帝訪日記念章を授与された。

千田　次郎　▷11

満州起業㈱専務取締役、日華特産㈱代表取締役／大連市桃源台／一八七六（明九）七／滋賀県犬上郡彦根町／滋賀県立中学校

滋賀県千田保治の二男に生まれ、滋賀県立中学校を卒業した後、一九〇六年九月日本酒卸業の大塚㈾大連支店長となって渡満した。一〇年一〇月に退社して㈴調弁所支配人に転じ、その後㈱調弁所に改組して専務取締役に就いた。次いで一七年満州皮革㈱及び満州貯金信託㈱の各取締役、一九年南満農産㈱、満州製氷㈱の各監査役及び満州起業㈱専務取締役、二〇年湯崗子温泉㈱取締役、二二年大連信託㈱取締役及び日華特産㈱代表取締役、二三年満州不動貯金㈱監査役を歴任した。その他大連株式商品取引所株式委員長、大連銭鈔取引人組合評議員、大連商工会議所常議員等の公職に就き、二一年四月から二四年一〇月まで大連市会議員を務めた。夫人いそとの間に五男七女の子女があり、長女藤子は明治薬学専門学校講師磯木末吉に、次女秀子は満鉄情報課員の芥川光蔵に、三女豊子は満州共益社取締役西沢源一郎に、四女千代子は満州銀行支配人代理川畑秀志に嫁した。

千田　雅正　▷12

大連汽船㈱機関長／大連市平和台／一八八八（明二一）九／岡山県児島郡福田村／香川県立粟島航海学校

一九一二年香川県立粟島航海学校を卒業した後、二三年四月国際汽船㈱機関長となり、同年五月鈴木商店船舶部機関長に転じた。その後二七年四月同商店が倒産し、二八年八月大連汽船㈱機関長に転じた。

千田　正名　▷12

調弁所出張所主、吉林商店協会幹事／吉林／一九〇五（明三八）五／北海道小樽市稲穂町／中等学校

北海道千田三郎の三男として函館に生まれ、中等学校を卒業した後、一九二七年に渡満した。㈱調弁所に入り満鉄沿線各地の社員に対する生活必需品の調達業に従事したが、三〇年九月に同事業が満鉄直営となり会社解散となった。三二年五月吉林で「調弁所出張所」の商号の下に食料雑貨菓子類の販売業を開始し、大馬路に菓子部、七経路に食料雑貨部を設けた。

千田宗次郎　▷11

石炭商／奉天省鉄嶺居留地朝日町／一八八二（明一五）八／石川県金沢市藤棚町

石川県農業千田粂寿の次男に生まれ、一九〇四年七月日露戦争に召集されて渡満した。〇六年三月に除隊して満州に留まり、〇七年満州日日新聞社営業部に入った。一〇年一〇月に退社して一一年七月満鉄販売課に入り、遼陽、鉄嶺、旅順、大連に勤務した。二〇年五月に満鉄を辞め、二一年一月から鉄嶺で満鉄石炭特約販売人となり、かたわら鉄嶺商業会議所議員を務めた。

仙頭　久吉　▷12

満州国協和会磐石県本部事務長、磐石県公共団体顧問・同委員／吉林省磐石県満州国協和会県本部／一九〇四（明三七）七／高知県安芸郡赤野村

高知県仙頭常吉の長男に生まれ、一九三〇年九月に渡満して勝俣喜十郎の経営する満州牧場で働いた。満州事変後の三二年五月満州青年連盟本部主事に転じ、満州国協和会嘱託を兼務した後、満州国協和会奉天地方事務局庶務股長兼経理股長を経て三三年一一月吉林省磐石県本部事務長に就き、磐石県公共団体顧問・同委員を兼務した。この間、建国功労賞及び大典記念章、皇帝訪日記念章を授与された。

仙波　久良　▷14

大連市会議員、市参事会議員、勲四等／大連市薩摩町／一八八三（明一六）一二／滋賀県犬上郡彦根町／攻玉舎工業学校

滋賀県仙波久健の長男に生まれ、一九〇四年攻玉舎工業学校を卒業し、参謀本部陸地測量部に勤務した。〇九年に渡満して一七年まで満鉄に勤めた後、一九年東洋石材㈱専務取締役に就き、二八年一月中日合弁の東三省賽馬公司董事に就任した。二八年一一月大連市会議員に当選して市参事会議員を務めた後、三二年二月郷里の滋賀県から衆院議員に当選した。

善甫亥三郎　▷11

大連東和汽船㈱取締役支配人／大連市榊町／一八九一（明二四）九／山口県阿武郡萩町／神戸高等商業学校

山口県商業善甫正蔵の三男に生まれ、一九一五年神戸高等商業学校を卒業して渡満し、大連東和汽船㈱に入社した。一七年二月姉妹会社の神戸東和汽船会社に転じ、一九年一〇月から東京出張所に勤務したが、二〇年一一月大連東和汽船に戻って取締役支配人に就任した。他に昭栄汽船㈱監査役を兼務し、大連海運同業組合役員、大連海務協会商議員を務めた。

宗川　昇　▷12

満鉄香坊站助役、社員会評議員／ハルビン松花江街ウェルサリ・ホテル／一九〇八（明四一）二／山形県南置賜郡山上村／法政大学経済学科

山形県宗川清之の三男に生まれ、米沢中学校から法政大学に進み、一九三三年三月同大経済学科を卒業して満鉄に入社した。埠頭事務所貨物方、大連列車区車掌心得を経て三四年六月車掌に昇格し、同年一二月入船駅構内助役となった。三五年六月ハルビン站貨物副站長を経て翌年一二月香坊站助役に就いた。

宗　敏雄　▷12

三江省公署総務科長／三江省佳木斯三江省公署／一九〇五（明三八）八／福岡県八女郡黒木町／東京帝大法学部政治学科

一九三〇年三月東京帝大法学部政治学科を卒業し、同年五月満鉄社員消費組合本部に勤務した。三一年二月幹部候補生として東京の近衛野砲兵連隊に入営し、除隊後に奉天自治指導部本部員、自治訓練所事務主事を歴職した。三二年三月満州国の成立とともに国務院民政部警務司保安科長に就き、三三年三月ハルビン警察庁警正、三四年一二月吉林省琿春県参事官を経て三六年一〇月三江省公署理事官・総務科長となり、三七年五月から治績整理局事務官兼務となり同局三江分局に勤務した。

相馬　啓介　▷11

関東州水産会書記／旅順市八島町／一八八八（明二一）六／山形県東田川郡大和村／東洋協会専門学校

山形県農業相馬繁の四男に生まれ、一九一五年東洋協会専門学校を卒業した。翌年一二月一年志願兵として仙台の歩兵第二九連隊に入営し、除隊後の一七年六月に渡満して旅順民政署雇員となった。一九年一〇月関東庁翻訳生に転じ殖産課商工係として勤務したが、病を得て帰郷した。静養の後二六年に再び渡満し、関東州水産会の設立と同時に書記となり、旅順魚市場主任を務めた。

相馬重之助　▷12

満鉄帽児山警務段長、従六位勲四等功五級／浜江省双城県帽児山警務段／一八八七（明二〇）一一／宮城県栗原郡志波姫村／陸軍士官学校

宮城県相馬重左衛門の四男に生まれ、一九〇六年一二月弘前の陸軍歩兵第五連隊に入営した。以来軍務に服して第八師団司令部付、歩兵第五連隊付を経て二二年七月陸軍士官学校を卒業し、二三年三月歩兵少尉に任官した。サハリン歩兵第二大隊樺太内路守備隊長等に歴補して三二年八月歩兵大尉に累進し、三三年一月満州派遣軍に属して熱河作、河北作戦に従軍し、数十回の戦闘に参加した。三四年四月に交代して衛戍地に帰還し、三五年一一月現役停年・満期除隊した。その後三六年二月に渡満して満鉄鉄路総局職員となり、窰門警務段長を経て同年一〇月帽児山警務段長に就いた。この間の三四年四月、満州事変時の功により勲四等旭日章及び功五級金鵄勲章を授与された。

相馬　総吉　▷9

富士貿易㈱ハルビン支店長／ハルビン／一八八四（明一七）五／三重県多気郡佐奈村

郷里の小学校を終えた後、一九〇〇年七月に上京して紙問屋に奉公した。一五年に渡満して一年間満州各地を視察した後、一八年一一月に再び渡満してハルビンに富士貿易支店を開設し、支店長として紙の販売に従事した。

相馬　龍雄　▷12

浜江省公署土木庁長／ハルビン浜江省公署／一八九二（明二五）一〇／京都府京都市上京区室町／東京帝大工科大学土木科

一九一八年七月東京帝大工科大学土木科を卒業し、同年一二月一年志願兵として鉄道第二連隊に入営した。退営後、二〇年三月㈱川北電気企業社に入り、次いで二二年八月武蔵野水電㈱、二四年七月東京市技師、二五年四月復興局技師、二九年五月川崎市技師長・都市計画課長、三一年一二月失業匡救事業部総務課長兼務に歴職した。その後三三年四月国務院国道局技正に転じて渡満し、チチハル建設処工務科長兼庶務科長、ハルビン建設処長、土木局技正・牡丹江建設処長を歴任し、三七年七月浜江省公署土木庁長となった。

相馬　英雄　▷12

満鉄産業部交通課員、工業標準規格委員会委員／大連市鳴鶴台／一

八八七（明二〇）八／東京府東京市京橋区南小田原町／工手学校土木科

相馬荘三郎の三男として愛媛県に生まれ、一九〇五年三月新居農学校を卒業して住友別子鉱業所山林課に勤務した。〇七年一二月に徴兵されて兵役に服した後、東京築地の工手学校土木科に学び、卒業後一〇年一月伊丹工務所に勤務した。その後一二年一〇月に渡満して関東都督府民政部土木課に入り、一四年四月満鉄に転じて築港事務所に勤務した。同第二工事係助役、同埋築工事係主任、埠頭事務所工務課工事部、同築港課、計画部技術課、技術局計画部、審査役付、同港湾班主査を歴任して三六年九月副参事となり、産業部の発足とともに交通課に勤務した。この間、三〇年四月勤続一五年の表彰を受けた。

宗　光彦　▷11

満鉄公主嶺農業学校長、勲七等／吉林省公主嶺楠町／一八八八（明二一）七／大分県直入郡竹田町／東京帝大農学部農学実科

大分県三好成の四男に生まれ、父の本家筋の宗家を相続した。一九一一年東京帝大農科大学農学実科を卒業し、蒙古に日本村を建設する抱負を持って一三年四月に渡満した。満鉄に入社して公主嶺農事試験場、地方部、内蒙古の洮南及び鄭家屯試作農場等に勤務した。二二年六月に退社して翌月から東亜勧業公司に入り内蒙古農場の経営に従事したが、二五年六月再び満鉄に復帰して公主嶺農業学校長となり、公主嶺農業実習所長を兼務した。柔道初段、尺八は琴古流免許皆伝で、同郷の夫人須磨は琴、三弦、和歌を嗜んだ。実父の三好成は旧岡藩士で長く大分県下の郡長を務め、退職後は飯田平原の開墾事業に従事し、実兄の三好一は陸軍大学校を出て中将に進んだ。

副島善五郎　▷7

履物商／大連市浪速町／一八七三（明六）一／鹿児島県日置郡串木野村

旧姓は富宿、結婚後に妻の実家に養子に入った。一八九八年台湾に渡り警察官となったが、その後総督府鉄道部に転じた。一九〇三年に駅長に進んだが、一二年に退職していったん帰国し、先に渡満した夫人さく子の後を追って渡満した。台湾鉄道部時代の庁長で大連川崎造船所の須藤所長の誘いを断り、夫人の営んでいた履物商の経営に従事した。旧姓にちなんで屋号を「とみや」として夫婦で顧客獲得に努めて繁盛し、本業の他に貸家を十数軒を所有した。

副島　干城　▷12

満州電気土木㈾代表社員、中央ビルホテル㈱代表取締役、満州不動産信託㈱取締役、大満工業所㈱取締役、中央ビル㈾代表社員、満州電気協会評議員／大連市松風台／一八九七（明三〇）六／佐賀県藤津郡西嬉野町／大阪高等商業学校

大岡坦の子として和歌山市に生まれ、後に副島喜文の長女行子の婿養子となった。一九一九年大阪高等商業学校を卒業した後、二一年に渡満して輸出入貿易業に従事した。その後副島家の満州電気土木会社の経営を補佐し、二九年一〇月に養父が病没すると事業の一切を継承した。中央ビルホテル㈱を設立して不動産に進出するなど事業を拡張して多くの公職に就いたほか、三七年五月日本赤十字社に多額の寄付をして総裁宮より御紋付銀花瓶を下賜された。

副島秀九郎　▷12

国際運輸㈱附業課保険係主任、満州火災保険協会幹事／大連市長春台／一八九九（明三二）五／佐賀県小城郡多久村／東京帝大法学部独法科

佐賀県副島介一郎の長男に生まれ、一九二五年三月東京帝大法学部独法科を卒業し、同年一〇月㈳日本工業倶楽部書記となった。次いで日本火災保険㈱書記・工場係、共済火災保険㈱主事補・横浜支店長、同東京本社営業課次長に歴職した。その後三五年四月に渡満して国際運輸㈱に入り、計画課勤務、同保険係主任を経て三六年四月附業課保険係主任となった。

副島　正　▷12

浜江省穆稜県参事官／浜江省穆稜県公署／一九〇〇（明三三）二／佐賀県西松浦郡松浦村／明治大学法学部法律科

佐賀県副島馨の三男に生まれ、一九二四年明治大学法学部法律科を卒業して大同生命保険会社直営部に入り、同年中等教員免許状を取得した。二五年に退社して長崎市で実業に従事した後、二九年から長崎市岩川町町務員、同町衛生副組合長、長崎市立銭座尋常高等小学校児童保護者会副会長、同町青年団副長、山王皇太神宮氏子総代、同町青年団長を務めた。その後三一年に渡満して関東庁巡査となり、警察官練習所を修了して大連沙河口警察署に勤務した。次いで関東庁警察協会書記として警察協会雑誌の編集を担当した後、三三年に満州国に転出してハルビン警察庁巡査となり、黒河省遜河県属官、同県代理参事官、同県参事官を経て三六年四月浜江省穆稜県参事官となった。

副島　善文　▷14

満州電気土木㈾／代表社員／大連市伊勢町／一八七七（明一〇）八／佐賀県藤津郡西嬉野町／長崎海城学校

旧佐賀藩士の子に生まれ、父素行は明治維新に際し鳥羽伏見の戦に参加し、佐賀の乱では江藤新平に与して奮戦した。一八九六年長崎海城学校を卒業した後、翌年徴兵されて陸軍技術班に入営し、満期除隊して長崎郵便局に勤務した後、一九〇六年野戦電信隊付として渡満し旅順電話交換所長を務めた。その後関東都督府民政部付となり鉄嶺電話交換局長を務めたが、一九年に退官して門野重九郎とともに満州電気土木会社を設立した。その後合資会社に改組して代表社員となり、電気機器と付属品の販売業を経営した。事業のかたわら二四年一一月から大連市会議員を務め、再選後の二九年一〇月任期中に大連で病没した。佐賀県人会副会長を務めたほか、剣道二段の有段者として満州剣友会幹事を務めた。夫人年子との間に男子無く、長女行子の婿養子干城が事業を継承し、次女静子は満鉄社員籠谷保に嫁した。

添田　沢二　▷12

㈾興安産業公司代表社員、日光自転車商会主、日光洋行四平街出張所長、四平街昼夜金融㈱常務取締役、満州油化㈱董事、四平街地方委員会議長／奉天省四平街南二条通／一八八五（明一八）九／福島県岩瀬郡鏡石村／東亜同文書院

上海の東亜同文書院を卒業した後、一九〇九年関東都督府に勤務した。その後、農商務省練習生・満州駐在員に転じ、同時に関東庁及び満鉄の嘱託として通遼に赴き、同地に日光洋行を興して蒙古物産貿易に従事した。三一年鄭家屯に移って㈾興安産業公司を創立し、後に日光洋行を実弟の晴征に委ね、自らは四平街に出張所を設置して経営し、さらに日光自転車商会を設立して自転車の販売・修理業を兼営した。日光商会四平街出張所は甘草エキスの製造販売を業として年商内高一〇万円、日光自転車商会は大阪、京城、名古屋方面を仕入れ先として年商高一万円に達した。

十河竹次郎　▷12

関東庁大連刑務支所長、従六位勲六等／大連市向陽台官舎／一八八二（明一五）一一／北海道上川郡士別村

香川県木田郡坂ノ上村に生まれ、一九〇二年下士候補生として丸亀の歩兵第一二連隊に入営した。歩兵曹長に進んで除隊した後、一八年香川県綾歌郡書記となり、次いで渡満して関東都督府雇・地方行政審査委員会書記となった。関東庁属に進んで関東州水先案内人試験書記兼関東庁看守長を経て関東庁刑務支所長事務取扱となり、三二年一月関東監獄典獄補となり大連支所長に就いた。

十河　栄忠　▷11

長春実業新聞主筆／長春永楽町／一八八五（明一八）九／長野県埴科郡松代町

長野県十河彦次の長男に生まれ、一九〇八年六月に渡満した。在満十数年の後、二〇年一〇月長春実業新聞発行の許可を得て主筆となった。かたわら日本電報通信社通信員及び営口満州新報の長春支局を兼務した。

「十川」は「とがわ」も見よ

十川　弥市　▷12

満州医科大学予科講師兼舎監、同専門部・看護婦養成所・薬学専門部講師、在郷軍人会奉天東方会副長、同奉天連合分会評議員、満州医科大学運動部長、日本陸上競技連盟委員、南満陸上競技協会委員、日本氷上競技連盟評議員、同審判員、満州氷上競技連盟常務理事、奉天体育協会常務理事、満鉄運動会奉天支部幹事、全満相撲協会主事、奉天相撲協会主事、満鉄社員会奉天第一連合会体育部長、満州剣友会評議員、南満水泳協会奉天

そ

支部評議員、奉天地方委員会常任幹事、満州国協和会奉天市本部幹事、満州航空少年団奉天連合本部幹事、奉天武道奨励会幹事／奉天弥生町／一八八九（明二二）五／香川県綾歌郡昭和村／陸軍戸山学校高等科

一九〇八年一二月徴兵されて歩兵第一二連隊に入営し、〇九年柳樹屯駐箚軍に編入されて渡満した。一一年に原隊復帰となって帰国し、一三年八月陸軍戸山学校高等科を卒業して同校生徒隊付となり、次いで一八年三月同校本部付となった。一九年一月から二〇年八月まで中国政府の招聘により北京に出張した後、二一年三月に依願予備役編入となり、翌月渡満して南満医学堂職員に転じ、同学堂の一部が昇格して満州医科大学となった後、二五年六月から同大学専門部講師を兼務した。その後二八年七月同大学予科講師兼専門部講師、同年八月舎監兼務を経て二九年七月予科講師兼舎監となり、同年一二月から三〇年三月まで体育学視察のためヨーロッパ各国に出張した後、三一年九月から看護婦養成所講師を兼務した。この間、陸軍戸山学校普通科を優等で卒業して大正天皇より時計と大正大礼記念章を授与されたほか、一八年に勲八等瑞宝章、二一年に中華民国政府より七等文虎章、三四年に在郷軍人会長より功労賞、昭和六年乃至九年事変の功により盾一枚と従軍記章を授与された。

曽木　重憲　▷12

満鉄小城站長、勲八等／浜江省小城站長社宅／一八九八（明三一）一／鹿児島県日置郡永吉村／東亜鉄道学校中退

鹿児島県曽木重孝の三男に生まれ、一九一三年三月熊本市の私立東亜鉄道学校一年を中退して台湾総督府鉄道部に入り、大稲程駅に勤務した。次いで鹿児島の歩兵第四五連隊に入営して兵役に服し、除隊後一八年一月満鉄に入社して開原駅見廻方となった。次いで大連駅車掌心得、奉天駅車掌、鉄嶺駅勤務、公主嶺列車区勤務、長春列車区公主嶺分区在勤、鉄嶺分区勤務、新京列車区鉄嶺分区車掌、鉄嶺駅助役、ハイラル站副站長、水曲柳站長に歴勤して三六年三月小城站長となった。この間、三五年三月北鉄接収に際し施設班長としてハイラルに出張し、満州事変時の功により勲八等及び従軍記章、建国功労賞を授与され、三三年四月勤続一五年の表彰を受けた。

曽爾　猪孝　▷11

東亜煙草㈱吉林駐在員／吉林新開門外／一八九九（明三二）二／島根県松江市殿町／拓殖大学支那語科、日露協会学校ロシア語専修科

島根県曽爾一郎の次男に生まれ、一九二二年東洋協会大学支那語科を卒業して東亜煙草会社に入った。ハルビン販売所に勤務し、かたわら同地の日露協会学校ロシア語専修科を卒業した。二四年五月長春販売所に転任した後、二七年一二月吉林駐在員となった。錦心流琵琶の奥伝を有し、帯水と号した。長兄の章は海軍少佐で横須賀海兵団教育課長を務め、次弟の敏夫は専売局尾道支局に勤務した。

祖式　可夫　▷12

チチハル市公署財務科長、地籍整理局チチハル支局員、チチハル居留民会第五区長、従七位／龍江省チチハル順義胡同／一八八五（明一八）一二／広島県広島市大須賀町／広島修道学校

一九〇六年広島修道学校を卒業して広島税務監督局見習となり、〇八年同局技手となった。次いで一〇年に文官普通試験に合格して翌年広島市役所書記となったが、一九年一一月再び税務署属に転じて府中税務署庶務課長に就いた。二一年五月税務監督局属となり広島税務監督局経理部に勤務した後、二九年七月吉田税務署長、三二年一二月庄原税務署長を歴任した。その後三五年九月チチハル市政局嘱託に転出して渡満し、工務科長兼会計科長を務めた後、三六年七月同市公署事務官に進んで財務科長に就き、三七年二月から地籍整理局事務官兼任となった。

曽谷　総一　▷12

昭和製鋼所㈱秘書課秘書係主任、社員会婦人部副部長／奉天省鞍山南五条町／一九〇八（明四一）一一／石川県江沼郡大聖寺町／慶応大学法学部

石川県曽谷清平の長男に生まれ、小松中学校、慶応大学予科を経て一九三三年三月同大学法学部を卒業し、同年六月に渡満して昭和製鋼所㈱準職員となった。次いで三四年四月職員に昇格して秘書課文書係となり、三七年三月同秘書係主任となった。

曽根　新三 ▷1

曽根洋行主／奉天省営口元神廟街／一八七六（明九）四／京都府京都市

西陣メンネル会社の株主となるなど早くから機業に関わり、後に大阪織物会社に勤務した。一八九六年社命で上海に渡り、メンネルの販路拡張と原料棉花の産地調査を行った後、北京で中国語を学んだ。帰国後に退社して東京の中国語学校に学んだ後、一九〇一年に一家で天津に渡って曽根洋行を設立し、官塩の販売と駐屯軍用達業を営み、かたわら煉瓦製造と建築材料販売を兼営した。〇四年日露開戦に際し第一軍監部の用達となって従軍し、安東県で軍需品の輸送に従事した後、鳳凰城、連山関、遼陽、奉天、鉄嶺を経て吉林に入り、〇五年七月から補助輸卒隊の酒保を営んだ。戦後、いったん天津に戻った後、営口に移って元神廟街に曽根洋行営口支店を設け、輸送業、建築材料商、土木建築請負業、石炭・薪炭販売業等を営んだ。天津と営口の両店を経営するかたわら営口北西方の田庄台に煉瓦製造所を経営し、同地の農場で多数の豚羊牛鶏を飼育した。

曽根　忠一 ▷12

国務院民政部警務司特務科員、従六位／新京特別市大同大街国務院民政部／一八九〇（明二三）八／静岡県志太郡高洲村

静岡県曽根角蔵の三男に生まれ、一九一〇年静岡県巡査となった。勤務のかたわら一七年に文官普通試験に合格し、同県警察部保安課勤務、掛川警察署長を経て内務属となり、警保局兼任、警察講習所書記、山形県警察部、奈良県警察部を歴職し、二八年警視に累進した。その後三四年一一月に退官し、翌月吉林省公署嘱託となって渡満した。三五年四月同事務官に進んで警務庁特務科に勤務した後、三六年四月吉林省公署理事官・警務庁司法科長を経て同年九月国務院民政部警務司特務科に転任した。

曽根原重太郎 ▷11

製薬業昭和洋行主／大連市三笠町／一八九二（明二五）八／長野県北安曇郡大町／明治大学

長野県米穀商曽根原熊一郎の長男に生まれ、一九一四年明治大学を卒業した。言論界で働いた後、一八年に東洋紙器㈱専務取締役となり、中央興業㈱社長など数社の取締役に就いたが、二三年九月の関東大震災後すべての役職を辞した。二七年九月に渡満して大連に昭和洋行を設立し、製薬業を営むかたわら東京薬品㈱大連支店代表者を務めた。

曽根　渉 ▷12

満鉄北鮮鉄道事務所運輸課員、正八位／朝鮮咸鏡北道清津府浦項洞満鉄北鮮鉄道事務所運輸課／一八八六（明一九）一一／愛媛県松山市鮒屋町／中央大学経済科本科

愛媛県川島右一の三男に生まれ、後に曽根恒久の養子となった。松山中学校を経て一九一一年中央大学経済科本科を卒業した後、一六年一二月に渡満して満鉄に入社した。以来勤続して二七年一一月大連埠頭倉庫係主任となり、三一年一一月満鉄系列の国際運輸㈱に転出した。その後三四年二月満鉄に復帰し、北鮮鉄道管理局運輸課勤務を経て三六年九月副参事に昇格し、同年一〇月北鮮鉄道事務所運輸課に転任した。

園木　謙吾 ▷12

吉林省公署官房経理科長、従六位勲四等功七級／吉林城内吉林倶楽部／一八九一（明二四）一一／福岡県三井郡大橋村／陸軍経理学校

福岡県園木与太郎の長男に生まれ、一九〇九年広島市立神埼尋常小学校訓導となった。一一年一二月徴兵されて久留米の歩兵第四八連隊に入営し、満期後に再役志願して一三年陸軍三等計手となった。一四年青島攻囲戦に従軍して二等計手補・第一八師団経理部付となり、一六年一等計手を経て二三年に陸軍経理学校を卒業して主計少尉補・歩兵第四六連隊付となった。その後二五年に満州派遣混成第一旅団歩兵第三大隊付となって渡満し、二六年主計中尉に進んで関東軍倉庫兼陸軍運輸部付となり、三一年九月満州事変に際し各地に転戦した。三三年主計大尉に累進した後、三四年予備役編入と同時に奉天省公署事務官補・警務庁警務科経理股長に就き、次いで同年首都警察庁事務官となった。その後三六年吉林省公署理事官補・総務庁経理科長を経て三七年七月省公署官房経理科長に就いた。

園田　一房　▷12

満鉄鉄道総局運転課長、従七位勲六等、社員会分会代表／奉天稲葉町／一八九六（明二九）五／京都府与謝郡加悦町／京都帝大工学部機械工学科

京都府園田国三郎の三男に生まれ、陸軍幼年学校、第六高等学校を経て一九二三年京都帝大工学部機械工学科を卒業した。二五年八月米沢高等工業学校講師嘱託となり、二五年九月同校教授となったが、二八年八月に渡満して満鉄に入り、技術研究所に勤務した。三〇年七月総務部考査課、三一年八月鉄道部車務課勤務を経て三二年二月大連機関区技術主任となり、次いで三三年一一月新京機関区長、三四年五月鉄道部輸送課運転係主任、同年一一月同部第一輸送課運転係主任を歴任して三六年九月参事となり、同年一〇月鉄道総局運転課長に就き、同局表彰懲戒委員会委員を兼務した。この間、建国功労賞及び満州事変従軍記章、皇帝訪日記章を授与された。

園田　勝一　▷12

山海関税関税務科長／錦州省山海関税関官舎／一九〇五（明三八）／鹿児島県川辺郡知覧村／東京帝大法学部政治学科

第一鹿児島中学校、第七高等学校を経て一九二八年三月東京帝大法学部政治学科を卒業した。二九年四月旅順の満蒙研究会書記となって渡満し、三〇年四月満州輸入組合連合会に転じた。次いで三二年四月国務院国都建設局に勤務したが同年一一月に退職し、翌月大連税関嘱託となった。三四年三月満州国税関事務官に進んで大連税関に勤務した後、三五年一二月山海関税関税務科長に就いた。

園田　軍治　▷7

関東庁殖産課属／旅順市吉野町／一八七七（明一〇）八／鹿児島県鹿児島郡西桜島村

鹿児島郡西桜島村に生まれたが、一八八五年頃桜島の噴火の際に一家で肝属郡花岡村に移転した。日露戦後の一九〇六年一月に渡満し、関東都督府殖産課に勤務した。以来関東庁属として殖産課に一八年余り勤続し、二四年一二月に退職して郷里に引退した。長男幸雄は普蘭店警察署勤務の雇獣医となり、次男俊雄は大連の満州銀行本店に勤務した。

園田　慶幸　▷12

国務院民政部地方司員／新京特別市大同大街国務院民政部／一九〇五（明三八）二／鹿児島県始良郡日当村／東京帝大法学部

鹿児島県園田為幸の長男に生まれ、一九三一年三月東京帝大法学部を卒業して渡満し、国務院資政局訓練所に入所した。同年一〇月改称後の大同学院を卒業して奉天省撫順県属官となり、三五年二月同復県参事官を経て三七年二月国務院民政部地方司に転任した。

薗部　正晃　▷12

満鉄皇姑屯電気段庶務助役／奉天敷島町／一九〇四（明三七）一／長野県長野市鶴賀間御所町／長野県立商業学校

長野県薗部作治郎の長男に生まれ、一九二二年三月長野県立商業学校を卒業し、翌年五月鉄道省に入り長野電力区に勤務した。三二年二月上海事変で召集され、同年五月に召集解除となり、名古屋鉄道局電気課電気修繕場に勤務した。三三年一二月鉄道省書記として依願免本官となり、満鉄に転じて鉄路局奉山鉄路局派遣員となった。三四年四月奉天鉄路局総務処文書科弁事員、同年八月皇姑屯電気段庶務副段長、三六年三月同段消防組副組長兼務を経て同年一〇月同段庶務助役となった。この間、満州事変時の功により従軍記章と賜金を受けた。

薗部又三郎　▷12

満鉄衛生研究所庶務係長、社員会衛生研究所分会代表、大連神社氏子役員、社員倶楽部評議員、勲八等／大連市桜花台／一八八四（明一七）七／熊本県熊本市南新坪井町

熊本県薗部才治郎の四男に生まれ、一九一二年一〇月一等看護長に進んで公主嶺守備隊を満期除隊し、関東都督府衛生係となった。その後一八年五月同地方行政審査委員会書記を経て同年一一月満鉄に入社して衛生課に勤務し、三一年一二月衛生研究所庶務係長となり、三六年九月副参事に昇格した。この間、三四年四月勤続一五年の表彰を受けた。

薗村　光雄　▷12

満鉄農事試験場種芸科農具主任／

吉林省公主嶺公主嶺ホテル／一九〇〇（明三三）九／和歌山県和歌山市黒田町／京都帝大農学部農芸化学科

和歌山県薗村保太郎の長男に生まれ、一九二九年三月京都帝大農学部農芸化学科を卒業して同年五月同大農学教室教務嘱託となり、次いで三一年五月農学部講師嘱託となった。その後三六年一〇月満鉄に転じて渡満し、公主嶺の農事試験場に勤務した。

園山　光蔵　▷12

満鉄牡丹江鉄路局警務処長、牡丹江在郷軍人会連合分会長、牡丹江在郷軍人会顧問、満州国防空協会牡丹江支部理事／吉林通天街／一八八四（明一七）一一／熊本県上益城郡津森村／陸軍士官学校、陸軍歩兵学校

熊本県園山熊八の次男に生まれ、一九〇七年五月陸軍士官学校を卒業し、同年一二月歩兵少尉に任官して歩兵第二三連隊付となった。次いで一八年に陸軍歩兵学校甲種学生、二四年に陸軍歩兵学校召集佐官学生をそれぞれ修了し、二八年八月歩兵中佐に累進した。この間、熊本県師範学校指導嘱託、歩兵第一一旅団副官、歩兵第二三連隊付、第六師団軍法会議判士、歩兵第一三連隊教育委員、同連隊中隊長、東京幼年学校生徒監、陸軍士官学校予科生徒中隊長、台湾歩兵第一連隊付、同副官、陸軍士官学校本科生徒隊付、近衛歩兵第二連隊付、近衛歩兵第四連隊付、学習院御用掛、豊橋陸軍教導学校学生隊長、近衛歩兵第三連隊長に歴補した。三六年七月同年二月の二・二六事件に連座して予備役編入となり、同年九月に渡満して満鉄鉄路総局警務処に勤務し、同年一〇月警務処長に就いた。この間、一〇年八月の日韓併合に反対する韓国内の抵抗運動鎮圧の功により勲五等八卦章を授与された。

園山　民平　▷11

大連音楽学校長、大和住宅組合監事、従六位／大連市楠町／一八八七（明二〇）九／島根県簸川郡鳶巣村／東京音楽学校

島根県農業園山熊市の次男に生まれ、一九一〇年東京音楽学校を卒業し、研究科に進んで教授補助を務めた後、一二年に宮崎高等女学校教諭となった。その後二二年に渡満して南満州教科書編輯員兼関東庁音楽視学となり、二六年に大連音楽学校が創設されると同校長に就任した。かたわら神明、弥生の各高等女学校及び大連商業学校の嘱託を務めたほか、満鉄音楽部、大連放送局、教科書編輯部の各嘱託を兼務した。東京音楽学校在学中に『舞踊曲集』、教諭教員在職中に『複音唱歌集』『進行曲集』『唱歌教授法』等を出版し、渡満してからも『満州小唄』『満州民謡集』及び『満州唱歌集』二〇巻のほかピアノ曲集等を出版した。実兄の良之助も二六年に渡満して大連商業学校に勤務した。

園山良之助　▷11

大連商業学校教員／大連市桂町／一八八三（明一六）二／島根県簸川郡鳶巣村／島根県師範学校

島根県農業園山熊市の長男に生まれ、一九〇四年島根県師範学校を卒業した。しばらく文芸創作に打ち込んだが、小学校訓導として八年勤めた後、女子師範で六年、中学校で七年教鞭を執った。その後二六年七月に渡満して大連商業学校教諭となった。酒と書を愛し、致堂と号して漢詩を能くした。次弟の民平も二二年に渡満し、大連音楽学校長を務めた。

曽原　栄二　▷12

国務院司法部刑事司第二科員／新京特別市金輝路代用官舎／一九〇〇（明三三）三／宮崎県都城市下長飯

一九二一年一二月東京地方裁判所検事局書記事務補助となり、二八年沼津区裁判所検事局書記に昇任した。その後三四年三月新京地方検察庁書記官に転じて渡満し、同年五月国務院司法部属官に転任して司法部刑事司に勤務した。三七年遼陽地方検察庁海城分庭書記官を兼任した後、同年八月司法部事務官に進んで刑事司第二科勤務に勤務し、新京地方検察庁書記官を兼任した。この間、三五年に皇帝訪日記念章を授与され、三七年三月薦任五等となった。

染谷　保蔵　▷12

盛京時報社社長、大同報社社長、新京日日新聞社主、大陸窯業㈱取締役、奉天福島県人会会長、勲六等／奉天淀町／一八八一（明一四）三／福島県安達郡二本松町／東亜同文書院

福島県染谷八郎の六男に生まれ、一九〇四年上海の東亜同文書院を卒業し、

同年五月日露戦争に際し陸軍通訳として第五師団に従軍した。戦後〇六年一〇月奉天の漢字新聞盛京時報社に四年勤めた後、一〇年に満鉄に転じて販売課に勤務し、一七年に在職のまま長春運輸㈱専務取締役に就任した。その後二〇年に退社して翌年再び盛京時報社に入社して副社長に就き、二六年㈱への改組に伴い専務取締役となった。次いで三二年社長に就任し、大同報社社長、新京日日新聞社主を兼任した。

征矢野八郎　▷12

征矢野写真館主、奉天写真師協会副会長／奉天八幡町／一八八四（明一七）八／長野県西筑摩郡日義村

長野県征矢野安六の八男に生まれ、義務教育修了後に横浜市の玉村写真館で八年間修業し、次いで東京本郷の望月写真館技師を八年務めた。その後一九一六年に渡満して実兄の古畑吾助が経営する奉天橋立町の食料品雑貨店の業務を補佐し、一八年に八幡町で写真館を開業した。

祖山　恒次　▷1

㈾武井洋行大連支店主任／大連／一八五七（安四）一一／三重県桑名市矢田磧

旧桑名藩士の子に生まれ、一八七六年一二月地租改正に反対して農民が蜂起した伊勢暴動の際、士族として召集され鎮撫に当たった。翌年の西南戦争の際は新撰旅団に編入され、鹿児島湾奥の国分に上陸して各地に転戦した。郷里で立阪学校の教師を務めた後、八〇年から岐阜県の第一六国立銀行に二七年間勤続した。この間、国庫金取扱主任、県金庫取扱主任、日本銀行公債事務担当等を歴任し、かたわら行友貯金会を組織し会長として貯蓄奨励に努めた。退職して自適の生活に入ったが、一九〇六年七月岐阜の和洋紙製造販売行武井洋行に招かれ、大連支店主任となって渡満した。

大尾袈裟助 ▷11

満鉄撫順駅長／奉天省撫順西公園町／一八八六（明一九）四／鹿児島県姶良郡国分町／小学校

鹿児島県農業大尾小次郎の次男に生まれ、小学校卒業後に中学講義録、早稲田大学講義録で独学した。一九〇四年一二月に九州鉄道鹿児島重富駅の駅夫となり日給二〇銭で働いた。出郷して日露戦中の一九〇五年九月、野戦鉄道提理部付となって渡満し、平和復興後の〇六年一月から旅順に勤務した。〇七年四月の満鉄開業と同時に入社し、一八年二月長春駅助役、二二年同駅事務主任、郭家店駅長、鞍山駅長等を経て二八年一〇月撫順駅長に就いた。尋常小学校卒では異例の出世とされた。この間、二五年の天長節を期して長春に修養団支部を設立して支部長に就き、二七年四月満鉄創業二〇周年に表彰された。

大藤　義夫 ▷11

満鉄販売課地売主任／大連市霧島町／一八八七（明二〇）一二／宮崎県宮崎市大工町／東亞同文書院

宮崎県官吏大藤節夫の三男に生まれ、一九〇九年上海の東亞同文書院を卒業した。翌年一一月満鉄に入り、以来販売課に勤続して地売主任に就いた。その間の二五年三月から五月まで直隷、山西、湖南、湖北、江西、上海、香港、広東地方を回り、中国の主要炭山及び主要市場での石炭販売状況を視察した。

当麻音治郎 ▷12

安東省公署警務庁員、正七位勲五等／安東省公署警務長／一八九〇（明二三）三／奈良県北葛城郡高田村

奈良県当麻平六の三男に生まれ、一九一〇年一二月徴兵されて京都の騎兵第二〇連隊に入営した。一二年憲兵上等兵に進んだ後、二六年に憲兵練習所を修了して朝鮮羅南憲兵隊副官、旭川憲兵隊札幌憲兵分隊長、奉天憲兵隊副官、奉天附属地憲兵分隊長に歴補した。その後三四年八月憲兵大尉に累進して予備役編入となり、瀋陽警察庁警務科長となって渡満した。次いで同警察庁事務官、同警正を歴任し、三六年九月安東省公署督察官となり同省公署警務庁に勤務した。

大門　勝 ▷11

満鉄用度事務所奉天支所員／奉天藤浪町／一八九五（明二八）三／奈良県宇陀郡内牧村／明治大学法科

奈良県大門又三の四男に生まれ、一九一八年明治大学法科を卒業して満鉄に入った。会計課、主計課、用度事務所に勤務し、二八年一一月用度事務所奉天支所に転任した。明大野球部選手として鳴らし、満鉄入社後は満州倶楽部選手として対外遠征試合に活躍し、奉天に転勤してからは奉天満鉄野球団に所属した。

平　丑吉 ▷12

国際運輸㈱新京支店前郭旗営業所主任／新京特別市三笠町／一八八八（明二一）七／鹿児島県大島郡三方村

鹿児島県平佐栄麿の三男に生まれ、一九〇八年一一月徴兵されて鹿児島の歩兵第四五連隊に入営した。一〇年一二月軍曹に進んで除隊し、渡満して満鉄に入り鉄嶺経理係に勤務した。巡視に転任して開原在勤外勤助手を務めた後、開原地方事務所に勤務し、一九年一月に依願退職した。その後二〇年三月国際運輸㈱に入り、長春、吉林、長春の各支店勤務を経て農安営業所主任となり、三五年一〇月新京支店前郭旗営業所主任に転任した。

平　貞蔵 ▷12

満鉄産業部資料室調査班東亞経済係主任、従六位／大連市文化台／一八九四（明二七）八／山形県東置賜郡伊佐沢村／東京帝大法学部政治科、同大学院

山形県平八蔵の次男に生まれ、一九二〇年七月東京帝大法学部政治科を卒業して大学院に進み、かたわら同年八月から農商務省嘱託として工務局労務課に勤務した。この間、吉野作造に師事して社会思想社を結成し、また東大新人会の創設メンバーとなった。大学院修了後、法政大学経済学部教授となり東京女子大学講師を兼任した。二九年二月法政大学より英仏独に派遣されて二年間留学した後、同大学を退職して東京支社内の東亞経済調査局臨時調査事務嘱託に転じた。次いで支那駐屯軍司令部付陸軍通訳官となって天津に渡り、調査班付として勤務した。三五年一二月満鉄事務嘱託・経済調査会調査員に転じて渡満し、三六年六月第一部東亜経済班主任事務嘱託を経て同年一〇月産業部の発足にともない産業部資料室調査班東亜経済係主任事務嘱託となり、三七年三月参事となった。⇒近衛文麿の新体制運動に参画して昭和研究会に属し、三八年には自ら昭和塾を主宰して人材を養成し、戦後は東京電機大学教授、山形県総合開発審議会会長、第一経済大学長等を務めた。著書に『フランス経済史』『商業史概論』『満蒙移民問題』がある。七八年五月没。

田岡　正明　▷12

満鉄産業部農林課出廻係主任、勲八等／大連市桔梗町／一九〇四（明三七）五／高知県高知市小高坂町／京都帝大経済学部

東亜同文書院教授で後に満鉄に勤務した田岡正樹の長男に生まれた。大連中学校、松山高等学校を経て一九二八年三月京都帝大経済学部を卒業して満鉄に入り、鉄道部勤務、奉天駅役務方を経て同年一一月奉天列車区車掌となった。次いで三〇年九月長春駅駅務方、同年一一月貨物方、三一年一二月貨物助役、同月鉄道部営業課勤務、三四年一一月鉄道部貨物方を歴職した。三五年一〇月経済調査会第二部出廻班主任に転任し、三六年一〇月同会の産業部への統合に伴い産業部農林課出廻係主任となった。この間、満州事変時の功により勲八等及び従軍記章、建国功労賞を授与された。

田岡　正樹　▷11

満鉄社長室事務嘱託／大連市恵比須町／一八六五（慶一）一〇／高知県高知市小高坂町

高知県田岡正躬の長男に生まれ、幼少から漢学を修め大学予備門に入ったが中退した。各所の中学校で教鞭を執った後、一九〇三年七月上海に渡航して東亜同文書院教授兼舎監となった。〇六年四月に退任して保定北洋陸軍学堂翻訳生に転じ、一〇年三月まで勤務した。同年七月に渡満して満鉄調査課に入り、かたわら南満医学堂講師、教育研究所講師、南満州工業学校付設補習学校夜学部講師を兼務し、二五年に停年退職した後も引き続き嘱託として勤務した。吟詠翰墨を趣味として淮海と号し、月刊漢字雑誌『遼東詩壇』主幹を務めた。長男正明は京都帝大経済学部を出て満鉄に勤務した。

多尾　静夫　▷12

満鉄鉄道総局電気課員、工業標準規格委員会委員、勲七等／奉天八幡町八幡館／一八九九（明三二）六／広島県豊田郡入野村／旅順工科大学電気科

本姓は別、後に広島県多尾佐太郎の養子となった。一九二四年三月旅順工科大学電気科を卒業し、同年一二月満鉄に入り大連鉄道事務所に勤務した。大連保線事務所、大連鉄道事務所に歴勤して鉄道部電気課信号係主任となり、南満州工業専門学校及び鉄道教習所の各講師を兼務した後、三六年一〇月鉄道総局電気課に転任した。この間、満州事変時の功により勲七等及び従軍記章、建国功労賞を授与された。

多賀　浅平　▷12

東亜木材興業㈱取締役、満州窯業㈱監査役、奉天石灰セメント㈱監査役、㈾奉天栄商会代表社員、奉天岡山県人会副会長、奉天競馬倶楽部理事、全満蓄音器商組合評議員、勲八等／奉天春日町／一八八四（明一七）三／岡山県後月郡芳井村

岡山県多賀倉太郎の長男に生まれ、一九〇四年日露戦争に従軍して各地に転戦し、勲八等白色桐葉章を受けた。戦後〇六年二月関東都督府昌図軍政署に勤務し、軍政が廃されるとともに三井物産に入り営口支店に勤務した。奉天出張所牛荘支店勤務を経て東京本社詰となったが、その後退社して再び渡満し、元三井物産奉天出張所長の西宮房次郎が経営する西宮農場に入り支配人として水田開発等に従事した。その後一八年に奉天製材㈱を創立して社長に就き、次いで一九年一〇月満州製氷㈱を創立して常務取締役となり、さらに満州窯業㈱、奉天石灰セメント㈱等の創立経営に参画した。その後二一年に信昌洋行を興して綿布貿易業を経営したが、二九年五月に廃業して大連栄商会代売店を引き受け、三〇年七月㈾奉天栄商会に改組し代表社員となった。

高井覚太郎　▷10

㈴三星洋行代表社員／大連市伊勢町／一八七七（明一〇）二／大阪府大阪市東区南本町

兵庫県加西郡北条町の木綿商の子に生まれ、学業を終えた後、郷里で一族が経営する銀行で働いた。二三歳の時大阪に出て綿ネル縮の卸商を開業したが失敗し、一九〇六年四月に渡満した。大連で滝本登一と匿名組合三星洋行を組織して和洋酒及び食料品販売に従事し、〇八年株式会社に改組した。その後旅順の深田新太郎経営の徳商店を買収して経営したが、三年後再び大連に戻って三星洋行に復帰した。一五年西村商店を譲り受け、徳商店の本店を大連に移して経営し、一七年に三星洋行の国政専務と意見対立して同社との関係を断ち、以後は徳商店の経営に専念した。二二年六月三星洋行が破綻すると、創立以来の取締役滝本と共に債権債務一切を引き継いで㈴三星洋行を設立して代表社員になった。二六年一一月に森永製菓株が販路開拓のため新たに森永製品満州販売㈱を設立すると、同社専務取締役に就いて本業と兼営した。

高井　恒則　▷12

満州電業㈱奉天支店長、東邦電業(股)監査役、満州工業会理事／奉天紅葉町満州電業㈱支店長社宅／一八九〇（明二三）五／富山県射水郡塚原村／東亜同文書院

富山県農業高井源平の次男に生まれ、一九一一年六月上海の東亜同文書院を卒業し、同年八月に渡満して満鉄に入社した。撫順炭砿庶務課、同会計課、同用度課、同経理課に歴勤し、経理課長代理を経て参事に昇格し、総務部検査課第三班主査を務めた後、三一年八月待命となった。次いで奉天省実業庁顧問に転じて総務庁財政科長、同理事官を歴任した後、三四年一二月満州電業㈱に入社し、ハルビン電業局次長を経て三五年九月奉天支店長に就いた。この間、撫順炭砿在勤時に撫順体育協会幹事を務めた。

高井　虎雄　▷12

錦州省義県参事官／錦州省義県公署／一九〇一（明三四）五／長野県上伊那郡／東亜同文書院

一九二二年上海の東亜同文書院を卒業して山東省済南で実業に従事した後、天津の華豊実業公司に勤務した。その後三二年黒龍江省嫩江県参事官に転じて渡満し、三六年四月錦州省義県参事官に転任した。

高井　要作　▷1

英治洋行主／奉天省鉄嶺／一八七二（明五）一／長野県下伊那郡松尾村

一八九七年から一九〇〇年まで台湾で樟脳製造業に従事し、その後南米に渡航してチリ、アルゼンチン等を巡遊して帰国した。〇四年七月日露戦中に営口に渡って陸軍用達となり、翌年一月野戦鉄道提理部の許可を得て鉄道運輸業に転じた。〇六年鉄嶺に移って英治洋行を設立し、江商㈾、山口運輸店の代理店として貨物輸送業を経営した。

高岡　一夫　▷12

国務院交通部総務司人事科員／新京特別市城後路／一九〇五（明三八）一／福岡県福岡市北湊町／九州帝大法文学部法律科、経済科

福岡県高岡秀暢の長男に生まれ、福岡中学校、福岡高等学校を経て一九三一年三月九州帝大法文学部法律科を卒業した。さらに三二年同大経済科を卒業して渡満し、同年一〇月国務院交通部奉天電政管理局業務課に勤務し、次いで同年一一月錦県電報局在勤錦県電話局兼務となった。三三年三月錦県電報局代理局長、同年四月錦県電報局長兼承徳電報局長、同年七月奉天電政管理局勤務、同年八月奉天郵政管理局勤務を経て三五年一二月国務院交通部事務官となり、同部郵務司に勤務した。三六年一一月総務司人事科に異動し、郵政権調整準備委員を兼任した。この間、三四年三月建国功労賞及び大典記念章、同年五月勲八位景雲章及び皇帝訪日記念章を授与された。

高岡　浩　▷13

㈱高岡組専務取締役、㈱満州高岡組会長／大連市楓町／一九〇二（明三五）／山形県鶴岡市番田町／大分農業学校

陸軍技手から後に土木建築業に転じた高岡又一郎の長男として、父の任地陸軍築城部函館支部勤務時代に生まれた。三歳の時に父と共に渡満し、大連中学校から母の郷里の大分農業学校に進み、卒業後は大連で父が経営する高岡組に入って土木建築業に従事した。四二年に父が他界した後は大連の㈱高岡組専務取締役、奉天の㈱満州高岡組会長に就任し、系列の高岡不動産㈱、高岡鉄工㈱を含め同組全体を統轄した。

高岡又一郎　▷13

㈱高岡組社長、勲六等／大連市楓町／一八七四（明七）一／山形県

鶴岡市番田町／陸軍教導団工兵科

山形県建築土木業高岡政吉の長男に生まれ、小学校の代用教員を務めた後、一八九四年日清戦争に際し予備徴員として秋田の歩兵第一七連隊に入営した。九五年陸軍教導団工兵科を卒業し、工兵第二大隊付として満州及び台湾に勤務した。次いで九七年陸軍士官学校技術助教を経て九九年築城部函館支部付に転じ、函館砲台及び付属建物を設計し工事係主任を務めた。一九〇二年陸軍工兵会議審査係に就いたが、〇三年八月東京建物㈱の懇請で建築係として同社入りし、天津支店に勤務した。日露戦争後の〇五年八月新民府軍務署嘱託・建築技師として渡満し、〇六年一〇月関東都督府陸軍経理部嘱託に転じて〇七年陸軍技手に進み、〇八年陸軍経理部大連出張所主任となった。その後〇九年五月に退官して柳生組に入り、満鉄及び民政部の工事に従事した後、一一年加藤定吉経営の加藤洋行に転じて工事部主任となり、一九年一二月加藤洋行工事部の業務一切を譲り受け、大連市紀伊町に高岡工事部を設立して土木建築設計施工業を開業した。二二年八月工学士久留弘文と提携して業務の拡張を図り、鞍山、奉天、撫順、新京、ハルビン、西安、梅河口、阜新に出張所を置き、店員・傭員各一五〇人、年請負高八〇〇万円、納税額八九〇〇円の規模に成長した。本業の他に満蒙土地建物㈱代表取締役、満州土木建築業協会・日満土木建築業会・満州建築協会・山形県人会の各副会長を務め、満州事変功労者表彰に際し勲六等瑞宝章及び賜金・従軍記章を受けた。四二年三月大連で没し、長男浩が高岡組を継承した。

高尾　秀市　▷11

福昌華工㈱専務取締役、正七位、高等官六等／大連市桜花台／一八七六（明九）五／東京府北豊島郡西巣鴨町

鉄道省に勤務して高等官六等となったが、一九二〇年七月に渡満して満鉄に入った。埠頭事務所事務課長を務めた後、福昌華工㈱専務取締役に転じた。一人娘の須賀子は大連高女に学び、慶応大学経済科出身で鐘淵紡績会社員の三郎と結婚した。

高尾　善一　▷11

満州医科大学予科教授、正七位／奉天満州医大内／一八九四（明二七）一／佐賀県杵島郡錦江村／広島高等師範学校文科第一部、同徳育部専攻科、九州帝大文学部

佐賀県高尾卯六の養子となり、一九一九年三月広島高等師範学校文科第一部を卒業して徳育部専攻科に進んだ。二一年三月に卒業して佐賀県師範学校教諭となり、次いで舎監及び主事を兼任した。二六年四月福岡県女子専門学校講師嘱託に転じた後、九州帝大文学部に入学した。二八年三月に卒業して渡満し、満州医科大学予科教授に就いた。

高垣　徳治　▷3

大連市児玉町郵便所長、正八位勲七等／大連市児玉町／一八六一（文一）一〇／秋田県平鹿郡横手町

一八九一年一一月東京電信学校の英語教授嘱託となり、翌年郵便局書記として中国に渡り芝罘郵便局に勤務した。日清戦争のため九四年八月に帰国し、同年一〇月から朝鮮の釜山郵便局に臨時勤務した。九六年五月再び芝罘に赴任して局長に就き、一九〇五年六月通信事務官補に進んだ。同年一一月関東都督府事務嘱託に転じて単身赴任し、〇九年三月翻訳生となったが翌年四月に休職となり、翌月関東都督府郵便所長に任じて大連市児玉町郵便所長に就いた。

高垣　寛吉　▷12

満州興業銀行大連支店支配人代理、正八位／大連市薩摩町／一八九一（明二四）一／神奈川県横浜市福富町／東洋協会専門学校

神奈川県官吏高垣忠吉の三男に生まれ、後に叔父高垣房吉の養子となった。一九一五年東洋協会専門学校を卒業し、大連の正隆銀行に入った。一年志願兵として兵役に服した後、錦州、撫順、鞍山、奉天、長春の各支店長を経て二八年八月開原支店長となった。次いで営口支店長、本店預金課長、同貸付課長を歴任し、三六年一二月に在満州朝鮮銀行支店、満州銀行本支店、正隆銀行本支店が統合して満州興業銀行が設立されると同行に移り、三七年一月大連支店支配人代理に就いた。

高垣　寛　▷8

正隆銀行奉天支店長／奉天／一八九一（明二四）一／神奈川県横浜市福富町／東洋協会専門学校支那科

一九一五年東洋協会専門学校支那科を卒業して渡満し、正隆銀行大連本店に入った。旅順支店次席、錦州支店長、旅順支店長を歴任して二五年八月奉天支店長に就任した。

高木朝太郎 ▷12

高振東木廠主／吉林七緯路／一八九八（明三一）八／東京府東京市京橋区金六町／東京府立第一中学校

一九一六年三月東京府立第一中学校を卒業して渡満し、満鉄調弁所に勤務した。その後一八年一二月に徴兵されて近衛歩兵第一連隊に入営し、二〇年一一月満期除隊とともに再び渡満し満蒙工華㈾に入った。二一年三月大連の満蒙殖産㈱に併合されると同社入りしたが、二六年五月に退社して吉林の吉川組木材部及び富士公司で伐木業に従事した。その後三〇年五月に独立して高振東木廠を興して機械・セメント商を営み、拉浜線小城子、平安、山河屯、京図線威虎嶺に支店を置いた。

高木　磐雄 ▷12

大連汽船㈱常務取締役兼営業部長、白河艀船㈱専務取締役／大連市桃源台／一八八九（明二二）二／福島県若松市南町／東京高等商業学校

福島県官吏高木盛之輔の次男に生まれ、県立栃木中学校を経て一九一二年東京高等商業学校を卒業し、満鉄に入社して埠頭事務所に勤務した。その後二〇年に満鉄傘下の大連汽船㈱営業課長に転じ、三二年常務取締役に就き、三五年二月の職制改正により営業部長兼務となった。

高木　一也 ▷12

安東省公署警務庁司法科長／安東省公署警務庁／一九〇六（明三九）一／岐阜県養老郡養老村／東京帝大法学部法律学科

岐阜県高木精一の長男に生まれ、東京帝大在学中の一九三〇年文官高等試験司法科に合格し、三一年三月同大法学部法律学科を卒業した。次いで三二年二月幹部候補生として甲府の歩兵第四九連隊に入営し、同年一二月に除隊して東京日日新聞社に入り仙台支局に勤務した。その後三三年五月に渡満して黒龍江省警務庁に勤務し、黒龍江省属官・警務庁警務科勤務を経て龍江省警佐、奉天省本渓県参事官を歴任し、三七年二月安東省公署警務庁司法科長に就いた。

高木喜平治 ▷12

龍江省克山県参事官／龍江省克山県公署／一八九九（明三二）四／岡山県津山市京町／東京外国語学校支那語科部貿易科

一九二一年東京外国語学校支那語科部貿易科を卒業して渡満し、大連の伊丹商店に勤務した。次いで久原商事関連の会社に転じたが、間もなく退社して自営業に従事した。その後奉天の盛京時報社に入ったが、三三年満州国官吏に転じ、明水県参事官を経て克山県参事官となった。

高木小二郎 ▷12

満鉄鉄道研究所調査役／大連市菖蒲町／一八九四（明二七）六／福岡県筑紫郡日佐村／熊本高等工業学校

福岡県高木豊吉の次男に生まれ、熊本高等工業学校に入学し、二・三年次に特待生待遇を受けて一九一六年に卒業した。一七年六月博多湾築港㈱に入り、同年一〇月浚渫埋立係主任となった。一八年七月満鉄に転じて渡満し、工務局立山派出所に勤務した後、一九年一二月技術部線路課、二二年一月運輸部線路課、同年四月鉄道部線路課、二四年三月同部保線課兼計画課に歴勤した。二五年五月レール製作工場調査のため欧米並びにレール及び付属品検査に八ヶ月出張した後、二七年四月鉄道部工務課、同年七月技術研究所及び鉄道部工務課兼務、三〇年六月理学試験所勤務を経て同年九月技師に昇格した。三一年一二月中央試験所土木研究科長、三二年四月線路研究室主任兼務を経て三六年九月参事となり、三七年三月鉄道研究所調査役となった。この間、南満州工業専門学校講師や鉄道教習所の講師を兼務し、満州事変時の功により銀盃一個及び従軍記章を授与されたほか、曲線外軌の塗油法改善に関し可搬式塗油器を考案して三三年一二月に功績章と金一封を受け、三四年四月勤続一五年の表彰を受けた。

高木　三郎 ▷12

尚書府秘書官長、従四位勲四等／新京特別市城後路白山住宅／一八九二（明二五）三／東京府／中央大学

岡山県和気与一の三男に生まれ、後に

高木清太郎の養子となった。中央大学に在学中に文官高等試験に合格し、一九一四年三月に卒業して通信省に入り貯金局に勤務した。一六年に通信事務官補に進み、以来弘前郵便局長、札幌郵便局長、本省貯金局証券課長、同恩給課長、内閣恩給局書記官、宮内書記官兼宮内大臣秘書官兼式部官、同大臣官房総務課勤務に歴任した。その後三四年三月満州国に招請され、帝政実施とともに新設された尚書府秘書官長に就任した。

高木　盛徳　▷4

正隆銀行奉天支店長／奉天小西関／一八七六（明九）二／鳥取県鳥取市下台町

鳥取県士族高木政重の子に生まれ、一八九〇年八月鳥取の第八十二国立銀行に入った。鳥取本店に勤務した後、本店の東京移転に伴い東京に転勤し、さらに境、米子の各支店に転勤した。九七年に安田系の第三銀行傘下となった後もしばらく米子支店に勤務したが、その後横浜各支店勤務を経て再び東京本店に転勤した。一九一一年五月に正隆銀行が安田傘下に入ると渡満して正隆銀行に入り、営口支店長に就任した。一五年九月奉天支店長に転任し、かたわら同地の商業会議所議員、居留民会議員を務めた。

高木　清次　▷12

㈱昭和製鋼所業務課業務係主任／奉天省鞍山南六条通／一九〇一（明三四）六／香川県高松市内町／香川県立商業学校

香川県高木作次の九男に生まれ、一九一九年三月県立商業学校を卒業して同年四月満鉄に入り、鞍山製鉄所製造課に勤務した。製鉄部監査課に転任した後、三三年六月鞍山製鉄所の事業を継承した昭和製鋼所の操業開始とともに同社業務課審査係主任心得となり、後に同課業務係主任を務めた。この間、満州事変時の功により賜品及び従軍記章を授与され、三四年四月満鉄勤続一五年の表彰を受けた。

高木銑次郎　▷3

関東都督府通信事務官、奉天郵便局長、高等官四等、正六位勲四等／奉天新市街西四條／一八六六（慶二）一一／石川県江沼郡大聖寺町／東京法学院英語法学科

東京法学院英語法学科を卒業して逓信省に入り、天津郵便局長、南京郵便局長、東京郵便局外国郵便課長を歴任した。日露戦後の一九〇六年関東都督府に転じて渡満し、安東県及び長春の郵便局長を経て奉天郵便局長に就いた。

高木　宗吉　▷11

満鉄開原医院医長心得／奉天省開原敷島町／一八九六（明二九）三／山形県東田川郡泉村／慶応大学医学部

山形県伊藤真一の五男に生まれ、高木悦太郎の養子となった。一九二三年慶応大学医学部を卒業し、同大学外科教室の助手となった。二六年九月に渡満して満鉄に入社し、営口医院医長心得を経て開原医院医長心得に転任し、外科主任を務めた。

高木　隆治　▷12

満州航空㈱航空工廠総務部倉庫課長心得、勲七等／奉天紅梅町／一九〇一（明三四）八／長野県東筑摩郡宗賀村／陸軍所沢飛行学校

陸軍所沢飛行学校を卒業した後、一九二一年一二月各務原の航空第五大隊に入隊した。その後二八年一〇月明野飛行学校教育部付、三一年一二月航空兵特務曹長を経て三三年九月依願予備役となり、渡満して満州航空㈱に入社した。三五年八月器材係主任を務めた後、三七年一月航空工廠総務部倉庫課長心得となった。

高木　鋉二　▷12

満州中央銀行総行管理課長／新京特別市城後路／一八八五（明一八）七／東京府東京市大森区馬込町／東京高等商業学校専攻部

高木兵助の次男として神奈川県に生まれ、一九一一年東京高等商業学校専攻部を卒業して台湾銀行に入った。以来勤続して漢口、横浜、香港、神戸の各支店支配人を経て東京支店整理部第二課長、本店調査課長兼検査課長を歴任した。三二年六月満州中央銀行の設立に際し、台湾銀行の推薦により満州中央銀行奉天分行主席駐在員に転出して渡満し、同分行総経理を経て三五年一二月総行管理課長に就いた。

高木鉄太郎　▷3

満鉄経理部会計課職員、大連汽船会社監査役／大連市山城町／一八六四（元一）一二／東京府東京市牛込区矢来町／東京商業学校

埼玉県川越町に生まれ、一八八五年東京商業学校を卒業して三井物産会社天津支店に勤務した。九三年に退社して藤田組、神戸コークス商会等に勤務した後、九七年横浜正金銀行に入り一九〇七年まで勤めた。〇八年五月安東県商業会議所書記長となって渡満したが、鴨緑江採木公司参事に転じて一年勤めた。一〇年一一月満鉄に入って経理部会計課に勤務し、大連汽船会社監査役を務めた。

高木　徳次　▷13

満鮮坑木㈱代表取締役／安東／一八九五（明二八）一〇／香川県高松市内町／香川県立商業学校

香川県高木作次の六男に生まれ、一九一五年香川県立商業学校を卒業した後、一七年一二月に渡満して満鉄撫順炭砿庶務課に勤務した。会計課、経理課に歴勤して三一年八月経理課決算係主任となり、三六年九月副参事に昇格した。その後、満鉄子会社の満鮮坑木㈱常務取締役に転じ、四一年に代表取締役に就任した。この間、満州事変時の功により大盾及び従軍記章を授与されたほか、三三年四月勤続一五年の表彰を受け、撫順体育協会理事兼会計部長、撫順競馬倶楽部監査役、社員消費組合理事、社員会撫順体育部長を務めた。

高木　豊彦　▷11

煙台小学校分教場主任訓導／煙台採炭所社宅／一八九六（明二九）一一／熊本県玉名郡木葉村／熊本県第一師範学校

熊本県高木源蔵の次男に生まれ、一九一六年熊本県第一師範学校を卒業した。熊本市一新小学校訓導を務めた後、二一年四月に渡満して煙台分教場主任訓導となった。小学校教育に従事するかたわら民立幼稚園を経営するなど、同地の教育事業の万般を担任した。

高木　晴彦　▷9

㈴長谷川組庶務主任／大連市朝日町／一八七七（明一〇）二／東京府北豊島郡巣鴨町／郁文館中学校

一八八四年郁文館中学校を卒業した後、二松学舎で漢文を修めた。九九年台湾に渡り、長谷川組に入って土木建築業に従事した。一九〇八年電報通信社に転じて記者となったが、一六年に渡満して長谷川組に復帰し庶務主任に就いた。

高木　秀雄　▷12

龍江省醴泉県参事官／龍江省醴泉県公署／一九〇七（明四〇）七／熊本県鹿本郡岳間村／拓殖大学中退

高木　文朗　▷12

関東地方法院判官兼高等法院覆審部判官兼同上告部判官／旅順市一戸町／一八九九（明三二）三／広島県甲奴郡上下町／中央大学専門部法律科高等研究科

一九二一年中央大学専門部法律科を卒業して同大高等研究科に進み、二四年に文官高等試験司法科に合格し、二五年三月東京で弁護士事務所を開業した。次いで朝鮮総督府司法官試補となり、大邱地方法院勤務を経て二七年五月判事となり、釜山、咸鏡、平壌の各地方法院に勤務した。その後関東法院判官に転じて渡満し、地方法院判官及び高等法院覆審部判官、同上告部判官を兼任した。

高木　平蔵　▷12

昭和製鋼所㈱工務部工作工場第二係主任／奉天省鞍山北大宮通／一八八九（明二二）二／福岡県福岡市春吉町／工手学校機械科

福岡県高木仰の四男に生まれ、一九〇九年東京築地の工手学校機械科を卒業し、同年一〇月旅順工科学堂に勤務した。次いで満鉄撫順炭砿、大連機械製作所、山東省の坊子炭砿会社、大連の石光洋行等に歴勤した。その後二九年三月鞍山製鉄所に入り、製造課、製鉄部工作課、工作工場、工事部築港事務所勤務を経て三三年六月昭和製鋼所㈱の事業開始とともに同社職員となり、三四年六月工作工場第二係主任心得を経て三五年二月第二係主任となった。

高木　正七　▷12

満州電信電話㈱開原電報電話局長、開原体育協会顧問、開原在郷軍人分会名誉会員、正六位勲六等／奉天省開原東洋街電々局長社宅／一八八四（明一七）一〇／熊本県熊本市東寺原町／県立熊本中学校

旧肥後藩士高木協の長男に生まれ、県立熊本中学校を卒業した後、一九〇一年四月電気通信技術生養成所を修了して通信助手となった。〇五年五月通信

た

手に進み、臨時電信隊付技手として日露戦争に従軍し、大連、奉天、遼陽の各軍用通信所に勤務した。戦後〇六年八月関東都督府に入り、勤務のかたわら早稲田大学法律経済科及び文学科の校外生として修学し、主事、所長、郵便局長を歴任して逓信副事務官に進んだ。その後三三年九月満州電信電話㈱の創立とともに同電報電話局長に転出し、三ヶ所の電報電話局長を歴任した後、開原電報電話局長に就いた。この間、日露戦争と満州事変時の功により各種従軍記章及び賜金を授与され、正六位勲六等に叙された。長女千恵子は公主嶺の実業家安川家に嫁した。

高木　百行 ▷4

北満州製粉㈱取締役、勲六等／ハルビン旧市街／一八八一（明一四）三／東京府東京市四谷区左門町／攻玉社海軍予備校

東京府高木幸次郎の子に生まれ、一八九八年攻玉社海軍予備校を卒業した。九九年から数年間シベリア及び欧露方面を巡遊し、ロシア語に習熟した。一九〇四年日露戦争が始まると陸軍通訳として従軍し、後に勲六等を受けた。〇七年三井物産会社に入り六年勤続した後、一三年に北満州製粉会社が設立されると渡満して支配人に就き、後に取締役となった。

高木　弥一 ▷12

満鉄大連甘井子埠頭長、社員消費組合総代／大連市外甘井子満鉄埠頭／一八九〇（明二三）三／茨城県行方郡津知村／明治大学法科

一九一七年明治大学法科を卒業した後、一九年五月満鉄に入社した。埠頭事務所海運課、同陸運課に歴勤して埠頭事務助役となり、大連埠頭事務所出納課主任、同輸入主任、鉄嶺駅長を歴任して三六年副参事に昇進し、三七年四月甘井子埠頭長に就いた。この間、三五年四月勤続一五年の表彰を受けた。

高木　与蔵 ▷12

高木洋行主／ハルビン道裡買売街／一八八一（明一四）二／福島県伊達郡小島村

早くから実業に従事し、一八九八年北海道に渡った。翌年さらにニコライエフスクを経てハバロフスクに渡り、同地で二年余り商業に従事した。次いで一九〇一年四月ハルビンに赴き、雑貨食料品店を開いた。〇四年日露戦争のためハルビンを引き揚げて第一軍臨時通訳となり、後に奉天実業界の大立者となった庵谷忱と知り合った。戦後は満州里に在留して同地の居留民会総代を務めたが、二〇年に日本軍撤退と共に引き揚げて沿海州ニコリスクで商業に従事した。二二年さらに同地日本軍の撤退と共にハルビンに移り、買売街に店舗を設けて食料品の卸小売商を経営した。「富久娘」代理店、「富士忠」特約店として店員四人を使用し、黒河、佳木斯を始め北満沿線一帯を商圏として年商一〇万円に達した。さらに耕地数町歩を所有して農業を営み、三三年からはロシア人と共同で葡萄酒の醸造を開始し、年五〇石ほどを生産した。

高木　陸郎 ▷12

中日実業㈱副総裁、東亜通商社長、高木㈴代表社員、南満鉱業㈱取締役社長、満蒙毛織百貨店㈱監査役、南満火工品㈱相談役／東京市芝区高輪南町／一八八〇（明一三）一〇／東京府／東京商工中学校

旧福井藩士高木惟矩の五男として宮城県黒川郡吉岡町に生まれ、一八九八年東京商工中学校を卒業して三井物産に入った。九九年同社第一期中国留学生として中国に留学し、一九〇〇年北清事変に際し陸軍通訳官を務めた。その後三井物産に復帰して上海に在勤した後、漢口に赴任して〇八年同地に高昌号を創立し、次いで〇九年に凸版印刷会社を興した。その後一〇年に漢陽鉄廠と大冶鉄鉱、萍郷炭砿の三社が合併して漢冶萍煤鉄廠砿有限公司が創立されると三井物産を退社して日本商務代表者となり、一三年に同公司の日本代理店東亜通商会社の重役となり、後に社長に就任した。かたわら二二年から日中合弁の中日実業㈱日本側代表として副総裁に就任し、さらに南満鉱業、満蒙毛織百貨店、南満火工品、東洋製鉄、日興商事等諸会社の役員を務めた。この間、中華民国政府より一等大綬嘉禾章を授与された。夫人たみとの間に五男一女あり、長男惟常は慶応大学高等部を卒業して三井物産に、長女淑子は満鉄社員辻岡利夫に嫁した。

高久田久吉 ▷12

国務院財政部総務司会計科員、従七位／新京特別市入船町／一八九六（明二九）四／福島県岩瀬郡須賀川町／須賀川商業学校

一九一一年須賀川商業学校を卒業した後、一六年に仙台税務監督局執行判任官銓衡資格試験に合格して一七年税務署属となり、古河税務署在勤となった。次いで大蔵省税務講習会を修了して福島税務署に勤務した後、大蔵属に進んで主税局に勤務し、二七年から三一年まで開催の税務講習会講師を兼務して税務監督局事務官に進んだ。その後三二年一二月国務院財政部事務官に転出して渡満し、税務司経理科に勤務して総務司文書科を兼務した後、三三年一〇月総務司会計科勤務となった。この間、大正四年乃至九年事件の功により賞勲局より賜金を授与され、満州事変時の功により勲六位景雲章及び建国功労賞を授与された。

高久　肇 ▷11

満鉄庶務部調査課産業係主任、正八位／大連市星ヶ浦／一八九二（明二五）九／福島県耶麻郡喜多方町／東亜同文書院

福島県商業高久孝吉の長男に生まれ、一九一四年上海の東亜同文書院を卒業して満鉄に入った。技術局に勤務したが、翌年参謀本部から東部内蒙古調査を嘱託され、満鉄を依願辞職して蒙古の昭烏達、卓索図、錫林郭勒盟を一年半踏査した。一七年から兵役に就き、一年半在営して歩兵少尉となった。一九年一月農商務省嘱託として華中の経済調査に従事した後、同年一二月満鉄に復帰して社長室調査課に勤務した。二五年五月の五・三〇事件後、上海と漢口に二年半在勤して中国国民革命運動の調査に従事した。二七年一二月に帰任し、本社調査課産業係主任に就いた。

高倉　五朗 ▷12

長命堂主／ハルビン地段街／一八九五（明二八）三／福岡県朝倉郡久喜宮村／公立実業専修学校

源氏磯八の長男に生まれ、後に高倉姓になった。公立実業専修学校を卒業した後、一九一六年三月から朝鮮総督府に勤務し、一九年青島守備軍民政署農事試験場に出向して二二年に帰任した。その後二五年に帰国して郷里で農業に従事したが、三三年五月陸軍属として渡満し、広瀬本部隊特別工作班で農地買収に従事した。次いで三五年五月ハルビンで菓子の製造販売業を始め、「ハルビン名産志士煎餅」を主力に日本及び満州一円に販路を拡大して年商高一万二〇〇〇円を計上した。

高倉助太郎 ▷7

高倉組主／大連市若狭町／一八七二（明五）七／鹿児島県鹿児島市荒田町

一八九八年に渡満して㈾有馬組に入り、その後大井組に転じた。一九一一年六月に独立して高倉組を興し、大連市中の小規模工事を数多く手がけた。かたわら大連土木建築㈱取締役、スミス自動車㈱監査役を務めた。大の好角家で、大相撲の大連興行は毎回欠かさず見物した。

高倉　正 ▷12

国務院総務庁企画処員、民生振興会議幹事／新京特別市清明街市営住宅／一九〇三（明三六）二／大分県日田郡日田町／大分県師範学校

大分県師範学校を卒業して県下の小学校訓導を務めた後、一九二七年文官高等試験行政科及び司法科に合格し、二八年関東庁属となって渡満し地方課に勤務した。次いで関東庁専売局属兼関東庁属、関東軍嘱託、関東庁専売局理事官兼関東庁理事官、専売局庶務課長兼財政部経理課勤務、奉天出張所兼新京出張所勤務、関東庁事務官・長官官房文書課兼新京出張所勤務に歴職した。その後三二年国務院民政部事務官に転じ、総務司経理科長を経て三四年七月総務庁参事官となり総務庁企画処に勤務した。この間、建国功労賞及び大典記念章を授与された。

高倉　義雄 ▷11

満鉄鉄道教習所長、正七位勲七等／大連市児玉町／一八八五（明一八）五／福岡県鞍手郡直方町／大阪高等工業学校機械科

福岡県農業高倉観了の次男に生まれ、一九〇八年大阪高等工業学校機械科を卒業した。〇九年に渡満して満鉄に入り、遼陽機関区勤務を経て一五年三月技師として山東鉄道に派遣された。二三年五月満鉄に復帰し、公主嶺及び大連の各機関区長を歴任した。二七年九月から鉄道業務研究のため欧米を巡遊し、帰任して鉄道教習所長に就任した。

高崎　太平 ▷12

大連汽船㈱総務部会計課長／大連市楠町／一八八九（明二二）一〇／茨城県鹿島郡豊津村／早稲田大

学商科

茨城県高崎太助の長男に生まれ、一九一一年早稲田大学商科を卒業して日本郵船会社に入った。小樽、横浜、アメリカ、大阪、神戸の各支店に勤務した後、本社会計課副課長となった。その後三一年一月大連汽船㈱に転じて渡満し、総務課副長、会計課副長を経て三四年三月会計課長に就いた。

高崎　弓彦　▷11

大連取引所銭鈔信託代表取締役、正五位男爵／大連市山県通／一八八〇（明一三）八／神奈川県鎌倉市／学習院高等科

旧鹿児島藩士で御歌所所長を務めた男爵高崎正風の三男として東京に生まれた。学習院高等科を卒業して欧米に数年遊学し、帰国して三井物産や日本製鋼所に勤務した。一九二三年六月に渡満して大連取引所銭鈔信託の嘱託となり、後に代表取締役に就いた。この間、一一年に兄安彦の後を承けて爵位を継いで貴族院議員となったが、平民主義華族をもって任じ、長女米子を満鉄文書課秘書室にタイピストとして勤務させた。

高沢公太郎　▷11

満鉄ハルビン鉄路局総務処長、勲八等／長春平安町／一八九一（明二四）一／新潟県東頸城郡松之山村／東京外国語学校ロシア語科

新潟県高沢文太郎の長男に生まれ、一九一四年東京外国語学校ロシア語科を卒業して満鉄に入った。長春駅貨物方見習から貨物方となり、勤務のかたわら長春実業補習学校ロシア語科講師嘱託を務めた。一八年に外蒙古の物資調査に赴き、翌年シベリア鉄道管理事務嘱託としてシベリア及び北満に出張した。二三年長春駅に帰任して二七年同駅貨物主任に進み、その後ハルビン鉄路局総務処長に就いた。

高階兼太郎　▷12

天川屋商会主、勲八等／奉天平安通／一九〇二（明三五）五／兵庫県朝来郡山口村

年少の頃から札幌自動車商に勤務し、後に小野商会に転じて札幌支店主任となった。その後一八歳の時に郷里で独立開業したが、一九二二年一二月に徴兵されて朝鮮平壌の飛行第六連隊に入隊した。二四年一一月に除隊して平壌に天川屋商会を興し、自動車及び自動車部品、一般機械工具、電気機器の販売業を営んだ。その後三三年に奉天平安通に支店を開設し、陸軍及び鉄道総局御用商、大倉商事満州代理店として国産自動車機器、装甲軌道車、軽油車及びその部品・付属品を取り扱った。この間、満州事変に際し兄弟二人と共に平壌の混成第三九旅団軍属として熱河作戦等に従軍し、旅団中の軍属として唯一人勲八等瑞宝章と賜金及び従軍記章を授与された。

高島恵美造　▷12

料亭「新三浦」主／錦州省錦県大馬路／一八七四（明七）九／香川県大川郡白鳥町

別府市で呉服太物商を営んだ後、一九一五年八幡市で料亭と貸座敷業を経営し、かたわら八幡市貸座敷組合長、芙蓉会理事兼支部長、八幡市会議員・市参事会員等の公職に就いた。その後三二年に渡満し、三三年三月錦州省錦県大馬路に数万円を投じて家屋を新築し、料亭「新三浦」を経営した。当地第一流の料亭に発展し、経営のかたわら錦州日本人居留民会副議長を務めた。

高島大次郎　▷7

営口商業学校校長／奉天省営口入船街／一八七六（明九）三／京都府葛野郡衣笠村／東亜同文書院

旧薩摩藩士の子として鹿児島で育ち、後に京都の薩摩屋敷裏に移住した。幼年から漢学を修め、京都中学から東京高等商業学校に進んだ。一九〇一年五月上海の東亜同文書院第一期生となり、〇四年九月に卒業して雲南高等学堂教習に就き、東文学堂教習を兼務した。三年後に帰国して京都府嘱託となり、中国民情調査のため再び中国に渡って江蘇、浙江、湖南、湖北、江西等を視察した。一三年四月満鉄に入り、営口実業学堂長として中国人子弟に新時代の商業知識を教育し、その間「実業」の意味曖昧のため校名改称を献言したが容れられず、二三年に至って漸く商業学校に改称した。教務のかたわら営口地方区委員、営口青年会長、営口三州会長等を務めた。

高杉　英男　▷11

満鉄熊岳城農事試験場職員／奉天省熊岳城／一八九九（明三二）九／青森県弘前市／北海道帝大農学

部

青森県教員高杉栄次郎の次男に生まれ、一九二四年北海道帝大農学部を卒業して副手嘱託となり、同年一二月一年志願兵として入営した。輜重兵少尉として除隊し母校の実験補助嘱託を務めた後、二六年九月に渡満して満鉄に入った。公主嶺の農事試験場に勤務して翌年病理昆虫科長となり、二八年一〇月熊岳城農事試験場に転任した。

高杉要二郎　▷3

関東都督府医院薬局長、陸軍一等薬剤官、高等官五等、正六位勲四等／旅順新市街朝日町官舎／一八七三（明六）一／岡山県浅口郡玉島町／第三高等学校医学部薬学科

一八九四年、第三高等学校医学部薬学科を卒業した。翌年一二月に入営して九七年一月陸軍三等薬剤官となり、広島、山口、台南、台中、姫路、熊本の衛戍病院に勤務した。日露戦後の一九〇六年五月、第一関東陸軍病院付として渡満し日本赤十字社関東州病院調剤主幹嘱託に就いた。その後、陸軍衛生部下士候補者教官、関東都督府医院薬局長嘱託を歴任し、〇九年三月関東都督府医院薬局長に就いた。

高須元之祐　▷12

西安公司主／吉林五緯路／一八八九（明二二）一二／兵庫県武庫郡鳴尾村

一九三二年五月、西安煤鉄公司吉林弁事処経理として吉林に赴任した。その後三四年四月同公司の石炭販売権が満鉄に移管されたため、同公司を個人経営として満鉄石炭指定販売人となった。次いで三六年一〇月満鉄商事部の事業を継承して日満商事が設立されると同指定販売店となり、吉林省城、拉浜線、京図線方面を販路とした。

高須　進一　▷12

奉天専売署員／奉天城内奉天専売署／一八九八（明三一）／宮城県／東亜同文書院

宮城県高須長七郎の長男に生まれ、上海の東亜同文書院を卒業して台湾総督府に勤務した。技手、書記と累進して台北の南門工場等に勤務した後、一九三三年満州国に転出した。財政部事務官として専売総署に勤務した後、三七年三月専売署事務官に転任して奉天専売署に勤務した。

高瀬　伊造　▷12

満州炭砿㈱技術部研究所主任、従七位／新京特別市錦町満州炭砿㈱技術部研究所／一八八五（明一八）一一／福岡県京都郡白川村／工手学校冶金科

一九一一年三月東京築地の工手学校冶金科を卒業して古河鉱業㈱に入り、永松工業所に勤務した。足尾工業所に転勤した後、一六年一〇月反射炉製錬法及び微塵炭燃料研究のためアメリカに出張した。帰国後、農商務省燃料研究所技手に転じて第二部炭粉燃料研究室に勤務し、水管式汽罐付属燃焼装置工事検査官吏、兼任鉱山監督局技師等を歴職した。その後退官して燃料研究に関する事務を嘱託された後、三五年一月満州炭砿㈱に入社して渡満し、技術部研究所主任を務めた。著書に『家庭燃料の使ひ方』がある。

高瀬　四郎　▷1

高瀬洋行主／旅順市青葉町／一八五三（嘉六）／大分県下毛郡高瀬村／慶応義塾、陸軍士官学校

代々名主を務めた旧家に生まれ、慶応義塾に学んだ後、陸軍に入り陸軍士官学校を卒業した。西南戦争後に軍籍を離れて大蔵省に入り、次いで群馬県庁に転じて勧業課長、同土木課長を歴任した。その後退職して碓氷峠の馬車鉄道会社、生糸改良会社、繭市場会社、縮緬会社等の重役を務め、日清戦争後の一八九五年台湾に渡って陸軍用達業と土木建築請負業を営んだ。一九〇四年七月日露戦争に際し厦門にいた子の敏を呼び寄せ、第一軍糧餉部付御用達となって安東県に上陸し、次いで第三軍及び旅順要塞司令部等の酒保を経営した。戦後は旅順市青葉町で和洋雑貨商、倉庫業、土木建築請負業、陸軍用達業を経営し、さらに日本火災保険会社、帝国生命保険会社等の特約代理店業を兼営した。その後事業を敏に譲り、旅順近郊の農園に隠棲して自適の生活を送った。

高瀬　大蔵　▷12

奉天市公署土地科員／奉天信濃町／一八八七（明二〇）一〇／大分県日田郡日田町／関西簿記学校

一九一〇年関西簿記学校を卒業した後、一一年中川村及び上馬村の土木組合書記となった。九州水力電気会社日田出張所土木課員に転じた後、中川村書記、日田郡書記、大分県属を歴職した。その後三四年五月に渡満して国務院民政部嘱託となり、三六年四月奉天市主事となり市公署土地科に勤務した。

高瀬　哲治　▷11

関東庁警部、勲七等／奉天省鉄嶺中央通警察官舎／一八八三（明一六）五／福岡県田川郡津野村

福岡県農業高瀬文次郎の次男に生まれ、一九〇三年対馬要塞砲兵大隊に入隊した。日露戦争に従軍した後、〇七年独立守備隊勤務となって渡満した。一一年に満期除隊して帰国したが、同年七月関東都督府巡査となって再び渡満した。安東警察署に勤務して一八年に警部補となり営口警察署、関東庁保安課勤務を経て二三年警部に進み、警務局衛生課に勤務した。二六年撫順警察署に転じた後、二八年六月鉄嶺警察署兼鉄嶺日本領事館警察署勤務となった。

高瀬　通　▷12

ハイラル市政管理処事務官／興安北省ハイラル市政管理処／一九〇〇（明三三）六／栃木県那須郡湯津上村／日本大学法律学科

一九二二年内務省に入って社会局に勤務し、かたわら二五年に日本大学法律学科を卒業した。次いで朝鮮総督府に転じ、公州郡庶務主任、内務部地方課道地方費予決算主任兼法令審議係、農村局予決算主任兼学校組合監督兼法令審議係に歴任した。その後国務院民政部属官に転じて渡満し、地方司財務科に勤務した後、熱河省公署事務官・民政庁勤務、国務院事務官・地方司勤務を経て三七年二月ハイラル市政管理処事務官となったが、同年六月に退官した。

高瀬　直二　▷12

国際運輸㈱佳木斯出張所長、佳木斯日本商工会副会長／三江省佳木斯国際運輸佳木斯出張所／一九〇一（明三四）一二／富山県下新川郡経田村／日露協会学校

富山県高瀬長吾の長男に生まれ、魚津中学校を経て一九二四年三月日露協会学校を卒業し、㈱伊藤商行に入り奉天出張所に勤務した。二八年二月国際運輸㈱に転じて長春支店に勤務し、計画課陸運係主任、牡丹江支店長代理を経て三六年一一月佳木斯出張所長となった。

高瀬　敏　▷1

高瀬洋行主／旅順市青葉町／一八七九（明一二）六／大分県下毛郡高瀬村／慶應義塾

代々名主を務めた旧家に生まれ、一八九八年慶應義塾を卒業した。一九〇一年台湾に渡り土地調査局に勤務した後、さらに厦門に渡って中国人と西洋人間の商取引の仲介業に従事した。一九〇四年日露戦争が始まると父の四郎と共に第一軍糧餉部付酒保となって安東県に上陸し、次いで第三軍及び旅順要塞司令部等の酒保を経営した。戦後は父と共に青葉町に居住して陸海軍用達業、倉庫業、和洋雑貨商、土木建築請負業を経営し、日本火災保険会社、帝国生命保険会社等の特約代理店業を兼営し、旅順衛生組合委員を務めた。

高瀬　陸朗　▷9

北満倉庫㈱専務取締役／ハルビン埠頭区ウチヤストコワヤ街／一八九二（明二五）一／岐阜県不破郡赤坂町／東京外国語学校英語科、中央大学

一九〇九年三月東京の私立日本中学校を卒業して東京外国語学校英語科に入学し、同校卒業後さらに中央大学で修学した。一五年五月に渡満して大連海関に入り、一九年二月北満運輸公司に転じた後、二〇年八月北満倉庫㈱専務取締役に就任した。

高田　巌　▷12

高田機械鉄工場主／ハルビン道裡買売街／一八九六（明二九）三／福岡県久留米市三本松町

福岡県高田十八の次男に生まれ、一九一五年満鉄電気作業所に入り、一八年に在職のままハルビンの北満電気会社電気部に派遣された。その後二五年に退社し、同地で機械の設計製作・修理、機械農具・石油発動機・自転車・オートバイの販売と煖房・水管工事、電気溶接、ガス切断その他の諸工事請負業を経営した。本業のかたわら航空、モーターボートを趣味とし、飛行家の東善作・吉原清治及び学生訪欧飛行などの民間航空事業に協力した。

高田運次郎　▷12

満州中央銀行投資課副課長／新京特別市城後路中央銀行住宅／一八九七（明三〇）一一／熊本県熊本

た

市迎町／東京帝大経済学部
熊本県高田長次郎の次男に生まれ、一九二一年三月東京帝大経済学部を卒業して同年六月横浜正金銀行に入った。頭取席調査課、東京支店詰を経て二六年三月大連支店詰となって渡満し、輸入係、同係長、計算係長に歴勤した後、三〇年三月東京支店詰となって帰国した。その後三二年六月満州中央銀行が設立されると正金銀行より派遣されてハルビン分行首席駐在員となり、三四年一一月本店投資課副課長に就いた。

高田　栄吉　▷12

高田工務所主／ハルビンモストワヤ街民会院内／一八八〇（明一三）八／島根県邑智郡長谷村

島根県高田米次の子に生まれ、早くから土木建築業に従事した。その後渡満して寧安県など各地に滞在し、一九三〇年六月ハルビンに高田工務所を興して土木建築業を営んだ。本業の他に家具・電気器具の販売も兼業し、漸次事業が発展して資本金を五万円とし、日本人七人、中国人六十余人の従業員を擁し、領事館、満鉄鉄路局、市公署、郵政局、海軍防備隊、興業銀行等を主要得意先とした。この間、満州事変がハルビンに波及した三二年一月義勇隊に入って活動し、後に感謝状を受けた。

高田　エツ　▷12

助産所主／奉天松島町／一八九一（明二四）八／福岡県筑紫郡堅粕町／福岡産婆養成所

福岡県高田富蔵の四女に生まれ、福岡産婆養成所を修了して一九一〇年一〇月満鉄に入社し、大連及び奉天の満鉄医院に勤務した。一九年九月に退社し、以来奉天松島町で助産所を営んだ。この間、満鉄医院在勤の一四年一一月に精勤賞と賞状を授与されたほか、独立開業後に国防婦人会の表彰を受けた。

高田　謙吉　▷3

㈴大矢組大連支店主任、勲七等、士族／大連市淡路町／一八七八（明一一）五／和歌山県和歌山市／東京和仏法律学校法政科

前橋に生まれ、一九〇〇年東京の和仏法律学校法政科を卒業した。〇四年陸軍省に入って経理局に勤務したが、〇七年日清通商㈱に転じた。〇九年に渡満して大矢組大連支店に入り、後に主任となった。

高田仁三郎　▷11

大石橋高田商行主／奉天省大石橋石橋大街／一八八三（明一六）一〇／富山県東礪波郡山田村／尋常小学校三年修業

富山県農業高田重蔵の次男に生まれ、尋常小学校三年を修業した。一六歳で京都の雑貨店に奉公に入り、一八歳の時に上京して商業に従事したが、一九〇四年三月日露戦争に際し軍役夫となって渡満した。戦後はペンキ屋の見習ほか各種の職業に従事して瓦房店、大連など各地を渡り歩いた後、大石橋で高田商行を興した。陸軍御用達商となって業務を拡張し、ペイント塗・ブリキ細工の請負から諸金物・陶磁器の販売、鍛冶、家具製作、葬具仏具の取扱いまで営業品目は多方面にわたった。

高田　精作　▷12

満鉄総裁室監理課長、満州特産中央会参与／大連市聖徳街／一九〇一（明三四）三／石川県金沢市長町／東京帝大法学部法律学科

石川県高田精一の長男に生まれ、金沢第一中学校、第四高等学校英法科を経て一九二四年三月東京帝大法学部法律学科を卒業し、同年五月満鉄に入社して興業部商工課に勤務した。一九三一年一月から一年半の間、世界恐慌下における産業統制及び助成組織研究のため欧米各国に留学した。帰社して三二年一二月地方部商工課産業係主任となり、三三年三月商工課長代理を経て同年八月工業係主任兼務、経済調査会委員・第一部主査となった。三四年一〇月関東軍司令部事務嘱託となり、大連に家族を残し単身赴任して新京ヤマトホテルに逗留した。三六年三月経済調査会新京在勤委員・関東軍参謀部第三課勤務、同年八月新京在勤幹事事務取扱を経て翌月参事に昇格し、同年一〇月新京事務局業務課長に就き、同課経済調査係主任及び経済調査委員会幹事を兼任し、新京市場㈱社長、新京取引所信託㈱取締役、新京交通(股)理事を務めた。三七年四月、総裁室監理課長に転任して大連本社に勤務した。

高田　政二　▷11

遼陽本町郵便所長、正七位勲七等／奉天省遼陽本町／一八七三（明六）一〇／滋賀県甲賀郡水口町／早稲田大学校外生

滋賀県商業高田弥太郎の次男に生ま

た

れ、早稲田大学校外生として法律を学び、一八九九年五月熊本地方裁判所書記となった。一九〇四年一一月に辞職し、日露戦争に際し陸軍通訳として第三軍に従軍した。〇六年三月に陸軍を辞し、翌年六月関東都督府郵便電信局雇員となった。〇八年三月通信書記補、一四年三月書記を経て二四年一二月関東庁郵便所長となり、遼陽本町郵便所長を務めた。

高田清太郎　▷9

南満債権㈱専務取締役、日華製糸㈱社長、大連金融㈱社長、ツバメ自動車㈱取締役、南満金融㈱取締役、旭商事㈱取締役、福隆公司主／大連市加賀町／一八七九（明一二）六／青森県青森市栄町／青森県立中学校

一八九九年青森県立中学校を卒業して青森銀行に入ったが、一年後に退職して鉄道作業局に転じた。一九〇七年四月満鉄の開業とともに入社し、一二年勤続した。一九年に満鉄を退社して満州証券信託会社の株式仲買人となり、欧州大戦による好況で資金を蓄え南満債権㈱を創立して専務取締役となった。次いで日華製糸㈱、大連金融㈱を創設して社長に就き、ツバメ自動車㈱及び南満金融㈱、旭商事㈱の重役を務めたほか、福隆公司を経営して満鉄産炭以外の石炭販売と特産物貿易を営んだ。

高田　泰二　▷12

有道公司主／大連市大山通／一八八六（明一九）九／鳥取県気高郡鹿野町

早くに渡満して旅順大迫町で洋服商を営んだ後、大連に移り㈾昭和号羅紗店を開業し、後に個人経営とした。一九三二年に満州国が成立すると有道公司と改称し、新京西五馬路に支店、奉天及びハルビン外国七道街に出張所を置き、大連本店を仕入部とした。満州国軍隊及び警察署、全満各地の県公署の指定用達商として被服類を納入したほか、大連市大山通の遼東百貨店内に額縁文具部を設けた。

高田　千秋　▷12

国務院総務庁秘書処文書科員／新京特別市義和路官舎／一九〇七（明四〇）九／山口県大島郡森野村／京都帝大法学部

山口県高田幸助の長男に生まれ、徳山中学校、山口高等学校を経て三一年三月京都帝大法学部を卒業し、三二年五月国務院総務庁秘書処に勤務した。三五年四月皇帝溥儀の訪日に際し扈従員随員を務めた後、三六年二月総務庁事務官・文書課勤務となった。この間、建国功労賞及び大典記念章、皇帝訪日記念章を授与された。

高田　透　▷11

高治洋行主／旅順市青葉町／一八八八（明二一）三／茨城県水戸市／郁文館、簿記修学館

茨城県の警察署長江橋栄の次男に生まれ、田部井治三郎の養嗣子となった。一九〇四年郁文館を卒業し、イギリス人に就いて外国通信と英語会話等を学び、かたわら簿記修学館で商業簿記を修業した。〇九年五月に渡満し、一二年から旅順で官衙用達商を営んで直輸入品を官衙に納入した。六年後に高治洋行を興して蓄音器商を開業し、かたわら二〇年一〇月から大連新聞旅順支局長を務め、満州不動貯金㈱代理店、帝国海上火災保険会社代理所、日本蓄音器商会代理店を兼営した。乗馬、野球、囲碁、弓術など多趣味で、水泳は水府流の免許を有した。兄の基は十五銀行本店営業部長、弟潔は海軍横須賀工場長を務め、姉の文子は米沢工業学校長川辺申松、次姉の鈴子は太田中学校教諭菊池安、妹幾子は彦根高等商業学校教授清水義雄に嫁した。

高田　富蔵　▷11

日露協会学校校長、従三位勲三等／ハルビン新市街／一八六五（慶一）八／兵庫県武庫郡本山町／東京帝大

兵庫県の農家に生まれ、一八九四年東京帝大を卒業した。以来司法官、地方官として多年官界にあったが。二五年九月に渡満してハルビン日露協会学校校長に就いた。

「高谷」は「こうや」も見よ

高谷大二郎　▷12

国務院経済部専売総局塩務科長／新京特別市大同大街国務院経済部専売総局／一八九八（明三一）三／北海道旭川市一条通／東亞同文書院商務科

北海道高谷義行の次男に生まれ、一九一五年旭川中学校を卒業して久原鉱業豊羽鉱山に勤務した。その後辞職して上海に渡り、二三年東亜同文書院商務科を卒業して満鉄に入り、撫順炭砿庶務課、地方部地方課に歴勤して三一年八月開原地方事務所地方係長となった。次いで吉林省政府顧問に転じて吉黒権運局に勤務し、吉黒権運署事務官・総務科長兼経理科長、権運署理事官・総務科長兼経理科長、同監察科長兼務を経て専売総署理事官・国務院財政部事業第三科長となり、三七年七月行政機構改革により経済部専売総局塩務科長に就いた。この間、満州事変時の功により勲五位景雲章を授与された。

高谷　秀雄　▷12

満鉄吉林鉄路監理所監理員兼朝陽鉄路監理所監理員／吉林満鉄鉄路監理所／一八九八（明三一）一一／兵庫県神戸市兵庫区下沢通／早稲田工手学校機械科

旧姓は神林、東京市下谷区に生まれ、一九二三年に高谷家の養子となった。一九一八年早稲田工手学校機械科を卒業した後、二三年五月鉄道省に入り神戸市の湊町検車所に勤務した。二六年五月片町分所に転勤し、二八年八月から一二月まで習技のため鷹取工場へ出張した後、二九年二月神戸検車所兵庫派出所、同年八月神戸検車所に歴勤した。三四年六月鉄道局技手となり、明石検車所鷹取分所、明石検車所小野浜分所勤務に歴勤した。その後三五年一一月満鉄に転じて渡満し、大連検車区検車助役を経て三六年一二月吉林鉄路監理所に転勤し、朝陽鉄路監理所監理員を兼務した。

高田　初雄　▷11

東洋棉花㈱鉄嶺派出員、正八位／奉天省鉄嶺居留地元町／一八九四（明二七）六／福井県遠敷郡雲浜村／東京外国語学校支那語科

福井県教員高田巳八郎の長男に生まれ、一九一八年東京外国語学校支那語科を卒業して三井物産㈱に入社した。営口在勤中の二〇年に三井から東洋棉花㈱が独立すると同社に転任し、奉天、安東県派出員を経て二八年一二月鉄嶺派出員となり、同地で商工会議所議員を務めた。

高田　政吉　▷12

大和染料㈱奉天工場長／奉天市稲葉町／一八九二（明二五）五／福井県遠敷郡小浜町／九州帝大工学部応用化学科

一九一九年七月九州帝大工学部応用化学科を卒業して川北電気製作所に入り、化学研究係長を務めた。その後二七年に独立して高田化学研究所を経営したが三六年に閉鎖し、翌年家族を大阪に残して渡満し、大和染料㈱奉天工場長に就いた。

高田　友吉　▷14

進和商会社長、大連機械社長／大連市薩摩町／一八八〇（明一三）二／福井県遠敷郡小浜町／福井県立水産学校

福井県の製油業・水産物商高田庄助の三男に生まれ、一八九九年三月福井県立水産学校を卒業した。同年一〇月から福井でカニ缶詰製造業を営んだ後、一九〇一年八月台北に渡り古川商店の番頭として食料雑貨商に従事した。日露戦争末期の〇五年七月第一四師団糧廠部長の招請で同部付商人となって大連に渡り、その後同地で谷田部善輔と㈾進和商会を興して鉄の輸入販売に従事した。一五年八月奉天鋳鉄公司を創立して取締役となり、さらに一七年五月㈾大連機械製作所を設立し、翌年五月株式会社に改組して代表取締役に就いた。一九年五月進和商会を株式会社に改組して四二年まで社長を務めたほか、大連機械製作所社長、大連工業㈱・満州水産㈱の各取締役、満州久保田鋳鋲管㈱・満州銀行・大和染料㈱の各監査役を兼務し、大連商工会議所会頭、大連㈱商品取引所理事、満州経済調査会委員、大連金物組合長、大連商工会長、満州輸入組合常任委員、大連金融組合評議員、五品取引所相談役等を務めた。三五年七月大連商工会議所会頭を任期満了した後、病気療養のため郷里の小浜温泉や別府温泉で静養生活を送ったが、健康回復後再び会頭に懇請されて渡満し、かたわら三六年一一月から四〇年六月まで大連市会議員を務めた。

高田　義恒　▷12

満州国軍政部軍需司主計科長、従五位勲四等／新京特別市東朝陽街胡同陸軍軍需上校公館／一八八九（明二二）一一／千葉県東葛飾郡湖北村／陸軍経理学校

一九一一年陸軍経理学校を卒業し、同年一二月陸軍三等主計となった。以来軍務に服し、三三年九月二等主計に累進して予備役編入となり、同年一〇月満州国陸軍軍需上校となって渡満し軍政部軍需司主計科長を務めた。

高田　隆一 ▷11

関東庁長官官房嘱託／旅順市高崎町／一八九一（明二四）九／福井県福井市／スタンフォード大学化学工科

山口県藤井伊三郎の次男に生まれ、福井県人の貿易商高田安の養子となった。一九二〇年五月スタンフォード大学化学工科を卒業し、帰国して二一年五月東京の星製薬㈱技師となった。二五年に退社して渡満し、関東庁長官官房嘱託となった。

高塚石之助 ▷11

満州蚕糸㈱工場長／旅順市名古屋町／一八八三（明一六）一／岐阜県大野郡高山町／東京郵便電信学校

岐阜県の蚕糸業高塚清五郎の長男に生まれ、一九〇三年東京郵便電信学校を修了して逓信省に入った。一九〇四年日露戦争に召集されて第九師団歩兵第三五連隊輜重輸卒として従軍し、旅順攻囲戦、奉天大会戦に参加し、復員後に白色桐葉章と金二〇〇円を授与された。除隊して〇七年から一六年まで上海で中国人向け雑貨業を営んだ後、一七年に日華蚕糸㈱の前身東亜蚕糸組合の社員となった。二六年三月日華蚕糸㈱から満州に派遣され、同年九月満州蚕糸㈱の創立に従事し、発足後に旅順工場長兼本社事務主任となった。

高塚　源一 ▷14

満州日日新聞政治部長、昭和高等女学校校長、満州公論社長、勲六等／大連市桔梗町／一八七七（明一〇）九／岡山県吉備郡庭瀬町／東京政治学校、関西法律学校

岡山県農業津田徳一の次男に生まれ、高塚常吉の養子となった。東京政治学校を経て関西法律学校を卒業した後、田中智学に師事して宗教を研究し、『日蓮主義の輪廓』『大日本の建国』『わが建国』を著した。一九一八年六月に渡満して遼東新報社に入り政治経済部記者となったが、翌年一〇月満州銀行に転じて頭取秘書兼庶務課長を務めた。二三年満州日日新聞社に転じて政治部長兼支配人代理に就いたが、同年六月大連女子工芸学校を創立して理事長に就任し、その後は㈶昭和学園理事長、昭和高等女学校校長を務めるなど専ら女子教育に従事した。二四年一一月大連市会議員に当選して市参事会員となり、さらに三〇年九月から四〇年一〇月まで大連市会議員を三期務めた。教育事業と公職のかたわら四〇年に満蒙研究会常任理事、四一年に関東軍司令部嘱託・満州公論社長に就いた。

高附栄次郎 ▷11

奉天省四平街取引所信託会社員／奉天省四平街東陸街／一八九七（明三〇）一一／鹿児島県鹿児島郡伊敷村／鹿児島商業学校

鹿児島県農業高附一の次男に生まれ、一九一七年鹿児島商業学校を卒業して渡満した。満鉄電気作業所雇員に採用され、一九年に奉天省四平街電気会社に出向したが同年九月満鉄を退社し、奉天省四平街取引信託会社に入り計算主任に就いた。かたわら満州青年連盟奉天省四平街書記長、鹿児島新聞満州特派員を務めた。

高築　寿吉 ▷11

石炭及び旅館業／奉天省撫順永安大街／一八七一（明四）七／山口県下関市入江町／小学校

山口県農業高築柳作の次男に生まれ、小学校を卒業して商業に従事した。日露戦中の一九〇五年三月に渡満し、撫順で陸軍指定旅館を経営した。かたわら石炭商を開業し、一三年四月満鉄撫順炭指定特約販売人となった。旅館も造築拡張して満鉄指定旅館となり、二八年には一人娘のキサに福岡県平島久吉の次男久を婿養子として迎えた。

高月　正勝 ▷12

満鉄通遼医院庶務長、社員会評議員、通遼日本居留民会評議員／興安南省通遼満鉄医院／一九〇五（明三八）二／大分県宇佐郡宇佐町／大分県立宇佐中学校

大分県高月佐十郎の次男に生まれ、一九二五年三月県立宇佐中学校を卒業した後、二六年二月朝日商会に入り貿易商に従事した。その後二七年四月に渡満して満鉄に入り、撫順医院に勤務した。ハルビン医院、営口医院に歴勤した後、三六年一〇月通遼医院に転勤して庶務長を務めた。この間、満州事変時の功により賜品を授与された。

高津　敏 ▷12

満鉄音楽会長、大連音楽学校講師、従七位勲七等／大連市清見町／一八八六（明一九）六／兵庫県神戸

市平野上祇園町／陸軍戸山学校軍楽隊

兵庫県教員小笠原長次郎の次男に生まれ、一八九九年に父の実家高津家を相続した。大阪医学専門学校予科を経て陸軍戸山学校軍楽隊に入り、一九〇三年に卒業して同校軍楽隊付となった。一〇年から一年半イギリス、フランスに派遣された後、一七年に同校軍楽隊教官となり、次いで二〇年に第五師団司令部付としてシベリアに派遣された。その後陸軍軍楽長に進んで予備役編入となり、二三年六月満鉄音楽会に招かれて渡満し、同会会長を務めるかたわら大連音楽学校講師を務めた。写真を趣味とし、各種の展覧会、競技会で入選を重ねた

高綱信次郎　▷12

国務院興安局参事官、勲八等／新京特別市興安局／一八九六（明二九）八／新潟県西蒲原郡間瀬村／東京外国語学校蒙古語部専修科、同露語部専修科

北海中学、岩倉鉄道学校本科建設科を経て一九一八年善隣書院支那語研究科を卒業し、同年一一月陸地測量部雇員となった。次いでシベリア出兵に際し陸軍省雇員として在ハバロフスク市第一臨時測図部付、在チタ市臨時第二測図部定員外特別班付、浦塩派遣軍司令部特別任務班付、サガレン派遣軍司令部司令部特別班付に歴勤した。シベリア撤兵とともに帰国し、二四年三月東京外国語学校蒙古語部専修科、二五年三月同露語部専修科を卒業して渡満し、瑞蒙公司、東亜企業㈱調査員、国際運輸㈱ハルビン支店調査情報係、同華北駐在員等を歴職した。三一年九月に満州事変が勃発すると営口守備隊本部より情報宣伝係を依嘱され、奉天自治指導部員、営口県自治指導員、満州国監察院監察官を経て三七年七月国務院興安局参事官となった。この間、シベリア出兵時の功により勲八等白色桐葉章を授与された。

高津　彦次　▷12

国務院実業部総務司文書科員、満州国協和会実業部分会常任幹事、正七位／新京特別市天安路／一九〇九（明四二）一／大阪府大阪市北区天満橋筋／東京帝大法学部政治学科

大阪府高津彦七の次男に生まれ、東京帝大法学部政治学科に在学中の一九三〇年に文官高等試験行政科に合格し、翌年三月卒業と同時に商工属となった。三三年二月臨時産業合理局属兼任を経て同年六月商工事務官となり、三四年二月商工大臣秘書官兼商工事務官、同年七月免本官専任商工事務官を歴任した。その後三五年三月に依願免官し、同年四月国務院実業部事務官に転出して渡満し、総務司文書科に勤務した。陸軍大臣、関東軍司令官、朝鮮総督等を歴職した陸軍大将南次郎の長女で東京女子美術学校出身の寛子を夫人とした。

高妻　猛夫　▷11

満鉄撫順炭砿機械課監査係主任／奉天省撫順永安台南台町／一八九〇（明二三）九／宮崎県宮崎郡生目村／旅順工科学堂

宮崎県神職落合兼政の次男に生まれ、高妻勝彦の娘玉樹の婿養子となった。一九一三年旅順工科学堂を卒業し、同年一二月漢口の東亜製粉㈱に入社した。一四年一二月一年志願兵として熊本の工兵第六大隊に入営し、一五年一一月に除隊。除隊後一六年四月に渡満して満鉄に入り、撫順炭砿機械課に勤務した。二八年七月から八ヶ月間、油貢岩破砕機研究のため欧米を視察した。

高頭正太郎　▷3

関東都督府通信管理局業務課長、高等官五等従六位／大連市乃木町／一八八一（明一四）五／新潟県三島郡深才村／東京帝大法科大学独法科

新潟県高頭忠造の子に生まれ、一九〇八年七月東京帝大法科大学独法科を卒業して逓信属となり、同年一一月文官高等試験に合格した。〇九年三月高等官七等・関東都督府通信事務官となって渡満した。一〇年三月高等官六等となり、一三年三月高等官五等に進んで通信管理局業務課長に就いた。

高戸　英一　▷12

満鉄四平街保線区工事助役／奉天省四平街南四条通／一九〇二（明三五）六／福岡県門司市大字門司湊町／日本大学高等工学校土木科専攻部

一九一七年九月九州鉄道管理局に入り、博多湾鉄道工務課、鉄道省大臣官房研究所第四科等に歴勤し、この間二七年に日本大学高等工学校土木科専攻

部を卒業した。その後三三年満鉄に転じて渡満し、鉄道部工務課に勤務した後、奉天保線区技術方を経て三六年二月四平街保線区工事助役となった。

高取　一水　▷11

満鉄撫順炭砿庶務係主任／奉天省撫順北台町／一八八九（明二二）一一／長崎県長崎市／慶応大学理財科

一九一六年慶応大学理財科を卒業し、一八年から二一年まで三菱鉱業㈱に勤務した。二二年に渡満して満鉄に入り、撫順炭砿庶務係主任に就いた。

高取　恵市　▷12

高取商会主、大丸旅館主、公主嶺地方員／吉林省公主嶺柳町／一八九四（明二七）七／岡山県邑久郡豊村

一九〇七年八月陸軍病院酒保店員として渡満し、一二年八月公主嶺柳町に雑貨商高取商会を独立開業した。二〇年に第一次世界大戦の戦後不況で経営が破綻したが、新京で三宅牧場を経営する伯父の三宅浜治と取引先問屋方面の後援で建て直し、その後二六年八月に資本金一万一〇〇〇円の㈾とし、三六年九月に七万円に増資した。東京、大阪、名古屋、下関、京都、釜山、安東、大連、奉天方面を仕入地として各種食料品、和洋酒類、和洋雑貨、世帯道具、書籍、文房具類を陸軍、満鉄社員消費組合、満鉄病院等に納入し、年間二〇万円内外を売り上げた。さらに軍方面の要望を受け、三四年に東雲町に工費二万円余を投じて客室二四の大丸旅館を兼営した。

高梨　勉一　▷13

福井高梨組代表者／一八九三（明二六）／神奈川県三浦郡葉山町／東京高等工業学校

一九一三年東京高等工業学校を卒業して満鉄に入り、建築課に八年勤務した。二一年大連の飯塚工程局に転じたが、二三年に同社が解散となり、福井猪和太と共に事業を継承して福井高梨組を興した。満鉄、昭和製鋼所、関東州庁、関東軍、満州国、民間会社等の工事を請負って事業を拡張し、新京支店のほか、満州事変後は北京にも支店を設けた。

高梨　満林　▷11

大連市立高等女学校教諭、正七位、高等官六等／大連市桂町／一八八七（明二〇）二／長野県諏訪郡上諏訪町／早稲田大学高等師範部地理歴史科

長野県教員高梨義景の長男に生まれ、一九〇九年七月早稲田大学高等師範部地理歴史科を卒業した。福岡県立小倉中学校、長野県立大町中学校の教諭を務めた後、二二年四月に渡満して大連市立高等女学校教諭に転じた。二四年六月高等官七等、二八年一二月高等官六等に進んだ。

高索栄之助　▷11

関東軍司令部陸軍通訳官、従六位勲五等／旅順市月見町／一八八三（明一六）八／福島県石城郡平町／東京外国語学校ロシア語科

福島県高索静の次男に生まれ、一九〇八年東京外国語学校ロシア語科を卒業して海軍通訳となった。軍艦金剛に乗艦してカムチャッカを巡航した後、同年一〇月任期満了となり、翌年二月旭川第七師団司令部嘱託となった。一二年五月に渡満して関東都督府陸軍経理部嘱託となり、翌年一二月陸軍通訳生・都督府陸軍部付として独立守備隊司令部兼となった。二一年六月陸軍通訳官に進み、関東軍司令部付となった。勤務のかたわら旅順市会議員を務め、囲碁、園芸、釣魚から水泳、スケート、テニス、水泳など各種運動競技を愛好した。

高野　勇　▷12

国際運輸㈱監察／大連市山県通国際運輸本社／一八九〇（明二三）一二／山梨県東山梨郡塩山町

一九一二年一〇月満鉄に入り、大連車輌係となった。次いで山東鉄道に派遣され、管理部付として勤務した後、青島守備軍鉄道部付、青島守備軍残務整理委員を務めた。二三年三月守備軍撤退にともない帰社し、鉄道部庶務課、社長室人事課、同監査役室監査役補、総務部検査課、同考査課、監理部管理課に歴勤した。その後三三年七月満鉄傘下の国際運輸㈱参事に転出し、調査課長、庶務課長、天津駐在を経て三七年五月監察となった。

高野　英三　▷12

徳昌公司ハルビン支店長、ハルビン石油㈱取締役／ハルビン道裡外国七道街／一九〇一（明三四）一／兵庫県神戸市加納町／京城商業

学校

一九二一年朝鮮の京城商業学校を卒業し、南満各地でガソリン・軽油等の販売に従事した。その後三三年一〇月徳昌公司ハルビン支店の開設とともに同支店長となり、満州国政府石油類指定元卸売人、満鉄指定販売店、東洋商工石油㈱満州総代理店として日中両国人一一人を使用した。

高野気次郎 ▷11

満鉄沙河口工場倉庫主任、正八位／大連市沙河口／一八八七（明二〇）二／新潟県長岡市／東京高等工業学校

新潟県官吏高野譲の次男に生まれ、一九一一年東京高等工業学校を卒業して満鉄に入り沙河口工場に勤務した。一九年四月から翌年二月まで鞍山製鉄所に赴任し、その後沙河口工場に戻って倉庫主任兼職工見習養成所主事を務めた。勤務のかたわら予備工兵少尉として在郷軍人会沙河口会会長を務めた。

高野吉之助 ▷1

江口公司支配人／千金寨／一八七二（明五）九／鹿児島県鹿児島市和泉屋町

一八九四年日清戦争に際し第六師団歩兵第二大隊の酒保として旅順に渡り、その後近衛砲兵連隊付酒保に転じて台湾に従軍した。戦後いったん帰国したのち再び台湾に渡り、台中で樟脳の製造販売業を経営し、台中日本人組合委員を務めた。九九年に帰国して郷里で貿易その他の事業に従事したが、日露戦争が始まると一九〇五年再び第六師団後備五五連隊付酒保となって渡満した。戦後は千金寨に高野商店を設けて雑貨販売と軍隊及び撫順炭砿事務所の用達業を営み、かたわら同地に日本人会が組織されると副会長に就き、後に関東都督府の監督下に居留民会が設立されると行政委員に官選された。〇六年五月鹿児島の豪商江口氏と共同で江口公司を組織し、引き続き支配人として千金寨に留まって一切の業務を担当した。撫順近辺三ヶ所に店舗を置き、第一、第二店を小売部として採炭班と駐屯軍用達業を兼営し、第三店ではメリケン粉、砂糖、和洋酒、和洋雑貨の販売と貿易業を営んだ。

高野　盛 ▷12

日満商事㈱大連支店甘井子受渡主任、正八位／大連市青雲台／一八九九（明三二）六／茨城県新治郡上大津村／東京高等商船学校

茨城県高野清の次男に生まれ、一九二三年三月東京高等商船学校を卒業し、同年六月大連汽船㈱に入社した。その後二九年九月満鉄に転じ、興業部販売課埠頭出張所に勤務した。次いで三五年四月甘井子受渡事務所作業所主任、同年七月甘井子営業所甘井子受渡係主任を経て三六年九月副参事となり、同年一〇月満鉄商事部の業務を継承して日満商事㈱が設立されると同社大連支店甘井子受渡主任となった。

高野　貞一 ▷12

日満商事㈱奉天支店本渓湖出張所主任／奉天省本渓湖大和町／一八九二（明二五）三／東京府東京市四谷区永住町／独逸協会学校

独逸協会学校を卒業した後、一九一九年八月満鉄に入社して販売課奉天在勤となた。以来勤続して三四年一二月奉天販売事務所本渓湖販売所主任、三五年七月本渓湖営業支所主任を三六年九月副参事に昇格した。次いで同年一〇月に満鉄の石炭・鉄鋼・鉱油・硫安等の販売部門を分離して日満商事㈱が設立されると、同社奉天支店本渓湖出張所主任となった。

高野　貞治 ▷12

ハルビン専売署員／ハルビン専売署／一九〇〇（明三三）四／北海道後志国古平郡古平町／東亞同文書院

一九二三年上海の東亞同文書院を卒業して大連の満州福紡㈱に入社した。その後三一年九月の満州事変に際し関東軍嘱託となり、長春権運署に勤務した。次いで三二年国務院財政部事務官となって権運署監察科長を務めた後、経理科長、採運科長を経て三七年一月ハルビン専売署に転任した。

高野　茂基 ▷14

弁護士／大連市山県通／一八八七（明二〇）六／東京府東京市神田区旅篭町／東京帝大法科大学独法科

一九一一年、東京帝大法科大学独法科を卒業して仙台市で弁護士を開業した。一七年九月に仙台を引き揚げ、同年一〇月に渡満して大連市山県通で弁護士事務所を開いた。二二年二月官選で大連市会議員に就いたが、同年八月任期中に死去した。

高野　茂義　▷12

満鉄剣道師範／大連市楓町／一八七七（明一〇）一／埼玉県

茨城県士族千種甲午郎茂春の子に生まれ、後に埼玉県高野芳三郎の養子となった。早くから水戸の小沢師の下で剣道を修行し、上京して前東京高等師範学校教授・剣道師範で義兄の高野佐三郎範士の門に入って小野一刀流を修めた。一九一三年大日本武徳会教士となり、一四年に満鉄嘱託となって渡満し、以来勤続して満鉄剣道師範を務め、後に参事となった。この間、一八年大日本武徳会範士となり、二九年に昭和天皇即位に際し開催された御大礼記念武道天覧試合に剣道指定選士並びに審判員として出場し、優勝して恩賜品を授与された。長男慶寿は東京高等師範学校を卒業して大連商業学校教諭・剣道教師、次男孫二郎も同校を卒業して広島第二中学校教諭・剣道錬士となり、三男三郎は日本大学歯科に学んだ。

高野　徳次　▷11

大連聖徳小学校訓導／大連市光陽台／一九〇二（明三五）二／熊本県菊池郡隈府町／熊本県立第二師範学校、旅順師範学堂研究科

熊本県製糸業高野伊平の五男に生まれ、一九二二年熊本県立第二師範学校を卒業した。熊本市の壺川尋常小学校訓導を務めた後、二四年四月に渡満して旅順師範学堂研究科に入学した。修了して大連日本橋小学校訓導となり、南山麓小学校勤務を経て二八年聖徳小学校訓導となった。剣道二段で師範学校在学時には学校代表として京都武徳会に出場したほか、渡満後には大連奨学会の懸賞論文に「満州唱歌の研究」で応募して一等当選した。

高野　留治　▷12

満鉄昂昂渓機務段運転助役兼点検助役、勲八等／龍江省昂昂渓鉄路局宅／一八九二（明二五）二／福井県南条郡今庄村

一九二〇年満鉄に入社し、撫順車輌係機関士となった。以来勤続して三四年チチハル機務段運転副段長となり、次いで三五年昂昂渓機務段運転助役に転任して点検助役を兼務した。この間、満州事変時の功により勲八等に叙せられた。

高野　元　▷12

撫順地方検察庁次長兼撫順区検察庁監督検察官／奉天省撫順地方検察庁／一九〇二（明三五）八／福島県石城郡草野村／明治大学法科独法科

福島県高野安太郎の長男に生まれ、一九二八年九月明治大学法科独法科を卒業した。この間、二六年に文官高等試験行政科、二八年に同司法科に合格し、二九年五月司法官試補となった。三〇年一二月検事となり東京区裁判所検事局に勤務し、三二年五月から秋田区裁判所・同地方裁判所、福島区裁判所・同地方裁判所、仙台区裁判所・同地方裁判所の各検事を歴職した。三六年九月に退官し、同年一〇月満州国検察官に転じて渡満し、撫順地方検察庁次長に就いて撫順区検察庁監督検察官を兼務した。

高野　正夫　▷11

関東軍司令部陸軍歩兵中佐、従六位勲五等／旅順市春日町陸軍官舎／一八八六（明一九）一／熊本県上益城郡／陸軍士官学校

熊本県官吏の長男に生まれ、一九〇五年陸軍士官学校を卒業した。熊本、大村、久留米等の連隊に勤務したほか漢口に一年間駐屯し、中佐に進級した。二八年八月、関東軍司令部付となって渡満した。

高野　昌之　▷12

満鉄湯崗子駅長／奉天省湯崗子駅長社宅／一八九三（明二六）一一／北海道有珠郡伊達町

北海道高野貞助の三男に生まれ、一九一二年四月北海道逓信局通信生養成所を修了して北見国梨伯郵便局に勤務した。登別郵便局、朝鮮平壌郵便局に歴勤した後、一八年六月満鉄に転じて蘇家屯駅に勤務した。次いで奉天列車区、運輸部庶務課、鉄道部経理課に歴勤し、三三年一一月湯崗子駅長に就いた。この間、二七年四月創業二〇周年記念に模範社員として表彰され、三四年四月勤続一五年の表彰を受けた。

高野　宗久　▷12

浜江省公署民政庁土木科長、国務院土木局牡丹江建設処員、従七位／ハルビン浜江省民政庁／一九〇五（明三八）八／富山県下新川郡魚津町／東京帝大工学部土木学科

一九二八年三月東京帝大工学部土木学科を卒業して内務工手となり、名古屋土木出張所に勤務した。その後三二年九月技師に進んで木曽川上流改修事務所犀川工場主任を務めた後、三三年六月国道局技正に転出して渡満し、第二技術処治水科に勤務した。次いで三四年七月国道局技佐となり、三五年七月ハルビン建設処に転勤し、三六年一月龍江省公署技正に累進して民政庁土木科長に就き、三七年二月兼任土木局技正・牡丹江建設処勤務となった。

高野　盛美　▷11

満鉄大連埠頭職員／大連市大山通／一八七九（明一二）三／山形県米沢市信夫町／明治法律学校、日本文章学院

山形県医師高野吉弥の長男に生まれ、中学校を卒業して上京し、明治法律学校と日本文章学院で修学した。一八九八年六月横須賀海兵団に入団し、一九〇六年五月に除隊した。〇八年七月関東都督府兼外務省巡査となって渡満し、一八年五月警部補に進んだが、翌年八月に退官して満鉄に入り埠頭事務所に勤務した。海軍時代に駆逐艦朝潮回航委員付としてイギリスに出張したほか、日露戦争の功で白色桐葉章、青島戦役の功で金一五円を受けた。長女初は大連女子人文学院を出て撫順炭砿機械課員の神保良助に嫁し、長男一郎は南満州工業専門学校に学んだ。

高野吉太郎　▷12

東方観光㈱取締役社長、台湾運輸㈱社長、伊予商運㈱社長、播州発動機㈱取締役、大原造船鉄工㈱監査役／大連市／一八七一（明四）九／大阪府豊中市大字南刀根山／横須賀英和学館

高野鉄次郎の長男として水戸市に生まれ、一八八九年横須賀英和学館を卒業して佐世保鎮守府に勤務した。九〇年に長崎県庁に転じた後、三菱炭砿勤務を経て長崎税関に転じ、日清戦争後の一八九五年八月に台湾税関が開設されると同税官吏となり、淡水、基隆、安平、打狗等の各税関に勤務した。一九〇一年二月大阪商船㈱に転じて大阪本店運輸課に勤務した後、〇六年一月㈾商船組神戸支店支配人に転じ、さらに同年四月大阪商船会社専属店の海陸運送業磯部㈴大連出張所支配人に転じて渡満した。次いで満鉄嘱託となって埠頭事務所次長に就き、〇九年に欧米各国を視察した後、一一年に富島組参事に転じた。一六年に同組の組織変更とともに専務取締役に就き、二九年同社長に就任した。三六年に退任した後は台湾運輸㈱の業務に専念したが、三五年一〇月日満観光㈱が設立されると同社長に就任し、東方観光㈱への改称後も引き続き同職を務めた。夫人すゑとの間に一男二女あり、長男新は天理教丸亀宣教所長を務めた。

高野　善哉　▷12

高野洋行主、正七位勲六等／安東大和橋通／一八七六（明九）一一／岩手県盛岡市／岩手県立盛岡中学校

岩手県立盛岡中学校を卒業して上京し、法律と経済学を修学して一八九七年内務省に入った。次いで九八年鉄道作業局に転じて一〇年勤続した後、一九〇八年朝鮮鉄道局に転じた。その後一九年に辞職して安東県大和橋通で石炭商を開業し、後に日満商事指定販売人となり煉瓦製造業を兼営した。

鷹野　鷲雄　▷11

農園経営／奉天省熊岳城大正街／一八八六（明一九）九／長野県南佐久郡川上村／中学校

長野県農業鷹野幸作の三男に生まれ、郷里の中学校を卒業した。一九〇八年三月に渡満して満鉄に入り、一三年三月に退社して熊岳城に農場を開き、果樹その他の農園を経営した。

高橋　聿郎　▷9

大連新聞編集局長、弁護士／大連市山県通／一八八一（明一四）三／徳島県徳島市富田浦町／京都帝大法科大学独法科

一九〇四年京都帝大法科大学独法科を卒業して大学院に進んだが、〇六年に中退して判事となった。その後大阪朝日新聞社に転じて北京に赴任し、次いで大阪本社詰となり、業務のかたわら法律事務に従事して関西大学で刑法を教えた。一四年に退社して銀行その他の実業経営を試みたがすべて失敗し、同年八月大連の満州日日新聞主幹に転じて渡満し、後に政治部長に就いた。その後退社して同地で高橋法律事務所を開いたが、二〇年に再び言論界に復帰して大連新聞編集局長に就いた。

高橋猪兎喜　▷14

弁護士、大連郊外土地㈱取締役社

た

長／大連市播磨町／一八八七（明二〇）一／高知県高知市石井／明治大学法科

高知県官吏高橋恒幸の子に生まれ、一九一〇年に渡満して関東州法院書記となった。その後一七年一〇月に依願退職して帰国し、二〇年三月明治大学法科を卒業し、同年一二月弁護士試験に合格して再び渡満した。二一年一月関東庁地方法院所属弁護士名簿に登録し、以来大連で弁護士業に従事し、東洋拓殖㈱大連支店、大連重要物産取引人組合、満州主要物産組合、日清製油㈱、三菱商事大連支店、大連取引所銭鈔信託㈱、山田商店、瓜谷商店等の法律顧問を務めた。二四年関東州弁護士会副会長に当選し、同会常議員会議長を二回務めたほか、二八年一一月から三六年一一月まで大連市会議員を二期務めた。かたわら日華興業㈱、第一無尽、大連車夫合宿所の各重役、満州興信公所長、大連競馬倶楽部理事、大連郊外土地㈱取締役社長を務めた。

高橋　巌　▷11

大連南山麓小学校訓導／大連市須磨町／一八九九（明三二）一／山形県東置賜郡沖郷村／山形県師範学校

山形県高橋庄兵衛の六男に生まれ、一九一九年山形県師範学校を卒業して郷里の沖郷小学校訓導となった。二二年に米沢市西部小学校に転じた後、二七年四月に渡満して大連の南山麓小学校訓導となった。草崎主山の高弟として尺八を能くしたほか、写真術を趣味とした。同郷の夫人まつは米沢高等女学校を卒業して教員養成所を修了し、渡満直前の二七年三月まで郷里で教員を務めた。

高橋　英次　▷12

満州モータース㈱サービス部長／大連市秋月町／一八八七（明二〇）一一／東京府芝区松本町／県立広島第一中学校

東京府高橋長次の長男に生まれ、広島県立広島第一中学校を卒業した後、一九〇九年広島市で鉄工場を開業した。東京に移転して自動車修繕業に従事した後、一七年東京タクシー自動車㈱工場長に転じた。その後アメリカに渡って自動車業を視察し、帰国してマック貨物自動車輸入販売サービスに従事した後、三六年に渡満して満州モータース㈱に入社した。

高橋　一雄　▷10

日本郵船㈱大連出張所長／大連市霧島町／一八八六（明一九）七／東京府東京市四谷区三光町／東京高等商業学校

旧松平藩の重臣で東京代言人組合長、東京府会議員、日本銀行顧問を務めた高橋一勝の子に生まれた。出生直後に父が死亡して母の手で育てられ、一九〇八年東京高等商業学校を卒業して㈱米井商会に入り貿易業に従事した。一三年一一月日本郵船㈱に転じて営業部外航課に勤務し、一六年に渡米してニューヨーク支店開設の任に当たり、翌年帰社した。一九年六月ロンドン支店副長として赴任し、二二年九月本社営業部に戻り貨物課副長に就いた。二四年三月、大連出張所長となって渡満した。

高橋　一二　▷12

満鉄日本橋図書館長兼近江町図書館長／大連市北大山通満鉄日本橋図書館／一八九〇（明二三）一／岩手県和賀郡藤根村／早稲田大学専門部政治経済科

岩手県農業高橋五郎の次男に生まれ、一九一五年早稲田大学専門部政治経済科を卒業して大連経済日報社に入った。その後一九年二月満鉄に転じて大連図書館に勤務し、司書、司書係主任を経て日本橋図書館長に就き、埠頭図書館長を兼務した後、近江町図書館長を兼務した。この間、三四年四月勤続一五年の表彰を受けた。

高橋　勝年　▷12

吉林市公署水道科長／吉林市公署公館／一九〇四（明三七）九／滋賀県蒲生郡八幡町／エール大学

滋賀県高橋卯三郎の次男に生まれ、一九二五年三月金沢高等工業学校土木科を卒業して東京の日本トラスコン鋼材会社に入った。その後二八年六月に退社してアメリカに渡り、エール大学に留学して不静定力学及び橋梁工学を専攻した。三〇年に論文「高層建築ニ於ケル風圧応力」により修士号を取得し、帰国した後、渡満して国務院国都建設局技正となり、吉林市政籌備処嘱託を経て三六年四月水道科長に就いた。

高橋　貫一　▷8

東省実業㈱専務取締役／奉天／一八七五（明八）三／山口県都濃郡

徳山町／慶應大学

中学校を卒業して農学校に入り、さらに慶應大学を卒業して広島県庁に勤務した。一九一一年東洋拓殖㈱に転じて京城本社、江景、水原、間島、平壌の各支店に勤務した後、姉妹会社の東省実業㈱専務取締役に就任した。

高橋　協　▷12

満州モータース㈱専務取締役／大連市千草町／一八九〇（明二三）／広島県広島市／東京高等工業学校機械科

広島県高橋発二の次男に生まれ、一九一一年東京高等工業学校機械科を卒業して古河㈴に入社した。一七年にアメリカに出張して一九年に帰社し、系列の横浜護謨㈱販売部長、富士電機㈱門司出張所長を歴任し、三一年東亞ペイント製造㈱取締役兼東京出張所長となった。その後三五年四月本社に復帰し、次いで満州モータース㈱専務取締役となって渡満した。研精会に属して長唄を能くし、長女千枝子は石井漠の門下生として舞踊を修業した。

高橋　恭二　▷12

満鉄新京鉄道工場長／新京特別市満鉄鉄道工場／一八九四（明二七）一／愛媛県新居郡金子村／旅順工科学堂

愛媛県高橋仁三郎の三男に生まれ、一九一一年西条中学校を卒業して渡満し、一五年に旅順工科学堂を卒業した。同年一二月満鉄に入り、工場に勤務した後、遼陽車輌係、遼陽分工場、沙河口工場機械課に歴勤し、次いで同工場車台職場主任、同木工課車台職場主任、同鉄工課旋盤工具職場主任、同組立仕上職場主任を歴任した。二九年一〇月ディーゼル電気機関車修繕・製作に関する事項研究のためドイツ、スイス、アメリカに出張した後、三〇年九月技師に昇進して鉄道工場計画係主任、鉄路総局機務処工作科長兼作業係主任兼総局機務処長代理、鉄道総局工作局工場課長を歴任し、三七年四月新京鉄道工場長に就いた。

高橋　亨太　▷12

満鉄大連鉄道工場第二作業長兼客車職場主任、工業標準規格委員会小委員会委員、社員会沙河口連合会幹事、社員消費組合総代、勲六等／大連市初音町／一八九一（明二四）二／福島県安達郡小浜町／米沢高等工業学校

新潟県牛木専三郎の六男として同県中頸城郡津有村に生まれ、福島県高橋孝千代の養子となった。高岡中学校を経て一九二〇年三月米沢高等工業学校を卒業し、満鉄に入社して沙河口工場木工課に勤務し、同年一一月車台職場に移った。二五年四月沙河口実業補習学校講師兼務を経て同年六月木工課車台職場助役となり、二九年五月同調査係主任、三〇年一月大連工場、同年六月鉄道工場、三二年四月同車台職場主任、三五年四月鉄道工場第二作業場客車職場主任を歴職して同年七月技師となった。次いで三六年九月参事に進み、三七年四月第二作業長兼職となった。この間、満州事変時の功により勲六等瑞宝章を授与され、三五年に一五年勤続の表彰を受けた。米沢工高時代から尺八に精進し、郡山流師範免状を有した。

高橋　清　▷12

熱河省青竜県参事官、正八位／熱河省青竜県参事官公館／一九〇五（明三八）九／神奈川県足柄上郡山北町／拓殖大学商学部

神奈川県高橋良之助の六男に生まれ、拓殖大学在学中の一九二八年五月、済南事件に際し山東派遣第三師団司令部付通訳補助として従軍した。三〇年三月同大商学部を卒業した後、翌年幹部候補生として近衛歩兵第二連隊に入営し、除隊後三二年四月に渡満して監察院総務処庶務科に勤務した。三三年五月熱河省公署属官に転任して総務処人事科に勤務し、次いで三六年四月同省青竜県参事官に転任した。

高橋　欽吾　▷12

満鉄牡丹江建設事務所営業主任、社員会評議員、勲八等／牡丹江日照街／一八九四（明二七）五／宮城県加美郡小野田村／岩倉鉄道学校業務科

宮城県高橋大吉の次男に生まれ、岩倉鉄道学校業務科を卒業した後、一九一八年六月満鉄に入り安東駅貨物方となった。鉄道部営業課勤務、奉天列車区勤務を経て沙河鎮駅助役となり、次いで橋頭駅助役、鞍石台駅長、蛤蟆塘駅長、ハルビン建設事務所勤務を経て三五年五月牡丹江建設事務所営業主任となった。この間、満州事変時の功により勲八等に叙された。

た

高橋 敬蔵 ▷12

満鉄鉄道総局付待命参事、勲六等／大連市児玉町／一八八五（明一八）八／北海道札幌郡江別町

一九〇六年北海道鉄道部に入り、程なく野戦鉄道提理部に編入されて渡満した。〇七年四月満鉄の開業とともに入社し、勤続して三四年六月技師、三六年参事に昇格して牡丹江建設事務所事務長に就いた。その後三七年四月勤続三〇年の表彰をうけて待命となり、鉄道総局に所属した。

高橋 源一 ▷12

国務院総務庁情報処員、勲八等／新京特別市千鳥町千鳥荘／一八九七（明三〇）八／宮城県苅田郡小原村／国士舘高等部

宮城県高橋長十郎の子に生まれ、一九二三年国士舘高等部を卒業した後、二九年八月満鉄に入り社員会編集部に勤務した。次いで国務院に転じて資政局弘報処調査科長となり、関東軍参謀部嘱託としてハルビン特務機関に出向した後、三三年に復帰して総務庁情報処に勤務した。この間、満州事変時の功により勲八等瑞宝章を授与されたほか、勲六位景雲章、建国功労賞、大典記念章、皇帝訪日記念章を受章した。

高橋 源吉 ▷1

歯科医院主／奉天省鉄嶺／一八五九（安六）六／新潟県中頸城郡高田町

幼い頃から高田町の室孝幸次郎に就いて漢学を修めた後、日清戦争後一八九五年一一月台湾に渡り台北で歯科医を開業した。診療のかたわら質屋業と古着商を兼営して質業組合総代と古着商組合取締を務め、さらに同地の税調査委員、衛生委員に選任された。〇二年七月に廃業して天津に渡り歯科医を開業したが、日露戦争が始まると〇四年五月数人の同志と中国船を雇って芝罘から大連に密航し、翌月から風紀衛兵所の通訳に採用された。第三軍糧餉部通訳に転任した後、戦後〇五年九月に退任して芝罘で歯科医を開業したが、一年後に再び渡満して奉天に数ヶ月滞在し、〇七年五月から鉄嶺で歯科医院を開業した。

高橋 孝一 ▷12

大連汽船㈱船渠部工作課長／大連市山城町／一八八七（明二〇）一二／山形県米沢市猪苗代片町

山形県高橋盛蔵の子に生まれ、一九二三年四月に渡満して満州船渠㈱技師となり、以来勤続して三〇年九月設計係主任兼用度係主任となった。その後三一年九月大連汽船㈱に合併されて同社船渠工場工作係となり、三二年九月大連工場工作係兼務を経て三五年一二月工作課長兼大連工場長に就き、三六年七月兼職を解かれ工作課長専任となった。

高橋 康助 ▷12

満鉄吉林鉄路局機務処運転科員／吉林九緯路局宅／一八九九（明三二）一二／宮城県名取郡長町

早くから満鉄に入り、勤続して一九三五年一月吉林機務段副段長となり、三五年四月の職制改正により吉林鉄路局機務処車両科勤務、次いで三六年一〇月の職制改正により同局機務処運転科員となった。

高橋 広蔵 ▷11

奉天中学校教諭、正七位／奉天稲葉町／一八八八（明二一）六／福島県伊達郡川俣町／國學院大学、京都帝大文学部文学科、広島高等師範学校研究科

福島県公吏高橋源八の長男に生まれ、一九一二年國學院大学を卒業した。その後二一年に京都帝大文学部文学科で国文学を専攻し、さらに広島高等師範学校研究科に入った。二六年五月に卒業し、翌年年四月に渡満して奉天中学校教諭となった。著作に教育思想及び哲学に関する研究論文、翻訳等がある。夫人三好子は宮城県立第一高等女学校及び師範学校二部を卒業し、多年小学児童の教育に携わった。

高橋甲太郎 ▷11

無職／大連市楓町／一八七六（明九）一二／新潟県北蒲原郡水原町／和仏法律学校

新潟県農業今井嘉内の次男に生まれ、一九〇三年和仏法律学校を卒業した。〇四年第四軍司令部に属して日露戦争に従軍し、各地を転戦した。〇五年鉄嶺軍政署から関東都督府民政署に転じたが、その後官を辞して大連で塩業、漁業、請負業等に従事した。

高橋 敏 ▷12

駐満日本大使館内朝鮮総督府出張所長、同大使館朝鮮課長、関東軍

司令部嘱託、従五位勲六等／新京特別市城後路第三白山住宅／一八九七（明三〇）三／宮城県刈田郡大平村／東京帝大法学部

宮城県高橋源六の次男に生まれ、一九二一年三月東京帝大法学部を卒業して同年五月朝鮮総督府属となった。同年文官高等試験行政科に合格した後、道理事官、道事務官、専売局事務官等を経て、三三年八月全羅北道警察部長、三四年一一月平壌府尹に歴任した。その後三六年一〇月朝鮮総督府事務官兼外務事務官となり、在満日本大使館内朝鮮総督府出張所長として新京に赴任した。この間、満州事変時の功により賜金を授与されたほか、昭和大礼記念章、満州国建国功労賞を受けた。

高橋　哲　▷12

国務院経済部商務司商事科長、正七位／新京特別市熙光路白山住宅／一九〇五（明三八）八／静岡県熱海市熱海／東京帝大法学部英法科

静岡県高橋昇の六男に生まれ、一九二八年三月東京帝大法学部英法科を卒業した。同年四月商工省より生命保険事務取扱を嘱託された後、同年一〇月高等文官試験行政科に合格して保険事務官となり、次いで特許局事務官となった。その後三四年七月国務院実業部商標局理事官・審査科長に転出して渡満し、実業部法令審査委員会委員、商標局総務科長兼審査科長、商標手続代理人銓衡委員会幹事を歴任した。次いで実業部理事官となり、総務司会計科長兼文書科長代理兼工商司勤務を経て三七年七月行政機構改革により経済部商務司商事科長となった。この間、特許発明局程序代理人銓衡委員会委員、満州生命保険会社設立準備委員、新京満州国官吏消費組合常務理事、満州国協和会実業部分会幹事を務めた。

高橋　三郎　▷11

満鉄社長室文書課員／大連市真金町／一八八五（明一八）一一／大阪府大阪市西区新町／三重県立第四中学

大阪府高橋武治の次男に生まれ、一九〇五年三重県立第四中学校を卒業した。一八年六月に渡満して満鉄に入り、社長室文書課に勤務した。

高橋　三友　▷12

国際運輸㈱大連支店運搬係主任兼保険係主任／大連市桃源台／一九〇三（明三六）九／東京府東京市品川区大井町関ヶ原／法政大学法文学部英法科

新潟県三条市に生まれ、三条中学校を経て一九三〇年三月法政大学法文学部英法科を卒業し、同年五月国際運輸㈱に入社して東京出張所に勤務した。同年六月大連本社経理課勤務となって渡満し、三二年一月四平街支店、同二月大連支店、同四月本社営業課、同一二月陸運課に歴勤した。次いで三五年四月陸運課保険係主任、三六年四月大連支店保険係主任を経て同年七月同運搬係主任となり、三七年二月保険係主任兼務となった。

高橋　鹿蔵　▷11

満鉄公主嶺駅助役／吉林省公主嶺菊地町／一八九八（明三一）一一／福岡県八女郡光友村

福岡県商業高橋竹一郎の次男に生まれ、一九一四年朝鮮総督府逓信局に入り、翌年釜山郵便局に転じた。七年勤務して退職し、二一年二月に渡満して満鉄に入り奉天駅に勤務した。奉天列車区、長春列車区勤務を経て二七年一月公主嶺駅助役に就いた。剣道三段の後備陸軍歩兵伍長で、釜山勤務時代に釜山実践女学校出身の田代と結婚した。

高橋　茂樹　▷12

満鉄撫順炭砿経理課員、撫順静岡県人会役員／奉天省満鉄撫順炭砿経理課／一九〇〇（明三三）一二／静岡県志太郡小川村／藤枝農学校

静岡県高橋市太郎の次男に生まれ、一九一八年三月藤枝農学校を卒業した後、一九年六月満鉄に入り撫順炭砿竜鳳採炭所に勤務した。以来勤続して三二年四月監理部考査課勤務、総務部審査役付監察員、総裁室監察役付監察員を歴職し、三七年撫順炭砿経理課に転任した。この間、三五年四月勤続一五年の表彰を受けた。

高橋　重義　▷12

ハイラル市政管理処事務官／興安北省ハイラル市政管理処／一九〇九（明四二）九／茨城県新治郡七会村／二松学舎専門学校

茨城県高橋四郎の三男に生まれ、一九三一年二松学舎専門学校を卒業して朝鮮慶尚北道の金泉高普通学校教員とな

った。その後三二年に渡満して国務院資政局訓練所に入所し、同年一〇月改称後の大同学院を卒業して奉天省輝南県属官となった。三六年同県参事官に昇格した後、三七年六月ハイラル市政管理処事務官に転任した。

高橋　俊平　▷11

公主嶺満州銀行支店員／吉林省公主嶺大和町／一八九三（明二六）六／秋田県北秋田郡大館町／慶応大学理財科中途退学

秋田県官吏高橋脩一の子に生まれ、一九一六年慶応大学理財科に入学した。渡米する目的で三年で退学したが、その後計画を中止して二〇年に渡満した。安東銀行に勤めた後、満州銀行に転じて公主嶺支店に勤務した。

高橋庄之助　▷4

高橋商会主／長春新市街／一八七四（明七）二／北海道札幌区北五条

札幌の酒類販売・木材業者の子に生まれ、一八九四年東ロシア領ブラゴエシチェンスクに渡り請負業及び貿易業に従事した。基礎が固まった矢先の一九〇四年、日露開戦により即刻退去を命じられた。資産整理の暇もないまま同地の日本人と共に帰国の途に就いたが、途中でロシア官憲に監禁されて所持金を奪われ、漸くドイツ経由で引き揚げた。帰国直後に陸軍提理部の嘱託を受け、渡満して満州各地の物資調達に従事した。〇五年から大連に居住して種々営んだ後、〇七年長春に移って高橋商会を興して材木商を営んだ。当初は吉林産材木を取り扱ったが、後にシベリアを踏査してシベリア材専門とし、満鉄撫順炭砿の坑木の大半を納入した。

高橋　仁一　▷14

南満州電気㈱常務取締役／大連市聖徳街／一八八八（明二一）三／山形県米沢市清水町／東京高等商業学校

山形県高橋熊太郎の次男に生まれ、一九〇九年七月東京高等商業学校を卒業して満鉄に入った。一〇年埠頭事務所に転勤し、一九年八月貨物課長、二〇年陸運課長に進んだ。その後本社庶務課、興業部、社長室勤務を経て二六年電気作業所に転じ、同年五月に満鉄から分離して南満州電気㈱となった後も勤続し、二八年一二月常務取締役に就いた。かたわら瓦房店電灯㈱、大石橋電灯㈱ほか七社の監査役と遼陽電灯公司監事を務め、二七年三月から三二年一〇月まで大連市会議員を務めた。

高橋　捨一　▷1

高橋組主／奉天省営口新市街／一八七六（明九）一／東京府東京市下谷区谷中真島町

旧越前藩士の長男として福井市に生まれ、一一歳の時に両親に死なれ、次いで弟と二人の妹を喪って一弟と二人のみとなった。一八九一年東京に遊学した後、九六年北海道に渡って函館・小樽間の北海道鉄道の工事請負に従事し、九八年からは東京で大小の工事を請け負った。一九〇二年天津に渡って同業を営んだが、日露戦争が始まると〇四年一〇月営口に移り、新市街に居宅を新築して高橋組を開設し、軍政署その他諸官衙の工事を請け負った。

高橋　清一　▷11

奉天取引所長、従四位勲四等／奉天葵町／一八七八（明一一）一二／岐阜県養老郡池部村／東京帝大法科大学政治学科

岐阜県農業高橋太助の八男に生まれ、一九〇〇年東京帝大法科大学政治学科を卒業して外務省に入った。〇五年領事官補となり、一三年総領事に進んで香港に赴任した。二五年に退官し、二七年二月に渡満して関東庁嘱託となり、同年六月奉天取引所長に転じた。

高橋　誠一　▷13

大林組取締役兼満州支店長、満州土木協会理事、勲六等／一八八六（明一九）二／山形県東村山郡高楯村／京都帝大理工科大学土木工学科

山形県高橋長次郎の次男に生まれ、一九一二年七月京都帝大理工科大学土木工学科を卒業して大林組に入った。入社間もなく明治天皇の死去に伴う桃山陵造営の従事員に選抜され、一四年の昭憲皇太后の墳墓築造工事にも従事した。一九年にアメリカに派遣されて各地の建築土木現業を視察し、二一年六月に帰国して工務監督に昇格した。二四年一二月営業部第三部長、二六年評議員を経て三二年理事となり、満州事変後の需要増大により大連出張所を支店に昇格する際、初代支店長となって渡満した。次いで三三年三月奉天に満鉄鉄路総局が設置されると同地に満州支店を設け、奉天鉄西工場区の造営工事のほか軍関係の諸工事の大半を受注し、三四年一月大林組取締役となった。この間、満州事変時の建築功労により勲六等瑞宝章及び従軍記章、賜金を授与された。

高橋惣太郎　▷12

東亜煉瓦㈱取締役／大連市外西山会石家溝／一八七七（明一〇）／北海道

福井県に生まれ、一九〇五年日露戦争に際し野戦鉄道部付として渡満した。戦後〇七年四月満鉄創業と同時に同社員となり、後に退職して沙河口で写真屋を開業した。その後廃業して一九年一〇月東亜煉瓦㈱に入り、二七年同社取締役に就任した。

高橋多佳次　▷11

大連海務協会嘱託／大連市竜田町／一八八七（明二〇）一／山形県山形市宮町／専修学校中退

山形県医師高橋恵亮の四男に生まれ、一九〇六年山形中学校を卒業して東京の専修学校に学んだ。〇八年に中退して渡満し遼東新報社に勤務したが、一〇年に退社して満鉄電気作業所に入った。さらに一二年満州日日新聞社に転じた後、一九年に南満建物㈱常務取締役に就いた。二三年さらに転じて大連海務協会嘱託となり、満州社会事業研究会幹事を務めた。月南と号して川柳、絵画を趣味とした。

高橋孝千代　▷3

満鉄技術局職員、従七位勲七等／大連市加茂川町／一八七〇（明三）一／福島県安達郡小浜町／郵便電信学校

郵便電信学校を卒業し、逓信省に入った。一九〇四年日露戦争の際に野戦鉄道建築班として渡満し、戦後〇七年四月の満鉄開業とともに入社し、保線課に勤務した。

高橋　威夫　▷12

満鉄総裁室文書課文書係主任／大連市東公園町満鉄本社／一九〇四（明三七）八／茨城県鹿島郡軽野村／東京帝大法学部

茨城県高橋勝蔵の次男に生まれ、一九二九年三月東京帝大法学部を卒業して同年五月満鉄に入った。社長室人事課勤務、大連列車区貨物助役を経て鉄路総局に転勤し、ハルビン鉄路局文書係主任、同局文書科長を歴任し、三六年一二月総裁室文書課文書係主任となった。

高橋　武夫　▷12

満州興業銀行理事兼中小金融課長事務取扱／新京特別市大同大街／一八八八（明二一）一二／岩手県稗貫郡矢沢村／東京帝大法科大学経済学科

岩手県高橋久平の長男に生まれ、盛岡中学校、第一高等学校を経て一九一三年七月東京帝大法科大学経済学科を卒業して朝鮮銀行に入った。京城本店、上海出張所勤務を経て一八年長春支店長となり、次いで京城本店総務課長、ニューヨーク支店支配人、青島支店支配人、大連支店営業部長を歴任し、二四年一〇月満州銀行常務取締役に就任した。その後三六年一二月、在満州朝鮮銀行支店、満州銀行本支店、正隆銀行本支店を統合して設立された満州興業銀行理事となり、同年一二月から中小金融課長事務取扱を兼任した。

高橋　忠之　▷12

満鉄鉄道総局工場課員、社員会評議員／奉天紅葉町／一八九七（明三〇）一〇／高知県長岡郡岡豊村／旅順工科学堂機械科

高知県高橋忠治良の長男に生まれ、関東都督府中学校を経て一九一八年一二月旅順工科学堂機械科を卒業して満鉄に入社した。以来勤続して沙河口工場鉄工課員、同旋盤工具職場助役、同調査係主任、同旋盤工具職場主任、鉄道工場能率係主任兼工作工養成所主事、旅順工科大学講師を経て三四年六月技師となった。次いでハルビン鉄路局機務処計画係主任、同工作科長、鉄路総局機務処工作科勤務に歴任して三六年九月参事となり、同年一〇月鉄道総局工場課に転任した。この間、満州事変時の功により賜杯を授与され、三四年四月勤続一五年の表彰を受けた。

高橋　辰二　▷12

満鉄用度部庶務課庶務係主任、大連岩手県人会評議員／大連市文化台／一八九三（明二六）七／岩手県稗貫郡花巻町／明治大学専門部商科

岩手県高橋茂吉の次男に生まれ、一九一七年明治大学専門部商科を卒業して満鉄に入り、経理部用度課に勤務した。本渓湖地方事務所に転勤した後、商事部倉庫課、経理部用度課、同倉庫課、用度事務所、用度部庶務課、同倉庫課、同庶務課、商事部用度課、用度事務所に歴勤し、三六年一〇月用度部庶務課庶務係主任となった。この間、三三年四月勤続一五年の表彰を受けた。

高橋　司　▷12

大連朝日尋常小学校長、正七位勲六等／大連市東公園町／一八八三（明一六）一〇／大分県速見郡日出高城町／大分県師範学校

大分県高橋有英の長男に生まれ、一九〇四年三月大分県師範学校を卒業し、玖珠郡万年村の塚脇小学校及び森町の森小学校に歴勤した。その後〇九年関東州に出向し、旅順第二小学校次席教員、大連嶺前屯小学校校長代理、大連第五小学校正教員に歴勤した。次いで嶺前屯小学校校長、旅順第一小学校長、旅順家政学校長、大連春日小学校長を歴任し、三四年四月大連朝日尋常小学校長となった。

高橋常太郎　▷12

満州採金㈱琿春鉱業所長／間島省琿春県東興鎮／一八九一（明二四）六／愛媛県新居郡高津村／工手学校冶金科

一九一二年三月東京の工手学校冶金科を卒業して横山鉱業尾小屋鉱山に勤務し、一四年六月大阪亜鉛鉱業会社電錬部に転じた。一八年一〇月中日実業会社技師に転じて鉱山部に勤務し、次いで東京帝大助手として工学部鉱山科に勤務した。二六年四月朝鮮総督府殖産局燃料選鉱研究所に転じ、三一年四月江原道昌道鉱山鉱業所主任を務めた後、三二年九月義州鉱山会社第三鉱業所主任に転じた。さらに三三年五月平安北道昌城郡鶴峰金山を委託経営した後、三四年三月楚山金鉱会社に転じて楚山鉱業所技師、同年八月技師長、同年一〇月同鉱業所長を歴任した。その後三六年五月満州採金㈱に転じて琿春作業所副長となり、三七年四月琿春鉱業所長に就いた。

高橋　貞二　▷3

達摩商会主、安東銀行取締役／安東県市場通／一八七〇（明三）一二／愛媛県新居郡泉川村／中学校

中学校を卒業して神戸銀行に勤続したが、一九〇五年に渡満して安東に達磨商会を興した。貿易業に従事するかたわら、安東銀行取締役、安東居留民会行政委員、安東商業会議所常議員を務めた。

高橋　時太　▷12

国際運輸㈱四平街支店長代理／奉天省四平街北六条通／一八九四（明二七）七／愛媛県新居郡垣生村／岩倉鉄道学校本科業務科

一九一四年東京の岩倉鉄道学校本科業務科を卒業し、同年一二月鴨緑江採木公司漂木整理事務嘱託となって渡満した。一五年四月本渓湖軽便鉄道会社事務員に転じ、後に日中合弁の渓城鉄路公所に改組されると事務主任を務めた。その後二七年一〇月国際運輸㈱に入り、長春支店に勤務した後、吉林支店経理主任、鉄嶺出張所長を経て三六年一一月四平街支店長代理となった。

高橋　俊　▷11

関東庁蚕業試験場長、正七位／旅順市日進町／一八七七（明一〇）一／栃木県那須郡親園村／東京高等蚕糸学校

栃木県高橋安誉の三男に生まれ、一九〇五年東京高等蚕糸学校を卒業し、翌年栃木県蚕病予防事務所氏家出張所主幹となった。〇七年東京高等蚕糸学校試験部に転じた後、同年さらに北海道庁農事試験場蚕業講習所に転じた。一五年茨城県蚕種同業組合に転じて外国蚕種の奨励事務に従事した後、一七年四月に渡満した。満鉄及び関東都督府嘱託として蚕業奨励事務に当たり、二六年に関東庁蚕業試験場長に就いた。夫人は三男三女を遺して二七年に病没した。

高橋冨十郎　▷12

関東逓信官署逓信局総務課長、逓信官署職員共済組合審査会審査委員、従六位勲六等／大連市水仙町／一八八八（明二一）三／香川県小豆郡大鐸村／香川県立高松中学校中退

香川県農業高橋文太郎の次男に生まれ、一九〇七年県立高松中学校四年を中退した後、〇八年一〇月新宮郵便局に勤務した。熊本通信管理局勤務を経て一三年通信省通信官吏練習所行政科を修了して通信書記補となり、九州通信局勤務を経て一四年通信書記、一七年通信属に累進し、通信省電気局に歴勤した。二二年九月関東庁通信書記に転じて渡満し、二七年一月監理課郵務係長となり、関東庁逓信副事務官を兼任して監理課長代理を務めた。次いで新京郵便局長、関東庁逓信副事務官専任、逓信局新京出張所長兼務、大連中央郵便局長を歴任し、三七年一月関東逓信官署逓信局総務課長となった。この間、満州事変時の功により単光旭日章を授与された。

高橋留八郎 ▷12

国際運輸㈱四平街支店運輸係主任／奉天省四平街北一条通国際運輸㈱支店／一八九六（明二九）九／福島県北会津郡神指村

一九一三年一二月鉄道院北部逓信局通信生養成所を修了して同事務員となり、東京鉄道局千葉駅電信掛兼出札掛、両国駅駐在車掌、保田駅助役、秋葉原駅貨物掛、経理課調査掛に歴勤した。鉄道局書記となって退職し、東京市の大浦製菓㈾営業部長、製菓問屋土屋商店帳簿係主任等に歴勤した後、東京市の失業対策事業で文部省に派遣された。その後三三年九月に渡満して国際運輸㈱に入り、四平街支店勤務を経て三六年一二月同支店運輸係主任となった。

高橋　信雄 ▷9

高橋富雄商店主、東亞証券商品信託㈱監査役、奉天証券㈱監査役／奉天加茂町／一八八一（明一四）七／東京府東京市下谷区西黒門町

東京株式取引所仲買人の角丸商店に入り、後に独立して株式業を営んだ。一九一五年仙台米穀取引所仲買人となったが、翌年一〇月東京株式商品取引所仲買人の認可を受け、仙台の店を親戚の高橋幾二郎に譲り東京で株式売買業を経営した。その後二一年一二月に渡満し、奉天交易所仲買人として同業を営み、かたわら東亞証券商品信託㈱及び奉天証券㈱の監査役を務めた。

高橋　八郎 ▷12

㈱昭和製鋼所工務部動力工場発電係主任、鞍山茨城県人会会長／奉天省鞍山下台町／一八九四（明二七）七／茨城県水戸市大字下市青物町／東京工科学校

茨城県高橋卯之太郎の五男に生まれ、一九一三年東京工科学校を卒業して同年六月相模水力電気㈱に入った。次いで富士瓦斯紡績㈱、日本軽銀製造㈱電解部技手、名古屋電灯㈱矢田変電所兼務、大阪市の厚昌鉱業㈱技術員、同社朝鮮平北厚昌鉱業所詰、同所発電所主任、同電気主任技術者を歴職した。一九年一月満鉄に転じて鞍山製鉄所に入り、工務課、製鉄部製造課、動力水道工場に勤務し、この間二三年に逓信省電気主任技術者検定試験に合格した。三三年六月鞍山製鉄所の事業を継承した㈱昭和製鋼所の操業開始とともに同社に移り、三六年四月工務部動力工場発電係主任となった。

高橋秀次郎 ▷11

満鉄奉天地方事務所勤務、獣医、正八位／奉天木曽町／一八八七（明二〇）一一／岩手県和賀郡笹間村／岩手県立農学校

岩手県農業高橋慶太郎の次男に生まれ、一九〇三年岩手県立農学校を卒業して警視庁警察医となった。一〇年に渡満して関東都督府海務局検疫獣医に転じ、嘱託衛生技手、産業技手等を経て大連屠場長に就いた。その後官職を辞し、獣医として満鉄奉天地方事務所に勤務し、かたわら南満獣医畜産学会委員を務めた。

高橋　広政 ▷12

満州炭砿㈱経理部用度課倉庫係主任／新京特別市熙光胡同白山住宅／一八八九（明二二）一〇／京都府与謝郡宮津町／慶応商業学校

一九〇五年荏原銀行に入り横浜支店に勤務した後、同本店に転勤し、勤務のかたわら一〇年に慶応商業学校を卒業し、瓦斯工業㈱、田中鉱業安部城鉱山倉庫係に歴職した。その後一八年六月に渡満して満鉄に入り、文書課勤務を経て日中合弁の大新公司に出向し、大連出張所、新邱大新公司経理係に歴勤した。次いで撫順炭砿庶務部用度課現品係、同経理部倉庫係主任に歴任して参事となり、三六年四月満州炭砿㈱参事に転出して経理部用度課倉庫係主任となった。

高橋復四郎 ▷12

興中公司㈱東京支社調査係主任／東京市渋谷区大和田町／一八九八（明三一）七／大分県中津市／陸軍士官学校

一九一九年五月陸軍士官学校を卒業し、砲兵少尉に任官した。以来軍務に服し、砲兵中尉に進んで予備役編入となった。退役後、第二富士電力会社に勤務し、次いで興中公司㈱に転じて東京支社調査係主任を務めた。

高橋　文夫　▷12

満州計器(股)常務理事、従七位／新京特別市崇智胡同／一九〇四（明三七）七／東京府東京市渋谷区代々木山谷町／東京帝大工学部機械科

滋賀県高橋徹の次男として大津市に生まれ、一九二七年三月東京帝大工学部機械科を卒業して同大学院で研究に従事した。次いで二八年八月関東庁技手となって渡満し、関東庁権度所主任、満州工業標準規格委員会委員、日本度量衡協会関東州地方委員を務めて関東庁技師となった。その後国務院実業部権度局技正に転じて企画科長、度量衡検査官、満州計器(股)監督委員会幹事、満鉄鉄路総局嘱託及び満州計器(股)設立準備委員兼幹事を歴任し、三六年一一月同公司の創立と同時に常務理事に就任した。

高橋文太郎　▷12

昭和製鋼所㈱製鋼部製鋼工場長、正五位／奉天省鞍山下台町／一八八九（明二二）一二／千葉県千葉市登戸／九州帝大工科大学冶金科

千葉県高橋仙太郎の三男に生まれ、一九一七年七月九州帝大工科大学冶金科を卒業して東洋製鉄に入社した。二一年四月八幡製鉄所に転じて第二製鋼課に勤務して製鉄所技師となり、第三製鋼課瓦斯原料工場主任、第三平炉工場主任兼務製鋼部第三製鋼課長心得に歴任した。その後三四年一一月昭和製鋼所㈱参事に転じて渡満し、三五年製鋼部製鋼工場長に就き、三六年一一月から八ヶ月間平炉作業研究のため欧米各国に出張した。

高橋　正之　▷12

昭和製鋼所㈱製鋼部長兼鋼片工場長事務取扱、従五位勲四等／奉天省鞍山上台町／一八八五（明一八）三／愛媛県宇摩郡川元江町／京都帝大理工科大学機械工学科

森野治平の三男に生まれ、後に高橋トミの養子となった。一九一〇年七月京都帝大理工科大学機械工学科を卒業し、一一年五月大阪の足田鉄工所に入社した。次いで一二年二月八幡製鉄所鋼材部製鋼工場に入り、一四年一二月技師に進み、一六年に英米に出張した後、第一製板課長兼製板課長、工務部工作課長、製板部第一製板課長を歴任した。その後二八年一二月満鉄参事に転出して鞍山製鉄所に勤務し、二九年欧米に出張して帰社後に総裁室東京在勤となった。三三年六月鞍山製鉄所の事業を継承した昭和製鋼所㈱の操業開始とともに同社参事に転出し、臨時建設部東京在勤、製鋼部次長を経て三五年一〇月製鋼部長兼鋼片工場長事務取扱となった。この間、青島戦役により勲六等単光旭日章及び賜金を授与された。

高橋　実　▷11

満鉄大連埠頭貨物方／大連市天神町／一八九一（明二四）四／石川県金沢市石引町／東洋協会専門学校

石川県官吏岩本岩二郎の長男に生まれ、絶家を再興して高橋姓となった。一九一四年東洋協会専門学校を卒業し、台湾総督府鉄道部書記となった。二〇年に退職し、同年五月に渡満して満鉄に入った。埠頭事務所庶務課に勤務した後、二八年大連埠頭貨物方となった。

高橋　源重　▷12

満鉄公主嶺尋常高等小学校長兼訓導、公主嶺青年学校長、社員会評議員／吉林省公主嶺楠町／一八九五（明二八）六／富山県婦負郡四方町／富山県師範学校一部

一九一七年三月富山県師範学校一部を卒業して郷里の四方尋常高等小学校訓導となった。その後二六年八月に渡満して満鉄に転じ、二八年一〇月教育研究所を修了して四平街尋常高等小学校訓導となった。三〇年鞍山尋常高等小学校、三五年四月奉天千代田尋常高等小学校の各訓導を歴任した後、三六年一〇月公主嶺尋常高等小学校長兼訓導となった。

高橋　守一　▷12

満鉄工務局改良課員、工業標準規格委員会小委員会委員／奉天雪見町／一八九七（明三〇）一〇／岐阜県大垣市伝馬町／名古屋高等工業学校土木科

岐阜県高橋百次郎の五男に生まれ、一九一九年名古屋高等工業学校土木科を卒業して中部鉄道管理局に勤務した。東京鉄道局技手に転任した後、揖斐川電気会社に転じ、次いで東京地下鉄会社技師に転じた。三三年一〇月に渡満して満鉄に入り、鉄道部工務課に勤務して鉄道教習所講師を兼務した。三六年九月副参事に昇格し、同年一〇月工務局改良課に転任した。

高橋　康順　▷13

満州生命保険㈱理事長、満州油化工業㈱理事長／新京特別市城後路白山住宅／一八九一（明二四）二／秋田県仙北郡金沢町／東京帝大法科大学

秋田県高橋兵蔵の長男に生まれ、一九一四年東京帝大法科大学在学中に文官高等試験に合格し、一六年七月に卒業して農商務省商工局に勤務した。次いで臨時産業調査局事務官、農商務事務官、農商務書記官、商務局事務官、農商務事務官、臨時震災救護事務局事務官、鉱山監督局書記官、東京鉱山監督局鉱政課長、特許局事務官、弁理士試験臨時委員、鉱山局鉱政課長、不当廉売審査委員会幹事兼臨時産業合理局事務官を歴任した。その後三三年二月国務院実業部理事官に招聘されて渡満し、総務司長兼特許発明局長兼臨時産業調査局長を経て実業部次長兼特許発明局長に就いた。三六年一〇月満州生命保険㈱が設立されると退官して同社理事長に就任し、創業三年にして契約高一億円突破の業績を上げた。かたわら満州油化工業㈱理事長、新京酪農社長、満州・朝鮮両鴨緑江水電理事、平北・鴨北両鉄道取締役、満州火災海上監査役、新京自動車監査役等を兼任し、新京商工公会、日満実業協会、満州発明協会等の代表を務めた。

高橋与三吉　▷12

㈾三興洋行出資社員、勲七等／奉天藤浪町／一八八九（明二二）八／福岡県八女郡光友村

朝鮮に渡って釜山電灯会社に勤務した後、仁川電気会社に転じ、次いで満鉄電気作業所に転じて渡満し奉天営業所に勤務した。その後退社して長春で電気工事請負と電気器具販売業を開業し、一九二七年三月奉天藤浪町に移転し、三三年三月資本金一〇万円の㈾とした。この間、青島戦役に従軍して勲七等青色桐葉章を授与された。

高橋　義夫　▷4

高橋商会主／ハルビン埠頭区モストワヤ街／一八九〇（明二三）二／東京府東京市日本橋区大伝馬町／耶蘇学校

ニコライ教会牧師の子に生まれ、東京駿河台のキリスト教学校を卒業した。一九一五年に渡満してハルビンのモストワヤ街に高橋商会を創立し、日本産の絹製品、羽二重、美術雑貨等をロシア人に販売した。ロシア語に精通し、宗教を同じくすることからロシア人の信用を獲得し、一六年に業務拡張のためキタイスカヤ街三一号地に移転したが、同年一二月火災に遭って店舗と家財の一切を失った。一七年にキタイスカヤ街四六号地の仮営業所で事業を再開し、同年九月には元の場所に店舗を新築した。

高橋　義三　▷12

満鉄敦化警務段巡監、勲八等／吉林省敦化満鉄警務段／一九〇一（明三四）一一／山形県東置賜郡亀岡村／光道学館

光道学館で修学した後、一九一九年志願して舞鶴海兵団に入団し、二〇年三月のニコラエフスク事件に際し第三水雷戦隊に属してシベリアに従軍した。その後二五年五月海軍兵曹に進級して除隊し、同年八月関東庁警察官兼外務省警察官となって渡満した。次いで三三年一〇月満鉄鉄路総局に転じ、敦化警務段巡監となった。

高橋　芳蔵　▷12

大興[股]董事、正八位／新京特別市百草胡同／一八九一（明二四）八／新潟県刈羽郡鵜川村／東亞同文書院

新潟県農業高橋平作の四男に生まれ、一九一三年上海の東亞同文書院を卒業して神戸の鈴木商店に入り、大連、青島、天津の各地に勤務した。二三年青島出張所主任を経て二五年大連支店支配人に就いたが、二七年四月に鈴木商店が倒産し、二八年六月南満州電気㈱に転じて安東支店長兼新義州電気㈱取締役、本店総務課長を歴任した。その後三三年に辞職して安東六合成造紙廠専務董事に就き、次いで三六年七月大興[股]董事に就任した。

高橋由太郎　▷12

高橋洋行主、奉天商工会議所議員、奉天居留民会第二区会長、奉天金物同志会幹事、奉天税捐局税務諮問委員／奉天小西関大街／一八八九（明二二）一二／福島県伊達郡

た

栗野村
福島県果物商高橋長兵衛の子に生まれ、一九一一年に渡満して満鉄撫順炭砿の傭人となった。一二年奉天の藤田洋行に転じて商業の実際を経験した後、一六年八月に独立して小西関で機械金物貿易商を開業した。経営のかたわら奉天金物同業組合幹事、奉天福島県人会副会長を務め、後に商工会議所、居留民会その他の公職に就いた。

高橋　儀時　▷12

満鉄新京医院庶務長、社員会評議員、社員消費組合総代、正八位／新京特別市常盤町／一八九八（明三一）五／高知県長岡郡田井村／大阪高等商業学校

高知県高橋甫弥の三男に生まれ、一九二一年三月大阪高等商業学校を卒業して同年五月満鉄に入社し、地方部衛生課に配属された後、同年一二月高知の歩兵第四四連隊に入営して兵役に服した。除隊復職後、営口地方事務所庶務係長、同地方係長、営口青年学校指導員兼務を経て三五年一〇月新京医院庶務長となった。この間、満州事変時の功により賜杯を授与され、三七年四月勤続一五年の表彰を受けた。

高橋　良一　▷12

満鉄蘇家屯機関区技術助役／奉天省蘇家屯自適寮／一九一三（大二）一二／岩手県西磐井郡中里村／仙台高等工業学校機械工学科

岩手県高橋広喜和の次男に生まれ、一九三四年三月仙台高等工業学校機械工学科を卒業して満鉄に入社した。奉天機関区に配属された後、同年一一月皇姑屯機務段勤務を経て三五年三月鉄路総局機務処運転課に転任した。三六年九月蘇家屯機関区技術助役となり、機関車の経済的運用及び列車運転保安設備の研究に従事した。

高畑　誠一　▷11

烏蘇里鉄道華日事務所満鉄代表、勲六等／ハルビン大直街／一八八一（明一四）九／香川県高松市一番町／東京外国語学校ロシア語科

一九〇四年東京外国語学校ロシア語科を卒業し、陸軍通訳として日露戦争に従軍した。〇七年ウラジオストクのロシア義勇艦隊代理店に入り、その後三井物産㈱に転じた。一五年に三井を退社してハルビンで商業を営んだ後、二二年に満鉄嘱託となった。二七年職員に昇格し、満鉄代表としてウスリー鉄道華日事務所に勤務した。

高畠　護輔　▷11

協和公司代表者、天徳昌支配人／大連市対馬町／一八八八（明二一）五／岡山県岡山市／陸軍士官学校

岡山市で琴香学舎を経営する漢学者の長男に生まれ、一九〇九年陸軍士官学校を卒業して中尉に任官した。一五年に渡満して旅順に勤務した後、一七年に依願退職した。二〇年に再び渡満して満州日報社に入ったが、二四年に退社して協和公司代表となり、天徳昌支配人を兼務した。

高畠　良輝　▷12

日本赤十字社ハルビン支部病院産婦人科医長／ハルビン馬街／一九〇一（明三四）一／香川県丸亀市／京都帝大医学部

香川県高畠良蔵の三男に生まれ、一九二七年京都帝大医学部を卒業した後、同大付属病院副手を経て大学院に進んだ。三三年に論文「骨盤内臓ニ於ケル淋巴ノ起動力ノ研究」により医学博士号を取得し、同年七月に渡満して日本赤十字社ハルビン支部病院産婦人科医長に就いた。

高浜　直一　▷10

㈾後藤商会代表社員／大連市薩摩町／一八八七（明二〇）二／大分県大分郡鶴崎町／関西大学

愛媛県松山市に生まれ、郷里の中学校を卒業して関西大学に入学した。一九一二年に卒業して京都の奥村電気商会に入り、数社に転職した後、松茂洋行支配人で親戚の後藤長七に招かれ、一六年に渡満して大連の松茂洋行に入った。一七年六月に後藤が退社して後藤商会を開業すると同商会支配人に転じ、店主を補佐して海運業に従事した。一九年に店主が神戸市海岸通に出張所を設けて神戸に転居し、以後は大連の店舗を任されて業務を発展させ、二七年春に目抜き通りの山県通に店舗を移転した。

高浜　兵蔵　▷11

満鉄撫順炭砿経理課木材係主任／奉天省撫順南台町／一八八九（明二二）一二／鳥取県東伯郡由良町／大阪商業学校

一九一三年大阪商業学校を卒業し、同年五月に渡満した。満鉄撫順炭砿に勤

た

務し、後に経理課木材係主任となった。

高浜　素 ▷3

大連市役所助役心得／大連市児玉町／一八七八（明一一）四／熊本県熊本市外大江村

一九〇一年一二月山口県庁に入り、翌年五月徳島県庁に転任した。日露戦争直後の〇五年八月に渡満し、翌年二月から関東州民政署に勤務して大連民政署を兼務した。〇八年一月大連民政署専務となり、その後庶務課長に進んで一五年一〇月の大連特別市制施行に際し大連市役所の創立事務に従事し、同年一一月助役心得に就いた。

高浜麟太郎 ▷1

合同公司主／奉天省開原／一八八〇（明一三）三／長崎県西彼杵郡蚊焼村／東京法学院中退

長崎中学校を卒業して東京法学院で法律を学んだが、脚気に罹って二年半で中退して郷里で療養した。県内の小学校で数年間教員をした後渡米を志したが、日露開戦となって旅券が交付されず、翌年九月営口に渡って裕和号に入り、遼河水運と鉄道輸送業に従事した。〇六年九月裕和号の代人として開原に支店を設け、後に合同公司の名で独立して鉄道輸送業を営み、同業組合の専任幹事を務めた。

高林　善助 ▷11

大連ドロマイド工業㈾／支配人、正八位／大連市恵比須町／一八九二（明二五）七／静岡県磐田郡見付町／東京高等商船学校

一九一七年、東京高等商船学校を卒業した。日本郵船会社、上西汽船会社を経て二一年末に神戸の海運業二宮商店に転じた後、二七年六月に渡満して大連ドロマイト工業㈾支配人に就いた。夫婦共に俳句を趣味とし、それぞれ蘇城、三代女と号した。

高林太佐久 ▷12

満鉄瀋陽機務段長、社員会評議員／奉天省瓦房店東復州大街／一八九〇（明二三）一二／富山県中新川郡大岩村／東京江東学院

富山県官吏高林勇作の次男に生まれ、上京して働きながら一九〇六年江東学院夜学部を卒業した。〇七年四月満鉄開業に際し東京支社で採用されて渡満し、瓦房店機関庫に勤務した後、従事員養成所を修了して瓦房店車輛係、同火夫、機関手、機関士を経て大連車輛係となった。次いで大連機関区、公主嶺機関区点検助役兼運転助役、四平街機関区、瓦房店機関区点検助役、同運転助役兼機関士、大連機関区運転助役兼機関士、同瓦房店分区運転主任兼瓦房店実業補習学校講師兼瓦房店青年訓練所指導員兼撫順炭砿勤務、鉄道部瓦房店在勤、北鉄接収派遣に歴勤し、博克図機務段長を経て三六年五月瀋陽機務段長に就いた。開業時から一貫して満鉄に勤務し、三七年四月勤続三〇年の表彰を受けた。二男一女あり、長女久代は満鉄鉄道総局産業課勤務の山沢義郎に嫁した。

高原清一郎 ▷8

官衙用達・衛生請負・土木建築請負業、湯玉麟軍副官顧問／奉天紅梅町／一八八二（明一五）二／広島県賀茂郡郷原村

日露戦中の一九〇五年七月、呉鎮守府病院付として渡満した。旅順海軍病院に勤務したが、同年退職していったん帰国し、再び渡満して昌図で野戦鉄道付酒保を営んだ。〇六年長春に移転して官衙用達、衛生請負、土木建築請負業に従事し、一八年奉天紅梅町に移転した。経営のかたわら二二年から悦来桟祖章義及び奉天新市街中国商務会の顧問を務め、二四年九月の第二次奉直戦争の際に第七旅長兼東辺鎮守使湯玉麟に招聘されて同軍少佐に任官し、荘河口沿岸の守備に就き、後に山海関前処に転じた。戦後湯が第一一師長に就くと副官兼顧問となり、大佐に昇進した。この間、一一年にペストが大流行した際の活動で都督府防疫部長より感謝状を授与されたほか、一六年八月奉天軍と日本軍が衝突した鄭家屯事件の際に通訳を務めて工兵隊長より感謝状を贈られ、二二年には遼陽で将校自馬整理に尽力して第一五師団長より感謝状を授与された。

高原　甫 ▷12

満鉄吉林警務段巡監、勲七等／吉林九経路代用局宅／一八九八（明三一）一一／長野県更級郡川中島村

長野県高原清蔵の長男に生まれ、学業修了後に鉄道院に入り、一八年一二月徴兵されて千葉の鉄道第一大隊に入営し、シベリア派遣軍に従軍した。除隊して鉄道省に復帰した後、一年後に関東庁巡査に転じて渡満し、鉄嶺警察署

に勤務した。その後三三年に退官し、同年一〇月満鉄鉄道総局に入り吉林警務段巡監を務めた。この間、満州事変時の功により勲七等に叙された。

高原　広　▷12

満州電信電話㈱琿春電報電話局長、琿春日本人民会議員、琿春商工会顧問、琿春治安維持会委員、満州国協和会琿春分会長、従七位勲六等／間島省琿春新安街／一八八六（明一九）一／福島県田村郡三春町／開成中学校

福島県高原広次郎の長男に生まれ、東京電気通信技術伝習生養成所及び開成中学校を卒業して陸軍に入り、軍用電信術と建築術を修得して一九〇八年工兵軍曹となった。その後一八年三月朝鮮総督府逓信書記補に転じ、二〇年五月逓信書記に進んで慈城郵便局長、清原郵便局長、清津郵便局郵便課長兼朝鮮総督府税関監視、会寧郵便局長を歴任した。次いで朝鮮軍嘱託を経て関東庁逓信局嘱託となって渡満し、関東軍嘱託、図們電報電話局長を経て三六年二月琿春電報電話局長に就いた。この間、満州事変時の功により従軍記章、建国功労賞を授与された。

高比虎之助　▷12

三江省湯原県参事官／三江省湯原県公署／一九〇二（明三五）一／富山県富山市泉町／拓殖大学

一九二五年拓殖大学を卒業して東京市の江東製氷会社に入り、同年一年志願兵として富山の歩兵第三五連隊に入営した。除隊後二九年五月に渡満して大連郵便局外国課に勤務し、特殊係主任となった。その後三二年一二月浜江地区浜江地方清郷委員会特務に転じ、次いで三四年二月吉林省舒蘭県参事員、三六年三月同省双陽県参事官を経て三七年六月三江省湯原県参事官に転任した。

高部　喬　▷12

満鉄鉄道総局電気課員、勲八等／奉天宮島町／一八九四（明二七）三／山梨県南都留郡宝村

山梨県高部吉真の四男に生まれ、一九一一年逓信局に入り、東京、台北等に勤務した。その後二〇年一二月満鉄に転じて長春駅、鉄嶺駅に勤務して列車車掌、助役に進んだ。次いで陶家屯駅、長春列車区に歴勤して二八年九月奉天駅事務助役となり、鉄路総局工務処電気課電務主任心得を務めた後、三六年一〇月鉄道総局電気課に転任した。この間、満州事変時の功により勲八等に叙された。

高松　敏　▷11

満鉄音楽会長、従七位勲七等／大連市播磨町／一八八六（明一九）六／兵庫県神戸市／陸軍軍楽学校

兵庫県教員小笠原長次郎の次男に生まれ、父の実家の高松家を相続した。一九〇五年陸軍軍楽学校を卒業して陸軍戸山学校軍楽隊付となり、一〇年から一年半英仏に派遣された。シベリア出兵時の二〇年に第五師団司令部付として同地に派遣され、帰国して陸軍軍楽長となった。予備役編入後の二三年六月、満鉄音楽会から招聘されて渡満し、同会会長に就任した。

高松　秀一　▷12

満鉄ハルビン電気段電気助役／ハルビン南崗遼陽街／一九一三（大二）五／宮城県桃生郡小野村／仙台高等工業学校

宮城県高松新次郎の長男に生まれ、仙台第一中学校を経て一九三四年三月仙台高等工業学校を卒業し、同年四月満鉄に入社した。鉄路総局、ハルビン鉄路局、三棵樹電気段勤務を経て三六年五月ハルビン電気段通信副段長となり、同年一〇月職制改正により同段電気助役となった。

高松　征二　▷12

国務院民政部大臣官房人事科長／新京特別市永昌胡同／一九〇五（明三八）三／高知県安芸郡安田町／九州帝大法文学部経済学科

一九三〇年三月九州帝大法文学部経済学科を卒業して満鉄に入り、鉄道部に勤務した。大連列車区、大連駅等に歴勤した後、三二年六月国務院総務庁事務官に転じて人事処に勤務した。三七年一月文教部理事官を兼任して文教部総務司人事科長に就き、次いで同年七月民政部大臣官房人事科長に転任した。

高松　博　▷11

南満中学堂教諭／奉天萩町／一八九三（明二六）九／熊本県菊池郡清泉村／九州帝大工学部

熊本県農業高松富平の長男に生まれ、一九二一年九州帝大工学部を卒業した。大分中学校教諭を務めた後、二三年三月に渡満して大連中学校教諭に転じた。翌年大連第二中学校に転任し、二六年に南満中学堂教諭となった。

高松　三守　▷12

満鉄鉄道総局産業課員／奉天満鉄鉄道総局／一八九三（明二六）六／栃木県芳賀郡山前村／北海道帝大農科大学畜産科

栃木県高松嶽十郎の三男に生まれ、一九一九年七月北海道帝大農科大学畜産科を卒業して満鉄に入り、入社と同時に羊の改良に関する研究のため母校の農学部に派遣された。帰社して農事試験場に勤務し、二五年から豚の増殖と飼養に関する研究に従事した。その後三六年一〇月副参事に昇格し、同年一二月鉄道総局産業課に転任した。この間、満州事変時の功により賜杯一組を授与され、三五年四月勤続一五年の表彰を受けた。

高間弥之助　▷1

ブッシュ兄弟商会員／奉天省営口／一八六〇（万一）二／広島県広島市

旧広島藩士として生まれ、はじめ軍人を志望したが、兄が維新の際に奥羽征討軍に従って戦没したため両親に反対されて断念した。広島で私立学校を経営して資産を蕩尽し、一八九三年上海に渡り諸種の実業に従事した。九四年に日清戦争が始まっていったん帰国し、翌年再び上海に赴いて商業を営んだが失敗した。香港、鎮江、漢口、天津を巡覧した後、〇三年に帰国して言論界に入った。日露戦中の〇五年四月に渡満して営口のイギリス人経営のブッシュ商会に入り、日本軍の糧秣・軍需品の輸送に当たった後、戦後も引き続き同商会に勤続して船舶代理店業に従事した。

田上　乾吉　▷12

安東警察署長、従七位勲七等／安東四番通官舎／一八八七（明二〇）一一／岡山県岡山市操町／早稲田大学商業部予科

岡山県軍人魚角象三の四男に生まれ、後に田上覚の養子となった。一九一一年早稲田大学商業部予科を卒業した後、一七年に渡満して関東都督府巡査となった。二〇年警部補に進んで大連民政署警務課に勤務した後、二八年六月警部に累進して長春警察署司法主任となり、次いで関東局警視補・本渓湖警察署長、鳳凰城警察署長を歴任し、三六年四月関東局警視となり安東警察署長に就いた。

高見　成　▷12

満鮮拓殖㈱嘱託／新京特別市興安大路松屋新館／一八八七（明二〇）二／兵庫県氷上郡鴨庄村／日本大学

兵庫県氷上郡鴨庄村の村長を務めた高見宗左衛門の子に生まれ、一九一一年日本大学を卒業して時事新報社に入った。一九年政治部長となり、二〇年から二二年まで特派員として欧米に派遣され、さらに同年特派員として北京に赴任した。二四年に時事新報を退社し、翌年台湾に渡って総督府嘱託となったが、二九年に解嘱となり、翌年妻子を東京市王子区上十条町に残し満鉄参事となって単身渡満した。三一年交渉部資料課長に就き、同年九月の満州事変以降は奉天に在勤した。三二年に本社総務部付となり、『満州事変と満鉄』の編集主任を務めた後、三四年に退社して満鮮拓殖㈱の嘱託となった。

田上　虎雄　▷12

料理店「入船」店主、ハイラル居留民会評議員／興安北省ハイラル西四道街／一八九七（明三〇）一二／長崎県南高来郡三会村

長崎県田上又五郎の次男に生まれ、徴兵されて久留米の砲兵第三連隊に入営し、除隊後一九一八年に渡満してハルビンの井上薬房店員となった。次いで二〇年に同店満州里支店詰となり、以来同地に在住した。その後三一年九月に満州事変が起きると退店し、昂昂渓で貸座敷「入船」を経営して成功し、三四年三月からハイラルで料理店「入船」を兼営した。実弟の田上繁雄も渡満してハイラルで呼倫ホテルを経営した。

高見　直枝　▷4

高見医院主／長春東第十九区／一八七二（明五）一〇／高知県土佐郡小高坂村

高知県士族の子に生まれ、一九〇〇年に医師免許を取得した。〇二年に大阪監獄医となったが、〇四年の日露開戦とともに三等軍医として従軍し、戦地傷病兵救護の功により正八位勲六等を受けた。〇七年満鉄に入って医員となり、翌年から長春満鉄医院に勤務した。一七年一月に退社して同地で高見医院を開業した。多年の経験から外科、内科ともに長じ、吉林省一帯に名医として知られた。

高宮元三郎　▷11

満鉄参事、大連工務事務所長、正七位／大連市臥竜台／一八八五（明一八）三／福岡県福岡市西堅粕町／東京帝大工科大学

福岡県高宮仁吉の三男に生まれ、一九一三年東京帝大工科大学を卒業して名古屋市の志水建築業店に入った。一六年七月青島軍政署に転じ、二〇年一月青島守備軍民政部技師兼鉄道技師となった。二三年三月満鉄に入社し、同年六月参事として大連工務出張所長を務めた後、二五年六月大連工務事務所長に就任した。

田上　頼之　▷12

旅順医院内科主任・同結核病棟主任、正六位／旅順市大津町／一八九二（明二五）三／熊本県鹿本郡三玉村／東京慈恵会医学専門学校

熊本県田上桑樹の次男に生まれ、一九一六年三月東京慈恵会医学専門学校を卒業して内務省医師免許証を取得し、同年五月から北里伝染病研究所で細菌学を研究した後、同年一一月東京市芝区の高輪病院で内科及び伝染病の研究に従事した。次いで一九年六月満鉄に入社して撫順医院内科に勤務し、南満州撫順コレラ病疫部臨時隔離病舎及び同病菌検査部主任、奉天警察署撫順支署医務嘱託を務めた。かたわら満鉄ペスト防疫員として長春に派遣されて同地区臨時隔離病舎主任を務めたほか、満州チブスの病毒海積移植に成功した。その後二三年六月に依願退職し、帰国して郷里で医院を開業したが、満州チブス研究の続行を志して二五年一一月に再び渡満し、関東庁旅順医院医員嘱託となり、旅順警察署医務検疫委員嘱託を兼務した。二七年三月関東庁旅順医院医員を経て二八年五月関東庁医院医員に任官し、旅順医院出張所長を務めた後、二九年旅順医院内科主任となり結核病棟主任を兼務した。この間、三〇年に満州チブスが発疹チブスであることを実証して臨床方面に尽力したほか、アレルギー性諸疾患が大陸移民衛生上の重大要素であることに着眼してその研究に従事し、三六年一二月「満州日日新聞」に「体質と疾病」と題してアレルギーの諸症状の解説と治療法を発表した。

高村　甚一　▷9

高村商会主／奉天西塔大街／一八七八（明一一）八／佐賀県佐賀市伊勢屋町

一八九四年日清戦中に朝鮮に渡り、農業に従事しながら精米業を兼営した。その後生産量が増大し、一九年五月に渡満して奉天塔大街に支店を開設し、朝鮮の自家農園で生産した米穀を販売した。

篁　宗円　▷12

大連汽船㈱機関長、従七位／大連市光風台／一九〇〇（明三三）三／山口県豊浦郡豊田中村／東京高等商船学校

山口県篁宗一の次男に生まれ、一九二四年三月東京高等商船学校を卒業して大連汽船㈱に入社した。以来勤続して二六年に機関長免状を取得し、一等機関士を経て三四年一月機関長となった。この間、三一年六月海軍予備機関中尉に任官した。

多賀　思広　▷12

福昌公司㈱ハルビン出張所長、大連電業公司㈾ハルビン出張所長、斉藤公司ハルビン出張所長、ハルビン煤油総批発(股)常任監察人、勲八等／ハルビン埠頭区北安街／一八九二（明二五）四／鳥取県鳥取市／市立名古屋商業学校

市立名古屋商業学校を卒業して一九〇六年名古屋市の貿易商東洋商行に入り、通関事務に従事した。一二年九月綿糸商㈱信友商店に転じ、同年徴兵検査に合格して入営し、陸軍輜重特務兵となった。満期除隊後、一五年一〇月に信友商店を退社し、一七年三月愛知県津島町の片岡毛織㈱機械部の研究生となり、同年一二月岐阜県養老郡高田町に工場を建設して毛織物製造業を自営した。一八年八月シベリア出兵に際し非常召集を受け、第一〇陸上輸卒隊に編入されてハバロフスク、アレキセイフスク等に従軍した。復員して再び毛織物製造に従事し後、二七年七月に廃業して渡満し、社員消費組合会計庶務担当員となった。三四年福昌公司㈱に転じて熱河葉峯線建設工事に従事した後、三五年一〇月ハルビン出張所長となり、従業員五七人を使用して鉄路局、市公署その他の諸官庁を得意先とし、年間請負高二〇〇万円に達した。本業のかたわら大連電業公司㈾、斉藤公司の各ハルビン出張所長を兼務した。この間、シベリア出兵時の功により勲八等及び白色桐葉章を受けた。

高本安太郎　▷12

加藤㈴ハルビン出張所長、兵庫県東亜輸出組合ハルビン出張所主事、正八位／ハルビン買売街／一九〇一（明三四）一／和歌山県新宮市新宮

一九二一年一年志願兵として大阪の輜重兵第四大隊に入営し、除隊して加藤㈴に入った。以来勤続し、三一年ジャワ支店に赴任した後、三五年本社勤務となって帰国し、半年後にハルビン出張所開設にともない出張所長となって渡満した。本務のかたわら兵庫県東亜輸出組合ハルビン出張所主事を兼務した。

高森　芳　▷12

満鉄産業部事務嘱託、大豆工業研究会常任幹事、工業化学会員、大連神社氏子総代、修養団終身団員、大連柳河会副会長、嶺前第四区評議員、勲六等／大連市臥竜台／一八八八（明二一）四／福岡県山門郡柳河町／東亜同文書院

福岡県高森末松の四男に生まれ、県立中学伝習館を経て一九一一年上海の東亜同文書院を卒業し、同年八月満鉄に入社して大石橋駅に勤務し、大石橋実業補習学校講師を兼務した。一三年二月会計課、一五年三月山東鉄道管理部計理課、一七年一〇月鉄道部庶務課勤務を経て二一年二月業務課に転任し、運送規定起草委員会委員を兼任した。二二年六月業務課調査係主任、二三年八月地方部庶務課、同年一〇月営口地方区事務所、二四年八月鞍山地方事務所、二五年四月安東地方事務所、二七年三月勧業係長を歴職し、二八年四月臨時経済調査委員会第二部大豆根本調査主務者を経て三〇年六月総務部調査課に転任し、計画部業務課大豆班主任を兼務した。三二年六月経済調査会調査員となり特産関係各種分科会委員会委員を務め、三三年一二月第四部第三班主任、三五年二月第四部特産班主任兼第四部商業班主任を歴任し、三六年一〇月産業部付を経て三七年四月参事に昇格して依願免職となり産業部事務を嘱託された。この間、大正六年乃至九年戦役の功により賜金及び従軍記章、昭和六年乃至九年事変の功により勲六等瑞宝章及び賜金並びに従軍記章、建国功労賞を授与された。長く調査畑を歩き、『大豆栽培の新天地と其将来』『満州大豆と独逸油房の将来性』『独逸に於ける油房工業の現勢』『満州特産中央会設置方策』『満州特産処置方策』『特産取引統制及改善方策』『南満州主要都市と背後地調査（安東、下流地方）』『営口の現勢、遼西事情』その他多数の著述がある。

高森　時雄　▷11

満州医科大学教授、医学博士／奉天葵町／一八八八（明二一）五／京都府京都市岡崎東福ノ川町／京都帝大医学部

熊本県官吏高森盛利の長男に生まれ、一九一六年京都帝大医科大学を卒業した。二一年に博士号を取得し、二四年から長浜病院長を務めた後、二七年六月に渡満して満州医科大学教授に就いた。

高柳　郷司　▷12

満鉄撫順炭砿古城子採炭所経理係主任／奉天省撫順北台町／一九〇三（明三六）一一／神奈川県高座郡海老名村／東京帝大経済学部経済学科

神奈川県高柳彦三郎の三男に生まれ、一九二九年三月東京帝大経済学部経済学科を卒業し、同年五月満鉄に入り社長室人事課に勤務した。次いで撫順炭砿に転任して老虎台採炭所、竜鳳採炭所、撫順炭砿経理課、同機械工場庶務係主任に歴勤し、三五年九月古城子採炭所経理係主任となった。

高柳繁次郎　▷12

山海関税関壺蘆島分関長／錦州省錦西県壺蘆島／一八八八（明二一）五／群馬県前橋市清寺町／東京水産講習所

一九一三年東京水産講習所を修了し、一六年七月大阪の大屋汽船㈱神寿丸の二等運転士となった。一七年六月上海海関試用稽査員に転じ、二四年三月一等稽査員、同年四月副監察員、二五年一一月超等稽査員、二八年二等副監察員、三二年一等監察員と累進し、同年六月の満州国による中国海関接収に伴い満州国に転出した。三三年八月承徳税関嘱託員・監視科長代理、三五年七月税関監視官・承徳税関勤務を経て三六年五月山海関税関に転勤し、税関事務官を兼任して壺蘆島分関長となった。

た

高柳　常次　▷12

国務院文教部国立教員講習所教授／新京特別市建和街／一八八一（明一四）一／佐賀県三養基郡三川村／広島文理科大学生物科動物学科

一九二四年三月福岡県三潴郡の安武村尋常高等小学校訓導となったが、ほどなく退職して広島文理科大学に入学した。二六年三月同大生物科動物学科を卒業して鹿児島県立鹿屋中学校教諭となった。その後三六年四月満州国に転出し、国立教員講習所教授に就いた。

高柳　信昌　▷1

帝国軍人後援会満州支会幹事長、勲五等／大連市浪花町／一八四四（天一四）／長崎県北高来郡諫早町

明治維新後陸軍に入り、大阪第八連隊の大尉として西南戦争に従軍し後に勲五等瑞宝章を授与された。その後、父が暴漢と格闘して両手が不自由となったため休職したが、日露戦争が始まると六〇歳の高齢にもかかわらず第一二師団に従軍を志願した。一九〇五年一月第六〇連隊中隊長として柳樹屯に上陸し、同年三月第三軍左翼に属して大石橋、張家子、三家子の戦闘に参加した後、五月中旬から大連の守備に当たり、同年一一月に除隊した。その後引き続き大連市浪花町に居住し、〇六年五月から帝国軍人後援会満州支会幹事長を務めた。

高柳　昇　▷1

東省公司主、勲六等／大連市／一八七八（明一一）一一／長崎県長崎市下筑後町／日清貿易研究所

日清貿易研究所を修了した後、一八九四年日清戦争に際し陸軍通訳として従軍した。戦後は台湾総督府の通訳として台北に勤務した後、九七年台南地方法院通訳に転じた。一九〇四年日露戦争に際し高等官待遇の通訳として第二軍に従軍し、復州軍政署管内の南瓦房店軍政支部長を務めた後、遼陽司令部付に転任して煙台で軍政事務に当たった。〇六年一月に任を解かれて帰国したが、同年五月に再び渡満して南北満州を半年余り商況視察し、大連市常盤町に東省公司を設立して肥料、穀物等の委託販売業と諸官衙・満鉄の用達業を営んだ。

高柳保太郎　▷13

泰東日報社長、正四位勲二等功二級／大連市／一八六九（明二）一二／石川県金沢市水溜町／陸軍大学校

旧金沢藩士三浦賢高の子に生まれ、後に高柳文吉の養子となった。一八八九年七月陸軍士官学校を卒業して九三年歩兵少尉に任官し、次いで陸軍大学校を卒業した。日清、北清、日露、青島の各戦役に従軍した後、第一次世界大戦中の一九一七年一月参謀本部付となり、日本代表武官としてロシア軍に派遣された後、一九年二月ウラジオ派遣軍高級参謀、二〇年七月同参謀長としてシベリアに駐在し、撤兵後の二一年三月参謀本部付となった。次いで二二年一月関東軍付・満鉄嘱託となって渡満し、同年八月陸軍中将に進んで一一月に待命、二三年三月予備役編入となった。その後三〇年に満州日報社長に就任して同社再建に当たり、経営が軌道に乗ると退任したが、さらに三三年三月請われてマンチユリア・デーリー・ニユース社取締役社長に就任して改組を断行した。三六年九月満州弘報協会が設立されると理事長に就任して満州日日新聞社取締役、大同報社(股)董事を兼務した後、泰東日報社長に就任した。陸軍きってのロシア通として知られ、言論界に入ってからは白茯と号して新聞紙上で筆を揮い、著書多数を著した。長男保は京都帝大を卒業して満鉄に勤務し、長女雅子は陸軍工兵中佐落合鎮彦に、次女文子は陸軍歩兵大佐関誠一に、三女俊子は横浜正金銀行ボンベイ支店長平井勇に、四女英子は満鉄社員横山重起に嫁した。五一年没。

「高山」は「こうやま」も見よ

高山　勝司　▷12

旅順市長、正五位勲四等／旅順市司台町／一八八三（明一六）一一／千葉県長生郡豊岡村／明治大学法学部専門科

千葉県農業高山粂蔵の三男に生まれ、一九〇七年明治大学法学部専門科を卒業した後、一〇年一二月に渡満して関東都督府巡査となった。以来勤続して警部補に進み、大連民政署警務課高等警察係を経て二三年警視に累進し、大連警察署長、新京警察署長を歴任した。その後三五年三月に退官して旅順市名誉助役となり、同年一二月米岡市長の死去にともない市会一致の推薦により同市長に就任した。夫人露子との間に三男一女あり、長女和子は関東州庁技手の竜野貞一郎に嫁した。

高山　謹一　▷12

大連汽船㈱船客課長／大連市臥竜台／一八八二（明一五）二／愛媛県周桑郡丹原町

愛媛県高山久五郎の長男に生まれ、一九〇四年日本郵船会社に入り、天津支店に勤務した後、ロンドン支店に転勤した。業務のかたわら一〇年一月から一年半ロンドンのクラークス・カレッジ及びウェストハムテクニカル・インスチューションに通学し、一二年五月から二年半ロンドン大学キングスカレッジ及びロンドンスクールで聴講した。次いで本社貨物課、ニューヨーク支店、本社船客課に歴勤し、二一年に退社して東洋汽船・浅野物産の嘱託でインドを視察した。その後神戸の佐藤商店アメリカ駐在員、上海銀行支配人を歴職して三〇年五月大連汽船㈱に入り、三二年六月営業課副長を経て三五年一二月船客課長となった。この間、三一年六月満州俳句会を興して機関誌『満州』を主宰したほか、大阪毎日新聞社懸賞論文「五十年後の太平洋」に二等入選、満州日日新聞懸賞論文「満蒙維新の完成に対する吾人の野望」に入選し、著書『西航雑記』を昭和天皇が皇太子時代に訪英する際に献上した。

高山　憲治　▷13

満州石油㈱常務理事／一八八九（明二二）／和歌山県／東京帝大法科大学政治学科

一九一七年、東京帝大法科大学政治学科を卒業して日本石油㈱に入社し、以来各課を歴任しながら一八年勤続した。三四年二月秋田製油所在勤の時、満州石油㈱設立に際し日本石油代表として理事に就任した佐藤建三の勧請で同社総務課長に就き、三八年常務理事に就任した。

高山　峻一　▷12

満州工廠㈱車輌課長代理／奉天大東辺門裡仁寿里／一八九一（明二四）八／鹿児島県日置郡吉川村／東京府立工業学校木材工芸科本科

一九〇九年東京の正則予備校中学科を経て一四年三月東京府立工業学校木材工芸科本科を卒業し、同年五月神戸の川崎造船所造船工作部に勤務した。一〇年勤続して二三年に退社し、二六年六月神戸刑務所木工部教師となり、次いで姫路刑務所に転勤した。その後二九年二月再び川崎造船所に入って艦船工場木工場掛員となったが、三五年三月満州工廠㈱車輌課長代理に転じて渡満した。

高山　信吉　▷12

満鉄撫順炭砿瓦房店坑作業係主任事務嘱託／奉天省瓦房店満鉄撫順炭砿瓦房店坑／一八八八（明二一）四／北海道後志国岩内郡前田村

一九〇三年九月郷里の前田小学校の代用教員となったが、翌年六月に辞職して農業に従事した。その後〇八年一一月空知鉱山坑内係となり、一一年に空知鉱山工手学会を修了した。次いで一三年四月に渡満して満鉄に入り、撫順炭砿坑務課、大山採炭所兼撫順炭砿庶務課、同兼運炭課、同兼運輸課に歴勤し、二九年四月勤続一五年の表彰を受けた。三〇年六月に依願退社した後、三五年五月再び満鉄に入り、撫順炭砿作業係主任事務嘱託となり、三六年八月瓦房店坑作業係主任事務嘱託に転任した。

高山　富三　▷12

大連汽船㈱神戸支店副長／神戸市葺合区籠池通／一八九七（明三〇）一／新潟県新潟市沼垂町／新潟商業学校

一九一五年新潟商業学校を卒業した後、一八年三月に渡満して大連汽船㈱に入社した。以来勤続し、三五年三月神戸支店に転勤し、三六年一月同支店副長となった。

高山　宗寿　▷12

満鉄大連鉄道事務所営業課船舶係主任、社員会評議員、在郷軍人会埠頭分会幹事、正八位勲八等／大連市平和台／一九〇〇（明三三）八／栃木県下都賀郡南犬飼村／東京高等商船学校

栃木県高山安之進の五男に生まれ、一九二五年三月東京高等商船学校を卒業して神戸の国際汽船会社に入り、以来各船に乗務して甲種船長に累進した。三〇年二月満鉄に転じて船舶係助役となり、海運長室勤務、第三埠頭助役、船舶主任、第二埠頭主任を歴職し、三七年四月大連鉄道事務所営業課船舶係主任となった。勤務のかたわら海軍予備少尉として在郷軍人会埠頭分会幹事を務め、同会本部より模範会員として木杯一組を授与された。柔道は講道館二段の腕を持ち、東京女子高等師範学校文科卒のまさ子を夫人とした。

高山　安吉　▷12

満鉄四平街建設事務所長、勲六等／奉天省四平街六条通／一八九四（明二七）五／宮城県伊具郡角田町／仙台高等工業学校

宮城県高山倉之助の次男に生まれ、一九一八年仙台高等工業学校土木科を卒業して満鉄に入り、大連管理局保線課に勤務した。長春保線係、安東工務事務所、安東工務所連山関保線区主任、奉天工務事務所、鉄嶺保線区主任、本社運輸部線路課、鉄道部工務課に歴勤した。次いでチチハル建設事務所線路長兼建築長、ハルビン建設事務所線路長、鉄道建設局新京分所長、新京建設事務所長を歴任し、三四年四月四平街建設事務所長に転任した。この間、満州事変時の功により勲六等旭日章及び勲六位景雲章を授与された。

財部　直熊　▷12

間島省公署警務庁警務科長、延吉三州会顧問、従七位／延吉間島省公署／一八九四（明二七）九／宮崎県都城市上長飯町／宮崎県立都城中学校

宮崎県財部直太の長男に生まれ、県立都城中学校を経て一九一六年三月朝鮮に渡り、総督府京城中学校付属臨時小学校教員養成所を修了した。亀尾公立尋常小学校長を務めた後、朝鮮総督府道警部に転じて提川、槐山、清州の各警察署長を歴任して道警視に進んだ。その後三四年二月満州国警務指導官に転じて渡満し、チチハル警察庁警正となった。次いで三五年一〇月地方警察学校教官に転任して吉林警察学校主事となり、三七年七月間島省公署警務庁に転任して警務科長を務めた。この間、三四年に朝鮮総督府より永年勤続の功により賜金及び表彰状を授与された。

田川忠太郎　▷12

一品香主、菓験会長／ハルビン一面街／一八八四（明一七）八／長崎県壱岐郡勝本町

早くから渡満し、一九一二年一一月ハルビン一面街に一品香の商号で店舗を設けて菓子の製造販売業を始めた。以来業務に精励して漸次売上げを伸ばし、後に使用人八〇名に達する規模に発展した。

田川　実　▷12

満鉄吉林鉄路局総務処福祉科員／吉林敷島街／一八九七（明三〇）七／広島県賀茂郡三津町

広島県田川長松の長男に生まれ、一九一九年に渡満して満鉄に入った。以来一貫して吉林に在勤し、吉林鉄路局総務処人事科勤務を経て三七年一月同処福祉科勤務となった。

滝川嘉一郎　▷11

満鉄遼陽小学校長／奉天省遼陽昭和通／一八八四（明一七）六／石川県河北郡津幡町／石川県師範学校

石川県滝川嘉作の長男に生まれ、一九〇五年石川県師範学校を卒業し、河北郡高松小学校の訓導となった。〇七年津幡小学校訓導、翌年医王山小学校訓導兼校長、同年石川県師範学校教諭を歴任し、一〇年四月に渡満して奉天尋常高等小学校訓導となった。一五年連山関小学校訓導兼校長、一九年大石橋小学校訓導兼校長をへて二〇年に遼陽小学校訓導兼校長となった。この間の一九年に華北、二七年に華南、台湾を学事視察し、渡満以来一貫して満州初等教育に携わった。

滝川政次郎　▷12

国務院司法部法学校教授兼司法部参事官、王道書院維持会顧問／新京特別市熙光胡同白山住宅／一八九七（明三〇）五／東京府東京市小石川区宮下町／東京帝大法学部独法科

滝川与之吉の次男として大阪市に生まれ、第一高等学校を経て一九二二年東京帝大法学部独法科を卒業し、二三年四月中央大学及び法政大学、日本大学の各講師嘱託を経て同年一二月司法官試補となった。次いで九州帝大助教授、同教授を経て慶応、中央、法政、東京商大の各大学講師、中央大学教授、後藤新平伯爵伝記編纂会主事、早稲田大学講師を歴任し、三三年二月論文「律令ノ研究」により中央大学より法学博士号を取得した。その後三四年一二月国務院司法部法学校教授となって渡満し、司法部参事官を兼任して刑事法典起草委員会委員を務めた。男爵石本新六の長女で女子学習院卒の総子を夫人とした。⇒日本敗戦後、帰国して国学院大学教授等を歴任し、九二年に没した。著書に『法制史上より見たる日本農民の生活』『法制史料古文書類纂』『日本法制史』『日本社会史』『日本奴隷経済史』『律令の研究』『日本法制史研究』『日本社会史』その他がある。

滝口　治　▷12

満鉄陶頼昭站長、勲八等／吉林省陶頼昭站長社宅／一八九二（明二五）二／静岡県駿東郡高根村

静岡県滝口豊次郎の次男に生まれ、一九一五年一一月満鉄に入り遼陽駅に勤務した。以来勤続して同駅車掌、奉天列車区車掌遼陽在勤、牛相屯駅助役、文官屯駅勤務、奉天駅構内助役、鶏冠山駅助役を歴任した。次いで三一年一二月秋本荘駅長となり、三五年三月陶頼昭站長に転任した。この間、満州事変時の功により勲八等瑞宝章を授与され、三一年四月勤続一五年の表彰を受けた。

滝口　龍雄　▷12

満州生命保険㈱会計課長／新京特別市豊楽街／一九〇〇（明三三）一〇／千葉県安房郡館山北条町／東京帝大法学部政治学科

千葉県滝口政太郎の長男に生まれ、安房中学校、新潟高等学校を経て東京帝大法学部政治学科に進み、在学中の一九二七年一二月安田保善社の採用試験に合格した。翌年三月卒業とともに渡満し、安田系の正隆銀行大連本店に勤務した。鞍山、天津の各支店長代理を務めた後、三五年一一月に辞職し、満鉄に転じて鉄路総局経理局会計課に勤務した後、三七年二月満州生命保険㈱に転じて会計課長となった。

滝口半左衛門　▷12

満鉄ハルビン站構内助役／ハルビン極楽寺局宅／一八九九（明三二）一一／宮城県宮城郡多賀城村

一九一六年鉄道院に入り、福島運転事務所、仙台駅、槻木駅、田尻駅、岩出山駅に歴勤した。この間鉄道教習所電気修技生科を修了して二九年六月鉄道省書記となり、長町駅運転係兼助役となった。三三年二月に休職して満鉄に転出し、奉天鉄道事務所勤務、蘇家屯駅助役を経て三五年六月ハルビン站構内助役となった。この間、満州事変時の功により木杯及び従軍記章を授与された。

滝　慶蔵　▷11

関東庁警視、旅順警察署長、従七位／旅順市鯖江町／一八八八（明二一）六／鳥取県気高郡日置谷村

鳥取県農業滝伴蔵の長男に生まれ、一九〇九年鳥取県巡査となった。一七年警部補、一八年警部、二一年高等警察課長となり、二三年警察署長に進んだ。二五年高知県に転任した後、二七年四月地方警視に昇進して栃木県に転じ、同年七月鳥取警察署長に就任した。二八年六月関東庁警視となって渡満し、旅順警察署長を務めた。

田北九州士　▷12

満鉄天津事務所庶務課経理係主任／中華民国天津法租界新華楼満鉄事務所／一九〇二（明三五）一一／大分県直入郡久住町／神戸高等商業学校

大分県田北又喜の五男に生まれ、一九一三年神戸高等商業学校を卒業した。二一年一〇月満鉄に入社し、社長室人事課に勤務した。鋼業部商工課に転任した後、経理部会計課勤務、同計算係主任心得を経て同主任となった。次いで経理部庶務課計算係主任となり、三七年三月天津事務所に転勤して庶務課経理係主任となった。この間、満州事変時の功により賜品及び従軍記章を授与された。

滝　竹三郎　▷12

八千代館主／新京特別市吉野町／一八七九（明一二）一〇／愛知県名古屋市東区駿河町

一九〇九年に渡満して満鉄に入り、大連ヤマトホテル車馬部主任、長春ホテル車馬部主任を歴任し、一六年二月に退社して料亭豊本楼を開業した。一九年七月八千代館を買収して料理業を経営し、新京市内第一流の料理屋として知られた。

滝田　憲治　▷12

㈱満州弘報協会事業部出版課長／大連市山県通田中キン方／一八九五（明二八）四／千葉県千葉市

滝田捨次郎の次男として水戸市に生まれ、一九一六年一月国民新聞社に入り通信部に勤務した。次いで一九年三月時事新報社に転じて編集局勤務を経て千葉支局長となったが、同年四月日刊「千葉三国新報」を創刊して社長兼主筆に就いた。その後三四年二月満州国政府に招かれて満州国斯民社の創業に参画し、雑誌「斯民」の編集長兼主幹となった。三五年一一月満州弘報協会準備委員となり、三六年九月の創立後は事業部出版課長に就いて「斯民」編集長を兼務した。この間、三二年七月武藤時事新報社社長より金盃一組を受け、三六年八月雑誌「斯民」発展の功績により阮振鐸文教部大臣より表彰された。安房高女卒の夫人延との間に三女あり、いずれも安房高女に在学した。

滝田　重男　▷12

日満商事㈱天津出張所長／中華民国天津法租界十二路陸安大楼／一九〇〇（明三三）九／福島県岩瀬郡鏡石村／東亜同文書院

福島県滝田弥太郎の次男に生まれ、一九二三年三月上海の東亜同文書院を卒業し、同年六月満鉄に入り鞍山製鉄所庶務課に勤務した。次いで本社興業部販売課に転任し、安東販売所、京城販売事務所事務主任、同所販売係主任、天津事務所庶務課に歴勤した。三六年九月副参事に昇格し、同年一〇月満鉄商事部の業務を継承した日満商事㈱の創立と同時に同社に転出して天津出張所長に就いた。

滝谷源四郎　▷12

ハルビン交易所㈱支配人／ハルビン南崗大直街／一八九七（明三〇）二／青森県青森市浦町／東京外国語学校、山口高等商業学校

青森県滝谷源太郎の四男に生まれ、東京外国語学校を経て山口高等商業学校を卒業して満鉄に入社した。その後、一九三三年一〇月にハルビン交易所㈱が設立されると同所に転じて支配人に就いた。この間、満州事変時の功により勲七等瑞宝章を授与された。

滝津久次郎　▷12

吉林国立医院附属医学校教員／吉林国立医院附属学校／一九〇九（明四二）一一／熊本県天草郡上村／長崎医科大学

熊本県滝津繁造の次男に生まれ、長崎県立瓊浦中学校、佐賀高等学校を経て一九二九年長崎医科大学を卒業した。その後三三年四月同大学助手として解剖学教室及び物理的療法科に入ったが、同年八月吉林省立医学校解剖学担当教授兼省立医院医員に転じて渡満し、三六年一月吉林国立医院附属医学校教員となった。

滝　　房吉　▷12

満鉄安東検車区検車助役、社員会評議員、勲八等／安東県北三条通／一八九九（明三二）九／静岡県庵原郡神師村

静岡県滝弥太郎の次男に生まれ、一九一五年五月東京の太平洋護謨製造会社に入り、翌年退職した。その後渡満して二〇年四月満鉄に入り、大石橋車両係となった。次いで二三年鉄道教習所検車科を修了して大連検車区、安東検車区、新京検車区四平街分区の各検車方に歴勤し、三四年七月安東検車区検車助役となった。この間、満州事変時の功により勲八等及び従軍記章、建国功労賞を授与され、三五年四月勤続一五年の表彰を受けた。

田公　　実　▷12

満鉄瓦房店医院内科医長／奉天省瓦房店朝日街／一九〇二（明三五）三／山口県玖珂郡岩国町／熊本医科大学

山口県田公実之允の四男に生まれ、岩国中学校、熊本医科大学予科を経て一九三二年三月同大学本科を卒業した。九州帝大医学部小野寺内科医員嘱託、同大学医学部副手嘱託を経て三三年九月満鉄診療医嘱託に転じて渡満し、地方部衛生課朝陽在勤となった。次いで三四年五月同凌源在勤、同年九月同柏寿在勤を経て同年一一月満鉄医員となり、大石橋医院に勤務した後、三五年一〇月瓦房店医院内科医長に就いた。

滝村　盛利　▷12

満鉄大連工事事務所建築係長、満州建築協会評議員／大連満鉄工事事務所内／一八九六（明二九）一二／広島県広島市千田町／広島工業学校

難波麻太郎の四男に生まれ、滝村儀三郎の養子となった。一九一四年広島工業学校を卒業し、一五年九月満鉄に入社して大石橋保線係となった。鞍山工区、大石橋工事係、奉天工務事務所、奉天工事係、奉天地方事務所に歴勤して鞍山地方事務所工事係長となり、三七年六月大連工事事務所建築係長に転任した。この間、三一年四月勤続一五年の表彰を受けた。

滝本幸次郎　▷11

伊勢屋、寝具百貨商店主／大連市

伊勢町／一八八九（明二二）五／三重県一志郡久居町

名古屋市の棉花商山田安次郎の四男に生まれ、三重県滝本安右衛門の長女イマの婿養子となった。一九一六年二月に渡満して大連で綿商伊勢屋を開業し、次いで浪速通に寝具百貨店を経営した。

滝本　実春　▷12

間島省琿春県参事官、正八位／間島省琿春県参事官公館／一九〇五（明三八）二／高知県高岡郡宇佐町／京都帝大経済学部

高知県滝本永之助の三男に生まれ、県立第一中学校、高知高等学校を経て一九三〇年三月京都帝大経済学部を卒業した。三二年二月京都市役所社会課に勤務したが、同年六月に渡満して資政局訓練所に入所し、同年一〇月改組改称後の大同学院を卒業して黒龍江省竜江県属官となり、後に同副参事官となった。次いで三四年五月吉林省勃利県参事官、同年七月国務院民政部事務官・総務司勤務、同年一〇月熱河省赤峰県参事官を歴任し、三六年一〇月間島省琿春県参事官となった。

滝本治三郎　▷12

大連税関監視科長／大連市大連税関／一八九〇（明二三）三／兵庫県氷上郡黒井村／立命館中学校

一九〇八年京都の立命館中学校を卒業し、一〇年一二月徴兵されて篠山の歩兵第七〇連隊に入営した。除隊後、一六年八月税関官吏となり、税関監視兼任を経て専売局書記、監視部陸務係長を歴職した。三二年六月国務院財政部事務官に転出して渡満し、税務司関税科に勤務し、後に大連税関嘱託を兼務した。次いで税関監視官となり大連税関に勤務した後、税関理事官に進んで安東税関監視科長を務め、三七年一月大連税関監視科長に転任した。剣道を得意とし、四段位を有した。

多久島季猛　▷8

慶豊久銀号主／奉天／一八八五（明一八）二／佐賀県西松浦郡東山代村

一九〇四年日露開戦と同時に志願し、後備第一師団監理部付として鴨緑江軍に従軍した。〇五年に帰国して軍籍を離れた後、再び渡満して満蒙各地を巡り、〇七年から奉天で外国貿易を営んだ。一四年に第一次世界大戦が始まると金銀両替銭鈔仲買業に転じ、慶豊久銀号を開業した。一九年九月アメリカが金本位制に復帰した際に四〇〇万ドルの金貨を操作して巨利を得たほか、シベリア出兵の際は二〇年から二二年にかけて三〇〇〇貫を超える金塊を買い付けて日本に輸送した。中国語、英語、朝鮮語に精通し、銭鈔業界の第一人者として時の関東長官山県伊三郎に金銀相場について講義した。

宅島　猛雄　▷4

宅島回漕店主／旅順厳島町／一八七八（明一一）一／長崎県南高来郡北串山村

一八九四年、日清戦争の最中にロシア語研究のためウラジオストクに渡った。同地で日露貿易に従事した後、九八年一一月旅順に移って商業に従事したが、一九〇四年二月に日露開戦となりいったん帰国した。旅順陥落後の〇五年一月に再び旅順に赴き、四月に商業を再開して一〇月から回漕業に転じた。旅順第一の回漕業者となり、一五年一一月から市会議員を務めた。

田口　一雄　▷12

満鉄奉天保安区電気助役、正八位／奉天紅葉町清風寮／一九一二（明四五）二／埼玉県北足立郡指扇村／日本大学専門部電気科

埼玉県田口満之助の長男として東京府西多摩郡福生村に生まれ、一九三四年三月日本大学専門部電気科を卒業し、同年四月満鉄に入社した。鉄路総局工務処電気科、奉天鉄路局工務処電気科勤務を経て皇姑屯電気段に転勤し、通信副段長、同電気助役を経て奉天保安区電気助役となった。

田口　国栄　▷12

満鉄鉄道総局監察付監察補、勲六等／奉天萩町／一八九〇（明二三）一〇／長崎県北高来郡古賀村／東京外国語学校清語科

長崎県立大村中学校を経て一九一三年三月東京外国語学校清語科を卒業し、同年六月満鉄に入り運輸課に勤務した。一九年八月運輸部庶務課勤務を経て二三年四月庶務部に転任し、次いで交渉部、総務部に歴勤した。次いで三二年四月鉄道部経理科審査係主任、三三年三月鉄路総局経理処会計科審査係主任を歴任して三五年七月参事に昇格し、三六年一〇月経理局会計課付を経て三七年四月鉄道総局監察付監察補となった。この間、満州事変時の功により勲六等瑞宝章を授与され、二九年四月勤続一五年の表彰を受けた。

田口　茂　▷12

満鉄鉄道警務局警務主任／奉天葵町／一八九五（明二八）一／大分県北海部郡海辺村

一九二一年関東庁警察官となり、関東庁鞍山警察署に勤務した後、二五年三月奉天警察署、二九年八月関東庁刑務局保安課警部、三〇年一〇月同刑事課鑑識係長、三二年二月営口警察署、同年七月関東庁刑事課次いで警務局刑事課に歴勤した。その後三三年一〇月満鉄鉄路総局に転じて警務処第一科勤務、三四年四月同警務科、三五年一一月同警務処警務主任、三六年九月満鉄警務主任・鉄路総局警務処勤務を経て同年一〇月鉄道警務局警務主任となった。この間、三四年一二月四平街站発大林站着の列車内で貴重品扱い小荷物一個を窃取した犯人を検挙して表彰されたほか、強盗、馬匪賊、海賊、殺人、爆破、陰謀事件の犯人検挙の功により関東庁及び外務省より数回の表彰を受けた。

田口　鎮雄　▷12

満鉄農事試験場押木営子分場馬匹改良係主任兼庶務係主任、正八位／興安南省押木営子満鉄農事試験場分場／一八八九（明二二）二／東京府麻布区我善坊町／北海道帝大農学部畜産学科第一部

一九二八年三月北海道帝大農学部畜産学科第一部を卒業し、一年志願兵として近衛輜重兵大隊に入営して兵役に服した後、母校の畜産学教室で研究生として馬学を研究した。その後二九年五月に渡満して満鉄に入り、公主嶺の農事試験場に勤務した。次いで三五年七月押木営子分場に転勤し、三六年四月同分場馬匹改良係主任となり庶務係主任を兼任した。

田口　純男　▷12

田口法律事務所長、[資]関西硫黄代表社員／奉天商埠地三経路八緯路／一八九五（明二八）九／和歌山県有田郡田殿村／京都帝大法学部

和歌山県田口純吉の長男に生まれ、第三高等学校を経て一九二二年京都帝大法学部を卒業し、神戸市のイギリス人弁護士C・N・クロッス経営の法律事務所を引き継ぎ、主として外国人間の事件を扱った。弁護士業のかたわら関西硫黄[資]を設立して代表社員として経営し、その後三二年に弁護士事務所と共に奉天に本拠を移した。

田口　質　▷11

満鉄煙台駅長／南満州煙台満鉄社宅／一八九五（明二八）一一／佐賀県東松浦郡唐津町／東京外国語学校

佐賀県村井辰太郎の三男に生まれ、実姉田口サイの養子となった。一九一九年東京外国語学校を卒業して東京の満鉄支社に入社したが、同年五月に渡満して本社外事課に勤務した。奉天省四平街駅、長春駅貨物方兼長春商業学校講師等を経て二三年五月から車掌として列車に乗務し、二四年四月鉄嶺駅助役に就いた。その後、昌図駅長を経て二八年一〇月煙台駅長となった。

田口　富蔵　▷9

神国基督教協会牧師、百貨店三洋公司主／大連市天神町／一八八六（明一九）三／東京府東京市京橋区銀座／県立和歌山中学校、救世軍万国士官学校

旧姓は重根、和歌山県海草郡内海村に生まれ、後に田口ナカの婿養子となった。一九〇〇年一〇月和歌山中学校三年で退学したが、〇一年四月キリスト教に入信して更生し、〇三年三月救世軍士官候補生となり翌年四月東京救世軍士官養成所を修了した。〇五年五月オーストラリアを巡回して同地救世軍の活動を見学した後、同年一二月ロンドンの救世軍万国士官学校に留学し、〇六年一二月に卒業して帰国した。東京救世軍本営で山室軍平大佐の秘書官や救世軍士官学校教官を務め、桐生、本郷、下谷、神戸、横須賀等で伝道に従事した。次いで一二年一二月遼東部長となって大連に赴任し、かたわら婦人ホームの監理を兼務し、一四年に育児ホームを創立したが火災で焼失し、一五年七月に家屋を新築して再開した。その後一七年に思想問題に関連して救世軍から身を引き、以後は神国基督教協会を創立して自給伝道を行い、自活の手段として百貨店三洋公司を経営した。

田口　文吾　▷12

㈱大矢組ハイラル出張所主任、ハイラル日本商工会議所創立発起人／興安北省ハイラル西二道街／一八八二（明一五）三／茨城県新治郡小桜村

一九一〇年に渡満して長春の日清燐寸㈱に入り、次いで吉林燐寸㈱に転じた。その後大和商会に入って貿易業に従事したが、三二年に㈱大矢組に転じ、翌年五月ハイラル出張所主任となった。

田口　豊　▷12

満鉄牡丹江建設事務所庶務係主任／牡丹江満鉄牡丹寮／一八九四（明二七）四／大分県宇佐郡明治村／早稲田大学商科

一九一八年早稲田大学商科を卒業して鉄道院に入り、以来一五年勤続した。その後三三年満鉄に転じて渡満し、図們建設事務所勤務を経て三六年三月牡丹江建設事務所庶務係主任となった。

田口　義男　▷12

国務院蒙政部勧業司員／新京特別市大同大街蒙政部／一九〇三（明三六）一二／佐賀県唐津市大字唐沢／大阪外国語学校支那語科

佐賀県田口長太郎の長男に生まれ、一九二五年大阪外国語学校支那語科を卒業し、同年一年志願兵として久留米の騎兵第一二連隊に入営した。除隊後、天津の協立土木公司に勤務し、次いで旅順警察署、安東領事館警察署に歴勤した。その後三二年一〇月国務院興安総署総務処に勤務し、三四年一月興安南省科爾沁左翼中旗参事官を経て三七年蒙政部事務官となり勧業司に勤務した。

田畔　勉　▷3

満鉄大連保線掛、勲七等／大連市寺児溝社宅／一八七一（明四）八／福井県足羽郡下父殊村

福井県田畔彦右衛門の子に生まれ、一八九五年八月鉄道局傭となった。北陸鉄道建設工事に従事した後、一九〇一年一月鉄道技手に進み、中央舞鶴の鉄道建設工事に従事した。〇五年五月日露戦争に際し野戦鉄道提理部付として渡満し、大連で輸送工事に従事した。〇七年四月在官のまま満鉄に入り、複線化工事及び安奉線改築工事に従事した。一三年一二月勅令により廃官となったが、引き続き保線掛として満鉄に勤務した。

武井　右馬之輔　▷12

満州医科大学講師兼同専門部助教授、同附属医院副医長／奉天八幡町奉信ビル内／一九〇三（明三六）一二／栃木県足利郡富田村／満州医科大学

栃木県武井喜三郎の五男に生まれ、佐野中学校を卒業して渡満し、満州医科大学予科を経て一九二九年三月同大学本科を卒業し満鉄奉天医院内科医員補となった。次いで同年七月満州医科大学助手兼任、三〇年二月南満中学堂医兼務、三二年三月満州医科大学専門部講師兼務を経て三三年八月同専門部助教授となった。この間、満州事変時の功により木杯一個及び従軍記章を授与され、三六年九月第二回鮮満医学会総会で論文「熱河地方病性甲状腺腫患者ノ新陳代謝試験」で鶴見賞を受章した。

武井　一夫　▷12

吉林市公署事務官／吉林市公署／一九〇一（明三四）一／群馬県碓氷郡臼井町／早稲田大学専門部政経科中退

本姓は別、後に武井代吉の養子となった。一九二一年資本金二〇万円を投じて長春に大東元商会を創設し、専務として木材・建築・機械・木工製作所を経営した。次いで奉天満蒙牧場の大連販売所営業主任となったが、二五年二月に辞任し、大東元商会を閉鎖して帰国した。その後、東京市赤坂区役所衛生道路課に勤務し、かたわら早稲田大学専門部政経科二年を修了して二六年恩賜財団済生会病院内の済生会社会部嘱託に転じた。二八年三月早稲田大学生を中心に貧困学生学徒の救済を目的とする学灯団を組織し、学灯団診療所を創設して代表者を務めた。次いで東京府荏原郡碑衾町立診療病院建設事務嘱託、「働く会」診療所建設事務嘱託、㈳「青年教団」公衆病院建設事務嘱託、㈳「青年団」理事嘱託を歴職した。三三年一〇月国務院民政部属官となって再び渡満し、民政部衛生司に勤務した後、三五年五月衛生技術廠事務官・新京衛生技術廠勤務、同年一二月民政部事務官・衛生司勤務を経て三六年一一月吉林市公署事務官に転任した。

武石　惟友　▷12

満蒙毛織㈱常務取締役、奉天居留民会評議員／奉天淀町／一八八八

た

（明二一）四／新潟県北魚沼郡小千谷町／拓殖大学

新潟県武石惟英の次男に生まれ、小千谷中学校を経て拓殖大学を卒業し、一九一四年東洋拓殖㈱に入社した。以来勤続して京城、大連、奉天の各支店次長を歴任し、三四年七月同社出資の満蒙毛織㈱常務取締役に就いた。

武石　尚文　▷11

大連市伏見台小学校訓導／大連市錦町／一八九四（明二七）一〇／秋田県秋田市保戸野本町／秋田県師範学校

秋田県武石俊蔵の三男に生まれ、一九一五年秋田県師範学校を卒業して同県観海小学校訓導となった。一八年に渡満して関東州普蘭店小学校訓導となり、二一年大連伏見台小学校に転じた。その後いったん帰国して東京美術学校の聴講生として西洋画を学び、再び伏見台小学校に帰任した。兄の壮美は美術家で安東に在住し、弟の尚起は南満州電気㈱に勤務した。

武石　房吉　▷1

松茂洋行総支配人／奉天省営口／一八六九（明二）／秋田県雄勝郡山田村／同志社英学校

秋田県の豪農で多額納税者として知られた名家に生まれ、秋田中学に進んだが、官学での修学を改進党支持の親類縁者に反対され、一八八五年改進党領袖の大隈重信が経営する早稲田専門学校に転校した。八六年海外渡航を志して退校し、イギリス人に就いて英語を習った後、新島襄を慕って同志社英学校に入学した。九一年に卒業して英語学校教師を務めた後、会社員に転じて商業に従事した。九六年横浜で自転車製造会社の創立に参画して支配人に就き、次いで取締役、監査役等を務めたが、数年で退社してフランス人と共同で貿易業を営んだ。その後大阪の日本海陸保険会社に招かれて神戸出張所長となったが、会社解散とともに奈良の実業家土倉氏に随行して北京に渡り、華北方面で事業に従事した。一九〇四年に日露戦争が始まると安東県、鳳凰城等で軍の下で働いたが、河辺九郎三郎の誘いで営口の松茂洋行に入り満州総支配人となった。船舶代理業から鉄道輸送、豆・豆粕輸出その他一般貿易、石炭販売、倉庫業に業務を拡張し、大連、奉天、鉄嶺、長春に出張所を設けた。

武井　外一　▷11

満鉄鉄道事務所保線区長／大連市児玉町／一八九六（明二九）一〇／福岡県朝倉郡馬田村／熊本高等工業学校

福岡県武井岩太の長男に生まれ、一九一七年熊本高等工業学校を卒業して満鉄に入った。鉄道事務所保線区に勤務し、後に同区長に就いた。

竹井　安平　▷11

麻袋及び貿易商／奉天省鉄嶺松島町／一八七三（明六）一〇／岡山県真庭郡勝山町

一九〇九年五月に渡満し、鉄嶺で諸官衙用達と土木建築請負、建築材料販売業を営んだ。その後二三年から三年間日本と鉄嶺の間を往来し、二七年の初めから鉄嶺で麻袋と木材の貿易に従事した。日華銀行取締役を兼務し、鉄嶺居留民会議員、商業会議所議員、地方委員を務めた。

武内　和吉　▷3

横浜正金銀行鉄嶺出張所主任／奉天省鉄嶺西町／一八七五（明八）六／兵庫県城崎郡城崎町／東京高等商業学校

一八九八年東京高等商業学校を卒業し、翌年二月横浜正金銀行に入った。ハワイ、ロンドン各支店勤務を経て一九一二年三月大連支店副支配人となって渡満した。一四年三月鉄嶺出張所主任に転任し、かたわら同地の居留民会議員を務めた。

竹内　克巳　▷11

著述業、北京燕塵社理事／大連市花園町／一八九〇（明二三）五／神奈川県横浜市鶴見町／京都帝大文科選科修業

神奈川県官吏竹内郷一郎の次男に生まれ、京都帝大文科選科に学んだ。一九一五年大阪朝日新聞社に入り、海外通信員として漢口、青島、河南、湖南、四川、貴州、雲南地方を回った。一九年に退社し、大正日日新聞社が創立されると編輯局参事として入社し、販売兼工場部長を務めた。二二年北京燕塵社理事に転じて同社の経営に当たり、かたわらを著述業に従事した。中国の思想、経済、政情を研究して『支那政党結社史』『南を視る』『支那の流れ』等を著したほか、多年中日外交に尽力した功で北京政府から嘉禾二等綬章を

受けた。

竹内　勝美 ▷12

満鉄石峴站長／間島省汪清県満鉄石峴站長局宅／一八九五（明二八）三／福島県安積郡永盛村／福島県立安積中学校

福島県竹内寅之助の次男に生まれ、一九一四年三月県立安積中学校を卒業し、一五年一二月近衛歩兵第四連隊に入隊して兵役に服した。一七年一一月に満期除隊して一八年一月秋田駅試補となり、同駅車掌を経て郡山駅、福島駅、仙台鉄道局運転課に歴勤して書記に進み、郡山駅運転掛を経て福島運輸事務所に勤務した。その後三三年二月満鉄に転出して渡満し、奉天鉄道事務所蘇家屯在勤となった。次いで大官屯駅助役、老古溝簡易駅長、吉林鉄路局機務処運転科弁事員、同局運輸処配車係兼牡丹江在勤、牡丹江鉄路局機務処運転科弁事員に歴任し、三六年一二月石峴站長に就いた。

竹内亀次郎 ▷13

日立製作所大連営業所長、満州日立製作所専務／大連市山県通東拓ビル／一八九〇（明二三）五／東京府東京市／東京高等工業学校電気科

伊藤弥七の三男に生まれ、後に竹内喜三郎の養子となった。一九一一年東京高等工業学校電気科を卒業して日立製作所に入り、以来勤続して電気部営業主任となった。その後三五年に日立製作所大連営業所が開設される際、所長となって渡満し、一〇〇余名の社員と新京、奉天、鞍山の各出張所を差配して電線、電気機械器具、鉱山・鉄道用諸機械を販売した。その後三七年三月満州電線㈱の設立とともに監察人を兼任し、次いで三八年四月奉天鉄西地区に満州日立製作所が設置されると同社専務を兼任し、販売と製造の両部門を統轄した。

竹内謙三郎 ▷12

ハルビン警察庁繙訳官／ハルビン馬家溝雨暘街／一八八四（明一七）一二／群馬県勢多郡新里村／東京正教神学校

群馬県竹内忠蔵の三男に生まれ、東京正教神学校を卒業し、日露戦争後一九〇五年に樺太境界画定委員の通訳を務めた。その後渡満して一七年から満鉄に勤務したが、満州事変後三二年に東省特別区警察官吏処顧問に転じ、次いでハルビン警察庁繙訳官となった。文学と俳句を趣味とし、夫人とみとの間に一男三女あり、長男康名は桐生高等協業学校を卒業して満鉄に勤務した。

竹内源次郎 ▷11

関東庁翻訳生、営口警察署勤務、勲七等／奉天省営口南本街／一八八四（明一七）二／福岡県戸畑市戸畑／東京外国語学校支那語科

福岡県竹内今吉の三男に生まれ、一九一一年東京外国語学校支那語科を卒業して渡満した。関東都督府通訳事務嘱託となり、長春警察署及び長春領事館警察署兼務の後、一七年六月関東都督府翻訳生となって営口警察署に勤務した。郷里の長兄兼造は戸畑漁業組合理事長、次兄清之助は福岡県会議員、実弟北野又次は戸畑市会議員を務めた。

竹内　幸 ▷12

満鉄索倫站長／興安南省喜扎嘎爾旗索倫站長局宅／一八九五（明二八）一／長野県小県郡和村／岩倉鉄道学校

長野県竹内佐源太の三男に生まれ、一九一五年岩倉鉄道学校を卒業した後、一八年八月満鉄に入り立山駅に勤務した。次いで一九年五月同駅貨物方、二五年八月大連列車区勤務、三〇年一〇月同列車区瓦房店分区車掌、三四年一月文官屯駅助役、三五年三月ハルビン站助役、同年六月博克図列車段ハイラル分段列車副段長を歴任し、三六年四月索倫站長となった。この間、三四年四月勤続一五年の表彰を受けた。

竹内　栄 ▷13

満州富士バルブ㈱社長／大連市／一九〇二（明三五）

一九二四年から大阪市西区でバルブ販売業を営んだが、三八年一月販売部門を株式会社に改組し、大阪市外に富士バルブ工業㈱を創設して直接製造に乗り出した。三九年一一月大連市裾野町に満州富士バルブ㈱を設立し、二八〇〇坪の敷地に二〇〇名の従業員を擁してバルブ製造業を営んだ。

竹内　定造 ▷11

関東庁属、貔子窩民政支署勤務／関東州貔子窩財神廟街／一八八六（明一九）九／北海道松前郡福山町

北海道商業竹内義蔵の長男に生まれ、

一九〇九年裁判所書記試験に合格した。一九年一一月に渡満して満鉄に入り、遼陽地方事務所に勤務した。その後関東庁属に転じ、大連民政署官有財産係を経て貔子窩民政支署に転任した。俳句を趣味として青眼子と号した。

竹内繁次郎 ▷12

竹内商会主／ハルビン石頭道街／一八六四（元一）一一／滋賀県甲賀郡石部町

滋賀県農業竹内直七の長男に生まれ、大阪に出て商業に従事した後、一八八六年上海に渡って日支貿易㈱に入った。日清戦争後九六年に営口支店支配人となって渡満し、九九年に芝罘で独立開業した。日露戦争後一九〇八年にハルビン埠頭区に移転し、満鉄興業部販売課及び本渓湖煤鉄公司の石炭販売権を得て竹内商会の商号で石炭販売業を営んだ。撫順炭のほか、銑鉄、コークス、ベンゾール、コールタール、クレオソート、度量衡器を扱い、後に特産物商を兼営して北満一帯からシベリア方面に販路を拡張した。経営のかたわらハルビン倉庫、竜口銀行、ハルビン貯金信託、ハルビン製材、北満石油、ハルビン銀行、ハルビン煤油、総批発等の重役を兼任し、同地の居留民会評議員、商業会議所議員を務めた。

竹内 正一 ▷12

チチハル高等法院審判官兼チチハル地方法院審判官、従六位勲六等／龍江省チチハル高等法院／一九〇二（明三五）七／高知県高知市下知町／早稲田大学専門部法律科

一九二四年早稲田大学専門部法律科を卒業し、二五年一二月文官高等試験司法科に合格して司法官試補となった。一年志願兵として高知の歩兵第四四連隊に入隊して兵役に服した後、東京区裁判所検事代理を経て判事となり、米沢区裁判所兼山形地方裁判所、平区裁判所兼福島地方裁判所平支部、若松区裁判所兼福島地方裁判所若松支部、仙台地方裁判所石巻支部兼石巻区裁判所の各判事を歴任した。その後三六年九月に退官し、同年一〇月満州国審判官となって渡満し、チチハル高等法院審判官兼チチハル地方法院審判官に就いた。

竹内 庄八 ▷9

竹内徳盛堂主／奉天大西門裡／一八七七（明一〇）七／徳島県名東郡下八万村

一九〇七年三月に渡満して奉天で薬種商を開業した。一八年一二月銭鈔仲買人となり徳盛銀号の名で両替商を始め、さらに竹内株式部を設けて現物仲買業を兼営した。

竹内 精一 ▷12

日本売薬㈱取締役兼大連支店長、大連商工会議所常議員、同金融問題研究特別委員会委員、大連輸入組合評議員／大連市楓町／一八七七（明一〇）八／長野県上田市鍛治町／早稲田大学商科

一九〇七年早稲田大学商科を卒業して日本売薬㈱に入社し、大連支店詰となって渡満した。以来同社に勤続し、シンガポール支店支配人を経て二六年一一月大連支店長となって再び渡満した。その後同社取締役を兼任し、かたわら三一年から大連商工会議所常議員に重任した。三女民子は大連神明高女を卒業して満鉄社員若林正に嫁した。

竹内清太郎 ▷8

竹内鑿井局主／奉天江ノ島町／一八七六（明九）七／大阪府大阪市南区綿屋町

日露戦中の一九〇五年五月営口に渡り、陸軍衛戍病院遼陽本院及び営盤分院の御用商を務めた。戦後廃業して同地で和洋雑貨商を営んだが、〇八年七月奉天に移転して小西辺門外で鑿井業を開業し、一四年二月江ノ島町に移転した。水道施設ができるまでは鑿井工事に従事し、その後は水道器具、ポンプ等の販売を兼業した。

竹内 節雄 ▷12

錦州省公署官房総務科長／錦州省錦県省公署官房総務科／一九〇四（明三七）九／愛知県知多郡阿久比村／京都帝大法学部独法科

愛知県立第三中学校、第四高等学校を経て一九二八年三月京都帝大法学部独法科を卒業し、同年一一月満鉄に入社した。三一年九月満州事変の勃発とともに自治指導部指導科に入り、三二年六月国務院民政部事務官となり、総務司経理科長を経て同年一二月人事科長となった。三四年一二月吉林省長春県参事官に転任した後、民政部事務官、北満特別区公署事務官寛城子行政分処兼務を経て三六年一〇月錦州省公署理事官となり、総務庁総務科長を経て三七年七月官房総務科長に就いた。

竹内　坦道　▷11

満州新報大連支社長／大連市浪速町／一八七四（明七）四／神奈川県高座郡寒川村／岡千仭塾、工手学校土木科

神奈川県農業竹内照房の次男に生まれ、幼年から岡千仭の塾で漢学を学び、一八九九年から東京の長兄の下で漢学を教授した。その後工手学校土木科に入り、卒業して官界に入ったが数年で辞し、土木・測量業に従事した。一九〇六年に渡満して公主嶺で土木請負業を開業したが、一〇年四月満州新報社に転じて記者となり、後に大連支社長に就いて大連記者団幹事を務めた。著書『前人遺芳』第一・二帙、『大連の二十年』があり、黙庵と号した。

武内忠次郎　▷11

満州通信社長、満鮮申報社長／奉天信濃町／一八六九（明二）四／大分県日田郡豆田村／同志社大学

大分県の儒者園田鷹城の次男に生まれ、武内家を相続した。幼少から藩儒の父に漢学を学び、一八九一年同志社大学を卒業し、翌年上京して農商務省に勤務しながら政治経済学を修めた。九六年四月台湾総督府員に転じて台湾に渡ったが、まもなく辞職して土倉家の事業に従って各地を踏査した。九七年冬に帰国して善隣訳書館で漢訳書出版に従事したが、康有為派の失脚に伴い事業が頓挫し、以後は東京・横浜等で著述・翻訳・英語教師等に従事した。日露開戦後の一九〇四年五月上海に渡り、同地を根拠に中国各地を巡遊した。〇七年七月営口の満州日報社に入り、〇八年二月同志と満州新報社を創設して編輯長・主筆・主幹を務め、かたわら漢字日刊紙「華商報」を創刊して社長に就いた。一二年二月に帰国して翌年八月から「大陸雑誌」主幹に就いたが、一四年五月に再び渡満して奉天に満州通信社を創設して社長に就き、二四年五月にはハングル字紙の満鮮申報を創刊した。古画に通じて止戈と号し、読書と花木を趣味とした。

武内　哲夫　▷13

錦州省次長／一八九六（明二九）／福岡県糟屋郡宇美町／東京帝大法学部政治科

一九二二年、東京帝大法学部政治科を卒業して大阪府警部となった。三二年警視庁警視に進み、警務部警務課長兼規画課長となった。三五年に渡満して満州国特殊警察隊嘱託、民政部警務司司法科長、同地方司総務科長を経て三七年内務局管理処長に就任し、同局廃止の後は錦州省次長に転じた。

竹内時次郎　▷12

満鉄鉄道研究所員、社員会評議員／大連市聖徳街／一八九三（明二六）一一／愛知県知多郡亀崎町／工手学校機械科

愛知県竹内幸太郎の長男に生まれ、一九一七年東京築地の工手学校機械科を卒業した後、一九年一〇月満鉄に入り沙河口工場に勤務した。以来勤続して同工具職場鉄工課、技術研究所、理学試験所、中央試験所、鉄道教習所講師兼務、工作室主任心得、同主任を歴任し、三七年三月鉄道研究所に転任した。この間、満州事変時の功により楯及び従軍記章を授与され、三五年四月勤続一五年の表彰を受けた。

竹内　徳亥　▷13

満州鉱業開発㈱理事長、従五位／一八八八（明二一）一／青森県東津軽郡奥内村／東京帝大法科大学

青森県農業竹内末吉郎の次男に生まれ、一九一四年東京帝大法科大学を卒業し、翌年高文試験に合格した。一六年一月樺太庁属となり内務局臨時調査課に勤務し、一八年同庁事務官に進んで長官房主事兼専売局副事務官に就いた。二〇年六月に渡満して関東庁理事官兼事務官となり、大連民政署総務課長、鉱務課長、地方課長を歴任して二一年関東庁学務官となり、二三年同庁警視兼事務官に進んで旅順、大連の各民政署長を務めた後、同年免本官専任事務官となり欧米に出張した。その後満州国民政部総務司長の要職に就き、奉天省次長に転出した後、官吏生活を終えて満州鉱業開発㈱理事長に就任した。

武内徳三郎　▷12

日満商事㈱常務取締役、満州炭砿㈱理事、満州油化工業㈱取締役、鶴岡煤礦股董事長、勲五等／新京特別市曙町／一八八九（明二二）一二／東京府東京市大森区大森町／東京高等商業学校

一九一三年東京高等商業学校を卒業し、同年一〇月久原鉱業㈱に入社した。一九年七月久原商事に転属した後、二二年一月に渡満して満鉄に転じ、二三年四月に満鉄・三井・三菱等の出資で撫順炭販売㈱が設立されると同社入りした。その後二九年一月満鉄に復帰して三〇年六月参事に昇格し、同年一〇月奉天販売事務所長に就いた。満州事変直後の三一年一〇月、関東軍司令部より財政経済事務を委嘱されて東三省官銀号及び辺業銀行監理官となり、次いで満州中央銀行創立委員を委嘱され、関東軍司令部嘱託として特務部委員を務めた。三四年満鉄を退社し、同年四月新京に設立された満州炭砿㈱の常務理事に就いて鶴岡煤礦総務を兼務した後、三六年一〇月日満商事㈱が設立されると常務取締役となり、その後常務理事に就いて満州共同セメント㈱社長を兼任した。同窓団体の新京如水会副支部長を務め、新京訪問の会員や後輩のために一席を設け満州事情について講釈した。

竹内　虎夫　▷12

国務院民政部衛生技術廠化験科長／新京特別市興亞街／一九〇五（明三八）四／香川県綾歌郡坂出町／東京帝大医学部薬学科

香川県竹内嘉一の長男に生まれ、一九三〇年三月東京帝大医学部薬学科を卒業し、同年四月警視庁技手となり衛生部衛生検査所飲食物監視員を務めた。次いで薬品監視員、毒物劇物監視員、売薬検査員、売薬外品検査員、東京薬学専門学校女子部講師を歴職した。その後三三年一一月国務院民政部嘱託に転じて渡満し、東北防疫処化験科長を務めた後、三五年六月衛生技術廠技佐となり、ハルビン分廠勤務を経て民政部衛生技術廠化験科長に就き、三七年五月から土木局技佐を兼職した。

竹内虎五郎　▷12

満鉄奉天機関区運転助役兼機関士、勲八等／奉天紅梅町／一九〇二（明三五）六／福岡県浮羽郡船越村

福岡県竹内藤次郎の三男に生まれ、一九一九年六月満鉄に入り安東車輛係に勤務した。二〇年一〇月安東機関区機関士準備方、同点検方を経て三五年四月奉天機関区に転勤して運転助役となり、機関士を兼務した。この間、満州事変時の功により勲八等従軍記章及び建国功労賞を受け、三五年四月勤続一五年の表彰を受けた。

竹内　広彰　▷3

外務書記生奉天総領事館新民府分館主任、勲七等、士族／新民府日本領事分館内／一八七六（明九）一二／高知県土佐郡小高坂村／高知尋常中学校

一八九六年、高知尋常中学校を卒業して裁判所書記となった。農商務省属に転じた後、一九〇一年外務属となり、日露戦争の功により勲八等瑞宝章と金八〇円を下賜された。〇六年四月外務書記生に進み、〇九年一一月奉天総領事館勤務となって渡満し、一四年新民府分館主任に就いた。

竹内　寛　▷11

満鉄鞍山製鉄所製造課員、正八位／奉天省鞍山中台町／一八九三（明二六）五／鹿児島県鹿児島市冷水町／旅順工科大学機械科

鹿児島県竹内稲雄の長男に生まれ、一九一三年旅順工科学堂機械科に入学した。一六年の卒業に際し在学時の成績優秀により島津公から銀時計を授与され、満鉄に入って鞍山製鉄所の建設工事に従事した。この間一七年に一年志願兵として鹿児島の第四五連隊に入営し、一九年の操業開始とともに鞍山製鉄所工務課設計係に勤務した。満鉄補習学校講師を兼務し、製鉄所内の鉄工会評議員として同会雑誌編集にあたったほか、予備歩兵少尉として在郷軍人分会長を務めた。

武内　弘行　▷12

丸一洋行主／浜江省牡丹江円明街／一九一二（大一）一二／広島県御調郡美ノ郷村／山口県立高水中学校

広島県武内勝次の子に生まれ、一九二九年三月山口県立高水中学校を卒業して朝鮮に渡り、全羅北道全州で父が経営する千代田生命代理店の仕事を手伝った。三四年一一月牡丹江に赴き、土地を買収して農場経営を始め、かたわら三六年五月から同地円明街に丸一洋行を設立して食料雑貨店を兼営した。山口県、釜山、新京、ハルビン等から酒、味噌醤油、米穀、雑貨類を仕入れて卸と小売を行い、北鮮醤油㈱牡丹江代理店を兼ねた。

竹内　孫次　▷12

国務院実業部林務司計画科員／新京特別市大同大街国務院実業部／

一九〇六（明三九）二／新潟県西頸城郡糸魚川町／北海道帝大農学部林学科

新潟県竹内庄太郎の次男に生まれ、一九三二年三月北海道帝大農学部林学科を卒業して同大副手を務めた後、同年一二月国務院実業部雇員となって渡満した。農鉱司林務科、農林司林務科勤務を経て実業部属官技士となり、三六年一〇月実業部技佐に進んで林務司計画科に勤務した。この間、建国功労賞及び皇帝訪日記念章を授与された。

竹内　信　▷12

弁護士／ハルビン中国十四道街／一九〇一（明三四）四／三重県度会郡北浜村／パリ法科大学大学院

三重県近藤憲夫の次男として一志郡豊地村に生まれ、同県度会郡竹内秀蔵の養子となった。一九二四年慶応大学二年在学中に文官高等試験司法科に合格し、東京地方裁判所に勤務した。判事に昇格した後、二八年末に辞職し翌年司法省及び商工省の嘱託としてにパリ法科大学博士課程に留学し、三一年末に法学博士号を取得した。三二年秋に帰国し、交洵社ビルに弁護士事務所を開設した。三二年満州事変後に渡満してハルビンで弁護士業を開業し、英仏独語を駆使して日中露三国の住民間の国際的問題を取り扱った。三五年から天津のフランス租界に国際法律事務局を開設し、ハルビンと往来して弁護士業に従事した。著書に『受益権の本質』『陪審の沿革を探ねて其本質を論ず』『伊太利新刑法批判』『伊太利労働憲章』等の法学書のほか、円信一郎の筆名で『白き処女地』『蟻の生活』等のフランス文学書がある。

竹内　元平　▷12

熱河専売署長、正七位勲五等／熱河省承徳熱河専売署／一八八七（明二〇）四／岡山県苫田郡神庭村／陸軍経理学校

陸軍経理学校を卒業して各地に勤務し、一等主計に累進して予備役となった。満蒙文化協会主事を経て支那駐屯軍嘱託を九年務めた後、一九三三年満州国陸軍中央訓練処教官に転出した。次いで財政部に転任して熱河作戦当時から同地の専売業務に従事し、後に熱河専売署長に就いた。夫人フシとの間に二男あり、長男之男は拓殖大学、次男勇は早稲田大学に学んだ。

武岡　嘉一　▷12

監察院監察部員、満州国官吏消費組合監事／新京特別市金輝路代用官舎／一九〇八（明四一）二／北海道静内郡静内町／東京商業大学本科

一九二八年小樽高等商業学校を卒業して東京商業大学に進み、在学中の二九年に文官高等試験に合格した。三一年三月同大本科を卒業して東京地方裁判所に弁護士登録し、東京弁護士会に入会して弁護士業に従事した。満州事変後の三二年六月、満州国監察院監察官に転じて渡満した。

竹川　豊久　▷12

国際運輸㈱監察員／大連市山県通国際運輸㈱本社／一九〇五（明三八）一一／長崎県長崎市磨屋町／長崎高等商業学校

木下市次郎の次男として熊本県天草郡富岡町に生まれ、長崎市の竹川家の養子となった。天草中学校を経て二七年三月長崎高等商業学校を卒業して渡満し、大連の国際運輸㈱に入社した。本社計画課に勤務した後、長春支店経理係主任、奉天支店経理係主任を経て三五年四月本社調査課統計係主任となった。次いで同年一二月錦県支店長代理として錦州に赴任し、庶務係主任及び経理係主任を兼務し、かたわら同地の長崎県人会副会長を務めた。三七年五月、大連本社に戻って監察員に就いた。

竹口　弘　▷12

満鉄鉄道研究所調査役／大連市沙河口満鉄鉄道研究所／一八九二（明二五）六／三重県飯南郡射和村／大阪高等工業学校電気科

三重県竹口九兵衛の長男に生まれ、一九一三年大阪高等工業学校電気科を卒業し、同年八月満鉄に入り鉄道部工務課に勤務した。以来勤続し、二一年に鉄道用電信電話と保安装置研究のため一年余り欧米各国に出張した。三二年南満州工業専門学校講師となり、満州電気協会理事を務めた後、三四年一一月鉄道部電気課長となり、次いで三七年六月参事に昇格して鉄道研究所調査役に就いた。

竹迫　武徳　▷7

大連不動貯金㈱会計主任／大連市近江町／一八九二（明二五）一／鹿児島県鹿児島郡谷山町

た

一九〇八年、一六歳の時に渡満して満鉄に入った。勤務のかたわら勉学に努めたが、一二年一二月徴兵されて鹿児島の歩兵第四五連隊に入営した。満期除隊して満鉄に復帰し、鉄道部、埠頭事務所に勤務した後、二〇年に退社して大連不動貯金㈱に入社し、以来会計主任として勤続した。

竹沢 信吉 ▷12

チチハル市市公署技佐、同工務科長／龍江省チチハル豊恒胡同／一八九一（明二四）五／長野県更級郡更級村

長野県竹沢佐助の三男に生まれ、一九一一年徴兵されて高田の歩兵第五〇連隊に入営し、一五年六月図工として青島守備軍司令部に赴任した。一七年六月に除隊して満鉄土木課に勤務した後、二四年八月に帰国して東京市役所技手となり、さらに三一年一月川崎市役所技手に転じた。三二年七月満州国官吏に転出して渡満し、国都建設局技士となり、三六年七月チチハル市公署技佐に転任して工務科長を務めた。

竹沢 忠郎 ▷11

医師、関東庁警察医／大連市沙河口仲町／一八九〇（明二三）二／三重県阿山郡上野町

三重県竹沢小左衛門の三男に生まれ、一九一四年医術検定試験に合格した。一六年に渡満して大連市近江町の中村病院に勤務した後、翌年沙河口で開業し、関東庁警察医を兼務した。

竹下市次郎 ▷10

㈾竹下商店代表社員／大連市春日町／一八六三（文三）八／長崎県佐世保市相生町

熊本の豪商吉文字屋の子に生まれたが、西南戦争の際に薩摩軍の襲撃で焼け出されて没落し、叔父に養われて印判屋の見習となった。日露戦争直後の一九〇五年八月に渡満し、大連で官辺の注文を頼りに印刻業を始めた。民政が敷かれて人口が増加するに伴い注文も増え、大連民政署の御用を務め、旅順にも支店を設けた。〇七年春に郷里の家族を呼び寄せ、一〇年に店舗を伊勢町に移転した。印刻業のかたわら活版印刷業を開始し、一六年一〇月には山県通に営業所を新築して移転し、住居を春日町に移した。以後は印刷を専業にし、衛生委員、町内会長、勢和会幹事を務めた。

竹下佐一郎 ▷12

国務院総務庁法制処員／新京特別市崇智路聚合住宅／一九〇七（明四〇）一／石川県金沢市常盤町／東京帝大法学部政治学科

石川県竹下佐太郎の子に生まれ、一九三一年三月東京帝大法学部政治学科を卒業し、翌年五月国務院に入り司法部法務司刑事科に勤務した。次いで同法務司属官兼本部獄政訓練所教授、同刑事司に歴勤し、省公署事務官として錦州省に赴任した後、三六年九月再び国務院に戻って総務庁法制処に勤務した。

竹下 重太 ▷13

義昌無線電気㈱社長／大連市若狭町／一八八七（明二〇）四／香川県／中学校

香川県竹下岩次の三男に生まれ、県立中学校を卒業した後、一九一七年四月天津の日本租界に義昌洋行を設立して電気機械器具販売、電気工事請負業を営んだ。次いで二五年から無線電信・電話送受信機の製作販売に着手し、三二年に大連支店、奉天出張所を設置した。業績の向上にともない三四年八月一二名の発起人とともに義昌無線電気㈱を設立し、義昌洋行の業務一切を継承して社長に就任した。本社・工場を大連に置いて新京に出張所を設け、三七年一月に堀川電気㈱を合併して事業を拡張した。

竹下正三九 ▷12

敦化税捐局副局長、満州国協和会県本部委員／吉林省敦化県城北門裡／一九〇六（明三九）一／大分県宇佐郡横山村／大分県立四日市農学校

大分県竹下喜八郎の三男に生まれ、一九二四年三月大分県立四日市農学校を卒業した後、二六年七月福岡税務署属となった。三一年五月佐世保税務署属に転任した後、翌年年一一月満州国に転出して渡満した。吉林税務監督署属官として勤務した後、三五年八月敦化税捐局副局長となった。

竹下 正 ▷12

満鉄奉天保安区技術助役、社員会評議員／奉天紅葉町／一九一一（明四四）六／佐賀県東松浦郡北波多村／明治専門学校

唐津中学校を経て一九三三年三月明治

専門学校を卒業し、同年四月満鉄に入り鉄道部電気課に勤務した。三四年四月奉天鉄道事務所、三五年三月奉天保安区電気助役を経て三七年三月同区技術助役となった。

武末　清　▷12

奉天鉱業監督署員／奉天八経路奉天鉱業監督署／一九〇七（明四〇）三／福岡県福岡市字岩戸町／京都帝大法学部、東京帝大経済学部経済学科

福岡県武末留次郎の長男に生まれ、県立福岡中学校、第五高等学校を経て京都帝大法学部を卒業した後、三二年三月東京帝大経済学部経済学科を卒業し、同年五月国務院に入り実業部総務司に勤務した。三三年一〇月実業部属官となり工商司註冊科兼総務司計画科、同年一二月実業部法令審査委員会書記に歴勤した。その後三四年一月総務司計画科兼務を解かれて鉱務司鉱政科勤務となり、三五年七月鉱業監督署事務官に進んで奉天鉱業監督署に勤務した。この間、三四年に勲八位景雲章を授与されたほか、建国功労賞、大典記念章、皇帝訪日記念章を授与された。

竹末　庸辰　▷9

朝鮮銀行営口支店長、営口商業会議所副会頭／奉天省営口花園街／一八八七（明二〇）一／長崎県壱岐郡香椎村

一九〇七年第一銀行に入り、仁川支店に勤務した。〇九年一〇月第一銀行京城支店の業務を継承して韓国銀行が設立されると同行に転じ、一一年八月朝鮮銀行と改称されると同時に奉天支店詰となって渡満した。大連、鉄嶺の各支店に転勤した後、営口支店長に栄転して同地の商業会議所副会頭を務めた。

武田　嘉吉　▷11

公債株式現物問屋／大連市西公園町／一八七八（明一一）二／茨城県水戸市上市棚町

茨城県武田福松の三男に生まれ、一八九六年三月逓信省文官普通試験に合格して通信書記補となった。九八年三月に退職して郷里の水戸で煙草業に従事したが、一九〇四年に煙草の製造・販売が官営となり、清涼飲料水製造業に転じた。一八年に有価証券業を始める目的で渡満したが、時運に恵まれず、官歴を生かして大連郵便局員となった。二〇年五月に退職し、翌年武田嘉吉商店を設立して公債株式現物問屋を開業した。戦後恐慌による経営危機を乗り切って地盤を固め、後に大連株式商品取引所実物取引員となった。同郷の夫人きくとの間に一男二女あり、長女宮子は神明高女を出て満鉄社員谷喬に嫁した。実兄の松太郎も〇六年に渡満し、大連で雑誌の発行経営に従事した。

武田　勝利　▷12

満鉄撫順炭砿機械工場長、撫順福島県人会長／奉天省撫順南台町／一八九五（明二八）一／福島県河沼郡勝常村／東京帝大工学部機械工学科

福島県武田喜祖次の六男に生まれ、一九二一年三月東京帝大工学部機械工学科を卒業し、同年四月満鉄に入社して撫順炭砿機械課に勤務した。同年一〇月機械工場に転任し、二七年一一月から二年間欧米に出張して鋳鋼及びマンガン鋼の製造技術研究に従事した。三〇年二月に帰任し、同年六月炭砿部機械課勤務、三一年八月撫順炭砿工作課機械係技術担当員、三三年三月古城子採炭所工作係主任、三四年四月同副長を経て同年六月技師となった。三五年七月撫順炭砿機械工場長に就き、三六年一〇月の職制改正で参事となった。この間、マンガン鋼の製法開発により二七年四月満鉄創業二〇周年記念式で表彰を受けた。日本女子大卒の夫人妙子との間に二男一女があった。

竹田計二郎　▷11

正隆銀行公主嶺支店長／吉林省公主嶺桜町／一八九七（明三〇）一／和歌山県日高郡切目村／東京植民貿易語学校高等部

和歌山県農業竹田直七の次男に生まれ、一九二一年に東京植民貿易語学校高等部を卒業して渡満した。正隆銀行に入り大連本店に勤務した後、奉天省四平街、奉天支店勤務を経て公主嶺支店長に就いた。

竹田　栄　▷12

静神商会主、東亞缶詰工廠主／大連市紀伊町／一八八四（明一七）八／愛知県豊橋市／愛知県立第四中学校

愛知県立第四中学校を卒業した後、一九〇八年満鉄に入り埠頭事務所に勤務した。その後二六年三月に退社し、予て依託経営中の静神商会の権利一切を継承し、三菱・宝隆洋行・大吉洋行等の専属として船舶用達業と運送業を兼営した。かたわら三〇年に大連市日吉町に東亜缶詰工廠を創立し、牛肉・魚介類・鶏肉・野菜・果実等の各種缶詰を製造販売を兼営した。

竹田　三郎　▷1

竹田商店大連支店主／大連市監部通／一八六〇（万一）一二／愛媛県三豊郡粟島町

一四歳の時に出郷して九州各地で諸種の職業に従事した後、佐世保市上町で食パン製造を始め、海軍用達として佐世保鎮守府に納入した。鎮守府開設以来の用達業者として官民の信用を獲得し、製パン業の他に松島炭鉱を経営したが後に本業に専心し、日清戦争の際は佐世保、長崎等で海軍への物資供給に従事した。一九〇四年日露戦争が始まると同年五月の大連占領とともに佐世保鎮守府主計部長の特命で御用船に便乗して大連に上陸し、各艦隊への糧食供給に従事した。戦後は佐世保の竹田商店を息子に任せ、大連市監部通に竹田商店支店を開設して食パン製造と菓子類の製造販売業を営んだ。

武田　春二　▷11

満鉄撫順炭砿調査役室勤務／奉天省撫順南台町／一八九四（明二七）二／広島県広島市南竹屋町／広島県立工業学校

広島県武田松之助の次男に生まれ、一九一二年広島県立工業学校を卒業し、同年八月に渡満して撫順炭砿機械工場仕上工となった。一三年一〇月煙台採炭所工作係に転任した後、二五年二月東ヶ岡採炭所工作係主任に就いた。二八年一〇月主任待遇となり、技術担当員として撫順炭砿調査役室に勤務した。二七年四月満鉄創業二〇周年の際に表彰され、翌年四月に一五年勤続の表彰状と金一五〇円を授与された。

武田　正吉　▷11

㈴鶴田号社長／大連市西公園町／一八八〇（明一三）二／秋田県秋田市茶町

秋田県商業武田幸吉の三男に生まれ、一九〇〇年台湾に渡り、〇二年から同地で秋田屋呉服店を営んだ。一二年に渡満して大連に㈴鶴田号を創立し、経営のかたわら大連石灰会社取締役を兼務した。美濃町区長を務めたほか、郷里の秋田市商業学校創設に際し多額の寄付を行った。長男の順平はハルビン日露教会学校を出て京都に遊学し、次男俊作は北海道帝大に学んだ。

武田　譲治　▷12

大連取引所信託㈱市場係主任／大連市浅間町／一八八八（明二一）七／宮城県桃生郡小野村／宮城県立第二中学校

宮城県立第二中学校を卒業した後、一九一〇年東京為替貯金局に勤務した。一一年関東都督府通信監理局に転勤して渡満し、以来同局に勤続したが、一九年一一月に依願免官して甲斐証券信託会社に入った。次いで二〇年五月大連取引所信託㈱に転じ、後に市場係主任を務めた。

武田　鈊　▷12

満州日日新聞社㈱販売部長、満日会幹事長／大連市若松町／一八九六（明二九）九／東京府東京市杉並区阿佐谷／明治大学法科中退

愛知県立第一中学校を卒業して明治大学法科に進んだが、一九年六月に中退して報知新聞社に入り、営業局市内係主任となった。三二年一一月読売新聞社に転じて地方係主任となり、次いで三五年満州日日新聞社に転じて渡満し、後に販売部長を務めた。

武田　新吾　▷12

満鉄南満州保養院薬剤長／大連市小平島会河口屯満鉄南満州保養院／一八九六（明二九）三／岡山県後月郡西江原村／九州薬学専門学校

一九一五年一一月岡山県小田郡神島外村書記となったが、翌年七月に渡満して満鉄に入り撫順炭砿医院に勤務した。その後二二年に九州薬学専門学校を卒業し、同年四月撫順炭砿医院薬剤員、三〇年一二月開原医院薬剤長を経て三七年四月大連の南満州保養院薬剤長に就いた。この間、三五年四月に勤続一五年の表彰を受けた。

竹田　萱雄　▷14

弁護士、従五位、士族／大連市佐渡町／一八八〇（明一三）一一／熊本県熊本市黒髪町／京都帝大法科大学

旧熊本藩士竹田穀生の長男に生まれ、一九〇七年七月京都帝大法科大学を卒

た

業して日本銀行本店に入った。その後法曹界に転じ、一三年八月熊本地方裁判所所属弁護士となった。一九年六月関東庁法院判官となって渡満し、同年九月から検察官として七年務めた。二六年一〇月に依願退官して関東庁法院所属弁護士となり、大連で開業した。満鉄嘱託、大連中央土地㈱法律顧問を兼務し、二七年三月から翌年一〇月まで大連市会議員を務めたが、病を得て大連で没した。

武田　政次　▷11

鞍山正隆銀行支店長代理／奉天省鞍山北五条／一八九九（明三二）二／大阪府泉南郡土生郷村

大阪府の牧畜業桑田栄介の七男に生まれ、武田八重の養子となった。一九一一年一二歳の時に渡満し、同年八月から正隆銀行に勤めた。奉天、旅順、奉天省四平街の各支店に勤務した後、鞍山正隆銀行支店長代理に就いた。

武田　丈夫　▷11

陸軍砲兵中尉、従七位／南満州虎石台／一九〇一（明三四）四／愛知県知多郡阿久比村／陸軍士官学校本科

愛知県武田辰次郎の長男に生まれ、一九二三年陸軍士官学校本科を卒業し、同年一〇月歩兵少尉に任官した。二六年中尉に進級し、翌年四月に渡満して虎石台に勤務した。士官学校在学中の二三年二月、人命救助により警視庁から表彰された。

武田　胤雄　▷11

満鉄奉天地方事務所渉外係欧米部主任／奉天葵町／一八九五（明二八）一〇／福岡県三井郡合川村／カリフォルニア大学政治科、ハーバード大学大学院

福岡県武田専助の三男に生まれ、一九一四年三月福岡県立明善中学校を卒業した。一五年七月アメリカに渡り、サンフランシスコ市立小学校、ローウェル・ハイスクールを経てカリフォルニア大学政治科に入った。二四年三月に卒業してハーバード大学大学院に進み、国際行政学を専攻し修士号を取得した。二五年六月から新聞経営見学のためにアメリカ各地を巡遊し、二六年一月に帰国した。同年四月太平洋問題調査会幹事に就任し、井上準之助の下で調査研究に従事した後、二八年四月満鉄に転じて奉天地方事務所渉外係欧米部主任となり、満州教育専門学校講師を兼任した。ハーバード大学同窓会日本支部幹事を務めるかたわら文学と絵画を趣味とし、日本女子大中退の夫人その枝はヴァイオリンを能くした。実弟の行雄は東北大学法学部教員を務め、同正雄は日本生命保険会社に勤務した。

武田　忠造　▷11

開業医／ハルビン道裡石頭道街／一八八九（明二二）二／福岡県嘉穂郡桂川町／日本医学専門学校、シカゴ医科大学

福岡県武田惣太郎の次男に生まれ、一九一二年日本医学専門学校を卒業した。一三年四月に渡米し、カリフォルニア州医科大学で二年間学んだあとシカゴ医科大学に入学し、一七年に卒業して医学博士の称号を取得した。一九年四月に帰国して九州帝大医学部産婦人科教室に入り、翌年教授の推薦で佐世保の海軍共済会病院産婦人科担任となった。二三年四月に渡満してハルビン共立日本医院外科及び産婦人科の担任医となり、二五年からハルビンで医院を開業した。

武田　常吉　▷11

満鉄撫順炭砿採掘係主任／奉天省撫順東ヶ岡撫順炭砿社宅／一八八五（明一八）六／福岡県嘉穂郡碓井村

福岡県の酒類販売業武田吉五郎の長男に生まれ、一九一一年五月官営八幡製鉄所二瀬出張所に入った。一四年五月に渡満して満鉄撫順炭砿に入り、各坑で働いた後、二五年四月撫順炭砿採掘係主任に就いた。

竹田　常次　▷12

満鉄横道河子鉄路監理所監理員兼綏芬河鉄路監理所監理員／浜江省横道河子鉄路監理所／一九〇七（明四〇）一一／山形県米沢市大町／米沢高等工業学校電気科

山形県竹田松次郎の子に生まれ、一九二五年三月米沢中学校を卒業して鉄道省に入り、米沢駅改札掛、仙台鉄道管理局電気掛、新潟車電所車電手を歴職した。その後退職して米沢高等工業学校に入学し、三一年に同校電気科を卒業た。三三年一一月に渡満して満鉄に入り、新京検車区電気方、同区技術方、横道河子鉄路弁事処工務員、横道河子

た

監理所監理員、綏芬河鉄路監理所監理員を歴職して三六年一〇月横道河子鉄路監理所に転勤し、綏芬河鉄路監理所監理員を兼務した。

武田　貞助　▷12

国際運輸㈱奉天省四平街支店白城子営業所主任／龍江省洮安県国際運輸白城子営業所／一九〇八（明四一）五／福島県福島市荒町／法政大学経済学部経済科

福島県武田松之助の次男に生まれ、一九三三年三月法政大学経済学部経済科を卒業して渡満し、同年四月国際運輸㈱に入り陸運課に勤務した。三六年四月大連支店勤務を経て奉天省四平街支店に転勤し、同年一〇月白城子営業所主任となった。

竹田　徳蔵　▷7

憲兵分遣所長、従七位勲七等／吉林省公主嶺憲兵分遣所長官舎／一八八五（明一八）一／鹿児島県薩摩郡高城村

一九〇五年一二月に徴兵され、熊本の野砲兵第六連隊に入隊した。〇七年一二月憲兵に転科し、旅順憲兵分隊に編入されて渡満した。一〇年三月久留米憲兵隊に転任して一五年一一月の福岡地方特別大演習に参加した。一七年豊橋憲兵隊付を経て翌年熊本に転勤し、二〇年の大分地方特別大演習の際に大本営憲兵として皇太子の警護にあたった。二二年九月広島に転勤したが、翌年九月の関東大震災に際し東京勤務となった。二四年二月公主嶺分遣所長に任じられて渡満し、勤務のかたわら同郷団体の公主嶺三州会副会長を務めた。この間、明治天皇の葬礼、大正天皇の婚礼、皇太子の九州巡遊その他憲兵として特別勤務に服し、賞与を十数回受けた。

武谷　信吉　▷12

満州炭砿㈱阜新砿業所新邱開発事務所長／錦州省阜新県新邱満炭阜新砿業所新邱開発事務所／一八九四（明二七）九／福岡県久留米市西町／京都帝大工学部採鉱冶金学科

一九二二年京都帝大工学部採鉱冶金学科を卒業した後、二四年一一月満鉄に入り撫順炭砿に勤務した。三〇年一〇月非役となり大新大興公司に派遣された後、満州事変に際し三二年一月関東軍特務部より八道壕炭砿監理責任者を委嘱された。その後三四年七月満鉄を退社し、満州炭砿㈱に転じて八道壕炭砿に勤務し、同年八月同炭砿長を経て三六年一一月新邱開発事務所長となった。

武谷　伝　▷12

㈴杉山商店大連支店長／大連市山県通／一八九九（明三二）一／福岡県鞍手郡宮田町

長く杉山商店に勤め、一九三三年初代大連支店長に抜擢されて渡満した。大阪久保田鉄工所及び西島製作所の総代理店としてクボタ石油軽油発動機、クボタディーゼル機関、クボタ船舶用発動機、西島ポンプのほか、ミドリコンロ、高橋式高粱精白機・酒造用精米機、急速濾過機、農具・農耕用機械、土木用機械、酸性白土ガソリン灯、雑貨類等を取り扱った。

武田　秀三　▷9

三菱商事大連支店員／大連市伏見台／一八九二（明二五）三／高知県香美郡野市村／東京外国語学校支那語科

一九一〇年東京外国語学校支那語科を卒業した。一三年一月三菱商事に入社し、大連支店勤務となって渡満した。

武田　政吉　▷12

満鉄安東保安区技術助役、勲八等／安東満鉄安東保安区／一九一一（明四四）七／石川県石川郡崎浦村／南満州工業専門学校機械科

石川県武田竹次郎の長男に生まれ、一九三二年三月南満州工業専門学校機械科を卒業して満鉄に入り、鉄道部に配属された後、同年一一月新京保安区に転勤した。三四年五月新京保安区技術助役、三五年四月同電気助役を経て三六年一二月安東保安区技術助役に転任した。この間、満州事変時の功により勲八等に叙された。

武田　正巳　▷13

満州大倉商事㈱専務取締役／一八八九（明二二）一〇／福井県／東京高等商業学校

一九一一年、東京高等商業学校を卒業して大倉組に入った。東洋紙料㈱取締役、大倉商事㈱常任監査役のほか大倉火災海上保険、中央自動車㈱、大倉スマトラ農場、シャーリング、大倉銃砲店、日本無線電信電話、中央工業、大倉紡機製造、日本運輸、南部銃製造所、川奈ホテル等の各監査役を歴任した。三九年一〇月、在満支店を統合して満州大倉商事㈱が設立されると専務取締役として渡満した。

武田松太郎 ▷11

ヒビキ雑誌経営／大連市光風台／一八七四（明七）九／茨城県水戸市上市銀杏町／水戸中学

茨城県の煙草製造業武田福松の長男に生まれ、一八九二年水戸中学校を卒業した。一九〇六年に渡満して第一三師団の酒保を経営した後、雑誌「ヒビキ」の発行経営を始め、かたわら武田㈾代表社員、小田原土地㈱専務取締役を務めた。お茶の水高女を出て東京美容術学校に学んだ木村モトと結婚して一男あり、実弟の嘉吉も一八年に渡満して大連で公債株式現物問屋を経営した。

武田 守一 ▷11

満州日報編輯局社会部長／大連市花園町／一八九三（明二六）一二／岐阜県加茂郡加茂野村

岐阜県商業武田信治郎の次男に生まれ、中国事情研究を志して一九一五年に渡満した。新聞記者をしながら塔南、五渓、石埭の三師に就いて中国文学と書道を学んだ後、吉林興信所を独立開業した。かたわら吉林居留民会議員を務め、趣味と実益を兼ねて中国全土を回り『吉林事情』その他十余種の著書を著した。その後大連の満州日報編集局に入り、社会部長を務めた。南陽と号して詩文と書、連珠に親しんだ。

武田 守人 ▷14

武田内科小児科医院主、従五位／大連市白菊町／一八九〇（明二三）一〇／東京府北多摩郡千歳村／金沢医学専門学校

鹿児島市に生まれ、九歳の時に父とともに上京して東京の小学校、中学校を卒業した。一九一八年五月金沢医学専門学校を卒業して医師免許証を取得し、同年一二月奈良県警察医となった。二〇年一〇月に依願退職して文部省学校衛生官補となったが、二二年八月関東庁技師に転じて渡満した。衛生課と学務課を兼務し、児童の結核予防など学校衛生に尽力した。三二年一月大連市主事・衛生課長に就いたが三六年三月に依願免職し、大連に武田内科小児科医院を開いた。開業直後の三六年一一月大連市会議員に当選し、四〇年一〇月に任期満了した。

武田 盛行 ▷12

満州電業㈱検査課検査役／新京特別市通化街／一八九八（明三一）五／広島県沼隈郡田島村／旅順工科学堂電気科

広島県武田宗一郎の長男に生まれ、一九〇八年に渡満した。関東都督府中学校を経て一九二〇年旅順工科学堂電気科を卒業し、同年一二月満鉄に入り電気作業所浜町発電所に勤務した。天の川発電所勤務を経て再び浜町発電所、天の川発電所に歴勤した後、二六年五月電気作業所が満鉄から分離して南満州電業㈱が創立されると同社員となり、二七年五月工務課運転係となった。二八年七月営口水道電気㈱に転じて三〇年一一月同社発電所長に就いた後、三四年一二月満州電業㈱に転じ、営口支店発電係長を経て三七年四月検査課検査役となった。

武市 勝己 ▷12

満州航空㈱航空工廠社用工場発動機係長、関東軍司令部嘱託、勲八等／奉天藤浪町／一九〇五（明三八）四／東京府東京市四谷区大番町／東京府立工芸学校

一九二四年三月東京府立工芸学校を卒業して㈱芝浦製作所に入社した。その後二九年四月日本航空輸送㈱の機関士に転じ、大連支所勤務となって渡満した。三二年九月満州航空㈱の設立とともに同社入りし、後に航空工廠社用工場発動機係長を務めた。この間、満州事変時の功により勲八等旭日章を授与された。

武知幾太郎 ▷9

武知洋行主／奉天省瓦房店東街／一八七八（明一一）一〇／徳島県名西郡藍畑村

一九〇六年一二月に渡満し、瓦房店に武知洋行を開業し煙草の卸売業と貸家業を営んだ。東清鉄道会社が造成した市街地に貸家を所有し、新開地ながら復州貔子窩街道の要衝に位置するため、人口の増加とともに毎月多額の家賃収入を挙げた。

武智 鉱三 ▷12

満鉄奉天駅構内助役／奉天稲葉町／一八九八（明三一）一一／長崎県長崎市城山町／長崎商業学校

長崎県武智周三郎の三男に生まれ、一九一八年三月長崎商業学校を卒業し、同年五月満鉄に入社して営口駅に勤務した。以来勤続して大連列車区瓦房店在勤、沙崗駅助役、万家嶺駅助役、大石橋駅構内助役を歴任した後、三一年に退社した。その後三五年一〇月に再入社して奉天列車区車掌となり、三六年一一月奉天駅構内助役に就いた。

武知　幸広　▷12

満鉄吾妻駅長、社員会評議員、正八位／大連市三室町／一八九七（明三〇）五／愛媛県温泉郡石井村／拓殖大学

愛媛県武知忠幸の長男に生まれ、松山中学校を経て一九二〇年三月拓殖大学を卒業して満鉄に入り、同年一年志願兵として兵役に服し、除隊復職して大連鉄道管理局営業課に勤務した。次いで営口駅勤務、奉天列車区車掌心得、同車掌、奉天駅構内助役、同駅貨物助役、大連埠頭貨物助役、吾妻駅貨物助役、安東駅貨物主任を歴任して鉄路総局に転任し、吉長吉敦派遣図們在勤を経て三四年四月図們站長となり、三五年一二月図們自動車営業所主任兼務を経て三六年九月吾妻駅長に就いた。この間、安東及び図們在勤時に同地の在郷軍人会分会長を務めたほか、三五年四月勤続一五年の表彰を受けた。

武富馬之助　▷11

武富洋服店主／吉林省公主嶺大和町／一八八八（明二一）三／佐賀県杵島郡小田村

佐賀県農業武富国吉の三男に生まれ、一九〇八年九月に渡満した。公主嶺で洋服商を営み、区長、在郷軍人分会評議員、市民協会評議員を務めた。

武富　頼治　▷12

大連汽船㈱船長／門司市上本町／一八八九（明二二）五／佐賀県西松浦郡西山代村／広島商船学校

一九一二年広島商船学校を卒業して海員となり、二六年六月大連汽船㈱に転じた。一等運転士として各船に乗務した後、三〇年一〇月船長に累進した。

武友　吉蔵　▷11

安東小学校訓導／安東県山手町／一八九六（明二九）二／滋賀県伊香郡余呉村／滋賀県師範学校

滋賀県農業武友源右衛門の四男に生まれ、一九一七年滋賀県師範学校を卒業して郷里の余呉尋常高等小学校訓導となった。一九年四月に渡満して大連教育研究所に入所し、二〇年四月安東尋常高等小学校訓導に就いた。

竹中　和郎　▷4

東福當主／吉林省農安東大街路／一八八五（明一八）／広島県神石郡永渡村

日露戦争に際し軍夫を志願し、軍司令部付として一九〇四年に渡満した。戦争終結後も満州に留まり、〇六年に新義州に転じて商業に従事した後、再び満州に戻って公主嶺で雑貨商を営んだ。その後公主嶺を去り、吉林省各地を転々として農安県東大街路に東福當の商号で質商を開き、米穀・石炭販売を兼営した。

竹中　義一　▷12

満鉄チチハル鉄路医院医員兼チチハル信永尋常小学校校医／龍江省チチハル満鉄チチハル鉄路医院／一九〇七（明四〇）一〇／奈良県南葛城郡御所町／満州医科大学本科

奈良県竹中善一の長男に生まれ、一九三三年三月満州医科大学本科を卒業して同大副手となり原内科に勤務した。その後三五年鉄路総局に入り、ハルビン鉄路医院ハイラル分院に勤務した後、三六年九月チチハル鉄路医院江橋診療所主任を経て三七年二月チチハル鉄路医院医員となった。

竹中　作平　▷12

竹中写真館主、竹中組主／吉林新開門外／一八八三（明一六）一／福岡県朝倉郡三輪村

旅順で写真業を営んだ後、一九三一年九月吉林新開門外に竹中写真館を開設した。その後、写真業を夫人スエノに担当させ、竹中組を興して土木建築請負業を経営した。

竹中　政一　▷13

協和鉄山㈱副社長／一八八三（明一六）一〇／兵庫県城崎郡新田村／神戸高等商業学校

兵庫県農業竹中作平の長男に生まれ、一九〇七年神戸高等商業学校を卒業した。同年五月に渡満して満鉄書記となり、撫順炭砿に勤務した後、〇九年九月から三年間欧米に留学して鉄道・鉱山・工場の研究に従事した。一二年五月運輸部、一三年九月大連駅駅助手、一四年二月車掌見習、同年七月奉天駅勤務、同年一二月長春駅助役、一五年

た

三月運輸部旅客主任を経て一七年七月四鄭鉄路局に派遣されて運輸主任を務め、中国鉄道に対する貢献により中華民国交通部名誉章と同国五等嘉禾章を受けた。満鉄に戻って一九年七月社長室文書課長となり、二一年一月から速記養成所長を兼任した。二二年一月参事に昇格し、二三年四月奉天地方事務所長、二四年三月北京公所長、二六年三月経理部長を歴任して経理部担当理事となった。その後満鉄から満州重工業開発㈱理事に転出し、四〇年秋に協和鉄山㈱が創立されると満業代表として副社長に就いた。実弟利一は広島高等師範学校教授を務め、実妹アサは京城師範学校教授安岡源太郎に嫁した。 ▷10

竹中　照蔵

蓬萊信託会社専務取締役、日の出商会主／大連市春日町／一八七八（明一一）三／徳島県板野郡鳴門村

徳島県の漬物商の子に生まれ、幼時から家業を手伝った後、塩田経営に従事した。一九〇六年に渡満して大連春日町で飲食店を開いて財を作り、一九年九月資本金五〇万円で日掛積立会数個をまとめて蓬萊信託会社を設立した。かたわら二〇年四月に日の出商会を設立して自動車の運転業を始めたが、これを松本健次郎に委ねて自らは信託会社専務取締役として経営に専念し、二一年には月掛会経営の認可を得た。 ▷12

武波　善治

奉天専売署副署長、正七位勲六等／奉天専売署／一八八七（明二〇）九／山口県吉敷郡佐山村／神戸高等商業学校中退

山口県武波久兵衛の五男に生まれ、神戸高等商業学校四年を中退して一九〇八年五月専売局に入った。一〇年に依願免官して東京で修学した後、一一年八月に渡満して関東都督府巡査となった。以来歴勤して一六年五月警部補・長春警察署、二〇年二月警部・警務局特高課勤務を経て二八年六月警視に累進し、遼陽警察署長、貔子窩民政支署長、長春警察署長を歴任した。その後三二年三月に退官して国務院民政部事務官となり、警務司特務科長を経て三七年一月奉天専売署副署長に就いた。この間、長春警察署長在任時に三一年七月の万宝山事件に対処したほか、満州事変時の功により単光旭日章及び従軍記章を授与された。 ▷12

竹之内安巳

国務院外交部総務司庶務科員／新京特別市崇智路／一九〇二（明三五）一／鹿児島県鹿児島郡谷山町／東亜同文書院商務科

竹之内為平の長男として熊本市声取坂町に生まれ、鹿児島中学校を卒業して上海に渡り、一九二三年三月東亜同文書院商務科を卒業した。帰国して二四年八月会計検査院書記となり、以来同所に一〇年勤続した。三四年五月に辞職して渡満し、国務院外交部属官総務司勤務となり、三六年九月事務官に昇格した。 ▷12

武信　満栄

満鉄ハルビン鉄路医院安達診療所主任兼医員／浜江省安達満鉄診療所／一九〇七（明四〇）一〇／東京府東京市牛込区原町／満州医科大学本科

東京府武信勝蔵の三男に生まれ、奉天中学校を経て一九三四年満州医科大学本科を卒業し、同大副手兼医員となった。三五年三月満鉄鉄路総局臨時嘱託となって総局総務処附業課に勤務した後、同年六月ハルビン鉄路医院安達診療所に転勤し、三六年九月同所主任となった。 ▷11

武林　勉

大連郵便局郵便課主事、従七位勲八等／大連市桃源台／一八八四（明一七）七／広島県広島市水主町

広島県医師武林貞次郎の三男に生まれ、独学で判任官となり広島郵便局に勤務した。一九〇八年に渡満して大連郵便局郵便課に入り、同課主事に進んだ。 ▷9

竹原　甚衛

竹原商店主／大連市西通／一八八七（明二〇）一一／福岡県若松市衛生川町

一九一二年二月に渡満し、大連に竹原商店を開業した。東洋汽船、三井物産、鈴木商店、辰馬商会、川崎汽船、国際汽船その他の大手海運会社と契約し、船舶用達業を経営した。 ▷12

竹原　茂吉

大連汽船㈱船長心得／大阪市西区西道頓堀稲垣方／一八九九（明三二）五／和歌山県西牟婁郡南富田

町／愛媛県立弓削商船学校

愛媛県立弓削商船学校を卒業した後、一九二九年四月大連汽船㈱に入った。一等運転士として各船に乗務した後、三六年一月船長心得となった。

武久　勝平　▷11

満州製氷㈱支配人／奉天八幡町／一八八五（明一八）二／佐賀県小城郡牛津町

佐賀県武久磯吉の長男に生まれ、一九〇七年に渡満して翌年満鉄調弁所に入った。一〇年に長春に転勤した後、遼陽、大石橋勤務を経て一九年に調弁所支配人となった。二二年七月に退職して満州製氷㈱支配人に転じ、㈱調弁所取締役を兼務した。

武部参武郎　▷4

㈴協信洋行ハルビン支店主任／ハルビン埠頭区モストワヤ街／一八七九（明一二）五／石川県金沢市助九月町

石川県士族稲垣義方の子に生まれ、武部家の養子となった。神戸の㈴協信洋行に入って日露貿易に従事し、一九一七年四月神戸本店から転任して渡満した。ハルビン支店主任として大豆、豆粕、米、綿糸布その他を営業品目とし、中露各地の支店網を統轄した。

武部治右衛門　▷13

満鉄理事、日満商事㈱社長、㈱昭和製鋼所取締役、満州化学㈱取締役、新京商工会議所特別議員、正八位／大連市児玉町／一八八七（明二〇）七／岡山県都窪郡中洲村／神戸高等商業学校

岡山県武部三百二の長男に生まれ、一九一〇年神戸高等商業学校を卒業して満鉄に入り運輸課に勤務した。同年一二月一年志願兵として岡山の歩兵第五四連隊に入営し、一一年一一月陸軍三等主計として除隊して満鉄に復帰した。その後二〇年二月興業部販売課長を経てハルビン、マニラ、シンガポールの各出張所長を務め、二四年四月撫順炭販売会社専務取締役に就いた。次いで二六年四月本社に復帰して審査役となり、同年六月社命で欧米に出張した後、二八年一一月興業部商工課長に就いた。三〇年六月殖産部次長、三一年二月地方部次長、三二年一二月商事部長を歴任して理事となった。三六年一〇月の職制改革で商事部が解散して日満商事㈱が設立されると、満鉄理事の肩書のまま社長に就任した。その後満鉄に復帰し、特産専管公社理事長就任を固辞して理事任期を完うした。

武部　六蔵　▷12

関東局総長兼司政部長事務取扱、従四位勲三等／新京特別市興安大路官舎／一八九三（明二六）一／東京府／東京帝大法科大学独法科

石川県武部直松の次男に生まれ、東京帝大在学中の一九一六年文官高等試験に合格し、一八年七月同大法科大学独法科を卒業して東京府属兼任内務属となった。長崎、宮崎、福岡の各県理事官、福岡県視学官を経て郡市計画地方委員会事務官兼内務事務官となり、二三年九月の関東大震災後に臨時震災救護事務局事務官、帝都復興院事務官兼内務事務官、帝都復興建設局庶務課長兼営繕課長、復興局書記官・建築部庶務課長を経て大臣官房都市計画課に勤務した。二八年三月ローマで開催されたベルヌ条約改定会議に政府随員として出席した後、長官官房計画課長、同文書課長兼計画課長、復興事務局文書課長、同庶務課長、内務書記官兼内務大臣秘書官、大臣官房会計課長を歴任して三二年秋田県知事となった。その後三四年一二月在満行政機構改革にともない在満大使館に関東局が設置されると司政部長に転出して渡満し、朝鮮銀行監理官、日満経済共同委員会日本政府委員随員、第六八帝国議会政府委員等を務めた後、関東局総長心得を経て三六年四月同総長に就任し、日満経済共同委員会日本政府委員等を兼務した。次いで三九年一月内閣の企画院次長となり、同総裁心得を経て四〇年国務院総務庁長官となって再び渡満した。四五年八月ソ連軍の侵攻とともに皇帝溥儀に供奉して通化に移るが終戦により廃官。戦後はソ連に抑留され、極東軍事裁判に証人として出廷した後、撫順の戦犯管理所に収容され、五六年七月中国最高人民法院特別軍事法廷で禁固二〇年の判決を受けたが、脳軟化症のため釈放されて同年八月に帰国した。五八年一月没。実兄の欽一も東京帝大法科大学独法科を卒業して官界に入り、文部省普通学務局長を経て広島文理科大学長、広島高等師範学校長、日本青年館理事、帝国教育会理事等を務めた。

武甕亀次郎　▷12

武甕㈴代表社員／ハルビン端街／

一八八一（明一四）一二／兵庫県明石郡垂水町

宇治川電気会社技師、鉄道省技師、満州国線保線区長を歴任した後、一九三二年七月ハルビンに武甕㊔を設立して土木建築請負業を経営した。かたわら組合組織で同発組合商店を創設し、麻袋と麻縄、工具、スコップ、鶴嘴等を販売した。

竹村石次郎 ▷11

呉服商、貸家業／奉天省四平街中央街／一八七三（明六）二／石川県金沢市西町

石川県商業塗師尾徳平の次男に生まれ、竹村三七の養子となった。日露戦争に際し後備第七連隊酒保員となって一九〇四年に渡満し、〇六年から奉天省四平街で請負業に従事した。その後呉服商に転じて貸家業を兼営し、奉天省四平街輸入組合幹事、奉天省四平街昼夜金融㈱常務取締役を務めた。

竹村　勝清 ▷11

満鉄奉天省四平街保線区長／奉天省四平街鳳瑞街／一八九五（明二八）八／東京府東京市本郷区丸山福山町／熊本高等工業学校土木工学科

東京府尾崎秀次郎の次男に生まれ、竹村虎太郎の娘春枝の婿養子となった。一九一九年四月、熊本高等工業学校土木工学科を卒業して満鉄に入った。大連鉄道管理局保線課に勤務したが、同年七月の職制変更により技術部線路課員となった。二三年安東工務事務所に転任し、再び職制変更で同鉄道事務所に勤務した。二四年三月金州保線区長に就き、大連―瓦房店間の線路改良の難工事に従事した。二六年に奉天省四平街保線区長に転じ、奉天省四平街地方委員を務めた。

武村　清 ▷11

満鉄嘱託、従六位勲四等／東京市外千駄ヶ谷町／一八七八（明一一）六／徳島県徳島市北佐古町／東京帝大工科大学機械科

徳島県教員佐香美古の次男に生まれ、武村章次の養子となった。一九〇二年東京帝大工科大学機械科を卒業し、鉄道作業局雇員として神戸工場に勤務した。〇三年九月運転掛、〇四年六月鉄道技手、同年八月山北機関庫主任を歴任し、〇五年七月技師に進んで東京新橋工場に転任した。〇六年七月臨時鉄道国有準備局技師兼逓信省技師を務めた後、〇七年四月満鉄技師に転じて渡満した。同年八月第一区車輌監督、〇八年一〇月運転課勤務を経て一一年三月欧米に留学し、翌年一二月に帰社して工場職員設計科長に就いた。一九年七月技術部機械課長、二三年技術委員会委員長に進み、二四年に沙河口工場長に就任した。

竹村　茂孝 ▷12

満州炭砿㈱阜新鉱業所庶務課長兼経理課長／錦州省阜新県満炭阜新鉱業所／一八九九（明三二）五／福岡県福岡市大名町／京都帝大法学部政治学科

福岡県立中学修猷館、第五高等学校を経て京都帝大法学部政治学科に入学し、一九二三年に卒業して住友銀行に入った。二九年一二月住友炭砿㈱に転じ、次いで三三年一二月北票炭砿(股)に転じて渡満した。三五年一二月同公司が満州炭砿㈱に編入されると同社阜新鉱業所庶務課長となり、経理課長を兼任した。講道館柔道六段で、大日本武徳会柔道教士の資格を有した。

竹村虎之助 ▷11

満鉄瓦房店地方事務所熊岳城派出所主任／奉天省熊岳城八千代街／一八八六（明一九）一一／東京府東京市浅草区芝崎町／東京外国語学校支那語本科

東京府竹村強の三男に生まれ、一九二〇年東京外国語学校支那語本科を卒業し、同年一一月に渡満して満鉄地方部地方課に勤務した。二四年遼陽地方事務所地方係主任、二五年本渓湖地方事務所地方係長を経て庶務係長に就いた。二七年四月営口地方事務所庶務係長に転任し、同年一一月瓦房店地方事務所熊岳城派出所主任に就いた。

竹本　競 ▷12

国務院財政部理財司国有財産科員／新京特別市大同大街国務院財政部／一八九五（明二八）六／石川県能美郡苗代村

一九一七年一〇月税務署属となり各地に勤務した後、三三年二月関東庁属に転じて渡満した。同年九月黒龍江省公署事務官に転じて同省公署総務庁に勤務し、次いで事務官、理事官に累進した。その後三六年五月国務院財政部事務官兼専売総署事務官に転任し、財政部理財司国有財産科に勤務した。

竹本　精一　▷11

作蚕糸、石炭商／安東県市場通／一八八四（明一七）一〇／奈良県吉野郡下市町／奈良県立畝傍中学校

奈良県商業竹本宗吉の次男に生まれ、一九〇四年県立畝傍中学校を卒業して小学校教員となった。日露戦争に際し戦地陸軍建築班として〇五年九月に渡満し、〇八年まで戦地陸軍雇員を務めた。一一年から安東県で白米業に従事し、後にハルビンに移ってモストワヤ街で中国人向けの雑貨・精米販売業を始めたが、その後安東に戻って中国人向けに蚕糸・石炭商を営んだ。

竹本　一丸　▷12

竹本医院長、四平街警察署嘱託、四平街金融組合監事、四平街衛生委員、町内会長、四平街実業協会議員、四平街広島県人会長／奉天省四平街南大街／一八八六（明一九）一／広島県安佐郡安村／日本医学専門学校

広島県農業竹本竹蔵の次男に生まれ、一九一〇年日本医学専門学校を卒業し、一一年六月文部省医術検定試験に合格して大阪府立難波病院に勤務した。その後一二年一二月に渡満して長春で開業したが、翌年三月長春道台衙門の顧問医に転じた。次いで一四年三月ハルビン日本総領事館嘱託医を務め、一五年四月に辞任して同年七月奉天省四平街で再び開業した。この間、四平街銀行重役、四平街居留民会長、満鉄諮問委員、同地方委員会議長、四平街神社総代等の公職を務めた。四洮新聞社長桜井教輔の姪信子を夫人とした。

竹本　美秋　▷12

満鉄大房身駅長／関東州大房身満鉄駅長社宅／一八九二（明二五）一〇／熊本県葦北郡湯浦村

熊本県竹本吉次の次男に生まれ、一九〇八年一〇月熊本郵便局通信生養成所を修了して佐敷通信事務員となった。鳥栖駅、大村駅、川柳駅に勤務した後、一五年一〇月満鉄に転じて渡満した。四平街駅、大連駅、奉天駅、鉄嶺駅、長春列車区に歴勤し、楊木林駅助役心得を経て同駅助役となり、次いで四平街駅助役、同構内助役を歴任した。三一年八月宮原駅長となり、南牧駅長、張台子駅長を歴職して三六年四月大房身駅長に就いた。この間、三一年四月勤続一五年の表彰を受けた。

竹森　愷男　▷11

満鉄鉄道部渉外課第二係勤務／大連市文化台／一八九八（明三一）五／岡山県岡山市大供町／岡山県立笠岡商業学校、大連語学校英語科

岡山県竹森春吉の長男に生まれ、一九一五年三月県立笠岡商業学校を卒業して渡満し、一六年満鉄教習所運輸科を修了して営口駅貨物方となった。次いで一八年大連管理局庶務課、二〇年鉄道部貨物課に歴勤し、かたわら二六年に大連語学校英語科を卒業して二五年から鉄道教習所講師を兼務した。二七年一〇月鉄道部渉外課第二係となり、吉林省、奉天省方面の経済状態を視察した後、「満鉄火薬類運送規程」「連絡貨物運送規程」「危険品運送規程」を編製したほか、朝鮮総督府鉄道局その他各鉄道会社及び船舶会社との連絡運送契約締結の任にあたった。実弟の竹森利寿太も笠岡商業学校を卒業した後、二九年に渡満して国際運輸㈱に勤務した。

武安　福男　▷11

朝鮮銀行大連支店支配人／大連市山城町／一八八一（明一四）一二／山口県厚狭郡小野村／京都帝大

山口県酒造業武安正人の三男に生まれ、武安小次郎の養子となった。一九〇五年京都帝大を卒業し、翌年浪速銀行に入った。一七年朝鮮銀行に転じて釜山、神戸、京城、東京の各支店に勤務した後、二九年二月大連支店支配人となって渡満した。

竹谷　精一　▷12

関東州庁内務部学務課員兼警察部衛生課員、従七位／大連市関東州庁内務部学務課／一八九七（明三〇）一〇／石川県鹿島郡東湊村／南満医学堂

石川県竹谷亮太郎の長男に生まれ、七尾中学校を卒業して渡満し、奉天の南満医学堂に入学した。一九二〇年に卒業し、同年一年志願兵として兵役に服した後、満鉄に入り撫順医院医員となった。以来勤続して三六年八月満州医科大学より医学博士号を取得し、同年一〇月撫順炭砿庶務科を兼務した後、三七年二月関東局技師に転じて関東州庁内務部学務課員兼警察部衛生課員となり、同年四月から産婆試験委員を兼務した。

武山　春二　▷1

武山洋行主／大連市監部通／一八七〇（明三）二／愛知県名古屋市和泉町／女子師範学校予備門中退

旧尾張藩士武山有方の三女に生まれ、一八八五年に上京して女子師範学校予備門に入学したが、眼疾のため中退して帰郷した。学業中断の無念から女子教育振興のための財政基盤創出を思い立ち、縁戚関係にある伊丹の酒造業者小西新右衛門に相談し、清酒「白雪」の愛知県一手販売を特約して名古屋の第三師団の御用達となった。日清戦争が始まると母親名義で陸軍省経理局に出征軍人への清酒販売を出願して許可され、大本営の置かれた広島に出張して清酒その他の糧食品を納入し、九四年九月の平壌占領の際に恩賜の清酒五〇〇樽を上納した。戦後は土木建築業に進出して京都鉄道敷設工事の一部を請け負ったほか、大阪で羽二重の中国輸出を行い、徳島の阿波紡績会社の屑綿を取り扱うなど貿易業も経営した。日露戦争の際には「白雪」の他に播州㈾の醬油「菊一」と特約し、陸軍省に出願して糧秣廠の上納御用を務めた。大連占領とともに陸軍大臣の許可を得て〇五年五月に渡満し、大連監部通に店舗を開設して守備隊各軍と満州軍倉庫の御用達となり、さらに旅順要塞軍の御用達も務めた。戦後もそのまま残留して軍隊のほか満鉄の御用達を兼ね、遼陽に支店を置いて清酒、味噌醤油、雑貨類を扱った。独身を通して事業一筋に生き、在満女性実業家の第一人者とされた。

蛸井　元義　▷12

満州国協和会中央本部指導部指導科長、東辺道復興委員会参与、正八位／新京特別市満州国協和会中央本部／一八九六（明二九）一二／山形県鶴岡市日和町／東亞同文書院

一九二一年上海の東亞同文書院を卒業して満鉄に入社した。以来勤続し、三一年九月に満州事変が勃発すると自治指導部に入り、開原自治指導部員を経て三二年四月浜江省双城県及び阿城県の救済員を務めた後、同年八月満鉄に帰社した。三三年九月満鉄を退社して吉林省額穆参事官となり、次いで三四年一二月浜江省双城県参事官、三五年一二月兼任北満特別市公署事務官を歴任した。その後三六年一一月に退官し、同年一二月満州国協和会中央本部指導部指導科長に就いて国都建設紀年式典準備委員会地方部幹事を兼務した。

田子　富彦　▷13

㈱満州鋳鋼所専務取締役／一八八四（明一七）／鳥取県鳥取市／東京外国語学校英語科

一九〇六年東京外国語学校英語科を卒業して鳥取県倉吉農学校、金沢二中、愛媛県西條中学の各教諭を歴任した。一七年に教職を去って神戸製鋼所に入り、次いで中津川水力電気、信越電力等を経て山陽電気軌道取締役支配人に就任した。三五年に神戸製鋼所が鞍山に満州鋳鋼所を設立すると同社専務となって渡満し、かたわら神戸製鋼所・山陽電気軌道・長府土地の各取締役、満州車輌監査役、東洋金属常務取締役等を務めた。

田坂　卯一　▷12

満州炭砿㈱八道壕砿長／錦州省黒山県八道壕満炭社宅／一八九一（明二四）六／山口県防府市三田尻町／京都帝大理工科大学

山口県田坂弥八の次男に生まれ、一九一六年七月京都帝大理工科大学を卒業して同年九月久原鉱業㈱に入り、日立鉱山採鉱係及び甲山鉱山採鉱係に勤務した。その後、大日本炭鉱湯本砿業所に転じ、さらに北海道炭砿汽船会社に転じて若菜辺砿詰、住吉砿坑内主任心得、同砿保安主任兼八阪砿坑内主任兼琴平砿坑内主任、支店砿務第一部詰に歴勤した。次いで幌内砿坑内主任、布引砿坑内主任、幾春別砿坑内主任、登川砿砿長心得、夕張砿副砿長を歴任して三四年七月に退社し、同年一二月満州炭砿㈱技師となって渡満し、技術部勤務を経て三五年三月八道壕砿長となった。次弟の義雄は東京商科大学を卒業して二一年に渡満し、満鉄に勤務して撫順に在住した。

田坂又十郎　▷12

承徳警察庁警務科長、承徳居留民会評議員、従七位勲六等／熱河省承徳承徳警察庁警務科長公館／一八九四（明二七）九／広島県豊田郡南生口村

一九一四年小学校本科正教員検定試験

に合格した後、同年一二月徴兵されて兵役に服した。一六年に憲兵に転科し、以来東京憲兵司令部に勤務して二七年に憲兵特務曹長補となり、朝鮮の大邱憲兵隊馬山憲兵分遣隊長、大邱憲兵隊本部付特高主任を務めた。その後三四年九月憲兵少尉に累進して予備役編入となり、同年一〇月承徳警察庁嘱託に転じて三五年三月同警務科長に就いた。

田坂　仁憲　▷11

満鉄四平街医院長兼医長／奉天省四平街満鉄医院／一八九〇（明二三）七／広島県高田郡高原村／九州帝大医科大学

広島県医師田坂克己の長男に生まれ、一九一五年九州帝大医科大学を卒業して翌年一月同大学医学部助手となった。一六年三月福岡県八女郡福島町で医院を開業した後、久留米市病院眼科部長となった。その後二〇年三月に渡満して満鉄に入社し、鞍山、大連、撫順の各満鉄医院眼科医長を歴任して二三年四月安東医院眼科医長となり、二六年六月論文「鬱血乳頭ノ成因ニ関スル実験的研究」により九州帝大より医学博士号を取得した。その後三七年四月四平街医院長に転任して同医長を兼務した。この間、三五年四月満鉄勤続一五年の表彰を受けた。姉の志恵子は医学博士渡口精鴻に、妹の満里子は陸軍少佐市川元通に嫁した。

田坂　義雄　▷11

満鉄撫順販売所主任／奉天省撫順北台町／一八九四（明二七）七／山口県佐波郡防府町／東京商科大学専攻部

山口県田坂弥八の三男に生まれ、一九二一年東京商科大学専攻部を卒業して満鉄に入社した。商事部販売課、奉天省四平街販売所主任を経て二六年六月撫順販売所主任に就いた。次兄の卯一は京都帝大理工科大学を卒業した後、三四年に渡満して満州炭砿㈱技師を務めた。

田坂　隆一　▷12

満鉄撫順炭砿工作課機械係技術担当員／撫順北台町／一八九七（明三〇）二／広島県豊田郡沼田東村／広島工業学校

一九一四年七月広島工業学校を卒業し、同年九月に渡満して満鉄に入り撫順炭砿機械課に勤務した。以来勤続して機械工場機械課、同工作課等に歴勤し、三五年六月工作課機械係技術担当員となった。この間、三〇年四月満鉄勤続一五年の表彰を受けた。

田崎　清　▷12

満鉄遼陽地方事務所経理係長／満鉄遼陽地方事務所経理係長社宅／一八九〇（明二三）二／宮崎県西臼杵郡高千穂村

長く軍務に服した後、一九一七年五月陸軍一等計手となって除隊し、大連民政署に勤務した。その後、一九年五月満鉄に入社して奉天地方事務所に勤務した。以来勤続して奉天地方区、奉天地方事務所地方課、奉天事務所庶務課等に歴勤し、三三年五月遼陽地方事務所経理係長となった。この間、三五年四月勤続一五年の表彰を受けた。

田崎綱三郎　▷3

田崎銃砲火薬店主／大連市吉野町／一八七〇（明三）一一／愛媛県北宇和郡吉田町

東京築地の聖パウロ学校に学んだ後、社会運動に関与して同志七人と共に逮捕投獄された。未成年のため一人死刑を免れて出獄した後、朝日新聞記者となって台北に赴任した。一九〇四年日露戦争に際し駐満特派員となって渡満し、戦後南洋方面に赴いた後、再び大連に戻り台北時代の友人蛭田万次郎と共同で大山通に蛭田銃砲店を開業した。その後蛭田が一身上の都合で帰国したため、〇九年に吉野町に移転して田崎銃砲火薬店を独立経営した。三井物産の仲介でイギリスのノーベル火薬会社の満州・朝鮮全域の販売権を取得し、安奉線改築工事の鉱山用火薬を一手納入して巨利を得たが、自らは清貧の生活を送り多くの苦学生を援助した。遺産一二万円を遺して一六年一二月に大連で没した後、一九年三月同店支配人・友人らの手で財団法人田崎育英会が設立され、故人の遺志を継いで育英事業を行った。

田崎　治久　▷12

田崎法律事務所長、勲七等／新京特別市城内西三馬路／一八七二（明五）五／長崎県東彼杵郡上波佐見三ノ又／明治大学法科

一九〇四年明治大学法科を卒業して出版業に携わり、憲兵雑誌を発行した。その後、判検事弁護士試験に合格し、東京日本橋区北島町で弁護士を開業し、かたわら明治砂利会社、旭バラスト会社、軍事警察雑誌等に関係してそれらの事務所も自宅に置き、後に同区茅場町に移転した。この間二三年九月に関東大震災に遭い、第一五区区画整理委員として復興事業に活躍した。満州国成立後三二年に渡満し、新京城内に事務所を開設して弁護士・弁理士業を営み、興安大路の佐倉ビルに分室を置いた。夫人ハルとの間に五男四女あり、長男治雄は東京帝大法科を卒業して国務院民政部に勤務し、次男治泰も東京帝大を卒業して福島中学校の教諭を務めた。

田崎　義男 ▷12

満鉄奉天機関区長、社員消費組合総代、正八位勲八等／奉天満鉄機関区／一九〇四（明三七）一一／茨城県東茨城郡岩船村／旅順工科大学専門部機械科

茨城県田崎義友の次男に生まれ、一九二五年三月旅順工科大学専門部機械科を卒業した。二六年四月満鉄に入社して橋頭機関区に勤務し、同年一一月一年志願兵として朝鮮竜山の歩兵第七九連隊に入営した。二八年四月鉄道部、三一年三月大連車輌事務所勤務を経て三二年一月瓦房店機関区技術助役兼瓦房店実業補習学校講師となり、さらに同年四月から瓦房店青年訓練所指導員を兼務した後、同年一〇月大連鉄道事務所に転勤した。次いで三五年四月車務課機関車係主任となり、三七年四月奉天機関区長に就いた。この間、満州事変時の功により勲八等従軍記章及び建国功労賞、皇帝訪日記念章を受けた。

田実権之助 ▷11

関東庁大連民政署財務課税務相談係主任、従七位勲八等／大連市大和町／一八八二（明一五）六／鹿児島県出水郡大川内村

鹿児島県農業郷次郎兵衛の次男に生まれ、田実実行の養子となった。一九〇五年一月出水税務署に入り、一二年六月種子島税務署直税課長、一四年六月高鍋税務署直税課長を経て二〇年一月関東庁属に出向して渡満した。大連民政署総務課税務係を努めた後、二二年八月同署財務課直税主任に進み、二九年一月同課税務相談係主任に転じた。

田実大次郎 ▷12

奉天瀋陽館主、正八位／奉天琴平町／一八九六（明二九）八／島根県／南満州工業学校機械科

島根県農業那須平次郎の次男に生まれ、旧名を久次郎と称した。一九一六年南満州工業学校機械科を卒業して満鉄に入り、同年一一年志願兵として入隊し、除隊後に小野田セメント会社に転じて機械部に勤務した。その後二一年に退社し、二三年二月に姉婿の田実優が死去すると、姉信子の養子となって旅館瀋陽館の経営を補佐した。

田実　信子 ▷7

奉天瀋陽館主／奉天琴平町／一八八一（明一四）／島根県

島根県那須平次郎の子に生まれ、渡満して奉天の田実優と結婚した。一九〇六年一〇月小西関に創設した旅館瀋陽館の女主人として経営に当たり、二三年二月に夫が帰省先の鹿児島で病死すると実弟の那須久次郎を養子に迎え、夫亡き後も積極経営に努めて二四年に財団法人生活改善会より模範旅館として表彰された。さらに二八年九月に宮島町の中国人経営の悦来桟を満鉄より借り受けて分館とし、三三年にこれを鉄路総局に譲渡した後、三五年九月新たに一〇万円を投じて三階建延坪三三〇坪の第三号館を新築した。洋式煉瓦造りの外観に内部は純日本式とし、女中には生花、茶の湯を教えるなど接客サービスに意を用い、卓上電話・蒸気暖房付の客室三二、日本人中国人合わせて三七、八名の使用人を擁した。ヤマトホテルと並ぶ奉天の代表的な旅館として知られ、満蒙独立運動の川島浪速らが止宿したほか、一九三一年九月の満州事変時には旅順から移った関東軍司令部の宿舎として使用された。

田実　優 ▷7

奉天瀋陽館主、満州土地㈱社長、南満銀行取締役、満鉄諮問委員、勲六等／奉天琴平町／一八七六（明九）一／鹿児島県日置郡上伊集院村／東京善隣書院

鹿児島県田実良左衛門の子に生まれ、一九〇〇年に東京善隣書院を卒業し、陸軍通訳として北清事変に従軍した。翌年北支駐屯軍の通訳に任じた後、〇二年から日露国交断絶の〇四年二月まで北京警務学堂教習を務め、退職の際に清国政府から双竜四等勲章を受章した。高等通訳として日露戦争に従軍し、橋口陸軍歩兵中佐とともに活動した。戦後〇五年一一月に軍政署付として奉天に赴任し、軍政署引き揚げとともに辞職した。〇六年一〇月奉天小西関に旅館瀋陽館を開業し、一一年九月満鉄助成旅館となり琴平町に新築移転し、一八年に第二号館を増築した。旅館業を夫人信子に任せ、自らは満州土地㈱、東亜公司等の経営にあたり、かたわら満鉄諮問委員の公務を務めた。この間、〇六年一二月日露戦争の功により勲六等旭日単光章及び一時賜金四〇〇円を下賜された。二三年二月、郷里の鹿児島に帰省中に病没した。

田島　儀平　▷9

田島商会主／大連市石見町／一八七六（明九）三／茨城県結城郡結城町

一六歳の頃から肥料商の下で働き、日露戦後一九〇六年一〇月に渡満して大連の㈾臼井洋行に入り、特産物貿易に従事した。一五年勤続して二〇年五月に独立し、石見町に田島商会を開業して特産物・肥料商を営んだ。

田島　喜録　▷13

㈱第一工業公司社長、満州動力工機㈱社長、㈱満州増島工作所社長／一八九九（明三二）一二／大分県大分市／大分県立中学校

大分県立中学校を卒業して東京建材会社に入り、勤続して材料購買課主任となったが、一九三一年第一工業㈱に転じた。一九三三年社命により渡満して大連出張所を設置し、以来業務に邁進して同社の満州における販路を確立した。三七年一月、福昌公司との合資で第一工業の満州・華北の業務を継承して第一工業公司を設立して社長に就任した。同時に満州動力工機㈱、㈱満州増島工作所の二社を創設し、両社の社長を兼務した。四〇年一一月第一工業公司を満州国法人として株式会社に改組し、本社を大連から新京に移し、奉天に支店、大連、鞍山など七ヶ所に出張所を置いた。新京の国務院庁舎・市公署・市立病院・三菱康徳会館・民政部庁舎・東辺道開発㈱新京社宅等を始め、満州・華北・蒙彊の重要諸工事の換気・冷暖房・給排水工事を施工した。

田島　三郎　▷12

満鉄奉天駅構内助役、勲八等／満鉄奉天駅／一九〇〇（明三三）三／神奈川県足柄下郡足柄村

神奈川県田島庄次郎の次男に生まれ、一九一七年六月志願して横須賀海兵団に入隊した。海軍一等主計に進んで除隊し、二二年一一月に渡満して満鉄に入り、鶏冠山駅転轍方となった。次いで五竜背駅駅手、橋頭駅貨物方、通遠堡駅駅手、開原駅勤務、蘇家屯駅駅務方、他山駅駅務方、大官屯駅転轍方、石橋子駅駅務方、奉天列車区車掌心得、奉天列車区蘇家屯分区車掌を歴任し、呉家屯駅助役を経て三七年四月奉天駅構内助役となった。この間、大正三年乃至九年事変に従軍した。

但馬正太郎　▷9

但馬商店主、三八競売所㈱取締役、日陰町共同売店隆豊会会長／大連市磐城町／一八七九（明一二）五／岐阜県本巣郡北方町

岐阜県安八郡で代々呉服商を営む家に生まれた。一九〇七年三月に渡満して大連で古着の行商をし、資金を蓄えて日陰町に但馬商店を開いた。新古洋服と呉服を販売して売上げを伸ばし、後に日陰町北詰に「みのや号」の名で支店を出し、共同販売店にも売店を設けた。

田島　豊治　▷14

大連機械製作所常務取締役／大連市／一八八四（明一七）九／長崎県南高来郡西郷村／東京高等工業学校機械科

一九〇七年七月、東京高等工業学校機械科を卒業して満鉄に入った。沙河口工場に勤務した後、遼陽工場長、沙河口工場技師長、鉄道工場設計長等を歴任した。この間二三年一一月大連市会議員に当選し、二七年一一月任期中に辞任した。三一年に大連機械製作所技師長に迎えられ、三五年に取締役となり、次いで常務取締役に就任した。

田島　成人　▷11

満鉄長春医院医員／長春常盤町／一八九七（明三〇）一二／福岡県山門郡西開村／県立熊本医学専門学校

福岡県医師田島末吉の長男に生まれ、一九二三年県立熊本医学専門学校を卒業した。東京の木沢病院小児科に勤務したが、関東大震災に遭い、九州帝大医学部第三内科医局に転じた。翌年九月に渡満して満鉄に入り、長春医院に勤務した。

田島彦四郎　▷1

採炭業、瓦房店居留民会長／奉天省瓦房店／一八五五（安二）一一

／鹿児島県出水郡出水町／司法省法学校正則科中退

旧薩摩藩士の子に生まれ、一八六一年郷立揆奮館に入学した。一八六七年学業優等につき出水地頭より煙硝及び鉛若干を授与され、同年八月簡抜されて鹿児島の藩立聖堂に入門した。六八年一一月成績優等につき西洋綿布一反を賞与され、七〇年から県立小学第四校の漢学助教を務め、余暇にオランダ人スケップルに就いてドイツ語を学んだ。七二年四月には島津久光の命で東京に随従した。七四年二月長崎県師範学校官費生に及第したが、翌年上京して東京外国語学校に入学してフランス語を学び、さらに七六年司法省法学校正則科に入学した。在学中の八二年二月に廃校となったため外務省准奏任御用係となり、八四年一二月甲申事変処理のため特命全権大使井上馨に随行して朝鮮に派遣された。八六年交際官に任じられてパリ公使館に赴任し、在勤中にベルギーに派遣され同国皇帝より五等勲章を授与されたほか、八八年日本赤十字社正社員となり、翌年には大日本帝国憲法発布式に参列して記念章を授与された。八九年一一月帰任して外務省総務局往復課長となり、法制局参事官を経て青森県参事官に転じ、在職中に奉幣使として国幣社岩木山神社に参向し、九二年北海道白神沖で汽船が沈没した際に遭難者と遺族へ義捐金を贈り、賞勲局より木杯を授与された。九七年在官のまま香港、広東に出張して軍事及び商工事情を視察した後、九九年に事務嘱託を辞退して慰労金六〇〇円を受けた。その後渡満して瓦房店に在住し、中国人と採炭業を共同経営するかたわら同地の居留民会長として学校、病院、倶楽部等を経営した。

田島　良秋　▷12

満鉄牡丹江警務段長、社員会評議員、在郷軍人会牡丹江分会長、正六位勲五等／牡丹江満鉄警務段事務所／一八八八（明二一）三／鹿児島県出水郡出水町／陸軍士官学校

大阪陸軍幼年学校を経て陸軍士官学校を卒業し、歩兵少尉に任官した。以来各地に勤務して歩兵少佐に累進し、予備役編入に満鉄鉄路総局に入り、後に牡丹江警務段長に就いた。

田尻国太郎　▷11

代書業法益社主／大連市丹後町／一八九二（明二五）二／熊本県飽託郡西里村

熊本県農業田尻丈七の次男に生まれ、一九一七年に渡満して大連の満州日日新聞社印刷工場に入った。翌年一〇月に退社して同地で印刷業を始め、四年間経営した。二二年四月に法益社を興して代書業に転業し、同年一二月大連地方法院構内での営業を許可された。

田尻　穣　▷7

海軍大尉、正七位／旅順防備隊官舎／一八九四（明二七）五／東京府荏原郡馬込村／海軍兵学校

東京市長を務めた子爵田尻稲次郎の四男に生まれ、一九一六年一一月海軍兵学校を卒業して少尉候補生となった。軍艦八雲に乗務して遠洋航海を終え、翌年一二月少尉に進んだ。二二年一二月大尉に進み、翌年一一月に渡満して旅順防備隊分隊長を務め、二五年四月に任を終えて帰国した。

田代金治郎　▷11

関東州小学校事務員／大連市錦町／一八八六（明一九）三／宮城県登米郡豊里村／陸軍戸山学校

宮城県農業田代金十郎の次男に生まれ、一九〇六年陸軍戸山学校を卒業して陸軍楽手補となった。韓国駐剳陸軍軍楽隊に勤務して二等楽手に進み、一五年三月陸軍戸山学校付を経て一七年一一月後備編入となった。郷里の宮城県登米郡尋常高等小学校の教員を務めた後、一九年九月に渡満して大連の日本橋小学校事務員となった。

田代　計輔　▷12

満鉄皇姑屯鉄道工場鉄工科組立廠主任、社員会評議員／奉天紅葉町／一八九六（明二九）一二／熊本県球磨郡湯前村／早稲田大学理工学部機械科

北御門隆太郎の次男に生まれ、熊本県田代敏彦の養子となった。暁星中学校を経て一九二三年三月早稲田大学理工学部機械科を卒業し、同年六月北海道の坂炭砿㈱に入った。二四年一月に退社し、同年一〇月鉄道省に転じて門司鉄道管理局小倉工場に勤務した。二六年一一月同工場木機職場主任、二九年二月局講習所講師兼任、同年七月同工場塗工職場主任を務めた後、三三年一二月満鉄に転じて東山鉄路局に勤務した。三四年四月奉天鉄路局皇姑屯工廠貨車所主任、同年八月同鉄工科組立工廠主任を経て三六年一〇月の職制改正により皇姑屯鉄道工場鉄工科組立廠主任となった。

田代　定　▷11

満鉄沙河口工場貨車製材職場主任／大連市沙河口霞町／一八九四（明二七）三／佐賀県小城郡多久村／旅順工科学堂機械学科

佐賀県農業田代善三郎の三男に生まれ、一九一七年一二月旅順工科学堂機械学科を卒業して満鉄に入った。沙河口工場に勤務した後、二五年六月貨車製材職場助役となり、二七年一一月から主任を務めた。

田代　佐重　▷12

満鉄吉林鉄路監理所監理員／吉林松江寮／一八九六（明二九）一〇／栃木県塩谷郡氏家町／栃木県立商業学校

一九一四年栃木県立商業学校を卒業した後、一五年四月満鉄に入り橋頭駅に勤務した。以来勤続して開原駅、長春運輸事務所開原在勤、開原駅、営口駅、大連列車区大石橋在勤を経て周水子駅助役となった。次いで大連駅助役、同貨物助役、長春駅貨物助役、泉頭駅長、大屯駅長、鉄路総局吉長吉敦派遣、吉林鉄路局運輸処貨物科に歴任し、三六年一一月吉林鉄路監理所監理員となった。この間、三一年四月勤続一五年の表彰を受けた。

田城　作之　▷11

長春西広場尋常小学校校長／長春露月町社宅／一八八六（明一九）一／福井県遠敷郡今富村／福井県師範学校

福井県農業田城佐吉の長男に生まれ、一九〇七年福井県師範学校を卒業して県下の口名田小学校、小浜小学校、今富小学校、遠敷小学校等に勤務した。一九年四月に渡満して奉天尋常高等小学校訓導となり、二七年四月長春西広場尋常小学校訓導兼校長に就いた。

多田　晃　▷12

満鉄地方部地方課長兼地方行政権調整移譲準備委員会副委員長、新京居宅(股)董事、奉天工業土地(股)董事、大連農事㈱取締役、大連市都市計画委員会委員、大連民政署地価調査委員、社員会庶務部長／大連市楓町／一八九四（明二七）一／岡山県都窪郡茶屋町／東京帝大法学部独法科

岡山県多田豊三郎の長男に生まれ、一九二〇年東京帝大法学部独法科を卒業して満鉄に入社し、安東地方事務所に勤務した。二四年地方部庶務課に転任して二六年地方課主任となり、二七年から二年間社命で欧米を視察巡遊した後、帰社して地方部庶務課人事係主任、安東地方事務所長を経て参事に進み、三二年地方部地方課長に就いた。この間、満州事変時の功により勲六位従軍記章及び建国功労賞、皇帝訪日記念章を受け、本務のかたわら地方行政権調整移譲準備委員会副委員長、熊岳城農業実習所評議員、社員会庶務部長など数多くの公職に就き、三六年四月勤続一五年の表彰を受けた。実弟の煕も一九三三年平壌医学専門学校を卒業して満鉄に勤務した。

多田　今蔵　▷8

酔月店主／奉天柳町／一八八一（明一四）八／広島県御調郡原田村

一九一一年四月に渡満し、奉天に赴いた。一〇年余り種々の職業に従事した後、二二年八月柳町に料亭酔月を開業した。

多田隈弘道　▷12

満州石油㈱工作課長／大連市真弓町／一八八七（明二〇）三／熊本県玉名郡南関町／早稲田大学理工学部機械科

一九一四年早稲田大学理工学部機械科を卒業し、同年八月台湾の塩水港製糖㈱に入社した。次いで一六年一一月宝田石油㈱に転じ、二一年一〇月同社が日本石油㈱に併合された後も引き続き勤務した。その後三四年二月満州石油㈱に転じて渡満し、後に工作課長を務めた。

忠末　兼男　▷11

満鉄鉄道部工作課勤務／大連市白金町／一八九七（明三〇）七／広島県佐伯郡小方村／旅順工科大学専門部機械科

広島県農業忠末国吉の次男に生まれ、一九一九年三月に渡満して旅順工科大学専門部機械科に入学した。二二年一二月卒業して満鉄大連埠頭事務所に勤務し、二六年四月鉄道部工作課に転任した。弟義一も渡満して満鉄に入り、鞍山製鉄所に勤務した。

多田仙之助 ▷9

千勝館主、雪月花主、平和銀行取締役、／大連市美濃町／一八五〇（嘉三）五／滋賀県大津市神出町

日露戦争直後の一九〇五年に渡満し、大連で土木建築請負業を営んだ。かたわら料理屋「千勝館」を経営し、郷里の神出町にも貸席「雪月花」を設けて息子に経営させた。かたわら花柳界の特種金融機関として平和銀行を設立して取締役に就いたほか、遼東製氷㈱の取締役社長を務めた。また、多額の資金を投じて熊岳城付近の硅石を原料とする板ガラスの製造を試みた。事業の余暇に骨董を収集し、時価数百万円の中国骨董を所蔵した。

多田　敬由 ▷12

満州航空㈱航空工廠総務部経理課長、正七位勲五等／奉天稲葉町／一八九六（明二九）一〇／徳島県那賀郡羽ノ浦町／徳島県立富岡中学校、陸軍経理学校

徳島県立富岡中学校を卒業して陸軍に入り、一九二四年陸軍経理学校を卒業して同年八月三等主計となり、第一一師団経理部に勤務した。三一年九月関東軍飛行隊本部付となって渡満し、三二年六月同野戦航空廠付に転任した。三三年九月陸軍一等主計に進級して予備役編入となり、同年一〇月満州航空㈱に入社して航空工廠総務部経理課長に就いた。

多田　為吉 ▷4

常磐ホテル主／ハルビン埠頭区モストワヤ街／一八八三（明一六）／徳島県三好郡三野村／尋常小学校

尋常小学校を卒業し、一一歳の時から福山の商店に奉公に入った。一五歳の時に渡米を企図したが叶わず、日本郵船会社の海員となった。船上生活を五年送った後、三井出張所の雇員となって長春、ハルビン、ウラジオストクなどに勤務した。一九一三年に退職してハルビンで料理店を開業し、玉突場を兼営した。その後、共に廃業して常磐ホテルを興して旅館業を営んだ。趣味の旅行の際は各地の旅館に宿泊し、長所を学んで自家営業の改善を図った。

唯根　伊与 ▷3

満鉄交渉局職員第一課主任、正八位／大連市神明町／一八八二（明一五）六／茨城県稲敷郡奥野村／早稲田大学政治科

一九〇六年早稲田大学政治科を卒業し、同年文官高等試験に合格した。〇七年山林事務官となったが病気のため一〇年に辞職し、同年六月に設置された拓殖局嘱託となった。一三年に拓殖局が廃止されると渡満して満鉄に入り、交渉局職員第一課主任を務めた。

只野　信夫 ▷12

満鉄牡丹江鉄路医院綏芬河分院薬剤員／浜江省綏芬河鉄路分院／一九一一（明四四）二／北海道空知郡幌向村／金沢医科大学附属薬学専門部

北海道只野一正の長男に生まれ、一九三三年三月金沢医科大学附属薬学専門部を卒業して渡満し、満鉄吉林医院敦化分院薬務員となった。三七年五月薬剤員に昇格し、牡丹江鉄路医院綏芬河分院に勤務した。

多田　尚 ▷12

満州炭砿㈱西安炭砿機械工場長／奉天省西安県満州炭砿機械工場長社宅／一八九九（明三二）六／岩手県下閉伊郡宮古町／東京高等工業学校夜学部高等工業科機械科

一九一八年四月石川島造船所に入り、起重機部に勤務した。かたわら東京高等工業学校夜学部高等工業科機械科に学び、二一年に卒業した。二三年九月関東大震災に罹災して辞職し、二四年八月東京日本橋のエー・ピー・テーレス事務所技術部に入った。その後三二年七月に渡満して西安煤礦公司に入り、三五年一月同公司が満州炭砿㈱に編入されるにともない西安炭砿機械工場長に就いた。

多田　勇吉 ▷9

多田工務所主、東亞板金㈱取締役、大連信託㈱取締役、帝国館㈱取締役、九百八十番取締役、満州煙草㈱取締役／大連市淡路町／一八七二（明五）八／兵庫県姫路市十二所畝

二〇歳の頃から兵庫、三重、大阪、山口等で土木建築業に従事し、一九〇四年日露戦争が始まると朝鮮に渡り京釜・京義両線の鉄道工事請負に従事した。次いで〇六年七月に渡満して万家嶺の石山を買収して石材の採掘販売業を営んだ。かたわら満鉄、関東都督府ほか諸官衙の土木建築工事を請け負い、大連信託㈱社長、帝国館代表取締役等諸会社の役員を務めたが、二五年に大連で病没した。その後長男耕一が業務を継承し、株式会社に改組して事業を拡張した。

多々良勝年　▷12

満鉄瓦房店医院産婦人科医長／奉天省瓦房店大和街／一九〇六（明三九）一／静岡県静岡市一番町／満州医科大学本科

静岡中学校を卒業して渡満し、満州医科大学予科を経て一九三三年三月同大学本科を卒業して産婦人科教室副手となった。三五年四月助手に進み、同年一〇月満鉄瓦房店医院産婦人科医員に転任し、次いで三六年四月同医院産婦人科医長となった。

多々良庸信　▷12

満鉄総裁室人事課員／大連市東公園町満鉄本社／一九〇二（明三五）／長崎県北松浦郡平戸町

満鉄従事員養成所を修了して鉄道部に勤務し、以来各地に勤務した。満州事変時に自治指導部員として地方に派遣された後、一九三三年大同学院事務官となった。その後満鉄に帰任し、鉄路学院舎監を経て三六年一二月総裁室人事課勤務となった。

「立川」は「たつかわ」も見よ

立川　雲平　▷14

弁護士／大連市越後町／一八五七（安四）八／長野県北佐久郡岩村田町／明治法律学校

旧洲本藩士立川伝平の長男に生まれたが、後に次男に本家を継がせ、自らは分家して一八八六年に籍を長野県に移した。京都の市村水香に漢学を学んだ後、上京して八二年に明治法学校を卒業して弁護士となった。九二年二月自由党に属して長野県から衆議院議員に選出され、以後数回当選を重ねたが、一九〇九年五月に議員を辞職した。その後一四年二月に渡満し、同年六月大連に立川法律事務所を開業した。一九年一〇月大連市会議員に選任され、二〇年三月市政問題に関して市会議員の小沢太兵衛と共同で大連新聞を創刊し社長に就いた。二一年一二月市外転出のため失格したが、二四年一一月の市会議員選挙に当選して市会議長に選出され、市制調査委員として同委員会で大連市庁案に賛成し市制撤廃論者と評された。二八年一〇月の任期満了とともに公職を離れて弁護士業に専念したが、晩年は洲本に帰り、郷里で病没した。長男平は東京帝大法科在学中に高文試験に合格して大阪で弁護士を開業し、次男厳介は本家を継ぎ、長女和は大連の弁護士相川米太郎に嫁した。

館　昌次　▷12

満鉄鞍山医院薬剤長、満州薬剤師会鞍山支部長／奉天省鞍山南十条町／一八八六（明一九）四／石川県石川郡野々市村／金沢医学専門学校薬学科

石川県館次郎平の四男に生まれ、一九一一年金沢医学専門学校薬学科を卒業し、同年一二月金沢市の山田病院薬局長となった。一九年八月に渡満して関東庁大連療病院調剤事務嘱託となり、同調剤員を経て満鉄地方部衛生研究所に転じ、三二年一〇月鞍山医院薬剤長となった。

橘　秀一　▷11

満州報社支配人／大連市山県通／一八九五（明二八）七／新潟県長岡市台町／工手学校電工科高等部

新潟県官吏橘治左衛門の長男に生まれ、一九一二年工手学校電工科高等部を卒業した。電気技術員として京王電気軌道㈱及び王子電気軌道㈱に勤めた後、二〇年七月に渡満して満州日日新聞社印刷部長心得となり、二二年七月に漢字紙の満州報社が創立されると支配人に就いた。

橘　十一郎　▷11

開業医、勲八等／吉林省公主嶺敷島町／一八八一（明一四）九／兵庫県明石郡大久保村／日本医学校

兵庫県橘長右衛門の四男に生まれ、日露戦争に従軍して勲八等を受けた。その後日本医学校に入り、一九一二年に卒業して翌年四月に渡満した。公主嶺で開業し、懇切な診察により中国人の信用が厚かった。

橘　政一　▷7

橘商店主、勲八等／関東州普蘭店平安街／一八八三（明一六）二／宮崎県宮崎郡瓜生野村

一九〇三年一二月大村の歩兵第二三連隊に入隊し、翌年六月第二軍に属して日露戦争に従軍した。部隊の同年兵で生き残った者僅かに五名という激戦を戦い、戦功により勲八等・恩給年額二

○○円を下賜された。○六年一一月に満期退営し、○七年二月に渡満して皮子窩郵便局に入った。一○年勤続して退職し、一六年二月から普蘭店で雑貨商橘商店を開業し、日本生命保険代理店、新聞各種の取次店を兼業した。蓄財を元手に二一年から四町以上の土地開拓に着手し、果樹栽培と養鶏業を兼営して普蘭店在住邦人中屈指の成功者とされた。

橘　糾夫　▷10

輸出入貿易業千利洋行主／大連市天神町／一八八四（明一七）四／熊本県熊本市手取本町／熊本商業学校

熊本商業学校を卒業して三井物産会社に入ったが、一九○四年日露戦争で繰り上げ入営となり、○七年に除隊して門司支店雑貨部に勤務した。一二年大連支店詰となって渡満し、雑貨掛主任を務めた。二三年に退社し、三井と満鉄の後援を得て中外絹紬㈱の設立を図ったが失敗し、同年秋カルカッタで貿易業を営む従兄弟の千田牟婁太郎と提携して大連吉野町に千利洋行を開業し、インド産の麻袋、麻布、黄麻、南洋物産、加工綿布の輸入と特産物輸出業を経営した。

立花知太郎　▷11

関東庁逓信書記、従七位勲八等／大連市水仙町／一八八一（明一四）五／北海道瀬棚郡瀬棚町

北海道立花勝祥の次男に生まれ、一八九八年電気通信技術養成所の伝習生となった。一九○六年通信手として札幌郵便局会計課に勤務し、○七年通信属に進んだ。一一年七月関東庁逓信書記となって渡満し、逓信局経理課に勤務した後調度係長に就いた。

立花　正樹　▷9

大連海関税務司／大連市壱岐町税務司公館／一八六五（慶一）九／福岡県山門郡城内村／帝国大学文科大学英文科

一八九一年七月帝国大学文科大学英文科を卒業して山口高等中学校教諭となり、福岡県立中学伝習館長、第二高等学校教授を歴任した。一九○○年二月清国政府に招聘され、上海、安東県、大東溝、大連、青島に勤務した後、二○年一○月一年の休暇を得て郷里で静養した。二一年一○月再び中国に渡り、大連海関長に就任した。

館　政秋　▷12

国際運輸㈱天津支店経理係主任／中華民国天津法租界国際運輸㈱天津支店／一八九三（明二六）八／三重県三重郡三重村／三重県立第二中学校

一九一二年三重県立第二中学校を卒業し、一三年三月名古屋市の明治銀行に入った。一八年一月に辞職し、三井物産天津支店長で後に政友会幹事長となった森恪の経営する東洋炭砿㈱に転じた。東京本社、撫順支店、奉天支店、森恪青島事務所等に歴勤して二五年九月に退社し、翌年一月国際運輸㈱青島出張所に転じた。三一年一一月天津出張所に転勤し、三六年八月天津支店経理係主任となった。

辰市捨三郎　▷4

辰市歯科医院主／ハルビン埠頭区モストワヤ街／一八七八（明一一）三／奈良県奈良市菖蒲池町／日本歯科医学専門学校

四七代続いた奈良市の神職辰市祐愛の次男に生まれ、一八九九年東京の錦城中学校を卒業し、同年九月岡山医学専門学校に入学したが一九○三年都合により退学した。その後日本歯科医学専門学校に入り、一五年に卒業して東京、京城など各地で歯科医を務めた後、渡満してハルビンで歯科医院を開業した。兄の本丸は京城で弁護士を開業し、弟の令五郎も弁護士となった。

立川　正一　▷9

「立川」は「たちかわ」も見よ

川崎造船所大連出張所技師／大連市浜町／一八八四（明一七）五／岐阜県安八郡南平野村／東京帝大工科大学

一九一一年七月東京帝大工科大学を卒業して神戸の川崎造船所に入った。一八年六月、大連出張所技師に転任して渡満した。

立川　宗一　▷12

満鉄新京保安区電気助役、社員会評議員、勲八等／奉天省四平街南五条通／一八八八（明二一）四／広島県山県郡八重町／堆成館

広島県立川清五郎の長男に生まれ、私立堆成館を卒業した後、一九○九年一月広島通信管理局第三課線路部に勤務した。次いで安芸、忠海、安芸、本郷、安芸、加計、安芸、有田の各地に勤務し、この間青島戦役に際し青島守備軍民政部鉄道部に勤務した。その後二〇年に退職し、二三年五月に渡満して満鉄に入った。北安東通信区、長春通信区、同公主嶺在勤を経て第三期通信講習科を修了し、長春電気区勤務、同四平街在勤、長春保安区在勤を経て三六年四月新京保安区電気助役となった。この間、三一年に長春保安区より特別賞詞を受けた。

立川　増吉 ▷12

満州資源館主事兼満鉄総裁室弘報課員兼産業部地質調査所員／大連市鳴鶴台／一八九八（明三一）六／岐阜県本巣郡七郷村

岐阜県立川亀吉の長男に生まれ、一九一三年八月満鉄に入り中央試験所分析科、同セメント試験所地質課、地質調査所に歴勤した。かたわら二四年に満州法政学院政治経済科を卒業し、地質調査所に勤務しながら満蒙物資参考館及び満蒙資源館を兼務した。三二年一二月満州資源館と改称した後、三四年四月同館主事となり、後に総裁室弘報課及び産業部地質調査所を兼務した。この間、大正末年まで庭球の満州代表チームの一員を務めたほか、二九年四月勤続一五年の表彰を受けた。

立川　雷平 ▷12

㈾大昌洋行代表社員／大連市山県通山県第一ビル内／一八八七（明二〇）一／長野県北佐久郡岩村田町／東京外国語学校

元衆議院議員・大連市会議長で弁護士の立川雲平の庶子として東京市に生まれた。父の郷里の長野県立上田中学校を卒業して上京し、一九〇七年東京外国語学校を卒業して北米に渡り、同地に二年滞在した。帰国後やまと新聞記者となり、一〇年にドイツ領南洋諸島、一二年に中国各地を巡遊した。一七年青島で貿易業を始め、かたわら一九年から東京で出版業新光社を興して出版業を兼営した。その後三五年大連に移住して大昌洋行を開設し、ハルビンの近藤林業公司の代理店として満鉄に電柱・枕木を納入し、さらに名古屋の㈱窪田製作所その他の代理店業を兼営した。

立田　寅太 ▷12

奉天省昌図県警正、従六位／奉天省昌図県警正公館／一八九〇（明二三）一／東京府東京市本所区石原町／陸軍士官学校、陸軍野戦砲兵射撃学校乙種

東京府立田弦八郎の長男に生まれ、府立第三中学校を経て一九一一年陸軍士官学校を卒業し、同年一二月砲兵少尉に任官して野砲兵第一連隊に勤務した。次いで一三年に陸軍砲工学校、一七年に陸軍野戦砲兵射撃学校乙種を卒業して二〇年七月第一師管軍法会議判士となり、同年八月砲兵大尉に累進して二四年に予備役編入となった。二八年五月から私立関東商業学校生徒監兼教練教師を務めた後、三二年に東京憲兵練習所を修了して同年一一月奉天省撫順県警務指導官となって渡満した。三三年一〇月同県警佐、三四年一二月奉天省鉄嶺県警佐、三五年四月同県警正を経て三六年四月奉天省昌図県警正に転任した。夫人シンとの間に四男一女あり、長男忠太は満州電信電話㈱、次男孝二は満鉄に勤務し、長女綾子は撫順高女、三男潤は撫順中学校に学んだ。

龍田　道徳 ▷11

和登商行開原ハルビン支店長、従七位勲六等／奉天省開原大街／一八九〇（明二三）八／東京府東京市麹町区上六番町／慶應大学理財科中途退学

東京府竜田徳三郎の長男に生まれ、一九一一年慶應大学理財科を中退し、同年一年志願兵として鉄道連隊に入営した。退営して一三年に山下㈴に入り、一六年㈾三誓商会代表社員となった。一八年のシベリア出兵の際に召集され、工兵中尉として従軍した。除隊後の二一年に和登商行開原ハルビン支店長に就き、かたわら開原市場㈱取締役、開原実業会常議員、満州青年連盟理事を務めた。

龍口和三郎 ▷8

旭楼主／奉天柳町／一八七七（明一〇）八／滋賀県甲賀郡宮村

滋賀県竜口金兵衛の長男に生まれ、一九一二年に渡満し、一四年一二月から奉天に在住した。一六年一月柳町に料理店を開業し、二二年七月同町内に三階建ての店舗を新築して移転した。柳町第一流の店として繁盛し、さらに第二旭楼を別に経営した。

辰巳　銀二 ▷11

欧米建築材料直輸入商／大連市柳

町／一八八六（明一九）六／東京府東京市本郷区森川町／東京美術学校建築図案科

東京府鉱業辰巳啓の次男に生まれ、一九一〇年東京美術学校建築図案科を卒業した。東京の藤原商店に入り大阪支店に勤務した後、大連支店長となって一六年に渡満した。二二年に内外興業㈱に組織変更した後も引き続き支配人として大連支社に勤務し、二四年に同社の営業一切を引き受け、辰巳銀二商店として独立経営した。

辰巳信市郎 ▷12

森本組ハルビン出張所主任／ハルビン道裡外国三道街／一八九七（明三〇）一〇／奈良県吉野郡丹生村

一九二四年一二月森本組に入り、東京、大阪、熊本、鹿児島の各地で土木建築請負工事に従事した。その後三四年六月新京支店詰となって渡満し、三五年七月ハルビン出張所の開設と同時に主任となった。満鉄鉄路局、国務院土木局、軍管区、県公署等を主要得意先とし、海倫、チチハル、牡丹江等の工事を請け負った。

辰巳　正夫 ▷11

大連南山麓小学校訓導／大連市薩摩町／一九〇三（明三六）八／奈良県吉野郡下市町／奈良県師範学校、旅順師範学堂研究科

奈良県農業辰巳嘉蔵の三男に生まれ、一九二三年奈良県師範学校を卒業した。二四年九月に渡満して旅順師範学堂研究科に入り、翌年卒業して大連南山麓小学校訓導となった。

立井　三蔵 ▷9

和洋雑貨商、勲七等／奉天省遼陽車站街／一八七三（明六）一二／大阪府大阪市西区西道頓堀通

大阪道頓堀の商家に生まれ、一九〇四年日露戦争に従軍して勲七等を受けた。戦後〇六年八月遼陽城内西街に和洋雑貨店を開業し、〇八年一一月車站街に移転した。営業のかたわら遼陽地方委員を務めた。

立石　豊造 ▷3

磐城ホテル主／大連市磐城町／一八七八（明一一）八／佐賀県西松浦郡牧島村／京都府立商業学校

一八九七年京都府立商業学校を卒業して台湾に渡り、台北で叔父の経営する用達業に従事した。一九〇〇年の義和団事変に際し第五師団に属して従軍し、そのまま北京に留まって中国語を学んだ。日露戦中の〇五年に大連に赴き、翌年から磐城町で旅館業を経営し、かたわら陸軍用達業と鉄器類の代理業を兼営した。

立石　保福 ▷14

関東州配給統制㈱取締役、関東州水産配給統制㈱監査役／大連市但馬町／一八八三（明一六）一／長崎県壱岐郡武生水町／神戸高等商業学校

長崎県立石憲光の長男に生まれ、一九〇八年四月神戸高等商業学校を卒業した。同年六月に渡満して満鉄総務部土木課に勤務し、〇九年の職制変更により工務局勤務となった。一六年七月から四鄭鉄路局に派遣され、一九年一二月に帰社して社長室勤務となった。二一年九月在職のまま満鉄傍系の日露合弁シェフチェンコ商会（後のハルビン札免公司）総支配人に就いて興安嶺の林業経営に従事し、二二年六月に帰社して同年八月撫順市街移転に伴う旧市街不動産評価常任委員となった。二三年六月参事となり地方部に転任し、二四年一月の職制変更で地方部庶務課長事務取扱となったが、翌年九月に退職した。二六年一月大連に福興公司を設立して請負業、貿易・保険代理業を経営し、三〇年一一月から大連市会議員に四期連続当選した。四〇年一二月大連市会副議長に選出され、戦時統制経済下の四二年一〇月関東州配給統制㈱取締役及び関東州水産配給統制㈱監査役に就任した。梅若流謡曲、仕舞、井泉水派俳句を趣味とした。

立石嘉三郎 ▷12

立石洋服店主／興安北省ハイラル北大街／一九一一（明四四）三／福岡県福岡市天神下町／高等小学校

福岡県立石清次郎の五男に生まれ、二歳の時に両親に伴われて朝鮮に渡った。高等小学校卒業後、元山の藤平洋服店に奉公して仕立業を身に付け、二一歳で京城の三中井に勤め、次いで福岡市の吉田洋服店に転じた。二二歳の時に渡満して奉天の十字屋に勤めた後、チチハルの正陽大街で洋服店を独立開業し、ハイラル橋頭街に移った後、さらに北大街に移転して営業した。奉天方面から材料を仕入れ、ミシン三台と従業員一四人を使用して一般需要のほか軍御用達を務め、年商三万円を超えるまでに成長した。

建川　正美　▷12

満鉄牡丹江站事務助役／牡丹江省図佳線牡丹江站／一九一〇（明四三）八／新潟県新潟市西堀通／立教大学経済科

陸軍中将建川美次の長男に生まれ、一九三四年三月立教大学経済科を卒業して同年四月満鉄に入社した。奉天省四平街駅駅務方、同貨物方、大連列車区車掌心得、奉天列車区車掌、吉林列車段新京分段車隊長、牡丹江站運転助役、同構内助役を経て三七年六月同站事務助役となった。

立光　庄平　▷11

満鉄臨時経済調査委員会第三部勤務／大連市久方町／一八八六（明一九）五／宮崎県児湯郡高鍋町／私立中学国民学校、専修学校二年、国民英学会二年修学

宮崎県商業立光団次郎の長男に生まれ、一九〇三年郷里の中学校を中退して上京した。〇五年三月私立中学国民学校を卒業した後、専修学校と国民英学会で各二年修学して陸軍省雇員となった。〇九年三月関東都督府雇に転じて渡満し、一三年関東都督府医院書記となり収入官吏に就いた。一八年六月に退官して満鉄に入り、鞍山製鉄所経理課現金出納係主任を務め、二六年一二月から満鉄臨時経済調査委員会第三部に勤務した。

立島力太郎　▷12

立島商店主／奉天春日町／一八七四（明七）五／広島県加茂郡西志和村

早くからハワイ、台湾に渡って各種の職業に従事した後、日露戦争後に渡満して鉄嶺で菓子製造業を営んだ。その後二七年一一月から金物類・世帯道具一式の販売業を始め、後に奉天春日町に店舗を構えた。

立白　大忍　▷12

満鉄チチハル站貨物主任、社員会評議員／一九〇一（明三四）四／富山県中新川郡下段村／法政大学法文学部法律学科

一九一六年三月法政大学法文学部法律学科を卒業して鉄道院に入り、東京鉄道局庶務課に勤務した。同庶務課人事掛、金沢駅貨物掛、同車掌に歴勤し、二八年六月鉄道局書記に進んだ。その後三三年一二月満鉄鉄路総局に転じて渡満し、洮昂斉克鉄路局及び洮索鉄路局に勤務した後、洮南站貨物主任を経て二五年一一月チチハル站貨物主任となった。

伊達慎一郎　▷12

国務院総務庁法制処員、関東軍司令部嘱託／新京特別市義和路／一九〇七（明四〇）一二／島根県松江市西茶町／東京帝大法学部法律学科

島根県伊達祥一郎の長男に生まれ、県立商業学校、松江高等学校を経て一九三一年三月東京帝大法学部法律学科を卒業し、同年文官高等試験行政科及び司法科に合格した。三二年一一月東京帝大庶務課に勤務した後、翌年渡満して大同学院に入学し、同年一〇月に卒業して法制局第一部に勤務した。次いで国務院総務庁属官として法制処に勤務し、三六年五月総務庁事務官となった。

舘田　吉助　▷12

舘田組主／奉天弥生町／一八七九（明一二）一／兵庫県神戸市神戸区加納町

一九〇七年に渡満して翌年満鉄に入り、用度課に勤務した。二〇年勤続した後、二七年に退社して翌年一月から運送業と人夫請負業を営んだ。

立野　忠吾　▷12

新京特別市公署総務処経理科員／新京特別市北安路市営住宅／一八八九（明二二）三／栃木県下都賀郡生井村／陸軍工科学校、関西大学専門部法律科

一九〇九年六月陸軍工科学校を卒業して一等工長となり、以来陸軍に勤務しながら一五年七月関西大学専門部法律科を卒業した。一八年六月朝鮮総督府判任官見習試験に合格し、同年一二月感興北道第一部土木課に勤務した。一九年一二月朝鮮総督府属、二〇年三月道属、二六年五月府属を経て二九年六月咸鏡南道州翼水利組合に勤務したが、三〇年一月に退職した。その後三一年一二月清津府嘱託、三四年三月同府書記を経て同年四月に渡満して新京特別市公署総務処に勤務した。三六年一月同公署事務官に進んで行政処行政科に勤務した後、同年一〇月総務処経理科に転任した。

建部　啓吉　▷12

㈱昭和製鋼所総務部人事課福利係主任、社員会庶務部長、正八位／奉天省鞍山南十一条町／一九〇四（明三七）三／石川県金沢市泉町／早稲田大学政治経済科

吉岡嘉兵衛の子に生まれ、建部由治の養子となった。金沢第一中学校を経て一九二九年早稲田大学政治経済科を卒業し、三〇年二月金沢の歩兵第七連隊に入営した。満期除隊後、三三年六月㈱昭和製鋼所に入り東京出張所に勤務した。その後、本社文書課福利係主任心得となって渡満し、三六年一〇月同係主任に就いた。

建部　昌満　▷13

満州電信電話㈱大連管理局長、正七位勲七等／一八八七（明二〇）一〇／静岡県静岡市東鷹匠町／通信官吏練習所通信科、逓信官吏練習所無線電信科

静岡県官吏建部昌通の次男として佐賀県唐津市に生まれた。一九〇七年通信官吏練習所通信科を修了して通信属となり、さらに逓信官吏練習所無線電信科に入所した。一一年に修了して東京郵便局通信生となり中央電話局に勤務したが、関東都督府の無線電信業務従事員募集に志願して渡満し、同年一一月大連湾無線電信局の初代局長に就いた。一五年末に通信管理局業務課に転じて電信電話の管理事務に従事した後、二六年七月の電気課新設とともに同課に転じ、後に逓信局業務係長となった。全満に一四の放送局を設置し、一四万人の聴取者を獲得したラジオの育ての親として知られた。三五年五月から一二月まで社命で外遊して電信電話の調査に当たり、帰任後本社放送課長に就き、ハルビン管理局長を経て三九年満州電信電話㈱大連管理局長に就任した。青年の頃に大洋画会に属して文展に数回入選した経験を持ち、閑暇を利用しては画筆を握った。

立道　清一　▷12

満鉄海倫工務段長、勲八等／浜江省海倫満鉄工務段／一八九四（明二七）一二／岐阜県吉城郡坂下村／攻玉社工学校土木科

一九一九年三月東京の攻玉社工学校土木科を卒業して満鉄に入り、大連管理局保線課に勤務した。二二年一月運輸部線路課、同年一二月長春工務事務所、二三年四月開原保線区助役、同年五月長春鉄道事務所開原在勤、同年七月鉄嶺保線区開原在勤、同年一二月長春鉄道事務所に歴勤し、二四年三月公主嶺保線区助役となった。次いで二六年二月長春鉄道事務所、同年四月金州保線区技術方、二七年五月同区助役、同年一一月大連保線区金州在勤保線助役、三一年一一月大連鉄道事務所、三五年四月同所工務課勤務を経て三六年四月海倫工務段長となった。この間、満州事変時の功により勲八等に叙せられ、三四年四月勤続一五年の表彰を受けた。

立元　利雄　▷12

満鉄劉房子駅助役、勲八等／吉林省懐徳県劉房子駅／一九一一（明四四）一／宮崎県北諸県郡五十市村／都城商業学校

宮崎県立元東市の九男に生まれ、一九二九年都城商業学校を卒業して渡満した。三〇年三月満鉄鉄道教習所運転科を修了して奉天列車区車掌心得となり、次いで同年五月同列車区車掌となった。三三年八月同安東分区車掌に転任した後、三四年一一月奉天駅勤務を経て三五年八月劉房子駅助役に就いた。

立山　嘉助　▷7

立山商店主／大連市聖徳街／一八八四（明一七）九／鹿児島県姶良郡帖佐村／高等小学校

郷里の柁城高等小学校を卒業し、一九〇四年海軍に入り日露戦争に従軍した。一九〇九年に満期除隊して翌年三月に渡満した。大連民政署水道課に勤務した後、一五年に退職して満鉄に入り、奉天製糖会社勤務を経て二〇年に大連聖徳街に立山商店を開設して製綿業を営んだ。日中両国八人を使用し、機械電気モーター装置により中国南部産原料を製綿して廉価で提供して成功し、その後京染め・洗い張りも兼営した。幼少からの実体験から蓄財を無上の趣味とし、二五年三月には住まいの後方に二〇坪の工場を増築した。

田所　耕耘　▷12

満鉄経済調査委員会副委員長事務取扱、昭和製鋼所㈱監査役、満州

農業移民会議委員、満州特産中央会理事／大連市星ヶ浦水明荘／一八八七（明二〇）三／和歌山県西牟婁郡田辺町／東京高等商業学校専攻部

和歌山県田所弓彦の長男に生まれ、一九一〇年東京高等商業学校専攻部を卒業して群馬県立工業学校教諭となった。一一年文官高等試験行政科に合格した後、一二年一二月に渡満して満鉄に入り会計課に勤務した。次いで一五年総務部事務局調査課勤務、一八年計理部会計課次長兼理事長室監理課勤務、一九年社長室人事課勤務を経て二〇年経理部会計課長となり、二一年社命により欧米に留学した。帰社後、二三年社長室監察員を経て二五年参事に昇格し、三〇年計画部能率課長、三一年監理部次長、三三年経済調査会副委員長を歴任し、三六年一〇月経済調査委員会副委員長事務取扱となった。

多戸　善一　▷12

営口税関奉天分関監視科長／奉天省営口営口税関分関／一八九七（明三〇）一一／神奈川県横浜市中区長者町／明治大学本科二年中退

神奈川県多戸松次郎の長男に生まれ、神奈川県立第一横浜中学校を卒業して明治大学に進んだが、一九一九年本科二年を中退した。二〇年八月青島守備軍民政部鉄道部に勤務した後、二四年一二月中華民国膠海関試用稽査員に転じ、三〇年に大連海関一等稽査員となった。その後三二年六月満州国による中国海関の接収にともない満州国税関官吏となり、三三年三月二等副監察員、三四年五月税関監視官佐・大連税関勤務を経て山海関税関監視科長心得となった。次いで三五年図們税関に転勤して竜井村分関長を兼任し、同年一二月営口税関奉天分関監視科長に就いた。

田中五十一郎　▷4

北満製粉㈱社員／ハルビン旧市街／一八八七（明二〇）／岐阜県本巣郡西郷村／名古屋市立商業学校

小学校卒業後、一五歳で京都に出て親戚の営む縮緬・絹織物卸売業の見習となった。かたわら夜間学校に通い、一九〇六年名古屋の市立商業学校本科に入学した。〇九年三月優等で卒業し、市郵芳樹校長の推薦で大連の福昌公司に入り会計事務に従事した。一一年会計主任となり、一三年一〇月に北満製粉㈱が設立されると店主相生由太郎の推薦で同社に入り会計事務を担当した。

田中　稲夫　▷13

大連機械製作所㈱支配人／大連市／一九〇二（明三五）七／島根県松江市南田町／旅順工科大学専門部

一九二五年三月旅順工科大学専門部機械工学科を卒業し、二六年一月大連機械製作所㈱に入社した。以来本社営業部に歴勤し、三七年二月奉天支店支配人となった。次いで三九年四月大連本社営業部に復帰して副支配人兼営業課長に就き、四二年一月営業課長を兼務したまま支配人に昇格した。

田中　稲吉　▷7

特産物商／奉天省郭家店／一八九〇（明二三）／鹿児島県肝属郡新城村

鹿児島から上京して苦学した後、一九一一年に渡満して奉天省四平街郵便局に勤務した。勤続して昇進を重ねたが二三年に退職し、昌図公司に入って特産物商の実地を修得し、翌年郭家店で独立開業した。

田中伊之介　▷12

営口海辺警察隊員、正七位勲七等／一八八九（明二二）七／福岡県山門郡瀬高町／陸軍砲兵工科学校

福岡県田中駒太郎の三男に生まれ、一九一一年陸軍砲兵工科学校を卒業して砲兵三等鍛工長となった。以来各地に勤続し、三二年二月砲兵少尉に累進して待命となり、関東軍司令部嘱託となって渡満した。その後国務院民政部属官に転出して総務科に勤務し、三五年七月特殊警察隊技佐兼警正に進み、瓦房店国境警察隊勤務を経て三六年一月海辺警察隊に転任した。

田中宇市郎　▷14

大連市会議員、大連市参事会員、大連市産業委員、大連市公会堂建設調査臨時委員、正七位勲六等／大連市神明町／一八七二（明五）一二／愛媛県温泉郡川上村

一八九九年一月台湾総督府巡査となり、日露戦争時の一九〇四年警部に累進して澎湖庁に勤務した。〇六年九月関東都督府警部に転出し、一〇年に警視に累進して遼陽、鉄嶺、営口、長春の各警察署長を歴任した。その後一四

年に退官し、大連市伊勢町に㈾田中洋行を設立して襖、建具、表具、表装材の卸商を営んだが、三一年五月に廃業した。次いで三二年から神明町で日満興信所を経営して「日満興信日報」を発行したが、三八年に興信所を譲渡した。この間、二二年二月から四〇年一〇月まで大連市会議員に五回当選し、二八年一一月から三二年一〇月まで副議長を務めたほか、多くの公職に就いた。

田中　芬　▷11

長春ヤマトホテル支配人／長春中央通／一八九五（明二八）一／鹿児島県鹿児島郡西武田村／慶応大学理財科

宮城県菊池永章の四男に生まれ、田中養之進の養子となった。福島県立磐城中学校を経て一九二〇年慶応大学理財科を卒業し、同年四月満鉄に入った。鉄道部埠頭事務所勤務となり、同年から二年間アメリカに留学した。二七年南満州旅館㈱に転じ、長春ヤマトホテル支配人兼長春満州屋旅館支配人となり、長春旅館組合長を務めた。

田仲　角平　▷1

志岐組安東県出張所主任、安東県商務委員／安東県一八六七（慶三）八／福岡県遠賀郡折尾村

筑豊鉄道会社に勤務した後、一八九五年久米組に入り、台湾で各種の土木建築工事に従事した。九八年さらに志岐組に転じて九州、山陽、北越地方で諸工事に従事した後、日露戦争後の〇六年同組の満州経営責任者として渡満した。奉天に支店を設けて事業を主宰し、かたわら同地の行政委員を務めた。〇七年安東県出張所主任に転任し、奉天出張所主任を兼務しながら第一銀行安東支店、同新義州派出所等の新築工事を請け負い、安東県商務委員を務めた。

田中嘉三郎　▷4

三井洋行ハルビン出張所次席／ハルビン埠頭区ウチヤストコワヤ街／一八八二（明一五）九／三重県四日市市浜町／四日市商業学校

三重県肥料商田中半兵衛の子に生まれ、一八九九年四日市商業学校を卒業し、翌年三井物産会社に入った。名古屋支店に勤続した後、ハルビン出張所次席となって一九一六年に渡満した。

田中　勝喜　▷12

満鉄吉林鉄路局総務処人事科員／吉林鉄路局総務処／一八九四（明二七）一二／熊本県葦北郡佐敷町

多年満鉄に勤続し、累進して一九三四年吉林列車段副段長となり、三六年九月職制改正により吉林鉄路局総務処人事科に転勤した。

田中鎌太郎　▷12

ハルビン特別市公署交通局運輸科長、ハルビン自動車協会長／ハルビン道裡工廠街／一八九二（明二五）八／東京府東京市本郷区動坂町／慶応商業学校、明治大学法科中退

一九〇九年慶応商業学校を卒業して東京鉄道㈱に入社したが、一三年東京市電気局に転じた。経理課主計係長を経て東京市主事・同運転課庶務係長となり、勤務のかたわら二三年に明治大学法科二年を修了した。次いで名古屋市主事に転じて電気局庶務課長等を務めた後、ハルビン電業局視査に転じて渡満し、ハルビン特別市公署交通局運輸課嘱託等を経て三五年四月交通局運輸科長に就いた。

田中　亀蔵　▷12

奉天税務監督署監察科長、満州国協和会奉天財政官署分会幹事、従七位／奉天弥生町／一八九六（明二九）六／茨城県猿島郡長田村／長田農業補習学校

茨城県田中力蔵の四男に生まれ、一九一二年長田農業補習学校を卒業した後、一九年八月税務署属となった。境、宗道、宇都宮、浦和、亀戸、品川の各税務署に歴勤した後、三〇年三月関東庁に出向を命じられて渡満し、関東庁属、同理事官を歴任した。次いで三二年六月国務院財政部事務官に転じ、税務司国税科勤務を経て三三年六月税捐局事務官兼任となって新京税捐局に勤務した。その後三六年一月税務監督署理事官兼地籍整理局事務官となり、奉天税務監督署監察科長に就任した。

田中　貫一　▷11

満鉄大連医院歯科医長、医学博士／大連市乃木町／一八八八（明二一）五／東京府／京都帝大医学部

東京府歯科医田中熊三郎の長男に生まれ、一九一三年京都帝大医科大学を卒業して外科教室助手となった。翌年東

た

京帝大の歯科教室助手に転じた後、一六年二月満鉄大連医院歯科医長となって渡満した。二二年から三年間欧州に留学して医学博士号を取得し、南満州歯科医学会会長を務めた。

田中　喜介　▷11

大連取引所信託㈱専務取締役、正四位勲三等／大連市桜花台／一八七九（明一二）一二／山口県玖珂郡岩国村／東京帝大

山口県農業田中小太郎の長男に生まれ、一九〇四年東京帝大を卒業して内務省属官となった。岩手・千葉県事務官として勤務した後、奈良県警察部長となり、その後鳥取、岡山、静岡、大分各県の内務部長を歴任した。二一年五月関東庁事務官に転出して渡満し、大連民政署署長となった。二四年に依願免官して大連取引所所長に転じ、二七年四月から大連取引所信託㈱専務取締役に就いた。関東庁経済調査会委員、大連商工会議所常議員、市特別委員、大連少年団・奨学会顧問を務めた。渡満後に夫人キミ子と二児を亡くし、職務のかたわら遺された三男四女を養育した。

田中　吉蔵　▷12

㈾田中商店代表社員、東洋商事㈱代表取締役、満蒙公司経営主、満州之水産会嘱託／大連市栄町／一八八一（明一四）四／新潟県北蒲原郡葛塚町

一九〇四年日露戦争に際し野戦鉄道提理部付として従軍し、戦後〇八年四月満鉄創業とともに入社した。その後二〇年に退職し、大連に田中吉蔵商店を興して石炭・米穀商を営み、二六年九月合資会社に改めて業務を拡張して米穀・薪炭・満州特産物売買と煙草製造販売、有価証券売買・信託業を経営した。次いで同店を中国人名義として発動機械の取扱に主力を注ぎ、二三年に東洋商事㈱代表取締役に就いた。さらに二七年から「満州之水産会」営業部長兼編集者として同社長加藤巳之七を補佐し、また土屋卓一と共同で満蒙公司を経営して星ヶ浦、夏家河子、甘井子で住宅の分譲事業を経営した。

田中　洌　▷12

満鉄鉄道総局付兼輸送委員会委員／奉天白菊町／一八九一（明二四）七／兵庫県姫路市西呉服町／旅順工科学堂

兵庫県田中万吉の次男に生まれ、一九一〇年四月に渡満して旅順工科学堂電気工学科に入学した。一三年に卒業し、同年一二月満鉄に入社して電気作業所に勤務した。鞍山工場準備係兼務、鞍山製鉄所工務課勤務を経て二〇年一二月社命によりアメリカに留学し、帰社して奉天地方事務所兼務技術委員会臨時委員となった。二六年六月電気作業所から独立して南満州電気㈱が創立されると同社電気課長に転出し、重役室調査役を経て三二年一二月満鉄に復帰し、鉄道部営業課自動車係主任となった。次いで三三年三月技師となり総局勤務を兼任した後、総局運輸処自動車科長兼鉄道部旅客課計画係主任を経て三六年九月参事に昇格し、同年一〇月職制改正により鉄道総局付となり、輸送委員会委員を兼務した。

田中　澄　▷12

満鉄撫順炭砿老虎台採炭所監査係技術担当員、正八位／奉天省撫順北台町／一九〇三（明三六）三／広島県呉市和庄町／旅順工科大学付属工学専門部採鉱冶金学科

一九二四年一二月旅順工科大学付属工学専門部採鉱冶金学科を卒業した後、二五年五月満鉄に入り撫順炭砿に勤務した。同年一一月一年志願兵として兵役に服し、二六年一二月に除隊復職した後、老虎台採炭所勤務、同坑内係主任を経て三七年四月監査係技術担当員となった。

田中喜代志　▷12

満鉄大連鉄道事務所工務課保線係主任、従七位勲六等／大連市星ヶ浦黒礁屯／一八九六（明二九）一〇／栃木県足利郡筑波村／東北帝大工学専門部土木科

一九一七年三月東北帝大工学専門部土木科を卒業して鉄道院雇となり、中部鉄道管理局工務課に勤務した。その後、技手に進んで名古屋鉄道管理局勤務兼同局運転課勤務兼長野保線事務所勤務、名古屋鉄道管理局工務課改良掛勤務兼長野保線事務所勤務、名古屋鉄道局庶務課勤務兼名古屋鉄道教習所講師、同局工務課改良係勤務兼静岡保線事務所勤務、名古屋鉄道局改良課工事掛勤務、静岡保線区主任、名古屋鉄道局工務課改良係に歴勤した。この間、一九年シベリア出兵に際し同地に出張、二〇年に中国に出張したほか、二

た

二年山東懸案細目協定委員付として再び中国に出張した。その後三三年一一月満鉄に転じて渡満し、鉄道部工務課勤務を経て三五年三月埠頭事務所保線区長、同年四月大連鉄道事務所埠頭保線区長を歴任して三六年九月副参事となり、三七年三月大連鉄道事務所工務課保線係主任となった。この間、満州事変時の功により三三年に勲六等瑞宝章を授与された。

田中　九一　▷12

満鉄産業部資料室北方班主査兼第二北方係主任／大連市鳴鶴台／一八九六（明二九）九／東京府東京市中野区昭和通／東京帝大法学部独法科

田中周平の三男として愛知県渥美郡高豊村に生まれ、一九二一年三月東京帝大法学部独法科を卒業して同年五月満鉄に入り、東京支社内の東亜経済調査局編輯課に勤務した。次いで調査課主事となって渡満し、経済調査会調査員を経て同委員となり、第一部東亜経済調査班主任と第六部主査及び第六部第一北方班主任を兼務した。その後三六年九月参事に昇進し、同年一〇月職制改正により産業部資料室北方班主査となり、第二北方係主任を兼務した。著書に『米国の対支経済政策』『ソヴェート連邦社会政策』等がある。

田中　国城　▷12

浜江省公署教育庁学務科長／ハルビン浜江省公署教育庁／一九〇一（明三四）七／鹿児島県曽於郡志布志町／東京帝大法学部独法科

鹿児島県田中甚七の長男に生まれ、一九二七年三月東京帝大法学部独法科を卒業し、同年一一月朝鮮の全羅南道金融組合連合会理事見習となった。二九年四月全羅南道昌平金融組合理事に就いた後、三〇年二月日本国際観光局大連支部に転じて渡満した。次いで三二年六月国務院交通部事務官に転じて総務司文書科長となり、三六年一一月浜江省公署事務官・教育庁学務科長に転任し、三七年二月同省公署理事官となった。この間、建国功労賞及び大典記念章、勲五位景雲章、皇帝訪日記念章を授与された。

田中　拳三　▷9

奉天省四平街取引所信託㈱専務取締役、勲六等／奉天省四平街／一八八一（明一四）二／栃木県／東亜同文書院

一九〇四年九月東亜同文書院の第一期生として卒業し、高等通訳として日露戦争に従軍した。戦後は後藤新平満鉄総裁の知遇を得て満鉄本社地方課に勤務した後、一四年に奉天省四平街地方事務所長となり同市街建設を差配した。二〇年四月に奉天省四平街取引所信託㈱が設立されると、満鉄を退社して同社専務取締役に就任した。

田中健之助　▷9

歯科医院主／奉天住吉町／一八九一（明二四）八／東京府東京市芝区神明町／東京歯科医学専門学校

一九〇九年攻玉社中学を卒業した後、一六年東京歯科医学専門学校に入学した。一九年に卒業し、同年一〇月に渡満して奉天満鉄医院の歯科医となった。二一年六月に退社して奉天琴平町に歯科医院を開業し、後に住吉町に移転した。

田中源之助　▷12

満鉄牡丹江鉄路医院穆稜診療所主任兼医員兼穆稜日本尋常高等小学校校医／牡丹江省穆稜県穆稜站局宅／一九〇八（明四一）一／長野県更級郡塩崎村／日本大学専門部医学部

長野県田中秀一郎の長男に生まれ、一九三四年三月日本大学専門部医学部を卒業して付属病院内科助手となった。三五年八月同病院小児科医員、三六年三月同小児科医局長を務めた後、同年六月満鉄鉄路総局職員に転じて渡満し、ハルビン鉄路医院穆稜診療所主任兼医員となり、同年一〇月の機構改正により牡丹江鉄路医院穆稜診療所主任兼医員となった。

田中　剛輔　▷14

満州興信所主幹、正六位勲五等／大連市天神町／一八六七（慶三）七／新潟県岩船郡村上町

郷里の新潟で六年間公職に就いた後、一八九六年陸軍省雇員となって台湾に渡った。九七年五月台中県警部になり、一九〇〇年台湾総督府警部に転じた。日露戦争後の一九〇五年九月に関東州民政署属兼警部に任じられて渡満し、翌年九月関東都督府警視となり旅順民政署警務課長に就いた。その後遼陽、営口、奉天の各警務署長を歴任して〇九年九月大連民政署警務掛長に就いた。一九年六月大連警察署長の時に依願免官し、翌年六月満州興信所に入って主幹を務めた。二一年四月大連市会議員に補欠当選し、翌年一月任期満了となり帰国した。

田中 行善 ▷3

本派本願寺安東出張所主任、満州開教師、親授二等／安東県本派本願寺出張所内／一八六六（慶二）一／島根県美濃郡鎌手村／本派本願寺大学林

一八九五年一二月本派本願寺大学林を卒業し、翌年七月台湾開教使となって台北に赴任した。一九〇二年七月に辞任し、同年一一月本派本願寺第五弘教中学校監事兼教員に就いた。〇四年七月日露戦争に際し軍隊布教員となり、後備兵第九旅団に従軍した。翌年一二月同旅団とともに帰国したが、〇六年一月満州開教使となり安東出張所に勤務した。この間、台湾開教、従軍布教、満州開教の功績によりそれぞれ褒賞を受けた。

田中 佐一 ▷11

満鉄鉄道部経理課審査係／大連市壱岐町／一八九六（明二九）三／静岡県磐田郡掛塚町／神戸市立神港商業学校補習科

静岡県土木請負業伊藤佐太郎の四男に生まれ、伯母の田中家を相続した。一九一六年三月神戸市立神港商業学校補習科を卒業し、同年九月に渡満して満鉄埠頭事務所会計係となった。ハルビン極東運輸組合に運輸部支出審査係等を務めた後、二六年一一月鉄道部経理課審査係となり、満鉄社員会評議員を務めた。

田中 左吉 ▷9

三泰油房㈱支配人／大連市伏見台／一八七五（明八）一〇／佐賀県佐賀市／東亜同文書院

一九〇九年東亜同文書院を卒業し、一一年三井物産に入り天津、大連、鉄嶺、奉天等の各支店出張所に勤務した。二二年五月、三井物産に在籍のまま同社傘下の三泰油房㈱支配人に就任した。

田中 定雄 ▷11

自動車運輸・修繕業／大連市土佐町／一八八八（明二一）三／鳥取県鳥取市吉方町／鳥取県立鳥取中学校

鳥取県酒造業田中長太郎の長男に生まれ、一九〇七年県立鳥取中学校を卒業して新聞記者となった。鉄道庁に転じた後、一八年に朝鮮に渡り自動車運輸業を視察した。翌年青島を経て大連に至り、同地で自動車運輸・修繕業を開業した。

田中 定吉 ▷11

吉林公所所員／吉林省城商埠地満鉄社宅／一八八六（明一九）五／福岡県山門郡柳河町／久留米商業学校

一九〇五年久留米商業学校を卒業し、〇七年八月に渡満して満州水産㈱に入った。関東州水産組合に転じた後、一五年に関東庁に入り産業調査事務嘱託として満蒙の産業経済調査に従事し、その後吉林公所に勤務した。中国各地、北鮮、間島地方に数度出張して産業経済調査を行い、著書に『支那語及支那事情研究』『満蒙重要物産解説』『言文対照華語新篇』がある。

田中 式松 ▷12

満鉄鉄道研究所大連在勤兼鉄道教習所講師、工業標準規格委員会委員、社員会評議員／大連市花園町／一九〇七（明四〇）一／広島県呉市西本通／南満州工業専門学校機械工学科電気分科

旧姓は別、後に田中徳次郎の養子となった。一九二七年三月南満州工業専門学校機械工学科電気分科を卒業して満鉄に入り、技術研究所に勤務した。理学試験所勤務を経て中央試験所購入品試験室主任心得、電気用品試験室主任心得を歴任し、三五年六月鉄道研究所大連在勤となり、鉄道教習所講師を兼務した。

田中繁次郎 ▷9

東亜商事㈱社長、㈾田中東亜商会代表／大連市淡路町／一八八二（明一五）二／富山県中新川郡相ノ木村

一九〇四年日露戦争に従軍し、各地に転戦して勲八等に叙せられた。戦後除隊して長春で雑貨・薬種業を開業したが、一六年に大連に移住して同業を営んだ。沿線各地に支店を設けて積極経営で巨利を得、一九年に山県通に四階建ての田中ビルデングを建てて貸事務所とした。次いで大連株式商品取引所取引人として東亜商事㈱を創立して社長に就き、さらに㈾田中東亜商会を設立して特産物及び綿糸布雑貨の輸出入貿易業を兼営した。

田中　茂 ▷12

昭和製鋼所㈱弓長嶺採鉱所採鉱係主任／奉天省鞍山北大宮通／一九〇一（明三四）一二／熊本県玉名郡玉名村／旅順工科学堂採鉱冶金学科

熊本県米田喜太郎の三男に生まれ、後に田中喜次郎の養子となった。玉名中学校を卒業して渡満し、一九二三年旅順工科学堂採鉱冶金学科を卒業した。二四年五月本渓湖煤鉄公司に入り採鉱科に勤務した後、廟児溝鉄山に転勤した。その後三五年三月昭和製鋼所㈱職員に転じ、後に弓長嶺採鉱所採鉱係主任を務めた。

田中　正一 ▷4

外務省官吏／吉林省農安／一八八八（明二一）一／山梨県西八代郡高田村／日本大学法律科

一九〇九年私立成城学校中学科を卒業して高等科に進み、同年一二月陸軍士官候補生として東京の歩兵第四九連隊に入隊した。翌年一二月陸軍士官学校に入ったが、一一年八月に退校して日本大学法律科に入り一三年九月に卒業した。同年一〇月外務省選抜の留学生として北京に留学し、一六年七月外務書記生となり長春日本領事館農安分館に勤務した。

田中　正吉 ▷12

満鉄農事試験場農芸化学科員、正八位／吉林省公主嶺満鉄農事試験場／一八九九（明三二）一／山形県鶴岡市十三軒町／北海道帝大農学部農学実科

山形県田中正堯の六男に生まれ、一九二二年三月北海道帝大農学部農学実科を卒業して同年七月満鉄に入り、鄭家屯に在勤した後、同年一二月山形の歩兵第三二連隊に入営した。除隊後、二四年八月から公主嶺の農事試験場農芸化学科に勤続した。

田中　庄蔵 ▷12

田中組主／大連市外周水子会泡崖屯／一九〇八（明四一）七／岐阜県養老郡高田町／東京帝大中退

一九〇四年日露戦争に際し軍夫小頭として渡満した田中庄吉の長男に生まれた。父庄吉は戦後各地で井戸の試掘をして軍部その他より賞状・感謝状を受け、小野田セメント会社の依頼で水源地選定を依頼されて大成功を収めた。同社大連支社の設置とともに土地の買収、工場建物の建築労力を供給し、かたわら町内会総代、小野田神社氏子総代、満州建材会社社長、富林公司主等を務めた。一九二九年第五高等学校を卒業して東京帝大に進んだが、中退して父の事業を引き継ぎ、小野田セメント専属請負人として石灰石採掘業を経営し、果樹園と農園以外の不動産その他の諸事業を整理して本業に専念した。

田中荘太郎 ▷12

チチハル総領事、日本赤十字社チチハル支部長、従五位勲四等／龍江省チチハル商埠街総領事官邸／一八八四（明一七）七／東京府東京市世田谷区玉川瀬田町／東亜同文書院

山梨県田中武平太の次男として東山梨郡春日居村に生まれ、後に東京市に転籍した。一九〇六年上海の東亜同文書院を卒業し、〇七年六月外務省に入り外務通訳生となった。一三年八月外務書記生を経て二〇年一月副領事に進み、サンフランシスコ及び上海に勤務した。二三年一月領事に昇任して長沙、鉄嶺、青島、漢江、鄭州、天津、九江の各地に在勤した後、三六年七月チチハル領事館に赴任し、同年一一月総領事館への昇格とともに総領事となった。中国・満州各地の十数ヶ所に在勤して省内屈指の中国通として知られ、国勢調査記念章、昭和大礼記念章、建国功労賞、皇帝訪日記念章を受けた。

田中　末雄 ▷14

田中商会主／大連市霧島町／一八七〇（明三）四／三重県河芸郡箕田村／私立サンフランシスコ商業学校

一八八八年カリフォルニアに渡り、私立サンフランシスコ商業学校を卒業して商業に従事した。九五年二月に帰国して安田鳥羽造船所の支配人を三年務め、その後横浜の富多山汽船会社に転じて二年勤務した。一九〇二年芝罘に渡って船舶業を開業したが、〇六年一二月大連に移って田中商会を創設して海運及び倉庫業を経営した。かたわら大連汽船㈱専務取締役、竜口銀行董事、大連商業会議所常議員を務め、一五年一〇月から一七年九月まで大連市会議員を務めた。

た

田中 末治 ▷12

満鉄吉林鉄路局運輸処長、吉林日本商工会議所特別議員、勲六等／吉林商埠地大和街／一八九二（明二五）三／島根県那賀郡都濃村／島根県立農学校

島根県田中峯八郎の三男に生まれ、一九〇九年三月県立農学校を卒業して渡満し、同年一一月満鉄に入り運輸課に勤務した。運輸部営業課、同庶務課、奉天省四平街駅貨物主任、鉄道部貨物課、同営業課、奉天鉄道事務所、長春運輸事務所、長春鉄道事務所、鉄路総局呼海在勤、同ハルビン在勤を経てハルビン鉄路局運輸処長となった。次いで新京鉄路局運輸処長として新京鉄道出張所に勤務し、三五年九月参事となり吉林鉄路局運輸処長に就いた。この間、満州事変時の功により勲六等単光旭日章を授与されたほか、二七年四月満鉄創業二〇周年に際し模範社員として表彰され、三五年四月に勤続一五年の表彰を受けた。

田中清之助 ▷12

満鉄鉄道総局付待命参事／奉天満鉄鉄道総局気付／一八八四（明一七）七／兵庫県揖保郡揖西村／姫路師範学校

一九〇五年三月兵庫県姫路師範学校を卒業し、明石女子師範学校教諭赤穂郡若狭野小学校訓導兼校長兼若狭野農業補習学校訓導兼校長、飾磨郡妻鹿小学校訓導兼校長を歴任した。その後一四年九月に渡満して満鉄開原尋常高等小学校訓導に転じ、開原公学堂教員を経て一五年四月満鉄教育研究所に入所して中国語の研修を受け、一七年一〇月営口実業学堂教諭となった。一八年から一年間北京に留学した後、二一年七月満鉄教育研究所講師となり、関東庁立大連高等女学校教務嘱託を兼務した。次いで満鉄運輸従事員養成所講師、鉄道教習所講師兼舎監を歴任して三六年一〇月参事となり、三七年四月待命・鉄道総局付となった。二六年九月に閑院宮が大連高等女学校を視察した折に中国語の実地授業を行うなど中国語教育に造詣深く、著書『注音華語速修篇』を著した。夫人しづとの間に二女四男あり、長女千振は大連弥生高女を卒業して満鉄社員竹原氏に嫁し、次女満江は大連神明高女を卒業して陸軍軍医栗原氏に嫁した。

田中 千吉 ▷14

大連警防団長、大連市会議員、正四位勲三等／大連市台山屯／一八八五（明一八）三／東京府豊多摩郡渋谷町／東京帝大法学部政治科

田中熊吉の四男として福井県遠敷郡小浜町に生まれ、一九一〇年七月東京帝大法科大学政治学科を卒業し、同年一一月文官高等試験に合格して警視庁警部となった。一一年四月警視に進み、富坂、青山、三田の各警察署長を歴任した後、一三年八月関東都督府秘書官に転出して渡満し、官房文書課長心得となった。一六年三月事務官兼秘書官、一八年二月旅順民政署長兼務、二〇年一月民政部殖産課長兼地方課長、二一年六月内務局殖産課長を経て同年八月から一年間欧米の産業思想問題及び社会救済に関する実地状況を視察した。次いで二三年参事官兼事務官、二四年一二月事務官専任・大連民政署長を歴任して二九年一月高等官一等となり、三〇年二月に退官して大連市長に就任したが、三一年九月に辞任した。三三年から翌年にかけて関東庁嘱託を務めた後、三五年四月大連株式商品取引所常務理事となり、三六年一一月理事長に就いた。その後四〇年一月大連警防団長に転じ、同年一一月から大連市会議員を務めた。

田中 善平 ▷12

東洋医院長、新京居留民会長、在郷軍人会新京第五分会副長、新京防護団特別区副団長、新京海友会副会長／新京特別市東四馬路／一八八七（明二〇）一一／佐賀県杵島郡住吉村

佐賀県田中喜蔵の次男に生まれ、一九一三年佐賀県伊万里病院の医師となった。その後一七年九月に渡満して長春に吉林医院を開業し、診療のかたわら居留民会長その他の公職に就き、満州事変時の功により銀杯一個を授与された。夫人コマツは新京国防婦人会康徳分会長を務めた。

田中惣一郎 ▷12

田中公司主、吉林木材興業㈱監査役／吉林東大灘／一八九九（明三二）四／山梨県中巨摩郡三恵村／早稲田大学商学部

早稲田大学商学部を卒業した後、一九三三年三月に渡満して吉林木材興業㈱に入社した。その後三四年二月に退社し、東大灘に田中公司を設立して木材省を独立経営した。

田中　専与　▷11

開業歯科医師／大連市西公園町／一八九二（明二五）一／神奈川県横浜市／東京歯科医学専門学校

神奈川県商業田中福太郎の四男に生まれ、一九一四年東京歯科医学専門学校を卒業した。一九年九月に渡満して満鉄大連医院歯科部に勤務した後、二五年七月に退職して市内西公園町で歯科医院を開業した。

田中　工　▷4

満鉄生計組合副理事長／大連市臥竜台／一八九五（明二八）一／岡山県赤磐郡潟瀬村／長崎高等商業学校

岡山県農業田中茂三治の長男に生まれ、一九一九年三月長崎高等商業学校を卒業して満鉄に入り、経理部会計課に勤務した。三五年一〇月社命で欧米各国に出張し、翌年一二月に帰国して経理部庶務課長となり、三七年四月同部会計課長に転任して庶務課長を兼務した。四〇年八月満鉄社員消費組合総主事に転じたが、同年一〇月社線・国線・北鮮鉄道の経営一元化に伴い満鉄生計組合に統合されると副理事長に就き、同年一一月から大連市会議員を務めた。

田中　惟一　▷12

国際運輸㈱牡丹江支店長、牡丹江商工会議所議員、同交通部長／牡丹江国際運輸牡丹江支店／一八九五（明二八）二／新潟県中頸城郡旭村

新潟県田中静治の長男に生まれ、一九一三年八月満鉄従事員養成所を修了して撫順駅に勤務した。奉天駅に転勤した後、一九一五年一二月徴兵されて高田の歩兵第五八連隊に入営して兵役に服した。除隊して奉天駅に復職した後、長春駅、ハルビン運輸営業所、鉄道部ハルビン在勤、ハルビン事務所運輸課、鉄道部連運課に歴勤した。その後三一年一二月国際運輸㈱に転じてハルビン支店陸運係主任、同計画係主任、ハルビン支店長代理、図們支店長を歴任し、三七年三月牡丹江支店長に就いた。この間、満州事変時の功により賜杯を授与された。

田中　端夫　▷12

大連弥生高等女学校教諭、従七位／大連市弥生町大連弥生高等女学校／一九〇二（明三五）六／長崎県東彼杵郡竹松村／長崎県立大村中学校

長崎県立大村中学校を卒業した後、一九二六年三月第一臨時教員養成所を修了して数学測量の中等学校教員免許状を取得し、熊本県立鹿本中学校教諭となった。その後二七年四月関東州公立高等女学校教諭に転じて渡満し、大連市立高等女学校に勤務した。次いで関東庁高等女学校教諭となり、大連神明高等女学校に勤務した後、三二年四月大連弥生高等女学校に転任した。

田中　太郎　▷12

大連弥生高等女学校教諭、従六位／大連市弥生町大連弥生高等女学校／一八九八（明三一）二／和歌山県／東京高等師範学校

一九一七年三月和歌山県師範学校を卒業し、東牟婁郡高池尋常高等小学校訓導となった。その後辞職して東京高等師範学校に入学し、一九二二年三月に卒業して沖縄県師範学校教諭となった。次いで朝鮮総督府高等普通学校訓導、奈良女子高等師範学校教諭を歴任した後、二九年一一月関東州公立高等女学校教諭となって渡満し、大連弥生高等女学校に勤務した。

田中　虫吾　▷12

㈱大連機械製作所技術部機械職場主任兼瓦斯職場主任兼電気職場主任／大連市台山町／一九〇四（明三七）一一／広島県広島市富士見町／旅順工科大学機械科第二類

田中英雄の次男として高知市に生まれ、一九二九年三月旅順工科大学機械科第二類を卒業し、同年四月㈱大連機械製作所に入った。以来勤続して技術部機械職場主任となり、瓦斯職場及び電気職場の各主任を兼務した。

田中　一男　▷12

満鉄新京警務段巡監／新京特別市東新京特別市鉄道北新局宅／一八九八（明三一）二／福岡県朝倉郡宮野村

福岡県田中仁市の次男に生まれ、一九二〇年一〇月関東庁巡査となり金州警察署に勤務した。以来各地に勤務して三三年九月巡査部長に累進し、三四年

三月満鉄に転じて新京警務段に勤務し、同年四月新京警務段巡監となり庶務主務者を務めた。この間、関東庁巡査在勤時に重大犯人逮捕その他により関東庁長官より三回の表彰を受けた。

田中　常松　▷1

材木販売・諸官衙用達業／旅順市青葉町／一八八〇（明一三）八／三重県一志郡高岡村

一八九九年台湾に渡り、陸軍用達と回漕業を兼営した。一九〇四年二月日露戦争が始まると朝鮮に渡り、臨時軍用鉄道監部の用達をしながら黄海北道兼二浦で建築請負業を兼業した。〇五年一〇月大連兵司令部用達に転じて軍需品供給と輸送に従事したが、翌年一〇月に兵站部が撤退すると公主嶺の北方で兵営建築工事を請け負った。その後旅順に移って青葉町に店舗を構え、材木販売と諸官衙用達業を営んだ。

田中ツル子　▷7

華道指南／旅順市鯖江町／一八九三（明二六）一／宮崎県北諸県郡都城町

幼少から華道に親しみ、一九一五年佐世保市の池坊村里柳月の門下となった。二一年に京都池坊本家六角堂から花目付の免状を取得し、二三年六月家元から幹事号の免状を得た。その後、渡満して旅順で華道を教授した。

田中鶴太郎　▷11

田中組主、土木建築請負業／奉天省鉄嶺松島町／一八八三（明一六）二／兵庫県印南郡別所村

兵庫県農業田中粂蔵の長男に生まれ、一九〇四年朝鮮に渡り京義線の工事で働いた。間もなく日露開戦となり、野戦鉄道提理部付として大連で各種工事に従事した。戦後〇六年に鉄嶺で田中組を興し、鄭家屯領事館をはじめ同地の大小の工事を請け負った。かたわら消防団長、町内会長、商業会議所議員、地方委員等を務めた。長男光治は南満工業専門学校を卒業して大阪工業学校教諭となり、実弟の亀次郎が渡満して田中組を補佐した。

田中定三郎　▷12

牡丹江省公署警務庁警務科長、従七位勲八等／牡丹江省公署警務庁／一八八七（明二〇）三／佐賀県神埼郡仁比山村／佐賀県立農学校

一九〇七年佐賀県立農学校を卒業し、〇八年三月警視庁巡査となり深川警察署に勤務した。その後〇九年関東都督府巡査に転じて渡満し、安東警察署に勤務した。次いで警察官練習所教官、警務部高等警察課兼務を経て一九年に警部考試験に合格し、安東警察署司法主任兼外務省警部、奉天警察署及び長春警察署に勤務した。三二年三月関東庁警視に累進し、同年三月に依願免本官となり、翌月奉天省公署警務庁嘱託となった。以来奉天省警察局特務科長、同外事科長兼務、同警務科兼任、瀋陽県警正、間島省公署警務科長を歴任し、三七年七月牡丹江省公署警務庁警務科長に転任した。

田中鉄三郎　▷13

満州中央銀行総裁、満州特産中央会顧問／新京特別市城後路／一八八三（明一六）一／佐賀県藤津郡鹿島町／東京帝大法科大学政治経済学科

佐賀県田中馨治の次男に生まれ、一九〇七年東京帝大法科大学政治経済学科を卒業して日本銀行に入った。本店詰、大阪支店詰、本店営業局調査役、神戸支店長、ロンドン駐在監督役に歴勤し、第一次世界大戦中はスイスに駐在した。戦後ドイツその他の諸国を視察して一九年末に帰国し、調査局調査役、営業局調査役、同秘書役を経て二七年四月神戸支店創立準備委員長となり、同年六月開設と同時に同支店長に就いた。次いで二九年五月ロンドン代理店監督役となり、ハーグ賠償会議委員及び国際決済銀行創立委員・同理事、国際連盟財政委員会委員を務め、対独金融委員会その他時局関係の諸会議に出席した。三三年に帰国し、文書局長を経て同年一一月大阪支店長となり、三五年八月理事に任命されて東京本店に勤務した後、三六年六月に渡満して満州中央銀行総裁に就任した。この間、世界大戦の戦後不況、金融恐慌、世界経済恐慌等の難局に処し、三四年九月の京阪神大風水害の際は市中の中小商工業者復興に政治的手腕を発揮した。⇒満州金融界の大元締として「産業開発五ヶ年計画」を指導した後、四〇年五月朝鮮銀行総裁に転出した。著書に欧州経済界の動向に関するもののほか、随筆『国際経済の片影』がある。

田中　哲志　▷7

満鉄遼陽工場会計係／奉天省遼陽イ区／一八八九（明二二）五／鹿

児島県肝属郡新城村／満鉄見習学校

日露戦争終結後の一九〇五年、郷里の小学校を卒業して渡満した。〇七年開業直後の満鉄に入り、見習夜学校を修了して沙河口工場に勤務した。一三年に遼陽工場に転勤し会計係を務めた。

田中　藤吉　▷1

田中ブローカー／安東県一八七七（明一〇）一／奈良県吉野郡吉野町

日露開戦直後の一九〇四年三月朝鮮に渡り、京城に店舗を構え仁川、平壌、大連、安東県に支店を置いて貿易業と洋服裁縫業を始めた。同年六月安東県の新開地開発を視察して金融業の有望を見て取り、京城その他の店舗をたたんで新市街五番地でビル・ブローカーを開業し、手形割引と両替商を兼営した。商機をつかんで租借地一万三〇〇〇坪に貸家百数十戸を所有し、春夏の両替高月々五、六万円、九月以降の両替高月々一七万円に達し、安東県有数の成功者に数えられた。

田中　通　▷12

チチハル電業社主／龍江省チチハル新馬路／一八九〇（明二三）四／愛媛県宇和島市賀古町／関西商工学校

大阪の関西商工学校を卒業した後、一九一〇年一二月広島の輜重兵第五大隊に入営して兵役に服した。満期除隊して伊予電鉄会社電気部に六年勤務し、次いで大阪府の柏原紡績会社電気部に五年勤めた後、渡満して満州電業公司に入り黒河、訥河等に三年在勤した。この間、副業としてチチハルに白山社を興し、福岡出身の山内、塩見等に依託して電気器具商を経営した。その後三五年一二月に満州電業を退社して自ら経営に乗り出し、日本人五人と中国人一二人を使用して松下電器、古河電線、沖電気、富士モートル各社の電気器具と大阪中西商会の蓄音器、帝蓄レコードを販売した。

田中得三郎　▷10

田中商店主／旅順市乃木町／一八七九（明一二）一二／山口県下関市新地町／山口県立中学岩国分校

山口県玖珂郡岩国町の中野久兵衛の次男に生まれ、下関市の田中亮道の養子となった。一八九八年三月山口県立中学岩国分校を卒業し、翌年徴兵されて下関の要塞砲兵第六連隊に入隊した。一九〇四年日露戦争に際し第三軍に属して従軍し、同年七月からの旅順攻囲戦に参加した。戦後勲七等を受けて〇六年に除隊し、帰国して下関、大阪等の各地で商業に従事したが、〇八年一〇月再び渡満して旅順で薬種商を開業した。売上げの増加とともに油類、塗料、諸機械、写真材料、諸雑貨も扱い、経営のかたわら旅順市会議員を務めた。

田中得三郎　▷8

料亭粋山主／奉天加茂町／一八六六（慶二）一一／東京府東京市小石川区水道端町

旧姓は横山、旧徳川家臣の子に生まれ、埼玉県北足立郡の田中家を継いで家業の織染業に従事した。一八九三年に廃業して関東、奥羽の鉄道建設に従事した後、一九〇四年日露戦争に際し鹿島組に入り、京義線敷設工事出張所主任として朝鮮に渡った。〇五年同組旅順出張所主任となり、翌年六月から野戦鉄道提理部の鉄道改修工事に従事し、遼陽と千金寨に出張所を設けて両所の主任を兼務した。〇七年四月の満鉄開業後は同社の工事に携わり、〇九年から安奉線改築工事に従事して一一年一一月の工事竣成と同時に鹿島組を辞めて帰国した。一二年五月に再び渡満して奉天加茂町に工費一二〇万円で家屋を新築し、料亭粋山を開業した。

田中徳三郎　▷11

薬種雑貨業、勲七等／旅順市乃木町／一八七九（明一二）一二／山口県下関市新地町／山口県立中学

山口県農業中野久兵衛の次男に生まれ、同県田中亮道の養嗣子となった。一八九八年山口県立中学校を卒業し、翌年下関要塞砲火連隊に入隊し、一九〇二年下士官となって満期除隊した。〇四年の日露戦争時に召集され、第三軍に属して旅順攻囲戦に参加し、〇六年三月大連で召集解除となった。旅順要塞司令部関東兵器廠の雇員を務めた後、〇八年から旅順で薬種雑貨商を経営し、かたわら旅順市会議員、市参事会員、同業組合長、在郷軍人会評議員等を務めた。

田中　敏雄　▷11

満鉄撫順工務事務所土木係主任／奉天省撫順山城町／一八九九（明三二）六／鳥取県西伯郡所子村／

京城工業専門学校
鳥取県田中縫太郎の長男に生まれ、一九二一年京城工業専門学校を卒業して満鉄に入った。撫順工務事務所に勤務し、後に土木係主任に就いた。

田中　利雄　▷11

関東庁旅順医院小児科部長、従六位、高等官五等、医学博士／旅順市鮫島町／一八九二（明二五）一／長野県塩尻町／九州帝大医学部

長野県農業田中久造の長男に生まれ、一九一八年九州帝大医科大学を卒業して小児科教室に勤務した。二五年一二月、関東庁旅順医院小児科部長となって渡満した。

田中友次郎　▷1

東亜興業㈾取締役／奉天省営口／一八六四（元一）／山梨県中巨摩郡三恵村

一四、五歳の頃から綿布織物類の行商をして一万円を貯め、一九歳の時に郷里に店舗を構え十数人の店員を使って盛大に営業したが、八二年頃からの松方デフレによる物価大暴落で倒産した。八七年に上京して古着を買い入れ、青森市安房町に和洋雑貨店を開いて一〇万円ほどの資産を作った。八九年に店を店員に任せて北海道に渡り半年ほど各地を視察したが、留守中に店員が遊蕩にふけり数万円の損害を被って閉店した。九三年上海に渡り材木の輸出業を始めて成功し、その後各地の山林を買収して平舘に製材所を設けたが、大洪水のため製材所と東京向け輸送用に組んだ筏を流失して無一文となって帰国した。相続した郷里の土地家屋一切を売却して二万円の資金を作り、再び上海に渡って製材所を再建したが、落成式の前夜に火災で焼失し、さらに金貨複本位制度施行のため海外貿易が不可能となって帰国した。一年ほど蟄居して仏書を読み暮らした後、九八年から西洋雑貨類と羅紗地の販売店を営み、かたわら軍隊用達業を兼営した。一九〇四年二月に日露戦争が始まると店員二名を派遣して遼陽に酒保を開き、同年九月自らも渡満して酒保経営に当たり、法庫門への軍隊移動に際し一四〇〇台の馬車を雇って軍需品輸送を行った。また酒保業で多大の利益を上げ、二〇〇〇円余の私費を投じて法庫門公娼所を建築し、これを軍政署に献納した。戦後は元関東都督府技師の中牟田五郎及び捌荷洋行主の長谷川吉次郎らと日中合弁の東亜興業㈾を設立し、取締役として材木業を経営した。

田中　知平　▷13

泰東洋行主、泰靖公司主、啓東煙草㈱取締役、拱石煙草㈱取締役、ロバトタバコ㈱取締役、㈱大連機械製作所監査役、㈱泰東日報社監査役、大連商工会議所議員、大連煙草販売組合監事、大連小売業合理化委員会第二分科会副主査、振東学社理事、大連山口県人会幹事／大連市星ヶ浦黒石礁／一八九〇（明二三）一二／山口県阿武郡萩町／名古屋商業学校

山口県田中友吉の次男に生まれ、名古屋商業学校に入り、在学中に校長の市邸塾に起居して薫陶を受けた。一九〇九年三月に卒業して門司の三井物産支店に入ったが、ほどなく元同支店石炭部主任の相生由太郎の知遇を得て相生が創立した福昌公司に転じた。南洋方面を視察したほか、一九年と二二年に欧米に出張するなど輸出入貿易に従事して後に支配人に就いたが、二三年に福昌公司を退職した。二四年大連に泰東洋行を設立し、大連山県通の東拓ビル内に営業所と陳列館、常盤町と大山通に販売店、奉天、新京、ハルビンに出張所を置いて自動車、機械器具類の輸入販売業を経営した。かたわら泰靖公司を興し英米煙草会社の総代理店として輸入煙草の販売と保険代理業を兼営し、数多くの会社重役、公職に就いた。

田中　豊助　▷11

安東大和尋常高等小学校訓導／安東県七番通／一八九〇（明二三）四／鹿児島県姶良郡山田村／鹿児島県師範学校

鹿児島県農業田中直助の長男に生まれ、一九一二年鹿児島県師範学校を卒業して県下の菱刈、大口、本城各小学校に勤務した。一九年四月に渡満して大石橋尋常高等小学校訓導となり、二六年四月安東の大和尋常高等小学校に転任した。

田中　豊美　▷12

国際運輸㈱奉天省四平街支店泰来営業所主任／浜江省泰来県国際運輸営業所主任社宅／一九〇八（明四一）六／広島県比婆郡下高野山村／北陽商業学校

広島県田中ミスヨの長男に生まれ、一

九二三年四月大阪の綿布商中島商店に入り、次いで同市の岡田㈴に転じ、勤務のかたわら二九年に北陽商業学校を卒業した。その後渡満して営口商業実習所に務めたが、程なく北京に渡り北平同学会語学校に入学して中国語を修学した。三二年四月国際運輸㈱に入社して奉天省四平街支店に勤務し、洮南出張所勤務を経て再び奉天省四平街支店に戻り、三五年一二月同支店泰来営業所主任となった。この間、国際運輸㈱の親会社である満鉄の華語検定予備試験一等に合格した。

田中　猶三　▷12

満鉄撫順炭砿臨時石炭液化工場建設事務所員、大連住宅組合監事／奉天省撫順北台町／一八九八（明三一）三／兵庫県武庫郡精道村／京都帝大理学部

商業田中儀兵衛の次男として大阪市住吉区天王寺町に生まれ、一九二二年三月京都帝大理学部を卒業して同年八月満鉄に入社した。中央試験所タール科、同所大連在勤を経て撫順炭砿に転任し、臨時石炭液化工場建設事務所に勤務して三六年九月副参事となった。

田中　直通　▷10

関東庁秘書課長／旅順市朝日町／一八八九（明二二）六／栃木県上都賀郡南押原村／東京帝大法科大学英法科

一九一四年東京帝大法科大学英法科在学中に文官高等試験に合格し、一五年七月に卒業して翌年一月朝鮮総督府事務官となった。二〇年三月軍需局書記官を経て同年五月国勢院書記官となり、二二年三月欧米に出張したが半年で帰国し、同年一一月農商務省事務官兼書記官となった。在任中に児玉秀雄の知遇を受け、二三年九月児玉が関東庁長官として赴任する際に秘書官兼参事官に抜擢されて渡満した。二四年一二月事務官兼任となり秘書課長に就いた。

田中　信良　▷13

関東州工業土地㈱社長／大連市／一八八五（明一八）七／滋賀県蒲生郡西大路村／東京帝大法科大学法律学科

滋賀県田中信濃の長男に生まれ、一九一一年七月東京帝大法科大学法律学科を卒業して鉄道院書記となった。監督局業務課長、同総務課長、大臣官房人事課長、鉄道監察官を歴任して二九年名古屋鉄道局長に就いた。この間中国、シベリア、欧州に出張し、大礼使典儀官、ベルサイユ条約実施委員を務めた。その後三一年に退官して鉄道省及び満鉄、朝鮮総督府鉄道局の嘱託を務め、三五年九月大村卓一の後任として関東軍交通監督部長に就任し、関東局監理部長を兼務した。次いで三九年八月大連に関東州工業土地㈱が設立されると社長に就任した。

田中　寿雄　▷11

大連朝日小学校訓導／大連市薩摩町／一八九六（明二九）五／鳥取県東伯郡小鴨村／鳥取県師範学校

鳥取県田中万寿造の長男に生まれ、一九一六年鳥取県師範学校を卒業した。県下の盛徳、明倫小学校に勤務した後、二四年六月に渡満して大連朝日小学校訓導となった。夫人頼子は鳥取女子師範二部の出身で、実弟の寿治は米子中学校教諭を務めた。

田中　久由　▷12

池田パン店主／龍江省チチハル永安大街／一九〇四（明三七）七／熊本県天草郡宮野河内村

横浜市中区北方町のパン屋でパン製造業に従事した後、一九三二年六月に渡満して生田豊哉が経営するチチハルの業務と店舗を譲り受け、池田商店支店の商号でパンと和洋菓子の製造販売業を営んだ。永安大街に店舗を置き、商埠地に工場を置いて従業員二〇人を使用し、本業の他に喫茶店を兼営した。

田中　英雄　▷12

満鉄遼陽医院医長／奉天省遼陽満鉄医院／一九〇五（明三八）七／長野県東筑摩郡宗賀村／九州帝大医学部

長野県立松本中学校、松本高等学校を経て一九三一年三月九州帝大医学部を卒業し、同学部産婦人科教室に勤務した。その後三二年一〇月に辞任し、三六年から八幡市立診療所産婦人科に勤務した。次いで三四年一〇月満鉄医長に転じて渡満し、四平街医院に勤務した後、三五年二月地方部衛生課羅津在勤を経て三六年一〇月遼陽医院医長となった。

田中　秀一　▷11

関東庁警部補、大連水上警察署保

安係主任／大連市大和町／一八八九（明二二）一〇／鹿児島県薩摩郡上東郷村／鹿児島県立川内中学校

鹿児島県田中吉右衛門の四男に生まれ、一九〇七年県立川内中学校を卒業した。一一年から郷里で代書業に従事したが、一六年に警察界に転じて宮崎県警察官となり、二〇年に渡満して関東庁警察官となった。台湾総督府税関官吏に転じた後、再び関東庁に勤務して警部補に進み、大連水上警察署保安係主任を務めた。

田中　広吉　▷12

㈾田中組顧問、撫順製紙㈱社長、撫順製氷㈱社長、撫順起業㈱社長、撫順窯業㈱監査役、満蒙牧場㈱監査役、撫順地方委員、撫順実業協会長、撫順農会長、満州土木建築業協会撫順支部長、満州工業会理事、満州農業団体中央会理事、撫順佐賀県人会長／奉天省撫順東三番町／一八七四（明七）四／佐賀県小城郡三里村

佐賀県農業田中豊次郎の長男に生まれ、一八八九年から佐世保鎮守府の建設諸工事で働いた。九五年日清戦争後に台湾に渡って海軍の貯水工事に従事し、工事完了とともに基隆庁及び基隆築港工事、浚渫事業に従事した後、木村組に入って金鉱山で働いた。次いで一九〇八年に渡満して安奉線改築工事等で働いた後、撫順の大倉組に一〇余年勤続した。その後一九年二月土木建築請負業を独立開業し、満鉄指定請負人として撫順炭砿、関東軍、満州国土木局等を得意先とし、奉天馬路溝と新京豊楽路に支店、吉林、ハルビンに出張所を置き、年請負高八〇万円に達し、後に資本金三〇万円の合資組織にし、江頭卯三を代表社員として自らは顧問に就いた。本業の他に鉄工部で撫順炭砿納入の機械器具類を製作し、牧場で乳牛四〇頭を飼育したほか、文房具の卸小売、貸家業等を手広く経営して年商高六万円を計上した。撫順印刷㈱、撫順建築信用㈱、㈱楽天地その他の取締役、監査役を務めた。この間、満州事変時の功により木杯及び従軍記章を授与された。

田中　弘之　▷12

国務院内務局管理処経理科長兼内務局参事官／新京特別市内務局管理処／一九〇〇（明三三）一〇／愛知県名古屋市中区篠原町／京都帝大経済学部

旧姓は加藤、後に田中家の養子となった。一九二七年三月京都帝大経済学部を卒業した後、二九年五月満鉄に入り地方部庶務課に勤務した。次いで三一年五月育成学校講師兼務、同年一〇月地方部地方課、三二年三月経済調査会調査員、三四年五月土地建物係主任、三五年六月奉天地方事務所地方係長、三六年五月地方部地方課地方係主任に歴勤して同年一〇月副参事となり、新京事務局地方課長に就いて地方行政権移譲準備委員会幹事を兼務した。その後三七年七月国務院の行政機構改革と同時に国務院内務局参事官に転じ、内務局管理処経理科長に就いた。

田中　文侑　▷12

満鉄衛生研究所員、社員会評議員／大連市聖徳街／一九〇二（明三五）四／福井県丹生郡宮崎村／慶応大学医学部

福井県吉江哉一の四男に生まれ、同県田中又左衛門の養子となった。一九二八年三月慶応大学医学部を卒業して助手を務めた後、二九年七月満鉄に入社して衛生研究所に勤務した。三四年一一月論文「満州ニ於ケル家屋気候ノ研究」により母校より医学博士号を取得し、同年一二月大連市煤煙防止委員に任命され、三六年九月副参事となった。

田中文一郎　▷11

満州里日本領事館領事、従六位勲六等／満州里日本領事館／一八八五（明一八）一／長野県東筑摩郡今井村／東京外国語学校

長野県農業田中一内の次男に生まれ、一九〇八年東京外国語学校を卒業して外務省留学生となり、サンクトペテルブルクに留学した。一一年四月外務書記生となってウラジオストクに赴任し、一八年一〇月ハルビンに転任した。二一年八月副領事となり、二二年四月満州里領事館に転任して二五年一二月領事となった。

田中文五郎　▷11

満鉄開原医院婦人科主任／奉天省開原共栄街／一八九九（明三二）三／長野県更級郡塩崎村／慶応大学医学部

長野県農業田中三津五郎の五男に生まれ、一九二五年慶応大学医学部を卒業した。同大学病院婦人科助手として研

究を重ねるかたわら翌年から東京市社会局嘱託を務めたが、二七年五月に渡満して満鉄開原医院婦人科主任に就いた。

田中　穆　▷12

満州モータース㈱新京支店長、勲六等／新京特別市八島通／一八八七（明二〇）一一／広島県広島市新川場／東亜同文書院商務科

一九一〇年上海の東亜同文書院商務科を卒業し、同年七月長春の㈱信泰公司に入った。一一年九月神戸の湯浅竹之助商店に転じ、青島支店次席、済南出張所主任、天津支店次席に歴勤した。一四年九月青島戦役に際し独立第一八師団付通訳として青島攻囲戦に従軍し、同年一一月から青島軍政署に勤務した。次いで一七年七月東京に東洋製油㈱を創立して支配人となり、青島に支店と工場を設けたが、二四年一一月に辞任して東京で実業に従事した。その後三三年三月山東省章邱県に渡り、中日合弁旭華鉱業公司の事務主任を務めた後、三四年一〇月満州モータース㈱に転じて新京支店長に就いた。この間、日独戦争の功により勲六等瑞宝章及び賜金を授与されたほか、同戦役中に青島付近一〇ヶ村より頌徳表万民傘を贈られた。

田中　孫平　▷12

国務院産業部拓政司監理科長、正八位／新京特別市大同大街国務院産業部／一九〇二（明三五）一一／福岡県遠賀郡岡垣村／東亜同文書院

花田禎太郎の次男に生まれ、一九三六年に改姓した。一九二五年三月上海の東亜同文書院を卒業して満鉄に入り、同年一年志願兵として兵役に服した。除隊復職して長春医院に勤務した後、吉林東洋医院事務長、吉林公所庶務主任を歴職した。その後満州事変に際し吉林公所顧問に転じ、次いで同省公署実業庁事務官、同理事官・農務科長を経て三七年五月国務院民政部理事官・拓政司総務科長となり、同年七月の行政機構改革により産業部拓政司監理科長となった。この間、経済調査のため雲南、貴州、四川、江西、湖北の中国各地を視察し、吉林在勤時に同地の在郷軍人会分会長を務めた。

田中　政雄　▷12

満鉄農事試験場農芸化学科員／吉林省公主嶺菊地町／一九〇一（明三四）一二／山形県南置賜郡南原村／北海道帝大農学部農芸化学科

山形県田中久兵衛の三男に生まれ、一九二七年三月北海道帝大農学部農芸化学科を卒業して同学部副手となった。その後二九年四月渡満に転じて満鉄し、農事試験場農芸化学科に勤務した。この間、満州事変時の功により賜品及び従軍記章を授与された。

田中　正雄　▷12

満鉄遼陽駅貨物主任、社員会評議員／奉天省遼陽梅園町／一八九五（明二八）四／愛媛県温泉郡久米村／明治大学専門部法科

松山中学校を経て一九一九年三月明治大学専門部法科を卒業し、同年五月満鉄に入り埠頭事務所に勤務した。二〇年七月本社海運課に転勤した後、二七年一一月大連埠頭、三一年八月第二埠頭に歴勤し、三三年三月第三埠頭貨物助役を経て三六年一一月遼陽駅貨物主任となった。この間、三五年四月勤続一五年の表彰を受けた。

田中　正稔　▷12

国務院民政部衛生技術廠代理痘苗科長／新京特別市興安大路衛生技術廠／一九〇六（明三九）三／愛媛県北宇和郡三浦村／東京帝大医学部

愛媛県田中良馬の長男に生まれ、京北中学、第一高等学校を経て一九三一年三月東京帝大医学部を卒業し、同大学伝染病研究所技手となった。その後三五年一二月国務院民政部技術廠技佐に転出して代理痘苗科長に就き、三六年九月特許発明局技佐兼任となり同局審査官及び評定官を兼務した。

田中　正信　▷12

三共運輸公司主、新京運送組合長、全満運送連盟新京支部長、新京石川県人会副会長／新京特別市富士町／一八八六（明一九）三／石川県石川郡林中村

早くから運送業に従事し、一九一九年三月から長春で一般運送業と労力供給業を独立経営した。満州事変後に急速に発展して従業員二〇人を使用し、新京運送組合、全満運送連盟等の同業団体役員を務めた。

田中　瑞夫　▷11

大連神明高等女学校教諭／大連市

神明町／一九〇二（明三五）六／長崎県東彼杵郡竹松村／東京高等師範学校第一臨教

長崎県士族田中伝次郎の次男に生まれ、一九二六年東京高等師範学校第一臨教を卒業して熊本県立鹿本中学校に勤務した。二七年四月大連弥生高等女学校教諭に転任して渡満し、同年さらに大連神明高等女学校教諭に転じた。実兄の美濃里は台南第二高等女学校教諭を務めた。

田中　貢　▷12

満鉄新京医院小児科医長、満鉄附属地衛生委員／新京特別市白菊町／一八九六（明二九）五／兵庫県川辺郡田能村／九州帝大医学部

旧姓は石川、田中鶴吉の養子となった。一九二二年三月九州帝大医学部を卒業し、二三年一〇月に渡満して満鉄に入社した。二八年一一月小児科学研究のため母校の九大医学部に留学した後、三〇年六月医長となった。三一年四月ハルビン医院医長を経て三三年三月新京医院小児科医長となり、三七年三月から新京順天尋常小学校の校医を兼務し、同月「ヒスタミンに関する実験研究」により医学博士号を取得した。

田中　実稲　▷12

熱河省公署民政庁財務科長／承徳熱河省公署民政庁／一九〇四（明三七）一一／高知県安芸郡室戸町／京都帝大経済学部

一九三〇年京都帝大経済学部を卒業した後、三二年台湾の高雄州庁に勤務した。その後三三年五月熱河省公署属官に転じて渡満し、同省公署民政庁に勤務した。次いで同省建平県属官、同代理参事官、同参事官を歴任し、三六年一〇月熱河省公署理事官に進んで民政庁財務科長に就いた。

田中　実　▷11

安東高等女学校講師／安東県九番通／一九〇〇（明三三）一〇／栃木県足利郡筑波村／東京音楽学校本科器楽部

栃木県医師田中公寿の三男に生まれ、一九二五年東京音楽学校本科器楽部を卒業した。同校聴講生としてチェロを専攻し、ロシア人音楽家に就いて研究を重ねたが、二六年に家庭の事情で朝鮮に渡り大邱師範学校教諭となった。二八年一一月の昭和天皇即位の際は、日本人・朝鮮人合わせて五〇人から成るコーラス団を組織して祝賀行事で指揮した。翌年、渡満して安東高等女学校講師に転じた。夫人浦は大妻高女を卒業した後、北原美容院で一年間美容術を修業した。ミシンも得意とし、安東ではミシン学校の助手を務めた。

田中　稔　▷11

満鉄臨時経済調査委員会第二部勤務／旅順市厳島町／一八八三（明一六）五／長野県東筑摩郡芳川村／長野県師範学校

長野県農業田中栄五郎の三男に生まれ、一九〇五年長野県師範学校を卒業して上伊那郡上片桐尋常高等小学校訓導となった。同郡川島、稲富その他の小学校勤務を経て一一年三月に渡満し、旅順第二小学校訓導となった。その後第一小学校に転任したが、一八年に退職して満鉄調査課に入り、二七年一一月に満鉄臨時経済調査委員会が設置されると翌月から同委員会第二部に勤務した。かたわら旅順在住長野県人会副会長を務め、釣魚と園芸を趣味とした。夫人千歳は松本高女を卒業して小学校裁縫専科訓導及び幼稚園保母の免状を有した。

田中　稔　▷7

満井駅長／満井駅社宅／一八八五（明一八）五／鹿児島県肝属郡新城村／中学校

鹿児島から上京して苦学し、一九〇六年東京の中学校を卒業した。いったん帰郷した後、一〇年九月に渡満して満鉄に入った。以来勤続して奉天省四平街駅助役となり同地の地方委員、消防組頭を務めた後、満井駅長に就いた。実弟の稲吉も渡満して郭家店で特産商を営んだ。

田中　稔　▷12

関東局官房秘書課長兼文書課長兼審議室長、満州発明協会理事、正六位勲六等／大連市関東州庁内務部／一九〇二（明三五）一〇／京都府与謝郡宮津町／東京帝大法学部政治学科

京都府田中甫介の次男に生まれ、一九二六年一二月東京帝大在学中に文官高等試験行政科に合格し、二七年三月同大法学部政治学科を卒業し関東庁属となって渡満した。二九年一二月関東庁理事官・大連民政署地方課長、三〇年一二月関東庁事務官・貔子窩民政署長を歴任して内務局農林課長となり、三四年一二月の官制改革により関東局事務官・関東州庁内務部殖産課長となった。その後欧米に出張し、三七年八月同庁内務部地方課長を経て関東局官房に転任し、秘書課・文書課の各課長及び審議室長を兼任した。

田中元次郎　▷3

撫順駅長、撫順炭砿運炭課兼務、勲八等、士族／奉天省撫順吉野町社宅／一八七四（明七）一／福岡県福岡市呉服町

一八八九年一二月、一五歳の時に九州鉄道会社に入った。日露戦争に際し野戦鉄道提理部付となり、一九〇四年一二月に渡満した。〇七年四月に提理部の業務が満鉄に引き継がれると、満鉄運輸部運輸課に配属され公主嶺に勤務した。〇九年奉天に転勤した後、一三年四月撫順駅長に就いて撫順炭砿運炭課を兼務し、撫順区諮問委員を務めた。

田中元千代　▷12

奉天造兵所㈱庶務課長／奉天萩町／一八八七（明二〇）二／鹿児島県／東亜同文書院

鹿児島県田中次兵衛の長男に生まれ、一九一〇年上海の東亜同文書院を卒業した後、一一年に大倉組に入った。一六年七月大倉商事青島出張所に転任した後、一七年四月に退社して上海、済南等で種々の事業に従事した。その後二二年八月大倉組の依頼で青島冷蔵㈱青島工場主任となり、次いで二六年八月大倉商事青島出張所長を務めた。満州事変後三二年に渡満して奉天造兵所㈱に入り、三四年庶務課長に就いた。

田中　基善　▷12

満州工廠㈱鋳造課長課長代理／奉天青葉町／一八九〇（明二三）／香川県／香川県立工業学校鋳金分科

一九一〇年三月香川県立工業学校鋳金分科を卒業して大阪砲兵工廠に入り、第三鉄材工場に勤務した後、同年一二月徴兵されて台湾駐屯の歩兵第二連隊に入営した。除隊復職後、一三年六月鉄道院に転じ、讃岐線高松出張所勤務を経て高松駅助役となった。次いで一八年七月満鉄に転じて渡満し、撫順炭砿機械工場及び同鋳物工場に勤務した後、三一年七月に退社した。その後三三年七月大連機械㈱に入社して鋳物職場工長に就き、次いで三五年六月満州工廠に転じて㈱鋳造課長課長代理を務めた。

田中　盛枝　▷12

満鉄産業部資料室調査班主査／大連市楓町／一八九〇（明二三）一〇／福岡県三井郡合川村／東京帝大法科大学政治学科

一九一七年七月東京帝大法科大学政治学科を卒業して茂木㈴に入り、二〇年外務省嘱託に転じて臨時平和条約事務局に勤務した。二一年に文官高等試験外交科に合格し、第五回国際労働総会日本代表の随員としてジュネーブに出張した後、二六年から内務省社会局兼務となった。その後二七年満鉄嘱託に転じて渡満し、庶務部庶務課、交渉部渉外課、総務部勤務を経て経済調査会第五部第二班主任を務めた。三三年参事に昇格して第五部主査を兼任した後、関東軍司令部事務嘱託を務め、次いで三六年一〇月産業部の設置とともに資料室調査班主査兼労務係主任となり、三七年四月同主査専任となった。

田中　恭　▷12

国務院財政部金融司長、水力電気建設委員会幹事、正六位／新京特別市錦町／一八九九（明三二）一一／和歌山県和歌山市今福／東京帝大法学部法律学科

和歌山市田中篤雄の養子となり、東京帝大法学部法律学科に進んで在学中に文官高等試験行政科に合格した。一九二三年に卒業して大蔵省参事官付となり、東京税務監督局に勤務した。二四年四月理財局に転任してイギリス、フランスに在勤した後、二七年七月に帰国して営繕管財局総務部に勤務し、理財局及び主税局兼勤を経て同年一二月司税官となり川崎税務署長に就いた。二九年四月両国橋税務署長を経て三一年四月営繕管財局事務官となり総務部に勤務した後、三二年七月に依願免官し、国務院財政部理財司長に転じて渡満した。同年一〇月積欠善後委員会幹事、同年一一月逆産処理委員会幹事、三三年二月満州中央銀行継承資産審定委員会幹事、三四年三月同和自動車工業㈱設立委員、同年四月満州棉花(股)設立委員を歴職して同年七月財政部理財司長となった。次いで三六年六月都邑計画中央委員会委員、同年一〇月満州生命保険㈱設立委員、同年一二月満州興業銀行監理官兼任、同月財政部総務司長代理、三七年三月国都建設紀年式典準備委員会参与兼任を経て七月財政部金融司長となった。この間の三四年五月、勲三位景雲章を授与された。

田中安之助 ▷14

酒醤油販売業／大連市若狭町／一八五四（安一）一一／静岡県浜名郡新居村

東海道新居関の近くに生まれ、渡満して父祖の業を継承し酒醤油販売業を営んだ。一九一七年一〇月復選により大連市会議員に当選し、一九年九月任期満了した。

田中　勇雄 ▷11

大阪商船㈱大連支店輸出係主任／大連市桂町／一八九二（明二五）一一／大分県下毛郡中津町／神戸高等商業学校

大分県田中久蔵の次男に生まれ、一九一七年神戸高等商業学校を卒業して大阪商船会社に入社した。本社勤務を振り出しに大阪、横浜、神戸の各支店に勤務した後、二七年七月大連支店に赴任して輸出係主任を務めた。

田中　幸雄 ▷12

満鉄総裁室福祉課慰藉係主任兼鉄道総局福祉課員、奥地施設調査委員会幹事、社員会本社連合会福祉部長、満州社会事業協会理事／大連市文化台／一九〇二（明三五）四／広島県広島市上流川町／京城高等商業学校

広島県田中弥市の子に生まれ、旅順中学校を経て一九二四年三月京城高等商業学校を卒業して満鉄に入り、庶務部社会課に勤務した。その後三〇年六月総務部労務課、三一年八月地方部地方課勤務を経て三四年九月社会係主任となった。三六年一〇月副参事に昇格して総裁室福祉課慰藉係主任となり、三七年五月から鉄道総局福祉課員を兼務した。

田中　幸英 ▷12

満鉄鉄道総局付待命参事、勲六等／奉天満鉄鉄道総局気付／一八八八（明二一）一／長野県埴科郡埴生村

長野県田中治三郎の五男に生まれ、一九〇五年八月電信学校修技生を修了して長野駅電信係となり、同年一二月臨時鉄道監部付として渡満した。橋頭、石河、本渓湖、新民屯の各駅に勤務した後、〇七年四月満鉄創業に際し同社入りして深井子駅電信方となった。奉天駅電信方兼改札方、同車掌を経て鳳凰城駅、高麗門駅、四台子駅の各車掌、遼陽駅、鞍山駅の各助役に歴勤した。次いで許家屯駅長、運輸部庶務課勤務、大連運輸事務所勤務を経て熊岳城、公主嶺、撫順、遼陽、張台子、四平街の各駅長を歴任した。その後、鉄路総局に転任して奉山鉄路局錦県在勤、奉天鉄路局錦県弁事処副処長兼総務長、ハルビン鉄路弁事処長を歴任して三五年七月参事となり、同年一一月ハルビン站長を経て三七年四月鉄道総局に転勤し、同年五月待命となった。この間、満州事変時の功により勲六等及び賜金、従軍記章、建国功労賞を授与され、三七年四月勤続三〇年の表彰を受けた。

田中　豊 ▷12

満鉄吉林機務段点検助役／吉林敷島街／一八九一（明二四）四／青森県青森市浦町

青森県田中万助の長男に生まれ、一九〇八年鉄道省に入り青森機関庫に勤務した。以来二十数年勤続し、三四年に退職して渡満し満鉄に入社した。大連駅に勤務した後、吉林機務段に転勤して運転副段長となり、三六年一二月同点検助役となった。

田中　要次 ▷12

国務院民政部首都警察庁治安部警務司刑事科長、在郷軍人会新京分会評議員、新京特別市防護団副団長、従六位／新京特別市興安胡同／一八九四（明二七）二／鳥取県東伯郡八橋町／陸軍士官学校、陸軍戸山学校

鳥取県田中繁吉の長男に生まれ、一九一二年七月陸軍士官学校を卒業し、同年一〇月輜重兵少尉に任官した。二四年に陸軍戸山学校を卒業した後、憲兵に転科して二六年に憲兵練習所を修了して姫路憲兵隊岡山憲兵分隊長、京城憲兵隊副官、憲兵練習所副官兼教官等に歴補した。その後三二年興安総署事務官に転出して渡満し、政務処勤務を経て間島省公署理事官となり同省公署警務庁に勤務した。次いで三六年一〇月民政部首都警察庁理事官に進んで警務科長に就き、三七年七月同治安部警務司刑事科長となった。

田中　芳雄 ▷12

満鉄牡丹江鉄路局員、勲八等／牡

丹江満鉄鉄路局／一八九一（明二四）八／佐賀県杵島郡住吉村／有田工業学校陶画科

佐賀県田中喜蔵の三男に生まれ、一九一〇年有田工業学校陶画科を卒業した後、一四年九月小学校の教員となった。その後一八年二月に退職し、同年四月に渡満して満鉄に入社し、長春駅、大連駅、運輸部運転課勤務を経て車掌となり、大連、長春の各列車区に勤務した。次いで長春運輸事務所、奉天鉄道事務所長春在勤、鉄道部奉天在勤、同長春在勤、長春鉄道事務所勤務、鉄路総局奉山鉄路局錦県弁事処に歴勤し、鉄路総局機務処輸送科、ハルビン鉄路局機務科の各弁事員を経て南牡丹江站長となり、三七年六月牡丹江鉄路局に転勤した。この間、満州事変時の功により勲八等旭日章を授与され、三三年四月勤続一五年の表彰を受けた。

田中　斌雄　▷11

満鉄長春医院医員／長春平安街／一九〇三（明三六）九／新潟県東頸城郡安塚村／南満医学堂

新潟県田中徳隆の長男に生まれ、一九二六年五月南満医学堂を卒業して関東庁大連療病院医員となった。二八年一月に退職し、同年五月満鉄に入社して長春医院に勤務した。

田中芳次郎　▷8

田中洋服店主／奉天浪速通／一八八一（明一四）九／岡山県赤磐郡西山村

一九〇四年日露戦争に際し陸軍に従って大連に渡り、戦後〇六年一〇月から奉天小西関に居住した。〇七年六月同地に洋服業を開始し、附属地内の日本人が増加して洋服の需要が増すと浪速通に店舗を構え、業務を拡張してラシャ類の販売も行った。

田中　良親　▷7

旅順第二小学校訓導／旅順市日進町／一八八九（明二二）一一／鹿児島県姶良郡山田村／鹿児島県師範学校

一九一〇年四月、鹿児島県師範学校を卒業して郷里の姶良郡東国分村高等小学校訓導となった。谷山村女子高等小学校勤務中、選抜されて一六年九月に渡満し旅順第二小学校訓導となった。テニス、スケートなど運動万般に優れ、職務の上では特に女子教育の研究に意を注いだ。

田中　芳人　▷12

東亜興隆公司主、興隆ビル主、国際倶楽部主、新京砂利供給組合長、勲八等／新京特別市室町／一八九五（明二八）六／長野県上伊那郡小野村

憲兵として朝鮮に勤務した後、シベリア出兵に従軍した。一九二一年に除隊して京城で陸軍御用達商を営み、満州事変後に奉天で同業を営んだ。その後新京に移り、吉林軽便鉄道を敷設し、花崗石山を買収し砂利採取権を獲得して石材・砂利・建築材料商を経営した。さらに三四年に新京大同広場の中央銀行隣接地に一七〇〇米坪の興隆ビルを建設し、三六年には財政部隣接地に一三〇〇米坪の国際倶楽部を建設して撞球・麻雀・温泉・グリル・酒場・囲碁将棋場・集会場及びテニスコート、スケート場を備えた娯楽社交場を兼営した。

田中　義美　▷12

最高検察庁書記官／新京特別市煕光胡同／一九〇四（明三七）九／鳥取県鳥取市魚町尻

鳥取県田中弁蔵の長男に生まれ、一九一九年八月大阪地方裁判所検事局に勤務した。二一年九月裁判所書記補に進んで大阪地方検事局兼大阪区検事局書記となり、次いで二四年二月大審院検事局書記となり、同年文官高等試験司法科に合格した。その後三五年三月に依願免本官となり、翌月渡満して満州国最高検察庁書記官に転じた。

田中頼之助　▷1

裕和盛営口支店監督／奉天省営口／一八五七（安四）一一／山口県阿武郡萩町／海軍兵学校中退

長州萩の山縣家に生まれ、一八七二年長州藩の選抜で海軍兵学校に入ったが、七四年に退校した。七六年始審裁判所書記となり、七七年函館管内福山区裁判所に転勤した後、七八年に金沢始審裁判所詰となった。勤務中に同地の素封家で酒造業を営む田中家の養嗣子となり、裁判所を辞めて種々の事業を画策したがいずれも失敗した。家産が傾いたため八八年に石川県収税属となり、九一年兵庫県に転じて姫路税務署長に就いたが、在職中に由加多織を発明し、官を辞し合資会社を組織して製造販売した。一九〇四年日露戦争の際に宅㈴の宅徳兵衛から清酒「沢亀」

た

の販売調査を依頼されて朝鮮・満州の各地に出張し、営口に宅㈴の出張所を開設し、主任として販路拡張に従事した。戦後〇六年末に出張所解散となり、中国人経営の裕和盛に入って営口支店監督を務めた。

田中 利一 ▷12

大連第一中学校教諭／大連市山吹町／一八八七（明二〇）一一／富山県射水郡堀岡村／富山県師範学校

富山県田中利左右衛門の八男に生まれ、一九〇八年三月富山県師範学校を卒業して県下の小学校訓導を務めた。その後一三年一〇月関東州小学校訓導に転出して渡満し、大連第二尋常高等小学校に勤務した。一七年四月大連商業学校助教諭に転任した後、一九年五月満鉄に入り本社人事課に勤務した。次いで二三年三月再び教育界に戻って大連中学校校務嘱託となり、二五年一二月文部省中等教員検定試験に合格して翌年二月大連第一中学校教諭となった。

田中 良蔵 ▷1

御門商会員、勲七等／旅順市乃木町／一八七〇（明三）一一／兵庫県美方郡村岡町

一八九〇年徴兵適齢となって第四師団歩兵第二〇連隊に入営し、満期除隊してすぐに日清戦争で召集され、第二軍に属して従軍した。戦後も海城で遼東守備に就いて一年後に帰国したが、再び台湾守備に編入されて九ヶ月勤務した後、九七年に除隊して勲七等を受けた。退役後は大阪で精米業と舶来機械販売業を開業し、一九〇四年に日露戦争が始まると米穀その他の軍需品を供給した。次いでガス発生器の製造販売に乗り出したが、戦時下で需要がなく一万円の損失を出して廃業した。その後朝鮮に渡り、元山、釜山、仁川、京城を経て旅順に入り、同地で大阪出身の鹿島清三と共同で乃木町に御門商会を設立して陸海軍の用達業に従事した。

田中麟太郎 ▷12

満州興業銀行新京南広場支店支配人、新京商工会議所議員／新京特別市南広場満州興業銀行支店／一八九四（明二七）五／山口県下関市赤間町／山口高等商業学校

一九一七年山口高等商業学校を卒業して朝鮮銀行に入り、上海、ニューヨーク、東京、大連の各支店勤務を経て二六年ハルビン支店支配人代理となった。その後三六年一二月に在満州朝鮮銀行支店と満州銀行及び正隆銀行が満州興業銀行に統合されると、三七年一月新京南広場支店支配人に就いた。

田中 廉平 ▷12

満州中央銀行管理課長、大興㈱常任監察人、大徳不動産㈱常任監察人／新京特別市興安胡同／一八八八（明二一）一／長野県北佐久郡大里村／立教大学商科

長野県田中与作の長男に生まれ、一九一五年三月立教大学商科を卒業して台湾銀行に入り、東京支店勤務、シンガポール支店勤務、台北本店監督課に歴勤した。次いで一九年四月華南銀行に転じ、スマラン、ラングーンの各支店支配人を経て台北本店副支配人兼調査課長に就いた。その後三三年二月満州中央銀行に入り、管理課副課長を経て課長待遇検査課勤務となり、在職のまま大興公司及び大徳不動産公司の常任監察人を兼務した後、三七年五月満州中央銀行管理課長に就いた。この間、満州国建国経済工作の功労により勲六位に叙された。

棚倉 純二 ▷11

大連市立商工学校教諭／大連市水仙町／一九〇二（明三五）一〇／兵庫県多可郡野間谷村／東洋大学精神科

兵庫県農業棚倉熊太郎の長男に生まれ、東洋大学精神科に学んだ。在学中に文芸雑誌「文芸彼我」を主宰して小説数編を発表し、一九二七年に卒業して関西トランク劇場を組織し近代劇の研究発表を行った。二八年五月に渡満して大連市立商工学校教諭となり、かたわら文化科学の基礎理論として意識一般の問題を研究した。

棚田 勲 ▷12

満鉄ハルビン鉄路医院レントゲン科医員／ハルビン馬家溝協和街／一九〇九（明四二）九／東京府東京市芝区二本榎町／慶応大学医学部

本姓は別、後に棚田実太郎の養子となった。一九三四年三月慶応大学医学部を卒業し、母校の医学部助手となった。その後三六年に退職して渡満し、同年六月満鉄鉄路総局に入りハルビン鉄路医院レントゲン科医員となった。

田辺猪太郎 ▷9

田辺商会主／奉天省鉄嶺東大街／一八八七（明二〇）二／山口県都濃郡福川町

一九〇三年、郷里の小学校を終えて鉄道院西部管理局下関営業所に入った。〇九年に徴兵されて第五師団に入営し、満州駐箚軍に編入されて渡満した。一五年に満期除隊し、北満各地を五年間転々とした後、鉄嶺で森林土地経営・特産物商と有価証券売買業を営んだ。

田辺　家橘 ▷12

田辺胃腸病医院院長／大連市磐城町／一八九五（明二八）三／高知県幡多郡十川町／日本医学専門学校

高知県医師田辺猛雄の長男に生まれ、一九〇八年母に伴われて渡満し、三年前から大連で医院を開業する父と同居した。関東都督府中学校を経て二〇年に日本医学専門学校を卒業し、同校附属病院内科医局に勤務した。二一年に東京楽山堂病院医局に転じた後、二三年一〇月に再び渡満して大連の父の医院で診療に当たったが、まもなく同院を元聖愛病院長の岩島博士に托し、満鉄公医として鄭家屯に赴任した。その後東京で胃腸病の研究に従事し、三五年六月大連に戻り田辺胃腸病院を経営した。

田辺　鐶 ▷11

関東庁公主嶺取引所長／吉林省公主嶺緑町／一八八三（明一六）一一／佐賀県東松浦郡唐津町／東京帝大法科大学政治学科

佐賀県田辺斧治の子に生まれ、一九一一年東京帝大法科大学政治学科を卒業して日清汽船㈱に入った。上海支店に勤務した後、一七年に㈱中村組に転じて神戸支店支配人に就いた。一九年さらに朝日鉱業㈱専務取締役に転じたが二二年に辞任し、渡満して大連取引所及び大連民政署の嘱託となった。二五年奉天省四平街取引所長、二六年大連取引所副所長、二七年同所長事務取扱を経て二八年六月公主嶺取引所長に就いた。

田辺　勘一 ▷13

豊年製油㈱大連支店長／大連市／一八九九（明三二）／兵庫県城崎郡豊岡町／長崎高等商業学校

一九二二年、長崎高等商業学校を卒業して鈴木商店神戸本店に入った。上海支店に勤務した後、二七年五月同店の倒産により豊年製油会社に転じた。三〇年にロンドン駐在員として赴任したが、三九年一一月の第二次世界大戦勃発でロンドン支店が閉鎖され帰国した。四〇年四月大連支店勤務となり、満州特産専管公社の厳しい統制下で原料大豆の確保に従事し、四一年一月支店長に就任した。

田辺　敬吉 ▷3

満鉄大連医院瓦房店分院長、関東都督府嘱託、正八位勲六等／奉天省瓦房店満鉄社宅／一八七八（明一一）一一／広島県比婆郡西城町

一九〇六年四月日露戦争の功により勲六等瑞宝章を受け、〇七年四月陸軍二等軍医となったが、同年六月満鉄医員に転じて渡満した。瓦房店出張所長、撫順炭砿医院勤務、安東出張所長、本渓湖医院長を経て一四年七月瓦房店分院長に就いた。この間の一一年一一月、清国皇帝から勲三等第二宝星章を受けた。

田辺　源吉 ▷11

書籍雑誌文房具商、勲八等／奉天省営口新市街花園街／一八七〇（明三）六／岐阜県安八郡川並村

岐阜県農業田辺九右衛門の長男に生まれ、一六歳の時から京都、大阪、台湾の台北、中国の芝罘・営口など内外各地で商業に従事した。一九一八年再び営口に渡って朝日箒製造を興し、大阪に工場を設けて営口近辺で売りさばき、相当の利益を上げた。かたわら書籍雑誌文房具商を兼営し、営口土地建物会社監査役、営口商業会議所議員を務めた。

田辺　重樹 ▷12

満鉄地方部員／大連市東公園町満鉄本社地方部気付／一九〇二（明三五）八／滋賀県坂田郡息長村／金沢医科大学

滋賀県田辺亀次郎の次男に生まれ、一九二〇年一〇月満鉄に入り社長室人事課に勤務した。その後、貸費生として東京攻玉社中学、水戸高校を経て二九年三月金沢医科大学を卒業し、同年五月撫順医院医員となった。三二年一二月公主嶺医院医長を経て本渓湖医院医

長となり、三七年三月社命で外科学研究のため母校の金沢医大に二年間留学した。

田辺 重之 ▷9

正隆銀行奉天支店員／奉天住吉町／一八九三（明二六）四／滋賀県坂田郡北郷里村／東洋協会専門学校

一九一五年、東洋協会専門学校を卒業して渡満した。正隆銀行大連本店に勤務し、翌年奉天支店に転勤した。

田部 甚作 ▷12

田部写真館主、昭康公司代表者、ハルビン広島県人会長／ハルビン道裡石頭道街中村商店二階／一八九二（明二五）六／広島県高田郡吉田町／高等小学校

高等小学校を卒業して写真業を習得し、一八歳の時にウラジオストクに渡り沿海州一帯で同業に従事した。ロシア語に堪能なため革命当時に邦人救出に努め、種々の嫌疑でソ連官憲に連行されるなどの経験をした。その後一九二四年ハルビンに移住して二七年から道裡石頭道街で写真館を経営し、順次発展して従業員十数人を使用した。

田辺 猛雄 ▷14

田辺胃腸病医院院長／大連市磐城町／一八七〇（明三）一〇／高知県幡多郡十川村／東京済生学舎

東京済生学舎を卒業して日本橋病院で研修を重ね、一八九六年内務省医術開業試験に合格した。帝大医科大学婦人科で研究に従事した後、九七年に愛媛県宇和島で開業したが、一九〇五年一一月に渡満して大連で開業した。一五年一一月から一九年四月まで大連医師会会長を務めたほか、一六年七月大連市会議員に補欠選任され、翌年一〇月再選されて一九年九月に任期満了した。二三年から長男の家橘と共に診療に当たったが、後に病を得て大連で没した。

田名部 武 ▷12

満鉄ハルビン站構内助役、勲八等／ハルビン站構内助役室／一九〇二（明三五）九／秋田県秋田市楢山新町

秋田県田名部新吉の長男に生まれ、一九一八年一一月満鉄に入社して遼陽駅に勤務し、二〇年二月運転方資格試験に合格した。三四年助役試験に合格して新京駅構内助役に就き、三七年四月ハルビン站構内助役となった。この間、満州事変時の功により勲八等瑞宝章及び従軍記章並びに建国功労賞、賜金を受けた。

田辺 利男 ▷13

大連都市交通㈱社長、勲四等／大連市／一八八七（明二〇）七／兵庫県津名郡仮屋町／東京帝大工科大学

兵庫県田辺利三郎の長男に生まれ、一九一一年七月東京帝大工科大学土木学科を卒業して満鉄に入り、安東保線係員となった。一五年熊岳城保線係主任、一六年四洮鉄道建設第二段長、一八年長春保線係主任に歴勤し、社命により二〇年一月から一年間欧米に出張して鉄道業務を視察した。帰社して技術部線路課、運輸部線路課勤務を経て二三年参事となり、長春鉄道事務所所長代理に就いた。次いで二六年に満鉄代表技師長として吉敦鉄路建設に派遣され、帰任して三三年三月鉄道建設局が設置されると同局次長に就き、計画課長及び水道調査所長事務取扱兼務を経て三六年一〇月鉄道建設局長となった。在社三〇年の間一貫して鉄道建設に従事した後、四一年一二月満鉄傍系の大連都市交通㈱社長に就任した。この間、満州事変の功により勲四等旭日章及び従軍記章、建国功労賞を授与された。

田辺 敏行 ▷14

果樹園主、満州果実輸出販売組合理事長、満州農業団体中央会会長、満州移住協会評議員、大連自動車株社長、遼東モータース㈱社長、大同産業㈱取締役、大同生薬㈱監査役／大連市南月見ヶ丘／一八七八（明一一）七／東京府東京市牛込区富久町／東京帝大法科大学政治学科

毛利家旧家臣田辺淳蔵の長男として山口市に生まれ、一九〇六年東京帝大法科大学政治学科を卒業した。〇七年三月満鉄に入社して渡満し、同年一二月長春出張所経理係主任となった。一三年総務部事務局庶務課に転任し、同年一二月から欧米に留学して各国殖民政策及び都市計画の調査研究に当たり、帰社して地方部地方課に勤務した。次いで一八年監査課長、一九年社長室人事課長、二二年地方部長、二四年育成学校長を経て二五年参事に昇格し、再びヨーロッパ各国及びアフリカを視察した。二七年九月理事となり、同年ウィーンで開かれた国際居住問題都市計画協会総会に出席した後、二八年から東亜勧業㈱社長を兼務した。その後二九年に満鉄を退社し、大連で果樹園を経営したが、三〇年に関東庁当局の慫慂により大連市タクシー業界の統制に出馬し、三一年五月大連自動車株を創立して社長に就任した。さらに同年関東長官の指命により満州果実輸出販売組合理事長に就いたほか、三五年秋に設立された満州農業団体中央会会長に就任し、他にも満州移住協会評議員等を務めた。この間、満鉄在職中の一九年四月大連市会議員に補欠選任され、その後第三期、第四期の官選議員となり、二四年一〇月に任期満了した。

田辺　秀雄　▷12

満鉄錦県鉄路局警務処長、従五位勲六等／錦州省錦県南五経路／一八九七（明三〇）七／岡山県児島郡粒江村／京都帝大法学部法律学科

岡山県田辺鉄三の三男に生まれ、一九二三年三月京都帝大法学部法律学科を卒業し、同年五月熊本県属となり、同年一二月文官高等試験行政科に合格した。二四年八月熊本県上益城郡長を経て二六年地方事務官となり、熊本県山林畜産課長、同県地方課長を歴任した。二九年一二月関東庁警視兼関東庁事務官・錦州民政署長に転出して渡満し、三〇年六月関東長官官房文書課長を経て長官官房秘書課長代理となった。次いで三〇年七月免本官専任関東庁事務官、同年九月兼任関東長官官房秘書課長、三二年二月免兼官・内務局学務課長兼長官官房調査課長を歴任した。三四年一二月在満行政機構改革により関東州庁が設置されると初代警察部長を務め、その後三七年二月に退官して満鉄に入り錦県鉄路局警務処長に就いた。この間、満州事変時の功により賜金を授与されたほか、皇帝訪日記念章を受章した。

田辺　三槌　▷11

大連商品信託㈱専務取締役／大連市水仙町／一八七二（明五）一一／山口県阿武郡萩町／東京高等商業学校

山口県商業田辺益次郎の長男に生まれ、東京高等商業学校を卒業した。日露戦中の一九〇四年九月、平岡組支配人となって渡満し軍事輸送業に従事した。〇九年に三井物産大連出張所に転じ、さらに一二年加藤洋行大連支配人に転じた後、一七年に日露貿易業を独立開業した。一九年大連建材㈱に入って常務取締役となり、次いで二二年大連商品信託㈱支配人に転じ、二七年専務取締役に就任した。

店村市太郎　▷12

満鉄奉天検車区長、社員会奉天第一連合会幹事、社員消費組合総代、正八位勲八等／奉天稲葉町／一九〇四（明三七）一／福井県敦賀郡東浦村／南満州工業専門学校機械科

福井県店村喜市郎の長男に生まれ、一九二六年南満州工業専門学校機械科を卒業して満鉄に入り大連機関区技術方となった。大連検車区技術方、奉天鉄道事務所鉄道部運転課、同車務課、新京鉄道事務所等に歴勤して三四年一一月大連検車区検車主任となった。次いで大連鉄道事務所車務課客貨車係主任を経て三五年一二月満鉄奉天検車区長に就いた。この間、満州事変時の功により勲八等従軍記章及び建国功労賞、皇帝訪日記念章を授与され、社員会奉天第一連合会幹事、消費組合総代を務めた。

谷井　蔦次　▷12

㈾奉天酸素製造公司代表社員／奉天若松町／一八七八（明一一）五／香川県高松市西浜新町

香川県木田郡前田村に生まれ、早くから朝鮮に渡り、一九一一年京城に資本金一五万円の朝鮮酸素㈾を設立し、分工場を奉天に設けた。その後本社を奉天に移し、三三年五月資本金三〇万円の㈾奉天酸素製造公司を設立した。満鉄を主要得意先とし、日本人一〇人、中国人二〇人を使用し、空気液化法により一昼夜五キロ容器一〇〇本以上の溶接用酸素を製造した。長男清七は京城帝大法学部を卒業した後、同社員として経営を補佐した。

谷井光之助　▷10

三菱商事㈱大連支店長／大連市外星ヶ浦／一八八三（明一六）七／和歌山県海草郡日高町／東京高等商業学校

郷里の学校を卒業して上京し東京高等商業学校に入学し、一九〇六年七月に卒業した。〇八年二月三菱㈾営業部に入って若松支店に勤務した後、一二年東京支店、一六年三月大阪支店勤務を経て一七年一〇月長崎支店に転勤し、翌年五月三菱㈾から営業部が分離して三菱商事㈱となると長崎支店長代理となり、翌月唐津支店副長に転任した。一九年九月名古屋支店長を経て二四年一〇月本店穀肥部長に就き、二五年九月大連支店長に転任して渡満した。

谷内　邦広　▷12

龍江省竜江県警務局主席指導官／龍江省チチハル竜江県公署／一八八六（明一九）八／東京府東京市麹町区隼町／明治大学法科専科中退

明治大学法科専科を中退して警視庁巡査となり、一九二三年七月警視庁警部補に累進した。三二年警視庁刑事部捜査第二係長、同年一二月新島警察署長、三四年四月田無警察署長を歴職した後、同年五月ハルビン警察庁警佐に転じて渡満した。同庁刑事科庶務股長を務めた後、三五年一〇月龍江省竜江県警正に転任して警務局主席指導官となった。警視庁在勤時に重要犯罪検挙数十件に達し、渡満後は犯罪捜査その他刑事警察の指導及び討匪治安工作に従事した。

谷川善次郎　▷14

南満州瓦斯㈱代表取締役、満州瓦斯㈱代表取締役、勲五等／大連市榊町／一八八六（明一九）一／兵庫県津名郡志筑町／神戸高等商業学校

一九一〇年三月神戸高等商業学校を卒業し、同年六月に渡満して満鉄に入社した。興業部販売課に勤務した後、一八年鞍山製鉄所を経て二〇年本社商事部所属となりニューヨーク事務所に勤務した。二五年参事・興業部販売課長代理となったが、二六年に二号非役となり撫順炭販売㈱専務取締役に転じた。三一年に非役免除となり満鉄に復帰して商事部次長に就き、三二年総務部審査役、三三年上海事務所長兼事務取扱、三六年総裁室監理課長を歴任した。三七年一二月に依願退職して南満州瓦斯㈱代表取締役、満州瓦斯㈱代表取締役に就き、かたわら大連商工会議所副会頭を務め、四一年一月補欠選挙で大連市会議員に選任された。

谷川　正之　▷11

満鉄大連鉄道事務所埠頭船舶係主任／大連市楓町／一八九一（明二四）九／山口県玖珂郡玖珂町／広島県立商船学校

山口県農業谷川豊治郎の次男に生まれ、一九一四年広島県立商船学校を卒業し、同年一二月甲種二等運転士となった。一五年一月に渡満して満鉄に入り、上海航路「さかき丸」の三等運転士となった。二二年二月甲種船長に進んだが、同年七月大連埠頭海運課に転じた。二七年一一月の職制改正により埠頭船舶係主任に就き、かたわら海員夜学校講師、満鉄社員会評議員を務めた。実妹は大連の海運業靖和商会主の小寺武市に嫁した。

谷口英次郎　▷11

日本綿花㈱大連支店長／大連市大黒町／一八八三（明一六）一一／愛媛県松山市持田町／東亞同文書院

愛媛県谷口信太郎の次男に生まれ、一九〇六年上海の東亞同文書院を卒業して日本綿花㈱に入社した。上海、漢口、鎮江の各支店勤務を経て一五年にハルビン出張所に赴任し、綿糸・綿布を中露両国人に販売して業績を上げた。その後大阪船場等に転任したが、二一年八月に大連支店長となって再び渡満した。中国語に堪能で中国各地を数回視察し、大連商工会議所役員を務めた。次弟三樹三郎は兼松商店メルボルン支店に勤務し、末弟賢之助は郷里で商業に従事した。

谷口　嘉一　▷12

木村屋店主／龍江省チチハル新開路／一八九〇（明二三）一／福岡県宗像郡勝浦村

小学校を卒業して家業の農業に従事した後、一九〇七年に渡満して大連で建築業に従事した。一〇年一二月に徴兵されて兵役に服し、満期除隊後に製図・設計の仕事に従事した後、再び渡満して関東庁土木課に勤務し、一八年五月から旅順で関東庁土木建築指定請負業を営んだ。次いで二四年七月から柳樹屯、山東、遼陽、奉天、長春、吉林、大興、昂昂渓、チチハル、錦州、ハルビン、寧安、方正、泰安、訥河拉哈の各地で軍用達業を営んだ。その後、チチハル新開路に居を定めて菓子、食料品、和洋雑貨類、各地土産品、綿蒲団、各種事務用品等を販売した。

谷口五兵衛 ▷1

谷口組主／旅順／一八七六(明九)一二／鹿児島県曽於郡志布志町

平家の血を引く土地の旧家に生まれたが、教師や同級生と衝突して小学校を退学し、家業の魚問屋を手伝った。多数の使用人を率いて生魚を馬に載せ都城や指宿に運んで販売したが、素行が改まらず勘当され、日清戦争時に軍役夫となって台湾に渡った。戦後帰国して長崎の紡績会社で働いた後、中島小十郎が経営する中島組に入り大村の第二三旅団司令部の建築工事や澎湖島兵営建築工事に従事した。その後長崎土木建築㈱を独立経営し、長崎港湾埋築工事等を請け負って十数万円の利益を上げたが、後に失敗して廃業した。鹿児島で再起して日薩線鉄道工事を請け負い、数万円の利益を上げて帰郷し、父母縁戚と和解した。再び家業の漁業に従事したが、三年の間に多大の損失を出し、一九〇四年五月朝鮮京城に渡り、大倉組の下で京義線第四〇工区の一部を請け負って千数百円の利益を得、結婚して仁川に居住した。〇五年六月仁川から大連に渡って谷口組を組織して独立開業し、その後旅順新市街に移転して数十万円の工事を受注して成功し、目抜き通の乃木町に事務所を新築移転した。

谷口　栄 ▷12

満鉄地方部員／大連市東公園町満鉄本社地方部／一九〇三(明三六)四／香川県三豊郡麻村／南満医学堂

一九二六年三月南満医学堂を卒業し、同年五月満鉄に入り奉天医院に勤務した。安東、蘇家屯の各満鉄医院に転勤して医員、医長、学校医、警察署医務嘱託を兼務した後、三七年三月社命で小児科学研究のため欧米に二年間留学した。

谷口　七郎 ▷11

満鉄遼陽機関区庶務助役／奉天省遼陽梅園町／一八八四(明一七)一二／宮崎県都城市宮丸町／師範学校中途退学

師範学校を中退し、一九〇六年一二月に渡満した。〇七年一月から野戦鉄道提理部に勤務したが、同年四月に提理部が解散となり大連農事試験場雇員となった。〇八年二月満鉄に転じて大石橋機関庫に勤務し、一八年一月瓦房店機関区、二〇年二月大連機関区庶務係、二三年五月安東機関区庶務係を経て二六年四月遼陽機関区庶務助役に就いた。安東在勤時に二三年の庭球大会に出場して優勝旗を獲得したほか、同郷団体の三州会安東支部を設立して幹事を務めた。

谷口銃次郎 ▷12

浜江省東興県参事官／浜江省東興県参事官公館／一九〇四(明三七)八／岐阜県本巣郡外山村／早稲田大学法学部英法科

岐阜中学校、早稲田高等学院を経て一九三〇年三月早稲田大学法学部英法科を卒業し、同年八月岐阜市役所雇員となった。三一年徴兵されて入営し、三三年八月関東軍経理部付として渡満した。三四年三月に退営して満州国官吏となり、三江省同江県属官を経て三六年四月浜江省東興県参事官となった。

谷口甚一郎 ▷12

順和公司大連支店長、大連礼葬㈱取締役／大連市山県通／一八九七(明三〇)一／大阪府大阪市東区清水谷西ノ町／天津青年会支那語高等科

売薬商谷口甚五郎の次男として奈良県宇陀郡榛原町に生まれ、一九〇七年一〇歳の時に見習として中将湯本舗津村順天堂に入った。その後一一年四月に退店し、実兄の谷口作治郎が経営する大阪の順和公司に入り、胃腸薬アイフの中国向け販路拡大に従事した。二三年五月順和公司大連支店開設のために渡満し、山県通に店舗を構えて支店長に就き、三一年一〇月業務を売薬・調剤・化粧品を扱う小売部と五種製品とアイフを扱う卸部の二部に分けた。この間、販路拡張のため中国各地を巡遊して天津青年会支那語高等科に学び、業務のかたわら本門仏立講の満州支部長を務めた。

谷口　直一 ▷7

本渓湖地方区土木係主任／奉天省本渓湖大和町／一八九三(明二六)一〇／鹿児島県川辺郡東加世田村／熊本高等工業学校

一九一二年三月、鹿児島県立川辺中学校を卒業した。家業に従事した後、工業の将来性を見て熊本高等工業学校に入学した。一八年に卒業して満鉄に入り、工務局土木課安東保線係として勤務した。二一年一〇月安東工務事務所安東工事係主任となり、二三年に本渓湖地方区土木係主任に転じた。

谷口　増蔵　▷9

日立製作所参事／大連市伏見台／一八九〇（明二三）一一／新潟県佐渡郡相川町

一八九八年、七歳の時に佐渡島から上京して商家に奉公した。日露戦争直後の〇五年、㈾高田商会に入り台北支店に勤務した。〇六年東京本社詰となり、次いで翌年同社営業販売店に転勤した。一二年鮎川義介経営の久原鉱業㈱に転じ、久原傘下の日立製作所東京販売所に勤務した。一四年同傘下の戸畑鋳物㈱東京出張所に転任したが、翌年再び日立に戻った。一九年六月に渡満して日立製作所大連販売所を創設し、同社参事として経営に当たった。

谷口益太郎　▷4

南海洋行主／ハルビン埠頭区マコーズナヤ街／一八八七（明二〇）／岡山県御津郡金川町

ハルビンの南海洋行に勤務して米穀、生果、諸雑貨の販売に従事したが、店主の北山喜七の死去により同洋行を継承した。果実類を柱として朝鮮各地、安東、大阪、長崎、和歌山、静岡、新潟、広島等などから仕入れ、販路を東清鉄道本線・東部線各駅、松花江・黒竜江沿岸、黒龍江省一帯に広げ、ハルビン青物商界で重きを成した。

谷口　良友　▷11

満鉄地方視学兼開原小学校長／奉天省開原共栄街／一八八八（明二一）四／長崎県北松浦郡平戸町／長崎県師範学校

長崎県谷口良吉の長男に生まれ、一九一一年長崎県師範学校を卒業した。県下の高浜小学校、佐世保小学校、上長崎小学校の訓導を経て長崎師範学校教諭となったが、一四年七月に渡満して満鉄に入社した。鞍山小学校訓導を務めた後、二四年五月に地方視学となり、二五年四月から開原小学校長を兼任した。

谷口　慶弘　▷12

興安北省公署警務庁長、従六位／興安北省ハイラル省公署警務庁／一八八九（明二二）五／鹿児島県姶良郡清水村

鹿児島県谷口吉太郎の長男に生まれ、一九〇九年一二月徴兵されて熊本の野砲兵第六連隊に入営し、一〇年一二月憲兵に転科して熊本憲兵隊に勤務した。一三年五月英語三等通訳を経て憲兵伍長に進み、一四年二月朝鮮総督府警部となった。一五年一二月憲兵軍曹に進み、一六年五月英語二等通訳を経て一八年一一月文官技倆証明書を付与されて現役を退いた。一九年一月朝鮮全羅北道に勤務して同年七月朝鮮総督府道書記となり、二〇年九月文官普通試験に合格した。二一年二月朝鮮総督府道警部となり、以来全羅北道第三部衛生課、茂朱警察署長、警察部警務課、同部高等警察課長を歴職して二八年七月朝鮮総督府警視に累進した。次いで咸鏡南道警察部高等警察課長、黄海道警察部警務課長、同高等警察課長兼務、釜山警察署長を歴任した後、三四年二月に依願免官し、国務院民政部首都警察庁警務科長に転じて渡満し、同年七月首都警察庁理事官となった。三六年四月浜江省公署理事官に転任して警務庁警務科長を務めた後、三七年五月興安北省公署警務庁長となった。

谷　捨吉　▷11

㈾三大製薬所代表者／大連市千代田町／一八九〇（明二三）六／滋賀県高島郡饗庭村／京都薬学校

滋賀県農業谷三治の三男に生まれ、一九〇七年京都薬学校を卒業した。一一年文部省薬剤師試験に合格し、翌年京都化学研究所を設立して薬品並びに染料材料の製造を行った。一七年八月に渡満し、大連の乾商店に入ってアルカリ工業に従事し、後に技術部嘱託となった。二五年三月に退社し、同年五月㈾三大製薬所を創設して代表社員となり、製薬、化学試験、薬品貿易等を営むかたわら関東州薬剤師会理事、㈳大連競馬倶楽部監事を務めた。

谷田繁太郎　▷12

同和自動車工業㈱理事長、満州国協和会奉天市本部長、正四位勲二等／奉天萩町／一八七二（明五）六／大阪府／陸軍士官学校

大阪府谷田熊七の長男に生まれ、一八九三年七月陸軍士官学校を優等で卒業し、翌年工兵少尉に任官した。陸軍士官学校教官、参謀本部員、砲工学校教官、澎湖島要塞参謀、関東都督府副官、陸軍大学校兵学教官、海軍大学校教官、陸軍技術審査部議員を経て一五年八月軍務局工兵課長となり、一七年八月少将に進んで広島湾要塞司令官に就いた。次いで一八年一月陸軍運輸本部長、一九年四月陸軍技術本部第二部長、二一年六月工兵監に歴補して同年七月中将に累進し、二二年八月築城本部長等を経て二五年五月予備役編入となった。退役後は帝国飛行協会総務理事を務めたが、三四年三月同和自動車工業㈱の設立に際し理事長となって渡満した。長男繁夫は東京帝大理科大学を卒業して満鉄計画部に勤務し、次男閲次は東京帝大文科大学を経て同大学院に学んだ。

谷　長三郎　▷12

谷呉服店主／ハルビン道裡石頭道街／一八八七（明二〇）一一／京都府京都市伏見区三栖町

早くから渡満して各地に在住し、一九一二年にハルビン道裡石頭道街で呉服商を開業した。主として京阪地方から仕入れ、現金販売で売上げを伸ばし、同地古参の呉服店として知られた。

谷　直諒　▷3

満鉄技術局保線課長、従五位勲四等／大連市児玉町／一八七五（明八）六／東京府東京市麹町区下二番町／東京帝大工科大学土木科

一八九九年七月、東京帝大工科大学土木科を卒業した。一九〇二年七月鉄道技師となり、〇四年日露戦争に際し野戦鉄道建築班軌道長として渡満した。〇七年三月創設直後の満鉄に入って技師となり、同年六月大連建設事務所長に就いた。一一年三月から翌年九月まで欧米各国を視察し、一四年五月本社技術局保線課長に就いた。

谷　信近　▷11

正隆銀行外事嘱託、正五位勲四等／大連市壱岐町／一八六〇（万一）九／東京府北豊島郡滝野川町／東京外国語学校

維新前に旧藩勘定奉行を務めた谷釜作の四男に生まれ、一八八三年東京外国語学校を卒業した。外務書記となって朝鮮の仁川領事館に四年勤務した後、八九年二月から大阪及び長崎地方裁判所に通訳として勤めた。陸軍通訳として日清戦争に従軍した後、九六年に台湾総督府翻訳官となった。一九〇四年二月の日露開戦と同時に陸軍通訳として第一軍司令部に従軍し、諜報事務を担当した後、翌年一〇月満州利源調査班に転じて東部満州の資源調査に従事した。〇六年六月関東州民政署に転じて一時審理所に勤務したが、同年九月関東都督府高等法院通訳官に就き、以来一七年間高等法院に勤続した。この間、公務の余暇を利用して一六年の間旅順語学校で日中両国人に語学を教授した。一五年五月には対華二十一ヶ条要求に際し満蒙事情宣伝のため旅順に満蒙研究会を組織し、会員一三〇〇人余を擁して旅順要塞司令官の青木宣純陸軍中将を初代会長とし、関東都督府から年額三〇〇〇円の補助金を受けて月刊「満蒙研究彙報」を編輯発行した。二三年二月関東庁翻訳官に転任すると同時に前後四一年間に及ぶ官職を辞し、同年八月正隆銀行に入り華商事務を担当した。著書に『日支対訳警察用語集』『軍事用語集』『商業文例』『満州利源調査』等がある。

谷林定十郎　▷12

満鉄図們鉄路監理所巡監、勲八等／間島省図們春風街代用局宅／一八八九（明二二）一一／兵庫県宍粟郡菅野村

兵庫県谷林弥之助の次男に生まれ、一九一二年に渡満して関東都督府巡査となった。勤続して警部に累進し、三三年に退官して満鉄に入り奉天鉄路局に勤務した。三五年二月北鉄接収に伴い南部線窰門に責任者として赴任した後、三六年三月双城堡警務段副段長を経て同年七月図們鉄路監理所監理員となり、さらに同年九月同所巡監となった。この間、満州事変時の功により勲八等及び従軍記章並びに建国功労賞を授与された。

谷村　順蔵　▷13

三菱商事㈱新京支店長兼大連支店長／一八九二（明二五）四／富山県西礪波郡福光町／京都帝大法科大学

富山県谷村一太郎の長男に生まれ、一九一七年七月京都帝大法科大学を卒業して三菱[資]に入った。一八年五月三菱商事に転じ、一九年四月ニューヨーク支店詰となり、以後長く同地に勤務した。三〇年二月に帰国して大阪支店に勤務したが、三四年二月大連支店に転勤して渡満した。参事、支店長代理兼保険掛長、燃料掛長を歴任して四年在勤し、三七年一一月スラバヤ支店長に転じた。三九年八月前任者がニューヨーク支店長に転出した後を受け、再び渡満して大連支店長に就任し、新京支店を兼務した。

谷村　武　▷12

大連税関員、正八位／大連市青雲台／一八九七（明三〇）八／滋賀県大津市／早稲田大学専門部

一九一八年早稲田大学専門部を卒業して満鉄に入り、一年志願兵として軍務に服して予備陸軍主計少尉に任官した。復職して調査課、興業部商工課に歴勤した後、三三年満州国に転出して税関事務官となり、大連税関に勤務した。

谷村　正友　▷3

満鉄運輸部営業課職員／大連市播磨町／一八七三（明六）一／東京府東京市麻布区富士見町／東京高等商業学校

鹿児島市に生まれ、上京して一九〇〇年に東京高等商業学校を卒業した。富多山商会鉱業部に入り、後に商品部主任を務めた。〇二年衛生洗布㈱取締役兼支配人に転じた後、〇三年に退社して東京市京橋区で輸出入商を開業したが、日露戦争の勃発により第一軍に属して〇四年三月に渡満した。〇五年七月にいったん帰国し、〇六年一月再び渡満してアライアンス・トレーディング・カンパニーの大連主任となった。〇八年に大連で徳泰号貿易部を経営した後、一〇年三月満鉄運輸課嘱託に就き、一五年四月運輸部営業課職員となった。

谷村益三郎　▷11

金光教旅順教会長、退役陸軍二等主計、従七位勲六等／旅順市鯖江町／一八八一（明一四）八／愛知県名古屋市永楽町／名古屋商業学校

愛知県の金光教教師の三男に生まれ、一九〇〇年名古屋商業学校を卒業した。金光教布教に従事して権少教正となり、北ハルビン、北京、天津、上海等を布教に回り、一〇年一〇月に渡満して旅順教会長となった。日露戦争当時の功により勲六等旭日章を受章し、退役陸軍二等主計として在郷軍人会旅順支部監事を務めた。実兄の万之助も金光教権少教正として名古屋教会長を務めた。

谷本喜三郎　▷12

喜曽ゴム商会主、奉天春日町会役員／奉天琴平町／一八八九（明二二）九／和歌山県西牟婁郡田辺町／高等小学校

高等小学校を卒業した後、一九〇七年に三井物産遼陽支店長の実兄惣太郎を頼って渡満し、同支店に勤務した。次いで〇八年関東都督府通信管理局に転じて大連、奉天の各郵便局に勤務した。その後一九年八月に退職し、奉天春日町でゴム製品と小間物、煙草の販売業を営んだ。後に喜曽ゴム商会の商号でゴム製品販売を専門とし、他に貸家数軒を所有して貸家業を兼営した。琴古流尺八の名手で、晩雨と号して晩会を主宰し、満鉄音楽会嘱託を務めたほか、在奉天和歌山県人で組織する南葵会会長を務めた。夫人雪代は大阪の緒方産婦人科出身の助産婦で、瀋陽看護婦会長を務めた。

谷本金次郎　▷12

谷本果樹園主、勲八等／関東州金州東門外崔家屯／一八六六（慶二）一〇／香川県高松市八阪町／東京専修学校

香川県戸長川村謙三の次男に生まれ、絶家再興のため谷本孫六の養子となった。一八八五年一月愛媛県小学校教員となり、八八年に東京府雇に転じた。勤務のかたわら九二年東京専修学校を卒業し、九三年四月東京府収税属関税官吏、九五年九月会計検査院属等を歴職した。その後一九〇七年三月に渡満し、満鉄書記として開業準備に従事した後、同年四月の開業後に本社監査課に勤務した。次いで二〇年監査課長次席、二二年一月社長室監察員を経て二三年四月参事待遇となったが、二五年三月に依願退社した。二七年一一月金州の果樹園を譲り受け、以来果樹園経営に専念し、大連市白菊町に販売所を設けた。この間賞勲局及び満鉄から数度表彰され、大連香川県人会幹事長を務めた。次男謙雄は東京帝大法科を卒業して実家の川村家を相続し、会計検査院に勤務した。

谷本　憲一　▷12

満鉄本渓湖駅長、社員消費組合総代／奉天省本渓湖駅長社宅／一八九五（明二八）一二／岡山県小田郡新山村

一九一四年七月満鉄従事員養成所を修了して公主嶺駅に勤務し、奉天駅車掌を経て鞍山駅助役、立山駅助役、大連駅助役を歴職した。次いで大連運輸事務所、大連鉄道事務所、鉄道部貨物課、同営業課に勤務し、太平山駅長、三十里堡駅長を経て三三年一一月本渓湖駅長となった。この間、三〇年四月に勤続一五年の表彰を受けた。

谷本　誠　▷12

国務院実業部中央観象台長心得、正六位／新京特別市南嶺中央観象台／一八九八（明三一）九／香川県高松市浜ノ丁／東京帝大理学部天文学科

高松市谷本富の三男として東京市本郷区根津宮永町に生まれ、京都府立第一中学校、第一高等学校を経て一九二五年三月東京帝大理学部天文学科を卒業した。二七年四月気象調査事務嘱託を経て三〇年九月気象台技師となり、中央気象台に勤務した。三一年八月沖縄測候所長に任命されて沖縄に赴任し、三二年四月中央気象台沖縄支台長となった。三六年九月満州国に転出し、中央観象台技正として同台長心得となった。

谷　保太郎　▷11

瓦房店電灯㈱専務取締役／奉天省瓦房店東区青葉街／一八九〇（明二三）一〇／滋賀県滋賀郡膳所町／関西商工学校

滋賀県官吏谷用造の次男に生まれ、一九一〇年関西商工学校を卒業して満鉄に入った。電気作業所、奉天電灯営業所勤務を経て一八年三月瓦房店電灯㈱主任兼主任技術者となった。二三年一〇月支配人、二五年取締役兼支配人と進み、二七年三月専務取締役に就任した。この間熊岳城に電灯事業を設立経営したほか、瓦房店では直流式配電を交流式配電に変更して動力供給に対応するなど事業発展に尽力した。

谷山　隆男　▷12

満鉄産業部農林課調査係主任／大連市臥竜台／一八九二（明二五）二／鹿児島県鹿児島郡中郡宇村／東京帝大農科大学獣医学科実科

谷山隆英の子として滋賀県大津市に生まれ、一九一四年七月東京帝大農科大学獣医学科実科を卒業して十勝種馬牧場の実習生となり、後に技手として同場に勤務した。その後一九年六月に渡満して満鉄に入り、公主嶺の農事試験場に勤務した。二九年七月緬羊の購買・輸入事務と毛皮・羊毛利用に関する調査のためアメリカに出張した後、同年一二月興業部農務課兼務を経て三五年二月経済調査会調査員となり第二部畜産班主任を務めた。次いで三六年六月天津事務所調査課に勤務し、同年九月副参事に昇格して産業部農林課調査係主任となった。この間、三五年四月勤続一五年の表彰を受けた。

谷山　哲雄　▷11

奉天南満中学堂教諭／奉天葵町／一九〇二（明三五）一／福岡県福岡市桝木屋町／東京高等師範学校

福岡県警視谷山熊雄の次男に生まれ、一九二二年東京高等師範学校を卒業して鹿児島県川辺中学校の教諭となった。二四年四月に大分県中津中学校に転任した後、二五年三月に渡満し、翌月から奉天の南満中学堂教諭を務めた。兄義毅も東京高等師範学校を出て満州教育専門学校の講師を務めた。

谷山　義毅　▷11

満州教育専門学校講師／大連市薩摩町／一八八九（明二二）一二／福岡県福岡市桝木屋町／東京高等師範学校

福岡県警視谷山熊雄の長男に生まれ、一九一四年東京高等師範学校を卒業して一八年に東京女子高等師範学校助教授となった。二〇年七月に渡満して翌年南満州教育会教科書編輯部に入り、教科書の編纂に従事した。かたわら『児童の機械工学』『図画教授の実際』『手工教授の実際案』等を著した。二一年から満州洋画会展覧会と曠原社洋画展等の主査を務め、個展を四回開いたほか、北京から山西省まで写真旅行をした。二七年に教科書編輯部を退任し、満州教育専門学校講師に就いた。夫人ツルエは東京女子高等師範学校の出身で、実弟の哲雄も東京高等師範学校を出て南満中学堂教諭を務めた。

田沼義三郎　▷3

大連汽船㈱社長／大連市乃木町／一八六七（慶三）一／神奈川県横浜市南太田町

新潟で生まれ、一九一〇年一月に渡満して満鉄に入った。作業所長兼旅館監督として勤務した後、一一年六月満鉄を代表して営口水力電気会社社長に就いた。一五年二月に辞し、合名会社から改組された大連汽船㈱社長に就任した。

種田　侑　▷7

貿易商／大連市大山通／一八九一（明二四）二／鹿児島県大島郡名

た

奄美大島の名瀬に生まれ、上京して学業を修めた。一九一一年に渡満して大連に資本金三万円の㈾泰昌利油房を興し、後に高橋是清の次男是福から五万円の援助を受けるなど日中両国人に出資を募って一五万円に増資した。さらに大連実業界の巨頭石本鏆太郎と提携し、一六年に石本名義に改めて商号を和盛利と改称した。以来順調に業績を伸ばし、鞍山に八五、六棟の家屋を建設したほか、大連を根拠に各種事業を経営した。一八年から二〇年頃にかけては資産一二〇万円の大富豪と称されたが第一次世界大戦の戦後恐慌に遭い、臼井洋行の破産救済に投じた二五万円が回収不能となったのをきっかけに資産のほとんどを失った。二二年にはすべての事業を閉鎖して財産整理にあたり、他日の再興を期した。

種田直太郎 ▷12

満州電信電話㈱技術部線路課長、正五位／新京特別市蓬莱町電々社宅／一九〇一（明三四）八／京都府京都市上京区黒門通／京都帝大工学部電気工学科

一九二五年三月京都帝大工学部電気工学科を卒業して逓信省臨時電信電話建設局雇となり、同年一年志願兵として近衛師団電信第一連隊に入隊して兵役に服した。除隊後逓信省工務局に勤務して二七年三月逓信局技師となり、大阪逓信局勤務、同局工務課京都出張所長を歴職した。次いで逓信技師に進んで大臣官房監察課に勤務した後、三六年一月に退官し、満州電信電話㈱技術部線路課長となって渡満した。

種谷　実 ▷12

国務院民政部土木局牡丹江建設処工事科長、正七位／牡丹江土木局牡丹江建設処／一九〇一（明三四）一〇／兵庫県揖保郡東栗栖村／東京帝大工学部土木工学科

一九二七年三月東京帝大工学部土木工学科を卒業して朝鮮総督府技手となり、内務局土木課草梁土木出張所に勤務した。二九年技師に進んだ後、道技師・咸鏡南道内務部土木課長、総督府技師兼道技師・元山土木出張所勤務を歴任した。その後三三年国務院国道局技正に転出して渡満し、第一技術処計画科長に就いた。次いで奉天及びハルビンの国道建設処工事科長を歴任し、三七年一月牡丹江建設処工事科長に転任した。

田端愛太郎 ▷12

満州航空㈱ハイラル支所長、正八位勲六等／興安北省ハイラル満州航空会社支所／一九〇〇（明三三）一一／埼玉県秩父郡樋口村

埼玉県田端二三太郎の子に生まれ、一九二〇年近衛歩兵第四連隊に入営して機関工術を習得し、陸軍航空本部技術部付、飛行第一連隊付を経て満州事変に出動した。その後三四年六月航空兵少尉に累進して予備役となり、満州航空㈱に入社してハイラル支所長を務めた。

多幡　邦香 ▷11

大連第二中学校教諭／大連市菫町／一九〇〇（明三三）二／石川県鹿島郡南大呑村／石川県師範学校

南大呑村村長を務めた多幡国太郎の次男に生まれ、一九一九年石川県師範学校を卒業した。郷里の鹿島郡高階小学校、同県女子師範学校に勤めながら二四年七月中等教員数学科の免状を取得した。翌年三月金沢第三女学校教諭となり、女子師範学校教諭を経て二七年四月に渡満し、大連第二中学校教諭を務めた。庭球と卓球を趣味とし、かつての勤務校石川県女子師範学校出身の河村千代子を妻とした。

田畑　志良 ▷12

満州国立高等師範学校助教授／吉林東大灘文廟東共栄社宅／一九〇〇（明三三）二／福島県北会津郡神指村／東京帝大法学部独法科

一九二七年三月東京帝大法学部独法科を卒業し、同年五月㈱明治銀行に入り、次いで三二年一一月名古屋市民信用組合に転じた。その後三四年一〇月、満州国立高等師範学校助教授に招聘されて渡満した。

田畑　文 ▷11

警部、大連警察署勤務／大連市但馬町／一八九三（明二六）一／鹿児島県大島郡早町／熊本逓信局通信生養成所

鹿児島県官吏田畑文明の長男に生まれ、一九一三年熊本逓信局通信生養成所を修了して郵便電信業務に従事した。一七年に渡満して郵便局電信部に勤務したが、同年一一月関東庁巡査に転じた。二〇年八月巡査部長に進み、同年一一月判任官試験に合格し警部補となり、公主嶺警察支署保安主任に就いた。その後も勉学に努めて二四年四月普通文官試験に合格し、二六年には東京の警察講習所を修了した。二八年六月警部に昇任し、大連警察署に勤務した。

田場　盛義　▷12

国務院外交部政務司員／新京特別市永楽街／一八九四（明二七）一二／沖縄県国頭郡恩納村／東京外国語学校

一九一七年東京外国語学校を卒業して外務書記生となり、中国各地の日本領事館に勤務した。その後退官し、国際通信社勤務を経て上海日本商務官事務所嘱託となり、中国の通商経済問題の調査に従事した。次いで三三年国務院外交部事務官に転じて渡満し、宣化司、通商司勤務を経て三七年一月政務司に転任した。

太原　要　▷11

満州日報社奉天支社長／奉天富士町／一八八七（明二〇）四／大阪府大阪市北区高垣町／東京外国語学校

旧鹿児島藩士で、大阪府裁判官の太原孝の長男に生まれ、一九〇七年東京外国語学校を卒業した。官吏、実業界を経て新聞記者となり、第一次奉直戦争以後の奉天関係の軍政実情を新聞・雑誌等に執筆しながら中国語と中国事情の研究に従事した。一九年に満州土地建物㈱が創立されると支配人となって渡満し、二一年奉天毎日新聞政経部長に転じて大阪毎日・中外商業の奉天通信員、満州日日新聞中文語版主任を兼任した。二二年満州報主幹、二四年満州日日新聞奉天支社長を経て二八年満州日報社奉天支社長に就いた。

太原吉五郎　▷12

満州興行銀行庶務課副課長、正八位／新京特別市祝町／一八八九（明二二）一二／鹿児島県鹿児島市上竜尾町／鹿児島商業学校

鹿児島商業学校を卒業して朝鮮銀行に入り、以来勤続して大連、営口、遼陽の各支店支配人を務めた。その後三七年一月在満朝鮮銀行支店、満州銀行本支店、天津・青島支店を除く正隆銀行本支店を統合して満州興業銀行が設立されると同行に転じ、庶務課副課長となった。

「田原」は「たわら」も見よ

田原　天牛　▷8

朝鮮人親愛義会職員、北満日報奉天支局員／奉天／一八八三（明一六）五／大分県宇佐郡八幡村

一九〇九年香港に渡って言論界で働き、翌年朝鮮に移って各地の新聞社に勤務した。一六年五月に渡満して大連に駐在した後、一八年四月奉天の内外通信社に入った。一九年六月に退社し、東方調査団に加わってシベリア調査に従事した。二〇年四月奉天に戻り、同年九月赤塚正助奉天総領事の意を受けて奉天朝鮮人協会の分身として朝鮮人親愛義会を設立し、朝鮮人問題の解決と失業者の職業紹介に従事した。かたわら二二年から北満日報奉天支局員として言論活動をし、二五年九月に奉天国粋会を設立して常務幹事となった。筑前琵琶の名手として知られ、奉天琵琶同好会及び旭会奉天分会副会長を務めた。

多比良雅雄　▷12

周済医院長／ハルビン道裡中国一道街／一八九九（明三二）二／長崎県長崎市梅香崎／長崎医学専門学校

長崎県多比良茶松の長男に生まれ、一九二二年長崎医学専門学校を卒業した。その後二四年にハルビン東北防疫処ペスト研究所防疫官となって渡満し、二七年にハルビン道裡で医院を開業した。

田伏　修　▷9

満州特産㈱専務取締役／大連市山県通／一八九二（明二五）三／大阪府北河内郡枚方町

一九一四年三月神戸高等商業学校を卒業し、神戸市の㈴鈴木商店に入った。一六年二月大連出張所に転任して渡満し、輸出係を務めた。一九年八月に退職し、翌月満州特産㈱を設立して専務取締役に就任した。

田淵　藤太　▷12

権太商店チチハル出張所主任／龍江省チチハル竜華路／一九〇八（明四一）八／岡山県英田郡東粟倉村

岡山県田淵秋蔵の四男に生まれ、一九二六年に渡満して奉天の金物商影本商店の店員となった。五年勤務した後、新京の権太商店に移り、三五年一〇月

た

チチハル出張所開設とともに初代主任として赴任し、満鉄チチハル鉄路局開設に伴う用命をはじめ、同地の諸官衙方面に販路を開拓した。

袋布要次郎 ▷10

袋布向春園大連支店主、大連醤油㈱取締役、蓬莱無尽㈱取締役、中央興業㈱取締役、大連土地建物㈱取締役、メリーダンスホール㈱取締役、東亞会館㈱監査役、大連競馬倶楽部理事、浪速町第四区長／大連市西公園町／一八八二（明一五）四／京都府京都市伏見区指物町

旧姓は山本、京都市紀伊郡伏見町の茶商の子に生まれ、家業に従事した後、宇治で向春園を経営する同業の袋布家の養子となった。一九〇七年三月に渡満して大連磐城町に袋布向春園支店を開設し、自家茶園製造の茶と清水焼の茶道具を販売し、在満日本人の嗜好に合わせて顧客を増やした。後に店舗を浪速町に移し、経営のかたわら大連商業会議所常議員を務めたほか各種の事業に関与した。

田部井寅吉 ▷12

満鉄蘇家屯医院婦人科医長、社員会相談部長、蘇家屯警察医嘱託／奉天省蘇家屯赤城町／一九〇二（明三五）六／埼玉県大里郡新会村／東京帝大医学部

埼玉県田部井金十郎の四男に生まれ、一九二九年三月東京帝大医学部を卒業して同大医学部副手となり、附属病院産婦人科に勤務した。その後三五年六月満鉄蘇家屯医院婦人科医長に転じて渡満し、三六年七月論文「濾胞ホルモンニ関スル臨床学的研究」により医学博士号を取得した。

玉井　清輝 ▷12

満鉄鉄道総局調度課員、社員消費組合総代／奉天雪見町／一八八七（明二〇）一二／東京府東京市淀橋区西大久保

一九〇六年七月臨時軍用鉄道監部安奉鉄道班員として渡満し、引き続き野戦鉄道提理部員として鉄道業務に従事した後、〇七年四月の満鉄開業とともに同社入りした。以来各地に勤務した後、長春の吉長鉄路管理局に派遣されて出納股長、用度課長を務め、次いで吉長吉敦鉄路局用度課長、鉄道部経理課勤務を経て呼海鉄路局に派遣され、経理事務の引継業務に従事して会計及び経理を担当した。その後ハルビン鉄路局に転任して経理処用度科長となり、三五年の北鉄接収の際はハルビン倉庫長として接収事務に従事した。北鉄接収後は鉄路総局経理処用度課に勤務し、さらに三六年一〇月鉄道総局調度課に転任した。この間、満州事変時の功により木杯一組を授与され、三七年四月勤続三〇年の表彰を受けた。

玉井　純 ▷12

満鉄ハルビン鉄路局警務処警務科長、正六位勲六等／ハルビン南崗郵政街／一八九二（明二五）五／東京府東京市中野区上町／陸軍士官学校、陸軍戸山学校

陸軍中央幼年学校を経て一九一三年五月陸軍士官学校を卒業し、同年一二月歩兵少尉に任官して歩兵第二二連隊付となった。台湾歩兵第二連隊付を経て一五年に陸軍戸山学校を卒業し、憲兵に転科して熊本憲兵隊付、同副官、東京憲兵隊高等課勤務、同市川分隊長に歴補した。二三年八月憲兵大尉に累進して二六年三月予備役編入となり、その後三四年五月に渡満して満鉄鉄路総局に入り、洮南鉄路局チチハル警務段長、ハルビン鉄路局警務課特務係主任を経て三六年九月の職制改正で同警務処警務科長となった。

玉井　純 ▷11

開業医／大連市西広場／一八九七（明三〇）一一／栃木県上都賀郡足尾町／新潟医科大学

医師の長男に生まれ、一九二二年新潟医科大学を卒業して同大学付属医院眼科に勤務した。その後山梨県立病院眼科に転じたが、大連で開業していた父秀次郎の死亡により二四年四月に渡満し、父の医院を継承した。実弟の栄は満州医科大学に学んだ。

玉井　庶吉 ▷11

写真製版印刷、写真器材販売業／旅順鮫島町／一八八五（明一八）五／岐阜県岐阜市今小町

岐阜県旅館業玉井伊兵衛の次男に生まれ、写真術を修得して一八九九年から東京で引伸専門店を開業した。一九〇六年六月に渡満して大連で写真業を営んだが、母の死によりいったん帰郷した。一一年一二月再び渡満して旅順で写真業を開業した。その後二二年に名古屋にコロタイプ印刷工場を設立して写真製版印刷業を兼営し、二七年には旅順にもコロタイプ印刷工場を設けた。町内会総代、県人会幹事、帝国軍人後援会幹事等を務めたほか、紫水と号して古画の募集を趣味とし、写真家として展覧会等で金銀牌を二八回受賞した。

玉井秀次郎 ▷9

玉井眼科医院主／大連市西公園町／一八七九（明一二）六／栃木県上都賀郡足尾村／済生学舎

愛媛県松山市に生まれ、東京の済生学舎を卒業して本郷区駒込千駄木町で医院を開業した。その後足尾銅山の有志に懇望され、同地に移転して玉井医院を開設して住民の診療に従事し、かたわら郡会議員、町会議員を務めた。一九一六年住民の慰留を押し切って渡満し、大連に玉井眼科医医を開業した。

玉井又之丞 ▷12

奉天高等法院次長／奉天雪見町／一八九五（明二八）二／愛媛県温泉郡粟井村／東京帝大法科大学独法科

一九一九年七月東京帝大法科大学独法科を卒業し、二〇年一一月司法官試補となった。二一年一一月浦和区裁判所検事代理を経て三六年六月判事となり、東京地方裁判所判事及び同区裁判所予審判事を務めた。次いで京都地方裁判所・同区裁判所、甲府地方裁判所・同区裁判所、東京地方裁判所・同区裁判所の各判事を歴任して三五年七月東京地方裁判所部長に累進して退官した。同年八月満州国推事に転じて渡満し、奉天高等法院首席庭長を務めた後、三六年七月審判官となり同次長となった。

玉川　信 ▷11

東洋拓殖㈱社員／ハルビン地段街東拓社宅／一九〇二（明三五）八／茨城県那珂郡瓜連町／茨城県立太田中学校、ハルビン日露協会学校

茨城県農業玉川亀吉の三男に生まれ、一九二二年県立太田中学校を卒業して渡満し、ハルビンの日露協会学校に入学した。二五年四月に卒業して東洋拓殖㈱に入りハルビン支店に勤務した。奉天満鉄検車区長川又政忠の義妹操子と結婚し、静波と号して俳句に親しんだ。

玉川猷太郎 ▷12

玉川洋行主／ハルビン石頭道街／一八九八（明三一）一一／東京府東京市浅草区今戸町

京都の呉服業で働いた後、一九一八年に渡満した。一九年にハルビンに移って雑貨商を営んだが、翌年廃業して同地の正金銀行に勤めた。三二年に銀行を辞め、石頭道街に玉川洋行を興して写真機及び写真材料店を経営した。大連、東京方面から仕入れ、販売のほか現像焼付も引き受け、ハルビン及び北満一帯を販路とした。

玉川　茂吉 ▷11

関東庁技手、土木課勤務／旅順千歳町／一八七七（明一〇）七／山口県玖珂郡灘村／攻玉社工学校土木科

山口県玉川和一郎の三男に生まれ、一八九九年攻玉社工学校土木科を卒業した。長野県庁、岡山県庁に勤務して河川工事に従事した後、一九〇二年京釜鉄道会社に転じて京城方面の鉄道建設工事に従事した。〇五年から韓国政府に勤務したが、一〇年八月の日韓併合とともに朝鮮総督府勤務となり、元山・鎮南浦・城津港の水陸連絡築港工事にあたった。一八年九月、関東庁土木課に転じて渡満した。夫人栄子との間に二女あり、長女初枝は東京女子英学塾、次女千代は京都の同志社女子専門学校に学んだ。

玉置　栄吉 ▷11

弁護士、従六位／大連市西公園町／一八九一（明二四）一一／三重県志摩郡加茂村／明治大学法科

三重県農業玉置喜九四郎の次男に生まれ、一九一三年明治大学法科を卒業した。一九年に司法官試補となり、二一年七月東京地方裁判所検事に就いたが同年一二月台湾総督府法院検察官に転じた。二四年一二月に退官して帰国し、翌年一月から京都市で弁護士業に従事した後、同年八月に渡満して大連で弁護士を開業した。

玉城喜四郎 ▷7

関東庁購買組合主事／大連市錦町／一八七六（明九）七／沖縄県国頭郡今帰仁村／沖縄県師範学校

一八九九年、沖縄県師範学校を卒業した。県下で教職に就いた後、一九一〇年朝鮮に渡り総督府農工商部書記となった。一九年二月関東庁に転じ、関東庁購買組合の開設とともに同組合大連主事に就いた。酒豪で鳴らしたが、薩摩琵琶の妙手としても知られた。

玉城　盛亀　▷11

満鉄孤家子駅助役／奉天省撫順線孤家子／一九〇〇（明三三）一／沖縄県島尻郡大里村／沖縄県立第一中学校

沖縄県農業玉城武士の次男に生まれ、一九一九年県立第一中学校を卒業した。同年五月に渡満して満鉄蘇家屯駅貨物係となり、勤務中二〇年一二月に熊本歩兵第二三連隊に入営し、翌年一一月歩兵伍長として除隊した。帰社して二四年六月奉天列車区車掌となり、二六年三月孤家子駅助役に就いた。

玉置竹次郎　▷4

玉置硝石製造所／大連市出雲町／一八七四（明七）一／岐阜県可児郡帷子村

日露戦後に渡満して珪石の埋蔵豊富と将来の硝子需要に着目し、親戚その他三人の合資で大連市南部の対馬町に硝子製造工場を設立した。間もなく資金と技術力の弱さから出資者が脱落して単独経営となり、悪戦苦闘の末一九〇九年に至って桟橋付近に工場を再興したが、豪雨による浸水で操業不能となり、資金を調達して翌年五月出雲町に移転した。中国人労働者の協力と佐藤組による石炭供給を受けて窮境を脱し、経営が軌道に乗った矢先にペストの流行による原料払底と日貨排斥運動により再び行き詰まった。事情が白仁武民政長官の目に留まり、事業奨励の趣旨で年額五〇〇円の補助金を受けて立ち直った。以後は逐次発展して日本人、中国人六〇人余りの職工を使用し、電気モーターを据え付けて硝子瓶、投薬瓶、切子その他の硝子器具を製造した。長春に分工場を設置したほか、大連市逢坂町の塵芥焼却場跡の大煙突を利用して新工場を設置し、満鮮を通じて随一の生産能力を誇った。

玉木徳次郎　▷11

満州紡績㈱専務取締役／奉天省遼陽西郊外／一八八五（明一八）一／新潟県南蒲原郡三条町／東京高等商業学校専攻部

新潟県呉服商玉木善作の五男に生まれ、一九〇七年東京高等商業学校を卒業して専攻部に進んだ。〇九年に卒業して商学士の資格を取得し、同年富士紡績㈱に入って本店及び工場の経理事務に従事した。二一年八月同社青島工場の設置計画に伴い同工場次長として赴任し、建設が一段落した二四年四月東京本店会計課長に転任した。二五年に会社の推挙で満州紡績㈱事務長となって渡満し、二六年五月支配人、二七年五月専務に就任した。

玉置　豊助　▷11

三井鉱山会社技師／奉天稲葉町／一八八七（明二〇）／福島県相馬郡中村／東京帝大理工科大学化学科

一九一一年東京帝大理工科大学化学科を卒業し、三井鉱山会社に入った。社命により二六年九月に渡満し、以後同社技師として奉天に駐在した。

玉置莱次郎　▷3

三井物産会社大連支店綿類掛主任／大連市神明町／一八八一（明一四）七／兵庫県神戸市熊内町／東京高等商業学校

一九〇五年東京高等商業学校を卒業し、同年三井物産会社に入社した。大阪支店に勤務した後、一二年五月大連支店に転勤して綿類掛主任を務めた。

玉置　龍　▷12

満鉄鉄道研究所員／奉天満鉄鉄道研究所／一九一二（明四五）六／島根県那賀郡浜田町／日露協会学校

島根県玉置啓太の三男に生まれ、一九三三年三月ハルビンの日露協会学校を卒業して満鉄に入った。鉄道部に勤務した後、同年八月新京駅、三四年四月新京列車区、同月新京駅勤務を経て三五年八月奉天省四平街駅構内助役となった。三六年七月新京駅貨物助役となり、三七年一月鉄道研究所に転任した。野球、水泳などスポーツを愛好し、奉天省四平街在勤時には奉天省四平街駅友会運動部副部長及び同体育協会水泳部委員を務めた。

玉田　末吉　▷9

玉田文具店主／大連市浪速町／一八七三（明六）八／京都府京都市下京区池田町

日露戦争直後の一九〇五年九月に渡満し、大連市伊勢町に文具店を開業した。以来堅実な営業方針で地歩を固め、後に目抜き通りの浪花町三丁目に店舗を移し大連屈指の文具店となった。

玉林　従純　▷11

奉天輸入組合理事、勲六等／奉天淀町／一八八一（明一四）三／長崎県南高来郡神代村／東亜同文書院

長崎県玉林水衛の長男に生まれ、一九〇四年三月上海の東亜同文書院を卒業し、直ちに日露戦争に従軍した。〇八年に鉄嶺の中国側交渉局及び知県衙門顧問に招聘された後、大連取引所信託㈱の創立事務に携わり、一三年六月の設立とともに入社した。その後開原取引所の創設に関わり、一六年二月から同所に勤務した。一七年二月朝鮮銀行に転じて奉天、ハルビン等に勤務し、二一年に吉林支店長に就いたが二六年に退社し、二八年三月奉天輸入組合理事に就任した。

玉村　沢吉　▷11

満鉄大連医院医員／大連市榊町／一八八七（明二〇）一〇／東京府東京市深川区御船蔵前町／東京歯科医学校

東京府農業玉村清五右衛門の次男に生まれ、一九〇九年東京歯科医学校を卒業し、同年五月医術開業歯科試験に合格して東京神田で開業した。一三年三月に渡満して満鉄大連医院医員となり、翌年三月営口医院、一六年三月長春医院、一九年遼陽医院勤務を経て二〇年一二月再び大連医院に転任した。

田水虎之助　▷12

満鉄葉柏寿電気段長、社員会評議員、勲八等／熱河省葉柏寿満鉄葉柏寿電気段長局宅／一八九七（明三〇）九／愛媛県西宇和郡二木村／愛媛県立大洲中学校

愛媛県田水利喜松の長男に生まれ、一九一八年県立大洲中学校を卒業した後、一九年八月満鉄に入社した。奉天保線係、安東工務事務所通信区、安東電気区、安東保安区に歴勤して三一年五月奉天保安区遼陽在勤電気助役となった。次いで鉄道建設局に転任し、錦州建設事務所通信班長を経て三五年一二月葉柏寿電気段長となった。この間、満州事変に際し三二年一一月中東鉄道西部及び東部線に通信修理班長として出動して松本第一四師団長より感謝状を受けたほか、勲八等旭日章を授与され、三五年四月勤続一五年の表彰を受けた。

田宮　善三　▷13

国際運輸㈱常務取締役、正八位／大連市長春台／一八九一（明二四）三／京都府京都市下京区西ノ京北聖町／東京高等商船学校

京都府立第一中学校を経て一九一四年東京高等商船学校を卒業し、同年一二月日本郵船会社に入社して海上に勤務した。神戸市の盛興商事に転じて同社船の運転士を務めた後、函館のハウエル商会に転じて通信係、船舶部保険部主任に歴勤し、次いで神戸市の海運業伊地知虎彦商店に転じて営業部主任となった。その後二〇年一一月に独立して海運業を自営したが程なく廃業し、二一年一一月上海の中享洋行船舶部主任となった。二三年一月上海で再び海運業を自営したが一年で廃業し、二四年一月国際運輸㈱上海支店に入った。以来勤続し、大連支店勤務、同支店長代理、営業課長代理、海運課長代理、清津支店長を経て三六年四月海運課長となり、後に常務取締役に就いた。

田村　陸士　▷13

大連船渠鉄工㈱社長／大連市菖蒲町／一八八四（明一七）二／福岡県三井郡金島村／東京帝大工科大学機械工学科

福岡県田村格蔵の三男に生まれ、後に田村直蔵の養子となった。一九一一年東京帝大工科大学機械工学科を卒業して三菱長崎造船所に入り、船舶機関の設計・改修を担当し。一七年九月播磨造船所技師に転じて造機係主任となり、次いで二一年二月神戸製鋼所技師に転じて鳥羽造船工場に約四年勤務した。その後二七年七月工場閉鎖・休職となり、二八年三月満州船渠㈱大連工場長に迎えられて渡満し、三一年九月船渠事業を大連汽船㈱が継承すると同社入りした。三二年六月船渠工場長、三五年一二月船渠部長を歴任した。その後三七年八月大連船渠鉄工㈱として分離独立すると専務となり、三八年社長に就任した。「生長の家」の熱烈な信者で、日常の行動はすべて教祖谷口雅春の教えに照らして実践躬行した。

田村　稲美　▷11

大連第二中学校教諭、正八位、予備歩兵少尉／大連市菫町／一八九二（明二五）一一／高知県高岡郡蓮池村／体操学校

高知県農業田村丑太郎の三男に生まれ、一九一六年日本体育会体操学校を卒業して松本中学校教諭となり、一八年三月福岡中学校に転じた。この間柔道二段に進み、兵役に就いて予備歩兵少尉となった。一九年四月に渡満して大連中学校教諭となったが、二一年に帰国して飯田中学校、広島中学校に勤務した。その後、二四年三月に再び渡満して大連第二中学校教諭に就いた。

田村　音熊　▷11

旅順重砲兵大隊砲兵中尉、従七位勲六等／旅順旧市街金沢町／一八八八（明二一）九／山口県美祢郡大田町／士官学校

山口県農業田村吉蔵の次男に生まれ、一九一一年陸軍士官学校を卒業した。二五年二月砲兵中尉に進み、二七年八月旅順重砲兵大隊付となって渡満した。

田村　勝治　▷12

国務院民政部首都警察庁警務科員、従七位勲六等／新京特別市豊楽胡同／一九〇二（明三五）九／群馬県利根郡桃野村／陸軍砲兵工科学校

群馬県田村喜十郎の三男に生まれ、一九二二年一二月徴兵されて東京の野砲兵第一四連隊に入営し、二四年陸軍砲兵工科学校を卒業した。引き続き軍務に服し、その後憲兵に転科して二一年憲兵練習所を修了し、二五年東京憲兵隊付となった。二八年三月関東憲兵隊撫順憲兵分遣所長となって渡満し、三二年八月奉天憲兵隊本部付に転任して翌月憲兵少尉に任官し、瀋陽警察庁警務科総務股長に転出した。三五年三月警察庁警正に進んで大経路警察署長となり、三六年九月首都警察庁警務科に転任した。この間、満州事変時の功により勲六等旭日章を受け、三七年国都建設紀年式典準備委員会警衛部幹事を務めた。

田村　幸策　▷4

奉天領事館領事官補、従七位高等官七等／奉天／一八八七（明二〇）三／山口県大島郡西方村／山口高等商業学校中途退学

一九〇六年四月、山口高等商業学校を中退した。〇七年八月外務書記生試験に合格して書記生となり、同年九月漢口に赴任したが、翌月シンガポールに転任した。勤務のかたわら地位向上を念として勉学に励み、一〇年一一月文官高等試験に合格して外務属に進んだ。一一年七月取調局勤務となり、一三年六月政務局第二課に移った。次いで一四年一〇月外交官及び領事官試験に合格して領事官補となり、安東に赴任して高等官七等に進んだ。一五年一二月中国国民政府から五等嘉禾章を受け、翌年四月には大正三四年事件の功により下賜金を授与された。一七年六月奉天総領事館に転任し、赤塚正助総領事の補佐役を務めた。

田村　貞一　▷3

大阪毎日新聞記者奉天特派員、正八位／奉天十間房／一八八〇（明一三）八／大阪府大阪市東区船越町／慶応大学理財科

一九〇〇年、大阪府立天王寺中学校を卒業して慶応大学理財科に入学した。〇五年に卒業して大阪毎日新聞社に入ったが、〇七年一月志願兵として入隊した。〇九年に予備陸軍三等主計として復職し、一一年六月奉天特派員となって渡満した。

田村鹿之助　▷8

三光商会主／奉天住吉町／一八六七（慶三）／高知県高知市外旭町

一九〇四年日露開戦とともに高知連隊付御用商人となって渡満し、撫順千金寨に食料雑貨用達商三光商会を開業した。〇九年奉天に移り、松島町で精肉販売店を開業した。二二年住吉町に移転し、新たに奉天市場内に精肉販売部を設け、さらに料理部を開設して「カフェー三光」を兼営した。

田村　詢一　▷14

弁護士／大連市西公園町／一八九五（明二八）二／愛媛県北宇和郡吉田町／日本大学専門部法律科

一九一五年三月、京都市の私立京都中学校を卒業した。その後、二六年九月三一歳で日本大学専門部法律科に入学し二九年一二月に卒業した。三一年度高等文官試験司法科に合格して翌年一月に渡満し、関東州弁護士会に入会して大連で弁護士を開業した。三六年一一月から四〇年一〇月まで大連市会議員を務めた。

田村　次郎　▷12

満鉄鉄道総局付待命副参事、勲八等／奉天満鉄鉄道総局／一八九五（明二八）一一／福岡県八女郡羽犬

塚町／南満州工業専門学校

福岡県田村益三の次男に生まれ、一九一七年南満州工業専門学校を卒業して満鉄に入り技術局に勤務した。同年一一月帰国して兵役に服し、除隊して二〇年二月大連保線区、二一年三月大連工事事務所、二二年九月吉長鉄路局派遣を経て二九年三月遼陽保線区保線助役となった。その後三一年一一月鉄道部工程課、三三年三月吉林建設事務所、三四年一二月鉄道建設局工事課勤務を経て三五年四月新京工務段長となった。三七年三月鉄路局工務処保線課に転勤した後、同年四月副参事に昇任して待命となり、鉄道総局所属となった。長く京図・敦図・図寧・寧佳・林密各線の建設に従事し、満州事変時の功により勲八等旭日章・賜金及び従軍記章並びに建国功労賞を授与されたほか、三二年四月勤続一五年の表彰を受けた。

田村竹次郎 ▷11

大連新聞撫順支局長／奉天省撫順中央大街／一八七九（明一二）一／和歌山県那賀郡西貴志村／和歌山市立徳義学校

和歌山県農業田村徳蔵の長男に生まれ、和歌山市立徳義学校に学んだ。その後軍籍に入り、一九〇七年二月満州独立守備隊第四大隊付となって渡満した。歩兵特務曹長として本渓湖に駐在した後、除隊して大連新聞撫順支局長を務めた。

田村太平次 ▷12

田村工業所主、昭和自動車㈱社長／浜江省牡丹江平安街／一八九六（明二九）八／鹿児島県揖宿郡山川町／高等工業学校

鹿児島県田村太郎八の長男に生まれ、高等工業学校を卒業して朝鮮に渡り、京城の竜山工作㈱に入り後に工場長を務めた。一九二九年に独立して同地で田村工業所を経営した後、三三年に渡満して鉄道橋梁工事に従事した。三五年二月牡丹江昌徳街に店舗を構え、後に平安街に移転して資本金を四万円とし、一〇〇人の従業員を使用した。架橋工事のほか自動車修理、鉄工一般を営業課目とし、鉄路局、軍部、満州炭砿㈱その他を得意先として年請負高一五万円を計上した。釜山高女を経て神戸女学院大学部を卒業した夫人富子との間に三男一女があった。

田村　忠一 ▷3

東来醤園主、営口硝子製造㈱取締役／奉天省営口二官街／一八七九（明一二）二／山口県阿武郡萩町／山口高等中学校中退、蘇州博習書院

山口県田村知輔の子に生まれ、一八九〇年明倫高等小学校高等科三学年を修業して私立萩学校に進んだ。九四年七月に卒業して同年九月山口高等中学校に入学したが翌年退学し、上海に渡って郵便局に勤めた。九七年蘇州の博習書院に入学し、九九年に卒業して農商務省海外実業練習生となり牛荘に赴いた。一九〇二年一〇月から東来醤園の名で醤油醸造業を開始し、かたわら営口硝子製造㈱取締役を務めた。

田村藤兵衛 ▷11

旅順第二尋常高等小学校訓導／新旅順吾妻町／一八九四（明二七）五／愛媛県松山市出淵町／愛媛県師範学校第二部

愛媛県精米業田村岩太郎の三男に生まれ、松山中学から愛媛県師範学校第二部に進んで一九一六年に卒業した。一九年四月に渡満し、旅順第二小学校訓導となった。以来児童の芸術教育に従事し、私生活でも音楽、絵画、文学、演劇を趣味とした。

田村　敏雄 ▷13

大連税関長、従六位／大連／一八九六（明二九）五／京都府天田郡上夜久野村／東京帝大文学部、同経済学部

一九二〇年三月東京高等師範学校を卒業して熊本県第二師範学校教諭となった。その後上京して東京帝大に入学し、在学中の二二年文官高等試験行政科に合格した。二四年三月同大文学部社会学科を卒業した後、さらに同大経済学部経済学科に進み、二五年三月に卒業して大蔵属となり本省理財局に勤務した。預金部資金運用委員会書記、山形、仙台の各税務署長を歴任して三二年七月に依願免本官となり、国務院財政部事務官・税務司国税科長に転出して渡満した。三四年一月硝鉱総局長事務代理を経て同年七月財政部理事官に進み、三五年二月税務司長職務代行、三六年二月免税務司職務代行、同年五月人事科長、同年六月会計科長事務取扱、同年七月国務院総務庁参事官兼大同学院教授等を歴任した。次いで財政部総

務司文書科長、同会計科長兼国務院総務庁企画処に歴勤し、民生振興会議幹事、満州国協和会中央本部委員を務めた。三七年七月通貨省次長に転任した後、中央に復帰して経済部税務司長、民政部教育司長を歴任して四〇年に大同学院の教官となったが、四二年さらに転じて大連税関長に就任した。この間、昭和大礼記念章、建国功労賞、大典記念章、皇帝訪日記念章、勲四位景雲章を受章した。

田村　仙定　▷12

国務院総務庁法制処員、正八位勲七等／新京特別市義和胡同／一九〇一（明三四）四／東京府東京市滝野川区中里／東京帝大法学部法律学科

東京府田村宗一郎の長男に生まれ、第四高等学校を経て一九二八年三月東京帝大法学部法律学科を卒業し、同年四月満鉄に入社した。三一年満州事変に際し関東軍司令部嘱託として出向し、三二年五月に満鉄を退社して国務院法制局参事官に転じ、同年一〇月から三四年七月まで法制研究のためドイツ、イギリスに留学した。三五年一一月国務院総務庁参事官となって法制処に勤務し、三七年二月東辺道復興委員会参与、同年三月民政振興会議幹事を兼務した。満州事変以来、満州国建国に参画して法制整備に従事し、建国功労賞及び大典記念章を授与された。

田村　昇　▷12

満州医科大学予科教授、正八位／奉天稲葉町／一九〇三（明三六）一／東京府東京市浅草区北清島町／東京帝大文学部独逸文学科

田村寅吉の三男として新潟県西蒲原郡松長村に生まれ、後に叔父田村利七の養子となった。開成中学校、第一高等学校を経て一九二八年三月東京帝大文学部独逸文学科を卒業し、同年四月幹部候補生として歩兵第一連隊に入営した。除隊して二九年四月日本大学予科講師となり、同年九月高等学校高等科独語教員免許状を取得した。次いで三〇年四月日本大学予科教授となり、三五年八月満州医科大学予科教授に転じて渡満し、ドイツ語を担当した。

田村松之助　▷11

遼陽警察署翻訳生、勲七等／奉天省遼陽警察署／一八八三（明一六）九／滋賀県甲賀郡三雲村／小学校

滋賀県農業田村太助の次男に生まれ、小学校を卒業して早稲田講義録で独学した。一九〇三年一二月徴兵されて大津の歩兵第九連隊に入隊し、〇四年九月遼陽戦の補充部隊として日露戦争に従軍した。沙河会戦、黒溝台戦、奉天大会戦等に参加し、〇五年一一月に帰国して上等兵に進んだ。〇六年一一月に除隊したが、〇七年二月独立守備隊に編入されて同年四月に渡満した。独立守備隊第四大隊第二中隊に安奉線草河口に駐在して下士に進み、一〇年六月に除隊して関東都督府巡査となった。大連、奉天、本渓湖に勤務するかたわら中国語を修得し、一九年八月通訳事務嘱託として大石橋警察署に転任した後、二五年四月翻訳生となり遼陽警察署に勤務した。

田村　羊三　▷14

大連取引所信託㈱専務取締役、満州化学工業㈱取締役、協和建物㈱取締役、満州棉花㈱董事、大連市会議員、大連商工会議所議員、同工業部委員長、満州特産中央会理事、大連市臨時市政調査委員／大連市台山屯月見ヶ丘／一八八三（明一六）三／東京府東京市本郷区駒込曙町／東京高等商業学校

東京府田村訥の長男に生まれ、一九〇七年七月東京高等商業学校を卒業し、翌月渡満して満鉄に入った。運輸部港務課大桟橋事務所、埠頭事務所勤務を経て一〇年一月イギリスに留学し、欧州各国やトルコを見学して一一年一二月に帰任した。一六年一月長春取引所信託会社が創立されると在社のまま専務取締役に就任し、その後復帰して一八年一月大連鉄道管理局庶務課長、一九年七月運輸部庶務課長兼営業課長を経て二〇年六月ニューヨーク事務所創設のため渡米し、同事務所長を務めた。二三年三月に帰社して審査役となり、中国華北地方の鉄道を視察旅行した後、同年一一月社会課長を経て二五年一二月興業部長に就任し、大連汽船㈱取締役を兼任した。三〇年六月待命となり、大連取引所信託㈱専務取締役に就任し、三六年一一月から四〇年一〇月まで大連市会議員を務めた。

田村　良隆　▷11

建築材料及び鉱石類販売、／大連市越後町／一八八六（明一九）三／広島県高田郡郷野村／県立広島中学校

広島県医師田村貞彦の四男に生まれ、県立広島中学校を卒業した。商業に従事した後、一九〇六年五月に渡満して軍部用達業を営んだが、翌年㈱京都商会に入って二年勤めた。日中合弁の東華公司店員となった後、一〇年に大連で土木建築材料商を独立開業した。一四年に青島戦役が始まると山東省竜口で海軍陸戦隊の酒保を請負い、青島陥落とともに同地を本拠として済南、青州、維県に支店を設けて輸出入商を営んだ。翌年大連に引き揚げ、従来の土木建築材料商を再開した。二〇年三月同志とともに大連工材㈱を創立して常任監査役に就いたが、二四年に辞任して本業に専念した。

田村　亮一 ▷12

大同洋紙店大連出張所長、日本洋紙㈱取締役支配人／大連市楓町／一八九一（明二四）四／群馬県／東亞同文書院

群馬県士族田村六平の長男に生まれ、一九一三年上海の東亞同文書院を卒業して㈱大同洋紙店に入社した。以来勤続し、大連出張所主任となって渡満し、三五年日本洋紙㈱の設立とともに取締役支配人に就任した。

田本辰治郎 ▷12

㈾西松組満州営業所主任／奉天富士町西松組満州営業所／一八九〇（明二三）二／福井県敦賀郡東郷村／中学校

中学校を卒業後、土木建築業界で働いた。その後、西松組に入って二十数年勤続し、満州営業所主任となって渡満した。

多門　登 ▷12

満州電業㈱新京支店営業課長／新京特別市至善路／一九〇五（明三八）二／福岡県京都郡小波瀬村／東亞同文書院

福岡県立豊津中学校を卒業して上海の東亞同文書院に入学し、一九二七年三月に卒業して南満州電気㈱に入り庶務課に勤務した。経理課、電灯課勤務を経て二九年七月重役室勤務、三〇年一二月総務課勤務、三一年九月重役室勤務、三三年一月調査係長に歴勤した。その後三四年一二月南満州電気㈱より電気供給事業を継承して満州電業㈱が設立されると、同社に転出して引き続き同社調査係長を務めた。次いで三六年六月新京支店営業課営業係長を経て三七年四月同営業課長に就いた。

田屋　稔 ▷12

満鉄四平街機関区鉄嶺分区運転助役兼機関士、社員会評議員、勲八等／奉天省鉄嶺花園町満鉄四平街機関区鉄嶺分区／一八九八（明三一）二／山口県厚狭郡高千帆村

山口県田屋又蔵の五男に生まれ、一九一四年四月満鉄に入り大連車輌係となった。一七年に満鉄従事員養成所を修了して機関助手見習となり、撫順車輌係に勤務して機関手に進んだ。一八年一一月在職のまま小倉の歩兵第一四連隊に入営して兵役に服し、二〇年一二月に除隊復職して奉天機関区に勤務した後、機関士として鉄嶺機関区、四平街機関区鉄嶺分区に歴勤して新京機関区運転助役となった。その後三五年三月四平街機関区鉄嶺分区運転助役に転任し、三七年一月機関士兼務となった。この間、満州事変時の功により勲八等瑞宝章及び木杯を授与され、三〇年四月勤続一五年の表彰を受けた。

垂水　晋 ▷8

金竜亭店主／奉天／一八九二（明二五）三／福岡県門司市港町

一九一八年に渡満し、日露戦争後から奉天で料理店金竜亭を経営する父庄太郎を補佐した。同年、建築費一七万円を投じた建坪七五〇坪の楼閣が落成し、大西関から十間房に移転した。一九年に父が死亡した後は母ヱツ子とともに事業を継続して奉天一流の料理店に発展し、奉天三業組合長を務めた。

樽谷百合松 ▷10

満州醤油醸造㈾代表社員／大連市沙河口西町／一八九一（明二四）一二／山口県豊浦郡神田下町

酒造業者の次男に生まれ、郷里の学校を卒業して兄弟と共に家業に従事した。一九一八年に渡満して満州各地を視察した後、大連に満州醤油醸造㈾を設立した。工場建設と仕込みに二年を要したが、二一年頃から製品を売り出して好評を博し、醤油一〇〇〇石、味噌六〇〇樽を年産した。かたわら沙河口仲町に民営酒保を兼営し、沙河口実業会評議員、同西区評議員を務めた。

多和田　寛 ▷12

旅順工科大学教授、従五位勲六等／旅順市札幌町旅順工科大学／一八九八（明三一）七／石川県金沢

市長土堀一番丁／東京帝大工学部応用化学科

第四高等学校を経て一九二三年三月東京帝大工学部応用化学科を卒業し、逓信省電気試験所研究員となった。二四年五月電気試験技師に進んだ後、北海道帝大工学部講師に転じ、後に同大学助教授となった。その後三五年一〇月文部省命で満州国に出張し、三六年九月旅順工科大学教授に就任した。

「田原」は「たはら」も見よ

田原　栄市　▷12

田原洋行㈱代表取締役／大連市仲町／一八九四（明二七）一／岡山県後月郡明治村

幼時に父を亡くし、苦学力行の末に岡山市の旭醤油エキス会社派遣員となって渡満した。その後、大連市沙河口水源地裏手に田原洋行を興して醤油及び甘草エキスの製造業を始め、後に大連市仲町に移転した。後に旭醤油エキス会社が業況不振となって解散すると大連の業務を義弟に委ねて帰国し、岡山の同社工場を田原洋行支店として経営したが挫折し、大連に戻って甘草エキスカラメル、醸造用アミノ酸その他の醸造原料の製造販売と甘草貿易業を営んで業績回復に努めた。三五年一月昭和工業会社田村久八の協力で資本金六万円の株式会社に改組し、引き続き代表取締役として経営に当たった。

田原　悦二　▷12

国務院実業部総務司員、満州国協和会民政部分会幹事／新京特別市建国胡同／一八九九（明三二）八／広島県世羅郡神田村／北京同学会語学校

広島県田原三平の三男に生まれ、一九二四年三月北京同学会語学校を卒業して同地の順天時報社に入社した。その後三〇年三月に退社して同年九月日本国際観光北京分局に入ったが、三二年一一月ハルビン市政警備処に転じて渡満した。ハルビン特別市公署事務官に進んで同署総務処に勤務した後、国務院民政部秘書官に転任して民政部総務司秘書科勤務、同秘書科長代理を歴任した。次いで三七年五月実業部事務官に転任して同総務司に勤務し、実業部秘書官を兼任した。

田原新一郎　▷12

満鉄四平街駅構内助役、勲八等／奉天省四平街南四条通／一八九九（明三二）八／千葉県銚子市竹町

千葉県田原竹松の長男に生まれ、一九一九年一二月徴兵されて中野電信隊に入隊し、二〇年一二月シベリア派遣軍に従軍した。二二年一〇月に帰還して除隊し、二三年七月満鉄に入社して四平街駅に勤務した。以来勤続して三二年三月孟家屯駅助役となり、次いで三三年六月四平街駅構内助役に転任した。この間、満州事変時の功により勲八等に叙された。

田原　晴治　▷9

株式仲買業／奉天省鉄嶺東大街／一八八七（明二〇）一二／山口県美祢郡大嶺村

一九〇七年四月、陸軍運輸部大連支部付雇員となって渡満した。一二年に職を辞し、鉄嶺に移住して株式仲買業を営んだ。

田原禎次郎　▷3

満州日日新聞社主筆兼監査役／大連市山県通／一八六八（明一）一一／山形県西村山郡谷地町／独逸学協会普通科・専修科

宮城県本吉郡津谷村小学校を卒業し、仙台の岡万里翁の家塾で漢学を修めた。上京して芝愛宕下の岡千仭塾、本郷のドイツ語学校、神田の独逸学協会普通科及び専修科に学んだ後、東京で翻訳と著述に従事した。一九〇一年台湾日日新聞に招かれて記者となり、後に編輯長・主筆を務めた。一〇年に渡欧してベルリンに滞在し、ドイツの社会状況を研究した。翌年渡満して満州日日新聞に入って副主筆から主筆に就き、大連新聞記者団幹事を務めた。天南と号し、著書に『膠州湾』『露国の暗黒面』『露国皇室の内幕』『光栄の日本』『西太后』『蒙古征欧史』等がある。

田原　稔　▷12

田原稔商店主、新京賽馬クラブ常務董事／新京特別市富士町／一八八二（明一五）一〇／福岡県糟屋郡名須恵村／福岡県立中学修猷館

福岡県農業田原精一の長男に生まれ、一九〇二年福岡県立中学修猷館を卒業した後、一九一〇年三姓方面で開墾に従事する目的で渡満したが、志を変えて銭鈔や銀行等の金融業に従事し、一二年に同志と図って資本金一〇万円の北満銀行を創立して専務取締役に就いた。その後一七年に同行を解散して長春で特産貿易商を営み、かたわら長春商業会議所議員、区長、満州製油会社監査役等を務めたほか、三二年九月社団法人新京賽馬クラブの設立以来常務董事を務めた。

田原　豊　▷12

奉天日日新聞論説委員長、満州国協和会弘報分会常務員、赤十字社支部参与／奉天日日新聞社内／一八九八（明三一）四／大分県宇佐郡八幡村／師範校予科教員教習所

大分県田原方吉の四男に生まれ、師範学校予科教員教習所を修了して教員を務めた後、一六年五月に渡満して大連の雑誌「大陸」社に入った。次いで「開原新報」編集長、「四洮」新報編集長を歴任し、この間、満鉄の依嘱で『開原と東山地方』『奉天省四平街概要』を著した。その後二二年に奉天日日新聞社に入社し、二三年同紙編集長を経て三七年に論説委員長となった。この間、満州事変時の功により軍士像と従軍記章を授与され、上記の著書の他に『満蒙の謎を解く』及び『聖旗熱河に飜る』『満蒙綺談』等を著した。

丹木　俊雄　▷12

㈱満州弘報協会事業部写真課長事務取扱／新京特別市豊楽路／一九〇四（明三七）一一／岡山県岡山市出石町／東京府立工芸学校中退

神奈川県中郡城島村に生まれ、一九二〇年東京府立工芸学校四年を中退した後、二四年三月日本電報通信社写真部に入った。以来勤続して北京、上海の各支局勤務を経て本社詰となった。その後三五年七月満州国通信社に転じ、三六年九月満州弘報協会の設立と同時に同会事業部写真科長事務取扱となった。この間、三二年一月上海事変に際し現地取材活動をして従軍記章を授与された。

丹治　準六　▷12

満鉄蘇家屯保線区庶務助役、勲八等／奉天省蘇家屯満鉄保線区／一八八六（明一九）五／福島県信夫郡野田村

歩兵第三九連隊に入営して兵役に服した後、一九二一年四月に渡満して満鉄に入り長春工務事務所双廟子保線区に勤務した。次いで長春保線区、奉天省四平街保線区等に歴勤し、三五年八月奉天省四平街保線区庶務助役を経て三七年四月蘇家屯保線区庶務助役となった。この間、奉天省四平街在勤中に社員会評議員を務め、満州事変時の功により勲八等及び従軍記章、建国功労賞を授与された。

丹宗　安一　▷11

公主嶺精米㈱専務取締役、勲七等／吉林省公主嶺花園町／一八八九（明二二）五／佐賀県杵島郡武雄町／佐賀県立小城中学校

佐賀県の醤油醸造業丹宗嘉一郎の次男に生まれ、一九〇九年県立小城中学校を卒業した。一一年に税務官吏となり長崎、大分、東京、福岡の各地に勤務して二四年一二月に退官し、翌年一月に渡満した。同年四月公主嶺精米㈱に入社し、後に専務取締役に就き、公主嶺地方委員会委員を務めた。

丹内　忠義　▷12

日光新聞舗主／龍江省チチハル正陽街／一九〇〇（明三三）一〇／福島県西白河郡三神村／福島県立石川中学校

福島県立石川中学校を卒業して実業に従事した後、渡満して各種の職業に就いた。その後一九三三年八月四平街の日光洋行の支店としてチチハル正陽街に日光新聞舗を開設し、新聞通信販売業を営んだ。

丹野金之助　▷11

丹野明正農場主／旅順市方家屯／一八七三（明六）一／宮城県仙台市連坊小路／東京師範学校

宮城県士族丹野源太郎の長男に生まれ、一八九一年東京師範学校を卒業した。千葉県下の小学校訓導を務めた後、日露戦争直後の一九〇五年一二月、関東都督府官吏となって渡満した。旅順に勤務中、戦跡を弔訪して山間渓谷に自生する桃李や葡萄を見てそれらの栽培可能を知り、資金を稼ぐため退官して質屋業を開いた。一九一二年から着手して果樹園を五町二反歩に広げ、さらに水田四町七反歩と林業地三万坪を経営した。歌を詠み児童と遊戯するのを楽しみとしたが、感ずるところがあって二三年九月から米食を断って自家製のトウモロコシとパンを常食とし、酒・煙草の一切を退けた。

丹野　保次　▷12

大陸科学院研究官／大連市黒礁屯

／一八九四（明二七）一二／宮城県名取郡六郷村／東京帝大医学部薬学科

第二高等学校を経て一九二一年東京帝大医学部薬学科を卒業し、同年七月台湾総督府薬事衛生事務嘱託となった。次いで総督府技師、総督府医院薬局長、台湾中央衛生会委員、摂政宮奉迎準備事務警衛部衛生係、台湾総督府講習会講師を歴任した。三二年国務院民政部技正に転出して渡満し、衛生司勤務を経て三六年八月大陸科学院研究官となったが、同月退官した。

丹　福一　▷12

満鉄新京機関区運転助役、社員会評議員、勲八等／新京特別市平安町／一八九八（明三一）六／愛媛県新居郡橘村

愛媛県丹助次の長男に生まれ、一九一四年四月満鉄に入社して鉄嶺車両係に勤務し、一六年に満鉄従事員養成所を修了した。以来各地に歴勤し、二九年八月長春機関区勤務を経て三三年一一月同運転助役となり、三四年六月から機関士を兼務した後、三六年運転助役専任となった。この間、満州事変時の功により勲八等及び従軍記章、建国功労賞を授与され、三〇年四月勤続一五年の表彰を受けた。

旦　美千与　▷8

普成医院院長／奉天大西関／一八八二（明一五）二／岡山県真庭郡勝山町／東京女子医学専門学校

上京して東京女子医学専門学校に学んだ後、医師開業試験に合格した。一九一四年六月に渡満して満鉄に入り、奉天医院城内分院の産婦人科医師となった。二一年六月に満鉄を退社し、同年七月奉天大西関に産婦人科医院を開業した。

旦　睦良　▷9

㈴福来号代表、満州物産㈱社長、営口印刷㈱社長、遼鞍印刷㈱各社長、営口取引所信託㈱取締役、営口倉庫汽船㈱取締役、営口土地建物㈱取締役、福申銀号㈱取締役、満蒙興業㈱監査役、撫順印刷㈱各監査役、営口商業会議所議長、営口取引所取引人組合長／奉天省営口北本街／一八八八（明二一）三／岡山県真庭郡勝山町／山口高等商業学校

一九〇九年山口高等商業学校を卒業し、同年四月に渡満して営口の小寺洋行に入った。一六年に退社して同地に㈴福来号を組織して綿糸布・諸雑貨輸入業と大豆・豆粕輸出業を経営した。事業の発展とともに大連市山県通とハルビン埠頭区ウチヤストコワヤ街に出張所を設け、満州物産㈱・営口印刷㈱・遼鞍印刷㈱の各社長、営口取引所信託㈱・営口倉庫汽船㈱・営口土地建物㈱・福申銀号㈱の各取締役、満蒙興業㈱・撫順印刷㈱の各監査役に就き、営口商業会議所議長、営口取引所取引人組合長を務めた。

丹　隆一　▷11

公主嶺取引所信託㈱支配人／吉林省公主嶺楠町／一八八六（明一九）七／秋田県秋田市／東亜同文書院

秋田県教員丹宗三郎の長男に生まれ、一九〇七年上海の東亜同文書院を卒業し、同年八月上海樟脳会社に入った。〇九年一二月に退社して翌年一〇月朝鮮総督府営繕課に転じ、一一年二月から京城地方法院通訳生を務めた。一七年七月に退官して満鉄地方事務所に入ったが、二〇年一月公主嶺取引所信託㈱に転じ、後に支配人を務めた。

「千秋」は「せんしゅう」も見よ

千秋穂三郎 ▷3

関東都督府中学校教諭／新旅順日進町／一八七八（明一一）四／静岡県駿東郡沼津町／静岡県師範学校

一八九九年三月静岡県師範学校を卒業し、県下の尋常小学校訓導を務めた後東京高等師範学校に入り、一九〇五年二月本科数物化学部を卒業した。盛岡高等農林学校助教授、盛岡中学校及び愛知兼第二中学校の教諭を歴任し、一〇年四月に渡満して関東都督府中学校教諭に就き、物理化学科主任を務めた。

千賀　博愛 ▷4

義泰洋行主／黒龍江省チチハル／一八八七（明二〇）／福岡県福岡市／県立福岡中学校

旧福岡藩士の子に生まれ、一九〇六年県立福岡中学校を卒業して商業に従事した。一〇年に渡満し、チチハルで食料品雑貨商を開いた。南満から食料品や瀬戸物、大阪からメリヤス類と化粧品類を仕入れ、在住日本人に販売したほか地方の中国商人に卸売りをした。

近森出来治 ▷3

大連高等女学校嘱託／大連市但馬町／一八七三（明六）一〇／高知県高岡郡尾川村／高知県師範学校、東京音楽学校

高知県近森栄之助の子に生まれ、一八九五年三月高知県師範学校を卒業し、上京して同年五月東京音楽学校に入った。九七年七月に卒業して母校の高知県師範学校教諭兼舎監となり、九九年新潟県高田師範学校に転勤し、同校舎監と高田高等女学校教諭を兼任した。一九〇二年和歌山県師範学校に転勤し、同校舎監と和歌山中学校及び和歌山高等女学校教諭を兼任した。日露戦争末期の〇五年五月中国に渡り、直隷省の保定府優級師範学堂教習となった。その後一二年三月から北京で劉氏私設の中国音楽学堂を経営したが、辛亥革命による混乱のため学校を閉鎖し、一四年八月に渡満して大連高等女学校嘱託となり一般洋楽を教授した。

近森　正基 ▷12

大連医院外科部医長／大連市三室町／一八八五（明一八）五／高知県吾川郡弘岡中ノ村／京都帝大医科大学

高知県近森利太郎の長男に生まれ、一九一二年七月京都帝大医科大学を卒業した後、二四年一月論文「慢性胃潰瘍ニ関スル実験的研究」で京大より医学博士号を取得した。その後二五年九月に渡満して満鉄に入り、大連医院に勤務した。二九年に社命で欧米各国に留学して臨床外科学を研究し、帰任後に同医院外科部医長を務めた。観世流謡曲を趣味とし、五十嵐会に属した。夫人連子との間に二男二女あり、長男正文は愛知県立医大、次男正博は東京帝大医学部、長女妙子は日本女子大に学んだ。

千種　峯蔵 ▶14

満鉄地方部衛生課長兼地方行政権調整移譲準備委員会委員／大連市星ヶ浦水明荘／一八九三（明二六）七／秋田県由利郡大正寺村／慶応大学医学部

本姓は別、秋田県由利郡道川村に生まれ、後に同郡大正寺村千種瀬三の養子となった。一九二四年三月慶応大学医学部を卒業し、同大学助手として細菌学教室に勤務した。その後二七年八月に渡満して満鉄に入り、三一年六月論文「除感作ヲ応用セル複合生蛋白ノ抗原分析ニ就テ」を母校に提出して医学博士号を取得し、同年一〇月技師となり地方部衛生課長に就いた。次いで三六年一一月職制改正により参事となり、地方行政権調整移譲準備委員会委員を兼任した。かたわら大連市参事会員、大連都市計画委員会委員、満州衛生委員会委員、関東局移民衛生調査委員会委員、大連医院理事、大連聖愛医院理事、大連三田会長、満鉄社員消費組合理事を務め、三二年一一月大連市会議員に当選して三六年一一月に再選されたが、三八年三月任期中に辞任した。

築瀬　泉 ▷7

満州電気会社員／奉天江ノ島町／一八九〇（明二三）／鹿児島県鹿児島郡吉野村／旅順工科学堂

一九〇八年三月鹿児島県立第一中学校を卒業して渡満し、旅順工科学堂第一期生として入学した。一三年に卒業して本渓湖煤鉄公司に入り、勤続して電気主任となった。その後二〇年に退社し、満州電気会社に転じて奉天営業所に勤務した。

築谷　章造　▷12

浜江省公署警務庁員、勲六等／ハルビン宣化街代用官舎／一八九四（明二七）四／鳥取県西伯郡渡村／泰西学館

一九一三年大阪の私立泰西学館を卒業し、一四年一二月徴兵されて松江の歩兵第六三連隊に入営した。一六年憲兵に転科し、岡山、長春、鉄嶺、安東の各憲兵分隊及び関東憲兵隊本部に歴勤して二二年に憲兵練習所を修了した。三〇年七月憲兵特務曹長に進んで海城憲兵分遣隊長を務め、三一年九月満州事変の勃発とともに奉天憲兵隊付として城北憲兵分隊長代理、洮南及び新民憲兵分遣隊長として戦時勤務に服した。その後三二年三月に退職し、国務院民政部属官に転じて同警務司に勤務した。次いで三三年三月特務科検閲股長に任じられ、出版物・活動写真・フィルム・蓄音器レコードの総合検閲股を創設した。三五年警務庁警正に進んで瀋陽警察庁特務科長を務めた後、三六年九月浜江省公署警正に転任して同警務庁に勤務した。この間、満州事変時の功により勲六等に叙され、建国功労賞及び大典記念章を授与された。

秩父固太郎　▷11

満鉄地方部学務課員／大連市霧島町／一八七六（明九）一一／東京府東京市麻布区我善坊町／東京帝大工科大学

東京府海軍軍医の家に生まれ、一九〇四年七月東京帝大工科大学助手となったが、同年一一月中国四川省彭県の高等小学堂及び中学堂教習に招聘された。〇七年三月に帰国した後、一二年九月に渡満して満鉄に入り瓦房店小学校訓導、熊岳城分教場特別学級主任、満鉄教員講習所講師、教育研究所講師、南満州工業学校教諭、満州教育専門学校教授、学務課視学委員、関東庁視学委員嘱託等を歴任した。

千々和正彦　▷11

開原満州電気㈱支配人／奉天省開原付属地大街／一八八〇（明一三）九／福岡県遠賀郡島郷村／関西商工学校本科土木科

福岡県官吏千々和正虎の長男に生まれ、関西商工学校本科土木科を卒業して大阪逓信局工務課工手となった。一九〇七年三月に渡満して営口水道電気㈱技手となり、一二年一一月に退社して大連で商業に従事した。一四年に開原満州電気㈱が創立されると同社に入り、二五年一〇月支配人に就いた。

茅野　三郎　▷12

奉天税務監督署安東出張所長／奉天税務監督署安東出張所／一八九五（明二八）五／茨城県新治郡真鍋町

旧姓は朝岡、一九三七年四月茅野に改姓した。一九一五年一二月判任官任用試験に合格し、一六年一一月税務署属となった。北条、忍、品川、都留、浦和の各税務署に歴勤した後、二四年一一月東京税務監督局勤務、二八年一〇月川崎税務署間税課長、三一年一二月品川税務署間税課長を歴任した。その後三二年一一月に依願免本官となり、国務院財政部税務監督署事務官に転出して渡満し、吉林税務監督署監察科長となった。次いで三五年九月税務監督署理事官に進み、三六年三月奉天税務監督署安東出張所長に就いた。

千葉　佳七　▷12

満州化学工業㈱用度課消費組合主事／大連市外甘井子中町／一八九六（明二九）二／広島県安芸郡海田市町／早稲田大学政治経済学部経済科

広島県千葉雄之助の七男に生まれ、一九二六年早稲田大学政治経済学部経済科を卒業して浅野物産大阪支店建材部に勤務した。二七年東京の日英醸造㈱に転じた後、二九年に退社し、三〇年から樺太名好郡名好村で㈾千葉商店を開業して食料品雑貨商を営んだ。その後三三年五月に満州化学工業㈱が創立されると同社入りし、後に用度課消費組合主事となった。一九二三年に渡満し旅順高等公学校長を務めた横佩章吉の妹ゆかりを夫人とした。

千葉　蔚　▷11

満州自動車運輸㈱専務取締役／奉天千代田通／一八八三（明一六）四／宮城県登米郡上沼村

宮城県農業千葉重蔵の次男に生まれ、小学校教員をしていたが関東都督府巡査を志望し、一九〇六年八月に渡満した。大石橋、遼陽等に勤務して一四年四月警部補となり、奉天警察署に転任した。一九年五月に退官して東三自動車㈱支配人となり、次いで満州自動車運輸㈱に転じて専務取締役に就いた。かたわら奉天城内に㈾柏野銀号を組織して代表社員となり、両替業及び奉天取引人として公興銀号を経営した。熱心な日蓮主義者で、同郷の婦人ちゑみとの間に三男六女があったが長男・次男・長女・次女・六女は夭折した。

千葉 胤信 ▷12

満鉄錦県鉄路局産業処殖産科長、社員会評議員／錦州省錦県鉄路局産業処／一八九六（明二九）三／東京府東京市赤坂区青山南町／早稲田大学商科

一九一九年三月早稲田大学商科を卒業し、同年九月満鉄に入り地方部庶務課に勤務した。遼陽地方事務所、遼陽地方区勤務を経て大石橋地方区地方係主任、大石橋地方事務所地方係長、安東地方事務所に歴勤して公主嶺地方事務所地方係長となった。次いで奉天地方事務所勤務、同所地方課勤務、奉天鉄路局総務処付弁事員、同局産業処殖産科長に歴任し、三六年九月副参事に昇任して錦県鉄路局産業処殖産科長に就いた。この間、三五年四月勤続一五年の表彰を受けた。

千葉 豊治 ▷12

満鉄産業部事務嘱託、亜細亜貿易㈱取締役、大連模範共同果樹園組合専務理事、満州棉花栽培協会理事、満州果実輸出販売組合理事、関東州庁方面委員、関東州庁社会教育委員／大連市星ヶ浦／一八八一（明一四）一二／宮城県志田郡古川町／早稲田大学政治経済科、カリフォルニア大学

宮城県商業千葉慤治の三男に生まれ、宮城県農業学校を卒業して上京し、一九〇五年早稲田大学政治経済科を卒業して東京毎日新聞社に入った。〇六年六月同社通信員としてアメリカに渡り、カリフォルニア大学で農業経済学を専攻し、かたわら〇九年から法学博士米田実と共にサンフランシスコの日刊紙「日米新聞」の編集に携わった。次いで一五年にカリフォルニア州中央農会を創立して理事長となり、さらに同中央産業組合、日米莓耕作者組合、南北連合野菜耕作者組合、太平洋米作者組合、日米人生産販売組合等を組織して組合長や理事に就き、一八年六月から㈱桜府日本銀行取締役を兼務した。二〇年三月米国の排日問題について陳情するため帰国し、同年再び渡米して排日防止運動に参画したが、二一年一〇月一切の職を辞して帰国し、朝鮮総督府及び満鉄の委嘱で華北、満州、シベリアの農牧資源開発に関する調査に従事した。その後二二年八月から満鉄嘱託として満蒙の経済調査と邦人農業者創設事務を担当し、後に産業部嘱託となった。かたわら亜細亜貿易㈱、大連模範共同果樹園組合、満州棉花栽培協会、満州果実輸出販売組合等の理事・役員を務めた。『排日問題梗概』『日米移民問題』『日本人口食糧問題と満蒙経綸』『満州の気象と乾燥農業』『満州農業の特質と日満農業の比較研究』『満州に於ける日本の地位』『日本の対満政策と国際政治の基調』等多数の著書がある。夫人弘子は東京女子学院を卒業してカリフォルニア大学で英文学を二年研究し、長男皓は東京帝大政治科を卒業して外交官となり、長女と次女は共に東京女子大を卒業した。

千葉 宗正 ▷12

満鉄ハルビン警務段長、従七位勲七等／ハルビン濠陽街／一八八八（明二一）七／香川県木田郡古高松村／法律専門学校

香川県千葉暁順の三男に生まれ、法律専門学校を卒業した後、一九〇八年一二月徴兵されて丸亀の歩兵第一二連隊に入営した。除隊後、一六年五月に渡満して関東都督府巡査兼外務省巡査となり、安東警察署に勤務した。二一年八月関東庁警部補兼外務省警部補に進んで奉天に在勤した後、小崗子警察署勤務を経て二九年一二月関東庁警部となり、大連、長春、撫順の各警察署及び関東庁刑事課、安東警察署に歴勤して普蘭店警察署長となった。三六年七月関東局警視兼外務省警視に累進して鉄嶺警察署長に就いた後、三七年二月に依願免官して満鉄ハルビン警務段長兼三棵樹警務段長に転じ、後に専任ハルビン警務段長となった。

千葉八十四 ▷12

満鉄総裁室福祉課員／大連市東公園町満鉄本社／一八九九（明三二）九／岩手県東磐井郡折壁村／明治大学法科専門部

一九二四年明治大学法科専門部を卒業して鉄道省公認の教化社会事業団鉄道青年会に勤務し、三三年同主事となった。三五年九月満鉄に転じて渡満し、新京地方事務所に勤務した。次いで四平街地方事務所に転勤して社会主事となり、三六年一二月総裁室福祉課に転任した。

千葉良一郎 ▷11

マンヂュリア・デーリーニウス営業部長／大連市淡路町／一八九八（明三一）一二／岩手県江刺郡岩谷堂村／岩手県立盛岡中学校

岩手県公吏千葉良治郎の長男に生まれ、一九一七年県立盛岡中学校を卒業して帝国製麻㈱に入り札幌に勤務した。二〇年に退社し、英字紙「マンヂュリア・デーリーニウス」復活に際し渡満して同社に入った。その後営業部長に就き、二六年五月から二七年八月まで英字新聞の調査研究のため華南及び欧米を歴遊した。三二年に退社し、ハルビン特別市公署理事官に転じた。

千葉臨次郎 ▷11

大連大広場小学校事務員、勲七等／大連市紅葉町／一八七三（明六）七／岩手県鍬ヶ崎町／陸軍教導団工兵科

岩手県官吏千葉徳太郎の次男に生まれ、一八九五年陸軍教導団工兵科を卒業して台湾に勤務した。軍籍離脱後、一九一一年七月に渡満して商業を始めたが失敗し、旅順要塞司令部の傭人となった。その後一九年に鞍山で貸家業を始めて再び失敗し、大連民政署の傭人となった。二一年満鉄に入り、大連大広場小学校事務員となった。

千村　春次 ▷11

千村商店主、勲六等／大連市伊勢町／一八七〇（明三）二／広島県福山市／小学校中退

山口県都濃郡徳山町の長西栄次の次男に生まれ、広島県千村左吉の養嗣子となった。小学校を中退して商業に携わったが、一八九四年日清戦争に際し徴用されて軍需品輸送船の事務長を務め、後に勲六等を受けた。九六年賀田組に入って大阪に在勤した後、九九年から台湾に赴任した。一九〇四年に日露戦争が始まると、賀田組を辞めて帆船で輸送用達に従事した。〇六年三月以来大連で金物商を経営し、かたわら㈾大正牧場の代表社員を務めた。夫人すゑとの間に二男七女があったが女子三人は死亡し、次女重子は津田英学塾、七女操子は女子大学に進んだ。

茶谷栄治郎 ▷11

奉天省四平街取引所信託会社専務取締役、従六位勲六等／奉天省四平街東陸街／一八七二（明五）八／山口県美祢郡大嶺村／山口黒城塾

山口県農業茶谷多治郎の長男に生まれ、一八八九年山口黒城塾を卒業して山口県郡書記となった。下関市書記、北海道庁属、朝鮮総督府属、同府島司兼警視、同郡守等を経て一九二一年二月に渡満して満鉄に入った。瓦房店地方事務所長、公主嶺地方事務所長を歴任して満鉄を辞め、奉天省四平街取引所信託会社専務取締役に就いた。三一年に退任して奉天省四平街で農場を経営し、奉天省四平街実業協会会長を務めた。

茶谷　茂 ▷12

大連市立協和実業学校長、正六位勲六等／大連市聖徳街／一八九〇（明二三）七／兵庫県明石郡林崎村／東京高等師範学校本科英語科

兵庫県御影師範学校を卒業して郷里の林崎第一尋常高等小学校訓導を務めた後、東京高等師範学校に進んだ。一九一六年に同校本科英語科を卒業して富山中学校、神戸第一中学校、第二岡山中学校の各教諭を歴任した。その後二六年六月関東庁に出向を命じられて渡満し、旅順第二中学校教諭兼生徒監、大連弥生高女教諭を経て三五年四月大連市立協和実業学校長となった。

茶谷　勇吉 ▷12

関東高等法院覆審部長／旅順市柳町／一八九二（明二五）八／愛知県知多郡半田町／京都帝大法学部英法科

愛知県知多郡河和町に生まれ、愛知県第二師範学校を卒業して知多郡西浦第二小学校、同郡常滑小学校、同郡実業補習学校、同郡成岩小学校に歴勤した。その後、京都帝大法学部英法科に入学し、一九二三年に卒業して司法官試補となった。次いで二五年に判事となり、大阪地方裁判所兼同区裁判所予審判事、大阪地方裁判所判事を歴任した後、三六年四月関東法院判官に転任して渡満し、高等法院覆審部長を務めた。

「中馬」は「なかうま」も見よ

中馬　正雄 ▷12

満鉄奉天機関区運転主任、社員会評議員、社員会青年部副部長、奉天鹿児島県人会幹事、勲八等／奉天紅梅町／一八九四（明二七）二／鹿児島県日置郡上伊集院村

鹿児島県中馬季秋の次男に生まれ、一九一二年一一月鹿児島建設事務所に入った。その後一六年五月に渡満して満鉄に入り、長春車両係、公主嶺車両係、四平街機関区点検助役、長春機関区点検助役、奉天機関区運転助役、同点検助役、奉天鉄道事務所に歴勤して三五年三月奉天機関区運転主任となった。この間、三二年四月勤続一五年の表彰を受け、満州事変時の功により勲八等及び従軍記章、建国功労賞、皇帝訪日記念章を授与された。

中馬　龍造 ▷3

東瀛大薬房主、遼陽銀行取締役、牛荘居留民団行政委員／奉天省営口永世街／一八七八（明一一）五／兵庫県川辺郡尼崎町／京都薬学校

旧姓は山根、兵庫県養父郡八鹿町に生まれ、中馬泰造の養子となった。京都薬学校を出て一八九六年薬剤師試験に合格し、神戸及び姫路の公私立病院で薬局長を務めた。一九〇二年露領ウラジオストクに渡り薬局開設を計画したが許可されず、同地の森病院に勤めながらロシア語を学び、翌年夏からシベリア各地を商業視察した。沿海州のニコリスクに滞在中、日露開戦となってロシア官憲に拘束され、欧露・ドイツを経由して〇四年一二月に帰国した。戦中の〇五年一月に渡満して営口で薬局を開業し、かたわら遼陽銀行取締役、牛荘居留民団行政委員を務めた。

長　次郎吉 ▷6

浪速館主／大連市浪花町／一八八〇（明一三）／福岡県三池郡銀水村

二四歳の時から郷里で土木建築請負業を営んだが、八年後に剣道武具の製造販売業に転業した。県下の中学校や師団に納入して繁盛したが、一九一八年に店を長女の婿養子に迎えた又七に譲って渡満した。大連市吉野町に料理屋「たつの家」を開業し、かたわら活動映画常設館の宝館を兼営した。二一年に経営不振に陥った浪速町三丁目の浪速館を浅沼定之助から譲り受け、宝館を売却して浪速館の経営に専念し、日活特約館として満鮮キネマ興行界を代表する活動常設館とした。

長　久美 ▷12

満州炭砿㈱北票炭砿長、北票日本人居留民会長、北票満州国協和会顧問兼満州国協和会満炭北票分会長、北票在郷軍人分会長、従七位勲六等／錦州省朝陽県北票満炭北票炭砿長社宅／一八九六（明二九）一〇／福岡県糟屋郡大川村／旅順工科学堂採鉱冶金学科

福岡県長海次郎の長男に生まれ、県立中学修猷館を卒業して渡満し、一九二〇年旅順工科学堂採鉱冶金学科を卒業した。二一年一月満井鉱山㈱に入って工手となり、以来勤続して工手長事務取扱、工手長心得を経て工手長となった。三五年一月錦州省の北票炭砿(股)採炭課長に転じて渡満し、同年一一月同所が満州炭砿㈱に編入されると同社技師として北票炭砿長に就いた。この間、三二年の第一次上海事変に際し攻城重砲第一連隊に属して従軍し、勲六等瑞宝章を授与された。

長命　保 ▷12

長保百貨店主、ハルビン商工会議所議員／ハルビン石頭道街／一八九八（明三一）四／長野県埴科郡松代町／大連商業学校中退

一九一〇年郷里の尋常小学校を卒業して朝鮮京城の奥田商店に入り、大連支店勤務となって渡満し、勤務のかたわら大連商業学校に学んだが一三年に中途退学した。その後二〇年三月に奥田商店を退店し、同年六月大連に長保羅紗店を開業した。次いで三三年九月資本金六万円でハルビンに長保百貨店を開設し、本店を大連、出張所を佳木斯に置いて和用品雑貨類の販売業を経営した。

塚川 光蔵 ▷11

満鉄大連鉄道事務所電気区員／大連市白金町／一八八六（明一九）二／熊本県玉名郡賢木村

熊本県農業塚川庄作の四男に生まれ、一九一一年に渡満して関東都督府逓信局に入った。一八年に退職して満鉄に転じ、大連鉄道事務所電気区に勤務した。

塚越 保 ▷12

大満州忽布麦酒㈱董事／ハルビン買売街大満州忽布麦酒㈱／一八九五（明二八）八／東京府東京市中野区沼袋町／東京帝大農学部農芸化学科

群馬県群馬郡伊香保町に生まれ、一九二三年三月東京帝大農学部農芸化学科を卒業した後、日仏製糖会社サイゴン農場長、東京果糖会社取締役、森永製菓会社役員を歴職した。その後渡満してハルビンの大満州忽布麦酒㈱技術部長となり、同支配人を経て三六年八月董事に就任した。

塚沢 正雄 ▷11

塚沢歯科医院主／旅順市敦賀町／一八七七（明一〇）二／三重県安濃郡安濃村／東京歯科医学院

三重県農業塚沢伍十郎の次男に生まれ、一九〇四年四月東京歯科医学院を卒業し、同年一一月医術開業免状を取得した。大原博士の門に入って実地研究に従事した後、〇六年五月陸軍省高等雇員となって渡満し、関東都督府陸軍軍医部付となった。同年一〇月旅順のロシア赤十字病院が日本赤十字社に移管される際、軍医部長の下で病院開設の準備作業に従事し、開院以後は歯科部主任・治療主幹を務めた。〇九年五月旅順医院を退任し、同年六月から敦賀町で歯科医院を開業し、かたわら関東州歯科医師会副会長・会長を歴任した。三重高女出身の夫人浅江との間に四女あり、いずれも旅順高女を卒業した。

塚島 道代 ▷12

大豊洋行主／龍江省チチハル承安大街／一九〇〇（明三三）一／佐賀県藤津郡浜町

早くから渡満して一九一七年夫と共にチチハルで医療器械・薬品販売業を開業し、夫の没後に事業を継承した。満州事変後に店舗を新築し、上記品目以外に化粧品、石鹸、小間物、ハンカチ、タオル、履物、裁縫具、半襟、帯留め、靴下、足袋、袋物、金物、蒲団等を販売した。

塚瀬 錦之助 ▷11

満鉄工務課管理係主任、勲八等／大連市但馬町／一八八六（明一九）九／東京府東京市四谷区南伊賀町／工手学校

東京府商業塚瀬金太郎の長男に生まれ、一九〇三年工手学校を卒業して逓信省鉄道局に入った。日露戦中の〇五年四月、臨時鉄道大隊軍属として渡満した。〇七年四月の満鉄開業とともに入社し、本社、瓦房店、蘇家屯の各保線区に勤務した。二〇年に本社工務課に転任して管理係主任となり、近江町区長を務めた。

塚田 清 ▷11

満州銀行撫順支店支配人／奉天省撫順中央大街／一八八八（明二一）八／東京府東京市四谷区忍町／大倉商業学校

一九〇八年大倉商業学校を卒業して朝鮮殖産銀行に入り、一四年朝鮮銀行に転じた。二四年一二月に渡満して満州銀行に入り、翌年撫順支店支配人に就いた。

塚田 信一 ▷12

満鉄ハルビン站構内助役／ハルビン大直街／一八九七（明三〇）六／茨城県真壁郡新治村／中学校

茨城県塚田保三郎の四男に生まれ、一九一四年中学校を卒業した後、二〇年一一月に渡満して満鉄に入り撫順駅に勤務した。二八年一〇月蘇家屯駅に転勤し、三三年五月事務員に昇格して三四年一一月同駅助役となり、三五年六月ハルビン站構内助役に転任した。この間、満州事変時の功により木杯と従軍記章を授与され、三六年四月勤続一五年の表彰を受けた。

塚田美能里 ▷11

南満州電気㈱安東支店営業係主任／安東県七道溝／一九〇一（明三四）四／鳥取県西伯郡名和村

鳥取県塚田菊男の三男に生まれ、一九一七年一月一五歳の時に渡満して満鉄安東電灯営業所に入った。二六年五月満鉄電気作業所から南満州電気㈱が分離独立すると同社安東支店に勤務し、二七年一二月営業係主任となった。

塚野　昇 ▷12

満鉄大荒溝站長／間島省汪清県大荒溝站長局宅／一八九〇（明二三）一二／宮城県宮城郡岩切村

一九〇七年朝鮮総督府鉄道局に入り、平沢駅に勤務した。以来勤続して竜山駅、草梁駅、新安州駅、南大門列車区、草梁列車区、釜山列車区に歴勤し、この間鉄道局従事員教習所電信科を修了した。次いで伊院駅助役、釜山駅構内助役、同事務助役、草梁駅助役、鎮海駅助役、三浪駅助役、農城駅長、穏城駅長、豊利駅長、黄坡駅長を歴任し、三三年一〇月満鉄への経営委託とともに同社員となり、三五年六月北鮮鉄路管理局黄坡在勤を経て同年七月図寧線大荒溝站長となった。

塚原懿智二 ▷11

満鉄大連鉄道事務所電気区長／大連市桂町／一八九六（明二九）五／山梨県中巨摩郡三恵村／東京帝大工学部電気科

山梨県塚原開太郎の七男に生まれ、一九二二年東京帝大工学部電気科を卒業し、同年五月に渡満して満鉄運輸部線路課に勤務した。二三年の職制改正とともに鉄道部計画課付となり、二七年に電気課が分立すると同課に勤務したが、同年一一月大連鉄道事務所に移り電気区長を務めた。

塚原　喜助 ▷12

浜江省公署総務庁計理科長／ハルビン馬家溝代用官舎／一八九七（明三〇）九／香川県大川郡長尾町／木田農林学校

香川県立木田農林学校三年を修了した後、一九一五年六月高田商会に入った。一七年一一月兵役のため退社し、翌月丸亀の歩兵第一二連隊に入営して一九年一一月陸軍計手認定証と善行賞を授与されて満期除隊した。二〇年一月に渡満して関東庁雇員となり、金州民政署普蘭店支署に勤務した後、関東庁臨時戸口調査委員を務めた。二二年八月文官普通試験に合格して同年九月関東庁属となり、以来金州民政署普蘭店支署、同署貔子窩民政支署、金州民政署、関東庁専売局に歴勤した。三三年九月国務院民政部属官に転じ、総務司経理科に勤務し、三四年一二月浜江省事務官に転任して総務庁経理科長に就き、後に理事官に昇任した。長崎県人で旅順ホテルを経営する中尾半太郎の長女ハヤを妻とした。

塚原俊一郎 ▷12

満鉄チチハル鉄路局運輸処自動車科長／龍江省チチハル鉄路局運輸処／一八九七（明三〇）七／大阪府中河内郡久宝寺村

塚原昌太郎の長男として奈良県南葛城郡御所町に生まれ、一九一四年一月鉄道院神戸鉄道管理局大阪機関庫に就職した。一時退職して再び鉄道院に入り神戸鉄道管理局道場駅、西部鉄道局京都在勤列車乗務見習を経て鉄道省雇となり、一六年に鉄道院西部地方教習所業務科、二〇年に同所英語科を修了して西部鉄道管理局京都在勤車掌、神戸鉄道管理局福知山在勤車掌、同豊岡駅助役、同京都在勤、同運転課列車掛書記に歴勤した。次いで鉄道属に進んで運輸局配車課、監督局陸運課勤務を経て鉄道局書記に累進して大阪鉄道局梅田駅貨物掛となった。その後三四年一月満鉄に転出して渡満し、鉄路総局運転処自動車科弁事員を経て同年六月洮南鉄路局運転処自動車股長となり、三五年七月チチハル鉄路局に改称後、同年一一月同局運輸処自動車科長となった。

津上　善七 ▷11

日満通信社長、勲八等／大連市佐渡町／一八八二（明一五）一〇／佐賀県西松浦郡伊万里町／明治大学法科専門部

佐賀県津上末吉の次男に生まれ、父の死亡により母と共に分家した。一九〇四年明治大学法科専門部し、陸軍砲兵補充輸卒として日露戦争に従軍した。一一年九月に渡満して大連の満州日日新聞社に入り、政治部担当記者となった。一八年一〇月から二〇年まで長春支局長を務め、その後本社編集局外交部長に就いたが、二一年一〇月に退社して日満通信社を設立した。経営のかたわら大連記者協会幹事、満蒙研究会常任理事を務めたほか、二五年八月から開催された大連勧業博覧会の評議員及び協賛会相談役を務めた。編著書に『満蒙問題と支那研究』がある。夫人ツヤ子は大分県女子師範学校を出て日本体育会体操学校高等科に学び、渡満後は大連市立高等女学校教諭を務めた。

津上　延治 ▷12

大連窯業㈱社長、南満州硝子㈱取

締役／大連市光風台／一八七九（明一二）二／福岡県糸島郡北崎村

福岡県津上延蔵の長男に生まれ、一九〇四年日露戦争に召集され、第三軍に属して旅順攻囲戦に参加し、戦後は旅順の経理部に勤務して会計事務に従事した。除隊後〇七年四月、満鉄開業とともに同社入りして撫順炭砿会計課に勤務した。以来歴勤し、一八年五月鞍山製鉄所の創設とともに同所経理課会計主任を務めた後、二〇年二月本社会計課に転任して二二年商工課監理係主任となった。三〇年参事に昇格し、興業部、総務部に勤務した後、三一年満鉄傘下の大連窯業㈱取締役に転出し、後に同社長に就いて南満州硝子㈱取締役を兼任した。夫人とし子との間に三男あり、長男は東京帝大、次男は静岡高校、三男は慶応大学に在学した。 ▷12

塚本 健吉

博集印刷所主、チチハル居留民会第二区副区長／龍江省チチハル余楽胡同／一九〇四（明三七）七／東京府東京市下谷区竜泉寺町

横浜で長く貿易業に従事し、満州事変後の一九三二年に渡満してチチハル民会書記となった。「竜江日報」営業主任に転じた後、余楽胡同に博集印刷所を興してポスター・和洋帳簿類の活版・石版印刷と製本業を経営した。 ▷8

塚本千之助

山邑酒造㈱奉天出張所主任／奉天／一八九三（明二六）八／兵庫県武庫郡御影町

一九〇五年「桜正宗」醸造元の山邑酒造㈱に入り、大阪支店に五年勤務した後、東京、京都、京城の各地に転勤した。一九年一二月、満州総発売元の奉天出張所主任となって渡満した。 ▷12

塚本他美雄

塚本薬房主、奉天薬業組合評議員／奉天平安通／一八七九（明一二）一二／石川県金沢市新竪町／石川県師範学校講習科

石川県塚本隆の長男に生まれ、中学校三年で中退した後、石川県師範学校講習科を修了して県下の小学校訓導を務めた。その後一九〇七年に渡満して満鉄の開業とともに同社入りし、安東、熊岳城、四平街、開原の各満鉄医院に勤務した。二三年七月に満鉄を退社し、妻ひな子が内職として営んでいた塚本薬房の経営に専念した。長男秀雄は満鉄錦県鉄路局に勤務した。 ▷7

塚本貞次郎

大連海上火災保険㈱取締役、大連汽船㈱社長、大連商業会議所副会頭／大連市桜町／一八七二（明五）九／宮崎県東臼杵郡延岡町／慶応義塾大学部理財科

一八九七年、慶応義塾大学部理財科を卒業して三井物産会社に入った。本店に勤務した後、門司、香港、マニラ、長崎、ロンドン等の各支店勤務を経て大連支店詰となって渡満した。一九一四年五月三井物産を退社して大連汽船㈴総支配人に転じ、一五年一月株式会社に改組されると社長に就いた。大連海上火災保険㈱取締役を兼務し、二五年七月大連商業会議所副会頭に就任した。 ▷12

塚本 寛

㈶大連医院耳鼻科医長／大連市山城町／一九〇〇（明三三）一一／岡山県小田郡稲倉村／京都帝大医学部

神戸市下沢通に生まれ、一九二五年三月京都帝大医学部を卒業して満鉄に入り、大連医院耳鼻科に勤務した。以来同院に勤続し、二九年四月同医院の財団法人への改組と同時に耳鼻科医長に就き、同年六月論文「音叉ニ関スル研究」により京都帝大より医学博士号を取得した。 ▷9

塚本 丸治

裕和糧桟主／吉林省公主嶺市場町／一八八四（明一七）五／佐賀県西松浦郡波多津村

一九〇六年一二月に渡満して営口の裕和盛号に入り、その後開原支店の開設とともに同支店に勤務した。〇八年に独立して同地で裕和糧桟を開業し、一二年に郭家店に移転した。一五年に公主嶺に支店を開設し、一八年に本店を公主嶺に移した。本支店とも石雲峰、楊燦然の両人に営業させ、満鉄沿線で同業を営む日本人の中で初めて純中国式の経営をして好成績を上げた。 ▷11

塚本 良禎

満鉄長春医院長兼医長、医学博士／長春常磐町／一八八五（明一八）一一／静岡県田方郡上狩野村／京都帝大医科大学

静岡県の医師の子に生まれ、一九一一

年京都帝大医科大学を卒業した。同大学副手を務めた後、一二年八月に渡満して満鉄安東医院外科医長となった。一九年鉄嶺医院長に昇任し、二三年から一年間母校の京都帝大で研究に従事した。二六年五月鞍山医院長を経て二八年一二月長春医院長に就き、医長を兼務した。この間、欧米各国に一年半出張して外科学を研究した。

津川　哲三　▷11

満鉄撫順炭砿経理課予算係主任／奉天省撫順北台町／一八九二（明二五）四／静岡県静岡市新通／県立静岡中学校

静岡県津川房保の次男に生まれ、一九〇九年県立静岡中学校を卒業し、同年一〇月に渡満して満鉄に入った。撫順炭砿に勤務し、後に経理課予算係主任を務めた。

築島　信司　▷12

国際運輸㈱専務取締役／東京市渋谷区穏田／一八八二（明一五）六／広島県広島市江波町／東京帝大法科大学独法科

広島県醤油醸造業築島喜一の長男に生まれ、一九一一年東京帝大法科大学独法科を卒業して満鉄に入り運輸課に勤務した。一九年総務部交通課長次席、同年七月管理局営業課長、二二年三月運輸部旅客課長、二四年三月地方部長を歴任し、二七年社長室勤務を経て参事に昇格して炭砿部次長となった。この間、鉄道業務研究及び未開地開発に関する調査のため二回にわたり欧米各国に出張した。次いで三一年七月に退職し、国際運輸㈱専務取締役に就任して満鉄傍系会社の重役を兼任し、大連商工会議所会頭その他の公職に就いた。その後三六年九月一切の役職を辞して内地に引き揚げた。

月野　一霄　▷11

撫順新報主幹記者／奉天省撫順西十条通／一九〇〇（明三三）一／熊本県菊池郡西合志村／早稲田大学政治経済科

熊本県農業月野源三郎の三男に生まれ、一九二三年早稲田大学政治経済科を卒業して東京で材木商及び建築請負を開業したが、翌年店をたたんで帰郷した。二五年に再び上京して事業を再開したが、程なく意を転じて渡満し、土屋文蔵経営の撫順新報社に入り主幹記者を務めた。

月野　正流　▷7

公主嶺満鉄医院内科主任／吉林省公主嶺満鉄病院／一八九八（明三一）七／鹿児島県日置郡伊作村／熊本医学専門学校

鹿児島県立第二中学校から熊本医学専門学校に進み、一九二二年に卒業して同年九月に渡満して満鉄に入社した。安東医院に勤務した後、二四年四月公主嶺医院内科主任を経て二五年六月遼陽医院内科主任となった。

津久井徳次郎　▷11

南満州教育会教科書編輯長、正六位勲六等／大連市清水町／一八七〇（明三）一／群馬県利根郡利南村／東京高等師範学校

群馬県商業津久井丑五郎の長男に生まれ、一八九八年東京高等師範学校を卒業して山形県師範学校教授となった。新潟県高田師範学校、東京府立第一高等女学校、静岡県師範学校に勤務した後、一九〇五年二月中国西広総督岑春煊の招聘に応じて広東省城両広師範学堂の創設に携わった。帰国して〇六年三月東京青山師範学校教授に就き、さらに静岡県女子師範学校長、同県浜松師範学校長、岡山県師範学校長等を歴任した後、二二年六月南満州教育会教科書編輯部編輯長嘱託となって渡満した。同郷の夫人イマとの間に五男五女があった。

津久居兵右衛門　▷3

日清燐寸会社代表取締役、長春居留民会議員／長春城内二頭街／一八六七（慶三）九／栃木県安蘇郡佐野町／東京専修学校理財科

東京専修学校理財科を卒業し、二五歳年頃から実業界に入った。横浜輸出絹物商同業組合長を四期務めたほか全国輸出絹物商同業組合連合会長、横浜電灯㈱監査役・同取締役、横浜取引所監査役・同理事等を歴任した。日露戦争直後の一九〇五年一〇月利源調査員として渡満し、鉄嶺の日本商人湊守麿及び中国商人広増達と提携して通江口に燐寸工場設立を計画したが、〇六年一一月立地を長春に変更して福奥徳、双発合、張松亭らを加え日中合弁で資本金二万円の広仁津火柴公司を設立し、翌年二月から製造を開始した。かたわら〇九年二月東京銀座にロンドンのW・N・ストロング商会の代理店を開き、日本公債㈱監査役、木更津電灯㈱

つ

監査役、厳原電力㈱社長等を務めたほか、サクション・ガス発生機の専売特許を得てその製造を行った。〇八年一一月、広仁津火柴公司を資本金三〇万円で日清燐寸㈱に改組して社長に就任した。

津久居兵吉　▷8

下野農園主／奉天／一八七一（明四）一／栃木県安蘇郡佐野村／陸軍士官学校

陸軍幼年学校を経て士官学校に入り、一八九四年三月に卒業して同年八月日清戦争に従軍し金州、蓋平、大平山、田庄台の各地に転戦した。その後一九〇三年八月自費で北京に留学したが、翌年二月日露戦争が始まると田実優、早間正志と共に北京から八達嶺に至り、同地で北京・ペテルブルグ間の電線を切断し、さらに田実、楢崎一郎と松花江及び牡丹江の鉄橋破壊の任務に就いたが失敗した。同年五月広寧県で馮麟閣、金寿山、拉立山、陳錫武らと東亜義勇軍を組織し、遼西一帯で後方作戦を展開した。旅順攻囲軍の歩兵第一五連隊に復帰して二〇三高地攻防戦で負傷した後、第三軍副官として奉天会戦に従軍した。戦後〇九年末に独立守備隊第六大隊長として瓦房店に駐割したが、中国革命に関心を寄せ、軍籍を離れて熊岳城に果樹園を開き、奉天西方に大水田を経営した。水田が失敗した後は果樹栽培に専念し、七〇町歩の土地に二万五〇〇〇本の果樹を栽培した。二四年夏に軽い中気に罹り、事業を義弟らに委任して奉天で自適の生活を送った。

筑紫　熊七　▷12

参議府参議、同副議長、憲法制度調査委員会委員、正四位勲一等功三級／新京特別市平安町／一八六三（文三）一／熊本県／陸軍士官学校

熊本県筑紫源三の長男に生まれ、一八八七年陸軍砲兵少尉に任官して由良要塞副官、参謀本部部員、陸軍砲兵射撃学校教官を歴任した。一九〇四年日露戦争に際し大本営陸軍参謀を務めた後、陸軍重砲兵射撃学校長、陸軍技術審査部議員を経て一七年八月中将に累進して重砲兵監となり、陸軍省兵器局長、軍需局参与、陸軍技術本部長に歴補して二三年に予備役編入となった。その後三二年八月満州国参議府参議となって渡満し、三四年参議府副議長に就いて憲法制度調査委員会委員を兼務した。四女ミツヨは昭和製鋼所社員の野口茂正に嫁し、鞍山に在住した。

佃　一予　▷3

満鉄理事、経理部長、中央試験所長事務取扱、大連重要物産取引所商議員、正五位勲六等／大連市児玉町／一八六八（明一）七／愛媛県松山市南堀端町／帝国大学法科大学理財科

旧姓は山路、四歳の時に佃家を相続した。一八九〇年帝国大学法科大学理財科を卒業して内務省試補となった。地方参事官、秘書官、書記官、主計官、内閣総理大臣秘書官、神戸大阪税関長、大倉書記官、陸軍省参事官、清国北洋大臣理財顧問官等を歴任し、一九〇六年七月日本興業銀行副総裁に就いた。一三年七月に辞職し、同年一二月に渡満して満鉄理事に就任した。

佃　源　▷12

満鉄蘇家屯駅助役、在郷軍人会蘇家屯分会副分会長、正八位勲八等／奉天省蘇家屯穂高町／一八九九（明三二）八／熊本県玉名郡弥富村／熊本県立玉名中学校

熊本県佃源蔵の長男に生まれ、一九二〇年三月県立玉名中学校を卒業し、同年五月満鉄に入り埠頭事務所海運課上屋係となった。以来勤続して大連埠頭倉庫係、大連列車区勤務、同大石橋分区勤務を経て大石橋駅助役となり、チチハル建設事務所に転勤した後、三三年五月蘇家屯駅助役となった。この間、満州事変時の功により勲八等に叙され、三六年四月勤続一五年の表彰を受けた。

突永　一枝　▷11

満鉄農事試験場農芸化学科長／吉林省公主嶺霞町／一八九二（明二五）三／広島県豊田郡入野村／北海道帝大農学部農芸化学科

広島県農業突永善吉の長男に生まれ、一九一六年北海道帝大農学部農芸化学科を卒業して北海道農事試験場嘱託となり、同年一〇月大蔵省税務監督局技術官に転じた。一九年に退官して渡満し、公主嶺の満鉄農事試験場に勤務して後に農芸化学科長を務めた。実弟は東京帝大工科大学機械科を卒業して帝国人造絹糸㈱に勤務した。

柘植 忠夫 ▷3

福昌公司員、満州水産会社監査役／大連市山県通／一八七九（明一二）一／大分県大野郡小富士村／県立大分中学校

一八九七年県立大分中学校を卒業して郷里の小学校訓導を務めた後、一八九九年大阪郵便貯金管理所通信書記補に転じた。一九〇一年に退職して大阪で商業を営んだが失敗し、〇四年大阪商船会社に入った。〇七年四月に渡満して大阪商船専属荷扱所の磯部組に入ったが、同年一〇月満鉄埠頭事務所に転じ、さらに一一年二月福昌公司に転じた。

津崎 芳彦 ▷12

満鉄ハイラル電気段満州里分段電気助役／興安北省ハイラル電気段満州里分段／一八九九（明三二）九／鹿児島県始良郡加治木町／電機学校

東京電機学校を卒業した後、渡満して一九三四年四月満鉄鉄路総局に入り、同年八月四平街電気段通信副段長となった。次いで三六年四月ハイラル電気段副段長に転任し、同年一〇月同段満州里分段電気助役となった。

辻 青木 ▷10

沢山兄弟商会取締役兼大連主張所主任／大連市柳町／一八八九（明二二）三／長崎県東彼杵郡竹松村／長崎高等商業学校

中等学校から長崎高等商業学校に進み、一九一二年に卒業して帰郷した。一三年長崎県に三井電気軌道㈱が創設される際、同社創立事務所に入ったが、同年一二月一年志願兵として大村連隊に入営した。陸軍歩兵軍曹として除隊した後、佐賀県東松浦郡の厳木炭坑に勤務し、一七年沢山汽船㈾に転じた。二二年一月㈱沢山兄弟商会と改称されると同時に取締役に就き、大連出張所長となって渡満した。

辻 光 ▷11

日満商会主、北満興業㈱取締役、勲八等／ハルビン工廠街／一八八六（明一九）五／東京府豊多摩郡渋谷町／東京外国語学校露語科

官吏辻永光の三男として福岡県三潴郡木室村に生まれ、後に水戸市に転居して水戸中学校を卒業した。一九〇六年東京外国語学校露語科を卒業して翌年満鉄東京支社に入り、〇八年一月大連本社調査課勤務となって渡満した。〇九年に招かれてハルビンの日満商会に転じ、後に会主の夏秋亀一が引退すると同商会を引き継ぎ、流暢なロシア語で信用を獲得して日露貿易と運送業を営んで成功した。かたわら北満興業㈱取締役として北満電気、ハルビン銀行の設立に携わり、ハルビン洋灰㈱常務、北満製油㈱・大満州ホップ麦酒㈱の各取締役、ハルビン印刷・ハルビン日日新聞社の各監査役に就いたほか、商業会議所副会頭、居留民会評議員を務めた。兄の永は洋画家として文展で活躍し、弟の衛は東京銀座でロシア雑貨店を経営した。

辻井粂太郎 ▷10

輸出入貿易業盛昌洋行主／大連市敷島町／一八八六（明一九）二／大阪府堺市南旅籠町

奈良県南葛城郡忍海村に生まれ、一九〇〇年郷里の郡立小学校を卒業し、同年七月一家で堺市に移住した。独学で中学程度の学力をつけ、外国人について英語と中国語を学んだ後、〇五年から父奈良次郎と兄周太郎が経営する緞通製織・麻袋貿易に従事した。麻袋の需要の多い満州で直接取引するため一三年七月に渡満し、旅順市監部通に盛昌洋行を開設して麻袋と中国人向け雑貨の輸入貿易を始めた。実家の辻井奈良次郎[名]と連携して業務を発展させ、二〇年三月大連株式商品取引所設立の際に発起人の一人となり、設立後は商品部取引人として取引人組合副委員長に就いた。二一年八月店舗を大連市敷島町に移転し、大連商品信託会社の創設に参画して監査役に就いた。さらに二七年春には古麻袋商組合を組織して組合長に就き、大連商業会議所常議員に選出された。

辻 一郎 ▷12

満鉄奉天鉄道事務所車務課員／奉天満鉄鉄道事務所車務課／一九〇七（明四〇）一〇／佐賀県佐賀郡東与賀村／明治専門学校機械工学科

一九三二年三月明治専門学校機械工学科を卒業し、同年四月満鉄に入り鉄道部に勤務した。同年八月四平街機関区、三三年四月新京機関区に歴勤して三五年四月四平街機関区技術助役となり、次いで三七年三月奉天鉄道事務所車務課に転勤した。

辻　馨 ▷12

奉信無尽㈱代表取締役／新京特別市羽衣町／一八八五（明一八）一／佐賀県小城郡三日月村／明治大学法科

佐賀県辻茂三の長男に生まれ、明治大学法科を卒業した後、一九〇八年に渡満して関東都督府に勤務した。一六年に退職して開原に大成洋行を設立し、開原取引所糧豆銭鈔仲買と特産貿易商を営んだ。かたわら日中合弁の大隆銀行と開原市場㈱を創立して専務取締役に就き、開原実業会常議員、満鉄地方委員を務めた。二九年に大成洋行を廃業し、諸会社の役職・公務もすべて辞任して奉信無尽㈱を創設した。三一年四月支店開設のため撫順に移住し、同年九月に満州事変が起きると同地の治安維持会顧問を務め、三三年から満鮮特産興業㈱社長を兼務した。三五年全満無尽会社副会長に就き、前後二回にわたり日鮮満の無尽会社の業態を視察し、その結果を要路に報告して全満無尽会社の統制法策定に協力した。三六年九月に一都市一会社とする満州国無尽業法が実施されると、率先して撫順支店を撫順無尽会社に譲渡した。その後は新京に居住して奉信無尽の経営に専念し、契約高三〇〇万円に達した。中国語に堪能で通訳適任試験一等に合格したほか、満歌、満拳に精通した。

辻　嘉六 ▷1

吉川組主／奉天省営口新市街南本街／一八七八（明一一）／岐阜県稲葉郡宇佐村

岐阜県厚見郡に生まれ、後に同県稲葉郡に移籍した。一六歳の時から稲葉組に入り、後に同組代表者として東海道線、阪鶴線等の敷設工事を請け負った。一九〇四年六月日露戦中に朝鮮に渡って京釜鉄道の二五区、二六区、二九区の工事を請け負った。その後独立して鉄道監部及び陸軍の用達となり、兼二浦新市街道路工事、安奉線軽便鉄道工事、沙河口停車場宿舎等の建築工事に従事した。〇六年五月営口に移転して新市街南本街で土木建築請負と陸軍用達業を営み、後に義父の吉川政吉が創業した吉川組の名義を相続した。

辻川　勝雄 ▷12

国務院民政部土木局第一工務処員／新京特別市義和胡同七〇二号官舎／一九〇六（明三九）九／長崎県壱岐郡武生水町／東京帝大工学部土木工学科

香川県亀山幸良の子として綾歌郡枌所村に生まれ、後に長崎県に転籍した。高松中学校、大阪高等学校を経て一九二九年三月東京帝大工学部土木工学科を卒業し、同年四月朝鮮総督府技手となり内務局土木課に勤務した。三〇年五月草梁土木出張所、三一年四月平壌土木出張所に勤務して三二年五月総督府技師となり、内務局土木課勤務を経て同年一二月裡里土木出張所に転勤した。三三年一月総督府道技師兼任となり、忠清南道及び全羅北道の技師を兼務した後、全羅北道治水事務所工事係主任、内務部治水事務所、忠清南道錦江治水事務所に歴勤した。三四年六月国務院国道局技正に転じて第一技術処に勤務し、同年七月の職制改正で技佐となり、さらに三七年一月の官制改革で土木局技佐となった。

辻川　佐助 ▷12

森泰号主、吉林無尽㈱社長、吉林銀行㈱取締役、吉林商工会議所議員、吉林輸入組合評議員、吉林居留民会副会長／吉林省城新開門外／一八八一（明一四）五／東京府東京市牛込区西五軒町／漢学塾

農業辻川新兵衛の次男として兵庫県揖保郡竜野町に生まれ、竜野町の宮本塾で漢学を修めた。その後軍務に服し、日露戦争時には福知山の留守第一〇師団に勤務し、除隊後一九〇七年に渡満して長春の森田公館に属して吉林省各地で諜報活動に従事した。次いで大阪朝日新聞吉林通信員、遼東新報・京城日報・満州日報等の吉林支局長を務めた後、吉林に森泰号を興して薬種貿易と和洋百貨商を経営した。かたわら吉林銀行創立委員長となり発足後に専務取締役に就いたほか、大谷本願寺吉林布教所信徒総代、在郷軍人会名誉委員等を務めた。長く吉林居留民会副会長を務め、一九年のコレラ流行の際に防疫委員として尽瘁して外務省の表彰を受けた。

辻川　要助 ▷1

辻川商行主／大連／一八六五（慶一）一一／長崎県壱岐郡石田村

年少の頃から兄与一右衛門を手伝って家業の清酒・焼酎醸造業に従事した。かたわら諸種の事業を手がけ、一九〇四年日露戦争が始まると塩干魚、塩鰤、缶詰を製造して陸軍糧秣廠宇品支廠に納入した。〇五三月に渡満して営口永世街で陸軍用達業を始め、同年七月鴨緑江軍に従軍して各地で軍需品の供給に従事した。戦後は門司と大連間の輸送業を営んだが、後に大連市岩代町に辻川商行を開設して米穀販売業を営んだ。

辻　慶太郎 ▷14

弘済医院長、従七位勲五等／大連市信濃町／一八七五（明八）一／佐賀県小城郡三日月村／東京薬学校

大日本武徳会師範の撃剣家として知られた辻真平の長男に生まれ、一八九三年一二月東京下谷の私立東京薬学校を卒業して薬剤師試験に合格した。次いで九六年四月長崎で行われた医術開業前期試験に合格し、九八年四月さらに後期開業試験に合格し、佐賀県唐津病院の薬局長を務めた後、浜田博士の下で産婦人科講習を受けた。一九〇五年二月陸軍三等軍医として日露戦争に従軍し、戦後いったん帰国した後、〇六年三月大連で弘済医院を開業し、後に大連医師会長を務めた。一三年三月から翌年五月まで東京帝大医科大学で皮膚科学を学んだ後、一四年八月に召集されて青島戦役に従軍し、同年一二月二等軍医に進んで一五年一月召集解除となって帰院した。診療のかたわら第一無尽㈱取締役、大和染料会社監査役、大連土地㈱社長を務め、帝国在郷軍人会大連第三分会長、大連競馬倶楽部理事、満州騎士倶楽部会長等の名誉職に就いた。この間、一九年一〇月補欠として大連市会議員に官選され二二年一月に任期満了した。長男譲は関東州南関嶺で農園を経営し、次男慶二は佐賀県立神崎農学校を卒業してアポ撞球場を経営した。

辻　権次郎 ▷12

旅順高等公学校教諭、従七位／旅順常盤町／一八九八（明三一）七／岐阜県稲葉郡厚見村／岐阜県師範学校、東京高等師範学校研究科

一九一九年岐阜県師範学校を卒業し、同年三月郷里の稲葉郡加納小学校訓導となり、岐阜県女子師範学校訓導附属小学校の訓導を兼務した。その後東京高等師範学校内の第一臨時教員養成所国語漢文科に入り、二四年三月に卒業して師範学校・中等学校・高等女学校の国語漢文科教員免許状を取得し、さらに翌年同校研究科を卒業して大阪府池田師範学校、大阪府立北野中学校教諭を歴任した。二六年四月台湾総督府師範学校教諭に転じて台中師範学校教諭及び舎監を務めた後、三六年四月に渡満して旅順高等公学堂教諭となった。

辻　五郎 ▷11

鉄嶺郵便局長、鉄嶺商業会議所特別議員、正七位勲六等／奉天省鉄嶺緑町一丁目官舎／一八八〇（明一三）一一／長崎県東彼杵郡彼杵村／長崎電信学校

長崎県辻勲の長男に生まれ、一八九七年長崎電信学校を卒業した。日露戦中の一九〇五年五月、満州軍臨時電信隊通信技手として渡満した。〇六年九月に除隊して関東都督府郵便電信局新台子支局長となり、その後大連、奉天、長春の各郵便局に勤務した。二二年九月公主嶺郵便局長、二四年六月開原郵便局長を経て二七年六月鉄嶺郵便局長となり、鉄嶺商業会議所特別議員を務めた。

辻　三司 ▷11

日清製油㈱工場長／大連市青雲台／一八八九（明二二）二／山梨県東山梨郡休息村／東亜同文書院

山梨県農業辻品甫の四男に生まれ、一九一一年上海の東亜同文書院を卒業して渡満し、日清豆粕製造会社大連工場に入った。一四年ハルビン、一五年ウラジオストクに転勤した後、一九年再び大連に戻り、同年再びハルビンに転勤した。その後二六年に三度び大連に戻り、工場長に就任した。

辻　茂樹 ▷11

満鉄鉄道部営業課貨物係／大連市近江町／一八九四（明二七）九／大分県南海部郡佐伯町／中央大学専門部経済科

大分県商業永松啓太郎の三男に生まれ、同県辻千蔵の娘キクヨの養子婿となった。高等小学校を卒業して家業に従事した後、一九一四年門司鉄道局直方駅の駅夫となった。連結手、制動手、操車掛等を務めた後、一七年に門司鉄道局の雇員採用試験に首席合格し、試験委員長の宇佐見寛爾に抜擢され門司鉄道局運輸課配車掛勤務を命じられた。一九年に同局を退職して福岡の中島鉱業、東京の朝日鉱業等に勤務した後、中央大学専門部経済科に入った。二〇年大蔵省普通文官試験に合格して度量衡に関する研究に従事したが、二二年四月に渡満して満鉄に入り運輸部貨物課に勤務した。その後鉄道部に転じ、二四年七月から満鉄技術委員会メートル法実施調査員を兼任した。

辻　周一　▷10

中熊(名)大連支店主任／大連市若狭町／一八九三（明二六）九／和歌山県海草郡四箇郷村

郷里の小学校を卒業した後、知己を頼って渡米を決意したが、渡航直前病に冒され断念した。大阪に出て貿易商の店で三年働いた後、一九一一年中熊(名)に転じて木材業に従事した。一五年大連支店に転任して渡満し、二〇年一月同支店主任に就いた。

辻　準太郎　▷3

関東都督府大連西広場郵便所長、正八位勲八等／大連市越後町／一八七一（明四）三／石川県金沢市九枚町

一九〇六年五月関東都督府付となって渡満し、翌年三月旅順郵便局長代理となり旅順鉄島郷出張所長を兼務した。〇八年鉄嶺郵便局、〇九年長春郵便局勤務を経て一〇年五月大連西広場郵便所長となった。

辻　新吾　▷12

琿春国境監視隊長／間島省琿春国境監視隊長公館／一八八八（明二一）三／佐賀県小城郡三日月村／陸軍士官学校

第二三期生として陸軍士官学校を卒業して軍務に就き、累進して三三年八月輜重兵中佐に累進して予備役編入となった。三四年満州国軍事教官となって渡満し、三江地区に勤務した後、同年一〇月中央陸軍調練処付に転任して幹部教育に従事した。三六年四月陸軍歩兵上校に任官と同時に琿春国境監視隊長に就いた。

辻　信次　▷12

奉天獣医養成所長／奉天獣医養成所／一八八六（明一九）三／北海道旭川市六条通／北海道帝大農学部第二部選科

一九一一年盛岡高等農林学校獣医学科を卒業し、同年七月台北庁嘱託となって台湾に赴任した。その後一時帰国して北海道帝大農学部第二部全選科を卒業し、関東庁嘱託となって渡満した。次いで鳥取高等農業学校講師、北海道庁技手を歴任し、三一年五月から農場を自営したが、三三年一二月国務院実業部技正となって再び渡満し、農林司奉天獣医養成所に勤務して三四年一二月実業部技佐に進み、実業部農務司員及び軍政部馬政局嘱託を兼務した。

辻　末吉　▷9

辻株式店主、鉄嶺株式仲買人組合委員／奉天省鉄嶺大手町／一八八二（明一五）九／愛媛県西宇和郡伊方村

一九〇五年六月第一四師団付酒保として営口に上陸し、翌年一月鉄嶺に移った。〇八年酒保を廃業して同地で貸金業を始め、一九年から株式仲買業を営み、同地の株式仲買人組合委員を務めた。

辻橋　大吉　▷9

大連市立高等女学校教諭、正七位／大連市伏見台紅葉町／一八七五（明八）一一／熊本県熊本市本山町／東京高等師範学校国漢文専修科

一八九七年熊本県師範学校を卒業して東京高等師範学校国漢文専修科に進み、一九〇三年に卒業して千葉県の安房中学、熊本県の立鹿本中学、八代中学等の教員を務めた。その後渡満して旅順中学の教諭を十数年務め、二五年四月大連市立高等女学校教諭となった。

辻　真卿　▷12

辻工務所主／奉天萩町／一八八八（明二一）六／福岡県宗像郡大島村／東京工科学校機械科

東京工科学校機械科を卒業した後、東京で煖房工事及び諸機械製造業に従事した。一九一六年V字形製釘機を考案して特許を取得し、東京市向島区に向島製釘工場を設立して主として陸軍等にV字形釘を納入したが、欧州大戦の戦後不況のため二〇年に工場を手放した。その後二一年に渡満して煖房・衛生設備と機械据付工事に従事し、かたわら辻式暖房機を考案して新案特許を取得した。二三年三月奉天淀町に辻工務所を設立して蒸気・温水煖房設備、温冷水・下水配管、諸機械据付工事の請負と附属材料の販売業を営み、三一年一一月稲葉町に店舗を移転し、さらに三七年二月萩町に拡張移転した。

対馬　定勝　▷11

関東庁専売局技手、従七位勲六等／大連市愛宕町／一八八六（明一九）一一／青森県南津軽郡黒石町／仙台医学専門学校

青森県医師対馬大成の長男に生まれ、一九〇三年仙台医学専門学校を卒業し、翌年八月陸軍三等薬剤官として日露戦争に従軍した。戦後〇六年三月二等薬剤官に進み、〇七年八月内務省衛生試験所技師となった。その後大阪衛生試験所、青森県技手を経て一九年に渡満し、関東庁嘱託として大連民政署で水質試験事務に従事した。

辻　昌仁　▷12

辻歯科口腔外科医院長、満州国航空廠嘱託、同陸軍中央訓練処嘱託、正八位／奉天青葉町／一八九一（明二四）四／長崎県北松浦郡皆瀬村／日本歯科専門学校

祖父は平戸藩勘定方、父は郡村会議員を務めた地方名家に生まれ、幼名を一馬と称した。猶興館及び佐賀中学校を卒業し、一九一一年一二月一年志願兵として大村の歩兵第四六連隊に入営した。除隊して郷里の小学校、高等女学校等の教員を務めた後、東京世田谷区の崎山氏に聘せられて海外植民学校の創設事務に従事し、一八年四月に開校すると日本歯科専門学校に入り、文部省検定試験に合格した。陸軍軍医学校に二年在学した後、二二年六月福岡医科大学歯科部の創立事務に携わり、二三年一〇月に帰郷して佐世保市城山町で歯科医院を開業した。次いで同市木場田町に移転し、診療のかたわら在郷軍人会佐世保連合分会副会長、歯科医師会長、同青年団理事、木場田町副総代、佐世保高女嘱託、重砲兵大隊嘱託、佐世保購買組合監事等の公職に就いた。三三年夏に渡満して奉天青葉町に辻歯科口腔外科医院を開業し、最新式ユニット自動圧搾酸素装置を備え、満州医科大学を卒業した長男光孝及び技工士と看護婦各一名の四人で診療に従事した。次女貞子は佐世保高女を卒業して音楽を修業し、新日本音楽大阪本部より皆伝免状と職格免許証を受け奉天の音楽界で活躍した。

対馬　俊治　▷12

国務院実業部臨時産業調査局総務部資料科兼調査部第一科員／新京特別市崇智胡同／一九〇〇（明三三）一二／京都府京都市左京区田中飛鳥井町／東京帝大農学部農業経済科

京都府対馬滝之寿希の四男に生まれ、一九二五年三月東京帝大農学部農業経済科を卒業して大学院に進み、那須皓教授の下で農業政策学を研究した。二六年四月京都府立京都農林学校教諭となったが、二七年三月に退職して家業に従事しつつ母校の農業経済学教室で各国農業史を研究した。三三年六月から野間海造助教授と共に日本学術振興会の補助金を受けて農業水利に関する調査研究に従事した後、三四年六月黒龍江省公署嘱託となって渡満し、総務庁に勤務した。次いで国務院実業部臨時産業調査局嘱託として調査部に勤務し、三五年一二月同局技佐に進んで総務部資料科兼調査部第一科員となった。

辻　松太郎　▷12

新京三笠尋常高等小学校長／新京特別市平安町、社員会評議員／一八九三（明二六）三／香川県木田郡林村／香川県師範学校

一九一三年三月香川県師範学校を卒業し、同年四月木田郡坂の上尋常高等小学校の訓導となった。一八年三月に渡満して満鉄に転じ、公主嶺尋常高等小学校、撫順尋常高等小学校、撫順永安峯尋常小学校、海城尋常高等小学校の各訓導を務めた。次いで海城実業補習学校講師、鶏冠山尋常高等小学校鳳凰城分教場訓導、撫順実業補習学校長兼撫順青年訓練所主事兼指導員、新京実業補習学校長兼新京青年訓練所主事兼指導員、新京青年学校長、新京室町尋常高等小学校訓導を歴職し、三六年一月新京三笠尋常高等小学校長となった。この間、三三年四月に満鉄勤続一五年の表彰を受けた。

津島　正敏　▷12

満州炭砿㈱北票炭砿工作課長／錦州省朝陽県北票炭砿工作課長社宅／一八九六（明二九）一／熊本県飽託郡川上村／九州帝大工学部電気工学科

熊本中学校、第五高等学校を経て一九二二年三月九州帝大工学部電気工学科を卒業し、同年五月住友㈾若松炭業所に入り忠隈炭砿機械係となった。その後退社して九州電気工学校講師に転じ、次いで三三年一〇月九州帝大工学部副手となった。三四年八月北票炭砿

(股)工作課長に転じて渡満し、三五年一二月に同公司が満州炭砿㈱に編入された後も引き続き同職を務めた。

対馬　百之　▷11

旅順憲兵分隊長、陸軍大尉、従六位勲五等／旅順市大島陸軍官舎／一八八八（明二一）一二／青森県弘前市北瓦ヶ町／陸軍士官学校

青森県判事対馬何哉の次男に生まれ、一九一一年六月陸軍士官学校を卒業し、札幌の歩兵第二五連隊に勤務して中尉に任官した。一七年に渡満して鉄嶺で憲兵に転科し、翌年六月憲兵練習所を修了して小倉、青島水上、高田の各憲兵分隊長を務めた後、二三年から憲兵副官として各地に勤務した。二七年七月安東憲兵分隊長となって再び渡満し、その後旅順憲兵分隊長に転任した。

辻本　茂　▷12

三河製粉公司主、哈克牧場主、ハイラル日本商工会議所選定議員、同日本居留民会評議員／興安北省ハイラル西二道街／一八九一（明二四）七／北海道常呂郡相内村

北海道辻本万吉の長男として北海道に生まれ、学業を終えて長く実業に従事した後、渡満して諸種の職業に従事しながら各地を転々とした。その後ハイラルに赴き、一九三〇年六月浜洲線ハイラル駅前に哈克牧場を開設した。馬匹及び乳牛を飼育して全満各地に乳製品を販売し、競走馬は満州国立賓馬場や天津・上海方面の競馬場で好成績を収めた。次いで三三年七月三河製粉公司を設立してハイラル西二道街に製粉工場を設け、さらに興安北省三河ナラムトに雑貨部を開業し、ウェルクリー、ウェルフルガ、クリチョウワヤ等の大部落に雑貨部出張所を設けて日本製産品を販売し、牧場・製粉業・雑貨販売合わせて年商五〇万円に達した。夫人タネとの間に一男一女あり、長女幸子は大連弥生高女を卒業して熱河省承徳税務監督署勤務の田中賓に嫁した。

辻　吉太郎　▷10

土木建築請負業辻組主／大連市能登町／一八八五（明一八）二／石川県金沢市材木町／私立製図学校

郷里金沢の清水組に入り、勤務のかたわら私立の製図学校に学んだ。一八九八年金沢組から辰村組の専属となり、一九〇九年三月大連出張所開設とともに同出張所付として渡満した。同組付として南組、八千代組に属して働いた後、一二年五月に独立して辻組を創設し、市中一般の建築請負に従事した。新隆洋行の軍用地貸家、満鉄代用社宅等を請負い、二三年九月の関東大震災後は東京にも進出して復興建築工事を請け負った。

辻　義徳　▷7

奉天省四平街公学堂教諭／奉天省四平街満鉄住宅／一八九一（明二四）／鹿児島県出水郡野田村／鹿児島県師範学校

一九一四年三月、鹿児島県師範学校を卒業して県下の出水郡阿久根村高等小学校の訓導となった。一九年四月肝属郡鹿屋小学校に転任したが、翌年満鉄に出向を命じられて渡満した。大連の満鉄教育研究所で一ヵ月研修を受けた後、奉天省四平街公学堂教諭となった。中国人教育に従事するかたわら、同郷団体の三州会幹事を務めた。

蔦井　新助　▷14

㈾蔦井組代表社員、㈾鞍山建物代表社員、大連市会議員、同参事会員、同産業委員、同公会堂建設調査臨時委員、満州土木建築業協会理事、満州建築協会評議員、沙河口金融組合監事、日本赤十字社大連支部協賛委員、軍人後援会地方委員幹事、大連自警団顧問、聖徳会理事、青年学校評議員、大連市防護団聖徳分団長、大連神社氏子役員、大聖寺顧問、黒住教信徒総代、大連三重県人会幹事、勲八等／大連市聖徳街／一八七八（明一一）五／大阪府大阪市北区松ヶ枝町

蔦井儀助の長男として三重県多賀郡美濃波多村に生まれ、一八九三年七月大阪土木建築会社見習となった。舞鶴の牧野組に転じた後、九八年一二月に徴兵されて兵役に就き、北清事変に際して天津に駐屯した。その後一九〇八年千葉組大連出張員となって渡満し、大連市近江町の満鉄社宅新築工事の現場監督を務めた後、一〇年に独立して蔦井組を興し、土木建築請負と建築材料販売業を営み、大連窯業㈱専務取締役、大連土木建築㈱取締役、東洋コンクリート㈱監査役等を歴任して二三年に満鉄指定請負人となった。この間、社会教化事業団体の聖徳会を創立し、一九年に社団法人に改組して理事となり、資金二〇〇万円と土地七万坪を借り受けて家屋を建築・分譲して会員の永住促進を図った。経営のかたわら同業団体、赤十字社、軍人後援会、自警団、防護団等数多くの公職に就き、二八年一一月から四〇年一〇月まで大連市会議員を三期務めた。

津田　元吉　▷11

東亜土木企業㈱専務取締役、勲七等／大連市霧島町／一八六九（明二）二／東京府東京市外大井町

東京府漢学者津田雄蔵の長男に生まれ、一八九八年文官普通試験に合格して通信属となり、通信書記、鉄道書記に進んだ。一九〇四年七月日露戦争に際し野戦鉄道提理部付書記となって従軍し、翌年四月功により勲七等青色桐葉章と金四〇〇円を受けた。〇七年四月在官のまま満鉄創業とともに入社し、一三年一二月の廃官以後も引き続き築港事務所等に勤務した。一九年五月に帰国して青森県の大湊興業会社事務長となり、二一年五月北海道留萌町建設事務所主事に転じた。二二年一二月に再び渡満し、東亜土木企業㈱専務取締役に就任した。

津田　賢次　▷12

安東省公署民政庁員／安東省公署民政庁／一九〇四（明三七）九／石川県江沼郡動橋村／京都帝大工学部土木工学科

石川県津田辰次郎の次男に生まれ、一九三一年三月京都帝大工学部土木工学科を卒業して満鉄に入り、工事部に勤務した。総務部、地方部土木課等に歴勤した後、三三年四月国務院国道局技正に転じて第一技術処に勤務した。次いで技佐に昇格して奉天国道建設処に勤務し、三七年一月安東省公署技佐に転任して民政庁に勤務した。

津田　守誠　▷12

満鉄公主嶺農事試験場種芸科長、従六位／吉林省公主嶺霞町／一八九八（明三一）一／佐賀県神崎郡蓮池村／北海道帝大農学部

佐賀県津田鹿之助の長男に生まれ、一九二五年三月北海道帝大農学部を卒業した。二八年二月地方農林技師となり大分県農事試験場に勤務し、かたわら三二年五月大分県農業経営共進会審査員、次いで小麦増殖奨励委員、米穀現在高調査指導員を嘱託された。三四年五月満鉄に転じて渡満し、公主嶺農事試験場に勤務して農作物育種の研究に従事した。三五年四月種芸科長心得となり、三六年三月種芸科長となった。

津田俊太郎　▷11

中華民国海関副税務司／大連市楓町／一八八一（明一四）七／東京府東京市四谷区船町／東京高等商業学校専攻部

東京府官吏津田長政の長男に生まれ、一九〇六年東京高等商業学校専攻部を卒業し、同年一一月清国海関幇弁となった。南京、漢口、上海、北京、瓊州、青島、大連、九江等に転勤した後、二六年四月副税務司に昇任して大連海関に勤務した。

津田　武人　▷11

満州医科大学小児科教室医員、正八位／奉天藤浪町／一八九八（明三一）一〇／福岡県久留米市／南満医学堂

福岡県軍人津田教修の長男に生まれ、一九二一年南満医学堂に入学した。翌年同学堂が大学に昇格して満州医科大学となり、引き続き医大生として修学した。二五年七月満鉄衛生課主催の満州医大第三回蒙古巡回治療団員として巡回診療に従事した後、二六年に卒業して母校の小児科教室医員となった。研究のかたわら関東庁の嘱託により二七年八月から一〇月まで大連で海上コレラ防疫に従事した。

津田　信憲　▷11

大連大正小学校訓導／大連市沙河口仲町／一八九六（明二九）一／福島県相馬郡山上村／福島県師範学校

福島県官吏津田留五郎の長男に生まれ、一九一四年一二月福島県師範学校を卒業して同県伊達郡長岡小学校訓導となった。二〇年四月同県安達郡学務書記に転じたが翌月辞任し、渡満して満鉄教育研究所に勤務した。その後南満州教育会教科書編集部編輯員を兼務し、二三年六月大連大正小学校訓導に転任した。

津田　昇　▷11

満鉄地方部土木課次席・工事係主任／大連市楓町／一八八七（明二〇）五／東京府東京市本郷区林町／仙台高等工業学校

旧南部藩祐筆の津田寿昇の次男に生ま

れ、一九一二年仙台高等工業学校を卒業し、一年志願兵として第一師団輜重隊に入営した。除隊して陸軍技手となり、東京に半年間勤務した。その後、一七年四月に渡満して満鉄に入り土木課に勤務した。大連工務事務所、奉天地方事務所、長春地方事務所の土木係主任を務めた後、二七年一一月本社地方部土木課次席となった。京華高女出身の夫人正子は文展審査員の彫刻家米原雲海の娘で、夫妻共に彫刻、絵画、文学、音楽、観劇等の芸術を愛好した。長兄寿吉は父の実兄の家督を継いで藤根姓を名乗り、満鉄理事を務めた。

津田　彦六　▷12

第一無尽㈱代表取締役、大連證券信託㈱取締役／大連市鳴鶴台／一八八三（明一六）七／広島県沼隈郡藤江村

広島県商業長岡斉助の五男に生まれ、母の生家津田家を相続した。一九〇八年六月に渡満して大連で水産業、貿易業、燐寸製造業等に従事した後、一六年に独立して貿易商を経営して巨万の富を築いた。次いで二〇年三月古財治八と共に大連郊外土地㈱を設立して常務取締役に就き、かたわら日華銀行監査役、満州開墾㈱社長を務めるなど多くの会社事業に関係した。その後二一年三月大連郊外鳴鶴台に邸宅を構えて三陽燐寸社の経営に主力を注ぎ、かたわら東洋哲学と仏教の研究に没頭して本願寺発行の『満州教報』や常安寺発行の『聖化』に寄稿した。

津田　元徳　▷11

旅順師範学堂長、従四位勲四等／新旅順高崎町／一八七一（明四）一／鳥取県鳥取市東町／東京高等師範学校

鳥取県三村重次郎の子に生まれ、旧鳥取藩家老津田元の娘通子の養子婿となり、旧名徳蔵を元徳と改めた。一八九〇年鳥取県尋常師範学校を卒業し、東京高等師範学校に進んだ。九四年に卒業して母校の鳥取尋常師範学校、愛媛県師範学校、山梨県師範学校の各教授を務めた後、山形県女子師範学校、同県立高等女学校、福島県師範学校、長崎県師範学校の各校長を歴任した。一八年六月旅順師範学堂長となって渡満し、二八年七月現職のまま関東庁在外研究員として欧米各国に留学し、帰任して後に関東庁博物館長を務めた。この間、教育に従事して多大の功ありとして文部省、山形県及び関東長官よりそれぞれ賞金と記念品を受けた。長男元顕は長崎中学校、次男元経は旅順工科大学専門部、長女冨美子は旅順高等女学校を卒業した。

津田雄二郎　▷12

津田電気商会主、旅順進行協会㈾出資社員、乃木町三丁目町内会総代／旅順市乃木町／一八八〇（明一三）／静岡県田方郡三島町

旅順の海軍工作部に十数年勤務した後、旅順工科学堂及び旅順工科大学に電気科嘱託として勤務した。次いで一九二五年旅順乃木町に津田電気商会を開業し、電気機械、自動車修繕材料の販売業を営んだ。その後さらにチェルベルジス㈾及び日本ライジングサン石油㈱の代理店となり、エンジンオイル販売のほか自動車修理にも応じた。

津田　寛　▷12

吉川組ハルビン支店長、在郷軍人会牡丹江分会名誉会員、正八位／ハルビン砲隊街／一九〇七（明四〇）一／和歌山県那珂郡安楽川村／南満州工業学校

一九二五年南満州工業学校を卒業して満鉄に入ったが、翌年退社して永吉組に転じ、甘井子、錦州、奉天各地の主任を務めた。この間、一年志願兵として朝鮮の山野砲隊に入営し、除隊して予備砲兵少尉となった。その後三五年に永吉組が吉川組に併合されると同組に転じ、ハルビン支店長として従業員三〇人を差配した。三六年七月の大豪雨による京浜線復旧工事、北鉄接収後の京浜軌間狭小作業、東亞勧業会社の綏化農村改良工事を悪条件の中で期間内に工事を完成して佐原鉄路局長及び向坊社長より感謝状を受けるなど、満州国、鉄路局その他主要企業を得意先として年請負高一〇〇万円に達した。

津田　善松　▷11

穀物貿易・精米業、開原市民協会長／奉天省開原大街／一八八五（明一八）四／東京府東京市赤坂区青山北町／小学校

東京府米穀商津田与根助の六男に生まれ、小学校を卒業して商業に従事した。一九〇二年七月に渡満して旅順で雑貨貿易商を開業し、翌年穀物貿易業に転じたが、〇四年二月に日露戦争が始まったため青島に移転して雑貨・穀物商を営んだ。〇五年五月に再び渡満し、陸軍酒保として軍と共に移動しながら鉄嶺に至り、同地で穀物商を営んだ。〇八年に開原に移って穀物輸出商を開業し、二〇年から油房業を兼営したが失敗し、二六年以降は本業と精米業を兼営した。兄弟全員が宗教家となったが、その中で唯一人商人として成功し、営業のかたわら開原市民協会長を務めた。

土倉　賢脩　▷12

満鉄満溝站長、満溝在郷軍人分会顧問、勲八等／浜江省満溝站長社宅／一八九四（明二七）三／富山県高岡市下川原町／高岡工芸学校本科漆工科、岩倉鉄道学校本科

富山県土倉専脩の長男に生まれ、一九一二年高岡工芸学校本科漆工科し、同年四月高岡市油町小学校の代用教員となった。一四年一二月徴兵されて兵役に就き、伍長となって満期除隊した後、上京して岩倉鉄道学校本科に入学した。一九年一〇月に卒業して渡満し、満鉄に入社して普蘭店駅貨物方となった。大連列車区車掌、他山駅助役、二十里台駅助役、周水子駅助役を歴職した後、鉄路総局に転任して泰山鉄路局在勤、朝陽在勤、水運所ハルビン在勤、ハルビン自動車事務所勤務を経て三五年八月ハルビン運転副站長となり、同年一〇月満溝站長に就いた。この間、三五年四月に勤続一五年の表彰を受けた。

土倉　四郎　▷3

横浜正金銀行大連支店支配人代理／大連市神明町／一八七七（明一〇）四／奈良県吉野郡川上村／東京帝大法科大学政治学科

奈良県土倉庄三郎の子に生まれ、一九〇三年東京帝大法科大学政治学科を卒業した。〇六年横浜正金銀行に入り、サンフランシスコ、ニューヨークの各支店に六年勤務した。帰国して横浜本店及び東京支店に勤務した後、大連支店支配人代理となって一四年六月に渡満した。

土倉　尚之　▷12

満鉄新京駅貨物助役／新京特別市山吹町／一九〇七（明四〇）六／富山県東礪波郡中田町／早稲田大学政治経済学部経済科

一九三三年三月早稲田大学政治経済学部経済科を卒業して満鉄に入り、鉄道部に勤務した。新京駅、大連列車区勤務を経て新京駅構内助役となり、次いで三六年四月同駅貨物助役となった。

土田　寛一　▷3

土田写真館主／大連市大山通／一八八四（明一七）一／山口県阿武郡萩町河添

一三歳の時から写真館に奉公に入り、一九歳で独立して山口県で写真館を開業した。一九〇五年日露戦争に際し兵站部付として従軍し、翌年三月大連伊勢町で写真館を開業し、一二年に大山通に店を移した。一〇年一一月展覧会に人物像を出品して一等金牌を受賞し、一三年の写真展覧会にも人物像を出品し、東京写真研究会の審査で最高点を獲得し金牌を受賞した。

槌田　孝玄　▷3

日蓮宗満州教会所主任／大連市春日町／一八七九（明一二）五／熊本県飽託郡海路口村

熊本県槌田勘七の子に生まれ、一九〇五年東京の池上日蓮宗大壇文林を修了し、熊本県宇土郡宇土町の北華寺住職となった。〇九年一〇月に渡満し、奉天に蓮化寺を創設して布教に従事した。旅順に移って日清寺主任を務めた後、一二年大連布教所主任に転じた。

土田　奨吾　▷11

土田農場主、正七位勲六等／関東州普蘭店会福寿街／一八八九（明二二）三／茨城県筑波郡鹿島町／東京外国語学校支那語科

茨城県運送業土田吉松の長男に生まれ、一九一三年東京外国語学校支那語科を卒業した。渡満して㈱光明洋行に入ったが、同社解散となり帰国して東京で満州向けに紙類の輸出業を営んだ。一八年のシベリア出兵に際し通訳官を務め、功により正七位勲六等を受けた。従軍中林海で朝鮮人と共に水田の試作を行い、二二年に軍を辞して普蘭店で二〇余万坪の畑地を買収して農場を開いた。農業経営のかたわら農事経営の相談と農耕地売買の仲介業を営んだ。

土田　忠二　▷9

大連市立高等女学校校長、正七位／大連市磐城町／一八七一（明四）九／静岡県安倍郡豊田村／高等師範学校理化学科

一八八九年静岡中学校を卒業し、東京の高等師範学校理化学科に進んだ。九二年に卒業して宮崎中学及び千葉中学の教諭を務めた後、福島中学、浜田中学の各校長を務めた。その後中国福建省に渡って福建師範学堂教員を四年務め、帰国して東京市立第一実科高等女学校長となりかたわら私立女子美術学校教務主任を務めた。一九一九年四月、大連市立高等女学校教諭となって渡満した。

槌谷好太郎　▷11

満鉄鉄道部営業課配車係、従七位／大連市伏見町／一八九四（明二七）六／香川県高松市西瓦町

香川県米穀商槌谷乙吉の長男に生まれ、一九一三年香川県立高松商業学校を卒業し、同年五月に渡満して満鉄奉天駅駅務助手となった。一九年貨物助役となり、二一年貨物主任に昇進して公主嶺駅に勤務した。二四年四月長春鉄道事務所に転勤した後、二七年一一月から本社鉄道部営業課に勤務した。

土屋　丑市　▷10

大連株式商品取引所理事兼支配人／大連市山城町／一八七五（明八）五／東京府北豊島郡高田町／専修学校

長野県南佐久郡臼田町の酒造業者の子に生まれたが、一三歳の時に家運が傾き、長兄を残し一家で東京に移り生糸や蚕卵紙の貿易に従事した。私立日本中学校を卒業して郷里に戻ったが、養子縁組を嫌って再び上京し、税務署や市役所に勤めながら専修学校を卒業した。先輩の勧めで東京市街鉄道に入り庶務係として勤務し、一九〇六年に三社合併により東京鉄道会社が発足すると営業課に転じて四年勤務した。その後京浜電鉄を経て山栗株式店に入り、ここで後に大連株式商品取引所理事長となる小泉策太郎と出会った。根津嘉一郎の甥に当たる友人の勧めで前橋の利根発電会社に転じた後、さらに兜麦酒に転じて大阪支店長を務め、次いで内国通運会社に転じて横浜支店長に就き、毎期欠損が続いた同支店を一挙に一万円以上の黒字経営にした。二〇年三月大連株式商品取引所の創設に際し、小泉理事長の命で渡満して支配人に就き、二七年春から理事を兼任した。

土屋　顕次　▷12

興安西省公署経理科長／興安西省開魯県城内／一八九九（明三二）一一／千葉県長生郡本納町／県立千葉中学校

千葉県土屋郁五郎の次男に生まれ、一九一九年県立千葉中学校を卒業した後、二二年九月税務署属となった。浦和、淀橋、横浜の各税務署に勤務した後、境税務署庶務課長兼預金部属となった。その後三三年九月に依願免官し、同年一〇月奉天省公署属官に転じて渡満し、総務庁財政科、同経理科に歴勤した後、三六年八月興安西省公署経理科長に就いた。

土屋　鉞夫　▷12

国務院文教部総務司庶務科員／新京特別市大同広場文教部総務司／一九〇七（明四〇）九／静岡県浜松市新町／上智大学

静岡県土屋芳樹の子に生まれ、一九二七年上智大学を卒業した。二九年七月東京公教青年会事務員となったが、三〇年一月満鉄に転じて奉天図書館に勤務した。次いで三二年七月国務院文教部属官に転じて総務司に勤務し、三六年四月事務官に昇任して庶務課に勤務した。

土屋　亥三　▷11

金福鉄路公司嘱託、勲七等／大連市桃源台／一八七五（明八）二／長野県北佐久郡大里村

長野県土屋半左衛門の三男に生まれ、一九〇〇年鉄道局雇員となり篠井出張所で中央線新設工事に従事した。〇四年六月鉄道技手に任じられ、野戦鉄道提理部付として日露戦争に従軍した。大連奉天間建築班に勤務中、〇七年四月満鉄に業務が引き継がれると満鉄社員として安奉線改築工事に従事した。一四年四月電気作業所に転任して電鉄保存改良工事に従事し、一八年四月から南満州工業学校講師嘱託を兼務した。二五年一〇月金福鉄路公司に出向し、二六年二月に満鉄を退社して以降は同公司嘱託として測量及び工事に従事した。写真、弓術、謡曲、野球見物を愛好し、嶺前南区長を務めた。

土屋　喜一　▷12

満鉄瀋陽電気段保安助役／奉天満鉄瀋陽電気段／一八九一（明二四）三／長野県北佐久郡西長倉村

長野県土屋喜傳の次男に生まれ、一九一三年三月満鉄に入り公主嶺保線係となった。杜家溝丁場、劉房子丁場、陶家屯丁場、大連管理局、范家屯保線係、十家堡丁場、奉天省四平街保線係、范家屯保線区、杜家溝丁場、公主嶺丁場、大楡樹丁場、長春鉄道事務所、奉天省四平街保線区、虻牛哨丁場、奉天省四平街保線区に歴勤した。三六年一〇月新京保安区に勤務した後、三七年五月瀋陽電気段に転勤して保安助役に就いた。この間、三一年九月の満州事変時は奉天省四平街に在勤し、一週間余り復旧作業と軍隊輸送に従事した。

土谷欽一郎　▷11

満鉄衛生研究所血清科長／大連市伏見町／一八九一（明二四）八／群馬県高崎市寄合町／大阪府立医科大学

群馬県医師土谷金次の長男に生まれ、一九一九年大阪府立医科大学を卒業して北里研究所に入り志賀潔博士に師事した。二四年四月に渡満して満鉄に入り、奉天の細菌検査所に勤務した後、大連の衛生研究所に転任して血清科長を務めた。

土屋　熊吉　▷1

南総洋行主／奉天省営口元神廟街／一八七二（明五）／千葉県山武郡横芝町

一八九七年憲兵隊に入り、憲兵司令部に勤務した。日露戦後〇五年一二月営口分遣所長となって渡満し、水上所長を兼務した。着任後、中国人巡捕一二〇名を採用して日本式訓練をし、金州湾付近に出没する海賊取締に六回出動した。海賊船一八隻を拿捕し三〇余名を逮捕、約二〇〇名を救出して〇六年二月勲七等を受けた。その後退職し、営口元神廟街で陸軍用達と雑貨食料品販売を営むかたわら、営口取引所仲買店として両替・質屋行を兼営した。

土谷久米蔵　▷3

遼陽日本領事館領事、正七位勲六等／奉天省遼陽日本領事館内／一八六八（明一）四／福井県南篠郡武生町／慶應義塾

福井県土谷友次郎の子に生まれ、一八九一年慶應義塾を卒業し、同年一二月農商務省属となった。九六年七月外務省属に転じ、仁川、鎮南浦、群山、上海、ホノルル等に在勤した。一九〇九年副領事となり芝罘、福州に勤務した後、一四年高等官六等・領事に昇格して遼陽領事館に赴任した。

土屋　進　▷12

満鉄撫順医院小児科医長兼同医院看護婦養成所講師、正八位勲六等／奉天省撫順南寮／一九〇〇（明三三）一二／広島県福山市手城町／京都帝大医学部

第四高等学校を経て一九二七年三月京都帝大医学部を卒業し、同年五月同大医学部副手となった。二八年二月に入営して軍務に服し、陸軍三等軍医に任官して除隊復職し、三三年六月京都帝大学院を退学した。三四年八月論文「急性伝染病ノ電気心働曲線ノ臨床的及実験的研究」により医学博士号を取得した後、同年一〇月に渡満して満鉄撫順医院小児科医長となり、三六年七月看護婦養成所講師兼務となった。この間、上海事変の功により勲六等瑞宝章を授与された。

土屋　政三　▷11

小野田セメント製造㈱大連支配人／大連市外周水子小野田セメント社宅／一八七八（明一一）一一／東京府東京市小石川区関口台町／東京高等商業学校

旧伯耆藩家老職土屋信脩の三男に生まれ、一九〇四年東京高等商業学校を卒業して三井物産会社に入った。門司支店に五年勤務した後、三井物産が販売委託を受けた小野田セメント本社に転じ、〇九年大連支店に赴任した。その後数年各地に転勤したが、一八年に再び大連支店に転勤して支配人に就いた。実兄の信民も〇六年に渡満し、後に関東庁高等法院長を務めた。

土屋　仙次　▷12

満鉄四平街地方事務所住宅係主務者、四平街防護団役員／奉天省四平街南四条通芳明寮／一八九〇（明二三）八／新潟県佐渡郡新穂村／満州法政学院

新潟県土屋金蔵の長男に生まれ、一九〇八年一二月新発田の歩兵第一六連隊に入営し、一二年に除隊して郷里の村役場書記となった。その後一八年一一月に渡満して満鉄に入り、埠頭事務所庶務課に勤務した。勤務のかたわら大連の満州法政学院を卒業し、地方部庶務課、社長室人事課勤務を経て三五年五月四平街地方事務所住宅係主務者となった。長く社員住宅問題に従事して社員会福祉部長を務め、三四年四月勤続一五年の表彰を受けた。同郷の夫人艶子との間に五女あり、長女きぬ子は日本女子大学を卒業した。

土屋 波平 ▷11

鉄嶺日本領事館外務書記生／鉄嶺日本領事館内／一八九一（明二四）二／山梨県東八代郡石﨟村／東京外国語学校支那語部貿易科

山梨県農業土屋茂吉の長男に生まれ、一九一二年三月東京外国語学校支那語部貿易科を卒業して外務省に入った。外務通訳生として鄭家屯領事館に赴任し、二五年外務属に昇進して本省条約局勤務となった。二六年外務書記生に進んで四川省重慶に赴任した後、二八年二月鉄嶺領事館に転任した。

土屋 信民 ▷11

関東庁高等法院長、従四位勲三等／旅順市出雲町／一八七二（明五）三／東京府東京市四谷区坂町／東京帝大法科大学

旧伯耆藩家老職土屋信脩の長男に生まれ、一八九九年東京帝大法科大学を卒業して司法官試補に任官した。一九〇一年東京区裁判所判事となり、第一高等学校仏語教授嘱託を兼務した。〇三年一月東京地方裁判所に転任した後、〇六年九月関東都督府地方法院判官に転じて渡満した。一一年一一月予審掛、一四年六月関東都督府土地審査委員、一五年地方院長、二三年高等法院判官兼補を経て二四年関東庁高等法院長に就いた。同時に地方院長を兼務したが二六年に兼職を免ぜられ、二八年一二月法制視察のため欧米各国に出張した。実弟の政三も小野田セメント㈱社員として〇九年に渡満し、後に大連支店支配人を務めた。

土谷 登 ▷12

国際運輸㈱本社陸運課長代理／奉天国際運輸㈱本社陸運課／一九〇四（明三七）九／愛媛県宇和島市和霊町／日露協会学校

愛媛県立宇和島中学校を卒業し、二二年宇和島市立第四尋常高等小学校の代用教員となった。その後渡満してハルビンの日露協会学校を卒業し、二七年四月国際運輸㈱に入社した。以来歴勤し、ハルビン支店、大連支店営業課、同陸運課、同運搬係主任を経て新京支店長代理となり、三一年一一月奉天本社陸運課長代理に就いた。

土屋 文蔵 ▷11

燃料常識普及会主事、勲七等功五級／奉天省撫順四条通／一八七九（明一二）八／千葉県山武郡大富村／陸軍教導団、日本大学高等師範部中退

千葉県中島鉄五郎の次男に生まれ、同県土屋通義の娘祐子の婿養子となった。一八九八年陸軍教導団を卒業した後、一九〇二年九月日本大学高等師範部に入学したが日露戦争に召集されて中退した。一一年一一月に渡満し、翌年四月撫順印刷会社、二一年四月撫順新報社を設立してそれぞれ専務取締役、理事を務めた。二五年三月、日本の燃料政策と撫順炭の開発に関する国民啓発を目的に燃料常識普及会を設立して主事となり、会長に大島吉清東京帝大教授を推戴した。夫人との間に一男八女あり、長女・次女は旅順高女を出てそれぞれ満鉄社員川上英男、撫順新報社員柴田寛輔に嫁した。

土山 観一 ▷12

満鉄大石橋図書館長／奉天省大石橋満鉄図書館長社宅／一八八五（明一八）七／福井県今立郡河和田村／京都高等工業学校図案科

福井県土山弥之助の次男に生まれ、石川県立工業学校を経て一九〇七年京都高等工業学校図案科を卒業した。京都市技手となり、商品陳列所建築係、同所出品課兼調査課兼務、共同物品取扱主任兼出品課長心得を経て京都市書記となった。出品課長、京都市大山漆器店技師を歴職した後、県立山形工業試験所技手に転じて漆工部担任となった。次いで二二年一月満鉄に転じて渡満し、大連図書館に勤務した。司書、書記を経て三三年四月大石橋図書館主事となり、後に同図書館長に就いた。

土屋 信 ▷12

満鉄新京工務段工事助役、勲八等／新京特別市東三条通梅ヶ枝寮／一九一三（大二）一／新潟県岩船郡村上本町／神戸高等工業学校建築科

新潟中学校を経て一九三三年三月神戸高等工業学校建築科を卒業し、同年四月満鉄に入社した。鉄道部に配属された後、吉林・図們、寧北の各建設事務所勤務を経て三四年一二月再び寧北建設事務所に配属されて図們に在勤し、次いで三五年牡丹江建設事務所図們在勤、同年一二月鉄道部工務課勤務を経て三六年九月新京工務段建築副段長となり、同年一〇月の職制改正により同段工事助役となった。この間、満州事変時の功により勲八等瑞宝章及び従軍記章、建国功労賞を授与された。

土屋安太郎　▷12

大連汽船㈱機関長、正七位／大連市明治町／一八九三（明二六）五／静岡県加茂郡岩科村／東京商船学校

一九一八年東京商船学校を卒業した後、二九年二月大連汽船㈱の機関長となった。

土屋　義郎　▷11

大連中央尾電話局長、従六位勲五等／大連市乃木町／一八七九（明一二）四／東京府東京市芝区三田南寺町／中学校

東京府官吏土屋信義の長男に生まれ、中学校を卒業して通信業務の専門教育を受けた。一九〇四年四月日露戦争に際し第一〇師団通信技手となり、同年六月に渡満し、〇六年に除隊して東京通信局に勤務した。この間、ワシントンで開かれた国際無線電信会議の日本代表委員の随員として渡米し、帰途に欧州各国の通信事業を視察したほか、通信事業案内の懸賞に応募して三等入賞を果たした。二一年関東庁通信局に転任して再び渡満し、後に通信副事務官となり大連中央電話局長を務めた。

筒井　章　▷12

満州炭砿㈱扎賚諾爾炭砿技術係長、扎賚諾爾在郷軍人分会長／興安北省扎賚諾爾満州炭砿㈱技術係長社宅／一八九五（明二八）八／大分県玖珠郡森町／南満州工業学校採鉱科

大分県筒井義角の次男に生まれ、一九一五年三月南満州工業学校採鉱科を卒業し、同年四月山東鉄道管理部傭となった。同年一二月一年志願兵として北方野砲兵第一二連隊に入営し、除隊復職して一六年一二月山東鉄道管理部雇となった。一七年一一月青島守備軍民政部雇員に転じた後、一八年一二月に辞職して同地の犬塚事務所鉱山調査部に勤務し、二〇年一一月岡崎㈾に改称後も同社に勤続した。次いで二一年三月から中日合弁の旭華鉱業公司員、二七年二月から岡崎㈾海上火災運送保険部主任を兼務し、三三年三月旭華鉱業公司章邱煤鉱技術主任となった。その後三五年三月に退社して満州炭砿㈱に転じ、扎賚諾爾炭砿技術係長に就いた。

筒井　栄蔵　▷6

満鉄大連駅小荷物助役／大連市／一八八七（明二〇）／福岡県京都郡椿市村／高等小学校

高等小学校を卒業して九州鉄道会社の就業員養成所に入り、その後同社の各駅に勤務したが、一九〇七年一二月徴兵されて東京の中野通信隊に入営した。天津駐屯軍に派遣されて二年駐在し、一〇年一二月本隊に帰還した。勤務中に満鉄入社の内定を取り、除隊後直ちに渡満して満鉄大連駅に勤務し、後に小荷物助役を務めた。

筒井　潔　▷12

国務院外務局政務処長、正五位勲五等／新京特別市外務局政務／一八九六（明二九）一一／岡山県岡山市小野田町／東京帝大法学部独法科

筒井八百珠の次男として千葉市寺町に生まれ、一九一九年一〇月文官高等試験に合格し、翌年三月東京帝大法学部独法科を卒業して二一年九月外務事務官となった。外交官補としてベルギーに赴任した後、大使館三等書記官、外務事務官・本省情報部勤務、外務書記官・情報部第二課長兼第三課長を歴任し、大使館二等書記官満州国在勤となって渡満した。三五年一〇月大使館一等書記官に進んだ後、三六年一〇月国務院外交部に転出して宣化司長兼通商司長となり、次いで三七年三月総務司長事務取扱を経て同年七月行政機構改革により外務局政務処長となった。

筒井小八郎　▷11

葦津鉱業公司満州総支配人／大連市山県通／一八九〇（明二三）八／福岡県筑紫郡三宅村／皇典講究所

福岡県神職筒井竜太郎の次男に生まれ、皇典講究所を修了した。一九一七年一一月、先輩の葦津耕次郎に招かれて渡満した。葦津の経営する大石橋マグネサイド事業に従事し、後に葦津鉱業公司満州総支配人を務めた。

筒井多右衛門　▷12

満鉄中固駅長／奉天省満鉄中固駅長社宅／一八九四（明二七）七／香川県三豊郡桑山村

一九一三年一一月朝鮮鉄道に入り楡川駅駅夫となり、翌年六月鉄道学校電信技術を修了して竜山駅、新安州駅に勤務して平壌列車区車掌となった。次いで石下駅助役、朝鮮鉄道局勤務、黒橋駅助役、大同江駅助役、定州駅助役、清津駅勤務、九竜坪駅長に歴任し、三三年一〇月満鉄への経営委託に伴い北鮮鉄路局九竜坪駅長となり、春陽站長兼駱駝山站長を経て三七年四月連京線中固駅長となった。

筒井浜十郎 ▷12

松寿堂薬局主／吉林大馬路／一八九二（明二五）一二／長野県東筑摩郡神林村／中学校

長野県の豪農で従業員四〇人を使用して生糸業を経営した筒井浜十郎の子に生まれ、後に浜十郎を襲名した。中学校を卒業した後、一九三二年に渡満して吉林に松寿堂薬局を開き、医療及び工業翌品、医療器械、衛生材料を販売して従業員四〇人を擁する大店舗に発展した。実弟の茂也は東京帝大を卒業して東京市官吏となり、後に芝区長、浅草区長を歴任した。

筒井雪郎 ▷11

関東庁高等法院判官、従五位勲六等／旅順市一戸町／一八八六（明一九）一／静岡県田方郡戸田村／中央大学法科

静岡県筒井藤七の次男に生まれ、一九〇七年七月中央大学法科を卒業して翌年三月久原鉱業㈱に入った。日立鉱山に勤務した後、一四年五月に退社し、翌年一二月判検事試験に合格して司法官試補となった。横浜地方裁判所に勤務して一七年八月判事に進み、翌年六月浦和地方裁判所支部熊谷区裁判所に転任した。二一年九月関東庁高等法院判官に転じて渡満し、二四年一二月覆審部長に昇任して旅順工科大学講師を兼務した。

都築一夫 ▷4

ハルビン三井物産出張所員／ハルビン三井物産出張所内／一八八五（明一八）／熊本県熊本市内坪井町／熊本県立商業学校

熊本県銀行員都築得次郎の子に生まれ、没落士族の悲哀を痛感した父の慫慂で熊本県立商業学校に入った。優等の成績で卒業して三井物産会社の中国留学生となり天津、北京に三年留学した。留学修了後三井物産に入り、一九〇九年からハルビン出張所に勤務して雑穀係を務めた。

都築徳三郎 ▷12

満州航空㈱新京管区区長、勲七等／新京特別市北安路／一八九六（明二九）九／愛知県幡豆郡一色町

高瀬豊四郎の次男に生まれ、後に愛知県都築泰次郎の長女たつ子の婿養子となった。一九二三年陸軍各務原飛行隊に入営し、以来軍務に服して一等飛行機操縦士となった。その後二九年に渡満して日本航空機輸送会社大連支店に入り、三二年一〇月奉天に満州航空㈱が設立されると同社入りして大連支所長となり、三七年一月新京管区区長に就いた。この間、昭和六年乃至九年事変の功により三四年四月勲七等に叙された。

都築義雄 ▷12

満鉄香坊站長／ハルビン香坊站／一九〇〇（明三三）一二／岡山県川上郡成羽町／岡山県立高梁中学校

岡山県都築定五郎の次男に生まれ、一九一九年三月県立高梁中学校を卒業して満鉄に入り、大連管理局運転課に勤務した。二〇年七月運転部運転課、二一年四月営業課、同年一〇月貨物課、二七年一一月吾妻駅に歴勤して三三年二月同駅貨物助役となり、三五年三月ハルビン站貨物主任を経て三七年四月香坊站長となった。この間、満州事変時の功により賜盃及び従軍記章を授与された。

堤卯吉 ▷12

満鉄鉄道総局付待命職員、勲八等／奉天満鉄鉄道総局気付／一八七九（明一二）八／岐阜県大垣市番組毬

堤平左衛門の三男として三重県一志郡高茶屋村に生まれ、一九〇七年四月満鉄の開業とともに入社して大連保線事務所に勤務した。技術局、大連管理局、大連工務事務所、技術部、大連通信区、運輸部、大連鉄道事務所に歴勤して大連保線区及び遼陽保線区の各保安工長を務めた。奉天保安区に転勤した後、三〇年一一月安東保安区保安助役を経て三七年四月満鉄勤続三〇年の表彰を受け、同時に待命総局付となった。

堤永市 ▷13

満鮮拓殖㈱理事／一八八四（明一七）／大分県／京都帝大法科大学

一九一四年、京都帝大法科大学を卒業して朝鮮銀行に入った。各地の支店に勤務して釜山支店長となったが、京城の漢城銀行の更生を委任され、同行専務として転出した。経営建て直しに成功した後、三六年に満鮮拓殖㊑が設立されると理事として入社した。

堤　一之　▷8

満州証券㊑専務取締役／奉天／一八八八（明二一）一二／長崎県長崎市桜町／長崎高等商業学校

長崎高等商業学校を卒業して大阪の野村徳七商店に入り、後に同店系列の野村銀行に勤務した。一九二〇年一月、野村商店傘下の満州証券㊑専務取締役となって渡満した。

堤　金三　▷12

大連工業㊑覆布部主任／大連市橋立町／一九〇四（明三七）五／明治専門学校応用化学科

堤繁松の長男に生まれ、一九二八年明治専門学校応用化学科を卒業した。その後三三年一一月大連工業㊑に入り、同年一二月覆布部主任となった。

堤　光蔵　▷12

金鳳堂書店主、満州書籍雑誌商組合副組合長／大連市連鎖街本町通／一八九八（明三一）五／福岡県八女郡串毛村

福岡県堤乙次郎の三男に生まれ、久留米市の金文堂書店に十数年勤めた後、一九二三年に渡満して大連市伊勢町で丸重宇作が経営した文英堂を買収し、金文堂書店の大連支店格として金鳳堂書店を開業した。三〇年一月連鎖商店に加盟して店舗を同地に新築移転し、大連有数の書店として日中両国の従業員一七人を使用した。

堤　治三郎　▷12

満州日日新聞社整理部長／大連市若狭町維新ビル／一八九七（明三〇）一／福岡県八女郡津毛村／福岡県師範学校

一九一七年三月福岡県師範学校を卒業して門司市松本小学校の訓導となり、次いで小森江小学校に転勤した。一九年二月関東州へ出向を命じられて渡満し、大連第一尋常小学校に勤務した。その後二四年一〇月に退職して満州教育専門学校に入ったが、二五年三月に退学して翌月大連新聞社編集部に入社した。三五年八月「大連日報」と合同して「満州日日新聞」となった後も同社に勤続し、後に整理部長を務めた。

堤　政治郎　▷11

営口警察署警務高等主任、警部／奉天省営口新市街宝来街／一八八六（明一九）一／三重県鈴鹿郡深伊沢村／警官練習所甲科

三重県堤粂蔵の長男に生まれ、一九一一年一二月関東都督府巡査となって渡満した。一八年警官練習所甲科を修了して同年八月警部補に進み、二四年に文官普通試験に合格し、二六年七月警部に昇任した。

堤　達三　▷11

満鉄鉄道部運転課員／大連市臥竜台／一八八八（明二一）一／群馬県多野郡小野村／慶応義塾大学予科

群馬県農業堤茂十郎の次男に生まれ、一九〇九年慶応大学予科を修了し、翌年一〇月に渡満して満鉄に入った。営口駅、大石橋駅、大連駅勤務を経て大連運輸事務所勤務となり、その後本社鉄道部運転課に転任した。

堤　貞次　▷12

㊮牡丹江太陽公司支配人、正八位／牡丹江太平路／一九〇五（明三八）八／福岡県久留米市通外町／久留米商業学校

福岡県堤徳蔵の子に生まれ、久留米商業学校を卒業した後、一年志願兵として兵役に服し、除隊して歩兵少尉に任官した。一九二七年七月久留米の日本足袋㊑に入り、安東県出張所、大連支店等に歴勤した後、三五年一二月に退社して牡丹江太陽公司支配人に就いた。

堤　昇　▷10

海運業堤商会主／大連市山県通／一八八六（明一九）五／北海道日高新冠郡高江村／東亜同文書院

中学校を卒業して上海に渡り、東亜同文書院の第四期生として入学した。卒業とともに大連の松茂洋行に入って海運業に従事し、一九一七年神戸出張所主任に就いた。世界大戦中の海運界空前の好況に際会して才腕を奮ったが、二二年に退社して同年一一月に渡満した。大連市山県通に堤商会を設立し、阪神地方の有力船主を顧客として近海海運業を経営した。

堤 八郎 ▷11

材木商／奉天省撫順駅東踏切東側／一八八五（明一八）五／福岡県福岡市官平尾／中学校中退

福岡県堤惣八の三男に生まれ、郷里の中学校三年を修了して保険会社に入った。一九一二年九月に渡満し、安東県で材木業に従事した。一七年六月撫順に移って材木商を営んだ後、二〇年に撫順製材㈱として経営したが、翌年一二月会社を解散し、事業を継承して材木商を独力経営した。

堤 孫三郎 ▷12

チチハル市技術員／龍江省チチハル市公署／一九〇五（明三八）三／富山県富山市千石町／富山薬学専門学校

富山中学校を経て一九二七年富山薬学専門学校を卒業し、二八年九月日本新薬㈱に入った。三五年五月茨城県水戸刑務所嘱託に転じた後、同年八月チチハル市政局総務科員に転出して渡満し、三六年四月同市技術員となった。

都富 佃 ▷12

国務院民政部編審官兼参事官／新京特別市大同大街国務院民政部／一八九七（明三〇）一二／東京府東京市中野区橋場町／東京帝大法学部政治学科

都富亭蔵の子として熊本県上益城郡大島村に生まれ、一九二一年一〇月東京帝大法学部政治学科在学中に文官高等試験外交科に合格した。二四年卒業とともに内務省社会局属官となり、次いで東北帝大法学部助手、東北学院大学講師兼務を経て二六年に法政大学教授に就いて憲法講座を担当し、日本大学講師を兼務した。その後三三年一月国務院法制局参事官に転じて渡満し、第一部長代理を経て総務庁参事官・法制処勤務、文教部学務司長を歴任し、三七年七月民政部編審官となり同参事官を兼任した。この間、『英国憲法要論』『法律哲学』『日本憲法要綱（講義案）』等の著書を著した。

綱島 鉄三 ▷12

満鉄十里河駅長、勲八等／奉天省十里河駅長社宅／一八九九（明三二）四／新潟県刈羽郡二田村／岩倉鉄道学校業務科

一九一七年岩倉鉄道学校業務科を卒業し、同年七月満鉄に入り奉天駅に勤務した。次いで本渓湖、奉天、遼陽の各駅に歴勤し、奉天列車区遼陽在勤を経て一九年一二月入営のため非役となった。二二年一〇月兵役を終えて奉天駅勤務となり、満井駅助役心得、旅順駅勤務、営口駅助役を経て三五年一一月十里河駅長に就いた。この間、三三年四月勤続一五年の表彰を受けた。

綱島 操 ▷12

山葉洋行㈱大連支店支配人／大連市信濃町／一八八六（明一九）三／岡山県真庭郡富原村／岡山商業学校

岡山県綱島浦太郎の長男に生まれ、一九〇四年岡山商業学校を卒業して住友伸銅所に入り、後に住友電線製造所に転じた。次いで二四年に日米板硝子㈱に転じ、東京販売店主任となった。その後二七年に日本楽器製造㈱に転じて東京支店営業課長に就き、三四年同社系列の山葉洋行㈱大連支店支配人となって渡満した。

恒松四郎兵衛 ▷9

関東庁牛荘郵便局営口新市街出張所長、勲八等／奉天省営口新市街南本街／一八七九（明一二）一／島根県邇摩郡久利村

一九〇五年五月日露戦争に際し臨時電信隊付通信手となり、翌月渡満して旅順通信所に勤務した。戦後〇六年七月煙台通信所長代理を経て〇七年九月関東都督府通信書記補となり、郵便電信局通信課に勤務した後、同年一二月大連支局に転勤し、〇八年六月関東都督府書記に昇格した。一三年七月遼陽局郵便電信係主事兼電話係主事となり、一八年六月蘇家屯郵便局長に就いた。一九年八月営口新市街日本電信取扱所長に転任し、さらに同年一〇月牛荘郵便局営口新市街出張所長に転任した。

常見 章雄 ▷11

鴨緑江製材無限公司吉林支店長／吉林省城外東大灘／一八八三（明一六）八／大阪府大阪市南区高津四番町／神戸高等商業学校

大阪府教員常見甫の長男に生まれ、一九〇七年神戸高等商業学校を卒業して横浜正金銀行に入った。〇八年九月安東県出張所員となって渡満し、その後国内各地及び南洋各支店に転勤した。一九年九月に退社して鴨緑江製材無限公司に入り、安東本社工務部長、営業部長、大連支店長等を歴任して吉林支店長となった。新義州平安木材㈱取締役を兼務し、吉林居留民会副会長を務めた。

常深 隆二 ▷14

恒裕洋行主、関東州家具装飾貿易実業組合理事長、大連商工会議所常議員／大連市小松台／一八九四（明二七）／兵庫県美嚢郡細川村／京都組合銀行講習所

一九一二年京都組合銀行講習所を修了し、同年四月㈱京都銀行に入った。一四年四月㈱第三銀行大阪支店に転じ、一七年六月に退職して渡満し、大連の泰来銭荘に入り、二四年一一月退社して為替仲買人を開業した。三四年大連取引所銭鈔取引人の免許を受けて恒裕銭荘を開業したが、三五年末に銭鈔市場が閉鎖されたため、三六年大連取引所取引人の免許を受けたが、三九年一〇月大連取引所の廃止により取引人を廃業して恒裕洋行を開業して豊年製油の満支一手販売権を取得し、販売拡張に取り組んで「豊年白絞油」の名を一躍高めた。かたわら㈱成三洋行、満州特産商事㈱の各社長、周水土地建物㈱専務取締役、関東州貿易振興㈱、興亜食料工業㈱の各取締役、関東州家具装飾貿易実業組合理事長、大連商工会議所常議員を務め、四〇年一一月大連市会議員に当選した。

恒吉 実男 ▷11

満鉄鉄道部経理課員／大連市伏見町／一八九六（明二九）二／鹿児島県鹿児島市平之町／鹿児島工業学校

鹿児島県恒吉峯熊の次男に生まれ、一九一四年鹿児島工業学校を卒業した。一五年一〇月に渡満して満鉄に入り、奉天駅駅務助手となった。その後本社鉄道部経理課に転任して勤続し、二七年四月満鉄創業二〇周年に際し社員の儀表として特別表彰を受け、銀製の文鎮を授与された。

恒吉 秀雄 ▷12

大同学院学監／新京特別市西朝陽路／一八八六（明一九）一二／宮崎県宮崎郡佐土原町／陸軍士官学校

陸軍士官学校を卒業した後、第一八連隊中隊長、陸軍歩兵学校教導隊中隊長兼教官、第四七連隊大隊長、台湾守備隊副官、関東軍副官、陸軍士官学校学生部長、名古屋連隊区司令官に歴補して一九三二年八月歩兵大佐に累進した。その後三五年八月待命となり、三六年二月大同学院学監となって渡満した。

「角田」は「かくた」と「すみだ」も見よ

角田 鶴吉 ▷11

私設遊園所南華園経営、勲八等／大連市緑山／一八六五（慶一）一〇／山口県都濃郡下松町

山口県角田喜裕の子に生まれ、一八九四年日清戦争に際し軍属として従軍した。日露戦争直後の一九〇五年一〇月に渡満し、大連市浪速町で呉服商を開業したが発展せず、二二年に至って廃業した。満州各地を巡遊した後、同市緑山で南華園遊園所を経営した。養子の博義は高商を出て正隆銀行に勤務した。

椿田 琢三 ▷11

撫順中学校教諭、正八位／奉天省撫順北台町／一八九六（明二九）二／広島県安佐郡原村／熊本高等工業学校、スタンフォード大学大学院

広島県農業椿田佐吉の四男に生まれ、一九一八年熊本高等工業学校を卒業して渡米した。スタンフォード大学、同大学院で地質学を研究して二二年に卒業し、翌年五月に帰国した。二四年四月朝鮮に渡って京城の延禧専門学校教授を務めた後、二八年四月撫順中学校教諭に転じ、数学と英語を担任した。夫人彰子は広島県三原女子師範学校を卒業して教員免状を取得し、長兄と次兄は共に医師となった。

椿 正信 ▷12

国際運輸㈱ハルビン支店長代理兼労務主任兼労務課ハルビン駐在員／ハルビン田地街国際運輸㈱労務本部／一八九六（明二九）一〇／島根県那賀郡井野村／島根県農林学校畜産科専門部

島根県椿百順の長男に生まれ、一九一五年三月島根県農林学校畜産科専門部を卒業し、次いで同年七月同県第一回畜産講習、一六年四月同県長期農事講習を修了し、同年五月岡山の山砲兵第

つ

二大隊に入隊して兵役に服した。満期除隊後に農商務省獣医免状を取得し、二〇年九月ハルビン領事館嘱託となって渡満し、同年一二月長春運輸㈱に転じて勤務のかたわら同地の露支語学研究会のロシア語及び中国語講習を修了した。その後二四年一月国際運輸㈱長春支店に転じ、東支鉄道の不当高率運賃打破のため、北満・内蒙古主要地の馬車輸送及び松花江・黒竜江の河川輸送に従事した。二九年六月奉天支店作業主任に転任して満鉄線の労働規制及び作業賃率対策に鞅掌し、三一年九月満州事変の勃発と同時に各地に派遣されて経済工作に従事した後、同年一一月長春支店に転勤した。三二年四月間島出張所長に転任して軍事輸送と京図線鉄道建設及び税関接収に従事した後、三三年五月支店昇格とともに支店長代理に就き、京図・図寧南線建設にともなう臨時鉄道建設輸送部長代理を兼任した。三四年吉林支店長代理を経て三五年三月北鉄接収員に任命され、各站労働者の接収・統制に従事した後、同年九月ハルビン支店労務主任を経て同年一一月同支店長代理となり、労務主任及び労務課ハルビン駐在員を兼任した。三六年一〇月北支事情視察のため華北・蒙古各地に派遣されたが、同年一二月の西安事件のため帰任した。労働問題と満州経済・生活改善問題に造詣深く、労友会及び同仁会の会長、国際運輸ラグビー部長、労友倶楽部野球部長を務めたほか、石舟と号して長唄、書画骨董を趣味とした。

坪井　又一 ▷12

満鉄鄭家屯機務段点検助役、勲八等／奉天省鄭家屯満鉄機務段／一九〇三（明三六）一／広島県広島市観音町

一九二一年一二月満鉄に入り、大連機関区に勤務して二八年に鉄道教習所機関甲科を修了した。以来勤続して三六年四月四平街機務段運転副段長を経て同年一〇月運転助役、三七年一月点検助役に累進し、同年五月鄭家屯機務段点検助役となった。この間、満州事変時の功により勲八等及び従軍記章、建国功労賞、皇帝訪日記念章を授与され、三七年四月勤続一五年の表彰を受けたほか、善行賞詞を二度受けた。

坪内　孝喜 ▷12

国際運輸㈱庶務課給与係主任、在郷軍人会大連国際分会監事、正八位／大連市桃源台／一九〇三（明三六）一／高知県高岡郡別府村／明治大学商科専門部

高知県坪内益吉の長男に生まれ、一九二二年市立高知商業学校を卒業して朝鮮銀行に入り京城本店に勤務した。開原支店に転勤した後、二三年一一月に辞任し、一年志願兵として朝鮮大邱の歩兵第八〇連隊に入営した。除隊して二四年四月に渡満して特産物商成発東の大連支店に勤務した後、いったん帰国して二八年に明治大学商科専門部を卒業した。その後二九年一二月に再び渡満して国際運輸㈱に入り、四平街支店詰、通遼営業所詰、同所主任を経て本店庶務課に転勤し、三五年四月庶務課給与係主任となった。この間、満州事変時の功により木杯及び従軍記章を授与された。

坪内　康雄 ▷12

満鉄昂昂渓機務段運転助役兼点検助役、勲八等／龍江省昂昂渓満鉄局宅／一八九七（明三〇）三／島根県邇摩郡福光村

島根県坪内久一郎の次男に生まれ、一九二〇年満鉄に入り撫順車輌係に勤務した。二五年奉天機関区機関士、三四年橋頭機関区運転助役、三六年昂昂渓機務段運転副段長を経て同年一〇月の職制改正で同段運転助役となり、点検助役を兼務した。

坪上　貞二 ▷13

満州拓殖公社総裁、従四位勲三等／新京特別市北安南胡同／一八八四（明一七）六／佐賀県／東京高等商業学校専攻部

佐賀県坪上文太郎の次男に生まれ、一九〇九年東京高等商業学校専攻部を卒業し一二年外交官及び領事官試験に合格、領事官補、外交官補、領事、大使館三等書記官、同二等書記官を経て外務書記官となり、亜細亜局第二課長、同第三課長、大臣官房会計課長、文化事業課長、拓務次官を歴任し、この間国際連盟総会第一回会議で日本代表の随員を務めた。三七年八月、満州拓殖公社が設立されると総裁に就任して渡満した。

坪川　佐吉 ▷12

海倫税捐局員／浜江省海倫県海倫税捐局／一八九七（明三〇）八／富山県下新川郡荻生村／富山県立魚津中学校

つ

一九一七年三月富山県立魚津中学校を卒業して渡満し、同年一一月大連民政署に勤務した。次いで関東都督府雇員、関東庁属に歴任し、三二年六月依願免官と同時に国務院財政部税務監督署属官に転じて奉天税務監督署に勤務した。安東出張所勤務兼任税捐局属官、奉天税務監督署勤務を経て三五年九月税捐局理税官に進み、海倫税捐局に勤務した。

坪川　与吉　▷12

奉天省公署教育庁学務科長／奉天紅葉町／一八八六（明一九）一一／福井県吉田郡志比谷村／福井県師範学校

福井県の農家に生まれ、一九〇七年三月福井県師範学校を卒業して郷里の吉田郡松岡小学校訓導となった。その後一〇年一〇月に渡満して満鉄に入り、大石橋小学校訓導となった。蓋平公学堂に転任した後、一四年一〇月同学堂長に就き、一七年四月から中国語及び中国事情研究のため北京に一年間留学し、二二年一〇月奉天公学堂長に転任した。満州事変後に奉天省公署事務官に転じて教育庁総務科長となり、後に同省公署学務科長に就いた。この間、満鉄創業一五周年及び二〇周年に際し教育功労者として記念表彰を受けた。

坪田祐一郎　▷12

満鉄撫順炭砿古城子採炭所副長／奉天省満鉄撫順炭砿古城子採炭所／一八九五（明二八）一一／青森県北津軽郡板柳村／旅順工科学堂電気科

青森県坪田家助の長男に生まれ、一九一八年旅順工科学堂電気科を卒業して満鉄に入り、撫順炭砿機械課に勤務した。以来勤続して古城子採炭所勤務兼撫順工業実習所講師、古城子採炭所工作係主任、同鑑査係主任、同鑑査係技術担当員を歴任した。三五年四月参事に進んで古城子採炭所副長となり、三七年二月社命により欧米に出張した。この間、三四年四月勤続一五年の表彰を受けた。

坪山　一　▷12

満鉄奉天鉄道事務所庶務課員／奉天白菊町／一九〇八（明四一）九／広島県沼隈郡本郷村／神戸商業大学

本姓は別、後に坪山弥一郎の養子となった。広島県立誠之館中学校、神戸高等商業学校を経て一九三三年三月神戸商業大学を卒業して満鉄に入り、鉄道部に勤務した。新京駅駅務方、新京列車区車掌、新京保線区庶務方、鉄嶺保線区庶務助役を経て三七年四月奉天鉄道事務所庶務課に転任した。

津曲　秀夫　▷12

満鉄橋頭駅助役／奉天省本渓県橋頭駅／一九〇五（明三八）九／宮崎県北諸県郡沖水村／都城商業学校

津曲慶蔵の長男として鹿児島県曽於郡末吉町に生まれ、一九二四年三月都城商業学校を卒業して渡満し、同年七月満鉄に入り三十里堡駅駅手となった。同駅駅務方に進んだ後、二十九年に鉄道教習所車掌講習科を修了して大連列車区大石橋分区車掌となり、李劉溝信号所運転方、九寨駅駅務方県助役心得、大連列車区大石橋分区車掌、開原駅駅務方、平頂堡駅駅務方県助役心得、十家堡駅助役、下馬塘駅助役を歴職し、三六年七月橋頭駅助役となった。

妻木　隆三　▷9

公主嶺電灯㈱社長、公主嶺取引所信託㈱監査役、従七位勲七等／吉林省公主嶺堀町／一八八九（明二二）八／和歌山県有田郡湯浅町／東京帝大法科大学

一九一五年東京帝大法科大学を卒業し、千葉県地方裁判所検事試補となった。名古屋、富山、山形等の各地方裁判所検事を務めた後、官職を辞して弁護士に転じ、さらに一九年満鉄に転じて渡満した。本社勤務、本渓湖地方事務所長を経て満鉄資本の公主嶺電灯㈱取締役社長に就任した。

津村精太郎　▷13

国際運輸㈱常務取締役／長春中央通／一八八四（明一七）三／福岡県山門郡柳河町／東京外国語学校支那語科

福岡県農業中村善右衛門の四男に生まれ、津村元の養子となった。一九〇八年東京外国語学校支那語科を卒業して滋賀県立八幡商業学校教諭となったが、一三年九月に辞職して朝鮮に渡り釜山商業会議所に勤務した。一八年一月朝鮮銀行に転じて奉天、天津、大連の各支店に勤務した後、二二年六月ハルビン支店支配人代理となった。二六年に奉天支店支配人代理を経て二八年八月国際運輸㈱に転じ、長春支店長代理を経て常務取締役に就任した。長兄は逓信事務官として樺太庁に勤務した後、退職して郷里の八女郡海辺村で三等郵便局長を務めた。

津村　専一　▷1

杏林医院主／奉天省鉄嶺／一八七九（明一二）一〇／福岡県山門郡沖端村／長崎医学専門学校

一九〇〇年柳川中学校を卒業して長崎医学専門学校に入り、〇四年に卒業して長崎県立病院の外科医となった。〇六年に渡満して同志と大連に関東病院を開設したが、同年九月に解散した。その後鉄嶺に移り、医専の後輩でハルビンの開業医村井周次郎と共同で日本町に杏林医院を開業し、清国官立銀岡学堂の嘱託医を兼務した。

津村　雅量　▷11

本派本願寺支那開教総長／大連市若草山本派本願寺関東別院／一八八二（明一五）九／和歌山県和歌山市道場町／仏教大学

一九〇八年仏教大学を卒業して本派本願寺監正局長、福井教区管事兼福井別院輪番を歴任した。二八年三月支那開教総長兼関東別院輪番に転任して渡満し、大連幼稚園長を兼任した。長男秀雅は竜谷大学、長女爽子は京都女子高等専門学校、次女典子は京都高等女学校に学んだ。

津矢田種蔵　▷11

満鉄社長室文書課庶務係主任／大連市壱岐町／一八八五（明一八）四／三重県宇治山田市豊川町

三重県津矢田武二郎の次男に生まれ、一九二〇年四月官吏として渡満した。その後満鉄に入り、社長室文書課に勤務して庶務係主任に就いた。

釣崎　理　▷12

金泰号薬房主、牡丹江薬業組合常任幹事、牡丹江長崎県人会理事／浜江省牡丹江金鈴街／一九〇二（明三五）一一／長崎県南松浦郡若松村

長崎県釣崎甚之助の長男に生まれ、郷里の若松尋常高等小学校を卒業した後、一九二〇年に渡満してハルビン傅家甸昇平街の薬種商小川丈太郎商店で働いた。二五年に帰国して郷里で老父母の面倒をみた後、三三年に再びハルビンに渡りモストワヤ街の有田ドラッグ商会に入った。三五年一〇月牡丹江に金泰号薬房を開設し、東京の日新医学社代理店、大阪の有田ドラッグ商会特約店となり、大阪、ハルビン、図們方面から仕入れて地場一円を商圏とした。

都留　照　▷11

㈱商工銀行専務取締役／奉天省遼陽大和通／一八八二（明一五）八／東京府東京市麻布区箪笥町／慶應義塾理財科

大分県農業都留良兵衛の三男に生まれ、一九〇六年慶應義塾理財科を卒業した。〇八年に渡満して第一銀行京城支店に入り、安東県出張所に勤務した。〇九年一〇月韓国銀行への改組後も引き続き同地に勤務し、翌年新義州出張所次席となった。一一年八月朝鮮銀行に改称すると群山出張所次席を経て一二年に京城本店勤務となり、国庫局、検査室、審査課勤務を経て一五年九月開原派出所主任に就いた。二一年、遼陽の㈱商工銀行に転じて専務取締役に就任した。

鶴岡永太郎　▷8

大都洋行主／奉天／一八七三（明六）一〇／東京府東京市小石川区

旧旗本の子に生まれ、東京府立尋常中学校、第一高等学校を経て東京帝大法科大学に進んだ。在学中の一九〇〇年六月、中国の革命家唐才常が武昌で挙兵する際に国際法顧問として招聘され上海に渡った。唐の蜂起が失敗した後、南洋公学堂及び育才書塾で二年間国際法を教えた後、帰国して復学した。〇二年に卒業して外務省嘱託、農商務省海外実業練習生となり、〇三年二月に渡満して満州各地を視察した後、奉天城内に駐在してロシア軍の情勢を分析し、同年一二月に帰任した。〇四年二月日露戦争が始まると大本営直属の陸軍省高等文官となり、花田仲之助中佐らと満州義軍を組織して後方作戦に従事した。〇五年高等官五等・関東都督府警視として金州警察署長に就き、翌年公主嶺警察署長に転任した。〇七年韓国統監府農商工部書記官に転じて商工局長署理、内務部書記官、警視、府郡課長を歴任し、一〇年に渡欧してイギリスに二年滞在し、レーニンやクロポトキンらと交わった。一二年に帰国した後、外務省嘱託として中国各地、満州、蒙古を視察した後、官を辞して一七年一一月再び渡満し、翌年二月奉天にミヤコホテルを建築して実弟の喜八を経営に当たらせた。自らは一九年に大都洋行を設立して貿易業を経営し、かたわらハルビンの北満電気・北満興業、奉天の東省実業・奉天取引所信託・満州土地建物、長春の満州材木、安東の安東興業・東亞木材、開原市場、大連木材など数多くの会社創立に参画して各会社の重役に就いた。かたわら山田民五郎と開原新報社を設立して言論活動を行い、奉天青年団長、全満連合青年団長、奉天奉公会理事、報徳会満州支部長、惟神社理事、大日本世界教会員として各種の青年教化運動に関わった。

鶴岡 熹八　▷8

ミヤコホテル支配人／奉天／一八八九（明二二）二／東京府東京市京橋区新富町／早稲田大学独法科

東京府立第一中学校を経て早稲田大学独法科を卒業した。一九一八年六月に渡満し、実兄の鶴岡永太郎が計画した奉天ミヤコホテルの開設準備に従事した。浪速通と中央広場に面する敷地一二〇〇坪に工費五〇万円で客室六〇の煉瓦造り三階建の和洋式ホテルを築造した。一九年七月の開業以来支配人として経営に当たり、ヤマトホテル、瀋陽館と並び奉天を代表するホテルとして発展した。

都留 一雄　▷11

旅順工科大学予科教授、従七位／旅順市日進町／一九〇〇（明三三）七／大分県宇佐郡／東京帝大理学部

大分県都留武の長男に生まれ、一九二四年東京帝大理学部を卒業して農商務省地質調査所に入った。二七年一月に退官して渡満し、旅順工科大学予科教授に就任し、同大学助教授を兼務した。

敦賀 輝昌　▷12

満鉄朝陽電気段西安分段技術員／奉天省満鉄朝陽電気段西安分段／一九〇四（明三七）二／青森県青森市浦町

本姓は別、青森県敦賀健吉の養子となった。満鉄に入り朝陽電気段技術員となり、三六年一二月同段西安分段に転勤した。

都留 国武　▷12

国務院民政部衛生司医務科長／新京特別市羽衣町／一八九七（明三〇）一〇／大分県宇佐郡宇佐町／南満医学堂、京都帝大医学部中退

大分県弁護士都留繁蔵の長男に生まれ、一九二〇年奉天の南満医学堂を卒業した。母校の衛生細菌学教室の副手、助手を務めた後、二四年一〇月に帰国して京都帝大医学部で衛生学を研究した。次いで二六年満州医科大学に昇格した母校の講師となり、二八年一二月助教授となった。その後三二年国務院民政部事務官に転じて衛生司医政科長を経て医務科長となり、民政部理事官に進んだ。この間、二六年に満州医学会に論文「馬鼻疽ノ免疫学的研究」を提出して賞牌を受領した。

鶴 省三　▷12

満蒙毛織㈱吉林出張所長、佐賀県人会幹事／吉林河南街／一九一〇（明四三）一一／佐賀県佐賀郡北川副村／長崎高等商業学校

佐賀県鶴正信の三男に生まれ、後に鶴又吉の養子となった。佐賀県立中学校を経て一九三二年三月長崎高等商業学校を卒業し、三三年六月に渡満して満蒙毛織百貨店に入り奉天本店に勤務した。三四年八月吉林出張所に転勤し、出張所長として洋品・雑貨・毛織品の販売に従事した。柔道二段でスポーツを得意とし、ラグビー、ボート等を愛好した。

霍田 忠雄　▷11

大連輸入組合理事、従七位勲六等功七級／大連市大黒町／一八八二（明一五）九／熊本県菊池郡砦村

熊本県霍田藤平の子に生まれ、一九〇四年日露戦争に従軍して渡満した。陸軍砲兵軍曹として一〇年間軍務に服した後、官吏を一一年務め、二八年に大連輸入組合理事となった。

鶴田 政太　▷11

関東庁嘱託、正七位勲五等／旅順市千歳町／一八七七（明一〇）一／大分県西国東郡高田町／早稲田専門学校政治科

大分県の旧奥平藩士佐藤虎鹿の四男に生まれ、同県貿易業鶴田初次郎の養嗣子となった。一九〇一年早稲田専門学校政治科を卒業し、翌年一〇月に渡満して関東都督府に勤務した。二四年七月関東庁技師となり、退官後は同嘱託を務めた。陸軍中尉の在郷軍人で、二八年五月閑院宮総裁から有功章を授与された。

津留 親 ▷12

満鉄新京鉄路医院医長／新京特別市錦町／一九〇四（明三七）九／福岡県三池郡開村／南満医学堂

福岡県津留初五郎の長男に生まれ、三池中学校を卒業して渡満し、一九二七年三月南満医学堂を卒業して帰国し、同年五月小倉市立記念病院内科に勤務した。次いで二九年四月満州医科大学医化学教室副手となって再び渡満し、同年七月助手となり、三三年に第一回満蒙学術調査研究団の一員として熱河省に赴いて医学衛生方面の調査に従事した。その後三五年三月満鉄鉄路総局総務処附業科臨時嘱託に転じ、同年六月鉄路総局職員に昇格してハルビン細菌試験所医員となった。三六年六月医学博士号を取得し、翌月新京鉄路医院に転勤して同年九月同医院医長に就いた。

鶴野 政三 ▷12

大連汽船㈱青島支店長／青島太平路／一八八八（明二一）三／岩手県上閉伊郡遠野町／東亞同文書院商務科

一九一〇年上海の東亞同文書院商務科を卒業し、同年一〇月満鉄に入り埠頭事務所に勤務した。上海支所等各所に転勤した後、二二年五月満鉄傍系会社の大連汽船㈱に転じた。三〇年三月上海支店副長となり、次いで三二年六月青島支店長に転任した。

鶴原 文雄 ▷8

鶴原文雄商店主／奉天浪速通／一八九八（明三一）一〇／愛媛県上浮穴郡柳谷村／大連商業学校

一九〇六年五月、八歳の時に奉天で製薬業を営む父隣次郎のもとに赴いた。奉天尋常高等小学校第一期卒業生として大連商業学校に進み、一六年に卒業して同年一二月門司市立補習学校に入って英語、商業、簿記を専攻した。一八年朝鮮の竜山歩兵連隊に入営し、二〇年に除隊して奉天に戻り、松島町で製薬業を独立開業した。この間一九年に父が死亡し、家業を継いだ兄の正春が製薬業に転じたため二五年に浪速通の本店を継承した。医療器械・薬品のほか満鉄衛生研究所の指定販売人として同研究所製の血清ワクチン、痘苗を満鉄沿線の病院、医院、会社、学校、薬種商に納入し、自家開発のアストマトールは喘息・痰咳の治療薬として日本国内でも販売された。

鶴原 正春 ▷9

鶴原薬房主／奉天松島町／一八九五（明二八）／愛媛県上浮穴郡柳谷村／熊本医学専門学校

日露戦後両親に伴われて渡満し、後に熊本医学専門学校を卒業して薬剤師となった。一九一九年に父隣次郎が死亡したため、奉天松島町の薬房を引き継いで経営した。実弟の文雄も一六年に大連商業学校を卒業した後、家業を補佐した。

鶴見 勲 ▷12

満鉄公主嶺地方事務所経理課長／吉林省公主嶺満鉄地方事務所／一八九〇（明二三）一二／長野県松本市新田町／長野県立松本中学校、大原簿記学校

一九一〇年長野県立松本中学校を卒業して上京し、一二年三月大原簿記学校を卒業した。一四年四月奉天銀行に入り、一五年一一月満鉄に転じて撫順炭砿に勤務した。撫順炭砿医院、鞍山製鉄所経理課、地方部衛生課、同庶務課に歴勤し、二八年四月公主嶺地方事務所経理課長となった。この間、満州事変時の功により賜盃及び従軍記章を授与され、三一年四月勤続一五年の表彰を受けた。

鶴見 三三 ▷14

満鉄地方部衛生課長、医学博士／大連市山城町／一八八〇（明一三）三／東京府東京市四谷区南寺町／東京帝大医科大学

一九〇五年一二月、東京帝大医科大学を卒業して同大学副手を務めた。〇八年一月伝染病研究所技手となったが、一二年五月に渡満して満鉄に入り、南満医学堂教授兼医長となった。一三年八月から一六年七月までドイツに留学し、帰社して関東都督府大連療病院長に就いた。次いで一八年に満鉄地方部衛生課長次席に転じ、二〇年一月地方部衛生課長となり、関東庁臨時検疫部及び臨時防疫部の衛生課長嘱託を兼務した。二二年一月官選により大連市会議員となったが、二四年一月任期中に辞任した。

鶴見 次世 ▷11

信和洋行主／奉天省四平街市場大街／一八八五（明一八）一／長野県松本市新田町／東京外国語学校

長野県鶴見次定の長男に生まれ、一九〇七年東京外国語学校を卒業して創業直後の満鉄に入り、撫順炭砿会計課に勤務した。〇九年販売課に転任した後、奉天省四平街、公主嶺、長春、遼陽、安東、奉天、京城の各出張所主任を歴任した。二〇年三月満鉄を退社して奉天省四平街で石炭建築材料商を営み、かたわら奉天省四平街取引所信託会社取締役、市民協会幹事、輸入組合幹事を務めた。

都留　巳年　▷11

大連常磐尋常小学校訓導／大連市大黒町／一九〇五（明三八）一二／大分県宇佐郡宇田町／福岡県小倉師範学校

大分県都留正文の五男に生まれ、一九二四年福岡県小倉師範学校を卒業して県下の小学校で訓導を務めた。二五年九月に渡満して旅順師範学堂に入り、翌年卒業して朝鮮竜山の歩兵第七九連隊に短期現役入営し、同年九月に退営して大連常磐尋常小学校訓導となった。

鶴来　政雄　▷12

満鉄新京医院レントゲン科医長、正七位勲六等／新京特別市菖蒲町／一八九一（明二四）二／石川県金沢市英町／金沢医学専門学校

一九一三年金沢医学専門学校を卒業して陸軍に入り、一四年六月三等軍医となった。二一年八月一等軍医に進級して二三年一一月予備役編入となり、同年九月に渡満して満鉄安東医院医員となった。次いで同院医長に進んで安東中学校校医を兼務した後、社命で内地留学した。三五年四月大阪帝大医学部で医学博士号を取得し、帰社して新京医院レントゲン科医長となった。

鶴　林太郎　▷12

龍江省公署官房経理科長、従六位勲七等／龍江省チチハル省公署官房経理科／一八八七（明二〇）一〇／佐賀県佐賀郡兵庫村／第五高等学校第二部甲類中退

一九一一年第五高等学校第二部甲類を中退し、同年英語・数学・地理の中等教員免状を取得して一二年から佐賀県内務部土木課に勤務した。一四年に徴兵され、第一八師団第三上陸輸卒隊に編入されて山東に上陸し、第一師団第五兵站部付となり青島発電所水道部に勤務した後、同年一二月に解除された。一五年一月に復職し、官有地調査委員会、国有土地水面評価委員会の各委員を務めた後、土木課物品取扱主任、臨時及び通常県会参与員、陸軍特別大演習委員、道路主事、都市計画佐賀地方委員会事務嘱託、佐賀県国道改良事務嘱託に歴任した。その後三四年七月黒龍江省公署民政庁嘱託に転出して渡満し、龍江省公署理事官・総務庁経理科長を経て三七年七月行政機構改革により同省公署官房経理科長となった。

手島 庸義 ▷12

黒河省次長、正八位／黒河省黒川六道街省次長公館／一九〇三（明三六）七／宮城県志田郡古川町／東京帝大法学部政治学科

宮城県手島儀右衛門の子に生まれ、第二高等学校を経て一九二八年三月東京帝大法学部政治学科を卒業して明治銀行に入った。次いで三〇年に文官高等試験行政科に合格し、三一年二月京城日報社に転じ経済部主任、経済部長を歴任した。その後三四年七月国務院民政部土地局嘱託に転じて渡満し、三五年一二月錦州省綏中県参事官、三七年三月総務庁参事官兼地籍整理局事務官を経て同年八月黒河省次長に就いた。長兄の朋義は東京帝大法学部独法科を卒業した後、三二年に渡満して後に黒河省次官を務めた。

出島 定一 ▷11

満州製油㈱専務取締役／長春錦町／一八七七（明一〇）一／島根県那賀郡井野村／島根県立浜田中学校

島根県出島幸作の三男に生まれ、一八九八年県立浜田中学校を卒業して三井物産会社に入り、翌年から一九〇二年まで修業生として中国に派遣された。日露開戦を機に独立営業の決意を固めて〇四年六月に同社を辞し、第三軍兵站監部付となって満州に渡り輸送業に従事した。戦後も長春に留まって輸送業、穀物売買業を行なっていたが、一〇年一〇月吉林省陶頼昭に東昇公司を設立して特産物仲買業を営んだ。大小豆、小麦、雑穀、石炭、雑貨等を扱って石頭城子、窑門、長春に出張所を置き、日本人十数人、中国人五十余人の店員を擁していた。一三年九月満州製油㈱専務取締役に就き、長春商工会議所議員を務めた。

手島 朋義 ▷12

奉天市公署庶務科長／奉天市公署／一八九九（明三二）三／宮城県志田郡古川町／東京帝大法学部独法科

宮城県手島儀右衛門の長男に生まれ、一九一八年四月玉造郡鳴子小学校の代用教員となった。その後、荏原中学校、第二高等学校を経て一九二五年東京帝大法学部独法科を卒業して国光生命保険会社に入社した。勤続して四国支部主任を務めた後、三二年五月に退社して渡満し、国務院資政局訓練所に入所して同年一〇月改称後の大同学院を卒業し、奉天省瀋陽県副参事官となった。次いで浜江省安達県参事官、三江省湯原県参事官、浜江省公署総務科長、安東県参事官を歴任し、三七年七月奉天市公署庶務科長を経て同年八月黒河省次官に就いた。実弟の庸義は東京帝大法学部政治学科を卒業した後、三四年に渡満して後に国務院総務庁参事官を務めた。

手島満寿造 ▷12

本渓湖石灰公司奉天支店主、奉天競馬倶楽部理事／奉天宮島町／一八九五（明二八）／岡山県真庭郡湯原村

一九一七年に渡満して旦睦良が経営する営口の㈾福来号に入り、綿糸布・諸雑貨・大豆・豆粕の輸出入業に従事した。以来勤続して大連支店の経営を担当し、二七年四月岡本薫経営の本渓湖石灰公司が奉天支店を開設すると同時に同支店主となった。

弟子丸相造 ▷7

満鉄本社販売課輸出係主任／大連市加茂川町／一八九一（明二四）一〇／鹿児島県鹿児島市平之町／東京帝大法科大学政治学科

第五高等学校から東京帝大法科大学政治学科に進み、一九一七年三月に卒業して同年九月満鉄に入社した。奉天、京城、営口に勤務した後、二一年三月燃料関係の調査研究のためマニラに出張し、シンガポール、ハワイ方面を回って同年末に帰社し、本社販売課に勤務して輸出係主任を務めた。夫人国子は東京帝大医科大学薬学科出身の山崎慶之助の妹で、鹿児島県立第二高女を卒業した。

鉄井 八郎 ▷10

農業・貸家業／大連市栄町／一八八五（明一八）六／山口県玖珂郡玖珂村／早稲田大学法科中退

郷里の中学校を卒業して早稲田大学法科に入学したが、中退して久原鉱業所に入った。日立鉱山その他に勤務した後、一九一六年大分県佐賀関町に精錬所が設置される際、同所に転勤して用度係や運輸係を務めた。一八年に久原商事㈱が創立されると同社入りし、ウラジオストク出張所の主任となった。一九年七月大連出張所主任に転任して渡満したが、欧州大戦後の景気後退で出張所引き揚げとなり、二〇年末に帰国して東京本社に勤務した。まもなく退社して再び渡満し、二一年一月大連市但馬町に鉄屋商店を開設して機械類の販売・仲介業を営んだ。かたわら二二年春に大連中央土地㈱が創立される際、久原の出資を引き出すために尽力した。その後は貸家業と土地売買仲介業に転じ、二四年に関東庁より南関嶺の土地貸し下げを受けて農園業を兼営した。

手塚　弘　▷12

満蒙毛織㈱経理課長／奉天皇姑屯満蒙毛織㈱社宅／一八九七（明三〇）二／山梨県中巨摩郡西野村／正則英語学校

山梨県手塚八太郎の三男に生まれ、一九一六年東京三田の正則英語学校を卒業した。二〇年東京毛織㈱に入り、在勤二年九ヵ月の後、二三年に合同毛織㈱に転じた。勤続四年の後、二七年に奉天の満蒙毛織㈱に転じて渡満し、後に経理課長を務めた。

手塚　安彦　▷13

貿易商、満州土地建物㈱取締役、奉天商工会議所議員／奉天省城小北門外／一八八〇（明一三）七／鹿児島県薩摩郡宮城村／早稲田大学政治経済科

旧鹿児島藩士手塚彦二の長男に生まれ、郷里の中学校を卒業して上京し、杉浦重剛に私淑した。一九〇六年七月早稲田大学政治経済科を卒業して渡満し、小寺洋行の創立時に入店した。〇八年に奉天出張所が開設されると主任に抜擢され、安奉線沿線、撫順、遼陽、新民府その他主要産地の大豆、豆粕を扱って事業を拡張し、奉天商業会議所議員のほか同地の居留民会議員、赤十字評議員、武道奨励会顧問を務めた。欧州大戦後の経済不況で二〇年に同出張所が廃止されると営口で油房工場を経営し、かたわら永発洋行を興して特産物買付け、精米、石炭販売業等を兼営して財を成した。一九年に奉天証券信託㈱を創立して社長に就任し、後に㈱満州取引所に改称して理事長となった。他に満州土地建物㈱の社長を務め、奉天ビル、大星ホテル、住吉ビル、富士ビル、大陸ビル等の不動産事業を経営した。

寺井　謹治　▷12

満州電業㈱営業部料金課一般料金係長／新京特別市至善路／一九〇二（明三五）三／富山県射水郡浅井村／高岡商業学校

富山県寺井宇八の次男に生まれ、一九一九年高岡商業学校を卒業して満鉄に入った。二六年五月満鉄から分離独立した南満州電気㈱に転籍し、以来勤続して三三年一月電灯課営業係長となった。次いで三四年一一月南満州電気㈱より電気供給事業を引き継いだ満州電業㈱に転籍し、営業部業務課営業係長を経て三七年四月料金課一般料金係長となった。

寺井　電二　▷12

満鉄新京支社業務課勧業係商工主務者／満鉄新京特別市支社業務課／一九〇九（明四二）四／島根県美濃郡益田町／東京商科大学

島根県寺井義一の次男に生まれ、一九三三年三月東京商科大学を卒業し、同年四月満鉄に入り地方部に勤務した。同商工課、本渓湖地方事務所、新京地方事務所勤務を経て三六年一〇月新京支社に転勤し、業務課勧業係商工主務者となった。

寺井　寅雄　▷12

満鉄チチハル鉄路局産業処殖産科副科長、社員会評議員／龍江省チチハル信永街／一九〇二（明三五）九／長崎県東彼杵郡大村町／ハルビン学院

一九二三年三月ハルビン学院を卒業して満鉄に入り、地方部庶務課に配属された後、同年七月長春地方事務所に勤務した。二九年一一月中国語及び中国事情研究のため二年間北平に留学し、三一年一二月に帰社して地方部地方課に勤務した。その後三二年一二月ハルビン事務所産業課勤務、三五年五月ハルビン鉄路局旧北鉄土地建物整理委員会土地班長を経て同年一一月チチハル鉄路局に転勤し、産業処殖産科副科長を務めた。

寺内　清次　▷11

東海起業㈱支配人／長春日ノ出町／一八八八（明二一）六／山形県鶴岡市鳥居町／早稲田大学商科

山形県士族寺内惟清の次男に生まれ、一九一三年早稲田大学商科を卒業した。一四年二月に渡満して関東都督府民政部土木課に勤務し、同年一二月一年志願兵として仙台の歩兵第二九連隊に入営し、除隊して一六年三月土木課に復職した。一九年一月依願免官し、東海起業㈱に入社して奉天支配人となり、後に加藤洋行支配人を兼任し、長春商工会議所副会頭を務めた。

寺岡石太郎 ▷12

満鉄鄭家屯機務段長、社員会評議員／奉天省鄭家屯満鉄機務段長局宅／一八九〇（明二三）二／広島県沼隈郡山波村

一九一〇年二月九州鉄道管理局に入り、一一年一月千葉の鉄道連隊に入営し、同年一一月東部鉄道管理局に派遣された。一二年一一月に除隊復職した後、一四年に渡満して同年一〇月満鉄従事員養成所車輌科を修了して瓦房店車輌係となった。次いで大石橋機関区点検助役、同運転助役、蘇家屯機関区橋頭分区運転主任を歴職し、三六年四月鄭家屯機務段長となった。この間、二九年四月に勤続一五年の表彰を受けた。

寺岡健次郎 ▷12

安東省公署民政庁財務科長、正八位／安東省公署民政庁／一九〇四（明三七）一二／山形県東田川郡手向村／東京帝大法学部法律学科

一九二八年東京帝大法学部法律学科を卒業し、三〇年文官高等試験司法科に合格し、次いで三一年同行政科に合格した。その後三二年に渡満して国務院資政局訓練所に入所し、同年一〇月改称後の大同学院を卒業して国務院法制局属となった。法制局参事官に進んで第二部に勤務した後、国務院総務庁参事官兼大同学院教授、同法制処勤務を経て三七年七月安東省公署に転任して民政庁財務科長に就いた。

寺岡辰次郎 ▷11

満鉄大連築港事務所庶務主任／大連市播磨町／一八八〇（明一三）八／熊本県八代郡太田郷村

熊本県農業寺岡藤八の長男に生まれ、一八九八年九州鉄道㈱に入社した。一九〇四年五月㈾幸袋工作所書記に転じた後、日露戦中の〇五年に渡満して在ダルニー戍停泊場司令部及び同辛泊場停泊場司令部に勤務して〇六年一月陸軍省雇員となり、同年五月に退職した。〇七年四月満鉄開業とともに入社し、運輸部工作課、同港務課、築港事務所、埠頭事務所勤務等を経て二七年一一月築港事務所庶務主任に就いた。

寺尾節次郎 ▷11

呉服店主／奉天浪速通／一八八六（明一九）一／兵庫県養父郡南谷村

兵庫県農業寺尾房太郎の長男に生まれ、一九〇一年大阪に出て大川商店に入り貿易業に従事した。一〇年三月に渡満して鉄嶺の中瀬呉服店に勤務し、一四年鉄嶺商業会議所より表彰され銀杯を授与された。一八年店主に許されて奉天浪速通に店舗を構えて呉服商を開業し、呉服商組合副長、輸入組合評議員、町内会副会長を務めた。

寺尾　民雄 ▷12

大和商会主／吉林九棵樹／一九一一（明四四）一〇／北海道旭川市四条通

北海道寺尾民助の長男に生まれ、幼少の頃から家族で吉林に在住した。三四年四月に父が死亡し、一九年に創業した家業の材木商を引き継ぎ、三五年五月東大灘に製材所を設けて製材業を兼営した。

寺尾　徳母 ▷4

建興公司主／奉天省営口西北街／一八九〇（明二三）四／広島県佐伯郡沖村／広島県立商業学校

兵庫県僧侶寺尾不著の次男に生まれ、一九〇八年広島県立商業学校を卒業して渡満した。営口の石光洋行に入り、一二年に主任となったが、一五年一〇月石光洋行の大連移転を機に独立して建興公司を興した。鉄、諸工業用機械、鉱油、板ガラスを輸入して中国人に販売し、月間一万余円を売上げた。

寺尾弥太郎 ▷12

寺尾百貨店主／牡丹江銀座通／一九〇九（明四二）三／福井県丹生郡四ヶ浦村

福井県寺尾弥吉の長男に生まれ、一九三〇年朝鮮咸鏡北道の羅南中学校を卒業して清津府庁に勤務した。その後退職して清津で精米業を営み、次いで三五年一月兄と共同で図們に洋品店を開業し、牡丹江に支店を開設した。後に牡丹江に移転し、大阪、東京、岡山方面を主要仕入先とし、在留邦人及び現地中国人を顧客とした。

寺久保保四郎 ▷11

満鉄大連埠頭船舶助役／大連市桜町／一八八七（明二〇）四／静岡県田方郡三島町／沼津商業学校

静岡県商業寺久保伝右衛門の次男に生まれ、一九〇三年沼津商業学校を卒業した。一九〇八年二月に渡満して満鉄に入り、埠頭傭員となった。一〇年一一月船長試験受験のため辞職したが、翌年五月に復職して一三年二月職員に昇格し、同年一〇月乙種船長の資格免状を取得した。二六年一〇月船舶助役に就き、二七年四月の満鉄創業二〇年記念式に際し一五年恪勤精励表彰を受けた。

寺崎　忍助 ▷12

吉林国立医院副院長兼産科婦人科科長／吉林通天街馬家胡同／一八八六（明一九）七／福岡県飯塚市大字飯塚／長崎医学専門学校

福岡県寺崎実行の長男に生まれ、一九〇九年長崎医学専門学校を卒業して県立長崎病院の外科医員となった。産科婦人科、物療科に歴勤した後、一八年一二月から郷里の飯塚市で外科・産婦人科医院を開業した。二四年五月フライブルグ大学及びウィーン大学に留学して産婦人科病理学と外科学を研究し、二八年六月に帰国して二九年二月論文「人類胎盤ニ於ケル格子状繊維ノ構造ニ付テ」により慶応大学医学部より医学博士号を取得した。三三年九月吉林省立医院の外科兼産婦人科長となって渡満し、吉林国立医院医官・産科婦人科科長、同院長代理・附属医学校校長代理を経て三六年八月副院長となり産科婦人科科長を兼任した。この間、三四年一月吉林省城妓女健康診断所監督を嘱託され、満州国検梅制度の確立に寄与した。

寺崎　勝美 ▷6

有田ドラッグ商会満州本部／大連市磐城町／一八九八（明三一）／熊本県八代郡宮原町

一九一八年有田ドラッグ商会大阪本社に入り、後に京城、奉天の各支店に勤務した。二〇年一〇月大連の同社満州本部に転任し、本部長として満鉄沿線各地の出張所、販売店十数店の営業を統括した。父の友次郎は熊本で土木建築請負業を経営したが、後に事業を長男の喜芳に譲り、渡満して旅順に出張所を開設して同業に従事した。

寺崎富士男 ▷12

満鉄新京鉄道工場材料股主任、勲八等／新京特別市水仙町／一八八八（明二一）八／佐賀県三養基郡基山村／錦城中学校

佐賀県寺崎栄造の四男に生まれ、一九一七年東京神田の私立錦城中学校を卒業した後、一九年一一月満鉄に入り沙河口工場遼陽分工場に勤務した。次いで兵役に服し、除隊復職して鉄嶺機関区、奉天機関区勤務を経て鉄路総局に転任し、吉長工廠、新京工廠材料股主任を経て三六年九月職制改正により新京鉄道工場材料股主任となった。この間、満州事変時の功により勲八等に叙され、三五年四月勤続一五年の表彰を受けた。

寺沢　佳吉 ▷12

寺沢工務所主、ハルビン日本居留民会評議員、満州土木建築協会ハルビン支部幹事長／ハルビン埠頭区地段街／一八八九（明二二）一〇／長野県埴科郡埴生村／中央工科学校

長野県寺沢浜太郎の長男に生まれ、東京の中央工科学校を卒業した後、一九〇七年満鉄に入り渓咸鉄道に勤務した。本渓湖煤鉄公司、満州製粉㈱に歴職した後、ハルビン鉄路局に入り鉄道監理官事務局技術部に勤務した。その後、二二年三月ハルビン埠頭区地段街に寺沢工務所を興して土木建築業を自営した。陸海軍及び諸官署、鉄路総局の指定業者として日本人一五人、中国人二五〇人を使用し、業界屈指の規模に成長した。経営のかたわら在郷軍人会の活動に挺身し、山梨半造会長より感謝状を授与された。

寺沢　啻叡 ▷12

満鉄鉄道総局待命参事／大連市薩摩町／一八七七（明一〇）六／東京府東京市京橋区銀座／立教学校大学部英文学科

東京府寺沢正明の長男に生まれ、一八九七年東京築地の立教学校大学部英文学科を卒業し、翌年三井銀行に入った。一九〇六年鉄道院経営の下関山陽ホテル支配人に転じ、次いで一一年朝鮮鉄道局経営の釜山及び新義州の鉄道旅館主任となり、さらに内外金剛山ホテルの施設に携わった後、京城の朝鮮ホテル支配人に就いた。その後二七年満鉄に入社して奉天ヤマトホテルの創設に

て

当たり、次いで満鉄傘下の南満州旅館㈱取締役に就任してヤマトホテル総支配人となり、大連ヤマトホテル支配人及び遼東ホテル支配人を兼任した。その後満鉄本社に復帰し、奉天ヤマトホテル支配人、鉄道部食堂車営業所支配人を経て三六年一〇月鉄道総局営業局旅客課に勤務し、三七年四月総局付待命参事となった。夫人トキとの間に二子あり、長男正一は大阪高等医学専門学校、長女糸子は大連神明高女に学んだ。

寺師 清 ▷7

海城郵便局長、従七位勲七等／海城郵便局官舎／一八八二（明一五）七／鹿児島県川辺郡知覧村

一八九九年四月郷里の知覧郵便局に入り、翌年三月鹿児島郵便局に転じた。一九〇四年八月、日露戦争に際し第一軍兵站部書記に選抜されて渡満した。〇六年六月に帰還して復職したが、翌年二月に渡満して大連郵便局に勤務した。二三年二月柳樹屯郵便局長に転任した後、翌年七月海城郵便局長に就いた。囲碁を得意とし、柳樹屯在勤の時は菊池少将と勝敗を争った。

寺師 正平 ▷7

天正堂主／大連市浪速町／一八八四（明一七）二／鹿児島県鹿児島郡谷山村

日露戦後の一九〇六年、ウラジオストクに渡り貴金属商を開業した。以来同地で営業して地歩を築いたが、二二年にウラジオ駐屯軍撤兵に伴う混乱の中で商売継続を断念し、家財商品を他に託して同年一〇月に帰国した。その後ウラジオストクの治安回復とともに商売再開のため上京して種々手続を試みたが叶わず、関東大震災後の二三年一二月ひとまず満州に渡った。取引のあった大連市浪速町金賞堂の主人と面談の結果、金賞堂を譲り受けることになり、天正堂と改号して経営した。時計貴金属の購買会を組織して販路を拡張し、かたわら郷里谷山の錫製器具を輸入直販して郷土物産の紹介に努めた。

寺下嘉兵衛 ▷12

満鉄鉄道総局員／奉天満鉄鉄道総局気付／一八八二（明一五）一二／鹿児島県出水郡中出水村

鹿児島県寺下松右衛門の長男に生まれ、一九〇八年二月韓国統監府鉄道に入り平壌に在勤した。一〇年鎮南浦在勤を経て一六年一一月草梁機関庫、二三年四月釜山検車区、二八年九月清津検車区に歴勤して三二年一一月上三峰在勤となった。三三年八月鉄道経営が満鉄に移管されたため同社員となり、三五年六月ハルビン検車段検車副段長、同年一〇月同段検車助役を経て三七年四月待命となり、鉄道総局勤務となった。この間、三三年九月に二五年功績章を受けた。

寺師虎之助 ▷12

国務院国道局土木司チチハル建設処員、正七位／龍江省チチハル建設処／一九〇二（明三五）四／鹿児島県鹿児島市谷山町／九州帝大工学部土木工学科

鹿児島県寺師恕兵衛の六男に生まれ、一九二七年三月九州帝大工学部土木工学科を卒業し、同年四月北海道庁技手となり札幌土木事務所に勤務した。二九年九月同庁技師に昇任し、旭川及び函館の土木事務所勤務を経て三三年四月留萌土木事務所長となった。三五年四月国務院国道局技佐に転出して訥河建設事務所長となり、同月に創立された訥河日本居留民会の会長に就いた。三六年一〇月から黒河建設事務所長を兼務した後、三七年一月チチハル建設処に転任した。

寺島栄四郎 ▷12

満鉄北鮮鉄道事務所工務課員／朝鮮咸鏡北道清津府浦項洞満鉄北鮮鉄道事務所／一九〇八（明四一）八／宮城県亘理郡亘理町／仙台高等工業学校土木工学科

宮城県寺島栄三郎の長男に生まれ、仙台第一中学校を経て一九二九年三月仙台高等工業学校土木工学科を卒業し、同年五月満鉄に入り鉄道部に勤務した。三〇年一二月満鉄語学検定試験華語三等に合格した後、安東保線区技術方、同技術員、鉄道部勤務、吉長吉敦鉄路局派遣、新京鉄路局工務処改良科工事股、同吉林在勤、ハルビン鉄路局北安鉄路監理所監理員に歴勤し、三七年三月北鮮鉄道事務所工務課に転勤した。

寺島 要 ▷12

満鉄扶桑館支配人／中華民国北平東単牌楼大街扶桑館／一八九四（明二七）八／宮城県亘理郡山下村／陸軍戸山学校

一九一一年郷里の亘理郡山寺尋常小学校の代用教員となった。その後軍務に服して一三年に陸軍戸山学校を卒業し、除隊後渡満して大連の福昌公司庶務係となった。二二年九月満鉄に転じて大連ヤマトホテルに勤務し、自動車庫勤務、星ヶ浦ヤマトホテル事務助手を経て三五年二月北平の扶桑館支配人に就いた。

寺島　信次　▷12

満鉄四平街機関区鉄嶺分区運転助役、社員会評議員、勲八等／奉天省鉄嶺若竹町／一九〇四（明三七）一一／新潟県高田市寺町

新潟県寺島善次郎の長男に生まれ、一九二一年一〇月満鉄に入り遼陽機関区に勤務した。同機関方、機関士、技術員、点検方に歴勤し、勤務のかたわら二五年に満鉄鉄道教習所機関科、二七年に同所機関甲科、三一年に同所軽油機関講習科を修了した。その後三五年四月運転助役に進み、四平街機関区鉄嶺分区に勤務した。この間、満州事変時の功により勲八等瑞宝章及び従軍記章、建国功労賞を授与された。

寺島富一郎　▷11

満鉄大連用度事務所埠頭派出所主任、正八位／大連市楓町／一八九三（明二六）三／東京府豊多摩郡中野新町／中央大学大学部商科

東京府会社員寺島元重の長男に生まれ、一九一七年中央大学大学部商科を卒業した。その後渡満して満鉄会計課に勤務し、翌年一年志願兵として入営した。除隊して倉庫課庶務係に勤務した後、二六年一月用度事務所埠頭派出所に転勤して主任となった。在京時に東京野球倶楽部のマネージャー及び大日本水泳術講習会専任教授を務め、渡満後は大連A倶楽部を結成して長距離水泳を指導したほか、在郷軍人大連連合会評議員を務めた。

寺嶋　由松　▷12

弁護士、満州法政学院教授、関東州弁護士会常議員、大連奈良県人会会長、満州刀剣会監事／大連市霧島町／一八八八（明二一）五／奈良県生駒郡郡山町／中央大学法科

奈良県農業寺嶋房吉の次男に生まれ、一九一一年中央大学法科を卒業して同大学高等研究科に進み、弁護士試験に合格した。その後、同窓の先輩大場茂馬博士の選挙応援をしたのが縁で同氏の弁護士事務所に入り、一五年四月農商務大臣より東洋火災保険㈱の官選清算人に任命されて一八年一〇月に清算を完了し、次いで二二年一一月青島軍民政部より青島取引所の整理を嘱託され、青島軍司令部より五〇万円の整理資金を得て同年一二月に整理完了した。その後二四年六月朝鮮銀行理事片山博士の推薦で同行大連支店の法律顧問となって渡満し、かたわら満州銀行と大連興信銀行の法律顧問を務め、二六年から満州法政学院教授として手形法を講義した。かたわら二五年から満州法政学院で手形法の講義を担任し、大連興信銀行、大連株式信託㈱、第二大連株式信託㈱の各監査役を務めた。日本女子大学教育部卒の夫人琴音との間に二男一女があった。

寺園　経吉　▷12

国務院実業部林務司経理科長、実業部法令審査委員会委員、正七位勲六等／新京特別市永昌胡同／一八九四（明二七）三／鹿児島県川辺郡知覧村／鹿児島高等農林学校林業科

鹿児島県寺園休次郎の長男に生まれ、川辺中学校を経て一九一四年鹿児島高等農林学校林業科を卒業し、同年八月農商務省山林技手となり高知大林区署に勤務した。勤続して営林局技手となり、さらに二七年文官高等試験行政科に合格して営林局属に昇格し、東京営林局勤務船津営林署長兼任、営林局山林事務官、営林局事務官、高知営林局庶務課長を歴任した。三五年九月満州国国務院実業部事務官に転出して林務司林政科に勤務し、三六年七月林務司経理科長に就いて同年九月から実業部法令審査委員会委員を兼務した。

寺田喜治郎　▷12

満鉄奉天第一中学校長兼教諭、奉天地方委員、正六位／奉天平安通／一八八五（明一八）六／岡山県苫田郡西苫田村／東京高等師範学校国漢科

岡山県寺田菊三郎の子に生まれ、一九〇九年三月東京高等師範学校本科国語漢文科を卒業して兵庫県立竜野中学校教諭となった。次いで鹿児島県立川内中学校、兵庫県私立三田中学校、鹿児島県立第二中学校、福岡県立小倉高等

て

女学校、佐賀県立三養基中学校、京都府立桃山高等女学校の各教諭を歴任した。その後二二年高等学校教員検定試験に合格して京都府地方視学、大谷大学専門部教授を務めた後、二四年一一月満州教育専門学校教授となって渡満し、撫順中学校長兼教諭、奉天中学校長兼教諭を歴任し、三四年七月植民地における教育事情の研究のため欧米各国に出張した後、三六年四月奉天第一中学校長兼教諭となった。訳書にツルゲーネフ『猟人日記』、著者に『国語教授』『教育を打診する』等がある。

寺田駒二郎 ▷1

寺田商会主／安東県市場通／一八六八（明一）九／滋賀県滋賀郡下阪本村

一九〇四年日露戦争に際し朝鮮に渡り、鎮南浦を経て安東県に入った。仮居留地の荒蕪地に二間間口の家屋を建てて時計眼鏡商を開業し、〇五年に新市街が造成されると新市街市場通に新築移転した。安東県時計商組合長を務めたほか、慈善事業に数次にわたり浄財を寄進して東西両本願寺の褒状を受けた。

寺田治一郎 ▷12

満州モータース㈱販売部長／大連市秋月町満州モータース本社／一八九三（明二六）四／京都府京都市東山区八坂鳥居南下ル／慶応大学理財学科

京都府寺田治三郎の子に生まれ、一九一五年三月慶応大学理財学科を卒業し、同年四月日本郵船㈱に入社した。㈾新田ベニヤ製造所に転じて東京支店長を務めた後、退職して一時寺田商店を経営した。その後二九年六月後藤車体製造㈱販売部長、次いで㈱倉田組鉄工所自動車工業部販売主任を歴職し、三四年一〇月満州モータース㈱に転じて渡満し、三六年一一月販売部長に就いた。

寺田　順蔵 ▷4

大和館経営（旅館業）／ハルビン埠頭区／一八八一（明一四）／長崎県南高来郡布津村／高等小学校

高等小学校を卒業して単身渡満し、各地で種々の職業に従事した。その後ハルビン市埠頭区で旅館大和館を経営して成功した。

寺田新之助 ▷12

大正生命保険㈱満州支社長／奉天平安広場輸入組合ビル内大正生命保険㈱満州支社／一八八二（明一五）一／東京府東京市赤坂区田町

学業修了後、大正生命保険㈱に入社した。以来同社に勤続し、一九三二年四月の満州支社開設に際し支社長となって渡満した。就任後、大連、新京、ハルビン、開原、鞍山、安東に支店を設け、これを監督総攬した。

寺田辰次郎 ▷12

松本組㈱常務取締役兼満州営業所長／新京特別市建和胡同／一八九五（明二八）六／島根県美濃郡安田村

山本常三郎の次男に生まれ、島根県寺田次三郎の養子となった。一九一八年呉市の土木建築請負業松本組に入り、現場代理人に累進して幾多の工事に従事した。十数年勤続した後、満州事変後に新京崇智胡同所在の同組満州営業所長に抜擢されて渡満した。三四年五月常務取締役となり、大連、奉天、チチハル、北安鎮、牡丹江の各出張所を統轄した。

寺田虎次郎 ▷11

三菱商事㈱大連支店長／大連市桜町／一八九〇（明二三）一／新潟県新潟市／東京高等商業学校

新潟県寺田善次郎の長男に生まれ、一九一一年東京高等商業学校を卒業して三菱㈾に入社した。一八年五月に三菱商事㈱が設立されると同社に転勤し、横浜、東京、大阪等の本支店勤務を経て二七年一月大連支店長となって渡満し、かたわら経済調査会委員、大連商工会議所評議員を務めた。

寺田文次郎 ▷12

満州医科大学助教授兼同専門部助教授／奉天八幡町奉信ビル／一八九五（明二八）一〇／北海道高島郡高島町／慶応大学医学部

北海道寺田文蔵の長男に生まれ、一九二四年慶応大学医学部を卒業して医学部助手となり薬物学教室に勤務した。その後二八年一一月満州医科大学助教授に転じて渡満し、二九年五月から同専門部助教授を兼務した。三一年七月論文「ジュウレチンノ生体内及剔出滑平筋臓器ニ対スル作用部位ニツイテ」により慶応大学より医学博士号を取得し、三四年一一月米国ロックフェラー財団よりフェローに選抜され、スタンフォード大学医学部とアイオワ大学医学部で薬物学の研究に従事し、帰途にヨーロッパを視察して帰任した。この間、満州事変時の功により陸軍省から大盾一枚を授与された。

寺田　孫次　▷12

満鉄北満鉄路残務整理事務所員／ハルビン北満鉄路残務整理事務所／一九〇三（明三六）二／静岡県磐田郡長野村／東亜同文書院

早稲田大学法学部を中退して上海に渡り、東亜同文書院を卒業した。東京の新聞社で編集長を務めた後、渡満して商品陳列館に勤務した。その後満鉄に入社してハルビン鉄路局法律弁事処に勤務し、一九三六年九月北満鉄路残務整理事務所に転任した。

寺田　政雄　▷12

満鉄奉天用度事務所購買係主任、社員会奉天第一連合会評議員／奉天若松町／一九〇七（明四〇）七／新潟県北蒲原郡新発田町／法政大学経済学部

新潟県寺田武の次男に生まれ、東京の正則中学校を経て一九三二年三月法政大学経済学部を卒業し、同年四月満鉄に入り商事部に勤務した。三三年一〇月事務員に昇格して商事部用度課に勤務した後、同年一二月用度事務所購買課に転任した。次いで三六年九月職員に昇格し、同年一〇月奉天用度事務所購買係主任となった。

寺田　茂七　▷12

興安東省莫力達瓦旗参事官、勲八等／興安東省莫力達瓦旗参事官公館／一八九九（明三二）一二／福岡県福岡市大字小田部／福岡農学校

福岡県寺田安太郎の次男に生まれ、一九一七年福岡農学校を卒業した。一八年五月に渡満して関東都督府蚕業試験場蚕業手となり、同年八月技術員に昇格した。二〇年九月北京に自費留学して同学会で中国語を学んだ後、二三年八月満鉄に転じて公主嶺の農事試験場に勤務した。二八年四月鄭家屯満鉄公所に転任し、開魯在勤を経て鄭家屯に勤務した。三一年九月満州事変の勃発とともに関東軍に従い、各地で情報収集や宣撫工作に奔走した。三三年三月興安総署の委嘱により興安西分省の政治工作に従事して興安西分省開魯県参事官となり、三四年一二月興安東省莫力達瓦旗参事官に転任した。

寺田良之助　▷11

大連水上警察署長、従七位／大連市柳町／一八九〇（明二三）八／広島県甲奴郡甲奴村／東京警察官練習所

広島県農業寺田春太郎の次男に生まれ、一九一〇年広島県巡査となった。松永警察署詰、同県警察部保安課高等係を経て一三年一〇月巡査部長に進み、一四年四月警部考試試験に合格して同年一二月警部補となった。一七年九月東京警察官練習所に入所して二〇年一〇月警部に昇進し、同時に関東庁への出向を命じられて渡満した。保安課に勤務した後、二五年四月警察官練習所教官兼務を経て二八年六月警視に進んで大連水上警察署長に就いた。

寺戸　善之　▷12

満鉄鉄道総局水道課員／奉天加茂町菱藤閣／一八九九（明三二）八／島根県那賀郡三隅町／京都帝大工学部採鉱冶金科・土木科

島根県寺戸忠次郎の五男に生まれ、一九二七年三月京都帝大工学部採鉱冶金科及び土木科を卒業し、同年四月京都市土木課技手となった。次いで西宮市土木課技手に転じ、技師に昇任して土木課長、都市計画兵庫地方委員会幹事等を歴任した。その後三四年一月満鉄に転じて渡満し、水道調査所調査課水源係主任、工務課兼務を経て三六年一〇月鉄道総局水道課勤務となり、三七年四月副参事に昇任した。この間、満州事変時の功により賜品及び従軍記章を授与された。

寺中久寿晴　▷4

東興糧桟主、窰門旅館主／吉林省張家湾東清鉄道窰門駅／一八八四（明一七）／東京府東京市牛込区喜久井町／尋常小学校

高知県の日用品雑貨商寺中兼蔵の子に生まれ、尋常小学校を出て私塾で漢学と文章を修学した後、家業に従事した。一九〇四年日露戦争の勃発とともに徴兵され、翌年二月に渡満した。各地に転戦して〇六年一月に除隊して勲八等に叙せられた。〇七年から韓国総督府間島派出所に勤務したが、一〇年一一月大連の日清豆粕会社に転じた。一四年七月長春の間瀬商店に入って商業の実地を修得した後、翌年退職して東清鉄道沿線の窰門に至り、東興糧桟を興し、農産物売買業を始めた。同時に綿糸布・食料品雑貨販売業と旅館業を兼営し、中国人二〇数名、日本人数名の従業員を擁した。

寺西　圭之　▷11

明星公司主／奉天省撫順東三番町／一八八三（明一六）七／石川県金沢市裏安江町／明治大学法科高等研究科

石川県園田秀孝の三男に生まれ、叔父の寺西武力の養嗣子となった。一九〇四年明治大学法科を卒業した。〇六年春まで同大学高等研究科で海商法と中国習慣法を研究した後、同年九月に渡満して翌年から宮崎宗朝の経営した土木建築請負業を引き継いだ。一三年満鉄に入り撫順炭砿に勤務したが、二〇年一〇月に退社して明星公司を興して撫順炭の販売業を営んだ。二三年以来、地方委員、撫順実業協会幹事等に三回当選した。

寺林吉次郎　▷8

貸家業／奉天／一八八四（明一七）五／富山県新川郡小摺戸村

一九〇四年日露戦争に際し第三軍第九師団に属して従軍し、各地に転戦した。戦後〇六年鉄嶺で現地除隊して奉天、天津など各地を転々とした後、二〇年から奉天稲葉町で質商を営んだ。二一年一二月霞町に移転し、さらに二三年新築落成とともに質商から貸家業に転業した。

寺見　一男　▷12

満鉄吉林電気段電気助役／吉林商埠地四経路代用局宅／一九〇五（明三八）八／兵庫県神戸市林田区／兵庫県立工業学校電気科

兵庫県寺見直三郎の長男に生まれ、一九二三年三月兵庫県立工業学校電気科を卒業して鉄道院に入り、神戸鉄道局大阪電力区に勤務した。二七年九月神戸電力区、二九年七月大阪鉄道局大阪運輸事務所電力掛、三一年一二月大阪鉄道局電気課電力掛に歴勤して設計及び工事監督、査定等に従事した。その後三四年一二月満鉄に転じて渡満し、吉林鉄路局吉林電気段通信副段長を経て三六年一〇月同電気段電気助役となった。

寺見　英雄　▷11

満鉄奉天鉄道事務所列車主任、勲七等／奉天藤浪町／一八八六（明一九）二／岡山県赤磐郡太田村／岩倉鉄道学校

岡山県官吏寺見順造の長男に生まれ、一九〇四年岩倉鉄道学校を卒業し、同年四月北海道庁事業手となった。同年一二月、日露戦争に際し野戦鉄道提理部員として渡満し、〇六年に勲八等旭日章と従軍記章を授与された。〇七年四月満鉄に業務が引き継がれると第一区運輸監督付となり、次いで大連運輸事務所勤務、本部運転課勤務等を経て一七年一二月吉長鉄路管理局に派遣された。シベリア出兵に際し一八年一二月野戦交通部派遣員となり、一九年五月内閣嘱託としてシベリア鉄道管理のためイルクーツクに出張し、日本・イギリス・フランス・ロシア・中国・チェコから成る連合国鉄道調査委員会委員としてザバイカル、東清、ウスリー、アムール各鉄道を視察した。二〇年七月内閣嘱託を解かれて満鉄長春運輸事務所に勤務した後、二七年一一月奉天鉄道事務所主任となった。満鉄十周年、十五周年、二十周年の各表彰を受けたほか、民国一〇年に大総統令五等嘉禾勲章、同一七年に大元帥令三等嘉禾章を贈られた。

寺村　重則　▷11

満鉄撫順炭砿電灯電話係主任、正八位／奉天省撫順南台町／一八九五（明二八）四／高知県香美郡美良布村／旅順工科学堂

高知県医師寺村獀の次男に生まれ、一九一七年旅順工科学堂を卒業し、同年一二月満鉄撫順炭砿モンド瓦斯発電所に勤務した。二〇年同第一発電所勤務、二二年同第三発電所勤務を経て二七年一〇月撫順炭砿電灯電話係主任に就いた。剣道二段でボートを得意とし、高知女学校補習科出身の三橋千賀子と結婚した。

寺山　武司　▷9

寺山商店主／ハルビン埠頭区／一八九〇（明二三）一〇／福島県相馬郡大岡村

一九一〇年五月に渡満して北満各地を視察した後、ハルビンに居を定めた。埠頭区に寺山商店を開業し、洋紙の輸入販売と貴金属類の販売業を営んだ。

寺山　鶴松　▷12

満鉄吉林列車段新站分段列車助役／吉林省満鉄吉林列車段新站分段／一八九八（明三一）九／山口県豊浦郡清末村

早くから満鉄に入り、多年勤続して吉林列車段列車副段長となった。その後三六年一〇月の職制改正により同段新站分段列車助役となった。

寺山　雄二　▷12

満州機器(股)董事、満州工業会理事／奉天淀町／一八九二（明二五）九／長崎県北松浦郡相浦町／九州帝大工科大学機械科

一九一七年七月九州帝大工科大学機械科を卒業し、同年八月三菱(資)に入り三菱神戸造船所に勤務した。二九年一二月蒸気タービン研究のためスイスのユングストロム社及びドイツのマン社に出張し、三〇年九月に帰国した。三五年一二月三菱重工業会社を休職となり、渡満して満州機器(股)董事に就いた。

照井長次郎　▷12

満州重要物産同業組合書記長、満州特産中央会評議員、満州製油工場振興委員会委員、大豆工業研究会幹事／大連市山県通／一八八四（明一七）一／岩手県盛岡市東中野第一地割馬町／専修学校

岩手県商業照井徳太郎の長男に生まれ、盛岡中学校を経て一九〇九年東京の専修学校を卒業した。帝国生命保険会社に入り、東京本店、京城支店に勤務した後、一八年一月大連出張所長となって渡満したが、同年一二月に退社した。その後二〇年一月満州重要物産組合書記長に就き、「満州重要物産商日報」及び「満州重要物産月報」の発行に従事した。夫人久子との間に四女あり、いずれも大連弥生高女を卒業し、長女和子は旅順工科大学を出て大連の進和商会に勤務する村田巌に、次女与子は京城帝大医学部を出て軍医中尉として竜山師団第七八連隊に勤務する川西重逞に嫁した。

照井　隆吉　▷12

大連第二中学校教諭、遼東伝書鳩連盟幹事長、勲八等／大連市菫町／一八九七（明三〇）二／秋田県平鹿郡阿気村／青山師範学校

東京の青山師範学校を卒業して日本橋浜町小学校の訓導を務めた後、一九二〇年五月に渡満して新設の大連春日尋常小学校訓導となった。その後三〇年に文部省中学教員検定試験に合格して関東中学校書記を兼務した後、三六年三月大連第二中学校教諭となった。この間、関東庁募集教育論文に三回当選したほか、柔道五段で第二中学校と師範学堂の各師範及び満鉄道場研究部委員を務めた。さらに西脇与石に就いて書道を研鑽し、岩田鶴皐の下で古法帖の研究をしたほか、小野鵞堂の新華会に属して特二に進んだ。また日本角力道の真髄を体得するため立浪部屋に入門し、一年間力士と起居を共にして近県巡業にも参加した。

照井隆三郎　▷12

国務院土木局第一工務処員、新京工業学校講師、正七位／新京特別市恵民路代用官舎／一九〇一（明三四）九／秋田県雄勝郡明治村／東京帝大工学部土木工学科

秋田県照井久左衛門の三男に生まれ、一九二七年三月東京帝大工学部土木工学科を卒業して内務工手となり、仙台土木出張所雄物川改修事務所土崎湊修築事務所に勤務した。二九年九月技師に進んで江合川改修事務所主任、鳴瀬川改修事務所主任兼宮城国道改良事務所主任、宮城地方森林会議員を歴任した。その後三五年四月国務院国道局第二技術処技佐に転出して渡満し、特許発明局技佐及び同評定官・審査官を兼任した後、三七年一月土木局技佐となり同局第一工務処に勤務した。

照屋　知徳　▷12

大興木材公司主、勲八等／吉林八経路／一八九四（明二七）七／沖縄県那覇市松下町／那覇市立商業学校

旧姓は勢理客と称し、一九三六年現名に改めた。一九一二年那覇市立商業学校を卒業した後、一五年に大分の歩兵第七二連隊に入営した。除隊とともに渡満し、三井物産長春支店に勤務した。二一年に退社して吉林に大興木材公司を開設し、木材商を経営した。この間、満州事変時の功により勲八等白色桐葉章及び従軍記章、建国功労賞を授与された。

天満善次郎　▷11

大連金融組合理事／大連市桃源台／一八八九（明二二）二／兵庫県武庫郡本山村／早稲田大学独法科

一九一二年早稲田大学独法科を卒業し、翌年朝鮮銀行京城本店に入った。一七年八月大連支店勤務を経て一九年一月同支店支配人代理、同年四月奉天省四平街支店支配人代理、同年一一月ウラジオストク松田銀行部長代理、二〇年一月鮮銀ウラジオストク支店長代理を歴任して二二年一二月京城本店に戻った。二三年六月鮮銀から大連興信銀行に派遣されて専務取締役に就いた後、二七年七月鮮銀復帰して大連支店支配人代理となったが、二八年六月に退職して大連金融組合理事に転じた。ウラジオストク在勤中、シベリア撤兵に際しての功により一時賜金を授与された。

て

土井梅次郎　▷12

満鉄参事、撫順炭砿工作課機械係技術担当員兼臨時竜鳳竪坑計画係機械担当員／奉天省撫順西公園町／一八九一（明二四）七／長野県小県郡依田村／（米国大学）

小学校から大学までアメリカで修学し、建築学を専攻した。一九一三年シカゴのアレン・エンド・ガルシャ社に入り、選炭機等の鉱山機械の設計に従事した。二九年に帰国し、同年一一月満鉄入社して撫順炭砿に勤務した。三〇年六月技師に昇格して炭砿部機械課兼採炭課に勤務し、三一年八月工作課機械係機械担当員、三五年三月工作課長代理を経て三六年九月参事となった。

土井菊次郎　▷3

若狭町郵便所長、正八位勲八等／大連市若狭町／一八七二（明五）九／愛媛県松山市柳井町／東京郵便電信学校

一八九三年七月東京郵便電信学校を修了して大阪、長崎に勤務した。一九〇四年日露戦争に際し電信予備員技手として第一軍に従軍し、功により勲七等を受けた。復員して間もなく臨時電信隊付となって再び渡満し、関外及び草河口軍用電信所に勤務した。その後、営口勤務を経て一九一〇年五月若狭町郵便所長に就いた。

土井　清　▷12

土井商店主／龍江省チチハル中興街／一九一三（大二）六／福岡県朝倉郡安川村

日露戦争後に柳樹屯で食料品雑貨商を営む土井国次郎の長男に生まれ、大連商業学校を卒業後に家業を補佐した。後に土井商店の営業名目人となり、和洋酒、缶詰、白米、海産物、その他の食料品を扱い、店員五人を使用した。

土井国次郎　▷12

土井商店主／龍江省チチハル中興街／一八六七（慶三）／福岡県朝倉郡安川村

一九〇四年日露戦争に際し御用商人として渡満し、戦後は柳樹屯、次いで遼陽昭和通で食料雑貨商を営んだ。三一年一一月満州事変により日本軍がチチハルに入城すると、三四年四月チチハル中興街に移転して同業を営み、大連商業学校卒の長男清に経営を引き継いだ。

土井　三郎　▷11

開業医、医学得業士／大連市信濃町／一八七七（明一〇）三／佐賀県佐賀市水ヶ江町／岡山医学専門学校

佐賀県教員三好熊市の三男に生まれ、母の実家土井嘉平太の養子となった。一九〇二年岡山医学専門学校を卒業して京都帝大医科大学内科教室で研究に従事し、〇三年福岡医科大学医務介補となった。その後助手に進んで第二内科教室に勤務したが、日露戦後の〇五年一二月、関東州民政署医務嘱託に転じて渡満した。大連施療院長を経て都督府大連医院内科に勤務し、満鉄大連医院と合併後は同医院内科に転じた。一一年に退職して市内信濃町で開業し、かたわら大連慈恵病院理事、基督教青年会理事、大連日本基督教会長老、禁酒会長等の名誉職を務めた。

戸石　静　▷4

戸石貿易商店主／長春東第一七区／一八八〇（明一三）六／長崎県北高来郡森山村／県立熊本中学校

農家の長男に生まれたが、農業を厭い県立熊本中学校に進学し、暑中休暇で帰省した一七歳の時、ロシア語修得のためシベリアに渡航した。黒竜江河畔のニコラエスク市に滞在した後、オコック海浜シテバーウスキ砂金採取場薬局の薬剤手となった。次いで一九〇一年ハルビンに赴き、居留民会及び警察署一等騎兵大尉カザルキンの下で通訳を務めたが、〇四年三月日露戦争に際し補充兵臨時教育召集を受けて大村の歩兵第四六連隊に入隊し、同年六月に除隊した。〇五年佐世保海軍鎮守府の雇員として旅順海軍工廠に派遣され、同地に七年勤務した後、一三年関東都督府巡査となった。その後一六年四月に依願免官して同年七月長春に戸石貿易商店を開設し、サンフランシスコ、大阪、神戸、横浜方面から皮帯、鉄類、コーヒー等を仕入れ、主としてロシア人向けに販売した。

土井　静雄　▷11

旅順工科大学助教授／旅順市常盤町／一九〇二（明三五）一／鳥取県八頭郡下私都村／九州帝大工学部機械科

鳥取県土井伊三蔵の次男に生まれ、一九二七年九州帝大工学部機械科を卒業した。旅順工科大学講師となって渡満し、二八年六月助教授に昇任した。

土井　治八　▷11

満鉄鉄道部工作課材料係／大連市伏見町／一八九九（明三二）一／佐賀県杵島郡小田村／旅順工科学堂機械工学科

佐賀県農業土井瀬三郎の次男に生まれ、一九二〇年旅順工科学堂機械工学科を卒業して満鉄に入った。沙河口工場技術部機械課に勤務し、度々の職制変更で運輸部機械課、鉄道部機械課、同工作課と名称は変更されたが、一貫して同一業務に従事した。

戸泉　憲溟　▷12

国務院民政部総務司資料科員／新京特別市大経路民政部総務司／一八八九（明二二）／福井県今立郡粟田部町／セント・ペテルスベルグ大学中退

竜谷大学予科を経てロシアのセント・ペテルスベルグ大学に留学し、中退して東洋語学校講師となった。その後渡満して満鉄嘱託となり、一九三四年七月北満特別区公署理事官に転じて行政処に勤務した。三五年一二月国務院民政部総務司資料科に転任し、翌年から第一次語学検定考試委員を兼務した。

土肥　隆　▷6

満鉄鉄道部計画課員／大連市／一八八二（明一五）四／熊本県球磨郡五木村／熊本高等工業学校土木科

県立八代中学校の第一期生として卒業し、熊本高等工業学校土木科に進んだ。一九〇七年に卒業して同年七月満鉄に入社し、建設課に勤務した。一五年三月陸軍が青島戦で接収した山東鉄道の経営を満鉄に依嘱すると、社命で同鉄道に派遣されて工務課に勤務した。その後同鉄道が中国に還付されると、残務を整理して二三年六月本社に復帰して鉄道部計画課勤務となり、鉄道線路計画を担当した。東京女子大を卒業した夫人との間に一女があり、長兄の実雄は郷里で家業を継ぎ、次兄の満三郎は医専を出て山形県遊佐町で開業した。

土肥　顗　▷13

国務院民政部次長、勲五等／新京特別市／一八九六（明二九）五／北海道小樽市色門町／東京帝大法学部政治学科

北海道土肥順太郎の長男として福井県坂井郡三国町に生まれ、一九二〇年東京帝大法学部政治学科を卒業して満鉄に入社した。長春駅、本社外事課、北京公所、吉林公所長事務取扱、開原地方事務所長等に歴勤し、二七年一一月長春地方事務所長となり長春市場会社社長を兼任した。三〇年六月参事に昇格して地方部庶務課長、同人事課長兼育成学校長、総務部庶務課長、社員表彰並懲戒委員会委員、満鉄奨学資金財団理事を歴任し、人事制度及び社員待遇問題に関する調査研究のため一〇ヶ月間欧米に出張した後、三五年九月上海事務所長となった。その後三七年七月満州国入りして奉天市副市長となり、錦州省、奉天省の各次長を経て四〇年五月中央機構の一部改革の際に国務院民政部次長に就いた。この間、満州事変時の功により勲五等に叙され、三八年に支那事変時の功により陸軍大臣より賜金を授与された。スポーツを得意とし、一高・東大在学中はボート部選手、北京在勤時はオール北京野球団の投手として活躍した。

土井田唯一　▷11

横浜正金銀行大連支店員、正八位／大連市桂町／一八九五（明二八）五／広島県豊田郡上北方村／東京帝大法学部

広島県農業土井田豊助の四男に生まれ、一九二一年東京帝大法学部を卒業し、同年六月横浜正金銀行に入った。勤務中、一年志願兵として入営し後備陸軍歩兵少尉となった。二五年九月、大連支店詰となって渡満した。

土居　朝松　▷1

清国巡警局員／安東県／一八八一（明一四）一／長崎県北高来郡小野村／熊本医学校

熊本医学校を卒業して須磨病院に勤務した後、東京の伝染病研究所で研究に従事した。その後熊本県立病院に勤務したが、日露戦争時に軍医の不足を聞いて志願し、三等軍医として戦地に赴いた。戦後は京都府立医科大学衛生学教室で細菌学を研究し、かたわら京都市伝染病院の医師を務めた。〇七年一一月安東県道台から安東県領事を通じて衛生学の専門医招聘の照会があり、医科大学に推挙されて渡満した。

土肥原賢二 ▷11

陸軍歩兵大佐、勲六等功五級／奉天十間房／一八八三（明一六）八／岡山県岡山市西田町／陸軍大学校

岡山県軍人土肥原良永の次男に生まれ、一九〇四年陸軍士官学校を卒業して歩兵第一五連隊付となった。その後陸軍大学校に入り、一二年に卒業して参謀本部勤務、歩兵第二五連隊大隊長を経て一八年駐在武官として渡満した。⇒二七年七月大佐に進んで第一師団司令部付となり、二八年三月奉天東北辺防軍司令長官公所顧問、二九年三月歩兵第三〇連隊長を歴任して三〇年一二月参謀本部付として中国に出張した。三一年八月奉天特務機関長となり満州事変の謀議に参画し、九月一八日の事変勃発後二一日に奉天市臨時市長に就き、次いで同年一一月に清朝廃帝溥儀を天津から引き出して満州国建国を画策した。三二年七月ハルビン特務機関長に転じて少将に進み、歩兵第九旅団長を経て翌年八月再び奉天特務機関長となり華北分離工作に従事した。三五年六月土肥原・秦徳純協定を結んで河北省北中部から国民党勢力を撤退させ、同年一一月同地に傀儡の冀東防共自治委員会を樹立した。三六年三月中将に進み、同年一一月留守第一師団長、三七年三月第一四師団長を経て三八年六月参謀本部付として上海に駐在し、土肥原機関を作って対中国謀略工作を指導したが、三九年呉佩孚擁立工作に失敗して解散し、同年五月第五軍司令官に転じた。四〇年九月軍事参議官、同年一〇月陸軍士官学校長兼務、四一年四月大将、同年六月航空総監兼本部長、四三年五月東部軍司令官、四四年三月第七方面軍司令官、四五年四月教育総監を歴任して同年八月第一二方面軍司令官となり、翌月第一総軍司令官を兼務した。敗戦後A級戦犯に指名され、四八年一一月東京国際裁判で死刑の判決を受け翌月執行された。

土井　秀吉 ▷11

撫順第二小学校訓導／奉天省撫順南台町／一八九三（明二六）八／大分県下毛郡深秣村／大分県師範学校

大分県農業土井治右衛門の次男に生まれ、一九一八年大分県師範学校を卒業した。県下の西谷小学校、秣小学校、山口小学校の訓導を務めた後、二四年九月に渡満して撫順第二小学校訓導となった。

土井福三郎 ▷9

土井歯科医院長／大連市大山通／一八九五（明二八）一二／東京府東京市麹町区富士見町／日本歯科医学校

岐阜県稲葉郡岩村に生まれ、一九一六年日本歯科医学校を卒業し陸軍衛生部員として兵役に服した。一八年陸軍病院歯科部主任としてハルビンに派遣され、一九年九月旅順衛戍病院歯科医長に転任し、勤務のかたわら同市八島町の自宅で歯科医を開業した。二一年一〇月に退職し、大連に移住して大山通に土井歯科医院を開業した。

問山　浅吉 ▷12

山形洋行大連支店長、在郷軍人会大連第二分会理事、大連猟友会幹事、勲八等／大連市浪速町／一八九六（明二九）三／山口県豊浦郡安岡町

一九一三年山形洋行の創業時に入店し、以来同店に勤務して金庫、度量衡器、魔法瓶、電気器具の販売業に従事した。一五年に店主が入営すると同店経営をまかされたが、一六年一二月に徴兵されて小倉の歩兵第一四連隊に入営し、翌年シベリア派遣軍に従軍した。一九年七月に除隊して勲八等白色桐葉章を授与され、復職して大連支店長を務めた。

土井　和一 ▷9

東華銀行取締役兼大連支店支配人／大連市霧島町／一八八一（明一四）六／広島県安芸郡三川村／早稲田大学商科

一九〇七年早稲田大学商科を卒業して横浜正金銀行に入り、横浜本店に勤務した。大阪支店に転勤して再び本店に戻った後、一六年三月大連支店詰となって渡満した。牛荘支店に転勤した後、一八年七月大連商業銀行が設立されると取締役兼副支配人に就いた。二〇年三月日中合弁で設立された東華銀行の大連支店長に転じ、同年七月取締役に就任し、さらに同年一〇月本店支配人を兼務した。

銅金　機一 ▷12

住友生命保険㈱大連出張所長／大連市春陽台／一九〇五（明三八）一二／広島県／京都帝大法学部

広島県銅金亀蔵の子に生まれ、一九三〇年三月京都帝大法学部を卒業して住友生命保険㈱に入社した。本店契約課に勤務し後、三四年に大連出張所長となって渡満した。柔道六段で、教士の資格を有した。

東郷　茂徳　▷3

奉天総領事館領事官補、従七位／奉天総領事館内官舎／一八八二（明一五）一二／鹿児島県日置郡下伊集院村／東京帝大文科大学独文科

鹿児島県朴寿勝の長男に生まれ、後に東郷姓を名乗った。鹿児島第一中学校、第七高等学校を経て一九〇八年七月東京帝大文科大学独文科を卒業した。一二年九月外交官及び領事官試験に合格し、一三年七月奉天総領事館領事官補となって渡満した。⇒その後スイス、ドイツ、アメリカ等に在勤した後、三三年二月外務省欧米局長、三四年六月欧亜局長を歴任して三七年一〇月特命全権大使に任じられてドイツに駐在した。三八年一〇月日独伊三国同盟に反対して駐ソ連大使に転任し、ノモンハン事件停戦協定、日ソ不可侵条約及び日ソ中立条約の締結交渉にあたった。四一年一〇月東條内閣の外相兼拓務相となり日米交渉の打開に尽力したが、開戦後の四二年九月大東亜省設置に反対して辞職した。その後四五年四月鈴木貫太郎内閣で再び外相兼大東亜相となり対ソ終戦工作に従事したが頓挫し、同年八月ポツダム宣言の受託後に辞任した。戦後四八年一一月東京裁判でA級戦犯として禁錮二〇年を宣告され、五〇年七月服役中に病没した。著書に『大戦外交の手記』『東郷茂徳外交手記』がある。

東郷　高穂　▷12

日東工業㈾代表社員／ハルビン南崗竜江街／一九〇二（明三五）六／神奈川県平塚市平塚／慶応大学

東郷静之介の次男として東京市に生まれ、一九二七年三月慶応大学を卒業して渡満し、南満州電気㈱に入社して自動車部、次いで電鉄工場に勤務した。三五年四月満州国による北鉄接収の際に独立し、ハルビン長官公署街に資本金二万二〇〇〇円で日東工業㈾を興した。冷暖房、換気、炊事、消毒、乾燥、水道、衛生、給湯、消火、製氷、冷凍、保温等の諸設備・機械類の製作販売と工事を請け負い、日本人七人、中国人三五人を使用し、大連市浪速町扇芳ビルに出張所を置いた。奉天青葉町で土木建築請負業を経営する碇山久の次女寿満子を夫人とした。

東沢　閑夫　▷12

満鉄吉林鉄路局機務処機械科長、鉄道総局度量衡器検査員／吉林竜潭寮／一八九五（明二八）二／愛媛県宇摩郡蕪崎村／旅順工科学堂機械工学科

愛媛県立西条中学校を卒業して渡満し、一九一六年旅順工科学堂機械工学科を卒業し、同年一二月本渓湖煤鉄公司に入った。一七年一二月一年志願兵として兵役に服し、砲兵伍長となって一八年一二月に復職した。二〇年九月満鉄に転じて技術部機械課に勤務した後、長春工務事務所機械長、長春地方区機械係主任兼長春地方事務所員、安東地方事務所員兼安東地方区機械係主任、地方部建築課奉天在勤、奉天地方事務所機械係長、長春工事事務所機械長を歴職した。次いで鉄路総局吉長吉敦鉄路局勤務、新京鉄路局機務処工作科長兼機械股長を経て三六年九月副参事となり、吉林鉄路局機務処機械科長に就いた。この間、三六年四月に勤続一五年の表彰を受けた。

東城　源三　▷12

図們建設処員／間島省琿春新安町／一八九九（明三二）九／福島県福島市大字腰浜／東京帝大工学部土木工学科

福島県東城熊次郎の四男に生まれ、福島中学校、第二高等商業学校を経て一九二六年三月東京帝大工学部土木工学科を卒業し、同年四月東京市技手となった。同年一二月、一年志願兵として千葉県習志野の鉄道第二連隊に入営した。除隊後復職して三二年技師に昇格したが、三三年五月国務院国道局技正に転じて渡満した。新京国道建設処に勤務した後、三四年七月技佐に昇格し、三七年一月図們建設処に転任して琿春に在勤した。

東条健八郎　▷9

東昌洋行主／大連市岩代町／一八八二（明一五）七／東京府東京市日本橋区蛎殻町

一九〇四年一一月日露戦争に際し騎兵第一五連隊に属して柳樹屯に上陸し、各地に転戦した。戦後〇六年から旅順地方法院に勤務したが、一〇年四月大連の福昌公司に転じた。一七年に退職して岩代町に転居し、目抜き通り浪速町の角地に店舗を構えて輸入煙草・洋酒販売業を営み、仁丹、山田正露丸の発売元を兼ねた。

東條喜太郎 ▷12

東條果樹園主、勲八等／旅順市月見町／一八八四（明一七）六／新潟県中頸城郡豊葦村／松本戊戌商業学校専修科

新潟県農業東條米造の四男に生まれ、一九〇三年松本戊戌商業学校専修科を卒業した。日露戦争に際し臨時軍用鉄道監部材料班付となり、〇五年二月に渡満して安奉軽便鉄道班、野戦鉄道大隊、同提理部に勤務した。その後一七年四月満鉄開業とともに入社して鉄嶺経理係、公主嶺会計主任、鉄道作業局電信係等を歴任した。勤続二五年で待命となった後、退社して旅順爾霊山麓で五〇〇〇坪の果樹園を経営した。経営が軌道に乗るとともに年産五〇〇〇貫を収穫し、二八年の内国博覧会で銀製花瓶を受領した。安東県在勤時に健康診断書を結納代わりとして結婚した同郷の夫人との間に五男四女があった。

塘　慎太郎 ▷11

満鉄本渓湖地方事務所長、勲七等功七級／奉天省本渓湖石山町／一八七四（明七）四／兵庫県姫路市博労町

兵庫県塘四郎平の長男に生まれ、陸軍軍人となった。〇四年の日露戦争に第三軍司令部付として従軍し、戦後は第一〇師団司令部、姫路衛戍病院等に陸軍上等看護長として勤務した。除隊後の一九一一年一〇月に渡満して満鉄に入り、南満医学堂、遼陽医院、営口医院等の事務員を務めた。その後、遼陽地方事務所庶務主任に転じ、奉天地方事務所庶務主任、鞍山医院事務長、安東医院事務長を経て本渓湖地方事務所長に就いた。末弟真策は陸軍大学校を出て陸軍士官学校で戦術教官を務め、後に少将に進んだ。

唐仁原　茂 ▷7

満鉄社員用度課／大連市沙河口真金町／一八九六（明二九）二／鹿児島県川辺郡加世田村／鹿児島県立川辺中学校

鹿児島県立川辺中学校を卒業し、一年志願兵として台湾の第二連隊に入隊し、上等兵に進級して退営した。一九一九年一月に渡満して満鉄経理部用度課に勤務し、給与係として諸般の事務に従事した。職務の他にも満鉄倶楽部委員を務め、煩雑な関係事項に没頭しながら余暇には釣魚を楽しんだ。

堂園　教明 ▷11

鉄嶺高野山支部長／奉天省鉄嶺高野山／一九〇三（明三六）九／大分県西国東郡香々地町／高野山中学校

大分県農業堂園政平の次男に生まれ、年少で出家した。一九二七年高野山中学校を卒業し、翌年二月に渡満し、以来鉄嶺の高野山支部長として布教伝道に従事した。

東野　重馬 ▷11

大連日本橋小学校訓導／大連市薩摩町／一八八四（明一七）八／福井県遠敷郡今富村／福井県師範学校二部

福井県農業東野重右衛門の長男に生まれ、一九〇九年福井県師範学校二部を卒業して県下の奥名田、小浜、西津の各小学校訓導を務めた。二一年六月に渡満して関東州大連第二小学校訓導に転じ、二五年四月日本橋小学校と改称した後も引き続き同校に勤続した。

東畑　英夫 ▷3

関東都督府旅順民政署警務係主任、従六位勲六等／旅順市新市街特権地／一八六四（元一）一二／和歌山県伊都郡笠田村

一九〇七年五月、満鉄開業直後に入社して地方部に勤務した。一五年九月に関東都督府に転じて警視となり、民政部に勤務して旅順民政署警務係を務めた。

東畑　英夫 ▷11

農業、従五位勲五等／旅順市明治町／一八六四（元一）一〇／和歌山県伊都郡笠田町

和歌山県農業吉田孫市の長男に生まれ、東畑家の養子となった。一九〇七年五月満鉄社員として渡満し、その後関東都督府警視に転じた。後に旅順市会議員、市会議長を歴任して一九年から旅順市長を務め、公務を退いた後は囲碁を趣味として晴耕雨読の生活を送った。

東畑　隆三　▷11

聚興洋行主／奉天省鉄嶺松島町／一八九九（明三二）三／三重県志摩郡浜島町／三重県立農林学校

三重県東畑三吉の次男に生まれ、一九一八年三重県立農林学校を卒業し、同県の諸戸殖産会社に入った。一年志願兵として兵役に服した後、二一年台湾に渡り、塩水港製糖が経営する台湾製薬会社竹子門農場の主任となったが、風土病に罹って帰国した。郷里で療養した後、二三年朝鮮に渡って義父の米川章雄が経営する農場で働いた。二五年に渡満して開原の秀生洋行に二年半勤めた後、鉄嶺に移って中国資本の糧桟聚兵桟と共同出資で特産物商を開業した。

藤平田文吉　▷11

満鉄臨時経済調査委員会鉱山調査主任／大連市但馬町／一八八六（明一九）一〇／石川県金沢市／日本大学

石川県軍人藤平田正明の長男に生まれ、国民英学会と正則英語学校で英文学を学んで日本大学に入学した。一九一〇年に卒業し、同年八月から一二年七月まで大日本図書㈱で教科書の編輯出版に従事した。その後週刊雑誌の社長に就いたが、満鉄嘱託に転じて一四年一二月に渡満した。翌年社員に昇格し、以来本社鉱務課及び地質調査所に勤務して庶務主任、調査係として満蒙及び中国本土の地質・鉱山の踏査研究に当たり、二七年一一月に臨時経済調査委員会が設置されると鉱山調査主任に就いた。長く「支那鉱業時報」の編輯に従事して満蒙博物館の設立を提唱し、後に満州技術協会工業博物館の常務委員を務めた。

東峰　常二　▷12

満鉄四平街駅事務助役／奉天省四平街南二条通益済寮／一九一〇（明四三）一二／茨城県鹿島郡白鳥村／拓殖大学商学部

茨城県東峰常五郎の四男に生まれ、鉾田中学校を経て一九三四年三月拓殖大学商学部を卒業して満鉄事務員となった。四平街駅駅務方、同貨物方、大連列車区車掌心得、同車掌を歴職した後、三五年四月騎兵科甲種幹部候補生としてハイラル和田騎兵部隊に入隊し、外蒙国境のアッスルスムに出動した。三六年三月に除隊して同年七月再び四平街駅駅務方となり、同年九月同構内助役・事務助役代理を経て同年一二月同事務助役となった。

遠田　康　▷11

満鉄臨時経済調査委員会勤務／大連市三室町／一八九〇（明二三）一二／秋田県秋田市長野下堀反町／東亜同文書院

秋田県遠田順治の長男に生まれ、一九一三年上海の東亜同文書院を卒業して高島屋飯田商会の天津支店義太洋行に入った。一六年に帰国して秋田銀行に勤めた後、一八年に渡満して満鉄に入り撫順炭砿に勤務した。機械課、経理課、庶務課に勤務した後、二七年一一月本社に臨時経済調査委員会が設置されると同委員会に勤務した。

遠峰　幸七　▷11

金福鉄道金州東門駅長／関東州金州東門外屯／一八九一（明二四）一一／宮城県牡鹿郡荻浜村／仙台通信管理局通信生養成所

宮城県商業遠峰万助の三男に生まれ、一九〇九年慶応高工科二年を修業後、一一年一〇月仙台通信管理局通信生養成所を修了した。郷里の荻浜郵便局通信事務員を務めた後、一四年四月に渡満して満鉄に入り、大石橋駅、昌図駅、大連駅勤務、火連寨駅助役、安東駅構内助役を歴任して二四年九月に退社した。二七年一〇月金福鉄道に入って李家屯駅長となり、金州東門駅長に転任した。

遠山　峻　▷11

安東領事館副領事、従七位勲六等／安東領事館／一八八〇（明一三）九／愛媛県宇和島市／東京外国語学校

愛媛県遠山総国の子に生まれ、一九〇六年東京外国語学校を卒業した。一七年外務省官吏となり、二八年五月安東領事館副領事となって渡満した。

富樫吉十郎　▷12

ハルビン警察庁警正、従七位勲七等／ハルビン鉄路街公館／一八八六（明一九）二／山形県飽海郡南平田村

一九一二年三月朝鮮総督府巡査となり、以来勤続して錦山警察署長、南原警察署長、警務局保安課勤務、文川警察署長、新興警察署長、警務局警務課に歴任した。三三年九月警視に累進した後、満州国に転出して渡満し、三四年一月ハルビン警察庁警正となった。

富樫　甚作　▷12

国務院総務庁人事処員、従七位／新京特別市崇智胡同／一九〇〇（明三三）一二／北海道札幌市南三条／北海中学校

北海道富樫甚五郎の長男に生まれ、一九一八年札幌市の私立北海中学校を卒業して一九年一月税務監督局属となった。税務署属に進み、一年志願兵として旭川の歩兵第二七連隊で兵役に就いた後、除隊復職して札幌、小樽の各税務署に勤務した。その後二八年一〇月大連民政署財務課直税係主任に転出して渡満し、二九年一月関東庁属、同年八月同課税務係主任を経て三二年五月関東庁理事官に累進した後、同年六月国務院財政部事務官に転じて税務司国税科長代理となった。次いで財務監督署事務官・奉天税務監督署勤務兼財政部事務官、財政部事務官・税務司国税科勤務を経て三七年三月総務庁事務官となり同人事処に勤務した。

「十川」は「そがわ」も見よ

十川熊太郎　▷12

国務院民政部警務司総務科員／新京特別市崇智胡同／一八九八（明三一）一／香川県木田郡氷上村

一九一八年一二月徴兵されて丸亀の歩兵第一二連隊に入営し、二〇年一二月陸軍三等計手となった。満期後も引き続き軍務に服して平壌憲兵隊付、朝鮮憲兵司令部付、朝鮮軍倉庫付、同経理部付を経て三二年四月上等計手に進んだ。三三年八月に退営して特殊警察隊嘱託となって渡満し、新京游動警察隊に勤務した。三四年八月瓦房店国境警察隊付を経て同年九月民政部属官となり、警務司総務科に勤務して三五年一一月事務官に昇任した。

砥川　三郎　▷11

満州船渠㈱大連工場船渠係、従五位勲三等／大連市桜花台／一八八一（明一四）七／佐賀県佐賀郡中川副村／海軍兵学校

佐賀県海軍軍人沢野久種の三男に生まれ、砥川善作の養子となった。一九〇二年海軍兵学校を卒業して翌年一二月海軍少尉となり、〇四年日露戦争に従軍した。一七年一二月中佐に進み、二一年一二月から特務艦労山艦長を務めた。二三年一月に予備役編入となり、満鉄に入って旅順工場船渠長に就き、その後満州船渠㈱に転じて大連工場船渠係となった。

外河　益三　▷12

満鉄撫順炭砿研究所技術担当員、社員会評議員、工業化学会満鉄支部幹事／奉天省撫順北台町／一八九八（明三一）四／福岡県山門郡瀬高町／熊本高等工業学校電気工学科

福岡県外河豊次郎の次男に生まれ、柳河中学校を経て一九一九年熊本高等工業学校電気工学科を卒業し、同年四月満鉄に入り撫順炭砿機械課に勤務した。二一年四月東郷採炭所、二二年一月機械課、二四年一月工業課、二六年四月古城子採炭所兼務を経て二七年八月撫順炭砿研究所に転任し、三四年四月技術担当員となった。この間、満州事変時の功により従軍記章と楯を授与された。

戸川　喜吉　▷11

南満州工業専門学校教授、正七位／大連市伏見町満鉄社宅／一八七四（明七）八／岡山県岡山市広瀬町／第三高等学校土木科

岡山県戸川久治郎の長男に生まれ、一八九八年第三高等学校土木科を卒業し、同年九月九州鉄道会社に入った。一九〇七年に同社が国有化されると鉄道院技師となったが、一三年に渡満して満鉄に転じ、南満州工業専門学校教授となった。夫人千春との間に一男二女あり、長男猛馬は満州医科大学に学んだ。

時枝　時章　▷8

㈾康泰弘公司社員／奉天／一八八七（明二〇）／福岡県福岡市船町／福岡市立商業学校

一九〇八年福岡市立商業学校を卒業して台湾に渡り、創立直後の塩水製糖会社に入り用度課に勤務した。一九一八年に退社して営口の第一商事㈱創立委員となり、創立後に常任監査役取締役となった。二二年に辞職して奉天に移り、加茂町の喜久屋株式店の業務と前代議士の門田新松が経営する日新興信所の奉天以北の興信事務に従事した後、同地で康泰弘公司を設立して建築業を営んだ。かたわら鞍山製鉄所とセメント、コークスの満州一手販売の特約を結び、その販売業を兼営した。

土岐　嘉平　▷9

関東庁事務総長、従四位勲三等／旅順市関東庁官舎／一八七五（明八）二／和歌山県那賀郡山崎村／東京帝大法科大学政治学科

和歌山県土岐綱右衛門の次男に生まれ、東京帝大法科大学政治学科に入学し、在学中に判検事登用試験及び弁護士開業試験、文官高等試験に合格した。一九〇一年に卒業して山梨県参事官、内務書記官、内務省参事官、大阪府内務部長、高知県知事、石川県知事を歴任した。二五年四月関東庁事務総長に任じられて渡満した。

土岐　終五　▷12

文明堂主／ハルビン買売街／一八八九（明二二）三／広島県広島市水主町

二八歳まで郷里の通信官署に勤めた後、一九一七年五月に渡満した。翌一八年にハルビン買売街に文明堂を開設し、文房具類の販売業と活版印刷業を営んだ。

土生　琢介　▷11

満鉄撫順炭砿運輸部庶務係主任／奉天省撫順北台町／一八九四（明二七）三／山口県下関市東南部／市立下関商業学校

山口県土生五郎兵衛の七男に生まれ、一九一二年市立下関商業学校を卒業し、同年五月に渡満して満鉄に入った。撫順炭砿に勤務し、一年志願兵として入営した後、帰社して後に運輸部庶務係主任を務めた。

時田　定弘　▷12

満鉄遼陽医院庶務長、社員会評議員／奉天省遼陽満鉄医院／一八九二（明二五）一二／秋田県由利郡本荘町／秋田県立本荘中学校

一九一二年三月秋田県立本荘中学校を卒業し、同年五月に渡満して関東都督府観測所に勤務した。奉天、営口、長春の各支所に勤務した後、奉天商業会議所に転じ、さらに二〇年三月満鉄に転じて地方部衛生課に勤務した。次いで大石橋医院勤務、関東軍事務嘱託、ハルビン医院勤務を経て三五年九月遼陽医院庶務長となった。この間、三五年四月勤続一五年の表彰を受けた。

土岐　典二　▷4

土岐商会主／ハルビン埠頭区モストワヤ街／一八八三（明一六）／広島県広島市水主町／電気学校予備科

旧広島藩士の子に生まれ、上京して電気学校予備科を経て陸軍に入り、電信教導大隊を修了して工兵上等兵となった。一九〇四年日露戦争に従軍した後、戦後大連の円橋電気商会に入り、後に独立して旅順で電気商を開業した。程なく廃業して大連に戻り、小野田セメント会社電気係となり、次いで吉林の保吉公司工程師に転じ、さらにハルビンに移って電気商を独立開業した。一四年に欧州戦争が始まると、ロシア領内のドイツ製電用品の供給途絶を予測して日本の諸会社に模倣品製作を委託したが好結果が得られず、自ら改良を重ねて製品化に取り組んだ。一六年二月モストワヤ街に土岐商会を開設してロシア向け電用品の販売を開始し、日本製電用品の対露輸出の嚆矢として地方新聞に紹介された。本業のかたわら雑貨食料品の販売と電灯・電話工事請負業を兼営した。

時任　泰　▷12

満鉄新京保線区長、社員会新京連合会消費部長、社員消費組合総代、正八位勲八等／新京特別市菖蒲町／一九〇四（明三七）一二／鹿児島県姶良郡加治木町／東京帝大工学部土木工学科

加治木中学校、第七高等学校を経て一九二九年三月東京帝大工学部土木工学科を卒業して同年五月満鉄に入社し、鉄道部勤務を経て同年九月大連保線区に転勤した。三〇年一二月鉄道部工務課、三三年三月チチハル建設事務所、三四年二月ハルビン建設事務所北安分所、同年一二月鉄道建設局計画課に歴勤し、三五年一二月新京保線区長に就いた。かたわら社員会新京連合会消費部長、社員消費組合総代を務め、満州事変時の功により勲八等旭日章及び従軍記章、建国功労賞を受けた。

徳方　磊二　▷12

満鉄通遼站長兼通遼自動車営業所主任、勲八等／興安南省通遼站長局宅／一八九二（明二五）九／岡山県久米郡神目村／岩倉鉄道学校業務科

岡山県徳方勘三郎の三男に生まれ、一九一三年岩倉鉄道学校業務科を卒業して同年五月鉄道院に入り、新宿駅、品川駅等に勤務した。その後一九年一月満鉄に転じて渡満し、大連駅に勤務した。大連列車区に転勤した後、立山駅助役、瓦房店駅助役、大連鉄道事務所勤務、大石橋駅構内助役、撫順販売所勤務、撫順受渡事務所勤務、同現場監督、鉄道建設局勤務、錦州建設事務所勤務を経て三五年一〇月通遼站長となり、三六年四月から通遼自動車営業所主任を兼務した。この間、満州事変時の功により勲八等に叙され、三四年四月勤続一五年の表彰を受けた。

徳田　茂二　▷12

国務院水力電気建設局総務処庶務科長、正七位／新京特別市義和路／一八八八（明二一）八／鹿児島県肝属郡垂水町／鹿児島県立第一中学校

一九〇八年鹿児島県立第一中学校を卒業した後、〇九年五月韓国政府建築所雇となった。一〇年一〇月日本による韓国併合により朝鮮総督府雇となり、官房土木局釜山出張所に勤務した。総督府属に進んで土木部元山、内務局清津の各出張所に勤務した後、内務局沙里院、鎮南浦、元山の各土木出張所庶務主任を歴任し、三二年四月咸鏡南道土木主事となった。その後三三年九月国務院国道局事務官に転じてチチハル建設処庶務科長となり、次いで理事官に進んで新京建設処庶務科長を務めた後、三七年四月水力電気建設局総務処庶務科長となった。

得田　徳三　▷12

満鉄公主嶺駅助役／吉林省公主嶺駅／一九一一（明四四）七／富山県東砺波郡般若村／ハルビン学院

県立砺波中学校を卒業して渡満し、一九三四年三月ハルビン学院を卒業して満鉄に入り蘇家屯駅駅務方となった。同年七月貨物方を経て同年一一月大連列車区車掌心得となり、三五年三月新京列車区車掌心得を経て同年同月同車掌となった。次いで三六年二月新京駅貨物方を経て同年五月公主嶺駅助役となった。

徳田武八郎　▷7

葬式請負業／奉天十間房／一八七七（明一〇）二／鹿児島県鹿児島市長田町

一八九六年台湾に渡って商業を営んだが、日露戦争の時に陸軍御用商人となって渡満し、日用品の供給に従事した。戦後は奉天を拠点に経営を続け、後に葬式請負業に転じた。

徳田　宮二　▷12

三菱商事㈱奉天出張所長、奉天商工会議所議員／奉天浪速通三菱商事奉天出張所／一八九一（明二四）九／兵庫県氷上郡新井村／京都帝大法科大学政治学科

兵庫県徳田八良右衛門の次男に生まれ、柏原中学校、大阪高等商業学校を経て一九一九年七月京都帝大法科大学政治学科を卒業して三菱㈾に入り、同年末ニューヨーク支店詰となった。二七年一月に帰国して三菱商事会社に転じ、本店輸出係主任として近東の市場開拓に従事した後、三五年四月奉天出張所長となって渡満した。

戸口　茂里　▷3

戸口法律事務所主、関東州弁護士会会長、正七位／大連市山県通／一八六二（文二）八／東京府東京市麹町区飯田町／司法省法律学校

埼玉県秩父郡に生まれ、司法省法律学校を卒業した。一八八九年判事となり高知、松山、新潟等の裁判所に勤務した後、九六年五月台湾総督府法院判官に転じて台北地方法院で予審事務に従事した。九七年五月新竹地方法院長に転補されたが、台湾高等法院長高野孟矩に対する違憲処分撤廃運動のため赴任しないまま同年一〇月に辞職して帰国した。九八年六月東京で弁護士を開業したが、一九〇六年二月に渡満して大連で弁護士事務所を開設し、関東州弁護士会長を務めた。

徳永茂太郎　▷5

雑貨商、銀行業、木材業／ハルビン／一八六一（文一）六／福岡県三潴郡青木村

二二歳の時に長崎に出て十島郷の醤油舗で働いた後、一八八四年長崎県庁から委託販売業を請け負った副島治三郎に同行して天津に渡った。同地で雑貨店を開いたが失敗し、長崎に引き返した。元の醤油舗で二年半働いて二〇〇円を蓄え、九一年四月ウラジオストクに渡った。石橋商店で働いた後、セミョーノフスカヤ街に独立して小店舗を開き一〇〇〇人ほどの在留日本人を相手に雑貨、売薬、漬物等を販売した。

また私設郵便局を開設し、郵便物を配達しながら注文を取るなどして売上げを伸ばし、ほかに金銅鉄の地金、牛皮牛骨等の買い入れ等を行った。一九〇〇年八月ロシア官憲の許可を得て銀行業を始め、さらに〇一年に溶場業、〇二年に人造石製造業を開始した。〇一年一一月に東清鉄道のハルビン—綏芬河間が開通するとハルビンに進出して雑貨店を開き、モスクワのセイブレル織物会社と三〇万ルーブルまでの無担保取引を行った。次いで中国人、ロシア人向けの美術品の卸小売委託販売と銀行業を開始し、さらに川上貿易官の紹介でチチハル将軍より二道保の山林伐採の許可を受けて山林事業に進出し、ハイラルに出張所を設けて雑貨販売を行った。〇四年二月に日露戦争が始まるとウラジオストク、ハルビン、チチハル、蒙古の事業を中止して帰国したが、戦後再び渡満してハルビンを根拠に長春方面でも事業を展開した。日露戦前のハルビン在住時には多くのロシア研究者、文化人を歓待し、一九〇二年に外国語学校を辞職して当地を訪れた二葉亭四迷とも親交を結んだ。

徳永 武雄 ▷6

三井物産大連支店機械係主任／大連市播磨町／一八八三（明一六）／熊本県熊本市北千反畑町／京都帝大理工科大学

熊本市の商業富永英愛の長男に生まれ、熊本県立中学済々黌、第五高等学校を経て京都帝大理工科大学に入学した。一九〇八年に卒業して神戸税関に勤務した後、一二年三井物産に転じて東京日本橋の本店に勤務した。一七年二月大連支店に転勤して渡満し、機械係主任として満鉄その他の会社への機械類の販売に従事した。

徳永長次郎 ▷7

満鉄社員／大連市沙河口／一八九一（明二四）六／宮崎県東臼杵郡伊形村

年少の頃から郷里を出て商業に従事し、明石で海産物商を営んで実業界に頭角を現したところで倒産した。一九一九年に渡満して満鉄に入り、勤務のかたわら好きな囲碁将棋を断って海産物の販売ルートを研究するなど再起の準備を進め、二五年春に退社して帰国した。

徳永 幹夫 ▷12

満鉄鉄道総局輸送局運転課員／奉天満鉄鉄道総局／一八九〇（明二三）一一／福岡県三池郡開村

学業修了とともに満鉄に入り、以来各地に歴勤した後、吉林鉄路局に転勤して機務処運転科に勤務した。次いで鉄道総局機務処運転科に転任し、一九三六年一〇月職制改正により輸送局運転課勤務となった。

得能 佃 ▷9

本渓湖尋常高等小学校／奉天省本渓湖住吉町／一八八二（明一五）二／熊本県阿蘇郡黒川村／熊本県師範学校

一九〇三年三月熊本県師範学校を卒業し、阿蘇郡碧水小学校訓導となった。一〇年一一月に渡満して遼陽小学校訓導に転じ、一八年一二月奉天省四平街小学校長を経て翌年一〇月本渓湖尋常高等小学校長に転任した。

得能 春好 ▷12

満鉄撫順炭砿員／奉天省満鉄撫順炭砿気付／一九〇〇（明三三）一一／愛媛県西宇和郡町見村／明治専門学校鉱山工学科

一九一八年三月、福岡県田川郡豊国炭砿内の明治鉱業会社に入った。その後二一年に退社して私立下野中学校五年に編入学し、二二年に卒業した。次いで明治専門学校に入学し、二六年三月同校鉱山工学科を卒業して満鉄に入り撫順炭砿大山採炭所に勤務した。竜鳳採炭所坑内係主任、大山採炭所坑内係主任を歴任した後、三六年一一月竜鳳竪坑採掘様式の研究のためアメリカ、イギリス、ベルギー、ドイツに一年半留学し、帰任して撫順炭砿に勤務した。この間、三三年七月佐々木卯七と協力して水脈を局部換気に応用する圧水噴射送風器を考案して三四年一二月に功績章と金一封を受け、三七年四月の満鉄創業三〇周年に際し特に記念品と金一封を授与表彰された。

徳久 愛馬 ▷3

商業、農業／奉天小西関／一八七一（明四）七／東京府東京市麹町区三番町／京都第三高等学校中退

旧姓は嶋田、高知市に生まれ、後に徳久家を相続した。一八九四年三月滋賀県彦根尋常中学校を卒業して同年九月第三高等学校に入学したが、九六年四

と

月に中退し、翌年日本郵船㈱に入った。一九〇〇年の義和団事件に際し陸軍御用船三池丸事務長として従軍し、功により賜金七〇円と従軍記章を受けた。〇三年に退社し、同年七月中国に渡って凌西錦州に凌川学館を開き、中国人子弟に英語を教えた。日露戦争後奉天に移って商業と農業に従事し、一一年二月居留民会に入って理事を務めた。

得丸助太郎 ▷11

新聞記者／長春中央通／一八九〇（明二三）一／大分県大分郡高田町／早稲田大学政治経済科

大分県商業得丸松次郎の次男に生まれ、一九一六年早稲田大学政治経済科を卒業した。東京で会社員をした後、一七年六月に渡満して東亞貿易公司を興して日露貿易に従事した。かたわら北満電気及び極東運輸組合の設立に尽力したが、二〇年に戦後恐慌のため事業に失敗し、大連経済日報長春支局長、東方通信長春事務所主任、満州日日新聞長春支局長、大阪朝日新聞通信員、長春実業経済部長など新聞・通信畑の仕事を歴任し、長春地方委員、全満日本人会委員、大分県人会長を務めた。

徳本　延蔵 ▷11

焼麩麺類製造業／奉天省鉄嶺西町／一八九四（明二七）一二／鳥取県東伯郡八橋町

鳥取県徳本松吉の長男に生まれ、一九一〇年九月に渡満して父の事業を手伝った後、鉄嶺で焼麩麺類製造業を始めた。かたわら陸軍用達商に従事し、青年団長、鉄嶺地方委員を務めた。

渡久山寛常 ▷12

渡久山寛常法律事務所長、大連図書印刷㈱取締役、南満銀行監査役／大連市清見町／一八九八（明三一）一〇／東京府東京市本郷区湯島／東京府師範学校、中央大学法科

渡久山寛智の長男として沖縄県に生まれ、一九一六年三月東京府師範学校を卒業して千住小学校等の訓導を務め、かたわら中央大学法科に学び、在学中の二一年一〇月弁護士試験に合格した。二二年三月大学卒業と同時に東京で弁護士事務所を開設したが、二三年九月の関東大震災で被災し、同年一二月に渡満して大連市伏見町に弁護士事務所を開設した。業務のかたわら大連図書印刷㈱取締役及び南満銀行監査役を務め、上原進の主宰する「法律時報」相談役として同誌の質疑問答欄を担当した。

徳山　康秀 ▷12

満鉄新京医院内科医長／新京特別市菖蒲町／一九〇三（明三六）七／福岡県福岡市荒戸町／東北帝大医学部

福岡県徳山久吉の四男に生まれ、仙台第一中学校、第二高等学校理科乙類を経て一九二七年三月東北帝大医学部を卒業し、同年四月同大副手となった。三三年七月論文「Über das Immunbioligischestudim der Fette」によって同大より医学博士号を取得し、同年九月同大講師となった。三五年六月満鉄に転じて渡満し、新京医院内科医長に就いた。

戸倉　勝人 ▷12

国務院交通部総務司員、郵政権調整準備委員／新京特別市錦町／一九〇四（明三七）一〇／山口県豊浦郡長府町／東亞同文書院

戸倉勝俶の子として佐賀市唐人町に生まれ、一九二六年上海の東亞同文書院を卒業して大阪市産業部上海大阪貿易調査所に勤務した。一年志願兵として兵役に服した後、二八年に満鉄に転じて上海事務所に勤務し、次いで大連埠頭事務所、交渉部資料課に歴勤した。三一年九月に満州事変が起きると奉天省自治指導部に転じ、満州国成立後は中華民国郵政権の接収事務に従事し、その後郵政監察官として奉天郵政管理局に常駐して秘書処長、監察処長を歴任した。三四年一一月ハルビン郵政管理局監察処長に転任した後、三六年一一月国務院交通部理事官となり、同郵務司監察科長を経て総務司勤務となった。

戸倉　能時 ▷12

満鉄ハルビン鉄路局計理処主計科長、社員会評議員、ハルビン鉄路局野球部監督／ハルビン鉄路局計理処／一八九八（明三一）四／愛知県豊橋市大字旭町／慶応大学理財科

金沢市に生まれ、一九二二年三月慶応大学理財科を卒業して愛知銀行に入り、以来勤続して岐阜支店長代理を務めた。三三年三月満鉄鉄路総局に転じて渡満し、経理処会計課勤務を経て三六年九月ハルビン鉄路局計理処主計科長に就いた。野球を得意とし、ハルビン鉄路局野球部監督を務めた。渡満当時、姉能婦子の夫武藤信義は関東軍司令官・駐満特命全権大使に在任したが、同年七月任期中に死去した。

都甲　惟冬　▷12

安東神社神職、鶏冠山神社神職、鳳凰城神社神職、皇典講究所評議員、全国神職会評議員、満州神職会幹事／安東県鎮江山安東神社境内／一八八九（明二二）一一／大分県速見郡立石町／皇典講究所神職養成部神職教習科

大分県都甲千代吉の長男に生まれ、一九一〇年皇典講究所神職養成部神職教習科を卒業した。一一年一〇月朝鮮新義州の平安神社社司となり、一七年二月安東神社宮司に転任して渡満した。二二年一〇月皇典講究所学階学正試験に合格し、鶏冠山神社、鳳凰城神社その他数社の神職を兼務したほか、満州神職会を創立して幹事を務めた。かたわら朝鮮及び満州の大小神社一〇余社の創立に関わり、三四年五月全国神職会より表彰を受けた。

所　隆　▷11

満鉄馬仲河駅長／奉天省満鉄馬仲河駅／一八八八（明二一）七／愛知県名古屋市宮前町／愛知県立明倫中学校

愛知県土木業所直次郎の四男に生まれ、一九〇七年県立明倫中学校を卒業した。〇八年一二月名古屋の第三師団歩兵第六連隊に入営し、除隊して小学校訓導となった。一四年三月に渡満して引き続き小学校訓導を務めたが、後に満鉄に転じて鉄道現業に従事し、長春及び双廟子助役を経て馬仲河駅長に就いた。

土坂　重夫　▷12

国際運輸㈱大連支店大連鮮貨発送代弁所会計係主任、大連通関㈱取締役／大連市西公園町／一九〇二（明三五）九／広島県豊田郡中野村／大連商業学校

広島県土坂辰平の長男に生まれ、一九二三年三月大連商業学校を卒業して㈱鈴木商店大連支店に入った。その後二七年四月鈴木商店が倒産し、同年一〇月ハルビン出張所の残務整理員を務めた後、翌年国際運輸㈱に入りハルビン支店に勤務した。大連支店、本社業務課、同経理課、同陸運課兼務、大連駅荷扱所に歴勤して大連鮮貨発送代弁所会計係主任となり、三六年四月から大連通関㈱取締役を兼任した。この間、満州事変時の功により大盾及び従軍記章を授与された。

戸崎　政市　▷12

大連汽船㈱機関長、正八位／大連市青雲台／一八九七（明三〇）一／北海道函館市栄町／北海道庁立函館商船学校

戸崎政五郎の長男として新潟県西蒲原郡地蔵堂町に生まれ、一九一九年北海道庁立函館商船学校を卒業し、同年一〇月大連汽船㈱に入った。以来勤続して一等機関士となり、次いで二九年九月機関長に昇進した。

土佐林忠夫　▷12

国務院実業部中央観象台員／新京特別市東二条通青陽ビル／一九〇四（明三七）一／山形県米沢市館山口町／東京帝大理学部物理学科

山形県土佐林竜二の長男に生まれ、鶴岡中学校、第二高等学校を経て一九二九年三月東京帝大理学部物理学科を卒業し、同年四月東京外国語学校講師となった。三〇年三月軍命により所沢の陸軍飛行学校で航空気象学の研究に従事し、次いで三一年四月立川の陸軍航空本部技術部に勤務した。三三年三月陸軍技手となったが同年六月に依願免官し、同年八月国務院実業部嘱託に転じて渡満した。中央観象台の創設事務に従事して同年一一月中央観象台技正となり、三四年七月技正に進んで引き続き中央観象台に勤務した。この間、満州事変時の功により従軍記章及び建国功労賞、大典記念章、皇帝訪日記念章を授与された。

歳川　満雄　▷12

国務院財政部総務司員／新京特別市大同大街国務院財政部／一九〇七（明四〇）四／福岡県門司市大字門司／東京帝大法学部法律学科、九州帝大大学院中退

福岡県歳川清の長男に生まれ、小倉中学校、第五高等学校を経て一九三〇年東京帝大法学部法律学科を卒業した。同年九州帝大大学院に進んだが、三二年三月に退学して渡満し、奉天省公署雇員となった。同省公署属官・総務庁勤務、国務院財政部属官・税務司勤務

と

を経て税捐局理税官となり、新京、開原の各税捐局に勤務した後、税捐局司税官兼地籍整理局事務官・開原支局勤務を経て三七年三月財政部事務官・総務司勤務となった。

利光　貞久　▷12

満鉄奉天鉄道事務所庶務課員／奉天満鉄鉄道事務所／一八九六（明二九）四／大分県北海部郡臼杵町

一九一七年三月臼杵中学校を卒業して同年六月満鉄に入り、長春駅貨物方見習となった。以来勤続して同駅出札方、同駅貨物方、長春列車区公主嶺在勤車掌、長春列車区公主嶺分区勤務を経て臥竜信号場助役、大楡樹駅助役、范家屯駅助役、四平街駅事務助役、十家堡駅長を歴任した。次いで奉天鉄道事務所に転勤し、三七年五月同庶務課勤務となった。この間、三五年四月に勤続一五年の表彰を受けた。

利光　正久　▷12

満鉄鄭家屯列車段長／奉天省鄭家屯満鉄列車段長社宅／一八九四（明二七）四／大分県北海部郡臼杵町／大分県立臼杵中学校

大分県利光弘遠の次男に生まれ、一九一四年県立臼杵中学校を卒業した後、一六年四月満鉄鉄道教習所を修了して長春駅貨物方見習となった。同駅貨物方、大連駅車掌、旅順駅助役、旅順実業補習学校講師嘱託兼竜頭駅助役、旅順実業補習学校書記嘱託を経て運輸部庶務課、鉄道部庶務課、同経理課に歴勤した。次いで張台子駅長、五竜背駅長、鳳凰城駅長を歴任し、三七年四月鄭家屯列車段長となった。

利行　睦生　▷12

満州炭砿西安炭砿長、満州国協和会西安県本部副長／奉天省西安満炭西安炭砿長社宅／一八九〇（明二三）一一／大分県速見郡杵築町／東洋協会植民専門学校

一九一六年三月東洋協会植民専門学校を卒業し、同年五月東京の東亜通商会社に入社した。漢口支店勤務を経て湖南省長沙出張所主任となり、一九年二月東亜通商と共同で南支砿業公司を設立してマンガン・石炭の採掘販売とコークス製造工場を経営した。二一年四月東京本社詰となって帰国した後、退社して内外通商㈱及び各務原鉄道㈱の取締役に就いた。次いで東京丸ノ内に三ツ中商店を設けて鉱油と中国産鉄鉱石の輸入販売業を自営し、二六年に中日実業会社の委任で済南、天津、北平へ借款整理のため出張し、二八年五月に八幡製鉄所納入のマンガン鉱輸入契約のため湖南省長沙に出張した。二九年八月三ツ中商店を他に譲渡し、同年一〇月内田商事会社と共同で八幡製鉄所納入のマンガン鉱と鉄鉱石買付のため香港、広東、梧州に出張した。その後三二年六月に渡満して西安煤鉱公司に入り、三三年二月同公司監事に就いた後、三四年五月満州炭砿㈱への併合を経て三五年四月同社参事となり、同年一〇月常務董事兼西安砿長に就任した。

戸田　勝利　▷12

東洋棉花㈱ハルビン出張所主任／ハルビン斜紋街／一九〇四（明三七）一〇／鳥取県東伯郡赤崎町／大連商業学校

鳥取県戸田吉太郎の長男に生まれ、大連商業学校を卒業して東洋棉花㈱に入り、以来勤続して後にハルビン出張所主任を務めた。

戸田　茂　▷11

満州医科大学教授、正七位、医学博士／奉天萩町／一八九〇（明二三）一〇／岡山県赤磐郡吉岡村／岡山医学専門学校

岡山県医師戸田虎三の長男に生まれ、一九一五年岡山医学専門学校を卒業した。同校助手を務めて助教授に進み、現職のまま京都帝大医科大学及び理科大学に派遣されて研究し、二二年四月岡山医科大学講師となった。二三年助教授に進み、同年八月文部省海外在留研究員となって英米独仏に留学した。二六年五月に帰国し、二七年五月に渡満して満州医科大学教授に就いた。

戸田　仁蔵　▷4

チューリン商会社員／ハルビン／一八七五（明八）七／栃木県那須郡烏山町／ニコライ学校

栃木県士族の子に生まれ、ニコライ学校を卒業して渡満した。ハルビンの日露貿易商の老舗チューリン商会に入り、日本商品を輸入して得意のロシア語でロシア領内に販路を拡張した。業務のかたわらロシア商業の視察に訪れた邦人の案内役を務め、種々の便宜を図るなど日露貿易の振作に貢献した。

戸田　忠雄 ▷11

満州医科大学助教授、医学博士／奉天／一八九九（明三二）一二／京都府京都市上京区衣棚通御霊町／東京帝大医学部

旧姓は阿部、戸田徳次の養子となった。一九二四年三月東京帝大医学部を卒業し、翌年七月満州医科大学助教授となって渡満した。

戸田　徳三 ▷12

大連汽船㈱事務長、勲六等／大連市霧島町／一八七八（明一一）一／愛媛県喜多郡大洲町／宇和島明倫館中学

愛媛県戸田勘蔵の長男に生まれ、宇和島明倫館中学を卒業した後、一九〇〇年五月日本郵船㈱に入りボンベイ、米国、欧州、ウラジオストクの各航路に乗務した。〇八年八月満鉄が大連上海間に直営定期航路を開設すると同航路に乗務し、一三年六月満鉄に移籍して神戸丸、サカキ丸等の事務長を務めた。その後同航路が大連汽船会社に譲渡されると二五年七月同社に転じて乗務を続け、約二〇年間上海航路に乗務した。二七年四月陸上勤務となり、船舶課、庶務課人事係、営業課船客係に歴職して事務長に就いた。この間、北清事変及び日露戦争時の功により勲六等に叙された。実弟も渡満して金州民政署に勤務した。

戸田　盛次 ▷11

共栄起業㈱取締役／吉林商埠地文廟東／一八八五（明一八）一二／岡山県岡山市中出石町／東京高等商業学校

岡山県花房松造の子に生まれ、戸田佐吉の養嗣子となった。一九一〇年東京高等商業学校を卒業して小樽木材㈱に入り、その後大倉商事㈱に転じて天津支店、東京本社に勤務した。二五年に㈴大倉組に転籍し、同社代表として吉林の共栄起業㈱取締役に就任し、業務のかたわら吉林居留民会議員を務めた。

戸田　芳助 ▷1

松茂洋行支配人／大連／一八七二（明五）二／愛媛県新居郡飯岡村／慶応義塾大学部

一八九二年慶応義塾大学部を卒業して郷里の中学校教師を三年務めた後、再び上京して福沢諭吉ら慶應義塾関係者が創設した交詢社に入った。幹事として五年勤務した後、一九〇三年大阪の高野鉄道㈱支配人に転じたが翌年退社した。〇六年大阪の池田唯吉の紹介で河辺九郎三郎が経営する松茂洋行に入り、大連支配人となって渡満した。

栃内壬五郎 ▷14

満鉄産業試験所長兼地方部産業課主任、正五位勲五等／大連市桜町／一八七二（明五）一〇／北海道夕張郡長沼村／北海道帝国大学農科大学

旧仙台藩士添田竜吉の五男として宮城県に生まれ、栃内里子の養子となった。一八九六年七月北海道帝国大学農科大学を卒業し、同大学研究生として一年間在学した。一九〇〇年八月北海道庁に入り、同庁技師に任官して拓殖課長となり通商課長を兼務した。〇五年に樺太民政署事務嘱託に転じ、〇七年五月に樺太庁が設置されると拓殖課長に転任し、農事試験場長、種畜場長、水産課長を兼任した。一三年三月に退職して満鉄に入り、農事試験場長、地方部産業課主任、農務課長を歴任した。満蒙の富源及び産業開発に関する著書二冊があり、満州農産業界への貢献により一九年一〇月大日本農会総裁より紅白綬有功章を授与されたほか、二六年九月の関東庁始政二〇年記念祭には関東長官より銀盃一組を受けた。満州棉花会社監査役、満州農事協会理事、大連農会副会長を務めたほか二七年三月の補欠選挙で大連市会議員に当選し、翌年一〇月任期満了した。虎ノ門の女学館出身の夫人基子との間に二男七女あり、長男千里は京都帝大法科、次男寛は北海道帝大医学部に学んだ。

栃原　忠家 ▷12

関東局新京税務署長、正七位七等／新京特別市北安北胡同／一八八六（明一九）一一／福島県双葉郡富岡町／福島県立磐城中学校中退

福島県栃原常松の長男に生まれ、県立磐城中学校二年を中退した後、一九一〇年文官普通試験に合格し、税務署属として仙台税務監督局所管古川税務署に勤務した。一一年税務属となり、花巻、一関、横手、淀橋の各税務署に歴勤した後、青梅、熊谷、幸橋、神田橋の各税務署間税課長を歴任した。その後三二年五月関東庁属に転任して渡満し、大連民政署に勤務した。次いで三四年一二月の官制改革後に関東局理事官に昇任し、司政部財政課勤務を経て三六年六月新京税務署長に就いた。

戸塚金三郎 ▷3

横浜正金銀行大連支店出納主任／大連市播磨町／一八七一（明四）六／神奈川県横浜市翁町

年少の頃から横浜正金銀行に入り、横浜本店及び神戸支店に勤務した。一九一四年九月大連支店に転勤して渡満し、出納主任を務めた。

鳥取末次郎 ▷3

満鉄築港事務所技師、従七位／大連市播磨町／一八七四（明七）一二／福岡県久留米市櫛原町／第三高等学校土木科

一八九八年七月第三高等学校土木科を卒業し、同年八月福岡鉱山監督署に入った。一九〇〇年八月鹿児島県庁技師に転じたが、〇八年六月在官のまま満鉄築港事務所技師となって渡満し、一三年一二月の廃官以後も引き続き同所技師として在勤した。

十時武秀 ▷12

満鉄奉天駅事務助役／奉天紅葉町／一九一一（明四四）二／東京府東京市赤坂区青山南町／中央大学法学部

東京府十時直道の長男に生まれ、福岡県立三池中学校四年を修了した後、一九三四年三月中央大学法学部を卒業して同年四月満鉄に入社した。安東駅駅務方、同貨物方、大連列車区車掌、奉天駅駅務方、同構内助役を歴任し、三七年五月同駅事務助役となった。

刀禰東水 ▷12

利達公司支配人、亜細亜毛皮㈱出張所主任／奉天八幡町／一九〇〇（明三三）七／山口県美祢郡日置村

美祢郡伊佐町に生まれ、後に同郡日置村に移籍した。幼少の頃から実業に従事し、神戸の日本毛皮㈱に一二年勤務し、この間しばしばカムチャツカ、沿海州、シベリア方面に出張した。同社解散後は亜細亜毛皮㈱に転じ、一九三三年八月専務の奥名恭平が個人の資格で聚義成総経理の劉成儒と共同出資で奉天の利達公司の事業を継承すると、同公司支配人に抜擢されて渡満した。日本人店員五人、中国人店員一五人を使用して皮革・毛皮・豚毛・馬尾の輸出、器械・金物・雑貨の輸入、特産物商を経営して年商一五〇万円を売上げ、かたわら亜細亜毛皮㈱の奉天出張所主任を兼任した。

外海省三 ▷12

国際運輸㈱満溝営業所主任／浜江省肇東県国際運輸㈱満溝営業所／一八九八（明三一）一二／福井県敦賀市桜町／東京高等商業学校

敦賀商業学校を経て一九二一年三月東京高等商業学校を卒業し、同年四月㈾高田商会に入った。二三年二月家庭の事情で退社し、郷里の敦賀で貿易業を営んだ。その後三四年八月に渡満して国際運輸㈱に入り、ハルビン支店に勤務した後、三六年一月満溝営業所主任となった。

土橋義助 ▷11

大連質業㈱代表取締役／大連市西公園町／一八七七（明一〇）四／和歌山県和歌山市湊北町

和歌山県土橋儀右衛門の長男に生まれ、日露戦争に際し第一一師団司令部、野戦病院及び兵站司令部の請負酒保となり、一九〇四年五月に渡満した。戦後〇六年二月に軍隊が引き揚げると同時に請負酒保解約となり、同年五月大連で質業を開業した。その後貸家業を兼業し、一二年一二月貯蓄銀行を設立して監査役に就き、翌年一一月には大連貯金㈱を創設して取締役に就いた。ほかに大連銀行監査役、南満倉庫建物会社監査役、西公園区長代理を務めた。同郷の夫人楠ゑとの間に一男六女あり、長女南は三井物産大連支店員の高倉熈次に嫁した。

土橋貞敏 ▷11

満鉄撫順炭砿塔連坑坑内係主任／奉天省撫順塔連社宅／一八九九（明三二）一／佐賀県藤津郡大浦村／明治専門学校

佐賀県土橋為五郎の長男に生まれ、一九二一年三月明治専門学校を卒業して満鉄に入った。撫順炭砿に勤務して老虎台坑内係を務め、二八年一二月塔連坑坑内係主任となった。

土橋大次郎 ▷4

松茂洋行長春支店主任／長春新市街／一八六八（明一）二／長野県松本市北深志

早くから商業に従事し、大連の松茂洋行に入って長春支店主任に就いた。一九〇七年一〇月の開設当時は輸送業を主としたが、一〇年以降はハルビン、双城堡に出張所を設けて米穀、石炭、麻袋、委託販売等に事業を拡張し、煉瓦製造、鉱山業を兼営した。年間販売高も石炭四万トン、米穀三〇〇〇石、麻袋十数万枚に達して松茂洋行支店の中で随一の実績を上げ、業務万般を指揮するかたわら満鉄諮問員を務めた。

土橋　森吉　▷12

土橋商会主、永一商会主、東亜鉛筆公司(股)監察人、在郷軍人会奉天東分会評議員、奉天加茂宇治町会副会長、奉天三州人会副会長／奉天／一八八四（明一七）五／鹿児島県薩摩郡川内町／陸軍士官学校

一九〇五年一一月陸軍士官学校を卒業して歩兵少尉に任官し、以来各地に勤続し、少佐に累進して予備役編入となった。二七年一二月に渡満して奉天江ノ島町で土橋商会を興し、陸軍御用達として食料品雑貨・兵器物品・陣営具類を販売した。満州事変後に加茂町に新築移転し、さらに青葉町と末広町に卸小売店、熱河省の開魯・朝陽、公主嶺に支店を設けたほか、宇治町に永一商会の名で精肉部、小北門外に皮革工場を経営した。

土橋　楽　▷12

大連汽船㈱機関長、正七位／横浜市神奈川区菊名町／一八八四（明一七）一／神奈川県鎌倉郡川口村／東京商船学校

一九一〇年東京商船学校を卒業して船舶会社に入り、以来各船に乗務した。一九二八年一〇月大連汽船㈱に入り、機関長として海上に勤務した。

鳥羽　実　▷14

鳥羽洋行主、鳥羽鉄工所㈱代表取締役、大連市会議員、大連市西広場区長、大連警防団常盤分団長、大連商工会議所議員／大連市近江町／一八九五（明二八）八／長野県東筑摩郡本郷村／長野県立大町中学校

長野県農業清水忠五郎の長男に生まれ、一九一四年三月県立大町中学校を卒業し、大連市近江町で鳥羽洋行を経営する叔父鳥羽真作の養嗣子となった。同洋行の社員として鋼鉄金物商・鉄工業を補佐した後、一五年一月青島支店の開設とともに支店長となって赴任し、一九年一一月に養父が急死すると家督と事業を継承した。金属諸材料と機械器具類の製造販売を主として事業を拡張し、大連市台山町に工場を設け、奉天、新京、ハルビン、天津に支店、北京に出張所を置き、本店に日本人二六人、中国人一三人、鉄工所に日本人八八人、中国人一一〇人の現業員を使用し、三七年九月に資本金一〇〇万円で株式会社に改組して代表取締役社長に就いた。かたわら三三年五月満州亜鉛鉱㈱取締役、三六年㈱鳥羽鉄工所代表取締役、三七年満州農具製造㈱代表取締役、三八年満州レール用品製造㈱代表取締役、三九年㈱満州製鎖所代表取締役、同年満州機械工業㈱取締役に就き、大連市西広場区長、大連警防団常盤分団長、大連商工会議所議員を務め、四〇年一一月大連市会議員に当選した。

飛工　重利　▷3

満鉄鉱業部販売課員、営口出張所主任／奉天省営口新市街鉱業部販売課内／一八八四（明一七）九／福岡県福岡市他行五番町

旧姓は杉村、飛工家を相続した。十代半ばで三井物産に入り、香港、広東その他南方各支店に勤務した。一九一〇年四月広東支店勤務の時に退社し、満鉄に転じて本社鉱業部販売課に勤務した後、一四年八月営口出張所主任に就いた。

「飛田」は「ひだ」も見よ

飛田　豊芳　▷11

関東庁観測所奉天支所長／奉天日吉町官舎／一八九九（明三二）八／富山県西砺波郡林村／富山県立砺波中学校

富山県飛田久次郎の次男に生まれ、一九一八年県立砺波中学校を卒業した。その後一九年六月に渡満して関東庁大連観測所に入り、以来勤続して二六年四月奉天支所長に就いた。

飛永　惣治　▷12

国際運輸㈱営口支店陸運係主任／奉天省営口吉野町／一九〇二（明三五）一二／長崎県南高来郡口之津町／早稲田大学専門部商科

長崎県飛永初太郎の二男に生まれ、長崎市鎮西学院を経て一九一六年早稲田大学専門部商科を卒業した。その後二八年一一月国際運輸㈱に入社してハルビン支店に勤務し、かたわら同地の日露協会学校でロシア語を学んだ。次いで大連本社、長春駐在、営口支店、長春支店、営口支店に歴勤し、三三年一〇月営口支店陸運係主任となった。

都間　観三　▷11

関東憲兵隊副官、従六位勲四等／旅順市千歳町／一八八七（明二〇）八／島根県大原郡日登村／陸軍士官学校

島根県津間伝太郎の次男に生まれ、一九一〇年陸軍士官学校を卒業して歩兵少尉に任官した。一五年憲兵科に転科して豊橋、浜松、朝鮮等の憲兵分隊長及び副官を歴任し、一九年以降は浦潮派遣憲兵隊に属してブラゴエシチェンスク、ハルビン、ニコリスクの各分隊長を務めた。二二年のシベリア撤兵後は朝鮮義州及び大邱分隊長を務めて二五年憲兵司令部付となり、二八年憲兵少佐に累進し関東憲兵隊副官に転補して渡満した。

泊　尚義　▷7

大連第二中学校教諭／大連市弥生町／一八八二（明一五）一〇／鹿児島県日置郡伊作町／鹿児島県師範学校、日本体育会体操学校高等本科、博物科

一九〇四年三月鹿児島県師範学校を卒業し、県下の桜島有村尋常高等小学校主席訓導となった。その後中等教員を志して上京し、日本体育会体操学校高等に入学し、〇六年一二月本科及び博物科を卒業した。沖縄県中頭郡立農学校教諭を務めた後、〇九年東京帝大理科大学助手に転じ、一〇年一二月文部省中等教員博物科免状を取得した。一一年四月助手を辞して東京府立第四中学校教諭に就き、一八年四月に渡満して大連第一中学校教諭となり、二四年四月大連第二中学校教諭に転任した。夫人カヨ子は東京裁縫女学校師範科を卒業して文部省検定に合格し、結婚後は旅順高等女学校教諭を務めて同校舎監を兼任した。

富浦　敬二　▷12

立法院会計股長／新京特別市永昌胡同代用官舎／一九〇七（明四〇）一／徳島県板野郡川内村／明治大学商科

徳島県富浦仲太郎の次男に生まれ、明治大学商科を卒業して朝鮮運送会社に入り新義州支店に勤務した。一九三二年三月明大時代の旧師趙欣伯が立法院長に就任すると同院に入り、開弁事務に従事した後、会計処第一科長に就任して憲法制度調査常任委員会会計幹事を兼務した。その後三五年七月立法院秘書庁機構改組に際し会計股長に就き、かたわら満州国協和会立法院分会幹事長を務めた。この間、満州事変時の功により建国功労賞及び皇帝訪日記念章を受賞した。

富浦小吉郎　▷11

関東庁逓信書記開原郵便局員、従七位勲八等／奉天省開原紅梅町／一八八三（明一六）六／福岡県小倉市古船場

福岡県富浦晋三の次男に生まれ、一九一〇年五月に渡満して関東庁通信事務員となった。通信書記補を経て一九年二月通信書記に進み、開原郵便局に勤務した。

富岡麻之助　▷8

誠富号主／奉天松島町／一八八二（明一五）／神奈川県足柄下郡土肥村

一九〇七年九月に渡満し、奉天新市街松島町で建築請負業を始めた。一三年に廃業し、井上誠昌堂に入って九年勤務し、二二年に退店して建築請負業を再開した。槐材床用材料等の製造販売業を兼営し、奉天第七区委員を務めた。

富岡正太郎　▷12

満鉄総裁室監理課第一係主任／大連市伏見町／一九〇二（明三五）七／滋賀県大津市了徳町／山口高等商業学校支那貿科

滋賀県富岡政次郎の長男に生まれ、大連商業学校を経て一九二六年三月山口高等商業学校支那貿科を卒業し、満鉄に入社して地方部に勤務した。次いで長春地方事務所勤務兼長春実業補習学校講師、地方部商工課勤務、総務部監理課に勤務し、三六年九月総裁室監理課第一係主任となった。

富岡　博　▷12

国務院地籍整理局事業処審定科商租権整理股長、商租権整理委員会幹事、満州国協和会分会評議員、正八位／新京特別市金輝路第三代用官舎／一九〇七（明四〇）一二／東京府東京市牛込区矢来町／東京帝大経済学部、大同学院

東京府富岡勇造の長男に生まれ、日本大学中学校、松本高等学校を経て一九三一年三月東京帝大経済学部を卒業した。三二年二月幹部候補生として近衛工兵大隊に入営して兵役に服した後、渡満して大同学院に入り、三三年一〇月に卒業して吉林税務監督署属官となった。次いで三四年一〇月蛟河税捐局副局長、三六年一月公主嶺懐徳税捐局理税官を歴任して同年七月国務院地籍整理局事務官となり、事業処審定科商租権整理股長に就いた。この間、建国功労賞及び大典記念章、皇帝訪日記念章を受章したほか、商租権に関する造詣が深く三四年四月「吉林省ニ於ケル林場権制度及木税問題」、同年七月「満州国ニ於ケル木税問題」、三六年一〇月「商租権整理法ニ基ク諸手続」と題して全満各地で講演した。

富岡　弥直　▷12

満鉄鉄道総局鉄道警務局巡監／奉天満鉄鉄道総局鉄道警務局／一八九四（明二七）二／熊本県上益城郡六嘉村／九州薬学専門学校

九州薬学専門学校を卒業した後、一九一八年七月に渡満して普蘭店民政署に勤務し、次いで関東庁巡査に転じて営口警察署高等係を務めた。その後満鉄に入り、鉄路総局警務処警務員を経て三六年九月職制改正により鉄道総局鉄道警務局巡監となった。

富岡　羊一　▷12

大阪毎日新聞奉天支局長代理／奉天五緯路／一九〇七（明四〇）一／大阪府泉北郡鳳町／大阪外国語学校支那語部

大阪府富岡治郎の長男に生まれ、一九二八年三月大阪外国語学校支那語部を卒業して大阪毎日新聞社に入社した。三一年六月上海支局詰、三三年四月本社詰を経て同年八月奉天支局長代理となって渡満した。この間、上海事変時の功により従軍記章及び一時金を授与された。

富田　音吉　▷4

鉄嶺恭山洋行ハルビン出張主任／ハルビン埠頭区／一八九二（明二五）／愛知県海部郡佐織村

年少の頃に郷里を出てハルビンに渡り、同郷の山田豊吉が経営する恭山洋行の鉄嶺本店に入った。商才を発揮して若年ながらハルビン出張主任に抜擢され、東京、大阪、名古屋、神戸から綿糸・綿布を仕入れて中国人とロシア人に販売した。

富田　登二　▷11

南満州電気㈱員／大連市星ヶ浦公園／一八九二（明二五）二／兵庫県赤穂郡矢野村／東京高等工業学校電気科

兵庫県農業富田安吉の次男に生まれ、一九一六年東京高等工業学校電気科を卒業して満鉄に入った。大連の電気作業所に勤務し、一八年奉天に転任した後、二二年四月再び大連勤務となり、二六年五月に満鉄から分離して南満州電気㈱となった後も引き続き勤続した。

富田　嘉七　▷12

満鉄ハルビン鉄路局機務処車輌科長／ハルビン南崗大直街／一八九三（明二六）四／滋賀県高島郡饗庭村／岩倉鉄道学校機械科

秋田県富田九郎右衛門の四男に生まれ、一九一四年三月東京の岩倉鉄道学校機械科を卒業し、同年五月満鉄に入り安東車輌係となった。撫順駅勤務、鉄道部運転課勤務兼鉄道教習所講師、安東検車区長、大連鉄道事務所勤務、鉄道部勤務を経て鉄路総局に転出し、洮昂斉克洮索鉄路派遣洮南在勤、洮南鉄路局在勤を歴職した。次いでハルビン鉄路局機務処運転科長となり、三六年九月参事に昇格して同処車輌科長となった。この間、三〇年四月勤続一五年の表彰を受けた。

富田規矩治　▷12

満州中央銀行ハルビン支行経理／ハルビン満州中央銀行ハルビン支行／一八八七（明二〇）一一／茨城県新治郡小幡村／東京外国語学校

茨城県富田襄一の子に生まれ、一九一三年東京外国語学校を卒業し、同年六月に渡満して大連の光明洋行に入った。その後同社が解散となり、一八年三月朝鮮銀行に入って開原支店に勤務し、二一年同支店支配人代理三席を経て二四年に次席となった。二六年奉天支店に転任し、三一年九月満州事変に際し朝鮮銀行に在籍のまま奉天の東三省官銀号及び辺業銀行諮議に任じられ、三二年六月満州中央銀行の創立とともに朝鮮銀行を退職して奉天分行駐在員となった。三三年三月熱河作戦に際し同行派遣の政治工作員として関東軍と共に熱河に入り、朝陽に滞在して朝陽支行を創立し、かたわら熱河興業銀行の接収工作に従事した。同年九月平泉支行に移駐した後、さらに一一月から承徳に駐在して熱河各地の経済工作に従事して三四年一一月新京総行に帰任した。三五年一〇月新京特別市興仁大路支行の創立事務に従事し、開設後に経理として同行に勤務した後、三六年四月図們支行経理を経て三七年三月ハルビン支行経理となった。この間、三五年七月建国功労賞及び勲六位を授与された。

富田喜代三 ▷11

埠頭日報発行主／大連市大黒町／一八八一（明一四）二／大阪府大阪市東区瓦町／大阪商工学校

大阪府の刀剣商富田清兵衛の次男に生まれ、一九〇一年大阪商工学校を卒業した。〇七年二月に渡満して㈾郵船組会計係となったが、同年一〇月満鉄に転じて埠頭事務所に勤務した。二〇年三月に退社して同年一二月「埠頭日報」を創刊した。

富田 啓吉 ▷12

満鉄総裁室庶務課秘書係主任、従六位勲六等／大連市山城町／一八八五（明一八）四／福島県相馬郡中村町／小学校教員養成所

本姓は別、後に福島県中村町の町長富田秀雄の養子となった。一九〇〇年小学校教員養成所を修了して宮城県角田小学校の訓導となった。日露戦争後の〇六年八月関東州民政署雇員に転じて渡満し、官房秘書課人事係に勤務した。次いで一三年関東都督府属を経て二八年関東庁理事官となり、大連民政署庶務課長に就いた。その後三二年三月に退官し、同年五月満鉄に入社して総務部庶務課秘書係主任となり、三六年一〇月職制改正により総裁室庶務課秘書係主任となった。

富田孝四郎 ▷7

満州船渠㈱大連本店会計主任／大連市千歳町／一八六四（元一）九／鹿児島県鹿児島市樋ノ口町／紹成書院

鹿児島市に生まれ、西南戦争で官軍方に属した父に従い城山陥落後に上京した。岡松甕谷の紹成書院で修学した後、一八九三年六月日本銀行に入り調査部の事務に従事した。台湾銀行創立に際し兌換券発行に関する条項立案に携わり、九九年七月の創立と同時に台湾銀行台北本店に赴任した。一九〇一年基隆支店長となったが炭砿に手を出して失敗し、〇三年一二月に退職して蟄居した。〇五年に同郷の柴山矢八旅順鎮守府長官に従って実兄が経理部長として赴任すると、兄を頼って渡満した。商売に手を染めたが振るわず、〇八年七月に川崎造船所大連出張所が設置される際、同郷の松方幸次郎社長の推薦で同所に入り、二三年四月の満州船渠㈱への改組後も勤続して大連本店会計主任を務めた。古銭の収集・研究で知られ、泰東美術協会発行の雑誌に自足軒と号して古銭学の蘊蓄を掲載し、東洋貨幣協会理事を務めた。二五年九月に職を辞し、市内浜町から千歳町に居を移して自適の生活を送り、同郷団体の大連三州会副会長を務めた。囲碁は初段、還暦を過ぎてなお山野を跋渉して銃猟に興じたほか、詩文を愛し自宅六畳の書斎に一千部余の詩集を蔵した。二三年に他界した夫人縫子は伊集院鹿児島市長の実妹で、長男充は早稲田大学に学び、一女は北京駐在の陸軍砲兵少佐土橋一次に、三女は大連税関部長萩原伊平に嫁した。

富田仁三郎 ▷11

満鉄石炭指定販売業／吉林省公主嶺大和町／一八七九（明一二）五／愛知県名古屋市東区東外堀町／善隣書院

愛知県富田賢次郎の三男に生まれ、一九〇四年東京善隣書院を卒業した。〇六年一〇月に渡満して関東都督府法院に勤務し、かたわら中国語を学んだ。一〇年六月関東都督府陸軍参謀部通訳嘱託に転じ、長春特務機関上原少佐の下に勤務した。以来、竹内徹少将及び日下、鈴木、鳴滝、草刈、外山、島、斎藤、平山、黒木、田代等の各参謀に従い一二回もの満蒙調査に従事して奏任待遇を受けたが、その後退任して公主嶺で満鉄石炭指定販売業を営んだ。

富田 忠雄 ▷3

旅順工科学堂教授、高等官二等、正五位勲四等／旅順新市街／一八七二（明五）六／東京府東京市牛込区弁天町／東京帝大工科大学電気工学科

京都府亀岡に生まれ、一八九六年七月東京帝大工科大学電気工学科を卒業した。翌月農商務省特許局審査官となり、一九〇〇年三月フランスに派遣された。〇三年一〇月特許局発明審査課長に進み、〇八年一一月同局発明課長に転任した。一〇年一月に渡満して旅順工科学堂教授に就任し、同年四月電気工学科長に就いた。

富田　直作　▷4

東亞洋蝋㈾代表社員／ハルビン埠頭区モストワヤ街／一八八三（明一六）四／長崎県南高来郡湯江村／高等小学校補習科二年

長崎県の農業兼商業富田力松の子に生まれ、家が没落したため高等小学校補習科二年を修了して地方の商店に五年奉公した。一九〇一年三月兄の利三郎を頼ってハルビンに赴き、ロシア語学校に通った後、同年一〇月兄の経営する商店に入った。共同経営者の森虎雄を助けて業務の拡張に腐心したが、一九〇四年二月日露戦争が始まり同地を引き揚げた。召集されて三年の間軍隊生活を送り、上等兵となって除隊すると再びハルビンに赴いて前業を再開した。店運の挽回に努める中でロシア人と共同で蝋燭製造業に着手し、後に大野治兵衛の参画を得て東亞洋蝋㈾を組織した。第一次世界大戦中にドイツ製品の輸入が途絶したロシアに蝋燭の販路を確立し、他に米穀、雑貨、メリヤス、靴下、貝釦などをロシア人・中国人相手に販売して業績を伸ばした。従業員五〇余名、機械四〇台の直営工場を兄の利三郎に任せ、無限責任社員の大野は横浜に駐在して原料買い付けを担当し、自らは無限責任社員としてハルビンにあって事業全体を差配した。経営のかたわら㈱多田商会取締役、在郷軍人団幹事を務め、公共事業に多大の寄付を行って地方の信望を集めた。

富田　直次　▷12

安東省公署官房総務科長／安東北二条通／一九〇四（明三七）一／熊本県鹿本郡山本村／京都帝大法学部法律科

一九二九年三月京都帝大法学部法律科を卒業し、同年六月内務省社会局保健部雇員となった。次いで三〇年一月一年志願兵として兵役に服し、除隊後に渡満して三二年六月国務院資政局訓練所に入り、同年一〇月改称後の大同学院を卒業して奉天省北鎮県属官となった。三四年四月通遼県属官・代理参事官を経て三五年三月通遼県参事官となり、三六年一〇月安東省公署理事官に転任して民政庁財務科長を務めた後、三七年七月同省公署官房総務科長となった。⇒その後、浜江省警務庁長に転任して敗戦を迎え、ソ連に抑留中の四九年五月ハバロフスクで病没した。

富田　直耕　▷12

興安局参事官兼庶務科長、従七位／新京特別市興安局参事官公館／一八九六（明二九）一一／宮城県仙台市土樋／東北中学校

宮城県富田直次の長男に生まれ、一九一六年仙台市の私立東北中学校を卒業して一八年七月税務署雇となった。京橋、両国の各税務署勤務を経て税務監督局属となり、東京税務監督局経理部に勤務した後、税務署属兼任となり神田橋税務署に勤務した。次いで関東庁属に転じて渡満し、大連民政署に勤務して関東庁理事官に進んだ。その後三二年六月国務院財政部理事官に転出し、同年七月吉林税務監督署副署長、三三年九月北満特別区公署事務官・経理科長兼監理科長を歴任した。三四年七月北満特別区公署理事官に進み、同年一二月三江省公署理事官・総務庁総務科長に転任した後、三六年一〇月国務院蒙政部理事官・民生司財務科長兼商租権整理委員会幹事を経て三七年七月興安局参事官兼庶務科長に就いた。

富田　等　▷12

安東税関員、正八位／安東税関官舎／一八九三（明二六）二／福井県今立郡片上村

一九一〇年大阪商業学校を卒業した後、一三年一二月徴兵されて鯖江の歩兵第三六連隊に入営した。一五年一一月上等兵に進んで満期除隊し、朝鮮総督府税関監吏となり、総督府税関監査官兼税関事務官、総督府属・税関関税官を歴任した。その後三三年一〇月国務院財政部属官に転じて渡満し、財政部税務司に勤務した後、三五年三月税関事務官佐となって安東税関に勤務し、同年七月税関事務官に昇格した。

富田　広四　▷12

奉天新聞社主幹／奉天平安通／一九〇二（明三五）二／宮城県柴田郡富岡村／明治大学法学部政経科

一九二四年明治大学法学部政経科を卒業し、同年七月奉天新聞社に入った。その後三〇年一二月からアメリカに留学し、三二年八月に復職して同社主幹となった。

富田　租 ▷13

日満商事㈱大連支店長、正八位／大連市榊町／一八八六（明一九）二／愛知県豊橋市東八町／神戸高等商業学校

愛知県富田良穂の四男に生まれ、一九一一年神戸高等商業学校を卒業して大日本共同運輸会社に勤務した後、岡山県の鈴木鉱業所水島製錬所へ転じ、後に鈴木鉱業本店に勤務した。その後二〇年四月に渡満して満鉄に入り、経理部会計課に勤務し、同課計算係主任、経理部調査係主任、同主計課財産係主任、用度事務所審査係主任、用度事務所大連支所長、用度事務所第二購買主任を歴任してニューヨーク事務所に転勤した。次いで経理部主計課予算係主任兼資金係主任、地方部庶務課長を歴任し、この間三〇年九月参事に昇格した。三三年一一月総裁室監査役となり、満州市場、安東市場、南満州瓦斯、興中公司、昭和製鋼所、大連火災海上、満鮮坑木、錦州市場各㈱の監査役を兼任した。その後三九年二月に退社して日満商事㈱取締役に就任し、大連支店長を務めた。この間、満州事変時の功により賜品及び従軍記章を授与された。

富田　勇治 ▷12

国際運輸㈱ハルビン支店金融係主任／ハルビン地段街国際運輸㈱支店／一八九九（明三二）一／茨城県東茨城郡山根村／東洋協会植民専門学校

水戸中学校を経て一九二〇年東洋協会植民専門学校を卒業して日蘭貿易会社に入り、次いで㈱北満倉庫会社に勤務した。その後二四年一月国際運輸㈱に転じ、ハルビン、四平街の各支店に勤務した後、ハルビン傅家甸営業所主任を経て三四年二月ハルビン支店金融係主任となった。

富田勇太郎 ▷13

満州興業銀行総裁、新京商工会議所特別議員、従二位勲二等／新京特別市東朝陽路／一八八三（明一六）八／福岡県福岡市荒戸町／東京帝大法科大学政治学科

福岡県冨田一郎の三男に生まれ、一九〇八年東京帝大法科大学政治学科を卒業して文官高等試験に合格し、〇九年大蔵属・専売局書記となった。専売局書記に進んだ後、税務監督局監督官補、専売主事補兼大蔵省臨時調査局事務官、理財局国債課長、同国庫課長、同理財局長兼預金部長を歴任した後、三三年日本製鉄会社創立委員となり同社創立事務に従事した。次いで三四年海外駐劄財務官としてイギリス、アメリカ、フランスの各大使館付として勤務した後、三六年一二月「産業開発五ヶ年計画」実施の前提として在満州朝鮮銀行支店、満州銀行本支店、正隆銀行本支店を統合して設立された満州興業銀行の総裁に就任した。この間、ワシントン会議全権委員随員を務め、高橋是清蔵相のアドバイザーとして知られた。

富田　義詮 ▷4

外務書記生／奉天／一八七四（明七）／京都府

一八九九年九月外務書記生試験に合格し、同年一〇月外務書記生となって重慶に赴任した。一九〇〇年八月杭州に転じたが、同年一一月再び重慶勤務となり、義和団事件に際しての種々折衝の功により勲八等白色桐葉章と下賜金二二〇円を受けた。〇四年上海に赴任したが、直後に日露開戦となって諸般の事務処理に当たり、功により勲七等瑞宝章と下賜金一二〇円を受けた。〇七年七月シカゴに転任して一〇年一一月外務属となり、一二年九月書記生に進んでサンフランシスコに赴任した。一六年四月山東問題の功で七〇円の下賜金を受け、同年七月勲六等瑞宝章を受章した。一七年三月、奉天総領事館勤務となって渡満した。

富田利三郎 ▷4

東亜洋蝋㈾代表社員／ハルビン埠頭区モストワヤ街／一八六九（明二）／長崎県南高来郡湯江村／小学校初等科

長崎県農業兼商業富田力松の子に生まれ、小学校初等科を終えて夜学校に学びながら父の仕事を手伝った。一八八七年に父が破産したため長崎市の太田商店に入って五年奉公し、二六歳の時にウラジオストクに渡り建築請負業に従事した。九八年五月ロシアが東清鉄道建設に着工すると同工事に従事して第一黒竜江から松花江方面に至り、ハルビンで森虎雄と共同で商業を始めた。経営のかたわら居留民会を組織して民会役員となり、一九〇四年に日露開戦となると私財を割いて邦人引き揚げに尽力し、戦中は野戦軍に従軍して

軍需品用達業を務めた。戦後ウラジオストクを経て再びハルビンに赴き、実弟の直作の経営する東亜洋蝋(資)に入った。一九一一年中国に辛亥革命が起きると北京に赴き、機に乗じて種々画策したが程なく鎮静し、天津に移って同地に四年留まった。その間直隷省で有望なタングステン鉱脈を発見し、中国当局に採掘権の獲得を試みたが利権回収運動が勃興して叶わず、ハルビンに引き返し再び東亜洋蝋の社員となって弟を補佐した。

富田　良平　▷12

富田牧場主、満州国協和会常任理事、勲八等／奉天省吉林八緯路／一八九一（明二四）一／愛知県名古屋市中区児玉町／静岡県立浜松中学校

本姓は別、後に富田甚平の娘婿となった。一九一〇年静岡県立浜松中学校を卒業した後、一九年に満鉄に入社した。次いで二一年に満鉄農務課の援助により吉林省樺甸県樺樹林子に南山煙草試作場を設け、満鉄嘱託として米種煙草の栽培に従事した。二五年一二月に同試作場を閉鎖し、二六年に吉林領事から海林採木公司理事長に転じた深沢暹に従ってハルビンの同公司に入った。その後二八年二月に退職して吉林に牧場を開設し、一〇人の従業員を使用して牧場経営と牛乳販売業を経営した。吉林在住日本人間に重きをなし、満州事変に際し民間功労者として勲八等に叙された。

富塚　剛　▷12

旅順工科大学助教授、従七位／旅順市常盤町／一九〇八（明四一）六／千葉県山武郡増穂村／旅順工科大学電気工学科

県立千葉中学校を卒業して渡満し、旅順工科大学に入学した。一九三三年同大電気工学科を卒業して講師となり、三六年七月同大学助教授となった。

富塚　吉盛　▷12

満鉄三棵樹警務段長、社員会評議員、在郷軍人会三棵樹分会長、正六位勲四等／ハルビン三棵樹満鉄警務段長局宅／一八八八（明二一）一一／福島県安積郡永盛村／陸軍士官学校

富塚吉蔵の三男に生まれ、一九〇五年一二月志願して仙台の歩兵第二九連隊に入隊し、〇八年若松歩兵第六五連隊付、一〇年韓国守備隊付を経て一九年に陸軍士官学校を卒業し、翌年歩兵少尉に任官した。二一年サハリン駐劄、二五年福知山歩兵第二〇連隊付、三〇年満州駐劄隊中隊長を経て三二年免本職となり京都府立須知農林学校に勤務した。次いで三四年三月歩兵第二〇連隊付となり、同年四月臨時編成により同隊大隊副官として満州に派遣され、同年八月同連隊中隊長を経て三五年一二月少佐に進級して待命となった。その後三六年一月鉄路総局職員として横道河子警務段長に就き、同年九月満鉄職員に昇格した後、三七年三月三棵樹警務段長に転任した。

富次　素平　▷11

南満州瓦斯㈱専務取締役／大連市文化台／一八八〇（明一三）二／山口県阿武郡萩町／東京帝大工科大学

山口県商業富次素一の長男として神戸で生まれ、一九〇六年七月東京帝大工科大学を卒業した。大阪瓦斯㈱技師となり工場長を務めたが、〇九年八月に渡満して満鉄瓦斯作業所に入り、一八年一月所長に就いた。二五年七月に同所が南満州瓦斯㈱として満鉄から分離独立すると専務取締役に就任し、かたわら帝国瓦斯協会理事を務めた。二六年五月に夫人アイを亡くし長女満寿子と二人だけの家庭になったが、実姉が医師金田正に嫁して同じ大連に在住した。

富永楽之助　▷12

図們税関清津弁公処長、正八位／朝鮮咸鏡北道清津府図們税関清津弁公処／一八八九（明二二）三／福岡県福岡市鳥飼町／攻玉社中学校

一九〇七年東京の攻玉社中学校を卒業した後、〇九年一二月一年志願兵として久留米の工兵第一八大隊に入隊し、少尉に任官して除隊した。長崎税関に勤務した後、中華民国大連海関に転じて一等精査員となり、次いで広東海関、安東税関に歴勤して竜井村税関琿春分関一等験貨員となった。大連海関に転勤した後、三二年六月満州国による中国海関の強制接収により琿春税関鑑査科長となった。その後三四年三月税関鑑査官・図們税関鑑査科長を経て同年七月税関理事官・税関技正に進み、三五年六月図們税関清津弁公処長に就いた。

富永景三郎 ▷12

吉林市公署総務科長兼地籍整理局事務官、勲八等／吉林領事館西胡同／一八九四（明二七）一〇／佐賀県唐津市／佐賀県立唐津中学校

一九一二年三月佐賀県立唐津中学校を卒業し、同年九月竹内鉱業㈱唐津鉄工所書記となった。一四年一二月徴兵されて福岡の第二四連隊に入営して兵役に服した後、一六年一二月大連の㈾宮崎商会に入った。その後帰国して唐津市の㈱相互銀行及び唐津銀行に勤務したが、二五年二月に再び渡満して満鉄に入り撫順炭砿機械課事務係となった。撫順炭砿事務員、満鉄華語検定試験委員を歴任した後、満州事変に際し満鉄より遼陽県に出向し、三二年七月遼陽県参事官となった。次いで吉林市公署事務官に転任し、経理科長兼地籍整理局事務官吉林分局勤務を経て三七年五月同市公署理事官・総務科長兼地籍整理局事務官となった。この間、シベリア出兵時の功により勲八等白色桐葉章及び賜金四三〇円を授与された。生家は先々代の仁兵衛以来唐津きっての富豪として知られ、実兄は唐津日日新聞社長を務めた。

富永　是保 ▷11

弁護士／安東県五番通／一八八九（明二二）七／大分県南海部郡佐伯町／東京帝大法科大学独法科

大分県官吏富永治作の次男に生まれ、一九一五年東京帝大法科大学独法科を卒業した。京城の㈱漢城銀行に入り、南大門支店、釜山支店、本社支配人代理を経て大田支店支配人に就いた。一九年六月安東銀行に招聘されて渡満し、本店支配人代理を経て本渓湖支店長となり、満州商業銀行との合併後は公主嶺支店長、奉天支店長を務めた。二三年七月に奉天・満州商業・大連・遼東の四銀行が合併して満州銀行となると奉天支店支配人を務め、その後本店副支配人に就いたが二四年九月に退社し、安東県で弁護士を開業した。夫人鹿野は東京音楽学校ピアノ科出身で、結婚前は京城高等女学校教諭を務めた。

富永　淳二 ▷12

国務院民政部首都警察庁事務官、勲七等／新京特別市興亜胡同／一八九二（明二五）一／鹿児島県鹿児島市鷹師町／鹿児島中学館

鹿児島県富永政成の四男に生まれ、一九一〇年鹿児島の私塾中学館を卒業した後、一一年南薩摩鉄道会社書記となった。一二年一二月徴兵されて佐世保海兵団に入団し、除隊後一七年四月鹿児島県巡査となった。その後、朝鮮総督府に出向し、以来勤続して三一年一二月道警部に累進した。三三年三月ハルビン警察庁警佐に転じて警務科に勤務し、同庁属官兼ハルビン警察庁警佐を経て三六年一〇月国務院民政部首都警察庁事務官となった。この間、三二年四月勲七等旭日章を授与された。

富永順太郎 ▷12

満鉄鉄道警務局警務参与、勲五等／奉天商埠地九緯路／一八九六（明二九）二／東京府東京市杉並区下高井戸／陸軍士官学校、東京外国語学校露語科

一九一四年ロシアの法政大学本科を卒業して陸軍に入り、一七年五月陸軍士官学校を卒業して同年一二月歩兵少尉に任官し、歩兵第四連隊付となった。次いで軍派遣学生として二四年三月東京外国語学校露語科を卒業し、同年六月軍命によりハルビンに留学した後、二五年一二月歩兵大尉に累進して予備役編入となった。その後三二年二月満鉄に入社して渡満し、奉天事務所勤務を経て同年一二月ハルビン事務所に転勤した。三三年三月鉄道総局警務処第二科長心得、三四年四月同警務処防務科長心得を歴任し、三五年七月参事に進んで防務科長を務めた後、三五年一一月鉄道警務局警務参与となった。

富永　末記 ▷12

国際運輸㈱図們支店労務係主任、勲六等／間島省図們春風街／一八九九（明三二）二／熊本県熊本市池田町／熊本県立中学済々黌

熊本県富永為八の三男に生まれ、一九一七年熊本県立中学済々黌を卒業し、翌年税務属となり福岡税務署に勤務した。次いで二〇年に熊本県海外協会の蒙古派遣生に選抜され、渡満して三年間満蒙語の研鑽を積んだ後、二五年に国際運輸㈱に入社した。四平街、奉天、錦県の各営業所に勤務した後、山海関営業所主任、図們支店作業係主任を経て三六年一一月同支店労務係主任となった。この間、満州事変時の功により勲六等に叙された。

富永 能雄 ▷12

前昭和製鋼所㈱常務取締役／東京市渋谷区鉢山町／一八八六（明一九）一〇／長崎県北松浦郡生月村／長崎高等商業学校

長崎県官吏富永末一郎の長男に生まれ、一九〇九年長崎高等商業学校を卒業して京都の川島織物所に入り、販売部に勤務した。次いで製品販売と織物業研究のためロンドンに出張し、同地のワーリング・アンド・ギロウ会社東洋部員に採用された。帰国して川島織物所輸出部主任、三越呉服店外国部、日本工業薬品製造㈾代表社員、渡辺商事㈱大阪支店支配人、同東本店営業部長を歴職し、一九年一二月に渡満して満鉄に入社した。総務部文書課、同購買課に歴勤し、欧米、南洋、南北中国、シベリアを数回商業視察した後、用度科長、購買課長、用度事務所長を歴任して鞍山製鉄所長となり、南満電気㈱取締役、大連窯業㈱取締役を兼務した。その後三三年六月昭和製鋼所の事業開始とともに常務取締役に就任し、三七年六月に辞職して帰国した。

富永 十一 ▷8

富永洋服店主／奉天浪速通／一八八五（明一八）七／佐賀県藤津郡塩田町

一九〇四年一〇月、日露戦争中に渡満した。一二年一二月奉天で洋服商を開業し、奉天市街の発展に伴い業務を拡張した。一八年に浪速通に店舗を移転し、男女注文服・既製服から靴、帽子、毛皮、洋品雑貨などの小物類まで扱った。本業のかたわら中央洋装㈱社長を兼務し、商業会議所議員、奉天洋服商組合長を務めた。

富永 毅 ▷12

吉林鉄路局運輸処貨物科員／吉林敷島街／一八九五（明二八）一一／埼玉県北足立郡柱水村

学業修了とともに満鉄に入り、以来各地に歴勤した。その後一九三五年九月吉林鉄路局に転任し、運輸処貨物科に勤務した。

富永 八洲男 ▷12

満鉄錦県鉄路医院葉柏寿分院長兼医員、葉柏寿・凌源・平泉各日本小学校校医、正八位／熱河省葉柏寿局宅／一八九八（明三一）八／熊本県上益城郡津森村／熊本医学専門学校

一九二二年三月熊本医学専門学校を卒業して同年六月福岡県門司港部検疫医となり、一年志願兵として熊本の歩兵第一三連隊に入営し、陸軍軍医少尉に任官して除隊復職した。その後退職して一時郷里で開業した後、三二年八月に渡満して錦州日本領事館警察嘱託医となり、錦州日本小学校校医を兼務した。次いで三五年五月満鉄錦県鉄路医院葉柏寿分院長に転じ、葉柏寿・凌源・平泉の各日本小学校校医を兼務した。この間、在郷軍人会錦州分会副会長を務めた。

富永 鏻太郎 ▷1

土木建築請負業／旅順／一八七一（明四）一／愛知県名古屋市北三丸

一八九七年台湾に渡って日本銀行出張所員となり、その後台湾銀行に転じた。日露戦中の一九〇四年九月陸軍省雇員として遼東守備軍司令部付を命じられ、営口を除く南北満州で特別任務に従事した。〇五年四月にいったん帰国した後、同年八月再び渡満して大連民政署の雇員となったが間もなく辞し、旅順市名古屋町で土木建築請負業と諸官衙用達業を開業した。

富部 佐平 ▷11

満鉄地方部学務課員／大連市伏見町／一八八一（明一四）二／静岡県磐田郡下阿多古村／静岡県師範学校

静岡県商業富部平次郎の長男に生まれ、一九〇二年静岡県師範学校を卒業した。母校の訓導を務めながら〇七年文検教育科に合格し、次いで〇九年同修身科に合格し、一五年から同校教訓を兼任した。一七年一一月に渡満して満鉄に入り、遼陽公学堂教員を務めた後、一九年九月本社地方部学務課に転任した。

富村 順一 ▷11

満州土地建物㈱専務取締役、従七位勲六等／奉天隅田町／一八八一（明一四）三／山口県下関市竹崎町／早稲田大学

旧毛利藩士富村宗茂の六男に生まれ、日露戦争に従軍した後、一九〇七年早稲田大学を卒業して満鉄に入った。奉天公所勤務を経て満鉄出資の日支合弁清和公司等に勤務したが、退社して一五年から朝鮮の安州で農業を営んだ。一九年末に満州土地建物㈱が創立されると専務取締役に就任し、かたわら満州殖産銀行取締役、奉天商工会議所副会頭を兼任した。同郷の夫人久は東京女子高等師範学校保育科を卒業した。

富持　仙助　▷7

大連取引所信託㈱庶務主任、勲七等／大連市浅間町信託会社社宅／一八八一（明一四）一一／宮崎県北諸県郡高城村

一九〇一年長崎要塞砲兵隊に入隊して要塞司令部付となり、〇四年に日露戦争に従軍し、功により勲七等を受けた。〇六年砲兵曹長に進んで兵役免除となり、〇九年九月に渡満して旅順中学校書記となった。一八年九月に退職して大連取引所信託会社に転じ、後に庶務主任を務めた。

頓宮　純一　▷8

祥隆銀号主／奉天小西関／一八八六（明一九）一一／福岡県浮羽郡吉井村

一九一五年八月に渡満して海城で穀物貿易を営んだ。二〇年四月奉天に移り、春日町で米穀・瀬戸物商と両替商を兼営した。二一年一一月には小西関に祥隆銀号を設けて銭鈔取引を開始し、二五人の使用人を抱えて年間総取引高は先物七、八千万円、現物三千五、六〇〇万円に達した。かたわら隅田町に祥隆洋行白米卸部を設け、大西関に精米工場を新築して精米業を兼営した。

富安辰次郎　▷8

奉天窯業㈱専務取締役／奉天／一八七八（明一一）一／福岡県八女郡水田村

一八歳の時に父に伴われて台湾に渡り、樟脳製造業に従事した。二年後に父が死亡し、帰郷して家業の酒造業を経営した。その後熊本に移って同業を営んだが、一九〇四年二月に日露開戦となると仁川に渡って軍隊御用商に転じた。〇五年一月鴨緑江軍の編成とともに軍司令部付として随行し、奉天大会戦後の同年五月にいったん帰郷し、同年末の奉天開放とともに再び渡満した。奉天十間房で食料品雑貨、用達業を営んだが、〇八年四月の満鉄開業と同時に煉瓦製造業に転じ、松茂洋行工業部の請負製造に従事した。一六年に新居仙吉と共同で奉天合同煉瓦製造所を組織し、一八年に資本金二〇万円で奉天窯業会社を設立して専務取締役に就いた。窯業のかたわら㈾富安銀号を経営し、二四年奉天取引所仲買人となり金銀両替商を経営し、満鉄奉天地方委員を務めた。

富谷兵次郎　▷12

奉天同文商業学校長、勲八等／奉天隅田町／一八八二（明一五）三／愛媛県温泉郡三津浜町／東京善隣書院

愛媛県富谷伝蔵の次男に生まれ、一九〇四年東京善隣書院を卒業し、陸軍通訳として日露戦争に従軍した。その後〇六年に辞職し、〇七年奉天小西関に日清語学堂を開設し、次いで〇九年に清語学堂、一〇年三月奉天外国語学校とし、後に同文商業学校と改称した。二八年一一月昭和天皇即位式に際し内務大臣より移殖民事業功労者として表彰され、三五年の創立二五周年に際し満州国文教部より感謝状を授与され、三〇〇〇を超える同校卒業生寄贈の銅像が校庭に建立された。中国言文、風俗習慣の研究家として知られ、著書に『中華言文新篇』がある。

友木　饒　▷11

大連商業学校長、従五位勲六等／大連市天神町／一八八〇（明一三）五／東京府北豊島郡滝野川町／東京帝大文科大学、東京帝大法科大学

東京府官吏友木惟一の長男に生まれ、一九〇七年東京帝大文科大学を卒業した。台湾総督府中学校教諭を務めた後、一八年に帰国して東京帝大法科大学に学士入学し、二〇年に高等文官行政科試験に合格した。新潟県立小千谷中学校長、同県村松中学校長、山口高等商業学校教授等を歴任した後、二六年九月に渡満して大連商業学校長に就任した。

友清　義一　▷3

福義洋行主／大連市監部通／一八八三（明一六）八／福岡県三池郡三池町

一九〇二年三井物産に入り鉱山部に勤務した後、〇七年一二月に渡満して翌年一月満鉄に入った。一三年七月に退社して大連市監部通に福義洋行を興し、麦粉、砂糖、雑貨販売業を営んだ。

と

朝長八万人 ▷11

材木商三盛洋行主／ハルビン地段街／一八九一（明二四）一／長崎県東彼杵郡竹松村／長崎県立大村中学校

長崎県商業上野其吉の次男に生まれ、同県朝長篤十郎の養子となり、一九〇九年県立大村中学校を卒業した。一三年四月に渡満して奉天の義兄の商業を手伝った後、一六年に奉天の材木商三浦商会に入り、後に吉林支店長を務めた。二二年に退職して長春に三盛洋行を設立して材木商を営み、翌年ハルビン支店を開設すると実弟の上野由人を長春本店に置き、自らはハルビン支店の指揮を執った。

友納不二雄 ▷12

国務院交通部総務司人事科員、大満州帝国体育連盟理事、大満州帝国足珠協会理事、勲八位／新京特別市入船町／一九〇七（明四〇）九／東京府東京市淀橋区戸塚町／京都帝大経済学部

友納友次郎の長男として福岡市鳥飼町に生まれ、後に東京市淀橋区戸塚町に転籍した。一九三二年三月京都帝大経済学部を卒業して渡満し、関東軍新京出張所に勤務した後、同年三月に満州国が成立すると翌月満州国官吏に転じた。国務院総務庁人事処人事科に勤務した後、三六年一一月総務司人事科に転任した。京都帝大在学中に蹴球の監督をし、渡満後に大満州帝国足珠協会を設立するなど体育行政に尽力し、大満州帝国体育連盟理事を務めた。

友野正一 ▷3

増田㈴大連出張所主任／大連市寺内通／一八八七（明二〇）三／岡山県岡山市上西川町／大阪高等商業学校

岡山県士族友野正忠の子に生まれ、一九〇九年大阪高等商業学校を卒業して住友銀行に入った。一一年一一月に退職して増田㈴に入り、後に大連出張所主任となって渡満した。

土森信之助 ▷12

満鉄大阪事務所大阪鮮満案内所主任／大阪市東区安土町／一八八五（明一八）一〇／福井県南条郡北杣村

名古屋市の久野塾及び服部塾で修学した後、一九〇四年四月内国通運㈱名古屋支店に勤務した。その後一一年四月に渡満して満鉄に入り、五竜背駅、瓦房店駅、大連駅車掌、大連管理局庶務課、運輸部庶務課に歴勤した。その後東京支社鮮満案内所に転勤し、次いで三四年六月大阪事務所大阪鮮満案内所主任となり、三六年四月勤続二五年の表彰を受けた。

戸谷銀三郎 ▷11

満鉄大連医院長、医学博士／大連市月見ヶ丘／一八八三（明一六）一一／愛知県名古屋市飯田町／京都帝大医科大学

一九〇八年、京都帝大医科大学を卒業して同大学助手となった。一〇年五月に渡満して満鉄大連医院嘱託となり、翌年医長に就いて南満医学堂教授を兼任した。一二年内科第二部長となり、一四年一月から社命でドイツに留学し、帰任して一六年に奉天医院医長に転じ、翌年八月医学博士号を取得した。二一年大連医院副院長、二五年八月参事待遇を経て同年九月大連医院院長となって医長を兼務し、二七年一一月部長待遇となった。

戸谷　庄吉 ▷12

昌図公司主、大連貨物自動車車庫㈱代表取締役、大連通関組合副組合長、大連運送組合長、関東州貨物自動車組合副組合長、勲八等／大連市武蔵町／一八八二（明一五）一二／富山県氷見郡熊無村

徴兵検査に合格して兵役に服した後、一九〇四年日露戦争に召集され第一軍に属して従軍し、戦後勲八等に叙された。以来大連に居住し、㈱昌図公司に入って海陸運送業に従事した。後に大連支店主任となり、一三年に同公司の実権者山中惣太郎より大連支店の業務一切と商号を譲り受けて独立した。その後一九年一二月大連市内の同業者数名と事業を合同して資本金一〇〇万円の満州運輸㈱を創立して社長に就いたが、程なく解散して二三年一月武蔵町に再び個人経営で昌図公司を再興し、三二年に新京富士町に支店を開設した。三六年一二月大連貨物自動車車庫㈱を創立して取締役に就き、次いで三七年三月代表取締役に就任した。この間、三二年に関東州貨物自動車組合副組合長、三六年一二月に大連運送組合長、同年二月に大連通関組合副組合長にそれぞれ選任された。

外山　宗一 ▷10

外山洋行主／旅順市青葉町／一八八四（明一七）一〇／京都府加佐郡舞鶴町

京都市東堀川の友禅染業外山宗治の長男に生まれたが、家業を弟に譲り一六歳の時から白縮緬商の高田商店に奉公した。一九歳で台北に渡り、中国人の葉為圭が経営する商店の番頭となり、かたわら中国語と英語を習得した。一九〇四年日露戦争に際し第一軍糧餉部付御用商人となって渡満し、その後第三軍付酒保として旅順攻囲軍に従い、陥落後は陸軍病院付酒保を営んだ。戦後は旅順で高瀬洋行と共同で和洋雑貨店を開業したが、高瀬が土木請負工事に失敗して共有財産のすべてを失った。〇八年一〇月大阪の石垣商店の後援で外山洋行を開業し、和洋雑貨・毛皮類の販売と各新聞の一手販売、及び関東都督府監獄製柳行李の一手販売を営んだ。

戸谷　泉也 ▷12

満鉄用度部庶務課監理係主任、社員会本社連合会幹事、広島県人会常任理事／大連市桜花台／一八九五（明二八）五／広島県広島市立町／早稲田大学専門部政経科

広島県戸谷正寛の三男に生まれ、東京の順天中学校を経て一九二〇年三月早稲田大学専門部政経科を卒業し、同年四月満鉄に入った。商事部倉庫課、経理部用度課、同購買課、同倉庫課、用度事務所、用度部倉庫課、同購買課、商事部用度課に歴勤した後、三三年六月国務院需用処用度科長に転じた。その後三四年四月満鉄に復帰して用度事務所庶務課に勤務し、同審査係主任を経て三六年一〇月用度部庶務課監理係主任となった。この間、満州事変時の功により木杯及び従軍記章、建国功労賞を授与された。

豊浦宗太郎 ▷12

[資]白鹿商店有限社員／大連市紀伊町／一八六二（文二）三／兵庫県有馬郡長尾村

兵庫県農業豊浦治郎吉の長男に生まれ、郷里の有馬郡書記を務めた後、一八九一年六月汽船会社社員に転じ、さらに九五年二月酒造業辰馬本店に入った。一九一二年一一月辰馬汽船[資]が組織されるとその下で海運業に従事し、次いで一二年一一月大連市加賀町に[資]辰馬商会が創立されると支配人となって渡満し、白辰丸・白鳳丸の両汽船により海運業を経営し、かたわら清酒「白鹿」の販売業を兼営した。一七年に店舗を紀伊町に新築移転した後、一八年末本店に帰任したが、その後営業不振のため二四年に再び渡満して辰馬商会の経営に乗り出し、二九年に販売部門を独立して真金町に[資]白鹿商店を設立した。満州事変後に急発展して三六年一〇月同社有限社員となり、三七年二月辰馬商会を解散して白鹿商店の経営に専念した。三男豊は一九年一月に渡満して大連商業学校教諭を務めた。

豊浦　豊 ▷12

東洋協会立大連商業学校教諭／大連市菖蒲町／一八九〇（明二三）二／兵庫県有馬郡長尾村／千葉県立成東中学校

兵庫県有馬郡書記豊浦宗太郎の三男に生まれ、一九〇九年千葉県立成東中学校を卒業した。小学校本科正教員免許、実業学校数学科教員資格を取得して兵庫県武庫郡西宮第三小学校、有馬郡有野小学校等の訓導を務めた。その後一九年二月大連商業学校助教諭に転じて渡満し、翌年教諭に昇格した。田中智学に私淑して思想問題と教化事業に従事し、二六年に大連天業青年団長に就いて日本国体に関する講演を十数回行ったほか、妻子名義で大連市紀伊町に[名]新日本出版局を設立して月刊雑誌「国の柱」を編集発行し、著書『理論的学修法』を著した。父の宗太郎は一三年に渡満して辰馬商会大連支店支配人を務めた。

豊島　平 ▷12

吉林省公署実業庁員兼省立工芸講習所長／吉林省城三道碼頭交渉署胡同／一九〇一（明三四）三／兵庫県神戸市神戸区元町／神戸市立神港商業学校、大連語学校、満州法政学院

一九一九年三月神戸市立神港商業学校を卒業して満鉄に入り、勤務のかたわら大連語学校及び満州法政学院を卒業した。三一年九月満州事変の勃発とともに特命により奉天紡紗廠顧問となり、混乱渦中の同廠の整理復興に従事した。その後三二年三月吉林省公署事務官となり、実業庁員に勤務して省立工芸講習所長を兼務した。

と

豊田音次郎　▷12

満鉄鉄道総局付待命副参事、勲八等／奉天満鉄鉄道総局気付／一八八一（明一四）一二／長野県南佐久郡畑八村

三重県四日市市に生まれ、長野県豊田しようの養子となった。一八九六年四月関西鉄道会社に入り汽車課四日市工場仕上工見習となった。その後、鉄道作業局に転じて神戸工場組立工となり、日露戦争に際して野戦鉄道付として渡満した。戦後一九〇七年四月満鉄開業とともに入社して鉄道工場に勤務したが、同年七月会社の都合により帰国して鉄道庁田端機関車組立工となった。〇八年三月に退職して再び渡満し、満鉄鉄道工場機械仕上工となり、次いで大石橋車輌係、同修繕方、大石橋機関区点検方心得、同点検方、同工作助役、蘇家屯機関区工作助役を歴職した。三七年四月副参事に昇格して待命となり、鉄道総局に勤務した。この間、満州事変時の功により勲八等旭日章及び従軍記章並びに建国功労賞を授与され、三三年に二五年勤続の表彰を受けた。夫人梅野との間に二男一女あり、長男帍之助は満鉄に勤務し、次男秀雄は日大商科に学んだ。

豊田賢次郎　▷11

満鉄平頂堡駅長／平頂堡満鉄社宅／一八九六（明二九）八／岐阜県本栄郡手牧村／大垣市立商業学校

岐阜県商業豊田市太郎の五男に生まれ、一九一四年三月大垣市立商業学校を卒業して満鉄に入った。一五年三月満鉄鉄道従事員養成所を修了して公主嶺駅電信方となり、双廟子駅駅務助手、奉天省四平街駅貨物方、長春列車区車掌、桓勾子駅助役、公主嶺列車区助役、鉄嶺駅助役等を経て二八年八月平頂堡駅長に就いた。

豊田　秀造　▷11

満州医科大学教授、医学博士／奉天新高町／一八八二（明一五）七／長野県下伊那郡且開村／医学専門学校済生学舎

長野県豊田柳助の長男に生まれ、一九〇一年三月済生学舎を卒業して同年一一月医術開業試験に合格した。〇三年一〇月から内務省血清薬院技術部事務取扱嘱託、伝染病研究所技手を務めた後、一〇年に大連民政署検疫委員となって渡満し、同年満鉄医員に転じた。一一年九月社命でドイツに留学し、一四年二月に帰任して同年一二月南満医学堂教授に就いた。二一年医学博士号を取得し、二二年四月大学への昇格と同時に満州医科大学教授となり、中国人教育に尽力した功により中国大総統から五等嘉禾章を授与された。梅毒、ペスト、結核、馬鼻疽、再帰熱、チフス、猩紅熱、免疫学、原虫等に関する欧文十数編、和文二十余編の研究論文があり、満鉄医員時代の一〇年に発表した梅毒診断に関する論文は伝染病・寄生虫学論文中優秀のものと認められ、同年の浅川賞を受賞した。

豊田　種雄　▷12

山下汽船㈱大連支店副長／大連市桃源台／一八九六（明二九）五／愛媛県松山市末広町／神戸高等商業学校

愛媛県豊田元泰の三男に生まれ、一九二一年神戸高等商業学校を卒業した後、二四年山下汽船㈱に入り神戸本社に勤務した。横浜、東京の各出張所勤務を経て小樽出張所長、大連支店営業係主任を歴任し、三七年五月同支店副長となった。

豊田　太郎　▷12

大連療病院院長、大連市衛生委員、従四位勲六等／大連市乃木町／一八八七（明二〇）二／愛媛県喜多郡大洲町／東京帝大医科大学

愛媛県豊田富三郎の長男に生まれ、宇和島中学校、鹿児島第七高等学校造士館第三部を経て一九一四年一二月東京帝大医科大学を卒業した。東京伝染病研究所嘱託として結核部に勤務した後、一五年七月鹿児島県立境浜病院医長となり肺結核患者の治療に従事した。その後一八年八月関東都督府医務嘱託となって渡満し、大連民政署勤務を経て同年九月大連療病院副院長に就いた。二二年四月関東庁医院医官・大連療病院院長となり、同年七月関東庁在外研究員として欧米に派遣され、留学中の二三年八月論文「痘瘡ノ研究」により東京帝大より医学博士号を取得して二四年九月に帰任した。引き続き大連療病院院長として伝染病の治療と研究に従事して二七年六月高等官三等となり、かたわら満州結核予防会評議員、満鉄衛生研究所衛生事務嘱託を務めた。陸軍軍医総監弘岡道明の妹シヅ子を夫人とした。

豊田　秀雄　▷8

豊田洋行主／奉天／一八九五（明二八）三／広島県比婆郡高村

一九〇五年父に伴われて渡満し、大連、奉天で家業の羊毛貿易・皮革製造業を手伝った。二一年に父が帰国して経営を託され、二三年九月の関東大震災後は山東省及び北満の山羊毛を買い集めて年額五〇万円を輸出した。二六年春には関東軍倉庫と緬羊皮三〇万円の納品を契約し、奉天、錦州で買い付けて大連工場で職工三〇〇名を使って鞣し、一〇万枚を納入した。

豊田万四郎　▷8

豊田洋行主／奉天／一八七五（明八）四／広島県比婆郡高村

日露戦中の一九〇五年に渡満して大連に在留し、戦後〇六年旅順で愛光堂薬房を開業した。顧客の増加とともに大連支店を開設したが、満蒙産羊毛に着目して羊毛貿易に転じ、千住の陸軍製絨所及び陸軍被服廠向けに羊毛輸出を開始した。一六年八月奉天に進出して豊田洋行を設立し、関東都督府より一万円の補助金を受けてハイラル、錦州、赤峰、洮南など満州一円に営業範囲を広げ、農商務省命で大量の羊毛を日本に輸出した。二一年には関東庁より大連皮革工場を借り受け、牛馬皮の鞣製造を開始した。二一年以降は長男秀雄に経営を託し、帰国して東京・大阪方面で政治活動に従事した。

豊田　良蔵　▷12

満州電信電話㈱技術部庶務課長、正六位勲六等／新京特別市崇智胡同／一八八四（明一七）七／新潟県南魚沼郡六日町

一九〇七年逓信官吏練習所技術科を修了して新潟通信管理局、新潟郵便局の通信技手及び逓信技手を務めた。次いで逓信省工務局通信技師、復興局技師兼任を歴任し、二八年七月通信事業視察のため欧米各国に出張した。その後三二年七月国務院交通部郵政司工務科長に転出して渡満し、三三年九月満州電信電話㈱の設立と同時に技術部線路科長として同社に転じ、三六年一月技師に昇格して技術部庶務課長に就いた。

豊原　新造　▷12

満鉄奉天鉄道事務所庶務課経理係主任、葵萩町会役員、正八位勲八等／奉天葵町／一八九九（明三二）三／石川県鹿島郡御祖村／金沢商業学校

宮元勘兵衛の子に生まれ、後に豊原家の養嗣子となった。一九一八年三月石川県立金沢商業学校を卒業して神戸市元町の坂口商店に入ったが、同年八月満鉄に転じて渡満した。技術部保線課勤務を経て同庶務課、運輸部庶務課、鉄道部庶務課、同経理課、同計画課兼務、同保線課兼務、同工務課兼務、奉天事務所鉄道課に歴勤し、三五年四月奉天鉄道事務所庶務課経理係主任となった。この間、満州事変時の功により建国功労賞及び昭和大礼記念章を授与され、三四年四月勤続一五年の表彰を受けた。

西井　要　▷9

安東居留民団役所会計課長兼書記長代理／安東県／一八七二（明五）九／大分県玖珠郡万年村

朝鮮に渡り平安北道新義州に在住し、朝鮮総督府の事務関係の仕事に従事した。一九〇九年八月鴨緑江対岸の安東に居留民団役所が設けられると、招かれて会計課長兼書記長代理を務めた。

鳥居　元一　▷11

大連伏見台小学校訓導／大連市錦町／一九〇一（明三四）三／熊本県葦北郡湯浦村／熊本県第二師範学校、旅順師範学校研究科

熊本県公吏鳥居元達の長男に生まれ、一九二一年三月熊本県第二師範学校を卒業した。県下の葦北郡計石小学校、同佐敷小学校の訓導を務めた後、二五年四月に渡満して旅順師範学校研究科に入った。同年九月に卒業して大連沙河口公学堂教諭となり、翌年四月伏見台小学校訓導に転任した。

鳥居　芳雄　▷12

満鉄チチハル電気段電気助役／龍江省チチハル満鉄電気段／一九一二（大一）八／静岡県浜名郡和地村／浜松高等工業学校電気科

静岡県鳥居芳太郎の三男に生まれ、一九三四年三月浜松高等工業学校電気科を卒業して満鉄に入り、鉄道総局電気課に勤務した。次いでチチハル電気段、四平街電気段に歴勤し、同通信副段長、同電気助役を経て三七年五月チチハル電気段電気助役となった。

鳥海　鋭麿　▷11

満鉄金溝子駅長、勲八等／金溝子満鉄社宅／一八九六（明二九）三／群馬県前橋市紅雲町／満鉄鉄道従事員養成所

群馬県官吏鳥海鉞雄の長男に生まれ、一九一三年八月満鉄鉄道従事員養成所を修了して安東県駅務方となった。奉天駅貨物方、同列車区車掌、同鉄道事務所営業係、鉄道部営業課法規係を経て金溝子駅長に就いた。

鳥飼武二郎　▷1

幸武洋行主／奉天小西関大什字街／一八七一（明四）／兵庫県揖保郡竜野村

士族の子に生まれ、官吏を勧める家族の反対を押し切って阪神で商業に従事した。日清戦争後一八九六年から台湾で各種の事業を画策したがいずれも失敗し、一九〇四年二月日露開戦と同時に御用商人となり、第一軍に従って渡満した。戦後〇六年に帰国したが、同年六月再び渡満して奉天に幸武洋行を設立して商業を営んだ。

鳥合八十二　▷11

石鹸製造業／奉天紅梅町／一八七五（明八）一〇／長崎県北高木郡諫早町／滋賀県商業学校

長崎県官吏鳥合矢柄の四男に生まれ、長崎中学校から滋賀県商業学校に転校し、一八九二年三月に卒業して滋賀県税務分署に勤務した。その後教員検定試験に合格して小学校教員となったが、一九〇六年一二月に渡満して仁川の小武精米所満州各支店の総監督に転じた。〇九年に独立して奉天で石鹸製造業を開始し、奉天商業会議所委員、満鉄諮問委員、奉天地方委員を務めた。

鳥越経三郎　▷12

満鉄大連鉄道工場検査場材料検査班主任、工業標準規格委員会委員／大連市晴明台／一八九一（明二四）一一／福岡県糸島郡加也村／早稲田大学理工科機械科中退

福岡県鳥越種次郎の長男に生まれ、一九一六年二月早稲田大学理工科機械科を中退して満鉄に入り、沙河口工場に勤務した。設計課、技術部機械課、沙河口工場設計課、材料試験室、技術研究所、理学研究所に歴勤した後、三一年一二月中央試験所勤務を経て三六年九月大連鉄道工場検査場材料検査班主任となった。

鳥谷　寅雄　▷12

国務院実業部特許発明局事務官兼臨時産業調査局事務官兼実業部事務官、満州国協和会中央本部監査部監査員兼企画部員、従七位／新京特別市東朝陽胡同／一九〇四（明三七）二／神奈川県横浜市中区伊勢町／横浜高等工業学校機械工学科

神奈川県鳥谷寅松の次男に生まれ、一九二四年三月横浜高等工業学校機械工学科を卒業して大蔵省に入り、横浜税関監査官補となった。次いで同年文官高等試験行政科に合格し、商工省属・貿易局通報課、特許局事務官・商標課に歴勤した。その後三三年一二月満州国商標局事務官兼実業部事務官に転出して渡満し、実業部工務司に勤務した後、臨時産業調査局事務官・総務部勤務を経て三七年四月さらに実業部特許発明局事務官を兼務し、特許発明局評定官兼臨時産業調査局総務部勤務兼実業部工商司勤務となった。この間、昭和大礼記念章及び満州国建国記念章、大典記念章を授与された。

鳥原　集一　▷12

国務院土木局牡丹江建設処庶務科長、従七位／牡丹江土木局牡丹江建設処／一八八七（明二〇）三／宮崎県宮崎市宮田町／県立宮崎中学校

一九〇五年県立宮崎中学校を卒業した後、〇六年四月に渡満して関東都督府民政署属官となった。以来勤続し、都督府属、関東庁土木主事等を歴職した後、三三年満州国国務院国道局事務官に転じて奉天建設処庶務科長となった。その後土木局理事官に進み、三五年二月ハルビン建設処庶務科長を経て三七年一月牡丹江建設処庶務科長に転任した。この間、大典記念章及び建国功労賞を授与された。

鳥原ツル子　▷7

旅順高等女学校教諭／旅順市明治町／一八九五（明二八）三／宮崎県宮崎市上別府／宮崎県立女子師範学校

宮崎県立女子師範学校を卒業して県下の小学校訓導を務め、教務のかたわら児童教育の研鑽に努めて日本初の女性

校長に就いた。一九二二年に勇退したが関東庁に招聘されて渡満し、旅順高等小学校に籍を置いて旅順高等女学校で教鞭を執った。

内藤亥三郎 ▷12

満州電信電話㈱文書課飜訳係長／新京特別市恵民路満州電電社宅／一八七五（明八）五／東京府東京市小石川区水道端／済生学舎、遼陽日本基督教青年会清語科、満鉄遼陽実業補習学校支那語科

東京府内藤茂貫の子に生まれ、新潟県長岡中学校を経て東京の私立医学専門学校済生学舎に学んだ。さらに渡満して遼陽の日本基督教青年会清語科、満鉄遼陽実業補習学校支那語科を修了して全満実業補習学校第一回通訳適任試験支那語一等に首席で合格し、一九〇九年遼陽県官設医院通訳兼医務助手となった。次いで遼陽県医学会勤務、西医学研究会兼務、関東庁嘱託、関東庁地方書記、中華民国東北電信管理処会計科長代理兼課員、同庶務科庶務主任に歴職し、満州電信電話㈱設立事務所嘱託を経て三三年九月同社員となり、後に文書課飜訳係長を務めた。夫人みちとの間に三男六女あり、長男精一郎は新京放送局に勤務し、次男隆は公主嶺農業学校に学んだ。

内藤 一男 ▷12

満鉄新京支社庶務課資料係主任、観光委員会常任理事、勲八等／新京特別市羽衣町／一九〇四（明三七）一／山口県熊毛郡麻郷村／東京帝大法学部政治学科

山口県内藤一一の長男に生まれ、一九二八年三月東京帝大法学部政治学科を卒業した後、二九年一〇月満鉄に入り総裁室人事課に勤務した。総務部人事課勤務を経て満州国総務庁秘書処文書課長に転出し、三二年八月満鉄に復帰して総務部調査課に勤務した。次いで同資料課、チチハル事務所、鉄路総局兼総務部承徳在勤、奉天鉄路局総務処資料科承徳在勤、総務部資料課、同弘報課に歴勤し、三六年一〇月新京支社庶務課資料係主任となった。この間、満州事変時の功により勲八等及び従軍記章を授与された。

内藤 確介 ▷11

鴨緑江採木公司理事長、従三位勲三等、高等官二等／安東県鴨緑江採木公司社宅／一八六五（慶一）三／広島県福山市西町／帝国大学農科大学

広島県内藤延雄の次男に生まれ、東京駒場の帝国大学農科大学を卒業して農商務省に入った。林務官として営林技師、山林技師を歴任し、この間官命で中国、インド、欧米各国に出張した。高等官二等に進んで鹿児島県大林区署長となったが、その後退官して渡満し、鴨緑江採木公司理事長に就任した。

内藤 官太 ▷12

奉天石灰セメント㈱代表取締役、従五位勲四等功五級／奉天淀町／一八七五（明八）一二／熊本県鹿本郡吉松村／陸軍士官学校

熊本県内藤丈平の長男に生まれ、一八九八年一一月陸軍士官学校を卒業して翌年歩兵少尉に任官した。一九〇四年日露戦争に従軍して双光旭日章及び功五級金鵄勲章を受け、その後各地に勤務して一八年に中佐に累進して予備役編入となった。一九年一月に渡満し、各地を巡歴した後奉天淀町に居を定め、同年四月資本金五〇万円で奉天石灰セメント㈱を設立して代表取締役に就いた。夫人はる子との間に男子なく茂義を養子に迎え、長女靖子は満鉄社員山沢静一に嫁した。

内藤 三郎 ▷12

国務院民政部中央警察学校主事／新京特別市南嶺中央警察学校主事公館／一八九一（明二四）／熊本県熊本市塩屋町／陸軍士官学校

一九一二年七月陸軍士官学校を卒業した後、砲兵仕官として各地に勤務し、少佐に累進して予備役編入となった。その後三二年満州国中央陸軍訓練所教官となって渡満し、綏芬河国境警察隊長、古北口国境警察隊長を歴任して三六年四月民政部中央警察学校主事となった。

内藤 次郎 ▷9

江商㈱大連支店長／大連市山県通／一八九〇（明二三）一／岡山県都窪郡倉敷町／神戸高等商業学校

一九一二年四月、神戸高等商業学校を卒業して大阪の㈾江商に入った。一三年八月ボンベイ支店に転勤した後、一六年五月再び大阪本社に勤務した。二一年八月青島支店長に就任し、翌年七月大連支店長に転任して渡満した。

内藤 太郎 ▷12

国務院営繕需品局営繕処長官内府

嘱託、正四位勲二等／新京特別市錦町／一八八三（明一六）三／京都府京都市左京区下鴨松木町／東京帝大工科大学建築科

陸軍中将内藤新一郎の長男に生まれ、一九〇七年東京帝大工科大学建築科を卒業し、同年八月陸軍技師となり名古屋の第三師団経理部に勤務した。第五師団経理部付、陸軍省経理局付を経て一五年三月満州に出張して第四師団経理付兼第一六師団経理部付となった。二三年五月ヨーロッパに出張した後、第一師団経理部付兼近衛師団経理部付、同部付兼陸軍省経理局付を歴職し、三一年九月満州事変に際し経理局在任のまま渡満して事変処理に従事し、三三年九月軍命により満州国に出張した。三六年二月に退官し、同年三月国務院営繕需品局営繕処長官内府嘱託となった。この間、青島戦の功により勲六等単光旭日章、大正三年乃至九年戦役の功により勲五等、満州事変時の功により勲二等瑞宝章を授与された。

内藤　伝一　▷12

満鉄中央試験所無機分析室主任、工業標準規格委員会委員、従七位／大連市榊町／一八九一（明二四）三／長野県諏訪郡境村／旅順工科学堂採鉱冶金科

長野県内藤兼平の次男に生まれ、諏訪中学校を経て一九一五年一二月旅順工科学堂採鉱冶金科を卒業して朝鮮銀行に入り、地金課に勤務した。一九年一月に退職して同年三月母校の旅順工科学堂採鉱冶金科助教授に転じ、二二年三月旅順工科大学附属工学専門部助教授、二六年二月同大学予科助教授、同年五月同大学助手を経て三〇年五月同大学助教授となった。三一年五月に退官して満鉄に入り、中央試験所に勤務した。三二年四月一般無機化学研究室主任を経て三四年二月無機分析室主任に就き、三六年九月参事となった。この間、満州事変時の功により銀盃を授与された。

内藤　信興　▷12

依蘭税捐局員、勲八等／三江省依蘭県城依蘭税捐局／一八九七（明三〇）二／愛知県碧海郡知立町／静岡県立蚕業学校

愛知県内藤四郎の三男に生まれ、一九二〇年静岡県立蚕業学校を卒業して同年一二月税務署属となった。知立、津島、岐阜の各税務署に勤務した後、三三年九月満州国政府第一回語学検定試験満州語三等試験に合格して渡満し、同年一〇月奉天税務監督署監察科監視股長となった。三四年二月同署第二科兼務を経て三六年一月税捐局理税官となり、依蘭税捐局に転任して通河及び木蘭の各税捐局員を兼務した。

内藤　延行　▷12

満鉄五常警務段巡査、勲八等／浜江省五常県満鉄五常警務段／一九〇一（明三四）四／山梨県東山梨郡松里村

山梨県内藤喜和太郎の三男に生まれ、学校卒業後徴兵されて独立守備隊歩兵第一大隊に入営した。満期除隊して関東局に入り、勤続して高等刑事となった。一九三三年一〇月満鉄に転じて鉄路局警務処情報係となり、三五年四月吉林警務段巡査を経て三七年三月五常警務段巡査となった。この間、満州事変時の功により勲八等従軍記章及び建国功労賞を受けた。

内藤　寛　▷11

関東庁博物館庶務主任、正六位勲四等／旅順市千歳町／一八七四（明七）一／熊本県熊本市新南千反畑町／熊本英学校

熊本県内藤義厚の長男に生まれ、一八九一年熊本英学校を卒業した。日清戦争に際して充員召集され、一九〇五年憲兵少尉となった。戦後〇六年に熊本憲兵隊副官となり、翌年憲兵中尉に進んだ。〇八年関東憲兵隊副官に任じ、〇九年鉄嶺憲兵分隊長として渡満したが、翌年姫路憲兵隊分隊長に転任して帰国し、さらに東京、久留米、佐賀、長崎の憲兵分隊長を歴任し、この間憲兵少佐に昇進した。一七年八月、関東庁旅順憲兵分隊長となって再び渡満し、二一年四月に予備役編入となった。同年七月から関東庁嘱託として博物館庶務主任を務め、旅順市参事会員を兼務した。鹿児島県大島教員養成所出身の夫人照子との間に四男五女があった。

直井巳之次　▷3

満鉄衛生課職員、従六位勲四等、士族／大連市／一八六九（明二）九／千葉県市原郡姉崎町／第一高等中学校医学部、陸軍軍医学校

一八九三年第一高等中学校医学部を卒業し、翌年八月東京の歩兵第四連隊付陸軍三等軍医となった。九五年一月日

清戦争に従軍し、九六年五月功により勲六等瑞宝章を受けた。九七年一〇月二等軍医に進み、九八年九月軍医学校に入学して同年一二月全科を修了した。この間一等軍医職務心得となり、一九〇〇年一一月一等軍医に進んだ。〇二年五月台湾守備騎兵第一中隊付として赴任した後、〇五年一月日露戦争に従軍し、同年六月旅順要塞病院付、同年一二月関東陸軍病院旅順分院長となった。戦後〇六年四月に勲四等を授与され、同年一一月従六位に進んだ。〇七年三月満鉄開業に際して同社医員に任用され、〇八年一〇月鉄嶺分院長、一二年八月鉄嶺医院長兼医長を歴任して一五年秋に本社衛生課に転任した。 ▷12

直木倫太郎

国務院交通部技監、満州技術協会理事、正五位勲三等／新京特別市城後路一〇二公館／一八七六（明九）一二／兵庫県神戸市葺合区野崎通／東京帝大工科大学土木工学科

真島顕蔵の子に生まれ、後に直木政之介の長女りうの婿養子となった。一八九九年七月東京帝大工科大学土木工学科を卒業して東京市技師となった。その後欧米各国へ自費留学して港湾計画を研究し、帰国後に東京市土木課長に就いた。次いで大蔵省臨時建築部技師に転じて横浜築港土木課長を務め、さらに内務技師に転じて大阪市港湾部長、大阪市都市計画部長を歴任した。関東大震災後に帝都復興院技監として復興局長官を務めた後、同顧問を経て大林組取締役に転じて技師長を兼任した。その後三三年国務院国道局長となって渡満し、国道及び治水利の計画を策定した。三七年一月土木局長に就いて水力電気建設局長と大陸科学院長を兼任した後、同年七月特任官待遇の交通部技監となった。 ▷14

直塚　芳夫

満鉄鉄道総局福祉課員、勲六等／奉天満鉄鉄道総局／一八九三（明二六）七／佐賀県佐賀市水ヶ江町／早稲田大学政経科高等部中退

一九一三年佐賀中学校を経て早稲田大学政経科高等部に進んだが、翌年中退した。一五年九月に渡満して満鉄に入り、長春車輌係に勤務して一六年鉄道教習所を首席で卒業した。一七年本社鉄道部人事係、大連機関区庶務主任、鉄道建設局庶務課人事係主任、吉林鉄路局人事科長に歴任し、三七年四月副参事に昇格して鉄道総局福祉課に転任した。この間、満州事変時の功により勲六等に叙され、寮友会幹事長、社員会評議員を務めたほか、三二年一一月から三六年一〇月まで大連市会議員を務めた。長兄四郎は鍋島侯爵家家令、次兄八郎は海軍将校となった。 ▷3

直村盛之助

満鉄工場鉄工課長、従六位、士族／沙河口／一八七五（明八）七／福岡県早良郡鳥飼村／京都帝大理工科大学機械科

一九〇〇年七月、京都帝大理工科大学機械科を卒業して山陽鉄道会社に入った。〇六年に同鉄道が官有となり鉄道庁に引き継がれた後も勤続したが、〇七年一二月満鉄に転じた。技師として撫順炭砿機械課長を務めた後、一二年一一月満鉄工場鉄工課長となった。 ▷7

永井　明知

営口煉瓦工場支配人、勲六等／大連市外周水子営口煉瓦社宅／一八八〇（明一三）二／宮崎県南那珂郡飫肥町

宮崎県南那珂郡赤江村に生まれ、同郡の永井家の養子となった。一九〇二年同郷の興倉喜平陸軍大尉に随行して中国に渡り、福州で中国語を学んだ。中国服に身を包み、華南を中心として中国全土を跋渉して中国事情に精通した。〇四年二月日露戦争の勃発と同時に高等通訳官に任命され、大尉相当の待遇で従軍して勲六等を受けた。〇五年に営口軍政署が設置され、興倉喜平少佐の軍政長官就任とともに軍政署通訳官に就いた。その後軍政署が撤廃されることになり、建築中の官営煉瓦工場の事業が前通訳官で泰東公司主の森脇源馬に譲渡されると、森脇の下で煉瓦製造に従事した。その後、同工場が松浦与三郎の経営に移ると支配人として事業を拡大した。 ▷12

長井　有親

満州採金㈱会計課副長／新京特別市城後路白山住宅／一八八七（明二〇）三／愛媛県松山市持田町

一九〇七年文官普通試験に合格し、同年一〇月税務監督局属となり、税務署属・税務監督局属として各地に勤務した。札幌、大川、長崎の各税務署庶務課長、広島税務監督局会計係主任等に歴勤し、財務書記として山東懸案解決に関する条約共同委員会委員を務めた後、二八年一二月松山市主事・税務課長となった。その後三三年六月関東庁属・大連民政署財務課徴税係長に転出して渡満し、同年九月黒龍江省公署事務官・総務庁経理科長、次いでチチハル市政局総務科長を歴任した後、三六年三月に依願免官して満州採金㈱会計課副長に転じた。著書に『地方税の賦課と徴収』『地方税滞納処分精解』がある。

永井　功　▷11

満鉄興業部販売課、正八位／奉天省鞍山大正通／一八九八（明三一）四／広島県広島市水主町／山口高等商業学校

広島県官吏永井謙造の長男に生まれ、一九〇八年一〇歳の時に両親とともに渡満した。二〇年に山口高等商業学校を卒業して満鉄に入り、大連埠頭事務所に勤務したが、同年一年志願兵として広島歩兵第一一連隊に入隊した。二一年一一月に除隊して復職し、二四年五月興業部商工課勤務を経て販売課に転じ、二六年九月鞍山在勤となった。

永井　一雄　▷12

国際運輸㈱安東支店荷扱所主任／安東一番通／一八九九（明三二）一／熊本県飽託郡中緑村／拓殖大学支那語本科

熊本県永井八次郎の長男に生まれ、一九一八年熊本県立商業学校を卒業して拓殖大学支那語本科に進んだ。一九二二年三月に卒業して東京の東亞煙草㈱に入ったが、同年五月に退社して満蒙及び中国本部を巡遊した後、同年一〇月鉄道省に入り東京鉄道局飯田町駅貨物掛となった。二五年一二月東京鉄道局書記に進み、二六年七月中野駅貨物掛首席となったが、三二年九月に依願免官して東京の満蒙学校語学専攻科に入った。同校修了後三三年二月に渡満して国際運輸㈱に入り、計画課勤務を経て同年四月安東支店に転勤し、三五年四月荷扱所主任となった。

中井　清　▷11

遼陽満鉄屠獣場嘱託獣医／奉天省遼陽満鉄屠獣場／一八九二（明二五）五／栃木県那須郡烏山町／東京獣医学校

栃木県中井安雄の三男に生まれ、東京獣医学校を卒業して母校の助手となった。その後東京市場㈱に転じたが、満蒙の家畜事業研究と疾病家畜の治療を志して一九二一年に渡満して関東庁及び満鉄獣医嘱託となり、家畜の衛生研究と中国人獣医の技術指導に従事した。かたわら遼陽区域に家畜病院を設立して疾病家畜の治療に当たり、多数の中国人徒弟に技術教育を行った。

永井　清　▷11

長春領事館領事、正六位勲五等／長春領事館／一八八三（明一六）七／新潟県長岡市／東京帝大

新潟県公吏永井善宝の子に生まれ、一九〇九年東京帝大を卒業した。一八年領事官補として渡満し、奉天に勤務した。安東に転任して領事に進み、さらにウラジオストクに転任しシベリア派遣軍政務部に在勤した。その後公使館書記官に転官し、オーストリア、オランダ、スイス、フィンランド在勤を経て、二七年に長春領事館領事となった。

永井　淑　▷10

㈶／関東州労働保護会会長／大連市松林町／一八六五（慶一）五／東京府東京市芝区愛宕町

愛知県永井泰助の三男に生まれ、一八七三年村内の寺子屋に学び、翌年の小学校制度施行で篠岡小学校に入学した。七八年同県池野小学校の助教員となり、次いで村政に携わって地籍編纂事務に従事し、かたわら石原遂平・北野観道・鵜飼小八郎に就いて和漢数学を修学した。八五年から八八年まで埼玉県庁に勤務し、八九年三月大井憲太郎・高橋安爾・榊原経武などが組織した共同法律事務所の主幹となり、自由党党員として活動した。九九年大井が創立した大日本労働協会の京都支部長となり、労働者啓発運動に従事した。一九〇六年大井が大連に関東州労働保護会を組織すると、翌年六月大井に招かれて渡満し同年九月から会務運営に当たった。二三年六月、五万円の私財を寄付して保護会を財団法人とし会長に就いた。

中井国太郎　▷3

満州製粉会社専務取締役、士族／奉天省鉄嶺付属地満州製粉会社内／一八七六（明九）六／東京府東京市赤坂区青山高樹町

一九〇一年八月農商務省海外実業練習生として営口に渡り、四年在任した。

な

その後〇六年一二月鉄嶺の満鉄付属地に満州製粉会社を創立して専務取締役に就任し、かたわら満鉄諮問委員を務めた。

永井 源作 ▷11

奉天駐剳陸軍砲兵中尉、従七位勲五等功七級／奉天藤浪町／一八八八（明二一）三／群馬県利根郡片品村／陸軍士官学校

群馬県農業永井関太郎の次男に生まれ、一九〇八年宇都宮の野砲兵第二〇連隊に入隊した。一八年砲兵特務曹長に進み、翌年四月シベリア派遣軍に従軍し、二〇年戦功により功七級を受けた。二二年に陸軍士官学校を卒業し、二三年三月砲兵少尉、二六年二月中尉に進んだ。二七年七月満州駐剳軍に編入され、奉天に駐屯した。

永井 定 ▷12

満州国協和会首都本部指導科長、正八位／新京特別市政府住宅／一九〇六（明三九）八／広島県御調郡向島西村／慶応大学経済学部、大同学院

広島県永井元吉の三男に生まれ、尾道商業学校を経て一九三二年三月慶応大学経済学部を卒業し、渡満して国務院資政局訓練所に入所した。同年一〇月改称後の大同学院を卒業して吉林省双陽県属官となった。次いで三三年三月吉林省公署属官に転任して総務庁に勤務し、三四年一一月間島省汪清県属官、三五年一一月同参事官を歴任した。三六年四月国務院民政部事務官となって警務司司法科に勤務した後、同年一一月に辞任し、翌年一月満州国協和会首都本部指導科長に転じた。

永井 三郎 ▷11

満鉄撫順炭砿鉱業技師／奉天省撫順竜鳳坑／一八九二（明二五）七／石川県鳳至郡輪島村／京都帝大工学部

石川県商業永井匠の三男に生まれ、一九二〇年三月京都帝大工学部を卒業して満鉄に入社した。撫順炭砿に勤務し、竜鳳採炭所長を経て産業部調査役に就いた。この間炭砿作業研究のため欧米各国に二年間留学した。

永井三之助 ▷7

永井商店主、南満州大石橋信托㈱監査役／奉天省大石橋盤竜街／一八六〇（万一）／鹿児島県鹿児島市新屋敷町

鹿児島県に生まれ、幼少から実業に就き、多年沖縄方面に往復した。一九〇〇年北清事変の際に天津に渡り、煉瓦製造業を始め、天津建物会社に納入した。〇五年の日露戦争終結とともに営口に渡り、軍隊および野戦鉄道提理部の用達商を一年半営んだ。その後、大石橋に移って盤竜街に永井商店を興し、種々の実業に乗り出し、かたわら雑貨商を兼営した。貸家一四軒を持ち、大石橋草分けの実業家として知られ、南満州大石橋信托㈱監査役、大石橋金融会会長を務めたほか、南区の区長も務めた。長男周三は満鉄に入り、消費組合の職員となった。

中田 従古 ▷1

松庫洋行主任／安東県財神廟街／一八六二（文二）一二／長崎県長崎市高平町／明治義塾

松江市に生まれ、後に長崎市に移籍した。馬場辰猪の主宰する明治義塾を卒業して第一八銀行に入って秘書を務めた後、長崎貿易商組合書記長に転じ、次いで長崎の松本庫二が経営する松庫洋行に転じた。日露戦中の一九〇四年一〇月安東県の松庫洋行主任となって渡満し、メリケン粉、砂糖、外国米の輸入業と豆粕、柞蚕の輸出業に従事した。業務のかたわら〇六年に安東県と長崎間の航路開設を主唱して実現したほか、〇七年には危険物として積載不可とされていた安奉線での石油輸送の許可を取り、さらに托送組合を組織して安東県と内地間の運賃引き下げを要求して実現した。

長井 次郎 ▷12

日満鋼管㈱取締役、鞍山商工会議所会頭、鞍山地方委員、鞍山体育協会福会長、鞍山山口県人会顧問／奉天省鞍山中台町／一八八九（明二二）九／山口県萩市堀内／長崎高等商業学校

山口県長井太八の長男に生まれ、祖父武次郎は一八六五年に毛利家家臣として高杉晋作らの諸軍と大田・絵堂で戦い戦死した。一九一五年長崎高等商業学校を卒業し、同年一年志願兵として入営し、退営して陸軍主計少尉に任官した。一七年に渡満して満鉄に入り、一九年に鞍山製鉄所が操業開始すると同所に転任し、庶務、人事、労務の各課長を歴任した。その後三五年九月日満鋼管㈱の創立とともに取締役に就任し、経営のかたわら鞍山地方委員、鞍山商工会議所会頭、鞍山体育協会福会長等の公職に就いた。また鞍山山口県人会の創立以来三五年まで同会長を務め、後に顧問となった。

中井新太郎　▷12

満州日日新聞社旅順支局長／旅順市末広町／一八八八（明二一）二／東京府東京市京橋区霊岸島／立教中学校中退

東京府中井久兵衛の次男に生まれ、立教中学校を中退し、一九〇一年五月東京通信社の見習記者となった。東亞通信社、安東新報社を経て遼東新報社に入り、大連本社に勤務した後、長春支局長を務めた。次いで満州日日新聞社に転じて長春支局、旅順支局、奉天支社に歴勤し、三三年八月旅順支局長に就いた。

長井清一郎　▷12

長井医院長／奉天琴平町／一八九〇（明二三）一一／長野県小県郡和田村／日本医学校

日本医学校を卒業して一九一二年二月東京帝大医科大学青山内科の介補となり、同年五月皮膚科教室介補嘱託に転任した。次いで一四年に渡満して満鉄に入り、奉天医院皮膚科次長となった。その後一九年一月に退社し、同年八月奉天琴平町に長井医院を開設し、第一種診療所として医員一名、薬剤師一名、看護婦一〇名を擁して皮膚科、性病科、泌尿生殖器科、外科を診療科目とした。

中井　大八　▷11

大連警察署技手／大連市大和町／一八九一（明二四）三／岩手県盛岡市上象小路／岩手工業学校

岩手県鉱山職員中井大次郎の長男に生まれ、一九一一年岩手工業学校を卒業した。海軍工廠に入って二年間研究を重ね、一五年に入営して除隊後は釜石製鉄所に勤務した。二二年一〇月に渡満して関東庁技手となり、原動機検査、自動車検車、運転手試験等を担当し、民政署や大連市各署の職務を兼任した。

長井　武一　▷13

戸田商会代表者／大連市／一八八五（明一八）／熊本県熊本市／熊本県立熊本工業機械科

一九〇三年熊本県立熊本工業機械科を卒業して川崎造船所に入った。〇八年大連浜町の川崎造船所大連工場勤務となって渡満し、数年後満鉄に転じて沙河口工場に勤務した。一八年に満鉄を退社し、縁故により暖房・衛生工事用品製造の戸田商会に入った。二一年に主人の戸田兼吉が死去すると合資組織に改めて経営したが、世界的不況で経営困難となり合資会社を解散した。三〇年から戸田商会の商号で個人経営に変更して再興し、営業所を大連市香取町に置き、各種の鋳鉄管類、機械、器具等を製作した。

永井　正　▷12

満州国協和会指導部宣伝科長／新京特別市元寿胡同／一九〇二（明三五）一／茨城県／東京帝大文学部哲学科

一九一六年東京帝大文学部哲学科を卒業して郷里の紫山塾で教鞭を執った後、三二年に渡満して洮南県自治指導部員となった。次いで龍江省洮南県参事官となり、同省樺川県参事官を経て三六年七月満州国協和会指導部宣伝科長を兼任し、同年一一月満州国政府を依願退職して満州国協和会薦任となった。

永井辰之助　▷11

満鉄鉄道部経理課員／大連市児玉町／一八八〇（明一三）九／愛知県碧海郡高岡村

愛知県永井在市の三男に生まれ、一九〇三年鉄道作業局名古屋事務所管内刈谷駅の駅夫となった。日露戦争に際し〇五年三月野戦鉄道提理部付として渡満し、沙河口駅に勤務した。〇七年四月の満鉄開業とともに入社し、以来一七駅を転勤して二四年鉄道部経理課員となった。二六年に満鉄在職二〇年の表彰を受けた。長男幸雄も南満州工業専門学校を卒業して満鉄に入り、地方部大連工務事務所に勤務した。

永井　人雄　▷12

吉林国立医院院長兼附属医学校校長、正五位勲三等／吉林陽明街／一八八六（明一九）七／東京府東京市豊島区駒込／陸軍軍医学校

福井県永井熊太郎の長男に生まれ、後に東京市に移籍した。一九〇七年金沢医学専門学校を卒業して陸軍に入り、一四年に陸軍軍医学校を卒業して一等軍医となり、東京砲兵工廠に勤務した。慶応大学薬理学教室に派遣されて研究に従事した後、二〇年三等軍医正に進級して朝鮮の平壌衛戍病院院長となった。二六年陸軍造兵廠医務科長、二八年近衛師団軍医部部員を歴任して三一年一等軍医正に進み、東京第一衛戍病院付となった。三三年岐阜衛戍病院長を経て翌年依願待命となり、引き続き陸軍火工廠嘱託として勤務し、同年八月慶応大学に論文「ヂウレチンによる血液浸透圧の変化」を提出して医学博士号を取得した。三六年八月満州国国立医院医官となって渡満し、吉林国立医院院長に就任して附属医学校校長を兼務した。この間、台湾鎮圧軍、シベリア出兵、青島戦争、済南事件、満州事変に従軍した。夫人澄子との間に一男二女あり、長女利子は東京女子医学専門学校に学んだ。

永井　締蔵　▷4

ハルビン日本領事館勤務／ハルビン新市街／一八八二（明一五）五／新潟県長岡市

旧長岡藩の名門に生まれたが、父の永井勝平が西南戦争で西郷軍に投じて秩禄を失った。刻苦勉励して官吏となり、新潟、東京、横浜、大連等に勤務し、一九〇四年日露戦争に従軍して大連に二年、昌図、長春に二年滞在した。その後一〇年にハルビン日本領事館の招請により同地で特別事務に従事した。

永井　哲夫　▷12

国務院経済部参事官兼大臣官房文書科長兼人事科長、新京居留民会評議員、満州特産中央会参与、満州製油工場振興委員会委員、正七位／新京特別市義和路代用官舎／一九〇二（明三五）九／兵庫県氷上郡上久下村／東京帝大法学部政治学科

兵庫県永井菊之助の長男に生まれ、一九二五年東京帝大法学部政治学科在学中に文官高等試験行政科に合格した。二六年三月卒業とともに税関事務官補兼大蔵属として主税局関税課に勤務し、二九年四月司税官に進んで岡崎、宇都宮の各税務署長を務めた。その後三二年七月に依願免官し、国務院財政部事務官に転じて税務司関税科長となった。次いで三四年七月財政部理事官兼地籍整理局事務官に進んで大同学院教授を兼務した後、三七年七月経済部参事官となり大臣官房文書科長及び人事科長を兼務した。この間、満州事変時の功により勲四位景雲章を授与された。

永井　利夫　▷11

㈱ハルビン銀行支配人／ハルビン道裡地段街／一八九一（明二四）二／鹿児島県日置郡東市来村／東亞同文書院

鹿児島県農業永井利国の次男に生まれ、県立川内中学校を卒業して上海に渡り、東亞同文書院に学んだ。一九一三年に卒業して朝鮮銀行に入り、長春支店に勤務した後、ハルビン、満州里、鄭家屯に勤務した。一九年ハルビン銀行に転じ、二一年同行支配人に就いた。この間、砂金集散状況視察のためアムール州、ザバイカル州、黒龍江省等に旅した。

永井直五郎　▷7

満鉄電気遊園事務所主任／大連市伏見町／一八八〇（明一三）一〇／鹿児島県日置郡東市来村

鹿児島県に生まれ、一九〇〇年台湾総督府に赴任する農学博士横山壮次郎に伴われて台湾に渡り、横山の下で農業経営の学術と技芸を学んだ。〇六年に奉天農事試験所長に就任する横山に随行して渡満し、同所に勤務した。一〇年に満鉄に転じて熊岳城農事試験場に勤務した後、一二年に星ヶ浦公園事務所主任となった。二三年九月大連の電気遊園に転じ、園芸部主任として花壇等の管理に従事した。この間農園経営を志して土地払い下げを申請したが民政署の許可が下りず、二五年三月に退社して郷里に帰った。

永井　仲男　▷11

満鉄鉄道部工務課員／大連市臥竜台／一八九六（明二九）一一／福島県石城郡草野村／旅順工科学堂電気科

福島県農業永井好之助の三男に生まれ、一九二〇年旅順工科学堂電気科を卒業して満鉄に入り工務課に勤務した。義兄の早川正雄は満鉄チチハル公所長を務め、同じく義兄の佐藤英雄は満鉄臨時経済調査委員会に勤務した。

中井　久二　▷12

錦州地方法院次長兼錦州高等法院審判官兼承徳地方法院次長、正六位／錦州省錦県瀬田町／一八九七（明三〇）一／鳥取県鳥取市瓦町／明治大学法学部

鳥取県中井例一郎の次男に生まれ、一

九二一年明治大学法学部を卒業し、二二年文官高等試験司法科に合格して翌年司法官試補となった。東京区裁判所検事代理、同判事、東京地方裁判所・同地方区裁判所判事代理、水戸地方裁判所・同区裁判所判事代理、山形地方裁判所判事、古川区裁判所判事兼仙台地方裁判所古川支部判事予審掛、仙台地方裁判所・同区裁判所判事を歴職した。三六年九月仙台地方裁判所部長に累進した後、同年一〇月満州国高等法院審判官に転出して錦州地方法院次長に就き、錦州高等法院審判官と承徳地方法院次長を兼務した。

長井　租平　▷12

満州炭砿㈱常務理事／新京特別市錦町／一八九六（明二九）二／広島県佐伯郡二十日市町

広島県銀行員長井伝三郎の三男に生まれ、一九一七年一二月弁護士試験に合格し、一八年一月神戸地方裁判所所属弁護士となった。一九年七月満鉄に転じて渡満し、社長室人事課に勤務して二〇年に同庶務課主任となり、二二年三月地方部庶務課、同年一〇月奉天地方事務所土地係長、二四年一月同土地係長、同年五月地方部地方課土地管理係主任に歴勤した。次いで二六年三月瓦房店地方事務所長、二九年三月興業部農務課庶務係主任を歴任して二九年一〇月参事に昇格した。その後三二年一二月国務院実業部事務官に転じて工商司工務科長となり、満州石油㈱、同和自動車㈱、満州電業㈱等の特殊会社の設立に関与したほか、ハルビン交易所の改組を断行した後、三四年五月満州炭砿㈱常務理事に転出した。この間、満州事変に際し満鉄地方部農務課参事として部下を督励して軍に協力し、関東軍司令部統治部より満州の農商林業及び移民政策の立案を依頼された。次兄は長春で満鉄社員消費組合委託販売所を経営した。

永井八次郎　▷1

吉村商店出張所主任／旅順／一八六九（明二）八／熊本県飽託郡中緑村

土地の大庄屋の七代目として生まれ、早くから蚕業と生糸の売買に従事し、かたわら各地を巡回して趣味の顕微鏡で蚕卵検査を行った。その後、二〇町歩の田地を担保に農工銀行から数万円の融資を受け、製糸場を建築して生糸の製造販売に着手したが、九州商業銀行破綻の影響を受けて倒産した。一九〇四年二月長崎地方裁判所書記となり、次いで佐世保海軍病院に転じ、〇五年六月旅順海軍病院付となって渡満した。〇六年五月に退職し、鳩湾の農夫に契約栽培させた蔬菜を一般在留民と諸官衙に販売していたが、海軍用達商の吉村信貞と知り合い、吉村商店旅順出張所として陸海軍諸官衙と新市街住民向けに諸雑貨・食料品販売業を営んだ。

永井雄之進　▷10

永井雄之進商店主／大連市文化台／一八七三（明六）一一／東京府東京市本郷区駒込／台湾稲合義塾学校

広島県賀茂郡竹原町の塩販売業者の長男に生まれ、家業に従事した後大阪に出て羅紗屋で働いた。その後北海道に渡り、塩の販路開拓のため函館から占守島に行ったが、日清戦争が始まって中断した。戦後台湾に渡り、一八九八年台湾稲合義塾学校を卒業して台北庁土地調査部の通訳となった。一九〇〇年に樟脳製造業を始め、次いで杭木製材業を兼営して鉄道部に納入した。〇四年に日露戦争が始まると事業を人に譲り、大阪に引き揚げて羅紗屋を営んだが、〇五年に廃業して海上組に入り長山列島で海軍向けの糧食供給に従事した。戦後〇七年に渡満して大連の松茂洋行鉄道部に入り、二年後に退社して長春で特産商を営んだが、知人の勧めで三泰油房社員に転じた。一一年特産物商として大連で独立開業し、大連取引所の特産取引人となった。頼山陽、頼三樹三郎の縁戚に当たり、長弟永井潜は衛生学者で東京帝大医科教授、次弟守屋収吉は三井物産社員、末弟永井得一は鐘紡洲本分工場長を務めた。

永井　義富　▷12

太陽貿易公司㈱チチハル支店長／龍江省チチハル南大街／一九〇八（明四一）一一／鹿児島県大島郡実久村／育英商工学校

鹿児島県永井清福の子に生まれ、育英商工学校を卒業して一九二四年五月大阪市の渡部商店に入った。二八年一二月徴兵されて近衛歩兵第三連隊に入営し、満期除隊して同商店に復帰した。その後三二年七月に退店して渡満し、ハルビン道外承徳街の太陽貿易公司に入り、株式会社に改組とともに同社員となった。次いでチチハル駐在員、同

な

出張所主任を経て三五年八月同所の支店昇格と同時に支店長に就いた。チチハルを中心として泰来県、安達、海倫、大黒河、満州里周辺の主要地に代理販売店を置き、年商高四五万円に達した。

永井　良治　▷12

満州電業㈱吉林支店次長／吉林新開門外満州㈱電業吉林支店／一八八八（明二一）七／静岡県駿東郡原里村／御殿場実業学校

静岡県永井伊太郎の長男に生まれ、一九〇六年御殿場実業学校を卒業し、〇七年一月郷里の原里村青年夜学校教員となった。次いで横浜駅改札掛、富士瓦斯紡績会社等に歴職し、一五年四月に渡満して満鉄電気作業所に入った。大連電灯営業所計算係、公主嶺電灯会社及び四平街電灯会社設立会計事務担当、鉄嶺電灯局営業主任、同局副主任、電気作業所勤務に歴勤した後、二六年六月電気作業所の事業を継承して南満州電気㈱が設立されると同社経理課主計係主任となり、倉庫係主任、主計係主任、総務課庶務係長、庶務課分所係長を歴任した。その後三四年一二月同社の電気供給事業を継承して満州電業㈱が創立されると同社入りし、大連支社庶務課庶務係長兼秘書役を経て三七年五月吉林支店次長に就いた。

中内　賢治　▷12

中内写真館主、勲八等／ハルビン石頭道街高岡ビル三階／一八九七（明三〇）一一／高知県高知市鴨部

高知県吾川郡弘岡上ノ村に生まれ、小学校卒業後に写真屋で働き、一九〇七年一二月徴兵されて二〇年にシベリアに従軍した。三五年現地で召集解除となり、ウラジオストクで写真業に従事した。その後二四年二月ハルビンに移り、三二年六月石頭道街に中内写真館を開業した。

中内　貞平　▷12

炭貞店主、勲七等／ハルビン道裡外国四道街／一八九六（明二九）三／徳島県三好郡加茂村

奉天郵便局に一六年勤続した後、一九三三年一月に退職してハルビン道裡で薪炭・木炭・石灰の卸売業を経営した。資本金一万五〇〇〇円で「炭貞」を屋号とし、中国人従業員三人を使用した。

中内　正男　▷12

綏芬河検疫所長、従六位勲五等／牡丹江省綏芬河検疫所／一八九〇（明二三）九／高知県高岡郡高岡町／陸軍士官学校、東京医学専門学校

一九一一年五月陸軍士官学校を卒業して歩兵少尉に任官し、歩兵第四四連隊付となった。以来各地に勤務して二一年大尉に累進し、歩兵第四八連隊付を経て予備役編入となり、東京医学専門学校に入学した。二八年に卒業して若松市立病院、若松私立第二病院兼務、若松市医兼若松市立第二病院主任、若松市衛生技師に歴職した。その後三六年満州国検疫所医官に転じて渡満し、綏芬河検疫所長を務めた。この間、シベリア出兵時の功により勲五等に叙された。

「中馬」は「ちゅうま」も見よ

中馬　新蔵　▷11

洋服商／奉天省撫順西五条通／一八七七（明一〇）六／鹿児島県鹿児島郡伊敷村／小学校

鹿児島県土木請負業中馬善之進の三男に生まれ、小学校を卒業して鹿児島市宅間洋服店の洋服職見習いとなった。一八九七年五月に同市内で独立開業し、一九〇〇年には鹿児島市同業組合幹事に選ばれた。〇七年に店をたたんで渡満し、大連市浪速町に洋服商を開業し、同業組合幹事および会計を務めて感謝状を受けた。一三年九月撫順市明石町に移り、兄弟とともに中馬兄弟商会の看板を掲げて同業を営んだ。移転当時は同地に九軒の同業者があったが、他店が閉店していくで中で実質本位の営業で徐々に評判を得て職工・店員・徒弟一五人を抱えるまでに繁盛し、町内区長、実業協会評議員、輸入組合評議員、商店会副会長を務めた。

中馬　友助　▷7

大連日商組合事務長／大連市常陸町／一八八八（明二一）三／鹿児島県日置郡東市来村／長崎岩戸中学校

長崎市の岩戸中学校を卒業して実業会社に勤めた後、一九一八年に渡満した。大連市の小売商人組合と卸部組合の統合に尽力し、同年八月に大連日商組合が発足すると事務長に就いた。一五〇名余名の組合員を擁し、信用調査・売掛代金整理等の代弁のほか、社員消費組合・関東庁購買組合の事業逓減運動に従事した。

中江　中 ▷12

大連汽船㈱機関長／大阪市住吉区昭和町／一八九九（明三二）五／岡山県苫田郡中谷村／岡山県立児島商船学校

岡山県立児島商船学校を卒業して船舶会社に入り、各船に乗務した。その後一九二七年五月大連汽船㈱に転じ、一等機関士として同社船に乗務し、三〇年一〇月機関長となった。

中江十五郎 ▷3

長寿堂薬房主／奉天城内鐘楼南大街／一八六六（慶二）六／東京府東京市芝区白金三光町／大学中退

鹿児島の士族の家に生まれ、旧姓の小野木から稲垣に改名したが、その後本家の中江家を相続した。大学を病気中退し、一八八五年大阪の砂糖会社副支配人に就いた。八八年日本銀行に入って営業局に勤務したが、九四年に辞職して東京神田区で両替、金銀売買、公債株式の仲買を始めた。一九〇四年満韓起業会社総支配人として渡満し、大連、営口に出張して満韓公司を経営した。営口に東京尾沢製剤満州販売所を設けて長寿堂薬房を経営した後、〇五年一二月長寿堂を奉天城内に移転し、後にハルビン、吉林に支店を設置した。経営のかたわら奉天商業会議所議員、奉天薬種業組合長を務めた。

中江　義雄 ▷12

満鉄三棵樹鉄道工場庶務長、正八位／ハルビン三棵樹満鉄鉄道工場／一八九五（明二八）一二／鹿児島県大島郡竜郷村／高千穂高等商業学校

鹿児島県中江実央の次男に生まれ、一九二〇年高千穂高等商業学校を卒業して同年七月満鉄に入り、沙河口工場会計課に勤務した。三一年四月鉄道部車務課、三二年一二月同部工作課勤務を経て三五年六月ハルビン工廠庶務主任となり、次いで同年九月ハルビン鉄路局会計課に勤務した後、三七年四月三棵樹鉄道工場庶務長となった。この間、満鉄社員会評議員、在郷軍人会評議員・同監事を務め、満州事変時の功により従軍記章及び木杯を受けた。

長永　義正 ▷13

大連商工会議所理事／大連／一八九六（明二九）／東京府東京市麹町区／慶応大学理財科

一九二一年慶応大学理財科を卒業し、時事新報社に入った。二七年大阪毎日新聞に転じ、京城支局長を経て経済部長に進んだが、その後渡満して大連商工会議所理事に就いた。

長岡　覚雄 ▷3

本派本願寺開教師、撫順出張所主任親授／奉天省撫順敷島町／一八六八（明一）六／静岡県賀茂郡下河津村／大学林

山梨県南都留郡に生まれ、静岡県の僧職長岡法城の養子となった。一八九二年大学林に入学し、九五年に卒業して教誨師となり、大阪、宇都宮、和歌山、松山、静岡等の監獄に勤務した。一九〇八年九月、旅順都督府監獄教誨師に転じて渡満した。一三年一月いったん帰国し、同年一一月本派本願寺開教師となって再び渡満し、撫順出張所主任親授に就いた。

長岡源地兵衛 ▷11

著作出版業／大連市向陽台／一八七六（明九）一一／北海道／千歳郡千歳村

旧岩国藩士の長岡正真の長男に生まれ、父に従い北海道に移住した。開墾農業に従事した後、一九〇五年一一月朝鮮に渡って京城の日韓図書印刷会社に入り、庶務係として勤務した。〇八年京城日報社に転じ、次いで慶尚南道蔚山郡漁業組合に関係した後、一九年一二月大連経済日報社設立の際に渡満し、同社の大株主京城日報代表として常務取締役理事に就いた。二一年二月京城日報に戻って大連支局長を務め、二七年一〇月に退社して著作出版業を興し、漢字新聞「東北日報」の分社顧問を務めた。笏湖と号し、編著に『満鉄王国』『赫々帝国』『支那在留邦人興信録』等がある。

長岡　護策 ▷4

長岡商会主／ハルビン、ビルジエワヤ街／一八八二（明一五）／東京府東京市赤坂区青山千駄ヶ谷／早稲田大学商科

陸軍中将長岡外史の子に生まれ、早稲

田大学商科を卒業して東京の三越に入り商業に従事した。一九〇五年に渡満し、一五年頃ハルビンに移って長岡商会を開設した。雑貨・薬種・医療機械販売のほか、官煙の売り捌きを行って北満一帯から露領シベリアまで販路を広げた。

長岡重太郎 ▷11

大連中国海関員、勲八等／金州新市街赤城町／一八七一（明四）三／長崎県長崎市磨屋町／長崎県立中学校

長崎県商業長岡文次郎の三男に生まれ、一八九三年長崎県立中学校を卒業した。日清戦争及び日露戦争に従軍した後、九七年一月九州鉄道会社に入り、技術員として勤務した。九九年一〇月長崎税関に転じて事務官補となり、一九〇九年一二月大連海関に転任して渡満した。夫人若子との間に一男一女あり、長女豊子は大連高女を卒業して満鉄社員の高村正忠に嫁した。

永雄　策郎 ▷11

満鉄審査役／大連市光風台／一八八四（明一七）一／京都府竹野郡下宇川村／東京帝大法科大学政治学科

京都府永雄文右衛門の三男に生まれ、一九一一年東京帝大法科大学政治学科を卒業した。一三年に東京経済雑誌社に入社して編集に従事した後、一五年一一月満鉄に入り東京支社内の東亜経済調査局に勤務した。一九年同局主事兼資料課長に進み、二二年社長室監察員、二三年四月参事、二四年七月東亜経済調査局参事を経て二六年七月審査役に就いた。この間、二二年五月から翌年八月まで欧米各国に出張した。

長尾　和夫 ▷12

関東高等法院覆審部判官兼地方法院判官兼高等法院上告部判官、正六位／旅順市柳町／一八九六（明二九）一／大阪府三島郡高槻町／京都帝大法学部

第六高等学校を経て一九二二年京都帝大法学部を卒業し、同大学院に進んで法理学を専攻した。次いで二三年四月立命館大学法律科講師を経て二五年三月司法官試補となり、二七年三月判事補に進んで大分地方裁判所判事兼大分区裁判所判事となった。その後三二年六月関東法院判官・高等法院覆審部判官兼地方法院判官となって渡満し、三三年一月高等法院上告部判官兼務となった。

中岡　祐雄 ▷9

遼東銀行相談役／大連市摂津町／一八七九（明一二）一〇／山口県玖珂郡岩国町／東京帝大法科大学

一九〇六年東京帝大法科大学を卒業し、翌年八月韓国統監府財政顧問に就任して財政事務に従事した。〇七年三月に退官し、慶尚農工銀行に転じて釜山支店支配人となり、一六年三月本店支配人に就いた。一八年一〇月朝鮮殖産銀行大邱支店長に転じ、さらに二二年三月遼東銀行相談役に転じて渡満した。

長尾　一人 ▷11

満鉄大連鉄道事務所工務係、勲七等／大連市外周水子／一八九二（明二五）一／熊本県菊池郡加茂川村／鉄道学校土木科

熊本県農業岩下九平の四男に生まれ、長尾甚八の養子婿となった。一九一一年鉄道学校土木科を卒業して満鉄に入り、技術局工務課、鞍山製鉄所立山臨時工事係勤務、草河口及び金州等の保線区長を経て大連鉄道事務所工務係となった。この間、一二年一二月に応召し、一四年の日独戦に従軍して青島に駐屯し、一五年に除隊して満鉄に復帰した。

長岡　寿一 ▷12

長岡洋行主／浜江省牡丹江円明街／一八九二（明二五）四／山口県厚狭郡厚狭町

一九〇八年朝鮮に渡り、咸鏡南道元山府の宍戸商店に入った。一七年間同店に勤務した後、二五年に金物商を独立開業した。その後、三五年二月に渡満して牡丹江円明街で同業を営んだ。

長岡　寛穐 ▷11

歯科医師／奉天省撫順東七条通／一八九三（明二六）八／福島県若松市川原町／東京歯科医学専門学校

福島県神職長岡寛裕の四男に生まれ、一九一七年東京歯科医学専門学校を卒業し、翌年八月従兄とともにシベリアのチタ市に渡り、シベリア出兵中の陸軍施療医院に勤務し、かたわら同地で開業した。第五師団の撤兵に先立ち同地を引き揚げ、撫順に移って開業した。

長尾　清志 ▷11

金福鉄路公司工務係主任／大連市光風台／一八八二（明一五）一二／北海道札幌郡琴似村／北海道土木工学科学校

長尾市四郎の長男に生まれ、一九〇四年北海道土木工学科学校を卒業した。〇五年七月日露戦争に際し野戦鉄道提理部員として大連に渡り、建築班として撫順、奉天、昌図、公主嶺に工事監督員として派遣された。〇六年一一月、寛城子停車場建設の測量員として中村少将および古川技長に随行した。〇七年四月の満鉄開業とともに社員となり、大石橋建設派出所で複線工事に従事した後、保線手となった。大石橋、営口、范家屯、鳳凰城、奉天工務事務所、同鉄道事務所、鉄道部臨時建設事務所等に勤務した後、二六年二月満鉄を退社して金福鉄路公司に入り、工務係主任に就いた。

中尾　熊治 ▷9

中尾商会主／大連市霧島町／一八八二（明一五）三／鳥取県八頭郡下私都村／東京高等工業学校機械科

一九〇四年鳥取中学を卒業して上京し、東京高等工業学校機械科を卒業して満鉄に入った。満鉄工場で機械の製造修繕に従事したが、一八年一〇月に退社して大連に中尾商会を開業し、暖房工事請負業を営んだ。

中尾　佐市 ▷12

満鉄大虎山鉄路監理所監理員、社員会新京連合会青年部委員／錦州省大虎山鉄路監理所／一八九九（明三二）四／長崎県長崎市片淵町

長崎県中尾光次郎の長男に生まれ、一九一六年一〇月満鉄従事員養成所電信科を修了して公主嶺駅に勤務した。二六年一〇月長春列車区、二八年一〇月同区奉天省四平街分区に勤務した後、三三年四月郭家店駅助役となり、三四年九月同消防副監督兼務、三五年五月新京駅事務助役を経て三七年四月大虎山鉄路監理所監理員となった。この間、満州事変時の功により従軍記章及び賜盃を受けた。

長尾　重雄 ▷11

土木建築請負業／大連市二葉町／一八八二（明一五）一一／静岡県小笠郡池新田村／豊橋素修学校

静岡県酒造業長尾熊平の子に生まれ、長尾源平の養子となった。一九〇二年豊橋素修学校を卒業し、〇九年九月に渡満した。安奉線改築工事、長春停車場工事に従事し、引き続き奉天、青島等で土木建築請負業に従事した。

長尾　茂 ▷12

浜江省公署民生庁員／ハルビン馬家溝連部街／一九〇六（明三九）二／広島県広島市西地方町／立教大学商学部経済学科

一九二九年三月立教大学商学部経済学科を卒業した後、三〇年二月幹部候補生として福山の歩兵第四一連隊に入営し、退営して山東省の済南銀行に入り青島支店為替係に勤務した。その後渡満して満州国協和会奉天中央事務局に勤務し、次いで黒龍江省公署民政庁総務科に勤務し、同省克東県属官、同省公署民政庁総務科属官、浜江省公署属官・民政庁財政科に歴勤し、三六年一〇月浜江省公署事務官・民政庁勤務となった。

長尾　順一 ▷11

大日本塩業㈱貔子窩出張所員／関東州貔子窩／一八九四（明二七）一〇／山口県大津郡向津具村／大津農林、私立山口国学院二年修業

山口県長尾菊次郎の長男に生まれ、一九〇九年大津農林学校を卒業し、さらに私立山口国学院で二年修学した。一七年鈴木商店経営の大日本金属㈱彦島精錬所に入社したが、翌年大日本塩業㈱に転じ、貔子窩出張所勤務となって渡満した。二八年二月、三男出産の翌月夫人が他界した。

永尾　四郎 ▷11

日本赤十字社奉天病院薬剤長、従五位勲四等／奉天淀町／一八七三（明六）九／長崎県南高来郡島原町／熊本第五高等学校医学部薬学科

長崎県川鍋右平の四男に生まれ、一八九四年熊本の第五高等学校医学部薬学科を卒業した。九八年三月陸軍三等薬剤官となり、台湾の台中衛戍病院に赴任した。一九〇二年五月高知衛戍病院に転じた後、日露戦争が始まると衛生予備員として従軍し、〇四年七月二等薬剤官となった。その後名古屋の第三師団第二予備廠、仙台、豊橋、浜松、大阪、弘前の各衛戍病院に勤務し、こ

な

の間一等薬剤官に進んだ。一一年六月鉄嶺衛戍病院勤務となって渡満し、一四年六月京都衛戍病院兼第一六師団軍医部医員に転任して帰国した。一八年一二月陸軍三等薬剤正となり、東京第二衛戍病院に勤務した。二〇年四月旅順衛戍病院兼関東軍軍医部関東陸軍倉庫付となって再び渡満し、二二年五月の予備役編入後も満州に留まり、二七年四月日本赤十字社奉天病院薬剤長に就任した。

長尾　次郎　▷12

満鉄新京機関区長、社員会評議員、社員会相談部長、社員消費組合総代、勲八等／新京特別市平安町／一九〇一（明三四）一〇／静岡県静岡市二番町／旅順工科大学専門部

本姓は別、後に長尾甲子蔵の養子となった。一九二四年旅順工科大学専門部を卒業した後、二七年四月満鉄に入社した。奉天機関区、遼陽機関区、同技術助役、鉄道部運転課、奉天機関区技術主任、奉天事務所鉄道課に歴勤して三四年五月新京機関区長に就き、後に鉄道総局兼務となった。この間、満州事変時の功により勲八等瑞宝章及び従軍記章、建国功労賞を授与されたほか、機関車石炭消費節約方法を案出して社員表彰規程による表彰を受けた。

長尾　惣八　▷12

新興起業㈱代表取締役、坊子炭砿㈱取締役、遼東ホテル㈱監査役／奉天加茂町／一八八五（明一八）三／香川県三豊郡大見村

一九一〇年横浜に出て親戚筋の山田三吉商店貿易部に入り、程なく店主の子息山田三平の招きにより大連の山田三平商店に勤務した。次いで一五年に青島山田出張所に転勤して一九年六月同支配人となり、かたわら坊子炭砿会社及び青島製油会社の取締役を兼務し、青島取引所仲買人を兼ねた。その後三三年七月新興起業㈱を創立して代表取締役に就き、遼東ホテル㈱監査役を兼任した。

中尾大次郎　▷12

大連通関㈱社長、大連通関組合長、従六位勲六等／大連市楓町／一八八二（明一五）一〇／三重県名賀郡薦原村／中学校

三重県農業中尾彦四郎の長男に生まれ、一九〇二年中学校を卒業後にロシア語を修学し、〇四年一〇月日露戦争に際し陸軍ロシア語通訳として大阪府下浜寺の俘虜収容所に勤務した。戦後〇五年一二月関東州民政署巡査となって渡満し、以来累進して警部となり、二一年九月開原警察署長として匪賊を一掃し「中尾式戒厳令」の名を残した。二四年七月撫順警察署長に転任して二五年四月警視となり、二八年六月長春署長に就いた。その後三〇年五月に退官して大連市役所衛生課長を務めたが、田中市長の退職と共に辞任し、三六年一月大連通関㈱を創立経営した。この間、関東庁警察界の最古参として始政二〇年記念に際し表彰を受けた。

中尾　董　▷12

大連税関員兼大阪弁事処員／大阪市住吉区千躰町／一八八七（明二〇）／奈良県生駒郡三郷村／神戸高等商業学校中退

一九〇七年神戸高等商業学校を中退して渡満し、満鉄に入社して埠頭事務所に勤務した。その後退社して上海海関に転じ、蕪湖、安東の各海関に転勤した後、琿春税関監察長、大連税関超等二級験貨員を歴任した。三四年三月大連税関監査官となり、公使館商務秘書官を兼務して大阪弁事処に勤務した。

永雄　統一　▷12

国際運輸㈱牡丹江支店労務係主任兼駅荷扱所主任／牡丹江太平路国際運輸㈱牡丹江支店／一九〇六（明三九）一一／京都府竹野郡下宇川村／京都帝大経済学部

京都府永雄貫一の長男に生まれ、一九二三年立命館中学四年を修学した後、松江高等学校を経て三〇年三月京都帝大経済学部を卒業し、同年六月国際運輸㈱に入社した。長春支店に勤務した後、三三年本社計画課勤務、三四年図們支店運輸係主任を経て三五年牡丹江出張所に転勤し、三六年丹江支店労務係主任となり駅荷扱所主任を兼務した。

中尾　徳蔵　▷11

満鉄安東地方事務所員／安東山手町／一八九四（明二七）二／鹿児島県日置郡東市来村

鹿児島県雑貨商中尾宗太郎の長男に生まれ、一九一五年九月に渡満して翌年四月満鉄に入った。鉄嶺保線係、大連工務事務所、大連築港事務所、地方部庶務課、社長室監察員室等を経て二六年四月安東地方事務所に転じ、工務経理係員として勤務した。

中尾半太郎 ▷11

旅順ホテル経営／旅順市青葉町／一八六五（慶一）一／長崎県東彼杵郡上波佐見村

長崎県製陶業中尾丈太郎の長男に生まれたが、一九〇四年代々の家業を捨て佐世保に移った。旅順鎮守府経理部付となって〇五年に渡満し、〇七年に退職して陶器販売および製函業を開業した。その後一五年に台湾館を譲り受け、旅順ホテルと改称して旅館業に転じ、かたわら旅順旅館組合長を務めた。長女ハヤは香川県人で満州国官吏の塚原喜助に嫁した。

長尾　正之 ▷11

満鉄吉林公所員、正八位／吉林商埠地満鉄社宅／一八九九（明三二）八／愛知県海部郡永和村／愛知県立津島中学校

愛知県会社員長尾玉三郎の長男に生まれ、一九一七年県立津島中学校を卒業した。一八年一月に渡満して満鉄に入り、長春駅に勤務した。在職中一年志願兵として入営し、除隊して長春駅に帰任した後、二二年一〇月社命で中国語の習得と中国事情研究のため北京に留学した。二四年九月に帰社し、長春鉄道事務所を経て鉄道計画課に転じて洮昂線敷設工事に従事し、この間漢口、上海、香港、広東、台湾、青島等を視察旅行した。二七年八月吉林公所に転任し、吉林居留民会議員、学務委員、青年連盟支部幹事等を務めた。

中尾　万二 ▷3

満鉄中央試験所職員、衛生科、従七位／大連市加茂川町／一八八二（明一五）一一／京都府京都市上京区二条通東洞院西入仁王門町／東京帝大医科大学薬学科

一九〇八年七月東京帝大医科大学薬学科を卒業し、翌月渡満して関東都督府技術員嘱託となった。一〇年五月都督府技師に進み、同月満鉄中央試験所衛生科職員に転じた。一二年一一月からドイツ及びスイスに留学し、一四年に帰任して引き続き試験所に勤務した。

長尾光之助 ▷12

満鉄牡丹江鉄路局機務処車輛科副科長、社員会評議員、従七位／牡丹江新栄街／一八九一（明二四）四／京都府船井郡八木町／築地工手学校中退

一九〇八年築地工手学校を中退し、同年九月鉄道院に入り横浜車輛係となった。新橋運輸事務所、横浜機関庫東神奈川分庫、甲府運輸事務所、八王子機関庫、同機関手、中部鉄道管理局に歴勤し、この間一三年に中部鉄道管理局鉄道教習所技術科、一六年に中央教習所機械科を修了して鉄道院技手となった。次いで甲府運輸事務所技手、西部鉄道管理局、米子運輸事務所技手、神戸鉄道局運転課技手兼神戸鉄道局教習所講師、札幌鉄道局運転課技手兼札幌鉄道局教習所講師、函館機関庫主任を歴任し、三三年九月技師・高等官七等となり、同年一一月満鉄鉄道部輸送課技術員に転じて渡満した。三四年九月鉄道総局機務処運転科工務員、三五年二月新京鉄路局機務処運転科機関車股長、同年九月吉林鉄路局勤務を経て三六年一〇月牡丹江鉄路局機務処車輛科副科長となった。この間、満州事変時の功により賜金を授与された。

長尾　芳男 ▷11

㈱大矢組公主嶺支店主任／吉林省公主嶺敷島通／一八九三（明二六）三／大阪府／慶応義塾大学部理財科

大阪府の大矢組重役長尾由次郎の長男に生まれ、一九一六年慶応義塾大学部理財科を卒業した。東京の農工銀行に入り営業課に二年勤務した後、津野物産㈱に転じた。二一年三月に退社し、同年八月に渡満して大矢組に入り、公主嶺支店主任となった。

永尾　龍二 ▷11

満鉄参事、営口地方事務所長／奉天省営口北本街／一八八三（明一六）五／山口県下関市西細江町／東亞同文書院

山口県永尾又右衛門の三男に生まれ、一九〇五年上海の東亞同文書院を卒業し、同郷で満州軍総参謀長の児玉源太郎の推薦で岫巌師範学堂総教習となった。一〇年満鉄に転じて撫順炭砿庶務課に勤務し、一四年三月南満州工業学校講師、一八年総務部調査課勤務、二二年興業部庶務課長代理を歴任した。二三年四月参事となり、二六年三月社長室勤務を経て二八年一一月営口地方事務所長に就いた。営口水道電気㈱取締役を兼任したほか、営口神社委員会委員長、営口商業会議所特別議員、赤

な

十字社地方委員等を務めた。

長川　績 ▷12

国務院民政部中央警察学校教授兼警務司員、従七位勲七等／新京特別市大経路民政部警務司／一九〇一（明三四）二／福島県田村郡文殊村／日本大学法文学部法律学科

一九一九年現役志願兵として仙台の騎兵第二連隊に入隊し、騎兵軍曹となって除隊した。その後三〇年日本大学法文学部法律学科を卒業して文官高等試験行政科に合格し、三一年三月関東庁警部兼外務省警部となって渡満した。奉天及び大連の各警察署勤務を経て関東州庁衛生課長に累進し、次いで関東局警視兼外務省警視補となり撫順警察署長に就いて奉天総領事館警察署勤務を兼任した。その後三六年九月国務院民政部事務官に転出して中央警察学校教授となり、民政部警務司員を兼任した。

中川亥三郎 ▷12

金州尋常高等小学校長兼金州青年学校長、金州市民会委員、正七位勲七等／関東州金州赤城町／一八八七（明二〇）二／宮城県志田郡志田村／宮城県師範学校本科

一九〇八年宮城県師範学校本科を卒業して県下の志田郡松山小学校訓導となった。次いで宮城県女子師範学校教諭、同付属小学校上席訓導に歴勤し、一八年一一月関東州小学校訓導に転じて渡満した。大連第二、大連大正、松林、旅順第二の各小学校訓導を務めた後、旅順第一小学校長、旅順家政女学校長、旅順青年訓練所主事を歴任して金州尋常高等小学校長に転任し、同地の青年学校長を兼務した。

中川　伊助 ▷12

大連汽船㈱船長、正八位／神戸市灘区鹿ノ下通／一八八七（明二〇）九／山口県玖珂郡川下村／山口県立大島商船学校

山口県立大島商船学校を卒業して船舶会社に入り、海上に勤務した。その後一九二九年五月大連汽船㈱に転じ、同社船の船長を務めた。

中川栄五郎 ▷12

牟婁木局主／奉天若松町／一八九三（明二六）七／和歌山県西牟婁郡西富田村／明治大学専門部法科中退

和歌山県榎本卯之助の子に生まれ、後に中川ナミエの養子となった。築地工手学校を経て明治大学専門部法科に進んだが、中退して渡満し、中川浅吉が経営する奉天の牟婁木局に入った。以来同店に勤続し、二〇年に店主が病気療養のため帰国した後は古参店員として経営に当たり、二四年に店主が死亡すると未亡人の懇請により婿養子となって事業を継承した。夫婦揃って熱心なクリスチャンとして知られ、東京での苦学時代に学資を援助した実兄の捨七を共同経営者として迎え、満州一円から東京・大阪方面にまで北満材・安東材を販売した。

中川邦四郎 ▷10

特産物商／大連市播磨町／一八七四（明七）四／和歌山県那賀郡竜門村

一八八八年七月小学校教員の検定試験に合格し、同年九月から郷里の那賀郡荒見尋常小学校訓導となった。八九年六月教員を辞し、僧侶になるため高野山の大学林に入ったが、九二年四月中途で下山して帰郷した。九六年三月に上京して東京馬車鉄道㈱に入り、養馬課及び経理課勤務を経て九八年七月書記に進み調馬課付となった。一九〇三年東京電車鉄道㈱に改組されると車両発車係として引き続き勤務し、さらに財産滅却係として馬車鉄道の物品整理に当たった。同年七月朝鮮の京城に渡り、さらに営口から奉天に赴いて中国側有力者と馬車鉄道敷設の計画を立てたが、日露戦争の勃発で計画を中止して帰国した。〇六年九月に東京電気鉄道・東京市街鉄道・東京電車鉄道の三社が合同して東京鉄道㈱が成立した後も同社に勤務したが、元満鉄電気作業所長の粕谷陽三の斡旋で瀋陽馬車鉄道公司支配人兼教習役となって〇七年一二月に渡満した。〇八年一〇月満鉄に招かれて電気作業所営業主任となり、二五年三月まで勤続した。二六年春、親戚で奉天省四平街共益公司の松田琢海と提携して大連で特産物商を開業した。

中川　健蔵 ▷14

満鉄理事、正五位勲四等／大連市児玉町／一八七五（明八）七／新潟県佐渡郡真野村／東京帝大法科大学

一九〇二年東京帝大法科大学を卒業し、同年八月東京府属となり、内務属を経て〇四年北海道庁参事官、〇六年法制局参事官と進み、拓殖局参事官、逓信省書記官を経て逓信省通信局長に就いた。一九年に休職を命じられて満鉄理事に転じ、任期満了後は新潟県知事、北海道庁長官、台湾総督を歴任し、日本航空会社総裁に就いた。在満時には関東州市制調査委員を務め、一九年一〇月大連市会議員に選任されたが翌年二月任期中に辞任した。

中川　準一 ▷11

鉄嶺北五条通郵便所長、勲八等／奉天省鉄嶺北五条通／一八七六（明九）一二／広島県広島市西引御堂町

広島県中川是平の長男に生まれ、一九一〇年五月に渡満した。一五年五月関東都督府通信書記補となり、二五年三月関東庁逓信書記・関東庁郵便所長となり、鉄嶺北五条通郵便所長を務めた。内外郵便切手と記念絵葉書の蒐集と考古学を趣味とした。

中川　正一 ▷12

満鉄奉天鉄道事務所庶務課員、勲八等／満鉄奉天鉄道事務所／一九〇〇（明三三）一一／大阪府三島郡富田町／大阪府立茨木中学校

大阪府農業中川庄太郎の長男に生まれ、一九二〇年府立茨木中学校を卒業して満鉄に入り、沙河鎮駅貨物方となった。勤務のかたわら二三年一〇月満鉄教習所を修了し、橋頭列車区、安東列車区の各車掌を経て四台子駅助役となった。次いで二八年一〇月鞍山駅助役に転任し、遼陽駅事務助役、奉天鉄道事務所車務課勤務を経て三六年一〇月奉天鉄道事務所庶務課に転任した。この間、満州事変時の功により勲八等に叙された。

中川　四朗 ▷12

満鉄ハルビン鉄路局水運処長、正七位勲六等／ハルビン南崗花園街／一八八三（明一六）六／兵庫県氷上郡柏原町／東京高等商船学校

兵庫県中川保の四男に生まれ、一九〇八年東京高等商船学校を卒業して日本郵船㈱に入った。一二年八月神戸市の明治海運㈱に転じて一等運転士、船長を歴職した後、一五年に退社して神戸で海運業に従事し、かたわら日本海事検定協会検査員として海事検定、船舶検査にあたった。二五年四月山口県立大島商船学校教諭に転じた後、翌年一一月に渡満して満鉄に入り、大連埠頭事務所荷役係主任、同埠頭副長兼大連海務協会検査委員嘱託を経て三〇年に技師となった。次いで三一年埠頭事務所海運長、三二年鉄道部港湾課調査係主任、三四年ハルビン水運局総務処長を歴任して三六年九月参事となり、同年一〇月の職制改正によりハルビン鉄路局水運処長となった。

中川　甚助 ▷12

満鉄新京検車区検車助役、社員会評議員、勲八等／新京特別市露月町／一九〇一（明三四）一一／山口県吉敷郡大歳村

山口県中川常吉の長男に生まれ、一九一八年五月満鉄に入り安東機関区に勤務した。二二年一一月奉天検車区安東分区を経て二三年四月安東検車区に転勤し、勤務のかたわら二四年に鉄道教習所検車科を修了した。三四年一一月新京検車区鉄嶺駐在所に転勤した後、三五年四月新京検車区検車助役となった。この間、満州事変時の功により勲八等従軍記章及び建国功労賞、三四年四月勤続一五年の表彰を受けた。

中川　整 ▷12

満鉄鉄道総局水運課員／奉天琴平町／一八九七（明三〇）三／新潟県佐渡郡真野村／早稲田大学商学部

新潟県中川健蔵の次男に生まれ、一九二二年三月早稲田大学商学部を卒業して大阪商船会社に入社した。その後二八年五月満鉄に転じて渡満し、鉄道部渉外課に勤務した。同連運課、埠頭事務所第二埠頭貨物方、鉄道部連運課、同営業課、同貨物課に歴勤して同課港湾係主任となり、大連海務協会理事を務めた。その後三六年一〇月奉天の鉄道総局水運課に転勤し、大連市光風台に家族を残して単身赴任した。

中川　操太 ▷4

明治公債㈱満州支店長／大連市三河町／一八七七（明一〇）六／東京府北豊島郡三河島村

名古屋市に生まれ、長く北海道及び東京で実業に従事した。その後明治公債㈱に抜擢され同社満州支店支配人となって渡満し、内外公債の販売と金融の仲介、貸付に従事した。

中川　多一 ▷11

旅館業及び雑貨商／吉林省城新開門街／一八八九（明二二）四／広島県豊田郡豊浜村

広島県旅館業中川米吉の子に生まれ、一九一三年三月に渡満した。吉林で旅館業を始め、雑貨商と富国徴兵生命保険会社代理店を兼営した。退役陸軍歩兵一等卒で現役中に善行証を受けたほか、吉林在郷軍人会評議員を務めて二八年七月に在郷軍人模範会員として会長の一戸兵衛大将から賞状を授与された。

中川竹太郎 ▷12

㈾新興洋行代表社員／大連市播磨町／一八七九（明一二）五／愛媛県周桑郡周布村／早稲田大学文科、プリンストン大学

愛媛県中川直助の次男に生まれ、郷里の中学校を経て一九〇三年早稲田大学文科を卒業してプリンストン大学に学び、〇八年修士号を取得して帰国した。明治学院教授を務めた後、一〇年三月に渡満して満鉄に入り、大連ヤマトホテルに勤務した後、旅順ヤマトホテル支配人に就いた。次いで大連埠頭事務所に勤務して満鉄従事員養成所及び南満州工業学校教師を兼務した後、一五年九月に満鉄を退社して一六年一月中川竹太郎商店を開業し、金物・諸機械工具類の輸入貿易と麻袋・砂糖類の販売業を営み、後に三信商会を譲り受けて医療器機と歯科材料類の販売業を兼営した。その後二六年二月、子息の夭折を機に中川商店を閉店し、三信商会を和田富雄に譲渡し、大連基督教青年会総主事に就任した。三一年七月カナダ及びアメリカに出張して第二四回世界基督教青年会大会に出席し、同年一〇月に帰国した後、ドイツ、アメリカその他の有力諸会社の代理店を慫慂され、実業界に復帰して国際貿易商会を設立し、後に新興洋行に改めて建築材料・機械工具・鉄材・ガス管・ガラス・ラジオ・文具・写真機その他の直輸入販売業を経営した。

中川　正 ▷12

満鉄吉林鉄路局機務処長、正八位勲六等／吉林大和街／一八九五（明二八）一／茨城県那珂郡柳河村／米沢高等工業学校機械科

茨城県中川末松の四男に生まれ、一九一八年三月米沢高等工業学校機械科を卒業し、同年五月満鉄に入り大連管理局運転課に勤務した。以来勤続して撫順機関区長、奉天鉄道事務所勤務、大連機関区長、ハルビン鉄路局機務処長、博克図鉄路弁事処長、チチハル鉄路監理所長を歴任し、三六年三月参事に昇進して吉林鉄路局機務処長となった。この間、満州事変時の功により勲六等に叙された。

中川忠次郎 ▷12

錦州省朝暘県警正、警務局主席警務指導官、満州国協和会朝暘県本部長、勲七等／錦州省朝暘県公署警務局／一九〇一（明三四）六／京都府京都市右京区梅ヶ畑殿畑町／妙心寺実践中学校中退

一九一七年京都市の妙心寺実践中学校を三年で中退し、一九年五月北海道庁農産物検査員となった。二一年一二月徴兵されて旭川の歩兵第二七連隊に入営し、満期後さらに現役を志願して二三年六月旭川憲兵隊に入隊し、三〇年三月同隊本部付となった。三一年四月満州事変後に同地に派遣され、新京、敦化に在勤した。三三年九月憲兵曹長に進級して予備役編入となり、同年一一月満州国特殊警察隊警佐に任官して綏芬河国境警察隊に勤務した。三五年一月満州里国境警察隊隊長事務取扱、三六年四月錦州省盤山県警正を歴任して同年六月錦州省朝暘県警正となり、警務局主席警務指導官を務めた。この間、勲七等瑞宝章、国勢調査記念章、昭和大礼記念章のほか、満州事変時の功により従軍記章及び建国功労賞、皇帝訪日記念章を授与された。弘道館柔道三段、武徳会剣道二段の腕を有し、満州国協和会朝暘県本部長を務めた。

中川　寿雄 ▷12

錦州省公署実業庁農務科員、正八位／錦州省錦県電灯廠前／一九〇〇（明三三）五／和歌山県西牟婁郡近野村／和歌山県立農林学校

一九二一年三月和歌山県立農林学校を卒業し、同年一二月一年志願兵として和歌山の歩兵第六一連隊に入営した。除隊後に小学校訓導となり、次いで渡満して関東庁巡査兼外務省巡査となった。その後二七年四月に退官して満州棉花栽培協会技手、関東庁殖産事務嘱託を歴職し、かたわら満州青年連盟旅順支部長、満州青年議会副議長として政治運動に奔走した。三一年九月満州事変に際し職を辞して奉天省鳳城県自治指導員、同委員長、黒山県自治指導委員会委員長等を歴任し、三二年七月黒龍江省禁煙弁事処総監察となった。次いで奉天省公署実業庁殖産事務嘱託、満州棉花協会技術員首席、同協会技師、錦州省公署臨時嘱託・実業庁勤務を歴任し、三五年六月同公署技佐となり実業庁農務科に勤務した。

中川豊次郎 ▷12

満鉄四平街地方事務所土地係主務者、社員会消費部長／奉天省四平街南五条通／一九〇一（明三四）一二／滋賀県愛知郡稲村

滋賀県中川良右衛門の次男に生まれ、一九一九年一〇月満鉄育成学校を修了して社長室人事課に勤務した。大連図書館司書、長春地方事務所、地方部地方課勤務を経て三一年八月本渓湖地方事務所、遼陽地方事務所に歴勤し、三六年七月四平街地方事務所土地係主務者となった。この間、三五年四月勤続一五年の表彰を受けた。

中川　直一 ▷3

大連海関検査官／大連市若狭町海関官舎／一八七三（明六）一／兵庫県神戸市多聞通／第四高等学校中退

石川県金沢市で生まれ、一八九一年第四高等学校を中退した。九九年六月横浜税関に入り、その後鑑定官補に進んだが、一九〇七年七月、大連海関の事務開始とともに大蔵省の推薦で検査官となって渡満した。

中川　憲義 ▷9

協成銀行専務取締役／安東県五番通／一八七四（明七）四／徳島県三好郡山城谷村

日清戦争後の一八九六年から台湾憲兵隊に勤務し、一九〇四年日露戦争に際し渡満して安東軍政署に勤務した。〇六年九月の軍政署撤廃とともに安東居留民行政委員会が開設されると同会の事務職に就いた。以来一七年勤続して庶務課長、書記長を務め、退職後に日中鮮合弁の協成銀行専務取締役に就任した。

中川　久明 ▷11

満鉄鉄道部運転課員／大連市伏見町／一八七七（明一〇）八／東京府東京市小石川区久堅町／福岡県立中学校

東京府官吏井上新平の五男に生まれ、中川久悠の次女ナカの婿養子となった。一八九五年福岡県立中学校を卒業し、日清戦争後の同年八月臨時軍用鉄道監部員となって渡満した。〇七年四月の満鉄開業とともに入社し、以来一貫して運転課に勤務し、かたわら満鉄教習所教師を兼任した。

中川　広輔 ▷12

満鉄公主嶺地方事務所公費主務者、在郷軍人分会評議員、公主嶺神社幹事／吉林省公主嶺霞町／一八九八（明三一）一〇／山口県玖珂郡御庄村／山口県立岩国中学校

山口県中川久左衛門の七男に生まれ、一九一八年県立岩国中学校を卒業して岩国税務署雇となった。次いで一年志願兵として小倉の歩兵第四七連隊に入隊し、除隊後に岩国税務署属となった。その後退官し、二二年四月に渡満して大連の岸洋行に勤務した。さらに二四年二月満鉄に転じ、営口地方事務所、奉天地方事務所に歴勤して三四年四月公主嶺地方事務所公費主務者となった。この間、満州事変時の功により木杯及び従軍記章を授与され、三六年四月勤続一五年の表彰を受けた。

中川房治郎 ▷11

満州医科大学予科助教授／奉天住吉町／一八九九（明三二）五／長崎県南高来郡島原村／南満州工業学校

長崎県中川実治の長男に生まれ、一九一六年四月㈱満州鉄嶺商品陳列館に入社したが、翌年退社して南満州工業専門学校に入学した。二〇年に卒業して満鉄に入社し沙河口工場設計課に勤務した。二一年に退職して帰国し、広島高等工業学校に入学して二四年に卒業し、岡山県高梁中学校教諭となった。二七年四月に再び渡満し、満鉄に復帰して満州医科大学予科助教授に就き、同大学専門部講師を兼任した。

仲川　正治 ▷13

大連バルブ製作所／大連市／一九〇一（明三四）／新潟県佐渡郡吉井村／東京電気学校

新潟県佐渡島に生まれ、上京して電気学校に学んだ。一九一八年に卒業して東京中外電業㈱に入社したが、二一年一二月近衛師団中野電信連隊に入隊するため退社した。除隊後は郷里の吉井村営電部技術課に勤務し、かたわら機械器具販売業を営んだ。三三年八月に渡満して大連市山県通の㈱満州杉山公司に勤めた後、三六年八月太陽バルブ製作所を創立した。バルブコック類で多数の特許を取得し、満州では製作至難と言われた高温高圧バルブの製造に成功した。技師三名、事務員六名、工員一五〇数名を擁し、本店及び工場を大連に出張所を奉天に置いた。三八年に満州石油㈱の専属工場となって以来、陸軍航空本廠満州支廠及び満州飛行機製造㈱の航空燃料用精密バルブコック類の指定工場となり、満鉄撫順炭砿石炭液化工場、大連水道事務所、国都建設局水道課、昭和製鋼所、満州電業㈱などを納入先として事業を拡大した。

中川　守　▷12

満鉄鉄道総局福祉課員／奉天高千穂通／一九〇〇（明三三）一二／京都府天田郡中夜久野村／慶応大学医学部

京都府中川甚造の次男に生まれ、一九二七年三月慶応大学医学部を卒業して同大学医学部助手となり、細菌学教室に勤務して同年六月医師免許状を取得した。二九年一月満鉄に入社して渡満し、地方部衛生課撫順在勤兼撫順炭砿庶務課勤務となった。次いで三二年四月地方部衛生課長春在勤兼新京地方事務所勤務、三三年三月鉄路総局総務処地方科衛生係主任、同附業科衛生係主任を経て三六年九月参事となり、同年一一月鉄道総局福祉課勤務となった。この間、満州事変時の功により従軍記章及び建国功労賞、銀盃を授与された。

中川　有三　▷12

旅順工科大学教授、正六位／旅順市千歳町／一八九九（明三二）一二／京都府京都市東山区今熊野南日吉町／京都帝大工学部機械工学科

第三高等学校を経て一九二三年三月京都帝大工学部機械工学科を卒業し、同年五月農商務省工業試験所技手となり第五部に勤務した。その後二七年二月旅順工科大学助教授に転じて渡満し、二八年一二月教授となった。

中木　三次　▷12

中木商店主、満蒙製氷㈱取締役、鞍山無尽㈱監査役／奉天省鞍山北三条町／一八八五（明一八）三／広島県双三郡和田村／長野県立松本中学校

広島県中木禎次郎の三男に生まれ、広島県立三次中学校を四年で中退した後、一九〇六年長野県立松本中学校を卒業し、広島県双三郡吉倉尋常小学校の准訓導となった。次いで〇七年九月教員講習所を修了し、香淀小学校、向江田小学校の代用教員を務めた後、一〇年三月に渡満して関東都督府巡査となった。本渓湖警察署に勤務しながら二〇年七月甲科生講習課程を修了して警部補に進み、大連沙河口警察署を経て二五年鞍山警察署司法衛生主任となった。その後、官職を辞して同地に中木商店を開業して薪炭・世帯道具商を営んだ。

永清文次郎　▷11

永清照像館主／奉天省城鐘楼南路／一八六九（明二）一／長崎県長崎市樺島町／中学校中退

長崎県下川惣太郎の次男に生まれ、永清新平の養子となった。一〇歳の頃から写真に興味を持ち、郷里の中学校を中退して家事のかたわら写真術を学んだ。二二歳の時に長崎の上野写真館に入り一年修行した後、柳河で写真館を開業した。一九〇〇年三月、旅順要塞司令部写真師募集のため長崎に来ていたロシア陸軍大尉アレキサンドル・ドグジャンスキーの募集に応じて渡満した。旅順要塞司令部付写真班員として働いた後、翌年同大尉の転任に同道して奉天に赴いた。奉天城内に日本式木造家を建築して写真業を始め、かたわら同大尉に随行してウラジオストク以南の各地を撮影旅行した。奉天在住日本人は三〇人余に過ぎず、七〇〇〇人余のロシア軍駐屯兵を顧客としたが、まもなく日露開戦となって天津に逃れ、満州軍総司令部に満州の地形、軍事に関する写真を献上した。一九〇五年三月奉天陥落の三日後に特別許可を得て奉天に戻り、軍政署にロシア統治下の参考写真八〇枚を提供し、さらに同数の写真を小山軍政長官、児玉大将経由で閑院宮と伏見宮に献上した。その後も軍政署に出入りするかたわら奉天城内で写真業を再開し、増旗将軍ら歴代の督軍、張作霖ら有力者の専属写真館として信用を高めた。後に新市街が発展すると支店を設けて長男実夫に経営させ、自らは奉天城鐘楼南の本店を経営し、城内会長、区長、奉天居留民会議員を務めた。実弟の清蔵も漢口で写真業を営んだ。

長倉　賢次　▷12

大連汽船㈱機関長／大連市桜花台／一八八四（明一七）一一／群馬県邑楽郡多々良村／正則英語学校、神戸実業補習学校

群馬県長倉源次郎の次男に生まれ、一九〇四年東京の正則英語学校を卒業し、郷里の村役場雇を経て同書記となった。次いで貴族院議員堀河子爵邸の書生を経て神戸の川崎造船所造機工作部仕上工となり、勤務のかたわら〇九年に市立神戸実業補習学校を卒業し、同年五月機関部修業生として乗船した。以来海上に勤務して一等機関士試験、機関長試験に合格し、一八年六月第二東洋丸の機関長となった。その後二四年一月大連汽船㈱に転じて渡満し、同社所有船の機関長を務めた。

永倉　幸一　▷12

東洋製罐工場主、奉天若松町南班長、勲八等／奉天若松町／一九一二（明四五）二／埼玉県川越市小仙波

日露戦争時に渡満した永倉幸太郎の長男として撫順に生まれ、学業を終えた後、一九二六年父の勤務する正隆銀行奉天支店に入った。三二年徴兵されて熊岳城の独立守備歩兵第三大隊第一中隊に入隊し、三四年に下士官適任証書を受けて除隊し、入営中の三三年一二月に父が創業した東洋製罐工場の業務を補佐した。その後、父の隠退とともに経営を受け継いで業績を伸ばし、大阪市西区阿波堀通に出張所を置いた。この間、満州事変時の功により勲八等白色桐葉章及び建国功労賞を授与された。山口県人波多野正吉の五女で大連羽衣高女卒の艶子を夫人とし、夫妻共に観世流謡曲を趣味とした。

永倉幸太郎　▷12

東洋製罐工場主／奉天若松町／一八七六（明九）／埼玉県川越市小仙波

一九〇四年日露戦争に際し野戦鉄道隊に属して渡満し、戦後〇七年四月満鉄開業とともに同社入りした。二二年に正隆銀行奉天支店に転じ、その後退職して奉天春日町市場内に店舗を構え、「八百幸」の商号で野菜・果実販売業に従事した。三三年一二月若松町に東洋製罐工場を設立し、各種製罐、瓶口金、ブリキ・真鍮・アルミニウム板の製造業を経営した。経営が軌道に乗ると嫡子幸一に業務を委ね、自らは市場正門通に趣味の釣道具商を営みつつ自適の生活を送った。

長倉不二夫　▷12

満鉄鉄道総局建築課長／奉天平安通／一八九六（明二九）八／東京府東京市赤坂区桧町／東京帝大工学部建築科

一九二一年東京帝大工学部建築科を卒業し、同年九月満鉄に入り技術部建築課に勤務した。非役となり一年志願兵として兵役に服した後、除隊復職して社長室建築課に勤務した。次いで地方部建築課技術研究所兼務、技術委員会臨時委員兼務奉天地方事務所、同所建築係長に歴勤し、二九年二月社命により病院及び停車場建築に関する研究のため一年間欧米に留学し、帰社して工事部建築課勤務、地方部工事課勤務兼技術局建築班主査、地方部工事課住宅係主任を歴任して技師となった。その後、計画部審査役付建築班主査兼工場建築係主任を務め、三六年九月職制改正により参事となり、三七年五月鉄道総局建築課長に就いた。この間、三七年四月勤続一五年の表彰を受けた。

那賀　郡平　▷11

関東庁専売局嘱託、正七位勲六等／大連市聖徳街／一八八〇（明一三）一二／大分県北海部郡臼杵村

大分県農業那賀友治の長男に生まれ、一九〇〇年一二月下関要塞連隊に入隊し、〇四年八月砲兵軍曹となった。〇六年一一月関東都督府巡査となって渡満し、一二年三月警部補、一六年警部に進んだ。二三年一二月関東庁属となり、二四年八月関東庁警視・高等官七等に昇任して貔子窩警務署長となり、同年一二月貔子窩民政支署長に就いた。二八年六月に依願免官し、同年九月専売局嘱託となった。

長崎義一郎　▷13

㈱安宅商会奉天支店長兼大連支店長、満州立正電気製作所代表取締役／一八九六（明二九）／石川県金沢市／大阪高等工業学校電気科

金沢の中学校を卒業し、大阪高等工業学校電気科に進んだ。一九一九年四月、㈱井上電気製作所に懇望されて卒業の四ヶ月前に入社した。一六年勤続した後、三四年八月㈱立正電気製作所に転じ、三九年三月子会社の満州立正電気製作所代表取締役となって渡満した。四〇年九月から安宅商会奉天支店長及び大連支店長を兼務した。

中里　龍　▷12

関東地方法院長兼高等法院上告部判官、正五位勲五等／大連市清水町／一八九二（明二五）一一／群馬県群馬県東村／東京帝大法科大学独法科

群馬県中里金太郎の長男に生まれ、一九一七年七月東京帝大法科大学独法科を卒業して同年八月司法官試補となった。一九年五月判事となり、静岡地方裁判所判事、福井地方裁判所兼福井区裁判所判事、長野地方裁判所兼長野区裁判所判事、横浜地方裁判所兼横浜区裁判所判事、静岡地方裁判所部長、東京地方裁判所判事、同部長を歴任した。その後三四年八月関東法院判官に転出して渡満し、関東地方法院長及び高等法院上告部判官に就いて満州法政学院理事を務めた。上田蚕糸専門学校長針塚長太郎の次女で上田高女卒のてる子を夫人とした。

中里　末雄　▷12

関東逓信局電気課長、従六位勲六等／旅順市清水町／一八九三（明二六）七／大分県下毛郡中津町／旅順工科大学専門部電気科

大分県実業家中里雄吾の四男に生まれ、一九一五年一二月旅順工科大学専門部電気科を卒業して山東鉄道監理部に入った。四方工場第五職場主任、青島守備軍民政部鉄道工場第五工場職場主任を務めた後、二八年四月関東庁土木技師に転じて内務局地方課に勤務した。三四年七月関東庁逓信技師に転任して逓信局電気課長となり、同年一二月の官制改正により関東逓信官署通信技師・電気課長となった。次いで関東局技師を兼任して監理部逓信課及び司政部殖産課兼務となり、三六年五月在外研究員として欧米に出張し、三七年一月に帰任して関東逓信局電気課長となった。この間、満州事変時の功により勲六等に叙された。

中沢儀三郎　▷12

大連第二中学校教諭、正七位／大連市水仙町／一八九一（明二四）二／山形県米沢市袋町／山形県師範学校第一部

一九一二年一〇月山形県師範学校第一部を卒業して小学校本科正教員免許状を受け、県内の草岡、高畠、西部の各小学校訓導を務めた。次いで二〇年一二月中等学校地理科教員免許状を取得して山形県師範学校教諭、山形工業学校教授嘱託、臨時教員講習所講師嘱託、山形県実業補習学校教員兼養成所教諭を歴任した。その後二五年四月関東州公立中学校教諭となって渡満し、大連第二中学校に勤務した。

中沢　潔　▷12

満鉄技術委員会、工業標準規格委員会小委員会委員、満州建築協会評議員／大連市楓町／一八九七（明三〇）八／東京府東京市本郷区向ヶ丘弥生町／東京高等工業学校建築科

東京府中沢留造の長男に生まれ、一九一九年三月東京高等工業学校建築科を卒業して同年五月満鉄に入った。以来勤続して工務局建築課、社長室建築課、地方部建築課、鞍山地方区鞍山地方事務所、奉天地方事務所鞍山在勤、技術委員会、計画部技術課、工業標準規格調査会委員兼幹事、総務部技術局、計画部審査役付建築班主任に歴勤した。次いで三六年九月副参事となり、同年一〇月技術委員会勤務となった。この間、三五年四月勤続一五年の表彰を受けた。

長沢亀代治　▷12

国際運輸㈱新京支店長代理兼経理係主任／新京特別市錦町／一九〇三（明三六）二／新潟県中頸城郡新井町／早稲田大学商学部

新潟県長沢和三郎の次男に生まれ、一九二八年三月早稲田大学商学部を卒業して明治銀行書記となった。京都支店貸付割引係主任を務めた後、三二年九月国際運輸㈱に転じて渡満し、経理課に勤務した。次いで新京支店到着係主任、同経理係主任を経て三六年一一月同支店長代理兼経理係主任となったが、三七年五月に退職した。

長沢　圭五　▷12

福昌公司㈱工事部副部長、正五位勲六等／大連市加茂町／一八八九（明二二）五／広島県広島市段原町／東京帝大工科大学土木科

佐久間確蔵の三男に生まれ、後に長沢智水の養子となった。一九一六年七月東京帝大工科大学土木科を卒業し、関東都督府嘱託となって渡満した。以来勤続し、一九年四月の官制改革後二〇年に関東庁技師となり、二五年土木課出張所長となった。二九年土木事業視察のため欧米に出張した後、三二年二月福昌公司㈱に転じ、工事部技師長を経て三七年工事部副部長となった。

長沢千代造 ▷11

時事新報大連特派員／大連市能登町／一八九三（明二六）三／東京府東京市日本橋区蛎殻町／早稲田大学法律科中退

東京府鷲尾政吉の三男に生まれ、長沢家の養子となった。一九一五年早稲田大学法律科を中退して台湾に渡り、台湾各地で実業に従事した。二〇年四月に渡満して大連の遼東新報社に入り社会部記者となったが、二七年一〇月同紙が「満州日日新聞」と合併して「満州日報」と改題した際に退社した。同地で遼東タイムス社の経営に関わった後、二八年七月時事新報大連特派員に転じた。

中沢尚治郎 ▷11

三井物産㈱大連支店員／大連市桜町／一八八四（明一七）三／滋賀県阪田郡長浜町／神戸高等商業学校

滋賀県商業中沢安平の次男に生まれ、一九〇七年神戸高等商業学校を卒業して三井物産㈱に入社した。二〇年一一月大連支店に転任して渡満し、船舶部大連派出員首席として勤務した。

中沢　博則 ▷12

国務院内務局監督処第三科長／新京特別市／一八九七（明三〇）一〇／長崎県佐世保市保立町／東亜同文書院

長崎県中沢喜太郎の長男に生まれ、一九二一年上海の東亜同文書院を卒業し、同年八月満鉄に入り総務部文書課に勤務した。同部調査課、同部人事課、撫順炭砿庶務課、東郷採炭所、東岡採炭所、古城子採炭所、吉林公所に歴勤し、満州事変後に奉天自治指導部に入った。その後三二年六月満鉄を退社して黒龍江省公署事務官に転じ、民政庁総務科長に就いた。次いで同理事官に進んで同省公署民政庁財務科長を務め、三六年一〇月浜江省公署理事官・総務庁総務科長を経て三七年七月行政機構改革と同時に国務院内務局監督処第三科長に就いた。

中沢不二雄 ▷11

満鉄情報課員、正八位／大連市桂町／一八九二（明二五）一二／神奈川県横浜市中区西戸部町／明治大学商科大学部

神奈川県鉄道省官吏中沢敏郎の長男に生まれ、一九一六年明治大学商科大学部を卒業した。東洋汽船㈱に勤務した後、一九年東西貿易㈱に転じて営業部主任に就いた。二一年に退社して横浜市に金港商会を創設して直輸出入雑貨商を営んだが、二三年九月の関東大震災で廃業し、同年一二月に渡満して満鉄に入り消費組合に勤務した。監理係主任を経て二九年三月社長室情報課に転任した。一年志願兵出身の三等主計で、大連青年団幹事、明大校友会関東州支部常任幹事を務めた。明大時代から名二塁手として知られ、北米、カナダ、ハワイ、フィリピン、香港、中国各地に遠征し、満鉄入社後は満州倶楽部の選手として活躍し、後に監督も務めた。

中沢　正治 ▷13

日満製粉㈱専務取締役、ハルビン商工会議所議員、同工業研究会委員長、ハルビン製粉組合副組合長／ハルビン八站南馬路日満製粉社宅／一八九三（明二六）五／新潟県中頸城郡春日村／東京帝大独法科大学独法科

新潟県中沢貞蔵の子に生まれ、一九一八年七月東京帝大法科大学独法科を卒業し、東洋拓殖㈱に入り総務部に勤務した。以来各支店に勤務して二一年参事となり、京城支店庶務係長、同事業係長を経て大田、沙里院、奉天、大連の各支店長を歴任し、東拓系列の東省実業㈱取締役、㈱鴻業公司代表取締役を務めた。その後三四年五月に退社し、同年六月東拓を中心としてハルビンに日満製粉㈱の設立にともない同社専務に就任した。この間、二八年に大礼記念章を受けたほか、満州事変時の功により賜金を授与された。

中沢　松男 ▷11

自動車販売、貿易業／大連市大黒町／一八八六（明一九）五／高知県長岡郡岡豊村／高知県立第二中学校

高知県中沢金太郎の次男に生まれ、一九〇五年県立第二中学校を卒業した。郷里の長岡郡郡会副議長を務めた後、

な

一六年五月に渡満して和盛公司に勤務した。一九年八月満州醸造[株]専務取締役に転じたが、工場火災により同社を解散し、大連市大黒町で自動車販売業を始め、かたわら上海で貿易業を経営した。土佐高女出身の夫人久との間に二男三女あり、長女富美子は日本女子大に学んだ。

中沢　龍二　▷12

国際運輸[株]雄基支店海運係主任／朝鮮咸鏡北道雄基国際運輸[株]支店／一九〇五（明三八）四／高知県幡多郡清松村／大連商業学校

一九二〇年四月大連の福昌公司に入り、勤務のかたわら二六年三月大連商業学校を卒業して国際運輸[株]大連支社に転じた。営業課、運輸課、計画課、海運課に歴勤した後、朝鮮咸鏡北道の雄基支店に転勤し、連絡輸送係主任となり、次いで三六年四月海運係主任となった。

長塩　俊二　▷6

観世流梅若派謡曲師範／大連市／一八六二（文二）／熊本県熊本市山崎町／同心学舎

細川藩の御番方組頭を務めた長塩彦蔵の子に生まれた。熊本県立中学済々黌の前身同心学舎に学んだ後、一七歳の頃から自由党の相愛社に入り宗像政、高田露諸の下で自由民権運動に奔走した。一八八五年東京に出て中江兆民の感化を受け、星亨の配下として政党運動に従事した後、九九年に政界から身を引いて大阪瓦斯会社に入社した。一九〇九年内藤工学博士の推薦で満鉄瓦斯作業所に転じて渡満し、営業主任を務めた。一七年に退社して観世流梅若派謡曲師範の看板を掲げ、謡曲指南をしながら熊本県人会の相談役を務めた。

「中地」は「なかち」も見よ

中地亀太郎　▷11

日本赤十字社大連支部主任、従七位勲六等／大連市水仙町／一八七四（明七）三／広島県広島市小町／有隣館

広島県中地文二郎の長男に生まれ、一八九〇年有隣館を卒業した。九四年広島の第五師団に召集されて衛生部員となり、日清、日露、青島戦に従軍した。除隊して薬種及び売薬業を開業したが、日本赤十字社職員となって一六年に渡満し、大連支部主任を務めた。夫人良子との間に一男五女あり、長男国彦は上智大学、長女豊子・次女喜久代・三女芳子は共に旅順高女、四女末子は京都女子高等専門学校、五女浜江は大連神明高女に学んだ。

名嘉地用明　▷11

満鉄撫順炭砿研究所勤務／奉天省撫順弥生町／一八九八（明三一）一〇／佐賀県佐賀市西田代町／東京帝大理学部応用化学科

佐賀県名嘉地用備の長男に生まれ、東京帝大理学部応用化学科に学んだ。一九二七年に卒業して満鉄に入り、撫順炭砿研究所に勤務した。

中島　県　▷12

[名]天和黒鉛代表社員、吉林実業公司主、磐石電業(股)／董事、[資]吉林窯業無限公司社員／吉林九経路／一八八五（明一八）八／山口県下関市大字関後地村／早稲田実業学校

市立下関商業学校を経て早稲田実業学校を卒業し、一九〇五年清国政府郵伝部に入った。山東に派遣されて船舶業に従事した後、一〇年に郵伝部吉長鉄路管理局に転任した。三〇年一〇月に退職し、吉林に[名]天和黒鉛を創立して磐石県、樺甸県その他で黒鉛、金鉱石、石綿、水晶等の鉱山を経営した。三三年から吉林大同洋行公司の嘱託として煉瓦工場経営及び原石山買付事務を代行し、さらに三四年四月吉林実業公司を設立して土木建築請負業と木材業、窯業を兼営した。次いで三五年一月に撫順窯業会社と折半出資で[資]吉林窯業を設立して煉瓦製造業を経営し、三六年一一月から舒蘭県で焼鍋業及び油房業を開始した。この間、磐石県日本居留民会長、同山口県人会副会長、吉林居留民会議員、同土木建築組合幹事等を務め、建国功労賞及び外務大臣褒賞を受けた。

中島　有恒　▷12

図們税関竜井村分関長／間島省竜井村税関分関／一八八六（明一九）九／佐賀県佐賀市水ヶ江町／東京帝大法科大学政治科

一九一一年七月東京帝大法科大学政治科を卒業した後、文官高等試験に合格して一三年門司税関に勤務した。熊本税務監督局に転勤した後、中国海関に転じて青島埠頭局海関部に勤務し、次いで江門、天津、上海、大連、漢口の各海関に歴勤した。その後三二年六月在満中国海関の接収に伴い安東税関事務官・総務科長となり、大連税関理事官・郵包科長を経て三五年一二月図們税関竜井村分関長となった。

中島　勇　▷12

満鉄綏化站助役、正八位勲八等／浜江省綏化站／一九〇九(明四二)九／鹿児島県薩摩郡西水引村

鹿児島県中島宇介の四男に生まれ、一九二八年三月満鉄鉄道教習所運輸科を修了して大連駅に勤務した。大連列車区、同大石橋分区、十家堡駅駅務方兼同駅助役心得、連山関駅助役に歴勤し、三七年五月綏化站助役となった。この間、満州事変時の功により勲八等に叙された。

中島五十治　▷11

満鉄長春地方事務所渉外主任／長春錦町／一八九一（明二四）九／栃木県足利郡三和村／中学校中退

栃木県医師中島林仙の五男に生まれ、一九〇五年八月、中学校を中退して渡満した。安東県の有馬組に入り、勤務のかたわら安東支那語学舎で中国語を学んだ。その後中国政府に招聘されて鳳凰城交渉局の翻訳官に転じ、次いで安東巡捕隊通訳となり関東都督府通訳事務嘱託を兼務し、一七年から公主嶺警察署に勤務した。一九年四月退任して満鉄に入り、二二年社命で北京に留学して語学研究に従事し、翌年一一月に帰社して地方部地方課に勤務した。二六年四月、長春地方事務所に転じて渉外主任に就いた。この間、京綏線をはじめ京漢、正太、隴海、津浦、膠済、滬杭、滬寧線など中国各地の鉄道沿線一帯を視察した。

中島　岩吉　▷12

鞍山鋼材㈱工場長、勲八等／奉天省鞍山南大宮通／一八八五（明一八）七／福岡県田川郡香春町／小倉工業学校機械科

一九〇三年小倉工業学校機械科を卒業して八幡製鉄所に勤務した。次いで大阪で中島製鋼所を経営した後、同地の関西製鉄会社取締役兼工場長に就任した。その後三四年六月創立直後の鞍山鋼材㈱に転じて渡満し、工場建設事務に従事した後、三五年七月工場長に就いた。

長嶋卯十郎　▷11

関東庁法院判官、正六位／大連市清水町／一八八〇（明一三）五／埼玉県児玉郡本庄町／法政大学

埼玉県商業長嶋政吉の長男に生まれ、一九〇七年七月法政大学を卒業した。一八年の判検事登用試験に合格し、同年一二月司法官試補として宇都宮地方裁判所で事務を修習した。二〇年八月判事に進み、同年一一月鳥取地方裁判所判事に就いた。二二年四月、関東庁法院判官に転任して渡満した。

中島　亀吉　▷12

満鉄撫順炭砿採炭課長兼火薬製造所長事務取扱／奉天省撫順南台町／一八九六（明二九）九／福岡県嘉穂郡碓井村／京都帝大工学部採鉱冶金学科

福岡県鉱業中島栄吉の長男に生まれ、一九二一年京都帝大工学部採鉱冶金学科を卒業して満鉄に入社した。撫順炭砿竜鳳採炭所及び老虎台採炭所に勤務した後、二八年八月煙台採炭所長となった。次いで大山採炭所長となり、欧米に出張した後、東郷採炭所長兼監査係主任を経て三六年一〇月撫順炭砿採炭課長に就き、撫順炭砿火薬製造所長事務取扱を兼務した。三七年四月坑内自然発火対策として石灰混入粘土注入法を考案実施して功績章及び金一封を授与され、同時に勤続一五年の表彰を受けた。

中島　完平　▷1

中島医院主、医学得業士、従七位／旅順市末広町／一八六九(明二)五／長崎県西彼杵郡時津村／第五高等学校医学部

旧大村藩士の子に生まれ、一八九三年第五高等学校医学部を卒業して長崎病院の内科医となった。九四年内務省医術開業試験に合格して長崎大隊区徴兵医官補助員となり、同年一一月長崎病院の外科部医員に転じた。九五年一〇月台湾総督府雇員に転じ、翌年五月台南県鳳山支庁医員となった。九七年四月医学得業士の称号を認定され、鳳山監獄の医務嘱託を兼任した後、九八年台中医院に転勤した。九九年台湾総督府医院医員に昇格し、同年八月台中県臨時衛生事務講習所講師となった。一九〇〇年一月台中地方病調査委員に任じられて風土病の研究に従事した後、台中医院外科部主任医に昇任して同年五月総督府命で帝国大学医学部に留学して外科学を研究した。〇二年父の病気のため退職して郷里で開業、かたわら長崎県検疫官、日本赤十字社準備医員嘱託を務めた。〇五年五月旅順軍政署雇員となって渡満し、軍政署撤廃後は民政署に勤務したが、〇六年六月に辞職して旅順市末広町で開業した。

中嶋　喜作 ▷12

満鉄大連鉄道事務所大連埠頭計画主任、社員消費組合総代、満鉄庭球部幹事、日本軟球連盟委員、明治大学校友会幹事、山口県人会役員／大連市山手町／一八九四（明二七）三／山口県佐波郡富海村／明治大学法科

山口県中嶋岩吉の五男に生まれ、一九一九年明治大学法科を卒業して同年八月満鉄に入り埠頭事務所に勤務した。二七年一一月大連埠頭貨物助役、二八年五月同事務所助役、三二年八月輸出係輸出主任を歴職して三五年四月大連鉄道事務所大連埠頭計画主任となり、三六年一〇月副参事に昇任した。この間、満州事変時の功により従軍記章及び賜盃並びに建国功労賞、皇帝訪日記念章を授与され、三五年に一五年勤続の表彰を受けた。

中島銀次郎 ▷1

中島写真館主／大連市大山通／一八五八（安五）一二／大阪府大阪市東区高麗橋

本姓は三浦、旧尾張藩士の次男として名古屋に生まれ、一三歳の時に同藩士中島家の養子となった。藩校で英語、漢学、数学等を学んでいたが、維新の際に勤皇党として活動した実兄の三浦忠蔵が佐幕党の刺客に殺された事件をきっかけに学問を止め、農耕生活に入った。その後一八七六年に上京して鈴木真一の門に入って写真術を修め、八二年に独立して大阪市高麗橋で写真館を開き、第四師団や造幣局その他諸官衙の写真御用を務めた。日清戦争後の一八九五年、一家を挙げて台湾に渡り台北府前街で写真業を開業し、かたわら一九〇〇年に台湾総督府の臨時巴里大博覧会事務嘱託となり、パリ万国博覧会の出品物撮影に従事して褒賞を受けた。その後〇二年大阪に引き揚げ、〇三年に初めて大阪で開催される第五回内国勧業博覧会の需要を見込んで大阪市心斎橋通に写真館を開設し、博覧会修了後、〇五年五月日露戦中に渡満して大連市大山通に中島写真館を開業した。写真家としての雅号を喬木と称し、大連在住日本人草分けの写真師として知られた。

中島　啓七 ▷8

中島商店主／奉天／一八八一（明一四）五／岐阜県武儀郡菅田町

年少から東京に出て煉瓦製造に従事した。一九〇六年三月に渡満して京奉線新民屯で煉瓦製造業を開業したが、翌年廃業して鉄嶺の松茂洋行に入り、一〇年奉天に転勤した。一八年四月に独立して奉天鉄道西に中島煉瓦工場を開設し、翌年奉天窯業㈱と合併して工業部下請けとなった。二五年に再び松茂洋行に入り、工業部に属して事業を継続した。業務のかたわら居留民会評議員、消防組頭取、衛生組合長を務めた。

中島　健吉 ▷12

国務院水力電気建設局工務処員／新京特別市興亜胡同／一八八九（明二二）一〇／長崎県東彼杵郡大村町／熊本高等工業学校土木工学科

長崎県中島信近の六男に生まれ、一九一〇年熊本高等工業学校土木工学科を卒業し、同年七月芳谷炭坑会社に入った。姉妹会社の竹内鉱業会社及び茨城県無煙炭坑会社土木主任に歴職した後、朝鮮に渡って臨益南部水利組合技師となり、次いで京城工業専門学校助教授を経て東洋拓殖㈱に入社した。京城支店技師、京城技術員駐在所主任、土地改良部主任に歴任した後、三一年四月に依願退社した。その後三三年九月国務院総務庁嘱託となって渡満し、三四年七月国道局技佐・第二技術処に勤務した後、三七年一月水力電気建設局技佐・工務処勤務となった。この間、建国功労賞及び皇帝訪日記念章、大典記念章を授与された。

中島　健治 ▷12

浜江省双城県参事官／浜江省双城県公署／一八九九（明三二）九／宮崎県桃生郡十五浜村／京城帝大経済学部

宮城県中島留次郎の子に生まれ、一九一六年京城帝大経済学部を卒業して帰国し、「宮城毎日新聞」の記者となった。次いで中国山東省青島の棉花貿易会社、朝鮮運送会社等に勤務し、三二年六月黒龍江省公署事務官となって渡満し警務長特務科長に就いた。同公署理事官に進んだ後、龍江省公署事務官・警務長特務科長、浜江省公署理事官・警務長特務科長を歴任し、三七年二月浜江省双城県参事官に転任した。

中島　定夫　▷12

浜江省安達県参事官／浜江省安達県公署／一八九七（明三〇）七／福岡県筑紫郡大野村／福岡工業学校

一九一九年三月福岡工業学校を卒業して満鉄に入社した。一三年勤続した後、満州事変に際し三二年に営口自治指導員に転出した。次いで満州国官吏となり、営口県参事官を経て黒河省公署理事官に転任して民政庁行政科長を務めた後、三六年四月浜江省安達県参事官となった。

中島　三郎　▷12

満鉄煙筒山警務段警務副段長、在郷軍人会煙筒山分会役員、勲七等／吉林省煙筒山満鉄煙筒山警務段／一九〇三（明三六）三／兵庫県出石郡高橋村／陸軍戸山学校、法政大学夜学部

兵庫県中島増蔵の三男に生まれ、一九二〇年豊中中学校を中退した後、二四年一月近衛歩兵第二連隊に入営した。二五年下士官養成所及び陸軍戸山学校甲種生を修了し、さらに法政大学夜学部で修学して二六年一〇月歩兵軍曹となった。参謀本部、近衛師団司令部、独立守備隊司令部付等に歴勤して三四年一二月特務曹長となって予備役編入となった。その後三五年一二月満鉄鉄路総局に入り、新京警務段巡監を経て三七年四月煙筒山警務段警務副段長となった。運動を得意とし、第一回明治神宮大会陸上競技に出場した。

中島重太郎　▷5

中島救生堂主／ハルビン傅家甸／一八八三（明一六）／福島県

一八九一年ウラジオストクに渡り、雑貨商を営む伯父の下で働いた。九四年召集されて日清戦争に従軍し、戦後九七年にウラジオストクに戻り雑貨商を独立経営した。一九〇〇年ハルビンに移転して料理屋を開業したが、〇四年に日露戦争が始まり再び召集されて従軍した。戦後三度びウラジオストクに渡って牛骨商と農園業を営んだが、経験不足のため二つとも失敗し、一一年再度ハルビンに赴いて中島救生堂の名で薬房を開業した。

中島次三郎　▷12

ハルビン高等女学校教頭、従七位／ハルビン馬家溝市営住宅／一八九四（明二七）一／福岡県三潴郡大莞村／福岡県師範学校、立正大学専門部

福岡県師範学校を卒業して三潴郡の小学校訓導を務めた後、上京して東京、横浜の小学校に勤務し、かたわら文部省中学教員検定試験に合格し、立正大学専門部を卒業して愛媛県越智中学校教諭兼舎監となった。その後渡満してハルビン高等女学校教諭に転じ、後に教頭に就いた。

中島　彰一　▷12

満鉄牡丹江工務段工事助役／牡丹江満鉄工務段／一九〇〇（明三三）八／東京府東京市王子区稲付町

東京府中島辰五郎の長男に生まれ、長く満鉄に勤続して一九三五年二月吉林省の敦化工務段建築副団長に累進した。次いで三七年一月牡丹江工務段に転勤し、工事助役に就いた。

中島　信治　▷12

ハルビン郵政管理局監察処長、従七位勲八等／ハルビン郵政管理局階上官舎／一八九七（明三〇）九／岐阜県岐阜市杉山町／県立岐阜中学校

岐阜県中島忠作の長男に生まれ、一九一五年県立岐阜中学校を卒業した後、一七年八月逓信官吏練習所行政科を修了して為替貯金局書記補となった。下関為替貯金支局、大阪為替貯金支局に歴勤して一九年為替貯金局書記となり、二〇年東京貯金局監督課に勤務した。次いで兼通信書記・東京中央郵便局勤務、貯金局調査課勤務、専任貯金局書記・調査課第一調査係長、調査課物品保管主任、業務課兼貯金整理課勤務、集計課総算係長、第一貯金課調査係長を歴任し、三五年一月通信局事務官に進んで東京通信局臨時在勤となった。その後三五年二月国務院交通部郵政管理局事務官兼外交部事務官に転出して渡満し、新京郵便管理局に勤務して交通部郵政司集計科長を兼務した後、三六年一一月ハルビン郵政管理局監察処長に就いた。この間、三五年に皇帝訪日記念章を授与された。

中島信太郎 ▷12

㈴大東洋行代表社員、図們商工会議所会頭、図們内地人民会会長、図們防護団副団長、図們材木商組合長／間島省図們春風街／一八九四（明二七）三／高知県幡多郡下田町

高知県中島金之助の長男に生まれ、一九一七年鈴木商店に入り安東県在勤となって渡満した。二七年に退社して翌年から朝鮮で大二商会を経営した後、三一年間島省竜井村に転住した。三四年さらに図們に移り、大東洋行を設立して木材卸商を経営した。年商三〇万円を超え、図們有数の経済人として同地の商工会議所会頭、材木商組合長、内地人民会会長、防護団副団長など多くの公職に就いた。

中島　右仲 ▷11

撫順倉庫会社代表者／奉天省撫順東四条通／一八七五（明八）九／長野県埴科郡中之条村

早くから中国問題に関心を持ち、上京して東亜同文会本部の事務員となった。その後宮崎滔天の南洋視察に随行してタイに渡り、バンコックに留まって平林某と日タイ貿易に六年従事した。一九〇四年に日露戦争が始まると中国に渡り、陸軍用達業を始め、かたわら煉瓦製造、精米業を営んだ。戦後は撫順で農業と石炭販売業を経営して満州における水田商租中国官憲公認の先鞭を付け、撫順倉庫会社代表者のほか、撫順市場会社及び撫順印刷会社等の重役を務めた。

中島　清吉 ▷7

満州医科大学講師／奉天／一八九三（明二六）一二／鹿児島県出水郡野田村／熊本九州薬学専門学校

熊本の九州薬学専門学校に入学し、一九一七年の卒業とともに一年志願兵として入営した。除隊後一九年に渡満し、奉天化学工業㈱に入社し、後に満州医科大学の講師となった。

中島　孝夫 ▷9

北満電気㈱営業課長／ハルビン埠頭区水道街／一八九二（明二五）八／佐賀県神埼郡蓮池村／早稲田大学商科

一九一六年七月、早稲田大学商科を卒業して満鉄に入社した。一八年四月北満電気㈱創立事務長としてハルビンに派遣され、同社設立後に満鉄在籍のまま営業課長に就いた。

中島　専重 ▷9

奉天建築事務所主／奉天春日町／一八八一（明一四）八／長崎県北松浦郡平戸町

佐世保鎮守府建築課に八年勤めた後、一九〇六年五月朝鮮に渡り木浦で建築製図設計及び工事請負業を営んだ。〇九年韓国政府に招請されて内務部に勤務したが、一〇年に東洋拓殖㈱に転じて京城本店に勤務した。一二年さらに李太王職に転じたが、一九年に李太王が死去したため国葬墓地竣工を機に辞職し、同年七月に渡満して奉天春日町に奉天建築事務所を開設し、建築設計・施行請負業を経営した。

中島　忠毅 ▷12

伊勢忠商店主／浜江省牡丹江昌徳街／一九一三（大二）／兵庫県朝来郡竹田町／高等小学校

兵庫県中島吉十郎の子に生まれ、郷里の竹田尋常高等小学校を卒業した後、二七年五月大阪の前田株式店に奉公した。三五年五月に渡満して伊藤義生と共同でハルビンに伊勢忠商店を開設したが、同年六月牡丹江に移転して公債・株式売買業を独立経営した。店員四人を使用し、東部満州一円に取引先を持った。

永島　忠道 ▷13

満州畜産㈱専務取締役／一八九一（明二四）／神奈川県久良岐郡金沢村／東京帝大農学部

一九一八年東京帝大農科大学を卒業して農事試験場に入ったが、同年一二月一年志願兵として東京の輜重兵第一大隊に入営した。一九年一一月に除隊して農商務省に入り、副業に関する事務取扱嘱託、産業組合に関する事務取扱嘱託、東京高等蚕糸学校講師、農商務省技手、農務局勤務兼東京高等蚕糸学校教授、農林技手農務局勤務、農林省経済更生部兼務を経て、三五年満州国臨時産業調査局技正に任じられて渡満した。調査部勤務、蔵政部勧業司長、産業部技正を歴任して簡任二等に進み、退官して満州畜産㈱専務取締役に就任した。

中島　種吉 ▷3

満鉄技術局土木課職員兼南満州工業学校講師／大連市近江町／一八

七九（明一二）二／福岡県八女郡三河村／第五高等学校工学部土木科

福岡県中島喜太郎の子に生まれ、一九〇二年七月第五高等学校工学部土木科を卒業して新潟県庁土木課に勤務した。〇六年七月九州鉄道㈱工務課に転じた後、〇八年四月に渡満して満鉄開業とともに入社し、技術局土木課に勤務して南満州工業学校講師を兼務した。

永島　頼　▷12

満鉄ハルビン鉄路監理所監理員／奉天省瓦房店大和街／一八九二（明二五）三／静岡県磐田郡笠西村／満鉄鉄道教習所運輸科

静岡県海軍技手永島成也の次男に生まれ、一九〇七年一一月横須賀海軍工廠造兵部に入った。その後渡満して一〇年九月満鉄従事員養成所を修了し、運転部運転課に勤務した後、安東駅、瓦房店駅に勤務した。一七年山東鉄道に派遣され、青島守備軍鉄道部営業課勤務兼鉄道従事員講師、総務課勤務を経て二三年二月山東鉄道の還付とともに残務委員を務め、同年九月満鉄に復帰して安東駅に勤務した。次いで二六年五月瓦房店保線区庶務助役を経て鉄嶺保線区、羅津建設事務所、ハルビン鉄路局人事科、北満鉄路残務整理事務所に歴勤し、三六年一〇月ハルビン鉄路監理所監理員となった。

長島　長治　▷12

吉林税務監督署員／吉林税務監督署／一九〇二（明三五）七／福島県耶麻郡喜多方町／東京帝大農学部農芸化学科

福島県長島新九郎の五男に生まれ、一九三〇年三月東京帝大農学部農芸化学科を卒業し、同年六月西宮市の長部文次郎商店醸造部に勤務した。その後三五年吉林税務監督署嘱託に転じて渡満し、新京出張所に勤務した。次いで三六年税務監督署技佐に進み、国務院財政部技佐・財政部税務部兼務となった。

中島常次郎　▷11

特産輸出業・金銀両替商／大連市山県通／一八八七（明二〇）七／奈良県高市郡真菅村／関西大学中退

奈良県の農業に生まれ、一九〇六年関西大学に入学した。〇八年に退学して神戸の満州商業㈱に入り、翌年二月大連支店詰となって渡満した。一二年に㈱直木商店出張所となり、さらに㈱直木洋行と改称された後も勤続し、一九年に支配人となった。二四年四月に退社し、大連市山県通に中島常次郎商店を創設して特産輸出業を営み、二六年から金銀両替商の義升福銭荘を兼営した。

中島　鉄　▷12

国務院営繕需品局需品処用度科長／新京特別市清和街／一八九一（明二四）一二／千葉県千葉市栄町／陸軍経理学校

東京市小石川区に生まれ、一九一五年陸軍経理学校を卒業して陸軍三等主計に任官した。以来各地に勤務して二四年に一等主計となり、第九師団、陸軍歩兵学校、第一師団経理部等に歴勤し、主計少佐に累進して予備役編入となった。その後三三年六月国務院総務庁事務官となって渡満し、需用処総務科長兼用度科長を務めて理事官に進み、三五年一月官制改正により営繕需品局理事官・需品処用度科長となった。

長島　通　▷12

朝鮮勧農㈱図們駐在員／間島省図們銀河街／一八八八（明二一）一一／茨城県北相馬郡文間村／中学校

茨城県長島泰亮の子に生まれ、県立中学校を卒業して台湾に渡った。同地の学校を卒業して三井に入社し、台湾に多年勤続した。その後朝鮮勧農㈱に転じ、一九三六年五月同社図們駐在員となって渡満した。

中島　時雄　▷12

国務院土木局図們建設処長、図們商工会議所顧問、正六位／間島省図們土木局図們建設処／一八九七（明三〇）四／東京府東京市小石川区金富町／東京帝大工学部土木工学科

早稲田中学校、第一高等学校を経て一九二二年三月東京帝大工学部土木工学科を卒業し、東京市技手として電気局に勤務した。同年一年志願兵として中野電信隊に入営し、除隊後に帝都復興院土木局嘱託を経て復興局技師となり、次いで復興事務局技師、内務技師を歴任した。その後三三年五月国務院国道局技正に転じて渡満し、新京国道建設局工務科長を務めた後、三七年一月土木局図們建設処長となった。この間、建国功労賞及び大典記念章を受章した。

中島　俊雄　▷12

奉天郵政管理局長、正七位／奉天商埠地／一八九八（明三一）二／石川県金沢市新坂町／東京帝大法学部政治学科

第四高等学校を経て一九二二年三月東京帝大法学部政治学科を卒業して逓信局書記兼通信属となった。次いで二五年に文官高等試験に合格し、二七年五月東京中央電信局在勤兼逓信官吏練習所教官心得、三〇年六月通信事務官・熊本逓信局在勤を経て三二年四月鹿児島郵便局長となった。次いで同年六月逓信省書記官に進んで工務局に勤務した後、同年七月奉天電政管理局長に転出して渡満し、三三年九月奉天郵政管理局副長を経て三六年四月同局長に就いた。この間、昭和大礼記念章及び建国功労賞、大典記念章を授与された。

中島　利次　▷12

満鉄図們警務段巡査、図們在郷軍人分会評議員、勲七等／間島省図們白鳳街／一九〇〇（明三三）四／福島県相馬郡飯倉村／仙台逓信局通信講習所

福島県中島庄左衛門の長男に生まれ、県立相馬農蚕学校四年を修了した後、仙台逓信局通信講習所を修了した。平郵便局勤務中に徴兵されて仙台の歩兵第二九連隊に入営し、憲兵に転科して曹長に累進した。一九三六年二月に渡満して満鉄鉄路総局に入り、図們警務段巡査となった。この間、二三年九月の関東大震災時に憲兵として活動した功により功績章を受けた。

中島比多吉　▷11

関東庁翻訳官、従五位勲三等／旅順市赤羽町／一八七六（明九）一一／埼玉県南埼玉郡久喜町／東京外国語学校支那語科

埼玉県中島慶太郎の七男として東京神田に生まれ、一九〇〇年東京外国語学校支那語科を卒業した後、〇二年清国保定警務学堂教習に招聘されて北京に渡った。〇四年二月日露開戦とともに陸軍通訳官に任じられて渡満し、満州義軍付として特別任務に従事した後、同年七月満州軍司令部付となった。戦後〇六年から保定軍官学堂翻訳官を務め、一一年奏任待遇の天津駐屯軍陸軍通訳に任じられ、次いで一四年一月陸軍通訳官を経て二三年三月関東庁翻訳官となった。⇒二九年一月奉天城占拠計画事件に関与したほか種々の裏面工作に従事し、三一年九月満州事変の勃発に際して関東軍事務嘱託となり、三五年四月皇帝溥儀の訪日に際し国務院総務庁嘱託として随行した。四七年一二月没。囲碁は日本棋院二段の腕で、夫人松子との間に二男五女があった。父慶太郎は撫山と号して漢学を教授し、甥の中島敦は漢学の素養を基にした小説「山月記」「李陵」等の作家として知られた。

長島　汎　▷12

満鉄新站工務段威虎嶺分段保線助役／吉林省威虎嶺満鉄新站工務段分段／一八九五（明二八）二／埼玉県南埼玉郡綾瀬村／岩倉鉄道学校本科建築科

埼玉県長島英太郎の四男に生まれ、一九一四年岩倉鉄道学校本科建築科を卒業して鉄道院に入り新津保線事務所に勤務した。仙台保線事務所に転勤した後、筑豊電気軌道㈱技手、南海鉄道㈱技士、横浜市電気局軌道保線手、武州鉄道会社技手・軌道係主任を歴職した。その後渡満し、西本組及び榊谷組に属して熱河線第五工区軌道敷設工事に従事した。三三年一一月満鉄に入社して建設局工事課に勤務し、敦化工務段長、吉林鉄路局保線科工務員を経て三七年三月新站工務段威虎嶺分段保線助役となった。この間、満州事変時の功により従軍記章を授与された。元盛岡市会議員兼平市太郎の孫野江を夫人とし、四男四女があった。

中島　文次　▷12

満鉄大連鉄道事務所営業課船舶係主任、勲七等／大連市桜町／一八八七（明二〇）四／佐賀県杵島郡小田村／佐賀県立商船学校

佐賀県中島甚太郎の三男に生まれ、一九〇九年三月に間瀬三郎所有の帆船東洋丸の修業生となり、次いで大阪商船の汽船新竹丸、同しあとる丸等に乗務した。かたわら佐賀県立商船学校に学んで一二年に卒業し、岡崎汽船の日南丸、原田商行の青島丸の三等運転士を務めた。一四年六月満鉄に転じて埠頭事務所に勤務した後、一九年一〇月船舶課、二〇年七月海運課、二三年五月埠頭事務所庶務課兼務を経て二七年一一月大連埠頭貨物助役となった。二九年一月港湾荷役作業と施設調査のため三ヶ月間ヨーロッパに出張した後、二九年一〇月大連埠頭第三埠頭主任、三〇年六月埠頭事務所勤務、三五年四月大連鉄道事務所営業課勤務、同年六月同課船係主任を経て三七年四月副参事となり、同時に待命総局勤務となったが、同年五月に病死した。この間、満州事変時の功により勲七等従軍記章、及び建国功労賞、皇帝訪日記念章を授与され、三〇年に一五年勤続の表彰を受けた。

中島　平治　▷12

中島機械事務所主／大連市栄町／一八九〇（明二三）四／兵庫県朝来郡竹田町／関西商工学校、工手学校機械科

兵庫県中島安蔵の三男に生まれ、関西商工学校を経て東京築地の工手学校機械科を卒業した。一九〇八年大蔵省建築課に勤務した後、一六年七月関東都督府技師となって渡満した。一九年に退官して勝本機械事務所に転じ、会社、銀行、邸宅等の煖房、衛生、通気工事の設計施工に従事した。その後二五年一月に独立して大連恵比須町に中島事務所を創立し、関東局、満鉄、関東軍、満州国の指定請負人及び東京液体燃料㈱総代理店として冷暖房、水道・衛生設備の設計施工業を経営した。後に重油燃焼機の販売業も兼営し、上記のほか満州中央銀行、駐満海軍部、大使館、満鉄傍系各社等を得意先とし、日本人五〇人、中国人四五〇人を使用して年請負高六五万円に達した。

中島　真雄　▷4

盛京時報社長／奉天大西関／一八六一（万一）二／山口県吉敷郡山口町

山口県萩に生まれ、一八七七年上京して叔父の三浦梧楼の家に寄宿した。一八九一年春に日清貿易研究所の荒尾精に随行して上海に渡り、貿易研究所の仕事に従事するかたわら中国語の研鑽を積んだ。福州に赴くことを企てたが、九四年七月日清開戦により同地に留まり、商品陳列所の後始末をして同年九月に帰国した。郷里の長周日報の従軍記者となって満州に渡り、威海衛陥落とともに帰国した。戦後九五年八月陸軍通訳として台湾に渡ったが、同年一〇月叔父の三浦が閔妃暗殺事件で拘留されると急遽帰国し、三浦が投獄された広島に滞在した。八重山島に赴き荒尾の事業整理に一年従事した後、九八年福州に渡って東亜同文会福建支部長となり、日本語学校の東文学堂を設立した。かたわら前田彪、井手三郎らと雑誌「福報」を買収して隔日間の新聞「閩報」と改称して発行した。〇一年三月北京に移り、同年一二月飯塚松太郎の資金援助を得て日刊紙「順天時報」を創刊した。日露戦争後の〇五年七月、外務省の慫慂により「順天時報」を同省系の上野岩太郎に譲り、営口軍政長官の与倉喜平陸軍少佐の勧めにより営口で日刊紙「満州日報」を創刊した。さらに〇六年一〇月奉天に「盛京時報」を興し、翌年一〇月には「満州日報」も奉天に移したが翌春廃刊し、「盛京時報」の経営に専念した。その後一八年に奉天でモンゴル語の週刊紙「蒙文報」、二二年にはハルビンで「大北新報」を発刊したが、二五年一一月「盛京時報」を満鉄に譲渡して新聞界から引退し帰国した。一九四三年八月没。著書に『対支回顧録』『続対支回顧録』がある。

中島　光治　▷12

満州航空㈱総務部付兼営業課勤務／奉天雪見町／一八八七（明二〇）五／愛知県中島郡起町／陸軍工科学校

愛知県中島六兵衛の次男に生まれ、陸軍工科学校を卒業して一九一五年砲兵少尉に任官した。以来各地に勤務して三三年五月航空兵大尉に累進し、同年五月予備役編入となった。同年六月に渡満して満州航空㈱に入社し、総務部企画課に勤務した後、三六年四月総務部付兼営業課勤務となった。

中島三代彦　▷11

鴨緑江製紙㈱取締役／安東県鴨緑江製紙㈱社宅／一八八三（明一六）二／長崎県北高来郡諫早町／東京帝大法科大学大学院

長崎県医師中島慎一郎の長男に生まれ、一九一〇年東京帝大法科大学を卒業した。引き続き大学院に学び、一二年に卒業すると大川平三郎に招聘されて九州製紙㈱に入社した。一九年に社命で安東に赴いて鴨緑江製紙㈱の創立に参与し、同社成立と同時に理事に就いた。二二年には樺太工業㈱八代工場建設所長兼務となって一時帰国したが、工場完成後の二六年鴨緑江製紙㈱取締役に就任して安東に帰任し、業務のかたわら安東地方委員、商工会議所常議員を務めた。

中島　宗一 ▷12

満鉄新京支社業務課長兼経済調査委員会委員、満州特産中央会参与、正八位勲五等／新京特別市満鉄支社／一八九二（明二五）五／島根県美濃郡中西村／東京帝大法科大学英法科

島根県中島利右衛門の次男に生まれ、東京帝大法科大学英法科に入学し、在学中の一九年に一年志願兵として兵役を済ませた。二一年に卒業して満鉄に入り総務部調査課に勤務し、二八年一二月社命で欧米に留学した。三一年四月に帰社し、殖産部商工課、地方部庶務課勤務を経て三二年一月経済調査会の設置とともに第四部主査となった。次いで関東軍司令部事務嘱託を経て参事に昇進し、三六年一〇月に産業部が発足すると資料室主事となり、満州資源館長事務取扱と経済調査委員会委員を兼任した。その後三七年四月新京支社業務課長となり、経済調査委員会委員を兼任した。この間、満州事変時の功により勲五等瑞宝章を授与され、三六年一一月大連市会議員に当選して産業委員及び同市公会堂建設調査臨時委員、同市産業委員、予算委員を務め、三九年四月任期中に辞任した。

中島　盛彦 ▷4

日本官煙専売所ハルビン出張所主任／ハルビン、プリスタン日本官煙専売所／一八八〇（明一三）八／佐賀県佐賀市岸川町／泰西学館中退

佐賀県の旧鍋島藩士の子に生まれ、郷里の高等小学校を卒業した後、一八九二年父母に伴われて大阪に転居し泰西学館に学んだ。一九〇二年に単身上京して鍋島侯爵の家令をしていた親戚の深川亮義の家に寄食し、英文および簿記学を修めた。〇四年に同郷先輩の斡旋で外国煙草輸入業の江副商会に入り、九七年に煙草専売法の施行により同社が官煙口付及び両切の一手輸出販売の特許を得ると牛荘支店詰となって渡満した。一〇年八月に会社組織となった後は吉林出張所主任として二年、大連出張所主任として二年、鉄嶺、奉天等の主任として四年を勤め、一五年五月ハルビン出張所主任に就いた。

永島　裕 ▷12

満鉄撫順炭砿機械工場庶務係主任、社員会評議員、社員消費組合総代／奉天省撫順北台町／一九〇二（明三五）九／千葉県君津郡来田村／早稲田大学法学部

千葉県永島山吉の次男に生まれ、荏原中学校、早稲田大学専門部経済科を経て一九三〇年三月同大学法学部を卒業して満鉄に入り、準職員として撫順炭砿庶務課事務に勤務した。三一年三月大山採炭所事務手に転任して同年四月職員に昇格し、三四年一〇月撫順炭砿経理課勤務を経て三六年一二月機械工場庶務係主任となった。この間、満州事変時の功により従軍記章及び大盾を受け、満州国協和会評議員、社員会評議員、社員消費組合総代を務めた。

中島　亮作 ▷14

大連窯業㈱社長、大連硝子㈱社長／大連市榊町／一八八一（明一四）四／千葉県長生郡土睦村／東京高等商業学校専攻科

千葉県農業中島桂次郎の次男に生まれ、一九〇六年東京高等商業学校専攻科を卒業した。一年間教職に就いた後、〇七年一一月に渡満して満鉄に入り、経理部用度課購買係となった。累進して同課次席から課長に進み、技術部庶務課長、経理部会計課長、社長室審査役等を歴任した。この間、購買事務視察のため南支南洋を巡遊したほか一八年一月から翌年二月まで欧米に出張して鉄道経理事務を視察した。二五年七月満鉄の窯業工場が大連窯業㈱として分離独立すると社長に就任し、二八年一一月ガラス製造部門を分離して南満州硝子㈱を設立して社長を兼務した。業務のかたわら二四年一一月から二八年一〇月まで大連市会議員を二期務めた。

中城　敏 ▷12

満鉄鉄道総局庶務課事務嘱託、関東軍鉄道線区司令部事務嘱託、正八位勲八等／奉天平安通／一九〇二（明三五）四／宮崎県北諸県郡山吾村／宮崎県立都城中学校

宮崎県中城嘉次郎の四男に生まれ、一九二〇年三月県立都城中学校を卒業して渡満し、満鉄鉄道教習所を修了して四平街駅貨物方となった。次いで在職のまま一年志願兵として都城の歩兵第六四連隊に入隊し、曹長に進級して四平街駅貨物方に復職した。以来、新京列車区四平街分区車掌、平頂堡駅助役、南関嶺駅助役、本社鉄道部庶務課勤務に歴勤し、三一年九月満州事変に際し

関東軍に派遣されて臨時鉄道線区司令部事務嘱託、関東軍鉄道線区司令部事務嘱託を務めた。三六年八月家事都合で退社したが、三七年二月事務嘱託として満鉄に戻り、関東軍鉄道線区司令部事務嘱託を兼務した。この間、満州事変時の功により勲八等瑞宝章及び従軍記章、建国功労賞を授与され、三六年四月勤続一五年の表彰を受けた。

長瀬銀次郎　▷12

錦州高等検察庁書記官／錦州省錦県錦州高等検察庁／一八九二（明二五）一／愛知県名古屋市西区押切／中京法律学校中退

一九一一年中京法律学校二年を中退し、一二年三月裁判所書記登用試験に合格して名古屋地方裁判所書記となった。次いで関東庁法院書記兼任となって渡満し、同庁警務局警部等を歴職した。その後三三年七月満州国最高検察庁書記官に転出し、奉天高等検察庁書記官を経て三六年一一月錦州高等検察庁書記官に転任した。この間、昭和大礼記念章及び建国功労賞、大典記念章、皇帝訪日記念章を授与された。

中畝　庫三　▷12

国際運輸㈱図們支店運輸係主任／間島省図們春風街国際運輸㈱支店／一八九六（明二九）七／埼玉県秩父郡樋口村

一九一一年東京市の江戸商会に入り、貿易業に従事した。一六年一二月徴兵されて宇都宮の歩兵第六六連隊に入営し、上等兵に進んで除隊した後、召集されてシベリア出兵に従軍した。その後二三年吉田運輸会社に入り、清津支店、三峰出張所に勤務した後、二五年同社が国際運輸㈱に併合され、国際運輸㈱潼関、鐘城の各営業所主任を務めた。三一年さらに朝鮮運送会社に業務が継承されて同社訓戒、南陽の各営業所主任を務めた後、三四年二月再び国際運輸㈱の傘下に入り、雄基、図們の各支店主任、南陽営業所主任を歴任し、三六年一一月図們支店運輸係主任となった。

中園　数人　▷12

満鉄新京機関区工作助役、社員会評議員、社員消費組合総代、勲八等／新京特別市露月町／一八九七（明三〇）五／福岡県八女郡忠見村

福岡県中園春次の次男に生まれ、一九一二年三月三菱造船所に入り、一四年五月長崎紡織会社に転じて電気課に勤務した。次いで一六年五月東洋紡績に転じて八軒家工場に勤務し、さらに一八年四月官営八幡製鉄所に転じた。その後二一年三月に渡満して満鉄に入り、安東機関区に勤務した。二八年三月大連機関区に転勤した後、三五年五月新京機関区に転勤して工作助役となった。この間、満州事変時の功により勲八等従軍記章及び建国功労賞、皇帝訪日記念章を受けたほか、三六年四月勤続一五年の表彰を受け、社員会評議員、消費組合総代を務めた。

中園鉄兵衛　▷12

満鉄敦化検車分段長、敦化鹿児島県人会幹事、勲八等／吉林省敦化局宅／一八九一（明二四）一二／鹿児島県薩摩郡上東郷村

鹿児島県中園嘉平次の三男に生まれ、一九一一年徴兵されて熊本の第六師団歩兵第二三連隊に入営し、満期除隊後一四年に上京して浅草区永住町に居住した。次いで一六年に渡満して本渓湖煤鉄公司に入り、勤務のかたわら語学校に学んだ。一八年に退職して中国全土を周遊した後、翌年満鉄に入り橋頭検車区に勤務し、二五年一一月郭松齢事件に際し召集されて軍務に就いた。三一年九月満州事変が勃発すると軍隊輸送に従事し、三二年八月満州国指導員として敦化機務段に派遣された。三四年八月検車段設立と同時に図們検車段に編入されて敦化駐在所勤となり、三六年七月分段への昇格とともに敦化検車分段長に就いた。この間、満州事変時の功により勲八等及び従軍記章、建国功労賞を受け、三六年四月松岡総裁より銀盃三組を授与された。

中園　米吉　▷11

石炭商、勲八等／旅順市鯖江町／一八九一（明二四）一〇／福岡県三潴郡大善寺村／福岡県立中学明善校中退

福岡県中園佐太郎の長男に生まれ、久留米の明善中学校を中退した。一九一七年に渡満して関東都督府巡査となったが、二六年に退官して旅順で石炭商を営んだ。

中田卯吉郎　▷8

改良軒主／奉天住吉町／一八八二

（明一五）一一／大阪府大阪市北区西野田大野町

日露戦中の一九〇五年八月京城に渡り、用達業と印刷業を兼営し、京城用達業組合長を務めた。一八年に渡満して同年一二月奉天に赴き、翌年二月同地で飲食店を開業した。後に目抜き通りの住吉町にキリンバー改良軒として移転し、経営のかたわら奉天飲食店組合長を務めた。二五年に増築して日本間と全市街を一望できる屋上庭園を設け、料理、諸設備とも奉天一流の西洋料理店として知られた。

長田吉次郎 ▷11

満鉄鞍山製鉄所職員、勲七等／旅順市青葉町／一八八〇（明一三）五／長野県西筑摩郡吾妻村／長野県立飯田中学校

長野県農業長田周吉の長男に生まれ、一九〇〇年県立飯田中学校を卒業した。〇三年参謀本部の特別任務を帯びて渡満し、日露戦争後に関東庁嘱託となった。その後退官して一時請負業を営んだが、陸軍通訳官に戻り、さらに満鉄に転じて鞍山製鉄所に勤務した。この間、中国の第一次革命に際し中国革命党員に同伴して華南を巡遊した。

中田喜之助 ▷12

大信洋行㈱庶務支店係主任／大連市白菊町／一八九三（明二六）四／高知県吾川郡伊野町／高知市立商業学校

高知市立商業学校を卒業し、神戸の鈴木商店に入った。一〇年勤続した後独立自営したが、程なく廃業して京都の山科精工所、大阪糖業組合書記長を歴職した。その後渡満して大連の大信洋行㈱に入り、後に庶務支店係主任となった。

永滝　久吉 ▷9

正隆銀行常務、安田保善社協議員、東京建物㈱取締役、台湾製麻㈱取締役、満州興業㈱取締役／大連市但馬町／一八六六（慶二）一二／新潟県北蒲原郡新発田町／専修学校、英吉利法律学校

上京して専修学校と英吉利法律学校に学び、一九〇〇年文官高等試験に合格して外務省試補となった。釜山、仁川、サンフランシスコ、シカゴ、シドニー、漢口、上海、ハワイ等に赴任して総領事に累進したが、その後辞職して安田保善社協議員に転じた。一九二一年一月、安田銀行傘下の正隆銀行常務となって渡満した。

永田　金吾 ▷12

奉天郵政管理局電政処員、従七位／奉天木曽町／一八八八（明二一）一一／神奈川県横浜市神奈川区御殿町／海城中学校

神奈川県永田元吉の長男に生まれ、一九〇七年私立海城中学校を卒業し、〇八年徴兵検査に合格して兵役に服した。陸軍上等看護兵として満期除隊し、一一年一二月横浜通信管理局通信工手となり、工務課及び機械課に勤務した。次いで一九年一月逓信局技手に進み、東部通信局工務部機械課機械係として横浜に在勤した後、二〇年一〇月臨時電信電話建設局技手兼任、二六年三月横浜長者町電話分局駐在主査を歴任した。三四年六月高等官七等・逓信局技師に累進した後、国務院交通部郵政管理局技正に転出して渡満し、同年七月の官制改正により技佐として奉天郵政管理局電政処に勤務した。

永田　健助 ▷12

永田洋行主／間島省図們銀河街／一九〇四（明三七）五／山口県防府市三田尻町／高等小学校

本姓は別、後に永田アキの養子となった。一九一九年三月郷里の華浦尋常高等小学校を卒業して朝鮮に渡り、清津の図們江林業会社に勤務した。四年後に独立して木材業を営み、その後三二年に渡満して図們で建築材料商を経営した。佐官材料を主として清津及び日本国内より仕入れ、東満州の京図線沿線と牡丹江方面を販路とし、年商一二万円を計上した。

永田　幸太 ▷4

永田写真館主／ハルビン、プリスタン／一八七七（明一〇）／長崎県南高来郡西有家村

二〇歳の時ウラジオストクに渡り、以来長くシベリアで生活した。一九〇四年日露戦争が始まると一旦帰国したが、戦後再びシベリアに渡り、ハバロフスク及びウラジオストクで写真業を始めた。一九一二年ハルビンに移り、埠頭区に永田写真館を開いた。

仲田　三郎 ▷12

東亞号薬房主、東亞窯業公司主／新京特別市吉野町／一八八五（明一八）一二／富山県上新川郡浜黒

崎村／明治薬学専門学校

富山県仲田三治の長男に生まれ、明治薬学専門学校を卒業した後、一九一三年に渡満して長春の田中薬房に入った。一四年に独立して吉林省双城堡に東亞号薬房を開業し、二〇年に長春吉野町に移転した。その後三三年新京永楽町に支店を開設し、さらにこれを営業所として東亞窯業公司を設立して煉瓦製造業を兼営した。

永田　三六 ▷11

満鉄衛生研究所血清科職員医師／大連市菫町／一九〇三（明三六）六／滋賀県蒲生郡金田村／南満医学堂

滋賀県永田小三郎の三男に生まれ、一九〇九年四月、六歳の時に渡満した。二六年南満医学堂を卒業し、満鉄衛生研究所で血清学の研究に従事した。

中田　静雄 ▷12

中田内科医院長／大連市大正通／一八九一（明二四）一／広島県佐伯郡草津町／愛知医学専門学校

広島県の三等郵便局長中田林右衛門の六男に生まれ、一九一六年愛知医学専門学校を卒業して広島県立病院に勤務した。次いで二〇年六月に渡満し、大連市磐城町の田辺医院に勤務した後、二二年末に沙河口で内科医院を開業した。その後三〇年五月大正通に移転し、医員四人を擁して診療に従事した。業余に米岳と号して都山流尺八と絵画を趣味とした。

永田　正吉 ▷9

鴨緑江採木公司理事長、正四位勲三等／安東県鴨緑江採木公司社宅／一八六五（慶一）一／東京府豊多摩郡大久保町／帝国大学農科大学

一八八六年帝国大学農科大学を卒業し、翌年農商務省に入った。九一年三月林務官に任じられて長野大林区署長となり、以来熊本、青森、鹿児島の各大林区署長を歴任し、この間一九〇三年七月林業視察のため欧米各国に一年間出張した。〇八年一二月から再び青森大林区署長を務めた後、一四年三月台湾総督府阿里山作業所長に転出し、一五年七月同府営林局長となった。一七年五月、鴨緑江採木公司理事長となって渡満した。

中田　正蔵 ▷2

旅順公学堂長、旅順図書館評議員、従七位勲七等／旅順市善通寺町公学堂長官舎／一八八七（明二〇）一二／宮城県遠田郡田尻町／宮城県師範学校一部

宮城県の農家に生まれ、一九一〇年三月宮城県師範学校一部を卒業して県下の各小学校、実業補習学校の訓導を歴職した。その後一七年七月に渡満して沙河口小学校教員となり、旅順師範学堂訓導、大連西崗子公学堂教諭、同大連秋月公学堂長兼務を経て三五年四月旅順公学堂長となった。

永田　省三 ▷8

永田商店主／奉天西塔大街／一八九二（明二五）二／大阪府大阪市此花区今開町

一九一四年久原鉱業所に入って四年勤めた後、一八年に渡満して本渓湖煤鉄公司に入った。二〇年に退社して奉天に移り、西塔大街で石炭販売業を営んだ。経営のかたわら大阪工業倶楽部、日本鉱業会、日本燃料協会の会員として燃料研究に取り組んだ。

永田善三郎 ▷10

代議士、関東報社長、永田鉱業会社社長／東京市牛込区市谷加賀町／一八八五（明一八）五／静岡県周智郡久努西村／早稲田大学政治経済科

郷里の中学校から早稲田大学に進み、一九〇八年政治経済科を卒業して台湾日日新聞社に入った。一一年九月、満鉄の意を受けて台湾日日新聞社社長から満州日日新聞社社長に転じた守屋善兵衛の招きで渡満し、同紙政治経済部長に就いた。一三年に辞任して大連汽船㈱に入り天津出張所主任に就いたが、翌年退社して永田鉱業会社を設立し、大石橋で滑石採取事業に従事した。かたわら一九年に共同で関東州製鉄㈾を設立し、周水子に溶鉱炉を造り製鉄業を営んだ。二〇年五月郷里の静岡県から衆院選挙に立候補したが落選して大連に戻り、同年七月漢字新聞「関東報」社を買収して経営に当たった。二一年夏の朝鮮銀行総会で内部腐敗を暴いて名を挙げ、二四年五月の衆院選に再立候補して当選を果たした。

永田善太郎 ▷12

満鉄四平街保線区保線助役／奉天省四平街南四条通／一八九七（明三〇）二／鹿児島県鹿児島郡谷山町

鹿児島県永田善之助の長男に生まれ、一九一四年七月九州鉄道管理局熊本保線事務所に入った。一七年一二月徴兵されて熊本の第四五連隊に入営し、除隊後二〇年一月満鉄に入り四平街保線区楊木林在勤となった。次いで開原保線区請河・高台子・中固、鉄嶺保線区馬仲河・新台子、四平街保線区泉頭・丁場各在勤を経て三五年四月四平街保線区保線工長となり、同線路員を経て三七年三月四平街保線区保線助役となった。この間、満州事変時の功により勲八等に叙せられ、三五年四月勤続一五年の表彰を受けた。

永田　武臣 ▷12

横浜商会主、佳木斯日本商工会議員／三江省佳木斯／一八九七（明三〇）三／福岡県糸島郡今宿村

早くから渡満して各地で種々の職業に就いた後、一九三五年三月佳木斯に横浜商会を開設した。事務用品、学校用品、運動具、製図用品、和洋紙、化粧品、計器類、写真材料、食料品など多岐にわたる商品を販売し、同地の日本商工会議員を務めた。

永田　辰二 ▷9

東洋拓殖㈱大連支店金融係長／大連市松山台東拓社宅／一八九二（明二五）一〇／東京府東京市芝区神谷町／東京帝大法科大学政治学科

佐世保市清水町に生まれ、一九一八年東京帝大法科大学政治学科を卒業して東洋拓殖㈱に入社した。同年八月に渡満して大連支店に勤務し、二一年七月金融係長に就いた。

永田　貞二 ▷12

満州化学工業㈱庶務課文書係主任兼秘書係主任／大連市外甘井子中町／一九〇五（明三八）七／長崎県西彼杵郡神浦村

本姓は別、後に永田三四郎の養子となった。静岡県浜松市旭町に生まれ、一九三一年九州帝大法文学部を卒業して大林組に入り、三三年昭和製鋼所㈱に転じて渡満した。次いで満州化学工業㈱に転じて庶務課文書係主任となり、秘書係主任を兼務した。

中楯　幸吉 ▷11

満鉄衛生課保健防疫係主任、医学博士／大連市榊町／一八八四（明一七）一／山梨県東八代郡豊富村

山梨県中楯新左衛門の三男に生まれ、釜山の工兵第一大隊に勤務した。一九〇九年一〇月満鉄に転じて衛生課に勤務し、社会衛生研究のため欧米各国に留学した後、二五年一〇月慶応大学医学部に民族衛生に関する論文を提出して医学博士号を取得した。

永田　鉄夫 ▷11

満鉄技術委員会委員／大連市伏見町／一八八九（明二二）六／佐賀県杵島郡北方村／東京高等工業学校

佐賀県医師永田関三郎の次男に生まれ、一九一〇年東京高等工業学校を卒業し、同年八月に渡満して満鉄に入社した。沙河口工場員に勤務した後、一九年用度課に転じ、二五年満鉄ニューヨーク事務所勤務となった。二七年五月ニューヨークを発ちヨーロッパ見学をして同年九月経理部に帰任し、同年満鉄技術委員会委員となった。

中田藤次郎 ▷12

大連第二中学校教諭、正七位／大連市長春台／一九〇一（明三四）九／福岡県福岡市姪浜町／広島高等師範学校理科第一部

福岡県中田安太郎の四男に生まれ、福岡県立中学修猷館を経て一九二四年三月広島高等師範学校理科第一部を卒業した。宮崎県立延岡中学校教諭を務めた後、二五年四月大連第二中学校教諭となって渡満した。スポーツを得意として柔道は講道館三段位を有し、大連弥生高女及び大連女子人文学院を卒業した津田光子を妻とした。

中田　徳三 ▷11

満鉄安東医院眼科医員／安東県山下町社宅／一九〇三（明三六）一一／兵庫県美方郡大庭村／南満医学堂

兵庫県建築請負業中田増蔵の長男に生まれ、一九二六年五月南満医学堂を卒業した。さらに満州医科大学眼科教室で眼科学を学んだ後、同年一一月から安東の満鉄医院に眼科医として勤務し、安東小学校校医を兼務した。

中谷　定治　▷12

三江省公署教育庁員、佳木斯日本小学校後援会会長／三江省佳木斯三江省公署官舎／一八九六（明二九）一二／福井県大野郡坂谷村／関西大学経済科

福井県中谷柳三郎の三男に生まれ、一九二三年三月関西大学経済科を卒業して渡満し、満鉄経営の各地の小学校及び公学堂で教員を務めた。この間、中国語と中国事情研究のため社命で北京に一年間留学し、後に鞍山尋常高等小学校訓導となり鞍山実業補習学校講師を兼任した。三二年奉天省視学に転じて教育庁督学科に勤務し、宣撫員あるいは参事官代行として東辺道に赴いて宣撫工作に従事した。その後、三江省視学に転任して同省公署教育庁に勤務した。

中谷忠三郎　▷12

㈴中谷時計店主、マコト会会長／奉天春日町／一八八四（明一七）六／奈良県宇陀郡松山町

早くから渡満し、一九〇七年奉天城内小西門南小什字路街に中谷和松号の名で時計・貴金属・宝石類の直輸入卸商を開業した。後に浪速通に小売専門店を設け、二五年に工費三十数万円で中谷ビルディングを建築して貸ビル業を兼営した。二九年に大阪市浪速区河原町に中谷時計店本店を置き、奉天城内の店舗を春日町に新築移転して奉天支店とし、新京日本橋通に新京支店を置いた。三六年五月合名会社に改組し、名古屋に直属工場を設けて従業員一二〇人を使用して金銀器、記念品、和洋茶器・食器・酒器、喫煙具、花瓶、眼鏡レンズ、双眼鏡、寒暖計、万年筆、鉛筆、賞牌、徽章、優勝旗、写真機材料等を製造販売したほか、満州土産各種も取り扱った。さらに自社ブランドのゴールドコイン電気時計、金貨印タイムレコーダーを製造販売し、中谷ビル屋上に一万五〇〇〇円の自動電気時計を設置して話題を集めた。経営のかたわら「真誠信」の実践を提唱し、社会事業団体マコト会を組織して月刊「まこと新聞」を刊行し、生活改善同盟会より賞状を受けた。

中谷　彦太　▷12

満州電信電話㈱総務部調査課長兼調査課資料係長事務取扱／新京特別市恵民路満州電信電話社宅／一八九一（明二四）一一／福井県大野郡坂谷村／満州法政学院法律科

福井県農業中谷柳三郎の長男に生まれ、一九一四年五月に渡満して満鉄に入った。経理部会計課、大連管理局運転課、鉄道部運転課、社長室技術委員会審査役室等に歴勤し、この間大連の満州法政学院法律科に学び、鉄道車軸油耐寒状況調査のため北満、シベリアを視察した。次いで二七年四月の技術研究所拡張とともに同所庶務係係長となり、勤務のかたわら満州法政学院の理事として財政上の困難に対処した。その後三三年九月満州電信電話㈱の創立とともに副参事として同社入りし、新京首席駐在員を経て三五年二月総務部調査課長に就いた。

中谷光五郎　▷12

昭和製鋼所㈱動力工場長、鞍山地方委員、社員会事業部長／奉天省鞍山中台町／一八九五（明二八）九／徳島県板野郡撫養町／旅順工科大学電気科

徳島県中谷浜蔵の三男に生まれ、撫養中学校を卒業して渡満し、一九一八年一二月旅順工科大学電気科を卒業して満鉄に入社した。鞍山製鉄所工務課、同課機械科、製造課、骸炭課兼務、臨時建設事務所兼務、工務課、製鉄部製造課、同動力水道工場水道掛長、同発電掛長、同汽罐掛長兼務等に歴勤した。その後三三年六月鞍山製鉄所の事業を継承した昭和製鋼所が操業を開始すると工務課電気係主任となり、三四年八月動力工場長に就いた。この間、満州事変時の功により賜品及び従軍記章を授与され、三四年六月満鉄勤続一五年の表彰を受けた。

永田　信熊　▷12

監察院審計部員／新京特別市西三道街監察院／一八九五（明二八）一一／北海道渡島国上磯郡知内村／明治大学法学専門部

目白中学校を経て一九二四年三月明治大学法学専門部を卒業し、会計審査院に勤務した。以来勤続し、文官高等試験行政科に合格した。その後三三年一〇月満州国監察院事務官に転じて渡満し、審計部に勤務した。

永田　初一　▷12

永田洋行㈱代表取締役、永田㈴代表社員／奉天浪速通／一八九四（明二七）一一／佐賀県小城郡小

な

城町

一九一八年に渡満し、同年一〇月から浪速通で和洋紙と文房具の卸商を営み、後に小西関に支店を設けた。二二年二月に資本金三万円の[資]永田洋行とし、小西関支店を廃して順益成洋紙荘とした。次いで三四年に個人事業として橋立町で経営していた洋紙部を同洋行に合併し、三五年九月株式会社に改組して資本金を二〇万円とした。さらに出資会社の土地家屋、証券その他を管理するため個人財産と永田洋行の出資で資本金一〇万円の永田[名]を設立した。王子製紙[株]代理店として和洋紙全般を扱い、また東京・大阪方面から文房具類を仕入れて沿線一帯の小売店に卸し、従業員五〇人を使用して年間六〇万円を売り上げた。

永田　寿八　▷12

満州電業[株]吉林支店営業係長／吉林新開門外満州電業支店／一八九六（明二九）一二／佐賀県小城郡小城町／早稲田工手学校電気科

一九一一年一〇月満鉄に入り電気作業所に勤務したが、程なく帰国して逓信省電気試験所に勤務した。かたわら一七年に早稲田工手学校電気科を卒業して宇治川電気会社に転じたが、二三年に再び渡満して満鉄電気作業所に入った。その後二六年五月満鉄から分離独立して南満州電気[株]となると同社員となり、次いで三四年一二月電気供給部門が分離して満州電業[株]が創設されると同社に移り、後に吉林支店営業係長を務めた。

中田　正智　▷12

中田商会主、チチハル商業組合評議員、チチハル商店協会評議員／チチハル正陽大街／一八九〇（明二三）一一／長崎県長崎市築町

義務教育修了後、郷里の長崎で三〇年近く食料品雑貨商を営んだ。その後一九三二年四月に渡満し、元妹婿の中川平次郎が経営したチチハルの中川商会を譲り受け、中田商会と改めて食料品雑貨商を経営した。

永田　喜熊　▷7

永田商店主／旅順名古屋町／一八八五（明一八）一〇／鹿児島県揖宿郡今泉村

一九〇三年六月海軍志願兵となり、機関兵として日露戦争に従軍した。一一年五月現役満期退営となり、同年八月に渡満して旅順要塞司令部に勤務した。一三年海軍港務部に転任し、域頭丸機関長として務めた。二二年一二月旅順要港部の撤廃とともに辞職し、旅順勧商場の玩具・小間物などの数店舗を譲り受けて永田商店を経営した。

中地　小平　▷11

「中地」は「なかじ」も見よ

旅順金融組合理事、従七位勲八等／旅順市鯖江町／一八八三（明一六）九／佐賀県佐賀市八戸町／鹿児島県立第一中学校

佐賀県官吏中地八鷹の次男に生まれ、一九〇三年鹿児島県立第一中学校を卒業して熊本大林区署に入り林務属となった。その後上京して〇六年に東京中央気象台観測練習所を修了し、関東都督府技手となって渡満した。長春、大連、旅順の各観測所に勤務した後、一五年関東都督府属に進んで臨時土地調査部に勤務した。二三年関東庁事務官補に昇任したが、翌年退官して水師営金融組合理事に転じた。次いで二八年旅順金融組合理事に就き、かたわら旅順会屯金融組合理事、関東庁嘱託を兼務した。

中塚宗太郎　▷12

大連汽船[株]機関長、正八位／大連市明治町／一八九二（明二五）九／岡山県浅口郡玉島町／香川県立粟島航海学校

岡山県中塚実蔵の五男に生まれ、一九一四年三月香川県立粟島航海学校を卒業して日本郵船会社に入った。岸本、国際、川崎の各汽船会社に歴勤した後、二七年三月大連汽船[株]に入社して機関長を務めた。

中辻喜次郎　▷3

営口盛進商行代表者／奉天省営口新市街盛進商行内／一八六七（慶三）八／富山県氷見郡布勢村／私立専修学校

富山県中辻喜平の次男に生まれ、一八八八年東京の私立専修学校法律科を卒業した。日清戦争後の九五年台湾に渡り、藤川類蔵と共同で台北に盛進商行を設立して雑貨販売業を営んだ。事業の発展とともに東光工業社長、台湾商工銀行・台湾肥料・台湾製塩・台湾窯業・台湾オフセット印刷・台北鉄道・東海自動車運輸の各取締役に就き、同地の商工会議所常議員を務めた。日露戦中の一九〇四年一〇月、営口盛進商行を設立して代表者となった。

中堂　謙吉　▷11

大連華商公議会顧問、正七位勲六等／大連市楓町／一八六九（明二）一二／東京府東京市湯島新花町／滋賀県師範学校、台湾国語学校特別科

儒者中堂実の長男として福井県小浜町に生まれ、一八九三年三月滋賀県師範学校を卒業して同県多賀尋常高等小学校訓導となった。九六年伊沢修二台湾総督府学務部長に伴われて台湾に渡り、台湾国語学校特別科を卒業した。淡水、捕里社、台中の国語伝習所教官を歴任し、総督府編輯書記として『日台大字典』の編纂に従事した。各地の小公学校長を歴任して一九〇三年に休職となったが、日露戦争が始まると第一軍の通訳として〇四年四月に渡満した。戦後〇六年八月関東庁都督府に入って大連、旅順の公学堂長を務めた後、二三年に退職して大連華商公議会顧問に就いた。『台語類編』『催眠術暗示法』『精神霊動奥義』『新式東語課本』など数多くの著書がある。

長門甚之助　▷9

長門兄弟農場主、長門商会主、長泰生油房主、営口満州物産㈱監査役、営口畜産㈱監査役、長崎長門商会㈱取締役、営口商業会議所議員／奉天省営口新市街／一八八七（明二〇）一／長崎県南高来郡東有家村

一九〇三年に渡満し、翌年日露開戦とともに営口で陸軍御用達商となり、かたわら食料雑貨輸入商を営んだ。戦後〇六年末に廃業して営口牛家屯で畜産業に従事し、〇九年同地で一五万坪の土地を開墾して長門兄弟農場を経営した。一九年に長門商会を設立して特産肥料輸出商を兼営し、二〇年営口取引所重要物産及び銭荘取引人となった。さらに二一年には営口北本街に豆油豆粕製造工場を設立するなど多方面に事業を展開し、営口商業会議所議員を務めた。

中富　貞夫　▷12

関東農事試験場長兼関東植物検査所長、金州市民会顧問、従五位勲六等／金州会東門外屯農事試験場長官舎／一八九三（明二六）二／福岡県久留米市原古賀町／東京帝大農学部

福岡県中富豊の三男に生まれ、一九一九年七月東京帝大農科大学農学科を卒業して農商務省に入り、技手として西ヶ原農場に勤務した。二一年技師に進んで陸羽支場に転勤した後、二四年一二月再び西ヶ原本場勤務となった。その後二六年六月関東庁産業技師に転出して渡満し、金州農事試験場に勤務した。二八年七月関東庁農事試験場技師となり、三三年九月同場長に就任し、同年一〇月関東庁技師兼任となり、三五年七月から関東植物検査所長を兼務した。

永友　繁雄　▷12

奉天高等農業学校長、従七位／奉天葵町／一九〇一（明三四）八／宮崎県児湯郡川南村／京都帝大農学部農林経済学科

一九二七年三月京都帝大農学部農林経済学科を卒業して同大助手となり、三五年四月同大学教授となった。その後三六年四月満州国政府に招聘されて渡満し、奉天高等農業学校長に就いた。

中　仁三郎　▷12

満鉄奉天保安区電気助役、勲八等／奉天藤浪町／一八八五（明一八）五／石川県石川郡松任町／高等小学校

郷里の高等小学校を卒業後、一九〇七年九月から〇九年五月まで京都郵便局に勤務し、同年八月に渡満して満鉄に入り奉天保線係となった。一五年四月鉄嶺保線係、一七年六月奉天保線係蘇家屯在勤、一九年三月鉄嶺保線係開原在勤、同年一一月長春通信区勤務、二一年四月同蘇家屯在勤を経て二九年一二月電気工長となった。次いで三三年五月技術員、三四年一〇月電気助役を経て三六年一〇月奉天保安区電気助役に就いた。この間、満州事変時の功により勲八等従軍記章及び建国功労賞、皇帝訪日記念章を授与された。

中西　浅一　▷12

大信洋行㈱奉天支店支配人／奉天木曽町／一八九五（明二八）一二／三重県松阪市新座町

小学校を卒業した後、渡満して石田栄造の経営する大連の匿名組合大信洋行に入った。一九一八年に株式会社に改

な

組された後も引き続き勤務し、後に奉天大西辺門外大街の奉天支店支配人に就いた。この間、奉天居留民会評議員、同第四区長を務めた。

中西　栄八　▷12

満州医科大学講師兼舎監、在郷軍人会奉天東分会評議員、勲八等／奉天葵町／一八九七（明三〇）四／佐賀県佐賀郡西川副村／陸軍戸山学校

佐賀県中西為吉の三男に生まれ、陸軍に入り一九二一年一月陸軍戸山学校下士学生を経て同年七月同長期学生を卒業した。以来軍務に服し、二八年一月特務曹長に累進して予備役編入となり、同年四月満鉄に入社して満州医科大学予科体操講師に就き、二九年一月同大学講師兼舎監となった。この間、満州事変時の功により陸軍省から楯一個を授与された。

中西　賢爾　▷13

日本タイプライター㈱取締役、大連支店長、勲八等／大連市山県通／一八九五（明二八）八／石川県金沢市中川除町／早稲田大学政治経済科

石川県中西久五郎の長男として岐阜県益田郡下呂町に生まれた。一九一八年早稲田大学政治経済科を卒業して兵役に服し、除隊後の二四年日本タイプライター㈱に入社した。本社に勤務した後、二八年四月取締役・大連支店長として渡満した。

仲西　実雄　▷12

新京郵政管理局監察処長、満州国協和会新京郵政管理局分会評議員、正七位／新京特別市恵民路第一代用官舎／一八九九（明三二）一／奈良県吉野郡川上村／奈良県立五条中学校

奈良県仲西豊太郎の長男に生まれ、県立五条中学校を卒業した後、一九一八年七月逓信官吏練習所行政科を修了して西部逓信局事務員となった。神戸郵便局通信事務員、同通信書記、大阪逓信局監督課書記、同郵便係長、同庶務係長を経て通信事務官となり、大阪中央電話局料金課長となった。次いで逓信局事務官兼任となり、松本郵便局長、名古屋逓信局保険課在勤、笹島郵便局長を歴任した。その後三四年六月国務院交通部郵政管理局事務官に転出して渡満し、翌月理事官に進んで奉天郵政管理局業務処長、同年一二月新京郵政管理局業務処長を歴任して三六年一一月同監察処長に就いた。

中西　真吉　▷12

ハルビン市立医院内科医員兼ハルビン医学専門学校教授／ハルビン南崗市営住宅／一九〇八（明四一）八／愛知県八名郡八名村／名古屋医科大学

愛知県中西琴次郎の長男に生まれ、一九三五年三月名古屋医科大学を卒業した。引き続き同大学勝沼内科教室で内科学を研究した後、同年一〇月ハルビン市立医院内科医員となって渡満し、ハルビン医学専門学校教授を兼務して内科学を担当した。

中西　仁三　▷12

ハルビン日本商工会議所理事／ハルビン道裡外国五道街／一八九四（明二七）一／大阪府大阪市天王寺区東平野町／京都帝大経済学部

大阪府中西種吉の子に生まれ、一九二一年京都帝大経済学部を卒業して日本興業銀行に勤務した。次いで京都帝大経済学部講師、財団法人協調会参事等を歴任し、その後ハルビン日本商工会議所理事に転じて渡満した。この間、全満小売業合理化委員会理事を務めた。

中西　進　▷10

耳鼻咽喉科医師、正八位勲六等／大連市西通／一八九〇（明二三）九／三重県志摩郡越賀村／京都府立医学専門学校

一九〇七年宇治山田中学校を卒業して京都府立医学専門学校に進み、一三年に卒業した。さらに母校で研究を重ねた後、一年志願兵として津市の歩兵三三連隊に入営し、一五年五月に退営して一六年陸軍少尉に任官した。母校に戻って耳鼻科臨床研究に従事したが、一八年シベリア出兵に召集され、翌年帰国して正八位勲六等と一時賜金を受けた。除隊して再び母校の耳鼻科に戻り、二一年四月天津共立病院に招聘され耳鼻科部長に就いた。二四年五月森本博士に招かれて大連に行き、洋行する博士に代わって森本医院を任された。二七年九月西広場のキリスト教会堂隣に耳鼻咽喉科医院を開設した。

中西　制剛　▷14

飲食店経営／大連市山県通／一八

な

六九（明二）九／山口県阿武郡萩町／法学院中退

一八八五年石川県巡査となり五年勤務した後、八九年に上京して東京法学院に入学したが中退した。九六年に兵庫県警部となり、日露戦後の一九〇五年に渡満して関東都督府巡査となり民政部高等警察事務に従事したが、その後退職して大連で飲食店を開業した。二二年二月から二四年一〇月まで大連市会議員を務め、後に大連で病没した。

中西滝三郎 ▷12

大徳不動産董事、満州特産中央会評議員、正八位／新京特別市東朝陽路／一八八九（明二二）一〇／兵庫県神戸市神戸区中山手通／神戸高等商業学校

兵庫県中西弥四郎の三男に生まれ、一九一三年神戸高等商業学校を卒業して渡満し、営口の特産商・油房業小寺洋行に入った。大連、ハルビン、長春、開原の各地に出張勤務した後、一五年以降は主として大連支店に在勤し、同店経営のかたわら大連油房連合会理事として大豆工業研究会の設立、大連油房への助成金交付、豆粕飼料の普及宣伝に従事した。その後三二年六月満州中央銀行が創立されると中央実業局長に迎えられて同行付属事業の経営に当たり、満州特産物売買、質屋、電灯、水道、鉱山、製粉、造酒、製織、油房、航運、印刷、林業、製塩など多数の事業を統括した。三三年七月これら六十有余店の整理が一段落すると、有望な質屋、造酒、製油、雑貨売買、特産代理店など三八店を中央銀行より継承独立させて大興㈱を設立し、専務董事として経営に専念したが、三七年六月病気のため退任して大徳不動産董事に就いた。

中西　敏憲 ▷13

満鉄理事／大連市榊町／一八九四（明二七）三／福井県南条郡神山村／東京帝大法科大学英法科

福井県農業中西吉之進の次男に生まれ、東京帝大法科大学英法科在学中の一九一八年に文官高等試験に合格した。一九年に卒業して満鉄に入り、地方部庶務課に勤務した。長春地方事務所庶務係長、本社社長室人事課勤務、同庶務主任及び人事主任を経て二八年六月地方部地方課長に就いた。この間、二三年一〇月から植民地統治制度・政策の研究に欧米に留学し、南米、南アジア等を巡遊して二六年に帰任した。かたわら満鉄少壮社員を中心とした政治運動に関与し、人事課長在任中の二八年一一月に満州青年連盟が結成されると顧問に就き、三一年九月に満州事変が勃発すると青年連盟の幹部として政治工作に奔走した。その後地方部長、総務部長と進んで三六年一〇月松岡洋右総裁の下で理事に就任し、筆頭理事として総務関係一切を差配し、南満電気㈱、南満瓦斯㈱取締役を兼任した。

中西家太郎 ▷12

大連汽船㈱東京事務所長、正八位／東京市大森区北千束町／一八九三（明二六）一一／東京府東京市牛込区市谷甲良町／東京高等商業学校

東京府中西友吉の長男に生まれ、一九一六年三月東京高等商業学校を卒業して三井物産会社に入り、船舶部東京出張員となった。次いで神戸船舶部本部、門司出張員、同三池出張員、神戸本部に歴勤した後、大連出張員となって渡満した。その後三一年八月大連汽船㈱に転じ、上海支店副長、営業部貨物課副長を歴任して三六年四月東京事務所長となって帰国した。

中西有之助 ▷3

満鉄埠頭事務所職員、勲七等／大連市山県通／一八八一（明一四）九／佐賀県佐賀市水ノ江町／海軍砲術練習所、商船学校

本姓は牟田、中西家の養子となった。一九〇二年五月東京商船学校に入学したが、〇四年に日露戦争に召集されて従軍し、戦後〇六年に海軍砲術練習所に入所して同年五月に卒業した。〇七年八月商船学校を卒業して海軍予備少尉候補生となり、同年九月大阪商船会社に入社した。一三年七月に退社して満鉄に入り、埠頭事務所に勤務した。

長沼　重輝 ▷12

国際運輸㈱大連支店倉庫金融係主任／大連市真弓町／一九〇一（明三四）五／新潟県西蒲原郡道上村／東亜同文書院

新潟県長沼重正の長男に生まれ、県立新潟中学校を卒業して上海の東亜同文書院に入学し、一九二八年三月に卒業して国際運輸㈱に入社した。上海支店、本社、長春支店庶務課、本社営業課、吾妻駅荷扱所、本社陸運課輸入鮮貨係、同課倉庫金融係主任を歴任し、三六年四月大連支店倉庫金融係主任に転任した。

長沼　英夫 ▷12

奉天地方警察学校主事、従五位勲五等／奉天城内奉天地方警察学校／一八八六（明一九）一二／佐賀県佐賀市水ヶ江町／陸軍士官学校

一九〇八年五月陸軍士官学校を卒業し、同年陸軍歩兵少尉に任官して歩兵第一四連隊付、第八〇連隊付に歴任した。その後憲兵に転科して憲兵練習所を修了し、広島、ハルビン、甲府、姫路の各憲兵分隊長、大阪憲兵隊付、大連憲兵分隊長に歴補した。三一年憲兵中佐に累進して待命となり、関東軍司令部嘱託となって渡満した。三二年一〇月奉天省公署事務官に転じて奉天警察官練習所教務長となり、三六年三月同所長を経て同年一〇月奉天地方警察学校主事となった。

中沼　力平 ▷11

大連汽船機関長／大連市竜田町／一八七九（明一二）二／山口県熊毛郡上関村／大島商船学校

山口県商業中沼栄太郎の次男に生まれ、一九〇四年大島商船学校を卒業して日本郵船の機関士となった。その後三菱船舶部の機関士に転じ、〇九年機関長に進んだ。一二年七月関東庁遼海丸機関長に転じて渡満し、後に大連汽船㈱機関長となり、大連海員共済会常務員を務めた。川柳を趣味とし、川柳句帳舎を創始して機関誌「道」を発行して満州柳壇で活躍した。

中根千代蔵 ▷12

敷島ホテル主／ハルビン二道街／一九〇三（明三六）二／大阪府西区新町南通

中学校を卒業して実業界で働いた後、満州事変後に渡満した。一九三三年一二月ハルビン二道街で資本金二万円で、和室一五、収容人員五〇名の旅館を経営し、日本人六人、中国人四人を使用して年商三万円を計上した。

中根　直介 ▷11

赤峰日本領事館領事代理、外務書記生／熱河特別区赤峰日本領事館／一八九九（明三二）一一／熊本県熊本市／東京外国語学校

熊本県公吏中根武記の子に生まれ、一九二一年東京外国語学校を卒業して外務省に入り、同年一〇月内蒙古の赤峰に赴任した。翌年遼陽に転任したが、二六年再び赤峰領事館に転じて領事代理を務めた。

中根　斉 ▷1

大倉組奉天出張所主任／奉天／一八六九（明二）一一／熊本県熊本市／長崎高等中学校医学部中退

旧熊本藩士の子として八代に生まれ、後に熊本市に移住した。熊本医学校から長崎高等中学校医学部に進んだが、中退して徴兵に応じ近衛第二連隊に入営した。満期除隊して商業に従事した後、一八九四年日清戦争に際し召集されて第六師団に属して従軍し、威海衛駐屯軍として同地に滞在した。戦後除隊していったん帰国したが、すぐに同軍通訳として再び威海衛に渡り、九八年駐屯軍と共に帰国した。大阪商船会社に入社して宇品支店に勤務した後、一九〇〇年に退社して芝罘に渡り、中国人と共同で日豊公司を設立して芝罘－安東県間の定期航路を開始したが、まもなく義和団事件が起きて同公司を解散し、単独で中根洋行を興して旅順、渤海、芝罘沿岸の海上輸送を行って莫大な利益を上げた。〇一年にいったん帰国して汽船数隻を借り入れ、再び芝罘で英国人と共同で山東輪船公司を設立して航路の拡張を図ったが、競争相手が多数出現して多大の損失を出し、輪船公司と中根洋行を解散した。この間、安東県の開放を主張して近衛篤麿東亜同文会長に意見書を出し、大阪朝日新聞、東京毎日新聞、日本周報、海事新報等に転載されて反響を呼んだ。その後天津に赴いて大倉組天津支店に入り、一二年五月奉天出張所の開設にともない主任となって赴任した。

中根不羈雄 ▷12

国務院総務庁法政処員兼司法部法学校教授／新京特別市永昌胡同代用官舎／一八九九（明三二）六／東京府東京市本郷区駒込曙町／東京帝大経済学部、同法学部政治学科

東京府中根斉の子に生まれ、一九二三年三月東京帝大経済学部を卒業して同年一〇月文官高等試験行政科に合格し、同大法学部政治学科に進んだ。翌年三月卒業と同時に㈴安田保善社に入り、二五年安田信託㈱に転じた。次いで三〇年九月立教大学教授となり、さらに三五年九月国務院司法部法学校教授に転じて渡満し、三六年一一月総務庁参事官・

法制処兼務となった。運動と将棋を得意とし、立教大学在職中に剣道部部長、ワンダーフォーゲル顧問、囲碁将棋会会長を務めた。

中根弥之助 ▷12

ハルビン郵政管理局員／ハルビン郵政管理局／一八九八（明三一）二／栃木県那須郡烏山町／早稲田大学理工学部電気工学科

一九二三年三月早稲田大学理工学部電気工学科を卒業し、同年五月逓信局技手兼臨時電信電話建設局技手となり、東京逓信局及び臨時電信電話建設局東京出張所に勤務した。次いで東京市嘱託・市立京橋商業学校講師、小山電信電話技術官駐在所、小山電話中継所宇都宮出張所勤務を経て歴職した。その後三四年六月国務院交通部郵政管理局技正に転出して渡満し、同年七月同局技佐となりハルビン郵政管理局に勤務した。

中野　確 ▷12

中野医院主、防護団救護班長、従六位勲六等／間島省図們北区一統／一八八四（明一七）四／島根県松江市石橋／東京医学専門学校

島根県中野茂人の子に生まれ、一九一四年東京医学専門学校を卒業して同校附属病院で細菌学の研究に従事した。次いで中国に渡って四川省重慶で医院を開業し、同地の日本領事館及び日本人民会の嘱託医を務めた。上海に移転した後、三三年に帰国して恩師榊原一郎に内科学及び細菌学の指導を受け、三四年九月に渡満して図們で開業した。

長野　勲 ▷12

満鉄天津事務所員、天津居留民会議員／中華民国天津法租界新華楼満鉄事務所／一八九一（明二四）一一／福岡県三池郡高田村／東亜同文書院

一九一〇年七月日本綿花会社に入社し、一二年に社費で上海の東亜同文書院を卒業した。本社、漢口支店、本社、天津支店に歴勤して天津支店次長となり、本社支那問題専任を経て秘書課長となった。その後三一年八月に退社し、東京で中国文化・政治の研究に従事した後、三四年五月満鉄北平事務所事務嘱託となった。次いで事務員に昇格して北平事務所詰天津在勤となり、三五年一一月天津事務所に転任して三六年九月副参事に昇格した。

中野　織治 ▷11

遼陽衛戍病院奉天分院長、正六位勲四等／奉天日吉町陸軍官舎／一八八六（明一九）七／愛知県渥美郡伊良湖岬町／愛知県立医学専門学校

愛知県農業中野九郎右衛門の次男に生まれ、一九〇九年愛知県立医学専門学校を卒業して陸軍に入り、翌年陸軍三等軍医となった。二四年四月三等軍医正に進み、遼陽衛戍病院奉天分院長として渡満した。

仲野嘉与作 ▷11

歯科医師／旅順市名古屋町／一八八四（明一七）四／静岡県志太郡葉梨村／東京歯科医学専門学校

静岡県農業仲野永作の三男に生まれ、一九〇一年に上京して菅沼友三郎博士の門に入った。歯科医学研究のかたわら東京歯科医学専門学校に学び、この間〇四年に静岡の歩兵第三四連隊に入営し三年間服役した。〇九年に同校を卒業して文部省歯科医術開業試験に合格し、翌年六月旭川の佐野歯科医院副院長となった。一二年一月に退職し、同年四月に渡満して旅順に遼東歯科医院を開業した。二二年に市内名古屋町に新築移転し、診療のかたわら関東州歯科医師会理事を務めた。

中野　勘蔵 ▷12

満鉄牡丹江鉄路局綏芬河機務段穆稜分段運転主任、社員会評議員／牡丹江省綏芬河満鉄機務段穆稜分段／一九〇〇（明三三）二／滋賀県栗田郡草津町

滋賀県中野猪之助の五男に生まれ、一九一四年四月鉄道院に入り大津機関庫に勤務した。その後一六年九月に渡満し、満鉄に入社して遼陽車輌係となり、一八年九月に満鉄従事員養成所を修了した。次いで長春機関区勤務、新京機関区運転助役を歴職し、三六年一一月牡丹江鉄路局に転勤して綏芬河機務段穆稜分段運転主任となった。この間、満州事変時の功により賜杯及び従軍記章を授与されたほか、乗務中の人命救助その他の事由により三回の表彰を受けた。

中野　醇 ▷12

国際運輸㈱新京駐在員／新京特別市清和胡同／一八九九（明三二）

な

一／東京府東京市渋谷区幡ヶ谷笹塚町／早稲田大学商科

水野次郎の次男として福島県に生まれ、同県本宮町で生糸輸出業を営み後に渡満して安東で三省洋行を経営した中野初太郎の養子となった。大連商業学校を経て一九二二年三月早稲田大学商科を卒業し、同年九月母校大連商業学校の教務嘱託となり英語と経済学を担当した。次いで二四年一二月堤商店に入って海運業に従事した後、二七年六月国際運輸㈱に転じて営業課に勤務した。二八年一二月から二九年六月及び同年一二月から三〇年六月まで前後二回にわたりヨーロッパに出張してイギリス、フランス、オランダ、ベルギー、ドイツを巡遊した。その後三一年一一月東京出張所長、三四年二月海運課課長代理、同年七月上海支店長を歴任して三六年四月参事となり、新京に駐在した。

中野　俊助　▷12

錦州高等検察庁次長、従四位勲六等／錦州省錦県錦州高等検察庁／一八七九（明一二）四／福岡県福岡市千代町／東京帝大法科大学独法科

一九〇九年七月東京帝大法科大学独法科を卒業し、東京地方裁判所検事となった。次いで弁護士を開業した後、朝鮮に渡って大邱地方法院判事、大邱覆審法院判事、同院検事、咸鏡地方法院検事、京城地方法院検事、海州地方法院検事正、新義州地方法院検事正を歴任し、三二年一一月に依願退職した。その後三五年七月黒竜江高等検察庁検察官となって渡満し、三六年七月チチハル高等検察庁次長を経て三七年七月錦州高等検察庁次長となった。

中野　正一　▷9

中野正一商店主／大連市舞子町／一八八八（明二一）一／大阪府大阪市西区市岡町／大阪高等商業学校

一九〇八年大阪高等商業学校を卒業し、同年四月大阪商船㈱に入社して計理課に勤務した。一〇年一一月台湾の基隆支店に転勤した後、一三年大阪支店詰、一六年三月本店計理課調査係勤務を歴任し、一九年三月大連支店に転任して渡満した。二二年八月に退社して中野正一商店を開業し、関東庁大連郵便局郵便物運送の請負と委託販売・代理商を営んだ。

中野　四郎　▷12

国務院民政部警務司総務科長、正七位／新京特別市義和路代用官舎／一九〇二（明三五）一／滋賀県栗田郡草津町／京都帝大法学部政治学科

滋賀県立膳所中学校、第四高等学校を経て一九二六年三月京都帝大法学部政治学科を卒業した。二七年一〇月文官高等試験行政科に合格し、二八年四月富山県属となり内務部市町村課に勤務し、土木課勤務を兼任した。三二年一月地方警視に任じられて岩手県警察部に勤務し、三三年四月鳥取県に転勤した後、三四年二月に依願免官して同年一二月奉天省公署嘱託に転じた。三五年四月同署理事官・警務庁警務科長、三六年四月首都警察庁理事官・警察科長を歴職し、同年九月民政部理事官に転任して警務司総務科長に就き、三七年三月国都建設紀年式典準備委員会警衛部幹事を兼任した。

中野　誠一　▷12

奉天高等農業学校教授、従六位／奉天葵町／一八九七（明三〇）一〇／京都府京都市東山区五条橋東／北海道帝大農学部畜産学科第一部

一九二三年三月北海道帝大農学部畜産学科第一部を卒業し、同大学助手となった。二九年四月三重高等農林学校教授に就き、三一年六月同校農場畜産部主任を兼務した。三六年四月に渡満して奉天高等農業学校教授に転じ、獣医学部長と農場長を兼任した。

永野善三郎　▷11

熊岳城尋常高等小学校長／奉天省熊岳城大和街／一八九二（明二五）五／京都府加佐郡高野村／師範学校

京都府農業永野新造の長男に生まれ、一九一五年師範学校を卒業して舞鶴明倫小学校の訓導となった。一九年に渡満して安東小学校訓導に転じ、奉天地方視学を経て二六年四月熊岳城尋常高等小学校長となった。この間前後二回、華北・華中を教育視察した。

永野武一郎　▷3

旅順工科学堂教授、正六位／旅順新市街鴻の台官舎／一八七四（明七）八／島根県松江市松江

一八九七年福島県会津中学校教諭とな

な

り、一九〇〇年札幌中学校に転任した。〇四年文部省留学生としてイギリスに留学し、〇六年八月帰国して広島高等師範学校教授に就任した。一一年四月、旅順工科学堂教授として赴任した。

中野 武雄 ▷12

満蒙洋行本店主、満蒙優良毛皮加工調製組合長・同直売所長、奉天山口県人会幹事／奉天浪速通／一八九七（明三〇）七／山口県豊浦郡長府町／専門学校

山口県中野喜兵衛の三男に生まれ、一九一六年専門学校を卒業して渡満し、義兄が経営する開原の能地洋行に入り商業に従事した。二六年に独立して奉天に満蒙洋行を開業し、毛皮類を鞣革加工・縫製して販売した。北満一帯とシベリア方面より毛皮原皮、獣毛、獣骨の大量仕入れをし、浪速通に本店、平安通に第一工場、奉天城裡大東門裡に第二工場、ハルビン、三姓、大連、撫順に出張所を置き、「工場より皆様へ」をモットーとして一般小売りの他に軍部、満鉄、関東州庁、満州国諸官衙に納入した。三四年に衣料品のデパートとして大店舗を新築して紳士婦人子供服から毛布・帽子類までを扱い、主要各都市にチェーンストア式に直売所を設けて年間売上六〇万円に達し、毛皮製品の年間売上高では東洋一とされた。三四年六月に天皇名代として秩父宮が来満した折には、満鉄、昭和製鋼所、奉天全市民によって同店秘蔵の毛皮「金糸猴」一対と銀狐・大虎などの毛皮製品が献上された。

中野 忠夫 ▷13

満州不動産㈱社長／一八九三（明二六）／新潟県刈羽郡柏崎町／東京帝大法学部政治科

新潟県に生まれ、一九一八年東京帝大法学部政治科を卒業して満鉄に入社した。人事課に勤務した後、翌年地方課に転じ、二一年一二月から二四年一月まで都市公共施設の研究のため欧米に留学した。二五年地方部地方課長代理、二七年撫順炭砿庶務課長、三二年本社外事課長、同年末総務課文書課長を歴任し、その後審査役を経て参事となり、かたわら経済調査委員会監察を務めた。三七年一〇月満鉄付属地行政権の一部移譲とともに満州不動産㈱が設立されると、満鉄より出向して同社長に就任した。

中野 勉 ▷12

味の素本舗鈴木商店㈱ハルビン駐在員／ハルビン道裡中国十六道街味の素本舗鈴木商店事務所／一九一二（明四五）二／東京府東京市世田谷区代田／東京外国語学校

一九三四年東京外国語学校を卒業して味の素本舗鈴木商店に入り、刀工、大阪、大連の各支店に勤務した。その後ハルビン駐在員となり、他の駐在員一名及び従業員二名と共に業務に従事し、主として宣伝方面を担当した。

中野 常次郎 ▷11

雑穀・海産物卸業、精米業／長春日本橋通／一八八〇（明一三）三／山口県熊毛郡室津村

山口県雑穀問屋中野常吉の次男に生まれ、一八九二年五月父と共に朝鮮に渡り、仁川で食料雑貨卸小売業を営んだ。一九〇八年に父が隠居した後は独力で経営したが、一八年一一月長春に移住し、日本橋通で砂糖・雑穀・海産物卸商を開業した。二一年一一月からは精米業を兼業し、かたわら長春商工会議所議員を務めた。

中野 常春 ▷11

満鉄開原地方事務所経理係長／奉天省開原敷島街／一八九二（明二五）一二／愛媛県伊予郡北伊予村／東洋協会専門学校

愛媛県農業中野丑太郎の三男に生まれ、一九一六年東洋協会専門学校を卒業して満鉄に入社した。技術部、奉天省四平街保線係、長春工務事務所、長春地方事務所、地方部庶務課等に勤務した後、二五年四月開原地方事務所経理係長となった。

永野 朝一 ▷3

大連郵便局電信課長、従七位勲七等／大連市児玉町／一八七三（明六）一／佐賀県西松浦郡伊万里町

一八九一年から長崎郵便局に勤務し、日露戦争に際し一九〇四年八月臨時電信隊付として渡満した。戦後〇六年一〇月関東都督府郵便電信局に転じて通信書記となり、大連郵便局電信課長に就いた。

中野 琥逸 ▷12

満州国協和会参与／新京特別市中央通満州国協和会／一八九六（明

二九）三／広島県福山市鍛冶屋町／京都帝大法学部独法科、同文学部哲学科

広島県官吏中野有光の長男に生まれ、広島中学校を経て第六高等学校に入り、在学中二度に渡り中国各地を巡遊した。一九一九年七月京都帝大法学部独法科を卒業した後、さらに二五年に同大学文学部哲学科を卒業した後、一年間同大学院に在学するかたわら大阪の法学博士岡村司の法律事務所に勤務した。次いで二六年に上京して法学博士花岡敏夫の法律事務所で弁護士として働いた後、二七年六月に渡満して奉天浅間町で弁護士を開業した。業務のかたわら政治運動に関わり、笠木良明を中心とする大雄峯会の結成メンバーとして満蒙独立運動を画策した。その後三二年満州国政府に入り、熱河省公署及び吉林省尾公署の各総務庁長を務め、三六年に満州国協和会指導部長に就いたが、翌年辞任して同会参与となった。父の有光もかつて満州に渡り大連民政署長を務め、帰国後は郷里の福山市長を務めた。

中野　昇　▷12

「マンチュリア・デイリーニュース」編集長／大連市聖徳街／一九〇五（明三八）二／広島県佐伯郡小方村／ブリティッシュ・コロンビア州立大学文科

カナダのブリティッシュ・コロンビア州立大学文科を卒業し、一九二六年四月東京のジャパン・タイムス社に入った。その後、三二年一二月満州国通信社が設立されると同社に入り英文部長を務めた。三四年四月国務院外交部嘱託に転じた後、三五年七月大連の英字紙「マンチュリア・デイリーニュース」編集長に就いた。満鉄総裁室弘報課員の実弟勉と聖徳街の住宅に同居した。

中野初太郎　▷3

三省洋行主／安東県市場通／一八六〇（万一）二／北海道小樽区色内町

会津藩士の子に生まれ、一八七五年中村敬宇の門に入り、八〇年修了と同時に北海道に渡った。八二年から福島県本宮町で生糸輸出業を始めたが、八七年に上京して帝国水産会社を興した。九〇年再び北海道に移り、函館に北海物産会社を設立して取締役となった。その後三年間大阪、神戸、九州地方を視察巡遊し、九六年に三度北海道に渡って小樽で日露貿易とウラジオストク、ニコライスク等の航運業に従事した。一九〇五年四月に渡満し、安東県に三省洋行を興して航運・貿易等を営み、翌年から大阪商船会社の代理店となった。本業のかたわら油房、煉瓦製造その他の会社の重役を兼務し、安東居留民団行政委員、安東商業会議所会頭を務めた。夫人貞子との間に子無く、福島県出身で後に国際運輸㈱参事となった水野醇を養子とした。

中野　福松　▷1

中野商行主／旅順／一八七一（明四）九／山口県下関市東南部町

一九〇四年二月下関要塞砲兵連隊の用達商人となり、同年七月砲兵第三連隊付酒保を命じられ、店員を旅順に派遣して業務を開始した。〇五年六月に自ら渡満して旅順青葉町に店舗を設け、要塞砲兵隊と関東兵器支廠の用達と食料品販売業、運送業を経営した。

長野　政来　▷11

金福鉄路公司清水河駅長／関東州貔子窩管内清水河／一九〇〇（明三三）一一／大分県速見郡東山香村／鉄道省教習所

大分県農業長野兼太郎の次男に生まれ、一九一八年鉄道省教習所を修了した。鉄道所雇員となり門司鉄道局に入ったが、一九年九月に渡満して満鉄に転じ、駅務見習として大連駅に勤務した。金州駅駅務見習、大連列車区車掌を経て公主嶺に転勤し列車区報の編集に従事し、二三年助役試験に合格した。臥竜泉駅勤務、鉄嶺列車区助役を歴任し、陶家屯駅助役を最後に満鉄を退社して実業に従事した。二七年五月金福鉄路公司に入って貔子窩駅助役となり、同年一二月清水河駅に転勤して駅長に就いた。

長野　道雄　▷8

三ツ和自動車商会主／奉天十間房／一八八六（明一九）三／愛媛県今治市新町

一九〇九年、神戸に出て自動車運転技術を習得した。一二年に渡満して大連の小寺洋行に入り、後に三井物産大連出張所に転じた。一七年六月奉天出張所に転勤したが、二〇年九月同地の十間房に三ツ和自動車商会を設立し、自動車三、四台で貨客運輸業を開始した。その後需要が増加して自社所有七台、借用五台で営業し、かたわら米国ハド

ソン自動車会社の北満一手販売人として機械油と自動車付属品を販売した。

永野紋三郎 ▷12

満州軽金属製造㈱工務課長／奉天省撫順県望花村満州軽金属製造㈱／一八九二（明二五）一／山形県山形市下条町／東京高等工業学校機械学科

山形県永野紋七の長男に生まれ、一九一三年東京高等工業学校機械学科を卒業し、同年九月横浜製鋼㈱に入社した。工場建設所長、大阪出張所技師長兼工場長等を歴任し、社命で欧米に出張した後、二一年六月取締役支配人に就いた。その後辞職して㈾都市建築良材社を経営したが、三一年七月に渡満して関東庁高等法院鑑定人となり、次いで三三年四月満鉄計画部嘱託、大連工事事務所兼務、計画部審査役付兼大連工事事務所勤務を歴職した。三六年九月参事に昇格して産業部交通課に勤務した後、三七年二月第二号非役・産業部勤務となり満州軽金属製造㈱に出向して工務課長を務めた。

長野祐一 ▷3

満鉄運輸部職員／大連市近江町／一八六八（明一）一一／鹿児島県鹿児島市西田町

一九〇二年七月鉄道省書記となり、〇七年四月満鉄開業とともに入社して運輸部に勤務した。

長野行棟 ▷12

満鉄鳳凰城尋常小学校長兼鳳凰城青年学校長／安東省鳳城県鳳凰城尋常小学校長社宅／一八九三（明二六）二／福岡県朝倉郡蛯城村／福岡県師範学校二部

福岡県長野辰次郎の長男に生まれ、一九一三年三月福岡県師範学校二部を卒業し、一四年三月県下の三井郡大堰尋常高等小学校訓導となった。その後二二年三月満鉄訓導に転じて渡満し、熊岳城、撫順の各尋常高等小学校訓導を務めた。次いで橋頭尋常小学校訓導、橋頭実業補習学校講師嘱託、同書記嘱託、長春尋常高等小学校訓導兼進級御家政女学校教員、鶏冠山尋常高等小学校鳳凰城分教場訓導兼鳳凰城実業補習学校長兼講師、鶏冠山青年学校鳳凰城分教場助教諭兼書記を歴任して三六年四月鳳凰城尋常小学校長となり、三七年六月から鳳凰城青年学校長を兼務した。この間、三七年四月に満鉄勤続一五年の表彰を受けた。福岡県女子師範学校一部を卒業した夫人サトとの間に三男一女があった。

永野賀成 ▷12

満鉄総裁室弘報課弘報弘報第二係主任、満鉄二十日会幹事／大連市水仙町／一九〇三（明三六）六／長崎県南高来郡深江村／東亜同文書院

長崎県永野金之の一四男に生まれ、島原中学校を卒業して上海に渡り、一九二七年三月東亜同文書院を卒業して満鉄に入り庶務部労務課に勤務した。次いで二八年一月社長室人事課、三〇年六月総裁室学務課に歴勤し、三一年二月から二年間欧米に留学した。帰社後三三年七月総務部人事課、三六年四月総務部資料課、同年八月同課国際宣伝係主任を経て同年一〇月総裁室弘報課弘報弘報第二係主任となった。

永野義治 ▷12

龍江省克山県農事試験場技佐、満州国協和会克山県本部委員、在郷軍人会克山分会副会長／龍江省克山県城克山農事試験場／一九〇八（明四一）八／鹿児島県鹿児島市東千石町／東京帝大農学部農学科

鹿児島県永野喜助の次男に生まれ、県立第二鹿児島中学校、第七高等学校を経て東京帝大農学部農学科に進んだ。一九三一年に卒業して同年四月農商務省に入り、農林助手として鴻巣試験地に勤務した。三二年八月農事試験場技手となり、同年一〇月地方農林技師に進んで宮崎県農林技師に転任した。三四年五月満州国農事試験場技正に転じ、渡満して龍江省克山農事試験場に勤務し、同年七月の官制改正を経て技佐となった。

中野利八 ▷12

大和染料㈱工場担任／大連市香取町／一九〇二（明三五）五／三重県志摩郡磯部村／三重県立工業学校

一九二二年三月三重県立工業学校を卒業して渡満し、大連の大和染料㈱に入った。以来同社に勤続し、後に工場担任となった。

中野遼一郎 ▷12

満鉄鉄嶺駅貨物主任／奉天省鉄嶺駅／一九〇八（明四一）六／福岡県福岡市大字今泉／九州帝大法文

学部

福岡県中野益の長男に生まれ、一九三四年三月九州帝大法文学部を卒業し、同年五月満鉄に入社した。遼陽駅駅務方、同駅貨物方、大連列車区車掌心得、新京列車区奉天省四平街分区車掌、奉天省四平街駅構内助役、同駅貨物助役を歴職し、三七年四月鉄嶺駅貨物主任となった。

長浜　敞介　▷14

永順洋行支配人／大連市大山通／一八六六（慶二）四／鹿児島県鹿児島市

旧名は鈴木浅太郎、後に長浜と改姓し、さらに敞介と改名した。一八八九年一月横浜税関に入り、次いで神戸税関に勤務した。九九年大蔵省の選出でベルギーに留学し、一九〇一年欧州各国を巡遊して帰任し、〇二年七月大蔵省鑑定官となった。〇五年二月日露戦争に際し遼東守備軍司令部付として渡満し、戦争終結とともに関東州民政署付となり、満州利源調査委員として経済事情を研究した。その後関東都督府に転じて技師に進み、大蔵省鑑定官を兼任した。〇七年一月に退官して永順洋行総支配人となり、綿糸布輸入業を経営した。大連実業会の創設以来長く会長を務めて石本鏆太郎、相生由太郎らと並ぶ勢力を持ち、大連銀行専務取締役、大連取引所信託会社監査役、大連実業倶楽部理事、大連商業会議所商業部長等を務めた。一五年一〇月大連市会議員に選ばれたが、翌年六月任期途中で病没した。

長浜　丹治　▷11

医師、従七位勲六等、陸軍二等軍医／大連市沙河口仲町／一八七七（明一〇）一二／山口県阿武郡萩町／第三高等学校医学部

山口県医師長浜俊雄の次男に生まれ、一九〇〇年第三高等学校医学部を卒業後、医学得業士の免状を取得した。台湾総督府医院医務嘱託、台北県警察医務嘱託を務め、〇四年日露戦争に従軍して陸軍三等軍医となり、勲六等を受けた。〇七年陸軍二等軍医に進み、同年三月に退官して渡満し満鉄医員となった。沙河口分院長、公主嶺医院長、大連医院医長を歴任し、一九年一二月に満鉄を辞めて沙河口で開業した。

長浜哲三郎　▷11

満鉄監察役／大連市柳町／一八八三（明一六）五／山形県飽海郡酒田町／東京帝大法科大学

山形県弁護士長浜藤四郎の次男に生まれ、一九一一年東京帝大法科大学を卒業して古河鉱業会社に入った。二一年に退社し、渡満して満鉄に入り用度課参事、鞍山製鉄所庶務課長、満州医科大学幹事等を経て監察役に就いた。この間、北京、太源、漢口、太沽、南京、上海、青島等を数回視察した。

中浜　義久　▷12

満鉄産業部員、勲七等／大連市伏見町／一九〇四（明三七）三／大阪府南河内郡富田林町／東亞同文書院

大阪府中浜祐三郎の長男に生まれ、一九二二年三月富田林中学校を卒業した後、満鉄給費生として上海の東亞同文書院に入学した。二六年三月に卒業して満鉄社員となり、庶務部調査課に勤務し、満鉄育成学校講師を兼務した。三〇年六月総務部調査課、三一年六月交渉部渉外課員兼務、三二年二月経済調査会調査員・第四部第二班主任を歴職し、三六年一〇月の産業部創設とともに同部商工課関税係主任となり、三七年五月の職制改正で産業部員となった。この間の三一年一〇月から三二年三月まで、満州事変に際し軍の要請で奉天に出張して関東軍統治部員及び奉天財務庁顧問を務め、その功により勲七等瑞宝章及び従軍記章並びに建国功労賞を授与された。

中林　勝人　▷13

中林商店主、満州漬物㈱専務取締役、大連神社氏子役員、西広場区役員、常盤小学校保護者会評議員、大連防護団常盤分団役員／大連／一九〇〇（明三三）九／広島県広島市北榎町

広島県商業中林光太郎の長男に生まれ、家業の漬物・缶詰製造販売業を補佐した後、一九二九年に渡満して大連市近江町に大連営業所を開設した。満州事変後に関東軍糧秣納入御用となって急速に売上げを伸ばし、関東軍倉庫、支那駐屯軍司令部御用達、満鉄社員消費組合、満州国官吏消費組合、関東局購買組合等の指定業者となった。三二年一二月信濃町市場に支店を設け、三八年一月には市内伏見町に二六〇坪の官有地を払い下げ購入し、工費二三万円で四階建の店舗、倉庫、作業所、住宅、宿舎、アパートを新築した。さらに金州管内菫家溝の一五〇〇坪の敷地に漬物工場四棟、三十里堡の一〇〇〇余坪の敷地に第二工場を建て、奉天、新京、ハルビン、天津に出張所・駐在事務所を置いて年商一〇〇万円に達した。経営のかたわら満州漬物㈱専務取締役を兼ね、同社事務所を中林商店内に置いた。この間、財団法人大連方面事業助成会基金に多額の寄付をし、三五年に植田謙吉全権大使より表彰された。

永原　織治　▷12

永原小児科医院長／大連市晴朗台／一八九三（明二六）六／長野県東筑摩郡広丘村／南満医学堂

長野県農業永原儀三郎の五男に生まれ、松本中学校を卒業した後、一九一四年九月に渡満して奉天の南満医学堂に入学した。一八年七月に卒業して満鉄大連医院医員となり、小児科に勤務した。その後二五年六月に退社して大連市柳町で小児科医院を開業し、三五年一〇月同市晴朗台に新築移転した。診療のかたわら樊山と号して絵画を趣味とし、個人展を四回開いたほか、清朝六大家展覧会を開催した。夫人いね子は満州短歌会「合萌」及び中央歌壇「吾妹」の同人として活躍した。

中原盛之助　▷7

華道家元池坊生花教授／安東県五番通／一八六二（文二）五／鹿児島県姶良郡帖佐村

一八八〇年華道家元池坊生花を学び、翌年免状を取得した。八六年鹿児島第五国立銀行に入社して地方税係主任を務めた後、大島郡兼久村支金庫長、出水郡出水村支金庫長、姶良郡加治木村支金庫長を歴任したが、在任中に事業に手を染め、退職して果樹園を経営した。日露戦後の一九〇五年に渡満して安東県衛生係を務めた後、〇七年に安東水産㈱を創設して専務取締役に就任したが、欠損金を弁償するため〇九年に退職した。その後一六年に安東警察の古藤署長と図って警察官吏妻女の内職の場として安東タオル会社を創設したが、一八年の綿糸暴騰で閉鎖に追い込まれ、安東機業講習所の名で六道溝に設けた工場も原料高騰のため頓挫し、失意の内に隠遁生活に入った。二一年二月に帰国して京都の華道家元の下でさらに華道の修業を積み、同年五月に再び渡満し、翌月から楳嶺と号して安東県五番通で華道を教授した。観世流謡曲、書道、書画骨董の蒐集を趣味とし、安東神社氏子常務総代を務めた。夫人きみ子との間に六男二女があり、次男美佐雄は大連の国際運輸㈱、母の姓を継いだ四男村上四郎は満州銀行、五男五郎は満鉄に勤務した。

中原　達弘　▷12

浜江省公署民政庁土木科長／ハルビン道裡外国六道街／一八九三（明二六）一／京都府京都市中京区聚楽廻リ仲町／京都帝大理工科大学土木工学科

一九一七年七月京都帝大理工科大学土木工学科を卒業し、神戸市の鈴木商店工事部に入った。次いで渡満して満鉄鞍山製鉄所工務課に勤務したが、その後帰国して庄川水力電気会社技師、日本電力会社土木部設計課技師、武蔵高等工科学校教授、東京工業学校講師、岩倉鉄道学校講師を歴職した。三三年一月黒龍江省公署技正となって再び渡満し、同省公署民政庁技術処長を経て三四年一二月同土木科長に就いた。

中原　民蔵　▷12

国務院交通部郵務司員、従七位／新京特別市昌平胡同／一八九九（明三二）七／福岡県八女郡三河村／熊本高等工業学校電気工学科

福岡県中原庄次郎の子に生まれ、八女中学校を経て一九二五年三月熊本高等工業学校電気工学科を卒業し、同年五月臨時電信電話建設局技手となり東京出張所に勤務した。次いで逓信局技手を兼務して東京逓信局工務課、見付電信電話技術官駐在所物品保管主任、東京逓信局工務課浜松出張所に歴勤した。三四年六月逓信局技師に進んで依願免官し、国務院交通部技佐に転じて郵務司に勤務し、総務庁営繕需品局技佐を兼任した。この間、昭和大礼記念章及び皇帝訪日記念章を受けた。

中原不懼夫　▷11

営口警察署司法兼保安主任／奉天省営口警察署官舎／一八八八（明二一）六／岡山県浅口郡玉島町／玉島商業学校

岡山県農業宇野時次郎の次男に生まれ、母の実兄中原久太郎の養子となった。一九〇五年玉島商業学校を卒業し、一一年から岡山県浅口郡の吏員として五年勤め、この間の一三年に裁判所書記登用試験に合格した。一五年一一月に渡満して関東都督府巡査となり、警部補、警部と累進して二九年二月大連警察署保安主任を経て営口警察署司法兼保安主任に就いた。郷里にあった頃に模範青年として玉島町の表彰を受けたことがあり、夫人千代野は岡山県立倉敷女学校を経て岡山市天瀬の松舎裁縫専門女学校を卒業し同校の教員を二年務めた。

中原文太郎 ▷8

中原工務所主／奉天／一八八〇（明一三）五／山口県阿武郡萩町／福岡工業学校

福岡工業学校を卒業して一九〇五年山葉洋行に入り、一一年奉天出張所主任に抜擢されて渡満した。その後同行の組織変更に伴い土木建築部が廃止され、多年の功により商号襲用を許され土木建築業山葉洋行を独立開業した。業務の発展とともに二〇年に商号を中原工務所に改め、経営のかたわら奉天商業会議所議員を務めた。

永原 正雄 ▷3

三井物産会社安東主張所主任／安東県三井物産会社社宅／一八八六（明一九）一／静岡県駿東郡北郷村／東京外国語学校支那語科

一九〇七年東京外国語学校支那語科を卒業し、同年四月三井物産に入社した。牛荘、奉天に勤務した後、一四年七月安東出張所に転任した。業務のかたわら安東商業会議所副会頭を務めた。

中原 操 ▷12

国際運輸㈱錦県支店長、錦州商工会議所議員、奉天税務監督署営業税諮問委員、錦州三州会会長／錦州省錦県新市街木村土地国際運輸㈱支店長社宅／一八九四（明二七）四／鹿児島県始良郡帖佐村／鹿児島県立加治木中学校

鹿児島県中原盛之助の次男に生まれ、一九一一年三月県立加治木中学校を卒業して同年六月満鉄に入り、安東駅貨物方となった。その後満鉄を退社して一八年七月安東県四番通に安東運輸公司を設立し、運送取扱、通関代弁、委託貿易業を営んだ。次いで二四年八月国際運輸に入り、本社営業課勤務、大連支店作業係長、奉天支店長、奉天支店長代理本社計画課管理係主任、同労務係主任兼務、計画課長代理を経て三五年一二月錦県支店長となり、三七年五月から庶務係主任事務取扱を兼務した。この間、三六年四月錦州商工会議所及び錦州商業組合の創立委員となり、同年六月の創立後に初代会頭及び顧問に就き、三七年一一月に錦州商工会議所の陣容が整備されるとともに会頭を辞任して選定議員となった。

中原 峯吉 ▷9

中村組主、勲八等／大連市外聖徳街／一八八三（明一六）一〇／大分県日田郡大鶴村

旧姓は本河、日田郡に生まれ同郡の中原家の養子となった。一九〇三年徴兵されて第二師団に入営し、翌年日露戦争に従軍した。〇六年に帰国して勲八等白色桐葉章を受けた後、〇七年に再び渡満して大連で土木建築請負業を営んだ。

中原 昌磨 ▷11

石炭商、満鉄石炭特約販売人／ハルビン埠頭区／一八七九（明一二）一二／北海道中川郡本別村／中学校中退

会社員中原昌発の長男に生まれ、中学三年を修了して神戸の貿易商店に入った。その後大阪の工業用薬品商や中国貿易商に勤務し、一九〇七年に渡満して奉天の大倉土木組に入った。〇九年ハルビンの石炭商竹内商会に転じた後、二三年一一月に独立して同市埠頭区で石炭商を開業した。満鉄石炭特約販売人として手広く営業するかたわら、華北の穆稜炭坑や松花江下流の鶴立崗炭坑など各地の炭坑及び東支西部線や呼海鉄道の沿線・奥地など諸方面を視察した。

中原 祥光 ▷11

撫順輸入組合理事、勲七等／奉天省撫順西五条通／一八七八（明一一）七／島根県邇摩郡大国村

島根県村吏中原好尚の長男として生まれ、三〇〇年来の土農で代々庄屋頭百姓を務めた家柄の長子として大国村助役を務めた後、一九〇二年四月村長に推され、日露戦争時に勲七等を受けた。一三年八月同県大森町長に就き、町村農会、信用組合、郡教育会、畜産組合等の名誉職を兼任した。一七年八月に公職を辞し、同年一二月に渡満して撫順の藤間洋行支配人となった。二八年四月撫順輸入組合理事に就任し、ほかに撫順商業同志会長、撫順地方区第七区長、撫順実業協会幹事を務めた。夫人マツノとの間に男子なく、島根県士

族中島豊太郎の四男茂を長女多喜子の婿養子に迎えた。

中原　済 ▷12

奉天高等農業学校学監、正五位勲三等／奉天萩町／一八八五（明一八）一二／鳥取県鳥取市立川町／陸軍士官学校

鳥取県中原剛明の次男に生まれ、一九〇七年五月陸軍士官学校を卒業し、同年一二月歩兵少尉に任官した。歩兵第四〇連隊付、同中隊長を経て独立守備歩兵第五大隊付となって渡満し、同第三大隊中隊長、同第二大隊付として遼陽、鞍山站、大石橋、営口、奉天、山東省等に駐屯した。二九年八月歩兵中佐に累進し、鳥取県師範学校及び奉天教育専門学校の配属将校を務め、三一年九月の満州事変勃発当時は関東軍司令部に勤務して奉天で押収金整理委員長を務めた。その後三二年八月予備役編入となり、同年九月満州国に仕官して逆産処理委員会幹事、同委員会総務処総務班長兼奉天派遣班長を務めた。次いで国務院財政部事務官兼文教部事務官となり、奉天国立博物館現地主任者、奉天高等農業学校予備事務嘱託を経て三五年一一月同校学監となった。この間、満州事変時の功により勲三等旭日章を授与された。

中平田喜市 ▷12

鞍山印刷㈱社長、満蒙製氷㈱社長、遼陽信託㈱専務取締役、鞍山信託㈱専務取締役、満蒙棉花紡織㈱監査役、鞍山地方委員会副議長、鞍山商工会議所常議員、鞍山連合町会顧問／奉天省鞍山南三条町／一八七五（明八）七／佐賀県神埼郡西郷村

幼少の頃から印刷業に従事し、一九一〇年に渡満して遼陽で印刷業を開業した。年を追って業績を上げ、一九年に法人組織に改め遼陽印刷㈱とした。さらに鞍山に移転して資本金一五万円の鞍山印刷㈱と改称し、一般印刷のほかに和洋紙の販売も行い、遼陽に支店を置いた。本業の他に満蒙製氷㈱、遼陽信託㈱、鞍山信託㈱、満蒙棉花紡織㈱など多数の会社役員を兼ね、鞍山地方委員会副議長、鞍山商工会議所常議員、鞍山連合町会顧問を務めた。

長広　隆二 ▷12

満鉄経理部主計課総決算係主任兼新京支社勤務／大連市伏見町／一八九〇（明二三）一一／山口県美祢郡赤郷村／満鉄育成学校

山口県製糸業長広喜太郎の長男に生まれ、一九〇七年一月に渡満し、一〇年一月満鉄育成学校を修了して満鉄に入り会計課に勤務した。以来勤続して二〇年三月経理部主計課総決算係主任となり、三〇年九月参事に昇格して三六年九月から新京支社勤務を兼務した。この間、川村竹治総裁以来一七回の定期株主総会に列席し、貸借対照表と総裁の報告演説草案のすべてを作成したほか、決算制度改善により二度総裁の表彰を受け、二七年四月満鉄創業二〇年記念式に際し功績章と記念品を授与され、三五年四月勤続二五年の表彰を受けた。

中藤　菊蔵 ▷9

山口運輸㈱取締役兼大連支店長／大連市追分町／一八七二（明五）九／兵庫県神戸市布引町

醤油醸造業を営む旧家に生まれ、後に家督を相続して先代の中藤菊蔵を襲名した。神戸で花筵の輸出業に従事したが失敗し、一九〇〇年に渡満して長春の山口運輸公司に入った。一八年一二月、同社が株式会社に改組されると同時に取締役兼大連支店長に就いた。

永渕　良次 ▷11

満鉄吉林公所員／吉林商埠地満鉄社宅／一八九五（明二八）二／佐賀県佐賀市与賀町／東亜同文書院

佐賀県剣道教師永淵善之助の長男に生まれ、一九一九年上海の東亜同文書院を卒業して東京の阿部幸商店に入った。青島支店に赴任した後、退社して山東鉄道に勤務したが、同鉄道の還付とともに二三年満鉄に入った。用度事務所購買課、同倉庫課勤務を経て二八年五月吉林公所に転任した。この間中国各地を調査旅行し、二八年には外国鉄道用度事務調査のため仏領インドシナ、雲南、香港に出張した。剣道を得意とし、五段精錬証を有した。

中間　定治 ▷12

満鉄四平街駅事務助役、四平街地方委員、社員会評議員、勲八等／奉天省四平街南二条通／一九〇四（明三七）一二／鹿児島県川辺郡川辺町

鹿児島県中間市太郎の四男に生まれ、一九二〇年関東庁逓信練習所を修了した後、二三年一〇月満鉄に入社した。

な

奉天鉄道事務所電信方、奉天駅電信方、渾河駅駅務方、鉄嶺駅車掌に歴勤して長春列車区鉄嶺分区助役となり、次いで大屯駅、四平街駅勤務を経て三三年一二月同駅事務助役となった。この間、満州事変時の功により勲八等に叙された。

中町　香橘　▷12

立浜公司代表／ハルビン道裡田地街／一八八二（明一五）一／新潟県刈羽郡高浜町／東京専門学校政治経済科

新潟県深沢立三の三男として横浜市神奈川区に生まれ、新潟県中町邦造の養子となった。東京専門学校政治経済科を卒業した後、一九〇〇年中国に渡り上海、南京、漢口、北京などで実業に従事した。日露戦争に際し軍の諜報活動に服し、戦後は天津、山東、阿南の各地を転々とし、後に大阪で八年ほどゴム工業を経営した。二四年再び渡満してハルビンで諸種の実業に従事した後、三二年に資本金一〇万円の匿名組合組織で立浜公司を設立して代表に就いた。拉浜線の背蔭河、浜綏線の三層甸・蜜蜂・二道河子・帽児山・程山站の各地に石山を所有し、店員一二名と労働者二、三〇〇人を使用した。鉱山業のかたわら三三年から足立亮一と北満貿易商社を共同経営した。

永松　浅熊　▷11

鉄嶺地方事務所種豚場獣医、正八位／奉天省鉄嶺宮島町／一八九八（明三一）七／鹿児島県伊佐郡大口村／県立鹿屋農学校

鹿児島県農業永松金太郎の長男に生まれ、一九一四年県立鹿屋農学校を卒業し、一七年に鹿児島で獣医を開業した。二四年三月陸軍三等獣医となり、翌年一〇月に渡満して鉄嶺地方事務所種豚場に獣医として勤務した。

中松　国彦　▷14

／大連市沙河口京町／一八八三（明一六）九／熊本県熊本市西子飼町

一九一一年東京毎日新聞社に入り、一三年から一五年まで上海日日新聞記者、一六年から一九年まで東京やまと新聞社営業部員及び横浜支局長を務めた。二〇年六月に渡満して満州日日新聞社に入り、営業局長に就いた。この間二四年一一月から二八年一〇月まで大連市会議員を務めた。その後天津の庸報営業局長に転じ、在任中の四二年北京で病没した。

永松　保　▷11

昭和製鋼所㈱製鋼部修理係主任／奉天省鞍山大正通／一八八九（明二二）八／熊本県熊本市黒髪町／熊本県立工業学校

熊本県永松猪次郎の長男に生まれ、一九〇八年三月熊本県立工業学校を卒業し、同年五月呉海軍工廠に入り砲熕部製図場に勤務した。その後一三年八月に辞職して渡満し、同年一〇月満鉄に入り撫順炭砿機械科設計に勤務した。一八年八月に退社し、同年九月朝鮮に赴いて平安南道の新安州特種鉄製造所に入ったが、翌年辞職して満鉄に再入社して鞍山製鉄所工作課設計に勤務し、二一年八月同工作工場に転任した。三三年六月鞍山製鉄所の事業を継承した昭和製鋼所㈱の事業開始に伴い同所に移籍して工務部工務課に勤務し、三五年二月臨時建築部勤務を経て同年四月製鋼部修理係主任となった。この間、三五年六月勤続一五年の表彰を受けた。

永松　豊太　▷11

労力供給請負業、永昌洋行主／奉天省撫順西一番町／一八八一（明一四）一二／福岡県久留米市京町／中学校

福岡県永松啓次の次男に生まれ、一九〇二年東京の中学校を卒業した。日露戦中の〇四年一一月に渡満して営口の丸重洋行に入店し、〇六年長春支店開設とともに主任として赴任し、労力請負業に従事した。一八年には事業を拡張して長春駅及び吉長線の貨物荷役を担任した。二〇年に退職し、撫順に永昌洋行を興して労力供給請負業を経営した。運送状況視察と労働者募集のため中国各地を巡視し、日本人、中国人合わせて五一人の店員を擁した。

永松　並木　▷12

国務院財政部専売総署技正、正五位勲三等／新京特別市永楽町豊屋旅館／一八八五（明一八）六／福岡県山門郡城内村／海軍機関学校

旧柳河藩士永松利栄の子に生まれ、海軍機関学校を卒業して海軍機関少尉に任官した。勤続して大佐に進級し、佐世保軍需部第二課長を最後に予備役編入となり、小倉製油会社横浜製油所長に就いた。三四年に国務院財政部専売総署嘱託に転じて渡満し、後に技正に任官して石油専売制度確立の技術方面を担当した。長く海軍燃料廠に勤務し、廠内作業の改善に尽くして海軍大臣表彰を受けたほか、軍艦煤煙防止装置を考案して連合艦隊司令長官の表彰を受けた。

永松　秀雄　▷12

永松耳鼻咽喉科医院長／奉天富士町／一九〇三（明三六）二／大分県西国東郡香々地町／満州医科大学

大分県永松角市の長男に生まれ、奉天の満州医科大学を卒業した後、耳鼻科教室で耳鼻咽喉科を専攻して同大学附属医院副手、助手を歴任した。その後三一年に済南病院耳鼻科医長となって山東省済南に赴任し、三二年六月大連赤十字医院に転勤の内命を受けて奉天に帰ったが、同年七月当地先輩知友の勧めで富士町の旧井上耳鼻咽喉科医院を継承して独立開業した。二階建四一五㎡の建坪に病室六、治療室、手術室、控室、薬局、光線室、応接室、患者待合室を備えた。

永見　駒蔵　▷11

南満州瓦斯㈱奉天支店製造営業係長／奉天藤浪町／一八九一（明二四）一一／大阪府大阪市西区阿波座中通／大阪高等工業学校

大阪府福島福松の次男に生まれ、同府の土木業永見睦蔵の養子となった。一九一四年大阪高等工業学校を卒業し、同年七月に渡満して満鉄に入り大連の中央試験所応用化学科に勤務した。二五年八月満鉄から分離独立した南満州瓦斯㈱に移り、二七年六月瓦斯事業主任技術者甲種免状を取得して奉天支店製造営業係長に就いた。

中溝　新一　▷11

中日文化協会編輯部主事／大連市聖徳街／一八九一（明二四）九／東京府東京市麻布区本村町

東京府伊東胡蝶園の職員中溝清一郎の長男に生まれた。早くから東京で婦人雑誌や児童雑誌に関係し、かたわら寄稿家として文筆業に従事した。著書に『豚ちゃんの記録』ほか二冊の童話集と子供評論集があり、童話集『日本童話選集』にも収録された。一九一九年九月に渡満して大連新聞学芸部長に就き、大陸社嘱託等を経て中日文化協会に入り、同会編輯部主事を務めるかたわら中華女子手芸学校講師を兼務した。

長溝　学　▷11

印判業／旅順市青葉町／一八八三（明一六）八／熊本県熊本市安巳橋通町

熊本県官吏長溝伝蔵の次男に生まれ、一九〇三年熊本市で印刻業を開業した。〇六年三月に廃業して渡満し、旅順で活版印刷業と印判の用達商を開業し、一二年から印判商を専業とした。

中道　彦一　▷8

中道木廠主／奉天松島町／一八八七（明二〇）二／静岡県浜名郡入野村

一九一三年、王子製紙㈱の製材所である吉林富寧公司の奉天支店長として渡満した。二三年八月に同公司が共栄起業㈱に改称された後も引き続き支店長に留まったが、同年末に退職して奉天松島町に中道木廠を開業した。

永峰　弘　▷12

満鉄大連鉄道工場第三作業場再用品職場主任／大連市霞町／一八八八（明二一）六／茨城県行方郡香澄村／岩倉鉄道学校

茨城県永峰初太郎の次男に生まれ、一九〇九年東京の岩倉鉄道学校を卒業して満鉄に入り沙河口工場に勤務した。以来勤続し、公主嶺、遼陽工場等に勤務した後、大連鉄道工場に転勤して第三作業場再用品職場主任となった。長男義弘は高岡高商を卒業してジャパンツーリストビューロー大連支部に勤務した。

中牟田五郎　▷1

東亜興業㈾社長、正六位／奉天省営口／一八六七（慶三）／佐賀県佐賀市／帝国大学理科大学

一八九二年帝国大学理科大学を卒業して農商務省に入り、林務官として各地の大林区署長を歴任した。九四年官命で朝鮮及び鴨緑江沿岸の林業調査をし、翌年再び満州一帯の林業調査を行い、天津、北京を経て帰国した。〇六年三月関東総督府嘱託となって渡満し、後に関東都督府に改称されると同時に技師となった。〇七年四月に辞職し、捌荷洋行主の長谷川吉次郎、軍用達業の田中友次郎らと営口に日中合弁の東亜興業㈾を設立して社長に就任し、本店を営口新市街南本街に置き、支店を大連に設けて製材業、木材・薪炭売買業等を経営した。

中村　明　▷12

吉林国立医院眼科医長／奉天省撫順永安台永安寮／一九〇一（明三四）七／山口県阿武郡萩町／南満医学堂

高橋常吉の四男として大分県速見郡杵築町に生まれ、後に中村市太郎の養子となった。徳山中学校を経て一九二五年六月南満医学堂を卒業し、満州医科大学付属医院眼科教室に勤務した。二八年一〇月満鉄撫順医院に転勤した後、同仁会済南医院眼科、東京日本橋区の更正診療所眼科、京橋区の辻眼科院に歴勤し、三五年六月満州国立医院医官となって再び渡満し、ハルビン国立医院に勤務した後、同年一〇月吉林国立医院眼科医長となった。長兄の治は山口県下松町で開業し、次兄勝は大連の東亜土木会社に勤務、三兄止は朝鮮の新義州平安北道庁理財課に勤務した。

中村　亮　▷12

満州製麻㈱取締役、営口紡織(股)監査役／大連市山吹町／一八九一（明二四）七／福井県／東亜同文書院

上海の東亜同文書院を卒業した後、一九一四年満鉄に入社した。一六年に湯浅貿易会社に転じた後、さらに一九年満州製麻㈱に転じ、以来勤続して後に取締役に就任した。

中村　家寿　▷11

関東軍司令部参謀部嘱託、従五位勲四等功五級／旅順市明治町陸軍官舎／一八七四（明七）三／北海道札幌郡琴似村／陸軍士官学校

北海道の軍人中村家起の長男に生まれ、一八九八年陸軍士官学校を卒業した。砲兵少尉に任官して広島要塞砲兵連隊付として勤務し、一九〇四年七月日露戦争に際し中隊長として従軍した。一三年八月砲兵少佐に進んで関東陸軍兵器支廠に勤務した後、一七年八月待命となり関東軍司令部参謀部嘱託となった。実弟の博も陸軍に入り砲兵少佐に進んだ。

中村　軍良　▷12

延吉林務署長、従七位／間島省延吉街安定胡同／一八九五（明二八）五／新潟県刈羽郡高柳村／東京帝大農科大学林学実科

新潟県中村茂一の長男に生まれ、一九一七年七月東京帝大農科大学林学実科を卒業して同大学助手となった。次いで同大学農学部付属樺太演習林、九州帝大農学部付属樺太演習林嘱託、東京帝大農学部付属朝鮮江原道演習林等に歴勤し、宇都宮高等農林学校教授を兼任した。その後三四年四月満州国森林事務所技正に転じて渡満し、延琿森林事務所長、延吉森林事務所長兼琿春森林事務所長事務取扱、浜江省東部治安維持会を経て三六年七月延吉林務署長となった。この間、皇帝訪日記念章を授与された。

中村伊三郎　▷11

㈱徳泰公司取締役支配人／大連市山県通／一八九七（明三〇）一一／大阪府大阪市西区北堀江御池通／慶応義塾大学部理財科

大阪府呉服商中村米造の長男に生まれ、一九二〇年慶応義塾大学部理財科を卒業した。大阪の野村㈴直系の株式現物問屋野村商店に入り、内国調査部、外国調査部を経て野村㈴調査部に転じた。二八年一二月に渡満して同社直系の㈱徳泰公司取締役支配人に就いた。

中村　栄吉　▷1

栄昌洋行主／大連市吉野町／一八七六（明九）一二／栃木県宇都宮市宿郷町

上京して修学した後、一八九八年台湾に渡り種々の事業を画策したが成功せず、総督府土地調査局に数年勤務して帰国した。日露戦争後〇五年一一月に渡満し、大連市吉野町に栄昌洋行を開設して麦粉、砂糖、醤油を販売した。

中村　栄吉　▷12

中村栄吉商店主、大連精糧㈱社長、関東州方面委員／大連市磐城町／一八七三（明六）一〇／神奈川県中郡秦野町／小学校

神奈川県農商兼業中村勝三郎の五男に生まれ、小学校を卒業して砂糖屋に奉公した。一八九四年一〇月に上京して米穀商を始めたが、日清戦争後九五年五月台湾に渡り、台南で食料品雑貨商を営んだ。次いで日露戦中の一九〇五

な

年三月軍御用商人となって満州に渡り、同年九月樺太を視察した後、〇六年一月営口に渡航し、同年三月大連磐城町で食料品卸商を開業した。陸軍用達、銭鈔仲買、満鉄代用社宅建設・貸与、水田開墾、鉱山業等と年々事業を拡大し、欧州戦争の好況時には二〇を超す会社の取締役、監査役に就いたが、漸次辞任して本業に専心し、信濃町市場に支店を置き、年商高約八〇万円を計上した。長男実雄は大連商業学校を経て中央大学を卒業し、家業に従事した。

中村栄治郎 ▷11

中村商会主／大連市桜町／一八七二（明五）九／東京府荏原郡大森入新井町／東京築地工手学校

東京府実業家安藤亥之助の三男に生まれ、後に安藤姓となった。船員を志して一九〇〇年東京商船学校に入学したが、両親の反対で中退し、築地の工手学校を卒業して東京電灯㈱に入社した。その後〇五年四月に退社し、同年七月㈾高田商会本店に入った。以来歴勤し、第一次世界大戦中の好況時に重役に随行して満州を視察した経験を買われ、二〇年五月大連出張所が支店に昇格する際に次長となって渡満した。次いで二五年二月支店長に就いたが、戦後不況のため支店撤収となり、残務処理に従事するかたわら同年八月大連西公園に中村商会を独立開業した。旧高田商会の得意先を継承して諸機械器具及び材料一式、電気器具、各種計器、暖房用品、工具建築材料、工業薬品、衛生・金物材料等を販売した。東京女子美術学校出身の夫人モトとの間に二男二女あり、長男武雄は慶応大学理財科を卒業して父の会社に入った。

中村英太郎 ▷12

朝日電池㈱満州出張所長、勲八等／奉天稲葉町朝日乾電池㈱満州出張所／一九一〇（明四三）一一／北海道／関西工業学校

関西工業学校を卒業した後、北海道の三菱三唄鉱業所労務課に勤務し、次いで一九二九年四月朝日乾電池㈱の創立と同時に同社入りした。在職中の三一年一二月朝鮮の竜山山砲隊に入隊し、三一年九月満州事変の勃発に際し朝鮮軍に属して越境渡満した。除隊復職して三三年一一月満州出張所長に任じられ、再び渡満して奉天に在勤した。この間、満州事変時の功により勲八等白色桐葉章及び従軍記章、建国功労賞を授与された。

中村　治 ▷3

関東都督府通信事務官補、長春郵便局長、満鉄諮問委員、高等官四等従六位／長春郵便局官舎／一八七二（明五）一／福岡県山門郡瀬高町／東京帝大法科大学政治学科

一九〇一年東京帝大法科大学政治学科を卒業し、〇五年逓信省に入った。東京、大阪、新潟の各郵便局課長を経て清国天津郵便局、宇都宮郵便局、金沢郵便局の局長を歴任した。一一年八月に渡満して関東都督府通信事務官補・長春郵便局長となり、かたわら満鉄諮問委員を務めた。

中村　鉄一 ▷12

旅順高等公学校教諭兼舎監、従六位／旅順市千歳町／一八九八（明三一）三／東京府東京市神田区鎌倉河岸／東京高等師範学校体育科甲組

一九二二年三月東京高等師範学校体育科甲組を卒業して高知県立高知城北中学校教諭となり、次いで同校武道教授嘱託となった。その後渡満して旅順師範学堂教諭に転じ、同学堂生徒監、関東庁体育研究所指導員を経て二七年九月再び旅順師範学堂舎監となった。三〇年一二月同学堂教諭となり、三七年から舎監を兼務した。

中村　義一 ▷6

朝鮮銀行大連支店監査係主任／大連市／一八九三（明二六）／福岡県久留米市通町／久留米商業学校

久留米市の商業中村常次郎の次男に生まれたが、七歳の時に父が死亡し、兄弟五人が母の手一つで育てられた。一九一三年三月久留米商業学校を卒業し、同年五月朝鮮銀行に入り京城本店国庫係となった。在職中の一四年一二月、一年志願兵として久留米の野砲兵第二四連隊に入営した。満期退営して一六年に新義州支店に転勤して営業係となり、次いで一八年に山東省済南に出張して支店開設事務に従事し、開設後は引き続き同支店に勤務した。一九年七月上海支店に転勤した後、二一年九月営口支店に転勤して渡満し、さらに二三年一月大連支店に転勤して監査係主任を務めた。

中村久四郎　▷12

満鉄大連埠頭貨物助役、勲八等／大連市満鉄大連埠頭／一八九七（明三〇）一一／富山県富山市惣曲輪／市立富山商業学校

富山県中村安次郎の長男に生まれ、一九一七年三月市立富山商業学校を卒業し、同年七月満鉄に入り埠頭事務所に勤務した。海運課、大連埠頭第一埠頭、埠頭事務所に歴勤し、次いで寺児溝埠頭貨物助役、ハルビン水運局黒河碼頭営業所長、ハルビン碼頭営業所八区碼頭主任、ハルビン碼頭営業所長兼務を歴任した後、三七年五月大連埠頭貨物助役となった。この間、満州事変時の功により勲八等に叙され、三三年四月勤続一五年の表彰を受けた。

中村　久平　▷12

奉天郵政管理局電政処長、勲七等／奉天木曽町／一八八二（明一五）六／山口県大津郡三隅村／錦城中学校

東京神田の私立錦城中学校を卒業した後、一九〇七年逓信官吏練習所外国郵便科を修了して神戸、東京、横浜の各郵便局外国郵便課に勤務した。次いで一一年に芝罘郵便局勤務となって渡満し、一七年夏さらに天津郵便局に転勤した。その後二三年四月関東庁逓信書記となって逓信局総務課に勤務し、二九年九月大連郵便局外国郵便課長となった。満州事変後、三二年に満州国交通部郵政監察官として奉天で中華民国代表と接収交渉に当たった後、三三年二月関東軍の熱河作戦に際し熱河省内全郵便局の接収総指揮を務めた後、同年九月国務院交通部郵政管理局事務官に転じて秘書処長となり、三五年一二月奉天郵政管理局電政処長に就いた。この間、三一年五月勲七等瑞宝章を授与され、満州事変時の功により建国功労賞、勲八位景雲章を受けた。

中村喜代次　▷12

満鉄地方部庶務課経理係主任／大連市早苗町／一九〇〇（明三三）一一／佐賀県神埼郡千歳村／神陽学館

佐賀県中村岩吉の次男に生まれ、一九一八年神陽学館を卒業した後、一九年三月満鉄に入り沙河口工場に勤務した。次いで鞍山製鉄所に転勤して工務課、同経理課に勤務した後、本社経理部主計課、同会計課、地方部庶務課兼地方行政権調整移譲準備委員会幹事に歴勤し、三六年一〇月地方部庶務課経理係主任となった。この間、三四年四月に勤続一五年の表彰を受けた。

仲村　銀助　▷12

満鉄吉林東洋医院庶務長／吉林満鉄東洋医院／一八九四（明二七）一二／東京府東京市荏原区中延町／沖縄県立農学校

仲村銀次郎の長男として沖縄県国頭郡羽地村に生まれ、一九一三年沖縄県立農学校を卒業した後、一四年一二月に徴兵されて入営した。一六年独立守備隊員として渡満し、除隊後一八年六月満鉄に入社して撫順炭砿庶務課保衛手として新屯坑に勤務した。二〇年六月職員に昇格し、二一年新屯坑保衛係主席を経て二二年一一月竜鳳採炭所華工係主席となり、二三年一一月華工状況視察のため山東及び直隷地方に出張した。次いで二五年八月庶務課華工係、二八年三月竜鳳採炭所労務係主任を歴任し、三一年九月満州事変に際し復州炭砿接収に派遣された後、三四年四月総務部人事課勤務を経て瓦房店医院庶務長となり、三七年四月東洋医院庶務長に転任した。この間、満州事変時の功により木杯及び従軍記章を授与された。

中村　慶次　▷12

満鉄鉄道総局付待命参事、勲八等／奉天満鉄鉄道総局気付／一八九〇（明二三）六／山口県阿武郡福賀村

一九〇七年一月野戦鉄道提理部安奉鉄道班に勤務した後、電信方助手となり熊岳城駅駅務助手となった。その後一〇年一二月に徴兵されて電信大隊に入隊し、除隊後一二年一二月満鉄に入り湯崗子駅に勤務した。以来勤続して撫順駅勤務、大連駅車掌見習、大石橋駅勤務、同駅車掌、孤家子駅助役、奉天駅助役、下馬塘駅長、煙台駅長、瀋海鉄路局勤務、奉天鉄路局機務処勤務、瀋陽列車段長、奉天鉄路監理所監理員、五常站長を歴任した。その後三七年四月参事に昇格とともに待命、総局付となった。この間、満州事変時の功により勲八等旭日章を授与された。

中村　謙治　▷12

満鉄チチハル鉄路監理所所長、勲七等／龍江省チチハル満鉄鉄路監理所／一九〇〇（明三三）六／山

口県那珂郡鳴門村／熊本高等工業学校電気工学科

一九二一年三月熊本高等工業学校電気工学科を卒業して満鉄に入り、本社運転課に勤務した。以来勤続して二七年一一月長春検車区長、三二年三月奉天検車区長、三四年一一月鉄道総局運転課客車係主任を歴任した。その後三六年三月チチハル鉄路監理所所長となり、同年九月副参事に昇格した。この間、満州事変時の功により勲七等に叙され、三七年四月勤続一五年の表彰を受けた。

中村　謙介　▷11

満鉄臨時経済調査会委員、正五位勲三等／大連市楠町／一八七五（明八）一一／山口県吉敷郡嘉川村／東京帝大工科大学土木工学科

山口県官吏中村忠三の長男に生まれ、一九〇〇年七月東京帝大工科大学土木工学科を卒業した。鉄道作業局技手となり、〇四年六月鉄道技師に進むと同時に野戦鉄道提理部付として日露戦争に従軍し、戦後〇七年四月の満鉄創業とともに入社した。一四年から鉄道建設工事視察のため欧米に九ヶ月間出張した後、翌年三月第一次世界大戦で日本が占領した山東鉄道に派遣され、二一年五月青島守備軍民政部鉄道技師に転じた。二三年三月の廃官とともに満鉄に復帰し、同年一二月四洮鉄道技師長として同鉄道に派遣された後、二五年一二月に帰社して臨時経済調査委員会に勤務した。山口県村尾女学校出身の夫人鶴子との間に二男三女あり、長男正夫は京都帝大経済学科に学び、長女恒子は朝鮮銀行長春支配人代理和田国安に嫁した。

中村幸一郎　▷11

満鉄鉄道部経理課員／大連市真金町／一八九五（明二八）二／島根県松江市／島根県立商業学校

島根県中村久之助の長男に生まれ、一九一二年島根県立商業学校を卒業して満鉄に入った。大連埠頭事務所、営口埠頭支所、営口駅勤務を経て、一五年一二月在職のまま一年志願兵として徳島の歩兵第一二連隊に入営した。除隊して満鉄に復帰して一八年二月営口駅貨物方となり、翌年一一月から満鉄営口実業補習学校嘱託講師を兼務した。二〇年二月同駅貨物助役に進んだ後、二四年八月奉天駅に転じ、翌月本社鉄道部経理課に転任した。野球を好み、柔道は講道館二段の腕を有した。

中村　光吉　▷3

朝鮮銀行大連出張所長／大連市近江町／一八七六（明九）九／東京府豊多摩郡大久保町／東京帝大法科大学英法科

東京府中村喜一郎の子に生まれ、一九〇二年東京帝大法科大学英法科を卒業して第一銀行に入った。朝鮮の馬山出張所長、元山支店長、平壌支店長を歴任し、〇九年一〇月同行の業務を継承して京城に韓国銀行が設立されると平壌支店長に転じ、次いで本店営業課長に進んだ。一三年八月満州出張所設置に伴い渡満して大連出張所長に就き、かたわら大連商工会議所理財部長を務めた。

中村　功潤　▷12

図們薬局主、図們民会議員、図們青年団長、図們防護団警護班長、協和国防青年会理事長／間島省図們銀河街／一九〇四（明三七）七／福岡県八女郡辺春村／中央仏教学院高等科

一九二九年中央仏教学院高等科を卒業し、翌年九月本願寺布教使補列例授一等となった。三二年三月朝鮮元山の芝田梶の養子となったが、翌年五月に協議離縁し、同年一一月図們に移住した。その後同地に図們薬局を開業し、帝国女子薬学専門学校卒で薬剤士の資格を持つ夫人きよ子と共に調剤薬局を経営した。大阪、名古屋、京城方面から仕入れ、市内及び図佳線沿線を販路として牡丹江に支店を設け、年商高四万円内外に達した。経営のかたわら同地の民会議員、青年団長、防護団警護班長、協和国防青年会理事長等の公職に就いた。

中村孝二郎　▷12

満州拓殖㈱事業部長、従五位／新京特別市朝陽胡同／一八九〇（明二三）三／東京府東京市深川区福住町／東京帝大農科大学農学科

一九一五年七月東京帝大農科大学農学科を卒業した後、一七年一一月農商務省農務局嘱託となり戦時兵糧問題調査を担当した。次いで一八年五月住友㊮に入り、倉庫課に勤務し後、一九年八月に退社して穀物商を自営した。二二年七月朝鮮に渡って二三年五月東洋畜産興業会社専務取締役に就き、二四年一二月朝鮮総督府より臨時露支貿易調

査を嘱託された後、二五年七月京城家畜会社常務取締役となった。三二年四月朝鮮総督府拓務技師に転じて管理局第二課に勤務し、朝鮮・関東州・満州に数回出張した後、三五年四月拓務局東亜課に転任した。その後三六年二月に依願免官となり、渡満して満州拓殖㈱に入り事業部長に就任した。

中村 幸助 ▷12

国際運輸㈱ハルビン支店調度係主任、正七位勲六等／ハルビン地段街国際運輸㈱ハルビン支店／一八七九（明一二）一／宮城県石巻市／ロシア帝国神学大学

宮城県中村金三郎の長男に生まれ、東京正教神学校を卒業してロシアのカサン宣教院に留学し、一九一四年一二月モスクワ派遣日本赤十字社救護班の通訳事務嘱託となった。次いで一六年にロシア帝国神学大学を卒業し、モスクワ飛行学校で水素ガス取扱の通訳事務嘱託を務めた後、帰国して正教神学校教授、日露経済飜訳部勤務を経て東京憲兵隊通訳嘱託となった。その後シベリア出兵に際し奏任官待遇の陸軍通訳となり、第一二師団司令部付、第一野戦病院兼施療院通訳事務兼亜市守備隊付、歩兵第四七連隊第一大隊付、第一二師団司令部付、一四師団司令部付、歩兵第六六連隊付、歩兵第二七旅団司令部配属、第一三師団司令部ニコライエフスク司令部勤務、第九師団司令部付に歴職した。帰国して判任通訳採用試験委員を務めた後、二五年一月国際運輸㈱に入社して渡満し、ハルビン支店詰を経て三四年一一月同支店調度係主任となった。

中村 梧良 ▷11

満鉄竜頭駅駅長、勲八等／竜頭駅社宅／一八八四（明一七）六／山口県佐波郡西浦村

山口県農業中村梅吉の長男に生まれ、日露戦後の一九〇七年一月、野戦鉄道提理部員として渡満した。同年四月の満鉄開業とともに大連駅駅手となり、以来沿線各地を転任し、車掌見習、車掌を経て一九年九月助役、二三年五月竜頭駅駅長に就いた。実弟も満鉄に入り、双廟子駅駅務方助役を務めた。

中村作太郎 ▷11

満鉄長春検車区検車助役／長春平安町／一八八五（明一八）五／佐賀県東松浦郡唐津町／小学校

佐賀県中村庄兵衛の長男に生まれ、小学校を卒業して建築業に従事した。一九〇八年七月に渡満して同業に就いた後、一一年六月満鉄に入り沙河口工場に勤務した。〇九年六月検車方に転じ、遼陽、撫順、安東、鉄嶺の各地に勤務し、二一年六月職員に進み、二七年六月長春検車区検車助役に就いた。

中村 覚 ▷3

関東都督、陸軍大将、正三位勲一等功二級／旅順旧市街朝日町官舎／一八五四（安一）二／東京府豊多摩郡淀橋町

滋賀県士族中村千太夫の次男に生まれ、一八七五年一月陸軍少尉となり、西南の役に従い勲六等を受けた。日清戦争で功四級金鵄章を受け、日露戦争では歩兵第二旅団長として旅順攻囲軍に参加し、白襷隊長として威名を馳せた。その後累進して一九〇五年七月陸軍中将に進み、〇七年九月には男爵に列せられ、〇八年一二月侍従武官長に就いた。この間、歩兵第一〇連隊第三大隊長、第一師団参謀、東宮武官、侍従武官、歩兵第四六連隊長、東部都督部参謀長、台湾総督府陸軍幕僚参謀長、東京衛戍総督等を歴任した。一四年九月関東都督となって渡満し、翌年一月陸軍大将に進み、同年秋には中華民国政府から一等文虎章を贈られた。一七年七月都督を退任して帰国し、一九年二月後備役編入となった。詩賦文章を好んで風流都督として知られ、夫人外千代との間に謙一から謙七までの七男と二女があった。

中村 三郎 ▷12

満鉄吉林鉄路監理所監理員／吉林大和街／一八九〇（明二三）八／愛知県西加茂郡挙母町／愛知県立陶器学校研究科

明倫中学第四学年を経て愛知県立陶器学校研究科を卒業し、一九一〇年豊橋の第一五師団に入営した。満期除隊して愛知県巡査を務めた後、一八年に渡満して満鉄に入り連山関駅に勤務した。安東駅、奉天列車区大石橋分区勤務を経て渾河駅助役となり、次いで陳相屯、本渓湖、五竜背、新台子、公主嶺、鉄嶺の各駅助役を歴任し、新京鉄路局運転処旅客科勤務を経て三五年一一月吉林鉄路監理所監理員となった。この間、三四年四月に勤続一五年の表彰を受けた。

中村　繁次 ▷12

満州電業㈱営業部料金課長／新京特別市東安路／一八九八（明三一）二／長崎県長崎市稲田町／旅順工科学堂電気科

長崎県商業中村伊吉の三男に生まれ、一九二〇年旅順工科学堂電気科を卒業して同年一二月満鉄電気作業所に入った。二六年五月同所が満鉄から分離して南満州電気㈱が創立されると同社員となり、工務課配電係長、計画課変電係長、電灯課計画係長、営業課長を歴任した。その後三四年電気供給事業が独立して満州電業㈱が創立されると同社営業部業務課長となり、同年九月から一年間欧米各国に出張して電気事業を視察した後、三七年五月営業部料金課長に就いた。

中村治三郎 ▷9

紀之国屋店主／大連市吉野町／一八七八（明一一）一／京都府京都市下京区

京都の染物業者の子に生まれ、幼時から家業を手伝った。一五年三月に渡満し、大連市吉野町に店舗を構えて呉服悉皆染物商を営んだ。店頭営業の他に紋付購買会を組織し、廉価と迅速を旨として好評を博した。

中村七太郎 ▷10

満州油脂化工㈾代表社員／大連市沙河口京町／一八九二（明二五）四／長崎県南高来郡千々石村

肥料仲買業者の子に生まれ、学業を終えて福岡の松崎油脂工業会社に勤務した。二五歳の時に朝鮮に渡り、仁川石鹸㈾で硬化油の研究に従事した後、一九一五年一一月に渡満して大連油脂工業会社に入った。その後日清製油会社に転じ、一九年二月満州ペイント会社が設立されると同社技術部に出向した。同社技師長の池部季胤が大豆を原料とする水性塗料の製法を開発すると、二三年四月に退社して満州油脂化工社を設立し、同製法による水性塗料ユニークの製造を開始した。需要が増加して二五年五月合資会社に改組し、同年一一月には工場を拡張してユニークの他にゴブリン、ダルニー、クラール、パテ等も製造した。

中村　準輔 ▷4

三井物産㈱奉天出張所主任／奉天新市街／一八八一（明一四）四／山口県美祢郡西厚保村／東京外国語学校

山口県に生まれ、一九〇四年東京外国語学校を卒業した。〇六年三井物産会社に入り、牛荘出張所勤務となって渡満した。〇九年ハルビン出張所に転じ、一五年ロシアのペトログラード支店詰となった。一九年奉天出張所主任となって再び渡満し、肥料・軍器・雑貨・各種保険代理業等の業務に従事し、撫順・遼陽・新民府の各出張員を管轄した。

中村順之助 ▷1

清国知県衙門顧問、鴨緑江渡江㈱取締役／安東県一八八二（明一五）七／福島県若松市大町／東亞同文書院

会津中学校在学中の一九〇二年四月、福島県庁の清国留学生に選抜され上海の東亞同文書院に入学した。〇五年三月に卒業して安東県軍政署嘱託となって渡満し、通商その他の調査と清国官憲、公議会等との交渉事務を担当したが、同年七月清国知県の高欽に招聘されて知県顧問に転じた。知県が義翰に交替した後も衙門顧問を務め、〇七年八月に鴨緑江渡江㈱が設立されると取締役を兼任した。

中村　正司 ▷9

中村商会主／大連市越後町／一八八一（明一四）六／愛知県宝飯郡御津村小坂井村／早稲田大学商科

一九〇八年早稲田大学商科を卒業し、一〇年三月に渡満して大連の山葉洋行に入った。一八年三月に退社して越後町に中村商会を設立し、製材所を設けて木材販売と運送業を経営した。

中村　譲治 ▷11

満鉄長春検車区職員／長春羽衣町／一九〇〇（明三三）六／山口県玖珂郡鳴門町／熊本県商工学校

山口県医師中村先難の次男に生まれ、一九二一年熊本県商工学校を卒業して満鉄に入社した。運転課に勤続し、二七年一一月長春検車区に転任した。

中村信次郎 ▷11

満鉄鉄道部工務課員、正八位／大連市山城町／一八九七（明三〇）八／東京府豊多摩郡淀橋町／九州帝大工学部土木科

東京府士族中村菊太郎の次男に生まれ、一九二三年九州帝大工学部土木科

を卒業して満鉄に入社した。鉄道部線路課、同計画課に勤務した後、二七年七月長春鉄道事務所工務係に転じて設計を担当したが、同年一〇月の職制変更で大連鉄道事務所工務係に転じて工事係主任に就いた。二八年八月臨時建設事務所設立に際し、同貯炭場および桟橋の陸上設備計画を立案し、完成後は本社工務課に勤務した。この間二三年一二月一年志願兵として電信第一連隊に入営し、除隊後の二七年三月陸軍工兵少尉となった。

中村　政市 ▷8

製菓商七福屋店主／奉天浪速通／一八七九（明一二）一〇／群馬県高崎市弓町

一九〇一年九月ウラジオストクに渡り、〇三年五月同地で雑貨商を開業したが日露関係が悪化して〇四年一月に引き揚げた。〇五年軍属として日露戦争に従軍し、奉天会戦後は第一軍に属して鉄嶺東北方の馬家塞に滞在し、同年一〇月奉天軍第一班会計部に転属した。戦後〇六年二月に帰国し、同年五月再び渡満して奉天で海産物並びに雑貨商を開業したが、小西辺門付近に志岐組が中心となって奉天市場を開設したため、同年一一月屋号を七福屋として雑貨及び菓子製造販売部を出店した。〇九年春に小西関大街に店舗を新築移転し、一一年二月には実弟の喜一郎を呼び寄せ支店を設けた。一三年七月浪速通に煉瓦造りの店舗を新築して支店を移し、店舗と大西関の工場で日本人・中国人合わせて数十人を使用した。満鉄地方員の制度が設けられて以来同委員に当選し、第三区区長、奉天商業会議所議員等を務めた。

中村　清造 ▷12

満鉄新京機関区運転主任、社員会評議員、勲八等／新京特別市白菊町／一八九九（明三二）四／鹿児島県姶良郡帖佐村／鹿児島県立加治木中学校中退

鹿児島県中村仙吉の次男に生まれ、一九一五年四月県立加治木中学校を四年で中退して満鉄に入社した。大石橋車輌係として勤務するかたわら一七年に従事員養成所を優等で修了し、瓦房店機関区点検助役、同運転助役、大連鉄道事務所庶務課に歴勤して三五年七月新京機関区運転主任となった。この間、満州事変時の功により勲八等旭日章及び従軍記章、建国功労賞を受け、三一年四月勤続一五年の表彰を受けた。

中村　撰一 ▷12

興安南省公署参与官／興安南省王爺廟省公署参与官公館／一八九八（明三一）三／神奈川県都筑郡新田村／東京帝大農学部獣医学実科

神奈川県立農業学校を経て一九一九年東京帝大農学部獣医学実科を卒業し、同年八月満鉄に入社して公主嶺農事試験場に勤務した。その後三二年七月に退社して興安総署参与官に転じ、三四年六月興安東省公署参与官を経て三七年七月興安南省公署参与官となった。この間、満州事変時の功により勲五位景雲章を授与された。

中村左右策 ▷12

中村左右策商店主、大連精糧㈱取締役／大連市壱岐町／一八七八（明一一）二／大分県北海部郡臼杵町

一九〇六年四月に渡満して大連最初の味噌醸造所を開設したが、後にこれを大連精糧㈱に譲渡し、民政署警務課の炊事請負業に従事した。その後〇七年に中村左右策商店を興して清酒「忠勇」の特約店となり、食料品雑貨、割箸、砂糖類の販売業と経営し、桃源台に倉庫を設けて奥地の需用に応じた。さらに十数年の研究の末に満州産原料を用いて「香味沢庵」を製造販売し、元関東庁長官で食通として知られた木下謙次郎に絶賛された。夫人ぬいとの間に七男あり、長男満州男と四男重幸は大連商業学校を卒業して家業を補佐し、次男一正は山口高等商業学校を卒業して満州電業㈱に勤務した。

中村宗二郎 ▷13

中村鉄工所主、勲七等／大連市／一八七八（明一一）一一／愛知県中島郡一宮町／四日市三学舎、工手学校

愛知県中村重平の子として島根県松江市で生まれた。三重県四日市の三学舎および東京築地の工手学校で数年学んだ後、大阪砲兵工廠、東京海軍工廠、その他の工場に勤務した。一八九六年愛知県中島郡の一ノ宮紡績会社鉄工部主任となったが、九九年一一月徴兵適齢となり海軍機関兵として呉海兵団に入団した。日露戦争に従軍し功により勲七等を受けた後、一九〇六年大阪の伏田鉄工所技術部に入り、〇九年二月大連出張所主任として渡満した。翌年三月市内西通に五〇余坪の空き地を借り受けて煉瓦建て工場を新築し、工作機械を設備して本格的に事業を進めた。一六年一月同工場を譲り受けて中村鉄工所として以来急速に発展し、敷地四〇〇〇坪、建坪一八〇〇坪の工場で日満六〇〇人を使用し、化学工業用諸機械設計製作、精密歯車製作、満鉄の客貨車部品、専用引込線設備製造その他一般鉄工業を営業科目とした。市内西通の営業所は菱光商会名で製品販売のほか三菱電機の特約店、東電電球会社、菱美電機会社、八洲電機㈱の代理店業を兼営した。四一年には中村鉄工所創業三〇周年を記念して一〇万円で軍用機二台を献納し、一万円を恤兵金として献金した。

中村 大助 ▷12

図們税関監視科長／間島省図們税関監視科長官舎／一八九一（明二四）四／福井県敦賀市川崎町／第三高等学校中退

山本正巳の次男として滋賀県大津市に生まれ、後に中村吉次郎の長女不二子の婿養子となった。一九一六年第三高等学校を中退して大阪税関に勤務し、以来勤続して七尾税関支署長、大阪税関大阪駅出張所長等を歴任した。その後満州国税関事務官に転出し、竜井村税関開山屯分関長、上三峰弁公処長を経て三六年五月図們税関監視科長となった。

中村 岱馬 ▷11

富士瓦斯紡績㈱安東工場工務主任／安東県駅前通／一八九二（明二五）一一／福井県大野郡大野町／旅順工科学堂

福井県中村幹の四男に生まれ、一九一六年旅順工科学堂を卒業して上海絹糸製造㈱に入った。二〇年一月安藤洋行満州絹毛紡績所に転じ、同所が日華絹綿紡織と合併、さらに富士瓦斯紡績に併合後も引き続き勤務し、工務主任を務めた。

中村 孝愛 ▷12

満鉄奉天地方事務所建築係長、業標準規格委員会小委員会委員／奉天葵町／一八八八（明二一）九／福岡県久留米市日吉町／早稲田大学理工科建築科

福岡県中村正治の次男に生まれ、明善中学校を経て一九一六年早稲田大学理工科建築科を卒業し、同年一二月兵役に服した。一八年一一月に満期除隊し、一九年三月渡満して満鉄に入り工務局建築課に勤務した。大連建築事務所勤務を経て東公園町工事係主任を務めた後、地方部建築課、大連工務出張所長、長春地方事務所、奉天地方事務所に歴勤して三〇年六月技術員となり、同年一〇月安東工事事務所建築長となった。次いで三一年八月安東地方事務所工事係長、三五年三月ハルビン鉄路局工事課一般建築係主任、三六年三月同局工務所建築科長兼設計股長を経て同年九月副参事に昇任し、奉天地方事務所建築係長となった。この間、社員会評議員を務めたほか、三六年一二月技術委員会の分科として工業標準規格委員会が設立されると小委員会委員に就き、三四年四月一五年勤続の表彰を受けた。

中村 猛夫 ▷11

満州日報社経済部長／大連市神明町／一八九四（明二七）七／佐賀県佐賀郡兵庫村／専修大学

佐賀県士族中村信平の長男に生まれ、郷里の中学校を卒業して上京し専修大学に学んだ。釜山日報、朝鮮日報、やまと新聞、都新聞等の記者として主に財政・経済方面を担当した後、一九二八年六月に渡満して満州日報社経済部長に就いた。新傾向俳句と将棋を趣味とした。

中村竹三郎 ▷12

中村商事批発部経営主／ハルビン道裡中央大街／一八九八（明三一）二／愛知県八名郡宮岡村／東京歯科医学専門学校

愛知県中村金作の四男に生まれ、東京歯科医学専門学校を卒業して郷里で歯科医院を開業した。その後一九二八年に渡満して撫順で開業し、診療のかたわら撫順バスと朝陽鎮汽車公司を経営した。次いで中村商事批発部を興して毛皮毛布類、カーテン、レース、ストーブとオハネ葡萄酒及びビクトリヤ製菓製品の販売業を経営し、ハルビンに支店を設けた。三五年六月ハルビン支店に本拠を移して本店とし、撫順店を支店として本支店合わせて年商高二五万円を計上した。

中村 武彦 ▷12

満鉄一面坡工務段長、従七位勲八等／浜江省珠河県一面坡満鉄工務段／一八九五（明二八）六／熊本

県熊本市本庄町／熊本高等工業学校

本姓は別、後に中村隆政の養子となった。一九二三年三月熊本高等工業学校を卒業して鉄道省に入り熊本建設事務所に勤務した。二五年六月技手に進んで肥薩線、国都線、指宿線その他の九州各線建設工事に従事した。三二年六月鉄道技師となり、同月満鉄に転出して渡満し、チチハル、ハルビンの各建設事務所に歴勤して三五年三月一面坡工務段長となった。この間、満州事変時の功により勲八等旭日章を授与された。

中村太次馬 ▷12

大連汽船㈱船舶部海務課長／大連市菖蒲町／一八八五（明一八）四／東京府東京市目黒区洗足／東京商船学校

中村克正の長男として金沢市に生まれ、一九一〇年東京商船学校を卒業して同年一一月日本郵船会社に入社した。機関士、機関長を経て門司支店副長となり、その後職制改正により海務課副長門司在勤となった。三一年二月大連汽船㈱に転じて船舶監督となり、次いで船渠工場、船舶課副長、神戸支店在勤等を経て三五年一二月船舶部海務課長となった。

中村　忠雄 ▷12

中村病院長／ハルビン工廠街／一八八八（明二一）九／神奈川県平塚市新宿／東北帝大医学部専門部

仙台市に生まれ、一九〇八年仙台第二中学校を経て第二高等学校一部独法科に進んだが、医業を継ぐため東北帝大医学部専門部に転学した。一四年一一月に卒業して上京し、神田駿河台の医学博士浜田玄達に師事した。一五年に仙台に帰り、父と共に中村産婦人科病院と産婆学校を経営し、門下生八〇〇人を輩出した。二八年一〇月会津若松市に移住した後、三三年一〇月に渡満してハルビン道裡水道街に中村病院を開設した。三七年に工廠街角に工費三万円で中村ビルを新築し、一部を病院として他を貸店舗・貸住宅として多角経営した。養子紫楼は東京慈恵会医科大学に学んだ。

中村　為良 ▷11

瓦房店公学堂教諭／奉天省瓦房店青葉街／一八九七（明三〇）五／鹿児島県薩摩郡山崎村／鹿児島県師範学校

鹿児島県農業中村泰蔵の子に生まれ、一九一七年鹿児島県師範学校を卒業して伊佐郡大口尋常高等小学校訓導となった。三年勤務した後病気で休職し、二一年二月に渡満して満鉄に入り、蓋平公学堂、遼陽商業学校、開原公学堂を経て、瓦房店公学堂に勤務した。

中村　千秋 ▷12

満鉄チチハル鉄路局総務処文書科員、勲八等／龍江省チチハル鉄路局総務処文書科／一九〇七（明四〇）一一／長崎県長崎市銅座町／東京府立第一商業学校

長崎県中村佐八郎の四男に生まれ、一九二六年東京府立第一商業学校を卒業して渡満し、二七年三月満鉄鉄道教習所運輸科を修了して奉天駅駅務方となった。以来、奉天列車区車掌、長春駅駅務方、同駅貨物方、長春列車区車掌、同庶務方、新城子駅助役に歴勤し、三七年五月チチハル鉄路局に転任して総務処文書科に勤務した。この間、満州事変時の功により勲八等旭日章を授与された。

中村　長吉 ▷11

泰順洋行主、勲八等／大連市鳴鶴台／一八七六（明九）五／熊本県熊本市花園町

熊本県中村長左衛門の長男に生まれ、一八九七年五月大蔵省属となり、後に特別監視区主幹に進んだ。一九〇七年八月に渡満して満鉄の書記となり、鉄嶺地方事務所次席、販売課庶務主任等を歴任した。一八年七月に退社し、以後は大連で物品販売業を経営し、かたわら日本橋区区長、大連商工会議所常議員を務めた。

中村　珍次 ▷12

満州電信電話㈱技術部無線課長、正五位勲三等／新京特別市崇智胡同／一八八九（明二二）六／山口県豊浦郡勝山村／海軍大学校無線電信科専科

山口県中村珍政の次男に生まれ、一九一〇年海軍兵学校を卒業して軍務に就き、一七年に海軍大学校無線電信科専科学生を修了した。その後三三年九月大佐に累進して退役し、満州電信電話㈱に入社して技術部無線課長に就いた。

中村　次雄　▷11

建築設計工事請負／大連市磐城町／一九〇〇（明三三）九／熊本県飽託郡西里村

熊本県中村文八の次男に生まれ、一九一九年一月に渡満して満鉄に入った。その後退職して二三年一月、大連で建築設計工事請負業を経営した。

中村恒三郎　▷12

中村質店主、中村洋行主、安東質屋同業組合代表者／安東三番通／一八八一（明一四）九／三重県宇治山田市宮川町

三重県中村福松の三男に生まれ、義務教育を終えて家業に従事した後、安東で万屋質店を営む長兄伊太郎の招きで渡満した。一九〇八年安東三番通で質屋を開業し、かたわら煉瓦造りの高級住宅一〇〇戸を所有して貸家業を兼営した。長兄のほか次兄の中村貞次郎も山田屋質店を経営し、かたわら奉天マルナカホテルの専務を務めた。

中村　貞輔　▷12

奉天省公署土木庁長、正五位勲六等／奉天紅葉町／一八八七（明二〇）八／山口県徳山市／京都帝大理工科大学土木工学科

山口県中村善治の五男に生まれ、徳山中学校、第五高等学校を経て一九一九年七京都帝大理工科大学土木工学科を卒業し、同年八月土木建築業鹿島組に入った。その後、東信電気会社に転じて水力工事監督、台湾出張所員を務めた後、二一年一月関東庁技師に転じて渡満し、民政部土木課に勤務し、同年七月蓋平県に出張した。二五年九月旅順民政署兼務、二六年六月旅順工科大学講師嘱託兼臨時関東州水源調査委員会委員兼務を経て二八年一月財政部財務課兼務となった。次いで満州工業標準規格委員会委員、大連都市計画委員会委員を務め、三一年八月欧米に出張した後、三二年七月に帰任して関東軍特務部臨時道路建設事務所長を兼務した。三三年四月国務院国道局技正に転じて奉天国道建設処長を務めた後、三七年一月奉天省公署土木庁長に就任した。

中村　照次　▷11

新聞解放満鮮支社長／大連市春日町／一八九七（明三〇）一二／佐賀県西松浦郡有田町

佐賀県油問屋中村恵平の次男に生まれ、一九一三年小学校を卒業して国民中学および早稲田大学講義録で独学し、さらに中国語、ロシア語を修めた。一六年四月に渡満して雑誌「スヾメ」の記者となり、以来明星と号した。一七年一月から洋酒雑貨商を始めたが、二〇年九月に閉店して沿海州ニコリスクで週刊新聞「慰問タイムス」を創刊した。二二年にシベリア派遣軍が撤退するとともに引き揚げ、奉毎、大陸等を経て新聞解放満鮮支社長に就いた。『沿海事情』『満蒙写真縦覧』『革命支那思想研究』『支那革命思想記録と論策』『満鮮新聞雑誌縦覧』等の編著がある。夫人ますゑは美容美髪師で春日美容学院を経営した。

中村　藤太　▷8

理髪業奉中軒主／奉天／一八八六（明一九）八／熊本県天草郡御領村

日露戦中の一九〇五年四月に渡満して営口で理髪業を始めたが、同年九月遼陽に移り、〇七年さらに鉄嶺に移転して同業を営んだ。その後〇八年朝鮮に渡り平壌で一二三理髪舗を開業したが、一六年に再び渡満して奉天松島町に理髪店奉中軒を開業し、一八年七月琴平町に移転した。婦人髪結部を設けるなどして顧客を増やし、二四年に奉天理髪業組合が創設されて以来組合長を務めた。

中村　亨　▷12

満鉄錦県鉄路局総務処事故科長、社員会錦県連合会幹事、勲八等／錦州省錦県南七経路／一九〇二（明三五）七／福岡県山門郡柳河町／京都帝大経済学部

福岡県中村治吉の次男に生まれ、一九二九年三月京都帝大経済学部を卒業し、同年五月満鉄に入り社長室人事課に勤務した。以来勤続し、大連列車区車掌、安東駅駅務方、奉天列車区遼陽分区車掌、同安東分区車掌、安東駅貨物方、同駅構内助役、同駅貨物助役、同駅貨物主任を歴任した。次いで奉天鉄路局総務処事故科長となり、三六年九月錦県鉄路局総務処事故科長に転任した。この間、満州事変時の功により勲八等旭日章を授与された。実兄の中村元は東京帝大法科大学を卒業して中国税関に勤務し、後に安東税関長を務めた。

中村　亨　▷12

丸定洋行主／チチハル正陽大街／一九〇一（明三四）一／福岡県田川郡添田町

義務教育を終えて実業に従事した後、一九三二年に渡満して奉天平安通の丸定洋行に勤務した。その後三三年一〇月に独立し、チチハル正陽大街に丸定の商号で軍装品雑貨商を開業した。軍装品、軍服、兵用図書、土産品、記念品、洋煙草、文房具、運動具、雑貨類を扱い、師団酒保店に軍装部を設けて発展した。

中村得三郎　▷1

横浜正金銀行安東県支店長／安東県／一八六九（明二）一二／大分県下毛郡中津町／東京高等商業学校

郷里の中学校を卒業して上京し、一八九二年東京高等商業学校を卒業して三井物産に入った。ボンベイ支店に勤務して棉花輸入に従事し、次いで香港支店に転勤して日本炭の販売拡張とインド米の輸入に従事した。その後横浜正金銀行に転じて神戸支店に勤務し、英米通信事務を主宰した。一九〇四年日露戦争に召集され、陸軍経理官として満州各地に勤務した。戦後〇六年二月に除隊復職し、同年六月正金銀行出張所開設代理人として遼陽に同行の基盤を築いた後、〇七年一二月安東県支店長に転任した。

中村　徳麿　▷12

満鉄ハルビン鉄路監理所監理員／ハルビン満鉄鉄路監理所／一八九六（明二九）三／三重県志摩郡浜島村

三重県中村此吉の三男に生まれ、一九一三年一一月満鉄従事員養成所を修了して長春、公主嶺、四平街、八家子の各駅に勤務した。三三年五月吉林建設事務所勤務を経て鉄路総局に転任し、呼海鉄路局派遣ハルビン在勤、ハルビン鉄路局工務処電気科勤務を経て三五年一一月ハルビン鉄路監理所に転任した。この間、二九年四月勤続一五年の表彰を受けた。

中村　俊夫　▷12

満鉄ハルビン鉄路局産業処殖産科長／ハルビン南崗ハイラル街／一九〇〇（明三三）三／新潟県西蒲原郡峰岡村／東京外国語学校支那語貿易科

新潟県中村寅次郎の長男に生まれ、一九二一年三月東京外国語学校支那語貿易科を卒業して満鉄に入り、地方部庶務課に勤務した。以来勤続して営口地方区、営口地方事務所地方部地方課、遼陽地方事務所地方係長兼遼陽消防隊監督、吉長吉敦鉄路局、鉄路総局総務処附業科土地係主任を歴職した。次いで三五年一一月ハルビン鉄路局産業処殖産科長となり、三六年九月副参事に昇任した。この間、満州事変時の功により賜杯を授与され、三六年四月勤続一五年の表彰を受けた。

中村　敏男　▷11

撫順中学校教諭、従七位／奉天省撫順南台町／一八九二（明二五）一／三重県鈴鹿郡亀山町／神宮皇学館

三重県中村良郎の長男に生まれ、一九一四年神宮皇学館を卒業した。名古屋市立商業学校教諭となり、一七年七月愛媛県立今治高等女学校、二〇年七月和歌山県立粉河中学校、二二年七月奈良県立畝傍中学校に転じた。二五年八月に渡満して満鉄に入り、撫順中学校教諭に就いた。

中村　敏雄　▷14

／大連市大山通／一八六八（明一）四／山口県都濃郡福川町／山口県立徳山中学校

山口県立徳山中学校を卒業して内務省、陸軍省に勤めた後、一八九五年大阪の実業家松本重太郎の伝で東華紡績会社に転じた。その後、山陽鉄道㈱、南海鉄道㈱庶務課長を経て一九〇四年酒類食料品業の宅㈴に転じ、日露戦中の同年八月大連支店長として渡満した。本業のかたわら大連実業会幹事、実業倶楽部幹事、大連商業会議所商業部副部長を務め、大連機械製作所、満州興業㈱、大連取引所信託会社、大連銀行等の重役を兼務した。日露戦争当時からの実業家として大連実業界に重きをなし、一五年一〇月復選により大連市会議員に当選し、第二期官選、第三期復選、第四期官選と長年大連市政に関与したが、後に大連支店の業務を後任に譲り帰国した。この間、一〇年一二月「スペシャル沢亀」販売促進のため満州日日新聞に「満州芸妓酌婦人気投票」を発表して話題を集め、翌年一月の当選発表まで一五万本を販売した。

中村　豊秋　▷11

横浜正金銀行大連支店支配人代理／大連市楠町／一八九二（明二五）／島根県八束郡本荘村

島根県に生まれ、横浜正金銀行に勤務した。バンコック出張所等各支店に勤務した後、一九二八年一月に渡満し大連支店支配人代理に就いた。

中村　豊治　▷12

承徳専売署員／熱河省承徳承徳専売署／一九〇四（明三七）六／鹿児島県出水郡三笠村／京都帝大法学部

鹿児島県立川内中学校、第五高等学校を経て一九三〇年三月京都帝大法学部を卒業し、三一年二月幹部候補生として熊本の野砲兵第六連隊に入隊して兵役に服した。その後三二年六月に渡満して東三省塩運使公署総務科に勤務し、同年九月国務院財政部塩務署緝私科勤務を経て同年一一月代理緝私科考査股股長となり安東緝私局に転勤した。次いで三四年一月塩務署属官となり安東掣験緝私科に勤務し、三六年二月塩務署事務官を経て三七年一月専売署事務官となり、熱河省承徳承徳専売署に転勤した。

中村　直吉　▷1

諸官衙用達業、雑貨商／大連市監部通／一八五五（安二）二／岡山県岡山市四番町

一九〇四年六月日露戦争に際し陸軍用達商となり、第三軍に従って軍需品の輸送に従事した後、鴨緑江軍経理部付に転じて辺門まで従軍した。戦後〇五年一一月大連に移り、翌年一月監部通に店舗を設けて諸官衙用達商と雑貨の販売に従事した。漢詩と俳句を趣味とし、郷里の岡山城にちなんで烏城と号した。

中村　直吉　▷11

米穀・薪炭・雑貨・売薬商／大連市神明町／一八七九（明一二）一二／千葉県長生郡土睦村／高等小学校

千葉県農業中村治兵衛の三男に生まれ、高等小学校を卒業後に漢学を学び、一九〇四年一月神奈川県巡査となった。その後外務省巡査に転じ、〇六年七月に渡満して奉天総領事館遼陽分館警察署に勤務した。〇七年一月吉林領事館開設準備のため同地に出張し、同年三月奉天総領事館に帰任し、昌図及び鉄嶺領事官警察署に勤務した後、〇九年関東都督府巡査に転じて外務省巡査を兼任した。一一年三月大連民政署に転任して高等警察に勤めたが、一四年七月官を辞して商業に従事した。第一次世界大戦中の好況時代に乗って大連共融、東亞商事、華商金融、満州塩業、華東信託等の取締役及び監査役を務め、二二年五月から米穀・薪炭・雑貨・売薬商を営んだ。

中村直三郎　▷13

親和企業㈱取締役会長／奉天／一八八〇（明一三）三／山口県宇部市／下関市立商業学校中退

山口県宇部市の酒造業者の子に生まれ、下関市立商業学校を中退して家業に従事し、一九〇二年に家督を相続した後、山口県下で水力発電事業を兼営した。次いで〇八年下関市の三菱旭硝子西部販売店の経営を引き受け、さらに一五年大嶺庄煙炭砿㈱、二〇年日本石炭㈱、二四年関東化装煉瓦㈱及び東京石灰㈱を創立した。この間、二〇歳の頃から朝鮮及び満州で事業を展開し、二六年七月朝鮮咸鏡北道の雄基に渡り、親和企業㈱、親和貿易㈱、親和木材㈱、親和建材工業㈱、親和鉱業㈱、図們市場㈱、琿春鉄路(股)、琿春炭砿(股)、東満産業(股)等の諸会社を創立した。事業の発展とともに奉天に資本金二〇〇〇万円の親和企業㈱を置き、京城府の親和鉱業を中核として上記諸会社の他に親和土地建物、親和電気工業、東満鉄道、東満鉱業等の傍系諸会社を経営し、中村コンツェルンとして鮮満財界に重きを成し、雄基商工会長、東部鮮満商工連合会長、雄基港増築期生会長等の公職に就いた。

中村楢次郎　▷11

嘉納㈴大連支店主任／大連市敷島町／一八六七（慶三）一二／奈良県奈良市内侍原町

奈良県中村尭円の子に生まれ、一九〇五年九月に渡満して盛和洋行店員となり、その後酒商の嘉納㈴に転じた。同社大連支店主任を務めるかたわら大連商業銀行取締役、大連製氷会社監査役を兼任した。三男二女あり、長男純一は早稲田大学商学部、次男成二は慶応大学に学んだ。

中村　元　▷12

安東税関長／安東税関／一八八七

（明二〇）二／福岡県山門郡柳河町／東京帝大法科大学

福岡県中村治吉の長男に生まれ、一九一二年七月東京帝大法科大学を卒業して同年文官高等試験に合格した。一三年六月中華民国大連海関試用四等幇弁となり、次いで広東、芝罘、安東、大連、琿春、竜井村、上海の各海関に歴勤して二六年一一月青島海関代理副税務司となった。大連及び上海の各海関に勤務し、三二年六月満州国による中国海関の強制接収後、副税関長を経て安東税関長に就任し、三七年六月に辞職した。実弟の中村亨は京都帝大経済学部を卒業して一九二九年に渡満して満鉄に入り、後に錦県鉄路局総務処事故科長を務めた。

中村半之助　▷11

陸軍歩兵大佐、関東軍司令部付旅順工科大学服務、従五位勲三等／旅順市赤羽町／一八八二（明一五）六／愛知県東春日井郡守山町／陸軍士官学校、陸軍大学校

愛知県軍人中村忠裕の長男に生まれ、一九〇二年一二月陸軍士官候補生として名古屋の第三師団歩兵第三三連隊に入り、〇四年陸軍士官学校を卒業した。歩兵少尉に任官した後、一六年一一月陸軍大学校を卒業して陸軍歩兵学校教官、参謀本部付、陸軍省政史編纂委員、朝鮮の竜山第七九連隊付、熊本第六師団参謀等を経て二八年四月陸軍歩兵大佐に累進し、関東軍司令部付旅順工科大学服務となって渡満した。⇒三三年三月少将に進んで予備役編入となったが、太平洋戦争末期の四五年三月大津地区司令官に就いた。

中村彦太郎　▷9

出光商会大連支店員／大連市近江町／一八八六（明一九）一／福岡県筑紫郡水城村／福岡商業学校

一九〇八年福岡市立福岡商業学校を卒業して朝鮮に渡り、朝鮮総督府鉄道局に勤務した。一八年四月帰国して出光商会門司本店に入り、二二年一月大連支店に転任して渡満した。

中村　秀吉　▷12

満鉄四平街機関区鉄嶺分区運転助役、勲八等／奉天省鉄嶺緑町／一九〇一（明三四）一一／鹿児島県薩摩郡下甑村

鹿児島県中村休市の次男に生まれ、一九一八年一〇月満鉄に入り公主嶺機関区機関夫となった。以来勤続し、二〇年に満鉄従事員養成所を修了して公主嶺機関方となり、二一年一二月徴兵されて在職のまま入営した。満期除隊して公主嶺機関区機関士心得となり、次いで四平街機関区機関士・点検方を経て三六年七月同機関区鉄嶺分区運転助役となった。この間、満州事変時の功により勲八等旭日章を授与され、三四年四月勤続一五年の表彰を受けた。

中村　英敏　▷7

満鉄鉄嶺駅駅長、地方委員副議長／奉天省鉄嶺宮島町／一八七七（明一〇）四／鹿児島県薩摩郡甑村／鹿児島博約義塾

鹿児島県に生まれ、博約義塾に学んで教員検定試験に合格したが先輩の勧めで志を変え、一八九五年九州鉄道㈱の雇員となった。勤務中の九七年一二月熊本の騎兵第六連隊に入営し、三年の兵役を終えて復職した。一九〇四年一一月、日露戦争に際し退社して鉄道作業局に転じ、野戦鉄道提理部付となって渡満した。第二運転班、車輌事務所等に勤務した後、〇七年四月の満鉄創業とともに入社して遼陽運輸事務所に勤務し、後に公主嶺車輌監督を務めた。〇八年一二月本社運輸課勤務、二〇年一〇月長春運輸事務所勤務を経て二一年六月鉄嶺駅長となった。勤務のかたわら地方区委員、商業会議所特別議員、三州会顧問を務め、二五年には満鉄地方委員となり地方議員副議長に就いた。

中村　広喜　▷11

関東庁理事官、従七位勲七等／旅順市佐倉町／一八八一（明一四）四／熊本県熊本市寺原町／東京専門学校

熊本県中村長四郎の次男に生まれ、一九〇二年七月東京専門学校を卒業した。〇四年九月熊本税務署属となり、宇都宮税務署、東京税務監督局を経て〇八年八月関東都督府属に転任して渡満した。金州民政署税務主任、臨時土地調査部経済調査主任を歴任して二二年七月関東庁官房文書課勤務となった。二八年二月理事官に進んで同課記録係主任として『関東州事情』『関東庁要覧』『関東庁施政二十年史』等を編纂し、翌年三月逓信書記兼関東庁理事官に就いた。この間関東州土地調査事業の功により銀盃を受け、朝鮮、満州、華中・華北を視察した。実弟の重

な

喜は東京帝大法科を卒業して大阪税関に勤務した。

中村　房市　▷12

中村百貨店主、ハルビン商工会議所議員／ハルビン石頭道街／一八八八（明二一）二／長崎県南高来郡南有馬町

長崎県中村竜蔵の次男に生まれ、日露戦争直後ハルビンに渡った。二二歳の時に同地の伏見屋商店に入り、一九一七年八月に独立して石頭道街に中村百貨店を開業した。化粧品・石鹸の卸問屋と洋品・雑貨の卸小売業を営み、欧米、東京、大阪、名古屋方面より仕入れて北満一帯に販売して年間五〇万円を売り上げた。満州事変当時にハルビン居留民収容所長として活動し、当局より感謝状を贈られた。

中村富士太郎　▷11

関東庁逓信局電気課長／大連市清水町／一八九三（明二六）一一／東京府北豊島郡下練馬町／九州帝大工学部

東京府官吏中村茂幹の長男に生まれ、一九一九年九州帝大工学部を卒業して逓信省工務局官吏となった。二三年電気化学工業㈱技師に転じたが、二八年八月に渡満して関東庁逓信局電気課長に就いた。

中村　勉蔵　▷3

中村医院主／大連市近江町／一八七四（明七）七／三重県阿山郡上野町／帝国大学医科大学

一九〇二年帝国大学医科大学を卒業し、宮城県気仙沼病院長、熊本県人吉病院長等を歴任した後、北海道北見稚内に病院を創設した。一一年に郷里の上野町に戻って病院を開設したが、一三年五月に渡満して大連弘済病院長に就いた。一四年二月に独立して大連市磐城町に中村病院を創設し、一五年一〇月近江町に新築移転した。実父の玄瑞も渡満し、大連市小崗子で中村病院を経営した。

中村　信　▷11

遼陽電灯公司支配人／奉天省遼陽本町／一八八九（明二二）一一／長野県高井郡日滝村／私立工手学校

長野県会社員中村元吉の長男に生まれ、一九〇八年東京の私立工手学校を卒業した。官営八幡製鉄所、鉄道庁、浅野セメント会社等に勤務した後、渡満して満鉄に入り電気作業所に勤務した。二六年五月に同所が南満州電気㈱として独立した際に転籍し、遼陽電灯公司支配人兼主任技術者となった。この間、満鉄一五年勤続者として表彰を受けた。

中村　政雄　▷12

満鉄錦州建設事務所員、勲八等／錦州省錦県満鉄錦州建設事務所／一八九一（明二四）六／佐賀県佐賀市上多布施町

佐賀県中村熊吉の長男に生まれ、一九一五年東京工科学校電気科を卒業した後、一七年六月満鉄に入り沙河口工場電機職場電気工となった。遼陽工場機関車職場工手、臨時甘井子建築事務所兼工事部築港課勤務、奉天工事区事務所、奉天工事事務所、工事部築港課奉天在勤、奉天事務所、鉄道課、奉天保安区技術方に歴勤して奉天保安区電気助役となった。次いで非役となり、四洮鉄路管理局に派遣された後、鉄道部、鉄路総局勤務を経て免非役となり、洮南鉄路局、四平街弁事処工務員、四平街電気段長兼四平街鉄路弁事処勤務、洮南鉄路監理所監理員を経て三七年五月錦州建設事務所に転勤した。この間、満州事変時の功により勲八等瑞宝章を授与され、三三年四月勤続一五年の表彰を受けた。

中村　万里　▷11

満鉄鞍山医院耳鼻咽喉科医員、医学博士／奉天省鞍山富士通／一八九八（明三一）二／福岡県糸島郡怡土村／京城医学専門学校

福岡県医師中村健吉の長男に生まれ、一九二〇年京城医学専門学校を卒業し、九州帝大大久保教室で耳鼻咽喉科の研究に従事した。二二年一〇月に渡欧し、ウィーンおよびベルンの各大学で研究を重ね、欧州各国を見学して翌年三月帰国した。二六年一〇月に渡満して満鉄に入り、鞍山医院耳鼻咽喉科に勤務した。二七年二月、九州帝大医学部教授会に論文を提出し学位を取得した。

中村　優　▷12

裕泰号主、D・N商会主、東亞工芸社主／ハルビン道裡中国頭道街／一八九一（明二四）九／新潟県岩船郡村上本町／東京外国語学校露語科

東京外国語学校露語科を卒業した後、

な

一九一五年に渡満してハルビンの満州製粉㈱に勤務した。その後二一年に独立し、裕泰号の名で麦粉、砂糖その他の輸出入貿易商を開業し、チタに支店を設けて対ソ貿易の先鞭を付けた。その後いったん奉天に本拠を移して東亜工業㈱の製品代売業を経営したが、後にハルビンに戻り、ハルビンスコエウレーミヤ社及びハルビン日日新聞社の支店・支局を兼営した。次いで斜紋街にフランスの財団代表デシミチェルと共同でD・N商会を設立して自動車及び自動車部品、ガソリン、石油、鉱油、レール、機械類その他の卸商を兼営し、市内十数ヶ所にガソリンスタンドを設けた。三五年一一月中国頭道街に事務所を移転して同所に東亜工芸社を設立し、新安阜に工場を設けてオフセット・石版・活版印刷及びブリキ印刷、製缶業を兼営し、さらに吉林省内の鉄道沿線で白粘土その他の採掘工場を経営した。

中村松之助 ▷11

鉄材金物輸入商／大連市淡路町／一八八一（明一四）四／京都府京都市上京区下長者町

京都府煙草問屋中村儀七の長男に生まれ、一九〇五年大蔵省特属満州貿易組合員青木洋行店員として渡満した。〇七年一〇月、青木洋行の引き揚げとともに大連で鉄材金物商を独立開業した。かたわら一六年夏玉衡ほか華商金物同業者数名と裕生徳銭荘を興し、銭鈔取引人として経営したほか、二〇年には勝俣喜十郎と共同で旅順管内竜頭で耕牧舎牧場を開き、畜産搾乳業、果樹園、一般農業を経営した。二五年一二月には共同製鋲㈾を興して満鉄、満州船渠会社等に納入し、二八年にはさらに裕和洋行に出資して石炭販売、雑貨輸入業を経営し、この間、基督青年会理事、大広場小学校父兄会幹事、町内役員を務めた。夫人は五女を遺して二八年四月に他界した。

中村　元節 ▷12

満鉄新京事務局鉄道課運輸係主任、東京外国語学校同窓会幹事、勲八等／新京特別市花園町／一九〇四（明三七）二／福岡県浮羽郡大石村／東京外国語学校貿易科

福岡県中村土太郎の五男に生まれ、小倉中学校を経て一九二七年三月東京外国語学校貿易科を卒業し、同年四月満鉄に入社して鉄道部に勤務した。同年七月奉天列車区、二八年三月奉天駅、二九年一一月長春列車区奉天省四平街分区、三〇年一月奉天駅に歴勤して三一年八月同駅貨物助役となった。次いで三二年四月鉄道部営業課、三四年一一月同部貨物課、三五年四月新京鉄道出張所に勤務し、三六年一〇月の職制改正により新京事務局鉄道課運輸係主任となった。この間、満州事変時の功により勲八等瑞宝章及び従軍記章、建国功労賞を受けた。

中村　寧 ▷12

満州国協和会中央本部総務部人事科長／新京特別市中央通満州国協和会中央本部事務局／一九〇一（明三四）八／高知県高岡郡黒岩村／京都帝大法学部

第五高等商業学校を経て一九二九年三月京都帝大法学部を卒業し、一年志願兵として兵役に服して陸軍歩兵少尉に任官した。三〇年四月満鉄に入り鉄道部に勤務したが、三一年一一月満州事変に際し在職のまま自治指導員として撫順県に派遣された。三二年四月いったん満鉄に復帰した後、同年六月監察院監察官に転じて同院監察部に勤務し、三六年七月満州国協和会中央本部総務部人事科長に就いた。

中村雄次郎 ▷3

満鉄総裁、後備陸軍中将、貴族院議員、従三位勲一等功四級、男爵／大連市児玉町社宅／一八五二（嘉五）二／東京府東京市四谷区仲町

三重県士族中村一貫の次男に生まれ、明治維新後フランスに留学して軍事研究に従事し、帰国して陸軍に入った。一八七四年砲兵中尉となって参謀本部に勤務し、九六年一〇月軍務局第一軍事課長を務めて翌年九月少将に進み、九八年一月陸軍次官となった。陸軍総務長官、軍務局長を歴任して一九〇二年四月陸軍中将に進んで予備役となり、官営八幡製鉄所長官に転じた。この間日清戦争の功により功四級、日露戦争の功で勲一等を受けた。〇四年勅選の貴族院議員となり、〇七年九月勲功により男爵として華族に列した。一四年七月満鉄総裁に選任されて渡満し、一七年七月任期満了とともに関東都督に任じられて現役に復帰した。一九年四月まで在職し、離任後再び予備役となり、宮内相、枢密顧問官等を歴任した。二八年没。

中村　芳法　▷7

著述家、出版業新天地社主／大連市須磨町、東京市本郷区湯島／一八九五（明二八）二／鹿児島県薩摩郡下甑村／大連語学校、満鉄社員講習所鉄道運輸学科

郷里で中等教育を修了して渡満し、大連語学校で英語、ロシア語、中国語を学んだ。一九一二年満鉄社員講習所に入り、鉄道運輸学科を修了して満鉄社員となり開原事務所に勤務した。一五年に本社詰となり、勤務のかたわら鉄道従業員の機関誌「鉄友」の創刊に尽力し、連合会の本部幹事としても活躍した。運輸部に勤務して国外連絡事務を担当するかたわら、金子雪斎や運輸部長大蔵公望の後援と大連在住法学士の団体大連新緑会の協力を得て二一年六月一日、大連市須磨町で雑誌「新天地」を創刊した。同年九月には満鉄を退社して「新天地」の発行に専念し、在満各大学・専門学校出身代表者らの加盟を得て満州初の政治、経済、思想、文芸を包含した高級雑誌として逐次部数を伸ばし、日本人主宰の海外雑誌の代表的存在となった。二三年九月の関東大震災で東京支社が全焼したがまもなく再建して出版部を新設し、自らも宮原欣一郎の筆名で健筆を振るった。

中村　米平　▷13

三井物産㈱奉天支店長／一八九一（明二四）／島根県鹿足郡津和野町／東京高等商業学校

島根県に生まれ、一九一三年東京高等商業学校を卒業して三井物産に入った。本店勤務からロンドン、ハンブルク、門司支店、ロンドン、ブエノスアイレスと回り、大阪支店次長に進んだ。四一年奉天出張所から支店に昇格した奉天支店の支店長として渡満した。

永元喜一郎　▷11

ハルビン小学校校長／ハルビン道裡外国二道街／一八八八（明二一）一〇／鹿児島県姶良郡加治木村／鹿児島県師範学校

鹿児島県農業永元喜助の長男に生まれ、一九一一年三月鹿児島県師範学校本科を卒業し、伊佐郡菱刈村の小学校訓導となった。一七年三月同郡大口尋常高等小学校に転じて首席訓導となり、翌年四月鹿児島市の第一師範学校付属小学校に転任した。一九年末に一女を遺して夫人に先立たれ、二〇年三月に渡満して満鉄長春小学校訓導に転じた。二三年五月ハルビン小学校首席訓導に転じ、その後同校長に就いた。渡満後に同郷の小川テイと再婚した。

中元　清寿　▷11

旅順民政署法務係主任／旅順市伊地知町／一八八五（明一八）一一／山口県大島郡小松町／長崎行余学舎中学部

山口県商業福永清五郎の次男に生まれ、中元作右衛門の養子となった。一九〇五年四月長崎行余学舎中学部を卒業し、同年八月広島税務監督局管内の二十日市税務署の税務吏となった。〇八年一一月税務署を退職し、翌年二月に渡満して実業に従事したが頓挫し、一二年九月関東庁属となり旅順民政署法務係主任として勤務した。

中元　朋蔵　▷1

徳芳紙煙局／奉天省営口／一八八〇（明一三）／京都府与謝郡宮津町

一六歳で上海に渡り、二年後に営口に移って中国人経営の東盛和に入り、住み込みで大豆・豆粕の輸出業に従事した。一九〇六年一一月同店主人の出資を仰ぎ、油房にある蒸気機械を借りて徳芳紙煙局を創業し、紙巻煙草の製造販売業を始めた。その後資本金を五万円とし、日本人技師二名と中国人工員九〇名余りを使用して官煙や英米トラストと市場を争った。

仲本　正秀　▷12

金鉱精錬廠総務科長／奉天鉄西金鉱精錬廠／一八八五（明一八）九／東京府東京市本郷区本郷／東京外国語学校支那語本科

沖縄県士族仲本正快の三男に生まれ、一九一二年三月東京外国語学校支那語本科を卒業して同年五月鉄道院運輸局雇員となり、新宿駅、高崎駅に歴勤した。一四年四月鉄道院属官に進んだ後、同年五月満鉄に転じて渡満し、運輸部営業課で審査事務に従事した後、同年一〇月安東駅貨物係主席となった。一六年九月営業課に転任した後、二一年五月四洮鉄路局に派遣され、車務審査課長として鄭白線や鄭洮線の建設から営業開始までの開業事務に従事し、中国政府から交通奨章二等を授与された。二五年四月満鉄庶務部に復帰した後、同年一一月に依願退社し、金福鉄路公司に入社して庶務長兼秘書役となった。三一年九月満州事変に際し関東軍司令部嘱託を務めた後、三二年四月国務院交通部総長秘書官に就き、三五年六月実業部事務官兼秘書官・総務司秘書科勤務を経て三七年五月金鉱精錬廠理事官に転任して同廠総務科長に就いた。この間、満州事変時の功により勲八位景雲章を授与されたほか、三五年に皇帝訪日記念章を授与された。長男正春も満鉄に入り鉄道部に勤務した。

中本　保三　▷12

満鉄公主嶺農業学校長／吉林省公主嶺霞農業学校／一八八五（明一八）一／山口県阿武郡三見村／東北帝大農科大学

山口県中本秀の三男に生まれ、一九一一年七月東北帝大農科大学を卒業して一三年四月山形県農事試験場事務嘱託となり、同年七月技師に進んだ。その後一五年二月満鉄に転じて渡満し、産業試験場に勤務した。二〇年五月から二年間欧米に留学して農作物改良を研究した後、帰社して産業試験場種芸科長となり大豆その他の種子改良に従事した。三〇年六月技師に進み、次いで農事試験場長兼農業経営科長となり公主嶺農業学校長事務取扱を兼任した後、三六年九月参事に昇進して同校長に就いた。この間、二七年四月満鉄創業二〇周年記念に際し農産物改良の功により表彰を受けた。

仲谷吉次郎　▷12

満鉄牡丹江建設事務所用度係主任、社員会評議員、勲八等／牡丹江日照街局宅／一八八九（明二二）一／滋賀県阪田郡春照村／彦根商業学校

彦根商業学校を卒業した後、一九一〇年満鉄に入社した。以来一五年遼陽地方事務所、二七年新京地方事務所等に歴勤した後、三二年吉長吉敦建設部へ派遣された。次いで三三年新京建設事務所、三四年図們建設事務所勤務を経て三五年牡丹江建設事務所用度係主任となり、敦図線、天図線、図寧線、図佳線、林密線建設資材の準備配給に従事した。この間、満州事変時の功により勲八等に叙された。

中安　信丸　▷12

満鉄撫順炭砿竜鳳採炭所竜鳳炭坑坑内係主任、社員会評議員、社員消費組合総代、在郷軍人会撫順連合分会第一分会第一班長／奉天省撫順竜鳳坑／一九〇七（明四〇）四／山口県宇部市沖宇部／東京帝大工学部鉱山科

山口県中丸周太郎の四男に生まれ、一九三一年三月東京帝大工学部鉱山科を卒業して満鉄に入り、炭砿部大連在勤となった。次いで大山採炭所、撫順炭砿採炭課、竜鳳採炭所竜鳳坑坑内係主任、同竪坑坑内係主任に歴勤し、三七年四月再び竜鳳炭坑坑内係主任となった。

中屋　敏夫　▷11

吉敦鉄路局蛟河診療所長／吉林省蛟河吉敦鉄路局官舎／一八七四（明七）五／山口県厚狭郡厚狭町／第五高等学校医学部

山口県会社員中屋義弼の長男に生まれ、一八九八年第五高等学校医学部を卒業した。東京の伝染病研究所及び福岡医科大学結核病研究科で研究を重ねた後、九九年から山口県立豊浦中学校博物教師兼同校校医嘱託を務め、同県防疫医官、同県私立長府病院長等を歴任した。かたわら帝国鉄道嘱託、日本赤十字社山口支部結核診断治療・同支部講師嘱託のほか、同県医学会長を務めた。一九一八年二月に渡満して大連で開業し、二六年七月満鉄沿線防疫事務を嘱託されて蒙古調査班に加わった。二七年に満鉄の推薦で吉敦鉄路局に入り、吉敦線蛟河診療所長に就いた。長男郁夫は満州医科大学に学び、長女静枝は同志社英文科を中退して朝鮮の木浦高等女学校教師を務め、二女満美子と三女幸子は夫人シゲの母校豊浦高女に、四女は下関梅光女学院に学んだ。

長山　猪重　▷11

沙河口警察署長、正八位／大連市聖徳街／一八八七（明二〇）七／愛媛県東宇和郡土居村／愛媛県立宇和島中学校

愛媛県農業長山孝全の三男に生まれ、一九〇七年県立宇和島中学校を卒業した。一二年一月に渡満し、関東都督府警察官となった。二〇年東京警察講習所に一年学び、修了して警部に進んだ。以後、大連水上警察署長、金州民政支署警務課長、大石橋警察署長を経て沙河口警察署長に就いた。

永山　嘉一　▷11

旅順市長／旅順赤羽町／一八六一（文一）四／大分県北海部郡臼杵

な

町／慶應義塾、統計学校

大分県臼杵藩士永山平内の次男に生まれ、一八八二年慶應義塾を卒業した。さらに統計学校に学んで八五年八月太政官出仕となり、八八年三重県属、九六年内閣属を経て一九〇三年台湾総督府国政調査部主事となった。東京市勢調査局調査課長を務めた後、一一年一月関東都督府国勢調査部主事となって渡満した。関東庁を辞した後、二八年旅順市長に就任した。

中山　一清　▷11

大連火災海上保険会社奉天出張所主任／奉天琴平町／一八九八（明三一）二／福井県吉田郡志比谷村／東亞同文書院

福井県農業中山弥三松の三男に生まれ、一九二〇年上海の東亞同文書院を卒業した。二二年に渡満し、同年七月に創立された大連火災海上保険㈱に入社し、大連本社に勤務した後、二五年奉天出張所主任として転任した。

中山勝之助　▷12

満鉄奉天鉄道事務所工務課保安係主任、社員会評議員、正八位勲八等／奉天千代田通満鉄奉天鉄道事務所／一九〇四（明三七）三／山口県都濃郡太華村／東京帝大工学部電気工学科

山口県中山芳介の次男に生まれ、徳山中学校、山口高等学校を経て一九二九年三月東京帝大工学部電気工学科を卒業した。同年五月満鉄に入社して鉄道部に勤務したが、同年九月第一条第一号非役・大連電気修繕場勤務となった。その後、鉄道部保安区、奉天保安区に勤務して三一年九月技術員となり、同年一一月奉天事務所鉄道課勤務、三二年一二月奉天鉄道事務所勤務を経て三三年一月安東保安区電気助役となった。次いで三四年五月安東保安区長、三五年四月奉天保安区長を歴職して三六年九月職員に昇格し、三七年三月奉天鉄道事務所工務課保安係主任となった。

中山　国男　▷11

満鉄興業部庶務課員／大連市真金町／一八九八（明三一）六／岡山県児島郡小串村／岡山吉備商業学校

岡山県肥料商中山喜平の三男に生まれ、一九一六年吉備商業学校を卒業して満鉄に入社した。会計課に勤務した後、興業部庶務課に転任した。

中山　幸作　▷12

満鉄四平街公学校長／奉天省四平街二条通／一八九五（明二八）一／福岡県宗像郡東郷町／福岡県師範学校

福岡県中山市太郎の次男に生まれ、一九一六年三月福岡県師範学校を卒業して企救郡大郷尋常高等小学校訓導となり、勤務のかたわら六週間現役兵として兵役に服し、国民軍幹部適任証書を受けて除隊した。その後一九年三月に渡満して満鉄教育研究所に入り、翌年三月撫順尋常高等小学校訓導となり、二一年四月社命で北京に留学し、二三年三月に帰任して撫順千金小学校に勤務した。三〇年四月再び北京に留学した後、奉天の春日小学校訓導に転任し、奉天公学校教諭、開原公学校長兼教諭を経て三六年四月四平街公学校長に就いた。この間、三四年四月満鉄勤続一五年の表彰を受けた。

長山　栄　▷11

満鉄范家屯駅助役／范家屯緑町満鉄社宅／一八九六（明二九）三／熊本県飽託郡城山村

熊本県農業長山栄蔵の長男に生まれ、一九一六年一一月に渡満し、翌月満鉄に入社した。鉄嶺駅駅夫を振り出しに各駅に勤務し、二三年一月廟児溝駅助役となった。その後、島家屯駅、鉄嶺列車区勤務を経て二六年一〇月范家屯駅助役に就いた。

中山　佐吉　▷11

三井物産ハルビン出張所長代理／ハルビン三井物産会社／一八九三（明二六）九／栃木県河内郡古里村／東京外国語学校

栃木県醤油味噌醸造業中山兼吉の次男に生まれ、一九一六年東京外国語学校を卒業して三井物産会社に入った。ウラジオストク出張所に勤務した後、二二年一一月大連支店に転じ穀物肥料掛となった。二八年八月ハルビン出張所に転任し、物肥料掛を担当するかたわらを所長代理を兼務した。夫人清子は福島県植田水力電気㈱社長で代議士を務めた安島重三郎の娘に生まれ、東京三輪田高女を卒業した。

中家　真秀　▷11

旅順重砲兵大隊付主計／旅順金沢町官舎／一八七〇（明三）八／和

歌山県有田郡／陸軍経理学校
和歌山県神職中家弘の長男に生まれ、陸軍経理学校に入った。一九二二年五月に卒業して同年一〇月陸軍三等主計となり、大阪の野砲兵第四連隊付となった。その後、歩兵第七〇連隊付、第四師団経理部員等を経て二五年一〇月陸軍二等主計に進み、二七年七月旅順重砲兵大隊付主計となって渡満した。

中山　茂 ▷11

建築材料・窯業原料商／大連市但馬町／一八九三（明二六）三／富山県氷見郡中田村／小学校

富山県農業中山金蔵の長男に生まれ、小学校を卒業して一九〇七年八月同県人福井米次郎の経営する福井組に入った。店員として勤続し、営業代理人となった。二〇年三月大連工材㈱創立の際、社長に就任する福井に伴われて渡満した。支配人として福井を補佐した後、二六年三月に退社して翌月独立開業した。大連窯業㈱と復州同益粘土公司の代理店として土木建築工事材料・窯業原料商を経営し、関東庁土木課及び満鉄の指定商となった。

中山正三郎 ▷13

鞍山商工公会会長／大連市星ヶ浦／一八八八（明二一）一／大分県下毛郡中津町／神戸高等商業学校

大分県猪飼麻次郎の子に生まれ、中山又二郎の養子となった。一九一〇年神戸高等商業学校を卒業し、九州水力電気会社に入社した。一五年に退社して朝鮮各地の金融組合に勤めた後、一八年八月満鉄に入った。二四年に経理部主計課長代理となり、欧米に出張して経理事務を視察した。帰任して鉄道部経理課長、経理部主計課長、考査課長等を歴任し、南満電気㈱取締役、南満州旅館会社監査役などを兼務した。昭和製鋼所に転出して三七年理事となり、経済部長に就任した。業務のかたわら鞍山商工公会の会長として同地の商工業に関する連絡調整、調停、通報、調査等を管理した。

中山　進 ▷12

国務院審計局審計官、正八位／新京特別市大同大街国務院審計局／一九〇一（明三四）五／三重県津市丸ノ内南町／東亜同文書院商務科

三重県中山総八の長男に生まれ、一九二三年三月上海の東亜同文書院商務科を卒業し、同年五月満鉄に入社した。社長室人事課、地方部庶務課、同地方課、安東地方事務所勤務を経て鞍山地方事務所地方係長兼消防隊監督、地方部地方課兼地方行政権調整移譲準備委員会幹事を歴任し、三六年一〇月地方部地方課地方係主任となった。三七年四月勤続一五年の表彰を受けた後、同年七月国務院審計局審計官に転じた。

中山政治郎 ▷11

彫刻および印刷業／大連市吉野町／一八七七（明一〇）四／広島県沼隈郡鞆町／小学校

広島県の彫刻家大倉武兵衛の十男に生まれ、実母の姉中山ヒサの養子となった。郷里の小学校を卒業して大阪で彫刻および印刷業に従事した後、一九〇八年五月に渡満して大連で同業を開業し、大連同業組合理事、同副組合長を務めた。夫人サヨ子との間に一男四女あり、長男吉左右は旅順工科大学、長女昌子は大連女子商業学校に学んだ。

中山　武雄 ▷12

[資]中山洋行代表社員、鞍山金融組合評議員、鞍山輸入組合評議員、鞍山三七年会副会長／奉天省鞍山北二条町／一八七七（明一〇）七／山梨県北巨摩郡駒城村

山梨県中山荻右衛門の長男に生まれ、日露戦争に従軍した後、郷里の北巨摩郡駒城村の助役を務めた。次いで一九〇六年一一月に再び渡満して安東で質屋を営んだ後、一七年に鞍山に移って既製洋服・木材の販売業と質屋業を兼営し、二四年に資本金五万八六〇〇円で合資会社とした。木材部は長春、安東、吉林方面より仕入れ、従業員一五人を使用して年商高二万円、直接国税六八円に達した。この間、鞍山銀行㈱の創立に関わって常務取締役に就いたほか、三五年三月昭和製鋼所御用商を務める山本勘三郎らと日露戦争歴戦者で鞍山三七年会を結成し、昭和製鋼所取締役の小柳津正蔵元陸軍中将の下で副会長を務めた。長男光雄は満州医科大学を卒業して奉天で医院を開業した。

中山　武 ▷12

旅順第一尋常高等小学校長、旅順家政女学校長、旅順青年学校長、正七位勲六等／旅順市鯖江町／一

八八五（明一八）一一／三重県安濃郡村主村／三重県師範学校

三重県農業中山猪三郎の四男に生まれ、一九〇七年三重県師範学校を卒業して県下の野登小学校、亀山小学校の訓導を務めた。次いで一一年四月に渡満して大連第一尋常高等小学校訓導に転じ、同校が大連高等小学校、大連尋常高等小学校、大連伏見台尋常高等小学校と改称されるまで引き続き同校に勤続した。その後金州尋常高等小学校長となり、三五年四月旅順第一尋常高等小学校長に転任し、旅順家政女学校長と旅順青年学校長を兼任した。夫人シメ子は渡満の翌年五月から大連幼稚園の保母として勤続し、養子に迎えた実兄総八の次男智は大連商業学校を経て京都帝大法学部を卒業し、昭和製鋼所に勤務した。

中山　武造　▷12

満鉄蘇家屯機関区工作助役、蘇家屯地方委員、勲八等／奉天省蘇家屯赤城町／一八九五（明二八）四／東京府東京市荒川区亀戸町

一九〇七年月島製作所に入り機械科に勤務した後、明光堂工作部機械工場、井上鉄工所に歴勤した。その後一九一五年一二月に徴兵され、東京麻布の歩兵第三連隊に入隊して満州に駐屯した。除隊後一八年五月満鉄に入り、公主嶺車輌係に勤務した後、四平街機関区、新京機関区、チチハル鉄道建設事務所勤務を経て蘇家屯機関区工作助役となった。この間、満州事変時の功により勲八等旭日章を授与された。

中山　次雄　▷11

遼陽郵便局庶務主任、勲七等／奉天省遼陽日吉町郵便局官舎／一八八〇（明一三）八／北海道亀田郡銭亀沢村／小学校

北海道の基督教牧師中山熊彦の長男に生まれ、小学校を卒業して北海道炭鉱鉄道㈱汽車課に勤務した。一九〇〇年一二月札幌の第七師団工兵第七大隊に入営し、〇四年一一月工兵上等兵として第七師団架橋従列に編入され日露戦争に従軍した。旅順包囲軍に参加して陸軍三等計手に進み、〇六年三月に帰国して勲八等を受け、同年八月に除隊して熊本郵便局通信事務員となった。一一年一一月関東都督府通信管理局通信事務員に任じられて渡満し、経理課勤務を経て一九年一〇月通信書記補・通信書記に進み、二七年六月遼陽郵便局に転勤した。二八年六月逓信書記に進級し、同局庶務主任に就いた。夫人フジノとの間に二子あり、長女利子は神明高女、二女君子は弥生高女を卒業した。

中山東一郎　▷11

奉天製麻㈱取締役兼支配人、勲六等／奉天末広町／一八七六（明九）五／山口県都濃郡富田町

山口県中山宗太郎の長男に生まれ、一八九四年一月中国に渡り、各地を巡遊しながら商業視察と中国語を学んだ。一九〇三年一月東京で清語学堂の創設に関わり講師に就いたが、同年五月弘前の第八師団司令部付清語教官に転じ、〇四年八月奉任官七等待遇陸軍通訳として日露戦争に従軍した。〇七年四月依願免職し、三井物産会社に入り長春、鉄嶺、ハルビンの各出張員として特産物の売買に従事した。一〇年六月東京本社勤務となったが、同年一二月に退社して再び渡満し、ハルビンで信泰号の商号で特産物売買を営み、かたわら製綱工場を創設して製麻業に着手した。一五年九月事業を閉鎖し、翌年五月満鉄地方部嘱託として麻繊維工業に関する実地調査に従事し、満州、蒙古、中国、朝鮮、日本各地を踏査した。一八年四月満鉄嘱託を辞し、奉天に満蒙繊維工業㈱を創設して取締役兼支配人に就き、かたわら奉天商工会議所特別議員を務めた。共著に『満蒙の皮革』『清国漫遊案内』がある。夫人文子との間に男子なく、長女ヨシ子に海軍兵学校教官海軍機関大尉の中山栄を養子婿に迎えた。

中山　時雄　▷11

奉天中学校教諭／奉天稲葉町／一八八八（明二一）四／京都府京都市西陣大宮通／立教大学、ペンシルバニア大学

京都府公吏中山常世の三男に生まれ、一九一四年立教大学を卒業してアメリカに渡った。二三年ペンシルバニア大学を卒業して帰国し、京都府立京都第三中学校教諭となった。二七年四月、奉天中学校教諭に転任して渡満した。

永山　峻秀　▷7

永利号船長／大連市武蔵町／一八八一（明一四）六／鹿児島県鹿児島市下荒田町／鹿児島県尋常中学造士館中退

本姓は平山、永山家を相続した。一八

九七年一〇月鹿児島県尋常中学造士館の廃止とともに中退し、海員となった。一九〇三年三月運転士試験に合格し、中国北部の沿岸航路で勤務して〇七年三月船長に昇格した。一五年七月大連の汽船会社政記輪船有限公司に転じ、大連・芝罘間の定期船永利号の船長を務めた。長い海上生活で巨万の富を蓄え、大連に多くの貸屋を所有した。

中山　晴夫　▷12

満鉄ハルビン鉄路局資料科長、社員会ハルビン連合会幹事、ハルビン居留民会議員、勲八等／ハルビン義州街／一八九三（明二六）一一／長野県南佐久郡内山村

学校卒業後一九一四年から信濃毎日新聞の記者をしていたが、二七年に渡満して満鉄に入り本社情報課に勤務した。三一年ハルビン事務所に転勤して情報主任を務めた後、三五年ハルビン鉄路局資料科長となった。この間、満州事変時の功により勲八等及び従軍記章を授与された。

中山　秀治　▷11

満鉄大連鉄道事務所工務係員／大連市天神町／一八九六（明二九）二／福島県田村郡三春町／岩倉鉄道学校

福島県公吏中山民次郎の長男に生まれ、一九一五年岩倉鉄道学校を卒業した。同年一一月に渡満して満鉄に入り、大連保線係、大連工務所、鉄道部工務課勤務を経て二五年四月大連鉄道事務所に転勤した。二二年一〇月、人命救助の功により警視庁の表彰を受けた。

永山　正秋　▷11

奉天領事館外務書記生／奉天日本総領事館構内／一八九二（明二五）一二／宮崎県児湯郡高鍋町／蚕糸専門学校

宮崎県農業永山道太郎の長男に生まれ、一九一八年三月蚕糸専門学校を卒業して山形県技手となった。勤務中の同年一二月一年志願兵として入営し、翌年陸軍歩兵伍長として除隊した。二一年八月外務省属となり情報部第三課、文書課に勤務して二五年一〇月外務書記生に進み、広東省の汕頭領事館に勤務した。二八年二月奉天総領事館勤務となり、同年四月に渡満した。

中山　豊　▷11

撫順印刷㈱代表取締役、撫順体育協会幹事／奉天省撫順東五条通／一八九六（明二九）一〇／長崎県佐世保市勝富町／旅順中学校

佐賀県中山啓太郎の長男に生まれ、幼時に父に伴われて渡満した。一九一四年三月旅順中学校を卒業して父の経営する旅順印刷所の経営を補佐し、その後二〇年に撫順に移転して撫順印刷所の名で同業を営んだ。次いで株式組織に改組して営業を担当し、二三年支配人、二七年取締役兼支配人を経て三〇年代表取締役に就任した。経営のかたわら十種競技を趣味とし、同地の体育協会幹事を務めた。

仲　義輔　▷12

仲機械工業所主、満鉄鞍山製鉄所製造課営繕係主任／奉天省鞍山三番町／一八八六（明一九）四／山口県阿武郡萩町／東京高等工業学校機械科

山口県官吏仲直の次男に生まれ、一九〇九年東京高等工業学校機械科を卒業し、同年七月に渡満して満鉄に入り撫順炭砿機械科技術員となった。一四年九月に退社して帰国し、翌年から新潟鉄工所に勤務したが、一七年六月に再び渡満して満鉄鞍山製鉄所製造課営繕係主任に就いた。次いで二四年五月から八ヶ月間欧米に出張して選鉱作業を視察調査し、後に製鉄部工作課技師となった。その後退社し、鞍山南三番町に工場を設けて仲機械工業所を経営した。実兄の喜三も逓信省技師として長春に在勤した。

永吉　武彦　▷11

満鉄経理部主計課審査係員／大連市日ノ出町／一八八四（明一七）三／鹿児島県姶良郡重富村／鹿児島県教育会教員養成講習会

鹿児島県村吏永吉佐一の長男に生まれ、一九〇二年鹿児島県教育会教員養成講習会を修了して准訓導となった。郷里の姶良郡重富尋常高等小学校に勤務した後、〇五年八月旧藩主の男爵島津珍彦邸に仕えた。〇九年七月朝鮮に渡り韓国政府度支部建築所に転じ、翌年一一月に渡満した。同年一二月満鉄に入り、以来勤続して経理部主計課審査係員となった。

永吉　由蔵　▷13

満州土木㈱社長／一八九三（明二六）／大分県下毛郡三保村／南満工業学校

一九一七年南満州工業学校を卒業して吉川組に入り、土木建築を担当した。勤続して組代表吉川康の信頼を得、三四年一月吉川が老齢のため引退すると組代表者に就いた。四〇年四月満州土木㈱に改組し、社長に就任した。全満各地に支店、出張所、詰所を設置し、四一年度には契約高二〇〇〇万円に達した。私財を投じて郷里より青少年を招き一人前に育てるなど、篤実の人として知られた。

半井熊太郎 ▷3

関東都督府通信書記、撫順郵便局長、勲七等／奉天省撫順郵便局官舎／一八七五（明八）四／福岡県久留米市荘島町／尋常中学校

一八九六年尋常中学校を卒業して久留米郵便電信局に入り、郵便電信書記補となった。一九〇一年三月東京郵便電信学校通信科を修了して同年五月通信書記となり、久留米本局に勤務した。〇五年五月臨時電信所に配属されて日露戦争に従軍し、同年五月大連に上陸して東大連通信所長を務めた。除隊して〇六年九月関東都督府郵便電信局熊岳城支局長に任じられ、柳樹屯、大連、海城、鉄嶺、長春、安東県の各郵便局勤務を経て一四年三月撫順郵便局長に就いた。

半井　友季 ▷9

大黒屋株式店主／大連市大山通／一八八八（明二一）七／茨城県久慈郡久米村／明治大学法政経済科

一九一一年明治大学法政経済科を卒業し、同年六月に渡満して関東都督府外事課雇員となった。その後退職して一四年一一月から青島馬関町で裕昌号の店名で山東特産物の輸出業に従事した。一九年三月大連に移住して株式店を開業したが失敗し、二一年五月に再起して大連株式商品取引所取引人となり大黒屋株式店を経営した。

名川輔三郎 ▷3

満鉄運輸部職員、従六位勲六等／大連市乃木町／一八五二（嘉五）一〇／新潟県中頸城郡板倉村

一八七六年頃から八〇年八月まで地方の学校で教鞭を執り、翌月上京して東京の各学校に勤務した。九三年九月に退職し、同年一二月から官設鉄道の駅務に従事した後、一九〇五年一一月に渡満して安東県の陸軍臨時鉄道監部に勤務した。〇七年四月、満鉄開業とともに入社して運輸部に勤務した。〇九年五月、清国皇帝から第三等第一双竜星章を受けた。

名越　正吉 ▷11

繁栄洋行主／大連市播磨町／一八八一（明一四）八／茨城県水戸市上市大町

茨城県官吏名越竜次郎の長男に生まれ、逓信省官吏となった。貯金局恩給課長、内国為替課長、貯金原簿課長を歴任し、一九一八年三月に退官して山下㈴庶務課長に転じた。一九年一一月さらに満鉄に転じ、翌月渡満して商事部倉庫課長に就いた。二三年五月に退社して繁栄洋行を独立経営し、かたわら日華興業㈱社長を務めた。

那須　梅吉 ▷11

ラムネ・サイダー類製造業／旅順市忠海町／一八七三（明六）五／京都府／小学校

幼少で伯父那須平兵衛の養子となり、小学校を卒業して一八九二年大阪の横山商会の店員となった。一九〇〇年店主の命で天津に出張したが、翌年同店を辞めて独立し、中国商品の仲介業を始めた。〇五年三月に渡満して旅順で食料雑貨店を営み、一二年にラムネ・サイダー類製造業に転じた。旅順市市場商人組合代表者、旅順商工会積立貯金会代表者を務めたほか、教育事業に貢献し、児玉秀雄関東長官より表彰状を受けた。

那須　要 ▷12

那須薬局主、奉天商工会議所議員、満州薬剤師会理事、奉天薬業組合副組合長／奉天千代田通／一八九五（明二八）一／熊本県球磨郡山江村／九州薬学専門学校別科

熊本県那須篤次郎の長男として球磨郡人吉町に生まれ、一九一二年九州薬学専門学校別科を優等で卒業した後、熊本高等工業学校冶金科助手となり冶金と鉱業分析を研究した。その後薬剤師試験に合格して渡満し、奉天医院薬局に勤務した。二〇年に満鉄に入社し、満蒙殖産工場製膠部長に転じた後、二二年六月奉天千代田通に那須薬局を開業し、東京、大阪、名古屋、大連方面から仕入れて奉天市内に販売し、年商五万円に達した。本業のかたわら平安通青葉町に家屋を所有し、貸家業を兼営した。

那須　清 ▷12

満州工廠㈱販売課長／奉天紅葉町／一八八九（明二二）五／兵庫県神戸市湊区矢部町／名古屋高等工業学校機械科

一九一一年三月名古屋高等工業学校機械科を卒業して福井県立小浜水産学校教諭となった。次いで一三年一一月神戸の川崎造船所造機設計部に入り、潜水艦部兼務となった。その後退職して三一年一月から機械仕上工場と鋳物工場を独立経営したが、三四年三月に廃業して満州工廠㈱に入り、設計及び見積技師を経て販売課長に就いた。

那須純一郎 ▷12

満鉄奉天省四平街尋常高等小学校長、奉天省四平街附属地衛生委員会委員、社員会評議員／奉天省四平街北六条通奉天省四平街小学校／一八九五（明二八）七／宮崎県西諸県郡飯野村／鹿児島県師範学校

宮崎県那須裕幸の長男に生まれ、一九一五年鹿児島県師範学校を卒業して同県日置郡天昌尋常高等小学校訓導となった。在職中に短期現役兵として兵役に服し、一六年八月国民軍幹部適任証書を受けて復職した。一九年五月天昌実業補習学校訓導兼職、同年六月日置郡教育会臨時研究部委員を経て二〇年四月満鉄出向の辞令を受け、渡満して大石橋小学校訓導となった。三一年七月長春室町小学校范家屯分教場訓導に転任した後、三五年四月范家屯小学校長となり、三六年一〇月奉天省四平街尋常高等小学校長に転任した。教育のかたわら同地の附属地衛生委員会委員、社員会評議員を務め、満州事変時の功により賜盃を授与されたほか、三五年四月満鉄一五年勤続の表彰を受け、銀盃一個を授与された。

那須　剛 ▷12

満鉄横道河子鉄路監理所監理員、勲八等／浜江省横道河子鉄路監理所／一八九八（明三一）四／千葉県香取郡飯高村／千葉県立成東中学校

千葉県那須栄治郎の三男に生まれ、一九一八年三月県立成東中学校を卒業して同年四月郷里の飯高尋常高等小学校の代用教員となったが、同年一二月に渡満して満鉄に入った。開原駅に勤務するかたわら一九年四月従事員養成所に入所し、同年一〇月に修了して二〇年二月奉天駅に転勤した。二三年四月鉄道省教習所へ委託生として派遣され、二五年三月に修了して帰任し、三二年九月蘇家屯駅、三三年四月奉天鉄道事務所に勤務をした。三五年四月蘇家屯駅貨物主任に就いて同地の社員会評議員及び消費組合総代を務めた後、三七年四月横道河子鉄路監理所監理員となった。この間、満州事変時の功により勲八等従軍記章及び建国功労賞を授与された。

灘　又次郎 ▷11

関東庁警部補／大連市但馬町／一八九四（明二七）五／兵庫県有馬郡三輪町／関西大学法科一年中退

兵庫県商業灘清太郎の次男に生まれ、関西大学法科に入学したが、一九一三年病気のため一年で退学した。一九年一二月に渡満して関東庁警察官となり、各署に勤務した。二七年二月、貔子窩支署警務課高等主任より大連警務署に転任して警部補となった。

夏秋　亀一 ▷3

日満商会主、北満製粉㈱取締役、松花銀行監査役、ハルビン居留民会副会長／ハルビン新市街／一八七四（明七）一／佐賀県佐賀市赤松町／東京帝大法科大学政治学科

一八九九年東京帝大法科大学政治学科を卒業し、中国、アメリカを巡遊した。一九〇〇年九月露領シベリアに赴き、同地で生糸及び日露貿易に従事した。その後ヨーロッパ各国を遊歴して〇六年に帰国し、半年後に再びシベリアに赴いたが、〇九年に渡満してハルビン新市街に日満商会を開いた。かたわら北満製粉㈱取締役、松花銀行監査役、ハルビン居留民会副会長を務めた。

夏井　一雄 ▷12

チチハル警察庁特務科長／龍江省チチハル省公署警察庁／一八九七（明三〇）一二／愛媛県松山市二番町／明治大学法科

一九二〇年明治大学法科を卒業し、二一年一二月朝鮮総督府巡査となった。京城鐘路、京城西大門、仁川、平沢の各警察署、湖院駐在所、加平警察署、羅南警察署に歴任し、三二年警部に累進した。その後三三年一〇月黒龍江省警務庁警佐に転じて渡満し、同警務庁保安科属官、龍江省公署警務庁警務科属官・司法股長、同省克山県警佐を歴

な

職し、三六年五月チチハル警察庁警正・特務科長に就いた。

夏目　市平　▷11

畳製造業／奉天省撫順市東二条通／一八八一（明一四）一一／愛知県名古屋市千種町

愛知県商業夏目由松の長男に生まれ、一九〇六年に渡満した。〇八年から撫順で畳製造業を営み、かたわら撫順実業協会評議員を務めた。

棗田　久助　▷11

満鉄石炭特約販売、関東庁免許度量衡販売、運送業、勲七等／金州新市街筑紫町／一八七六（明九）九／広島県芦品郡戸手村

広島県農業棗田源太郎の三男に生まれ、一九〇六年四月に渡満して金州で石炭販売業に従事した。〇七年四月満鉄石炭特約販売の指定を受け、さらに事業を拡張して運送業を兼営した。二八年四月には関東庁免許度量衡販売も兼営し、経営のかたわら金州市民会役員を務めた。

夏目　忠雄　▷12

三江省通河県参事官／三江省通河県参事官公館／一九〇八（明四一）九／長野県長野市東町／東京帝大法学部

一九三二年三月東京帝大法学部を卒業して東京朝日新聞社に入社した。その後三三年三月に渡満して大同学院に入り、同年一〇月卒業とともに国務院民政部属官となった。次いで三江省依蘭県属官に転任し、三六年四月依蘭県参事官を経て同年一〇月通河県参事官となった。

夏目　波吉　▷12

満鉄四平街機関区工作助役／奉天省四平街北五条通／一八九三（明二六）四／神奈川県足柄下郡豊川村／尋常高等小学校

一九〇六年郷里の下府中尋常高等小学校を卒業して鍛冶屋に徒弟奉公し、一四年二月に年季が明けた。同年三月徴兵されて近衛輜重兵大隊に入営したが、二ヶ月で除隊となり、同年六月神奈川県大磯町の下田鉄工所に入った。次いで一五年四月鉄道院国府津機関庫に転じ、翌年八月浜松工場に転勤した。一八年二月に同工場を退職した後、二〇年一一月満鉄に入り組立工として公主嶺機関庫に勤務した。その後二六年一〇月四平街機関庫に転勤し、三一年一一月修繕工長を経て三五年三月工作助役となった。この間、満州事変時の功により大盾を授与され、三六年四月勤続一五年の表彰を受けた。

夏目　隆二　▷12

満鉄新京機関区技術助役／新京特別市平安町／一九〇九（明四二）一〇／愛知県渥美郡二川町／名古屋高等工業学校機械科

愛知県夏目伴次郎の次男に生まれ、一九三〇年三月名古屋高等工業学校機械科を卒業して満鉄に入り鉄道部に勤務した。奉天機関区、奉天鉄道事務所勤務を経て蘇家屯機関区技術助役となり、三五年一〇月新京機関区技術助役に転任した。この間、満州事変時の功により賜杯及び従軍記章を授与された。

名取良一郎　▷11

名取歯科医院主／安東県四番通／一八九八（明三一）二／山梨県甲府市

山梨県名取房太郎の長男に生まれ、一九一八年五月文部省歯科医術開業試験に合格した。二〇年に渡満して日本赤十字社奉天病院の歯科医員となり、翌年満鉄安東医院に転じた。七年勤務して二七年九月に退社し、同地で歯科医院を開業した。

名藤為太郎　▷11

米穀商／大連市岩代町／一八七八（明一一）六／徳島県徳島市助任西町

徳島県名藤万太の長男に生まれ、一八九三年大阪の朝鮮貿易商加古商店に入った。九五年から朝鮮の仁川支店に勤務したが、家督相続のため九八年に帰国し、以後は釜山、大阪、仁川等で朝鮮貿易に従事した。日露戦争後の〇六年一二月に渡満し、大連で米穀販売業を営んだ。

鍋島　熊喜　▷12

満鉄草河口駅助役／安東省草河口駅長局宅／一九〇七（明四〇）一一／熊本県上益城郡白水村／東亜鉄道学校

一九二四年熊本市の私立東亜鉄道学校を卒業した後、二五年九月満鉄に入り本渓湖駅に勤務、転轍方、貨物方、小荷物方、貨物方に歴勤した。次いで奉天列車区安東分区車掌、白拉子信号場

助役を経て三七年五月草河口駅助役となった。この間、満州事変時の功により大盾及び従軍記章を授与された。

鍋島　五郎 ▷11

東洋拓殖㈱嘱託、従五位勲四等／大連市聖徳街／一八八二(明一五)一〇／佐賀県小城郡小城町／陸軍士官学校

旧佐賀小城藩主鍋島直堯の三男鍋島能倚の三男に生まれ、一九〇四年陸軍士官学校を卒業した。同年日露戦争に従軍して以来、二一年満州駐剳第一五師団、二四年旅順要塞司令付として三度渡満し、工兵中佐に進んだ。二六年三月予備役となると同時に大連聖徳会事務長に就き、二八年一一月聖徳会の事業が東洋拓殖㈱に委任されるに伴い同社嘱託となった。西改と号し、在郷軍人連合分会副長、要司会幹事長を務めた。

鍋島　吾造 ▷3

質屋業豊前屋主／大連市東郷町／一八六〇(万一)九／大分県下毛郡桜洲村

一八八八年四月の市町村制施行後に郷里の村会議員、郡会議員を務めたが、九二年に商界に転じ、かたわら養蚕業を営んだ。一九〇六年五月に渡満して大連で質屋を営業し、大連質屋組合取締を務めた。

鍋田　覚治 ▷11

満州日報社用度課長／大連市淡路町／一八九六(明二九)一一／神奈川県高座郡大和村／横浜三留義塾中学

神奈川県商業鍋田幾太郎の三男に生まれた。一九一六年三月横浜三留義塾中学を卒業し、翌年九月事業視察のため欧米に渡航した。一九年六月に帰国し、翌月渡満して大連の満州日日新聞社に入社した。二七年一一月遼東新報社と合併して満州日報社と改称すると、同社用度課長に就いた。

鯰江　正夫 ▷12

満鉄大連鉄道工場工作工養成所主事兼講師、同工場青年学校教諭／大連市霞町／一八八九(明二二)八／滋賀県愛知郡西小椋村／滋賀県師範学校

滋賀県に生まれ、一九〇九年滋賀県師範学校を卒業して同県愛知郡の泰川、豊椋の各尋常高等小学校訓導を務めた後、渡満して大連第三尋常小学校訓導に転じた。その後一七年一一月満鉄に入社し、一九年五月沙河口工場庶務課を経て同年一二月職員に昇格した。以来、沙河口実業補習学校講師兼職工見習養成所講師、沙河口工場勤務、大連工場勤務兼工作方養成所講師を務めた。三〇年六月職制改正により事務員に任じられて大連鉄道工場工作工養成所講師、同副主事兼講師、同主事兼講師兼鉄道工場青年学校指導員を歴職し、三六年九月再び職員に昇格した。満鉄入社以来長く有能職工の養成に携わり、三三年四月勤続一五年の表彰を受けた。

生水　愛三 ▷12

満州医科大学工務係長、満鉄社員会評議員／奉天霞町／一八八九(明二二)八／岡山県浅口郡河内村／岡山県立工業学校機械科

一九一〇年三月岡山県立工業学校機械科を卒業し、呉海軍工廠造兵部に勤務した。その後一二年一〇月満鉄沙河口工場図工に転じて渡満し、次いで技術部機械課、奉天工務事務所、奉天地方事務所、地方部工務出張所、大連工務事務所に歴勤した。二九年一〇月安東地方事務所機械係長となり、三〇年九月安東工事事務所機械係長、三一年八月安東地方事務所勤務を経て三二年六月満州医科大学工務係長となり、三四年四月勤続一五年の表彰を受けた。この間、二五年から三二年まで関東庁嘱託を兼務した。

並河　渉 ▷12

満鉄総裁室員／大連市東公園町満鉄本社／一八九六(明二九)一／三重県員弁郡白瀬村／早稲田大学政治経済科

三重県農業並河広次の長男に生まれ、一九二三年早稲田大学政治経済科を卒業し、二四年四月に渡満して満鉄に入社した。経理部勤務、南満医学堂書記、満州医科大学書記兼南満医学堂書記、安東地方事務所、営口地方事務所に歴勤した。次いで経理部会計課貯金係主任、同証券係主任を歴任し、三七年四月副参事に昇格して総裁室勤務となった。

波田伝次郎 ▷12

天理教教士／奉天省撫順東二番町／一八八八(明二一)八／長崎県下県郡奴加岳村／熊本県立工業学

校建築科
一九〇九年熊本県立工業学校建築科を卒業し、同年一二月一年志願兵として兵役に服した。除隊後、一一年に満鉄に入社して撫順炭砿に勤務した。その後一七年三月に退社して撫順東二番町に天理教教会を設け、天理教教士の称号を受けて布教に従事した。天理教満州伝道庁主事を務め、宗教活動のかたわら貸家業を経営した。

並松　程一　▷11

陸軍砲兵中尉、従七位／旅順市金沢町陸軍官舎／一八九五（明二八）／大分県宇佐郡宇佐町／陸軍士官学校

大分県神職並松蔭枝の長男に生まれ、一九二二年陸軍士官学校を卒業し、同年一〇月陸軍砲兵少尉に任官した。二五年一〇月中尉に進み、翌年三月旅順在勤となって渡満した。東京在任当時の二三年九月関東大震災に遭い、その時の功労により師団長より表彰を受けた。実妹の下枝子は屋田侃陸に嫁して奉天に在住した。

行方信太郎　▷12

監察院審計部員、従四位勲五等／新京特別市新発屯聚合住宅五号公館／一八八四（明一七）一〇／山形県米沢市／京都帝大法科大学政治学科

山形県行方正の次男に生まれ、中学校を卒業して郷里の小学校教員を務めた後、京都帝大に入学した。一九一四年七月同大法科大学政治学科を卒業して同年文官高等試験行政科に合格し、翌年会計検査院書記となった。一八年副検査官となり、陸軍省所管課、鉄道省所管課に歴勤し、この間検査報告及び検査成績書覆審員を務めた。その後三一年台湾総督府所管課に勤務し、次いで三二年満州国監察院審計官に転出して審計部に勤務した。勤務のかたわら「黄橙」及び「俳星」同人として句作を趣味とし、新京で同風吟社を主宰した。

楢岡　茂　▷12

昭和製鋼所㈱総務部労務課長兼人事課長、社員会常任幹事／奉天省鞍山上台町／一八九七（明三〇）一〇／山形県最上郡新庄町／東京帝大

山形県軍人楢岡金次郎の三男に生まれ、一九二二年東京帝大法学部政治学科を卒業し、同年五月満鉄に入社した。社長室に勤務した後、鞍山地方事務所庶務係長、同地方係長、遼陽地方事務所地方係長、奉天地方事務所庶務係長、同地方係長に歴職した。次いで本社地方部地方課土地建物係主任を経て長春地方事務所長となり、現職のまま長春市政府顧問を務めた。三二年参事に昇格し、同年一一月植民地土地問題研究のため二年間欧米に留学した後、三五年六月に退社して鞍山製鉄所の事業を継承した昭和製鋼所㈱に転出し、総務部労務課長となり人事課長を兼任した。この間、満州事変時の功により従軍記章及び建国功労賞を授与された。

楢崎猪太郎　▷3

関東都督府技師、海務局長、満鉄埠頭事務所所長、大連海務協会会長、高等官四等正六位勲五等／大連市寺児溝新宿舎／一八六五（元二）二／福岡県糸島郡北崎村／府立大阪商船学校航海科

一八八六年七月府立大阪商船学校航海科を卒業し、九一年一〇月甲種船長、九三年英国甲種船長に合格した。一八年海上勤務をした後、一九〇六年三井物産会社に入り神戸船舶監督となった。〇九年一一月、関東都督府技師・海務局長に任じられて渡満した。満鉄大連埠頭事務所所長及び大連海務協会会長を兼務したほか、一二年一一月からは関東州船職員懲戒委員長を務めた。

楢崎　観一　▷12

大阪毎日新聞社満州通信総局長、王道書院維持会顧問、勲六等／新京特別市熙光胡同白山住宅／一八八五（明一八）一〇／佐賀県西松浦郡有田町

一九〇五年六月大阪毎日新聞社に入り、一一年から三年間社命で中国に留学した。京城特派員、同支局長、北京支局長、済南派遣員、青島派遣員を歴職し、二一年に東京日日新聞社の社命で欧米を視察した。帰国して同社外事部副部長となり、連絡部長、内国通信部長兼事業部長務めた後、大阪毎日新聞社内国通信部長に転任し、編輯顧問兼東亜調査会専任理事、西部連絡部長を歴任した。満州事変後に軍隊慰問使として渡満し、満州連絡部長を経て三四年二月満州通信総局長に就いた。この間、満州事変時の功により勲六等に叙せられ、『朝鮮最近史』『欧戦後の支那』『満州支那朝鮮』等多数の著訳書がある。

楢崎　栄 ▷11

正隆銀行貸付課長／大連市天神町／一八九一（明二四）二／島根県那賀郡浜田町／東亞同文書院

島根県楢崎甚作の三男に生まれ、一九一四年上海の東亜同文書院を卒業して天津の貿易商吉田洋行に入った。一九年に退店し正隆銀行に入り、大連本店に勤務して次席に進んだ。営口、開原各支店に転勤した後、二四年鄭家屯支店長となり、奉天省四平街支店長を経て二七年九月本店貸付課長となった。

奈良　正彦 ▷11

独立守備隊歩兵第二大隊中隊長、歩兵大尉、正七位勲六等／奉天省開原陸軍官舎／一八九五（明二八）三／岡山県苫田郡高田村／陸軍士官学校

岡山県士族軍人奈良鉞次郎の長男に生まれ、一九一五年六月陸軍士官学校を卒業して歩兵少尉に任官し、近衛歩兵第三連隊付となった。一九年四月中尉、二五年八月大尉に進み、近衛歩兵第三連隊中隊長を経て二八年八月独立守備隊歩兵第二大隊中隊長となって渡満し、開原守備隊長を務めた。父の鉞次郎は陸軍歩兵少佐として日露戦争に従軍し、〇四年八月旅順要塞第一回総攻撃の際、東鶏冠山北堡塁で戦死した。

成清純一郎 ▷8

特産貿易商福祥号主／奉天小西関／一八八六（明一九）一〇／長崎県長崎市本籠町

一九〇二年四月に渡満し、旅順に滞在した。〇四年二月日露開戦となって郷里に引き揚げ、〇五年一〇月戦争の終結とともに再び渡満した。鉄嶺の特産物貿易商松隆洋行に入って特産貿易に従事し、〇八年八月名利洋行に転じた。一五年に独立して奉天小西関に福祥号を開設して特産貿易業を営んだ。

成清太三郎 ▷12

成清商行主、チチハル商工会議所議員、チチハル商店協会評議員、チチハル商業組合評議員／龍江省チチハル正陽大街／一九〇三（明三六）一一／岡山県川上郡成羽村

一九一五年一二歳で渡満し、鉄嶺で建築金物商と土工品商を営んで財を成した。その後三三年三月店舗を実弟に譲り、チチハル正陽大街に成清商行を開設して機械工具、蓄電池、自転車商を経営した。事業の発展とともに竜華路に機械電気部を設け、従来の店舗を自転車部とし、富士自転車特約店として自転車販売業を主力とした。

成沢　直兄 ▷12

満鉄チチハル機務段長／龍江省チチハル信永街／一八八八（明二一）一二／宮城県仙台市川内明神横丁

宮城県成沢哲五郎の次男に生まれ、一九〇八年一二月徴兵されて千葉鉄道連隊に入営し、除隊後に鉄道院仙台機関庫機関方となった。次いで東部鉄道管理局教習所機械科を修了して機関士心得、機関士と累進し、判任官試験に合格して鉄道省技手となり、郡山機関庫主任、仙台運輸事務所運転係、一関機関庫主任、新庄機関庫主任を歴任した。その後、三三年一二月満鉄に転じて鉄路総局に勤務し、三四年一月四平街機務段長を経て三六年五月チチハル機務段長となった。夫人かめよとの間に一男三女あり、長女寿子は営口税官吏村上満男に嫁した。

成田　幾治 ▷12

ハルビン特別市立医院産婦人科医長兼ハルビン医学専門学校教授／ハルビン南崗奉天街／一九〇五（明三八）六／愛知県名古屋市中区広路町／京都帝大医学部

愛知県成田友次郎の次男に生まれ、一九三〇年三月京都帝大医学部を卒業して医学部産婦人科教室副手となり、三二年六月同大大学院に進んだ。その後三五年一〇月ハルビン特別市立医院産婦人科医長となって渡満し、三六年八月からハルビン医学専門学校教授を兼務した。この間、三五年一二月論文「人類並ニ動物悪性腫瘍ノ免疫学的研究」により京都帝大より医学博士号を取得した。勧業銀行総裁石井光雄の次女英子を夫人とした。

成田　十郎 ▷1

成田医院主／ハルビン埠頭区／一八六一（文一）二／栃木県下都賀郡小山町／栃木県立医学校

会津藩士で槍術指南役の成田十郎右衛門の三男として栃木県小山町に生まれ、一八七七年福島県師範学校を卒業して新潟県で小学校訓導を務めた。その後栃木県立医学校に入学し、八二年に卒業して郷里の小山に私立病院を開業した。診療のかたわら帝国大学に特設された国家医学会でさらに修学し、九二年に卒業した。日清戦争後の九五年台湾総督府に入り、台中県に診療所を開設した。九六年四月に辞任して台湾公医となり、台湾中央衛生会委員、ペスト予防委員、阿片吸引者取調委員等を務めた後、九八年に公医を辞して台北に移り台北医院長、協立病院長等を歴任した。一九〇一年英米蘭の医師と共にインド、東南アジア各地を回って伝染病と風土病の調査研究を行った後、日露戦争後に渡満してハルビン埠頭区に成田医院を開業した。内科、外科、産婦人科、眼科、小児科の診療治療を行い、チチハルに出張所を置いた。

成田　四郎　▷12

国際運輸㈱安東支店長兼庶務係主任兼新義州支店長／安東国際運輸㈱支店／一九〇三（明三六）一一／宮城県仙台市北三番丁／東京帝大法学部法律学科

宮城県成田喜十郎の四男に生まれ、一九二七年三月東京帝大法学部法律学科を卒業し、同年五月国際運輸㈱に入社して大連本社営業課、大連支店営業課、ハルビン支店、奉天支店長代理に歴勤した。次いで本社計画課勤務、調査課調査係主任、庶務課文書係主任、庶務課長代理兼同課文書係主任、業務課調査委員を経て三七年三月安東支店長兼庶務係主任となり、新義州支店長を兼務した。

成田　猛　▷12

成田医院長／ハルビン道理地段街／一九〇三（明三六）一〇／広島県広島市銀山町／京都府立医科大学

広島県成田荘三郎の長男に生まれ、一九三〇年京都府立医科大学を卒業して同大学附属病院に勤務した。その後渡満して大連の赤十字社病院に勤務し、三三年に退職してハルビンで医院を開業した。この間、三二年八月の北満大水害に際し、赤十字社救護班医員として防疫衛生に尽力し、ハルビン居留民会長より感謝状を受けた。

成田彦次郎　▷10

関東庁医院医官、旅順医院出張所医師／旅順市赤羽町／一八八二（明一五）三／青森県北津軽郡沿川村／私立岩手医学校

幼少の頃に盛岡に移住し、一九〇三年一一月同市の三田義正が経営する私立岩手医学校を卒業した。〇六年医術開業試験に合格し、同年九月に上京して東京帝大の国家医学講習会を修了し、引き続き同大学の内科選科で内科学を専攻した。一〇年六月関東都督府医院の医務嘱託となって渡満し、一九年一月関東都督府医院医官・高等官六等となった。

成田　政次　▷12

関東局司政部行政課員兼警務部警務課員／新京特別市興安大路／一八九九（明三二）二／富山県上新川郡山室村／京都帝大法学部法律学科、東京帝大経済学部経済学科

富山中学校、第四高等学校を経て一九二七年三月京都帝大法学部法律学科を卒業し、さらに東京帝大経済学部経済学科に学び、二九年に文官高等試験行政科に合格した。三〇年三月に卒業した後、三一年関東庁専売局属兼関東庁属となって渡満し、大連民政署に勤務した。その後同庁属専任となって関東庁内務局商工課に勤務し、三三年同庁理事官に進んで大連民政署地方課長兼務財務課長を務めた後、三五年六月職制改正により関東局事務官となり関東局司政部行政課勤務となり警務部警務課を兼務した。

成田　昌俊　▷3

成田医院主／安東県二番通／一八八四（明一七）二／青森県南津軽郡蔵館村／京都帝大医科大学

青森県成田武一の子に生まれ、一九〇八年京都帝大医科大学を卒業して付属医院の医員となった。一〇年三月に渡満して安東県の佐々木病院に勤めた後、同年一〇月安東二番通で内科・小児科医院を独立開業した。

成田　昌徳　▷11

満鉄満州医科大学図書係主任／奉天葵町／一八九二（明二五）四／青森県南津軽郡蔵館村／早稲田高等師範国漢文科

青森県士族成田寛蔵の長男に生まれ、一九一九年早稲田高等師範国漢文科を卒業して同年八月満鉄に入った。安東図書館主事を務めた後、二三年一一月満州医科大学図書係主任に転任した。

成田 正彦 ▷12

満州炭砿㈱総務部庶務課長、鶴岡煤鉱㈱董事、満州鉱業協会常務理事／新京特別市山吹町／一九〇二（明三五）一二／鹿児島県鹿児島市下竜尾町／東北帝大法文学部

鹿児島県成田正峰の次男として東京に生まれ、陸軍中央幼年学校予科、学習院高等科を経て一九二七年三月東北帝大法文学部を卒業し、同年六月満鉄に入り興業部商工課に勤務した。その後三一年一月に退社し、三三年満州炭砿㈱の設立事務に従事して成立と同時に同社入りした。三四年五月参事に進んで総務部庶務課長となり、三六年一一月社団法人満州鉱業協会の設立とともに常務理事に専任された。

成田 良三 ▷12

吉林省農安県参事官／吉林省農安県参事官公館／一九〇八（明四一）四／東京府東京市赤坂区福吉町／拓殖大学本科、大同学院

赤坂中学校を経て拓殖大学本科に進み、一九三一年に卒業して渡満した。三二年一〇月大同学院を卒業して吉林省公署属官となり、総務庁に勤務した。三三年同省敦化県属官、三五年一一月同省農安県属官・代理参事官を経て三六年一〇月同県参事官に昇任した。治安保持、財政確立、宣撫工作などを担当し、三四年五月吉林省治安維持会より治安維持会褒賞を受け、さらに同年一〇月建国功労賞を受けた。

成久 為蔵 ▷8

成久号主／奉天／一八七三（明六）八／大分県宇佐郡宇佐町

日露戦中の一九〇五年四月朝鮮の竜岩浦口に上陸し、安東県を経て大連に至り同地で陸軍御用達に従事した。戦後関東都督府に転じて民政署警務部に勤務し、〇六年奉天領事館警察に転勤した。三年後に退職して城内小南門通に成久号を開設し、菓子製造販売業を営んだ。その後、新市街の発展にともない一一年柳町に移り、さらに一四年に現在地に移転して店舗を拡張した。日本各地の博覧会に出品して二十数回受賞し、名誉審査委員も務めた。

成宮 英三 ▷12

満州中央銀行発行課副課長、勲六等／新京特別市興安胡同／一八九五（明二八）一二／滋賀県愛知郡愛知川町／東京帝大法学部英法学科

滋賀県成宮弥次右衛門の三男に生まれ、一九二一年東京帝大法学部英法学科を卒業して横浜正金銀行に入った。横浜本店、神戸支店勤務を経て大連支店詰となって渡満し、支払・送金・為替・輸入・輸出・為替・計算・調査・秘書の各係長を歴任した。次いで三一年一〇月牛荘支店支配人代理を経て三二年五月長春支店詰となり、推薦されて在職のまま満州中央銀行の創立に参与し、旧東三省官銀行監理官として奉天に駐在した。三二年六月の創立と同時に横浜正金銀行を辞職して満州中央銀行奉天駐在員となり、三三年二月奉天分行副経理を経て翌年新京本行発行課副課長となった。この間、満州事変時の功により勲六等瑞宝章、勲六位景雲章、建国功労賞を授与された。京都の日本画家山元春挙の養女田鶴子を夫人とし、二男一女があった。

鳴尾 直人 ▷12

済生医院庁／大連市三河町／一八八八（明二一）九／福岡県久留米市荘島町／長崎医学専門学校

福岡県医師関直太の四男に生まれ、三歳の時に鳴尾甲之助の家督を相続した。一九一一年長崎医学専門学校を卒業し、一七年六月まで県立長崎病院皮膚科医員として勤務した。その後長崎市で開業したが、二四年四月に渡満して大連市三河町で皮膚科性病科医院を開業した。

生川 庄吉 ▷12

奉天鉄道事務所管業課貨物係主任、勲八等／奉天萩町／一八九八（明三一）一／三重県四日市市納屋町／四日市商業学校

三重県生川庄太郎の長男に生まれ、一九一五年四日市商業学校を卒業して渡満し、満鉄従事員養成所に入所した。一六年四月に修了して本渓湖駅に勤務し、二〇年二月奉天省四平街駅に転勤し二八年四月同駅貨物助役となり、次いで三一年五月長春運輸事務所、三二年三月奉天事務所、同年一二月奉天鉄道事務所に歴勤した後三五年四月同所管業課貨物係主任となった。この間、満州事変時の功により勲八等に叙せられ、三三年四月勤続一五年の表彰を受けた。

生川　玉樹　▷3

満鉄営口医院大石橋分院長、関東都督府嘱託医、従七位勲五等／奉天省大石橋満鉄社宅／一八七一（明四）一一／三重県四日市市浜田／第三高等学校医学部

一八九一年、第三高等学校医学部を卒業し、一八九四年日清戦争に従軍して勲六等旭日章を受けた。九六年に除隊して郷里で医院を開業したが、一九〇五年日露戦争に際して再び召集され、第三師団に属して従軍した。戦後満鉄に入り、奉天、公主嶺の各医院に勤務した後、営口医院大石橋分院長となった。

成瀬　武　▷12

満鉄ハルビン造船所長、勲六等／ハルビン大直街／一八九九（明三二）六／東京府東京市芝区新橋／旅順工科学堂機械科

東京市成瀬熊治の子に生まれ、旅順の関東都督府中学校を経て一九二〇年旅順工科学堂機械科を卒業し、同年一二月満鉄に入社して技術部機械課に勤務した。運輸部機械課、鉄道部機械課、同工作課兼臨時甘井子建設事務所に歴勤した後、二八年九月甘井子石炭積出設備の機械製作のため欧米に一年間出張した。臨時甘井子建設事務所に帰任して鉄道部工作課、工事部築港課、工業標準規格調査会委員、工事部築港課兼築港事務所、鉄道部車務課兼港湾課、鉄道部工作課兼羅津建設事務所に歴勤して羅津建設事務所機械長となり、鉄道部工作課を兼務した。次いで大連埠頭事務所機械係主任、大連鉄道事務所車務課、同機械係主任を歴任し、三六年九月ハルビン造船所長に就いた。この間、満州事変時の功により勲六等に叙せられ、三六年四月勤続一五年の表彰を受けた。

成瀬　俊夫　▷11

満鉄鉄嶺医院小児科医員／奉天省鉄嶺北四条通満鉄社宅／一八九七（明三〇）一一／佐賀県東松浦郡鏡村／大阪医科大学

佐賀県成瀬多助の長男に生まれ、一九二四年三月府立大阪医科大学を卒業した。二七年二月まで九州医科大学小児科で研究に従事した後、同年三月に渡満して満鉄鉄嶺医院医員となった。

鳴瀬久一郎　▷12

満鉄安東地方事務所地方係長、正八位／安奉県安東駅前三番通／一九〇四（明三七）一／滋賀県犬上郡豊郷村／法政大学法文学部政治学科

鳴瀬久平の長男として熊本市南新坪井硯台町に生まれ、熊本県立商業学校を卒業した後、幹部候補生として熊本の歩兵第一三連隊に入営して歩兵少尉となって除隊した。その後一九三〇年三月法政大学法文学部政治学科を卒業して満鉄に入り、地方部に勤務した。地方部地方課勤務兼育成学校講師、鞍山地方事務所勤務、瓦房店地方事務所地方係長に歴勤し、三五年五月安東地方事務所地方係長となった。

鳴海　義策　▷12

満鉄四平街建設事務所員／奉天省四平街満鉄四平街建設事務所／一八九六（明二九）二／青森県青森市大字浦町

一九一四年六月北部逓信局通信生養成所を修了して青森県下北郡下風呂郵便局通信事務員となり、後に同局長代理を務めた。次いで仙台専売局青森出張所属となり東部管理局に勤務した後、浅虫駅出札掛兼電信掛、湊駅出札掛兼電信掛、盛岡駅車掌常務見習を経て日詰駅、青森駅、新津運輸事務所、比角駅に歴勤した。その後三三年二月満鉄に転じて渡満し、大連鉄道事務所属・周水子在勤を経て職員に昇格し、周水子駅駅務方、同駅助役、公主嶺駅助役、免渡河站長、寛城子站長を経て三七年六月四平街建設事務所に転勤した。

縄田喜美雄　▷11

満鉄鉄道教習所講師／大連市花園町／一九〇〇（明三三）四／福岡県遠賀郡蘆屋村／明治大学商科

福岡県公吏縄田高次郎の次男に生まれた。一九二四年明治大学商科を卒業して請負業を開業したが、同年一二月一年志願兵として小倉の歩兵第一四連隊に入営した。二五年三月陸軍歩兵曹長となって退営し、山口県立長府中学校の教員に就いたが、二七年四月に渡満して満鉄鉄道教習所講師に転じた。

縄田　養造　▷11

満州日報編輯局整理部長／大連市西公園町／一八九九（明三二）八／福岡県福岡市春吉町／早稲田大

な

学政治経済科

福岡県縄田末造の長男に生まれ、福岡工業学校採鉱科を卒業して早稲田大学政治経済科に学んだ。一九二〇年東京で経済新聞を創刊したが、二三年中央新聞社記者となった。さらに二五年「長崎民友新聞」編輯局次長、「佐世保民友新聞」編輯長、二六年「京都日日新聞」整理部長に転じた後、二七年一一月に渡満して「満州日報」編輯局整理部長となった。

名和　長正　▷11

奉天中学校長、正六位／奉天霞町／一八七八（明一一）一一／長野県上伊那郡藤沢村／東京帝大文化大学史学科

長野県名和長行の長男に生まれ、一九〇六年七月東京帝大文科大学史学科を卒業した。翌年一一月青森県立弘前中学校教諭となり、早稲田中学校教諭を経て秋田県立大館中学校長に就いた。その後岐阜県立大垣中学校、新潟県立新潟中学校の各校長を歴任し、二七年六月奉天中学校長となって渡満した。

縄野　得三　▷12

国際運輸㈱監察／大連市桃源台／一八八四（明一七）九／東京府東京市蒲田区女塚町

縄野正秋の四男として東京市芝区新堀町に生まれ、一九〇〇年四月鉄道作業局運輸事務伝習所を修了して鉄道属となった。〇四年一二月野戦鉄道提理部付鉄道書記として日露戦争に従軍し、戦後〇七年四月の満鉄創業とともに運輸部営業課に勤務した。大連、安東、長春の各運輸事務所に歴勤した後、一八年四月シベリア出兵に際し臨時長春線区司令部付として東支鉄道の寛城子・満州里間の軍事輸送に従事した。その後二三年八月満鉄傘下の国際運輸㈱に転じて横浜支店に勤務し、大連本店営業課、同庶務課勤務を経て合同運送会社管理課長代理に出向した。三〇年二月国際運輸㈱に復帰して営業課に勤務し、同年九月監理課長代理、三一年一一月監理課長を歴任して三二年四月参事となり、同年七月営業課作業係主任兼務、三五年四月調査課長代理を歴任して三六年四月監察となった。この間、日露戦争時の功により勲八等白色桐葉章、シベリア出兵時の功により勲七等青色桐葉章を授与され、二二年四月満鉄勤続一五年の表彰を受けた。夫人ちかとの間に五男四女あり、長男秀雄は東京工業大学を卒業して撫順炭砿機械工場に勤務した。

南家　碩次　▷12

満鉄撫順炭砿楊柏堡採炭所長兼監査係主任、在郷軍人会撫順分会理事、撫順体育協会理事、正八位／奉天省撫順北台町満鉄社宅／一八九五（明二八）三／鳥取県西伯郡外江村／東京帝大工学部採鉱冶金科

一九二〇年東京帝大工学部採鉱冶金科を卒業し、同年八月満鉄に入り撫順炭砿興業部に勤務した。興業部鞍山在勤、鞍山製鉄所、撫順炭砿鉱務課、古城子採炭所計画係主任、同監査係主任を経て三二年九月技師となり、楊柏堡採炭所長に就いた。次いで剥離係主任、臨時工事係、監査係の各主任を兼務し、三六年九月の職制改正により参事となった。この間、三六年四月勤続一五年の表彰を受けた。

南郷　龍音　▷12

満鉄産業部員、勲七等／大連市芝生町／一九〇一（明三四）七／鹿児島県日置郡東市来村／東亞同文書院商務科

第一鹿児島中学校を経て一九二二年上海の東亞同文書院商務科を卒業し、同年八月満鉄に入り社長室調査課に勤務した。以来一貫して調査畑を歩き、庶務部調査課、上海事務所、庶務部調査課、総務部調査課、経済調査委員会第四部第四班主任、同第四部金融班主任、産業部商工課金融係主任兼満州国財政部嘱託を歴任した。その後社命により三七年二月から欧米に八ヶ月間出張した。この間、満州事変時の功により従軍記章及び建国功労賞を授与された。

南條　盤二　▷1

日本製粉㈱大連出張所主任／大連／一八七五（明八）九／群馬県邑楽郡館林町

東京の学校に学んだが、病を得て郷里で数年静養した後、一八九七年日本製粉㈱の創立と同時に入社した。一九〇五年六月日露戦中に社命で小麦粉の需給と原料小麦の生産状況調査のため渡満し、同年八月大連に出張所を開設した。そのまま同所に駐在し、関税の関係で自社製品を輸入できず、アメリカ製品を直輸入して販売した。戦後まもなく駐屯軍の引き揚げとともに同業者間に過当競争が起きると、〇七年一月組合を設立して乱売防止に努めた。

南洞　孝 ▷11

南満州倉庫㈱取締役／奉天八幡町／一八八四（明一七）六／岩手県西磐井郡平泉村／東亜同文書院

岩手県農業南洞頼顕の次男に生まれ、一九〇五年三月上海の東亜同文書院を卒業した。〇六年一月奉天省の招聘により渡満して奉天両級師範学堂教習となり、〇七年三月から奉天法政学堂の教習を兼務した。〇九年六月法政学堂を、翌七月師範学堂を辞し、一〇年四月奉天商業会議所書記長に就いた。一七年南満銀行支配人に転じ、さらに満州商工銀行に転じて大連及び奉天支配人を歴任し、二四年南満倉庫㈱取締役に就任した。盛岡高女出身の夫人トミとの間に三男四女があり、長男成穂は旅順工科大学、長女愛子・二女貞子・三女節子は共に奉天高女に学んだ。

難波　勝治 ▷12

西川商店㈱取締役、満州日日新聞社客員／大連市西公園町／一八七六（明九）一〇／岡山県英田郡大原村／同志社英学校専修科

一八九〇年小学校を出て旧三日月藩の藩儒岸南岳の下で漢学を学び、九四年京都の同志社英学校専修科に入った。九九年に卒業し、翌年から一九〇二年一二月まで岡山県上房郡高梁町の順正高等女学校教諭を務めた。その後〇三年一月に渡米してニューヨークに留学し、〇五年二月に帰国した。日露戦争後〇七年一〇月営口に渡り、次いで大連に転住して同地のアメリカ領事館に一二年勤務した。その後一八年二月遼東新報社に転じ、編集長を経て主筆となり、二一年一一月ワシントン会議取材のため渡米し、ブラジル、南アフリカ、イギリスを巡遊して帰社し、『南米富源大観』を著した。二七年一〇月満州日日新聞社との合併に際して退社し、同志社の先輩西川光太郎が創設した㈱西川商店の取締役に就いた。長女絢子は西川商店社長西川高嶺の弟桜に嫁した。

難波　猛 ▷12

関東庁旅順医院産婦人科部長兼旅順婦人医院長、正六位／旅順市朝日町／一九〇二（明三五）二／兵庫県／京都帝大医学部

兵庫県会社員難波寿太郎の長男として明石郡垂水町に生まれ、一九二六年京都帝大医学部を卒業し、医学部副手として婦人科室に勤務した。次いで二七年一〇月関東医員医官となって渡満し、旅順医院産婦人科部長に就いた。その後、三〇年八月から旅順婦人医院長を兼任した。

難波　経一 ▷13

満州電気化学工業㈱常務理事、正七位／新京特別市東朝陽路／一九〇一（明三四）一／東京府東京市芝区西久保桜川町／東京帝大法学部政治学科

東京府難波一の次男に生まれ、東京府立第一中学校、第一高等学校を経て一九二四年三月東京帝大法学部政治学科を卒業して東京税務監督局に入った。同年一一月文官高等試験に合格し、翌月一年志願兵として歩兵第一連隊に入営した後、横浜税関等に勤務して司税官に進み、横須賀、神戸の各税務署長を歴任した。三五年一月満州国専売総署副署長に転出して渡満したが、同年一一月冀東防共自治委員会の成立とともに政府顧問に招かれ、次いで河北省公署顧問に転じた。三八年一一月満州国に復帰した後、特殊会社の満州電気化学工業㈱常務理事に就いた。スポーツを趣味として満州体育連盟常務理事を務め、貴族院議員岩倉道倶男爵の次女直子を夫人とした。

難波　毅 ▷12

満鉄大連鉄道事務所工務課員／大連市満鉄大連鉄道事務所／一九〇八（明四一）六／岡山県児島郡興除村／南満州工業専門学校機械科

岡山の関西中学校を卒業して渡満し、南満州工業専門学校に入学した。一九三〇年三月同校機械科を卒業して満鉄に入り、鉄道部保安課、大連保安区、長春保安区に歴勤した。次いで新京保安区電気助役、同区技術助役を経て三七年三月大連鉄道事務所工務課に転任した。この間、満州事変時の功により木杯一組及び従軍記章を授与された。

難波　星朗 ▷12

通化省公署警務庁警務科長／通化省公署警務庁／一八九六（明二九）七／広島県世羅郡津名村／中央大学専門部法律科

一九一六年専検に合格して中央大学専

門部法律科に学び、一七年に警視庁警察署書記となり、次いで巡査、巡査部長を歴職した。その後二〇年三月朝鮮総督府巡査に転出して間島致院、平安北道、平安南道等に歴勤し、二八年警部に累進した。三三年一月満州国首都警察庁警正・中央警察学校教官に転じて渡満し、安東省公署事務官・警務庁司法科長、同理事官・警務庁警務科長を経て三七年七月通化省公署理事官・警務庁警務科長に転任した。

難波　義雄　▷12

奉天造兵所㈱理事、従六位勲六等／奉天紅葉町／一八九二（明二五）六／広島県見晴須波町／東京帝大法科大学経済学科・同大学文科大学院、シカゴ大学

医師難波元二の次男岡山県小田郡北川村に生まれ、一九一六年東京帝大法科大学経済学科を卒業した後、同大学文科大学大学院に進んだ。次いで渡米してシカゴ大学で社会学を専攻し、三年後に帰国して内務省嘱託となった。東京府社会事業主事、東京市社会局保護課長を歴任した後、二六年七月関東庁教育主事となって渡満し、博物館及び図書館主事を兼務した。その後三二年満州国官吏に転じ、国務院実業部文書科長、同商標局総務科長チチハル鉱業監督署長、国務院総務庁簡任参事官等を歴任し、三六年八月奉天造兵所㈱理事に転出した。

南部　重遠　▷3

安東新報社社長兼主筆／安東県大和橋通／一八六四（元一）四／佐賀県佐賀市水ヶ江町

平戸に生まれ、二四歳の時に福岡で私塾を開いた。門司の新聞社主幹に転じた後、日露戦後に渡満して安東県で新聞事業に従事し、後に安東新報社社長兼主筆となった。渡満前に一時東京に在住して政党に関係したことがあり、また露庵或いは鉄叟と号して筑前琵琶歌を作曲し、「川中島」「湖水渡り」の二曲は広く世人に伝唱された。

南部　法電　▷11

本派本願寺布教使、長春本願寺主任、正八位／長春祝町本願寺／一八九四（明二七）一二／山口県大津郡仙崎町／竜谷大学

山口県僧侶南部恵明の長男に生まれ、一九二五年竜谷大学を卒業し、同年一〇月本派本願寺布教使となって渡満した。旅順本願寺で開教に従事した後、二六年一二月沙河口本願寺主任となり、二七年一二月長春本願寺主任に転じた。布教のかたわら報徳会、婦人会、仏教青年会、仏教女子青年会、日曜学校等を主宰し、二八年九月には昭和天皇の即位大礼記念事業として本願寺幼稚園を開園した。

南部　保利　▷11

大連弥生高等女学校教諭／大連市聖徳街／一八九八（明三一）一二／福岡県福岡市下新川端町／福岡県師範学校

福岡県南部覚の長男に生まれ、一九一九年三月福岡県師範学校を卒業し、門司市及び福岡市で小学校教員を務めた。二三年に上京し、引き続き小学校に勤務しながら日本大学高等師範部国語漢文科に学び、二七年三月に卒業した。二八年四月、渡満して大連弥生高等女学校教諭となった。

南部　与一　▷9

奉天商品証券交易所仲買人、奉天証券㈱取締役、奉天公株信託㈱監査役／奉天加茂町／一八九一（明二四）一〇／長崎県下県郡厳原町

一九一九年一〇月に渡満し、奉天商品証券交易所仲買人となった。加茂町で同仲買業を営むかたわら奉天証券㈱取締役、奉天公株信託㈱監査役を務めた。

南里　順生　▷11

満州日報編集長局政治部記者／大連市外老虎灘／一八九三（明二六）一／佐賀県杵島郡北方村／攻玉社中学校

佐賀県士族南里順本の四男に生まれ、東京攻玉社中学に入学し、在学中の一九〇九年夏期休暇を利用して単身満州各地を旅行した。一三年に卒業した後、一六年夏に再び渡満して満蒙独立運動を画策したパプチャップの敦家店事件に関係した。いったん帰国した後、一九年八月三度渡満して蒙古産業公司に入り蒙古に赴いた。二一年五月大連新聞社に入社し、さらに二三年一二月遼東新報社に転じ、二七年一一月同社と満州日日新聞社が合併して満州日報社になると政治部記者となった。この間二四年八月に社命で大巴林王に同行して蒙古に行き、蒙古横断の活動写真を撮影した。

南里　操六　▷12

満鉄公主嶺地方事務所土地主務者、社員会評議員／吉林省公主嶺菊地町／一九〇七（明四〇）一二／佐賀県神埼郡神崎町／慶応大学法学部政治学科

佐賀県南里太郎の子に生まれ、一九三五年三月慶応大学法学部政治学科を卒業し、同年四月満鉄に入り鞍山地方事務所に勤務した。三六年一〇月公主嶺地方事務所に転勤し、土地主務者となった。

新里　朝明　▷12

大連市立実業学校長、従五位勲六等／大連市柳町市立実業学校／一八九二（明二五）一〇／沖縄県中頭郡与那城村／広島高等師範学校

沖縄県立中学校を経て一九一五年三月広島高等師範学校を卒業して広島県立呉中学校教諭となった。その後二四年五月関東庁中学校教諭となって渡満し、大連第二中学校に勤務した。次いで旅順第二中学校教諭、旅順師範学堂教諭、旅順高等女学校長を経て三六年六月大連市立実業学校長となった。

新妻仙重郎　▷11

大連警察署司法係／大連市菫町／一八九九（明三二）六／福島県石城郡草野村／青年学校普通科

福岡県農業新妻栄次郎の三男に生まれ、一九一六年福島県石城郡平町青年学校普通科二年を終了した。二〇年に渡満して関東庁巡査となり、二七年六月警部補に昇格し大連警察署司法係に就いた。

新妻　浩　▷10

横浜火災海上保険会社満州大連駐在員兼横浜生命保険会社大連支部長／大連市西通／一八八七（明二〇）二／東京府東京市下谷区中根岸町／東京帝大法科大学政治学科

旧仙台藩士新妻胤孝の長男として宮城県加美郡色麻村に生まれ、一九〇五年三月大阪府立岸和田中学校を卒業して郷里の第二高等学校英法科に入学した。〇九年九月上京して東京帝大法科大学政治学科に入学し、一三年七月に卒業して同年一〇月大正生命保険会社に入社した。一五年三月大阪商船会社に転じ、台湾及び大連航路の嘉義丸、はるぴん丸、あめりか丸等に乗船して事務長となった。この間、第一次世界大戦中に戦時御用船に乗務して陸軍省より金一封を受けた。二〇年一月大連市長で実業家の石本鏆太郎の招きで和盛公司総支配人に就いたが、二二年一〇月石本が頭取を務めた教育銀行の破綻により同公司解散となって退職した。二三年六月横浜火災海上保険会社満州大連駐在員となり、横浜生命保険会社大連支部長を兼務して同年八月同社関東州代表者となった。講道館初段、観海流水泳初段と各種運動に優れた。

新妻　喜男　▷12

新妻薬局主／ハルビン石頭道街／一九〇〇（明三三）一二／福島県石城郡大浦村／東京薬学専門学校

福島県新妻盛の子に生まれ、一九二一年東京薬学専門学校を卒業して同年五月から内務省東京衛生試験所に勤務した。同年一二月一年志願兵として仙台の歩兵第四連隊に入営し、二三年四月に除隊復職した後、東京府医師会診療所その他に勤務した。その後三二年六月ハルビン石頭道街に新妻薬局を開業して処方調剤、薬品衛生材料、化粧品商を営んだ。

新津　靖　▷12

旅順工科大学助教授、正七位／旅順市高崎町／一九〇五（明三八）一一／長野県南佐久郡青沼村

長野県立野沢中学校を卒業して渡満し、旅順工科大学に入学した。一九三一年同大学機械科を卒業して助手となり、次いで三二年九月助教授に就いた。

「新富」は「しんとみ」も見よ

新富　勇蔵　▷12

北鮮煉瓦㈱専務取締役／間島省図們銀河街／一八九七（明三〇）一／宮崎県西諸県郡真幸村／攻玉社工学校

東京の攻玉社工学校を卒業して朝鮮総督府官吏となり、以来勤続して土木局仁川出張所長、仁川工営所長を歴任した。その後退官して北鮮煉瓦㈱専務取締役に転じ、図們に常駐して同社の在満事業を統轄した。

新富　義光　▷12

北満病院長、チチハル軍械廠嘱託医、満州航空㈱嘱託医／龍江省チチハル豊恒胡同／一九〇五（明三

八）一／鹿児島県伊佐郡山野村／**日本医科大学**

鹿児島県新富卯助の三男に生まれ、一九二九年日本医科大学を卒業して東京日本橋の中原病院に勤務した。その後三一年に大分県宇佐郡封戸村水崎で開業し、次いで三三年八月に渡満してチチハルに北満病院を開設した。

新豊弥兵衛

▷11

城子疃郵便局長、通信書記／関東州城子疃郵便局官舎／一八八七（明二〇）七／鹿児島県姶良郡西国分村／通信伝習生養成所

鹿児島県農業新豊嘉兵衛の長男に生まれ、一九〇八年九月実業を志して渡満したが、進路を転じて関東都督府通信伝習生養成所に入り一一年に修了した。一六年五月逓信書記補となり、二八年六月逓信書記に進んで城子疃郵便局長に就いた。三弟の一二も渡満して満鉄に勤務し、後に蘇家屯機関区庶務助役を務めた。

新帯国太郎

▷12

満鉄地質調査所事務嘱託／奉天竹園町／一八八二（明一五）八／愛知県知多郡旭村／東京高等師範学校研究科、コーネル大学

愛知県新帯鶴吉の長男に生まれ、一九〇八年東京高等師範学校博物科を卒業して同年四月群馬県女子師範学校教諭となった。その後いったん辞職して東京高等師範学校研究科に学び、一二年四月滋賀県師範学校教諭となった。一八年三月満鉄に転じて渡満し、奉天尋常小学校訓導、南満中学堂教諭を経て一九年四月から奉天中学校教諭を兼任した。二〇年四月に渡米してコーネル大学に三年留学し、修士号及び博士号を取得した。留学中の二〇年六月地質調査所員兼務、二一年一二月非役社長室人事課付となり、二四年八月に帰任して満州教育専門学校教授兼地質調査所員となり、さらに同年一二月から理科博物科視学委員を兼務した。二七年四月視学委員兼務を解かれ、新たに同年一二月満蒙物資参考館員を兼務し、二八年四月から七月まで南洋に出張した。三二年九月技師に任じられ、三三年一月鉱産地第四班主査を経て三六年九月参事に昇任し、同年一〇月地質調査所土木地質係主任に就いた。三七年四月に依願免職となり、同年五月地質調査所事務嘱託となった。アメリカ地質学会正会員、日本地質学会員、日本古生物学会員として「Bibliography on Magnesite Deposits of the World」(1930)、岩波講座「マグネサイト鉱床」(1934) ほか数十篇の論文を発表した。東京女子高等師範学校出身の夫人さかえとの間に三女があった。

新原　栄吉

▷12

満鉄大連機関区運転主任、社員会評議員、社員消費組合総代、勲八等／大連市児玉町／一八九八（明三一）七／鹿児島県鹿児島市武町／高等小学校

鹿児島県新原与四郎の子に生まれ、一九一三年高等小学校を卒業し、同年一〇月鹿児島機関庫に勤務した。一五年三月機関助手見習採用試験に合格し、次いで一八年八月機関種見習採用試験に合格して一九年四月機関手となったが、同年一一月に辞職した。二〇年一月満鉄に入り、大連車輌係として勤務した後、同年七月大連機関区に配属された。二九年一〇月奉天機関区点検助役、三二年三月同運転助役、三三年八月大連鉄道事務所勤務、三五年四月同車務課勤務、同年五月大石橋機関区運転主任を歴職し、三六年七月大連機関区運転主任となった。この間、満州事変時の功により勲八等及び従軍記章並びに建国功労賞、皇帝訪日記念章を受けたほか、三四年に機関車エアーポンプ空気筒自動給油器改良考案により表彰された。文学を趣味とし、原草二の筆名で文芸創作を行った。

新見健五郎

▷11

満州教育専門学校教授、従七位／奉天平安通／一八八二（明一五）四／愛知県養母町／京都帝大文科大学支那文学科選科

愛知県農業新見嘉六の次男に生まれ、一九一九年京都帝大文科大学支那文学科選科を修了した。小学校、中学校、師範学校の教員を務めた後、二七年九月に渡満して満州教育専門学校教授に就いた。

新美兵四郎

▷11

陸軍用達商、新見園主、安東信託(資)代表／安東県四番通／一八六八（明一）六／広島県広島市中島本町／陸軍教導団

広島県農業新美平亀の三男に生まれ、一八八七年陸軍教導団を卒業し第一師団工兵第一大隊下士官となった。一九〇四年八月日露戦争に際し同大隊付酒保用達商となって渡満し、戦後に現地除隊して安東に残留し、陸軍御用商として満鉄沿線守備隊の納入品を取り扱った。かたわら安東市外に新見園の名で果樹園と水田を経営し、安東信託㈾を設立して代表業務担当社員となり、安東商業会議所常議員・同地方委員を務めた。

新村　謙治　▷11

安東小学校訓導／安東県山下町／一八九〇（明二三）九／広島県高田郡小田村／広島県師範学校

広島県農業新村伊三郎の次男に生まれ、一九一三年広島県師範学校を卒業した。一七年八月に渡満して安東小学校訓導となった。

「新谷」は「しんたに」も見よ

新谷　俊蔵　▷9

東洋拓殖㈱奉天支店金融係長／奉天淀町／一八九四（明二七）二／奈良県添上郡治道村／東京帝大法科大学英法科

一九一八年東京帝大法科大学英法科を卒業して東洋拓殖㈱に入り、京城支店に勤務した。一九年七月沙里院支店金融係に転任した後、二一年七月奉天支店金融係長となって渡満した。

新納　元夫　▷7

遼東新報社経済部長／大連市紀伊町／一八八七（明二〇）二／鹿児島県鹿児島市草牟田町

学業を終えると日露戦中の満州に渡り、一九〇五年五月に遼東新報社が設立されると同時に入社した。経済記事を担当して後に経済部長に就き、創立以来の最古参記者として重きを成した。

二階堂一種　▷11

満州医科大学教授／奉天稲葉町／一八九二（明二五）三／宮城県栗原郡畑岡村

宮城県農業二階堂利吉の次男に生まれ、一九二〇年東北帝大医学部を卒業し、同大学助手として医化学と法医学の研究に従事した。二二年一二月助手を辞めて上京し、東京帝大法医学教室及び精神病学教室の研究員となった。二三年八月南満医学堂教授に任命されて渡満し、法医学と精神病学を担任した。同学堂が満州医科大学に昇格した後、二五年九月同大学教授となり、二六年一二月から二九年一月まで欧米に留学した。

二階　英夫　▷12

大連税関員／大連市埠頭ビル大連税関／一八八七（明二〇）一〇／山口県防府市／周陽学舎中学

周陽学舎中学を卒業した後、鉄道省教習所を修了して京都、神戸の各駅に勤務した。その後一九一八年九月に渡満して安東海関に勤務し、汕頭海関勤務を経て大連海関に転勤した。次いで三二年六月満州国による中国海関の強制接収により大連税関鑑査官となった。

二河　達　▷12

満州電業㈱安東支店電路係長／安東市場通満州電業㈱安東支店／一八九四（明二七）一〇／和歌山県東牟婁郡那智町

一九三〇年五月大阪市電気局に入り、三二年八月同市技手となった。その後三五年四月に依願免職となり、渡満して満州電業㈱に入り安東支店電路係長となった。

二川　虎　▷12

二川洋行主、新京薬品㈱取締役、関東州計器組合評議員／大連市山県通／一八九四（明二七）一〇／茨城県那珂郡勝田村／商業学校

茨城県二川九左衛門の六男に生まれ、商業学校を卒業して名古屋の美濃文製作所に入った。一九二一年三月に退社して渡満し、大連に二川洋行を興して医療衛生器具類を販売した。その後、山県通に拡張移転して日本、ドイツ、フランス等から各種医療・理化学機具類を輸入販売し、度量衡器、金庫、鉄材、薬種類も扱った。三四年九月奉天、三五年六月ハルビン、三六年三月新京に相次いで出張所を開設し、従業員二四人を使用した。

「二木」は「ふたき」も見よ

二木　保男　▷12

二木内科医院長、正七位／大連市西通／一九〇一（明三四）二／岡山県苫田郡東苫田村／金沢医科大学附属医学専門学校

岡山県立津山中学校を経て一九二四年金沢医科大学附属医学専門学校を卒業し、一年志願兵として岡山の歩兵第五四連隊に入営した。二五年陸軍一等看護長となって退営し、関東医院医員となって渡満した。大連療病院に勤務して大連警察署、大連警察署沙河口警察支署、同小崗子警察支署の各医務嘱託を兼務した後、関東庁刑務支所医務嘱託を経て二八年一〇月再び関東庁医院医員となり大連療病院に勤務して海務局医務嘱託を兼務した。次いで関東庁医院医官・旅順医院病理部長兼大連療病院勤務を経て三五年三月関東局技師兼関東医院医官・関東州庁内務部学務課兼警察部衛生課勤務となった。その後三七年一月に辞職し、大連西通りに内科医院を開業した。この間、三三年六月論文「所謂満州チブスの研究」を提出して金沢医科大学より医学博士号を取得した。

西内精四郎　▷11

大連第一中学校長、正五位勲四等／大連市錦町／一八七八（明一一）一／高知県香美郡夜須村／東京帝大文科大学

高知県農業服部貞光の次男に生まれ、同県西内清治の養嗣子となった。一九〇一年東京帝大文科大学を卒業し、翌年四月宮崎県立延岡中学校教諭となり、〇五年六月大分県立杵築中学校長、〇九年二月奈良県立畝傍中学校長等を歴任した。一一年一月に渡満して関東都督府中学校教諭となり、一八年四月大連第一中学校長に就いた。二四年関東庁命で欧米の学事視察をし、翌年帰任した。東京女子高等師範学校出身の夫人駒路は大連弥生高等女学校の教諭を務め、長男豊比古は満州医科大学に学んだ。

西内　唯雄　▷12

満鉄ハルビン警務段巡監、社員会評議員、在郷軍人会ハルビン鉄路分会班長／ハルビン炮隊街／一九〇三（明三六）一〇／高知県幡多郡下田町／高知簿記学校

高知県西内伊之助の長男に生まれ、一九二〇年高知簿記学校を卒業して高知地方裁判所に勤務した。二四年善通寺の山砲兵第一一連隊に入営して軍務に服し、翌年除隊した。その後二六年に渡満して関東都督府巡査となり、外務省巡査を兼務した。三四年七月警部補に昇進した後、同年八月満鉄鉄路総局に転じてハルビン鉄路局警務処警務科に勤務した。三六年ハルビン警務段ハルビン工廠分所長兼巡監に転任し、三六年九月ハルビン警務段巡監となった。高等警察及び司法警察方面に通暁し、関東都督府・関東庁巡査時代に在郷軍人会蘇家屯分会評議員、同鄭家屯分会副会長、奉天赤十字地方委員を務めた。

西浦　臻　▷12

満鉄皇姑屯鉄道工場木工科台車廠主任／奉天紅葉町紅葉寮／一八九二（明二五）八／福岡県福岡市薬院／京都高等工芸学校図案科

福岡県西浦政八の長男に生まれ、東築中学校を経て一九一五年京都高等工芸学校図案科を卒業し、同年一一月朝鮮総督府鉄道局汽車課に勤務した。一七年五月に退職し、帰国して福岡県内務部商工課に勤務した後、汽車製造㈱に転じて東京支社設計課に勤務した。二八年三月に渡満して北寧鉄路局に入り機務処工作課工務員となったが、三一年八月に退職した。三六年九月満鉄に入って鉄路総局機務処工作課に勤務し、後に皇姑屯鉄道工場木工科台車廠主任となった。

西尾　東　▷11

満鉄鉄嶺地方事務所工事係主任／奉天省鉄嶺橋立町／一八九二（明二五）八／徳島県徳島市下助任町／青森県立工業学校

徳島県の剣道教士西尾可行の次男に生まれ、一九一六年青森県立工業学校を卒業し、同年五月に渡満して関東庁臨時土地調査部に勤務した。一七年一〇月満鉄に転じ、本社建築課、奉天地方事務所勤務を経て二七年一一月鉄嶺地方事務所に転勤し、工事係主任を務めた。

西尾一五郎　▷12

㈴西尾洋行代表社員、㈴福助公司代表者、奉天信託㈱取締役、奉天無尽㈱取締役、奉天商工会議所議員、奉天市諮議会員、奉天実業組合連合会副会長、奉天貿易商組合長、奉天居留民会評議員、奉天輸入組合評議員、奉天金融組合評議員、奉天税捐局税務諮問委員／奉天木曽町／一八八〇（明一三）六／大阪府北河内郡水本村／大阪府立茨木中学校

大阪府西尾藤蔵の長男に生まれ、一八九八年三月府立茨木中学校を卒業して大阪府土木課工手となった。次いで日露戦中の一九〇五年二月陸軍兵站部付御用商人となって渡満し、営口に上陸して遼陽を経て奉天に至り、〇八年四月西尾洋行を興して扇子、雑貨類、自転車、自動車等を販売した。その後逐次発展して全満屈指の業者となり、三三年九月福助足袋総代理店の業務を分離して福助公司を設立した。この間、奉天自動車㈱代表取締役、奉天城内信用組合長、奉天商工会議所副会頭を務めたほか、一七年一月以来長く奉天居留民会評議員・副会長を務めた。一子満州太郎は奉天中学を経て満州教育専門学校第一期を卒業したが、二七年八月チブスで死亡した。

西尾　治 ▷12

満鉄撫順炭砿採炭課坑内掘係技術担当員、社員会撫順連合会幹事、社員消費組合総代／奉天省撫順北台町／一八九八（明三一）七／大阪府豊能郡中豊島村／大阪工業専修学校高等部採鉱冶金科

大阪府西尾国治の四男に生まれ、一九一四年三月関西商工学校電工科を卒業して大阪電球会社に入った。その後退職して大阪工業専修学校に入り、一九年三月同校高等部採鉱冶金科を卒業し、同年七月満鉄に入り撫順炭砿竜鳳採炭所に勤務した。炭砿部採炭課坑内掘係、大山採炭所坑内係主任、撫順炭砿勤務、北支出張を経て三七年四月副参事に昇格し、撫順炭砿採炭課坑内掘係技術担当員となった。この間、ドレーゲル式救命器用清浄器の清浄剤並びに吸湿剤の製法改良により三三年と三七年の二度にわたり効績章及び金一封を授与された。業余に俳句を趣味とし、北鳴と号した。

西岡永太郎 ▷11

満州教育専門学校嘱託／奉天葵町／一八七〇（明三）一〇／徳島県美馬郡郡里村／徳島県師範学校

徳島県山川幾太郎の子に生まれ、同県西岡万吉の養子となった。一八九二年徳島県師範学校を卒業して三年間初等教育に従事し、その後独学で数学、物理、化学の文検に合格した。九九年から中等学校で教鞭を執ったが、一九〇六年秋中国に渡って江蘇州の蘇州両級師範学堂教習を務めた。一二年二月南満州工業学校教諭に転じて渡満し、工業専門学校教授、教育専門学校教授を歴任した。二八年一〇月に定年退職し、翌月から教育専門学校嘱託を務めた。

西岡啓二郎 ▷12

㈴東発隆代表者／ハルビン道裡中国二道街／一九〇〇（明三三）一二／兵庫県神戸市多聞通／神戸高等商業学校

県立神戸商業学校を経て一九二四年三月神戸高等商業学校を卒業し、神戸市の日本毛織会社に入った。その後、二六年一〇月ハルビン商品陳列所嘱託に転じて渡満した。二七年二月に独立して鉱油類及び石鹸・蝋燭原料商を開業し、後に合名会社に改組した。

西岡　源 ▷12

営口海辺警察隊警務科長／奉天省営口海辺警察隊警務科長公館／一八九〇（明二三）一〇／徳島県那賀郡坂野村

徳島県下で小学校教員を務めた後、警察官に転じて同県警部に進み、石井警察署長、警察官練習所長、県警察部警務課長、撫養警察署長を歴任し、地方警視に累進して徳島警察署長に就いた。その後三三年首都警察庁警正に転じて渡満し、大典警衛警備に当たった後、営口海辺警察隊保安科長を経て同警務科長に就いた。

西岡幸七 ▷8

土木建築請負業／奉天藤浪町／一八七六（明九）／三重県阪南郡西黒部村

一九〇五年六月、日露戦争に際し東京参謀本部付先発隊として大連に上陸し、関東州民政部財務課官舎係となった。〇八年に退職し、同年七月関東都督府指定請負人となり旅順乃木町で土木建築請負業を営んだ。一四年一〇月青島軍司令部指定請負人となって華中に赴き、翌年四月に引き揚げた。同年五月奉天藤浪町に移転して同業を継続し、二二年八月から中国兵工廠の特命を受けて業務を拡張した。

西岡仁三郎 ▷12

黒河省璦琿県参事官、黒河日本居留民会評議員、勲六等／黒河省璦琿県参事官公館／一八九三（明二六）一〇／石川県羽咋郡堀松村／金沢商業学校、東洋学院経済科・露語科

一九一一年三月金沢商業学校を卒業してシベリアに渡り、一四年にウラジオストクの東洋学院経済科及び露語科を修了した。一五年二月沿黒洲漁業会社に入り経済調査課に勤務した後、シベリア出兵に際し一九年二月に辞職して陸軍参謀本部調査班付陸軍通訳とな

に

り、次いで奏任官待遇として浦塩派遣軍司令部に勤務した。ウラジオストク撤退にともない陸軍省に復帰し、陸軍通訳を被免となった後、二三年五月から北満で材木貿易商を営んだ。その後二七年四月大連に移り、満州事変後の三二年一月自治指導部員となり、同年五月奉天省康平県に派遣された後、同年一〇月奉天省法庫県参事官、三五年黒河省奇克県参事官を経て三六年一〇月黒河省璦琿県参事官に転任した。この間、シベリア出兵時の功により二一年に勲六等単光旭日章を授与された。

西岡　房吉　▷12

大山印刷所主／大連市大山通／一八八五（明一八）五／三重県名賀郡薦原村

日露戦後の一九〇五年に渡満して大連松林町で食料品雑貨販売業を営み、利益を不動産に投資した。その後二六年に火災で全財産を失い、営業所を磐城町に移して再起を図り、同年一〇月東京堂印刷所を買収して大山印刷所と改め活版・石版印刷業に転業した。印刷の他に帳簿類の製本も手がけて逐次発展し、中央大学卒の長男清一に業務を補佐させ、若桜町に分工場を設けた。実兄の西岡寅信も渡満し、鈴鹿五三郎が創立した大連の丸辰醤油㈾の役員を務めた。

西岡　正治　▷8

つるや商会主／奉天青葉町／一八七六（明九）三／大阪府大阪市南区

日露戦中の一九〇五年二月に渡満し、同年一二月奉天に赴いた。〇七年から和洋洗濯、洗張り、染物業を始め、後に青葉町に大店舗を構えて手広く営業した。

西岡亮太郎　▷9

満鉄奉天省四平街駅長／奉天省四平街北二条路／一八七九（明一二）四／佐賀県佐賀郡久保田村／明治大学商科

一九〇七年七月明治大学商科を卒業して満鉄に入社し、後に奉天省四平街駅長を務めた。

西尾　三郎　▷12

奉天市総務処員、従六位勲五等／奉天稲葉町／一八八九（明二二）三／奈良県宇智郡五条町／陸軍士官学校、陸軍戸山学校

奈良県立郡山中学校を卒業後、一九一〇年一年志願兵として奈良の歩兵第五三連隊に入営し、一三年士官候補生となり仙台の輜重兵第二大隊に入隊した。一五年五月陸軍士官学校を卒業して同年一二月少尉に任官し、次いで一七年陸軍戸山学校を卒業し、一八年航空第一大隊分遣を経て一九年四月中尉に進級し、二〇年九月陸軍航空学校甲種学生を経て二一年第一九師団司令部付となった。二二年二月陸軍航空学校教導隊付兼同校教官、二三年一一月飛行第六連隊付、二四年同連隊中隊長、二五年三月同連隊副官に歴補して航空兵大尉に累進し、同年一二月予備役編入となった。二七年四月から京城で民間航空事業に従事した後、三一年一一月関東軍司令部嘱託となって渡満し、三二年六月関東軍野戦航空廠事務嘱託、三四年八月大奉天都市計画委員会委員嘱託を経て三六年四月奉天市主事となり総務処に勤務した。この間、満州事変時の功により勲五等双光旭日章を授与された。

西尾　安雄　▷12

吉林燐寸㈱専務取締役、日清燐寸㈱専務取締役、吉林商工会議所副会頭、吉林居留民会議員、吉林材木同業組合副組合長／吉林東大灘恒昌胡同／一八九九（明三二）一〇／山口県大島郡油田村

早くから渡満して長く実業に従事し、後に吉林燐寸㈱の大株主として専務取締役に就任して佐藤精一社長を補佐した。この間、長く同地の商工会議所議員を務めて後に副会頭を務めたほか、一九三六年二月吉林居留民会議員に当選した。

西尾　保雄　▷12

ハルビン特別市工芸養成所副所長／ハルビン馬家溝市営住宅／一八八九（明二二）一／三重県阿山郡布引村／山口高等商業学校

一九一一年三月山口高等商業学校を卒業し、同年六月満鉄に入り大連埠頭事務所に勤務した。その後一六年に退社して台湾総督府属に転じ、財務局金融課に勤務した。次いで㈾高田商会輸出部、台南製糖会社水力電気建設部、台湾電気興業㈱に歴勤し、帰国して郷里の三重県立阿山高等女学校教諭となった。その後三〇年三月に依願退職し、同年四月計理士登録をした後、三三年一一月に渡満してハルビン特別市工芸養成所副署長に就いた。

西垣　久実　▷12

満州国立高等師範学校助教授／吉林高等師範学校宿舎／一九〇四（明三七）九／鳥取県岩美郡大茅村／東北帝大理学部数学教室

一九三一年三月東北帝大理学部数学教室を卒業した後、三六年四月満州国立高等師範学校助教授となって渡満した。

西垣雄太郎　▷11

耳鼻咽喉科医師／長春満州屋館／一九〇四（明三七）三／京都府天田郡福知山町／京都帝大医学部

京都府西垣大蔵の長男に生まれ、一九二八年京都帝大医学部を卒業し、同年一〇月に渡満した。

西　一幸　▷12

昭和製鋼所㈱研究部熱管理所配給係主任、在郷軍人会鞍山連合分会副長兼第一分会長、正八位／奉天省鞍山中台町／一八九七（明三〇）一二／熊本県下益城郡杉合村／熊本高等工業学校採鉱冶金学科

熊本県西鯨次郎の次男に生まれ、九州学院を経て一九二〇年三月熊本高等工業学校採鉱冶金学科を卒業して満鉄に入り、鞍山製鉄所製造課に勤務した。以来勤続し、製鉄部選鉱工場選鉱係長兼焼結係長を務めた後、三〇年一一月から一年間欧米に留学した。帰任後三三年六月鞍山製鉄所の事業を継承した昭和製鋼所㈱の操業開始とともに同社入りし、選鉱工場還元係主任、研究所副査を経て三五年四月研究部熱管理所配給係主任となった。この間、満州事変時の功により賜品及び従軍記章を授与され、三五年六月満鉄勤続一五年の表彰を受けた。

西片　朝三　▷11

満州報社長／大連市楠町／一八七七（明一〇）一／新潟県古志郡荷頃村／済生学舎医学専門学校、サンフランシスコ医科大学、南カリフォルニア大学医学部大学院

新潟県農業西片与太郎の次男に生まれ、一八九九年済生学舎医学専門学校を卒業して大阪府検疫官となった。その後米国に渡り、一九〇五年サンフランシスコ医科大学を卒業して医学博士号を取得し、さらに南カリフォルニア大学医学部大学院に学んだ。〇七年ロサンゼルス市羅府病院長に就いたが、〇九年に帰国して翌年東京の万世橋病院長を務めた。二〇年三月に医学界を退き、渡満して満州日日新聞社副社長に就任した。二三年七月「満州日日新聞」漢字版附録の発行権を継承して満州報社を興し、漢字日刊紙「満州報」を発行した。満州で新聞経営のかたわら郷里新潟の越後石油㈾の代表を務めた。⇒同郷の夫人タマとの間に五男三女あり、長男興衛は早大法科を卒業して後に満州報社を継ぎ、長女アイは女子大を卒業して満州電業㈱社員の江口重一に嫁した

西方　護　▷12

開原税捐局員／奉天省開原税捐局／一九〇七（明四〇）五／宮城県仙台市元茶畑／東北帝大法文学部

宮城県西方亮治の長男に生まれ、仙台第一中学校、第二高等学校を経て一九三一年三月東北帝大法文学部を卒業した。その後渡満して大同学院に入り、三二年一〇月に卒業して国務院財政部属官となり、税務司国税科に勤務した。三三年一〇月税務監督署属官に転任して浜江税務監督署に勤務し、三四年五月同佳木斯出張所及び富錦税捐局勤務兼任を経て同年一一月税捐局司税となり、双城税捐局に勤務した。三五年八月再び税務監督署属官に転任して浜江税務監督署に勤務した後、三六年一月税捐局理税官となり蓋平税捐局に勤務した。次いで税務監督署事務官として奉天税務監督署に勤務し、三七年四月再び税捐局理税官として開原税捐局に勤務した。

西川　嘉一　▷3

遼陽県衙門応聘員、外務省兼関東都督府医務嘱託、正八位勲六等／奉天省遼陽城内官設医院内／一八七八（明一一）一一／東京府東京市神田区金沢町

一九〇〇年六月医術開業免状を取得し、同月警視庁検疫医員となった。〇二年四月栃木県県医兼娼妓健康診断医、翌年一月警視庁検疫官を経て〇四年一一月日露戦争に際し陸軍三等軍医・野戦鉄道提理部付となって従軍し、戦後勲六等旭日単光章及び金四〇〇円を受けた。〇五年八月遼陽州官設医院に招聘され、〇八年九月から同地の居留民会行政委員嘱託を務めた。一二年五月外務省医務嘱託、翌年三月関東都督府医務嘱託を兼務し、一二年二月清

国皇帝から三等第二双竜宝章を受けた。

西川　国一　▶14

新東亜社社長／大連市桜花台／一八八九（明二二）一／岡山県阿哲郡神代村

一九二三年帝国通信社に入社し、大連支社に勤務した。二七年に退社して大連公論社を創設経営し、その後新東亜社と改称した。かたわら三六年一一月から大連市会議員を務め、四一年九月任期中途で辞任して帰国した。

西川幸一郎　▷7

豆腐製造業・西川商店主／大連市但馬町／一八七八（明一一）一〇／鹿児島県姶良郡加治木町

宮崎県東臼杵郡恒富村に生まれ、幼少から理髪職人となり大阪で理髪店を営んだ。その後同地で下宿業に転じたが思わしくなく、一九一八年に廃業して渡満した。しばらく満鉄で働いたが無学歴のため待遇が悪く、二三年二月に退社し、三〇円の資金で市内但馬町に豆腐屋を開業した。夫人静子と共に豆腐、油揚げ、天麩羅を製造し、豆腐は中国人従業員に行商させ、自らは逢坂町に油揚げと天麩羅の行商に出て、後に一〇人以上の使用人を有するまでになった。

西川光太郎　▷4

西川商店主、高等官五等従六位勲六等／大連市西公園町／一八七四（明七）六／滋賀県犬上郡彦根町／同志社高等普通学校、スタンフォード大学、カリフォルニア大学専攻科

滋賀県西川幸七の子に生まれ、一八九六年六月京都同志社高等普通学校を卒業した。九七年九月米国スタンフォード大学に入学し、一九〇一年九月カリフォルニア大学専攻科に移り、〇二年六月修士号を取得して同年八月に帰国した。〇三年四月から東京高等師範学校講師、東京府立第四中学校教員を務め、同年一二月中等師範学校教員免許状を取得した。〇四年三月日露戦争に際し第二軍司令部付として従軍し、〇五年関東都督府陸軍通訳官に転じ、〇七年三月高等官五等従六位に進んだが、〇九年四月に退官してサミユル商会に入社した。その後独立して西公園町に西川商店を興し、大阪の金物商津田勝五郎商店の代理店となり満鉄の用達を専らとした。二三年五月に没した後、実子高嶺がプリンストン大学を中退して事業を継承した。

西川　新七　▷12

西川商店主、撫順五条商店会副会長、撫順第六区町内会幹事／奉天省撫順西五条通／一八七八（明一一）一二／兵庫県神戸市兵庫区北中町

一九〇八年に渡満して撫順で左官請負業を開業し、一四年から大官屯山東で屋根瓦の製造業を共同経営した。その後一六年に同工場を譲り受けて個人経営とし、三一年三月北大官に移転して業容を拡張した。屋根瓦・煉瓦と一般左官材料を製造販売したほか、二〇年から撫順西五条通で妻女に小間物玩具商を経営させた。

西河　修吉　▷12

満鉄吉林鉄路局警務処警務科長兼吉林警備犬訓練所巡監、満州国協和会県本部委員、従六位勲四等／吉林九緯路代用局宅／一八九一（明二四）四／三重県度会郡穂原村／陸軍士官学校

三重県西河佐太郎の四男に生まれ、一九一一年徴兵されて津市の歩兵第五一連隊に入営した。満期後も引き続き軍務に服し、二四年に士官学校を卒業して翌年少尉に任官した。二八年一月独立守備隊歩兵第四大隊付となって渡満し、同年六月の関東軍による張作霖爆殺事件に遭遇し、三一年九月の満州事変に参加した。三四年三月大尉に進級して津市の第三三連隊留守隊中隊長に転任したが、三五年三月待命となり、同年七月再び渡満して満鉄に入り吉林警務段長となった。三六年一〇月職制改正により吉林鉄路局警務処警務科長となり、吉林警備犬訓練所巡監を兼務した。

西川　清兵　▷11

醸造業／奉天省撫順永安大街／一八九九（明三二）三／愛媛県宇摩郡上分町／南満州工業学校土木科

愛媛県西川亀三郎の三男に生まれ、南満州工業学校土木科を卒業した。焼酎製造と牧畜業に従事するかたわら一九二七年度満鉄語学検定試験華語一等予備に合格し、以来中国語研究に努め、撫順青年団副団長を務めた。

西川　泰蔵 ▷12

安東省荘河県警正／安東省荘河県警正公館／一八九四（明二七）四／鹿児島県日置郡田布施村

通信事務員として安東県郵便局に勤めた後、一九一四年一二月徴兵されて熊本の工兵第六大隊に入営した。在営中に憲兵科に転科し、朝鮮の義州憲兵隊、江界憲兵分隊満浦鎮駐在所に勤務して予備役編入となり、一九年九月朝鮮総督府道巡査となった。高山鎮、文興の各警察署勤務を経て二四年に朝鮮総督府警察官講習所講習本科を修了し、朝鮮総督府税関監吏として鎮南浦税関及び満浦鎮税関出張所に勤務した後、寧辺警察署第三部保安課、安東及び厚昌各警察署警察部警務課、亀城警察署保安課、朔州警察署警察部警務課に歴勤した。その後三三年に依願免本官して同年一二月奉天省警務部に転じ、三四年一月奉天省公署属官を経て三五年一〇月荘河県警正となり、三七年五月に退官した。

西川　高嶺 ▷10

㈱西川商店取締役／大連市紀伊町／一八九八（明三一）二／滋賀県犬上郡彦根町／プリンストン大学中退

滋賀県西川光太郎の子に生まれ、一九〇五年父に伴われて渡満した。旅順の小学校、中学校を経て一五年に名古屋の第八高等学校に進み、二〇年に渡米してプリンストン大学で経済学を専攻した。二三年五月に父が急逝したため卒業直前の同年七月大連に戻り、直ちに帰国して郷里の彦根で徴兵検査を受け、同年末に一年志願兵として入営した。除隊後再び大連に戻り、父の店を継承して輸入貿易業を経営した。

西川　武一 ▷11

旅順工科大学予科教授、正七位／旅順市高崎町／一九〇一（明三四）四／佐賀県佐賀郡兵庫村／東京帝大理学部

一九二四年東京帝大理学部を卒業し、同年四月旅順工科大学予科教授に任命されて渡満した。

西川　辰夫 ▷12

国務院営繕需品局総務科庶務係兼人事係主任、満州国協和会幹事、同第五分会営繕需品局班長、消費組合理事、正八位／新京特別市北安南胡同／一九〇四（明三七）一一／愛知県名古屋市中区白川町／長崎高等商業学校

愛知県西川田鶴吉の次男に生まれ、大連商業学校を経て一九二八年三月長崎高等商業学校を卒業し、同年四月幹部候補生として豊橋の歩兵第一〇連隊に入営した。二九年一月に除隊し、同年五月大連市山県通の㈴原田組に入った。三二年三月国務院総務庁需品処に転じて同年七月嘱託となり、三三年三月末から七月まで関東軍の熱河作戦に際し政治工作員として物資輸送に従事した。三六年三月営繕需品局事務官に進んで総務科庶務係に勤務し、人事係主任を兼務した。この間、勲八位に叙され、建国功労賞及び皇帝訪日記念章を授与された。

西川玉之助 ▷1

クンスト・アルベルス商会顧問、旅順実業倶楽部会計主任、勲六等／旅順／一八六四（元一）九／兵庫県武庫郡西灘村／セントラル大学理学部

兵庫県多紀郡篠山町に生まれ、後に同県武庫郡西灘村に移住した。第三高等学校を卒業した後、渡米してセントライスのセントラル大学理学部に入学し、一八九五年に卒業してバンダビルト大学の講師となった。その後帰国して神戸の関西学院で教鞭を執ったが、〇五年末に高等官待遇の陸軍通訳となって渡満し、旅順要塞司令部に勤務して〇六年一一月功により勲六等および従軍記章を受けた。その後同地のドイツ商館クンスト・アルベルス商会の顧問となり、貿易、船舶輸送、銀行、雑貨販売業に従事し、業務のかたわら旅順実業倶楽部の会計主任を務めた。

西川　伝助 ▷7

満鉄炊事請負若葉寮主／奉天若松町／一八八三（明一六）／鹿児島県鹿児島郡西桜島村／小学校

郷里の小学校を卒業して台湾に渡り、叔父の家に寄寓した。その後台湾総督府に職を得たが、徴兵されて熊本の歩兵第四五連隊に入隊し日露戦争に従軍した。朝鮮及び満州軍に属して奉天戦に参加し、帰還後一九〇六年に再び渡満した。遼陽で同郷の村上某と共同商会を開店したが、一時隆盛をみたものの失敗に帰し、閉店して満鉄に入った。一九年に満鉄を退社し、奉天で満鉄の炊事請負業を始めた。事業が軌道に乗

ると、副業として千代田通に両替商を経営し、さらに中国人との合資経営で電気関係の木製品専門の工場を経営した。事業のかたわら郷里の青年を呼んで世話し、三十有余人を世に出した。

西川徳三郎 ▷13

㈱紀昌洋行社長／大連市山県通／一九〇三（明三六）／滋賀県彦根市／滋賀県立八幡商業学校

滋賀県県立八幡商業学校を卒業し、入営除隊後、朝鮮に渡り京城府の織物商公益公司に入社した。三年間勤務して帰国し、京都で織物商西川商店を開業した。同地に地盤を確立した後、一九三七年大連に渡り、同年九月山県通に個紀昌洋行を開業した。三九年一月資本金八万円の株式会社に改組して日本綿花㈱の特約店を兼ね、窓掛椅子張生地のほかレザークロース、ブラインド、絨毯など室内装飾織物一般を扱った。奉天、新京、鞍山にも支店及び出張所を設け、年間販売額一五〇万円に達した。経営のかたわら、予備陸軍少尉として大連在郷軍人第二分会副会長を務めた。

西川虎太郎 ▷11

煙草洋酒商・和盛洋行主、泰通礦務公司支配人、予備海軍機関大佐、正五位勲三等／大連市二葉町／一八八〇（明一三）七／佐賀県佐賀郡本庄村／海軍機関学校、海軍水雷学校

佐賀県官吏西川重一郎の長男に生まれ、一九〇四年三月海軍機関学校を卒業した。少尉候補生から累進し、〇八年六月海軍水雷学校を卒業した。海軍燃料廠に八年勤務した後、二四年三月機関大佐で予備役となり、渡満して大連の石本貫一経営の盛泰公司に入り礦山業に従事した。その後独立して煙草洋酒商の和盛洋行と泰通礦務公司を興し、正金、正隆、鮮銀等の役員に就いたほか、海事協会満州支部常議員兼幹事等を務めた。

西川　嚢 ▷11

関東庁旅順療病院医員／旅順市桃園町／一九〇一（明三四）四／広島県加茂郡郷原村／南満医科大学

広島県西川四郎の長男に生まれ、一九二五年南満州医科大学を卒業した。同大学付属医院内科医局に勤務し、同年一二月広島の歩兵第一一連隊に一年志願兵として入隊した。除隊後しばらく同隊の予備役見習医官を務め、二七年三月に退官して再び渡満し、関東庁旅順療病院に勤務した。

西川　久槌 ▷13

㈱榊谷組常務取締役／新京特別市／一八八七（明二〇）／広島県広島市／神戸高等商業学校

一九〇九年神戸高等商業学校を卒業して住友に入社した。満鉄、日本生命と転じた後、関東州土建協会理事長の榊谷仙次郎の知遇を得て榊谷組に入り、常務取締役として総務関係事務を担当した。甥の西川総一も満鉄に入り、後に鉄道総局工務局長を務めた。

西川　博 ▷1

西川工務所主／大連／一八七七（明一〇）三／長崎県長崎市馬町／京都帝大理科大学土木工学科

京都帝大理工科大学土木工学科を卒業して志岐組に入り、朝鮮に赴任して軍用鉄道工事の監督を務めた。日露戦中の一九〇五年四月大連支店長となって渡満し、翌年三月志岐組を辞し、大連市羽前町に西川工務所を設立して土木建築請負、測量設計製図等に従事した。

西川　文吉 ▷11

満鉄大連工務事務所土木係長／大連市桂町／一八八八（明二一）三／鹿児島県鹿児島郡西桜島村／東亞鉄道学校土木科

鹿児島県農業西川伝蔵の次男に生まれ、鹿児島市の博約義塾を経て熊本市の私立東亞鉄道学校土木科に入学した。一九〇八年三月に卒業し、同年八月に渡満して満鉄に入り総務部土木課に勤務した。一〇年一一月同課沙河口出張所に転任して沙河口工場の土木建設に従事し、一五年同出張所主任となった。市街地土木工事、発電所用水源池をはじめとする沙河口開発に従事した。その後、大連工務事務所大連工事係主任、二三年五月地方部土木課設計係、二四年同大連工務出張所土木係主任兼大連鉄道事務所勤務等を歴任し、二七年一一月大連工務事務所土木係長に就いた。この間、一四年四月満鉄一五年勤続者として表彰されたほか、同郷団体の三州会副会長を務めた。

西川芳太郎 ▷4

鈴木商店大連出張所主任、正八位

／大連市山県通／一八八六（明一九）一／滋賀県高島郡今津町／神戸高等商業学校

滋賀県西川文次郎の子に生まれ、一九〇五年神戸商業学校を卒業し、同年五月高等商業学校に進んだ。〇九年に卒業して鈴木商店に入り、神戸本店及び下関、門司支店に勤務した。一五年夏、創設以来主任を務めた迫田彦助の後任として大連出張所に転任した。主任として営業拡張に従事するかたわら一六年から山県通の事務所建築に着工し、一七年に竣工移転した。

西　基一　▷11

満州医科大学予科教授／奉天葵町／一八八八（明二一）一二／和歌山県那賀郡安楽川村／京都同志社大学英文科、京都帝大文科撰科、コロンビア大学英文科

和歌山県農業西廸吉の長男に生まれ、京都の同志社大学英文科を卒業した後、京都帝大文科撰科に学んだ。さらに渡米してコロンビア大学英文科を卒業し、帰国後一九二五年八月に渡満して満州医科大学予科教授に就いた。

錦織　晃　▷10

満州日日新聞社取締役兼編輯局長／大連市播磨町／一八九〇（明二三）三／愛媛県松山市三番町／慶應義塾文科

旧松山藩士で後に大審院判事を務めた官吏の子に生まれ、一九一三年慶應義塾文科を卒業した。義兄の経営する商店で二年ほど貿易事務に従事した後、中央新聞社に入社し後に満州日日新聞社長となった小山内大六編輯長の下で記者生活を送り、次いで通信社に転じた。二三年四月に渡満して大連の満州日日新聞に入り、二四年編輯局長に就き、同年七月取締役に就任した。

西木　柳蔵　▷8

建築請負業／奉天十間房／一八八一（明一四）／福岡県八女郡北河内村

一九〇五年七月日露戦争に際し第五六連隊に従軍して大連に上陸し、各地に転戦した。戦後奉天に在留し、十間房で建築請負業を営んだ。長く同地の消防隊で活動して小頭を務め、金メダル、銀杯等の褒賞を受けた。

錦織足喜代　▷11

東亞勧業㈱総務課長、満州蚕糸㈱監査役、㈱協済公司各監査役、正七位勲七等／奉天淀町／一八八一（明一四）五／島根県簸川郡田岐村／法政大学

島根県農業赤塚澄景の三男に生まれ、同県錦織謹一の養子となった。一九〇四年法政大学を卒業して農商務省属となり、〇七年九月在官のまま韓国統監府属に転任した。一〇年八月の韓国併合に伴い朝鮮総督府属となり、二〇年一〇月朝鮮総督府尹に昇格して平安北道新義州府に勤務した。二四年一月依願免官して東亞勧業㈱に入社して総務課長に就き、かたわら満州蚕糸㈱及び㈱協済公司の各監査役を務めた。

西崎　清七　▷1

日新館主／新民府一八六三（文三）七／大阪市東区博労町

広渡清助の長男として福岡県宗像郡福間町に生まれ、一六歳の時に大阪に出て綿布問屋和田安商店に入った。一五年奉公した後、主家に望まれて西崎家を相続し、独立して北久太郎町に西崎商店を開き、上海と往来して貿易業を営んだ。その後一九九二年に上海に西崎洋行を開設して綿布の販売に従事したが、九四年に日清戦争が起きたため多大の損害を受けて閉店した。九五年一月朝鮮に渡り、仁川で米穀・綿布貿易と雑貨販売業を始めた。一九〇四年日露戦争が始まると仁川の店を夫人に託し、第一軍に従って鴨緑江を渡り、遼陽を経て営口に至り、第四軍兵站糧餉部と第七師団糧餉部の命を受けて北京・保定と営口を往復して物資供給に従事した。〇五年三月の奉天会戦後は新民府で軍政署の用達を務め、守備兵交代とともに奉天に出張所を設け、さらに奉天引揚げ後は柳樹屯に出張所を移して営業した。その後軍用達を廃業し、店員に任せていた新民府の日新館に数千円の費用をかけて娯楽設備を施し、旅館経営に専念した。

西　貞吉　▷12

国務院経済部員／新京特別市恵民路代用官舎／一八八六（明一九）二／東京府東京市牛込区南山伏町／東京帝大農科大学農芸化学科

東京府西友輔の四男に生まれ、一九一〇年東京帝大農科大学農芸化学科を卒業した後、一一年一二月東京の輜重兵第一大隊に入営して兵役に服した。除隊して一三年に神奈川県立農業学校教諭となったが、一五年に大蔵省に入省した。税関監査官、大蔵省臨時調査局技師を経て一九年四月欧米各国に出張し、二〇年四月に帰国して大阪、横浜、神戸の各税関検査課長を歴任した。次いで大蔵技師に進み、中国税関特別会議日本代表随員、専売局技師兼任大蔵技師を歴任した後、三二年一二月国務院財政部嘱託に転出して渡満した。その後三三年一〇月財政部技正に進み、三七年七月の行政機構改革により経済部技正となった。この間、建国功労賞、大典記念章、皇帝訪日記念章を授与された。

西沢源一郎 ▷11

㈱満州共益社取締役兼支配人、正八位／大連市山県通／一八九四（明二七）一〇／大阪府堺市宿院町／滋賀県立八幡商業学校

堺市の貿易商西沢源次郎の長男に生まれ、一九一二年滋賀県立八幡商業学校を卒業して家業の対露貿易・雑貨・水産物の輸出業に従事した。この間兵役に服し、退営して予備陸軍歩兵少尉となった。一九年に渡満して㈱満州共益社に入り、長春、奉天、鉄嶺、東京の各支店に勤務した後、二一年大連本店勤務となり、後に取締役兼支配人に就いた。

西沢　清吉 ▷4

西沢木廠主／吉林省城外／一八七九（明一二）／北海道室蘭市

新潟県三島郡に生まれ、後に北海道に移住した。同地で木材業に従事した後、日露戦後の一九〇五年に渡満して吉林の貿易公司に入った。一四年に同公司が解散となったため翌年独立し、城外で西沢木廠を経営した。

西島　銀作 ▷12

地蔵堂質店主、勲八等／大連市恵比須町／一八七八（明一一）／福井県吉田郡西藤島村

福井県西島銀左衛門の長男に生まれ、一八九八年徴兵されて金沢の輜重兵第九大隊に入営した。除隊後に兵庫県巡査となり、一九〇四年日露戦争に召集され、第三軍に属して旅順攻囲戦に参加した。戦後〇五年に除隊して大連民政署警察官となり、水上警察、沙河口、小崗子に勤務した後、一八年五月に退職して大連市恵比須町で質商を営んだ。この間、日露戦争の功により勲八等白色桐葉章を授与されたほか、大連市役所より在住三〇年記念杯と賞状を授与された。夫人ふくとの間に三男あり、長男銀蔵は東京帝大経済学部を卒業して関東局に勤務し、次男厳は大連商業学校を卒業して満州電業㈱社員となり、三男正博は立教大学予科に在学した。

西島　広吉 ▷11

満鉄遼陽駅貨物主任／奉天省遼陽有明町／一八八九（明二二）一〇／山口県豊浦郡宇賀村／市立下関商業学校

山口県農業西島市五郎の次男に生まれ、一九一〇年市立下関商業学校を卒業して満鉄に入り大連駅貨物方見習となった。奉天省四平街駅貨物方見習、大連駅貨物方、同駅貨物助役、大連管理局勤務、奉天駅貨物助役、長春駅貨物助役、撫順駅貨物主任、鉄道部営業課勤務、奉天鉄道事務所勤務を歴任し、二八年八月遼陽駅貨物主任となった。

西　静一 ▷7

貔子窩民政支署員／貔子窩民政支署／一八八八（明二一）八／鹿児島県姶良郡西国分村

幼児から剣道の修行に励み、一九一五年に渡満して関東都督府警察官となった。以来剣道の練達に努めて三段に進み、巡査部長として貔子窩民政支署に勤務するかたわら剣道を指南した。

西　正八郎 ▷7

南昌洋行社員／吉林駅構内／一八七八（明一一）八／鹿児島県鹿児島市池之上町

一九〇九年大阪府巡査となり、一二年朝鮮総督府巡査に転じて巡査部長に累進したが、翌年公務負傷のため退職して帰国した。郷里で療養した後、一六年七月に渡満して満鉄に入社し、本社販売課に勤務した。二〇年に満鉄を退社して吉林の南昌洋行に入り、石炭販売に従事した。業務のかたわら三州会会長として同郷後進の育成に尽くした。

西瀬戸秀夫 ▷12

吉林省敦化県参事官／吉林省敦化県参事官公館／一九〇三（明三六）二／鹿児島県熊毛郡中種子村／京都帝大法学部

鹿児島県西瀬戸熊太郎の子に生まれ、

一九三一年三月京都帝大法学部を卒業し、同年八月朝鮮総督府道巡査となった。三二年六月道警部補となったが、同月依願免本官して国務院民政部警務司員に転じた。首都警察庁警佐兼属官・司法科勤務を経て三四年一二月吉林省永吉県警佐、三五年四月同警正を歴任し、三六年三月敦化県参事官に転任した。

西　善吉　▷7

鴨花号材木店主／吉林新開門外／一八八九（明二二）八／鹿児島県鹿児島郡谷山村

日露戦後の一九〇六年、一七歳の時に渡満して安東県採木公司に入った。〇九年一二月徴兵されて陸軍に入営し、満期退営後そのまま郷里に留まり鹿児島県巡査となった。一三年八月に退職し、再び渡満して鴨緑江採木公司に入った。一七年に独立して請負業を営んだ後、一九年に吉林で材木商に転じ、夫人は金物商を営んだ。

西園　慶助　▷11

大連製氷㈱監査役／大連市西通／一八九〇（明二三）三／福岡県糸島郡北崎村

福岡県西園卯之吉の長男に生まれ、郷里の小学校を卒業して海産物商に従事した。一九一三年一二月に渡満して大連で海産物商を営み、日本生命保険の代理店も兼ねた。事業が軌道に乗ると新市街に支店を設けたほか、浪花鮓店を開業して妹婿の御崎好助に監督させ、金州南門外に農園を開いて水田耕作、養魚業を経営した。経営のかたわら大連製氷㈱監査役に就き、下関重砲兵第六連隊出身の在郷軍人として大連在郷軍人会分会評議員、信濃町市場組合評議員会計を務めた。

西田猪之輔　▷14

電信電話㈱理事・経理部長、正八位勲七等／大連市柳町／一八八八（明二一）一／三重県阿山郡新居町／長崎高等商業学校

三重県銀行家西田専次郎の次男に生まれ、一九一〇年長崎高等商業学校を卒業して逓信省貯金局書記となった。農商務属、保険事務官補、戦時保険官を歴任した後、一九年に渡満して満鉄に入った。二一年に欧米に出張した後、経理部用度課課長代理、同倉庫課長等を経て大連鉄道事務所経理課長に就き、さらに専任監査役、監理部考査課長を歴任し、この間三三年一一月から三七年一〇月まで大連市会議員を務めた。満鉄退社後は満州電信電話㈱理事・経理部長に就任したが、在職中に大連で病没した。

西田亀万夫　▷11

満鉄鉄道部営業課旅客係／大連市三室町／一八九六（明二九）七／岡山県赤磐郡葛城村

岡山県官吏西田忠治の四男に生まれ、一九一二年一〇月に渡満して満鉄傭員となった。大連駅に勤務して職員に昇格し、同駅貨物係、同小荷物係、長春駅小荷物係主任、公主嶺列車区車掌、長春駅助役等を経て二七年一一月鉄道部営業課旅客係となった。諸種の運動に優れ、百メートル走で一一秒五二の記録を持ち、野球では満州倶楽部及び長春野球団の投手として活躍した。

西田　謹一　▷11

奉天西田病院院長、従七位勲五等／奉天木曽町／一八八三（明一六）三／長崎県東彼杵郡彼杵町／東京帝大医科大学選科

長崎県農業西田勇次郎の次男に生まれ、熊本医学校を卒業した。一九〇五年陸軍三等軍医として日露戦争に従軍し、除隊後功により従七位勲五等を受けた。その後東京帝大医科大学選科に入って〇八年九月に卒業し、〇九年五月に渡満して奉天公立病院産婦人科主任兼分院長となった。その後日本赤十字社奉天病院婦人科主任に転じ、後に医長を務めたが、二〇年一〇月に退職して奉天木曽町で西田病院を開業した。奉天医師会長、奉天長崎県人会副会長、在郷軍人会奉天分会評議員を務め、著書に『支那婦人の骨盤計測』『日支初生児の体重比較』『支那婦人の花柳病に就て』等がある。

西田　耕三　▷12

大連汽船㈱機関長／三重県桑名郡多度村／一八九三（明二六）一〇／三重県桑名郡多度村／鳥羽商船学校

鳥羽商船学校を卒業して船会社に入り、海上に勤務した。その後一九二四年二月大連汽船㈱に入社し、機関長として同社船籍各船に乗務した。

西田　好蔵　▷9

第一勇楼主、蓬莱信託会社社長、平和銀行取締役／大連市逢阪町／

に

一八五九（安六）一二／広島県広島市小網町

愛媛県松山市に生まれ、青年期に郷里松山で任侠道に入り、後に親分となった。一八九五年日清戦争期に広島県豊田郡で料理屋を開業して利益を上げ、一九〇二年広島市小網町に移転して同業を営んだ。日露戦争が始まると〇五年に渡満して大連市吉野町に料理屋「第一勇楼」を開業し、後に逢坂町に移転した。頼母子講を組織して同業者の金融を図り、推されて逢阪町遊郭組合長、同衛生委員を務めた。

西田　善蔵　▷12

古河電気工業㈱大連販売店長、富士電機製造㈱大連出張所長、満州モータース㈱専務取締役、満州電線[股]監察人、大連商工会議所議員、金融問題研究特別委員会委員、正八位勲六等／大連市文化台／一八八四（明一七）五／北海道日高国静内郡静内町／東亜同文書院

北海道西田文吉の長男に生まれ、一九〇九年上海の東亜同文書院を卒業して古河電気工業㈱に入った。以来勤続して、香港出張所主任、上海支店長、北京出張所主任を経て二八年七月大連販売店長に就いた。本務のかたわら三五年二月富士電機製造㈱の大連出張所が新設されると同所長を兼務したほか、同年一〇月満州モータース㈱専務取締役を重任し、さらに三七年三月に満州電線[股]が設立されると監察人に就いた。

西田為次郎　▷11

特産物貿易商／奉天省遼陽本町／一八七一（明四）一／熊本県熊本市細工町

熊本県西田久平の長男に生まれ、日露戦中の一九〇五年六月に渡満して大連の海軍防備隊酒保に勤めた。戦後も引き続き大連で商業に従事したが、一五年一月遼陽に移って特産物商を営み、遼陽市第三区区長、遼陽実業会評議員を務めた。

西田　為義　▷8

㈾西田商店代表社員／奉天十間房／一八八四（明一七）五／富山県東礪波郡東山見村

年少の時に北海道小樽に渡り、呉服販売業に従事した。一九〇六年三月に渡満し、翌年三月奉天十間房で絹綿麻布、和洋服卸小売の西田商店を開業した。中国人向けに販路を拡張し、二三年四月合資会社に改組した。

西田千代蔵　▷12

満鉄新京保線区監工員／新京特別市露月町／一八八四（明一七）三／島根県能義郡井尻村

島根県西田伊蔵の長男に生まれ、郷里の小学校を卒業して一八九九年五月から建築業に従事した。一九〇四年一二月徴兵されて日露戦争に従軍し、除隊後〇五年一二月から呉海軍造船工場に勤務した。その後退職して〇七年から米子―今市間の鉄道工事に従事し、〇八年八月に渡満して長春の満鉄公所に入り、社宅新築工事の現場監視助手となった。一〇年五月奉天省四平街保線係に勤務した後、双廟子、奉天省四平街、公主嶺の各地に在勤し、次いで三〇年六月長春工事事務所公主嶺在勤、三一年長春保線区公主嶺在勤を経て三六年六月技術員に昇格し、同年一〇月新京保線区監工員となった。この間、満州事変時の功により楯及び従軍記章を授与され、三七年に二五年勤続の表彰を受けた。実子が無く、竹男、幾男の男子二人を養子とし、共に満鉄に勤務した。

西田　友信　▷7

鴨緑江採木公司副参事／安東県九番通／一八七三（明六）一／鹿児島県日置郡阿多村／専修学校、早稲田大学行政科

鹿児島郡谷山村から上京して東京専修学校に入り、一八九九年に卒業して東京税務監督局に入った。勤務のかたわら早稲田大学行政科に学び、一九〇〇年実施の普通文官試験に六一人中二番の成績で合格し、次いで高等文官試験の受験準備をしたが、志望を実業家に転じて帰郷した。鹿児島市で大島ソテツを原料としてアルコール製造業を始めたが、日露戦争が始まって事業の継続が困難となり、東洋拓殖㈱に入社した。事業部に所属して朝鮮海州方面の主任として土地買収に従事し、金州出張所長に抜擢されて渡満した。一九一七年鴨緑江採木公司の永田理事長に請われて同公司副参事に就き、会計を担当した。

西田　実　▷12

国立奉天図書館主事／奉天木曽町／一八九五（明二八）一〇／山口県萩市／陸軍士官学校

に

西田勇の長男として金沢市に生まれ、陸軍士官学校を卒業して軍籍にあったが、後に官界に転じて青島民政署に勤務した。次いで外務省官吏となり、満州事変時に通化居留民の救出に尽力した。一九三三年に奉天の旧張学良邸が国務院文教部の管理で国立図書館になると、外務省を退職して創立準備事務に従事し、開設後に同館主事を務めた。

西田与三郎 ▷12

奉天盛進商行主／奉天浪速通／一八九八（明三一）九／富山県中新川郡上市町

一九一八年に渡満して営口の盛進商行に入り、大連出張所詰めを経て奉天出張所に転勤した。三四年九月同出張所を個人経営の奉天盛進商行とし、サッポロビール、アサヒビール、菊正宗、千福、富久竜、天然果実飲料スカッシユシロップ等の酒類・清涼飲料水と台湾茶の卸商を営んだ。

西　哲太郎 ▷8

銃砲火薬商豊泰号／奉天新市街琴平町／一八八七（明二〇）／佐賀県

日露戦中の一九〇五年五月に渡満して大連から奉天に至り、その後南満沿線各地に滞在した。一二年に奉天十間房に定住し、一六年から両替商を営んだ。一九年大西関大什街に移転し、豊泰号の商号で銃砲火薬商を営んだ。

西寺　止 ▷11

満鉄五竜背駅長／五竜背満鉄社宅／一八八五（明一八）四／熊本県玉名郡高道村／九州鉄道運輸養成所

熊本県西寺法英の六男に生まれ、一九〇二年九月九州鉄道運輸養成所を修了した。〇七年一一月に渡満し、満鉄に入って列車車掌となった。一九年三月九寨駅助役となり、湯崗子駅勤務、大石橋列車区助役、蘆家屯駅長、湯崗子駅長を歴任して二八年一〇月五竜背駅長となった。

仁科　清一 ▷12

満鉄ハルビン鉄道工場機械廠主任／ハルビン外国五道街／一九〇五（明三八）二／山形県米沢市立山上八町／仙台高等工業学校機械工学科

山形県仁科源蔵の長男に生まれ、一九二五年三月仙台高等工業学校機械工学科を卒業して鉄道省に入り、仙台鉄道局に勤務した。二六年鉄道局技手に進み、二七年土崎工場職場主任、二八年同技術係、三一年同鍛冶職場主任を歴任した。その後三三年満鉄に転じて渡満し、鉄道工場旋盤工具職場勤務を経て同年五月能率係、三五年六月ハルビン工廠機械廠主任を歴任し、三六年一〇月ハルビン鉄道工場への改称後も引き続き同職を務めた。

仁科　泰 ▷12

満鉄大石橋医院長／奉天省大石橋満鉄社宅／一八九七（明三〇）三／岡山県浅口郡里庄村／九州帝大医学部

岡山県仁科克巳の長男に生まれ、一九二四年九州帝大医学部を卒業した。その後二五年に渡満して満鉄に入り、撫順医院、新京医院分院等に歴勤した後、大石橋医院長に就いた。この間、三四年七月論文「気管支性喘息ノ治療ニ関スル臨床的並実験的研究」で九州帝大より医学博士号を取得した。

西野菊次郎 ▷10

西野商行主、勲八等／旅順市乃木町／一八六七（慶三）八／山口県下関市関後地町

下関の茶商の家に生まれたが一三歳の時に父を亡くし、二三歳の時に家業を畳んで土木建築請負業に従事した。日清戦後の一八九五年、井上全権大使の一行に従い朝鮮に渡り公使館建築に従事した。一九〇〇年天津に移って建築業のかたわら中国語を勉強し、〇四年に日露戦争が始まると第一軍通訳として従軍し、勲章及び一時賜金を受けた。〇六年一月旅順乃木町に西野商行を開設し、材木及び建築材料業を営んだ。事業が発展して五〇〇余坪の製材工場を所有したほか三里橋に六万坪の果樹園を経営し、旅順市会議員を務めた。

西野　孝一 ▷11

西野商会主／旅順市乃木町／一八八八（明二一）二／山口県下関市／市立下関商業学校

山口県西野菊次郎の養子となり、一九〇八年市立下関商業学校を卒業して渡満した。旅順市乃木町に西野商会を設立し、木材商を営んだ。

西野　作助 ▷12

西野建築事務所主／大連市久方町／一八九一（明二四）三／秋田県

に

秋田市鷹匠町／秋田工業学校

水戸藩御台所奉行を務め、天和年間に水戸分家の移封に従って秋田に来住した佐竹藩譜代の次男に生まれた。一九〇八年秋田工業学校を卒業して渡満し、満鉄に入社して建築課に勤務した。一六年に退社して青木建築事務所主任に転じた後、二三年一〇月に独立して大連市久方町で西野建築事務所を経営した。住宅設計を得意として『文化住宅設計図』を刊行し、三〇年九月の満州建築協会一〇周年記念集合住宅図案懸賞募集に一等当選した。幼少の頃、一八九八年九月秋田市の旭川が大増水した際に七歳の身で六歳の児童を水難救助し、県知事より賞状と木杯を授与された。

西野　誠治　▷12

満鉄佳木斯医院医長、従七位／三江省佳木斯満鉄医院／一九〇六（明三九）六／山口県宇部市中宇部／満州医科大学

一九三二年三月奉天の満州医科大学を卒業して同大副手兼医員となり、松井外科に勤務した。三三年二月陸軍衛生部幹部候補生として朝鮮竜山の歩兵第七九連隊に入営し、二等軍医に任官して歩兵第七八連隊付となり、第二〇師団衛戍病院外科医を兼務した。三四年四月に予備役編入となり、同年五月満州医大松井外科に帰任して同年一〇月奉天警察署警察医兼任となったが、同年一二月満鉄に入社して奉天省四平街医院に勤務した。三七年三月地方部衛生課佳木斯在勤を経て、佳木斯医院医長となった。

西野　義夫　▷12

戸山洋行主／浜江省牡丹江金鈴街／一九一三（大二）一一／富山県富山市石坂町／新義州商業学校

満鉄社員西野常次郎の長男に生まれ、朝鮮の新義州商業学校を卒業して同地の常盤洋行に入った。一九三六年四月に退社して牡丹江に赴き、戸山洋行を設立して金物・建材商を営んだ。得意の語学を生かして多くの中国人顧客を獲得し、店員四人を使用したほか、郷里の従兄弟を呼び寄せて補佐とした。

西畑　正倫　▷12

満鉄鉄道総局計画課員、社員会奉天第二連合会幹事、正八位勲七等／奉天平安通／一九〇五（明三八）九／福岡県築上郡築城村／九州帝大工学部土木工学科

福岡県西畑卓司の長男に生まれ、築城中学校、第五高等学校を経て一九二八年三月九州帝大工学部土木工学科を卒業し、同年四月満鉄に入社して鉄道部に勤務した。次いで技術研究所員、理学試験所員兼育成学校講師を経て鉄道部工務課に転任した。その後非役となり、吉長吉敦鉄路局に派遣されて吉林建設事務所に勤務し、ハルビン建設事務所勤務を経て鉄道建設局新京分所長、鉄道建設局計画課第二調査係主任を歴任した。三六年一〇月の職制改正により鉄道総局計画課員となり、三七年四月副参事に昇格した。

西原　駒市　▷12

満鉄撫順炭砿機械工場計画係主任、工業標準規格委員会委員、社員会評議員、社員消費組合総代、従七位勲六等／奉天省撫順南台町／一九〇一（明三四）九／愛媛県新居郡中萩村／旅順工科大学専門部機械工学科

愛媛県西原清之丞の次男に生まれ、西条中学校を卒業して渡満し、一九二四年三月旅順工科大学専門部機械工学科を卒業して満鉄に入り、撫順炭砿習技生となった。二六年五月撫順炭砿機械工場勤務、二七年一一月工務事務所勤務を経て三一年八月煖房係主任となり、次いで三四年四月工作課機会係技術担当員、三五年四月機械工場製罐車両工場職場主任、同年一二月機械職場主任、三六年四月機械工場旋盤仕上職場主任を歴任し、同年一二月同工場計画係主任となった。

西原　寛直　▷11

米国アンドリウス商会大連支店支配人／大連市土佐町／一八八四（明一七）四／岡山県児島郡児島町／アリゾナ大学、ミネソタ大学

岡山県西原徳三郎の三男に生まれ、渡米してアリゾナ大学で鉱山学を学んで学士号を取得した。その後ミネソタ大学で地質鉱床学を研究して修士号を取得し、一九一五年からウィスコンシン州地質調査所の技師を務めた。在米一二年の後、一六年に帰国して大阪亜鉛鉱業会社に入り、さらに久原鉱業㈱鯛生金山㈱等の技師を経て二三年六月米国アンドリウス商会工業部に入社した。二四年五月同商会大連支店支配人となって渡満し、業務のかたわら米国の経済地質雑誌・鉱業雑誌等に地質鉱

床、調査報告文を発表し、米国鉱業雑誌日満通信員を務めた。

西　春彦　▷7

長春領事官／長春領事館／一八九三（明二六）四／鹿児島県川辺郡加世田村／東京帝大法科大学独法科

鹿児島県西多市左衛門の五男に生まれ、第一高等学校から東京帝大に進んだ。一九一八年九月法科大学独法科を卒業し、翌月外交官及領事官試験に合格して外務省に入り領事官補となった。一九年八月ニューヨーク総領事館に赴任し、同地でミスマスタースクールに留学中の野村富貴子と結婚した。二二年一〇月に帰任し、二三年一月長春領事館領事に任じられ、同年五月に渡満した。⇒二五年モスクワ大使館三等書記官に転任した後、二七年ジュネーブ海軍軍縮会議全権委員随員、二八年本省通商局第一課長を経て三三年欧米局第一課長となりソ連との間で北満鉄道譲渡交渉に当たった。三六年駐ソ大使館参事官として赴任し、張鼓峰事件など対ソ国境紛争の解決交渉に従事した後、三九年本省に戻って欧亜局長に就いた。四〇年駐ソ公使に転任し、四一年四月日ソ中立条約の締結交渉に当たった。四一年一〇月外務次官に就任したが、翌年一一月の大東亜省設置問題で東郷重徳外相と共に辞任した。戦後公職追放に遭い、外務省に復帰して五二年オーストラリア大使、五五年イギリス大使を務めた後五八年に退官した。八六年九月没。著書に『回想の日本外交』がある。

西広友次郎　▷13

東洋拓殖㈱大連支店長／大連市／一八九四（明二七）／広島県／京都帝大

一九一九年、京都帝大を卒業して東洋拓殖㈱に入社した。京城支店の殖産、庶務の各課に勤務した後、二五年大連支店庶務課長となって渡満した。二六年東京本社調査課に転任した後、三一年天津支店長、三三年朝鮮元山支店長、三五年沙里院支店長、三六年裡里支店長を歴任し、三八年大連支店長に就任した。剣道準師範の免状を持ち、漢詩を能くした。

西牧　栄治　▷12

㈾松島商店代表社員、勲八等／ハルビン地段街／一八九六（明二九）一一／長野県南安曇郡西穂高村／高等小学校

長野県西牧与十郎の次男に生まれ、高等小学校を卒業した後、徴兵されて松本の歩兵第二〇連隊に入営した。一九年に満期除隊して渡満し、大連の松島商店に入りガラス・建築材料商に従事した。二二年ハルビン支店の開設とともに支店長となって赴任し、業務の発展にともないチチハルと牡丹江に支店を設けた。三六年四月店主の松島昇造が有限七万円、自身が無限三万円の出資で合資会社に改組して代表社員に就き、同年九月ハルビン地段街に工費一三万円で三階建の松島ビルを建築し、一階を店舗、二、三階を貸住宅とした。経営のかたわらハルビン日本居留民会評議員、在郷軍人分会副会長を務めた。

西巻　透三　▷11

耳鼻咽喉科医師／大連市西通／一八八五（明一八）一／新潟県刈羽郡柏崎町／九州帝大医科大学

新潟県商業西巻順九郎の三男に生まれ、一九一三年一二月九州帝大医科大学を卒業した。一六年一二月に渡満して満鉄に入り、撫順炭砿医院医長に就任した。その後満鉄を退社し、大連市西通で耳鼻咽喉科を開業し、診療のかたわら演劇研究に没頭した。長兄の豊之助は日露戦後に渡満し、奉天の実業家として知られた。

西巻豊之助　▷11

㈱奉天醤園取締役兼支配人、勲七等／奉天西塔大街／一八七九（明一二）四／新潟県刈羽郡柏崎町

新潟県醤油醸造業西巻順九郎の長男に生まれ、一九〇四年六月陸軍三等看護長として日露戦争に従軍した。〇五年一二月に帰国した後、再び渡満し遼陽で薬種商及び中国人向け雑貨商を営んだ。一四年奉天に移り、小西関で砂糖、燐寸、海産物等の貿易業を営んだ。かたわら日本石油㈱代理として㈾蓬莱石油行を組織し、同時に蓬莱銀号を経営した。さらに一八年五月に友人森川優雄と共同で奉天醤園を創立し、二〇年一〇月資本金一〇〇万円の株式会社に改組して取締役兼支配人に就いた。実弟の透三も一六年に渡満し、大連で耳鼻咽喉科を開業した。

西牧　貢　▷12

横浜正金銀行大連支店副支配人／大連市松山町／一八九五（明二八）

に

三／福島県石川郡石川町／東京帝大法学部英法科

一九二〇年七月東京帝大法学部英法科を卒業して横浜正金銀行に入り、横浜本店に勤務した。上海、ロンドン、東京、大阪の各支店に歴勤した後、大連支店副支配人となって渡満した。

西　雅雄　▷12

ハイラル日本居留民会理事、大日本国防婦人会ハイラル支部常務理事、在郷軍人会ハイラル分会名誉会員、ハイラル三州人会副会長、ハイラル大分県人会幹事、満州国協和会ハイラル市本部第九分会評議員／興安北省ハイラル旧街頭道街／一八九〇（明二三）二／宮崎県宮崎郡広瀬村／関西大学法律科専門部

西関太郎の長男として大分県大分郡桃園村に生まれ、裁判所書記登用試験に合格して宮崎、大阪の各裁判所に勤務した。かたわら一九一八年関西大学法律科専門部を卒業して文官普通試験に合格し、石川県警部・宇出津警察分署長、福井県警部・勝山警察署長等に歴任した。その後二六年に辞職し、福井県大野郡北部漁業組合長、同県水産会理事を務めた後、三二年に渡満してハイラルで陸軍御用達商を営んだ。次いで三四年七月ハイラル日本居留民会書記長となり、三五年一月同会理事に就いた。夫人ヨネとの間に二男三女あり、長女芙美子は国務院文教部勤務の白地正一に嫁した。

西　正之　▷12

農安電業㈱専務取締役、在郷軍人会農安分会会長、正八位勲八等／吉林省農安県城小西門外路南農安電業㈱／一八八四（明一七）一／佐賀県小城郡

佐賀県農業西弥七の長男に生まれ、一九一六年五月に渡満して満鉄電気作業所安東電灯営業所事務助手となった。次いで満鉄系列の遼陽電灯会社に勤務し、二六年五月電気作業所が独立して南満州電気㈱が設立されると同社員となった。二七年五月系列の遼陽電灯公司物品係に転任し、業務のかたわら同地の在郷軍人分会長、地方委員、天業青年団長、青年訓練教練指導員、満鉄道場剣道教師を務めた。その後三五年八月資本金一〇万円で農安電業㈱が創立されると同社専務取締役に就任した。剣道五段、国柱会に属し、満州事変時の功により有功章及び軍事功労章を受章した。

西宮房次郎　▷9

西宮農場主、満州起業㈱取締役、日支炭鉱汽船㈱取締役／奉天千代田通／一八八三（明一六）七／東京府東京市芝区高輪東町／中学校

中学校を卒業して三井習業生となり、北京に派遣されて語学と商業を三年間修学した。営口の中国人経営の東永茂に勤務した後、〇六年一二月三井物産奉天出張所主任に転じたが、在職中に会社資金一七、八万円を流用して西公号の名で農林事業の経営を画策し、社内で問題となって同社を辞職した。〇七年五月改めて岡崎潔に西公農園を設立させ、精米・醸造業及び特産商を経営し、かたわら浅野財閥の有力者と資本金三〇〇万円で日支炭鉱汽船㈱を設立して取締役に就いた。これとは別に一七年に奉天土地建物組合を設立して貸家業を始め、一九年一二月所有家屋を満州起業㈱に譲渡し大株主として取締役に就いたほか、満蒙牧場等の会社重役を兼務した。

西村　卯一　▷12

西村洋行主／間島省図們中秋街／一八八九（明二二）一一／京都府京都市東山区大和大路

郷里の小学校を終えて朝鮮に渡り、清津で一〇年余り洋品雑貨商を営んだ。その後間島省図們に移り、中秋街で中国人相手に建築材料商を経営した。

西村亀千代　▷11

満鉄奉天鉄道事務所経理長／奉天葵町／一八九一（明二四）二／長野県南安曇郡梓村／東京高等商業学校

長野県農業西村茂十の次男に生まれ、一九一四年東京高等商業学校を卒業した。同年八月に渡満して満鉄に入り、後に奉天鉄道事務所経理長を務めた。

西村　潔　▷6

満鉄調査課交通係主任／大連市／一八八八（明二一）／福岡県築上郡千束村／東亜同文書院

旧荒堀藩士で築上銀行頭取を務めた西村卯太郎の子に生まれ、大分県立中津中学校を卒業して上海の東亜同文書院に入学した。一九一〇年に卒業して満

鉄に入社し、本社会計課に勤務した後、一一年奉天の経理課に転勤し、業務のかたわら社員の中国語教育に当たった。一四年九月青島戦役に際し社命で芝罘に渡り、山東鉄道沿線を調査して半年後に帰社した。一五年四月再び山東省に派遣され、山東鉄道延長線の調査と中国側との接収交渉に当たった。一八年に山東鉄道の貨物取扱を行う日華協信公司が設立されると、満鉄を代表して営業部長に就任した。その後山東鉄道に戻って奏任嘱託となり、二三年末から同鉄道の還付事務に従事した後、二四年三月満鉄に復帰して調査課交通係主任となった。野球を趣味とし、奉天在勤中に野球倶楽部の創設に尽力した。

西村　源吉　▷11

満州医科大学予科教授／奉天葵町／一八九七（明三〇）二／島根県簸川郡大社町／京都帝大理学科

島根県小川貞三郎の子に生まれ、同県西村清之助の婿養子となった。一九二二年東京高等師範学校を卒業して京都帝大理学科に進み、二六年に卒業した。同年渡満して満鉄に入り、満州医科大学予科教授に就いた。

西村　茂　▷12

㈴大松号業務執行社員兼遼陽支店担当者、富源号主、遼陽取引所信託㈱監査役、日満教育品批発(股)董事、遼陽地方委員会副議長、遼陽実業会評議員、遼陽輸入組合評議員、遼陽富山県人会顧問、遼陽居留民会会長／奉天省遼陽京町／一八八三（明一六）一〇／富山県西礪波郡石動町

富山県西村善兵衛の長男に生まれ、郷里の西砺波郡役所に勤務した後、一九〇七年五月に渡満して大江惟学が経営する大連の遼東通運公司に入り、翌年店主の大江と共に撫順に移り、大松号の名で石炭販売と水田経営に従事した。〇八年一〇月煙台炭鉱売炭特許人となり、次いで一〇年六月満鉄販売課遼陽出張所が開設されると満鉄炭の特約販売人となり、遼陽に大松号支店を開設して石炭販売業を経営した。かたわら南満製糖㈱の販売代理店となり、さらに友人と共同出資で千山付属地に栄茂号の名で高粱酒醸造業を経営し、二一年四月から富源号の名で遼陽取引所仲買店を兼営した。経営のかたわら同地の地方委員会、実業会、輸入組合、富山県人会、居留民会等の公職に就き、二九年に日本産業協会総裁の表彰を受けた。

西村　実造　▷12

満鉄鉄道総局水運課長、福昌華工㈱取締役／奉天満鉄鉄道総局／一八九五（明二八）二／神奈川県横浜市岡野町／東京帝大法学部英法科

県立鳥取中学校、第一高等学校を経て一九一九年七月東京帝大法学部英法科を卒業し、同年八月日本郵船会社に入り本社貨物課に勤務した。次いで二六年六月ニューヨーク支店輸出係、二九年九月本社庶務係、三〇年五月横浜支店詰に歴勤し、三四年一二月に依願退社した。その後三五年五月満鉄嘱託となって渡満し、鉄路総局運輸処水運課に勤務した後、三六年八月正式入社して翌月参事となり、同年一〇月鉄道総局水運課長に就いた。

西村　秀治　▷11

満鉄地方部学務課施設係／大連市聖徳街／一八八六（明一九）一／兵庫県美方郡兎塚村／姫路師範学校

兵庫県農業西村忠治の次男に生まれ、一九〇六年姫路師範学校を卒業した。神戸市の小学校に勤務した後、一三年九月に渡満して満鉄に入り、鉄嶺小学校訓導となった。長春小学校訓導、同校長を経て満鉄教育研究所職員となり、二一年四月地方部学務課に転任した。

西村助九郎　▷12

満鉄新京保安区庶務助役、社員会評議員、新京長野県人会幹事／新京特別市露月町／一八八八（明二一）二／長野県東筑摩郡本城村／実業補習学校

長野県西村孫平の三男に生まれ、一九〇五年七月実業補習学校を卒業して逓信省鉄道作業局に入り、長野運輸事務所に勤務した。〇六年七月野戦鉄道部付となって渡満し、〇九年七月満鉄に入社して孤家子保線区に勤務した。二〇年一月撫順保線区、二五年三月蘇家屯保線区、二六年二月長春保線区に勤務した後、三五年三月新京保安区庶務助役となった。この間、満州事変時の功により従軍記章及び賜盃を授与され、三五年に勤続二五年の表彰を受けた。子女の教育に意を注ぎ、長男・次男・三男・四男はいずれも新京商業学校に、長女は新京高女に修学させた。

西村誠三郎　▷3

大連小供館館長／大連市若狭町／一八八三（明一六）四／東京府東京市浅草区田町／早稲田大学専門部政治経済科

一九〇八年七月早稲田大学専門部政治経済科を卒業し、〇九年一一月満州日日新聞に招かれて渡満した。同紙記者を二年務めて一一年二月に辞任し、翌年六月大連小供館を創立して館長となった。

西村清太郎　▷11

長春尋常小学校訓導／長春益済寮／一九〇七（明四〇）一二／和歌山県海草郡宮前村／満州教育専門学校

和歌山県西村梅三郎の長男に生まれ、一九二四年四月に渡満した。満州教育専門学校に入学し、二八年に卒業して長春尋常小学校訓導となった。

西村清兵衛　▷2

西村洋行主／長春東第七区／一八七二（明五）／佐賀県杵島郡江北村

郷里で小学校教員、監獄書記兼看守長をした後、日露戦争後一九〇六年一二月に渡満した。長春北門外で質屋業を始め、後に付属地に移転した。質屋業の発展とともに缶詰製造㈾を創立して牛肉、青豌豆、スッポンなどの缶詰をロシアに輸出し、さらに長春共立㈱取締役を務めるなど同地の実業界で重きをなした。事業のかたわら満鉄より畑地を借り受けて蔬菜類、大豆、牛蒡などを栽培し、新開地家庭菜園の先鞭をつけた。一八年に長春で没し、実子が清兵衛を襲名して事業を継承した。

西村清兵衛　▷12

西村洋行主、割烹「新京」店主、新京ホテル主、新京市場㈱取締役、新京商工会議所議員、新京輸入組合監事／新京特別市永楽町／一八九四（明二七）六／佐賀県杵島郡江北村／専修大学

一九〇六年に渡満して長春で西村洋行を興した西村清兵衛の長男に生まれ、佐賀県立鹿島中学校を卒業して専修大学に学んだ。その後一三年に渡満して父を補佐し、二〇年に父が死亡すると二代目清兵衛を襲名して事業を継承した。店舗を長春東第七区から永楽町に移転し、大阪、灘、東京、大連、旅順、奉天、撫順方面から和洋酒、米穀類を仕入れて新京、吉林、図們、牡丹江、ハルビン、チチハル等の北満一帯に販売し、店員一六人を使用して年間三五万円内外を売り上げた。ほかに三二年六月新京富士町に新京ホテルを開設し、三四年に改築拡張してホテル敷地内で割烹「新京」を兼営した。

西村竹次郎　▷9

西村株式店主／奉天省鉄嶺東大街／一八八〇（明一三）一／滋賀県犬上郡彦根町

一九〇四年日露戦争に従軍し、戦後除隊して勲八等を受けた。その後再び渡満して鉄嶺に西村株式店を開業し、株式仲買人として株式売買業を営んだ。

西村多三郎　▷4

西村呉服店主／奉天省遼陽県／一八七八（明一一）／京都府下紀伊郡上鳥羽村

徴兵されて大阪の第四師団騎兵連隊に入り、一九〇四年日露戦争に従軍した。戦後〇六年三月に帰国除隊した後、夫人駒子を同伴して再び満州に渡った。奉天で夫人と共に行商を始め、同年八月から遼陽にも足を伸ばし、まもなく遼陽日本町に店舗を構え、奉天から呉服類を運んで販売した。かたわら城内外二ヶ所に日本人向けの質店と中国人向けの典当舗を設けたほか、城内二道街に「天利東」号の糧行を開設して穀物の輸出及び貿易を営み、さらに立山に支店を設けて貿易部及び木局部を置いた。遼陽付属地に多数の貸家を所有し、遼陽銀行取締役、実業会評議員、第四区区長を務めた。

西村　敏文　▷12

満鉄東京支社経理課出納係主任／東京市麹町区二番町／一八九三（明二六）二／熊本県飽託郡田迎村／東京帝大文科大学東洋史学科、同大学法学部政治学科

本姓は別、後に西村賤夫の養子となった。一九一八年に東京帝大文科大学東洋史学科を卒業した後、さらに二〇年に同大学法学部政治学科を卒業し、同年七月満鉄に入社した。南満中学堂教諭兼奉天公所勤務、奉天公所勤務兼南満中学校教諭兼奉天中学校講師を経て東京支社内の東亜経済調査局調査課に転勤した。次いで東京支社経理勤務、同証券係主任、同会計係主任を歴任し、三六年九月副参事に昇格して翌月出納係主任となり、三七年四月勤続一五年の表彰を受けた。

西村　豊吉　▷11

吉林銀行取締役、勲八等／吉林省城内千馬行／一八七七（明一〇）八／奈良県磯城郡田原本町／岩田秀雄私塾

奈良県木綿商西村由松の三男に生まれ、小学校を卒業して岩田秀雄私塾で英漢学を二年修めた。家業の木綿商及び大阪株式取引所株式仲買事業に従事した後、一九〇五年一二月に渡満した。吉林で質屋業満営当を開業し、帝国生命保険㈱吉林代理店を兼営した。かたわら吉林銀行取締役に就き、吉林民会議員を務めたほか一九年から吉林質屋業組合長を務めた。

西村　直三　▷12

西村呉服店主／龍江省チチハル永安大街／一八九五（明二八）七／滋賀県彦根市川原町／滋賀県立彦根中学校

滋賀県彦根市の呉服商西村要次郎の三男に生まれ、県立彦根中学校を卒業して家業に従事した。次いで朝鮮馬山府に渡り次兄正広の経営する呉服商を補佐したが、欧州大戦後の戦後不況で一九二〇年に彦根の実家が倒産したため、帰国して要次郎を襲名した長兄の下で再建に従事した。その後、満州事変後に馬山府からチチハルに移住して呉服店を経営した次兄がハイラルに進出することになり、三三年九月にチチハル店を引き継ぎ、彦根本店、ハイラル店と連携して年間一〇万円内外を売り上げた。

西村　信敦　▷3

満鉄運輸部営業課長、勲六等／大連市神明町／一八六七（慶三）一一／宮崎県児湯郡高鍋町／東京高等商業学校中退

宮崎県士族の子に生まれ、東京高等商業学校に入学し卒業の前年に退学した。一八九〇年九州鉄道会社に入社して一五年勤続し、一九〇四年七月野戦鉄道提理部員として日露戦争に従軍した。〇七年四月の満鉄創業とともに入社し、遼陽に三ヶ月間勤務した後本社営業課員となり、後に運輸部営業課長を務めた。

西村　治雄　▷11

満鉄地方部衛生研究所員、正七位／大連市千草町／一八九七（明三〇）三／山口県厚狭郡厚南村／京都府立医学専門学校

山口県船舶業西村百合蔵の長男に生まれ、一九二〇年京都府立医学専門学校を卒業した。引き続き京都府立病院で外科学を学び、かたわら同年秋から神戸税関港務部の検疫医を務めた。二六年五月満鉄に転じて渡満し、地方部衛生研究所に勤務した。

西村秀太郎　▷12

満鉄錦県站貨物主任、勲八等／錦州省錦県北四経路／一九〇三（明三六）四／京都府南桑田郡亀岡町／早稲田大学政治経済学部中退

本姓は別、京都府西村昴三の養子となった。一九二五年第一早稲田高等学院を卒業して早稲田大学政治経済学部に進んだが、二七年に中退し、同年五月に渡満して満鉄に入社した。鉄道務事務助手、長春駅勤務、長春列車区車掌、公主嶺駅勤務を経て三一年四月同駅貨物助役となった。次いで三四年一月四平街駅貨物助役、三五年一二月四平街青年学校指導員兼務を経て三六年四月錦県站貨物主任となった。柔道五段の武道家で、満州事変時の功により勲八等瑞宝章を授与された。

西村兵三郎　▷8

貸家業／奉天松島町／一八八三（明一六）一〇／愛媛県喜多郡長浜町

日露戦中の一九〇五年五月に渡満して営口に上陸し、同年秋奉天に入った。小西辺門裡で河野栄と共同で食料雑貨店を経営した後、独立して人力車製造販売等を営んだ。その後、〇九年に奉天新市街の松島町に家屋を建築して貸家業を営んだ。

西村　正広　▷12

西村呉服店主、ハイラル日本商工会議所創立発起人／興安北省ハイラル西大街／一八八九（明二二）二／滋賀県彦根市川原町／滋賀県立第一中学校

滋賀県彦根市の呉服商西村要次郎の次男に生まれ、県立第一中学校を卒業し、一九歳の時に朝鮮に渡り馬山府で呉服商を開業した。彦根本店と呼応して売上げを伸ばし、次弟の直三を呼び寄せ

に

て兄弟で経営したが、欧州大戦後の不況で本店が倒産したため弟を帰国させて長兄の下で再建に当たらせた。その後一九三四年に馬山府の店舗を古参店員に委ねて支店とし、チチハル大安街に支店を開設した。三五年一二月さらにこれを直三に委ね、ハイラルに進出して西大街に店舗を開設した。

西村　又次　▷12

満鉄ハルビン警務段浜江分所巡監／ハルビン市外満鉄警務段浜江分所／一八九一（明二四）九／兵庫県加西郡九会村

兵庫県西村豊吉の長男に生まれ、一九一一年一二月徴兵されて姫路の歩兵第三九連隊に入営した。一四年に満期除隊した後、一七年に外務省巡査となって渡満し、遼陽、鞍山の各警察署に勤務した。三四年七月警部補に累進して退官し、同年八月満鉄鉄道総局に入りハルビン鉄路局警務科、三棵樹警務段、ハルビン警務段浜江分所に勤務し、三六年九月同分所巡監となった。

西村　充之　▷11

三菱商事㈱大連支店穀肥係／大連市光風台／一八九三（明二六）一一／福岡県八女郡上広川村／東亜同文書院

福岡県西村喜太郎の次男に生まれ、一九一六年上海の東亜同文書院を卒業した。同年六月に渡満して増田貿易㈱に入り、大連支店特産係として勤務した。その後、三菱商事㈱に転じて大連支店穀肥係を務めた。

西村巳之助　▷3

満州日日新聞記者旅順支局長／旅順市八島町／一八七七（明一〇）一〇／神奈川県横浜市蓬莱町／中央大学

郷里の中学校を卒業して東京法学院大学に進み、卒業後は函館日日新聞記者となった。その後郷里の京浜新聞、横浜新報、横浜貿易新聞、太平洋通信社等に勤務したが、一九〇七年一一月満州日日新聞が創刊されると渡満して同紙記者となった。営口、長春、安東県の各支局長を歴任し、後に旅順支局長に就いた。

西村　義郎　▷11

東亜煙草㈱大連販売所主任、従七位勲六等功五級／大連市監部通／一八七九（明一二）一／京都府京都市上京区新烏丸頭町／東京高等商業学校

京都府西村義民の次男に生まれ、一九〇七年東京高等商業学校を卒業した。大阪で三年間教職に就いた後、神戸の輸出入商社に勤務した。この間一年志願兵として入営し、除隊して歩兵中尉となった。一三年六月東亜煙草㈱に転じて朝鮮支店に勤務し、新義州販売所主任、安東県支店勤務、上海支店主任、東京本社営業課長、朝鮮支店営業課長、青島販売所長を歴任した。二三年大連販売所主任となって渡満し、かたわら大連商工会議所常議員を務めた。長男鉄男は大阪高等医学専門学校、次男正男は満州医科大学、長女志津子は大連高等女学校に学んだ。

西村儀三郎　▷4

長春貯金㈱専務取締役／長春東八区／一八六四（元一）／長崎県佐世保市福田町

一八八二年、海軍水兵として横須賀に入隊した。八八年に除隊し、同年一〇月建築委員として佐世保に赴任した。一九〇二年の官別改革により守営長に就いたが、〇三年に海軍を辞して渡満し、大連で御用商人となった。〇四年に日露戦争が始まると遼陽、鉄嶺、公主嶺等の各地で御用達業に従事し、戦後〇七年長春に移った。米穀及び雑貨商を営んだが商況が思わしくないため廃業し、一四年八月資本金五万円で長春貯金㈱を組織し、主に不動産を担保に中国人向けの貸し出しを行った。専務取締役として経営に当たるかたわら同地の区長、神社総代を務めた。

西村　与造　▷11

綿糸布商不破洋行支配人／大連市山県通／一八九三（明二六）八／滋賀県犬上郡久徳村／滋賀県立八幡商業学校

滋賀県農業西村外次郎の長男に生まれ、一九一二年滋賀県立八幡商業学校を卒業して大阪市東区の綿糸商不破栄次郎商店に入店した。一八年七月天津支店に転任して支店長となり、二三年一〇月大連支店支配人に転じて渡満した。

西村義太郎　▷12

国務院司法部法学校主事、従五位勲六等／新京特別市熙光胡同白山住宅／一八九六（明二九）一二／東京府世田谷区北沢／東京帝大法

学部法律学科
富山市仁右衛門町に生まれ、一九二一年三月東京帝大法学部法律学科を卒業し、同年五月司法官試補となった。神戸区裁判所検事代理を経て二三年三月判事となり、水戸、東京、福岡の各地方裁判所及び地方区裁判所に勤務した。三二年四月甲府地方裁判所部長、三三年三月東京地方裁判所判事、同年七月東京控訴院判事を歴任した後、三四年四月国務院司法部推事に転出して渡満した。北満特別区高等法院勤務を経て同年七月司法部法学校教授となり、三七年五月同校主事となった。この間、昭和大礼記念章、皇帝訪日記念章を授与された。

西元栄之助 ▷12

大連汽船㈱船長／神戸市須磨区行幸町／一八九二（明二五）一〇／鹿児島県鹿児島市原良町

鹿児島県立商船水産学校を卒業して船会社に入り、長く海上に勤務した。その後一九二九年一月大連汽船㈱に転じ、船長として同社船に乗務した。

西本　和郎 ▷12

満州電業㈱ハルビン支店庶務係長／ハルビン一劉街／一八九二（明二五）三／鳥取県米子市立町／島根県立商業学校

鳥取県西本三蔵の長男に生まれ、一九一三年島根県立商業学校を卒業し、同年一二月近衛歩兵第四連隊に入営して兵役に服した。退営後一五年一二月鳥取県根雨町の近藤商店に入った。次いで一九年九月に渡満して満鉄に入り、電気作業所安東電灯営業所、大連電気作業所計算係、大連電灯営業所集金係長を歴任し、同所が二六年五月南満州電気㈱として満鉄から独立すると電灯課集金係主任となった。その後三二年九月奉天電灯廠総務科人事股長を経て三四年一二月南満電気の電気供給事業を継承して満州電業㈱が創立されると同社員となり、ハルビン電業局庶務課庶務係長を経てハルビン支店庶務係長となった。

西本桂一郎 ▷11

大連第二中学校教諭／大連市菫町／一九〇四（明三七）二／高知県高知市杓田／日本体育会体操学校

高知県西本守太郎の長男に生まれ、一九二六年日本体育会体操学校を卒業して渡満し、大連第一中学校教諭となった。勤務中に一年志願兵として入営し、退営して予備陸軍歩兵少尉となり、帰任後第二中学校教諭に転任した。

西本　良雄 ▷12

龍江省総務庁文書科員／龍江省チチハル斜陽街／一九〇八（明四一）六／高知県土佐郡朝倉村／東京帝大法学部政治学科

高知県西本亀太郎の次男に生まれ、土佐中学校、高知高等学校を経て一九三一年三月東京帝大法学部政治学科を卒業した。満州事変勃発後、三二年一月に渡満して奉天自治指導部調査課に入ったが、同年三月自治指導部の解散により国務院民政部に転じて地方司行政科に勤務し、同年六月民政部属官となった。三三年二月行政科計画股長を経て同年九月地方司総務科法制股長となり、三五年一一月民政部事務官に昇任した。次いで三六年三月治外法権撤廃準備民政部幹事、同年七月国務院法権調査事務所兼務を歴職し、同年一一月龍江省公署事務官に転任して総務庁文書科に勤務した。この間、勲七位景雲章を授与された。

西本　力蔵 ▷11

大連聖徳尋常小学校訓導／大連市大黒町／一九〇三（明三六）二／富山県下新川郡前沢村／旅順師範学堂教員養成所

富山県農業西本伊次郎の子に生まれ、一九二一年旅順師範学堂教員養成所を修了した。二二年四月関東州小学校訓導となり柳樹屯に赴任し、大連大正尋常小学校等を経て大連聖徳尋常小学校に勤務した。

西森　吉次 ▷9

西森造船所主／大連市乃木町／一八六七（慶三）一一／千葉県安房郡港村

一八八六年尾崎造船所に入り、九九年三月に船舶法が公布されると上京して石川島造船所研究生として三年修業した。北海道汽船会社に入り高級船員として近海航路に勤務した後、日本郵船㈱の船工として外国航路に乗船した。九六年からロシア義勇艦隊の高級船員となったが、一九〇四年に日露戦争が始まって下船し、朝鮮を経て〇五年一一月に渡満した。大連の志岐組出張所に勤務した後、富士丸を傭船して大連と柳樹屯間の通船業に従事した。〇六年四月から造船業を開始し、一八年二月に船渠を設けて西森造船所を経営した。

西森喜之助 ▷9

西森組主、重松組総顧問、満州商業㈱取締役／安東県六番通／一八七八（明一一）九／奈良県吉野郡小川村

日露戦争に従軍した後、戦後一九〇五年一二月に再び渡満して安東県で土木建築請負業を始めた。その後順調に業績を上げ、安東県屈指の建築業者として関係各社の役員を兼任した。

西屋　進三 ▷12

北満鉱業㈱取締役／龍江省チチハル新馬路北満鉱業㈱／一八九〇（明二三）三／石川県金沢市下主馬野

早くから渡満して各種の実業に従事した。一九三二年一一月資本金一〇万円で設立されたチチハル信託㈱の支配人に就任し、その後辞任して同地の北満鉱業㈱取締役に就いた。

西屋飛良来 ▷1

富山組売薬舗監督、従五位勲四等／奉天／一八五五（安二）一〇／長崎県東彼杵郡大村町

旧金沢藩士の子として金沢に生まれ、家塾で子弟教育の助手をした後、一八七三年に上京して陸軍士官学校教官となった。西南戦争では小隊長を務め、日清戦争では中隊長として従軍し、日露戦争では独立大隊長として各地に転戦し、従五位勲四等を受けた。歩兵少佐として予備役編入となった後、富山組薬舗の嘱託を受け〇六年五月に渡満して奉天大南関に薬房を開いた。吉林、ハルビン、蒙古方面に行商人を派遣して売薬業務の一切を監督するかたわら奉天在郷軍人会長を務めた。

西山　左内 ▷11

関東庁財務部長、高等官二等、正五位勲四等／旅順市高崎町六番地／一八八二（明一五）三／宮城県仙台市／東京帝大法科大学政治学科

宮城県狩野清八の四男に生まれ、同県西山省吾の養子となった。一九一〇年東京帝大法科大学政治学科を卒業し、同年高等文官試験に合格して大蔵省に入り、東京税務監督局司税官、横浜税関監視部長、門司税関監視部長、横浜税関総務課長を歴任した。二一年六月関東庁財務課長に任じられて渡満し、二四年一二月同庁財務部長、二五年二月朝鮮銀行監理官を経て二六年高等官二等に進み、同庁事務官を兼務した。関東庁に転任以来政府委員として毎期の帝国議会に出席し、二八年の昭和天皇即位式の際は大礼使事務官を兼任した。

西山　茂 ▷11

関東庁警務局警務課長、従五位勲五等／旅順新市街特権地／一八七九（明一二）七／福岡県三池郡銀水村／京都帝大法科大学選科

福岡県農業西山甚作の長男に生まれ、一九一一年京都帝大法科大学を卒業して渡満し、関東都督府民政部に入った。旅順民政署長、属金州民政署長、奉天警察署長を経て警務局警務課長に就いた。この間、二七年一二月から翌年九月まで欧米を視察した。

西山　茂 ▷12

満州工廠㈱工場事務課長、康徳興業㈳董事／奉天浪速通伊予組アパート／一八八八（明二一）六／徳島県三好郡箸蔵村／陸軍士官学校

一九〇七年陸軍士官学校を卒業し、〇九年歩兵少尉に任官した。歩兵第七九連隊中隊長、機関銃隊長、朝鮮軍司令部付、同副官等に歴補し、二六年少佐に累進して予備役編入となった。その後上海で実業に従事したが三三年一一月に廃業し、同年九月奉天の満州工廠㈱に入り工場事務課長を務めた。

西山　甚助 ▷11

開原独立守備隊特務曹長、勲七等／奉天省開原独立守備隊第二中隊／一八九九（明三二）五／三重県多気郡領内村

三重県農業西山政之助の次男に生まれた。一九二四年三月、独立守備隊に配属されて渡満し歩兵第二中隊に勤務した。

西山　武雄 ▷4

愛生堂商工主／吉林省双城堡／一八六九（明二）／熊本県宇土郡松合村

熊本県西山家延の子に生まれ、日清戦争時の一八九四年台湾に渡った。総督

に

府衛生材料廠に二年勤務した後、台南で雑貨売薬業を始め、利を得て夫人に旅館業を営ませたが、眼病に罹り本業を廃して旅館経営に専念した。日露戦争が終結すると旅館を畳み、一九〇六年一二月に渡満して奉天に赴いて雑貨店を開業した。かたわらラムネ製造業を開始したが、翌〇七年が多雨寒冷であったため失敗し、〇八年ハルビンに移って双城堡で雑貨売薬商を営んだ。その後邦人の進出が進むと、ハルビン開市以来の古参として民会長を務めた。

西山　勉　▷11

横浜正金銀行大連支店支配人／大連市楠町／一八八五（明一八）四／高知県長岡郡天坪町／東京高等商業学校

高知県西山秀二の長男に生まれ、一九〇七年東京高等商業学校を卒業して横浜正金銀行に入った。中国、インド、イギリスの各支店に勤務した後、香港支店支配人、頭取席為替課長を経て二七年一二月大連支店支配人となって渡満した。経済学博士で日本郵船㈱顧問の寺島成信の娘澄子を妻とし、二女があった。

西脇　清六　▷2

西脇洋行主／長春東第一二区／一八七六（明九）／和歌山県

徴兵されて大阪の歩兵第三七連隊に入営し、軍曹に昇進して満期除隊した。一九〇四年召集されて日露戦争に従軍し、遼陽会戦で部下を指揮し陣地を死守して奥保鞏第二軍司令官より感状を受け、戦後功六級金鵄勲章を授与された。戦後〇五年一一月の帰国除隊後、直ちに渡満して鉄嶺、公主嶺を経て長春に入り、付属地で建築材料商を開業した。薄利多売で顧客を集め、一四年に欧州戦争が始まると鉄、亜鉛板などが騰貴して多大の利益を上げ、ハルビンに支店を設けて金物類を販売した。経営のかたわら公主嶺銀行取締役、長春共立㈱取締役を務めた。

二関　寿郎　▷12

横浜正金銀行ハルビン支店支配人代理／ハルビン道裡地段街／一八九三（明二六）五／岩手県西磐井郡一関町／東京外国語学校露語科

岩手県商業二関美代治の次男に生まれ、一九一四年東京外国語学校露語科を卒業して横浜正金銀行に入り、ハルビン支店詰めとなって渡満した。次いで一八年ウラジオストク支店に転勤し、二四年東京支店頭取席詰となって帰国したが、同年再びハルビン支店に転任して支配人代理となった。この間、シベリア出兵時の功により賜金を受けた。

新田　関蔵　▷9

加藤直輔商店開原支店長／奉天省開原第三区加藤商店内／一八九一（明二四）四／山口県熊毛郡平生町

一九〇九年に渡満して大連の加藤商店に入り、一一年永順洋行に転じた。一三年加藤商店に復職し、一九年九月開原支店の設置とともに同支店長に就いた。

新田　亀一　▷12

新田洋服店主、吉林愛媛県人会常任幹事／吉林新開門外／一八八四（明一七）九／岐阜県恵那郡中津町

岐阜県新田甚造の三男に生まれ、一九一八年に吉林城内二道碼で洋服店を開業し、後に新開門外に移転した。総領事館警察をはじ官公衛指定洋服商として奉天、新京方面より仕入れ、従業員五人を使用した。

新田巳之助　▷12

大連汽船㈱船長、勲六等／大阪市港区九条通／一八九〇（明二三）一二／大阪府大阪市港区九条通／鳥羽商船学校

鳥羽商船学校を卒業して海運界に入り、一九二九年四月大連汽船㈱に転じて一等運転士となった。以来勤続し、三四年一月船長となった。

新田与左衛門　▷12

満鉄奉天検車区検車助役、社員会評議員、勲八等／奉天紅梅町／一八九九（明三二）九／山口県豊浦郡黒井村

山口県新田彦四郎の四男に生まれ、一九一七年九月鉄道従事員となり、勤務のかたわら一九年に鉄道院検車手養成所を修了した。その後二〇年三月満鉄に転じて渡満し、大連機関区に勤務した。二三年一〇月従事員養成所検車科を修了し、以来各地に勤務して三二年一〇月奉天検車区検車助役となった。この間、満州事変時の功により勲八等瑞宝章及び従軍記章、建国功労賞を授与されたほか、三五年四月皇帝溥儀の訪日に際し御召列車の運行業務に従事して皇帝訪日記念章を授与され、同月満鉄勤続一五年の表彰を受けた。

日塔　治郎 ▷12

日満鋼材工業㈱常務取締役、奉天商工会議所議員、満州工業会理事／奉天平安通／一八八九(明二二)八／山形県西村山郡三泉村／東京高等商業学校専攻部貿易科

山形県日塔与右衛門の次男に生まれ、山形中学校を経て一九一二年神戸高等商業学校を卒業し、さらに一四年東京高等商業学校専攻部貿易科を卒業して三井物産に入社した。一七年に渡米してサンフランシスコ、ニューヨークの各支店に勤務した後、二四年に帰国して本店機械部に勤務した。鉄道掛、鉄道陳列所主任、機械部総務掛等を歴任した後、退社して三井傍系の東洋キャリア工業㈱に転じて販売部長となった。三四年四月三井系の東洋鋼材㈱の姉妹会社として奉天に日満鋼材工業㈱が設立されると、同社常務取締役となって渡満した。

二之宮景吉 ▷11

横浜正金銀行開原支店支配人／奉天省開原隆盛街／一八八四(明一七)九／鹿児島県薩摩郡隈之城村／東京高等商業学校

鹿児島県農業二之宮惣吉の長男に生まれ、一九〇八年東京高等商業学校を卒業して横浜正金銀行に入った。横浜本店に勤務した後、リヨン、香港、インドシナ等の各支店勤務を経て本店に戻り、その後名古屋支店副支配人に就いた。二五年五月開原支店支配人に転任して渡満し、業務のかたわら開原取引所商議員を務めた。

二ノ宮　謙 ▷11

横浜正金銀行開原支店支配人代理／奉天省開原付属地正金社宅／一八九二(明二五)六／東京府荏原郡入新井町／東京高等商業学校

東京府二ノ宮邦次郎の長男に生まれ、一九一五年東京高等商業学校を卒業して横浜正金銀行に入った。東京、大阪、神戸、ロンドン、ハンブルグ、スラバヤ等の各支店勤務を経て二六年五月大連支店詰となって渡満した。同支店支配人代理を三年務めた後、二八年一月開原支店支配人代理に転任した。

二宮　治重 ▷13

鮮満拓殖㈱社長、満鮮拓殖[股]理事長、従三位勲二等功四級／朝鮮京城府北米倉町／一八七九(明一二)二／東京府東京市淀橋区西大久保／陸軍大学校

二宮万二の三男として岡山県御津郡甘西町に生まれ、岡山中学校を卒業して陸軍に入り、一九〇〇年一一月陸軍士官学校を卒業して〇一年六月陸軍歩兵少尉に任官した。〇四年五月独立第一〇師団福知山連隊長として日露戦争に従軍した後、一〇年一一月陸軍大学校を卒業して参謀本部に勤務し、一二年九月イギリス駐在、一五年一一月教育総監部付を経て一七年八月中佐に累進し陸相秘書官を務めた。次いで一八年七月軍務局課員、一九年四月陸大教官、同年九月兼任参謀本部員、二一年六月参謀本部課長、二三年三月近衛第三連隊長を経て二五年五月少将に進んで駐英大使館付武官となった。二七年七月歩兵第二旅団長、二八年八月参謀本部付、同年一二月参謀本部第二部長、二九年八月参謀本部総務部長に歴補した後、三〇年八月中将に累進して同年一二月参謀次長となり、三二年一月第五師団長に就いたが、皇道派に排撃されて三四年三月待命、予備役編入となった。その後三六年九月東拓系の鮮満拓殖㈱が創立されると社長に招聘されて朝鮮京城府に赴任し、満鉄系の満鮮拓殖[股]理事長を兼任した。⇒四〇年に満州拓殖公社総裁に就き、その後四四年七月小磯内閣の文相に就任したが、四五年二月在任中に病没した。

二宮由太郎 ▷11

沙河口霞町郵便所長、正七位／大連市沙河口霞町／一八六八(明一)九／大分県大分市

大分県商業二宮利作の長男に生まれ、一八八九年大分郵便局に入った。久留米郵便局に転勤した後、一九〇四年三月海軍軍用通信所付として日露戦争に従軍した。戦後久留米郵便局に復職したが、〇八年大連郵便局に転じて渡満した。連山関郵便局長、沙河口郵便局長を経て二七年七月沙河口霞町郵便所長となった。

二瓶　治夫 ▷12

光来洋行㈾代表者、大連商工会議所議員、大連塗装業組合評議員、

大連土木建築現業員組合評議員、早稲田大学校友会大連支部維持員／大連市日吉町／一八九四（明二七）五／東京府東京市渋谷区／早稲田大学英法科

東京府二瓶正蔵の長男に生まれ、一九一九年早稲田大学英法科を卒業して満鉄に入り商工課に勤務した。二〇年沙河口工場に転勤し、業務のかたわら工場見習生と卒業生を中心とする文芸雑誌『のぞみ』を創刊主宰した。二一年本社人事課に転勤して満鉄読書会雑誌の編集に携わり、次いで二五年四月四平街地方事務所社会課主事となった。その後二八年に退社し、義父の利根川熊作と共に光来洋行を設立してアス煉瓦製造業を始め、塗装工事請負業と防寒目張パテ製造業、満鉄その他への雑品納入業を兼営した。

二瓶　兵二　▷4

チチハル領事／黒龍江省チチハル領事館／一八八三（明一六）三／福島県西白河郡白河町／東京帝大法科大学

一九〇八年東京帝大法科大学を卒業し、一〇年一〇月外交官及領事館試験に合格し、同年一一月高等官七等・領事官補としてウラジオストクに赴任した。在任中にロシア語の習得に努め、一二年モスクワ領事館に転勤して一四年一月副領事となり、同年一二月高等官六等・領事補に昇格した。一六年、領事に累進してチチハルに赴任した。

二本松亀蔵　▷1

熊沢洋行ハルビン支店主任／ハルビン／一八八一（明一四）一一／福島県相馬郡小高町

郷里で養蚕・製糸・織物業を営んだ後、取引先の横浜の熊沢洋行に入って絹織物その他の輸出業に従事した。一九〇三年に渡満してハルビンに支店を開設したが、数ヶ月で日露戦争が始まったため多大の損失を出して閉店した。戦争中は上海に支店を設けて営業し、〇五年の戦争終結とともにウラジオストクに渡って支店を置いた。〇七年五月さらにハルビン埠頭区モストワヤ街に支店を開設し、ウラジオストク店と両支店を監督した。

二本松嘉明　▷12

康徳洋行主任、ハイラル日本商工会議所創立発起人／興安北省ハイラル中央大街／一八八一（明一四）一一／神奈川県鎌倉郡鎌倉町／郡山中学校

福島県相馬郡小高町に生まれ、一九〇〇年郡山中学校を卒業して横浜の熊沢商店に入り、〇三年ハルビン熊沢商店主任となって渡満した。日露戦争後はウラジオストクで貿易にたずさわり、後に黒河で砂金の買入に従事した。一一年に大阪市東区の康徳洋行がハルビン支店を開設すると支店長として一八年勤務した。その後一八年に独立経営として貴金属、和洋紙類を販売し、絹織物、食料品雑貨、文房具、化粧品類の販売業を兼営した。この間、ハルビン民会評議員を一一年務め、一七年に民会より表彰状と銀製花瓶を贈られた。

二村　光三　▷11

満鉄人事課労務係主任、従五位勲四等／大連市榊町／一八八四（明一七）五／福島県若松市寺町／東京帝大法科大学政治学科

旧会津藩士星勇之進の三男に生まれ、弁護士二村亮の養子となった。会津中学、第二高等学校から東京帝大法科大学に入学し、一九〇九年に卒業して同年七月海軍に入った。一二年三月海軍大学校選科学生、一四年七月海軍経理学校教官兼監事、一七年六月軍艦春日主計長を経て一九年三月労働問題研究のため英独に留学した。二一年に帰国して主計中佐に進んだ後、二五年に予備役編入となった。軍籍を離れると同時に渡満し、満鉄に入って人事課労務係主任となり、かたわら大連市会議員を務めたが、病を得て三一年八月任期中に辞任し帰国した。

饒村　佑一　▷12

新都病院院長、新京医師会理事、新京新潟県人会理事／新京特別市興亜胡同／一九〇一（明三四）五／新潟県中頸城郡和田村／千葉医科大学、ライプチヒ大学

新潟県饒村彬成の長男に生まれ、第四高等学校を経て一九二七年千葉医科大学を卒業し、ドイツのライプチヒ大学に留学した。帰国して千葉医大に論文「痲巴器官ノ研究」を提出して三三年三月医学博士号を取得し、同年一二月に渡満して新京梅ヶ枝町に新都病院を開設した。その後三六年秋に慈光路興亜街角に新京随一と称される設備を備えた大病院を新築して本院とし、梅ヶ枝町を分院とした。婦人科・産科・小

に

児科・皮膚科・泌尿器科・外科・花柳病科を診療科目とし、夫人貞枝は女医として副院長を務めた。

仁礼　幸繁　▷12

北海道庁ハルビン貿易調査所長／ハルビン道裡中国八道街／一八九三（明二六）五／鹿児島県鹿児島市塩屋町／中央大学商学部

鹿児島県仁礼仲資の三男に生まれ、一九二三年に中央大学商学部を卒業した後、東京市神田に㈾電興社を設立して代表社員となり、電気機械器具販売と工事請負業を営んだ。次いで二七年に北海道に渡り、釧路市に大洋商会を興して石炭売買業を経営した。三〇年釧路市会議員に当選して市参事会員、釧路商工会議所理事を務め、さらに三四年一〇月釧路市会副議長となり、同年一一月から釧路商工奨励館長を兼任した。その後三五年四月北海道庁ハルビン貿易調査所長となって渡満し、北海道物産の販売市場調査と取引斡旋に従事した。

庭川　辰雄　▷12

吉林省公署民政庁財務科長、地籍整理局吉林分局員、吉林省地方土地委員会委員／吉林新開門外公館／一九〇四（明三七）五／滋賀県高島郡饗庭村／京都帝大法学部

一九二八年三月京都帝大法学部を卒業して満鉄に入社し、その後退社して帰国した。三一年京都帝大文学部に学士入学して中国哲学を専攻したが、満州事変が起きると同年一一月に再び渡満して奉天の自治指導部に入った。三二年六月黒龍江省公署警務庁に赴任し、同年八月同公署事務官となり警務庁警務科長兼警務庁長代理となった。三三年二月熱河行政指導公署に転任し、警務工作主任として熱河粛正工作に従事し、同年五月熱河省公署事務官となり民政庁行政科長に就いた。三四年七月同理事官に進んで民政庁財務科長を務めた後、同年一二月錦州省公署理事官に転任して民政庁財務科長となった。次いで三五年一二月吉林省公署理事官に転任して民政庁財務科長となり、三六年九月から地籍整理局事務官を兼務して同吉林分局に勤務した。

丹羽　玄　▷12

国務院治安部警務司督察官、正五位勲三等／新京特別市大同大街国務院治安部警務司／一八九〇（明二三）一二／愛知県知多郡亀崎町／陸軍士官学校、陸軍戸山学校

丹羽剛の長男として東京市に生まれ、一九一二年陸軍士官学校を卒業して歩兵少尉に任官し歩兵第三四連隊付となった。次いで陸軍戸山学校を卒業し、第一次世界大戦に際し山東出兵に従軍した後、静岡俘虜収容所員、青島守備隊付、第三四連隊留守隊付、同連隊大隊副官、静岡連隊区司令部付、同副官、第三四連隊付に歴補した。二八年第二次山東出兵に際し第三四連隊に動員下令後、同連隊補充隊中隊長、同連隊留守隊付を務め、陸軍兵器本廠付兼陸軍省人事局付、陸軍恤兵部員兼務を経て関東軍司令部付となって渡満した。三五年三月歩兵中佐に累進して依願予備役編入し、満州国恩賞局事務官・勲章科長に転出して同年一一月理事官に進んだ。その後、勲章科長兼総務科長、恩賞科長兼庶務科長を経て三七年七月治安部警務司督察官に転任した。

丹羽　栄重　▷12

㈾丹羽木材商会代表社員、牡丹江ホテル主、牡丹江居留民会官選評議員、満州軍用犬協会副支部長、牡丹江旅館組合長／浜江省牡丹江太平路／一八九四（明二七）四／愛知県丹羽郡谷村

早くから商業に従事し、後に渡満して満州各地に赴き、一九二五年六月牡丹江太平路に資本金一〇万円で㈾寧北実業公司を設立した。国務院実業部官行斫伐指定商として木材を朝鮮より華北方面に輸出し、牡丹江鉄路局の設置と奥地の発展により逐年発展した。材木部の他に商事部、通信部を置き、さらに土木建築請負業と旅館業を兼営し、勃利、青山、古城鎮等に支店出張所を設けた。

丹羽　幸夫　▷9

帝国生命保険㈱大連出張所長／大連市近江町／一八八〇（明一三）六／広島県御調郡三原町／早稲田大学

一九〇一年水戸中学を卒業して早稲田大学に入学し、〇六に卒業して日本新聞社記者となった。〇八年日本火災保険㈱に転じた後、日清火災海上保険㈱営業課長、日章火災保険㈱主事兼営業課長等を歴職した。一二年に帝国生命保険㈱に転じ、大連出張所長となって渡満した。夫人芳子は女流画家野口小蘋門下の俊秀として知られた。

布川　光雄 ▷11

満鉄普蘭店駅貨物係／関東州普蘭店福寿街／一八九六（明二九）三／群馬県北甘楽郡富岡町／群馬県立太田中学校

群馬県教員布川栄蔵の長男に生まれ、一九一二年県立太田中学校を卒業して渡満した。満鉄従事員養成所を修了して鉄嶺駅電信係となり、一六年長春駅勤務、二一年長春列車区車掌、二二年同駅庶務方、二四年瓦房店駅貨物方を経て二八年一月普蘭店駅貨物係となった。運動万般を好み、特に庭球の名手として知られた。

沼川猪之助 ▷11

満鉄昌図駅長、正八位／奉天省昌図付属地満鉄社宅／一八九二（明二五）一／愛媛県松山市南京町／東洋協会大学支那語科

愛媛県沼川多市の次男に生まれ、一九一六年東洋協会大学支那語科を卒業して一年志願兵として広島の歩兵第一一連隊に入営した。除隊後一八年九月に渡満して満鉄に入り、長春駅貨物方として勤務した。公主嶺列車区車掌、鉄嶺駅助役、奉天省四平街駅助役、郭家店駅長を歴任して二八年一〇月昌図駅長に就いた。

沼田征矢雄 ▷12

ハルビン特別市公署都市建設局水道科長、国務院民政部土木局第二工務処勤務／ハルビン特別市公署水道科長公館／一九〇一（明三四）／東京府東京市小石川区原町／東京帝大工科大学土木工学科

一九二九年三月東京帝大工科大学土木工学科を卒業して同大学講師となり、三三年ハルビン特別市公署技正に転じて渡満し、工務処企画科長を務めた。三四年一二月水道科長に転任した後、三六年二月国務院民政部技正・土木司都邑科員を兼務し、三七年一月の官制改革で土木局技正となり第二工務処兼務となった。この間、建国功労賞及び大典記念章、皇帝訪日記念章を授与された。

沼田弥一郎 ▷12

新京共同木材㈱代表取締役、満州不動産貯金㈱取締役、九台温泉(股)董事／大連市桜通／一八八三（明一六）四／熊本県球磨郡人吉町

日露戦争当時に渡満して営口に在住し、後に秋田商会奉天本社に勤務した。その後、大連に移住して材木商を営み、満州不動産貯金㈱及び九台温泉(股)の役員を兼ねた。

沼野　栄 ▷12

満鉄図們機務段庶務助役、勲八等／間島省図們総局山ノ手局宅／一八九三（明二六）七／栃木県塩谷郡片岡村／下野中学校

栃木県沼野治平の五男に生まれ、一九一五年下野中学校を卒業した後、一八年一〇月台湾に渡り総督府財務課に勤務した。一九年一〇月に退職し、同年一一月に渡満して満鉄に入り鉄嶺機関区に勤務した。二〇年七月奉天機関区、二一年一〇月安東機関区、二三年五月安東検車区、二九年九月大官屯検車区に歴勤した後、三一年九月満州事変の勃発とともに奉天機関区に異動した。三三年九月吉長吉敦鉄路局図們機務段に転出し、後に庶務助役となった。満州事変時の功により勲八等従軍記章及び建国功労賞を授与された。

沼　正紀 ▷11

奉天日本総領事館書記生／奉天日本領事館／一八九一（明二四）三／新潟県三島郡関原町

新潟県商業沼五郎作の三男に生まれ、一九一九年四月外務省書記試験に合格した。長春領事館、シンガポール総領事館勤務を経て外務省属となり、二八年二月第二回国際移民会議日本代表随員としてキューバ、北米、メキシコ等に出張した。帰国した後、同年八月奉天総領事館書記生に任じられて渡満した。

根上藤五郎 ▷11

石炭・薬種売薬業、勲八等／満鉄本線新台子吉野町／一八八一（明一四）二／静岡県駿東郡富士岡村

静岡県農業根上新左衛門の三男に生まれ、小学校を卒業して農業に従事した。一九〇二年一二月徴兵されて名古屋の輜重兵第三連隊に入営、日露戦争に従軍して勲八等金三〇〇円を下賜され〇六年に除隊した。〇七年四月に渡満して雑貨商を営み、資金を蓄えて新台子で石炭商・薬種売薬業を開業した。この間しばしば関東庁その他の表彰を受け、同地の居住民会会長を務めた。

値賀 連 ▷11

弁護士／大連市播磨町／一八七二（明五）八／長崎県北松浦郡平戸村／東京帝大法科大学法律学科

旧平戸藩士値賀亘の長男に生まれ、一八九九年七月東京帝大法科大学法律学科を卒業し、長崎区裁判所に勤務した後、一九〇一年九月退官して長崎市内で弁護士業を開業し、その後佐世保市に移転し、〇四年三月佐世保市会議員に当選した。日露戦後一九〇六年六月に渡満して大連に弁護士事務所を開き、日露戦後から開業する最古参の弁護士として主要銀行、企業の法律顧問を務め、かたわら一五年一〇月大連市会議員を第三期まで務めた。その後いったん引き揚げ、三二年に再び渡満して奉天で弁護士を開業したが、四二年同地で病没した。

根岸 貞治 ▷12

満鉄大連埠頭庶務主任、社員会評議員、満州ラグビー蹴球協会理事／大連市平和台／一九〇八（明四一）二／神奈川県三浦郡逗子町／京都帝大経済学部

神奈川県根岸春重の次男に生まれ、逗子開成中学、浦和高校を経て一九三二年三月京都帝大経済学部を卒業し、満鉄に入社して鉄道部に勤務した。次いで埠頭事務所勤務、大連列車区車掌、埠頭事務所第二埠頭勤務貨物助役、第一埠頭勤務、大連埠頭貨物助役、同事務助役、同作業助役、甘井子埠頭主任に歴勤し、七年四月大連埠頭庶務主任となった。学生時代からスポーツに親しみ、満州ラグビー蹴球協会理事を務めた。

禰宜田喜代治郎 ▷11

食料品卸商／大連市磐城町／一八七七（明一〇）一二／愛知県碧海郡大浜町

愛知県農業禰宜田周助の三男に生まれ、日露戦後の一九〇五年に渡満し、同年一〇月大連信濃町市場の開設とともに漬物専業店を開業した。〇九年に同市場が火災に遭い、再建後は市場店舗を小売専業とし、本店を同市内に移して卸売専業としたが、二三年に磐城町に移転し、二七年に信濃町市場の店舗を閉鎖した。三〇年に同地で没した後、夫人あやを中心に喜代治郎の従兄弟幸一が補佐して家業を継続し、後に長男芳一が引き継いだ。

禰宜田芳一 ▷12

禰宜田商店主／大連市磐城町／一九一三（大二）二／愛知県碧海郡大浜町

大連市磐城町で日露戦争直後から漬物卸商を経営する禰宜田喜代治郎の長男に生まれた。名古屋高等商業学校在学中の一九三〇年に父が死亡し、三三年に卒業して家業を引き継ぎ、従業員二五人を使用して全満に販路を拡張した。

根北 常彦 ▷12

満鉄撫順炭砿東郷採炭所工作係主任、社員会評議員、佐賀県人会幹事／奉天省撫順東郷／一八九七（明三〇）三／佐賀県佐賀郡川上村／工手学校電気科

佐賀県根北大作の次男に生まれ、一九一八年東京築地の工手学校電気科を卒業し、同年七月満鉄に入り撫順炭砿東郷採炭所に勤務した。三〇年一二月大山採炭所に転勤した後、三四年四月東郷採炭所坑外係主任となり、三六年に炭砿現場の構内電気施設研究のため九州、北海道、東京、大阪各地を一ヶ月間視察した後、三七年四月東郷採炭所工作係主任となった。この間、満州事変時の功により大盾及び従軍記章を授与された。剣道は五段位を有し、旅順高女卒の夫人絹江との間に一男一女があった。

根占 好人 ▷12

満鉄奉天鉄道事務所営業課混保検査長／奉天葵町／一八九三（明二六）八／熊本県芦北郡湯浦村

熊本県根占文吾の長男に生まれ、一九

ね

一〇年一月鉄道院に入って長与駅電信係兼出札係となり、同年鉄道院職員九州地方教習所を修了した。一二年四月に退職し、満鉄に転じて張子台駅に勤務した。一三年一二月金州駅に転勤した後、一六年一一月奉天省四平街駅貨物方、一九年一一月埠頭貨物課兼奉天省四平街駅貨物方、二〇年七月陸運課、同年九月長春運運輸事務所公主嶺在勤、二一年四月公主嶺駅貨物方、二三年八月ハルビン事務所運輸課、二四年九月同所副検査人、二六年四月同所検査人、同年六月長春駅、一〇月長春鉄道事務所に歴勤した。次いで二七年一一月奉天鉄道事務所、三〇年六月鉄道部貨物課、三一年五月長春運輸事務所、同年六月奉天運輸事務所兼務、同年八月長春鉄道事務所勤務を経て三五年四月奉天鉄道事務所営業課混保検査長となった。一九年から長く混合保管業務に従事し、三七年二月に満州大豆品質改善案を立案して鉄道総局長及び産業部長に提出した。この間、満州事変時の功により木杯及び従軍記章を授与され、三七年に勤続二五年の表彰を受けた。同郷の夫人ミスエとの間に二男一女あり、長女富子は新京高女を卒業して満鉄社員多田大二に嫁した。

根橋　禎二　▷12

満州軽金属製造㈱理事長、満州航空㈱取締役、満州塩業㈱顧問、大連商工会議所特別議員、満州発明協会理事、勲四等／大連市台山屯月見ヶ岡／一八八三（明一六）一／青森県三戸郡田子村／東京帝大工科大学土木工学科

旧会津藩士で青森県田子村長を務めた根橋伝吾の次男に生まれ、一九〇五年七月東京帝大工科大学土木工学科を卒業した。日本鉄道㈱に入社して工務課に勤務したが、〇六年一一月鉄道院による同社買収により鉄道院技手となって工務部に勤務した。その後〇七年五月満鉄技師に転じて渡満し、運輸部鉄道課、線路課、保線課、設計課に歴勤し、一一年四月鉄道及び港湾施設視察のため欧米に派遣され、次いでドイツに留学した。一三年一月に帰社して工務局保線課に勤務した後、鉄道部計画課長、同線路課長を経て二八年参事に昇格し、甘井子石炭船積設備の設計監督のため、再び欧米に出張した。帰社して計画部技術課長、技術局次長を歴任して計画部長に進み、経済調査会委員及び中央試験所長を兼任した。その後三六年一〇月参与となり、同年一一月満州軽金属理事長に就任した。この間、満州化学工業㈱、満州鉛鉱㈱等十数社の設立企画に参画し、満州技術協会副会長、満州電気協会理事等の公職を務めた。

根布長太郎　▷12

博文堂主、勲八等／奉天富士町／一八八二（明一五）六／石川県金沢市塩屋町

石川県根布長右衛門の長男に生まれ、郷里で魚商を営んだ後、日露戦争に召集されて従軍し、戦後再び渡満した。一九二二年一月奉天住吉町で知人と共同で印刷業を始め、三一年五月富士町に移転し、三二年から個人経営とした。オフセット・活版・石版印刷業と和洋帳簿・文房具販売業を兼営したほか、日本製袋会社新義州工場製品の州外一手販売を行った。この間、日露戦争時の功により勲八等旭日章を授与された。長男長義は日露学院を卒業して国産放熱器会社奉天出張所に勤務し、次男博は家業の経営を補佐した。

根本　徳一　▷12

満鉄皇姑屯機務段運転助役、勲八等／奉天省皇姑屯満鉄機務段／一八八四（明一七）二／茨城県那珂郡五台村

一九一二年鉄道院東京地方教習所を修了し、各地の駅に勤務した後、二一年一月満鉄に転じて大連機関区員となった。二九年六月鉄道教習所講師兼務、同年一〇月大連実業補習学校講師兼務を経て三二年六月甘井子駐在所に転勤した。三四年六月皇姑屯機務段運転副段長となり、三六年一〇月職制改正により同段運転助役となった。この間、満州事変時の功により勲八等旭日章を授与された。

根本徳次郎　▷12

満鉄社長室監察役付監察員、有限責任大連住宅組合理事／大連市月見ヶ丘／一八九八（明三一）一〇／茨城県久慈郡河内村／茨城県立太田中学校

茨城県根本浅吉の三男に生まれ、一九一八年県立太田中学校を卒業して渡満し、同年五月満鉄埠頭事務所事務助手となった。二四年職員に昇格し、二七年一一月大連埠頭貨物方、二八年一一月鉄道部経理課、三四年五月総務部審査役付、三六年九月同審査員を経て同

ね

年一〇月社長室監察役付監察員となった。

根本　裕　▷12

国務院財政部税務司員／新京特別市天安路／一九〇二（明三五）六／千葉県香取郡滑河町／桐生高等工業学校紡織科

千葉県根本紋次郎の次男に生まれ、佐原中学校を経て一九二四年三月桐生高等工業学校紡織科を卒業して横浜税関臨時雇員となり、同年五月監査官補となった。その後三二年九月に依願免官し、同年一〇月に渡満して大連税関嘱託となった。三四年三月満州国税関監査官となり、大連税関に勤務して同年五月から国務院財政部技正を兼任し、三五年五月財政部税務司に転任した。

根本　良弥　▷12

睦商会主／ハルビン斜紋街／一九〇〇（明三三）五／東京府東京市中野区橋場町／東京商科大学商学専攻科

東京商科大学商学専攻科を卒業した後、一九三三年二月前ハルビン商品陳列館長の森御蔭が設立したハルビン斜紋街の睦商会に入り、石油・ベニヤ板・麻布・民芸品等のロシア物産の輸入販売業に従事した。三四年二月に店主の森が死没すると同店を継承し、ロシア貿易の他に電工部を特設して電気工事請負業を兼営し、諸官衙・学校の御用商として建築用金物・機械工具類・電気器具・ラジオ等を販売したほか、奉天産清酒「千代の春」の北満代理店となった。さらにハルビン土産として中央大街にロシア美術品の陳列場を設け、パレスカワヤ小函・マンモス牙細工・カレリスカヤ白樺煙草入・ロシア麻卓布・人形・絵皿・ビロード絵等の農民芸術品を販売した。資本金二五万円、牡丹江昌徳街に支店を設け、従業員三〇名を擁して年商五〇万円、納税額七七〇円を計上した。

ね

能条　信行　▷10

森永製品満州販売会社支配人／大連市吉野町／一八九三（明二六）六／千葉県安房郡主基村／横浜商業学校

千葉県に生まれたが東京で育ち、一九〇六年から横浜の叔父の許に寄寓した。一一年横浜商業学校を卒業して南利商会に入り貿易業に従事したが、一七年に森永製菓会社重役中村芳三の推薦で同社に入り畜産部に勤務した。二〇年外国販売部に移り、二四年一〇月販売高激増のため専売会社を設立する社命により満州に派遣され、同年一二月特約店を合同し森永製品満州販売会社を設立して支配人に就いた。

野上　一郎　▷12

営繕需品局奉天出張所長／奉天稲葉町／一八九五（明二八）三／島根県邑智郡川本町／島根県師範学校本科一部、東京高等工業学校付設工業教員養成所建築科

一九一四年三月島根県師範学校本科一部を卒業して郷里の邑智郡中野村の小学校訓導を務めた後、上京して二〇年に東京高等工業学校付設工業教員養成所建築科を修了した。東京市四谷第三小学校訓導兼東京高等工業学校講師を務めた後、二二年三月に依願退職し、同年四月日本トラスコン鋼材会社技師、二四年一〇月㈶同潤会技師を歴職し、二五年七月に辞職し、翌月同会の嘱託により渡米してコロンビア大学で建築学講座を聴講した。二六年三月ニューヨーク市のエフ・ゼー・ガイナン会社で実習をした後、イギリス、フランス、ドイツ、オーストリア、イタリア各国を視察して同年一二月に帰国し、二七年一月㈾清水組に入社した。その後三五年一〇月国務院総務庁技佐に招聘されて渡満し、需用処勤務を経て同年一一月営繕需品局奉天出張所長となった。

野上　豊吉　▷1

野上組主／旅順市敦賀町／一八五八（安五）六／広島県広島市東引御堂町

広島県高宮郡中筋村に生まれ、後に広島市に移籍した。一八七二年に広島鎮台が置かれて以来、用達商として広島市に缶詰工場を設立し魚介、畜肉、野菜類の缶詰を製造して軍に納入した。さらに合資会社を組織して電気を利用した石版印刷業を経営したが、後にこれを横浜のイギリス人に譲渡した。九四年に日清戦争が始まると占領地総督部の用達となって渡満し、被服・食料の納品、建築物など一〇〇万円に達する注文を受けた。戦後帰国してビスケット七万箱、道明寺糒八万個を糧秣廠に上納し、九八年には貯蔵用の道明寺糒六〇〇〇石の詰替手入を受注した。一九〇四年三月日露戦争に際し第二師団の職工取締として御用船に乗り韓国鎮南浦に上陸し、鴨緑江を渡って鳳凰城に入った。その後職工取締を辞して軍用達となり第二軍監部に従って遼陽に入り、戦後は旅順市敦賀町に居住して諸官衙の用達業を営んだ。

野上　利平　▷12

野上歯科医院院長、吉林歯科医師会会長、満州国協和会南馬路分会常任幹事、吉林武道奨励会常任幹事／吉林新開門外／一八九四（明二七）／大阪府堺市大町

北仲源蔵の三男として兵庫県津名郡洲本町に生まれ、堺市の野上儀太郎の養子となった。神戸、大阪などで二〇年ほど歯科医院を経営した後、三一年六月に渡満して吉林に野上歯科医院を開業した。三三年アメリカの大学より歯科医学博士の称号を取得し、三六年五月吉林歯科医師会が設立されると初代会長に就任したほか、同年八月満州国協和会吉林市分会結成準備委員となり、設立後に常任幹事に就いた。また武道の奨励普及に努め、三五年に吉林日本憲兵分隊長安藤次郎少佐の援助で同隊構内に吉林道場を開設し、会員一〇〇名の吉林武道奨励会有段者会を結成し、少年武道部を組織して常任幹事を務めた。長男晃は京城歯科医学専門学校に学んだ。

野木　定吉　▷11

国際運輸㈱参事、正六位勲五等／大連市光風台／一八八一（明一四）五／東京府東京市芝区汐留町／鉄道作業局運輸事務伝習所

石川県金沢市の商業野木喜右衛門の三男に生まれ、一八九八年一〇月鉄道作業局運輸事務伝習所に入り、翌年四月新橋駅電信係となった。勤続して一九年一一月鉄道院参事補・米原駅長となり、二〇年六月札幌鉄道局運輸課配車掛長、二四年九月函館運輸事務所長、同年一二月名古屋鉄道局運輸課配車掛長を経て二七年五月名古屋運輸事務所

の

長となった。この間高等官四等に進み、二三年一二月に二五年以上勤続操行成績抜群として鉄道大臣の表彰を受けた。二八年七月勤続三〇年で退職し、国際運輸㈱参事となって渡満した。米沢高女出身の夫人よしゑとの間に二男四女あり、長男政雄は早稲田大学法科を卒業して満鉄に勤務し、長女綾子は愛知第一高女高等科、二女満子は同校本科、三女百合子は大連神明高女を卒業した。

野木　政雄　▷12

満鉄鉄道総局配車課員／奉天白菊町／一九〇六（明三九）九／東京府東京市芝区汐留町／早稲田大学法学部

東京府野木定吉の長男に生まれ、名古屋中学校を経て一九三〇年三月早稲田大学法学部を卒業し、同年五月鉄道省に入り金沢駅に勤務した。その後三三年一二月満鉄に転じて渡満し、奉山鉄路総局勤務を経て三四年四月皇姑屯站勤務、三五年九月皇姑屯貨物副站長、三六年三月西安站貨物主任に歴勤し、三七年一月鉄道総局に転任して配車課に勤務した。父の定吉は長く鉄道省に在職した後、二八年に渡満して大連の国際運輸㈱に勤務した。

野木和一郎　▷7

大連油脂工業㈱専務取締役／大連市久方町／一八七七（明一〇）一二／宮崎県西臼杵郡高千穂町／東京高等商業学校

大阪に生まれ、一八九九年七月東京高等商業学校を卒業した。一九〇二年二月縁戚社五名が経営する内外棉㈱に入社し、〇三年六月天津支店、〇四年九月営口出張所に勤務した後、〇五年一〇月に退社して大倉組営口出張所に転じた。遼陽、奉天、鉄嶺、長春等に勤務した後、〇八年五月日清豆粕製造㈱に転じた。一四年七月大倉組に復帰して上海支店主任代理を務め、一七年六月支店主任となった。二〇年四月大連支店主任となって渡満したが、同年七月に辞任した。二一年六月大連油脂工業㈱支配人に招かれ、二四年一二月専務取締役に就いた。

野口　清　▷12

野口農園主、旅順映画館㈱代表取締役／旅順市土屋町／一八六五（慶一）五／佐賀県神埼郡蓮池村

佐賀県酒類仲買野口徳蔵の長男に生まれたが、家督を弟の官三に譲り、日露戦争直後の一九〇五年一一月に渡満して旅順要塞司令部で酒保を経営した。廃業して同地で池坊盛花を教授した後、一四年に黄金台に茶店を開業し、次いで果樹園を経営した。かたわら一六年に同志五名と映画館大正館を設立し、昭和園と改めた後、三六年三月新たに旅順映画館㈱を創立して代表取締役に就いた。菊水軒清香と号して長く池坊華道に精進し、二四年四月大日本生華総幹事となった。

野口　佑夫　▷12

野口法律事務所長、王家屯炭砿主、日満フェルト工業㈱監査役、満州製帽監査役、日満法曹協会幹事、従七位／ハルビン道裡斜紋街／一九〇一（明三四）七／千葉県香取郡笹川町／中央大学法学部

中央大学法学部を卒業した後、一九二七年大阪地方裁判所司法官試補となり、二八年大阪地方裁判所判事、三〇年長崎地方裁判所判事を歴任した。三一年に退官して東京日本橋で弁護士を開業し、その後三五年に渡満してハルビン道裡で野口法律事務所を経営した。弁護士業のかたわら実業にも進出し、各社の役員を務めたほか新京郊外で王家屯炭砿を経営した。

野口宗太郎　▷12

近江屋旅館主、吉林旅館組合会計／吉林省城商埠地大馬路／一八八二（明一五）／滋賀県大津市上百石町

早くから渡満して各地で諸種の事業に従事した。その後一九三二年一一月吉林省城商埠地大馬路に近江屋旅館を開設し、営業のかたわら同地の旅館組合会計を務めた。

野口　多内　▷11

弓長嶺鉄鉱公司重役／奉天商埠地浩然里／一八七六（明九）八／新潟県北蒲原佐々木村／二松学舎

新潟県農業野口竹次郎の長男に生まれ、二松学舎を卒業した。一八九七年外務省留学生として北京に留学し、外務書記生として北京公使館に勤務した。一九〇〇年六月義和団に包囲されて前後二ヶ月籠城し、敵弾を受けて顔面を負傷した。福州領事館に転じた後、一九〇六年四月に渡満して安東領事館開館事務に従事し、翌下の開設とともに同領事館に勤務した。外務書記生として一三年勤続した後、外務省を辞して安東県及び奉天で新聞社を経営した。数年後、弓長嶺鉄鉱公司重役に転じ、太興(名)、図們鉄道、天図鉄道等各社の重役を兼務した。

野口　鶴市 ▷12

野口商店主、奉天土産物組合長／奉天浪速通／一八八一（明一四）七／佐賀県佐賀郡本庄村／長崎商業学校

長崎商業学校を卒業した後、日露戦中の一九〇四年五月朝鮮に渡り、第一八銀行、農工銀行等に勤めた。その後二〇年に満蒙証券信託(株)が創立されると同社入りし、会社を代表して満州取引所及び奉天取引所の取引人となった。次いで二六年二月奉天に野口商店を独立開業して煙草、洋酒類を販売し、後に岡田乾電池の満州一手販売権を得て諸官衙に納入した。夫人美寿との間に四男二女あり、長男文雄は奉天の満州医科大学に学んだ。

野口　智朝 ▷1

撫順居留民会委員／奉天省撫順／一八五八（安五）一／山梨県北巨摩郡大草村

一八八五年山梨県警部となり、累進して日下部、東巨摩等の警察署長を務めた。九四年山梨県監獄署に転任して書記兼看守長を務めた後、九六年二月台湾総督府に転じて台南県警務係長、警察課保安係長を歴任して台南県警視に昇任し、安平警察署長兼水上署長となった。その後台南県阿公店弁務署長に転じて高等官七等従七位に進み、九九年六月に退官した。帰国して東京で種々の事業を経営したがいずれも失敗し、日露戦後一九〇五年一〇月に渡満して撫順に居住し、居留民会委員を務めた。

野口万三甫 ▷12

隆昌洋行主、康隆塩桟主、長崎高商同窓会奉天支部幹事／奉天千代田通／一八九四（明二七）四／東京府東京市京橋区京橋／長崎高等商業学校

長崎県に生まれ、一九一六年長崎高等商業学校を卒業して日本綿花(株)に入り、大阪本社に勤務した。上海、漢口の各支店に転勤した後、三二年二月に渡満して翌年五月奉天千代田通に隆昌洋行を設立し、中国産石油・ガソリン・機械油の販売を主力として新京老松町に支店、熱河省朝陽北大街に出張所を置いた。次いで三四年一月店舗裏に奉天電池製作所を設けて電池の製造と自動車修理・部品販売業を始めたが、五月に満州国政府より日本人として初めて塩の卸売商を許可されると大西関大街に康隆塩桟を開設し、同年末に奉天電池製作所を譲渡した。隆昌洋行と康隆塩桟の経営に腐心するかたわら、奉天忠霊塔に標示柱がないのを遺憾とし、荒木陸相の揮毫を得て正面入口に標示石柱を寄進した。

野口　隆一 ▷12

満鉄撫順炭砿古城子採炭所工作係主任／奉天省撫順北台町／一八九五（明二八）八／佐賀県佐賀市白山町／佐賀県立工業学校機械科

佐賀県野口儀平の四男に生まれ、一九一三年三月佐賀県立工業学校機械科を卒業し、同年四月満鉄に入り奉天車輌係となった。一四年一月大連車輌係を経て一八年二月撫順炭砿機械課に転任し、同年九月老虎台採炭所、二四年七月大山採炭所勤務を経て三二年一月同所坑外係主任となり、同年九月監査係監査担当員となった。その後、三五年四月古城子採炭所監査係技術担当員を経て同年五月同所工作係主任となった。この間、満州事変時の功により従軍記章と大盾を授与されたほか、二七年四月満鉄創立二〇周年記念に際し矢弦車考案の功績により表彰され、さらに二九年八月にはマンムードポンプ改良の功により功績章を授与された。

野久尾伊右衛門 ▷7

満州重要物産取引所仲買人／大連市嶺前屯／一八八六（明一九）一／鹿児島県始良郡蒲生村

郷里の小学校を終えて福岡県若松駅に勤めたが、一九〇七年大連の安宅商会に勤める迫田彦助に伴われて渡満し、同商会に入った。一二年八月事業が鈴木商店に引き継がれると同商店入りし、専ら取引関係を担当した。一四年二月大連取引所重要物産取引人組合が設立されると鈴木商店を退職し、迫田組合長の後援で権利を取得して取引仲買人となった。熱心な仏教信者で、市内譚家屯に三一尺余の大仏を建立すべく理事となって尽力した。

野毛　四郎 ▷11

土木建築請負業、用達商／奉天省鞍山南二条町／一八八八（明二一）

の

一／静岡県田方郡土肥村／高等小学校

静岡県農業鈴木関太郎の四男に生まれ、同県野毛家の養子となった。土肥高等小学校を卒業して上京し、芝の加藤技師に師事して建築を学び、一九〇六年五月に渡満して長春河川工程局に勤務した。一二年に朝鮮平壌の内田商会に転じた後、一四年菱川組に入って湖南線の改修工事、鎮南浦での請負工事に従事した。一九年二月に独立して鞍山で土木建築請負業を始め、次第に信用を得て満鉄指定請負人となり、(資)野毛商会を設立して用達商を兼営した。実弟の俊一も鞍山で請負業を営んだ。

野坂　算　▷12

大連取引所計算係主任／大連市山県通／一八八四（明一七）一二／埼玉県浦和市

一九〇二年から埼玉県内務部第五課に勤務し、〇九年七月県属となった。一八年に退官し、渡満して関東都督府民政部財務課に勤めたが、一九年一月満鉄に転じて総務部調査課に勤務した。次いで二〇年九月関東庁に入り、臨時戸口調査部集計員を経て開原取引所、公主嶺取引所に歴勤し、三三年四月大連取引所計算係主任となった。

野坂　秀二　▷11

満鉄撫順炭砿運輸部電鉄係主任／奉天省撫順北台町／一八九五（明二八）八／青森県上北郡野辺地町／旅順工科学堂

一九一八年旅順工科学堂を卒業し、同年一二月満鉄に入った。撫順炭砿に勤続し、後に運輸部電鉄係主任を務めた。

野坂清之介　▷1

野坂活版所主／大連市岩代町／一八五五（安二）三／広島県広島市水主町

旧三原藩士の子に生まれ、一八七五年広島県官吏となり鉱山係を務めた。九一年に辞職して実業に従事した後、九五年日清戦争中に第二師団付酒保となって台湾に渡り、台南、嘉義、鳳山等で諸官衙用達と商業を営み、一九〇〇年から台南地方税調査員を務めた。〇四年日露戦争が始まると朝鮮に渡って鎮南浦で旅館帝国館を開設したが、翌年大連に移って岩代町で旅館帝国館を経営し、諸官衙用達業と建築材料商を兼営した。さらにこれとは別に職工数十人と六〇万本の活字を備えた野坂活版所を経営し、満州有数の印刷業者として満鉄、諸官衙の印刷物を手がけた。

野坂　卓爾　▷12

満州興業銀行牡丹江支店支配人、牡丹江商工会議所議員、同金融部長／浜江省牡丹江満州興業銀行支店／一八八九（明二二）七／山口県萩市堀ノ内／長崎高等商業学校

長崎高等商業学校を卒業してハルビン銀行経理部に勤務した後、朝鮮銀行に転じた。以来勤続して牡丹江出張所長に累進し、一九三六年一二月朝鮮銀行の在満支店・出張所が満州興業銀行に吸収合併された後、引き続き牡丹江支店支配人を務めた。

野坂　直裕　▷11

美豊商会主／ハルビン埠頭区ポテワヤ街／一八八三（明一六）八／福島県相馬郡山上村／独逸協会学校

旧相馬藩士野坂直信の次男として東京浅草に生まれ、神田中学から独逸協会学校に進み、卒業後は一時医学を志したが断念し、東京の各紙新聞社で記者を務めた。徴兵検査後、習志野の騎兵連隊に編入されて日露戦争に従軍し、負傷して送還された。戦後、叔父に当たる相馬社長の経営する武相鉄道に入ったが、その後再び同社長の周旋で朝鮮鉄道に入り京義線竜山駅貨物主任として二年勤務した。一九〇八年満鉄に転じて長春駅に勤務した後、一三年に退社して帰国し国民新聞名古屋支局に勤務した。一七年再び渡満して石山商会ハルビン出張所に勤めたが、その後同商会が日満商会と合同することになり、石山商会の事業の一部を継承して美豊商会を設立して運送業を営んだ。その後、土木建築請負業に転じて特産商を兼営した。乗馬を趣味としハルビン競馬会社重役を務めたほか、ハルビン土木建築同業組合長、義勇消防隊長を務めた。

野崎　一郎　▷11

満鉄鞍山製鉄所製造課動力水道係／奉天省鞍山北四条町／一八八〇（明一三）一二／東京府東京市牛込区早稲田鶴巻町

東京府野崎孫次郎の長男に生まれ、一九〇三年七月京都市水利事務所水力発電所工手となった。〇九年に渡満して満鉄に入り、大連発電所に勤務した。

一〇年五月安奉線福金嶺発電所に転勤したが、同年一一月再び大連発電所勤務となった。一七年一〇月長春発電所に転勤した後、一八年七月沙河口工場兼鞍山製鉄所勤務となり、両工場の電路掛主務者として勤務した。高知県女子師範学校出身の夫人善子との間に二女あり、長女恭子は撫順高女に学んだ。

野崎　正治　▷12

関東局視学官司政部行政課勤務兼関東州庁勤務、正六位勲六等／大連市関東州庁学務課／一八九三（明二六）一〇／三重県阿山郡上野町／東京高等師範学校理科

愛知県官吏古川止の五男に生まれ、師弟関係の三重県野崎すゑの養子となった。一九一九年三月東京高等師範学校理科を卒業して群馬県師範学校教諭となったが、翌年一〇月関東庁旅順師範学堂教諭に転じて渡満した。二八年四月旅順高等女学校教諭に転任した後、三五年九月関東局視学官となり、三六年一一月から関東州庁を兼職し、関東州普通学堂教員及び関東州公学堂教員検定試験常任委員、専門学校入学者資格検定試験常任委員を務めた。長兄の古川正澄は奈良中学校の校長を務めた。

野崎　嘉英　▷12

満鉄奉天保安区保安助役／奉天葵町／一九一〇（明四三）一一／三重県一志郡戸木村／東京帝大工学部電気科

三重県野崎嘉一郎の長男に生まれ、一九三三年三月東京帝大工学部電気科を卒業して満鉄に入り、鉄道部電気課に勤務した。三六年一〇月鉄道総局の設置とともに同電気課に転任し、次いで三七年二月奉天保安区保安助役となった。この間、満州事変時の功により賜品及び従軍記章を授与された。

野沢長次郎　▷1

小樽木材㈱大連出張所長／大連市／一八七四（明七）九／北海道上川郡旭川町

富山県に生まれ、後に北海道旭川に移籍した。一八九二年から山林業に従事し、九五年足尾銅山に入って山林係主任となり、日光その他の出張所に八年勤務した。三井物産経営の砂川製材所に転じた後、独立して木材販売業を営んだ。一九〇六年一〇月に廃業して小樽木材㈱に入り、大連出張所長となって渡満した。

野沢　正雄　▷12

安東省臨江県参事官／安東省臨江県参事官公館／一九〇六（明三九）八／石川県金沢市森山町／東京帝大農学部農学科

石川県野沢正浩の次男に生まれ、一九三二年三月東京帝大農学部農学科を卒業して渡満し、国務院資政局訓練所に入所した。同年一〇月、改称後の大同学院を卒業して奉天省梨樹県属官となった。三四年一月安東県属官に転任し、三六年四月同県参事官となった。

能地亀太郎　▷11

精米・特産物商、勲七等／奉天省鉄嶺敷島町／一八七五（明八）五／広島県豊田郡西生口村

広島県農業能地永吉の長男に生まれ、小学校卒業後一八九二年から神戸の金物貿易商で働いた。九五年徴兵されて兵役に服した後、神戸で金物貿易商を開業したが、一九〇〇年北清事変で召集され同年末に除隊した。〇一年三月陸軍御用達商となって中国に渡ったが、〇四年六月日露戦争で召集され、安東県に上陸して各地に転戦した後、〇六年四月に除隊した。退役歩兵曹長として一時金四〇〇円を下賜され、鉄嶺で雑貨商を営んだ後、二〇年に精米業に転業して特産物商を兼営し、鉄嶺民会議員を務めた。

野地　太助　▷12

満鉄洮南自動車営業所主任／龍江省洮南満鉄自動車営業所／一八九五（明二八）一〇／神奈川県足柄下郡田島村／東京自動車学校

小田原中学校三年を中退した後、一九一四年三月東京自動車学校を卒業して箱根登山鉄道㈱に入り、運輸課、同課運輸係、自動車部小田原営業所長を経て三〇年二月運輸係長となった。その後三四年六月に依願退職し、同年八月満鉄鉄路総局に入り、王爺廟自動車営業所に勤務した。次いで大賚自動車営業所主任、洮南自動車事務所勤務、同所主任兼安広自動車営業所主任に歴勤し、三六年九月洮南自動車営業所主任となった。この間、父を筆頭に男兄弟六名全員が兵役に服したことにより銀杯を授与された。錦心流琵琶総伝の名手で、琵琶と詩吟を趣味とした。

野島　一朗　▷12

満州電業㈱チチハル支店営業係長／龍江省チチハル商埠路／一九〇一（明三四）六／広島県豊田郡川源村／日露協会学校

広島県野島峯三郎の長男に生まれ、広島中学校を卒業して渡満した。一九二四年ハルビンの日露協会学校を卒業し、同年七月北満電気㈱に入社した。同年一二月広島の歩兵第一一連隊に入営し、二八年一二月に除隊して同社に復帰した。二九年三月営業掛事務取扱となり、三一年九月満州事変に際しハルビン日本領事館よりハルビン日本義勇隊員を嘱託され、次いで三二年一月から六月まで関東軍司令部事務嘱託を務めた。帰社して三三年一一月営業係主任兼商事係主任となり、三四年一一月満州電業㈱の創立とともに同社入りしてチチハル支店営業係長となった。

野尻浅次郎　▷9

満州製粉㈱ハルビン出張所長／ハルビン埠頭区／一八八〇（明一三）九／愛知県名古屋市西区花車町／名古屋商業学校

一九〇一年名古屋商業学校を卒業して渡満し、営口の服部洋行に入り特産物取引に従事した。〇八年に閉店となり、翌年満州製粉㈱に入社して鉄嶺、ハルビン、長春、ウラジオストクの各支店に勤務した後、二一年ハルビン出張所長に就いた。

野尻　奥松　▷10

㈾野尻商会代表社員／大連市西通／一八八三（明一六）四／大阪府大阪市東区道修町／フランス語学校中退

一六、七歳頃、営口で薬種商初荷洋行を営む実兄の長谷川吉次郎を頼って渡満した。外国語の必要性を痛感してフランス語学校に通ったが二年で中退し、以後は兄の業務を補佐し、一九一六年頃に独立して薬種ブローカーを開業した。その後天津に移り、世界大戦で薬種が高騰して財を成し、それを元手に大連で株式売買を始めた。一九年五月満州証券市場が創設されると株式仲買人となり、さらに五品取引所が開設されると株式部第一取引人の免許を得た。二〇年六月戦後不況に際会し、弟の井上甚三郎に経営を託して帰国した。長兄と大阪で雑貨商を営んだが思わしくなく、二二年七月再び渡満して大連に㈾野尻商会を開業した。株式売買から肥料商に転業し、硫安、豆粕、胡麻粕、大麻粕、雑穀等の雑肥料を取り扱うほか、海城産の滑石を大阪、長崎方面に輸出した。

野尻　哲　▷6

大連市沙河口郵便局局長次席／大連市大和町／一八九四（明二七）三／大分県大分郡判田村／早稲田大学中退

大分県の漢方医野尻喜間太の長男に生まれたが、六歳の時に父が亡くなり母の手で育てられた。一九一二年三月大分中学校を卒業して早稲田大学に進んだが、一三年六月家庭の都合で中退し、渡満して大連郵便局に勤務した。一八年八月シベリア出兵に際し野戦郵便局を設置のため満州里方面に出張して同年一二月に帰任し、その後辞職して大連機械製作所庶務係に転じた。二〇年四月再び官職に復帰して大連大広場郵便局に勤務し、二三年一二月に同局が廃止されると沙河口郵便局に転任して局長次席に就いた。

野尻　哲二　▷12

国務院実業部臨時産業調査局調査部第一科長、正七位／新京特別市城後路白山住宅／一九〇三（明三六）八／東京府東京市本所区隅田公園／東京帝大経済学部経済学科

東京府立第三中学校、新潟高等学校を経て東京帝大経済学部経済学科に進み、在学中の二六年一二月文官高等試験行政科に合格した。二七年三月に卒業し、同年六月資源局属となり施設課に勤務した。二八年一〇月経済審議会書記となり、後に総務部施設課及び庶務課、企画部第一課を兼務した。次いで資源局統計官を兼任して総務部調査課に勤務した後、三四年八月資源局事務官に昇任して総務部庶務課主務となった。三五年四月国務院実業部臨時産業調査局事務官に転出して渡満し、三六年五月調査部第一科長となった。

野尻　虎　▷11

渓城鉄路公司主事／奉天省本渓湖永利町／一八七九（明一二）一一／東京府荏原郡品川町

東京府野尻邦基の三男に生まれ、一九〇四年東京法学院を卒業し、同年八月東京電気鉄道㈱に入社した。〇六年一二月に退社し、翌年三月に渡満して満鉄開業とともに入社して営口及び大石橋の助役を務めた後、沿線各駅の駅長を歴任した。二〇年本社運輸部事故係主任、二二年巡察員、二四年再び事故係主任を務めた後、二七年一一月参事となり依願退職した。二八年三月、本渓湖の渓城鉄路公司に入り主事となった。

野尻　弥一　▷12

鞍山日日新聞社㈱取締役社長／奉天省鞍山北二条町／一八九一（明二四）四／熊本県阿蘇郡宮地町／熊本県師範学校、東京高等工業学校専攻科中退

熊本県師範学校を卒業して東京高等工業学校専攻科に進んだが、在学一ヶ月で退学した。その後渡満して一九一七年五月ハルビン居留民会立尋常小学校長となり、二〇年一〇月教職から言論界に転じて雑誌「極東公論」を発刊した。二二年五月に廃刊して遼陽の遼鞍毎日新聞社理事に転じ、三二年六月鞍山日日新聞社㈱が設立されると推されて同社社長に就任した。この間、満州事変時の功により賜盃を授与された。

野添　孝生　▷11

奉天商工会議所書記長／奉天木曽町／一八九一（明二四）一／広島県御調郡三原町

広島県医師野添岱治郎の長男に生まれ、大蔵省官吏、会社員を経て一九一八年七月に渡満した。大連機械製作所に入り庶務主任を務めた後、大連商工会議所書記、長春商工会議所書記長を経て奉天商工会議所書記長となった。

野田　市郎　▷11

看板商／大連市伊勢町／一八八六（明一九）一一／熊本県八代郡文政村

熊本県農業野田太吉の次男に生まれ、小学校を卒業して南画家園田耕雪に就いて画を学んだ。かたわら名和範三の私義塾で漢学を修め、一九〇三年から熊本市の秋月東洲に入門して洋画を学んだ。〇六年に上京し、本郷洋画研究所に入って園田三郎助に師事し、東岸、後に蘇南と号した。〇八年三月に渡満し、漫画家として浅野風外の「東亜パック」に入社した。〇九年一一月大連市伊勢町に看板商を開業し、一六年三月㈾雨蓮社に改組した。二〇年から美風堂額縁店を兼営し、二五年一月には東京神田錦町に神田洋画研究所を設立した。画材研究のため中国各地を三回漫遊し、画業と経営のかたわら伊勢町区委員を務めた。

野平　道男　▷14

三井物産㈱大連支店長／大連市児玉町／一八七九（明一二）／長野県上高井郡須阪町／東京高等商業学校

一九一〇年東京高等商業学校を卒業して三井物産に入り、上海支店に勤務した。漢口支店長を勤めた後、一七年五月大連支店長となって渡満した。同年六月大連市会議員に官選され、一九年四月任期中に辞任した。

野田乙五郎　▷6

満鉄沙河口工場会計課／大連市沙河口／一八八六（明一九）／福岡県朝倉郡秋月町

鉄道院小倉工場に勤務した後、一九一四年満鉄に転じて渡満し、沙河口工場会計課に勤務した。謡曲、囲碁将棋から各種スポーツまで多芸多才の社交家で、沙河口福岡県人会会長を務めた。

野田　勘次　▷12

満鉄牡丹江鉄路局運輸処貨物科長、正八位／牡丹江満鉄鉄路局運輸処／一八九六（明二九）一一／佐賀県佐賀市八戸町

佐賀県野田卯平の三男に生まれ、一九一五年三月満鉄従事員養成所を修了して長春駅電信方となった。同貨物方事務助役、同貨物助役、長春鉄道事務所兼長春青年訓練所指導員、奉天鉄道事務所、開原駅貨物主任、小崗子駅長兼吾妻駅長、吾妻駅長に歴任し、三六年一〇月副参事に昇進して牡丹江鉄路局運輸処貨物科長となった。この間、三一年四月に勤続一五年の表彰を受け、三四年三月に荷役用具として鉄製踏板及び馬踏板を改良考案して表彰を受けた。

野田幾三郎　▷8

サミュル＆サミュル会社奉天支店長、貿易商／奉天／一八七七（明一〇）五／岐阜県加茂郡上米田村／東京高等師範学校

一八九八年東京高等師範学校を卒業して各地の中学校に勤務し、一九一二年新潟県新発田中学校長に就いた。一四年学習院教授に転じたが一八年に辞職し、林権助関東長官の秘書官兼翻訳官となって渡満した。二二年末に退官して翌年サミュル＆サミュル会社に入り、奉天支店長を務めるかたわら貿易商を営んだ。

野田喜三郎 ▷11

満鉄遼陽工場調査係主任、正八位／奉天省遼陽イ区／一八九七（明三〇）一／佐賀県佐賀市水ヶ江町／旅順工科学堂機械科

佐賀県今泉岩松の次男に生まれ、同県野田モヨの養子となった。一九一九年一二月、旅順工科学堂機械科を卒業して満鉄に入り沙河口工場に勤務した。勤務中に一年志願兵として鉄道第二連隊に入営し、除隊して予備陸軍工兵少尉となった。二八年一月、遼陽工場に転勤して調査係主任を務めた。

野田　清武 ▷12

国務院総務庁参事官、満州特産中央会参与、満州製油工場振興委員会委員、従五位／新京特別市国務院総務庁参事官公館／一九〇一（明三四）二／佐賀県佐賀市赤松町／東京帝大法学部政治科

佐賀県野田清長の次男に生まれ、東京府立第一中学校、第一高等学校を歴て一九二四年三月東京帝大法学部政治科を卒業し、同年五月農商務省属となり食糧局に勤務した。次いで農務局に転任して農林属となり、営林局山林事務官・大阪営林局在勤、農林事務官・農務局勤務、産業組合事務官兼農林事務官に歴任した。三一年一二月欧米各国に出張して三二年九月に帰国し、経済更正部勤務を経て農林書記官に進み、米穀格差委員会幹事を務めた。その後三五年九月国務院実業部理事官・農務司農政科長兼墾務科長に転出して渡満し、三六年七月地籍整理局事務官兼任、同年九月実業部法令審査委員会委員を経て三七年二月総務庁参事官となり、同年三月兼任実業部理事官農務司勤務となった。

野田　九郎 ▷12

日本赤十字社奉天支部病院長、正六位勲四等／奉天浪速通日赤病院長社宅／一八九一（明二四）九／愛知県丹羽郡丹陽村／京都帝大医科大学

一九一八年七月京都帝大医科大学を卒業し、同年一二月金沢の歩兵第三五連隊に入営した。満期後も軍務に就いて二等軍医に任官し、二九年四月論文「胸腔漏出液ニ関スル臨床的並ニ実験的研究」により東京帝大より医学博士号を授与された。東京陸軍幼年学校、軍医学校等に勤務した後、日本赤十字社奉天支部病院長に任命されて渡満した。

野田　慶 ▷11

諸機械製作据付一般請負業／奉天省撫順西公園町／一八七四（明七）一〇／福岡県山門郡三橋村

一八九六年三月三菱(資)に入り、福岡県の鯰田炭坑機械係、同設計製図係、方城炭坑機械係主任を経て朝鮮に渡り、京城で鉄工営業に従事した。一九〇七年三月に渡満して満鉄に入り、撫順炭砿機械課に勤めた。その後、中央機械工場及び各鉱山の運転主任、鞍山製鉄所建設工事主任兼務、同製鉄所工作科長、古城子採炭所機械係主任を歴任した。二五年四月に満鉄を退社し、同年八月から撫順で諸機械製作据付の一般請負業を営んだ。

野田清一郎 ▷11

旅順工科大学学長、工学博士、正五位勲四等／旅順市赤羽町官舎／一八八三（明一六）一〇／岡山県岡山市旭町／京都帝大理工科大学電気工学科

岡山県赤枝光次郎の次男に生まれ、叔父野田幾太郎の養子となった。一九〇八年京都帝大理工科大学電気工学科を卒業して同大学理工科講師となり、一〇年助教授に昇任した。一八年六月欧米に留学し、二〇年に帰国して工学博士号を取得し、熊本高等工業学校教授に転任した。二六年三月旅順工科大学教授に転任して渡満し、後に同大学学長を務めた。

野田　耕夫 ▷11

虎石台独立守備隊付歩兵少尉／南満州虎石台陸軍官舎／一九〇四（明三七）六／愛知県名古屋市御所町／陸軍士官学校

愛知県陸軍技手野田清七の長男に生まれ、一九二六年陸軍士官学校を卒業した。二八年、虎石台独立守備隊付に転任して渡満した。

野田　武彦 ▷11

関東庁外事課属、勲六等／旅順市日進町／一八九〇（明二三）四／東京府東京市牛込区余丁町／東京外国語学校

東京府野田寅之進の六男に生まれ、一九一四年東京外国語学校を卒業して満鉄に入社した。一五年小寺洋行ハルビン支店に転じ、さらに一七年五月陸軍通訳に転じた後、一八年三月ハルビン極東運輸組合に勤務した。この間、北満特産物の水運による輸出研究のため松花江、黒竜江を下りニコラエフスクに出張し、さらにウラジオストク、ハバロフスク、チタ、イルクーツクを巡遊視察した。二〇年六月ハルビンで貿易業を開いたが、間もなく廃業して二二年九月関東庁翻訳生となり、翌年六月関東庁属として外事課に勤務し警務局警察課勤務を兼任した。長兄慶次郎は大阪で商業を経営し、次兄茂は大阪府泉南高等女学校教諭、三兄俊彦は近海郵船会社船長、四兄清は海軍大学校教官、軍令部第二課長等を歴任して後に海軍中将となった。

野田利太郎 ▷12

万寿屋質店主／大連市逢坂町／一八八八（明二一）四／滋賀県愛知郡稲枝村

一九〇七年に渡満し、大連信濃町の藤井屋質店で働いた。その後一九年に独立して逢坂町に万寿屋質店を開業し、後に同市西崗平和街に分店を設置した。

野田　鞆雄 ▷12

奉天高等検察庁次長、従四位勲四等／奉天千代田通／一八九二（明二五）一二／佐賀県佐賀郡北川副村／東京帝大法科大学独法科

藤井鴻雲の次男に生まれ、野田常貞の養子となった。一九〇九年七月東京帝大法科大学独法科を卒業し、同年一二月韓国統監府検事となった。京城区裁判所、京城地方裁判所、京城地方法院、大邱地方法院、大邱覆審法院、公州地方法院、釜山地方法院、京城覆審法院の各検事を務めた。二二年五月朝鮮総督府事務官兼任となり、総督府看守長、忠清南道警察部長、咸鏡北道警察部長、全羅北道内務部長、黄海道内務部長を歴任し、二九年一一月総督府勅任事務官となり退官した。三一年二月佐賀市長に就任したが、翌年七月同市庁舎焼失の責任を取って辞職した。三三年一一月武藤信義駐満全権大使の推輓により満州国検察官となって渡満し、三四年七月奉天高等検察庁次長に就いた。以来同職にあり、建国功労賞、大典記念章、皇帝訪日記念章を授与された。同郷の夫人タケチヨとの間に三男あり、長男常道は京城帝大を出て朝鮮総督府に勤務した。

野田　友祐 ▷9

菅原工務所本店主任、[資]小崗子露天市場代表、老虎灘保健浴場[株]監査役、遼東製氷[株]監査役／大連市伏見台／一八九〇（明二三）六／富山県下新川郡生地町／明治大学政治科、専修大学経済科

一九一四年六月明治大学政治科及び専修大学経済科を卒業して第百銀行に入り、横浜支店に勤務した。大阪支店勤務を経て一七年七月に退職し、渡満して大連の菅原工務所に入った。後に本店主任となり、小崗子露天市場[資]代表、老虎灘保健浴場[株]監査役、遼東製氷[株]監査役を務めた。

野田　信之 ▷12

大金工業所主、奉天金物同志会鉄作部長、奉天福岡県人会副会長、正八位／奉天平安通／一八七八（明一一）一〇／福岡県三池郡高田村／熊本高等工業学校機械学科

福岡県野田喜一の長男に生まれ、一九一〇年熊本高等工業学校機械学科を卒業して三井鉱山[株]技師となった。以来勤続して北九州工作所技師長、常務取締役を歴任した後、八幡製作所の御用商として戸畑シャーリングを興して専務取締役に就いた。その後二六年に同社を解散し、[資]野田商会を興して鉄材・工業用品商を営んだが失敗し、二七年に渡満して奉天に匿名組合大阪金属工業所奉天工場を設け、東三省兵工廠の下請工場として兵器・部品を製作し、満鉄本社直属指定請負人として満鉄、関東庁方面に一般鉄工品を納入した。三一年六月同社を解散し、設備一切を継承して奉天紅梅町に個人経営の大金工業所を設立して軌道付属品、鉄橋、鉄塔、兵器、航空機及び自動車部品の製造販売業を経営し、新京、撫順、公主嶺、ハルビンの各地に分工場を設けた。かたわら多田陽画感光紙満州国代理店となり、製図用紙、機具類の輸入商を兼営した。

野田　兵蔵 ▷11

満鉄長春駅構内助役／長春羽衣町／一八九三（明二六）一二／福岡県八女郡上古川村／尋常小学校

福岡県農業野田嘉作の次男に生まれ、一九〇六年尋常小学校を卒業した。一四年三月に渡満して満鉄に入り、長春駅駅夫となった。沿線各駅の転轍方、車号方、配車方、車掌を務めて助役に進み、長春駅構内助役に就いた。

野田保治郎 ▷12

山宝久洋行主、勲六等／ハルビン道裡透籠街／一八七七（明一〇）一／和歌山県和歌山市新中通

野田源平の九男として堺市寺地町に生まれ、内外綿㈱に五年勤めた後、日露戦争に従軍した。その後泉州織物㈱に入り工場長となったが、四年後の一九一四年に召集されて青島攻略戦に従軍した。除隊して湊織物㈱工場長を三年務めた後、泉州織物㈱に復帰して販売主任、工場長を務めたが、二二年に独立して綿ネルの製造販売業を営んだ。満州事変後三二年に渡満して奉天にしばらく滞在した後、同年八月からハルビンで軍用達業を始め、大阪、大連、東京、愛知県、松花江沿岸より食料品・雑貨を仕入れ、また漬物を製造して軍部に納入し、日本人四人、中国人二人を使用して年間一七万円内外を売り上げた。かたわら旧五路軍より土地を借りて農場を経営し、軍用馬匹の馬糞、人糞を肥料として活用した。

野津孝次郎 ▷11

貿易商／大連市神明町／一八七四（明七）一二／大阪府大阪市西区江戸堀南通

大阪府伊藤弥助の次男に生まれ、野津ナヲの養子となった。一八八九年松江中学校を卒業して第三銀行松江支店に入った。一九〇〇年八月大阪支店に転勤して為替課主任となり、第百三十銀行の整理事務に従事した。〇五年六月東京本店に転勤して為替課長、安田銀行内保善社勤務を経て一一年五月安田系の正隆銀行支配人となって渡満した。一四年一一月に退任していったん帰国したが、翌年二月再び渡満して大連取引所信託㈱常務取締役に就任した。一七年九月に辞任し、一〇年ほど銭鈔取引人として営業した後、特産商に転じた。星ヶ浦土地建物会社長、日華証券信託会社、南満州倉庫㈱、不動貯金㈱の各取締役を兼任したほか、大連市会議員及び商業会議所常議員をそれぞれ三期務め、一九年に紺綬褒章を受けた。

野鶴　秀人 ▷12

満鉄鉄道総局水道課員、関東軍嘱託、勲八等／奉天朝日町／一八九六（明二九）一一／福岡県浮羽郡山春村／攻玉社工学校土木科

福岡県野鶴利平次の次男に生まれ、一九一〇年から一六年まで呉海軍工廠で造船技術を習得した後、一七年から海軍軍属として艦政本部に勤務した。かたわら攻玉社工学校土木科に学び、二二年に卒業して富山県土木技手となった。次いで日本電力㈱、王子製紙㈱、高知県技手に歴職し、三三年四月に渡満して満鉄に入社した。鉄道建設局水道調査所、ハルビン建設事務所、四平街建設事務所に歴勤した後、鉄道総局工務局水道課に転任し鉄道関係水道建設に従事した。

能登庄三郎 ▷11

度量衡器製作・金庫販売業／大連市但馬町／一八七五（明八）一二／富山県氷見郡氷見町

富山県酒造海産物商能登庄三郎の長男に生まれ、日露戦中の一九〇五年七月に渡満した。陸軍倉庫及び奥地駐屯軍隊酒保への雑貨・食料品納入業を営んだ後、度量衡器製作・金庫販売業に転じた。かたわら関東州度量衡組合長、遼東信託、大連醤油、日本製針、満州家畜飼料各会社の取締役又は業務社員を兼務した。長男精一は京城高等商業学校を卒業して南満州瓦斯㈱に勤務した。

能登　博 ▷12

満鉄総裁室弘報課第一係主任／大連市伏見台／一八八五（明一八）五／兵庫県城崎郡中竹野村／早稲田大学文学部英文科

兵庫県農業能登又右衛門の五男に生まれ、一九一〇年早稲田大学文学部英文科を卒業した。東京で文学、演劇活動を行った後、一九年二月に渡満して満鉄に入り人事課慰藉係に勤務した。職制改正により社会課慰藉係となった後、庶務係、読書会雑誌編集主任を経て二四年一〇月慰藉係主任となり、満鉄育成学校講師を兼務したほか、大連博覧会美術部委員、日仏競技委員等を委嘱されるなど大衆娯楽と美術・音楽等の趣味普及に努め、大連女子人文学院講師として芸術・文学を講じた。次いで地方部地方課勤務を経て総務部庶務課弘報主任となり、三三年三月鉄路総局人事課福祉係主任を兼務して参事に昇格し、三六年一〇月総裁室弘報課第一係主任となった。実妹の八重子は朝鮮鉄道局副参事林原憲貞に嫁した。

能登谷久松 ▷11

建築材料請負販売業／奉天省鞍山北三条町／一八七八（明一一）一／富山県氷見郡藪田村

幼い頃から土木建築業に従事し、一九〇七年三月に渡満して鞍山で御朴建築業を営んだ。

野中　菊蔵 ▷9

野中医院主／大連市吉野町／一八八三（明一六）一二／福島県南会津郡檜沢村／福島県師範学校

一八九九年福島県師範学校を卒業して県下の小学校教員となり、業務のかたわら医学を独学した。一九〇九年文部省医術開業試験に合格し、上京して東京帝大医科大学皮膚科教室に入り土肥博士の下で医学研究に従事した。一二年八月に渡満して満鉄大連医院皮膚科の医員となり、一八年に退社して吉野町で皮膚科医院を開業した。

野中　時雄 ▷13

大連農事㈱社長／大連市伏見町／一八九三（明二六）一一／京都府京都市河原町／東北帝大農科大学

野中武雄の三男として大津市に生まれ、一九一七年七月東北帝大農科大学を卒業して北海道庁農事試験場技手となった。二〇年一一月満鉄に転じて渡満し、調査課に勤務して『満蒙全書』の刊行に従事した。二三年八月から一一月までモスクワ博覧会に派遣され、ロシア、ポーランド、ドイツを巡遊視察した。二五年一二月鉄道沿線における産業資源開発に関する政策研究のため欧米各国に留学し、二八年一月に帰任して臨時経済調査委員会常務幹事、興業部農務課勤務、殖産部農務課勤務、上海事務所付参事、吉林事務所長を経て三五年二月経済調査会第六部主査兼第六部総合班主任となり、華北資源調査に従事した。その後、産業部調査役、天津事務所調査課長、北満経済調査所長を歴任し、三九年七月参与に進んで満鉄全額出資の大連農事㈱取締役に転じ、四一年六月社長に就任した。⇒敗戦後は中国に留用されて中国経済建設学会で計画案の策定に従事し、四七年三月に帰国して兵庫農科大学で教鞭を執った。

野中　秀次 ▷12

満鉄鉄道総局工作局長、輸送委員会委員、技術委員会委員、鉄道総局設備委員会委員、工務委員会委員、勲四等／奉天淀町／一八八五（明一八）三／佐賀県西松浦郡大山村／東京帝大工科大学機械工学科

佐賀県野中利左衛門の子に生まれ、第七高等学校を経て一九一三年七月東京帝大工科大学機械工学科を卒業して満鉄に入った。沙河口工場勤務を経て鉄道部に転任し、二〇年から一年半余りアメリカに出張して工作機械と新式車輌の研究に従事した。二三年鉄道部機械課勤務となり、同年ローマで開かれた万国鉄道会議に派遣され、第一次大戦後のヨーロッパ鉄道事業を視察して帰社し、鉄道部設備調査委員会幹事を務めた。三〇年鉄道工場長に進み、鉄道部工作課長を経て三五年一一月チチハル鉄路局副局長となり、次いで三七年鉄道総局工作局長に就いた。この間、満州事変時の功により勲四等に叙せられた。

野並　勇馬 ▷9

大松号代表主任／奉天省撫順明石町／一八八一（明一四）六／高知県幡多郡入野村／高知県師範学校

一九〇三年高知県師範学校を卒業して県下の小学校訓導を務めた後、〇八年高知県属に転じた。一五年八月撫順で大松号を経営する同郷の大江惟慶に招かれて渡満し、撫順本店に勤務して後に主任となった。二〇年五月に主人の大江が病没すると、遼陽支店主任の西村茂、未亡人いか、遺子惟量、同惟賢と五人で㈴大松号を組織して主人の事業を継承した。大江の創業した大松号は満州における日本人による水田開拓の嚆矢として一二〇町歩の水田を経営したほか、精米所を設け、さらに自家醸造の清酒「千金正宗」を年一〇〇〇石生産して南北満州に販売した。

野原　正雄 ▷11

奉天郵便局長、従六位勲五等／奉天春日町／一八八一（明一四）四／福岡県福岡市養巴町

福岡県官吏野原鷹二の長男に生まれ、一八九八年五月通信書記補となり福岡郵便局に勤務した。一九〇四年通信技手として日露戦争に従軍し、戦後も残留して〇八年六月関東都督府通信書記となった。一一年関東庁逓信福事務官に昇進して長春郵便局長となり、二五年九月奉天郵便局長に就いた。

信川 政信 ▷12

満鉄チチハル電気段保安助役／龍江省チチハル満鉄電気段／一九〇〇（明三三）九／兵庫県明石郡垂水町／関西商工学校機械科

兵庫県信川松蔵の子に生まれ、関西商工学校機械科を卒業した後、三三年三月満鉄に入り奉天鉄道事務所に勤務した。三五年三月ハイラル電気段信号副段長となり、三六年一〇月の職制改正に際し新制の助役に任じられ、チチハル電気段に転勤した。

登 楽松 ▷12

浜江省公署警務庁員、従七位勲七等／ハルビン省公署警務庁／一八九一（明二四）三／福井県大野郡下穴馬村

一九〇八年、文部省小学校准教員検定試験に合格した。一一年一二月徴兵されて山形の歩兵第三二連隊に入営し、一三年憲兵上等兵となった。満期後も引き続き軍籍に留まり、朝鮮駐劄憲兵隊義州憲兵隊、京都憲兵隊付、八日市憲兵分遣隊長、東京憲兵隊付、佐倉憲兵分遣隊長、仙台憲兵隊付等に歴勤し、三三年一月少尉に進級して予備役編入となった。三四年一二月浜江省公署嘱託となって渡満し、双城県警正、綏化県警正を経て三七年二月浜江省公署事務官となり、同省公署警務庁に勤務した。武術を愛好し、剣道初段、柔道二段の腕を有した。

野間 清 ▷12

満鉄産業部員、満州国嘱託、京大吉田会幹事／大連市伏見町／一九〇七（明四〇）一〇／愛媛県越智郡大山村／京都帝大法学部

愛媛県野間直政の長男に生まれ、今治中学校、第六高等学校を経て一九三一年三月京都帝大法学部を卒業し、同年四月満鉄に入社した。交渉部、総務部調査課勤務を経て三二年二月経済調査会第五部に転任し、三三年一二月から地方部庶務課勤務を兼任した後、三四年四月経済調査会新京駐在幹事付となった。三五年一一月再び第五部に戻り、三六年四月諸税班主任、同年一〇月産業部の設置とともに資料室調査班満州経済係主任となった。この間、満州事変後に奉天省財政庁に出向して建国前の財政運用を担当し、三六年一〇月現職のまま満鉄最初の満州国財政部嘱託となった。⇒三七年四月社命で欧米各国に派遣され、金融投資統制機関としての植民会社の運営について調査研究し、三九年四月に帰社して調査部綜合課に勤務した。四一年四月上海事務所調査役として南京に在勤し、四二年九月満鉄調査部事件に連座して検挙された。四三年三月満鉄を依願退職し、四五年七月満州国通信社臨時嘱託を経て翌月終戦を迎え、同年九月満鉄の業務を引き継いだ中長鉄路に留用されて理事会調査処に勤務した。その後、東北自然科学院、瀋陽農学院等に勤務し、五三年八月に帰国して中国研究所に勤務した後、五七年四月愛知大学教授に就いた。満州電業㈱取締役の古泉光男の長女で大連神明高女卒のユキを夫人とした。

野間 忠蔵 ▷12

国務院民政部警務司特務科員／新京特別市義和路官舎／一九〇一（明三四）一／福島県伊達郡梁川町／東京帝大法学部独法科

福島県野間良太郎の三男に生まれ、成城中学校、第二高等学校を経て一九二八年三月東京帝大法学部独法科を卒業した。同年八月内務省警保局嘱託となった。勤務のかたわら三〇年文官高等試験司法科に合格し、次いで三一年同行政科に合格した。三四年一〇月埼玉県属となり、内務部産業組合課に勤務して耕地課勤務を兼任したが、同年一一月満州国政府に招聘されて渡満し、国務院民政部警務司嘱託に転じた。三五年八月中央警察学校教授を務めた後、同年一〇月民政部事務官となり警務司特務科に勤務した。

乃万文太郎 ▷11

満鉄鉄道従業員養成所舎監、正七位勲六等／旅順将軍山／一八六五（慶一）八／東京府東京市赤坂区青山高樹町

東京府乃万精一郎の長男に生まれ、陸軍に入った。大島旅団一戸大隊に属して日清戦争に従軍し、戦後は台湾総督府幕僚として勤務した。その後朝鮮に勤務したが、一八九九年平壌で負傷して退役となった。一九一四年八月、満鉄鉄道従業員養成所舎監となって渡満した。養女芳子は鹿児島出身で後の陸軍中将岩切秀に嫁した。

野間 雅人 ▷3

旅順第一尋常高等小学校長／旅順旧市街白銀町／一八六五（慶一）

四／福岡県山門郡東山村／福岡県師範学校高等師範科

一八八六年福岡県師範学校高等師範科を卒業し、同県柳原、前田、添田等の各小学校で訓導・校長を務めた。一九〇九年大連尋常高等小学校訓導兼校長に転じて渡満し、翌年旅順第一尋常高等小学校長となった。長く教職に携わり、文部省、大日本農会、各教育会その他数多くの表彰を受けた。

乃美熊太郎 ▷11

呉服商／奉天省営口新市街／一八七七（明一〇）五／広島県安佐郡狩小川村

広島県農業乃美庄次郎の長男に生まれ、日露戦中の一九〇五年四月に渡満して営口で呉服商を開業した。以来同地で営業し、振興銀行、営口土地建物㈱の各取締役、満鉄営口地方委員、商業会議所議員、輸入組合監事、広島県人会長等を務めた。同郷の夫人千代との間に一男三女あり、長男正雄は神戸高等商業学校を卒業した。

野水　郡太 ▷11

撫順炭砿調査役事務担当員／奉天省撫順南台町／一八八九（明二二）一一／熊本県塩飽郡池上村／熊本商業学校

熊本県野水武光の次男に生まれ、一九〇九年熊本商業学校を卒業して渡満した。満鉄撫順炭砿に入り、以来勤続して調査役事務担当員を務めた。

野村　聿郎 ▷3

満鉄工場設計課員／大連市若狭町／一八八一（明一四）三／茨城県東茨城郡緑岡村／東京帝大工科大学機械工学科

一九〇九年七月東京帝大工科大学機械工学科を卒業し、同年八月に渡満して満鉄に入社した。

野村馬之助 ▷11

満州日報印刷所欧文科長／大連市東公園町／一八八五（明一八）九／神奈川県横浜市中村町

神奈川県野村武平の長男に生まれ、一九一〇年に渡満して満州日日新聞社に入り、欧文植字工となった。二七年一一月同紙が遼東新報と合併して満州日報となった後も勤続し、欧文科長を務めた。

野村　兼松 ▷9

正隆銀行鄭家屯支店長／鄭家屯／一八九二（明二五）二／香川県綾歌郡坂出町／東亞同文書院

一九一四年七月上海の東亞同文書院を卒業して正隆銀行に入り、大連本店に勤務した。一五年三月営口支店に転勤した後、一九年八月鄭家屯支店長に就いた。

野村　喜市 ▷12

満鉄朝陽鎮機務段技術助役／奉天省朝陽鎮満鉄機務段／一八九五（明二八）二／茨城県北相馬郡寺原村／東北帝大工学専門部機械工学科

一九二一年三月東北帝大工学専門部機械工学科を卒業して同年五月鉄道省に入り、名古屋鉄道局運輸課に勤務した。名古屋鉄道局教習所講師兼務を経て田端、水戸、千葉の各機関庫に勤務した後、樺太鉄道㈱に転じて運旅課に勤務した。三三年に渡満して福昌公司新京出張所に勤務し、次いで三四年七月満鉄鉄路総局に転じてハルビン鉄路局松浦機務段副段長となり、同年九月三棵樹機務段副段長に転任した。三五年五月新京鉄路局機務処運転科勤務を経て、同年一二月朝陽鎮機務段技術助役となった。

野村　清 ▷12

日満商事㈱営業課硫安係主任／大連市青雲台／一九〇一（明三四）四／宮城県仙台市南鍛冶町／立教大学商学部経済科

宮城県野村虎松の長男に生まれ、一九二七年三月立教大学商学部経済科を卒業し、同年五月満鉄に入り販売課に勤務した。次いで三五年七月商事部販売課第二課硫安係主任を経て三六年九月副参事に昇格し、同年一〇月商事部の業務を継承して日満商事㈱が創立されると同社に転出して営業課硫安係主任となった。

野村　欽二 ▷12

満州電業㈱工務部技術課工務係長／新京特別市大同大街康徳会館満州電業工務部／一九〇七（明四〇）一〇／神奈川県横浜市中区尾上町／東北帝大工学部電気工学科

一九三一年三月東北帝大工学部電気工学科を卒業し、同年四月満州電業㈱に入り電灯課に勤務した。三二年一月一年志願兵として千葉の鉄道第一連隊に入営し、同年一二月に除隊復職して営業課に勤務した。三三年五月鉄嶺電灯局、三四年一二月新京電業局に転勤した後、本社工務部技術課工務係長となった。

野村 健次　▷1

野村洋行主／奉天小西辺門外十間房／一八八三（明一六）一一／香川県小豆郡前羽村

一九〇三年徴兵検査に合格して丸亀の第一一師団騎兵第一一連隊に入営し、翌年現役兵として日露戦争に従軍した。第三軍兵站監部その他に転属した後、〇六年一一月奉天の第二関東病院看護長に進んだ。同地で満期除隊し、小西辺門外十間房に野村洋行を開業して諸種の実業に従事し、後に千金寨に支店を設けた。

野村孝太郎　▷3

満鉄長春医院医長心得、婦人科部長、正八位勲六等／長春満鉄医院社宅／一八八一（明一四）八／東京府荏原郡大井町／東京医学専門学校

一八九九年三月前橋の集成学校を卒業して上京し、同年四月東京医学専門学校に入学した。一九〇三年四月に卒業し、内務省医術開業試験に合格して栃木県産婆学校講師となったが、同年一二月一年志願兵として入隊した。〇四年三等軍医として日露戦争に従軍し、〇六年二等軍医に昇進した。一九〇七年開業間もない満鉄に入社し、一二年一二月ミュンヘン大学に留学して学位を取り、一四年一二月に帰任して長春医院医長心得に就いた。

野村 重治　▷12

満鉄ハルビン検車段検車助役／ハルビン馬家未會有新永和街／一九〇六（明三九）一／北海道札幌郡江別町

北海道野村喜三右衛門の三男に生まれ、一九二〇年四月鉄道院に入り札幌鉄道管理局に勤務した。二二年札幌鉄道管理局教習所本科を修了し、室蘭機関庫検車所苫小牧派出所苗穂工場で実習した後、室蘭検車所に勤務した。三三年九月鉄道局技手に進んで名寄検車所種内分所助役を務めた後、三五年一一月に退官して満鉄に転じ、奉天検車区検車助役を経て三六年三月ハルビン検車段検車助役となった。

野村 宗　▷11

薬種売薬業／大連市伊勢町／一八六八（明一）三／滋賀県愛知郡東押立村／台湾国語学校講習部

滋賀県農業野村利右衛門の次男に生まれ、一八九七年台湾国語学校講習部を卒業して台湾総督府事務嘱託となった。一九〇五年一〇月に辞任して渡満し、関東州民政署事務嘱託となった。一四年八月民政署を辞して薬種売薬に転じ、伊勢町区長を務めた。長男貞三は滋賀県竜田商業学校を卒業して家業に就き、長女美千代は滋賀県愛知川高女に学んだ。

野村島小一　▷11

満鉄埠頭事務所事務助役出納係／大連市沙河口真金町／一八九三（明二六）三／石川県金沢市／金沢商業学校

石川県箔業野村島小太郎の長男に生まれ、一九一一年金沢商業学校を卒業した。横浜の貿易商織田商会に勤務した後、一三年七月に渡満して満鉄に入り埠頭事務所に勤務した。勤続して事務助役に昇任し、二七年四月成績優良の故をもって満鉄の表彰を受けた。

野村庄太郎　▷11

日本赤十字社奉天病院事務長／奉天浪速通／一八七七（明一〇）四／愛知県名古屋市蛭子町／和仏法律学校

一九〇三年和仏法律学校を卒業し、日本赤十字社東京本社に勤務した。〇五年に退社し、朝鮮に渡って倉庫業と果樹園を経営した後、一九年二月に渡満して日本赤十字社奉天病院事務長に就き、奉天居留民会副会長を務めた。

野村 誉規　▷12

満州航空㈱航空工廠機体部第一工場長／奉天葵町／一九〇一（明三四）八／宮崎県北諸県郡中郷村／明治専門学校機械工学科

宮崎県野村加熊の次男に生まれ、一九二四年三月明治専門学校機械工学科を卒業して㈾泰明商会に入った。次いで二五年三月日本楽器製造㈱に転じ、三二年四月同社鉄工課長となった。その後三六年一〇月満州航空㈱に転じて渡満し、航空工廠機体部第一工場長に就いた。

野村龍次郎 ▷11

㈾隆泉海焼鍋代表社員／大連市若狭町／一八七六（明九）九／鹿児島県揖宿郡山川村

鹿児島県野村一平の次男に生まれ、一九〇三年に渡満して鉄嶺でロシア人向けの雑貨商を営んだ。〇四年二月の日露開戦によりロシア軍に拘留され旅順に護送されたが、非戦闘員として放免された。イギリス汽船に便乗して芝罘に避難し、同年三月より大阪朝日新聞の戦時通信員として大連・旅順付近の観戦通信に従事した。〇五年五月に通信員を辞め、営口に渡って遼河の貨物運搬業に従事した後、同年一〇月再び鉄嶺に赴いて雑貨商を開業した。かたわら土木建築請負、木材業、中国官衙の用達業、銃砲火薬販売を兼営したが二三年に廃業し、翌年奉天に移って㈾隆泉海焼鍋を設立して焼酎製造に乗り出し、二九年一月には㈾撫順隆泉海焼鍋を設立して代表社員を兼ねた。

野村　保 ▷12

フロリダ・ダンスホール経営主／ハルビン埠頭区工廠街／一八八五（明一八）二／東京府東京市渋谷区栄通／東京外国語学校露語部本科

一九〇七年東京外国語学校露語部本科を卒業した後、モスクワ及びウラジオストクで長く対露貿易業に従事した。その後ハルビンに移り、工廠街でダンスホールを経営した。この間、軍部嘱託として活動した功により勲六等に叙された。

野村　綱吉 ▷1

三義商会主／吉林省公主嶺／一八六七（慶三）五／鹿児島県鹿児島郡伊敷村／第七高等学校造士館予科

第七高等学校造士館予科を出た後、横浜市役所に勤務した。在職中に徴兵適齢に達して東京の第一師団第一連隊に入営し、満期除隊して東京の鉱山監督局に転じた。一八九四年に官職を辞して九州鉄道会社に入り、その後九七年から炭山と金山の採掘を手がけたが失敗し、大阪に出て日露郵便船凱旋丸の英語通訳となった。一九〇〇年に同船がシベリア沖で座礁すると大阪商船に転じて基隆丸事務長となり、日露戦争が始まると艦隊に付属して物資輸送に従事した。〇四年九月に大阪商船を退社し、威海衛の山県洋行支店長に就いたが、翌年同店が閉鎖となったため旅順、奉天、鉄嶺を経て公主嶺に至り、同地に三義商会を興して諸官衙用達と和洋雑貨・食料品店、土木建築請負業を経営し、長春と孟家屯に支店を置いた。

野村　鉄翁 ▷12

満鉄蘇家屯駅助役、社員会蘇家屯連合会青年部次長、勲八等／奉天省蘇家屯穂高町／一九〇〇（明三三）一二／熊本県八代郡八代町／熊本県立八代中学校中退

熊本県野村直幸の長男に生まれ、一九一七年県立八代中学校二年で中退し、一八年一月九州鉄道管理局に入った。一九年三月依願退職し、同年八月に渡満して満鉄に入り撫順炭砿運輸助手となった。二〇年一〇月徴兵されて入営したが、翌年一月除隊して奉天駅貨物方となり、同年二月蘇家屯駅小荷物方、同年六月撫順駅貨物方、二三年七月同駅小荷物方、二四年一月同駅配車方を歴職し、同年六月奉天列車区車掌心得を経て同年九月車掌となり、同年一〇月大石橋分区に転勤した。次いで三三年八月奉天列車区蘇家屯分区車掌、同年一一月林家台駅助役、三四年一一月鶏冠山駅助役を歴任し、三六年四月蘇家屯駅助役となった。この間、満州事変時の功により勲八等及び従軍記章、建国功労賞を授与され、三六年四月勤続一五年の表彰を受けた。

野村篤三郎 ▷11

満鉄地方部衛生課奉天衛生技術員、従六位／奉天平安通／一八八三（明一六）六／東京府東京市小石川区駕籠町／愛知県医学専門学校

東京府医師野村元達の三男に生まれ、一九〇八年四月愛知県医学専門学校を卒業して東京帝大医科大学皮膚科学教室で研究に従事した。一二年六月警視庁警察医員となり、一三年七月青森県警察医に転じた。一八年九月さらに静岡県警察医に転じて県立鴨江病院長に就き、二〇年四月静岡県技師となったが、二三年六月関東庁医院医官兼大連婦人医院長に任じられて渡満した。二六年二月高等官五等に進んで退職し、翌月満鉄に入社して地方部衛生課奉天衛生技術員となり、奉天付属地衛生医院、奉天警察署医務嘱託、東京会長を務めた。

野村　富喜　▷11

満鉄営口駅貨物取扱所貨物主任／奉天省営口花園街／一八九四（明二七）二／山形県鶴岡市紙漉町／山形県立庄内中学校

山形県官吏野村富太郎の長男に生まれ、一九一五年三月県立庄内中学校を卒業して郷里の新聞社に入ったが、翌年上京して中央大学に入学した。二〇年に卒業して渡満し、満鉄営口駅貨物取扱所貨物方となった。二三年七月奉天列車区車掌、二四年八月営口駅貨物助役を経て二八年一〇月同駅貨物主任となった。勤務のかたわら二七年一〇月から営口地方委員を務め、柔道初段のほか洋画、園芸、飼鳥など多彩な趣味を持った。

野村　均　▷12

満鉄新京保線区工事助役、在郷軍人大連埠頭分会評議員、正八位／新京特別市白菊町／一九〇六（明三九）一〇／福井県福井市日ノ出町／南満州工業学校機械科

福井県野村文松の三男に生まれ、一九二五年三月南満州工業学校機械科を卒業し、同年四月満鉄に入り大連鉄道事務所に勤務した。次いで三〇年六月大連第一工事事務所、同年九月築港事務所、三一年八月埠頭事務所工務区、同年一二月大連甘井子埠頭に歴勤した。三六年六月新京保線区工事助役となり、新京車輌消毒所の工事を担当した。この間、満州事変の直後に軌条敷設機の組立に従事して従軍記章と賜品を授与された。

野村　斉　▷12

沢山兄弟商会㈱大連出張所主任、新京汽船㈱取締役／大連市楠町／一八九〇（明二三）七／大分県西国東郡中真玉町／慶應義塾商工部

大分県商業野村宗六の次男に生まれ、一九一二年慶應義塾商工部を卒業して神戸の山下汽船㈱に入った。その後一七年八月に退社して渡満し、沢山兄弟商会大連出張所に入り、海運部主任を経て同出張所主任となり、三五年九月から新京汽船㈱取締役を兼任した。この間、大連市より一〇年勤続、沢山兄弟商会より模範従業員の表彰を受けた。

野村　文蔵　▷8

義道洋行主／奉天／一八七七（明一〇）三／滋賀県伊香郡南富永村

一九〇一年に渡満して奉天で雑貨商を開いたが、日露戦争に召集されて従軍し功七級を受けた。戦後も奉天にとどまり、一三年から新聞取次業を始めた。二三年店舗を拡張して文房具店を兼営し、大連信濃町に支店の文化堂を設けた。その後病に冒されて奉天で没し、遺族が家業を継いだ。

野村　政武　▷13

新京製氷所長／新京特別市／一八八二（明一五）／石川県金沢市

郷里で漢学を修めた後、台湾に渡って台南市で友人と製氷業を始めた。一四年ほど共同経営した後、新京で製氷業に乗り出した須鎗卯吉に招かれて一九三三年に渡満した。その後、須鎗の後を引き受けて所長となり、新京住吉町に第一工場、同長春大街に第二工場、同蓬莱町に販売部を置き、日産三〇トンの氷を製造した。

野村　稔人　▷12

満鉄地質調査所庶務係主任、社員会本社連合会評議員、社員消費組合総代、勲八等／大連市伏見町／一八九三（明二六）一一／山口県吉敷郡鋳銭司村

一九一二年満鉄見習夜学校を修了し、同年一〇月会計課に勤務した。以来勤続して二六年六月地方部庶務課、二七年九月四平街地方事務所経理係長、三一年八月農事試験場庶務係長兼地方部農務課勤務、三二年八月地方部庶務課、三三年九月計画部業務課経理係主任を歴任して三六年九月副参事となり、同年一〇月地質調査所庶務係主任に就いた。この間、三四年四月勤続一五年の表彰を受け、満州事変時の功により賜品及び従軍記章を授与された。

野村　安治　▷12

満鉄奉天省四平街機関区運転助役／奉天省四平街北五条通／一九〇三（明三六）二／山口県大島郡沖浦村

山口県野村利太郎の次男に生まれ、一九一九年六月満鉄に入り長春機関区車輌係となった。次いで二〇年五月公主嶺機関区、二三年一一月長春機関区、三〇年鉄嶺機関区に歴勤し、三四年八月奉天省四平街機関区運転助役となった。この間、三五年四月に勤続一五年の表彰を受けた。

野村廉治郎 ▷11

関東庁長春局電信課長、正七位勲七等／長春中央通／一八八四（明一七）五／北海道有珠郡伊達町

一九〇五年、臨時電信隊付通信技手として日露戦争に従軍した。翌年除隊して関東都督府通信書記補に採用され、一二年一一月長春郵便出張所長となった。一八年四月関東都督府通信書記に昇格し、同年五月長春局郵便課主事、一九年七月関東庁逓信局勤務を経て二八年九月長春局電信課長に就いた。

野本　謙治 ▷14

満鉄埠頭事務所輸入係主任／大連市伏見町／一八八八（明二一）六／新潟県北蒲原佐々木村／東京帝大法科大学法律学科

新潟県農業野本伊三郎の子に生まれ、一九一六年七月東京帝大法科大学独法科を卒業し、同年一二月北日本汽船㈱に入社した。二〇年二月内外貿易㈱船舶部に転じたが、同社破産のため著述業に従事した。その後二二年九月に渡満して満州日日新聞社総務部長を務めた後、二三年六月満鉄に転じて埠頭事務所海運課、陸運課、庶務課、海運課に歴勤して大連埠頭輸入係主任となった。次いで大連鉄道事務所甘井子在勤を経ていったん退社し、三二年二月鉄道部臨時嘱託として再入社し、羅津建設事務所庶務長心得、同庶務長兼北鮮鉄道管理局勤務を経て三六年九月参事に昇格し、三七年四月ハルビン鉄路局に転勤した。この間、二八年一一月から三二年一〇月まで大連市会議員を務めた。

野元　清蔵 ▷12

満鉄大連鉄道事務所庶務課人事係主任、勲八等／大連市三室町／一八九九（明三二）二／鹿児島県始良郡西襲山村

鹿児島県野元正雄の三男に生まれ、一九一七年四月満鉄に入り奉天車両係機関夫となった。一九年満鉄従事員養成所を修了し、二〇年三月大連管理局庶務課、同年七月奉天運輸事務所勤務を経て職制改正により奉天鉄道事務所、次いで鉄道部庶務課に歴勤した。その後三一年五月大連車両事務所勤務を経て三五年四月大連鉄道事務所庶務課に転勤し、同年一〇月副参事となった。この間、三二年四月勤続一五年の表彰を受け、満州事変時の功により従軍記章及び建国功労賞を授与された。

野本　徳男 ▷12

満鉄朝陽鎮鉄路監理所監理員／奉天省海竜県満鉄朝陽鎮鉄路監理所／一九〇五（明三八）一／高知県高岡郡蓮池村

一九二〇年満鉄従事員養成所電信科を修了して同年一〇月開原駅電信方となった。以来同駅駅務方、長春列車区車掌、長春駅駅務方、同駅貨物方、平頂堡駅駅務方兼助役心得、臥竜家信号場助役、十家駅助役、鳳凰城駅助役を歴任し、三七年四月朝陽鎮鉄路監理所監理員となった。この間、満州事変時の功により賜盃を授与され、三六年四月勤続一五年の表彰を受けた。

野本　豊 ▷11

関東庁高等法院覆審部判官、正七位／旅順市柳町／一八九一（明二四）六／高知県長岡郡大篠村／中央大学

高知県野本利太郎の長男に生まれ、一九一八年中央大学を卒業した。二三年三月司法官試補として大阪地方裁判所に勤務し、翌年一二月判事に任官した。高松地方裁判所勤務、徳島地方裁判所兼同区裁判所勤務を歴任した後、二八年一〇月関東庁法院判官に任じられて渡満した。

野矢市太郎 ▷9

野矢農場主／奉天省開原付属地第三区／一八六五（慶一）五／東京府東京市本所区押上町

滋賀県蒲生郡に生まれ、一八九六年東京市本所区錦糸堀でガラス製造業を営んだ。一九〇四年日露戦争に際し近衛師団に随行して渡満し、遼陽で第四師団兵站司令部付酒保となり、その後各地を転々として〇五年六月から開原に駐在した。〇六年二月兵站部と共に帰国したが、同年四月再び渡満して大連と開原に店舗を設けて商業に従事した。その後開原を根拠地として郊外に広大な土地を手に入れて農場を経営した。

則武佐五郎 ▷1

則武木材局主、勲八等／奉天省鉄嶺／一八六八（明一）六／岡山県岡山市南方町／中学校

一八八四年郡立中学校を卒業して日笠義塾で漢学を学んだが、八七年一月に中断して輸出向けの花筵と畳表の製造販売業を営んだ。一〇年後に廃業して台湾に渡り、総督府立国語学校で中国語を学んで九八年台北監獄署看守部長となり、台北県の通訳試験に合格して通訳を兼任した。一九〇四年七月台北官話講習所を修了し、翌月総督府を退官して陸軍通訳となり、第一軍兵站監部付として日露戦争に従軍した。戦後〇五年一二月に帰国して勲八等と一時賜金一〇〇円を受けた後、翌年三月に再び渡満して鉄嶺に則武木材局を設立して木材と建築材料の販売業を営んだ。

則俊　増治　▷12

大和染料㈱営業部長、岡山県嘱託、岡山県産業協会主事、大連岡山県人会理事／大連市文化台／一八九七（明三〇）一二／岡山県御津郡牧山村／東亜同文書院

岡山県則俊左之吉の子に生まれ、一九二二年三月上海の東亜同文書院を卒業した。その後渡満して二七年三月大連の大和染料㈱に入社し、以来勤続して営業部長に就いた。

乗松　和政　▷11

日本赤十字社奉天病院産婦人科医長／奉天赤十字病院構内／一八九六（明二九）一〇／愛媛県温泉郡三浜町

一九二二年福岡医科大学を卒業し、九州帝大医学部産婦人科に勤務した。二八年九月、赤十字社奉天病院産婦人科医長となって渡満した。

拝田 英之 ▷11

満鉄長春医院内科医長、従七位勲六等／長春錦町／一八七六（明九）六／大分県宇佐郡豊川村／長崎医学専門学校

大分県農業拝田武重の長男に生まれ、一八九六年長崎医学専門学校を卒業し、一年志願兵として入営した。除隊して東京の私立病院に勤務したが、一九〇四年日露戦争に従軍して二等軍医となり、従七位勲六等に叙せられた。一〇年八月に渡満して満鉄に入り、長春医院に勤務して後に内科医長を務めた。

芳賀千代太 ▷11

満鉄参事、鉄道部員／大連市楓町／一八九二（明二五）四／福島県石城郡磐崎村／旅順工科学堂

福島県農業芳賀豊次郎の三男に生まれ、一九〇九年旅順工科学堂第一期生として入学した。一三年に卒業して満鉄に入り、本社運転課に勤務した。大連機関区主任助手、吉長鉄路管理局長春工場長を経て再び本社運転課に勤務した後、長春鉄道事務所運転長等を歴任して二六年一月社命で欧米に留学した。鉄道の電化に関する研究をして二八年三月に帰任し、同年八月参事となった。

袴田 岩雄 ▷9

満蒙棉花紡績㈱代表取締役／奉天省遼陽条家小街／一八九三（明二六）三／静岡県磐田郡御厨村

一九〇七年に渡満し、大連市若狭町で田中安之助が経営する伊勢作洋行に入った。その後上海に移り、一三年に棉花商三和洋行に入り、工場主任を務めた。一九年三月青島の山東綿紡㈱が経営不振に陥ると内外綿㈱の依頼で青島に赴いて同社の整理再建にあたり、二〇年九月同じく経営困難となった遼陽の満蒙棉花㈱の常務取締役になり、経営を再建して代表取締役に就任した。

袴田 可坪 ▷11

大連海務協会主幹／大連市山県通／一八八〇（明一三）五／東京府豊多摩郡渋谷町／東京郵便電信学校

東京府農業袴田多造の長男に生まれ、一九〇三年東京郵便電信学校を卒業して台湾総督府通信書記となった。〇五年に退官し、〇七年三月に渡満して満鉄雇員となり桟橋事務所に勤務した。埠頭事務所となった後も勤続して一一年に調度係主任となったが、一四年四月に退職した。この間、〇九年四月に同志と共に船員の扶掖救済を目的とする大連海友会を創立して常議員となり、後に主幹に就いた。㈳大連海務協会と改称した後も引き続き主幹を務め、二八年秋には台湾と中国南部の諸港を視察した。熱心なキリスト教徒で、日本組合大連基督教執事を務めた。

萩尾 開造 ▷11

朝鮮銀行鉄嶺支店支配人／奉天省鉄嶺西町／一八八八（明二一）一二／福岡県浮羽郡吉井町／久留米商業学校

福岡県萩尾政太郎の次男に生まれ、一九〇五年久留米商業学校を卒業して朝鮮銀行に入った。京城本店に勤務した後、東京、大連、奉天の各営業所勤務を経て鉄嶺支店に転任し、後に支店長に就いた。かたわら同地の居留民会議員、商業会議所議員を務めた。

萩尾 金一 ▷12

国務院実業部特許発明局商標科長、同評定官兼審査官、満州国協和会実業部分会体育部長／新京特別市宝清胡同代用官舎／一九〇五（明三八）七／福岡県糟屋郡久原村／東京帝大法学部法律学科

福岡県萩尾善次郎の長男に生まれ、福岡中学校、福岡高等学校を経て一九二九年三月東京帝大法学部法律学科を卒業し、同年五月大連の正隆銀行に入った。三二年四月に辞職し、同年六月国務院実業部属官となり、工商司商務科に勤務した。三三年二月シカゴ博覧会徴集出品委員会幹事・同委員会監理股長を務めた後、同年三月実業部事務官となり工商司駐冊科勤務、三四年五月同工務科兼務を経て三六年六月特許発明局理事官となり同局商標科長に就いた。この間、三四年三月建国功労賞、大典記念章、皇帝訪日記念章、同年五月勲六位景雲章を受章した。

萩尾長一郎 ▷12

興安北省西新巴旗満州里外交部弁事処員／興安北省西新巴旗満州里外交部弁事処／一九〇七（明四〇）八／福岡県久留米市東町／大阪外国語学校蒙古語部

福岡県萩尾米太郎の長男に生まれ、福岡県立中学明善校を経て一九二八年三月大阪外国語学校蒙古語部を卒業し、同年五月中国語研究のため北京に留学した。同年一二月満鉄に入社して大連図書館に勤務した後、関東軍憲兵隊奉天城外隊本部嘱託を経て東省特別区警察管理処顧問に転じた。三三年三月国務院民政部属官となり、同警務司勤務を経て北満特別区公署属官・警務処勤務、ハルビン警察庁繙訳官、外交部属官・政務司勤務を歴職し、三六年九月外交部繙訳官となり興安北省西新巴旗満州里外交部弁事処に赴任した。

萩沢信太郎　▷12

萩沢組主、奉天運輸公司主／奉天弥生町／一八八三（明一六）一〇／北海道上川郡東旭川／東京工業学校土木科

徳島県那賀郡羽ノ浦町に生まれ、東京工業学校土木科を卒業した後、一九一三年に渡満して同年七月満鉄に入った。各地の地方事務所土木課に歴勤した後、二七年一一月に退社して奉天に萩沢組を興し、満鉄より上下水道及び給水設備の施工権を得て同工事請負業を営んだ。かたわら二九年八月に奉天運輸公司を設立してトラック運輸業を兼営し、さらに材木商、建築請負業、労力供給業等各般の事業を経営した。

萩野　玄八　▷11

満州産業㈱取締役／奉天省撫順永安大街／一八七〇（明三）七／愛媛県宇摩郡上分町

愛媛県染料商西川伊太郎の六男に生まれ、萩野鹿次の養子となった。台湾に渡って総督府参事官室調査係嘱託を務めたが、一九〇四年九月日露戦争に際し陸軍通訳となって渡満した。その後一六年に撫順本町で高粱酒醸造を始めたが、同年一二月満州産業㈱に買収されて同社取締役に就任した。実兄の矢野逸郎は将棋七段で、大阪市天王寺で矢野将棋研究所を経営した。

萩野鉄次郎　▷12

萩野組主、白山会館主／吉林四経路／一八九二（明二五）二／福井県大飯郡高浜町／東京商工中学校

福井県萩野寅吉の長男に生まれ、東京商工中学校を卒業して東京の原田建築事務所に三年勤めた。次いで朝鮮京城で父寅吉の経営する土木建築業を継承し、総督府関係の工事に従事した。その後三二年に渡満して吉林で同業を経営し、富士公司ほか大建築物を手がけた。かたわら三五年四月三経路に白山会館を開設し、ダンスホールを兼営した。

萩平　辰二　▷12

満鉄皇姑屯検車段検車助役／奉天紅葉町／一九〇四（明三七）七／鹿児島県肝属郡小根占村／早稲田工手学校電工科

鹿児島県萩平虎之介の長男に生まれ、一九二二年早稲田工手学校電工科を卒業し、翌年三月鉄道省に入り電気局電力課に勤務した。二五年九月門司鉄道局鹿児島車電所に転勤して技術員を務め、三二年三月から同車電所助役を兼務した。三四年三月に退官し、同年一二月に渡満して満鉄に入り皇姑屯電気段副段長となり、三六年一〇月同検車段検車助役に就いた。

萩松　三郎　▷9

萩呉服店主、瓦房店電灯㈱取締役、瓦房店銀行取締役／奉天省瓦房店東街／一八八二（明一五）一／大阪府大阪市北区広小路町

日露戦争後一九〇六年に渡満し、瓦房店で呉服商と貸家業を兼営した。警察、郵便局、守備隊、学校、満鉄医院など鉄道付属地及び中国人街の発展につれて売上げを伸ばし、本業のかたわら瓦房店電灯㈱及び瓦房店銀行の各取締役を務めた。

萩元　新角　▷12

㈴萩元商店代表社員／奉天富士町／一八九二（明二五）一／宮崎県宮崎郡木花村

宮崎県萩元新助の四男に生まれ、義務教育を終えて長く家業の米穀商に従事した。一九一九年朝鮮に渡り、精米業を営むかたわら一万数千坪の土地を入手して水田を経営した。その後三三年四月奉天に移り、富士町で米穀商と製粉業、花あられ製造、コンニャク粉貿易を兼営した。三六年一二月合名会社に改組し、日本人六人、朝鮮人三人、中国人一五人を使用して年間一五万円を売り上げた。

萩谷　正巳　▷12

満州化学工業㈱研究所試験係長／大連市外甘井子南町／一八九七（明三〇）四／茨城県東茨城郡吉田村／米沢高等工業学校応用化学科

一九一八年三月米沢高等工業学校応用

化学科を卒業し、東京の中村化学研究所技手となった。次いで一九年二月東京帝大教授宮崎虎一工学博士の研究助手を務め、二〇年一二月同大工学部助手となった。その後二七年五月旅順工科大学助手に転じて渡満し、三四年八月満州化学工業㈱に入社して研究所試験係長となった。

萩原　栄蔵　▷7

奉天省四平街取引所信託㈱員、義勇団長／奉天省四平街北七条路／一八八九（明二二）一二／鹿児島県日置郡串木野村／商船学校中退

商船学校を中退して渡満し、満鉄に入って奥地開発に従事した。その後開原信託会社に転じ、さらに一九年九月に奉天省四平街取引所信託㈱が創立されると計算係として入社した。かたわら同郷団体の三州会幹事、在郷軍人分会会長を務め、二四年一一月在住邦人保護の目的で義勇団が組織されると団長に就いた。

萩原喜之助　▷7

星ヶ浦公園事務所主任、勲八等／大連市外星ヶ浦社宅／一八九〇（明二三）一／鹿児島県鹿児島市武町／鹿児島県立中学校

鹿児島県立中学校を卒業した後、一九一〇年一二月熊本の第六師団輜重兵第六大隊入隊し、その後憲兵に転科した。一九一二年憲兵として朝鮮に渡り、勤務のかたわら朝鮮語を習得して一九年本部付に抜擢された。次いで憲兵伍長としてシベリアのニコリスク方面で特務任務に就き、二〇年憲兵軍曹に進級し、さらにロシア語一等通訳となった。その後家庭の事情で二二年に辞職し、朝鮮で義父の経営する酒造業を手伝った後、同年九月に渡満して満鉄に入り、地方課園手として星ヶ浦公園事務所主任を務めた。業余に大連の日露協会学校に通ってロシア語の研鑽を積んだ。

萩原　香一　▷12

国務院民政部総務司人事科員／新京特別市新発屯聚合住宅／一九〇三（明三六）一一／新潟県岩船郡村上本町／東京帝大法学部政治学科

本姓は別、新潟県萩原鎌次郎の次女フミの婿養子となった。一九二七年三月東京帝大法学部政治学科を卒業して同大経済学部に学士入学したが、中退して二八年四月に渡満して大連の日清印刷㈱に入社した。その後三四年九月国務院民政部属官に転じ総務司人事科に勤務し、三五年一一月事務官に昇任した。

萩原　策蔵　▷11

満鉄沙河口工場製罐鉸鋲職場主任／大連市文化台／一八九六（明二九）一〇／秋田県仙北郡角館町／旅順工科学堂機械工学科

秋田県官吏萩原正記の長男に生まれ、一九〇七年六月一〇歳の時に父に伴われて渡満した。旅順中学校の第一期生として卒業し、旅順工科学堂機械工学科に入った。一七年に卒業して満鉄鞍山製鉄所に入り、梅根三郎主任技師の下で貧鉱処理法の研究に従事し、二一年八月鞍山式還元焙焼炉の開発に成功し、二八年三月満鉄より表彰された。この間、二五年一二月沙河口工場に転勤し、二七年四月製罐鉸鋲職場主任となった。夫婦と子供の他に両親、弟妹三人と同居し、弟の銀蔵も満鉄に務めて大連に居住した。

萩原　準　▷11

満鉄長春地方事務所経理係長／長春常磐町／一八九二（明二五）一／埼玉県北足立郡野田村／明治大学

埼玉県農業萩原亦次郎の三男に生まれ、一九一八年明治大学を卒業して満鉄に入った。地方部衛生課、同庶務課、遼陽地方事務所勤務等を経て二八年五月長春地方事務所に転任し、経理係長を務めた。尺八を能くし、柔道は講道館四段位を有した。

萩原　四郎　▷12

奉天省海竜県参事官、正八位／奉天省海竜県参事官公館／一九〇四（明三七）一／宮崎県宮崎郡広瀬村／東京帝大経済学部商業学科

宮崎県萩原保太郎の四男に生まれ、宮崎中学校、松江高等学校を経て一九二九年三月東京帝大経済学部商業学科を卒業した。三〇年二月陸軍経理部幹部候補生として熊本の歩兵第一三連隊に入営し、除隊して三等主計に任官した。三一年二月東京の津島久範家の嘱託となったが、三二年五月国務院民政部警務司員に転じて渡満し、同年七月同司雇員となった。三三年三月民政部属官となり警務司総務科に勤務した後、三四年三月同司保安科勤務を経て同年一二月瀋陽警察庁警佐となり、同年一〇月奉天警察学校教官を経て三六年三月奉天省海竜県参事官となった。

萩原　昌彦 ▷11

農業、精米業、全満米穀同業組合理事／奉天竹園町／一八八三（明一六）六／東京府東京市赤坂区青山南町／東京法学院大学法経科

東京府官吏萩原政信の長男に生まれ、一九〇四年七月東京法学院大学法経科を卒業して宮内省主馬官となった。下総御料場で牧羊術の研究に従事した後、〇七年三月奉天省立農業試験場に派遣されて牧羊司事を務めた。〇九年三月に帰国したが、御料場を辞任して再び渡満し、奉天で農場経営と精米業に従事した。二三年に㈳全満米穀同業組合の創立に尽力して理事となり、検査事業を創設して米穀検査場長に就いた。経営と組合事業のほか奉天地方委員、中央大学学友会奉天支部理事等の名誉職も務めた。

萩原八十盛 ▷12

吉林省公署警務庁警務科長、従六位勲六等／吉林省公署警務庁警務科長公館／一八八六（明一九）一一／鹿児島県鹿児島市上之園町

一九一一年朝鮮総督府巡査となり、一七年警部に進んだ。平安南道平壌警察署勤務を経て安州警察署長、同道高等警察課長を歴任し、二八年道警視に累進して慶尚南道高等警察課長となった。三四年一一月満州国政府に招聘され、間島省公署事務官に転じて警務庁特務科長となり、次いで吉林省公署理事官に転任して警務庁司法科長を務め、三六年一〇月同警務科長となった。

箱田　琢磨 ▷11

北満日報社長／長春蓬莱町／一八六七（慶三）一二／福岡県糟屋郡和白村／早稲田専門学校

福岡県士族芝尾賀十郎の子に生まれ、母方の叔父箱田宗八の養子となった。一八九三年早稲田専門学校を卒業して福岡、台湾、東京、北海道等で政治活動や実業に従事した。一九〇六年一月に渡満して大連、奉天を経て長春に赴き、翌年六月から東部蒙古方面に入った。〇八年八月長春に戻り、〇九年一月謄写版刷りの小型新聞「長春日報」を創刊した。二年後から活字印刷とし、一七年二月に紙名を「北満日報」と改めた。経営のかたわら長春建物会社取締役、長春倉庫監査役を兼任し、居留民会長、商業会議所議員、地方委員会技倆等を務めた。

箱田峰次郎 ▷12

満鉄汪清站長／間島省汪清県汪清站長局宅／一八九〇（明二三）一一／福岡県糟屋郡多々良村／正則予備学校中等科

福岡県箱田寅吉の長男に生まれ、一九〇七年四月門司運輸事務所に入り福岡駅に勤務した。同年一〇月吉塚駅信号手兼転轍手、〇八年折尾駅出札掛兼貨物掛、〇九年同小荷物掛に歴勤した後、一〇年に依願免職して上京した。一二年正則予備学校中等科を修了した後、一四年東京鉄道管理局に入り、品川駅荷扱専務、一八年新宿駅荷扱専務、二五年牛込駅助役を経て二六年書記に進んだ。その後三三年一二月満鉄鉄路総局に転じて渡満し、吉長吉敦鉄路局南溝在勤を経て三四年四月新京鉄路局南溝站長となり、三六年三月汪清站長に転任した。

狭間　富貴 ▷11

南満州電気㈱経理課主計係主任／大連市聖徳街／一八八七（明二〇）九／大分県大分郡大分町／関西法律学校

大分県商業今富次郎の四男に生まれ、狭間芳太郎の養子となった。一九〇七年関西法律学校を卒業し、一〇年八月に渡満して満鉄に入った。一三年五月遼陽電灯公司に転職し、さらに一九年六月南満州電気㈱に転じて経理課主計係主任となった。

橋口市之助 ▷11

満鉄運転助役／奉天青葉町／一八八七（明二〇）三／鹿児島県鹿児島郡吉野村／小学校

鹿児島県農業橋口伊右衛門の子に生まれ、小学校を卒業して家業に従事した。日露戦争に際し野戦鉄道提理部付準備員となり、一九〇五年に渡満した。大連機関庫機関車掃除夫を振り出しに鉄道業務に従事し、〇七年四月に提理部が解散すると満鉄に入った。火夫見習より身を起こし、火夫、機関士と累進して大連、奉天、瓦房店等に勤務し、二三年六月に運転助役となり、二九年三月から奉天機関区に勤務した。

橋口　正一 ▷7

橋口洋行主／奉天加茂町／一八七八（明一一）二／鹿児島県薩摩郡

東水引村

一九〇四年、日露戦争に際し酒保雇員となって渡満した。戦後、満州運輸公司新民屯支店、内国通運公司長春支店等に勤務して貨物運送に従事した。一一年に公主嶺の特産商海江田商店に入って特産取引に従事した後、一三年に退職して新民屯で雑貨商を開き、同時に奉天加茂町で特産商を開業した。その後、奉天を本店とし新民屯を出張所に改めて兼営したが、一五年に日本の対華二十一ヶ条要求問題で日貨排斥運動が昂揚すると新民屯の雑貨店を売却して特産商専業とした。

橋口　巽　▷7

山口(資)支配人、農園主／大連市聖徳街／一八七〇（明三）一／鹿児島県鹿児島郡谷山村

幼年の頃から独学で漢学を修め、鹿児島県庁に入り土地測量に従事して学資を蓄えた。上京して一年半の間苦学したが、北海道庁勤務の先輩に招かれて同庁に入り、土地測量の講習を受けて土地事務に従事した。その後沖縄県土地整理局に転じて土地測量に従事し、終了とともに大蔵省税務属となり鹿児島監督局に勤務したが、韓国統監府に招かれて朝鮮の土地調査事務に従事した。さらに関東庁土地調査部開設の際に招聘されて同庁技手となり、調査終了とともに金州民政署土地係主任に転じた。一九二四年一二月関東庁理事官・従七位に叙せられて退官し大連に居住したが、関東州長山列島で金剛砂鉱床を発見し、山口(資)を組織して支配人に就いた。金剛砂採掘に当たるかたわら、石河に四〇町歩の土地を買収し二五年四月から棉花栽培に着手した。夫人康子との間に四男一女あり、長男は満鉄埠頭事務所調査課、次男は大連の田中商事㈱、三男は満鉄本社興業部庶務課に勤務した。

橋口　八郎　▷12

大連取引所会計主任、正六位勲五等／大連市土佐町／一八八五（明一八）二／長崎県南松浦郡崎山村／陸軍士官学校、満州法政学院

一九〇七年陸軍士官学校を卒業し、同年一二月歩兵少尉に任官した。一四年に青島戦役に従軍した後、高瀬連隊区司令部付、中支那派遣隊付等を歴補し、一八年に大尉に累進して予備役編入となった。その後二三年一〇月大連取引所嘱託となって渡満し、勤務のかたわら二八年三月大連の満州法政学院を卒業して三〇年六月関東庁に入り、後に大連取引所会計主任となった。

橋口勇九郎　▷13

新京交通㈱専務取締役／大連市星ヶ浦水明荘／一八九三（明二六）九／鹿児島県鹿児島市新屋敷町／東京帝大経済学部

日清・日露の両戦役に参加した陸軍少将橋口勇馬の次男として、父の任地東京青山南町で生まれた。一九一六年第七高等学校を卒業して京都帝大文科大学に進んだが、東京帝大経済学部に転学して一九二二年に卒業し、満鉄に入社して本社庶務部調査課に勤務した。累進して参事となり、吉林省長官顧問に転じた後、新京特別市公署総務処長を経て新京交通㈱専務取締役に就いた。

橋口　美乎　▷12

満鉄中央試験所庶務課庶務係主任、社員会本社連合会評議委員／大連市芝生町／一九〇四（明三七）一二／鹿児島県出水郡大川内村上大川内／長崎高等商業学校

竹本吉次の四男として熊本県葦北郡湯浦村に生まれ、後に橋口弥之助の養子となった。京都紫野中学校を卒業して渡満し、一九二三年一〇月満鉄に入り社長室人事課に勤務した。その後いったん帰国して長崎高等商業学校に入学し、二八年三月に卒業して同年四月再び満鉄に入社し経理部に勤務した。二九年五月同部会計課勤務、三一年七月理学試験所勤務を経て三四年一一月中央試験所に転勤し、三六年一〇月同所庶務課庶務係主任となった。夫人桜の大伯父野間口兼雄は海軍大学校を卒業して第六艦隊司令官、軍務局長等に歴補し、後に海軍大将に累進した。

橋田　三一　▷12

満鉄新京支社地方課地方係消防隊監督／新京特別市満鉄支社／一八九〇（明二三）八／広島県広島市段原末広町／陸軍士官学校

一九一三年陸軍士官学校を卒業し、二四年三月砲兵少尉に任官して旅順重砲兵大隊付となって渡満した。その後各地に勤務し、三三年大尉に累進して予備役編入となった。三四年五月再び渡満して満鉄に入り、新京地方事務所消防隊監督となった。

橋立　休蔵　▷12

満鉄馬仲河駅長、勲八等／奉天省馬仲河駅長社宅／一八九一（明二四）九／東京府東京市神田区司町／東京植民貿易語学校

新潟県西頸城郡能生谷村に生まれ、中学校三年を中退した後、一九一九年三月東京植民貿易語学校を卒業し、同年一一月に渡満して満鉄に入った。長春駅に勤務した後、長春列車区勤務、郭家店駅助役、本渓湖駅貨物方、同駅助役、吉林建設事務所勤務、本渓湖駅助役、白拉子信号場長に歴勤して三五年四月馬仲河駅長に就いた。この間、満州事変時の功により勲八等に叙され、三五年四月勤続一五年の表彰を受けた。

橋田　美一　▷12

満鉄吉林機務段技術員、勲八等／吉林敷島街／一八九八（明三一）八／兵庫県神戸市琴緒町

兵庫県橋田綾彦の長男に生まれ、一九一五年神戸市兵庫区の岡鉄工所に入った。一九年に渡満して満鉄に転じ、大連工場を経て鉄嶺機関区に勤務した。二六年新京機関区、三三年東新京機務段に歴勤し、三五年三月吉林機務段に転勤して技術員となった。この間三一年九月の満州事変に際して東支線ハルビン行日本軍輸送の第一列車を運転し、途中の双城堡で激戦となり、負傷兵の輸送と弾薬供給に当たり、後に勲八等旭日章を授与された。

橋詰　定喜　▷11

「亜細亜大観」発行人／大連市東公園町／一八九七（明三〇）一／高知県香美郡山田町／錦城中学校

高知県商業橋詰百太郎の三男に生まれ、一九一六年錦城中学校を卒業した。一八年に鈴木商店に入ったが、二〇年に退社して渡満し、大連で義兄が経営する特産商を手伝った。その後二五年に独立して「満蒙大観」を創刊し、二六年「亜細亜大観」と改題した。

橋爪　通　▷12

大誠鉱業公司主／奉天富士町／一八八八（明二一）一／東京府東京市淀橋区百人町／慶應義塾商業学校、築地工手学校

一九〇四年慶應義塾商業学校を卒業した後、さらに〇八年築地工手学校を卒業し、〇九年に渡満して満鉄に入った。一九年にいったん帰国した後、二八年に再び渡満して兵工廠納入を目的とする華豊洋行の出資者となったが、同年同洋行を離れて軍需品納入業を独立開業した。満州事変後に鉱山業に転じ、日本人五人、中国人五〇人を使用して金鉱、マンガン鉱、石灰岩を採掘した。

橋爪　光　▷9

満鉄公主嶺機関区長、勲八等／吉林省公主嶺菊地町／一八八〇（明一三）五／東京府東京市芝区白金志田町／工手学校機械科

一九〇三年七月東京築地の工手学校機械科を卒業した。〇五年八月日露戦争に際し野戦鉄道提理部付として各地に従軍し、〇七年四月業務が満鉄に引き継がれるとともに満鉄社員となった。一八年九月撫順、一九年四月橋頭、二〇年六月公主嶺の各車輌係主任を歴任した後、公主嶺機関区長となった。

橋之口大次郎　▷7

蒙古畜産公司／大連市鉄前屯／一八八三（明一六）九／鹿児島県薩摩郡鶴田村／東京獣医学校

鹿児島県橋之口仲太郎の子に生まれ、一九〇三年四月東京獣医学校を卒業して同年九月東京警視庁に入った。〇六年九月に辞職し、翌月招聘されて奉天府巡警総局顧問となった。任期後、〇八年三月大連に遼東牧場を開設して牛乳の生産に従事し、一一年七月から大連牛乳共同販売組合長と㈾旅順牧場代表社員を兼務した。その後大連牛乳会社代表社員も兼任し、さらに大連皮革会社を創立するなどしたが、二三年一月に同社を解散して蒙古方面に進出し、白音太来に蒙古畜産公司を設立した。

羽柴　栄一　▷12

大信洋行㈱新京支店員／新京特別市日本橋通／一八九五（明二八）二／東京府東京市中野区上高田／慶應大学経済学部

東京府羽柴義鎌の子に生まれ、一九二四年三月慶應大学経済学部を卒業して大倉商事機械係に勤務した。その後三三年六月石田栄造の経営する大連の大信洋行に転じ、天津出張所支配人を務めた後、三六年新京支店に転勤した。

橋本　厚庸　▷7

大連競馬倶楽部職員、従五位勲四等／大連市聖徳街／一八七五（明

八）八／鹿児島県鹿児島市西千石町／陸軍士官学校

一八九八年陸軍士官学校を卒業し、士官候補生として熊本の第六師団騎兵第六連隊に編入された。日露戦争に際し一九〇四年五月第六師団管理部副官として従軍し、翌年七月騎兵第二〇連隊の中隊長として満州軍秋山騎兵団の最左翼で戦闘に参加した。戦後しばらく遼陽守備隊に勤務した後、〇六年二月に帰国して砲工学校教官を務めた後、一二年岡山の第二一連隊中隊長となった。熊本の第六連隊を経て少佐に進み、広島の第五連隊付となった後一七年八月に待命、予備役編入となった。その後一九年六月に渡満して関東庁内務局殖産課嘱託となり、二四年八月に退職して㈳大連競馬倶楽部職員となった。広島在住時、退役後の退屈しのぎに刺繍学校に通って卒業制作した「近江のお兼」と「放馬取押え」は本職以上の手腕と賞賛され、以来刺繍と釣魚を趣味とした。

橋本　植松　▷12

電話商会主、三信洋行主／大連市仙山／一八八一（明一四）二／大阪府大阪市此花区四貫島笹原町

私塾で中等程度の学業を修めた後、一九一〇年二月に渡満して鉄嶺郵便局に勤務した。一六年一月長春郵便局庶務主任、一九年一〇月大連電話局勤務、二七年九月奉天郵便局庶務係長、二八年大連中央電話局庶務主任を歴職した後、三二年に退職して大連市鮫島町で電話売買と金融業を営んだ。その後店舗を仙山に移して業容を拡張し、上記営業の他に三信式謄写版を製造販売し、沿線各地の官衙、学校、諸会社に販売した。梅若流謡曲九番免状を所有し、同好の研究団体満桜会の幹事を務めた。

橋本　乙次　▷12

延吉税捐局長兼吉林税務監督署延吉出張所長兼地籍整理局延吉支局員／間島省延吉興隆街税捐局／一九〇一（明三四）六／東京府東京市赤坂区新坂町／東京帝大文学部哲学科、京都帝大法学部、同大学院、大同学院

橋本武の次男として東京市小石川区竹早町に生まれ、早稲田中学校、第一高等学校を経て東京帝大文学部哲学科を卒業し、さらに京都帝大法学部に入学した。一九三二年七月同大学院を卒業して渡満し、同年一〇月大同学院を修了して国務院財政部属官となり理財司銀行科に勤務した。三三年一一月理財司特殊金融科、三四年四月大同学院属官、三五年七月同院事務官を歴職し、三六年二月税捐局理税官となって本渓湖税捐局に勤務した。同年八月税捐局司税官に転任し、延吉税捐局長に就いて吉林税務監督署延吉出張所長を兼務し、次いで同年一〇月地籍整理局事務官を兼任して同局延吉支局に勤務した。

橋本　馨　▷12

日之出購買所主／ハルビン道裡中央大街／一九一〇（明四三）一二／愛媛県宇摩郡津根村／愛媛県立三島中学校

一九二八年三月愛媛県立三島中学校を卒業し、同年渡満して満鉄に入った。三四年五月家庭の都合で退社し、ハルビン道裡中央大街で日之出購買所を経営した。日本及び朝鮮から食料品雑貨を仕入れてハルビン周辺の中国人商店に卸売りし、他に和洋菓子の製造販売業を兼営して従業員二〇人を使用した。この間、満鉄在勤時に満州事変の功により銀製楯を授与された。

橋本　勝蔵　▷11

橋本洋行主／奉天省鉄嶺松島町／一八八一（明一四）四／鳥取県気高郡湖山村

鳥取県橋本栄次郎の長男に生まれ、一九一一年六月に渡満して鉄嶺商品陳列館会計主任となった。二〇年五月貿易部主任兼取締役に就任したが、二五年一一月同館が解散となり清算人を務めた。二六年六月の清算事務終了とともに同地に橋本洋行を設立して輸出入貿易商を開業し、地方委員、商業会議所議員を務めた。

橋本喜代治　▷12

満州日日新聞社奉天支社長、奉天日日新聞主幹／奉天弥生町／一八八九（明二二）一二／福井県今立郡北日野村／日本大学

武生中学校を経て日本大学を卒業し、一九一二年五月福井市の北日本新聞社に入ったが、同年七月東京毎日新聞社に転じた。さらに一六年七月東京毎夕新聞社に転じた後、二〇年六月に渡満して奉天毎日新聞社に入り、次いで二一年八月大連で遼東タイムス社を経営した。その後二九年六月満州日日新聞社に入り、三一年四月整理部長を経て三六年四月奉天支社長に就き、奉天日日新聞主幹を兼務した。記者生活のかたわら雑誌『日本一』『日本農業雑誌』の編集に従事し、著書に『日本青年文庫』『軍歌物語』『欧州大戦物語』『鉄道修養訓』がある。

橋本　清慎　▷3

営口警務署長、正七位勲六等／奉天省営口警察署官舎／一八六六（慶二）一〇／岩手県盛岡市仁王村

一九〇六年九月外務省警部となり、〇八年三月在職のまま関東都督府警部に転任して渡満した。一一年六月高等官六等・関東都督府警視に昇任して遼陽警務署長となり、一四年一月営口警務署長に転じた。

橋本　五作　▷11

旅順工科大学予科教授、正六位勲六等／旅順市明治町／一八七六（明九）三／山形県米沢市／東京高等師範学校、同専攻科英語科

山形県農業橋本祐作の五男に生まれ、一九〇四年東京高等師範学校を卒業して埼玉、奈良、長野の各師範学校教諭を務め、この間母校の専攻科英語科に学び一四年に卒業した。福井高等女学校校長を務めた後、二〇年七月旅順工科学堂教授に転じて渡満し、二二年三月同学堂が旅順工科大学に昇格した後は予科教授を務めた。東京女子高等師範学校出身の夫人セイとの間に七男一女あり、長男は東京帝大法科、次男は明治大学商科に学んだ。

橋本　秀　▷9

東亜煙草㈱大連販売所主任／大連市監部通／一八八六（明一九）八／岩手県盛岡市馬場小路／東京高等商業学校

一九一一年東京高等商業学校を卒業して東京の渡辺倉庫㈱に入社し、翌年東亜煙草㈱に転じて渡満した。鉄嶺出張所主任を務めた後、二〇年五月大連販売所主任に就いた。

橋本順一郎　▷12

旅順工科大学助教授、正七位／旅順市日進町／一九〇九（明四二）三／大分県中津市／旅順工科大学機械科

大分県橋本清七の子に生まれ、一九三二年三月旅順工科大学機械科を卒業し、同大講師嘱託予科教務となった。三三年八月予科教授・大学講師嘱託を経て翌年九月助教授に昇任した。

橋本　二郎　▷9

橋本法律事務所所長／大連市越後町／一八七〇（明三）二／福岡県久留米市庄島町／明治法律学校

一八九〇年明治法律学校を卒業して文官試験に合格し、翌年一月司法官試補となった。九五年検事になり、次いで翌年判事に転じ、さらに九七年台湾総督府法院検事として赴任したが、在職二年で辞め、台北及び台中で弁護士を開業した。一九〇一年一月再び官職に復帰して福岡地方裁判所判事となり、その後京都、大阪、大津、札幌等の裁判所判事を歴任した。その後韓国統監府検事に転じて朝鮮各地に勤務した後、二〇年九月に退任して帰国し、東京地方裁判所所属弁護士となった。二一年四月に渡満して大連で水野弁護士と共同で弁護士事務所を開設したが、同年一〇月越後町に橋本法律事務所を開業した。

橋本　新平　▷11

写真業／旅順市三笠町／一八七三（明六）一〇／大分県大野郡今市村／小学校

大分県軍人橋本作太郎の長男に生まれ、小学校を卒業して郷里竹田町の赤座弥太郎の漢学塾に入った。さらに熊本齋々黌に学んだ後、上京して九段の鈴木直一に入門して写真術を修業し博允と号した。日露戦争に際し一九〇四年一〇月朝鮮の鎮南浦に上陸し、各地を転々して翌年三月旅順に至り写真業を営んだ。かたわら第一次世界大戦後の好況時に三、四の会社を創設して重役や相談役に就いたほか、旅順衛生組合を組織して委員を務め、満州澱粉㈱会社重役、旅順信用組合理事長、南部町内総代等を務めた。

橋本　真松　▷12

満鉄チチハル鉄道工場材料股主任／龍江省チチハル清和寮／一八九二（明二五）三／東京府杉並区天沼／日本大学専門部法律科

浦和中学校を経て一九一四年日本大学専門部法律科を卒業し、同年一二月鉄道院に入り技術部工作課に勤務した。一八年鉄道書記に進んだ後、一九年茂木(名)東京支店、二一年日立製作所笠戸造船所東京出張所に歴職した。次いで二三年東京市電気局車輌工場に勤務して二六年同用度係主任、二九年同庶務主任を歴任した。その後、三五年三月満鉄に転じて渡満し、皇姑屯工廠御花園分工廠勤務を経て同年一二月チチハル鉄道工場材料股主任となった。

橋本　末義　▷12

満鉄四平街機関区運転助役、勲八等／奉天省四平街北五条通／一九〇三（明三六）二／愛媛県伊予郡松前村／北予中学校

愛媛県橋本六松の四男に生まれ、一九二二年三月私立北予中学校を卒業して渡満し、同年七月満鉄に入り奉天機関区に勤務した。同職場に勤続した後、三二年一〇月蘇家屯機関区に転勤して点検方となり、三六年七月四平街機関区運転助役に就いた。この間、満州事変時の功により勲八等を授与された。

橋本八五郎　▷12

満鉄地方部学務課図書館係主任兼地方行政権調整移譲準備委員会幹事／大連市初音町／一八八八（明二一）二／福井県遠敷郡遠敷村

福井県橋本幸之助の長男に生まれ、一九〇九年三月郷里の遠敷郡中名田小学校訓導となり、次いで知三小学校、松永小学校の各訓導を歴職した。一二年四月満鉄に出向して瓦房店小学校、本渓湖小学校の訓導を務めた。その後退職して帰国し、一六年四月東京中央報徳会発行の雑誌「斯民」の編集に従事した。一八年三月再び渡満して満鉄に入り、人事課、社長室社会課、大連図書館、北公園図書館長兼大連図書館に歴勤して二六年四月日本橋図書館長となった。次いで埠頭図書館主事を経て埠頭実業補習学校講師となり、大連医院附属看護婦養成所講師、伏見台図書館主事、近江町図書館主事を兼務した後、大連図書館司書係主任、同庶務係主任を経て三七年一月地方部学務課図書館係主任となった。この間、三三年四月に勤続一五年の表彰を受けた。

橋本　秀久　▷11

鴨緑江採木公司監査役兼総務課長、従五位勲五等／安東県鴨緑江採木公司社宅／一八七八（明一一）二／石川県河北郡小坂町／東京帝大農科大学林学科

石川県士族橋本忠久の次男に生まれ、一九〇三年東京帝大農科大学林学科を卒業して農商務省に入った。官営青森製材所長、東京・大阪・青森大林区署林業課長等を歴任し、一八年に鴨緑江採木公司監査役兼総務課長に転じて渡満した。かたわら安東民委行政委員会議長、商業会議所特別委員を務めた。

橋本　福一　▷12

関東局保健技師／旅順市元宝町官舎／一九〇五（明三八）一〇／三重県四日市市八幡町／京城医学専門学校

三重県橋本清次郎の長男に生まれ、旅順第一中学校を経て一九二九年京城医学専門学校を卒業し、日本赤十字社奉天医院医務助手となった。次いで同院医員、朝鮮窒素肥料㈱附属病院医員を務め、三六年三月関東局保健技師に転じて関東刑務所に勤務した。

橋本　政槌　▷12

橋本組主、吉林商工会議所議員、吉林土木建築組合幹事、吉林城内第二区長／吉林菜園子胡同／一八八二（明一五）五／山口県大島郡小松町

日露戦争後一九〇六年に渡満して吉林に在住し、〇九年に長春に移った。その後、関東州内で塩田事業を経営したが、満州事変後三三年に再び吉林に移り、土木建築請負業を営んだ。

橋本　正治　▷12

天理村長、天理教生琉里教会長、天理村尋常高等小学校長、天理教教師、天理教教会本部準役員、在郷軍人会天理村分会長／ハルビン遼陽街天理村連絡所／一八九九（明三二）三／奈良県添上郡治道村／國學院大学国史科

一九二〇年國學院大学国史科を卒業した後、天理教本部所管の中学校・高等女学校の各教諭、天理教校講師、天理教和歌山教務支庁、天理教満州伝道庁教務主任、天理教青年会本部参事等を歴任した。次いで天理教満州移民団長となり、三四年一一月第一次移民四三戸二〇四名を率いて渡満し、浜江省阿城県の阿什河右岸一三四二町歩に入植した。天理村長、天理教生琉里教会長、天理村尋常高等小学校長を務め、ハルビン特別市三棵樹と入植地の阿城県第三区天理村字生琉里間二〇キロに天理村軽便鉄道の敷設を計画し、三六年九月に認可を得て翌年開通した。

は

橋本 正康 ▷11

長春日本領事館書記生／長春日本領事館／一八九四（明二七）七／兵庫県津名郡洲本町

兵庫県教員橋本平次郎の子に生まれ、一九一六年から一九年まで外務省留学生として北京に留学した。一九年外務書記生となり鄭家屯、北京、吉林等に赴任した後、長春領事官に勤務した。

橋本 満次 ▷11

満州医科大学教授／奉天新高町／一八九〇（明二三）一二／福島県相馬郡中村町／東京帝大医科大学

一九一六年東京帝大医科大学を卒業し、同大副手を経て助手となった。その後渡満して満鉄に入社して南満医学堂教授に就任し、二二年三月の同学堂昇格とともに満州医科大学教授となり、同大付属奉天医院医長を兼務した。

橋本 節 ▷12

満鉄朝陽川工務段工事助役／間島省朝陽川工務段／一九〇二（明三五）五／広島県佐伯郡大竹町

広島県橋本蕃の子に生まれ、一九二二年三月大連工業学校を卒業して満鉄に入り、朝鮮鉄道に勤務した。二五年四月同鉄道の満鉄への経営委託解除とともに朝鮮総督府鉄道局に転じ、さらに三三年一〇月再び満鉄経営となって同社に転じ清津駅に勤務した。三五年七月鉄道総局に転任して図們工務段建築副段長となり、三七年二月朝陽川工務段工事助役に就いた。

橋本与一郎 ▷10

橋本株式店主／大連市吉野町／一八六八（明一）八／大阪府大阪市西区

早くから桐材商を営んだが、一八九七年山東省芝罘に渡り同業を営んだ。一九〇〇年の義和団事件の際に兵站司令部の中国語通訳を務め、事件終息後に上海方面で桐材を買い占めて巨利を得た。一九〇五年日露戦争後に大連に移って山東桐の輸入に従事したが、翌年廃業して磐城町に家宅を新築して料理店経営の計画を立てたが中止し、美濃町に株式店を開業して土地家屋売買を兼業した。一九年に満州証券の現物仲買人となり、さらに二〇年に五品取引所株式取引人の免許を取得して株式売買に専念した。本業のかたわら日華証券会社取締役、大連ビルブローカー取締役を務めた。

橋本要次郎 ▷12

満鉄図們機務段技術助役／間島省図們満鉄山ノ手局宅／一九〇一（明三四）一二／島根県那賀郡都野津町／京城鉄道学校

本姓は別、後に島根県橋本清作の養子となった。一九二四年朝鮮の京城鉄道学校を卒業し、二五年一〇月満鉄に入り瓦房店、遼陽、蘇家屯の各駅に勤務した。その後三三年八月図們機務段に転勤して副段長となり、三六年一〇月の職制改正により同段技術助役となった。

長谷川 巌 ▷12

満鉄大連駅事務主任、社員会連鉄連合会監事、在郷軍人会満鉄中央分会評議員、正八位勲八等／大連市伏見町／一九〇六（明三九）八／栃木県宇都宮市日野町／東京外国語学校仏語科

栃木県長谷川録郎の長男に生まれ、大連第一中学校を経て一九二八年三月東京外国語学校仏語科を卒業して満鉄に入り、鉄道部勤務を経て同年七月奉天列車区車掌となった。二九年一月旅順の重砲兵大隊に入隊して兵役に服し、同年一二月に除隊して奉天列車区車掌に復職した。次いで三〇年三月奉天駅、三一年一二月奉天事務所鉄道課、三四年一二月鉄道部旅客課に歴勤し、三六年二月第八回欧亜旅客手小荷物連絡運輸会議及び第四回欧亜貨物連絡運輸会議に出席のためポーランド、ソ連、フランスに出張した。三六年一〇月に帰任し、鉄道総局営業局旅客課勤務を経て大連駅事務主任となった。この間、満州事変時の功により勲八等瑞宝章及び従軍記章、建国功労賞を授与された。

長谷川栄太郎 ▷1

宝円洋行主任／奉天省営口／一八七〇（明三）七／京都府京都市下京区

一八九五年日清戦争に際し混成第三旅団に随従して台湾に渡り、軍用達商として台南で鉄道隊と衛戍病院に物品を納入した。次いで一九〇四年一〇月日露戦争に際し宝円洋行大阪本店を代表して営口に渡り、第三軍第八師団の酒保となった。永世街に宝円洋行を設けて土工材料など軍需品を満州軍倉庫に供給し、かたわら雑貨の販売に従事した。戦後は糧秣品還送を請け負った後、土木建築材料、金物一切、農具類の販売業に転じた。さらに軍政局に出願して銃砲火薬販売業を許可され、満州農法に適した改良農具を発売するなど商機をとらえて多種多売の営業を展開した。

長谷川音一 ▷12

長谷川商店主／奉天千代田通／一九〇三（明三六）一二／大阪府大阪市西区南堀江下通／明星商業学校

一九二四年大阪の明星商業学校を卒業して渡満し、奉天千代田通の三昌洋行に勤務した。三〇年に退店して富士町に長谷川商店を開業し、建築材料・金物・機械工具商を営んだ。その後、千代田通に店舗を移して鋼材も扱い、三五年に錦州に支店を開設した。

長谷川喜一郎 ▷13

東亞海運㈱大連支店長／一八九三（明二六）／千葉県安房郡富浦町／東京高等商業学校

一九一六年、東京高等商業学校を卒業して日本郵船会社に入った。ニューヨークに赴任したあと各地に転勤し、二五年に帰国して大阪支店に勤務した。二八年東京本社に転勤して船客課に勤務した後、三八年に大連支店副長となって渡満した。三九年八月日本郵船・大阪商船・日清汽船等の日中航路を継承して東亞海運が創立されると同社に転じて大連支店次長となり、同年一一月上海支店次長に転任した後、四〇年八月大連に戻って支店長に就いた。

長谷川喜久雄 ▷12

出光商店ハルビン出張所主任、ハルビン煤油総批発（股）常務取締役／ハルビン斜紋街／一九〇八（明四一）七／兵庫県飾磨郡荒川村／神戸商業大学

兵庫県長谷川覚治の長男に生まれ、一九三二年三月神戸商業大学を卒業して出光商会に入り門司本店に勤務した。三四年四月資本金一〇万円でハルビン出張所が開設されると同主任となって渡満し、機械工具類、電気機械、絶縁材料、塗料、石油、鉱油、植物油、薬品、石油乳剤、クレオソート、タイヤ、チューブ、カーバイト類を輸入販売し、年間五〇万円を売り上げた。

長谷川吉次郎 ▷1

捌荷洋行主、亞興業㈾無限責任社員、営口日本人会行政委員／奉天省営口／一八七八（明一一）二／大阪府大阪市東区船越町

和漢洋薬種商の老舗八荷屋の子に生まれ、一八九七年四月薬種買付と雑貨貿易を企図して渡満した。営口から遼河を遡上して奉天に赴き、積載してきた数百種の日本雑貨を試買して成算を得、営口を本拠として日本雑貨の販売と大豆、雑穀、菜種類の輸出業を営んだ。一九〇〇年に北清事変のため領事館撤去となり、いったん帰国して翌年四月解氷と同時に営業を再開した。〇三年に奉天、鉄嶺、長春、吉林の商況を視察して出張所の開設準備を進めたが、日露の関係悪化のため荷物を中国人に託し営口の店舗を閉鎖して帰国した。〇四年八月の営口占領と同時に渡満して業務の再開を図ったが、個人の商品輸入が困難となって断念した。軍の指名用達商に転じて捌荷洋行を設立し、外国汽船で軍需食料品を輸入して満州軍倉庫に納入し、後に新市街南本町に本店を新築し、旅順、遼陽に支店を置き、奉天、鉄嶺に出張所を設けた。本業のかたわら〇七年に中国人との共同経営で東亞興業㈾を組織し、業務担当の無限責任社員に就いた。この間、〇六年に営口日本人会が組織されると同地最古参の日本人として評議員に選ばれ、次いで行政委員を務めた。

長谷川九吉 ▷11

大連郵便局外国郵便係主事／大連市大和町／一八八九（明二二）五／神奈川県足柄下郡湯本町／逓信講習所

神奈川県長谷川富次郎の三男に生まれ、一九〇五年通信講習所を修了して郷里の箱根湯本郵便局に勤務した。大磯、中野郵便局に転勤した後、一一年以降は東京貯金局、青島守備軍通信部、天津・上海等の海外郵便局に勤務した。二五年四月横浜郵便局外国郵便課より大連郵便局に転じて渡満し、外国郵便係主事となった。

長谷川　潔 ▷10

大連重要物産取引人組合理事／大連市薩摩町／一八七八（明一一）八／東京府東京市本郷区弥生町／東京高等商業学校

本姓は別、広島市下柳町に生まれ、後に旧浅野藩家老職長谷川家の養子となった。郷里の中学校から東京高等商業学校に進み、一九〇四年に卒業して三

は

井物産会社に入社し、一六年一一月大連支店詰となって渡満した。次いで三井系の㈱三泰油房専務取締役に転出し、第一次世界大戦中の好景気で業績を伸ばし、二〇年の豆粕不渡り事件も円満解決して会社の損失と市場の混乱を防いだ。経営のかたわら油房業の革新に腐心し、豆粕を利用した塗料や滋食剤の製法を考案し、大連商業会議所常議員を務めた。その後二二年四月に辞職し、大連重要物産取引人組合理事に就任した。

長谷川 清 ▷12

駐満日本大使館理事官、従七位勲七等／新京特別市朝日通日本大使館／一八九一（明二四）四／新潟県岩船郡村上本町／新潟県立村上中学校

一九〇九年新潟県立村上中学校を卒業した後、一二年八月朝鮮総督府巡査となった。一八年九月外務省巡査に転じ、二一年九月外務省警部補に進んで間島領事館警察部に勤務し、二二年一二月外務省警部となった。二八年八月間島総領事館頭道溝分館警察署長、三一年一〇月間島総領事館局子街分館警察署長を歴任し、三二年九月吉林総領事館警察署に転勤して三四年一一月外務省警視に進み、三六年四月在満日本大使館理事官となって新京に在勤した。

長谷川銀一 ▷12

満鉄錦県鉄路監理所長／大連市桃源台／一八九六（明二九）三／埼玉県北葛飾郡富多町／早稲田大学商科

埼玉県農業長谷川治右衛門の五男に生まれ、一九二〇年三月早稲田大学商科を卒業して満鉄に入り、埠頭事務所貨物課に勤務した。以来勤続して二三年五月同庶務課、二七年一一月大連埠頭貨物方、同庶務方、二九年一月鉄道部営業課、三〇年六月同貨物課に歴勤した。次いで三二年八月営口駅貨物助役、三二年一〇月同貨物主任、三三年一一月営口駅長、三六年九月奉天鉄路局人事科長を歴任して同月副参事に昇格し、錦県鉄路局人事科長を経て同年一二月錦県鉄路監理所長に就いた。この間、三五年四月勤続一五年の表彰を受けた。

長谷川国一 ▷8

長谷川組奉天出張所主任／奉天／一八八八（明二一）三／新潟県南蒲原郡森町／攻玉社工学校土木科・建築科

新潟県の農家に生まれ、一九〇八年に渡満して親戚の長谷川辰次郎が経営する大連の㈴長谷川組に入り、土木建築工事の現場係となった。一三年に同組から東京の攻玉社工学校に派遣され、一五年に土木及び建築の両科を卒業して帰社した。二一年四月、奉天出張所の開設に伴い主任となって赴任した。

長谷川熊彦 ▷11

旅順工科大学教授、従五位／旅順市高崎町／一八八四（明一七）三／福岡県田川郡上野村／東京帝大工科大学

福岡県植木九吉郎の次男に生まれ、叔父長谷川鉄二の養子となった。一九〇九年七月東京帝大工科大学を卒業し、農商務省に入り製鉄所技手となった。一一年一月明治専門学校教授に転じたが、一九年一月農商務省に復帰して再び製鉄所技手に就いた。二七年三月に渡満して旅順工科大学教授に転じ、翌年工学博士の学位を得た。

長谷川健二 ▷12

昭和製鋼所㈱工務部工務課計画係主任／奉天省鞍山昭和製鋼所㈱／一八九五（明二八）九／兵庫県揖保郡神岡村／旅順工科学堂

旧姓は藤谷、姫路市上白銀町に生まれ、一九二〇年に長谷川阿仲揖の養子となった。姫路中学校を卒業した後、渡満して一九一八年旅順工科学堂を卒業し、同年一二月満鉄に入り鞍山製鉄所工務課に勤務した。一九年三月同課設計科、二七年七月同製造課、二八年一一月臨時建設事務所、三〇年六月製鉄部工作課、同年八月製鉄部工作工場兼務を経て三三年六月鞍山製鉄所の事業を継承した昭和製鋼所㈱の事業開始とともに同職員となり、工務課機械係主任を経て三四年八月参事となった。次いで三五年一二月工作課工事係主任事務取扱兼務、三六年二月免兼務を経て同年一一月工務部工務課計画係主任となり、同年末に昭和製鋼所第三期製鉄四〇万トン増産施設準備調査のため欧米に派遣された。この間、三四年に勤続一五年の表彰を受け、さらに三六年に満州事変時の功により銀盃一個及び従軍記章を授与された。

長谷川幸平 ▷12

弁護士、勲七等／ハルビン南崗大

直街／一八九五（明二八）／東京府東京市中野区新井／中央大学専門部法科

長谷川栄蔵の四男として新潟県三島郡脇野町に生まれ、一九二一年中央大学専門部法科を卒業した後、二八年一月駐日スイス連邦公使館顧問となった。以来アルフレッド・ブルンネル、エミル・トラヴェルシニー、アルミン・デニケルの各公使を補佐し、一時はハンガリー公使館顧問を務めた。その後渡満して三五年九月中国人と提携して福興製粉廠を興して代表者となったが、事業の基礎確立とともに辞任し、三六年一〇月から法律事務に従事した。かたわら駐日ルーマニア公使A・A・ストイセスコの懇望により同国の石油と日本の綿布・ゴム靴・諸雑貨の交換輸出入計画を立案して奔走したが第三国の妨害により頓挫し、なお近東諸国との貿易・親交を画策した。この間、大正三年乃至九年事変時の功により勲七等青色桐葉章及び賜金を授与された。

長谷川作次 ▷14

三井物産大連支店長／大連市児玉町／一八八〇（明一三）三／石川県金沢市下伝馬町／東京外国語学校露語科

一九〇一年東京外国語学校露語科を卒業して三井物産に入り、東京本店、長崎、大連、牛荘等に勤務した。一九〇七年鉄嶺、〇八年長春の各出張所長を経て一三年ハルビン出張所長となり、同地の居留民会評議員を務めた。一七年九月東京本店営業部主任代理に転任した後、大連支店長に就いて渡満した。かたわら一九年一〇月大連市会議員に官選され、二二年一月任期中に辞任した。

長谷川重雄 ▷12

満鉄遼陽医院医長／奉天省遼陽桜木町／一九〇八（明四一）二／新潟県中蒲原郡根岸村／九州歯科医学専門学校

竹内栄吉の次男として鹿児島県指宿郡指宿町に生まれ、新潟県長谷川三郎の養子となった。一九三〇年九州歯科医学専門学校を卒業し、三一年一月満州医科大学副手兼医員嘱託となって渡満し、奉天春日尋常高等小学校診療医を兼務した。次いで満州医大助手兼医員を経て三五年二月満鉄遼陽医院医長となり、後に遼陽尋常高等小学校診療医及び遼陽商業学校医を兼務した。

長谷川甚雄 ▷14

㈾長谷川組代表社員／大連市神明町／一八九六（明二九）四／新潟県三条市大字新保／早稲田大学政治経済科、デポー大学政治経済科

新潟県長谷川辰次郎の長男に生まれ、一九一五年新潟県立三条中学校を経て二〇年三月早稲田大学政治経済科を卒業した。台北府前街から大連に移転して建築業を営む父辰次郎の事業を手伝った後、二三年九月に渡米し、二六年九月インディアナ州デポー大学政治経済科を卒業した。その後二八年一一月に父が死亡し、翌月大連に渡って長谷川組代表社員となり、三三年一〇月資本金を六〇万円から一〇〇万円に増資した。次いで土木方面にも事業を拡張し、坂本泰通と合同して㈾長谷川坂本組を設立して代表社員に就いたが、三六年四月坂本組との合資組織を解消して長谷川組を単独経営した。この間、満州土木建築業協会及び関東州土木建築業協会の各理事、満蒙土地建物㈱及び星ヶ浦小松台土地建物㈱の取締役、大連市神明町区長等を務めた。

長谷川信平 ▷12

鳳城税捐局副局長／安東省鳳城県鳳城税捐局／一八九九（明三二）八／愛知県北設楽郡名倉村／愛知県教員養成所、浜松工業補習学校機械科

愛知県長谷川文造の次男に生まれ、一九一六年愛知県教員養成所を修了した。一七年四月郷里の北設楽郡坂宇場尋常小学校訓導となったが、名古屋税務監督局属に転じ、次いで税務署属となった。勤務のかたわら二一年三月浜松工業補習学校機械科を卒業し、二七年八月名古屋税務署に転任した後、三二年一一月満州国第一回財務官吏招聘に応じて渡満し、吉黒権運署属官となった。財政部属官・総務司人事科勤務、税務監督署属官・奉天税務監督局錦県出張所勤務、税捐局属官瀋撫税捐局勤務、税務監督署属官兼務・奉天税務監督署勤務、税務監督署属官・吉林税務監督署勤務を経て三六年一月税捐局理税官となり鳳城税捐局副局長に就いた。

長谷川　進 ▷12

国務院総務庁秘書処員／新京特別

市六馬路国務院総務庁／一九〇七（明四〇）二／青森県弘前市住吉町／東京帝大経済学部経済科

青森県長谷川長治の五男に生まれ、弘前中学校、弘前高等学校を経て一九三〇年三月東京帝大経済学部経済科を卒業して東邦電力㈱に入社した。その後三三年四月に退社し、渡満して大同学院に入り、同年一〇月に卒業して国務院財政部税務司国税科に勤務した。次いで三五年一〇月塩務署事務官・熱河省赤峰支署総務科長心得、同年一一月兼任権運署事務官、三六年一二月兼任国務院総務庁秘書官を経て三七年一月専売署事務官兼国務院総務庁秘書官となり、同年二月国務院総務庁秘書処に転任した。この間、建国功労賞及び大典記念章、皇帝訪日記念章を授与された。

長谷川清治 ▷11

満鉄撫順炭砿製油工場主任／奉天省撫順永安台／一八八九（明二二）六／島根県八束郡津田村／大阪商工学校機械科

島根県長谷川継三郎の長男に生まれ、一九一一年大阪商工学校機械科を卒業した。一七年七月満鉄に入社し、二八年に撫順炭砿製油工場が創設されるとともに工場主任に就き、オイルシェール製油工程を管理した。

長谷川岱次 ▷13

ハタ工務店主／大連市西通／一八九四（明二七）／新潟県西蒲原郡間瀬村

一九一三年に渡満して大連の長谷川組に入り、同組の下請負を経て二四年から鞍山、奉天、安東の各出張所主任を務めた。三〇年大連本店工事係主任、三二年新京出張所主任を経て三三年七月に退社し、城口研究所新京代表者として水道工事請負に従事した。三四年一月真田水道工務所大連本店支配人兼建築部長に迎えられ、かたわらハタ工務店を設立して建築設計施工の請負業を自営した。三五年末に真田水道工務所を辞して工務店の経営に専念し、満鉄、満炭、昭和製鋼所、満化、満石、三井、三菱、豊年製油、関東州庁、満州国建築局のほか満州国特殊会社等を得意先とし、本店を大連市西通の小島ビルに、支店を奉天に置いた。

長谷川辰次郎 ▷10

長谷川組代表社員、満蒙土地会社取締役／大連市神明町／一八六八（明一）六／新潟県南蒲原郡三条町

鉱山師の子に生まれ、一八八四年五月古河鉱業足尾銅山の工事係現場見習となった。前橋市の土木建築請負師の現場係に転じた後、東京に出て土木建築請負業を自営したが、日清戦争後の九六年軍役職工人夫百人長として台湾に渡った。その後、台北府前街で長谷川組を開業したが、一九〇五年に渡満して大連の菅原工務所建築部主任に就いた。二〇年に菅原工務所から分立して大連に長谷川組を再興し、満州紡績会社、埠頭事務所第三期工事、満鉄医院等を手がけて基礎を築いた。二二年五月合名会社に改組し、二四年には東京日本橋西河岸に出張所を開設した。かたわら大連土木建築組合理事、日本土木建築連合会評議員、大連商業会議所常議員を務めた。

長谷川貞三 ▷11

満鉄土木課長／大連市桃源台／一八八八（明二一）四／大阪府大阪市南区高津町／東京帝大工科大土木科

大阪府長谷川嘉市の次男に生まれ、一九一二年東京帝大工科大土木科を卒業して満鉄に入社した。土木課員、立山技術部派出所主任等をへて二一年同課計画係主任となり、二三年から一年間欧米に出張した。帰社して調査係主任を務めた後、二六年に土木課長となった。学生時代から二七、八歳頃まで陸上競技とボートの選手として活躍した。

長谷川正雄 ▷12

満州電信電話㈱新京放送局長、満州防空協会理事、満州観光協会理事、従七位勲六等／新京特別市興安大路／一八八九（明二二）五／東京府東京市中野区道玄町

一九一一年文官高等試験行政科に合格して同年一二月大蔵省に入り、一八年に逓信省に転じた。三一年一一月逓信事務官に進んだ後、三四年二月満州電信電話㈱参事に転出して渡満し、新京放送局長に就いた。夫人保子との間に三男一女あり、長男正文は京都帝大、次男正之は陸軍士官学校に学んだ。

長谷川和平 ▷1

医院主、石鹸製造業、勲六等／吉林／一八七五（明八）／新潟県中

は

蒲原郡川東村／済生学舎

一八九八年東京の済生学舎を卒業して内務省の医術開業試験に合格し、東京本郷台町で開業した。診療のかたわら帝国大学に特設された国家医学会でさらに研鑽し、一九〇〇年から郷里の新潟で開業した。〇四年に日露戦争が始まると新発田の第三〇連隊の雇員となり、仙台の歩兵第四連隊補充大隊の見習医官に転任して仙台予備病院に勤務した後、同年一一月第二師団輜重兵第一大隊第四補充輸卒隊付となって渡満した。大連、遼陽、大安平、本渓湖、松尚堡、英守堡、武安屯、瓢起屯などで衛生事務の監督と治療に従事し、三等軍医となった。車窯兵站司令部駐在中に休戦となり、〇五年一二月に帰国して勲六等旭日章と一時賜金を受けた。〇六年八月満州の風土病研究のために再び渡満し、鉄嶺以東の各地で施療と調査を行った後、翌年三月吉林に入って医院を開設し、治療のかたわら石鹸製造業を経営した。

支倉平之丞 ▷11

三井物産奉天出張所所長代理／奉天隅田町／一八九〇（明二三）一〇／宮城県玉造郡川渡村／東京外国語学校

宮城県農業支倉平蔵の長男に生まれ、一九一六年三月東京外国語学校を卒業して三井物産に入った。ハルビン、鉄嶺各出張所勤務を経て奉天出張所所長代理となった。

長谷　孝彦 ▷12

㈱大連機械製作所営業部営業係主任／大連市台山町／一九一〇（明四三）四／長崎県／旅順工科大学

長谷忠二の次男として旅順に生まれ、一九三三年三月旅順工科大学を卒業して同年四月㈱大連機械製作所に入り、以来勤続して営業部営業係主任を務めた。

長谷沼兵庫 ▷12

奉天税務監督署員／奉天大南門裡路東奉天税務監督署／一八八七（明二〇）／福島県耶麻郡新郷村

文官普通試験に合格して税務署属となり、八王子、川越、浦和の各税務署に勤務した。その後、宇都宮、横浜、永代橋の各税務署間税課長・司税官を歴職して韮崎税務署長となった。三三年一〇月満州国税務監督署事務官に転出して渡満し、竜江税務監督署監察科長を務めて三四年七月同署理事官に進んだ。次いで奉天税務監督署営口出張所長となり、三五年一月税捐局理税官営口勤務兼任、三六年一月熱河税務監督署朝陽出張所長兼朝陽税捐局勤務を経て三七年一月奉天税務監督署理事官となった。

長谷部正平 ▷11

満州銀行取締役兼庶務課長／大連市楓町／一八八一（明一四）一一／埼玉県比企郡小見野村／台湾協会専門学校

埼玉県長谷部惣平の次男に生まれ、台湾協会専門学校を卒業して朝鮮殖産銀行に入った。一九二三年満州銀行に転じて本店経理課長となり、二五年奉天支店支配人に転任した後、取締役に就いて本店に戻り庶務課長を兼任した。

長谷部唯丸 ▷12

国務院実業部林務司員兼延吉林務署員／奉天信濃町／一九〇一（明三四）四／大分県日田郡中津江村／鹿児島高等農林学校林学科

大分県長谷部等の次男に生まれ、熊本中学校を経て一九二五年三月鹿児島高等農林学校林学科を卒業した。二六年八月樺太庁林業科に勤務し、森林経営調査主として航空写真による林相調査に従事した。三四年一一月に依願退職し、国務院実業部嘱託に転じて渡満した。三六年一一月実業部技佐兼延吉林務署技佐となり、奉天の満州航空会社に駐在して航空写真による満州の森林資源調査に従事した。写真、洋画、音楽を趣味とし、剣道は三段位を有した。

幡井　軒二 ▷11

幡井小児科医院主／大連市信濃町／一八九四（明二七）一二／和歌山県那賀郡山崎村／南満医学堂

和歌山県農業幡井長作の五男に生まれ、一九一八年南満医学堂を卒業して満鉄大連医院小児科に勤務した。二六年一二月に退職し、市内信濃町で小児科医院を開業した。

秦　　要 ▷11

南満中学堂書記、従七位勲六等／奉天葵町／一八七八（明一一）二／東京府東京市本郷区田町

東京府商業秦己之吉の長男に生まれ、一九一二年六月独立守備隊歩兵第一大隊付となって渡満した。関東軍付、関東陸軍倉庫付、独立守備隊歩兵第三大隊付等として勤務した後、二三年一二月に退職して南満中学堂書記となった。

畠山六之助 ▷3

満鉄開原経理掛主任／奉天省開原付属地／一八七三（明六）六／富山県上新川郡豊田村／富山県師範学校、東京専門学校

富山県師範学校を卒業して東京専門学校に学び、一八九六年六月富山県中新川郡書記となった。その後石川県河北郡書記を経て三重県度会郡書記に転じ、九七年一二月文官高等試験に合格した。一九〇四年一〇月内務属として地方局に勤務した後、〇七年九月に渡満して満鉄に入り大石橋に勤務した。一一年一月から六月まで検疫委員及び臨時防疫部書記として営口停留所主任を務めた後、一三年五月鉄嶺在勤となり、翌年四月開原経理掛主任に就いた。

秦　真次 ▷11

関東軍司令部付、陸軍少将、正五位勲二等功五級／奉天隅田町／一八七九（明一二）四／福岡県小倉市船場町／陸軍大学校

福岡県医師秦真吾の長男に生まれ、一九〇〇年陸軍士官学校を卒業して歩兵第四六連隊付となり、日露戦争に従軍して第一軍兵站部副官となった。一九〇九年陸軍大学校を卒業して参謀本部員となり、オーストリア公使館付武官補佐官、オランダ公使館武官、陸軍省新聞班長、連隊長、第三師団参謀長、東京警備参謀長、歩兵第一五旅団長、陸軍大学校教官を歴任した。二七年一〇月関東軍司令部付となって渡満し、奉天特務機関長となった。⇓二九年八月第九師団司令部付に転じ、第一四師団司令部付、東京湾要塞司令官、兵器行政本部付を経て三二年二月憲兵司令官となった。荒木貞夫陸相の下で皇道派の中心人物として青年将校らの国家改造運動に同情的立場をとったが、三四年八月第二師団長に左遷され、翌年八月待命となった。三五年九月予備役編入となった後は神官を務め、戦後五〇年二月に没した。

幡田義之助 ▷9

満州石鹸㈱専務取締役／大連市須磨町／一八六七（慶三）七／山口県玖珂郡柳井町

一八九四年日清戦争に際し陸軍御用達として遼東半島の柳樹屯に上陸し、水雷敷設隊と旅順軍港で酒保を営んだ。戦後九五年八月台湾に渡り、台南で商業と山林伐採業を兼営し、台湾総督府より度量衡調査を命じられて広東に出張した。一九〇四年実兄と船舶代理店・石炭販売業を計画して芝罘に渡ったが、同年二月に日露戦争が始まって持船全部を御用船に徴発されて一時閉店し、同年九月外国船四隻に木炭と石炭を満載して朝鮮の鎮南浦から安東県、大連を経て営口に輸送して軍隊に納入した。戦後は営口新市街南本町に喜久洋行を設立して材木、金物、建築材料商と汽船数隻の賃貸業を営んで支店を芝罘と大連に置き、営口材木商組合長、豊済門区長を務めた経営のかたわら営口山口県人会を組織して会務一切を担当し、官有財産管理委員等を務めたが、営口の守備隊が大幅に削減されたため廃業して一〇年一一月大連に移住した。その後一一年から石鹸の製造に着手し、一九年一〇月満州石鹸㈱を設立して専務取締役に就いた。実弟の岡野平九郎は共に台南で軍用達業を営んだ後、安東県で喜久旅館を経営した。

畑中　梅吉 ▷12

満鉄牡丹江鉄路局工務処建築科長、従七位／牡丹江満鉄鉄路局工務処／一八九九（明三二）三／兵庫県神戸市兵庫北町／早稲田大学理工学部建築学科

兵庫県畑中松造の長男に生まれ、一九二三年三月早稲田大学理工学部建築学科を卒業して鉄道省に入り、工務局国府津派出所勤務、国府津改良事務所大船国府津間工事掛、国府津改良事務所勤務、大阪改良事務所吹田改良工事掛に歴勤した。三三年一二月鉄道技師に進んだ後、満鉄に転出して渡満し、鉄路総局工務処工務科勤務を経て三六年一〇月牡丹江鉄路局工務処建築科長に就き、三七年四月副参事となった。

畑中幸之輔 ▷12

満鉄撫順中学校長／撫順西十条通撫順中学校／一八八八（明二一）六／福井県遠敷郡今富村／広島高等師範学校、京都帝大

福井県畑中亀蔵の次男に生まれ、福井師範学校を経て一九一五年広島高等師範学校英語部を卒業し、富山県砺波中学校教諭となった。次いで京都帝大文学部哲学科に進み、二〇年に卒業して同年七月倉敷紡績㈱に入り教化係及び重役秘書を務めた。二一年七月日本絹布㈱に転じて宿泊係を務めた後、山科中学校及び芳蘭女学校の各教諭となった。その後二三年一〇月に渡満して満鉄に入り、地方部学務課勤務、教育研究所公司を経て二四年八月に満州教育専門学校が創立されると同校教授に就いた。以来同校教授を兼務したまま付属小学校訓導及び校長、奉天加茂尋常小学校長兼訓導を務め、満州教育専門学校長心得、同校長、教育研究所長兼講師、安東高等女学校長兼教諭を兼職し、三六年四月満鉄撫順中学校長となった。

畑中佐太吉 ▷12

畑中商店主、㈾畑中洋行代表社員、満州亜鉛鍍㈱取締役、大連商業銀行取締役、大連土建材料商組合幹事／大連市吉野町／一八八二（明一五）／和歌山県西牟婁郡周参見町

一四歳の時から大阪に出て金物商に従事した後、〇九年に渡満して大連で畑中商店を開業した。吉野町に店舗、飛騨町に倉庫を置いて金物商と鉄材の卸商を営んで成功し、新京に資本金七〇〇〇円で㈾畑中洋行を設立して同業を経営し、後に資本金を五万円に増額した。

畠中　繁蔵 ▷12

畠中歯科医院長／浜江省牡丹江円明街／一八九一（明二四）一／山形県飽海郡吹浦村

歯科医学を修めた後、酒田市上内匠町に居住したが、三六年に渡満して牡丹江円明街で畠中歯科医院を開業した。

畠中　啓夫 ▷11

輸出入銭鈔業／旅順市東五条通／一八八六（明一九）七／和歌山県日高郡東内原村／中央商業学校

和歌山県農業畠中嘉兵衛の三男に生まれ、一九〇四年東京の中央商業学校を卒業し、山縣商会大連支店員となって渡満した。雑貨部主任、出資社員営業部主任を経て一四年六月撫順支店主任となった。その後同商会を退社して撫順で輸出入商と銭鈔業を独立開業し、かたわら撫順倉庫会社監査役を務めた。

波田野清一 ▷11

関東庁嘱託城子坦駐在公医／関東州城子坦／一八九五（明二八）八／新潟県東蒲原郡津田町／東京医学専門学校

新潟県農業波田野辰治の長男に生まれ、一九二一年三月東京医学専門学校を卒業して順天堂病院外科に勤務した。二三年一二月関東庁公医に転じて渡満し、東老灘に駐在した後、二七年一二月城子坦に転任した。この間、ハルビンからチチハルを経て東蒙古地方を視察した。

羽田野　資 ▷12

満鉄皇姑屯鉄道工場木工科貨車廠主任、社員会奉天第一連合会評議員／奉天朝日町／一九〇一（明三四）四／富山県婦負郡五福村／南満州工業学校機械科

富山県羽田野亀吉の長男に生まれ、一九二〇年三月南満州工業学校機械科を卒業して満鉄に入り沙河口工場機械科に勤務した。同年一一月組立職場、二四年四月鍛冶職場、二五年六月木工科、二六年三月遼陽工場、三〇年一月大連工場、同年六月鉄道工場、三一年八月同工場貨車製材職場、三二年一月車台職場に歴勤し、三三年九月鉄路総局に異動して奉山鉄路局に派遣された。三四年四月奉天鉄路局皇姑屯工廠工務員、同年八月同工廠木工科貨車廠主任兼台車廠主任を経て三六年九月職制改正により皇姑屯鉄道工場木工科貨車廠主任となった。この間、満州事変時の功により賜盃及び従軍記章を授与され、三五年四月勤続一五年の表彰を受けた。

羽田野平三 ▷12

龍江省公署警務庁特務科長、正七位勲五等／龍江省チチハル龍江省公署／一八八八（明二一）五／新潟県北蒲原郡乙村

一九〇七年四月下関郵便局事務員となり、同年一二月局長代理となった。〇八年一二月徴兵されて旭川の工兵第七大隊に入営し、憲兵に転科して一〇年に憲兵上等兵となり、一五年に憲兵練習所を修了した。以来、朝鮮松湖里憲兵分遣所長、旭川憲兵対本部付、金沢憲兵隊金沢憲兵分隊付、京都憲兵隊八日市分遣所長、東京憲兵隊渋谷憲兵分隊長、横浜憲兵隊根岸憲兵分隊前田橋分遣所長、仙台憲兵隊副官、高田憲兵分隊長代理、若松憲兵分隊長代理、弘前憲兵分隊長、盛岡憲兵分隊長を歴任し、関東憲兵隊付となって渡満した。三次いで奉天商埠地憲兵隊長、長春憲兵隊本部付、吉林憲兵分隊長代理、ハルビン憲兵隊依蘭憲兵分隊長、ハルビン憲兵隊副官、佳木斯憲兵分隊長代理を歴補した。三三年七月憲兵大尉に累進して予備役編入となり、満州国特殊警察隊警正に転じた。三六年四月吉林省公署事務官・警務庁特務科長、同年一二月国務院民政部事務官・警務司勤務を経て三七年七月龍江省公署警務庁特務科長に転任した。

畑生 武雄 ▷12

満州電業㈱工務部建設課発電係長／新京特別市東安路／一九〇〇（明三三）一二／福岡県福岡市大字谷／旅順工科大学工学専門部電気工学科

福岡県畑生寿吉の次男に生まれ、一九二三年一二月旅順工科大学工学専門部電気工学科を卒業し、満鉄に入社して電気作業所に勤務した。二四年一二月一年志願兵として広島電信第二連隊に入隊し、二五年一一月に退営して復職した。その後二六年五月に同所が南満州電業㈱として満鉄から分離独立すると同社に移り、発電課、工務課、計画課、工務課、技術課、業務課に歴勤して三三年一一月大連発電所作業係長となった。三四年一二月に電気供給事業が満州電業㈱として分離すると同社に転じ、工事課発電工事係長を経て工務部建設課発電係長となった。

畑山 善作 ▷11

セメント石炭商／ハルビン・トルゴワヤ街／一八八七（明二〇）三／長野県下伊那郡飯田町／東亜同文書院

長野県商業畑山佐喜右衛門の三男に生まれ、一九〇九年上海の東亜同文書院を卒業し、同年八月満鉄に入った。販売課に勤務したが、一六年三月に退社してハルビンでセメント石炭商を営んだ。

畑 六之進 ▷7

金融業、勲八等／大連市加賀町／一八六三（文三）六／鹿児島県薩摩郡佐志村

薩摩藩士畑六郎左衛門の子に生まれ、一八八七年海軍志願兵として入団し機関部に勤務した。九四年日清戦争に従軍して威海衛方面に出撃し、戦後九六年一一月に善行証書と勲八等勲章を授与された。同年台湾に渡って総督府鉄道局機関士となり、一九〇一年六月東宮御所造営局に転じ、〇四年日露戦争に際し陸軍器機検査官となり遼陽、鉄嶺方面に従軍した。戦後は三井会社に入り福岡県三池の四ツ山で築港工事の現場機関監督を務めたが、竣工後の〇九年に退社して渡満した。満鉄機関士となり、後に推挙されて寺児溝宿舎長を兼務したが、一二年に退社して大連で金融業を営んだ。長男の盛幸は青島戦役に従軍して勲八等に叙せられ、実弟は郷里で村長を務めた。

蜂須賀 正 ▷11

旅順第二中学校教諭／旅順市松村町／一八九三（明二六）九／群馬県佐波郡赤堀村／群馬県師範学校

群馬県教員蜂須賀喜十郎の三男に生まれ、一九一五年群馬県師範学校を卒業し、県下の群馬郡東村小学校訓導となった。二〇年に師範学校・中学校・高等女学校教員検定試験に合格し、群馬県女子師範学校、前橋高等女学校、三重県女子師範学校教諭を歴任した。二四年六月関東庁中学校教諭に転じて渡満し、旅順第二中学校教諭となった。

蜂屋 可秀 ▷3

関東都督府中学校教諭、正六位／新旅順特権地／一八六四（元一）八／宮城県仙台市北一番丁

宮城県士族の子に生まれ、一八九一年文部省英語科検定試験に合格した。九七年五月から京都府尋常中学校及び大阪府第一尋常中学校の教諭、臨時教員養成所教授兼第三高等学校教授を歴任して高等官四等に進んだ。一九一〇年四月、関東都督府中学校教諭となって渡満した。

蜂谷 文平 ▷11

満鉄撫順炭砿労務係／奉天省撫順永安台南台町／一八八三（明一六）五／岡山県都窪郡福田村

岡山県蜂谷浜次郎の次男に生まれ、一九〇七年八月に渡満して撫順で機関区、保線区、駅の授業員物品配給所を開設した。〇九年一二月満鉄に入り、撫順炭砿に勤務して労務係を務めた。かたわら撫順地方委員、在郷軍人撫順分会理事、満鉄社員会事業部長、体育協会撫順支部幹事、岡山県人会長、撫順消防隊監督等の要職に就いた。

羽月治郎兵衛 ▷9

羽月商店主／大連市西通／一八七八（明一一）一一／山口県阿武郡萩町

一八九九年徴兵されて入営し、一九〇〇年義和団事件に従軍して勲八等を受け、さらに〇一年台湾に動員されて治安活動に当たった。次いで一九〇四年日露戦争で召集され、各地に転戦して翌年帰国し、戦功により勲七等に叙され年金を受給した。郷里で休養した後、〇六年一月再び渡満して大連市東郷町で蒲鉾製造と鮮魚の販売を始め、その後信濃町第一市場に店舗を出し、西通に自宅を移した。その後漁業にも着手し、発動機船を所有して渤海湾で漁業を行った。

八田喜三朗 ▷12

日満商事㈱ハルビン支店長／ハルビン南崗竜江街／一八八六（明一九）一二／佐賀県佐賀郡兵庫村／早稲田大学商科

佐賀県八田忠左衛門の長男に生まれ、一九一二年三月早稲田大学商科を卒業し、同年七月三菱㈾営業部に入った。本社、門司支店、呉出張所、上海支店、蕪湖出張所、大阪支店に勤務した後、一九年一月に退社して東京の高島屋に転じ、重役秘書、経理部長を歴任した。次いで二八年一二月東京の太平生命保険会社に転じ、社長秘書役、庶務課長、契約課長を務めた。その後三三年七月に渡満してハルビンの鶴岡煤鉱公司に入り、債務整理を担当した。三四年五月満州炭砿㈱の設立と同時に同社入りして会計課長及び用度課長を務め、三六年八月ハルビン営業所長に就いたが、同年一〇月満鉄商事部の事業を継承して日満商事㈱が設立されると同社ハルビン支店長に転じた。

八田松二郎 ▷9

奉天信託㈱鉄嶺支配人、勲七等／奉天省鉄嶺敷島町／一八七九（明一二）一〇／東京府東京市本郷区駒込千駄木町

一九〇〇年一二月徴兵されて入営し、後に陸軍一等看護長に進級した。一五年一一月に予備役編入となり、銀行員となった。その後二二年一月に渡満して奉天信託㈱に入り、鉄嶺支配人に就いた。

八丁　虎雄 ▷11

八丁鉱業主／大連市児玉町／一八九一（明二四）一／大分県下毛郡三保村／旅順工科学堂

大分県八丁鉄三の三男に生まれ、旅順工科学堂第一期生として入学し、一九一三年に卒業して満鉄に入った。総務部地質研究所窯業試験工場勤務、旅順工科学堂工学専門部講師、満鉄調査係主任、大連窯業会社嘱託等を歴任した後、二六年に満鉄を退社して大連に八丁鉱業所を設立した。金州炭鉱、朝鮮咸北炭鉱等を経営するかたわらシベリア、満蒙の資源調査に従事し、関東庁嘱託、大連窯業会社嘱託、朝鮮竜徳炭鉱重役、大分県人会常任幹事、同青年会幹事、中津銀行重役等の役職を兼務した。長兄の春太郎は台湾総督府学務課長を務めた。

服部伊勢松 ▷12

朝鮮総督府新京出張所員、従六位勲六等／新京特別市熙光路白山住宅／一九〇一（明三四）六／岩手県盛岡市仁王第一割／盛岡高等農林学校

一九二三年盛岡高等農林学校を卒業し、二四年一二月茨城県立鹿島農学校の教諭となった。その後二七年に文官高等試験司法科に合格して翌年一月東京地方裁判所に弁護士登録し、さらに同年文官高等試験行政科に合格して朝鮮総督府に勤務した。二九年五月朝鮮総督府警部、三一年一二月道警視、三三年一二月朝鮮総督府事務官を経て三四年四月外務事務官兼任となり、新京出張所に赴任して新京日本大使館に在勤した。この間、満州事変時の功により勲六等及び従軍記章、建国功労賞、大典記念章、皇帝訪日記念章を授与された。

服部　栄七 ▷12

鴨緑江伐木公司長白分局長、鴨緑江製材合同㈱監査役／安東県九番通／一八八九（明二二）一一／愛知県名古屋市中区広路町／東京帝大農科大学林学科

愛知県農業服部仙蔵の三男に生まれ、一九一五年東京帝大農科大学林学科を卒業して鴨緑江伐木公司に入った。林況調査員として長白分局に勤務した後、一七年帽児山分局長となり、次いで安東総局勤務、通化分局長、八道江分局長を歴任して二八年安東貯木所長となった。その後三〇年に長白分局長となり、朝鮮咸鏡南道の恵山鎮に赴任した。この間、満州事変時の功により大盾及び従軍記章を授与された。

服部　賢吉 ▷11

建築材料会社社長、正六位勲五等

功五級／奉天木曽町／一八七六（明九）三／東京府東京市牛込区白銀町／陸軍士官学校

東京府服部文吾の長男に生まれ、陸軍幼年学校から士官学校に進み、一八九九年に卒業して歩兵少尉に任官した。一九〇四年日露戦争に従軍し、その後少佐に累進して一九一三年予備役編入となった。一四年九月朝鮮軍司令部嘱託として吉林に駐在した後、復州の大東鉱土公司支配人に転じた。その後ハルビンで建築材料会社を経営し、北満窯工㈱、大陸窯業㈱の各専務取締役を兼任した。

服部　覚　▷9

まるこ亭主、安東料理屋組合長、安東検番㈱専務、安東居留民団議員／安東県六番通／一八六三（文三）四／大阪府中河内郡八尾町

河内の名家に生まれ、一八歳で父に代わって戸長代理を務め、その後勧業委員として村政に携わった。一八八六年大阪・伏見間の淀川汽船運漕業を始め、さらに伏見と京都七条駅間の馬車鉄道を計画したが、人力荷馬車と小舟労働者の反対で断念した。その後大阪に出て材木仲買業を始め、九州日向で製材して鉄道枕木の販売に従事した。一九〇四年日露戦争が始まると朝鮮に渡って仁川で盛京洋行を興したが、翌年三月陸軍酒保に転じて安東県に移り、新市街の旧遊園地に家屋を新築して同年七月料理屋「まるこ亭」を開業した。顧客の増加に伴い一八年に六番通の二〇〇坪の土地に新築移転し、経営のかたわら安東料理屋組合長、安東検番㈱専務、安東居留民団議員を務めた。

服部斉一郎　▷12

ハルビン金融組合理事／ハルビン道裡石頭道街／一八九四（明二七）五／福井県敦賀郡敦賀町／敦賀商業学校

福井県服部寔の長男に生まれ、敦賀商業学校を卒業して北海道の留萌炭鉱会社に入った。その後一九一四年九月に渡満し、関東都督府に入り民政部財務課に勤務した。三二年一〇月に辞職してハルビン金融組合の設立事務に従事し、設立後は理事として組合員五百数十名、貸出金七〇万円、預金一五万円の同組合の経営にあたった。

服部精四郎　▷3

関東都督府中学校教諭、高等官五等、従六位／新旅順春日町／一八七八（明一一）一／高知県香美郡夜須村／東京帝大文科大学

一九〇一年、東京帝大文科大学を卒業して師範学校・高等女学校の歴史科教員免状を取得した。〇二年四月宮崎県立延岡中学校教諭、〇五年六月大分県立杵築中学校校長兼教諭、〇九年二月奈良県立畝傍中学校長を歴任し、一一年一月関東都督府中学校教諭に転じて渡満した。

服部　誠蔵　▷3

満鉄庶務課員、勲七等／大連市播磨町／一八七七（明一〇）一二／山形県西田川郡鶴岡町／東京法学院

一八九七年明治法律学校に入り、翌年東京法学院に転学して法律を学んだ。一八九九年文官普通試験に合格して鉄道書記となり、鉄道作業局に勤務した。一九〇四年日露戦争に際し野戦鉄道提理部員として大連に赴任し、〇七年四月満鉄開業とともに入社して庶務課に勤務した。

服部　辰蔵　▷12

監察院審計局第一処長、従五位／新京特別市明徳路第一代用官舎／一八九八（明三一）一／愛知県名古屋市東区杉村町／東京帝大法学部政治学科

愛知県服部喜三郎の長男に生まれ、一九二三年三月東京帝大法学部政治学科を卒業して大蔵属となり理財局に勤務した。次いで司税官となって山形、長崎、千葉の各税務署長を務めた後、三二年三月税務監督局事務官となり、熊本税務監督局関税部長、同総務部長、同経理部長兼務を歴任した。三四年六月税務監督局書記官補に進み、同年七月税関事務官に転任して門司税関監視部長兼総務課長となった。三五年一〇月満州国に転出して渡満し、監察院審計官・審計局勤務を経て三七年七月審計局第一処長に就いた。

服部　寮　▷12

満鉄撫順炭砿工作課機械係技術担当員、社員会評議員、社員消費組合総代／奉天省撫順南台町／一八八九（明二二）一二／島根県邑智郡中野村／広島県立工業学校

一九〇九年三月広島県立工業学校を卒業し、同年八月満鉄に入社して撫順炭砿機械課に勤務した。一七年九月に辞

職し、同年一〇月製油工業研究のため蘭領ボルネオ島ポンチアナクに渡ったが、都合により中断して満州に戻り、同年一一月安奉線戊申洋行の嘱託となった。その後二〇年三月再び満鉄に入り、撫順炭砿鉱務課勤務を経て老虎台採炭所、撫順炭砿鉱務課、竜鳳採炭所兼機械課兼炭砿部採炭課、老虎台採炭所に歴勤して同所坑外係主任兼監査担当員となった。次いで三三年一一月撫順炭砿工作課機械係技術担当員となり、三六年九月副参事となった。この間、二七年四月創業二〇周年に際し洗炭機設置悪炭利用法の考案により表彰され、さらに三二年三月チェーンコンベアの改良により功績章及び金一封を受けた。

服部 直樹 ▷3

満鉄沙河口工場木工科長、従六位勲五等/大連市外沙河口/一八七五(明八)一/愛知県名古屋市下竪杉町/東京帝大理科大学機械科

愛知県士族の子に生まれ、一九〇〇年七月東京帝大理科大学機械科を卒業して鉄道作業局に入った。〇五年四月日露戦争に際し野戦鉄道提理部付として渡満し、〇七年四月の満鉄開業とともに入社して沙河口工場に勤務した。

服部 実 ▷12

国務院軍政部訓練課員、特許発明局審査官兼評定官/新京特別市大同大街国務院軍政部/一八九九(明三二)六/岡山県岡山市巌井町/陸軍士官学校

岡山県服部定治郎の四男に生まれ、広島地方幼年学校を経て一九二一年陸軍士官学校を卒業した。次いで二三年に陸軍砲工学校、二七年に陸軍野戦砲兵学校高射砲学生を修了して三一年砲兵大尉に累進し、三二年五月予備役編入となった。三三年一二月国務院軍政部に招聘されて渡満し、軍事教官として中央陸軍訓練処に勤務した。三五年一〇月陸軍砲兵中校に任官し、軍政部軍事課股長を経て三六年一月同部訓練課勤務となり、同年九月特許発明局技佐兼任となって同局審査官及び評定官を兼務した。

服部 粲 ▷12

満鉄四平街駅貨物助役/奉天省四平街南四条通/一九〇六(明三九)二/岡山県吉備郡薗村

岡山県服部徳太郎の次男に生まれ、一九二六年三月満鉄教習所運転課を修了して四平街駅に勤務した。長春列車区四平街分区に転勤した後、再び四平街駅貨物方に勤務し、三五年一月貨物助役となった。

服部 与一 ▷11

満州教育専門学校教授/奉天葵町/一九〇〇(明三三)一/山形県鶴岡市/東京帝大理学部化学科

山形県服部与惣の子に生まれ、一九二四年東京帝大理学部化学科を卒業した。満鉄に入社し、満州教育専門学校教授を務めた。

花井 勇 ▷9

朝鮮銀行鄭家屯出張所支配人/鄭家屯/一八八六(明一九)一〇/福岡県筑紫郡堅粕村/長崎高等商業学校

一九一一年長崎高等商業学校を卒業し、各地の銀行、会社等に勤めた。一九年五月朝鮮銀行に転じて京城本店に勤務し、同年一〇月安東県支店詰を経て二〇年一〇月鄭家屯出張所支配人に就いた。

花井 脩司 ▷11

満鉄参事、社長室業務課第三部主査/大連市臥竜台/一八八八(明二一)一/愛知県渥美郡泉村/愛知県立第四中学校

愛知県農業花井卯八の次男に生まれ、県立第四中学校を卒業した。一九〇九年三月に渡満して満鉄に入り、安東県及び長春地方事務所に勤務した後、本渓湖、鞍山、長春の各地方事務所長等を歴任した。二七年六月参事となり、同年一一月本社社長室に転任して業務課第三部主査となった。兄の卯一は島根県技師、弟頼三は福岡県伊田の三井炭鉱技師を務めた。

花井 文治 ▷12

満州興業銀行大連伊勢町支店支配人代理、勲七等功七級/大連市若菜町/一八八四(明一七)一〇/東京府東京市京橋区木挽町/名古屋商業学校

名古屋商業学校を卒業した後、一九一〇年三月に渡満して営口水道電気会社に入り庶務計算係となった。一九年六月満州製紙会社支配人に転じた後、二二年六月大連銀行に入り、翌年七月の満州銀行への統合後も引き続き同行に勤務した。二五年公主嶺支店長、二九年小西関支店長を歴任した後、本店審査課勤務を経て三五年一月営業課副支配人に就いた。その後三六年一二月に在満朝鮮銀行支店と満州銀行及び正隆銀行が統合して満州興業銀行が設立されると、同行大連伊勢町支店支配人代理に就いた。業余に花方と号して俳句を嗜んだ。

花岡 千波　▷14

日本売薬㈱取締役兼大連支店長、大連薬業組合長、大連商業会議所常議員／大連市播磨町／一八八一（明一四）二／長野県小県郡上田町

一九〇六年一一月、東京市に設立された日本売薬㈱の取締役となり、翌月渡満して大連支店を開設し支店長に就任した。大連薬業組合長、大連商業会議所常議員を務めたほか、一六年一月大連市会議員に補欠として復選され、引き続き第二期に復選され一九年九月に任期満了した。

花沢 儀助　▷12

満州電信電話㈱大連中央電話局加入課長／大連市早苗町／一八八九（明二二）三／福島県福島市舟場町

郷里の学校を終えた後、一九一九年一月関東都督府通信書記補となって渡満した。二二年関東庁書記に進んだ後、三三年九月満州電信電話㈱の設立とともに同社入りして大連中央電話局加入課長となった。

花田 博　▷12

浜江専売署緝私科長／ハルビン馬家溝政府代用官舎／一八八九（明二二）一／東京府東京市豊島区西巣鴨／陸軍士官学校

陸軍中央幼年学校を卒業した後、一九〇八年五月士官候補生として近衛歩兵第三連隊に入隊し、同年一二月歩兵少尉補に進んで同連隊付となった。次いで一〇年五月陸軍士官学校を卒業し、二〇年八月歩兵大尉に累進して同連隊中隊長となり、二四年一一月予備役編入となった。三二年一一月国務院軍政部顧問部嘱託となって渡満し、三三年二月中央陸軍訓練処研究部員となったが、同年七月専売公署嘱託に転任して承徳支署緝私科長となり、三四年一月熱河専売署緝私科長を経て同年専売公署事務官に進み、三五年六月浜江専売署緝私科長に転任した。この間、三四年に建国功労賞及び昭和大礼記念章を授与された。

花田 孫平　▷11

吉林満鉄東洋医院事務員／吉林商埠地満鉄社宅／一九〇二（明三五）一／福岡県遠賀郡岡垣村／東亜同文書院

福岡県に生まれ、上海の東亜同文書院に入った。一九二三年雲南、貴州、四川を巡遊して経済調査を行い、翌年には江西省及び湖北省を調査した。一九二五年に卒業して満鉄に入り、同年一二年志願兵として小倉の連隊に入営した。二七年四月に除隊して長春医院事務員となり、同年一一月吉林東洋医院に転任した。勤務のかたわら予備陸軍歩兵曹長として吉林在郷軍人分会副会長を務めた。

花戸 真一　▷9

東亜木材㈱専務取締役／安東県江岸通／一八八八（明二一）五／福岡県福岡市妙楽寺町／中学校

郷里の中学校を卒業した後、一九一二年に渡満して安東県で木材商を営んだ。その後個人経営の同業者を糾合して一八年に東亜木材㈱を設立し、専務取締役に就任した。

花房 五六　▷11

長春尋常小学校訓導／長春錦町／一八九四（明二七）一二／岡山県赤磐郡髙陽村／岡山県師範学校

岡山県教員花房彪の長男に生まれ、一九一四年岡山県師範学校を卒業して県下の開成高等小学校、豊洲尋常高等小学校訓導を務めた。二二年三月に渡満して長春尋常高等小学校訓導となり、二五年一一月同尋常小学校訓導に転任した。

英 修作　▷1

英組主、満州煉瓦㈱常務取締役／大連／一八五七（安四）五／広島県安芸郡仁保村

宇品築港工事に協力し、自費で道路を修理し橋梁を架設するなどして金銀杯、感謝状を受け、呉鎮守府の用達となって英組を設置した。一八九四年九月日清戦争の際に大本営の用達となり、戦後は台湾総督府の嘱託顧問となったが、その後辞して軍需品の輸送に従事した。一九〇〇年に北清事変が起きると多数の軍役職工を引率して北京に入って軍に協力し、〇四年の日露戦争の際にも大本営の用達として満韓地方の軍隊に職工を供給した。この間、〇三年に解散した東京銀座の服部組の業務を引き継いで本店を東京に移し、呉、広島、大連、旅順に支店を設けて土木建築工事請負と諸官衙用達業を経営し、大連市内に数十戸の家屋を建てて借家業を兼営した。これとは別に共同で東京に東莱公司を組織して芝罘と大連に支店を置いて日清間の海運業を経営したほか、満州煉瓦㈱を創立して常務取締役に就いた。本支店の間を往復して経営に当たるかたわら、熱心な仏教徒として総額一万五〇〇〇円ほどを慈善事業に義捐した。

英　優美　▷12

国務院実業部特許発明局総務科長、特許発明局手続代理人委員会幹事、特許収用審査委員会幹事、実業部法令審査委員会委員、満州国協和会実業部分会班長・同評議員／新京特別市慈光胡同／一九〇〇（明三三）一二／神奈川県横浜市南太田町／日本大学法文学部英法科

神奈川県英馨の長男に生まれ、県立第一横浜中学校、日本大学予科を経て同大学法文学部英法科に進み、在学中の一九二四年三月文部省の英語科教員免許を取得し、さらに同年一一月文官高等試験行政科に合格した。二五年四月内閣属となり、二六年一二月特許局に出向して審判部に勤務した。三〇年七月特許局事務官に昇格して同局抗告審判官となり、三三年一二月同局審判官となった。三五年四月国務院実業部特許発明局商標局理事官に転出して渡満し、調査科長兼商標手続代理人銓衡委員会委員を務めた後、三六年六月同局総務科長に就いた。満州帝国特許法及び意匠に関する法典の作成に従事し、著書に『満州帝国特許発明法解説』『特許に関する判例集』がある。

花房　武蔵　▷12

三江省饒河県参事官／三江省饒河県参事官公館／一九〇六（明三九）三／岡山県岡山市広瀬町／海軍兵学校

一九二五年海軍兵学校を卒業した後、二六年一二月少尉に任官した。三一年大尉に累進して平戸分隊長、佐世保鎮守府付等を歴補し、三二年一二月に待命となった。三三年五月満州国海軍教練官となって渡満し、攻防艦隊司令部付を経て三四年六月特殊警察隊警正となり営口海辺警察隊に勤務し、三七年五月三江省饒河県参事官に転任した。

花房安次郎　▷11

運送通関業／大連市淡路町／一八七七（明一〇）一二／福岡県鞍手郡直方町

福岡県商業花房安造の長男に生まれ、一九一二年四月に渡満した。満鉄に入社して船長を務めた後、二一年に退社して同年一一月から大連で運送通関業を営んだ。

花見　昇孝　▷12

満鉄奉天駅構内助役／奉天白菊町／一八九五（明二八）八／鳥取県西伯郡中浜村／（高等小学校）

角藤蔵の次男に生まれ、鳥取県花見はなの養子となった。一九一〇年高等小学校を卒業した後、一二年一〇月鉄道院に入り久谷駅に勤務した。一五年一二月徴兵されて松江の歩兵第六三連隊に入営し、一七年一一月に満期除隊した。その後一九年三月に渡満して満鉄に入り、奉天駅駅夫となった。二〇年一二月見廻方、同年一〇月警手、二一年九月改札方、二六年九月奉天列車区車掌心得を経て車掌となった。次いで二八年一〇月得勝駅駅務方兼助役心得、二九年一一月長春列車区鉄嶺分区車掌、三五年四月孤家子駅助役を歴任して三七年二月奉天駅構内助役となった。この間、満州事変時の功により木杯小一組及び従軍記章を授与され、三四年四月勤続一五年の表彰を受けた。

花谷　正　▷11

関東軍参謀、正七位勲六等／旅順新市街千歳町／一八九四（明二七）一／岡山県勝田郡広戸村／陸軍大学校

岡山県会社員花谷章の長男に生まれ、一九二二年陸軍大学校を卒業して参謀本部に勤務した。二五年一二月から二八年四月まで参謀本部付在外研究員として北京・天津地方及び長江沿岸各地に駐在し、同年八月関東軍参謀となって渡満した。⇒その後帰国して歩兵第三七連隊大隊長を務めた後、三〇年に奉天特務機関員となって再び渡満して石原莞爾らの満蒙領有計画に参画し、三一年九月柳条湖事件の謀略に関与した。三二年参謀本部員、三三年済南駐在武官、三五年関東軍参謀、三七年一二月歩兵第四三連隊長、三九年一月満州国軍顧問を経て四〇年八月歩兵第二九旅団長となった。太平洋戦争中は四一年一二月第一軍参謀長、四三年一〇月第五五師団長、四五年七月第一八方面軍参謀長等を歴任した。敗戦後四八年に復員し、五七年八月に没した。

塙　孝一　▷12

満鉄大連鉄道事務所大連埠頭第二埠頭主任、社員会評議員、勲七等／大連市鳴鶴台／一八九七（明三〇）一二／山形県鶴岡市銀町／早稲田大学商科

塙寅三郎の長男として北海道空知郡沼貝村に生まれ、一九二〇年三月早稲田大学商科を卒業して満鉄に入り埠頭事務所陸運課に勤務した。二八年一〇月公主嶺貨物主任となり、次いで范家屯駅長、埠頭事務所勤務、小崗子駅長、大連埠頭事務所輸入主任を歴任し、三五年四月大連鉄道事務所大連埠頭第二埠頭主任となった。講道館柔道五段位を有し、満州事変時の功により勲七等に叙された。

塙　繁弥太　▷3

南満医学堂教授／奉天新市街／一八七七（明一〇）七／北海道空知郡沼具村／東京医科大学外科選科

一九〇一年四月東京医科大学外科選科を修了し、同年一〇月皮膚学黴毒学教室嘱託となった。日露戦後の〇五年一一月に渡満して関東州民政署医務嘱託となり、関東都督府設置とともに〇六年九月都督府医務嘱託となった。〇七年一一月満鉄医員に転じ、一〇年一月から社命でドイツに留学して皮膚科及び泌尿器科を研究した。一二年五月に帰社して翌月から奉天医院皮膚科部長を務め、一四年九月南満医学堂教授兼任となった。

羽田　重吉　▷12

満州採金㈱延吉出張所長、正八位／新京特別市中央通／一八九四（明二七）一〇／東京府東京市杉並区和田本町／東京帝大理学部地質学科

金沢市下安藤町に生まれ、一九二一年五月東京帝大理学部地質学科を卒業して満鉄に入り、地質調査所に勤務した。同年一二月非役となり、一年志願兵として金沢の野砲兵第九連隊に入営して翌年一二月に除隊復職した。その後三三年一月図幅班主査を経て同年五月関東軍に出向し、特務部嘱託を務めた。帰任後三四年五月技師に昇格すると同時に満鉄を依願解職し、満州採金㈱技師に転じて延吉出張所長となった。

羽田　勗　▷11

大連弥生高等女学校教諭／大連市桂町／一八九九（明三二）五／静岡県安倍郡安東村／広島高等師範学校

静岡県教員で漢学者の羽田藤太郎の三男に生まれた。一九二二年広島高等師範学校を卒業して神戸第三中学校教諭となったが、翌年渡満して大連弥生高等女学校教諭に転じた。以来同校に勤務し、大連神明高女出身の許斐淑子と結婚した。

羽田　公司　▷11

満鉄参事、大連鉄道事務所長、正七位／大連市児玉町／一八七九（明一二）四／茨城県猿島郡古河町

茨城県の銀行支配人羽田米次郎の長男に生まれ、日本鉄道会社に入った。一九〇〇年六月宇都宮駅助役となり、〇六年一一月に国有化された後も勤続し、大崎、福島、浜松、汐留の各駅長を務めた後、営業課員、営業運転巡視員、運輸事務長、鉄道局貨物配車掛長を歴任した。二〇年六月満鉄に招かれて渡満し、長春運輸事務所長、長春鉄道事務所長、埠頭事務所長を経て参事となり大連鉄道事務所長に就いた。夫人ハヤとの間に六男三女あり、長女スミは安東駅貨物助役の安堵一雄に嫁した。

羽田　雄三　▷11

瓦房店警察署警部補／奉天省瓦房店大和街／一八九九（明三二）一／高知県高知市永国寺町／高等小学校

高知県会社員羽田雄平の次男に生まれ、高等小学校を出て独学し、二〇年三月に渡満して関東都督府巡査となった。二七年七月警部補に昇進し、瓦房店警察署に勤務した。

羽場　尚恕　▷11

旅順師範学堂訓導／旅順市松村町／一八九三（明二六）一〇／滋賀県滋賀郡阪本村／滋賀県師範学校

滋賀県教員羽場尚志の長男に生まれ、一九一四年滋賀県師範学校を卒業し、郷里の坂本小学校訓導となった。一七年五月に渡満して大連高等小学校訓導に転じたが、二四年八月に帰国して大阪市此花区第四西野田小学校訓導となった。二七年一二月に再び渡満して旅順師範学堂訓導を務めた。この間、上海、南京、蘇州、杭州方面を旅行して初等教育の状況を視察した。夫人維子は高女を卒業し、結婚するまで小学校で教鞭を執った。

馬場　彰　▷12

満鉄撫順炭砿工事事務所長、工務委員会委員、撫順体育協会理事／撫順南台町／一八九一（明二四）三／宮城県仙台市東七番町／九州帝大工科大学土木科

宮城県立第二中学校、第二高等学校を経て一九一八年九州帝大工科大学土木科を卒業し、同年満鉄に入社して撫順炭砿砿務課に勤務した。以来勤続し、古城子採炭所剥離係主任等を歴任して工事事務所長に就き、三六年一〇月工務委員会委員兼任となった。スポーツを得意とし、業務のかたわら三五年三月から撫順体育協会理事を務めた。

馬場　勇　▷12

満州電業㈱総務部文書係長、正八位／新京特別市通化路／一九〇八（明四一）一〇／福岡県築上郡黒土村／東京帝大法学部

福岡県馬場節蔵の長男に生まれ、一九三一年三月東京帝大法学部を卒業して同年五月南満州電気㈱に入社した。総務課会計係、業務課等に勤務し、この間一年志願兵として入営し、陸軍歩兵少尉に任官して復職した。三四年一二月に南満州電気㈱の電気供給事業を継承して満州電業㈱が創立され、同社に転じて総務部文書係長となった。

馬場　音次　▷11

日本赤十字社鉄嶺委員支部主任、勲六等／奉天省鉄嶺日本赤十字社委員支部／一八九二（明二五）一一／埼玉県大里郡武川村／埼玉県立甲種農学校

埼玉県農業馬場松五郎の四男に生まれ、一九一〇年埼玉県立甲種農学校を卒業して郷里の小学校訓導となった。その後陸軍に入り、一七年に満州守備隊に属して渡満し、二四年一〇月一等看護長に進んで除隊した。二六年一一月日本赤十字社満州委員本部書記となり、翌年一一月鉄嶺委員支部主任となって赴任した。

馬場　亀雄　▷12

福地組主／大連市楠町／一八九九（明三二）二／佐賀県小城郡芦刈村／早稲田大学法科中退

佐賀県土木建築請負業福地太三の次男に生まれ、後に親族馬場家を相続した。一九〇八年七月、生後間もなく父母に伴われて渡満した。二五年三月早稲田大学法科を中退して実父の経営する福地組を補佐したが、満州事変後に大連の東亜土木企業㈱に入社して北満地方の軍事輸送と鉄道建設工事に従事した。三三年熱河作戦に出動して軍事輸送と鉄道及び国道建設工事に従事した後、同年七月に退社し、同社の下請けとして北満で土木建築請負業を営んだが、同年一二月に実父太三が没すると福地組の業務一切を引き継ぎ、浜綏線終站の綏芬河より琿春に至る国道三五〇キロを請け負って一年七ヶ月でこれを竣工した。本店を大連に置き、新京西朝陽北胡同、間島省琿春中和街、安東堀割通に営業所、間島省琿春県土們子、同汪清県羅子溝、三江省依蘭県三姓中大街、浜江省東寧県中央大街に営業所を置いた。この間、熱河作戦時の功により建国功労賞を授与された。

馬場　金助　▷10

小間物化粧品商まるきんや主／大連市浪速町／一八八一（明一四）一／京都府中郡峰山町

京都の生糸縮緬商の子に生まれ、一九〇七年四月に渡満して大連市大山勧商場内に小間物化粧品店を開業した。郷里の金比羅大権現にあやかり商号を「まるきんや」と称して繁盛し、一六年に大山通に移転した。その後浪速町にも分店を設け、大連で今中洋行と並ぶ老舗となった。

馬場　重一　▷12

満鉄中央試験所庶務課経理係主任／大連市伏見町／一八九七（明三〇）八／東京府東京市麻布区市兵衛町／法政学院

東京府馬場重三郎の長男に生まれ、一九一四年一一月朝鮮総督府郵便貯金管理所に入った。その後渡満して二四年に大連の法政学院を卒業した後、三二年二月満鉄に入った。会計課、社長室文書課、庶務部庶務課勤務を経て交渉部経理係主任、上海事務所庶務係主任を歴任した。その後三五年一一月中央試験所に転勤して三六年五月経理係主任となり、同年一〇月三七年四月副参事に昇任した。この間、上海事変の功により賜杯及び従軍記章を授与された。

馬場　周七　▷12

大連汽船㈱船長、正八位／大連市真弓町／一八九六（明二九）一〇／佐賀県杵島郡住吉村／佐賀商船学校

佐賀県馬場幸三郎の次男に生まれ、一九一七年佐賀商船学校を卒業し、一八年一月満鉄に入り同年一二月職員に昇格した。二二年七月大連汽船㈱に転じて二等運転士となり、次いで二三年一二月一等運転士、二七年二月船長となった。

馬場　誠一　▷11

満鉄普蘭店駅助役／関東州普蘭店福寿街／一八九五（明二八）四／鹿児島県鹿児島市／鹿児島県立第二中学校

鹿児島県農業馬場陣之進の長男に生まれ、一九一〇年県立第二中学校を中退した。一七年一一月に渡満して満鉄に入り、鶏冠山駅駅務方、大石橋福金駅勤務を経て二四年四月職員に昇格した。二六年七月千山駅助役を経て、二七年五月普蘭店駅助役に転任した。

馬場　善吉　▷1

大里製糖㈱営口主任／奉天省営口／一八八四（明一七）九／兵庫県揖保郡林田村／早稲田専門学校、専修学校

神戸中学校を卒業して上京し、早稲田専門学校と専修学校に学んだ。一九〇四年一〇月鈴木商店の大里製糖所に入社し、翌年一二月社命で朝鮮各地に出張して商況を視察した。〇六年営口出張所主任となって渡満し、営口西大廟街に事務所を置き、同地の商慣習にならった予約売買法で売上げを伸ばした。

馬場　多平　▷12

㈾さざ浪製菓代表社員、勲八等／奉天青葉町／一八九二（明二五）三／長崎県北高来郡江ノ浦村／高等小学校

長崎県馬場峯吉の子に生まれ、郷里の高等小学校を卒業後、長崎に出て米穀商を営んだ。二四年一〇月に渡満して奉天の満鉄地方部に勤務した後、三四年五月奉天青葉町にさざ浪菓子店を開業し、三六年一二月合資会社に改組して代表社員となった。従業員二三人を使用して和洋菓子の製造・卸小売をし、陸軍、満鉄社員組合、諸会社購買部の御用達のほか、大学、病院、警察、郵便局、各学校を得意先として年間売上高五万円に達した。この間、一四年に青島攻略線に従軍して勲八等旭日章を受けた。長男博は満州医科大学に学んだ。

馬場　利秀　▷12

安東省公署警務庁警務股長、勲六等／安東六番通公館／一八九六（明二九）九／鹿児島県揖宿郡頴娃村／高等小学校

高等小学校在学中に教員検定試験に合格し、一九一二年四月卒業とともに鹿児島県尋常小学校准教員免許状を取得して山川小学校の代用教員となった。九玉小学校訓導となったが、一六年一二月徴兵されて熊本の騎兵第六連隊に入営した。一七年上等兵に進み、一八年一二月憲兵に転科して北支那駐屯軍付、鹿児島憲兵分隊付を経て憲兵伍長となった。次いで二五年に憲兵練習所を修了して憲兵上等兵候補者教育助教を務め、軍務のかたわら同年尋常小学校本科正教員免許状を取得した。二七年一二月曹長に累進して京城憲兵隊本部付となり、三一年九月満州事変の勃発とともに朝鮮軍越境部隊に編入されて出動した。三二年五月吉林憲兵分隊付となり、同年一二月憲兵特務曹長に進んでハルビン憲兵隊本部付、同埠頭区憲兵分遣隊長を務めて予備役編入となった。三四年一月吉林省公署警務庁警正に就いて警務科長代理を務めた後、同年一二月安東省公署事務官に転任して警務庁警務股長となり、次いで熱河省公署事務官に転任して警務庁特務科長となった。この間、満州事変時の功により賜金を授与された。

馬場森四郎　▷12

大同号主、チチハル商工会議所議員、チチハル商店協会評議員、チチハル商業組合評議員／龍江省チチハル永安大街／一九〇五（明三八）五／長崎県南高来郡大三東村

一九二〇年に渡満してハルビンの森倉洋行に入り、以来十年余り勤続した。その後三二年に退職してチチハルに移

は

り、軍及び鉄路局方面を得意先として食料品雑貨商を営んだ。

馬場 義男 ▷12

満鉄撫順炭砿古城子採炭所計画係主任／奉天省撫順南台町／一九〇三（明三六）一／佐賀県神埼郡神埼町／旅順工科大学工学専門部採鉱分科

佐賀県馬場義三郎の長男に生まれ、南満州工業学校土木科を経て一九二五年一二月旅順工科大学工学専門部採鉱分科を卒業して満鉄に入り、鉄道部工務課に勤務して線路建設業務に従事した。その後、撫順炭砿古城子採炭所に転勤して三三年三月計画係主任となり、露天掘りの深部採掘計画を担当した。この間、満州事変時の功により賜杯及び従軍記章を授与された。

馬場 義生 ▷12

満鉄林口警務段長、社員会評議員、在郷軍人会林口分会長、正五位勲三等／三江省勃利県林口満鉄警務段長局宅／一八八七（明二〇）一一／熊本県飽託郡清水村／陸軍士官学校、陸軍戸山学校体育科

熊本県馬場万熹の長男に生まれ、一九〇九年陸軍士官学校を卒業して同年一二月歩兵少尉に任官し、次いで一二年二月陸軍戸山学校体育科を卒業した。以来軍務に服して三三年中佐に累進し、三四年三月連隊留守隊長を務めた後、三五年八月に予備役編入となった。三六年二月満鉄鉄路総局チチハル警務段長となって渡満し、林口警務段長兼密山警務段長に転任した後、三六年九月林口警務段長専任となった。

羽原力太郎 ▷11

呉服太物雑貨商／奉天省開原大街／一八八七（明二〇）四／広島県深安郡市村／小学校

広島県農業羽原清次の長男に生まれ、小学校を卒業して商業に従事した。一九〇四年五月日露戦争に際し小倉の第四七連隊付酒保員として鳳凰城に至り、一年半の間軍隊と共に諸方を転々とした。戦後は釜山や佐賀県で商業を営んだが思わしくなく、〇八年五月に再び渡満して開原で呉服太物雑貨商を開業した。

羽生 秀雄 ▷1

江森組出張所員／大連／一八八三（明一六）五／東京府南足立郡千住村／早稲田大学

早稲田大学を卒業した後、東京市街鉄道会社、神奈川県庁土木課勤務を経て東京小石川の江森組に入った。一九〇六年に旅順出張所に転勤して渡満し、日露戦争時に日本軍が敷設した旅順港口の閉塞船引き揚げに従事した。次いで大連市伊勢町の大連仮出張所船舶部主任に転任し、大孤山に臨時出張所を設けてロシア軍が敷設した水雷艇の引き揚げ作業を監督した。

羽生 秀吉 ▷12

満鉄新京事務局員兼新京保健所主任／新京特別市菖蒲町／一八九八（明三一）八／東京府東京市杉並区東田町／慶応大学医学部

東京府羽生伝蔵の子に生まれ、一九二五年慶応大学医学部を卒業した後、三一年八月論文「鼠チブス菌ノ『エレメンタール・バクテリオファージ』ト本菌ノ免疫元性並ニ病原性トノ関係ニ就テ」により医学博士号を取得した。その後三五年六月に渡満して満鉄に入社し、新京事務局に勤務して新京保健所主任を兼任し、三六年九月副参事となった。

浜井金次郎 ▷11

大阪屋号書籍店大連支店主／大連市浪速町／一八七七（明一〇）二／東京府東京市日本橋区呉服橋／小学校

東京市日本橋の商業浜井良之輔の次男に生まれ、小学校を卒業して大阪に出て金物商を営んだ。一九一〇年五月実兄の松之助に従って渡満し、大連に大阪屋号書籍店を開いた。仕入その他の関係で本店を東京に置き、大連支店長として満鮮一帯を商圏に図書、文房具、運動具の卸小売業を経営した。

浜尾 卓次 ▷12

三江省民政庁行政科員、佳木斯日本在留民会評議員／三江省佳木斯省公署／一九〇八（明四一）六／広島県安芸郡矢野町／満州教育専門学校文科第二部

広島第一中学校を卒業して渡満し、一九三一年三月満州教育専門学校文科第二部を卒業して長春公学校教諭となった。満州事変の勃発とともに同年一一月奉天自治指導部自治訓練所に転じ、次いで国務院民政部総務司経理科、同人事科に勤務した。三江省樺川県属官に転任した後、三六年一〇月事務官に進んで同省公署民政庁行政科に勤務した。

浜口亀三郎　▷12

満鉄鉄道総局改良課員／大連市朝日町／一八八七（明二〇）一二／大阪府北河内郡香里桜ヶ丘

一九〇一年四月南海鉄道㈱に入り、その後〇八年二月朝鮮総督府鉄道局に転じ、一七年七月同鉄道が満鉄に委託経営されるとともに満鉄に入社した。技術部線路課、奉天鉄道事務所、遼陽保線区助役、鉄道部保線課兼鉄道教習所講師に歴勤し、三六年一〇月副参事に昇格して鉄道総局改良課に勤務した。この間、満州事変時の功により賜盃を授与され、三三年四月勤続一五年の表彰を受けた。

浜　香三　▷12

国務院実業部工商司員兼特許発明局評定官兼審査官／新京特別市恵民路／一九〇二（明三五）一二／兵庫県養父郡高柳村／上田蚕糸専門学校絹糸紡績科

兵庫県正垣九右衛門の三男に生まれ、浜家の養子となった。一九二〇年兵庫県立蚕業学校を卒業して長野県の上田蚕糸専門学校に進み、二四年四月絹糸紡績科を卒業して同校助手となった。二五年二月に依願退職して渡満し、同年三月関東紡績㈱に入った。さらに二六年四月に退社して同年六月国務院実業部特許発明局技手に転じ、審査官補となった。三五年四月商標局技士・商標局調査科勤務、三六年二月実業部技佐・工商司勤務を経て同年九月特許発明局技佐兼任となり、評定官及び審査官を兼務した。

浜崎　巌　▷12

満州電業㈱経理部用度課倉庫係長／新京特別市大同大街満州電業㈱経理部／一九〇七（明四〇）九／島根県簸川郡荒木村／京都帝大法学部

一九三二年三月京都帝大法学部を卒業して南満州電気㈱に入り、総務課、庶務課、営業課等に歴勤した。三四年一一月同社の電気供給事業を継承して満州電業㈱が創立されると同社入りし、総務部人事課福祉係長を経て経理部用度課倉庫係長となった。

浜崎　清人　▷12

義興當主、義興估依舗主、浜崎薬局主、松屋旅館主、チチハル信託㈱専務取締役、北満鉱業㈱監査役／龍江省チチハル昂昂渓／一八九七（明三〇）一〇／熊本県天草郡高浜村／尋常小学校

熊本県荷受問屋浜崎禎次郎の次男に生まれ、尋常小学校を卒業した後、一九一一年に渡満してハイラルで飲食店を営んだが、間もなく廃業してハルビンの門元商店に入った。次いで一二年末にチチハルで雑貨売薬商を始めたが失敗し、チチハル倶楽部の雇い人となった。その後一四年に昂昂渓で時計店を開業し、欧州大戦による好況下でロシア人と中国人を顧客に地方唯一の時計店として成功した。二二年九月再びチチハルに赴き、正陽街に義興當を興して質屋業を営み、後に義興估依舗の商号で古着商を兼営した。以来同地に根を下ろし、浜崎薬局のほか永安裡二道街で松屋旅館を、東門外に支店義興接當を兼営した。さらに保険代理店業を兼営して契約高一〇〇万円に達し、三二年から軍部の依頼で兵舎建築用の窯業を開始した。この間、満州事変時三一年一一月に多聞師団のチチハル入城に際して先導道案内をし、鉄条網・木材その他の資材を供給して感状を受け、同地の民会長、副会長、民会評議員等を務めた。

浜砂　兵吉　▷12

満鉄撫順炭砿発電所変電係主任、工業標準規格委員会委員、社員会評議員、在郷軍人会撫順第五分会理事、正八位／奉天省撫順南台町／一八九九（明三二）六／宮崎県児湯郡上穂北村／九州帝大工学部電気工学科

宮崎県浜砂兵吉の四男に生まれ、後に家督を相続して兵吉を襲名した。第七高等学校を経て一九二六年三月九州帝大工学部電気工学科を卒業し、同年一二月一年志願兵として広島電信第二連隊に入隊し、二七年一一月に除隊した。二八年三月東北電力㈱に入ったが、三一年四月同社が東京電灯㈱と合併すると同時に退職し、三二年一一月東京高等工業学校講師を経て三三年一〇月満鉄に転じて渡満した。撫順炭砿工作課、同課電気係技術担当員、発電所電灯電話係主任を務めた後、三七年六月発電所変電係主任となった。

浜田秋次郎 ▷12

浜江省密山県警正兼浜江省公署警務庁駐牡丹江弁事処員／牡丹江七星街／一九〇二（明三五）一〇／高知県幡多郡月灘村

高知県浜田鉄二の長男に生まれ、一九二二年九月高知県巡査となった。以来勤続して巡査部長、警部補と累進して同県巡査教習所教官、高知警察署警察部刑事課、同警務課、高知県警察部刑事課に歴勤し、この間三一年に内務省警察講習所本科を卒業した。窪川警察署長、中村警察署司法主任、高知警察署司法主任を歴任した後、三四年二月満州国警佐に招聘されて渡満し、瀋陽警察庁に勤務した。次いで奉天省公署警務庁勤務・浜江省公署属官兼務を経て三六年五月浜江省密山県警正となり、浜江省公署警務庁駐牡丹江弁事処に勤務した。

浜田　勝美 ▷12

満州工廠㈱計理課長、大満鋳工廠㈱監査役／奉天萩町／一九〇四（明三七）四／鹿児島県囎唹郡財部町／東亞同文書院商務科

鹿児島県農業浜田伝之助の長男に生まれ、一九二八年三月上海の東亞同文書院商務科を卒業し、同年四月㈱川崎造船所に入った。経理部会計事務、業務部支那関係業務担当を務めた後、三四年四月満州工廠㈱会計係に転じ、後に計理課長となった。

浜田起世次 ▷12

満鉄撫順地方事務所地方係長、社員会評議員、社員消費組合総代／奉天省撫順北台町／一八九三（明二六）八／高知県幡多郡宿毛町／高等小学校

郷里の高等小学校を卒業した後、税務官吏特別試験に合格し、一九一一年四月税務雇となった。税務属に進んだ後、一九年に渡満して満鉄に入り撫順炭砿庶務課に勤務した。以来撫順炭砿に勤続して地方係主任となり、三六年九月撫順地方事務所の新設とともに同所地方係長に就いた。この間、三五年四月に勤続一五年の表彰を受けた。

浜　竹松 ▷3

浜恒商会大連支店主／大連市淡路町／一八六八（明一）一一／和歌山県東牟婁郡田原村

一八九四年実姉の経営する中川商店に入り、兄弟四人で浜恒商会を組織して紀州方面の材木買い入れに従事した。日露戦後の一九〇五年に渡満し、大連支店を開設して経営した。

浜田　光三 ▷11

南満州電気㈱自動車部主任／大連聖徳街／一八八六（明一九）一〇／鳥取県鳥取市鹿野町／工手学校機械科

鳥取県土木請負業浜田梅造の長男に生まれ、機械工を志して呉海軍工廠に入った。大阪砲兵工廠、名古屋兵器支廠、東京の芝浦製作所、品川製作所等で職工あるいは技手として働いた後、東京築地の工手学校機械科に入学した。一九一二年に卒業して京城の白神洋行鉄工部の現場主任となり、京城電気㈱瓦斯工事技手等を経て一七年五月満鉄に転じ、沙河口工場の旋盤工となった。その後電気作業所に転勤して職員に昇格し、二六年五月南満州電気㈱として分離独立した後も勤続し、翌年六月自動車部主任に就いた。

浜田幸太郎 ▷11

満鉄大連医院事務員、正六位勲四等功五級／大連臥竜台／一八七六（明九）／山口県佐波郡富海村

一九〇四年一一月、第七師団歩兵第二七連隊小隊長として日露戦争に従軍した。各地に転戦して勲功を立て、後に正六位勲四等功五級に叙せられた。戦後〇六年一月に帰国したが、その後守備隊勤務となって数回渡満し、大尉に進級して退役した。二一年一〇月満鉄に入り、本社人事課勤務を経て大連医院事務員に転任した。

浜田作次郎 ▷11

満鉄千山駅駅長／満鉄千山駅社宅／一八八五（明一八）七／鳥取県西伯郡外江村

鳥取県農業浜田源吉の次男に生まれ、一九〇六年三月米子鉄道作業局境駅の駅夫となり、同年六月野戦鉄道提理部付となって大連に上陸した。蘇家屯駅に勤務した後、〇七年四月の満鉄開業とともに入社して列車車掌となり、大石橋、鶏冠山、公主嶺、撫順、奉天等に勤務した。一九年一一月得利寺駅助役となり、石河、王家、立山駅に転勤して南台駅長に進み、二七年一一月千山駅駅長に就いた。

浜田　茂雄　▷12

日満商事㈱ハルビン支店長代理兼石炭係主任兼営業係主任／ハルビン新馬家溝宣化街／一八九二（明二五）二／高知県高知市江口／慶応大学理財科

高知県浜田巌彦の三男に生まれ、一九一八年三月慶応大学理財科を卒業して大日本紡績会社に入った。その後三〇年に満鉄に転じて渡満し、販売部銑鉄課勤務を経て三二年一〇月安東販売事務所事務主任となった。次いで三六年六月ハルビン営業所長に就いて同年九月副参事となり、同年一〇月満鉄商事部の業務を継承して日満商事が創立されると同社ハルビン支店長代理となり、石炭係主任と営業係主任を兼任した。

浜田　周洞　▷12

日満鉱産㈱監査役／大連市初音町／一八六八（明一）八／高知県高知市本町／同志社英学校

高知県の剣道師範浜田鎌之助の子に生まれ、幼名は正稲、後に周洞と改名した。健児社に入り海南自由党に属して民権運動で活動した後、同志社英学校に入学して新島襄の薫陶を受けた。一八八七年に卒業して三菱㈾に入社し、七年勤続したあと東京で出版印刷その他の各種事業を経営したが、日露戦後の不況で失敗した。一二年に神戸の鈴木商店に入り、一四年四月満州総支配人並びに山東省各支店出張所監督となって渡満した。以来鈴木商店の地盤開拓に尽力し、一五年に満鉄より豊年製油を引き継いで設備を拡張したほか、同年の山東省厘銭買入、一七年の七百万円訴訟事件、一九年の大豆一〇万トン・小麦二五万トンの大輸出、二〇年の臼井・古河事件、銀建値問題等に手腕を発揮し、南満物産会社及び日本塩業会社の各重役、大連取引所取引人組合長、大連五品商品部取引人組合長を務めた。その後二三年に鈴木商店を退社して自適の生活に入ったが、三七年二月日満鉱産㈱監査役に就いた。

浜田　善助　▷11

三井物産大連支店保険係主任／大連市桂町／一八九二（明二五）三／福島県伊達郡桑折町／東京帝大法科大学

福島県商業浜田貞蔵の次男に生まれ、一九一七年東京帝大法科大学を卒業して三井物産に入った。二五年一二月大連支店に転勤し、保険係主任に就いた。

浜田　武士　▷12

㈱昭和製鋼所銑鉄部選鉱工場選鉱係主任／奉天省鞍山昭和製鋼所内／一九〇五（明三八）一一／広島県深安郡加茂村／東京帝大工学部冶金学科

広島県浜田惣右衛門の次男に生まれ、一九二九年三月東京帝大工学部冶金学科を卒業し、同年五月満鉄に入り鞍山製鉄所に勤務した。三〇年八月同所選鉱工場に転任した後、三三年六月に鞍山製鉄所の事業を継承した昭和製鋼所が事業を開始すると、同所に移籍して選鉱係主任となった。三五年三月工務部工務課兼務となり、同年六月兼務を解かれた後、三六年一一月社命で欧米に派遣された。この間、満州事変時の功により賜品及び従軍記章を授与された。

浜田　辰敏　▷12

浜田医院長／ハルビン吉林街／一八九七（明三〇）三／福岡県小倉市砂津／九州帝大医学部

九州帝大医学部を卒業して三宅赤岩外科教室で二年研究に従事した後、貝島病院に勤務して実地研鑽を積んだ。その後渡満し、三四年七月ハルビン吉林街で浜田医院を開業した。さらに三六年一〇月道裡地段街商工ビル三階に診療所を開設し、本院と合わせ代診二人、看護婦三人を使用した。

浜田　二男　▷11

安東海関検査官／安東海関官舎／一八八七（明二〇）八／宮城県名取郡六郷村／東京外国語学校西語科

宮城県官吏浜田祐治の次男に生まれ、一九一〇年東京外国語学校西語科を卒業して翌年四月横浜税関鑑定官補となった。青島戦役後の一四年一二月、現職のまま青島守備軍司令部付を命じられて赴任した。一五年一月青島埠頭局女姑口支局長となり、同年九月さらに中国税関に転じて安東海関に勤務した。

浜田　豊樹　▷11

医師、正七位勲五等／長春日本橋通／一八七九（明一二）九／福岡県遠賀郡蘆屋町／長崎医学専門学校

福岡県医師浜田逸馬の長男に生まれ、一九〇一年長崎医学専門学校を卒業した。一年志願兵として入営した後、〇四年二月日露戦争に際し充員召集に応じて陸軍三等軍医となり、同年八月に渡満して大連兵站病院に勤務した。〇五年一二月大連第一関東陸軍病院と改称された後も勤続し、〇七年四月に召集解除となり同年一〇月満鉄医員となった。遼陽医院長、長春医院城内分院長、奉天医院勤務等を歴任し、この間一八年のシベリア派遣軍に従軍して一等軍医となった。二〇年に満鉄を退職して長春で開業し、かたわら関東庁嘱託、領事官警察医、長春郵便局嘱託のほか第一・日清・愛国・福徳・日華・有隣・東洋・東海・大正・富士・片倉等の各生命保険会社嘱託医となり、在郷軍人分会副会長、福岡県人会副会長等を務めた。同郷の夫人シズ子との間に四男一女あり、長男豊博は満州医科大学に学んだ。

浜田　直吉 ▷12

満鉄大石橋機関区運転主任、社員会評議員、勲八等／奉天省大石橋永昌街／一九〇二（明三五）四／鹿児島県薩摩郡永利村

鹿児島県浜田喜之助の五男に生まれ、一九一八年二月満鉄に入り鉄嶺車輌係に勤務した。鉄嶺機関区、長春機関区勤務を経て大連機関区点検助役、大連鉄道事務所車務課に歴勤し、三六年七月大石橋機関区運転主任となった。この間、満州事変時の功により勲八等に叙され、三三年四月勤続一五年の表彰を受けた。

浜田　信哉 ▷11

満鉄参事、社長室監査役／大連市星ヶ浦水明荘／一八八四（明一七）六／鹿児島県揖宿郡指宿村／神戸高等商業学校、東京高等商業学校専攻部

鹿児島県浜田恵三の長男に生まれ、一九〇八年神戸高等商業学校を卒業し、上京して東京高等商業学校専攻部に入学した。一〇年七月に卒業して満鉄に入り、撫順炭砿に勤務した。一七年六月本社に転任し、二一年五月から二年間欧米に留学して鉄道・港湾・鉱山の会計制度を研究した。帰社して監察員・参事待遇となり、その後参事に昇任して社長室監査役に就いた。勤務のかたわら本社内の同郷団体三州会の会長を務めた。

浜田治太郎 ▷12

満鉄ハイラル站助役／興安北省ハイラル站／一八八八（明二一）八／高知県幡多郡佐賀村

一九〇八年一二月徴兵されて善通寺の輜重兵第一一大隊に入営し、満期除隊して郷里の佐賀郵便局事務員となった。次いで朝鮮に渡って新義州税関支所に勤務した後、一八年四月満鉄に入社して公主嶺駅に勤務した。二六年一一月四平街駅に転勤して操車方、運転方を経て構内助役となり、三七年四月ハイラル站助役となった。この間、三三年四月勤続一五年の表彰を受けた。

浜田　秀雄 ▷12

吉林市公署工務科員／吉林市公署工務科／一九〇六（明三九）一一／徳島県徳島市富田町／東京帝大工学部土木工学科

一九三〇年三月東京帝大工学部土木工学科を卒業し、同年四月栃木県道路技手となった。三四年一二月満州国官吏に転じて渡満し、龍江省技佐として同省公署民政庁に勤務した後、三六年九月吉林市公署工務科に転任した。

浜田　正直 ▷11

大連海関副監査長／大連市光風台／一八七六（明九）二／鹿児島県日置郡東市来村

鹿児島県農業浜田八兵衛の次男に生まれ、一九一三年五月中国海関吏となった。各地に勤務した後、大連海関副監査長に就いた。

浜田　元勝 ▷12

大吉楼主／ハルビン田地街／一八八三（明一六）／熊本県天草郡栖本村

一九〇四年日露戦争に際し御用商人となって第一軍に随行し、酒保と馬車運輸業に従事した。戦後〇八年からハルビン傅家甸で料理屋大吉楼を開業し、一四年から加藤氏と共同で元和当の商号で質店を兼営し、ともに成功した。一六年一〇月傅家甸に資本金四万円でハルビン金融組合が設立されると、組合長として在留日本人の土地家屋の借入や金融の便宜を図った。

浜田　有一 ▷11

満鉄奉天省四平街駅駅長／奉天省四平街鳳瑞街／一八九六（明二九）

五／高知県安芸郡奈半利町／京都帝大法学部英法科

高知県浜田百次郎の長男に生まれ、一九二三年京都帝大法学部英法科を卒業して満鉄に入った。地方部庶務課、大連駅貨物方、満鉄武道教師嘱託、安東駅貨物方、安東列車区車掌、大連列車区、営口駅貨物方、同貨物助役、奉天省四平街駅貨物助役を歴任し、二八年一〇月奉天省四平街駅駅長に就いた。柔道を得意とし、満鉄地方委員、同社員会評議員を務めた。

浜田栄右衛門 ▷12

満鉄鉄道総局築港課員／奉天隅田町／一八九三（明二六）九／鹿児島県薩摩郡川内町／岩倉鉄道学校

鹿児島県農業浜田新太郎の長男に生まれ、一九一四年一一月岩倉鉄道学校本科建設科を卒業して鉄道院に入り、九州鉄道管理局工務課に勤務した。その後一七年一月満鉄に転じて渡満し、総務部技術局保線課に勤務した後、立山臨時工事係、技術局保線課、築港事務所設計係、埠頭事務所工務課、大連築港所、同工事助役、大連第一工事区事務所に歴勤した。次いで築港事務所船舶長、埠頭事務所船舶長、築港区工事助役、鉄道建設局工事課、同設計課兼工事課勤務を経て三六年一〇月副参事に昇格し、鉄道総局築港課に転任した。この間、満州事変時の功により木杯一組を授与され、三二年四月勤続一五年の表彰を受けた。

浜田　陽児 ▷12

国務院産業部畜産局長、従四位勲三等／新京特別市東順治路／一八八五（明一八）七／高知県長岡郡大篠村／陸軍士官学校本科

高知県浜田正之の三男に生まれ、広島地方幼年学校及び中央幼年学校を経て一九〇四年一〇月陸軍士官学校本科を卒業して騎兵少尉に任官した。陸軍省軍務局課員兼軍馬補充部本部員、騎兵第三連隊長に歴補した後、関東軍司令部付となって渡満した。満州国軍政部顧問を経て三四年九月少将に累進して同年一二月予備役編入となり、国務院産業部畜産局長に就いた。

浜田　吉猪 ▷12

満鉄夏家河子駅長／関東州夏家河子駅長社宅／一八九四（明二七）一一／鳥取県西伯郡渡村

鳥取県浜田敬太郎の長男に生まれ、一九一九年一一月満鉄に入り周水子駅に勤務した。以来勤続し、大連列車区勤務、許家屯駅助役、周水子駅助役を経て三五年一一月夏家河子駅長に就いた。この間、三五年四月勤続一五年の表彰を受けた。

浜田　義丸 ▷12

奉天省遼陽県参事官／奉天省遼陽県公署／一八八九（明二二）五／広島県

一九〇九年徴兵されて広島の歩兵第一一連隊に入営し、以来軍務に服して二一年四月憲兵特務曹長に累進して退役した。その後二三年青島信託会社支配人、青島巻貝会社取締役、東京帝都復興事務局嘱託等を経て関東軍憲兵隊嘱託となって渡満した。次いで奉天省事務官に転じ、後に遼陽県参事官を務めた。

浜田与八郎 ▷12

満鉄鉄道教習所講師／大連市満鉄鉄道教習所／一八九五（明二八）九／大分県中津市下正路町／旅順工科学堂機械科

大分県立中津中学校を卒業して渡満し、一九一八年一二月旅順工科学堂機械科を卒業して満鉄に入り、大連管理局運転課に勤務した。運輸部運転課、大連機関区、大連実業補習学校講師嘱託運輸従事員養成所講師兼務、大連機関区技術主任、長春機関区長、大石橋機関区長、大連鉄道事務所員を歴職した後、二七年九月に依願免職して帰国した。二八年五月師範学校・中学校・高等女学校の数学科教員免許状を取得し、二九年五月大分県立宇佐中学校教諭となった。その後三一年七月朝鮮総督府技手に転じて京機道庁保安課に勤務した後、三四年四月再び満鉄に入って鉄路総局錦県鉄路弁事処機務長となり、錦県鉄路監理所監理員を経て三七年五月鉄道教習所講師となった。

浜田龍次郎 ▷7

浜田洋行主／吉林省公主嶺花園町／一八六八（明一）／鹿児島県鹿児島市住吉町

日露戦争後の一九〇五年、旅順海軍工務部に入り沈没軍艦の引き揚げ作業に従事した。〇七年営口で雑貨商を開いたが、間もなく公主嶺に移り文房具金物商を開業して成功した。

浜野　重雄　▷11

満鉄大連埠頭貨物助役／大連市山手町／一八九七（明三〇）五／栃木県河内郡上三川町／宇都宮商業学校、満鉄従業員養成所運輸科

栃木県浜野保平の長男に生まれ、宇都宮商業学校を卒業して渡満し、満鉄従業員養成所運輸科を修了した。大連駅、開原駅勤務を経て埠頭事務所貨物課貨物係に転勤し、かたわら法政学院政治経済科に学んで一九二三年に卒業した。同所庶務課監査係を経て二七年一一月貨物助役となり、この間模範社員として表彰を受けた。夫人と長男長女のほか実母及び弟妹三人と同居し、次弟の軍次も満鉄に勤務した。

浜端　誠一　▷12

浜端洋行主、東大灘副区長／吉林三緯路／一八九二（明二五）八／和歌山県牟婁郡大島村

一九一三年八月に渡満し、鉄嶺の貿易商裕和盛の顧問として五年勤務した。その後一八年に辞任して翌年吉林の富寧造紙公司に入ったが、三〇年九月の同公司が解散とともに浜端洋行を独立経営した。以来逐年業績を伸ばして敦化、黄泥河、蛟河に支店・出張所を設け、吉林一流の材木商に発展した。

浜原　長平　▷11

長春室町尋常高等小学校訓導／長春中央通／一八九六（明二九）六／大分県北海部郡大在村／大分県師範学校

大分県農業浜原権作の四男に生まれ、一九一七年大分県師範学校を卒業した。県下の小学校訓導を務めた後、二四年四月に渡満して満鉄に入り、長春室町尋常高等小学校訓導となった。

浜広　恵吉　▷4

浜広商会主／ハルビン埠頭区モストワヤ街／一八七五（明八）五／広島県広島市白島西中町／中学校

広島県商業浜広東兵衛の子に生まれ、中学校を卒業して家業に従事した。一八九四年大倉組に入ったが、その後独立して軍隊用達商を営んでかなりの財を蓄えた。一九一五年一二月に渡満し、ハルビンに浜広商会を設立して貿易業を営んだ。糸・靴類、皮革類を取り扱い、欧州大戦による好景気で順調に業績を伸ばした。

浜村　善吉　▷11

マンチユリアデリーニユース社社長、従七位勲六等／大連市楠町／一八六九（明二）一一／長野県上田市／第一高等中学校、ホイートン大学選科中退

長野県米穀商浜村幾次郎の次男に生まれ、一八八八年東京の第一高等中学校を卒業して渡米した。カリフォルニアに三年滞在した後、セント・ポールの保険会社、シカゴのスプリングフィールド火災保険会社などに勤務した。その後シカゴ近郊のホイートン大学選科に入学したが、家庭の事情で九五年一一月に帰国し、翌年一年志願兵として佐倉の連隊に入営した。除隊して商業学校、中学校の教諭を経て一九〇三年正則英語学校講師を務めたが、〇四年三月日露戦争に際して第一軍の小隊長として従軍した。戦後〇六年一二月満鉄東京支社に入り、翌年七月大連本社庶務課勤務となって渡満し、犬塚信太郎理事の斡旋で〇八年一一月から満州日日新聞に設けられた英文欄を担当した。一〇年一月から四ページ建ての付録となり、さらに一二年八月に「マンチユリヤデリーニユース」として独立すると同社に移籍し、主筆と社長を兼任した。兄の浜村幾次郎は郷里の上田市市会議員を務めた。

浜村　量平　▷11

吉林日本総領事館書記生／吉林日本総領事館内／一九〇四（明三七）八／東京府豊多摩郡渋谷町／県立静岡中学校

東京府の書道教授浜村理平の次男に生まれ、一九二二年県立静岡中学校を卒業した。二八年五月外務省書記生試験に合格して翌月同省官房文書課勤務となり、同年一二月吉林総領事館勤務となって渡満した。

浜本　権七　▷4

浜本商店主／ハルビン埠頭区モストワヤ街／一八八四（明一七）七／和歌山県西牟婁郡南富田村

農家に生まれたが農業に見切りをつけ、耕牛を売って資金を作り一九〇八年に渡満した。遼陽で機械商を営んだ後、一四年に同地を引き揚げ長春市内や新市街で同業に従事した。一六年八月さらに北進してハルビンに移り、モストワヤ街に浜本商店を設立して綿糸と縫製機械類を扱った。欧州大戦の好況で北満一帯からシベリア方面に販路を拡張し、開業一年で長春に出張所を開設した。長男定夫は満州医科大学本科を卒業した。

浜本多久美 ▷12

満鉄公主嶺地方事務所経理出納主務者／吉林省公主嶺満鉄地方事務所／一八九七（明三〇）三／大分県東国東郡笛津町／京華中学校

大分県浜本新助の次男に生まれ、京華中学校を卒業した後、一九一六年二月朝鮮慶尚南道の村井農場事務所に勤務し、次いで一七年四月東京の村井銀行に転じた。その後一九年六月に渡満して満鉄に入り、埠頭事務所、経理部主事課、地方部庶務課勤務を経て公主嶺地方区事務所に転勤し、後に公主嶺地方事務所経理出納主務者となった。この間、満州事変時の功により賜杯及び従軍記章を授与され、三六年四月勤続一五年の表彰を受けた。

浜本　忠吉 ▷10

畳表建築材料卸商浜本商会主、勲八等／大連市伊勢町／一八七八（明一一）一二／広島県御調郡菅野村

郷里の小学校を卒業した後、私塾に数年通った。一八九八年兵役のため入営して軍隊生活を送り、一九〇一年に除隊して単身渡米した。カリフォルニア州で農業に従事したが、〇四年日露開戦で召集されて従軍し、功により勲八等瑞宝章を受けた。戦争終結間際に帰国して除隊したが、〇五年六月再び渡満して大連の大山通に雑貨・畳表商を開業した。〇八年三月火事で家財道具一切を失ったが、その後は畳表を専業にして再興に努め、翌年伊勢町に店舗を移し、一四年には青島に支店を設けるまでになった。二三年九月に関東大震災が起きると青島支店を閉鎖し、東京市神田区雉子町に支店を移して業績を伸ばした。大連信託会社が経営難に陥った時、債権者として大連貯金会社との合併に反対して整理委員に選ばれ、再建後は同社監査役を務めた。長男忠史は神戸商科大学を卒業して満鉄に勤務し、次男憲治も東京帝大法科を卒業して満鉄地方部地方課に勤務し、三男は東京商科大学に学んだ。

浜谷　要 ▷12

満鉄五竜背駅長／奉天省満鉄五竜背駅長社宅／一九〇三（明三六）九／山口県大野郡大野町家室西方町

旧姓は別、後に浜谷又吉の養子となった。一九一八年満鉄従事員養成所電信科を修了して奉天駅に勤務した。以来勤続して安東駅、安東鉄道事務所、安東駅、奉天列車区安東分区、奉天列車区旅客専務、海城駅助役、安東駅事務助役、奉天列車区列車助役に歴勤し、三七年四月五竜背駅長に就いた。この間、満州事変時の功により木杯一組及び従軍記章を授与され、三四年四月勤続一五年の表彰を受けた。

早借喜太郎 ▷12

吉林税務監督署副署長、正五位勲五等／吉林魁星楼前胡同吉林税務監督署副署長公館／一八八一（明一四）六／香川県丸亀市地方

医師早借長九郎の子として富山県氷見郡氷見町に生まれたが、一三歳の時に父が疫病流行により殉職した。義務教育修了後に独学で文官普通試験に合格して税務監督局に入り、宇都宮、丸亀、大阪の各税務監督署勤務を経て大蔵属・司税官となり、佐原、堺、岡山、板橋の各税務署長を歴任した。その後三三年国務院財政部税務監督署副署長に転出して渡満し、奉天税務監督署副署長を経て吉林税務監督署副署長に転任した。この間、大正四年乃至九年戦役の功により勲章及び一時金を授与された。

早川　市蔵 ▷12

満州医科大学附属医院医員兼同大学専門部講師／奉天満州医大付属医院／一九〇五（明三八）四／千葉県安房郡保田町

千葉県早川薫の子に生まれ、一九三〇年満州医科大学を卒業し、同大学副手として耳鼻科教室に勤務し、三二年四月助手となった。次いで三四年八月日本赤十字社ハルビン病院耳鼻咽喉科主任に転じたが、後に満州医大に戻って附属医院医員となり、同大学専門部講師を兼任した。

早川勘太郎 ▷12

貸家業、瓦房店西区長、瓦房店実業会幹事、瓦房店在郷軍人会名誉会員／奉天省瓦房店共栄街／一八七六（明九）一一／福岡県朝倉郡甘木町

累代庄屋を務めた旧家の長男に生まれ、家業に従事した後、日露戦争後一九〇六年四月に渡満した。大連衛戍病院の用達業に従事し後、同年七月瓦房店に移住して穀類仲買と麺類製造諸事業を営んだ。さらに旅館筑紫館を経営し、万家嶺東方の片石連山と松樹東方の大宿城山及び前坂山で石材を採掘して関東庁土木局や満鉄に納入するなど諸事業を経営した。その後三四年一二月貸家業に転じ、かたわら瓦房店居留民会総代、瓦房店地方委員等の公職に就いた。この間、満州事変時の功により大盾及び従軍記章を授与され、在郷軍人会瓦房店分会創立二〇周年に際し功労者として銀盃一組を贈られた。

早川　国興　▷12

満鉄鉄道総局営業局員、満州特産中央会参与／奉天満鉄鉄道総局営業課／一八九七（明三〇）八／大分県下毛郡桜洲村／大阪高等工業学校

大分県醤油醸造業早川卯太郎の長男に生まれ、一九一九年三月大阪高等工業学校を卒業し、同年一一月満鉄に入り埠頭事務所貨物課に勤務した。以来勤続し、長春運輸事務所、公主嶺駅、長春駅、ハルビン事務所運輸課、長春鉄道事務所兼鉄道部貨物課、埠頭事務所陸運課兼務、鉄道部営業課、同貨物課、同混保検査係主任に歴勤した。その後三四年六月技師に昇格し、社命により欧米に留学して穀類混合保管と一般輸移出検査制度及びその運用方法を調査研究し、三七年二月に帰社し、同年五月から鉄道総局営業局に勤務した。この間、三五年四月勤続一五年の表彰を受けた。

早川　直　▷11

横浜正金銀行大連支店員／大連市柳町／一八八五（明一八）四／東京府東京市芝区琴平町／早稲田実業学校

東京府判事早川定一の長男に生まれ、一九〇六年早稲田実業学校を卒業して横浜正金銀行に入った。横浜本店、ホノルル支店詰を経てロサンゼルス分店に赴任したが、一五年六月父の死亡により帰国して本店に勤務した。二一年四月、大連支店に転任して渡満した。

早川千吉郎　▷9

満鉄社長、貴族院議員、正五位勲二等／大連市児玉町満州館／一八六三（文三）六／石川県／東京帝大法科大学

旧金沢藩士早川忠恕の長男に生まれ、一八八七年東京帝大法科大学を卒業して大学院に進み、農政学を研究した。八九年大蔵省に入り同省参事官、書記官、秘書官等を歴任した後、勧業銀行、農工銀行等の設立に参画し、九三年貨幣制度調査会幹事となった。九四年日清戦争が始まると軍事財政事務の任に当たり、戦後賠償金授受のため日本銀行監理官としてロンドンに派遣された。九九年外債募集のため再びロンドンに出張し、帰国後に貨幣法改正と償金監理及び募債の功により勲五等双光旭日章を受けた。一九〇〇年官界を去って井上馨の推挙で三井同族会理事となり、〇一年三井銀行専務理事、〇九年常務取締役に就いた。二〇年に貴族院議員に勅撰されると同時に三井を去り、塔連炭坑買収問題で野村竜太郎辞任の後を受け二一年五月満鉄社長に任命されて渡満した。⇒二二年九月、奉天第二小学校講堂で社員を前に訓話していて脳卒中で倒れ、翌月大連で死去した。後に遺族からの基金を基に同校内に早川文庫が設けられた。

早川　武夫　▷12

早川歯科医院長、新京歯科医師会長、新京連合町内会副会長、西広場区長、附属地防護団第三分団長、新京福祉委員、新京衛生委員、新京衛生組合西広場区組合長、赤十字社新京委員、新京体育連盟評議員、青年学校後援会副会長、西広場小学校父兄会幹事、敷島高等女学校父兄会幹事、新京神社氏子総代、満州航空協会評議員、日本大使館嘱託医／新京特別市錦町／一八九三（明二六）一／福岡県久留米市東町／日本歯科医学校

日本歯科医学校を卒業し、一九一六年青島に渡り同地に歯科医院を開業した。その後渡満して長春東三条通に早川歯科医院を開設し、三一年八月錦町に新築移転した。歯科医二名、歯科技工手二名、助手三名、会計一名、庶務二名を使用して新京一流の歯科医院として名声を博し、診療のかたわら数多くの公職に就いた。

早川太三郎　▷12

奉天省遼陽県参事官／奉天省遼陽県公署街公館／一九〇四（明三七）三／新潟県西蒲原郡燕町／日本大学専門部法律科

一九三〇年三月日本大学専門部法律科

を卒業し、三二年六月に渡満して国務院資政局訓練所に入り、同年一〇月改称後の大同学院を卒業して興安東省巴彦県属官となった。三四年五月黒龍江省仏山県公署代理参事官、三五年一二月奉天省海城県公署属官を経て三六年四月同省遼陽県参事官となった。

早川富之助　▷12

満鉄総裁室文書課英文係主任、満鉄黄組蹴球部長、コスモポリタン倶楽部幹事／大連市加茂川町／一八九七（明三〇）八／大阪府大阪市東区瓦町／ローレンス大学

大阪府早川宇源次の長男に生まれ、堺中学校を経て一九二二年三月関西学院高等商業部を卒業した。渡米して二五年六月ローレンス大学を卒業し、ニューヨーク大学及びコロンビア大学で研究に従事した。二六年九月から二七年八月まで在北米日本人基督教学生会中央執行委員会会計を務めた後、満鉄ニューヨーク出張所臨時事務助手を経て二八年四月同地のインターナショナルハウス日本人部主任となり、次いで同年一二月パラマウント・パブリックス映画㈱に転じて本社に勤務した。その後、三二年一〇月に渡満して奉天の満州医科大学図書部に勤務した。三三年九月事務嘱託として満鉄に入り、総務部文書課英文係主任事務担当を経て同年一一月同主任となり、同年一二月から南満州工業専門学校付設職業教習部講師を兼務した。三六年九月副参事に昇任し、同年一〇月の職制改正により総裁室文書課英文係主任となった。

早川　速男　▷12

満鉄公主嶺地方事務所土木主務者／吉林省公主嶺楠町／一九〇八（明四一）三／山梨県北巨摩郡津金村／山梨高等工業学校土木工学科

山梨県早川初男の長男に生まれ、一九二九年三月山梨高等工業学校土木工学科を卒業して甲府市役所に入った。三二年一一月に辞職し、翌月台湾に渡って高雄市役所に勤務した。三三年四月に辞任し、翌月渡満し満鉄に入った。地方部工業課に勤務した後、三六年一一月公主嶺地方事務所に転勤して土木主務者となった。

早川　正雄　▷14

大連市会議員、勲六等／大連市鳴鶴台／一八八五（明一八）八／長野県上田市大字上田／東京外国語学校清語科

長野県教員早川正義の次男に生まれ、一九〇六年東京外国語学校清語科を卒業した後、一〇年五月に渡満して大連の泰東日報社に入ったが、同年一〇月満鉄に転じて地方課に勤務した。一二年四月南満州工業学校教諭、一七年二月鄭家屯公所主任、二一年一月ハルビン公所に歴勤して二二年八月チチハル公所長となった。その後三一年五月に依願退社し、三四年日満実業協会嘱託、三八年大連市連合防護団嶺前分団長、三九年八月大連警防団嶺前分団長等の名誉職を歴任した。四〇年一一月大連市会議員に当選し、四一年に関東州興亜奉公連盟指導部長に就任したが、四二年六月大連で病没した。俳句を趣味として呑天坊と号した。

早川与之吉　▷11

満鉄用度事務所計算係主任／大連市磐城町／一八九六（明二九）一二／鳥取県東伯郡倉吉町／早稲田大学商科

鳥取県早川経蔵の長男に生まれ、一九一八年早稲田大学商科を卒業して満鉄に入った。用度事務所に勤務して、後に計算係主任を務めた。夫人文子は旅順高女の出身、妹国子は奉天の金物商哈達洋行主の小林敬四郎に嫁した。

早坂不二雄　▷12

東邦組主／ハルビン面包街／一八九五（明二八）一〇／東京府東京市四谷区永住町／北海道帝大林学実科

秋田県に生まれ、小樽中学校を経て一九一七年北海道帝大林学実科を卒業し、同年三井物産㈱木材部に入った。一九年ウラジオストク出張所に転勤し、北海道各地で山林経営に従事した後、沿海州木材㈱の業務を兼務してロシア領内の山林経営に従事した。二二年に三井物産を退社して沿海州木材㈱に転じたが、二四年に同社の事業が中止となり、タイに渡って南洋材の調査と販売に従事し、後にバンコックで製材工場も経営した。二七年に廃業して帰国し、露領林業㈱に入社して林区主任となったが、二九年に同社事業中止となり、東京の木材輸出入商三光商店の代表者に就任した。三〇年に同店の業務を整理して大阪で木材商を自営した後、三二年に渡満してハルビンの東光洋行に入り土木材料商に従事した。

三四年九月に辞職してハルビン面包街に東邦組を設立し、木材及び土木材料の販売と森林土木・植林・材木輸送の請負業を経営し、浜綏線亞布洛尼と三江省通河に出張所を置いた。上記の他に造材業を始め、三四年に中東海林採木公司大海林林区、次いで三五満鉄ハルビン鉄路局亞布洛尼林区、三六年には同局岔林河林場、満州国国務院実業部二道河子林場で造材を開始した。

早崎 保駿 ▷12

大連汽船㈱機関長、正七位／大連市鳴鶴台／一八九八（明三一）四／高知県高知市北与力町／東京商船学校

高知県早崎小伝次の長男に生まれ、一九二二年東京商船学校を卒業し、同年七月大阪商船会社に入った。その後二九年八月に依願退職し、翌月大連汽船㈱に入社して一等機関士となり、三〇年七月機関長となった。

林 愛吉 ▷12

満鉄新京列車区鉄嶺分区列車助役、社員消費組合総代、社員会評議員／満鉄新京特別市列車区鉄嶺分区／一九〇二（明三五）一〇／鹿児島県囎唹郡志布志町

鹿児島県林平兵衛の三男に生まれ、一九一七年三月郷里の小学校を卒業した後、翌年一一月に渡満して満鉄に入り海城駅に勤務した。唐王山信号所勤務、蓋家屯駅駅務方、蓋平駅勤務、大連列車区瓦房店分区車掌、大屯駅助役公主嶺駅助役、新京駅構内助役、新京列車区助役に歴勤し、三五年一一月鉄嶺分区列車助役に転任した。この間、満州事変時の功により木杯一組及び従軍記章を授与され、三四年四月勤続一五年の表彰を受けた。

林 明 ▷12

満鉄ハルビン鉄路医院医員、正八位／ハルビン奉天街市営住宅／一八九九（明三二）一〇／千葉県印旛郡弥富村／南満医学堂

一九二四年南満医学堂を卒業した後、二六年五月満州医科大学内科教室に勤務した。同医大専門部講師、遼陽医院・撫順医院の各医員を務めた後、研究生として満州医科大学に入学し内科病理神経科を専攻した。三五年三月満鉄鉄道総局に入り、北鉄接収員を経て同年六月ハルビン鉄路医院医員となり、三六年一月医学博士号を取得した。

林 郁雄 ▷12

国務院交通部郵政司兼総務司員／新京特別市興亞胡同蘭花荘／一九〇〇（明三三）三／茨城県稲敷郡竜ヶ崎町／逓信官吏練習所第一部行政科

茨城県林弁一郎の長男に生まれ、一九二四年逓信官吏練習所第一部行政科を修了し、同年五月貯金局書記となり業務課に勤務した。二八年に文官高等試験行政科に合格して三一年三月第二貯金課第四原簿係神奈川一班長となり、経理課勤務、業務改良調査会調査員等を歴職した。三四年六月国務院交通部事務官に転出して渡満し、同年七月から郵政司及び総務司に勤務して郵政権調整準備委員を兼任した。

林 勲 ▷12

林兼商店㈱ハルビン支店主任／ハルビン道裡地段街／一九〇七（明四〇）七／岡山県吉備郡阿曽村／北海道帝大専門部水産科

岡山県林俊造の長男に生まれ、北海道帝大専門部水産科を卒業し、一九三一年林兼商店に入り下関本社に勤務した。その後三三年大連支店詰となって渡満し、三四年二月ハルビン支店に転勤した。主任として店員一〇人を使用し、冷凍塩干魚を本社に直送しほか、軍用達と鉄路局用達を務めた。

林 勇 ▷12

満鉄南芬駅助役／奉天省本渓湖南芬泰平街／一九〇八（明四一）三／兵庫県神戸市兵庫区中道通／大連商業学校

兵庫県林寛五郎の次男に生まれ、一九二七年三月大連商業学校を卒業して四月満鉄に入り、大連電気修繕場調度方となった。二八年五月鉄道部電気課事務助手、三〇年六月同保安課勤務、三二年三月長春駅駅務方、三四年九月長春列車区車掌、同年一二月蔡家駅駅務方兼助役を歴職し、三六年四月南芬駅助役となった。

林 伊太郎 ▷12

満鉄副参事／奉天省橋頭駅長社宅／一八八五（明一八）九／福島県磐城郡神谷村／福島県立第二中学校中退

福島県林伊佐重郎の三男に生まれ、一九〇一年福島県立第二中学校二年を中退した後、〇四年一月日本鉄道会社に入社した。その後〇六年一一月鉄道作業局に転じて上野駅車掌、鶯谷駅助役、前橋駅助役、小山駅助役に歴勤した後、一九年一二月満鉄に転じて渡満した。奉天駅車掌、郭家店駅助役、鶏冠山駅助役、安東鉄道事務所勤務、呉家屯駅長、奉天駅構内主任を経て橋頭駅長に就き、同地の地方委員及び社員消費組合総代を務めた。その後三七年四月副参事に昇進して待命となり、同年六月に退社した。この間、三五年四月勤続一五年の表彰を受けた。

林 磐城 ▷12

満鉄冨錦碼頭営業所長兼冨錦自動車営業所主任兼宝清自動車営業所主任／三江省冨錦県満鉄碼頭営業所長局宅／一八九〇（明二三）六／高知県長岡郡豊永村

高知県長岡郡後免町に生まれ、一九一三年一〇月満鉄に入り埠頭事務所に勤務した。以来勤続して埠頭事務所安東在勤、同海運課、大連埠頭貨物方、埠頭事務所貨物方、同計画係、大連埠頭貨物方、ハルビン碼頭営業所八区碼頭貨物員に歴勤した。三五年八月富錦碼頭営業所長となり、同年一〇月から富錦碼頭営業所三姓分所主任及び富錦自動車営業所主任を兼務し、次いで三七年三月から宝清自動車営業所主任を兼務した。この間、二八年四月勤続一五年の表彰を受けた。淑徳高女卒の夫人正との間に一男四女あり、長女須美は日本女子大を卒業し、長男義郎は満州医科大学、次女清枝は東京女子薬学専門学校に学んだ。

林 賀一 ▷12

満鉄鞍山地方事務所消防監督兼衛生監督、衛生委員、在郷軍人会鞍山分会評議員、鞍山静岡県人会幹事／奉天省鞍山元町／一八九八（明三一）八／静岡県駿東郡北郷村／御殿場農業学校

静岡県林半次郎の四男に生まれ、一九一三年御殿場農業学校二年を修了した後、一八年四月東京大熊家畜病院の獣医助手となった。同年一二月徴兵されて豊橋の騎兵第一九連隊に入営し、二一年一一月獣医部下士適任証を付与されて満期除隊し陸軍新馬調教手となった。その後二三年三月に渡満して満鉄に入り、長春地方事務所に勤務して自動車運転免許証を取得した。予備召集されて陸軍三等蹄鉄工長を務めた後、二八年一一月奉天事務所地方課消防長となり、奉天及び鞍山の各地方事務所消防副監督を経て三六年一月鞍山地方事務所消防監督となり、三七年一月から衛生監督を兼務した。この間、満州事変時の功により従軍記章及び大盾を授与されたほか、消防用垂直管鎗を改善して湾曲型回転式噴射管鎗を考案し、三七年四月功績章並びに金一封を受けた。

林 数馬 ▷12

ハルビン郵政管理局業務処長兼交通部総務司員、従七位／ハルビン長官公署街郵政管理局／一八九六（明二九）三／山梨県北都留郡笹子村／東京外国語学校仏語科

一九一七年三月東京外国語学校仏語科を卒業し、同年四月逓信省通信局外信課事務取扱嘱託となった。以来勤続して通信官吏練習所教官心得、第八回万国郵便会議委員随員、郵政局外国郵便課員、下関外国郵便課長、特殊有技者試験委員、オタワ万国郵便連合大会議準備委員会委員随員、大阪中央郵便局外国郵便課長を歴職した。三四年六月国務院交通部事務官に転出して渡満し、郵政司勤務を経て三六年一月郵政管理局理事官に進んでハルビン郵政管理局業務処長となり、交通部総務司員を兼務した。この間、大正四年乃至九年事変の功により賜金を授与され、二八年に昭和大礼記念章、三五年に皇帝訪日記念章を受けた。

林 勝巳 ▷12

満鉄北鮮鉄道事務所庶務課社会係主任／朝鮮咸鏡北道清津府浦項洞満鉄北鮮鉄道事務所／一九〇〇（明三三）二／京都府河鹿郡山家村

京都府林常太郎の次男に生まれ、一九一五年一一月満鉄従事員養成所を修了して大石橋駅務見習となった。次いで一九年一月大連鉄道管理局庶務課、二〇年七月大連運輸事務所、二三年四月大連鉄道事務所、三〇年六月鉄道部庶務課、三五年四月総務部人事課に歴勤した。三六年二月北鮮鉄道管理局庶務課社会係主任に転任して朝鮮咸興北道の清津に赴任し、同年一〇月の職制改正により北鮮鉄道事務所庶務課社会係主任となった。この間、三一年四月に勤続一五年の表彰を受けた。

林 寛一 ▷11

火災保険代理業、特産商及び銭鈔

業／奉天省四平街平安街／一八七四（明七）一〇／広島県安芸郡牛田村／広島修道学校

広島県林由貴の長男に生まれ、父の早逝により三歳で家督を相続した。一八九三年広島修道学校を卒業して横浜の貿易商店員となった。東京株式取引所仲買人店員、室町伯爵家の家庭教師等を経て一九〇七年五月朝鮮に渡り、第一銀行京城支店に入った。〇九年一〇月同行の業務を継承して韓国銀行が創立され、さらに朝鮮銀行と改称した後も勤続して累進し、二一年に鉄嶺出張所支配人代理となって渡満した。その後、奉天省四平街銀行専務取締役に転じたが、二四年七月任期満了とともに退職して同地で大連火災保険会社の代理店を開業し、特産商と銭鈔業を兼営した。

林　吉之助　▷7

林洗張店主、大連為仁会洗濯部主任／大連市沙河口仲町／一八七五（明八）三／鹿児島県鹿児島市東千石町

鹿児島県林新之助の長男に生まれ、二歳の時に西郷方に付いた父が西南の役で戦死した。八歳の時に近隣の失火により自宅を焼失したが、母モト子は火元の消火に挺身して県知事から賞状と下賜金を授与された。長じて熊本の歩兵第一三連隊に入営して縫工を務め、満期除隊後は同地第四五連隊の御用商人となり酒保と被服を納入した。その後信用を獲得して扱い品目を増やしたが、日露戦争の際に多大の損失を出して家産のほとんどを失った。上京して下宿の隣の洗濯業を手伝いながら職を探したが思うにまかせず、帰郷して残る資産を整理し、夫人と別れ六歳の一子を引き取った。宮崎県南那珂郡に移住して洗濯業を開店し、間もなく家主の世話で後添えを迎えた。一九一九年一二月大連蒸気洗濯会社が創設される際に招かれ、渡満して主任に就いたが翌年四月に退社し、沙河口で洗張業を営んだ。二四年七月大連為仁会が洗濯部を開設すると、沙河口の店を夫人に任せて洗濯部主任となった。職業教育を通じて更生事業に従事するかたわら、長男を満鉄に就職させ、業務を拡張して三河町に洗布所を出店した。

林　久治郎　▷11

奉天総領事、従四位勲三等／奉天総領事館／一八八二（明一五）一〇／栃木県下都賀郡壬生町／早稲田大学政治科

栃木県林三左衛門の次男に生まれ、一九〇三年七月早稲田大学政治科を卒業した。〇六年一〇月外交官及領事官試験に合格して外務属、領事補、大使館一等書記官を歴任して吉林、シアトル、天津、済南、青島、イギリス、福州、台湾、漢口等に在勤した。二五年九月シャム公使を経て二八年三月田中義一首相に抜擢されて奉天総領事に就いた。⇒在任三年半の間に二八年六月張作霖爆殺事件、同一二月張学良の易幟問題、三〇年一〇月間島事件、三一年六月中村大尉事件、同年七月万宝山事件、同九月柳条湖事件等の諸問題に遭遇し、軍部の介入を排して外交交渉に努めたが挫折し、三二年一月ブラジル大使に転出した。三五年二月任を解かれて帰国し、翌年三月依願退官した。四二年二月陸軍事務嘱託・第一六軍司令部付としてジャワに赴任し、同年三月陸軍司政長官に就いたが敗戦後の四五年九月に依願退官し、六四年七月に没した。遺稿集『満州事変と奉天総領事』がある。

林　清勝　▷12

大連連鎖街㈱専務取締役／大連市桜花台／一八七八（明一一）一二／大阪府大阪市東区寺山町／陸軍士官学校

陸軍士官学校を卒業して、陸軍省人事課勤務、士官学校教官を経て満州独立守備隊付となって渡満し、貔子窩守備隊に勤務した。一九一三年戦闘で負傷して退役し、大連の「遼東新報」政治経済部記者となった。一八年満鉄に転じて鞍山製鉄所人事課に勤務した後、地方部庶務課勤務を経て鞍山地方事務所長となったが、その後満鉄を退社して㈾大連連鎖商店支配人となった。三四年一一月、同社の㈱への改組と同時に専務取締役に就任した。

林　金次　▷12

㈴林洋行代表社員、新京文紙会副会長、新京同業組合会長、新京輸入百貨店副組長、新京輸入組合評議員、新京商店協会評議員、新京父兄会評議員、新京岐阜県人会長／新京特別市日本橋通／一八九三（明二六）八／岐阜県武儀郡関町／岐阜商業学校、長春外国語学校

支那語科

岐阜商業学校を卒業して渡満し、一九一二年長春外国語学校支那語科を卒業した。一三年一二月徴兵されて岐阜の歩兵第六八連隊に入営し、大隊本部付を務めて一五年一一月に除隊し、再び渡満して実兄の林代蔵が経営する長春の林洋行に入った。一六年五月同店を引き継いで独立経営し、一九年一〇月全家族出資の合名会社に改組した。日本人男女二〇人、中国人五人を使用して事務用品、紙類、文房具を扱い、四平街に支店を設けた。経営のかたわら同地の業界・地域の各団体役員を務めたほか、二六年に軍人後援会総裁より特別有功章を授与され、三六年には母校へ御真影奉安殿を寄贈して文部大臣より表彰状を受けた。

林　国彦　▷3

正隆銀行開原支店長／奉天省開原鉄道付属地／一八六三（文三）七／熊本県宇土郡宇土町／熊本県師範学校

熊本県師範学校を卒業し、一九歳の時から県下の小学校訓導を務めた。五年後に郷里の第百三十五銀行に転じ、八代支店、博多支店、本店の各支配人を歴任し、一九〇一年七月に退職した。日露戦後の一九〇五年に渡満して営口取引所副支配人に就いたが、後に同所解散となり、一〇年六月正隆銀行に入り開原支店長となった。

林　熊吉　▷12

国際運輸㈱奉天支店遼陽営業所主任、遼陽実業会評議員／奉天省遼陽昭和通／一八九九（明三二）二／香川県仲多度郡佐柳島／神戸市立神戸商業補習学校、営口実業補習学校支那語科

香川県林岩吉の次男に生まれ、一九一三年四月神戸市の小西商店に入って艀船業に従事し、勤務のかたわら一七年に神戸市立神戸商業補習学校を卒業した。一八年に同商店が山口運輸㈴に併合されると同社入りし、大連支店に勤務した。次いで営口出張所に転勤し、かたわら二〇年四月営口実業補習学校支那語科を卒業した。その後再び大連支店に転勤し、二六年八月満鉄傘下の国際運輸㈱に改組されると同社員となり、大連支店、奉天支店勤務を経て三三年一〇月遼陽営業所主任となった。この間、満州事変時の功により民間功労者として大盾と従軍記章を授与された。秋田県女子師範学校出身の夫人富子との間に一男二女があった。

林　倉次郎　▷8

野田醤油奉天出張所主任／奉天／一八七〇（明三）八／大阪府大阪市東区淡路町／桃山学校高等科

大阪の桃山学校高等科を卒業し、仁川の日本醤油㈱に入社した。一九一八年奉天出張所開設の際、主任となって渡満した。二四年九月ほまれ味噌㈱として独立し、さらに二六年三月野田醤油㈱に併合された後も引き続き主任を務め、満鉄全沿線の食料雑貨商及び諸会社に「ほまれ味噌」と醤油「亀甲竜」を納入した。業務のかたわら奉天食料品卸商組合長、奉天商業会議所議員を務めた。

林　継次郎　▷1

英組大連支店主任／大連／一八七三（明六）一二／岐阜県稲葉郡島村

岐阜県下の小学校教員を数年務めた後、一八九五年東京銀座の人造石材製造・土木請負業の服部組に入った。築港、築堤、船渠等の水中工事に従事して営業部長に進んだが、一九〇三年に同組解散となり、業務を引き継いだ英修作の下で東京本店支配人を務めた。〇五年九月大連支店主任となって渡満し、満州各支店の事業拡張に努めた。

林　源一郎　▷11

農園主、勲八等／旅順方家屯／一八七六（明九）八／長野県諏訪郡平野村／東京簿記学校、日本法律学校中退

長野県蚕糸業林彦太郎の長男に生まれ、一九〇一年東京簿記学校を卒業した。日本法律学校に進んだが中退し、〇六年一月に渡満して関東州民政署に勤務した。一四年関東都督府高等女学校書記となり、次いで旅順高等女学校事務主任に転任した。勤務のかたわら一〇年から方家屯で十余町歩の農園を経営して養蚕と果樹栽培を行い、品評会で桑園が一等賞、繭が甲種賞となって宮尾民政長官より表彰され、二五年に開催された大連博覧会では繭が銀牌賞、果実類が一等賞となったほか四十余種の賞状を授与された。関東庁始政以来二〇年勤続して記念祝典に際し関東長官より銀杯を授与され、退官後は農園経営に携わるかたわら旅順付近の遺跡を探索するなど趣味の考古学を楽しんだ。養子平次は旅順工科大学工学専門部を卒業して陸軍工兵少尉となり、実子ムツは旅順高女を卒業した。

林　顕蔵　▷11

満鉄総裁室庶務課長、遼東ホテル㈱取締役、社員消費組合総代／大連市伏見町／一八八七（明二〇）三／滋賀県犬上郡彦根町／京都法政学校法律科、東京音楽学校本科・研究部

滋賀県官吏小山久次郎の次男に生まれ、祖父林正太郎の養子となった。八幡商業学校を経て京都法政学校法律科に学んだが三年で中退し、東京音楽学校に入学してチェロを専攻した。一三年に同校本科を卒業して研究科に進み、在学中の同年一月から東洋高等女学校教諭を務め、次いで村岡管弦音楽隊に勤務した。その後一八年六月に渡満して満鉄に入り、地方部兼人事課勤務、文書課兼地方課勤務を経て二二年に社長室文書課秘書係主任となった。三〇年六月参事に進んで総務部庶務課秘書係主任、庶務課長兼秘書係主任に歴任した後、三六年一〇月職制改正により総裁室庶務課長となり、満鉄系列の遼東ホテル㈱取締役を兼務した。この間、三四年四月勤続一五年の表彰を受けた。

林　源之助　▷12

吉林省公署警務庁警務科長、正七位勲六等／新京特別市八島通／一八九〇（明二三）五／宮城県遠田郡大貫村／早稲田大学法律科

一九一六年早稲田大学法律科を卒業した後、一八年に渡満して関東都督府巡査となり、二一年九月警部に累進した。二七年六月瓦房店警察署長を経て二九年一〇月関東庁警視兼外務省警視に昇進し、営口警察署長に就いて営口領事館警察署長を兼務した。次いで三二年五月満州国政府に招聘されて吉林省公署事務官に転出し、同省公署警務庁警務科長を務めて理事官に進んだが、三四年一〇月家事の都合で退官して帰国した。その後三五年八月再び渡満して新京に居住し、国内各地を視察旅行して再起を期した。この間、満州事変時の功により勲六等に叙された。

林　栄　▷11

満州医科大学教授、従七位／奉天葵町／一八八二（明一五）六／三重県一志郡本村／京都帝大医科大学

三重県医師の子に生まれ、林玄仙の養子となった。一九〇七年京都帝大医科大学を卒業し、一〇年六月同大学医学部助教授となったが、同年八月現職のまま満鉄に入社して大連医院医長に就いた。一一年六月南満医学堂教授兼任となり、一二年一月から社命でドイツに留学し、一四年三月に帰任して再び京都医科大学留学を命じられ、翌年七月に帰社した。一八年四月同学堂専任教授となり、二二年三月の大学への昇格とともに満州医科大学教授となり、翌年から同大学付属奉天医院長を兼務した。

林　定一　▷11

満鉄安東駅構内助役／安東県北二条通社宅／一九〇〇（明三三）九／山口県吉敷郡小郡町

山口県商業米谷甚吉の次男に生まれ、同県林豊蔵の養嗣子となった。一九一八年一二月に渡満して満鉄に入り、安東駅駅手となった。撫順駅車掌心得、大連列車区車掌を経て二〇年に安東列車区に転任し、二三年七月同駅構内助役となった。

林　治助　▷12

泰昌洋行主、吉林北大馬路副区長、吉林神社氏子総代／吉林六経路／一八九八（明三一）四／愛媛県南宇和郡御荘町

愛媛県林筆次郎の五男に生まれ、中学校を卒業した後、一九二四年吉林に赴いて吉林倉庫金融会社に入った。その後三一年七月に独立して同地六経路で薪炭商を開業し、かたわら石灰等の建築材料も取り扱った。京図線及び奉吉線沿線を主な仕入先とし、吉林省城と南満沿線を販路とした。

林　周吉　▷12

満鉄安東警務段長、勲七等／安東満鉄警務段長社宅／一八八八（明二一）三／鳥取県八頭郡用瀬町

鳥取県金物商林小次郎の次男に生まれ、一九一二年三月関東都督府巡査となった。一九年二月警部補に進んで大石橋警察署に勤務した後、各地に勤務して警部に累進した。その後退官し、満鉄に転じて鉄路総局に勤務し、三六年四月安東警務段長となった。

林　周平　▷12

満鉄奉天駅事務助役／奉天藤浪町／一九〇五（明三八）八／熊本県熊本市下追廻田畑町／県立熊本中学校

一九二一年県立熊本中学校を中退し、同年九月朝鮮に渡り朝鮮鉄道の裡里駅に勤務した。勤務のかたわら二二年に京城鉄道学校電信科を修了し、同年八月大田駅電信方、同年九月裡里駅駅務方、二三年一〇月大田駅駅務方、二五年一一月平壌列車区車掌を経て二八年八月永登浦駅助役となった。次いで三一年一〇月京城駅に転勤して運転助役兼事務助役となり、三三年一二月朝鮮総督府書記に任官した。三四年五月満鉄奉天駅駅務方に転任し、同年一二月同駅事務助役となった。趣味の宝生流謡曲では奉天梧葉会幹事を務め、俳句はホトトギス派に属した。実弟の楯康、楯成、楯男はいずれも朝鮮に在住し、総督府訓導として教職に就いた。

林　祥一　▷11

満鉄撫順炭砿調査役室勤務／奉天省撫順東ヶ丘／一八九八（明三一）三／兵庫県神戸市／東京帝大経済学部経済学科

兵庫県林長祥の長男に生まれ、一九二四年三月東京帝大経済学部経済学科を卒業して満鉄に入社した。撫順炭砿庶務課に勤務した後、二七年古城子採炭所労務係主任、二八年東ヶ丘採炭所庶務係主任を歴任し、二九年一月調査役室勤務となった。

林　昇太郎　▷13

横浜正金銀行大連支店長／大連市／一八九〇（明二三）二／群馬県利根郡新治村／東京帝大法科大学独法科

一九一七年、東京帝大法科大学独法科を卒業して横浜正金銀行に入った。ハルビン、上海、シドニー、ニューヨーク等の海外支店勤務を経て本社外国課次長となり、一九三九年一月大連支店長に転じて渡満した。

林　節一　▷12

満鉄ハルビン鉄路医院竈門診療所主任兼医員／吉林省徳恵県竈門満鉄診療所主任社宅／一九〇一（明三四）七／福岡県京都郡行橋町／満州医科大学本科

旧姓は宮本、林モトの養子となった。一九三一年満州医科大学本科を卒業し、同年七月同大副手兼医員嘱託となった。三二年五月奉天婦人医院医務嘱託、三三年七月満州医大助手兼医員、三四年七月満鉄瓦房店医院医長を経て三五年六月ハルビン鉄路医院竈門診療所医員となった。三六年一〇月同所主任となり、通遼ペスト調査所に在勤して竈門防疫医を兼務した。この間、満州事変直後の三二年に関東軍の委嘱により施療班長として斉黒線の沿線で施療活動に従事し、功により木杯を受けた。

林　大八　▷11

吉林省保安司令顧問、正六位勲三等功五級、陸軍歩兵中佐／吉林省城商埠地／一八八四（明一七）九／静岡県浜松市／陸軍士官学校

静岡県軍人林秀芳の長男に生まれ、一九〇四年陸軍士官学校を卒業して同年一一月歩兵少尉に任官した。〇五年三月近衛歩兵第三連隊付として日露戦争に従軍し、戦後ロシア語研究のためペテルスブルクに二年滞在した。ハルビン及び洮南に駐在した後、北満からシベリア方面を巡遊して二〇年五月沿海州派遣隊司令部付としてニコライエフスク、アレキサンドルフスク等に駐在した。二二年五月に帰国して歩兵第三連隊付となった後、二四年五月吉林省督軍顧問となって渡満した。

林　堯賀　▷3

林洋行主、遼陽日本人会副会長、同居留民会副会長、同実業会幹事、満鉄諮問委員／奉天省遼陽東洋街／一八六五（慶一）九／福岡県田川郡川崎村

一八九八年台湾に渡り、総督府庁属兼通信書記となった。日露戦後の一九〇五年八月に渡満し、遼陽で陶磁器雑貨商と煉瓦製造業を経営した。かたわら同地の日本人会副会長、居留民会副会長、実業会幹事、満鉄諮問委員等を務めた。

林　卓爾　▷9

奉天石灰セメント㈱工場主任／奉天省本渓湖永利町／一八八二（明一五）二／福井県福井市日の出下町

一九〇四年五月日露戦争に際し陸軍通訳として渡満し、〇五年一〇月から関東都督府嘱託として勤務した。一八年二月満鉄に入社したが、翌年五月に退

社して奉天石灰セメント㈱工場主任となった。

林　猛　▷11

機械工具商、G・A・バシキーロフ商会大連支店自動車販売主任／大連市千草町／一八七五（明八）七／福岡県福岡市西新町

福岡県林半平の四男に生まれ、一九〇一年に渡米してニューヨーク市ブロードウェイの茂木桃井組に入社した。〇五年一〇月に帰国してイギリス商館エドガー・アレン㈱に入り、大阪支店支配人となった。一八年二月に退社して渡満し、同年五月大連機械製作所の設立とともに同社専務取締役に就任したが、翌年一〇月に辞任して大連で機械工具販売業を独立開業した。経営のかたわら二八年三月G・A・バシキーロフ商会大連支店に入社し、自動車販売主任を務めた。

林田　精一　▷12

満州電業㈱経理部次長兼会計課長事務取扱、調査局委員会委員／新京特別市建国胡同／一八八八（明二一）三／長崎県長崎市筑後町／東京高等商業学校

長崎中学校を経て一九一一年東京高等商業学校を卒業し、同年九月東洋拓殖㈱に入社した。一三年六月朝鮮釜山地方金融組合幹事に転じ、さらに三一年八月満鉄に転じて電気作業所勤務監察員となった。総務部考査課関係会社監査役、監理部管理課勤務監査役を経て三二年一二月東京支社経理課長となり、その後三五年七月傍系会社の満州電業経理部次長に転出して会計課長事務取扱を兼任した。

林田　丈夫　▷11

貴金属細工職／大連市浪速町／一八九三（明二六）七／福岡県田川郡後藤寺町／高等小学校

福岡県大村次郎の子に生まれ、姉婿林田金太郎の養子となった。高等小学校を卒業して貴金属細工師の下で徒弟奉公をした後、一九〇八年七月実兄の大村満に伴われてウラジオストクに渡った。上海に移った後、一一年に大連で兄と共に貴金属細工職を開業した。一三年に帰国して郷里で同職を営んだが、一五年一〇月再び渡満して兄の店を引き継いだ。

林田　龍喜　▷12

関東局事務官、普蘭店民政署長、普蘭店農会長、同森林組合長、同奨学会長、同購買組合長、満州水産会・満州棉花協会・満州果樹組合・日本赤十字社各普蘭店支部長、国防婦人会・愛国婦人会各普蘭店支部顧問、在郷軍人会普蘭店分会顧問、従六位／関東州普蘭店南山街／一九〇四（明三七）一／熊本県飽託郡川尻町／東京帝大法学部政治学科

熊本県林田小七郎の長男に生まれ、一九二七年東京帝大在学中に高等文官試験行政科に合格し、二八年三月法学部政治学科を卒業した。二九年関東庁属兼逓信書記となって渡満し、関東庁官房に勤務した。内務局に転任して旅順工科大学講師を兼務した後、関東庁海務局理事官、庶務課長を歴任し、三三年二月関東局事務官に昇格して普蘭店民政署長となった。業務のかたわら同地の農会長、森林組合長、奨学会長、購買組合長のほか、満州水産会・満州棉花協会・満州果樹組合・日本赤十字社の各支部長、国防婦人会及び愛国婦人会の支部顧問、在郷軍人会分会顧問など多くの公職に就いた。

林田　敏雄　▷12

満鉄山河屯站長、勲八等／浜江省山河屯站長局宅／一八九七（明三〇）一〇／熊本県塩飽郡出水村／熊本県立中学済々黌

熊本県林田貞雄の長男に生まれ、一九一七年県立中学済々黌を卒業し、一八年一二月一年志願兵として歩兵第一三連隊に入営した。除隊後、二〇年二月に渡満して満鉄に入り、開原駅貨物方となった。二二年一〇月運輸従事員養成所の講習を修了し、長春列車区四平街分区車掌心得、同車掌、虎石台駅助役に歴勤した。次いで鉄路総局勤務となり、呼海派遣、ハルビン在勤、北安在勤を経てハルビン鉄路局北安站運転副站長、同副站長、竜鎮站長を歴任し、三五年一〇月山河屯站長となった。この間、満州事変時の功により勲八等に叙され、三五年四月勤続一五年の表彰を受けた。

林田　学　▷12

満鉄鉄道総局福祉課員、勲八等／奉天満鉄鉄道総局／一八九二（明二五）五／熊本県鹿本郡米田村

熊本県林田亀次の長男に生まれ、一九一四年青島戦役に従軍し、青島戦で決死隊として奮戦し勲八等白色桐葉章を授与された。除隊した後、一六年四月に渡満して満州日日新聞記者となり、一九年に通信部長に就いた。その後二三年四月に退社し、同年一二月満州体育協会主事となった。次いで三五年七月満鉄に入社し、三六年一〇月鉄道総局福祉課勤務となった。

林　為之　▷12

中山製鋼所㈱奉天工場主任／奉天紅梅町中山鋼業所社宅／一九〇〇（明三三）四／石川県金沢市馬場一番町

郷里の小学校を終えた後、大阪市大正区船町の中山悦治経営の中山製鋼所㈱に入った。勤続して後に奉天工場主任となって渡満し、従業員三〇〇人を使用して年産六〇〇万円の亜鉛引鉄板、平波板、鉄丸、ボルト、リベット、琺瑯鉄器等を生産する同工場を主宰した。

林　常次郎　▷9

林洋行主／大連市大山通／一八六六（慶二）二／京都府京都市下京区東洞院通

京都市の製菓業者の子に生まれ、一八九二年大阪で菓子屋を開業した。九三年朝鮮に渡り元山で同業を営んだが、日清戦争が始まったため九四年七月に帰国し、郷里で家業に従事した。日露戦争末期の一九〇五年二月に渡満し、大連の日本橋付近に店舗を構えて菓子屋を開業した。人口の増加と共に売上げを伸ばしたが一六年に類焼に遭って店舗を失い、大山通に新築移転して同業を営んだ。

林出賢次郎　▷12

駐満日本大使館一等書記官、従五位勲四等／新京特別市朝日通日本大使館官舎／一八八二（明一五）八／和歌山県日高郡湯川村／東亞同文書院

津村長次郎の次男に生まれ、林出精一の養嗣子となった。一九〇五年上海の東亜同文書院を卒業し、〇七年六月外務通訳生在官のまま清国政府に招聘されて北京、奉天に在勤した。清国滅亡後、外務書記生として上海在勤副領事を務めた後、外務理事官に進んで本省情報部第一課に勤務した。その後領事に進んで南京在勤、公使館一等書記官中華民国在勤、英国出張等を経て二八年七月ジュネーブの国際連盟総会第九回会議で日本代表随員を務めた。次いで漢口領事、駐華日本公使館二等書記官、連盟支部調査委員会参与、同委員随員、奉天総領事館二等書記官を経て満州派遣特命全権大使随員兼奉天総領事館勤務となった。三五年四月皇帝溥儀の訪日に満州国宮内府行走として随行した後、三六年一二月駐満日本大使館一等書記官となった。この間、満州事変時の功により勲五等双光旭日章を授与され、三六年に勲四等瑞宝章を受章した。著書に溥儀訪日の次第を記した『扈従訪日恭紀』がある。

林原　憲貞　▷12

関東軍交通監督部鉄道総局駐在員、正五位勲五等／奉天葵町／一八八一（明一四）一／鳥取県東伯郡赤崎町／早稲田大学専門部政治経済科

鳥取県林原昇治の次男に生まれ、一九〇三年早稲田大学専門部政治経済科を卒業し、〇四年長崎市の九州日ノ出新聞社編集長となった。次いで大蔵省専売局に転じ、さらに〇六年八月韓国鉄道管理局に入り、日本による韓国併合後は朝鮮総督府鉄道局京城管理局等に歴勤した。その後三三年在官のまま関東軍交通監督部に配属されて渡満し、満州国国有鉄道及び満鉄の業務監督を担当し、また北鉄の接収に際し関東軍を代表して中央各省と折衝して根本方針の確立に尽力した。三五年八月退官と同時に陸軍省及び関東局の嘱託として関東局に勤務し、三六年五月関東軍交通監督部鉄道総局駐在員となって奉天に赴任した。鮮鉄勤務以来一貫して鉄道経営に関する業務に従事し、著書に『鉄道会計及経営』がある。

林　春吉　▷9

林組主／大連市駿河町／一八七九（明一二）三／福井県丹生郡織田村

農家に生まれたが年少の頃から建築請負業に従事し、日露戦後の一九〇五年に渡満した。実弟の七蔵と共に大連の久保田組配下請負人となり、旅順記念品陳列館、屠獣場等の工事を竣成した。

林　久市　▷12

林商会主、米屋玩具店主、町内会役員／奉天春日町／一八九一（明二四）八／岡山県川上郡吹屋町

一九二〇年五月に渡満して奉天の中瀬呉服店に入り、同年一〇月から独立自営した。二六年に松島町で兄の与三郎と共に自転車商を始め、その後分離して二七年四月に春日町商品館内で玩具商を開業した。三一年六月同町内に林商会を設けて移転し、三二年一〇月自転車部を設けてダイハツ号小型自動車、ワンダーストーブ、日本鋼鉄家具㈱、板倉謄写機の各満州総代理店となり、他に自転車、オートバイ、消火器、冷蔵庫、金庫、文房具類を扱った。さらに同番地に分店を設け、従来の玩具類のほか三井物産雑貨部の雑貨類を販売した。

林　久太郎　▷11

菓子製造及び輸入販売業／大連市大山通／一八九五（明二八）一／京都府京都市下京区東洞院通／高等小学校

菓子製造業林常治郎の長男に生まれ、高等小学校を卒業して渡満し、大連の父の店を手伝った。その後、母病死の後を受けて京都に帰り菓子商を経営したが、火災の類焼に遭って店舗を失った。一九一六年一〇月再び渡満して父を補佐したが、間もなく父の死亡により店を継いで菓子製造・販売業を営んだ。大連菓子商組合長、全国菓子業組合連合会評議員、森永製品満州販売会社監査役等に就いたほか、二八年三月大連菓子商信用組合を組織して組合長を務めた。

林　弘枝　▷12

大連汽船㈱上海支店副長、正八位／上海北四川路狄思威アパート／一八八四（明一七）三／東京府東京市本郷区金助町／早稲田大学文科

東京府林蔵雄の次男に生まれ、一九〇五年早稲田大学文科を卒業した後、〇九年陸軍奏任通訳官となり、天津の北支駐屯軍司令部付として赴任した。青島戦役後一六年に青島民政部港務部に転勤した後、二四年一一月に退官して大連汽船㈱に入社した。その後三〇年五月上海支店に転勤し、三四年三月同支店副長となった。

林　福治　▷12

林洋服店主／奉天紅梅町／一八九一（明二四）九／大分県宇佐郡長峰村／（中等学校）

中等学校を卒業した後、一九一四年に渡満して各地で種々の職業に従事した。一八年頃から奉天で建築材料店を営み、さらに知人と苦力宿泊所を建設したりした後、二三年に大連に移り、備後商会を興して広島県物産の販売に従事した。その後再び奉天に移り、紅梅町に林洋服店を開設して洋服の注文生産を始め、満州工廠や奉天造兵所を主な得意先とし、従業員五〇人を使用して年間一〇万円を売り上げた。

林　房吉　▷1

泰成公司員、正八位／新民府一八七九（明一二）三／滋賀県犬神郡彦根町／京都薬学校

一八九九年京都薬学校を卒業して薬剤師の試験に合格し、彦根病院に勤務した。その後母校に呼び寄せられて講師を務めたが、一九〇四年七月日露戦争に際し見習薬剤官として大津予備病院に勤務し、同年一二月三等薬剤官となった。戦後〇五年一二月に召集解除されて大阪の私立東病院の薬局長に就いたが、翌年六月に辞職して渡満した。新民府の泰成公司に入り、官煙代理店としてアヘンの一手販売と売薬・メリケン粉販売・一般貿易業に従事した。

林　不二男　▷12

満鉄チチハル鉄路医院博克図分院長兼医員／興安東省博克図満鉄鉄路医院分院長局宅／一九〇四（明三七）六／新潟県新潟市学校町／新潟医科大学

新潟県林精一の長男に生まれ、新潟中学校、新潟高等学校を経て一九二九年三月新潟医科大学を卒業して同大学医化学教室助手となった。三三年三月副手に進んで第二内科教室に勤務し、三四年三月論文「獣炭ニヨル糖質ノ吸着ニ就テ」により新潟医大より医学博士号を取得した。その後三五年九月満鉄に転じて渡満し、鉄路総局ハルビン鉄路医院博克図分院長兼医員となり、次いで三六年九月職制改正によりチチハル鉄路医院博克図分院長兼医員となった。

林不二太郎　▷12

㈱大連機械製作所技術部精機職場主任／一九〇九（明四二）一〇／佐賀県唐津市表坊主町／旅順工科大学機械工学科

林政吉の子として愛知県八名郡賀茂村に生まれた。一九三五年三月旅順工科

は

大学機械工学科を卒業し、同年四月㈱大連機械製作所に入り技術部精機職場主任を務めた。

林 平九郎 ▷9

大連浪速町郵便局長／大連市大和町／一八七九（明一二）九／京都府京都市上京区夷川通川端

一八九八年京都郵便局の通信事務員となった。一九一〇年関東都督府通信管理局に転任して渡満し、大連、ハルビン、鶏冠山等の郵便局に転勤した後、大連浪速町郵便局長に就いた。公用・私用いずれにおいても徒歩主義を励行し、浮かせた交通費を貯めて毎年慈善事業に寄付する篤志家として知られた。

林 平太 ▷3

東亜煙草㈱理事兼営口製造所長、営口民会副議長、従七位勲六等／奉天省営口新市街青柳町／一八七三（明六）三／鹿児島県始良郡加治木町／鹿児島高等中学造士館

和田素人の三男に生まれ、後に林佐七郎の養子となった。一八八六年七月鹿児島高等中学造士館に入学し、九二年七月に卒業して同年一〇月税務官署に勤務した。一九〇三年六月葉煙草専売局開設にともない専売局に転じ、〇五年一月専売局技師となった。一一年二月に退官して渡満し、東亜煙草㈱理事に就任して営口製造所長を兼務した。

林部 与吉 ▷12

国務院民政部土木局総務処員／新京特別市西朝陽路／一八八八（明二一）一／兵庫県神戸市神戸区神戸港地方諏訪山／陸軍大学校

一九〇九年一二月陸軍工兵少尉に任官し、工兵第四大隊付、陸軍砲工学校教官、広島湾要塞参謀等を経て一七年に陸軍大学校を卒業した。次いで参謀本部付、陸軍大学校教官、鉄道第一連隊付、同大隊長、工兵第四大隊付等に歴補し、二九年八月中佐に累進して待命となった。その後三三年四月国務院国道局嘱託となって渡満し、三五年一二月国道局事務官・総務処警備主任等を歴任し、三七年一月土木局技正となり民政部土木局総務処に勤務した。

林 道三 ▷12

茂利洋行主、間島共益㈱社長／間島省延吉県竜井由義胡同／一八九〇（明二三）八／京都府加佐郡舞鶴町

一九二三年間島省竜井村吉勝街に茂利洋行を興し、貿易業と金物・建築材料販売業を経営した。日本の有力商事会社二〇社の代理店・特約店として図們、牡丹江、延吉に支店、清津、会寧、恵山鎮に出張所を置き、藤井駒太郎本店支配人、御手洗梅人牡丹江支店支配人を幹部として北満屈指の貿易商に発展した。かたわら二八年に二月資本金一〇万円の金融業間島共益㈱を設立して社長に就いた。

林 満起 ▷12

国際運輸㈱天津支店唐山営業所主任／河北省唐山国際運輸㈱唐山営業所／一九〇八（明四一）五／北海道函館市新川町／長春商業学校英語科（華語兼修）

一九二七年長春商業学校英語科（華語兼修）を卒業して家事に従事した後、三〇年一〇月国際運輸㈱に入社して長春支店に勤務した。三二年六月ハルビン支店勤務を経て三五年五月天津出張所に転勤し、張家口に駐在して内蒙古の特殊輸送に従事した。三六年三月天津支店に転勤し、次いで同年一一月唐山営業所主任となった。この間、満州事変時の功により大盾一個及び従軍記章を授与された。

林 弥三次 ▷7

薪炭商／ハルビン買売街／一八八一（明一四）六／鹿児島県川辺郡加世田村

渡米して一四年間働いて蓄財し、帰国して郷里で静養した後、一九一四年京城に渡り焼酎・鰹節商を開業した。商売不振のため一七年に閉店して奉天経由で蒙古に向かったが、同年八月鄭家屯事件のため奉天省四平街で足留めに遭い、やむなく徒歩で蒙古方面を巡歴した。その後、大和洋行を引き受けて質屋と雑貨商を営んだが、シベリア出兵の報に接して北満に目を転じ、ハルビンに移って薪炭業を営んで成功した。

林 有三 ▷11

力武食料品店主／奉天省鉄嶺松島町／一八九五（明二八）三／山口県佐波郡防府町／小学校

山口県酒商林友吉の次男に生まれ、伯父林熊太郎の養子となった。小学校を卒業して郷里の松沢塾で修学した後、米人経営の英語学校に学んだ。一九一五年五月に渡満し、鉄嶺で精米所と陸軍御用達を経営した。後に力武食料品店と改称し、二三年に松島町に新築移転して貸家業を兼営した。

林　鷹一　▷12

満鉄地方部工事課一般土木係主任兼大連工事事務所土木係長、社員会評議員、社員消費組合総代／大連市三室町／一九〇〇（明三三）一／山口県吉敷郡秋穂村／南満州工業専門学校建築工学科農業土木分科

島根県河野松二郎の四男として同県邑智郡口羽村に生まれ、山口県林頼二郎の次女元子の婿養子となった。一九二一年山口県の私立興風中学校を卒業して同年六月満鉄に入り、地方部土木課図工となった。かたわら南満州工業専門学校建築工学科農業土木分科に学んで二五年に卒業し、同年四月地方部土木課に勤務した。二六年四月奉天地方事務所勤務を経て二九年一月長春地方事務所公主嶺在勤となり、公主嶺地方事務所及び公主嶺農学校講師を兼任した。次いで三〇年六月長春工事事務所公主嶺在勤、同月大連第二工事区事務所、同年九月大連工事事務所、三三年一月地方部工事課、同年三月奉天地方事務所、同年六月鞍山地方事務所、三四年六月地方部工務課に歴勤し、三五年二月大連工事事務所土木係長となった。三七年五月地方部工事課一般土木係主任となり、大連工事事務所土木係長を兼任した。

林　与七　▷11

㈱奉天醤園取締役／奉天橋立町／一八九〇（明二三）一／富山県高岡市／富山県立高岡中学校

富山県農業林助三郎の三男に生まれ、一九〇六年県立高岡中学校を卒業した。〇七年二月井上誠昌堂薬房の店員となって渡満し、一〇年九月に独立して売薬業を営んだ。銭鈔仲買と現物両替及び貸家業を兼営し、奉天商工会議所議員、薬業組合・銭鈔組合の各役員、町内会役員を務めた。

林　米七　▷13

㈱西松組社長、㈱満州西松組社長／一八八九（明二二）／千葉県／攻玉社工学校本科

一九一〇年攻玉社工学校本科を卒業し、落合組、早川組等で土木建築工事に従事した。一九一四年西松組に迎えられ、同組幹部として九州、朝鮮、満州の諸事業所を総括し、二九年の合資会社への改組とともに代表社員となった。その後三七年に株式会社に組織変更されると社長に就任し、四〇年五月に在満各営業所を統合して㈱満州西松組を設立し同社長を兼任した。

林　礼吉　▷12

特産物貿易商、遼陽居留民会長、遼陽実業会評議員／奉天省遼陽住吉町／一八七八（明一一）三／岐阜県安八郡神戸村

岐阜県生糸商林武助の長男に生まれ、日露戦後一九〇五年に渡満して遼陽城内西街で運送業を開業した。〇六年八月から特産物貿易商を兼営し、後にこれを主業とした。経営のかたわら同地の居留民会長を務め、二八年一〇月大日本産業協会より貿易功労者として表彰を受けたほか、三六年一〇月関東局施政三〇年記念に際し地方自治功労者として表彰された。

早瀬　頼二　▷11

遼陽輸入組合理事／奉天省遼陽京町／一八九〇（明二三）七／岡山県苫田郡神庭村／東洋協会専門学校

岡山県早瀬猪三郎の次男に生まれ、一九一〇年東洋協会専門学校を卒業した。一一年一月に渡満して満鉄に入り、文書課、奉天地方事務所、東京支社、北京公所等各所の庶務或いは文書係主任を歴任した。この間、二三年一一月に四洮鉄道が開業すると満鉄から派遣されて事務処計画課長を務めた。一五年勤続表彰を受けた後、満鉄を退社して遼陽輸入組合理事に就いた。

早田　宗雄　▷12

満鉄錦県鉄路局機務処配車科長／錦州省錦県鉄路局機務処／一八九八（明三一）五／長崎県北高来郡諫早町

長崎県早田与一の長男に生まれ、一九一五年六月満鉄に入り瓦房店駅に勤務した。金州駅駅務助手、大石橋駅車掌、大連列車区在勤、奉天運輸事務所勤務、鉄道部奉天長在勤、同長春在勤を経て馬仲河駅長となった。次いで長春鉄道事務所在勤、鉄道部営業課勤務、鉄路総局勤務、同奉山鉄路局派遣、奉天鉄路局運輸処貨物科配車股長、同機務処配車科長を歴任し、三六年一〇月錦県

鉄路局機務処に転勤して配車科長を務めた。この間、三一年四月勤続一五年の表彰を受けた。

早野重右衛門 ▷3

早野材木店主、大連礼装㈱監査役、大連商業会議所常議員、大連材木商同業組合長／大連市美濃町／一八六五（慶一）七／山口県下関市西細工町

下関で代々材木商を営む商家に生まれ、年少の頃から家業に従事した。日露戦争直後の一九〇五年一〇月に渡満して大連支店を開設し、後に早野材木店として独立した。経営のかたわら大連礼装㈱監査役、大連商業会議所常議員、大連材木商同業組合長等を務めた。

早野　昌蔵 ▷12

満鉄五常工務段工事助役、正八位／浜江省五常県五常平安街／一九一〇（明四三）九／熊本県下益城郡豊田村／南満州工業専門学校建設工学科土木分科

熊本県早野寃蔵の次男に生まれ、県立宇土中学校を卒業して渡満した。一九三二年三月南満州工業専門学校建設工学科土木分科を卒業して同年五月満鉄に入り、技術方として長春鉄道事務所に勤務した。三三年一月一年志願兵として兵役に服し、同年一二月に退営して新京鉄道事務所技術方に復職した。三五年四月奉天鉄道事務所工務課勤務を経て同年六月安東保線区工事助役となり、安奉線及び拉浜線の水害復旧工事の責任者を務めた後、三七年二月五常工務段工事助役に転任した。

羽山秀五郎 ▷11

満鉄中固駅助役／中固満鉄付属地／一九〇二（明三五）一／千葉県安房郡那古町／千葉県立安房中学校

千葉県農業羽山房吉の四男に生まれ、県立安房中学校を卒業して渡満した。満鉄鉄道教習所に入り、二一年に修了して奉天駅貨物係、同駅車掌、安奉線橋頭駅に歴勤し、二八年一〇月中固駅助役となった。

原　一六 ▷11

大連新聞編集長／大連市東郷松満州ホテル／一八九三（明二六）七／山梨県北巨摩郡熱見村／明治大学

山梨県原宇之助の長男に生まれ、中学校を卒業して二〇歳の時に上京した。一九一六年一二月国民新聞に入り、二〇年に読売新聞社に移り、さらに二八年二月万朝報に転じた。この間、明治大学に学んで二一年に卒業した。二八年五月万朝報を退社して渡満し、翌月大連新聞に入って編集長を務めた。

原　丑年 ▷3

満鉄沙河口工場鉄工科第五科主任／大連市外沙河口／一八八二（明一五）一〇／佐賀県東松浦郡湊村／東京帝国大学工科大学造兵科

一九〇七年七月、東京帝国大学工科大学造兵科を卒業した。東京砲兵工廠に勤務した後、一〇年一一月に渡満して満鉄に入社した。一四年一月社命で欧米に留学し、一五年一〇月に帰社して沙河口工場鉄工科第五科主任に就いた。

原　北蔵 ▷8

建築請負業／奉天十間房／一八七八（明一一）一一／長崎県東彼杵郡川棚村

一九〇五年四月、日露戦争に際し軍用達業者として大連に上陸した。〇五年九月の戦争終結とともに奉天に留まり、十間房で建築請負業を営んだ。

原口吉次郎 ▷11

満鉄潜水夫工手長／大連市日ノ出町／一八七八（明一一）二／鹿児島県日置郡西市来村

鹿児島県農業原口吉之助の次男に生まれ、一九歳の時に長崎・佐世保間の鉄道敷設工事で現場人足の取締を務めたのを振り出しに、島津公邸の改築工事等に従事した。別府川の橋梁敷設に際して潜水術を会得し、その後鹿児島県庁の潜水船に乗り込んでボーリング作業に従事し、干潮面四尺の箇所を一五〇尺掘り下げて表彰された。一九〇八年九月に渡満して満鉄埠頭工務課長取鳥末治郎の推薦で築港所潜水夫となり、大連湾内の潜水工事に従事した。二〇年一一月雇員から職員に登用されて潜水夫工手長に就き、二五年に一五年以上勤続者として表彰された。

原口　純充 ▷7

満鉄電気作業所員／大連市三室町／一八九七（明三〇）二／鹿児島県伊佐郡菱刈村／東京帝大法学部法科

鹿児島県立加治木中学校から第七高等

学校造士館に進み、上京して東京帝大法学部法科に入学した。一九二一年九月に卒業して満鉄に入社し、電気作業所経理課に勤務した。

原口　聞一　▷4

世界新聞社満韓特派員、農場経営／奉天新市街照徳大街／一八七三（明六）九／長崎県西彼杵郡瀬戸村／東京帝大法科大学中退

一八九九年、東京帝大法科大学三年の時に東亜同文会広東支部副会長となって広東に渡った。同地で日本語学校の創設と漢字新聞社の経営に当たった後、一九〇二年福建省の三五公司に入り樟脳専売事業に従事し、延平邵武など三府総管理として三九年まで延平府に駐在した。〇七年大連に満州日日新聞が創刊される際に主幹として招かれ、翌年奉天支局開設と同時に支局長に就いた。〇九年に退社して日中合弁の清和公司を創設して董事に就いたが、一三年に解散して京城日報特派員に転じた。同紙奉天支局を管理するかたわら居留民会会長を務めたが、一四年一〇月に両職を辞し、帰国して郷里で静養した。一六年八月に再び渡満して奉天で世界新聞社満韓特派員を務め、かたわら榊原農場を整理してその経営に従事した。

原口　吉次　▷12

満鉄開原駅長、勲八等／奉天省開原駅長社宅／一八九六（明二九）三／佐賀県神埼郡千歳村／東亜鉄道学校

佐賀県原口栄蔵の長男に生まれ、一九一三年熊本市の私立東亜鉄道学校を卒業した後、一七年一一月満鉄に入り范家屯駅に勤務した。長春運輸事務所、奉天鉄道事務所に転勤した後、遼陽駅水務助役を経て鳳凰城駅長となり、在任時に約三〇〇名の匪賊の襲撃を受け、三時間にわたる交戦の末に撃退した。次いで鉄道部庶務課、奉天鉄道事務所庶務課人事係主任を経て三七年四月開原駅長となった。この間、満州事変時の功により勲八等旭日章及び従軍記章、建国功労賞、皇帝訪日記念章を授与され、三三年四月勤続一五年の表彰を受けた。

原　邦道　▷12

関東軍経済顧問、日満経済共同委員会帝国委員、正五位勲五等／新京特別市関東軍司令部気付／一八九〇（明二三）一二／島根県／東京帝大法科大学経済科

島根県原権三郎の三男に生まれ、一九一六年七月東京帝大法科大学経済科を卒業して税務監督局属となった。小倉、横浜、永代橋の各税務署長を経て大蔵事務官兼大蔵書記官となり、預金部監理課長、同運用課長、大阪税務監督局長を歴任した。その後三六年一月関東軍経済顧問となって渡満し、三三年から日満経済共同委員会帝国委員を務めた。

原　顕吉　▷12

大連沙河口公学堂長、関東州教職員共済会理事、正七位勲六等／大連市長春台／一八八三（明一六）一二／岡山県倉敷市安江／岡山県師範学校

一九〇五年岡山県師範学校を卒業して県下各小学校の訓導を歴勤した後、一九一一年関東州小学校訓導に転じて渡満した。旅順第一尋常高等小学校に勤務した後、旅順公学堂教諭に転任し、北京に一年余り留学して中国語を学んだ。帰任後、関東庁視学・普蘭店支署勤務、金州公学堂教諭、南金書院教諭、貔子窩公学堂長、貔子窩小学校教務嘱託を歴職し、再び関東庁視学として貔子窩支署及び大連民政署に勤務した後、関東庁属兼任となり大連沙河口公学堂長を務めた。

原　源之助　▷11

旅順工科大学助教授、従七位／旅順市吾妻町／一九〇二（明三五）三／香川県綾歌郡宇多津町／東京帝大工学部電気科

香川県の画家原千代造の長男に生まれ、東京帝大工学部電気科に入学して高周波工学を研究した。二六年に卒業し、同年四月に渡満して旅順工科大学教務嘱託となり、翌年六月助教授となった。

原　好一　▷12

ハルビン印刷所主／ハルビン義州街／一八九六（明二九）九／東京府東京市麻布区狸穴町／早稲田大学

早稲田大学を卒業して新聞記者、拓務省嘱託等を歴職した後、満州事変後に渡満し、一九三三年一〇月ハルビン義州街にハルビン印刷所を開業した。資本金七万円、職工六七人を使用して各種印刷、印章・彫刻、活字鋳造販売の

は

ほか製本設備も備え、日満各官衙・機関及び一般企業を得意先とした。

原 五郎 ▷12

専売総署事務官／新京特別市宝清胡同第二代用官舎／一八九四（明二七）一／三重県鈴鹿郡庄内村／日本大学専門部

三重県原吉松の長男に生まれ、日本大学専門部を卒業して一九一七年八月文官普通試験に合格し、同年一〇月専売局書記となり名古屋専売局支局に勤務した。三三年七月専売局経理部に転勤した後、三五年三月に依願退官して渡満し、国務院財政部専売公署嘱託となり、同年四月の官制改正を経て同年一〇月専売総署事務官となった。

原沢 良治 ▷12

安東省通化県警正／安東省通化県公署／一八九〇（明二三）五／群馬県利根郡桃野村／群馬県立前橋中学校

一九〇九年三月群馬県立前橋中学校を卒業し、同年一二月習志野の歩兵第一五連隊に入営した。満期除隊して朝鮮総督府巡査となり、以来、鎮南浦警察署、警察官講習所、京城鐘路警察署、京城東大門警察署、高等警察課、仁川警察署、咸興警察署、元山警察署に歴勤した。三一年警部に累進した後、三二年一二月に依願免官した。三三年一〇月奉天省公署属官となって渡満し、安東省公署属官、鳳城県警正を経て三六年一一月通化県警正に転任した。

原 正五郎 ▷11

満鉄撫順炭砿工務所建築係主任、正八位／奉天省撫順南台町／一八九二（明二五）四／東京府東京市四谷区番衆町／東京高等工業学校建築科

東京府田中正堯の五男に生まれ、原重治の養子となった。一九一六年東京高等工業学校建築科を卒業後、一年志願兵として入営し予備歩兵少尉となった。一八年五月に渡満して満鉄に入り、本社建築課に勤務した後、一九年二月撫順炭砿工務所に転任し撫順炭砿中央事務所、公会堂、永安台住宅等を設計した。

原 正平 ▷12

㈶大連医院産婦人科部医長、正七位／大連市榊町／一八八五（明一八）三／徳島県徳島市二軒屋町／京都帝大医科大学大学院

徳島県原悦次郎の三男に生まれ、一九一二年京都帝大医科大学を卒業して同大学附属病院に勤務し、一七年に同大学院を卒業した。二〇年一〇月岡山医学専門学校教授となり、二一年二月論文「蓚酸枸櫞酸及酒石酸ノ働キ方ニ関スル実験的研究」により博士号を取得し、同年一〇月満鉄大連医院に転じて渡満した。二五年八月社命で産科婦人科学研究のため欧米に二年間留学し、同時に関東庁より欧米各国の産科施設及び哺乳に関する社会施設の調査を嘱託された。帰任後、二九年四月に大連医院が財団法人化された後も引き続き同院に勤務して産婦人科部医長を務めた。

原 伸市 ▷12

満鉄白城子列車段長、勲八等／龍江省白城子満鉄列車段／一八八六（明一九）一〇／佐賀県西松浦郡二里村

旧姓は笠原、原十郎の養子となった。一九〇三年一月九州鉄道㈱に入り、道之尾駅、武雄駅、早岐駅、羽犬塚駅、久留米駅に歴勤して佐世保駅助役となった。その後一九年二月満鉄に転出して渡満し、大石橋駅勤務、長春列車区鉄嶺在勤を経て長春、双廟子、昌図各駅の助役を歴任した。次いで南楊家、楊木林、祁家堡の各駅長を務め、博克図列車段長、四平街鉄路監理所監理員を経て三七年四月白城子列車段長となった。この間、満州事変時の功により勲八等及び従軍記章を授与された。長男俊彦も福島高等商業学校を卒業して満鉄に勤務した。

原田 市松 ▷12

原田市松商店主、安東実業銀行・安東商事金融・安東窯業・安東取引代行各㈱取締役、安東地方委員、安東商工会議所常議員・同理財部委員、安東取引所取引員組合委員長、安東競馬倶楽部理事長、安東広島県人会副会長／安東市場通／一八七七（明一〇）一／広島県広島市広瀬町

一九一〇年に渡満して安東で薬種商を開業し、一三年五月から株式公債・社債及び金銀の売買業を兼営した。二二年に薬種商を廃業して株式店専業とし、数多くの企業・団体の役員に就いて同地商工界で重きをなした。

原田　一郎　▷12

原田酒造場主、間島省酒造組合理事、図們第一八区副区長、図們広島県人会長、図們防護団第一八班副長／間島省図們白鳳街／一九〇〇（明三三）三／広島県賀茂郡三津町

広島県原田大吉の長男に生まれ、酒造会社に勤務した後、二年ほど九州方面で煙草栽培の指導員を務めた。その後一九三三年に渡満して図們に原田醸造場を開設して日本酒の醸造を始めた。銘酒「白竜」「灘の鶴」を年産五〇〇石醸造し、間島省酒造組合の組織に尽力して三六年九月から同組合理事を務めた。

原田猪八郎　▷14

㈴原田組代表社員、原田冷凍㈱代表取締役、満州亞鉛鍍金㈱代表取締役／大連市山県通／一八七八（明一一）一〇／福岡県糸島郡一貴山村

福岡県原田直之助の長男に生まれ、一八九五年五月九州鉄道㈱に入った。九九年下関の桝谷貿易会社に転じた後、一九〇二年六月同地で鉄鋼機械販売商を開業したが、〇四年八月日露戦争に際し渡満して陸軍停泊場司令部の下で輸送任務に従事した。戦後〇六年三月大連に原田組を設立して金物・建築材料・機械商を営み、大阪、奉天、東京に支店を設けて業務を拡張し、一九年一月合名会社に改組し、二一年三月から一一月まで欧米各国を商業視察した。この間、二二年一一月から大連市会議員を一期務めたほか、日満塗料㈱代表取締役、大連商業会議所常議員、満鉄御用商人会会長を務めた。

原田　丑一　▷8

㈾天興源銀号代表者／奉天浪速通／一八七七（明一〇）一／山口県美祢郡伊佐町

一八九八年、郷里から神戸に出て麦稈真田貿易商を営んだ。一九〇四年四月日露戦争に際し御用商人として渡満したが、鳳凰城で病を得て帰郷した。その後横浜で中国語を学び、〇六年八月再び渡満して奉天駅貨物ホーム前で運送店を開業した。〇八年に廃業して山口運輸㈱奉天支店に入り、一〇年長春支店長、一二年奉天支店長に進んだ。一四年に退社して奉天活版所を経営し、かたわら一六年から小西関で銀号を兼営して大連に支店を設けた。一八年特産畜産貿易商源茂洋行を創業し、二三年一〇月浪速通に移転した。二四年八月㈾源茂銀号を開設して奉天取引所銭鈔取引人となり、二六年三月天興源銀号と改称した。奉天商業会議所議員を六期務めたほか、奉天取引所銭鈔取引人組合長、奉天倶楽部幹事、奉天消防組組頭を務めた。

原田　栄治　▷6

日栄商会主／大連市竜田町／一八七六（明九）一二／福岡県門司市

福岡県京都郡豊津村に生まれ、後に門司市に移籍した。郷里の小学校を卒業した後、一八九三年九州鉄道会社に入り五年勤務した。さらに京都織物会社、大阪鉄工所、呉海軍工廠などに機械工として勤務し、一九〇六年四月に渡満して野戦鉄道提理部に入った。〇八年五月に退職して三泰洋行主の高島菊次郎の支援を受けて機械組立修繕、豆油荷造等の請負業を営み、後に関東鉄工所を設立したが一年で閉鎖に追い込まれた。一〇年に大連市竜田町で新たに日栄商会を興して輸入貿易、諸機械据付、船舶の動力供給請負業を開業し、欧州戦争による好況に際会して成功した。

原田覚次郎　▷8

原田商会主／奉天浪速通／一八六六（慶二）三／石川県鳳至郡沢水町

新田四良兵衛の次男に生まれ、一八八二年に原田家の養子となった。八四年に上京して西洋菓子製造を学んだ後、八七年大阪の堂島で松竹堂支店名儀で原田製菓所を開業した。その後神戸のフランス人経営のパン製造所に入って製造法を学び、九五年一月から長崎で東洋堂の看板で西洋菓子とパン製造業を営んだ。一九〇四年日露戦争が始まると知人の一ノ瀬、亀井、佐々木と日本艦隊用達漁業団一ノ瀬組を組織し、同年四月漁船一〇隻を率いて大連に渡り漁業に従事したが、同年九月漁期が終わると解散して第三軍兵站監理部雇員となった。〇五年一月鴨緑江軍監部付に転じ、興京、永遼方面に従軍しながら食パン製造に従事した。〇五年一〇月戦争終結とともに依願解雇員となり、奉天に原田商会を開設してパン製造業を営んだ。その後小西関に移転し、さらに一七年一一月浪速通に大店舗を新築して移転し、一日に食パン四〇〇

は

斤、アンパン三万六〇〇〇個を製造した。一八年八月シベリア出兵に際し第二航空隊付用達を命じられ、軍隊引揚げまで一年間シベリアに滞在した。営業のかたわら奉天第八区長を四期、民会消防副頭取・頭取を務めた。

原田　一春　▷12

満鉄撫順炭砿経理課予算係主任／奉天省撫順南台町／一九〇二（明三五）四／熊本県玉名郡江田村／東京商科大学専門部

熊本県原田幾太郎の長男に生まれ、玉名中学校を経て一九二六年三月東京商科大学専門部を卒業し、満鉄に入り撫順炭砿会計課に勤務した。同年経理課所属・第一号非役となった後、二八年三月東郷採炭所、二九年四月発電所、三〇年一〇月炭砿部庶務課に歴勤し、三一年八月撫順炭砿庶務課統計係主任となった。次いで三二年五月経理部主計課勤務、三三年四月撫順炭砿古城子採炭所経理係主任を経て三五年九月撫順炭砿経理課予算係主任に就き、三六年一〇月副参事となった。

原田　清　▷12

間島省汪清県参事官／間島省汪清県参事官公館／一九〇五（明三八）八／佐賀県佐賀郡久保田村／京城帝大法文学部法学科

佐賀県原田丈二郎の次男に生まれ、佐賀中学校を卒業して一九二三年郷里の久保田村思斉尋常高等小学校の代用教員となった。二四年三月に依願退職し、二五年四月朝鮮に渡り京城帝大法文学部法学科に入学した。三〇年三月に卒業して朝鮮総督府郡属兼道属となり、全羅北道道庁地方課金州郡在勤を経て総督府産業課に勤務した。三四年一二月間島省公署属官に転じて渡満し、民政庁実業科勤務を経て三六年四月同省汪清県参事官となった。

原　武　▷12

駐日満州国大使館参事官／東京市麻布区桜田満州国大使館／一八九八（明三一）二／東京府東京市麻布区新堀町／東京帝大法学部政治学科

東京府原誠の長男に生まれ、一九二三年三月東京帝大法学部政治学科を卒業して満鉄に入社した。勤続して北京公所長代理となったが、三二年満州国官吏に転出して吉林省公署総務庁長となった。国務院総務庁秘書処総務科長、駐日公使館参事官、外交部理事官・総務司計画課長、熱河省公署総務庁長を歴任し、三七年七月駐日満州国大使館参事官となって東京に赴任した。

原武八十一　▷12

吉川組牡丹江出張所主任、牡丹江商工会議所議員、満州土木建築業協会牡丹江支部幹事／浜江省牡丹江円明街吉川組出張所／一九〇〇（明三三）二／福岡県三潴郡三潴村

郷里で長く土木建築業に従事した後、一九三四年一〇月に渡満して永吉由蔵の経営する吉川組に入った。牡丹江出張所主任として年扱高一五万円を計上し、三七年四月牡丹江商工会議所の開設と同時に同議員に当選した。

原田　原　▷11

貿易商／大連市薩摩町／一八七九（明一二）七／栃木県那須郡大田原町／東京高等商業学校

栃木県原田定頼の次男に生まれ、一九〇五年東京高等商業学校を卒業して博文館に勤務した。〇六年に渡満して営口の平岡組店員となり、一〇年に満鉄に転じた。運輸課勤務、審査係主任、貨物係主任を経て一九年奉天鉄道事務所営業長となったが、同年九月に退社して営口取引所信託会社専務取締役に就いた。二五年六月に辞職して大連で貿易商を営んだ。

原田　謙治　▷12

日本ペイント㈱満州工場営業課担当員／奉天鉄西日本ペイント満州工場内／一九〇六（明三九）三／東京府東京市品川区南品川／中央大学商学部

一九二七年三月中央大学商学部を卒業して日本ペイント㈱に入り、東京支店に勤務した。三一年本社に転勤した後、三三年二月子会社の日本ペイント満州販売㈱奉天支店長となって渡満した。三五年一〇同社解散となり、日本ペイント満州工場営業課担当員となった。

原田　源助　▷12

大同工務所主／吉林粮米行街／一八八九（明二二）四／北海道十勝国西足寄村

木材業及び鉄工業に従事した後、一九二一年六月に渡満した。満州事変後の三二年一一月吉林に移り、粮米行街に大同工務所を開設して木材業を経営し

は

た。次いで三三年一〇月南十路に自動車・機械修繕工場を設け、大同タクシーの名称で乗合自動車業を兼営した。

原田　孝一　▷12

国務院蒙政部総務司経理科長、満州国協和会幹事／新京特別市東朝陽路／一八九七（明三〇）四／鳥取県東伯郡下北条村／日本大学法文学部法律学科

鳥取県原田千代吉の次男に生まれ、鳥取県立農学校を卒業して一九一七年一二月税務署属となり、岩国税務署に勤務した。一九年六月東京税務監督局に転勤し、永代橋、両国橋、水道橋の各税務署に歴勤して二二年二月税務監督局属となり、東京税務監督局に勤務した。二四年一一月再び税務所属となって四谷税務署庶務課長に就き、神田橋税務署庶務課長、板橋税務署庶務課長を歴職した。この間、勤務のかたわら日本大学予科に学び、二五年に同大学法文学部法律学科を卒業した。二七年一一月再び東京税務監督局属となり、二八年五月税務署属を兼任して神田橋、永代橋、京橋、幸橋、四谷、水道橋、厩橋、両国橋、品川、淀橋、板橋、亀戸、横浜の各税務署兼勤となった。その後三二年二月に依願免官し、国務院積缺善後委員会属官に転じて渡満した。三三年三月同委員会幹事を経て同年七月熱河省公署事務官に転任して総務庁財務科長となり、三四年七月同省公署理事官に進んだ後、同年一二月金州省公署理事官に転任して総務庁財務科長となり、次いで三五年九月国務院蒙政部理事官に転任して総務司経理科長に就いた。

原田　耕一　▷11

大連株式商品取引所理事長／大連市平和台／一八七九（明一二）八／岩手県西磐井郡一関町／東京帝大法科大学政治学科

岩手県原田敬の長男に生まれ、一九〇六年東京帝大法科大学政治学科を卒業して三井物産に入った。本社及び上海支店に勤務した後、大連支店詰となって一六年に渡満した。二二年一二月に退社して翌年五月大連商品信託㈱専務取締役となり、二七年三月大連株式商品取引所理事長に就任した。二五年三月大連商工会議所常議員に当選し、二八年八月から関東庁経済調査会委員を務めた。

原田　孝七　▷13

関東州水産振興㈱専務取締役／一八八〇（明一三）六／熊本県熊本市北千反畑町／専修学校理財科

熊本県原田常七の次男に生まれ、一九〇二年東京の専修学校理財科を卒業して大蔵省に入り熊本税務監督局に勤務した。〇六年八月関東都督府に転じて渡満し、税務係主任、理財係主任等を歴任した。一五年一〇月に退官して長春取引所副所長に就き、後に公主嶺取引所長を兼務した。二〇年八月青島取引所信託会社常務取締役に転じ、次いで青島取引所常務理事、奉天取引所信託会社専務取締役、満州殖産銀行取締役などを歴職し、三一年九月関東州水産会主事となり関東州水産振興㈱専務取締役に就任した。

原田　三郎　▷12

満州航空㈱運航部運航課長、正七位勲六等功五級／奉天青葉町／一九〇六（明三九）一〇／佐賀県佐賀郡西川副村／陸軍士官学校

佐賀県原田与一の三男に生まれ、一九二七年七月陸軍士官学校を卒業し、同年一〇月砲兵少尉に任官した。次いで航空兵に転科し、三二年九月東辺道北山城子付近の匪賊との戦闘で爆撃中に負傷した。その後三五年三月航空兵大尉に累進して同年一〇月予備役編入となり、満州航空㈱に入社して東京支店に勤務した後、三六年四月奉天本社運航部運航課長となって渡満した。

原田　品八　▷12

日露洋行主／大連市浪速町／一八八八（明二一）四／香川県三豊郡麻村／南満州工業学校夜学部露語科

香川県原田春治の長男に生まれ、一九〇一年尋常小学校を卒業して岡山に行き、伯父の経営する絹布整理業に従事した。次いで一三年一〇月に渡満して満州新報大連支社に入り、勤務のかたわら南満州工業学校夜学部に学び、一九年に同校露語科三等通訳試験に合格した。二一年一月ロシア人と共同で浪速町の中国人家屋を借りてパン製造販売業を始め、二四年にロシア人と別れて個人経営とした。その後三〇年一月に店舗を買収して改造し、後に連鎖商店街と銀座通に支店を開設し、店頭小売の外にパンホールを兼営した。剣道三段で、夫人佳代子との間に二女あり、

は

ともに大連弥生高女に学んだ。

原田　修三 ▷12

興中公司㈱総務課庶務係主任、大連基督教青年会理事／大連市長春台／一九〇二（明三五）六／福井県敦賀市／福井県立敦賀商業学校英語部本科

一九二一年三月福井県立敦賀商業学校英語部本科を卒業して満鉄に入り、購買部に勤務した。同部に多年勤続した後、満鉄傘下の興中公司㈱に派遣されて総務課庶務係主任を務めた。この間、三六年四月満鉄勤続一五年の表彰を受けた。

原田　信一 ▷12

満州電業㈱チチハル支店発電係長／龍江省チチハル商埠街電業公司社宅／一九〇二（明三五）八／秋田県北秋田郡上小阿仁村／旅順工科大学専門部電気科

秋田県原田留五郎の長男に生まれ、旅順第一中学校を経て一九二六年旅順工科大学専門部電気科を卒業した。二七年二月朝鮮新義州の満鮮殖産電気㈱送配電係となり、次いで王子製紙朝鮮工場動力係、南満州電気㈱安東発電所運転係、開原電気会社技術係等を歴職した。その後三四年一二月満州電業㈱に入り、技術部工事課工事係を経て後にチチハル支店発電係長を務めた。

原田　信平 ▷12

原田畳店主／大連市春日町／一八九一（明二四）八／広島県高田郡根野村

一九一七年四月に渡満し、大連市浪速町の畳店共同舎に勤めた。一八年に店主の大元が帰国することになり、店を引き継いで独立経営し、後に春日町に移転した。

原田　辰雄 ▷13

新京運輸㈱専務取締役／新京特別市／一八九四（明二七）一／長野県下伊那郡／長野県立飯田中学校

長野県原田亀太郎の長男に生まれ、一九一一年三月県立飯田中学校を卒業して渡満し、長春の㈾山口運輸公司に入社した。一年志願兵として入営し、予備工兵少尉として除隊復職し、勤務先が二三年七月国際運送㈱、二六年八月国際運輸㈱へと改組されたが勤続し、四平街、図們、吉林、奉天の各支店長を歴任した。その後四一年一二月新京の中小運送業者が企業合同し、これに国際運輸が参加して新京運送㈱が設立されると専務取締役に就任した。

原田　種寿 ▷11

材木商／長春曙町／一八八七（明二〇）一二／福岡県田川郡採銅所村／福岡県師範学校二部

福岡県原田薫の長男に生まれ、一九〇九年福岡県師範学校二部を卒業し、日本国内及び朝鮮で教職に従事した。一八年四月に休職となると同時に渡満し、長春で材木商を開業した。

原田　瓊生 ▷12

独逸漢堡原田商会主、日独貿易㈱取締役、満州商業(股)常務董事、高田商会㈱取締役／東京市渋谷区栄通／一八七七（明一〇）一〇／岡山県浅口郡大島村／早稲田専門学校

原田直敦の長男として長崎県に生まれ、独逸協会学校を経て早稲田専門学校を卒業して実業界に入った。イリス商会営業部長、高田商会上海支店長、ハンブルク支店長を歴職した後、一九二五年高田商会ハンブルク支店の業務を継承して原田商会を興して貿易業を営んだ。その後三〇年八月日独貿易商会を創立し、さらに三六年に満州商業(股)に招かれて渡満し、常務董事として同公司の業務を総攬するため高田軍三及び作田敏世らと資本金五〇万円の日独貿易㈱を創立し、日独貿易商会の業務を総括譲渡して取締役に就任し、かたわら高田商会取締役を兼務した。この間、日独戦役の功により褒状を下賜された。元日本郵船㈱重役谷井保長の長女文子を夫人として二男三女あり、長男直行は慶応大学経済学部を卒業して日本郵船㈱横浜支店に勤務し、次男直彦は東京帝大理学部に学び、長女光子は山尾商事社長山尾敏郎に嫁し、次女保子は住友化学工業㈱勤務の工学博士藤村建次に嫁した。

原田　常一 ▷12

国際運輸㈱牡丹江支店密山営業所主任／浜江省密山国際運輸営業所主任社宅／一九〇七（明四〇）一／熊本県天草郡栖本村

本姓は別、後に熊本県原田又次郎の養子となった。一九二七年三月長春商業学校を卒業して国際運輸㈱に入り、ハルビン支店に勤務した。三五年七月牡丹江出張所に転勤し、三六年四月の支

店への昇格後は駅荷扱所主任を務め、同年一二月密山営業所主任となった。

原田　経武　▷7

原田ハム商会主、獣医／奉天藤浪町／一八八五（明一八）五／鹿児島県始良郡蒲生村／熊本県立獣医学校

一九〇四年三月、熊本県立獣医学校を卒業した。獣医を開業して種牛の飼養や畜牛の改良に尽力し、農商務大臣の表彰を受け、各種共進会でも受賞を重ねた。一九年三月、郷里の先輩赤塚正助奉天総領事の推薦で満蒙牧場㈱の衛生技師となって渡満した。畜産の発展改良に従事した後、自ら畜産加工を計画して二二年に辞職し、義弟の坂元種清と共同経営の原田ハム商会を創立してハム、ソーセージ、ベーコン、スモークタン等の製造販売を開始した。厳格な品質管理によって満州、朝鮮、日本、台湾、中国南部に販路を拡張し「ハム王」のニックネームを得た。経営が軌道に乗ると商会を義弟に委ね、家畜院を開設して畜産研究と獣医業に専念した。

原田　貞一　▷11

大連警察署保安課主任／大連市丹後町／一八八八（明二一）一二／山口県熊毛郡島田村／小学校

山口県農業原田徳三郎の三男に生まれ、郷里の小学校を卒業した後、一九〇八年に渡満した。一一年関東都督府巡査となり旅順、大連の警察署に勤務した後、一七年警部補となって安東警察署、奉天警察署に勤務した。二五年警部に進んで営口警察署に転勤し、二九年二月大連警察署に転じて保安課主任を務めた。

原田　鉄造　▷3

満鉄奉天経理係主任、勲六等／奉天鉄路大街／一八八〇（明一三）四／佐賀県東松浦郡佐志村

中学校を卒業して上京し、詠帰社及び善隣書院で中国語を学んだ。一八九八年八月中国に渡って揚子江沿岸各省から四川、雲南、貴州方面を五年の間巡遊した。一九〇四年二月日露開戦とともに陸軍通訳に徴用され、大本営付として特別任務に服した。戦後〇六年一〇月まで関東都督府付として軍政署に勤務し、〇七年三月創立後の満鉄に入った。大連本社に勤務した後、同年八月奉天公所に転任し、〇八年一二月経理係主任となった。〇九年から購地局第二分局長として安奉線沿線に出張し、購地を終了して一〇年八月に帰任した。

原田藤太郎　▷12

満鉄新京駅構内助役、勲八等／新京特別市蓬莱町／一九〇〇（明三三）二／愛知県南設楽郡海老町

一九二三年に渡満して満鉄に入り、長春駅に勤務した。三〇年四月長春列車区に転任した後、三三年一一月范家屯駅助役を経て三四年八月新京駅構内助役となった。この間、満州事変時の功により勲八等旭日章及び従軍記章並びに建国功労賞を受けた。夫人ツヤとの間に五女あり、囲碁を趣味として職場の囲碁倶楽部幹事を務めた。

原田　知若　▷12

満鉄奉天鉄道事務所工務課員／奉天千代田通満鉄奉天鉄道事務所／一九〇四（明三七）二／北海道札幌市南九条

一九一九年九月札幌鉄道局に入り札幌駅に勤務した後、二四年小樽駅に転勤した。次いで二七年に札幌教習所土木科を修了して函館保線事務所に勤務し、二九年東京鉄道局教習所専門部土木科を修了して札幌保線事務所に勤務した。三〇年札幌保線区保線手、三二年札幌鉄道局技手を歴職した後、三三年三月に渡満して満鉄に入り、鉄道部工務課に勤務した。その後三四年二月新京保線区勤務、三五年五月同保線助役を経て三七年二月奉天鉄道事務所工務課に転勤した。この間、満州事変時の功により賜品及び従軍記章を授与された。

原田虎太郎　▷14

正隆銀行常務取締役、満州興業銀行監査役、大連商業会議所常議員／大連市但馬町／一八五九（安五）三／東京府東京市麹町区仲六番町／慶應義塾

旧姓は岩谷、鳥取県に生まれ、同県原田家の養子となった。一八七四年慶應義塾に入り、八〇年に卒業して第四十四銀行に入った。その後安田銀行に転じ、一九一一年五月安田家が営口の正隆銀行を継承するに際し渡満して事業の整理拡張に従事した。正隆銀行を大連に移転して常務取締役に就任し、三

は

六年七月朝鮮銀行在満支店、満州銀行と合併して満州興業銀行が設立されると監査役に就いた。この間、一五年一〇月大連市会議員に復選され、一七年九月に任期満了となった。夫人きぬとの間に子が無く、安田保善社無限社員の安田善衛の妹かづみを養女に迎えた。

原田　裕允　▷12

原田質舗主／牡丹江円明街／一九〇一（明三四）二／大分県日田郡高瀬村／大分県立農林学校

大分県原田金吾の三男に生まれ、旧名を直と称した。一九一九年県立農林学校を卒業して樺太庁に勤務した。その後二六年に退職し、樺太工業㈱に勤務した後、三四年一〇月牡丹江円明街で金融・質業を営んだ。

原田　正治　▷12

満鉄皇姑屯鉄道工場鉄工科電気動力廠副主任、社員会評議員／奉天紅葉町／一九〇七（明四〇）二／山口県下関市竹崎町／熊本高等工業学校電気工学科

山口県原田恒太の次男に生まれ、一九二九年三月熊本高等工業学校電気工学科を卒業して山陽電気軌道㈱に入社した。三二年七月唐増長関線工事現場に転勤した後、三三年二月に退社して渡満した。同年三月満鉄に入社して鉄道総局工務処電気科に勤務し、同年七月皇姑屯工廠鉄工科電気動力廠副主任となり、三六年九月の職制改正で皇姑屯鉄道工場鉄工科電気動力廠副主任となった。

原田光次郎　▷14

満州清酒㈱取締役、満州石鹸会社取締役、満州ペイント会社監査役／大連市淡路町／一八七六（明九）九／栃木県足利市／専修学校

栃木県綿糸商の次男に生まれ、上京して専修学校に学んだ。一九〇〇年農商務省海外実業練習生としてアメリカの棉花事業を視察し、帰路ヨーロッパ、インドを巡遊して〇三年に帰国した。〇四年小栗洋行天津支店に入ったが、翌年大阪の江高㈾紡績事務長に転じた後、〇八年に退社して渡満した。その後大連に原田洋行を設立して貿易業を営み、かたわら大連重要物産同業組合評議員、日露協会幹事を務めた。一七年大連取引所信託㈱取締役に就き、同専務取締役を経て社長に就任し、二七年四月に辞職してからは満州清酒㈱取締役、満州ペイント会社監査役、満州石鹸会社取締役等に就いた。この間、一九年一〇月大連市会議員に復選されたが直ちに辞任した。柔道三段でゴルフその他の運動を好んだほか、恕堂と号して漢詩と書画骨董を趣味とした。

原　豊吉　▷6

満鉄大連電灯営業所試験係主任／大連市／一八八五（明一八）／福岡県福岡市簀子町

四歳の時に父を亡くし、六歳の時に母を亡くして叔父の深川三郎によって養育された。一九一一年三月東京の築地工手学校電気科を卒業し、シーメンス社東京支店弱電部に勤務した。三年後に退社し、一四年三月に渡満して満鉄大連電灯営業所に勤務し、後に試験係主任を務めた。

原野　是男　▷12

ハルビン高等法院審判官兼ハルビン地方法院審判官、従七位／ハルビン馬家溝代用官舎／一九〇一（明三四）二／広島県広島市二葉里／東京帝大法学部独法科

広島県原野紋蔵の次男に生まれ、一九二七年三月東京帝大法学部独法科を卒業し、同年一〇月東京府属となった。その後三二年四月国務院司法部事務官となって渡満し、法務司刑事科長を経て同月北満特別区地方法院推事となった。次いで三五年九月北満特別区高等法院推事兼北満特別区地方法院推事を経て三六年七月ハルビン高等法院審判官となり、ハルビン地方法院審判官を兼任した。この間、満州事変時の功により建国功労賞及び大典記念章、勲五位景雲章を授与された。

原　信夫　▷12

ハルビン税捐局員／ハルビン税捐局／一八九四（明二七）／群馬県高崎市四ツ屋町／長野中学校

長野中学校を卒業して税務署属となり、東京税務監督局、淀橋税務署、真岡税務署、板橋税務署に勤務した後、渡満して関東庁属となり大連民政署に勤務した。その後帰国して大阪税務監督局属となったが、国務院財政部税捐局事務官に転出して再び渡満した。その後、吉林税務監督署事務官に転任して延吉出張所長となり、延吉税捐局理税官及び地籍整理局事務官を兼任した後、同間島分局勤務を経て三六年八月ハルビン税捐局に転任した。

原 半次郎 ▷10

土木建築請負業原組主／大連市八幡町／一八八一（明一四）一一／大阪府堺市住吉橋通／赤穂郡立農学校中退

兵庫県赤穂郡上郡町に生まれ、一八八九年赤穂郡立農学校に入ったが中退し、堺市で家業の土木建築請負業に従事した。一九〇七年三月に渡満して大連の山葉洋行の下請として土木建築に従事し、一〇年から大倉組の安奉線出張所の下請工事も担任した。一四年に山葉洋行の工事部が廃止されて福昌公司土木建築部の下請人に転じたが、二一年三月同公司の指定請負人廃止を機に独立し、㈴原組を設立して代表社員となった。奉天と遼陽に出張所を設け、大連電気鉄道星ヶ浦線の軌道延長工事及び複線化工事、大連聖徳会の住宅四五戸の新築、錦州張師長宅の新築、錦州市街の測量設計施工、満州福紡周水子工場・同社宅新築等を手がけた。

原 広 ▷12

満鉄牡丹江鉄路局総務処福祉科長、社員会牡丹江連合会幹事、勲八等／牡丹江新栄街／一九〇一（明三四）三／栃木県下都賀郡国分寺村／東亜同文書院

原季吉の次男として高知市外小高坂村に生まれ、一九二五年三月上海の東亜同文書院を卒業して満鉄に入り、地方部庶務課に勤務した。同衛生課、長春地方事務所新邱炭砿派遣、地方部吉長吉敦鉄路局派遣を経て満州事変の勃発とともに関東軍司令部事務嘱託を務めた。次いで吉林、図們、寧北の各建設事務所に歴勤し、総務部審査役付を経て三六年一〇月牡丹江鉄路局総務処福祉科長となった。この間、満州事変時の功により勲八等に叙された。俳句を趣味とし、二朗と号した。

原 正雄 ▷9

社員消費組合総主事次席／大連市浜町／一八八二（明一五）五／静岡県田方郡北狩野村

学業を終えて東京市街鉄道㈱に入ったが、日露戦後に野戦鉄道提理部員として一九〇五年九月に渡満した。大連運輸部付として勤務した後、〇七年の満鉄開業とともに入社して運輸部に勤務した。第一次世界大戦による物価高騰のため社員の生活が逼迫し、一七年頃から社員間に消費組合設立が計画されるとこれに参画し、一九年一一月の発足後は同組合に転任して後に総主事次席を務めた。

原 正年 ▷10

満州船渠会社常務取締役／大連市大和町／一八八一（明一四）一〇／佐賀県南松浦郡湊町／東京帝大工科大学造兵科

一九〇七年東京帝大工科大学造兵科を卒業し、陸軍技師として砲兵工廠に勤務した。一〇年一〇月満鉄に転じて渡満し、沙河口工場に勤務した。一三年から社命で欧米各国を視察し、一五年に帰社して鋳物部主任となり、一八年鉄工課長に進み、一時遼陽工場長を兼務して遼陽に半年赴任した。次いで第二作業課長として車両係を担当して二一年設計課長に進み、その後管理課長に転じて倉庫管理や工場作業状態の管理にあたった。その後二七年に満鉄を退社し、傍系の満州船渠㈱常務取締役に就任した。

原 政之 ▷12

満鉄煙台駅長、社員会評議員、社員消費組合遼陽区総代、日本赤十字社遼陽委員、遼陽地方委員、勲八等／奉天省遼陽県煙台駅長社宅／一八八四（明一七）六／徳島県徳島市徳島町新蔵／慶應義塾商業学校

徳島県原寛吾の長男に生まれ、一九〇六年四月鉄道作業局に入り、田端駅に勤務しながら慶應義塾商業学校に学んだ。一七年八月田端駅助役、一九年三月同駅構内主任兼務を経て二〇年二月鉄道局書記に昇格して東京鉄道管理局に勤務したが、同年一一月に退官して満鉄に転じ、埠頭事務所車務課運転助役となった。二七年一一月大連埠頭構内助役、同月同事務助役、三〇年六月埠頭事務所勤務、三一年八月同所計画係、三五年四月同所事務助役を経て同年七月煙台駅長となった。この間、大正六年乃至九年事変の功により白色桐葉章並びに従軍記章、満州事変時の功により勲八等瑞宝章及び従軍記章を授与されたほか、三五年に建国功労賞及び皇帝訪日記念章を授与された。

原 万平 ▷12

原洋行主／錦州省錦県大馬路／一八八一（明一四）一〇／長崎県長崎市十人町

早くから中国に渡り、山東省益都で貿易商を営んだ。一九三一年、満州事変の直後に錦州省錦県に赴いて陸軍用達業に従事し、後に錦県藩家屯に月産一三〇万個を製造する煉瓦製造工場を設け、山東省益都の店舗を本店とし、錦県大馬路に営業所を置いて貿易商と煉瓦製造業を兼営した。

「針生」は「はりゅう」も見よ

針生　善六 ▷12

満鉄新站機務段機関士／吉林省拉浜線新站満鉄機務段／一八九六（明二九）七／宮城県仙台市原町

宮城県針生善右衛門の次男に生まれ、一九一五年四月鉄道院仙台管理局の線路工夫となった。一七年掃除夫、一八年火夫、二六年三月機関庫勤務を経て二八年に機関手免許状を受けて一ノ関に転勤し、かたわら幹事として関鉄普通学講習会設立に尽力した。三三年八月満鉄に転じて渡満し、機関士として敦化機務段に勤務した後、三六年一〇月新站機務段に転勤した。

梁田正次郎 ▷12

奉天省西豊県参事／奉天省西豊県参事館公館／一九〇二（明三五）一／秋田県仙北郡六郷町／北海道庁立函館師範学校二部、大同学院

秋田農林学校を経て一九二三年三月北海道庁立函館師範学校二部を卒業し、雨竜郡沼田尋常高等小学校の訓導となった。釧路第二尋常高等小学校に転勤した後、二九年二月に依願退職して上京し、明治大学専門部法科を経て同大学法学部に進んだが、中退して渡満した。三二年一〇月大同学院を卒業して奉天省法庫県属官となり、三六年四月同省西豊県参事に転任した。

針谷　健次 ▷12

撫順税捐局員／奉天紅梅町／一八九七（明三〇）一一／埼玉県南埼玉郡鷲宮町／明治大学専門部法科

埼玉県針谷重太郎の次男に生まれ、粕壁中学校二年を中退した後、文官普通試験に合格した。次いで大蔵省主宰の税務講習会を修了して一九二〇年一二月税務署属となり、川越、両国橋、板橋、水道橋、京橋の各税務署に歴勤し、勤務のかたわら二六年に明治大学専門部法科を卒業した。三三年九月に依願免本官し、同年一〇月に渡満して国務院財政部税務監督署属官となり、奉天税務監督署監察科監察股長に就いた。三四年一一月税捐局司税官となり、奉天税捐局勤務を経て三五年四月営口税捐局に転勤し、営口税務監督署属官を兼任した後、奉天税務監督署に転勤した。三六年四月税務監督署属官に復帰して奉天税務監督署征権第二科に勤務した後、税捐局理税官となり、北鎮税捐局勤務、盤台税捐局兼務を経て三七年五月撫順税捐局に転勤した。この間、三四年に建国功労賞を授与された。実兄の清水重夫は内務省警保局防犯課長を務めた。

「針生」は「はりう」も見よ

針生　武巳 ▷12

国務院財政部税務司関税科員／新京特別市恵民路代用官舎／一九〇五（明三八）二／山形県米沢市他屋町／東京帝大農学部農学科

本姓は別、後に針生忠一の次女かず代の婿養子となった。米沢中学校を経て一九二九年三月東京帝大農学部農学科を卒業し、神戸税関属となり植物検査課に勤務した。三二年一月税関鑑査官補に進んで神戸税関勤務兼任植物検査官補となったが、三三年三月に依願退官して国務院財政部税務司嘱託に転じて渡満し、同年七月財政部属官となり税務司関税科に勤務した。次いで三四年一月財政部技士に進んでハルビン税関に転勤した後、財政部技佐・税務司関税科兼務を経て三六年二月財政部税務司関税科専任となった。商品学に造詣深く、パンフレット「食料品類講義案」を執筆した。

針生安次郎 ▷1

長春興支店長／長春北大街十字路／一八六五（慶一）一〇／宮城県仙台市河原町

一九〇四年日露戦争に際し第一軍第二師団の酒保員となって従軍し、戦後営口で軍政署の特許を得て銃砲火薬の販売に従事した。〇七年三月営業権を組合員に譲って長春に移り、木原氏と提携して北大街十字路に長春興支店を開設し、土木建築請負業と和洋雑貨・穀類食料品店を経営した。

春田　照夫 ▷

製菓卸商満春堂主／大連市大黒町／一八九二（明二五）八／鹿児島県薩摩郡下甑村

年少の頃から大阪に出て製菓業に従事

し、技術を習得した後、朝鮮に渡って製菓業を自営した。その後満鉄沿線で同業を営んだが、一九二一年大連市大黒町に店舗を移し、店員七人を使用して焼き菓子を主に製造販売した。

春田嘉太郎　▷7

磐城ホテル主／大連市磐城町／一八六九（明二）一二／鹿児島県鹿児島市仲町

一八八五年に鹿児島から上京し、八七年から商業を営んだ。日清戦争後の九五年、台湾に渡って台中県で質商、雑貨商、湯屋など一二種の店舗を経営して相当の資産を蓄えた。日露戦中の一九〇五年二月に渡満して大連に居を構え、移住者と視察者の激増を予想して監部通に春田旅館を開業した。宿泊客の増加とともに一七年に磐城町の磐城ホテルを買収して旅館とホテルを兼営し、それぞれ男女五人ずつの日本人従業員を擁した。二二年合資会社に改組して代表社員となり経営を長男台造に委ねたが、その後東京にも旅館を設け、自らは大連と東京間を往復して経営全般を監督した。長女モト子は同郷出身で満鉄社員の山下清秀に嫁した。

春野冬至橘　▷11

春野医院主、正八位／安東県市場通／一八八一（明一四）一二／熊本県玉名郡石貫村／第五高等学校医学部

熊本県医師春野惟馨の長男に生まれ、一九〇五年第五高等学校医学部を卒業して軍籍に入った。除隊して一三年に朝鮮に渡り、総督府道慈恵医院に勤務した。その後帰国して東京帝大産婦人科教室で研究に従事し、一八年に渡満して間島局子街で外務省及び朝鮮総督府嘱託として医院を経営したが、二四年安東県に移住して市場通で開業した。

春山　茂　▷12

日満商事㈱上海出張所長／上海文路ピアスアパート／一八九八（明三一）七／岐阜県大垣市外側町／早稲田大学商学部

岐阜県春山清弥の長男に生まれ、一九二三年三月早稲田大学商学部を卒業して満鉄に入り、興業部販売課に勤務した。以来勤続し、三一年八月商事部石炭課輸出係主任心得、三二年六月輸出課輸出係主任を経て三六年六月上海事務所に転任し、同年一〇月満鉄商事部の業務を継承して日満商事㈱が創立されると同社上海出張所長に就いた。

伴　東　▷13

東亜生果㈱社長／一八八七（明二〇）四／島根県／盛岡高等農林学校

一九一〇年盛岡高等農林学校を卒業し、高等文官試験に合格して警視庁警視となった。長崎県水産課長、福井県学務課長、愛知県警察部長、大分県内務部長を歴任して関東庁に出向し、旅順民政署長となった。退官後に興中公司に入り日中合弁の天津電業公司設立に参画し、大連機械製作所支配人を経て四二年一月東亜生果㈱社長に就任した。

鳩沢俊太郎　▷12

満鉄奉天鉄道事務所工務課員／奉天駅前満鉄奉天鉄道事務所／一九〇五（明三八）二／富山県西礪波郡石動町／南満州工業学校

富山県鳩沢太吉郎の長男に生まれ、一九二四年三月南満州工業学校を卒業して満鉄に入り、地方部土木課に勤務した。三〇年六月工事部土木課、三一年四月長春工事事務所、三五年一月奉天省四平街地方事務所に歴勤し、同所土木係主務者を経て三七年四月奉天鉄道事務所工務課に転任した。この間、奉天省四平街在勤中に社員会評議員を務めた。

半沢常三郎　▷11

大陸興信公所長／奉天松島町／一八八五（明一八）一一／福島県伊達郡半田村／私立中学校

福島県農業半沢兼吉の次男に生まれ、私立中学校を卒業して郷里で小学校教員を務めた後、一九一一年一月に渡満して関東都督府兼外務省巡査となった。大連、旅順の各民政署勤務を経て奉天警察署巡査部長となり、次いで司法刑事として犯罪捜査に従事した。連山関駐在監督部長を最後に警察界を去り、奉天で大陸興信公所を経営した。

半田　清春　▷12

ハルビン学院教授兼幹事／ハルビン馬家溝雨暘ハルビン学院舎宅／一八九九（明三二）四／長野県更級郡八幡本町／東京商科大学

長野県半田万之助の次男に生まれ、東京商科大学を卒業した後、一九二八年ハルビン学院教授となって渡満した。以来勤続し、三七年四月から同学院幹事を兼任した。

半田 三次 ▷12

大二公司主、チチハル商工会議所議員／龍江省チチハル徳茂胡同／一八九九（明三二）一一／大阪府南河内郡富田林町／大阪府立富田林中学校

大阪府半田卯三郎の長男に生まれ、大阪の上田組に入って土建業に従事した後、府立富田林中学校を卒業し、土木建築請負業を自営した。満州事変後一九三二年一〇月に渡満し、チチハルに大二公司を設立して同業を経営した。新京、ハルビン、ハイラルに出張所を置き、日本軍指示の道路改修工事をはじめ、営繕需品局、龍江省公署、浜江省公署、北満各地の市公署発注の土木建築を請け負い、従業員五〇人を使用して年間請負高三〇万円に達した。

半田 敏春 ▷12

大同学院教授、満州国協和会参与／新京特別市清和胡同／一八九二（明二五）二／福岡県福岡市大字下警固／陸軍士官学校、九州帝大法文学部哲学科、同大学院

福岡県半田久雄の長男に生まれ、一九一二年陸軍士官学校を卒業して同年一二月砲兵少尉に任官し、野砲兵第一〇連隊付となった。次いで一四年に陸軍砲工学校を卒業して一八年一二月陸軍士官学校生徒隊付となり、二一年七月砲兵大尉に累進して野砲兵第一〇連隊中隊長を務め、二四年三月に予備役編入となった。その後二六年四月九州帝大法文学部哲学科に入学し、二九年に卒業して大学院に進んでギリシャ哲学を専攻し、三一年一二月同大学法文学部講師となった。三四年六月大同学院教授となって渡満し、三六年七月から満州国協和会中央本部企画部長を兼務して三七年四月参与となり、政治及び教育視察のため一年間欧米に派遣された。

半田 虎熊 ▷7

水田経営、鉱山業／関東州石河駅会石河屯／一八七五（明八）八／鹿児島県姶良郡東国分村

一九〇五年朝鮮に渡って商店員として働いた後、〇七年一一月同県人の福崎春美に招かれて渡満した。関東州石河で荷馬車の監督をして資金を蓄え、〇九年同地で水田五町歩を開墾して稲作を始めた。後に一〇町歩に拡張し、蒙古馬六頭、牛九頭を飼養して玄米二〇〇石を収穫した。かたわら一五年から鉱山業に乗り出し、普蘭店その他に二六の硅石鉱山を所有した。その後一九ヶ所の権利を満鉄に譲り、残り七ヶ所を採掘して硅石、砂、花崗岩等を満鉄窯業試験所に納入した。

播田義之助 ▷3

満州石鹸製造所主／大連市加賀町／一八六七（慶三）七／山口県玖珂郡柳井町

一八九四年日清戦争に際して渡満し、柳樹屯で水雷敷設隊及び旅順知港軍の酒保を営んだ。九五年八月台湾に渡り、台南で商業と山林伐採業に従事し、この間台湾総督府より度量衡調査の命を受けて広東に出張した。一九〇三年船舶代理及び石炭販売の支店を実兄と共同経営するため芝罘に赴いたが、間もなく日露戦争が始まり持ち船の全部を御用船に徴発された。やむなく芝罘支店を閉店し、外国船四艘に軍隊用の木炭と石炭を満載して朝鮮鎮南浦、安東県、大連経由で結氷前に営口に荷揚げした。戦後も営口で材木・金物・建築材料商を営んで行政委員、官有財産管理委員等を務めたが、事業に失敗して一〇年一〇月大連に移り、翌年から石鹸製造業に従事した。

半田 廉次 ▷12

満州取引所㈱理事兼支配人／奉天浪速通／一八九四（明二七）四／東京府東京市渋谷区宇田川町／東京外国語学校

半田吉次の長男として静岡県榛原郡初倉村に生まれ、一九一六年東京外国語学校を卒業した。その後一八年に東京株式取引所に勤続し、三三年一二月満州取引所㈱理事兼支配人となって渡満し、業績の回復に努めた。

坂東 一象 ▷11

奉天省四平街郵便局長、従七位勲七等／奉天省四平街北大街／一八八〇（明一三）八／香川県高松市田田町

香川県官吏坂東方明の三男に生まれ、一八九七年九月通信書記補任用試験に合格した。神戸郵便局、高松郵便局勤務を経て一九〇五年八月野戦郵便吏員として日露戦争に従軍した。戦後は関東都督府付として旅順、遼陽、大連の

各局に勤務した後、貔子窩及び公主嶺の郵便局長を歴任し、二六年一一月奉天省四平街郵便局長となった。

板東繁次郎 ▷12

満鉄奉天衛生隊監督、奉天附属地衛生委員／奉天八幡町／一八九一（明二四）四／徳島県阿波郡八幡町

一九一一年一一月徴兵されて入営し、満期後も再役を志願して一五年一一月歩兵軍曹に進み、一七年六月に退営した。その後一八年一月に渡満して満鉄に入り、撫順炭砿庶務課に勤務した。二九年五月開原消防隊、三一年八月長春消防隊、三二年一一月新京消防隊の各副監督を歴任し、三四年五月従来消防隊が兼掌した衛生事務が分離されると同時に奉天衛生隊監督となった。この間、満州事変時の功により木杯一組及び従軍記章を授与され、三三年四月に勤続一五年の表彰を受けた。

阪東　末三 ▷3

奉天総領事館書記生／奉天総領事館内官舎／一八八〇（明一三）二／兵庫県多紀郡日置村／東亞同文書院

一九〇四年四月上海の東亞同文書院を卒業し、奏任待遇の陸軍通訳として日露戦争に従軍し、〇六年四月勲六等旭日章と賜金四〇〇円を授与された。通訳を辞した後、〇九年四月韓国統監府臨時間島派出所通訳生となり、同年一二月外務通訳生・間島総領事館在勤となった。一〇年七月、韓国皇帝より反日義兵闘争鎮圧の功により勲六等太極章及び金一〇〇円を授与された。一〇年一一月間島総領事館琿春分館在勤となり、一六年六月奉天総領事館に転任した。

坂東　隆明 ▷11

満鉄大連鉄道事務所員／大連市桜町／一八九三（明二六）六／香川県香川郡塩江村／旅順工科学堂工学科

香川県農業西村浅次の次男に生まれ、坂東トミの養子となった。一九一六年旅順工科学堂工学科を卒業して満鉄に入り、沙河口工場電気課に勤務して電気設計と電機製作に従事した。二一年大連築港事務所に転任して機械長となり、その後職制変更に伴い埠頭事務所工務課機械係主任として大連港の機械設備の建設と運用に従事した。二七年三月大連鉄道事務所運転係に転任し、諸機械の運用・管理・計画を担任した。

坂東　誉富 ▷12

満鉄新站工務段監工員／吉林省穆稜県新站満鉄工務段／一九一三（大二）八／徳島県名西郡高志村／徳島高等工業学校土木科

徳島県坂東政一の四男に生まれ、一九三五年三月徳島高等工業学校土木科を卒業して満鉄に入社した。保線科工務員として吉林鉄路局工務処に勤務した後、三七年四月新站工務段監工員となった。

坂東　久松 ▷11

貔子窩小学校校長／関東州貔子窩／一八九〇（明二三）三／富山県下新川郡泊町／富山県師範学校

富山県坂東伊作の長男に生まれ、一九一〇年富山県師範学校を卒業して郷里の新川郡泊小学校訓導となった。一七年四月に渡満して大連第三小学校訓導に転じ、二八年三月貔子窩小学校校長となった。

伴野　大造 ▷12

満州日日新聞社㈱監査役、マンチュリヤ・デリーニュース監査役、ハルビン日日新聞社監査役、盛京時報社㈱監査役、大同報社(股)監察人、大新京日報社(股)監察人、満蒙日報社(股)監察人／新京特別市清和胡同／一八八七（明二〇）二／静岡県駿東郡御殿場町／東洋協会専門学校

静岡県農業伴野宗三郎の三男に生まれ、一九〇八年東洋協会専門学校を卒業して満鉄に入った。一〇年勤続して一九年二月に退社し、大連汽船㈱に転じて後に会計課長に就いた。その後退社し、三六年九月満州弘報協会の創立とともに管理課長に就き、かたわら関連会社の役員を務めた。夫人ユウ子との間に一男四女あり、長女栄子は満州石油株技師の大岩哲夫に嫁した。

阪　秀夫 ▷11

大連汽船㈱常務取締役／大連市光風台／一八八四（明一七）一〇／福島県耶麻郡猪苗代町

一九〇七年一〇月に渡満し、開業早々の満鉄に入社した。その後大連汽船㈱に転じて常務取締役に就いた。

は

稗田憲太郎 ▷12

満州医科大学教授兼同専門部教授、移民衛生調査委員会委員／奉天萩町／一八九八（明三一）一〇／長崎県壱岐郡武生水町／南満医学堂

長崎県稗田又助の子に生まれ、壱岐中学校を経て京都立命館中学校を卒業し、一九一六年に渡満して南満医学堂に入学した。二〇年に卒業して同年八月から病理学教室に勤務した後、二一年一〇月九州帝大医学部に給費留学して病理学を専攻した。二三年一〇月満鉄に入社して母校の南満医学堂助手となり、次いで同学堂の一部が昇格した満州医科大学講師となり専門部講師を兼任した。二六年一〇月論文「黄疸ノ実験的研究」を九州帝大に提出して医学博士号を取得し、寄生虫学研究のため東京帝大医学部及び慶応大学医学部に留学した。二八年五月満州医大助教授兼同専門部助教授となり、同年一一月アメリカに留学した後、二九年四月満州医大及び同専門部の教授に就いた。三六年五月同僚と共同研究してガシンベック病の病源が鉄分摂取過多によることを学会に発表し、さらに満州には存在しないとされていたカラ・アザール病の存在と分布を明らかにして日本寄生虫学会より宮入賞を授与された。

日置　達雄 ▷12

満鉄富拉爾基療養院長兼医員／龍江省竜江県満鉄富拉爾基療養院長局宅／一九〇八（明四一）三／鳥取県東伯郡下北条村／大阪帝大医学部

安田銀行取締役日置秀雄の長男に生まれ、一九三二年三月大阪帝大医学部を卒業し、副手として内科学第三教室に勤務した。同大医学部附属病院第三内科医員を経て三四年五月大阪府の結核予防事務を嘱託されて警察部衛生課に勤務し、さらに同年九月微生物病研究所研究員嘱託となった。三五年六月助手として医学部内科学第三教室に復帰し、同年八月医学部第三内科物品取扱主任を務めた。三六年六月満鉄鉄路総局に転じて渡満し、同年九月富拉爾基療養院長兼医員となり、三七年二月大阪帝大医学部より医学博士号を取得した。

桧垣　勲 ▷12

共同印刷所主／浜江省牡丹江円明街／一八九六（明二九）一／大分県南海部郡上堅田村／関西工学校電気科

大分県桧垣政吉の四男に生まれ、一九二七年三月関西工学校電気科を卒業して川崎鉄鋼工場京城分工場に入った。二八年七月に退社して印刷業を始め、後に牡丹江に移転して共同印刷所の商号で印刷業と和用紙販売業を経営した。印刷機六台、万能鋳造機一台、手回鋳造機一台、動力二馬力の設備を備えて従業員二五人を使用し、大阪、京城、延吉方面を主要取引先とした。

「東」は「あずま」も見よ

東　嘉一郎 ▷12

東嘉一郎商店主、チチハル日本商工会議所議員、チチハル居留民会長／龍江省チチハル新馬路／一八八二（明一五）七／熊本県玉名郡伊倉町

郷里を出て佐賀市に在住した後、一九一六年に渡満して関東都督府巡査となり大連に在勤した。次いで領事館警察署巡査に転じて安奉線沿線の安東、海竜、吉林の各地に勤務した。三二年五月に退職して北安で煉瓦工場と貸家業を経営し、さらに碾子山石材会社を兼営した。その後チチハルに移住して東嘉一郎商店を開業し、公債・有価証券の売買と金融業を営んだ。かたわら太平生命保険、東洋火災保険、日本教育生命保険の代理店業を兼営し、同地の居留民会長を務めた。

東川　茂 ▷12

安東省公署理事官、警務庁特務科長、正七位／安奉県安東駅前通／一八八九（明二二）五／石川県石川郡福留村

石川県東川三右衛門の長男に生まれ、一九〇九年一〇月朝鮮総督府巡査となり平安北道楚山警察署に勤務した。一四年一一月北鎮警察署巡査部長、一九年一二月寧辺警察署警部補を経て二〇年二月警部に進み、碧潼警察署長となった。その後二三年三月楚山警察署長、二六年六月道警視・江界警察署長、二九年九月楚山警察署長、三〇年五月仁川警察署長を歴任した。満州国建国後、同官吏に転出して安東省公署理事官となり、警務庁特務科長を務めた。

東　喜代松　▷12

チチハル地方検察庁次長兼チチハル区検察庁検察官／龍江省チチハル地方検察庁内／一八九三（明二六）八／福岡県福岡市屋形原／東京帝大農科大学林学科、東京帝大法学部独法科

一九一七年東京帝大農科大学林学科を卒業した後、さらに二〇年に同大法学部独法科を卒業した。二一年五月司法官試補となり、同年一一月広島区裁判所検事代理、二三年三月東京地方裁判所及び同区裁判所検事代理兼検事局勤務を経て同年五月検事補となり岡山区裁判所検事に転任し、同年一二月から岡山地方裁判所検事を兼任した。二四年四月に退職し、司法省嘱託としてヨーロッパに留学した。二八年三月に帰国して同年八月名古屋区及び名古屋地方裁判所検事を務めた後、三〇年一月地方警視に転任して秋田県警察部警務課長、三一年一二月秋田県保安課長を経て三二年一月地方事務官となり、鳥取県社会課長、同年三月同県社寺兵事課長兼務を歴職した。三六年三月満州国検察官に転出して渡満し、竜江地方検察庁検察官を経て同年七月チチハル地方検察庁次長となり、チチハル区検察庁検察官を兼務した。

東久世賛次郎　▷11

満州産業㈱監査役、勲七等／奉天省撫順西五条通／一八八〇（明一三）二／熊本県球磨郡湯前村

熊本県に生まれ、同県東久世栄の養子となった。一九一三年三月に渡満し、撫順を根拠に諸種の実業に従事した。後に満州産業㈱監査役に就任し、かたわら同地の地方委員を務めた。

東　軍吉　▷7

沢田組特産部主任／大連市恵比須町／一八八七（明二〇）二／鹿児島県鹿児島郡谷山村／鹿児島市博約義塾

鹿児島県下で高名な海産物商東幸八の子に生まれ、早くから商業立身を志して鹿児島市の博約義塾に学んだ。卒業後は長崎の松庫商店に入って働きながら夜学に通い、三年間語学を勉強して九州石油㈾に入社した。一年半後に退社していったん帰郷した後、神戸に出て伊藤商店に入り主任として対清貿易に二年従事したが、家の事情で再び郷里に帰った。その後、大連の商社沢田組に招かれて一七年七月に渡満し、特産部及び用達部主任として満鉄や陸軍への特産物、麻袋、海産物納入等に従事した。囲碁、長唄のほか狩猟が得意で、獲物を肴に晩酌して楽しんだ。

東　次郎　▷12

国務院民政部地方司財務科員兼新京特別市公署財務処財務科員／新京特別市北安路市営住宅／一八九三（明二六）八／岡山県川上郡松原村

文官普通試験に合格して内務省に入り、岡山県属、内務省社会局属、内務属を経て地方事務官となり青森県に勤務した。一九三三年九月国務院民政部事務官に転出して渡満し、民政部地方司財務科に勤務した。三四年三月新京特別市公署事務官兼任となり、三五年八月から新京特別市公署財務処財務科員を兼務した。

東瀬戸庄吉　▷7

満鉄中央試験所庶務／大連市花園町／一八八九（明二二）一二／鹿児島県日置郡西市来村／大連商業学校

早くから商業に志して熊本商業学校に入学したが、中退して一九〇七年に渡満した。同年一〇月に発足した中央試験所に入り、所内に私立大連商業学校が設置されると第一期生として入学した。一〇年五月に同所が満鉄に移管されると、満鉄中央試験所庶務として勤続した。スケートと狩猟を始めとする運動競技全般に長じて満鉄運動部幹事、大連市運動部嘱託を務めたほか、闊達な人柄を慕われ大連三州会常任幹事も務めた。

東　敏雄　▷12

満鉄皇姑屯機務段運転助役兼機関士／奉天省皇姑屯満鉄機務段／一九〇二（明三五）一／鹿児島県薩摩郡隈元城村

鹿児島県東早兵衛の長男に生まれ、一九一八年一〇月満鉄に入り大連車輌係となった。業務のかたわら一九年満鉄従事員養成所を修了して二〇年三月撫順車輌係となり、同年一二月奉天機関区に転任した。二二年六月撫順機関区勤務、同年一一月遼陽機関区機関士、二六年一一月大石橋機関区等に歴勤して三六年四月皇姑屯機務段運転副段長となり、同年一〇月同段助運転役となり、同年一二月から機関士を兼務した。

この間、三四年九月一五年勤続の表彰を受けた。

東　長生　▷11

撫順守備隊長、歩兵大尉、正八位勲五等／奉天省撫順南台町／一八九二（明二五）一二／熊本県飽託郡日吉村／陸軍士官学校

熊本県官吏東伍八の長男に生まれ、一九一五年陸軍士官学校を卒業して宇都宮の歩兵第六六連隊に勤務した。高崎の歩兵第一五連隊勤務を経て二六年八月撫順守備隊長となって渡満した。

東　政雄　▷12

東組主、北黒電業工業所主、東ホテル主、北安鎮居留民会副会長、北安消防組頭／ハルビン車站街／一八九六（明二九）五／長崎県長崎市恵寿町

一六歳で渡満して各地で諸種の職業に従事した後、一九一四年にハルビン撫順街に東組を興した。東亜土木㈱の専属下請けとして発展し、北安、チチハル、吉林、牡丹江に支店、城白子、ハイラルに出張所を設けて従業員三〇人を擁した。次いで東ホテルを兼営し、さらに三三年六月資本金一〇万円でハルビン車站街に北黒電業工業所を設立し、五叉溝に支店、チチハル、北安、嫩江、細河、索倫に出張所を設け、日本人八〇人、朝鮮人二〇人、中国人三〇人を使用して電気工事請負業を経営した。

東村惣三郎　▷12

九重洋行チチハル支店主任／龍江省チチハル新馬路／一八九七（明三〇）一一／滋賀県犬上郡高宮町

滋賀県東村物兵衛の次男に生まれ、一九一九年四月に渡満し、大連市山県通で山口運輸公司大連支店集配部の下請業を営む実兄惣太郎を補佐した。同公司の国際運送㈱、国際運輸㈱への改組後も引き続き大連埠頭、吾妻駅、大連市中の運輸作業を下請けしたが、集配部の直営化にともない国際運輸に入り吾妻駅荷扱所に勤務した。三三年六月チチハル駅構内荷扱所主任に転任した後、三四年一月に辞職し、同地に九重洋行支店を開設して主任を務めた。

東本美三郎　▷12

美富号主／奉天宮島町／一八九二（明二五）一〇／和歌山県日高郡由良町

早くから実業に従事し、一九一五年天津に渡り九鬼洋行天津支店に勤務した。その後独立して青島で厘銭買入その他の業を営んだが、一九年に廃業して本渓湖の石炭販売店栄盛公司に入り、同公司が奉天販売店として開設した盛泰号の主任となった。二一年一月に独立して運送業を始めたが、同年七月石灰セメント販売業に転じた。本渓湖に直営の石灰山を所有したほか、浅野セメント奉天販売所として満州セメント、本渓湖セメントを販売し、奉天市内の建築業者を顧客として年商四〇万円に達した。

東山　直　▷12

満鉄鉄道総局工務課員／奉天満鉄鉄道総局工務局／一八九六（明二九）一一／熊本県鹿本郡山鹿町

一九一四年に渡満し、その後一時帰国した後、一八年三月に再び渡満して大連市役所に勤務した。一九年三月満鉄に転じて本社保線課、鉄道部工務課勤務を経て三六年一〇月鉄道総局工務課に転任した。郷里山鹿町の七神講社の神官免状を持ち、瑞崖と号して書道と篆刻を得意とした。

東　芳雄　▷9

日本綿花㈱ハルビン出張所員／ハルビン埠頭区水道街／一八八五（明一八）一二／奈良県磯城郡多武峰村／東亜同文書院

一九〇七年六月、上海の東亜同文書院を卒業して日本綿花㈱に入社した。上海、漢口、天津、青島、営口の各支店出張所に勤務した後、二一年八月ハルビン出張所詰となった。

東　敬恒　▷12

満州炭砿㈱復州炭砿総務係長／奉天省復県五湖嘴復州炭砿／一九〇四（明三七）四／愛媛県温泉郡与居島村／香川県立粟島商船学校機関科中退

愛媛県山本金十郎の次男に生まれ、東彦三郎の養子となった。一九二三年香川県立粟島商船学校機関科を中退した後、二五年一一月逓信省機関士免状を取得して大連汽船㈱に入社した。三一年一月機関長に昇格して江安丸に乗務した後、三二年四月本社用度課勤務となり機械工具取扱に従事した。三三年五月に退社し、翌年九月満州炭砿㈱に入って販売課に勤務し、後に復州炭砿総務係長に就いた。

東　良治　▷12

満鉄窰門工務段長、従七位勲八等／吉林省徳恵県窰門二義街局宅／一九〇一（明三四）六／宮城県仙台市立町／仙台高等工業学校土木科

宮城県東勇弥の長男に生まれ、一九二三年三月仙台高等工業学校土木科を卒業して鉄道省に入った。工務局改良課に勤務して同年一二月鉄道技手となり、二六年四月東京第二改良事務所に転勤し、二九年一月同鶴見在勤、三一年五月中央線工事係水道橋在勤を歴職した。三二年六月満鉄に転じて渡満し、鉄道部に勤務した。三三年三月鉄道建設局計画課、同年九月錦州建設事務所、三四年一二月鉄道建設局計画課勤務を経て三五年三月ハルビン臨時改良事務所線路係主任となった。三六年二月ハルビン鉄路局工務処に転勤した後、同年四月副参事に昇任して窰門工務段長に就いた。柔道四段で、スポーツと禅を趣味とした。

疋田　捨三　▷12

監察院監察部員、正八位／新京特別市義和路政府第一代用官舎／一九〇一（明三四）一／東京府東京市芝区白金台町／法政大学経済学部

高輪中学校を経て一九二四年法政大学経済学部を卒業した後、二四年四月満鉄に入り社会課に勤務した。以来勤続し、大連駅駅務方、同貨物方、大連列車区車掌心得、同区車掌、大連駅構内助役、鉄道部車務課に歴勤した。その後三二年六月満州国官吏に転じ、監察院監察部に勤務した。

疋田　豊蔵　▷12

㈴疋田洋行ハルビン出張所代表、勲八等／ハルビン道裡買売街／一八七四（明七）二／秋田県北秋田郡上大野村

秋田県呉服商疋田八太郎の長男に生まれ、高等小学校を卒業して家業の呉服商に従事した。一八九四年日清戦争に補充兵として召集され、戦後帰郷して家業に従事したが、一九〇四年日露戦争に際し再び召集され、各地に転戦して鉄嶺で終戦を迎えた。いったん帰国して父母の承諾を得た後、再び渡満して鉄嶺で中国人向けに綿糸布と諸雑貨を販売した。売り上げの増加とともに沿線を北上して開原と長春に出張所を設け、一一年一一月にはハルビン伝家甸に出張所を設けた。同出張所の売上げが南満の本店・出張所全体を上回ったため、一三年に南満の店舗を全廃してハルビン店の経営に専念した。二〇年頃には北満随一の綿布商として年商高八〇万円、資産五〇万円に達し、実弟の豊三郎を代表者として合名会社に改組し、自らは秋田本店に戻って自適の生活に入った。その後、ハルビン出張所の営業主任が綿布の思惑買いに大失敗したため、再び渡満して再建に当たり、三〇年から毛織物洋服仕立商を兼営した。

比企　哲夫　▷12

比企病院長、大連沙河口公学堂医、大連機械製作所㈱嘱託／大連市大正通／一八八六（明一九）一／東京府東京市牛込区矢来町／熊本医学専門学校、東京帝大医科大学選科

比企小吉郎の長男として熊本市横手町に生まれ、熊本中学校を経て一九〇八年熊本医学専門学校を卒業し、長崎県厳原町立病院医員、朝鮮総督府警察医を歴職した。その後退職し、一四年に東京帝大医科大学選科を卒業して東京市浅草区の峰病院に勤務した後、一八年九月に渡満して満鉄に入り、大連医院沙河口分院医員となった。二〇年六月に退社して沙河口に比企病院を開設し、産婦人科、外科、性病科の診療に従事し、かたわら沙河口公学堂医、大連機械製作所嘱託医を務めた。長男対起は奉天の満州医科大学を卒業した。

引野　博正　▷12

引野博正商会主、在郷軍人会ハルビン新市街分会副長、ハルビン乃木講社相談役、ハルビン島根県人会常任幹事、勲六等功六級／ハルビン南崗建設街／一九〇〇（明三三）九／島根県松江市東本町

引野和太郎の次男として島根県八束郡法吉村に生まれ、本名は登弐、後に博正と称した。長く軍籍にあり、一九三三年二月から四月まで熱河作戦に従軍した後、同年九月に予備役編入となった。その後ハルビンで陸軍諸官衙の御用達商を開業し、陣営具、家具類、印刷物、各種払下げ品取扱い、人夫・馬車・トラック供給、万年筆修理、雲集算盤及び太陽灯の販売等を営業種目とし、日本生命南崗特約店を兼営した。

引原　耕三　▷12

マルセ支店主／奉天青葉町／一九〇七（明四〇）七／京都府南桑田郡亀岡町

年少の頃から京都市西洞院綾小路の[名]マルセ本店に奉公した。十数年勤続した後、一九三三年二月に退店して渡満し、奉天霞町で京染業を開業した。その後業務の発展にともない青葉町に拡張移転し、染め物業の他に白生地も取り扱った。

樋口市太郎　▷12

満鉄四平街医院庶務長、社員会評議員／奉天省四平街南四条通／一九〇一（明三四）一／新潟県新潟市学校町通／新潟商業学校

新潟県樋口又吉の次男に生まれ、一九一八年三月県立新潟商業学校を卒業して北部運送会社に入社したが、同年一二月に退社した。その後一九年七月満鉄に入り、長春医院、撫順医院に歴勤して蘇家屯医院庶務長となり、三六年四月四平街医院庶務長に転任した。この間、三五年四月勤続一五年の表彰を受けた。

樋口官次郎　▷12

平安薬局主、奉天薬業組合評議員、関東州方面委員／奉天平安通／一九〇〇（明三三）一二／大阪府大阪市此花区亀甲町

大阪府樋口文治郎の次男に生まれ、学業を終えて大阪市の高橋盛大堂に一八年勤続し、一九三二年七月同店が[資]盛大堂製薬所に改組されると有限責任社員となった。その後三四年に退店して渡満し、同年四月、三年前に堺安次郎が創業した奉天平安通の平安薬局を譲り受けた。大阪、大連方面より仕入れて調剤、薬品・化粧品販売業を経営し、従業員一二人を使用した。

樋口　畩吉　▷11

奉天居留民会理事／奉天小西辺門外／一八八二（明一五）一一／鹿児島県日置郡西市来村

鹿児島県農業樋口早右衛門の三男に生まれ、苦学して小学校教員となったが一九〇五年に退職して神戸に出た。〇六年一〇月に渡満して関東都督府巡査となり、瓦房店、営口、大石橋、奉天の各地に勤務して一八年六月警部に累進した。二〇年二月に辞職して奉天居留民会理事となり、付属地外に居住する日本人及び朝鮮人各二〇〇〇人の各種事務を掌理した。

樋口健太郎　▷12

日満商事[株]庶務課長兼人事係主任／新京特別市羽衣町／一九〇〇（明三三）六／長野県南安曇郡温村／東京商科大学専門部

一九二五年三月東京商科大学専門部を卒業して満鉄に入り、総裁室人事課に勤務した。次いで商事部庶務課勤務を経て同庶務係主任となり、三六年九月副参事に昇格し、同年一〇月商事部の業務を継承して日満商事が設立されると同社庶務課長兼人事係主任となった。

樋口　修輔　▷12

旅順医院院長兼内科部長兼病理部長、従五位／旅順市鮫島町／一八八四（明一七）六／福島県伊達郡保原町／九州帝大医科大学、同大学院

第四高等学校を経て一九一三年九州帝大医科大学を卒業し、一四年一月同大副手となり内科学第一講座教室に勤務した。同年八月香川県小豆郡草壁町の私立矢形保養院長となり、次いで一五年五月郷里伊達郡保原町の伊達病院長に転じた。その後一八年八月から同町で医院を開業したが、二七年六月に閉院して同年八月九州帝大大学院に入学した。卒業後三〇年一月同大医学部副手として内科学第一講座教室に勤務し、同年八月論文「黄疸出血性〈スピロヘータ〉ニ就テ知見補遺」で医学博士号を取得し、三一年一一月同大医学部講師となった。三四年三月関東庁医院医官に転じて旅順医院院長兼内科部長となり、同年四月から旅順工科大学学医を務め、さらに三六年五月同医院病理部長兼任となった。

樋口　太郎　▷12

満鉄総裁室監理課計画係主任／大連市東公園町満鉄本社／一九〇四（明三七）一二／大阪府北河内郡四宮村／東京帝大法学部政治学科

樋口角蔵の長男として東京市に生まれ、旅順中学校四年を修了した後、第三高等学校を経て一九二八年三月東京帝大法学部政治学科を卒業して満鉄に入った。以来勤続し、地方部庶務課、総務部検査課、監理部管理課運輸班副査、総務部監理課勤務を経て運輸係主

任心得、同第五係主任、同計画係主任を歴任した。その後三四年六月社命で二年間欧米各国に留学し、三七年二月総裁室監理課計画係主任となった。

樋口　寿朗　▷11

満鉄李石寨駅長／南満州李石塞台駅／一八八五（明一八）一〇／鳥取県日野郡二部村

鳥取県農業樋口文吉の次男に生まれ、一九〇九年満鉄に入社して大連駅に勤務した。一九年一〇月長春駅に転勤した後、翌年九月奉天駅車掌となり、同列車区助役心得、同助役を経て二七年六月李石寨駅長に就いた。この間、青島戦役の功で賞勲局より金一三〇円を下賜され、一五年勤続で満鉄より表彰を受けた。

樋口　智一　▷1

旅館・台湾館主、勲七等／旅順市／一八七一（明四）七／佐賀県杵島郡武雄町

呉服商の子として、仁・義・礼・智・信・忠・孝の徳目を冠した一〇人の兄弟姉妹の七男に生まれた。一六歳の時に家を出て長崎に行き、旧島原藩士で医学士の里見武雄に誘われて上京した。数年苦学して一八八八年長崎に戻り、陶磁器輸出会社、三菱炭鉱に勤務した後、九一年上海に渡って商業に従事した。九四年一二月日清戦争のため帰国し、翌年一月陸軍通訳として大本営、金州兵站監部、復州兵站司令部に勤務して九六年一月に帰国し、勲八等瑞宝章と金若干を下賜された。同年四月台湾総督府通訳となり、総督府事務嘱託として台南県その他鳳山駐剳軍の通訳を兼務した。在職中に第五回内国勧業博覧会出品事務主任として台湾南部の財界人四〇人を引率して博覧会に出張したほか、台南慈恵病院の創設に物心両面で尽力し、勲七等瑞宝章を受けた。一九〇四年に総督府を退職し、中国人出資者を組織して資本金三五万円の台南製糖㈱を設立して支配人を務めたが、病気のため辞職して帰国した。〇五年九月に渡満して旅順で旅館業を始め、一泊一円の均一料金で多数の旅客を集めた。〇六年一〇月には旅館の裏通り鯖江町に樋口写真館を設け、実弟の忠七を呼び寄せて営業させた。

樋口　光雄　▷12

満州国立高等師範学校長／吉林大馬路近江屋旅館／一八九〇（明二三）一〇／青森県青森市浦町／東京帝大法科大学英法科

一九一七年七月東京帝大法科大学英法科を卒業し、㈱梅田商会東京本社に勤務した。その後大連商業学校教務及び事務嘱託となって渡満し、同校教諭を経て大連女子商業学校長となった。次いで北満特別区公署理事官に転じて総務処長を務め、三江省公署総務庁長を経て三六年八月吉林の国立高等師範学校長に就いた。

樋口　満　▷3

順華公司主、勲六等／大連市山県通／一八八〇（明一三）四／福岡県相良郡西新町／赤池鉱山学校

一九〇四年三月、福岡県赤池鉱山学校を卒業して田川郡の赤池炭鉱事業係となった。同年六月に辞職して満州軍総司令部付通訳となり、特別任務隊付として日露戦争に従軍した。戦後〇五年一一月に解任となり、勲六等に叙せられた。〇七年一〇月満鉄に入社して大連の埠頭事務所に勤務したが、〇九年二月福昌公司に転じ、翌年九月支配人に就いた。一一年一一月福昌公司を退社し、山県通に順華公司を設立して請負業を営んだ。

樋口　雄次　▷12

国際運輸㈱北平営業所主任、万国運輸公司北平貨桟経理、北平日本商工会議所議員／中華民国北平東城西観音胡同国際運輸㈱社宅／一八九九（明三二）一二／奈良県生駒郡郡山町／立教大学商学部経済学科

奈良県樋口義雄の次男に生まれ、郡山中学校を経て一九二五年三月立教大学商学部経済学科を卒業して㈱近江銀行に入った。以来勤続したが、二八年五月に同行解散となり、本店及び東京支店の残務整理方を嘱託された。その後二九年四月に渡満して満鉄に入り、撫順炭砿臨時製油工場建設事務所に勤務した。次いで三一年六月国際運輸㈱に転じて監理課に勤務し、三三年七月庶務課勤務専務秘書、三四年四月錦州省錦県支店庶務係主任、三五年一一月天津出張所勤務を経て三六年六月北平営業所主任に転任した。この間、二四年七月人命救助により京都府知事より賞状と賞金を授与された。

樋口　好男　▷11

長春郵便局郵便課長、正七位勲七

等／長春祝町一丁目官舎／一八八五（明一八）七／長野県埴科郡松代町

長野県官吏樋口兼晃の次男に生まれ、一九〇七年四月大連郵便局に入り逓信官吏となった。満州里野戦郵便局長に転じた後、牛荘、奉天省四平街、長春、安東県等の各郵便局主事を経て長春郵便課長に就いた。

樋口　良彦　▷11

旅順重砲兵大隊副官、従六位勲五等／旅順市秋津洲町陸軍官舎／一八九〇（明二三）一／福岡県三井郡立石村／陸軍士官学校

旧久留米藩士樋口良臣の三男に生まれ、一九一三年陸軍士官学校を卒業して砲兵少尉となり、翌年の青島戦役に小隊長として青島攻囲戦に参加し、勲六等に叙された。その後、砲工学校、重砲兵学校を卒業して下関野戦重砲兵連隊大隊副官、同連隊中隊長職務心得を経て二三年大尉に進み、同連隊中隊長となった。二四年四月旅順重砲兵大隊中隊長に転じて渡満し、翌年一一月の郭松齢事件では臨時重砲兵中隊長として奉天に出動した。二八年五月の済南事件に際し第六師団の隷下に入って警備の任に就き、帰隊して大隊副官に進んだ。

樋口　与内　▷12

満鉄鉄道総局工事課員、勲六等／奉天葵町／一八九六（明二九）一二／福岡県筑紫郡大野村／明治専門学校

福岡県郵便局長樋口豊太郎の長男に生まれ、一九二一年明治専門学校を卒業して満鉄に入り本社鉄道部運転課に勤務した。二三年一二月長春鉄道事務所に転任した後、二五年九月再び本社鉄道部運転勤務となり、次いで東京支社勤務、安東機関区長、奉天鉄道事務所車務課機関車係主任兼客貨車係主任、鉄道総局輸送課第二係主任、鉄道建設局工事課車務係主任を歴任した。その後三六年一〇月副参事に昇格し、鉄道総局工事課勤務となった。この間、満州事変時の功により勲六等に叙された。

樋口　良治　▷12

満州電業㈱検査課検査役、正八位／新京特別市東安街／一八九二（明二五）一一／長崎県西彼杵郡喜々津村／長崎高等商業学校

一九一四年長崎高等商業学校を卒業し、同年一二月一年志願兵として久留米の歩兵第四八連隊に入営した。退営後、一六年九月電気化学工業㈱に入社し、撫順工場勤務となって渡満した。一九年三月に退社して翌月中華電業㈱に転じたが、二〇年五月病気のため辞職して帰国した。二九年四月から五年余り郷里の喜々津村村長を務めた後、三四年一一月に辞任して再び渡満した。三五年二月新京の満州電業㈱に入社し、検査課検査役を務めた。

日隈　精一　▷12

旅順医院小児科部長、正七位／旅順市鮫島町／一九〇三（明三六）一一／熊本県上益城郡竜野村／九州帝大医学部

第五高等学校を経て一九二八年三月九州帝大医学部を卒業し、同大副手として医学部小児科教室に勤務した。その後三三年九月に同大助手を辞し、旅順医院小児科部長に転じて渡満し、後に旅順第一尋常高等小学校と旅順家政女学校の校医を兼務した。

彦坂　武雄　▷12

満鉄鉄道総局旅館課員／奉天満鉄鉄道総局旅客課／一八九六（明二九）一一／愛知県渥美郡高師村／豊橋商業学校

愛知県農業彦坂仲太郎の次男に生まれ、一九一四年豊橋商業学校を卒業して渡満し、一五年三月満鉄従事員養成所運輸科を修了して大石橋駅電信方となった。以来勤続し、一七年大連鉄道管理局、一八年瓦房店駅勤務を経て二二年同駅電信主任に進み、同年同駅事務助役となった。次いで二三年本社鉄道部営業課旅客係となり、鉄路総局運輸処旅客課運輸係主任心得、営業局旅客課勤務を経て三六年一〇月鉄道総局旅館課に転任した。

肥後　直助　▷7

満鉄埠頭円島丸船長／大連市山手町／一八八六（明一九）五／鹿児島県揖宿郡揖宿村／高等小学校二年中退

幼時に父と別れ、母の手で養育された。家計を助けるため高等小学校二年で退学し、名船長と称えられた叔父の影響で一四歳の時に船員となった。長崎―鹿児島間就航の紀盛丸船員となり、後に欧州航路の船に乗船したが、二〇歳の時に徴兵と運転士免許取得のため長崎―高島間の小蒸気船に乗り換えた。勤務のかたわら夜学に通って受験準備をしたが、家庭の事情で帰郷を余儀なくされた。その後再び船員となって運転士免許状を取得し、一九一一年に満鉄に入り埠頭海上勤務となった。小蒸気船から北海道航路の隆昌丸一等運転士として勤務し、後に榊丸に乗り換え、榊丸が大連汽船会社に譲渡されると円島丸船長を務めた。榊丸に乗船していた時、海に落ちた中国老婦人を救助して新聞に報じられ、関東庁から表彰された。

肥後　正樹　▷12

奉天省公署総務庁総務科員／奉天葵町／一九〇五（明三八）一／鹿児島県揖宿郡指宿町／九州帝大法文学部

鹿児島県肥後喜一郎の長男に生まれ、志布志中学校、第五高等学校を経て一九三〇年三月九州帝大法文学部を卒業し、裁判所書記として浦和地方裁判所検事局に勤務した。その後三二年五月満州国に転出して渡満し、国務院民政部総務司人事科勤務、同総務司長秘書、司法部法令審議会事務主任を経て三三年四月熱河作戦に従い司法権接収に従事した。次いで三四年四月司法部民事司第三科勤務、司法部事務官・奉天省西安県参事官を経て三六年六月奉天省公署総務庁総務科に転任した。この間、満州事変時の功により勲八位及び建国功労賞、大典記念章、皇帝訪日記念章を授与された。「水甕」同人として短歌を能くした。

肥後　盛彦　▷11

江副洋行主、勲八等／大連市山県通／一八七九（明一二）三／鹿児島県鹿児島市上之園町

鹿児島県肥後平介の長男に生まれ、日露戦争に際し一九〇四年一一月野戦鉄道付雇員となって渡満し、戦後勲八等に叙せられた。〇七年に再び渡満して同年四月の満鉄開業とともに入社し、勤続して用度課庶務係長を務めた後、二二年に社員消費組合次席に転じた。二七年九月に退職し、江副洋行を興して煙草輸入商を営み、大連水上商組合長を務めた。満鉄在職中に育成学校の習字科講師を務めた能筆家で、観世流謡曲でも第一人者として知られた。

肥後　義彦　▷7

満鉄沙河口客貨車勤務／大連市沙河口真金町／一八九三（明二六）五／鹿児島県揖宿郡揖宿村／工業学校建築科

陸軍を志望して幼年学校試験を受けたが、柔道で左腕を骨折して不合格となった。一九一〇年工業学校建築科を卒業し、一二年に渡満して満鉄に入り遼陽客貨車新修に従事した。一七年に退社し、大連で建築設計の請負業を始めた。欧州大戦による経済界の活況に乗じ、大連市街地の建物を数多く手がけて地盤を確立したが、株の売買に手を染めて失敗した。資産のすべてを失い、友人の推薦により二一年に再び満鉄に入り、沙河口客貨車に勤務した。遼陽時代に社内で大関を張るなど、相撲と柔道を得意とした。夫人ムネ子は赤十字看護婦を務めたことがあり、書道を得意とした。

久枝　頼三　▷12

三江省公署理事官、警務庁警務科長、正七位勲七等／三江省佳木斯省公署警務科長公館／一八九〇（明二三）五／山口県下関市東南部町／山口県立豊浦中学校

山口県久枝市三郎の子に生まれ、一九一〇年県立豊浦中学校を卒業し、同年八月朝鮮に渡り韓国統監府巡査となった。一三年九月から英語通訳を兼任し、一六年五月判任官見習採用試験に合格し、次いで翌月巡査部長試験に合格した。一八年六月警部に昇格して鎮南浦、二浦、黄州、南川、信川、甕津、義城、尚州、金泉の警察署長を歴任した後、三三年八月道警視に昇格して恵山警察署長、仁川税関事務嘱託、日本赤十字社咸興支部甲山委員副長嘱託を歴職して退官した。三五年二月満州国三江省公署嘱託となって渡満し、同年四月同公署事務官を経て三六年四月理事官となり警務庁警務科長を務めた。この間、一三年一二月に殺人犯三人を逮捕し、一八年八月には治安維持法犯人一七人を逮捕してそれぞれ賜金を授与されたほか、韓国併合記念章、昭和大礼記念章、精勤証書、国勢調査記念章を受けた。

久末　国治　▷12

昭和製鋼所㈱採鉱部庶務課庶務係主任／奉天省鞍山北九条町／一八八八（明二一）一〇／福岡県築上郡八屋町／福岡県立豊津中学校

福岡県久末貞平の五男に生まれ、一九〇六年県立豊津中学校を卒業した後、

ひ

父と共に酒造・精米業に従事した。その後一三年二月八幡製鉄所販売課に入り、次いで東京製綱㈱小倉工場、八幡製鉄採鉱総局鉱務課に歴勤した。二三年六月満鉄鞍山製鉄所に転じて渡満し、三三年六月鞍山製鉄所の事業を継承した昭和製鋼所㈱の操業開始にともない、同社採鉱部庶務課事務係主任に転出し、三六年四月同庶務係主任となった。この間、二九年九月アンスラシン煤及び薬剤包製造法の完成に従事して功績章、三四年六月勤続一五年の表彰を受けたほか、満州事変時の功により賜杯及び従軍記章を授与された。実兄の貞平も一九〇五年に渡満し、〇七年四月の満鉄創業時から同社に勤務して後に満州輸入㈱監査、新京輸入組合理事を務めた。

久末 吉次 ▷12

ハルビン輸入組合理事、満州輸入㈱監査役／長春蓬萊街／一八八二（明一五）二／福岡県築上郡八屋町

福岡県久末貞平の三男に生まれ、商業を志して日露戦中の一九〇五年六月に渡満した。〇六年八月野戦鉄道提理部安奉鉄道班に入り、〇七年四月満鉄開業とともに入社し、安東経理係、大石橋経理係、公主嶺地方事務所、本渓湖地方事務所に歴勤した。その後二一年八月非役となり、長春市場㈱の整理に当たるため予備員として取締役に就任し、二三年五月満鉄を退社して長春市場㈱専任となった。その後二八年三月長春輸入組合理事に就き、三七年二月新京貿易組合設立とともに常務理事に就いたが、同年五月ハルビン輸入組合理事に転じた。実弟の国治も一九二三年に渡満して満鉄に勤務し、後に昭和製鋼所㈱採鉱部庶務課庶務係主任を務めた。

久高 唯浩 ▷11

満鉄大連埠頭第一埠頭係／大連市大黒町／一八九二（明二五）一二／沖縄県那覇市若狭町／長崎高等商業学校

沖縄県久高唯隆の長男に生まれ、一九一五年長崎高等商業学校を卒業して渡満し、満鉄埠頭事務所に勤務した。一八年九月上海支所に転勤し、二二年八月大連に帰任して二七年一一月第一埠頭係となった。

久富 一二三 ▷11

開原公学堂堂長／奉天省開原朝日街／一八八九（明二二）五／福岡県築上郡角田村／大分県師範学校

福岡県酒造業久富熊太郎の三男に生まれ、一九一一年大分県師範学校を卒業した。一三年四月に渡満し、満鉄教員教習所に入って中国語と中国事情を修習した。翌年海城に赴いて海城東語学舎を創立し一〇年余り経営したが、二六年四月開原公学堂堂長に転じ、同地の地方委員副議長を務めた。次兄の大八はニューヨークで旅館を経営した。

久留 弘文 ▷7

高岡・久留工務所主／大連市楓町／一八九〇（明二三）三／東京府東京市麹町区／東京帝大工学部

大阪市に生まれ、第三高等学校から東京帝大工科大学に進み、一九一五年七月首席で卒業した。東京参謀本部前の大山元帥像の設計懸賞募集に第一等当選、明治神宮の建設設計で第三等に入選したほか、大阪各地の設計懸賞に当選を重ねた。陸軍省技師として四年勤めた後、一九年四月に渡満して大連で高岡久留工務所を共同経営した。大連埠頭待合所、朝鮮銀行、長春正金銀行、三越呉服店新館、鞍山製鉄所や大連医院などの建築施工にあたったほか、星ヶ浦の住宅も手がけた。

久永 重男 ▷12

満鉄地方部衛生課員、社員会評議員、社員消費組合総代／大連市東公園町満鉄本社地方部／一八八六（明一九）一〇／静岡県静岡市西草深町／東京神学社専門部

静岡県の中学校教諭望月宗一の次男に生まれ、同県久永重遠の養子となった。一九一三年東京神学社専門部を卒業して朝鮮及び満州で伝道に従事した後、一九年三月満鉄に入社した。撫順炭砿庶務課、本社社会課、奉天地方事務所、瓦房店地方事務所勤務を経て二八年一二月長春地方事務所主事となった。次いで鉄嶺地方事務所庶務係長兼社会主事、地方部庶務課勤務、鞍山医院庶務長を歴任し、三七年四月本社地方部衛生課に転任した。この間、三四年四月勤続一五年の表彰を受けた。

久松 治 ▷12

日満商事㈱石炭課長／新京特別市東陽路／一八九一（明二四）五／

長崎県西彼杵郡三重村／東京商科大学

長崎県農業久松金太郎の長男に生まれ、一九二一年三月東京商科大学を卒業して満鉄に入り、商事部販売課に勤務した。以来勤続し、二五年四月朝鮮平壌販売所主任、二七年四月奉天販売所主任、三二年一〇月石炭課地売主任、三三年一一月新京販売事務所庁、三五年七月新京営業所長を歴任した。その後三六年一〇月商事部の業務を継承して日満商事㈱が設立されると、同社入りして石炭課長に就いた。

久松　与一　▷12

満鉄ハルビン検車段庶務助役／ハルビン工廠街／一八八九（明二二）五／静岡県駿東郡片浜村／駿東農林学校

静岡県久松久平の三男に生まれ、一九〇五年三月駿東農林学校を卒業して同年五月郷里の片浜村役場書記となった。〇九年一二月徴兵されて豊橋の第一五師団騎兵第一九連隊に入営し、一二年一一月に満期除隊した。一三年二月㈱駿河銀行に入ったが、一七年四月に辞職して渡満し、同年五月満鉄に入り撫順車輌係庫守となった。二二年一一月奉天検車区に転勤した後、三五年六月ハルビン検車段庶務助役となった。この間、満州事変時の功により賜盃及び従軍記章を授与され、三三年四月勤続一五年の表彰を受けた。

肱岡　武夫　▷7

満鉄社員／大連市山城町／一九〇二（明三五）／鹿児島県日置郡日置村／山口高等商業学校

鹿児島県立第一中学校から山口高等商業学校に入り、一九二五年三月に卒業して満鉄に入った。山口高商在学中から剣道主将として多くの試合に優勝し、剣道三段の達人として名を馳せた。満鉄入社早々の二五年三月、連合艦隊が大連に入港した際、連合艦隊有段者と大連軍の試合で相手主将を倒して優勝した。さらに同年六月の満鮮有段者の試合で大連若葉会の主将を務めて優勝したほか、満鉄大連道場で行われた明治大学有段者との試合でも優勝し、満州剣道界の花形と謳われた。

土方　省三　▷11

関東庁視学／旅順市伊知地町／一八九四（明二七）三／山形県飽海郡松嶺村／山形県師範学校

山形県土方達総の次男に生まれ、一九一四年山形県師範学校を卒業した。一八年一一月に渡満して関東州小学校訓導となり、沙河口尋常高等小学校に勤務した。旅順師範学堂教諭に転任した後、北京に一年間留学し、二八年八月関東庁視学となった。

土方　義久　▷11

歯科開業医、関東州歯科医師会副会長／大連市若狭町／一八九〇（明二三）三／東京府南多摩郡七生村／東京歯科医学専門学校研究科

東京府公吏土方篠三郎の長男に生まれ、一九一四年東京歯科医学専門学校を卒業して研究科に進んだ。一五年八月に渡満して満鉄大連医院医員となり、一九年八月に退社して大連で歯科医院を開業した。診療のかたわら長く関東州歯科医師会の役職を務め、同会の表彰を受けた。東京府立第四高女出身の夫人ミツとの間に三男一女あり、実弟の義春は東京帝大工学部を出て横浜船渠会社に勤務した。

土方　義正　▷12

満鉄ハルビン営繕所長、勲六等／ハルビン南崗車站街／一八八九（明二二）一二／岐阜県岐阜市美江寺町／山形県立工業学校建築科

旧姓は佐藤、後に土方家を相続した。一九〇七年三月山形県立工業学校建築科を卒業して岐阜県土木工手となった。次いで専売局京都製造所雇、愛知県工手を経て千葉県工手、第一五師団経理部雇員に歴任した。その後二〇年五月に渡満して満鉄に入り、撫順炭砿土木課に勤務した。以来勤続して工務事務所勤務、炭砿部工事事務所勤務、ハルビン建設事務所建築長、ハルビン工事処副処長兼建築係主任、同処長を歴任し、三六年九月副参事に昇進してハルビン営繕所長に就いた。この間、満州事変時の功により勲六等旭日章及び従軍記章、建国功労賞を授与されたほか、二九年に水性塗料考案により効績章、三六年四月に勤続一五年の表彰を受けた。

日地　鷹雄　▷12

満鉄鞍山地方事務所庶務係長、社員会鞍山連合会監事、社員消費組合総代／奉天省鞍山満鉄地方事務所／一八九八（明三一）二／広島県豊田郡沼田西村／尾道商業学校

ひ

一九一六年三月尾道商業学校を卒業し、同年六月満鉄に入り衛生課に勤務した。以来勤続して大連医院、衛生課、撫順医院、経理部会計課、開原地方事務所、大石橋地方事務所経理係長、同庶務係長を歴任し、三六年一月鞍山地方事務所庶務係長となった。この間、三二年四月勤続一五年の表彰を受けた。

菱田　譲一　▷12

満鉄用度部購買課調査係主任／大連市若松町／一九〇八（明四一）二／兵庫県武庫郡瓦木村／東京帝大経済学部経済学科

兵庫県菱田好次郎の長男に生まれ、神戸第一中学校、大阪高等学校を経て一九三一年三月東京帝大経済学部経済学科を卒業して満鉄に入り、総務部人事課に勤務した。次いで三二年三月商事部用度課、三三年一二月用度事務所購買課、三五年八月倉庫課に歴勤し、同年一二月用度事務所購買課調査係主任を経て三六年一〇月用度部購買課調査係主任となった。

菱田　百助　▷11

雑貨貿易商／奉天省撫順西十條通／一八八七（明二〇）一〇／岐阜県海津郡高須町

岐阜県農業菱田藤四郎の五男に生まれ、一九一三年六月独立守備隊第三大隊編入を志願して渡満した。一六年七月に満期除隊して予備陸軍歩兵曹長となり、東洋炭鉱㈱塔連炭坑に入って用度係員を務めた。一九年一月撫順商事㈱が創立されると支配人に就いたが、翌年一月退任して雑貨貿易商を独立開業した。

「飛田」は「とびた」も見よ

飛田　英次　▷11

満鉄大連医院金州分院薬剤主任／大連市霧島町／一八九四（明二七）一一／鳥取県日野郡根雨町／大阪薬学専門学校

鳥取県飛田寛次の次男に生まれ、一九一七年大阪薬学専門学校を卒業して堺市の近藤製薬工場に入り、翌年三月郷里の近藤木材乾留工場に転じた。一九年七月に渡満して満鉄大連医院に勤務し、後に金州分院に転勤して薬剤主任を務めた。実兄は熊本医学専門学校を卒業して郷里で開業した。

日高　明義　▷12

満鉄蘇家屯機関区運転助役兼機関士、社員会評議員／奉天省蘇家屯穂高町／一九〇〇（明三三）八／鹿児島県始良郡重富村

一九一五年一一月満鉄に入り瓦房店車輌係、機関助手見習等として勤務し、一八年に満鉄従事員養成所車輌科を修了した。二〇年一二月徴兵されて兵役に服し、除隊後再び満鉄に入り遼陽機関区機関方、同機関士、蘇家屯機関区機関士、同点検方、同運転助役兼機関士、同点検助役を経て三七年四月蘇家屯機関区に転勤して運転助役兼機関士となった。この間、満州事変時の功により木杯一組と従軍記章を授与された。

日高　貞実　▷7

旅順中学校専任柔道教員／旅順市吉野町／一八八四（明一七）六／宮崎県宮崎市上別府県立宮崎中学校

一九〇六年県立宮崎中学校を卒業して上京し、大日本武徳会及び講道館で武道の修練を積んだ。宮崎県巡査教習所、同県立宮崎農学校、和歌山県警察署で武道を教えた後、渡満して旅順中学校専任柔道教員となり、かたわら警察官練習所及び武徳会旅順支部嘱託を務めた。その後講道館四段に進み、二三年四月文部省より中等学校柔道教員として無試験検定の允許を受けたが、二五年に職を辞して帰国した。

日高為三郎　▷12

満鉄鉄道総局第一経理課員、従七位勲六等／奉天藤浪町／一八九六（明二九）九／福岡県久留米市細工町／東京商科大学附属高等商業科

神戸高等商業学校を経て二二年三月東京商科大学附属高等商業科を卒業し、同年五月満鉄に入り京城鉄道管理局経理課に勤務した。同鉄道の朝鮮総督府への移管とともに朝鮮総督府鉄道局書記、朝鮮総督府属・鉄道局副参事兼務を歴任した後、二六年七月満鉄に転じて撫順炭砿経理課生産品係主任、経理課註文係主任兼生産品係主任、鉄道建設局庶務課経理係主任兼工務委員会幹事兼鉄道建設局懲戒委員会委員を歴任した。三五年七月参事となり、鉄道総局経理局第二経理科付を経て第一経理課勤務となった。

日高長次郎 ▷12

本渓湖煤鉄(股)理事、本渓湖洋灰(股)常務理事、本渓湖白雲石㈱常務理事、本渓湖坑木㈱監査役／奉天省本渓湖東山公司住宅／一八八六（明一九）一二／福岡県福岡市東職人町／東亜同文書院

福岡県日高保蔵の長男として嘉穂郡綱分村に生まれ、一九〇七年上海の東亜同文書院を卒業して満鉄に入り、撫順炭砿鉄道部に勤務した。次いで一一年に日中合弁の本渓湖煤鉄有限公司に転じ、一九年に総務科長となった。その後三五年九月同公司が満州国法人に改組されるとともに本渓湖煤鉄(股)理事に就き、関連会社の役員を兼務した。夫人静枝との間に二男三女あり、長男は慶応大学を卒業して日本鋼管に、次男は東亜同文書院を卒業して新京の大徳不動産公司に勤務し、長女は大阪の広栄㈱社員牧哲夫に、次女は九州帝大解剖学教室勤務の田代歓一に嫁した。

日高　貞次 ▷7

日高材木店主／安東県六道溝／一八八八（明二一）一二／宮崎県宮崎郡赤江町／県立宮崎農学校農科

一九〇八年県立宮崎農学校農科を卒業して渡満し、大連三井物産に入り製材部に勤務した。一六年に退社して六道溝に日高材木店を開業し、一八〇坪の敷地に製材工場を設け、八十余名の従業員を使用して製材業を営んだ。かたわら東亜木材㈱の重役を務め、安東実業界に重きを成した。

日高　平介 ▷7

満鉄沙河口苗圃主任／大連市真金町／一九〇〇（明三三）一／宮崎県宮崎郡赤江町／県立宮崎農学校林科

一九一七年三月県立宮崎農学校林科を卒業し、翌年九月営口煉瓦会社支配人の永井明知に伴われて渡満した。一九年満鉄に入社して地方部勧業課に勤務し、二四年九月興業部農務課林務係に転任して沙河口苗圃で育苗の実地研究に従事し、後に主任を務めた。

日高　平助 ▷12

満鉄牡丹江鉄路局産業処農務科員／牡丹江満鉄鉄路局産業処／一九〇〇（明三三）一／宮崎県宮崎市外赤江町／宮崎県立農学校林学科

一九一七年宮崎県立農学校林学科を卒業し、同年一一月に渡満して同県南那珂郡吾田村出身で営口煉瓦製造所主の松浦与三郎方に寄寓した。一八年一二月満鉄に入り、地方部地方課、同勧業課、同農務課、興業部農務課、沙河口苗圃主任、安東地方事務所勧業係農務主任に歴勤した後、三一年一月に退社して関東州で農業を自営した。その後三四年六月再び満鉄に入社し、新京鉄路局総務処付業科、吉林鉄路局産業処農務科勤務を経て三六年一〇月牡丹江鉄路局産業処農務科に転勤した。この間、三一年から三年かけて米麦の代用として満州特産の高粱を原料とする製麹法と味噌醤油の醸造法、さらに乾燥麹の製造法の研究に従事し、そのいずれにも成功した。

日高　悌 ▷11

日清製油会社技師長／大連市千歳町／一八九一（明二四）四／愛知県睦美郡田原町／東京高等工業学校応用化学科

愛知県画家井上泰次郎の次男に生まれ、伯父日高栄太の養子となった。一九一三年東京高等工業学校応用化学科を卒業し、同年八月に渡満して満鉄沙河口工場塗職場主任助手となった。一六年四月、満鉄出資で設立された大連油脂工業㈱に転じて工場及び試験室主任を務め、二〇年さらに日清製油㈱に転じて技師長となった。

日高嘉太郎 ▷7

日高嘉太郎商店主／長春東四条通／一八八一（明一四）八／宮崎県宮崎市大淀町

一九〇六年に渡満し、大連の満州商業㈱大連支店及び直木洋行で特産物輸出業務に従事した。一四年に独立して奉天省四平街で日高嘉太郎商店を開業したが、その後長春の商況好調を見て同地に移った。特産商経営のかたわら長春取引所信託㈱、満州製油㈱の重役を務めた。

日田　次郎 ▷12

熱河省公署教育庁員、満州帝国教育会幹事、満州帝国国防婦女会委員、満州帝国体育連盟熱河省事務局理事／熱河省承徳省公署教育庁／一八八七（明二〇）二／東京府東京市赤坂区溜池町／東亜同文書院

東京府農業菅原庄之助の次男に生まれ、後に叔母日田ナツの養子となった。

北海道庁立札幌中学校を卒業した後、一九一四年三月上海の東亞同文書院を卒業して東京市の東亞同文会本部に勤務した。その後一六年六月に渡満して関東州公学堂教諭となり、金州公学堂南金書院に勤務した後、一八年四月旅順師範学堂教諭となった。一九年八月満鉄に転じて遼陽城内日語学校主任、吉林城内中日語言学校主任、鉄嶺日語学堂長を歴職し、この間二三年四月から一年間社命により北京に留学して北京注音字母伝習総所を修了し、さらに北京大学国文科聴講生として現代中国事情を研究した。二六年九月満鉄を辞して翌年一月再び旅順師範学堂教諭に就き、同書記を兼務した。その後三二年七月国務院文教部に転じて礼教司に勤務し、三四年一二月熱河省公署理事官に転任して同省公署教育庁に勤務した。勤務のかたわら旅順日本基督教会長老、同教会付属日曜学校長を務めた。

秀島　秀夫　▷12

吉林省公署技佐、満洲国協和会吉林省本部幹事、正五位勲六等／吉林市青年会胡同／一八八六（明一九）一／茨城県真壁郡下妻町／東京帝大農科大学林学科

秀島浩一の長男として佐賀市水ヶ江町に生まれ、一九一二年東京帝大農科大学林学科を卒業した。一三年七月朝鮮総督府技手となり、翌年七月技師に昇任して二三年三月まで朝鮮各地の営林署長を歴任した。三二年三月渡満して吉林省公署理事官となり、三三年三月同公署属官・実業庁勤務を経て三四年七月同公署技佐となり、実業庁農務科に勤務した。

人見雄三郎　▷11

満鉄撫順炭砿古城子採炭所庶務係主任／奉天省撫順永安台北台町／一八九五（明二八）四／兵庫県明石郡玉津村／東京帝大法学部

一九二〇年東京帝大法学部に入学し、在学中に高等文官試験に合格した。二三年三月に卒業して翌月満鉄に入社し、撫順炭砿に勤務して古城子採炭所庶務係主任を務めた。

樋野　義一　▷11

満鉄沙河口工場原価係／大連市沙河口／一八八九（明二二）五／島根県松江市中原町／島根県立商業学校

島根県商業樋野清之助の長男に生まれ、一九〇七年島根県立商業学校を卒業し、同年五月に渡満して開業直後の満鉄に入った。沙河口工場に勤続し、後に同工場原価係を務めた。

日野　武男　▷12

満鉄図們列車段列車助役、正八位勲八等／間島省図們満鉄列車段／一九一二（大一）一二／愛媛県松山市栄町／松山商業学校

愛媛県日野喜八郎の三男に生まれ、松山商業学校卒業後に渡満し、一九三一年三月満鉄鉄道教習所を修了して大連駅駅務方となった。三六年八月敦化站副站長を経て三七年三月図們列車段に転勤、列車助役に就いた。柔道三段で、松山商業学校在学時に柔道と相撲の主将を務めた。

日野恒次郎　▷3

奉天省四平街郵便局長、勲七等／奉天省四平街郵便局官舎／一八七三（明六）一〇／岡山県久米郡福渡村

一八九九年通信書記に採用されて神戸郵便局在勤・電話交換局兼務となり、一九〇三年通信属に進んだ。〇四年日露戦争に際し第二軍郵便部付となって同年末に渡満し、遼東守備軍第一〇野戦局長を務め、〇五年第五野戦局長に転任した。戦後〇六年四月に戦役の功により勲七等青色桐葉章を受け、遼陽局に勤務した後、関東都督府通信書記となり、柳樹屯局長、奉天大北門出張所長を歴任した。その後一〇年奉天省四平街郵便局長に転任し、一三年一一月から実業補習学校講師と満鉄諮問委員を務めた。長男懋は早稲田大学政治経済学部を卒業して満鉄社員となった。

日野　文平　▷1

日野商会主／旅順／一八六〇（万延一）一／宮城県仙台市／東京外国語学校露語科

坂上田村麻呂の末裔と伝えられ、伊達家に仕えて家老職を務める大越家の次男として仙台に生まれた。一八六八年同藩が奥羽列藩同盟を結成して維新政府に反抗したため、父文五郎が家禄を没収され、児女すべてが親族預かりとなったため日野家に引き取られ、後に日野姓を名乗った。一二歳の時に東京に出て、八〇年東京外国語学校露語科を卒業して長崎のロシア領事館に勤務したが、数年で辞職して東京で商業に従事した。一九〇二年ロシア占領下の旅順口に渡り、同地の日本居留民の総代を務めたが、〇四年に日露戦争が始まるといったん帰国し、同年六月芝罘に渡って海軍及び旅順攻囲軍の用達に従事した。〇五年一月に旅順が開城すると営口から旅順に移って軍政署嘱託となったが、同年六月に辞職して実業と代弁業を営んだ。商業許可証第一号を持つ日本人商人の草分けとして旅順協会庶務委員、同衛生組合常議員、日本赤十字社特別社員を務めた。

氷見　幸一　▷11

満鉄長春駅構内助役／長春露月町／一八九二（明二五）九／石川県金沢市泉寺町

石川県氷見彦太郎の長男に生まれ、一九一九年五月に渡満して満鉄奉天駅車掌となった。二二年六月石橋駅助役、二三年七月安東鉄道事務所勤務、二五年三月鶏冠山駅助役を経て二八年二月長春駅構内助役となった。

桧村　彦一　▷9

大連製塩所主、池田注射液製造[資]満州出張所長／大連市乃木町／一八八八（明二一）四／京都府京都市下京区／京都中学校

私立京都中学校を卒業した後、一九〇五年に渡満して大連で海陸運送業に従事した。〇九年に廃業し、天日製塩事業に着目して大連製塩所を開設した。経営のかたわら、池田注射液製造[資]満州出張所長として池田修一郎が開発した結核治療注射液の普及に取り組んだ。

樋室　健一　▷11

紫檀細工製造販売業／大連市伊勢町／一八九八（明三一）九／長崎県長崎市西浜町／長崎市東山学院

長崎県魚類仲買商樋室常吉の長男に生まれ、一九一六年長崎市の東山学院を卒業した。家業に従事した後、二五年に渡満して大連で叔父が営む紫檀細工店を引き受けて経営した。

姫野　喜八　▷12

南満鉱泉所主／奉天松島町／一八九九（明三二）一〇／大分県北海部郡佐賀関町

朝鮮平壌府でサイダー製造業に従事した後、一九二一年奉天に移住し、翌年から奉天銀行に勤務した。次いで大連に移って醤油の販売業に従事した後、二七年二月松島町に南満鉱泉所を設立し、サイダー、シトロン等清涼飲料水の製造販売業を経営した。従業員三〇人を使用して一日六〇〇〇本を生産し、年間売上げ一〇万円に達した。

桧山憲太郎　▷3

満鉄総務部技術局建築課員／大連市山城町／一八七三（明六）二／広島県広島市金屋町／工手学校

東京築地の工手学校を卒業し、東京府及び司法省建築部に勤務した。一九〇七年春、満鉄開業とともに入社して総務部技術局建築課に勤務した。

日向　新　▷8

三ツ星商店代表社員／奉天／一八八六（明一九）六／福島県若松市／私立京都中学校

私立京都中学校を卒業した後、一九〇六年大阪の島田硝子店で働きつつ関西大学に学んだ。一一年三井物産の皮革部嘱託となって満蒙踏査に従事し、一四年に辞職して奉天で安達某と三合洋行を設立し、皮革・羊毛の輸出業を共同経営した。一六年に独立経営となし、かたわら松昌公司の貿易部を委託営業した。その後、奉天自動車会社の創立に係わり、設立後は監査役に就いた。さらに二一年一〇月に株式仲買業福星公司を設立して専務となり、二五年に三ツ星商店に改称して代表社員となった。業務のかたわら米穀仲買の監査役、証券仲買人組合の委員を務めた。

日向　新　▷12

満鉄鉄道総局福祉課員兼地方部学務課視学、社員会評議員／奉天省鞍山上台町／一八八四（明一七）九／長野県南佐久郡青沼村／長野県師範学校

長野県農業日向新作の次男に生まれ、一九〇五年三月長野県師範学校を卒業して県下の南佐久郡組合立北牧小海高等小学校訓導となった。〇八年四月同郡町立臼田尋常高等小学校訓導、一〇年四月同郡教員養成所体操科講師嘱託、一一年三月東筑摩郡村立和田尋常高等小学校訓導に歴任し、同年九月安東居留民団安東尋常高等立小学校訓導に転出して渡満した。その後一四年六月安東実業補習学校教員兼務を経て一六年四月満鉄に入り、撫順尋常高等小学校小学校訓導、一八年一〇月撫順実業補習学校講師嘱託を経て二〇年四月地方部学務課ハルビン在勤・ハルビン

ひ

尋常高等小学校訓導兼校長となった。次いで二六年一〇月鞍山尋常高等小学校訓導兼校長、同年一二月鞍山実業補習学校講師兼務、二七年七月鞍山青年訓練所主事兼同指導員兼務、三三年四月鉄路総局総務処地方科学事係主任を経て三四年四月鉄道総局福祉課員となり、三六年九月副参事に昇格し、三七年六月から地方部学務課視学を兼務した。

日向　政助　▷12

承徳地方警察学校主事、勲八等／熱河省承徳地方警察学校／一八八八（明二一）一／長野県南佐久郡青沼村／長野県立野沢中学校中退

一九〇三年長野県立野沢中学校を中退し、その後一二年に長野県巡査となった。一七年巡査部長に累進し、二二年内務省警察官講習所を修了して二四年警部に進んだ。二七年二月飯山警察署長、二八年八月須坂警察署長、二九年一一月中野警察署長、三一年一〇月小諸警察署長、三二年二月篠ノ井警察署長を歴任し、同年八月長野県警察練習所長に就いた。三四年九月満州国政府に招聘され、依願退官して奉天省営口県警正となり、三五年三月警察庁警正に転任して承徳地方警察学校主事を務めた。この間、二八年に昭和大礼記念章、三二年八月に勲八等瑞宝章を授与された。

日向　保良　▷11

満鉄社会課家庭研究所主任／大連市若狭町／一八八三（明一六）一〇／長野県南佐久郡青沼村／長野県師範学校

長野県農業日向七郎の次男に生まれ、一九〇六年長野県師範学校を卒業して郷里の南佐久郡栄尋常高等小学校訓導・同校長、同村農工補修学校長兼任等を歴任した。一四年四月に渡満して満鉄に入り、長春公学堂教員、本社学務課教育研究所勤務、撫順実科女学校教員兼本社人事課勤務、撫順高等女学校教諭を経て二四年五月社会課家庭研究所主任となった。かたわら二七年一二月文部省中等教員理科の免許状を取得し、職務の合間に在満邦人の生活改善に関する事項を研究した。

兵頭　泰　▷10

満州銀行支配人／大連市桜花台／一八八五（明一八）三／愛媛県西宇和郡伊方村／長崎高等商業学校

海軍軍人を志望したが色覚異常で不合格となり、方向を転じ長崎高等商業学校に入学した。一九一一年三月に卒業し、同年六月京城の漢湖農工銀行に入った。清州支店支配人代理、鳥致院支店長を経て一八年七月朝鮮の各農工銀行が合併して朝鮮殖産銀行が創立されると殖産銀行井邑支店長、裡里支店長、光州支店長等を歴任した。二三年七月満州銀行の創立と同時に朝鮮銀行大連出張所長中村光吉の推薦で満州銀行支店課長に転じ、二五年五月本店支配人に就いた。

兵藤　由秋　▷12

三江省公署民政庁実業科員、従七位／三江省佳木斯省公署／一八九四（明二七）四／香川県高松市士田町／攻玉社工学校研究科

香川県兵藤勘平の長男に生まれ、攻玉社中学校を経て一九一三年三月攻玉社工学校を卒業し、同年一一月横浜市役所技手補となった。勤務のかたわら一五年に同校研究科を卒業し、東京農学校で農商務省委託の耕地整理長期講習を受けた後、愛知県農業助手、名古屋市技手、岐阜県農業技手、同県産業技手、農林技手、大阪府農林技手を歴任した。次いで朝鮮総督府技手に転任し、殖産局水利課、朝鮮博覧会審査員、農林局水利課に歴勤して三五年一月朝鮮総督府技師に進んだ。同年二月国務院実業部臨時産業調査局技士に転出して渡満し、同局調査部に勤務した後、同年一一月三江省公署事務官に転任して民政庁実業科に勤務した。

平井　幾郎　▷11

満鉄大連埠頭事務所機械係主任、正八位／大連市千草町／一八九九（明三二）六／島根県松江市北堀町／旅順工科学堂電気工学科

島根県商業平井久太郎の長男に生まれ、一九二〇年旅順工科学堂電気工学科を卒業して満鉄電気作業所に勤務した。二一年一年志願兵として広島電信連隊に入営し、除隊して予備工兵少尉となった。帰社して天ノ川発電所に勤務した後、大連埠頭事務所に転任し、石炭・機械荷役調査のため南阿方面を視察し、帰任後に機械係主任となった。

平井　和夫　▷11

満州教育専門学校教授／奉天紅梅町青雲寮／一九〇一（明三四）一一／大阪府大阪市北区亀甲町／東

京帝大文学部支那文学科
大阪府の建築技師平井惣太郎の次男に生まれた。一九二八年東京帝大文学部支那文学科を卒業して渡満し、満州教育専門学校講師となり、後に教授となった。

平井　栄　▷6

満鉄庶務部人事係主任／大連市／一八八〇（明一三）／長崎県長崎市大浦下町

熊本県八代郡野津村に生まれ、三歳の時に一家で長崎市大浦下町に移住したが、間もなく両親と死別して祖母の手で育てられた。長じて台湾に渡り、総督府土地調査局に勤務した後、殖産局庶務課に転任した。その後総督府を辞職して渡満し、満鉄に入社して後に庶務部人事係主任となった。佐世保市出身で一九〇五年に渡満して大連市山県通で印刷所を経営する竹下市次郎の長女敦子と結婚した。

平石　氏人　▷3

関東都督府高等法院長、従四位勲三等／旅順旧市街出雲町法院第一号官舎／一八六四（元一）／高知県／官立東京大学

官立東京大学で法律学を修めた後、官界に入った。累進して大審院判事を務めた後、関東都督府判事に任じて渡満し、後に高等法院長に就いた。

平石栄一郎　▷12

満州炭砿㈱阜新鉱業所次長／錦州省阜新満州炭砿㈱阜新鉱業所／一八九五（明二八）一二／和歌山県新宮市／東京帝大工学部採鉱科

一九二〇年東京帝大工学部採鉱科を卒業して満鉄に入り、撫順炭砿技師となった。以来勤続し、撫順炭砿勤務、竜鳳採炭所長兼監査係主任、大山採炭所長、撫順炭砿勤務を経て三六年一一月阜新鉱業所次長に就いた。

平石　栄　▷12

国際運輸㈱新京支店保険係主任／新京特別市富士町国際運輸㈱新京特別市支店／一九〇一（明三四）三／長崎県長崎市上筑後町／慶応大学経済学部本科

一九二六年三月慶応大学経済学部本科を卒業して大成火災海上保険㈱に入り東京支店営業部に勤務した。次いで大阪支店査定係、同支店契約係主任、同代理店係等に歴勤した。その後三三年八月国際運輸㈱に転じて渡満し、本社計画課に勤務した後、三六年三月新京支店保険係主任となった。実兄の一も長崎商業学校を卒業した後、海運会社勤務を経て国際運輸㈱大連支店に勤務した。

平井　鎮夫　▷12

奉天税関長／奉天税関／一八九三（明二六）一〇／茨城県結城郡結城町／東京帝大法科大学経済学科

茨城県平井良賢の長男に生まれ、一九一九年七月東京帝大法科大学経済学科を卒業して満鉄に入り地方部勧業課に勤務した。総務部外事課に転任して社長室交通課を兼務した後、帰国して一年志願兵として兵役に服した。除隊して宇都宮高等農林学校教授となり、次いで二三年八月文部省在外研究員となってイギリス、ドイツ、フランスに留学し、帰国後二九年七月東京支社内の満鉄東亜経済調査局に入って雑誌『東亜』の編集に携わった。その後三五年一二月満鉄事務嘱託・経済調査会調査員となり、同第五部植民主任、産業部資料室資料班主査事務取扱、同主査を歴任した後、三七年六月産業部勤務を経て同年七月満州国に転出して奉天税関長に就いた。

平石　常造　▷12

満鉄撫順炭砿古城子採炭所線路係主任、勲七等／奉天省撫順南台町／一八八五（明一八）四／広島県御調郡八幡村

本姓は別、後に平石伊喜太郎の養子となった。一九一一年九月満鉄に入り、奉天保線区に勤務した。以来勤続して奉天工務事務所勤務、鉄嶺保線区勤務、同助役、石橋子保線区主任、同区長、連山関保線区長、本渓湖保線区長、橋頭保線区長に歴勤した。次いで鉄道部工務課勤務を経て三三年八月撫順炭砿古城子採炭所線路係主任となり、同年九月副参事に昇格した。この間、満州事変時の功により勲七等旭日章及び従軍記章、建国功労賞を授与され、三七年四月勤続二五年の表彰を受けた。

平井　新蔵　▷12

満州電業㈱ハルビン支店工務課長、在郷軍人会電業会会長、正八位／ハルビン高士街／一八九八（明三一）五／福岡県八女郡福島町／旅順工科大学電気工学科

福岡県平井儀八の長男に生まれ、一九

一九年一二月旅順工科大学電気工学科を卒業して満鉄に入り電気作業所に勤務した。二六年五月同所から分離して満州電気㈱が設立されると同社に転じ、さらに三四年一二月電気供給部門が南満州電業㈱として独立すると同社奉天電気局工務課長となり、三五年九月ハルビン支店工務課長に転任した。

平泉泰三郎 ▷11

泰平洋行主／大連市大山通／一八八二（明一五）四／福井県大野郡大野町／同志社英学校

祖父の代まで福井藩主松平家の御典医を務めた名家の次男に生まれ、父の泰は各地の県立病院長を歴任した。一九〇四年同志社英学校を卒業し、一年ほど同校に在学して英文学を研究した。〇五年七月横浜の電機・諸機械商バグナル&ヒレス㈴に入り、一一年一一月大連出張所長となって渡満した。一六年五月に同社の事業が東京電気㈱に引き継がれると、新発足の大連出張所長となった。二〇年一月に退社し、資本金一〇〇万円で日華貿易㈱を設立して株式仲買と特産商を経営したが、同年一〇月に同社解散となり、新たに泰平洋行を設立して電機・諸機械販売と内外の諸製造元代理業を営み、日本珪藻セメント㈱取締役を兼務した。奈良県立高女出身の夫人久栄との間に二女あり、長女弥寿江は大連市立高女を卒業して満鉄社員玉名勝夫に嫁した。

平井大次郎 ▷14

日本楽器製造㈱大連支店長／大連市信濃町／一八七一（明四）八／静岡県浜名郡新居町／東京電信学校

静岡県平井片山金四郎の長男に生まれ、同県平井成忠の養子となった。一八九一年東京電信学校を卒業して逓信官吏となり、横須賀、横浜等に勤務した後、官を辞して郷里で商業に従事したが、一九〇二年四月推されて新居町長を務めた。〇五年七月町長を辞職して浜松の日本楽器製造㈱に入り、同社創業者の山葉寅楠が設立した山葉洋行代表となって同年一〇月に渡満した。〇七年に日本楽器製造大連支店に昇格すると、支店長として市内摂津町の家具製造工場と朝日町の製材工場及び奉天・青島の出張所を統轄した。かたわらソウライト製造㈱監査役、大連商業会議所常議員、大連材木商同業組合副組合長を務め、一五年一〇月から二二年一月まで復選により大連市会議員を三期務めた。その後役職から引退して大連に居住し、三三年四月に没した。夫人とうとの間に一男四女あり、長男篤太郎は満州医科大学に学んだ。

平井　孝雄 ▷12

関東地方法院判官兼高等法院覆審部判官、正七位／大連市清水町／一九〇四（明三七）四／埼玉県北足立郡加納村／京都帝大法学部

浦和中学校、浦和高校を経て一九二八年三月京都帝大法学部を卒業して大学院に進んだ。二九年四月中退して司法官試補となり、三二年一〇月判事に進んで東京地方裁判所判事兼東京区裁判所判事代理となった。三三年一〇月関東庁法院判官に転任して渡満し、関東地方法院判官と高等法院覆審部判官を兼任した。

平井誉次郎 ▷11

土木建築請負業、鞍山不動産信託㈱取締役／奉天省撫順東十條通／一八七三（明六）一〇／福岡県朝倉郡甘木町

福岡県酒造業平井彦右衛門の長男に生まれ、年少の頃から三菱炭鉱や明治炭鉱で採炭夫として働いた。一九〇四年日露戦争に従軍して渡満し、戦後そのまま滞満して陸軍省雇員となった。その後満鉄に入って炭鉱部門で働き、一七年に鞍山鉄鉱振興無限公司採炭総局次長となったが、在職一年余で退職して撫順で土木建築請負業を独立開業し、かたわら鞍山不動産信託㈱取締役を務めた。

平井出貞三 ▷12

国務院交通部次長、観光委員会委員、水力電気建設委員会委員、満州国協和会参与、同分会長、満州飛行協会董事、満州電気協会委員、従四位勲四等／新京特別市新発屯崇智路／一八九一（明二四）一〇／山梨県北巨摩郡韮崎町／東京帝大法科大学

山梨県平井出喜久松の長男に生まれ、東京帝大法科大学在学中の一九一五年文官高等試験に合格し、翌年七月卒業とともに逓信局書記兼逓信局属となった。東部逓信局、横浜郵便局、西部逓信局、九州逓信局、熊本逓信局、臨時電信電話局第三課兼逓信大臣秘書官に歴勤した後、広島逓信局企画課長、名古屋逓信局企画課長、簡易保険局年金課長、同年金監理課長、大臣官房監察官、東京通信局監督課長、大臣官房保健課長兼簡易保険局理事、札幌通信局長を歴任し、三五年六月通信局長に累進した。その後三六年一月国務院交通部郵政司長に転出して渡満し、無線電気通信事務者資格考察委員長、日本国通信省事務嘱託、都邑計画中央委員会委員及び路政司長を代行した後、交通部次長に就いた。

平出　春由　▷12

満鉄ハルビン鉄路学院講師、社員会評議員／ハルビン満鉄鉄路学院／一八八六（明一九）二／長野県松本市大字筑摩／松本商業学校

一九〇五年松本商業学校を卒業し、同年一二月一年志願兵として高崎の歩兵第一五連隊補充大隊に入隊し、〇六年一一月歩兵伍長に進んで除隊した。その後鉄道院に入り、一八年三月中部管理局塩尻駅構内主任兼助役、二四年一二月鉄道院書記・東京鉄道局勤務を経て二八年一二月保田駅長となり、三三年九月依願免本官となった。三四年一月満鉄鉄路総局に入り、呼海鉄路局に勤務した後、同年四月ハルビン鉄路局運輸処旅客科弁事員、三六年二月阿什河站長を経て三七年一月ハルビン鉄路学院講師となった。

平井　一　▷12

㈾大和薬房代表社員、平井洋行主、新京果実商組合長、新京武道会幹事、共栄会幹事、新京長崎県人会幹事／新京特別市吉野町／一九〇七（明四〇）一／長崎県南松浦郡福江町／日本体育会体操学校

長崎県平井種蔵の次男に生まれ、一九二七年日本体育会体操学校を卒業して大日本武徳会錬士の称号を受け、長崎県立佐世保商業学校教諭となった。次いで一九三二年満州国中央警察学校教務科長となって渡満し、三四年㈾新京大和薬房代表社員に転じた。その後これを個人事業として高級果実販売業を経営し、かたわら喫茶店平井洋行を兼営した。

平井　秀記　▷11

関東庁警務課員、正八位／新旅順日進町／一八九八（明三一）一一／熊本県八代郡千丁村／熊本県立八代中学校

熊本県米穀肥料商平井群太の長男に生まれ、一九一七年県立八代中学校を卒業した。二四年一二月に渡満し、関東庁警察官練習所を修了して二五年三月撫順警察署巡査となり、二八年六月警部補に昇任して関東庁警務課勤務となった。

平井　衛　▷11

奉天省四平街小学校長／奉天省四平街北大街／一八九四（明二七）七／埼玉県北埼玉郡原道村／広島高等師範学校

埼玉県教員平井鷲蔵の長男に生まれ、一九二〇年広島高等師範学校を卒業して満鉄に入った。奉天小学校訓導を務めた後、二四年五月奉天省四平街小学校長兼訓導となった。二六年一〇月、社命により華北の学事事情を視察した。

平井　穣　▷11

満鉄撫順医院眼科医長、正八位／奉天省撫順北台町／一八八六（明一九）八／熊本県天草郡志岐村／長崎医学専門学校

熊本県平井久市の長男に生まれ、一九〇九年長崎医学専門学校を卒業した。一九一〇年六月郷里の歩兵第一三連隊付陸軍三等軍医となり、同年九月から熊本陸軍地方幼年学校付教官を務めた。陸軍を辞して若松公立病院眼科医長を務めた後、一六年一二月に渡満して満鉄に入り長春医院眼科医長となった。二〇年に営口医院に転任した後、二一年撫順医院眼科医長に就いた。

平岩曼三郎　▷1

萬義和商会主、勲八等／奉天／一八七二（明五）七／長崎県北松浦郡平戸町／日清貿易研究所

一二歳の時に長崎に出て、一四歳でロシア捕鯨船のボーイとなり、樺太沿岸で操業して翌年の冬神戸に帰港した。船を降りて大阪で荒尾精の知遇を得、荒尾の勧めで日清貿易研究所に入った。修了後に上海、香港、シンガポールなど各地を流浪し、一七歳の時に帰国して長崎で貿易業に従事し、一九歳の時に上京した。一八九四年三月朝鮮で東学党が蜂起すると荒尾の推薦で陸軍通訳となり、第二軍第一師団付として遼東半島に上陸して日清戦争に従軍した。金州、旅順、蓋平、牛荘、田庄の戦闘に参加した後、帰国して近衛師団付となった。九五年六月台湾に渡って台北司令部員として勤務した後、辞職して同地で軍用達商を開業した。かたわら種々の事業を経営して数万円の資産を作ったが、後に失敗して無一物となり、昼は煙草、夜は寿司と菓子の行商をして負債を返却した。一九〇三年日露関係の悪化を見て朝鮮に渡り、京城や仁川で骨董商を営んだ後、翌年二月日露戦争が始まると加田組に入り、平壌で第一二師団の御用商を務めた。その後独立して第一軍司令部の御用達を務めて数万円の利益を出したが、〇四年九月注文品を載せた汽船が朝鮮近海で台風のため沈没して再び全資産を失った。鎮南浦碇泊司令部の御用商に転じて船舶の供給と鉄道監部の材料輸送をして損失を挽回した後、しばらく仁川に滞在したが、〇五年に安東県に入り鉄道監部の御用商となった。〇六年二月さらに奉天に移り、萬義和商会を設立して軍隊の払下品の売買と貿易業に従事した。社交を嫌い、自己流の禅と俳句を趣味として不二廼舎自薫、或いは三目庵無口と号した。

平岩　道知　▷3

関東都督府民政署翻訳官、従六位勲四等／旅順市特権地四三号地官舎／一八六〇（万一）一〇／東京府東京市麹町区平河町／東京外国語学校

京都市に生まれ、一八七六年東京外国語学校に入学した。七九年北京に留学した後、八一年から陸軍参謀本部に出仕した。この間、九四年の日清戦争、一九〇〇年の義和団事件、〇四年の日露戦争に通訳として従軍した。〇五年六月関東都督府民政署翻訳官に転じ、文書課に勤務して高等官五等に進んだ。

平岡卯太郎　▷12

国際運輸㈱海運課海運係主任兼連運係主任／大連市長春台／一九〇三（明三六）一二／愛媛県伊予郡中湊町

一九一九年二月山下汽船会社に入り、六年勤続した。次いで二五年七月国際運輸㈱に転じて渡満し、大連支店営業課、同運輸課、同計画課に歴勤して海運課管理係主任となった。その後三六年四月海運課海運係主任に転任し、同年一一月から連運係主任を兼務した。

平岡　数馬　▷11

安東尋常高等小学校長兼安東家政女学校長／安東山手町満鉄社宅／一八八二（明一五）四／長野県南佐久郡大日向村／長野県師範学校

長野県農業平岡総吉の次男に生まれ、一九〇四年長野県師範学校を卒業して県下の小学校訓導となった。〇九年五月に渡満して満鉄に入り、熊岳城、大石橋、瓦房店、本渓湖の各小学校長を歴任し、満鉄学務課員、撫順小学校長を経て二四年四月安東尋常高等小学校長となり、安東家政女学校長を兼務した。植民地教育研究のため中国各地、沿海州、日本植民地等を視察し、二七年四月満鉄創業二〇周年に際し模範社員として表彰された。在安東長野県人会、安東スケート研究会の各会長を務め、安東嚶鳴会の会長として梅若流謡曲を能くした。夫人との間に二女あり、いずれも同志社女学校英文科に学んだ。

平岡　佳吉　▷1

平岡組主／奉天省営口元神廟街／一八五八（安五）三／石川県石川郡美川町

一六歳で東京に出て修学した後、一八八七年に渡米してコロラド州デンバーのライオブランド鉄道会社に六年勤務した。帰国して日本鉄道会社の技師として汽車課に勤務したが、一九〇四年に辞職し、義兄の川崎芳之助の勧めで陸軍用達となり、同年五月日露戦中に渡満して張家屯に上陸した。兵火に包まれた大連に数日留まった跡、熊岳城の海辺から自己の調達した糧食運搬船に便乗して占領直後の営口に渡り、営口兵站司令部に五〇〇石の米穀を納入した。その後同地の元神廟街に平岡組を設立し、多数の事務員を使用して建築材料の販売と煉瓦の製造販売業を営んだ。

平岡　力　▷7

第六師団第二三連隊第三中隊長、正七位／旅順駐屯二三連隊官舎／一八八九（明二二）九／鹿児島県日置郡吉利村／陸軍士官学校

一九〇九年三月鹿児島県第二中学校を卒業、同年一二月士官候補生として熊本の歩兵第二三連隊に入隊した。一〇年一二月陸軍士官学校に入り、一二年五月に卒業して同年一二月歩兵少尉に任官した。一五年七月陸軍戸山学校、一七年七月陸軍歩兵学校をそれぞれ卒業し、一九年一二月歩兵第二三連隊付となり、二二年八月大尉に昇級して同年一二月から翌年三月まで第六師団軍法会議判士を務めた。二三年四月連隊が満州守備隊編入となって渡満し、関東軍軍法会議判士を務めた後、同年八月第三中隊長となった。二五年五月、駐屯軍交代により帰国した。剣道は連隊一の腕前とされ、二四年に奉天で開催された陸軍士官の武道大会に出場して活躍した。

平岡　正行　▷12

満鉄鞍山地方事務所経理係長／奉天省鞍山満鉄地方事務所／一八九一（明二四）二／福岡県田川郡伊田町／早稲田大学商科

福岡県京都郡行橋町に生まれ、一九一九年三月早稲田大学商科を卒業し、同年五月満鉄に入り長春地方事務所に勤務した。以来、長春実業補習学校講師、開原地方事務所、開原公学堂公司、開原地方事務所経理係長、開原地方区経理係主任、安東地方事務所、大石橋地方事務所経理係長、獣疫研究所庶務係長に歴勤した。三五年二月鞍山地方事務所経理係長に転任し、同年四月勤続一五年の表彰を受けた。

平岡　雄吉　▷11

満鉄開原普通学校長／奉天省開原神明街満鉄社宅／一八九三（明二六）八／福岡県朝倉郡三奈木村／福岡県立朝倉中学校

福岡県平岡景美の次男に生まれ、一九一三年県立朝倉中学校を卒業した。一四年朝鮮総督府教員養成所を修了し、朝鮮各地で普通学校訓導を務めた。二五年に渡満して満鉄に入り、開原普通学校長として中国人教育に従事した。

平岡与平治　▷11

ハルビン印刷㈱取締役社長／大連市羽衣町／一八六五（慶一）一／岡山県津山市西今町／育英小学校

岡山県農業前原隆四郎の次男に生まれ、同県平岡家の養嗣子となった。一八七七年育英小学校を卒業後、家業を手伝いながら漢学を修めた。九四年五月㈱美作銀行支配人となり、九六年三月から美作物産㈴の業務担当人として大阪に赴任し、これと同時に同年七月美作銀行支配人から同行大阪支店顧問役に転じた。九七年一月大阪に匿名組合の丁酉商会を設立して業務担当人となり、機械、金物、アメリカ産木材の直輸入業に従事した。九八年美作銀行を辞し、翌年六月には美作物産も退社して丁酉商会の業務に専念したが、一九〇〇年に任意解散となった。〇五年六月軍隊用達商となって渡満し、同年八月末永純一郎の新聞発行計画に参加し、一〇月に遼東新聞社が創業すると理事に就き、後に監査役となった。新聞社経営のかたわら一八年九月ハルビン印刷㈱を設立して常務取締役となり、二〇年一二月から社長を務めた。二七年一〇月に遼東新聞社が満州日日新聞社と合併すると監査役を辞し、以後はハルビン印刷と郷里津山の火薬類販売・印刷業の経営に専念した。夫人トクとの間に二男三女があったがいずれも早世し、養子新六を迎えて津山で家業に従事させた。

平尾　兼蔵　▷12

高松屋商店主、撫順第六区町内会幹事／奉天省撫順中央大街／一八七七（明一〇）一一／香川県綾歌郡造田村

一九〇四年日露戦争に際し陸軍御用達商となって渡満し、戦後そのまま在留して大連で和洋雑貨商を営んだ。まもなく奉天に支店を設け、〇七年に本店を閉鎖して奉天に移った。次いで〇八年撫順中央大街に支店を設け、翌年本店を撫順に移した。東京、大阪、名古屋方面から雑貨、化粧品、玩具を仕入れ、従業員一二人を使用して卸と小売をし、年売上四万五千円に達した。

平尾関太郎　▷9

細川組主、電気館主、満鉄地方委員／奉天省撫順弥生町／一八八七（明二〇）四／広島県比婆郡八鉾村／広島工業学校

広島工業学校を卒業して一九〇五年三月台湾に渡り、台中県官吏となった。土木建築を担当する中で知遇を得た撫順の細川時太郎の訃報に接し、一五年九月に渡満して細川組を継いで土木建築請負業を経営した。本業の他に活動写真常設館を経営し、同地の満鉄地方委員を務めた。

平尾　武雄　▷12

㈾日本ミシン商会主／奉天浪速通／一八九五（明二八）七／香川県高松市西瓦町

旧高松藩士平尾周次の次男に生まれ、早くから実業に従事した。一九二一年シンガーミシン会社に入り、渡満して大連、奉天、新京、吉林、朝鮮方面に勤務し、後に修理部主任に就いた。三二年五月奉天浪速通に資本金三万円で㈾日本ミシン商会を設立し、ミシンの修理販売業を経営した。従業員八人を使用して日本及びドイツからミシンを輸入し、同地商埠地に修理工場、鞍山に出張所を置いて年商四万五〇〇〇円に達した。

平尾　康雄　▷12

満鉄錦県鉄路局産業処副処長、錦州市場㈱社長、勲六等／錦州省錦県鉄路局産業処／一八九三（明二六）一二／大阪府大阪市北区曽根崎／早稲田大学商科

大阪府平尾幸太郎の長男に生まれ、一九一六年早稲田大学商科を卒業し、同年八月平尾㈴に入り家業の鉱山業に従事した。その後一九年八月に渡満して満鉄に入り、鞍山製鉄所庶務課に勤務した後、鞍山地方区地方係主任、鞍山地方事務所勤務兼鞍山地方区地方係主任兼鞍山消防隊監督、営口地方区地方係主任、営口地方事務所地方係長、本社地方部地方課に歴勤し、二六年九月長春地方事務所地方係長となり長春消防隊監督を兼務した。次いで炭砿部庶務課勤務、大石橋地方事務所長、本社総務部審査役付地方班主査兼総務班主査、奉天鉄路局総務処付業科長兼農務科長に歴任して三五年一一月錦県鉄路局産業処副処長となり、三六年九月副参事に昇進した。この間、満州事変時の功により勲六等に叙された。

平尾芳治郎　▷12

吉曽木桟主、吉曽木材公司主、木材業興信組合幹事、吉林居留民会議員／吉林四経路／一八八三（明一六）七／大阪府大阪市西淀川区海老江町

一九一三年吉林の富寧造紙に入り、二三年に同公司解散とともに独立して木材業を営んだ。その後二五年に天津で一年ほど京奉鉄道の枕木請負をし、二八年に再び吉林で木材業を経営した。満鉄納入枕木指定請負人として年商高二〇万円に達し、経営のかたわら同地の居留民会議員を務めた。

平賀　林次　▷12

三江省宝清県参事官／三江省宝清県公署／一八九四（明二七）一二／広島県呉市西片山町／呉海中学校

一九一四年郷里の私立呉海中学校を卒業した後、一八年九月から呉海軍工廠に勤務し、かたわら呉市役所社会課嘱託を務めた。その後三一年三月に退職し、三二年六月に渡満して吉林省双城県弁事員となり、同省磐石県固定政治工作班員、同県属官代理、同県代理参事官を経て三四年八月三江省宝清県参事官に転任した。

平川　守　▷12

国務院実業部総務司会計科兼同農務司兼同臨時産業調査局総務部員、蒙政部勧業司員／新京特別市興安胡同／一九〇八（明四一）三／東京府東京市芝区愛宕下町／東京帝大法学部法律学科、同大学法学部政治学科

東京府平川由蔵の長男に生まれ、一九三〇年三月東京帝大法学部法律学科を卒業し、さらに同大学法学部政治学科に進んで同年一〇月文官高等試験行政科に合格した。三一年三月に卒業して農林省嘱託となり、次いで農林属として農務局耕地課及び農政課に兼勤した。三三年五月農林事務官に進んで経済更正部及び農務局農政課に勤務した後、三五年九月国務院実業部事務官兼臨時産業調査局事務官兼蒙政部事務官に転出して渡満し、実業部法令審査委員会委員を兼務した。

平沢　儀平　▷11

満鉄社長室技術委員／大連市楓町／一八七四（明七）一一／新潟県北魚沼郡川井村／工手学校土木科・建築科

新潟県農業兼商業平沢吉多郎の長男に生まれ、一八九九年三月東京築地の工手学校土木科及び建築科を卒業して逓信省通信局工務課に勤務した。一年在勤して退職して一九〇〇年三月から大沢三之進工学博士の許に寄食して建築学を修業し、有栖川宮邸改築、宇治火薬製造所改築、京都五条教会新築等の諸工事に従事した。〇六年一一月の満鉄創立とともに入社して渡満し、大連及び大石橋以南の政府引継家屋の改築整理業務に従事した。〇九年以降は長春臨時工事係主任、同所保線係主任を経て東清鉄道と吉長鉄道の連絡設備造営、長春市街建設事務等に従事して本社建築課勤務となり、大連医院新築工事等に携わった。二八年一月参事に進んで本社社長室技術委員となり、満州建築協会理事、大連園芸会幹事を務めた。この間、二七年九月世界周遊団に加わって諸国を漫遊した。

平沢惣次郎 ▷12

奉天紡紗廠㈱総務科長／奉天浅間町／一九〇一（明三四）一二／秋田県秋田市牛島／東亞同文書院

県立秋田中学校を卒業して上海に渡り、一九二五年三月東亜同文書院を卒業して遼陽の満州紡績会社に入った。その後二八年六月関東庁大連取引所に転じ、次いで三二年八月奉天紡紗廠㈱に転じた。日文秘書を務めた後、庶務科主任を経て三三年三月総務科長に就いた。

平島　太市 ▷12

満蒙毛織㈱原料課長兼営業部長心得／奉天省皇姑屯満蒙毛織社宅／一八九八（明三一）五／千葉県安房郡豊房村／東京高等工業学校染色科

一九二〇年東京高等工業学校染色科を卒業して渡満し、大連商業学校教諭を務めた。次いで奉天の満蒙毛織㈱に転じ、後に原料課長となり営業部長心得を兼務した。

平島　敏夫 ▷13

満鉄東京支社長／一八九一（明二四）一一／宮崎県児湯郡高鍋町／東京帝大法科大学英法科

宮崎県士族平島重綱の次男に生まれ、一九一八年七月東京帝大法科大学英法科を卒業して高等文官試験に合格し、東京府庁属兼内務属となった。長崎県理事官、明治神宮造営局書記官兼内務書記官、造営局庶務課長を歴任して神社局第二課長となったが、二二年一〇月内務次官から満鉄社長に転じた川村竹治の補佐として満鉄社長室秘書役となった。その後欧米留学を経て満鉄参事・地方課長となり、かたわら満州青年連盟の結成に参画したが、二八年六月台湾総督に就任した川村竹治の慫慂で台湾総督府秘書官に転じた。その後帰国して三二年二月の総選挙で政友会から代議士に当選して司法大臣秘書官を務めたが、三五年九月議員を辞職して再び渡満し、満州国協和会中央事務局次長として同会の再建に取り組んだ。三七年六月錦州省次長に転じたが、在任七ヶ月後の三八年二月満鉄理事に就任して新京支社長を務めた。⇒四二年四月満州電業㈱理事長に転出した後、四五年五月再び満鉄に戻って副総裁に就任した。四五年八月新京で敗戦を迎え、山崎総裁の下で満鉄業務のソ連軍への引き継ぎを行い、長春日本人会副会長・同会長、全東北日僑善後連絡総処主任として在満日本人の引き揚げ事務に従事した後、四七年一一月に帰国した。四八年一一月公職追放となり、五一年に解除されて翌年九月電源開発理事に就き、五六年七月宮崎地方区から参議院選挙に出て三回当選した。この間、四七年から㈶満蒙同胞援護会会長、五八年から六二年まで大東文化大学学長を務めた。著書に『楽土から奈落へ』がある。

平瀬　亨二 ▷9

関東庁医院医官、正六位勲五等／旅順市敷島町官舎／一八七七（明一〇）八／山形県／東京帝大医科大学

本姓は石川、平瀬林右衛門の養嗣子となった。一九〇四年東京帝大医科大学を卒業して陸軍に入り、累進して一八年二等軍医正に進み、同年関東都督府医院医官に任じられて渡満し、旅順医院外科部長を務めた。

平瀬四十二 ▷11

撫順炭砿運輸部石炭係主任／奉天省撫順南台町／一八八九（明二二）／北海道空知郡沼貝村／北海道師範学校

北海道平瀬慶治の五男に生まれ、一九〇九年北海道師範学校を卒業して道内の小学校訓導となった。一四年一月に渡満して満鉄撫順炭砿に勤務し、後に運輸部石炭係主任を務めた。

平田　勝重 ▷11

大連金比羅神社社司、大連商業学校教諭／大連市春日町／一八九三（明二六）五／徳島県勝浦郡福原町／神宮皇学館

徳島県の農業兼神職平田由次郎の次男に生まれ、一九一六年神宮皇学館を卒業して満鉄に入り、撫順炭砿嘱託神社専任神職となった。二〇年一〇月満鉄を退社して大連商業学校教諭に転じ、国語、作文、文法を教えた。教職を務めるかたわら二七年七月金比羅神社社司となり、柳樹屯の稲荷神社社司と在郷軍人大連第五分会班長を兼務した。

平田　包定 ▷14

㈾平田農園主、星ヶ浦水族館主／大連市沙河口台子山／一八六七（慶三）二／東京府東京市本所区太平町

和泉守兼定の号を持つ関の刀鍛冶の次男として岐阜県武儀郡関町に生まれた。八歳の時に父と共に岐阜市に移住して打物鍛冶となったが、一三歳の時に父が死亡したため鍛冶職を廃業した。その後一八九一年五月に上京して京橋で運送業に従事した後、九三年二月服部時計店の精工舎工場支配人となった。日露戦中の一九〇四年九月朝鮮に渡り竜岸浦で酒保を開いたが同年一一月に閉店し、〇五年三月に渡満して大連の監部通に平田洋行を興して時計貴金属商を開業し、一〇年に浪速通に移転した。本業以外に柳行李とバスケットの製造販売を行い、さらに一二年から大魏家屯金家村に五四万坪の農園を経営し、一三年から沙河口台子山で牧場、南三山島と大孤山島で漁業を経営した。かたわら㈱大連機械製作所をはじめ多数の諸会社重役に就き、大連商業会議所議員、大連貴金属商工組合長を務め、一五年一〇月復選により大連市会議員に当選し、三期務めて二一年三月任期中に辞任した。晩年は星ヶ浦海浜で水産館の経営に腐心し、魚槽底部に加圧送水して数ヶ月間海水の交換を不要とする装置を発明して実用新案登録し、熱海、横浜、東京上野でも水族館を経営したが、三七年六月病を得て大連で没した。

平田騏一郎 ▷11

国際運輸㈱常務取締役／大連市黒礁屯／一八八七（明二〇）三／東京府荏原郡大井町

東京府平田甚吉の長男に生まれ、父死亡のため九歳で家督を相続した。京城鉄道管理局に勤務したが、一九年に満鉄に転じて参事となり、本社鉄道部貨物課長を務めた。その後満鉄を退社して国際運輸㈱に入り、常務取締役に就いた。

平田　粛 ▷11

営口満鉄図書館主事／奉天省営口旭街／一八九七（明三〇）一／神奈川県中郡平塚町／明治大学商科

神奈川県の果樹園芸業平田繁之助の四男に生まれ、一九一九年明治大学商科を卒業して同年七月満鉄に入った。勧業課商工係を務めた後、同年九月奉天地方事務所商工係に転任し、経理係、社宅係を歴任した。二五年大連図書館に転勤した後、二八年九月営口図書館主事となった。

平田軍二郎 ▷12

満鉄新京列車区列車助役、勲八等／新京特別市花園町／一八九五（明二八）七／広島県広島市大手町

広島県平田庄吉の次男に生まれ、一九二〇年三月満鉄に入り長春駅に勤務した。鉄道部貨物課、長春駅貨物方、長春列車区、同四平街分区に歴勤した後、桓勾子駅、長春列車区、同鉄嶺分区の各助役を歴任し、三六年一〇月新京列車区列車助役となった。この間、満州事変時の功により勲八等瑞宝章及び従軍記章、建国功労賞を授与され、三五年四月勤続一五年の表彰を受けた。

平田　五介 ▷12

満鉄図們機務段運転主任／間島省図們江山ノ手／一八八八（明二一）四／島根県邑智郡三原村

島根県平田只一郎の五男に生まれ、一九一二年三月満鉄に入り大連事務所に勤務した。一五年四月安東機関区に転勤した後、三一年八月に依願退職した。三三年七月再び満鉄に入って鉄路総局に勤務し、三四年一二月図們機務段に転勤して後に運転主任を務めた。

平田　五郎 ▷12

大連税関統計科長、正八位／大連市富久町／一八八七（明二〇）三／青森県弘前市在府町／早稲田大学政治経済科

一九〇九年早稲田大学政治経済科を卒業し、同年一〇月満鉄に入社した。翌年兵役に服した後、除隊復職して二三年一〇月調査課貿易統計係主任となった。その後三一年九月に退社して外務省及び満鉄の各嘱託を務めた後、国務院財政部嘱託となり全満州貿易統計総合事務創設主務者として大連税関に勤務した。次いで三四年三月税関事務官として大連税関に勤務し、同年七月税関理事官に進んだ。

平田　滋 ▷12

奉天新聞社整理部長／奉天平安通／一九〇七（明四〇）九／広島県佐伯郡飛渡瀬村／奉天中学校

奉天中学校を卒業した後、新聞記者として各社に勤務した。その後一九二九年一〇月奉天新聞社に入り、後に整理部長を務めた。短歌を趣味とし、著書に歌集『山査子』がある。

平田　昌平　▷12

満鉄大虎山機務段長／錦州省大虎山満鉄機務段／一八九五（明二八）六／新潟県東頸城郡安塚村

新潟県平田安五郎の次男に生まれ、一九一三年五月満鉄に入り瓦房店車輌係となった。一五年に満鉄従事員養成所を修了して瓦房店機関区機関助手、同機関士、奉天機関区機関士、大連機関区運転助役、ハルビン機務段窰門分段運転主任に歴勤し、三六年五月大虎山機務段長に就いた。この間、二九年四月勤続一五年の表彰を受けた。

平田　末藤　▷12

満鉄四平街駅構内助役、勲八等／奉天省四平街南四条通／一九〇〇（明三三）六／熊本県天草郡上村

熊本県平田重一の四男に生まれ、一九一八年満鉄に入り安東駅に勤務した。以来勤続して本渓湖駅、安東駅勤務を経て奉天列車区車掌心得、遼陽分区車掌、蘇家屯分区車掌、孤家子駅助役、渾河駅助役を歴職し、三六年七月四平街駅構内助役となった。この間、満州事変時の功により勲八等瑞宝章及び従軍記章、皇帝訪日記念章を授与された。

平田　進　▷12

鉄嶺地方検察庁次長、正七位／奉天省鉄嶺地方検察庁／一八九七（明三〇）一〇／東京府東京市荏原区戸越町／日本大学法文学部法律科

一九一七年一二月徴兵されて都城の歩兵第六四連隊に入隊し、軍曹に進級して除隊した。その後二一年一二月裁判所書記として東京地方裁判所に勤務し、後に検事局書記となった。勤務のかたわら二七年に日本大学法文学部法律科を卒業し、二八年一〇月文官高等試験行政科及び司法科に合格した。三〇年六月司法官試補を経て三一年一二月検事に進み、長崎地方裁判所検事局、熊本区兼同地方裁判所検事に歴任した。三五年八月最高検察庁検察官に転出して渡満し、安東地方検察庁検察官を経て三六年七月安東地方検察庁次長となり、奉天高等検察庁安東分区検察官及び安東区検察庁監督検察官を兼任した後、三七年四月鉄嶺地方検察庁次長に転任した。

平田　淳　▷12

満鉄地方部工事課工務係主任兼地方行政権調整移譲準備委員会幹事、工務委員会幹事、社員会評議員、社員消費組合総代／大連市榊町／一八九五（明二八）一〇／福岡県三潴郡城島町／早稲田大学商学部

福岡県平田栄の次男に生まれ、一九一五年三月県立中学明善校を卒業して満鉄に入社した。その後休職して早稲田大学に学び、二三年に同大学商学部を卒業して復職し、経理部会計課、同主計課に歴勤した。次いで獣疫研究所庶務係長、大石橋地方事務所職係長、同地方係長を歴任し、三六年四月地方部工事課工務係主任兼地方行政権調整移譲準備委員会幹事となり、同年九月副参事に昇格した。

平田　賢徳　▷12

満鉄図們列車段列車助役、勲七等／間島省図們山ノ手局宅／一八九七（明三〇）五／鹿児島県大島郡西方村

鹿児島県平田賢次郎の子に生まれ、一九一四年九州逓信局通信生養成所を修了して久慈郵便局に勤務した。次いで一九一七年一二月徴兵されて中野電信隊に入隊し、シベリア出兵に従軍した。二二年に除隊し、大連郵便局に勤務した後、満鉄に転じて連山関駅に勤務した。その後三三年九月敦図線開通に際し敦化站副站長となり、三六年三月図們列車段列車助役に転任した。この間、シベリア出兵時の功により勲七等に叙され、満州事変時の功により賜杯を授与された。

平田徳次郎　▷10

石炭商大宮組主／大連市若狭町／一八八一（明一四）一／福岡県筑紫郡太宰府町

郷里で商業に従事した後、日露戦中の一九〇五年一月に渡満した。二、三年各地を転々とした後、採掘を開始してまもない大倉組の本渓湖炭鉱に入り、本渓湖煤鉄公司に改組した後も勤続したが、一五年に退社して大連市信濃町に大宮組を設立して本渓湖炭、コークス、銑鉄の一手販売を営んだ。次いで満鉄の撫順炭指定販売人となって売上げを伸ばし、一九年に若狭町の旧コドモ館を買収改築して店舗を移転した。二〇年の戦後不況で打撃を受けたが、その後持ち直して石炭業の他に精米業と岡部式車轂代理店を兼営した。

平田松太郎 ▷12

満鉄四平街医院耳鼻咽喉科医長／奉天省四平街北八条通／一九〇〇（明三三）五／愛媛県喜多郡大洲町／京城医学専門学校

愛媛県平田秀吉の長男に生まれ、一九二八年三月京城医学専門学校を卒業して満鉄に入り、奉天の満州医科大学付属病院耳鼻咽喉科医員となった。二九年二月撫順医院に転じた後、三六年三月四平街医院耳鼻咽喉科医長に就いた。

平田　稔 ▷12

佳木斯専売署副署長、従六位勲五等／三江省佳木斯専売署／一八八六（明一九）三／鳥取県八頭郡大村／陸軍経理学校

鳥取県平田雄太郎の長男に生まれ、鳥取県立第一中学校を卒業して陸軍に入り、一九〇八年陸軍経理学校を卒業した。以来軍務に服して一八年六月一等主計に累進し、二〇年四月休職となった。同年六月に渡満して大連市の満蒙土地建物会社会計課長となったが、程なく帰国して東京市の山田自動車会社会計課長に転じた。その後三四年六月満州国専売公署事務官となって再び渡満し、熱河専売署事業科長兼副署長事務取扱を経て三七年一月佳木斯専売署副署長に就いた。

平田　芳亮 ▷12

大連神明高等女学校長、関東州教職員共済会理事、正六位勲五等／大連市神明町／一八八八（明二一）九／富山県下新川郡三日市町／東京高等師範学校

富山県公吏平田三四郎の四男に生まれ、一九一二年三月東京高等師範学校を卒業して神奈川県師範学校教諭となった。富山中学校、飯田中学校、和歌山中学校の各教諭を歴任した後、二六年一二月旅順第二中学校教諭に転出して渡満した。次いで旅順第一中学校長、旅順高等女学校長を歴任し、三五年四月大連神明高等女学校長となった。

平田　利作 ▷12

満鉄チチハル鉄路局工務処電気科員、勲八等／龍江省チチハル鉄路局工務処電気科／一八九三（明二六）八／広島県広島市大手町

広島県平田利作の長男に生まれ、早くから満鉄に入り各地に勤務した後、奉天保線係を経て一八年四月吉長吉敦鉄路局に派遣された。その後三四年四月新京鉄路局工務処電気科に転任し、三五年一一月奉天省四平街監理所監理員を経て三七年四月チチハル鉄路局工務処電気科に転勤した。この間、満州事変時に軍隊の通信事務を担当し、勲八等瑞宝章及び従軍記章を受けた。

平塚半治郎 ▶14

竜口銀行取締役／大連市神明町／一八七二（明五）一／大分県東国東郡中武蔵村／仏和法律学校

東京の仏和法律学校を卒業して台湾に渡り、台湾総督府訴訟代理人を開業した。一九〇六年六月横浜正金銀行に入り安東、大連、旅順の各出張所に勤務した後、一五年七月安東出張所詰として赴任し、同年一〇月主任に昇任して同地の居留民会議長と行政委員を務めた。一八年三月竜口銀行取締役に転じ、二〇年五月から二二年一月まで官選議員補欠として大連市会議員を務めた。

平手　議一 ▷11

日本商業通信社奉天支社長／奉天加茂町／一八九一（明二四）四／愛知県中島郡稲沢町

愛知県農業平手円七の四男に生まれ、日本商業通信社に入った。一九二二年開原長春支社創設のため渡満し、後に同社奉天支社長に就いた。

平野　惇 ▷13

共栄商会主／大連市山県通／一九〇〇（明三三）／東京府／東京商科大学

一九二五年、東京商科大学を卒業して㈱川北企業社に入った。二八年に川北電気土木工事㈱が設立されると同社に転じ、三〇年大連出張所勤務となって渡満した。三二年五月に退社し、大連市山県通に資本金五〇万円で共栄商会を設立した。電気機械器具・電気工事材料の販売と電気機械設備・設計請負業を営んで成功し、新京中央通と奉天琴平町に出張所を設け、東京市麻布区に駐在員を置いた。

平野　馨 ▷12

営口税関長／奉天省営口営口税関長官舎／一八九一（明二四）六／佐賀県杵島郡武雄町／東亜同文書院

一九一四年三月上海の東亜同文書院を卒業し、同年六月第三艦隊通訳となり軍艦鳥羽に乗務した。その後辞職して中華民国海関に入り、漢口、温州、天津、青島、大連の各海関に勤務した。三二年六月中華民国税関の接収にともない満州国税関監理となり、同年一〇月山海関税関長となり、次いで奉天税務監督署副署長を経て三七年七月営口税関長となった。

平野 勝二 ▷12

国務院実業部総務司統制科員兼臨時産業調査局資料部第一課第一班主任／新京特別市東朝陽胡同／一九〇七（明四〇）一一／大阪府大阪市浪速区霞町／東京帝大法学部政治学科

大阪府平野紋吉の次男に生まれ、府立今宮中学校、大阪高校を経て東京帝大法学部政治学科に進み、在学中の一九二九年一〇月文官高等試験行政科に合格した。三〇年三月に卒業して農林省に入り、農務局耕地課・副業課事務取扱嘱託となった。三一年一月治水事業事務取扱兼大臣官房文書課事務取扱嘱託、同年一二月副業事務取扱嘱託を経て三二年八月農林属となり、蚕糸局蚕業課に勤務した後、同年一二月営林局事務官兼農林事務官に進み東京営林局及び山林局に勤務した。三五年九月満州国実業部事務官兼臨時産業調査局事務官に転出して渡満し、総務司統制科に勤務し、臨時産業調査局資料部勤務を兼任して三六年五月資料部第一課第一班主任となった。

平野京次郎 ▷11

済生堂平野薬房主、勲八等／東清線昂昂渓／一八七八（明一一）八／徳島県名西郡高原村

徳島県農業平野善次郎の三男に生まれ、一八九八年徴兵されて丸亀の第一一師団第四三連隊に入営した。一九〇〇年一一月陸軍看護手として満期除隊した後、〇四年日露戦争に召集されて従軍し、三等看護長に昇進して勲八等を受けた。戦後はチチハル城内で薬種売薬商を営んで成功し、同地の居留民会役員を務めるなど地方名望家として遼東新聞にも紹介されたが、後に昂昂渓に移って同業を経営し、かたわら昂昂渓日本居留民総代を務めた。

平野健太郎 ▷12

太平号主、鞍山煙草耕作組合長、鞍山金融組合評議員、鞍山輸入組合評議員／奉天省鞍山北三条町／一八八四（明一七）四／愛媛県松山市北夷子町／愛媛県立松山中学校

愛媛県平野由蔵の子に生まれ、県立松山中学校を卒業した後、渡満して各地で種々の職業に就いた。その後、鞍山に太平号の名で店舗を設け、東京、名古屋、大阪、ハルビン方面から和洋雑貨、毛布、鞄、果実類を仕入れ、卸小売業を営んだ。明治製菓、日の本毛布共販、太陽牌膠皮鞋公司の鞍山代理店となり、鞍山一円と及びその後背地を販路として年間六万五〇〇〇円を売上げ、鞍山北五条町に支店を設けた。

平野 七郎 ▷12

満鉄奉天駅構内主任、奉天地方委員、社員会評議員、社員消費組合総代／奉天葵町／一八九八（明三一）一／大分県東国東郡安岐町

一九一四年九州鉄道管理局教習所別科電信科を卒業して鉄道員となった。一七年鹿児島本線植木駅に転勤した後、同年一一月に渡満して満鉄に入り旅順駅に勤務した。公主嶺駅、長春列車区、奉天列車区、長春運輸事務所に歴勤して公主嶺駅助役となり、次いで長春列車区列車助役、長春鉄道事務所勤務、奉天鉄道事務所勤務、同長春在勤、鉄道部奉天在勤、奉天車輌事務所勤務、奉天運輸事務所勤務、奉天事務所鉄道課勤務、奉天鉄道事務所勤務を経て三三年八月奉天駅構内主任となった。この間、三三年四月勤続一五年の表彰を受けた。

平野 寿作 ▷11

旅順高等女学校教諭、正七位／旅順市千歳町／一八八七（明二〇）九／大分県東国東郡旭日村／国学院大学

大分県農業平野順作の長男に生まれ、一九一三年国学院大学を卒業し、同年七月長崎県立中学猶興館教諭となった。福岡県立中学修猷館に転じた後、一六年四月台湾に渡って総督府中学校教諭となった。二一年八月旅順高等女学校教諭に招かれて渡満し、後に同校教務主任を務めた。

平野 友秀 ▷12

満鉄敦化警務段長、社員会評議員、正六位勲四等／吉林省敦化満鉄警務段長社宅／一八九三（明二六）四／鹿児島県鹿児島市字新屋敷町／陸軍士官学校

鹿児島県平野休蔵の長男に生まれ、一九一四年五月陸軍士官学校を卒業し、同年一二月歩兵少尉に任官した。歩兵第四五連隊付中支那派遣、沖縄連隊区司令部員、同副官、第六師団司令部付、歩兵第四五連隊付鹿児島工業学校服務、同連隊副官に歴補した後、満州事変に従軍した。三二年八月少佐に累進して予備役編入となり、鹿児島市立松原青年訓練所指導員、在郷軍人会鹿児島市山下分会長、鹿児島市立松原青年学校指導員を務めた。その後三六年二月満鉄鉄路総局職員・赤峰警務段長となって渡満し、三六年一〇月敦化警務段長に転任した。

平野 長秀　▷13

満蒙毛織百貨店専務取締役／奉天／一八九六（明二九）一／東京府八王子市八日町／東京高等工業学校紡績科

東京府西多摩郡東秋留村に生まれ、一九二〇年東京高等工業学校紡績科を卒業して富士毛織会社技師となった。その後東京毛織会社、新興毛織会社の各技師を歴任し、三〇年五月奉天の満蒙毛織㈱技師長に転じて渡満した。同社支配人を務めた後、浪速通の満蒙毛織百貨店取締役となり、常務取締役を経て専務取締役に就任した。

平野 博　▷13

本渓湖市長／一九〇六（明三九）六／福島県河田郡／東亜同文書院

仙台市に生まれ、一九二八年三月上海の東亜同文書院を卒業して満鉄に入った。文書課、調査課に勤務した後、吉林省政府教育庁顧問助手に転じ、新京特別市公署理事官・総務処長を経て三七年七月民政部理事官・保健司弁事となった。奉天省理事官に転出した後、一九四二年一〇月の市制施行とともに本渓湖市長に就任した。

平野 博三　▷11

ジャパン・ツーリスト・ビューロー社員／大連市黒石礁／一八八八（明二一）一二／東京府東京市芝区桜田久保町／鉄道省中央教習所

東京府平野平左衛門の次男に生まれ、一九〇九年鉄道省中央教習所を修了し、鉄道省属となった。二二年六月に退職して渡満し、満鉄鉄道部旅客課に勤務した。二七年九月に満鉄を退社し、ジャパン・ツーリスト・ビューローに入って大連支部に勤務した。

平野 武七　▷8

㈾康泰弘公司経理係／奉天／一八八九（明二二）七／長崎県東彼杵郡川棚村／善隣書院中退

日露戦中の一九〇五年五月、東京善隣書院在学中に渡満して陸軍通訳となった。戦後は煉瓦製造業の英商ブランナモンド商会に入ったが、間もなく辞めて大連で特産物商を開業した。第一次世界大戦中の好況で海城、大石橋、立山に支店を設けたが、戦後不況に遭って廃業した。二二年一二月奉天に移転して㈾康泰弘公司に入り、経理係として中国軍関係の諸工事に携わった。

平野 真　▷12

国務院蒙政部総務司員、満州帝国国防婦女会理事／新京特別市永昌胡同代用官舎／一九〇七（明四〇）一／福岡県福岡市下赤間町／九州帝大法文学部法学科

田崎鹿市の次男に生まれ、福岡県平野藤兵衛の養子となった。佐賀県立小城中学校、福岡高等学校を経て一九三二年三月九州帝大法文学部法学科を卒業して渡満し、同年七月国務院民政部首都警察庁属官となり司法科に勤務した。三三年三月同庁巡官に転任し、同年一二月新京游動警察隊員教育の講師となり刑事訴訟法を担当した。三四年一月警務科規画股長に転任し、次いで警察審議会幹事長、大典警衛警備警務部警備班長、首都警察庁警務科勤務、大典観兵式警衛警備警務部警備班長を歴職し、同年一二月科爾沁右翼中旗属官に転任した。三五年三月郭爾羅斯後旗代理参事官に転任した後、同年一一月蒙政部事務官となり総務司及び民政司に勤務した。この間、建国功労賞、大典記念章、皇帝訪日記念章を授与された。

平野 正朝　▷12

満鉄育成学校長、満鉄奨学資金財団専務理事／大連市桜町／一八八〇（明一三）一二／茨城県真壁郡下妻町／京都帝大法科大学法律学科

倉田正光の長男として東京府下谷区西黒門町に生まれ、一八九六年平野鹿之助の三女斐子の婿養子となった。一九〇七年七月京都帝大法科大学法律学科を卒業し、同年八月満鉄に入り調査部書記となった。次いで撫順炭砿庶務課、同運炭課、同庶務課、南満医学堂監事兼教授、同学生監、奉天医院事務長、満州医科大学幹事兼学生監兼同大予科主事事務取扱に歴勤した。二四年八月大学経営方法研究のため八ヶ月間欧米に出張した後、二五年八月参事に昇格し、同年一〇月満州医科大学幹事に就いて同大学生監と南満医学堂幹事及び教授、学生監を兼務した。二六年三月奉天地方事務所長兼速記生養成所奉天支所長、同年四月同工務区長事務取扱兼任を経て二七年一一月地方部学務課長に就いた。その後三一年六月に退社し、同年八月満鉄嘱託として地方部学務課事務嘱託を務め、三六年一一月満鉄育成学校長に就いた。この間、満州教育会幹事を務めたほか、中国人教育に尽力した功により中華民国六等嘉禾章を受けた。長男の征一も満鉄に入社して熊岳城農事試験場に勤務した。

平野　三雄　▷13

帝国油糧統制㈱常務取締役／大連／一八九四（明二七）／島根県那賀郡長浜村／東京外国語学校

一九一五年、東京外国語学校を卒業して横浜の中外貿易㈱に入った。二〇年に第一次世界大戦の戦後恐慌で中外貿易が解散すると、以前同社社長を務めた豊年製油の杉山社長に招かれ豊年製油本社外国課長に就いた。二九年から三一年までロンドン支店に勤務した後、三四年に大連支店長となって渡満した。三九年八月現職のまま取締役に就任したが、翌年一〇月日本大豆統制会社が創立されると、三度び杉山社長の下で同社常務取締役大連支店長に就いた。さらに四二年八月に日本大豆・日本油料・魚油配給・日本コプラの各統制会社が統合して帝国油糧統制㈱が創立されると、前商工省物価局長官周東英雄社長の下で常務取締役に就任し、新京支店長と大連事務所長を兼任した。

平野　義包　▷9

金州尋常高等小学校長／金州駅前民政署官舎／一八七七（明一〇）一二／愛知県西春日井郡杉村／愛知県第一師範学校

一八九九年三月愛知県第一師範学校を卒業して付属小学校訓導となり、一九〇二年一〇月西春日井郡西部高等小学校、〇五年九月名古屋市第三高等小学校の各訓導を歴任した。〇八年九月関東州小学校訓導に任じられて渡満し、大連尋常高等小学校に勤務した。〇九年四月大連尋常高等小学校柳樹屯分教場に転勤し、一三年四月柳樹屯高等小学校長を経て一四年一月金州尋常高等小学校長に転任した。

平野　良平　▷12

平野良平商店主、ハルビン香坊保自衛団副長／ハルビン建設街／一九〇〇（明三三）五／千葉県海上郡富浦村／千葉県海上郡立旭農学校

千葉県平野六兵衛の次男に生まれ、一九一七年三月海上郡立旭農学校を卒業して兵役に服した後、二三年一〇月東京市目黒区向原町で食料雑貨商を開業した。次いで二七年から幸印ソースの醸造を始め、軍部及び官衙に納入して発展した。三二年満州事変に際し渡満して軍需品の供給業に従事し、三五年にハルビン建設街に店舗を構えた。兵器手入用材料、軍隊用消耗品、官衙用什器荒物、演習用器財等のほか、前岡製綱代理店、第一ラミー紡績特約店として麻ロープ、藁縄、革、ミシン糸を扱い、公認人夫諸工人・荷馬車供給業を兼営し、資本金を八〇〇〇円とし、香坊草料街に作業所を置いて日本人一人と中国人四人を使用した。この間、二二年にサガレン鉄道中隊に派遣されて賜金一〇〇円を授与された。

平林　市郎　▷12

満州電業㈱安東支店臨江営業所長／安東省臨江満州電業営業所長社宅／一八八三（明一六）四／宮崎県児湯郡木城村／東京工科学校電工科

宮崎県農業松田幸一の次男に生まれ、叔父の平林精太郎の養子となった。一九一〇年東京工科学校電工科を卒業した後、一二年五月に渡満して満鉄に入り電気作業所に勤務した。一六年瓦房店電灯㈱に転じて主任技師兼業務主任となり、次いで一八年奉天省四平街電灯㈱に転じた。二六年取締役、二七年専務取締役に歴任した後、三四年一一月満州電業㈱の創立とともに安東支店臨江営業所長に就いた。

平林　三治　▷12

間島省安図県参事官、勲七等／間島省安図県公署／一八九五（明二八）四／大分県下毛郡山口村／関東庁警察官練習所甲科

大分県農業平林武三の三男に生まれ、兵役に服してシベリア出兵に従軍し、

ひ

除隊後に関東庁巡査となった。次いで一九一九年九月関東庁警察官練習所甲科を修了し、二五年八月関東庁巡査部長試験に合格して瓦房店警察署に勤務した。二六年警部警部補考試に合格し、さらに二七年五月関東庁文官普通試験に合格して二八年六月警部補に進み、公主嶺警察署司法主任となり衛生主任第一監督区監督を兼務した後、新京警察署保安係次席、同司法係捜査主任を歴任した。その後三三年関東庁警部に累進し、同年九月に退官して満州国官吏に転じ、浜江省珠河県属官、吉林省乾安県属官を経て三六年四月間島省安図県参事官となった。

平林玉三郎 ▷11

熊岳城公学堂長／奉天省熊岳城日出街／一八八九（明二二）一／長野県東筑摩郡生坂村／長野県師範学校

長野県官吏平林善平の次男に生まれ、一九一一年長野県師範学校を卒業した。東京斯文学会で国漢学を修学した後、一三年三月から郷里で小学校訓導を務めた。一九年八月に渡満して満鉄に入り熊岳城公学堂教諭となり、二六年三月同学堂長に就いた。二七年一〇月から熊岳城地方委員となり、後に副議長を務めた。

平林初次郎 ▷12

愛知洋行主、大連製材㈱取締役／大連市岩代町／一八七二（明五）一／愛知県中島郡稲沢町

一四歳の時に名古屋の美濃屋利兵衛商店に入り、醤油醸造に従事した。一八年勤続後一九〇四年に独立して材木商を開業したが失敗し、醤油販売業を営んだ。日露戦争後一九〇五年一二月に廃業して渡満し、大連市岩代町で食料雑貨商を開業した。味噌、醤油、豆腐、コンニャク原料等を販売して全満に販売網を広げ、本業の他に大連製材㈱取締役を務めた。

平林　文雄 ▷9

関東庁事務官、従六位／大連市児玉町／一八八六（明一九）六／長野県東筑摩郡生坂村／東京帝大法科大学英法科

郷里の松本中学校を卒業し、熊本第五高等学校を経て東京帝大法科大学英法科に入学した。一九一三年七月に卒業して日本興業銀行に入ったが、翌月退社して内務省に転じ、東京府庁に勤務した。千葉、埼玉の県事務官を務めた後、一九年九月関東庁事務官となって渡満し、大連民政署総務課長兼関東庁内務局土木課派出所経理事務を担任した。二〇年三月高等官五等に進み、関東州水産組合常任委員、関東州船舶員懲戒委員会理事、関東州水先案内人懲戒委員会理事を務めた。叔父で東京帝大教授の加藤正治は破産法の大家として知られた。

平原　邦彦 ▷7

共栄起業㈱吉林支店貯木場主任／吉林城外文廟後／一八八三（明一六）八／鹿児島県鹿児島郡谷山村／鹿児島市博約義塾

一八九七年郷里の小学校を卒業して鹿児島市の博約義塾に学び、さらに上京して勉学を続けた。一九〇六年秋外務省巡査となり、奉天総領事館勤務となって渡満し、翌年四月長春領事館の開設とともにこれに転じた。一〇年余勤続して一八年一一月に退職し、共栄起業㈱に入って吉林材の輸出業務に従事し、後に吉林支店貯木場主任を務めた。

平原　信六 ▷12

満鉄四平街地方事務所地方係長、付属地衛生委員会委員、社員会四平街連合会幹事／奉天省四平街南六条通／一九〇一（明三四）八／新潟県西蒲原郡島上村／東亞同文書院

新潟県平原信治の次男に生まれ、一九二五年三月上海の東亞同文書院を卒業し、満鉄に入社して安東地方事務所に勤務した。以来勤続して遼陽地方事務所、奉天事務所地方課、遼陽地方事務所地方係長に歴任し、三六年八月四平街地方事務所地方係長に転任した。中国語・中国事情に通じ、満州事変時の功により楯及び従軍記章を授与された。

平部　直 ▷7

撫順簡易鉱山学校主事／奉天省撫順南台町／一八八一（明一四）三／宮崎県南那珂郡吾田村／神宮皇学館本科

一九〇四年神宮皇学館本科を卒業し、長崎県立五島中学校、岐阜県立東濃中学校の各教諭を務めた。一〇年に渡満して撫順小学校訓導・校長事務取扱となり、一二年南満州工業学校教諭に転じた。一五年四月に撫順日語学堂が創設されると堂長に就任し、二一年三月まで三回五一名の卒業生を送り出した。二一年三月に同学堂が撫順公学堂と統合して満鉄経営の撫順簡易鉱山学校となると同校主事となり、勤務のかたわら同地の宮崎県人会会長を務めた。夫人は広島女子師範学校の出身で、結婚前は広島高等女学校教諭を務めた。

平松　石男　▷10

㈱乾卯商店大連支店長、満蒙興業㈱取締役／大連市千代田町／一八八九（明二二）一一／三重県安濃郡安濃村

三重県の農家に生まれ、早くから大阪に出て商業に従事した後、一九一〇年道修町の乾卯本店に入った。一四年に同店取締役の乾福之助が甘草精製工場を設立する際、乾に同行して渡満した。大房身に工場が設けられると主任となり、一五年に大連の軍用地三〇〇〇坪の貸下げを受けて工場を新築移転した。その後生産量が増大したため一七年九月に甘草製造工場を分離して赤峰県に満蒙興業㈱を設立し、大連工場を苛性ソーダ製造に当てた。さらに欧州大戦後は大連工場をアルコール、エーテル、局方薬品の製造に切り替え、大連支店長として経営に当たった。

平松　満貞　▷11

満鉄撫順医院薬剤長／奉天省撫順南台町／一八八五（明一八）二／愛知県名古屋市西区押切町／愛知薬学校

愛知県平松弥三郎の次男に生まれ、一九〇五年愛知薬学校を卒業した。〇六年薬剤師登録をして京都帝大医科大学付属病院調剤手となり、一一年に薬剤手となった。一四年二月に渡満し、満鉄撫順医院に勤務して薬剤長となり、満州薬学会に論文「室内衛生用験温計供覧」を提出して満鉄社長賞を受けた。

平松　良平　▷11

平松医院主／奉天省遼陽本町／一八七七（明一〇）一／静岡県駿東郡金岡村／東京慈恵会医学専門学校

静岡県農業平松喜三郎の次男に生まれ、一九〇一年東京慈恵会医学専門学校を卒業した。〇二年北里伝染病研究所に入り伝染病の研究に従事した後、静岡県郡医・検疫委員・警察医、産婆看護婦試験委員、日本赤十字社静岡県支部医務嘱託、静岡地方裁判所・同区裁判所医務嘱託等を歴任し、内務省より衛生模範県として表彰を受けた。〇六年朝鮮に渡って統監府黄州病院長、兼二浦病院長を歴任した後、〇七年八月に渡満して遼陽で開業した。この間、第二次政友会内閣の教育部政務調査委員を務めたほか、一四年には政友会の岩崎総務と共に軍縮問題に関し北京、天津、上海を前後三回視察した。渡満後は診療のかたわら大昌銀行監査役に就き、満鉄公費審査委員、地方委員、地方委員会議長・同副議長、連合地方委員会上京委員、全満日本人大会上京委員等の名誉職に就き、二七年四月満鉄創業二〇周年に際し三ツ組銀牌を贈られた。書画骨董と文学を趣味とし、未生流挿花は国会頭の資格を有した。著書に『新撰眼科学』『臨床診断学』『伝染病学』等がある。

平松　録治　▷11

国際運輸㈱営業課長代理／大連市桃源台／一八九五（明二八）一二／佐賀県東松浦郡唐津町／東京高等商業学校

佐賀県平松栄蔵の四男に生まれ、一九一八年東京高等商業学校を卒業した。神戸の山下汽船会社に入り、一九年四月から二二年一一月まで同社ロンドン支店に勤務した。二三年に退社し、翌年一月に渡満して国際運輸㈱に入り、後に営業課長代理を務めた。端艇と柔道を得意とし、東京高商時代は端艇部第一選手として何度も優勝した。

平山　敬三　▷11

満鉄鉄道部庶務課人事係主任／大連市播磨町／一八九一（明二四）七／茨城県稲敷郡阿波村／東京帝大法科大学

茨城県商業平山佐太郎の三男に生まれ、一九一八年東京帝大法科大学を卒業して京城管理局に勤務した。二〇年一一月満鉄に転じ、本社運輸部に勤務した後、長春駅貨物主任、安東駅長、長春駅長を歴任して大連鉄道事務所庶務長となった。鉄道管理の研究のため欧米に二年留学した後、本社鉄道部人事主任に就いた。

平山　茂夫　▷12

昭和製鋼所㈱銑鉄部選鉱工場修理係主任／奉天省鞍山昭和製鋼所㈱銑鉄部／一八九五（明二八）一一／茨城県行方郡香澄村／電機学校

一九一一年七月内務省内の台湾総督府

警察官募集事務所に務め、かたわら東京電機学校に学んだ。一五年に同校を卒業し、同年一二月徴兵されて旭川の歩兵第二七連隊に入営した。満期除隊して横浜電灯会社常盤橋変電所、東京㈾九電工業所等に歴職した後、一八年一二月に渡満して満鉄に入った。鞍山製鉄所工務課機械科、同動力水道工場勤務を経て三三年六月鞍山製鉄所の事業を継承した昭和製鋼所㈱に転じ、選鉱工場還元係勤務を経て修理係主任となった。この間、満州事変時の功により賜品及び従軍記章を授与され、三四年四月勤続一五年の表彰を受けた。

平山　茂保　▷12

国際運輸㈱朝陽鎮出張所員／奉天省朝陽鎮国際運輸㈱出張所／一九〇九（明四二）一二／佐賀県西松浦郡大川村／会寧公立商業学校

一九二五年朝鮮の会寧公立商業学校を卒業し、二六年九月国際運送㈱会寧営業所に入り経理係となった。竜井村出張所経理係に転勤した後、朝鮮運送㈱竜井村出張所経理係に転じ、さらに三二年四月国際運輸㈱に転じて竜井村出張所に勤務した。その後、図們支店南陽営業所主任を経て三七年四月朝陽鎮出張所に転勤した。

平山　惣吉　▷11

満州紡績㈱鉄嶺駐在員／奉天省鉄嶺北四条通／一八八七（明二〇）一二／長崎県長崎市山里町／海星商業学校

長崎県農業平山惣八の長男に生まれ、一九〇六年海星商業学校を卒業した。〇七年から長崎税関に勤務したが、〇九年五月に退職し、一四年に中国に渡って漢口に在留した。一六年に同地の三井物産支店に入って棉花部に勤務し、二〇年に東洋棉花㈱に転じた。二三年一二月東洋棉花を退社して満州紡績㈱に転じ、鉄嶺に駐在した。

平山　武靖　▷11

泰東日報社理事／大連市聖徳街／一八七〇（明三）一二／鹿児島県熊毛郡西表島

鹿児島県の儒学者で村長の平山寛蔵の次男に生まれ、幼時から従兄の前田豊山に就いて漢学を学んだ。小学校三年の時に教師と衝突して退校し、以後は独学で漢学を研究し、後に種子島男爵に漢学を講義する至った。一八九〇年一二月徴兵されて近衛歩兵第三連隊に入営し、九三年に退営したが、九四年に日清戦争が始まると再度応召して九六年に除隊した。一九〇〇年漢学と中国語を習得するため中国に渡って江蘇・安徽・浙江の各地方を歴遊したが、病を得て〇三年に帰国して郷里で療養した。〇四年日露戦争に再び召集され、陸軍歩兵軍曹として台湾守備軍に従軍した。〇五年一二月に除隊し、翌年中国に招聘されて保定軍学堂翻訳官を務めたが、父危篤の報に接し〇七年一一月に帰国した。一一年九月泰東日報紙記者となって渡満したが、一四年一二月北京の順天時報に招かれて編集長に就いた。一七年一二月再び大連に戻り、泰東日報社に復帰して主筆を務めた後、同社理事となった。生家は代々儒学をもって知られ、父母共に和漢の学に通じたほか、伯母の平山エイ子は八〇歳の時に明治天皇に和歌を献上して養老金を下賜されるなど、親類縁者に多くの好学者を輩出した。

平山　遠　▷12

満州医科大学教授兼専門部教授兼附属医院医長、正八位／奉天萩町／一八八七（明二〇）七／京都府京都市上京区衣笠大秡町／京都帝大医科大学、同大学院

一九一三年京都帝大医科大学を卒業し、同大副手として外科教室に勤務した。次いで兵役に服して一七年三月陸軍三等軍医となり、北京の日華同仁医院外科医長を務めた後、京都帝大大学院に入学して外科学を専攻した。二四年五月論文「諸種化膿菌ノ血性伝染ニ因ル短管状骨短骨並ニ扁平骨髄炎ノ実験的研究」により医学博士号を取得した。その後二五年一〇月日赤岩手支部病院副院長兼外科医長を経て同年一一月満州医科大学教授兼専門部教授に転じて渡満し、南満医学堂教授及び同附属奉天医院医長を兼務した。在郷陸軍軍医少尉として満州事変時に軍務に服し、陸軍省より軍士像一体を贈られた。

平山　豊七　▷12

満鉄ハルビン鉄路局総務処事故科員、勲八等／ハルビン海関街／一八九七（明三〇）四／山梨県山梨郡日川村／岩倉鉄道学校

山梨県平山与治兵衛の子に生まれ、一九一四年岩倉鉄道学校を卒業し、同年一一月満鉄に入り大石橋駅に勤務した。次いで青島守備軍鉄道部に派遣され、青島駅車掌、守備軍鉄道部業務課事故係、青島駅助役に歴勤した。満鉄に復帰して奉天鉄道事務所、鉄道部庶務課事故係、ハルビン鉄路局文書課事故係副主任、同事故股長を経て三六年九月職制改正によりハルビン鉄路局総務処事故科員となった。この間、満州事変時の功により勲八等旭日章を授与された。

平山復二郎 ▷13

満鉄理事／一八八八（明二一）一一／東京府東京市淀橋区戸塚町／東京帝大工科大学

東京府平山英三の次男に生まれ、一九一二年東京帝大工科大学を卒業して鉄道省技手となった。二七年鉄道技師に昇格した後、岡山・米子の各建設事務所長を経て熱海建設事務所長となり、丹那トンネルの難工事を担任した。工事完成後は建設局工事課長、仙台鉄道局長を歴任して本省建設局長となった。その後、満鉄理事に迎えられて渡満した。著書『工業日本精神』は後進技術家の指針として多くの人に読まれた。数学者で文相・学士院長等を歴任した菊池大麓の七女英子を妻とし、実弟の平山孝は東京帝大法学部を卒業して鉄道省に入り後に名古屋鉄道局長を務めた。

広石　郁麿 ▷12

満鉄鉄道総局警務局警務主任、正七位／奉天満鉄鉄道総局／一八九九（明三二）一一／大分県東国東郡豊崎村／明治大学法科専門部

本姓は別、後に広石代吉の養子となった。一九二〇年大分県巡査となり、以来勤続して警部警部補任用試験に合格した。その後上京して二八年に明治大学法科専門部を卒業し、さらに文官高等試験行政及び司法の両科に合格して福島県土木書記となった。都市計画福島地方委員会書記、福島県属兼任福島県警部を歴任した後、関東庁警部に転じて渡満した。大連警察署保安主任、警務局警務課勤務、大連沙河口警察署長を経て関東庁警視に昇進し、新京警察署長兼外務省警視を歴任した。次いで三六年三月満鉄に転じて鉄路総局ハルビン警務段長となり、同年九月同三棵樹警務段長兼任を経て三七年二月鉄道総局警務局警務主任となった。

広石　順平 ▷8

つるや洋服店主／奉天／一八七八（明一一）一一／兵庫県神戸市山本通

徳島県板野郡撫養町に生まれ、後に本籍を神戸に移した。一九一三年一月に渡満し、西岡正治が経営する奉天の「つるや」商会に入り洗濯・染物業に従事した。二一年三月同商会支店として「つるや」洋服店を開業して独立経営した。一七年二月救世軍に入り、奉天救世軍分隊長として多くの社会事業に携わった。

広居　直治 ▷12

満州製麻㈱奉天工場工務長／奉天末広町／一八九〇（明二三）七／山形県山形市香澄町／米沢高等工業学校紡織科

一九一四年米沢高等工業学校紡織科を卒業し、同年九月帝国製麻会社の技手となった。一九年九月技師に昇格して札幌製品工場工務科長となり、次いで大津製品工場工務科長、鹿沼製品工場助役を経て同社系列の奉天製麻会社工務課長となって渡満した。以来勤続して支配人代理兼務工場長に進んだが、三六年五月満州製麻会社に転じて奉天工場工務長に就いた。この間、満州事変時の功により大盾一枚を授与された。

広海　捨蔵 ▷12

広海医院長、関東庁公医、老虎灘会長、消防組顧問、老虎灘改善期成会長／大連市外老虎灘／一八七六（明九）三／兵庫県神戸市入江通／済生学舎

兵庫県教員広海多門の次男に生まれ、一八九五年独学で薬剤師試験に合格した後、済生学舎に入学して一九〇〇年に卒業した。〇一年医師免許状を取得し、〇二年郷里の兵庫県警察部衛生課に勤務して細菌検査及び衛生行政に従事し、〇九年九月から一一月まで在職のまま関東都督府に招聘されて旅順でコレラ防疫に携わった。一一年満鉄の依頼で肺ペスト防疫に従事し、さらに中国政府の招聘で長春に赴いて衛生顧問を務め、勲三等双宝星章を授与された。その後一二年に満鉄に入り大連医院、安東医院に勤務し、一八年一一月に退職して大連市外老虎灘に広海医院を開業し、後に桃源台に分院を設けた。診療のかたわら関東州老虎灘会長として漁港・魚市場問題等に関する老虎灘改善期成会を結成し、電車路線延長運動や電車賃均一運動にも取り組み、三〇年一一月大連民政署長より銀盃一組を授与表彰された。

広岡　勝治 ▷12

満鉄地方行政権調整移譲準備委員会新京在勤幹事、正八位／新京特別市満鉄支社地方課気付／一九〇五（明三八）八／奈良県磯城郡三宅村／京都帝大工学部土木工学科

奈良県広岡平次郎の四男に生まれ、一九三〇年三月京都帝大工学部土木工学科を卒業して大林組に入り、大阪市の高速電軌地下鉄工事に従事した。八日市の飛行第三連隊に入営して兵役に服した後、大林組に復職して阪神電車神戸地下線工事に従事した。その後三三年四月満鉄に転じて渡満し、地方部工事課勤務を経て同年六月奉天地方事務所に転勤した。次いで三五年三月安東地方事務所工事係長、三六年一月奉天地方事務所土木係長、三六年一〇月地方部工事課道路係主任を歴任し、三七年四月地方行政権調整移譲準備委員会新京在勤幹事となった。この間、奉天・安東在勤時に同地の附属地衛生委員を務めた。

広岡　勘一 ▷12

広岡工務所主、吉林土木建築組合副組合長／吉林新開門外／一八九六（明二九）二／山口県大島郡油田村／東京工科学校建築科

山口県広岡勇吉の長男に生まれ、一九一六年東京工科学校建築科を卒業し、同年一二月徴兵されて広島の歩兵第七一連隊に入営した。一八年一二月に満期除隊して渡満し、営口の川畑組の技術主任となった。その後二八年四月吉林に広島工務所を興して土木建築請負業を開業し、かたわら移動式製材業を兼営した。以来発展の一途をたどり、郷里の風光明媚の地に二二五坪の宅地を買収し、九〇坪の邸宅を立てて老後自適の場とした。

広岡　為次 ▷12

満鉄ハルビン医院婦人科医長／ハルビン大直街／一九〇二（明三五）二／大阪府堺市錦之町／東北帝大医学部

大阪府広岡修造の次男に生まれ、堺中学校、第四高等学校を経て一九二九年三月東北帝大医学部を卒業し、同大副手となった。三二年一〇月助手に進んで産婦人科教室で研究に従事した後、三四年三月秋田県大館町公立大館病院婦人科医長に就いた。その後三四年一一月満鉄医員に転じて渡満し、ハルビン医院婦人科医長となった。

弘岡半次郎 ▷11

満州取引所専務理事／奉天八幡町／一八七七（明一〇）八／山口県下関市字奥小路

山口県弘岡半太郎の子に生まれ、日露戦中の一九〇五年二月に渡満した。〇九年安東銀行に勤務した後、東洋拓殖㈱勤務を経て一九年八月奉天証券㈱に転じて専務取締役に就き、同社の組織変更後は専務理事となった。

広川　英治 ▷12

三江省公署総務庁文書科員／三江省佳木斯省公署／一九〇五（明三八）五／広島県御調郡美ノ郷村／京城帝大法文学部法学科

一九二九年三月京城帝大法文学部法学科を卒業して朝鮮総督府判任官見習となり、京城覆審院に勤務した。その後三二年六月に渡満して国務院民政部属官に転じ、三三年六月三江省公署事務官に転任して総務庁文書科に勤務した。

広崎　浩一 ▷13

大連窯業㈱社長／大連市山城町／一八八五（明一八）六／大分県宇佐郡豊川村／神戸高等商業学校

大分県官吏広崎衛の長男に生まれ、一九〇八年神戸高等商業学校を卒業した。その後一八年一〇月に渡満して満鉄に入り、経理部会計課に勤務した後、大連医院事務長に転任し、医院経営事務研究のため社命で欧米に留学した。帰任後、地方部衛生課に転任して参事となり、医務係主任、経理部会計課長代理、総務監理課長、総務部審査役を歴任して三六年一〇月監察役に就いた。三七年四月待命となり、同年六月に退社して満鉄傘下の大連窯業㈱社長に就任した。

広沢兼次郎 ▷3

満鉄総務部技術局建築課職員／大連市越後町／一八八五（明一八）一二／東京府東京市本郷区林町／京都帝大理工科大学土木科

一九〇九年、京都帝大理工科大学土木科を卒業した。同大学日比博士の下で鉄筋コンクリートの研究に従事した後、渡満して満鉄に入り総務部技術局

ひ

建築課に勤務した。

広沢真十郎 ▷4

伏見屋商店主／ハルビン埠頭区モストワヤ街／一八六四（元一）三／京都府紀伊郡下鳥羽村／中学校

京都府医師の子に生まれたが医業を好まず、中学校を卒業して商業に従事した。日露戦後の一九〇六年に渡満してハルビンで食料品雑貨商を開き、東清鉄道沿線から黒竜江沿岸を販路とした。灘の大塚醸造製の「金露」を輸入して一手販売するなど商才に長じ、欧州大戦の影響で北満一帯が好況に向かうと呉服物の取り扱いも開始した。ハルビン商界が対露貿易に偏重する中で対中貿易に目を向け、日本酒と醤油、筍・鮑の缶詰類を主力とし、年間に「金露」数百樽、堺の河又醸造製の醤油四〇〇〇樽を販売した。

広沢　俊夫 ▷11

徳泰公司証券部長／大連市二葉町／一八九九（明三二）三／東京府北豊島郡王子町／成蹊実務学校

東京府広沢鍋次郎の長男に生まれ、一九一六年成蹊実務学校を卒業して大阪の野村商店に入った。二〇年九月社命で満蒙証券㈱に派遣されて渡満し、株式市場代理人を務めた。その後野村系の㈱徳泰公司証券部長に転じ、大連株式商品取引所株式取引人として有価証券の売買に従事した。

広瀬　金蔵 ▷13

三泰油房取締役会長、満州小野田洋灰㈱取締役、勲六等／大連市初瀬町／一八八一（明一四）五／兵庫県武庫郡今津町

京都府広瀬円助の三男に生まれ、日清戦争直後の一八九五年一一月に渡満し、営口で父の経営する福富洋行の店務に従事した。一九〇四年日露戦争に際し陸軍通訳を命じられ、第三軍及び鴨緑江軍付として従軍した後、〇六年五月三井物産に入って牛荘出張所に勤務し、一七年に同出張所長となった。次いで二二年奉天出張所長に転任して三泰油房取締役を兼任した後、大連支店長代理、同支店長を経て三泰油房取締役会長に就いた。この間、日露戦争時の功により勲六等瑞宝章を授与された。実兄庸三は福富洋行を手伝った後、大連市山県通で広瀬商店を経営し、長女遼子は大連神明高女を卒業して福昌公司主相生由太郎の嫡子四郎に嫁した。

広瀬　慶次 ▷11

大連西崗子公学堂教諭／大連市錦町／一八八九（明二二）九／富山県中新川郡東水橋町／富山県師範学校

富山県広瀬仁十郎の長男に生まれ、一九一一年三月富山県師範学校を卒業して県下の上市尋常高等小学校、水橋尋常高等小学校の訓導を務めた。一九年九月に渡満して大連第三小学校訓導となり、翌年九月伏見台公学堂教諭を経て二七年三月西崗子公学堂教諭となった。この間、朝鮮人教育及び日本語教授法研究のため京城に出張したほか、華北方面を教育視察した。

広瀬敬次郎 ▷4

日本花園主／ハルビン埠頭区モストワヤ街／一八七七（明一〇）／熊本県熊本市上林町

熊本市の雑貨商の子に生まれ、年少の頃から家業に従事した。日清戦争後の一八九五年、父母の許しを乞い若干の資金を手に渡満した。風景の荒漠なるを見て精神的慰安の需要を思い付き、長春城外に土地を借り盆栽と花卉類を栽培して販売した。経営が軌道に乗り、ハルビン等への出張販売を重ねる中で北方の需要増大に着眼し、一二年にハルビン市内モストワヤ街に店舗を移した。温室設備を導入して規模を拡大し、園内で種々の花卉類を直売する一方、市内二ヶ所で飲食店を兼営した。

広瀬　源次 ▷11

大連汽船㈱員／大連市桃源台／一八八九（明二二）七／山口県豊浦郡宇賀村／市立下関商業学校

山口県農業高木市太郎の次男に生まれ、広瀬棟吉の養嗣子となった。一九〇九年市立下関商業学校を卒業して満鉄に入り、埠頭事務所船舶貨物受渡係員となった。一四年二月上海事務所に転勤した後、一八年に神戸の㈱内田商事大連出張所に転じ、さらに翌年一一月大連汽船㈱に転じた。

広瀬　幸太郎 ▷11

大連商業学校教諭／大連市紅葉町／一八八七（明二〇）一〇／茨城県北相馬郡高井村／茨城県師範学校

茨城県農業広瀬直助の長男に生まれ、一九一〇年茨城県師範学校を卒業し

ひ

た。二一年に渡満して大連の神明高等女学校教諭となり、二四年九月大連商業学校教諭に転任した。

広瀬　駒男　▷11

乾和荘妙義農園主／奉天省瓦房店水源地／一八七五（明八）三／山口県豊浦郡小月村／陸軍教導団

山口県農業広瀬玉蔵の長男に生まれ、一八九三年四月陸軍教導団を修了して歩兵軍曹となり、近衛第三連隊に勤務した。九五年九月憲兵に転科して朝鮮、台湾等に赴任した後、日露戦中の〇五年二月旅順軍政署付憲兵班長となって渡満した。〇七年九月憲兵特務曹長に昇任して予備役編入となり、一〇年三月から瓦房店で農業を始めた。同地の小学校や公会堂の建設に尽力したほか、在郷軍人会を組織して分会顧問を務め、純正日蓮主義を標榜して満鉄沿線の各小中学校等で日本国体の理想に関する講演を七十余回行い、『摩訶日本』を著した。

広瀬　節男　▷12

国務院外交部外交部政務司俄国科長兼外交部北満特派員公署理事官／新京特別市宝清胡同代用官舎／一九〇一（明三四）三／島根県松江市外中原町／早稲田大学政治経済学部政治科

愛媛県広瀬昌三の次男に生まれ、一九二四年三月早稲田大学政治経済学部政治科を卒業し、翌年六月外務省事務嘱託となった。二八年九月文官高等試験外交科に合格し、同年一一月外務書記生となりアメリカに赴任し、三〇年五月外交官補となった。三五年五月外務事務官に進んで欧亜局第一課に勤務した後、同年八月大使館三等書記官として渡満し、翌月満州国外交部理事官となった。外交部北満特派員公署理事官及び外交部政務司俄国科長を兼任し、三七年国都建設紀年式典準備委員会接伴部幹事を務めた。

広瀬　周莽　▷4

益世堂薬房主／ハルビン伝家屯／一八八八（明二一）／東京府東京市京橋区桶町／明治薬学校

東京京橋の薬種商の子に生まれ、商工中学校を経て一九〇九年明治薬学校を卒業した。家業を継いだ後、一一年に東京砲兵工廠に入って分析課に勤務したが、翌年渡満してハルビンの梅田商会店員となった。一四年五月に益世堂薬房を興して独立開業し、中国人を顧客として大連、大阪、東京方面から仕入れた薬種、売薬、医療器具機械類を販売した。

広瀬　寿助　▷13

満州電信電話㈱総裁、従三位勲一等功三級／新京特別市西万寿大街／一八七五（明八）六／広島県甲奴郡階見村／陸軍大学校

広島県広瀬料作の長男に生まれ、一八九九年一一月陸軍士官学校を卒業し、一九〇〇年歩兵少尉に任官した。次いで〇九年一二月陸軍大学校を卒業し、陸軍兵器本廠付等を経て二四年八月少将に進み、翌年五月歩兵第一旅団長、二七年七月参謀本部第三部長に歴補した。二九年八月中将に累進し、三〇年八月運輸本部長を経て三一年八月第一〇師団長となり、満州事変に際し三二年四月松花江作戦を指揮して三四年五月に帰還し、同年六月待命となった。その後三七年三月前任の山内静夫元陸軍中将と交替して満州電信電話㈱総裁に就任した。この間、日露戦争の戦功により功四級金鵄勲章、満州事変時の功により勲一等旭日大綬章及び功三級金鵄勲章を授与された。長男信衛は満鉄社員として奉天に在勤した。

広瀬　季雄　▷11

日本赤十字社奉天病院眼下医長／奉天浅間町／一八八八（明二一）六／京都府京都市／東北帝大医学専門部

一九一二年、東北帝大医学専門部を卒業して朝鮮総督府医員となった。一四年一二月全州慈恵医院眼科主任に転任し、一七年一〇月から二年間東京の北里研究所で細菌学の研究に従事した。一九年に渡満して奉天の赤十字病院に転じ、二七年二月医学博士号を取得した。

広瀬　直幹　▷10

関東庁内務局長兼博物館長、正四位勲三等／旅順市日進町／一八七五（明八）一／香川県高松市天神町／京都帝大法科大学

豊田官吾の次男に生まれたが、先代トセ子の養子となり広瀬姓を名乗った。高松中学校から京都帝大法科大学に進み、一九〇五年に卒業した。一五年に文官高等試験に合格して栃木県警視となり、北海道、群馬、和歌山各県の事務官、長野、徳島、長崎各県の内務部長を歴任して宮崎県知事に就いた。その後、関東庁内務局長に転任して渡満し、二四年二月欧米に出張して同年一一月に帰任した。

広瀬　柗夫　▷12

新京鉱業監督署鉱政科長、岐阜県人会評議員、従七位／新京特別市昌平胡同／一九〇〇（明三三）七／岐阜県本巣郡本田村／明治大学専門部法科

岐阜県広瀬銀治郎の四男に生まれ、一九二三年三月明治大学専門部法科を卒業し、同年四月一年志願兵として津市の歩兵第五一連隊に入営し、同年八月歩兵曹長となり統計局に勤務した。二七年三月歩兵少尉に進級し、同年一二月文官高等試験行政科及び司法科に合格した。三三年九月特許局事務官となったが、同年一二月国務院実業部商標局事務官に転じて渡満した。三六年六月特許発明局事務官に転任し、商標科勤務を経て特許発明局審査官となり、同局評定官、商標科勤務、登録科勤務、評定科勤務を経て同年一二月鉱業監督署理事官に進み、新京鉱業監督署鉱政科長に就いた。この間、満州事変時の功により建国功労賞、大典記念章、皇帝訪日記念章を授与された。

広瀬　庸三　▷4

広瀬商店主／大連市山県通／一八七六（明九）一二／京都府京都市上京区室町／同志社英学校

京都府広瀬円助の子に生まれ、同志社英学校を卒業して渡満した後、営口で父の経営する福富洋行に入り豆粕輸出業に従事した。一九〇〇年義和団事件のため一時営口を引き揚げ、鎮定後に事業を再開して業績回復を図ったが叶わず、〇三年に帰国した。敦賀の岩城商会と共同で豆粕製造所を設立したが振るわず、大連に戻って輸出入貿易商を開業したが、商売が軌道に乗った矢先に日露戦争が始まり、事業を放棄して再び帰国した。戦後、四度び渡満して営口の東永茂に入り特産物貿易に従事した。一三年三月に大連取引所が設立されると東永茂の賛助を得て広瀬商店を独立経営し、取引所仲買人となった。経営のかたわら東永茂の事業にも参画し、同社を代表して大連重要物産同業組合評議員を務めた。弟の金蔵も日露戦争後に渡満し、後に三泰油房取締役会長となった。

広瀬　義雄　▷12

満鉄陳相屯駅助役／奉天省陳相屯駅／一九〇四（明三七）四／山梨県東山梨郡松里村／大連商工学校簿記科、大連語学校

山梨県広瀬友吉の長男に生まれ、一九二一年三月郷里の松里農業補習学校を卒業して農業に従事した。その後二四年九月に渡満して満鉄に入り、勤務のかたわら二五年に大連商工学校簿記科及び大連語学校を卒業した。埠頭事務所車務課操車係連結方、同信号方、陸運係、同車務係、奉天列車区蘇家屯分区車掌心得、同車掌に歴勤した後、三六年三月助役資格試験に合格して同年七月陳相屯駅助役となった。この間、満州事変時の功により小盾を授与された。

広瀬吉太郎　▷1

広瀬洋行主、奉天商業会議所議員、奉天居留民会行政委員／奉天小西辺門外／一八八四（明一七）一／富山県西礪波郡石動町

一九〇四年六月日露戦中に朝鮮に渡り、㈱旭商会取締役として釜山支店を経営した。〇五年八月野戦砲兵第一二連隊酒保員に転じて満州に従軍し、同年一二月奉天兵站部に酒保を開いた。その後、小西辺門外に広瀬洋行を設立して建築材料一式の販売を始め、戦後の需要増大とともに売上げを伸ばし、同地の商業会議所議員、居留民会行政委員を務めた。

広瀬　渉　▷12

熱河省公署警務庁煙務科長／熱河省承徳南営子三条胡同／一九〇三（明三六）一一／兵庫県佐用郡大広村／拓殖大学商学部

兵庫県広瀬定吉の四男に生まれ、神戸第一中学校を経て一九三〇年三月拓殖大学商学部を卒業し、家業の酒造業に従事した。三二年六月に渡満して国務院民政部に入り、救済員として黒龍江省の呼蘭県及び蘭西県に派遣された後、同年一〇月奉天省鎮東県属官となった。三三年三月政治工作員として熱河省赤峰に派遣され、赤峰行政指導公署を経て赤峰弁事処に勤務し、同年五月熱河省公署属官となった。三四年七月現任のまま熱河省公署民政庁勤務となり、同年一〇月平泉県属官に転任した。三五年三月同県参事官に進んだが、同年一一月一時帰休を命じられ、関東

ひ

軍嘱託としてチャハル工作に従事した。三六年四月平泉県参事官に帰任した後、同年一〇月熱河省公署事務官となり警務庁煙務科長に就いた。

広田元太郎 ▷12

満州化学工業㈱硫酸部製造係長／大連市外甘井子南町／一九〇四（明三七）二／愛媛県松山市萱町／京都帝大工学部工業化学科

一九二九年三月京都帝大工学部工業化学科を卒業して満鉄に入り、鞍山製鉄所に勤務した。三三年八月本社計画部に転勤した後、同年満鉄傘下の満州化学工業㈱に転出して製造係長を務めた。

広田　虎雄 ▷12

満鉄中央試験所庶務課調査係主任／大連市黒礁屯／一九〇二（明三五）八／広島県福山市桜町／九州帝大工学部応用化学科

広島県広田精一の長男に生まれ、神奈川県立小田原中学校、第一高等学校を経て一九二六年三月九州帝大工学部応用化学科を卒業し、同年五月満鉄に入り中央試験所試験課兼興業部商工課勤務となった。二七年四月中央試験所勤務、三一年八月兼技術局計画部勤務、三四年一一月中央試験所調査室主任に歴勤し、三六年一〇月同所庶務課調査係主任となった。

広谷　宗一 ▷11

満鉄熊岳城駅長／奉天省熊岳城千代田街／一八九三（明二六）一／山口県玖珂郡麻里布町／東洋協会殖民専門学校支那語科

一九一七年、東洋協会殖民専門学校支那語科を卒業した。一九年六月に渡満して満鉄に入り、営口駅貨物方となった。沿線各駅に転勤して車掌、助役を歴任して熊岳城駅長に就いた。

広田　一 ▷11

遼陽警察署警部補／奉天省遼陽住吉町／一八九三（明二六）一〇／岡山県上道郡浮田村

岡山県農業広田荘太郎の三男に生まれ、徴兵されて二年兵役に服した。一九一六年一二月に渡満して関東都督府巡査となり、開原に二年、奉天省四平街に七年余勤務して警部補に昇進した。二六年に遼陽警察署に転じ、高等係及び保安係主任となった。

弘中　彦助 ▷12

かどや油舗主／大連市連鎖街心斎橋通／一八九〇（明二三）四／山口県熊毛郡平生町

早くから諸種の実業に従事した後、一九〇六年九月に渡満した。しばらく旅順で働いたが、一二年に大連市岩城町に移り頭髪油類及び化粧品商を開業した。二九年一二月連鎖街に移転し、規模を拡張して長崎、大阪、東京方面から商品を仕入れ、五人の従業員を使用して販売した。

広野　栄寿 ▷12

満鉄満溝自動車営業所主任／浜江省満溝満鉄自動車営業所／一九〇〇（明三三）七／千葉県印旛郡富里村／日本大学法科予科

高杢学館を経て一九一八年日本大学法科予科を卒業し、二四年六月東京市電気局に入り神明町電気営業所に勤務した。大塚自動車営業所、電気局自動車課運転監督を務めた後、三四年一月に渡満して満鉄鉄路総局に入った。瀋海鉄路局派遣、山城鎮自動車営業所勤務、荘河自動車営業所勤務、同主任、同弁事員、同庶務員、ハルビン鉄路局運輸処自動車科勤務を経て三六年一一月満溝自動車営業所主任となった。

広間　武雄 ▷12

満州国軍政部中央陸軍訓練処教官、正五位勲五等／奉天萩町／一八八七（明二〇）一／愛知県丹羽郡布袋町／陸軍士官学校

陸軍士官学校を卒業して歩兵少尉に任官し、二一年朝鮮竜山の第二〇師団第七九連隊に勤務した。その後、朝鮮軍司令部命で満州に派遣されて長く同地に駐在勤務し、満州事変に際しては第二〇師団司令部付として錦州に入城した。中佐に累進して予備役となり、満州国中央陸軍訓練処教官に補任された。東京音楽学校師範科卒の夫人文子との間に一男一女があった。

広本外次郎 ▷12

満鉄四平街機関区長、社員会評議員、社員消費組合総代、勲六等／奉天省四平街北五条通／一八八九（明二二）一〇／富山県射水郡浅井村

富山県広本米平の次男に生まれ、一九〇七年四月満鉄創業とともに入社して大石橋機関区に勤務した。以来勤続し

ひ

て公主嶺車輌係、大石橋車輌係、奉天機関区点検助役、同運転主任、安東機関区運転主任兼技術主任、長春機関区長、瓦房店機関区長、鉄路総局図們機務段長を歴任した。次いで三五年三月四平街機関区長に就き、三六年九月参事に昇格した。この間、満州事変時の功により勲六等に叙され、三二年四月に勤続一五年の表彰、三七年四月に勤続二〇年の表彰を受けた。

広元　藤一　▷12

満鉄通遠堡駅助役／安東省通遠堡駅／一九〇〇（明三三）一二／広島県御調郡坂井原村

広島県広元年太郎の長男に生まれ、一九一八年九月西部鉄道管理局に入り糸崎駅出札掛兼小荷物掛となった。岡山運輸事務所、糸崎寄宿寮、大阪鉄道局、岡山運輸事務所庶務係、岡山車掌所車掌、岡山駅駅務助手兼笠岡駅駅務助手兼助役、大門駅助役に歴職して鉄道局書記に進み、三四年七月に休職となった。その後三五年一〇月に渡満して満鉄に入社し、奉天列車区蘇家屯分区車掌心得、同車掌を経て三七年一月安奉線通遠堡駅助役となった。

広本　光治　▷12

㈾広本洋行代表社員、国華ホテル経営主、日華金融㈱専務取締役／新京特別市日本橋通／一八八五（明一八）八／兵庫県宍粟郡富栖村／東京外国語学校支那語本科

多紀郡篠山町の鳳鳴義塾で修学した後、上京して東京外国語学校支那語本科を卒業し、渡満して関東都督府警部となり長春に在勤した。その後一九一六に退官し、同地に広本洋行を興して中国人商人向けに毛織・人絹等各種織物類とゴム靴の卸商を始めた。二九年合資会社に改組し、吉林と敦化に支店を設けて年商高一〇〇万円、納税二二〇円を計上した。かたわら日華金融㈱専務取締役を兼ね、日本橋通で国華ホテルを経営した。

広吉　辰雄　▷11

満鉄撫順炭砿運輸部運転係主任／奉天省撫順山城町／一八八〇（明一三）八／熊本県菊池郡泗水村

熊本県広吉宗連の次男に生まれ、果樹栽培と牧畜業に従事した後、一九一六年三月に渡満して満鉄に入った。撫順炭砿に勤務し、後に運輸部運転係主任を務めた。

日和崎棟男　▷12

興安南省科爾沁左翼前旗参事官／興安南省科爾沁左翼前旗参事官公館／一九〇九（明四二）八／高知県香美郡山杜村／京都帝大法学部独法科、大同学院

高知県日和崎房吉の次男に生まれ、高知城北中学校、高知高等学校を経て一九三三年三月京都帝大法学部独法科を卒業し、渡満して国務院資政局訓練所に入所した。同年一〇月改称後の大同学院を卒業して興安総署属官となり、三四年一〇月科爾沁左翼中旗属官を経て三六年八月科爾沁左翼前旗参事官に転任した。

檜皮　顕治　▷12

ハルビン郵政管理局電政処長、ハルビン市連合防護団常任幹事、従七位／ハルビン建設街／一八九六（明二九）一一／広島県広島市上流川町

広島県檜皮米蔵の三男に生まれ、一九一二年広島逓信管理局通信養成所を修了した後、一八年逓信省逓信官吏練習所電信科を修了した。一九年八月広島郵便局電信課通信書記となり、二一年さらに逓信省逓信官吏練習所無線電信科を修了して角島無線電信局に勤務した。一九二三年関東大震災に際し横浜郵便局臨時在勤となり、広島丸、三島丸、賀茂丸の各無線電信局を兼務した後、しかご丸無線電信局長兼務を経て下津井無線電信局に転勤した。二七年四月逓信局書記となり、広島逓信局監督課業務課勤務を経て愛媛県立弓削商船学校教授を務めた後、三一年四月に免本官逓信書記専任となり、三二年四月通信書記・高松郵便局電信課長に就いた。三四年六月逓信局事務官に進んだ後、満州国郵政管理局事務官に転出して渡満し、ハルビン郵政管理局電政処長に就任した。

樋渡伊左衛門　▷12

浜江省賓県警正、警務局長事務取扱、勲七等／浜江省賓県公署／一八九二（明二五）六／佐賀県杵島郡住吉村

一九一二年八月徴兵されて台湾澎湖島の重砲兵大隊に入隊し、満期除隊後に現役志願して憲兵に転科した。二九年二月憲兵特務曹長に進級し、三一年二月予備役編入となった。三二年一二月に渡満して綏芬河国境警察隊副隊長となり、三五年六月浜江省賓県警正に転任して翌年四月警務局長事務取扱となった。

ひ

風柳武治郎　▷12

風柳煖房商会主／新京特別市興安大路／一八八三（明一六）二／滋賀県大津市松屋町／工手学校

滋賀県風柳清吉の次男に生まれ、一九〇八年東京築地の工手学校を卒業し、〇九年五月に渡満して大連の戸田商会に入った。その後一三年に独立して長春日本橋通に風柳煖房商会を設け、煖房・衛生工事請負業を営んだ。諸官衙公署及び民間各社を得意先として売上げを伸ばし、三五年に興安大路に拡張移転し、さらに奉天に支店を設けて五〇人余りの従業員を使用した。

深井新太郎　▷12

旅順医院物療部長、従五位／旅順市朝日町／一八九三（明二六）一二／静岡県田方郡戸田村／長崎医学専門学校

旅順関東都督府中学校を経て一九一八年三月長崎医学専門学校を卒業し、同年五月大阪府堺市の百瀬結核研究所医員となった。次いで関東都督府医院医務嘱託となって渡満し、旅順警務署医務嘱託及び関東庁監獄医務嘱託を務めた。二五年七月関東庁医院医官となり、旅順医院物療部長に就いて外科部を兼務した。二六年一二月外科部兼務から耳鼻咽喉科部兼務となり、二八年六月慶応大学医学部で物理療法の研究に従事した後、三〇年一月物療部長専任となった。

深江　治平　▷12

高興洋行主、営口生菓荷受組合専務理事、遼河民船航業公会経理、営口商工会議所第二区長、営口公費区第二区長、営口重要物産商組合幹事／奉天省営口南大街／一八八五（明一八）一／佐賀県西松浦郡有田町

佐賀県深江兵之助の三男に生まれ、日露戦中の一九〇四年に渡満して大連の中島専之助商店に入り陸海軍用達業に従事した。一一年に独立して営口に深江商店を開業し、特産貿易商を営むかたわら郷里の有田焼を販売した。その後一八年八月に大豆・豆粕、雑穀、製油原料の輸出商に転業し、日本人一人、中国人三人を使用した。この間、営口取引所取引人、㈱同益油房取締役及、営口青年会常任幹事等を務めた。一子祥平は日満漁業㈱に入り、天津出張所に勤務した。

深尾　準滋　▷11

特産物貿易商／奉天省遼陽城内／一八八三（明一六）七／岐阜県武儀郡南武芸村

一九〇四年日露戦争に従軍して渡満し、戦後は遼陽に在留して点灯舎を設立し種々の実業に従事した。一一年から雑貨商を開店し、さらに満州特産物の日本向け輸出を手がけて成功し、同地民会評議員を務めた。

深川　家成　▷12

満鉄新京駅構内助役、三州会幹事、新京剣道部幹事、在郷軍人会理事／新京特別市白菊町／一九〇八（明四一）一／鹿児島県揖宿郡指宿町

鹿児島県深川嘉太郎の次男に生まれ、一九二八年三月に渡満して満鉄に入った。開原駅に勤務しつつ鉄道教習所運輸課を修了し、三〇年六月奉天省四平街駅、三二年一月長春列車区勤務を経て三三年八月中固駅助役心得となり、同年一一月満井駅助役となった。三四年一二月新京駅に転勤して構内助役となり、かたわら同地の三州会幹事、剣道部幹事、在郷軍人会理事を務めた。

深川菊太郎　▷11

南満州瓦斯㈱奉天支店長／奉天藤浪町／一八八六（明一九）一〇／愛媛県宇摩郡関川村

一九一〇年満鉄に入り、瓦斯作業所の創設とともに同所に勤務した。二三年奉天瓦斯営業所長に就き、二五年七月に同所が満鉄から分離して南満州瓦斯㈱となると、引き続き同社奉天支店長を務めた。

深川　幸治　▷8

造園業／奉天／一八八一（明一四）七／愛媛県宇摩郡関川村

東京、大阪、神戸方面で造園・盆栽業に従事した後、一九一七年に渡満して奉天で造園業を開業した。二四年五月には中央広場に出張所を開設し、呉督軍、楊参議、応督軍、官銀号総弁の各官邸など多くの庭園を手がけた。

深川　二郎　▷12

深川歯科医院長／旅順市青葉町／一八八八（明二一）三／佐賀県神埼郡城田村／日本大学歯科

佐賀県農業深川恒太郎の次男に生まれ、一九〇七年海軍看護兵となった。

ふ

一一年に渡満して一三年五月に現地除隊し、同年九月から旅順海軍診療所歯科部に勤務した。その後一九年八月に辞職して帰国し、日本大学歯科部に学んだ後、二一年末に再び渡満して二二年四月から旅順青葉町で歯科医院を開業した。

深川　弥作　▷12

間島薬局主、図們第一一区長、図們防護団第一一班長／間島省図們銀河街／一八九五（明二八）一二／福岡県三潴郡安武村／高等小学校

福岡県深川三蔵の子に生まれ、高等小学校を卒業した後、中学講義録と夜学校で中等学業を修めた。一九一五年徴兵されて久留米の歩兵第四八連隊に入営し、一七年一二月憲兵に転科して朝鮮咸鏡南道の咸興憲兵隊に勤務した。一九年九月に除隊して朝鮮総督府巡査となり、北青、咸南の各警察署に勤務して執達吏の職務を担当した。二一年五月巡査部長に進級した後、二四年四月に依願退官して北青学校組合出納役兼書記に転じ、業務のかたわら北青在郷軍人分会会計理事、北青小学校後援会会計主任理事を務めた。三五年四月に退職して間島省図們に移り、同地で薬局を経営した。この間、山東攻略戦の功により従軍記章、咸興憲兵隊長より善行証書、帝国在郷軍人会長より模範海員賞状及び功労役員賞状を受けたほか、北青教育会長より教育功労者として表彰され、図們奨学会常任幹事を務めた。

深沢　繁雄　▷12

国際運輸㈱四平街支店郭家店営業所主任／吉林省扶余県郭家店国際運輸㈱営業所／一八九五（明二八）八／山梨県東山梨郡平等村／海城中学校

一九一四年海城中学校を卒業し、一七年七月満鉄に入り本社に勤務した。一八年三月鞍山製鉄所庶務課に転勤した後、退社して帰国し、東京市の㈾熊取谷商店に入った。その後三二年一〇月に再び渡満して国際運輸㈱四平街支店に勤務し、三五年六月郭家店営業所主任となったが、三七年三月に退社した。

深沢　暹　▷12

奉天総領事館嘱託、従五位勲五等／奉天商埠地三経路／一八七六（明九）四／神奈川県横浜市青木町／二松学舎、東京法学院、国民英学会

旧五島藩士深沢立三の次男に生まれ、二松学舎、東京法学院、国民英学会等に学んだ後、一八九六年五月外務省支那留学生となって北京に留学した。九八年一一月外務書記生となって上海総領事館に赴任し、次いでメキシコ公使館、サンフランシスコ領事館、漢口領事館に歴勤した。一九〇八年一一月奉天総領事館に転勤して撫順及び本渓湖炭鉱問題など日中間の重要案件の商議に参画した後、一二年一月杭州領事館勤務を経て一四年六月副領事に昇格し、長沙に赴任した。一六年一〇月吉林総領事館に転任した後、一七年一二月領事に昇格して牛荘領事館汕頭在勤となり華南地方の排日運動緩和に取り組んだ。一九年五月公使館三等書記官となって北京に赴任した後、二一年六月再び領事に戻って南京及び吉林に勤務した。二五年三月総領事に昇格して退官し、日中合弁の海林採木公司日本側理事長となってハルビンに三年在留した後、奉天に移住して自適の生活に入ったが、程なく奉天総領事館嘱託に就いた。

深沢　住男　▷11

満鉄公主嶺駅長、勲八等／吉林省公主嶺菊地町／一八八六（明一九）一一／佐賀県佐賀市白山町

佐賀県警部深沢小五郎の四男に生まれ、日露戦中の一九〇五年三月野戦鉄道提理部付として渡満した。〇七年四月の満鉄開業とともに入社して営口駅貨物方となり、瓦房店・開原・南関嶺・安東駅等の各助役、福金駅長、奉天列車区長、鶏冠山・撫順の各駅長を歴任して公主嶺駅長となった。

深沢　武逸　▷11

南満中学堂教諭／奉天藤浪町／一八八一（明一四）一／熊本県下益郡城郡豊田村／東京帝大農科大学付属農業教員養成所

熊本県農業深沢又次郎の長男に生まれ、一九〇四年東京帝大農科大学付属農業教員養成所を修了して鹿児島県伊作農学校の教員となった。〇七年三月鹿児島県師範学校、一四年三月熊本県第二師範学校教諭兼舎監を務めた後、二一年一〇月に渡満して大連中学校教諭に転じ、二四年七月奉天の南満中学堂教諭兼舎監となった。この間、農業

ふ

科のほかに植物科、動物科、生理衛生科、鉱物科の文部省中等教員免許を取得した。

深町　親重　▷12

深町工務所主、奉天弥生町町内会役員／奉天弥生町／一八八五（明一八）一二／鹿児島県川辺郡勝目村

鹿児島県深町納吉の長男に生まれ、一九一四年朝鮮総督府に入り礦務課に勤務した。一九年新義州出張所に転勤した後、翌年退職して奉天の細川組に入り土木建築請負業に従事した後、二一年に独立して奉天稲葉町に深町工務所を設立した。南満製糖会社指定請負人となり、さらに営口の川畑組奉天出張所主任を兼ねたが、二八年頃に関係を絶ち、関東庁を主要得意先として土木建築請負と塗装工事及び貸家業を経営した。

深町　穂積　▷12

満州生命保険㈱医務部長、興仁製薬㈱董事、国務院司法部法嘱託司法部学校講師、正五位勲六等／新京特別市朝日通／一八九二（明二五）七／福岡県飯塚市大字鯰田／九州帝大医学部

福岡県深町音五郎の長男に生まれ、第一高等学校を経て一九一九年七月九州帝大医学部を卒業し、同年九月同大助手となり法医学教室に勤務した。福岡地方裁判所医務嘱託に転じた後、二二年八月九州帝大医学部助教授となり、二五年一二月から二年間ドイツに留学した後、二七年六月論文「同種血球凝集反応ヨリ見タル人血ノ研究」により九州帝大より医学博士号を取得した。その後三三年九月国務院司法部嘱託となって渡満し、勤務のかたわら新京朝日通に医院を開業した。三六年一〇月医院を閉鎖して興仁製薬㈱董事となり、三七年一月満州生命保険㈱医務部長に就いた。

深水　静　▷1

正隆銀行支配人代理心得／奉天省営口／一八七五（明八）一二／熊本県葦北郡津奈木村／東京帝大法科大学政治学科

六歳で父を亡くし、一二歳の時に小学校長よりキリスト教入信を慫慂されるのを嫌って熊本に出て、県立中学済々黌から第五高等学校に進んだ。卒業後上京して東京帝大法科大学政治学科に入学し、一九〇四年七月に卒業して第百三十銀行大阪本店に入った。〇六年日中合弁で営口に正隆銀行を設立した従兄の深水十八に招かれて渡満し、後に同行支配人代理心得となった。五高在学中に葦北郡有志家の依頼で同郷出身中学生徒のために寄宿舎を設けて四年間舎監を務め、帝大在学中は南山生の号で義太夫批評家として活躍した。

吹野　勘　▷3

奉天日日新聞主幹／奉天小西辺門外／一八八二（明一五）一〇／千葉県山武郡土気町

一九〇六年一月に渡満して安東県軍政署に入り、鴨緑江河口の竜岩浦出張所に勤務した。一年勤務して安東タイムスに転じたが、四ヵ月で退社して平安日報社に入った。一〇年一二月さらに満韓日報に移り、一二年九月奉天日日新聞に転じて後に主幹を務めた。

福井猪和太　▷13

㈱福高組取締役会長／大連市光風台／一八八八（明二一）一／岡山県岡山市／岡山県立工業学校

岡山県福井玄三郎の次男に生まれ、一九〇六年岡山県立工業学校を卒業して渡満した。親類の飯塚松太郎が経営する営口の飯塚工程局で建築請負業に従事し、〇八年に同社が大連に移転した後も一五年まで営口に留まって残務整理に当たった。その後は安東、長春など各地の出張所に勤務し、一八年に大連本店の土木主任となった。二三年に経営者の飯塚が病没して同社解散となり、同僚の高梨勉一と共同出資で㈾福井高梨組を創立して代表となった。満鉄、昭和製鋼所、満鉄傍系の諸会社、関東州庁、関東軍、一般民間諸会社の工事を請け負って発展し、四〇年代初頭には従業員二〇〇名、年請負高二〇〇〇万円に達し、四〇年五月に株式会社に改組し福高組と改称した。夫人つやとの間に四男一女あり、長男隆は南満州工業専門学校建築科を出て満鉄工事課に勤務し、次男純一は明治大学、三男裕太は満州医科大学に学んだ。

福井　栄三　▷12

満州電業ハルビン支店営業課集金係長／ハルビン新城大街満州電業㈱支店／一九〇六（明三九）四／福井県遠敷郡小浜町／京都帝大経済学部

一九三〇年三月京都帝大経済学部を卒

業し、三一年二月経理部幹部候補生として金沢の歩兵第七連隊に入営した。除隊後、三二年四月に渡満して南満州電気㈱に入り、三四年一一月同社の電気供給事業を継承して満州電業㈱が設立されるにともない同社員となり、後にハルビン支店営業課集金係長を務めた。

福井　倉吉　▷12

満鉄ハイラル電気段電気助役、社員会消費委員／興安北省ハイラル満鉄電気段／一八九一（明二四）一／秋田県仙北郡六郷町／工手学校電工科

秋田県福井喜久治の長男に生まれ、一九一四年東京の工手学校電工科を卒業し、同年七月埼玉県の秩父鉱山に入った。一七年七月東京電気化学工業㈱に転じて電気課に勤務し後、二一年一一月上海に渡り、日華紡績㈱電力係となった。三二年八月さらに満鉄に転じて鉄路局に勤務し、三三年一〇月洮昂鉄路局に派遣された。三四年四月洮南鉄路局工務処チチハル在勤工務員、同年八月チチハル電気段電力副段長、三五年一月洮南鉄路局工務処電気科チチハル在勤工務員、同年一一月奉天省四平街電気段電力副段長を歴任し、三六年一〇月同段電気助役を経て三七年二月ハイラル電気段電気助役となった。

福井　敬蔵　▷11

満鉄ハルビン事務所運輸係主任／ハルビン新市街廟街／一八八〇（明一三）七／東京府東京市芝区西久保広町／東京外国語学校露語科別科

東京府士族福井敬四郎の長男に生まれ、一九〇七年東京外国語学校露語科別科を卒業し、同年一一月に渡満して満鉄に入った。運輸部に勤務した後、〇九年に東支鉄道と連絡運転が開始されると営業課審査係となり、一七年三月ハルビン公所運輸営業事務主任に転任した。二一年にハルビン運輸営業所が開設されると同所に転任して対東支鉄道交渉事務を担任し、二三年六月の組織変更に伴いハルビン事務所が新設されると運輸課運輸係主任となり、二七年一二月参事に昇任した。この間、一九年から二七年二月まで日本鉄道代表員、或いは満鉄代表員としてしばしばシベリア各地、沿海州、モスクワ、中国南部に出張した。

福井　十一　▷11

満鉄普蘭店駅長、勲八等／関東州普蘭店福寿街／一八八二（明一五）四／山口県美祢郡東厚保村／逓信局養成所

山口県農業矢田東太郎の六男に生まれ、実母の生家の福井家を相続した。一八九八年一〇月逓信局養成所を修了して通信書記補となったが、一九〇一年に退職して翌年山陽鉄道に入った。日露戦中の〇五年五月野戦鉄道提理部付として渡満し、大石橋電信係を務めた後〇七年四月の満鉄開業とともに入社して車掌となった。〇九年公主嶺駅助役を経て一四年一一月平頂堡駅長に進み、鳳凰城、松樹、千山、海城の各駅長を歴任して普蘭店駅長に就任し、同地の実業補習学校長を兼務した。中華民国勲五等嘉禾賞を授与され、鳳凰城で居留民自治会長、海城で地方委員を務めた。

福井　宗治　▷11

満鉄吾妻駅長、正八位／大連市伏見町／一八八四（明一七）三／奈良県生駒郡郡山村／明治大学英法科

奈良県福井宗三郎の三男に生まれ、一九〇九年明治大学英法科を卒業した。一六年五月に渡満し、後に満鉄に入って吾妻駅長を務めた。

福井　真　▷11

満鉄鞍山製鉄所製造課員／奉天省鞍山下台町／一八九三（明二六）一／広島県甲奴郡上下町／九州帝大工科大学

広島県陸軍御用達商福井百市の長男に生まれ、一九一九年九州帝大工科大学を卒業して満鉄に入った。鞍山製鉄所製造課に勤務し、貧鉱処理と選鉱の研究に従事した。実弟の達郎は中山太陽堂店主の実妹ツタ子を妻とした。

福井辰之助　▷12

満州電信電話㈱ハルビン中央電報局技術課長／ハルビン馬家溝文豊街／一八九二（明二五）一／大阪府大阪市北区樋之上町／工学院電工学科

一九一〇年東京の工学院電工学科を卒業して関東都督府通信管理局に入り、大連、大石橋、奉天、安東の各地で電信電話線の架設と一般通信業務に従事した。以来勤続して三三年九月技手となり、三四年一月ハルビン管理局機械科に勤務した後、三五年一〇月ハルビン中央電報局技術課長となった。

福井　春治　▷12

満鉄ハルビン鉄路局産業処農務科畜産主務者兼ハルビン畜産加工所員、社員会評議員／ハルビン北京街／一八九六（明二九）三／兵庫県赤穂郡高田村／関西大学専門部中退

兵庫県福井太郎治の四男に生まれ、郷里の農学校を卒業して一九一七年大阪税務監督局属となった。勤務のかたわら関西大学専門部に学んだが、一九年に中退して渡満し、満鉄鞍山製鉄所に勤務した。二二年本社農務課に転任した後、三五年三月ハルビン鉄路局産業課畜産係副主任、同年一一月同産業処畜産股長を経て三六年九月同農務科畜産主務者となり、三七年五月からハルビン畜産加工所員を兼務した。

福井　文吉　▷12

国務院実業部農務司墾務科員兼民政部拓政科員、勲八等／新京特別市清和胡同／一九〇六（明三九）四／大阪府大阪市西区江戸堀北通／京都帝大農学部農林工学科

大阪府福井豊次郎の長男に生まれ、一九三〇年三月京都帝大農学部農林工学科を卒業し、同年四月京城の朝鮮土地改良㈱に入った。三三年一〇月満鉄に転じ、経済調査会調査員事務嘱託として資源調査に従事した。次いで三五年一一月満州国臨時産業調査局技士に転じ、同年一二月国務院実業部技佐に転任して農務司墾務科に勤務し、三六年三月から民政部拓政科員を兼任した。

福井　優　▷11

瓦房店公学堂長兼教諭／奉天省瓦房店朝日街／一八九四（明二七）一二／山梨県甲府市相川町／山梨県師範学校

山梨県教員吉岡長次郎の三男に生まれ、山梨県女子師範学校出身の福井栄次郎の娘はなの婿養子となった。一九一四年三月山梨県師範学校を卒業して母校の訓導となった。一八年七月に退任して渡満し、遼陽公学堂教諭、遼陽商業学校教諭等を歴任した。二一年満鉄教育研究所に入所し、二五年四月瓦房店公学堂長兼教諭となった。

福井米次郎　▷14

福井商工㈱社長／大連市近江町／一八六五（慶一）七／富山県氷見郡氷見町

郷里で家業を継いで米穀、肥料、海産物商を営んだ後、両親の許しを得て一九〇四年に渡満した。営口で海産物売買を始めたが、日露戦争が始まると陸軍御用達に転じて食料雑貨類の供給に従事した。戦後〇六年四月大連に移って福井組を興し、土木建築業と建築材料商を兼営した。事業の発展とともに関東州石河駅前に耐火煉瓦製造工場、大石橋市外にマグネシウム・クリンカー製造工場を設け、鞍山、大石橋、奉天、ハルビン、石河、興城、錦県、天津、東京、名古屋、氷見に支店・出張所を置いた。三七年九月には本店を常盤町に新築移転し、さらに三八年一月大阪福井組㈴を併合して支店とし商号を福井商工㈱に変更した。この間二二年一〇月から二四年一〇月まで大連市会議員を務め、その後は事業に専念したが、四四年に大連で病没した。

福岡　謙吉　▷12

満鉄吉林鉄路局警務処警務科長、社員会評議員、従七位／吉林南大路／一八九〇（明二三）一〇／岐阜県恵那郡明知町／陸軍士官学校

岐阜県福岡源兵衛の次男に生まれ、陸軍幼年学校本科を経て一二年士官学校を卒業して騎兵少尉に任官し、名古屋の騎兵第三連隊付となった。一五年一二月中尉に進級した後、一八年六月予備役編入となった。二一年四月小石川大塚警察署警部補となり、同年一二月警視庁警衛課警部、二三年一二月監察官付、二七年六月警衛課長を経て三〇年七月赤坂青山警察署長となったが、翌年九月休職となり、三三年九月に退官した。三四年五月に渡満して満鉄に入り、図們鉄路弁事処警務長兼図們警務段長に就いた。三五年二月ハルビン鉄路局警務処警務科副科長に転任し、翌月同科保安掛主任を経て三六年九月吉林鉄路局警務処警務科長となった。

福岡　文助　▷12

雑貨商・農業、安東新報支局長、鳳凰城自治会顧問、安東税務署鶏冠山出張所管内諮問委員会委員、勲六等／安東省鳳凰城鉄道付属地／一八七八（明一一）三／山口県熊毛郡田布施町

ふ

山口県福岡喜代松の長男に生まれ、一九九八年一二月山口の歩兵第四二連隊に入営し、一八九九年の北清事変及び一九〇四年の日露戦争に従軍した。戦後〇六年に再び渡満して鳳凰城で雑貨商を開業し、一般雑貨の他に柔道・剣道具、度量衡器具を販売し、東亞煙草及び明治生命保険の代理店、満州日日新聞・安東新報・大阪朝日新聞・大阪毎日新聞の各代理店となり、安東新報支局長を務めた。さらに二六年四月から葉煙草の耕作を兼営し、この間、南満薫煙組合長、安奉商事㈱代表取締役、赤十字協賛委員等を務め、日露戦争時の功により勲七等瑞宝章、満州事変時の功により勲六等瑞宝章を授与された。夫人カヨとの間に五男二女あり、長男子はすべて鞍山中学校を卒業し、長男健太郎と四男岩雄は満鉄鉄道総局に勤務し、三男康男は満州日日新聞鳳凰城支局長となり、五男勇馬はハルビン学院に学んだ。

福岡　英明 ▷12

興安西省巴林左翼旗参事官／興安西省巴林左翼旗公署／一九〇七（明四〇）七／佐賀県佐賀郡西川副村／東亞同文書院

佐賀県福岡作市の次男に生まれ、一九二六年三月佐賀中学校を卒業して上海の東亞同文書院に入学した。三〇年三月に卒業して上海絹糸製造㈱に入ったが、三二年一〇月に退社して渡満し、三三年一月達爾罕王府興安警察局警佐となった。三四年一二月興安南省公署属官、三五年三月阿魯科爾沁旗代理参事官、三六年五月巴林左翼旗代理参事官を経て同年八月同旗参事官となった。

福岡　来一 ▷12

満鉄ハルビン鉄路局工務局水道科員／ハルビン馬家溝分部街／一九〇〇（明三三）一〇／山口県豊浦郡宇賀村／攻玉社高等工業学校土木科

東京の攻玉社工学校土木科・同研究科を卒業して東京市に勤め、一九二三年一二月東京市技手となった。この間、水道局給水課に勤務するかたわら二五年に攻玉社高等工業学校土木科を卒業した。その後三三年一二月に辞職し、三四年一月に渡満して満鉄技術員となり、水道調査所に勤務した。次いで同年二月チチハル建設事務所、同年一〇月ハルビン建設事務所勤務を経て三五年三月北鉄接収派遣員となり、ハルビン改良事務所勤務を経て三棵樹工務段技術員となった。その後三六年一一月ハルビン鉄路局工務処改良科に転勤し、さらに三七年六月同工務局水道科に転任した。この間、満州事変時の功により賜盃及び従軍記章を授与された。

福沢　重徳 ▷11

請負業、旅順聖徳会会長／旅順市伊知地町／一八五二（嘉五）一／長野県上伊那郡赤穂村

一九〇五年九月、日露戦争の直後に渡満して旅順で請負業を営んだ。かたわら同志を糾合して㈳旅順聖徳会を創立して会長となり、二四年から二八年まで旅順市会議員を務めた。

福沢徳太郎 ▷4

関東都督府通信書記、勲七等／黒龍江省チチハル日本領事館／一八七九（明一二）五／岡山県阿哲郡新砥村／中学校

岡山県清酒・醤油醸造業福沢清蔵の子に生まれ、中学校卒業後に独学を重ねて官吏となった。東京、神戸、京都、広島、下関、奉天、大連、鉄嶺、瀋陽、吉林等に勤務した後、一九一三年チチハル領事館に特別事務が設置されると通信書記となって赴任した。

福士　尚志 ▷12

満鉄ハルビン鉄路局警務処警務科長、従五位勲三等／ハルビン鉄路局警務処警務科／一八八九（明二二）一二／青森県三戸郡五戸町／陸軍士官学校

青森県福士秀剛の三男に生まれ、一九一一年陸軍士官学校を卒業して同年一二月歩兵少尉に任官した。満州奉天駐剳軍、旭川留守隊付、尼湊派遣大隊副官、歩兵第二六連隊付、歩兵第一三旅団副官、歩兵第三連隊中隊長、サガレン派遣軍副官、第七師団司令部付、独立守備歩兵第三大隊中隊長、独立守備隊司令部副官、第五七連隊付、千葉県立佐倉中学校服務、歩兵第二旅団副官、歩兵第七三連隊付に歴補し、三四年八月中佐に累進して三六年八月待命となった。同年同月に渡満して満鉄新京警務段長に就き、三七年一月ハルビン鉄路局警務処警務科長となった。

福士　匡 ▷11

南満中学堂教諭／奉天葵町／一八

八八（明二一）八／青森県弘前市代官町／中学校

青森県軍人福士勝衛の三男に生まれ、一九〇七年中学校を卒業して同県郡部及び弘前市内の各小学校で訓導を務めた。一五年に文部省中等教員検定試験数学科に合格して翌年二月山形県米沢中学校教諭となり、弘前中学校、福井中学校教諭を歴任し、二八年八月南満中学堂教諭に転じて渡満した。数学図解・図表模型の作製を得意とし、『実力急進算術談義』『代数学の整理』等の著作を著した。

福島　喜一　▷12

奉天高等法院審判官兼奉天地方法院審判官、正七位／奉天大西関奉天高等法院／一八九四（明二七）七／徳島県名東郡八万村／東亞同文書院、九州帝大法文学部法科

徳島中学校を卒業して上海に渡り、一九一五年三月東亞同文書院を卒業し、同年七月三井物産に入り上海支店に勤務した。一七年九月青島支店、二〇年一二月本社穀肥部に歴勤した後、二三年八月に依願退店して九州帝大に入学し、在学中の二六年に文官高等試験行政科に合格した。二八年三月同大法文学部法科を卒業した後、二九年に文官高等試験司法科に合格して三〇年六月司法官試補、三一年一二月予審判事となり、以来、東京、山形、高知、大津の各地方裁判所及び地方区裁判所判事に歴補した。その後三五年九月奉天高等法院推事に転出して渡満し、三六年七月奉天高等法院審判官兼奉天地方法院審判官となった。

福島　貞吉　▷11

金融業／大連市三河町／一八八七（明二〇）五／徳島県那賀郡立江町

徳島県農業福島芳蔵の六男に生まれ、一九〇七年五月に渡満して京染取次に従事した。一六年から奉天で水田事業を営んだが、一八年に古鉄類取扱業に転じ、一九年にシベリアのチタに四ヵ月滞在して現地の商業を観察した後、二一年一月から大連で金融業を開始した。浄瑠璃を趣味とし白鳳と号した。夫人ツルとの間に子無く、兄の一男一女を引き取って養育した。

福島　重美　▷11

奉天中学校教諭／満州里四道街／一八九六（明二九）一〇／熊本県玉名郡小天村／東京高等師範学校

熊本県農業福島勝次の次男に生まれ、一九二二年東京高等師範学校を卒業した。同年四月北海道庁立滝川中学校教諭となり、二四年四月台湾に渡って台北州立台北第二中学校に転じた。その後二五年三月に再び北海道の道庁立旭川中学校教諭を務めた後、二七年四月奉天中学校教諭に転じて渡満した。

福島　重義　▷11

旅順第一中学校教諭／旅順市千歳町／一八九四（明二七）一〇／宮崎県南那珂郡飫肥町／国学院大学

宮崎県官吏福島音吉の次男に生まれ、伊東子爵の養浩館、安井小太郎の三計塾、杉浦重剛の称好塾に学び、一九一八年国学院大学を卒業した。明治学院中等部、錦城中学校で教鞭を執った後、二〇年に中国に渡り杉浦の推挙で天津神社宮司となり、神社創建に携わりながら天津高等女学校創立にも関与した。二三年一月長崎県立大村中学校教諭兼舎監に転じ、さらに二四年五月旅順第一庁中学校教諭に転じて渡満した。

福島　玉一　▷11

満鉄社長室人事課員／大連市加茂町／一八九四（明二七）一一／佐賀県神埼郡東背振村／明治大学法科

佐賀県官吏福島利三の長男に生まれ、一九二〇年明治大学法科を卒業して満鉄に入った。社長室人事課に勤務し、その間二年ほど満鉄育成学校講師を兼務した。

福島　次男　▷12

満州国陸軍中校兼特許発明局技佐、同審査官兼評定官、正六位勲四等／新京特別市城内北大街軍用通信本処／一八八八（明二一）二／佐賀県小城郡小城町／陸軍士官学校

佐賀県福島房一の次男に生まれ、一九〇九年岡山の関西中学校を卒業して陸軍に入り、一一年砲兵工科学校、一六年士官学校、一八年砲工学校を卒業した。二〇年三月工兵中尉に累進して同年第一回交通術修業員として東京中野の無線電信調査会で無線電信技術を修得し、二一年五月に修了してサハリンの電信隊付となり泥港無線電信所長と

ふ

なった。次いで二二年九月亞港無線電信所長、二三年八月電信第一連隊無線中隊付、二五年一二月電信第一連隊中隊長職務心得を経て二六年三月工兵大尉に進級して電信第一連隊中隊長となった。二九年三月支那駐屯軍通信長に転任し、天津軍司令部に勤務して軍管内の有線無線通信一切の業務を担任した。三二年八月電信第二連隊付を経て三三年三月工兵少佐に累進して依願予備役となり、同年四月国務院軍政部軍事教官嘱託となって渡満し、軍用通信網の施設計画に従事した。同年八月軍用通信本処を創設して無線通信網の建設を指揮し、かたわら中央陸軍訓練通信養成部長として中国人通信員の教育を行った。三六年一月軍政部軍事教官を解嘱されて陸軍中校となり、同年九月から特許発明局技佐を兼務した。

福島　一二　▷12

朝鮮総督府警務局保安課員兼総督官房外事課奉天在勤、従五位勲六等／奉天南市場乾元路／一八八九（明二二）／熊本県菊池郡合志村／合志義塾中等科

一九〇三年四月郷里の私立合志義塾中等科を卒業し、同年七月熊本県韓国留学生となって朝鮮に渡った。〇五年七月韓国政府通訳官補となり、次いで公州地方裁判所翻訳官補、統監府公州地方裁判所通訳生兼書記、京城地方裁判所通訳生兼書記を歴職して一八年に退職し、翌年一二月全州学校組合管理者となった。二一年一二月総督府通訳官に任じられて奉天派遣員となり、二二年一二月外務省嘱託兼務、二九年一一月総督官房外事課兼務となり、引き続き奉天に在勤した。

福島　英雄　▷11

写真業、勲七等／奉天省撫順東二番町／一八七二（明五）五／佐賀県佐賀郡小関村

一九〇四年日露戦争に際して陸軍憲兵曹長として渡満し、戦後そのまま残留して撫順で写真業を営んだ。かたわら撫順窯業㈱監査役、撫順区第二区長を務めた。

福島　栄彦　▷11

旅順工科大学予科教授／旅順市吾妻町／一九〇二（明三五）五／石川県金沢市高儀町／京都帝大理学部物理科

石川県枝吉栄次郎の長男に生まれ、北海道庁立旭川中学校、京都府立第二中学校、第三高等学校を経て一九二七年京都帝大理学部物理学科を卒業した。一年間母校の物理学教室で研究に従事した後、二八年三月旅順工科大学予科教授に任命されて渡満した。

福島　武助　▷12

満蒙毛織㈱製造課長／奉天省皇姑屯満蒙毛織㈱社宅／一九〇三（明三六）八／東京府南多摩郡横山村／東京高等工業学校紡織科

東京府福島保太郎の三男に生まれ、一九二四年三月東京高等工業学校紡織科を卒業して東洋モスリン㈱に入社した。その後三〇年に退社し、渡満して奉天の満蒙毛織㈱に転じて後に製造課長を務めた。

福島　正雄　▷11

営口神社神職／奉天省営口神社社宅／一八九一（明二四）一一／長野県上高井郡都住村／神宮皇学館

長野県神職福島観守の長男に生まれ、一九一五年官立神宮皇学館を卒業して官幣大社熊野坐神社主典となった。一八年二月禰宜となり、同年四月に渡満して大石橋神社に勤務し、海城神社及び千山神社を兼掌した。さらに二〇年一〇月から営口神社をも兼務し、二四年七月兼務を解かれて営口神社神職となった。

福島　政吉　▷11

関東庁技手／旅順市大迫町／一八八四（明一七）二／東京府東京市芝区高輪北町／農林省水産講習所

東京府福島保孝の次男に生まれ、一九〇六年農林省水産講習所を修了して同年一〇月に渡満し、満韓塩業㈱に入り貔子窩出張所で天日塩田築造設計・製塩主任を務めた。〇九年韓国政府臨時財源調査局技手に任じられて広梁湾塩田築造事務に従事した後、一〇年に朝鮮総督府専売局技手・塩会計官吏、一二年一〇月製塩司掌・塩会計官吏、一七年朱安出張所製塩係主任を歴任した。二〇年四月総督府専売課塩務係主任となったが、同年一二月に辞して大阪で海陸運送業川口共成㈾を経営した後、二二年三月青島の中華塩業㈱嘱託塩務係主任となり、二五年八月関東庁技手に転じて渡満し、殖産課塩務係主任を務めた。実兄は日露戦争に従軍して奉天東方の田義屯で戦死した。

福島勇次郎 ▷12

浜江税捐局員／ハルビン北四道街浜江税捐局／一九〇三（明三六）六／山形県米沢市御小者町／山形県立商業学校

斉藤勇の次男に生まれ、後に福島吉雄の養子となった。一九一九年山形県立商業学校を卒業した後、二一年八月税務署属となり米沢税務署に勤務した。福島、一関、山形、弘前の各税務署に勤務した後、三二年一一月に依願免官して満州国税務監督署属官に転じて渡満し、奉天税務監督署勤務を経て三四年一月税捐局属官を兼任となり、奉天税捐局に勤務して同年九月兼任を解かれた。三六年一月税務監督署事務官に進んで浜江税務監督署牡丹江出張所長となり、次いで税捐局理税官を兼任して寧安税捐局副局長を務めた後、三七年四月浜江税捐局に転勤した。

福島　力雄 ▷11

質業／満州里五道街／一八八六（明一九）八／長崎県南高来郡杉谷村／小学校

長崎県農業福島孫八の三男に生まれ、郷里の小学校を出て兄の商売を手伝った後、一九〇七年に渡満してハルビンの池上薬房の店員となった。翌年三月露領ブラゴエシチェンスクに渡って小川写真館の見習生となったが、同年六月満州里に移って旭洋行に入り、さらに居留民会書記に転じた。その後同地で長寿堂薬房を独立開業したが、二〇年八月薬種商をたたんで質業に転じた。

福士　吉雄 ▷12

営口海辺警察隊員／奉天省営口海辺警察隊内／一八八八（明二一）四／青森県青森市安方町／慶応大学法律科本科中退、ヒルス商業学校中退

青森県立第三中学校を経て慶応大学法律科本科に進んだが、一九〇九年第二学年で中退した。この間、〇六年にイギリス東洋艦隊が郷里の大湊に入港した際、青森県通訳を嘱託された。一五年にアメリカ留学に際し青森県よりサンフランシスコで開催のパナマ太平洋博覧会の視察を嘱託され、その後同地のヒルス商業学校に入り第一学年を修了した。帰国して二二年から早稲田実業学校英語講師、東京信愛学院講師、慶應義塾英語科講師等を務め、三三年七月「満州国」特殊警察隊嘱託となって渡満した。新京游動警察隊付を経て三五年七月特殊警察隊警正兼同翻訳官となり、満州里国境警察隊に勤務した後、三六年一月営口海辺警察隊に転勤した。

福田　明寿 ▷12

満鉄朝陽鎮機務段運転助役兼点検助役／奉天省朝陽鎮満鉄機務段／一八九八（明三一）五／鳥取県米子市道玉町／鳥取県立米子中学校

一九一七年三月鳥取県立米子中学校を卒業して鉄道院に入り、和歌山県機関庫の機関士となった。その後三三年八月に依願退職し、同年一一月に渡満して満鉄入り奉天機関区機関士となった。次いで三四年六月敦化機務段運転副段長、三五年七月吉林機務段運転副段長、三六年一〇月同運転助役兼機関士を経て三七年五月朝陽鎮機務段運転助役兼点検助役となった。

福田　勇 ▷12

満鉄産業部員／京都市左京区北白川西町洛東アパート／一九〇三（明三六）一二／三重県宇治山田市河崎町／第一臨時教員養成所

三重県福田作兵衛の三男に生まれ、大阪の私立桃山中学校を経て一九二五年第一臨時教員養成所を修了し、同年三月和歌山県立田辺中学校教諭となった。二七年四月に渡満して撫順中学校教諭に転じ、二九年八月満鉄社員となった。満州教育専門学校附属小学校教員、満州教育専門学校助手、附属小学校教員、三三年経済調査会調査員、三五年八月同会第一部統計班主任を歴職した。三六年一〇月産業部資料室統計班一般統計係主任となり、翌月から一年間内地に特派されて統計学及び統計事務の研究に従事した後、三七年三月から京都在勤となった。

福田　栄一 ▷12

外務省東亜局第二課勤務、関東局司政部兼務、従七位／新京特別市大同大街日本大使館／一八九九（明三二）一／岐阜県／県立岐阜中学校、台湾総督府国語学校公学師範部

県立岐阜中学校を経て一九一九年三月台湾総督府国語学校公学師範部を卒業し、台湾総督府師範学校教諭となった。以来勤続して二六年一二月台湾総督府属兼任を経て同専任、次いで拓務属と

ふ

なった。その後三四年二月関東庁属となって渡満し、同年四月関東庁警視、同年一〇月兼任外務省警視、三五年二月旅順工科大学事務官を歴任し、三六年二月外務事務官兼関東局事務官となり新京日本大使館に勤務した。

福田 潔 ▷12

満州中央銀行総行投資課員／新京特別市満州中央銀行総行投資課／一八九三（明二六）五／島根県松江市雑賀町／小樽高等商業学校

島根県福田介三郎の長男に生まれ、一九一七年三月小樽高等商業学校を卒業して久原鉱業㈱に入り、二二年一〇月藤本ビルブローカー銀行に転じた。その後三三年一月に退社し、同年一〇月満州中央銀行に入り管理課に勤務した。公主嶺出張所に転勤した後、営口支行副経理を経て三六年三月本店総行投資課に転勤した。陸軍中将小畑豊之助の次女雪子を夫人とし、実弟の冽は東京帝大法学部を卒業して東京府に勤務した。

福田熊治郎 ▷10

大和染料製布㈱取締役兼支配人／大連市桃源台／一八八四（明一七）四／奈良県北葛城郡高田町／東京高等工業学校染色科

福田新六の長男として奈良県磯城郡安倍村に生まれ、一九〇七年東京高等工業学校染色科を卒業して広島税務監督局に入り、織物技手として五年勤務した。その後名古屋の御幸毛織㈱に転じ、次いで京都西陣の本家西村治兵衛商店に転じて貿易部に勤務した。一五年に西村商店と岡山の与田銀次郎の共同出資で設立された備前与田銀商店に移って染料製造事業に従事し、コールタールを原料とする黒色硫化染料の製造方法を確立して専売特許権を取得し、日本最初のアニリン染料「大和ブラック」として売り出した。製品の宣伝と販路開拓のため社命で一六年九月に渡満して中国内部まで視察した後、大連に工場を設けて「大和元」の名で売り出すことになり、一八年二月永順洋行と共同出資により資本金四万五〇〇〇円で大和染料㈾を設立した。需要が増大したため一九年一二月に南昌洋行を加えて資本金二〇〇万円の株式会社に改組し、取締役兼支配人として経営に当たった。業務を拡張して中国、シベリア向け加工綿布の製織整理加工も行い、孔雀牌硫化青として満州、華北方面に販売した。

福田顕四郎 ▷14

福田煉瓦工場主／大連市霧島町／一八六五（慶一）四／佐賀県東松浦郡唐津町／紅玉社商船科

一八八一年に上京して築地商法講習所に入り、その後は旧藩主小笠原長生子爵家に寄寓して芝の紅玉社商船科に学んだ。八五年に卒業して渡米し、メイアランドの海軍基地に二年勤務し、その後サンフランシスコで商業に従事して九〇年に帰国した。九二年に会津若松の富豪安川敬一郎が経営する会社に招かれて石炭輸出部主任となり、九六年に唐津の相知炭鉱㈱支配人に転じた。一九〇一年に退社して石炭販売業を自営したが、日露戦争後に同郷の知人から満鮮の利源調査委員を嘱託され、〇六年に渡満して大連に居住した。〇九年満州水産㈱の整理委員に選ばれ、同社を改革して専務取締役に就任した。かたわら三井物産の後援で満州煉瓦製造所を創立し、同社解散後は大連市外の李家屯に福田煉瓦工場を創設して独立経営した。大連商業会議所副会頭を務めたほか、一五年五月に同志と諮り旅順に満蒙研究会を組織して常任理事に就いた。一五年一〇月から大連市会議員を二期務め、一九年一〇月に三度び復選されたが辞任し、以後は大連産業界の長老として大連取引所信託㈱、満州ペイント㈱等の会社役員を兼務した。中国美術品の蒐集を趣味とし、二八年一一月の昭和天皇即位式に際し自慢の蒐集品を献納して嘉納された。

福田 繁蔵 ▷12

吉林省公署警務庁員／吉林省公署警務庁／一八九五（明二八）八／鳥取県東伯郡上北条村／鳥取県立農学校

一九一四年鳥取県立農学校を卒業した後、一六年五月鳥取県巡査となり米子警察署に勤務した。一九年九月警部補に進んだ後、朝鮮総督府警部補に転じて咸鏡北道に在勤し、会寧、鐘城の各警察署、警察部警察課、警察協会羅南支部事務員嘱託に歴勤し、二五年一二月朝鮮総督府道警部補となり清津警察署長に就いた。次いで二七年三月兼任税関監視・仁川税関清津税関支署勤務、同年四月清津警察署長事務取扱を経て延社、漁大津、吉洲の各警察署長を歴任した。その後三三年二月兼任税関監

ふ

視・仁川税関城津税関支署勤務を経て同年八月朝鮮総督府咸鏡北道警部に累進し、同年一一月満州国警務指導官に転じて渡満した。以来三四年六月特殊警察隊警正・図們分隊勤務、三六年四月延吉県警正・図們警察署長を歴任し、三七年二月吉林省公署督察官に転任して同省公署警務庁に勤務した。

福田　収作　▷11

旅順師範学堂教諭／旅順市松村町／一九〇〇（明三三）一二／石川県金沢市材木町／石川県師範学校

石川県公吏福田為一の四男に生まれ、幼い時から神童の誉れ高く、高等小学校在学中に尋常科准教員検定試験に合格し、さらに卒業の年に本科正教員試験検定に合格した。一九二〇年石川県師範学校を卒業した後、二四歳の時に文部省中等教員検定試験教育科に合格して金沢商業学校教諭となった。二六年四月に渡満して旅順師範学堂教諭に転じ、教鞭を執るかたわら教育雑誌に「関東州地理教材解説」「満蒙の鉄道問題」等を発表した。

福田十太郎　▷7

福田時計店主／大連市伊勢町／一八七八（明一一）七／鹿児島県鹿児島市六日町

日露戦争後の一九〇六年に渡満して遼陽で時計商を始め、翌年大連信濃町に移転した。顧客数の増加とともに交通の便の良い伊勢町に支店を開いたが、貴金属販売で挫折し、一四年に本店を支店に合併した。以後は第一次世界大戦中の好況によって順調に売上げを伸ばし、戦後不況に遭遇すると貴金属類の月賦販売で切り抜けを図ったが、不況の深刻化とともに商品が下落して月賦販売は悉く失敗に帰した。その後次第に売上げを回復し、店員数名を擁するまでになった。

福田　省吾　▷12

満鉄牡丹江建設事務所員／牡丹江満鉄建設事務所／一八九四（明二七）一二／鳥取県岩美郡美保村／鳥取農業学校

一九一〇年鳥取農業学校を卒業した後、一二年三月鉄道院に入り、鳥取機関区に勤務して機関火夫、機関手に歴勤した。その後退職して朝鮮に渡り、兼三浦製鉄所に勤務した。一九年五月満鉄に転じて渡満し、大連車輌係機関方、長春車輌係、同機関士、長春機関区点検方、四平街機関区点検助役、同運転助役を経て三三年九月鉄路総局に転任し、吉長吉敦鉄路局に派遣された。次いで三四年四月新京鉄路局機務処運転科工務員、三五年一〇月牡丹江鉄路監理所監理員に歴勤し、三七年四月牡丹江建設事務所勤務となった。この間、三五年四月勤続一五年の表彰を受けた。

福田　祐一　▷12

国務院民政部首都警察庁司法科長／新京特別市清和胡同／一九〇二（明三五）六／東京府東京市四谷区霞ヶ丘／東京帝大法学部政治学科

東京府福田七郎の長男に生まれ、弘前高等学校を経て東京帝大法学部政治学科を卒業して文官高等試験行政科に合格した。一九二八年七月長野県警部補を振り出しに、三〇年三月警察官練習所教官、三三年四月長野県属兼長野県警部、工場監督官補を歴任した。三四年一二月満州国官吏に転出して熱河省公署警正となり、警務庁司法科の開設拡充に従事した。三五年一一月中央警察学校教授に転任して庶務課主任を務めた後、三六年一〇月首都警察庁理事官となり司法科長に就いた。

福田　琢二　▷11

横浜正金銀行大連支店書記／大連市楓町／一八八二（明一五）一二／福井県福井市／台湾協会専門学校

旧福井藩士福田重則の次男に生まれ、一九〇三年台湾協会専門学校を卒業し、同年四月日本郵船会社に入った。〇四年に日露戦争が始まると退社して陸軍通訳官となり、第五師団付として大石橋攻撃に参加した。戦後〇六年八月横浜正金銀行に入り、各地に転勤して満州詰となり、奉天、開原の両支店次席を務めた後、大連支店書記となった。夫人道子は愛媛県高等女学校を卒業した後さらに東京女子職業学校を卒業し、結婚するまで香川県観音寺高等女学校に勤めた。

福田　　巧　▷12

満鉄文官屯駅長／奉天省瀋陽県文官屯駅長社宅／一八八九（明二二）四／山口県防府市大字東佐波令

山口県福田千代蔵の四男に生まれ、一九〇五年海軍筆記養成所を修了した後、〇七年山口の歩兵第四二連隊に入

ふ

営して〇九年に除隊した。その後一四年二月満鉄に入り、大連駅、開原駅、長春列車区鉄嶺分区に歴勤し、二七年七月双廟子駅助役となった。次いで三二年八月分水駅長となり、三四年一〇月文官屯駅長に転任した。この間、三〇年四月勤続一五年の表彰を受け、三三年一〇月人命救助により表彰並びに金一封を受けた。

福田　千之　▷12

福田組主／ハルビン比楽街／一八八七（明二〇）四／愛知県名古屋市西区泥江町

幼少の頃からペテルスブルクあるいはドイツに居住し、欧州各地の事情に精通した。一九一七年ハルビンに赴き、一八年に大直街に資本金一〇〇万円で㈱福田組を設立し、機械類の輸入貿易業と造船業を経営した。

福田　哲甫　▷11

旅順第一小学校訓導／旅順市乃木町／一八九七（明三〇）一二／熊本県上益城郡飯野村／熊本県第一師範学校

熊本県農業福田伍三郎の次男に生まれ、一九一八年熊本県第一師範学校を卒業して郷里の白旗小学校訓導となり、二二年三月六嘉小学校に転任した。二三年四月に渡満して旅順師範学堂付属教員養成所に入り、修了して旅順第一小学校訓導となった。

福田　寅一　▷12

協栄公司主、福茂公司主、協栄公司主、撫順窯業㈱取締役、撫順倉庫㈱取締役、撫順製紙㈱監査役、撫順実業協会評議員、撫順金融組合監事、在郷軍人会特別会委員、撫順大分県人会長／奉天省撫順東二条通／一八七九（明一二）一〇／大分県下毛郡中津村

大分県福田保米の四男に生まれ、一七歳の時に下関に出て商業に従事し、次いで釜山に渡って雑穀商の店員となったが、一年後に帰郷して豊前鉄道に入り行橋駅その他に勤務した。日露戦争が終結すると一九〇五年に渡満して営口で貿易商の店員となり、さらに翌年大連に移って松茂洋行に入り、〇七年三月奉天支店主任となった。一〇年に満鉄沿線主要駅貨物積卸請負業大同組が設立されると同組撫順支店主任に転じたが、翌年同組解散となり、同地に協栄公司を創立して製粉業を始めた。全満唯一の動力製粉機を据え付け、撫順炭砿その他へ大量納入して逐次発展し、三二年に福茂公司を設立して輸出入貿易商を兼営したほか、三三年六月撫順の有志者で創立した南雑木と興京間の自動車輸送業協栄公司の代表者に就いた。本業のかたわら撫順建築信用㈱、撫順楽天地㈱、撫順窯業㈱、撫順倉庫㈱の各取締役を兼ね、撫順実業協会評議員を務めた。夫人初子との間に九男二女あり、長男忠は東京高等工芸学校を出て国務院印刷廠に、次男孝は同志社高商部を出て協栄公司に、三男昇は大分高等商業学校を出て福茂公司に、四男義也は工業実習所を出て撫順炭砿に、五男修は撫順中学校を出て福茂公司にそれぞれ勤務した。

福田　仲三　▷11

撫順新報社支配人／奉天省撫順東五条通／一八八二（明一五）二／福岡県福岡市養巴町／甲種商業学校

福岡県福田千年の長男に生まれ、一九〇二年甲種商業学校を卒業した。〇五年に渡満して撫順炭砿に勤務した後、〇七年四月からロシア義勇艦隊で石炭係その他の勤務に就いた。その後帰国して一四年一月から福岡市で代理業を経営したが失敗し、一七年六月上海に渡航し、香港を経てフィリピン群島に渡って拓殖業に従事した。二一年五月に再び渡満して創立直後の撫順新報社に入り、総務部長・支配人を務めた。その間シンガポール、ジャワ、ボルネオ、セレベス等を視察して『比律賓事情』を著した。同郷の夫人なか子は家事のかたわら生花と礼式を教授した。

福田　八郎　▷12

三江省樺川県警正／三江省樺川県公署／一八九一（明二四）五／兵庫県出石郡神美村

一九〇九年から郷里の出石郡神美村青年団長を務めた後、一一年一二月徴兵されて丸亀の歩兵第一二連隊に入営した。以来軍務に服して二五年に准士官下士団長となり、二六年三月に依願待命・予備役編入となって帰郷し、翌月から出石郡三宅農業公民学校教授嘱託、神美村役場の戸籍・兵事・社寺の各課長、帝国在郷軍人会神美村部会長等を務めた。三一年三月予備歩兵少尉となり、三二年七月陸軍省主催の渡満希望者将校警務講習会を修了して同年一一月に渡満し、新京游動警察隊で警務指導講習を受講した後、同年一二月吉林省密山県清郷局員・同警務指導官主任となった。次いで同省永吉県警佐、同省敦化県警佐、三江省富錦県警佐、同富錦県警正を歴任して三六年一〇月同省樺川県警正となった。この間、大正三年乃至九年戦役の功により賜金及び従軍記章を授与され、三一年二月社会教育への功労により兵庫県知事より表彰状と刀一振を授与された。

福田　晴夫　▷12

三江省公署民政庁拓政科長／三江省佳木斯省公署／一九〇五（明三八）八／佐賀県藤津郡嬉野町／中央大学予科

一九二〇年三井鉱山山野鉱業所測量部助手となり、次いで逓信省簡易保険局、東京市神田区錦町の力行会、満鮮社等に歴職し、この間三〇年三月中央大学予科を修了した。三二年五月満州国官吏に転じ、国務院民政部総務司勤務、吉林省密山県清郷委員、同県属官、同代理参事官、同参事官、民政部事務官・拓政司第一科勤務兼地籍整理局事務官を歴任した。その後三七年七月三江省公署民政庁拓政科長に就いて移民用土地買収に従事し、この間三六年一〇月満州日日新聞社主催「満州移民勧奨遊説」の講師として日本各地の主要都市を遊説行脚した。

福田　政記　▷9

満鉄撫順炭砿鉱務部長兼撫順簡易鉱山学校長／奉天省撫順敷島町／一八八三（明一六）五／福岡県三井郡国分村／京都帝大理工科大学採鉱冶金学科

一九〇七年七月京都帝大理工科大学採鉱冶金科を卒業し、満鉄に入社して撫順炭砿坑務課技術員となった。一二年一月社命でドイツ、オーストリアに出張し、同年八月に帰任した。一八年六月老虎台及び万達屋採炭所長に転任した後、翌年七月鉱務部長兼鉱務課長となり、二一年四月から撫順簡易鉱山学校長を兼務した。

福田　正英　▷12

満州生命保険㈱徴収課長／新京特別市豊楽路／一八八六（明一九）一二／鳥取県鳥取市湯所町／鳥取県立第一中学校

一九〇六年三月鳥取県立第一中学校を卒業し、同年九月日本商業銀行に入り神戸市元町支店に勤務した。鳥取県農工銀行貸付主任に転じて計算事務を兼任した後、東京貯蓄銀行本店、同京都支店詰、第百銀行鳥取支店、同鳥栖支店支配人代理を歴職した。次いで仁寿生命保険㈱主事に転じ、徴収課勤務を経て同熊本支店長、同本社外事課勤務、同経理課助役に歴任した。その後三七年二月に渡満し、満州生命保険㈱徴収課長に就いた。

福田　又司　▷12

満鉄錦県鉄路局機務処長、勲六等／錦州省錦県鉄路局機務処／一八九五（明二八）三／大分県下毛郡中津町／旅順工科学堂機械工学科

大分県福田与七郎の長男に生まれ、一九一八年三月旅順工科学堂機械工学科を卒業して満鉄に入り本社運輸部大連管理局運輸課に勤務した。一九年四月鉄嶺機関区係技士・運輸部運輸課勤務、同年一一月大連運転課、二〇年七月長春運輸事務所、二二年四月遼陽機関区技士同技術主任兼運転主任に歴勤して二四年七月鶏冠山機関区長となった。次いで二五年九月安東機関区長、二七年一一月遼陽機関区長を歴任し、瓦房店機関区長を経て三一年八月大連機関区長となった。その後三二年二月長春鉄道事務所事務長、三四年四月奉天鉄路局機務処長を歴任し、三六年九月参事に昇格して錦県鉄路局機務処長に就いた。この間、昭和六年乃至九年事変の功により勲六等単光旭日章に叙され、満州国皇帝より勲六位景雲章を授与された。

福田　稔　▷13

満鮮坑木㈱社長／安東北一条通／一八七九（明一二）八／京都府京都市上京区一条通新町／京都帝大理工科大学土木工学科

京都府官吏福田将喜の長男に生まれ、一九〇五年京都帝大理工科大学土木工学科を卒業し、同年八月米国に遊学した後、〇九年八月に帰国して同年一〇月満鉄に入社した。本社工務課に勤務した後、本渓湖に転勤して保線係主任となり、かたわら同地の実業補習学校講師を兼務した。次いで奉天、大連の各保線係主任を経て一九年に鉄道事情視察のため欧米に出張し、同年末に帰社して大連工務所長となった。二三年本社土木課長、二五年審査役、二七年監査役を歴任した後、満鉄直系の満鮮坑木㈱専務取締役に転じ、後に社長に就任した。この間、大連在勤時に大連

ふ

基督教青年会理事長を務めた。

福田八十楠　▷12

満州医科大学予科教授兼薬学専門部教授／奉天萩町／一八九五（明二八）四／和歌山県和歌山市畑屋敷中ノ丁／北海道帝大農学部、東京帝大理学部植物学科

和歌山県福田為吉の四男に生まれ、一九一九年北海道帝大農学部を卒業し、二〇年九月横浜の私立関東学院中学教員嘱託となった。次いで農商務省の嘱託により林業試験場で植物生理の研究に従事した後、東京帝大理学部植物学科に入学した。二二年三月に卒業して大学院で研究に従事し、同年一一月満州医科大学予科教授となって渡満した。三三年三月植物学研究のためドイツに一年半留学した後、帰任して三七年五月同大学薬学専門部教授を兼任した。

福地　家久　▷12

国務院民政部総務司経理科員／新京特別市新発屯政府聚合住宅／一九〇四（明三七）一二／佐賀県佐賀市水ヶ江町／東京帝大法学部法律学科

佐賀県福地家信の長男に生まれ、佐賀中学校、佐賀高等学校を経て一九二九年三月東京帝大法学部法律学科を卒業し、同大法学部庶務課嘱託となった。三二年に渡満して資政局訓練所に入所し、同年一〇月組織変更後の大同学院を卒業して国務院積缺善後委員会属官となった。次いで国務院総務庁属官を兼務し、熱河省公署属官、総務庁経理科長を経て三五年九月民政部事務官となり総務司経理科に勤務した。

福地　清　▷12

満鉄公主嶺医院外科医長、社員会チチハル連合会評議員／吉林省公主嶺満鉄医院外科医長社宅／一八九三（明二六）一／三重県桑名市内堀／愛知医学専門学校

三重県福地武七の次男に生まれ、一九一六年愛知医学専門学校を卒業し、一七年二月母校の斉藤外科助手となった。一八年一〇月東北帝大杉村外科副手に転じた後、二〇年八月福島県岩瀬郡立病院外科医員となった。その後二三年一〇月に渡満して満鉄に入り、営口、本渓湖の各医院に勤務して三〇年一二月医長に進み、三一年一月遼陽医院医長となった。三四年二月社命で京都帝大に留学して外科学の研究に従事し、三六年三月チチハル医院外科医長となり、三七年四月公主嶺医院外科医長に転任した。

福地才次郎　▷3

満鉄中央試験所応用化学科員／大連市西公園町／一八七三（明六）八／静岡県安倍郡長田村／帝国大学医科大学薬学科選科

一八九三年東京薬学校全科を卒業し、翌年八月薬剤師免状を取得した。さらに九六年帝国大学医科大学薬学科選科生となり、薬局方使用法及び衛生化学を研究した。東京で公私の薬剤手や薬局長を務めた後、一九〇一年四月三井物産香港支店に入った。その後上海支店に転勤して同地の居留民会議員を務めた後、〇八年満鉄に転じて中央試験所応用化学科員となった。

福地　太三　▷11

土木建築請負業／奉天省橋頭／一八七〇（明三）一〇／佐賀県小城郡芦刈村

佐賀県農業福地熊吉の長男に生まれ、一八九三年四月九州鉄道㈱に入り、その後長崎土木㈱に転じた。九九年三月に退職して長崎で土木建築請負業を自営した後、一九〇八年七月に渡満して本渓湖南方の橋頭で同業を営んだ。二五年四月に中国各地を巡遊して土木建築業を視察するなど渡満以来一貫して建設業に従事し、二八年一一月の昭和天皇即位式に際し関東庁より盃を授与された。長男忠次郎は京都帝大土木科を出て内務省土木局技師となり、次男亀雄は早稲田大学商科を中退して父業を補佐し、三三年一二月に父が没すると福地組を継承した。

福富　夏二　▷11

満鉄鞍山製鉄所製造課員／奉天省鞍山中台町／一八九五（明二八）八／徳島県那賀郡坂野町／旅順工科学堂機械工学科

徳島県農業福富孫平の三男に生まれ、一九一四年四月に渡満して旅順工科学堂機械工学科に入学した。一八年に卒業し、同年一二月満鉄に入社して鞍山製鉄所に勤務し、溶鉱炉作業に従事した。

福富芳太郎　▷12

丸屋洋行主／ハルビン道裡地段街／一八八五（明一八）一／広島県

ふ

広島市東白島町

日露戦争直後の一九〇五年に渡満して大連の洋服店で働き、その後独立して朝鮮京城府で七年余り洋服店を経営した。一五年にハルビンに移り、買売街で同業を営んだ後、三二年道裡地段街に丸屋洋行の商号で各種金物、漆器、世帯道具類、釣具の販売店を経営した。東京、大阪、名古屋、高岡、静岡方面を主な仕入先とし、店員七人を使用して店頭小売のほか奥地方面に進出して卸売をし、三六年に店舗を新築した。

福永　甚吉　▷12

満鉄営城子駅長／関東州営城子駅長社宅／一八九二（明二五）八／山口県豊浦郡小串村

山口県福永小八の次男に生まれ、一九一一年九月満鉄に入り、大連、瓦房店、大連、大石橋の各駅に歴勤した。次いで大連列車区大石橋分区勤務、大連列車区乗務荷物方を経て二九年一月松樹駅助役となった。その後、周水子駅助役を経て三三年一一月営城子駅長に就き、三七年四月勤続二五年の表彰を受けた。

福永　新七　▷11

雑貨卸商／旅順市鯖江町／一八七六（明九）三／広島県双三郡十日市町／日彰館中学校

広島県農業福永豊吉の次男に生まれ、一八九五年郷里の日彰館中学校を卒業した。一九〇六年八月に渡満して関東都督府巡査となったが、一二年七月に退職して瓦房店に移住し、瓦房店銀行を設立した。その後さらに旅順に移り、鯖江町で雑貨卸商を開業し、一八年には上海、浦口、済南、北京、天津を巡遊して商業状態を視察した。営業のかたわら旅順昭和協会納金部長の名誉職に就き、二八年度納税完納の実績を挙げ旅順民政署長より表彰された。

福永　源夫　▷12

㈱昭和製鋼所総務部経理課長代理／奉天省鞍山中台町／一九〇四（明三七）三／福岡県福岡市新大工町／京都帝大経済学部

福岡県福永卯之吉の長男に生まれ、県立中学修猷館、福岡高等学校を経て一九二八年三月京都帝大経済学部を卒業し、同年四月満鉄に入社して事務課に勤務した。その後鞍山製鉄所に転任して製造課に勤務した後、庶務課人事係主任心得となった。鞍山製鉄所が閉鎖されて昭和製鋼所に移行するとともに同社に転じて総務部人事課人事係主任となり、労務係主任及び社宅係主任を兼務した。三五年一〇月社命で欧米各国に出張し、三七年二月に帰社して総務部経理課長代理となった。この間、社員表彰懲戒委員会及び満鉄社員会の各幹事を務め、満州事変時の功により賜品と従軍記章を授与された。

福永　吉雄　▷11

本渓湖煤鉄公司嘱託／奉天省本渓湖東山倶楽部／一八八四（明一七）二／鹿児島県鹿児島市下荒田町／東京帝大法科大学

鹿児島県福永吉之助の長男に生まれ、一九〇九年東京帝大法科大学を卒業した。一六年四月に渡満して満鉄に五年勤務し、この間ドイツに二年間留学した。二一年に満鉄を退社して本渓湖煤鉄公司嘱託となった。

福原　一一　▷12

興安南省公署警務庁長、王爺廟日本居留民会会長／興安南省王爺廟興安南省公署／一八八四（明一七）一／鳥取県鳥取市東町／陸軍士官学校

東京の成城中学校を卒業して陸軍士官学校に入り、一九〇五年に卒業して翌年六月歩兵中尉に任官した。以来各地に勤務し、二九年八月歩兵中佐に累進して鳥取高等農業学校の教練教官を務めた後、三一年八月予備役編入となった。三三年二月扎蘭屯興安警察局警正となって渡満し、三四年五月達爾罕王府興安警察局警正に転任して警務科長を務めた。次いで三五年四月王爺廟興安警察局警正、同年九月興安南省公署警正を歴任し、省公署警務科長を経て三七年五月警務庁長に就いた。

福原　昌龍　▷11

満鉄用度事務所第四購買主任／大連市桃源台／一八九二（明二五）三／東京府南葛飾郡寺島町／小樽高等商業学校

東京府教員福原衡の長男に生まれ、一九二〇年小樽高等商業学校を卒業し、同年四月に渡満して満鉄に入った。商事部購買課に勤務した後、二四年一〇月上海事務所物品購買係、二六年三月本社経理部用度課勤務、二七年九月用度課安東支所勤務を歴任し、同年一一月大連用度事務所に転勤して第四購買主任となった。

福原茂平治 ▷11

柞蚕糸商／安東県市場通／一八九一（明二四）一／奈良県磯城郡多村／高等小学校

奈良県福原栄吉の長男に生まれ、高等小学校を卒業して漢学塾で一年間修学した後、一九〇七年九月に渡満した。二一年から蓋平で中国人と問屋を共同経営し、かたわら安東県で柞蚕糸商を営んで柞蚕糸組合副組長を務めた。

福間　透 ▷11

関東庁警部補／旅順市千歳町／一八九七（明三〇）五／熊本県玉名郡伊倉町／第五高等学校中退

熊本県士族田代光次の三男に生まれ、後に台北第一高等女学校出身の福間幸子の婿養子となった。一九一六年熊本県立中学済々黌を卒業して第五高等学校に進んだが、中退して一八年一〇月神戸税関監吏となった。二〇年に退職して関東庁巡査に転じ、二三年に警部補に昇任して関東庁警務局高等警察課に勤務した。

福海茂次郎 ▷12

白木屋洋服店主、㈶大連高等商業学校理事／大連市浪速町／一八七八（明一一）二／熊本県下益城郡豊福村

「蒙古襲来絵詞」で知られる鎌倉時代の武将竹崎季長の後裔で代々漢学を講じた地方名家に生まれ、郷里で四書及び英語、数学を修めた。日露戦争後、一九〇六年に渡満して大連市大山通に白木屋洋服店を開設した。売上げの増加とともに二〇年に工費一〇万円で六階建の店舗兼住宅を新築して浪速町に移転し、さらに工費五万円で伊勢町に支店を開設した。「生産者より直接需要者へ」を標語に優良品の廉価提供を経営の指針とし、既成洋服の販売のほかに英国製機械を備えて羅紗地の製造販売も行った。経営のかたわら、満州に高等商業学校がないことを遺憾とし、創業三〇周年の記念事業として三五年度の売上金二〇万円と不動産を投じて財団法人大連高等商業学校の設立を申請し、三六年一一月に関東局の正式認可を受けた。三七年四月から早苗高等小学校を仮校舎として開校し、光明台小学校西側の七〇〇〇坪に工費二万円で本校舎の建築に着手した。夫人との間に三男四女あり、長男俊夫は小樽高等商業学校、次男潮は東京帝大法学部、三男汪は東京帝大経済学部、長女静江は東京女子大国文科専攻科、次女満江は東京女子大英文科を卒業した。

普久峯徳新 ▷7

反物商／大連市監部通／一八八〇（明一三）三／沖縄県那覇市久米町

一九〇九年沖縄から鹿児島市に出て反物及び漆器商を営んだ後、翌年三月に渡満して大連市岩代町に漆器店を開業した。漆器の他に郷里沖縄の物産を薄利多売し、第一次世界大戦中の好況時に相当の財を蓄えたが、戦後不況で蓄財のほとんどを失って閉店した。その後は行商に切り替え、満鉄沿線から上海、天津方面を販路として久米島紬、薩摩上布、八重山赤縞、大島紬を販売した。

福本　重亀 ▷11

富士製紙㈱大連出張員／大連市山城町／一八九五（明二八）一二／京都府京都市下京区柳馬場忠庵町／明治大学商科

一九一六年明治大学商科を卒業し、同年一二月富士製紙㈱に入り漢口派出所に勤務した。二〇年三月東京本社詰となって帰国し、一年半在職して香港派出所に転勤した。二六年一二月大連出張員となって渡満し、山県通の山田洋紙店に駐在した。

福本順三郎 ▷13

大連税関長／大連／一八八二（明一五）七／兵庫県赤穂郡那波村／東京高等商業学校

兵庫県福本剛策の三男に生まれ、一九〇五年東京高等商業学校を卒業し、同年一〇月中国に渡って江蘇省鎮江海関職員となった。以来上海税関その他各地に勤務し、二七年七月安東海関勤務となって渡満した。その後大連海関長に転じ、三二年六月満州国による海関接収に協力して中華民国総税務司により罷免されたが、翌月接収が強行されると大連税関長に就いた。実兄の福本郁夫は後に大山家の養子となり、早稲田大学教授を経て朝日新聞論説記者となり、シベリア出兵に反対するなど民本主義の論陣を張った後、河上肇等と労農党を創立して左翼運動を展開し、満州事変後三二年アメリカに亡命して四七年に帰国し、各種の平和運動に従事した。

福元　猛熊 ▷11

満鉄用度事務所大連支所員／大連市聖徳街／一八九二（明二五）四／鹿児島県鹿児島郡西武田村／明治大学商科

鹿児島県獣医福元新助の長男に生まれ、一九一七年明治大学商科を卒業し、同年渡満して満鉄に入った。経理部用度課職員として大連支所に勤務し、かたわら日本赤十字社大連支部地方委員嘱託を務めた。

福元己之助 ▷7

福元牛肉店主／安東県魚菜市場／一八八一（明一四）一一／鹿児島県鹿児島市上竜尾町

鹿児島市の商家に生まれ、郷里で牛肉商を営んだが埒があかず、一九一五年に渡満して安東県市場に小規模の牛肉店を開業した。その後、同業者と共に内外各地に安東肉を宣伝して販路を拡張し、従業員一〇名を擁して月一万数千円の取引高に達した。

福谷　忠夫 ▷12

満鉄蘇家屯駅助役、社員会蘇家屯支部運動部次長、在郷軍人会蘇家屯支部第三班長兼理事、正八位勲八等／奉天省蘇家屯乗鞍町／一九〇八（明四一）八／山口県徳山市／山口県立徳山中学校

山口県福谷梧市の長男に生まれ、県立徳山中学校を卒業して渡満した。一九二八年満鉄鉄道教習所運転科を修了して海城駅役務方、奉天列車区車掌心得、同区車掌、同区遼陽分区車掌を歴職した後、同年一一月に入営し二九年一二月に除隊して復職した。三二年一〇月蘇家屯分区車掌を経て三四年一一月新城子駅助役に就き、三六年四月蘇家屯駅助役に転任した。この間、満州事変時の功により勲八等旭日章及び従軍記章、建国功労賞を授与された。

福山　治一 ▷12

満鉄チチハル鉄路局運輸処旅客科長、勲八等／龍江省チチハル智広街／一八九五（明二八）八／福岡県山門郡柳河町

一九一六年満鉄鉄道教習所を修了して奉天駅に勤務し、以来三二年三月大連鉄道事務所、三五年四月吉林鉄路局運輸処等に歴勤した。その後三六年三月チチハル鉄路局に転勤し、運輸処旅客科長となった。この間、満州事変時の功により勲八等に叙せられた。

福山哲四郎 ▷8

福山商行主／奉天加茂町／一八九六（明二九）七／鹿児島県薩摩郡西水引村／明治大学商科

鹿児島県立中学校を卒業して一九一三年明治大学商科に進み、一六年に卒業した。大谷光瑞と大阪の機械商トキワ商会が合同経営する製油工場の設立準備に携わった後、一八年に神戸の伊藤商店に転じて東インドに出張した。その後二〇年一一月に渡満して大連の東洋セメント会社に入ったが、同社解散のため二一年八月奉天の満州土地建物㈱会計主任に転じた。二四年四月に退社して加茂町で福山商行を開業し、機械器具、煙草用加工原料の直輸入と一般貿易業を営んだ。

藤井市次郎 ▷12

満鉄新京鉄道工場貨車廠主任／吉林省黄旗屯新京特別市鉄道工場／一八九七（明三〇）一／福岡県門司市大字門司／小倉工業学校

一九一八年小倉工業学校を卒業した後、三三年一二月満鉄に入社した。以来勤続して新京工場鉄工廠主任黄旗屯在勤、同貨車廠主任兼務を経て三五年九月新京鉄道工場貨車廠主任となった。

藤飯長太郎 ▷11

雑貨商／奉天省鉄嶺桜町／一八七一（明四）五／大阪府三島郡富田町

大阪府の米穀商藤飯武右衛門の長男に生まれ、一九〇六年に渡満して鉄嶺で雑貨商を開業した。本業の他に鉄嶺証券会社取締役、鉄嶺公益信託㈱監査役を兼務し、かたわら同地の居留民会議員、商業組合長、商業会議所議員等を務めて居留民会及び商業組合より表彰を受けた。

藤井　逸治 ▷12

満鉄鉄道総局付待命参事／奉天満鉄鉄道総局気付／一八九三（明二六）三／兵庫県明石郡林崎村

神戸郵便局、明石郵便局等に勤めた後、一九一一年七月に渡満して満鉄に入った。以来勤続して運輸課電信方、運輸

ふ

部運転課、大連運輸事務所、大連駅電信主任、同駅事務助役、運輸部庶務課、鉄道部運転課、長春鉄道事務所、新京鉄道事務所、鉄道部等に歴勤した。三三年一〇月朝鮮鉄道の委託経営に際し北鮮鉄道管理局に転任して庶務課に勤務し、三五年一月人事係主任を経て三六年九月副参事となり、三七年四月参事に進んで待命総局勤務となった。この間、満州事変時の功により勲七等に叙せられ、三七年四月勤続二五年の表彰を受けた。

藤井　巌夫 ▷12

国際運輸㈱雄基支店長代理兼陸運係主任兼付業係主任／朝鮮咸鏡北道雄基邑国際運輸雄基支店／一九〇四（明三七）四／山口県下関市東南部町／東京帝大経済学部商業学科、同大学院

山口県藤井恒一の次男に生まれ、一九三〇年東京帝大経済学部商業学科を卒業した後、大学院で経済史の研究に従事した。その後三二年六月に渡満して国際運輸㈱に入り、ハルビン支店に勤務した。同計算課、陸運課、大連支店勤務を経て三六年八月朝鮮咸鏡北道の雄基支店長代理となり、陸運係主任と付業係主任を兼務した。

藤井卯三郎 ▷12

藤井卯商店主／大連市浪速町／一八七六（明九）一一／大阪府大阪市東区上難波北ノ町

早くから大阪で洋雑貨商に従事し、一九〇五年五月日露戦中に渡満して大連の小亀洋行に入った。〇八年小亀洋行の内地引揚に際し、同年一一月浪速町四丁目に藤井卯商店を独立開業し、後に店舗を同町三丁目に移転した。店員七人を使用して大連市内外の各神社・寺院・教会、諸官公衙に扇、カレンダー、神仏具、儀式進物用品を販売し、年間四万円を売り上げた。

藤井栄左衛門 ▷12

熱河専売署凌源分署長／熱河省凌源専売分署／一八八八（明二一）三／香川県綾歌郡坂出町／東亞同文書院商務科

一九一一年上海の東亞同文書院商務科を卒業し、同年七月大阪の大文洋行本店に入った。天津支店詰、同支店主任を経て一八年四月漢口在勤となり、一九年に大阪本店に戻ったが、二〇年三月に退社して天津に栄喜洋行を興して貿易業を経営した。三三年満州国官吏に転じて竜江専売支署事業科科長となり、後に熱河専売署凌源分署長に就いた。

藤井嘉平次 ▷12

満州電信電話㈱経理部用度課倉庫係長／新京特別市興安胡同／一八九三（明二六）二／長崎県長崎市東小島町

福岡市馬出町に生まれ、学業を終えて官吏となった。その後一九一八年一〇月に渡満して関東都督府に入り、逓信局工務課材料係となった。三三年八月に満州電信電話㈱が創立されると同社に転じ、後に経理部用度課倉庫係長を務めた。

藤井　寛治 ▷12

大連汽船㈱船長、正八位／神戸市葺合区上筒井通／一八八八（明二一）一二／福岡県門司市大字門司／東京商船学校航海科

一九一五年六月東京商船学校航海科を卒業した後、海運会社に入り各船に乗務した。その後二九年三月大連汽船㈱に入社し、以来同社船の船長を務めた。

藤井　完次 ▷11

ハルビン日本居留民会理事／ハルビン石頭道街／一八八二（明一五）一二／新潟県佐渡郡相川町／東京外国語学校露語科

新潟県藤井太左衛門の長男に生まれ、一九〇八年東京外国語学校露語科を卒業して三井物産に入った。ウラジオストク、ハルビンに赴任した後、第一次世界大戦中はペテルブルグ、神戸に在勤した。戦後一九年に北満運輸公司が設立されると同社に転じ、松花江及び黒竜江の水運事業に従事したが、中国による利権回収のため事業休止となり、二三年にハルビンの居留民会理事に転じた。

藤井　喜作 ▷12

三江省公署警務庁員、在郷軍人会佳木斯分会副長／三江省佳木斯省公署警務庁／一八九四（明二七）一二／広島県沼隈郡田尻村／福山中学誠之館

福山中学誠之館を卒業した後、徴兵検査を経て陸軍に入営した。その後憲兵に転科し、各地の憲兵隊に勤務した後、満州駐剳となって渡満し鉄嶺憲兵分遣隊長を務めた。憲兵曹長に累進して三二年に予備役編入となり、奉天情報処事務副主任となった。その後奉天省公署事務官に転じて警務庁に勤務し、さらに三江省公署督察官に転任して佳木斯の同省公署警務庁に勤務した。

藤井　公雄　▷12

国際運輸㈱錦県支店運輸係主任、勲八等／錦州省錦県室町通国際運輸㈱社宅／一九〇六（明三九）八／福岡県鞍手郡西川村／福岡県立鞍手中学校

一九二四年三月福岡県立鞍手中学校を卒業し、同年四月鞍手郡西川尋常高等小学校の代用教員となった。その後二六年一一月に渡満し、国際運輸㈱に入社して奉天支店に勤務した。大連、奉天、錦県の各支店に転勤した後、業務係主任、鞍山海関営業所主任を経て三六年二月錦県支店運輸係主任となった。

藤井喜与治　▷13

満州野村證券㈱常務取締役／奉天／一九〇二（明三五）／鳥取県／東京商科大学

一九二六年、東京商科大学を卒業して野村證券に入った。一九四一年、奉天に満州野村證券㈱が創立されると静岡支店長から転じて常務取締役に就任した。

藤井　健吾　▷11

薬種商／満州里四道街／一八九八（明三一）五／岡山県川上郡成羽町／大阪基督教青年会中学

一九一九年、大阪基督教青年会中学を卒業した。二一年六月ロシア物産の輸入を企図して渡満し、同年末より中国物産・原料品の日本向け輸出業を開始したが、間もなく廃業して帰国した。二五年九月に再び渡満して満州里に至り、薬種商を営むかたわら満州里共同貯金組合監事を務めた。弘前高等女学校出身の夫人チヨは、居留民会立満州里尋常小学校長兼訓導として同地子弟の教育に従事した。

藤井小次郎　▷1

藤井組主／旅順／一八六四（元一）八／山口県阿武郡萩町

一八八一年三菱会社に入り、次いで日本郵船会社に転じて馬関に勤務したが、八六年さらに大阪商船会社に転じた。大阪本店、北海道、鹿児島等に勤務して九四年神戸支店支配人となった。その後小樽に転勤して北海道・青森間の各代理店総監督を務めたが、北海道航路の廃止とともに本店助役となり神戸支店助役を兼務した。九七年七月安平支店長となって台湾に渡り、後に基隆支店長に転任した。九八年一二月に退社して賀田組に入り台北本店支配人となったが、一九〇〇年台湾駅伝社に転じて台北本店業務主任を務めた。〇五年に退社して朝鮮各地を巡覧して旅順に渡り、同地で藤井組を設立して馬車輸送業と市街掃除請負業を経営した。旅順本店の他に大連にも支店を置き、数十台の馬車と数百人の苦力を使用した。

藤井　順治　▷12

食道楽ふじや店主、撫順中央区幹事／奉天省撫順東五条通／一九〇六（明三九）一／山口県下関市阿弥陀寺町／甲種商業学校

山口県藤井竹次郎の長男に生まれ、甲種商業学校を卒業して朝鮮京城で父竹次郎が経営する料理業を補佐した。日露戦争後に父と共に撫順に移り、同地で東洋ホテルの経営に従事した後、一七年三月「食道楽ふじや」の商号で料理業に転じた。三〇年に父が病没すると経営を引き継ぎ、一万円を投じて客室を増築し、同地一流の料理屋に発展した。

藤井　準三　▷12

安東専売署緝私科長、従七位勲七等／安東専売署公署／一八八九（明二二）二／山口県那珂郡日積村／（中等学校）

中等学校を卒業した後、広島の歩兵第一一連隊に志願入営し、歩兵曹長となって除隊した。直ちに渡満して関東庁警察官となり、勤続して警部補に進み、次いで内務省警察講習所を修了して警部となった。警務局警務課勤務、警官練習所教官、旅順・大連・撫順の各警察署主任を経て長春・奉天の各総領事館警察署に勤務した。三三年奉天専売署事務官に転じて緝私科長となり、三六年一一月安東専売署緝私科長に転任した。この間、満州事変時の功により勲七等及び従軍記章、建国功労賞を授与された。

藤井　正一　▷12

満鉄鉄道総局電気課員、工業標準規格委員会委員／奉天雪見町／一

九〇一（明三四）一〇／山口県熊毛郡曽根村／旅順工科大学工学専門部電気工学科

山口県藤井友治郎の次男に生まれ、南満州工業学校を経て一九二三年一二月旅順工科大学工学専門部電気工学科を卒業し、同年一二月満鉄に入り電気作業所に勤務した。二四年三月技術研究所員兼務を経て三〇年六月理学試験所、三一年四月中央試験所に勤務した後、三二年二月関東軍司令部嘱託となった。三三年一月に帰任して中央試験所強電研究室主任、同年一〇月鉄路総局工務処電気科電力係主任を経て三六年九月副参事となり、同年一〇月鉄道総局電気課に転任した。この間、満州事変時の功により銀盃及び従軍記章を授与された。

藤井　省策　▷11

公主嶺取引所信託㈱専務取締役／吉林省公主嶺和泉町／一八七九（明一二）一一／千葉県安房郡天津町／国民英学会英文学科、明治大学専門部

千葉県農業藤井銀治郎の三男に生まれ、東京の国民英学会英文学科を卒業して明治大学専門部二年を修了した。東京税務監督局属兼幸橋税務署外国人係主任を務めた後、一九〇七年三月満鉄東京支社に入り、同年五月大連本社に転任して渡満した。公主嶺地方事務所経理係、大石橋地方事務所長を歴任した後、一九年九月公主嶺取引所信託㈱の創立とともに入社して専務取締役に就任した。かたわら公主嶺電灯㈱監査役、公主嶺地方委員会委員を務めた。夫人キクとの間に一男三女あり、長女清子は旅順高女を出て満鉄中央試験所所員の工学博士井上義政に嫁した。

藤井　二郎　▷12

満鉄総裁室監理課員／大連市壱岐町／一九〇〇（明三三）九／大分県中津市角木新町／山口高等商業学校

大分県藤井新造の次男に生まれ、中津中学校を経て一九二一年三月山口高等商業学校を卒業し、同年四月熊本県立商業学校教諭となった。二三年五月㈱利中公司に転じ、さらに二四年四月聚福洋行、二八年七月殖産局第二課に転じた。次いで三二年三月満鉄に入社して監理部考査課に勤務し、同年一二月総務部審査役付を経て三六年に監察役付監察員となり、三七年六月総裁室監理課員に転任した。

藤井　巍　▷11

営口商業学校教諭／奉天省営口新市街入船街／一九〇〇（明三三）五／岡山県児島郡郷内村／中央大学商業部

岡山県官吏藤井真二の長男に生まれ、一九二五年中央大学商業部を卒業して千葉県市川商業学校教諭となった。二七年五月に渡満して満鉄に入り、営口商業学校教諭となり、営口商業実習所指導員を兼任した。

藤井　武夫　▷11

開原市場㈱専務取締役／奉天省開原朝陽街／一八九五（明二八）九／岡山県後月郡芳井町／中央大学商学部

岡山県農業藤井新太の四男に生まれ、一九二〇年中央大学商学部を卒業して東京毛織会社に入ったが、翌年一〇月に退社して渡満した。奉天の東省実業㈱に入って金融係となり、以来勤続して同主任、整理係、事業係を歴任し、在職のまま二六年一〇月開原市場㈱取締役に就任した。二八年二月専務取締役となり、済南興業会社重役を兼務した。

藤井　武人　▷12

営口税関員／奉天省営口税関官舎／一八九一（明二四）／山口県豊浦郡勝山村／山口県立豊浦中学校

山口県藤井義平の子に生まれ、一九一〇年県立豊浦中学校を卒業した後、一三年に門司税関に入り、多年同所に勤務した。その後二九年に辞職して渡満し、関東庁逓信書記兼税関監査官となった。三三年安東税関に転勤して鑑視官を務めた後、営口税関監査官となった。この間、建国功労賞及び大典記念章、皇帝訪日記念章を授与された。

藤井　正　▷12

国務院蒙政部興安学院主事、林場権審査委員会委員／科爾沁右翼前旗王爺廟興安学院主事公館／一九〇四（明三七）九／山口県都濃郡湯野村／広島文理科大学史学科東洋史専攻科

恩藤琴市の次男として岡山県赤磐郡布都美村に生まれ、後に藤井吉之進の養子となった。岡山県金川中学校を経て一九二五年大阪外国語学校本科蒙古語部及び別科仏語部科を卒業した後、さらに二六年山口高等商業学校研究科支那貿易科を卒業して東亜商業学校教諭となった。その後退職し、二七年五月九州帝大法文学部聴講生を経て二九年同大学法文学部本科に編入した後、三二年三月広島文理科大学史学科東洋史専攻科を卒業して同大学東洋史学科教室助手となった。三三年国務院文教部雇員に転じて渡満し、文教部学務司勤務を経て三三年三月文教部属官・学務司総務科勤務となった。次いで三四年一二月奉天省公署視学官に転任した後、三七年三月国務院蒙政部興安学院主事となって興安南省に赴任した。この間、三四年五月勲八位景雲章を授与された。

藤井　長蔵　▷3

大連高等女学校長、従六位勲六等／大連市播磨町／一八六五（慶一）一／三重県桑名郡桑名村／東京師範学校

一八八四年東京師範学校を卒業し、同年七月埼玉県師範学校教諭となった。八八年九月学習院助教授に転じた後、一九〇一年四月三重県立高等女学校長、〇五年一〇月同県立第四中学校長を歴任した。〇八年五月正七位、同年一二月勲六等瑞宝章を授与され、〇九年多年教育に貢献した功により文部省より金二〇〇円を賞賜された。一四年六月従六位、同年七月高等官六等となり、関東都督府高等女学校長に任じられて渡満し、大連高等女学校長に就任した。夫人芳子との間に夏雄、秋雄、春雄、冬雄、四季雄の五男と一女があった。

藤井　鉄雄　▷12

大連工業㈱主任待遇／大連市橋立町／一九〇二（明三五）一二／大阪府大阪市西区立売堀北通／大阪貿易語学校

大阪府藤井重孝の長男に生まれ、大阪貿易語学校を卒業した後、一九二一年七月大連工業㈱に入社した。以来勤続して三四年監理係材料部主任となり、次いで営業部付主任待遇となった。

藤井　唐二　▷11

関東庁大連民政署庶務課長、従六位／大連市榊町四官舎／一八九一（明二四）二／佐賀県佐賀郡新北村／法政大学法律科

佐賀県染物業藤井寿吉の長男に生まれ、一九一三年法政大学法律科を卒業した。一四年一二月内務属となって拓殖課に勤務し、一七年七月の拓殖局への昇格とともに拓殖局属となった。この間、一八年と二一年の二度にわたり南北中国、北満、朝鮮、樺太、台湾を視察旅行した。二二年七月関東庁属に転じ、同年九月に渡満した。関東庁理事官に任じられて財務課に勤務した後、二四年一二月大連民政署地方課長となり、後に同署庶務課長に転じた。

藤井十四三　▷12

満鉄総裁室秘書役／大連市星ヶ浦満鉄総裁社宅内／一八八一（明一四）三／山口県都濃郡末武南村／東京外国語学校露語本科

山口県藤井真一の長男に生まれ、東京外国語学校露語科を卒業した後、一九〇五年二月陸軍通訳となって渡満し遼東守備軍司令部に勤務した。旅順要塞整理衛生委員付、同行政委員付を務めた後、帰国して浜寺俘虜収容所付となった。〇七年三月創立早々の満鉄に入社し、翌月渡満して総務部庶務課、庶務部、奉天公所、鉄道部旅館課に歴勤し、この間〇八年に後藤新平総裁に随行して欧米各国に出張したほか、ロシアに数回、さらに二四年に欧米各国に出張した。二八年三月参事となり、東京支社庶務課、下関鮮満案内所長を務めた後、三一年九月に退社した。その後、三五年八月松岡洋右の総裁就任とともに再び満鉄に入り、総務部秘書役を経て三六年一〇月総裁室秘書役となった。この間、一五年一〇月にロシアよりスタニスラス三等勲章を授与され、二七年四月の満鉄創業二〇年記念式に際し表彰を受けた。同郷の夫人幸子との間に二男あり、長男満州男は東京帝大法学部政治学科を卒業して東京朝日新聞社社会部に勤務し、次男東蒙男は東京帝大工学部に学んだ。

藤井　稔久　▷12

㈱ヤマト商会取締役兼ハルビン支店長、勲八等／ハルビン道裡斜紋街／一九〇四（明三七）一二／山口県山口市清水本町／満鉄遼陽商業実習所

満鉄遼陽商業実習所を修了し、一九三一年三月大連の㈱ヤマト商会に入った。三三年一一月ハルビン支店開設とともに支店長として同地に赴任し、後に取締役に就いた。

ふ

藤井 信夫 ▷12

テキサス石油会社大連支店秘書／大連市須磨町／一八九九（明三二）一一／広島県佐伯郡廿日市町／東洋協会商業学校

広島県藤井倉吉の次男に生まれ、一九一八年大連の東洋協会商業学校を卒業した。各社に勤務した後、米国資本のテキサス石油会社大連支店に入社し、累進して三〇年に秘書となった。

藤井 彦造 ▷12

満鉄吉林検車段西安分段検車助役、勲八等／奉天省西安吉林検車段分段／一八九三（明二六）一／山口県徳山市幸町

山口県藤井助次郎の四男に生まれ、一九一九年七月満鉄に入り大連機関区検車手となった。その後、二四年満鉄教習所検車科を修了して各地に勤務し、大連検車区に勤務中の三二年一月四洮線鄭家屯機務段に派遣され、同年九月に帰任した。三三年七月吉海鉄路局機電科に転勤した後、三四年四月吉林検車段新京検車分段助役を経て三七年五月西安分段検車助役となった。この間、一四年の青島戦時の功により賜金を受け、三一年の満州事変時の功により勲八等と賜金及び従軍記章並びに建国功労賞を受けたほか、三四年四月勤続一五年の表彰を受けた。

藤井 正晃 ▷12

松屋菓子店主／大連市連鎖街常盤町通／一九〇四（明三七）八／香川県丸亀市塩屋町／香川県立農林学校

香川県藤井正朝の長男に生まれ、香川県立農林学校を卒業して渡満し、関東庁農事試験場土木課苗甫事務所に勤務した。その後退職して菓子製造販売業に従事し、大連市常盤町に店舗を構えて和洋菓子の製造販売業を営んだ。間もなく店舗を関東庁を退職した父に譲り、松屋菓子店の商号で連鎖街に新店舗を開設して同業を営んだ。

藤井 正朝 ▷11

関東庁郵便所長、正七位勲六等／大連市水仙町／一八七八（明一一）一二／香川県丸亀市塩屋町／高等学校中退

香川県剣道師範藤井正豊の長男に生まれ、一九〇一年高等学校を中退して逓信官吏となり、〇七年二月関東都督府逓信部に転任して渡満した。以来勤続して後に大連市西広場郵便所長を務め、退職後は長男正晃の創設した常盤町の菓子店を経営した。

藤井 光蔵 ▷13

撫順セメント㈱社長／一八七九（明一二）一二／東京府東京市麻布区本村町／東京帝大工科大学

藤井庄蔵の三男として下関市に生まれ、一八九九年東京帝大工科大学を卒業した。愛知セメント㈱取締役兼支配人兼技師長、日本光学工業㈱支配人、浅野セメント㈱建設部長等を歴任した後、一九四二年大阪帝大講師から撫順セメント㈱社長に転じて渡満した。

藤井 保則 ▷12

奉天省公署民政庁財務科長／奉天葵町／一八九九（明三二）一／香川県大川郡鴨部村／長崎高等商業学校

香川県藤井国造の長男に生まれ、一九二二年三月長崎高等商業学校を卒業し、同年四月満鉄に入り社長室社会課に勤務した。同年一二月兵役に就き、除隊して庶務部社会課に復職し、三〇年四月同課社宅計画係主任となった。三二年四月満州国官吏に転じ、同年八月奉天省公署事務官として総務庁に勤務した後、三四年一二月理事官に昇格して民政庁財務科長となった。

藤井 義次 ▷12

国務院営繕需品局総務科員、新京石川県人会幹事、正八位／新京特別市北安胡同／一八九九（明三二）一／石川県石川郡御手洗村／敦賀商業学校日露貿易専修科

石川県藤井与右衛門の次男に生まれ、県立小松中学校を経て一九二〇年敦賀商業学校日露貿易専修科を卒業した。同年五月に渡満して満鉄雇員となり商事部倉庫課に勤務したが、同年一二月在職のまま兵役に服した。二四年三月予備陸軍輜重兵少尉として満期除隊し、再び渡満して帰任した。三〇年六月事務員に昇格した後、三二年五月関東軍命で国務院総務庁需要処に出向し、同年六月満鉄を退社して国務院総務庁嘱託となった。三三年三月同庁属官を経て三五年一〇月事務官に昇格し、同年一一月営繕需品局事務官に転任して総務科に勤務した。

藤井　諒 ▷12

満鉄錦県鉄路局総務処資料科長／錦州省錦県阜康門裡井沿南胡同／一八九六（明二九）二／岐阜県恵那郡坂本村／明治大学法科

岐阜県藤井伊之助の三男に生まれ、東濃中学校を経て一九二〇年三月明治大学法科を卒業し、同年五月満鉄に入り地方部庶務課に勤務した。二四年一〇月社命で北京に留学し、二五年八月から北京大学で商慣習法を研究した。二六年九月に帰任して庶務部調査課に勤務した。三二年一月奉天事務所、三三年六月洮南事務所勤務を経て同年九月から鉄路総局兼務となり、三五年一一月錦県鉄路局総務処資料科長に就いた。

藤内　喜市 ▷11

大連警察署会計係／大連市聖徳街／一八七八（明一一）一一／大分県速見郡亀川町

大分県農業藤内庄吉の三男に生まれ、一八九六年一二月佐世保海兵団に入営した。九八年二月イギリスで製造された軍艦高砂の回航委員付としてニューキャッスルに赴き、同年九月横須賀港に帰着した。日露戦争時に軍艦宮古に乗船し、一九〇四年五月関東州の貔子窩北東港で機雷に触れて爆沈したが軍艦岩手に救助され、その後第二艦隊旗艦乗組員として日本海海戦に参戦した。一二年七月旅順海軍経理部付一等主計兵曹長として渡満し、旅順水交支社書記、関東庁嘱託、西崗子警察署会計係等を歴任し、二五年から大連警察署会計係を務めた。同郷の夫人梶子との間に六男二女あり、長女は旅順高等女学校を出て師範学校二部を卒業した。

藤浦　清人 ▷11

材木商／吉林大灘／一八八八（明二一）一〇／広島県山県郡原村

広島県藤浦利三郎の三男に生まれ、一九一一年五月広島第五師団の満州駐箚の際に渡満した。一八年から吉林で材木業を営み、材木組合理事のほか同地の在郷軍人分会長、居留民会議員等の名誉職を務めた。

藤枝　明 ▷12

満州電業㈱経理部用度課購買係長／新京特別市大同大街満州電業経理部／一九〇九（明四二）一／愛媛県宇摩郡三島／松山高等商業学校

愛媛県藤枝輯の三男に生まれ、松山中学校を経て一九二九年三月松山高等商業学校を卒業し、大連の南満州電気㈱に入社した。三四年一二月同社の電気供給部門が独立した満州電業㈱が新京に設立されると同社員となり、経理部会計課主計係を経て三五年三月用度課新京出張所主任になり、次いで同課購買係長となった。

藤枝岸四郎 ▷11

満鉄鉄嶺機関区助役／奉天省鉄嶺若竹町／一八八四（明一七）四／東京府東京市赤坂区青山南町／中学校三年中退

東京府藤枝樸の四男に生まれ、中学校三年で中退して札幌電信学校の講習を受け、一九〇三年通信書記補となった。〇八年四月安東県郵便局勤務となって渡満し、翌年一〇月満鉄に入社して安東駅に勤務した。本社鉄道部庶務課に転任した後、二三年六月鉄嶺機関区助役に就いた。この間、日露戦争とシベリア出兵時の功により賜金を授与され、二七年には満鉄勤続二〇年の表彰を受けた。

藤岡　一齋 ▷13

東拓土地建物㈱支配人、東省実業㈱大連支店支配人／大連／一八八八（明二一）／徳島県／岡山工業学校土木科

一九〇七年岡山工業学校土木科を卒業して郷里の徳島県庁に入り、農業技手となった。一四年台湾製糖㈱に転じて一二年勤めた後、二五年に退社して帰国した。その後二七年に東洋拓殖㈱に入り、三四年同社傍系の鴻業公司に転出した。同公司が東拓土地建物㈱と改称した後も支配人に留まり、東省実業㈱大連支店支配人を兼任した。

藤岡　吉助 ▷12

金城商会主／ハルビン道裡地段街／一八八七（明二〇）六／京都府京都市四条通川原町／京都市立下京中学校中退

京都府藤岡吉蔵の三男に生まれ、市立下京中学校三年を中退して京都で靴の製造販売業に従事した。その後一九〇八年朝鮮に渡り、京城黄金町で靴店を独立開業した。次いで一七年に渡満してハルビン道裡で開業したが、翌年日本のシベリア出兵に際し露領チタ市に移って同業を営んだ。二一年に日本軍の撤退と共に同地を引き揚げ、再びハルビン道裡に店舗を開き、店員五人、職工二〇人を使用して靴・鞄の製造販売業を経営した。

藤岡　幸二　▷12

満州松風工業㈱董事／奉天省撫順東四条通／一八八一（明一四）一二／石川県／東京高等工業学校窯業科

石川県藤岡通学の次男に生まれ、一九〇五年東京高等工業学校窯業科を卒業して松風嘉定の経営する京都の松風工業会社に入った。以来勤続して嘉定の姉ハル子を夫人として専務取締役に就き、京都商工会議所議員を務めた。その後三六年一二月満州松風工業㈱の設立に際し、同社董事となって渡満した。

藤岡　正一　▷11

南満州工業専門学校教授／大連市伏見町／一八八五（明一八）七／徳島県那賀郡今津村／東京高等工業学校機械科

徳島県農業向島伊藤太の子に生まれ、叔父藤岡梅太郎の娘マサノの養子婿となった。一九〇六年東京高等工業学校機械科を卒業し、秋田県の小坂鉱山に入り工作課機械係に勤務した。〇八年一月久原鉱業に転じて茨城県日立鉱山工作課、本社営業部、大分県佐賀関精錬所、本社営業部勤務技師、日立製作所亀戸工場設計係長、同副工場長を歴任し、この間一八年及び二三年に砂金鉱床視察のためシベリアに出張した。二四年一月に久原鉱業を退社し、翌月渡満して満鉄に入り南満州工業専門学校教授に就いた。

藤岡　一　▷11

満鉄経理部会計課計算係主任／大連市楠町／一八九四（明二七）一〇／広島県豊田郡舟木村／満鉄見習夜学校

広島県藤岡坂治の長男に生まれ、一九一三年満鉄見習夜学校を修了して本社経理部会計課に勤務した。一八年一月日中合弁の鞍山鉄鉱振興無限公司に転出し、同年六月職員に昇格した。二〇年八月満鉄に帰任して鞍山製鉄所経理課勤務となったが、同年一〇月北京公所に転勤した。二七年四月経理部主計課勤務を経て同年一一月会計課勤務となり翌月から育成学校講師を兼務したが、二九年講師兼任を解かれて経理課計算係主任に就いた。

藤岡　兵一　▷11

関東庁警務局長、従四位勲三等／旅順市高崎町／一八九三（明二六）一二／東京府東京市小石川区駕籠町／東京帝大法科大学政治学科

石川県士族藤岡明郷の長男に生まれ、一九〇九年七月東京帝大法科大学政治学科を卒業し、同年一一月文官高等試験に合格した。岐阜県属、山口県事務官、同理事官、静岡県理事官、群馬・宮城・広島・京都の各府県警察部長、内務事務官兼書記官、同監察官、警保局長を歴任して高知県知事となった。二七年一二月、関東庁警務局長に任じられて渡満した。同郷の夫人アイは学習院女子部出身で、実父の男爵木越安綱は第三次桂内閣の陸軍大臣を務めた。

藤尾　豊一　▷12

国際運輸㈱労務課長代理兼労務係主任／大連市山県通国際運輸㈱本社／一九〇七（明四〇）三／兵庫県神戸市楠町／神戸商業大学

兵庫県藤尾豊太郎の長男に生まれ、県立第一神戸中学校を経て神戸商業大学に進み、一九二八年三月に卒業して国際運輸㈱に入社した。経理課員、同原価計算係主任、管理係兼予算係主任、計画課長代理に歴任して三六年四月労務課長代理となり、同年五月労務係主任兼務となった。

藤懸　広　▷11

旅順衛戍病院長、従五位勲四等／旅順市大島町陸軍官舎／一八八四（明一七）五／茨城県猿島郡古河町／東京帝大医科大学

茨城県藤懸伝八郎の次男に生まれ、一九一〇年東京帝大医科大学を卒業し、翌年陸軍二等軍医となった。その後各地に勤務して一等軍医正に進み、二八年四月旅順衛戍病院長となって渡満した。⇒第一四師団軍医部長に転任した後、三六年八月軍医総監に累進して予備役編入となった。

藤懸　浩　▷11

藤懸歯科医院長／奉天春日町／一八八九（明二二）一一／群馬県桐生市新宿町／日本歯科医学専門学校

関東庁官吏藤懸昌平の長男に生まれ、一九一五年日本歯科医学専門学校を卒業して渡満し、一六年に大連市若狭町で歯科医院を開業した。次いで二三年一一月奉天に移転し、春日町で歯科医院を開設した。

藤川　卯作　▷11

長春実業補習学校長／長春蓬莱街／一八七三（明六）一〇／広島県豊田郡豊田村／広島県師範学校

広島県農業藤川八十八の三男に生まれ、一八九七年広島県師範学校を卒業して郷里の小学校訓導となった。九八年六月広島県立商船学校助教諭、一九〇二年六月広島県立工業学校教諭を歴任した後、一三年三月長春実業補習学校長に転じて渡満した。同年七月から青年訓練所主事を兼務したほか、長春青年義勇団、同青年団、青年会、革新会、体育協会、修養団支部等の幹部や地方委員など多くの名誉職に就いた。

藤川　栄三　▷1

陸軍用達業、和洋雑貨販売業、官煙特約代理店、勲七等／吉林省公主嶺／一八八一（明一四）三／佐賀県小城郡晴田村／陸軍教導団

一八九八年陸軍教導団を出て第六師団歩兵第四六連隊付となった。一九〇一年第七師団第二五連隊に転任し、さらに同年陸軍中央幼年学校付に転任した。〇三年に満期除隊して予備役編入となったが、〇四年日露戦争に際し第六師団第四八連隊に召集されて従軍し、第三軍に属して最左翼の援護隊に勤務した。戦後〇六年三月に帰国して勲七等旭日章と一時賜金を受けた後、翌月再び渡満して昌図で陸軍用達を務め、同年八月軍隊の移動と共に公主嶺に入った。鮫島通に家屋を新築して陸軍用達業と和洋雑貨販売業、官煙特約代理店を経営した。事業とは別に軍人、一般居留民の娯楽のために玉突場を経営し、公主嶺居留民会行政委員を務めた。

藤川金治郎　▷12

満鉄三棵樹電気段長／ハルビン斜紋一劉街／一八九七（明三〇）一／京都府京都市中京区聚楽廻松下町／南満州工業学校

大連の南満州工業学校を卒業して満鉄に入り、保安区に勤務した。勤続して保安助役、ハルビン臨時改良事務所電気係主任、ハルビン鉄路局信号股長を歴任し、三六年九月同電気科工務員を経て三七年三月三棵樹電気段長となった。この間、満州事変時の功により賜盃を授与された。

藤川　類蔵　▷3

盛進商行重役／大阪市高麗橋／一八六九（明二）四／徳島県美馬郡重清村

幼少の頃から商家に奉公し、その後満州に渡った。日清戦争終結後の一八九五年六月満州から台湾に渡り、中辻喜次郎と共に台北に盛進商行を設立した。日露戦中の一九〇四年一〇月、再び渡満して営口に同商行を設立して雑貨商を経営した。

藤木　幹　▷12

満鉄吉林鉄路局総務処福祉科長、社員会吉鉄連合会第一分会評議員、同福祉部長、吉林日本居留民会鉄路局区長、同学務衛生委員、吉林神社氏子総代／吉林大和街／一八八七（明二〇）四／新潟県佐渡郡相川町／新潟県立佐渡中学校

新潟県藤木繁の長男に生まれ、一九〇七年県立佐渡中学校を卒業し、同年九月満鉄に入り運輸部港務課築港勤務となった。撫順炭砿庶務課、同工務課、大連保線係、奉天保線係に歴勤した後、一四年第一次世界大戦に際し予備員として山東に派遣され、山東鉄道管理部付、鉄道属・同庶務課勤務、青島守備軍民政部付・総務課勤務、計理課兼文書課勤務、文書課勤務に歴勤した。官制廃止とともに残務整理員となり、山東鉄道引継細目協定委員として北京に出向して鉄道引継実施委員を務めた後、帰社して鉄道部庶務課、同経理課、庶務部社会課、地方部地方課に歴勤して開原地方事務所庶務係長となった。次いで三五年三月北満鉄道引継ぎのためハルビンに出向し、同鉄道の接収後にハルビン鉄路局福祉課福祉係主任に就いた。その後三六年一一月吉林鉄路局総務処福祉科長兼衛生股長に転任し、同年七月兼職免除を経て同年九月副参事に昇格した。

富士木鷹二　▷9

正隆銀行開原支店長／奉天省開原正隆銀行支店内／一八八七（明二〇）七／滋賀県大津市上京町／東亞同文書院

一九一〇年東亞同文書院を卒業して正隆銀行に入り、大連本店に勤務した。旅順、営口、奉天、鄭家屯の各支店に勤務した後、一九年一〇月開原支店詰となり、後に支店長に就いた。

藤木久次郎 ▷12

満鉄吉林鉄路局配車科長、社員会評議員、勲八等／吉林敷島街／一八九七（明三〇）三／福岡県久留米市荘島町

福岡県藤木松次郎の子に生まれ、幼少時に両親に死に別れ、義兄に伴われて渡満した。一九一四年一〇月満鉄に入り、大石橋駅駅務見習となり、勤務のかたわら鉄道教習所電信科を修了した。本社営業課、橋頭駅助役、鉄路総局運輸処に勤務した後、三六年九月吉林鉄路局配車科長となった。この間、満州事変時の功により勲八等旭日章を受けた。

「藤城」は「ふじしろ」も見よ

藤城吉太郎 ▷11

関東庁海務局海事課長、正六位／大連市清水町／一八八七（明二〇）一〇／愛知県渥美郡田原町／商船学校

愛知県農業藤城政平の次男に生まれ、一九一三年商船学校を卒業して三井物産に入った。長く機関長として勤務した後、二四年五月に退社し関東庁海務局技師となって渡満した。海事課長を務めるかたわら満鉄嘱託を兼ね、関東州船舶職員懲戒委員会委員、関東州水先人懲戒委員会委員を務めた。

藤崎　四郎 ▷4

正隆銀行開原支店長／奉天省開原大町一号地／一八八〇（明一三）一一／東京府豊多摩郡大久保百人町

一九一四年四月、大連の正隆銀行に入り本店に勤務した。一六年七月抜擢されて開原支店長に就き、一般銀行業務のほか不動産・特産物取引、荷為替、倉庫業などの経営に従事した。

藤崎　朋清 ▷12

国務院司法部法学校教授／新京特別市南嶺法学校／一八九四（明二七）九／高知県高知市旭町／東京帝大法学部独法科

一九二四年三月東京帝大法学部独法科を卒業し、二五年五月旅順第二中学校教務嘱託となって渡満した。二六年一月台湾製脳㈱に転じ、勤続して庶務課長代務者となったが、三二年五月大連弥生高等女学校教務嘱託となって再び渡満した。かたわら満州法政学院講師嘱託を兼務し、同年六月満鉄より中国民事慣習法編纂に関する要旨の抜粋その他の原稿整理を委託された。その後、関東庁警察官練習所教務嘱託、次いで三五年二月国務院司法部法学校助教授に転じ、三六年一二月教授となった。

藤崎　信之 ▷10

関東庁高等法院上告部判官、正六位／旅順市柳町法院官舎／一八九二（明二五）一／高知県高知市中須賀町／東京帝大法科大学独法科

父と伯父が共に弁護士という環境に育ち、高知県立第一中学校、第三高等学校法科を経て東京帝大法科大学独法科に入学した。一九一七年四月に卒業して司法官試補となり、神戸地方裁判所に勤務して翌年一二月判事となった。一九年九月関東庁高等法院判官に任じられて渡満し、二四年三月高等官四等に進んで高等法院上告部判官となった。かたわら関東庁土地審査委員を務め、旅順工科大学予科教務嘱託として法政経済を講義した。

富士崎勇吉 ▷12

満鉄南台駅長、勲八等／奉天省海城県南台駅長社宅／一九〇二（明三五）七／福島県福島市荒町／福島商業学校

福島商業学校を卒業して渡満し、一九一九年三月満鉄従事員養成所を修了して大連駅に勤務した。大連列車区に勤務した後、普蘭店駅助役を経て三五年七月南台駅長に就いた。この間、満州事変時の功により勲八等白色桐葉章を授与され、三四年四月勤続一五年の表彰を受けた。

藤崎　吉熊 ▷12

藤崎工作所主／新京特別市吉野町／一八七九（明一二）一／鹿児島県川辺郡加世田町

一七歳の時から建築業に携わり、一九〇二年一〇月から家具の製作販売に従事した。日露戦争後一九〇七年三月に渡満し、長春で建築業を営んだ後、一〇年九月東支線横道河子に転住して木材販売業を営んだ。その後二二年一〇月シベリア派遣軍撤兵のため長春に引き揚げ、藤崎工作所を興して建築材料商と和洋家具の製作販売業を経営した。経営のかたわら関東庁労働調査員、東本願寺満州別院建設委員、新京防護団第二分団配給係長、新京聖徳会理事、新京吉野区町内会幹事、新京鹿児島県人会幹事等を務めた。この間、辷台を考案して実用新案登録し、皇帝即位式に際し地方賜餐に列なった。長男元吉は家業に従事するかたわら青年学校指導員、在郷軍人会新京第二分会副会長を務め、在郷軍人会鈴木貫太郎会長の表彰を受けた。

藤沢 善治　▷12

満鉄敦化機務段員／吉林省敦化通河街／一九〇八（明四一）四／宮城県仙台市常盤町／福島県立白河中学校

宮城県藤沢亀之進の六男に生まれ、一九二八年三月福島県立白河中学校を卒業した。二九年に渡満し、同年一〇月満鉄に入り鶏冠山機関区に勤務した。三二年一〇月蘇家屯機関区勤務を経て三四年六月敦化機務段に転勤した。この間、満州事変時の功により賜品及び賞状を授与された。

藤沢 亮二　▷13

三井物産奉天支店長／奉天／一八九六（明二九）／福井県坂井郡坪江村／東京高等商業学校

一九一八年、東京高等商業学校を卒業して三井物産に入った。神戸支店勤務を振り出しに二一年六月リヨン出張員、二五年九月神戸支店勤務、三〇年四月同支店雑貨掛主任、三二年一一月同支店綿製品掛主任、三五年三月アレキサンドリア首席出張員、三八年一月本店営業部長代理、三九年九月張家口出張所長、四〇年九月済南出張所長、同年一〇月済南支店長を歴任した。太平洋戦争が始まった四一年一二月、奉天支店長となって渡満した。

藤島 哲三郎　▷12

国務院営繕需品局営繕処企画科長／新京特別市永長路営繕需品局／一八九九（明三二）一一／福岡県鞍手郡宮田町／京都帝大工学部建築科

福岡県藤島庸夫の子に生まれ、一九二三年三月京都帝大工学部建築科を卒業して大林組に入った。二四年五月京都市技師に転じて中央卸売市場建設主任となり、次いで二七年五月神戸市技師に転じて同じく中央卸売市場建設主任を務め、欧米を視察した後、三一年九月神戸市営繕課長に就いた。その後三四年七月ハルビン特別市公署工務処嘱託に転じて渡満し、同年一〇月同署技正となり、次いで同年一二月都市建設局建築科長となった。三五年一一月からハルビン市公署工務処営繕科長を兼務した後、三七年五月国務院営繕需品局技正となり営繕処企画科長に就いた。

藤城 堅太郎　▷8

「藤城」は「ふじき」も見よ

藤城組工務所主、広美洋行主／奉天／一八六七（慶三）九／千葉県香取郡高岡村

一〇歳の時から五年間郷里の桜井塾で漢学を学んだ。一九〇八年四月奉天で土木建築業を始め、満鉄工事の請負に従事して規模を拡大した。かたわら商事部として広美洋行を設立して兼営した。

藤瀬 栄七　▷12

満鉄鉄道警務局巡監、勲六等／奉天鉄道警務局／一八九五（明二八）八／佐賀県小城郡北山村

佐賀県藤瀬半助の次男に生まれ、一九一六年一月台湾の砲兵第一中隊に入営し、その後憲兵に転科して三〇年二月憲兵特務曹長に累進した。三三年九月依願予備役となり、同年一〇月満鉄に入り鉄路総局詰として吉長吉敦鉄路局敦化警務段に勤務した。三四年四月新京鉄路局敦化警務段長、三五年一二月チチハル鉄路局勤務を経て奉天省四平街鉄路監理所監理員となり、洮南鉄路監理所監理員を兼務した。三六年九月巡監に昇格し、三七年二月から奉天の鉄道警務局に勤務した。この間、満州事変従軍記章及び建国功労賞、昭和大礼記念章を受けた。

藤瀬 友重　▷11

満鉄范家屯駅助役／范家屯緑町／一九〇一（明三四）一一／富山県婦負郡宮川村

富山県農業藤瀬磯次郎の子に生まれ、一九一六年三月一五歳で渡満して翌年一〇月満鉄に入った。瓦房店駅に勤務した後、橋頭、安東、長春の各列車区車掌を経て范家屯駅助役となった。

藤田 温作　▷12

満鉄錦県鉄路局経理処審査科長、錦県日本大学校友会錦桜会会長、錦県栃木県人会会長、従七位／錦州省錦県南八経路南山寮／一八九六（明二九）一一／栃木県那須郡

伊王野村／日本大学専門部法律科

東京の岩倉鉄道学校業務科、同高等科を卒業して一九一四年五月鉄道院副査課雇となった。勤務のかたわら一九二〇年日本大学専門部法律科を卒業し、鉄道院書記・鉄道属を経て鉄道省事務官に進んだ。その後三三年一二月に退官して満鉄に転じ、鉄路総局経理処、同処会計科勤務を経て三六年九月錦県鉄路局経理処審査科長に就いた。この間、鉄道省運送関係帳表規程を立案し、満鉄入社後に鉄道総局自動車運輸帳表規程・各種帳表規程・計算規則・北寧直通連絡計算規則・同帳表規程を立案した。

藤田　幾雄 ▷12

満鉄ハルビン鉄路局総務処事故科長、正八位勲八等／ハルビン鉄路局総務処事故科／一九〇一（明三四）七／山口県玖珂郡玖珂町／日露協会学校

山口県藤田憲一の長男に生まれ、一九二三年ハルビンの日露協会学校を卒業し、同年三月満鉄に入社して長春駅に勤務した。勤務中に一年志願兵として入営し、除隊して予備陸軍歩兵少尉に任官した。二九年七月ハルビン事務所運転課、三一年八月新京駅、三三年一二月本社鉄道部庶務課に歴勤した。三五年一〇月鉄道部庶務課事故係主任となり、三六年九月ハルビン鉄路局に転勤して総務処事故科長に就いた。この間、三一年九月満州事変に際し、関東軍特務部に派遣されて接収事務に従事し、功により勲八等に叙せられた。

藤田倶治郎 ▷11

関東庁学務課長、従五位勲六等／旅順市高崎町／一八八三（明一六）三／岡山県苫田郡大野村／東京帝大法科大学英法律科

岡山県農業藤田贒平の次男に生まれ、一九一一年東京帝大法科大学英法律科を卒業して翌年文官高等試験に合格した。一三年二月岐阜県属、一四年一月神奈川県属、一五年五月同県鎌倉郡長、一六年七月同県理事官・農務課長、一九年四月兵庫県理事官・官房主事、同学務課長、同社会課長、二〇年一一月秋田県警察部長等を歴任した。二一年七月関東庁事務官兼参事官に転じて渡満し、警務課長に就いた。二二年八月警察行政及び社会事業研究のため欧米を視察して二四年七月に帰任し、学務課長に転任して同年一二月から衛生課長を兼務し、二七年四月学務課長専任となった。この間、二六年に視察報告『欧米の警察と社会事業とを視て』を著した。同郷の夫人天以は松山高等女学校を出た後、渡米してマサチューセッツ州のスミス大学を卒業した。

藤田　栄介 ▷3

吉林領事、高等官六等正七位／吉林領事館内／一八八一（明一四）／鹿児島県鹿児島市／東京帝大法科大学法律学科

一九〇八年、東京帝大法科大学法律学科を卒業した。〇九年文官高等試験に合格して外務省に入り、一〇年二月高等官七等・領事官補となり牛荘領事館に勤務した。一四年六月スペイン公使館三等書記官に任命されたが、帰国準備中に青島戦役が始まり、青島陥落とともに同地に出張した。翌年一〇月に帰国し、吉林領事に任じられて渡満した。

藤田　臣直 ▷13

昌光硝子㈱社長／大連市台山屯／一八七四（明七）一二／東京府東京市赤坂区青山高樹町／横浜商業学校

鹿児島県士族星山彦右衛門の四男に生まれ、藤田マサの養子となった。一八九六年横浜商業学校を卒業して三菱㈾に入り、十数年勤続して一九一四年同社系列の旭硝子㈱に転じた。二四年に中国各地を商業視察し、翌年四月同社と満鉄の共同出資で大連沙河口に昌光硝子㈱が設立されると常務取締役となり、三九年社長に就任した。

藤田　謹次 ▷11

満鉄教育研究所員／奉天省撫順南台町／一八九五（明二八）二／兵庫県加東郡小野町／兵庫県御影師範学校

兵庫県士族藤田吉利の三男に生まれ、一九一四年兵庫県御影師範学校を卒業して上京し、東洋音楽学校に学ぶかたわら慶応大学で顕微鏡植物学を研究し、満州蕈菌研究のため渡満して熊岳城公学堂訓導となった。一五年遼陽城内の日語学校に転任した後、撫順第一小学校訓導を経て満鉄教育研究所に入所し、大賀一郎博士の下で南満州産菌類と水生植物の研究に従事した。⇒その後再び教職に復帰して安東の大和小学校訓導を務めた後、三六年五月満鉄公主嶺図書館長に就いた。夫人ミサヲ

ふ

は旅順高等女学校を卒業後、長崎県女子師範学校二部を修了した。

藤田九一郎 ▷12

㈴藤田洋行代表社員、南満州倉庫㈱取締役社長、満州市場㈱取締役、満州土地建物㈱取締役、満州取引所㈱監査役、奉天商工会議所議員、奉天金物同業組合長、奉天城内建築材料商組合長、奉天明治会長、奉天兵庫県人会長／奉天浪速通／一八七六（明九）八／兵庫県神戸市大開通

兵庫県藤田松蔵の長男に生まれ、兵庫県庁に勤めた後、一八九九年山東省芝罘に渡った。日露戦争後〇七年に奉天に移り、城内鐘楼南路に藤田洋行を開設して時計貴金属・高級雑貨及び金物商を営み、一八年に合名会社に改組して代表社員に就いた。汽罐、空気圧縮機、内燃機関、発電機、発動機、電気機械、工具類、鉄道・鉱山用土木材料、鉄工・紡織用機械、農業機械、ポンプ類、金庫、度量衡器械、鉱油、塗料、諸金属材料を扱って逐年発展し、大阪、大連、安東、新京、ハルビン、チチハル等に支店・出張所を置き、資本金を一〇万円に増資した。この間、一二年一二月奉天商業会議所会頭に就任したほか、二六年に奉天金属関係業者を糾合して奉天金物同業組合を組織して組合長を務め、三三年に満州産業功労者として日本産業協会総裁の表彰を受けた。夫人カメヨとの間に二子あり、長男愛は南満州工業専門学校を卒業し、長女寿子は満鉄鉄道総局に勤務する前田敬三郎に嫁した。

藤田　健二 ▷12

満州化学工業㈱硫酸部長／大連市外甘井子南町／一八九〇（明二三）一二／大阪府大阪市西成区粉浜東ノ町／大阪高等工業学校

一九一一年三月大阪高等工業学校を卒業して日本窒素肥料㈱に入り、次いで一三年北海カーバイト工場、一七年日本化学製麻会社、二〇年高田商会、二八年大阪市の青山活字製造工場に歴職した。その後満州化学工業㈱に転じて渡満し、後に硫酸部長を務めた。

藤田　光助 ▷11

満鉄瓦房店駅助役／奉天省瓦房店敷島街／一八九三（明二六）九／福岡県大牟田市健老町／鉄道院九州地方教習所

福岡県農業藤田巳太郎の三男に生まれ、一九一〇年鉄道院雇員となり、一三年六月職員に昇格した。九州地方教習所を修了した後、一六年に渡満して満鉄に転じ、旅順、大石橋、大連、鞍山等の各駅で車掌、出札係等を務めた。二二年一二月助役に昇任して熊岳城、営城子、石河の各駅に勤務した後、二八年六月瓦房店駅に転勤した。

藤田　梢 ▷12

満鉄ハイラル電気段長、社員会評議員、ハイラル居留民会評議員、満州国協和会第八分会評議員、勲八等／興安北省ハイラル站電気段／一九〇二（明三五）四／愛媛県新居郡角野村／愛媛県立西条中学校

一九二〇年愛媛県立西条中学校を卒業して渡満し、同年五月満鉄技術部電気技術実習生養成所に入所した。二一年五月に修了して大連通信区に勤務した後、二五年一〇月本社路線課、二九年四月長春保安区勤務を経て三一年六月同区電気助役となった。三五年三月、北鉄接収により設置されたハイラル電気段長に就いた。

藤田　駒吉 ▷7

安東興業㈱社長、安東商事金融㈱社長、安東商業会議所副会頭／安東県六番通／一八六八（明一）／鹿児島県薩摩郡

日露戦中の一九〇四年秋、朝鮮に渡って仁川税関に勤務した。その後同郷の川内出身で海運業の慶田組主と提携し、同地で実業に乗り出して巨富を積んだ。〇九年に仁川から安東県に移り、金物・銃砲火薬商を開業して成功し、第一次世界大戦後の好況時に種々の事業を興して安東有数の実業家となった。程なく二〇年以降の戦後不況に際会して事業を整理し、安東興業㈱と安東商事金融㈱のみを残したが、なお安東商業会議所副会頭として同地実業界に重きを成した。

藤田　虎力 ▷3

満鉄理事、山東鉄道管理部長、正四位勲三等／青島山東鉄道管理部長官舎／一八六六（慶二）五／東京府豊多摩郡千駄ヶ谷／帝国大学法科大学英語科

一八九〇年帝国大学法科大学英語科を卒業して文部省試補となり、後に書記

官に昇任した。その後逓信省鉄道事務官に転じ、逓信書記官を経て一九〇七年鉄道庁理事、一〇年八月九州鉄道管理局長を歴任した。一四年三月満鉄理事に任命されて渡満し、運輸部長を務めた後、一五年三月陸軍より山東鉄道管理部長を嘱託されて青島に赴任した。

藤田十次郎 ▷8

三協商会主／奉天／一八八四（明一七）九／新潟県中頸城郡斐田村

一九〇四年九月野戦鉄道提理部付として日露戦争に従軍し、翌年八月大連に上陸して大連駅に勤務した。戦後〇七年四月の業務継承とともに満鉄に入社し、二二年四月に退社して同年六月奉天に三協商会を設立し、幼少より趣味としていた写真機と付属品材料、及び家庭用活動写真機を販売した。

藤田 順 ▷11

関東軍経理部長、正五位勲二等功五級／旅順市吾妻町／一八七七（明一〇）五／和歌山県和歌山市鷹匠町／陸軍士官学校歩兵科、陸軍経理学校

和歌山県藤田隼の長男に生まれ、一八九七年陸軍士官学校歩兵科を卒業し、翌年少尉に任官した。一九〇四年日露戦争に際し満州軍倉庫付として鴨緑江軍及満州軍の軍需品調弁と輸送を担当し、翌年三月営口支庫付を経て新民府出張所長となり、関外鉄道の糧秣輸送に従事した。戦後帰国して第二期臨時経理学生として陸軍経理学校に入り、〇七年五月に卒業して一一年に三等主計正となった。その後各地に勤務して二〇年に一等主計正となり、二三年陸軍被服本廠長を経て二四年主計監に昇進し、欧米に出張して翌年帰国した。二七年八月、関東軍経理部長となって渡満した。長男の東一郎は東京外国語学校を卒業してリヨン大学に留学した。

藤田 順一 ▷11

関東庁巡査、勲八等／旅順市鎮遠町／一八八七（明二〇）八／大分県北海部郡臼杵町

大分県藤田堅吾の長男に生まれ、一九〇五年海軍に入った。一五年に除隊し、渡満して関東都督府巡査となった。警察官講習所、旅順警察署、旅順刑務所、大日本武徳会満州支部、旅順第一中学校等の柔道教師を務め、二八年五月に大日本武徳会柔道教士の称号を受けた。

藤田 進 ▷11

旅順駐箚歩兵第一五連隊長、従五位勲三等／旅順市歩兵連隊長官舎／一八八四（明一七）一二／石川県河北郡花園村／陸軍大学校

石川県医師前川守之の三男に生まれ、叔父藤田磐の養嗣子となった。一九〇四年一〇月陸軍士官学校を卒業して少尉に任官し、各地に勤務した後陸軍大学校に入り一三年に卒業した。一四年八月参謀本部勤務となり、一七年から一年間仏領インドシナに駐在した後、一九年から南米に出張し、引き続き二三年四月まで公使館付武官としてチリに滞在した。帰国して近衛歩兵第二連隊大隊長となり、二四年二月から二五年五月まで皇族付武官として秩父宮親王に仕えた。その後陸軍歩兵学校教官に転じ、二八年三月大佐に昇級し旅順駐箚歩兵第一五連隊長となって渡満した。⇒二九年八月第一九師団参謀長に転じた後、歩兵第三二旅団長、歩兵学校長を経て三六年八月中将に進み、第三師団長、第一三軍司令官等を歴任して四一年一月予備役となったが、アジア太平洋戦争末期の四五年四月に召集されて金沢師管区司令官となり、敗戦により同年一二月召集解除となった。

藤田千代吉 ▷12

大連第一中学校教諭、正六位／一八九五（明二八）九／愛知県幡豆郡三和村／同志社大学文学部英文科

黒柳政太郎の子に生まれ、母藤田はるの姓を嗣いだ。一九一九年同志社大学文学部英文科を卒業し、二〇年一〇月三重県立富田中学校の教員となり、嗣いで愛知県立半田中校、和歌山県立粉河中学校等の各教諭を歴任した。三〇年九月関東庁中学校教諭に転じて渡満し、大連第一中学校教諭となった。この間二八年に昭和大礼記念章を受章し、三四年八月正六位に叙された。

藤田 篤次 ▷12

榊谷組牡丹江出張所代表、牡丹江居留民会議員・同査定予算委員・同神社建設委員、牡丹江商工会議所議員、牡丹江防護団副団長、満州土木建築業協会牡丹江支部幹事／浜江省牡丹江円明街榊谷組／一八八九（明二二）六／愛媛県周桑

ふ

郡小松町

一九一〇年に渡満して土木建築請負業に従事し、三三年に牡丹江に移った。三四年一二月に榊谷組牡丹江出張所が開設されると代表に就き、満鉄、国道局、満州炭砿㈱の指定請負人として一五〇〇人の従業員を差配した。この間、満州事変時の功により賞勲局賜盃を受け、三七年四月民会議員に官選され、同月牡丹江商工会議所の創立とともに議員となった。

藤田友次郎 ▷7

畳職／奉天省本渓湖桃月町／一八七二（明五）九／鹿児島県鹿児島市山之口町

年少の頃から畳職の許に奉公し、後に独立して職人となった。日露戦争後一九〇六年に渡満して安東県で開業したが、一二年に本渓湖に移転し、満鉄や本渓湖煤鉄公司を得意先として手広く営業した。

藤田　豊久 ▷12

藤田組主、ハルビン土木建築業組合幹事／ハルビン道裡区／一八八〇（明一三）八／佐賀県小城郡北小村／竜谷中学校中退

一九〇一年私立竜谷中学校第四学年を中退した後、福岡県の麻生砿業所営繕課土木部に勤務した。次いで土木建築請負業に従事し、〇六年に渡満して大倉土木組に入った。二六年東亜土木会社に転じた後、三二年ハルビン道裡区に藤田組を興して土木建築請負業を経営した。資本金一五万円、海倫、牡丹江等に出張所を設け、甥の合田喜春を支配人として本店で五名、出張所で十数名を使用した。この間、満州事変時の功により陸軍省より大盾一個と従軍記章を授与された。

藤谷房之助 ▷1

湧記公司主任／安東県堂前街／一八七六（明九）二／山口県熊毛郡島田村／県立山口中学校

県立山口中学校を卒業した後、一八九八年に渡満してロシア統治下の旅順で石炭、馬糧の販売に従事した。一九〇一年中国人と共同で旅順・打狗間の海運業を開始し、その後事業を拡張して芝罘に北辰洋行を設けて海運業を経営した。その後経営不振となって廃業し、〇三年アメリカに渡って各地を巡遊し、帰途しばらくハワイに滞在した。日露戦中の〇四年五月大倉組に入り、朝鮮竜巌浦に上陸して安東県に入り、〇五年に同組建築班と共に鴨緑江上流に赴いた。伐採した木材の搬出に従事する中、馬賊の襲撃で事務員が殺害されて引き返し、翌年再び木材買い入れで同地に赴き、頭領に再会して帰順させた。その後大倉組を辞し、安東県堂前街に湧記公司を設立して木材商と貿易商を営んだ。〇六年に五番通に元宝舎を設立し、人力車を輸入して俥屋を兼営した。

藤田　秀一 ▷12

国際運輸㈱吉林支店長代理兼庶務係主任兼経理係主任／吉林国際運輸㈱支店／一九〇六（明三九）七／鳥取県鳥取市二階町／和歌山高等商業学校

鳥取県藤田徳蔵の次男に生まれ、大連第一中学校を経て一九二八年三月和歌山高等商業学校を卒業し、同年八月国際運輸㈱に入社した。本社経理課、同会計係主任に歴勤して三六年七月吉林支店長代理となり、庶務係主任及び経理係主任を兼務した。

藤田　秀助 ▷12

藤田洋行主、大連基督教青年会理事長、聖愛医院理事、大連輸入組合評議員、関東州方面委員、薩摩町区長／大連市薩摩町／一八七七（明一〇）七／山口県大島郡小松町／オハイオ州立大学、ニューヨーク大学

学業を終えて渡米し、オハイオ州立大学とニューヨーク大学を卒業して一九〇七年に帰国した。〇九年横浜のイリス商会に勤務した後、一一年七月満鉄に転じて埠頭事務所上海支所に勤務した。その後一七年に退社して安部幸兵衛商店に入り、同年一〇月大連支店の開設とともに支店長となって赴任した。二〇年に欧州大戦の戦後不況で横浜本店が事業を整理して翌年各支店を閉鎖したため、新たに創立された㈱安部幸商店大連出張員として勤続した。次いで二二年一〇月同店の事業一切を継承して大連薩摩町に藤田洋行を興し、輸出入貿易業を営んだ。山口県陶磁器工業組合、協和レザー会社、島田音輔商店、吉田鹿之助商店、河瀬敷物店、京都大沢商会、独コッホコック絨毯会社、米コンゴリューム会社、東京ハーアーレンス社等を主要取引先とし、独AEG社製「ミニオンタイプライター」の代理店となり、二七年六月からはベルベット石鹸会社、共同生命保険会社の代理店も兼ね、独ボルジヒ会社、独クルップ会社とも取引関係を持った。本業のかたわら二二年から二五年二月まで満州日日新聞社監査役を務め、その後も満州報社理事を務めた。長男博は満州輸入組合連合会、次男二郎は満州電業公司本社に勤め、長女静子は撫順満鉄消費組合主事の藤田謙一に嫁した。

藤田　養　▷8

機械金物商／奉天琴平町／一八八四（明一七）一／兵庫県佐用郡

本姓は横山、一九〇一年七月従兄弟の藤田九一郎に同行して渡満し、芝罘で藤田洋行の事業を補佐し、〇三年藤田の嗣子となった。〇九年五月本店の奉天移転に伴い奉天支配人に就いたが、二二年三月家庭の事情で独立し、奉天琴平町に店舗を構えて機械類の販売を始めた。米国ゼット石油発動機、各種電動機、機械工具類、金庫、衡器等を主要営業課目として東三省兵工廠をはじめ、満州一円の事業所に納品した。

藤田　操　▷3

関東都督府警部、大石橋警務支署長／奉天省大石橋警務署官舎／一八七三（明六）五／東京府東京市浅草区馬道町／東京英語学校、東京警察監獄学校

福岡県久留米市に生まれ、上京して東京英語学校に学んだ後、一九〇二年二月東京警察監獄学校を卒業して警視庁警部となった。さらに翌年四月日本大学第三学年に編入学し、〇四年八月消防士兼警視庁警部、同年一二月兼任消防士機関士となった。〇六年七月関東州民政署警部に転じて渡満し、〇九年六月奉天警務署撫順支署長を経て一二年七月大石橋警務支署長に就いた。

藤田　光徳　▷12

満鉄新京自動車修理工場主任／新京特別市満鉄自動車修理工場／一八九一（明二四）一二／福島県東白川郡近津村／クパーユニオン工科大学自動車設計科

一九一一年三月福島県農蚕学校を卒業して同校助手を務めた後、一二年九月三井物産香港支店に勤務した。次いで一五年六月に渡米してニューヨークの中学及びYMCA飛行機部で修学した後、クパーユニオン工科大学に入学し、二〇年同大自動車設計科を卒業して同年一〇月ニューヨークのマックトラック製造場に勤務した。退社して自動車部品販売業及び輸出タイヤ修理業を営んだ後、フォード自動車会社万国学生養成部を修了して二七年七月に帰国し、横浜モータースサービス工場、日本ゼネラルモータース会社主任教官、東邦商会自動車機械部に歴職した。その後三三年一二月に渡満して満鉄に入り、鉄路総局運輸処自動車科安東在勤、安東自動車事務所、安東自動車修理工場主任、鉄路総局運輸処自動車科工務員に歴勤し、三六年九月ハルビン鉄路局に転勤した後、三七年一月新京自動車修理工場主任となった。

藤田守太郎　▷12

昭和製鋼所㈱研究部研究所副査、従六位／奉天省鞍山北九条町／一八九三（明二六）一二／愛知県豊橋市指笠町／九州帝大工学部冶金学科

藤田保吉の長男として愛知県宝飯郡赤坂町に生まれ、第八高等学校を経て一九二一年三月九州帝大工学部冶金学科を卒業した。同大学副手、助手、講師を経て助教授に進んだ後、三五年三月に依願免官して渡満し、昭和製鋼所㈱研究部研究所副査に転じた。

藤田　護次　▷12

満鉄公主嶺図書館長／吉林省公主嶺菊地町／一八九五（明二八）二／兵庫県加東郡小野町／御影師範学校第一部

兵庫県藤田吉利の三男に生まれ、一九一四年兵庫県御影師範学校第一部を卒業して県下の長尾、小野、来住の各尋常高等小学校訓導を務めた。その後一九年八月に上京して東洋音楽学校で声楽とピアノを修め、一九年三月に渡満して満鉄教育研究所に入所した。同年九月に修了して熊岳城公学堂、遼陽日語学校、撫順千金小学校、安東大和小学校に歴勤し、三六年四月公主嶺図書館長となった。この間、慶応大学で顕微鏡学を修め、また教育研究所大賀一郎博士の下で一年間植物学を修め、「満州菌類図譜」作成のため渡満以来公務のかたわらその採集・写生に従事した。夫人ミサヲは旅順高女を経て長崎女子師範学校二部を卒業した。

藤田与市郎　▷4

誠昌堂薬房主／長春東七区／一八七六（明九）一〇／富山県高岡市

鴨島町

一八九〇年、一五歳で郷里を後にして北海道に渡った。小樽で米穀商を営んで一〇年間にかなりの蓄財を成し、一九〇一年に上京して株式売買を始めたが得失の変転に翻弄され、郷里特産の売薬業への転業を図って〇八年に渡満した。長春に居を据えて薬房を開き、逐年売上げを伸ばして資金を蓄え、質店と貸家業を兼営した。事業の発展に伴い長春城内に支店を設け、本支店の三業種を経営のかたわら長春共立㈱専務取締役、公主嶺銀行監査役を務めた。

藤田　揚一　▷12

藤田組主、大日本全国塗装組合理事、大連塗装業組合副組合長、新京塗装業組合顧問／大連市信濃町／一八八六（明一九）七／東京府東京市芝区白金今里町

年少の頃に東京市麹町区飯田町の塗工請負業大沢源太郎の徒弟となり、八年修業した。一九〇三年に退店して神戸の川崎造船所に勤務し、次いで呉海軍工廠に転じた。〇五年三月から一年余り宮内省の青山御所新築工事に従事した後、一〇年二月に青木・辰野両工学博士の推薦でアメリカに渡りサンフランシスコのエイ・エヌ塗工会社で塗工の研究実習に従事し、一一年八月に帰国した。その後一七年四月清水組に従って渡満し、一八年三月大連で藤田組を興して塗工請負業を営んだ。関東庁、満鉄、鉄路総局、国務院の各指定請負人となり、清水組、高岡組、大倉組、大林組、長谷川組、福昌公司を主要得意先として奉天、新京に支店、吉林、鞍山、撫順、ハルビン、錦州、岐新に出張所を置いた。

藤田　善松　▷12

藤田洋行主、海城地方委員会副議長、満州国協和会海城県本部委員、同附属地連合分会長／奉天省海城県昌平街／一八九六（明二九）一〇／山口県吉敷郡東岐波村／東京商業学校

山口県藤田源蔵の三男に生まれ、一九一五年東京商業学校を卒業して明治大学に学んだ。一七年湯浅貿易㈱に勤務した後、日清製油㈱に転じて華北及び華南方面の事情調査に従事した。二四年一〇月海城に移住して特産物貿易商を開業し、特産物章組合長、海城在郷軍人警備団顧問、満州滑石同業組合理事、海城商務会顧問、海城地方治安維持委員会諮議、大亜日語学校長、海城利通汽車公司代表、海城運輸共同公司理事等を務めた。この間、満州事変前後に全満日本人自主同盟支部長、全満日本人連合会理事として活動し、陸軍省の表彰を受けた。

藤田　礼造　▷3

藤田洋行主／大連市山県通／一八八一（明一四）一一／佐賀県藤津郡塩田村

一九〇一年三月、鹿児島第七高等学校造士館を卒業した。〇四年三月三井物産に入って各支店に勤務した後、一〇年一一月に退社して大連に藤田洋行を興し、雑貨・石炭・貿易商を兼営した。

藤塚　林平　▷12

国務院財政部税務司国税科員、従七位／新京特別市百滙街白雲閣／一九〇〇（明三三）九／群馬県利根郡川田村／群馬県立沼田中学校

群馬県藤塚仲重郎の三男に生まれ、一九一八年県立沼田中学校を卒業し、同年一〇月税務署属となり沼田税務署に勤務した。宇都宮、板橋の各税務署勤務を経て二三年六月東京税務監督局属兼大蔵属となった。三三年九月神田橋税務署司税官を最後に退官し、同年一〇月国務院財政部事務官に転じて税務司国税科に勤務し、三六年三月地籍整理局事務官兼任となった。この間、満州事変時の功により一時賜金百円と建国功労賞、大典記念章、皇帝訪日記念章を受けた。

藤津　秀市　▷12

日満倉庫㈱大連事務所長、大連市埠頭区長、大連海務協会検査委員、勲六等／大連市楓町／一八九二（明二五）一〇／山口県大津郡菱海村／市立下関商業学校

山口県藤津魁輔の長男に生まれ、一九〇九年三月市立下関商業学校を卒業し、同年四月に渡満して満鉄大連埠頭事務所に勤務した。以来一貫して同所に勤務し、累進して参事となり大連鉄道事務所埠頭副長を務めた。二七年勤続した後、三六年一〇月満鉄を退社して傘下の日満倉庫㈱大連事務所長となった。柔道初段、将棋二段と文武に通じ、満州事変時の功により勲六等に叙された。

藤永　彰隆　▷12

奉天東本願寺住職／奉天宇治町東

本願寺／一八七七（明一〇）五／
福井県丹生郡志津村／高倉大学寮

滋賀県東浅井郡竹生村の正安寺住職藤本慧眼の五男に生まれ、福井県丹生郡志津村の引接寺住職藤永法嶽の養子となった。一九〇六年真宗大谷派の高倉大学寮を卒業し、〇七年教導講習院に入った。同院修行中の〇八年六月内局より韓国開教使に抜擢され、朝鮮に赴任して布教と寺院の建設、朝鮮人僧侶の開教指導に従事した。次いで臨時韓国派遣歩兵第二連隊及び清道、密陽の両守備隊布教使を務め、一〇年に朝鮮総督府より監獄教誨師に任じられた。その後、一二年ハワイ開教使を経て一四年支那開教使となり奉天東本願寺主任に就いた。本庄繁陸軍大将、貴志弥次郎陸軍中将、赤塚正助元奉天総領事等の協賛を得て東本願寺内に大東教会を創立し、文書伝道部を設けて月刊の機関紙「大東」一〇〇〇部を発行したほか、奉天語学校を併設して入学者累計一七〇〇に達した。満州事変勃発後は駐屯軍慰問使として各地の部隊及び野戦病院を巡回し、三三年一一月奉天監獄布教に任じられた。この間、満州事変時の功により銀盃及び従軍記章を授与された。

藤永　小一　▷11

開業医／長春蓬莱街／一八八七（明二〇）一／佐賀県藤津郡五町田町／長崎医学専門学校

一九〇八年長崎医学専門学校を卒業し、一〇年から一三年まで医院を開業した後、一四年から京都帝大で産婦人科学を研究した。一六年に渡満し、満鉄医院産婦人科主任として遼陽、営口、長春の各医院に勤務した。二二年に満鉄を退社し、長春で産婦人科医院を開業した。

藤沼誠一郎　▷11

永順洋行支配人／大連市薩摩町／一八八四（明一七）六／栃木県下都賀郡栃木町／東亜同文書院

栃木県藤沼鶴吉の三男に生まれ、一九〇五年上海の東亜同文書院を卒業して渡満し、大連の永順洋行に入った。営口出張所に勤務した後、一一年大連本店勤務となり雑貨部と特産部を兼務した。二二年一一月支配人に昇任し、大和染料製布㈱取締役を兼任したほか、大連市薩摩町区長代理を務めた。

藤根　寿吉　▷11

満鉄理事、従六位勲五等／大連市柳町／一八七六（明九）八／大阪府大阪市浪速区恵美須町／京都帝大理工科大学土木工学科

大阪府室田伝八の五男に生まれ、後に藤根義道の養嗣子となった。一九〇〇年、京都帝大理工科大学土木工学科を卒業して第五高等学校工学部教授となった。〇二年三月北海道庁鉄道部に転じ、釧路・十勝両線の建設工事に従事した後、さらに鉄道作業局に転じて〇五年五月鉄道技師となり、日露戦争に際し野戦鉄道提理部第四建築班軌道長として渡満し、撫順線の諸施設造営に従事して勲六等単光旭日章と賜金を受けた。戦後〇六年四月東支鉄道南部支線受領委員に随行してロシアに赴いた後、〇七年四月の満鉄開業とともに在官のまま入社して瓦房店、鶏冠山、安東県各地の本線復旧工事及び安奉線広軌改築工事に従事した。一三年一月社命で欧米各国へ出張し、ロンドンで開かれた第三回万国道路会議に委員として出席し、同年一二月に帰社して総務部技術局に勤務した。一六年に技師長として四鄭鉄道に派遣され、一九年に帰社して技術部線路課長となり、参事・社長室交通課長を経て二二年運輸部長に就いた。その後の職制変更で鉄道部長となり、二三年一〇月欧米及びアフリカに出張し、ローマで開かれた万国鉄道会議に委員として出席した。二六年九月関東庁始政二〇年記念祝典に際し、多年満蒙における鉄道建設に尽力した功により表彰を受け、二七年四月理事に昇任した。

藤野嘉一郎　▷11

満鉄鉄道部工務課員／大連市聖徳街／一八九七（明三〇）八／三重県名賀郡名張町／熊本高等工業学校

三重県商業藤野繁治の長男に生まれ、一九二二年熊本高等工業学校を卒業して満鉄に入社した。本社運輸部線路課に勤務した後、同部計画課を経て鉄道部工務課に勤務した。

藤野　賢六　▷12

大連鉄道事務所員／大連市埠頭ビル大連鉄道事務所／一九〇一（明三四）四／福岡県糟屋郡篠栗村／九州帝大工学部機械科

福岡県藤野熊太郎の六男に生まれ、県

立東筑中学校、第五高等学校を経て一九二六年三月九州帝大工学部機械科を卒業して満鉄に入社した。鉄道部運転課、奉天機関区に歴勤した後、一年志願兵として豊橋の高射砲第一連隊に入営し、除隊復職して奉天駅構内助役となった。次いで奉天鉄道事務所、鉄道部奉天在勤、大連機関区技術主任に歴勤して三二年二月安東機関区長兼鶏冠山機関区長となり、三三年五月蘇家屯機関区長、三四年五月大連機関区長を歴任した。その後三六年九月参事に昇格し、同年一二月大連鉄道事務所勤務となった。

藤野　栄　▷1

矢野商会主任／大連市／一八六四（元一）二／愛媛県伊予郡松前村

享保大飢饉の際に村民のために自家の種籾を遺して餓死し、後に松山藩主により義農神社を創建して祀られた藤野作兵衛の子孫に生まれた。教員、官吏、会社員など種々の職業に就いた後、一九〇四年一一月日露戦争に際し第三軍酒保として大連に渡った。〇五年三月酒保を廃業して大山通に矢野商会を組織し、主任として土木建築請負業に従事した。

藤野忠次郎　▷13

三菱商事㈱大連支店長／大連／一九〇一（明三四）二／埼玉県川越市／東京帝大法学部

一九二五年、東京帝大法学部を卒業して三菱商事に入った。穀肥部勤務を振り出しに、三〇年ニューヨーク支店詰となり三六年に帰国、三八年に再び渡米し、翌年帰社して本店肥料部肥料課長に就いた。四〇年六月本店油肥部肥料課長となり、同年一一月から業務部を兼任した後、四一年八月大連支店長に転じて渡満した。⇒日米開戦を挟んだ業務繁忙期に同社各支店中で最年少の支店長として四二年一〇月まで大連支店長の要職にあり、その後は青島、北京等に赴任した。戦後四七年に取締役渉外部長となり、財閥解体に際会して占領軍との折衝に当たり、解体後は太平商工社社長となった。五四年に三菱商事が再統合されると常務に就き、六六年社長、七四年会長に就任した。社長在任中の高度経済成長期に積極的に海外資源の開発輸入を図ったが、商社批判が高まる中で投機自粛など総合商社の倫理規定の作成に取り組み、会長となってからは三菱グループ首脳の「金曜会」世話人代表を務めた。八五年七月没。

藤平　泰一　▷12

㈴藤平商会代表社員、安東商事金融㈱社長、安東窯業㈱社長、新義州窯業㈱取締役、大安汽船㈱取締役、満州銀行㈱監査役、安東造紙㈱監査役、安東種苗㈱監査役、安東製氷㈱監査役、石崎商店㈱監査役、㈾安東運送代表社員、㈾信興会代表社員、安東地方委員会議長、安東商工会議所常議員、安東金融組合監事、満州国協和会安東都市本部副部長／安東五番通／一八八三（明一六）二／富山県高岡市油町／県立富山中学校

富山県沢田善平の次男に生まれ、藤平利兵衛の養子となった。県立富山中学校を卒業した後、日露戦争後の一九〇六年一〇月に渡満し、〇七年に安東県に資本金五万円で㈴藤平商会を興した。撫順炭指定販売人として石炭販売業を経営し、かたわら貿易業と質業を兼営して累次発展し、日満商事、兼二浦日本製鉄、日本足袋等を主要仕入れ先として安東省下及び新義州を主要販路とし、従業員一五人を使用して年商高五〇万円に達した。本業とは別に一一年に安東貯蓄銀行を創立して専務取締役に就き、二〇年に安東銀行を併合して頭取となり、後に満州銀行に合併されると同行監査役となった。経営のかたわら安東商業会議所副会頭、安東居留民会行政委員、国粋会副部長、市民会理事等多くの役職に就き、三三年一一月日本産業協会総裁より産業功労者として表彰され、さらに三六年一〇月関東局施政三〇年記念に民間功労者として表彰された。

藤淵　豊吉　▷12

愛媛洋行主／吉林大馬路／一九〇三（明三六）一／愛媛県伊予郡上灘村

愛媛県藤淵常蔵の長男に生まれ、一九二三年徴兵されて広島の第五師団輜重兵第五大隊に入営した。満期除隊後、二九年に渡満して軍隊で習得した車輌運転術を活かして鞍山でタクシー業を始めたが、満州事変後の三二年三月吉林に移り、土木建築請負業と酒販売店を経営した。その後、酒類販売を主とし、新京・奉天方面から仕入れて京図、奉吉、拉浜の沿線各地を販路とした。

藤牧　直樹　▷11

横浜正金銀行ハルビン支店支配人／ハルビン／一八八一（明一四）二／長野県東筑摩郡神林町／東京高等商業学校

長野県藤牧又治郎の長男に生まれ、一九〇四年東京高等商業学校を卒業して横浜正金銀行に入った。各地に勤務した後、ハルビン支店支配人を務めた。

藤巻　快教　▷11

藤巻医院院長、勲七等／奉天青葉町／一八八八（明二一）一一／東京府豊多摩郡下大久保町／日本医学校

山梨県の生糸製糸業藤巻金太良の四男に生まれ、東京神田の日本医学校に学んで医師試験に合格した。一九〇八年から一九年まで陸軍衛生部に勤務し、同年五月に渡満して日本赤十字社奉天病院に勤務し、関東庁及び外務省の嘱託医を兼務した。二一年一一月に退任して奉天市青葉町に藤巻医院を創立し、二八年八月には同市柳町に分院を設置した。病院経営のかたわら山梨県人会会長のほか種々の名誉職に就き、俳句雑誌「白楊」を発行した。

伏見喜久太　▷1

原田商会運輸部主任／旅順／一八七九（明一二）一一／岡山県岡山市／慶應義塾高等科

慶應義塾高等科を卒業した後、一八九八年から二年間兵役に服した。一九〇一年大阪商船㈱に入り、その後二、三の海運会社に勤務したが、〇四年日露戦争に際し予備役召集され第一〇師団に属して従軍した。戦後〇六年二月に除隊して大連の松茂洋行船舶部に入ったが、ほどなく旅順市厳島町に原田商会支店が開設されると同店に転じて運輸部主任を務めた。

伏見　顥一　▷12

満鉄図們工務段保線助役／間島省図們満鉄山手局宅／一八八七（明二〇）八／静岡県庵原郡興津町／名古屋工科学校

静岡県伏見春吉の長男に生まれ、一九一二年三月鉄道院に入り静岡保線事務所に勤務した。その後浜松在勤となり、かたわら名古屋工科学校に学んで二三年に卒業し、二四年三月保線助手となった。高岡、金沢、静岡の各保線区保線助手を経て二九年五月鉄道局技手となり、静岡保線区保線手、豊橋保線区技術員、浜松保線区保線手を歴職して三五年一二月に免官となった。同年渡満して満鉄技術員となり、図們工務段保線副団長を経て同段保線助役となった。

藤満　丈一　▷12

満鉄奉天省四平街電気段電気助役、勲八等／奉天省鄭家屯鉄路局社宅／一八九八（明三一）二／佐賀県小城郡牛津町／南満州工業学校電気科

佐賀県藤満常吉の長男に生まれ、一九一三年南満州工業学校電気科を卒業し、同年九月満鉄に入り大連の電気作業所に勤務した。一七年一〇月沙河口工場に転勤して電気試験係を務めた後、二三年八月技術研究所、二七年一一月大連鉄道事務所電気区に勤務した。奉天電気区、同保安区、鉄道部臨時嘱託を経て三三年一〇月洮策洮昂斉克鉄路局電気科、三四年四月洮南鉄路局工務処電気科工務員、同年八月洮南電気段通信副段長、三五年一一月白城子電気段洮南在勤通信副段長を歴職した。三六年四月奉天省四平街電気段鄭家屯分段副段長となり、次いで同年一〇月奉天省四平街電気段電気助役に就いた。この間、満州事変時の功により勲八等及び従軍記章、建国功労賞を授与された。

藤村　敬治　▷12

又新洋行主、錦熱煤油批発㈱董事／錦州省錦県大馬路／一八八六（明一九）八／石川県石川郡野々市町／東亞同文書院

上海の東亞同文書院を卒業して青島の東和公司支店に入り、勤続して支配人に就いた。一九三三年五月に退社して奉天に赴き、同地に又新洋行を設立して綿布、毛織物、各種油類の輸出入貿易商を開業した。その後三五年四月に満州国石油類専売法が施行されると綿布・毛織物部を廃して政府指定の石油専売卸商となり、営業所を錦州省錦県に移し、大阪、大連、奉天方面から一般鉱物油、植物油、海産物、洋紙・雑貨類を仕入れて販売し、年商高一〇万円に達した。かたわら日満の同業者を糾合して錦州・熱河の両省を販売区域とする石油元卸会社を組織して代表者に就任した。

藤村　長熊　▷12

日満商事㈱西安出張所主任、勲八等／奉天省四平街昭平橋通／一九〇〇（明三三）四／鹿児島県大島郡三方村

鹿児島県藤村豊実の三男に生まれ、一九二四年七月満鉄埠頭事務所車務課助役、三三年五月瀋海鉄路局列車係主任、三五年六月鉄路総局、四平街鉄路弁事処に歴勤した。その後三六年七月満州炭砿㈱西安営業所主任に転じ、同年一〇月日満商事㈱の設立と同時に同社西安出張所主任に就いた。

藤村　篤三　▷11

満鉄瓦房店駅長／奉天省瓦房店鹿島街／一八八七（明二〇）四／熊本県熊本市北新坪井町／九州鉄道駅務伝習所

熊本県会社重役塩山寿太郎の次男に生まれ、藤村元の娘キヨの婿養子となった。一九〇三年二月九州鉄道駅務伝習所を修了した後、〇五年九月日露戦争後に野戦鉄道車掌となって渡満した。その後満鉄に入社して〇七年五月白旗駅助役となり、南関嶺駅長、運輸部運転課勤務、奉天鉄道事務所勤務を経て瓦房店駅長となった。

藤村　俊房　▷11

奉天総領事館副領事、正七位勲六等／奉天常盤町／一八八三（明一六）一二／大分県直入郡竹田町／東亞同文書院

一九〇七年上海の東亞同文書院を卒業して外務省官吏となった。二三年一月副領事に昇任し、雲南、蘇州、蕪湖の各領事館に勤務した後、二八年一一月奉天総領事館に転任した。

藤村　龍輔　▷12

満州計器㈱技術課長兼奉天工場長／奉天高千穂通／一九〇四（明三七）一／福岡県福岡市別府町／早稲田大学付属早稲田工手学校機械高等科

一九一八年七月大阪実々堂衡器製作所の技術見習となったが、二二年八月に辞職し、二三年二月農商務度量衡技術講習を修了して東京の守随製作所に入った。勤務のかたわら早稲田大学付属早稲田工手学校機械高等科に学んで二四年に卒業し、同年七月同所技手となった。その後二六年五月に辞職し、翌月再び大阪実々堂衡器製作所に入って技術員となり、三〇年三月工場長に就いた。三五年二月同所を依願辞職し、翌月渡満して満州計器㈱に入り、同年一〇月技術科長兼奉天工場主任となり、三七年一月技術課長兼奉天工場長となった。

藤本　栄　▷12

満鉄皇姑屯鉄道工場鉄工科鋳工廠主任／奉天白菊町／一八九二（明二五）七／群馬県高崎市八島町／岩倉鉄道学校

群馬県藤本孝浄の次男に生まれ、岩倉鉄道学校を卒業した後、一九一九年一月に渡満して満鉄鞍山製鉄所に勤務した。三三年六月同所の事業を継承した昭和製鋼所に転じて工務部に勤務した後、三四年二月鉄路総局機務処工作科に転任し、さらに同年四月洮南鉄路局機務処工作科機械股長に転任した。三六年八月皇姑屯工廠鉄工科鋳工廠主任となり、皇姑屯鉄道工場と改称された後も引き続き同職を務めた。

藤本　愿　▷11

関東庁警部補／貔子窩管内崔家屯／一八九六（明二九）一／宮崎県東臼杵郡西郷村／宮崎県立延岡中学校

宮崎県農業藤本藤五郎の三男に生まれ、一九一五年県立延岡中学校を卒業した。一八年一〇月に渡満して関東庁巡査となり、後に警部補に進んで貔子窩に勤務した。

藤元とさ子　▷7

敷島館主／鄭家屯商埠予定地／一八八二（明一五）一二／鹿児島県出水郡阿久根村

日露戦争後の一九〇七年、二〇代半ばで活動写真機を持って渡満した。鉄嶺で映写会を催して人気を集め、連夜大入り満員となって多大の収益を上げ、以来〇九年まで昌図、奉天省四平街、八面城等を巡回した。一六年に鄭家屯に足を止めて種々の事業に手を染め、一九年から同所商埠予定地で料理屋兼旅館業を営んだ。親切丁寧を経営方針として繁盛し、利益の大部を公共事業や親戚、友人知己の援助に振り向け、美徳の女傑として信望を集めた。

藤本　知良　▷3

関東都督府土地調査部測量課長嘱託、従五位勲四等／旅順新市街特権地／一八七一（明四）三／熊本

県熊本市新屋敷町／陸軍士官学校

一八九一年一二月陸軍士官学校に入り、卒業後九四年九月工兵少尉に任官して日清戦争に従軍した。九九年七月陸地測量部班員となり、同部修技所で三角測量学を学んだ後、三角測量掛として各地に出張した。一九〇二年一二月陸地測量部班長に昇任し、日露戦争に従軍した後、〇九年一月陸地測量部事務官となり、翌年一月工兵中佐に進んだ。一三年八月予備役編入となり、翌年四月関東都督府土地測量事務を嘱託され、渡満して臨時土地調査部に勤務した。

藤本　実　▷12

大倉商事㈱大連支店長、大連商工会議所議員／大連市文化台／一八八一（明一四）一〇／高知県香美郡岩村／京都帝大理工科大学電気工学科

一九〇九年七月京都帝大理工科大学電気工学科を卒業し、同年一一月大倉商事㈱に入社した。同社技師として社命でドイツに留学した後、ロンドン支店、ニューヨーク支店、大作支店に歴勤して門司出張所長となった。三二年一一月大連出張所長となって渡満し、三五年一月支店への昇格と同時に支店長に就いた。

藤本　弥一　▷11

関東庁警部補／旅順市明治町／一八九三（明二六）七／山口県大津郡向津具村／中学校

山口県農業藤本虎蔵の長男に生まれ、一九一〇年中学校を卒業した後、一二年三月満州駐劄軍に編入されて渡満し、遼陽に駐屯した。除隊後一七年四月関東都督府巡査となり、二二年七月甲科練習所を修了した。二三年警部補に昇任して貔子窩民政支署に勤務し、同年の馬賊事件に遭遇して奮闘し表彰金一〇〇円を授与された。二六年に選抜されて東京警察官講習所に入り、修了後は旅順の本庁に勤務した。

藤本　義久　▷11

大連弥生高等女学校教諭／大連市柳町／一八九八（明三一）八／京都府愛宕郡岩倉村／東京高等師範学校

京都府農業藤本久吉の長男に生まれ、一九二五年東京高等師範学校を卒業して同年四月に渡満し、大連弥生高等女学校で数学・物理・化学を教授した。東京高師在学中に蓮沼門三の修養団に共鳴し、修養団寄宿舎に起居して蓮沼に私淑した。同郷の夫人保子も姫路高等女学校を卒業して東京女子専門学校に入り、卒業後は京都府立綾部高等女学校、京都市立第一高等女学校の教諭を務めた。

藤森　章　▷12

満鉄撫順医院医長兼同医院看護婦養成所講師、撫順中学校検査医、撫順永安尋常小学校診療医／奉天省撫順南台町／一九〇〇（明三三）四／長野県松本市大字南深志／慶応大学医学部本科

長野県医師藤森金吾の次男に生まれ、一九二五年慶応大学医学部本科を卒業して同学部眼科教室助手となった。二六年一〇月長野県富士見高原療養所に六ヶ月間出張して眼科部長を務めた後、二八年一月満鉄長春医院眼科主任となって渡満した。二九年一〇月同医院医長心得、三〇年六月医長、三二年四月長春高等女学校及び長春商業学校検査医兼務を経て三五年二月眼科学研究のため母校の慶大医学部に二年間留学した。研究のかたわら社命により半年間、照明と眼機能並びに現業員の眼検傷のためヨーロッパ各国に出張し、三六年三月論文「テノン氏嚢ニ関スル研究」により慶大より医学博士号を取得した。その後帰任して三七年三月撫順医院医長となり、同医院看護婦養成所講師を兼任した。診療のかたわらフランス製の小型映写機パティベビーを愛用し、文学、ペーパーナイフ蒐集、スケート、庭球など多趣味で知られた。

藤森　勇　▷9

ハルビン取引所取締役常務理事／ハルビン・ポレワヤ街／一八八六（明一九）七／長野県諏訪郡湖南村／東京外国語学校

一九〇九年東京外国語学校を卒業し、翌年渡満してハルビンで商業に従事した。二一年一〇月日中露の合弁でハルビン取引所が設立されると取締役に選任され、常務理事に就任した。

藤森　円郷　▷12

国務院国都建設局総務処庶務科長／新京特別市錦町公館／一九〇〇（明三三）一二／山梨県北巨摩郡大泉村／横浜商業学校

一九二一年横浜商業学校を卒業して満鉄に入社し、埠頭事務所に勤務した。

同所陸運課、庶務課調査係を経て本社監査役室に勤務し、三一年九月満州事変勃発とともに召集され、現職のまま奉天の自治指導部に入り連絡課主事、企画班長等を務めた。三二年三月満州国成立とともに監察院秘書官・秘書科長となり、国務院国都建設局事務官・総務処勤務を経て理事官に進んで総務処庶務科長に就き、かたわら政府機関紙発行元の斯民社常務幹事、国都建設紀年式典準備委員会委員を務めた。

藤森　正平　▷12

興中公司㈱東京支社副長兼業務係主任／東京市小石川区表町／一九〇四（明三七）二／熊本県下益城郡杉合村／東京帝大法学部

東京府立第四中学校、浦和高等学校を経て一九二九年三月東京帝大法学部を卒業して満鉄に入社した。社長室人事課、撫順炭砿大山採炭所に勤務した後、三一年三月用度部、同年八月商事部石炭課、同年一一月同輸出課に歴勤した。次いで三四年一月営口販売事務所事務主任、三五年七月奉天営業所庶務係主任を経て三六年二月興中公司に派遣され、同年一〇月総裁室付を経て東京支社副長となり業務係主任を兼務した。

藤森　千春　▷11

満鉄社長室人事課文書課員／大連市伏見町／一八八〇（明一三）一二／長野県南安曇郡豊科町

長野県農業藤森順十郎の長男に生まれ、一九〇三年東京講道館に入門して柔道を修業した。〇五年九月警視庁柔道世話係となり、東京高等師範学校付属中学校の柔道講師補を兼務した。その後石川県で第四高等学校、金沢医学専門学校、金沢第一及び第二中学校、石川県師範学校、金沢商業学校、金沢歩兵第七連隊、富山歩兵第三五連隊等の武道教師を務めた後、一九一三年八月満鉄武道教師に招かれて渡満した。講道館柔道の普及に尽力した後、二三年六月に柔道界を引退して満鉄独身社宅主事補となり、さらに翌年三月事務に転じて社会課庶務課に勤務し、二八年九月社長室人事課文書課に転任した。書道を趣味とし、一九年以来渋谷梧桐に師事して無声と号した。同郷の夫人との間に四男二女あり、長男虎章は歯科医として大連医院に勤務し、長女郁子は満鉄衛生研究所員の河野通夫に嫁した。

藤森　虎章　▷11

満鉄大連医院医員／大連市伏見町／一九〇二（明三五）四／長野県南安曇郡豊科町／日本歯科医学専門学校

柔道家で後に満鉄に勤務した藤森千春の長男に生まれ、一九二六年日本歯科医学専門学校を卒業した。同年三月に渡満して満鉄に入って大連医院歯科医員補となり、二七年一二月医員に昇格した。学生時代から陸上競技とホッケーに親しみ、渡満後はピクニックと釣魚を趣味とした。

藤山　一雄　▷11

福昌華工㈱庶務主任／大連市久方町／一八八九（明二二）四／山口県玖珂郡神代村／東京帝大法科大学経済学科

山口県農業藤山浅治郎の長男に生まれ、一九一六年東京帝大法科大学経済学科を卒業した。一年志願兵として広島の歩兵第一一連隊に入営し、除隊して満州貿易㈱に入り総務主任となった。一九年に退社して郷里で農業に従事した後、二一年一月から下関の梅花女学院専門部の教師を務めた。二六年一一月に渡満し、創立直後の福昌華工㈱に入って庶務主任を務めた。年少の頃から多芸多才ぶりを発揮し、義太夫は竹本津太夫、豊沢雷助等に師事し、洋画では学生時代に文展や太平洋画会に入選を重ねた。渡満後は大連新聞に長編「群像ラオコーン」を連載したほか、『コッサ経済学原論』『住宅芸術』『食卓三昧』『五十年後の九州』『信仰の人本間先生』『清貧』『饗盤抄』等を著した。⇒その後満州国官吏に転じ、実業部理事官、総務司長、監察院秘書官、総務処長、恩賞局長等を歴任して三七年七月に辞任した。

藤山　新一　▷12

満鉄農事試験場庶務係長、社員会幹事兼評議員、社員消費組合総代／吉林省公主嶺菊地町／一八九二（明二五）一〇／山口県熊毛郡平生町／釜山公立実業学校

山口県藤山伊三郎の三男に生まれ、一九〇八年釜山公立実業学校を卒業した後、一六年八月満鉄に入り用度課に勤務した。経理部用度課、商事部倉庫課、経理部倉庫課に歴勤した後、二七年三月満州医科大学付属奉天医院に転勤した。次いで二九年七月同主計係長、三

ふ

四年三月同経理係長兼用度係長を歴任し、三五年四月農事試験場庶務係長となった。

藤吉　五郎　▷12

国際運輸㈱庶務課員、正八位／大連市山県通国際運輸㈱庶務課／一九〇〇（明三三）七／福岡県山門郡沖端村／東亜同文書院

福岡県藤吉羊郎の五男に生まれ、県立中学伝習館を卒業して上海に渡り、一九二三年東亜同文書院を卒業した。同年一二月一年志願兵として久留米の歩兵第四八連隊に入営し、除隊して二五年九月青島の峯村洋行に勤務した後、第二遣外艦隊司令部付通訳を務めた。その後二七年一一月国際運輸㈱に入り、清津支店、竜井村出張所、雄基出張所、大連支店、開原出張所に歴勤した。次いで本社監理課、長春支店、竜井村出張所、開山屯営業所主任、図們支店、明月溝営業所主任、春陽営業所主任、牡丹江支店勤務、寧安営業所主任を経て三七年五月本社庶務課に転勤した。

藤原　賢一　▷11

満鉄長春地方事務所勧業係／長春平安町／一八九四（明二七）一〇／北海道上川郡当麻村／北海道立空知農業学校

北海道の農業藤原虎市の長男に生まれ、一九一二年北海道立空知農業学校を卒業した。同年渡満して満鉄に入り、各地に転勤した後、長春地方事務所に勤務して勧業係農務担当を務めた。

藤原　亨　▷12

満州電業㈱大連支店工務課電気係長／大連市下萩町／一九一〇（明四三）一／島根県能義郡赤屋村／南満州工業専門学校機械工学科電気分科

島根県藤原元治の長男に生まれ、一九二七年三月県立工業学校機械電気科を卒業して渡満し、大連の南満州工業専門学校に入学した。三〇年三月同校機械工学科電気分科を卒業して南満州電気㈱に入り、助手として工務課に勤務した後、同年一二月技術課に転任した。三四年一二月同社の電気供給部門が独立して満州電業㈱が創立されると同社入りし、大連支店工務課電気係長に就いた。

藤原　茂　▷11

旅順工科大学予科教授、正六位／旅順市高崎町／一八八二（明一五）四／岡山県赤磐郡鳥取上村／京都帝大文科大学

岡山県藤原重三郎の長男に生まれ、一九一八年京都帝大文科大学を卒業した。学習院講師を務めた後、二〇年八月に渡満して旅順工科大学予科教授となった。長男正は東京帝大医学部に学び、実弟の義章は東京高等工業学校を卒業して鐘淵紡績会社上海絹糸公司に勤務した。

藤原　忍　▷12

満鉄鉄道総局福祉課員／奉天満鉄鉄道総局福祉課／一八八七（明二〇）七／大分県速見郡杵築町／東亜同文書院商務科

大分県藤原津久茂の長男に生まれ、一九一二年上海の東亜同文書院商務科を卒業し、同年九月から支那派遣軍司令部の下で揚子江流域及び中国北西部各省の経済調査に従事した。次いで陸軍官費生となって北京に留学したが、一三年一二月に徴兵されて入営し、一四年九月青島戦役に従軍した。除隊後、一六年三月高木㈴に入り湖北省政府官銭局所管官商合弁の精銅廠長となり、次いで漢口支店支配人心得、上海駐在員首席を歴職した。二三年二月に退社して中日実業会社に転じ、北京在勤、支那総支配人心得、長江玻璃工業㈱取締役兼務上海常駐を歴任し、二六年一〇月に退社した。二七年三月から南洋貿易を自営したが、二九年五月に廃業し、同年八月満鉄に入社してハルビン事務所勤務を経て日中露合弁の札免採木公司総局支配人となった。その後三五年五月ハルビン鉄路局付を経て三六年九月副参事に昇格し、三七年四月鉄道総局福祉課に転勤した。

藤原　哲二　▷11

満鉄瓦房店地方事務所産業係主任／奉天省瓦房店大和街／一八八八（明二一）二／島根県大原郡日登村／島根県立農林学校

島根県農業藤原金次郎の次男に生まれ、一九〇五年島根県立農林学校を卒業した。一三年四月朝鮮に渡って平安南道庁勧業課に勤務した後、一七年に渡満して満鉄に入った。瓦房店地方事務所に勤務し、後に産業係主任を務めた。

藤原鉄太郎 ▷11

関東庁旅順民政署長、従五位勲五等／旅順市学台／一八八四（明一七）五／長崎県南松浦郡玉ノ浦村／東京帝大法科大学

長崎県藤原市太郎の三男に生まれ、一九一二年東京帝大法科大学を卒業して文官高等試験に合格した。一三年警視庁警部、一七年同庁警視を経て一九年に渡満して関東庁警視に転じた。二一年同庁事務官・高等官三等に進み、二六年に欧米を視察旅行した後、帰任して旅順民政署長に就いた。

藤原　藤吉 ▷12

龍江省竜鎮県参事官／龍江省竜鎮県参事官公館／一八九八（明三一）四／大分県北海部郡臼杵町／東洋協会語学校支那語科

一九二〇年三月関東庁官房文書科統計係となり、勤務のかたわら二三年東洋協会語学校支那語科を卒業し、二四年内閣統計局統計職員養成所を修了した。次いで二八年九月文官普通試験に合格、二九年一二月関東庁支那語奨励試験に合格して関東庁地方書記となり、旅順民政署に勤務した。三三年二月黒龍江省林甸県代理参事官に転じ、三五年一月竜鎮県に転任し、同年三月同県参事官となった。

藤原　尚 ▷12

㈱満州弘報協会奉天支社営業部長／奉天藤浪町／一九〇四（明三七）二／大分県西国東郡都甲村／専修大学専門部商科

東京の私立開進数理学校を経て一九二六年三月専修大学専門部商科を卒業し、二七年一月奉天の南満工業者懇話会に入り、労働調査と指紋鑑識の助手を務めた。二九年一〇月指紋鑑識主任兼庶務係となり、二九年八月から一〇月まで京城及び福岡の両警務科で指紋鑑識を視察した。その後三〇年一〇月に南満工業者懇話会が解散となり、三一年六月遼寧通信社に転じて漢字紙記者となった。三二年一二月同社が満州国通信社に併合されて退職し、㈱満州弘報協会に転じて奉天支社営業部長に就いた。

藤原　政治 ▷12

和藤工務所主、和藤写真館主、弥生町町内会役員／奉天弥生町／一八八五（明一八）三／鳥取県東伯郡小鴨村

鳥取県藤原伝次郎の三男に生まれ、一九〇一年大阪市役所に入り水道課に勤務した。次いで神戸瓦斯会社、京都市役所水道課、名古屋市役所水道課に歴勤して鉄管敷設工事に従事した後、一四年六月に渡満して大連民政署土木課に勤務した。その後二〇年に満鉄に転じて奉天地方事務所で土木水道工事に従事した後、二九年二月に退社して同年四月奉天に和藤工務所を設立して土木工事と一般上水道敷設工事、給排水・衛生・煖房工事の請負業と新案藤原式「シスタンク」不凍共用栓その他器具の製造販売業を経営した。三三年六月新京出張所を開設したほか奉天住吉町にも支店を置き、関東軍司令部、鉄道総局、中央銀行その他諸官衙の官庁・官舎・社宅、陸軍錦県兵舎、衛戍病院、奉天駐在関東軍兵舎・宿舎の給排水・衛生工事、国都建設局の新設水道鉄管敷設工事等を手がけ、店員一七、八人を使用して年請負高四万円内外を計上した。さらに本業とは別に武蔵野写真専門学校を卒業した長男正に和藤写真館を経営させた。

藤原　又三 ▷12

㈾柏内洋行吉林支店長／吉林河南街／一九〇九（明四二）一二／岡山県児島郡琴浦町／岡山第一商業学校

岡山県藤原孫太郎の四男に生まれ、岡山第一商業学校を卒業して岡山の歩兵第一〇連隊で兵役に服した。一九三二年に除隊して渡満し、㈾柏内洋行に入り奉天本社に勤務した。三三年五月、吉林支店の開設とともに同支店長に就いた。

藤原　龍一 ▷11

長春駅貨物助役、正八位／長春平安町／一八九二（明二五）七／広島県広島市南竹屋町／早稲田大学

広島県藤原作市の子に生まれ、一九一七年早稲田大学を卒業した。一九年に渡満して満鉄に入り、長春駅貨物方、同列車区車掌、長春鉄道事務所、営口駅貨物助役を経て二八年一〇月長春駅貨物助役となった。

布施　隆熊 ▷11

満鉄大連鉄道事務所員／大連市千草町／一八九六（明二九）四／長

ふ

崎県南高来郡口之津町／長崎高等商業学校

長崎県布施兼蔵の次男に生まれ、一九一八年長崎高等商業学校を卒業した。一九二〇年二月に渡満して満鉄に入り、大連鉄道事務所に勤務した。

布施　忠司　▷12

満鉄鉄道研究所員、工業標準規格委員会小委員会委員／大連市聖徳街／一九〇一（明三四）一〇／新潟県中頸城郡明治村／京都帝大工学部建築工学科

新潟県布施秀治の長男に生まれ、高田中学校、第六高等学校を経て一九二五年三月京都帝大工学部建築工学科を卒業した。二八年三月まで大学院に在学した後、同年五月に渡満して満鉄に入り南満州工業専門学校教授となった。三二年一二月中央試験所兼務を経て三三年四月同所土木構築研究室主任となり、三六年一〇月副参事に昇任した。コンクリート工学を専門とし、柔道は二段位を有した。

双川　喜文　▷12

ハルビン地方法院審判官兼ハルビン区法院審判官／ハルビン新馬家溝代用官舎／一九〇九（明四二）八／東京府東京市中野区本郷通／東京帝大法学部仏法科、大同学院

東京府双川喜一の長男に生まれ、東京高等学校高等科を経て東京帝大法学部仏法科に入学し、在学中の一九三一年一一月文官高等試験司法科に合格した。三二年三月卒業とともに東京地方裁判所検事局に弁護士登録をして第二東京弁護士会会員となり、同年四月に渡満して大同学院に入った。三三年一〇月に卒業して国務院司法部属官となり、法務司勤務を経て三四年三月民事司に転任した。司法部法曹会の創設や法曹雑誌の創刊に従事して三五年七月司法部事務官に進み、三六年五月北満特別区地方法院推事を経て同年七月審判官に転任し、ハルビン区法院審判官を兼任した。

「二木」は「にき」も見よ

二木桂三郎　▷11

満鉄公主嶺経理係員、勲八等／吉林省公主嶺堀町／一八八三（明一六）一一／岐阜県大野郡上枝村／高等小学校

岐阜県農業二木善助の長男に生まれ、郷里の高等小学校を出て家業に従事した。一九〇三年徴兵されて金沢の輜重兵第九大隊に入営し、翌年日露戦争に従軍した。戦後除隊したが引き続き満州軍倉庫雇員として残務整理に従事し、一〇年一一月満鉄公主嶺経理係となった。以来長く同職を務め、二七年四月満鉄創業二〇周年記念に際し功績章を受けた。

二木　末雄　▷11

正隆銀行撫順支店長／奉天省撫順東七条通／一八九五（明二八）三／東京府豊多摩郡千駄ヶ谷町／慶応義塾大学部理財科

東京府銀行業鴨脚光数の五男に生まれ、義叔にあたる父二木孝三郎の家督を相続した。一九二一年慶応義塾大学部理財科を卒業して安田貯蓄銀行に入り、同年一一月安田系の正隆銀行に転勤して渡満した。大連本店に勤務した後、二三年五月天津支店勤務を経て二四年五月長春支店長代理となり、二五年八月撫順支店長に就いた。

二葉　茂　▷8

畳製造二葉商店主／奉天柳町／一八七八（明一一）一一／長崎県南高来郡島原港町

一九〇六年一月に渡満し、奉天十間房に居住した。〇七年柳町に移って畳製造業を始め、沿線主要地に販路を拡張した。

二葉　彦平　▷12

二葉成文堂主、大連印刻同業組合長、全満州印刻業連合会会長、全国印判業組合連合会理事、地方法院印鑑鑑定人／大連市浪速町／一八八二（明一五）九／東京府東京市京橋区銀座

東京銀座で代々御用印司を務めた老舗に生まれ、藤原栄清と称した実父彦兵衛が明治初年に二葉姓に改めた。一二歳の時から横浜市相生町の印刻師稲葉幾三郎に就いて七年間修業し、次いで東京の篆刻家高畑翠石の下で篆刻を修業した。日本美術協会及び泰東書道院展に出品して入賞を重ね、一九〇二年に横浜伊勢佐木町で印章彫刻業を独立開業した。〇八年に渡満して安東県市場通に開業したが、年内に大連に移転し、翌年六月大山通で開業した。その後、浪花町に拡張移転して奉天紅梅町に出張所を設け、諸官衙、銀行・会社を得意先として印章彫刻類の他に各種

活版印刷業を兼営し、従業員二〇人を擁した。一一年に大連印刻同業組合創立委員となり、創立後は理事、会計、副組合長を経て組合長に就き、さらに全満州印刻業連合会の設立に尽力して二七年六月の創立と同時に会長に就任した。謡曲を趣味として喜多流満州支部百本会の幹事となり、天理教遼東教会の参事も務めた。

淵上　国行　▷12

満鉄ハルビン警務段八区分所長兼巡監／ハルビン地文街／一九〇一（明三四）一／佐賀県小城郡北多久村

一九一九年関東都督府通信練習生養成所を修了し、大連郵便局事務員となった。二〇年一一月に退職し、二一年一一月徴兵されて大刀洗の航空第四大隊に入営し、千葉県下志津航空学校に入り二二年七月に卒業した。二三年一一月に除隊して再び渡満し、二四年三月関東庁警察官練習所を修了して奉天警察署に勤務した。三二年五月開原警察署、同年一〇月関東庁警察無線講習生として大連中央無電局に委託派遣され、修了後三二年一二月に奉天警察無電局通信主任となった。三三年九月に退職し、翌月満鉄鉄路総局に転じて奉山鉄路局警務処行政課に勤務した。三五年三月北鉄接収に際し西部線安達警務分段接収責任者を務めた後、同年七月ハルビン警務段庶務主務を経て三六年七月同段八区分所長となり、巡監を兼務した。

淵上　松次　▷12

国務院民政部警務司員、勲七等／新京特別市金輝路第二代用官舎／一八九二（明二五）八／佐賀県杵島郡福治村／鹿児島県立中学校中退

佐賀県淵上喜三の長男に生まれ、鹿児島県立中学校を四年で中退した後、一九一二年徴兵されて大村の第一八師団歩兵第五五連隊に入営した。一四年憲兵上等兵、二一年伍長、二二年軍曹に累進した後、二三年二月朝鮮総督府巡査に転じて黄海北道兼二浦警察署に勤務し、同年一〇月巡査部長となった。二七年七月警部補に進級して長淵警察署に勤務した後、三〇年五月瑞興警察署長事務取扱を経て三二年八月警部となり新渓警察署長に就いた。三三年七月満州国首都警察庁警佐に転じ、三四年一二月吉林省磐石県警佐、三五年四月同県警正を経て三六年一〇月国務院民政部事務官に転任して警務司に勤務した。この間、青島及び山東での戦闘に従軍して二〇年一一月に勲八等白色桐葉章を、シベリア派遣軍に従軍して二二年一一月に勲七等青色桐葉章を授与され、延白、新湊在勤中に在郷軍人分会長を務めた。

淵上　利壮　▷12

内田洋行㈱ハルビン支店主任／ハルビン埠頭区／一九〇八（明四一）二／福岡県福岡市博多中対馬小路／福岡県立商業学校

福岡県淵上三七郎の次男に生まれ、県立商業学校を卒業して内田洋行㈱に入り、大阪市東区備後町の本店に勤務した。次いで大連支店に転勤して一一年勤務した後、三六年七月ハルビン支店主任となり、店員一二名を差配して文房具、事務用品、製図用品、測量用品、度量衡器類を販売した。

淵田多穂理　▷12

満鉄ハルビン鉄路局工務処電気科長、勲六等／ハルビン鉄路局工務処／一八九七（明三〇）一／熊本県球磨郡多良木村／旅順工科学堂電気工学科

熊本県淵田熊一の長男に生まれ、一九二〇年旅順工科学堂電気工学科を卒業し、同年一二月満鉄に入り技術部線路課に勤務した。大連電気修繕場、技術研究所、奉天電気区技術助役を経て奉天保安区、長春保安区、長春鉄道事務所、新京鉄道事務所、奉天鉄道事務所に歴勤した。次いでチチハル及び白城子建設事務所電気長を務め、三六年九月副参事となり、三七年三月ハルビン鉄路局工務処電気科長に就いた。

船石　晋一　▷11

満州医科大学教授兼付属医院医長／奉天萩町／一八八七（明二〇）四／岡山県後月郡井原町／京都帝大医科大学

岡山県医師船石保太の長男に生まれ、一九一二年京都帝大医科大学を卒業した。一四年から日本赤十字社秋田支部病院医長を務めた後、一九年満鉄撫順医院医長に転じて渡満した。二一年南満医学堂教授兼付属医院医長に就き、二四年から眼科学研究のため欧米に二年間留学した。帰任して医学博士号を取得し、大学への昇格とともに満州医科大学教授となった。

船越　嘉平　▷12

円福醤園主／奉天省撫順西九条通／一八八二（明一五）四／福岡県福岡市千代町／福岡県立中学修猷館中退

福岡県立中学修猷館を中退して渡満し、一九〇八年七月満鉄に入り沙河口工場庶務係となった。以来各地に勤続して撫順炭砿東郷採炭所庶務材料係主任となり、二七年一一月に退職して金融業を営んだ。その後、満鉄在職中の二七年五月に出資設立した益田醤園を買収し、円福醤園と改称して醤油の醸造販売業を経営した。「丸福」の商号で高級醤油を年間五〇〇石醸造し、撫順近辺から瀋海線、奉山線、満鉄本線の沿線各地に販売した。

船越喜代三郎　▷12

船越司法代書事務所主、奉天金融㈱専務取締役、奉天地方委員、奉天代書業組合副組合長／奉天江島町／一八七四（明七）八／兵庫県神戸市湊東区福原町／倉吉農学校畜産科

鳥取県日野郡二部村に生まれ、倉吉農学校畜産科を卒業して一九〇二年兵庫県巡査となった。勤続一八年の後、二〇年に渡満して営口の㈱共立検番支配人に転じ、次いで二八年に奉天で代書業を開業した。長く同地の代書業組合副会長の任にあり、三五年一〇月から地方委員を務めた。

船越喜代次　▷12

㈾船越商会代表、福信金融㈱取締役／新京特別市日本橋通／一八八二（明一五）一／福岡県糟屋郡青柳村

一九〇四年二月日露開戦とともに第一二師団衛生隊付軍属として渡満し、戦後〇五年一二月に帰還した。その後〇六年三月再び渡満し、同年七月野戦鉄道提理部第一採炭班に入った。一二年五月退職と同時に長春に船越洋行を開設して建築用金物材料と諸機械工具、度量衡器、家具、金物の販売業を始め、二五年に資本金一万二〇〇〇円で合資会社に改組した。

船越金太郎　▷12

満鉄チチハル鉄路局運輸処旅客科員／龍江省チチハル鉄路局運輸処／一九〇七（明四〇）五／鳥取県気高郡湖山村

鳥取県船越作太郎の四男に生まれ、家庭の事情で上京苦学を断念して一九二三年四月鉄道省神戸鉄道局庶務課に勤務し、翌年鉄道省雇員となった。二六年鉄道教習所普通部業務科を修了し、同年三月神戸鉄道局鳥取駅改札掛となり、同車掌見習、車掌補を経て二七年一月車掌となった。二九年文官高等試験予備試験に合格し、三〇年一二月大阪鉄道局国英駅出札掛兼助役、三二年一二月同駅駅務助手兼助役、同年七月土師駅助役を歴職した。三三年文官高等試験行政科に合格し、同年二月満鉄に転じて鉄路総局運輸処に勤務した。三四年四月同旅客科弁事員、三五年一一月大虎山鉄路監理所監理員を務めた後、三七年四月チチハル鉄路局に転勤して運輸処旅客科に勤務した。

舟田清一郎　▷12

牡丹江省公署官房庶務科長／牡丹江省公署官房庶務科／一九〇四（明三七）五／秋田県雄勝郡湯沢町／京都帝大経済学部

山形高等学校を経て一九二九年三月京都帝大経済学部を卒業し、同年五月満鉄に入った。その後三二年五月国務院総務庁事務官に転じ、三三年八月ハルビン特別市公署第二弁事処第一科長となり、三四年一月総務処庶務科に転任した。三四年七月理事官に進んで庶務科長となり、次いで同年一二月総務処主計科長を経て三七年七月牡丹江省公署官房庶務科長となった。この間、建国功労賞及び大典記念章、皇帝訪日記念章を授与された。

船田要之助　▷11

満鉄沙河口工場長、正六位勲五等／沙河口霞町／一八八〇（明一三）八／愛媛県温泉郡阪本村／東京帝大工科大学機械科

愛媛県船田健一郎の長男に生まれ、一九〇六年七月東京帝大工科大学機械科を卒業し、翌月野戦鉄道隊付として渡満した。〇七年四月の満鉄開業とともに入社して運輸課員となり、大石橋、公主嶺、安東等に勤務した。一一年一一月大連車輌係主任となり、汽車課長、運輸課長、沙河口工場第一作業課長、監理課長等を歴任し、この間一八年七月から一年間英米に出張した。その後二七年参事に進み、沙河口工場長に就任した。

船塚佐一郎 ▷13

船塚洋行主／大連市浪速町／一八八二（明一五）／石川県鹿島郡

石川県の片田舎に生まれ、一八歳の時に神戸に出て元町の能勢商館に入り貿易業に従事した。一九〇一年の冬、義和団事件直後の天津に渡って天津・北京間で中国人や欧米人相手に商売した。一九〇四年に日露戦争が始まると営口に渡って軍需品の輸送に従事し、戦後大連の浪速町に船塚洋行を興して生活用品を扱い、廉売主義を掲げて顧客を獲得し世帯道具の大老舗として知られた。

船津　源一 ▷11

関東庁警察官練習所教官／旅順市明治町／一八九四（明二七）五／福岡県宗像郡津屋崎町／東京警察官講習所

福岡県船津並吉の次男に生まれ、一九一八年七月に渡満して関東都督府巡査となった。二三年一月甲科練習生として警察官練習所に入り、同年九月に修了して巡査部長となった。同所助教、教官を務めて警部補に進み、二六年五月本科生として東京警察官講習所に入った。二七年一月に修了して帰任し、大連沙河口警察署に勤務した後、同年四月再び警察官練習所教官となった。二三年九月に華北地方を巡遊して警察事務を視察したほか、二八年一〇月には甲科練習生を引率して北京、上海、杭州方面を観察旅行した。

舟津　弁介 ▷9

岩尾商店大連出張所主任／大連市伏見台／一八九四（明二七）六／兵庫県多紀郡篠山町／大垣商業学校

一九一一年三月岐阜県大垣商業学校を卒業し、翌月大阪の中島棉花店に入った。一六年一二月に退店して日本綿花㈱に転じ、さらに一八年四月岩尾商店に転じた。二〇年三月大連出張所の開設と同時に主任となって渡満した。

船橋半三郎 ▷11

満鉄庶務部調査課法政係／大連市黄金町／一八八四（明一七）六／香川県仲多度津郡多度津町／第一高等学校

香川県船橋恒治郎の三男に生まれ、第一高等学校を卒業した。一九一〇年三月国民新聞社に入って横浜支局長を務め、一七年六月に退社して横浜で絹物輸出業、鋼鉄売込業、土木建築業等に従事した。二二年六月に渡満して極東週報社主幹となり、中国各地を数回巡遊し自ら「満蒙経済新報」を発行した。その後満鉄嘱託に転じ、庶務部調査課法政係として中国の政治外交の研究に従事した。

船山　栄七 ▷12

大連沙河口尋常小学校長、正七位勲七等／大連市霞町／一八八六（明一九）七／山形県山形市五日町／山形県師範学校

山形県農業山口忠七の三男に生まれ、後に妻の叔父角張東順の実母の実家船山家を再興した。山形県師範学校に入り、一九〇九年成績優秀により馬淵山形県知事の表彰を受けて卒業し、山形市内の小学校訓導を務めるかたわら剣道三段の武道家として山形県立養徳園の剣道指南を務めた。その後一八年四月に渡満し、大連第四小学校訓導を務めた後、二四年に南山麓小学校創設に際し首席訓導となり、次いで大連松林小学校長を経て沙河口尋常小学校長に就き、沙河口青年学校長を兼務した。夫人ツヤ子は山形県女子師範学校を卒業して山形市第一小学校訓導となり、渡満後もしばらく大連常盤小学校の訓導を務めた。叔父の角張東順は月峰と号して京都妙心寺派の教学部長を務め、「東北教報」の主幹として活躍した。

船山　徳輔 ▷12

国務院民政部地方司総務科員／新京特別市大経路民政部地方司／一九〇六（明三九）二／東京府東京市牛込区市谷台町／京都帝大法学部

東京府船山勘助の長男に生まれ、府立第三中学校、浦和高等学校を経て一九二八年三月京都帝大法学部を卒業した。その後三二年三月に渡満して国務院民政部総務庁人事処に勤務して同年一〇月奉天省蓋平県属官となったが、同年一二月休職して兵役に服した。除隊して三三年一二月同省海竜県属官に転任し、代理参事官を経て三五年一一月参事官に進んだ。次いで三六年一〇月国務院民政部事務官となり、地方司総務科に勤務した。

文谷　佐助 ▷11

大連沙河口公学堂教諭／大連沙河口巴町／一九〇五（明三八）六／

ふ

岡山県川上郡高倉村／岡山県師範学校

岡山県農業文谷為一郎の次男に生まれ、一九二六年岡山県師範学校を卒業した。二七年四月県下の小学校訓導となったが、翌年三月に渡満して旅順師範学堂付属小学校教員養成部研究部に入り、修了後は大連沙河口公学堂に勤務した。

古井　兼松　▷12

満鉄皇姑屯検車段長、社員会奉天第一連合会評議員、同第一九分会代表、社員消費組合総代、県人会顧問、勲八等／奉天平安通／一八八三（明一六）一／秋田県南秋田郡寺内町

一九〇四年東京の工手学校夜学部普通科を卒業し、翌年五月野戦鉄道提理部付として渡満した。〇七年四月の満鉄開業とともに入社し、同年七月沙河口工場に勤務した。一四年三月沙河口実業補習学校を優等で卒業して翌年三月奉天車輌係となり、一九年八月大連車輌係を経て二〇年七月大連機関区に転勤した。二二年六月から運輸従事員養成所講師を兼任し、同年一一月大連運輸事務所に転任した。二三年四月大連鉄道事務所、二七年一一月奉天鉄道事務所、三〇年六月大連車輌事務所に歴勤して三二年一月安東検車区長となり、同年八月待命となった。三二年一二月参事として瀋海鉄路局瀋陽機関区長となり、次いで三四年四月皇姑屯検車段長に就いた。この間、満州事変時の功により勲八等従軍記章及び建国功労賞を受けた。満鉄開業以来の古参職員として社員会、社員消費組合の役員、秋田県人会顧問等を務めた。同郷の夫人千代との間に五男二女あり、長男清は満州医科大学を卒業した。

古市　藤八　▷7

運送業／大連市万歳街／一八八三（明一六）一一／鹿児島県熊毛郡中種子村

種子島の富豪の家に生まれ、長じて九州及び中国地方各地で種々の事業に手を染めたが悉く失敗し、一九一七年の夏に渡満して大連埠頭の人夫となった。認められて倉庫係に抜擢されたが、後に三井物産に転じて物品発送業務に従事し、資金を蓄えた後、市内山県通の店舗を権利金九〇〇円で買収して運送業を独立開業した。第一次世界大戦後の好況時に相当の利益を上げて成金の列に加えられたが、妻に先立たれ、さらに戦後恐慌に際会して経営難に陥り、事業を丸二商会に譲渡した。その後は同商会の社員として働いて熊本高女出身の現夫人を迎え、資金を蓄えて二五年八月に丸二商会を退社し、翌月から市内万歳街で再び運送業を独立経営した。

古市寅太郎　▷4

畜産物・金属地金商／奉天小西辺門／一八六八（明一）／香川県高松市／香川県師範学校

香川県師範学校を卒業して小学校教師となったが、教職に馴染めず勤続二年で教壇を去った。その後一五年ほど郷里で製塩・運送業及び日本郵船の代理店を営み、かたわら和仏法律学校に学んで一時は香川県属となったが、驕奢と虚飾の風を嫌って自営業に戻った。一九〇八年に渡満して奉天で農業、工業、山林伐採などに従事した後、小西辺門に「信泰号」屋号の店舗を構え畜産物と銅・鉄・錫・鉛などの地金貿易に従事し、奉天商業会議所議員を務めた。

古市　春彦　▷12

満州国協和会中央本部企画部員／新京特別市興亜胡同満州国協和会住宅／一八八八（明二一）五／鹿児島県熊毛郡南種子村／京都帝大法科大学、大学院

京都帝大法科大学を卒業して大学院に進み、修了後に福岡市の西南学院教諭となった。かたわら無産運動に携わって社会大衆党福岡県連合会長となり、同県第四区より衆議院選挙に立候補して惜敗した。その後、満州事変後に無産運動と訣別して京都の「日の出」新聞記者となり、次いで渡満して満州国協和会に入り、総務処長、中央本部委員会主事を経て企画部員となった。

古海　忠之　▷13

国務院総務庁次長／新京特別市／一九〇二（明三五）五／東京府／東京帝大法学部政治科

京都府大滝新之助の次男に生まれ、古海正義の養子となった。京都府立第一中学校、第三高等学校を経て東京帝大法学部政治科に進み、一九二四年に卒業して大蔵省に入った。銀行局特別銀行課に勤務した後、宇都宮、幸橋の各税務署長を経て三二年七月本省の営繕管財局事務官となったが、国有財産課長の星野直樹に誘われ同年七月に星野と共に渡満して国務院理事官に転じた。主計処総務科長、人事処長兼総務庁主計処一般会計科長、主計処長を歴任して四〇年六月経済部次長に就いた。⇒敗戦時には総務庁次長の要職にあったが、四五年九月新京で戦犯としてソ連軍に逮捕され、シベリアに抑留された。五〇年七月中国の撫順戦犯管理所に収容され、五六年七月懲役一八年の刑を宣告されたが、認罪して満期前の六三年二月に釈放され帰国した。旧日満商事の常務取締役だった出光計助の㈱出光石油の顧問となった後、六五年七月の第七回参院選に自民党推薦で全国区に立候補したが落選し、岸信介の世話で㈱東京卸売りセンターの副社長に就き、後に社長を務めた。著書に『忘れ得ぬ満州国』他がある。

古江　智　▷12

国際運輸㈱羅津支店長代理、正八位／朝鮮咸鏡北道羅津府国際運輸㈱支店／一九〇五（明三八）九／大分県中津市島田／大分高等商業学校

大分県古江房吉の次男に生まれ、中津商業学校を経て一九二六年三月大分高等商業学校を卒業した。同年四月一年志願兵として都城の歩兵第二三連隊に入営し、二七年一月に帰休退営して同年四月歩兵軍曹に任官した。二八年三月に渡満して国際運輸㈱に入り、大連支店に勤務した。三二年四月営業課、同年六月ハルビン支店勤務を経て三四年一二月同海運係主任となり、三五年九月朝鮮の羅津支店長代理となった。

古江　茂橘　▷11

満鉄鞍山製鉄所参事／奉天省鞍山中台町／一八八八（明二一）四／福岡県早良郡原村／熊本高等工業学校

一九一〇年熊本高等工業学校を卒業して満鉄に入り、撫順炭砿機械課に勤務した。一八年に満鉄を退社し、翌年から鞍山鉄鉱振興公司採鉱総局に勤務した。二八年に再び満鉄に戻って鞍山製鉄所選鉱工場製造課に勤務し、後に参事に進んだ。

「古川」は「こかわ」も見よ

古川　章　▷12

安東省撫松県参事官／安東省撫松県参事官公館／一九〇四（明三七）一一／佐賀県藤津郡大浦村／拓殖大学商学部

佐賀県古川和利の三男に生まれ、中国山東省の青島中学校、拓殖大学予科支那科を経て一九二七年三月同大学商学部を卒業し、㈱大連機械製作所に入った。二八年五月第二遣外艦隊司令部付通訳に転じ、次いで三二年一〇月奉天省臨江県属官となった。その後三三年一二月同県代理参事官、三五年三月安東省撫松県属官を経て同年四月同参事官となった。

古川幸太郎　▷12

満鉄撫順炭砿古城子採炭所監査係技術担当員／奉天省撫順北台町／一八九二（明二五）一一／佐賀県佐賀郡東与賀村／佐賀工業学校

佐賀県古川作一の長男に生まれ、一九一〇年佐賀工業学校を卒業した後、一六年三月満鉄に入り撫順炭砿機械工場に勤務した。以来勤続して同工場鋳物鍛冶職場主任、作業係主任、監査係主任を歴任し、三六年四月古城子採炭所監査係技術担当員となり、同年九月副参事に昇格した。この間、二七年四月満鉄創業二〇周年に際しマンガン製法の新技術開発による表彰を受け、さらに同年社員表彰規定第一条二号による表彰を受けたほか、三二年四月勤続一五年の表彰を受けた。

古川　五郎　▷1

東洋ホテル主、従七位／大連市児玉町／一八五九（安六）六／東京府東京市牛込区新小川町

山梨県北都留郡丹波村に生まれ、幼い時に上京して叔父の下で養われた。一八八二年から逓信省に勤務し、日清戦争後の九五年八月陸軍省嘱託として樺山資紀総督に随行して台湾に渡り、総督府電信課長を務めた。九七年に官職を辞し、北京、天津方面で日本雑貨と和洋酒販売業を営んだ後、日露戦争後一九〇五年に渡満して営口で和洋雑貨販売業を開業した。ほどなく大連に移って児玉町に東洋ホテルを開設し、旅館業のかたわら市中の撤水請負業を営んだ。

古川　五郎 ▷12

満鉄蘇家屯医院庶務長／奉天省蘇家屯赤城町／一九〇〇（明三三）七／福岡県糸島郡一貴山村／舞鶴商業学校

福岡県古川清太郎の五男に生まれ、一九二〇年三月舞鶴商業学校を卒業し、同年四月満鉄に入り経理部会計課に勤務した。二五年四月四平街地方事務所に転勤した後、二七年八月奉天医院事務員となり、同年八月満州医大医院への改称とともに書記となった。三五年三月公主嶺医院庶務長に転任した後、三六年四月蘇家屯医院庶務長となった。

古川　作平 ▷12

満鉄白城子機務段長、社員会評議員、勲八等／龍江省洮安県白城子満鉄社宅／一八九九（明三二）七／熊本県葦北郡水俣町／満州法政学院法律科

熊本県古川作太の次男に生まれ、一九一七年四月満鉄従事員養成所を修了して大連車輌係となった。二〇年七月大連機関区に転勤した後、一九年一二月徴兵されて兵役に就き、二一年一二月に帰任した。勤務のかたわら大連の満州法政学院法律科に学び、二六年に卒業して同年五月鉄道教習所講師を兼務し、次いで二八年六月から大連実業補習学校講師を兼務した。三〇年七月大連機関区点検助役、三一年八月同運転助役兼機関士、三二年六月大連鉄道事務所勤務を経て三三年八月鉄道総局四洮鉄路局に派遣された。三四年四月洮南鉄路局機務処運転科に転勤した後、同年五月朝陽川機務段長を経て三六年五月白城子機務段長に転任した。この間、満州事変時の功により勲八等瑞宝章を授与され、朝陽川在勤時に朝陽川在郷軍人分会長を務めた。

古川　正一 ▷11

熊岳城殖産㈱取締役支配人、従七位勲六等功七級／奉天省熊岳城月見街／一八八三（明一六）九／鹿児島県薩摩郡隈之城村／陸軍戸山学校

鹿児島県古川兵右衛門の五男に生まれ、軍人を志して一八九八年陸軍教導団に入団し、翌年二等軍曹となって熊本の第六師団に勤務した。一九〇一年戸山学校に入って翌年歩兵曹長となり、〇四年日露戦争に従軍して翌年三月歩兵特務曹長に進み、勲七等功七級・年金一〇〇円を授与された。〇八年朝鮮に勤務した後、一二年七月満州独立守備隊付となって瓦房店に駐屯した。一七年六月公主嶺に転勤し、二〇年に依願退役して熊岳城殖産㈱取締役支配人に就いた。熊岳城果樹組合幹事として二三年に上海方面に出張して熊岳城産果実の販路拡張に努めたほか、毎年一回ハルビン地方を視察して市場調査を行い、業務のかたわら同地の地方委員会議長、在郷軍人分会会長、三州人会会長、満蒙研究会評議員などの名誉職に就いた。

古川新之助 ▷9

丸大株式店主、満州証券信託㈱取締役、大連ビルブローカー㈱取締役／大連市山県通／一八八五（明一八）八／東京府東京市麹町区麹町／慶応義塾理財科

東京市日本橋区桧物町に生まれ、一九〇一年慶応義塾理財科を卒業して東京株式取引所に入った。一五年勤続した後、欧州大戦による好景気で株価が暴騰すると一六年に退職して日本橋区青物町で株式仲買業を開業した。一八年二月に廃業し、同年六月に渡満して大連株式商品取引所の株式仲買業認可を受け、第一部取引人として株式店を経営した。

古川　純義 ▷11

大連日本橋小学校訓導／大連市紅葉町／一八八二（明一五）三／山形県最上郡新庄町／山形県師範学校

山形県裁判所書記古川貞次郎の次男に生まれ、一九〇二年一〇月山形県師範学校を卒業して郷里の新庄町の小学校訓導となった。一八年四月に渡満して大連第二小学校訓導に転じ、二五年四月の日本橋小学校への改称後も同校に勤務した。二六年八月に蒙古地方、二七年一〇月には華北地方を旅行して地理と教育事情を視察した。夫人さだえも山形県女子師範学校を卒業して教員免状を有した。

古川壮一郎 ▷7

鞍山消防隊長、勲六等功六級／奉天省鞍山音羽町／一八八〇（明一三）八／鹿児島県薩摩郡川内町／陸軍教導団

幼い時から軍人を志し、一八九八年陸軍教導団に入り、その後各地で軍務に

ふ

就いた。一九一五年一二月、袁世凱に反対して華南で唐継尭・蔡鍔らが蜂起すると、軍籍を離れ上海に赴いてこれに参加した。一八年に鞍山に至り、満鉄に入って同地の消防隊長に就いた。

古川 正 ▷12

満鉄ハルビン検車段技術助役、社員会評議員／ハルビン松花江街ウエルサリ・ホテル／一九〇九（明四二）一／山形県西村山郡柴橋村／岩倉鉄道学校機械科

山形県古川友治郎の五男に生まれ、一九二七年岩倉鉄道学校機械科を卒業し、同年一〇月に渡満して満鉄鉄道部運輸課に勤務した。大連検車区、奉天検車区、大連鉄道事務所などに歴勤して三四年一一月技術員に昇格し、三五年六月ハルビン検車段技術助役となった。

古川 直 ▷12

国際運輸㈱奉天支店陸運課員／奉天千代田通国際運輸奉天支店／一九〇七（明四〇）一／佐賀県三養基郡鳥栖町／西南学院高等学部商科

一九三〇年三月福岡市の西南学院高等学部商科を卒業して久留米市京町の野田運送店に入った。次いで幹部候補生として久留米の歩兵第四八連隊に入隊し、主計少尉に任官して除隊し、渡満して国際運輸㈱に入社した。大連本社経理課に勤務した後、チチハル支店勤務を経て北安営業所主任、チチハル支店駅構内荷扱所主任を歴任し、三七年四月奉天支店陸運課勤務となった。

古川達四郎 ▷13

満鉄奉天鉄道局長、従七位勲四等／奉天／一八八九（明二二）五／東京府東京市渋谷区松濤町／京都帝大法科大学政治学科

神奈川県関勘四郎の四男に生まれ、後に古川阪次郎の養子となった。一九一五年七月京都帝大法科大学政治学科を卒業して鉄道院に入り、以来累進して一九年副参事・静岡運輸事務所営業掛長となった。その後同年一一月満鉄に転じて渡満し、大連運輸事務所営業長、本社運輸部渉外係主任を経て二三年四洮鉄路局事務処長となった。二五年参事に進み、東京支社運輸課長、長春運輸事務所長、奉天鉄道事務所長、北鮮鉄道管理局次長、新京鉄道出張所長等を歴任して三五年一〇月大連鉄道事務所長となり、かたわら経済調査会委員兼同会第三部主査、福昌華工㈱、大連火災海上保険㈱の各取締役、大連海務協会理事を務めた。次いで三六年九月チチハル鉄路局長、三七年一一月警務処長事務取扱兼務を経て三八年奉天鉄道局長に就いた。養父阪次郎は朝鮮の金剛山電気鉄道㈱取締役会長を務めた。

古川 団二 ▷12

満鉄牡丹江機務段運転助役兼機関士、勲七等／浜江省牡丹江局宅／一八九一（明二四）二／佐賀県杵島郡武雄町

佐賀県古川卯之助の子に生まれ、一九一二年四月満鉄に入った。長く遼陽に勤務した後、蘇家屯、図們を経て三五年七月牡丹江機務段副段長に転任し、三六年一〇月同段運転助役兼機関士となった。満州事変の際に最前線に勤務して破格の勲七等瑞宝章を授与されたほか、三七年四月に勤続二五年及び無欠勤の表彰を受けた。

古川 尚彦 ▷13

三菱銀行大連出張所長／大連／一八九六（明二九）／東京府東京市／東京帝大経済学部

宇都宮に生まれ、一九二三年東京帝大経済学部を卒業して三菱銀行に入った。東京本店に勤務した後、大阪・神戸の各支店転勤を経て本店営業部次長に就き、四二年二月大連出張所長となって渡満した。この間、三七年に日中戦争が始まると華中方面で一年間軍務に服した。

古川 元助 ▷12

満鉄牡丹江警務段巡監、勲七等功七級／牡丹江満鉄警務段／一九〇四（明三七）一二／香川県綾歌郡法勲寺村

香川県古川新吉の長男に生まれ、一九二六年善通寺の騎兵第一一連隊に入営した。その後二九年軍命により渡満し、三一年九月の北大営の東北辺防軍への奇襲攻撃に始まる満州事変に参加した。三三年一一月に依願退営して同年一二月満鉄チチハル鉄路局に入り、三四年に鉄路学院第二期専修科を修了して洮南警務段に勤務した。次いで三五年七月図佳線の営業開始にともない牡丹江警務段寧安分所長兼巡監となり、三七年四月牡丹江警務段巡監に転任した。この間、満州事変時の功により三

ふ

二年に守備隊司令官より表彰され、勲七等功七級及び満州国勲七位景雲章を授与されたほか、寧安在勤時に同地の居留民会評議員を務めた。

古川　米吉　▷3

古川医院主、正八位勲五等／奉天省営口永世街／一八七四（明七）八／岐阜県本巣郡生津村

村立小学校を終えた後独学を重ね、一九〇〇年東京で行われた医術開業試験に合格した。日露戦争に際し陸軍三等軍医となり、第九師団に属して〇四年八月に渡満した。各所の兵站病院に勤務した後、戦後〇六年五月に帰国したが、翌月営口軍政署雇医となって再び渡満した。同年一二月営口奉錦海関の兵備道梁浩に聘用され、〇八年一月に任期終了するとともに同地で開業し、かたわら関東都督府医務嘱託、牛荘郵便局及び東亞煙草会社の嘱託医を務めた。この間、営口で前後五回ペスト防疫に従事し、一二年一〇月清国皇帝より双竜三等第二宝章を授与された。

古木　隆蔵　▷12

国務院財政部専売総署事業第一科長、新京秋田県人会副会長、満州国協和会財政部分会常任幹事、正七位／新京特別市建国胡同／一九〇五（明三八）一／秋田県秋田市保戸野／東京商科大学

秋田県古木武蔵の長男に生まれ、上京して東京商科大学に入学した。在学中の一九二七年一二月文官高等試験に合格し、翌年四月卒業と同時に大蔵属として銀行局に勤務した。二九年一月休職して翌月一年志願兵として弘前の歩兵第三一連隊に入営し、同年一一月に除隊して復職した。三一年五月専売局副参事となり名古屋地方専売局に勤務した後、宇都宮専売局勤務を経て三三年三月に依願免官し、同年五月国務院財政部事務官に転じて渡満し、税務司企画科長兼専売科長代理となった。次いで専売公署事務官となり、総務科長兼財政部事務官を経て三四年七月専売公署理事官に進んだ。その後官制改正により専売総署理事官となり、三六年一一月事業第一科長に就いた。

古郡　良介　▷14

三井物産㈱大連支店長、／大連市児玉町／一八七七（明一〇）七／東京府東京市本郷区元町／東京高等商業学校

東京府明石泰蔵の子に生まれ、後に古郡家を再興して相続した。一八九八年東京高等商業学校を卒業して三井物産に入り、東京本店、上海支店勤務を経てボンベイ支店に赴任した。同地に一六年勤務した後、一九一四年九月大連支店長となって渡満した。かたわら遼東汽船㈱・三泰油房㈱の各社長、大連商業会議所副会頭、満州重要物産組合長、大連重要物産取引所評議員、関東州船主置籍連合同盟会長を兼務し、一五年一〇月から大連市会議員を務めたが、一七年三月任期途中で病没した。

古坂　健造　▷12

満州電信電話㈱承徳地方局長兼承徳電報電話局長、承徳居留民会評議員、満州国協和会熱河省本部評議員、承徳観光協会評議員、従七位勲八等／熱河省承徳南営子／一八九九（明三二）一二／長野県西筑摩郡福島町／旅順工科学堂電気工学科

長野県古坂政吉の長男に生まれ、一九二〇年旅順工科学堂電気工学科を卒業し、翌年一月関東庁逓信技手となり工務課に勤務した。次いで二四年一二月鉄嶺建築部担当、二七年三月奉天建築部担当を経て三二年六月逓信技師に進み、同月依願免官した。同年七月国務院交通部技正に任じて郵務司に勤務した後、三三年九月満州電信電話㈱に転じて技術部線路課市内線路係長となった。三五年八月承徳電報電話局長に就き、同年一〇月職制改正により副技師となり同地方局長を兼務した。

古沢　浦雄　▷12

旭昇号主／ハルビン道裡石頭道街／一九〇七（明四〇）六／愛知県西春日井郡清洲町／享栄商業学校

名古屋市の享栄商業学校を卒業して一九二五年に渡満し、実兄が経営するハルビンの薬種・薬品・売薬・衛生材料商旭昇号を手伝った。三〇年に兄が死亡すると同店を引き継ぎ、大連衛生研究所、田辺元三郎商店、田辺五兵衛商店、鳥居喜兵衛商店、武田長兵衛商店、第一製薬、三共製薬、塩野義商店の特約店・代理店として満鉄医院、市立病院、赤十字社病院のほか広く満鉄沿線一帯に販路を拡げ、三江省佳木斯に支店を置いた。

古沢　薫治　▷11

ゑびすや呉服店主／旅順乃木町／

一八八三（明一六）八／佐賀県三養基郡旭村／高等小学校

佐賀県農業古沢善三郎の四男に生まれ、高等小学校を卒業して種々の実業に従事した。日露戦中の一九〇四年三月大阪の馬場商店代表として朝鮮に渡り、京城、安東、奉天、旅順に支店を開設して呉服・和洋雑貨の卸商を営み、戦争終結後は旅順支店を残して他はすべて閉鎖した。営業のかたわら乃木町の町内総代を務め、二〇年三月には大連五品取引所株式部第一取引人として大連に株式仲買店を開業した。二三年に旅順支店を譲り受けて独立すると二五年に株式仲買を廃業し、以後は本業の呉服商に専念した。

古沢　幸吉　▷12

ハルビン日日新聞社㈱取締役社長、ハルビンスコエ・ウレミヤ㈱社長、日独協会長、ハルビン美術協会長、正五位勲五等／ハルビン地段街／一八七二（明五）九／北海道厚岸郡太田村／東京外国語学校露語科

北海道の画家古沢一常の長男に生まれ、一九〇〇年東京外国語学校露語科を卒業して北京、ペテルブルグ、モスクワに留学した。〇四年日露戦争に際し陸軍通訳を務め、戦後外務省に入り書記生次いで領事としてウラジオストク、ハルビン、ペテルブルク、海竜、チチハル、チタの領事館及び領事館分館、大使館に勤務した。その後二〇年に依願免官して満鉄に入り、ハルビン事務所長を歴任し、三五年二月ハルビン工業大学顧問を経て三六年一一月ハルビン日日新聞社㈱取締役社長に就き、ハルビンスコエ・ウレミヤ㈱社長を兼務した。かたわら札免採木公司理事、ハルビン居留民会会長、ハルビン特別市参事会員、誠志会顧問、ハルビン文科協会理事、市立音楽学校評議員、東省文物研究会評議員、日独協会長、ハルビン美術協会長等多数の名誉職に就いた。新潟県女子師範学校卒の夫人しづとの間に二男一女あり、長男朔郎は帝国美術学校、次男洋左は京都帝大経済学部、長女松江は文化学院に学んだ。

古沢　文作　▷14

日清製油㈱専務取締役／大連市軍用地区／一八八一（明一四）四／栃木県上都賀郡西方村／東京高等商業学校

栃木県農業古沢貞治郎の長男に生まれ、一九〇五年東京高等商業学校を卒業して㈴大倉組に入った。〇八年三月同社大連出張所主任となって渡満し、一〇年にロンドン支店に転任した。一四年に帰国し、大倉系列の日清製油㈱専務取締役となって同年五月再び渡満した。満州ペイント㈱及び満州石鹸㈱社長を兼務したほか、大連商工会議所副会頭、大連油房連合会長、大連取引所評議員等を務め、一五年一〇月から二二年一月まで大連市会議員を三期務めた。

古庄　重一　▷11

満鉄遼陽工場庶務主任／奉天省遼陽青葉町満鉄社宅／一八八四（明一七）九／大分県東国東郡姫島村／小学校

大分県古庄浅太の長男に生まれ、小学校を卒業後、日露戦中の一九〇五年五月大分水産会社大連出張員となって渡満した。〇六年九月野戦鉄道提理部に転じた後、翌年四月の満鉄開業とともに同社入りし、奉天、安東、遼陽、公主嶺等で機関庫勤務、車輌係、物品係主任などを務めた。二六年三月遼陽工場庶務主任に就いて物品主任を兼務し、かたわら遼陽地方委員会副議長の名誉職に就いた。

古瀬　捷三　▷12

金東電気商会主／ハルビン斜紋街／一八九六（明二九）一〇／島根県大原郡神原村

早くから渡満してハルビンに在住した。その後一九三三年八月資本金一万円で個人経営の金東電気商会を開設し、電気材料と機械器具商を営んだ。

古田　寒一　▷11

三井物産大連支店長春出張員首席／長春室町／一八九四（明二七）一／岡山県岡山市野田屋町／東京高等商業学校

岡山県商業古田安平の次男に生まれ、一九一六年東京高等商業学校を卒業して三井物産に入った。ボンベイ支店、東京本店勤務を経て二五年大連支店勤務となって渡満し、同年一一月長春出張所に転勤した。業務のかたわら長春商工会議所特別議員、長春取引所取引人組合副組合長等の名誉職に就いた。

古田　重秋　▷11

満鉄撫順炭砿機械職場長／奉天省

ふ

撫順北台町／一八九四（明二七）一一／秋田県秋田市楢山愛宕下／旅順工科学堂

秋田県官吏古田駒蔵の長男に生まれ、一九一二年三月に渡満して満鉄に入り機械工場係員となった。一五年四月に退職して旅順工科学堂に入り、一八年一二月満鉄に復帰して撫順炭砿機械課に勤務し、後に機械職場長を務めた。長男の光は後に東京文理科大学哲学科を卒業して横浜国立大学教授を務め、思想史・哲学関係の著書多数を著した。

古館　純也　▷12

奉天省公署民政庁員／奉天萩町／一九〇四（明三七）／佐賀県東松浦郡呼子町／京都帝大

一九二九年京都帝大を卒業し、東洋モスリン㈱に勤務した。その後三一年に満州事変が勃発すると渡満して自治指導部員となり、各地で宣撫工作に従事した。三二年二月満州国の成立とともに奉天省錦西県参事官となり、錦州省公署事務官・民政庁勤務を経て奉天省公署事務官に転任し、同省公署民政庁に勤務した。

古館善次郎　▷11

満州医科大学付属医院薬剤長／奉天新高町／一八九二（明二五）七／岩手県二戸郡福岡町／東京帝大医科大学薬学科

岩手県農業古館長作の次男に生まれ、一九一八年東京帝大医科大学薬学科を卒業し、同年八月大阪丹平商会の技師となった。二三年四月から薬剤師試験委員を務め、二八年七月同社を退社して満鉄に転じ、満州医科大学付属医院薬剤長に就いた。夫人よしのとの間に一男一女あり、共に郷里の福岡中学校と福岡実科女学校に学んだ。

古館　尚也　▷12

満鉄開原地方事務所長兼地方係長、社員会開原連合会長、社員消費組合理事、満州国協和会開原県本部副長、開原輸入組合顧問／奉天省開原敷島街／一八九八（明三一）四／佐賀県東松浦郡呼子村／東京帝大法学部独法科

佐賀県古館安吉の長男に生まれ、一九二二年三月東京帝大法学部独法科を卒業し、翌年四月満鉄に入社した。社長室外事課、庶務部調査課、地方部地方課勤務を経て三一年九月鉄嶺地方事務所地方係長となり、消防監督を兼務した。次いで奉天地方事務所庶務係長、同地方係長を歴任して三五年六月開原地方事務所長に就き、三六年九月参事に昇格して三七年三月から同所地方係長を兼務した。

古野　担　▷12

満鉄鉄道研究所員、工業標準規格委員会委員、勲八等／大連市黒石礁／一九〇六（明三九）四／鹿児島県鹿児島市下竜尾町／東北帝大工学部電気工学科

鹿児島県古野島吉の三男に生まれ、県立鹿児島中学校、第七高等学校を経て一九三〇年三月東北帝大工学部電気工学科を卒業し、同年六月満鉄に入社して鉄道部に勤務した。保安課及び電気課に勤務して三一年一二月技術員となり、三二年一月から関東軍司令部事務嘱託を務めた。三六年五月中央試験所員兼務を経て同年九月同所弱電研究室主任となり、次いで三七年二月鉄道教習所講師を経て同年三月鉄道研究所に転任した。通信工学を専門とし、満州事変時の功により勲八等白色桐葉章を授与された。

古野保一郎　▷11

旅順師範学堂教諭・同付属公学堂主事、正七位勲七等／旅順市吉野町／一八八一（明一四）四／福岡県宗像郡河東村／福岡県師範学校

福岡県の九州日報社社員古野瀬平の長男に生まれ、一九〇一年福岡師範学校を卒業し、〇四年一二月母校の教諭となり女子師範学校教諭を兼任した。〇七年六月関東州小学校訓導に転じて渡満した。一六年四月から関東都督府属兼任、一七年四月旅順高等学堂嘱託兼付属普通学堂主事、一八年七月旅順師範学堂教諭、二一年七月関東庁視学兼任を経て二六年二月旅順師範学堂教諭兼付属公学堂主事となった。二七年八月から翌年六月まで関東庁在外員として香港、シンガポール、インド、マレー諸島、オーストラリア、南洋諸島、アルジェリア、エジプト、ヨーロッパ各国の教育状況を視察した。

古野　好武　▷11

関東軍経理部部員、正六位勲四等／旅順市春日町／一八八七（明二〇）二／栃木県宇都宮市四条町／陸軍経理学校

栃木県古野孝太郎の次男に生まれ、一九〇八年陸軍経理学校を優等の成績で卒業し恩賜の銀時計を授与された。近衛野砲兵隊付として勤務した後、一一年二等主計に進んで近衛師団経理部、関東都督府経理部、陸軍省経理局課員兼経理学校教官等を歴任し、この間一八年に経理学校高等学生、翌年同校員外学生を修了した。二四年三等主計正となり、二六年八月から半年間建築視察のため欧米各国に出張した。二七年二等主計正に昇進し、翌年三月経理学校教官から関東軍経理部部員に転じて渡満した。

古橋　猛雄　▷11

開原小学校訓導／奉天省開原共栄街満鉄社宅／一八九六（明二九）七／茨城県東茨城郡西郷村／茨城県師範学校

茨城県農業古橋健次郎の次男に生まれ、一九一七年茨城県師範学校を卒業して郷里の小学校訓導となった。二〇年四月に渡満して満鉄に入り鉄嶺小学校訓導となり、かたわら同年一〇月まで大連の満鉄教育研究所で満州事情を研究した。二七年四月開原小学校に転任し、一年間北京に留学して中国語と中国事情を学び、帰途二ヶ月の間中国南部を巡遊して復任した。

降旗宇喜次　▷12

㈾ハルビン松島商店支配人、チチハル居留民会第四区区長／龍江省チチハル正陽大街／一九〇三（明三六）七／長野県南安曇郡西穂高村／長野県立南安曇農学校

長野県立南安曇農学校を卒業した後、一九歳の時に渡満して大連の松島商店本店に入ったが、一九三一年二月病気のため帰国して郷里で静養した。三三年二月に再び渡満し、松島商店ハルビン支店が㈾ハルビン松島商店に改組される際にこれに出資し、支配人としてチチハルに駐在した。日本人・中国人各二名を使用してガラス、ガラス器、ペイント、膠、皮鞋を扱い、軍衙及び鉄路局を主要納入先とした。

古畑　吾助　▷11

用達業、食料品雑貨商、冷蔵用天然氷採取販売業／奉天橋立町／一八七八（明一一）六／長野県西筑摩郡福島町

長野県農業征矢野安六の六男に生まれ、古畑正英の養嗣子となった。一八九三年から横浜で貿易業に従事し、かたわら夜学校に学んだ。日露戦争直後の一九〇五年に渡満し、旅順で要塞司令部や満鉄、ヤマトホテルなどの用達業を営んだ。一〇年に奉天に移り、官衙・会社の用達と食料雑貨販売、冷蔵用天然氷の採取販売業を兼営した。実弟の征矢野八郎は一九一六年に渡満して奉天八幡町で写真館を経営した。

古林　沢一　▷12

満鉄羅津建設事務所技術員、社員会評議員／朝鮮咸鏡北道羅津府楓町／一九〇一（明三四）三／北海道札幌市北五条西一一／北海道帝大附属土木専門部

札幌第二中学校を経て一九二二年三月北海道帝大附属土木専門部を卒業し、同年四月北海道庁技手となり土木部室蘭築港事務所に勤務した。三四年一月満鉄に転じて渡満し、技術員として鉄道建設局計画課に勤務した。その後三六年三月羅津建設事務所に転勤し、同年九月の職制改正で職員に昇格した。

古谷　栄一　▷4

遼陽領事／奉天省遼陽日本領事館／一八七五（明八）一二／東京府

一八九七年三月税関監吏試験に合格し、同年七月から税監属として勤務したが、翌年三月外務書記生試験に合格して外務省に転じた。九八年八月漢口に赴任して一九〇〇年の辛亥革命時の殊功により勲八等瑞宝章と賜金、〇四年九月シアトルに転任して日露戦争時の功により勲七等瑞宝章と賜金、一〇年五月上海に赴任して一四年の青島戦役時の功により青色桐葉賞と賜金を受けた。その後さらに勲六等瑞宝章を受け、一六年七月遼陽領事となって渡満した。

古矢　弘一　▷12

満蒙毛織㈱工務課長／奉天皇姑屯満蒙毛織㈱社宅／一八九八（明三一）二／東京府東京市四谷区番衆町／東京高等工業学校附属工業学校紡織科

一九一五年東京高等工業学校附属工業学校紡織科を卒業し、東京の千住製絨所に勤務した。二〇年東華紡織㈱に転じ、次いで二五年合同毛織㈱に転じた。その後二七年満蒙毛織㈱に転じて渡満し、後に工務課長を務めた。

降矢　泰甫　▷12

満鉄ハルビン医院長兼医長兼ハルビン鉄路医院長／ハルビン満鉄医院長社宅／一八八八（明二一）一／山梨県東山梨郡加納岩村／九州帝大医科大学

一九一四年九州帝大医科大学を卒業し、同大附属病院小児科の副手、助手を歴任した。一七年七月日本赤十字社奉天医院小児科医長となって渡満し、一九年九月満鉄に転じて鞍山医院医長となった。関東庁医務嘱託及び鞍山区学校医を兼務した後、二五年一〇月小児科学研究のため母校の九大医学部に一年半留学し、二八年二月論文「小児穀粒栄養障碍症ノ臨床的病理解剖学的並ニ組織学的研究」により医学学士号を取得した。三一年四月奉天省四平街医院長兼医長・奉天省四平街区学校医を経て三七年四月ハルビン医院長兼医長となり、ハルビン鉄路医院長を兼務した。この間、奉天省四平街在勤時に同地の附属地衛生委員会委員及び社員消費組合総代を務め、三五年四月勤続一五年の表彰を受けた。

古山　勝夫　▷12

満鉄産業部交通課長兼経済調査委員会委員、社員会常任幹事、同本社連合会幹事、社員消費組合理事、大連市社会教育委員、在郷軍人分会副長、正八位勲六等／大連市鳴鶴台／一八九六（明二九）九／山梨県東山梨郡日川村／東京帝大法学部政治学科

一九二一年三月東京帝大法学部政治学科を卒業し、同年五月満鉄に入社して奉天地方事務所に勤務した。次いで奉天駅駅務方、奉天列車区車掌、奉天駅貨物方、同貨物助役、同貨物主任を歴任して二六年一一月奉天駅駅長となった。二八年一〇月鉄道部渉外課に転任した後、三一年九月満州事変の勃発とともに翌月から関東軍司令部事務嘱託を務め、三二年九月参事に昇任した。三三年三月鉄路総局奉山鉄路局に派遣されて三四年四月総務処長を務めた後、三五年一〇月経済調査会委員兼第三部主査を経て三六年一〇月産業部の発足と同時に同交通課長に就き、経済調査委員会委員を兼務した。この間、満州事変時の功により賜金及び従軍記章、建国功労賞を授与され、三七年四月勤続一五年の表彰を受けた。

不破栄次郎　▷9

不破糸店店主、㈱丸永商店社長／大連市山県通／一八八六（明一九）九／滋賀県

前名は栄一郎、後に家督を相続して先代栄次郎を襲名した。大阪市東区南久太郎町に店舗を構えて綿糸布商を営み、名古屋、横浜、上海、大連に出張所を置いた。

不破　保充　▷11

満鉄鞍山医院小児科医長／奉天省鞍山中台町／一八九一（明二四）四／岐阜県不破郡宮代村／九州帝大医科大学

岐阜県官吏不破光正の次男に生まれ、一九一八年九州帝大医科大学を卒業し、同大小児科で二年間研究に従事した。二〇年一〇月青島守備軍民政部に招かれ、済南医院小児科主任として赴任した。二二年日本赤十字社奉天病院小児科医長となって渡満し、二五年満鉄鞍山医院小児科医長に転じた。

別宮　秀夫 ▷13

大連市長、正五位勲四等／大連市／一八八七（明二〇）一一／愛媛県喜多郡新谷村／東京帝大法科大学

愛媛県別宮蘭造の長男に生まれ、一九一三年七月東京帝大法科大学を卒業した。一四年三月内務省に入って土木局に勤務し、同年一一月文官高等試験に合格して内務属となった。一七年三月熊本県理事官として転出し、内務部土木課長に就いた。以来愛知県理事官、産業部農林課長、視学官、臨時震災救護事務局事務官、神奈川県理事官、工場監督官、神奈川県書記官、視学官、山形県書記官、福島県書記官、警察部長、愛知県書記官、学務部長、和歌山県書記官、警察部部長、北海道庁、愛知県書記官、警察部長、三重県書記官、内務部長、熊本県書記官、内務部長等を歴任した。三四年一二月満州国に転出して渡満し、安東省総務庁長、安東省次長を経て三九年四月大連市長に就いた。⇒日本の敗戦後、四五年一〇月ソ連軍司令部により大連市長を解任された後も関東長官代理として引き続き混乱の収拾に尽力し、四七年二月に帰国した後、同年五月引揚先の夫人の生家で自決した。

別所　友吉 ▷11

㈾福盛号紙荘主／大連市敷島町／一八九四（明二七）二／東京府東京市日本橋区小網町／攻玉社中学校中退

東京府別所政蔵の五男に生まれ、攻玉社中学校に在学したが、卒業の年に家産が傾いて就学困難となり、一九一一年満州日日新聞社長守屋善兵衛に伴われて渡満した。以来同社に勤務して「満州経済時報」の創刊等に携わったが、二二年四月満州日日新聞社を退社し、東京のインキ商川村喜十郎及び旅順の中国人方徳明二と共に㈾福盛号紙荘を設立して印刷材料等の貿易を営んだ。

別府　誠之 ▷12

ハルビン警察庁警正／ハルビン警察庁／一九〇七（明四〇）三／福岡県浮羽郡柴刈村／東京帝大法学部

福岡県別府彦一の長男に生まれ、朝倉中学校、福岡高等学校を経て東京帝大法学部に進み、在学中の一九三〇年九月文官高等試験行政科に合格した。三一年に卒業して同年九月東京の国士舘専門学校の教員となった。三三年四月に渡満して鏡泊学園新京事務所に勤務した後、同年五月満州国官吏に転じて国務院民政部警務司偵緝室に勤務した。その後三四年一二月寛城子の警察官講習所を修了し、ハルビン警察庁警佐を経て三六年五月同庁警正となった。

別府　良夫 ▷7

関東庁水産試験場長／旅順市日進町／一八九二（明二五）二／鹿児島県鹿児島市春日町／東京帝大農学部水産学科

鹿児島県県立第一中学校から第七高等学校造士館に進み、東京帝大農科大学水産学科に入学した。一九一八年に卒業して青森県水産講習所長となり、実地研究に従事した。二三年一一月関東庁技師に任じられて渡満し、同庁水産試験場長に就任した。その後関東庁詰めに転じ、老虎灘水産試験所を兼務した。狩猟、釣魚を趣味とし、特に写真術は本職を凌駕すると評された。

別府　龍 ▷13

森永製品満州販売㈱専務取締役／大連市聖徳街／一八九一（明二四）七／長野県／中央大学

一九一七年中央大学を卒業し、森永製菓㈱に入社した。以来二十余念勤続し、ハワイ駐在員を経て取締役となり支配人を兼務した。三六年に子会社の森永製品満州販売㈱の経営建て直しのため渡満し、同社常務取締役に就任した。着任以来漸次業績を伸ばし、専務取締役に就いた。

蛇口　辰三 ▷9

朝鮮銀行大連支店員／大連市大広場朝鮮銀行大連支店内／一八九三（明二六）六／岩手県上閉伊郡大槌村／東亜同文書院

一九一六年上海の東亜同文書院を卒業して朝鮮銀行に入社し京城本店に勤務した。その後奉天支店勤務を経て二〇年六月済南支店に転勤し、翌年一一月大連支店詰となって渡満した。

逸見　勇彦 ▷11

大連為仁会会長、勲六等／大連市西公園町／一八七七（明一〇）八／鹿児島県鹿児島市樋之口町／二松学舎

西南戦争で薩軍の勇将として知られた

逸見十郎太の長男として城山落城の数日前に生まれ、父の戦死により生後一ヶ月で家督を相続した。貧窮の中で東京の二松学舎を卒業し、一九〇二年四月上海に渡って書店員となり中国語を習得した。日露開戦直前の〇四年一月北京で特別任務に就き、開戦後の同年五月同志を糾合して馬賊軍を編制し、大本営付となって花田仲之助中佐らの満州義軍と共にロシア軍の後方攪乱・情報活動などの特別任務に従事した。戦後〇五年八月奉天将軍趙爾巽の軍事監督となり、次いで華日公司の名で安東、長春、大連で賭博場を経営した。その後〇八年から大連に居住して「泰東日報」の金子雪斉に私淑し、金子の政治活動を補佐するかたわら二一年八月に大連為仁会を創設して刑期満了者の更正事業にあたり、二二年五月には大連市民射撃会を創設した。自伝『逸見勇彦馬賊奮闘史』がある。郷里の実母ハヤは、二八年秋の昭和天皇即位の大典で全国四九名の節婦の一人として表彰された。

へ

帆足九万三　▷12

満鉄牡丹江鉄路医院林口診療所主任兼医員兼林口日本尋常高等小学校校医／三江省勃利県牡丹江鉄路医院林口診療所／一九〇〇（明三三）一一／大分県中津市片湯町／岡山医科大学

一九二九年三月岡山医科大学を卒業して同大津田内科教室副手を務めた後、三〇年七月官営八幡製鉄所病院外科嘱託となった。その後三五年一二月満鉄技術員に転じて渡満し、地方部衛生課南興安在勤となった。三六年一〇月牡丹江鉄路医院医員に転任して林口診療所主任を兼務し、三七年一月から林口日本尋常高等小学校校医を兼務した。

法貴　宗一　▷12

国際運輸㈱上海支店長／上海施高塔路恒豊里／一八九二（明二五）一二／京都府南桑田郡曽我部村／早稲田大学商科

京都府法貴新次郎の三男に生まれ、芝中学校、早稲田大学第四高等予科を経て一九一八年三月同大学商科を卒業し、三菱鉱業㈱に入社した。同年一二月一年志願兵として近衛歩兵第一連隊に入営し、一九年に除隊復職した後、二〇年四月三菱を退社して矢作水力㈱に転じた。その後二四年一一月に依願退社し、翌年九月に渡満して国際運輸㈱に入り、大連支店庶務課に勤務した。次いで二六年八月上海支店経理係長、三〇年一二月本社経理課員、三一年六月同会計係主任、三四年八月奉天支店長代理を歴職し、三六年四月上海支店長に就いた。

法師丸　裕　▷12

満鉄吉林電気段保安助役／吉林敷島街／一九〇三（明三六）二／福岡県門司市字門司／電気学校

福岡県法師丸勢井松の長男に生まれ、一九一八年高等小学校を卒業して九州鉄道管理局に入った。二一年東京鉄道局に転任し、新橋保線事務所、新橋通信区等に勤務し、業務のかたわら二三年電気学校を卒業した。三四年一二月に退職し、渡満して満鉄吉林鉄路局吉林電気段に勤務して後に保安助役を務めた。

宝珠山弥高　▷11

ハルビン商品陳列館編輯部主任、勲六等／ハルビン道裡水道街／一八八三（明一六）一二／福岡県山門郡城内村／東亞同文書院

福岡県弁護士宝珠山松峯の長男に生まれ、一九〇七年上海の東亞同文書院を卒業し、〇九年満鉄に入り鉱業課に勤務した。一八年に退社してハルビン特務機関嘱託兼兵站監部嘱託となったが、翌年東海林実業公司に転じ、東支鉄道沿線の海林で山林事業に従事した。二二年に退社して海林站で水田経営に着手したが、同年ハルビン商品陳列館に入って編輯部主任に就いた。

宝性　確成　▷14

資源愛護協会社長／大連市摂津町／一八九一（明二四）一一／東京府豊多摩郡大久保町／早稲田大学大学部政治経済科

東京府僧侶宝性知成の三男に生まれ、一九一六年早稲田大学大学部政治経済科を卒業し、同年四月やまと新聞記者となった。万朝報記者を経て国民新聞経済部長となったが、二〇年四月大連新聞に招かれて渡満した。経済部長、編輯長、主事を歴任して二四年五月同社専務取締役、翌年九月取締役社長に就任し、経営のかたわら二七年三月から翌年一〇月まで大連市会議員を務め、満蒙研究会常任理事、大連記者協会常任幹事等を務めた。三五年八月の大連新聞社解散後は満州国通信社、弘報協会、満州新聞社を経て資源愛護協会社長に就任した。著書に『満州財界鳥瞰』がある。

北条　質　▷12

満鉄皇姑屯検車段庶務助役、正八位／奉天白菊町／一九〇二（明三五）七／兵庫県飾磨郡飾磨町／兵庫県立姫路中学校

兵庫県北条郁二の長男に生まれ、一九二二年三月県立姫路中学校を卒業して同年四月鉄道省に入り、京都の梅小路機関庫に勤務した。同年一二月一年志願兵として入営し、除隊して二四年六月姫路機関庫に転勤した。以来同所に勤続して三二年四月鉄道省書記となったが、三三年一二月満鉄事務員に転じて渡満し、奉天の鉄路総局に勤務した。その後、奉山鉄路局機務処に転任し、皇姑屯検車段庶務副段長を経て三六年一〇月同段庶務助役となった。

北条　秀一　▷12

満鉄会事務次長、社会党参議院議員／大連市光風台／一九〇四（明

三七）五／兵庫県城崎郡竹野村／東京商科大学本科

兵庫県北条伝四郎の長男に生まれ、一九三〇年三月東京商科大学本科を卒業して満鉄に入社した。鉄道部に勤務した後、大連列車区車掌在任中に満鉄語学検定試験華語三等に合格し、大連駅駅務方を経て経済調査会事務助手奉天在勤、三二年四月同調査員に歴任した。その後三五年二月総務部東亜課勤務を経て三六年二月非役となり、満鉄傘下の興中公司㈱に派遣されて同年一〇月総務課長に就き、三七年二月新設の塘沽運輸公司㈱監査役を兼任した。⇒戦後は満鉄会事務局次長を務め、四七年四月の参院選挙に社会党から立候補して当選した。

宝来　徳寿　▷12

宝来歯科医院長／大連市黄金町／一八九六（明二九）六／福岡県朝倉郡大福村／東京歯科医学校

福岡県宝来万太郎の長男に生まれ、県立浮羽工業学校を経て東京歯科医学校を卒業した。一九二五年に渡満して大連市沙河口仲町で宝来歯科医院を開業し、後に黄金町に拡張移転した。俳句と都山流尺八を趣味とし、沙河口俳句会及び大連俳句会に属して孝禧と号した。

法林　一磨呂　▷12

満州電業㈱安東支店営業係長／安東堀割北通／一九〇七（明四〇）一〇／広島県広島市仁保町／東亜同文書院

広島第一中学校を卒業して上海の東亜同文書院に入学し、一九三〇年三月に卒業して南満州電気㈱助手となった。三一年一二月職員に昇格し、三四年四月営業課庶務係長代理となった。同年一一月南満州電気㈱の電気供給事業を継承して満州電業㈱が創立されると同社入りし、後に安東支店営業係長となった。

外尾　松吉　▷12

満鉄奉天鉄路監理所監理員／奉天雪見町／一八九六（明二九）三／長崎県長崎市船大工町／中学校中退

長崎県外尾友吉の長男に生まれ、一九一五年中学校四年を中退して同年六月満鉄に入社した。以来、撫順駅、奉天駅、大連駅、小崗子駅、鉄路総局運輸処貨物科に歴勤し、三五年一〇月奉天鉄路監理所に転勤した。この間、満州事変時の功により賜品及び従軍記章を授与され、三一年四月勤続一五年の表彰を受けた。

外尾　礼吉　▷12

満鉄皇姑屯機務段工作助役／奉天藤浪町／一八九九（明三二）八／佐賀県杵島郡須吉村

一九一三年六月杵島炭坑の機械係となり、次いで一七年三月佐世保海軍工廠造機部機械工場に勤務した。その後一九年七月に渡満して満鉄に入り、沙河口工場に勤務した後、同年一二月シベリアに派遣された。二〇年一一月に帰社して大連機関区に勤務した後、ハルビン建設事務所、同北安分所、鉄道建設局ハルビン分所、四平街建設事務所に歴勤して皇姑屯機務段装車副段長に就き、三六年一〇月職制改正により同段工作助役となった。この間、三六年四月勤続一五年の表彰を受けた。

星子　敏雄　▷12

国務院民政部地方司財務科長兼大同学院教授／新京特別市義和路／一九〇五（明三八）一一／熊本県鹿本郡稲田村／東京帝大法学部政治科

鹿本中学校、第五高等学校を経て一九二八年三月東京帝大法学部政治科を卒業して渡満し、関東庁警務部保安課に勤務して同年一〇月文官高等試験行政科に合格した。奉天警察署勤務を経て警察官練習所教官を務めた後、関東庁警視に進んで衛生課長となり、次いで関東庁事務官となり保安課長に就いた。その後、満州国に転出して国務院民政部警務司総務科長となり、奉天省公署総務庁総務科長を経て三六年九月国務院民政部地方司財務科長に転任し、大同学院教授を兼務した。

星沢　研寿　▷12

日満商事㈱四平街出張所長／奉天省四平街昭平橋通／一八八八（明二一）一一／宮城県仙台市連坊小路／東京外国語学校

宮城県星沢定之丞の長男に生まれ、一九一二年東京外国語学校を卒業し、満鉄に入社して本社鉱業課に勤務した。以来歴勤して商事部大連販売所、同奉天販売所、旅順販売所の各主任を務め、二六年六月安東販売所主任に転任した。その後国際運輸㈱に転じてハルビン支店販売係主任となり、次いで満州炭砿㈱ハルビン営業所参事を経て三六年一〇月日満商事㈱四平街出張所長となった。

星　武 ▷11

大連警察署司法主任／大連市播磨町／一八八九（明二二）一／宮城県伊具郡金山町／宮城県立白石中学校

宮城県星嘉蔵の四男に生まれ、県立白石中学校を卒業して官吏となった。一九一四年一〇月に渡満して関東庁警部に転じ、大連警察署司法主任を務めた。

星田　信隆 ▷12

満鉄産業部交通課第二鉄道係主任、支那駐屯軍嘱託、勲八等／大連市青雲台／一八九九（明三二）九／和歌山県海草郡亀川村

和歌山県星田岩樹の三男に生まれ、一九一八年三月和歌山中学校を卒業し同年六月郷里の小学校訓導となったが、翌年六月に渡満して満鉄に入り埠頭事務所に勤務した。経理部会計課、社長室交通課、庶務部調査課勤務兼育成学校講師、鉄道教習所講師兼務を歴職した後、総務部調査課に転任した。以来調査畑を歩み、経済調査会調査員、同第三部第一班主任、同第三部鉄道班主任、同第三部第二鉄道班主任を歴任し、三六年一〇月産業部の発足とともに交通課第二鉄道係主任となった。この間、満州事変時の功により従軍記章及び建国功労章を授与され、三七年四月勤続一五年の表彰を受けた。

星　直利 ▷11

満鉄大連医院小児科医師／大連市霧島町／一八九八（明三一）四／福島県若松市行人町／奉天医科大学

福島県星武次郎の三男に生まれ、一九二三年奉天医科大学を卒業して満鉄大連医院小児科に勤務した。診療のかたわら上海、南洋方面に二回、華北、東蒙古の大坂上、林西方面に一回の視察旅行をした。

保科紀十二 ▷11

著述業／大連市恵比須町／一八七九（明一二）一二／山形県最上郡東小国村

山形県農業保科栄吉の長男に生まれ、一九一四年三月関東都督府嘱託となって渡満した。満州日日新聞記者に転じ、新聞通信員、満州興信所主事等を務めた後、二八年五月から著述業に専念した。著書に『最近の南満州』がある。夫人政子は佐藤湖月園の門人で、盛花投入を教授した。

保科　作衛 ▷12

千山閣書房店主／大連市信濃町／一八九六（明二九）一二／新潟県古志郡栃尾町

学業を終えて商業に就き、後に独立して新古書籍商を開業した。一九二八年に渡満して大連市信濃町の千山閣書房を譲り受け、同年一〇月旧商号をそのまま使用して新古書籍商を開業した。高級古書を中心に文房具、麻雀牌その他中国土産品類なども扱って同地屈指の大書店に発展し、大山通の遼東百貨店及び浪速町の大連百貨店内に中国土産品の売店を出店した。

星野金之助 ▷12

ハルビン税関副税関長／ハルビン北京街税関官舎／一九〇〇（明三三）五／東京府東京市日本橋区村松町／東京高等商業学校

東京府立第一中学校から東京高等商業学校に進み、一九二三年に卒業して同年七月中国海関に入った。青島、上海、寧波、大連、安東ほか各港の海関に勤務して三一年一二月二等一級幇弁となった。三二年六月中国海関を辞任して満州国安東税関に転じ、同年一一月財政部税務司を兼務となった。三四年三月税関事務官兼財政部事務官、同年四月税関理事官、三五年一一月旅順分関長を経て三六年一〇月ハルビン税関副税関長に就いた。

星野　桂吾 ▷9

南満鉱業㈱取締役、勲六等／大連市播磨町／一八八〇（明一三）一〇／新潟県中頸城郡黒川村／東洋協会学校

一九〇四年四月東洋協会学校を卒業し、同年五月軍属として日露戦争に従軍した。戦後勲六等旭日章を受け、〇六年関東都督府に入り外国人私有財産整理委員として勤務した。〇七年事務終了とともに辞職し、営口水道電気㈱に入社して庶務を担当した。〇八年九月安東県の鴨緑江採木公司に転じたが、〇九年九月さらに大阪毎日新聞安東通信員に転じた。一二年から大連で実業に従事し、一八年四月満州鉱業㈱の創立に関与して取締役兼支配人に就き、その後支配人を辞して取締役を務めた。

星野　幸吉　▷12

満鉄図們列車段長、図們居留民会評議員、勲八等／間島省図們鉄路局宅／一八九一（明二四）一二／富山県射水郡二口村

富山県星野力蔵の三男に生まれ、郷里の尋常小学校を卒業して東砺波郡中田町の吉田醤油店に三年間奉公した。その後一九〇七年一一月に渡満し、兄の経営する店を手伝った後、〇八年二月満鉄に入った。〇九年四月満鉄養成所に入所して同年一〇月に修了し、車掌、助役として石橋子、草河口、大石橋、姚千戸屯、遼陽、楡樹台、南攻、鳳凰城、吉林の各駅に勤務し、三四年八月図們列車段長となった。この間、満州事変時の功により勲八等に叙せられ、従軍記章及び建国功労賞を受けた。

星野　耕作　▷1

明治工程局主任／奉天／一八七六（明九）一一／石川県鳳至郡櫛比村／大阪商業学校

一八九三年大阪商業学校を卒業し、石川県庁から選抜されて東京水産伝習所に入り水産漁業を学んだ。その後北海道に渡って宗谷、天塩等で水産業を経営し、かたわら各種事業を営んだ。一九〇一年日本貯蓄銀行に入って大阪本店に勤務したが、〇四年に日露戦争が始まると銀行を辞め、第一一師団用達商人として糧秣その他の運送業に従事した。〇六年四月に渡満して明治工程局安東県出張所主任に転じ、安東屠獣場など中国当局の発注する土木建築の請負業に従事した。〇七年に工程本局が奉天小西辺門外に移転すると、奉天の本局と安東県出張所主任を兼任した。

星野　貞治　▷3

満鉄南満医学堂教授／奉天新市街満鉄社宅／一八八五（明一八）八／東京府東京市小石川区茗荷谷町／京都帝大医科大学

一九一〇年京都帝大医科大学を卒業し、同年一二月副手嘱託となった。一二年二月助手に進んだ後、翌年満鉄大連医院耳鼻咽喉科部長に迎えられて渡満した。一四年九月南満医学堂教授に就き、奉天医院医長を兼務した。

星野　龍男　▷11

満鉄興業部商工課員／大連市聖徳街／一八九二（明二五）一／宮城県仙台市／東亜同文書院商務科

一九一四年六月上海の東亜同文書院商務科を卒業して満鉄に入り、撫順炭砿庶務課に勤務した。その後、本社興業部商工課勤務等を経て総裁室監査役に進んだ。

星野　続　▷9

医院主／奉天省撫順春日町／一八八四（明一七）三／熊本県鹿本郡山本村／大阪高等医学校予科本科

一九〇七年九月大阪高等医学校予科から本科に進み、一九一一年に卒業して大阪の石神伝染病院で肺結核その他の伝染病の治療に従事した。一二年一〇月に渡満して満鉄に入社し、撫順炭砿医院に勤務した。その後一九年七月に退社して同地に内科小児科医院を開設し、診療に従事するかたわら二一年七月大阪医科大学より医学士号を取得した。

星野　直樹　▷12

国務院総務長官、満州国協和会中央本部顧問、国道書院設立維持会顧問、従五位勲三等／新京特別市崇智路／一八九二（明二五）四／東京府東京市淀橋区下落合／東京帝大法科大学政治学科

神奈川県星野光多の長男として横浜市に生まれ、第一高等学校を経て東京帝大法科大学政治学科に進み、在学中の一九一六年文官高等試験に合格した。一七年四月卒業とともに大蔵省属となり、銀行局に勤務した後、大阪北税務署長、熊本税務監督局経理部長、大阪税務監督局経理部長、同間税部長、東京税務監督局間税部長を歴職して二六年一一月大蔵事務官となった。三二年一月営繕管財局書記官となり、総務部財産課長に就いて国有財産調査会・寺院境内地譲与審査会・中央諸官衙建築準備委員会・国有財産評価委員会・国立公園委員会の各幹事を務め、同年七月銀行検査官兼任となった。その後、三二年七月国務院財政部理事官に転出して渡満し、財政部総務司長に就いて予算制度の確立、満州中央銀行による通貨制度改革、北鉄の買収等に尽力した。この間、鴉片専売籌備委員会委員、積欠善後委員会幹事、逆産処理委員会幹事、満州中央銀行継承資産審定委員会幹事、国都建設計画諮問委員会臨時委員、満州炭礦・満州採金・満州拓殖各㈱設立委員、助成国都建設貸款損失補

ほ

償審査会委員、林場権審査委員会委員、訪日特使随員、満日経済委員会満州帝国委員随員等を兼務し、三四年五月勲五位景雲章を授与された。三六年六月財政部次長兼総務司長となり、満州軽金属㈱設立委員、満州特産中央会理事、満州国協和会参与、都邑計画中央委員会委員、土地制度調査会委員等を兼務し、産業開発五ヶ年計画の策定・実施、基幹産業の統制強化による戦時経済体制の確立、日産コンツェルンの満州移駐、日本人開拓移民の導入等を主導した。次いで三七年七月日本人官吏として最高位の国務院総務庁長に就任し、満日経済共同委員会満州帝国委員、憲法制度調査委員等を兼務し、民政振興会議会長を務めた。⇒四〇年七月に帰国して第二次近衛内閣の企画院総裁に就き、経済新体要綱原案を作成して統制経済の強化を図ったが、財界と対立して四一年四月内閣改造に際し辞職した。貴族院議員に勅撰された後、同年一〇月東条内閣の成立とともに内閣書記官長となり、四四年七月東条内閣総辞職とともに大蔵省顧問となった。戦後、四五年一二月A級戦犯容疑者として逮捕され、四八年一一月極東国際軍事裁判で終身禁錮刑を宣告された。五五年に釈放された後は実業界に入り、東京ヒルトン・ホテル副社長、東急国際ホテル社長、旭海運㈱社長、東急電鉄取締役、ダイヤモンド社社長等に就き、七八年五月に没した。著書に『見果てぬ夢』『時代と自分』等がある。

星野　彦松　▷11

奉天第二小学校長／奉天稲葉町／一八八一（明一四）五／石川県羽咋郡鉏打村／石川県師範学校

石川県星野彦四郎の子に生まれ、一九〇四年石川県師範学校を卒業した。羽咋高等小学校訓導、羽咋郡教員養成所教員、若部尋常小学校長、石川県師範学校訓導を務めた後、一四年四月に渡満して遼陽公学堂教員となった。その後、本渓湖小学校長、開原小学校長を歴任して二五年四月奉天第二小学校長に就いた。この間、奈良、東京に留学し、華南、台湾等を視察旅行した。

星野　平一　▷11

大連無線電信局柳樹屯送信所主任、勲七等／柳樹屯東街／一八八八（明二一）五／千葉県君津郡小糸村／通信官吏練習所通信科、逓信官吏練習所無線電信科

千葉県星野佐久の三男に生まれ、一九〇八年五月通信官吏練習所通信科を修了した。一一年七月逓信官吏練習所無線電信科を修了して同年九月に渡満し、無線電信吏員として大連郵便局に勤務した。西京丸無電局長、大連湾無電局長、榊丸無電局長を経て再度大連湾無電局長を務めた後、二〇年四月関東庁通信生養成主任となった。無線電信研究のため一一ヶ月間東京に出張した後、逓信局工務課、三度目の大連湾無電局長、貔子窩警察署勤務を経て二六年六月柳樹屯送信所主任となり、同年一二月高等試験行政科に合格した。

星原　実　▷11

鞍山製鉄所製造課銑鉄係主任／奉天省鞍山下台町／一八九三（明二六）二／鹿児島県日置郡串木野村／旅順工科学堂冶金科

鹿児島県医師宍野康蔵の次男に生まれ、叔父の星原佐一の養子となった。一九一一年三月鹿児島県川内中学校を卒業して渡満し、旅順工科学堂採鉱冶金科に入学した。一四年一二月に卒業して満鉄に入り、沙河口工場分析室に勤務した。一六年に鞍山製鉄所の設立計画が立てられると溶鉱炉作業研究のため官営八幡製鉄所に派遣され、一八年七月に帰任して鞍山製鉄所製造課主任として溶鉱炉作業に従事した。二六年二月窯業工場主任に転任し、翌年から一年半欧米に留学して耐火煉瓦製造法を研究、二八年六月に帰任して同所銑鉄係主任に就いた。

星村伍次郎　▷12

満州土木建築業協会ハルビン支部長、ハルビン土木建築業組合副組合長、ハルビン連合防護団理事／満州土木建築業協会ハルビン支部／一八九九（明三二）八／熊本県玉名郡玉名村／九州学院

熊本市の九州学院を卒業して渡満し、国際運輸㈱、帝国通信社等に勤務した。一九三二年満州土木建築業協会ハルビン支部長に転じてハルビン土木建築業組合副組合長を兼務、業務のかたわらハルビン連合防護団理事を務めた。

細江　謙吉　▷12

㈱大連機械製作所総務部会計係主任／大連市台山町／一八九三（明二六）一二／広島県広島市／中学校

中学校を卒業して渡満し、一九一八年

ほ

五月㈱大連機械製作所の創立とともに入社した。以来同社に勤続し、後に総務部会計係主任を務めた。

細萱　庫三　▷12

旅順中学校長、正六位／旅順市春日町／一八八九（明二二）二／広島県広島市皆実町／広島高等師範学校本科英語科

野沢中学校を経て一九一一年広島高等師範学校本科英語科を卒業し、呉中学校教諭となった。その後朝鮮に渡って京城の私立梨花学堂高等普通部長となり、次いで全羅北道の私立吾山高等普通学校長事務取扱に転じた。帰国して長崎市の私立活水女学校教諭を務めた後、大連第二中学校教諭に転じて渡満し、大連弥生高等女学校教諭を経て三五年四月旅順中学校長となった。

細川　英一　▷12

ハルビン工業所主／ハルビン道裡外国二道街／一九一一（明四四）一〇／長野県上田市大字諏訪形／仙台高等工業学校機械工学科

長野県細川恒右衛門の長男に生まれ、一九二九年四月㈱石川島飛行機製作所に勤務した後、三二年三月に退社して仙台高等工業学校に入学した。三五年三月同校機械工学科を卒業して渡満し、大連の竹山商会に勤務したが、同年一〇月に退店して翌年四月ハルビン道裡外国二道街に資本金二万円でハルビン工業所を興し、機械設計製作及び鉄工業を経営した。その後経営が軌道に乗ると資本金を三万円に増資し、道外北十道街に工場を設けた。

細川　儀一　▷11

奉天中学校教諭／奉天琴平町／一八八九（明二二）九／広島県比婆郡東城町／広島師範学校

広島県細川伊三郎の長男に生まれ、一九〇九年広島県師範学校を卒業して尾道第一尋常小学校訓導となった。その後県下の佐伯郡観音尋常高等小学校長、同郡大竹及び五日市尋常小学校長兼実業補習学校長等を歴任し、この間一六年に文部省中等学校教員検定試験に合格した。二二年四月に渡満して奉天高等女学校教諭に転じ、次いで奉天中学校教諭となった。

細川　清　▷12

金州民政署長、関東州輸出農産物標準査定会委員、大連民政署管内地価調査委員、金州管内営業税調査委員長、金州農会長、金州市民会顧問、従六位／関東州金州奥町官舎／一九〇一（明三四）二／大分県下毛郡鶴居村／京都帝大法学部

大分県細川元吉の次男に生まれ、中津中学校、第六高等学校を経て一九二八年三月京都帝大法学部を卒業した。二九年六月に渡満して関東庁に入り、経済調査事務に従事して三〇年文官高等試験司法科に合格し、翌年さらに行政科に合格した。三二年五月関東庁属となり長官官房審議室に勤務して旅順工科大学講師を兼任し、三五年六月関東局事務官となり大連民政署地方課長を経て三六年一一月金州民政署長に就いた。この間、大連慈恵会理事、満州農業団体中央会理事、大連方面事業助成会理事、満州社会事業協会理事、発明協会監事、飛行協会関東州支部理事など二〇余の公職を兼ね、金州赴任後も関東州輸出農産物標準査定会委員、大連民政署管内地価調査委員長、金州管内営業税調査委員長、金州農会長、金州市民会顧問などを務めた。⇒一九三九年五月一日関東庁理事官から旅順民政署長兼旅順市長となり、四五年一〇月三一日ソ連軍により連行されシベリアに抑留、四九年九月二一日カラガンダ収容所で病死。

細川　正一　▷11

大連郵便局電信課主事／大連市乃木町／一八九〇（明二三）二／愛知県名古屋市東区長久寺町／名古屋通信伝習生養成所

愛知県細川林七の次男に生まれ、一九〇六年三月名古屋通信伝習生養成所を修了して名古屋郵便局に勤務した。在職中に通信書記に進み、二三年七月大連郵便局に転任して渡満し、翌年電信課主事に就いた。

細川　為吉　▷12

細川紙店主／大連市伊勢町／一八七〇（明三）六／岐阜県岐阜市元浜町

岐阜市の紙商細川太兵衛の次男に生まれ、小学校を終えて家業に従事した。日清戦争後に独立して店舗を構えたが、その後閉鎖して岐阜市の紙商武井商店に入った。一九〇三年神戸支店に転勤した後、日露戦争後の〇五年八月大連支店主任となって渡満した。〇八年末に同支店が光明洋行に合併されると退店し、翌年六月伊勢町で和洋紙卸商を開業した。

細川　正興　▷12

満鉄撫順炭砿工事事務所煖房係主任／奉天省撫順南台町／一九〇三（明三六）一〇／福岡県鞍手郡小竹町／早稲田大学理工学部機械科

福岡県細川常次郎の次男に生まれ、嘉穂中学校、早稲田高等学院理科を経て早稲田大学理工学部機械科を卒業し、一九二九年五月満鉄に入り撫順炭砿機械工場に勤務した。三〇年五月工務事務所製図手となり、勤務のかたわら三一年一二月炭砿部語学検定試験華語一般三等に合格し、三五年一二月工事事務所煖房係主任となった。

細川　良久　▷11

関東庁警務局嘱託、従五位勲四等／旅順出雲町／一八七六（明九）二／岩手県西磐井郡一ノ関町／陸軍士官学校、同砲工学校、同重砲兵学校

岩手県細川総之助の四男に生まれ、一八九九年陸軍士官学校を卒業した。一九〇四年七月日露戦争に際し徒歩砲兵第一連隊第一中隊付中尉として旅順攻囲戦に加わり、翌年五月から北朝鮮の永興湾要塞守備隊に勤務した。その後横須賀重砲兵隊、名古屋・関東の各兵器廠勤務、旅順重砲兵大隊中隊長、横須賀重砲兵第一連隊付等を歴任し、この間砲工学校、同重砲兵学校甲乙以上全学科を卒業し、一六年六月砲兵少佐に進んだ。一七年に依願退職し、同年八月再び渡満して旅順工科大学工学専門部講師、南満工業専門学校講師嘱託となった。二一年四月から関東庁警察官練習所講師嘱託兼同庁警務局嘱託に転じ、旅順市会議員・同副議長、在郷軍人会満州連合支部理事を務めた。

細川和三太　▷9

細川商店主／奉天省鉄嶺北五条通／一八八五（明一八）一一／香川県仲多度郡象郷村

日露戦争終結直後の一九〇五年に渡満し、営口で特産物商に従事した。一四年鉄嶺に移住して北五条通に細川商店を開業し、特産商と油房業を経営した。

細木　繁　▷11

関東軍司令部ハルビン駐在陸軍歩兵少佐／ハルビン／一八九一（明二四）九／高知県高岡郡川内村／陸軍大学校

一九二一年陸軍大学校を卒業し、翌年参謀本部に勤務した。二三年天津軍参謀に転任した後、二六年再び参謀本部に戻って支那課に勤務した。二八年八月関東軍司令部付に転じて渡満し、ハルビン特務機関に勤務した。

細田勝三郎　▷11

無職／旅順市明治町／一八八二（明一五）三／鳥取県気高郡正条村／東京物理専門学校

鳥取県農業細田藤治郎の次男に生まれ、一九〇五年東京物理専門学校を卒業した。〇七年二月に渡満して野戦鉄道提理部嘱託となり、満鉄開業後は大連工場会計係として勤務した。遼陽工場会計主任を経て二三年二月本社鉄道部経理課に転任し、次いで撫順医院事務長、長春医院事務長を務めた。二六年五月満鉄を退社し、静養生活に入った。テニスを得意とし、遼陽工場勤務時代に一〇年間主将を務めた。

細田　松夫　▷12

満鉄分水駅長、勲八等／奉天省海城県分水駅長社宅／一九〇〇（明三三）四／長野県小県郡豊里村／長野県立上田中学校

長野県細田貞次郎の次男に生まれ、一九一九年三月県立上田中学校を卒業し、同年四月満鉄に入り公主嶺駅に勤務した。二〇年四月大連駅、同年七月大連列車区に転勤し、二一年一月同区瓦房店在勤を経て二二年七月大連駅助役、二三年九月万家嶺駅助役を歴職した。次いで二四年四月大連鉄道事務所勤務、同年一一月大房身駅助役、二六年五月分水駅助役、二七年四月大房身駅助役、二八年一二月南関嶺駅助役、三一年八月埠頭事務所入船駅構内助役を歴任し、三四年八月埠頭事務所勤務を経て三五年一一月分水駅長となった。

細野　喜市　▷11

吉林華森公司理事／吉林省城／一八七四（明七）三／福井県大野郡勝山村／福井県立中学校

福井県細野喜兵衛の長男に生まれ、一八九三年三月県立中学校を卒業した。一九〇一年一一月天津に渡り、翌年一月から天津都統衙門民政庁に勤務したが同年一〇月に辞し、北京の清語同学会に入り中国語を学んだ。〇六年三月大倉組北京出張所員として三年勤めた後、〇九年七月満鉄に転じて奉天公所に勤務した。一〇年七月長春公所勤務を経て一三年一月吉林公所に転任した。この間、日中間の各種交渉に従事して一〇年一二月清国から二等第三勲章を受け、一七年五月には中華民国五等嘉禾章を受けた。一八年に満鉄を退社して王子製紙㈱に入り、在職のまま吉林省の日支合弁華森公司理事に就任した。かたわら吉林共栄起業㈱取締役、吉林木材同業組合長、吉林日本居留民会会長を務めた。

細野　繁勝　▷12

満州日日新聞社㈱取締役主幹／大連市平和台／一八八四（明一七）六／長野県北安曇郡南小谷村

長野県細野弥三左衛門の長男に生まれ、一九一四年三月中央大学商学科を卒業し、同年七月やまと新聞社に入社して編集局整理部に勤務した。以来言論界に身を置き、やまと新聞政治部長、国民新聞社政治部長兼論説委員、同編集局長、東京中央放送局理事、新聞連合社理事、同編集局顧問、中央満蒙協会常任理事等を歴任した。その後三二年一〇月に渡満して満州日報社編集局長となり、次いで三四年七月満州日日新聞社取締役主幹に就いた。この間、満州各地、華北地方を視察して著書『満蒙管理論』及び『満蒙ノ重大化ト実力発動』を著し、後者は九〇版を重ねた。

細谷　貞一　▷12

満鉄鉄嶺地方事務所経理係長／奉天省鉄嶺満鉄地方事務所／一八九七（明三〇）一一／香川県綾歌郡林田村／香川県立商業学校

香川県細谷嶋吉の三男に生まれ、一九一六年香川県立商業学校を卒業し、同年六月満鉄に入社して地方部地方課に勤務した。一七年四月奉天地方事務所、二三年四月奉天地方区、二五年四月奉天地方事務所、二六年一一月遼陽地方事務所に歴勤して三一年八月本渓湖地方事務所経理係長となり、三五年一二月鉄嶺地方事務所経理係長に転任した。

細山田三雄　▷11

満鉄奉天鉄道事務所運転係、勲八等／奉天浅間町／一八八九（明二二）四／宮崎県北諸県郡／満鉄教習所運輸科

宮崎県細山田正重の三男に生まれ、一九〇八年満鉄教習所運輸科を修了した。公主嶺駅駅務助手、長春駅出札兼電信方、同駅貨物方、運輸部兼総務部事務局調査課勤務、鉄道従事員養成所講師、長春駅電信主任、奉天運輸事務所兼奉天駅電信主任等を経て、二三年四月奉天鉄道事務所運転係となった。野球を得意とし、一八年頃まで満州倶楽部の選手として活躍した。

穂積　一秀　▷10

農園主、従七位／大連市外南沙河口／一八六八（明一）二／愛媛県喜多郡三善村

一九〇〇年農商務省山林局に入り、広島大林区に勤務した。在勤中に、後に満鉄創立委員・関東都督府民政部長・宮内次官等を歴任した関谷貞三郎の知遇を得た。〇六年三月関東都督府勤務となって渡満し、同年九月の民政実施後も引き続き山林事務に従事した。二四年七月官職を辞して大連郊外で果樹園経営を始め、五町歩の畑にリンゴ、モモ、ナシ、ブドウ等を栽培した。長男精一は長平丸の船長、次男一民は山口高等商業学校を出て大東貿易会社綿糸部主任を務め、共に満州に在住した。

穂積　松年　▷11

開原独立守備隊付陸軍中尉、従七位／奉天省開原守備隊官舎／一九〇一（明三四）一二／岩手県東磐井郡長島村／陸軍士官学校本科

岩手県農業穂積智岳の次男に生まれ、一九二五年陸軍士官学校本科を卒業し、同年一〇月少尉に任官した。青森の歩兵第五連隊付を経て二七年一二月開原の独立守備隊付に転任して渡満し、翌年一〇月中尉に進級した。

波々伯部忠光　▷12

満鉄鉄道研究所員／奉天満鉄鉄道総局鉄道研究所／一九〇八（明四一）三／福井県坂井郡鶉村／東京帝大法学部

一九三三年三月東京帝大法学部を卒業し、同年文官高等試験行政科に合格した。三四年四月満鉄に入社し、四平街駅、大連列車区、奉天列車区勤務を経て三五年鉄路総局運転処貨物課に転勤し、同年五月ハルビン站貨物副站長を経て三七年一月鉄道研究所に転勤した。

保々　隆基 ▷11

奉天中学校教諭／奉天浅間町／一八九〇（明二三）五／熊本県菊池郡陣内村／九州帝大工科大学

一九一六年九州帝大工科大学を卒業して三菱商事に入社した。二四年三月満鉄に転じて渡満し、以来奉天中学校の数学教諭を務めた。長兄の隆矣は東京帝大法科大学政治学科を卒業した後、一九二〇年に渡満して満鉄地方部長を務めた。

保々　隆矣 ▷14

満鉄地方部長、正六位／大連市楓町／一八八三（明一六）一／熊本県菊池郡陣内村／東京帝大法科大学政治学科

熊本県保々晋の長男に生まれ、郷里の第五高等学校から東京帝大法科大学政治学科に進み、在学中の一九一〇年に文官高等試験に合格した。一一年七月に卒業して警視庁属兼警部に任官して警視総監秘書を務め、一三年二月愛知県警視に転じて同県愛知郡長、同県理事官を歴任した。一九年一二月に官職を辞し、二〇年一月に渡満して満鉄に入社し、社命で二一年秋から一年半欧米に出張した。帰社して審査役となり、二三年二月学務課長、二六年三月満州教育専門学校長を歴任して地方部長を務めた。この間、二四年一一月大連市会議員に当選したが二六年九月任期中に辞任した。⇒満鉄退社後は甲陽高等学校長となり、三二年満州国協和会創立に参与して理事となり、その後帰国して東京で邦文社長として邦文外国雑誌を発行し、かたわら日満教育協会理事長、満鉄嘱託を務めた。一男一女を遺して夫人に先立たれ、後にお茶の水高女出身のきみ子と再婚した。著書に『帝国の危機と教育の根本的改造』がある。次弟の輝雄は京都帝大医科大学を卒業して大阪の堺病院長を務め、末弟の隆基は九州帝大工科大学を出た後一九二四年に渡満して奉天中学校教諭を務めた。

保々　勉 ▷4

東亜煙草㈱満州総販売所長／奉天小西辺門外／一八七八（明一一）一一／岐阜県土岐郡余戸村

岐阜県保々喜重郎の子に生まれ、一八九三年一月大阪麦酒㈱に入った。一九〇七年一一月に渡満して東亜煙草㈱に入り、営口、安東県、天津の各出張所に勤務した。一三年一二月再び営口に転勤し後、翌年七月奉天の同社満州総販売所主任となり、その後所長に就任した。

穂満　恵蔵 ▷12

丸十商店主／奉天青葉町／一八九六（明二九）九／鹿児島県鹿児島市上荒田町

一九〇九年に渡満して満鉄に入り、各地の列車区に歴勤して二三年大石橋列車区に転勤した。同区に八年勤続して三一年八月に退社し、奉天青葉町に丸十商店を開業して小間物、化粧品、履物類を販売した。

堀井覚太郎 ▷11

貿易商裕泰号主／吉林河南街／一八六七（慶三）二／愛媛県南宇和郡御荘町／東京高等師範学校

愛媛県農業徳永助治の四男に生まれ、堀井源蔵の養子となった。一八九二年東京高等師範学校を卒業して埼玉、千葉、大阪、秋田、群馬の各師範学校に教諭及び校長として二〇年勤務した。一九〇四年辛亥革命等の指導者黄興が校長を務める中国湖南省長沙の学校に招聘され、同地で中国人子弟の教育に八年間従事した。一九一三年一〇月吉林省に渡って満鉄傍系の貿易公司で商業見習いをした後、一五年吉林貿易館を開設して建築材料、綿布綿糸、器械、薬品、皮革獣毛、砂糖、飲料、金物、砂金等の諸雑貨を商い、吉林における雑貨貿易としては三井洋行に次ぐ規模に発展した。その後輸出入業を兼営し、敦化支店を含め日本人、中国人合わせて二〇人余りの使用人を擁し、さらに朝鮮人を使用して吉林付近に数十町歩の水田を経営した。他に倉庫会社取締役、銀行監査役、吉林居留民会議員、同会長、学務委員、吉林燐寸㈱監査役、吉林商工会議所副会頭、吉林輸入組合理事を務めた。同郷の夫人サト子との間に二男があったが、いずれも夭折した。

堀　諫 ▷11

㈱鴻業公司専務取締役、正六位勲五等／大連市榊町／一八七四（明七）一二／香川県高松市天神前／法政大学

香川県堀広造の次男に生まれ、一九〇二年法政大学を卒業して東洋拓殖銀行に入った。二〇年一月奉天支店長となって渡満したが、その後㈱鴻業公司に

ほ

転じて専務取締役に就いた。

堀井　庄司　▷11

公主嶺小学校長／吉林省公主嶺霞町／一八八八（明二一）五／北海道小樽市住之江町／札幌師範学校

北海道小学校教員堀井正吉の長男に生まれ、一九〇九年北海道札幌師範学校を卒業して稚内小学校訓導、声問小学校長、小樽量徳女子小学校訓導等を歴任した。二〇年四月に渡満して長春小学校訓導となり、二四年五月公主嶺小学校長となった。

堀磯右衛門　▷11

鞍山不動信託㈱専務取締役／奉天省鞍山大正通／一八七九（明一二）三／東京府東京市本郷区湯島／関西法律専門学校

東京府農業堀文左衛門の次男に生まれ、一九〇二年関西法律専門学校を卒業し、〇四年内務省属となった。〇七年四月満鉄の開業とともに渡満して満鉄に入社し、以来勤続して二三年六月開原地方事務所長に就いた。二六年三月に満鉄を退社し、二八年一一月鞍山不動信託㈱専務取締役に就任した。

堀井長三郎　▷11

遼陽城日本電信取扱所長、勲七等／奉天省遼陽芳野町／一八七八（明一一）一〇／茨城県水戸市奈良町／東京郵便電信電話学校技術養成所

茨城県堀井長蔵の三男に生まれ、郷里の小学校を卒業して輔任学舎で水戸学を学んだ。一八九七年東京郵便電信電話学校技術養成所を修了し、一九〇五年四月臨時電信隊技手として日露戦争に従軍し、〇六年九月関東都督府逓信管理局に転任した。一八年八月現職のままシベリア派遣軍に従軍し、帰任して遼陽城日本電信取扱所長に就いた。二度の従軍により勲七等を受け、二六年九月関東庁始政記念祝典に際し勤続二〇年の表彰を受け銀盃一組を授与された。同郷の夫人アサとの間に五男一女あり、長男遼は南満工業学校、次男重夫は長春商業学校、三男民比古と四男義身は鞍山中学校、長女ケイは旅順高女を卒業した。

堀井　朝恵　▷12

吉林鉄路局総務処人事科員／吉林旭街／一九〇〇（明三三）二／京都府中郡新山村／長野県立西部農学校

長野県堀井賢作の三男として同県上水内郡日里村に生まれ、後に京都府に転籍した。一九一五年長野県立西部農学校を卒業して農業に従事した後、一九年一二月徴兵されて高田の歩兵第五八連隊に入営した。二〇年五月独立守備隊歩兵第五大隊に編入されて渡満し、二二年一〇月二等計手に進んだ。二三年二月に満期除隊し、同年七月満鉄に入社して大石橋駅に勤務し、二五年五月庶務員となった。三三年一一月吉長吉敦鉄路局総務処文書科勤務等を経て三四年四月新京鉄路局総務処人事科に転勤し、吉林鉄路局への改称後も引き続き同局に勤務した。この間、満州事変の功により従軍記章及び賜品を授与されたほか、大石橋在勤時に一〇年余り在郷軍人会評議員を務めて表彰された。

堀内猪太郎　▷12

満鉄大連鉄道工場第一作業場組立職場主任、社員会評議員、社員消費組合総代／大連市光風台／一九〇三（明三六）五／福岡県久留米市通外町／九州帝大工学部機械工学科

福岡県鉄材商堀内熊次郎の長男に生まれ、福岡県立中学明善校、佐賀高等学校を経て一九二七年三月九州帝大工学部機械工学科を卒業して満鉄に入り、鉄道部工作課に勤務した。二八年一月一年志願兵として大刀洗の飛行第四連隊に入営し、同年一二月に鉄道部工作課に復職して育成学校と鉄道教習所の講師を兼務した。三四年四月スイスのズルザー社に注文したディーゼルの設計製作監督のためスイス、ドイツ、イギリス、デンマークその他に出張し、三五年一月に帰任して同年一二月大連鉄道工場第二作業場車台職場主任に就いた。次いで三六年一〇月副参事に昇進し、第一作業場組立職場主任となった。

堀内　一誠　▷12

満鉄奉天省四平街医院医長／奉天省四平街満鉄医院／一九〇四（明三七）一／長野県上高井郡井上村／東北帝大医学部

長野県堀内謙治の長男に生まれ、長野中学校、第一高等学校を経て一九三一年三月東北帝大医学部を卒業し、同大小児科教室副手嘱託となった。三四年七月同皮膚病学梅毒学教室助手を経て三五年一月に依願免官し、同年二月小児科教室副手嘱託となった。三六年六月医学博士号を取得し、同年八月に渡満して満鉄に入社し開原医院医長となり、三七年四月奉天省四平街医院医長に転任した。

堀内駅三郎 ▶14

堀内商店主、紙類販売、貸家業／大連市信濃町／一八六一（文一）／広島県賀茂郡広村

一八八一年から愛媛県警察部に勤務した後、八五年に汽船検査補に転じて瀬戸内海沿岸各地で検査に従事した。九〇年に伝馬船を購入して海上輸送と石炭の受売販売に転じ、九七年の株式ブームの時に鉄道株で三万円の損失を出して事業が頓挫したが、三七年に日露戦争が始まると数隻の蒸気船を購入して瀬戸内海沿岸各師団の馬糧調弁と輸送請負に従事した。戦後〇六年一月に渡満して大連で和洋文房具・紙類販売業を開業し、同年八月には一人娘のサカエに迎えた婿の敬寿郎を呼び寄せて事業を手伝わせた。〇七年からは貸家業を兼営し、〇八年から大連伏見台に四十数戸の宿舎用家屋を建築して都督府に貸し付けた。事業のかたわら大連実業倶楽部幹事、大連東洋協会評議員、日本赤十字社評議員、広島県人会長、大連商業会議所常議員・同庶務副部長を務め、一五年一〇月大連市会官選議員となり一七年一〇月に復選されたが、翌年八月任期中に死亡した。

堀内　一雄 ▷13

大東港建設局長、安東省次長、正六位勲四等／一八九三（明二六）／山梨県東八代郡黒駒村／陸軍大学校

山梨県選出の衆院議員堀内良平の長男に生まれ、一九二五年陸軍大学校を卒業した。参謀本部付、関東軍司令部付、第九師団付参謀等を経て三二年二月歩兵少佐に進んで予備役となり、同年四月満州国陸軍少将に転じた。第一軍管区司令部付、同管区参謀長を歴任した後、三七年満州国総務庁に転じて弘報処長に就いた。三八年安東省次長に転出し、翌年大東港建設局の設置とともにその局長を兼任した。

堀内　和郎 ▷11

南満中学堂教諭兼舎監／奉天富士町／一八九三（明二六）九／高知県高岡郡上分村／高知県師範学校

高知県農業堀内栄馬の長男に生まれ、一九一〇年高知県師範学校を卒業して幡多郡下加江小学校訓導となった。高知市第四小学校訓導に転任した後、一八年に試験検定により地理科師範及び中学校・高等女学校教員の免許を取得し、翌年六月鹿児島県立志布志中学校教諭嘱託に転じた。同県囎唹郡志布志小学校訓導を経て二一年四月大連中学校教諭に転任して渡満した。二五年南満中学堂教諭に転じ、翌年五月から同校舎監を兼務した。二九年一月試験検定で歴史科日本史及び東洋史の中等学校教員免許を取得した。

堀内敬寿郎 ▷11

堀内商店主／大連市信濃町／一八八五（明一八）八／広島県賀茂郡広村／中学校

広島県吉田源治の次男に生まれ、同県堀内駅三郎の婿養子となった。中学校を卒業して語学校に入学したが、病気のため中退し、後に小学校教師となった。一九〇六年八月に渡満して養父の経営する御用商・販売業を手伝ったが、翌年から養父が貸家業を兼営し、漸次規模が拡大して土地二万坪、貸家数百戸の大家主となった。一八年に養父が死去すると再び販売業に戻り、和洋紙、文房具、襖表具、畳材料などを扱った。

堀内　高一 ▷1

宝商行主／旅順市乃木町／一八六六（慶二）一二／長野県東筑摩郡錦部村

早くから軍籍に入って将校となったが、病を得て実業界に転じた。一八九四年日清戦争の際に近衛第一師団の用達として渡満し、戦後は台湾で軍隊用達と土木建築請負業を営んだ。その後帰国して鉄道工事の請負業に従事した後、一九〇一年北京に渡り諸官衙用達業と土木建築請負業を営んだ。〇四年に日露戦争が始まると第三軍及び鴨緑江軍の用達として各地に従軍した後、大連に宝商行を設立して旅順、奉天、柳樹屯、永陵等に支店、出張所を置き、和洋雑貨、食料品等一切の軍需品を供給した。その後旅順が開市されると各地の支店を廃して旅順を本拠とし、関東都督府及び陸海軍部の用達業と土木建築請負業を経営し、かたわら多数の店員を使用して和洋雑貨文具、食料品等の販売を兼業した。

堀内　茂　▷11

歯科医師／安東県五番通／一八八六（明一九）一〇／山梨県東八代郡黒駒村／東京歯科医学専門学校

山梨県農業堀内兵輔の次男に生まれ、一九〇八年東京歯科医学専門学校を卒業した。〇九年一二月に渡満して満鉄大連医院歯科口腔科に勤務し、一一年一月安東医院に転じた。二一年一月満鉄を退社して安東県で医院を開業した。弟正重は南満医学堂を卒業し、満鉄大連医院金州分院長を務めた。

堀内竹次郎　▷12

ハルビン航政局勤務兼国務院交通部路政司勤務／ハルビン宜仁街／一八九六（明二九）一一／福岡県朝倉郡馬田村／仏教専修学院

竜谷中学校を経て仏教専修学院を卒業し、一九一七年一〇月満鉄に入りハルビン営業所に勤務した。満州事変に際し関東軍司令部嘱託を務めた後、三二年六月国務院交通部嘱託に転出してハルビン航業連合局総経理兼常務理事に就いた。次いでハルビン航政局事務官を経て三六年四月同局理事官に進み、三七年三月から国務院交通部事務官を兼務した。この間、満州事変時の功により建国功労賞を授与された。

堀内千代雄　▷12

満鉄北安鉄路監理所監理員、従七位／龍江省北安満鉄鉄路監理所／一八九一（明二四）二／山形県米沢市清水町／東北帝大土木工学科

山形県堀内源吾の三男に生まれ、一九一四年七月東北帝大理工科大学土木工学科を卒業し、同年一一月鉄道院に入り新津保線事務所に勤務した。以来勤続して工務課勤務、新津保線区長、同保線区新津保線区主任、新津保線事務所土木掛主任、福島保線事務所土木掛主任を歴任した。退官後、三三年三月満鉄に入社して朝鮮の羅津建設事務所に勤務し、三五年七月線路長となった。三六年三月建設局牡丹江在勤を経て同年九月副参事となり、工務局改良課に勤務を経て三七年三月北安鉄路監理所に転勤した。

堀内　春宗　▷12

国務院民政部土木局総務処企画科長、正七位／新京特別市大同大街国務院民政部土木局／一八九五（明二八）二／東京府東京市目黒区宮ヶ丘／中央大学法学部

福島県に生まれ、福島中学校を経て中央大学法学部を卒業し、農林省に入り白河小林区署に勤務した。森林主事、山林属を経て内務属となり、香川県及び静岡県の道路主事を歴任した。三三年国務院民政部事務官に転出して渡満し、土木司規画科長を務めた後、理事官に進んで土木司総務科長となり、三七年一月の官制改革で土木局総務処企画科長に就いた。

堀内　正重　▷11

満鉄大連医院金州分院長、正八位、陸軍三等軍医／金州鳥海町／一八九五（明二八）二／山梨県東八代郡黒駒村／南満医学堂、京都帝大医学部研究科中退

山梨県農業堀内兵輔の四男に生まれ、一九一九年六月南満医学堂を卒業した。一年志願兵として近衛歩兵第一連隊に入営し、除隊後の二一年五月再び渡満して母校の助手となった。二三年一一月京都帝大医学部研究科に入学して藤浪教授の下で病理学を学んだが、二六年四月に退学して南満医学堂が昇格した満州医科大学助教授に就き、同年七月京都帝大より医学博士号を取得した。二七年三月満鉄大連医院に転じ、二九年一月金州分院長に転任した。実兄の茂は〇九年に渡満して満鉄医院に勤務した後、安東県で歯科医院を開業した。

堀江　一正　▷11

ハルビン満鉄事務所情報主任、正七位勲六等、予備陸軍歩兵中尉／ハルビン南崗大道街／一八九〇（明二三）一〇／東京府豊多摩郡淀橋／陸軍士官学校

東京府陸軍大佐堀江不可止の長男に生まれたが、日露戦争に際し歩兵第四二連隊長として出征した父が一九〇五年三月の奉天会戦で戦死した。一二年陸軍士官学校を卒業して歩兵少尉に任官し、一八年五月陸軍省からロシア語研究のためハルビンに派遣された。二二年一〇月中尉に進級して予備編入となり、満鉄に入って同地の満鉄事務所情報主任に就いた。ロシア人でトムスク女学校出身の夫人アナスタシャとの間に二男一女があった。

堀江　憲治　▷11

医師、医学博士／大連市吉野町／一八九一（明二四）八／京都府竹

野郡豊栄村／南満医学堂
京都府実業家堀江助左右衛門の次男に生まれ、一九一五年南満医学堂を卒業した。満鉄大連医院外科医員として勤務のかたわら大連第一中学校校医を兼務した。二二年ハルビン仁寿医院を創設したが、三年後満州医科大学に転じ大野章三博士の下で研究を続けた。二八年に帰国して岐阜の昭和病院長に就いたが、翌年三月再び渡満して大連市吉野町で開業した。「副腎皮質機能ニ関スル実験的研究」の論文で医学博士号を取得した。

堀江　周作　▷12

チチハル高等検察庁書記官、従七位勲八等／龍江省チチハル高等検察庁／一八九〇（明二三）八／福岡県小倉市鳥町
一九一四年一一月朝鮮総督府裁判所書記補となり、光州地方法院書記を務めた。次いで同院長興支庁、同院宝城出張所在勤、同院順天支庁、同院木浦支庁の各書記を務めた後、監督書記に進んで新義州地方法院検事局主任書記となった。三五年一二月に依願退官し、満州国検察庁書記官に転出して黒竜江高等検察庁書記官となり、三六年七月の法院組織法施行によりチチハル高等検察庁書記官に転任した。この間、昭和六年乃至九年事変の功により賜金を授与された。

堀江　琢也　▷12

満鉄四平街建設事務所技術員／奉天省四平街満鉄建設事務所／一八九五（明二八）二／岐阜県武儀郡富之保村／岐阜商業学校
岐阜県堀江米太郎の三男に生まれ、一九一二年岐阜商業学校を卒業した後、一三年四月満鉄従事員養成所運輸科を修了して鉄道部工務課に勤務した。以来勤続して二五年四月奉天鉄道事務所安東通信区助役となり、次いで長春電気助役兼技術助役、奉天鉄道事務所、鉄道部保安課勤務兼鉄道教習所講師、大連保安区電気助役を歴任した。三三年三月鉄路総局泰山鉄路局に派遣された後、鉄道建設局工事課勤務を経て三五年二月錦州建設事務所電気長となり、三六年四月四平街建設事務所に転勤し、同年一〇月技術員となった。この間、二九年四月勤続一五年の表彰を受けた。

堀江　元一　▷11

満鉄長春保線区長／長春羽衣町／一八九〇（明二三）一二／東京府東京市芝区愛宕下町／熊本高等工業学校
東京府商業堀江賢蔵の六男に生まれ、一九一八年熊本高等工業学校を卒業して満鉄に入社した。大連管理局保線課に勤務した後、翌年開原保線区主任に転任し、蘇家屯保線区主任、同区長、奉天保線区長を経て二七年一一月長春保線区長となった。

堀尾　正朔　▷12

国務院軍政部馬政局第二科長、従五位／新京特別市恵民路代用官舎／一八九五（明二八）一／愛知県名古屋市西区橋詰町／東京帝大医学部獣医学科
愛知県堀尾鋏作の長男として姫路市に生まれ、一九一九年東京帝大医学部獣医学科を卒業した。兵役に服した後、農林省馬政局技手となり、種馬所技師として福島、栃木の各種馬所長、農林技師を歴任した。その後三三年国務院軍政部馬政局技正に転出して渡満し、馬政局第二科長に就いた。

堀尾　成章　▷13

南満鉱業㈱専務取締役／大連市花園町／一八八五（明一八）六／新潟県／東京帝大法科大学独法科
新潟県堀尾成裕の長男に生まれ、一九一二年東京帝大法科大学独法科を卒業した。出版業経営、高木商会勤務を経て二一年に渡満し、南満鉱業代表社員となり、後に専務取締役に就き、日満商工取締役を兼務した。マグネサイト、クリンカー、ドロマイト工業の権威で、塗料スタッコ、マンチュリア、リグノイドの発明者として知られた。

堀川源太郎　▷12

関東局大連民政署財務課長、従七位／大連市榊町／一九〇五（明三八）九／北海道小樽市富岡町／東京帝大法学部法律学科
北海道堀川勘吾の長男に生まれ、東京帝大在学中の一九三〇年に文官高等試験行政科に合格し、三一年三月同大法学部法律学科を卒業した。その後三二年五月関東庁専売局属兼関東庁属となって渡満し、財務部経理課に勤務した。三三年三月から警察官練習所教務嘱託を兼任した後、三五年六月関東局理事官に進んで大連民政署財務課長となった。

堀川　武雄　▷12

丸徳商店主、吉林無尽㈱取締役、吉林商工会議所議員、吉林輸入組合評議員／吉林二経路／一九〇一（明三四）／香川県

日露戦中に一二歳で渡満し、各所で働いた後、一九二六年に吉林省城新開門外に丸徳商店を開業した。日本各地、上海、関東州方面から食料品、洋品雑貨、綿糸布類、運動具、金物、陶器・漆器など生活用品全般を輸入販売し、蛟河、新站、図們、樺甸県城に支店を設けた。小売商の他に日本海上保険会社と交渉して一般の損害保険に匪賊保険を付して販売し、帝国生命保険会社の代理店も兼ね、北満を中心として全満に販路を拡げた。

堀川徳太郎　▷12

丸徳商店主、長春貯金信託㈱取締役／新京特別市吉野町／一八八八（明二一）六／香川県仲多度郡榎井村

一九〇八年に渡満して長春に在住し、その後一二年七月丸徳商店の名で食料品雑貨商を開業した。大阪、神戸、東京、大連方面より仕入れて新京及び隣接都市に販路を持ち、同地古参の日本商店として商業会議所議員、輸入組合食料雑貨部評議員等を務めた。

堀　清　▷12

チチハル慈恵病院長／龍江省チチハル新生路／一八八一（明一四）三／京都府京都市東山区泉湧寺門前町／日本医学専門学校、東京医学専門学校

日本医学専門学校及び東京医学専門学校を卒業し、一九一五年沿海州に渡りハバロフスクで医院を開業した。翌年チチハルに移住して同業を営み、満州事変後に数万円を投じて慈恵病院を開設した。同地の北満病院に匹敵する規模を有し、院長として医療に従事するかたわらチチハル信託㈱監査役、チチハル居留民会評議員を務めた。

堀切　仁蔵　▷12

満鉄蘇家屯駅助役、勲八等／奉天省蘇家屯秋葉町／一八九七（明三〇）五／鹿児島県肝属郡佐多村

鹿児島県堀切助八の次男に生まれ、一九一七年一二月徴兵されて都城の歩兵第六四連隊に入営し、満期除隊後二〇年四月に渡満して満鉄に入った。遼陽駅に勤務した後、二一年一一月転轍方、二四年四月操車方を経て三〇年一二月奉天列車区遼陽分区車掌となり、次いで三一年九月蘇家屯駅運転方を経て三四年一一月同駅助役となり、三五年四月勤続一五年の表彰を受けた。

堀切　盛秀　▷11

満鉄地方事務所土木主任／長春常盤町／一八九三（明二六）一一／鹿児島県始良郡東国分村／東亞鉄道学校

鹿児島県農業堀切彦次郎の三男に生まれ、一九一一年熊本市の私立東亞鉄道学校を卒業した。一二年六月に渡満して関東都督府土木課に勤務したが、翌年一〇月入営のため辞職した。除隊後の一七年二月満鉄に入り、一般土木事業に従事した。

堀越　喜博　▷11

満州教育専門学校教授／奉天浅間町／一八八九（明二二）五／東京府豊島郡王子町／東京帝大文科大学

東京府堀越平三郎の長男に生まれ、一九一六年東京帝大文科大学を卒業した。女子聖学院教授として五年間勤務した後、二一年陸軍教授兼慈恵会医科大学予科教授に転じた。二三年四月旅順第一中学校教諭となって渡満し、二六年満州教育専門学校教授に転任した。

堀籠龍三郎　▷9

高橋富雄商店奉天支店員／奉天加茂町／一八九四（明二七）一／東京府東京市日本橋区蛎殻町

一九一七年東京株式取引所仲買人の高橋富雄商店に入り、二一年一二月奉天支店に転勤して渡満した。

堀　定四郎　▷12

製材・土木建築請負・自動車修理・運輸業、ハイラル日本居留民会評議員、勲八等功七級／興安北省ハイラル消防街／一八八三（明一六）八／福島県河沼郡坂下町

一九〇六年ウラジオストクに渡り、各種の事業に従事した後、〇九年からマッチ軸木の日本向け輸出を始め、一八年からはパルプの輸出を始めて巨利を得た。三二年一二月に東京目黒区上目黒の自宅を引き払って家族で渡満し、

ハイラルで製材業、土木建築請負業、自動車修理業、運輸業を経営した。交界街東の一万坪の敷地に事務所と工場を設け、従業員一〇〇人、自動車数十台を使用し、経営のかたわら商工会議所創立発起人となり、同地の居留民会評議員を務めた。

堀沢　徳寿　▷4

赤十字救療所医員／吉林省双城堡／一八七九（明一二）／岐阜県可児郡帷子村／愛知医学専門学校

岐阜県医師堀沢篤三郎の長男に生まれ、一九〇二年愛知医学専門学校を卒業した。一年志願兵として入営し、翌年兵役を終えて間もなく日露開戦となり、〇四年四月三等軍医として第二軍第三師団に従軍した。〇五年一〇月二等軍医に進み、功により従七位勲六等を受けた。〇六年六月に除隊して帰国し、亡父の跡を継いで郷里で二年ほど医業に従事した。その後、夫人の郷里である大阪府下岸和田で開業して町医及び校医を務めたが、友人の慫慂により渡満して北満の寧古塔で開業した。優れた医療技術と人望でハルビン領事館の信用が厚く、同地の居留民会長に推された。一五年一二月長春に移って開業したが、翌年五月双城堡に赤十字救療所が設置されるとハルビン領事館の推薦で所長に就任し、診療のかたわら民会評議員を務めた。四人の弟もそれぞれ開業医、軍医として医療に従事した。

堀　三之助　▷12

社団法人満州土木建築業協会顧問、従四位勲三等／新京特別市中央通榊谷ビル内／一八六八（明一）／鹿児島県鹿児島市上竜尾町／東京帝大工科大学土木科

鹿児島県堀四郎兵衛の三男に生まれ、一八九二年七月東京帝大工科大学土木工学科を卒業した。九三年一一月逓信省鉄道技師となり、九六年三月臨時台湾鉄道隊付として台湾に赴任した後、九八年六月鉄道作業局建設部鹿児島出張所技師に転任した。一九〇四年六月日露戦争に際し野戦鉄道提理部工務課長となり、同年七月御用船丹波丸に乗船して大連に上陸して夏家河子までの橋梁・軌道を修理し、次いで建築・軌道等の六班を率いて占領鉄道の修復に従事した。戦後〇七年三月提理部の満鉄への引き継ぎにともない同社入りして建設課長に就き、〇八年四月後藤新平総裁に随行してロシアに出張した。引き続き欧米を巡遊して〇九年一月に帰社し、工務局長・重役待遇を経て一四年五月総務部技術局長心得となった。その後一九年に退社して帰国したが、二〇年一月東亜土木企業㈱創設に際し招聘されて再び渡満し、取締役兼技師長として四洮鉄道その他の借款鉄道を完成させた。次いで持論の満州私設鉄道開始の先例として金州—城子疃間の鉄道敷設を計画し、二五年一一月日中の共同出資で㈱金福鉄路公司を創立して大倉組主頭を社長、有力中国人を重役にし、自らは取締役副社長として経営に当たった。三四年三月金福鉄路公司を勇退して財団法人日満土木建築協会会長に就任して新京に移住し、三六年四月満州土木建築業協会と合同すると同会顧問に就いた。この間、日露戦争時の勲功により年金付勲四等旭日小綬章を授与されたほか、大連在住時に同郷団体の大連三州会会長を務めた。

堀　重太　▷11

旅順師範学堂教諭／旅順市日進町／一九〇〇（明三三）一一／山形県飽海郡観音寺村／東京音楽学校

山形県堀重右衛門の長男に生まれ、一九二四年東京音楽学校を卒業した。二七年一〇月に渡満し、旅順師範学堂教諭に就いた。東京女子高等師範学校出身の夫人正とともに音楽、読書を趣味とした。

堀　修二　▷4

原名輸出店ハルビン出張所員／ハルビン新市街／一八八一（明一四）／東京府北豊島郡巣鴨村／長崎簿記講習学館

溝口家家臣を父に、井伊家家老の娘を母として新潟県北蒲原郡新発田町に生まれた。商工学校及び長崎簿記講習学館を卒業し、一八九八年一七歳の時にロシア皇室の御用品を納付するためペトログラードに赴いた。用務を果たした後同地に滞在してロシア語の習得に努め、一九〇四年日露開戦により日本人総引き揚げのなか、原輸出店の店員となって戦争の終結までモスクワにとどまった。一九〇六年いったん帰国したが、〇九年七月ハルビンに夏秋亀一が日満商会を設立する際に招聘されて渡満した。石炭部主任として撫順炭の販路拡張に努め、一四年には年間販売高一五万トンに達したが、石炭販売が満鉄直営となると日満商会を辞めて再びペトログラードに赴き、軍需品の売り込みに従事した。その後ハルビンに戻り、古巣の原輸出店に入ってハルビン出張所員となり、ロシア、北満一帯に生糸、洋薬品、羊毛、綿糸、染料その他諸雑貨を販売した。

堀　純一　▷3

満鉄総務部技術局職員、勲七等／大連市児玉町／一八七六（明九）一一／東京府東京市麻布区新網町

福井県士族堀純雄の子に生まれ、一八九六年二月鉄道書記補となった。九八年鉄道書記に進み、一九〇六年四月日露戦争の功で白色桐葉章および年金を受けた。〇七年の満鉄開業とともに在官のまま入社し、総務部技術局に勤務した。

堀　春三郎　▷8

特産物貿易商／奉天／一八八〇（明一三）／石川県金沢市高岡町／京都医科専門学校

京都医科専門学校を卒業して医師となり、京都市若王子に花田仲之助、荒尾精、根津一らを往診して中国問題に関心を持ち、日露戦中の一九〇五年五月英国船ウンダー号に便乗して営口に渡った。同地の森病院に勤務した後、〇六年三月奉天に移り城内大什字街で開業した。一八年七月医院を廃業し、第一三師団第一四連隊付大隊長としてシベリアで戦死した兄の陸軍歩兵中佐堀八郎の霊を弔うため、シベリア各地を歴遊した。一九年二月奉天に戻り、橋口洋行に入って特産貿易に従事した後、二〇年に独立し千代田通に特産商宝興洋行を創業した。まもなく第一次世界大戦の戦後不況で宝興洋行を閉鎖し、一八年から加茂町に夫人米子名義で経営していた質商大正号を用いて中国官衙御用達業と特産貿易を続けた。

堀添　篤　▷7

満鉄埠頭勤務、円島丸機関長／大連市山手町／一八八七（明二〇）四／鹿児島県鹿児島郡伊敷村／伊敷村高等小学校

郷里の伊敷村高等小学校を卒業した後、一九〇四年五月佐世保海軍発電所に勤務した。日露戦後の〇六年一月、海軍防備隊大連埠頭に転勤して渡満した。〇七年四月、満鉄の開業により同埠頭の事業が継承されると満鉄社員となった。一三年機関士試験に合格して二等機関士となり、以来湾内の満鉄所有船の機関長として勤務した。

堀添　健彦　▷4

東亜煙草㈱長春販売所主任／長春城内東三道街／一八七七（明一〇）八／鹿児島県鹿児島市春日町／東京法学院

一九〇三年七月東京法学院を卒業し、〇四年三月日本煙草専売局に入った。〇七年八月東亜煙草会社に転じ、同社ハルビン出張所の開設とともに渡満して主任に就き、ロシア製煙草との販売競争を展開して北満一帯からシベリア方面に販路を拡張した。その後長春販売所主任として転任し、吉林及び奉天省四平街の出張所を監督した。

堀　健夫　▷11

旅順工科大学教授、理学博士／旅順新市街高崎町／一八九九（明三二）一二／東京府東京市牛込南町／京都帝大理学部、同大学院

東京府堀卓次郎の次男に生まれ、一九二三年京都帝大理学部を卒業した。特選給費生として大学院で二年間物理学を研究した後、第三高等学校講師となり理化学研究所助手を兼任した。二六年二月、旅順工科学堂から昇格した旅順工科大学助教授に任じられて渡満した。関東庁在外研究員として二年間デンマーク、ドイツ、アメリカに遊学して二七年五月に帰任し、翌月教授に昇任、同年一〇月理学博士号を取得した。

堀　親道　▷3

満鉄築港事務所職員／大連市浜町／一八七九（明一二）八／大分県大野郡東大野村／京都帝大理工科大学土木科

一九〇七年京都帝大理工科大学土木科を卒業し、同年八月大阪市役所に入り港湾課に勤務した。一四年一月に渡満して満鉄に入り、築港事務所職員となった。

堀　長貴　▷13

東洋コンプレッソル㈱奉天出張所長／奉天／一八八七（明二〇）／福井県福井市／攻玉舎工学校土木科

一九一六年、攻玉舎工学校土木科を卒業して東洋コンプレッソル㈱に入社した。現場係員として各種基礎杭打工事、煙突水槽築造工事に従事し、大連出張所勤務となって渡満した。その後満州国本部を奉天に置くことになり、奉天出張所に転勤して所長を務めた。

堀永徳太郎 ▷12

満鉄錦県鉄路局工務処改良科長兼錦州建設事務所勤務、社員会評議員、従七位勲七等／錦州省錦県南二経路／一九〇一（明三四）九／山口県萩市字東田町／東京帝大工学部

長崎県堀永雅介の次男に生まれ、一九二六年三月東京帝大工学部を卒業して復興局土木部に入り、隅田川出張所に勤務した。同年一二月一年志願兵として千葉の鉄道第一連隊に入隊し、二七年九月に除隊して予備工兵伍長となり、同年一二月鉄道省に入り発電所土木工事事務嘱託となった。二九年七月鉄道技手となり、臨時川崎電気事務所建設局、信濃川電気事務所田沢在勤、長岡建設事務所兼信濃川電気事務所に歴勤した。三三年三月鉄道技師に進んで満鉄に転出し、チチハル建設事務所に勤務した。次いで三四年九月白城子建設事務所勤務、三五年一月鉄路総局工務処工務課勤務、同年一一月奉天鉄路局工務処改良科長を経て三六年九月錦県鉄路局工務処改良科長に転任し、三七年五月錦州建設事務所兼職となった。

堀之内 士 ▷11

満鉄撫順炭砿庶務課労務係主任／奉天省撫順西公園町／一八八六（明一九）二／鹿児島県伊佐郡大口町／熊本県立商業学校

鹿児島県堀之内英吉の三男に生まれ、一九〇七年熊本県立商業学校を卒業して三菱高島炭砿に入った。倹約して独立資金を蓄え、一〇年三月に渡満して鉄嶺に店舗を構えた。木炭・薪等を法庫門地方の奥地に送り、帰り荷で大豆類の輸送を行ったが、同地方の悪疫流行と匪賊の略奪に遭って倒産した。一一年二月満鉄撫順炭砿に入って会計課に勤務し、一八年会計給与主任に進み、二三年一二月古城子採炭所事務主任に転任した後、二七年一〇月庶務課労務係主任に就いた。この間二五年一〇月から第三期地方委員を務めた。祖父の良眼坊は僧籍にあったが、川辺地方の用水掘削と水田開発に尽力し、開墾地に八十余戸を入植させ日丸村を興した。実兄の直は陸軍士官学校を出て敦賀連隊司令官等を歴任し、三〇年八月少将に進み、歩兵第一八旅団長、第一一八旅団長等に歴補した。

堀部 次郎 ▷3

三井物産㈱大連支店機械掛主任／大連市越後町三井社宅／一八七八（明一一）三／東京府芝区白金三光町／東京帝大工科大学機械科

東京府堀部直臣の子に生まれ、一九〇四年東京帝大工科大学機械科を卒業して三井物産㈱に入社した。一二年一〇月大連支店勤務となって渡満し、機械掛主任を務めた。

堀辺輝太郎 ▷12

福音洋行薬局主、大連薬剤友会評議員、正八位／大連市伊勢町／一八九六（明二九）三／熊本県八代郡鏡町／熊本薬学専門学校

熊本県堀辺大蔵の長男に生まれ、一九一八年熊本薬学専門学校を卒業した後、二〇年五月薬剤師免状を取得して翌年一月から郷里で薬局を営んだ。その後二八年九月に廃業し、翌月渡満して大連の福音洋行に入り管理薬剤師として勤務した。三七年一月同洋行を譲り受けて個人経営とし、市内寺児溝に製薬工場を持ち、医療薬品、化学工業薬品、衛生材料、理化学機械の卸小売業を経営した。日本、ドイツ、朝鮮、関東州、全満各地、青島、上海に商圏を広げ、年商高六〇万円に達した。

堀 正巳 ▷12

満鉄経理部庶務課庶務係主任、社員会評議員本社連合会第九分会代表、勲八等／大連市白金町／一八八九（明二二）一／大分県速見郡大神村／陸軍戸山学校

大分県堀惣次の次男に生まれ、大分県立杵築中学校を四年で中退して陸軍戸山学校に入った。一九〇八年に卒業して陸軍楽手補となり、一〇年三月イギリスに派遣された。一八年一一月一等楽手に進級して第三師団軍楽隊に勤務した後、二〇年一月満鉄に転じて渡満した。経理部会計課、同部主計課、総務部考査課に勤務して経理部庶務係主任心得となり、三六年主任となった。この間、一九年二月勲八等瑞宝章を授与され、三五年四月に勤続一五年で表彰されたほか満州事変時の功により楯と従軍記章を授与された。

堀谷 富 ▷12

満鉄鉄道総局保線課員／奉天朝日町／一八九五（明二八）一一／千

葉県印旛郡志津村／攻玉社工学校

千葉県堀谷芳太郎の長男に生まれ、一九二一年東京の攻玉社工学校を卒業して東京改良事務所に勤務した。二三年九月の関東大震災後、横須賀線復旧工事を担当して技手に進んだ。三信鉄道に転じた後、さらに東京京橋の常盤商会に転じて本社企業部に勤務し、水戸出張所勤務を経て本社に戻り土木部主任を務めた。その後三四年一月に渡満して満鉄に入り、鉄路総局工務処に勤務した後、三六年一〇月鉄道総局保線課に転勤した。この間、関東大震災時の復旧工事に尽くした功により三二年に帝都復興記念章を授与された。

堀谷　平作　▷12

満鉄大連鉄道事務所工務課建築係主任、工業標準規格委員会委員／大連市長春台／一八八六（明一九）一／静岡県賀茂郡稲生沢村／工手学校造家学科

静岡県石川庄吉の三男に生まれ、同県堀谷やまの養子となった。一九〇三年東京築地の工手学校造家学科を卒業し、同年六月阪神電鉄会社に入社した。〇四年日露戦争に際し鉄道作業局臨時軍用鉄道監部付として朝鮮に渡り、戦後そのまま留まって韓国政府税関工事部技手、度支部建築所技手を務め、韓国併合後は朝鮮総督府技手として仁川税関等に勤務した。二〇年三月に退官して満鉄に転じ、技術部建築課第二工事係、同課建築工事係、埠頭事務所工務課、鉄道部工務課、工事部建築課、鉄道部工務課勤務を経て三五年四月大連鉄道事務所建築係主任に就いた。この間、日露戦役従軍記章、満州事変従軍記章及び賜盃を受け、三五年四月に一五年勤続の表彰を受けた。夫人こととの間に一男五女あり、長男良平は旅順工科大学を卒業して満鉄に勤務した。

堀山　研作　▷12

堀山産婦人科医院長、新京医師会理事／新京特別市蓬莱町／一九〇〇（明三三）二／山口県吉敷郡山口町／南満医学堂

山口県堀山潤作の次男に生まれ、一九一九年三月山口鴻城中学校を卒業して渡満し、満鉄に入り開原駅に勤務した。その後満鉄が経営する奉天の南満医学堂に入学し、二五年三月に卒業して同学堂附属医院婦人科教室に勤務した。満鉄撫順医院婦人科に転任した後、三七年一月満鉄を退社して新京蓬莱町に堀山産婦人科医院を開設し、警察、満州日日新聞、満州電業㈱、満州電信電話㈱等の医務嘱託を務めた。

堀　洋三　▷9

大倉商事㈱大連支店長／大連市但馬町／一八八六（明一九）一一／石川県江沼郡大聖寺町／早稲田大学商科

一九一一年七月早稲田大学商科を卒業して㈴大倉組に入り、東京本店に勤務した。一三年六月大連支店詰となって渡満し、後に支店長を務めた。

堀　義雄　▷14

満州硫安工業㈱理事、満州曹達㈱取締役／大連市台山屯／一八八九（明二二）四／長野県松本市安原町／東京帝大法学部独法科

一九一五年五月東京帝大法科大学独法科を卒業し、同年一〇月文官高等試験に合格した。一六年に司法官試補となったが翌年一一月に依願免官し、紙撚糸製造業を創業した。一八年に機械商の碌々商店に入り営業部に勤務したが同年一二月に退社して満鉄に転じ、東京支社庶務課に勤務した。二四年から鉄道行政及び旅客案内所業務調査のため欧米に二年留学し、二七年四月東京支社内の東亜経済調査局に転任して三〇年六月参事となった。本社総務部学務課、人事課、監理部考査課勤務を経て三四年総裁室監査役となったが、三七年九月に退社して満州化学工業㈱常務取締役に就いた。さらに満州硫安工業㈱理事、満州曹達㈱取締役を兼任した後、四二年に満州化学工業㈱常務取締役を退任した。この間、四〇年一一月から大連市会議員を務めた。

堀　亮三　▷12

日満商事㈱調査課宣伝係主任、新京煤煙防止委員会幹事、正八位勲八等／新京特別市昌平街／一九〇四（明三七）四／福井県丹生郡吉野村／東亜同文書院

福井県堀忠次の次男に生まれ、一九二四年三月上海の東亜同文書院を卒業した後、二六年三月満鉄に入社して庶務課に勤務した。二八年二月興業部販売課に転任して育成学校講師を兼務した後、三五年七月商事部庶務課調査係主任を経て三六年九月副参事となり、同年一〇月商事部が独立した日満商事㈱に転籍して調査課宣伝係主任となった。

本下　三郎　▷12

(名)豊記洋行代表社員、奉天商工会議所議員／奉天小西門裡／一八九八（明三一）一二／兵庫県揖保郡西栗栖村

兵庫県本下清兵衛の子に生まれ、早くから親戚が経営する名古屋の豊永商店で陶磁器商に従事した。その後、同店奉天支店の不振挽回のため渡満し、豊記洋行と改めて経営を立て直した。その後本店から分離して独立経営し、三五年五月合名会社に改組して新京南街に支店を設けた。大阪、東京、名古屋方面から諸雑貨、ゴム製品を仕入れ、また満蒙毛織(株)の特約販売店として同社製の帽子、綿布、毛布を扱って全満に販路を拡げ、年商高一〇〇万円内外に達した。

本郷　栄　▷3

正金銀行牛荘支店支配人／奉天省営口元神廟街正金銀行内／一八七六（明九）二／京都府与謝郡宮津町

京都府の河合家に生まれ、同府本郷家を相続した。横浜正金銀行に入社し、一九〇〇年牛荘支店詰となって渡満した。その後遼陽出張所に転勤したが、〇六年に病を得て帰国した。〇七年五月再び牛荘勤務となって渡満し、一二年春に大連支店に転勤した後、同年一〇月牛荘支店支配人に就いた。勤務のかたわら営口居留民団行政委員を務めた。

本郷晴太郎　▷12

三棵樹工務段工事助役／奉天紅梅町／一九一二（明四五）二／秋田県平鹿郡横手町御扶持町／仙台高等工業学校土木科

秋田県本郷福次の長男に生まれ、秋田中学校を経て一九三三年三月仙台高等工業学校土木科を卒業し、同年四月満鉄に入り技術方として鉄道部工務課に勤務した。三四年四月技術員に昇格し、三五年三月奉天鉄道事務所に転勤して工務課に勤務した後、三六年六月奉天保線区工事助役を経て三七年六月三棵樹工務段工事助役となった。

本庄　完　▷12

興安南省公署総務庁総務科長／興安南省王爺省公署官舎吟風荘／一九〇四（明三七）六／大分県速見郡八坂村／東京帝大法学部政治学科

大分県本庄謙治の三男に生まれ、杵築中学校、第五高等学校を経て一九二八年三月東京帝大法学部政治学科を卒業し、同年五月東京市の(社)帝国発明協会嘱託となった。その後三一年三月に渡満して大連の満州報社に勤務したが、満州事変後に奉天地方自治指導部に入った。三二年六月国務院交通部郵務司庶務科長となり、三四年三月交通部事務官に進んで総務司に勤務した後、三六年八月興安南省公署総務庁総務科長に転任した。この間、建国功労賞及び大典記念章、皇帝訪日記念章を授与された。

本荘　太彦　▷12

満鉄大連鉄道工場第一作業場仕上職場主任兼鉄道研究所勤務、社員会評議員／大連市菖蒲町／一九〇七（明四〇）六／岐阜県土岐郡瑞浪町／旅順工科大学機械工学科

岐阜県本荘保二の四男に生まれ、京城中学校を卒業して渡満し、一九三〇年三月旅順工科大学機械工学科を卒業して満鉄に入り、撫順炭砿東郷採炭所運転手となった。三一年一月製油工場運転手に転任した後、同年一〇月技術員に進んで蒸留係員を務めた。次いで三五年四月大連鉄道工場に転勤して同年一二月同第一作業場仕上職場主任となり、三六年六月鉄道研究所兼務を経て三七年四月鉄道研究所大連在勤兼務となった。

本城徳太郎　▷12

本城質店主、勲八等／新京特別市日本橋通／一八七九（明一二）八／奈良県宇智郡五条町

奈良県河崎常三郎の子に生まれ、同県本城久吉の養子となった。一九〇四年日露戦争に際し予備役召集され、上等兵として第二軍に属し塩大澳に上陸して各地に転戦した。〇六年二月に帰国して召集解除され、功により勲八等白色桐葉章及び一時金二〇〇円を授与された。しばらく郷里で静養した後、同年再び渡満して大連、鉄嶺を経て長春に至り、同地で食料品雑貨・果実商を営んだ。一〇年九月質屋に転業し、かたわら多数の家屋を建築して貸家業を兼営した。実妹の河崎なつは東京女子高等師範学校を卒業して与謝野晶子らと文化学院を創立し、同教授を務めるかたわら評論家として活躍し、戦後は

社会党参院議員を務めたほか、「日本子供を守る会」「母親大会」「日本平和委員会」「原水禁大会」等で活動した。

本荘　秀一　▷12

国務院民政部土木局第二工務処河川科長、従六位勲六等／新京特別市羽衣町／一八九九（明三二）一二／東京府東京市淀橋区大久保百人町／京都帝大工学部土木工学科

東京府本荘金之の長男に生まれ、高千穂中学校、第八高等学校を経て一九二四年三月京都帝大工学部土木工学科を卒業し、同年四月内務工手となり東京土木出張所工務部工事係に勤務した。二七年七月内務技師に進んで東京土木出張所富士川上流改修事務所に勤務した後、三二年三月下関土木出張所宮崎地方森林会議員兼大淀川改修事務所勤務、同年四月大淀川改修事務所主任兼大淀川改修土地収用事務所主任を歴職した。三三年五月国務院国道局技正に転じて渡満し、第二技術処利水科長を務めた後、三七年一月の官制改革で土木局第二工務処河川科長となった。この間、建国功労賞及び大典記念章、皇帝訪日記念章を授与された。

本荘　宗三　▷11

関東庁普蘭店民政支署長、正七位勲七等／関東州普蘭店会番外官舎／一八七六（明九）一二／三重県阿山郡上野町

三重県本荘新五郎の長男に生まれ、一八九七年一一月裁判所書記登用試験に合格した。九九年四月裁判所書記に任用され、郷里の上野区裁判所に勤務した。一九〇六年関東都督府法院書記に転任して渡満し、地方法院大連出張所詰となった。その後〇七年三月金州出張所詰、同年一〇月地方法院詰を経て〇八年九月都督府属に進み、旅順民政署に勤務した。一四年金州民政支署勤務、二四年一二月同支署総務課長を経て二八年関東庁理事官に進み、普蘭店民政支署長に就いた。長男の宗満は早大法学部に学び、実弟の実は東京帝大文科大学を卒業して大阪高校教諭を務め、同じく実弟の修も東京帝大法科大学独法科を卒業して裁判所判事となった。

本庄　庸三　▷12

大同酒精㈱取締役、新京康徳図書印刷所顧問、在郷軍人会ハルビン連合分会長、正四位勲三等功五級／ハルビン馬家溝通街／一八七八（明一一）八／佐賀県小城郡多久村／陸軍士官学校

本姓は別、佐賀県本庄強介の養子となった。一八九九年陸軍士官学校を卒業して砲兵少尉に任官した後、一九〇一年に陸軍砲工学校及び野砲兵学校を卒業し、砲兵学校教官、野砲兵第二〇連隊大隊長、陸軍省作戦資料整備会議議員・同幹事等を歴任した。二八年三月少将に累進して豊予要塞司令官となり、二九年八月陸軍工科学校長を経て三〇年八月待命、次いで予備役編入となった。退役後は東京市渋谷区代々木初台に居住して済美会出資社員をしていたが、三三年一一月に日満合弁の大同酒精㈱の創立とともに副社長となって渡満し、後に取締役に就いた。

本多　篤　▷11

撫順高等女学校教諭、従七位／奉天省撫順南台町／一八九四（明二七）五／群馬県邑楽郡中野村／東京高等師範学校国語漢文科

群馬県高崎市蔵の子に生まれ、本多家の養子となった。一九一五年東京高等師範学校国語漢文科を卒業して福井県立小浜中学校教諭となり、次いで高知県師範学校教諭に転じた。この間一年志願兵として入営し、予備陸軍歩兵中尉となった。二〇年九月に渡満して南満州工業学校教諭となり、二二年五月に南満州工業専門学校に昇格した後も引き続き同校に勤務し、その後撫順高等女学校教諭に転じた。

本田　功　▷11

関東陸軍倉庫鉄嶺支庫長、正七位／奉天省鉄嶺陸軍官舎／一八九四（明二七）一一／熊本県熊本市薬園町／陸軍経理学校

熊本県教員秋山銀次郎の次男に生まれ、本田家を再興して養子となった。一九一六年陸軍経理学校を卒業して第一八師団経理部付となり、歩兵第四八連隊付、朝鮮陸軍倉庫付、岡山師団経理部及び敦賀連隊付等を歴任した。二八年八月、関東陸軍倉庫鉄嶺支庫長兼関東軍経理部鉄嶺派出所長に転任して渡満した。陸軍一等主計として満州各部隊用の糧秣補給、内地各師団用の高粱補給に従事し、かたわら満蒙物資の利用調査及び昌図、鉄嶺、開原の陸軍所属土地建物の経営管理に当たった。実兄秋山輝男は海軍少佐で駆逐艦長を務め、実弟秋山邦雄は歩兵中尉で陸軍大臣官房に勤務した。

本田市太郎 ▷4

雑貨貿易商、本田洋行主／吉林省農安県／一八七六（明九）／長崎県西彼杵郡高島村

一九〇四年、朝鮮に渡り仁川で食料雑貨店を開いた。〇七年大連に渡って官衙用達商を営んだ後、〇九年長春に移って同業に従事した。二年後さらに吉林省農安に入り、雑貨貿易商を開業した。治安状況の悪い中、農安街道を往来して商品輸送に当たり、同地在住日本人の古参株として知られた。

本田　要 ▷8

いろは楼主／奉天柳町／一八八三（明一六）四／長崎県南高来郡山田村

一九〇八年二月に渡満し、同年一〇月奉天柳町で料亭を開業した。その後、事業の発展に伴い同町七番地に二階建の店舗を新築して移転した。

本多　貫一 ▷11

満鉄経理部会計課貯金係主任／大連市伏見町／一八九四（明二七）三／愛知県名古屋市西区下広井町／満鉄育成学校

愛知県商業本多又市の三男に生まれ、一九一四年九月満鉄育成学校を修了して事務見習となった。勤続して雇員、職員と進んで二八年一一月貯金係主任となるまで一貫して本社経理部会計課に勤続した。かたわら満鉄育成学校講師を兼務し、満鉄二十周年記念祝典に際し優良社員として表彰された。鯱城と号して新傾向の俳句雑誌「黒煉瓦」を主宰した。

本田　早苗 ▷12

合同法律事務所主／龍江省チチハル財神廟街／一九〇一（明三四）三／鹿児島県姶良郡国分町／日本大学

鹿児島県本田仲二の長男に生まれ、日本大学を卒業して一九二八年外務省に入った。上海、チチハル、吉林等の領事館で司法事務に従事した後、三四年五月に独立してチチハルで法律事務所を開設し、チチハル信託[株]、[資]チチハル会館、[名]復興工業、天徳金厰の顧問に就いた。弁護士業のかたわら朝鮮人農民を使用して省内訥河県新安で二〇〇〇町歩の水田を経営し、チチハル日本居留民会評議員、同郷団体三州会の幹事を務めた。

本田　薫雄 ▷12

奉天中央電話局城内分局長／奉天馬路湾／一八九五（明二八）四／山口県萩市平安古町

山口県本田庫太の次男に生まれ、一九二二年一〇月逓信省逓信官吏練習所技術補習科を修了し、同年一二月関東庁逓信技手となって渡満した。三三年九月満州電信電話[株]の創立とともに同社に転じてハルビン中央電話局交換課長となり、次いで奉天中央電話局城内分局長に就いた。

本多　重雄 ▷12

満鉄産業部資料室統計班主査、勲八等／大連市霧島町霧島ビル／一九〇一（明三四）七／東京府東京市渋谷区千駄ヶ谷町／東京帝大法学部法律学科

大阪朝日新聞経済部長や東京日日新聞主筆を務め、第一次憲政擁護運動に活躍した本多精一の長男に生まれ、第八高等学校を経て一九二六年東京帝大法学部法律学科を卒業した。同年文官高等試験外交科に合格した後、一年志願兵として近衛野砲兵連隊に入営した。除隊後二八年四月満鉄に入社して鉄道部勤務、長春駅駅務方、長春列車区車掌、大連駅駅務方に歴勤し、総務部経済調査会調査員を経て三六年一〇月産業部資料室統計班主査となった。この間、満州事変の功により勲八等従軍記章、健康区功労賞を授与された。国際金融に造詣が深く、著書に『世界政治経済概要』『続世界政治経済概要』がある。

本多　静雄 ▷12

満鉄石河駅長／関東州石河石河駅長社宅／一八九七（明三〇）一／長崎県南高来郡多比良村

長崎県本多恵晃の長男に生まれ、一九一八年満鉄に入り大連駅に勤務した。二二年九月大連列車区、三〇年五月太平山駅助役、三三年三月大連鉄道事務所、三五年四月同所車務課に歴勤し、三六年五月石河駅長に就いた。

本田信太郎 ▷8

本田商店主／奉天江ノ島町／一八八四（明一七）一〇／長崎県北高来郡古賀村

一九〇七年二月に渡満して大連に在住

したが、〇九年二月奉天に移り、十間房で新古和洋服商を開業した。後に橋立町に移転し、さらに江ノ島町に移転して同業を営んだ。

本多 竹治 ▷12

満鉄敦化自動車営業所主任、勲八等／吉林省敦化県城通河街／一九〇八（明四一）一〇／群馬県北甘楽郡高田村／群馬県立富岡中学校

群馬県本多清作の三男に生まれ、県立富岡中学校を卒業して渡満し、一九二八年満鉄鉄道教習所を修了した。安東県沙河鎮駅、安東列車区、奉天駅、奉天列車区、橋頭列車区、鉄路総局自動車課、吉林鉄路局、寧安自動車営業所等に歴勤し、三四年六月敦化自動車営業所勤務となった。三六年三月新京自動車営業所に転勤した後、同年八月敦化自動車営業所主任に就いて同所自動車修理工場主任を兼任し、三七年三月兼務を解かれた。この間、満州事変の際に匪賊討伐に参加して勲八等従軍記章及び建国功労賞を受けた。

本多 忠孝 ▷11

大連取引所信託㈱支配人／大連市浅間町／一八八九（明二二）五／埼玉県北足立郡小針村／東洋協会専門学校

埼玉県農業本多政吉の長男に生まれ、一九一〇年東洋協会専門学校を卒業し日清製油㈱に入社した。大連支社、ハルビン、ウラジオストク、長春等の出張所主任を歴任した後、一九年大連取引所信託㈱に転じ、市場主任を経て二七年一月支配人に就任した。

本多彦九郎 ▷11

満州教育専門学校教授／奉天葵町／一八八七（明二〇）八／福岡県築上郡角田村／東京高等師範学校研究科

福岡県本多彦市の長男に生まれ、一九一三年東京高等師範学校を卒業して研究科に進んだ。一七年に卒業して渡米し、シカゴ大学の奨学生となった後、二〇年にペンシルベニア大学からハリソンフェローの待遇を受けて転学した。二三年一一月に帰国し、翌年満州教育専門学校教授となって渡満した。夫人竜は日本女子大学家政科を卒業した。

本田 宥英 ▷11

旅順第二小学校教員／旅順市千歳町／一八八八（明二一）一〇／山形県南置賜郡窪田村／山形県師範学校

山形県僧侶本田右京の三男に生まれ、一九一一年山形県師範学校を卒業して郷里の万世小学校、漆山小学校、高畠小学校等で教鞭を執った。二一年一一月に渡満して関東州旅順第二小学校に訓導に転じた。二八年一二月、上海、蘇州、南京、杭州地方を二週間にわたって教育視察した。

本多文太郎 ▷11

遼鞍信託会社取締役、自転車商／奉天省遼陽本町／一八七七（明一〇）三／長崎県長崎市西坂町

長崎県本多鉄次郎の長男に生まれ、日露戦中の一九〇五年八月に渡満して遼陽で雑貨・古物商を開業した。その後徐々に事業を拡張して自転車、世帯道具、金物類の店舗を展開し、かたわら遼鞍信託会社取締役、遼陽実業会評議員、遼陽輸入組合評議員、信用組合会計等を務めた。

本多 兵一 ▷12

日清製油㈱専務取締役兼大連工場長、満州ペイント㈱社長、満州塗装㈱取締役、大連商工会議所常議員、大連油房連合会会長、満州重要物産組合副組合長、満州特産中央会評議員、満州製油工場振興委員会委員／大連星ヶ浦小松台／一八八〇（明一三）一二／愛知県碧海郡矢作町／東洋協会専門学校

愛知県本多桂次郎の長男に生まれ、県立第二中学校を経て一九〇三年東洋協会専門学校を卒業して㈴大倉組に入り、本店に勤務した。次いで〇五年に天津支店詰となり、〇七年四月大倉組が横浜の松下商店と共同で大連に日清豆粕製造㈱を創立すると、同社出向となって渡満した。大連市内の軍用地一万坪に油房工場を建設し、〇八年から事業を開始すると同工場の運営に当たり、一八年に組織を変更して日清製油㈱と改称すると同時に常務取締役に選任され、関連する星ヶ浦土地建物㈱取締役、満州ペイント㈱取締役、満州石鹸㈱監査役等を兼任した。その後専務に就任し、大連商工会議所常議員、大連油房連合会会長、満州重要物産組合副組合長、満州特産中央会評議員、満州製油工場振興委員会委員等の公職を務めた。夫人しゑ子との間に二男六女あり、長男兵輔は拓殖大学を卒業して大倉保険会社に勤務し、次男賢輔は北海道帝大工学部に学んだ。

本多 兵蔵 ▷12

富徳公司主、富徳銀号主／奉天日吉町／一八七六（明九）七／福島県安達郡戸沢村

一九〇七年に渡満し、義兄が経営する奉天の石炭商大昌煤局に勤務した。一〇年勤続した後、大昌煤局の旧商号富徳公司の名で独立開業した。日満商事指定石炭販売人として石炭商を営むかたわら、三九年に富徳銀号を設けて両替商を兼営した。一七年四月から満鉄附属地第一〇区委員、同区長、西塔町内会長、奉天実業補習学校商議員、関東庁業態調査委員等の公職を務め、満鉄及び町内会より感謝状と金杯を受けたほか、関東庁より二度にわたり記念品と賞金を授与された。

本田 康喜 ▷13

関東州土木建築業協会書記長／一八九二（明二五）／熊本県熊本市／錦城中学校

一九一二年、郷里の錦城中学校を卒業して「九州新聞」社会部記者となったが、一四年に渡満して満州日日新聞社に転じた。社会部記者から社会部長、編集長に進んだが、幹部更迭のため二三年に辞職して帰国し、「大熊本新聞」の編集長となった。二九年に再び渡満して「奉天毎日新聞」大連支社編集長に就き、三一年の満州事変の報道で陸軍省及び賞勲局から恩賞を受けた。三二年六月満州新報社主幹兼副社長に迎えられたが、三三年に満州土建協会編集部長を嘱託されると実業界との関係を深め、三七年に満州新報社を退社し、翌年正式に満州土建協会編集部長兼庶務課長に就任した。四〇年一〇月関東州土建協会が設立されると、翌年九月書記長に就いた。著書に『満州土木建築業発達史』『敦図線建設史』等がある。

本田 義雄 ▷6

満鉄沙河口工場会計課員／大連市／一八九二（明二五）／鹿児島県鹿児島市山下町／鹿児島簿記学校

一五歳で薩摩軍に加わって西南戦争を戦い、後に大阪商船台湾航路の機関長を務めた本田仁之助の子に生まれた。東京の郁文館中学に学び、さらに鹿児島簿記学校を卒業して一九一四年鉄道院に入り鹿児島駅に勤務した。一五年に上京して築地の海軍工廠に転じたが、翌年肋膜を患い退職して郷里で静養した。一七年八月に渡満して満鉄に入り、沙河口工場会計課に勤務した。

本田 良男 ▷12

満鉄奉天保安区電気助役／奉天白菊町／一九〇九（明四二）八／宮城県仙台市本櫓町／仙台高等工業学校電気科

宮城県本田甚左衛門の次男に生まれ、一九三〇年三月仙台高等工業学校電気科を卒業して同年四月満鉄に入り、同年八月鉄道部保安課技術方となった。次いで同年一〇月大連保安区技術方、三一年二月奉天保安区技術方、同年三月工事部築港課奉天在勤、同年八月長春鉄道事務所技術方を歴任し、三四年六月満鉄奉天保安区電気助役に就いた。この間、満州事変時の功により賜杯及び従軍記章を授与された。

本多 嘉則 ▷12

満鉄奉天婦人医院長兼医長、正八位／奉天葵町／一八九九（明三二）一一／長崎県南高来郡口之津町／南満医学堂

長崎県本多貫一の長男に生まれ、島原中学校を卒業して渡満し、一九二一年奉天の南満医学堂を卒業して同年一二月日本赤十字社奉天病院に勤務した。二二年久留米の歩兵第五六連隊に入営して兵役に服し、二四年四月陸軍軍医中尉に任官して満期除隊した。帰任して二七年四月同病院産婦人科主任に就いた後、二八年一〇月に依願退職して奉天江島町で産婦人科長田病院を共同経営した。その後三〇年七月ハルビン日本病院産婦人科医長に転じ、次いで同年一一月満鉄嘱託に転じてハルビン医院臨時医務取扱となった。三一年四月満鉄吉林東洋医院産婦人科医長を務めた後、三五年四月奉天婦人医院長兼医長となった。この間、吉林在勤中にスポーツ選手として活躍したほか、満州事変時に医療活動に従事して大楯及び従軍記章を授与された。

本間 国夫 ▷12

作蚕種繭場技佐／奉天省西豊県城／一九〇七（明四〇）一〇／新潟県岩船郡村上本町／上田蚕糸専門学校養蚕科

新潟県本間鉱次郎の長男に生まれ、村上中学校を経て一九三〇年三月上田蚕糸専門学校養蚕科を卒業し、同年四月に渡満して旅順管区天華農場に勤務した。三二年六月国務院実業部雇員に転じて農鉱司農務科に勤務した後、三三年三月実業部属官、三四年七月実業部技士に累進し、同年八月農務司農産科勤務を経て三六年六月柞蚕種繭場技佐となった。この間、建国功労賞及び大典記念章、皇帝訪日記念章を授与された。

本間　五郎　▷12

満鉄ハルビン鉄路医院外科医員／ハルビン工程師街／一九〇七（明四〇）一一／新潟県佐渡郡河原田町／新潟医科大学

一九三四年三月新潟医科大学を卒業し、母校の整形外科副手となった。三六年五月満鉄鉄路総局に転じて渡満し、ハルビン鉄路医院外科に勤務した。同年一〇月の職制改正により鉄道総局医員となり、引き続き同医院外科に勤務した。

本間　徹弥　▷12

吉林地方法院次長兼吉林高等法院審判官兼吉林区法院監督審判官、学習法官指導官、推任一等、従六位勲五等／吉林商埠地／一八九七（明三〇）二／東京府東京市麻布区三河台町／東京帝大法学部英法科

一九二一年三月東京帝大法学部英法科を卒業し、東京で弁護士を開業した。二八年末に廃業し、渡満して関東庁法官・判官となり、三二年六月満州国司法部事務官に転じて総務司人事科長に就いた。三三年六月奉天高等法院推事に転任し、次いで永吉地方法院首席庭長を務めた後、三六年七月吉林地方法院次長となり吉林高等法院審判官及び吉林区法院監督審判官を兼務した。昭和天皇即位大典記念章及び満州国建国功労賞、皇帝訪日記念章を受章した。

本間　徳雄　▷12

国務院水力電気建設局工務処長、水力電気建設委員会幹事、従四位勲五等／新京特別市崇智路／一八八九（明二二）九／新潟県中蒲原郡新津町／東京帝大工科大学土木工学科

新潟県本間金雄の九男に生まれ、新潟中学校、第一高等学校を経て一九一五年七月東京帝大工科大学土木工学科を卒業し、同年八月朝鮮総督府技手となり総督官房土木部土木課に勤務した。技師に昇格して土木課道路係、京城興業専門学校講師、総督官房土木部、大同江出張所長、総督府土木部工事課勤務兼大同江出張所長、郡市係長を歴職し、二四年二月欧米各国に出張した。帰任して内務局京城土木出張所長、郡市計画に関する事務嘱託兼咸南産業調査会委員、京畿道漢江治水事務所長、忠南美湖川治水事務所長、仁川工場地帯整備工事技術及び事務嘱託を歴任した。その後三三年三月に渡満して国務院国道局第一技術処長に転じ、国道局第二技術処長を務めた後、三七年四月水力電気建設局技正に転任して水力電気建設局工務処長となった。京城第一高女出身の夫人三保子との間に五男二女があった。

本間　正文　▷11

明治生命遼陽代理店、陸軍予備歩兵中尉、正七位勲五等／奉天省遼陽本町／一八七五（明八）一一／新潟県北蒲原郡乙村／陸軍教導団

新潟県本間治永門の次男に生まれ、一八九六年七月陸軍教導団歩兵隊に入団し、台湾守備、北清事変等に参加した。日露戦争では第一軍に属して鎮南浦に上陸し、九連城、蛤蟆塘、鳳凰城、摩天嶺ほか各地に転戦した。一九〇四年九月黒英台の戦闘で胸部貫通の銃創を受けて後送となったが、快復とともに翌年八月歩兵第五八連隊に属して大連に上陸した。鉄嶺北方の揚相屯に駐屯し、戦後戦功により陸軍中尉に進み、正七位勲五等を受けた。帰国して高田歩兵第五八連隊に勤務し、一三年四月同連隊の満州駐箚に伴い再び渡満して遼陽に勤務したが、同年一二月予備役編入となった。除隊後も満州に留まり、遼陽銀行、遼陽地方事務所外勤助手、遼陽公学堂事務員、同商業学校教諭兼書記等を務めた後、二八年四月に退職し同地で明治生命代理店を経営した。書画骨董のほか川柳を趣味とし、満州柳壇に名を知られた。

本間　又吉　▷3

関東都督府海務局属庶務課長、勲七等功六級／大連市石見町／一八七九（明一二）五／山形県米沢市上花沢中町

山形県本間真一の子に生まれ、一九〇四年日露戦争に従軍し、功により勲七等功六級を受けた。戦後除隊して〇七年一月関東都督府属となり、海務局庶務課長に就いた。

本間　有三 ▷12

満州国協和会中央本部監査部監査員、正八位／新京特別市入船町／一九〇二（明三五）八／山形県飽海郡西荒瀬村／京都帝大法学部

山形県本間光勇の次男に生まれ、荘内中学校、弘前高等学校を経て一九三〇年三月京都帝大法学部を卒業し、同年幹部候補生として入営した。歩兵少尉に任官して退営した後、三二年一月関東軍司令部嘱託となって渡満した。次いで同年六月国務院総務庁属官に転じ、秘書処文書科に勤務して三五年一〇月総務庁事務官となった。三六年一一月に依願退職し、翌月満州国協和会中央本部に転じて監査部に勤務した。

本間　由蔵 ▷11

関東庁属、勲七等／大連市錦町／一八七二（明五）一〇／新潟県佐渡郡沢根町

新潟県本間久治の長男に生まれ、一九〇七年一月北海道巡査となった。その後朝鮮総督府巡査、山梨県及び長崎県吏員を経て一九二〇年二月に渡満し、関東庁属に転任した。

本間良太郎 ▷12

安東税関税務科長、従七位勲七等／安奉県安東駅前七番通／一八八九（明二二）四／新潟県新潟市緑町／県立新潟中学校

一九〇六年三月県立新潟中学校を卒業した後、一一年七月横浜税関に勤務した。新潟、横浜の各税関に歴勤した後、二二年四月税関事務官補となり総務課に勤務した。三三年九月関税官兼任となって満州国に転出し、嘱託として山海関税関に勤務した。三四年三月税関事務官となり、さらに三五年一二月理事官に昇格して安東税関税務科長に就いた。

本丸　弘 ▷11

金州福昌農園主任／金州新金州／一八九二（明二五）三／福岡県築上郡西角田村／福岡県農学校

福岡県本丸保平の三男に生まれ、一九一二年福岡県農学校を卒業した。一五年八月に渡満して大連の福昌公司に入り、農業部員として寺児溝農園に勤務した。沙河口農園勤務を経て金州農園主任に就き、果樹組合金州支部評議員、金州農会監事、市民会副会長を務めた。

「本村」は「もとむら」も見よ

本村　惟 ▷7

東拓大連支店塩業係主任／大連市松山町／一八九七（明三〇）四／鹿児島県姶良郡蒲生村／鹿児島県立加治木中学校

一九一五年鹿児島県立加治木中学校を卒業して農商務省水産講習所に入り、水産事業及び塩業の研究に従事した。この間北海道、朝鮮、中国華中を踏査し、一八年三月に同所製造科を卒業して東拓本社に入社した。一九年一〇月大連支店に設置された塩業調査部勤務となって渡満し、着任と同時に州内各地を踏査して塩業の現状を視察した。二〇年四月に東拓貔子窩塩田一五〇〇町歩の計画を立案し、青島塩田、朝鮮の官営塩田等を調査研究した。二三年に貔子窩塩田が竣工し、翌年から採塩を開始し、東拓製塩の濫觴をなした。

前岡菊次郎 ▷12

吉林税務監督署経理科長兼総務科長、従七位勲八等／吉林通天街吉林税務監督署／一八八九（明二二）四／大阪府中河内郡八尾村

一九〇九年五月大阪税務監督局中島税務署に勤務し、後に同局北税務署に勤務した。勤続して二三年一二月水口税務署長、二八年一二月司税官となったが、間もなく依願免官して実業に従事した。三四年三月黒龍江省総務庁嘱託となって渡満し、同年五月同省事務官に昇格して総務庁経理科長となり、次いで同年七月理事官に進んだ。三五年三月から総務庁総務科長を兼任した後、三六年九月税務監督署事務官に転任して吉林税務監督署経理科長となり、三七年五月から総務科長を兼務した。

前川　巌 ▷12

前川鉄工所長／間島省図們江岸通／一八九五（明二八）一二／奈良県高市郡八木村／高等小学校一年中退

奈良県前川岩太郎の子に生まれ、一九〇九年郷里の八木村尋常高等小学校高等科一年を修了し、大阪に出て堺市の鉄工所で働いた。八年後に藤岡織布㈾に転じて監督となり、次いで二〇年三月朝鮮に渡って大邱の原商店機械部工場職長となり、二三年九月木浦鉄工所職長に転じた。二七年に独立して鉄工業を開業し、三四年七月間島省図們に移転して同業を経営した。蒸気機関据え付け、暖房装置請け負い、諸機械製作及び修理、ガス溶接、建築用金物の設計製作・据え付け等を営業課目とし、従業員一〇人を使用して年間一〇万円を売り上げた。

前川鉄之進 ▷12

満鉄皇姑屯機務段運転助役／満鉄皇姑屯機務段／一八八七（明二〇）一二／香川県三豊郡比地二村

一九〇八年一月満鉄に入り、大石橋機関区に勤務した。各地に勤務した後、三四年六月鉄道総局錦県機務段運転副段長を経て三六年一〇月皇姑屯機務段運転助役となった。この間、三三年八月に勤続二五年の表彰を受けた。

前川　良三 ▷11

大連新聞社取締役兼支配人／大連市近江町／一八九一（明二四）四／滋賀県東浅井郡大郷村

滋賀県農業前川平兵衛の子に生まれ、一九二一年三月に渡満した。創刊一年の大連新聞社に入り、後に取締役兼支配人となった。

前沢　三郎 ▷3

前沢洋行主／大連市伊勢町／一八六五（慶一）一〇／大阪府大阪市東区博労町／大阪英学校

旧姓は嶋田、大阪市で三〇〇年続く金物商を経営する前沢弥助の養子となった。大阪英学校を卒業した後、一八九八年から佐賀市材木町で金物商を営んだ。その後〇五年に渡満し、大連市伊勢町で同業を営んだ。夫人ますとの間に子無く、養子竜雄を迎えた。

前沢　龍雄 ▷12

満州金物㈱代表取締役、大連土建材料商組合幹事／大連市聖徳街／一八九三（明二六）／大阪府大阪市東区博労町

本姓は別、後に大連市威勢町で金物店を営む前沢三郎の養子となった。養父の没後に事業を継承したが、一九三二年二月に他の四同業者と合同して満州金物㈱を創立し、代表取締役に就任した。

前島　純夫 ▷12

三菱商事大連支店副長、満州特産中央会評議員／大連市桜町／一八九五（明二八）一一／長野県南佐久郡野沢町／東京高等商業学校

東京高等商業学校を卒業して三菱商事に入った。各地に歴勤した後、ハルビン出張所長となって渡満し、業務のかたわら同地の商工会議所評議員及びロータリークラブ会員を務めた。次いで大連支店副長となり、三六年一二月満州特産中央会評議員に選出された。

前島　東作 ▷12

満鉄皇姑屯機務段点検助役、勲七等／満鉄皇姑屯機務段／一八九二（明二五）四／静岡県静岡市水落町／静岡県立商業学校

静岡県立商業学校を卒業し、一九〇八年一一月中部鉄道管理局に入った。各地に勤務した後、二五年五月名古屋鉄道管理局機関車検査掛を経て三三年六月機関手となり、同年一二月に依願退職して満鉄に転じた。鉄路総局配属となり奉山鉄路局に派遣された後、三四年四月皇姑屯機務段運転副段長に転任し、三六年一二月同段点検助役となった。

前島　昇　▷12

大同学院教授／新京特別市南嶺大同学院内／一九〇四（明三七）／宮城県仙台市／東北帝大法文学部

一九二八年三月東北帝大法文学部を卒業して官界に入り、長野県社会課社会事業主事補、農林主事を歴職した。三二年満州国官吏に転じて渡満し、国務院実業部農務司となり、吉林省磐石県、浜江省阿城県の各参事官を経て三六年一〇月大同学院教授に就いた。

前島　秀博　▷12

満鉄産業部員、大満採金公司㈱取締役、支那駐屯軍嘱託、正八位勲六等／大連市鳴鶴台／一九〇〇（明三三）七／東京府本所区横川橋／東京商科大学

前島柳之助の長男として横浜市に生まれ、東京府立第三中学校を経て一九二四年東京商科大学を卒業し、同年五月満鉄に入社して地方部庶務課に勤務した。二七年一一月興業部商工課、三〇年六月殖産部商工課、三一年六月殖産部庶務課、同年八月地方部商工課に歴勤して同年一〇月から育成学校講師を兼任した。三三年二月総務部に転任して経済調査会第四部第一班主任となり、同年一二月計画部業務課業務係主任を兼任した。さらに三四年八月から大満採金公司㈱取締役を兼務し、三五年一〇月から奏任官待遇で支那駐屯軍嘱託を兼務した。三六年九月副参事に昇任して翌月産業部の発足とともに同部に転任し、同年一二月から翌年夏まで企業組織の合理化及び国家産業統制に関する実状調査研究のため欧米に出張した。満鉄傍系一六社の創立業務に従事して「満州主要会社定款集」「満州主要新設会社企業目論見集」の編集責任者を務め、満州事変時の功により勲六等瑞宝章及び従軍記章、建国功労賞、大典記念章を受けた。

前薗　佐市　▷12

三富洋行主、佳木斯商工会議員、佳木斯在郷軍人分会理事／三江省佳木斯／一九一一（明四四）一一／鹿児島県日置郡串木野町／早稲田大学専門部

鹿児島県前薗長太郎の三男に生まれ、早稲田大学専門部を卒業して渡満し、各地を視察して佳木斯に居を定め、一九三三年六月三富洋行を開設した。用品雑貨・食料品・化粧品・文具・小間物類を販売し、後に資本金二万円として従業員一〇人を使用して年商高一〇万円を計上した。

前薗　弥八　▷12

満鉄鉄道総局運転課員、勲六等／奉天紅葉町／一八八九（明二二）三／鹿児島県日置郡串木野町

一九〇六年朝鮮鉄道に入り、南大門駅車掌となった。以来各地に勤務し、一山駅助役を経て朝鮮総督府鉄道局書記となり汽車課、京城管理局運転課に歴勤した。その後二五年四月同鉄道の満鉄への経営委託に伴い満鉄社員となり、満鉄運輸部運輸課、鉄道部運転課、同車務課、同輸送課、同第一輸送課に歴勤して三六年九月副参事となり、鉄道総局運転課に転勤した。この間、満州事変時の功により勲六等旭日章及び従軍記章、建国功労賞、皇帝訪日記念章を授与された。

前田　伊織　▷13

宝山百貨店社長、満州百貨店組合理事長／新京特別市八島通／一八八九（明二二）二／広島県広島市寺町／仏教中学

広島県僧侶前田至誠の五男に生まれ、一九〇八年仏教中学を卒業した。一五年四月広島の高坂化学工場に入り、同年一二月高坂燐寸工場主任兼化学部職員、一六年一〇月山口県中関の高坂化学製品所所長を務めた後、一九年七月に独立して柳井津化学工業所を興したが、翌年六月に渡満して長春の日清マッチ㈱取締役に就いた。二七年一一月に辞任し、翌年九月同地に宝山燐寸工場を設立して燐寸の製造販売業を経営した。さらに宝山百貨店、帝都キネマを設立して社長に就き、吉林燐寸、日清燐寸、奉天恵臨火柴、東洋商事、満州木材、帝都建物各会社の重役を兼ねた。かたわら長春居留民会副会長、満州百貨店組合理事長、満州県服商組合連合会副会長、新京商工公会参事等の公職を務め、四〇年一一月の皇紀二六〇〇年式典に際し海外功労者として表彰を受けた。五人兄弟の末弟で、四兄はいずれも広島県の寺院住職となった。

前田　市治　▷12

満州電業㈱総務部文書課庶務係長／新京特別市至善路／一八九八

(明三一) 九/京都府熊野郡久美浜町/京都帝大電気教習所

一九二二年京都帝大電気教習所を修了した後、二四年五月関東庁より主任技術者認可を受け、同年六月海城電気会社に入った。海城出張所長、大連本店計画課勤務、新京重役室勤務、奉天電灯廠計画股長、同廠幹部室主任を歴任した後、三四年一二月満州電業㈱に転じて総務部文書課庶務係長となった。 ▷11

前田 鉞雄

満州医科大学幹事/奉天新高町/一八八八(明二一)三/新潟県岩船郡村上本町/東京帝大法科大学政治学科

新潟県医師前田芳洲の五男に生まれ、一九一八年東京帝大法科大学政治学科を卒業して満鉄に入社した。大連管理局庶務課に勤務した後、長春駅助役、運輸部営業係、運輸従事員養成所講師兼務、運輸部貨物課、大連鉄道事務所営業長を歴任して満州医科大学庶務係長兼経理係長となり、二八年六月同大学幹事兼庶務課長兼経理課長に就任した。

前田嘉之治 ▷9

前田洋行主/大連市越後町/一八七二(明五)五/兵庫県揖保郡網干町

年少の頃に神戸に出て、長く貿易業に従事した。一九一二年朝鮮に渡り京城で雑貨織物販売店を開業したが、その後満州を視察して大連の発展を確信し、一五年に本店を大連市越後町に移して歯科・外科向けの医療用品直輸入商を始めた。事業が成功して市内愛宕町と青島、京城に支店を設け、山口高等商業学校を卒業した子の愛輔と共に本店・支店の経営に当たった。

前田 亀吉 ▷12

満鉄本渓湖地方事務所社会主事/奉天省本渓湖満鉄地方事務所/一八九四(明二七)一〇/鹿児島県薩摩郡高江村/福岡県立中学伝習館中退

堤寿吉の三男として福岡県山門郡柳河町に生まれ、後に鹿児島県前田斧畩の養子となった。福岡県立中学伝習館に入学したが、一九一〇年病気のため中退した。療養後一五年八月に渡満して大連の貿易商松田洋行に入り、一六年一一月同店取引代理人の免許を受けて会計主任となった。その後一八年九月満鉄に転じ、図書館事務助手として大連図書館に勤務した後、大石橋図書館主事を経て二六年四月大石橋図書館長となった。地方部学務課に転勤した後、三四年八月本渓湖地方事務所社会主事となった。この間、三四年四月勤続一五年の表彰を受けた。

前田 寛伍 ▷12

日満商事㈱常務取締役、大連窯業㈱取締役/大連市伏見町/一八九三(明二六)二/山形県鶴岡市鳥居町/旅順工科学堂採礦冶金科

山形県村田寛信の五男に生まれ、同県前田可敏の養子となった。一九一四年旅順工科学堂採鉱冶金科を卒業し、一五年一月満鉄に入り興業部販売課に勤務した。職制改正により商事部販売課勤務となった後、二二年一月再び興業部販売課に転任して同課計画係主任に就いた後、二六年八月、石炭積込機械の稼働状況とアフリカ炭の視察のため南アフリカのダーバン港に出張した。帰社して埠頭出張所主任となり、次いで三〇年六月参事に進んで大連受渡事務所長、大連港湾計画委員会委員、商事部地売課長兼計画係主任、同部輸出課長兼務に歴任し、三五年七月同部販売第一課長となった。その後三六年一〇月商事部の業務を継承して日満商事㈱が設立されると同社に転出し、乗務取締役に就任した。

前田 亀作 ▷8

金融業/奉天/一八八三(明一六)/佐賀県杵島郡武雄町

一九〇五年一〇月、日露戦争直後に前田呉服店店員として渡満した。奉天の同商店に勤めた後、〇九年一一月に独立して小間物商を開業した。一五に廃業して一八年まで事務員生活を送り、後に再び独立して金融業を営んだ。

前田金太郎 ▷12

満鉄ハルビン鉄路局運輸処旅客科員、正八位/ハルビン鉄路局運輸処旅客科/一九〇六(明三九)四/青森県三戸郡上長苗代村/日露協会学校

一九二五年鉄道省に入り盛岡駅に勤務した後、上京して日露協会学校に入学した。二八年三月に卒業し、同年一二月一年志願兵として朝鮮大邱の歩兵第八〇連隊に入営した。三〇年一二月歩兵少尉に任官して除隊し、朝鮮総督府鉄道局に入り京城駅に勤務した。京城列車区、清津列車区に勤務した後、三三年一〇月満鉄への委託経営により満鉄社員となり、穏城駅助役、清津駅助役、ハルビン站事務助役に歴勤して三七年四月ハルビン鉄路局運輸処旅客科に転任した。

前田　重雄　▷12

国際運輸㈱ハルビン支店長代理兼運搬係主任兼特産物検査所主任／ハルビン盧家街／一八九〇（明二三）一〇／愛知県名古屋市中区西瓦町／東亜同文書院商務科

本姓は別、後に前田賢の養子となった。名古屋の明倫館中学校を卒業して上海に渡り、一九一三年東亜同文書院商務科を卒業して同年一〇月名古屋の綿糸布製造販売業近藤繁八商店に入った。その後渡満して大連の東来洋行綿糸布主任、特産物商特通泰号に歴職し、二二年一〇月に独立して開原で特産物商茂盛洋行を自営したが、間もなく廃業してハルビンの特産物商成発東に入り現場業務に従事した。三五年四月国際運輸㈱に転じてハルビン支店特産物検査所主任となり、三五年五月同支店長代理に就いた。

前田　俊介　▷9

仁来銭荘主／大連市播磨町／一八八八（明二一）一／大阪府大阪市東区森之宮西之町／早稲田実業学校商科

上京して早稲田実業学校商科に入学し、一九〇九年三月に卒業して㈱光明洋行に入社した。一七年大連支店に転勤して渡満したが、一九年二月に会社解散となり、同年六月大連取引所銭鈔取引人となって播磨町に銭荘を開業した。二〇年三月に大連株式商品取引所が設立されると同所株式商品取引人となり、金銀両替商と株式売買に従事した。

前田　正治　▷11

大連第一中学校教諭／大連市清水町／一八九六（明二九）一〇／神奈川県横須賀市不入斗町／東京帝大理学部数学科

神奈川県軍人前田新五郎の長男に生まれ、一九二六年東京帝大理学部数学科を卒業して学習院講師となった。二八年三月に辞任して渡満し、大連第一中学校教諭に就いた。

前田　信一　▷12

興安東省布特哈旗参事官／興安東省布特哈旗参事官公館／一九〇七（明四〇）一二／愛知県名古屋市南区白鳥町／大連商業学校

一九二六年三月大連商業学校を卒業して大連の昌光硝子㈱に入社した。三二年六月満州国に転じて興安総署総務処会計科に勤務し、三四年七月需用股長を経て同年九月国務院蒙政部総務司経理科に転任した。三五年一一月興安東省布特哈旗属官となり、代理参事官を経て後に参事官となった。柔道を得意とし、二六年四月に初段を許された。

前田　信二　▷12

ハルビン地方警察学校主事、正七位勲七等／奉天省開原東陞街官舎／一八八七（明二〇）二／広島県豊田郡御手洗町／中学校

広島県農業前田幸太郎の次男に生まれ、中学校を卒業した後、一九〇七年一二月徴兵されて広島の歩兵第一一連隊に入営した。満期除隊後一〇年三月に渡満して関東都督府巡査兼外務省巡査となり、一七年四月警部補に進んで奉天警察署に勤務した。次いで二〇年一一月警部に累進して警察官練習所教官となり、二三年一二月大連警察署衛生係主任、同保安主任、同警務係主任を経て二八年七月開原警察署長に就いた。三二年七月警視となり、撫順警察署長、安東警察署長を歴任して三五年三月に退官し、同年一一月満州国中央警察学校教授に就き、三七年七月ハルビン地方警察学校主事に転任した。

前田　進　▷12

前田組牡丹江出張所長、正八位／牡丹江太平路／一九〇七（明四〇）／福井県大野郡大野町／東亜同文書院

福井県前田米吉の子に生まれ、一九三二年上海の東亜同文書院を卒業し、三三年に吉林省図們で土木建築業を開業した。その後三四年に牡丹江に転じ、職員組員五人、下請建築五人、土木三人を使用した。

前田住二郎　▷12

満鉄鉄道総局付待命参事、勲七等／奉天満鉄鉄道総局気付／一八八七（明二〇）四／熊本県塩飽郡川口村／熊本県立農学校二年中退

本姓は井上、一九二四年に前田留蔵の

養子となった。一九〇三年熊本県立農学校二年を中退し、同年一一月住友別子鉱業鉄道新居浜駅に勤務した。〇四年四月山陽鉄道会社に転じて小野田駅に勤務したが、同年八月日露戦争に動員されて休職し、臨時軍用鉄道監理部付となって渡満した。鶏冠山—本渓湖間の黒坑嶺駅、秋木駅に勤務した後、〇七年四月満鉄創業とともに満鉄社員となった。鳳凰城駅勤務、公主嶺駅車掌見習、瓦房店駅車掌見習、同駅車掌、鉄嶺駅助役、煙台駅勤務、撫順駅勤務兼炭砿運炭課勤務、奉天列車区長・助役撫順在勤、鳳凰城駅長、安東鉄道事務所勤務、煙台駅長、郭家店駅長、橋頭駅長に歴勤した後、鉄路総局に転任して吉長吉敦派遣図們在勤兼図們車務段長となった。次いで三四年四月図們鉄路弁事処総務長、三五年一一月横道河子鉄路監理所監理員を経て三六年九月副参事となり、三七年四月勤続三〇年の表彰を受けて参事に昇格し、同時に待命鉄道総局付となった。この間、満州事変時の功により勲七等に叙せられた。

前田清三郎 ▷12

前田工務所主、大連土木建築現業組合幹事／一八九七（明三〇）一〇／長崎県佐世保市島瀬町／高等小学校

高等小学校を卒業して早稲田大学の土木建築講義録で独学し、渡満して橋頭の米松組に入り、後に大連出張所主任となった。その後一九二三年に独立して大連但馬町で前田工務所を経営した。事業の拡張とともに信濃町に移転し、本業の他に写真業とカフェー経営、東京パインミシン満州同代理店を兼営した。次いで貸家業に進出し、満州事変後に光風台、桃源台方面に貸家を建築し、三四年に同地電車通に土地一五〇〇坪を買収して工費十数万円で煉瓦造二階建六棟四六戸のアパートを建築し、三五年には桃源台重要土地二〇〇坪を買収して一四戸の高級住宅を建築、三六年には五〇〇坪の土地及び住宅を買収したほか、一六戸の高級住宅を新築した。本業の土木建築請負業では関東州庁土木課の市街甘井子及び沙河口方面の工事数万円を完成するなど建築・不動産の両面で成功し、資産三〇万円と称せられた。

前田　政八 ▷12

浜江木材倉庫(股)常務董事／ハルビン道外街振江街／一八七六（明九）三／佐賀県藤津郡塩田町／東京専門学校中退、東京工手学校土木科

一八九六年東京専門学校を中退した後、九八年に東京工手学校土木科を卒業して北海道庁官吏となった。〇九年に退職して木材業を経営し、一三年から三〇年まで北海道木材商工組合長を務めた。かたわら釧路で前田倉庫を経営し、釧路市会議員、同議長、同商工会議所議員、北海道会議員等の公職に就き、二八年北海道第五区から衆議院選に出て当選した。その後三二年に政界を引退して渡満し、三五年九月日満合弁で資本金二〇万円の浜江木材倉庫(股)を設立して常務董事となり、木材原木の保管、売買仲介、委託販売、金融斡旋等を行った。長男真正は早稲田大学商科を卒業して佐賀県立農学校の教諭となり、次男正夫は東京帝大法科を卒業して三二年に渡満し関東局に勤務した。

前田　武夫 ▷12

安全タクシー経営主／吉林大馬路／一九〇六（明三九）二／鹿児島県鹿児島市今西町

一九二五年満鉄に入り蘇家屯駅に勤務した。二九年一月に退社して吉林タクシーに転じ、その後三三年一一月に独立してタクシー業を始め、自動車修理と部品販売を兼業した。

前田　忠 ▷3

横浜正金銀行大連支店支配人代理／大連市霧島町／一八八三（明一六）二／鹿児島県揖宿郡今和泉村／東京高等商業学校

鹿児島県前田正孝の子に生まれ、一九〇五年東京高等商業学校を卒業して横浜正金銀行に入社し牛荘支店に勤務した。〇八年ロンドン支店に転じ、一五年帰国して同年七月大連支店勤務となって渡満した。

前田　忠之 ▷12

満鉄奉天駅事務助役、勲八等／奉天紅梅町／一九〇八（明四一）五／熊本県玉名郡江田村／熊本県立玉名中学校

熊本県前田源吉の次男に生まれ、県立玉名中学校を卒業して渡満し、一九二八年三月満鉄鉄道教習所を修了して遼陽駅駅務方となった。以来勤続し、奉天列車区遼陽分区車掌を経て三四年二月奉天列車区旅客専務、同年一一月新京列車区旅客専務を歴任し、三六年一二月奉天駅事務助役となった。この間、満州事変時の功により勲八等旭日章及び従軍記章、建国功労賞を授与された。

前田治之助 ▷11

奉天総領事館領事、従六位／奉天松島町／一八九三（明二六）一／兵庫県多可郡松井庄村／東京帝大法科大学

兵庫県農業前田源吉の三男に生まれ、一九一九年東京帝大法科大学を卒業して大阪の住友総本店に入社した。二一年四月に退社して翌月司法官試補となり、二三年三月大阪地方裁判所同区裁判所判事となった。二七年八月領事に任じられて渡満し、奉天在勤、牛荘・遼陽・鉄嶺・鄭家屯領事館兼務となった。

前田仲五郎 ▷7

満鉄沙河口助役、勲八等／大連市沙河口工場地区／一八七〇（明三）一／鹿児島県鹿児島市上町／県立鹿児島中学校

一八八九年県立鹿児島中学校を卒業して鉄道省工場の鍛冶工となった。その後工長に進んで雇員から鉄道手に昇格し、東京、京都、大阪各地の工場に勤務した。一三年九月清野長太郎満鉄理事の指名を受けて鉄道省から満鉄に移籍し、沙河口工場で最新型機関車の製造に従事した。試運転が成功すると高級社員並の高給待遇で工場助役に就き、かたわら同郷団体の沙河口三州会会長を務めた。二三年四月の職制改革を期に一時金数万円を受けて退社し、自適の生活に入った。二四年末から沙河口工場に売店を開業して夫人ヤス子に任せ、二五年三月には沙河口売店地の雑貨商店を譲り受けて店員の指導にあたった。観世流謡曲は九番免状を有して門弟多数を抱え、養鶏を趣味として数十羽を飼育したほか、伊集院彦吉関東長官の遊猟に使われた竜宮丸を所有して釣魚も楽しんだ。

前田鶴之助 ▷11

貸家業、勲六等／大連市近江町／一八七二（明五）六／福岡県福岡市下名島町／羽田塾

福岡県馬術家津田孫平治の三男に生まれ、同県前田善吉の養子となった。郷里の小学校を卒業して羽田塾で漢学を修めたが、同郷の先輩内田良平の影響を受けて日露主戦論に傾き、一八九七年ウラジオストクに渡りロシア語を習得した。一九〇〇年旅順に渡って写真業を営みながら満州、シベリア各地を探訪し、内田らの黒竜会に参加した。その後奉天に赴き、〇二年三月田辺熊太郎牛荘領事の肝いりで同地に日本人会が組織されると総代となったが、撫順炭砿の探査を企てロシア官憲により追放された。〇四年日露開戦とともに高等通訳官として第一一師団に属して旅順攻囲戦、鴨緑江軍等に従軍した。戦後満鉄に入って埠頭事務所に一六年勤務し、二六年に定年退職して大連で貸家業を営んだ。

前田徳太郎 ▷8

前田徳商店主／奉天浪速通／一八七九（明一二）五／長崎県南高来郡西郷村

一九〇六年四月に渡満し、奉天柳町で煙草、化粧品、雑貨商を開業した。二五年一一月浪速通に新築移転し、東亜煙草㈱の代理店として営業した。

前田　徳松 ▷11

靴鞄製造、和洋雑貨、金庫販売／奉天省撫順東四条通／一八七〇（明三）二／大阪府大阪市西区新町南通

大阪府商業丸山儀助の五男に生まれ、親戚の前田伊助の家督を相続した。一九〇五年二月、日露戦中に渡満して撫順で雑貨商、料理店等を営んだ。一六年九月靴の製造販売に転業し、二七年九月から和洋雑貨・金庫販売を兼業した。

前田　徳水 ▷3

本派本願寺支那開教監督、大連関東別院輪番、親授、大連幼稚園園長／大連市信濃町本願寺関東別院／一八七七（明一〇）一／三重県桑名郡城南村／本願寺大学林、同考究院

一八九九年本願寺大学林を卒業して考究院に進み、一九〇二年三月に卒業して補教となり、同年法主大谷光瑞のインド仏蹟巡拝に随行した。ビルマから中国の雲南・四川・湖北各省を巡歴して〇三年八月に帰国し、『仏蹟拝記』の編纂に従事した。〇四年日露戦争に際し従軍布教師となり、後備歩兵第四旅団と共に旅順攻囲軍に参加し奉天戦まで従軍した。〇五年五月に帰国し、次いで樺太南部占領軍に従軍して同年一〇月に帰国した。従軍解属となった後、〇六年九月大谷法主に随行して中国南部を巡遊して翌年五月に帰国し、同年七月本派本願寺支那開教監督・大連関東別院輪番として大連に赴任した。

前田　利男 ▷12

前田時計宝石店主、丸商百貨店㈱取締役、ハルビン商工会議所議員、モストワヤ商店連盟代表／ハルビン中国十二道街／一八九〇（明二三）四／長崎県南高来郡大正村／普通日支露学校

普通日支露学校を卒業し、日露戦中の一九〇四年一〇月一五歳でロシア語通訳として営口軍政署に勤務した。〇五年一月ミスチェンコ指揮下のロシア軍が営口を襲撃した際に義勇隊員として出動し、同年三月大連捕虜取扱所勤務となり、奉天の捕虜三万人の日本送還に従事した。戦後〇六年に営口清語夜学校を卒業して商業に従事した後、〇七年ウラジオストクに渡って遠山時計店に勤務し、かたわらロシア語学校に学んだ。一八年四月シベリア出兵に際し義勇隊員として在留日本人の保護に当たった後、同年五月ハルビンに移り、中国十二道街に前田時計宝石店を開業し、満州事変後に急速に売上げを伸ばした。三二年に石頭道街に支店を設けて蓄音器・楽器を扱い、さらにハイラルに支店を設け、三三年には牡丹江にも支店を設け、三七年にハルビン中心部に地上四階建鉄筋コンクリートの店舗を建築し、従業員五〇人を使用して満州一の時計店に発展した。この間、満州事変時に在郷軍人会副会長として活動し、賜盃及び従軍記章を受けたほか、軍人後援会総裁より有功章を授与された。

前田　利則 ▷11

満鮮杭木㈱取締役／吉林商埠地満鮮杭木会社出張所／一八八六（明一九）一二／鹿児島県薩摩郡高江村／長崎高等商業学校

鹿児島県前田荘一郎の長男に生まれ、一九〇八年長崎高等商業学校を卒業し、同年九月枝光製鉄所に入り販売課に勤務した。その後鹿児島県庁商工課、鹿児島電気工業㈱等に勤め、一九年一二月満鉄が安東県に満鮮杭木㈱を設立する際に渡満し、同社会計部長となった。二八年一月出張所開設のため吉林に在勤し、その後取締役に就いた。

前田　利実 ▷11

満鉄営口医院院長、正六位勲六等／奉天省営口北本街／一八八八（明二一）七／兵庫県神崎郡山田村／京都帝大医科大学、同大学院

一九一四年京都帝大医科大学を卒業し、翌年六月陸軍二等軍医となった。一六年同大学大学院に入学して外科学を研究し、一八年一〇月一等軍医に進んで東京及び大阪の衛戍病院外科主任、旅順衛戍病院庶務兼外科主任を歴任した。二四年四月三等軍医正に進んで翌年九月依願予備役となり、同年一一月に渡満して満鉄大連医院沙河口分院長に就いた。二七年一二月営口医院に転じて医長兼医院長となり、同地の在郷軍人分会長を務めた。

前田豊三郎 ▷1

前田洋行主／奉天城内四平街／一八六九（明二）／岐阜県可児郡平牧村

早くから中国語を習得し、一九〇一年一月北京に渡り保定府の警務学校教習となった。〇四年二月日露戦争の勃発とともに辞任し、清国政府から双竜四等勲章を受けた。高等官待遇の陸軍通訳となり、大本営付として特別任務に従事した。戦後〇五年に任務を解かれ、奉天城内奉天省四平街で陶器商を営んだ。

前田　彦祐 ▷11

撫順第一尋常高等小学校長／奉天省撫順高砂町／一八八二（明一五）四／石川県金沢市大音町／石川県師範学校、日本大学高等師範部

一九〇一年石川県師範学校を卒業して県下の能美郡小学校、金沢市小将町小学校の訓導を務めた。その後上京して日本大学高等師範部に学び、一二年四月に卒業して石川女子師範付属小学校訓導となった。一八年七月に渡満して営口小学校長となり、二六年四月撫順第一小学校長に転じた。

前田　寿一 ▷12

前田印房主／ハルビン透籠街／一八九五（明二八）二／熊本県天草郡栖本村

郷里の郵便局に勤めた後、一九一八年シベリア出兵の際に渡満してハルビンで通信事務に従事した。日本軍の撤退後も現地に留まり、民会郵便事務取扱に従事した後、透籠街で前田印房を開業した。満州事変後に省公署、市公署、満鉄鉄路局、日本領事館、軍方面の指定商として繁盛し、三四年七月田地街に自転車部を開設し、従兄の山田寅由を郷里より呼び寄せて経営に当たらせた。

前田　久郎　▷12

尚徳館前田整骨院主、関東局嘱託柔道師範／大連市西通／一八八五（明一八）九／北海道石狩国空知郡中富良野町／早稲田大学商科

実業家前田金左衛門の次男として福井県足羽郡酒生村に生まれ、一九〇六年三月札幌の北海中学校を卒業して上京して早稲田大学商科に入学し、学業のかたわら小野派一刀流高野範士の下で剣道を、講道館で柔道を修め、柔剣道ともに五段に進んだ。その後一三年八月旅順警察官練習所柔剣道教師として渡満し、旅順警察署、大連水陸各警察署、大連第一中学校、大連実業学校等の柔剣道教師を務めた。二七年大連市西通に尚徳館を創設して柔道を師範し、かたわら前田整骨院を設置して整骨診療を行い、晴明台に入院設備を備えた分院を設けた。

前田　正夫　▷12

関東局司政部経理課員、関東局官房審議室員、租税制度調査会委員、従七位／新京特別市大同大街関東局施政部内／一九〇五（明三八）一一／佐賀県藤津郡塩田村／東京帝大法学部政治学科

佐賀県前田政八の次男に生まれ、北海道庁立釧路中学校、第二高等学校を経て一九二九年三月東京帝大法学部政治学科を卒業して大学院に進み、三一年に卒業して同年一〇月文官高等試験行政科に合格した。三二年九月佐賀県土木書記兼道路書記となったが、同年一二月関東庁属に転出して渡満し、財務局経理課勤務を経て三六年六月司政部経理課に勤務した。父の政八は北海道で木材商を経営するかたわら市会議員、道会議員、衆議院議員を務めた後、三一年に渡満してハルビンで浜江木材倉庫(股)を経営した。

前田政次郎　▷11

大連神明高等女学校教諭、正七位勲六等／大連市清水町／一八八五（明一八）七／神奈川県都筑郡都田村／神奈川県師範学校

神奈川県農業前田金次郎の次男に生まれ、一九〇六年神奈川県師範学校を卒業して植物動物生理鉱物等の中等教員検定試験に合格し、同年四月郷里の小学校訓導となった。翌年同県中村小学校校長に就き、一四年栃木県女子師範学校教諭、一九年兵庫県洲本中学校教諭を経て二二年大連神明女学校教諭に転じて渡満した。

前田益之亟　▷11

関東庁逓信局書記、従七位勲七等／大連市水仙町／一八八八（明二一）五／和歌山県和歌山市新留町／湊川補習学校電気科、数学科

和歌山県農業前田半右衛門の長男に生まれ、一九〇四年和歌山徳義中学を中退した。その後神戸の湊川補習学校電気科及び数学科を修了し、〇九年六月神戸郵便局に入った。神戸逓信局勤務を経て大阪逓信局に転勤した後、一八年逓信官吏としてシベリア派遣軍に従軍し、翌年帰任した。二二年、関東庁逓信局書記に転じて渡満した。弓道二段、水泳・野球など運動万般を好んだ。

前田　翠　▷11

満鉄吉林東洋医院外科医員／吉林大馬路満鉄社宅／一八九七（明三〇）四／鳥取県鳥取市庖丁人町／九州帝大医学部

鳥取県前田亮の次男に生まれ、一九二四年九州帝大医学部を卒業して同大学三宅外科で一般外科学を研究した後、同年一〇月に渡満して満鉄に入った。瓦房店医院外科に勤務した後、吉林の東洋医院に転任した。

前田　芳輔　▷12

大連税関総務科長、勲八等／大連市東公園町／一八八八（明二一）一〇／長崎県長崎市紺屋町／鎮西学院

佐賀県に生まれ、一九〇八年長崎市の鎮西学院を卒業した後、一一年一二月税関吏試験に合格して長崎税関監吏となった。一七年四月大連海関本口巡役に転じて渡満し、二四年七月額外幇弁に累進した。その後三二年六月満州国税官吏となり、三四年三月税関事務官・大連税関総務科長を経て同年七月税関理事官に進んだ。次いで三五年五月兼任税務科長、同年八月免兼任、同年一一月税務科長事務取扱を経て翌月専任総務科長となったが、三七年四月に退職した。この間、青島戦役の功により

ま

勲八等瑞宝章を授与された。

前田　好久　▷11

満鉄松樹公学堂教諭／南満州松樹正隆街／一九〇〇（明三三）一／奈良県吉野郡下市町／奈良県師範学校

奈良県前田久次郎の四男に生まれ、一九二〇年奈良県師範学校を卒業して五条小学校訓導となった。二一年三月に渡満して満鉄教育研究所に入所し、同年一〇月長春公学堂教諭に就いた。二二年四月奉天省四平街公学堂に転じた後、二六年四月北京に留学して中国語と中国事情を研究し、帰任して二七年四月松樹公学堂教諭となった。

前田　良治　▷12

奉天省公署警務庁長／奉天省公署警務庁／一八八八（明二一）二／大阪府大阪市東区南久太郎町／陸軍士官学校

北野中学校を卒業して陸軍に入り、一九一〇年陸軍士官学校を卒業して歩兵少尉に任官し第三八連隊付となった。台湾歩兵第二連隊付、歩兵第三八連隊付を経て憲兵に転科し、一八年六月憲兵中尉に進級して旭川、札幌、弘前、秋田の各憲兵分隊長を歴任した。次いで関東憲兵隊司令部副官となって渡満し、朝鮮憲兵隊司令部副官を経て二七年七月憲兵少佐に累進し、朝鮮憲兵隊司令部付、広島及び呉の各憲兵分隊長、仙台憲兵隊長を歴任して三三年八月憲兵中佐に進み、平壌憲兵隊長となって朝鮮に赴任した。三四年一二月浜江省公署警務処長に転じ、三五年一二月北満特別区公署警務庁長兼任を経て三六年八月奉天省公署警務庁長に就いた。

前波　仲尾　▷11

満州教育専門学校校長／奉天富士町／一八六七（慶三）三／福井県福井市牛寄上町

旧福井藩士前波鉄五郎の次男に生まれ、一八九二年二五歳で姫路師範学校長に就き、盛岡中学校長、鹿児島川内中学校長、佐賀県鹿島中学校長、神戸甲南高等学校教頭を歴任した。この間九四年に最初の口語文法を出版し、「クラウン・リーダー」を企画し、日本で最初に音声記号を英語教授に適用するなど、斬新な教育事業を提案し、一九二三年三省堂の編集顧問に就いた。二九年一月に渡満し、満州教育専門学校校長に就任した。七男五女に恵まれた。

前原　義雄　▷12

ハルビン特別市立医院内科医長兼伝染病科医長兼ハルビン医学専門学校教授／ハルビン南崗鉄嶺街／一九〇一（明三四）五／鹿児島県揖宿郡喜入村／長崎医科大学

一九二七年三月長崎医科大学を卒業した後、愛知医大で内科学を研究して勝沼内科教室に勤務した。三一年五月論文「組織体外培養知見補遺」により医学博士号を取得し、名古屋医大講師となった。その後三四年一〇月ハルビン特別市立医院内科医長に転じて渡満し、同院伝染病科医長及びハルビン医学専門学校教授を兼務した。

真栄平房雄　▷11

関東庁海務局検疫課医員／大連市清水町／一八九九（明三二）一〇／沖縄県首里市金城町／長崎医科大学

沖縄県蚕業真栄平房珍の次男に生まれ、一九二五年三月長崎医科大学を卒業して日本赤十字社秋田支部病院に勤務した。二六年六月赤十字社を退社して渡満し、大連汽船会社に入社した。さらに二七年六月関東庁に転じ、海務局検疫課に勤務した。

間門　堅一　▷13

南満州瓦斯㈱常務取締役／一八九八（明三一）一二／兵庫県出石郡出石町／東京商大

一九二三年東京商大を卒業して満鉄に入社し、本社地方部に勤務した。長春、奉天省四平街、本渓湖、安東、奉天と沿線各地に転勤して営口地方事務所長となり、在任中に満州事変に際会した。その後本社に戻って三五年地方部商工課長となり、翌年一〇月職制改革で産業部が創設されると同部商工課長に就いた。三七年五月経済調査所長としてハルビンに赴任した後、同年末に鉄道総局産業課長に就いた。三九年五月、満鉄を退社して南満州瓦斯㈱常務取締役に就任した。

曲尾辰次郎　▷3

吉長鉄道技師長、従五位勲五等／長春東門外吉長鉄路局技師長官舎／一八六八（明一）二／東京府東京市本郷区湯島天神町／カリフォルニア州立大学

一八八六年工学研究を志して渡米し、カリフォルニア州オークランドの小学

校に入学した。その後アラメタダの小学校に転校し、バークレー中学校を経てカリフォルニア州立大学に入った。修学のかたわら練兵操銃の教科も修め、九五年に卒業して米国陸軍中尉の資格を得た。九六年に帰国し、同年五月鉄道局技師となり名古屋に勤務したが、一九〇三年清国政府に鉄道技師として招聘された。〇八年粤漢鉄道高等技師として湖北省に赴任して翌年七月まで勤務し、同年一一月吉長線技師長に転じて長春に赴任し、勤務のかたわら同地の居留民会常議員を務めた。

真木　薫　▷12

日満商事㈱経理課審査係主任／新京特別市興安大街石橋ビル／一八九五（明二八）九／岡山県苫田郡高倉村／日本大学専門部商科

一九二〇年三月日本大学専門部商科を卒業して満鉄に入り、地方部庶務課に勤務した。以来勤続し、三四年五月商事部庶務課審査係主任を経て三六年九月参事となり、同年一〇月経理課審査係主任となった。

牧　金保　▷12

満鉄吉林電気段新站分段電気助役／吉林省新站満鉄電気段分段／一九〇七（明四〇）二／兵庫県神戸市林田区海運町

兵庫県牧準一郎の長男に生まれ、学業修了後に渡満して満鉄に入社した。以来勤続して敦化電気段通信副段長となり、吉林電気段新站分段通信副段長に転任した後、一九三六年一〇月職制改正により同電気助役となった。

牧　重雄　▷12

国際運輸㈱東京出張所長／東京市目黒区柿ノ木坂／一八九九（明三二）八／福岡県福岡市春吉西中洲／福岡商業学校

福岡県牧邦雄の次男に生まれ、一九一八年三月福岡商業学校を卒業して山下汽船会社に入社し、六年勤めた後二四年三月に退社してアメリカに遊学した。二五年一一月に帰国して翌年四月国際運輸㈱に入り、神戸出張所勤務を経て三四年二月東京出張所長に就いた。

牧島金三郎　▷11

奉天中学校教諭／奉天八幡町／一八八七（明二〇）四／神奈川県中郡東秦野村／東京高等師範学校地歴科

神奈川県農業牧島仙太郎の子に生まれ、一九一四年東京高等師範学校地歴科を卒業した。中等学校教諭として各地に勤務した後、二二年五月に渡満して奉天中学校教諭となった。

牧　潤　▷12

営口専売署副署長、従五位勲四等／奉天省営口東双橋街奉天省営口専売署／一八八七（明二〇）一／愛知県名古屋市西区花禾町／陸軍士官学校

陸軍幼年学校を経て一九〇八年五月陸軍士官学校を卒業し、同年一二月歩兵少尉に任官した。以来軍務に就き、三二年四月歩兵中佐に累進して待命となり、三三年二月陸軍省事務嘱・在満職業補導部主事となり、家族を静岡に残して単身渡満した。三四年二月関東軍司令部事務嘱託兼任を経て同年九月満州国吉黒権運署理事官に転じ、三五年六月間島緝私局長を経て三七年一月営口専売署副署長となった。この間、間島省在勤時に同地の在郷軍人会分会長、国防婦人会分会顧問、延吉居留民会長を務めた。

牧瀬　忠能　▷12

満鉄チチハル警務段長兼昂昂渓警務段長、在郷軍人会チチハル連合会評議員、同鉄路局分会長、従五位勲四等／龍江省チチハル満鉄警務段長社宅／一八八八（明二一）一〇／佐賀県小城郡三日月村／陸軍士官学校

一九〇八年陸軍士官学校を卒業し、以来各地に勤務し、二八年八月歩兵少佐に累進して待命となった。日本栄養学校に学んで三〇年に卒業し、三二年一一月満州国軍事指導官となって渡満し、次いで暫行第二軍司令部に隷属し日本軍と協力して匪賊討伐に従軍した。三三年六月解職となり、同年八月満鉄鉄道総局職員に転じて洮南警務段長となった。三五年九月新京警務段長に転任した後、三六年七月チチハル警務段長となり、三七年四月から昂昂渓警務段長を兼任した。

牧田太猪蔵　▷12

日本赤十字社大連支部主幹、正七位／大連市播磨町／一八八七（明二〇）八／鳥取県東伯郡長瀬村／中学校中退

ま

鳥取県農業牧田粂三郎の三男に生まれ、一九〇三年中学校を中退した後、一二年三月に渡満して関東都督府巡査となり、長春警察署公主嶺支署に勤務した。次いで一六年七月警察官練習所甲科生を修了し、一七年四月警部補・撫順警察署勤務、二〇年一一月警部・奉天警察署勤務を歴任し、二四年一二月奉天総領事館警察署に転勤して検事事務取扱を兼務した。その後二八年六月大連警察署警務主任を経て大連沙河口警察署長、旅順警察署長を歴任して警部に累進し、三五年三月に退官して日本赤十字社大連支部主幹となった。

牧 胤清 ▷12

牧産婦人科医院長／奉天紅梅町／一八九八（明三一）／鹿児島県鹿児島市吉野町／南満医学堂

朝日新聞社企画部長牧三之亟の長男に生まれ、一九二二年奉天の南満医学堂を卒業して同附属医院産婦人科に勤務した。二二年三月に母校が満州医科大学に昇格した後、二九年一一月から三一年八月まで同大専門部の講師を務めた。その後満鉄に入社して奉天省四平街医院医長となり、三三年九月に退社して奉天紅梅町に牧産婦人科医院を開業した。

牧 胤満 ▷11

満鉄社長室文書課員／大連市児玉町／一八八六（明一九）九／鹿児島県熊毛郡上屋久村

鹿児島県牧次右衛門の次男に生まれ、一九〇五年九月に渡満して満鉄に入った。各部勤務を経て、社長室文書課に勤務した。

牧 胤義 ▷12

満鉄哈爾巴嶺站長／吉林省哈爾巴嶺站長局宅／一八八九（明二二）五／鹿児島県熊毛郡西之表町

鹿児島県牧胤重の長男に生まれ、一九一三年九月満鉄に入り埠頭事務所営口支所に勤務した。一九年に吉長鉄路局に派遣されて吉林站、頭道溝站等に勤務した後、哈爾巴嶺站長に就いた。着任と同時に中国人と朝鮮人を組織して青年団及び愛路婦人会を結成し、その幹事を務めた。

蒔田 広吉 ▷9

正隆銀行営口支店長／奉天省営口元神隻街社宅／一八七四（明七）一一／東京府東京市本郷区湯島切通坂町

東京の㈴安田保善社に入社し、一九一五年一〇月安田系列の正隆銀行に転任して渡満した。大連本店に勤務した後、二一年六月営口支店長に就任した。

槙田猷太郎 ▷12

国務院総務庁統計処統制科長／新京特別市昌平胡同／一九〇二（明三五）七／鳥取県日野郡黒坂村／九州帝大法文学部法学科

鳥取県槙田伝三郎の長男に生まれ、大阪外国語学校露語科を経て一九二八年三月九州帝大法文学部法学科を卒業し、同年四月満鉄に入社して総務部調査課に勤務した。三二年五月に退社し、国務院法制局統計処事務官に転じて資料科長代理となった。三四年七月理事官に進んで資料科長となり、三五年二月統計処総務科長を経て同年一二月統計処統制科長となった。

槙戸喜一郎 ▷12

益済寮主、瓦房店地方委員、瓦房店金融組合評議員、勲八等／奉天省瓦房店朝日街／一八七八（明一一）一〇／福岡県朝倉郡安川村

後備歩兵第二四連隊に属して日露戦争に従軍し、戦後帰国して除隊した。その後一九〇九年に再び渡満し、瓦房店朝日街で満鉄を納入先として炊事業を営んだ。

牧 俊夫 ▷12

奉天高等農業学校教授／奉天葵町／一八九二（明二五）四／愛知県名古屋市東区長堀町／東京帝大農科大学林学科

中村義徹の四男として佐賀市東田代町に生まれ、後に牧幾二郎の養子となった。一九一六年七月東京帝大農科大学林学科を卒業して山林技手となり鹿児島大林区署に勤務した。次いで後二一年一月東京帝大農学助手に転じて二二年一〇月同大学助教授となり、農学部付属演習林に勤務した後、三六年奉天高等農業学校教授に転じて渡満した。

牧野 岩雄 ▷12

牧野洋服店主／ハルビン買売街／一八九一（明二四）二／北海道函館市青柳町

郷里の小学校を終えて洋服店に奉公し、多年同業に従事して修練を積んだ。一九三〇年ハルビン買売街に牧野洋服店を開業し、次第に売上げを伸ばして当地一流の洋服店に成長し、中国人従業員八人を使用した。

牧野　一男　▷12

国務院総務庁主計処員／新京特別市崇智胡同／一九〇一（明三四）二／岡山県苫田郡奥津村／関西甲種商業学校

岡山県牧野順平の長男に生まれ、一九一九年三月関西甲種商業学校を卒業して同年四月満鉄に入社した。社長室人事課、同会計課勤務を経て経理部部長付となり、三二年五月に退社した。同年六月国務院総務庁事務官となり、院総務庁主計処に勤務した。

牧野　邦男　▷12

満鉄チチハル鉄路局機務処運転科長、勲八等／龍江省チチハル礼化街／一八九一（明二四）一一／長野県下高井郡平穏村

一九一六年満鉄に入り、大連管理局電信科に勤務した。勤務のかたわら鉄道教習所運転科を修了して一八年同運転科に転任し、二七年大房身駅長、二九年二十里台駅長を歴任した。次いで三一年奉天鉄道事務所、三三年鉄路総局運転科、三四年洮南鉄路局運転科に歴職した後、三六年チチハル鉄路局機務処運転科長となった。

牧野　繁邦　▷12

牧野商店主／ハルビン道裡買売街／一八八九（明二二）一二／福岡県門司市大字門司

大阪天満で商業に従事した後、一九一六年に渡満してハルビンのモストワヤ街で食料品販売業を営んだ。一七年陸軍衛生部員として召集され、帰国して兵役に服した後、七ヶ月後に再び渡満してハルビン地段街で同業を再開した。二二年に道裡買売街に移転し、日本人二人と中国人一人を使用して東京、大阪、九州の各原産地より仕入れて奥地方面への卸売りも兼ねた。業務のかたわら在郷軍人会役員を務め、満州事変当時は陸軍特務機関通信部付として活動し、夫人しずもまた国防婦人会役員を務めた。

牧野実四郎　▷12

㈾牧野商会代表社員／奉天省撫順東五条通／一八七九（明一二）四／香川県高松市古馬場町

日露戦争直後の一九〇六年に渡満し、翌年二月奉天小西関に牧野呉服店を開業し、同年六月撫順に支店を開設した。一八年一二月春日町に支店を設けた後、二〇年八月本店を支店に合併し、さらに二四年五月琴平町に新築移転した。呉服販売のほかに鉱業、窯業等にも関わったが、二五年八月奉天本店の営業を実弟の宗四郎に委ねて撫順に移り、東五条通に牧野商会を設立した。土産物・雑貨・一般進物用品販売のほか衣装賃貸業を経営し、二七年三月資本金五四万円で合資会社に改組した。

牧野宗四郎　▷8

牧野呉服店主／奉天琴平町／一八九三（明二六）四／香川県高松市古馬場町

一九一三年八月に渡満し、〇七年以来実兄の実四郎が経営する奉天小西関の牧野呉服店を補佐した。一八年一二月春日町に支店を設置し、二〇年八月本店を支店に合併した後、二四年五月琴平町に新築移転した。二五年八月、兄が撫順東五条通に移住して牧野商会を設立するとともに奉天本店を継承して独立経営した。

牧野　卓　▷11

薬剤師／大連市桃源台／一九〇三（明三六）二／新潟県北魚沼郡小出町／東京薬学専門学校

新潟県牧野源之丞の長男に生まれ、一九二四年東京薬学専門学校を卒業して渡満した。満鉄医院の薬剤師を務めたが、二八年九月に辞職した。

牧野　武次　▷7

関東庁開原取引所主事／奉天省開原取引所官舎／一八七七（明一〇）四／鹿児島県日置郡東市来村

一八九七年一二月熊本の陸軍輜重兵第六大隊に入隊し、善行証を受けて九九年一一月に退営した。一九〇一年四月鹿児島県巡査となったが、〇四年五月日露戦争に召集されて歩兵第四五連隊に入隊し、同年六月輜重隊第六大隊補充隊に転入し、同年一〇月さらに後備歩兵第四八連隊に再転入されて熊本から出征した。翌年関東都督府巡査となり、金州民政支署貔子窩出張所に勤務した。〇六年一二月公主嶺警務署に転勤し、一〇年四月警部補に進んで長春警務署に勤務した。一三年五月奉天警務署に転勤し、同年一二月警部に昇格した。一六年一月休職となり、同年四月依願免官して開原取引所書記に転じ、二二年一月主事となった。勤務のかたわら開原在郷軍人会長、開原三州会会長を務めた。三十歳過ぎまで独身を通して数人の弟に学資を送り続け、二人の弟は陸軍に入り佐官に進んだ。

牧野　豊助　▷12

住友㈴嘱託、従四位勲三等功五級／大連市楓町／一八八〇（明一三）九／広島県呉市／海軍大学校

医師牧野安良の四男として滋賀県蒲生郡西大路村に生まれ、海軍に入り舶用機関設計及び軍需工業を専修した。日露戦争直後に渡英して軍需工場を視察した後、水雷学校教官、艦政本部員、造兵廠製造部員、軍艦香取回航委員を経て海軍大学校に入った。一九一二年に卒業して呉海軍工廠造機部部員、大阪造船造兵監督長を経て一八年一〇月造船首席監督官として再び渡英し、二一年末に帰国して舞鶴海軍工廠造機部長、艦政本部主任を歴任した後、二三年海軍少将に累進して同年一二月待命となった。二四年二月予備役編入となり、同年四月満鉄嘱託となって渡満し、撫順炭砿オイルシェール事業に従事した後、三一年九月に退社して三二年二月住友㈴嘱託となった。

牧野　正巳　▷12

国務院司法部総務司員／新京特別市白山住宅／一九〇三（明三六）一／東京府東京市杉並区成宗町／東京帝大工学部建築学科

牧野菊之助の次男として東京市牛込区に生まれ、一九二七年三月東京帝大工学部建築学科を卒業して大倉土木会社建築設計係となった。二八年四月休職してヨーロッパに渡航し、パリに滞在して建築家ル・コルビュジェに師事し、翌年帰国復職した。その後三〇年四月に退社し、三一年一〇月横山鹿吉と共同事務所を開設したが、三二年三月に閉鎖解散した。次いで三三年六月山中節治事務所に入り、臨海野球場や小菅刑務所の設計に携わった。その後三四年一一月国務院司法部技佐に転じて渡満し、営繕需品局技佐を兼任した後、司法部総務司に勤務した。著書に『競技場建築』がある。

牧野　三好　▷12

チチハル地方法院次長兼高等法院審判官、従五位勲六等／龍江省チチハル地方法院次長公館／一八九四（明二七）八／鹿児島県始良郡重富村／東京帝大法学部独逸法律学科

一九二一年三月東京帝大法学部独逸法律学科を卒業し、同年一二月一年志願兵として熊本の歩兵第二三連隊に入営し、在営中の二二年五月司法官試補となった。除隊して二三年三月京都区裁判所検事代理、二四年六月東京地方裁判所判事代理、二五年七月長崎地方区裁判所判事、二六年三月福島地方裁判所若松支部判事、同年五月若松区裁判所判事兼任、二七年三月今市区裁判所判事を歴任した。二八年五月南洋庁法院判事に転出してサイパン地方法院判事兼南洋庁高等法院判事補、サイパン地方法院長を経て同年一〇月旧慣調査委員、三一年一二月ポナペ地方法院判事兼ポナペ地方法院長を歴任した。その後三六年一一月に退職して満州国審判官となり、チチハル地方法院次長兼高等法院審判官に就いた。

真木　英哉　▷12

国務院実業部林務司員／新京特別市寛城子南街／一八八九（明二二）／北海道雨竜郡一巳村／北海道帝大農学部実科

北海道帝大農学部実科を卒業して鉄道院技手となり、稚内営林区署長、中頓別営林署長、北海道技師等を歴任した後、一九三四年黒龍江省技正に転じて渡満した。実業部技正に進んで北安鎮森林事務所長を務めた後、国務院実業部林務司に転任した。

牧　福松　▷12

国務院民政部地方司員、正七位勲六等／新京特別市七馬路永康荘／一八九六（明二九）二／東京府東京市中野区宮前町／名古屋育英学校中学速成科

東京府牧徳次郎の四男に生まれ、一九〇九年愛知県愛知郡役所に入り、勤務のかたわら一四年に名古屋の私立育英学校中学速成科を卒業した。一六年一二月青森の歩兵第五連隊に入営して一八年シベリア派遣軍に従軍し、一九年チタの第三師団司令部参謀部付となり軍曹に進級した。軍務のかたわら二〇年三月専検に合格し、同年一一月に満期除隊して翌月から専売局に勤務した。二一年二月専売局書記に進んで名古屋専売局に勤務した後、二二年文官高等試験予備試験に合格して二四年四月愛知県東春日井郡書記となった。二五年二月復興局土木部庶務課、二六年一〇月同局長官房計画課に歴勤した後、二七年文官高等試験行政科に合格して二九年八月内務省地方局に転勤し、同年九月地方事務官となり新潟県知事官房主事となった。次いで三四年一月同県総務部庶務課長兼人事課長、同年七月都市計画新潟地方委員会幹事を歴任し、三五年一〇月国務院民政部事務官に転出して渡満し、民政部地方司に勤務した。

牧　実　▷11

大連油脂工業㈱技師長、正八位／大連市楓町／一八八四（明一七）二／熊本県飽託郡川尻町／熊本工業学校

熊本県牧平三の三男に生まれ、一九〇二年熊本工業学校を卒業した。一年志願兵として入営した後、神戸の鈴木商店に入った。一八年一〇月に渡満して豊年製油大連工場工務部長に就き、二〇年二月大連油脂工業㈱技師長に転じた。

馬久地芳身　▷12

満鉄吉林機務段運転助役兼機関士／吉林満鉄鉄路局代用局宅／一八九五（明二八）一〇／広島県豊田郡西生々村

広島県馬久地平司の長男に生まれ、一九一一年に渡満した。一五年に満鉄に入って鉄嶺機関区に勤務し、次いで二二年八月公主嶺機関区、二七年奉天省四平街機関区、三五年ハルビン建設事務所、同年九月図們建設事務所に歴勤した。三六年七月吉林機務段運転副段長となり、同年一〇月の職制改正により運転助役となり機関士を兼務した。

馬越　久一　▷12

大連自動車㈱専務取締役、㈾日満自動車企業代表社員／大連市晴明台／一八九〇（明二三）三／愛媛県越智郡宮窪村

早くから渡満し、一九二一年に稲妻タクシーを興して自動車運転業を営んだ。その後、満州モータース専務の葛和善雄と提携合同して㈾大連タクシーを設立経営した。次いで三一年四月に満州タクシー会社を合併して大連自動車㈱を創立して常務となり、三二年四月葛和の後任として専務取締役に就任した。

馬込　信一　▷12

間島省公署総務庁総務科長／間島省延吉新安街間島省公署総務庁／一九〇二（明三五）／千葉県山武郡松尾町／東京帝大経済学部

一九二八年三月東京帝大経済学部を卒業して満鉄に入り、三二年国務院総務庁事務官に転出して人事処人事科長に就いた。三四年国務院総務庁理事官となり、次いで間島省公署理事官に転任して総務庁総務科長となった。

柾　一男　▷11

関東庁撫順郵便局主事／奉天省撫順西一番町／一八八七（明二〇）一二／北海道札幌市苗穂町／釧路郵便局電気通信技術伝習生養成所

北海道官吏柾竜太郎の長男に生まれ、一九〇三年一二月釧路郵便局電気通信技術伝習生養成所を修了した。〇九年六月関東都督府通信管理局臨時通信事務員として渡満し、翌年一月通信事務員、一六年一月通信書記補に進んだ。二二年一〇月、関東庁逓信書記となり撫順郵便局主事に就いた。

真崎喜代次　▷12

丸喜洋品店主／奉天江ノ島町／一八九六（明二九）五／佐賀県佐賀郡兵庫村／佐賀県師範学校

佐賀県師範学校を卒業して県下の小学校訓導を務めた後、一九一九年三月に渡満して大連の正隆銀行に入った。二五年一二月鞍山支店勤務を経て奉天支店に転勤し、三四年九月に退職して奉天江ノ島町で丸喜洋品店を開業した。大阪、名古屋、東京方面から一般洋品のほか子供服・雑貨・化粧品等を仕入れ、奉天市内及び満鉄沿線に販売した。

正木甚四郎　▷12

満鉄鉄道総局配車科員、化学防水覆布研究委員会委員、社員会評議員、勲七等／奉天平安通／一八九一（明二四）二／徳島県阿波郡土成村

徳島県正木浅五郎の次男に生まれ、郷里の小学校訓導を務めた後、一九〇八年三月満鉄に入り安東駅に勤務した。次いで公主嶺駅、長春鉄道事務所、鉄道部貨物課兼鉄道教習所講師、奉天鉄道事務所、奉天運輸事務所、大連鉄道事務所に歴勤して鉄路総局運輸処貨物科配車係主任となった。その後三六年九月副参事に昇進し、同年一〇月鉄道総局配車科に転勤した。この間、満州事変時の功により勲七等に叙され、三一年四月勤続一五年の表彰を受けた。

正木清次郎 ▷12

安義土地建物㈱専務取締役／安東市場通／一八七六（明九）一二／広島県福山市中霞町

日露戦争直後の一九〇五年秋に渡満し、安東県で不動産業を営んだ。後に株式会社に改め、年間売上げ一〇万円、納税額一万円に達した。

真崎　正 ▷12

満鉄瓦房店地方事務所庶務係長、社員消費組合総代／奉天省瓦房店満鉄地方事務所／一八九五（明二八）二／長崎県北高来郡長田村／長崎県師範学校

長崎県真崎吾八の次男に生まれ、一九一四年三月長崎県師範学校を卒業して北高来郡本野尋常高等小学校の訓導となった。次いで一七年八月に渡満して安東尋常高等小学校訓導に転じ、二五年四月から中国語及び中国事情研究のため北京に一年間留学した後、二六年四月遼陽尋常小学校訓導となった。その後、鉄嶺地方事務所社会主事兼鉄嶺実業補習学校講師に転任し、四平街地方事務所社会主事を経て三六年四月瓦房店地方事務所庶務係長となった。この間、三三年四月勤続一五年の表彰を受けた。

正木　政信 ▷12

満鉄安東地方事務所経理係長、社員会安東連合会会計部長／満鉄安東地方事務所経理係長社宅／一八九九（明三二）二／島根県那賀郡都野津町

島根県正木五郎一の長男に生まれ、一九一五年一一月に渡満して満鉄に入った。大石橋保線係、鞍山工務事務所、奉天各地方事務所、瓦房店各地方事務所勤務を経て安東地方事務所に転勤し、三六年一一月経理係長に就いた。この間、三一年四月勤続一五年の表彰を受けた。

真崎　六郎 ▷12

三江省鳳山県参事官／三江省鳳山県参事官公館／一八九五（明二八）三／東京府東京市大森区入新井／東京高等商業学校

一九一八年三月東京高等商業学校を卒業して三井物産に入り、神戸支店穀肥部に勤務した。その後退社して真崎市川鉛筆㈱、真崎鉛筆製造所、真崎大和鉛筆㈱を経営し、三二年一月奉天省錦県自治指導部委員会委員となって渡満した。次いで自治指導部従事員、龍江省洮南県属官、吉林省穆稜県参事官、同徳恵県参事官兼北満特別区公署事務官張家湾行政分区に歴勤し、三六年三月三江省鳳山県参事官に転任した。

真子　重路 ▷13

内外綿㈱常務取締役錦州支店長／金州新金州／一八九一（明二四）二／香川県／東京帝大工科大学機械科

香川県真子胤吉の次男に生まれ、一九一六年東京帝大工科大学機械科を卒業した。内外綿㈱に入り常務取締役・錦州支店長に就き、かたわら旅順工科大学講師を務めた。

政本　勇 ▷11

大連常盤小学校訓導／大連市大黒町／一八九三（明二六）七／香川県三豊郡上高瀬村／香川県師範学校

香川県農業政本幸吉の長男に生まれ、一九一三年香川県師範学校を卒業した。郷里の小学校訓導を務めた後、二二年三月に渡満して伏見台小学校に勤務し、二八年四月常盤小学校に転じた。

正盛　赳 ▷12

満鉄鞍山医院歯科医長、鞍山中学校検査医、鞍山大宮尋常小学校診療医、鞍山高等女学校検査医／鞍山満鉄医院／一九〇三（明三六）六／岡山県赤磐郡小野田村／東京歯科医学専門学校

岡山県正盛祐松の長男に生まれ、一九二五年三月東京歯科医学専門学校を卒業して同校助手となった。次いで東京歯科医院医員、秋田赤十字病院医員、同歯科主任代理、同歯科主任を歴職した。その後三五年三月満鉄に転じて渡満し、ハルビン医院歯科医長を経て三七年四月鞍山医院歯科医長となった。

増子石太郎 ▷12

増子洋行主、吉林無尽㈱監事、吉林商工会議所評議員、吉林木材同業組合評議員、吉林木材興信組合理事／吉林大馬路／一八九一（明二四）五／北海道勇払郡厚真村

北海道増子石太郎の長男に生まれ、一一歳の時から樵夫の弟子となり、一五歳で材木店員に転じた。次いで杣夫、木挽下請人、木材調査員、森林調査員等の職に就きながら北海道、北陸、東北、樺太の林業地帯を渡り歩いた。一九一一年に徴兵されて札幌の歩兵第二五連隊第八中隊に入営し、一四年三月軍曹に進級した。一六年四月歩兵第七四連隊第一大隊元山守備本部付となって朝鮮咸鏡南道元山府に渡り、同年現地除隊して一七年四月恵山鎮営林支廠筏班事務員となった。一八年八月予備役召集されて軍務に服した後、同年一一月に渡満して翌月満鉄に入った。大連管理局勤務を経て鞍山駅貨物係を務めた後、二〇年一一月㈱南昌洋行吉林出張所木材係に転じ、馬賊に四回捕らえられるなどの危険を冒しながら八年余り北満一帯で木材業に従事した。二七年一二月吉林大馬路に増子洋行を独立開業し、木材販売と雑穀貿易商を経営した。逐年業績を上げて吉林木材界一流の規模に発展し、資本金四〇万円、日本人一四人、中国人二三人の使用人を擁し、三三年には満鉄との間に枕木四〇万挺と建築材三〇〇貨車、計八五万円の契約をした。

満下　静造　▷7

大連第一中学校教諭／大連市錦町／一八八四（明一七）五／鹿児島県鹿児島市加治屋町／第二高等学校数学部

鹿児島県立第一中学校を経て第二高等学校数学部に進み、一九〇六年に卒業して千葉県佐原中学校教諭となった。秋田中学校、九州の中津中学校、樺太中学校、川内中学校各教諭を歴任した後、二一年関東庁中学校教諭に転じて渡満し、大連市第一中学校数学担任教諭に就いた。

間島崎之助　▷12

国務院軍政部第四軍管区司令部付、正五位勲五等／ハルビン馬家溝街代用官舎／一八九三（明二六）六／福島県若松市甲賀町／陸軍士官学校

一九一〇年五月陸軍士官学校を卒業し、以来各地に勤務して三四年八月歩兵中佐に累進して予備役編入となった。同年一〇月国務院軍政部に転じて渡満し、第五管区承徳地区司令部に勤務した後、同年一二月第五教導隊付を経て三六年二月歩兵上校に進んで密山国境警備隊長を務め、三七年二月第四軍管区司令部付となった。

間島　春雄　▷12

満鉄開原医院長／奉天省開原満鉄医院／一九〇六（明三九）三／千葉県山武郡正気村／慶応大学医学部

一九三二年三月慶応大学医学部を卒業して医学部産婦人科助手となった。その後、三五年三月満鉄開原医院長となって渡満した。

真島　宏雄　▷11

南満州瓦斯㈱技師長／大連市楓町／一八九〇（明二三）三／山形県鶴岡市高町／旅順工科学堂

山形県農業山木孫左右衛門の六男に生まれ、真島伝右衛門の養子婿となった。一九一三年一二月旅順工科学堂を卒業し、翌年京城電気会社技手となった。一六年朝鮮瓦斯電気会社技師に転じ、一八年同社瓦斯製造所長兼発電所長に就いた。二一年四月満鉄に転じて瓦斯作業所製造所主任となり、二五年七月の満鉄からの分離とともに南満州瓦斯㈱工務課長に就いた。二七年一〇月営業課長兼技師長に進み、翌年九月からガス事業視察のため欧米各国に八ヶ月間出張した。

増井　茂松　▷3

遼陽県警察事務所顧問、勲六等／奉天省遼陽城内東二道街／一八八〇（明一三）七／三重県宇治山田市河崎町／東京外国語学校

三重県増井文之助の子に生まれ、一九〇二年七月東京外国語学校を卒業した。日露戦争に従軍した後、〇六年七月に渡満して遼陽県警察事務所に勤務し、遼陽居留民会会長を務めた。

増井　政高　▷12

満州炭砿㈱経理部経理課資金係主任兼商事係主任／新京特別市興亜胡同／一九〇五（明三八）二／山口県下関市裏町／東京帝大経済学部経済学科

山口県増井亀次郎の長男に生まれ、豊浦中学校、福岡高等学校を経て東京帝大経済学部経済学科に進んで一九二九年に卒業し、同年六月東京鉄道㈱に入社した。庶務課、経理課に勤務した後、三四年二月満州炭砿㈱に転じて渡満し、会計課勤務を経て経理部経理課資金係主任となり、商事係主任を兼務した。

升井　芳平　▷12

㈱満州弘報協会大連支社長／大連市山城町第二アパアト／一八八九

（明二二）八／鳥取県東伯郡由良町／逓信官吏練習所無線電信専攻科

鳥取県升井勇蔵の次男に生まれ、一九〇九年逓信官吏練習所、次いで一四年同所無線電信専攻科を修了した。一九年一〇月国際通信社に入り、二六年五月東方通信社と合併して新聞連合社となった後も勤続し、三一年二月学芸部長兼調査部長に就いた。三二年新聞連合社を退社し、同年一二月に渡満して満州国通信社に入り連絡課長となった。三六年八月同社が㈱満州弘報協会に併合されると同協会入りし、三七年二月大連支社長に就任した。三五年四月一五年勤続の表彰を受けた。

益川 恭一 ▷11

大連郵便局小包郵便課長、従七位勲七等／大連市大和町／一八八一（明一四）一二／広島県福山市天神町

広島県公吏益川静一の長男に生まれ、一九〇四年、日露戦争に際し野戦郵便部付として渡満した。戦争終息と同時に関東都督府郵便局員となり、旅順、蘇家屯、新民府の各郵便局に勤務した。一〇年九月大連郵便局に転任し、主任、主事を経て小包郵便課長に就いた。

鱒沢 忠 ▷12

満鉄羅津建設事務所建築長、従七位勲六等／朝鮮咸鏡北道羅津府楓町／一八九三（明二六）一〇／岩手県紫波郡志和村／岩手県立工業学校本科建築科

岩手県鱒沢盛之助の三男に生まれ、一九一二年三月岩手県立工業学校本科建築科を卒業して盛岡市役所土木係となり、同年六月技手となった。次いで一七年一〇月東部鉄道管理局に転じて工務課に勤務し、同年一二月技手となった。一九年一月長野保線事務所に転勤し、二七年六月同工務課改良係を経て三三年三月鉄道局技師に昇格して退官し、同時に渡満して満鉄に入社した。鉄道建設局計画課勤務、錦州建設事務所建築長、鉄道建設局計画課勤務、同工務長に歴勤し、三六年九月羅津建設事務所建築長となった。

増沢 正樹 ▷11

満鉄地方部地方課施設係員／大連市柳町／一八九八（明三一）九／長野県諏訪郡平野村／東京帝大経済学部

長野県農業増沢泉の四男に生まれ、諏訪中学校、第一高等学校を経て東京帝大経済学部に入学した。一九二四年に卒業し、満鉄に入社して人事課に勤務し、二八年六月地方部地方課に転任して施設係員を務めた。勤務のかたわら大連スケート会の指導員として活躍した。

増田 功 ▷12

東亞商会主、奉天自動車用品商組合長、在郷軍人会奉天分会海軍部理事、東千代田町内委員／奉天千代田通／一九〇〇（明三三）一一／香川県丸亀市地方町

香川県増田哲二郎の長男に生まれ、海軍に志願して長く軍隊生活を送った。下士官に進んで退役し、渡満して大連で大六運送店を経営し、次いで増田タクシーの商号でタクシー業を営んだ後、大連大タクに勤務した。その後、㈱満州モータースに入り、錦州支店開設に従事した後、三三年九月に独立して奉天浪速通に東亞商会を開設して自動車部分品の販売業を経営した。三四年に千代田通に移転して営業品目を増やし、工具、鉱油・機械油販売のほか、浪速通の旧住所に工場を設けて機械器具、電気器具等の修理販売も手がけた。承徳、チチハル、山城鎮、ハイラルに支店出張所を置き、従業員二〇名内外を使用して年商二万円を計上した。少年時代に人命救助で神奈川県知事の表彰を受けたほか、海軍在籍中に機務勉励により海軍省及び横須賀鎮守府より表彰を受けた。

益田 勇 ▷11

満鉄長春地方事務所経理課員、勲六等功七級／長春羽衣町／一八七九（明一二）五／熊本県熊本市春日町／尋常小学校

熊本県益田弥一の三男に生まれ、一八九五年尋常小学校を卒業した。一九〇三年一〇月陸軍に入り、一一年二月歩兵特務曹長で退役した。一三年一〇月、満鉄長春地方事務所経理課員となって渡満した。

増田 英一 ▷1

江商㈾大連出張所主任／大連市／一八七八（明一一）三／愛媛県越智郡今治町／コロンビア大学経済学部

東京高等商業学校を中退して京都の同志社英学校に入り、卒業後さらに早稲田専門学校に入学して一九〇〇年に卒業した。〇一年に渡米してコロンビア大学経済学部に留学し、〇三年冬に帰国した。〇四年農商務省の嘱託となり外国貿易調査に従事した後、翌年八月再び同省の嘱託を受けて朝鮮各地を調査して大連に入り、次いで関東州民政署の嘱託で満州利源調査会委員として南北満州を半年余り視察して帰国した。〇六年八月江商㈾に入り、再び渡満して大連市信濃町に出張所を開設し、メリケン粉、砂糖、和洋雑貨貿易と独インジコ社の代理店業、貸家業を兼営した。

増田源三郎 ▷12

満鉄公主嶺医院産婦人科医長、正八位／吉林省公主嶺満鉄公主嶺医院／一九〇三（明三六）四／東京府東京市日本橋区中洲町／九州帝大医学部

第二高等学校を経て一九二七年三月九州帝大医学部を卒業し、同年五月同大附属病院の医員となった。次いで医学部産婦人科、慶応大学医学部産婦人科助手、同大付属病院、同大医学部臨床研究室、九大付属病院産婦人科に歴勤した。その後渡満して日本赤十字社奉天病院産婦人科医長となり、三五年六月満鉄に転じて安東医院に勤務した後、同年一一月公主嶺医院産婦人科医長に就いた。

増田　耕作 ▷12

満鉄農事試験場熊岳城分場員／奉天省熊岳城農事試験場分場社宅／一九〇二（明三五）四／島根県那賀郡浜田町／京都帝大農学部農林化学科

浜田中学校、盛岡高等農林学校農芸化学科を経て一九二八年三月京都帝大農学部農林化学科を卒業し、同大農学部の助手を務めた。三五年一月満鉄に入社して渡満し、農事試験場熊岳城分場に勤務した。

増田　光平 ▷12

東洋企業㈱代表取締役、安東商事金融㈱監査役／ハルビン道裡北安街／一八七六（明九）一〇／長崎県壱岐郡香椎村

日露戦中の一九〇四年から朝鮮新義州を中心として運送業、倉庫業、木材業などを営んだ。三四年一〇月ハルビンに東洋企業㈱を設立して代表取締役となり、かたわら安東商事金融㈱監査役を務めた。

増田　貞一 ▷11

ハルビン日本医院院長／ハルビン／一八八七（明二〇）四／奈良県奈良市／京都帝大医科大学

奈良県銀行員増田貞夫の長男に生まれ、一九一二年京都帝大医科大学を卒業し、同大学助手として内科に勤務した。一四年から岳父の経営する大阪の石神病院で肺結核患者の診察に従事するかたわら母校の研究所で細菌血清学を研究し、一六年大学院に進んで生理薬物内科学を研究した。二一年南満医学堂教授となって渡満し、兼奉天医院内科医長を兼務した。二三年交換教授として北京の協和医科大学に赴任し、翌年欧米に留学して二七年三月に帰任し、同年一一月ハルビン日本医院院長に就いた。

増田　定 ▷12

国際運輸㈱図們支店代弁係主任／間島省図們国際運輸㈱社宅／一八九七（明三〇）三／佐賀県三養基郡旭村／福岡県立中学明善校中退、安東実業補習学校

一九一四年福岡県立久留米明善中学校三年を中退した後、一八年七月に渡満して満鉄に入り安東駅に勤務した。勤務のかたわら二一年に安東実業補習学校を卒業し、二五年二月満鉄系列の国際運輸㈱に派遣されて安東支店に勤務した。次いで竜井村支店に転勤して代弁係主任を務め、三四年二月図們支店代弁係主任となった。

増田　宗作 ▷12

満鉄白城子警務段長兼白城子警備犬訓練所巡監、白城子鉄路消防隊長、白城子居留民会評議員、白城子在郷軍人会監事、従七位勲六等／龍江省洮安県白城子局宅／一八九二（明二五）三／群馬県利根郡古牧村／正則英語学校中退

群馬県増田多兵衛の三男に生まれ、前橋中学校を経て東京の正則英語学校三年を修了して一九〇九年一二月逓信省貯金局原簿課に勤務した。その後徴兵されて兵役に服し、一四年に憲兵に転科して東京、九州、台南、宇都宮に勤務した。三三年に退役し、同年一〇月に渡満して満鉄鉄路局職員となり、洮昂斉克洮索鉄路局に派遣された後、洮南鉄路局警務処督察室督察員、同チチハル在勤、満州里警務段ハイラル分段警務副段長を歴職した。次いで三四年七月ハイラル警務段長を経て三六年一〇月白城子警務段長となり、同年一二月から白城子警備犬訓練所巡監及び白城子鉄路消防隊長を兼務した。

増田　長吉　▷8

宝信洋行社長／奉天／一八七六（明九）／茨城県新治郡石岡町

一九〇四年日露開戦に伴い第一師団に属して従軍し、塩大湾に上陸して北進した。戦後除隊して奉天に留まり、兄の永田義原と大南門の軍政署保管家屋を借りて永田薬種園を開業した。〇七年家屋を中国側に返還した後、小西関大什路の宝信洋行出張所に移転して二一年まで薬種商を経営した。一六年から電機商を兼営し、二〇年三月資本金一〇〇万円で㈱宝信洋行を創立して社長に就き、日本製電気材料の一手販売を開始して全満州に販路を拡張した。この間一四年に上田久兵衛らと資本金二万円で奉天共融組合を組織して常務となり、一八年に奉天倉庫金融㈱と合併して奉天銀行が設立されると監査役となり、二三年七月奉天・満州商業・大連・遼東の四銀行が合併して満州銀行が設立されると同行相談役に就いた。経営のかたわら民会評議員・会計主任・常議員、奉天商業会議所議員を務めた。

増田徳次郎　▷12

増田洋行主／吉林大馬路／一八九〇（明二三）六／京都府中郡峰山町

年少の頃から郷里で大工職の見習修業をし、次いで京都に出て徒弟奉公をした。次いで北海道、樺太、台湾、南洋方面で同業に従事し、一九二三年から東京三河島で家具製作業に携わった。その後三二年四月に渡満して吉林に和洋家具商を開業し、軍部、官庁等を主要得意先として同地一流の家具店に発展した。

増田虎四郎　▷12

錦州省台安県参事官／錦州省台安県参事官公館／一九〇二（明三五）二／兵庫県加西郡西在田村／京都帝大法学部、大同学院

兵庫県立柏原中学校、弘前高等学校を経て一九三一年三月京都帝大法学部を卒業した。三二年六月渡満して満州国資政局自治訓練所に入所し、同年一〇月その後身の大同学院を卒業して安東省岫巌県属官となった。三三年四月通化省輝南県属官、三四年一月奉天省双山県属官を経て三五年九月黒河省鳥雲県参事官となり、三七年六月錦州省台安県参事官に転任した。

増田　直次　▷11

満鉄参事、鞍山製鉄所用度係主任、勲八等／奉天省鞍山上台町／一八八三（明一六）一一／福岡県小倉市堺町

福岡県増田勇三郎の長男に生まれ、一九〇一年九月九州鉄道㈱に入った。〇四年一一月野戦鉄道提理部員として日露戦争に従軍し、功により勲八等白色桐葉章を受けた。〇七年四月の満鉄開業とともに入社し、以来勤続して参事に進み鞍山製鉄所用度係主任を務めた。

増谷　憲信　▷12

㈱不二公司専務取締役／奉天萩町／一八九八（明三一）八／徳島県徳島市北山路町／関西大学商科

関西大学商科を卒業した後、大阪で材木輸入商を経営した。一九三二年に渡満し、翌年奉天に不二洋行を設立し、関東軍酒保軍装部として軍服・背広その他各種の制服を納入した。三三年㈾不二洋行とし、さらに三六年六月資本金二五万円で株式組織として奉天富士町に本店を置き、新京に支店、ハルビン・チチハル・ハイラルに出張所、牡丹江・公主嶺・承徳・錦県に駐在員派出所を設けた。関東軍軍装品酒保指定工場として従業員四〇〇人を使用し、年商高七五万円に達した。

増谷　定一　▷11

特産輸出貿易商／奉天省開原福昌街／一八八八（明二一）八／徳島県徳島市北山路町／徳島県立中学校

徳島県の紙問屋増谷定七の五男に生まれ、徳島県立中学校を卒業した。一九〇九年兵庫県の瓜谷商店に満州特産物商見習として入店し、一一年大連の瓜谷長造商店勤務となって渡満した。一九年に店主後援の下に開原で特産物貿易商を独立開業し、かたわら開原特産物組合評議員、同取引所日商取引人組合副組長を務めた。

桝田　憲道　▷11

大連工業㈱代表取締役／大連市楓町／一八七七（明一〇）六／和歌

ま

山県西牟婁郡田辺町

和歌山県桝田甚五郎の三男に生まれ、一九〇七年一二月関西鉄道会社から満鉄に転じて渡満した。用度事務に従事しながら防水塗料の研究に着手し、〇九年から一〇年にかけて用度課の直営事業として防水塗料の製造経営にあたった。一八年四月同事業を満鉄から継承し、資本金五〇万円で大連工業㈱を創立して代表取締役に就任した。かたわら大連金融組合監事、商工会議所常議員、工業部委員長、大連工業会幹事を務めた。

増田増太郎 ▷12

満鉄四平街地方事務所長、社員消費組合理事、四平街時局後援会長、在郷軍人会四平街分会顧問、正八位／奉天省四平街南五条通／一八九六（明二九）二／東京府東京市本郷区駒込千駄木町／明治大学法科

増田太三郎の子として新潟市に生まれ、一九二〇年三月明治大学法科を卒業して満鉄に入り、地方部庶務課に勤務した。二一年二月長春地方事務所に転勤した後、同年一二月一年志願兵として兵役に服し、除隊復職して二三年五月長春地方区に勤務した。次いで二四年三月公主嶺地方区地方係主任、二六年三月奉天地方事務所勤務、同年四月奉天消防隊副監督を経て二七年一一月本渓湖、二九年一二月大石橋、三一年二月四平街の各地方事務所地方係長及び消防隊監督、四平街附属地衛生委員会委員を歴職した。その後三二年四月長春地方事務所地方係長となり、同衛生委員会委員、同消防隊監督を兼務した後、三三年三月本渓湖地方事務所長を経て三五年七月参事となり、三六年一月四平街地方事務所長に転任した。この間、満州事変時の功により銀盃及び従軍記章を授与され、三五年四月勤続一五年の表彰を受けた。

増田　又七 ▷1

営口工程総局顧問／奉天省営口／一八七一（明四）二／埼玉県北葛飾郡豊岡村

一八九〇年埼玉県庁に入り土木課に勤務した後、九二年岐阜県庁に転じて濃尾地震の復旧工事に従事した。九四年さらに岡山県庁に移って水害復旧工事に尽力し、数回の表彰を受けた。次いで日清戦争後の九五年台湾総督府民政部に移り、臨時土木部に勤務した。九七年に同部が廃止されると帰国し、一年半余り全国を行脚して土木建築に関する諸種の調査に従事した。九九年八月大阪府職員となったが、一九〇〇年一月大阪土木㈱に転じ、さらに同年六月外務省在外帝国専管居留地経営事務所に転じて天津居留地の造営に従事した。この間、〇一年九月蘇州に派遣されて二ヶ月ほど同地の専管居留地の経営に携わった。〇四年天津居留地の造営が終わると営口軍政署に招かれ、技師として土木建築に関する事務を担当し、かたわら新市街道路計画と土地測量に従事して三〇万坪を買収した。〇六年一一月に軍政署が廃止されると清国営口工程総局顧問に傭聘され、正工程局司として勤務した。

増田　稔 ▷12

満鉄吉林鉄路局運輸処貨物科長／吉林商埠地敷島街／一八九七（明三〇）一二／福岡県三潴郡浜武村／東亞鉄道学校

福岡県増田慶集の長男に生まれ、一九一五年三月熊本市の私立東亞鉄道学校を卒業し、同年一〇月満鉄に入り長春駅に勤務した。二七年四月鉄道部渉外課、三〇年六月同運輸課、同年八月ハルビン事務所運輸課、三三年三月鉄路総局呼海局ハルビン在勤、三四年四月鉄路総局運輸処貨物課に歴勤して同年九月新京鉄路局運輸処貨物科長に就き、三七年四月副参事となった。

増田　義男 ▷11

大連汽船㈱常務取締役／大連市千歳町／一八八四（明一七）三／愛媛県今治市／東京高等商業学校

愛媛県増田精平の四男に生まれ、一九〇九年東京高等商業学校を卒業した。一九年東和汽船の支店長として渡満し、二三年四月満州船渠㈱が設立されると同社に転じた。二五年四月支配人となり翌年取締役に進んだが、二八年一一月大連汽船㈱に転じて常務取締役に就任した。

桝田　良男 ▷12

桝田良男商店主／吉林大馬路／一八八三（明一六）六／大阪府大阪市北区東野田町

徴兵されて陸軍に入り、一九一六年三月一等看護兵として除隊し、同年渡満して満鉄に入った。二〇年一二月満鉄傍系の大連工業㈱に転じて青島出張所主任となったが、二三年に退社して連

ま

山関の社員消費組合分配所の販売請負業を始めた。二七年四月連山関独立守備隊の用達に転じ、満州事変時には同守備隊の用達として各地に従軍した。三四年九月同守備隊御用商人に指名され、連山関に本店を置き、吉林を営業所として橋頭に支店、下九台、盤石に出張所を置いた。

益田　義峻　▷8

細川組奉天支店長／奉天／一八七九（明一二）四／広島県比婆郡口北村

一八九九年一二月広島控訴院の裁判所書記登用試験に合格し、管内の裁判所書記となった。一九〇七年大蔵省に転職した後、一四年一〇月に辞職して長門鉄道㈱に入社し、鉄道建築に従事した。同鉄道が開通した後、一八年に渡満して撫順の細川組に入り、後に奉天支店長を務めた。

桝田　善宗　▷12

満鉄新京支社地方課土地係主任、社員会評議員、満鉄昭九会幹事長、長野県人会役員／新京特別市平安町／一九〇六（明三九）七／長野県更級郡上山田村／東京帝大法学部法律学科

旧姓は別、長野県の農村の三男に生まれ、後に大連工業㈱社長桝田憲道の五女よし江の養子婿となった。順天中学、弘前高等学校を経て一九三四年三月東京帝大法学部法律学科を卒業して満鉄に入り、地方部庶務課調査係に配属された後、同年六月地方課土地係に転任した。次いで三六年一月幹部候補生として松本の歩兵第五〇連隊に入隊したが、同年七月病気のため除隊し、同年八月に復職し、同年一〇月新京支社に転勤して地方課土地係主任となった。業務のかたわら、学生時代に苦学力行した体験から無産者問題及び農村問題、中国問題を研究した。

増田　隆治　▷11

関東庁逓信局工務課第一試験部担当／大連市弥生町／一八八五（明一八）五／静岡県榛原郡吉田村

静岡県商業増田小十の長男に生まれ、一九〇九年六月に渡満して関東都督府通信工手となった。通信管理局工務課第一試験部に勤務した後、一四年第二試験部付となって奉天に転勤した。一八年五月再び第一試験部付に転任して大連に勤務し、二二年六月同部担当に進んだ。

升巴　倉吉　▷12

奉天省公署理事官、実業庁農務科長、満州国協和会奉天省本部委員、勲六等／奉天淀町奉天省公署実業庁農務科長公館／一八八八（明二一）二／大分県西国東郡香々地町／東亞同文書院

一九一〇年上海の東亞同文書院を卒業して満鉄に入り、本社鉄道部に勤務した後、現業勤務を経て一二年に鉄道部に復帰した。二〇年撫順炭砿に転任し、以来一〇年余り勤続して参事に昇格し、労務係長として炭砿労働者五万人に指紋法による登録管理制を敷くなどの合理化を推進した。その後三一年九月満州事変の勃発とともに関東軍嘱託として転出し、袁金凱の地方維持委員会顧問に任じられた。次いで三二年三月満州国の成立と同時に奉天省実業顧問となり、同年五月奉天省公署事務官・実業庁総務科長に就いた。後に理事官に進み、満州国農村指導綱領として、①農民道作興、②農村の共同組織化、③営農合理化の三綱領を策定し、農村経済機構改革のため購買・販売・利用・信用の四機能を持つ一元的総合組合の設置を提唱した。この間、満州事変時の功により勲六等を受け、満州国政府より四位を贈られた。

増永　省一　▷11

撫順炭砿発電所庶務課主任／奉天省撫順北台町／一八九四（明二七）一／熊本県飽託郡黒髪村／明治大学商学部

熊本県増永源太郎の長男に生まれ、一九一八年明治大学商学部を卒業して満鉄に入社した。撫順炭砿に勤務し、後に発電所庶務係主任を務めた。

益永　政堅　▷12

満鉄ハルビン電気段保安助役、社員会評議員／ハルビン鉄路街／一八九五（明二八）三／福岡県朝倉郡朝倉村／電気学校

福岡県益永広策の長男に生まれ、一九一七年東京の電気学校を卒業した。二六年一〇月満鉄に入社し、三一年五月奉天保安区、三三年三月大連保安区勤務を経て三五年六月ハルビン電気段に転勤し、後に保安助役となった。この間、満州事変時の功により賜盃及び従軍記章を授与された。

増永茂重郎 ▷11

満鉄参事、社長室監察役／大連市黒礁屯／一八八三（明一六）一一／埼玉県北足立郡指扇村／東京帝大工科大学採鉱冶金学科

埼玉県農業増永次郎の四男に生まれ、一九〇九年東京帝大工科大学採鉱冶金学科を卒業して満鉄に入社し、撫順炭砿坑務課技術員となった。一二年八月煙台支坑主任、一七年一月楊柏堡坑主任、一八年六月同坑採炭所長、二〇年六月東郷採炭所長、二五年二月老虎台採炭所長を歴任して同年八月参事となった。二七年一〇月本社社長室審査役となり、同年一一月監察員を経て翌年八月監察役に就いた。

増原　一三 ▷12

満鉄新京検車区検車助役、社員会評議員／新京特別市白菊町／一九〇二（明三五）一／広島県高田郡吉田町／電機学校本科

一九二〇年東京の電機学校本科を卒業し、同年一一月鉄道省に入り東京鉄道局電気課に勤務した。二一年九月品川電力区、二二年一一月新橋電力事務所に転勤した後、二三年一月広島電信第二連隊に入営し、翌年工兵上等兵として除隊した。二五年三月渡満して満鉄に転じ、二八年三月職員に昇格、三三年一一月助役試験に合格して新京検車区検車助役となった。

増本　庸丞 ▷12

満鉄公主嶺地方事務所建築主務者／吉林省公主嶺菊地町／一八八九（明二二）五／佐賀県東松浦郡浜崎町

佐賀県増本政次郎の長男に生まれ、一九一七年四月山東鉄道に入り管理部工務課に勤務した。次いで青島守備軍民政部に転じたが、二四年四月同部撤退とともに退職し、同年九月満鉄に入社した。開原地方区、奉天地方事務所開原在勤、開原地方区事務所等に歴勤した後、公主嶺地方事務所建築主務者となった。

増山　宗成 ▷12

満鉄鉄道研究所員／奉天満鉄鉄道研究所／一九一一（明四四）一／東京府東京市麹町区富士見町／早稲田大学法学部仏法科

東京府増山峻の長男に生まれ、一九三四年三月早稲田大学法学部仏法科を卒業して満鉄に入り、営口、大連、新京、吉林の各地に勤務した。次いで三六年四月吉林站構内助役となり、同事務助役を経て三七年三月奉天の鉄道研究所に転任した。

間瀬国一郎 ▷9

福昌公司社員／大連市霧島町／一八九二（明二五）九／愛知県知多郡亀崎町／名古屋商業学校

一九一一年三月市立名古屋商業学校を卒業し、翌月渡満して大連の福昌公司に入り、以来同社に勤続した。

間瀬　増吉 ▷10

間瀬工務所主／大連市恵比須町／一八七四（明七）一一／愛知県知多郡亀崎町

日露戦争終結後の一九〇六年四月、英組に属して渡満し土木建築業に従事した。〇八年林組の下請人に転じたが、翌年独立して大連で間瀬組を創業し、石井商会、松本組、宮崎工程局等の下請をして欧州大戦中の好況で業績を伸ばした。二一年一〇月本業とは別に柳生亀吉と提携して[資]柳生組を設立し、無限責任社員として業務の一切を担当した。その後さらに業績が上がって繁忙となり、二二年に柳生組から手を引き、同年一〇月長男昇吉の名義で間瀬工務所を開業して父子で経営した。

真田　金城 ▷11

満鉄奉天地方事務所土木係長／奉天葵町／一八九一（明二四）一〇／東京府東京市本郷区竜岡町／九州帝大工科大学土木工学科

東京府官吏岩村高俊の五男に生まれ、母方の祖父真田庵の養子となった。一九一八年九州帝大工科大学土木工学科を卒業して満鉄に入社し、技術部土木課に勤務した。その後鞍山製鉄所土木建築係主任、地方部土木課設計係主任を経て二七年一一月奉天地方事務所土木係長に進んだ。

又重　秀清 ▷11

農業、金融業、酒造業／奉天省撫順東一番町／一八七一（明四）二／岩手県盛岡市／岩手県立盛岡中学校

岩手県公吏又重秀正の次男に生まれ、一八八九年県立盛岡中学校を卒業した。大蔵省秋田税務監督局に勤務する中、九六年普通文官試験に合格し、同年四月同局兼塩務局属となった。一九

○七年三月に辞職して渡満し、同年一○月満鉄に入り撫順炭砿用度課に勤めた。一八年に退社して実業界に転じ、撫順で金融業、酒造業を営んだ。かたわら農業を自営し、撫順第四区町内会副会長、岩手県人会長を務めた。養子の武は盛岡高等農林学校獣医科を卒業して農林省北海道長万部種馬所長を務めた。

俣野 義郎 ▷14

㊮義昌号社長／大連市丹後町／一八七六（明九）一二／福岡県久留米市櫛原町／東京帝大法科大学

福岡県官吏俣野道心の次男に生まれ、一九〇四年東京帝大法科大学を卒業して大蔵省に入ったが、同年一〇月三井物産会社鉱山部に転じた。〇七年一〇月に退社して渡満し、満鉄に入社した。一三年に満鉄を退社し、義昌号㊮を設立して貿易業を経営した。奉天に本社を置いたが自らは大連に居住して弁理士業を兼営し、福岡日日新聞大連支局長、大連海関旬報社、満蒙経済社社長を兼務した。他に東洋日ノ出通信部長、日華興業会社・㊮日栄商会・登喜和商会・帝国通信社等の顧問を務め、二一年一一月から二八年一〇月まで大連市会議員を務めた。称好塾への貢献で杉浦重剛より銀梅花章を、満州鉱業界への功労で満鉄二十年記念に際し満鉄より感謝状及び銀盃を受けた。長く大連に在住し、同地で病没した。著書に『相続法論』『英雄と偉人』がある。

町田 烈 ▷7

社員消費組合安東支部主任／安東県駅前通／一八八七（明二〇）一一／鹿児島県日置郡上伊集院村

一九一二年に渡満して満鉄に入り、本社に勤務した後、一九年本渓湖渓城鉄路公所に派遣された。二〇年鞍山鉄鉱振興公司に転勤し、さらに翌年社員消費組合鉄嶺支部主事に転任し、二一年安東支部主事となった。

町田 金蔵 ▷12

満鉄前郭旗電気段庶務助役／吉林省前郭旗満鉄電気段／一八九二（明二五）九／長崎県南高来郡島原町

学業修了後直ちに満鉄に入り、以来勤続して敦化電気段庶務副段長に累進した。その後三六年一〇月朝陽電気段庶務助役となり、三七年二月前郭旗電気段庶務助役に転任した。

町田 健次 ▷12

関東地方法院判官兼関東高等法院覆審部判官、正七位／大連市楓町／一九一〇（明四三）一／千葉県君津郡木更津町／法政大学法学部中退

一九三一年法政大学法学部一年の時に文官普通試験司法科に合格し、三二年六月大学二年で中退して司法官試補となった。三三年一二月判事となり、広島地方裁判所・同地方区裁判所、松江地方裁判所浜田支部裁判所・同浜田区裁判所に歴勤した。その後三四年七月、関東地方法院判官兼関東高等法院覆審部判官に転出して渡満した。

町田 公平 ▷8

和登洋行奉天支店長／奉天／一八八九（明二二）五／群馬県吾妻郡沢田村

一九一五年一二月に渡満して満鉄に入り、本社用度課に勤務した。一九年に長春の和登洋行に転じ、二三年七月奉天支店設立と同時に支店長に就いた。

町田 新八 ▷1

町田歯科医院主／奉天十間房／一八七九（明一二）三／鹿児島県肝属郡垂水村／高山歯科学院

上京して一八九五年東京正則尋常中学校に入学したが、高山歯科学院に転学して九八年六月に卒業し、同年一〇月歯科医術開業試験の学術試験に合格した。九九年徴兵されて熊本の第六師団工兵第六大隊に入営し、一九〇〇年五月衛生部選抜試験を受け衛戍病院で看護学を研修した後、同年一二月陸軍省看護手となり歯科治療に従事した。〇一年一〇月大阪市で行われた歯科医術開業試験の実地試験に合格し、〇二年に満期退営して郷里で歯科医院を開業したが、朝鮮の京城公立漢城病院に招聘されて歯科主任を務めた。〇四年二月に日露戦争が始まると京城駐在の第一二師団の嘱託を兼務したが、同年五月予備役召集されて第六師団に入営し、第三野戦病院付となって従軍した。蓋平、遼陽、奉天の戦闘に参加した後、〇五年四月三等看護長となり、同年八月から一一月まで第四軍医部に派遣された。戦後〇六年三月に帰国し、勲八等旭日章及び金二〇〇円を下賜された後、萩原守一奉天総領事の招きで同年再び渡満して奉天十間房で歯科医院を開業した。

町田不二雄 ▷11

鞍山製鉄所事務課員／奉天省鞍山大正通／一八九九（明三二）一二／高知県安芸郡田野町／神戸高等商業学校

高知県の元官吏町田徳次郎の長男に生まれ、一九〇七年八歳の時に両親に伴われて渡満した。二四年神戸高等商業学校を卒業して満鉄に入り、鞍山製鉄所事務課に勤務した。

町田　稔 ▷3

ハルビン共立日本医院長／ハルビン埠頭区モストワ街共立日本医院／一八八二（明一五）一〇／兵庫県姫路市十二所前／東京帝大医科大学

兵庫県町田盤の子に生まれ、一九一〇年東京帝大医科大学を卒業し、同年一二月姫路の輜重兵第一〇大隊に入営した。一一年三月東京医科大学付属医院産婦人科教室の副手嘱託となったが、一二年四月に辞任して翌月渡満し、黒龍江省の満州里日本病院長に就いた。一四年三月に辞職し、翌月帰国して大阪の緒方産婦人科病院に勤務したが、同年八月ハルビンの共立日本医院長に迎えられて再び渡満した。

町田　義知 ▷12

国務院民政部土木局チチハル建設処長、正六位／龍江省チチハル土木局建設処／一八九八（明三一）六／山口県徳山市新町／東京帝大工学部土木科

山口県町田真作の次男に生まれ、徳山中学校、第一高等学校を経て一九二二年三月東京帝大工学部土木科を卒業し、同年五月朝鮮総督府技手となり官房土木部工事課河川係に勤務した。京城高等工業学校講師、京城土木出張所勤務を経て二四年に技師に昇格し、三二年一月から京城府に在勤した。三三年四月国務院国道局技正に転じて渡満し、第一技術廠工務科長に就き、かたわら満州国協和会国道局分会幹事・保健部長を務めた。三六年一一月チチハル建設処長に転任し、三七年一月の官制改革で土木局技正・薦任一等となり、建国功労賞及び大典記念章を授与された。

町野　武馬 ▷3

奉天鎮安上将軍顧問、歩兵少佐、正六位勲四等功五級／奉天小西関外／一八七五（明八）一一／福島県若松市北小路町

福島県町野主水の子に生まれ、成城高校を卒業して陸軍士官学校に入り、一八九八年に卒業して歩兵少尉に任官した。九九年歩兵第一五連隊付となり、一九〇一年一一月中尉に進んで清国駐屯（軍付となり天津に赴任した）。〇四年日露戦争に従軍して負傷し、同年八月大尉に進んで清国駐屯軍副官となった。〇六年清国に招聘されて北京警務学堂教官を務め、一三年に帰国して同年八月少佐に進級して歩兵第四五連隊大隊長となった。一四年参謀本部付となり奉天督軍顧問として張作霖の元に派遣された。⇒二二年大佐に進んで翌年予備役編入となり、二四年代議士に当選したが、二五年に再び渡満して張作霖の最高顧問に就いた。二八年六月に張が関東軍によって謀殺されると翌年帰国し、三一年後備役、三五年に退役となった。奉天在勤中に総領事の吉田茂の知遇を得、戦後保守政界の黒幕として影響力を持った。六八年一月没。

町野　一 ▷11

大阪商船㈱員／大連市須磨町大阪商船社宅／一八八八（明二一）六／福岡県三池郡岩田村／京都帝大法科大学法律学科

福岡県農業町野護の長男に生まれ、一九一九年京都帝大法科大学法律学科を卒業し、同年一一月大阪商船㈱に入社した。二六年五月、大連支店勤務となって渡満した。次弟陳温は九州帝大医学部、末弟哲英は東京医大でそれぞれ医学研究に従事した。

松井　鏗爾 ▷12

国務院実業部権度局総務科長／新京特別市馬濠門外権度局総務科内／一八九四（明二七）一〇／愛知県八名郡賀茂村／東京帝大法学部

一九二〇年東京帝大法学部を卒業し、同年九月満鉄に入社して運輸部庶務課に勤務した。三〇年一一月に退社して帰国し、弁護士登録をして東京市四谷区南伊賀町に法律事務所を開設した。満州事変後の三二年一月に閉鎖して再び渡満し、翌月奉天自治指導部監察員となった。満州国の成立とともに同年四月国都建設局嘱託となり、同年一〇月司法部嘱託に転任して司法部法令審議委員会委員となった。三四年七月司法部事務官に昇格して民事司に勤務し

ま

た後、三五年一月司法部総務司調査科勤務を経て二八年一一月実業部権度局理事官となり、総務科長を務めた。この間、三四年三月建国功労賞及び大典記念章、同年九月皇帝訪日記念章を受けた。

松井佐兵衛　▷12

協昌洋行主、撫順無尽㈱専務取締役、撫順地方委員会委員、撫順実業協会評議員、撫順輸入組合評議員／奉天省撫順西五条通／一八八四（明一七）三／山口県大島郡家室西方村

山口県農業松井治郎吉の三男に生まれ、郷里で煉瓦製造業に従事した後、一九〇八年七月に渡満して満鉄撫順炭砿直営の煉瓦工場に勤務し、次いで〇九年撫順窯業㈱に転じた。その後二五年一月に退社して同地で窯業を始め、かたわら撫順無尽会社専務取締役に就き、同地の地方委員、同業団体の公職に就いた。

松井小右衛門　▷4

松昌公司主／奉天小西関／一八八一（明一四）一〇／長崎県北松浦郡小佐々村

奉天で石炭、コークス、コールタール、暖炉などの燃料商を営んだ。その後次第に営業品目を増やして特産物売買のほか貸家業も兼営し、開原、昌図、奉天省四平街、公主嶺、双廟子、郭家店、范家屯、東蒙古遼源県、掬鹿等に出張所を置いた。

松井甚四郎　▷1

営口同仁病院長／奉天省営口／一八七八（明一一）四／富山県中新川郡上市町／帝国大学医科大学

富山中学校、第四高等学校を経て帝国大学医科大学に進み、一九〇三年に卒業した。三浦博士の下で内科学、緒方博士の下で黴菌学を研究した後、〇五年一月から三月まで高等官待遇で陸軍補助医として陸軍予備病院外山分院に勤務した。〇六年三月三浦博士の推薦で同仁会医員となり、営口軍政署衛生顧問となって渡満した。軍政署の廃止と同時に同署が建築した営口病院が同仁会に譲与されると、同仁会病院長として診療と運営に従事した。

松井　退蔵　▷12

駐日満州国大使館参事官兼国務院文教部学務局理事官兼蒙政部民政司理事官／東京市麻布区桜田町満州帝国大使館／一九〇三（明三六）一二／愛知県名古屋市東区杉村町／京都帝大法学部

京都帝大法学部在学中の一九二六年一二月文官高等試験行政科に合格し、二七年に卒業して同年四月満鉄に入社した。三〇年五月奉天省四平街駅貨物助役、三一年三月鉄道部貨物課員を歴職した後、三二年四月満州国官吏に転出し、国務院交通部鉄道司第三科長心得を経て同年九月総務庁人事処給与科長となった。三三年六月参議府秘書局秘書官に転任し、次いで三六年六月在日満州国大使館参事官として東京に赴任し、三七年三月から文教部学務局理事官及び蒙政部民政司理事官を兼務した。

松井　太郎　▷12

満州医科大学教授兼教務主事、同専門部教授、同付属医院医長、同大学評議員／奉天萩町満鉄社宅／一八八五（明一八）八／愛知県渥美郡二川村／京都帝大福岡医科大学

一九〇九年京都帝大福岡医科大学を卒業し、翌年同大学副手となった。次いで同大学助手、九州帝大医科大学講師、同教授兼医長を経て二五年九月満州医科大学教授に転じて渡満し、同専門部及び南満医学堂教授と付属奉天医院医長、看護婦養成所教育主任を兼務した。三三年四月同医院長及び大学評議員兼務、三五年一〇月免医院長兼務教育主事兼務となった。この間、二〇年一月から二年間欧米に留学して耳鼻咽喉科を専攻し、同年八月論文「音響刺戟ニ依ル聴器損傷ノ実験的研究」により九州帝大より医学博士号を取得し、二七年一二月ロックフェラー大学で交換教授を二週間務め、三〇年一二月医事視察のため欧米に半年出張した。

松井常三郎　▷12

農業、満州造酒㈱監査役／奉天宇治町／一八七四（明七）一〇／和歌山県日高郡内生村／陸軍士官学校

陸軍士官学校を卒業して重砲兵連隊付として勤務した後、大阪砲兵工廠に入り弾丸製造所及び薬莢製造所に勤務した。その後、兵器本廠検査官となり、砲兵中佐に累進して予備役編入となった。一九二三年張作霖が東三省兵工廠を創立する際、奉天兵工廠顧問技師と

なって渡満した。かたわら楊宇霆と奉天大東門外に大亨鉄工廠を創設し、山田晃らと大阪市西成区中開町に大阪金属工業所を設立して相互に連絡し、兵器諸材料を中国側に納入した。その後、二八年に奉天若松町に十数万円の資金を投じて大阪金属工業所奉天工場を開設して武器、銃砲弾の加工・製作と精密機械の輸入仲介業を経営し、二九年には撫順に分工場を設け、各種工作物を満鉄に納入した。満州事変後に奉天と撫順の工場を分離して他に譲渡し、拉浜線沿線に広大な土地を買収して水田経営を行った。かたわら在郷軍人としての活動を続け、二〇年余り満蒙独立運動に奔走した実弟の陸軍歩兵大佐松井清助が満州事変勃発と同時に蒙古軍を指揮して熱河に進軍して戦死したこともあり、満州国建国後に西岡大元の発願に係わる日満蒙志士霊廟建設に尽力した。

松井　鉄夫　▷10

代議士、大連火災海上保険会社監査役、帝国通信社専務取締役／大連市平和台／一八七七（明一〇）一〇／東京府東京市日本橋区浜町／私立熊本英語専修学校

熊本市に生まれ、私立熊本英語専修学校を卒業して台湾に渡り、台湾日日新聞記者として五年勤務した。その後一九〇〇年に台湾総督府嘱託となり、学費を支給されて東京帝大英法専科に学んだが中途で退学した。日露戦後の一九〇五年に渡満し、関東都督府民政部嘱託として商工事務に従事した後、〇七年に試験所が創設されると同所に転任し、一〇年五月満鉄に移管されて中央試験所となった後も勤続した。一四年四月榎本謙七郎が経営する大連の榎本商店主任に転じ、大阪朝日新聞通信員を兼ねた。一六年一〇月に元大順公司主の桜井豪が復州五湖咀と貔子窩の粘土採掘権を得ると、榎本、桜井らと撫順に満州耐火煉瓦工場を設け、匿名組合事業として経営した。一八年五月に同工場の一切を買収して個人経営としたほか大日本興農会社、満州取引所、満州信託会社、東亜拓殖会社、青島取引所等の事業に関係し、関東洋灰㈱を設立するなど多方面に活動し、帝国通信社専務取締役、大連火災海上保険会社監査役を務めた。この間、二〇年五月政友会に属して群馬県から衆議院選挙に出馬して当選した。

松井　憲吾　▷13

鹿島組満州代表者、勲六等／一八九二（明二五）／群馬県／工手学校

上京して工手学校を卒業し、鹿島組に入って主任、技師として鉄道建設工事、水力電気工事等に従事した。満州事変直後の一九三一年に渡満し、鹿島組満州代表として多くの難工事を手がけ、満州事変功労者表彰に際し勲六等瑞宝章を受けた。

松井　敏生　▷12

㈱昭和製鋼所総務部秘書課長、社員会学芸部長／奉天省鞍山上台町／一八九四（明二七）七／東京府東京市牛込区弁天町／明治大学法学部英法科、ロンドン大学大学院

東京府松井文四の次男に生まれ、一九一六年明治大学法学部英法科を卒業して同年七月三菱㊮銀行部に入り、本店で為替業務に従事した。二一年四月母校の明大商学部講師に転じ、同年一二月助教授となり、財政学研究のため欧米に留学した。ロンドン大学大学院を修了して二五年四月に帰国し、二六年二月教授となった。二七年に内閣資源局事務嘱託に転じ、臨時産業合理化調査嘱託、臨時公益企業調査局嘱託、満鉄嘱託を歴職した。三三年六月満鉄傘下の昭和製鋼所参事に転じ、文書課長を経て三五年四月総務部秘書課長となった。秋田県多額納税者として貴族院議員を務めた土田万助の娘光子を夫人とした。⇒実兄の松井春生は東京帝大を卒業して内務省に入り、資源局長官、大阪府知事等を経て東京商工会議所理事長、工業組合中央会副会長等に就き、『経済参謀本部論』『日本瀬源政策』を著した。

松井　敏行　▷12

満州医科大学教授兼同大専門部教授、同大評議員、同大附属医院院長、同大附属看護婦養成所所長、従六位／奉天紅葉町／一八八五（明一八）五／兵庫県出石郡出石町／京都帝大医科大学

一九一一年京都帝大医科大学を卒業し、同年一二月陸軍に入り第八連隊付見習医官となった。二等軍医に進んで輜重兵第四大隊に勤務した後、日本赤十字社大阪支部病院外科医員、大阪俘虜収容所付兼朝鮮駐箚軍京城衛生病院付、歩兵第二三連隊付を歴任した。二

ま

一年六月三等軍医正に進んで熊本衛戍病院に勤務した後、二二年一月予備役編入となり、京都帝大大学院に入学して生物学と病理学の研究に従事した。同大医学部副手を務めた後、二四年六月満鉄に入社して南満医学堂教授となり、附属奉天医院外科医長を兼任した。二五年八月参事待遇となって満州医科大学教授に就き、同大専門部教授、南満医学堂教授、南満医学堂附属奉天医院医長を兼務した。二六年一〇月社命で欧米に留学した後、三三年五月同大附属看護婦養成所教育主任兼務、三四年四月専門部主事兼務、三五年一〇月同大附属医院院長兼務となった。この間、二四年七月に論文「血小板ノ血清学的研究」で京都帝大より医学博士号を取得した。

松井　豊治　▷11

満鉄大連鉄道事務所営業長／大連市柳町／一八八四（明一七）七／東京府東京市小石川区武島町／私立鉄道学校

東京府官吏松井政照の三男に生まれ、一九〇二年鉄道学校を卒業して九州鉄道㈱の雇員となった。〇七年四月鉄道庁雇に転じ、同年七月書記に進んだ。一九年一〇月鉄道院を休職となり、渡満して満鉄に入り、後に大連鉄道事務所営業長に就いた。

松井　英彦　▷12

金福鉄路公司㈱運輸課長／大連市若菜町／一九〇五（明三八）八／京都府京都市上京区油小路通丸太町／京都帝大法学部

京都府松井隈太の子に生まれ、一九三〇年三月京都帝大法学部を卒業して渡満し、関東州の金福鉄路公司㈱に入った。以来勤続し、累進して運輸課長に就いた。

松井　通得　▷13

㈱満州伊藤工場社長／大連市／一八九八（明三一）七／東京府／小学校

旧武蔵国忍藩の家老松井通立の子として北海道上磯郡知内に生まれた。幼時に父の開拓事業が失敗し、小学校を終えると樺太に渡り落合の日本化学紙料㈱の図工となった。仕事のかたわら講義録で独学して専門学校卒程度の学力を着け、上京して東京市役所の吏員となったが、まもなく建築材料製造販売の伊藤工場に転じた。帝国議事堂新築保温工事の現場監督に従事した後、三三年に渡満して代理店の大連の建築材料商進和商会内に事務所を開き、満州伊藤工場の設立準備に当たった。新京の国務院、関東軍司令部、満州石油、満州曹達、満州化学工業などの保温工事を手がけ、三九年四月本社から独立して資本金二〇万円で株式会社に改組して社長に就任した。本社を鞍山、営業所を大連、奉天・新京・撫順・大連市甘井子に出張所を置き、王子製紙野田工場に一四年勤めた実弟の田中通秋を奉天出張所長とした。

松井　盛隆　▷12

国務院財政部専売総署事務官、勲八等／新京特別市大同大街専売総署／一八九二（明二五）一一／山形県最上郡白川村／山形県立村山農学校

山形県松井盛隆の養女ワカ子の婿として松井家を継ぎ、後に盛隆を襲名した。一九一一年山形県立村山農学校を卒業した後、一四年に渡満して旅順、大連の関東都督府民政署に勤務した。貔子窩出張所に転勤して司法・衛生の会計事務に従事した後、二〇年警察署に転任し、さらに長春領事館警察、奉天省四平街警察支署勤務を経て司法保安係、警務高等衛生係、大連水上署司法衛生係、警務保安係、高等警察係の各主任を歴任した。二六年一二月警部に昇進して奉天警察署及び奉天総領事館に勤務した後、三二年三月免官となり、満州国東省特別区警察官・監理処顧問に転じて同年一〇月首都警察庁警正となり大経路警察署長に就いた。三四年六月専売公署事務官に転任して吉林専売署緝私科長となり、三六年二月間島専売署副署長、事業科長兼緝私科長を経て三七年一月専売総署事務官となった。四男二女あり、長男春孝は新京工学院を出てハイラル国道局に勤務、次男喜隆は拓殖大学に学び、三男和夫は新京工学院を出て吉林公署に勤務、長女盛子は吉林税務監督署勤務の梶山盛衛に嫁した。

松井　義夫　▷12

満鉄総裁室弘報課庶務係主任、社員会本部連合会通報部長、満鉄社員消費組合総代、勲八等／大連市薩摩町南山寮／一九〇四（明三七）四／広島県広島市新川場町／東亜同文書院

広島県松井仙吉の長男に生まれ、広島

第一中学校を卒業して上海の東亜同文書院に入学し、一九二六年三月に卒業して満鉄に入り地方部学務課に勤務した。三一年五月長春商業学校教諭に転任した後、地方部学務課奉天在勤を経て三二年五月総務部奉天在勤経済調査会調査員となり、三三年一〇月育成学校講師を兼任した。三六年四月総務部資料課庶務係主任兼鉄道資料編纂係主任を務めた後、同年一〇月総裁室弘報課に転勤して庶務係主任となった。業務のかたわら社員会本部連合会通報部長、社員消費組合総代を務めた。

松井　由松　▷11

関東庁技手／旅順市常盤町／一八七四（明七）三／滋賀県高島郡朽木村

滋賀県農業松井七右衛門の三男に生まれ、年少から京都に出て建築業に従事した。一九〇一年七月京都府庁舎建築工事の肝煎りを命じられ、〇七年二月技術員となり一三年一二月まで京都府内務部に勤務した。一四年六月、渡満して関東庁技手となった。以来関東庁に勤続し、二七年一〇月建築視察のため華南を巡遊した。

松井林太郎　▷11

医師、正八位／奉天省撫順東二条通／一八八四（明一七）六／広島県尾道市十四日町／岡山医学専門学校

広島県医師松井恕助の長男に生まれ、一九〇七年岡山医学専門学校を卒業した。兵役を終えて陸軍三等軍医となり、渡満して撫順で開業した。

松内亀太郎　▷14

㈾松内楠陽堂代表社員／大連市伊勢町／一八七六（明九）六／大阪府南河内郡藤井寺

大阪府農業松内国太郎の長男に生まれ、一八九九年に上京して「キレー水」「毒掃丸」本舗山崎帝国堂に入り、薬種・売薬・化粧品の卸商に従事した。その後一九〇四年に独立して神田区錦町で同業を営んだが、日本売薬㈱が設立されると同社大連支店支配人となって〇六年一二月に渡満した。次いで〇九年六月大連市伊勢町で独立開業し、一七年に一族出資の合資会社に改め、同時に頭痛頓服薬「チェヤー」と鎮咳頓服薬「デフスチン」を発売して名を上げた。経営のかたわら満州不動貯金㈱取締役、大連新聞社取締役、大連薬業組合組合長、伊勢町区長等を務めた。この間二二年二月大連市会議員に当選し、二四年一〇月に任期満了した。

松浦開地良　▷11

㈶大連医院事務長／大連市桜花台／一八八二（明一五）五／熊本県玉名郡伊倉町／早稲田大学法科

熊本県松浦又次郎の次男に生まれ、一九一一年早稲田大学法科を卒業した後、一二年九月に渡満して満鉄に入り、大連駅貨物方となった。一五年八月庶務課に転任し、その後職制改正により社会課共済係主任となり、大連桜花台幼稚園長を兼任し、共済制度の改革に関する功労で表彰された。その後二七年九月に共済制度研究のため欧米を視察し、帰社して三〇年参事に昇格した後、満鉄経営から財団法人化された大連医院事務長に転出した。かたわら三二年一一月大連市会議員に当選し、三六年一〇月に任期満了となった。

松浦　和雄　▷12

満鉄産業部調査役付冶金係主任、工業標準規格委員会委員／大連市黒石礁／一八九八（明三一）一〇／群馬県北甘楽郡富岡町／東京帝大工学部冶金科

群馬県松浦和平の長男に生まれ、一九二四年三月東京帝大工学部冶金科を卒業して理化学研究所に勤務した。次いで三共会社内キシライト㈱を経て亜細亜アルミナム会社に勤務し、三二年六月に退社した。その後三三年六月満鉄に入り計画部審査役付、同冶金班主任を経て三六年一〇月産業部調査役付冶金係主任となった。

松浦　興　▷11

奉天総領事館通商係主任／奉天淀橋／一八八九（明二二）七／茨城県稲敷郡阿見村／東亜同文書院政治科

茨城県農業松浦茂右衛門の三男に生まれ、一九一〇年六月上海の東亜同文書院政治科を卒業した。一一年九月関東都督府に入り警部補として奉天に勤務したが、半年余りで辞職して帰国した。一四年一〇月再び渡満して奉天で商事会社、商業会議所等に勤務したが、二二年二月外務通訳生に転じて営口に勤務した。二四年四月外務書記生を経て二六年一月外務属に進んで本省亜細亜局第一課に勤務した後、同年一二月外

ま

務書記生として奉天総領事館勤務となった。

松浦　静男　▷13

松浦汽船㈱社長／大連市加賀町／一八九一（明二四）五／広島県豊田郡大草村／広島県立忠海中学校

広島県農業児玉儀平の三男に生まれ、伯母松浦サヨの養子となった。一九〇八年県立忠海中学校を卒業し、一二年に渡満して満鉄に入り瓦房店駅貨物方となった。一九年に退社して大連の海運業南北商会に入ったが、二一年に田中商事㈱に転じた。二八年に退社して松浦洋行の名で海運業を興し、その後松浦汽船株式会社に改組して社長に就任した。海運界好況の波に乗ってさらに昌竜汽船会社を設立して社長に就き、松浦製紙会社、昭国製紙会社の社長を兼任した。渤海湾の海運を通じて中国人との長い取引経験を持ち、「日本人はすぐ中国人の風俗習慣を日本人風に教化しようとするが、むしろ彼等の良いところを掴まないと駄目だ」との信念を通した。

松浦　進　▷12

国務院実業部工商司員／新京特別市長通路特許発明局内／一九〇一（明三四）四／宮崎県宮崎郡生目村／九州帝大工学部応用化学科

宮崎県松浦英馬の長男に生まれ、宮崎中学校、松江高等学校を経て一九二八年三月九州帝大工学部応用化学科を卒業して同大副手となった。二九年七月商工省東京工業試験所嘱託に転じた後、三五年四月満州国実業部技士となって渡満し、工商司工務科に勤務した。三六年七月同部特許発明局技佐として評定科に転任して審査官を務めた後、三七年四月実業部技佐に転任して工商司に勤務した。

松浦　唯七　▷12

松浦商店主／奉天十間房／一八九五（明二八）一一／香川県香川郡太田村

一九一〇年一五歳で渡満し、奉天の牧野呉服店に入った。一〇年勤続して二一年八月に独立し、十間房に松浦商店を開業して京染・洗張業を営んだ。

松浦彦右衛門　▷4

歯科医師／ハルビン新市街松花江通／一八七五（明八）三／兵庫県神戸市浜崎通

鹿児島県川辺郡に生まれ、一八九六年歯科医師試験に合格した。一九〇八年に渡満してハルビンで開業し、日露中の国籍を問わず治療に当たり住民の信頼を得た。かたわら仏典を研究し、歯仙洞或いは寸畝庵と号して俳句を詠んだ。

松浦　寿吉　▷11

チェルベルジス継続㈾大連出張所支配人／大連市薩摩町／一八九三（明二六）五／和歌山県那賀郡川原村／旅順工科学堂機械科

和歌山県の農業兼商業松浦虎之助の四男に生まれ、一九一五年旅順工科学堂機械科を卒業した。一六年一月朝鮮総督府鉄道局に入り、翌年七月同局が満鉄に移管されると同時に満鉄社員となった。二〇年に退社して帰国し、チェルベルジス継続㈾大阪支店に入社してＳＫＦボールベアリングの技術並びに販売を担当した。二三年四月同社代表者として渡満し、代理店福昌公司内に事務所を置いてスイス製工業品の輸入販売に従事し、二九年大連出張所支配人に就いた。

松浦　棟夫　▷12

国務院財政部専売総署技佐、専売工廠長事務取扱／奉天萩町／一八九六（明二九）八／熊本県熊本市井川淵町／九州薬学専門学校

熊本県小野元荘の次男に生まれ、同県松浦新吉郎の死跡を相続した。九州薬学専門学校を卒業して台湾に渡り、調剤師として総督府基隆医院及び台北州港東医院に勤務した。専売局技手に転じて十余年勤務した後、一九三三年満州国財政部専売公署技佐に転じて渡満し、奉天工廠に勤務した。専売工廠と改称した後も引き続き同所に勤務し、後に工廠長事務取扱となった。

松浦与三郎　▷12

営口煉瓦製造所主／大連市沙河口会春柳屯／一八六四（元一）一一／宮崎県南那珂郡吾田村

飫肥藩士松浦杢の長男として宮崎県南那珂郡酒谷村に生まれ、一八七九年郷里の小学校教員となったが、八二年に上京して品川弥二郎の書生となった。一九〇〇年に北清事変が起きると蘇州から天津に赴き、伊集院彦吉総領事の許に出入りして橋口勇馬らと種々画策した。〇二年にいったん帰国した後、〇四年に日露戦争が始まると再び中国に渡り、営口軍政署の撤退に際し同署経営の煉瓦製造所を譲り受け、泰東公司主の森脇源馬の出資で〇七年から煉瓦製造業を始めた。一〇年七月満州煉瓦㈱を買収して大連工場にアメリカ式製煉機を設置し、さらに一四年五月にはロシアが創設し長谷川銈五郎が経営していた周水子工場も譲り受けてドイツ製機械を設置した。技師山田馨の技術改良と久保田文蔵営口領事、犬塚信太郎満鉄理事らの後援を得て事業を拡張したが、第一次世界大戦後の経済不況で生産過剰に陥り、二四年に営口工場を営口興業㈱に譲渡した。その後業績が回復して三三年に新京工場を新設し、従業員五〇〇余名を擁した。この間一九一七年四月の衆議院選挙に宮崎県から出馬して当選した。養子正敏は満鉄中央試験所に勤務した。

松浦嘉三郎　▷12

大同学院教授／新京特別市永昌胡同第一代用官舎／一八九六（明二九）八／大阪府大阪市東区内平野町／京都帝大文学部東洋史学科

大阪府松浦長治郎の次男に生まれ、天王寺中学校、上海の東亜同文書院を経て一九二〇年京都帝大文学部東洋史学科を卒業し、同年九月京都府立東山中学校の教諭となった。その後二二年五月北京の順天時報社員を委嘱されて論説及び調査事務を担当し、二九年五月外務省東方文化学院研究所研究員として中国古代の家族制度について研究した後、同年九月京都大谷大学教授となり東洋史講座を担当した。三二年四月竜谷大学に転じたが、三四年九月に解職となり、国務院文教部嘱託に転じて渡満した。文教部総務司に勤務した後、三五年四月大同学院教授に就いた。

松浦　梁作　▷11

満鉄中央試験所職員／大連市聖徳街／一八九七（明三〇）八／山口県阿武郡奈古村／東京高等工業学校電気化学科

山口県松浦文吉の四男に生まれ、一九一九年東京高等工業学校電気化学科を卒業し、同年八月に渡満して満鉄鞍山製鉄所設計課職員となった。翌月中央試験所電気化学課に転任し、二八年一二月金属マグネシウム製造に関する調査のため欧米に出張した。

松江　昇　▷12

満鉄撫順炭砿工事事務所建築係主任、工業標準規格委員会委員／奉天省撫順西公園町／一八八九（明二二）六／岐阜県岐阜市不動町／京都高等工芸学校図案科

一九一一年京都高等工芸学校図案科を卒業し、一二年四月岐阜県陶器学校教諭となった。一五年一〇月富山県の砺波中学校教諭に転じた後、一八年一二月に渡満して満鉄に入り、撫順炭砿土木課に勤務した。二七年一〇月撫順炭砿工務事務所に転任し、三〇年六月の職制改正を経て撫順炭砿工事事務所勤務となり、三三年二月同所建築係主任、三六年九月参事に昇任した。

松江　賢修　▷12

満鉄農事試験場熊岳城分場員／奉天省熊岳城満鉄農事試験場分場／一九〇一（明三四）六／滋賀県東浅井郡朝日村／北海道帝大農学部林学科

滋賀県松江員哲の長男に生まれ、一九二八年三月北海道帝大農学部林学科を卒業した。その後三五年一二月満鉄技術員となって渡満し、農事試験場熊岳城分場に勤務した。三六年九月職制改正に伴い職員に昇格し、引き続き同分場に勤務した。

松尾　生雄　▷12

興安北省総務庁経理科長／興安北省ハイラル省公署／一九〇〇（明三三）四／長崎県南高来郡湯江村／長崎高等商業学校

島原中学校を経て一九二一年三月長崎高等商業学校を卒業し、同年四月台湾総督府鉄道部に入り運輸課に勤務した。貨物係、車長、助役、貨物事故係を歴職した後、二五年一二月に辞職して翌年一月日清生命保険㈱会計係となり、次いで外務係となった。二八年一〇月に退社し、三〇年一〇月千代田生命保険相互㈱に入って大連出張所に勤務した。満州事変が起きると三二年一二月に退社して翌年一月満州国官吏に転じ、黒龍江省公署総務庁勤務を経て三六年五月興安北省総務庁経理科長となった。

松尾　猪作　▷12

新京三笠町郵便局長、勲八等／新京特別市弥生町／一八九九（明三二）六／佐賀県藤津郡浜町

夙に関東庁逓信官吏となり、以来歴勤して一九三三年一二月大連中央郵便局小包郵便課主事となった。次いで三五年二月甘井子郵便局長、三六年九月大連中央郵便局為替貯金課長を歴任し、三七年五月新京三笠町郵便局長に就いた。この間、満州事変時の功により勲八等に叙された。

松岡市兵衛　▷11

満鉄鉄嶺医院事務長／奉天省鉄嶺四条通／一八八九（明二二）一二／福岡県朝倉郡甘木町／福岡県商業学校

福岡県商業松岡市右衛門の長男に生まれ、一九〇七年福岡県商業学校を卒業した。〇九年六月に渡満し、翌月満鉄に入って撫順炭砿会計課に勤務した。一八年一二月撫順医院、二五年三月大石橋医院事務所勤務を経て二八年八月鉄嶺医院事務長に就いた。夫人清子との間に子無く、夫人の弟圭蔵を養子に迎えた。

松岡　一郎　▷12

奉天省公署警務庁特務科長、正七位／奉天紅葉町／一九〇四（明三七）四／兵庫県神埼郡田原村／東京帝大法学部政治学科

一九二七年東京帝大法学部政治学科を卒業し、同年幹部候補生として鳥取の歩兵第四〇連隊に入営して兵役に服した。除隊して二八年文官高等試験行政科に合格し、鳥取第二中学校教諭となった。次いで二九年五月大阪府警部補に転じ、警部に進んで監察官付、警務課勤務、警察官練習所長を歴任して三三年五月警視庁警視に累進し、深川、洲崎の各警察署長を歴任した。三四年八月地方警視に転出して福島県警察部警務課長を務めた後、同年一一月に退官して渡満しハルビン警察庁嘱託となり、同庁警務科長、同理事官・警務科長、安東省公署督察官を経て三六年九月奉天省公署理事官・警務庁特務科長に転任した。

松岡　勝彦　▷3

鉄嶺電灯局主任、勲六等／奉天省鉄嶺北町／一八七五（明八）九／熊本県菊池郡花房村／東京法学院

一八九六年東京法学院を卒業し、一九〇一年北京の振華中学堂長となった。〇四年日露戦争に際し陸軍通訳となり、大本営付として特別任務に従事した。〇六年功により勲六等瑞宝章及び手当金八四円を受け、満州軍総司令官大山巌から感謝状を贈られた。一〇年五月鉄嶺電灯局主任となり、同地の居留民会副会長を務めた。

松岡　信七　▷8

松岡医院長／奉天十間房／一八七七（明一〇）七／新潟県中頸城郡平丸村／東京医学専門学校

一八九九年三月東京医学専門学校を卒業した。一九二〇年に渡満して奉天十間房に松岡医院を開業した。

松岡杏太郎　▷12

ハルビン特別市公署行政処衛生科保健股長、正八位／ハルビン中国十六道街／一九〇三（明三六）一／新潟県中頸城郡平丸村／南満医学堂

新潟県松岡信七の長男に生まれ、朝鮮の釜山中学校を卒業して奉天の南満医学堂に入学し、一九二五年に卒業して同年六月附属医院の内科医となった。同年一二月一年志願兵として朝鮮竜山の歩兵第七八連隊に入営し、二六年一一月に除隊して復職した。二七年五月満州医科大学助手を経て二九年副手に進んだが、三四年一一月ハルビン特別市公署に転じて傅家甸診療所長を務めた。三五年一〇月同公署技正となり、行政処衛生科保健股長に就いた。

松岡　啓輔　▷12

松岡洋行主／大連市恵比寿町／一八八四（明一七）一／岐阜県大垣市外

早くから大阪の富岡一郎商店に奉公し、一八年勤続した後、一九一六年に同市安土町で衣料商を独立開業した。二九年同町内に移転して店舗を拡張し、モスリン、友禅・銘仙類を扱った。その後三五年五月に渡満し、大連恵比寿町に松岡洋行を開設して綿布、人絹、毛織物類の輸入販売業を営んだ。

松岡小八郎　▷12

錦州省台安県参事官／錦州省台安県参事官／一八九二（明二五）九／三重県桑名郡城南村／関西工業学校電工科

一九一〇年六月桑名明星中学を中退した後、一一年六月鉄道院電気学校を修了して鉄道院に入ったが、翌年三月に退職して大阪の関西工業学校電工科に入学した。一四年三月に卒業し、同年四月岐阜市の上毛モスリン㈱に入り発電部に勤務した後、一六年六月長兄の事業を継承するため渡満した。三一年九月に満州事件が起きると同年一一月に廃業して奉天省岫巌県自治指導員に転じ、三二年二月同県自治指導委員会委員長となり、次いで同年三月興城県自治指導委員、同年一〇月同県参事官となった。三六年四月錦州省台安県参事官に転任した後、三七年六月に退官した。この間の三〇年一〇月、国勢調査委員を務めて関東庁より金一封を賞与された。

松岡佐右衛門 ▷9

綿糸布・特産物貿易商、日華銀行専務、南満織布㈱取締役、鉄嶺証券信託㈱監査役、㈱大矢組監査役／奉天省鉄嶺城内第六号／一八八五（明一八）一／愛知県中島郡萩原町

一九〇五年九月日露戦争直後に渡満して大連の角田洋行に仮寓した後、翌年六月から鉄嶺で綿糸布と特産物の貿易商を営んだ。かたわら日華銀行専務、南満織布㈱取締役、鉄嶺証券信託㈱及び㈱大矢組の監査役を務めた。

松岡作次郎 ▷1

三重洋行奉天出張所主任／奉天小西辺門内／一八六九（明二）／東京府東京市下谷区上野桜木町／県立新潟中学校

本姓は大滝、新潟県岩船郡八幡村に生まれた。一八八五年県立新潟中学校を卒業して上京し、旧幕臣で榎本武揚と共に函館に渡り樺太空知方面の隊長を務めた松岡謙の養嗣子となった。八六年三井物産の見習い生となり、後に社員に昇格して函館出張所に勤務して商業部主任となった。在職中に土地投機と株式投資で巨利を得、九九年に退社して米穀取引仲買店を経営した。一九〇二年破産した義兄を助けるため資産を売却し、廃業して東京に帰った。〇六年五月知人の紹介で三重洋行に入り、渡満して奉天小西辺門内に出張所を開設してメリケン粉、砂糖、綿布その他輸入雑貨の販売と大豆・豆粕類の輸出業を営んだ。

松岡　省三 ▷5

松園商店主／ハルビン／一八七七（明一〇）／長崎県南松浦郡

一八九七年ウラジオストクに渡り、現地でロシア語を習得した後、一九〇〇年樺太に移って漁業を営んだが一年で失敗した。旅順に渡って種々の職業に従事した後、〇四年に日露戦争が始まると陸軍御用達となった。戦後一〇年一二月ハルビンに赴き、モストワヤ街に小工場を設けて靴の製造販売を始め、かたわら製靴原料の皮革類を扱った。その後欧州戦争のため靴の輸入が途絶し、売上げが急増してハルビン屈指の靴店に成長した。

松岡　新蔵 ▷11

菓子製造業、松岡商店主／旅順市鮫島町／一八七四（明七）六／鹿児島県鹿児島市仲町

鹿児島県生魚問屋別府新兵衛の次男に生まれ、一八七八年八月同県松岡甚兵衛の養子となった。一九〇五年四月日露戦中に野戦電信隊、鉄道隊、要塞司令部の食料納品御用達となって渡満し、同年六月から第六四連隊の御用達となった。〇六年要塞司令部将校集会所の魚菜御用達、〇七年三月から翌年二月まで野戦鉄道提理部通信部魚菜御用商、〇八年三月から海軍防備隊各警備艦酒保、雑貨、菓子類納入御用商、さらに〇九年三月から歩兵連隊酒保、菓子御用商も営んだ。長く軍御用達を務めるかたわら店員四人を抱えて菓子製造業を兼営し、旅順名物の饅頭製造元として知られた。魚市場仲買人総代、旅順三州会幹事のほか、一七年から鮫島町総代も務めた。一九年二月、第二八連隊のシベリア出兵の際に酒保員として満州里、チタ、ブラゴイチェンスク等に従軍した。

松岡　猛雄 ▷12

国務院実業部鉱務司鉱政科長、満州鉱業協会理事、満州国協和会幹事、正六位／新京特別市永昌胡同代用官舎／一八九九（明三二）九／福岡県嘉穂郡碓井村／福岡県立東筑中学校

福岡県松岡忠顕の次男に生まれ、一九一七年三月県立東筑中学校を卒業して同年五月八幡製鉄所に入った。東京市役所に一年間出向した後、二四年一二月書記を経て二八年八月鉱山監督局兼任・製鉄所副参事となり鉱山監督局書記官を務めた。その後三五年四月満州国鉱業監督署理事官に転じて渡満し、新京鉱業監督署に勤務して三六年五月同署鉱政科長となり、同年一〇月実業部鉱務司鉱政科長に就いた。

松岡　太郎　▷12

関東局関東海務局海事課長兼関東地方海員審判所審判官、大連海務協会常議員、正六位勲六等／大連市清水町官舎／一八九四（明二七）三／山口県大津郡宇津賀村／東京高等商船学校機関科

東京高等商船学校機関科在学中の一九一九年二月一等機関士海技免状を受け、同時に海軍予備機関少尉候補生となった。同年三月に卒業して逓信局技手となり、神戸桟橋会社を経て国際汽船会社に転じ、機関士として各船に乗務した。二一年五月機関長海技免状を取得し、翌年一月に退社した。二七年二月再び逓信局技師となり、東京逓信局勤務を経て三四年一二月関東局に転任して関東海務局海事課長に就き、関東地方海員審判所審判官を兼務した。三五年六月海軍予備機関中尉・高等官四等となり、三六年一二月満州国より勲六位景雲章を授与された。

松尾　勝三　▷11

貔子窩郵便局長、従七位勲八等／関東州貔子窩西街郵便局長官舎／一八八五（明一八）一二／新潟県高田市作事町／東京郵便局通信伝習所

東京府阿部予吉の六男に生まれ、松尾貞久の養嗣子となった。東京郵便局伝習所を修了した後、法律を独学し、外人に師事して英語を習得した。一九〇六年五月、臨時電信隊通信雇員として渡満し鉄嶺通信所に勤務した。その後関東都督府に移籍し、在勤中に通信書記に進んで二〇年一〇月安東県局主事、逓信局総務課監督係、大山通郵便局長を歴任して貔子窩郵便局長に就いた。この間外国語修習生、特殊有技者検定試験委員等を務め、満鉄二十年記念に勤続二十年の銀杯一組を受けた。勤務のかたわら帝国軍人後援会貔子窩地方委員部幹事を務めた。

松岡徳三郎　▷1

土木建築請負業、公主嶺居留民会行政委員／吉林省公主嶺／一八六三（文三）九／長崎県南高来郡島原村

日清戦争後に陸軍が臨時建築部を設置すると同職員として数年勤務し、建築部が廃止されると長崎税関に転じた。一九〇六年四月税関を辞職し、翌月渡満して旅順、大連で土木建築請負業に従事した後、同年九月旅順の谷口組代表者として公主嶺に入った。〇七年一月に独立して土木建築請負業を営み、公主嶺居留民会が組織されると官選で行政委員に就いた。

松岡　信敏　▷12

新京郵政管理局員、交通部総務司員、郵政権調整準備委員／新京特別市北安路市営住宅／一九〇四（明三七）五／宮崎県南那珂郡飫肥町／広島県立福山中学校

広島県立福山中学校を卒業した後、一九二五年六月逓信官吏練習所第一部行政科を修了して通信書記となった。次いで通信書記、通信局書記を経て簡易保険局書記となり福岡簡易保険支局移管準備部書記を歴任した。その後三四年六月国務院交通部郵政管理局属官となって渡満し、三六年三月交通部調整準備室兼務及び交通部事務官・郵政司企画科勤務を経て同年一一月郵政管理局事務官兼交通部事務官となり、新京郵政管理局及び交通部総務司に勤務した。この間、三五年に皇帝訪日記念章を授与された。

松岡　広吉　▷12

松岡洋行主／ハルビン道裡田地街／一八九三（明二六）四／三重県桑名郡福江町／三重県立四日市商業学校

三重県松岡松太郎の長男に生まれ、一九一二年三月三重県立四日市商業学校を卒業して東京の御木本真珠店に勤務した。一年志願兵として兵役に服した後、二九年にモスクワに赴いて輸入雑貨商に従事した。次いで三一年にハルビンに移住して松岡洋行を興し、ネオン・金属プレス器具製作・メタルモールディング等の製作販売と一般電気工事・煖房装置の設計、その他電気器具の販売業を経営した。

松岡　洋右　▷12

満鉄副社長、従四位勲三等／大連市星ヶ浦／一八八〇（明一三）三／山口県熊毛郡室積町／米国オレゴン州立法科大学

山口県の廻船問屋松岡三十郎の四男に生まれ、家運が傾いて一八九三年一三歳の時に渡米し、苦学して一九〇〇年にオレゴン州立法科大学を卒業した。〇三年に帰国して〇四年外交官及領事

官試験に合格し、同年一一月領事館補として上海領事館に勤務した。〇六年一〇月関東都督府事務官として外事課長を務めた後、〇八年一二月公使館三等書記官としてベルギーに赴任した。〇九年二月清国公使館に転勤して同年九月領事兼任となり、上海に在勤した。一二年大使館二等書記官に進んでロシアに赴任し、次いで一三年一〇月在米大使館に転任してワシントンに赴任し、一六年五月に帰国して同年七月大使館一等書記官となり本省に勤務した。一七年外務書記官となり外務大臣秘書官を兼任した後、一八年原敬内閣の総理大臣秘書官となり、一九年パリ講和会議全権の随員として渡仏した。その後駐華総領事、本省政務局勤務を経て二一年に退官し、同年七月同郷の田中義一の推薦で満鉄に入り理事に就いた。二六年三月理事を退任して帰国したが、二七年七月山本条太郎の満鉄社長就任とともに副社長に就いた。⇓二九年八月満鉄副社長を退任して帰国し、三〇年二月の総選挙で政友会から山口第二区に出馬して当選し、三一年一月第五九議会で「満蒙生命線論」を唱えて幣原外交を攻撃した。満州事変後の三三年二月国際連盟臨時総会首席全権としてジュネーブの連盟総会に臨み、リットン報告書の採択に抗議して退場した。帰国後同年一二月政友会を脱会して政党解消連盟を結成し、全国を遊説して日独伊の提携による世界新秩序建設を主張した。三五年八月満鉄総裁に就任し、三六年一〇月鉄道総局を設置して社線・国線・北鮮線の一元化を図るなどの経営改革を断行した。⇓三七年一〇月在職のまま内閣参議となり、三八年三月満鉄総裁を辞職して帰国した。四〇年七月第二次近衛内閣の外相に就任して大東亜共栄圏の確立を提唱し、同年九月日独伊三国同盟を締結した。四一年四月ドイツ・イタリアを訪問した帰途モスクワで日ソ中立条約を締結したが、二ヶ月後の独ソ開戦により外交路線が破綻し、同年七月日米交渉に反対して近衛内閣総辞職により失脚した。その後肺結核が悪化して療養生活に入り、戦後A級戦犯に指名されて極東国際軍事裁判に出廷したが、病状が悪化して四六年六月に没した。著書に『昭和維新』『満鉄を語る』『興亜の大業』他がある。実妹の藤枝は、三六年から三九年まで満州国実業部総務司長を務め戦後首相に就いた岸信介の叔父佐藤松介に嫁した。

松尾　勘六　▷3

満鉄遼陽車輌係主任／奉天省遼陽イ区／一八七四（明七）一二／長崎県南高来郡南有馬村／京都帝大理工科大学機械工学科

長崎県松尾寛市の子に生まれ、一九〇三年京都帝大理工科大学機械工学科を卒業した。日露戦争直後の〇五年九月に渡満し、野戦鉄道提理部に勤務した。〇七年四月に満鉄が開業すると同社入りし、遼陽に勤務して車輌係主任を務めた。

松尾　国治　▷11

遼陽満州紡績会社商務主任／奉天省遼陽満州紡績会社／一八八八（明二一）五／佐賀県西松浦郡有田町／東亜同文書院

佐賀県窯業松尾徳助の三男に生まれ、一九一一年上海の東亜同文書院を卒業した。一二年三井物産天津支店に入り、ボンベイ、漢口支店勤務を経て、二一年東京本店詰となった。二二年一月満鉄に転じて商工課に勤務し、翌年遼陽の満州紡績会社商務主任に転じた。勤務のかたわら遼陽地方員を務めた。

松尾　光次　▷12

国際運輸㈱ハルビン支店員／ハルビン国際運輸㈱支店／一八八七（明二〇）四／佐賀県西松浦郡曲川村／長崎商業学校

佐賀県松尾清吉の長男に生まれ、一九〇六年三月市立長崎商業学校を卒業し、同年五月第十八銀行書記となった。その後一四年六月に渡満して関東都督府に勤務し、次いで長春用達㈱、長春運輸㈱等を経て二四年一月国際運輸㈱に入り、長春支店に勤務した。作業係長、運輸係長、同支店長代理、竜井村支店長、臨時鉄道建設材料輸送部長、ハルビン支店長代理、牡丹江駐在に歴勤して三六年四月牡丹江支店長となり、三七年四月参事に昇格してハルビン支店在勤となった。

松尾　光蔵　▷12

日盛洋行主／ハルビン祇園町／一八九一（明二四）一二／長崎県南高来郡神代村

小学校を卒業して早稲田講習実業講習部で独学し、一六歳の時に島原莨元売捌所に入った。その後朝鮮に渡って平壌の江口雑貨店で働き、一九一四年末ハルビンに移った。一六年にモストワヤ街で雑貨店を開業し、一七年に買売街へ、さらに二二年に透籠街へ移転した。かたわら海陸運送業を兼営し、さらに㈾大盛号を主宰したが、後にいずれも廃止して日用百貨品の卸小売専業とした。

松尾駒太郎 ▷11

質、古物商／奉天省撫順東三条通／一八七五（明八）三／福岡県八幡市黒崎町／若松小学校

福岡県の質業・酒造業松尾貞平の長男に生まれ、一八九〇年若松小学校を卒業して筑豊興業鉄道会社若松工場の組立工見習となった。一九〇六年四月に渡満し、本渓湖の大倉炭坑機械課現場監督となった。一九年九月大倉炭坑を退社して撫順の南昌洋行機械主任に転じた後、二五年五月に独立して質屋兼古物商を開業した。かたわら機械一般、暖房装置据付を請負った。夫人フジとの間に子無く、養子に迎えた稔は法政大学法科を卒業した。

松尾　繁喜 ▷12

国務院交通部総務司兼郵務司勤務、郵政権調整準備委員／新京特別市興亜胡同興昌荘／一九〇六（明三九）一二／大分県南海部郡上入津村／東京帝大法学部法律学科

佐伯中学校、第五高等学校を経て一九二九年三月東京帝大法学部法律学科を卒業し、逓信省に入り逓信博物館に勤務した。三三年一〇月高等文官試験行政科に合格したが、三四年六月に依願免官して渡満し、ハルビン郵政管理局に転じた。三三年九月ハルビン郵局御大典観艦式場内臨時出張所、同年一二月ハルビン郵政管理局勤務を経て三四年二月国務院交通部郵務司郵務科に転任し、同年三月調整準備室勤務を経て同年一二月総務司に転任し、引き続き郵務司を兼務した。

松尾　正一 ▷12

満鉄牡丹江鉄路局工務処長、勲六等／大連市鳴鶴台／一九〇一（明三四）八／福岡県三池郡三池町／京都帝大工学部土木工学科

福岡県松尾勝蔵の次男に生まれ、一九二六年三月京都帝大工学部土木工学科を卒業して満鉄に入り、鉄道部計画課に勤務した。二七年一一月四平街保線区工事助役、三一年五月奉天保線区長、三三年二月新京鉄道事務所工務長に歴勤して三五年奉天鉄道事務所工務課長心得となった。次いで三六年一一月牡丹江鉄路監理所長兼横道河子鉄路監理所長、三六年九月吉林鉄路局牡丹江在勤を経て同月参事に昇格し、同年一〇月牡丹江鉄路局工務処長となった。この間、満州事変時の功により勲六等に叙された。

松尾庄次郎 ▷13

商和公司代表／福岡県福岡市／一八八六（明一九）

一九三八年三月、大連石炭商組合雑貨部が分離独立して創設された商和公司の代表に就いた。

松尾　四郎 ▷12

満鉄地方部員／大連市東公園町満鉄本社地方部／一九〇四（明三七）四／福岡県鞍手郡植木町／東京帝大法学部政治学科

福岡県松尾弥助の四男に生まれ、福岡高等学校を経て一九二八年三月東京帝大法学部政治学科を卒業し、同年六月満鉄に入社して社長室業務課に勤務した。二九年六月の職制改正により総裁室業務課勤務となり、同年一一月地方部地方課勤務、三一年鞍山地方事務所勤務を経て三三年鉄嶺地方事務所地方係長となった。次いで三四年四月安東地方事務所地方係長、三五年五月地方部商工課産業係主任、三六年九月地方行政権調整移譲準備委員会常任委員を歴職して同年一〇月副参事となった。三七年二月植民地経済開発に対する開拓鉄道の使命及び商工鉱業の統制政策に関する研究のため社命で欧米に八ヶ月出張し、帰社して地方部に勤務した。

松尾　新蔵 ▷11

運送業松茂公司主／奉天省瓦房店大慶街／一八八一（明一四）一二／福岡県三池郡北新開村

福岡県松尾峰七の長男に生まれ、一九〇一年久留米の歩兵第二四連隊に入営し、〇四年日露戦争に従軍した。帰国後再役して下士となり、〇八年に退営して商業に就いたが一年余りでやめ、翌年六月関東都督府巡査となって渡満した。一七年一二月に退職して材木商となり、運送業と代書業を兼営した。その後運送業と代書業の二業を経営し、かたわら南満信託㈱監査役、瓦房店地方委員、福岡県人会副会長を務めた。

松尾　清七　▷11

薬種、医療器械、保険代理業／奉天浪速通／一八九一（明二四）一二／佐賀県杵島郡朝日村

一九〇九年四月に渡満して薬種商を営み、一七年から奉天浪速通に店舗を構え、医療器械販売、保険代理業を兼営した。かたわら奉天商工会議所議員、奉天薬業組合副組合長を務めた。

松尾　忠夫　▷4

ルチ写真館主／ニコリスク市アルサコウスカヤ街／一八八二（明一五）／広島県佐伯郡観音村

広島市の片山写真館で写真を修業し、その後独立して同市内で写真館を開業した。日露戦争後、シベリアでの写真業が有望と聞いてニコリスクに渡り、同地の穂下写真館の技師となった。一九一四年に経営者の穂下が引き揚げることになり、後を継いでルチ写真館の商号で営業した。

松尾　忠風　▷11

大連聖徳小学校訓導／大連市聖徳街／一八九九（明三二）二／熊本県鹿本郡三玉村／熊本県立第二師範学校、旅順師範学堂研究科

熊本県教員虎口長風の次男に生まれ、同県松尾喜和雄の養子婿になった。一九二〇年熊本県立第二師範学校を卒業し、同県下の千田小学校、三岳小学校、平山小学校、熊本市黒髪小学校の訓導を歴任した。二五年四月に渡満して旅順師範学堂研究科に入学し、同師範学堂付属公学堂訓導を経て大連聖徳小学校訓導となった。

松尾　為作　▷12

旅順工科大学事務官、大連昭和学園理事、正七位勲六等／旅順市高崎町／一八九三（明二六）二／長崎県西彼杵郡長与村

一九一一年一九歳で文官普通試験に合格して一三年一二月長崎県属となり、次いで埼玉県属、宮崎県属に歴任した。その後二一年八月関東庁属に転じて渡満し、博物館及び体育研究所の事務に従事した後、司政部行政課勤務を経て三六年二月旅順工科大学事務官となった。

松尾九十九　▷12

図們税関鑑査科長／間島省図們税関本関構内公館／一八九一（明二四）／長崎県南高来郡西有家村／佐賀工業学校

一九一一年佐賀工業学校を卒業して横浜税関に勤務し、次いで長崎、三池の各税関に転勤した。三三年営口税関嘱託に転じて渡満し、三四年五月税関鑑査官に進み、三五年六月図們税関に転勤して監査科長に就いた。

松尾　照揚　▷12

満鉄錦県鉄路監理所監理員／錦州省錦県満鉄鉄路監理所／一八九四（明二七）九／佐賀県藤津郡多良村／藤津郡准教員養成所

佐賀県松尾村一の長男に生まれ、一九一〇年三月藤津郡准教員養成所を修了して東嬉野小学校准訓導となった。その後同年九月満鉄に転じて渡満し、奉天駅改札係となった。奉天列車区車掌、奉天鉄道事務所、鉄道部奉天在勤、二十里台駅長、瀋海鉄路局派遣に歴勤し、奉天鉄路局機務処運転科長を経て三五年一一月錦県鉄路監理所監理員となり、三六年四月勤続一五年の表彰を受けた。

松尾　伝吉　▷12

満鉄城子疃自動車営業所主任／関東州城子疃満鉄自動車営業所／一八九〇（明二三）四／長崎県下県郡厳原町／厳原金城中学

長崎県松尾辰五郎の次男に生まれ、一九〇九年厳原金城中学を卒業した後、一三年四月朝鮮総督府雇員となり営林廠に勤務した。次いで一六年三月三井物産に転じ、さらにスミス自動車会社支配人、大連市自動車係等を経て三四年満鉄鉄道総局職員となった。索倫、王爺廟、索倫、温泉の各自動車営業所主任を歴任した後、三六年三月城子疃自動車営業所主任に転任した。

松尾　徳次　▷12

松尾商店主／浜江省牡丹江円明街／一九〇九（明四二）三／佐賀県杵島郡竜王村／大分高等商業学校

佐賀県松尾竹一の長男に生まれ、一九三二年三月大分高等商業学校を卒業して京城土木㈾に入った。三三年八月に退社して渡満し、父竹一が経営する図們の松尾本店で海産物商に従事した。三五年三月に独立して牡丹江円明街に松尾商店を開設し、釜山、木浦、清津、元山、下釜、敦賀方面から仕入れ、浜綏線及び図佳線沿線を販路とした。

松尾　俊市　▷12

満州国立高等師範学校教授、正八位／吉林高等師範学校宿舎／一八九七（明三〇）一一／福岡県福岡市下新川端町／九州帝大工学部応用化学科

一九二三年三月九州帝大工学部応用化学科を卒業して二五年四月福岡県警察部に入り、二六年四月同県警察技師となった。三二年六月朝鮮公立高等女学校教諭に転じ、元山高等女学校教諭を務めた。三五年八月満州国師範学校教授嘱託に転じて渡満し、三六年四月吉林の国立高等師範学校に赴任した。

松尾　直次　▷9

特産物貿易商、糧桟業、製油業、日華銀行専務、南満織布㈱取締役、鉄嶺証券信託㈱監査役、㈱大矢組監査役／奉天省開原付属地第二区／一八八〇（明一三）五／佐賀県杵島郡若木村

一九〇七年一月に渡満して兄の経営する貿易業を手伝った後、一四年に独立して鉄嶺で大豆、豆粕、雑穀の輸出業を開業し、糧桟と製油業を兼営した。

松尾　広次　▷12

満鉄吉林機務段長、社員会評議員、社員消費組合総代、勲七等／吉林敷島街／一八九二（明二五）一二／兵庫県神崎郡香呂村／高等小学校

兵庫県松尾長次郎の次男に生まれ、高等小学校を終えて一九〇九年二月鉄道院に入り山陽線姫路岡山機関庫に勤務した。一八年鉄道院技手に昇格したが、一九年七月に辞職し、満鉄に転じて大連機関区に勤務した。奉天、遼陽、大連の各機関区に歴勤し、奉天鉄路総局運輸課、奉天鉄路局監理所勤務を経て吉林機務段長となった。この間、満州事変時の功により勲七等に叙された。

松尾　通一　▷3

瓦房店郵便局長、従七位勲八等／奉天省瓦房店郵便局長官舎／一八六九（明二）一二／福岡県柳河郡城内村／東京電信学校

旧姓は河野、松尾家を相続した。一八八九年五月東京電信学校を修了して通信技手となり、東京郵便電信局に勤務した。郵便電信書記に進んで電信課員兼電気試験所員となり、那覇、宮崎、大阪の各局に勤務した。一九〇六年一〇月に渡満して関東都督府通信書記に転じ、遼陽、奉天各局の主事を経て〇九年一〇月蓋平郵便局長となり、一三年瓦房店郵便局長に就いた。

松尾　茂一　▷11

正隆銀行安東支店長代理／安東県四番通／一八九九（明三二）三／香川県香川郡香西町／小学校

香川県農業松尾鶴蔵の三男に生まれ、一九一四年郷里の小学校を卒業して一五歳で満鉄社員の義兄を頼って渡満した。正隆銀行見習行員採用試験に合格して大連本店に勤務し、次いで芝罘支店、営口支店を経て二三年一一月再び本店詰となり貸付次席に進んだ。二五年一二月、経営が悪化した竜口銀行併合のため同行安東支店に派遣され、支店長代理として旧債の整理に当たり、正隆銀行安東支店長代理に就いた。

松尾　盛男　▷11

満鉄社長室業務課庶務係主任／大連市真金町／一八九三（明二六）三／長崎県西彼杵郡矢上村

長崎県農業松尾清左右衛門の長男に生まれ、一九一〇年七月に渡満して長春その他の特務機関に勤務した。一八年四月満鉄に入り、地方部地方課勤務、社長室文書係主任、奉天地方事務所地方係長、同所庶務係長を経て二七年四月本社社長室勤務を経て同年一一月業務課庶務係主任に就いた。三〇年に満鉄を退社し、大連に松尾盛男を開いて証券売買・金融業を営んだ。奉天高女出身の夫人さととの間に六女あり、養子に迎えた一郎は大連一中から和歌山高商に進み、卒業後は満州化学㈱に勤務した。

松尾八百蔵　▷12

㈾松隆洋行代表社員、奉天特産物商組合長／奉天弥生町／一八七七（明一〇）一一／佐賀県杵島郡若木村／小学校

佐賀県の燃料商松尾丈五郎の長男に生まれ、一八八九年郷里の小学校を卒業して商店に奉公した。九四年九月から大牟田で家業のコークス製造・石炭販売業を手伝った後、一九〇一年一一月ロシア人との取引を企図して渡満し、大豆、粟、小麦等の輸出業に従事したが、〇四年日露開戦のため中断して芝罘経由で帰国した。その後〇五年二月再び大連に渡り、翌年一月奉天に赴い

て弥生町に松隆洋行を興して特産物商を営んだ。一七年に個人経営から合資会社に改組し、日本人特産商の古参株として重きをなし、奉天商工会議所議員、特産物商組合長、奉天赤十字社病院商議員等の名誉職に就いた。長男満隆は京都帝大法科を卒業して国務院財政部に勤務した。

松尾　弥吉　▷12

東京旅館主、勲八等／吉林大馬路／一九〇〇（明三三）二／東京府東京市豊島区池袋町／小学校

東京府松尾米太郎の長男に生まれ、小石川区小日向の台町小学校を卒業した後、一九二〇年徴兵されて朝鮮羅南の砲兵第二五連隊に入営した。除隊して東京で仕出業に従事した後、三一年に渡満して国際運輸㈱吉林支店に入った。その後三二年五月から吉林大馬路で旅館を経営し、交通至便、家族的待遇をセールスポイントに月額一万数千円の収益を上げた。この間、二〇年九月の間島事件時の功により勲八等を授与された。

松尾　陽光　▷12

満州興業銀行大連支店支配人代理、同小崗子出張所詰／大連市伏見町／一八九九（明三二）三／香川県香川郡香西町

香川県農業松尾鶴蔵の三男に生まれ、一九一四年に渡満し、同年四月正隆銀行見習行員採用試験に合格して大連本店に勤務した。一六年七月芝罘支店の開設とともに同地に赴任したが、排日運動のため二〇年九月に同支店閉鎖となり営口支店に転勤した。二三年一一月本店貸付次席となり、正隆・竜口の両行合併後、二五年一二月竜口銀行安東支店支店長代理を経て三一年六月正隆銀行奉天省四平街支店長代理となった。三四年九月本店に復帰して小崗子出張所主任となり、三六年一二月に在満州朝鮮銀行支店と満州銀行・正隆銀行が統合されて満州興業銀行が設立されると同行に移り、三七年一月大連支店支配人代理となり小崗子出張所に在勤した。

松尾利右衛門　▷9

奉天信託㈱専務取締役／奉天／一八七三（明六）一／山口県

一九〇五年に朝鮮に渡って咸鏡南道の咸興で穀物商を営み、同地の日本人会会長及び学校組合管理者を務めた。一六年に渡満して奉天居留民会理事となり、かたわら奉天倉庫金融㈱支配人、奉天銀行支配人を務め、二二年一月奉天信託㈱専務取締役に就任した。

松尾　利作　▷11

建築請負業／大連市柳町／一八九一（明二四）六／東京府東京市浅草区浅草町

東京府商業岩倉良蔵の三男に生まれ、松尾茂助の養子となった。一九〇七年、一六歳の時に渡満して建築請負業に従事した。以来一貫して同業を営み、大倉組自協会から成績優良として表彰された。この間六回にわたり上海、香港方面を視察旅行し、南山麓区長代理、一心講理事、聖徳会評議員等の名誉職を務めた。

松方義三郎　▷13

満州国通信社理事長／新京特別市／一八九九（明三二）八／東京府東京市／京都帝大経済学部

元老松方正義の一三男に生まれ、学習院高等科を経て京都帝大経済学部に入り、一九二二年に卒業して海外に留学した。二八年満鉄に入社し、三〇年東京支社内の東亜経済調査局に転任した後、三四年新聞連合社に転じた。三五年一二月同社が同盟通信社に改組されると編輯局調査部長となり、整理部長、北支総局長、中南支総局長を歴任した。四二年四月、満州国特殊法人となった満州国通信社理事長に就任して渡満した。⇒戦後、同盟通信社の事業を引き継いだ共同通信社の編集局長となり、四九年専務理事に就いた後、五九年に報道界から引退した。学習院時代から登山に親しみ、戦後は二度にわたり日本山岳会会長を務めたほか、六九年日本山岳協会会長に就任し、七〇には日本山岳会のエベレスト登山隊長として同隊の現地指揮を執った。また、兄幸次郎が収集し戦時中フランスに差し押さえられた美術品の返還に尽力し、五九年に「松方コレクション」として実現するなど、ジャーナリスト・登山家・文化人として幅広い活動をし、『アルプス記』『アルプスと人』『遠き近き』『山であった人』『山を楽しもう』など多数の著書がある。本名は義三郎だが、三郎を名乗った。七三年九月没。

松川　恭佐　▷12

国務院産業部林務司計画科長、従四位勲五等／新京特別市清和街島

川アパート／一八九二（明二五）一二／宮城県仙台市土樋／東京帝大農科大学林学科

宮城県松川敏胤の次男に生まれ、一九一八年七月東京帝大農科大学林学科を卒業して農商務省山林技手となった。次いで山林技師、営林署技師、種馬牧場技師、林業試験場技師を歴任して三五年七月熊本営林局利用課長となった。その後三六年一〇月国務院実業部臨時産業調査局技正となって渡満し、調査部に勤務して実業部技正・林務司計画科長を兼任した。三六年一二月兼職を解かれた後、三七年七月機構改革により産業部技正となり、引き続き林務司計画科長を務めた。「森林構成群を基礎とするヒバ天然林の施業」その他の著書を著し、三六年に勲五等瑞宝章を授与された。

松川　三郎　▷12

満鉄瀋陽工務段長、社員会評議員、従七位勲六等／奉天白菊町／一八八四（明一七）八／東京府東京市目黒区大岡山／名古屋高等工業学校土木専科

松川弥六の子として福井市乾中町に生まれ、名古屋高等工業学校土木専科を卒業した。日露戦争に従軍した後、鉄道隊として樺太に派遣されて鉄道敷設に従事し、次いで一九〇七年鉄道庁に入り土木関係の業務に従事した。その後三〇年に京成電気軌道会社に転じて建設部に勤務した後、三三年満鉄に転じて渡満し、建設局北安分所在勤を経て錦承線葉柏寿工務段長となり、三六年三月瀋陽工務段長に転任した。

松川　常吉　▷7

鹿児島堂製菓店主／大連市武蔵町／一八八一（明一四）八／宮崎県都城市五十一町

一九〇一年六月、海軍志願兵として海兵団に入団した。〇九年五月に満期となり、翌月渡満して満鉄埠頭事務所に入った。九年勤続した後、二〇年に一時賜金一五〇〇円を受けて満鉄を退社し、帰郷して親許の借財を返還した。再び渡満して大連で飴屋の行商から始め、次いで浪速町の夜店で販売して資金を蓄え、武蔵町に鹿児島堂製菓店を開いた。郷里鹿児島の伝統菓子を製造販売し、二五年一二月には職人を同伴して鹿児島、宮崎両県下の菓子業界を視察して郷里に錦を飾った。

松川　英雄　▷12

満鉄総裁室監理課第五係主任／大連市三室町／一九〇三（明三六）一／大阪府大阪市東区味原町／東京商科大学本科

大阪府松川庄太郎の子に生まれ、天王寺商業学校を経て一九二八年三月東京商科大学本科を卒業し、同年四月満鉄に入社して大連医院事務助手となった。本社地方部庶務課事務助手に転任した後、総務部監理課勤務を経て三四年二月総裁室監理課第五係主任に就いた。

松窪　亀七　▷7

満鉄埠頭事務所車務課助役／大連市北大山通／一八八八（明二一）一／鹿児島県鹿児島郡谷山町

一九〇八年に渡満して満鉄に入り、以来鉄道の現業に従事した。大連、奉天、遼陽等に勤務した後、一九年大連駅首席助役を経て二二年埠頭事務所車務課助役に就いた。二五年、満一五年以上勤続者として表彰を受けた。

松隈　吉郎　▷12

昭和製鋼所㈱総務部庶務課長、鞍山第五区長、鞍山連合町内会長、鞍山剣道有段者会会長、従七位／奉天省鞍山中台町／一八九五（明二八）七／東京府東京市豊島区雑司が谷／早稲田大学政治経済科、東京外国語学校専修科独逸語科

松隈広次の三男として佐賀県三養基郡基山村に生まれ、一九一九年三月早稲田大学政治経済科及び東京外国語学校専修科独逸語科を卒業し、山下汽船会社に入社した。次いで二一年八月外務省属に転じ、外務書記生・ハンブルグ在勤、同副領事を歴任した後、三〇年一〇月満鉄に入り交渉部渉外課勤務に勤務した。奉天事務所秘書係長、総務部庶務課勤務、鞍山製鉄所勤務を経て三三年六月昭和製鋼所臨時建設部庶務課長兼秘書役となり、同年一一月参事に昇格して三四年八月昭和製鋼所㈱総務部庶務課長に就いた。この間、満州事変時の功により賜品及び従軍記章を授与された。

松隈　昌隆　▷12

満州拓殖㈱総務部長、従四位勲四等／新京特別市熙光路白山住宅／一八九〇（明二三）七／東京府東京市目黒区中目黒／中央大学本科

英法科
広島県立福山中学校を経て一九一三年中央大学本科英法科を卒業し、一四年一一月文官高等試験に合格して専売局事業部に勤務した。一六年一二月池田専売支局庶務課長、一七年九月同事業課長を経て一八年四月専売局参事補となり、同年九月高崎専売支局事業課長となった。二一年五月外務事務官に転任して外務省臨時調査部・大臣官房会計課、二三年一二月対支文化事業局事務官兼亜細亜局文化事業部に歴勤し、二五年四月の臨時調査部官制廃止とともに再び大臣官房会計課に勤務した。二七年四月ジュネーブ海軍軍備制限会議参列全権委員随員としてスイスに出張した後、同年六月文化事業部第二課兼務となり、二九年一一月ロンドン海軍軍縮会議参列全権委員随員としてイギリスに出張した。三三年六月救恤審査会幹事を経て三四年二月在満州国日本大使館一等書記官となって渡満し、三六年二月大使館参事官に昇任するとともに依願免官し、満州拓殖㈱に転じて総務部長に就いた。

松倉　善家　▷1

東肥洋行主／奉天省営口／一八七〇（明三）／熊本県熊本市／日清貿易研究所

一八九四年日清貿易研究所を修了して南満各地を漫遊した後、農商務省の嘱託を受けて営口の貿易品陳列所長を務めた。後に同所が廃止されると東肥洋行に入って営口主任となったが、一九〇〇年義和団事件の際に同洋行が解散すると、事業を継承して醤油醸造と運送業を兼営した。

松崎　次郎　▷12

矢野鉄工所主／龍江省チチハル中央馬路／一八九八（明三一）四／長崎県長崎市稲佐町

年少の頃から下関、福岡その他各地で鉄工業に従事し、八年ほど愛媛県八幡浜で同業を独立経営した後、渡満して龍江省江橋の大倉組出張所に二年勤務した。一九三五年春にチチハルに移り、同郷の矢野末市から矢野鉄工所を譲り受けて一般鉄工業を経営した。

松坂　徳助　▷12

満州電業㈱チチハル支店電路係長／龍江省チチハル商埠地満州電業支店社宅／一九〇一（明三四）一／宮城県遠田郡涌谷町／宮城県工業学校電気科

一九一九年三月宮城県工業学校電気科を卒業して仙台高等予備学校に入ったが、二〇年一二月に中退した。その後二一年二月満鉄に入り、電気作業所電灯営業所内線係となった。次いで二六年六月同所から分離した南満州電気㈱電灯課内線係となり、次いで三四年一二月同社から電気供給部門が分離して満州電業㈱が設立されると同社員となり、チチハル支店電路係長に就いた。

松坂　政孝　▷12

黒河省漠河県参事官兼警正／黒河省漠河県参事官公館／一八九一（明二四）九／東京府東京市京橋区槇町／陸軍士官学校

陸軍幼年学校を経て一九一三年五月陸軍士官学校を卒業し、同年一二月歩兵少尉に任官して歩兵第一〇連隊付となった。一七年歩兵中尉に進級し、一八年七月陸軍歩兵学校通信術を修業して同年九月青島守備歩兵第二大隊付となった。一九年四月依託学生として東京外国語学校露語部第三学年に入学し、二〇年三月に卒業して同年五月陸軍砲工学校付露語教官となり、同年八月ロシア語研究のためハルビンに留学した。二一年一二月露領派遣軍に編入され、ニコライエフスク及びウラジオストク付近の諜報活動に従事した。二二年一〇月に帰国して二三年一月陸軍士官学校付露語教官となり、同年八月歩兵大尉に累進した。二四年三月東京外国語学校専修科支那語部第一学年を修業した後、二五年五月に予備役編入となった。二八年一一月函館税関嘱託として小樽税関支署輸入図書検閲係を務めた後、三三年四月陸軍通訳に転じて第八師団司令部付、同年五月第一〇師団司令部付、同年一二月第六師団司令部、三三年二月騎兵第一旅団司令部付を歴職して同年四月陸軍通訳被免となり、同年九月に渡満して黒河国境警察隊に勤務し、特殊警察隊警正となった。三四年九月税関監視官兼務となりハルビン税関に勤務した後、三五年一〇月黒河省漠河県参事官兼警正に転任した。

松崎　兼松　▷12

満鉄欧州事務所員／パリ満鉄欧州事務所／一八九八（明三一）四／東京府東京市江戸川区西宇喜田／早稲田大学商学部

東京府松崎金二郎の次男に生まれ、一

ま

九二〇年三月早稲田大学商学部を卒業して満鉄に入り、大連管理局営業課に勤務した。次いで運輸部営業課、営口駅、長春駅鉄道部貨物課、東京支社庶務課、同運輸課兼経済調査会調査員、運輸係主任、鉄道係主任に歴勤した。その後三四年六月欧州事務所勤務となってパリに赴任し、三七年三月副参事に昇格した。この間、三五年四月勤続一五年の表彰を受けた。

松崎 健吉 ▷12

国務院総務庁人事処給与科長兼企画処員、正七位／新京特別市大同大街国務院総務庁／一九〇四（明三七）一一／埼玉県熊谷市石原／東京帝大法学部法律学科

埼玉県松崎貞吉の長男に生まれ、熊谷中学校、浦和高等学校を経て東京帝大法学部法律学科に進んだ。二八年在学中に文官高等試験行政科に合格し、二九年三月に卒業して営繕管財局属兼大蔵属となった。三〇年五月幹部候補生として近衛歩兵第一連隊に入営し、除隊後三二年一月司税官となり熊本事務所長に就いた。三三年一月に依願免官し、国務院財政部事務官に転じて理財司銀行科長に就任した。三四年五月国道建設助成融資損失補償審査会委員を経て同年七月財政部理事官に進んで国有財産科長を兼務し、三六年六月駐日財務官となり日満ソ間常設調停委員会満州帝国委員を務めた。三七年五月に帰任し、同年六月総務庁人事処給与科長となって企画処勤務を兼務した。この間、建国功労賞及び大典記念章を受賞し、勲五位景雲章を授与された。

松崎 鋼三 ▷11

吉長鉄路管理局運輸処営業課長／長春祝町／一八九〇（明二三）五／東京府東京市浅草区諏訪町／東洋協会専門学校

東京府松崎保親の三男に生まれ、一九一四年東洋協会専門学校を卒業し、同年五月に渡満して満鉄に入った。運輸部管理局営業課に勤務した後、奉天鉄道事務所営業係、撫順、公主嶺、営口各駅の貨物主任を経て吉長鉄路管理局に派遣され、運輸処営業課長を務めた。柔道は講道館二段、東京女子師範学校出身の夫人としとの間に一男一女があった。

松崎 貞良 ▷7

葬儀業、予備陸軍歩兵少佐、従五位勲四等／大連市聖徳街／一八八四（明一七）三／鹿児島県日置郡上伊集院村／陸軍士官学校

一八九八年四月鹿児島県立第一中学校に入学したが、陸軍軍人を志して翌年九月熊本幼年学校に転じた。中央幼年学校を経て士官候補生となり、熊本の第四五連隊に勤務した後、一九〇四年士官学校に入った。〇五年に卒業して歩兵少尉に任官し、久留米の第五六連隊付となり、〇六年四月から翌年一〇月まで開原、奉天、公主嶺付近の守備隊に勤務した。〇七年一二月中尉に進級して熊本の第二三連隊付となり、〇九年から一一年まで韓国守備として平壌に駐剳し、帰国後一六年五月大尉に昇進し、一七年九月から一八年一〇月まで漢口に駐屯した。一九年四月八代連隊区副官に転補し、二三年八月少佐に進んで鹿児島の第四五連隊付に転じた。二四年二月予備役編入となり、同年三月夫人テイ子とともに渡満して岳父の嵯峨武都郎が経営する葬儀業を手伝った。

松崎達二郎 ▷12

遼陽税捐局員、満州国協和会遼陽県本部評議員、遼陽県焼鍋同業公会顧問／奉天省遼陽税捐局／一八九八（明三一）六／宮城県栗原郡岩ヶ崎町／江南中学校

宮城県松崎茂助の次男に生まれ、一九一六年盛岡市の私立江南中学校を卒業した後、一八年一二月徴兵されて仙台の歩兵第四連隊に入営した。満期除隊して福島税務署、仙台税務署等に歴勤した後、三三年一一月に依願免官して渡満し、税務監督署属官となり吉林に勤務した。その後遼陽税捐局司税に転任し、三六年一月税捐局理税官兼地籍整理局事務官となった。この間、勲八位景雲章、建国功労賞、皇帝訪日記念章、大典記念章を授与された。

松崎 彦二 ▷7

本渓湖煤鉄公司製材料団鉱場主任／奉天省本渓湖順山子煤鉄公司社宅／一八八六（明一九）一一／鹿児島県鹿児島市冷水町／大阪高等工業学校窯業科

一九一〇年大阪高等工業学校窯業科を首席で卒業し、福岡県の黒崎中央セメント会社に入って五年勤務し、次いで官営八幡製鉄所に転じて高級耐火煉瓦の研究に従事した。朝鮮黄海北道の三菱兼二浦製鉄所に転じた後、二四年本渓湖煤鉄公司に招聘されて渡満し、団鉱場主任として高炉鉱滓副産物の利用法研究に従事した。

松崎　義造　▷11

鉄嶺商業会議所書記長／奉天省鉄嶺松島町／一九〇一（明三四）一一／新潟県長岡市石内町／大連商業学校

新潟県用達業安本三郎の次男に生まれ、同県松崎久次郎の養子となった。一九二〇年、大連商業学校を卒業して大阪の伊藤忠商事に入社した。二一年青島支店に赴任したが、翌年退社して鉄嶺証券信託㈱会計係に転じた。二五年鉄嶺公益会社支配人代理となり、二八年八月商業会議所書記長に就いた。二四年六月から鉄嶺日語学堂商業科の講師嘱託を兼務した。

松崎林兵衛　▷12

松崎組主／関東州普蘭店平安街／一八六八（明一）／岩手県釜石市

早くから土木建築業に従事し、新橋―横浜間の鉄道建設工事等で働いた。日露戦争後一九〇五年に渡満し、各地を巡歴していったん帰国した後、翌年再び渡満して満鮮塩業会社に入り貔子窩海岸の塩田開鑿工事に従事した。第一期工事竣成後、朝鮮統監府拓殖局に招聘され、中国人苦力三〇〇人を引率して朝鮮広梁湾の塩田築造工事に従事した。次いで一二年日本塩業会社の普蘭店塩田築造工事、さらに一四年神戸の鈴木商店発注の塩田工事等を手がけ、工事完成後に同塩田の経営を委任された。一五年に普蘭店民政署管内に重晶石鉱床を発見し、友人の小出栄吉他数名と合資会社を設立して重晶石を採掘してバリウム製造事業に着手したが、一八年にバリウム製造㈱が設立されると同社に事業を譲渡して取締役に就いた。一九年に松崎組を興して精米業と鋳鉄業を経営し、かたわら二二年に普蘭店電灯会社設立発起人となり監査役に就任したほか、二三年には東洋拓殖㈱の登州河塩田開設工事に助力した。その後はリンゴ、ブドウ、モモ、ナシ等の果樹栽培と水田・養魚場経営を主とし、普蘭店管内の林家屯、臥竟屯その他に水田六〇町歩と果樹園四〇町歩を所有し、大連西通に専売所を置いた。三五年五月、関東州における農事功労者として栗屋万衛と共に梨本宮大日本農会総裁の表彰を受けた。

松沢　明義　▷12

満鉄奉天検車区検車助役、勲八等／奉天青葉町／一八九二（明二五）一〇／長野県小県郡神科村／私立中村塾

長野県松沢利作の三男に生まれ、一九一〇年大原簿記学校三年を修了した後、私立中村塾で二年修学した。一九年四月満鉄に入社して撫順車輌係となり、同年一一〇月検車方に配属された。二二年一一月奉天検査区撫順分区、二四年七月同区千金寨分区、二九年四月大官屯検車区検車方を歴職して三三年五月検車助役に昇格し、三五年一一月奉天検車区検車助役に就いた。この間、満州事変時の功により勲八等瑞宝章及び従軍記章並びに建国功労賞を受けた。

松沢　亮澄　▷9

日本蓄音器商会㈱大連支店支配人／大連市伊勢町／一八八八（明二一）八／群馬県邑楽郡富永村／中学校

中学校を卒業して陸軍参謀本部勤務したが、一九〇九年日本蓄音器商会㈱に転職した。一一年大阪出張所主任、一三年小樽出張所主任を経て東京、神戸などの各出張所主任を歴任した。一八年春に社命で朝鮮各地を視察した後、翌年台湾出張所検査員となり台湾各地の状況を視察した。その後、東京本店詰を経て二一年二月大連支店支配人となって渡満した。

松沢万三人　▷12

松沢商会主、大華電気㈱監査役、樫村洋行㈱監査役、大連土木建築材料商組合副組合長、大連薬業組合副組合長、大連度量衡組合副組合長、満州技術協会常務委員満州暖房衛生同業組合理事、満州薬学会幹事、大連輸入組合役員、大連長野県人会副会長／大連市監部通／一八八七（明二〇）四／長野県下伊那郡上郷村／中央大学

長野県農業松沢浜治郎の長男に生まれ、県立飯田中学校を経て中央大学に学んだ。初め東京市日本橋区本町の薬種商月岡商店に勤務し、次いで一九一二年同町の同業島久商店に転じ、一三年二月に渡満して島久商店大連出張所を開設した。次いで大連千代田町に機械製造工場を設けて医療器械製造と病院設備、衛生暖房装置工事請負業を始め、島久商店代表者・㈾島松商店代表社員となった。その後三三年に島久商店を、三四年に島松商店を解散し、大連市監部通に新たに松沢商会を設立し、日本、ドイツ、イギリス、アメリカ、フランス、スイス等より商品を仕入れて暖房衛生装置工事請負業と建築材料・薬種商を経営した。奉天萩町、新京日本橋通、ハルビン工廠街、青島に支店を設け、牡丹江円明街、チチハル大馬路、吉林大緯路に出張所を置き、従業員六五人を使用して年商内高一五〇万円を計上し、三六年度大連民政署請負業として三八六円、物品販売業として二九八円、大連市役所個別割二五五円を納税した。この間、二七年四月満鉄創立二〇周年に際し感謝状を授与された。

松沢　光茂　▷12

国務院総務庁情報処計画科長／新京特別市大同大街国務院総務庁／一八八一（明一四）二／山形県最上郡新庄町／早稲田大学、スタンフォード大学、ケンタッキー州立大学大学院

山形県松沢光憲の長男に生まれ、早稲田大学を卒業して渡米し、スタンフォード大学で学んだ後、一九〇八年ケンタッキー州立大学大学院コロンバス・カレッジを卒業した。同年帰国して東京商工会議所外事課長となったが、〇九年に辞職した。一一年にハワイに渡って国際基督教青年会の創立に参画し、創立後は一五年にわたり同会の運営に尽力し、かたわらハワイ歴史協会名誉会員を務めた。二六年に日本基督教青年会同名総務部長となって帰国し、汎太平洋協会委員、太平洋調査会創立委員等に就いて対外宣伝と国際協和事業に従事した。三三年国務院総務庁事務官に転じて渡満し、情報処総務科長を経て三四年に同処計画科長となった。姪の雪枝は満州電信電話㈱副社長の孫澂に嫁した。

松下吉之助　▷11

営口商業学校教諭／奉天省営口入船街／一八八八（明二一）五／鹿児島県囎唹郡恒吉村

鹿児島県農業松下景広の長男に生まれ、一九一八年四月大連第一小学校教員となって渡満した。大連伏見台公学堂に転任した後、大連商業学校教師を経て営口商業学校教諭となった。

松下計次郎　▷12

鴻恩洋行主／大連市山県通／一八八九（明二二）二／静岡県小笠郡横須賀町／明治大学

静岡県特産業松下多吉の四男に生まれ、県立掛川中学校を経て一九一〇年明治大学を卒業した。一一年一年志願兵として豊橋の第一五師団に入営し、満期除隊して家業の特産業に従事した。その後一八年一二月に渡満し、翌年一月機械工具輸入販売業ホーン㈱大連支店に入り、同年八月青島出張所主任となった。二二年一二月青島還付により同社出張所引揚げとなり、その業務を継承して独力で営業を続けたが、山東動乱のため二七年八月大連市山県通に本店を移し、青島中山路の旧店舗を出張所とした。

松下源次郎　▷12

国務院財政部財務職員養成所学監兼大同学院副学監／新京特別市財政部財務職員養成所／一八八五（明一八）一二／島根県松江市奥谷／陸軍士官学校

一九〇〇年島根県西伯郡の上道村高等小学校を卒業した後、一五年一二月徴兵されて兵役に服した。一八年六月准尉候補生として陸軍士官学校に入り、同年一〇月に卒業して同年一二月歩兵准尉となった。二八年八月大尉に累進して第二一連隊中隊長となり、三一年六月から三二年六月まで天津及び山海関に駐屯し、この間三一年一一月の天津事件に参加した。三二年一二月依願予備役編入となり、同月渡満して国務院民政部警務司管下の遊動警察隊副隊長となった。三三年一二月大同学院学監補嘱託を経て三五年九月副学監となり、三七年三月政部財務職員養成所学監となり大同学院副学監を兼務した。

松下　進　▷11

旅順工科大学助教授／旅順市吾妻町／一九〇三（明三六）三／京都府京都市下京区西九条南田町／京都帝大理学部地質学専攻科

京都府松下俊雄の次男に生まれ、一九二六年京都帝大理学部地質学専攻科を卒業した。同年四月旅順工科大学嘱託として渡満し、二七年六月同大学助教授に進んだ。

松下戸五郎　▷7

中華民国海関普蘭店監視主任／関

東州普蘭店／一八八九（明二二）五／鹿児島県姶良郡福山村／法政大学中退

加治木中学校を卒業し、上京して法政大学に入学したが家事の都合で中退した。一九一三年五月に渡満して中華民国海関員となり、大連海関に勤務し、かたわら同地の同郷団体三州会の幹事を務めた。二三年一二月普蘭店監視所に転勤して主任に就いた。 ▷4

松下　秀夫

南満州太興㈴社員、予備陸軍歩兵大尉、正七位勲四等功五級／吉林／一八八〇（明一三）七／千葉県千葉市旭町／陸軍士官学校

旧掛川藩士松下弥作の子に生まれ、一四歳まで千葉で過ごした後、一八九四年に上京した。一九〇一年陸軍士官学校を卒業して歩兵少尉に任官し、第一五連隊付となった。〇三年一一月中尉に進み、〇四年三月第一師団歩兵第一五連隊小隊長として日露戦争に従軍し、次いで第三軍に属し大隊副官として旅順攻撃に参加したが、二〇三高地の攻防で負傷して後送された。〇五年三月第一三師団第四九連隊中隊長、同年六月陸軍大尉、〇七年四月歩兵第二五旅団副官、〇九年歩兵第四連隊中隊長等を歴任して一一年一〇月予備役編入となった。この間の〇六年四月日露戦争の功により功五級金鵄勲章及び金三〇〇円を受け、〇八年一二月には韓国暴徒鎮圧事件の功により勲四等瑞宝章及び金一六〇円を受けた。恩給生活に入るとともに東京で法律、経済学を三年学んだ後、関東都督府陸軍参謀部嘱託となって渡満し、長春、吉林方面で活動した。一七年五月に辞職して南満州太興㈴に入り、吉林支社理事として調査計画を担当した。一一年一〇月予備役に入った。

松下　正夫 ▷12

国際運輸㈱四平街支店通遼営業所主任／興安南省通遼国際運輸㈱営業所／一九〇五（明三八）七／長崎県南高来郡島原町／長崎県立島原中学校中退

長崎県松下桃三郎の四男に生まれ、一九二一年県立島原中学校四年を中退し、二二年二月満鉄に入り埠頭事務所に勤務した。岩崎商会に転じた後、三一年一一月国際運輸㈱に入社して四平街支店に勤務し、三六年四月同支店通遼営業所主任となった。

松島　鑑 ▷12

満州特産中央会専務理事、満州製油工場振興委員会委員／新京特別市大同大街康徳会館満州特産中央会／一八八六（明一九）七／長野県上伊那郡手良村／東北帝大農科大学

長野県農業松島庄太郎の四男に生まれ、一九一三年七月東北帝大農科大学を卒業して満鉄に入り地方部地方課に勤務した。公主嶺の農事試験場に転任し、緬羊の改良研究のため欧米に留学した後、二五年七月に帰社して参事となり、本社興業部農務課に勤務して二七年一〇月同課長となった。次いで大連農事㈱、満州棉花㈱、東亜勧業㈱の各重役、関東軍嘱託・統治部産業課長、本社地方部勤務を経て三二年九月国務院実業部理事官に転出し、農鉱司長兼林務司長に就いた。その後三四年七月農務司長となり、日満緬羊協会理事、農林技術員養成所長事務取扱、満州特産中央会設立委員、満州気象委員会委員、満州農具改良研究委員会委員長を歴任し、三七年二月に退官して満州特産中央会専務理事に就任した。この間、建国功労賞及び大典記念章、皇帝訪日記念章を授与された。三兄の肇は一九〇七年に東京帝大法科大学政治科を卒業して外務省に入り、ポーランド公使、本省欧米課長等を歴任した。

松島　敬三 ▷1

昌図公司支店長／吉林省公主嶺／一八七九（明一二）四／熊本県八代郡竜峯村／東亜同文書院政治科

一八九八年熊本県立中学済々黌を卒業して第五高等学校に入学したが、一九〇〇年二月に中退して熊本県選抜の中国留学生として上海に渡り、東亜同文書院政治科に入学した。〇四年四月に卒業し、高等官待遇の陸軍通訳として第四軍兵站監部に属し日露戦争に従軍した。大孤山に上陸して岫巌城、海城、遼陽、奉天、鉄嶺を経て昌図に入り、昌図軍政署に勤務した。戦後、勲六等と一時賜金若干を受けた後、〇六年一〇月昌図公司に入った。後に公主嶺支店長として運送業に従事し、同地の行政委員を務めた。

松島　茂 ▷11

満鉄鞍山医院医長／奉天省鞍山上台町／一八九〇（明二三）一〇／鳥取県岩美郡蒲生村／京都帝大医

ま

科大学
鳥取県医師松島啓治の次男に生まれ、一九一五年京都帝大医科大学を卒業して翌年一月同大学外科有給副手となり、同年四月助手に進んだ。一八年四月滋賀県公立彦根病院副院長に転じた後、二一年四月に渡満して満鉄長春医院医長に就任した。二三年二月安東医院に転じた後、二六年一月から母校の京都帝大に内地留学し、同年七月医学博士号を取得した。二八年四月長春医院に帰任し、同年一二月鞍山医院医長に就いた。

松島　親造　▷11

朝鮮総督府通訳官・ハルビン派遣員／ハルビン斜紋街／一八八六（明一九）二／長野県下伊那郡市田村／長野県立飯田中学校

長野県農業松島伊三郎の次男に生まれ、一九〇四年県立飯田中学校を卒業した。〇九年臨時韓国派遣隊司令部付通訳として朝鮮に渡り、南鮮南部で治安活動に従事した。一二年朝鮮総督府学校教師となって咸興、光州の学校に勤務した後、一四年同府裁判所通訳生兼書記に転じて大邱地方法院に勤めた。二〇年同府通訳官として吉林総領事館に派遣され、二二年一一月ハルビン総領事館に転勤して朝鮮人の動向調査事務に従事した。朝鮮人の夫人末多との間に四男三女の子女があった。

松島久次郎　▷10

松島商店主／大連市山県通／一八六五（慶一）七／大阪府大阪市南区炭屋町

旧紀州藩士の子として和歌山県に生まれ、一七歳の時に大阪に出て第四二銀行の見習となった。五年在勤した後、郷里で綿ネル機業を経営したが失敗し、再び大阪に出て大阪融通㈱に入社した。一八九七年に退社してガラス商を営んだ後、一九〇一年朝鮮に渡り仁川で軍需品の販売に従事した。〇五年五月同郷の友人中村宗則の誘いで渡満し、大連市信濃町でガラス店を開業した。欧州大戦中の好景気で売上げを伸ばして旭硝子会社の特約店となり、二二年には日米硝子会社と特約を結んでハルビンに出張所を設けた。その後さらにベルギーのユニオン・コマーシャル社の南満州総代理店となり、満鮮一帯に販路を広げた。大戦後の不況で竜口銀行が破綻すると、預金者を代表して整理委員に選ばれて尽力し、大連商業会議所常議員を数期務めた。

松島　安蔵　▷12

新京大経路警察署長／新京特別市豊楽胡同大経路警察署長公館／一八九五（明二八）三／鳥取県岩美郡成器村

一九一七年鳥取県警察部に入り、以来勤続して二九年に警察講習所本科を修了し、同年八月警部に進級して若桜警察署長となり智頭警察署長を兼務した。三二年一〇月鳥取県属となり工場監督官補を務めた後、三四年一月に退官し、国務院民政部首都警察庁警佐に転出して渡満した。国都建設紀年式典準備委員会警衛部幹事を兼務した後、三六年五月首都警察庁警正となり新京大経路警察署長に就いた。

松園　泉　▷6

満鉄鉄道部庶務課人事係主任／大連市／一八八〇（明一三）／長崎県南松浦郡魚目村／法政大学

郷里の中学校を終えて法政大学に入学し、一九〇四年に卒業して長崎の「鎮西日報」記者となった。〇六年一二月に退社した後、〇九年一月に渡満して満鉄に入り大連埠頭事務所に勤務した。一〇年一月安東支所、一四年安東運輸部、一八年大連管理局庶務課勤務を経て本社鉄道部庶務課に転任し、人事係主任を務めた。夫人咲子との間に四男二女があり、長女マツ子は大連高女を卒業して満鉄農務課に勤務する内山新に嫁した。

松田　臻　▷9

野津洋行支配人／大連市山県通／一八八六（明一九）八／茨城県結城郡水海道町／早稲田大学商科

一九一一年早稲田大学商科を卒業し、同年六月㈱京都銀行に入った。一四年に退職して同年八月から横浜で貿易商を開業し、主としてマニラ麻の輸入販売を営んだ。二〇年五月に事業を他人に譲り、翌月渡満して野津孝次郎が経営する大連の泰来銭荘に勤務した。二一年一月野津洋行が設立されると支配人に抜擢され、海運業と満州特産物の輸出及び山陰道木材・諸物産の輸入業に従事した。

松平　鉄石　▷3

関東都督府通信技手、通信管理局工務課員、正七位勲七等／大連市児玉町／一八七〇（明三）八／山

ま

形県南村山郡上山町／東京電信修技学校

一八八七年二月東京電信修技学校を修了して通信十等技手となり、同年六月東京電信局に入った。名古屋、広島、四日市等の郵便電信局に勤務した後、一九〇一年六月通信局通信技手となり通信局工務課に勤務した。熊本、長崎の各郵便局に転勤した後、〇四年七月臨時電信部建築技手として日露戦争に従軍した。〇六年九月関東都督府通信技手となり、大連、営口、熊岳城各局勤務を経て一三年六月通信管理局工務課第一建築部主任に就いた。

松田　栄二　▷7

松花ホテル主／奉天省鉄嶺中央通／一八八八（明二一）三／鹿児島県姶良郡加治木村

一九〇五年四月上海に渡って中国語を習得し、翌年三井物産会社の視察員として外蒙古に出張し、特産や物資の運搬、風土民情を調査した。〇八年内蒙古の鄭家屯方面に赴いて事業を企てたが成功せず、一七年に至って鉄嶺駅前に松花ホテルを開業した。経営が軌道に乗るとホテル業は夫人に任せ、自らは土地斡旋その他の各種事業に従事した。

松田　敬治　▷12

満鉄牡丹江鉄路局海林站在勤、勲八等／牡丹江省海林站気付／一八九五（明二八）四／兵庫県飾磨郡曽左村／東京順天中学校

兵庫県の農家に生まれ、一九一八年東京の順天中学校を卒業して渡満し、満鉄駅務見習として大連駅に勤務した。以来勤続して長春駅構内助役、分水駅長、海林站長を歴任し、三七年六月丹江鉄路局海林站在勤となった。この間、満州事変時の功により勲八等に叙された。

松田幸次郎　▷12

満鉄鞍山富士尋常高等小学校長／奉天省鞍山中台町／一八九二（明二五）四／福井県丹生郡殿下村／福井県師範学校本科

一九一四年福井県師範学校本科を卒業して付属小学校訓導を務めた後、二〇年四月満鉄訓導に転じて渡満した。本渓湖、鉄嶺、安東の各小学校訓導を歴任し、三年五月から安東家政女学校教員を兼務した。その後三五年四月昌図尋常高等小学校長に就いて開原青年学校昌図分教場教諭を兼任し、三七年四月鞍山富士尋常高等小学校長に転任した。

松田貞次郎　▷3

満鉄大連保線主任、正七位／大連市乃木町／一八七八（明一一）一二／山形県山形市鍛冶町／東京帝大工科大学土木科

一九〇二年七月東京帝大工科大学土木科を卒業し、同年九月九州鉄道㈱技師となった。同鉄道が国有になると九州鉄道管理局技師として勤務し、一一年三月大阪市技師に転じた。一四年二月に辞職して渡満し、同年四月満鉄に入社して大連保線主任に就いた。

松田　省三　▷9

東洋拓殖㈱参事、大連支店事務課長、／大連市松山台東拓社宅／一八九一（明二四）四／兵庫県神戸市東須磨／東京帝大農科大学

一九一六年東京帝大農科大学を卒業し、一年志願兵として姫路の歩兵第一〇連隊に入営した。退営して一八年七月東洋拓殖㈱に入社し、本店及び各地に勤務して参事に進み、大連支店事業課長となって渡満した。関東州における拓殖事業の担当主任として天日塩業の調査研究に当たったほか、水田開発、養蚕・製糸事業、農事改良及び大連港湾・市街の発展計画等に参画した。

松田　末作　▷12

松田写真館主／龍江省チチハル永安大街／一八九二（明二五）九／熊本県天草郡栖本村

熊本県松田千賀松の三男に生まれ、一九一二年一二月に渡満してハルビンの山本写真館で三年修業した。一五年三月に独立してハイラルで写真館を開業し、一八年一二月シベリア出兵に際し軍の写真班としてウェルフネウジンスクに従軍し、一九年一二月に帰国した。その後二六年に再び渡満して富拉爾基で写真館と質屋業を営んだ後、三二年四月チチハルに移り写真館とアルバム製作業を経営した。営業上の取引は大連の山本写真館を主とし、支店を昂昂渓に置いて従業員二名を使用した。

松田　進　▷12

満鉄参事、地方部土地建物係主任、地方行政権調整移譲準備委員会委員、社員会連合会会長、在郷軍人分会顧問、勲六等／大連市真金町

／一八九六（明二九）七／鹿児島県出水郡阿久根村／東京帝大法学部政治科

鹿児島県松田徳蔵の次男に生まれ、川内中学校、第五高等学校を経て一九二三年三月東京帝大法学部政治科を卒業し、同年五月満鉄に入社した。地方部庶務課、同地方課、長春地方事務所、安東各地方事務所に勤務して奉天省四平街地方事務所地方係長、計画部業務課、総務部人事課、地方部地方課を歴職して鞍山地方事務所地方係長兼工事係長兼鞍山消防監督となり、関東軍司令部嘱託を兼職した。次いで大石橋地方事務所長を経て三五年一〇月参事に昇格して地方部土地建物係主任となった。この間、満鉄附属地行政権移譲準備委員会委員を兼務したほか、満鉄社員会連合会会長、在郷軍人分会顧問を務め、満州事変時の功により勲六等瑞宝章及び従軍記章並びに建国功労賞、皇帝訪日記念章を受けた。

松田清三郎　▷10

大連醤油会社常務取締役／大連市西通／一八七七（明一〇）三／大分県下毛郡中津町

補充兵として日露戦争に召集され、戦後は安東県で実業に従事したが、〇七年三月大連に移住し、以後は大連と鉄嶺で各種事業を営んだ。一四年末大連に豊年号醤油所を開業して醤油と味噌の醸造を始め、一九年一二月小川醤油所と合併して資本金二〇〇万円で大連醤油会社を設立し、常務として営業を担当した。欧州大戦の戦後不況で一時苦境に立ったが、その後立ち直り、二六年末には上海に出張所を設けて華南に販路を広げた。

松田　政助　▷12

松田商店主／奉天松島町／一八九二（明二五）五／山口県大島郡家室西方村

一九〇四年日露戦中に両親に伴われて朝鮮鎮南浦に渡り、父が開業した雑貨貿易を手伝った。その後父が死亡したため同地の柳原醤油醸造所に入り、販売主任として五年勤務した。次いで一八年七月、父の従弟が経営する安東の食料品雑貨問屋福田商店と共同で奉天市場正門通に奉天出張所を開設して主任となり、満州事変が勃発すると関東軍用達として熱河、北満に物資を供給した。三三年七月営業一切を継承して松田商店と改称し、本嘉納商店、近藤利兵衛商店、越後屋商店、祭原商店、野田醤油、協和石鹸、亀甲竜、亀甲万、ほまれ味噌、菊正宗、蜂印葡萄酒、三矢サイダー、東洋マッチ等の特約店として発展した。

松田　隆市　▷9

松田洋行主、保和公司無限社員、日華油房㈱取締役／大連市加賀町／一八八〇（明一三）三／鹿児島県大島郡竜郷村／明治大学

一九〇四年明治大学を卒業し、〇五年日露戦中に渡満し陸軍軍属として満州軍倉庫に勤務した。〇七年に退職して三井物産大連支店に勤務した後、一一年に独立して加賀町に松田洋行を開業した。満州特産物貿易を営むかたわら保和公司、日華油房㈱等の役員を務めた。

松田　琢海　▷12

共益公司主／ハルビン八区南馬路／一八九〇（明二三）四／広島県広島市元宇品町／山口高等商業学校

一九一三年山口高等商業学校を卒業して神戸の湯浅商会に入ったが、翌年退社して青島に渡り、松田商会を興して特産物商を経営した。その後済南に出張所を設けたが、一八年一月業務の一切を内外貿易㈱に譲渡し、同社の済南出張所主任となった。一九年二月大連出張所に転勤した後、翌年再び独立して大連で特産商を営んだ。次いで洮南に移り、さらに二二年に奉天省四平街に本店を移して翌年共益公司と改称し、特産商のほか四洮線及び洮昂線の満鉄石炭特売人となった。二五年に再び洮南に本拠を移し、特産貿易商に従事して年商一五〇万円に達した。満州事変中は南北各地を奔走して商機を掴み、満州国建国後にハルビン八区に本拠を移して奉天、奉天省四平街に支店、牡丹江、満溝に出張所を置き、二五人の従業員を擁した。経営のかたわら満蒙権益擁護・反奉天政権の政治運動に関わり、三〇年に奉天省四平街での全満最初の在留邦人大会開催に挺身した。

松田　武彦　▷12

満鉄地方部庶務課員／大連市東公園町満鉄本社地方部／一八九九（明三二）一／熊本県菊池郡田島村／満州法政学院法律科

熊本県松田新太郎の長男に生まれ、一

九二二年八月満鉄に入り安東地方事務所に勤務した。二六年六月本社地方部庶務課に転勤し、勤務のかたわら大連の満州法政学院法律科に学び、二八年に卒業した。同年七月奉天地方事務所、三〇年六月総務部検査課、三一年四月安東地方事務所、三二年八月奉天地方事務所、三三年二月新京地方事務所に歴勤し、三六年一月新京事務局地方課水道主務者を経て三七年二月本社地方部庶務課に転勤した。

松田　毅　▷12

満州航空㈱総務部企画課長／奉天平安通／一八九〇（明二三）一／北海道札幌市南一条／早稲田大学政治経済科

北海道松田学の次男に生まれ、一九一三年早稲田大学政治経済科を卒業して同年一〇月朝鮮銀行京城本店に入った。次いで一九年二月久原商事、二一年八月日米信託会社に歴勤した後、三二年一〇月満州航空㈱に転じて渡満し、三六年四月総務部企画課長となった。この間、満州事変時の功により木杯一組を授与された。

松田　直喜　▷12

錦州省黒山県参事官／前錦州省黒山県参事官公館／一八九七（明三〇）七／熊本県菊池郡西合志村

熊本県松田嘉一の次男に生まれ、一九一九年四月満鉄に入り大連駅に勤務した。二四年五月旅順駅、三〇年四月大連列車区勤務を経て海城駅、奉天列車区遼陽分区に歴勤した後、自治指導員に転じた。三二年一〇月康平県、三三年四月双山県、三四年一月黒山県の各属官を務めた後、三五年三月黒山県参事官となったが、三七年六月に退官した。

松谷竹三郎　▷11

弁護士／大連市丹後町／一八八八（明二一）一一／神奈川県横浜市／東京帝大法科大学英法科

神奈川県桟敷市五郎の長男に生まれ、叔父の松谷市蔵の養嗣子となった。一高から東京帝大法科大学英法科に進み、一九一七年三月に卒業した。日本汽船㈱に入り神戸に勤務したが、翌年末に退社して横浜市で雑穀輸出入貿易商の関東商会を経営した。二一年六月関東商会を廃業して翌年渡満し、大連で斎藤鷲太郎と共同で弁護士事務所を開いた。その後二五年に分離独立し、関東州弁護士会副会長を務めた。

松田　信雄　▷11

満鉄陶家屯駅助役／南満州陶家屯駅／一九〇二（明三五）一〇／茨城県結城郡大形村

茨城県農業松田梅松の三男に生まれ、一九一八年九月に渡満して満鉄に入った。大連駅に勤務した後、各駅勤務を経て陶家屯駅助役に就いた。

松田　春夫　▷12

満鉄四平街機関区庶務助役、四平街地方委員、社員消費組合総代／奉天省四平街北五条通／一八九七（明三〇）二／福岡県小倉市大字紺屋町

福岡県松田徳治の長男に生まれ、一九一五年五月満鉄に入社した。機関夫を経て瓦房店車輌係、同機関助手、同庶務方に歴勤して橋頭機関区庶務助役となり、次いで長春検車区勤務を経て三三年一一月四平街機関区庶務助役となった。この間、三一年四月勤続一五年の表彰を受けた。

松田　昌徳　▷3

満鉄中央試験所製糸染織科長、従六位／大連市山城町／一八七一（明四）二／福岡県京都郡犀川村／蚕業講習所

一八九〇年、蚕業講習所を修了して実業に従事した。九五年山形県立蚕業講習所講師となり、翌年農商務技手に転じ、生糸検査所技手、蚕業講習所技手、生糸検査所技師等を歴任した。一九一二年退官して渡満し、満鉄中央試験所製糸染織科長に就いた。

松田勇次郎　▷12

満鉄皇姑屯電気段保安助役／奉天紅葉町／一九〇二（明三五）二／東京府東京市荏原区下神明町／工業学校

松田三千吉の次男として東京市京橋区入船町に生まれ、一九一六年四月小学校を卒業して尾久鉄工所に入り、二一年九月三村工場に転じた。この間、勤務のかたわら夜学に学んで二二年に工業学校を卒業した。三一年に同工場を辞めて日本信号機㈱に転じ、次いで三三年七月日本工学工業㈱に勤務したが、三四年四月に辞職した。三五年四月に渡満して満鉄に入り、鉄道総局電気課に勤務した後、三六年一月皇姑屯電気段保安助役となった。

松田　義雄　▷11

朝鮮銀行大連支店支配人／大連市山城町／一八八一（明一四）二／東京府北豊島郡巣鴨町／京都帝大法科大学経済学科

熊本県会社役員白杉政愛の三男に生まれ、東京府松田国雄の婿養子となった。一九〇八年京都帝大法科大学経済学科を卒業して朝鮮銀行に入り、朝鮮各地、神戸、大阪、東京の各支店支配人を経て、二七年八月大連支店支配人に就いた。お茶の水高女出身の夫人章との間に二男一女あり、長男惇雄と次男智雄は共に東京帝大経済科を卒業し、長女澄子は女子学習院を卒業した。

松田　芳助　▷12

三江省次長、従六位／三江省佳木斯省公署／一八九〇（明二三）一／山形県西村山郡谷地町／盛岡高等農林学校獣医学科

青森県立第一中学校を経て一九一二年盛岡高等農林学校獣医学科を卒業し、一三年四月京都府技手となった。一五年に屠畜検査技手・衛生技術員に進み、勤務のかたわら二三年一二月文官高等試験行政科に合格した。二四年五月警視庁警部となり、二五年八月警視庁属兼警視庁警部、二六年七月警視庁警視総監官房勤務を経て二八年地方警視となり、青森県警察部に勤務した後、同年一二月関東庁事務官に転出して警務局高等警察課長となった。三〇年一月巡査懲戒委員・警察共済組合審議員・警部警部補特別任用考試委員・巡査及消防手懲戒委員長兼務となり、さらに同年七月から警察官練習所教官・関東庁法規整理委員を兼務した。三一年四月関東庁普通試験臨時委員を務めた後、三二年三月佐賀県地方事務官に転じた。三三年八月北満特別区公署理事官となって再び渡満し、同公署警務処長に就いた。次いで三四年一二月ハルビン警察庁副庁長、三五年一二月中央警察学校主事、三六年四月錦州省公署警務庁長を歴任し、三七年七月三江省次長となった。

松田　義実　▷12

旅順師範学校教諭、従六位／旅順市高崎町／一八九八（明三一）一一／高知県吾川郡弘岡／広島文理科大学史学科

一九一八年三月高知県師範学校を卒業して県下の吾川郡弘岡高等小学校訓導、高知市第四尋常小学校訓導を務めた。次いで一九二六年広島高等師範学校文科第三部を卒業して大阪府立高津中学校教諭、大阪市青年訓練所指導員を歴職し、三一年広島文理科大学史学科を卒業して鹿児島県女子師範学校教諭兼主事となった。その後三六年六月旅順師範学校教諭に転出して渡満し、旅順女子師範学校教諭を兼務した。

松田　令輔　▷12

国務院総務庁企画処長、正六位／新京特別市崇智胡同／一九〇〇（明三三）四／山口県大島郡浦野村／東京帝大法学部英法科

山口県松田嘉一の七男に生まれ、一九二三年東京帝大法学部英法科を卒業して大蔵省司税官となり、広島、横浜、東京京橋、の各税務署長を歴任した。その後三二年七月国務院総務庁理事官に転出して渡満し、総務庁主計処長に就いた。三三年四月需用処長を兼務したあと、三五年一一月総務庁企画処の新設とともに初代処長に就き、臨時土地制度調査委員、国道会議委員、満州国協和会中央本部委員、民生振興会議委員、水力電気建設委員会幹事等を兼務した。この間、建国功労賞及び大典記念章、皇帝訪日記念章を授与された。

松任谷健太郎　▷12

国務院実業部農務司農政科員、正七位／新京特別市大同大街国務院実業部／一九〇九（明四二）一二／東京府東京市神田区須田町／東京帝大法学部独法科

東京府立第七中学校、第一高等学校を経て東京帝大法学部独法科に進み、在学中の一九三二年一〇月文官高等試験行政科に合格した。三三年三月に卒業し、農林省より遠洋漁業奨励及び水産利用奨励に関する事務取扱を嘱託された後、同年一二月農林省属となり水産局に勤務した。次いで三五年七月農林事務官となったが、三六年一〇月に依願免本官となり、同月国務院実業部事務官に転出して農務司農政科に勤務した。

松富　保明　▷11

満鉄大石橋地方事務所庶務係長、正八位／奉天省大石橋大正街／一

ま

八九二（明二五）一二／広島県広島市竹屋町／日本大学

広島県松富光美の長男に生まれ、一九一六年日本大学を卒業した。一七年二月山口県の山陽電気㈱に入社して四年勤務し、二一年二月に退社して渡満した。満鉄に入社して吉林公所に勤務した後、二四年二月公主嶺地方事務所勤務を経て二七年一一月大石橋地方事務所に転任して庶務係長に就いた。後備陸軍三等主計として大石橋在郷軍人分会副会長を務めた。

松永　憲蔵　▷11

㈾満蒙商会代表社員／奉天浪速通／一九〇〇（明三三）三／福岡県山門郡柳河町

福岡県商業松永金太郎の三男に生まれ、一九一五年に渡満して石光真臣陸軍大佐の書生となり、中国語を学んだ。一八年真臣の兄石光真清陸軍少佐の経営する錦州商品陳列館に入ったが、二〇年奉天の㈴満蒙商会に転じた。二二年支配人となり、二八年経営者の森研吉の死亡により代表社員に就いた。経営のかたわら奉天商業会議所議員を務めた。

松永　繁　▷12

満鉄新京駅構内助役、在郷軍人会新京第三分会長、正八位／新京特別市平安町／一九〇三（明三六）一二／大分県中津市

大分県松永久五郎の次男に生まれ、一九二二年三月満鉄に入り従事員養成所運輸科を修了して大石橋駅に勤務した。奉天列車区大石橋分区に転勤した後、一年志願兵として小倉の騎兵第一二連隊に入営し、除隊復職して大連列車区に勤務した。勤続して二十里台駅助役心得、熊岳城駅助役、蓋平駅助役を歴任し、三四年四月新京駅構内助役となった。この間、満州事変時の功により賜盃及び従軍記章を授与され、三七年四月勤続一五年の表彰を受けた。

松永主馬太郎　▷12

松永兄弟商会主、奉天商工会議所議員、奉天春日町会副会長／奉天春日町／一八九〇（明二三）七／愛知県名古屋市中区島西町／名古屋市立商業学校

愛知県松永庄太郎の長男に生まれ、一九〇七年名古屋市立商業学校を卒業して香港で商業に従事した。一〇年一二月徴兵されて兵役に服した後、渡満して叔父が経営する大連の松岡自転車店に入った。一三年二月奉天小西関に支店を開設する際その主任となって赴任し、自転車と人力車の販売に従事した。次いで一七年五月に営業を継承して独立し、二〇年一月春日町に店舗を移転した。その後三三年平安広場の輸入ビル内に支店を開設し、かたわら日本共立生命保険、豊国火災保険㈱、英国ノースブリテン会社の代理店を兼営した。

松永　正三　▷12

満鉄ハルビン電気段長、社員会評議員、正八位勲八等／ハルビン南崗ハイラル街／一八九六（明二九）三／愛知県名古屋市東区鍋屋町／東京逓信官吏練習所

愛知県松永小市の三男に生まれ、一九一五年東京逓信官吏練習所を修了して同年七月逓信局に入り、以来勤続して通信技師に累進した。三四年一月に退官し、同年四月満鉄に入りハルビン鉄路局電気科通信股長となり、三六年九月の職制改正で電気段長となった。

松永　徳次　▷12

松永呉服店主、ハイラル日本商工会議所創立発起人、ハイラル商店組合幹事、満州国協和会ハイラル第二班長、ハイラル第二区副区長／興安北省ハイラル西大街／一九〇四（明三七）二／佐賀県佐賀郡新北村

佐賀県松永辰一郎の長男に生まれ、尋常小学校を卒業して綿屋に奉公し、二〇歳の頃に独立して福岡で呉服商を開業した。その後渡満し、一九三五年七月からハイラルで同業を営んだ。奉天経由で関東物、西陣織、博多織を仕入れ、夫人敏子、実弟の清吾夫婦と業務に当たり北満一帯に販路を拡げた。

松永虎之介　▷12

興安西省開魯県参事官／興安西省開魯県／一八九〇（明二三）三／鹿児島県鹿児島市上之園町／東京帝大法学部経済科

松田健の子として鹿児島市山之口町に生まれ、後に松永清の養子となった。一九二一年東京帝大法学部経済科を卒業して万歳生命保険会社に入り、後に大連の大道館武道専修学校講師となっ

ま

て渡満した。満州事変後に撫順県自治指導員に転じ、次いで興安東省布特哈旗参事官、興安西省開魯県参事官を務め、三七年六月に退官した。

松永　翠　▷12

満鉄鉄道総局文書課員／奉天紅葉町／一九〇二（明三五）一／鹿児島県曽於郡松山村

鹿児島県松永甚徳の三男に生まれ、一九一八年四月満鉄に入社した。四平街駅勤務を振り出しに各地に勤務した後、鉄道建設局庶務課勤務を経て三六年一〇月鉄道総局文書課に転任した。

松濤菊五郎　▷3

関東都督府通信事務官補、通信管理局庶務係長、高等官七等従七位／大連市児玉町／一八八五（明一八）八／東京府東京市麻布区広尾町／東京帝大法科大学政治学科

本姓は高橋、茨城県に生まれ、松濤誠心の養子となった。一九一〇年東京帝大法科大学政治学科を卒業し、同年八月関東都督府通信書記となって渡満した。一一年一二月一年志願兵として歩兵第一連隊に入営し、帰任して一四年七月関東都督府通信事務官補に進んだ。

松波　俊雄　▷12

貿易・株式売買業、真道会会主／大連市播磨町／一八九五（明二八）七／和歌山県海草郡山口村／県立和歌山中学校

和歌山県松波了恵の次男に生まれ、県立和歌山中学校を卒業して一九一四年陸軍に入り、主計候補生として名古屋の歩兵第六連隊付となり、一五年陸軍経理学校を卒業して本隊に復帰し主計事務に従事した。一七年四月陸軍補充例により退営して村井汽船(資)神戸支店に入り、同年九月大連出張所の開設とともに出張員として渡満したが、翌月関連会社の村井貿易㈱大連出張所に転任した。主任代理として貿易業務に従事したが、欧州大戦の好景気に際会して日華証券㈱に転じて市場係主任となり、二〇年四月に独立して監部通に店舗を構え貿易業と株式売買業を兼営した。業余に心霊科学の研究に没頭し、真道会を主宰した。

松縄敏太郎　▷12

満鉄技術委員会規格班主査、工業標準規格委員会委員兼幹事、化学防水覆布研究会委員／大連市光風台／一八九五（明二八）七／東京府東京市杉並区上荻窪／旅順工科学堂

松縄粂治の五男として新潟県中頸城郡上杉村に生まれ、一九一七年旅順工科学堂を卒業して同年一二月満鉄に入り、撫順炭砿機械課に勤務した。次いで老虎台、万達屋、古城子の各採炭所勤務を経て炭坑部電気課、撫順炭砿工作課電気係技術担当員に歴勤した。三五年七月技師に昇任して計画部審査役付企画班主査となり、三六年一〇月職制改正により参事・技術委員会規格班主査となった。この間、三三年四月勤続一五年の表彰を受けた。

松根　幸雄　▷11

満鉄大石橋医院薬剤科主任／奉天省大石橋紅旗街／一八九八（明三一）一〇／徳島県徳島市津田町／明治薬学専門学校

徳島県松根幸三郎の長男に生まれ、一九一九年明治薬学専門学校を卒業した。二一年朝鮮の平安北道庁衛生課衛生試験場技手となり、二三年二月満鉄に転じた。鞍山医院勤務を経て二八年七月大石橋医院に転勤し、薬剤科主任に就いた。夫人登喜子も薬剤師で、父の望月福太郎は安東県に在住した。

松野忠一郎　▷12

満鉄吉林機務段員／吉林順埠胡同／一九〇二（明三五）六／青森県青森市三上町

青森県松野忠五郎の次男に生まれ、義務教育修了後に渡満して満鉄に入った。以来同社に勤続して技術員となり、一九三四年一二月吉林機務段準備員を経て同機務段に勤務した。

松野　文治　▷12

満鉄ハルビン鉄路局工務処建築科員、社員会評議員、正八位勲八等／ハルビン河溝街／一九〇〇（明三三）九／広島県賀茂郡広村／南満州工業専門学校

広島県松野為吉の次男に生まれ、一九二五年南満州工業専門学校を卒業し、大連の小野木・横井共同建築事務所に入った。翌年関東軍経理部に転じ、三一年九月満州事変の際に奉天に出張して軍隊駐屯用の各種工事を担当し、引き続き熱河作戦の際は錦州に出張して兵舎設備の諸工事に従事した。次いでチチハル陸軍衛戍病院新築工事設計、ハルビン陸軍衛戍病院新築工事現場主任、北鉄接収派遣員などを務めた後、三四年満鉄に転じて新京地方事務所に勤務した。三五年ハルビン鉄路局に転勤し、三六年九月職制改革により同局工務処建築科員となった。

松野　守次　▷12

大連汽船㈱船長、正八位／神戸市葺合区中島通／一八九九（明三二）一二／長崎県長崎市伊良林町／東京高等商船学校航海科

一九二四年東京高等商船学校航海科を卒業し、二五年六月大連汽船㈱に入社した。船員として船上勤務に従事して二九年九月一等機関士となり、三六年七月船長に就いた。

松橋　元治　▷12

満鉄四平街警務段巡監、四平街地区警務統制委員会幹事、勲八等／奉天省四平街北二条通／一九〇五（明三八）一二／長野県更級郡川中島村／農学校

旧姓は永井、長野県更級郡信田村に生まれ、後に同郡川中島村の松橋孝四郎の養子となった。一九二〇年農学校を卒業した後、二五年に宇都宮の騎兵第一八連隊に入隊して兵役に服した。二七年一月に満期除隊し、渡満して関東庁巡査となり、程なく巡査部長に進んだ。同年一〇月満鉄鉄路総局に転じて呼海鉄路局警務科に勤務し、次いでハルビン鉄路局警務処警務科、博克図警務段昂昂渓分段巡監、満州里警務段巡監に歴勤して三六年一〇月四平街警務段に転勤した。

松林　義顕　▷12

昭和製鋼所㈱工務部工務課長、満鉄産業部事務嘱託／奉天省鞍山上台町／一八九六（明二九）一〇／島根県松江市雑賀町／旅順工科学堂機械科

白根末之助の次男に生まれ、後に松林金三郎の養子となった。島根県立杵築中学校を卒業して渡満し、一九一七年旅順工科学堂機械科を卒業して同年一二月満鉄に入り鞍山製鉄所㈱工務課に勤務した。次いで同課設計科、製造科、臨時建設事務所に歴勤して三〇年八月工務部計画係主任となった。三三年六月㈱昭和製鋼所に改組されると同社工務課計画係主任となり、三四年八月参事に昇格して三五年一二月ドイツに出張し、帰任後三六年一一月工務部工務課長に就いた。この間、満州事変時の功により賜品及び大典記念章を授与された。

松原　勲　▷12

満鉄四平街医院外科医長／奉天省四平街北二条通／一九〇三（明三六）八／神奈川県三浦郡下浦村／東京帝大医学部

熊本県立中学済々黌、第五高等学校を経て一九三〇年三月東京帝大医学部を卒業し、同大青山外科教室で外科学を専攻した後、副手として付属病院に勤務した。次いで三六年四月満鉄四平街医院外科医長となって渡満し、同年一二月母校より医学博士号を取得した。

松原　斧吉　▷11

大連聖徳小学校長、勲八等／大連市山吹町／一八八六（明一九）一／愛知県西加茂郡挙母町／名古屋師範学校

愛知県農業松原兼作の六男に生まれ、一九〇六年名古屋師範学校を卒業した。小学校訓導として郷里に七年、名古屋に二年勤務し、一五年一月に渡満して金州小学校訓導に転じた。二一年四月貔子窩小学校長、二三年大連大広場小学校を歴任して二七年四月新設の聖徳小学校長に就任した。この間、二〇年一〇月に青島、済南、泰山、北平、ハルビン等、二五年一二月には上海、南京、杭州、漢口、武昌等を教育視察した。

松原　菊蔵　▷12

満鉄経理部付待命参事／大連市三室町／一八八五（明一八）一〇／山口県都濃郡徳山町／東亞同文書院

山口県松原惣左衛門の長男に生まれ、一九一二年上海の東亞同文書院を卒業して満鉄に入り、調査課に勤務して八年間満蒙の経済調査に従事した。次いで経理部会計課に転じて証券係主任となり、二五年に金融事情調査のため三ヶ月華南・華北地方に出張した。その後参事に昇格し、同課現金係主任を経て三六年七月経理部会計課審査係主任を務めた後、三七年四月待命となった。

松原　公英　▷12

満鉄チチハル鉄路局運輸処混保検査長、勲八等／龍江省チチハル鉄路局運輸処混保検査長局宅／一八九四（明二七）一／大分県東国東

郡安岐町／大分県立杵築中学校

大分県松原惟一の長男に生まれ、一九一四年県立杵築中学校を卒業した後、一五年一二月満鉄に入り埠頭事務所長春在勤となった。以来勤続して長春駅貨物方兼務、長春運輸事務所開原在勤、開原駅勤務、ハルビン運輸営業所勤務、同安達在勤、同満溝在勤、開原駅勤務、同駅副検査人、同駅検査人、ハルビン事務所運輸課検査人、鉄路総局勤務、洮昂斉克洮索鉄路局派遣洮南在勤兼四洮鉄路局勤務、洮南鉄路局運輸処貨物科工務員、同チチハル在勤、チチハル鉄路局運輸処貨物科混保股長に歴勤し、三六年九月職制改革により同局運輸処混保検査長となった。この間、満州事変時の功により勲八等瑞宝章及び従軍記章を授与され、三一年四月勤続一五年の表彰を受けた。

松原　源吉　▷12

満鉄大連埠頭副長、社員消費組合理事、勲六等／大連市伏見町／一八九〇（明二三）二／新潟県佐渡郡赤泊村／東洋協会専門学校

新潟県農業松原由蔵の次男に生まれ、一九一三年三月東洋協会専門学校を卒業し、同年六月満鉄に入り埠頭事務所に勤務した。ハルビン運輸営業所、埠頭事務所海運課勤務、大連埠頭出納主任、同第一埠頭主任を経て埠頭事務所甘井子在勤、大連甘井子埠頭作業主任、埠頭事務所第二埠頭主任に歴勤して壺蘆島築港に従事した。次いで奉山鉄路局営口在勤、奉天鉄路局営口在勤、鉄路総局運輸処水運科埠頭係主任を経て三六年九月副参事となり大連埠頭副長に就いた。この間、満州事変時の功により勲六等瑞宝章及び従軍記章を授与され、二九年四月勤続一五年の表彰を受けた。実弟の浩も渡満して満鉄に入り、営口販売所に勤務した。

松原　重美　▷12

国務院司法部民事司第二科長、林場権審査委員会幹事／新京特別市曙町／一九〇三（明三六）一／長野県西筑摩郡王滝村／東京帝大法学部英法科

一九二六年一二東京帝大法学部英法科在学中に文官高等試験司法科に合格し、二七年三月に卒業して同年一二月一年志願兵として豊橋の輜重兵第一五大隊に入隊して兵役に服した。除隊後二八年一二月判事となり、水戸地方裁判所判事兼水戸地方区裁判所判事、東京地方裁判所判事兼東京区裁判所判事を歴任した。その後三四年六月国務院司法部事務官・民事司第三科長に転出して渡満し、同年七月司法部理事官兼同参事官・民事司第三科長兼総務司勤務となり、司法部総務司学習法官指導官、同考試委員、法典制定委員会委員兼幹事、民事法典起草委員会委員を務めた後、三七年七月司法部民事司第二科長となった。この間、昭和大典記念章、皇帝訪日記念章を授与された。

松原　純一　▷3

朝鮮銀行長春出張所主任、満鉄諮問委員／長春朝鮮銀行社宅／一八八四（明一七）三／島根県邇摩郡大森町／神戸高等商業学校

島根県松原俊三の子に生まれ、一九〇八年神戸高等商業学校を卒業して第一銀行に入った。一三年六月安東県出張所勤務となって渡満し、翌年一〇月第一銀行系列の朝鮮銀行に転出して長春出張所主任となった。

松原　豪　▷10

比木公司主、㈱中日粉千公司取締役、農業／大連市晴明台／一八八五（明一八）一／北海道札幌市南二条／東亜同文書院

旧南部藩士で漢学者の松原富太郎の子として盛岡に生まれたが、廃藩置県の際に父が札幌農学校の和漢文講師として招聘され、一家で北海道に移住した。一九〇四年札幌中学校を卒業して札幌農科大学予科に進んだが、翌年九月中退して上海の東亜同文書院に入学した。〇八年に卒業して関東都督府民政部庶務課に勤務し、在職中に粉千の調査をしたのが縁となり、一六年三月に退職して大連で松源号粉廠を開業した。一九年一一月、矢野秀麿と田中重太郎経営の中大利粉千会社と合同して資本金二〇〇万円で㈱中日粉千公司を設立した。常務取締役として粉千と澱粉を製造するかたわら家畜を飼養したが、戦後不況と株金の払い込みを委託した満州殖産会社の没落により休業に追い込まれた。二一年冬から大連郊外土地会社監査役を務め、後に常務取締役として経営建て直しに当たった。二五年に一段落すると勇退し、比木公司を興してフィリピンから木材を輸入して家具建具商に販売し、かたわら農園と中日粉千公司を兼営した。

松原　正　▷9

正隆銀行奉天支店長／奉天住吉町／一八八六（明一九）七／福井県丹生郡宮崎村／明治大学中退

一九〇五年福井県立武生中学校を卒業した後、〇七年六月明治大学本科一年で中退して安田保善社に入り、一〇年から安田銀行に勤務した。一四年一二月安田傘下の正隆銀行大連本店に転任して渡満し、一六年六月本店計算課長を経て二一年五月奉天支店長に就いた。

松原　浩　▷12

日満商事㈱錦県出張所長／錦州省錦県郵政局通渡部住宅／一八九三（明二六）一／新潟県佐渡郡赤泊村／京城高等普通学校臨時教員養成所第二部

一九一三年京城高等普通学校臨時教員養成所第二部を卒業した後、一八年九月満鉄に入り販売課青島出張所に勤務した。奉天地方事務所、本渓湖販売所、奉天販売所、営口販売所に歴勤して三一年一一月営口販売事務所事務主任となり、次いで四平街販売事務所事務主任、開原販売事務所事務主任を歴任した。その後三四年六月満州炭砿㈱の設立とともに同社営業部に転じ、三六年一〇月満鉄商事部の業務を継承して日満商事㈱が設立されると同社錦県出張所長に就いた。

松原　文雄　▷12

満鉄四平街駅貨物主任、社員会評議員／奉天省四平街五条通／一九〇五（明三八）六／福井県福井市佐佳枝仲町／早稲田大学政治経済学部

福井県松原正雄の次男に生まれ、一九二八年三月早稲田大学政治経済学部を卒業して満鉄に入り鉄道部に勤務した。奉天駅駅務方、奉天列車区安東分区車掌、安東駅駅務方、同、貨物方、奉天列車区安東分区車掌に歴勤した。次いで安東駅貨物方、同駅構内助役、遼陽駅貨物主任を経て三五年四月四平街駅貨物主任となった。この間、満州事変時の功により勲八等に叙された。

松原龍太郎　▷12

金光教撫順教会長／奉天省撫順東六条通／一八八七（明二〇）九／和歌山県有田郡湯浅町／早稲田大学哲学科

一三歳で金光教に入信し、一五歳の時に大阪に出て難波教会に入った。修業のかたわら天王寺中学校を経て一九一二年早稲田大学哲学科を卒業し、大阪で布教活動に従事した。一六年に岡山県の本部職員に抜擢され、宣教部及び礼典部に勤務した後、二〇年撫順教会長となって渡満した。満州布教管理所参与、支那満州布教連合会幹事長、青年会連合本部理事満州地方付として活動し、著書に『生神の道を辿りて』等がある。

松藤　重本　▷12

満鉄ハルビン站構内助役、勲八等／ハルビン貨桟街／一九〇〇（明三三）一／長崎県南高来郡北串山村／長崎県立島原中学校

一九一九年三月長崎県立島原中学校を卒業し、同年五月満鉄に入社した。以来勤続して大連駅、埠頭事務所陸運課、小崗子駅、大連列車区、大連列車区瓦房店分区、瓦房店駅、大連列車区、沙崗駅に歴勤した。その後三三年助役試験に合格し、老辺簡易駅勤務を経て三四年八月鉄路総局に転勤し、次いで山河屯站助役、拉林站助役を経て三五年四月ハルビン站構内助役となった。この間、満州事変時の功により勲八等瑞宝章及び従軍記章、建国功労賞を授与された。

松丸孝三郎　▷12

黄海渤海裕民漁業㈱代表取締役、関東州水産会評議員／大連市北大山通／一八七六（明九）一一／大分県東国東郡富来村

大分県松丸銀三郎の長男に生まれ、郷里で漁業に従事した後、日露戦争後の一九〇五年に大分組を組織し漁船数十隻を組織して大連に渡った。以来同地で日本式漁獲法による水産業を経営し、一五年一月青島民政署より「水産業ニ関スル法規」調査を委嘱された。その後、一六年八月満州市場㈱専務取締役を経て一九年七月黄海渤海裕民漁業㈱代表取締役に就任し、三六年一〇月関東局施政三〇周年に際し水産功労者として表彰された。

松見　宅雄　▷11

関東庁金州苗圃事務所主任／関東庁金州苗圃事務所内／一八八九（明二二）七／福岡県山門郡柳河町／北海道帝大林学実科

福岡県柿原達の次男に生まれ、叔父の松見栄次郎の養子となった。一九一五年北海道帝大農科大学林学実科を卒業し、翌年五月金州民政署嘱託となって渡満した。関東庁民政部殖産課勤務中に関東庁技手に進み、二四年七月金州苗圃事務所主任に就いた。

松村栄三郎　▷12

延吉ヤマトホテル主／間島省延吉新安街／一八七六（明九）八／鳥取県米子市愛宕町

旧米子藩家老職の岡本可春の子に生まれた。一九一八年朝鮮に渡り、咸鏡南道咸興に咸南商工㈱を興して貿易業と雑貨卸小売業を経営した。この間、官選されて道会議員を三期務めたほか、咸興商工会会長、府会議員、面協議会員等の公職を務め、多数の会社の顧問・相談役に就いた。三六年八月に廃業して渡満し、間島省延吉にペーチカ暖房など諸設備完備、一〇〇〇余坪の庭園付の延吉ヤマトホテルを開業した。

松村　行蔵　▷14

大連高等商業学校長、正五位勲四等／大連市臥竜台／一八八四（明一七）二／秋田県由利郡亀田町／東京帝大法科大学仏法科

秋田県松村英角の長男に生まれ、一九一一年七月東京帝大法科大学仏法科を卒業して農商務属になり、同年一一月文官高等試験に合格した。一六年鉱山監督官となり、札幌、仙台の各鉱山監督局鉱政課長を務めた後、二〇年に休職して中国及び欧米各国に留学し、二三年九月上海の東亜同文書院講師嘱託を務めた後、二九年に帰国して長崎高等商業学校教授兼生徒主事となった。三七年二月依願免官となり、翌月渡満して㈶大連高等商業学校長に就任し、四〇年一一月大連市会議員に選任された。その後、四二年一二月大連高商を依願免官して帰国した。

松村　東一　▷1

遼東通運公司長春支店主任／長春／一八六九（明二）四／大分県東国東郡安岐町

一八八一年小学校を卒業して荒木塾で三年間漢学を修めた後、郷里で材木販売業等に従事した。一九〇四年に日露戦争が始まると、佐世保に出て海軍用達業を営んだ。〇五年二月に渡満して大連で雑貨販売業を営んだが、一年半で廃業して遼東通運公司に入り、孟家屯支店主任となった。その後満鉄線が長春まで延長されると、長春支店として運送業に従事した。

松村久兵衛　▷11

㈾大連倉庫会社社長、従七位勲六等／大連市武蔵町／一八七五（明八）四／京都府中郡峯山町／京都府立商業学校

京都府の銀行重役松村久兵衛の長男に生まれ、父の名で家督相続した。一八九六年京都府立商業学校を卒業し、一年志願兵として入営した。一九〇四年日露戦争に従軍して陸軍二等主計に進み、勲六等旭日単光章を受けた。〇六年七月営口に設立された正隆銀行に入り、一九一〇年には副支配人として私財を投じて増資改革をした。二〇年一月㈾大連倉庫社長に就任して満州興信公所所長を兼務し、大連商工会議所常議員、帝国在郷軍人大連連合会第二分会相談役等を務めた。

松村　広　▷12

三菱商事ハルビン出張所長、ハルビン商工会議所議員、正八位／ハルビン阿什河街／一八九六（明二九）七／高知県高知市永国寺町／東京高等商業学校

一九一八年東京高等商業学校を卒業して三菱商事に入り、大阪支店に勤務した。名古屋支店詰、同支店長代理を経て三五年一〇月ハルビン出張所長となって渡満した。

松村　寛　▷12

国務院外務局調査処第一科長／新京特別市宝清胡同第二代用官舎／一八九九（明三二）三／東京府東京市四谷区箪笥町／ハワイ大学文科

東京府松村藤助の長男に生まれ、ハワイのパアウイログラマースクール、ホノルル市立師範学校を経て一九二三年ハワイ大学文科を卒業し、同年八月大阪毎日新聞英文編集局に入った。その後東方通信社、ジャパンタイムス社、駐日カナダ公使館翻訳官を歴職し、三二年一月上海事変に際し日本宣伝機関のプレス・ユニオン主事を務めた後、同年九月国務院外交部事務官となり宣化司宣伝科長心得に就いた。次いで同理事官・宣化司宣伝科長兼総務司計画科長を経て三七年七月外務局調査処第一科長となった。この間、満州事変時の功により勲六位、建国功労賞、皇帝訪日記念章を授与されたほか、上海事変時の功により上海総領事より表彰を受けた。著書に『新聞英語ノ読方』『英米語比較英語会話』がある。

松村　松助 ▷11

建築材料及び貿易商、松村洋行主／安東県大和橋通／一八七五（明八）四／福井県今立郡粟田部町

福井県農業松村与三郎の長男に生まれ、一九〇五年四月に渡満した。安東で木材商を営んだが、後に建築材料商及び貿易商に転じた。郷里に私費を投じて公会堂を建設し、紺綬褒章を受けた。

松村　保三 ▷12

満州電業㈱鉄嶺出張所長兼法庫営業所長事務取扱、鉄嶺商業会議所評議員／奉天省鉄嶺松島町満州電業出張所長社宅／一八九八（明三一）六／青森県八戸市大字田向／旅順工科学堂電気工学科

青森県松村又三郎の四男に生まれ、一九二一年旅順工科学堂電気工学科を卒業し、二二年一月帰国して郷里の八戸水力電気㈱に勤務した。二四年三月転じて青森県師範学校に勤務し、二七年四月朝鮮に渡り、新義州電気㈱に入社した。二八年一一月満鮮殖産電気㈱主任技術者を兼務した後、二九年一二月新義州電気㈱主任技術者となった。三一年七月依願退職し、同年一一月奉天電灯廠に入って工程司兼計画係長となった。三三年五月洮南電灯廠に転じ、次いで三四年一一月満州電業㈱の創立とともに同社入りして統制課に勤務した。三五年三月営業部興業課に転任し、電業北鉄派遣員代表として北鉄接収に従事した。三六年八月電業が鉄嶺電灯局を併合するにともない出張所長として鉄嶺に赴任し、法庫営業所長事務取扱を兼任した。

松室　重光 ▷3

関東都督府技師、民政部土木課長心得、高等官三等従五位勲六等／旅順新市街特権地官舎／一八七三（明六）四／京都府下鴨郡愛宕町／東京帝大工科大学建築科

京都府松室重明の子に生まれ、一八九七年七月東京帝大工科大学建築科を卒業した。京都市技師、京都府技師、九州鉄道㈱技師を歴任し、一九〇八年三月関東都督府技師に任じられて渡満し、民政部土木課長心得となった。

松本　彰 ▷12

㈶／大連医院外科部医長／大連市桃源台／一八九五（明二八）一一／大阪府大阪市東区高麗橋／京都帝大医学部

兵庫県氷上郡沼貫村で祖父節斉の代から医業を営む旧家に生まれ、父需一郎の転居に伴い大阪市に転籍した。一九二二年七月京都帝大医学部を卒業して同大学外科学教室に入り、助手、講師を経て助教授に進んだ。二九年八月満鉄に招聘されて大連医院外科部医長に就き、同年一〇月論文「家鶏粘液肉腫ノ生物学的特殊性ニツイテ」により京都帝大より医学博士号を取得した。三一年二月社命により欧米に留学し、三二年末に帰任した。

松本市之助 ▷12

満州中央銀行ハルビン分行副経理／ハルビン満州中央銀行ハルビン分行／一八九五（明二八）一一／兵庫県印南郡米田町／東洋協会植民専門学校

一九一八年三月東洋協会植民専門学校を卒業し、同年五月朝鮮銀行に入り京城本店に勤務した。次いで青島、開原、吉林、長春の各支店に勤務し、満州事変に際して第二師団司令部嘱託として満州中央銀行創立準備員を務めた。その後、吉林永衡官銀号副監理委員を経て満州中央銀行に入り、吉林駐在員、チチハル分行副経理を経て三六年八月吉林分行副経理となった。

松本円次郎 ▷1

営口工程総局測量師／奉天省営口／一八七九（明一二）七／三重県阿山郡上野町／工手学校

一八九七年志摩郡の私立愛志社に入って測量・製図を学んだ後、三重県庁土木課に勤務した。三年後に上京して内務省土木局に転じ、業務のかたわら順天中学、鉄道学校、工手学校に学んだ。一九〇六年内務省を辞め営口軍政署雇員となって渡満し、軍政署廃止後は清国営口工程総局に傭聘されて高等官待遇で測量・製図に従事した。

松本於菟男 ▷12

満州弘報協会総務部庶務課長／新京特別市清明街／一九〇一（明三四）一二／岡山県吉備郡足守町／早稲田大学政治経済学部

岡山県松本台之助の四男に生まれ、一

九二三年三月早稲田大学政治経済学部を卒業して大阪毎日新聞社に入り、中国留学特派員を経て東亞通信部に勤務した。二九年三月京城日報社に転じて編集局調査部長、政治部長、論説部長を歴任した後、三二年五月同地で朝鮮公論社及び東亞電報通信社を兼営した。次いで三三年九月上海に渡って漢字紙の南正報社主筆兼編集局長、主幹を務めた。その後三五年五月満州国通信社監理部長に転じて渡満し、さらに三六年八月満州弘報協会に転じて総務部庶務課長に就いた。

松本　薫　▷12

満鉄皇姑屯検車段技術助役／奉天紅葉町／一九〇六（明三九）三／山口県厚狭郡厚狭町

山口県松本リノの養子となり、一九二三年二月門司鉄道局に入り下関検車所に勤務した。二七年門司鉄道教習所普通部機械科を修了し、同年四月小郡検車所に転勤した。三三年一二月鉄道局技手に任官した後、同年満鉄に転出して奉天鉄路局に勤務した。三四年四月皇姑屯機務段、同年八月同検車段、三六年四月機務処運転科に歴勤して同年五月機務副段長資格試験に合格し、同年九月奉天鉄路局機務処車輌科に転勤した後、三七年二月皇姑屯検車段技術助役となった。

松本　員男　▷12

営口水道交通㈱取締役社長、振興銀行取締役、営口商工会議所会頭、営口地方委員、満州国協和会営口県本部長、営口市民協会会長、営口金融組合監事、営口輸入組合顧問／奉天省営口吉野町／一八六九（明二）一一／東京府／東京法学院

福島県松本寛吉の長男に生まれ、一三歳で家督を継ぎ、後に東京府に移籍した。一八九一年東京法学院を卒業して大蔵省、日本鉄道㈱等に勤務した後、渡満して各地で実業に従事した。その後営口水道電気㈱の設立に尽力し、一九〇六年一一月創立と同時に取締役兼支配人に就いた。以来三〇年近く同社経営に腐心して三四年一一月社長に就任し、三五年六月営口水道交通㈱に改称した後も引き続き社長を務めた。この間、綏中電灯公司董事、山海関電灯公司監事、董振興銀行取締役のほか、同地の商工会議所、地方委員、行政委員、満州国協和会営口県本部長など数多くの公職に就いた。満州事変直後に軍隊慰問をした際、不慮の災厄で瀕死の重傷を負って一切の公職を退いたが、その後快復し、事変の功により銀杯及び従軍記章を受け、三六年一一月には関東局始政三〇年に当たり民間功労者として表彰された。次男正は福島高等商業学校を卒業して大連の国際運輸に勤務し、三男博も同校を卒業して関東軍経理部に勤務した。

松本　佳三　▷12

満鉄蘇家屯駅長／奉天省満鉄蘇家屯駅／一八八八（明二一）／愛知県南設楽郡東郷村

一九〇五年七月鉄道作業局に入り、野戦鉄道隊付として日露戦争に従軍し、〇七年に大連車輌養成所を修了した。帰国して浜松、豊橋、蒲郡の各駅に勤務した後、二〇年一月満鉄に転じて再び渡満し、奉天駅勤務、同駅貨物役、開原駅勤務、長春駅勤務、同駅貨物助役、新京駅貨物助役に歴勤した。次いで鉄路総局に転任して呼海派遣、ハルビン在勤、海倫在勤、海倫站貨物主任、吉林站貨物主任、敦化站長を歴任し、三七年五月蘇家屯駅長となった。この間、三五年四月勤続一五年の表彰を受けた。

松本亀太郎　▷1

昌図公司主／大連市／一八六四（元一）三／高知県安芸郡田野村

一八八四年上海に渡り、哥老会に入って反政府運動を画策して露見し、彭清泉以下一七名の中国人が斬首されたが、外国籍のため唯一人釈放された。その後福州で商業に従事して成功し、八六年には興化、泉州、漳州、厦門、台湾淡水港等に支店や代理店を置いたが、まもなく廃業して帰国した。九四年日清戦争が始まると高等官待遇の通訳として第一軍司令部に属して従軍し、紅蓮瓦に勤務した。その後柳樹屯の比志島支隊に属して台湾に従軍し、台北県庁の設置とともに財政課長として台北城内外の町名変更事務等に従事した。職を辞した後、台北北方の北投に隠棲し、夫人に松濤園を経営させた。一九〇四年日露戦争に際し再び陸軍通訳となり、安東県軍政署の商務課長兼土木課長として安東県新市街の設計等に従事した。普蘭店兵站部に移ってまもなく終戦となり、直ちに辞職して日中合弁の昌図公司を設立し、社長として船舶運送業、軽便鉄道・馬車輸送業を経営した。その後本店を大連に移し、営口、新民屯、鉄嶺、昌図、双廟子、奉天省四平街、奉化、公主嶺、范家屯、孟家屯、寛城子の各地に支店を設け、六〇人の従業員を擁した。

松本　貫一　▷12

満州滑石㈱専務董事／奉天省海城満州滑石㈱／一八八六（明一九）七／神奈川県三浦郡三崎町／神奈川県師範学校

神奈川県松本元一郎の長男に生まれ、一九〇七年三月神奈川県師範学校を卒業して県下の久里浜小学校訓導となった。一〇年六月朝鮮に渡り、一八年七月まで公立小学校訓導として京城に七年勤務し、同地で京城高女出身の毛利ケイと結婚した。次いで一八年一〇月に渡満し、一九年関東州小学校訓導となり大連に勤務したが、同年一〇月満鉄に転じて文書課に勤務した。同課経理係主任、総務部庶務課経理係主任を経て同監理課に勤務し、三五年七月参事に昇格して監理課第四係主任となった。その後三七年四月に依願退職し、翌月満州滑石㈱専務董事に就任した。

松本　喜一　▷3

大連商業学校教頭／大連市播磨町東洋協会甲号宿舎／一八七六（明九）二／石川県金沢市山田屋小路／東京高等商業学校教員養成科

一九〇一年東京高等商業学校教員養成課を卒業し、同年七月市立仙台商業学校教諭となった。〇二年一〇月石川県七尾町立商業学校長、〇六年四月神戸市立商業補習学校長を歴任した後、一〇年七月東洋協会満州支部に招かれて渡満し、同年九月同協会支部が創立した大連商業補習学校教頭に就任した。一五年三月同校が在外指定学校になると、翌月奏任待遇教諭となった。

松本謙次郎　▷12

大満工業所代表者／ハルビン傅家甸正陽街／一八八八（明二一）一／福岡県若松市山手通／小倉工業学校機械科

熊本県鹿本郡に生まれ、幼時から若松市で炭鉱事業を経営する赤田氏に養われた。一九〇八年小倉工業学校機械科を卒業し、一年志願兵として小倉の第一二工兵大隊に入営し、除隊後〇九年に渡満して満鉄沙河口工場に勤務した。一四年欧州大戦に際し陸軍技手として青島戦に参加した後、山東鉄道の占領後一五年に社命で青島に派遣された。次いで一八年五月満鉄沙河口工場の補助工場として㈱大連機械製作所が設立されると同社員となり、後に技師を務めた。その後三〇年に退社して大連市巴町に松本組を興して運送業を営んだが、三五年にハルビンに移り、匿名組合大満工業所を設立して酸素供給業を経営した。日本人二人、中国人七人を使用して大連に支店を設け、三七年四月から生産量を三倍に拡大し、工場をハルビン市外の三棵樹重工業地区に移転し北満全域に供給した。養父の赤田氏も後に渡満して北満で鉱業を営み、実弟も旅順工科大学を出て大連機械製作所に勤務した。

松本古一郎　▷12

奉天造兵所㈱技師長兼技術課長、従四位勲三等／奉天霞町／一八八六（明一九）一一／島根県簸川郡大社町／東京帝大工科大学造兵科

勤王家松本巌の曾孫、陸軍中将松本鼎の子として広島市に生まれ、一九一〇年七月東京帝大工科大学造兵科を卒業して陸軍技師となった。東京及び大阪の各造兵廠に勤務した後、満州事変後に奉天造兵所に派遣され、後に同所㈱技師長として技術課長を兼務した。

松本　三平　▷12

国際運輸㈱開原出張所長／奉天省開原国際運輸㈱出張所／一八九六（明二九）四／島根県鹿足郡津和野町

一九一四年門司市の磯部㈴に入社した後、一七年一一月に渡満して満鉄に入り安東駅貨物方となった。次いで二五年二月国際運輸㈱に転じ、安東支店陸運係主任、同支店長代理、竜井村支店長代理、図們支店長代理を歴任した。その後本社に転勤して計画課及び管理課の各事故係主任を務めた後、管理課監査係主任兼監査員を経て三七年五月開原出張所長となった。

松元　繁　▷7

陸軍歩兵大尉、第七中隊長、正七位勲六等／旅順駐屯軍二三連隊官舎／一八八八（明二一）九／鹿児島県姶良郡帖佐村／陸軍士官学校、歩兵学校

一九〇八年三月加治木中学校を卒業し、翌年一一月士官候補生として熊本

ま

の歩兵第二三連隊に入隊した。一〇年一二月士官学校に入り、一二年五月に卒業して歩兵少尉に任官した。一六年六月中尉に進み、同年九月から翌年一〇月まで華中に派遣され漢口守備に就いた。二〇年一二月歩兵学校に入り、二二年八月大尉に進んで歩兵第二三連隊第一大隊副官となった。二三年四月陸軍軍法会議判士となって渡満し、同年九月歩兵第二三連隊第七中隊長に就き、二五年五月駐屯軍交替により帰国した。

松本　正一 ▷9

出光商会大連支店庶務主任／大連市監部通出光商会内／一八九三（明二六）三／香川県綾歌郡宇多津町

幼少の頃から商業に従事した後、一九一五年函館の三洋組に入った。一七年朝鮮に渡って平壌の中村組に転じ、次いで一九年門司市の鉱油鉄鋼商出光商会に入り、大連支店詰となって渡満した。

松本正一郎 ▷12

松久号主／奉天春日町／一九〇〇（明三三）一二／兵庫県神戸市兵庫区大開通

一九二四年から奉天に在住し、叔父の庄造が開業して二二年七月に母ヒサが引き継いだ松本商店の経営に当たった。大阪、東京方面から奉天和洋雑貨・旅行用品を仕入れ、奉天及び満鉄沿線各地を販路とした。

松本　正平 ▷13

国際運輸㈱常務取締役／新京特別市／一八八五（明一八）四／栃木県宇都宮市宿郷町／東亞同文書院

宇都宮中学校を卒業して中国に渡り、一九〇八年上海の東亞同文書院を卒業して正隆銀行に入った。以来勤続し、貸付課主任を経て営口支店長、青島支店長を歴任した。その後二六年八月満鉄出資で国際運輸㈱が設立されると同社に転じ、ハルビン支店長代理、大連支店長、ハルビン支店長、大連支店長、本社営業課長、同陸運課長、大連支店長を歴任して三七年三月常務取締役に就き、ハルビン駐在重役として業務を差配した。この間、大連通関組合名誉会長、大連自動車車庫会社代表取締役を務めた。

松本新次郎 ▷12

大連汽船㈱船長／大連市朝日町／一八九七（明三〇）二／広島県豊田郡西野村／専門学校

専門学校を卒業した後、一九二一年二月大連汽船㈱に入った。以来同社に勤続し、二七年一二月一等運転士を経て三六年一月船長となった。

松本　進 ▷12

国務院民政部土木局第二工務処員、新京工業学校教員／新京特別市新発屯聚合住宅／一九〇四（明三七）六／大阪府大阪市南区順慶町／京都帝大工学部土木工学科

大阪府松本半兵衛の次男に生まれ、一九二五年京都帝大工学部土木工学科を卒業した。二八年参宮急行電鉄会社に入り、次いで三一年五月高雄電気鉄道会社に転じた。その後三二年一〇月国務院国都建設局技正となって渡満し、三五年七月民政部技佐に転任して土木司に勤務し、三七年一月行政機構改革により土木局技佐となり第二工務処に勤務した。

松本　諏直 ▷11

関東庁普蘭店民政支署法務係主任、勲七等／関東州普蘭店蓬莱街官舎／一八八九（明二二）九／熊本県菊池郡戸崎村／商業補習学校

熊本県商業松本安平の三男に生まれ、一九〇五年商業補習学校を卒業した。一二年六月裁判所書記登用試験に合格し、一五年以降熊本県下の裁判所書記を歴任した。二二年一月に渡満し、翌年関東庁属となり普蘭店民政支署に勤務した。

松本　清八 ▷12

監察院審計部員、正五位勲五等／新京特別市永楽町豊屋旅館／一八八五（明一八）二／香川県丸亀市本町／陸軍経理学校

一九〇四年一二月陸軍主計候補生として入営し、〇七年五月陸軍経理学校生徒科を卒業して同年一二月三等主計補となり、旭川の歩兵第二六連隊に勤務した。次いで〇九年四月第一一師団経理部付を経て、一五年五月陸軍経理学校を卒業して歩兵第四三連隊付となった。以来、一六年二月歩兵第三九連隊付、一七年九月歩兵第六〇連隊付、一

九年一二月第一五師団経理部員、二一年三月満州駐箚、二二年八月第一八師団経理部員、二五年三月陸軍造兵廠火工廠会計課長、三一年三月一等主計正を歴任して予備役編入となった。三四年満州国監察院審計官となって渡満し、審計部に勤務した。

松本　外吉 ▷1

新民府郵便電信支局長、従七位／新民府一八六六（慶二）一一／石川県金沢市／和仏法律学校

旧姓は八田、一八八六年内務省警察官練習所を修了して富山県警部となり、巡査教習所教官として富山警察署に勤務した。九一年四月富山地方裁判所書記を経て九四年四月内務属となり、在職中に和仏法律学校で法律学を学んで九六年に卒業した。その後九六年四月台湾総督府属、一九〇〇年九月通信属を歴任して〇三年四月東京四谷郵便局長となった。〇四年六月通信事務官補・高等官八等に昇格し、第二軍郵便部に属して日露戦争に従軍した。同年八月第二軍第六野戦郵便局長として牛家屯で野戦郵便事務を開始し、さらに遼陽に移って第六師団司令部付として沙河会戦の通信事務に従事した。〇五年二月第五師団司令部付に転じて奉天会戦に参加し、占領後に野戦郵便局を開設し、さらに軍と共に太平溝に進んだ。戦後〇六年二月に帰国して勲六等単光旭日章と一時賜金四〇〇円を受け、同年四月東京麻布郵便局長に就いたが、数ヶ月後に関東都督府通信事務官補に任じられて渡満した。新民府郵便電信支局長を務め、〇七年四月高等官七等・従七位に進んだ。苦学しながら官吏として累進し、かたわら俸給を節約して次弟と末弟の学資を援助し、次弟の八田清太郎は陸軍歩兵大尉、末弟の八田重次郎は海軍大尉として海軍兵学校教官を務めた。

松本　孝衛 ▷11

大連南山麓小学校訓導／大連市桂町／一八八七（明二〇）八／岡山県児島郡甲浦村／岡山県師範学校

岡山県公吏松本精治の長男に生まれ、一九〇九年岡山県師範学校を卒業して郷里の小学校訓導となった。一七年四月に渡満して沙河口小学校訓導となり、二八年四月大連南山麓小学校に転任した。岡山実科女学校出身の夫人君代との間に二男三女あり、長男雄一は満鉄技術研究所に勤務した。

松元　隆夫 ▷11

満鉄撫順炭砿モンドガス発電工場主任、歩兵少尉／奉天省撫順南台町／一八九〇（明二三）三／山口県大島郡屋代村／京都帝大理工科大学

一九一六年京都帝大理工科大学を卒業し、一年志願兵として兵役を済ませた後、一八年八月に渡満して満鉄に入社した。撫順炭砿に勤務し、後にモンドガス発電工場主任を務めた。

松本　孝之 ▷10

松本商店主／大連市弥生町／一八九六（明二九）五／山口県下関市宮田町／市立下関商業学校

一九一五年市立下関商業学校を卒業して渡満し、長春の北満銀行に勤務した。一年後に帰国し、翌年一二月一年志願兵として入営した。除隊後一八年三月再び渡満して奉天省四平街の世泰興に入り特産物売買に従事したが、二〇年に同店が倒産し、翌年一一月大連の渡辺商会に入り特産部を担当した。二四年五月会主の渡辺栄太郎が病没して事業閉鎖となり、同年六月松本商店として独立開業し、製油原料と大豆雑穀類の輸出業を営んだ。

松本　正 ▷12

国際運輸㈱新京支店庶務係主任／新京特別市千鳥町／一九〇五（明三八）九／東京府東京市赤坂区氷川町／福島高等商業学校

東京府松本員男の次男に生まれ、福島中学校を経て一九二六年福島高等商業学校を卒業し、東京日本橋の日本徴兵保険会社に入り徴収課に勤務した。その後三二年一一月国際運輸㈱に転じて渡満し、大連本社庶務課に勤務した後、三五年四月新京支店庶務係主任となった。

松本　辰吉 ▷11

医師、正八位勲六等／奉天省開原付属地掏鹿大街／一八八二（明一五）七／長崎県長崎市紺屋町／長崎医学専門学校

一九〇九年長崎医学専門学校を卒業し、翌年広島県立病院の医師となった。一二年に熱帯病研究のため一年間南洋各地を視察し、中国南部を巡遊して帰任した。二〇年一月に渡満して開原付属地で開業し、かたわら同地の地方委員を務めた。

松本　辰二 ▷12

大連工業㈱営業係主任、大連和歌山県人会幹事／大連市橋立町／一九〇四（明三七）五／和歌山県西牟婁郡田辺町／田辺実業学校

和歌山県松本栄次郎の次男に生まれ、一九二〇年三月田辺実業学校を卒業して渡満し、同年四月大連工業㈱に入社した。以来同社に勤続し、二七年に営業係主任となった。

松本　侠 ▷12

国務院総務庁法政処長、民政振興会議委員、満州国協和会中央本部委員、満州飛行協会董事／新京特別市恵民路代用官舎／一八九八（明三一）三／宮城県仙台市小田原車通／東京帝大法学部

宮城県松本清直の五男に生まれ、鶴岡中学校、第二高等学校を経て一九二二年三月東京帝大法学部を卒業して満鉄に入社した。調査課に勤務した後、法制係主任を経て上海事務所に勤務したが、三一年一〇月満州事変に際し関東軍顧問となり、同年一二月関東軍司令部内に統治部が設置されると同部行政課長に就いた。三二年六月国務院法制局参事官・法制局長代理となり、同年一〇月法制研究のため欧米に出張した。帰任して三四年八月法制局第一部長に就いて第二部長を兼任した後、三五年三月国務院総務庁秘書処長を兼任し、さらに三七年五月法制処長兼任を経て同年七月総務庁法制処長となった。

松本　辻 ▷12

カフェー井筒主、井筒食堂主／吉林省城新開門外／一八九八（明三一）七／熊本県天草郡御領村

早くから渡満して種々の職業に就いた後、一九三一年満州事変に際会して吉林の前途有望を予想し、同年一一月吉林省城新開門外にカフェーと食堂を開業した。その後順調に売上げを伸ばし、女給二〇人と従業員七人を擁した。

松本　貞曽 ▷3

松本医院主／大連市常磐公園町／一八七一（明四）一二／大阪府南河内郡長野村／大阪医学校

一八九四年一〇月大阪医学校を卒業し、内科医院を開業した。日露戦後の一九〇六年四月に渡満して大連で開業し、まもなく公主嶺に転居したが、〇八年再び大連に戻って開業した。

松本藤次郎 ▷12

熱河省圍場県参事官／熱河省圍場県公署／一九〇〇（明三三）一一／和歌山県海草郡松江村／関西学院高等商業学部

県立和歌山商業学校を経て一九二二年関西学院高等商業学部を卒業した後、二四年八幡織布㈱に入社した。次いで南海製乳㈱、フォード西村自動車㈱、関東軍電信隊本部軍属に歴職し、三三年四月熱河省政治工作員となった。その後、熱河省公署総務庁財務科、同人事科勤務を経て熱河省平原県参事官となり、三七年三月圍場県参事官に転任した。

松元　時雄 ▷7

鉄嶺地方事務所長、法学士／奉天省鉄嶺／一八八六（明一九）一一／鹿児島県鹿児島市下荒田町／東京帝大法科大学政治学科

鹿児島県立第一中学校から第七高等学校を経て東京帝大法科大学政治学科に入学し、一九一五年三月に卒業した。一六年五月に渡満し、同年七月満鉄に入り撫順炭砿庶務課に勤務した。本社販売課、本渓湖販売主任を経て二三年三月本社地方部庶務課に転じ、二五年三月鉄嶺地方事務所長に就いた。

松本　豊治 ▷12

国際運輸㈱経理課財産係主任、勲八等／大連市聖徳街／一八九四（明二七）一一／佐賀県唐津市大字東／佐賀県立唐津中学校

佐賀県松本武嘉の次男に生まれ、一九一四年県立唐津中学校を卒業して郷里の小学校代用教員となった。一五年一二月徴兵されて近衛師団歩兵連隊に入営し、満期除隊後一八年四月に帰郷して㈱唐津鉄工所事務員となったた。その後一九年七月に召集されてシベリアに従軍し、同年九月鉄道守備中に敵襲に遭い腕に重傷を負って小倉に後送された。別府で療養した後、二〇年二月付で除隊し、同年三月に渡満して大連銀行に入り、二一年一〇月沙河口支店に転勤した後、二三年七月に奉天・大連・遼東・満州商業の四銀行が合併して満州銀行が設立されると同行沙河口支店支配人代理となった。本店営業課に転勤した後、二六年一二月国際運輸㈱に転じて大連支店庶務課、四平街出張所、長春支店、本社審査課、同計理課、奉天支店に歴勤した。次いで三二年六月奉天支店経理係主任、三三年七月本社経理課勤務を経て三五年四月同経理課財産係主任となった。この間、大正四年乃至九年事変の功により勲八等白色桐葉章及び従軍記章、満州事変時の功により従軍記章を授与された。

松本　豊三　▷13

満州日日新聞社長／一八九八（明三一）八／兵庫県揖保郡太用原村／東京帝大経済学部

第三高等学校を経て東京帝大経済学部に入り、一九二二年に卒業して満鉄に入社した。社長室社会課に勤務した後、二四年五月社会施設及び労働問題調査のため中国各地を三ヶ月視察した。その後二五年三月満鉄を退社して大阪毎日新聞に入り、次いで二九年二月神戸又新日報社に転じて整理部長、社会部長、編輯局長を歴任し、三三年三月に辞任して同年八月満鉄嘱託となって再び渡満した。総務部資料課情報係主任、資料課長、鉄道資料編纂係主任を経て三六年九月満鉄参事となり、翌月総裁室弘報課長に就いて満州日日新聞社取締役を兼任し、三九年から鉄道総局弘報課長を兼任した。その後四一年一月満州弘報協会常務理事に選任され、同年二月満州日日新聞社長に就任した。実妹の三七子は満州国官史の向井俊郎に嫁した。

松本　久吉　▷12

国務院実業部金鉱製錬廠技佐、満州鉱業協会理事／奉天金鉱製錬廠／一九〇六（明三九）二／福島県石城郡湯本町／旅順工科大学本科

福島県松本徳太郎の長男に生まれ、一九三一年三月旅順工科大学本科を卒業し、同年五月同大学助手となり地質学教室に勤務した。その後三二年四月に依願免官し、同年六月国務院実業部農鉱司鉱務科に勤務した。三三年九月鉱務司鉱業科勤務を経て三五年三月鉱業監督署技佐に進んで新京鉱業監督署に勤務し、三七年五月金鉱製錬廠技佐に転任した。この間、三四年三月に建国功労賞及び昭和大礼記念章、同年五月に勲八位景雲章、さらに同年九月に皇帝訪日記念章を授与された。

松本　秀夫　▷11

満鉄撫順炭砿調査役室勤務／奉天省撫順南台町／一八九六（明二九）三／香川県高松市／京都帝大採礦科

一九二一年、京都帝大工学部採礦科を卒業した。二二年七月に渡満して満鉄に入り、撫順炭砿調査役室に勤務して採掘技術方面を担当した。

松本　弘雄　▷12

満鉄図們電気段電気助役／間島省図們満鉄独身寮／一九〇五（明三八）二／兵庫県神戸市兵庫区宮内町／兵庫県立工業学校

兵庫県松本音松の子に生まれ、一九二二年三月兵庫県立工業学校を卒業して大阪鉄道局に入った。三四年一二月満鉄に転じて渡満し、図們電気段電力副段長を経て三六年一〇月同段電気段電気助役となった。

松元　広盛　▷12

満鉄錦県鉄路局経理処会計科員、勲八等／錦州省錦県鉄路局／一八九五（明二八）一〇／鹿児島県鹿児島市田上町／鹿児島市立商業学校

鹿児島県松元李二の次男に生まれ、一九一八年三月鹿児島市立商業学校を卒業して満鉄に入り、大連埠頭事務所会計事務に勤務した。次いで二三年八月埠頭事務所旅順出張所に会計係が設置される際に同所に転勤し、後に会計主任となった。その後三三年三月錦州鉄道建設事務所会計主任として熱河線建設に従事し、竣工後に三六年一〇月錦県鉄路局経理処会計科勤務となった。この間、在郷時に村の青年会長を務めて内務省から模範青年として表彰されたほか、満州事変時の功により勲八等及び建国功労賞、三三年四月勤続一五年により銀杯一個を授与された。

松本　福督　▷12

ハルビン郵政管理局会計処長／ハルビン南崗教化街郵政管理局会計処長官舎／一八九一（明二四）四／福岡県福岡市因幡町／県立熊本中学校中退

熊本市塩屋町に生まれ、県立熊本中学校四年で中退し、一九〇九年三月福岡郵便局に入った。二〇年一一月通信書記に進んで二二年一一月福岡局郵便課主事を務めた後、二五年二月逓信属となり経理局に転任した。二七年三月逓信局書記、二九年九月逓信属、三二年四月通信書記と累進して福岡郵便局郵便課長に就いた。三五年二月国務院交通部郵政管理局理事官に転出して渡満し、ハルビン郵政管理局会計処長となった。

松元藤太郎 ▷1

松元商会主／旅順市厳島町／一八七七（明一〇）七／鹿児島県鹿児島市堀江町

日清戦争後の一八九四年から父が経営する台湾澎湖島の松元商会を手伝い、諸官衙用達業と和洋雑貨・食料品・和洋酒類の販売に従事した。数年後に帰国して郷里で商業を営んだが、一九〇四年日露戦争に際し海軍用達となって従軍し、朝鮮慶尚南道の鎮海湾で酒保を経営した。〇五年一月の旅順陥落とともに同地に移り、厳島町で陸海軍諸官衙用達業と和洋雑貨・酒・煙草・食料品類販売業を営み、他に銅・真鍮等の軍器廃棄品の売買業を兼営した。

松本文三郎 ▷12

弁護士、関東州弁護士会副会長、大連海務協会監事／大連市若狭町／一八八三（明一六）五／愛媛県越智郡乃万村／東京帝大法科大学英法科

愛媛県神職松本藤吉の三男に生まれ、愛媛県師範学校を卒業して県下の小学校訓導を務めた。その後退職し、熊本の第五高等学校を経て東京帝大法科大学に進み、一九一五年七月同大英法科を卒業して大連汽船㈱に入社した。一六年青島支店次席となり、次いで同支店長、天津支店長を歴任し、かたわら青島居留民団行政委員、同会長、青島商業会議所議員、青島海事協会理事、青島学院理事等を務めた。二八年天津居留民団理事に転じたが、在職二年で辞職して渡満し、大連で弁護士を開業した。業余に白翁と号して義太夫、日面仏の俳号で俳句を嗜んだ。

松本　正八 ▷12

満鉄前郭旗機務段機関士、勲八等／吉林省満鉄前郭旗機務段／一八八九（明二二）六／岡山県邑久郡牛窓町／関西中学中退

岡山県松本光三郎の長男に生まれ、関西中学三年を修了して山陽鉄道㈱に入った。一九〇七年同社の事業が鉄道庁に引き継がれて、京都機関庫、神戸機関庫等に転勤した。一九年一一月に渡満して満鉄に転じ、大連、奉天、安東、橋頭等に歴勤した。二八年四月に退社した後、三三年八月再び満鉄に入って図們機務段の開設とともに同段に勤務した。三六年五月司機員となり、装甲列車係担当を経て三七年二月前郭旗機務段機関士となった。この間、満州事変当時は嘱託として錦県に在勤し、功により勲八等及び従軍記章、建国功労賞を授与された。

松本　益雄 ▷12

国務総理大臣秘書官、従七位／新京特別市西朝陽胡同／一九〇〇（明三三）三／福岡県京都郡刈田村／大連商業学校

一九二一年三月大連商業学校を卒業し、同年一一月外務書記生試験に合格して外務省に入り、二二年一月赤峰領事館に赴任した。以後も中国各地に在勤し、二五年一〇月の中国関税特別会議に日本代表者付として出席した。二六年一二月広東、三〇年九月ハルビンに赴任した後、三二年四月副領事に昇格して依願免官し、同年六月国務院外交部事務官に転出した。その後三三年五月に依願免官となって外務省に復帰し、外務属として大臣官房人事課に勤務した。三五年七月副領事に返り咲いて新京日本総領事館に勤務した後、再び満州国に転出して国務総理大臣秘書官となった。

松本　安蔵 ▷12

浅野物産㈱ハルビン出張所主任／ハルビン外国四道街浅野物産出張所／一八九九（明三二）九／福島県若松市栄町／若松商業学校

福島県松本安太郎の長男に生まれ、一九一八年若松商業学校を卒業して神戸の鈴木商店に入った。函館、名古屋の各支店に勤務したが、二七年四月同商店が倒産したため浅野物産㈱大阪支店に転じ、三四年ハルビン出張所の開設とともに主任となって渡満した。従業員五人を差配して機械、木材、一般雑貨、特産物を扱い、主として官庁方面を得意先とした。

松本　猶蔵 ▷12

日満鋼材工業㈱撫順出張所長／奉天省撫順西九条通／一八八四（明一七）九／長崎県南高来郡島原町

一九〇八年春、満鉄に入社して撫順炭砿機械課に勤務した。勤続して大山、煙台、東郷の各坑で主として工作物保安鑑査を担当した後、三四年竜鳳竪坑臨時建設事務所工作主任を務めた。三六年四月の竣工と同時に退社し、日満鋼材工業㈱に転じて撫順出張所長に就

ま

いた。

松本要太郎 ▷12

松本病院長／新京特別市日本橋通／一八七九（明一二）二／広島県芦品郡網引村

一九〇二年内務省医師検定試験に合格し、大阪で木津川病院を開業した。次いで日露戦争時の一九〇四年三月朝鮮に渡り、仁川の宮町に松本病院を開設し、後に新町に病舎を新築移転した。同地で三〇年間診療に従事した後、三二年三月に渡満して新京日本橋通で開業した。この間、結核の人口気胸療法を日本で初めて実施したほか、二一年から仁川広島県人会長を務め、渡満に際し同会より銀製大花瓶を贈られた。

松本　誉次 ▷12

東方電気工務所主／奉天稲葉町／一八九五（明二八）三／佐賀県佐賀郡高木瀬村／佐世保商工学校

一九一二年佐世保市の私立商工学校を卒業して渡満し、大連満鉄電気作業所に入った。その後一七年に帰国して東京電灯会社に入ったが、一九年に再び渡満して本渓湖煤鉄公司発電所に勤務した。二一年四月南満州電気㈱に転じて大連天ノ川発電所建設工事に従事した後、二四年四月に独立して大連で電気工事請負業を開業した。三二年奉天に進出して翌年五月稲葉町に移転し、各官庁、諸会社の指定請負業者として日本人九〇人、中国人二〇人を使用した。

松本　利治 ▷12

満鉄産業部庶務課土地係主任／大連市東公園町満鉄本社／一九〇〇（明三三）八／鳥取県西伯郡法勝寺村／東亜同文書院

鳥取県農業松本麻一郎の長男に生まれ、一九二三年三月上海の東亜同文書院を卒業し、同年七月満鉄に入り地方部庶務課に勤務した。次いで安東、長春、奉天の各地方事務所に勤務した後、本渓湖地方事務所地方係長兼本渓湖消防組合監督を経て鉄路総局に転任した。以来、呼海鉄路局兼水運箇所派遣ハルビン在勤、ハルビン鉄路局総務処附業科長兼ハルビン水運局総務処勤務、同局産業科土地副主任、同主任、鉄路総局産業課に歴勤し、三七年五月産業部庶務課土地係主任となった。

松本　美行 ▷11

関東庁逓信技手／大連市大和町／一八九五（明二八）二／福島県双葉郡葛尾村／工手学校

福島県農業松本常勉の四男に生まれ、一九一九年工手学校を卒業して電気事業主任技術者資格検定試験第三種に合格した。電気試験所技手として勤務した後、二六年九月に渡満して関東庁逓信技手に転じた。

松本　亮 ▷12

満鉄新京駅事務助役、勲八等／新京特別市新京特別市駅／一九〇五（明三八）二／長崎県高来郡多比良村／旅順中学校

旧姓は斉藤、後に松本豊太郎の養子となった。一九二一年旅順中学校を卒業した後、二四年六月満鉄に入った。大連駅、長春駅、長春列車区、奉天列車区に歴勤した、三五年八月新京駅事務助役となった。この間、満州事変時の功により勲八等旭日章及び従軍記章を授与された。

松森　正重 ▷11

福昌公司嘱託／大連市霧島町／一八八八（明二一）一二／兵庫県美嚢郡上淡河村／同志社専門学校経済科

兵庫県医師松森正徳の三男に生まれ、戸籍上は正重だが正博と通称した。一九〇九年同志社専門学校経済科を卒業して神戸の米国貿易会社に入り、一三年一〇月京城出張所主任となって朝鮮に赴任した。その後同社を辞めて一七年九月に渡満し、大連で日米公司を興して輸出入業を営んだ。二四年八月満州共益社に入り、さらに二七年八月福昌公司嘱託に転じた。姉と二人の兄、弟はいずれも医業に従事した。

松山　市松 ▷12

ミマスヤ履物店主／大連市岩代町／一九〇二（明三五）一二／鹿児島県揖宿郡山川町

一九二〇年八月に渡満し、二一年一月大連市磐城町の辻与三吉経営のミマスヤ履物店に入った。三〇年五月同店の権利を譲り受け、大山通裏手に店舗を移して花柳界、山手方面を得意先として東京履物、雨傘、足袋類を扱い、後に岩代町に移転した。

松山 栄吉 ▷12

満州電信電話㈱ハイラル電報電話局長、勲七等／興安北省ハイラル東二道街／一八九一（明二四）三／鹿児島県鹿児島市薬師町／東市来実業学校

鹿児島県日置郡東市来村に生まれ、東市来実業学校を経て熊本逓信講習所を修了し、一九〇八年福岡県木屋瀬郵便局に勤務した。若松、門司の各郵便局に転勤した後、一八年八月関東都督府陸軍部付となって渡満し、二〇年一二月関東庁逓信局に出向して海城、大連、奉天、鉄嶺の各局に勤務した。その後三三年九月満州電信電話㈱に転じ、チチハル局庶務係長、安東電報電話局電報課長を経て三七年四月ハイラル電報電話局長に就いた。

松山悦次郎 ▷12

松山工務所主、日満土木建築協会評議員／奉天藤浪町／一八八七（明二〇）三／愛知県丹羽郡楽田村／早稲田工手学校建築科

早稲田工手学校建築科を卒業した後、渡満して奉天の土木建築請負業上木組に入り、勤続して建築部主任となった。かたわら二一年から奉天総領事館競売家屋の鑑定人を務め、二四年関東庁建築第一級技術者試験に合格した。その後一九二六年一二月に辞職して松山工務所を創立し、さらに㈾大同組出張所の経営も兼ねたが、後に兼営を廃し松山工務所の経営に専念した。従業員一二人を使用して奉天輸入組合ビル、満州電動会社、大連新聞ビル、満州航空宿舎並びに機体工場、康徳染色工場、奉天金融組合ビル、アパート青安荘等を手がけ、年請負高一〇〇万円内外に達した。

松山勘次郎 ▷6

㈱大連機械製作所会計係／大連市／一八九七（明三〇）／福岡県糸島郡前原町

福岡県松山忠平の三男に生まれ、一九一七年に郷里を離れて大連に渡った。一八年五月に大連機械製作所が設立されると同時に入社し、会計係を務めた。長兄の一三郎も出郷し、米国カリフォルニア州で農園を経営した。

松山菊次郎 ▷2

松山生盛薬館主／奉天省営口南本街／一八六九（明二）／京都府桑田郡稗田野村

長く台湾で土木建築業を営んだ後、日露戦争後一九〇六年三月に営口に渡った。〇八年新市街北本街で生盛薬館の門牌を掲げて売薬業を始め、一〇年に南本街に新築移転した。薬品、医療器械の他に化粧品、陶器、漆器、履物などの雑貨類も扱い、北満ハルビンから遼西、華北、東蒙一帯にまで取引先を拡げた。さらに満鉄や民団関係の土木建築も請け負い、営口予備行政委員、消防組頭等を務めた。

松山 輔二 ▷12

満鉄鉄道総局付待命副参事／奉天満鉄鉄道総局気付／一八八八（明二一）一〇／滋賀県甲賀郡土山村／滋賀県立八幡商業学校

滋賀県松山松次郎の長男に生まれ、一九〇八年滋賀県立八幡商業学校を卒業し、一六年に渡満して満鉄に入り埠頭事務所監視となった。次いで同所陸運課、大連埠頭貨物助役、同所倉庫係、鉄路総局、ハルビン碼頭営業所三棵樹碼頭主任、ハルビン碼頭営業所長兼務、同営業所八区頭道街碼頭主任、同十二道街碼頭主任を歴職した。三七年四月副参事に昇任して待命となり、鉄道総局付となった。

松山 成三 ▷3

金光教布教士／大連市愛宕町／一八七八（明一一）四／京都府京都市新椹木町／京都師範学校、金光教教師養成所

京都師範学校を卒業して京都府内の小学校教員を務めたが、一九〇〇年頃から金光教に入信し、教職を去って岡山の金光教教師養成所に入った。〇二年五月に同所を修了し、〇六年四月から京都で布教活動に従事し、〇七年満州布教使となって渡満した。

松山 珵三 ▷11

産霊教教主、勲八等／大連市光明台／一八七八（明一一）一二／新潟県高田市中殿通町／専門学校中退

新潟県榊原藩の砲術師範役を務めた松山信行の三男に生まれた。小学校、中学校、専門学校のいずれも中退し、仏教、キリスト教を経て神道に入信した。一九〇四年大社教春日教教師検定試験に合格して同教訓導となり、同年野戦鉄道提理部工場班員として日露戦争に従軍した。戦後大連で大社教の布教活動に従事し、関東州布教使、大社教分院理事、同満州分院長を経て一〇年に大連神社社司となった。一五年四月千家管長の選で権大教正となったが、同年七月新たに産霊教を創始した。一七年大連神社社司を辞任し、翌年㈳産霊教会長に就いた。

松山　亨 ▷12

今井商会自転車部主任／奉天稲葉町／一八九二（明二五）六／鹿児島県鹿児島郡谷山町

鹿児島県松山新右衛門の長男に生まれ、学業を終えると直ちに渡満して奉天の今井商会に入った。暖房工事請負業に従事した後、自転車部主任に抜擢され業績を上げ、一九一九年一一月店主から分離経営を委任され、翌年五月稲葉町に今井商会自転車部の名で独立開業した。日本人五人、中国人七人の従業員を使用し、東京、名古屋、大阪方面から仕入れて南満一帯の諸官衙に販売し、年商一五万円を計上した。

円橋六太郎 ▷10

円橋電気商会主／大連市三河町／一八七五（明八）一〇／岡山県川上郡成羽町

長く京都や広島の電話局に勤務した後、一九〇三年広島市で電気器械器具販売業を独立開業した。売上げの増加に伴い〇六年に大連と旅順に支店を開設し、〇八年に広島本店を廃止して大連を本店としたが、翌年大連本店の営業一切を佐藤清経営の佐藤電気商会に譲渡し、旅順店の経営に当たった。その後佐藤電気商会が会社組織となると招かれて佐藤電気会社営業部長に就き、旅順店の経営を居石繁雄に委託した。二一年三月に退任して大連市山県通に店舗を設け、旅順を支店、大連を本店とし、さらに翌年五月大連本店を三河町に移転して営業した。

真殿　星磨 ▷11

大連満鉄社員倶楽部書記長、勲八等／大連市楠町／一八八六（明一九）一〇／岡山県和気郡伊里村／逓信官吏練習所

岡山県真殿伊治の長男に生まれ、幼い時に父を亡くして戸主となった。一九一三年七月逓信官吏練習所を首席で卒業し、同年八月に渡満して関東庁に入り通信管理局計理課に勤務した。一六年六月同経理課主計係長として第一次世界大戦中の膨張した逓信局予算の経理にあたった。二一年一二月鞍山郵便局長に転じた後、二四年一二月に退官した。二五年四月、大連満鉄倶楽部の創立とともに書記長に就任した。

的場　肇 ▷12

旅順高等女学校教諭、正七位／旅順市千歳町旅順高女官舎／一八八四（明一七）五／徳島県徳島市沖洲町／イリノイ州立大学工科

徳島県的場正三郎の長男に生まれ、京都府立第二中学校を卒業して渡米した。ワシントン州のスポーケン高等学校を経て一九一八年六月イリノイ州立大学工科を卒業し、同年一〇月オハイオ州クリーブランドのパターソンサージェント社の化学部技師となり、後に同化学部主任を務めた。帰国して日本塗料製造㈱嘱託を務めた後、文部省英語科中等教員免許状を取得して鳥取県米子中学校の教諭となった。その後二八年六月関東高等女学校教諭に転じて渡満し、旅順高等女学校教諭となった。

真鍋　繁徳 ▷12

満鉄瓦房店地方事務所経理係長、関東州外果樹組合連合会監事／奉天省瓦房店満鉄瓦房店地方事務所／一八八七（明二〇）二／愛媛県宇摩郡新立村／明治大学商科

旧姓は坂上、宇摩郡中之庄村に生まれ、同郡新立村真鍋万次郎の養子となった。一九一〇年明治大学商科を卒業した後、一八年二月満鉄に入り鉄嶺地方事務所に勤務した。一九年一〇月鉄嶺日語学堂講師、二三年四月鉄嶺地方区勤務を経て二五年四月再び鉄嶺地方事務所に勤務した。三二年瓦房店地方事務所に転勤し、三七年一月同所経理係長となった。この間、三三年四月勤続一五年の表彰を受けた。

真鍋　政章 ▷12

満州計器㈱奉天中央倉庫長／奉天紅梅町／一九〇二（明三五）八／香川県綾歌郡坂本村／大阪外国語学校支那語部

香川県真鍋勝の長男に生まれ、一九二五年三月大阪外国語学校支那語部を卒業して渡満し、奉天の華東洋行に入り貿易業に従事した。二七年六月に店主が死亡したため退店し、同年一一月西巻豊之助の経営する奉天醤薗に入り、三二年九月新京出張所主任となった。その後三五年四月福昌公司に転じ、さらに三五年三月満州計器㈱に転じ、㈱

への改組後に奉天中央倉庫長を務めた。

真鍋　好雄　▷12

満州炭砿㈱技術部採炭課採炭係主任、満州国協和会満炭分会幹事、在郷軍人会新京連合分会役員、同満炭分会役員、正八位勲八等／新京特別市崇智胡同／一八九六（明二九）一二／福岡県福岡市飯倉／福岡工業学校

福岡県真鍋良三郎の四男に生まれ、一九一六年三月福岡工業学校を卒業して同年四月満鉄に入り、撫順炭砿坑務課老虎台炭鉱に勤務した。一八年六月老虎台坑復旧を担任した後、一九年六月同坑通気保安担当員、二三年一月同班長、二七年四月老虎台坑第二区採掘班長、同年七月同第一区班長、二九年七月東郷採炭所勤務、三〇年六月技術員、三一年二月本坑内第一区採掘班長を歴任した。三三年三月関東軍特務部内採金調査部嘱託調査班副班長として小興安嶺梧桐河上流一帯の砂金調査に従事した後、同年一一月撫順炭砿採炭課救護隊本部係長となり、三六年二月満州炭砿㈱に転じて技術部採炭課採炭係主任に就いた。この間、三二年四月満鉄勤続一五年の表彰を受けた。

間庭　志一　▷11

正隆銀行管理課長代理／大連市薩摩町／一八九六（明二九）一／岡山県久米郡佐良山村

岡山県間庭勘吉の長男に生まれ、一九一一年一月第二十二銀行津山支店に入った。二一年広島支店に転勤し、二三年一一月同行が安田銀行に併合されると安田保善社に移籍した。二六年八月安田系の正隆銀行詰となって渡満し、後に管理課長代理を務めた。

間庭　福督　▷11

北満電気㈱社員／ハルビン道裡廠街／一八九〇（明二三）五／群馬県群馬郡金古町／明治大学法科

群馬県商業間庭武ノ兵衛の次男に生まれ、一九一四年明治大学法科を卒業した。一五年末に渡満して大連の小寺洋行に入り、翌年秋ハルビン小寺洋行に転勤した。在勤中に店主の命によりシベリア派遣軍の慰問に赴いたりした後、一九年秋に小寺洋行を退職して北満興業会社の創立事務に従事した。二三年末に北満興業会社を辞してしばらく商業に従事し、二六年夏から北満電気㈱に勤務した。

間原徳太郎　▷11

大連郊外土地㈱監査役／大連市若狭町／一八七四（明七）一〇／茨城県新治郡土浦町／独逸協会学校

茨城県醤油醸造業色川徳右衛門の長男に生まれ、叔父間原平右衛門の養子となった。一八九三年、独逸協会学校を卒業して日本勧業銀行に入った。日露戦後の一九〇五年一二月、海運業の松茂洋行鉄嶺支店主任に転じて渡満した。勤続して支配人を務めたが、二七年に松茂洋行が閉店すると大連郊外土地㈱監査役に就任し、かたわら大連南区区長を務めた。夫人順子は華族女学校の出身で、実妹の志ゅん子は男爵辻次郎に嫁した。

馬淵　悦男　▷12

満鉄撫順炭砿大山採炭所庶務係主任、社員会評議員、社員消費組合総代、在郷軍人会撫順連合分会第一分会第六班長、撫順神社氏子当務総代、正八位／奉天省撫順北台町／一九〇七（明四〇）二／岐阜県揖斐郡大野村／東亞同文書院

本姓は別、後に岐阜県馬淵伝之助の養子となった。京都府立第三中学校を卒業した後、満鉄給費生として上海の東亞同文書院に学んだ。一九二八年三月に卒業して満鉄に入り、社長室人事課勤務を経て同年五月撫順炭砿老虎台採炭所に勤務した。三四年六月撫順炭砿庶務課に転任した後、三六年五月大山採炭所庶務係主任となった。この間、満州事変時の功により木杯と従軍記章を授与された。

馬淵　貞吉　▷11

満州建材㈱監査役／大連市西通／一八八〇（明一三）七／岐阜県本巣郡鷺田村／県立静岡中学校

岐阜県農業馬淵善太郎の長男に生まれ、一八九八年県立静岡中学校を卒業し、同年六月から一九〇二年三月まで鉄道作業局に勤務した。〇三年一〇月から〇六年三月まで国民新聞社に勤務した後、〇八年一一月に渡満して大連建物㈱に入社した。一二年八月に退社して代書事務所と貸家業を兼営し、満州建材㈱監査役、大連ビルブローカー、大連商事㈱、共信㈱、大連商事㈱等の各取締役を務めた。和歌、俳句、川柳を嗜み、著書に『樺太の富源』がある。

馬渕善兵衛 ▷12

満鉄鉄道総局付待命副参事、勲八等／奉天満鉄鉄道総局気付／一八八三（明一六）一二／岐阜県本巣郡真桑村

岐阜県馬渕丑吉の長男に生まれ、一九〇四年一二月逓信省鉄道作業局神戸工場に入り、野戦鉄道提理部付として日露戦争に従軍した。〇七年四月の満鉄開業とともに同社入りし、大石橋、大連工場、安東県工場、大石橋に勤務した後、鶏冠山機関区工作助役、奉天省四平街機関区助役、敦化機務段副段長を歴職した。三五年三月吉林機務段工作助役となり、三七年四月三〇年勤続の表彰を受け、副参事に昇任して鉄道総局付待命となった。

馬渕　俊一 ▷12

満州電信電話㈱大連管理局長、従六位勲五等／大連市真金町／一八八四（明一七）六／滋賀県神崎郡八日市町／東京郵便電信学校

滋賀県馬渕虎吉の長男に生まれ、一九〇四年東京郵便電信学校を修了した後、臨時電信隊通信技手として日露戦争に従軍した。戦後、長春及び奉天の各郵便局勤務を経て二〇年六月関東庁通信管理局業務課に勤務した。次いで二四年一二月大連逓信局監理課電務係長となり、二九年一二月関東庁逓信副事務官に進んで大連無線電信局長、長春郵便局長、奉天郵便局長を歴任した。その後三三年九月満州電信電話㈱の創立とともに同社に転じて参事・総務部人事課長となり、三五年二月新京事務所長を経て同年一〇月大連管理局長となった。この間、二七年に中国政府より六等嘉禾章を授与されたほか、満州事変時の功により勲五等双光旭日章及び勲五位景雲章を授与された。夫人政江との間に三男一女あり、長男俊男は旅順工科大学を卒業して満州電信電話㈱に、次男友次は東京商大を卒業して満鉄に、三男三郎は南満州工業専門学校を卒業して撫順炭砿に勤務した。

馬渕　裕三 ▷12

㈱奉天紡紗工廠営業科長／奉天松島町／一九〇一（明三四）三／岐阜県武儀郡富之保村／大連商業学校

一九二一年三月東洋協会立大連商業学校を卒業して大連の日清製油会社に入り、同年一二月徴兵されて岐阜の歩兵第六八連隊に入隊した。二二年一一月に除隊復職して開原出張所に勤務した後、満州紡績㈱に転じて商務係となり、鉄嶺、長春の各駐在員を経て本社詰となった。次いで三二年八月㈱奉天紡紗工廠に転じて日文秘書、営業科主任を務めた後、三三年三月営業科長に就いた。この間、満州事変時の功により大盾及び従軍記章を授与された。

間々田清作 ▷12

満鉄朝陽鉄路監理所監理員、勲八等／錦州省朝陽満鉄監理所／一九〇一（明三四）二／埼玉県児玉郡賀美村／岩倉鉄道学校

埼玉県間々田広吉の四男に生まれ、一九一八年一〇月岩倉鉄道学校を卒業して渡満し、翌月満鉄に入社して沙河口工場機務課に勤務した。一九年一二月同工場機械課機関車職場、二〇年四月奉天車輌係、同年七月奉天機関区、二一年七月鶏冠山機関区、二二年六月鶏冠山実業補習学校講師嘱託、二五年一二月大連機関区、二六年一月大連実業補習学校講師兼書記嘱託を歴職し、同年一〇月技術助役試験に合格した。三二年一月チチハルに派遣されて馬占山攻撃の先遣部隊に従軍した後、三三年八月鉄路総局洮南在勤、三四年四月洮南鉄路局奉天省四平街弁事処工務員を経て三五年一一月朝陽鉄路監理所監理員となった。この間、昭和六年乃至九年事変の功により勲八等白色桐葉章及び従軍記章並びに建国功労賞を授与され、三四年四月勤続一五年の表彰を受けた。

円岡　謙長 ▷11

霊光写真館主／旅順市外太陽溝／一八八〇（明一三）八／福岡県三井郡合川町／簡易師範

福岡県宮司円岡佐美衛の次男に生まれ、後に元久留米藩家老で宮司の円岡成興の家を相続した。中学三年から簡易師範に転入学して一八九八年に卒業し、九九年福岡県監獄署の司獄吏となり幼年囚の教導に従事した後、日露戦争後一九〇五年に渡満して関東軍会計税務係となった。その後一二年に戦蹟保存会が設立されると同会嘱託となり、爾霊山の鞍部に写真館を開設し、二〇三高地巡覧者相手の記念写真撮影に従事した。

丸尾　晐雄 ▷12

満鉄チチハル鉄路局検車段検車助

役、勲八等／龍江省チチハル鉄路局検車段／一八九六（明二九）二／熊本県球磨郡藍田村

一九一九年満鉄に入り大連・奉天の各検車区に勤務し、かたわら満鉄教習所検車科に学び、検車競技会で一等に入賞し、二四年に修了した。三三年七月鉄路総局呼海鉄路局ハルビン在勤、三四年四月ハルビン鉄路局機務処運転科工務員を務めた後、松浦、三棵樹の各検車段副段長を経て北安分段長となった。三六年三月ハルビン検車段検車助役となり、同年一二月チチハル鉄路局検車段検車助役に転任した。この間、満州事変時の功により勲八等と賜金、従軍記章及び建国功労賞を受けたほか、車輌事故毀換の発見等により二回表彰された。

丸　才二 ▷12

ハルビン高等検察庁次長、従五位／ハルビン郵政街／一八九六（明二九）五／千葉県印旛郡公津村／東京帝大法学部独法科

第七高等学校を経て一九二一年東京帝大法学部独法科を卒業し、以来司法官として各地に勤務した。三四年四月満州国検察官に転じて渡満し、北満特別区高等検察庁検察官となり、三六年七月ハルビン高等検察庁次長に就いた。

丸沢　常哉 ▷13

満鉄顧問、中央試験所長事務取扱嘱託兼技術委員会委員兼経済調査委員会委員、満州技術協会理事、従三位勲三等／大連市台山屯／一八八三（明一六）三／新潟県中頸城郡新道村／東京帝大工科大学応用化学科

新潟県農業丸沢美弥吉の四男に生まれ、幼時に父と三人の兄弟をチフスで失い、まもなく母も他界し、長兄と共に母の実家気賀家に引き取られた。第一高等学校を経て一九〇七年七月東京帝大工科大学応用化学科を優等で卒業し、日本舎蜜製造㈱技師となった。〇九年農商務省工業試験場技師に転じた後、一一年九州帝大助教授となり、同年五月文部省留学生として渡欧しベルリン工科大学トラウベ教授の下で分析化学を研究した。一四年七月に帰任して翌月教授に進み、一七年一一月論文「亜硫酸紙料蒸煮用液ノ本姓並ニ其作用ニ関スル研究」で工学博士号を取得し、後に改良を加えて丸沢式パルプ製造法の特許を得た。二三年四月「万有還銀術」事件で九大を依願退官して千葉に隠棲したが、二四年一〇月旅順工科大学嘱託となって渡満した。着任と同時に在外研究員として渡欧し、電気化学と冶金化学を研究して二六年四月に帰任して教授兼学生監に就任した。その後三〇年四月教務主任と衝突して帰国し、大阪工業大学工学部教授に転じて応用化学科教室主任となり、旅順工科大学教授を兼任した。三一年に兼官を免じられた後、三二年一一月大阪工業大学長代理を経て三三年四月同大学の大阪帝大への編入により大阪帝大工学部教授となり、同年七月工学部長に就いた。三五年七月工学部長を辞任した後、三六年九月満鉄の職制改正に際し松岡洋右総裁の懇請により在職のまま満鉄顧問に就き、中央試験所長事務取扱を嘱託され、三七年四月大阪帝大を退職した。⇒四〇年一〇月契約満了とともに帰国したが、四四年一月満鉄顧問・化学工業委員会委員長として三度目の渡満をした。四五年七月二度目の中央試験所長に就いたが、翌月の敗戦によりソ連軍に試験所を接収され、同年九月主要所員と共に中ソ合弁の中長鉄路公司に付設された科学研究所に移籍して所長に就任した。次いで四九年一月大連大学校への移管に伴い同所顧問となり、五〇年秋の東北人民政府工業部への移管を経て、五三年一二月四川省長寿県の化工廠に技術顧問として赴任した。戦後一〇年余を中国化学工業の復興に協力した後、五五年二月に留用を解かれて帰国した。同年九月から日本触媒化学工業㈱顧問を務め、六二年五月に病没した。遺著に『新中国建設と満鉄中央試験所』がある。

丸　節司 ▷12

錦州省綏中県警正、従六位勲六等／錦州省綏中県公署／一八九一（明二四）五／大分県速見郡杵築町／陸軍士官学校

杵築中学校を経て一九一三年五月陸軍士官学校を卒業し、同年一二月歩兵少尉に任官した。その後一六年七月陸軍戸山学校を卒業し、一九年三月北満在勤となって渡満し、チチハル停車場司令官、ハルビン守備中隊長代理を務めて二一年三月内地勤務となった。二三年八月歩兵大尉に累進して二四年三月予備役編入となり、私立東京主計学校高等科に入り法律・経済を学んだ。二五年四月東京の東亜通商㈱に勤務した後、二六年四月日本大学夜学部に入っ

て法律を学び、二八年一月から文部省開催の第三回中学校国語漢文講習を受講して二九年一月長崎県立対馬中学校の国語漢文科教諭となった。三二年七月から二ヶ月間東京外国語学校の支那語講習を受講した後、三三年四月に渡満して奉天省義県警務指導官となり、同年一〇月黒龍江省安達県警佐に転任した。次いで三四年一二月錦州省綏中県に転任し、三五年四月同県警正に進んだ。この間、二〇年一一月に大正三年乃至九年戦争の功により従六位勲六等単光旭日章及び賜金一〇〇〇円、従軍記章、戦捷記念章を授与された。

丸田　初清　▷12

満州モータース㈱取締役／大連市千草町／一八九二（明二五）四／長崎県長崎市／長崎商業学校

長崎商業学校を卒業して古河電気工業会社に入り、多年勤続して一九三四年六月大連販売店経理係長となった。その後、古河の投資会社満州モータース㈱に転じて取締役に就任した。

丸毛　武男　▷12

国際運輸㈱ハイラル出張所長／興安北省ハイラル国際運輸出張所／一八八一（明一四）二／岐阜県養老郡広幡村／東洋協会専門学校

大垣中学校を経て一九〇七年東洋協会専門学校を卒業し、同年九月東亞煙草㈱書記となって渡満した。大連支店に勤務した後、長春出張所、ハルビン出張所、鉄嶺販売所勤務を経て法庫門、チチハル、吉林の各出張所主任に歴勤した。次いで長春販売所詰、営口製造所販売課主任、四平街出張所主任、安東販売所主任、ハルビン販売所主任を経て本社に転勤した後、依願退職して外国煙草直輸入商江副洋行を経営した。その後二六年九月国際運輸㈱に入社し、ハルビン支店に勤務した後、昂昂渓営業所主任、傅家甸営業所主任、同倉庫係主任、ハイラル出張所長を歴任し、三七年五月に依願解職となった。

丸毛　寿雄　▷12

いなばや店主／奉天春日町／一八八二（明一五）三／鳥取県鳥取市湯所町

年少の頃から各種の職業に就いた後、渡満して奉天に在住した。その後一九二八年一二月から春日町で神仏具及び世帯道具・荒物商を営んだ。大阪、名古屋、京都、釜山、福岡、岐阜、栃木の各地問屋より仕入れ、小売りを専門として当地有数の店舗に発展した。

丸山　英一　▷11

大連第二中学校長、従五位勲六等／大連市水仙町／一八八六（明一九）一〇／山形県米沢市竜言寺町／広島高等師範学校研究科

山形県丸山篤次郎の長男に生まれ、一九〇八年広島高等師範学校を卒業して研究科に進み、翌年修了して同校助教授となった。同県安積中学校、和歌山県海草中学校に転任した後、一八年四月に渡満して大連第二中学校長を務めた。

丸山　浩三　▷8

山葉洋行奉天出張所長／奉天／一八九四（明二七）／山梨県東山梨郡八幡村／山梨県立日川中学校

一九一二年山梨県立日川中学校を卒業して医学専門学校に進んだが、中退して実業界に入った。二〇年に渡満して山葉洋行に入り、二二年九月奉天出張所長に就いた。二四年七月業務を拡張して市場前に小売部を設け、山葉製の一般洋楽器、洋家具、室内装飾材料、洋書及び新刊図書を販売した。

丸山　捨吉　▷12

国務院大陸科学院研究官／東京市赤坂区青山南町／一八九八（明三一）六／東京府東京市赤坂区青山南町／東京帝大農学部農芸化学科

丸山久吉の長男として神戸に生まれ、神戸第一中学校を経て一九二一年第六高等学校を卒業し、武田製薬㈱に入社して研究部に勤務した。二二年三月に退社して東京帝大農学部農芸化学科に入学し、一九二五年に卒業して同年四月理化学研究所研究生となり、鈴木梅太郎博士の指導下で研究に従事した。三五年八月満州国に転出して渡満し、大陸科学院研究官となった。理研在職中に日本緑茶からのビタミンCの結晶状分離に成功し、茶業組合創立五〇周年記念式に際し同組合中央会議所会頭より感謝状と記念品を授与された。

丸山清次郎　▷9

丸山洋行主／大連市若狭町／一八六三（文三）一一／滋賀県犬神郡彦根町

幼少期に上京して呉服店に一〇年間奉公し、その後大阪で太物商を営んだ。一八九四年日清戦争が始まると、台湾に渡って陸軍御用商人となった。次いで一九〇四年に日露戦争が始まると翌年営口に上陸して陸軍御用達商となり、戦後大連に移って建築材料商を営んだ。後に米国スタンダードペイント会社代理店及び東洋スレート工業会社の販売店となり、スレート業界では大連屈指の販売店となった。

円山　太嶺　▷11

布教師／大連市楠町妙心寺別院／一八六七（慶三）七／静岡県賀茂郡田子村／漢学塾

静岡県公吏益田儀助の次男に生まれ、岡山県円山儀山の養子となった。一八八六年太田宜軒の漢学塾に入り、八八年から鎌倉円覚寺の今北洪川二師に就いて修行した。一九一五年一一月に渡満し、大連で布教教化に従事した。

丸山　常吉　▷12

国務院司法部法学校事務官／新京特別市城後路白山住宅／一八八七（明二〇）一二／東京府北多摩郡武蔵野町吉祥寺／陸軍戸山学校

新潟県丸山市太郎の次男として西頸城郡小滝村に生まれ、後に東京府に移籍した。郷里の高等小学校を卒業した後、一九〇六年現役志願兵として新発田の歩兵第三〇連隊に入営した。一〇年一二月体操剣術学生として陸軍戸山学校に入り、一一年六月に卒業して原隊に復帰し、同年一二月士官学校付生徒体操助教となった。一七年一〇月特務曹長に進んで歩兵第三〇連隊に勤務した後、二一年八月予備役編入となり、中央大学予科体操教員兼学生監に就いた。二六年七月豊多摩郡杉並町立杉並青年訓練所指導員嘱託、二九年四月中央大学予科教務主任、三〇年四月兼同大学商業学校教諭を歴職して三四年一〇月に依願退職した。同年同月、満州国司法部法学校属官に転じて渡満し、三六年七月事務官に昇格した。

丸山　智明　▷12

㈱昭和製鋼所研究部研究所副査／奉天省鞍山北九条町／一八九九（明三二）一〇／宮城県仙台市北六番町／東北帝大理学部化学科

福島県立磐城中学校、第二高等学校を経て一九二四年三月東北帝大理学部化学科を卒業し、同年四月満鉄に入り南満州工業専門学校教授となった。三三年三月鞍山製鉄所に転任して製造課に勤務し、次いで同年六月同所の事業を継承した昭和製鋼所の操業開始とともに試験課試験係主任を務め、三四年四月研究部研究所副査となった。弓道を得意とし、四段位を有した。

丸山　直助　▷7

丸山組主、勲七等功七級／長春吉野町／一八七六（明九）七／鹿児島県薩摩郡川内京泊／鹿児島県立川内中学校

鹿児島県丸山直次郎の長男に生まれ、一八九一年県立川内中学校を卒業した。九六年一二月熊本の第六師団工兵第六大隊に入隊し、翌年工兵上等兵に進み、九九年に退営した。一九〇四年日露戦争に召集され、翌年伍長に進んだ。〇六年に帰国して戦功により勲七等功七級金鵄勲章を受けた後、同年四月再び渡満して奉天で陸軍御用達商を営んだ。〇七年公主嶺に移って同業を営んだ後、翌年三月長春で土木建築請負設計・監督業を開業した。長春市街の建築のほか、満鉄、関東庁、吉長鉄道、四鄭鉄路局等の諸工事に従事し、かたわら長春窯業㈱社長兼専務取締役、長春実業銀行監査役、長春市場会社取締役、㈱長春座取締役等に就き、長春地方委員、長春商業会議所評議員、満州土木建築業組合評議員・同長春支部長、長春公友会会長を務めた。

丸山　久　▷12

国務院軍政部軍需司艦政科長兼特許発明局技正、従五位勲四等／新京特別市崇智胡同／一八八八（明二一）八／山梨県／海軍機関学校

一九一〇年海軍機関学校を卒業して同年一二月機関少尉に任官し、二五年一二月機関中佐に累進した。三二年満州国軍政部嘱託となって渡満し、三四年九月軍政部海軍輪機上校に進んで軍需司艦政科長に就き、三六年九月特許発明局技正を兼任して同局審査官及び評定官を兼務した。

丸山　正丸　▷12

富泰号主／奉天宮島町／一八七五（明八）一／東京府東京市淀橋区大久保町

一九〇七年朝鮮に渡り韓国宮内府に勤務した。一七年に辞職して渡満し、満鉄に入り奉天地方事務所土地係となった。その後二〇年に退社して宮島町に店舗を開き、売薬・化粧品・内外雑貨・各地名物を東京・大阪・名古屋・満州一帯より仕入れ、旅行者及び旅館その他一般に販売した。

丸山　益三　▷12

満鉄新京事務局庶務課庶務係、西広場町内会副会長／新京特別市錦町／一八九九（明三二）八／三重県名賀郡蔵持村／東洋協会旅順語学校漢数科

三重県丸山亀松の三男に生まれ、一九一六年東洋協会旅順語学校漢数科を卒業し、同年一〇月関東都督府に入った。一九年一〇月に退職して満鉄に転じ、地方部庶務課勤務を経て社長室人事課に勤務した。二二年一月社長室社会課、二三年四月庶務部社会課、三〇年六月人事課の各課に勤務して三四年一月新京地方事務局に転勤し、三六年一〇月同局庶務課庶務係住宅主務者となった。

丸山　米吉　▷13

茶商、勲七等／旅順市乃木町／一八六九（明二）一〇／三重県飯南郡松阪町

三重県農業丸山小七の長男に生まれ、日清日露の両戦争に従軍して陸軍砲兵曹長となった。一九〇六年二月に渡満し、旅順で茶商及び雑貨商を営んだ。営業のかたわら町内惣代、在郷軍人分会組長及び評議員を務めた。

丸山与平次　▷7

満鉄瓦房店駅庶務係／奉天省瓦房店東街／一九〇〇（明三三）五／鹿児島県鹿児島市草牟田町／高等小学校

郷里の高等小学校を卒業して裁判所雇員となった。一九一九年監獄署文書係に転じたが同年末に辞職し、渡満して満鉄に入った。瓦房店駅庶務係として勤務するかたわら在郷軍人会瓦房店分会幹事、瓦房店三州会常任幹事を務めた。

馬渡　猛夫　▷12

満州興業銀行チチハル支店支配人、チチハル商工会議所議員・同監査委員、関東軍嘱託／龍江省チチハル竜門大街／一八九〇（明二三）六／長崎県北高来郡小長井村／市立長崎商業学校

市立長崎商業学校を卒業して第一銀行京城支店に入り、一九〇九年一〇月京城支店の業務を継承して韓国銀行が設立されると同行員となった。さらに一一年八月朝鮮銀行への改称を経て京城本店、馬山、釜山、吉林、会寧の各支店に歴勤し、三五年九月チチハル支店長となった。その後三六年一二月在満州朝鮮銀行支店と満州銀行本支店、正隆銀行本支店を統合して満州興業銀行が創立されると同支店支配人となった。

万沢　正敏　▷12

吉林鉄路局総務処文書科長、正八位、勲五位／吉林鉄路局総務処文書科／一九〇一（明三四）八／滋賀県坂田郡息長村／東亜同文書院

滋賀県万沢正太郎の次男に生まれ、一九二五年三月上海の東亜同文書院を卒業し、同年四月満鉄に入社して鉄道部経理課に勤務した。安東、奉天の鉄道部旅客課及び営業課等に転勤した後、三一年一〇月満州事変に際し現職のまま関東軍嘱託に任じられ、瀋海鉄路顧問に就いた。三二年六月満州国交通部鉄道司庶務科長、三三年六月路政司庶務科長、三四年一一月路政司鉄道科長を歴任した後、三五年五月に依願免官して満鉄に復帰し、吉林鉄路局総務処文書科長に就いた。この間、三四年に建国功労賞と大典記念章・勲五位景雲章、三五年に皇帝訪日記念章を受けた。

万代新三郎　▷11

薬種商／旅順市青葉町／一八七八（明一一）一／島根県松江市竪町

島根県商業高橋善次郎の三男に生まれ、万代清太郎の養嗣子となった。日露戦後の一九〇六年四月に渡満し、旅順で薬種商を営んだ。同郷の夫人直子との間に子無く、明大商科出身の啓吉を養子に迎えた。

万谷源次郎　▷11

化粧品雑貨煙草卸商／奉天春日町／一八六六（慶二）九／徳島県那賀郡富岡町／徳島県立富岡中学校

郷里の徳島県立富岡中学校を卒業した後、一九一二年四月に渡満して大連で書籍商を営んだ。その後一九年四月奉天に移り、化粧品雑貨煙草卸商を開業した。養子の忠藏は徳島県師範学校の出身で、県内で教職に就いた後、一六年に渡満して奉天小学校訓導となったが、一九年に退職して家業に従事した。

万玉物太郎　▷4

万玉洋行主／大連市松林町／一八六三（文三）八／大阪府大阪市西区北堀江

ま

一八九二年朝鮮に渡り、仁川で一五年間貿易業に従事した後、日露戦後の一九〇六年一〇月に渡満した。大連の大山通に店舗を構えて大豆、白米、麻布、燐寸等の輸出入業を営み、朝鮮産白米を輸入販売して成功した。〇八年から満州特産の豆油を原料とする石鹸製造に乗り出し、翌年実用化に成功して松林町に店舗と工場を設けた。中国人向けの「元宝」「美済」、日本人向けの「アカシヤベスパー」「日の出浮石鹸」を始め化粧用、浴用、洗濯用など一〇数種を製造販売した。一二年拓殖博覧会、一三年明治記念博覧会、一四年大正博覧会に出品し、それぞれ銅牌を受賞し、南満州一帯から吉林、ハルビン、露領シベリア、山東、朝鮮にまで販路を拡げた。従業員四五人を擁し、化粧石鹸月産三五万ダース、洗濯石鹸月産一八〇万個を製造し、石鹸のほか蝋燭の製造販売も手がけた。二七年から営業を息子の栄次に任せ、三三年五月大連で没した。

万羽甚七郎 ▷12

大連取引所信託㈱受渡係主任／大連市浅間町／一八八五（明一八）四／新潟県東頸城郡松代村／東京善隣書院

東京善隣書院を卒業して一九〇三年中国に渡り、北京警務学堂監督の川島浪速方に寄宿して中国語及び中国事情を学んだ。一二年に渡満して旅順の粛親王府通訳兼会計を務めたが、一八年一〇月に退職した。一九年大連取引所信託㈱に入り、後に受渡係主任を務めた。

ま

三池亥佐夫　▷11

大阪毎日新聞大連支局次長兼奉天通信部主任／奉天住吉町／一八九九（明三二）一二／福岡県八女郡辺春村／東亞同文書院

福岡県官吏三池竜太郎の長男に生まれ、一九二二年三月上海の東亞同文書院を卒業した。福州の善隣協会が経営する漢字新聞「閩報」の編集記者となり、かたわら「福州時報」を編集し、福州協和大学の講師を務めた。二三年に退職して大阪毎日新聞社に入り、二八年一〇月奉天通信部主任となって渡満した。その後大連支局次長を兼務し、勤務のかたわら中国各地を遊歴し、特派員として長江周辺を数回採訪した。夫人よね子と共に若山牧水が主宰する創作社の同人として和歌を嗜んだ。

観海　新一　▷12

日満商事㈱銑鋼課銑鉄鋼片係主任／大連市光風台／一八九六（明二九）六／熊本県天草郡御領村

一九一二年四月満鉄従事員養成所電信科を修了して奉天駅に勤務した後、鞍山製鉄所に転任して経理課、同庶務課に歴勤した。三三年六月鞍山製鉄所の事業を継承した昭和製鋼所㈱の操業開始とともに同社員となり、営業部用度課購買係主任、販売課鋼材係主任を歴任した。次いで三七年四月に販売課の業務が日満商事㈱に引き継がれ、同社銑鋼課銑鉄鋼片係主任に就いた。

三浦　一郎　▷12

満州炭砿㈱阜新礦業所孫家湾炭砿採炭係長／錦州省阜新県満炭阜新礦業所孫家湾炭砿採炭係長社宅／一八九七（明三〇）五／長崎県南高来郡大正村／南満州工業学校

長崎県三浦禎治の長男に生まれ、一九一七年三月南満州工業学校を卒業して満鉄に入り、撫順炭砿炭務課に勤務した。以来、万達屋採炭所勤務、老虎台採炭所班長、東郷採炭所組長、同所班長、東郷礦第四区採掘班長、同礦第二区採炭班長、東ヶ丘採炭所勤務、同所採掘係第一班長兼第二区班長、楊柏堡採炭所採掘係、東ヶ丘採掘班長兼東ヶ丘選炭班長等を歴職した。三五年一二月満州炭砿㈱に転じ、阜新礦業所孫家湾炭砿採炭係長を務めた。この間三三年四月満鉄勤続一五年の表彰を受け、満州事変時の功により賜品及び従軍記章を授与された。

三浦梅太郎　▷4

三浦商店主／奉天鉄路大街／一八六九（明二）七／山口県大島郡小松町

日露戦争直後の一九〇五年一〇月に渡満し、奉天で商業を営んだ。逐次財を蓄えて質店をはじめ種々の事業に乗り出し、後に材木商と精米業を兼営した。二宮尊徳に傾倒し、分度法による商法実践を旨とした。

三浦　一雄　▷12

日満商事㈱奉天支店石炭係主任／奉天平安通／一八九〇（明二三）一一／青森県東津軽郡中平内村／早稲田大学中退

青森中学校を経て早稲田大学に進んだが二年で中退し、その後一九一六年一一月満鉄に入社して販炭場に勤務した。以来勤続して三二年一〇月大連販売事務所主任、三四年五月奉天販売事務所事務主任、三五年七月奉天営業所販売第一係主任を歴任した。三六年九月副参事となり、同年一〇月満鉄の商事部が独立して日満商事㈱を設立されると同社奉天支店石炭係主任に就いた。

三浦　一義　▷12

満鉄地方行政権調整移譲準備委員会新京在勤幹事、満州国民政部嘱託／新京特別市花園町／一九〇四（明三七）七／秋田県由利郡亀田町／日露協会学校

三浦文吾の長男として神戸市に生まれ、一九二三年三月大連商業学校を卒業して満鉄に入り経理部会計課に勤務した。二四年社命により日露協会学校給費生としてハルビンに遊学し、二七年に卒業して地方部地方課に勤務した。次いで開原地方事務所、新京地方事務所兼新京消防隊副監督、瓦房店地方事務所地方係長に歴職し、三七年三月地方行政権調整移譲準備委員会新京在勤幹事となった。

三浦　義一　▷12

安東地方法院次長兼奉天高等法院安東分庭審判官兼安東法院監督審判官、正六位／安東西山手町地方法院次長公館／一八九六（明二九）一一／福井県遠敷郡小浜町／東京帝大法学部仏法科

一九二三年三月東京帝大法学部仏法科を卒業し、同年五月から大臣官房調査課に勤務し、同年一二月司法官試補となり東京地方裁判所・同区裁判所に勤務した。二五年八月判事に進み、同裁判所判事を経て札幌地方裁判所小樽支部判事、札幌地方裁判所・同区裁判所判事、旭川地方裁判所・同区裁判所、富山地方区裁判所・同区検事を歴任した。その後三五年七月に退官し、翌月渡満して最高法院推事となり、安東地方法院首席庭長を務めた後、三六年七月安東地方法院次長に就き、奉天高等法院安東分庭審判官及び安東法院監督審判官を兼任した。

三浦　久三　▷1

三浦組主／吉林省公主嶺／一八七六（明九）七／山口県吉城郡山口町

一八九七年大倉組員として台湾に渡り、宜蘭で諸官衙用達に従事した。一九〇〇年に義和団事件が起きると大倉組を辞め、北京、天津間で軍用達業を営んだ。その後〇三年一月大連に渡って雑貨商を開いたが、〇四年二月日露開戦となって閉店し帰国した。同年、第五師団第四二連隊付酒保となって煙台堡に上陸し、軍と共に前進して昌図に入った。戦後は鉄嶺で第五五連隊の酒保を営み、〇六年八月公主嶺に支店を設けて陸軍病院の酒保を兼営した。〇七年三月鉄嶺店を閉鎖して公主嶺に本拠を移し、和洋雑貨、食料品、陶器類の販売業を経営した。同地の中国人街にも支店を設けたほか、本店の近くに純日本風の三階建家屋を新築して大同館の名で旅館を経営した。

三浦　恵一　▷12

満鉄鉄道警務局長兼輸送委員会委員、従四位勲三等／奉天白菊町／一八八一（明一四）二／山口県玖珂郡愛宕村／陸軍士官学校

山口県三浦繁次郎の長男に生まれ、山口中学校、明治法律学校を経て一九〇五年陸軍士官学校を卒業した。〇六年陸軍歩兵少尉に任官し、次いで憲兵に転科して憲兵練習所を修了し、東京憲兵隊市川分隊長、横浜分隊長、韓国駐剳憲兵隊司令部付、同統監府警視兼任、黄海道載寧憲兵分隊長を経て警視に進み、平壌憲兵隊副官、警務総監部衛生課勤務、朝鮮憲兵隊司令部副官、警務総監部高等警察課勤務を歴任した後、朝鮮独立運動騒擾鎮圧警務主任として関東及び北満憲兵隊に出張した。帰任後、京城憲兵隊竜山分隊長を経て弘前・広島の各憲兵隊長、憲兵練習所長、熊本地方特別大演習大本営憲兵長、名古屋憲兵隊長、大阪地方特別大演習大本営憲兵長を歴任して三二年一二月憲兵大佐に累進し、三四年八月大阪憲兵隊長となった。その後三五年二月に予備役編入となり、満鉄鉄路総局警務処嘱託となって渡満し、鉄路総局警務処勤務を経て同処長となり、同年一〇月鉄道警務局長に就いて輸送委員会委員を兼務した。

三浦　敬作　▷7

満鉄中央試験所倉庫主任／大連市譚家屯／一八八〇（明一三）六／鹿児島県肝属郡垂水村

一九〇〇年台湾総督府警察官吏となり、〇六年六月関東都督府警察官吏に出向して渡満した。一五年に退職して満鉄に入り、中央試験所に勤務して後に倉庫係主任となった。

三浦　敬三　▷12

満鉄大連埠頭第一埠頭主任、社員会連鉄連合会幹事、社員消費組合総代、勲八等／大連市伏見町／一九〇三（明三六）六／佐賀県佐賀市上多布施町／京都帝大経済学部

佐賀県三浦義直の三男に生まれ、佐賀中学校、佐賀高校を経て一九二九年三月京都帝大経済学部を卒業し、同年五月満鉄に入社した。社長室人事課を経て鉄道部に勤務した後、三〇年一月在職のまま一年志願兵として入営し、同年一二月に帰任して長春駅に勤務した。三一年四月長春列車区車掌心得、同年六月車掌、同年九月長春駅駅務方、三二年一月長春列車区車掌、同年五月長春駅務方、同年八月同駅貨物方、同年一一月新京駅貨物方、三三年一月同駅貨物助役を歴職した。三四年六月大連鉄道事務所勤務を経て三五年四月大連甘井子埠頭作業主任となり、次いで三六年一〇月大連埠頭第一埠頭主任となった。この間、満州事変時の功により勲八等従軍記章及び建国功労賞を受けた。

三浦　源七　▷11

土木建築請負並びに鉱石販売業／奉天省鞍山北二条町／一八九一（明二四）一二／広島県安佐郡亀山村

広島県三浦治三郎の長男に生まれ、一九一〇年九月に渡満した。鞍山で土木建築請負と鉱石販売業を兼営した。

三浦　健造 ▷11

金州駅前郵便所長、高等官七等／南満州金州奥町／一八八三（明一六）一〇／東京府東京市深川区霊巌町／国民英学会

東京府医師三浦克造の長男に生まれ、一九〇一年神田の国民英学会を卒業した。〇四年通信技手となり、同年一一月野戦郵便官吏に徴用され第一軍兵站監部付として日露戦争に従軍した。〇七年関東都督府通信書記となり、安東県郵便局郵便電信掛主事、瓦房店郵便局長、貔子窩郵便局長を歴任して二八年四月関東庁通信副事務官兼任・高等官七等となり、金州駅前郵便所長に就いた。夫人ツヤとの間に子無く、森山一二、光江の兄妹を養子とした。

三浦　弘一 ▷12

徳泰公司㈱専務取締役、大連五品代行㈱監査役／大連市千草町／一八九二（明二五）一／岐阜県恵那郡付知村／早稲田大学専門部研究科

岐阜県三浦丈太郎の長男に生まれ、一九一四年早稲田大学専門部政経科を卒業して同大学研究科に進んだ。次いで一六年報知新聞社に入り経済部に勤務した後、時事新報社、大阪毎日新聞社の各経済部に歴職し、当時流行の投資相談を創設して活躍した。その後二九年野村證券㈱に転じ、三〇年計画部長、三四年名古屋支店長を歴任し、同年野村系列の徳泰公司㈱専務取締役となって渡満した。

三浦　繁樹 ▷11

関東庁警部補／旅順市敦賀町／一八九八（明三一）五／熊本県球磨郡久米村／小学校

熊本県農業三浦喜久太郎の三男に生まれ、三浦登志の養子となった。小学校を卒業後、一九一八年一一月まで郷里で農業に従事し、同年一二月熊本歩兵第二三連隊に入営し、二〇年一一月上等兵となって除隊した。二二年二月に渡満して関東庁巡査となり、二六年巡査部長に進み、二八年六月警部補となった。

三浦　繁八 ▷9

三桝桟主／奉天省開原付属地第三区／一八六九（明二）一二／島根県美濃郡益田町

島根県の農家に生まれ、一八九八年に一家で北海道に移住して農場と牧場を経営したが、一九一三年に郷里に引き揚げた。一八年に満州に渡り、開原で三桝桟の名で特産物売買に従事した。

三浦　俊造 ▷12

丸三呉服店主、大連商栄組合長、大連呉服商組合長、大連輸入組合評議員／大連市播磨町／一八八〇（明一三）一／京都府京都市上京区新烏丸頭町

岐阜県安八郡南渡村の代々大庄屋を務めた旧家の三男に生まれ、父寛三の代に京都に移住した。京都の塩久呉服店に入り、日露戦争後の一九〇五年末、大連市浪速町に支店開設とともに同支店詰となって渡満し、後に支配人を務めた。一四年三月合資会社への改組に際し出資社員となって営業一切を担当した後、同年一二月天神町に丸三商会の看板を掲げて独立し、その後二一年六月浪速町に店舗を構えた。二二年五月商栄組合組織を提唱して組合員二〇名の加入を得て共通商品券を発行し、例年一〇月二五日より誓文払大売り出しを催すなど新柄物の廉価販売で売上げを伸ばした。兄弟すべて京都に在住し、長兄豊二は田中源太郎に協力して京都商工銀行を創立し、次兄初谷重右衛門は京呉服・半纏卸商を経営し、弟上野圭司は時計貴金属商を経営した。

三浦庄之助 ▷12

㈴三浦洋行代表社員／奉天小西関／一八八八（明二一）九／大阪府大阪市西区本田町

日露戦争後の一九〇六年、家族を兵庫県武庫郡精道村に残して単身渡満し、大阪の西村商店の出資で三浦一族が匿名組合として奉天に設立した三浦洋行の経営に当たった。西村商店より皮革、麻類、工業薬品を仕入れ、新京東三道街と遼陽北大街に支店、ハルビン出張所を置き、新京支店で皮革類、遼陽支店で麻類、ハルビン出張所で薬品類を取り扱い、年商一〇〇万円内外に達した。また奉天霞町に中国人向け住宅数十戸、宇治町に貸家を所有し、鉄西工場地帯に二〇〇〇坪の土地を所有したほか、運送業も兼営した。

三浦四郎助 ▷12

国務院蒙政部勧業司畜産科員／新京特別市西四馬路市営住宅／一八九三（明二六）一一／青森県三戸郡五戸町／三本木農学校畜産科

青森県の旧南部藩士三浦吉兵衛の子に生まれ、一九一二年青森県立三本木農学校畜産科を卒業して一三年四月同県立畜産学校雇員となった。一六年七月に渡満して満鉄に入り、公主嶺の農事試験場に勤務して三〇年六月技術員となった。三三年二月満州国興安総署技佐に転じて勧業処畜産科に勤務し、三四年一二月国務院蒙政部勧業司畜産科に転任した。

三浦新兵衛 ▷9

三浦質店主／大連市若狭町／一八七三（明六）一一／東京府東京市浅草区茅町

愛知県岡崎市に生まれ、一八九〇年に上京して日本橋区小伝馬町の西村長次郎商店に入り貿易業に従事した。一九〇〇年に退店して神田区神保町で毛皮店を開業し、仕入れや商談で北海道、朝鮮、シベリア、満州各地を往来した。〇七年に渡満して大連市越後町で毛皮商を開業し、〇九年奉天に移転して同業を営んだ。その後二一年に再び大連に戻って若狭町で質屋業を始め、後に奉天に支店を設けた。

三浦　武美 ▷12

駐満日本大使館一等書記官、従五位勲四等／新京特別市朝日通日本大使館官舎／一八九二（明二五）八／青森県弘前市北瓦町／東京帝大法科大学政治学科

一九一七年七月東京帝大法科大学政治学科を卒業して外務属となり、領事館補・奉天在勤、外交官補・イギリス在勤、同大使館三等書記官、外務事務官・外務省亜細亜局第二課長心得、外務書記官・亜細亜局第二課長、大使館二等書記官・アメリカ在勤を歴任した。次いで三三年一二月大使館一等書記官に進み、同年三月駐満日本大使館となって渡満した。この間、二〇年九月対独平和条約締結並びに大正四年乃至九年事変時の功により勲八等瑞宝章及び賜金を授与された。

三浦　留吉 ▷12

満鉄ハルビン站事務助役／ハルビン巴陵街／一九一〇（明四三）三／青森県三戸郡五戸町／奉天中学校

本姓は別、後に青森県三浦徳太郎の養子となった。一九二八年三月奉天中学校を卒業して満鉄に入り、奉天駅に勤務した。奉天列車区、遼陽列車区、鉄道部勤務を経て再び奉天駅に転勤し、同駅駅務方、貨物方、構内助役を歴職した後、三五年六月ハルビン站事務助役となった。勤務のかたわらハルビンの日露協会学校に学び、三六年五月軌条折換を発見して表彰を受けた。

三浦　直彦 ▷12

関東局事務官、司政部行政課長兼官房秘書課長、正五位勲四等／新京特別市興安大路／一八九八（明三一）三／和歌山県／東京帝大法学部仏法科

和歌山県須藤丑彦の三男に生まれ、同県三浦駒之助の養子となった。東京帝大法学部仏法科に学び、在学中の二一年文官高等試験行政科に合格し、二二年四月卒業とともに滋賀県属となり内務部地方課兼教育課に勤務した。同部警保局勤務を経て岡山県理事官に転じ、社会局保険部、内務部警保局に勤務した後、東京府内務書記官に転じて衛生局保健課長に就いた。さらに保険衛生会監事、国立委員会幹事を経て徳島県書記官に転じて学務部長を務めた後、関東局事務官兼駐満特命全権大使秘書官となって渡満した。官房財産委員会委員、普通試験委員、文官普通懲戒委員会委員、国勢調査評議員会評議員、巡査及消防手懲戒委員会委員、租税制度調査委員会委員、法令審議員、大連都市計画委員などを兼務した後、三六年八月司政部行政課長兼官房秘書課長となり、支那語奨励試験委員長を兼務した。

三浦　秀次 ▷11

満鉄奉天省四平街地方事務所長、正八位／奉天省四平街／一八八五（明一八）五／東京府東京市小石川区西江戸川町／東洋協会大学

東京府三浦弥の三男に生まれ、一九一一年東洋協会大学を卒業して東洋拓殖会社に入社した。一八年六月に渡満して満鉄に転じ、奉天省四平街地方事務所長に就いた。この間兵役に服し、後備陸軍三等主計となった。

三浦　秀吉 ▷12

浜江省公署警務庁員、従七位勲七等／龍江省チチハル周家胡同第三号／一八八八（明二一）八／宮城県桃生郡大谷地村

一九〇八年徴兵されて山形の第二師団

歩兵第四連隊に入営し、一〇年に憲兵に転科して韓国駐劄京城憲兵隊付となった。その後各地に勤務して一七年憲兵伍長に進み、一八年二月朝鮮総督府警部となった。一九年九月に予備役編入となって総督府道警部補に転出し、二四年四月警部に昇進した。二七年四月慶興警察署長に就いて総督府専売局属及び外務省警部、総督府税関監視を兼任した後、二八年三月三長警察署長、二九年四月吉州警察署長を経て三一年三月城津警察署長となり、清津地方法院城津支庁検事事務取扱を兼務した。三二年一一月慶源警察署長に転任した後、三三年九月総督府道警視に進んで依願免官し、同年一一月満州国警正となって渡満した。奉天省瀋陽警察庁保安科長に就いた後、三七年二月浜江省公署事務官に転任して同省公署警務庁に勤務した。この間、三二年に共産党員二〇〇〇余名を検挙した共産党事件の功により警察功労記章を受け、三三年九月勲七等瑞宝章を授与された。

三浦　平蔵　▷11

野津洋行支配人、泰信銭荘主任／大連市紀伊町／一八九一（明二四）一／広島県尾道市十四日町／県立広島中学校

広島県米穀問屋三浦卯助の長男に生まれ、一九一〇年県立広島中学校を卒業した。一一年五月に渡満して正隆銀行に入り、一四年二月計算課長に就いた。一六年に帰国し、東京の望月軍四郎商店支配人を経て二〇年三月旭証券信託㈱取締役となった。二三年五月再び渡満して大連の野津洋行支配人に転じ、二五年一〇月から泰信銭荘主任を兼務した。

三浦　道哉　▷9

満鉄公主嶺農場試験場病理昆虫科主任、正七位／吉林省公主嶺木下町／一八八〇（明一三）三／岩手県九戸郡葛巻村／東北帝大農科大学

一九〇八年七月、東北帝大農科大学を卒業して秋田県立秋田農業学校教諭となった。一〇年八月から母校の農科大学林学科講師を兼務し、一一年四月青森県農事試験場技師に転任した。一八年四月満鉄に入社して渡満し、公主嶺農場試験場病理昆虫科主任を務めた。

三浦　茂助　▷8

三浦商会製材所主／奉天／一八八三（明一六）一〇／山口県大島郡小松町

日清戦争時に朝鮮に渡り、釜山に滞在した後、京城の森勝治商店で働いた。一九〇六年三月営口に渡って質商を開業し、〇七年五月奉天に移り西塔大街で同業を営んだ。〇九年宮島町に移転して質業を続けたが、一六年に廃業して満州殖産㈱旅順支店長となった。二一年東亜木材興業㈱奉天支店長に転じ、三浦商会鞍山支店長を兼任した。二二年一〇月三浦商会と分離して個人経営とし、奉天に店舗・工場を置いて原木販売、製材・製函業を経営した。

三浦　　靖　▷11

関東庁財務課官有財産係主任／旅順市佐倉町／一八九五（明二八）一一／宮城県宮城郡高砂村／小樽高等商業学校

宮城県三浦源蔵の次男に生まれ、一九一八年小樽高等商業学校を卒業して日本製鋼所に入社した。二〇年一一月横浜税関職員に転じ、貿易調査事務に従事した。二二年九月関東庁属に転任して渡満し、財務課に勤務した。

三浦　運一　▷11

満州医科大学教授／奉天／一八九六（明二九）三／兵庫県明石市西魚町／京都帝大医学部

一九二一年京都帝大医学部を卒業し、二五年九月満州医科大学教授として渡満した。二七年三月医学博士号を取得し、翌年衛生学研究のため欧米に留学した。

三浦　義臣　▷11

満鉄参事、庶務部庶務課員／大連市楓町／一八八四（明一七）四／大分県北海部郡臼杵町／東亜同文書院

大分県三浦義英の長男に生まれ、一九〇六年上海の東亜同文書院を卒業した。同地の九城紡紗有限公司に勤務した後、〇七年湖南省長沙の日豊洋行に転じ、さらに一〇年関東都督府官房外事課に転じて渡満した。一九年満鉄に転じ、調査課、外事課勤務を経て庶務課に勤務した。

三浦由之助　▷11

満鉄瓦房店図書館主事、勲八等／奉天省瓦房店春日街／一八八二

（明一五）三／秋田県由利郡西滝沢村／県立秋田中学校中退

秋田県三浦由吉の長男に生まれ、一八九九年県立秋田中学校を中退した。一九〇四年八月日露戦争に従軍し、功により勲八等白色桐葉章並びに賜金二〇〇円を受けた。〇六年三月陸軍雇員となったが、一一年四月に帰国した。一三年三月再び渡満して大連で運送業を始めたが五年で廃業し、一八年八月満鉄雇員となった。大連図書館員、埠頭図書館長を経て二五年一一月瓦房店図書館長に就いたが、二六年一〇月の職制改正に伴い同図書館主事となった。

三浦　義寛　▷11

満鉄長春駅事務助役／長春羽衣町／一八九九（明三二）一／東京府東京市四谷区寺町／青山学院高等学部実業科

東京府官吏小池友徳の次男に生まれ、母方の実家三浦家を相続した。一九二二年青山学院高等学部実業科を卒業して満鉄に入社し、以来長春駅事務助役として勤務した。

三重野　巌　▷12

沙河口郵便局長／大連市児玉町／一八九四（明二七）一一／大分県大分郡阿南村

大分県三重野岩太郎の子に生まれ、一九一九年台湾逓信書記補試験に合格して同年一二月台湾内埔郵便出張所主任となった。淡水郵便局庶務主任、新竹郵便局郵便電信主幹、同郵便係長を歴職し、この間三〇年に台湾逓信講習所講習科を修了した。その後関東庁に転出して渡満し、大連中央郵便局小包課主事、大連大山通郵便局長、大連中央郵便局為替貯金課長、同小包郵便課長、同通常郵便課長を歴任して関東逓信官署逓信書記となり、三七年六月沙河口郵便局長に就いた。

三重野　勝　▷11

満鉄鞍山製鉄所職員／奉天省鞍山上台町／一八九六（明二九）一／大分県北海部郡下北津留村／東京帝大法学部

大分県農業三重野友治の長男に生まれ、一九二一年東京帝大法学部を卒業して満鉄に入社した。東京支社に勤務した後、二四年七月鞍山製鉄所勤務となって渡満した。

三ヶ島　篤　▷12

吉林省公署警務庁保安科員／吉林省公署警務庁保安科／一八九六（明二九）一二／佐賀県三養基郡三川村／早稲田大学高等師範部中退

佐賀県三ヶ島成一の次男に生まれ、小城中学校を経て早稲田大学高等師範部に進んだが一九一八年に中退し、同年一二月久留米の歩兵第四八連隊に入営した。除隊後、二一年三月朝鮮総督府巡査となり、同年六月道巡査となった。二二年一一月巡査部長、二五年一一月警部補、三三年九月警部に累進し、同年一一月に退官して満州国国務院民政部属官に転じ、警務司総務科に勤務した。三五年一月警務司司法科に転任した後、三六年一〇月吉林省公署に転勤して警務庁保安科に勤務した。

三上　宇吉　▷12

奉天税務監督署営口出張所長／奉天省営口昌平街税務監督署出張所長官舎／一八八六（明一九）三／青森県中津軽郡駒越村／東奥義塾

一九〇六年弘前の東奥義塾を卒業し、同年一二月徴兵されて弘前の歩兵第三一連隊に入営した。満期除隊後、一六年九月判任官銓衡資格試験に合格し、一七年四月税務署属として弘前税務署に勤務した。二二年一二月鰺ヶ沢税務署直税課長となり、横手、青森の各税務署直税課長を経て三一年一二月仙台税務署直税課長となり、三二年一二月預金部属を兼任した。三三年九月依願免官とともに国務院財政部税務監督署事務官に転じて渡満し、熱河税務監督署総務科長となった。次いで三六年一月奉天税務監督署営口出張所長となり、税捐局理税官を兼任して兼営口税捐局に勤務した後、三七年六月に依願免官した。

三上　源作　▷11

長春郵便局電信課主事／長春郵便局官舎／一八八六（明一九）三／青森県弘前市富田町／青森郵便電信局電気通信技術伝習所

青森県三上直作の三男に生まれ、一九〇二年青森郵便電信局電気通信技術伝習所を修了した。青森、小湊、弘前等に勤務した後、二〇年四月に渡満して関東庁通信技手となり奉天郵便局に勤務した。旅順郵便局工務課員、同電気係主事、大連電話局員、逓信局工務課員、大連電話局主事等を経て二四年一二月長春郵便局電信課主事となった。

三上憲之助　▷12

龍江省公署警務庁司法科長、従七位／龍江省チチハル竜門大街／一八九七（明三〇）七／青森県南津軽郡猿賀村／青森県立弘前中学校

青森県三上保正の子に生まれ、一九一六年県立弘前中学校を卒業して青森県警察官となった。二三年内務省警察講習所を終了し、累進して警部、次いで警視に進んで弘前警察署長となった。その後退職して同県中津軽郡和徳村の村長を務めたが、三三年に渡満して北満特別区警務処警正となった。その後吉林省警務庁督察官に転任し、さらに三六年二月龍江省公署事務官に転任して警務庁司法科長となった。

三上　秀男　▷11

南満州電気㈱員／大連市鳴鶴台／一八九七（明三〇）四／栃木県上都賀郡足尾町／旅順工科学堂

栃木県公吏三上成所の次男に生まれ、一九一九年旅順工科学堂を卒業して南満州電気㈱に入った。計画課電路係兼工務課電路係主任として勤続し、関東庁内務局土木課嘱託を兼任した。

三上　安美　▷12

満鉄撫順炭砿古城子採炭所副長、社員会撫順連合会幹事、勲八等／奉天省満鉄撫順炭砿古城子採炭所／一八九八（明三一）三／広島県高田郡生桑村／拓殖大学本科

広陵中学校を経て一九二三年三月拓殖大学本科を卒業して満鉄に入り、庶務部社会課に勤務した。二六年四月社長室人事課、二七年一月庶務部調査課、三〇年六月総務部調査課に歴勤した後、三一年九月撫順炭砿に転任して庶務課労務係主任となった。三六年九月副参事に昇任して撫順炭砿人事係主任となり、三七年四月撫順炭砿現業員養成所主事及び現業員訓練所主事兼務を経て同年六月古城子採炭所副長に就いた。この間、満州事変時の功により勲八等従軍記章及び建国功労賞を受けたほか、三六年に坑内用帽子の研究考案により表彰を受けた。

三上　芳彦　▷11

長春警察署警部／長春中央通／一八九一（明二四）二／青森県南津軽郡浅瀬石村

青森県教員三上惟庸の三男に生まれ、一九一七年九月に渡満して関東庁巡査となった。二〇年一二月警部補を経て、二八年八月警部に進級して長春警察署保安衛生主任を務めた。

三城　晁雄　▷12

満州国外交部理事官、通商司商政科長／新京特別市恵民路政府代用官舎／一九〇二（明三五）八／熊本県鹿本郡山本村／東京帝大法学部政治学科

朝鮮仁川府に生まれ、熊本県立中学済々黌、第五高等学校を経て東京帝大法学部政治学科に入学し、一九二四年在学中に文官高等試験外交科に合格した。二五年三月に卒業し、商工属として工務局工業課に勤務したが、二六年一〇月に退官して中華民国海関九江海官員に転じた。二七年二月上海海関に転任して三等一級幇弁に進んだが、三二年満州国官吏に転じて財務部事務官となった。三三年五月琿春税関総務科長、三四年三月税関事務官・図們税関税務科長兼総務科長、三五年八月大連税関税務科長、同年一一月財政部理事官・総務司会計科長を経て三六年六月外交部理事官に転任して通商司商政科長を務めた。この間、国都建設紀年式典準備委員会接伴部幹事を務めたほか、三四年三月建国功労賞並びに大典記念章、三五年九月皇帝訪日記念章を受けた。

三木　広一　▷12

撫順税捐局員／奉天省撫順東六条通税捐局公館／一八九七（明三〇）一二／徳島県麻植郡川島町／高等小学校

徳島県三木清蔵の長男に生まれ、一九一二年北海道札幌郡の篠路尋常高等小学校高等科を卒業して一七年一月同校の代用教員となったが、同年八月に退職して税務署雇に転じた。税務署属に昇格して札幌税務署直税課第二係主任、函館税務署直税課第二係主任を務めた後、退職して北海タイムス社に転じた。その後三二年一一月満州国税務監督署属官となって渡満し、奉天税務監督署、営口出張所勤務を経て税捐局属官兼任となり営口税捐局に勤務した。三四年一一月税捐局司税に昇格して撫順税捐局に勤務した後、三六年一一月税捐局理税官に進んだが、三七年五月薦任五等に叙されて退官した。

三木 脩蔵 ▷11

満鉄主計課審査係／大連市三室町／一八八八（明二一）八／香川県小豆郡渕崎村／高松商業学校

香川県医師三木方斉の三男に生まれ、一九〇八年高松商業学校を卒業して愛国生命保険会社に入った。翌年退社して渡満し、満鉄に入り撫順炭砿に勤務した。一八年五月に鞍山製鉄所が創設されると同所に転任したが、二二年本社経理部勤務となり、後に主計課審査係を務めた。俳句を趣味とし、朱城と号した。

三木 春策 ▷3

田中商会船舶係主任／大連市丹波町／一八八四（明一七）九／徳島県海部郡三岐田村／中学校中退

徳島県三木朝蔵の長男に生まれ、病気のため中学校を中退して郷里で静養した。一九〇四年大阪の船主原田商行に入り、勤務のかたわら泰西学館で英語を学んだ。一九〇七年秋に退社して中国に渡り、芝罘の海運業原田洋行に入った。会計兼営業主任を務めるかたわら中国語と英語を修学したが、一一年に同店の経営が行き詰まり、翌年六月大連の田中商会に転じて船舶係主任に就いた。

右田 律司 ▷12

満鉄図們電気段敦化分段電気助役／吉林省敦化満鉄図們電気段敦化分段／一九〇一（明三四）四／大分県大分郡温平村／大分県立工業学校

大分県右田慶三郎の長男に生まれ、一九二一年三月大分県立工業学校を卒業して鉄道省に入り、大分通信区に勤務した。その後満鉄に転じて渡満し、以来勤続して三三年に図們電気段通信副段長となり、次いで三六年一二月図們電気段敦化分段電気助役となった。

三木 冬二 ▷12

大連汽船㈱船長、正八位／大連市土佐町／一八九六（明二九）一〇／兵庫県神崎郡田原村／香川県立粟島航海学校

香川県立粟島航海学校を卒業した後、一九一八年九月大連汽船㈱に入った。以来勤続して二三年一二月一等機関士を経て二九年九月船長となり、大連・天津間の定期客船長平丸の船長を務めた。

三国富士雄 ▷11

大連伏見台小学校訓導、正八位／大連市大黒町／一九〇一（明三四）七／北海道釧路市茂尻町／旅順師範学堂教員養成部本科

北海道商業三国常太郎の長男に生まれ、一九二〇年二月北海道庁立釧路中学校を卒業した。二一年三月に渡満して旅順師範学堂教員養成部本科に入学した。二二年三月に卒業して旅順第二小学校訓導となったが、同年四月一年現役兵として朝鮮大邱の歩兵第八〇連隊に入営し、現役終了後甲種勤務に応召した。二三年七月大連の伏見台小学校に転勤し、二五年予備歩兵少尉となった。柔道二段で、大連奨学会武道幹事、大連少年団指導員等を務めた。

三雲 宗敏 ▷12

満鉄新京駅貨物助役、日本学生陸上競技連合会幹事、社員会新京支部運動部次長、新京体育協会陸上部幹事／新京特別市黒水寮／一九〇七（明四〇）五／大阪府大阪市港区八雲町

大阪府三雲宗美の長男に生まれ、一九三四年三月神戸商業大学を卒業して満鉄に入り総務部人事課に勤務した。同年一〇月奉天省四平街駅、三五年二月大連列車区に勤務した後、三六年一月新京駅構内助役を経て三七年一月同駅貨物助役となった。テニスを得意として日本学生陸上競技連合会、満鉄社員会新京支部運動部、新京体育協会陸上部等の役員を務めた。

御厨 信市 ▷12

関東局官房文書課長兼秘書課長、審議室主査、従五位勲六等／新京特別市興安大路関東局官舎／一八九四（明二七）三／長崎県北高来郡湯江村／東京帝大法学部独法科

長崎県御厨万橋の長男に生まれ、一九一九年七月東京帝大法学部独法科を卒業して文官高等試験に合格し、内務属として警保局に勤務した。二〇年に外務省に平和条約事務局が設置されると外務事務官となり、同事務局に勤務して条約局を兼務した。二一年国際連盟理事会日本代表随員として渡欧し、国際連盟日本事務局事務官としてパリに在勤した後、外交官補・フランス在勤を経てフランス、アルゼンチン、オーストリア、ペルシャの大公使館書記官を歴任し、公務の余暇にパリ大学法学部及びウィーン大学法学部で政治学と法律学を修めた。外務事務官に進んで条約局に勤務した後、三三年関東庁事務官に転出して渡満し、官房外事課長に就いて調査課長を兼務した。三四年一二月官制改革により関東局事務官・官房文書課長となり、関東局通訳官兼任を経て審議室主査及び官房秘書課長兼任となり、他に文官普通試験委員、文官普通懲戒委員、巡査及消防手懲戒委員、官有財産調査委員会委員等を兼務した。この間、満州事変時の功により勲六等及び賜金、従軍記章を授与されたほか、大典記念章、建国功労賞、皇帝訪日記念章を受けた。

美坂　祥平　▷12

満鉄吉林鉄路局警務処巡査／吉林新開門／一九〇〇（明三三）二／広島県呉市和庄通

郷里の学校を終えて渡満し、後に満鉄鉄道総局に入り吉林鉄路局警務処警務員を務めた。一九三六年一〇月、鉄路総局の組織改正により満鉄巡査となった。

三坂　善蔵　▷7

関東庁逓信書記、旅順郵便局主事／旅順市大津町／一八八一（明一四）五／鹿児島県曽於郡岩川村

一九〇〇年から郵便局に勤務したが、一九〇四年五月日露戦争に際し臨時電信隊付技手として大連に渡った。〇六年八月に除隊して関東都督府に転属し、郵便電信局大連支局に勤務した。一八年のシベリア出兵に際し関東軍軍部嘱託として北満、シベリアに従軍し、同年一二月に帰任して各地に転勤した後、旅順郵便局主事となった。業務のかたわら同郷団体の旅順三州会幹事を務めた。

三崎市太郎　▷12

㈴東発公司代表社員、周水土地建物㈱代表取締役、成三洋行㈱監査役、東裕公司㈱監査役、大連語学校理事、羽衣女学校理事／大連市楓町／一八八〇（明一三）一一／香川県丸亀市／第一高等学校中退

香川県三崎熊之助の長男に生まれ、一九〇一年第一高等学校を中退して横浜正金銀行に入った。上海、天津、長春、営口などの各支店に勤務して二一年大連支店副支配人となり、二五年安田保全社副参事に転じて安田系の正隆銀行総支配人に就いた。二六年さらに朝鮮銀行に転じ、総裁直属として大連に駐在して監察役を務めた後、二八年に辞職した。三一年大連市山県通の㈴東発公司代表社員に就いて不動産業を経営し、かたわら大連語学校及び羽衣女学校の理事を務めた。

岬　伊之助　▷8

東雲店主／奉天柳町／一八七三（明六）五／熊本県宇土郡宇土町

一九〇六年五月に渡満し、同年八月から奉天に居住した。種々の仕事に従事した後、一四年柳町に料亭「岬庵」を開業した。二二年一〇月同町の旭楼を買収し、内部を改装し東雲と改称して営業した。

三崎　賢二　▷1

金平洋行主／安東県／一八六八（明一）七／大阪府三島郡茨木町

大阪市の英和学舎で英語、漢学、数学を学んだ後、さらに河内の三楽館で漢籍を修めた。その後大阪市で実業に従事していくつかの会社重役を務めた後、一九〇三年第五回内国勧業博覧会の用達に転じた。博覧会終了後は鉄道会社の用達となったが、〇五年四月日露戦中に渡満して安東県市場通に居住した。〇六年の結氷期に貨物陸揚げの件で同地の荷主と大阪商船会社との間に紛議が生じ、六十余名の荷主を代表して大阪商船本社で交渉を重ねたが解決を見ず、日本郵船会社に交渉して同社船の回航を決め、その代理事務を執り行うため荷主を糾合して安東運輸㈱を設立して社長に就任した。以来、日本郵船と大阪商船の両社船が安東県に回航するようになって輸出入の発展に寄与し、安東県実業同志会理事長、同居留民団実施委員、東邦協会鴨緑江特別部委員、安東共融会理事を務めた。

美崎　丈平　▷12

国務院軍政部第一教導隊長、勲五等／奉天北大営陸軍第一教導隊司令部／一八八八（明二一）七／徳島県美馬郡脇町／陸軍士官学校

一九一二年陸軍士官学校を卒業して歩兵少尉に任官し、歩兵第一一連隊大隊長、第九師団副官、南満州工業専門学校教官を歴補した。三三年一月中佐に累進して予備役編入となり、満州国陸軍歩兵上校に転じた。三四年七月靖安軍参謀長兼靖安歩兵第一団長、三五年六月靖安軍参謀長専任を経て三七年一月第一教導隊司令付となり、同年五月陸軍少将に進んで第一教導隊長に就いた。この間、二九年四月勲五等瑞宝章を授与された。

三沢 栄助 ▷11

金州内外綿㈱金州支店電気主任／金州内外綿㈱金州支店／一八九三（明二六）七／山形県山形市鍛冶町／大阪高等工業学校電気科

一九一五年大阪高等工業学校電気科を卒業し、逓信省電気事業主任技術者第一種の資格を取得した。大阪電灯㈱に勤務したが、一九年一一月に退社して内外綿㈱に転じた。青島支店に勤務した後、二六年一二月金州支店電気主任となって渡満した。

三沢 薫 ▷12

満鉄新京鉄路医院庶務長／新京特別市満鉄新京特別市鉄路医院／一八八七（明二〇）一／東京府北豊島郡巣鴨町／日本大学法律科

東京府三沢一策の四男に生まれ、独逸協会学校を経て一九一二年日本大学法律科を卒業した後、日本簿記専修学校を修了して一三年一月東京電灯会社に入った。その後一七年五月に退社して満鉄に転じ、総務部技術局、公主嶺保線係、立山臨時工事係、立山派出所、遼陽保線係、奉天校務事務所、大石橋工務事務所、本社技術部庶務課、同建築課、大連工務事務所に歴勤して遼陽地方事務所庶務係長となった。次いで鞍山医院庶務長、撫順医院庶務員、公主嶺医院庶務長を歴任し、三四年九月新京鉄路医院庶務長に転任した。この間、三三年四月勤続一五年の表彰を受けた。

三沢 謙三 ▷11

貔子窩公学堂長、従七位勲八等／貔子窩財神廟街／一八八三（明一六）一一／長野県諏訪郡上諏訪町／長野県師範学校

長野県三沢之長の次男に生まれ、一九〇五年長野県師範学校を卒業した。郷里で小学校訓導を勤めた後、一四年五月に渡満して旅順第一小学校訓導となった。一八年四月金州の南金書院教諭に転じた後、二八年三月貔子窩公学堂長に就いた。この間日露戦争直後に満韓各地、青島戦役直後には山東、直隷二省及び華南一帯を教育視察した。

三沢 鷹雄 ▷11

横浜正金銀行大連支店員／大連市柳町／一八九一（明二四）三／神奈川県横浜市青木町／慶応大学理財科

神奈川県三沢恭哉の子に生まれ、一九一三年慶応大学理財科を卒業して横浜正金銀行に入った。ロサンゼルス、ニューヨーク、長春、シンガポール等に勤務した後、大連支店に転勤して渡満した。

三沢 靏記 ▷12

満鉄沙河鎮駅長、社員会評議員、勲八等／安東省沙河鎮駅長社宅／一八九〇（明二三）一／福島県河沼郡勝常村

福島県三沢綱吉の五男に生まれ、一九一四年に渡満して大連の満鮮実業社に勤務した。程なく退社し、徒歩で数十日かけて長春に行き、そこで後の満鉄総裁で当時長春駅長の職にあった小日山直登に見い出され、一六年五月満鉄に入社した。一八年奉天駅詰車掌見習となり、同年一〇月鶏冠山駅詰、二二年四月奉天列車区勤務、五竜背駅助役、橋頭駅助役等を歴職して三一年八月得勝台駅長となり、湯山城駅長を経て三七年四月沙河鎮駅長に就いた。この間、橋頭駅在勤時に満鉄地方委員副議長を務め、満州事変の際に得勝台駅長として軍警の行動に協力し、社外線派遣員となって職責を尽くした功により勲八等瑞宝章及び従軍記章並びに建国功労賞を受けた。

三科 秀夫 ▷11

長春駅貨物助役／長春平安町／一八九九（明三二）一／群馬県邑楽郡小泉町／東京外国語学校支那語科

群馬県医師川井保次郎の次男に生まれ、三科宗橘の婿養子となった。一九二二年東京外国語学校支那語科を卒業して満鉄に入り、長春駅に勤務して同駅貨物助役に就いた。この間二三年に中国文学研究のため、北満から北京一帯を巡遊し、二七年には港湾設備研究のため上海、福州、台湾各地を視察した。

三島広太郎 ▷3

牛荘郵便局庶務会計掛主任、勲七等／牛荘郵便局官舎／一八七四（明七）六／岡山県都窪郡中州村／東京郵便電信学校

一八九七年三月東京郵便電信学校を終了して郵便電信書記となり、京都郵便

み

局に勤務した。一九〇三年一二月通信属に進んで東舞鶴郵便局に転任した後、日露開戦とともに翌年八月牛荘郵便局勤務となって渡満した。〇六年四月日露戦争の功により勲八等白色桐葉章及び一八〇円を受け、同郵便局に勤続して庶務会計掛主任を務め、一三年六月勲七等瑞宝章を受けた。

三島三右衛門 ▷11

満鉄撫順炭砿工務事務所線路係主任／奉天省撫順永安台／一八八七（明二〇）一二／石川県能美郡川北村／名古屋高等工業学校

一九一一年名古屋高等工業学校を卒業して逓信省に勤務したが、一三年末に退職した。一四年一月に渡満して満鉄に入り撫順炭砿に勤務し、後に工務事務所線路係主任を務めた。

三島　清一 ▷9

三菱商事大連支店長／大連市伏見台／一八八四（明一七）一〇／鳥取県東伯郡倉吉町／東京高等商業学校

一九〇九年東京高等商業学校を卒業し、同年八月三菱(資)に入社して本店に勤務した。三菱商事本店に転任した後、門司、若松、ロンドン等の各支店勤務を経て二〇年七月大連支店長となって渡満した。

三島　輝善 ▷11

営口東和公司支店長／奉天省営口永世街／一八九二（明二五）二／香川県綾歌郡山田村／東亜同文書院

一九一五年上海の東亜同文書院を卒業し、営口の東和公司に入った。海運・貿易業に従事し、青島支店長、大阪出張所長を歴任して営口支店長に就いた。

三嶋　東作 ▷13

㈱東裕公司取締役支配人／大連市／一九〇六（明三九）／山口県豊浦郡長府町／東京帝大経済学部

福岡高等学校から東京帝大経済学部に進み、一九三〇年に卒業して神戸海上火災保険会社に入社した。三五年に新京支店が設置されると支店長に選任されて渡満した。三九年一二月大連の東裕公司に招かれて同社取締役支配人に転じ、千数百万円を投じて満炭代用社宅八〇〇戸を建設した他、証券・金融・不動産等の事業を差配した。

三島　静遠 ▷12

満鉄博克図検車段満州里分段検車主任／興安北省満鉄博克図検車段満州里分段／一八九〇（明二三）九／島根県松江市雑賀町／島根県立工業学校

島根県三島伝太郎の長男に生まれ、県立工業学校を卒業した後、一九一〇年徴兵されて陸軍に入営し、工兵伍長として満期除隊した。一六年四月鉄道院に入り、勤続して二七年六月鉄道局技手となった。三三年一二月に退官して渡満し、満鉄に転じて洮南鉄路局機務処に勤務した。三四年一二月奉天省四平街鉄路監理所監理員を経て三七年二月博克図検車段に転任し、満州里分段検車主任を務めた。

水石　敏弘 ▷12

満鉄昂昂渓機務段長、勲八等／龍江省昂昂渓局宅／一八九二（明二五）五／山梨県北巨摩郡駒城村

本姓は別、水石米三郎の養子となった。一九一三年満鉄に入社して大石橋車輌係となり、二〇年に機関士となった。次いで二八年奉天機関区助役、三三年安東機関区運転主任を歴職し、三五年に昂昂渓機務段長に就いた。

水内　昇一 ▷12

満鉄撫順炭砿機械工場管理係主任、社員会評議員、撫順岡山県人会副会長／奉天省撫順南台町／一八九六（明二九）三／岡山県御津郡牧石村／旅順工科学堂採鉱冶金科

岡山県水内嘉代造の長男に生まれ、一九一五年八月満鉄に入社して撫順炭砿礦務課に勤務した。一七年二月に辞職して旅順工科学堂採鉱冶金科に入学し、さらに同学堂冶金分科専修に進んで二〇年に卒業した。二一年一月青島守備軍民政部に勤務して二二年一月鉄道技手となったが、同年一二月に青島守備軍撤退のため廃官となった。二三年五月再び満鉄に入って中央試験所研究課に勤務し、後に南満州工業専門学校講師を兼務した。二八年六月撫順炭砿に転任して機械工場に勤務した後、三三年五月鋳物鍛冶職場主任を経て三六年一二月機械工場管理係主任となった。

水内　清治 ▷3

関東都督府技師大連観測所長、高

等官五等従六位勲六等／大連市北大山通／一八七二（明五）一／岡山県岡山市門田町

岡山県士族の子に生まれ、一九〇四年七月中央気象台技手となった。〇六年九月関東都督府技師となって渡満し、大連観測所所長に就任した。

水内　忠　▷12

満州工廠㈱営業部長、康徳興業(股)董事／奉天藤浪町／一八九〇（明二三）一〇／岡山県岡山市上石井／東亞同文書院

岡山県水内市郎衛の長男に生まれ、一九一二年上海の東亞同文書院を卒業して古河㈴に入り、上海支店に勤務した。金物係主任、石炭係長を経て漢口支店長となったが、二一年に退社して日本鉄道事業会社取締役支配人に就任した。次いで二九年に甲陽土地㈱常務取締役に転じて岡崎土地㈱、鶏林鉱業㈱の各取締役を兼務した。三三年七月上記会社すべての役員を辞任し、三四年五月に渡満して満州工廠㈱営業部長となり、康徳興業(股)董事を兼任した。俳号を旦人と称して俳句を趣味とした。

「水川」は「みなかわ」も見よ

水川　栄一　▷8

無職、勲八等／奉天／一八八一（明一四）二／佐賀県藤津郡久間村／鹿児島県立川内第三尋常中学校中退

鹿児島県立川内第三尋常中学校を三年で中退した後、一九〇一年一二月徴兵されて陸軍に入り、〇四年六月日露戦争に従軍した。普蘭店、奉天会戦に参加した後、〇六年三月旅順で除隊し、関東州民政署巡査となった。〇九年に退職して同年一一月満鉄傭員となり、一〇年四月職員に進んで用度課に勤務したが、同年一二月再び関東都督府巡査に転じた。一一年四月から一六年まで奉天領事館警察署に勤務し、同年六月から一九年一月まで高等係刑事として奉天警務署に勤務し、北京政府から警署奨章二等三級を受けた。その後退職して二二年から二三年まで奉天で介弁業を営んだ。

水庫　善雄　▷12

満鉄奉天鉄道事務所営業課奉天省四平街在勤混保検査員／奉天省四平街北八条通／一九〇〇（明三三）二／長野県長野市大字鶴賀問御所町／高田農学校

太田重吉の次男として新潟県中頸城郡斐太村に生まれた。一九一八年三月新潟県立高田農学校を卒業して上田蚕種㈱事業部員助手となり、その後鉄道院試雇に転じて上田駅改札係となった。直江津駅改札係を経て一九年五月満鉄に転じ、埠頭事務所陸運課に勤務した。開原駅副検査人、鉄道部貨物課、同営業課、奉天省四平街駅検査人を経て三五年一一月奉天鉄道事務所営業課に転任し、混保検査員として奉天省四平街に在勤した。この間、三五年四月一五年勤続の表彰を受けた。

水島密之亮　▷12

国務院審計局審計官、従六位／新京特別市新発屯聚合住宅／一八九九（明三二）六／京都府加佐郡舞鶴町／京都帝大法学部法律科、同大学院

京都府水島勇太郎の子に生まれ、府立第四中学校、第三高等学校を経て京都帝大に進み、在学中の一九二二年一一月文官高等試験行政科に合格した。二四年三月同大法学部法律科を卒業して和歌山高等商業学校講師となり、二五年四月教授に進んだ。二六年春から二七年夏までドイツ、イギリス、アメリカに留学した後、三〇年から京都帝大大学院で労働法制の研究に従事した。その後三四年一一月国務院文教部事務官となって渡満し、文教部学務司に勤務した。次いで三五年七月同理事官に進んで礼教司総務科長を務め、三六年三月学務司総務科長を経て三七年七月審計局審計官に転任した。

水田　準一　▷12

旅順工科大学助教授、正六位／旅順市吾妻町／一九〇一（明三四）八／佐賀県小城郡東多久村／東京帝大工学部鉱山学科

佐賀高等学校を経て一九二六年三月東京帝大工学部鉱山学科を卒業し、九州炭砿汽船会社技師となり崎戸鉱業所に勤務した。二八年八月に依願退社し、同年九月旅順工科大学講師となって渡満した。同年一二月助教授に昇任し、三二年六月から関東庁資源調査事務嘱託を兼任した。この間、昭和六年乃至九年事変の功により賜金及び従軍記章を授与された。

水谷　一雄　▷9

大連秀生洋行主、開原秀生油房大連出張所長／大連市紀伊町／一八九〇（明二三）七／三重県桑名郡桑名町／共興学舎

桑名小学校を卒業して四日市市の共興学舎に学び、一九〇四年一〇月東京の綿糸布貿易商薩摩治兵衛商店に入った。〇九年九月に退店して郷里で綿布製造業を営んだが、一三年三月に渡満し、親類が経営する開原の秀生洋行で特産貿易に従事した後、同年九月同店の後援で大連秀生洋行を設立した。大連商品取引所現物取引組合として特産物輸出業と仲立業及び船積み代理業を経営し、開原秀生油房大連出張所長を兼務した。

水谷　淑　▷3

関東都督府通信管理局経理課調度主任、従七位勲八等／大連市霧島町／一八六四（元一）一〇／島根県松江市外中原／島根県立松江中学校

一八八二年三月島根県立松江中学校を卒業し、同年一二月から島根県秋鹿郡役所に勤務し、意宇郡役所に転勤した後、島根監獄本署書記、松江駅逓出張局勤務、松江逓信管理局勤務を経て九五年一二月郵便電信書記となり、赤間関郵便電信局に転勤した。さらに熊本郵便局、郵便為替貯金管理所勤務を経て一九〇五年三月逓信属となり、経理局に勤務した。〇六年九月関東都督府通信書記に任じられて渡満し、「計理事務取扱に関する規程」起草委員長、都督府郵便電信局計理課長心得、調度主任を歴任して営繕主任兼務となった。

水谷　国一　▷12

満鉄総裁室弘報課情報第二係主任／大連市松風台／一九〇四（明三七）一／愛媛県松山市出淵町

愛媛県水谷義麿の長男に生まれ、松山中学校を経て一九二五年三月上海の東亜同文書院を卒業して満鉄に入った。以来、一貫して調査畑を歩き、社長室文書課、庶務部調査課、総務部調査課、経済調査会調査員、資料課調査係主任兼資料係主任、同情報係主任兼調査係主任を経て三六年一〇月総裁室弘報課情報第二係主任となった。

水谷　紫石　▷12

亜細亜ホテル経営主、水谷商事部代表、亜細亜鉱業公司代表、明治商会理事／ハルビン斜紋街／一八九二（明二五）三／三重県北牟婁郡赤羽村／京都高等蚕業学校

一九一四年京都高等蚕業学校を卒業して三重県公吏となったが、一八年に退職して紀北製糸会社を設立した。次いで二〇年に東京に海軍指定工場日本万年綿製造工場を設立して代表者となったが、二三年九月の関東大震災で被災したため廃業し、同年渡満した。二四年に㈾満州蚕業公司を設立し、関東州と鞍山、朝鮮で蚕業と育苗に従事した。その後二七年に大連市内に満州唯一の絹織物工場を設立し、満鉄社員消費組合に一手納入したほか、高松宮の婚礼に際し寝具を献上して宮内省より感謝状を受け、二九年に満州養蚕会が創立されると理事に就任した。次いで延原式人工降雨に関する特許権を得てその実用化を研究したが、三一年九月に満州事変が勃発したため中断し、倉崎関東軍兵器部長の命により奉天で兵器弾薬の輸送に従事した。事変後、三三年にハルビン斜紋街に和洋客室六〇とレストラン・理髪部・宴会場を備えたホテルを新築し、従業員六〇人を使用して亜細亜ホテル経営した。

水谷　真七　▷11

奉天南満中学堂教諭、従七位／奉天葵町／一八八七（明二〇）一〇／香川県大川郡引田町／早稲田大学英文科

香川県漁業水谷貞助の三男に生まれ、一九一〇年早稲田大学英文科を卒業して新潟県村上中学校教諭となった。一二年岡山県立商業学校に転任した後、一七年に退職して東京の鉱山会社に勤務した。二二年に退職し、渡満して大連商業学校教諭に転じ、二五年奉天中学校教諭を経て二七年南満中学堂教諭となった。

水谷　末松　▷12

満鉄前郭旗站長／吉林省前郭旗站長局宅／一八九〇（明二三）五／三重県鈴鹿郡石薬師村

一九〇八年名古屋郵便局通信官吏員養成所を修了し、名古屋郵便局、名古屋駅等に勤務した。その後一八年九月に渡満して満鉄に入り、奉天駅車掌見習を経て長春駅構内助役となり、次いで桓勾子駅助役、大楡樹駅長、乱石山駅長を歴任した。三四年八月鉄路総局に転任して訥河站長となり、三五年三月新安站長兼任を経て同年一一月前郭旗站長となった。この間、三四年四月勤続一五年の表彰を受けた。

水谷　健行 ▷12

ハルビン学院教授／ハルビン馬家溝雨暘街／一九〇一（明三四）九／福島県相馬郡金房村／ハルビン日露協会学校

福島県農業水谷長次郎の四男に生まれ、一九二一年福島県から派遣されてハルビンの日露協会学校に入学した。二四年に卒業して満州日日新聞社ハルビン支社に入社したが、翌年母校の講師に転じた。二六年八月助教授に進んでモスクワに留学し、二八年三月に帰任して日露教会学校が改称したハルビン学院の教授となりロシア語を担当した。著書に『ロシア雑観』、翻訳書に『コースチヤの日記』『恋すればこそ』『黒馬』等がある。

水谷　龍美 ▷9

通泰号主／大連市石見町／一八九〇（明二三）四／愛知県海部郡八開村／東亜同文書院

一九一三年東亜同文書院を卒業して増田貿易㈱大連支店に入り、特産物輸出係として勤務した。一八年五月東拓資本で東省実業㈱が設立されると、増田貿易を退社して同社の傘下に入り、通泰号の名で特産物、大豆粕、雑穀等の輸出業を営んだ。

水谷　秀雄 ▷11

関東庁地方課長、従六位／旅順市赤羽町／一八九一（明二四）一二／愛知県中島郡千代田村／広島高等師範学校英語部、京都帝大法学部

愛知県水谷嘉蔵の長男に生まれ一九一五年広島高等師範学校英語部を卒業した。神戸第二中学校、大垣中学校に勤務した後、一九年九月京都帝大法学部に入学し、在学中に文官高等試験に合格した。二二年三月に卒業して内務省に入り、二三年八月山形県南置賜郡長、同県産業課長を経て二六年九月長野県蚕糸課長となった。二七年五月高等官五等・関東庁事務官となって渡満し、地方課長に就いた。

水谷力次郎 ▷12

満鉄奉天省四平街駅構内助役、勲八等／奉天省四平街南二条通／一八八三（明一六）一二／岐阜県海津郡大江村

岐阜県水谷孫右衛門の次男に生まれ、日露戦争に際し一九〇五年五月野戦鉄道提理部に属して渡満した。戦後〇七年四月満鉄の開業とともに同社入りし、昌図駅及び泉頭駅に勤務した後、同年九月奉天省四平街駅に転勤した。同駅で転轍方、操車方、運転方などを務めた後、三六年四月同駅構内助役となった。開業以来の社員として長く奉天省四平街駅に勤務し、三七年四月勤続三〇年の表彰を受けた。勤務のかたわら秋光園渓月と号して池坊華道に精進し、二六年七月皆伝席目付に昇進した。

水田　真澄 ▷9

水田医院主／奉天松島町／一八七四（明七）八／岡山県真庭郡落合町／東京帝大医科大学選科

岡山医学専門学校を卒業して東京帝大医科大学選科に進み、翌年卒業して駒込病院医員・第一高等学校嘱託医となった。その後岡山に帰って郷里で開業したが、再び上京して順天堂医院及び三井慈恵病院に勤務し、かたわら吾妻・佐藤・阿久津・唐沢の諸博士に就いて産婦人科・小児科・泌尿器科を研究した。一九一八年六月に渡満して奉天に水田医院を開業し、二〇年一二月松島町に新築移転した。

水地　慶治 ▷11

大連汽船㈱庶務係主任／大連市桃源台／一八九二（明二五）二／東京府東京市芝区柴井町／明治大学商科

東京府水地慶之助の三男に生まれ、一九一五年明治大学商科を卒業した。一六年四月に渡満して大連汽船㈱に入り、後に庶務係主任を務めた。

水沼政三郎 ▷12

三友商会㈱監査役／大連市霧島町／一八八五（明一八）二／愛媛県喜多郡大川町

一五歳の時から三井物産に勤務し、日露戦後一九〇七年に大連出張所員となって渡満した。勤続して大連支店受渡係長となったが、三三年九月に退社して三友商会㈱監査役に就いた。

水沼　千鶴　▷9

日華生命保険㈱満州支部長、同朝鮮支部長／大連市西公園町／一八七一（明四）一〇／愛媛県喜多郡櫛生村／明治法律学校、哲学館

郷里の中学校を卒業して大阪の伯園書院に学び、さらに上京して明治法律学校で三年修学して哲学館に入学し、一九〇一年七月に卒業した。郷里の名誉村長、喜多郡会議員、郡参事会員、徴兵参事会員、県会議員を歴任した後、一二年に日清生命保険㈱に入社して朝鮮釜山支部長となった。一七年春に日華生命保険㈱に転じ、朝鮮支部長として京城に在勤して好成績を挙げ、二〇年三月満州支部長となって大連に赴任し、翌年七月から朝鮮支部長を兼務した。

水野　恭平　▷13

満州明治製菓㈱社長／一八八八（明二一）／東京府東京市小石川区茗荷谷町／名古屋商業学校、明治工学校機械科

愛知県士族の子に生まれ、一九〇六年名古屋商業学校を卒業して明治工学校機械科に入り、一一年に卒業した。卒業の一年前から明治製糖㈱に籍を置き、勤続一八年の後、二八年に姉妹会社の明治製菓㈱に転じて取締役兼営業部長となり、さらに㈱明治商店取締役、同常務取締役を経て三九年五月満州明治製菓㈱取締役に就任して渡満した。四〇年四月専務取締役となって満州明治牛乳㈱、満州乳業㈱の専務取締役を兼任し、四二年四月取締役社長に就任した。

水野仙之助　▷12

満鉄敦化站助役／吉林省敦化鉄道附属地／一八八八（明二一）一一／愛知県名古屋市西区押切町

青年期に渡満して満鉄に勤め、京図線敦化駅に勤続して副站長心得となった。三六年九月職員に昇格し、翌年二月同站助役に就いた。

水野宗之助　▷12

国務院民政部事務官／新京特別市昌平街／一八八九（明二二）／東京府東京市本郷区駒込林町

群馬県普通文官試験に合格した後、満鉄に入り本社調査課に勤務した。奉天取引所信託㈱に転じた後、さらに関東庁属となって調査課に勤務した。その後奉天省公署事務官として総務司に勤務し、三七年二月に依願免官した。

水野　太吉　▷12

信奉洋行主、牡丹江タイピスト養成所主、牡丹江日本商工会議所議員、牡丹江第六区区長／浜江省牡丹江七星街／一八九九（明三二）一／富山県西礪波郡石動町

富山県水野金次郎の養子となり、中等教育を終えて一九一九年一二月富山の歩兵第三五連隊に入営した。シベリア派遣軍に従軍して伍長に進み、二二年九月善行証書を受けて満期除隊した。二二年に渡満して㈱大信洋行奉天支店に勤務した後、三二年ハルビン支店に転勤した。三五年一二月に退社し、翌年一月牡丹江に信奉洋行を興して文具、塗料、度量衡器、鉱油、日本酒の輸入卸商を営んだ。かたわら牡丹江タイピスト養成所を設立し、夫人みす子が所長として運営した。店員一五名を使用して佳木斯、勃利に支店、ハルビンに出張所を置いたほか、郷里の富山にも支店を置いて農機具を輸入し、関西ペイント、テキサス石油、日本タイプライター、清酒「大関」及び「司松」の代理店として年商二〇万円内外を計上した。

水野　敏臣　▷11

満州銀行鞍山支店支配人代理／奉天省鞍山大正通／一八九七（明三〇）一／長崎県南松浦郡富江町／兵庫県立伊丹中学校

長崎県医師萩原官一郎の子に生まれ、叔父水野義英の養子となった。一九一八年兵庫県立伊丹中学校を卒業し、大阪で従兄と東亜工業所を共同経営して電気器具の製造販売に従事した。一九年五月に閉店して帰郷し、同年九月第十八銀行に入社したが、翌年五月阿蘇商会に転じ、大連支店勤務となって渡満した。二二年に阿蘇商会が解散となり遼東新聞社経済部記者に転じたが、二四年に退社して満州銀行に入り、後に鞍山支店支配人に就いた。

水野　応佐　▷3

遼東新報記者奉天分局長／奉天駅前満鉄貸事務所／一八八〇（明一三）一／愛媛県宇摩郡川之江町／金沢市英和学校、明治学院東京専門学校

愛媛県に生まれ、金沢市英和学校を卒業した後、東京の明治学院専門学校で神学と哲学を学んだ。一九〇〇年九月東京専修義塾の教師となり、〇二年に長野県師範学校教師に転じた。〇四年四月に上京し、東京日日新聞の日露戦争従軍記者となって同年一二月に渡満した。〇七年一一月大連に満州日日新聞社が創立されると編集長に就いたが、その後辞任して台湾日日新報社に転じ中国南部を漫遊した。一一年一〇月満州日日新聞社に復帰した後、一四年八月に退社して翌年二月奉天の満州通信社主筆に転じ、同年一一月さらに遼東新報に転じて奉天分局長を務めた。蒼老泉と号し、古参の在満言論人として各紙に健筆を揮った。

水野　信保　▷11

横浜正金銀行大連支店貸付係主任／大連市楓町／一八九四（明二七）八／千葉県夷隅郡老川村／東京帝大経済学部

千葉県水野勇助の長男に生まれ、一九二〇年東京帝大経済学部を卒業して横浜正金銀行に入った。各地に勤務した後、大連支店貸付係主任を務めた。

水野谷初美　▷12

旅順高等公学校教諭兼舎監／旅順市松村町／一八九〇（明二三）七／福島県双葉郡大久村／東京高等師範学校体操専修科

一九一一年宮城県師範学校本科第一部を卒業し、県下の桃生郡赤井尋常高等小学校訓導となった。同郡鷹来尋常高等小学校に転勤した後、東京高等師範学校体操専修科に入学し、一六年三月に卒業して茨城県立商業学校教諭となった。三一年五月旅順師範学堂舎監事務取扱に転じて渡満し、三五年四月第三種教員講習科講師嘱託を経て同年九月旅順高等公学堂教諭となった。

三須　憲道　▷9

㈴小川組代表／大連市若狭町／一八八八（明二一）六／埼玉県南埼玉郡柏崎村／東京工業学校建築科、順天求合社土木科

一九〇八年東京工業学校建築科を卒業し、さらに順天求合社土木科に学んだ後、東京信託㈱に入社して設計係を務めた。一一年朝鮮総督府土木局に転じ、次いで一七年大連の古賀建築事務所に転じて設計監督事務に従事した。一九年さらに小川組に転じ、組合共同事業として建築設計監督を担当した。二一年八月小川組が合名会社組織になると代表社員として経営に当たり、かたわら太平生命保険㈱の代理店業を兼営した。

水野　柳治　▷11

関東庁救療所長、正六位勲五等／大連市楓町／一八七八（明一一）一一／高知県香美郡富家町

高知県農業水野常之助の長男に生まれ、一九〇七年二月に渡満して関東都督府巡査となった。一〇年警部となり、二〇年一一月警視に進んで鉄嶺警察署長に就いた。二三年一二月長春警察署長、翌年一二月大連警察署長を歴任して二七年六月に依願免官し、同年八月関東庁救療所長に就いた。この間、二五年に杭州、上海、南京、漢口等を巡遊視察した。

水原　義雄　▷12

葫蘆島航政局長、正八位／錦州省葫蘆島航政局長官舎／一九〇四（明三七）八／香川県高松市天神前／早稲田大学商学部

香川県水原義正の長男に生まれ、高松中学校を経て早稲田大学に進み、早大野球部の名一塁手、強打者として活躍した。一九二七年三月同大学商学部を卒業して満鉄に入り、大連埠頭事務所、奉天列車区、奉天駅事務助役に歴勤した。その後三二年五月に退社し、翌月満州国監察院監察官に転じて監察部に勤務した。次いで航政局事務官に転任してハルビン航政局に勤務し、三六年一一月航政局理事官に進んで葫蘆島航政局長に就いた。この間、建国功労賞及び大典記念章を受賞した。

水深菊太郎　▷11

黒竜江督弁顧問／黒龍江省チチハル／一八七一（明四）一二／熊本県玉名郡高瀬町

熊本県商業水深伊策の長男に生まれ、日露戦中の一九〇五年四月に渡満して土木建築請負業に従事した。〇八年四月関東都督府巡査に転じ、一〇年警部補に進んで奉天省四平街警察官吏派出所主任となった。一七年に警部となり奉天省四平街警務支署長に就いたが、同年一二月に休職となり、翌年四月関東都督府殖産課産業事務嘱託に転じ、同年八月解任となった。その後蒙古開墾事情に従事し、二二年日中露合弁の興安嶺採木公司の中国側代表として興安嶺に駐任した後、翌年四月黒竜江督弁顧問に招聘された。この間、一八年から二三年まで市民協会長、熊本県人会長、振武会副会長、区長、諮問員等を歴任し、黒龍江省に赴任後はチチハル日本居留民会長を務めた。

水間議之助　▷12

水間組主、勲七等功七級／安奉県安東駅前六番通／一八八一（明一四）九／宮城県牡鹿郡稲井村

一九〇四年日露戦争に従軍し、功七級金鵄勲章及び勲七等青色桐葉章を授与された。除隊後、〇六年六月撫順の野村組に入り、次いで鹿島組を経て細川組に入り奉天代表者となった。安東出張所主任、同組相談役を務めた後、独立して水間組を興し、土木建築請負業を経営した。かたわら安東宮城県人会及び安東猟友会、安東競馬倶楽部を組織し、区長、安東乗馬会の各幹事を務めた。

水間　鉄雄　▷11

満鉄撫順炭砿運輸事務所計画係主任、勲八等／奉天省撫順南台町／一八九二（明二五）九／福岡県久留米市京町／東京工科学校

福岡県水間正幸の次男に生まれ、一九一三年東京工科学校を卒業し、同年一一月に渡満して満鉄に入社した。撫順炭砿機械課楊柏堡坑に勤務し、一四年八月青島戦役に際し青島に従軍し、同年一二月に除隊した。帰社して電鉄係、運輸課勤務を経て二五年一二月運輸係主任、二七年四月同課計画係主任を歴任し、その後運輸課が運輸事務所と改称されると撫順炭砿運輸事務所計画係主任となった。

三隅　源治　▷11

炭砿業／奉天省昌図付属地／一八九〇（明二三）八／山口県宇部市岬通／山口農学校

山口県農業三隅柳太郎の長男に生まれ、一九〇八年山口農学校を卒業した。一一年に渡満して本渓湖煤鉄公司に入り、営業部会計課に勤務した。二一年に退社して炭砿業に転じ、吉林省伊通県者沙河子炭田及び同凍青樹溝炭田開発に従事した。

三角　二郎　▷4

東洋館主／ハルビン埠頭区モストワヤ街／一八七三（明六）／熊本県下益城郡杉島村

写真業や貿易業を営みながらシベリア各地を流浪した後、一九〇九年ハルビンが開市されると同地に赴き旅館業を始めた。領事館その他の信用を獲得し、後に増築して客室一〇〇とし、自動車を使って客の送迎をした。

溝上松次郎　▷11

薬種商／大連市伊勢町／一八五九（安六）三／佐賀県西松浦郡有田町

佐賀県薬種商溝上勘兵衛の次男に生まれ、一八九五年薬剤師の資格を取得した。日露戦中の一九〇五年七月に渡満し、大連で薬種商を営み、後に薬局を開設した。二七年一一月、孫の繁子に陸軍三等薬剤官の森知三郎を婿に迎えて養子とした。

溝上巳之祐　▷11

土木建築請負業／奉天省本渓湖旭町／一八六九（明二）四／滋賀県栗太郡下田上村／滋賀県立彦根中学校

滋賀県農業溝上八右衛門の長男に生まれ、一八八七年県立彦根中学校を卒業した。草津収税部、栗太郡役所、内務省等に勤務した後、九六年大阪府技手となり、岸和田、八尾等の土木区出張所長を歴任した。日露戦中の一九〇五年一月に渡満し、同年七月営口から遼陽に移って陸軍及び満鉄の土木建築請負業を営んだ。次いで一三年に本渓湖に移転し、関東庁、陸軍、本渓湖煤鉄公司等の請負事業に従事し、同地の区長、地方委員、輸入組合理事等を務めた。⇒同郷の夫人朝枝との間に二男一女あり、長女遊亀は奈良女子高等師範学校を出て小学校・女学校の教師を務めた後、安田靫彦に師事して日本画家となり、一九八〇年文化勲章を受章した。

溝口　憲範　▷12

(資)細川組代表社員、在郷軍人会奉天分会評議員、正八位勲六等／奉天紅梅町細川組／一八九六（明二九）一二／広島県広島市上流川町／広島県立工業学校

広島県溝口賢次郎の長男に生まれ、一九一四年広島県立工業学校を卒業して広島高等師範学校記念館嘱託となった。一五年に徴兵され、青島陸軍経理部建築課に配属されて日独戦争忠霊塔の設計監督に当たった後、一九年から東京の陸軍経理部に勤務した。二〇年陸軍歩兵少尉に任官した後、二二年に除隊して大阪市建築技手となった。その後二四年に渡満して撫順の細川組に入り、土木建築請負業に従事して奉天支店主任となった。組主で東京在住の細川穂太郎の長女春子を夫人とし、三四年に合資会社に改組されると支配人平尾関太郎に代わり代表社員に就任した。満州国政府、満鉄、関東局、関東軍、満州航空㈱等を主要取引先とし、撫順、鞍山、安東、本渓湖、新京、鉄嶺、四平街、チチハルに出張所を置き、従業員四五人を使用して年請負高二五〇万円を計上した。

溝口 勲　▷11

安東補習学校教諭／安東県七番通／一八八七（明二〇）一／熊本県菊池郡菊池村／熊本師範学校

熊本県農業溝口益次の長男に生まれ、一九〇九年熊本師範学校を卒業した。一三年三月に渡満して満鉄に入り、中国人教育に従事した。二一年四月から北京に留学して中国語及び中国事情を研究して翌年帰任し、二八年四月安東補習学校に勤務した。中国人の実業教育に従事するかたわら筑前琵琶を能くし、剣道四段の段位を有した。

溝口 嘉作　▷12

梅田商会代表者／ハルビン中国十二道街／一八八〇（明一三）八／長崎県長崎市夫婦川町

早くから大連に梅田商会を設立し、北清輪船公司の代理店業と石炭販売業を営んだ。一九〇二年二月日露戦争勃発のため一時引き揚げ、戦後〇六年にウラジオストクで梅田商会を再興し、後にハルビンに支店を開設した。一七年に支店代表者となり、日本人二人、中国人一人を飼養して機械器具・雑貨の輸出入業と鉄工所を経営した。

溝口 勝郎　▷11

小野田セメント製造㈱技師／大連市外周水子／一八九五（明二八）五／京都府京都市下京区富小路錦小路／京都帝大理工科大学応用化学科

岐阜県呉服商平田半助の六男に生まれ、京都市の竜文堂溝口安之介の婿養子となった。一九一九年京都帝大理工科大学応用化学科を卒業し、小野田セメント㈱の技師となった。本社工務課副主任を経て二三年五月大連支社工務課主任に転任して渡満し、周水子工場に勤務した。二六年ドイツのダルムスタット工部大学に留学し、欧州各国、アメリカを工業視察して帰国し、再び大連支社に勤務した。

溝口 憲吉　▷12

満鉄撫順炭砿発電所モンドガス工場主任／奉天省撫順北台町／一九〇七（明四〇）二／佐賀県佐賀市唐人町／九州帝大工学部機械工学科

佐賀県溝口友一の次男に生まれ、佐賀中学校、佐賀高校理科を経て一九三一年三月九州帝大工学部機械工学科を卒業し、同年四月満鉄に入社して渡満した。炭砿部大連在勤を経て三二年一〇月撫順炭砿発電所に転任し、三六年モンドガス工場主任となった。

溝口 征　▷12

満鉄ハルビン鉄路医院耳鼻科医長、ハルビン鉄路局在郷軍人分会評議員、従七位／ハルビン炮隊街／一九〇六（明三九）二／佐賀県杵島郡六角村／満州医科大学

佐賀県溝口勇八の長男に生まれ、一九三二年満州医科大学を卒業し、翌年久留米の歩兵第四八連隊に入営して兵役に服した。除隊後、三五年三月鉄路総局北鉄接収員となり、次いで同年六月ハルビン鉄路医院阿什河診療所勤務を経て同年一一月穆稜診療所主任兼医員となった。その後三六年二月ハルビン鉄路医院に転勤し、同年九月耳鼻科医長に就いた。この間、満州事変時の功により賜金及び従軍記章を授与された。日露戦争直後に渡満して後に奉天市政公署事務科長を務めた坂本民造の次女敏江を夫人とした。

溝口右三郎　▷12

満鉄奉天省四平街電気段長、社員会評議員／奉天省四平街局宅／一九〇一（明三四）一／新潟県中頸城郡新道村／仙台高等工業学校

新潟県溝口精策の三男に生まれ、一九二四年三月仙台高等工業学校を卒業し、同年五月高田市の中央電気㈱に入社したが、同月逓信局技手に転じて水戸市に勤務した。三二年三月千葉に転勤した後、三三年一二月に退職して満鉄に転じ、チチハル建設事務所に勤務した。三四年九月白城子建設事務所勤務、三五年一一月前郭旗電気段長を経て三六年七月奉天省四平街電気段長となった。

溝添　栄三 ▷12

満鉄牡丹江建設事務所線路長、社員会牡丹江連合会幹事／牡丹江省満鉄牡丹江建設事務所／一九〇一（明三四）四／鹿児島県鹿児島市上之薗町／南満州工業専門学校

鹿児島県溝添トクの長男に生まれ、奉天の南満州工業学校土木科を卒業して一九二〇年五月満鉄に入り、技術部線路課に勤務した。二二年五月三号非役となって南満州工業専門学校に入学し、一九二五年三月同校を卒業して鉄道部計画課に勤務した。次いで鉄道部渉外課、交渉部渉外課、総務部外事課、鉄道部勤務、吉林建設事務所、図們建設事務所に歴勤し、三五年四月副参事に昇格して牡丹江建設事務所線路長に就いた。

溝田佐次郎 ▷12

税務監督署事務官兼税捐局理事官／新京特別市長春大街新京特別市税捐局／一八九三（明二六）三／福岡県八女郡横山村／長崎商業学校

一九一〇年長崎商業学校を卒業した後、一六年九月税務官吏試験に合格して同年一一月税務署属特別監視員となり、八代、島原の各税務署に勤務した。その後二二年一〇月大蔵省税務講習所を修了して大牟田、福岡の各税務署法人係長を務め、二七年一二月日田税務署直税課長となった。次いで二九年八月税務監督局属として熊本税務監督署直税部に勤務した後、三三年一二月国務院財政部税務監督署事務官に転出して渡満した。浜江税務監督署総務科長、同署佳木斯出張所長、吉林税務監督署総務科長兼経理科長、同総務科長専任を経て新京税捐局に転勤した後、三七年六月依願退官した。

御園生正二 ▷12

満鉄錦県鉄路局産業処農務科長／錦州省錦県鉄路局産業処／一八九五（明二八）一二／千葉県市原郡養老村／千葉高等園芸学校

千葉県御園生卯七の次男に生まれ、一九一八年千葉高等園芸学校を卒業して専攻科に進んだが、同年一二月に退学した。その後一九年一月に渡満して満鉄に入り、公主嶺農事試験場に勤務した後、二四年九月鉄嶺地方事務所に転勤した。次いで安東地方事務所に転勤し、三六年一一月錦県鉄路局産業処農務科長に就いた。この間、三四年四月勤続一五年の表彰を受けた。

溝辺　昇一 ▷12

満鉄奉天駅事務助役、勲八等／満鉄奉天駅／一九〇八（明四一）二／山口県大津郡深川村／下関市立商業学校

一九二六年三月下関市立商業学校を卒業し、二七年三月に渡満して満鉄に入り瓦房店駅駅務方となった。二八年一月大連列車区瓦房店分区車掌となり、三三年一〇月同旅客専務を経て三六年九月奉天駅事務助役となった。この間、満州事変時の功により勲八等及び従軍記章、建国功労賞を授与された。

三田昇一郎 ▷12

満鉄奉天省四平街地方事務所建築係主務者、奉天省四平街防護団役員／奉天省四平街南二条通／一九〇七（明四〇）二／静岡県田方郡函南村／南満州工業専門学校

静岡県三田昇之助の長男に生まれ、一九二八年三月南満州工業専門学校を卒業して満鉄に入った。安東地方事務所、安東工事区事務所、大連工事事務所、奉天地方事務所に歴勤し、三六年二月奉天省四平街地方事務所建築係主務者となった。スポーツを得意として柔道は三段、ラグビーと陸上競技を愛好した。

三田新左衛門 ▷11

洋服商／旅順市大迫町／一八九〇（明二三）一／京都府与謝郡岩滝町／小学校

京都府農業三田宇平治の長男に生まれ、一九〇四年小学校を卒業して神戸の燐寸軸木製造業北川商店に入ったが、翌年大阪の松本組洋服店に転じて庶務会計係となった。一三年二月大連支店に転勤して渡満し、九年勤務して二二年春に高田洋服店に転じた。二六年春さらに出口レース店大連支店に転じたが、二八年二月に高田洋服店を譲り受け、以来旅順で洋服商を営んだ。

見田静太郎 ▷12

農業／南満州蓋平付属地／一八七八（明一一）七／山口県熊毛郡田布施町／法政大学中途退学

山口県農業見田太三郎の次男に生まれ、法政大学専門部在学中に日露戦争が始まり、大学を中退し軍属となって従軍した。戦後一九〇五年一一月に帰

み

国したが、〇六年六月再び渡満して関東都督府森林官となり、次いで満鉄に勤務した。その後二〇年に退社し、蓋平付属地で果樹農園と煉瓦製造業を経営し、満州日日新聞蓋平支局と千代田生命保険取扱所を兼営した。かたわら同地の満鉄諮問委員、地方委員会議長等の公職を務めた。西田天香に私淑して簡易生活を実行し、呑空居士と号した。広島県出身の夫人イクヨとの間に四男四女あり、長女賢子は満鉄社員河原畑威一郎に嫁した。

三田　泰三　▷11

満鉄開原医院長、正七位／奉天省開原朝日町／一八九三（明二六）八／東京府東京市本郷区駒込千駄木町／東京帝大医科大学

和歌山県教師三田伊之松の三男に生まれ、一九一九年東京帝大医科大学を卒業した。同大学真鍋内科で内科及び理学的療法の研究に四年従事し、この間二〇年一二月一年志願兵として近衛連隊に入営した。二三年四月高等官六等・関東庁医院医長となって渡満し、旅順医院内科部長に就いた。二五年四月に退官し、翌月満鉄開原医院長に就任し、かたわら予備三等軍医として在郷軍人開原分会長を務めた。

三田　利亮　▷12

満鉄チチハル鉄路医院鄭家屯分院長兼通遼ペスト調査所鄭家屯防疫医、鄭家屯日本領事館嘱託、国務院民政部嘱託、鄭家屯在郷軍人分会監事兼評議員、正八位／奉天省鄭家屯満鉄チチハル鉄路医院鄭家屯分院／一九〇二（明三五）五／山口県豊浦郡長府町／満州医科大学本科

山口県三田省造の六男に生まれ、一九三〇年満州医科大学本科を卒業し、同年一二月同大副手兼附属医院医員となった。同大助手に進んだ後、小野田セメント㈱大連支社医務室勤務を経て三四年一二月満鉄に入り洮南鉄路医院鄭家屯分院長となった。

三谷栄五郎　▷9

三谷商店主／大連市信濃町／一八八一（明一四）一〇／京都府紀伊郡伏見町

旧幕時代に橋奉行を務めた伏見の名家に生まれ、幼い頃から京都に出て商家に奉公した。一九〇一年徴兵適齢となって入営し、〇四年日露戦争に従軍した。戦後〇六年二月に再び渡満し、大連で食料雑貨店を開業した。その後信濃町に公設市場が開設されるとこれに加盟して出張売店を設け、誠実・勤勉・信用を旨として繁盛した。

三谷　嘉吉　▷10

大連取引所銭鈔取引人、五品取引所株式取引人、株式取引人組合委員／大連市浪速町／一八八〇（明一三）三／大阪府大阪市東区北九宝寺町

高松市に生まれ、一一歳の時に大阪に出て雑貨商藤井利八商店に奉公した。一八歳で独立し、仲間と共に長野県岩湧山に入って坑木の伐採業を営んだ。その後事業を義弟に任せて朝鮮に渡り、鎮南浦で雑貨商を営んで巨利を得て大阪に帰った。一九〇四年日露戦争が始まると営口に渡り門田定吉の経営する初荷洋行に入ったが、〇六年一一月に同店解散となり鉄嶺に赴いてしばらく同地に滞在した。一一年七月大連に移って雑貨商を開業し、一三年に大連共立競売所を設立して株式同業組合に加入し、以後は満州証券の仲買人、五品取引所株式取引人、大連取引所銭鈔取引人として株式売買に従事した。

三谷　清　▷12

吉林省次長、吉林省地方土地委員会委員、水力電気建設員会委員、従五位勲四等功四級／吉林天壇後胡同／一八八七（明二〇）一〇／東京府東京市渋谷区原宿／陸軍士官学校、陸軍戸山学校

東京府軍人三谷仲之助の次男として東京市麹町区に生まれ、一九〇九年七月陸軍士官学校を卒業して歩兵少尉に任官した。宇都宮の歩兵第一五連隊付として勤務した後、一二年六月陸軍戸山学校を卒業した。一九年大尉に進級して憲兵練習所に入り、翌年六月首席で卒業して銀時計を賞与され、姫路、東京赤坂、横浜の各憲兵分隊長を歴任した。二五年憲兵少佐に進んで名古屋憲兵分隊長となり、二七年八月奉天憲兵分隊長に転補して渡満し、満州事変後に奉天憲兵隊長を務めた。その後三二年四月憲兵中佐に累進して予備役編入となり、奉天省公署警務庁長を経て三六年八月吉林省次長に就いた。この間、満州事変時の功により功四級金鵄勲章及び勲三位景雲章を授与された。実兄の弘は歩兵少尉として日露戦争に従軍し、橘周太中佐の麾下で遼陽近郊の首山堡攻撃戦に参加し、橘と共に戦死した。弟の児玉秀雄は工兵大尉として電信連隊中隊長を務め、妹は歩兵第八旅団長陸軍少将中谷勘作に嫁した。

三谷　銀蔵 ▷10

関東庁地方法院検察官兼高等法院検察官、正六位／大連市児玉町／一八九三（明二六）三／福井県敦賀郡敦賀町／京都帝大法科大学法律学科

一九一〇年武生中学校を卒業し、第三高等学校を経て京都帝大法科大学法律学科に入学した。一六年七月に卒業して大学院に進み、翌年八月司法官試補として大阪地方裁判所に勤務した。一九年三月金沢地方裁判所検事兼金沢区裁判所検事となり、同年八月台北地方法院に転任し、さらに同年一一月関東庁地方法院検察官兼高等法院検察官に転任して渡満した。在任中に正隆銀行事件、商品信託事件、大連商業銀行事件、銭鈔信託事件、大連民政署保健浴場事件、土木課セメント事件等を取り扱った。

三谷　新七 ▷11

菓子製造販売業／奉天省大石橋中央大街／一八七三（明六）一二／香川県三豊郡高室村

香川県糀製造兼・農業三谷常松の長男に生まれ、一九〇五年九月日露戦争直後に陸軍用達として渡満し、遼陽で商業に従事した。その後大石橋に移り、菓子製造販売業を営んだ。郷里の両親は農業のかたわら糀製造業に従事し、二八年秋の昭和天皇即位式に際し木盃を受けた。

三谷末治郎 ▷11

奉天取引所信託㈱取締役／奉天八幡町／一八七二（明五）一一／香川県三豊郡粟井村／日清貿易研究所

香川県医師三谷憲佑の三男に生まれ、一八九四年日清貿易研究所を修了して営口に赴いた。一九〇四年に日露戦争が始まると、陸軍と契約して遼河の船舶輸送に従事した。戦後〇五年に関東洋行の商号で輸入貿易業を始め、翌年一月奉天に支店を開設して同地に移った。一四年に貿易商から鉱山業に転じたが、二三年に廃業して奉天取引所信託㈱、東省実業㈱、㈱奉天醤園の各取締役に就き、奉天商工会議所副会頭を務めた。

三谷　流三 ▷12

昭和製鋼所㈱工務部工務課機械係主任／奉天省鞍山南十二条町／一九〇五（明三八）一／広島県比婆郡峰田村／徳島高等工業学校機械工学科

一九二八年三月徳島高等工業学校機械工学科を卒業して満鉄に入り、臨時建設事務所工務課、同工作課に歴勤した後、鞍山製鉄所に転勤して工作課に勤務した。三三年六月鞍山製鉄所の事業を継承した昭和製鋼所㈱の事業開始とともに同職員となり、工務課機械係主任代理を経て三六年一一月同主任となった。

三田　正揚 ▷11

満鉄鞍山製鉄所材料試験係主任／奉天省鞍山中台町／一八九五（明二八）一二／宮城県仙台市北三番町／東北帝大理科大学

宮城県三田米太郎の長男に生まれ、一九一九年東北帝大理科大学を卒業して満鉄に入り中央試験所に勤務した。その後鞍山製鉄所に転勤して材料試験係主任となり、二八年八月社命で欧米を視察した。

三田　正夫 ▷12

大同学院事務官／新京特別市義和路代用官舎／一九〇六（明三九）一一／山口県豊浦郡長府町／京都帝大法学部、大同学院

山口県三田峻策の長男に生まれ、豊浦中学校、山口高等学校を経て一九三〇年三月京都帝大法学部を卒業した。三一年二月一年志願兵として久留米の歩兵第四八連隊に入営し、同年一一月に除隊した。三二年六月に渡満して国務院資政局訓練所に入所し、同年一〇月改称後の大同学院を卒業して国都建設局総務処に勤務した。三六年二月母校の大同学院事務官に転任した。

三田村源次 ▷11

営口商業学校長兼商業実習所長／奉天省営口営口商業学校内／一八八〇（明一三）一二／福井県今立郡岡本村／東亜同文書院

福井県酒造業三田村喜左衛門の次男に生まれ、一九〇五年上海の東亜同文書院を卒業した。日露戦中の同年六月、営口軍政署の命により同地に商業学校を開設した。軍政署撤退により同校が中国政府に引き渡されたため、一二年

み

一〇月学校を奉天に移転して引き続き中国人教育に従事し、民国政府から五等嘉禾章を受けた。二八年六月満鉄に入社し、営口に商業実習所が開設されると再び同地に赴任して営口商業学校長兼商業実習所長を務めた。

三田　泰吉　▷11

大石橋小学校訓導／奉天省大石橋紅旗街／一八九六（明二九）一〇／京都府与謝郡岩滝町／東京外国語学校中退、京都府師範学校二部

京都府農業・府会議員三田久左衛門の四男に生まれ、一九一四年宮津中学校を卒業して東京外国語学校英語部に入った。一六年に中退して京都府師範学校二部に入り、翌年卒業して宮津尋常高等小学校訓導となった。二四年四月に渡満して鞍山小学校訓導に転じ、二八年大石橋小学校に転勤した。郷里の訓導時代、二〇年から二四年まで宮津町城東村青年団長を務め、第一回全国青年大会に京都府代表として出席した。長兄の新は満鉄本社に勤務し、同社経理部長竹中政一の実妹を夫人とした。

三田芳之助　▷14

㈾三田組代表者／大連市越後町／一八八三（明一六）五／兵庫県揖保郡竜野町

日露戦後の一九〇五年一一月、台北の堀田商会台湾支店に入り、〇四年建築部主任となった。〇七年四月大連出張所開設にともない出張所長となって渡満し、その後一五年四月に同出張所が閉鎖されると堀田商会から独立して三田組を興した。二八年三月合資会社に改組し、満鉄及び関東庁、関東軍経理部の指定請負人として諸工事請負に従事した。経営のかたわら星ヶ浦小松台建物㈱代表取締役、湯崗子温泉㈱取締役、遼東木材㈱監査役、満州土木建築業協会理事、大連土木建築業相互保証組合常務理事等を務め、二八年一一月から四〇年一〇月まで大連市会議員を三期務めた。四三年五月病没。

三田　了一　▷12

満鉄鉄道総局監察付監察補／奉天高千穂通／一八九二（明二五）一二／山口県豊浦郡長府町／山口高等商業学校

市立下関商業学校を経て一九一六年三月山口高等商業学校を卒業し、同年四月大連の小寺洋行に入った。同年一二月一年志願兵として入営し、除隊後に河南省、山東省、江蘇省、安徽省、湖北省、四川省を視察して漢口の三宜洋行に入り、河南省周河出張所の経営を担当した。その後、製麻業や缶詰製造業等の起業を試みたが、二二年五月満鉄に入り社長室調査課チチハル在勤となった。次いでハルビン事務所調査課、臨時経済調査委員会、総務部人事課、地方部商工課兼経済調査会調査員、同部商工課工業係主任、鉄道総局総務処地方科産業係主任、吉林鉄路局産業処農務課長兼同科林務股長を歴職して副参事となり、三六年一二月鉄道総局監察付監察補となった。

三井伊之吉　▷12

大連取引所主事／大連市二葉町／一八九三（明二六）一／長崎県長崎市鍛冶屋町／慶応大学法律科

三井熊太郎の長男として長崎県南松浦郡福江町に生まれ、県立五島中学校を経て一九一七年三月慶応大学法律科を卒業し、川崎市の東京電気会社に入った。一八年七月に退社して家事に従事した後、二二年五月に渡満して関東庁大連取引所に入り、三六年一月同所主事となった。

光井　嘉一　▷12

満州電信電話㈱公主嶺電報電話局長、正七位勲七等／吉林省公主嶺泉町／一八八五（明一八）一／山口県厚狭郡小野村

一九〇五年六月門司郵便局に勤務し、次いで久留米局に転勤した。その後一四年一二月関東都督府通信管理局に転出して渡満し、金州局勤務を経て関東庁逓信書記に進んで奉天郵便局、逓信局経理課勤務を経て新京郵便局庶務課長、奉天郵便局庶務課長を歴任した。三一年九月満州事変に際し関東軍嘱託として東北電信管理処諮議を委嘱された後、三二年六月逓信副事務官に進んで依願免官となり、奉天電政局事務官に転じて同局経理課長に就いた。三三年九月満州電信電話㈱が設立されると同社副参事となり、奉天管理処庶務課長を経て三五年一〇月公主嶺電報電話局長に就いた。

三井　定雄　▷12

満鉄牡丹江鉄路局総務処事故科長／浜江省牡丹江満鉄鉄路局／一九

〇五（明三八）四／東京府東京市麹町区飯田町／福島高等商業学校

一九二二年満鉄見習学校を修了した後、二四年三月大連第一中学校を卒業して帰国し、福島高等商業学校に入学した。二七年三月に卒業して満鉄に入り、鉄道部庶務課事務助手を経て同年七月大連駅駅務方となった。二八年一月一年志願兵として入営し、同年一二月に除隊して帰任した。二九年五月大連列車区車掌心得、同年六月同車掌、三〇年三月大連駅駅務方、同年五月小荷物方、三一年六月吾妻駅貨物方、同年八月鉄道部庶務課に歴勤し、三六年一〇月牡丹江鉄路局総務処事故科長となった。

三石　鼎　▷12

満鉄鉄道総局水道課員／奉天紅葉町／一九〇四（明三七）一／東京府東京市板橋区小竹町／東京帝大理学部地質学科

東京府三石賤夫の次男に生まれ、開成中学校、第一高等学校を経て一九二八年三月東京帝大理学部地質学科を卒業し、同年六月満鉄実習生として奉天省本渓湖付近の地質調査に従事した。次いで樺太庁嘱託として地質調査に従事した後、二九年五月東京市の日本鑿泉㈾に入り地質鑑定課に勤務した。満州に出張して地下水理調査・鑿井事業に従事した後、三三年一二月満鉄に転じて鉄道建設局に勤務した。その後、水道調査所調査課、地質調査所兼務、水道調査所調査課地質係主任を歴職し、三六年一〇月鉄道総局水道課に転任した。この間、満州事変時の功により賜品及び従軍記章を授与された。

三井　実雄　▷12

満州電信電話㈱総務部付副参事／新京特別市雲鶴街／一九〇一（明三四）四／大分県南海部郡佐伯町／県立長崎中学校

三井只吉の三男として長崎市東浜町に生まれ、県立長崎中学校を卒業して一九二〇年大連新聞社に入り、後に学芸部長を務めた。次いで二九年奉天毎日新聞編集局長、三二年二月京城日報政治部長兼論説委員を歴職し、三四年一〇月満州電信電話㈱に転じて総務部付副参事となった。この間、満州事変時の功により勤労金及び従軍記章を授与された。著書に『事変前後雑筆』があり、若山登志子主宰の「創社」同人として短歌を趣味とした。

三井　修策　▷11

満鉄奉天省四平街医院長兼医長／奉天省四平街長寿街／一八八三（明一六）三／山梨県北巨摩郡日野春村／京都医学専門学校

山梨県銀行家三井亀六の次男に生まれ、一九〇九年京都医学専門学校を卒業した。一一年二月、東京の日本赤十字社病院外科から満鉄大連医院外科に転じて渡満した。営口医院外科主任、公主嶺医院長兼医長を歴任して二六年二月内地留学し、帰任して二八年二月撫順医院外科医長に就き、同年一二月奉天省四平街医院長兼医長に就任した。営口、公主嶺在勤中には中国人民から種々の扁額を寄贈され、中華民国政府の表彰を受けた。

三井醇太郎　▷12

日満洋行㈱副社長、広島商事㈱常務取締役／ハルビン道裡買売街／一八九四（明二七）九／広島県沼隈郡高須村／尾道商業学校

一九一二年尾道商業学校を卒業して尾道の第六十六銀行に入り、次いで久原鉱業㈱に勤務した。その後二〇年に渡満してハルビンの福田組に三年勤務した後、二六年に広島商事㈱の創立とともに常務取締役に就任した。その後三二年六月日満洋行㈱を設立して副社長に就き、小野田セメント、ハルビンセメント各会社の代理店としてセメント、建築材料、ソーダ灰を販売し、三六年八月牡丹江に出張所を開設し、次いで三七年には佳木斯にも出張所を開設した。本業の他に清酒「満州千福」の取次を兼業し、匿名組合で運送業を共同経営した。

光井　直輔　▷11

加藤直輔商店主／大連市桜花台／一八八五（明一八）三／山口県熊毛郡阿月村

山口県加藤宮吉の五男に生まれ、母の実家光井一之進の養子となった。日露戦争直後の一九〇五年八月に渡満し、磯部組に入った。その後独立して大連で満州特産物輸出商を開業し、大連取引所取引人となった。

三井　弥作　▷12

三隆洋行無限責任社員、中国三合煙公司主、三隆當主／奉天大北門裡／一八八四（明一七）九／長野県飯田市

み

一九〇四年日露戦争に従軍し、戦後〇六年奉天の東亜書籍局に入った。〇九年に独立し、奉天大北門に三隆洋行を興して印刷材料、文房具、電気器具等を販売した。その後病を得て、一七年に帰国して郷里で療養した。二一年末に再び渡満して三隆洋行を㈾に改め、副業として皇姑屯に中国三合煙公司の名で煙草工場を開設し、さらに南市場良永路に三隆当を設けて中国人向けの質屋を経営した。

光岡　慈昭　▷11

本派本願寺開教使、正八位／旅順市朝日町／一八九三（明二六）三／佐賀県佐賀市上芦町／竜谷大学

佐賀県宗教家光岡良照の長男に生まれ、一九一九年竜谷大学を卒業し、同年一二月大村の歩兵第五五連隊に入営した。予備少尉として除隊し、二一年四月本願寺仏教学院講師となったが、本派本願寺開教使に転じて翌年九月に渡満した。旅順工科大学内の仏教青年会主筆として仏典講話の任に当たり、かたわら同青年会館内に藤影幼稚園を創立して園主を務め、他に関東軍法務部嘱託、総領事刑務所教誨師等の公務に就いた。

光川金治郎　▷12

光川商店主／奉天市場正門前／一九〇〇（明三三）一二／京都府京都市中京区千本通四条上ル

一九一九年に渡満して奉天の鴨緑江製材無限公司に入ったが、病のため退社した。快癒後、長春の和洋雑貨商平本洋行に入り、二七年八月に退店して帰国した。郷里で独立の準備を調えた後、二九年一月再び渡満して奉天市場正門前に光川商店を開設してメリヤス、洋品、雑貨商を営んだ。三三年城内大西門裡大街に支店を設け、さらに三四年六月春日町千日通にも支店を設け、後に春日町三番地表通の白十字医院の借家権利を買収して同地に本支店を統合した。

光瀬　文志　▷7

陸軍一等軍医、正七位勲五等／旅順市大島町／一八七六（明九）五／宮崎県児湯郡本城村

一八九七年六月、内務省医術開業後期試験に合格した。一九〇四年一月三等軍医となり、日露戦争に際し旅順から遼陽方面に従軍した。一八年一二月広島衛戍病院付となり、翌年一二月一等軍医に進んだ。二二年一〇月、陸軍運輸部から旅順衛戍病院に転任して渡満した。

三瀬　弥作　▷11

雑貨商／奉天省瓦房店春日街／一八六八（明一）九／愛媛県東宇和郡多田村

愛媛県呉服商三瀬新八郎の長男に生まれ、一九〇五年六月に渡満して安東県で雑貨商を営んだ。その後遼陽に移り、さらに一五年瓦房店に移って同業に従事し、二八年一二月から瓦房店東区長を務めた。

光武　勇　▷12

満州商会主、満州タクシー経営主、満州国協和会幹事／吉林大馬路／一九一〇（明四三）二／佐賀県小城郡北多久村

佐賀県光武伊六の次男に生まれ、一九二四年大連の南満電気養成所を修了した。三〇年一二月徴兵されて鶏知の重砲兵大隊に入営し、三二年一一月に満期除隊して上京した後、三四年に再び渡満して吉林の松江新聞社に入った。その後三五年二月同地に満州商会を興してラジオ、蓄音器、レコードの販売修理業を経営し、かたわらタクシー業を兼営した。長兄の津芳は南満州工業専門学校を卒業して鞍山の昭和製鋼所に勤務した。

光武　邦一　▷11

光武商店主／ハルビン埠頭区田地街／一八八九（明二二）四／愛媛県伊予郡砥部町／浦塩露語夜学校

愛媛県彫刻業光武亀之助の長男に生まれ、一九〇六年三月ウラジオストクの協信洋行に入り、業務のかたわら露語夜学校に通い〇九年に卒業した。一四年二月同地に光武商店を創立して輸出入業を営んだ。経営のかたわら二一年に浦塩運輸㈱専務取締役に推され、翌年国際運送㈱浦塩支店長に就き、二六年八月同社が国際運輸㈱に改組されると嘱託となり、豆粕検査所長を兼任した。その後ハルビンに居を移して田地街に店舗を構え、砂糖、中国茶、紅茶、石鹸、麦粉、ビール、清酒、セメント、綿糸布、缶詰、食料品の輸出入業を経営した。明治製糖、三菱商事、日満製粉、大日本麦酒、月桂冠、金冠、白鶴、江商、大同貿易、浅野セメント、大同セメント等の北満一手販売店となり、さらに京都丸安、大阪松下商店の

み

製品販売店、日本海上保険、三菱海上保険北満代理店として神戸、牡丹江、チチハルに支店を設けてハルビン屈指の日本商補に成長し、ハルビン特産商同業組合評議員、ハルビン輸入組合評議員を務めた。松山女子師範学校出身の夫人ミツエとの間に一男一女があり、長男正治は松山中学、長女は松山高女に学んだ。三六年に同地で死去し、長く経営を補佐してきた実弟の時晴が事業を引き継いだ。

光武 時晴 ▷12

光武商店総支配人、ハルビン麦酒㈱取締役、ハルビン日本商工会議所常議員／ハルビン埠頭区田地街／一九〇〇（明三三）三／愛媛県伊予郡砥部町／神戸高等商業学校

愛媛県彫刻業光武亀之助の子に生まれ、神戸高等商業学校を卒業して実兄の邦一が経営するハルビンの光武商店に入った。長く経営を補佐し、一九三六年の兄の死去後は遺児正治が若年のため総支配人として店務一切を総覧した。経営のかたわらハルビン麦酒㈱取締役、ハルビン日本商工会議所常議員を務めた。

光冨 健二 ▷12

満鉄用度部計画課員／大連市白金町／一九〇二（明三五）一／山口県秋穂二島村／山口高等商業学校

山口県吉敷郡大内村に生まれ、山口市立鴻城中学校を経て山口高等商業学校を卒業した後、一九二七年四月満鉄に入り本社経理部に勤務した。以来一貫して倉庫事務に従事し、用度事務所、商事部用度課を経て三三年再び用度事務所に勤務し、三六年一〇月用度部計画課に転任した。業余に剣道に親しんで四段の腕を有した。

光永 重祐 ▷4

光明當主／吉林省窰門駅前／一八七八（明一一）／山口県熊毛郡平生町／高等小学校

塩田と物品問屋を営む旧家に生まれ、高等小学校を卒業した後、一八九四年日清戦争が始まると一七歳で渡満し、柳樹屯兵站司令部の下で馬車輸送請負、納品用達に従事した。戦争終結とともに帰国し、郷里の平生町と下関市の二ヶ所で米穀、香油製造、酒・醤油卸商を営んだが、一九〇四年の日露開戦とともに再び第七師団糧餉部に付随して渡満し、馬車輸送と御用達に従事した。戦後いったん帰国し、郷里から大工・左官四〇名を引率して公主嶺に渡り、上野正太郎が経営する北辰公司の下請工事に従事したが、失敗して郷里に引き揚げた。一九〇九年七月歩兵補充兵に転じて韓国に渡り、韓国駐劄軍小倉経理部長の命で咸北軽便鉄道蒼坪駅長を二年務めた。その後帰国して平生町消防長を務め、一三年に下関の第二旅団司令部前に大正商会を開いて御用達と下関水上警察署への納品業を営んだ。米貨暴騰に際して大量の見込み買いをしたが、一五年の米価調節政策で下落して経営が破綻し、事業挽回のため同年一一月に渡満した。吉林省の窰門、雙城堡で大量の特産物を買い入れたが官帖下落と貨車運行の渋滞で頓挫し、帰国を断念して窰門に引き返し、駅前に光明当を開設して質屋、薬店、特産物売買業を営んだ。

光永 常男 ▷8

左官請負業／奉天十間房／一八八四（明一七）九／大分県東国東郡上国崎村

日露戦争終結後の一九〇五年七月安東県に渡り、軍御用商の石崎商行に入った。〇七年八月奉天に移り、十間房で左官請負業を開業した。営業のかたわら〇七年の創設以来長く奉天消防組として活動し、奉天領事館赤塚正助総領事から金一封を受けた。さらに一九年六月奉天聖徳会の発起人となり、設立後は種々の社会事業に尽力した。二二年三月郷里の上国崎村に土地四反五畝を寄贈し、同村ではこれを整備して小松公園とした。

三根 辰一 ▷11

眼科開業医／大連市信濃町／一八八三（明一六）一一／佐賀県杵島郡須古村／京都府立医科大学

一九〇六年京都府立医科大学を卒業し、京都帝大医科大学附属医院に勤務した。〇八年七月に辞任して翌月渡満し、満鉄大連医院眼科医員となった。一九年三月満鉄を退社して大連で開業し、かたわら〇九年四月から関東州小学校校医を嘱託され、日本橋小学校校医等を務めた。

三橋 勝彦 ▷12

奉天省復県参事官、正八位／奉天省瓦房店復県公署内／一九〇二（明三五）二／滋賀県坂田郡大原

村／東亜同文書院

彦根中学校を卒業して上海に渡り、一九二六年三月東亜同文書院を卒業し、同年四月一年志願兵として敦賀の歩兵第一九連隊に入営した。二七年四月予備見習士官となり、引き続き同隊に勤務した後、同年一二月に除隊した。再び上海に渡り四経路の久孚洋行に入って貿易業に従事した後、二九年一月に辞職して帰国した。次いで三〇年五月朝鮮に渡り咸鏡道雄基の北鮮土地㈱支配人となったが、三二年一月に退任して渡満し、ハルビン日本領事館警察に勤務した。三三年吉林省額穆県属官に転じ、三四年一二月同県参事官代理を経て三七年一月奉天省復県参事官に転任した。

三橋　重則　▷12

満鉄鉄道総局付待命参事、正八位／奉天満鉄鉄道総局気付／一八九五（明二八）四／高知県高知市大川筋／旅順工科大学専門部

高知県三橋捷喜の子に生まれ、一九一七年一二月旅順工科大学専門部を卒業して満鉄に入り、撫順炭砿発電所に勤務した。以来同所に勤続して電灯電話係主任を務めた後、三五年四月ハルビン鉄道工場電気動力廠主任に転任した。三六年九月副参事を経て三七年四月参事に進み、鉄道総局付待命となった。この間、満州事変時の功により賜杯を授与され、三三年四月勤続一五年の表彰を受けた。

三橋　寛吉　▷1

山県商店千金寨出張所主任、勲七等／奉天省撫順／一八七三（明六）六／佐賀県三養基郡麓村

一八九四年徴兵されて熊本の第六師団に入営し、翌年憲兵に転科して台北に勤務した。一九〇五一月憲兵司令部付として日露戦争に従軍し、遼東守備軍司令部に勤務した。戦後勲七等と一時賜金を受けた後、除隊して山県商店に入り、千金寨出張所主任として満鉄撫順炭砿配給所の用達業に従事した。かたわら煉瓦製造業を開始し、数十名の日本人と数百人の中国人従業員を使用して二つの工場で月産六、七〇万個を生産して満鉄に納入した。

三橋　政明　▷11

東省日報社社長、松江新聞社社長、大連新聞吉林支局長／吉林省城／一八八三（明一六）四／北海道虻田郡洞爺村／東京外国語学校支那語科

北海道官吏三橋政之の子に生まれ、一九〇六年東京外国語学校支那語科を卒業し、同年九月渡満した。以来吉林に滞在し、漢字新聞「東省日報」及び邦字新聞「松江新聞」を経営した。かたわら大連新聞支局長、大阪朝日通信員を兼ね、居留民会議員を務めた。

三巻　洋一　▷11

満鉄地方部学務課員／大連市伏見町／一八七六（明九）一／山口県吉敷郡山口町／山口高等学校

山口県陸軍少将三巻弘義の長男に生まれ、一九〇二年山口高等学校を卒業して同年九月徳島県脇町中学校教諭となった。〇三年四月兵庫県洲本中学校、〇六年一〇月山口高等女学校、一七年四月釜山中学校、二二年四月台北第二高等女学校教諭を歴任し、二三年七月台北第一中学校兼台北工業学校教諭を経て同年一〇月に渡満して満鉄に入社し、学務課教科書編輯部勤務となり、二八年一〇月から満鉄育成学校講師を兼務した。夫人蝶子は二男二女を遺して二三年に死亡した。実弟の俊夫は京都帝大を出て台湾倉庫会社専務取締役、次弟の大三も京都帝大を出て山口県大風与衛門の養子となり復興局土木部長を務めた。

三本　一三九　▷12

満鉄牡丹江建設事務所庶務員／浜江省牡丹江満鉄建設事務所／一八九一（明二四）一二／群馬県多野郡入野村

旧姓は島崎、後に群馬県人三本頓蔵の養子となった。一九一三年一一月満鉄に入って大連車輌係機関夫となり、一六年に満鉄従事員養成所を修了して機関助手見習となった。奉天・安東の各車輌係を務めた後、奉天車輌係事務助手、奉天機関区庶務方、鶏冠山・橋頭の各機関区庶務助役、奉天検車区庶務助役、奉天機関区庶務助役を歴職し、図們・寧北の各建設事務所勤務を経て三六年一〇月牡丹江建設事務所庶務員となった。

光安　市蔵　▷12

満州炭砿㈱総務部庶務課庶務係主任／新京特別市山吹町／一八九四（明二七）四／福岡県久留米市苧扱川町／久留米商業学校

一九一三年久留米商業学校を卒業し、

一四年一二月徴兵されて久留米の歩兵第四八連隊に入営した。一五年三月看護卒として久留米衛戍病院に編入され、一六年一二月陸軍三等看護長となった。一八年一一月に満期除隊して一九年二月筑後水力電気㈱に入社したが、同年一〇月に退社して渡満し、満鉄撫順炭砿庶務課に勤務した。三四年七月に退社して満州炭砿㈱に転じ、参事として総務部庶務課庶務係主任を務めた。

光吉 利一 ▷11

東洋棉花㈱奉天出張所主任／奉天浪速通／一八九三（明二六）一二／和歌山県那賀郡安楽川村／東洋協会専門学校

和歌山県木材商・農業光吉茂一の四男に生まれ、一九一八年東洋協会専門学校を卒業して三井物産本店に入った。上海、芝罘に転勤した後、二一年八月東洋棉花会社に転じて大連、鉄嶺、長春に勤務し、二五年九月鉄嶺主任となった。二九年一月奉天出張所主任に就き、業務のかたわら同地の商業会議所議員を務めた。夫人コト子の兄柳田直次郎は鹿児島県の多額納税者として知られ、同柳田直吉は台湾銀行理事を務めた。

見藤 光 ▷12

満鉄奉天駅構内助役／満鉄奉天駅／一九一三（大二）二／愛媛県今治市米屋町／長崎高等商業学校

一九三四年三月長崎高等商業学校を卒業して満鉄に入り、鉄嶺駅駅務方となった。同駅貨物方、大連列車区車掌心得、奉天列車区蘇家屯分区車掌心得、奉天駅貨物方、開原駅助役に歴勤し、三六年五月奉天駅構内助役となった。

見戸猛三郎 ▷11

満鉄鞍山製鉄所製造課職員／奉天省鞍山大正通／一八九四（明二七）四／山口県阿武郡須佐町／旅順工科学堂

山口県酒造業野上彦太郎の三男に生まれ、見戸岩吉の婿養子となった。一九一八年旅順工科学堂を卒業し、同年七月満鉄に入り鞍山製鉄所臨時建設部に勤務した。同所操業の後は工務課に属し、後に製造課に勤務した。夫人タカは東京女子高等師範学校家事科を卒業して横浜で教職に就き、結婚後も一時旅順高女で教鞭を執った。

水上 健治 ▷12

錦州省興城県参事官／錦州省興城県参事官公館／一九〇二（明三五）七／福井県敦賀郡東浦村／東京帝大法学部政治学科、大同学院

福井県水上喜久治の長男に生まれ、一九二五年専検に合格して第四高等学校に入学した。次いで東京帝大に進み、三二年三月法学部政治学科を卒業して渡満し、同年一〇月大同学院第一期生として卒業して興安南省通遼県属官となった。三三年二月熱河省政治工作員として凌源県及び平泉県連絡員を務めた後、同年八月平泉県属官、同年一二月朝陽県属官・同県代理参事官を経て三五年三月朝陽県参事官となり、三六年四月錦州省興城県参事官に転任した。

水上多喜雄 ▷11

松浦洋行主／ハルビン・キタイスカヤ街／一八八〇（明一三）四／神奈川県横浜市中区日枝町

横浜市の陶器商水上貞元の長男に生まれ、一九〇六年ウラジオストクに渡り貿易業に従事した。〇九年ハルビンに移って対露貿易を始め、一四年にモスクワ支店を設置したほか、チタ、イルクーツク、ペトログラード等にも出張所を設けたが、ロシア革命により全て閉鎖し、ハルビン本店とチチハル支店のみとした。経営のかたわらハルビン市会議員、日本商議副会頭、居住民評議員、商議員、商議評議員等を務めた。一九三五年八月ハルビンで没し、早大在学中の長男俊比古が大学を中退して事業を継承した。

水上他喜雄 ▷4

松浦商会ハルビン支店主任／ハルビン・キタイスカヤ街／一八八三（明一六）／神奈川県横浜市野毛町

金沢市に生まれ、一七歳の時に横浜の松浦商会に入った。一九〇三年徴兵されて近衛師団に入営し、日露戦争に従軍して満州各地の大戦に参加し、除隊後再び松浦商会に戻った。ウラジオストク支店開設の命を受けて同地に赴任し、支店主任として三年差配したが振るわず、ハルビンのキタイスカヤ街に支店を移して美術雑貨を販売した。

水上 輝三 ▷11

鶏冠山駅駅務方／南満州鶏冠山南

み

町／一八八七（明二〇）七／静岡県富士郡伝法村／静岡大宮農学校、茶業組合緑茶研究所

静岡県水上正文の次男に生まれ、一九〇五年静岡県大宮農学校を卒業した。〇六年台湾に渡り総督府技術員となったが、同年帰国して神奈川県大野補習学校教師に転じた。その後郷里に戻り、一一年一二月まで耕地整理の事業に従事した後、一六年六月茶業組合緑茶研究所を修了した。一八年一一月に渡満して満鉄に入り、埠頭監視として勤務した後、二四年五月奉天駅小荷物係を経て鶏冠山駅貨物方となった。

水上俊比古 ▷12

松浦洋行㈱取締役社長、太陽貿易公司㈱取締役／ハルビン中央大街／一九一三（大二）九／神奈川県横浜市中区日枝町／早稲田大学政経科中退

ハルビンで洋品雑貨類の卸小売商を営む水上多喜雄の長男に生まれ、早稲田大学政経科在学中の一九三五年八月に父が死亡したため、大学を中退して父業を引き継いだ。資本金三〇万円で株式会社に改組して社長に就任し、陸軍御用達としてチチハル、ハイラル、ハルビン南崗義州街に支店を設け、従業員六十数名を擁した。

水上　末 ▷13

南満州瓦斯㈱新京支店長／新京特別市／一八九五（明二八）五／熊本県玉名郡高瀬町／熊本県立商業学校

熊本県立商業学校四年を修了した後、一九一七年一二月に渡満して満鉄に入り販売課に勤務した。一九年一一月京城、二二年三月撫順、同年一二月興業部商工課、三〇年六月総務部置査課、三一年八月監理部監理課、三二年一二月総務部監理係、三五年六月第一係主任、三六年五月業務係主任兼務、同年九月庶務係主任を経て翌月参事となり総裁室監理課に勤務した。この間、三三年四月満鉄勤続一五年の表彰を受けた。三八年一一月に非役となり、南満州瓦斯㈱調査役に転出した。三八年一二月参事、三九年六月経理課長兼務、四〇年二月庶務課長兼務を経て翌年三月社長室庶務課長専任となり、四二年九月新京支店長に就いた。

皆川　成司 ▷10

㈾成恒社代表社員、正八位勲六等／大連市聖徳街／一八七八（明一一）七／福岡県田川郡金川村／福岡県立工業学校

一九〇一年三月福岡県立工業学校を卒業して農商務省製鉄所の二瀬出張所工作課営繕係となり、官舎、事務所その他の設計監督に当たった。〇二年島根県内務部第二課土木課に転任して島根県師範学校の建築設計監督に従事したが、同年一二月一年志願兵として小倉の歩兵第一四連隊に入営した。〇三年六月歩兵少尉に任官し、同連隊補充兵大隊付として同年一一月に除隊した。日露戦争後の〇六年三月臨時軍用鉄道監部建築班に編入されて渡満し、同年九月韓国統監府鉄道管理局臨時鉄道建設部定州出張所に転勤して事務所及び官舎の設計を担当した。〇七年六月京城居留民団役所第一課土木事務嘱託に転じ、京城日本人商業会議所の建築工事を監督して居留民団役所第一課土木係主任となった。この間、帝国在郷軍人会京城支部理事を務め、〇七年一二月の皇太子訪韓に際し伊藤博文統監より賞与を受けた。その後宮崎組大連支店主任に転じて一二年二月に渡満したが、まもなく同組を辞めて㈾成恒社を設立して土木建築請負業と皆川式暖炉の製造販売に従事した。阿片総局、三井物産社宅及び同支店増築、大連観測所等の諸工事を請け負ったほか、間組の満州方面建築部嘱託名義で鞍山警務署及び官舎、鞍山郵便局庁舎、大連公学堂、星ヶ浦住宅組合住宅、東拓登沙河塩田築造工事等を竣成した。

皆川多三郎 ▷13

満州大倉商事㈱社長／一八八四（明一七）一／広島県／東京高等商業学校

兵庫県皆川多八の次男に生まれ、一九〇九年東京高等商業学校を卒業して大倉商事に入った。ペトログラード出張所主任、ニューヨーク支店長を歴任して二六年大阪支店長となり、その後取締役、社長を経て会長に就任した。一九三九年一〇月大倉商事の在満諸事業を統合して新京に満州大倉商事㈱を設立し、同社社長を兼任した。大倉財閥の重鎮として他に大倉組理事、大倉紡織製造・川崎造船所・中央工業・シャーリング工場の各取締役、日本ダンロップ護謨・川奈ホテル両監査役等を兼務した。

み

皆川富之丞 ▷12

龍江省総務庁総務科長、地籍整理局竜江分局勤務／龍江省チチハル省公署総務庁総務科／一九〇二（明三五）九／山形県西田川郡大泉村／早稲田大学政治経済科

第二早稲田高等学院を経て一九二八年三月早稲田大学政治経済科を卒業し、二九年二月幹部候補生として盛岡の騎兵第二三連隊に入隊した。除隊後、三〇年八月東京朝日新聞社に入り、三二年六月に退社して渡満し、同年一〇月大同学院を卒業して黒龍江省泰来県属官となった。三三年三月同省大賚県属官、三五年三月同県参事官を経て同年一一月龍江省公署理事官に転任して地籍整理局竜江分局に勤務し、三六年一月から民政庁総務科長代行し、三七年二月同職兼務となった。この間、関東軍宣撫委員を務め、三二年一一月混成第一四旅団歩兵第二六連隊第二大隊より感謝状を受けた。

「水川」は「みずかわ」も見よ

水川　富平 ▷11

奉天十間房郵便所長、従五位勲五等／奉天加茂町／一八七七（明一〇）四／岡山県吉備郡真金村

岡山県農業香川利三郎の三男に生まれ、水川寿一の養子となった。一八九五年三月広島郵便局に入り、大阪、東京、大阪の各局に転勤した後、〇六年二月鹿児島郵便局監理課監督係長となった。〇七年二月に渡満して関東庁に転じ、大連通信管理局規画課局所係長、線路係長、業務主任、監理主任等を経て一〇年二月都督府通信事務官補となり、鉄嶺郵便局長に就いた。その後、安東県、奉天の各郵便局長を歴任して二四年一二月に退官したが、翌年七月奉天の十間房郵便所長に就いた。この間、二一年九月から二五年九月まで満鉄地方委員を務め、奉天地方委員会議長、全満地方委員連合会議長も務めた。

皆川　豊治 ▷12

国務院民政部教育司長、観光委員会委員、民生振興会議委員、王道書院理事、大満州帝国体育連盟理事長、正六位／新京特別市崇智胡同／一八九五（明二八）四／山形県西田川郡大泉村／東京帝大法科大学独法科

山形県皆川茂右衛門の四男に生まれ、一九二〇年七月東京帝大法科大学独法科を卒業して満鉄に入り、東京支社内の東亜経済調査局に勤務した。その後二三年一二月検事に転じて東京、盛岡、仙台の各地方裁判所検事を務めた。その後、三二年六月国務院総務庁理事官に転出して渡満し、秘書処長、人事処長、錦州省公署総務庁長、文教部総務司長を歴任し、三七年七月民政部教育司長となった。

皆川　秀孝 ▷12

東亜経済協調社社長、奉天淀町会長、奉天木曽町会長、奉天青年団長、奉天防護団第一区第二分団長／奉天淀町／一八七七（明一〇）八／茨城県那珂郡野口村／東京外国語学校清語科、早稲田大学専門部政治経済科

茨城県皆川淡路の子に生まれ、一八九七年八月陸軍教導団を卒業した後、一九〇一年六月東京外国語学校清語別科を卒業した。〇二年九月招聘されて中国四川省の成都武備学堂教習を二年務めた後、〇四年日露戦争に従軍した。〇五年九月に帰国して早稲田大学講師となり、翌年四月曹洞宗大学講師に転じた。かたわら早稲田大学専門部政治経済科に学び、〇八年七月に卒業して同年一〇月読売新聞記者となった。一一年九月満州日日新聞奉天支局長に転じて渡満し、次いで報知新聞奉天支局長、大満蒙新聞社理事等を歴職した。その後、東亜経済協調社を設立して社長に就き、経営のかたわら一九年六月雑誌『満州及日本』を創刊した。この間、一五年一月から奉天居留民会副会長を務めたほか、奉天連合町会長、奉天附属地衛生委員会委員等の公職に就き、奉天中学校の設立に尽力し、三六年一〇月関東局施政三〇年記念式典で地方自治功労者として表彰された。

三奈木重則 ▷12

国際運輸㈱奉天省四平街支店長／奉天省四平街国際運輸㈱支店長社宅／一八九七（明三〇）七／山口県都濃郡下武南村／早稲田大学商科

神力喜十郎の四男に生まれ、後に三奈木家の養子となった。一九二〇年三月早稲田大学商科を卒業し、同年六月満鉄に入り埠頭事務所代弁係となった。二三年一二月国際運輸㈱に転じて大連支店に勤務し、本社営業課輸入仲継係主任、同陸運課長代理を経て三六年二

み

月奉天省四平街支店長となった。▷12

水口　宗吉

奉安工程所主／奉天浪速通／一八九四（明二七）一二／和歌山県東牟婁郡九重村／大阪府立工業学校建築科

一九一二年大阪府立工業学校建築科を卒業して上京し、逓信省大臣官房営繕課に勤務した。その後一九年に満州刷子会社が創立される際、撫順の同社工場建築を担当して渡満した。工場及び諸設備が竣成した後、二〇年に細川組本店に入って建築主任となり、二四年五月に独立して奉天で建築業を経営し、迎賓客ビル等を手がけた。本業の他に三三年四月に窯業部を設けて煉瓦の製造販売を始め、年間五〇〇万個を製造した。▷11

皆島　徹

旅順第一小学校訓導／旅順市高千穂町／一八九四（明二七）一〇／福岡県三池郡三池町／小倉師範学校

福岡県代書業皆島巳之吉の長男に生まれ、一九一六年福岡県小倉師範学校を卒業した。郷里の小学校訓導を務めた後、一九年二月に渡満して旅順第一小学校訓導に就いた。▷12

湊　重喜

白川洋行土木部技師長、東亞ステンドグラス㈱取締役／大連市楓町／一八八二（明一五）四／鹿児島県姶良郡西国分村／岩倉鉄道学校

鹿児島県湊喜兵衛の五男に生まれ、一九〇二年の岩倉鉄道学校を卒業した後、〇五年八月臨時軍用鉄道監部付陸軍雇員として安東県に渡った。下馬塘班本部設計科に勤務して安奉線建築に従事した後、野戦鉄道提理部に転任し、〇七年四月満鉄開業とともに同社入りした。一〇年から安奉線広軌改築工事に従事し、次いで安東及び大石橋保線区に勤務を経て一九年大連工務事務所線路長となり、本社及び奉天鉄道事務所に勤務した。二六年中国の呼海鉄道建築工事に派遣され、工事終了後本社に復任して二七年四月瓦房店保線区長に就いたが、その後退社して白川洋行土木部技師長に転じた。この間、満鉄社員表彰規定により表彰を受けた。▷1

湊　守麿

広仁津火柴公司総経理人、守平洋行主、守久組主任／長春／一八七四（明七）一〇／広島県広島市西新町／海軍兵学校

広島中学校を卒業して江田島の海軍兵学校に入り、一八九四年五月佐世保鎮守府の幕僚となったが二ヶ月で辞職し、台湾に渡って総督府の用達に転じた。その後基隆に移って湊商会の名で雑貨商を営んだが、半年で廃業して広島に帰り、さらに山口県吉城郡山口町で第四二連隊の用達となり、食料品雑貨商を兼営した。一九〇四年二月に日露戦争が始まると本店を広島に移し、広島、東京、大阪等の陸軍糧秣廠の特命で戦時軍用糧食品の納入に従事した。その後〇五年八月に渡満して営口から遼陽に入り、第二軍兵站部付用達商人となった。戦後は法庫門で食料品雑貨販売業を営み、かたわら大量の大豆を買い集めて遼河の軍事輸送船を利用して営口に送り莫大な利益を得た。営口で大豆取引の商習慣を調査した後、鉄嶺で大豆、豆粕、雑貨、肥料商を開業して諸官衙用達を兼営した。同地で満州利源調査員として訪れた横浜絹織物商組合会長の津久井平右衛門に会い、マッチ製造業の有望を説き、津久井の同意を得て鉄嶺の中国商人広増達らと提携して通江口に燐寸工場設立を計画した。その後〇六年一一月立地を長春に変更して福奥徳、双発合、張松亭らを加えて日中合弁で資本金二万円の広仁津火柴公司を設立して総経理人に就き、翌年二月から製造を開始した。次いでこれとは別に守平洋行を設立して農具、金物、建築用器具類を販売し、さらに〇七年六月には㊔守久組を設立し、主任として土木建築請負業を営んだ。▷12

南　源吉

㊮丸満洋行牡丹江支店代表者／浜江省牡丹江七星街／一九〇一（明三四）一二／兵庫県三原郡倭文村

一九二〇年㊮丸満洋行に入り、以来同社に勤続し、三五年七月牡丹江支店代表者となった。トタン、釘、セメント等の建築材料を扱い、満州事変後の同地の発展に伴い飛躍的な売上げ増を果たした。▷7

南　広二

満鉄鉄道部経理課員／大連市久方町／一八八七（明二〇）四／鹿児島県肝属郡大始良村

一九〇七年一一月に渡満し、創立間も

ない満鉄に入社した。一六年鶏冠山車輛係庶務主任、二〇年鉄嶺車輛係庶務主任を経て二三年本社鉄道部に転任し、経理事務に従事した。

南　虎太郎　▷3

満鉄工場職員、計算課長、従七位勲七等／大連市外沙河口社宅／一八六一（文一）一／東京府東京市麹町区隼町

一八八一年三井物産会社に入り、八七年鉄道局に転じた。一九〇四年五月野戦鉄道付として日露戦争に従軍し、〇七年四月の満鉄開業とともに満鉄工場に勤務した。

南　正樹　▷13

満州林業㈱理事長／新京特別市／一八八八（明二一）二／佐賀県藤津郡鹿島町／東京帝大法科大学独法科

石川県南義三郎の長男に生まれ、一九一五年東京帝大法科大学独法科を卒業して農商務省に入った。農商務書記、農林事務官兼農林書記官、農務局副業課長、同経理課長、畜産局家畜保険課長、水産局水産課長、営林局事務官、東京営林局長、大阪営林局長等を歴任して三四年に退官した。産業組合中央金庫理事、満州硫安工業常務理事を務めた後、四〇年一月満州林業㈱理事長となって渡満した。

南本　実三　▷11

関東庁獣医事務嘱託、獣医師／大連市二葉町／一八九六（明二九）一一／大阪府泉北郡鳳町／大阪府立農学校

大阪府農業南本兵蔵の三男に生まれ、一九一四年大阪府立農学校を卒業した。一五年七月から大阪市の私立大阪獣医病院に勤務し、一六年八月泉北郡農会畜産技手に転じたが、二〇年三月に退職して同年九月に渡満した。二二年六月大連警察署獣医事務嘱託となり、同年一二月関東庁海務局獣医事務嘱託兼大連小崗子警察署獣医事務嘱託となった。二五年一一月から満鉄地方部地方課獣医嘱託を兼任し、同年一二月大連沙河口警察署獣医事務嘱託となった。

南　元枝　▷1

売薬店主、家畜病院主、実業倶楽部幹事／旅順市乃木町／一八六七（慶三）一〇／高知県香美郡夜須村

土佐藩士として代々医師を務めた家に生まれ、一八八八年獣医の免状を取得した。その後九〇年に内務省の医術開業試験に合格し、さらに九五年日本私立衛生会の衛生事務講習を修了した。九七年台湾に渡って鳳山庁の警部となったが、後に辞職して淡水で売薬店を開業した。数年後に帰国し、蹄鉄工試験に合格して農商務省の嘱託で畜牛結核病検査員を務めた後、警視庁に入った。一九〇五年五月安東県軍政署に転じて衛生主任となったが、数ヶ月で辞職して中国各地の畜産業を視察した後、同年一一月旅順市乃木町で売薬店を開業し、家畜病院を併設した。経営のかたわら旅順民政署の嘱託を受けて衛生組合事務を監督し、実業倶楽部を組織して幹事を務めた。

嶺川　藤太　▷12

国務院民政部土木局牡丹江建設処綏芬河建設事務所長、従五位勲三等／牡丹江省東寧県綏芬河土木局綏芬河建設事務所／一八八六（明一九）一一／佐賀県東松浦郡厳木村／陸軍士官学校

陸軍幼年学校を経て一九〇九年士官学校を卒業し、工兵少尉に任官して工兵第六大隊付となった。鉄道第一連隊付に転任した後、一九一四年青島戦役に従軍し、次いで一八年シベリア派遣軍に従軍し、二一年北樺太に駐屯した。二八年鉄道第一連隊材料廠長を務めた後、三一年工兵中佐に累進して予備役編入となった。三三年国務院国道局技佐となって渡満し、熱河作戦に従った後、同年七月チチハル建設処に属して洮南建設事務所長及び泰来建設事務所長を務めた。三六年九月ハルビン建設処に転勤して綏芬河建設事務所長となり、三七年一月官制改革により牡丹江建設処綏芬河建設事務所長となった。この間、満州事変時の功により旭日中綬章、勲三位景雲章を授与された。

峯岸安太郎　▷11

関東庁貔子窩民政支署長、従六位勲五等／関東州貔子窩／一八七六（明九）八／茨城県行方郡武田村／東京成城学校、和仏法律学校、国民英学会中退

茨城県峯岸直次郎の長男に生まれ、東京の成城学校、和仏法律学校、国民英学会で法律学、英語を学んだが、いずれも中退した。一九〇九年八月関東都

み

督府警部となって渡満し、二二年九月関東庁警視に進んだ。旅順、金州、奉天、長春の各署長を歴任して二八年七月貔子窩民政支署長に就いた。

▷11

峯 節翁

峯商会主、奉天土地建物㈱代表取締役、勲八等／奉天江ノ島町／一八七八（明一一）一／愛媛県喜多郡長浜町

愛媛県商業峯清治郎の長男に生まれ、一九〇四年五月野砲兵第一一連隊に属して日露戦争に従軍し、〇五年三月奉天会戦に参加した。戦後〇六年一月に除隊して帰郷したが、同年五月再び渡満して叔父の峯八十一が経営する奉天の伊予組雑貨部主任となった。その後〇九年三月に独立して江ノ島町で質屋業を開業し、一〇年から貸家建築業にも手を広げ、一八年二月奉天土地建物㈱を創立し代表取締役に就いた。かたわら奉天商業会議所議員、奉天地方委員、奉天金融組合監事、帝国軍人後援会奉天地方幹事等を務め、日本赤十字社満州委員総長、賞勲局総裁、奉天地方事務所長、帝国在郷軍人会会長、満鉄社長、奉天商業会議所等から表彰状、銀盃、感謝状、銀製花瓶、金一封等を受けた。同郷の夫人ヨシとの間に子無く、甥の正久を養嗣子に迎えた。

▷11

嶺田 嘉三

印刷著述業／大連市柳町／一八七九（明一二）九／東京府東京市浅草区諏訪町／慶応大学理財科

東京府実業家嶺田伝兵衛の四男に生まれ、一九〇六年慶応大学理財科を卒業した。〇七年九月三功印刷㈾社長、一〇年四月朝鮮総督府印刷局嘱託を経て一二年四月に渡満して満州日日新聞社作業部長となり、一九年から大連印刷同業組合書記長を務めた。二一年二月中国各地を巡遊して印刷業を視察し、同年九月満蒙文化協会嘱託を兼任し、さらに翌月から大連商工学校創立事務嘱託を務めて翌年五月の開校とともに同校商業実務科兼活版科主任となった。二五年五月東洋医学社印刷部長に転じた後、印刷著述業に従事した。

▷11

峯簱 良充

満鉄吉林公所員、臨時経済調査会嘱託／吉林省城商埠地／一八八一（明一四）四／京都府綴喜郡青谷村

京都府峯簱天充の長男に生まれ、一九〇五年九月中国に渡り、翌年天津高等学堂主任となった。〇七年八月蒙古語と中国事情研究のため北京に留学した後、〇九年三月吉林省提学使の招きで同省教育顧問に就き、普通教育制度の実施及び師範教育に当たり、一九年二月まで優級師範学堂及び法政学堂の教習を務めて中国政府から五等嘉禾章を受けた。かたわら一七年二月に内垣実衛の後援で日中合弁の吉林公益公司を創設して経理となり、鉱山、森林、農業等の事業を企画した。その後二四年に満鉄臨時経済調査会嘱託に転じ、吉林公所に勤務した。雪英と号して『満州民族史』『吉林省の産業』『吉会沿線の水田候補地』等を著し、吉林居留民会会長、吉林興業土木公司顧問を務めた。

▷11

峯 八十一

㈴伊予組主、奉天土地建物㈱監査役／奉天松島町／一八六五（慶一）一／愛媛県喜多郡長浜町

愛媛県士族の三男に生まれ、一八九〇年南洋に渡航して各種の仕事に従事し、資金を蓄えて帰国した。日清戦争後の九五年台湾に渡り、台湾総督府御用達商等を九年営んだ。次いで朝鮮に渡り、一九〇五年一〇月日露戦争の終結とともに渡満して奉天に伊予組を創立し、呉服・雑貨商を営んだ。本業の他に醤油醸造業と貸家業を兼営し、甥の峰節翁が経営する奉天土地建物㈱の監査役を務めた。

▷12

峰 良平

国務院文教部学務司員／新京特別市朝日通飛島組アパート／一九〇七（明四〇）五／長崎県南松浦郡奈良尾村／東京帝大文学部宗教学科

一九三二年三月東京帝大文学部宗教学科を卒業して渡満し、同年一〇月奉天省公署属官となり警務庁に勤務した。三四年八月奉天省綏中県属官に転任した後、三五年一二月同県事務官に進んで山海関弁事処に勤務し、三六年一〇月国務院文教部学務司に転任した。

▷12

御影池辰雄

関東州庁長官、関東州水産会長、満州飛行協会関東州支部長、関東州戦跡保存会理事、従四位勲四等／大連市長者町関東州庁／一八九二（明二五）二／兵庫県／東京帝大法科大学政治学科

み

石川県御影池友邦の三男に生まれ、一九一七年七月東京帝大法科大学政治学科を卒業して神奈川県属となった。以来、滋賀県警視、同県栗太郡長、同県理事官・内務部教育課長兼知事官房主事、広島県書記官・学務部長を歴任した。二九年一二月関東庁事務官に転出して渡満し、内務局学務課長兼図書館長、体育研究所長、内務局文書課長、長官官房人事課長、文書課長兼専売局長を歴任し、この間、大連都市計画委員会委員、官有財産調査委員会委員を兼務した。三二年欧米各国を視察し、三三年八月に帰任して大連民政署長となり、三四年六月竹下豊次郎の後任として関東州庁長官に就任した。⇒三七年一〇月に依願免官して帰国した。

美濃　岩吉　▷8

みのや商店主／奉天春日町／一八八八（明二一）九／広島県双三郡三次町

一九一〇年朝鮮に渡り、清津で不動産と質業を兼営した。一六年春に渡満し、奉天城内小南門に店舗を設けて世帯道具一式を販売した。その後附属地の発展を見て店舗を十間房、松島町、さらに春日町へ移転した。

蓑田　利満　▷12

大連汽船㈱船長／神戸市灘区篠原南町／一九〇一（明三四）三／鹿児島県伊佐郡大口町／鹿児島県立商船水産学校

鹿児島県蓑田利兵衛の長男に生まれ、鹿児島県立商船水産学校して一九二四年一〇月大連汽船㈱に入った。二八年一二月一等機関士となり、三六年一月船長に就いた。

美濃部洋次　▷12

国務院総務庁参事官兼実業部理事官、正六位／新京特別市永楽町太陽ホテル／一九〇〇（明三三）一一／東京府東京市芝区葺手町／東京帝大法学部英法科

東京府美濃部俊吉の次男に生まれ、一九二五年東京帝大法学部英法科在学中に文官高等試験司法科に合格した。二六年三月卒業とともに商工省特許局に勤務し、同年文官高等試験行政科に合格した。特許局事務官、同審判官、同抗告審判官、外務事務官、商工事務官を歴任した後、三三年満州国に転出して商標局審査科長兼実業部庶務科長となり、次いで実業部文書科長兼会計科長に就いた。三五年一一月総務庁参事官として企画処に勤務した後、三六年一二月に依願免官した。スポーツを愛好し、在満中は満州帝国体育連盟常務理事、満州足球協会理事長を務めた。⇒帰国して商工省に復帰し、四三年機械局長官、四四年軍需省機械局長官、四五年内閣調査局調査官を歴任して敗戦後に公職追放となり、解除後五一年に日本水素工業㈱副社長、五二年に日本評論新社社長に就き、五三年二月に没した。憲法学者美濃部達吉、経済学者で東京都知事を務めた美濃部亮吉と縁戚関係にあり、田中平八の次女で津田英学塾卒の君子を夫人とした。

蓑毛長比吉　▷12

日満商事㈱営口出張所長／奉天省営口北本街／一八九四（明二七）一一／鹿児島県姶良郡帖佐村／私立商工中学校

鹿児島県蓑毛三蔵の長男に生まれ、一九一一年東京の私立商工中学校を卒業した後、一七年一一月に渡満して本渓湖煤鉄公司に入社した。以来勤続して石炭、コークス、銑鉄その他の販売に従事し、業余に満鉄の嘱託として本渓湖実業補習学校講師を務めた。その後三三年一二月北票炭砿㈱に転じ、運輸処販売課長を経て三四年五月主事となったが、同年一一月満州炭砿㈱に転じ、さらに三六年一〇月日満商事㈱に転じて営口出張所長に就いた。

箕輪　正英　▷4

福博洋行主、従七位勲五等／吉林省公主嶺東雲町／一八六五（慶一）一〇／福岡県福岡市天神町／陸軍教導団

一八八五年陸軍教導団を修了し、九五年特務曹長に進んだ。九八年九月予備役編入となり、同年一一月福岡県田川郡の赤池炭坑に入り倉庫長となった。一九〇一年に独立して土木請負業を始め、翌年一〇月から日の丸炭坑を経営した。〇四年日露戦争に応召して歩兵中尉に進級し、帰国後勲五等を受けた。〇六年八月に渡満して公主嶺に福博洋行を開き、食料雑貨販売、特産物輸出、煉瓦製造業を営んだ。〇七年三月公主嶺民会が組織されると会長に推され、同年一一月には公主嶺協会長に選ばれた。公主嶺銀行監査役、日本赤十字社地方委員、満鉄諮問委員等の名誉職のほか、一四年一〇月から特産物組合長を務めた。

三原　作一　▷11

赤峰電灯会社社長／旅順市敦賀町／一八九三（明二六）九／広島県芦品郡駅家村／東亜同文書院

広島県三原利平の次男に生まれ、一九一五年八月上海の東亜同文書院を卒業して関東都督府に勤務した。その後、関東庁及び満鉄より熱河・蒙古の産業調査を嘱託されて熱河省赤峰に赴き、一八年同地に三元公司を設立し、次いで二一年に赤峰電灯会社を設立経営した。

三原　重俊　▷11

大連星ヶ浦ゴルフ倶楽部書記／大連市桜町／一八七〇（明三）一〇／鹿児島県鹿児島市加治屋町／鹿児島造士館

鹿児島県三原善兵衛の三男に生まれ、一八八八年鹿児島造士館を卒業した。九四年に渡米して各地のホテルや倶楽部で実務経験を積み、一九一〇年に渡満して大連ヤマトホテルの食堂主任となり、翌年三月旅順ヤマトホテル支配人となった。奉天ヤマトホテル、大連ヤマトホテルの各支配人を歴任して再度奉天ヤマトホテル支配人を務め、二五年一〇月に定年退職して星ヶ浦ゴルフ倶楽部書記に就いた。

三牧　静男　▷11

営口小学校訓導／奉天省営口新市街旭街満鉄社宅／一九〇一（明三四）一〇／熊本県上益城郡伊佐町／熊本第二師範学校

熊本県製材販売業三牧勝彦の次男に生まれ、一九二一年熊本第二師範学校を卒業した。郷里で小学校訓導を務めた後、二四年四月に渡満して営口小学校訓導に転じた。二七年九月から翌年四月まで中国語及び中国事情研究のため北京に留学した。

三村賢治郎　▷11

大連汽船㈱庶務課長／大連市桃源台／一八八三（明一六）一一／岡山県真庭郡勝山町／東京高等商業学校

岡山県商業三村与治兵衛の次男に生まれ、一九〇九年東京高等商業学校を卒業し、同年八月に渡満して日清豆粕製造会社に入社した。一四年五月に退社して同年八月大連汽船㈱に入り、天津支店勤務を経て一七年三月大連本社に戻り庶務課長に就いた。

三村高次郎　▷11

新聞販売及び印刷業／吉林省公主嶺東雲町／一八七五（明八）五／福岡県企救郡企救町

福岡県農業三村彦助の三男に生まれ、日露戦中の一九〇五年五月に渡満した。〇九年から「遼東新報」及び「北満日報」の公主嶺支局主任を務め、二〇年から印刷業を兼業した。二七年一一月に「遼東新報」が「満州日日新聞」と合併して「満州日報」となって支局主任が廃されたため、「満州日報」「大阪毎日新聞」「朝日新聞」の販売業に転じた。新聞販売店と印刷業を経営するかたわら満鉄地方委員、在郷軍人分会名誉会員、軍人後援会顧問、市民協会顧問等の名誉職に就いた。

三村　元介　▷9

㈾大三商会代表／大連市山県通／一八七九（明一二）四／山口県玖珂郡柳津町

一九一二年長崎の喜久屋商会大連出張員として渡満し、海運業に従事した。一六年に独立して㈾大三商会を設立し、大豆、豆粕、石炭の売買及び輸送業を経営した。

味村安五郎　▷12

満鉄撫順炭砿製油工場乾餾係主任／奉天省撫順南台町／一八九九（明三二）四／愛媛県喜多郡長浜町／大阪高等工業学校機械科

愛媛県味村卯七郎の五男に生まれ、大洲中学校を経て一九二一年三月大阪高等工業学校機械科を卒業して満鉄に入社し、撫順炭砿古城子採炭所に勤務した。同年一一月一年志願兵として入営し、二二年一二月に除隊して機械課に復職した。二三年四月工業課、二七年一〇月撫順炭砿発電所に勤務した後、二九年一〇月製油工場に転勤して三三年一一月同工場工作係主任となり、三四年一二月乾餾係主任となった。この間、満州事変時の功により従軍記章及び楯を授与され、三六年四月勤続一五年の表彰を受けた。

三村四方一　▷12

満鉄四平街機関区点検助役、社員会評議員／奉天省四平街北五条通／一八八九（明二二）八／広島県広島市西白町

一九〇四年七月広島機関庫に入り、火夫、機関手を務めた後、一三年九月に依願退職した。その後一四年八月に渡満して満鉄に入り、機関助手見習として大石橋機関区に勤務し、一五年一〇月機関助手となった。一八年三月奉天機関区に転勤した後、二〇年六月に辞職したが、同年一一月に再入社して奉天機関庫煖房方となった。次いで二二年四月機関方、二三年四月機関士、二六年六月点検方に歴勤し、三五年度運転点検助役試験に合格して同年一〇月四平街機関区点検助役となり、三六年四月勤続一五年の表彰を受けた。

宮井 半七 ▷12

料亭「寿」経営主、旅順検番㈱監査役、旅順製氷㈱監査役、極東平和記念護国報恩塔建設会副委員長／旅順市鮫島町／一八七〇（明三）七／岐阜県羽島郡笠松町／岐阜県立中学校

岐阜県の材木商堀江代吉の四男に生まれ、同県宮井半七の養子となり、家督相続後に前名省吾を改めて半七を名乗った。岐阜県立中学校を卒業して家業の材木商に従事し、かたわら笠松町名誉助役を務めた。日露戦後一九〇六年に渡満して旅順で料理業と質商を営んだ後、一八年のシベリア出兵の際に陸軍用達商となってシベリア各地に赴き、撤兵後に旅順鮫島町で料亭「寿」を開業した。かたわら一六年から旅順郊外で果樹園を経営し、さらに二七年から旅順管内の原野三〇町歩を買収して米作を始めた。その後米価暴落のため馬匹飼養地に変え、同地の官有山地三〇〇町歩を借り受けて植林と放牧を行った。また、旅順白玉山中腹の土地二〇〇〇坪を選定して極東平和記念護国報恩塔建設を発起し、副委員長として奔走して寄金五〇万円を集め、三七年に基礎工事に着手した。

宮井 隆次 ▷12

福昌華工㈱取締役支配人／大連市楠町／一八八六（明一九）一〇／長野県下伊那郡下久堅村／長野県立飯田中学校

長野県宮井治三郎の五男に生まれ、県立飯田中学校を卒業して日露戦争直後の一九〇五年に渡満し、営口で実兄の章景と共に貿易業を始めた。〇七年に満鉄が開業すると、事業を兄に委ねて満鉄埠頭事務所に入り、累進して埠頭副長となった。その後、福昌華工㈱に転じて支配人に就き、三六年一一月取締役に就任した。長く埠頭貨物荷役への苦力供給に従事し、満州事変時の功により銀盃一個を授与された。

宮内嘉一郎 ▷12

黒河省公署警務庁員／黒河省黒河中原街小東路／一九〇七（明四〇）一二／茨城県那珂郡湊町／日本医科大学

茨城県宮内鶴之助の長男に生まれ、水戸中学校を経て一九三二年三月日本医科大学を卒業し、同大学付属第一病院産婦人科教室に勤務した。次いで三三年七月に渡満し、新京日本橋通の善生堂医院産婦人科主任となった。三五年に吉林省農安県でペストが流行すると国務院民政部公医として同地に赴任し、満鉄地方部衛生課兼鉄路総局総務処附業課農安在勤防疫医務嘱託、農安居留民会長を兼務した。その後三六年三月黒河省公署技正となり、同省公署警務庁に勤務した。

宮内 虎雄 ▷11

奉天省四平街取引所長／奉天省四平街北大街／一八九三（明二六）八／鹿児島県／東京帝大法科大学

鹿児島県宮内盛直の三男に生まれ、一九一八年東京帝大法科大学を卒業して同年一二月日本窒素肥料会社に入社したが、翌年七月に退社した。二〇年四月から二二年五月まで外務省情報部嘱託、二三年七月から二四一二月まで外務省対支文化事務局属を務めた後、二五年八月大連取引所嘱託となって渡満した。二六年六月同所主事を経て翌月関東庁取引所長に任じられ、公主嶺取引所長を経て二八年七月奉天省四平街取引所長に転じた。「満州国」成立後、奉天省開原県参事官となり、三六年龍江省安広県参事官に転任した。

宮内 直信 ▷13

宮内工務所主／奉天省鞍山南三条街／一八八三（明一六）／千葉県海上郡舟木村／福島商工学校建築科

一九〇八年大阪市の福島商工学校建築科を卒業して朝鮮に渡り、京城の松本組建築部に入って総督府の各種土木建築工事に従事した。一八年㈾市川組に転じ、鞍山出張所主任となって渡満した。鞍山製鉄所建設の関連工事に従事した後、同地で独立して宮内工務所を経営した。かたわら満州国協和会市本部委員、鞍山税捐局審査委員、鞍山義勇奉公隊副隊長、鞍山神社氏子総代、明治三七、八会幹事等多くの名誉職に就いた。

宮岡　武雄　▷12

大連汽船㈱機関長／神戸市須磨区大手町／一八九八（明三一）九／広島県御調郡三浦村／香川県立粟島航海学校

香川県立粟島航海学校を卒業した後、一九二八年大連汽船㈱に入り一等機関士となった。以来、同社船に乗務し、三四年一月機関長となった。

宮尾　舜治　▷5

関東都督府民政長官／旅順官舎／一八六八（明一）一／新潟県／帝国大学法科大学

一八九六年帝国大学法科大学を卒業して大蔵省官吏となり、一九〇〇年台湾総督府殖産局長兼専売局長、一〇年九月拓殖局第一部長を歴任した後、関東都督府民政長官となって渡満した。⇩その後帰国して愛知県知事、北海道長官を歴任した後、二三年後藤新平帝都復興院総裁の下で副総裁として関東大震災の復興事業に従事し、退官後は東洋拓殖㈱総裁に就任し、三四年貴族院議員に勅撰された。三七年没。

宮川　嘉門　▷11

公主嶺電灯会社専務取締役／吉林省公主嶺木下町／一八九〇（明二三）／長野県東筑摩郡東川手村／長野県立松本中学校、京都電気専門学校

長野県宮川胤男の次男に生まれ、一九〇九年県立松本中学校を卒業して京都電気専門学校に入った。一一年に卒業して同年四月に渡満し、満鉄に入社して大連浜町発電所に勤務した。一三年安東電灯会社に転じ、一四年一〇月瓦房店電灯会社が創立されると同社主任技師となった。一六年に再び大連浜町発電所に戻って所長に就き、二七年六月公主嶺電灯会社専務取締役に就任した。大連在勤時には浜町区長、浜町消防監督を務め、公主嶺では同地の長野県人会長を務めた。

宮川　潔　▷12

満鉄吉林東洋医院外科医長／吉林陽明街／一九〇三（明三六）五／福岡県山門郡城内村／熊本医学専門学校

一九二五年三月熊本医学専門学校を卒業し、九州帝大附属病院の医員となった。三二年五月同大学に論文「所謂腹部三主徴（胃又ハ十二指腸潰瘍胆嚢炎及ビ虫様突起炎ノ合併）生成ニ関スル実験的研究」を提出して医学博士号を取得し、同年大分市の膳所病院に転じた。三五年四月満鉄に転じて渡満し、吉林東洋医院外科医長に就任した。

宮川　末人　▷12

満鉄火連寨駅長、正八位勲八等／奉天省火連寨駅長社宅／一八九七（明三〇）五／熊本県菊池郡戸崎村／明治大学専門部商科

熊本県宮川半太郎の五男に生まれ、郁文館中学校を経て一九二〇年三月明治大学専門部商科を卒業した。同年四月満鉄に入り、商事部倉庫課、奉天駅小荷物方、同貨物方、奉天列車区車掌に歴勤した後、二七年九月煙台駅助役、三一年三月遼陽駅助役を経て三三年六月安奉線火連寨駅長となった。この間、満州事変時の功により勲八等瑞宝章を授与され、三五年四月勤続一五年の表彰を受けた。

宮川　正治　▷12

満州中央銀行営業処副経理／新京特別市羽衣町／一八九〇（明二三）一／新潟県中頸城郡大鱗村／東京帝大法科大学政治科

一九一五年七月東京帝大法科大学政治科を卒業した後、一六年三月安田銀行に入った。一九年二月に退職して翌月神戸の岡崎銀行に転じ、二六年三月東京支店長に就いた。その後三三年二月満州中央銀行営業処副経理に転じて渡満し、同年一一月南広場支行経理、三四年一一月管理課勤務を経て三六年八月再び営業処副経理となった。

宮川　巳作　▷3

大連基督教会牧師／大連市敷島町／一八七五（明八）五／長野県上水内郡野尻村／明治学院普通科、同神学部、同研究部

一八九三年明治学院普通科を卒業して同神学部に進み、九七年さらに研究部に進んだ。九八年に卒業して岩手県一関、群馬県桐生、札幌等を伝道して回り、その後東京の赤坂教会牧師となり、かたわら明治学院と東京神学社で神学を教授した。一九一〇年九月、大連基督教会の牧師となって渡満した。

宮川　安敬　▷11

日本綿花会社大連支店次長／大連

市但馬町／一八九〇（明二三）一／岡山県久米郡倭文中村／東亞同文書院

岡山県宮川安正の長男に生まれ、一九一二年上海の東亞同文書院を卒業して日本綿花㈱に入った。上海、漢口両支店に勤務した後、二一年五月大連支店に転任して渡満した。

宮城　静雄　▷1

宮城写真館主／旅順市青葉町／一八七六（明九）三／千葉県市原郡菊間村／英和学校

青年期に上京して英和学校に学び、余暇に写真術を習得した。一八九八年ウラジオストクに渡りロシア人写真業者ネポロスキの下で技師を務め、業余にロシア語を習得した。一九〇二年ロシア統治下の大連に渡り、旅順でロシア海軍主計グリバーノフが経営する写真館の大連支店主任となった。〇二年から冨山房と報知新聞の嘱託を受けて写真記事を送り、また別の目的でハルビン、チチハルなど松花江、嫩江沿岸を撮影して〇三年一二月東京に帰った。日露開戦にともない第一軍付写真師となり、〇四年三月朝鮮の鎮南浦に上陸して安東県を経て鳳凰城に従軍し、次いで第一一師団に従軍して旅順北砲台の爆破など各地の戦場を撮影した。その後旅順で写真業を開業し、日露戦中からの老舗写真館として知られた。

宮城　豊彦　▷10

㈾宮下木廠代表社員／大連市東公園町／一八七九（明一二）三／兵庫県神戸市兵庫御崎町／大阪府立八尾中学校中退

大阪府中河内郡八尾町に生まれ、府立八尾中学校を中退して大阪の親戚が経営する木材店に見習奉公をした。二七歳で神戸の宮下木材店に入り、北海道出張所詰となって各所の原生林を踏査した。一九〇八年大連出張所開設の際、主任に抜擢されて渡満した。二〇年に神戸本店が火災で多大の損害を出して各地の支店・出張所を整理縮小する際、開設当初からの功労を認められ、本店出資により同年六月㈾宮下木廠を設立して代表社員に就いた。大連市入船町に営業所、同市栄町に製材部、栄町番外地に材木置場を設け、木材売買及び製材、製箱を営業課目とした。夫人タミ子との間に三男二女あり、長男篤衛は神戸商大、次男豊男は東京帝大文科、三男豊三は関大商科、長女俊子と次女芙美子は大連神明高女に学んだ。三三年二月大連で没した後、神戸商大在学中の長男篤衛が二代目豊彦を襲名して事業を継承した。

宮城　豊彦　▷12

㈾宮下木廠代表社員／大連市東公園町／一九一三（大二）一／大阪府中河内郡八尾町／神戸商業大学

一九〇八年に渡満して㈾宮下木廠を経営する宮城豊彦の長男として大連に生まれた。大連第二中学校、成城高等学校を経て神戸商業大学在学中の一九三三年二月に父が死亡したため、前名篤衛を改名し、亡父の権利を継承して宮下木廠代表社員に就いた。次弟豊男は東京帝大、三弟豊三は関大、長妹俊子と次妹芙美子は大連神明高女に学んだ。

三宅　円治　▷9

東海生命保険㈱大連出張所長／大連市越後町／一八七五（明八）七／岡山県吉備郡庭瀬町

少年時代から神戸の商館で貿易業に従事し、一九〇四年日露戦争に際し陸軍用達商となり、安東県に上陸して各地に従軍した。戦後帰国して東海生命保険㈱に勤め、二〇年六月大連出張所長となって渡満した。

三宅　駿二　▷4

㈾東和公司、勲八等／奉天省営口西北街／一八七八（明一一）四／兵庫県城崎郡城崎町／同志社法政経済科

兵庫県三宅豊彦の子に生まれ、一八九五年同志社法政経済科を卒業して横浜の太刀川商会に入り支配人次席となった。九七年秋に河北省の太沽に派遣されたが、北清事件後に会社が倒産し、日本と天津の間を往来して情勢をうかがった。一九〇四年に日露戦争が始まると天津に渡り、翌年八月営口に赴いて軍政署の高等通訳となり一年勤務した。軍政撤廃後は東盛和に寄寓して元軍政長官の興倉喜平大佐の援護により輸送業を始めたが、一年後に東盛和が倒産すると菊地吉蔵と共に〇七年三月東和公司を設立した。中国官憲と契約して復州から営口経由で漢口、ウラジオストク等への官塩輸送を請け負うなど船舶業、石炭販売業、輸出入貿易、保険代理業を兼営した。一三年三月資本金一〇万円で㈴に改組し、東和丸、東亞丸、東京丸、浅間丸を買い入れ、他に傭船五、六隻を契約して中国沿岸

み

を主としてウラジオストクからジャワまでの貨物輸送を行った。営口での豆粕輸出では三井、小寺に並び、綿糸太物輸入でも三井、日本綿花出張所に次ぐ取引高に達した。一四年一二月に青島が陥落すると資本金二万円で青島支店を置き、同支店長を兼任した。 ▷12

三宅　善平

満鉄大連鉄道事務所工務課員、勲七等／大連市芝生町／一八八八（明二一）一／岐阜県不破郡関ヶ原町／高等小学校

岐阜県三宅寅蔵の長男に生まれ、関ヶ原尋常高等小学校を卒業して一九〇四年一〇月鉄道作業局に入り、名古屋保線事務所に勤務した。〇六年六月野戦鉄道付となって渡満し、大連に在勤した後、〇七年四月満鉄開業とともに同社入りして保線事務所に勤務した。以来勤続して二〇年一一月大連工務事務所線路工長、二三年九月金州保線区保線助役、二七年一一月奉天保線区保線助役、三三年四月瓦房店保線区長を歴任し、三七年三月大連鉄道事務所工務課に転勤した。この間、瓦房店在勤時に社員会瓦房店連合会幹事及び社員消費組合瓦房店区総代を務め、満州事変時の功により陸軍大臣より金五〇円及び勲七等青色桐葉章年金付、勲七位景雲章を授与されたほか、二二年一一月に満鉄社員表彰規定第二号による表彰、三一年八月軌条枕木干割防止用のステープル製作機の考案による表彰を受け、三七年四月勤続三〇年の表彰を受けた。 ▷12

三宅玉次郎

近江屋ホテル主、近江屋タクシー主、鞍山市場㈱常務取締役、鞍山不動産信託㈱取締役、南満機械製氷㈱取締役、鞍山劇場㈱取締役、鞍山区長、町内会長、鞍山金融組合評議員／奉天省鞍山北二条通／一八八一（明一四）二／岡山県浅口郡玉島町

岡山県魚問屋三宅秀次の次男に生まれ、一九〇四年一一月日露戦中に渡満して安東、遼陽、鉄嶺で旅館及び質屋業を営んだ。次いで鞍山駅前広場に近江屋旅館を開業し、かたわら近江屋タクシーを兼営した。本業の他に鉄嶺日華銀行、鞍山銀行、鞍山財事会社、鞍山証券会社、鞍山製氷会社の監査役や取締役、同地の居留民会委員、消防団長を務め、関東庁及び満鉄の表彰を受けた。夫人との間に子無く、東京高師範の出身で鞍山中学教諭の欣吾を養子とした。 ▷12

三宅　貞助

カフェー「キング」店主、ハイラル神社総代、ハイラル第二区長／興安北省ハイラル北斜街／一八八六（明一九）四／広島県深安郡山野村

広島県三宅彦兵衛の長男に生まれ、一九〇三年呉海軍工廠に入り、〇六年神戸の川崎造船所に転じたが、〇八年に退職して朝鮮に渡った。次いで一二年に渡満し、シベリア出兵に際し軍に従って各地で理髪業と宿泊所を経営し、派遣軍の撤退と共にハルビンに引き揚げて理髪業を営んだ。その後三四年にハイラルに移住し、同地でカフェー「キング」を経営した。 ▷4

三宅哲一郎

外務省領事、従七位高等官七等／奉天省営口日本領事館内／一八八八（明二一）九／和歌山県那賀郡粉河村／神戸高等商業学校、東京高等商業学校専攻部

和歌山県三宅進一郎の子に生まれ、一九一〇年四月神戸高等商業学校を卒業して上京し、東京高等商業学校専攻部に入り、在学中の一一年一一月文官高等試験に合格した。一二年七月に卒業し、翌年一二月鉄道院書記となった。一四年一〇月外交官及び領事官試験に合格し、翌月鉄道院を依願免官して領事官補となり広東に赴任した。一五年三月牛荘領事館に転任して渡満し、一六年三月から関東都督府事務官を兼任した。 ▷12

三宅徳太郎

㈱昭和製鋼所銑鉄部銑鉄工場第三高炉係主任、満鉄鞍山地方委員／奉天省鞍山中台町／一八九八（明三一）二／大阪府大阪市南区難波新地／大阪高等工業学校採鉱冶金科

大阪府三宅作次郎の長男に生まれ、堺中学校を経て一九一九年三月大阪高等工業学校採鉱冶金科を卒業し、同年五月満鉄に入社して鞍山製鉄所銑鉄課に勤務した。三〇年六月製鉄部製造課勤務を経て同年八月銑鉄工場第二高炉掛長となり、三三年六月鞍山製鉄所の事業を継承した昭和製鋼所の操業開始とともに同所職員となり、銑鉄部銑鉄工場第三高炉係主任に就いた。この間、三四年四月勤続一五年の表彰を受け、三六年四月に昭和六年乃至九年事変の功により賜品と従軍記章を授与された。

三宅　俊成　▷11

金州南書院教諭／金州城内北街官舎／一九〇二（明三五）三／宮城県仙台市新寺小路／旅順師範学校

宮城県宗教家三宅寛義の四男に生まれ、一九二三年旅順師範学校を卒業して旅順師範学堂訓導となった。二四年金州の南金書院教諭に転じ、二六年関東庁在支研究員として北京に留学した。この間、二二年七月にシベリア、二七年九月には中国各地の教育、風俗等を視察するなど中国宗教史、風俗等に詳しく、著書に『仏教概況』『支那風俗の歴史』（中日両文）がある。

三宅　秀吉　▷11

建築業者／大連市聖徳街／一八九三（明二六）六／広島県安佐郡三条町／広島県立工業学校

広島県三宅市五郎の次男に生まれ、一九一〇年広島県立工業学校を卒業した。一九年に渡満し、以来大連で建築業に従事した。

三宅　秀也　▷12

熱河省公署警務庁警務科長、承徳居留民会評議員／熱河省承徳省公署警務庁警務科長公館／一九〇五（明三八）一〇／兵庫県赤穂郡塩谷村／東京帝大法学部政治学科

兵庫県三宅浜治の長男に生まれ、公主嶺小学校を卒業した後、帰国して岡山県立閑谷中学校、高知高等学校を経て一九三一年東京帝大法学部政治学科を卒業し、三二年吉林省永吉県参事官となった。次いで三四年一二月熱河省公署理事官に進んで総務庁総務科長を務め、三六年九月同公署警務庁警務科長に転任した。

三宅　円　▷4

正隆銀行長春支店長／長春東一八区／一八八〇（明一三）一二／島根県松江市南田町

島根県三宅台之助の子に生まれ、郷里で小学校教員を務めた後、一八九六年第三銀行に入り今市、松江、大阪、横浜、東京の各支店に勤務した。一九一一年に辞職し、同年七月に渡満して正隆銀行に入り旅順に勤務し、翌年一〇月長春支店が開設されると支店長に就いた。

三宅　光治　▷11

関東軍参謀長、正五位勲三等功五級／旅順市千歳町／一八八一（明一四）五／三重県桑名郡桑名町／陸軍大学校

三重県士族山田光寿の三男に生まれ、三宅はるの養子となった。一九〇二年陸軍士官学校を卒業して歩兵少尉となり、〇四年歩兵第三三連隊付旗手として日露戦争に従軍し、翌年一二月に帰国して陸軍大学校に入った。卒業後は第一師団参謀、次いで陸軍省軍務課員、陸軍大臣秘書官を歴任し、一九年五月第一次世界大戦の平和条約実施監督委員としてオーストリア及びハンガリーに出張した。二二年七月に帰国して陸軍省新聞班長、近衛歩兵第四連隊長を経て二六年三月第四師団参謀長となり、二七年七月少将に進んで歩兵第五旅団長となった。二八年八月、関東軍参謀長となって渡満した。⇒三二年四月中将・参謀本部付となって帰国し、同年六月運輸本部長、三五年三月第二〇師団長を歴任して翌年一二月予備役編入となった。四〇年から敗戦まで満州国協和会中央本部長を務め、戦後ソ連に抑留されて二〇年一〇月モスクワで死去した。

三宅　敬夫　▷12

満州電信電話㈱東京出張所長／東京市渋谷区原宿／一八八二（明一五）七／和歌山県和歌山市字須

一九〇七年一二月満鉄に入社して用度課に勤務し、以来勤続して三一年六月経理課長となった。三三年九月に満州電信電話㈱が創立されると同社に転じて参事に就き、東京出張所長を務めた。

三宅　良憲　▷12

旅順医院庶務部長、従七位勲八等／旅順市大島町／一八八七（明二〇）三／青森県西津軽郡鰺ヶ沢町／東奥義塾

青森県官吏三宅金助の長男に生まれ、一九〇六年弘前の東奥義塾を卒業し、同年九月弘前の歩兵第三一連隊に入隊した。陸軍二等看護長として一〇年に満期除隊した後、一五年五月青森県西津軽郡書記となった。次いで埼玉県属、山形県南置賜郡書記、山形県属、滋賀県属・学務課勤務に歴勤し、二八年七月関東庁属に転出して渡満し、内務局

み

地方課に勤務した。金州民政署庶務課長兼財務課長に転任した後、三三年一一月長官官房文書課兼関東庁新京出張所勤務を経て三五年六月関東医院書記となり、旅順医院庶務部長に就いた。長男政一は日本赤十字社満州委員部に、長女文江は同社滋賀支部病院に勤務し、実弟の長盛は陸軍砲兵少佐として久留米の独立山砲兵第三連隊大隊長を務めた。

三宅亮三郎　▷14

満鉄参事、沙河口工場次長／大連市星ヶ浦／一八八二（明一五）一一／岡山県吉備郡薗村／神戸高等商業学校

岡山県三宅小文二の三男に生まれ、一九〇八年四月神戸高等商業学校を卒業し、同年六月に渡満して満鉄総務部土木課書記となった。〇九年撫順炭砿に転任して会計課に勤務し、一二年二月炭砿会計課勤務を経て一四年五月の分掌規定改正により鉱業部販売課員となり、一八年六月炭砿会計課長に就いた。二二年八月から一年間欧米各国を視察した後、二五年一月参事に進み、翌年三月大連医院事務局長を経て二七年一一月沙河口工場次長に就いた。業務のかたわら二八年一一月から三二年一〇月まで大連市会議員を務めた。

三宅林次郎　▷12

満鉄新京機関区工作助手、社員会新京支部委員／新京特別市羽衣町／一八八六（明一九）六／神奈川県鎌倉郡川上村

神奈川県三宅峯吉の次男に生まれ、一九〇七年七月横須賀海軍工廠に入った。一三年六月石川島造船所、一七年九月浅野造船所、一八年一〇月富士製鋼㈱等に転職した後、一九年六月に渡満して満鉄に入り、遼陽車輌係として勤続し、三五年九月新京機関区工作助手となった。ボイラー関係に熟練の技術を持ち、三五年四月勤続一五年の表彰を受けた。

都沢　虎雄　▷12

大学堂薬局本店主、奉天白系露人事務局顧問、満州薬剤師会理事、奉天薬業組合評議員、在郷軍人分会評議員、従六位勲五等／奉天富士町／一八八七（明二〇）一二／宮城県仙台市米ヶ袋仲町／東北帝大薬学専門部

東北帝大薬学専門部を卒業して陸軍に入り、一九〇九年陸軍薬剤官としてシベリア及び北満方面に派遣された。予備役編入後二二年からウラジオストクで極東洋行の名義で各種貿易業を営み、かたわら同年末から奉天省四平街の信和洋行主鶴見徳世と長春で信和製粉工場を共同経営し、高粱を原料とする澱粉の製出と一面坡でのホップ栽培を行った。その後二五年九月に奉天に移り、二六年四月から富士町で薬局を経営した。後に浪速通に支店を設け、日本、ドイツ、フランスの有名製薬会社の特約代理店として従業員四人を使用し、業界団体の役員を務めた。

都沢　正章　▷3

満鉄中央試験所染織科主任、勲七等／大連市近江町／一八七二（明五）九／岩手県西磐井郡一関町／東京工業学校染織工科

一八九三年、東京工業学校染織工科を卒業して京都市染織学校教諭となった。その後京都市染物同業組合技師に転じ、一九〇一年七月から〇四年一二月までイタリアに留学した。〇五年に辞任し、翌年京都の日本製布㈱に入って工師を務めた。一二年四月満鉄に転じて渡満し、中央試験所染織科主任となった。

宮越　正良　▷7

奉天市政顧問、高等官五等従五位勲五等／奉天琴平町／一八六三（文三）六／宮崎県北諸県郡庄内村

一八九九年二月千葉県警務課長から同県匝瑳郡長に転任した後、一九〇〇年三月愛知県北設楽郡長をへて〇二年一二月警視に進み東京市新宿警察署長となった。その後京橋、神田、芝、愛宕の各警察署長を歴任し、一四年七月関東都督府警視に任じられて渡満し奉天警務署長に就いた。二〇年一〇月に退官して奉天信託取引所長となり、二四年二月奉天取引所長に転じたが、同年一二月に辞任して奉天市政顧問に就いた。夫人とし子との間に二女五男あり、長男正一は慶応大学に学び、長女は山口市長に、次女は新潟県北上原郡郡長に、三女は朝鮮総督府事務官高等警察課長に、四女は佐賀県警視に嫁した。

宮坂徳次郎　▷8

弘文堂書店主／奉天／一八八三（明一六）五／奈良県宇陀郡榛原町

一九〇四年日露戦争に従軍し、第四師団に属して奉天会戦に参加した。蘇家屯付近の戦闘で負傷した後、再び第一六師団に属して奉天、大石橋に転戦し、戦後〇七年二月独立守備隊に編入された。一〇年六月に満期除隊して関東都督府巡査となり、一七年六月に退職して本渓湖で新聞、雑誌、和洋図書の販売業を始めた。二二年六月同業の山陽堂の事業を継承し、同時に本店を奉天に移して本渓湖店を支店とした。

宮崎　市作　▷12

満鉄鉄道総局付待命副参事、勲七等／奉天満鉄鉄道総局気付／一八八九（明二二）七／佐賀県杵島郡武内村／中学校中退

佐賀県宮崎慶太郎の四男に生まれ、中学校四年を中退して一九〇九年八月関東都督府旅順民政署に勤務した。その後一九年五月に依願免職し、満鉄に転じて四平街保線区に勤務した後、同年一一月長春工務事務所、二三年四月奉天鉄道事務所に歴勤して二八年四月奉天電気区庶務助役となった。次いで三〇年六月奉天保安区鉄道部電気課庶務助役、三五年三月ハルビン鉄路局電気科庶務係主任、同年一一月朝陽鉄路監理所監理員を歴任し、三七年四月副参事に昇進して待命、総局付となった。この間、三四年四月勲七等瑞宝章を授与され、三五年四月勤続一五年の表彰を受けた。

宮崎　愿一　▷14

[名]／宮崎商店代表社員、七欧無線電気商会[株]取締役大連出張所長／大連市早苗町／一八九二（明二五）八／佐賀県東松浦郡唐津町／明治大学法学部

佐賀県海運業三宅真澄の子に生まれ、後に大連市栄町で海運業宮崎商会を経営する宮崎伊太郎の養子婿となった。一九一六年明治大学法学部を卒業して富士瓦斯紡績[株]に入社したが、一八年一〇月に退社して宮崎商会に入って神戸出張所に勤務し、店主の長女芳野の婿養子となった。一九年一月大連本店支配人となって渡満し、世界大戦の戦後不況に際し石炭販売業に転業し、満鉄指定販売人になって経営を建て直した後、[名]に改組して代表社員に就き、大連石灰[株]社長を兼務した。さらに三四年一〇月七欧無線電気商会製品の卸小売を目的に一家族出資資本金一万円の[資]大連ナナオラ洋行を創立して代表社員となり、三五年六月東京七欧本社が株式組織になると大連ナナオラ洋行を同社に併合し、取締役大連出張所長として満州一円の事務を統括した。大連実業野球団のマネージャーとしても知られ、二四年一一月から三二年一〇月まで大連市会議員を二期務めたほか市参事会員として市政に尽力し、大連市長の表彰を受けた。

宮崎　佐平　▷12

宮佐時計店主／奉天春日町／一九〇〇（明三三）一／長崎県南高来郡西郷村

一五六歳の頃に出郷し、東京の時計店で働いた。その後渡満し、一九二四年に伯父前田徳太郎を頼って奉天に移った。浪速通で煙草・雑貨店を経営する伯父の後援で春日町に宮佐時計店を開業し、大阪、東京、上海方面から時計、貴金属、宝石類を仕入れて販売した。

宮崎　重一　▷3

宮崎製瓦工場主／大連市山城町／一八七四（明七）九／熊本県天草郡本戸村／工手学校建築科

一八九六年三井建築掛に入り、勤務のかたわら工手学校建築科に学び、九七年に卒業した。一九〇七年二月三井を退社して渡満し、長谷川銈五郎経営の事業に従事した後、大連で煉瓦製造業を営んだ。

宮崎　重助　▷12

大裕鉱業公司主、撫順実業協会評議員、撫順競馬倶楽部理事／奉天省撫順東五条通／一八八二（明一五）一一／佐賀県唐津市／早稲田大学商科

一九〇八年、早稲田大学商科を卒業して官営八幡製鉄所に入った。一三年に辞職して渡満し、満鉄撫順炭砿庶務課に勤務した。工業課勤務を経て東郷坑事務主任に就いたが、二一年春に退社し、撫順に大東公司の名で苦力供給と水田耕作、石炭販売業を営んだ。その後、練炭商に転じ、さらに撫順炭砿東郷坑で売店を経営したが、炭砿側の都合で閉店した。三三年に中国人実業家の裕興恒が経営する事業と大東公司を合併して大裕鉱業公司を設立し、撫順県馬前沖村で陶土、同県黄旗営子村で陶石、同県大房身村で長石、瀋陽県高家湾子村で硅石の鉱山を経営し、他に耐火粘土、石綿、雲母等も採掘した。

み

宮崎庄太郎 ▷9

関東庁開原取引所長、正八位勲八等／奉天省開原付属地関東庁官舎／一八七六（明九）三／福岡県三池郡二川村／東京法学院大学

一九〇四年東京法学院大学を卒業して栃木県属となり、地方課主任を務めた。一三年福岡県に転任して勧業主任となり、一五年さらに福島県理事官に転任して地方議長に就いた。その後一七年に渡満して満鉄に勤務し、一九年旅順市助役に転じた後、二一年関東庁開原取引所長に就いた。

宮崎　専一 ▷12

奉天省撫順県参事官／奉天省撫順西一条通県参事官公館／一九〇三（明三六）八／佐賀県東松浦郡有浦村／拓殖大学支那語科

唐津中学校を経て一九二八年三月拓殖大学支那語科を卒業し、二九年三月関東庁開原取引所雇員となった。三一年三月奉天取引所に転勤した後、満州事変が起きると同年一〇月洮南県自治指導員に転じた。三二年二月開通県自治指導員を経て同年三月国務院総務庁人事処に配属され、同年六月関東庁を依願免官した。三三年二月鳳城県参事官を経て三四年一二月三江省公署理事官となり、民政庁行政科長を務めた後、三七年二月奉天省撫順県参事官に転任した。

宮崎　宗一 ▷8

大丸洋服店主／奉天／一八九四（明二七）六／三重県河芸郡神戸町

三重商業夜学校を卒業して上京し、東京商業学会に学んだ後、郷里の羅紗洋服雑貨問屋寺尾商会に勤めて支配人となった。一九一四年一一月に渡満し、一七年八月奉天で洋服羅紗商伊勢洋行を開業した。一九年に資本金一五万円で㈾三栄商会を組織して千代田通に店舗を構えたが、二二年五月に解散し、同年七月春日町の奉天商品陳列館入口に大丸洋服店を開業した。本業のかたわら奉天郵便局の大丸靖が発明した電信折畳機の完成に協力し、さらに服装の華美驕奢に流れるのを憂慮し服装改善を唱えて二四年に実業青年団を組織し、二五年に奉天青年団と合併した後は同団幹事として質朴剛健の気風振作に努めた。

宮崎　宅治 ▷12

満鉄新京検車区四平街分区検車助役、社員会評議員／奉天省四平街北一条通／一八九九（明三二）一一／佐賀県唐津市

佐賀県宮崎忠太郎の長男に生まれ、一九一九年五月満鉄に入った。長春車輌係として勤務した後、二二年一〇月長春検車区に転任し、翌年一〇月鉄道教習所第一期検車科を修了した。以来勤続して三二年一〇月検車助役に進み、三五年三月新京検車区四平街分区検車助役となり、同年四月勤続一五年の表彰を受けた。

宮崎竹次郎 ▷12

宮崎号薬房主、新京商工会議所議員、新京輸入組合薬業部評議員／新京特別市光耀路／一八六三（文三）一／佐賀県西松浦郡有田町

郷里で実業に従事した後、渡満して各地で種々の職業に就いた。一九一六年長春に宮崎薬房を開業し、東京・大阪・大連方面から薬品と衛生材料を仕入れて北満一帯に販売した。売上げの増加とともに新京吉野町に支店を設け、経営のかたわら新京商工会議所議員、新京輸入組合薬業部評議員を務めた。

宮崎　貞一 ▷12

満鉄鉄嶺保線区長、満州国協和会鉄嶺分会長、社員会評議員、社員消費組合総代、勲八等／奉天省鉄嶺橋立町／一九〇五（明三八）三／佐賀県佐賀郡兵庫村／熊本高等工業学校土木科

佐賀県宮崎幸吉の五男に生まれ、佐賀工業学校機械科を経て一九二八年三月熊本高等工業学校土木科を卒業し、同年四月満鉄に入り鉄道部に勤務した。三一年五月大連鉄道事務所、同年八月大連保線区保線助役、三三年三月図們建設事務所、同年一一月図們建設事務所三道溝工事長、三四年一〇月寧佳線測量隊長、三五年三月牡丹江建設事務所勃利工事区長を歴職し、同年六月鉄道建設局工事課に転任し、三六年三月奉天鉄道事務所工務課勤務を経て同年九月鉄嶺保線区長となった。この間、満州事変時の功により勲八等旭日章を授与された。

宮崎　猶寿 ▷12

宮崎尚明堂主／大連市浪速町／一八八八（明二一）一〇／長崎県南

み

高来郡西有家町

郷里の小学校を卒業した後、一六歳の春から長崎市鍛冶屋町の熊江鼈甲店に奉公した。一九一〇年春に渡満し、実兄の許に一年半余り寄寓して帰国した。一二年に再び渡満して大連市浪速町に宮崎尚明堂を開業し、始め鼈甲・貴金属細工を専業としたが、後に時計・眼鏡類も取り扱い、従業員九人を使用するまでに発展した。

宮崎 文市 ▷12

満鉄鉄道総局人事課員／奉天雪見町／一八九九（明三二）一〇／佐賀県杵島郡南有明村／長崎郵便局通信生養成所

佐賀県宮崎源市郎の長男に生まれ、一九一五年長崎郵便局通信生養成所を修了して同年四月武雄郵便局に勤務した。その後渡満して満鉄に入り、大連駅駅夫、奉天駅改札方を経て大連管理局庶務課員となった。次いで奉天運輸事務所、奉天鉄道事務所、鉄道部庶務課、埠頭事務所庶務係等に歴勤して三三年三月鉄路総局総務処人事科弁事員となり、三六年九月副参事に昇任して翌月鉄道総局人事課に転任した。

宮崎 正義 ▷11

満鉄調査課ロシア係主任／大連市星ヶ浦／一八九三（明二六）二／石川県金沢市材木町／ペテルブルグ大学政治経済学部

石川県米穀商宮崎正行の三男に生まれ、一九一一年県立金沢第二中学校を卒業し、石川県官費留学生としてロシアに三年留学した。一四年に一時帰国した後、満鉄ロシア留学生として再びロシアに渡りシャニヤフスキー大学で社会学を修めた後、ペテルブルグ大学政治経済科で修学し、一七年七月に卒業して満鉄に入社した。運輸部営業課、長春駅連絡貨物事務所勤務を経て本社調査課に転任し、ロシア研究の専門家として頭角を現し、二三年五月ロシア係主任となり満鉄語学検定試験委員、満鉄社員会常任幹事を兼務した。⇒ロシア係主任として『労農露国研究叢書』『露亜経済調査叢書』等の編集に携わった後、三〇年参事に昇格した。三一年九月関東軍によって満州事変が引き起こされると軍の意を受けて奉天で経済建設工作に従事し、三二年一月満鉄経済調査会の発足とともに第一部主査兼幹事に就いた。次いで三三年九月関東軍嘱託として東京に在勤し、三五年八月日満財政経済研究会を組織して日満経済ブロックによる経済統制策の策定を主導し、三六年「満州産業開発五ヶ年計画」を作成した。その後石原完爾の東亜連盟運動に関与し、上海、南京、漢口等で活動して対重慶工作等に関わった。日本の敗戦後四六年に帰国し、元満鉄理事・経済調査会委員長の十河信二が主宰する日本経済復興協会の常務理事に就いた。五四年七月没。

宮崎 宗朝 ▷1

宮崎工程局主、営口居遊民会行政委員、日本赤十字社特別会員／奉天省営口／一八五七（安四）一／石川県金沢市河原町

加賀藩士の子に生まれ、石川県下の郡衙に入り土木課長として大小工事の設計監督をした。辞職して地方の名誉村長を数年務めた後、一九〇〇年北清事変に際し天津に渡って陸軍用達業と土木建築請負業を開業し、天津新市街の道路改修、駐屯軍兵営・倉庫などを手がけた。〇四年八月日露戦中に三谷、飯塚両氏と営口に渡り、第二軍用達商となって物資供給と軍需品輸送に従事し、かたわら土木建築請負業を営んだ。専門技術者一八名を擁し、牛家屯停車場・倉庫、遼河護岸工事、営口・牛家屯間の道路改修のほか、請負高一四万円の営口病院をはじめ軍政署関係の工事請負高四〇万円に達した。経営のかたわら日本赤十字社特別会員、営口居遊民会行政委員を務めた。

宮崎勇太郎 ▷7

宮崎商会主／大連市西通／一八七七（明一〇）一〇／鹿児島県鹿児島郡谷山村

渡満して満鉄沿線各地で俸給生活を送った後、一九一一年四月大連市能登町に店舗を開き、鹿児島特産の鰹節や朝鮮の海産物を扱った。薄利多売で業務を拡張して卸商を兼ね、一三年三月市内西通に移転して大豆、小豆、豆粕等の満州特産を鹿児島、沖縄両県に輸出した。店員四名と貸屋数軒を持ち、一五年から町内会区委員を務めた。

宮崎 吉利 ▷11

三井物産㈱大連支店保険係員／大連市霧島町／一八九七（明三〇）三／北海道札幌市豊平町／小樽高等商業学校

北海道商業宮崎治吉郎の長男に生ま

れ、一九一七年小樽高等商業学校を卒業して三井物産㈱本店に入った。一八年九月大連支店詰となって渡満し、一年余でハルビン支店に転じた。二四年一月東京本店に戻った後、同年八月大連支店保険係となって再渡満した。

宮崎儀勇喜　▷12

満鉄ハルビン站事務助役、勲八等／ハルビン南崗福泰胡同街／一九〇八（明四一）三／長崎県南高来郡多比良村

長崎県宮崎千代吉の長男に生まれ、一九二三年二月満鉄に入り新台子駅に勤務した後、二四年に鉄道教習所電信科を修了した。以来勤続し、奉天駅、奉天列車区各勤務を経て海城駅助役となった。次いで三五年三月北鉄の接収に際し派遣されてハルビン駅構内助役となり、同年六月運転助役を経て後にハルビン站事務助役となった。この間、奉天在勤時の三一年九月満州事変に際会して戦闘員同様の活動をし、功により勲八等旭日章及び従軍記章、建国功労賞を授与された。

宮沢　章　▷12

満鉄新京検車区技術助役／新京特別市羽衣町／一九〇四（明三七）八／長野県下伊那郡大島村／長野工業学校機械電気科

長野県宮沢瀬平の次男に生まれ、一九二五年一月所沢陸軍飛行学校に入隊し、同年六月千葉県の下志津陸軍飛行学校に転じた。その後軍籍を離れて長野工業学校機械電気科に入学し、二八年に卒業して満鉄に入社した。奉天検車区、長春検車区奉天省四平街分区に勤務した後、新京検車区検査助役を経て三六年一〇月同区技術助役となった。この間、満州事変時の功により従軍記章及び賜盃を受けた。

宮沢　惟重　▷12

撫順炭砿老虎台庶務主任／新京特別市東三馬路陶家胡同民政部次長公館／一八九三（明二六）二／秋田県秋田市／東京帝大法学部

一九一九年東京帝大法学部独法科を卒業して満鉄に入り、撫順炭砿に勤務した。次いで老虎台庶務主任、同炭砿庶務課長に歴勤し、二六年一〇月から二八年一一月まで社命で英米両国に留学した。帰任して参事に昇格し、経済調査委員会委員、地方行政権調整移譲準備委員会委員長を歴任し、三五年九月地方部長に就いた。この間、満鉄傘下の撫順市場㈱社長、撫順セメント㈱取締役、南満州瓦斯㈱取締役、奉天工業土地㈱董事、営口水道交通㈱取締役、ハルビン土地建物㈱取締役を兼務したほか、満鉄奨学資金財団理事、東洋協会満州支部理事、満州発明協会理事、㈶大連医院理事・同評議員を務めた。その後三七年七月満州国に転出し、国務院民政部次長に就任した。

宮沢　次郎　▷12

安東省鳳城県参事官、鳳凰城自治会顧問／安東省鳳城県城内文廟胡同／一九〇九（明四二）一〇／静岡県静岡市安東町／東京帝大法学部法律学科、大同学院

静岡中学校、静岡高等学校を経て一九三三年三月東京帝大法学部法律学科を卒業して渡満し、同年一〇月大同学院を卒業して国務院民政部属官となり警務司に勤務した。その後三六年一〇月安東省鳳城県参事官に転任した。

宮地　高一　▷12

国際運輸㈱大連支店大連鮮貨発送代弁所営業係主任／大連市桔梗町／一九〇一（明三四）五／愛知県丹羽郡羽黒村／明正高等簿記学校

愛知県宮地弥十郎の長男に生まれ、一九一九年私立明正高等簿記学校を卒業し、二〇年一月山口運輸公司に入り長春支店に勤務した。二三年七月国際運送㈱に併合後、同社職員となり長春、ハルビン、吉林、大連の各支店に勤務した。二六年八月の国際運輸㈱への改組後、三一年一〇月大連本社勤務となり運輸課、計画課、陸運課に歴勤し、入船駅荷扱所主任を経て三六年四月大連鮮貨発送代弁所営業係主任となった。

宮下　熊吉　▷7

安東鉄道事務所工務掛／安東県満鉄社宅／一八八五（明一八）六／鹿児島県鹿児島市下竜尾町

一九一〇年に渡満して満鉄本社入り、翌年安奉線掛として安東県に転任し沙河鎮五竜脊間の広軌改築工事に従事した。一三年熊岳城保線工事掛に転じ、同年さらに隻廟子保線に転勤して主任となった。精勤して技術部第七回優勝名誉旗を得た後、一九年長春保線主任、二一年本社線路課勤務を経て二四年四月安東事務所工事掛に転任した。

宮下　公平 ▷12

満州医科大学医院城内分院長／奉天稲葉町／一九〇三（明三六）六／長野県長野市岩石町／南満医学堂

長野県宮下甚左衛門の三男に生まれ、長野中学校を卒業して渡満し、奉天の南満医学堂に入学した。一九二六年三月卒業と同時に帰国し、同年六月日本赤十字社長野支部病院外科に勤務した。次いで長野県小県郡の依田社病院外科部主任、愛知県碧海郡の榊原病院外科主任等を歴職した後、三二年九月母校が昇格した満州医科大学の解剖学教室副手となって再び渡満した。三四年三月助手、同年九月専門部講師を経て三五年六月助手兼医員平山外科勤務となり、三六年七月同大学より医学博士号受け、同年一二月奉天城内分院長となった。

宮下静一郎 ▷12

東泰洋行主／ハルビン埠頭区薬舗街／一八九四（明二七）四／群馬県新田郡太田町／東京帝大法学部

一九二〇年東京帝大法学部を卒業して三井物産に入り、二四年に退社して渡満した。二五年ハルビン埠頭区薬舗街に東泰洋行を設立し、浜綏線葦沙河に製材工場を設けて木材業を経営した。日中露の従業員三六人を使用し、大連市須磨町と天津フランス租界に出張所を置いた。

宮下　忠雄 ▷11

関東庁旅順医院眼科部長、正六位／旅順市鮫島町／一八八七（明二〇）一〇／長野県長野市／東京帝大医学部

長野県商業宮下太七郎の次男に生まれ、一九一二年東京帝大医学部を卒業した。同学部眼科で研究に従事した後、二三年関東庁旅順医院眼科部長に迎えられて渡満した。長兄知雄は早大卒業後長野市で諸会社銀行の重役を務め、次弟義雄は県立宇都宮病院外科部長となり、姉琴子は東大農学部教授高橋偵造に嫁し、妹貞子は東北帝大教授小町谷操三に嫁した。夫人みねは侍医を務めた大谷周庵の子に生まれ、義兄に満鉄理事梅野実、東京済生会病院長大谷彬亮がいた。

宮地　鶴松 ▷11

棉花布団商／奉天省撫順永安大街／一八七一（明四）三／北海道札幌市北四条

北海道の布団商宮地銀蔵の次男に生まれた。一九〇八年七月に渡満して同年九月から撫順炭砿に勤務したが翌月退職し、永安大街で棉花布団商を営んだ。二六年八月東四条通に店舗を新築し、長男宮松を北海道から呼び寄せて質屋・洋服販売業をさせた。両店を経営するかたわら、福島県人会幹事、東部町内副会長を務めた。

宮地　宏 ▷3

牛荘郵便局為替貯金掛主任、従七位勲七等／牛荘郵便局官舎／一八七一（明四）三／高知県香美郡山田町

一八九三年一二月、高知郵便局に入った。名古屋、台湾基隆、東京の各局に勤務した後、一九〇一年七月北京局に転任し、翌月さらに天津局に転じた。一三年三月牛荘局勤務となって渡満した。

宮島　高雄 ▷12

満州電信電話㈱山城鎮電報電話局長、勲七等／奉天省山城鎮中央大街／一八九七（明三〇）一／長野県更級郡川中島村／長野逓信管理局養成所

一九一二年長野逓信管理局養成所を修了し、同年一〇月同県奈良井郵便局に勤務した。川辺、長野の各郵便局に転勤した後、一七年一二月徴兵されて中野電信隊に入営した。一九年一二月シベリア派遣軍に従軍し、二〇年一二月ウラジオストクで満期除隊となり、同月渡満して関東庁通信局に入り奉天郵便局に勤務した。勤続して三二年七月遼陽城内日本電信取扱所長となり、三三年八月満州電信電話㈱の設立とともに同社書記となり、引き続き同職を務めた。三四年八月奉天管理局文書係長に転任した後、三五年八月山城鎮電報電話局長となった。

宮島　忠雄 ▷12

満鉄鉄道研究所調査役、工業標準規格委員会委員、正七位／大連市伏見町／一八九一（明二四）五／東京府東京市目黒区下目黒／九州帝大工科大学土木工科

宮城県陸軍教官宮島昇の四男として山形市新築西通に生まれ、一九一七年七月九州帝大工科大学土木工科を卒業して東北帝大工学専門部講師となった。

一八年八月同教授に就いた後、二〇年に宮城県土木技師兼道路技師に転じ、次いで二一年一〇月満鉄に転じて鞍山工務事務所土木長となった。二二年一〇月長春工務事務所土木長に転任し、二三年三月職制改正により長春地方事務所工務係長となった後、二四年六月本社土木課勤務、二六年四月同課調査係主任、二七年九月技術研究所土木係主任を歴任した。その後中央試験所勤務を経て三二年九月技師に進み、上下水道研究室主任兼土木構築研究室主任を経て三六年一〇月の職制改正で参事となり、中央試験所上下水道研究室主任、鉄道研究所大連在勤を経て三七年六月鉄道研究所調査役となった。著書に『上下水道其他の殺菌剤としての漂白並塩素』がある。

宮嶋　哲一 ▷12

国際運輸㈱営口支店河北営業所主任兼粮石代理部主任／奉天省営口吉野町／一八九九（明三二）一〇／大分県西国東郡西真玉村／大連商業学校

一九二二年三月大連商業学校を卒業し、同年四月奉天の満蒙毛織㈱に入り用度係事務員となったが、同年一二月兵役のため朝鮮大邱の歩兵第八〇連隊に入営した。二三年一二月に除隊して鄭家屯の特産商東泰洋行に入ったが、翌年同行が閉店したため同地で特産業を自営した。その後二六年一一月国際運輸㈱に入って長春支店に勤務し、二八年五月大連支店詰を経て三一年八月営口支店に転勤した。三三年六月同支店河北営業所主任となり、三六年一〇月から粮石代理部主任を兼務した。

宮島彦一郎 ▷12

満鉄チチハル鉄路局機務処配車科員／龍江省チチハル鉄路局機務処／一九〇三（明三六）六／新潟県中蒲原郡川東村

新潟県宮島文治の長男に生まれ、一九二〇年五月仙台鉄道局に入り新津運輸事務所管内馬下駅に勤務した。二二年五月新津駅に転勤し、車掌見習、車掌心得を経て車掌となり、新潟駅在勤、越後堀之内駅助役を歴職した。三三年二月鉄道局書記に進んで依願免官し、同年渡満して満鉄に入り新京鉄道事務所に勤務した。新京駅貨物方、新京列車区車掌心得、同車掌、新京鉄道事務所事務助手、公主嶺駅助役、鉄嶺駅助役を歴職し、三七年四月チチハル鉄路局に転任して機務処配車科に勤務した。

宮地　宮松 ▷11

既成洋服・呉服販売、質屋業／奉天省撫順東四条通／一九〇二（明三五）五／北海道札幌市北四条／大連商業学校中退

北海道宮地鶴松の長男に生まれ、一九〇九年一〇月棉花布団商を営む父鶴松のいる撫順に渡った。二〇年に大連商業学校を中退して帰国し、北海道夕張で小学校教員となった。二年後に退職して実業に従事した後、二六年八月再び渡満して父が設けた店舗で呉服・質屋業に従事した。二八年九月から金融業も営み、かたわら撫順青年団幹事、福島県人会幹事を務めた。

宮副　一郎 ▷12

満鉄チチハル鉄道工場機関車廠主任兼客貨車廠主任、従七位／龍江省チチハル信永街／一九〇三（明三六）七／佐賀県佐賀市大財町／九州帝大工学部機械工学科

佐賀県宮副智一の長男に生まれ、小城中学校、佐賀高等学校を経て一九二六年三月九州帝大工学部機械工学科を卒業し、同年六月朝鮮総督府鉄道局に入り京城工場組立職場に勤務した。二七年四月機械課、三三年五月工作課に勤務して同年一〇月京城工場組立職場助役となり、三四年七月清津工場鉄工職場主任に転任した。三五年一月技師に進んだが、翌月依願免本官となり、満鉄に転出してチチハル鉄道工場機関車廠主任となり、客貨車廠主任を兼務した。

宮武喜三太 ▷11

農業／大連市外台山屯／一八六五（慶一）一二／香川県仲多度郡善通寺町／東京法学院

香川県商業宮武宇太郎の長男に生まれ、一八九二年東京法学院を卒業した。九五年通信省に入り、九七年真宗信徒生命保険会社に転じて会計主任となった。九九年平麦㈾に転じた後、一九〇〇年香川県琴平町にパノラマ㈱を設立した。〇三年移民研究のためシベリアを巡遊し、翌年新聞記者として日露戦争に従軍した。戦後一二年に至るまで大阪で夕刊新聞社東雲社、電車新聞社等を経営し、一七年四月には郷里の有志に推され衆議院選挙に立候補したが落選した。二一年五月に渡満して日本生命保険会社顧問、満州書画同好会顧問、茶華道組合松風会会長等を務め、二二年聖徳会事務長となった。二六年に辞任し、以後は台山屯で薬草木を栽培して窮民の救済に従事した。著書に『宮崎県大観』『浪花人物月旦』『千三百年』『薬草案内』等がある。長男の忠は早稲田大学を卒業して高文試験に合格し、大阪鉄道局に勤務した。

宮竹 清介 ▷11

薬種商、勲七等／旅順市青葉町／一八七四（明七）一二／山口県吉敷郡山口町

山口県薬種商宮竹善之助の次男に生まれ、分家独立して郷里で薬種店を開業した。一九〇四年六月日露戦争に従軍し、功により勲七等を受けた。いったん帰国した後、〇六年六月に再び渡満して旅順で薬種商を開業した。旅順市会議員、同参事会員を務め、二八年五月に帝国在郷軍人会有功章を受けた。

宮田 笑内 ▷12

内務省警保局ハルビン在勤、正六位／ハルビン吉林街公館／一八九八（明三一）一二／東京府東京市牛込区市ヶ谷甲良町／東京帝大法学部政治学科

立教中学、第七高等学校を経て東京帝大に進み、在学中の一九二四年文官高等試験行政科に合格した。二五年三月同大法学部政治学科を卒業して東京市官吏となり、次いで徳島県属・地方警視、三重県警察部、大分県警察部、岡山県警察部、大阪府警察部、滋賀県書記官・警察部長を歴任した。その後三五年七月内務事務官となり、同年八月関東局事務官を兼任してハルビンに在勤した。

宮田 次郎 ▷12

満州国軍第一軍管区副管長、従五位勲五等／奉天第一軍管区／一八八九（明二二）一一／東京府東京市小石川区大原町／陸軍士官学校

一九一一年五月陸軍士官学校を卒業して歩兵少尉に任官し、以来各地に勤務して三二年八月中佐に累進して待命となった。三三年一二月満州国に招聘され、混成第一旅団司令部付となって渡満した。三五年九月歩兵上校補となり、第一軍管区副管長に就いた。

宮田甚太郎 ▷11

関東庁大連民政署用度係技手／大連市児玉町／一八七七（明一〇）一〇／兵庫県朝来郡生野町／工手学校

兵庫県官吏宮田市蔵の長男に生まれ、一八九七年東京築地の工手学校を卒業した。九九年京都府庁に入り、一九〇四年京都煙草専売局に転じた。〇六年に退職し、翌年渡満して関東都督府土木課大連出張所に勤務した。〇九年大連民政署に転任し、用度係技手を務めた。

宮田太喜男 ▷11

満鉄大連医院レントゲン科主任／大連市播磨町／一八九五（明二八）三／石川県金沢市百姓町／金沢医学専門学校

石川県宮田太三次の次男に生まれ、一九一八年金沢医学専門学校を卒業して翌年四月満鉄に入社し、同年九月に渡満した。以来大連医院に勤務し、その間小池博士、藤浪博士の下でレントゲン学を専攻した。二二年に社命で欧米に留学してレントゲン学を研究し、帰国して同医院レントゲン科主任に就いた。

宮田 仁吉 ▷12

華信洋行主、大信洋行㈱取締役／旅順市三笠町／一八七〇（明三）二／長崎県下県郡厳原町／東京専修学校

長崎県の貿易商宮田恒治の次男に生まれ、一八八四年一五歳で朝鮮に渡り第一銀行仁川出張所に勤めた後、八八年に帰国して渋沢栄一邸に寄宿して東京専修学校及び国民英学会に学んだ。京阪神及び朝鮮で父の貿易商を補佐した後、九二年に上海に渡ったが、九五年日清戦争に召集されて劉公島守備特別歩兵中隊付通訳官となり、次いで九六年威海衛守備隊で清語通訳事務に従事し、同年末から守備隊酒保用達業に従事した。戦後九八年芝罘に店舗を構えて貿易業・海軍用達業を営み、一九〇〇年に北清事変が起きると北京・天津・塘沽に支店を設けて陸軍兵站部用達業を始め、かたわら天津運輸公司及び製粉工場を経営した。〇二年青島に移転して石炭及び桐材を取り扱ったが、〇四年二月の日露開戦とともに営口・大連・撫順に支店を開設し、戦後〇五年に本店を旅順に移して陸海軍用達業と雑貨販売業を経営し、かたわら旅順港内の沈没ロシア艦船の引揚を請負い、計一五隻のロシア艦船を処理した。その後一九年に華信油房を興し、二〇年に旅順西港に塩田を開いて製塩業を兼営した。この間、本業の他に㈱旅順鉄工所社長、満州澱粉㈱専務取締役、満州麦酒㈱監査役、内外商事監査役を務めたほか、旅大特別市制調査委員、関東庁経済調査会委員、官選旅順市会議員・同参事会員、旅順輸入組合理事、旅順商工協会副会長等の公職に就いた。京都府立第一高女出身の夫人喜久子との間に四男四女あり、長男義夫は拓殖大学を卒業して大連の満鉄消費組合に勤務し、次男忠夫は明治大学を卒業して満鉄に勤務し、長女薫は日本女子大学に学んだ。

宮谷　公雄　▷11

外国為替仲買業／大連市土佐町／一八八五（明一八）九／東京府東京市牛込区中里町／早稲田大学

東京府僧侶宮谷法輪の次男に生まれ、一九〇九年早稲田大学を卒業し、同年一〇月に渡満して翌月満鉄に入った。貨物方、小荷物方、車掌を経て一四年大連駅助役となったが、一七年一〇月に退社して義兄の遠藤裕太が始めた外国為替仲買業に従事し、二〇年に同業を譲り受けて単身経営にあたった。かたわら実業野球団常任幹事、早稲田大学校友会大連支部幹事長を務めた。

宮田　信春　▷12

料亭松鶴主、勲八等／奉天柳町／一八八三（明一六）一〇／鹿児島県川辺郡西南方村／高等小学校

郷里の高等小学校を卒業した後、一九〇〇年尋常小学校准教員の免許を取得した。勝目小学校に在職中の〇三年に徴兵され、熊本の第六師団騎兵第六連隊に入営して伍長に進んだ。日露戦争に従軍して勲八等及び一時賜金を受けた。戦後〇六年に満期除隊して帰国した後、翌年七月に再び渡満して通江口で中国人相手に質商を営んだ。間もなく廃業して開原に七ヵ月滞在した後、双廟子に移って二年半ほど薬舗を営んだ。さらに一五年に鄭家屯に移って六年ほど滞在し、二一年に再び開原に出て料亭松鶴を開業し、後に料亭千鳥を兼営した。二九年頃に奉天に進出し、亡夫の跡を継いで坂本チマが経営した柳町の料亭穂積館を譲り受けた。三一年に松鶴と改称し、女中、板前、男衆など従業員六五人を使用して年商二〇万円を上げた。営業のかたわら同地の在郷軍人会正副会長、同郷団体三州会副会長等を務め、日本赤十字社に多額の金員を寄付して木杯を受けた。

宮永　万吉　▷11

満鉄本線分水駅助役／満鉄本線分水付属地／一九〇三（明三六）一〇／鹿児島県姶良郡牧園村／博約鉄道学校

鹿児島県農業宮永袈裟太郎の次男に生まれ、一九二〇年鹿児島市の博約鉄道学校を卒業して満鉄に入り、金州駅貨物係となった。二二年二月同駅駅務方、同年一〇月瓦房店車掌を経て二七年四月分水駅助役となった。

宮野入博愛　▷12

満鉄公主嶺公学校校長、社員消費組合総代、在郷軍人会四平街支部監事／吉林省公主嶺楠町公学校長社宅／一八九四（明二七）三／群馬県利根郡利南村／群馬県師範学校

群馬県宮野入長太郎の長男に生まれ、一九一四年三月群馬県師範学校を卒業して同県矢場川尋常高等小学校訓導となった。次いで一八年三月から一ヶ年の農業講習を受講し、一九年五月から矢場川村立実業補習学校の訓導を兼務した。その後二〇年三月に渡満し、満鉄に入社して橋頭尋常高等小学校訓導となり、教育研究所に入所した後、二一年一〇月四平街公学堂教員となった。二三年四月から一年間北京に留学し、帰任して二四年四月公主嶺農業学校教諭兼公主嶺公学堂教諭、公主嶺農業学校舎監兼務を経て三〇年六月公主嶺公学校校長に就いた。この間、帝国在郷軍人会功労賞及び満州事変従軍記章を授与され、三五年四月勤続一五年の表彰を受けた。

宮之原誠治　▷7

湯屋業、貸家業／奉天省撫順明石町／一八八〇（明一三）三／鹿児島県鹿児島市平之町

台湾に渡って雑貨商を営んだ後、日露戦中の一九〇四年七月軍属となって渡満した。戦後、御用商を経て沿線でサツマ旅館を開業したが頓挫し、撫順で湯屋業を始めて成功した。その後土地を求めて貸家業を兼営し、市街地移転に際し多大の補償金により資産を築いた。

宮之原元良 ▷7

商業／大連市聖徳街／一八八三（明一六）一二／鹿児島県鹿児島市西町

近海航路の海員となり、二等運転士に進んで後欧州航路に乗務したが、実業を志して退職した。大阪で各種事業に手を染めて失敗し、郷里に帰って事業を興したが第一次世界大戦の戦後不況で頓挫した。一九二〇年末に渡満して大連で商業に従事したが立ちゆかず、満鉄硝子工場の倉庫に職を得た。二五年四月、硝子工場が満鉄から分離して昌光硝子㈱となったために退職し、聖徳街で商業に従事した。

宮畑　虎彦 ▷11

大連第一中学校教諭／大連市董町／一九〇三（明三六）一／高知県幡多郡下田町／東京高等師範学校

高知県宮畑正篤の長男に生まれ、一九二六年東京高等師範学校を卒業し、翌年四月大連第一中学校教諭となって渡満した。高師在学中の二四年に第八回パリ・オリンピックに水泳選手として出場し、渡満後の二八年には役員として第九回アムステルダム・オリンピックに出場した。

宮原袈裟吉 ▷12

岩見屋主、ハルビン製菓同業組合幹事／ハルビン道裡買売街／一八八一（明一四）七／佐賀県三養基郡北茂安村

佐賀県宮原芳太郎の三男に生まれ、小学校を卒業して菓子製造業に従事した。その後渡満して各地を転々とした後、ハルビンに在住した。一九二〇年八月買売街に工場を設け、岩見屋の商号で菓子製造業を始めた。三五年の北鉄接収による好況に際会し、電気釜、餅搗機などの設備を導入して日本人四人と中国人三人を使用して年間二万五〇〇〇円を売上げ、工場の他に喫茶部を設けた。

宮原　芳茂 ▷12

国際運輸㈱新京支店長、新京商工会議所議員／新京特別市錦町／一八八九（明二二）一／東京府／東京帝大法科大学法律学科

宮原純一の三男として山口県美祢郡赤郷村に生まれ、山口中学校、第三高等学校を経て一九一七年東京帝大法科大学法律学科を卒業して日本運送㈱に入った。二三年一月京城支店長に就いたが、同年七月大連に国際運送㈱が設立されると同社京城支店長となり、同年一二月平壌支店長、二五年八月元山支店長を歴任した。その後三〇年四月に全朝鮮の運送業者が合同して朝鮮運送㈱が創立されて同社清津支店長となった。次いで三四年三月国際運輸㈱に転じて新京支店長となり、三七年三月大連本社勤務となったが、同年五月に辞職した。

宮平　与助 ▷12

宮平商店主／奉天千代田通／一八八九（明二二）二／広島県賀茂郡仁方村

朝鮮守備隊を除隊して帰国した後、再び朝鮮に渡り京城で左官業を始めた。次いで一九一八年に奉天に移り、大蔵組の下で左官工事に従事し、後に同組直属の下請人となった。その後、三一年四月から宮平商店の商号で左官材料の販売業を兼営した。

宮　啓之 ▷12

満州電業㈱営業部業務課商品係長／新京特別市東安路／一八九七（明三〇）一二／新潟県北魚沼郡堀之内町／旅順工科学堂電気工学科

新潟県宮尚之の長男に生まれ、小千谷中学校を卒業して渡満し、一九二〇年旅順工科学堂電気工学科を卒業した。二一年一月㈾高田商会に入り、東京本社電気部に勤務した後、同年六月大連支店詰となって再び渡満した。二五年八月高田商会が倒産したため帰国して日本ウェスチングハウス電気㈱大阪事務所に転じ、二六年一二月大連出張所員となって三度目の渡満をした。三〇年四月同社解散のため大連の福昌公司に入り、次いで三二年五月奉天電灯廠に転じ、三四年一一月満州電業㈱の創立とともに同社入りして営業部業務課商品係長に就いた。

宮部　信貞 ▷12

鞍山輸入組合理事／奉天省鞍山北四条町奉天省鞍山輸入組合／一八九三（明二六）五／佐賀県佐賀市水ヶ江町／県立佐賀中学校、京城高等普通学校付属臨時教員養成所

佐賀県宮部作之助の次男に生まれ、県立佐賀中学校を卒業して朝鮮に渡り、一九一四年三月京城高等普通学校付属臨時教員養成所を修了し、朝鮮公立普通学校訓導となった。その後一八年三月満鉄に転じて本渓湖地方事務所に勤務し、二二年一〇月同庶務係長、二三年一二月鞍山地方事務所勤務、二五年四月瓦房店地方事務所地方係長、二七年二月地方部地方課勤務、三〇年六月総務部検査課第一班副査を歴任し、三一年八月監理部考査課地方班副査となった。次いで三二年一二月総務部審査員を経て同年九月副参事となり、地方部付を経て同年一〇月から地方行政権移譲準備委員会幹事を兼務した後、三七年六月参事に昇格と同時に退職し、鞍山輸入組合理事に就いた。

宮部　光利 ▷12

龍江省公署警務庁長、在郷軍人会チチハル分会長、正五位勲三等／龍江省チチハル省公署警務庁／一八八二（明一五）一〇／東京府東京市牛込区市谷仲之町／海軍兵学校

宮部春和の子として愛媛県宇和島市に生まれ、一九〇三年海軍兵学校を卒業した。〇四年六月海軍少尉に任官して日露戦争に従軍した後、水雷艇長、駆逐艦長、教育本部員、水雷学校教官、連合艦隊副官、駆逐隊司令、巡洋艦長等に歴補し、二四年一二月海軍大佐に累進して予備役編入となった。その後二八年二月㈱大阪製鎖所東京支店長となり横浜工場長を兼務した後、三二年四月に渡満して海辺警察隊長となった。次いで遼河水上警察局長、奉天漁業商船保護総局顧問を歴職して渤海、黄海、遼河、鴨緑江の警備機構の整備に従事した後、三六年四月龍江省公署警務庁長に就いた。

宮前　勇吉 ▷12

㈴／原組ハルビン出張所主任、新進コンクリート工業㈱ハルビン出張所主任／ハルビン道裡外国四道街／一八九四（明二七）四／北海道小樽市石山町／日本大学

北海道宮前音吉の四男に生まれ、日本大学を卒業して内外貿易会社に入り、後に主任となった。その後辞職して日之出製粉会社支配人に転じ、次いで樺太に渡って造材業を営んだ。一九三四年に廃業して渡満し、原組及び新進コンクリート工業㈱の各ハルビン出張所主任となり、鉄路局・市公署を主要得意先として営業した。

三山　和穂 ▷11

南満州瓦斯㈱営業課導管係兼装置係主任／大連市聖徳街／一八九九（明三二）四／広島県比婆郡八幡村／南満州工業学校

広島県三山勘次郎の次男に生まれ、一九一四年三月に渡満して南満州工業学校に入学した。一八年に卒業して満鉄瓦斯作業所に入り、設計製図、製造監督を経て二三年一二月安東瓦斯営業所に転任して製造掛長代理となった。二四年五月再び瓦斯作業所に戻り、二五年七月に同所が満鉄から分離して南満州瓦斯㈱となると工務課外管係兼技術係主任となった。二七年六月商工省から瓦斯事業主任技術者免許状を交付され、同年一〇月の職制変更で営業課導管係兼装置係主任となった。

宮光　房一 ▷12

満鉄白城子建設事務所員／龍江省白城子満鉄建設事務所／一八九八（明三一）九／大分県東国東郡来浦町

大分県宮光寅平の長男に生まれ、一九一三年一二月に渡満して満鉄電気作業所に入った。技術研究所を経て二八年三月奉天電気区に勤務した後、二九年六月大連鉄道事務所、三〇年七月大連第二工事事務所、三三年七月鉄道部電気課等に勤務して三四年二月新京保安区電気助役となり、三七年三月白城子建設事務所に転勤した。この間、満州事変時の功により従軍記章及び賜品を受け、二九年に一五年勤続の表彰を受けた。

宮本栄太郎 ▷12

満州中央銀行業務課副課長／新京特別市興安胡同／一八九四（明二七）二／和歌山県日高郡塩屋村／東亜同文書院

和歌山県宮本徳松の長男に生まれ、一九〇八年一〇月郷里の塩屋郵便局に勤務したが、一一年三月に辞職して私立耐久中学校に入学した。同校卒業後、上海の東亜同文書院に入学し、一九一九年に卒業して同年六月満井銀行に入り、勤務のかたわら二七年四月から一年間長崎高等商業学校講師を兼務した。その後三四年六月三井銀行を退職し、同年七月満州中央銀行に転じて渡満し、検査課及び管理課に勤務した。次いで三六年三月南広場支行経理課勤務、同年一二月管理課副課長を経て三七年五月業務課副課長となった。

宮本嘉四郎 ▷8

宮本号主／奉天十間房／一八六九（明二）二／和歌山県東牟婁郡高池町

一九〇五年二月日露戦中に渡満し、奉天で陸軍酒保を営んだ。各種容器として木箱が使用されるのを見て紙函製造業に転じ、体裁と軽便さで中国人顧客に好評を博し沿線全域に販路を拡張した。

宮本　熊吉 ▷9

「恋敷」「弦月楼」主、逢阪町遊郭副組合長、蓬莱信託㈱取締役／大連市逢阪町／一八七六（明九）四／広島県芦品郡網引村

一九〇六年に渡満して大連に在住し、後に逢阪町で「恋敷」「弦月楼」を経営して逢阪町遊郭副組合長を務めた。かたわら株式仲買業を営み、蓬莱信託㈱の創立に参画して取締役に就いた。

宮本　五市 ▷1

東清公司公主嶺支店長、公主嶺輸送業組合副組合長／吉林省公主嶺／一八七六（明九）一／大分県下毛郡大江村／大分県立中学校

大分県立中学校を卒業後、家業の書画骨董商と陸軍用達業を営んだ。一九〇四年日露戦争に際し第一軍に従って仁川に上陸し、安東を経て奉天に入り、同地で物資の供給に従事した。戦後〇五年九月に用達を廃業し、昌図公司に入って営業部長を務めた後、〇六年一一月東清公司に転じて公主嶺支店長となった。鉄道その他一般輸送業と諸官衙用達、和洋雑貨販売業を経営するかたわら、公主嶺輸送業組合副組合長を務めた。

宮本　権朔 ▷12

満鉄撫順炭砿製油工場工作係主任、勲八等／奉天省撫順南台町／一八九四（明二七）一一／石川県石川郡宮保村／南満州工業学校機械科

石川県宮本権三郎の五男に生まれ、一九一五年南満州工業学校機械科を卒業して同年四月満鉄に入り撫順炭砿機械課に勤務した。二七年一〇月同機械工場、二八年二月臨時製油工場建設事務所勤務を経て二九年一一月同オイルシエール製油工場に転任し、三四年一二月工作係主任となった。入社以来一貫して機械設計方面を担当し、復炭車式チップラー回転装置の考案により二七年四月満鉄創立二〇周年記念式で功績章を授与されたほか、満州事変時の功により勲八等従軍記章及び建国功労賞を受けた。

宮本　重房 ▷12

富美洋行・山田洋行業務執行社員兼支店代表者、糧粉組合副会長／間島省図們中秋街／一八九五（明二八）九／愛知県渥美郡伊良湖岬村

愛知県宮本重平の三男に生まれ、豊橋市の商店に奉公した後、一九一五年朝鮮に渡り清津の山田商店に入った。その後帰国して一七年から二一年まで大阪に在住し、二四年に渡満して竜井の山田洋行に勤務した。二六年に富美洋行が設立されると同洋行に転じ、三三年鉄道工事の完成と前後して図們に転住して富美洋行と山田洋行の業務執行社員兼支店代表者を務めた。

宮本寿之助 ▷13

柳屋店主、大連連鎖街㈱取締役社長、大連商工会議所議員、大連輸入組合監事／大連市連鎖街銀座通／一八七〇（明三）一〇／広島県豊田郡東野村

郷里の村長を務めた後、一八九六年に船舶職員法が公布されると広島県知事江木千之と東京高等商船学校平山校長に海員養成の急務を説き、後の広島商船学校の前身に当たる海員養成所を設立管理した。その後一九〇八年に渡満し、大連浪速町に柳屋商店を開業して旅行用具を販売し、後に洋品雑貨・化粧品等も販売した。第一次世界大戦末期の好況時に浪速町の家賃が暴騰すると、同地の日本商人達と資本金五〇万円で合名会社を組織して新商店街の造成を企画し、総工費二〇〇万円で二九年一二月大連駅前に連鎖街を完成させ、三四年株式会社に改組して社長に就いた。かたわら敷島町他に貸家を所有し、周水子に果樹園を経営した。

宮本　信七 ▷12

宝洋行主、新京電話工業㈱取締役社長、新京ビル㈾／代表社員／新京特別市日本橋通／一八九四（明二七）一二／和歌山県有田郡箕島町

早くから上海に渡り、同地で貿易業に従事した。一九三二年、満州事変後に渡満して新京に宝洋行を設立して貿易

商を開業した。かたわら同年八月資本金九万円で合資会社を組織し、日本橋通に工費二万円で四階建の新京ビルを建設した。一階を百貨店として二〇店舗を容れ、二階以上の五〇室余りを貸事務室とし、三階にはダンスホールを設けた。次いで三四年一月資本金一〇万円で新京電話工業㈱を設立し、電信電話交換機、通信機械器具の販売修理業を兼営した。さらに合資組織で鉱区二〇〇〇万坪、推定埋蔵量一億トンの間島省土山子炭砿を経営した。

宮本　慎平　▷11

撫順炭砿古城子坑計画係主任／奉天省撫順南台町／一八九二（明二五）四／茨城県北相馬郡川原代村／東京帝大工学部

茨城県宮本享之助の四男に生まれ、一九二一年東京帝大工学部を卒業し、同年五月に渡満して満鉄に入社した。撫順炭砿に勤務し、後に古城子坑計画係主任に就いた。

宮本　直　▷12

国務院民政部土木局総務処員／新京特別市金輝路第三代用官舎／一九〇八（明四一）三／香川県高松市西通町／京都帝大法学部法律科

香川県宮本三郎の三男に生まれ、高松中学校、第六高等学校を経て一九三二年三月京都帝大法学部法律科を卒業し、同年五月国務院民政部雇員となり総務司調査科に勤務した。三三年七月民政部属官に進んで衛生司医政科に勤務した後、三五年一一月民政部事務官となり土木司総務科、三六年七月兼任地籍整理局事務官・事業処勤務を経て三七年一月民政部土木局総務処に転任した。この間、阿片法施行令・施行手続、戒煙新官制、公医規則、検疫新官制、国立医院官制、衛生技術廠官制、屠宰場法・同施行規則、都邑計画法・同施行令等の立案制立に従事した。

宮本　伝吉　▷12

満鉄新京事務局庶務課経理係主任、社員会評議員、新京附属地衛生委員会委員、新京衛生組合白菊区組合長、新京第四区長、第四防護分団長、白菊町町内会長／新京特別市新発屯菖蒲町／一八九五（明二八）七／和歌山県有田郡宮原村／専門学校中退

和歌山県宮本弥七の四男に生まれ、和歌山中学校を卒業して専門学校に進んだが、三年で中退して満鉄に入った。一九二〇年一〇月経理部会計課勤務を経て二六年上海事務所に転勤し、二八年四月再び経理部会計課に勤務した。三〇年六月地方部庶務課勤務を経て三二年一月遼陽地方事務所経理係長となり、三三年五月鞍山地方事務所経理係長、三六年二月新京地方事務所経理係長を歴職して同年一〇月新京事務局庶務課経理係主任となり、三七年四月副参事に昇任した。

宮本　知行　▷12

満鉄産業部鉱業課計画係主任、社員会評議員／大連市伏見町／一九〇一（明三四）一／熊本県上益城郡飯野村／東亜同文書院

熊本県宮本定彦の次男に生まれ、一九二三年三月上海の東亜同文書院を卒業して同年六月満鉄に入社し、興業部商工課に勤務した。二七年四月ハルビン事務所調査課に転任した後、同年一一月同所庶務課勤務、三一年一〇月総務部人事課、同年一二月技術局庶務課に歴勤した。三二年一二月計画部業務課に転任し、三六年二月経済調査会第二部鉱山班主任を兼務した後、同年一〇月産業部の発足とともに鉱業課計画係主任となった。

宮本　春生　▷12

満鉄撫順炭砿臨時石炭液化工場建設事務所計画係主任、正八位／奉天省撫順北台町／一八九六（明二九）三／熊本県玉名郡玉名村／旅順工科学堂機械科

熊本県宮本三郎の長男に生まれ、玉名中学校を卒業して渡満し旅順工科学堂機械科に入学した。一九一八年一二月同学堂を卒業して満鉄に入り、撫順炭砿工業課に勤務した。以来同構内に勤務し、骸炭工場、発電所、モンド瓦斯工場等で石炭化学工業関連の業務に従事して三五年七月技師となり、三六年八月臨時石炭液化工場建設事務所計画係主任となった。この間、三四年四月勤続一五年の表彰を受けた。

宮本　平一　▷12

満州木材工業㈱社長、共同木材㈱取締役／大連市聖徳街／一八八二（明一五）五／兵庫県神戸市兵庫今出在家町

兵庫県桑木貞五郎の次男に生まれ、後に宮本栄次郎の養子婿となった。一九〇七年七月神戸の山口運輸会社本店に

み

入り、大連支店勤務となって渡満した。奉天、長春、ハルビンの各支店に勤務した後、二三年七月同社が国際運送㈱に合併される際に退社し、以来ハルビン及び大連で宮本材木店を経営した。その後三六年五月に同業の秋田商会及び浜材木店と業務を統合し、大連市入船町に満州木材工業㈱を設立して社長に就いた。

宮本　増蔵　▷12

満州国最高法院審判官、高等土地審定委員会委員、商租権整理委員会委員、学習法官考試委員、新京茨城県人会副会長、従六位勲六等／新京特別市熙光路白山住宅／一八九四（明二七）一二／茨城県稲敷郡大宮村／東京帝大法科大学英法科

茨城県宮本亀次郎の長男に生まれ、一九一八年七月東京帝大法科大学英法科を卒業して二〇年九月司法官試補となり、次いで静岡区裁判所検事代理となった。二三年三月予備判事となり東京地方区裁判所及び同地方裁判所の判事代理となり、二四年一月千葉地方裁判所判事、二九年三月横浜区裁判所・同地方裁判所判事、同年八月同判事・予審掛、三一年二月東京地方区裁判所・同地方裁判所判事、同年五月同予審掛、三五年二月東京地方裁判所部長を歴任した。同年五月満州国最高法院推事に転出して渡満し、三六年七月から学習法官指導官及び民事法典起草委員会委員を兼務し、その後の職制改正で最高法院審判官となった。

宮本　通治　▷13

満鉄調査局長／大連市台山屯／一八九七（明三〇）六／和歌山県海草郡川永村／東京帝大経済学部

和歌山中学校、第三高等学校を経て一九二二年東京帝大経済学部を卒業して満鉄に入社し、社長室調査課に勤務した。二四年四月から満鉄育成学校講師を兼務した後、二六年北京公所詰を経て二九年上海事務所に転勤し、調査主任を経て三一年同所長心得となった。次いで同年本社総務部資料課勤務となり、三二年調査課情報係主任、同年末資料課長を歴任した。三六年一月情報及び資料に関する組織制度の調査研究のため欧米に八ヶ月出張した後、同年一二月総裁室東亜課長となり、産業部員及び経済調査委員会委員、㈱興中公司取締役を兼務した。その後三九年四月に大調査部が発足すると次長に就き、四二年一月上海事務所長に転任した。

宮本　元槌　▷11

大連埠頭貨物助役／大連市沙河口白金町／一八九〇（明二三）三／北海道空知郡岩見沢町／拓殖大学支那語科

北海道農業宮本誠の三男に生まれ、一九一五年拓殖大学支那語科を卒業し、同年一〇月満鉄に入り、埠頭事務所に勤務した。一九年一二月主管となり、二七年一一月貨物助役・第三埠頭係を経て二八年一〇月第一埠頭係に転任した。

宮本　羊一　▷4

山口運輸公司ハルビン出張所主任／ハルビン埠頭区／一八八二（明一五）五／兵庫県神戸市

神戸市の山口(名)に入り、一九一六年一一月山口運輸公司ハルビン出張所開設の際に渡満した。主任として日本人五人、中国人数人の店員を差配して北満一帯に運輸事業の拡張を図った。

宮本　喜造　▷12

吉林省樺甸県参事官／吉林省樺甸県参事官公館／一九〇三（明三六）六／福岡県築上郡三毛門村／東亜同文書院

福岡県宮本鶴松の次男に生まれ、郷里の築上中学校を卒業して上海に渡り、東亜同文書院に入学した。一九二七年三月に卒業して帰国し、一年志願兵として小倉の第一二師団に入営した。二八年四月に除隊して再び中国に渡り上海駐在海軍武官室通訳官となったが、同年一〇月東京海上火災保険㈱上海支店に転じた。三一年五月に退社していったん帰国し、三二年一月に渡満して奉天省新民県自治指導員となり、同年六月吉林省公署総務庁調査科に転任した。三四年一二月同公署事務官・民政庁行政科勤務を経て三六年三月吉林省樺甸県参事官となった。

宮脇　襄二　▷12

国務院総務庁情報処長、正六位勲四等／新京特別市羽衣町／一八九〇（明二三）／滋賀県大津市松本／陸軍士官学校、東京外国語学校英語科

み

陸軍士官学校を卒業して輜重兵少尉に任官し、各地に歴勤した後、二三年に東京外国語学校英語科を修了して士官学校外国語教官となった。二五年四月陸軍兵器本廠付を経て陸軍省新聞班員となり、二六年三月世論指導及び統制法研究のためイギリスに出張して二七年一月に帰任した。陸軍自動車学校研究部主事兼同校教官に転任した後、三二年二月上海事変に際し第九師団付となって同地に赴任し、新聞指導に当たるかたわら上海派遣軍司令部第四課を兼務して同年七月に帰国した。輜重兵中佐に累進した後、三四年三月国務院総務庁事務官に転出して渡満し、情報処長心得を経て情報処長に就き、観光委員会幹事長、民生振興会議委員、水力電気建設委員会幹事等を兼務した。その後三七年七月に依願免官し、新京羽衣町に居住した。

宮脇　武雄　▷12

満鉄敦化機務段庶務助役／吉林省敦化鉄道附属地協和寮／一八八九（明二二）一二／島根県邇摩郡湯里村／島根県農学校

島根県宮脇正要の養子となり、一九〇六年島根県農学校を卒業した。一二年に朝鮮に渡り同鉄道平壌機関区に勤務したが、一七年七月に同鉄道が満鉄に委託経営されるにともない満鉄社員となった。次いで二五年四月に朝鮮総督府鉄道局が設置されると同鉄道庶務助役となり、三三年一〇月再び満鉄に移管されて満鉄社員となった。三五年七月牡丹江機務段庶務副段長となり、三六年七月敦化機務段庶務助役に転任した。朝鮮鉄道に勤務して以来一貫して現業部門で働き、満鉄移籍後は社員会評議員を務めた。

名井　貞亮　▷12

満蒙毛織百貨店㈱経理部長／奉天隅田町／一八八九（明二二）一一／山口県豊浦郡川中町／長崎高等商業学校

村田一郎の三男に生まれ、山口県名井武人の養子となった。郷里の豊浦中学校から長崎高等商業学校に進み、一九一三年に卒業して安部幸兵衛商店に入った。長崎出張所支配人代理、上海支店勤務を経て一六年に青島支店長に就いたが、一八年に辞職して安部幸商店の姉妹会社である東亞蛋粉㈱会計主任に転じ、後に販売主任を兼任した。二〇年九月さらに朝鮮皮革㈱会計主任に転じて庶務主任、倉庫主任を兼任し、業務のかたわら永登浦面協議会員、同邑会議員、同学校組合会議員を務めた。満州事変後の三二年一一月、奉天浪速通に満蒙毛織百貨店が設立されると同店に入って経理課長となり、後に経理部長に就いた。

妙円薗弘吉　▷12

国務院司法部行刑司員、従七位／新京特別市義和路代用官舎／一八九七（明三〇）一〇／埼玉県浦和市矢頭

埼玉県妙円薗金衛門の三男に生まれ、一九一九年一二月看守教習課程を修了して小倉監獄看守となった。次いで裁判所書記登用試験に合格し、刑務官練習所を修了して小倉監獄看守長となり、司法技手・行刑務局勤務、司法属・行刑局勤務を歴職した。三四年一一月典獄補・豊玉刑務所勤務を最後に同年一二月依願免官し、三五年一月国務院司法部事務官となって渡満し、司法部行刑司に勤務した。

明賀　房郎　▷11

奉天第二尋常小学校訓導／奉天藤浪町／一九〇一（明三四）六／広島県比婆郡西城町／山口県師範学校、満鉄教育研究所

広島県農業明賀次助の次男に生まれ、一九二一年山口県師範学校を卒業して県下の都濃郡中村尋常小学校及び下松尋常高等小学校に勤務した。二五年三月に渡満して満鉄教育研究所に入り、同年九月に修了して翌月奉天第二尋常小学校訓導となった。曙光会同人として油絵を能くした。同郷の夫人悦子は高等女学校卒業後、検定で小学校正教員の免状を取得した。

三好喜代資　▷12

奉天省清原県参事官／奉天省清原県参事官公館／一九〇三（明三六）一一／香川県高松市兵庫町／東亞同文書院商務科

高松中学校を卒業して上海に渡り、一九二六年東亞同文書院商務科を卒業した。二八年天津の義昌洋行に入り貿易業に従事したが、満州事変が勃発すると三一年一二月に奉天に赴いて自治指導部連絡課に勤務し、三二年三月満州国建国とともに国務院民政部に入った。三三年三月民政部属官となり地方司財務科に勤務した後、三五年六月奉天省清原県参事官に転任した。

三好　兼吉　▷12

満鉄大官屯検車区長／撫順線大官屯満鉄大官屯検車区長局宅／一八九一（明二四）一〇／愛媛県松山市松前町／大阪市立工業学校

一九一三年三月大阪市立工業学校を卒業し、大阪鋳銅所に勤務した。次いで兵役に服し、歩兵伍長に進んで除隊した後、朝鮮総督府鉄道局、三菱製鉄所に歴職した。その後一九年一一月満鉄に入り、運輸部運転課勤務を経て長春検車区技術方、同助役、同四平街分区検車区助役、奉天検車区大官屯分区主任を歴任した。二九年九月大官屯検車区長に就き、三五年四月勤続一五年の表彰を受けた。

三好　幸三　▷12

満鉄錦県鉄路局工務処電気科長、勲七等／奉天雪見町／一九〇二（明三五）五／香川県三豊郡麻村／旅順工科大学工学専門部電気科

一九二二年奉天の南満州工業学校電気科を卒業した後、さらに二五年一二月旅順工科大学工学専門部電気科を卒業して満鉄に入り鉄道部保線課に勤務した。二七年三月育成学校講師兼任、同年四月鉄道部電気課勤務、二八年一月鉄道教習所講師兼任、同年四月長春電気区技術方、同年一〇月奉天電気区電気助役、三〇年六月奉天保安区電気助役、同年一〇月技術助役兼任を経て三二年二月奉天保安区長となった。次いで三四年五月鉄道部電気課勤務、同年一一月同部第二輸送課兼任、三五年四月同部通信係主任、三六年六月鉄道教習所講師兼任、同年一〇月工務局電気課勤務を経て三七年三月錦県鉄路局工務処電気科長となった。この間、満州事変時の功により勲七等瑞宝章及び従軍記章、建国功労賞を授与された。

三好　浩二　▷12

満鉄宝林站長／牡丹江省寧安県宝林站長社宅／一八九四（明二七）一／香川県大川郡誉水村

一九一三年三月香川県立大川中学校を卒業し、同年九月相生尋常高等小学校の代用教員となった。一四年一二月徴兵されて丸亀の歩兵第一二連隊に入営し、満期除隊後一七年五月大阪府の細菌検査助手となった。その後一九年三月に渡満して満鉄に入り、営口駅勤務、奉天駅車掌心得を経て大石橋、鞍山の各駅車掌を歴職して奉天列車区旅客専務となった。次いで得勝台駅、奉天列車区遼陽分区、沙河鎮駅の各助役を歴任し、三一年一一月に依願退社したが、三四年五月ハルビン建設事務所嘱託となって満鉄に復帰し、図們建設事務所、寧北建設事務所図們在勤、老松嶺站長を経て三六年三月宝林站長に就いた。

三好　三郎　▷3

三好医院主／大連市信濃町／一八七七（明一〇）三／佐賀県佐賀市水ヶ江町／岡山医学専門学校

佐賀県士族の子に生まれ、一九〇二年岡山医学専門学校を卒業して福岡医科大学に入り、翌年助手となった。熊谷、四谷両博士の内科教室で三年間研究に従事した後、関東州民政署大連施療院長に迎えられて〇五年一二月に渡満した。〇六年関東都督府大連医院内科小児科医長兼務となり、〇七年一一月に両院が合併すると満鉄大連医院に転じて内科・小児科を兼任した。その後小児科が分離されて内科専任となったが、一一年三月満鉄を退社して大連で開業した。

三好　賛　▷12

満鉄新京鉄道工場会計股主任／新京特別市水仙町／一八九三（明二六）八／広島県沼隈郡藤江村／高等小学校

広島県三好福太郎の長男に生まれ、高等小学校を卒業した後、一九一〇年四月通信省に勤め、次いで郡役所に勤務した。その後一四年八月に渡満して満鉄に入り、撫順炭砿に勤務した。二〇年四月機械課、二七年一〇月機械工場、同年一一月工務事務所、三〇年六月工事事務所に歴勤した後、三三年八月鉄路総局経理処会計科に勤務した。三五年九月新京工廠会計股主任を務めた後、三六年九月職制改正により新京鉄道工場会計股主任となった。この間、三〇年四月勤続一五年の表彰を受けた。

三好清太郎　▷11

満州日報記者／大連市聖徳街／一八九二（明二五）一一／東京府東京市麻布区新堀町／静岡県立浜松中学校

東京府会社員三好徳太郎の長男に生まれ、一九〇八年静岡県立浜松中学校を卒業した。政治、経済、法律等を独修した後、一三年朝鮮に渡って京城日報社の記者となった。一八年一一月に渡

満して遼東新報社会部長に転じたが、二〇年九月に辞職した。満蒙文化協会嘱託、遼東新報嘱託、報知新聞・大阪毎日新聞・日本電報通信社等の通信員をした後、二二年三月遼東新報社に復帰して経済部主任、社会部長を歴任した。二四年一月「満州婦人新聞」を創刊したが、翌年七月廃刊に追い込まれた。二六年一月三度び遼東新報社に戻った後、二八年一月満州日報社記者に転じた。

三好　務　▷3

大連日本基督教会布教師／大連市西広場同教会宿舎／一八七八（明一一）七／高知県長岡郡新改村／明治学院

明治学院を卒業した後、一九〇五年伝道師として福井に赴任した。〇七年一月に渡満して日本基督教大連教会の牧師となったが、同年八月に渡米してアマハ神学校に留学した。〇八年プリストン神学校に入学して三年間修学し、その後サンフランシスコ付近に在留した。一三年七月に帰国し、再び渡満して大連教会の布教師となった。

三好　虎蔵　▷9

三泰号代表社員、瓦房店銀行取締役／奉天省瓦房店西一街／一八七四（明七）二／徳島県三好郡昼間村

一九一八年七月同志四人の共同出資で瓦房店に三泰号を組織し、中国人労働者を雇用して天日製塩を行い、工業用原料塩として日本に輸出した。代表社員として経営のかたわら瓦房店銀行取締役を務めた。

三好　寛美　▷3

満鉄運輸部職員、勲七等／大連市近江町／一八七六（明九）四／静岡県駿東郡小泉村

一八九一年八月一五歳で鉄道庁に入り、以来一七年勤続した。一九〇八年満鉄に転じて渡満し、運輸部職員として勤務した。

三好　文忠　▷11

開原小学校訓導／奉天省開原神明街／一八九三（明二六）一〇／鹿児島県伊佐郡西太良村／鹿児島県師範学校

鹿児島県農業三好休之烝の四男に生まれ、一九一四年鹿児島県師範学校を卒業した。郷里の小学校訓導を務めた後、二〇年三月に渡満して鞍山小学校訓導となり、二八年四月開原小学校に転勤した。

三好　真文　▷1

日華洋行主／奉天小西関大什字街／一八七六（明九）三／広島県広島市上幟町

旧広島藩士三好清人の次男に生まれ、一八九四年広島市の小学校訓導となったが、神経症になり九八年に退職した。九九年神戸税関監吏となり、業余に中国語を勉強した。一九〇〇年一月天津に渡航して視察した後、同年五月第五師団歩兵第四一連隊付通訳として北清事変に従軍した。〇一年八月北清駐屯軍に転勤したが、〇三年一二月神経症を再発して辞職した。〇四年二月天津憲兵隊塘沽派出所の嘱託で各所に出張したが、日露開戦にともない同年六月陸軍通訳官に任じられ、第二軍司令部付として従軍した。その後さらに参謀部憲兵付に転任して海城、鞍山站、首山堡、遼陽、黒溝台勤務を経て沙河会戦に従軍した。〇五年八月リューマチのため辞職して山海関で療養し、同年一二月新民屯に赴いて石炭販売業を始めた。〇六年三月奉天に移って小西関大什字街で諸官衙用達業を開業し、徐々に営業を拡張して中国貨物仲買業、雑貨卸売、牛羊売買、屠肉販売、湯屋、質屋などを兼営した。

三輪　市郎　▷10

三輪市郎商店主／大連市恵比須町／一八九〇（明二三）五／石川県江沼郡動橋村

二〇歳の頃に米国ポートランドに在住する友人を頼って渡米しようとしたが果たせず、一九一四年に渡満して大連で米穀商を開業した。一五年に日独戦が始まると御用商人に転じて青島に渡り、戦後いったん大連に戻り、一六年から上海、済南で特産物と制銭の売買に従事した。一九年に再び大連に戻って株式と不動産の売買を営み、二七年二月五品取引所株式取引人の免許を得て株式売買に従事した。

三輪　健児　▷12

安東省桓仁県参事官／安東省桓仁県参事官公館／一九〇七（明四〇）三／東京府東京市小石川区宮下町／明治大学法科専門部

京都聖峰中学を経て一九三二年三月明治大学法科専門部を卒業し、同年五月に渡満して国務院資政局訓練所に入所した。同年一〇月改称後の大同学院を卒業して奉天省彰武県属官となり、三三年一一月奉天省輯安県属官を経て三五年四月安東省桓仁県属官に転任し、三六年四月同県参事官となった。

三輪　環　▷13

関東州工業土地㈱常務取締役／一八八九（明二二）／大分県／早稲田大学商科

大分県の旧杵築藩士三輪一夫の長男として福岡市に生まれ、東京の私立日本中学校に入り杉浦重剛の薫陶を受けた後、早稲田大学商科に進んだ。一九一一年に卒業して小倉の第一二師団に入営し、一三年に除隊して渡満した。母校の推薦で満鉄に入って本社会計課に勤務し、技術部事務を経て二二年社長室人事課に転任した。勤続して総務部監査役に進んだ後、傍系の東亞土木企業㈱専務として転出した。その後満鉄本社に戻って監察役に就き、三九年八月関東州工業土地㈱が設立されると常務取締役に就任した。

三輪　松三　▷12

ハルビン特別市公署行政処衛生課清理股長／ハルビン道裡工廠街／一九〇〇（明三三）七／山口県大津郡仙崎町／旅順工科大学工学専門部機械工学科

南満州工業学校機械科を卒業して旅順工科大学工学専門部に進み、一九二四年一二月同部機械工学科を卒業して帰国した。二五年五月から大阪ボイラー工業事務所を経営したが、二七年一〇月に廃業し、翌月から大阪市保健所に勤務した。二八年七月大阪市保健部に転任し、三一年三月堺市塵芥焼却場の設計建築を嘱託され、同年五月から大阪市立衛生試験所技手、さらに同年九月から保健部作業係を兼任した。三四年七月大阪市技師を最後に退職し、同月渡満してハルビン特別市公署行政処衛生課清理股長となった。

み

向井　正 ▷12

満州国立高等師範学校事務官／吉林新開門外陽明街／一八九七（明三〇）一／鹿児島県鹿児島市池之上町／東京帝大法学部

一九二一年東京帝大法学部を卒業し、二二年五月北海道炭砿㈱に入り北海道支店に勤務して事務部庶務課勤務、労務部詰庶務人事担当を歴職した。三二年一一月国務院国都建設局事務官に転じて渡満し、同局総務処に勤務した後、三六年四月満州国立高等師範学校事務官に転任した。

向井　俊郎 ▷12

山海関税関長、勲六等／錦州省山海関税関長公館／一八九七（明三〇）二／福岡県八幡市大蔵製鉄所用地／東京帝大法学部英法科

向井哲吉の長男として東京市芝区に生まれ、一九二二年三月東京帝大法学部英法科を卒業して日本勧業銀行に入った。二五年四月満鉄東京支社内の東亜経済調査局に転じ、次いで本社調査課勤務となって渡満した。その後三二年三月国務院法制局統計処に転出し、同年五月満鉄を退社して統計処事務官・統計処長代理となった。次いで統計処総務科長兼任を経て統計処理事官に進み、統計処長心得兼統計処総務科長、統計科長、総務庁統計処長を歴任した後、三七年七月山海関税関長に就いた。夫人三七子の実兄松本豊三は満鉄調査部に勤務し、後に満州日日新聞社長を務めた。

向坊盛一郎 ▷13

満州特産専管公社理事長／大連市月見ヶ岡／一八八四（明一七）八／福岡県遠賀郡上津役村／神戸高等商業学校

福岡県農業向坊次八の次男に生まれ、一九〇八年神戸高等商業学校を卒業して満鉄に入り、書記として総務部会計課に勤務した。経理部会計課長、同主計課長、興業部商工課長を歴任して参事となり、社長室業務課長を経て計画部次長に就き、かたわら南満州電気、南満州瓦斯、大連窯業、営口水電の各監査役を務めた。三一年満鉄傍系の東亜勧業㈱社長に転じたが、三六年九月鮮満拓植㈱の設立に伴い同社が解散すると鮮満拓植㈱顧問となり、帰国して東京で自適の生活に入った。三八年一一月再び渡満して満州綿業連合会専務理事となり、その後満州特産専管公社理事長に就いた。

向坊久五郎 ▷11

満鉄撫順炭砿器械工場見習指導係主任／奉天省撫順南台町／一八八七（明二〇）六／福岡県遠賀郡上津役村／東京高等工業学校

一九一〇年東京高等工業学校を卒業して満鉄撫順炭砿に入った。以来勤続して器械工場見習指導係主任を務めた。

向井　政雄 ▷12

大連汽船㈱船長／大連市明治町／一九〇〇（明三三）三／佐賀県神埼郡千歳村／佐賀商船学校

一九二〇年佐賀商船学校を卒業し、同年一〇月大連汽船㈱に入社した。以来勤続して二六年六月一等機関士となり、三六年一月船長となった。

向井　善勝 ▷11

満鉄撫順炭砿調査役室勤務／奉天省撫順北台町／一八九二（明二五）一〇／愛媛県伊予郡南伊予村／旅順工科学堂

愛媛県重松善四郎の子に生まれ、向井五郎の養子婿となった。一九一二年四月に渡満して旅順工科学堂に入学し、一五年に卒業して満鉄に入った。撫順炭砿に五年在職した後、二〇年六月新邱炭砿に転じたが、翌年四月再び撫順炭砿に復帰した。礦務課勤務を経て二七年調査役室に転勤し、採掘関係の技術を担当した。

向井　龍造 ▶14

満蒙畜産㈱社長／大連市近江町／一八七四（明七）二／香川県木田郡庵治町／慶應義塾、攻玉社

一八九四年慶應義塾を卒業し、翌年から畜産業に従事した。一九〇四年五月第一一師団付軍属となって日露戦争に従軍し、戦後そのまま残留して遼陽で畜産業を営み、遼陽在住の七年間に居留民会長、実業会長、行政委員等を務めた。その後大連に移住し、満蒙畜産㈱を設立して事業を拡大し、関東庁から州内工業家として施政記念日に表彰された。大連商工会議所常議員、二四年一一月から二八年一〇月まで大連市会議員を務めた。この間、一五年に畜産工業視察のためアメリカに一年余り滞在し、二八年には一般工業視察のため渡欧してベルギーのアントワープに滞在した。在満四〇年余りの後、帰国してまもなく病没した。

向江　寛次 ▷7

明治商会主／大連市山県通／一八九八（明三一）六／鹿児島県姶良郡山田村

鹿児島県向江郷太郎の次男に生まれ、一九一七年、現役志願兵として熊本の歩兵第二三連隊に入隊した。在営中、中隊長に養父が経営する大連の装行社入りを勧められ、一八年一一月帰休兵扱いで満期となり、翌月渡満して装行社の店員となったが意に沿わず、翌年一月に退社した知人の紹介で後藤運送店の住み込みの車引きとなり、三ヶ月後に同店主席となった。二一年に独立して大連市若狭町で運送業を開業し、その後同市加賀町に移転した。一時は靴下製造業を兼営したが利益が上がらず、機械を満鉄に売却し、運送業と牛骨・塩鱒を中心とする満州特産物の貿易業を兼営した。

麦田　平雄 ▷12

国粋会奉天本部副部長、正六位勲四等／奉天藤浪町／一八九一（明二四）七／広島県蘆品郡福田村／陸軍砲工学校

広島県妹尾謙一郎の次男に生まれ、後に叔父麦田宰三郎の養子となった。早くから軍籍に入り、一九一五年陸軍砲工学校を卒業した後、一八年に飛行機研究のためヨーロッパ諸国に出張し、翌年帰国して中国北部の航空事情を視察した。以来爆撃の権威として陸軍航空本部技術部飛行班長等に歴補した後、少佐に累進して退役した。その後二九年に日本航空機輸送会社大連支所長に転じて渡満し、三一年八月反蔣運動に失敗して天津、大連に隠棲していた山西軍閥閻錫山の山西帰還を援助した。翌月満州事変が勃発すると関東軍軍用定期航空開設のため日本航空機輸送会社奉天代表として派遣され、三二年九月新設の満州航空㈱常務取締役に就任した。社業の基礎が固まると辞任して一時鉱業を経営したが、三六年一一月奉天千代田通の国粋会奉天本部副部長に就いた。

向平三喜蔵 ▷11

中島歯科医院長／奉天省撫順東四条通／一八九二（明二五）八／岐阜県吉城郡細江村／日本歯科医学専門学校

一九一五年、日本歯科医学専門学校を卒業した。二三年六月に渡満し、撫順に中島歯科医院を開設した。

六所　文三 ▷12

満鉄中央試験所食品発酵研究室主任／大連市長春台／一八九四（明二七）一二／静岡県富士郡今泉村／東京帝大農学部農芸化学科

静岡県六所国四郎の三男に生まれ、第八高等学校を経て一九一九年東京帝大農学部農芸化学科を卒業した。同年八月から母校の鈴木梅太郎・高橋偵蔵両博士の下で海軍省依頼の火薬原料研究に従事した後、二二年理化学研究所研究生となり、鈴木梅太郎の下で合成酒や速醸醤油製造などアミノ酸の利用に関する研究に従事した。二八年九月満鉄中央研究所に入り、三三年一月食品発酵研究室主任となった。三四年六月技師に進み、三六年四月アセトンブタノール発酵アミノ酸の利用に関する研究で農学博士号を取得し、同年九月参事に昇格した。⇒戦後は明治大学教授を務めた。

牟田吉之助 ▷13

鴨緑江製紙㈱常務取締役／新義州府鴨緑江製紙社宅／一八八四（明一七）一〇／福岡県／福岡工業学校

福岡県牟田吉平の三男に生まれ、福岡工業学校を卒業して三井合名に入り樺太紙料工場に勤務した。王子製紙㈱に転じて大泊工場に勤務した後、豊原工場工務係長心得、朝鮮製紙工務係長、王子製紙工務課長を歴任した。一九二三年新義州に派遣され、王子製紙新義州工場長として同工場及び鴨緑江製紙工場の建設に当たり、三五年から鴨緑江製紙㈱常務を兼務した。

牟田口出清 ▷12

満州電信電話㈱奉天管理局技術課長／奉天電電奉天管理局技術課／一八九八（明三一）九／佐賀県三養基郡上峰村／県立佐賀中学校

佐賀県牟田口岩松の長男に生まれ、一九一八年県立佐賀中学校を卒業した後、二一年に逓信官吏練習所技術科を修了して大阪逓信局に勤務した。その後、関東庁逓信局に転出して渡満し、三三年九月に満州電信電話㈱が創立されると同社入りして総務部監査課技術係長となった。ハルビン管理処に転勤して技術課長兼ハルビン工務処長を務めた後、三五年一〇月職制改正により

ハルビン管理局技術課長となり、三七年五月奉天管理局技術課長に転任した。

牟田　哲二 ▷11

黒龍江省チチハル日本領事館外務書記生／黒龍江省チチハル日本領事館／一九〇〇（明三三）四／長崎県佐世保市湊町／東亞同文書院

長崎県教員牟田徳太郎の次男に生まれ、一九二二年三月上海の東亞同文書院を卒業して外務省に入った。二三年一一月書記生となり、チチハル領事館に勤務した。

武藤宇一郎 ▷3

大阪朝日新聞通信員／旅順市青葉町／一八七六（明九）八／栃木県足利郡筑波村／東京法学院

栃木県立中学校を卒業した後、前橋の集成学館、東京の専修学校、東京簿記学館、東京法学院に学んだ。群馬県新田郡書記、北海道商業銀行等に勤務した後、東京の千代田鉄工所、共通運輸㈱等の支配人に就いたが、日露戦争後に渡満して大阪朝日新聞通信員となった。その後旅順衛生組合長に就き、辞任後は通信員に専務した。

武藤　和中 ▷11

大連伏見台小学校訓導／大連市錦町／一八九三（明二六）八／福島県耶麻郡堂島村／福島県師範学校

福島県農業武藤久次郎の長男に生まれ、一九一六年福島県師範学校を卒業して県下の耶麻郡関柴尋常小学校、同慶徳尋常高等小学校、同松山尋常高等小学校、同堂島尋常高等小学校の訓導を務めた。二七年四月関東州小学校訓導に転じて渡満し、大連伏見台小学校に勤務した。

武藤　茂 ▷12

満鉄吉林工務段庶務助役／吉林新立屯局宅／一八九八（明三一）二／茨城県北相馬郡井野村

茨城県武藤仙太郎の長男に生まれ、一九一七年六月鉄道院に入り工作局電気課に勤務した。一九年七月大臣官房人事課に転任した後、二〇年に鉄道省教習所業務科を修了して二一年六月信濃川電気事務所に転勤し、同年一二月鉄道属となった。次いで二三年六月鉄道省工務局千葉派出所、二四年四月千葉改良事務所、同年五月工務局保線課に歴勤して二九年一二月に依願免本官した。その後三五年二月に渡満して満鉄に入り、吉林工務段庶務助役となった。

武藤　多作 ▷11

奉天赤十字医院外科医長／奉天淀町／一八九七（明三〇）一／岡山県岡山市西大寺町／東京帝大医学部

岡山県武藤八郎の子に生まれ、一九二二年東京帝大医学部を卒業して東京赤十字病院に勤務した。二五年一一月、奉天赤十字病院外科医長に招かれて渡満した。

武藤　千丈 ▷12

満鉄鉄路学院講師／奉天満鉄鉄路学院／一八九八（明三一）一二／福島県北会津郡神指村／早稲田工手学校機械科

会津中学校を経て一九一九年早稲田工手学校機械科を卒業し、二〇年五月満鉄に入り大連車輌係となった。大連機関区、大連検車区、長春検車区、長春機関区、奉天省四平街機関区、長春検車区、長春検車区奉天省四平街分区、新京検車区奉天省四平街分区に歴勤し、鉄路総局呼海松浦在勤を経てハルビン鉄路局松浦機務段機務服段長となった。次いで同局機務処運転科工務員、ハルビン鉄路弁事処工務員を経て三六年吉林鉄路監理所監理員となり、新站鉄路監理所監理員を兼務した後、三七年四月鉄路学院講師となった。この間、三六年四月勤続一五年の表彰を受けた。

武藤　富男 ▷12

国務院総務庁法政処参事官、従六位／新京特別市興運路／一九〇四（明三七）一一／静岡県駿東郡富士岡村／東京帝大法学部法律学科

静岡県武藤真平の長男に生まれ、東京帝大法学部法律学科在学中の一九二六年一二月文官高等試験司法科に合格した。二七年三月卒業とともに司法官試補として横浜地方裁判所・同検事局横浜区裁判所に勤務し、同年六月横浜区裁判所検事代理を経て二八年一二月判事となり、横浜・東京・長野の各地方兼区裁判所判事を歴補した。その後三四年四月国務院司法部事務官に転出して渡満し、刑事司第一科長を経て同年七月司法部理事官となった。三五年三月国務院総務庁参事官に進んで法政処第一部に勤務した後、三七年七月法政処参事官・弘報処長に就き、同年一二月満州国協和会宣伝科長から兼務した。この間、東京地方裁判所判事時代に司法省発行『司法研究』に「詐害行為の概念構成に就て」を発表したほか、萼優美との共著『満州帝国特許発明法解説』を著した。⇒四三年五月に帰国して東条内閣の下で内閣情報局第一部長に就任し、次いで四四年七月小磯内閣の下で情報局審議室参事官を務めた。その後四五年六月に官職を辞し、再び満州国総務庁参事官となって在東京大使館に在勤したが、同年八月の敗戦とともに東京に日米会話学院を創設して英語学校を経営した。次いで四六年四月週刊「キリスト新聞」を創刊し、七六年三月まで同紙の社説を執筆して平和憲法擁護・再軍備反対の論陣を張った。かたわら教文館専務、同社長、同会長を歴任し、六二年から七四年まで明治学院長を務めたほか、東京神学大学・恵泉女学園・日本聾語学校の各理事長を務めた。著書に口語訳『新約聖書』『キリスト教入門』等の多数の宗教書の他に『満州国の断面』『私と満州国』がある。長男一羊は破防法反対闘争で東京大学文学部を中退した後、原水協国際部員、アジア太平洋資料センター専務理事等を務め、かたわら政治評論家として活動した。

武藤　春雄　▷12

満鉄遼陽医院外科医長／奉天省遼陽梅園町／一九〇三（明三六）二／熊本県菊池郡大津町／慶応大学医学部

一九三一年三月慶応大学医学部を卒業し、日本赤十字社本社病院外科に勤務した。次いで三二年五月から三三年三月まで満州事変及び上海事変の戦傷患者救護医員として赤十字社より東京第一衛戍病院に派遣された。その後三四年一〇月満鉄診療医嘱託となって渡満し、地方部衛生課羅津在勤を経て三六年六月遼陽医院外科医長となった。

武藤　守一　▷12

安東挽材㈱専務取締役、鴨緑江製材合同㈱取締役、牡丹江木材工業㈱取締役、安東取引所㈱理事、満州木材同業組合連合会監事、安東材木商組合常務理事／安東江岸通／一八八五（明一八）四／岐阜県本巣郡船木村／岐阜市立商業学校

岐阜県農業武藤柳吉の次男に生まれ、岐阜市立商業学校を卒業して材木商桑原商店に入った。その後一九〇九年に渡満して安東に在住し、一二年に木材商を独立開業した。一六年に安東挽材㈾を組織して代表者となり、一九年にこれを株式会社に改組して専務取締役に就任した。経営のかたわら各種の業界団体・諸会社の役員を務めたほか、安東地方委員、安東商業会議所議員等の公職に就いた。

武藤利三郎　▷12

興安南省公署警務庁警務科長、正七位勲六等／興安南省王爺廟省公署警務科長公館／一八八六（明一九）三／京都府京都市上京区西堀川通下長者町／立命館大学本科法律専門部

東京の成城中学校を経て一九〇六年京都の立命館大学本科法律専門部を卒業した後、同大学高等研究科で民法と商法を専攻した。その後一七年四月朝鮮総督府警部となり、釜山警察署司法科主任、忠清南道礼山、端山、鳥致院の各警察署長、忠清南道警察部高等警察課長、江景、大田の各警察署長を歴任した。次いで三〇年五月朝鮮総督府道警視補に進んで平安北道江界警察署署長を務めた後、三二年一二月に依願免本官した。三三年五月ハルビン警察庁警正補・ハルビン経緯警察署長となって渡満し、三五年一一月三江省公署事務官・警務庁司法科長を経て三七年五月興安南省公署警務庁警務科長となった。この間、大礼記念章、勲六位治安維持功労表彰状及び銀製置時計を授与された。

宗片　勝見　▷12

国際運輸㈱労務課国鉄係主任兼満鉄係主任、正八位／奉天青葉町／一九〇〇（明三三）一二／山形県山形市小白川町／東亞同文書院

山形中学校を卒業して上海の東亞同文書院に入学し、一九二三年に卒業した。二五年四月上海の㈱伊藤商行に入り、次いで満州福紡㈱を経て三〇年一二月国際運輸㈱に入社した。本店運輸課勤務、長春駐在員、営口支店計算課勤務、チチハル支店作業係主任に歴勤した後、三六年六月本店労務課国鉄係主任となり、三七年三月から満鉄係主任を兼職した。

宗像　金吾　▷12

㈾成発東代表社員、ハルビン東北人会会長／ハルビン馬家溝文昌街／一八七八（明一一）三／福島県

石川郡蓬田村／東亞同文書院

福島県農業宗像和吉の長男に生まれ、大成中学校を経て一九〇六年上海の東亞同文書院を卒業し、漢口の東信洋行に入った。長沙、常徳に在勤した後、一〇年に神戸の鈴木商店に転じて台湾の打狗に勤務した。一三年二月大連支店勤務となって渡満し、一七年長春出張所に転勤して長春商業会議所副会頭、長春運輸㈱取締役、長春取引所信託㈱取締役を務めた。次いで二四年ハルビン支店長に転任して同地の商工会議所議員、居留民会議員を務めた。その後二五年一〇月に退社し、翌月ハルビン馬家溝に成発東を興して国際運輸㈱後援の下に北満産大豆を大量に仕入れて南下輸送を図った。業績の向上とともに大連、長春、安達、満溝の各地に支店を設け、三六年七月合資会社に改組した。

宗像計太郎　▷3

満鉄技術局職員／大連市伏見台満鉄社宅／一八七四（明七）二／長崎県壱岐郡武生水村

長崎県宗像新八の子に生まれ、一八九七年三月台湾に渡り総督府属として土木局に勤務した。一九〇一年一二月同局営繕事務主任となったが、〇七年四月満鉄に転じて総務部土木課事務主任に就いた。〇八年一二月工務課管理係主任を経て一四年五月総務部技術局管理係主任となった。

宗像成一郎　▷12

協和オフセット印刷㈱専務取締役／奉天平安通／一八九四（明二七）二／山口県萩市／山口高等商業学校

山口県宗像伝吉の長男として山口市に生まれ、一九〇六年一一月父の死亡により家督を相続した。一五年山口高等商業学校を卒業して朝鮮に渡り、実母イツの経営する京城印刷所を補佐して煙草関係の印刷業務に従事した。その後二一年の専売法施行とともに朝鮮総督府専売局に事業を譲渡し、新たに宗像商会を設立して印刷材料商を営んだ。二三年一〇月印刷所開設のため渡満し、奉天に満州オフセット印刷公司を開設した。次いで二六年に奉天オフセット印刷㈱と合併し、満州オフセット印刷㈱と改称して常務取締役に就いたが、三三年一一月に辞任し、実弟の小林徳二郎と共に新設の協和オフセット㈾に入り業務執行社員となった。三六年八月株式組織に改組とともに専務取締役に就任し、かたわら京城の宗像商会を兼営した。経営のかたわら杵屋宗三郎芸名で長唄、本村の芸名で清元を嗜んだ。

宗像　主一　▷13

宗像建築事務所主／大連市／一八九三（明二六）二／広島県安芸郡奥海田村／東京帝大工科大学建築科

名古屋第八高等学校を経て東京帝大工科大学建築科に入学し、一九一九年に卒業して中村建築事務所大連出張所に入り技師長として設計監督事務に従事した。二二年に所長の中村与資平が京城事務所を引き揚げて東京に移転する際、大連出張所を譲り受けて中村宗像建築事務所と改称した。その後、二五年末に独立して宗像建築事務所を開設し、三二年に満州国が成立すると奉天、新京に出張所を開設した。手がけた主な建築は、大連では東拓ビル、三越旧支店、中央映画館、常盤座、交通銀行、アメリカ領事館、救世軍会館、連鎖商店街店舗、開原ビル、島喜ビル等、奉天では中国銀行、横浜正金銀行支店、社員消費組合配給所等、撫順では満州銀行支店、天主公教会堂等、新京では横浜正金銀行支店、東拓土地建物住宅及びアパート等、その他開原公会堂、奉天省四平街輸入組合事務所、熊岳城農学校寄宿舎、吉林満鉄公所等がある。

宗像　盛人　▷12

宗像公司主／奉天千代田通／一八八六（明一九）一二／広島県安芸郡奥桜田村／実業補習学校

実業補習学校で中国語を四年学んだ後、一九一一年に渡満して各地で建築材料商や特産商に従事した。その後いったん帰国し、一六年に再び渡満して撫順炭砿建築課に勤務した。二〇年に退社して奉天に移り、二一年一〇月千代田通に宗像公司を興して塗料の販売と塗装工事請負業を営み、撫順永安大街に出張所を設けた。上海、朝鮮、日本方面から仕入れて関東庁、軍部、満州国、満鉄その他を得意先とし、特に水性塗料キングリサイドは二五年八月に開催された大連勧業博覧会で賞牌を受け、各官庁諸会社の指定品となった。

棟　久蔵　▷12

満鉄撫順工業学校長、撫順体育協会理事、撫順熊本県人会長／奉天

省撫順南台町／一八八八（明二一）一二／熊本県玉名郡長洲町／熊本高等工業学校

熊本県棟久松の長男に生まれ、一九一〇年熊本高等工業学校を卒業して㈱唐津鉄工所に入った。次いで母校の助教授、㈱尼崎鉄工所技師長を歴職し、一九年四月撫順鉄工㈱技師長となって渡満した。二〇年九月満鉄に転じて撫順炭砿古城子採炭所露天掘工作主任となり、社命により露天掘採炭法と機械設備研究のためアメリカに留学した。帰社して撫順工業実習所長となり、三六年四月政府の認定により撫順工業学校に昇格すると同校長に就いた。この間、撫順地方委員会副議長、全満日本人大会撫順委員、修養団撫順支部長を務め、二七年四月満鉄創業二〇周年に際し古城子露天掘エンドレス運炭装置の考案により表彰を受けた。

宗石　昂　▷11

南満州電気㈱鉄嶺電灯局主任／奉天省鉄嶺松島町／一八八七（明二〇）一／福井県阪井郡剣岳村／明治大学

福井県宗石又一の長男に生まれ、一九一二年明治大学を卒業し、同年八月に渡満して満鉄に入った。奉天駅に勤務して一七年四月同駅助役となり、一八年三月吉長鉄路派遣員、二〇年二月長春地方事務所勤務、二三年二月興業部商工課勤務を経て二五年四月に興業部非役となり、鉄嶺電灯局主任に転じた。二六年五月に満鉄の電気事業部門を引き継いで南満州電気㈱が設立された後も同職に留まり、鉄嶺商業会議所議員を務めた。

宗藤　卯一　▷12

松樹郵便局長、松樹地方委員／奉天省松樹正隆街／一八九一（明二四）四／山口県熊毛郡田布施町／高等小学校

田布施高等小学校を卒業した後、一九一七年六月に渡満して大連の吾妻郵便局に勤務した。以来勤続して三三年八月同郵便局長となり、同年一〇月松樹郵便局長に転任して松樹電信電話局長を兼任し、三六年一二月兼務を解かれた。

村井　亮　▷11

満鉄撫順炭砿古城子採炭所勤務／奉天省撫順弥生町／一九〇三（明三六）一〇／福井県福井市／京都帝大工学部採鉱科

一九二八年京都帝大工学部採鉱科を卒業し、同年四月に渡満した。満鉄に入り、撫順炭砿古城子坑に勤務した。

村井　宇一　▷12

国務院地籍整理局総務処庶務科長兼企画科長、高等土地審定委員会幹事、商租権整理委員会幹事、土地制度調査会幹事、従六位勲五等／新京特別市西朝陽路／一八九七（明三〇）九／山口県那珂郡川下村／陸軍経理学校

山口県村井長太郎の長男に生まれ、一九一五年岩倉鉄道学校本科建設科を卒業して陸軍に入った。一七年陸軍工科学校を卒業した後、二四年に恩賜銀時計を授与されて陸軍経理学校を卒業し、同年八月三等主計に任官した。野砲兵第五連隊付、歩兵第二一連隊付、近衛師団経理部、関東軍副官部付、関東軍経理部、同管理部、陸軍兵器本廠付兼陸軍省経理局付、同経理局主計課等に歴補して三四年三月一等主計に累進し、同年一二月依願予備役となった。三五年一月国務院地籍整理局理事官となって渡満し、総務処庶務科長及び企画科長を務めた。

村井　栄蔵　▷12

旅順高等公学校長、従五位勲六等／旅順市常盤町／一八八八（明二一）九／岐阜県吉城郡船津町／東京高等師範学校

一九〇九年三月東京府青山師範学校を卒業し、同校附属小学校訓導となった。その後東京高等師範学校に進み、一五年に卒業して熊本県立鹿本中学校教諭となり、同県鹿本郡来民小学校訓導を兼務した。次いで鹿本中学校英語科教授方嘱託、東京高等師範学校助教授兼同校訓導、浅香宮御教育掛を歴職し、二五年四月大連高等女学校教諭に転じて渡満した。三〇年六月大連神明高等女学校長となり、三四年四月旅順高等公学校長に転任した。

村井啓次郎　▷13

満州火災海上保険㈱社長、従六位勲五等／大連市桜町／一八七五（明八）八／東京府豊多摩郡千駄ヶ谷町／東京商船学校

徳川家直参の村井重二郎の次男に生まれ、一八九六年七月東京商船学校を卒業して三井物産㈱に入社した。船上に勤務した後、一九〇八年四月上海支店

む

に転勤し、次いで一一年一〇月満鉄に転じて埠頭事務所上海支所長に就いた。その後一八年九月大連埠頭事務所長に転任し、関東都督府海務局技師及び関東都督府技師、関東州船舶職員懲戒委員長を兼任した後、二〇年三月運輸部勤務、二二年一月社長室勤務を経て同年七月関東庁技師退官とともに満鉄嘱託となり、同年八月大連火災海上保険㈱社長に就任した。その後三七年に同社が解散して満州火災海上保険㈱が設立されると社長に就任し、大連商工会議所常議員を務めた。上海在勤時代から競馬に打ち込み、二三年一〇月大連競馬倶楽部を創設した。この間、日露戦争時の功により勲六等単光旭日章及び金四〇〇円、青島戦役時の功により勲五等瑞宝章及び金五〇〇円を授与された。

村井啓太郎 ▷14

南満鉱業㈱取締役、大連取引所信託㈱取締役、湯崗子温泉㈱監査役、勲六等／大連市星ヶ浦公園／一八七五（明八）一／福岡県久留米市京町／東京帝大法科大学政治学科

旧久留米藩士村井林次の長男に生まれ、一八九八年東京帝大法科大学政治学科を卒業して東京朝日新聞社に入社した。九九年一〇月特派員として北京に赴任し、一九〇〇年義和団事件に際し従軍して勲六等瑞宝章を受け、〇一年九月に帰社した。〇二年欧米各国を視察した後、〇七年二月に退社し、同年三月満鉄嘱託となって渡満し、同年一二月調査役となり、一四年五月地方課長に就いた。一五年一〇月大連市会議員に選任され、一九年九月まで二期務めた後、満鉄を退社した。二〇年一二月大連市長に選任されたが、二四年九月任期中に辞任して同年一〇月満州銀行取締役頭取に就任し、大連商工会議所会頭、大連市税務委員、関東庁経済調査会委員、大連民政署土地評価委員、大連慈恵病院監事、大連商業会議所常議員、満州法政学院院長等の公職を務めた。その後三六年一二月在満州朝鮮銀行支店、満州銀行本支店、正隆銀行本支店が統合して満州興業銀行が創立されると頭取を退任し、南満鉱業㈱及び大連取引所信託㈱の各取締役、湯崗子温泉㈱監査役等を務めた。この間、三六年に関東局施政三〇周年に際し民間功労者として表彰された。

村井周次郎 ▷11

医師／ハルビン地段街／一八八〇（明一三）三／長崎県東彼杵郡川棚村／長崎医学専門学校

長崎県医師村井養拙の次男に生まれ、一九〇五年長崎医学専門学校を卒業した。〇六年一月に渡満し、翌年ハルビンで開業した。医療のかたわら二一年から同地の居留民評議員、長崎県人会長を務め、ハルビン貯金信託㈱監査役に就いた。

村井　高 ▷12

満鉄撫順炭砿古城子採炭所剥離係主任、社員会評議員／奉天省撫順南台町／一九〇三（明三六）一〇／福井県福井市大和中町／京都帝大工学部採鉱冶金科

福井県村井石介の長男に生まれ、福井中学校、第四高等学校を経て一九二八年三月京都帝大工学部採鉱冶金科を卒業して満鉄に入り、社長室人事課に勤務した。次いで撫順炭砿古城子採炭所に転勤し、同所西採炭係主任を経て三六年一〇月剥離係主任となった。

村井松二郎 ▷5

村井永寿堂主／奉天城内鐘楼南路／一八八〇（明一三）一二／大阪府大阪市東区安土町

一九〇八年五月から奉天で薬種業を営み、急速に売上げを伸ばして一二年四月大連伊勢町に支店を設けた。その後さらに長春と天津にも支店を置き、栗田琢一を奉天本店主任とし、松井松二郎を大連支店主任、西田清一郎を長春支店主任、中山甚吉を天津支店主任とした。

村井　隆治 ▷12

村井材木店主、大連商工会議所議員／大連市信濃町／一八八〇（明一三）七／愛媛県西宇和郡千丈村

山口県熊毛郡に生まれ、一八九七年叔父の村井利左衛門が経営する門司市の村井材木店に入った。次いで日露戦争後一九〇五年一〇月に渡満して大連の中村材木店に勤務したが、後に叔父の養子となり、〇八年に大連支店の業務を継承して独力経営した。

村岡　包夫 ▷12

村岡洋行主／奉天春日町／一九〇

む

七（明四〇）一〇／大阪府大阪市南区谷仲町／奉天中学校

大阪府村岡俊次の長男に生まれ、一九一九年に父母弟妹と共に渡満した。その後二四年に父が死亡し、奉天中学校卒業後に家業を引き継いで靴、鞄、旅行具の製造販売業を経営した。

村岡敬四郎 ▷11

大倉組奉天出張所主任／奉天十間房／一八八六（明一九）二／佐賀県佐賀郡東与賀村／上海東亞同文書院

佐賀県農業村岡房吉の三男に生まれ、一九〇七年上海の東亞同文書院を卒業して大倉組に入った。大連、上海、天津、漢口に勤務した後、二七年五月奉天出張所主任となり、奉天電車㈱常務取締役を兼任した。

村岡　慧 ▷11

奉天公学堂教諭／奉天稲葉町／一八九五（明二八）二／山口県玖珂郡玖珂町／山口師範学校第二部

山口県農業村岡繁槌の長男に生まれ、一九一五年山口師範学校第二部を卒業した。郷里の小学校訓導を務めた後、満鉄経営の学校教員を志望して二四年に渡満した。以来各地に勤務し、その間中国語研究のため七ヶ月間北京に留学し、後に奉天公学堂教諭を務めた。夫人シゲは山口県柳井高女の出身で、奉天幼稚園の保母を務めた。

村岡祥太郎 ▷11

満鉄嘱託／大連市東公園町／一八八一（明一四）六／東京府東京市本郷区根津須賀町／東京音楽学校

東京府教員村岡素一郎の長男に生まれ、一九〇一年東京音楽学校を卒業した。東京銀行倶楽部修養生として邦楽を研究した後、名古屋の鈴木バイオリン工場顧問、清国直隷省立音楽学校教習等を務めた。音楽視察のため三度欧米を巡遊し、同窓で英国籍のトメ・ヘンソンと結婚した後、一四年八月に渡満して関東都督府嘱託となり、その後満鉄嘱託に転じた。楽童と号して大連在住の音楽家と共に多彩な音楽活動を展開し、村岡管弦楽団を組織してヤマトホテルの専属楽団として演奏したほか、大連第一中学校、羽衣高女で音楽を教授した。四一年病気のため帰国し、九大病院で没した。

村岡　猛 ▷12

満鉄図們機務段点検助役、勲八等／間島省図們山手局宅／一九〇二（明三五）二／山形県北村山郡大石田町／高等小学校

山形県村岡市三郎の次男に生まれ、同県新庄町の高等小学校を卒業して一九一五年四月東部鉄道管理局新庄機関庫に勤務した。二〇年五月に渡満して満鉄に入り、奉天機関区に多年勤務した後、三三年六月図們機務段に転勤し、運転副段長を経て三六年一二月点検助役となった。この間、満州事変時の功により勲八等従軍記章及び建国功労賞を受けた。

村岡長太郎 ▷11

関東軍司令官、陸軍中将、従四位勲二等功四級／旅順日進町関東軍司令官官舎／一八七一（明四）一一／佐賀県佐賀郡川上村／陸軍大学校

佐賀県村岡定延の四男に生まれ、一八九四年陸軍士官学校を卒業して歩兵第一三連隊付となった。その後陸軍大学校に進み、一九〇二年に卒業して歩兵第一三連隊中隊長を経て参謀本部員、陸軍技術会議員等を歴任し、第二師団参謀として日露戦争に従軍した。〇七年陸軍大学校教官を経て一二年第一次バルカン戦争の際に参謀本部員としてトルコに出張した。一三年歩兵第二九連隊長、一五年教育総監部第二課長、同第一課長を経て一八年七月少将に進み、教育総監部付臨時軍事調査委員長を務めた。二一年一月歩兵学校長を経て二三年八月中将に進んで第四師団長となり、二七年八月関東軍司令官に任じられて渡満した。⇒在任中の二八年六月関東軍高級参謀河本大作の策略で張作霖爆殺事件が起き、二九年七月予備役編入となって帰国した。

村岡　勉 ▷12

満州炭砿㈱総務部調査課調査係主任、正八位／新京特別市興安胡同／一九〇一（明三四）一／福島県福島市大字腰ノ浜／小樽高等商業学校

福島県村岡藤太郎の長男に生まれ、一九二四年三月小樽高等商業学校を卒業し、二六年二月福島電灯会社に入社して営業課書記補となった。二七年三月調査課書記となり、二八年四月飯坂出張所主任、二九年一〇月会計課長心得、三〇年九月会計課長兼調定課長、三二年一〇月調定課長、三三年三月原町営業所経理係主任、同年九月白河営業所勤務を経て三四年三月に依願退職した。三五年四月に渡満して満州炭砿㈱に入り、総務部調査課調査係主任となり資料係主任を兼務した。

村岡　久吉　▷11

呉服太物商／長春吉野町／一八七一（明四）一／佐賀県佐賀郡久保田村／小学校

佐賀県農業村岡虎吉の長男に生まれ、小学校を卒業して農業に従事した後、日露戦後の一九〇五年八月に渡満した。長春吉野町に店舗を開き、呉服太物商として成功した。

村岡　元市　▷12

満州林業㈱／総務課長／新京特別市千鳥町／一八九四（明二七）一〇／佐賀県佐賀郡西川副村／東京帝大法科大学経済学科

佐賀県農業村岡平七の三男に生まれ、佐賀中学校、鹿児島第七高等学校を経て一九二〇年東京帝大経済学部を卒業し、二一年一月満鉄に入り商事部購買課に勤務した。二八年八月八幡駐在員、三〇年五月用度課勤務、三三年一一月計画部勤務を経て三四年一一月大同林業事務所長となり、三六年三月合併により満州林業㈱総務課長となった。

村上栄太郎　▷12

日満商事㈱ハルビン支店庶務係兼会計係主任／ハルビン馬家溝国課街／一八八九（明二二）六／東京府東京市本郷区駒込西片町／東洋協会専門学校

村上専之助の四男として山形県飽海郡遊佐村に生まれ、一九一一年東洋協会専門学校を卒業した後、一三年三月南亜公司に勤務した。その後二六年四月建築材料会社取締役、三四年八月満州炭砿㈱鶴岡炭砿事務長に歴職し、三六年一〇月日満商事㈱ハルビン支店庶務係に転じて会計係主任を兼任した。

村上　健蔵　▷12

満鉄朝陽鎮機務段西安分段運転助役兼点検助役、勲八等／奉天省西安満鉄陽鎮機務段分段／一九〇二（明三五）一／宮城県仙台市鉄砲町／奉天実業補習学校

宮城県村上祐助の長男に生まれ、一九一七年奉天実業補習学校を卒業して満鉄に入り奉天機関区に勤務した。以来同所に勤続し、その間に機関士講習及び軽油動車講習を修了した。その後三四年六月新京機務段運転副段長となり、次いで同段点検助役に進み、三七年四月朝陽鎮機務段西安分段に転勤して運転助役及び点検助役を兼務した。この間、入社以来の無事故運転により表彰され、満州事変時の功により勲八等及び従軍記章、建国功労賞を授与された。

村上　定義　▷12

満鉄瀋陽工務段長／奉天雪見町／一八九三（明二六）一二／福島県伊達郡森江町／攻玉社工学校土木科

村上治三郎の六男として島根県那賀郡都野津町に生まれ、野津町実業補習学校を経て一九一三年三月東京の攻玉社工学校土木科を卒業し、満鉄に入社して大石橋保線係となった。一九年四月に退社して同年六月山東鉄道に転じ、坊子保線事務所、青州保線区長、山東鉄道接収引継委員を務めた後、朝鮮総督府鉄道局に転じて京城の同局に勤務した。次いで平壌工務事務所勤務、新幕保線助役、新義州保線区助役を歴職して鉄道技手となり、平壌工務事務所建設係、清津線建設第三工区主任心得、釜山鉄道事務所審査官主査を歴任した。三三年一二月に退官して再び満鉄に転じ、鉄路総局勤務を経て三四年八月瀋陽工務段長となった。この間、朝鮮総督府鉄道局在職時に管轄内優良につき二度の表彰を受け、満鉄瀋陽工務段在勤時にも管内優秀につき表彰を受けた。

村上　秀一　▷11

撫順高等女学校教頭、従六位／奉天省撫順南台町／一八八七（明二〇）四／京都府何鹿郡以久田村／東京高等師範学校

京都府村上克己の長男に生まれ、一九一一年東京高等師範学校を卒業した。各地の教諭を務めた後、二三年五月撫順高等女学校教諭となって渡満した。以来勤続して同校教頭に就いた。地理及び歴史研究のため北満、華北を旅行し、『国民東洋歴史』を著した。

村上　純一　▷14

㈶／大連医院長、大連医師会長、正八位／大連市秀月台／一八八七（明二〇）三／兵庫県揖保郡竜野

む

町／京都帝大医学部

兵庫県医師村上春策の長男に生まれ、一九一二年一一月京都帝大医科大学を卒業し、翌月一年志願兵として姫路の第一〇師団歩兵第一〇連隊に入隊した。一四年六月に除隊して母校の副手となり、一五年一月医員嘱託として市立京都病院に勤務した。一六年三月陸軍三等軍医となり、同年六月小倉記念病院内科医長に就いたが、一九年一〇月大連医院内科医長に転じて渡満した。二三年六月論文「赤血球沈降速度ニ関スル研究」を母校に提出して医学博士号を取得し、二五年八月まで内科学研究のため欧米各国に留学した。帰任後に㈶大連医院副院長兼内科部医長に転じ、二八年一二月同院理事を経て三九年三月医院長兼医長・医院評議員委嘱に就き、同年五月から大連医師会長を務め、四〇年一一月大連市会議員に選任された。

村上庄三郎 ▷13

大連製氷㈱専務取締役／一八八九（明二二）／愛媛県

陸軍経理官を務めた後、渡満して関東州水産会主事となり、関東州水産製氷代表、関東州水産振興会社取締役、関東局嘱託等を兼務した。二五年七月大連製氷㈱取締役に転じ、二六年一月専務取締役に就いた。

村上　信二 ▷12

村信経営主、旅順市会議長、旅順商工協会常任評議員／旅順市乃木町／一八八二（明一五）四／大阪府大阪市西区阿波座

鳥取県東伯郡に生まれ、一九〇二年税務属となり大阪税務監督局に勤務した。日露戦後〇五年に同郷先輩で実業家の児島幸吉を頼って渡満し、旅順支店の開設に従事した。その後〇九年に独立して旅順乃木町で鉄材、金物、雑貨の輸入商を経営し、一九年八月に大連支店を設けた。経営のかたわら二三年から旅順市会議員となり議長を二期務めた。

村上　宗治 ▷11

関東軍副官、正七位勲六等／旅順市月見町／一八九三（明二六）九／愛媛県松山市萱町／陸軍士官学校、東京外国語学校

一九一四年陸軍士官学校を卒業して歩兵少尉に任官し、各地に勤務して大尉に進んだ。二五年東京外国語学校を卒業し、関東軍副官となって渡満した。

村上　嵩 ▷12

満州興業銀行牡丹江支店支配人代理／浜江省牡丹江満州興業銀行支店／一八九五（明二八）一〇／熊本県玉名郡八幡村／中央大学

中央大学を卒業し、一九一九年五月朝鮮銀行に入った。三六年一二月在満鮮銀支店と満州銀行、正隆銀行の合同により満州興業銀行が創立されると、三七年一月牡丹江支店支配人代理に就いた。

村上　滝市 ▷11

満鉄長春保線区工事助役／長春露月町／一八八七（明二〇）一一／愛媛県越智郡瀬戸崎村

愛媛県村上兼太郎の次男に生まれ、一九〇八年五月に渡満した。はじめ木工業に従事したが、同年七月満鉄に入り、二三年雇員、翌年職員に進み、二七年五月工事助役に就いた。

村上　忠市 ▷11

満鉄鉄道部経理課職員／大連市聖徳街／一八八九（明二二）七／香川県高松市花ノ宮村／早稲田大学政治経済科

香川県建築技師村上元次の三男に生まれ、一九一九年早稲田大学政治経済科を卒業して満鉄に入った。経理部用度課に勤務した後、鉄道部経理課に転任した。

村上　正 ▷12

満鉄奉天駅事務助役／奉天紅葉町有朋寮／一九一三（大二）一／東京府東京市赤坂区桧町／ハルビン学院

東京府村上兄一の長男に生まれ、一九三四年三月ハルビン学院を卒業し、満鉄に入社して奉天駅駅務方となり、同年一一月大連列車区車掌心得となった。次いで三五年三月新京列車区車掌、三六年二月奉天駅貨物方、同年四月同駅構内助役を経て三七年五月事務助役となった。

村上　次也 ▷12

満鉄吉林鉄路局工務処建築科長、社員会評議員、従七位／吉林大和街／一八九八（明三一）七／東京府東京市芝区二本榎木／東京高等工業学校建築科

村上通の子として盛岡市仁王小路に生

まれ、一九二三年三月東京高等工業学校建築科を卒業して鉄道省に入り東京改良事務所に勤務した。三三年満鉄に転じて渡満し、奉天鉄路総局工務処に勤務した後、三六年一一月副参事に昇格して吉林鉄路局工務処建築科長に就いた。

村上　勉　▷9

北満興業㈱支配人代理／ハルビン北満興業会社社宅／一八九四（明二七）三／広島県賀茂郡吉土実村

幼い時に母を失い、一八歳で父を失った。弟妹を養いながら学業を終え、一九一八年に渡満して東省実業㈱に入社し、ハルビン駐在員として赴任した。次いで一九年末に北満興業㈱が設立されると同社支配人代理に就いた。弟妹二人を満州に伴い、社宅で夫人、一女と共に生活した。

村上常之進　▷1

村上商会主／奉天十間房／一八七〇（明三）一／愛媛県宇摩郡野日村

農家に生まれたが、農業を嫌って一四、五歳の頃から呉服・太物の行商を始めた。かたわら古畳の藺草に藁と草を混入して和紙を抄造する法を案出し、一八九〇年春から製造販売を開始した。九八年大阪に出て商業立身を企図したが、資金の不足から断念し、神戸のラムネ製造所の配達夫となった。若干の資金を蓄えて洋酒類の卸小売を開業したが、窮境にあった友人のために資産を費消し、一九〇三年天津に渡って貸本屋を営んだ。日露戦争が始まると〇四年七月営口に赴き、元神廟街に店舗を借りて軍政署の指名用達となり、信用を得て営口で一、二を争う御用商人となった。その後軍政署が撤廃されると奉天に移住し、十間房で諸官衙用達業を営んだ。

村上　鶴蔵　▷4

村上組主／旅順市東郷町／一八五八（安五）五／東京府東京市神田区三崎町

岡山、上海で働いた後、一八九一年九月から東京の陸軍被服工長学舎に勤務した。九三年東京製皮会社副支配人に転じ、翌年日清戦争が始まると会社を代表して第一師団司令部用達となって従軍した。戦後東京で陸軍付属各官衙の被服、糧食、軍靴の御用商を数年営み、その間九段にパノラマ国光館を建設した。一九〇四年日露戦争が始まると漁業団を組織し、満州守備軍付として軍全体の生魚供給にあたり、旅順陥落後は捕虜一万人の副食物一切の用達に従事した。〇五年三月旅順口での漁業権を許可され、翌年大連に水産組合を組織し、次いで関東州水産会社を設立して専務取締役に就いた。以来旅順衛生組合副組長、旅順蔬菜市場理事長等を務め、一三年には旅順連合町内会の会長に就き、一五年一〇月の市制施行まで在任した。公務のかたわら市内東郷町で銃砲火薬、食料雑貨商を営み、陸軍が開発したコウリャンを原料とする大正味噌の製造も行った。

村上　照　▷12

大信洋行㈱新京支店長／新京特別市日本橋通／一八九九（明三二）三／広島県豊田郡瀬南生村／広島修道中学校

一九一七年三月広島修道中学校を卒業して関西林業㈱に勤務した後、二五年に退社して渡満し、長春の土木建築請負業大信洋行㈱支店に入った。その後同支店長となり、中国側官衙を主要得意先として長春市政籌備署の長春城門上水道施設一切を請け負ったほか、満州事変後は関東軍司令部及び満州国政府から建国式場や執政府創設関連の工事と備品万般の納入を受注した。

村上　俊雄　▷11

三菱商事㈱大連支店副長／大連市文化台／一八八九（明二二）七／愛媛県今治市／東京高等商業学校

愛媛県村上孝次郎の長男に生まれ、一九一四年東京高等商業学校を卒業して三菱商事に入社した。二七年四月、大連支店副長に転任して渡満した。

村上留五郎　▷12

満鉄小城警務段警務副段長／吉林省舒蘭県満鉄小城警務段／一九〇〇（明三三）三／宮城県苅田郡福岡村

長く軍務に服した後、退役して満鉄鉄路総局に勤務した。以来勤続し、吉林警務段巡監を経て三七年三月拉浜線小城警務段警務副段長に就いた。

村上　直喜　▷12

国際運輸㈱奉天支店蘇家屯営業所主任／奉天省蘇家屯国際運輸㈱営業所／一九〇〇（明三三）三／高知県香美郡山北村／高知県立海南

む

中学校

高知県村上良馬の次男に生まれ、一九一八年県立海南中学校を卒業した後、一九年一月満鉄に入り鶏冠山駅、本渓湖駅等に勤務した。その後二五年六月に退社して営口の満州タルク㈱に入り、後に分水工場に転勤した。三一年一〇月同社解散となり、同年一一月国際運輸㈱に入社して営口、大連、奉天の各支店に勤務した後、三五年四月奉天支店蘇家屯営業所主任となった。

村上　則忠　▷12

チチハル高等検察庁次長、正六位／龍江省チチハル高等検察庁／一八九七（明三〇）四／熊本県熊本市春竹町／東京帝大法学部独法科

熊本県村上則貞の次男に生まれ、一九二一年三月東京帝大法学部独法科を卒業し、同年五月台湾総督府属となった。その後二四年四月に退官し、翌月司法官試補に転じた。二六年三月検事となり、長崎地方裁判所兼長崎区裁判所検事、島原区裁判所兼長崎地方裁判所島原支部裁判所検事、佐賀区兼同地方裁判所検事、京都区兼同地方区裁判所検事を歴任した後、三四年一二月に退職した。三五年一月最高検察庁検察官兼国務院司法部事務官となって渡満し、新京地方検察庁検察官兼司法部刑事司員勤務を経て三六年七月新京地方検察庁次長兼新京区検察庁監督検察官、三七年四月学習法官考試委員を歴任し、同年七月チチハル検察庁次長に転任した。

村上　鈑蔵　▷11

満鉄地質調査所長、理学博士／大連市榊町／一八八一（明一四）一〇／京都府天田郡福知山町／東京帝大理科大学地質学科

京都府竹内百助の四男に生まれ、村上徳兵衛の養子となった。一九〇九年東京帝大理科大学地質学科専攻科を卒業して大蔵省に入り、臨時建築部技師となった。一〇年六月、満鉄地質調査所技師に転じて渡満した。一七年社命でアメリカに一年間出張し、二二年には欧米に出張して万国地質学大会に出席した。二三年所長に就任し、満鉄資源館長を兼務した。長兄の竹内赳夫は陸軍少将で青島軍政長官を務め、弟の竹内準之助は山下汽船名古屋支店長を務めた。

村上　普一　▷12

満州野鉱泉所経営主、村上商店主、満州野第二工場経営主／大連市聖徳街／一八九五（明二八）二／山口県玖珂郡岩国町

早くから渡満し、一九二三年から刈部某とMK印サイダーの製造販売業を始めた。間もなく刈部が引退したため個人経営とし、二七年に東京飲料水講習所で指導を受け、以来「満州野サイダー」の製造を開始し、従業員四五人を使用して年間二五〇〇ダースを出荷した。かたわら村上商店を開設して和洋雑貨小間物商と満鉄石炭の販売業を兼営し、さらに三四年一〇月に満州野第二工場を創設して醤油味噌の醸造販売を始めた。

村上　真　▷3

村上農場主／奉天省大石橋石橋大街／一八六九（明二）五／福岡県福岡市浪人町

熊本県に生まれ、一八九九年軍籍を離れて実業界に転じ、天津日本租界に瑞穂洋行を設立して牛乳搾取業及び用達業を営んだ。一九〇五年一月に渡満して各地を視察した後、同年五月遼陽軍政署に大石橋の土地払い下げを願い出て農場と用達業を経営し、〇八年からは満鉄から借り入れた荒廃地を開墾して果樹園を兼営した。この間同地に日本人会が設立されると会長に推され、自己名義で借り受けた土地全部を会員に貸与した。〇六年に民会が組織されると再び会長に就き、居留民子弟の学校設立や在郷軍人会の組織に尽力した。

村上　正雄　▷9

奉天銀行鉄嶺支店長／奉天省鉄嶺一道街／一八九〇（明二三）一一／東京府東京市赤坂区青山南町

東京の第三銀行に入り、函館、横浜、大阪の各支店に勤務した後、一九一五年に渡満して大連取引所信託㈱に入った。一九年一〇月鉄嶺商業銀行が設立されると同行に転じたが、まもなく同行解散となり、奉天銀行に転じて鉄嶺支店長に就任した。

村上　元吉　▷12

大連西崗子公学堂長、大連商業学堂長、関東州教職員共済会理事、勲六等／一八八四（明一七）七／愛媛県温泉郡立岩村／愛媛県師範

む

学校
愛媛県温泉郡立教員養成所を経て一九〇七年三月愛媛県師範学校を卒業し、温泉郡正岡小学校訓導を経て同郡立岩小学校長を務めた。その後一四年四月旅順第一小学校訓導に転出して渡満し、一九年九月旅順師範学堂訓導兼書記、二〇年同専任を経て関東州公学堂教諭、関東庁視学を歴任した。次いで三二年三月大連西崗子公学堂長に就いて大連商業学堂長を兼任し、三六年六月勲六等瑞宝章を授与された。

村上　米吉　▷12

満鉄南芬駅長、社員会評議員、勲八等／奉天省南芬駅長社宅／一九〇二（明三五）一／大分県中津市諸町／大分県立中津中学校

大分県村上三蔵の子に生まれ、一九二〇年三月県立中津中学校を卒業し、同年五月満鉄に入社した。以来勤続して鞍山駅駅務見習、同小荷物方、同駅務方、奉天列車区車掌心得、同遼陽分区車掌、南芬駅助役、奉天駅構内助役を歴任し、三七年四月南芬駅長となった。この間、満州事変時の功により勲八等瑞宝章を授与され、三六年四月勤続一五年の表彰を受けた。

村上　龍太　▶14

商業、従七位勲六等功七級／大連市小崗子／一八七六（明九）二／福岡県京都郡犀川村

一八九五年陸軍生徒志願に合格して以後現役に服し、一九〇九年に予備役編入となった。一四年に渡満して大連で商業に従事し、一五年の市制実施から区委員を務め、二一年四月から翌年一月まで大連市会議員を務めた。

村上良太郎　▷12

国務院総務庁人事処員／新京特別市新発屯聚合住宅／一九〇六（明三九）一／愛媛県温泉郡道後湯ノ町／東北帝大法文学部

本姓は別、後に村上忠五郎の養子となった。一九三〇年東北帝大法文学部を卒業した後、三三年三月国務院国道局に入り総務処に勤務した。次いで国務院総務庁人事処に勤務し、三五年一〇月事務官となった。

村上　林蔵　▷11

満鉄昌図駅助役／奉天省昌図付属地満鉄社宅／一九〇〇（明三三）六／愛媛県新居郡神郷村

愛媛県運送業村上重太郎の三男に生まれ、一九一七年四月に渡満して安東駅駅夫となった。一九年一月雇員となり、二〇年一一月徴兵されて朝鮮竜山の歩兵第七九連隊に入営した。除隊して二四年車掌、二六年八月桓勾子駅助役を経て二七年一二月昌図駅助役に就いた。

村川　勇　▷12

満鉄総裁室福祉課員／大連市恵比須町／一九〇五（明三八）九／香川県高松市内町

一九二七年満鉄育成学校を修了し、興業部販売課旅順出張所に勤務した。次いで三三年四月商事部大連受払事務所庶務主務者となったが、同年一一月病気のため一時退社して帰省した。快癒後、再び渡満して国務院国都建設局予決算係を務めた後、三七年三月満鉄に再入社して総裁室福祉課に勤務した。

村川　五郎　▷12

満鉄地方部衛生課保健防疫係主任兼地方行政権調整移譲準備委員会幹事、社員会評議員、社員消費組合区総代／大連市黒礁屯／一八九七（明三〇）五／鳥取県鳥取市二階町／東京帝大医学部薬学科、九州帝大医学部

鳥取県村川九三郎の子に生まれ、第六高等学校を経て一九二二年東京帝大医学部薬学科を卒業した後、九州帝大医学部に入学した。一九二六年三月卒業と同時に同大副手となり、次いで附属防疫研究所員、同大学医員を歴任した。その後三〇年七月満鉄に転じて渡満し、地方部衛生課長春在勤兼長春地方事務所勤務となった。三一年一月現業衛生係主任に転任し、同年三月論文「トリパノゾーマノ免疫ト感染ニ関スル研究」により九州帝大より医学博士号を取得し、同年一一月参事となり地方部衛生課保健防疫係主任に転任し、三六年九月から地方行政権調整移譲準備委員会幹事を兼務した。

村川　広吉　▷12

徳成号主、奉天地方委員、奉天加茂宇治町会会長、奉天衛生委員、満鉄加茂宇治町会区長、奉天青年学校常任幹事、赤十字社奉天支部地方委員、愛国婦人会協賛委員、奉天神社総代、加茂宇治青年団相談役、国防婦人会加茂宇治分会相談役、奉天東北共

む

栄会長、東北商栄会長／奉天宇治町／一八八六（明一九）四／徳島県阿波郡土成村／県立徳島中学校中退

徳島県村川与平の六男に生まれ、一九〇〇年県立徳島中学校に入学したが、一年余りで退学して徳島県教育会教員養成所に入所した。〇二年同所全科を修了して尋常科教員免許状を取得し、同年五月県下の柿島尋常高等小学校訓導となり、次いで土成、粟島の各小学校に勤務した。〇五年一二月徴兵されて歩兵第四三連隊補充大隊に入営し、〇六年軍曹に進級して同連隊本部付となり、満州駐箚軍武器係として渡満した。一〇年一一月鉄嶺で満期除隊し、一一年四月同地の松茂洋行工業部に勤務した。一三年四平街出張所主任となり、一七年に本店の奉天移転とともに支配人に就いた。その後二二年一一月に退職し、二八年四月奉天宇治町に徳成号を開店し、履物類一切を販売した。営業のかたわら町内会長ほか多くの公職に就き、三三年四月満州事変時の功により賜品を授与され、三四年三月皇帝溥儀の即位式典に際し賜餐の宴に列した。

村木　謙三　▷12

満州国軍靖安歩兵第二団長、従五位勲四等／奉天靖安歩兵第二団／一八九〇（明二三）二／東京府／陸軍士官学校

早くから陸軍に入り、陸軍士官学校を卒業して各地に勤務し、一九三三年八月歩兵中佐に累進して予備役編入となった。三四年一月満州国軍第一教導隊司令部付となって渡満し、同年六月混成第四旅団司令部付、三五年九月中央訓練処教官を経て三六年八月歩兵上校となり、靖安歩兵第二団長に就いた。

村木　助治　▷3

村木洋行主、安東銀行取締役／安東県大和橋通／一八七七（明一〇）八／兵庫県揖保郡神部村

日露戦中の一九〇四年五月朝鮮の鎮南浦に渡り、安東県の占領と同時に安東旧市街大街に開店し、軍政署及び軍隊鉄道班等の御用商となった。事業の拡張とともに大和橋通に店舗を移して土木建築請負を兼業し、本渓湖、草河口、朝鮮の宣川等に出張所を開設した。安東銀行取締役を兼務し、光治・一枝の弟夫婦を呼び寄せて同居した。

村越三四郎　▷11

南満州工業専門学校教授、正五位勲四等／大連市伏見町／一八七四（明七）三／新潟県中頸城郡関山村／東京帝大工科大学

新潟県村越丑平の四男に生まれ、一九〇〇年東京帝大工科大学を卒業して鉄道院に入った。一三年、南満州工業専門学校教授に転じて渡満した。

村越　信夫　▷12

満州国立克山農事試験場長、克山日本居留民会長／龍江省克山県城／国立克山農事試験場／一八九六（明二九）八／神奈川県足柄下郡豊川村／北海道帝大農学部

神奈川県村越藤三郎の長男に生まれ、一九二一年三月北海道帝大農学部を卒業して満鉄に入り、公主嶺農事試験場に勤務した。二六年一〇月公主嶺農業学校講師兼務を経て二八年一〇月社命により農芸物理及び農業気象、農具の研究のためウィスコンシン大学農業工学教室に一年半留学した。帰社復任した後、三四年三月満州国立克山農事試験場長に転出した。この間、満州事変時の功により木杯及び従軍記章を受けたほか、皇帝訪日記念章を授与された。

村越　豊作　▷12

[資]／豊泰号楽器店代表社員、日満語普及会奉天支部長、奉天蓄音器商組合副組合長／奉天春日町／一八八四（明一七）五／静岡県駿東郡原町

静岡県村越泰四郎の三男に生まれ、満鉄に勤めた後、一九二一年六月に退社して豊泰号楽器店を興し、各種楽器、ラジオ、レコード、蓄音器等の卸小売業を開業した。次いで二四年一月朝鮮商工新聞社代理部の販売部員として京城に赴き、同地に三光舎楽器店を設け、さらに黒木某と防水布の加工販売業を共同経営した。本業の豊泰号楽器店の経営は夫人泰に一任し、二九年一二月これを資本金二万円の合資会社に改組して引き続き夫人を代表者とした。その後義兄の岩田氏に経営を委託したが、三六年五月同氏が没すると自ら代表社員に就き、資本金を五万円に増資し、従業員一〇人を使用した。夫人泰は静岡女子師範卒後、結婚まで公主嶺で教職にあった。

村沢　新作　▷12

中島支店主／ハルビン道裡石頭道街／一八八四（明一七）一二／栃木県下都賀郡壬生町

一九〇五年徴兵されて兵役に就いた後、除隊して一二年一二月に渡満して吉林領事館に勤務した。一三年に吉林貿易公司に転じた後、一六年に退職して吉林で和洋雑貨商を開業した。一八年五月ハルビン道裡石頭道街に移り、大阪、広島、名古屋、東京方面から雑貨類を仕入れ、中島支店の商号で引き続き雑貨商を経営し、ハルビン馬家溝と牡丹江に支店を置いた。業務のかたわら日本赤十字社の事業に協力し、二二年二月閑院宮総裁より有功章を授与された。

連　修　▷12

熱河省次長、従五位勲五等／熱河省承徳熱河省公署／一八九三（明二六）一一／大阪府東成郡生野村／東京帝大法科大学政治学科

大阪府連憲一の長男に生まれ、天王寺中学校、第三高等学校を経て一九一九年七月東京帝大法科大学政治学科を卒業して内務省に入った。二〇年一二月警視庁警部、二二年一月兵庫県警視・警察部警務課長、二三年三月警察部特別高等警察課長兼警務課長兼外事課長を経て同年九月外務省警視に転任し、外務省事務官及び内務事務官を兼務した。次いで二六年二月警察講習所教授兼内務事務官、二七年八月佐賀県書記官・警察部長、三一年一二月和歌山県書記官・学務部長、三二年一〇月愛媛県書記官・警察部長を歴職して三四年一一月に依願免官し、同月満州国官吏に転出して安東省公署警務庁長となった。三六年三月国務院首都警察庁警察副総監に転任した後、三七年七月熱河省次長に就任した。この間、首都警察庁在勤時に満州国協和会首都警察庁分会長及び国防婦女会顧問を務め、『赤化支那の解剖』その他数種の著書を著した。

村下　俊雄　▷12

満鉄チチハル鉄路局機務処運転科員、勲八等／龍江省チチハル鉄路局機務処運転科／一九〇一（明三四）八／岡山県川上郡成羽町／南満州工業学校機械科

岡山県村下亀四郎の次男に生まれ、一九二三年三月南満州工業学校機械科を卒業して満鉄に入り運転部運輸課に勤務した。二七年一一月長春機関区、二九年二月遼陽機関区、三三年三月鉄路総局に歴勤して三四年四月洮南鉄路局チチハル機務処副段長となった。次いで三五年一一月四平街機務段副段長、三六年一〇月同技術助役、三七年五月四平街鉄路監理所勤務を経て同年六月チチハル鉄路局機務処運転科に転任した。この間、満州事変時の功により勲八等及び従軍記章、建国功労賞を授与された。

村島　武次　▷9

遼陽取引所信託㈱専務取締役／奉天省遼陽／一八八七（明二〇）六／奈良県磯城郡大福村／東亜同文書院

上海の東亜同文書院を卒業した後、一九一一年満鉄に入り熊岳城分教場に勤務した。本社地方課勤務を経て奉天地方事務所に転勤した後、退社して同地の榊農園に転じたが、二〇年八月遼陽取引所信託㈱が設立されると同社専務取締役に就任した。

村瀬政之助　▷11

満鉄公主嶺駅助役／吉林省公主嶺堀町／一八九八（明三一）六／三重県四日市市

三重県林政次郎の三男に生まれ、同県村瀬真管の養子となった。一九一六年四月に渡満して満鉄に入り、長く現業方面に従事した後、公主嶺駅助役に就いた。

村瀬　文雄　▷12

㈱奉天造兵所理事長、奉天商工会議所特別議員、正四位勲二等／奉天萩町／一八七七（明一〇）九／愛知県名古屋市西区／陸軍士官学校

平岩元周の次男に生まれ、一九〇三年に村瀬てつの入婿となった。一八九九年陸軍士官学校を卒業して砲兵少尉に任官した後、二四年四月造兵廠総務部長、二四年八月同作業部長、二八年八月兵器本廠長等を歴補し、二九年八月陸軍中将に累進して予備役編入となった。その後三四年八月、㈱奉天造兵所理事長となって渡満した。夫人てつとの間に二男あり、長男一雄は早大理工科を卒業して東京放送局に勤務し、次男寿雄は帝大を出て神戸製鋼所に勤務した。

村瀬　渉　▷12

満鉄奉天保健所主任兼奉天地方事務所保健医兼相談医、社員会評議員、正八位／奉天葵町／一九〇二（明三五）一／岐阜県本巣郡七郷村／慶応大学医学部

村瀬熊吉の長男として三重県宇治山田市吹上町に生まれ、宇治山田中学校を経て一九二七年三月慶応大学医学部を卒業し、細菌学教室助手となった。次いで埼玉県防疫医務嘱託、北里研究所助手を歴職し、三三年一月に渡満して満鉄に入り地方部衛生課撫順在勤兼撫順炭砿庶務課勤務となった。三四年一月論文「大腸菌ノ（ムタビール）型変異ニ就イテ」により慶応大学より医学博士号を取得した後、同年三月奉天地方事務所に転勤して三五年三月奉天保健所主任兼奉天地方事務所保健医兼相談医に就き、三六年九月副参事となった。

村田　熊三　▷11

満鉄庶務部調査課員、正六位勲六等／大連市薩摩町／一八八一（明一四）一〇／東京府東京市赤坂区青山高樹町／陸軍士官学校

東京府村田倉之進の三男に生まれ、一九〇五年陸軍士官学校を卒業した。歩兵少尉から累進して大尉に進み、第一次世界大戦中に南洋での事業を計画して軍職を辞したが失敗し、二〇年二月満鉄に入社した。人事課勤務を経て洮南事務所に転勤したが、二七年の洮南事件により同地を引き揚げ、本社庶務部調査課に勤務した。

村田源次郎　▷12

龍江省望奎県参事官／龍江省望奎県参事官公館／一九〇八（明四一）一／佐賀県藤津郡嬉野町／拓殖大学

佐賀県立鹿島中学校、拓殖大学予科を経て一九三〇年同大学を卒業し、同年七月関東庁雇員となって渡満した。満州事変直後、三一年一二月に辞職して自治指導部連絡課に入り、奉天省義県自治指導員を経て国務院民政部地方司チチハル調査班に勤務した。次いで黒龍江省肇東県救済員、同県参事官兼北満特別区公署事務官北満特別区安達行政分処勤務、吉林省楡樹県参事官を経て三七年六月龍江省望奎県参事官に転任した。

村田　耕作　▷12

満鉄撫順炭砿庶務課統計係主任／奉天省撫順北台町／一八九二（明二五）三／三重県度会郡田丸町／旅順工科学堂採鉱冶金科

三重県立第四中学校を卒業して渡満し、一九一六年旅順工科学堂採鉱冶金科を卒業し、一七年一月本渓湖煤鉄公司に入った。その後二〇年一月に退社し、同年五月満鉄に入り撫順炭砿東郷採炭所に勤務した。大山採炭所、炭砿部採炭課、撫順炭砿採炭課坑内掘係技術担当員に歴勤して三二年六月撫順炭砿庶務課統計係主任となり、三六年九月副参事に昇格した。この間、三六年四月勤続一五年の表彰を受けた。

村田　晃平　▷12

満州電信電話㈱ハルビン放送局長／ハルビン濬陽街放送局長住宅／一九〇一（明三四）一／東京府東京市芝区芝公園／東京帝大法学部

東京府村田英夫の長男に生まれ、一九二五年三月東京帝大法学部を卒業して神田銀行に入ったが、同年一一月に辞職した。二六年九月日本放送協会に入り書記として勤務した後、三五年二月満州電信電話㈱副参事に転じて渡満し、ハルビン放送局長を務めた。

村田　重治　▷3

鴨緑江採木公司理事長、林学博士、正四位勲三等／安東県鴨緑江採木公司社宅／一八六一（文一）九／東京府東京市芝区高輪南町／東京農林学校

一八八七年七月東京農林学校を卒業して農商務省に入り、九一年林務官となった。愛媛、熊本、宮城の各大林区署長、農商務省山林局、林政課長、林業試験場長を歴任し、一九一二年一〇月鴨緑江採木公司理事長に転じて渡満した。この間、一九〇〇年にオーストリア、ドイツ、フランス、イギリスの林政を視察し、〇九年林政に関する論文で林学博士号を取得した。

村田　誠治　▷3

満州日日新聞社副社長／大連市山県通／一八六三（文三）四／栃木県阿蘇郡佐野村

郷里の小学校を卒業して東京で英語学を修め、一八八五年英語教師となった。八七年「公論新報」の主筆となり、八九年「国会新聞」編輯長に転じた後、九二年以降はフランス語を学びながら文筆業で生計を立てた。九六年「関西実業新報」主筆に招かれて神戸に移り、九八年「台湾日日新報」主筆に転じて台北に渡った。一九〇六年東京に戻ったが、〇八年再び招聘されて同新報主筆兼副社長に就任し、一〇年八月まで台湾に在住した。一一年七月「満州日日新聞」主筆となって渡満し、一二年八月以降は副社長として経営に専念した。⇒一三年五月社長に就任し、一六年八月に退任した。

村田清四郎 ▷12

満鉄大連埠頭経理主任、勲八等／大連市柳町／一九〇〇（明三三）九／茨城県西茨城郡笠間町

茨城県村田清次の次男に生まれ、一九一七年一〇月満鉄に入社した。遼陽駅、沙河鎮駅、遼陽駅、撫順駅、運輸部庶務課、鉄道部庶務課、長春保線事務所、大連鉄道事務所、鉄道部経理課に歴勤し、大連埠頭出納主任を経て三六年一一月同経理主任となった。この間二四年一〇月から一年間社命で北京に留学し、満州事変時の功により勲八等瑞宝章及び従軍記章、建国功労賞を授与された。

村田　精三 ▷12

浜江省呼蘭県参事官／浜江省呼蘭県参事官公館／一九〇四（明三七）一二／青森県八戸市廿八日町／早稲田大学法学部独法科

八戸中学校を経て一九二九年三月早稲田大学法学部独法科を卒業し、三一年東京市社会局に勤務した。三二年五月に渡満して国務院総務庁人事処給与科員に勤務したが、翌月家事の都合で退職して帰国した。同年八月東京市社会局臨時雇員として職業課浜園町労働紹介所に勤務したが、三三年三月に再び渡満して黒河省瑷琿県属官となった。三四年五月同省呼瑪県代理参事官に転任して三五年三月同県参事官となり、三六年四月浜江省呼蘭県参事官に転任した。

村谷勇三郎 ▷12

満鉄鉄道総局電気課員、社員会評議員／奉天雪見町／一九〇三（明三六）一二／千葉県東葛飾郡野田町

千葉県村谷寅次郎の三男に生まれ、一九二四年六月逓信官吏練習所技術科を修了して東京逓信局技手となった。その後二九年五月に渡満して満鉄に入り、大連電信区技術方、同電気助役、鉄道部電気課勤務兼鉄道教習所講師、鉄路総局工務処電気課に歴勤した。次いで三五年一一月皇姑屯電気段長となり、三六年三月鉄道総局電気課に転任した。この間、満州事変時の功により勲八等旭日章及び従軍記章、建国功労賞を授与された。

村田　昇清 ▷3

関東都督府技師、民政部警務課勤務、高等官三等、従五位勲四等／旅順新市街特権地／一八七二（明五）一一／高知県香美郡吉川村

一八八九年医術開業試験に合格して高知県立病院医員、伝染病研究所助手を務めた後、九九年九月に渡満して牛荘衛生局医長となった。一九〇〇年六月に退任して帰国し、兵庫県技師・高等官七等となった。〇一年六月兵庫県警察部衛生課長となり、〇二年四月同県立福原病院長を兼務し、同年六月高等官六等、〇四年七月高等官五等に進んだ。〇六年四月、日露戦争の功により勲五等双光旭日章及び金四〇〇円を受け、同年一〇月高等官四等となった。〇七年九月関東都督府技師に転じて再び渡満し、一〇年九月高等官三等に進んだ。一二年四月欧米各国に出張し、同年九月ワシントンで開かれた万国衛生学会及び民勢学会に列席した。一三年一二月地方病及び伝染病調査会委員兼幹事となり、産婆試験主事を兼任した。

村田　秀純 ▷12

満鉄奉天省四平街医院歯科医長／奉天省四平街北町／一九〇八（明四一）四／東京府東京市荒川区南千住町／東京歯科医学専門学校

一九三〇年三月東京歯科医学専門学校を卒業して同校副手となり、三一年四月助手に進んで外科部に勤務した後、三三年三月矯正学教室に勤務した。三三年五月満鉄医員補に転じて渡満し、安東医院に勤務した。三四年三月医員に昇格して営口医院に勤務し、三六年四月奉天省四平街医院に転任して歯科医長に就いた。

村田福次郎 ▷13

本渓湖市長／奉天省本渓湖／一八九八（明三一）七／北海道千歳郡恵庭村／高等小学校

北海道村田松蔵の次男に生まれ、一九

む

一三年千歳郡松園尋常高等小学校を卒業し、翌年郷里の恵庭村役場に勤めた。次いで一七年北海道庁内務部会計課、一八年七月室蘭支庁第一課庶務係を経て二六年五月内務属となり、内務省地方局に勤務した。二九年一一月大都市制度調査会書記、三〇年三月大臣官房文書課兼勤を経て三二年二月地方事務官となり広島県神石支庁長、三五年一月知事官房主事兼総務部人事課長を歴任し、同年一〇月国務院民政部事務官に転出して渡満した。地方司行政科に勤務した後、内務局事務官兼大同学院教官、遼陽県福県長を歴任して四〇年四月本渓湖市長に就任した。

村田　正雄　▷11

南満州電気㈱員／大連市初音町／一八九〇（明二三）五／岡山県岡山市八番町／大阪商業学校

岡山県漢学者村田惟正の次男に生まれ、一九〇八年大阪商業学校を卒業した。一四年五月に渡満して満鉄に入り、撫順炭砿機械課に勤務した。二三年五月社員消費組合に転任して庶務、会計の各主任を歴任した後、二七年四月満鉄から分離した南満州電気㈱に転じた。

村田　稔　▷12

満鉄総裁室文書係主任、正八位／大連市菖蒲町／一九〇一（明三四）一〇／東京府東京市麹町区富士見町／東京帝大経済学部

東京府村田猛の長男に生まれ、府立第四中学校、第一高等学校を経て一九二六年三月東京帝大経済学部を卒業し、同年一二月一年志願兵として近衛野砲兵連隊に入営した。除隊後、二八年四月満鉄に入社して地方部学務課に勤務した。総務部文書課に転任した後、三三年八月同文書係主任、三六年渉外係主任兼務を経て同年一〇月副参事となった。三七年二月総裁室文書課文書係主任となり、開拓事業に関する調査のため欧米その他に八ヶ月出張した。

村田　保之　▷12

㈾村田天寿堂代表社員／奉天省開原掬鹿大街／一八七六（明九）九／秋田県雄勝郡西馬音内町

育文館中学校を卒業した後、一九〇四年日露戦争勃発と同時に第八師団野戦病院付として渡満した。各地に従軍し、講和成立後もそのまま残留して民政署に勤務した。その後、〇九年に開原掬鹿大街で村田天寿堂を開業して薬種購買と売薬業を営んだ。二七年に資本金一万円で合資会社に改め、日本人一人、中国人三人を使用して鉄嶺及び満鉄沿線を販路とし、年間三万円を売り上げた。

村田　義次　▷12

国務院交通部路政司鉄道科員、従七位勲八等／新京特別市入船町／一八八八（明二一）二／大阪府大阪市浪速区恵美須町／慶応大学予科中退

大阪府村田宜寛の子に生まれ、一九〇八年慶応大学予科二年を中退し、〇九年四月大阪府警察書記となった。一一年二月南海鉄道㈱に転じて運輸課に勤務した後、二〇年六月朝鮮総督府に転じた。二五年四月総督府鉄道局書記に昇任して監督課に勤務した後、二八年三月庶務課兼務、二九年六月朝鮮博覧会事務員・同審査員、三二年九月関東軍交通監督部付鉄道事務嘱託を歴職した。三四年五月総督府鉄道局副参事・関東軍交通部部員を最後に同月依願免官し、同年六月国務院交通部事務官に転じて路政司鉄道科に勤務した。この間、満州事変時の功により勲八等旭日章及び建国功労賞、皇帝訪日記念章を受けた。

村田　愨磨　▶14

協和建物会社社長／大連市台山屯／一八八一（明一四）一〇／東京府東京市小石川区高田老松町／東京帝大法科大学政治学科

東京府官吏村田昌寛の三男に生まれ、一九〇七年七月東京帝大法科大学政治学科を卒業し、同年九月満鉄に入社した。本社運輸部営業課書記、大連駅助役、奉天駅貨物主任、同駅助役、長春地方事務所長、運輸部営業課貨物係主任、吉長鉄道満鉄代表者兼運輸主任、大連管理局庶務課長兼営業課長、運輸部庶務課長等を歴任した。この間、〇九年九月アメリカに留学し、一一年五月には英仏独を見学巡遊した。二〇年九月に退社して長春協和桟財東となり、経営のかたわら満鉄嘱託、中日文化協会専務理事、満州法政学院副院長、国際運輸㈱監査役、満州銀行監査役、大連株式商品取引所理事等を兼任し、二二年二月から二九年五月まで大連市会議員を務めた。三四年二月満州日日新聞社社長に就任し、四〇年二月に退任して協和建物会社社長に就いた。

む

村津　寛　▷3

大連重要物産取引所長、従六位勲六等／大連市児玉町／一八六七（慶三）一〇／福島県双葉郡請戸村

北海道庁、拓殖務省に勤務した後、内務省属官、北海道支庁長を経て高等官五等となった。退官して石狩石炭会社支配人となり、東洋拓殖会社員に転じた後、大連重要物産取引所長となって渡満し、大連商業会議所特別常議員を務めた。

村手　平作　▷11

撫順第一尋常高等小学校訓導／奉天省撫順弥生町／一八九一（明二四）一一／静岡県浜松市松城町／静岡県師範学校

静岡県紅林為吉の四男に生まれ、村手比丸の養子となった。一九一三年三月、静岡県師範学校を卒業して同県三番町尋常小学校訓導となった。二〇年四月公主嶺尋常高等小学校訓導となって渡満し、二八年四月撫順第一尋常高等小学校に転任した。

村中　哲　▷11

満鉄社長室人事課審査係勤務、勲八等／大連市黄金町／一八八八（明二一）一〇／広島県広島市平塚町

一九一二年二月、朝鮮総督府二等郵便局長になった。一六年一一月関東庁逓信局に転じて渡満し、一八年一二月さらに満鉄に転じて社長室人事課に勤務した。

村野　隆　▷12

満鉄安東駅事務主任、社員会安東連合会庶務部長／安奉線安東駅／一九〇九（明四二）一／山口県豊浦郡長府町／東京外国語学校支那語科

山口県村野報介の三男に生まれ、早稲田中学校を経て一九二九年三月東京外国語学校支那語科を卒業し、同年五月満鉄に入り鉄道部に勤務した。大連駅員、大連列車区車掌、営口駅員、大連列車区旅客専務を歴職して三三年三月旅順駅助役となり、旅順実業補習学校書記を兼務した。その後大連鉄道事務所に転勤し、三五年八月鉄道部旅客課勤務を経て三六年一〇月安東駅事務主任となった。

村林孫四郎　▷3

関東都督府中学校教諭、高等官七等、従七位／新旅順特権地／一八七六（明九）九／長崎県東彼杵郡鈴田村／長崎尋常師範学校、東京高等師範学校

一八九八年三月長崎尋常高等師範学校を卒業して東京高等師範学校に進み、一九〇〇年に卒業して師範中学の国語及び漢文科、高等女学校国語科教員免許状を取得した。島根県師範学校、鹿児島県師範学校、門司市立門司高等女学校教諭を務めた後、一九一五年六月関東都督府中学校教諭となって渡満した。

村松　勇夫　▷12

旅順工科大学予科教授、正六位／旅順市日進町／一八九五（明二八）二／兵庫県美方郡射添村／東北帝大理学部数学科

兵庫県村松義通の長男に生まれ、一九一九年三月東京物理学校師範部数学科を卒業し、同年五月宮崎県立都城中学校教諭嘱託となった。次いで同校舎監心得兼務、同校教諭兼舎監、福岡県立中学修猷館、宮崎県師範学校教諭を歴任した後、東北帝大理学部数学科に入学して二五年に卒業した。その後二九年四月旅順工科大学予科教授となって渡満した。

村松　憲吉　▷11

土木建築請負業村松組主／奉天省撫順西一番町／一八八九（明二二）二／静岡県磐田郡広瀬村

静岡県村松竹十の子に生まれ、一九〇七年に渡満した。満鉄撫順炭砿に入り、土木課に勤務して建築設計及び監督にあたった。一九年三月に退社し、同地に村松組を興して建築請負と家具類製造に従事し、満州産業㈱取締役、撫順無尽㈱監査役を兼任した。

村松武一郎　▷12

満鮮旅行案内社主、大連静岡県人会顧問／大連市神明町／一八六四（元一）八／静岡県周智郡宇刈村／朝陽義塾

静岡県農業村松武一郎の長男に生まれ、幼名を源之助と称し、後に先代武一郎を襲名した。一七歳の時に静岡の朝陽義塾に学んだ後、上京して同人社及び成立学舎で英語、漢学、数学、簿

記を修め、一八八五年神戸税関監吏補となった。その後八九年に辞職し、同地で書店経営、英語教師、新聞記者、著述業等に従事し、かたわら旬刊の広告新聞や新聞「神戸港」を発行した。次いで神奈川県二ツ谷にクヰンマッチ製造所を設立して自己発明の専売特許「紙製マッチ」をアメリカの煙草会社に輸出し、㈱掛川銀行横浜支店支配人、横浜帝国礼具㈱社長、大日本自転車製造㈱専務取締役、㈴田村割引銀行業務担当社員、東京商業銀行常務取締役兼台湾支店長、相互貯金会社社長等に就いた。一九〇五年二月日露戦争に際し第四軍兵站監部用達となって渡満し、戦後〇六年二月大連に遼東用達組を組織して官衙用達と問屋業を営んだ。次いで〇七年に雑誌「南満州」を発行し、後に「大連毎日新聞」と改称して日刊夕刊紙としたが、保証金問題で〇八年一一月に発行禁止となった。〇九年二月月刊誌「満韓旅行案内」を創刊し、一〇年八月の韓国併合後に「満鮮旅行案内」と改称して発行経営し、満州事変後に部数を一万五〇〇〇部に伸ばした。かたわら大連衛生組合委員、西公園町会副会長、大連静岡県人会顧代表幹事・同会長を務めた。女子高等師範出身の夫人福子との間に子無く、養子京三郎を迎えた。

村山真太郎 ▷12

国務院地籍整理局新京分局長兼事業処勤務、従七位勲八等／新京特別市地籍整理局分局／一八九四（明二七）一二／山形県鶴岡市鳥居町

山形県村山晴孝の長男に生まれ、一九一五年一〇月裁判所書記登用試験に合格して一七年七月裁判所書記となり、山形区裁判所、米沢区裁判所、横浜地方裁判所兼同区裁判所に歴勤した後、二九年九月供託局書記となり、横浜供託局兼任裁判所書記として横浜地方裁判所に勤務した。その後三一年二月関東庁属・大連民政署に転出して渡満し、同年三月同署法務係主任を経て三六年五月関東通信官署通信書記兼任関東局理事官となった。同年六月国務院地籍整理局事務官に転出して同事務処に勤務した後、三七年二月地籍整理局新京出張所長に就き、同年三月から本局事業処兼職となった。

村山　武雄 ▷12

ハルビン税関監視科長／ハルビン南崗車站街税関官舎／一八九六（明二九）三／北海道函館市本町／北海道庁立函館中学校

一九一三年三月北海道庁立函館中学校を卒業し、函館税関に勤務した。青島戦役の後、一六年八月中華民国海関巡役に転じて青島に勤務し、同年一一月試用稽査員、二九年三月一等副監察員を経て三〇年六月一等監察員となり監察長を務めた。その後三二年六月に辞任してハルビン税関に転じ、三四年三月税関監視官に進んでハルビン税関監視科長に就き、同年七月税関理事官に昇格した。

村山　長昇 ▷11

国際運輸㈱嘱託、勲八等／奉天宮島町／一八八〇（明一三）九／東京府東京市下谷区新阪本町／岩倉鉄道学校

東京府村山長四郎の三男に生まれ、一九〇四年岩倉鉄道学校を卒業して鉄道作業局雇員となった。〇六年書記補に進み、野戦鉄道付となって渡満した。〇七年四月の満鉄開業とともに入社し、書記として本社に勤務した。一二年奉天駅貨物助役に転じ、さらに遼陽駅貨物主任となったが、一九年に退社して奉天運輸倉庫㈱専務取締役に就いた。二〇年に独立して同地で運送業を開業したが、二八年一二月国際運輸㈱に併合されて同社嘱託となった。

村山　弘幸 ▷11

満鉄安奉線呉家屯駅助役／安奉線呉家屯駅社宅／一八九九（明三二）一二／鹿児島県川辺郡加世田町／小学校

鹿児島県建築業村山栄治の長男に生まれ、小学校を卒業した後、一七年九月に渡満した。満鉄撫順駅駅手となり、一九年一一月雇員車掌心得を経て翌月車掌に進んだ。二〇年一二月徴兵されて熊本の野砲兵第六連隊に入営し、翌年一二月非役・運輸部勤務となった。二二年九月非役免除となって奉天列車区車掌に帰任し、翌月遼陽列車区に転任した。二四年四月職員に昇格し、二七年九月安奉線呉家屯駅助役に就いた。

牟礼　勝司 ▷12

延吉電業(股)専務董事、満州電気協会評議員、延吉居留民会議員／間島省延吉字街延吉電業(股)／一八八九（明二二）八／京都府久世郡

淀町／同志社普通部

京都府米穀商牟礼勝信の長男に生まれ、一九〇五年四月京都電灯㈱に入社して試験課に勤務し、かたわら同志社普通部に学んで〇九年に卒業した。一年志願兵として兵役に服した後、除隊復職して水力変電所及び伏見火力変電所電気部に勤務した後、一六年に退社して朝鮮の稷山金鉱㈱に入り成観発電所建設に従事した。次いで一九年五月満鉄に転じて渡電気作業所浜町発電所に勤務し、二六年五月同作業所が満鉄から分離して南満州電気㈱が設立されると同社員となり、二七年鞍山支店の設置とともに同支店電路係主任に就いた。その後、延吉電業㈱に転じて支配人となり、次いで専務董事となった。

室岡孫治郎　▷11

三井物産㈱石炭部支部長代理、正八位／大連市霧島町／一八八五（明一八）五／山口県下関市東南部町／市立下関商業学校

山口県室岡伝蔵の次男に生まれ、一九〇二年市立下関商業学校を卒業した。〇三年三井物産会社に入社し、〇五年一二月一年志願兵として入営し、歩兵少尉に進んで除隊した。以来各支店に勤務し、一六年一二月マニラ支店から石炭部支部長代理となって渡満した。

室田　武一　▷12

満鉄撫順炭砿工作課機械係技術担当員／奉天省撫順北台町／一八九九（明三二）六／東京府東京市本郷区本郷／早稲田大学理工学部機械工学科

東京府室田駒造の長男に生まれ、千葉中学校を経て一九二五年三月早稲田大学理工学部機械工学科を卒業し、同年八月満鉄に入社して撫順炭砿工業課に勤務した。二七年一〇月撫順炭砿発電所、三一年一二月古城子採炭所、三四年五月羅津建設事務所、三五年一一月機械工場に歴勤した後、三六年一月炭砿工作課に転勤し、同年四月同課機械係技術担当員となった。

室山宇太郎　▷11

海運業後藤商会店員／大連市山県通／一八九一（明二四）四／兵庫県川辺郡川西町／関西大学商科

兵庫県室山永作の三男に生まれ、一九一五年関西大学商科を卒業した。一六年一月に渡満して満鉄に入り、埠頭事務所に勤務した。一七年六月に退社して後藤商会に転じた。

目黒　斌　▷13

㈱満州ロール製作所常務取締役／奉天省鞍山／一八九五（明二八）／福島県若松市／米沢高等工業学校機械科

福島市に生まれ、一九一八年三月米沢高等工業学校機械科を卒業して官営八幡製鉄所に入り工務部に勤務した。二〇年六月同所技手となり、三三年九月技師に進んだ。この間チルドロール、インゴットケース製作法の改良に成功し、日本鉄鋼協会服部賞を受賞した。三九年六月㈱満州ロール製作所の技術部門担当常務となって渡満した。

米良　重穂　▷12

大連税関員／大連市山県通／一八八六（明一九）一一／熊本県球磨郡人吉町／早稲田大学中退

熊本県立中学済々黌を経て早稲田大学に進み、一九〇七年同大三年で中退した。一七年六月中華民国青島海関に入り、次いで二二年四月上海、二七年四月広東、同年一二月大連の各海関に勤務して二等験貨員に進んだ。三二年七月の満州国による中国海関接収後、同年一一月一等験貨員として国務院財政部税務司に勤務した。三四年三月税関監査官に累進して大連税関に勤務し、同年勲六位景雲章を授与されて薦任四等となった。

毛利　栄次　▷7

満鉄埠頭機関長、勲七等／大連市乃木町／一八七六（明九）八／鹿児島県日置郡日置村

一八九五年一二月海軍志願兵として海兵団に入り、一九〇四年日露戦争に従軍した。一等機関兵曹として清国から没収した軍艦済遠に乗務中、水雷で撃沈させられたが僚艦に救助され九死に一生を得た。帰還して海兵団で水兵の教練に従事し、〇六年一一月に満期退団して徳山の海軍練炭製造所に入った。技生として四年勤務した後、家事の都合で退職して帰郷したが、一一年三月に渡満して満鉄に入った。

毛利　英三　▷12

満州電信電話㈱四平街電報電話局長、従七位勲六等／奉天省四平街祝町／一八八七（明二〇）一／東京府東京市本郷区丸山新町

東京府毛利六郎の三男に生まれ、一九〇二年七月東京電気通信技術伝習生養成所を修了し、通信助手として東京郵便電信局電信課に勤務した。〇六年一二月通信手に進んだ後、一二年三月に退職して渡満し、一三年四月大連郵便局通信事務員となった。次いで一五年関東都督府通信書記補、二〇年三月関東庁通信書記を経て二二年に大連郵便局電信課主事、二九年三月奉天郵便局電信課主事、同年一二月長春郵便課長を歴任した。その後三三年九月満州電信電話㈱の創立と同時に同社入りして鉄嶺電報電話局長となり、三五年一一月副参事に昇格して四平街電報電話局長に就いた。

毛里英於菟　▷12

竜江税務監督署副署長、従六位／新京特別市崇智路／一九〇二（明三五）二／福岡県築上郡角田村／東京帝大法学部政治学科

福岡県毛里保太郎の次男に生まれ、一九二五年三月東京帝大法学部政治学科を卒業して専売局書記兼大蔵属となり、同年一一月文官高等試験行政科に合格した。二七年九月司税官となり大牟田税務署長に就き、次いで二九年八月熊本税務署長、三一年一月下京税務署長を歴任した。三三年四月依願免官と同時に渡満して国務院総務庁理事官となり、次いで主計処特別会計科長に就いた。三四年一月秘書処経理科長兼務、同年六月中央治安維持会幹事、同年七月治外法権撤廃準備委員会幹事、同年一二月石油専売籌備委員会幹事、三六年七月財政部理事官・税務司国税科長を歴任した。三七年五月、龍江省税務監督署副署長に転補と同時に依願免官した。この間、建国功労賞及び大典記念章、皇帝訪日記念章を授与された。

毛利　顕一　▷12

満蒙工業所主、関東州方面委員、静岡県嘱託、大連静岡県人会常任幹事／大連市伊勢町／一八八六（明一九）三／静岡県周智郡一宮村／静岡県師範学校

静岡県師範学校を卒業して数年の間教職に就き、一九一三年九月義務年限完了とともに渡満した。大連市若桜町に満蒙工業所を設立して家具製作と室内装飾施工請負業を営み、後に伊勢町に店舗を移し、山城町に工場を設けた。東京、京都、大阪、名古屋方面から仕入れ、欧州製家具は直輸入して満鉄、逓信局その他の諸官衙・会社に販売し、従業員三七人を使用して年商六万円から七万円に達した。この間、安楽椅子兼寝台の創案・製作に多年工夫を重ね、三五年秋に日本の特許局に出願した。

毛利　治郎　▷12

敦化郵便局長、満州国協和会委員、勲八等／吉林省敦化県城北門外／一八九六（明二九）四／広島県豊田郡乃美村

一九一二年四月広島逓信講習所を修了し、同県豊田郡の忠海郵便局に勤務した。一五年七月朝鮮総督府逓信局に転じて咸鏡北道清津郵便局に勤務し、二一年一〇月富寧郵便局長に就いた。慶興郡西水羅郵便局に転任した後、二六年七月吉林省琿春電信分室主任に転じて渡満した。三二年九月満州国による中華民国郵便局の接収に伴い琿春郵便局長となり、三六年四月敦化郵便局長に転任した。

毛利　富一　▷12

国務院実業部林務司監理科長、満州国協和会治部長部分会幹事、従六位／新京特別市義和胡同／一八九二（明二五）二／大分県北海部郡臼杵町／大分県師範学校

大分県毛利源五郎の次男に生まれ、一九一四年三月大分県師範学校を卒業して大分第二尋常高等小学校訓導となった。大分女子小学校、速見郡杵築小学校に転勤した後、一八年一一月師範学校中学校高等女学校教員科の教員検定試験に合格し、学校組合立杵築実科高等女学校教諭嘱託、同教諭を経て東京市下谷高等小学校訓導に転じた。二三年七月に退職し、同年一二月文官高等試験行政科に合格して二四年二月農商務属となった。勤続して農林属、営林局山林事務官、営林局事務官に累進した後、三三年一〇月国務院実業部事務官に転じて渡満し、農林司林務科に勤務した。次いで実業部法令審査委員会委員、林務司林政科員、林場権審査委員会委員、満州林業公司設立準備委員を経て三六年七月林務司監理科長に就き、林場権審査委員会幹事を兼務した。大分県女子師範学校出身の夫人ヤエとの間に五女があった。

毛利　正義　▷3

関東都督府中学校教諭数学科主任／新旅順月見町／一八六五（慶一）九／福岡県遠賀郡浅木村／東京物理学校数学専門科

一八八五年七月福岡県立芦屋中学校を卒業し、その後上京して九二年七月東京物理学校数学専門科を卒業した。九四年九月から高知県尋常中学校、静岡県尋常中学校、東京府立第一中学校教諭を歴任し、この間九八年六月検定試験により数学科算術幾何代数科の中学校師範学校教員免許状を取得し、さらに一九〇四年には数学科三角法の免許状を取得した。〇九年四月関東都督府中学校教諭に転じて渡満し、数学科主任を務めた。

最上　登一　▷11

衣服雑貨商、勲八等／旅順市鯖江町／一八八〇（明一三）三／広島県広島市西引御堂町

広島県最上八百八の四男に生まれ、一九〇九年二月に渡満して満鉄に入った。七年勤続して退社し、関東州二十里台で花崗石採取に従事し、その後は吉林で採木事業に従事したが軌道に乗らず、一八年から四年間陸軍の嘱託や雇員として勤務した後、旅順で衣服雑貨商を営んだ。

「茂木」は「もてぎ」も見よ

茂木　清　▷12

「鞍山日日新聞」大連支局主任／大連市伏見町／一八九〇（明二三）一一／群馬県多野郡平井村／拓殖大学

富岡中学校を経て一九一九年拓殖大学を卒業し、朝鮮銀行に入り京城本店に勤務した。二一年七月同行傘下の遼陽銀行支配人となって渡満し、二三年七月大連に満州銀行が設立されると同行に転じた。二六年一月営業課支配人代理となり、次いで同年四月新京支店副支配人となった。三一年一〇月に退社し、翌月中央興業㈱の創立とともに支配人に就いたが、後に辞任して大連市伏見町に居住して「鞍山日日新聞」大連支局主任となり、かたわら東洋生命の代理店業を営んだ。

茂木　善作　▷11

旅順工科大学予科助教授／旅順市松村町／一八九四（明二七）一二／山形県飽海郡本楯村／東京高等師範学校

山形県農業茂木辰治郎の三男に生まれ、一九一三年山形県師範学校を卒業した。一八年三月まで同県飽海郡蕨岡小学校訓導を務めた後、上京して東京高等師範学校に入学した。在学中に各種競技会で活躍し、二〇年八月に開催された国際オリンピック・アントワープ大会に陸上競技選手として出場し、欧米を視察して帰国した。二一年五月には第五回極東選手権競技大会代表選手として上海に派遣された。二二年に卒業して水戸高等学校助教授となり、翌年五月大阪で開催された第六回極東選手権競技大会の役員を務めた後、同年八月旅順工科大学予科助教授に転じて渡満し、二六年六月関東庁視学委員となった。

茂木　定二　▷12

大連汽船㈱船長／東京都世田谷区若林町／一八九〇（明二三）八／兵庫県姫路市綿町／東京高等商船学校

東京高等商船学校を卒業し、海員として長く船上に勤務した。一九二七年二月大連汽船㈱に入社し、船長として各船に乗務した。

茂木　実　▷11

大連日本橋小学校訓導／大連市錦町／一八八九（明二二）二／群馬県碓氷郡原市町／群馬県師範学校

群馬県会社員茂木伝次郎の長男に生まれ、一九一一年栃木県師範学校を卒業して前橋市久留万小学校訓導となった。桐生小学校、相生小学校訓導を経て、一八年六月に渡満して大連第二尋常小学校訓導に転じた。

茂木芳次郎　▷12

野田醤油㈱奉天出張所長、奉天加茂宇治町会副会長／奉天宇治町野田醤油奉天出張所／一八九八（明三一）三／東京府東京市日本橋区浜町／慶応大学経済学部

千葉県東葛飾郡野田町に生まれ、慶応大学経済学部を卒業して亀甲万本舗野田醤油㈱に入った。本店に勤務した後、奉天出張所長となって渡満した。

杢田　種彦　▷12

宮内府内務処会計科長／新京特別市永昌胡同代用官舎／一八九三（明二六）五／鹿児島県曽於郡市成村／東亜同文書院

上海の東亜同文書院を卒業して関東庁属となったが、その後帰国して鹿児島県属となった。一九三三年五月招聘されて満州国政府に入り、奉天省台安県参事官となった。次いで三四年宮内府事務官に転任して内務処会計科長に就き、三五年四月皇帝訪日に際し扈従員を務めた。

母袋　甕雄　▷9

三井物産大連支店長代理／大連市山城町／一八八五（明一八）四／長野県小県郡塩尻村／東京高等商業学校

一九〇六年七月東京高等商業学校を卒業し、三井物産留学生として北京に留学した。修学後同社入りして天津、シンガポール、ジャワの各支店に勤務した後、大連支店詰となって渡満した。二〇年三月奉天出張所長となり、さらに翌年三月大連支店長代理に栄転した。

持麾　友吉　▷11

満鉄鉄道部工務課員／大連市大黒町／一八八二（明一五）八／静岡県駿東郡富士岡村／南満工業学校付属夜学部

静岡県農業持麾清吉の次男に生まれ、一九〇三年から鉄道保線作業に従事した後、〇六年五月に渡満した。満鉄に入り、かたわら南満工業学校付属夜学部で土木製図科、測量学科、土木実用計算法等の学科を修めた。一八年二月工手、翌年四月雇員、二〇年四月職員に昇格し、二三年一二月から鉄道部工務課に勤務して鉄道教習所講師を兼任した。この間、模範社員及び貨車犯人逮捕により表彰を受けた。

望月　兼吉　▷11

撫順第一尋常高等小学校／奉天省撫順弥生町／一八九一（明二四）一〇／静岡県安倍郡大河内村／静岡師範学校

静岡県農業望月治郎右衛門の六男に生まれ、一九一三年静岡県師範学校を卒業した。県下の大河内尋常高等小学校、大里東尋常小学校、静岡城内西尋常小学校の訓導を務めた後、二〇年四月に渡満して撫順第一尋常小学校訓導に転じた。二七年四月から六ヶ月間東京高等師範学校手工科に留学し、帰任して撫順第一第二両小学校の工業科専任を務めた。

望月　至誠　▷10

㈾湯浅洋行代表社員／大連市霧島町／一八八五（明一八）一〇／山

口県下関市西南部町／錦城中学校

望月謙三の四男として静岡県庵原郡由比町に生まれた。一九〇三年東京神田の私立錦城中学校を卒業し、翌年横浜市山手町のドイツ商館ハー・アーレンス継続社支社に入り外国貿易に従事した。在職中に神戸の貿易商湯浅竹之助に認められ、〇七年一一月湯浅商会に転じて下関支店長に就いた。一八年七月同商会が湯浅貿易㈱に改組し、同時に大連出張所を支店に昇格する際に取締役兼大連支店長となって渡満した。二一年一一月に湯浅が欧州大戦後の不況で事業を縮小し、北海道、下関、大連の各支店を独立させることになり、大連支店を㈾湯浅洋行に改めて代表社員に就いた。不況の深刻化とともに二四年に一時休業に追い込まれたが、その後持ち直して二六年一月から東京鋼鉄㈱製作所及び東京建鉄会社の満州代理店となって業績回復に努めた。

望月実太郎 ▷4

広福洋行主、勲八等／奉天城内鐘路／一八七三（明六）一一／広島県豊田郡東野村

一八九九年ハルビンを経由して奉天に渡り、一九〇三年同地でラムネ製造に着手したが、〇四年二月の日露開戦により引き揚げた。〇五年二月陸軍通訳として第一軍に従軍した後、〇六年三月奉天の旧店を復興して薬種業を開始し、銭荘と質店広福当を兼営した。奉天信託㈱を設立して監査役に就いたほか、共融組合監事を務め、奉天在留日本人の最古参として重きをなした。

望月　貞蔵 ▷12

安東省公署総務庁経理科長／安東五番通／一八九三（明二六）一／静岡県庵原郡興津町

静岡県属、町役場助役、清水市収入役等を歴任した後、一九三三年に渡満して国務院民政部事務官となった。その後ハルビン市政公署事務官に転任して総務処経理科長を務め、次いで安東省公署理事官となり総務庁経理科長に就いた。

望月　明吉 ▷11

朝鮮銀行鉄嶺支店支配人代理／奉天省鉄嶺西町／一八九〇（明二三）三／大分県速見郡豊岡町

大分県望月儀作の次男に生まれた。一九二一年八月朝鮮銀行安東支店支配人代理となって渡満し、二五年九月鉄嶺支店支配人代理に転任した。

望月　秀二 ▷12

国務院実業部農務司技佐／新京特別市大同街国務院実業部農務司／一八八九（明二二）／滋賀県甲賀郡／東北帝大農科大学水産学科

一九一一年七月東北帝大農科大学水産学科を卒業し、北海道及び中国沿岸各地の水産研究と実地漁業に従事した。その後一九三二年に満州国政府に招聘されて国務院実業部農務司技正となり、次いで職制改正により技佐となった。

望月福太郎 ▷12

望月副薬局主、安東薬業組合長、安東薬剤師会長、安東区長代行、満鉄福祉委員、勲七等／安東大和橋／一八六五（慶一）五／東京府東京市神田区鎌倉町

東京府望月昇真の子として東京市神田区鍛治町に生まれ、薬剤師の免許を受けて薬業に従事した。一九〇四年日露戦争に際し陸軍省薬剤師雇員となって従軍し、戦後安東に残留して〇六年五月五番町で売薬・調剤業を開業した。その後、店舗を大和橋に拡張移転して一般薬・工業薬品販売の他に喘息・百日咳・マラリヤの特効薬を発売し、かたわら保険代理業と借地借家業を兼営した。一人娘のとき子は明治薬学校を卒業し、薬剤師の免状を取得して家業を補佐し、同窓生で満鉄鉄嶺医院薬剤長を務める幸雄を婿とした。

「茂木」は「もぎ」も見よ

茂木　定株 ▷11

大連神明高等女学校教諭／大連市神明町／一八八九（明二二）一一／山形県最上郡新庄町／東京高等師範学校

山形県裁判所会計書記茂木定紀の長男に生まれ、一九一〇年山形中学校を卒業して山形県師範学校二部に入った。一一年に卒業して小学校訓導を務めた後、東京高等師範学校に進んで一六年三月に卒業し、茨城県太田中学校教諭となった。一八年四月同師範学校教諭に転任した後、二〇年四月に渡満して大連神明高等女学校教諭に転じた。二四年三月にハルビン、チチハル、二六年に北京、天津、済南、青島を視察した。

本池　政敏　▷12

満鉄ハルビン鉄路局警務処警務科長、従五位勲三等／ハルビン満鉄鉄路局警務処／一八九一（明二四）三／鳥取県西伯郡大篠津村／陸軍士官学校、東京外国語学校支那語選科

県立米子中学校を卒業した後、一九一〇年一二月士官候補生として陸軍に入り、陸軍士官学校を卒業して一三年一二月歩兵少尉に任官した。一九年に東京外国語学校支那語選科を卒業し、同年六月から九年四月まで中国語研究のため北京に留学した後、士官学校支那語教官、歩兵第四〇連隊中隊長、陸軍省大臣官房付、歩兵第三九連隊付、豊岡中学校配属将校を歴任した。次いで満州に派遣され、ハルビン駐剳第一〇師団司令部付特務班及び宣撫班長、駐剳第三師団司令部付等に歴補し、三五年八月歩兵中佐に累進して予備役となり、同年一二月満鉄ハルビン鉄路局嘱託となり警務処に勤務した。その後、三六年四月同処警務科長に就き、鉄道愛護村及び自警村業務を担当した。

本岡　玉樹　▷12

大陸科学院研究官、勲七等／新京特別市同治街宝清胡同／一八八〇（明一三）一一／東京府東京市四谷区信濃町／東京高等工業学校電気科

順天中学校を経て一八九九年工手学校機械科及び電工科を卒業し、一九〇〇年海軍省艦政本部造兵科技生となった。〇二年三月技手練習生として東京高等工業学校電気科に入学し、卒業後〇六年二月に渡満し、陸軍雇員として営口軍政署土木課電気及び機械工事主任となった。その後帰国して阪神電気鉄道㈱技手、大阪電灯㈱門司支店主任技術者、海軍嘱託技師・電気部員、海軍技師、東京市建築局復興建築電気工事嘱託、東京市立第一高女嘱託、同第二中学校嘱託を歴職し、三五年八月満州国大陸科学院研究官となって渡満した。この間、大正四年乃至九年戦役の功により勲七等青色桐葉章を授与された。

元木照五郎　▷11

社員消費組合総主事、勲八等／大連市大和町／一八七八（明一一）一二／徳島県板野郡川村

徳島県農業元木嘉平の長男に生まれ、一八九八年鉄道作業局雇員となり、鉄道書記、助役を経て駅長に就いた。一九〇五年六月臨時軍用鉄道監部付鉄道書記として日露戦争に従軍し、野戦鉄道提理部を経て〇七年四月から満鉄に勤務した。一九年一一月社員消費組合が発足すると総主事に就き、次いで参事となり、二五年四月同組合が満鉄から独立した後も勤続して総主事を務めた。夫人はまとの間に三女あり、神戸高商出身の安彦を長女瑞枝の養子婿とした。

元木　政吉　▷12

浜江税務監督署監察科長／ハルビン吉林街浜江税務監督署／一八九四（明二七）／徳島県美馬郡貞光町

税務署属として神戸税務署、大阪税務監督局等に歴勤して司税官に進んだ後、一九三三年国務院財政部事務官に転出して渡満し、浜江税務監督署に勤務した。次いで国務院財政部に転任して税務司に勤務し、三七年四月税務監督署理事官に進んで浜江税務監督署監察科長となった。

本宿　一郎　▷13

三井物産㈱大連支店長／大連市／一八九三（明二六）／東京府／東京帝大法科大学仏法科

一九一七年東京帝大法科大学仏法科を卒業して三井物産に入り、東京本店営業部に勤務した。二二年からロンドンに三年在勤し、再び本店営業部に戻って八年勤務した。その後シドニー支店支店長代理として赴任したが、三九年九月欧州大戦の勃発で引き揚げ、同年一二月出張所から格上げされた平壌支店の支店長に就いた。四二年五月、大連支店長となって渡満した。

本島　邦男　▷12

満鉄新京事務局庶務課庶務係主任、社員会新京連合会幹事、社員消費組合総代、特殊防護団副団長、勲八等／新京特別市常盤町／一九〇一（明三四）六／埼玉県北葛飾郡静村／日本大学商学部経済科

埼玉県本島紋次郎の五男に生まれ、一九二八年三月日本大学商学部経済科を卒業して満鉄に入社し、社長室人事課勤務を経て同年七月撫順炭砿竜鳳採炭所庶務課に異動した。三〇年六月炭砿

も

部庶務課、三二年八月撫順炭砿庶務課、三二年六月総務部外事課、同年一二月総務部文書課に歴勤し、三六年一〇月新京事務局庶務課庶務係主任となった。この間、満州事変時の功により勲八等従軍記章及び建国功労賞を授与された。

元野長太郎 ▷12

元野商店主、泰来公司主／安東五番通／一八八八（明二一）八／鹿児島県出水郡東長島村

日露戦中の一九〇五年五月に渡満し、一〇年藤平泰一が経営する安東の㈴藤平商会に入った。その後一三年に独立して元野商店を開設し、麻袋・雑貨類の貿易商を営んだ。以来順調に発展し、満州事変後は本渓湖煤鉄公司の銑鉄・コークスの特約販売店として業務を拡張し、さらに三三年九月錦県室町通に支店泰来公司を設けて北票炭砿石炭の特約指定販売人となった。

本野　仁治 ▷12

満鉄図們站貨物主任、在郷軍人会図們鉄道分会評議員、勲八等／間島省図們春風街／一九〇四（明三七）一一／石川県金沢市大河端／早稲田大学政治経済学科

石川県本野仁吉の長男に生まれ、金沢第二中学校を経て一九二九年三月早稲田大学政治経済学科を卒業し、同年五月満鉄に入り長春駅に勤務した。三三年一月新京駅構内助役、三四年一月同貨物助役を務めた後、三六年四月図們站貨物主任となった。早大在学中には長距離選手として活躍し、運動と映画を趣味とした。

本幡　正文 ▷12

満鉄ハルビン鉄路医院皮膚泌尿科医長、正八位／ハルビン松花江街グランドホテル内／一九〇六（明三九）三／大分県宇佐郡西馬城村／満州医科大学

日露戦中に野戦鉄道提理部付として渡満した本幡斯文の長男に生まれ、大連一中四年から飛び級して奉天の満州医科大学に進んだ。一九三一年三月に卒業して同大皮膚科教室助手となり、その後ソ連からの北鉄接収に際し接収員を務めた。三五年六月満鉄ハルビン鉄路医院医員となり、後に皮膚泌尿科医長に就いた。父斯文は満鉄開業とともに同社入りし、後に鉄道部計画課庶務主任を務めた。

元淵　八郎 ▷13

大連燐寸㈱支配人／大連市／一八八八（明二一）／兵庫県神戸市

一九一八年神戸の大同燐寸㈱に入社した。大連燐寸㈱が大同燐寸の傍系会社として再建された後、日本在住の木村淳代表取締役に代わり支配人として社業一切を差配した。

本宮福太郎 ▷11

農業、畳床製造、西洋洗濯業、勲七等／奉天省熊岳城／一八八三（明一六）六／愛媛県越智郡桜井町

愛媛県農業本宮岩次郎の三男に生まれ、一九〇三年下士官候補生として近衛歩兵第三連隊に入隊した。〇四年日露戦争に従軍して法庫門に駐留し、戦後は朝鮮守備に服務し、一三年八月特務曹長に進んで予備役編入となった。二〇年二月再び渡満して津久居平吉経営の熊岳城下野農園の支配人となり、二二年に独立して同地で農業を始め、畳床製造、クリーニング業を兼営し、熊岳城消防組合副監督を務めた。長男太郎を熊岳城農業実習所に入所させ、自らも実習生の試験を受けたが落第し、「四六歳の受験生」として話題になった。

「本村」は「ほんむら」も見よ

本村　三郎 ▷3

満鉄工場職員、木工科第三分科主任／大連市西公園町／一八八四（明一七）三／福岡県三潴郡大川町／京都帝大理工科大学機械科

一九〇六年七月、京都帝大理工科大学機械科を卒業した。〇九年八月に渡満して満鉄工場木工科第三分科主任に就いた。

本村　宗平 ▷11

満鉄大連医院外科医員／大連市加茂川町／一九〇一（明三四）九／香川県大川郡富田村／京都帝大医学部

香川県本村金四郎の長男に生まれ、一九二六年京都帝大医学部を卒業した。同校で二年間研究を続けた後、二七年九月に渡満して満鉄大連医院外科に勤務した。

本村　武盛 ▷12

満州日日新聞社総務局長兼庶務部

長／大連市平和台／一八八六（明一九）一〇／鹿児島県伊佐郡羽月村

一九二一年八月、大連の遼東新報社庶務部長に就き、二七年一一月同社が満州日日新聞社と合併して満州日報社となると同社に転じた。二八年四月庶務課長、三一年九月販売部長兼庶務部長、三三年二月営業局長兼庶務部長を歴任し、三五年一一月総務局長兼庶務部長となった。

茂原 忠勇 ▷12

満鉄吉林鉄路監理所監理員／吉林満鉄鉄路監理所／一八九四（明二七）五／東京府東京市小石川区丸山町

東京府茂原市作の長男に生まれ、一九一二年鉄道院中部鉄道管理局雇員採用試験に合格して新橋駅駅務練習生となり、中部地方教習所別科を修了して同年八月池袋駅に勤務した。一九年一一月東京鉄道管理局高島駅貨物係を経て二二年一一月鉄道局書記となり、二五年四月新橋運転事務所に転勤した。三三年一二月満鉄鉄路総局に転出して渡満し、吉長吉敦鉄路局図們在勤となった。三四年四月機構改正により新京鉄路局図們弁事処弁事員となり、三五年一一月吉林鉄路局運輸処貨物科弁事員、三六年九月同局機務処配車科弁事員を経て同年一二月吉林鉄路監理所監理員となった。この間、昭和六年乃至九年事変の功により賜金を下賜された。

籾井 留吉 ▷12

泰昌堂薬房主、ハルビン輸入組合評議員、ハルビン薬業組合会計・同共済会会計／ハルビン傅家甸正陽八九道街路南／一八九〇（明二三）七／福岡県嘉穂郡足白村

郷里の小学校を終えた後、薬種商に従事した。一九一三年に渡満してハルビン傅家甸に薬房を開き、薬種売薬、化粧品、衛生材料、医療器械等の販売業を営んだ。

桃井 重治 ▷12

桃井組主／奉天八幡町／一八九六（明二九）九／和歌山県那賀郡安楽川村

一九一八年に渡満して満鉄に入り、撫順炭砿庶務係となり、後に古城子採炭所に転勤した。二二年に退社して帰国したが、二六年に再び渡満して撫順炭砿専属の特殊請負人となった。三二年に退社し、奉天の草場組で土木建築業に従事した後、三四年八月に独立して土木建築請負業を開業した。三五年三月に満鉄工事指定請負人となり、満鉄と満州国政府を主要得意先として安東、海城、営口、錦県、新京、ハルビンに支店出張所を置いた。

百田 嗣郎 ▷12

満鉄撫順炭砿臨時石炭液化工場建設事務所庶務係主任、社員会評議員／奉天省撫順松岡町／一九〇二（明三五）一／佐賀県神埼郡神崎町／小樽高等商業学校

佐賀県百田元次郎の次男に生まれ、一九二四年三月小樽高等商業学校を卒業して満鉄に入り、本社経理部、撫順炭砿会計課撫順実業補習学校講師兼務、撫順炭砿経理課に歴勤した。次いで二九年四月東郷採炭所勤務、三〇年二月撫順炭砿経理課勤務を経て三二年一月同発電所庶務係主任、三四年六月同工事事務所庶務係主任、三六年五月撫順炭砿大連在勤を経て同年八月臨時石炭液化工場建設事務所庶務係主任となった。

百々 豊 ▷13

㈱大記洋行代表取締役／大連市山県通／一八八七（明二〇）／徳島県／商業補習学校

徳島県に生まれ、幼い時に両親と共に神戸に転居した。商業補習学校を出て鉄道作業所に勤務したが、日露戦争直後に神戸の大手貿易商湯浅商店に転じ、一九一四年二七歳で横浜支店長となった。一六年一一月に退社して神戸で貿易商を開業し、第一次世界大戦下の好況で巨万の富を積み、欧米各地を一年間遊覧して経済事情を視察した。帰国して事業拡張を計画したが戦後恐慌に見舞われて資産のほとんどを失い、一〇年余りを苦境の中に過ごした。一九三一年に満州事変が勃発すると大連に渡り、以前の取引先だった清水市の鈴与商店の満州出張所員を務めた。その後三六年に同志を募って資本金一万五〇〇〇円で㈾大記洋行を設立し、代表社員として貿易業を経営した。三九年に四五万円に増資し、株式会社に改組して代表取締役に就いた。四一年一二月太平洋戦争の開始に際し対米英蘭宣戦の大詔が渙発されると、感激して直ちに金一万円を恤兵金として献納

も

した。

藻寄準次郎 ▷11

満鉄鉄嶺地方事務所長／奉天省鉄嶺花園町／一八八三（明一六）一〇／石川県珠洲郡上戸村／東京帝大法科大学政治学科

石川県代議士藻寄鉄五郎の子に生まれ、県立第一中学校、金沢第四高等学校を経て一九一〇年東京帝大法科大学政治学科を卒業した。郷里で桂島炭鉱を経営した後、二二年七月に渡満して満鉄に入った。社長室勤務から興業部を経て二三年四月撫順炭砿地方部勤務となり、二七年一一月鉄嶺地方事務所長に就いた。

森　勇夫 ▷12

満鉄昂渓站構内助役／龍江省昂昂渓鉄路局社宅／一八九五（明二八）一一／熊本県飽託郡西里村／群馬県立高崎中学校

熊本県森謙治郎の四男に生まれ、群馬県立高崎中学校を卒業して一九一八年九月東部鉄道管理局宇都宮運輸事務所に入り、宇都宮車掌所乗務見習となった。二四年七月運輸事務所庶務掛を経て二七年六月鉄道局書記となったが、三三年一二月に退官して渡満し、満鉄に入り洮南車務段に勤務した。チチハル鉄路局総務処勤務を経て昂昂渓站に転勤し、同站運輸副站長を経て三七年三月構内助役に就いた。

森　一郎 ▷12

吉林省磐石県公署参事官兼警正／吉林省磐石県公署参事官公館／一九〇九（明四二）一二／佐賀県佐賀郡東川副村／京都帝大文学部東洋史学科、大同学院

佐賀中学校、佐賀高等学校を経て一九三二年三月京都帝大文学部東洋史学科を卒業して渡満して満州国資政局自治訓練所に入所し、同年一〇月改称後の大同学院を卒業して奉天省公署属官となり、警務庁警務科に勤務した。錦州省公署属官・警務庁司法科、民政部属官・警務司司法科勤務を経て吉林省磐石県警正となり、三七年二月同参事官となった。

森井　貫之 ▷1

森泰号薬房、勲六等／吉林／一八八一（明一四）八／兵庫県揖保郡竜野町／早稲田専門学校英語政治科

一九〇四年早稲田専門学校英語政治科を卒業し、大阪朝日新聞社通信員として芝罘に渡ったが、同年一一月参謀本部兼満州軍総司令部付陸軍通訳となり、膠州湾、芝罘近辺に勤務した。戦後勲六等旭日章と一時金を受け、〇六年五月に帰国して参謀本部で満州地誌の編集に従事した後、同年九月に渡満し、関東都督府命で吉林に赴いて日本領事館の開設準備に従事した。〇七年三月に同領事館が開設されると、翌月辞職して薬房を開業し、中国人従業員数人を使役して各地方に売薬の行商をさせた。

森　糸平 ▷11

歯科医師／大連市信濃町／一八九九（明三二）八／東京府東京市京橋区南伝馬町

東京市商業森口文蔵の次男に生まれ、森正之の養子婿となった。一九一九年文部省歯科医術開業試験に合格して東洋歯科医学校付属医院に勤務し、歯科関係の細菌やジアスターゼについての研究に従事した。二一年満州駐剳軍付となって奉天に在勤し、その後満鉄に入り大連医院に勤務した。二六年に退社し、大連市信濃町で歯科医院を開業した。

森　卯吉 ▷11

関東庁普蘭店民政支署詰／関東州普蘭店／一八八九（明二二）一二／佐賀県杵島郡武雄町

佐賀県農業森祐吉の次男に生まれ、一九一七年四月に渡満して関東都督府雇員となった。二二年九月普蘭店民政支署に転勤し、業務のかたわら二七年三月日本赤十字社特別社員に推薦されて普蘭店支部事務委員を務めた。俳号を田花と称し、二一年に風俗、慣習、天文、地理、動植物など満州の歳時記に句作を添えた『糖胡蘆』を著した。

守岡　清明 ▷12

満鉄新京駅事務助役／新京特別市花園町／一九〇二（明三五）一／山梨県北都留郡丹波山村

水上豊吉の三男に生まれ、後に守岡弥太郎の長女ヨシエの婿養子となった。一九一七年満鉄従事員養成所電信科を修了し、同年一〇月奉天駅に勤務した。二一年一二月奉天運輸事務所、二三年四月奉天鉄道事務所、二四年五月奉天駅に歴勤した後、三四年一一月助役試験に合格して三五年三月奉天駅事務助

役となり、三六年八月新京駅事務助役に転任した。

森岡　金蔵　▷12

満州鉛鉱㈱庶務課長、鞍山日日新聞社取締役／奉天省鞍山南八条町／一九〇四（明三七）一一／愛媛県

一九一七年神戸の山下汽船㈱に入り、三一年に退社した。三三年日満鉱業㈱支配人となり、三五年六月満業系列の満州鉛鉱㈱が創立されると同社入りして庶務課長に就いた。

森岡　正平　▷12

奉天総領事／奉天小西辺門外日本総領事館／一八八五（明一八）三／岡山県久米郡倭文西村／東亜同文書院政治科

一九〇七年上海の東亜同文書院政治科を卒業して外務書記生となり、天津、奉天、上海、牛荘の各領事館に勤務した。次いでサンフランシスコ、ニューヨークの各総領事館に勤務して一九年八月副領事に昇格し、関東、青島在勤を経て二三年六月領事となった。宜昌、南京、芝罘、奉天の各地に在勤して総領事に進み、営口在勤を経て三七年三月奉天に赴任した。

森岡　一郎　▷12

三江省公署警務庁員、三江省日満医学研究会顧問、佳木斯岡山県人会長、正七位勲六等／三江省佳木斯省公署職員宿舎／一九〇三（明三六）五／岡山県和気郡藤野村／京城医学専門学校、陸軍軍医学校

岡山県に生まれ、同県森岡偏太の養子となった。県立中学閑谷黌を卒業して朝鮮に渡って京城医学専門学校に入学し、在学中の一九一五年七月陸軍衛生部依託学生となった。二七年四月卒業とともに陸軍見習医官として熊本の歩兵第一一連隊に勤務した後、同年六月三等軍医に任官して広島衛戍病院付となり、さらに同年八月乙種学生として陸軍軍医学校に入学した。二八年六月に卒業して同校伝染病科病室付兼病理試験室付となり、広島連隊区徴兵副医官、陸軍幼年学校生徒志願者身体検査医官、歩兵第一〇連隊付、岡山衛戍病院内科伝染病室兼務、陸軍士官学校予科生徒志願者身体検査医官、岡山連隊区徴兵副医官、陸軍幼年学校生徒志願者身体検査医官等を歴職した。一九三二年四月満州事変に従軍して渡満し、三四年四月独立守備歩兵第二大隊付に転補して同年八月一等軍医に累進した。三五年一月予備役編入となり、翌月満州国医官に転じて綏芬河検疫所長を嘱託され、同年一〇月三江省技佐として佳木斯の同公署警務庁に勤務した。

森岡　武雄　▷12

㈾森岡洋行代表社員、ハルビン居留民会第一〇区副区長／ハルビン地段街／一八九七（明三〇）三／徳島県名西郡広野村／徳島商業学校

徳島商業学校を卒業した後、上京して麹町区飯田町で羅紗商を営んだ。その後一九三二年㈾に改め、同年六月満州に進出して四平街南二条通に支店を開設し、次いで三三年三月チチハル新馬路にも支店を置いた。その後三五年三月北鉄が接収されるとハルビン地段街に支店を開設し、以後はこれを本拠にして羅紗の輸入販売と毛皮類の輸出、洋服調製業を経営した。ババリー・オーガスト等のイギリス商館と直取引をし、ハルビン支店五二人、チチハル支店三〇人、四平街支店一七人の従業員を擁し、各地の日満官衙、満鉄等を主要得意先として年商高三〇万円を超えた。

盛岡半三郎　▷12

ハルビン地方警察学校教官、勲七等／ハルビン軍官街ハルビン地方警察学校／一八九五（明二八）七／宮城県遠田郡南郷村

一九一五年徴兵されて仙台の野砲兵第二連隊に入営し、憲兵に転科して一七年に憲兵上等兵となった。仙台憲兵分隊に勤務した後、関東憲兵隊鉄嶺憲兵分隊に転勤して渡満し、さらに東京江東憲兵分隊、東京憲兵隊勤務を経て関東憲兵隊本部長春憲兵分隊付となって再び渡満した。この間、在満時に開原補習学校で中国語を習得し、さらに二五年に憲兵練習所を修了した。三二年三月憲兵特務曹長に進み、東京憲兵隊麹町憲兵分隊付、東京深川憲兵分隊長を歴任して三三年四月待命となり、同年新京游動警察隊警佐に転じて三度渡満した。三四年特殊警察隊警佐・中央警察学校助教、三五年七月同助教授を経て同年一〇月ハルビン地方警察学校教官となった。

も

森　景樹　▷11

満州医科大学付属奉天医院事務長／奉天八幡町／一八九六（明二九）六／鹿児島県川辺郡西南方村／東京帝大法学部

鹿児島県森五岳の長男に生まれ、一九二一年東京帝大法学部を卒業し、同年五月に渡満して満鉄に入社した。経理部用度課に勤務した後、二六年六月地方部衛生課勤務を経て二七年三月奉天医院事務長に就いた。

森　一夫　▷11

満鉄撫順医院煙台出張所主任／南満州煙台撫順医院出張所／一八七九（明一二）／広島県賀茂郡野路村／京都府立医学校

広島県森佐一の長男に生まれ、一九〇二年京都府立医学校を卒業した。日露戦争に際し〇四年予備役陸軍見習医官となり、同年一一月三等軍医に進んで臨時軍用鉄道監部付として渡満し、本渓湖及び奉天医務室に勤務した。戦後〇六年一一月に帰国し、広島県賀茂郡内海町に医院を開業した。一八年一一月再び渡満して満鉄長春医院城内分院に勤務し、撫順医院に転任した後、同医院煙台出張所主任に就いた。

森　勝太郎　▷12

大連新宮木行㈱代表取締役／大連市初音町／一八七七（明一〇）一一／鳥取県

鳥取県森半蔵の長男に生まれ、一九〇六年朝鮮に渡って京城の新宮商行に入り木材業に従事した。一九年に同社が株式会社に改組されると取締役に就任し、大連出張店主任兼務となって渡満した。三五年三月に大連出張店が本社と分離し、㈱大連新宮木行に改組されるに伴い代表取締役に就任した。

森　要　▷7

特産商、後備少尉、正八位／大連市神明町／一八九四（明二七）一一／兵庫県神戸市／神戸商業学校

兵庫県の商家に生まれ、県立神戸商業学校を卒業した。一九一三年一二月一年志願兵として都城の歩兵第六四連隊に入営し、除隊して予備歩兵少尉となった。一六年ウラジオストクに渡って協信洋行に入り、後に特産輸出主任となった。同地で独立開業を企てたがロシア革命による治安悪化のため断念し、二〇年に渡満して大連で加藤譲と共同で特産商を開業し、神戸、大阪、伊勢湾方面に満州特産物を輸出した。

森上　卯平　▷4

富来洋行／大連市大山通／一八七八（明一一）／熊本県上益城郡飯野村

渡満して大連安芸町で酒造業を営んだ後、薬種貿易業に転じた。義弟熊本啓次郎の補佐を得て海運、倉庫業にも進出し一九一七年に満州商船㈱を創立して社長に就いた。薬業界の成功者として巨万の富を成し、父の年忌に際し大連西本願寺に五万円を寄進して梵鐘を鋳造したほか、松公園に東洋一の日光浴場を設置するため大連市に一〇万円を寄付した。

森神喜一郎　▷12

満鉄チチハル機務段庶務助役、社員会評議員／龍江省チチハル満鉄機務段／一九〇三（明三六）九／滋賀県栗太郡瀬田町／旅順中学校

本姓は別、後に滋賀県森神道敏の次女志津の婿養子となった。一九二二年三月旅順中学校を卒業して満鉄に入り鶏冠山機関区に勤務した。二九年二月鉄嶺機関区、三二年一〇月奉天省四平街機関区鉄嶺分区に勤務して三三年一一月新京検車区庶務助役となり、三五年四月の職制改正で奉天鉄道事務所に転勤した後、三七年一月チチハル機務段庶務助役となった。この間、満州事変時の功により賜盃及び従軍記章を授与され、三七年四月勤続一五年の表彰を受けた。

森上　高明　▷9

㈾富来洋行主、大連株式商品取引所理事／大連市安芸町／一八七八（明一一）八／熊本県上益城郡飯野村

日露戦争後に渡満し、大連で酒造業を営んだが不首尾に終わり、㈾富来洋行を創業して薬種貿易、海運、倉庫、両替及び代理業を経営して成功した。かたわら一九一七年に満州商船㈱を組織して社長に推選されたが辞退し、さらに二一年一二月にハルビン取引所の創立に参画して取締役理事に当選したがこれも辞退した。また、棉花の栽培と製糸・織布による授産事業として満州紡績㈱の創立を計画した。父の年忌に際し追善供養のため金五万円を投じて梵鐘を大連西本願寺に寄進し、大連市にも金一〇万円を寄付するなど篤志家として知られた。

森川　荘吉　▷14

大連機械製作所取締役兼支配人、勲七等／大連市沙河口京町／一八七七（明一〇）九／東京府東京市小石川区指ヶ谷／第五高等学校二部工科中退

東京府陸軍教官森川義利の次男に生まれ、一八九五年郁文館中学校を卒業して第五高等学校二部工科に入ったが、病気のため中退した。九七年四月日本鉄道㈱の技手となり上野機関庫汽車課及び大宮工場に勤務したが、一九〇五年六月日露戦争に際し鉄道作業局雇員となり野戦鉄道付として渡満した。〇七年三月鉄道技手に任じられ、在官のまま満鉄に入社した。一三年に廃官となった後も満鉄沙河口工場設計課に勤続し、同工場倉庫課長に就いた。二〇年六月に依願退職して満鉄傍系の大連機械製作所支配人に転じ、後に専務取締役として大恐慌後の業績回復に努めた。三五年一二月、大連機械と久保田鉄工所の共同出資で満州久保田鋳鉄管㈱が設立されると大連機械を代表して常務取締役に就任した。この間、二七年にアメリカ合衆国、翌年にはソ連、ヨーロッパ各国、エジプト、インドの鉄道及び商工業を巡遊視察し、三二年一一月から大連市会議員を三期務めた。夫人たかとの間に一男一女あり、長男義金は満州医科大学、長女千賀江は大連神明高女を卒業した。

森川　高秀　▷12

森川時計店主、奉天時計貴金属商組合幹事、奉天土産物商組合会計、奉天浪速通町会委員／奉天浪速通／一八八八（明二一）六／奈良県宇陀郡神戸村

奈良県森川石松の子に生まれ、一九二一年に渡満して奉天の中谷時計店に勤めた。三〇年八月に独立して浪速通に森川時計店を開業し、大連、上海方面から時計、貴金属宝石、眼鏡を仕入れ、現金販売による薄利多売を営業方針とした。

森川　千丈　▷3

奉天日本赤十字医院副院長／奉天大西門外赤十字病院宅／一八八〇（明一三）五／群馬県前橋市田中町／東京帝大医科大学医学科

一九〇九年東京帝大医科大学歯学科を卒業し、大学助手として慈善病院に勤務した。一一年に渡満して奉天の日本赤十字医院に勤務し、後に副院長となり外科部長を兼務した。

森川　勉　▷11

長春商業学校長、従六位／長春常葉町／一八七五（明八）九／東京府豊多摩郡渋谷村／東京高等師範学校

東京府官吏森川精の長男に生まれ、一九〇三年東京高等師範学校を卒業して東京府立第三高等女学校教諭となった。その後中国に渡って湖北省武昌府中東高等学校教諭を務め、中華民国七等嘉禾章を受けた。任期終了とともに帰国して東京市視学兼講師となり、熊本第一師範学校教諭を経て満鉄撫順小学校長に転じ、一九年五月長春商業学校長に就いた。この間アメリカ、中国、南洋諸島を視察し、生理、鉱物、博物等に関する著書を著した。

森川　富治　▷12

森川金物店主／大連市栄町二鉄井ビル内／一八九二（明二五）九／滋賀県甲賀郡多羅村

一九〇三年尋常小学校卒業して京都五条高倉通の建築金物問屋加藤商店に奉公した。翌年から大阪支店詰として二〇年勤続したが、二二年に同店支配人が投機で失敗したため、責任の一端を負って退店した。同年秋に渡満し、青島の早川洋行主早川兵次郎の後援を得て大連市西通に金物商大隆洋行を開設した。二三年に資本金二万円で合資会社に改組して無限責任代表社員となったが、翌年一時閉店して帰郷した。二五年再び渡満して大連市浪速町に旧商号の大隆洋行で金物店を開業し、後に但馬町に小規模の金物製作工場を設けて製造販売を兼営した。二八年市内三河町に住む友人の石井金物店主石井勝三郎と提携して店舗を合併し、建築建具・金物類製造工場の経営を担当したが、三二年二月満州金物㈱が設立されて石井が同社に参画したため、新たに森川金物店を開業して独立経営した。

森川　秀雄　▷3

満鉄工場職員、勲七等／大連市外沙河口／一八七三（明六）一〇／滋賀県犬上郡彦根町

一八九九年一二月逓信省鉄道書記となったが、一九〇四年二月日露戦争の勃発とともに休職となり京釜鉄道会社に転じた。釜山、京城、永登浦に勤務した後、〇五年一月に復職して野戦鉄道汽車課に勤務し、〇七年四月の開業とともに満鉄に入社した。

森川　優雄　▷9

華東洋行主、㈱奉天醤園専務取締役／奉天城内四平街木行胡同／一八八二（明一五）一〇／香川県三豊郡粟井村

一九〇六年に渡満し、叔父の三谷末次郎が経営する奉天の東洋行に入った。一二年四月に独立して奉天省四平街に華東洋行を興し、電気機具販売業と中国軍・警察・学校向けの被服材料供給業、及び皮革業を兼営した。奉天小北関巨亭兆胡同に工場を設けて年産六〇万坪の皮革を製造し、ハルビン傅家甸と安東県広済街に支店を置いた。

茂利勘四郎　▷12

満鉄札賚諾爾站長／浜州線札来諾爾站／一八八九（明二二）八／鹿児島県鹿児島郡谷山町／高等小学校

鹿児島県農業茂利直右衛門の長男に生まれ、一九〇五年郷里の高等小学校を卒業して鉄道従業員となり、〇九年一二月徴兵されて熊本の輜重兵第六大隊に入営した。除隊後一一年六月満鉄に入り、地方課、沙河鎮駅、哈蟆塘駅、下馬塘駅勤務を経て一四年一一月昌図駅駅務方、一九年一〇月同駅貨物方に歴勤した。次いで鉄道総局に転任し、洮昂斉克及び洮索在勤を経て泰東站貨物副站長、泰安站貨物主任を歴任し、三七年五月浜州線札賚諾爾站長に就いた。この間、大正三年乃至九年戦役の功により賞勲局から金百円を授与され、三六年四月勤続一五年の表彰を受けたほか、昌図在勤時に同地の在郷軍人会監事、地方委員、同議長を務めた。

森　義一　▷12

満鉄新京鉄道工場計画股主任／新京特別市白菊町／一九〇二（明三五）五／兵庫県赤穂郡上郡町／南満州工業学校機械科

兵庫県森虎太郎の長男に生まれ、一九二一年三月南満州工業学校機械科を卒業して満鉄に入り、技術部機械課に勤務した。遼陽工場に転勤して機関車職場、車輌職場、調査係に歴勤し、次いで大連工場旋盤工具職場に転勤した。三二年一月吉長吉敦鉄路管理局に派遣された後、鉄路総局勤務を経て新京工廠計画股主任となり、三六年九月新京鉄道工場計画股主任となった。

森　規矩治　▷12

日満商事㈱東京支店長代理兼営業係主任、正八位勲六等／東京市目黒区三谷町／一八八八（明二一）五／三重県一志郡家城村／慶応大学理財科

一九一三年三月慶応大学理財科を卒業し、同年五月㈱東台銀行に入った。次いで一七年四月満鉄に入社し、以来勤続して二三年一二月営口販売所主任、二四年一月雑品係主任、同年六月勘定係主任、同年一〇月庶務係主任、銑鉄係主任等に歴職した後、二六年六月満鉄傘下の撫順炭販売㈱に転出した。その後三六年九月満鉄商事部の業務を継承して日満商事㈱が設立されると東京支店長代理となり、営業係主任を兼務した。

森木　善一　▷11

旅順重砲兵大隊勤務陸軍軍人、正八位勲六等／旅順市金沢町陸軍官舎／一八九二（明二五）一〇／広島県賀茂郡竹原村

広島県米穀商高橋又一の次男に生まれ、叔父森下柳助の養子となった。幼少から家業の米穀商に従事したが、一九一二年に徴兵されて旅順の重砲兵大隊に入営し、以後長く同大隊に勤務した。実弟の高橋松二も渡満し、満鉄用度課に勤務した。

森　久豈　▷11

遼陽小学校煙台分教場訓導／煙台炭坑満鉄社宅／一八九八（明三一）七／富山県下新川郡村椿村／富山県師範学校

富山県農業森久次郎の長男に生まれ、一九一八年富山県師範学校を卒業した。郷里の村椿尋常高等小学校訓導となり、かたわら青年団長、自治警察団長、婦女会副会長を務めた。二四年四月に渡満して遼陽尋常高等小学校訓導に転じ、二五年四月遼陽小学校煙台分教場に転勤した。

森口　恵徹　▷3

／大連市天神町／一八五七（安四）七／三重県志摩郡鳥羽町常安寺／曹洞宗大学

島根県那賀郡波志村に生まれ、曹洞宗大学を卒業して同県安濃郡川合村の常光寺住職となった。同県邇摩郡大森町の竜昌寺住職、三重県志摩郡鳥羽町の常安寺住職を歴任した後、一九〇八年九月曹洞宗特派布教師となって大連に赴任した。〇九年一二月同市天神町に工費一万円で堂宇を建築し、翌年六月これを樹徳山常安寺と称して開教した。二五年五月に大本堂を竣工して寺院施設を完備した後、帰国して郷里に隠棲した。

森口直次郎 ▷11

銃砲火薬・煙草・石炭・保険業／奉天省撫順東四条通／一八九四（明二七）九／和歌山県日高郡由良村

和歌山県の農商兼業森口梅吉の三男に生まれ、一九一二年に渡満した。在満二年半の後、南洋及びインドに赴いたが、二二年再び満州に戻り撫順で銃砲火薬販売業を営んだ。

森　恵之助 ▷11

活版印刷書籍・文具商、勲八等／奉天省開原大街／一八八四（明一七）八／北海道函館町海岸町／函館市宝尋常高等小学校

北海道刀剣師森金太郎の次男に生まれ、一八九八年函館市の宝尋常高等小学校を卒業して函館日日新聞社に入り、かたわら夜学校に学んだ。一九〇四年に徴兵されて札幌の第七団に入営し、翌年日露戦争に従軍した。除隊して旭川の旭新聞社に勤務した後、室蘭毎日新聞社に転じ、さらに一一年五月朝鮮大邱の朝鮮民報社に入った。その後京城日報、奉天内外通信、奉天印刷所等に勤務し、一八年一〇月から開原に在住して活版印刷業と書籍・文具商を営んだ。

森　今朝吉 ▷12

満鉄蘇家屯機関区点検助役、社員会福祉部運動部委員、蘇家屯宮城県人会会計、蘇家屯運動部庭球幹事、勲八等／奉天省蘇家屯赤城町／一九〇二（明三五）二／宮城県亘理郡坂元村

宮城県森与三郎の次男に生まれ、一九一八年一一月満鉄に入り遼陽車輌係立山出張所に勤務した。一九年三月鉄道教習所を修了して立山在勤となり、同年一一月養成所修了と同時に遼陽車輌区機関方心得を経て二〇年七月同機関方となった。次いで二三年五月に徴兵され、在職のまま帰国して兵役に服した後、同年九月に帰任して遼陽機関区機関士心得、同機関士、点検方等を歴職した。その後三二年一〇月蘇家屯機関区に勤務して三四年七月助役検定試験に合格し、三五年四月運転助役兼機関士を経て三六年四月蘇家屯機関区点検助役となった。この間、満州事変時の功により勲八等及び従軍記章、建国功労賞を授与され、三四年四月勤続一五年の表彰受けた。

森　研吉 ▷7

満蒙商会主／奉天浪速通／一八八三（明一六）六／鹿児島県日置郡上伊集院

朝鮮に渡って韓国銀行に入り会計検査役を務めた後、一九一六年に渡満して奉天に満蒙薬品貿易(資)を設立した。一八年(名)満蒙商会と改称し、瓦房店以北沿線の満鉄経営の学校に文房具を納入し、満蒙毛織(株)製毛布の特約販売や中国側軍需用品の納品を手がけ、二二年にはハルビンに支店を設置して黒龍江省被服廠の用達と日ソ貿易に進出した。経営のかたわら奉天商業会議所議員、同会計主任、奉天三州会幹事を務めた。

森　謙三 ▷12

満鉄新京駅貨物助役／新京特別市満鉄益済寮／一九〇八（明四一）一二／長野県下高井郡上木島村／早稲田大学法科

長野県森林之助の三男に生まれ、下高井農学校を経て一九三三年三月早稲田大学法科を卒業した。三四年九月に渡満して満鉄に入り、公主嶺駅、大連列車区、奉天列車区安東分区車掌心得、鉄嶺駅助役を経て三六年九月新京駅貨物助役となった。

森　浩三 ▷8

森洋行主／奉天春日町／一八九〇（明二三）一〇／滋賀県犬上郡彦根町

年少の頃から京都に出て一宮商店に奉公した。二〇歳で渡満して営口の近江洋行に入って簿記係となり、主人の死亡後は未亡人を補佐して営業を続けた。一九二〇年に独立して遼陽に森洋行を設立して写真機を販売し、二二年七月から時計も扱った。二四年一〇月奉天に移転し、春日町に店舗を設けて写真機・時計・貴金属類を販売した。

森　耕平 ▷11

長春郵便局電信課主事／長春祝町官舎／一八九八（明三一）三／鹿

児島県川辺郡枕崎町／私立鹿児島学校中退、九州逓信局通信生養成所

鹿児島県商業森盛太郎の長男に生まれ、一九一三年私立鹿児島学校を中退して九州逓信局通信生養成所に入り、同年一二月に修了して枕崎通信事務員となった。一七年三月局長代理となったが、翌年五月大連郵便局員に任じられて渡満した。二〇年三月関東庁通信書記補となり、同年一一月長春局に転勤した後、二五年九月通信書記に進み、二八年一一月長春局電信課主事となった。

森　権吉　▷7

関東庁翻訳官、高等官七等／旅順市日進町／一八九〇（明二三）一／鹿児島県大島郡名瀬村

一九一〇年九月に渡米し、シアトルのブロードウエー高等学校に入学した。一二年九月ワシントン大学に入り、一六年六月に卒業して同年九月さらにコロンビア大学に進んだが、翌年三月中退してニューヨークの東亜通信社に入った。一八年六月各国一名枠のカーネギー平和財団国際法特別研究生に選抜され、同年九月ワシントン大学大学院に入学した。一九年六月に卒業するとカーネギー平和財団国際研究会員に推薦され、同年一二月コロンビア大学ドクター・オブ・フィロソフィー候補者となったが、二〇年五月外務省の要請により帰国して外務省事務嘱託となった。二三年六月関東庁翻訳官となって渡満し、外事部翻訳課に勤務して巡査・巡捕通訳兼掌試験委員を務めた。二四年一二月関東庁の行政整理により退職し、帰国して鎌倉で博士論文の研究に従事した。

森　権三　▷12

森履物店主／新京特別市三笠町／一八九六（明二九）一二／熊本県天草郡上津浦村

一九一七年に渡満し、長春の赤木洋行百貨店に勤務した後、二三年に退店して翌年森履物店を開設して卸小売業を経営した。東京、大阪より各種履物を仕入れ、新京市内及び満鉄沿線を商圏として店員七人を使用し、輸出組合履物部と井上百貨店履物部に支店を置いた。

森崎　茂樹　▷3

長春商務会幇弁／長春頭道溝商務会内／一八八二（明一五）一一／静岡県／農商務省水産講習所

静岡県森崎坑四郎の子に生まれ、中学校を卒業した後農商務省水産講習所を修了して渡満した。関東州水産組合、関東都督府水産試験場、東海鑵詰製造㈾等に勤務した後、一九〇九年長春商務会幇弁となった。

森崎　盛蔵　▷12

奉天紡紗廠㈱技師長／奉天八幡町／一八九二（明二五）四／大分県南海部郡大入島村／大分工業学校

大分工業学校を経て一九一一年鐘淵紡績会社立紡織学校を修了し、同年鐘紡兵庫工場に勤務した。一五年一月同社立担任講習所に入って紡績運転部を専攻し、さらに一八年一〇月同所で一年間紡績保全部を専攻した。二一年五月鐘紡各店工場巡回技術員並びに運転保全担任となったが、二四年一月に退社して渡満し、遼陽の満州紡績会社に転じて工務係紡績部運転保全担任となった。三〇年六月紡績部担当保全主任を務めた後、三三年三月に退社して奉天紡紗廠㈱に転じて技師長に就いた。

森　定雄　▷12

満鉄許家屯駅長／吉林省許家屯駅長社宅／一八九三（明二六）一一／岐阜県揖斐郡本郷村／天籟中学校中退

岐阜県森宇三郎の次男に生まれ、一九〇八年天籟中学校を中退した後、一〇年五月池田郵便局に勤務した。大垣郵便局、朝鮮黄海北道の兼二浦郵便局に歴勤した後、一九年一二月満鉄に転じて遼陽駅電信方となった。以来勤続して奉天列車区遼陽分区車掌、松樹駅駅務方、沙河屯信号所運転方、三十里堡駅運転方を経て普蘭店駅駅務方兼助役心得となり、次いで蔡家駅助役を経て三七年四月許家屯駅長に就いた。この間、満州事変時の功により大盾及び従軍記章を授与され、三五年四月勤続一五年の表彰を受けた。

森実　益造　▷12

満州電業㈱調査局計画班主任／新京特別市大同大街満州電業調査局／一九〇八（明四一）一一／愛媛県今治市風早町／神戸高等商業学校

愛媛県森実伊三郎の長男に生まれ、奉

天中学校を経て一九三一年三月神戸高等商業学校を卒業し、同年四月南満州電気㈱に入社した。三四年一一月同社の電気供給事業を継承した満州電業㈱に転じ、後に調査局計画班主任を務めた。

森沢　和郎　▷12

三菱商事㈱大連支店雑貨係主任／大連市平和台／一八九四（明二七）一〇／高知県／東京高等商業学校

一九二〇年東京高等商業学校を卒業して三菱に入り、船舶部に勤務した。二三年大阪在勤、同年三菱商事雑貨部、三〇年同釜山出張所等に歴勤し、三六年八月大連支店詰となって渡満した。

森　茂二郎　▷12

森商店主、奉天商工会議所議員／奉天信濃町／一八九八（明三一）八／滋賀県大津市膳所中庄町／東京商科大学

一九二一年東京商科大学を卒業し、東京市の柏原洋紙店に勤めた後、二四年に神戸市の山下商会に転じた。その後二八年に渡満して大連の電気機械器具商斉藤公司に入り、後に奉天支店長を務めた。三〇年六月店主の諒解を得て同支店の業務を継承して独立し、三二年四月森商店と改称して電気機械材料と炭砿及び鉄道用機器材料を販売した。日立製作所、大日電線、神戸電機、小糸製作所、日本カーボン、明治ゴム、北中製作所、香蘭社、田中源太郎商店その他十数店と特約あるいは代理店契約を結び、鉄道総局、各鉄路局、満州炭砿㈱、在満各セメント工場、本渓湖煤鉄公司、関東軍野戦兵器廠、満州中央銀行造幣廠、満州電業㈱、満州国軍政部被服本廠その他を得意先とし、新京、ハルビン、チチハル、牡丹江、岐新に出張所を設け、本支店合わせて従業員二九人を使用して年商高八〇万円を計上した。

森重　干夫　▷12

国務院産業部拓政司長、水力電気建設委員会幹事、従五位勲六等／新京特別市崇智路／一九〇二（明三五）三／山口県萩市松本／東京帝大法学部英法科

山口県実業家森重延蔵の四男に生まれ、東京府立第一中学校を経て第一高等学校に入り、在学中の二一年に華北・華中を二ヶ月間巡遊した。一九二四年東京帝大法学部英法科在学中に文官高等試験行政科に合格し、二五年三月に卒業して関東庁属となって渡満した。内務局殖産課に勤務した後、二六年関東庁理事官・長官官房審議室勤務、二七年五月大連民政署地方課長、二八年七月関東庁警視兼事務官・金州民政支署長を歴任して拓務事務官となって帰国した。三〇年一月南洋諸島及びオランダ領東インドへ出張した後、同年四月拓務省第二課勤務となり、三一年二月樺太に出張し、同年四月さらに朝鮮及び関東州、満州各地に出張した後、同年一一月大臣官房会計課兼務となった。三二年五月再び朝鮮及び関東州、満州各地に出張した後、同年一一月企画課勤務となり、三三年二月満州に出張した後、三四年七月朝鮮部第一課長兼管理局企画課長、三五年四月拓務局東亜課長を歴任し、同年五月と一二月に関東州及び満州に出張した。その後三六年四月国務院民政部理事官・拓務司長に転出して渡満し、三七年七月行政機構改革により産業部拓政司長となった。長兄操は東京帝大卒後東京で弁護士を開業し、次兄幡雄は陸軍に入って砲兵大尉となり、三兄静夫は医学博士で東京帝大病院小児科に勤務した。

森　繁八　▷12

森薬舗主、大連商業㈱重役、大連薬業組合副組合長、磐城町内会長、勲七等／大連市老虎灘会転山屯／一八八〇（明一三）三／佐賀県杵島郡若木村

佐賀県森熊十の長男に生まれ、祖父の代からの商業に従事したが、一九〇四年日露戦争に際し野戦電信隊付として従軍した。〇六年三月に帰国除隊した後、同年五月に再び渡満して大連市磐城町で薬種商を開業した。その後業容を拡張して一般薬品のほか工業薬品、塗料、染料の卸小売をし、かたわら大連商業㈱重役、大連薬業組合副組合長、磐城町内会長を務めた。この間、日露戦争の功により勲七等瑞宝章、青島戦役の功により勲七等桐葉章を授与された。

森　茂　▷3

満鉄総務部庶務課職員／大連市西公園町／一八七六（明九）七／高知県土佐郡江の口町／早稲田大学政治科

熊本市に生まれ、一八九九年六月早稲田大学政治科を卒業した。一九〇一年四月東亜同文書院教授兼舎監として赴任し、〇七年九月満鉄に転じて総務部庶務課に勤務した。滄浪と号して詩を能くした。

森下　金二　▷11

大連伏見台小学校訓導／大連市錦町八官舎／一九〇二（明三五）八／和歌山県有田郡五西月村／和歌山県師範学校

和歌山県農業森下熊五郎の四男に生まれ、一九二五年和歌山県師範学校を卒業して郷里の峰口小学校訓導となった。二六年四月に渡満して旅順師範学堂研究科に入り、二七年三月に修了して大連伏見台小学校訓導となった。

森下知次郎　▷11

満鉄奉天駅長／奉天浅間町／一八九〇（明二三）四／長崎県長崎市酒屋町／長崎高等商業学校

長崎県森下庄三郎の長男に生まれ、一九一二年長崎高等商業学校を卒業して満鉄に入った。埠頭事務所幹部係、同所海陸現業見習、船舶貨物係、文書係主任、案内係主任、調査係兼華工係主任、大連鉄道事務所庶務長、長春鉄道事務所庶務長、安東駅長を歴任し、二八年一〇月奉天駅長に就任した。この間、一年志願兵として入営し、除隊して砲兵少尉となった。妹の田鶴子は満鉄鉄道部営業課員中西幹愛に嫁した。

森下　直記　▷12

新京敷島高等女学校教諭、従七位／新京特別市花園町満鉄社宅／一八九一（明二四）一〇／高知県高岡郡日下村／高知県師範学校

高知県三等郵便局長苅谷喜之助の三男に生まれ、一九一二年三月高知県師範学校を卒業と同時に高知高女卒の同県森下稠太郎の娘真子の婿養子となった。県下の川内尋常小学校訓導を務めた後、京都市の中立尋常小学校訓導に転じ、二一年一二月検定試験で日本史及び東洋史の師範、中学、高女教員免許を取得して二四年三月京都府立桃山中学校教諭となった。次いで二六年三月南満中学堂教諭に転じて渡満し、同年八月中等学校歴史科西洋史教員の免許を取得して三〇年四月新京敷島高等女学校教諭となった。同年夫人が死去し、後に高知県弘岡高女卒の寿和と再婚した。

森下　由蔵　▷9

㈱丸京呉服店奉天支店支配人／奉天春日町／一八九〇（明二三）一／滋賀県坂田郡息郷村

一九〇二年小学校を卒業して河合安兵衛が経営する京都社に入り、〇五年平壌支店開設とともに朝鮮に渡り同支店に一五年勤務した。一九年二月奉天春日町に満州出張所が新設される際、主任に抜擢されて渡満した。二〇年五月に京都社が株式会社に改組されて丸京呉服店となり、同時に奉天支店に昇格して支配人に就いた。

盛島　角房　▷11

満鉄嘱託／張家口東太平街／一八八六（明一九）九／鹿児島県鹿児島市山下町

鹿児島県農業盛島角三の三男に生まれ、一九一〇年に渡満した。中国婦人を妻に迎えて蒙古研究に従事し、かたわら陸軍及び外務省の嘱託を務めた。その後満鉄嘱託となり、一四年から張家口に転住して『外蒙ノ現勢ト其将来』を著した。

森島直次郎　▷8

森島呉服店主／奉天／一八七八（明一一）一〇／三重県一志郡本村

一九〇八年に渡満し、旅順の名古屋町で質店を営んだ。一七年奉天に移って春日町で呉服店を開業し、附属地の発展とともに売上げを伸ばし奉天有数の呉服店となった。

森島　守人　▷11

奉天総領事館領事、従六位勲六等／奉天日本総領事館構内／一八九六（明二九）二／石川県金沢市高岡町／東京帝大法科大学独法科

石川県医師森島彦夫の長男に生まれ、一九一九年東京帝大法科大学独法科を卒業して外務省に入った。外交官補として在中国公使館に勤務した後、二〇年七月在米大使館に転勤し、二三年五月外務事務官となった。二五年八月本省情報部第一課長心得、二六年七月外務書記官・情報部第三課長を歴任し、二八年五月奉天領事となって渡満した。⇒奉天総領事代理として張作霖爆殺事件、柳条湖事件等に際し政府方針の下で関東軍との折衝に従事した後、三二年ハルビン総領事に転任し、三五年一〇月ドイツ大使館一等書記官、三六年八月本省東亜局長、三七年五月北京・上海各大使館参事官、三九年七月アメリカ大使館参事官、ニューヨーク総領事を歴任して、四二年ポルトガル公使となり、同地で和平工作に従事した。敗戦後四六年二月に退官し、五五年二月左派社会党から総選挙に出馬して以後衆議院議員に三期当選し、党国際局事務局長、外交部長、政策審議会外務部長等を務めた。七五年二月没。著書に『陰謀・暗殺・軍刀』『真珠湾・東京・リスボン』がある。

森島利三郎 ▷11

材木及び呉服商／吉林省城新開門外／一八八三（明一六）一一／京都府紀伊郡伏見町

京都府森島善四郎の三男に生まれ、一九一三年八月に渡満して鴨緑江採木公司に入った。一九年七月吉林豊材公司に転じたが、二一年に退社して同地で材木業を営み、呉服商を兼営した。

森　俊六郎 ▷10

満鉄理事、正四位勲三等／大連市児玉町／一八七七（明一〇）三／福島県若松市行人町／東京帝大法科大学

一九〇二年七月東京帝大法科大学を卒業して大蔵省に入り、同年一一月文官高等試験に合格した。〇三年七月大蔵属から書記官に進んで主計局司計課長となり、〇六年一月西園寺公望内閣が成立すると同年九月大蔵大臣秘書官兼参事官に就いた。〇七年五月大臣官房文書課長兼務となり、統計主任、官報報告主任、財務通信主任を務めた。〇八年三月専売局主事兼大蔵省参事官に転任し、同年四月から一〇年六月まで官命で欧米を視察した。帰国して理財局銀行課長に就き、一二年横浜正金銀行監理官、一三年大蔵大臣官房銀行課長を経て一六年四月銀行局長となった。一八年朝鮮殖産銀行の創立に際し設立委員となり、同年一〇月大蔵省理財局長に就任して大蔵省臨時調査局金融部長と日本銀行監査官を兼任した。二〇年八月高等官一等を最後に官界を去り、台湾銀行の副頭取に就いた。二二年九月満鉄理事に迎えられ、二三年四月から東京支社長を務めた後、二四年二月大連本社詰となって渡満した。二七年八月に理事の任期満了となったが、大蔵省・日銀とのパイプ役として重任された。

森　正平 ▷11

南満州瓦斯㈱安東支店長／安東県山下町／一八九二（明二五）一／香川県仲多度郡琴平町／旅順工科学堂機械工学科

香川県医師森隆平の長男に生まれ、一九一一年丸亀中学校を卒業した。一二年に渡満して旅順工科学堂機械工学科に入り、一六年に卒業して満鉄に入り瓦斯作業所に勤務した。二〇年一月特種器具研究係、同年五月営業係主任、二一年一〇月技術係を歴任して奉天、安東の瓦斯建設所要計画に従事した。二三年四月安東瓦斯建設係主任に就いて供給製造一切を担当し、同支店主任を経て支店長に就いた。二八年商工大臣から瓦斯事業法主任技術者甲種免状を交付され、同年一〇月から翌年一月まで朝鮮新義州府庁防波堤水門工事監督の嘱託を務めた。業務のかたわら安東商工会議所常議員、安東在郷軍人連合分会監事を務めた。次弟祐平は京都帝大独法科を出て横浜正金銀行に勤め、末弟計夫は早稲田大学法科を出て南満州電気㈱本社に勤務した。

森尻甲一郎 ▷1

陸海軍用達業、勲七等／旅順市橋立町／一八六五（慶一）六／群馬県山田郡韮川村

大坂夏の陣以来土地に住み着いて代官を務めた旧家に生まれたが、小学校卒業時に大蔵省財務官の父が公務で数百万円の損失を出して海外に逃避したため、渋沢金蔵伯爵の経営する呉服店に丁稚奉公した。一七歳で独立して商売を始めたが失敗し、高木軍医総監の紹介で横須賀鎮守府長官の従僕となった。その後海軍に入って天竜、武蔵などに乗務し、日清戦争では豊島海戦、登洲戦、威海衛攻撃等に参加した。一九〇二年予備役編入となって日宗生命保険㈱横須賀出張所に勤務したが、間もなく辞して佐世保で海軍用達業を開業した。一九〇四年日露戦争に際し大本営の許可を得て軍艦に便乗し、各艦隊の所在地に回航して物資の供給に従事した。その後、旅順攻囲戦の時に佐世保から輸送した食パンが凍凝した話を聞き、大連に食パン製造所を設けて陸海軍に供給した。戦後〇五年一一月にいったん帰国したが、旅順口に鎮守府が設置されると再び渡満して旅順市橋立町に食パン製造所を設け、陸海軍その他諸官衙用達業を兼営した。

森　真三郎　▷12

㈴森洋行代表社員、奉天信託㈱監査役、奉天商工会議所議員、全満蓄音機商組合幹事長、奉天蓄友会幹事長、奉天地方蓄音機商組合長／奉天住吉町／一八九〇（明二三）一〇／滋賀県犬上郡彦根町／大阪泰西学館商業部

滋賀県森太次郎の長男に生まれ、一九〇八年大阪の泰西学館商業部を卒業して一宮商店に入り、京都、大阪に勤務した後、〇九年に渡満して営口の時計貴金属商近江洋行に入り、後に外交主任となった。その後二〇年二月遼陽で写真機商を独立開業し、二二年五月時計・蓄音器部を開設し、二四年に郷里で時計商を営んでいた次弟の正二と三弟捨三を呼び寄せて技術方面を担当させ、同年七月合名会社に改組して代表社員に就いた。次いで二五年に本店を奉天春日町に移し、遼陽店を出張所とし、大連、新京、ハルビンに支店を設置し、次弟をハルビン支店長、三弟を大連支店長とした。本支店合わせて一〇〇人を超える店員を擁し、満州一円から天津、北平、青島、朝鮮方面に販路を拡張した。

盛　新之助　▷11

満鉄大連医院副医院長兼医長／大連市山城町／一八八四（明一七）三／徳島県名西郡市楽村／京都帝大医科大学

徳島県盛節三郎の子に生まれ、一九一一年京都帝大医科大学を卒業した。同大学眼科教室に入って副手及び助手として研究を続けた後、一五年に同大学講師として眼科を専攻したが、翌年一〇月大連医院医長に就いて渡満した。在職中、欧米各国に二年間留学した。

森　針之助　▷12

満州土地建物㈱支配人／奉天八幡町／一八八二（明一五）一二／愛知県西加茂郡猿投村／東京法学院法科

一九〇五年東京法学院法科を卒業して大蔵省専売局に入り、以来一五年勤続した。その後退官して渡満し、奉天の満州農工㈱副支配人となり、二〇年一一月に満州殖産銀行への改組改称にあたりその整理事務に従事した後、満州土地建物㈱に転じて支配人に就いた。俳句を趣味とし、松葉と号した。

森　捨三　▷12

森洋行㈴無限責任社員、同大連支店長、大連商工会議所常議員、同金融問題研究特別委員会委員、大連商店協会常任評議員／大連市連鎖街銀座通／一九〇一（明三四）七／滋賀県彦根市／名古屋高等商業学校

一九二四年名古屋高等商業学校を卒業し、次兄の正二と共に遼陽の長兄真三郎を頼って渡満し、写真機、蓄音器、時計、貴金属、装身具、宝石類の販売業を補佐した。二四年に合資会社に改組されると無限責任社員として営業部長となり、二五年に本店が奉天に移転すると同地に赴任し、次いで二九年に大連市連鎖街に大連支店が開設されると同支店長となり、長兄、ハルビン支店長の次兄と共に全満に販路を拡げた。

守瀬与三吉　▷11

満鉄社長室文書課英文係主任／大連市須磨町／一八七四（明七）五／神奈川県横浜市吉浜町／東京学院高等科

守瀬藤吉の次男として石川県江沼郡大聖寺町に生まれ、一八八六年穂積重実に就いて英漢学を修めた後、東京市浄土宗予備校、同高等普通学校、横浜商業学校、東京学院高等科等に学んだ。一九〇六年七月に渡米し、スプリングフィールド市の万国基督教青年会大学に学び〇九年六月に卒業した。一〇年四月に帰国し、翌月渡満して大連基督教青年会主事となった。一八年に再び渡米してコロンビア大学およびユニオン神学校で修学し、一九年四月大連の「マンチュリア・デイリーニュース」紙の記者を務めた後、翌年四月満鉄に入って、社長室文書課英文係主任となり、関東庁海務局英文事務嘱託を兼務した。大連語学校、大連実業補習学校の英語教師を兼務したほか、東京帝大交換教授ジョン・デューイの講演通訳を務め、同大教授林博太郎から感謝状を受けた。著書に『緋衣の婦』『日毎の慰』、訳書に『緋衣の婦』等がある。東京女子学院高等科出身で大連神明高等女学校の英語教師を務める夫人アサジとの間に二男三女ある。

森　宣次郎　▷11

雑誌「大陸」社長／大連市常盤町

／一八九六（明二九）一／佐賀県杵島郡住吉村／佐賀県師範学校二部

佐賀県教員森乙三郎の長男に生まれ、一九一六年佐賀県師範学校二部を卒業した。一八年に渡満してシベリア派遣軍の従軍記者を務めた後、二〇年五月「大連新聞」の創刊と同時に編輯局に入り、二一年外交部長、二二年編輯次長、二三年編輯長を歴任した。二五年に退社し、翌年一月から同年末まで「満州商業新報」を経営した後、雑誌「大陸」の社長に就任した。『学校と家庭』『排日の秘幕』『満蒙の二十年』等の編著がある。

森田　陽　▷12

満鉄鉄道総局水運課員／奉天藤浪町／一八九二（明二五）四／熊本県玉名郡平井村／滋賀県立膳所中学校

一九一一年滋賀県立膳所中学校を卒業した後、一九一八年九月満鉄に入り大連埠頭、埠頭事務所、第三埠頭等の埠頭に歴勤した。次いで博克図鉄路弁事処弁事員、チチハル鉄路局在博克図弁事員、チチハル鉄路局運輸処貨物科在博克図弁事員、札来諾爾站長を歴任し、三七年三月鉄道総局水運課に転勤した。

森田　寛蔵　▷9

吉林総領事、従五位勲五等／吉林／一八七六（明九）二／長崎県長崎市高平町／東京帝大法科大学

一九〇七年東京帝大法科大学を卒業し、翌年外交官試験に合格して領事補となった。〇九年一月ハルビン総領事館に赴任し、同年九月副領事に昇任して鉄嶺在勤となり、一一年領事に昇格した。一四年吉林在勤を経て一六年本省に戻り、翌年外務事務官となった。一八年再び吉林総領事館に赴任し、二〇年総領事となった。

森田　清　▷12

承徳鉱業監督署員／熱河省承徳小西溝／一八九七（明三〇）四／長崎県長崎十人町／東京帝大工学部鉱山学科

長崎県森田徳太郎の長男に生まれ、一九二三年東京帝大工学部鉱山学科を卒業し、同年七月東京土地㈱に入社した。その後、郷里長崎県の志佐鉱業所に転じて黒潮炭坑の技師となった。三〇年二月同炭坑長に就いて三一年一月から長崎の三井物産石炭部の嘱託を兼任した。三三年五月志佐鉱業所を退職して黒龍江省公署実業庁属官となって渡満し、三四年一一月チチハル鉱業監督署に転任した。三五年一月鉱業監督署技士、同年一〇月国務院実業部技士を経て三六年八月鉱業監督署技佐に昇格して承徳鉱業監督署に転勤した。

森　矯　▷4

医師／ハルビン新市街／一八七六（明九）一〇／岐阜県武儀郡南武芸村／岡山医学専門学校

岐阜県に生まれ、一九〇〇年岡山医学専門学校を卒業した。〇二年ウラジオストクに渡り同地に医院を開設したが、日露開戦のため〇四年一〇月営口に引き揚げ、同地で開業した。〇八年九月営口からハルビンに移り、日満商会の近くで開業し、医療のかたわら松花銀行取締役を務めた。

森武多久郎　▷12

満鉄下馬塘駅助役／奉天省本渓県下馬塘駅助役社宅／一九〇五（明三八）三／佐賀県佐賀郡新北村／竜谷中学校

佐賀県森武乙吉の次男に生まれ、一九二三年三月佐賀市の私立竜谷中学校を卒業した。二四年一二月仙台鉄道局車掌乗務見習となり、新津駅に勤務して二五年一〇月車掌となった。二六年一月入営して兵役に服した後、二七年一二月新津駅車掌に復職した。その後三三年二月書記に進むと同時に依願免本官して渡満し、同年三月満鉄に入り大連列車区蘇家屯分区車掌心得となり、同年五月車掌となった。次いで三六年三月助役資格試験に合格し、同年三月下馬塘駅助役に就いた。この間、三四年に満州事変時の功により賜品及び小楯を授与された。

森田　敏　▷12

熱河省公署総務庁総務科員／熱河省承徳大佟溝／一九〇二（明三五）三／鹿児島県大島郡古仁屋町／東京帝大法学部政治学科

鹿児島県立第二中学校、第五高等学校を経て一九二五年三月東京帝大法学部政治学科を卒業し、同年一二月東京帝大文学部新聞研究室の創設に際し第一回研究生となった。三三年七月満州産業建設学徒研究団に参加してホロンバイル、熱河奥地、京図線沿線を視察した後、三四年三月国務院財政部嘱託と

も

なり理財科に勤務した。調査科に転任して金融経済調査に従事した後、三六年五月熱河省公署事務官となって総務庁文書科に勤務し、同年九月総務科に転任した。

森田　繁男　▷12

森田医院長／浜江省牡丹江景福街／一九〇四（明三七）五／鹿児島県川辺郡枕崎町

鹿児島県森田本次郎の長男に生まれ、医師免状を取得して朝鮮に渡り、大田府春日町で医院を開業した。一九三五年四月に渡満して牡丹江七星街で開業し、翌年二月景福街に移転した。

森田　成之　▷12

国務院交通部鉄路司長、都邑計画中央委員会委員、満州飛行協会董事／新京特別市東朝陽路／一八九六（明二九）七／福岡県鞍手郡直方町／京都帝大法学部独法科

福岡県銀行家森田万太郎の次男に生まれ、第五高等学校を経て一九二一年三月京都帝大法学部独法科を卒業して満鉄に入社した。大連駅助役、長春駅事務助役、同貨物助役、営口駅長、長春駅長を経て三〇年九月参事となり、奉天駅長、奉天事務所鉄道課営業長、関東軍嘱託、瀋海鉄路保安維持会参事、同会副監事長を歴任した。その後三二年六月国務院交通部鉄道司長に転じ、水運司長兼務を経て三三年六月交通部鉄路司長となった。この間、勲三位景雲章、建国功労賞、大典記念章、皇帝訪日記念章を授与された。

森田　進　▷12

満鉄大連鉄道事務所車務課長兼機関車係主任／大連市光風台／一八九七（明三〇）三／静岡県賀茂郡城東村／九州帝大工学部機械工学科

一九二二年三月九州帝大工学部機械工学科を卒業して満鉄に入り、運輸部運転課に勤務した。大連駅勤務、大連検車区検車方、同機関方、同機関士心得、鉄道部運転課勤務を経て二七年一一月大連機関区技術主任となり、二九年六月熱管理研究のためドイツのジュッセルドルフに出張した後、三〇年一一月帰社して計画部技術に勤務した。次いで工業標準規格調査会委員、総務部勤務、技術局勤務、同車輌班主査兼経済調査会調査員・第三部第五班主任、計画部車輌班主査、鉄道部輸送課設備係主任兼計画部審査役付、鉄道部第一輸送課設備係主任を歴任した。その後三五年四月参事に進んで大連鉄道事務所車務課長に就き、三七年四月勤続一五年の表彰を受け、同月機関車係主任兼務となった。

守田　省二　▷3

遼陽県知県衙門応聘員、関東都督府獣医事務嘱託、正八位勲六等／奉天省遼陽市／一八七七（明一〇）五／大分県下毛郡小楠村／大分県農学校

一八九五年九月、大分県農学校を卒業した。九八年一〇月同県検疫獣医となり、一九〇二年三月警察獣医、〇三年一一月畜牛結核病検査員、〇四年一月種牛馬検査員を歴任し、〇五年六月陸軍三等獣医として日露戦争に従軍した。〇六年四月戦功により勲六等単光旭日章及び金三五〇円を受け、同年八月大分県屠畜検査技手に就いた。〇九年七月遼陽県に招聘されて渡満し、同県知県衙門応聘員となり関東都督府獣医事務嘱託を兼務した。

森田正四郎　▷12

古河電気工業㈱・横浜護謨製造㈱ハルビン出張所員／ハルビン南崗国民街／一九〇二（明三五）一／滋賀県／東亜同文書院

滋賀県森田治良五郎の四男に生まれ、一九二七年上海の東亜同文書院を卒業して東京の古河本店に入社した。二九年九月大連販売店に転勤し、三二年一二月から古河電気工業及び横浜護謨製造㈱のハルビン出張所員として両社製品の販売に従事した。古河電気工業出張所を道裡新城大街に置いて各種電線ケーブル、鋼・真鍮・鉛製品、蓄電池類を扱い、横浜護謨製造出張所を埠頭区に置いて自動車タイヤ、チューブ、工業用高級ゴムホース、ゴムベルト類を扱った。

森田　武雄　▷11

大連取引所副所長／大連市児玉町／一八八二（明一五）七／宮崎県宮崎市瀬頭町

宮崎県官吏森田谷平の次男に生まれ、一九〇三年一〇月税務属となり鹿児島、熊本等の税務監督局に勤務した。一九年五月関東庁出向を命じられて渡満し、財務課に勤務した。二三年一〇月関東庁理事官に昇任して大連民政署財務課長となり、二八年六月に退官して大連取引所副所長に就いた。

森田　近　▷11

満鉄撫順医院耳鼻咽喉科医長、医学博士／奉天省撫順南台町／一八九三（明二六）一二／福岡県糟屋郡勢門村／九州帝大医学部、同大学院

福岡県医師森田悟の次男に生まれ、一九二〇年九州帝大医学部を卒業して母校の耳鼻咽喉科教室で研究に従事した。二二年福民病院に赴任して耳鼻科医長を務め、二五年春に帰国して九州帝大大学院に進んだ。二七年一二月満鉄撫順医院耳鼻咽喉科医長となって渡満し、翌年三月医学博士号を取得した。生家は京都で代々医業を営んで多数の門弟を抱え、有栖川宮家の侍医を務めた。

森　立名　▷11

満鉄奉天省四平街販売所主任／奉天省四平街禄祥街／一八八九（明二二）一一／鹿児島県川辺郡西南方村／長崎高等商業学校

鹿児島県の商業兼漁業森吉兵衛の三男に生まれ、一九一一年長崎高等商業学校を卒業して朝鮮の海州地方金融組合理事見習となったが、同年一二月信川地方金融組合理事に転じた。一三年八月に退職して帰国し、同年一二月常盤生命保険会社契約係員に転じ、翌年八月まで勤めた。一五年一一月森永製菓会社に転じた後、翌年一一月大阪長井辰士丸商店入った。一九年八月に退職して同年一一月㈱碌々商店輸出部主任となったが、二〇年八月に渡満して満鉄販売課に勤務した。鞍山販売課出張員、本渓湖販売所主任を経て二七年四月奉天省四平街販売所主任に就いた。この間二七年二月から三ヶ月半インドおよびシンガポール附近の鉄鉱山を視察し、旅の記念として『沈黙塔』を自費出版した。

森　巽　▷12

ハルビン特別市立医院外科医長、ハルビン医学専門学校教授、正八位／ハルビン南崗馬家街／一九〇一（明三四）七／香川県三豊郡比地大村／愛知医科大学

香川県森年の次男に生まれ、大阪府立天王寺中学校、香川県立三豊中学校を経て一九二七年愛知医科大学を卒業した。一年志願兵として歩兵第六連隊に入営し、除隊して母校の副手となり附属病院桐原外科学教室に勤務し、三〇年二月助手に進んだ。三一年五月官立医科大学官制改正による名古屋医科大学の設置とともに同大助手として引き続き桐原外科教室に勤務したが、三二年三月に辞任して長野県北安曇郡大町の町立大町病院長に転じた。三三年一月論文「輸血並ニ瀉血ニ依ル血液瓦斯変化ノ実験的並ニ臨床的研究」により愛知医大より医学博士号を取得し、三四年四月名古屋医大講師となった。三六年八月ハルビン特別市立医院外科医長に転じて渡満し、ハルビン医学専門学校教授を兼任した。

森田　富義　▷11

満州菓子食料新報社主／大連市伊勢町／一八九七（明三〇）二／熊本県天草郡新合村／大成中学校中退

熊本県森田幾松の一〇男に生まれ、一五歳の時に出郷して長崎、神戸等で仲仕として働いた。一九一三年三月に上京して私立大成中学校に入ったが、一七年に徴兵適齢となり入営のため退学した。除隊して土工、炭坑夫、弁護士事務所員、印刷工等をした後、二一年に渡満して奉天毎日新聞大連支社の記者となった。二六年七月から独立して満州菓子食料新報を発行経営した。この間、満州の怪異伝説を研究して二五年八月『満州巷説奇話哀話』を著した。実兄の政義は大阪で弁護士を開業し、二四年から衆議院議員を二期務めた。

森田　春一　▷12

満鉄皇姑屯鉄道工場庶務科会計股主任／奉天紅葉町／一八九八（明三一）二／広島県芦品郡戸手村／岡山県立笠岡商業学校

広島県森田佐右衛門の四男に生まれ、一九一六年三月岡山県立笠岡商業学校を卒業し、同年七月満鉄に入り沙河口工場に勤務した。一八年一二月機械課、二〇年一一月旋盤職場、二一年三月会計課、二五年六月沙河口工場庶務課、三〇年一月大連工場、同年六月鉄道工場に歴勤し、三三年三月鉄路総局機務処工作科弁事員となった。次いで三五年一二月皇姑屯工廠庶務科会計股主任に就き、三六年九月皇姑屯工場と改称後も引き続き同職に在任した。この間、満州事変時の功により大盾及び従軍記章を授与され、三二年四月勤続一五年の表彰を受けた。

森田彦三郎 ▷11

石炭販売業、鉱業、勲八等功七級／奉天省瓦房店東区敷島街／一八八二（明一五）二／京都府京都市東丸太町／京都商業学校

京都市酒造業森田半兵衛の長男に生まれ、一八九八年京都商業学校を卒業した。一九〇六年七月浪速洋行営口支店の同地引き揚げに際し、㈴山下本店社員として業務整理のため渡満した。〇七年瓦房店に山下出張店を開設し、同地駐屯の歩兵第六一連隊の用達と食料品雑貨商を営んだ。その後一二年から炭鉱を経営したが、二六年七月これを満鉄に譲渡して翌年一月から石炭販売業と鉱業を営んだ。かたわら瓦房店金融会社業務代表社員、地方委員副議長を務めた。

守田　彦二 ▷11

大連第二尋常高等小学校訓導／大連市薩摩町／一八八七（明二〇）一二／富山県下新川郡荻生村／富山県師範学校

富山県農業守田彦次郎の子に生まれ、一九〇九年富山県師範学校を卒業して県下の下新川郡浦山尋常小学校及び生地尋常高等小学校訓導、下立尋常小学校長を歴任した。一五年五月、大連第二小学校訓導に転任して渡満した。

森田　久 ▷13

満州国通信社社長／一八九〇（明二三）二／福岡県／早稲田大学政治経済科

福岡県森田藤四郎の三男に生まれ、一九一五年早稲田大学政治経済科を卒業し、福岡日日新聞の記者となった。その後、大阪朝日新聞、東京朝日新聞を経て二六年時事新報社に入り、経済部長から取締役兼編集局長となった。三四年九州日報社社長に転じ、同盟通信社理事を兼務して満州国通信社の創立に参画し、三七年七月の同社設立とともに社長に就任した。

森田　秀雄 ▷12

日満商事㈱京城支店長代理兼石炭係主任／京城府旭町／一八九四（明二七）三／長崎県長崎市万歳町／長崎高等商業学校

長崎県森田秀太郎の長男に生まれ、一九一六年長崎高等商業学校を卒業した後、一九年五月満鉄に入り販売課に勤務した。以来勤続して平壌出張所主任、奉天省四平街販売所主任等を歴任して三六年九月参事となった。同年一〇月満鉄商事部の業務を継承して日満商事㈱が創立されると同社に転じ、京城支店長代理として石炭係主任を兼務した。

守田　福松 ▷11

守田医院長、正八位勲六等／奉天城内大南門裡／一八七六（明九）七／熊本県飽託郡内田村／熊本医学校

熊本県農業守田卯平の長男に生まれ、熊本県立中学済々黌を経て一九〇〇年私立熊本医学校を卒業し、翌年内務省医術開業試験に合格して県立熊本病院医員となった。その後上京して東京帝大医科大学の佐藤外科医局で外科学、伝染病研究所で細菌学を研究した。次いで〇四年九月日露戦争に際し陸軍三等軍医として第六師団に従軍し、陣中で第三軍司令官乃木希典の知遇を受け、戦後〇六年四月乃木の斡旋で清国法庫門衛生医院院長に就いた。在任中たびたび蒙古方面に施療旅行をしたほか、〇九年から翌年にかけて肺ペストが流行した際に防疫事務に尽力し、一二年二月清国皇帝より三等宝星第二宝章を受けた後、同年九月満鉄奉天医院医員に転じた。一五年一月同医院城内分院長となったが一六年八月に退社し、東三省衛生顧問等を経て奉天城内大南門裡に外科、内科、花柳病を診療科目とする守田医院を開業し、かたわら奉天居留民会会長を務めた。法庫門在任以来中国側の信頼が篤く、二二年九月奉天軍閥によって奉天督軍署医院諮議に任じられ、二四年には中華民国大総統より勲五等嘉禾章を贈られた。二五年一一月灤州で奉天軍第三方面軍副司令の郭松齢が張作霖に反旗を翻した時、主治医として病気診療のため郭を訪れて挙兵を諫めたが容れられず、奉天と山海関を往復して両者の調停を試みたが失敗した。夫人幸穂との間に二男一女あり、長男潔は満州医科大学に学んだ。

森田　平作 ▷11

輸出入貿易商／安東県大和橋通／一八八五（明一八）九／富山県東礪波郡野尻町／富山県立農学校

富山県農業森田市郎左衛門の長男に生まれ、一九〇二年三月富山県立農学校を卒業して同県出町の中越銀行に入った。〇四年二月高儀倉庫会社支配人に転じたが、翌年徴兵適齢となって輜重連隊に入営した。服役中の給料全部を郵便貯金とし、〇七年に全額を隊に寄付して満期除隊した。高儀倉庫会社に復職した後、野尻物産会社重役及び富国特許会社取締役を歴任し、一二年三月朝鮮に渡った。一四年三月安東県の三巴支店主任となり、翌年一二月同支店を譲り受けて豆粕、大豆、小豆その他雑穀の貿易業を営んだ。この間、民国行政委員、安東商業会議所評議員を務め、協成銀行、安東興業会社、鴨緑江木材会社の各取締役、安東窯業会社監査役等を兼務した。

森田益太郎 ▷9

蓬莱号主／奉天省遼陽城内西街／一八八七（明二〇）一二／奈良県吉野郡大院村

一九一八年九月に渡満して遼陽に蓬莱号を開設し、金銀両替商と薬種雑貨商を営んだ。遼陽取引所の開設と同時に同所取引人となり、中国人従業員一二人を雇い、両替取引年額二五〇万円に達して公費特等を納めた。

森田　良雄 ▷11

満鉄大連医院小児科医員／大連市南山寮／一九〇三（明三六）三／鹿児島県姶良郡西国分村／満州医科大学

一九二六年満州医科大学を卒業して満鉄に入り、大連医院小児科に勤務した。長兄の良一は蓋平公学堂長、次兄の良吉は奉天春日小学校訓導、三兄の三郎は満州駐屯軍歩兵大尉、四兄の豊は熊岳城農業実習所生で、兄弟姉妹九人のうち五人が満州に在住した。

守田　義道 ▷12

ハルビン経緯警察署長／ハルビン埠頭区経緯街経緯警察署長公館／一八九四（明二七）七／福島県田村郡七郷村／明治大学予科中退

福島県立田村中学校を卒業して明治大学予科に進んだが、一九一七年に中退して一八年朝鮮総督府税官吏となり、一九年朝鮮総督府巡査に転じた。次いで二〇年に渡満して関東庁巡査兼外務省巡査に転じたが、同年四月朝鮮に戻って南鮮牛共同移出組合理事となり、二五年一二月日本農畜産㈱を設立して専務取締役に就任した。その後二八年に文官高等試験行政科に合格し、同年外務省巡査となって青島領事館警察署に勤務した後、関東領事館警察署勤務、朝鮮総督府巡査・道警部補を経て三四年五月慶尚南道警部に進んで巨済警察署長に就いた。その後三五年四月満州国に転出し、奉天省営口県警正を経て三六年二月ハルビン警察庁警正・経緯警察署長となった。

森田　良一 ▷12

三江省公署教育庁学務科長／佳木斯三江省公署／一八九一（明二四）一〇／鹿児島県姶良郡西国分村／鹿児島県師範学校

鹿児島県農業森田源次郎の長男に生まれ、一九一三年鹿児島県師範学校を卒業して日置郡伊佐村小学校訓導となった。次いで一八年三月に渡満して満鉄に入り、熊岳城公学堂訓導となり、同年九月大連の満鉄教育研究所に入所した。二〇年四月蓋平公学堂教、二二年四月営口商業学校教諭に歴勤した後、二五年四月蓋平公学堂長、二九年四月鞍山公学堂長を歴任した。その後三二年八月に退社し、奉天省公署理事官に転じて教育庁督学科長を務めた後、三四年一二月三江省の設置にともない同省公署事務官・教育庁学務科長となった。九人の弟妹があり、長弟の良吉は奉天春日小学校訓導、三弟の豊は熊岳城農業実習所生、五弟の良雄は満鉄大連医院勤務、次弟三郎は満州駐屯軍歩兵大尉として満州に在住した。

盛　長次郎 ▷12

通化省公署官房庶務科長／通化省公署／一八九七（明三〇）三／青森県西津軽郡森田村／旅順工科学堂

旅順工科学堂を卒業して京都帝大で採鉱学の研究に従事した後、撫順鉱業実習学校教諭となった。その後一九三二年浜江県参事官に転じ、吉林省公署事務官・民政庁財務科、同公署理事官・同上勤務、同公署総務庁総務科長兼任地籍整理局事務官・吉林分局勤務、国務院民政部理事官・衛生司総務科長を歴任し、三七年七月通化省公署官房庶務科長に転任した。

森塚　巌夫 ▷11

満鉄長春医院歯科医員／長春常盤町／一八九九（明三二）一〇／北海道室蘭市母恋北町／東京歯科医学専門学校

北海道会社員森塚勝才の長男に生まれ、一九二三年東京歯科医学専門学校を卒業した。二五年四月に渡満して満鉄に入り、長春医院に勤務した。次弟の威光も東京医学専門学校を卒業して三四年五月に渡満し、満鉄撫順医院に勤務した。

森塚　威光　▷12

満鉄撫順医院医員／奉天省撫順満鉄医院／一九〇七（明四〇）九／北海道室蘭市母恋北町／東京医学専門学校

北海道会社員森塚勝才の次男に生まれ、一九三一年東京医学専門学校を卒業して福岡の池田病院に勤務した。三四年四月に退職し、翌月渡満して満鉄に入社した。敦化分院医員として外科及び婦人科を担当した後、三七年五月撫順医院に転任した。実兄の巌夫は東京歯科医学専門学校を卒業して二五年四月に渡満し、満鉄長春医院に勤務した。

森　恒治　▷3

満鉄遼陽駅長／奉天省遼陽東站街／一八六八（明一）四／栃木県那須郡黒磯町

一八九〇年以来、各所の鉄道に勤務した。一九一一年に渡満して満鉄に入り、後に遼陽駅長を務めた。

森　恒次郎　▷12

満州中央銀行営業処経理／新京特別市城後路／一八九四（明二七）二／福島県北会津郡神指村／東京帝大法科大学経済学科

福島県森弥五郎の長男に生まれ、会津中学校、第一高等学校を経て一九一八年七月東京帝大法科大学経済学科を卒業して三井銀行に入った。本店営業部、神戸支店、上海支店、本店外国課、ロンドン支店勤務を経てロンドン支店次長、上海支店次長を歴任し、三四年七月本店考査課勤務となった。三五年三月満州中央銀行調査課長に転じて渡満し、三七年五月営業処経理に就いた。

森　貞一　▷12

新京ヤマトホテル司厨主任、社員会評議員／新京特別市錦町／一九〇八（明四一）一／山形県鶴岡市馬場町／高岡高等商業学校

山形県森政治郎の長男に生まれ、県立鶴岡中学校を経て一九二九年三月高岡高等商業学校を卒業し、渡満して南満州旅館㈱に入った。三〇年六月満鉄に転じて引き続き南満州旅館㈱勤務に勤務したが、三一年四月同社が満鉄に復帰すると大連ヤマトホテルに勤務した。次いで三二年三月奉天ヤマトホテル勤務を経て三三年五月食堂車営業所に転任し、三五年七月同庶務方を経て同年七月新京ヤマトホテル司厨主任となった。

森　哲郎　▷12

満鉄ハルビン站貨物助役、社員会評議員／ハルビン満鉄ハルビン站／一九〇三（明三六）五／長崎県南高来郡加津佐町

旧名は小島三郎兵衛、森市平の養子となり森哲郎と改称した。一九二二年満鉄運輸従事員養成所を修了して鉄嶺駅に勤務した。長春列車区、公主嶺駅、長春鉄道事務所、長春駅、ハルビン鉄路局運転課に歴勤し、三五年一〇月ハルビン站に転任して貨物副站長心得となり、後に同站貨物助役に就いた。この間、満州事変時の功により賜盃を受け、三七年四月勤続一五年の表彰を受けた。

森　徳一　▷12

チチハル地方警察学校主事、チチハル在郷軍人連合分会副長、従六位勲五等／龍江省チチハル地方警察学校内／一八九〇（明二三）二／和歌山県和歌山市南中間町／陸軍士官学校

一九一一年陸軍士官学校を卒業して歩兵少尉となり、歩兵第三七連隊付、天津駐屯歩兵隊付を経て憲兵に転科した。一八年に憲兵中尉となり、広島憲兵隊山口憲兵分隊長を経て二一年二月大尉に進級し、北満憲兵隊ハルビン第二憲兵分隊長となって渡満した。次いで北満憲兵隊副官となり、岡山憲兵隊松江憲兵分隊長を経て二四年一二月依願予備役となった。二七年一月大阪府立豊中中学校教諭となったが、同年八月に依願退職して満州国に転出した。三三年八月奉天省瀋陽警察庁警正となり奉天警察官練習所教官を務めた後、チチハル警察庁嘱託を経て三五年一〇月チチハル地方警察学校主事となった。この間、大正四年乃至九年事変の功により勲六等に叙され、さらに二三年勲五等となった。

森　富男　▷11

関東庁翻訳生／大連市大和町／一九〇三（明三六）四／広島県芦品郡府中町／大連語学校英語科

広島県官吏森梅松の次男に生まれ、一

九二三年大連語学校英語科を卒業し、同年一一月関東庁翻訳生として大連水上警察署に勤務した。二四年四月大連語学校英語科講師兼務、二七年九月大連民政署兼務となり、二八年二月からは関東庁海務局翻訳事務嘱託を兼任した。

森　寅二　▷12

満鉄チチハル鉄路局運輸処旅客科員、社員会評議員／大連市桂町／一八九七（明三〇）五／長崎県西彼杵郡亀岳村／東洋協会専門学校

長崎県森三五郎の長男に生まれ、一九二〇年東洋協会専門学校を卒業して満鉄に入り長春駅に勤務した。以来歴勤し、二五年本社鉄道部経理課審査係を経てチチハル鉄路局運輸処貨物科弁事員となり、三六年一〇月の職制改正にともない同旅客科員となった。

森永　嘉一　▷9

世泰興主、奉天省四平街取引所信託㈱取締役、奉天省四平街銀行取締役、奉天省四平街民会評議員、第一区長／奉天省四平街中央大路／一八八二（明一五）四／長崎県

山口県に生まれ、一九〇六年に渡満して撫順で陸軍用達商となったが、翌年廃業して山口運輸公司に入り奉天省四平街出張所主任となった。一〇年に独立して同地で特産物商を開業し、次第に販路を拡張して東京、横浜、下関、神戸、長崎、大連、鄭家屯のほか、白音太拉を初めとする朝鮮各地に取引先を持ち、奉天省四平街随一の米穀肥料商に成長した。経営のかたわら奉天省四平街取引所信託㈱及び奉天省四平街銀行の各取締役、奉天省四平街民会評議員、第一区長を務めた。

守中　清　▷11

満州医科大学教授兼満鉄医院医長、医学博士／奉天稲葉町／一八八四（明一七）一二／福岡県京都郡苅田町／京都帝大医科大学、同大学院

福岡県農業守中小平の次男に生まれ、一九一〇年一一月京都帝大医科大学を卒業した後、一五年四月同大学大学院に入学した。一九年四月、南満医学堂教授兼奉天医院内科医長となって渡満した。二一年医学博士となり、同年一一月からドイツ及びアメリカに留学し、二四年一月に帰任して南満医学堂から昇格した満州医科大学教授に就いた。謡曲、書画、骨董を趣味とし、吉藤松泉に就いて南画を学んだ。

森永　庫太　▷12

満州化学工業㈱営業課長兼受渡係主任／大連市白菊町／一八九六（明二九）一〇／佐賀県小城郡南多久村／東洋協会植民専門学校

一九一八年東洋協会植民専門学校を卒業して満鉄に入り、以来勤続して参事に昇格して商事部撫順受渡係主任となった。その後三五年六月満鉄傘下の満州化学工業㈱に入社して営業課長兼受渡係主任となり、かたわら満鉄商事部嘱託を務めたが三六年九月解嘱となった。

森永　森作　▷12

満鉄チチハル鉄路局機務処車輌科長、勲六等／チチハル鉄路局機務処／一八九一（明二四）七／佐賀県小城郡牛津町／佐賀県立工業学校

一九〇九年三月佐賀県立工業学校を卒業して山陽鉄道会社に入り、下関機関庫に勤務した。一一年一一月入営のため辞職して兵役に服した後、一三年五月に渡満して満鉄に入り、瓦房店車輌係となった。一八年九月庶務課、二二年一月同運転課、同年四月大連運輸事務所、二三年四月大連鉄道事務所に歴勤した。次いで二五年八月鉄道部運転課勤務洮昂鉄道建設事務所派遣、二六年一一月大石橋機関区運転主任兼技術主任、二八年六月大連鉄道事務所、三〇年六月大連車輌事務所、三一年三月撫順炭砿古城子採炭所、同年五月奉天車輌事務所兼務を経て三二年二月鉄道部非役となり、四洮鉄路局機務処長に派遣されて同年四月免非役となった。その後三四年四月洮南鉄路局機務処運転科長、同年一二月チチハル在勤、三五年七月チチハル鉄路局勤務を経て三六年九月同局機務処車輌科長となった。この間、二九年四月勤続一五年の表彰を受け、満州事変時の功により勲六等に叙された。

森永　鉄次　▷12

満鉄羅津建設事務所工務長／朝鮮咸鏡北道羅津府楓町／一八九七（明三〇）八／佐賀県佐賀郡久保田村／熊本高等工業学校

佐賀県森永半次郎の長男に生まれ、一九二〇年三月熊本高等工業学校を卒業して内務省に入り、下関土木出張所門司港修築工場工手となった。同年一一月技手に昇格して長崎港修築事務所に転勤し、鹿児島港修築事務所勤務を兼務した。二九年一〇月依願免職となり、神戸市の阪神築港㈱工務部護岸主任に転じた。次いで三四年一月に渡満して満鉄に転じ、鉄道建設局計画課河海係主任となり、三六年四月副参事に昇任して築港長を務めた後、三七年四月羅津建設事務所工務長に転任して朝鮮に赴任した。

森永不二夫 ▷13

国際運輸㈱常務取締役／ハルビン／一八八九（明二二）八／鹿児島県薩摩郡下東郷村

一九〇八年三月鹿児島県立川内中学校を卒業し、同年一一月韓国統監府鉄道管理局に入り庶務課に勤務した。以来歴勤して一六年一二月同局書記となり、一七年七月満鉄への経営委託にともない満鉄に入社して安東駅貨物方、同駅助役兼貨物方、運輸部庶務課、同営業課、同貨物課等に歴勤した。二六年九月欧亜連絡会議出席のためベルリンに出張し、帰社して二七年四月鉄道部渉外課勤務となった。次いで同連運第一係主任、同営業課連運係主任を経て三四年六月参事に昇格し、ハルビン鉄路局運輸課長、同運輸処長、鉄道総局付に歴任した。その後三七年二月満鉄系列の国際運輸㈱に転じて陸運課長となり、後に常務取締役に進んで北満支社駐在重役としてハルビンに在勤した。

森　縫之助 ▷8

森鉱業所支配人／奉天／一八九〇（明二三）一／佐賀県西松浦郡有田町

中学校を卒業した後一九一二年に京城に渡ったが、翌年帰国して佐世保市相浦で炭鉱を経営した。一五年四月実兄と共に渡満して奉天に森鉱業所を設立した。各地の鉱脈を探査した後、安奉線沿線の通遠堡青城子で銀鉛鉱山を日中合弁で経営し、京奉線沿線の興城で楊家枝子銀鉛鉱山を個人経営した。

森野　勘造 ▷12

まるはち玩具店主／奉天春日町／一八七七（明一〇）九／滋賀県神崎郡八幡村

一九〇八年中国に渡り、北京に森野洋行を興して建築請負業を営んだ。その後二七年に渡満し、奉天商品館内で北京号の商号で中国玩具店を経営した。二八年二月春日町の店舗を譲り受けて「まるはち玩具店」と改称し、日本玩具を販売した。本業のかたわら三四年九月から奉天城内で玩具卸商を中国人と共同経営した。

森　彦三 ▷3

満鉄工場長、従四位勲四等、工学博士／大連市外沙河口／一八六七（慶三）三／岡山県御津郡御野村／東京帝大工科大学機械科

一八九一年東京帝大工科大学機械科を卒業して鉄道庁雇員となり、九三年逓信省鉄道技師となった。九六年神戸工場長に就き、京都帝大理工科大学講師嘱託を兼務した。一九〇三年欧米諸国に派遣されて翌年帰国し、鉄道庁技師、鉄道院技師、中部鉄道管理局工作課長兼新橋工場長を歴任し、東京帝大工科大学機械工学科講師嘱託を兼ねた。一二年勅任技師に昇任し、在官のまま満鉄に入り工場長に就任した。日露戦争の功で勲四等旭日小綬章を受け、一四年従四位に叙せられ、一五年に工学博士号を取得した。

森　英男 ▷12

満鉄鉄道総局電気科員、勲七等／奉天満鉄鉄道総局工務局電気科／一九〇〇（明三三）二／福岡県山門郡柳河町

一九二一年一二月旅順工科大学専門部を卒業して満鉄に入り、鉄道部電気課に勤務した。三三年職制改正により鉄路総局電気科勤務となり、三四年洮南鉄路局工務処電気科長、三五年七月チチハル鉄路局電気科長を歴職した。三七年三月副参事に昇任して鉄道総局電気科に転任し、同年四月勤続一五年の表彰を受けた。

守弘　栄作 ▷11

満州紡績㈱会計主任／奉天省遼陽満州紡績社宅／一八九四（明二七）八／山口県玖珂郡南河内村／長崎高等商業学校

山口県農業守弘宇作の長男に生まれ、一九一九年長崎高等商業学校を卒業して富士瓦斯紡績㈱に入社した。二八年三月満州紡績㈱に転じて渡満し、会計主任を務めた。

森　増一　▷12

旅順高等公学校教諭、正七位勲六等／旅順市吉野町／一八八八（明二一）二／佐賀県藤津郡鹿島村／佐賀県師範学校

佐賀県森平吉の子に生まれ、一九〇八年佐賀県師範学校を卒業して藤津郡古枝小学校の訓導となった。同郡鹿島小学校、鹿島農業補習学校、佐賀郡神野小学校の訓導を歴任して一六年三月佐賀郡西与賀尋常高等小学校訓導兼校長となり、一七年一〇月から西与賀農業補習学校の訓導と校長を兼任した。その後一八年七月に渡満して旅順師範学堂訓導に転じ、二〇年一〇月から教科書編纂委員を務めた。二四年四月旅順師範学堂本校勤務となり、二六年九月同学堂教諭を経て三三年に旅順高等公学校教諭となった。業余に旅順戦跡を研究し、『日米紛争史観』『旅大に於けるロシアの建築』『満州新史』を著した。

森　万寿郎　▷12

満鉄得勝台駅助役／奉天省鉄嶺県得勝台駅助役社宅／一八九九（明三二）七／宮城県伊具郡藤尾村

宮城県森今朝治郎の長男に生まれ、一九二三年一〇月満鉄に入った。開原駅駅手、同駅連結方、同駅信号方を務め、第一〇期車掌講習科を修了して新京列車区鉄嶺分区車掌心得、同駅車掌を歴任した。次いで老古溝簡易駅助役となり、三六年一一月得勝台駅助役に転任した。この間、満州事変時の功により大盾及び従軍記章を授与された。

森　御蔭　▷11

ハルビン商品陳列館館長、勲五等／ハルビン道裡斜紋街／一八七四（明七）二／福岡県山門郡東山村／東京師範学校、東京外国語学校中退

福岡県森常演の次男に生まれ、一八九四年東京師範学校を卒業後、東京外国語学校に入学したが二年で中退して小学校校長に就いた。その後九九年から一九〇四年までペテルブルグ及びベルリンに滞在して語学研究のかたわら一般経済事情の調査に従事した。日露戦争が始まると帰国して第三軍兵站監部付陸軍通訳となり、鴨緑江軍司令部及び習志野俘虜収容所に勤務した。戦後は東京で日露貿易に従事したが、〇八年一〇月に渡満して満鉄に入り、総務部調査課に勤務した。一八年にハルビン商品陳列館が新設されると館長に就任し、満鉄嘱託を兼務してハルビン商業会議所相談役、同福岡県人会会長を務めた。この間、『シベリア経済事情』『日露貿易資料』『東西シベリア経済資料』『極東地方経済資料』その他ソビエト連邦に関する多数の著述を著した。海軍少将佐藤鎮雄の娘光子を夫人とし、妹萩子は満鉄参事平沢儀平に嫁した。⇒その後、三三年二月ハルビン斜紋街に睦商会を設立して石油・木材等のロシア物産の輸入販売業を経営し、かたわらロシア民芸品の紹介に務めたが、三四年二月ハルビンで没した。

森　連　▷12

予備陸軍中将、従三位勲一等功三級、満州刀剣会長／大連市星ヶ浦南月見ヶ岡／一八七六（明九）一／東京府東京市麹町区九段／陸軍大学校

大江宮人の長男として長崎県西彼杵郡江ノ島村に生まれ、三〇歳の時に同県森家の養子となった。陸軍に入り、一九〇〇年歩兵少尉に任官した後、〇九年陸軍大学校を卒業して台湾総督府陸軍参謀、陸軍歩兵学校教官、天津駐屯軍歩兵隊長、陸軍歩兵学校教導連隊長、第一〇師団参謀長、歩兵第六旅団長、近衛歩兵第一旅団長等を歴職して二七年第五師団司令部付となった。三〇年八月中将に累進して満州独立守備隊司令官となり、翌年九月の満州事変に参画した。その後、第一四師団留守司令官、第一師団長等に歴補して三四年八月待命、翌月予備役編入となった。三五年八月、満州に永住すべく一家を挙げて渡満し大連市星ヶ浦に居住した。この間、日露戦争に近衛歩兵第二連隊に属して従軍し功五級金鵄勲章、満州事変により功三級金鵄勲章及び勲一等旭日大綬章を受けた。東京女子高等師範学校出身の夫人イシとの間に三子あり、嫡子の迪は昭和製鋼所に勤務した。

森本　梅吉　▷1

牛荘ホテル主／奉天省営口元神廟街／一八六一（文一）六／兵庫県神戸市山本通

一八七一年一一歳の時から神戸の商店に丁稚奉公し、一九歳で独立して三円の資金を元手に煙草仲買業を始めた。二五歳の頃には貸家二〇軒余りを所有するようになり、元町に雑貨貿易店を設けて輸出業に転じた。数ヶ所の工房で製作した竹細工を輸出し、四〇歳の

頃には資産十数万円に達した。一九〇〇年に義和団事件が起きると店をたたんで天津に上陸し、西沽に森本洋行を設立して雑貨販売業を営んだ。その後天津の海光寺前に三〇〇〇坪の地所を購入し、雑貨販売と両替店を経営するかたわら家屋を建築して借家業を兼営した。日露戦争が始まると〇四年九月営口に移り、阪神組を設立して和洋雑貨食料品店を経営した。〇六年八月新市街道路建設のため立ち退きとなって閉店し、海辺に牛荘ホテルを建築したが火災で焼失して八〇〇〇円近い損失を出し、さらにこれと前後して天津と神戸の借家も火災に遭い一時に数万円の資産を失った。その後、営口元神廟街に純西洋式の牛荘ホテルを再建して経営した。

森本喜与蔵 ▷1

㈴博済堂代表社員／大連市／一八六八（明一）七／大阪府大阪市西区西九条上の町／兵庫県立薬学校

丹波篠山に生まれ、後に大阪市に移籍した。一八九一年神戸の県立薬学校を卒業して薬剤師となり、大阪で売薬業に従事した。九九年中国に渡り汕頭で売薬業を経営したが、使用人に欺かれて全資産を失い、知人の援助で帰国した。日露戦中の一九〇五年六月、東京の水田五と共同で㈴博済堂を組織して朝鮮の鎮南浦に渡った。その後大連に店舗を開設して売薬業と医療器械販売業を経営し、新民屯に支店を置いた。

森本啓太郎 ▷4

横浜正金銀行長春出張所主任／長春城内正金銀行内／一八七六（明九）一／東京府東京市芝区新銭座町／東京高等商業学校

一八九九年、東京高等商業学校を卒業して横浜正金銀行に入った。本店、東京支店に勤務した後、一九〇一年ニューヨーク出張所勤務、〇六年横浜本店勤務を経て〇八年天津支店副支配人となった。一〇年大連支店副支配人となって渡満し、一二年鉄嶺出張所主任、一四年安東県出張所主任を経て翌年一〇月長春出張所主任に就いた。

森本 広一 ▷12

国際運輸㈱承徳出張所員／熱河省承徳国際運輸㈱出張所／一八八六（明一九）四／福岡県門司市大字門司

一九〇四年門司の清滝艀組に入り、〇六年一二月徴兵されて小倉の第一四連隊に入営した。満期除隊後に渡満して大連の運送業東清公司に入り、次いで山口運輸公司に転じた。その後一三年に独立して長春に有信組を興し、鉄道貨物取扱と長春・ハルビン間の馬車運輸業を経営した。一五年に事業を山口運輸公司に譲渡して同公司営口出張所市内営業所集荷係主任、長春支店陸送部主任を歴任した後、一九年に鉄嶺の特産商大成号に転じ、さらに門司の清滝組に入って若松支店に勤務した。その後三二年六月国際運輸㈱に入社して四平街支店に勤務し、錦県出張所勤務、朝陽営業所主任、凌源営業所主任に歴勤し、三五年九月承徳出張所赤峰営業所主任を経て三七年五月承徳出張所に転勤した。

森本 茂 ▷12

満鉄牡丹江鉄路局巡監／満鉄牡丹江鉄路局／一八九九（明三二）九／北海道留萌郡留萌町

学業修了後に渡満して種々の職業に就いた後、満鉄鉄路総局に入り各地に勤務して敦化警務段巡監となった。一九三六年九月鉄道総局巡監となり、三七年三月牡丹江鉄路局に転勤した。

森本甚次郎 ▷3

関東都督府通信書記、金州郵便局長、従七位勲七等／金州城内第一区／一八七三（明六）二／岐阜県大野郡久々野村

一九〇五年、日露戦中に渡満して遼陽及び新民府の各野戦郵便局に勤務した。戦後は関東都督府通信監理局に勤務し、一二年一〇月金州郵便局長に就いた。

森本 辰治 ▷12

大信洋行㈱雑貨部主任／大連市鳴鶴台／一九〇四（明三七）七／奈良県磯城郡多村／東亞同文書院

上海の東亞同文書院を卒業し、石田栄造が経営する大連の大信洋行㈱に入った。以来勤続してロシア貿易に従事し、後に雑貨部主任を務めた。

森本 留三 ▷11

食料品雑貨商／吉林省城新開門外／一八八三（明一六）二／滋賀県犬神郡彦根町外船／高等小学校

滋賀県米穀・肥料商森本利平次の五男に生まれ一八九八年高等小学校を出て京都の呉服問屋に奉公した。一九〇三年徴兵されて大津の第四師団歩兵第九連隊に入営し、翌年日露戦争に従軍した。〇六年一二月に除隊して復職した後、一〇年三月に退店して渡満した。食料品雑貨商を営む兄を手伝った後、一四年に独立して吉林で食料品雑貨商を営んだ。かたわら吉林銀行専務取締役、吉林居留民会議員を務めた。

森本豊治郎 ▷12

満州法政学院理事、大連語学校理事、関東州弁護士会常議員、正四位勲四等／大連市光風台／一八八二（明一五）七／兵庫県城崎郡豊岡町／京都帝大法科大学英法科

愛知県中井億治郎の七男に生まれ、後に兵庫県弁護士森本猛三郎の養子となった。一九〇八年七月京都帝大法科大学英法科を卒業して司法官試補となり、一一年一月判事に進んで人吉区裁判所、熊本地方裁判所・同熊本区裁判所、川内区裁判所に勤務した。次いで一七年九月鹿児島地方裁判所判事から関東都督府高等法院判官に転任して渡満し、関東地方裁判所判官兼高等法院上告部判官を務めた後、二九年二月大連地方法院長兼高等法院判官、三四年高等法院上告部判官兼高等法院覆審部判官を歴任した。この間、関東庁土地審査委員会委員、関東庁警察官練習所嘱託を兼務したほか、満州法政学院の創立に関わり、二一年八月に開校すると同院理事として法学部長を務めた。その後三五年五月に退職して大連市信濃町亜細亜ホテルに弁護士事務所を開設した。著書に『盡事待命樓雑筆』『小絃録』『竹頭木屑集』がある。夫人喜美恵は熊本尚絅女学校及び東京和洋裁縫女学校を卒業して〇六年四月文部省中等教員検定試験に合格し、母校の尚絅女学校、京都菊花高等女学校等で一〇年余り教鞭を執った。

森本兵次郎 ▷11

陶磁器・建築用材商／奉天省撫順東四条通／一八七八（明一一）／広島県広島市堀川町

広島県に生まれ、同県森本家の養子となった。台湾に渡り台中で軍隊御用達を営んだ後、日露戦中の一九〇五年野戦隊に従って渡満した。戦後は土木建築業に従事したが、〇九年から撫順で陶磁器・建築用材商を開業し、かたわら撫順実業協会評議員、同輸入組合評議員、無尽会社重役等を務めた。

森本弁之助 ▷12

森本耳鼻咽喉科医院長、正八位／大連市老虎台番外／一八八四（明一七）一／兵庫県有馬郡藍村／大阪高等医学校

兵庫県農業森本清太郎の長男に生まれ、一九〇六年大阪高等医学校を卒業した後、同年一二月一年志願兵として入営した。〇八年三月陸軍三等軍医となって除隊し、同年四月から京都帝大医科大学耳鼻咽喉科教室で聴覚機能の研究に従事した後、〇九年一〇月に渡満して満鉄に入り大連医院耳鼻咽喉科に勤務した。一五年一〇月満鉄を退社して大連市大山通日本橋詰に耳鼻咽喉科医院を開業したが、二四年四月同院経営を中西進に托して帰国し、再び京都帝大医学部耳鼻咽喉科で聴覚器官と小脳の関係についての研究に従事した。二六年五月に渡欧して鼻蓄膿症の治療法と咽喉結核の療法を研究した後、同年七月論文「家兎小脳岩様部ニ就テノ実験的研究」「南満州ニ於ケル鼻ジフテリア」等で京都帝大より医学博士号を取得し、同年一二月大連に戻って医院を愛宕町に移転し、さらに二九年一月元の大山通に移転した。この間、学位論文の他に『満州ニ於ケル小児耳炎ノ臨床的並ニ細菌学的研究』『満州ニ於ケル鼻ヂフテリー』『満州ニ於ケル鼻ノ寄生虫』等の論文を発表した。

森本　政雄 ▷12

満鉄チチハル鉄路局機務処奉天省四平街配車科／奉天省四平街南六条通／一九〇二（明三五）七／鹿児島県始良郡加治木町

鹿児島県森本喜助の四男に生まれ、一九一九年六月満鉄に入り遼陽駅に勤務した。蘇家屯駅、遼陽駅、奉天列車区に転勤した後、蘇家屯分区車掌心得、同車掌、石橋子駅助役、奉天省四平街駅構内助役を経て三七年四月チチハル鉄路局機務処配車科及び運転科所属となり、奉天省四平街に在勤した。この間、三五年四月満鉄勤続一五年の表彰を受けた。

森本　柾夫 ▷11

満鉄吉林東洋医院薬剤員／吉林省城大馬路満鉄社宅／一八八九（明二二）五／岡山県後月郡出部村／道修薬学校

岡山県農業森本竹平の四男に生まれ、一九一七年大阪の道修薬学校を卒業して各地の病院、医院に薬剤師として勤務した。一九年六月大阪市衛生課消毒隔離所に転じたが、翌年六月に上京して二二年一月まで衆議院守衛を務めた。二六年六月に渡満して満鉄大石橋医院薬剤員となり、二八年八月吉林東洋医院に転勤した。

森本　又吉　▷4

丸平洋行ハルビン支店主任／ハルビン埠頭区モストワヤ街／一八八一（明一四）／滋賀県犬神郡彦根町外船／高等小学校

彦根の米穀・肥料商の三男に生まれ、高等小学校を出て家業に従事した。その後、長春で米穀・雑貨商を営む次兄の尾本留三郎がハルビン支店を開設する際、呼び寄せられて同支店主任となった。米穀、酒類、砂糖を中心に扱い、中国人向けに卸売り、日本人に小売りを行った。

森本森太郎　▷12

専売総署事務官／新京特別市清和街／一八八八（明二一）一／香川県綾歌郡玉越村

小学校を卒業し、私塾の慈雲院で国漢文を修めた後、一九〇八年一二月徴兵されて丸亀の歩兵第一二連隊に入営した。一二年六月独立守備第五大隊に編入されて渡満し、除隊後一五年七月関東都督府巡査兼外務省巡査となり大連民政署に勤務した。二一年八月関東庁警部補に進んで金州民政署普蘭店支署に勤務した後、長春警察署勤務を経て関東庁専売局通訳生兼関東庁警部補となった。その後三二年五月に依願免官し、同年五月国務院財政部属官に転じて税務司に勤務した後、三三年二月専売公署属官兼任となり専売公署及び財政部税務司に勤務し、三六年一〇月専売総署事務官に昇格した。

森本　義二　▷9

山本商店大連出張所主任／大連／一八九〇（明二三）三／大阪府大阪市東区今橋／大阪高等商業学校

一九一〇年大阪高等商業学校を卒業して翌年山本商店神戸本店に入り、一四年二月大阪支店綿業部に転勤した。一九年九月ハルビン出張所主任となって渡満し、二二年六月大連出張所主任に転任した。

森元　吉造　▷12

満鉄撫順医院産婦人科医長兼同医院看護婦養成所講師／奉天省撫順南台町／一八九七（明三〇）六／青森県弘前市新町／東北帝大医学部

青森県森元惣吉の七男に生まれ、県立弘前中学校、第七高等学校を経て一九二四年三月東北帝大医学部を卒業し、同年六月同大医学部副手となった。二五年五月東京の小石川病院産婦人科兼外科主任に転じた後、二六年二月に渡満して満鉄本渓湖医院産婦人科医長心得となった。二九年三月長春医院に転勤して三〇年六月医長となり、三三年一一月産婦人科及び血清化学研究のため母校の東北帝大に留学し、三五年一月論文「ネフロトキシン及ヘパトキシンノ妊娠並ニ胎児ニ及ボス実験的研究」により医学博士号を取得した。同年四月に帰社して四平街医院医長となり、次いで三六年一〇月撫順医院産婦人科医長に転任して同医院看護婦養成所講師を兼務した。

森　守信　▷12

安東省岫巌県参事官／安東省岫巌県参事官公館／一九〇四（明三七）五／東京府東京市芝区白金三光町／東京外国語学校支那語科

東京府森岩蔵の長男に生まれ、東京名教中学校を経て一九二六年東京外国語学校支那語科を卒業して日本電報通信社本社の記者となった。商工省及び農林省を担当した後、二八年二月奉天支局員となって渡満した。三二年一月電通満州支社の創立とともに編集長に就いたが、同年一〇月に依願退職して国務院民政部警務司偵緝室顧問に転じ、新京に在勤した。三三年五月民政部事務官、三五年一〇月復県警正を経て三六年四月安東省岫巌県参事官となった。

守屋　逸男　▷11

本渓湖煤鉄公司工務科技師／奉天省本渓湖東山公司社宅／一八八八（明二一）／山梨県／東京帝大

一九一三年東京帝大を卒業して陸軍技師となった。その後陸軍を退官し、一八年四月に渡満して本渓湖煤鉄公司技師となった。

守屋　和郎　▷12

駐満日本大使館参事官、正五位勲四等／新京特別市朝日通日本大使館参事官官邸／一八九三（明二六）一一／宮城県／東京帝大法科大学

独法科

宮城県守屋徳郎の三男に生まれ、一九一七年七月東京帝大法科大学独法科を卒業して逓信省に入った。累進して関東庁参事官兼外事課長を務めた後、外務事務官に転じて在英大使館二等書記官、同一等書記官、在華公使館一等書記官等を歴任し、この間二六年に北京で開催された関税会議及び治外法権会議に日本委員随員として出席した。三二年総領事に昇格して福州に勤務した後、三三年四月大使館一等書記官として満州国に赴任し、同年八月大使館参事官に就いた。仙台市長を務めた渋谷徳三郎の三女かつを夫人とし、一子経郎があった。

守屋 喜一 ▷12

満鉄皇姑屯機務段工作助手／奉天白菊町／一八八五（明一八）一二／埼玉県北足立郡片柳村

埼玉県守屋角之助の長男に生まれ、一八九九年逓信省鉄道作業局の新橋作業局に入った。大阪汽車会社の芝浦製作所に転職した後、一九〇六年一月再び鉄道作業局に入ったが、〇八年三月満鉄に転じて渡満した。以来勤続して一二年一二月山東鉄道管理局四方工場、二三年六月瓦房店機関区、三二年一〇月大石橋機関区に歴勤し、三四年六月大虎山機務段装車副段長となった。三五年一〇月皇姑屯機務段に転勤し、三六年一〇月同段工作助手となった。この間、青島戦役の功により賜金、満州事変時の功により賜品及び従軍記章を授与された。夫人ミツとの間に三男五女あり、長男隆一は鞍山中学校を卒業して満州工廠に勤務した。

森谷 維長 ▷11

満鉄鉄嶺地方事務所経理係長／奉天省鉄嶺緑町／一八九三（明二六）二／岡山県小田郡大井村／中央大学

岡山県農業森谷九一の長男に生まれ、一九一八年中央大学を卒業して満鉄に入った。鞍山製鉄所庶務課に勤務した後、二三年五月鞍山地方事務所勤務、二四年六月瓦房店地方事務所経理係長、二七年三月同地方係長を経て同年一一月鉄嶺地方事務所経理係長に就いた。

森谷 重八 ▷3

一ノ瀬商会主／大連市浪速町／一八八〇（明一三）九／長崎県南高来郡南串山村

一九〇四年、日露戦争に際し御用達となって渡満した。翌年夏の休戦と同時に御用達解散となり、大連市東郷町に一ノ瀬商会支店を開設して和洋雑貨商を営んだ。一一年に店舗を浪速町に移し、経営のかたわら大連貯金㈱取締役及び浪速町三丁目町会副会長を務めた。

守屋 清一 ▷11

満鉄奉天駅構内助役／奉天藤浪町／一九〇二（明三五）四／岡山県小田郡川面村／日露協会学校

岡山県農業守屋金七の次男に生まれ、一九二五年ハルビンの日露協会学校を卒業して満鉄に入った。奉天駅に勤務し、後に構内助役を務めた。

守屋善兵衛 ▷3

満州日日新聞社社長／大連市／一八六六（慶二）一／岡山県小田郡大井村

岡山県に生まれ、上京して独英語を修めたが、一八歳の時に家運が傾いて学資が続かず、欧亜学館で働いた。その後、太政官御用掛兼制度取調局御用掛を務めて文部属となった。一八九四年「日本衛生新報」の発行に携わり、翌年陸軍省に入って検疫事務に従事した。その後大日本私立衛生会常務委員兼編輯委員を経て台湾総督府衛生顧問付書記となり、九六年五月伊藤博文の台湾視察に随行した。九八年三月後藤新平民政局長官に随行して再び台湾に渡り、同年五月「台湾日日新聞」を発行し、一九〇四年に外遊して欧米各国の新聞事業および工場を視察した。一〇年五月病を得て台湾日日新聞社の経営から退き、多年の貢献に対し佐久間左馬太台湾総督から感謝状を贈られた。一一年八月満鉄の掌裡にあった満州日日新聞社社長に就任して同社組織を改造し、一三年一一月株式会社に改組した。

森谷 豊吉 ▷12

満鉄新京用度事務所四平街支所長兼事務係主任／奉天省四平街満鉄新京特別市用度事務所四平街支所／一九〇一（明三四）一〇／島根県安濃郡刺鹿村／慶応大学法学部

一九二六年三月慶応大学法学部を卒業して満鉄に入り、経理部に勤務した。次いで二七年一一月用度事務所、三一年六月用度部庶務課、三二年一月監理

も

部考査課財務検査班副査、同年六月総務部審査役付、三三年一月用度課大連倉庫在勤、同年一二月用度事務所倉庫課に歴勤した。その後三五年一二月奉天支所安東分所主任となり、三六年一二月新京用度事務所四平街支所長に転任して事務係主任を兼務した。

森谷長谷次　▷4

歯科医師／黒龍江省満州里／一八七〇（明三）／大分県下毛郡山口村／英語学校、漢学塾

大分県森谷鉄蔵の子に生まれ、一八八四年四月高等小学校を卒業して上京した。粟山画塾に入門して南宋画を学ぶかたわら漢学と書道を習い、かたわら麹町区の英語学校に通学した。さらに二〇歳の時に栃木県下都賀郡栃木町の昌徳義塾に入門し、小林晩翠に就いて漢学を修めた。九三年に再び上京して高山歯科医院に寄宿して歯科学を修め、翌年四月医術開業試験に合格して足尾銅山病院に勤務し、三年後に栃木町で歯科医院を開業した。一九〇八年末シベリアに渡ってザバイカル州チタ市で開業したが、日露協約により日本人の医術開業が不許可となり、翌年春同地を引き揚げ満州里、ストレーチェンスク市、チタ市を転々とした後、一〇年再び満州里に渡って歯科医院を開業した。医療のかたわら蔚郷あるいは仲洲漁夫と号して書画に親しみ、求めに応じて揮毫、鑑定を行った。

森山茂次郎　▷12

満鉄図們鉄路監理所監理員／間島省図們満鉄鉄路監理所／一八九九（明三二）五／福岡県久留米市京町／鉄道学校

福岡県農業森山弥三吉の次男に生まれ、一九一五年九州鉄道局教習所乙種別科を修了して鉄道員となった。その後一九年一二月に渡満して満鉄に入り、蘇家屯駅駅務方、奉天列車区及び同区橋頭分区に勤務して二八年三月撫順線李石寨駅助役となった。次いで鳳凰城駅駅務方を経て三三年二月蘇家屯駅助役となり、ハルビン建設事務所、ハルビン鉄路局機務処運転科勤務を経て綏芬河鉄路監理所監理員となり、三六年一〇月図們鉄路監理所に転勤した。この間、三五年四月勤続一五年の表彰を受けた。

森山　重英　▷11

特産物商／奉天省鉄嶺南町／一八八三（明一六）一二／徳島県麻植郡山瀬村

徳島県商業森山兵治の次男に生まれ、小学校を卒業後商業に従事した。一九〇六年三月に渡満して三井物産で働いた後、〇八年山口運送店に転じた。一四年七月に独立して鉄嶺で特産物商を開業し、鉄嶺商業会議所議員を務めた。

森山　誠之　▷12

安東省公署教育庁学務科長、正八位／安東一番通／一九〇七（明四〇）三／長野県上水内郡朝陽村／満州教育専門学校

長野県森山爾市の次男に生まれ、一九三〇年三月満州教育専門学校を卒業して満鉄に入り、奉天の加茂小学校に勤務した。三一年二月幹部候補生として朝鮮竜山の野砲兵第二六連隊に入営し、同年一一月に除隊し、満鉄に復帰して教育研究所員となった。三二年一月満鉄に派遣されて自治指導部員となり、同年五月自治指導訓練所を修了し、満鉄を退社して黒龍江省巴彦県救済員となり、次いで同年一〇月奉天省西豊県属官に任じられた。三三年一二月同県参事官代理、三四年五月安東省通化県属官・参事官代理、三五年一一月同県参事官を経て三六年一〇月安東省公署理事官となり、教育庁学務科長を務めた。

森山　正　▷12

間島省延吉県参事官、地籍整理局延吉支局員、高知県人会幹事、大同学院同窓会幹事、正八位／間島省延吉県公署／一九〇五（明三八）四／高知県幡多郡下田町／東京帝大法学部政治学科

本姓は別、後に高知県森山武助の長女林子の婿養子となった。一九三一年三月東京帝大法学部政治学科を卒業し、東京市電気局庶務科文書掛となった。三二年二月幹部候補生として善通寺の砲兵第一一連隊に入営し、同年一二月に除隊して同庶務科主計掛に勤務した。三三年四月に渡満して国務院資政局訓練所に入所し、同年一〇月改称後の大同学院を卒業して国務院民政部属官となり、総務司調査科に勤務した。三五年一一月民政部事務官となり地方司総務科に勤務した後、三七年二月間島省延吉県参事官に転任し、同年五月地籍整理局事務官を兼務して同局延吉支局に勤務した。地方行政と地方経済は不可分であり地方団体は協同組合的

も

機能を具有すべきとの持論を持ち、三五年に地方制度研究のため一ヶ月間台湾を視察したほか、著書『龍江省杜爾伯特旗事情』を著した。

森山　環　▷11

撫順実業協会書記長／奉天省撫順永安大街／一八八六（明一九）一二／茨城県久慈郡幸久村／茨城県立太田中学校

茨城県農業森山魁介の六男に生まれ、一九〇五年県立太田中学校を卒業した。〇七年六月実業家広部精の中国貿易調査班に加わり、翌年九月まで北京、天津、満州各地を視察した。一〇年四月朝鮮に渡って韓国政府度支部臨時財源調査官となり、同年八月の韓国併合後は朝鮮総督府度支部司税局、農商工部殖産局に勤務した。一八年に退職し、翌年渡満して本渓湖及び撫順でコークス・石炭販売業を営んだ後、二二年撫順実業協会書記長に就いた。

森山　昌彦　▷7

横浜正金銀行ハルビン支店員／横浜正金銀行ハルビン支店／一八九一（明二四）一〇／鹿児島県鹿児島市小川町／東京帝大経済学部

鹿児島県立第二中学校を卒業し、第七高等学校造士館を経て東京帝大経済学部に進んだ。一九二〇年九月に卒業して横浜正金銀行に入り、本店、東京及び神戸支店勤務を経てハルビン支店に転勤した。

森山　紋二　▷7

満鉄営口駅貨物倉庫主任／奉天省営口満鉄社宅／一八七九（明一二）一／鹿児島県日置郡伊集院町

一九〇九年に渡満して大連の山葉洋行に入り、一二年満鉄に転じて大連埠頭に勤務した。一三年営口駅貨物課に転任し、後に貨物倉庫主任に就いた。

森山　林治　▷3

佐々木病院主／安東県五番通／一八七一（明四）四／大分県宇佐郡八幡村／東京帝大医科大学

一九〇二年東京帝大医科大学を卒業し、和歌山県立病院副院長となり外科及び婦人科部長を兼任した。〇四年に同病院を辞任し、赤十字病院船付として日露戦争に従軍した。戦後〇六年に大阪で病院を開設したが、〇九年富山県下新川郡三日市町に移転した。一四年三月同病院を閉鎖して渡満し、安東県の佐々木病院を譲り受けて経営した。

森　豊　▷12

国務院外交部総務司庶務科長／新京特別市錦町／一八九八（明三一）一一／香川県三豊郡上高瀬村／日露協会学校

香川県森弥治郎の三男に生まれ、三豊中学校を卒業して一九一七年四月天津の森商行に入った。二〇年三月進学準備のため帰国し、同年九月ハルビンの日露協会学校第一期生として入学した。二三年に卒業して同年四月満鉄に入り、新京駅に勤務した。新京列車区、新京駅、奉天省四平街駅助役、ハルビン事務所運輸課、鉄道部貨物課に等に歴勤した後、満州国官吏に転出した。国務院交通部鉄道局第五科長、同部路政司第二科長を経て三五年五月外交部理事官・総務司庶務科長となり、国都建設紀年式典準備委員会接伴部幹事を兼務した。この間、皇帝訪日記念章及び建国功労賞、大典記念章を授与された。

森　美文　▷10

大連株式商品取引所常務理事、大連商業会議所常議員／大連市山城町／一八八二（明一五）一／東京府北豊島郡巣鴨町／東京専門学校政治経済科、東京外国語学校英語科別科

一九〇一年七月東京専門学校政治経済科を卒業し、さらに東京外国語学校英語科別科に学んで〇四年七月に卒業した。〇七年に立憲改進党の代議士で実業家の中野武営が整理した日本醤油醸造㈱に入って庶務課長を務め、その後㈴東京商会営業部長に転じた。一三年九月中野が東京株式取引所理事長に就任する際、招かれて秘書役兼庶務課長となった。二〇年二月大連五品取引所が創設されると、小泉策太郎理事長に招かれて渡満し常務理事に就任した。かたわら株式信託、商品信託等の諸会社の重役を兼ね、大連商業会議所常議員を務めた。

茂利与次郎　▷12

満鉄鉄嶺保線区保線助役開原在勤、社員会評議員／奉天省開原満鉄保線分区／一八九七（明三〇）八／鹿児島県鹿児島郡谷山町

一九一四年二月鉄道院に入り、鹿児島保線区に勤務した。その後一八年一二

も

月に渡満して満鉄に入り、四平街保線区、昌図保線区、馬仲河丁場に歴勤した。次いで二七年三月鉄嶺保線区鉄嶺川線路工長、二八年一二月同開原在勤を経て三二年一〇月鉄嶺保線区保線助役開原在勤となった。この間、満州事変時の功により木杯一組及び従軍記章を授与され、三四年四月勤続一五年の表彰を受けた。

森 竜輔 ▷12

満鉄ハルビン鉄道工場庶務係主任／ハルビン満鉄鉄道工場／一八九四（明二七）一／福岡県朝倉郡甘木町／海星商業学校

福岡県森市右衛門の四男に生まれ、一九一三年海星商業学校を卒業して同年四月満鉄に入社した。以来、撫順炭砿機械課炭砿工業課、撫順炭砿発電所機械課予備員、臨時経済調査委員会総務部人事課、同部労務課、総務部人事課、鉄路総局錦県鉄路弁事処弁事員を歴職した。三五年一一月ハルビン鉄路監理所監理員を務めた後、三七年四月ハルビン鉄道工場庶務係主任となった。

森 隆三 ▷3

満鉄埠頭事務所職員、勲六等／大連市播磨町／一八八二（明一五）五／東京府東京市麻布区本村町／官立商船学校機関科全科

一九〇四年二月官立商船学校機関科全科を卒業して日本郵船会社に入り、日露戦争に従軍して勲六等を受けた。一三年に退社して満鉄埠頭事務所職員に転じ、榊丸一等機関士として勤務した。

森 和一 ▷11

正隆銀行安東支店長／安東県六番通／一八九七（明三〇）七／長崎県東彼杵郡彼杵村／東京帝大経済学部

長崎県酒造業森源治の次男に生まれ、一九二二年東京帝大経済学部を卒業して安田銀行に入った。二七年一〇月に渡満して安田系列の正隆銀行に転じ、後に安東支店長を務めた。

森脇 喜一 ▷12

トモエ食料品店主／ハルビン道裡石頭道街高岡ビル／一八九五（明二八）一／島根県松江市天神町

松江尋常高等小学校を卒業して大阪で働いた後、上京して松本洋服店に勤務した。その後一九二〇年に渡満し、鄭家屯及び開原で洋服店を営んだ後、二三年にハルビン石頭道街で巴洋服店を開業した。三四年に同店を人に譲り、新たにトモエ食料品店を開業して米穀・食料・雑貨・和洋酒・缶詰類・乾物・海産物・漬物類・飲料水を販売した。日本各地と大連、奉天方面から仕入れて市内及び北満一帯を販路としてハルビン第一流の店舗に発展し、日本人一四人、中国人五人の従業員を使用して馬家溝国課街に支店を設けた。

森脇 源馬 ▷1

泰東公司主、勲六等／奉天省営口／一八七三（明六）／高知県長岡郡大津村

一八九二年上海に渡り、翌年から安徽省蕪湖に滞在したが、九四年八月に日清戦争が始まると第一軍の通訳となって従軍した。戦後、日清貿易研究所長の荒尾精の斡旋で扶桑商会に入り、旅順と威海衛を往来して商業に従事した。九七年同商会を辞して蘇州に赴き、技術者を雇って日光館の名で写真店を経営し、かたわら油絵の画商を営んだが失敗した。一九〇〇年義和団事件が起きると松浦与三郎、土居某らと有道公司を組織して北京で諸官衙の用達業を経営し、事件鎮定後は天津で醤油醸造業を始めたが再び失敗した。日露関係が悪化すると北京で「順天時報」を発行する中島真雄の斡旋で高等官待遇の陸軍通訳となり、〇四年一月に渡満して遼陽周辺の敵情視察に従事し、後に勲六等と一時賜金四〇〇円を受けた。〇四年八月の遼陽占領とともに職を辞し、同地で再び松浦、土居と泰東公司を設立して軍隊用達業を経営した。その後本拠を新民屯に移し、さらに〇六年五月営口新市街に事務所を新築して移転し、平岡組と共同で新民屯で煉瓦を製造した。その後営口軍政署の廃止に伴い同署が経営する牛家屯の営口煉瓦製造所を譲り受け、蒸気機械を使用して煉瓦製造業を開始し、石灰石材の販売業を兼営した。

森脇 襄治 ▷12

旅順療病院長、兼旅順医院医員、関東州庁警察部衛生課員兼内務部学務課員、正六位／旅順市桃園町旅順療病院長官舎／一八九八（明三一）七／東京府東京市小石川区小日向台町／金沢医学専門学校

西川小七の三男として滋賀県に生まれ、後に森脇春成の養子となった。一九二一年金沢医学専門学校を卒業し、同校助手、北海道帝大助手を経て三〇年三月関東庁医院医官となって渡満した。三二年六月論文「猩紅熱連鎖状球菌の研究」により医学博士号を取得して三三年六月旅順療病院長に就任し、旅順医院医員、関東州庁警察部衛生課員、同内務部学務課員を兼任した。三五年一二月関東局在外研究員としてイギリス、ドイツ、フランス、イタリア、オーストリア、スイス、アメリカを歴訪して伝染病予防及び治療技術、社会衛生施設を研究した。

森脇 太郎 ▷12

(資)実業倉庫代表社員、(資)山新公司有限社員、沙河口礼装(株)監査役／大連市黄金町／一八八八（明二一）一／山口県豊浦郡滝部村／中学校

旧毛利藩勘定奉行を務めた山口県豊浦郡阿川村の三輪家に生まれ、後に森脇家の養子となった。郷里の中学校を卒業して家業の農業に従事し、兵役を済ませた後、一九一一年京城の叔父を頼って朝鮮に渡り金融業に携わった。次いで一三年から叔父の出資による市村倉庫会社の経営に当たり、二〇年一〇月これを人に譲渡して大連に渡り、多田勇吉所有の家屋を買収して貸家業を経営した。その後二三年一月大連信託会社取締役に就いたが、二六年一〇月沙河口京町通の自己所有の家屋を改築して(資)実業倉庫を設立して倉庫業を営み、かたわら三五年一一月(資)山新公司を設立して有限社員に就いた。この間、黄金町内会長、霞小学校保護者会長、大連金融組合役員等の公職を務めた。

森脇 留吉 ▷11

奉天省四平街警察署長、従七位勲六等／奉天省四平街楼新街／一八八三（明一六）四／福島県若松市栄町

福島県画家森脇盛蔵の次男に生まれ、兄善吉の養子となった。一八九七年に小学校を卒業し、日露戦後の一九〇六年八月関東都督府巡査募集に応じて渡満した。〇九年巡査部長、一〇年警部補、一五年警部と累進し、二七年七月警視となって奉天省四平街警察署長に就いた。かたわら満鉄地方衛生委員、奉天省四平街実業補習学校商議員、日本赤十字社満州委員部長春委員支部副長を務めた。

諸井庫之助 ▷11

満鉄蓋平駅長／蓋平満鉄社宅／一八九七（明三〇）六／埼玉県北埼玉郡須影町／拓殖大学支那語科

埼玉県諸井幸五郎の四男に生まれ、一九二〇年拓殖大学支那語科を卒業して満鉄に入り営口駅貨物方となった。二二年大連列車区車掌となり、二三年九月瓦房店駅助役に進んで同地の地方委員を務め、二七年一〇月蓋平駅長に就いた。

諸石 熙一 ▷1

巡警総局顧問／奉天省遼陽／一八八一（明一四）五／佐賀県藤津郡西嬉野村／早稲田専門学校中退

佐賀県立中学校を卒業して早稲田専門学校に入学したが、中退して中国語を勉強した。一九〇五年一月陸軍通訳となり、後備歩兵第一四旅団に属して日露戦争に従軍した。〇六年一月遼陽滞在中に知州の何厚琦に招聘されて遼陽巡警総局顧問となったが、〇七年一二月に徴兵されて入営した。

諸岡 一男 ▷12

満鉄撫順炭砿採鉱課坑内掘係技術担当員／奉天省撫順北台町／一九〇〇（明三三）三／長崎県長崎市江戸町／旅順工科学堂採鉱科

長崎県諸岡四郎の長男に生まれ、一九一二年一二歳で渡満した。二〇年旅順工科学堂採鉱冶金科を卒業し、同年一二月満鉄に入り撫順炭砿老虎台坑坑内係となった。次いで二八年八月大山採炭所採炭課坑内掘係技術担当員、同竪坑計画係採炭担当員、臨時竜鳳建設事務所計画係主任に歴勤した。その後三四年一二月撫順炭砿採鉱課坑内掘係技術担当員となり、三五年七月技師を経て三六年九月参事に昇任した。この間、二四年に社員表彰規程による表彰、三六年に勤続一五年の表彰を受けた。

諸岡 佐市 ▷12

諸岡写真館主／錦州省錦県大馬路／一八八四（明一七）二／長崎県佐世保市松川町

日露戦争直後の一九〇五年ウラジオストクに渡り、同地で写真館を経営した。二二年にシベリア出兵の日本軍が引き揚げると、同地を引き払って帰国した。その後渡満して三一年一月錦県大馬路に写真館を開設し、撮影と写真機・写真材料販売業を経営した。

諸岡　季治　▷12

満鉄社員消費組合ハルビン分配所主／ハルビン南崗長官公署街／一八八九（明二二）四／佐賀県杵島郡錦江村

佐賀県諸岡吉右衛門の四男に生まれ、幼名を末一と称した。一九一〇年に渡満して大連に在住し、その後満鉄に入り経理係勤務を経て長春地方事務所に勤務した。一六年に退社し、ハルビンの鈴木商店支店に転じて七年勤めた後、二三年にハルビン満鉄社宅構内に店舗を設けて満鉄社員消費組合ハルビン分配所を経営し、かたわら輸出入品仲買業と扶桑海上火災保険会社及び朝日海上火災保険会社、英国サン東洋生命保険会社の代理店を兼営した。北満では至難とされた社員消費組合の分配所経営に成功し、従業員三五人を使用して年商五〇万円以上に達した。

毛呂　邦次　▷12

満州電信電話㈱大連管理局技術課長、正七位勲六等／大連市聖徳街／一八九八（明三一）三／群馬県北甘楽郡富岡町／東北帝大工学部電気学科

群馬県毛呂正容の子に生まれ、一九二五年三月東北帝大工学部電気学科を卒業して東京電灯㈱に入社した。三〇年関東庁逓信局に招聘されて渡満し、三三年八月満州電信電話㈱の創立と同時に同社技師に転じて奉天管理処技術課長兼瀋陽工務所長に就任した。三五年八月奉天工務所長事務取扱を経て同年一〇月の職制改正に際し大連管理局技術課長に転任した。この間、満州事変時の功により勲六等旭日単光章と満州国勲六位景雲章を授与された。

諸富鹿四郎　▷13

国際運輸㈱専務取締役／一八九〇（明二三）／福岡県久留米市／長崎高等商業学校

一九一三年長崎高等商業学校を卒業して朝鮮鉄道局に入り、釜山駅を振り出しに南大門駅、大邱駅の各運転課、営業課に勤務した。その後欧米に留学し、帰社して営業課貨物係主任、釜山鉄道事務所長を経て参事となった。その後満鉄に転じ、鉄道総局運輸処貨物課長、ハルビン鉄道局福局長を歴任して四〇年四月非役となり、国際運輸㈱専務取締役に就いた。

毛呂　正敦　▷12

龍江省洮南県参事官、満州国協和会県本部長、大日本帝国在郷軍人会洮南支会顧問、大日本国防婦人会洮南支会顧問、満州帝国国防婦人会顧問、洮南日本小学校父兄会長、洮南金融合作社相談役／龍江省洮南県参事官公館／一九〇二（明三五）六／山形県飽海郡松嶺町／東亜同文書院

代々旧庄内松嶺藩家老職を務めた旧家の嫡男に生まれ、父円策は東京高等工業学校を卒業して四十数年教職にあった。新庄中学校を経て東京高等商船学校に進んだが、一九二〇年山形県派遣生として上海の東亜同文書院に転学した。二三年三月に卒業して同年六月京都の第一工業製薬㈱に入り、庶務会計係を経て上海支店に転勤した。二五年三月渡満して安東県の満州鉱山薬㈱に転じ、営業部会計係、奉天出張所主任を経て二六年一一月本社庶務主任となり、販売部購買係火薬取締を兼務した。二七年関東庁労働調査委員、三〇年同国勢調査委員を嘱託され、この間の二九年六月銃砲火薬取締規則による試験に合格して甲種火薬類取締者主任者免状を取得した。三二年四月に退社して国務院民政部地方司に入り、石本権四郎等と熱河省北票、朝陽に赴いて政治工作に従事した後、同年五月奉天省公署実業庁総務科を経て同年八月奉天省公署事務官となり、同庁視察処長に就いた。この間、三三年に第一回東辺道討匪作戦に参加し、吉林省、牡丹江省、間島省、通化省等の奥地に出張して産業工作に奔命した。三四年二月奉天省蓋平県参事官を経て三六年四月龍江省洮南県参事官に転任し、満州国協和会県本部長を務めたほか、同地の在郷軍人会、国防婦人会、金融合作社等の公職に就いた。

「門川」は「かどかわ」も見よ

門川　盛夫　▷7

東洋拓殖㈱員／大連市松山町東拓社宅／一九〇〇（明三三）三／宮崎県南那珂郡都井村／長崎高等商業学校

宮崎県に生まれ、鹿児島県立志布志中学校を卒業して長崎高等商業学校に進んだ。一九二〇年同校を卒業して東洋拓殖㈱に入り、二三年大連支店勤務となって渡満した。

門田　新松　▷10

大連株式商品取引所理事長、㈾日清印刷所出資社員／大連市西公園町／一八七六（明九）九／東京府／東京市芝区愛宕町／東洋協会学校

広島県沼隈郡水呑村の農家に生まれ、上京後苦学して東洋協会学校に学んだ。在学中に高等文官試験に合格したが官界に入らず、日露戦争に際し海軍嘱託として一九〇四年末、旅順陥落後に渡満して鎮守府主計事務に従事した。戦後大連に移って満州興信所の創立に係わり、一一年に所長の中野寅次郎が帰国すると、独立して日清興信所を開業した。二〇年三月欧州大戦中の好況期に小泉策太郎、森上高明らと大連株式商品取引所の創立に参画して常務理事に就任し、同年五月政友会に属して熊本県から総選挙に出馬して当選した。二二年から二四年にかけて戦後不況で危機に陥った教育銀行及び竜口銀行の救済に奔走した後、小泉の後を受けて大連株式商品取引所理事長に就任した。

門間　堅一　▷13

南満州瓦斯㈱常務取締役／大連市／一八九八（明三一）一二／兵庫県出石郡出石町／東京商科大学

兵庫県門間政吉の長男に生まれ、一九二三年三月東京商科大学を卒業して満鉄に入社し、本社地方部庶務課に勤務した。次いで長春、四平街の各地方区事務所、四平街地方事務所、四平街実業補習学校講師、本渓湖地方事務所地方係長兼本渓湖図書館主事、長春地方事務所庶務係長、安東地方事務所勧業係長、奉天地方事務所勤務、営口地方事務長、本社地方部農務課農事係主任に歴勤した。三四年六月参事に昇格し、三五年地方部商工課長を経て三六年一〇月の職制改革により新設の産業部商工課長兼経済調査委員会委員となり、満州特産中央会参与、満州製油工場振興委員会委員を務めた。その後三七年四月北満経済調査所長兼経済調査委員会委員となってハルビンに赴任したが、同年末に鉄道総局産業課長に転任し、三九年五月満鉄系列の南満州瓦斯㈱に転出して常務取締役に就任した。

八色　右一 ▷12

復州工業㈱石河出張所長／関東州石河駅海岸唐家屯／一八八八（明二一）／鹿児島県鹿児島郡谷山町／高等小学校補習科

鹿児島県八色しげの子に生まれ、一九〇六年高等小学校補習科を卒業して沖縄に渡った。雑貨商及びサトウキビ栽培に従事した後、一二年からスタンダード会社製蝋工場を引き受けて経営したが、一九年に帰郷して製糸業と物産商を営んだ。二〇年に渡満して渤海硅石を発見し、大倉組ドロマイト事業に従事した後、二九年復州工業㈱を組織し、後に同社石河出張所長に就任した。長男重信は大連商業学校を卒業して大連の高岡組に勤務した。

八ケ代義則 ▷11

奉天総領事館副領事、従七位勲六等／奉天葵町／一八八九（明二二）四／鹿児島県伊佐郡西太良村

鹿児島県農業八ケ代留次郎の次男に生まれ、判事中津海均の養子となった。官界に入り、一九一六年関東都督府裁判所書記となって渡満した。一九年外務書記生に転じて遼陽領事館に勤務し、二五年六月ハルビン領事館勤務を経て二七年一月副領事に昇任して奉天総領事館に勤めた。

矢加部宗太郎 ▷12

営口海辺警察隊特務科長、従七位勲六等／奉天省営口羽衣町／一八九三（明二六）一二／福岡県八女郡古川村

一九一一年熊本逓信管理局通信生養成所を修了し、通信事務員として留米郵便局に勤務した。その後一三年に渡満して満鉄に入り奉天駅に勤務したが、一四年に徴兵されて東京中野電信隊に入営した。その後憲兵に転科して一六年憲兵上等兵となり、東京憲兵隊に勤務した後、関東憲兵隊勤務となって再び渡満した。三一年二月憲兵特務曹長に進級して皇姑屯憲兵分隊長、錦州兵站憲兵長、及び錦州駅前、新民、綏中の各憲兵分遣隊長を務めた。次いで歩兵第三三連隊配属憲兵長、第一一旅団配属憲兵長、混成第一四旅団配属憲兵長、山海関憲兵分遣隊長に歴補し、三三年一二月予備役編入と同時に瀋陽警察庁警佐となった。三五年瀋陽警察庁鉄西警察署長を経て三六年五月特殊警察隊警正となり営口海辺警察隊特務科長に就いた。この間、満州事変時の功により勲六等単光旭日章を授与された。

八木　元八 ▷11

ハルビン総領事、正六位勲六等／安東七番通／一八八三（明一六）二／静岡県榛原郡相良町

静岡県農業八木孫八の三男に生まれた。外務省に入り中国、欧米各地の領事館に勤務した後、一九二七年九月ハルビン総領事となって渡満した。その後三三年に退職し、鴨緑江採木公司理事長に就いた。長女英子は静岡精華高女を卒業後、京都帝大卒の満鉄社員後藤治基に嫁した。

柳下　清明 ▷12

満鉄鉄道研究所員大連在勤／大連市桃源台／一九〇三（明三六）九／神奈川県横浜市中区境町／九州帝大工学部機械工学科

神奈川県柳下善次郎の次男に生まれ、一九二九年三月九州帝大工学部機械工学科を卒業して満鉄に入り、鉄道部に勤務した。次いで奉天鉄道事務所、奉天工事区事務所、大連工事事務所、大連鉄道事務所、鉄道部工作課等に歴勤した後、三五年九月から半年間欧米各国に出張し、軌道試験車のジャイロスコープ回転動力方式の運転速度と記録誤差との関係について研究した。帰任後、中央試験所一般車両研究室主任となり、三七年三月鉄道研究所に転任して大連に在勤した。この間、満州事変時の功により賜杯及び従軍記章を授与された。

八木象次郎 ▷11

札免採木公司林区支配人、正六位勲四等／黒龍江省中東鉄路宜立克都站／一八八四（明一七）一一／広島県佐伯郡廿日市町／陸軍士官学校

広島県松浦延助の三男に生まれ、八木但一の養子となった。一九〇五年陸軍士官学校を卒業し、陸軍歩兵将校として満州守備隊、北清駐屯軍に勤務した後、一四年八月青島戦役に従軍した。その後シベリア派遣軍等に服務して少佐に累進し、二三年三月に退役して同年一二月ハルビンの札免採木公司に入った。以来勤続し、林区事務所主任を経て林区支配人となり満鉄嘱託を兼任した。

八木条次郎 ▷3

鴨緑江採木公司技師、十三道溝分局長／十三道溝分局社宅／一九〇四（明三七）七／愛媛県温泉郡雄群村／東京帝大農科大学林学実科

一九〇四年七月東京帝大農科大学林学実科を卒業して森林官となり、東京大林区署に勤務した。〇八年一〇月日清両国政府の折半出資で鴨緑江採木公司が設立されると同公司技師に転じて渡満し、十三道溝分局長を務めた。

八木宗一 ▷12

昭和製鋼所㈱銑鉄部骸炭工場長／奉天省鞍山中台町／一八九三（明二六）八／山口県熊毛郡島田村／山口県立工業学校

山口県八木作次郎の六男に生まれ、一九一一年三月山口県立工業学校を卒業して呉海軍工廠水電部に勤務した。次いで神戸の川崎造船所造機部、八幡製鉄所工作科、西部合同瓦斯㈱、小倉骸炭製造所、同福岡本社に歴職した。その後一八年七月に渡満して満鉄に入り、鞍山製鉄所製造課骸炭課に勤務した。三二年一一月粘結性の低い撫順炭を主原料とする骸炭製造方法研究のため欧米に一年二ヶ月出張した後、三四年六月昭和製鋼所㈱に転じ、化学工場兼工務部勤務を経て三五年四月銑鉄部骸炭工場長に就いた。この間、二七年に骸炭炉石炭装置操業方法改善及び物品節約の功により表彰されたほか、満州事変時の功により賜品及び従軍記章を授与され、三四年六月満鉄勤続一五年の表彰を受けた。

八木寿治 ▷11

撫順高等女学校長、従六位／奉天葵町／一八八五（明一八）二／鳥取県気高郡賀露村／東京高等師範学校研究科

森本栄次郎の長男に生まれ、八歳の時に祖父八木与吉郎の養子となった。一九〇八年東京高等師範学校を卒業し、引き続き研究科で植物学を専攻して一〇年三月に卒業した。東京の私立暁星学校、京都府亀岡高等女学校、三重県女子師範学校等に勤務した後、一九年五月鞍山尋常高等小学校長に転じて渡満した。その後、撫順高等女学校長に転任し、二六年一〇月から翌年七月まで女子教育研究のため欧米に留学し、後に満鉄教育研究所長に就いた。著書に留学中の印象を記した『欧米の旅』がある。

八木虎之助 ▷12

満州興業銀行管理課長／新京特別市東朝陽路／一八九〇（明二三）一二／東京府北豊島郡日暮里渡辺町／東京高等商業学校

八木栄助の三男として東京市神田区五軒町に生まれ、一九一五年東京高等商業学校を卒業して横浜正金銀行に入った。その後一九年に病気のため退職し、二二年から二三年にかけて一年間欧米遊歴した後、二五年に大連の正隆銀行に入った。以来勤続し、本店営業部長代理、本店副支配人兼為替課長を歴任し、三六年一二月に在満州朝鮮銀行支店、満州銀行本支店、正隆銀行本支店を統合して満州興業銀行が設立されると同行管理課長に就いた。俳句と銃猟を趣味とし、著書に『猟の満州』がある。

八木沼丈夫 ▷12

満鉄鉄道警務局警務参与兼鉄路自警村農業修練所講師、勲六等／奉天白菊町／一八九五（明二八）一一／福島県東白河郡常豊村

淳雄と号して長く言論界に身を置き、一九二四年九月「満州日報」ハルビン支社長を経て二八年六月満鉄社長室弘報課嘱託となり、満鉄社員会の機関誌『協和』編集長に就いた。その後二九年三月社長室情報課弘報係主任、三〇年六月総務部庶務課弘報係主任、三二年四月関東軍嘱託、同年九月奉天事務所、同年一一月新京地方事務所、三三年一〇月鉄路総局警務処第二科第二係主任、三四年四月同防務科に歴勤した。三五年七月参事に進んで同処警務主任となり、同年一〇月鉄道警務局警務主任、同年一二月鉄路自警村農業修練所講師兼務に歴任し、三七年三月警務局警務参与となった。この間、三二年一二月に熱河作戦に関東軍宣撫班として派遣された経験をもとに軍歌「討匪行」を作詞し、藤原義江の作曲・歌で大ヒットした。四四年没。

柳沼力 ▷12

満鉄牡丹江鉄路局機務処運転科員／牡丹江満鉄鉄路局機務処／一九〇四（明三七）一一／福島県田村郡高瀬村

福島県柳沼亀太郎の次男に生まれ、一九二一年一一月仙台鉄道局管内の笹川駅に勤務し、二七年に鉄道教習所普通部業務科を修了した。車掌として各地に勤務して三三年二月鉄道局書記に累進し、翌月満鉄に転出して大連列車区車掌心得となった。奉天列車区安東分区勤務、同分区車掌、奉天列車区車掌に歴勤した後、三六年七月深井子駅助役を経て三七年六月牡丹江鉄路局機務処運転科に転任した。この間、昭和六年乃至九年事変の功により大盾及び従軍記章を授与された。

柳沼　輝治　▷9

赤誠堂薬局主、勲六等／大連市伊勢町／一八六九（明二）二／茨城県／東京慈恵医学校

旧水戸藩士の子に生まれ、一八九〇年に薬剤師の免許を受けた後、東京慈恵医学校に入学したが病気で中退した。九四年日清戦争に従軍して日本赤十字社病院に勤務し、さらに一九〇四年の日露戦争時には陸軍省雇員として病院船に乗務した。戦後勲六等を受け、〇六年に渡満して大連市伊勢町に赤誠堂薬局を開業した。

八木　弘　▷12

㈾満蒙棉花支配人、遼陽実業会評議員／奉天省遼陽朝日通／一八九六（明二九）一／香川県木田郡平井町／香川県立農林学校

香川県八木松平の三男に生まれ、一九一三年香川県立農林学校を卒業して大阪の大林組に入った。次いで神戸の棉花商伊沢商店に転じ、業務のかたわら夜間商業学校に通学した。二一年二月に退職し、満蒙棉花紡績㈱支配人となって渡満したが、二三年に帰国して神戸で棉花貿易商を独立経営した。その後二九年に廃業し、再び渡満して㈾満蒙棉花支配人に就いた。

八木　聞一　▷12

満鉄経済調査委員会委員、産業部資料室主事事務取扱、満州資源館館長事務取扱／大連市霧島町／一八九七（明三〇）一／東京府東京市四谷区箪笥町／東京高等商業学校

東京府立第一中学校を経て一九一八年東京高等商業学校を卒業し、久原鉱業に入った。その後傍系の久原商事に転任し、二〇年に退社して㈴八木松永商店を経営した。三一年参事として満鉄に入社し、秘書役を経て総務部監理課運輸係主任を務め、後に監査役に就いた。三六年一〇月の職制改正で参与になり総裁室監理課及び経済調査委員会委員を兼務した後、三七年四月同委員在任のまま事務取扱として産業部資料室主事と満州資源館館長を兼務した。この間、満州事変時の功により銀盃一個と従軍記章を受け、大連汽船㈱、満州電信電話㈱等数社の監査役のほか、東京高商同窓生の如水会常務理事を務めた。

八木　正礼　▷3

関東都督府警部警務課員、勲七等／旅順市中村町／一八六九（明二）一一／高知県土佐郡潮江村

一八九六年四月、台湾に渡って台北庁巡査となった。九七年一二月に依願免職して澎湖庁雇に転じ、翌年三月同庁属に進み、同年八月台湾総督府属に転じた。一九〇七年八月、関東都督府警部に任じられて渡満した。

八木　茂吉　▷11

建築請負業小川組／大連市信濃町／一八七一（明四）三／兵庫県神戸市多聞通

兵庫県建築請負業八木一の次男に生まれ、一九〇七年四月に渡満した。以来、大連で建築請負業に従事した。

柳生大三郎　▷11

関東庁殖産課技手／旅順市日進町／一八七五（明八）四／三重県度会郡島津村／水産伝習所

三重県農業柳生清昇の三男に生まれ、一八九八年水産伝習所を修了した。三重県、福島県、東京府下小笠原島等の各水産試験場技手、岩手県技手を経て、一九二〇年五月に渡満して関東庁水産事務嘱託となった。二四年一二月関東庁技手となり、殖産課に勤務した。夫人梅野との間に三男三女あり、長男昌勝は旅順第一中学校教諭となった。

柳生　昌勝　▷11

旅順第一中学校教諭／旅順市日進町／一九〇四（明三七）三／三重県度会郡島津村／旅順中学、伊勢神宮皇学館

三重・福島・東京府の官吏を務め、後に関東庁殖産課技手となった柳生大三郎の長男に生まれた。一九二二年旅順中学を卒業して郷里の伊勢神宮皇学館に入り、二六年に卒業して母校の旅順第一中学校教諭となった。

薬王寺賢太 ▷12

吉林国立医院附属医学校書記、勲七等／吉林大徳勝街国立医院附属医学校／一八八六（明一九）六／佐賀県佐賀郡兵庫村／佐賀高等学校

一九〇八年県立佐賀高等学校を卒業した後、一〇年台湾駐屯の山砲隊に入営し、一二年に衛生部下士適任証書を付与されて除隊した。帰国して佐賀市書記となったが、一四年八月青島戦役のため第三野戦病院充員として召集され、同年九月陸軍三等看護長に昇級した。その後、佐賀市書記に復職して庶務係主任、庶務課長兼戸籍課長を歴任し、三三年三月満州国立医院嘱託に転じて渡満し、吉林省立医学校事務主任となった。三四年四月同省立医院事務長兼任を経て三六年一月同医院の国立移管にともない吉林国立医院附属医学校書記となった。この間、青島戦役の功により勲七等に叙せられた。

矢口　健男 ▷12

満鉄四平街鉄路監理所長、社員会評議員、社員消費組合総代、勲七等／奉天省四平街鉄路監理所局宅／一八八九（明二二）一一／長野県東筑摩郡本城村／満鉄運輸教習所

長野県矢口由太郎の次男に生まれ、一九〇七年三月大町中学校を卒業して郷里の小学校訓導となった。その後一九一一年に渡満し、同年九月満鉄運輸教習所を修了して奉天駅に勤務した。一五年八月長春駅旅客専務、同列車長、撫順駅助役、奉天駅助役、沙河鎮駅長、本渓湖駅長、奉天鉄道事務所勤務、洮昂鉄路局派遣、交渉部管理課、鉄道部連運課、開原駅長、ハルビン鉄路局横道河子弁事処庶務長、奉天鉄路局人事科長を歴任し、三六年九月副参事となり四平街鉄路監理所長に就き、三七年四月勤続二五年の表彰を受けた。

矢後鷹之亟 ▷9

矢後虎勢堂主／大連市信濃町／一八七五（明八）七／富山県射水郡海老江村

富山県医師高山三柳の四男に生まれ、二四歳の時に矢後家の養嗣子となった。養家の売薬製造業に従事し、数十名の行商人を抱えて矢後虎勢堂悪魔払家安散ほか数十種を全国に販売した。一九〇五年日露戦争直後に満州進出を図り、大連に店舗を置いて満州各地に拡張員を派遣して富山売薬を普及した。その功績により富山県知事から桐の紋章付き木杯を受け、さらに満蒙特産物標本数百種を郷里の小学校に教育参考品として寄贈して再び木杯を受けた。

八坂友次郎 ▷12

満鉄新京事務局業務課勧業係農務主務者／新京特別市興亜街／一九〇八（明四一）三／鹿児島県鹿児島市山下町／鹿児島高等農林学校農学科第一部

鹿児島県立第二中学校を経て一九二八年三月鹿児島高等農林学校農学科第一部を卒業し、同年四月に渡満して満鉄農事試験場熊岳城分場園芸科研究生となった。二九年一一月瓦房店地方事務所勤務を経て三〇年六月農事試験場熊岳城分場技術員となった。三三年一〇月鄭家屯事務所開魯在勤を経て三六年七月新京地方事務所勤務となり、同年一〇月の職制改正で新設された新京事務局に転任して業務課勧業係農務主務者を務めた。

矢崎　高儀 ▷12

ハルビン特別市公署都市建設局建築科長、正七位／ハルビン商市街市公署都市建設局／一八九七（明三〇）五／長野県諏訪郡永明村／京都帝大工学部建築学科

一九二三年三月京都帝大工学部建築学科を卒業し、同年五月大阪市技手となった。警視庁技師に転じた後、二七年八月東京の加護谷建築事務所に入り、次いで三二年九月関西工学校及び関西高等工学校の講師に転じた。関西高等工学校建築科主任、日本建築士会雑誌編輯委員、建築学会展覧会委員等を務めた後、三五年一〇月国務院総務庁技佐となって渡満し、総務等需用処に勤務した。その後、営繕需品局技佐に進んで設計科に勤務した後、三七年五月ハルビン特別市公署技正に転任して都市建設局建築科長に就いた。加護谷建築事務所時代に単行本『単骨構造』を著して三版を重ね、渡満後は満州耐寒建築構造研究の権威として知られた。

矢沢　豁也 ▷4

北満貿易商会主／ハルビン埠頭区モストワヤ街／一八八五（明一八）

／東京府東京市牛込区原町／東京外国語学校露語科

東京府矢沢藤十郎の子に生まれ、一九〇八年東京外国語学校露語科を卒業し、同年六月シベリアのニコラエフスク・ナ・アムーレに渡った。同地で四年間商業見習いに従事し、一一年一〇月にいったん帰国し、翌年一月渡満して東亜煙草会社雇員となりハルビンに勤務した。一五年に退職して同市埠頭区モストワヤ街に北満貿易商会を創設し、委託販売・仲買業を営んだ。

矢沢　邦彦　▷11

鞍山中学校長、従六位／奉天省鞍山北二条／一八八三（明一六）一二／長野県下伊那郡伊賀良村／東京高等師範学校専攻科

長野県農業矢沢礼三の三男に生まれ、一九〇六年東京高等師範学校を卒業した。その後同校専攻科に入り、一三年に卒業して福井中学校、福井県師範学校、第二鹿児島中学校、松本中学校教諭を歴任した。二一年に退職して渡満し、奉天中学校講師を経て鞍山中学校長を務めた。

谷沢　惣四郎　▷12

満州電業㈱工務部建設課長／新京特別市東安路／一八九七（明三〇）五／滋賀県犬神郡福満村／旅順工科学堂電気工学科

滋賀県谷沢惣次郎の三男に生まれ、一九二一年旅順工科学堂電気工学科を卒業し、同年一二月満鉄に入り鉄道部線路課に勤務した。その後電気作業所に転勤し、二六年五月に同所が南満州電業㈱として満鉄から分離独立すると同社員となり、発電課、計画課に勤務した。次いで計画課発電係主任、技術課第一設計係長、発電係長を歴任し、三三年六月から翌年三月まで発電設備特に無煙燃焼装置研究のため欧米各国に出張した。その後三四年一二月に電気供給事業が満州電業㈱として分離したため同社員となり、工務部工事課長を経て三六年一二月同建設課長となった。

矢沢　弥六　▷12

満州特産中央会本部総務部主事兼事業部主事／新京特別市康徳会館満州特産中央会本部／一八八六（明一九）六／東京府東京市京橋区越前堤／東京高等商業学校

一九〇九年東京高等商業学校を卒業し、一〇年二月日本銀行に入り国債局に勤務した。一一年三月に退職した後、一四年九月三井鉱山会社に入り三池商事部に勤務した。その後三一年に退社し、三五年八月満州特産中央会本部主事に就いた。

屋舗　健治郎　▷12

深尾商店主／大連市但馬町／一八八九（明二二）一二／大阪府大阪市港区九条南通

大阪市東区伏見町に生まれ、幼少の頃から諸種の実業に就いた後、渡満して大連に在住した。一九〇五年以来監部通で深尾商店を経営した深尾栄吉が病気隠退のため店舗を売りに出すと、一九二〇年一二月同店の業務・商号を継承してガラス及び鉄道信号灯類の製造販売業を営んだ。二三年九月但馬町に拡張移転し、満鉄、満州国諸官衙に納入したほか山東方面にも販路を拡張し、日中両国の従業員二五人を使用して年商二〇万円に達した。

矢嶋　栄一郎　▷1

長寿堂薬房吉林支店主任、勲七等／吉林／一八七七（明一〇）五／長野県諏訪郡上諏訪町

一九〇一年から三年の間宮内省に勤務し、勤務のかたわら東京清語学堂で中国語を習得した。〇四年日露戦争に際し陸軍通訳として第一〇師団に属して従軍し、戦後〇六年二月に帰国して勲七等桐葉章と一時賜金を受けた。翌月再び渡満して奉天から吉林に入り、奉天の長寿堂薬房の支店として売薬業を営んだ。

矢島　嘉平　▷13

満州興業銀行大連支店長／大連市大山通／一八九二（明二五）一〇／群馬県北甘楽郡一ノ宮町／東京帝大法科大学英法科

群馬県矢島伊太郎の長男に生まれ、第一高等学校から東京帝大法科大学英法科に進み、一九一七年に卒業して朝鮮銀行に入った。本店営業部に勤務した後、同年一〇月奉天支店に転任して渡満し、長春、鎮南浦、東京、青島、旅順の各支店勤務を経て営口支店長となった。三六年一二月に在満州朝鮮銀行支店・満州銀行・正隆銀行本支店を統合して満州興業銀行が設立されると、翌年同銀行大連支店長に就任した。

矢島亀三郎 ▷4

㈾山本商店社員／ハルビン埠頭区／一八八五（明一八）／京都府京都市西洞院竹屋町下ル毘沙門町

資産家の砂糖商の子に生まれたが、家運が傾いて一三歳の時から京都市の木綿呉服卸商辻忠商店に丁稚奉公した。〇四年日露戦争に際し補充兵として召集され、第四軍兵站部経理部助手として従軍し、〇六年三月に除隊して復職した。二九歳の時に退店して渡満し、田中洋行に入ったが一二年に閉店となり、ハルビンの山本商店専属仲買人に転じた。一五年三月同市埠頭区に山本博一、鶴田弘、横田堤寿とともに㈾山本商店を組織し、業務担当社員として綿糸、綿布、雑貨の輸出入業に従事した。

矢島　正 ▷12

東亜煙草㈱ハルビン駐在員、正八位／ハルビン道裡地段街／一八九六（明二九）一／熊本県宇土郡宇土町

熊本県矢島篤宜の次男に生まれ、一九一九年早稲田大学英法科を卒業して東亜煙草㈱に入社し、奉天駐在員となって渡満した。安東、長春に転勤した後、二四年以来ハルビンに駐在した。

矢島鉄太郎 ▷12

奉天国立賽馬場長／奉天北陵国立賽馬場／一八九〇（明二三）二／東京府東京市小石川区小日向台町／陸軍士官学校、陸軍騎兵学校

陸軍士官学校及び騎兵学校を卒業して騎兵少尉に任官し、騎兵第一三連隊中隊長、連隊副官、騎兵第三連隊付等を歴職し、少佐に累進して予備役編入となった。その後、渡満して満州国軍政部中央陸軍訓練処研究部員となり、教官と騎兵候補者隊長を兼務した。馬政局技佐兼国立賽馬場長技佐に進んでハルビン国立賽馬場長に勤務した後、三六年九月奉天国立賽馬場長となった。

八島　勇助 ▷12

㈾満州微粉工業代表社員／大連市三春町満州微粉工業／一八八一（明一四）三／宮城県刈田郡白石町／東京物理学校

一九〇六年東京物理学校を卒業した後、〇七年三月に渡満して野戦鉄道提理部に勤務した。〇八年四月満鉄に入社し、勤続して電気作業所電気試験所主任となった。二五年七月に退社し、旧友沖盛と資本金五万円で㈾満州微粉工業を設立して三春町工場の経営に当たった。マグネサイト、ドロマイト、タルクの製造加工、一般鉱石類の微粉製造加工を行い、大石橋工場と合わせて従業員一〇〇人を擁した。かたわら三六年八月熊本県八代郡上末求麻村市俣のマンガン鉱山を買収し、同村中津道に八島マンガン鉱業所を設けて鉱山業を経営した。

矢島　好敬 ▷12

営口税関税務科長、正七位勲七等／奉天省営口営口税関／一八八三（明一六）八／愛媛県松山市中歩行町／愛媛県立松山中学校

一九〇三年三月愛媛県立松山中学校を卒業し、同年一一月税関監吏となった。以来勤続して税関監視、税関事務官補兼専売局書記、税関事務官補兼税関監視、税関監視兼植物検査官補兼専売局書記、税関事務官補兼税関監視兼鉄道局書記を経て専売局副参事となり、大阪地方専売局に勤務した。その後三三年一〇月家族を神戸に残して単身渡満し、大連税関嘱託に転じた。三四年税関事務官を経て安東税関税務科長となり、次いで税関理事官に進んで三五年一二月営口税関税務科長となった。

八代　亀吉 ▷9

八代組主、日華興業㈱専務取締役／大連市伏見台／一八七〇（明三）六／石川県金沢市柳町

千葉県安房郡大山村に生まれ、早くから海軍技手杉本亀次郎に就いて製図設計を学び、一八八九年海軍火薬製造所建築部に入った。九三年一月に退職して八代組を興し、土木建築請負業を営んだ。一九〇五年日露戦中に渡満し、関東都督府土木課大連出張所指定請負人となって同業に従事した。かたわら一九年に資本金二〇〇万円で日華興業㈱を設立し、専務取締役に就いた。

矢代善次郎 ▷12

矢代洋行主／大連市初音町／一八七九（明一二）四／愛知県名古屋市西区塩町

早くから渡満して大連信濃町で履物・靴墨商を営み、一九一五年青島に支店を設け、青島桐を日本に輸出して巨富を得た。二〇年に駿河町に新築移転して貸家業を兼営したが、まもなく欧州大戦後の不況のため履物商を廃し、初音町に移転して二八戸の貸家業とヒーロー靴墨発売元として経営を立て直した。

安井　確郎 ▷3

満鉄大連埠頭事務所職員、機関長／東京市麹町区飯田町／一八六六（慶二）一〇／静岡県田方郡韮山村

一八八五年横須賀海軍造船所に入り、八八年三月通済丸乗組員となった。九四年有磯丸機関長として日清戦争に従軍し、勲六等瑞宝章と一時賜金一〇〇円を下賜された。一九〇四年には日清丸機関長として日露戦争に従軍して勲五等旭日章と一時賜金四〇〇円を下賜された。一三年七月満鉄に入社し、大連埠頭事務所に属し機関長として勤務した。

安岡静四郎 ▷11

関東庁高等法院検察官長兼関東庁事務官、正五位勲三等／旅順市一戸町法院官舎／一八七七（明一〇）一〇／高知県香美郡山北村／京都帝大法科大学法律学科

高知県安岡寿吉の四男に生まれ、一九〇五年七月京都帝大法科大学法律学科を卒業して同年八月司法官試補となった。名古屋地方裁判所及び同検事局に勤務したが、同年一二月一年志願兵として丸亀の歩兵第四三連隊に入隊し、〇六年一一月に満期除隊した。復職して〇八年四月検事に進み、同年八月浜松裁判所検事となり、〇九年一一月関東庁法院検察官に転じて渡満した。一九年一〇月高等法院検察官、二三年一月関東庁事務官兼任・法務課長を経て同年五月高等法院検察官長に進み、地方法院検察官長、関東庁審議員を兼任した。

安岡　幸雄 ▷13

㈱永順洋行専務取締役／大連市秀月台／一八九五（明二八）八／高知県高岡郡波介村／通信官吏練習所電信科

高知県安岡良次郎の長男に生まれ、一九一三年通信官吏練習所電信科を修了して大阪電信局に勤務した。その後大連郵便局に転任して渡満し、二〇年に永順洋行に転じた。大連、奉天の各支店に勤務して三一年総支配人となり、三七年専務取締役に就任した。

安川和三郎 ▷14

東洋拓殖会社大連支店長／大連市近江町／一八七三（明六）七／千葉県長生郡茂原村／東京帝大法科大学英法科

一九〇一年七月東京帝大法科大学英法科を卒業した。その後一七年九月東洋拓殖会社に入社し、参事として京城支店に勤務した後、一八年九月大連支店長となって渡満した。かたわら一九年五月から大連市会議員を務めたが二四年五月に辞任し、同時に東洋拓殖会社を退社して帰国し、京都市高級助役に就任した。

八杉　直 ▷9

横浜正金銀行牛荘支店副支配人／牛荘横浜正金銀行支店社宅／一八八七（明二〇）七／福井県福井市尾上中町／東京高等商業学校

東京高等商業学校を卒業して横浜正金銀行に入り、東京支店に勤務した。各地に転勤した後、一九二一年七月牛荘支店副支配人となって渡満した。

安河内隆吉 ▷12

親和貿易㈱牡丹江支店支配人、図們市場㈱取締役、牡丹江商工会議所副会頭、同特産組合長、同居留民会議員／浜江省牡丹江太平路／一八八八（明二一）一二／福岡県糟屋郡和白村／福岡商業学校

福岡県酒造業安河内仙吉の次男に生まれ、一九〇七年福岡商業学校を卒業して郷里で肥料・精米業を営んだ。一一年朝鮮に渡って釜山の大池本店に入り、数年後に支配人に就いた。以来、大池回漕店及び朝鮮アヒサシ会社の取締役、元山水産会社、南朝鮮自動車会社、松島遊園の各監査役を歴任した。一時帰国して家業の安河内酒造業を継いだ後、三三年に渡満して間島省図們に図們市場㈱を設立して取締役に就いた。三四年一一月に親和貿易㈱牡丹江出張所が開設されると同出張所長を兼務し、三六年支店昇格とともに支店長となり、三菱商事及び浅野物産の代理店として満鮮特産物、糖粉、建材、雑貨を扱い、従業員一四人を使用して年商二〇〇万円を計上した。かたわら図們商工会議所副会頭を務め、三七年二月に牡丹江特産組合が創立されると組合長に就いた。

安田　暁　▷12

満鉄黒河医院長薬剤長／黒河省黒河満鉄黒河医院／一九〇三（明三六）一一／岐阜県武儀郡倉知村／愛知薬学校

一九二〇年愛知薬学校を卒業し、二一年一二月薬剤師学説試験に合格した。二五年四月薬剤師実地試験に合格して同年一二月に渡満して満鉄大石橋医院工手となった。二六年五月公主嶺医院薬剤員、三三年一〇月安東医院薬剤員、三六年一月地方部衛生課黒河在勤を経て同年三月黒河医院長薬剤長となった。

安田伊三郎　▷11

橋頭尋常小学校長／奉天省橋頭宮島町／一八八六（明一九）二／福井県敦賀郡敦賀町／福井県師範学校

福井県山崎吉之助の四男に生まれ、同県安田源吉の婿養子となった。一九〇九年福井県師範学校を卒業して県下の小学校に勤務した後、一三年三月に渡満して瓦房店尋常小学校訓導に転じた。二三年四月安東小学校訓導に転任した後、二六年五月橋頭尋常小学校訓導兼校長に就いた。福井県女子師範学校出身の夫人とみとの間に二男二女があった。

安田　英一　▷12

満鉄鉄道総局員／奉天琴平町／一九〇五（明三八）六／京都府与謝郡岩滝町／京都帝大工学部電気科

一九二八年三月京都帝大工学部電気科を卒業して満鉄に入り、鉄道部に勤務した。以来勤続して同電気課兼育成学校講師、同保安課、大連第一工事区事務所、築港事務所、埠頭事務所工務区電気助役機械係、鉄道部電気課電力係主任兼鉄道教習所講師に歴勤した。かたわら工業規格委員会委員を務め、三六年一一月停車場その他における電力施設及び電気照明に関する調査研究のため社命により欧米各国に留学した。

安田　清稲　▷12

三越㈱大連支店長、大連商工会議所常議員／大連市楓町／一八九一（明二四）四／岐阜県岐阜市神田町／慶応大学理財科

本姓は別、後に安田はるの養子となった。一九一七年三月慶応大学理財科を卒業し、同年五月三越に入社した。以来勤続し、本店洋服売場主任を経て札幌支店次長を務めた後、三五年二月大連支店長となって渡満した。

安田　錐造　▷3

満鉄経理部会計課長／大連市児玉町／一八六五（慶一）一一／東京府荏原郡馬込村

小学校在学中の一八七八年、明治天皇北陸巡幸の際に学術優等として目録一封を受けた。八〇年に上京して三井物産会社の手代となり、九二年上海支店に赴任して計算主任を務め、九六年本社計算課主任となった。一九〇七年一〇月三井を退社して満鉄に転じ、後に本社経理部会計課長に就き、大連市会議員を務めた。

保田　金助　▷9

湯浅貿易㈱社員／大連市伏見台／一八九〇（明二三）五／和歌山県日高郡西原村／東京商船学校

一九〇九年中学校を卒業して東京商船学校に入学し、一五年三月に卒業して同年五月大阪商船㈱に入社した。一七年四月に退社して郷里で静養した後、一八年三月に渡満して大連の湯浅貿易㈱に勤務した。

安武　慎一　▷12

吉林省永吉県参事官、吉林省地方土地委員会委員／吉林九根樹永吉県参事官公館／一八九八（明三一）／福岡県浮羽郡／拓殖大学

一九二二年三月拓殖大学を卒業し、諸種の実業に従事した。その後一九三三年吉林省敦化県参事官となり、次いで永吉県参事官に転任し、三七年三月から吉林省地方土地委員会委員を兼務した。

安武　清助　▷12

大将堂主、撫順第一区町内会幹事／奉天省撫順東三条通／一八八一（明一四）二／福岡県福岡市中石堂町

福岡市博多妙見町に生まれ、一三歳の時から商家に奉公し、一八歳で独立して同市中石堂町に小間物化粧品問屋を開業した。その後経営不振のため廃業し、一九一九年に渡満して翌年一一月撫順に大将堂を興して菓子製造業と喫茶部を経営した。二馬力の動力と蒸気ボイラーを設備して二〇余人の従業員を使用し、満鉄社員消費組合及び陸軍用達として諸官衙に納入したほか、一

や

般小売りも行った。長男栄次郎は福岡中学校を卒業した後、夫人澄子と共に家業を補佐した。

安武　辰喜　▷12

満鉄大石橋地方事務所海城派出所主任、満州国協和会海城県本部副部長、海城防護団長、海城市民倶楽部幹事長、南満蔬菜出荷組合相談役／奉天省海城安福街／一八九四（明二七）六／熊本県菊池郡旭野村／明治大学法科中退

熊本県安武平藤の次男に生まれ、一九一三年鹿本中学校を卒業して明治大学法科に入学したが中退し、一年志願兵として久留米の騎兵第二二連隊に入営した。除隊後、一六年一〇月に渡満して本渓湖煤鉄公司に入り、次いで一九年一月満鉄に転じて撫順炭砿工業課事務助手となった。炭砿発電所、炭砿部庶務課に勤務した後、三六年四月満鉄大石橋地方事務所海城派出所主任となり、勤務のかたわら同地の満州国協和会、防護団、市民倶楽部など多くの公務に就いた。剣道五段のほか、梅若流謡曲、仕舞、囲碁、刀剣など多彩な趣味を持ち、三四年四月満鉄勤続一五年の表彰を受けた。

安田　三郎　▷12

安田洋服店主、吉林洋服商組合役員／吉林新開門外／一九〇八（明四一）三／高知県幡多郡下田村

義務教育を終えて営口に渡り、長く同地で洋服商に従事した。その後一九三四年二月吉林河南街で安田洋服店を開業し、後に新開門外に移転した。奉天、大連方面より仕入れ、各官庁の指定商として奉吉線磐石、京図線九台方面にまで販路を拡張し、店員一〇人を使用して年商三万円を売り上げた。

安田　順治　▷12

満州モータース㈱ハルビン支店長、ハルビン自動車協会副会長／ハルビン埠頭区新城大街／一八九〇（明二三）九／静岡県加茂郡三浜村／静岡県立豆陽中学校

一九〇五年三月静岡県立豆陽中学校を卒業し、同年一〇月神戸の輸入商富士屋に入った。その後朝鮮に渡り、朝鮮瓦斯電気会社、朝鮮鉄道会社、釜山の大池商店機械部支配人、㈱セールス商会支店長、㈱立石商会支配人、同社清津支店支配人に歴職した。三四年五月大連の満州モータース㈱に転じて販売部長を務め、三五年五月ハルビン支店長に就いた。

安田　新造　▷12

満鉄奉天食堂営業所支配人／奉天満鉄食堂営業所／一八九四（明二七）四／岐阜県安八郡和合村／岐阜県立大垣中学校中退

岐阜県安田継治の次男に生まれ、一九一〇年県立大垣中学校を中退した後、一八年に中部鉄道管理局雇員試験に合格し車掌乗務見習となった。車掌見習を経て車掌として勤務した後、二〇年五月満鉄に転じて渡満した。奉天駅、奉天列車区遼陽在勤を経て分水駅助役となり、次いで奉天列車区大石橋分区・瓦房店分区・安東分区の各列車区助役、陳相屯・鳳凰城・撫順の各駅長、大連食堂車営業所副支配人兼営業主任、同支配人、大連食堂営業所支配人を経て三七年四月奉天食堂営業所支配人となった。この間、社員会評議員及び社員消費組合の総代を務め、三六年四月に勤続一五年の表彰を受けた。

安田　錐蔵　▷14

満鉄経理部会計課長／大連市児玉町／一八六五（慶一）一一／東京府荏原郡馬込村

一八八〇年、三井物産会社に入って手代となった。九二年に上海支店計算主任、次いで本社計算課主任となったが、三井在勤二七年余で退社して一九〇七年に渡満し、満鉄に入社して経理部会計課長に就いた。一五年一〇月大連市会議員に官選され、一七年一〇月再び官選されたが任期半ばで辞任した。

安田　丈逸　▷3

写真館経営／露領ニコリスク市／一八七八（明一一）／岐阜県岐阜市外加納町／プーパー英語塾

早くから海外雄飛を志し、一七歳の時に郷里を後にして横浜のプーパー英語塾に学んだ。翌一八九六年に修了して貿易商会に入り露領ニコリスクに渡った。有望業種を物色して写真業に目を付け、翌年同地で写真館を独立開業した。狙いが当たって周辺二ヶ所に支店を持つまでに繁昌したが、一九〇四年に日露戦争が始まって引揚げを余儀なくされた。金沢の第九師団の通訳官となって満州に従軍した後、〇六年に再びニコリスクに赴いて写真館を再開して戦前の業績を回復した。その後ヨーロッパで第一次世界大戦が始まるとメリヤスの需要増大を予測し、家兄と共同で大阪市北区に安田㈾を設立してメリヤスを生産し、盛んにヨーロッパに輸出した。工場を兄に一任して自らはニコリスクで写真業に専念し、ニコリスク軍団長リネウィッチ将軍の引き立てを得てロシア人二名を含む五名の店員を使用するなど商運は隆盛を極め、同地居留民会の副会長を務めた。

安田 忠治 ▷12

関東高等法院上告部判官兼高等法院覆審部判官、正五位勲五等／旅順市一戸町／一八八八（明二一）一／秋田県仙北郡淀川村／東京帝大法科大学法律学科

秋田県安田清治の長男に生まれ、一九一四年七月東京帝大法科大学法律学科を卒業して東京地方裁判所検事局に弁護士登録をした。同年九月大学院に進んで商法を研究し、かたわら上智大学商科講師を務め、次いで特許弁理士を登録した。一八年一月判事に転じて東京地方裁判所兼同区裁判所判事代理となり、福島地方裁判所兼同区裁判所判事、湯沢区裁判所判事、秋田地方裁判所兼同区裁判所判事、宮城控訴院判事に歴任した。その後二九年一〇月関東法院判官に転出して渡満し、高等法院上告部判官兼高等法院覆審部判官となった。

安田 弘 ▷3

朝鮮銀行大連出張所副支配人／大連市能登町／一八八四（明一七）四／福岡県京都郡椿市村／東京高等商業学校専攻部

一九〇九年東京高等商業学校専攻部を卒業し、韓国銀行の設立と同時に入行して京城本店に勤務した。朝鮮銀行への改組後の一一年三月仁川支店に転勤し、一五年九月大連出張所副支配人となって渡満した。

安田 柾 ▷13

大連汽船㈱社長／一八七一（明四）一／新潟県長岡市千年町／東京商船学校機関科

一八九六年東京商船学校機関科を卒業し、日本郵船会社に入って海上に勤務した。一九〇〇年監査助役となり、調度課助役、横浜支店副長、機関課長、海務部長を歴任して二〇年取締役に就任し、次いで専務取締役に進んだ。二四年に退社して海事関係諸団体の役員を務めた後、大連汽船㈱社長に就任して渡満した。三二年任期満了とともに辞任したが、三五年九月に再任され、日満倉庫㈱取締役を兼任した。

安田万次郎 ▷11

㈴原田組支配人／大連市浪速町／一八八二（明一五）三／大阪府大阪市北区絹笠町／中学校

大阪府商業原田太七の次男に生まれ、一九〇一年中学校を卒業した。〇四年充兵召集されて日露戦争に従軍し、除隊して勲八等を受けた。一一年四月陸軍雇員となり、一七年五月大連の原田組に転じ、後に支配人に就いた。

安田 佳蔵 ▷11

開原小寺洋行主、勲八等功七級／奉天省開原付属地福昌街／一八八〇（明一三）六／兵庫県有馬郡三田町

兵庫県農業安田石太郎の長男に生まれ、一八九六年大阪に出て商業に従事した後、九九年神戸の小寺洋行本店に入り地所部に勤務した。一九〇〇年一二月徴兵されて舞鶴要塞砲兵大隊に入隊し、〇三年一一月に満期除隊したが、〇四年日露戦争に際し充員召集されて従軍し、戦後〇六年三月に除隊復職した。その後〇七年五月小寺洋行鉄嶺出張所主任となって再び渡満し、開原出張所主任を経て営口支店長に就いた。二三年九月小寺洋行を辞し、開原小寺洋行として独立開業して特産物商を営み、かたわら福昌街区長を務めた。

安長 栄三 ▷11

福昌華工㈱作業課陸上係主任／大連市久方町／一八九六（明二九）一〇／福岡県福岡市呉服町／福岡商業学校

福岡県安長甚次郎の次男に生まれ、一九一五年福岡商業学校を卒業して渡満して福昌公司に入店した。二六年一〇月、満鉄の出資で苦力供給部門が改組されて福昌華工㈱となると同社に転属した。

安永 乙吉 ▷9

安永農園主／金州南山／一八七〇（明三）三／福岡県福岡市薬院町

一九一〇年から金州で農園を経営した。二万坪の農場に大根を栽培して年産千数百樽の沢庵漬を製造し、軍隊に納入したほか大連等の各地に販売した。

安永鹿三郎 ▷9

安永歯科医院長／大連市紀伊町／一八八七（明二〇）八／長崎県北松浦郡御厨町／東京歯科医学専門学校

東京歯科医学専門学校を卒業した後、一二年に渡満して満鉄に入社して奉天満鉄医院に勤務し、南満医学堂の教員を兼務した。一八年遼陽満鉄医院に転勤し遼陽衛戍病院医員を兼任したが、翌年両職とも辞任して鞍山で歯科医院を開業した。その後二一年五月大連に移転し、紀伊町に安永歯科医院を開業した。

安永　震 ▷11

長春高等女学校教諭／長春常盤町／一八九〇（明二三）三／福岡県福岡市住吉町／東京高等師範学校博物学部

一九一五年、東京高等師範学校博物学部を卒業した。二一年五月奉天中学校教諭となって渡満し、長春高等女学校教諭に転任して教務主任を務めた。

安永　登 ▷12

旅順民政署長、満州農業団体中央会理事、従五位勲五等／旅順市学台／一八九三（明二六）四／福岡県鞍手郡中村／日本大学高等師範科

一九一二年以来、郷里の鞍手郡吉川、室木、大浜の各小学校訓導を歴任した。その後一五年四月に退職して上京し、一八年三月日本大学高等師範科を卒業して内務省土木局雇となった。次いで二一年文官高等試験行政科に合格し、内務属、富山県属、富山県警視、朝鮮総督府事務官、朝鮮総督府道事務官を歴任した。その後関東庁事務官となって渡満し、金州民政署長、内務局地方課長、同商工課兼務を経て旅順民政署長に就いた。

安成　貞雄 ▷11

満鉄撫順炭砿製油工場職員／奉天省撫順南台町／一八九九（明三二）一一／山口県豊浦郡豊東村／九州帝大工学部機械科

山口県安成千代五郎の長男に生まれ、一九二四年九州帝大工学部機械科を卒業した。満鉄に入社して撫順炭砿製油工場に勤務した。

安原吉三郎 ▷8

大陸堂書店主／奉天／一八八四（明一七）三／岡山県吉備郡総社町

一九〇四年第五師団に属して日露戦争に従軍し、鴨緑江軍として各地に転戦した。戦後除隊して満州に残留し、〇七年一月奉天に赴き、同年三月三〇銭の元手で貸本行商を始めた。資金を蓄えて奉天勧商場内に安原文房具店を開店し、大阪の文房具問屋服部洋行の後援を得て売上げを伸ばし、二〇年に大陸堂書店と改称して浪速通に移転した。学校用品、図書、文房具、運動具、和洋紙類の卸小売も始め、奉天中学校、奉天高等女学校の教科書販売店に指定され、奉天屈指の文房具店として知られた。

安原　敬治 ▷12

安原工務所主、霞町会委員／奉天霞町／一八九二（明二五）一一／島根県安濃郡波根西村

島根県安原重太郎の次男に生まれ、学業を終えて直ちに渡満し、奉天の大倉組に入って土木建築業に従事した。一九二九年四月奉天霞町に安原工務所を独立開業し、建築請負業を営んだ。

安原滝次郎 ▷11

満鉄橋頭機関区長／奉天省橋頭白雲台／一八九九（明三二）一／兵庫県多紀郡城南町／旅順工科学堂機械工学科

兵庫県安原勘太郎の次男に生まれ、一九二〇年旅順工科学堂機械工学科を卒業して満鉄に入り鉄道部運転課に勤務した。大連鉄道事務所運転係員、大連機関区技術主任等を経て橋頭機関区長に就き、かたわら同地の消防監督、警備団長を務めた。

安原　武平 ▷1

安原洋行主／安東県一八七二（明五）八／徳島県名西郡高原村

一九〇四年日露戦争に際し第一軍司令部雇員となって鎮南浦に上陸し、鴨緑江を渡って鳳凰城を経て遼陽、沙河に従軍した。〇五年一月戦局の帰趨を見越して辞職し、同年四月安東県で米穀店を開業した。時期に叶って繁盛して輸出入業も兼営し、同地一三区の区長を務めた。〇六年一一月商品を積載した汽船が竜岩浦錨地で例年より早い結氷のため陸揚げできず、沙湖浦に錨泊

して翌年解氷を待って安東に回漕したため大損失を蒙った。その後米穀店の営業に専念して失地回復を図り、後に精米所を兼営した。

安原　峰吉　▷11

書籍雑誌文房具商／奉天省撫順西一番町／一八九四（明二七）三／岡山県吉備郡総社町／関西商工学校電気工学科中退

岡山県農業後藤勘吉の次男に生まれ、同県安原直市の娘婿となった。一九一二年三月児島郡山田村役場の書記となったが、一四年六月から同所で雑誌新聞取次店を開業した。一七年大阪に出て関西商工学校電気工学科に入学したが一九年末に中退し、関東庁巡査となって渡満した。営口、牛荘に勤務した後、二六年一一月に退職して撫順で書籍雑誌文房具商を営んだ。

安広伴一郎　▷10

満鉄社長、正三位勲一等／大連市児玉町／一八五九（安六）一〇／東京府東京市牛込区市谷砂土原町／ケンブリッジ大学

福岡県京都郡豊津村に生まれ、幼い頃から村上仏山について漢学を修めた。一七歳の時に上京して慶應義塾に入り、一八七八年一一月香港に渡って中央書院で英語を修めた。さらに八〇年五月北京に赴いて中国語を学んだ後、八五年二月ケンブリッジ大学に留学して法律学を修め、八七年一二月に卒業した。帰国して八八年八月第三高等学校の教授に就いたが、翌年国会が開設されると内閣書記官に転じ法制局参事官を兼務した。その後、内務大臣秘書官、社寺局長心得、文部省普通学務局長、逓信省通信局長を歴任して九八年一一月第二次山県有朋内閣の書記官長となり、一九〇〇年九月貴族院議員に勅撰された。〇一年六月桂太郎内閣の農商務省総務官長に就き、翌年二月製鉄所長官を兼任し第五回博覧会事務官長を兼務した後、〇三年に休職となった。〇八年七月法制局長官兼恩給局長として官界に返り咲いた後、一六年三月から枢密院顧問官を務めた。二四年六月憲政会の加藤高明内閣が成立すると川村竹治の跡を受けて満鉄社長に就任し、緊縮財政を掲げて社業の刷新を断行した。⇒二七年四月政友会の田中義一内閣が組閣されると、同年七月に退任して帰国した。

安増　一雄　▷12

満鉄鉄道総局旅客課員／奉天満鉄鉄道総局／一九〇一（明三四）一／福岡県若松市明治町／東京帝大経済学部商業学科

一九二六年三月東京帝大経済学部商業学科を卒業し、同年四月満鉄に入り経理部に勤務した。以来勤続して長春駅勤務、安東駅貨物助役、鉄道部貨物課勤務兼鉄道教習所講師、鉄道部連運課、同営業課勤務、鉄路総局総務処文書科文書係主任を歴任した。三四年六月東京支社業務課鉄道係主任となり、同月から満州国鉄道の経営研究のため満二年間欧米に留学した後、三六年九月副参事となり鉄道総局旅客課に勤務した。

安満　俊行　▷12

ハルビン税関新京分関長、満州国協和会財政部分会評議員、勲八等／新京特別市清和胡同／一八九二（明二五）四／奈良県奈良市阪新屋町／愛知県立第四中学校

安満林一の長男として滋賀県高島郡高島村に生まれ、一九一一年愛知県立第四中学校を卒業し、一二年一二月一年志願兵として奈良の歩兵第五三連隊に入営した。除隊後一四年五月台湾総督府税関監吏となったが、一六年五月に退官して帰国し、一七年三月大阪税関に勤務した。二〇年一月税関監視、二六年八月兼任専売局書記を経て三一年一二月税関事務官補兼税関監視となった。その後三三年一〇月山海関税関監視科長に転出して渡満し、三四年五月図們税関監視科長を経て同年七月税関監視官に進み、三六年五月ハルビン税関新京分関長に就いた。この間、建国功労賞及び大典記念章、皇帝訪日記念章を授与された。陸軍中将で第三師団長を務めた安満欽一を従兄に持ち、長男謙一は陸軍幼年学校に進んだ。

安村　義一　▷12

満鉄上海事務所員香港在勤、日満商事㈱嘱託、満州特産中央会駐在員事務嘱託／香港マクダネル街／一八九七（明三〇）三／山口県防府市大字三田尻／小樽高等商業学校

山口県安村富太の長男に生まれ、周防中学校を経て一九二二年三月小樽高等商業学校を卒業して満鉄に入社した。興業部商工課に勤務して同年一〇月から満鉄見習学校講師を兼務した後、二八年四月奉天地方事務所、二九年一一月庶務部調査課勤務を経て三〇年六月事務員となり、総務部調査課勤務となった。次いで三二年二月総務部経済調査会調査員に転任し、三三年五月地方部商工課輸出係主任兼務を経て三五年一月上海事務所に転任して香港に在勤した。この間、満州事変時の功により賜杯及び従軍記章を授与され、三七年四月勤続一五年の表彰を受けた。

安村外茂鉄　▷12

国務院民政部衛生司哈拉海ペスト調査所長、満鉄地方部衛生課兼鉄道総局福祉課哈拉海在勤防疫医務委嘱、正七位／吉林省農安県哈拉海ペスト調査所長公館／一八九七（明三〇）三／石川県金沢市六枚町／長崎医学専門学校

一九二二年三月長崎医学専門学校を卒業し、同年七月朝鮮咸鏡北道の会寧医院医務副手となった。次いで朝鮮総督府道慈恵医院、会寧医院内小児科の各医員を務めた後、帰国して奈良県防疫医となり、同県警察部衛生課勤務、恩賜財団済生会巡回診療班医員嘱託、奈良県立産婆看護婦講習所講師を歴職した。その後二九年七月に渡満して満鉄に入り、地方部衛生課兼営口地方事務所勤務となった。三〇年六月地方部衛生課兼四平街地方事務所勤務、三五年三月四平街保健所主任を経て同年六月国務院民政部嘱託に転じ、衛生司哈拉海城子百斯篤調査所に勤務して同年一〇月哈拉海ペスト調査所長となった。

安盛松之助　▷11

満鉄調査課商事係、正八位／大連市鶴鳴台／一八九六（明二九）一二／京都府京都市下京区不明門通／神戸高等商業学校

京都府商業安盛孫兵衛の五男に生まれ、一九二一年神戸高等商業学校を卒業して満鉄に入社した。調査課経済調査係となったが、同年一一月一年志願兵として入営し、二三年四月に除隊して復職した。以来第三係、商事係、資料係を経て再び商事係として勤務した。この間、二五年四月陸軍予備歩兵少尉となった。夫婦間に子なく、弟の光蔵と孫七郎が同居した。

箭田　繁福　▷9

箭田医院主／大連市信濃町／一八七九（明一二）九／香川県／岡山医学専門学校

一九〇二年岡山医学専門学校を卒業し、京都帝大医科大学及び福岡医科大学で医学研究に従事した。〇六年関東都督府大連医院医員となって渡満し、その後退職して同地で箭田医院を開業した。一四年にいったん廃業して京都帝大医科大学に学び、さらにドイツ、スイスなどヨーロッパ各地に留学して医学博士の称号を取得した。その後もヨーロッパ各地を歴訪してベルン、チューリヒ、ハイデルベルグの各大学で研究を重ね、二一年大連に戻って再び箭田医院を開業した。この間、夫人は帰国して女子大学に入り文科を卒業した。

矢田七太郎　▷3

奉天総領事館総領事代理、高等官五等、従六位／奉天総領事館内／一八七九（明一二）／東京府東京市本郷区根津西須賀町／東京帝大法科大学政治学科

一九〇六年七月、東京帝大法科大学政治学科を卒業した。〇七年一〇月外交官及び領事官試験に合格し、同年一二月高等官七等・領事官補になり広東に赴任した。〇八年四月漢口、〇九年五月天津に転じた後、同年一二月高等官六等に進んだ。一〇年一一月外交官補として清国在勤となり、一二年一二月高等官五等・大使館三等書記官となってイタリアに赴任した。一三年六月に帰国して本省政務局第一課に勤務した後、一五年九月奉天総領事代理となって渡満した。

矢田　貢　▷4

三隆洋行ハルビン出張所主任／ハルビンモンゴリスカヤ街／一八九三（明二六）一一／三重県三重郡小山田村／中学校

郷里の中学校を卒業して上京し、三菱ビルジングに入り電気類及び自動車の販売に従事した。その後退社して渡満し、一九一六年奉天の三隆洋行に入り、翌年四月同社ハルビン出張所設置とともに主任に抜擢され、印刷機械、紙類、文房具販売に従事した。

矢田　謙　▷12

満州炭砿㈱技術部工務課機械係主任／新京特別市錦町満州炭砿㈱本社／一八九四（明二七）八／大分県南海部郡佐伯町／旅順工科学堂機械工学科

大分県矢田熊太郎の次男に生まれ、一九一八年旅順工科学堂機械工学科を卒業し、同年一二月満鉄に入り撫順炭砿機械課に勤務した。二七年一月同機械工場第一作業係主任、二九年一月同工場計画係主任、三一年八月同工場作業係主任を歴任した後、三三年四月に辞職し、同年五月満州中央銀行に入行して建築事務所機械係となり、安東の六合成造紙廠の建設工事に従事した。三四年一〇月工事完成後に辞職し、翌月㈱満州工廠に入社して工務課長兼販売課長となり、次いで工場長を務めたが、三六年九月に辞職して満州炭砿㈱技術部工務課機械係主任に転じた。

矢田 劣一 ▷11

大連中国海関吏／大連市山県通／一八七七（明一〇）一／大分県南海部郡佐伯町／第一高等学校

大分県会社員矢田隆平の四男に生まれ、一九〇二年第一高等学校を卒業した。〇七年七月中国海関に雇聘され、大連、安東、福州、青島の各海関に勤務した。二三年一〇月再び大連海関に転任し、外務部長として検査・監視の両事務を管理した。二六年に中国政府から六等嘉禾章を受けた。

八辻 旭 ▷12

満鉄総裁室庶務課員兼総裁室秘書役、従七位／大連市児玉町満鉄総裁社宅／一八九二（明二五）一一／茨城県東茨城郡長岡村／明治大学中退

茨城県医師八辻亮の長男に生まれ、一九一一年水戸中学校を卒業して明治大学に進んだが、中退して兵役に服した。一七年に陸軍砲兵少尉に任官して退営し、外務属として外務省臨時平和条約事務局に勤務した後、大臣官房会計課兼勤、鉄道属兼任・鉄道省運輸局旅客課勤務を経て外務書記生となった。ホノルル及びポートランドに在勤した後、本省通商局、大臣官房電信課、東亜局国際連盟支那調査準備委員会勤務を経て有吉明大使に随行して中国に出張し、次いで三三年二月ジュネーブで開催された国際連盟総会臨時会議日本代表随員として松岡洋右首席全権に随行した。その後、奉天総領事館副領事等を歴任して三六年二月に退官し、満鉄参事に迎えられて総務部庶務課勤務兼秘書役となり、同年一〇月の職制改正にともない総裁室庶務課員兼総裁室秘書役となった。

矢津田 方 ▷12

満州炭砿㈱阜新礦業所孫家湾炭砿長、正八位／錦州省阜新県孫家湾満炭孫家湾炭砿長社宅／一八九九（明三二）五／熊本県阿蘇郡草部村／旅順工科学堂

岡山県矢津田峰彦の三男に生まれ、一九二一年旅順工科学堂を卒業した。二二年三月直隷省宛平県の楊家旬煤公司に入社したが、同年一一月兵役のため退社し、一年志願兵として旅順の重砲兵大隊に入隊した。二三年一二月除隊して満鉄に入社し、撫順炭砿大山採炭所に勤務した。その後東ヶ丘採炭所に転勤して爆破班長、計画課主任、採掘係主任、監査係監査担当員、監査係測量班長兼楊柏堡採掘係主任を歴職した。三五年八月満州炭砿㈱技師に転じて孫家湾炭砿長に就任し、三六年一一月の阜新礦業所新設後も引き続き同職に就いた。

箭頭 正男 ▷12

浜江省公署警務庁員／ハルビン浜江省公署警務庁／一九〇二（明三五）一／愛知県瀬戸市北／南満医学堂

愛知県立明倫中学校を卒業して渡満し、一九二七年三月奉天の南満医学堂を卒業して同年六月南洋庁医員となり、マーシャル諸島ヤルート島のヤルート医院に勤務した。二九年五月に退職して帰国し、愛知県西加茂郡小原村で医院を開業した。三〇年一〇月医院を廃業して渡満し、満州医科大学副手として微生物教室及び衛生学教室に勤務した。三三年九月吉林省公署警務庁技正に転じて警務庁衛生科員、吉林警官練習所医務嘱託、吉林省公署技正・警察庁弁事を歴職した。三六年七月浜江省公署技正に転じ、衛生技術廠技正を兼務して省公署警務庁に勤務した。三四年五月に論文「チブス菌毒素知見補遺」により満州医科大学より医学博士号を取得し、後に全満蒙における結核予防の研究に従事した。

矢留 文雄 ▷9

満鉄遼陽地方事務所長／奉天省遼陽満鉄社宅／一八九二（明二五）九／愛知県中島郡祖父江町／東京帝大法科大学

一九一一年三月愛知県立第三中学校を卒業し、同年七月無試験で第八高等学校一部丙類に入学した。一四年七月東京帝大法科大学に進んで一六年一〇月文官高等試験に合格し、一七年七月に卒業して大日本製糖㈱に入社した。一九年一〇月満鉄に転じて総務部文書課に勤務し、二二年一月長春地方事務所事務取扱を経て同年三月遼陽地方事務所長に就いた。

柳井三之助 ▷11

満鉄嘱託、撫順炭砿火薬工場主任、正五位勲六等／奉天省撫順敷島町／一八八〇（明一三）二／東京府東京市牛込区北山伏町／陸軍士官学校、陸軍砲工学校高等科

東京府柳井新五郎の長男に生まれ、一九〇二年陸軍士官学校を卒業した。〇三年砲兵少尉・東京湾要塞砲兵連隊付となり、〇四年函館重砲兵大隊付を経て中尉に進んだ。〇九年陸軍砲工学校高等科を卒業し、翌年同校の教官に就いた。一二年大尉に進んで東京砲兵工廠岩鼻火薬製造所付となり、一九年同廠作業課製造掛長を経て板橋火薬製造所付、二〇年砲兵少佐・野砲兵第二連隊付、翌年同連隊大隊長、二四年広島湾要塞司令部部員、第四師団兵器部長、二五年中佐・横須賀重砲兵連隊付を歴任して二七年七月大佐に昇進し、同年九月予備役編入となった。二八年九月満鉄の招聘で渡満し、満鉄嘱託として撫順炭砿火薬工場主任を務めた。

弥永茂太郎 ▷11

南満州電気㈱奉天支店長／奉天富士町／一八九〇（明二三）六／福岡県三井郡山本村／旅順工科学堂

一九一〇年に渡満して旅順工科学堂に入り、一三年に卒業した。翌年満鉄に入社して電気作業所に勤務し、二六年五月満鉄から分離して南満州電気㈱となると同社員となり、後に奉天支店長を務めた。

矢中快輔 ▷11

満州棉花[股]専務董事、満州棉花㈱取締役、東洋スレート工業㈱監査役、東亜印刷㈱監査役／大連市下葵町／一八九一（明二四）四／茨城県筑波郡北条町／中央商業学校

茨城県農業矢中紋作の三男に生まれ、一九〇六年に上京して苦学し、〇九年に中央商業学校を卒業して渡満した。大連で兄竜次郎が経営する建築材料販売商を手伝った後、一七年に独立し、矢中快輔商店を開業して建築材料・電気器具販売並びに工事請負業を営み、次いで子供服・一般雑貨商のミツヤ洋行と㈾南満塗工商事を兼営した。その後二三年から満州棉花㈱の創立事業に奔走し、二六年一〇月設立と同時に経営に参画して後に取締役となり、さらに三四年に満州棉花[股]を設立して専務董事に就いた。

矢中龍次郎 ▷1

穴原商会大連支店主任、勲七等／大連市／一八七九（明一二）五／茨城県筑波郡北条町／錦城中学校

東京神田の私立錦城中学校を卒業した後、一八九九年徴兵されて近衛師団に入営した。除隊して穴原商店に入り建築材料の販売に従事したが、一九〇四年日露戦争に際し召集され、同年三月第一軍に属して鎮南浦に上陸し、以来各地に転戦して奉天会戦に参加した。戦後除隊して勲七等功七級に叙せられ、穴原商店に復職して大阪支店に勤務した。〇六年業務拡張のため朝鮮に渡り、京城大和町に支店を開設した。経営が軌道に乗ると他店員に引き継いで渡満し、大連市伊勢町に支店を開設して主任を務め、後に事業を継承して独立経営した。実弟の快輔は〇九年に渡満して兄の事業を補佐した後、独立して大連で建築材料商を営み、後に満州棉花[股]と満州棉花㈱の役員を務めた。

柳沢　勇夫 ▷10

大陸窯業㈱専務取締役、東省実業㈱大連駐在員／大連市栄町／一八九四（明二七）一〇／長野県東筑摩郡坂井村

郷里の小学校教員を務めた後、一九一六年朝鮮に渡り総督府鉄道局に入り運輸課に勤務した。二〇年四月奉天の東省実業㈱に転じて渡満し、営業倉庫部業務と商事部事務を担当した。執務のかたわらロシア革命の影響で奉天が精毛の集散地となるのを見て精毛事業を企画し、二三年末に満蒙精毛公司を設立した。旧実業貨桟の跡を工場として二五年三月までに豚毛二万斤、馬毛一万斤を製造して営口、天津等で売りさばき、ロンドン、ニューヨーク、ハンブルグ等にも直輸出した。二五年四月同社大連駐在員に転任し、同年五月から大陸窯業㈱の嘱託を兼務して二六年四月専務取締役に就任した。

柳沢広三郎 ▷1

吉長鉄路公司顧問医、勲六等／吉

林／一八七九（明一二）七／長野県更級郡更府村／仙台医学専門学校

一九〇四年一〇月仙台医学専門学校を卒業し、翌年三月陸軍軍医として鴨緑江軍に属して日露戦争に従軍した。〇六年三月に帰国して勲六等旭日章と一時賜金を受けた後、同年一二月再び渡満して吉林に居住し、翌年八月吉長鉄路公司に招かれて顧問医を務めた。 ▷12

柳沢元三郎

満鉄吉林電気段長、社員会吉林連合会幹事、従七位勲八等／吉林敷島街／一八九三（明二六）一一／群馬県碓氷郡磯部村／工手学校電気工学科

群馬県柳沢唯吉の長男に生まれ、一九一一年東京築地の工手学校電気工学科を卒業して逓信省に入った。多年勤続して技手に進み、札幌通信局に勤務した後、二六年樺太庁通信課に転任して工務主任を務めた。三四年三月満鉄に転じて渡満し、鉄路総局北安電気段長を務めた後、三五年一一月吉林電気段長に転任した。

柳沢　弥吉 ▷11

満鉄ハルビン事務所運輸課混保係主任、正八位／ハルビン郵政街／一八九九（明三二）一一／静岡県浜名郡和田村／盛岡高等農林学校

静岡県農業柳沢庄吉の長男に生まれ、一九二一年盛岡高等農林学校を卒業して渡満した。満鉄大連埠頭事務所陸運課に勤務した後、ハルビン事務所に転勤して運輸課混保係主任を務めた。この間兵役に就き、退営して陸軍歩兵予備少尉となった。

柳沢柳太郎 ▷11

マンチユリアデリーニユース編集長／大連市柳町／一八八七（明二〇）一一／長野県上田市御所町／東京外国語学校英語科

長野県農業柳沢桂之助の長男に生まれ、一九一〇年東京外国語学校英語科を卒業した。中学校の英語教師に就いた後、一二年に渡満し、後に「マンチユリアデリーニユース」編集長を務めた。

柳田桃太郎 ▷12

ハルビン特別市公署財務処捐務科長／ハルビン道裡北安街／一九〇七（明四〇）二／福岡県企救郡松箇江村／長崎高等商業学校

小倉中学校を経て一九二八年三月長崎高等商業学校を卒業して渡満し、同年四月国際運輸㈱大連支社に入った。三二年一一月ハルビン支店に転勤し、同月退社してハルビン市政籌備処に転じた。その後三三年七月ハルビン特別市公署事務官となり総務処経理科会計股長を経て三四年に同署財務処捐務科長に就いた。この間、建国功労賞及び大典記念章、皇帝訪日記念章を授与された。

柳原寛一郎 ▷12

国際運輸㈱奉天支店長代理兼庶務係主任／奉天稲葉町／一八九七（明三〇）一／鳥取県米子市明治町／東亜同文書院

鳥取県柳原民三郎の長男に生まれ、一九一九年三月上海の東亜同文書院を卒業し、同年八月伊藤忠商事に勤務した後、南昌洋行に転じた。さらに二四年一〇月国際運輸㈱に転じて大連支店庶務課に勤務した。天津出張所に転勤して経理課主計係主任を努めた後、三六年四月奉天支店長代理となり庶務係主任を兼務した。

柳原勘次郎 ▷11

大連伏見台公学堂長、従七位勲八等／大連市博文町／一八八三（明一六）一〇／秋田県由利郡本荘町／秋田県師範学校

秋田県農業柳原亀吉の次男に生まれ、一九〇六年秋田県師範学校を卒業して県下の象潟小学校、第二本庄小学校、本庄小学校、秋田県師範学校、同女子師範学校等の訓導・教諭を務めた。一〇年一一月関東州小学校訓導に転じて渡満し、金州尋常高等小学校訓導となった。その後公学堂南金書院教諭に転任し、在勤中の二〇年一〇月中国事情の研究視察に山東省、直隷省、奉天に出張した。二二年三月から八ヶ月間湖北、湖南、江蘇、浙江、山東各省を視察して同年一〇月関東庁視学となり金州民政署に勤務し、二八年三月大連伏見台公学堂長に就いた。

柳原　源蔵 ▷12

国務院民政部警務司員、正五位勲四等／新京特別市大同街国務院民政部警務司／一八八四（明一七）八／東京府東京市杉並区天沼／陸

軍士官学校

鹿児島県日置郡上伊集院村に生まれ、一九〇四年中学校を卒業し、日露戦争による戦死将校補充のための士官学校生徒臨時募集の勅令に接して上京し、陸軍士官学校に入校した。卒業後、歩兵少尉に任官して歩兵第一連隊付となり、中隊付、大隊副官、連隊副官、中隊長、大隊長、国境守備隊長、連隊付に歴補し、三〇年八月歩兵中佐に累進して予備役編入となった。その後三二年三月満州国特殊警察隊隊長に招聘されて渡満し、山海関国境警備隊長として三〇回余りの戦闘に参加し、かたわら華北情勢を内偵して冀東政府及び冀察政権の創設工作に協力した。次いで三七年三月国務院民政部事務官となり警務司に勤務したが、同年六月に辞職した。

柳原　英　▷11

満鉄大連医院医長、医学博士／大連市月見ヶ岡／一八八七（明二〇）一／広島県呉市阿賀町／京都帝大医科大学

広島県の医家に生まれ、一九一二年京都帝大医科大学を卒業した。二〇年八月に渡満して満鉄医院に勤務し、二四年から二年間欧米に出張した。帰国後、満鉄大連医院医長兼大連同寿医院院長に就いた。

柳原　又熊　▷3

泰昌利油房支配人、勲八等／大連市神明町／一八六九（明二）三／熊本県熊本市寺原町

一八九三年上海で「上海周報」を発刊したが、翌年日清戦争が始まったため廃刊し、陸軍通訳官として第二軍に従軍した。九六年五月に帰国した後、同年一〇月湖広総督張之洞の自彊学堂に招聘されて北京に赴き、次いで一九〇五年五月南京高等師範学堂に招かれ、翌年五月まで教習を務めた。〇七年一月大連の日本塩業会社に入って庶務課長に就いたが、翌年川崎造船所嘱託に転じた。一一年一一月大連に泰昌利油房を創立して代表社員となり、一五年九月組織変更とともに支配人となった。

柳町　寿男　▷11

満鉄撫順炭砿庶務課農林係主任／奉天省撫順永安台南台町／一八八〇（明一三）四／山形県東置賜郡高畠町／札幌農学校林学科

山形県農業柳町茂雄の長男に生まれ、一九〇四年札幌農学校林学科を卒業した。北海道庁属、同庁技手を経て〇九年四月韓国政府に傭聘され、翌年八月の韓国併合とともに朝鮮総督府技手となった。一四年四月満鉄に転じ、撫順炭砿庶務課農林係主任に就いた。この間森林調査のため、北満、華北地方を視察した。

柳元尚次郎　▷7

瑞芳園主、勲六等／大連市外周水子／一八六四（元一）三／広島県賀藤郡西志和村／大阪府立中学校

鹿児島市西田町に生まれ、一八八一年大阪府立中学校乙科を卒業した。同郷の五代友厚の知遇を得て、五代の勧めで沖縄県八重山郡に渡り甘藷栽培に着手し、八重山砂糖会社を創設した。九二年八重山を引き揚げて渡米し農産物製造に従事したが、日清戦争のため九四年に帰国し、第二軍の下で情報収集に従事した。戦後九五年に帰国し、軍籍の関係から原籍を広島県に移した。九八年清国に渡って北京、天津で情報活動に従事し、一九〇〇年に北清事変が起きると第五師団に従軍して北京に滞在した。〇一年六月から〇三年四月まで大連に赴いてロシア施設を偵察し、〇四年に日露戦争が始まると野戦鉄道提理部付として従軍した。戦後は大連衛生委員を務め、かたわら〇六年にアメリカから甜菜や牧草の種子を取り寄せ、昌図に苗圃を開いて普及に努めたほか製塩業、蚕業等の発展に尽力した。一四年に松下幸次郎の出資を得て周水地塘の排水地一四〇町歩を開墾し、関東都督中村覚の命名で「瑞芳園」と称して農園の経営に専念し、ワイン、ブランディー、アップルジュース等の製造にも着手し、大日本農会総裁から有功章を授与された。一六年から大連農会幹事長・会長、二五年から同郷団体の大連三州会幹事長・会長の任に就き、さらに正派薩摩琵琶会会長を務めた。

柳谷　正因　▷11

満鉄石炭特約販売業、勲六等／吉林省公主嶺大和町／一八七三（明六）六／東京府東京市神田区錦町／大阪府立中学校、参謀本部陸地測量部修技所

東京府柳谷正信の長男に生まれ、一八九三年大阪府立中学校を卒業して参謀本部陸地測量部修技所に入り、第三期

や

生として卒業した。大本営付として日清、日露戦争に従軍し、満州、台湾、樺太で作戦経過地の調査に従事した。一九〇九年一二月関東都督府嘱託となって渡満し、北満、蒙古方面の実地調査に従事した。一一年三月から一九年八月まで朝鮮の土地調査事務に携わった後、退職して公主嶺で満鉄石炭特約販売業を営んだ。かたわら二〇年一月から一年間、栽培業研究のためオランダ領東インドを視察旅行した。

簗瀬　泉　▷12

満州電機商会主、奉天電気工事組合長、正八位／奉天加茂町／一八八九（明二二）一〇／鹿児島県鹿児島市吉野町／旅順工科学堂電気科

一九一三年旅順工科学堂電気科を卒業して本渓湖煤鉄公司に入り、機械課に勤務した。一五年一年志願兵として入営し、除隊後大連の満州電気㈾に入り奉天出張所主任となった。二四年七月同社の業務を継承して独立し、満州電機商会を設立した。新京、鞍山、牡丹江に出張所を置き、従業員一五〇〇名を擁して満鉄、軍部、満州国政府その他の指定請負人として敦図線、図寧線、黒雨線等の電気工事を施工し、年間請負高一〇〇万円に上った。

梁瀬　和紀　▷9

営口商業会議所書記長、勲七等／奉天省営口新市街南本街／一八六八（明一）四／長崎県南松浦郡福江町

一八八八年一二月徴兵されて久留米の歩兵第二四連隊に入営し、九一年六月熊本憲兵隊に転科した。日清戦争、北清事変、日露戦争に従軍した後、一九〇五年営口軍政署司法部主任となり、監獄長を兼務した。〇六年一月に満期除隊し、引き続き営口に在住して商業に従事したが不首尾に終わり、帰国して郷里の福江で水産業を営んだがこれも失敗し、台湾に渡って陸軍経理部に入った。その後大正製酒㈱に転じたが、一八年四月営口実業会に招かれて再び渡満し、翌年四月同会が営口商業会議所に改組された後も勤続して同所書記長を務めた。

柳瀬　才蔵　▷3

満鉄南満医学堂幹事兼奉天医院医長、従六位勲四等／奉天新市街社宅／一八七四（明七）七／熊本県球磨郡中原村／第五高等学校医学部

一八九五年一〇月第五高等学校医学部を卒業し、同年一二月一年志願兵として入営し、九七年一月陸軍三等軍医、一九〇三年一一月陸軍一等軍医に進んだ。〇七年三月関東都督府陸軍軍医部付のまま満鉄医員となり、同年一一月満鉄大連医院長春出張所長に就いた。一〇年一月公主嶺分院長、一二年八月遼陽医院長を経て一四年一一月南満医学堂教授に就任し、後に同医学堂幹事と奉天医院医長を兼任した。

柳瀬　直人　▷12

満鉄新京機関区運転助役兼機関士、社員会評議員、勲八等／新京特別市白菊町／一九〇三（明三六）六／熊本県球磨郡中原村

熊本県柳瀬林蔵の長男に生まれ、一九一八年四月満鉄に入り奉天車輌係に勤務した。二六年満鉄教習所機関車科甲科を修了し、以来歴勤して撫順、遼陽、奉天の各機関区助役を歴任し、三六年一月新京機関区運転助役に転任して機関士を兼務した。この間、満州事変時の功により勲八等及び従軍記章を授与された。

簗瀬　延寿　▷12

福利運送店主／奉天平安通／一八八二（明一五）五／福島県若松市材木町／大阪商業学校

福島県簗瀬鉄馬の養子となり、九歳の時に北海道に渡った。函館中学校を経て大阪商業学校を卒業し、二一歳の時に日露関係が悪化するなかシベリアに渡り、大陸浪人の江南哲夫と共に種々の国事に奔走した。一九〇五年営口に渡って営口水道会社に勤務した後、一〇年から営口軽便鉄道の経営に当たったが、その後運送業に転じて主に東亜煙草の貨物を扱った。二九年五月奉天に移って浪速通に店舗を構え、東亜煙草の専属として運送店を経営した。後に宮島町、次いで平安通に店舗を拡張移転し、日本人一人、中国人一三人の従業員とトラック三台を使用した。夫人静江との間に三男あり、長男義勇は京城高等商業学校を卒業して営口水道会社に勤務し、次男広男は明治学院を卒業して家業を補佐した。

柳瀬　渡　▷11

医師／奉天省撫順東一番町／一八八一（明一四）八／東京府豊多摩

や

郡杉並町／東京医学校
東京府柳瀬孫兵衛の三男に生まれ、一九〇五年東京医学校を卒業した。〇七年医術開業試験に合格し、翌年内務省伝染病研究所で研究を積んだ。〇八年九月満鉄医院医員となって渡満し、各地の医院に勤務した後、二五年に退社して撫順で独立開業した。

矢野　彰　▷12

国務院実業部臨時産業調査局資料科長、正七位／新京特別市恵民路第一代用官舎／一九〇六（明三九）二／愛媛県周桑郡壬生川町／東京帝大法学部英法科
愛媛県矢野貞蔵の三男に生まれ、一九二八年一〇月東京帝大法学部英法科に在学中に文官高等試験行政科及び司法科に合格した。二九年三月同大を卒業し、同年五月農林省の農事改良に関する事務取扱を経て農林属となり、肥料科及び農政課勤務を兼務した。次いで営林局事務官となり熊本営林局に赴任した後、農林事務官に進んで本省山林局林政課等に勤務した。その後三五年九月国務院実業部事務官兼臨時産業調査局事務官に転じて渡満し、総務司統制科及び臨時産業調査局資料科に勤務した後、三六年五月臨時産業調査局事務官専任となり総務部資料科長に就いた。

矢野健次郎　▷1

山県商店大連支店長／大連市／一八六六（慶二）四／静岡県田方郡網代町／師範学校
師範学校を卒業して東京市芝区三田小学校の訓導となったが、その後退職して海軍省に勤務した。一八八六年に呉鎮守府が創設される際に建築委員として赴任し、会計事務を担当した。在任中に官吏の子弟教育の必要を痛感し、有志の賛同を得て淡水学校を設立して業務の余暇に校務を監督した。九〇年横須賀鎮守府造船材料購買係に転勤した後、さらに九二年海軍造兵廠に転勤して兵器の購買係を務めたが、九六年に病気のため退職して土木建築会社や保険会社の事務職を務めた。一九〇一年北海道鉄道㈱に入り、在職中に山県勇三郎の知遇を得て〇五年同社に転じ、後に大連支店長として水道の管理・給水事業や三山島その他の灯台局の用達業を経営した。

矢野　耕治　▷12

昭和製鋼所㈱工務部長兼工事事務所長事務取扱、鞍山神社氏子総代会相談役／奉天省鞍山中台町／一八八六（明一九）四／大阪府大阪市東区大手通／大阪高等工業学校機械科
一九〇七年三月大阪高等工業学校機械科を卒業し、開業早々の満鉄に入社して運輸部工作課、大連工場等に歴勤した。一七年三月鞍山製鉄所準備係として設立準備に従事した後、一八年五月同所工務課設計科に勤務し、次いで二〇年一月臨時研究部兼務、二〇年六月高炉設備現状取調委員に歴職した。二二年一月製鉄所の機械的設備調査のため一年間欧米に出張した後、工務課長代理、臨時研究部勤務を経て二三年四月参事となり、同年九月臨時設計係主任事務取扱兼務、二六年一一月工務課長、二七年一〇月製造課長代理、二八年一月臨時建設事務所長兼製造課長代理、二九年三月工務課長兼製造課長事務取扱を歴任した。次いで三〇年六月技師・製造部工作課長を経て三一年八月工作課長兼工事事務所長となり、三三年六月鞍山製鉄所の事業を継承した昭和製鋼所㈱の操業開始とともに同社工務部長に就き、工事事務所長事務取扱を兼務した。この間、満州事変時の功により銀杯一組及び従軍記章を授与された。

矢野　三郎　▷8

矢野組主／奉天／一八八一（明一四）六／大分県西国東郡高田町／大分県立中津中学校中退
大分県立中津中学校を中退して采永重正の私塾に入り、四年間漢学を学んだ。一九〇五年二月朝鮮に渡り、〇六年一月旅順に移って旅順要塞で酒保を開いたが、同年七月奉天に移転し、小西関で一般諸工事の請負業を始めた。〇九年新市街の橋立町に移転し、塗料販売、ペンキ塗請負、硝子工事請負業を営んだ。

矢野　静哉　▷14

矢野医院主、従四位勲五等／大連市聖徳街／一八七〇（明三）七／京都府久世郡淀町／大阪府立高等医学校
京都府矢野盛善の四男に生まれ、一八九一年大阪府立高等医学校を卒業した。九二年一月から京都市立東山医院に勤務し、九五年同市立伝染病医院医員兼市医となった。九九年清国政府の招聘により営口に渡り、ペスト防疫に従事した。その後一九〇二年七月兵庫県防疫事務官に転じ、〇六年愛媛県技師・衛生課長を経て〇九年一月関東庁海務局技師に転じて渡満した。検疫課長等を務めた後、二七年一〇月に退職して大連市聖徳街で医院を開業した。大連市常設衛生委員を務め、三〇年九月補欠選挙で大連市会議員となり、三二年一一月に再選されたが三五年一〇月任期中に病死した。夫人フサとの間に五男一女あり、長男盛哉は京都帝大経済学部を卒業し二七年に渡満して大連株式証券取引所に勤務し、次男次郎は二五年に東京帝大法学部を卒業して満州銀行に勤務した。

矢野　次郎 ▷11

満州銀行撫順支店支配人兼山城鎮支店支配人／奉天省撫順西四条通／一八九九（明三二）四／京都府久世郡淀町／東京帝大法学部仏法科

京都府医師矢野静哉の次男に生まれ、一九二五年東京帝大法学部仏法科を卒業して満州銀行に入った。奉天支店次席を経て三四年撫順支店支配人となり、山城鎮支店支配人を兼務した。父静哉は大連市聖徳街で医院を開業し、兄盛哉は大連株式証券取引所に勤務した。

矢野　捨義 ▷11

満鉄鉄道部経理課員／大連市桜花台／一八八七（明二〇）二／宮崎県児湯郡木城町

宮崎県矢野定蔵の長男に生まれ、鉄道作業局雇から鉄道員書記に進んだ後、一九一七年六月三菱製鉄会社に入社した。二一年四月満鉄に転じて渡満し、大連埠頭事務所車務課、同庶務課調度係主任、大連埠頭計画主任等を経て二八年一二月鉄道部経理課に転任した。

矢野　盛哉 ▷11

大連株式商品取引所所員／大連市霧島町／一八九五（明二八）一／京都府久世郡淀町／京都帝大経済学部

京都府医師矢野静哉の長男に生まれ、一九二〇年京都帝大経済学部を卒業して大阪株式取引所に入った。二七年五月に退職して渡満し、大連株式商品証券取引所に勤務した。父静哉は大連市聖徳街で医院を開業し、弟次郎は満州銀行に勤めた。

矢野　善二 ▷3

矢野薬房主、正八位勲六等／奉天省遼陽東洋街／一八七四（明七）一二／京都府京都市上京区室町通丸太町／京都薬学校

一八九五年京都薬学校を卒業し、同年一二月徴兵されて大阪の第四師団歩兵第九連隊に入営したが、九八年疾病のため退営した。一九〇四年日露戦争に召集されて渡満し、同年一一月陸軍三等薬剤官となった。〇六年に退営して大連、旅順の陸軍倉庫に勤務した後、〇八年遼陽で薬種商を開業した。

矢野　正 ▷12

国際運輸㈱大連支店商船出貨係主任／大連市竜田町／一九〇二（明三五）一二／愛媛県東宇和郡狩江村／基隆商業夜学校

愛媛県矢野徳太郎の次男に生まれ、一九一九年三月事務見習として山下汽船㈱に入社し、同年五月台湾の基隆出張所詰となった。勤務のかたわら基隆商業夜学校に学んで二二年に卒業し、同年五月東京支店に転勤した。二四年二月杉村船部神戸支店に転じ、次いで二六年二月国際運輸㈱に転じて渡満した。支社営業課、青島出張所、大連支店、安東支店に歴勤して三四年三月営口支店海運係主任となり、三五年一〇月同所海運課商船出貨係主任を経て三六年四月大連支店商船出貨係主任となった。

矢野　儀 ▷12

満鉄撫順炭砿東郷採炭所坑内係主任、撫順興業学校講師、撫順在郷軍人第一分会東郷班班長、正八位／奉天省撫順東郷／一九〇六（明三九）一／京都府京都市左京区吉田牛ノ宮町／京都帝大工学部採鉱冶金科

京都府矢野儀平の長男に生まれ、一九三〇年三月京都帝大工学部採鉱冶金科を卒業して三菱鉱業高島鉱業所に勤務した。三一年二月兵役のため陸軍に入営し、満期除隊後三四年三月満鉄に入り、撫順炭坑竜鳳採炭所に勤務した。三六年三月老虎台採炭所に転勤し、監査係技術担当員、掘削係主任等を経て同年一一月東郷採炭所に転勤して坑内係主任となった。柔道四段で野球・庭球などスポーツを愛好し、予備陸軍工

や

兵少尉として在郷軍人第一分会東郷班班長を務めた。

矢野 太郎 ▷3

関東都督府翻訳官、高等官五等、従六位勲五等／旅順市特権地官舎／一八七七（明一〇）一〇／福岡県福岡市東小性町／外国語学校

福岡県矢野予吉郎の子に生まれ、一八九八年外国語学校を卒業してペテルブルグに留学した。一九〇三年に帰国し、翌年三月奉任官待遇の陸軍通訳として日露戦争に従軍した。〇六年九月、陸軍通訳罷免と同時に関東都督府翻訳官に転じた。

矢野 信光 ▷11

精神治療師／旅順市末広町／一八八六（明一九）三／愛媛県北宇和郡吉田町／愛媛県立宇和島中学校

愛媛県公吏矢野信親の長男に生まれ、一九〇四年県立宇和島中学校を卒業した。健康法及び治病法を比較研究して「無薬療法霊子法」を体得し、その普及のため研究会、施法所を開設して講習及び施療にあたった。

矢野 元 ▷10

出光商会大連支店長、正八位／大連市街星ヶ浦／一八八三（明一六）五／大分県大分市字上野／神戸高等商業学校

苦学をして一九〇二年神戸高等商業学校第一期生として入学し、一九〇七年に卒業して三菱㈾に入った。門司支店石炭係として勤務する中、同地で出光商会を経営する同窓の出光佐三と知り合い、共に筑豊炭田を視察するなどして販路を拡大した。一八年三月同商会に転じ、翌月渡満して大連監部通に支店を開設して支店長を務めた。

箭野 広美 ▷12

大連汽船㈱船長／大連市朝日町／一八九六（明二九）六／高知県吾川郡横畠村／香川県立粟島航海学校

一九一八年香川県立粟島航海学校を卒業して海員となり、以来各船に乗務した。一九三〇年一月大連汽船㈱の一等機関士となり、次いで三六年一月船長に就いた。

矢野 征記 ▷12

国務院外交部外務局参事官／新京特別市外務局／一九〇〇（明三三）一〇／広島県賀茂郡西志和村／東京帝大法学部英法科

一九二四年三月東京帝大法学部英法科を卒業して翌年一一月文官高等試験外交科に合格し、同年一二月外務書記生となりアメリカに赴任した。次いで領事官補・ニューヨーク在勤、外交官補・中華民国在勤、同広東在勤副領事を歴任し、外務事務官に進んで本省情報部第二課及び第三課に勤務した。三五年八月国務院外交部理事官に転出して渡満し、政務司亜細亜科長、政務司庁心得を歴任した後、三六年九月同司長を経て三七年七月外交部参事官となった。

矢野 益雄 ▷13

矢野元商店主／大連市弥生町一四番地／一九〇六（明三九）／大分県大分市／早稲田大学商科

大分県商業矢野元の子に生まれ、一九三二年早稲田大学商科を卒業して渡満し、二八年一月に父が大連で創業した矢野元商店の事業に従事した。三七年父の死亡により同店主となり、奉天、北京に支店、東京日本橋に出張所を置き、機械工具・発動機・鉱油・雑貨販売、アスファルト舗装工事請等を営業科目として満鉄、昭和製鋼所、撫順炭砿、満州飛行機会社等を得意先とし、年商百数十万円に達した。

矢野 万吉 ▷3

一二三牧場主、勲七等／大連市老虎灘転山唐／一八六八（明一）八／東京府東京市小石川区小日向町／攻玉社

東京の士族の子に生まれ、一八八五年東京の攻玉社を卒業後、杉浦氏に就き、九〇年まで英語及び数学を学んだ。九一年から東京で牛乳販売業に従事した後、九八年牧畜業研究のため渡米した。一九〇三年に帰国して北海道旭川で第七師団英語学教官となり、翌年日露戦争に際し同師団の英語通訳として従軍した。〇九年に辞職した後、老虎灘で牧場と農場を経営した。

矢野 道雄 ▷11

安東尋常高等小学校訓導／安東県山下町／一八八七（明二〇）七／福岡県三池郡銀水町／福岡県師範

学校

福岡県教員矢野春三の長男に生まれ、一九一〇年福岡県師範学校を卒業した。郷里の銀水高等小学校及び三池尋常小学校の訓導を務めた後、一四年七月旅順第二小学校に転じて渡満した。一八年四月満鉄安東尋常高等小学校に転任して首席訓導を務め、かたわら同地の家政女学校及び安東青年訓練所指導員を兼務した。文学、特にロシア文学に造詣が深く、郷里の小学校在職時に綴り方に関する論文で二等賞を受けた。

矢野　美章　▷13

満州重機㈱社長／一八八〇（明一三）一／香川県／京都帝大理工科大学機械科

一九〇五年京都帝大理工科大学機械科を卒業して川崎造船所の技師となった。その後、鮎川義介の創設した戸田鋳物会社に技師長として入社し、常務取締役、宇治川鉄工所社長、日立製作所監査役を歴任した。一二年に欧州各地の自動車工業を視察した後、東京自動車工業㈱取締役、日産嘱託を務め、三七年一二月満州重工業開発㈱の創立とともに渡満して顧問に就任し、まもなく理事となり鉄鋼部門を担当した。四〇年五月子会社の満州重機㈱が設立されると同社社長に就任した。

谷萩那華雄　▷11

陸軍歩兵大尉／旅順市松山町陸軍官舎／一八九五（明二八）八／茨城県東茨城郡下中妻村／陸軍大学校

茨城県農業谷萩本吉の次男に生まれ、水戸中学校から陸軍士官学校に入り、一七年五月に卒業して高崎の歩兵第一五連隊付となった。一九年シベリア派遣軍に従軍して二一年中尉に進級し、二六年大尉に進んだ。この間陸軍大学校に入り、二七年に卒業して二八年五月第一五連隊中隊長として済南攻撃に参加し、撤兵後は撫順に勤務したが、同年一一月旅順に転勤した。⇒三七年北支那方面軍司令部付・太原特務機関長を経て三九年中支那派遣軍参謀・支那派遣軍付となり、影佐禎昭少将の率いる梅機関に属して汪兆銘の新政府樹立工作に従事し、南京政府の軍事委員会顧問に就いた。四二年三月大本営陸軍部報道部長に転じて四三年三月少将に進み、同年一〇月第一五独立守備隊長、同年一一月独立混成二五旅団長を経て四四年一〇月第二五軍参謀長としてスマトラに赴任した。四五年八月の敗戦により戦犯を問われ、四九年七月スマトラ島メダンで刑死した。著書にシベリア出兵時の体験を記した『吹雪に微笑む』がある。

柳原　蚊　▷1

安東新報主筆／安東県一八六八（明一）一一／島根県簸川郡杵築村／早稲田専門学校中退

一八八四年に上京して早稲田専門学校に入学し、二年で中退して改進党に入り、次いで毎日新聞社、嚶鳴社等の記者をした。一八九五年東京日日新聞社通信員として台湾に渡り、その後台湾新報、台中新聞、台湾民報、台北日報等の主筆を務めた。一九〇四年日露戦争に際し大阪毎日新聞特派員として朝鮮に渡り、同紙の他に朝鮮新聞の記者も兼ねて二年余り京城に滞在した。〇六年一〇月安東県に小浜為五郎が安奉新報社を設立すると、招かれて主筆となった。朝鮮在勤中の著書に『京仁実業家列伝』がある。

矢橋　春蔵　▷12

満州発明協会常務理事／大連市光風台／一八七六（明九）二／京都府／東京外国語学校仏語科

京都府矢橋久視の次男に生まれ、東京外国語学校仏語科を卒業して三菱㈾に入った。以来勤続して漢口出張所、神戸石炭部、呉出張所、大連出張所の主任を務めた後、三菱を退社して大連で雑貨貿易商を独立経営した。かたわら満蒙殖産、吉林木材の専務取締役を務めるなど諸種の事業に関与したが、後に諸会社との関係を絶ち本業に専念した。

矢幡　謙治　▷11

石炭商／旅順市八島町／一八八〇（明一三）八／福岡県築上郡三毛門村

福岡県矢幡恒平の長男に生まれた。一九〇五年三月に渡満して旅順で石炭商を営み、旅順市会議員を務めた。

矢原　重吉　▷10

製塩業／旅順市厳島町／一八七五（明八）六／愛媛県越智郡波方村

一九〇六年四月に渡満して日本食塩コークス㈱に入り、隻島湾出張所主任として天日方式による製塩事業に従事した。一九年に退社して関東庁殖産課の

や

嘱託員として製塩業に関する調査事務に従事した後、同年一〇月旅順に塩田を開設して順次規模を拡大し、日本人一三人、中国人一〇〇余名の従業員を使って天日製塩を行った。

八原　勇平　▷11

木材商、吉林銀行取締役、勲八等／吉林省城商埠地／一八七二（明五）三／大阪府大阪市西区新町

大阪府八原倉蔵の三男に生まれ、一九〇四年日露戦争に際し陸軍通訳となり、牛荘に上陸して土藤兵站司令部付として勤務した。戦後は大連で材木商を営んだが、後に長春に移って土木建築業に従事した。一七年に吉林に移住し、再び材木商を開業して吉林銀行取締役を兼務した。夫人かね子との間に一男一女あり、長男勇は早稲田大学経済科、長女斉子は横浜元町高女に学んだ。

矢彦沢　豊　▷12

満鉄新京事務局鉄道課総務係主任、満鉄蹴球部顧問／新京特別市常盤町／一九〇二（明三五）七／長野県東筑摩郡筑摩地村／東北帝大法文学部

長野県矢彦沢豊吉の次男に生まれ、第一高等学校を経て一九三一年三月東北帝大法文学部を卒業し、同年六月満鉄に入社して総務部に勤務した。同年八月同文書課、次いで三二年一二月地方部地方課に転任して経済調査会調査員を兼務した。三三年二月育成学校講師兼務、三五年七月新京鉄道出張所、三六年八月総務部新京在勤を経て同年一〇月新京事務局鉄道課総務係主任となった。

矢吹　誠明　▷12

満州電信電話㈱奉天中央電話局庶務課長／奉天萩町／一八九五（明二八）一／福島県磐城郡平窪村／福島県立磐城中学校

福島県矢吹伊勢吉の四男に生まれ、県立磐城中学校を卒業して渡満し、関東都督府通信事務員となり長春、ハルビンの各局に勤務した。次いで関東都督府通信書記補、関東庁通信書記に歴任し、三三年九月満州電信電話㈱の創立とともに同社に転出し、新京中央電話局庶務課長を経て奉天中央電話局庶務課長に転任した。

藪中　徳造　▷11

大連伏見台小学校訓導／大連市錦町／一九〇一（明三四）八／和歌山県那賀郡北野上村／旅順師範学堂

和歌山県農業藪中直吉の五男に生まれ、一九二一年和歌山県立海草中学校を卒業した。二二年に渡満して旅順師範学堂に入り、卒業して旅順第二小学校訓導となったが、在職のまま朝鮮大邱の第八〇連隊に入隊し、翌年三月に退営して大連伏見台小学校に勤務した。

藪原　清　▷11

撫順中学校教諭／奉天省撫順南台町／一八九九（明三二）一一／福岡県京都郡今川村／東北帝大理学部

福岡県官吏藪原武彦の長男に生まれ、一九二七年東北帝大理学部を卒業した。二八年四月に渡満し、撫順中学校教諭を務めた。

矢部　英一　▷12

満鉄ハルビン林業所庶務係主任／ハルビン満鉄林業所／一八九七（明三〇）一／静岡県静岡市安友町／県立静岡中学校

一九一四年県立静岡中学校を卒業した後、一九一七年一〇月満鉄に入り営業課に勤務した。鉄嶺駅、運輸部営業課、同貨物課、鉄道部貨物課、同営業課に歴勤した後、出向してジャパン・ツーリスト・ビューロー大連支店庶務主任、ハルビン市政準備所、ハルビン特別市公署事務官・総務処庶務科長、理事官・同第二弁事処第一科勤務を務めた。その後満鉄に復帰して鉄路局産業処農務科に勤務し、三六年四月ハルビン林業所庶務係主任となった。

矢部粂太郎　▷4

矢部皮革店主／ハルビン・モストワヤ街／一八七五（明八）／徳島県阿波郡土成村

徳島県の農家に生まれ、九歳で大阪に出て叔父の経営する海産物店に奉公した。一〇年後に独立自営を志して釜山に渡り、雑貨行商をしながら朝鮮全土を回った。いったん帰国した後、一八九二年再び韓国に渡って穀物、明鯛雑貨商を営んだが、九四年八月に日清戦争が始まると満州に渡って柳樹屯で御用商人となった。一〇年後の日露戦争でも御用商人を務め、戦後は旅順で官衙の払い下げ等に従事した。一九一五年ハルビンに移って海産物輸入業を開業したが、欧州戦乱により皮革業が有望とみて皮革貿易業に転じた。

矢部　茂　▷12

満鉄地質調査所地質検査係主任、従七位／大連市老虎灘会唐家屯／一八九六（明二九）一二／東京府東京市小石川区小日向台町／旅順工科学堂、東北帝大理学部

矢部万吉の長男として東京に生まれ、一家の移住に伴い大連で育った。一九一六年旅順工科学堂を卒業して東北帝大に入り、二〇年に理学部鉱床学科を卒業し、二一年山形高等学校教授となった。次いで二二年五月満鉄に入り、撫順炭砿竜鳳採炭所に勤務した後、二三年興業部地質調査所に転任した。三二年六月砂金採取法研究のため北米アラスカに五ヶ月出張した後、三三年一月鉱産地第一班主査となった。三五年七月技師に進み、三六年九月職制改正により参事となり翌月地質調査所地質検査係主任に就いた。

矢部誠一郎　▷12

ハルビン市第二弁事処第一科長／ハルビン道理買売街／一八八六（明一九）二／千葉県長生郡二宮本郷村／麻布獣医学校

栃木県立下野中学校を経て一九〇九年麻布獣医学校を卒業し、翌年警視庁嘱託となった。次いで朝鮮平安北道庁の嘱託に転じて獣疫の検疫・防疫・勧業事務等に従事し、一五年に朝鮮総督府道技手となり平安北道庁に勤務した。その後三四年一一月ハルビン特別市公署家畜市場主任となって渡満し、後にハルビン市第二弁事処第一科長を務めた。

山井　三七　▷3

南満医学堂教授、奉天医院外科部長／奉天新市街社宅／一八七九（明一二）一〇／福井県坂井郡高椋村／東京帝大医科大学

一九〇五年東京帝大医科大学を卒業し、翌年一月同大学副手となり、〇七年助手に昇格した。一二年医術開業試験委員に任命され、同年九月満鉄長春医院外科部長となって渡満した。一三年九月、南満医学堂教授に転任し奉天医院外科部長を兼務した。

山内　勝雄　▷11

満鉄参事、満鉄関係会社専任監査役、勲八等／大連市乃木町／一八八六（明一九）八／福岡県糟屋郡志免村／山口高等商業学校、コロンビア大学商科

福岡県農業山内半三郎の長男に生まれ、一九〇八年山口高等商業学校を卒業し、翌年満鉄に入社した。埠頭事務所に勤務した後、運輸部営業課長次席、貨物課長代理、ハルビン事務所調査課長等を歴任した。この間、鉄道営業研究のため欧米に二年滞在し、一九二〇年アメリカのコロンビア大学商科を卒業してマスター・オブ・サイエンスの称号を授与された。二五年五月満鉄関係会社専任監査役となり、満鉄関係一七社の監査役に就いた。

山内　敬二　▷11

満鉄鉄嶺地方事務所庶務係長／奉天省鉄嶺緑町／一八九六（明二九）一〇／愛知県名古屋市東区針屋町／早稲田大学政治科

愛知県醸造業山内増吉の次男に生まれ、一九二〇年早稲田大学政治科を卒業して満鉄に入った。総務部監査課に勤務して監察役補となり、二八年八月鉄嶺地方事務所庶務係長となった。

山内　静夫　▷12

満州電信電話㈱総裁、正四位勲二等／東京市中野区氷川町／一八七六（明九）八／東京府東京市中野区氷川町／陸軍士官学校、東京帝大工科大学土木工学科

京都府山内覚道の次男に生まれ、東京府山内政銓の養子となった。一八九七年陸軍士官学校及び陸軍砲工学校を卒業し、さらに一九〇七年派遣学生として東京帝大工科大学土木工学科を卒業した。以後、士官学校教官、大本営野戦高等電信部副官、交通兵団副官、砲工学校教官、技術審査部部員、陸軍省兵器局器材課長、臨時毒瓦斯調査委員会幹事、陸地測量部部長、技術本部第二部長、築城本部長等を歴任して二八年中将に累進した。三二年九月予備役編入と同時に満鉄顧問となり、三三年九月満州電信電話㈱の創立とともに取締役総裁に就任し、在任三年半の後、三七年三月に退任して帰国した。男爵・陸軍中将山内長人の次女節を夫人とした。

山内　四郎　▷4

領事兼関東都督府事務官、従六位勲六等／長春領事館官舎／一八八〇（明一三）二／東京府東京市／東京帝大法科大学仏法科

一九〇四年七月東京帝大法科大学仏法科を卒業して官吏となった。〇六年九月外交官及領事官試験に合格し、同年一一月高等官七等・領事官補となった。〇八年七月外交官補・フランス在勤を経て同年一二月大使館三等書記官としてスエーデンに赴任した。一四年六月領事に昇任して長春領事官に赴任し、同年七月関東都督府事務官兼任となった。この間、〇六年四月に日露戦争の功により金六〇円、〇八年四月ロシア皇帝より神聖アンナ三等勲章、一二年八月韓国併合記念章を授与された。

山内　丈夫　▷12

満鉄鉄道総局員、勲八等／奉天満鉄鉄道総局／一九〇四（明三七）六／福島県耶麻郡堂島村／北海道帝大工学部

福島県山内鹿熊の長男として北海道岩内に生まれ、一九二八年三月北海道帝大工学部を卒業し、同年四月満鉄に入社して鉄道部工務課に勤務した。奉天保線事務所勤務、吉長吉敦鉄路局建設部工程処設計科長を経て三二年六月満州国に出向し、交通部鉄道司路工科長を務めた。三三年三月満鉄に復帰して鉄路総局工務科に勤務した後、三四年五月総局工務課工事係主任、三六年九月ハルビン工務段長を歴任し、同年一一月欧米各国へ一年半の留学を命じられ、翌年一月シベリア鉄道経由で出発した。この間、満州国官吏に出向した際に匪賊の王徳林に拉致されるという危難に遭遇した。鉄道土木方面に造詣深く、著書に『軌道の科学的研究』がある。

山内　竹雄　▷12

龍江省開通県参事官／龍江省開通県参事官公館／一九〇〇（明三三）八／静岡県小笠郡堀之内町／拓殖大学

静岡県山内百年の長男に生まれ、一九二四年三月拓殖大学を卒業して北満及び内蒙古地方を巡遊視察したが、同年九月病気のため帰国し、翌月石岡㈾に入った。その後二八年に辞職し、同年七月に渡満して関東庁阿片専売局に入った。満州事変後、三二年五月国務院財政部税務司規画科員に転じ、三三年三月龍江省訥河県参事官を経て三五年二月開通県参事官に転任した。

山内忠三郎　▷11

ハルビン商品陳列館員／ハルビン道裡東経緯街／一八九三（明二六）八／京都府京都市下京区不明門通／京都市立第一商業学校

京都市呉服商池田新兵衛の三男に生まれ、同市山内正平の養子となった。一九一二年京都市立第一商業学校を卒業し、商業興信所京都支所に入った。一五年一一月神戸のロシア貿易商協信洋行に転じ、ウラジオストク支店精米部勤務を経てハルビン支店輸入部に勤務した。二〇年九月に退店し、翌月ハルビン商品陳列館に入って調査及び商品部を担当した。かたわら二一年一〇月から三年間、農商務省海外実業練習生に任じられた。養父の正平も一九二六年五月からハルビンに住み、二八年の昭和天皇即位式に際し養老盃を受けた。

山内土佐治郎　▷12

山内洋行主、大連連鎖街㈱監査役／大連市連鎖街常盤町通銀座角／一八七七（明一〇）一〇／愛知県海部郡美和村

年少の頃から名古屋の岩倉商会に奉公に出て、呉服太物商に従事した。日露戦中の一九〇四年一〇月、同商会から満州に派遣されて営口永世街に開店したが失敗し、陸軍用達に転じた。〇五年四月大連信濃町で岩倉洋行の商号で綿布、ガラス、世帯道具類の販売を始め、翌年五月から常滑土管の一手販売と建築用陶器の販売を兼業し、〇九年一一月浪速町に新築移転した。二五年一〇月岩倉洋行主任を辞職し、信濃町市場正門前に三階建の店舗を新築して食器・世帯道具類の販売業を独立経営し、東京、大阪、名古屋のほか、静岡、紀州、輪島、会津若松などの生産地から直接仕入れ、店員一二人を使用した。二九年一一月連鎖街に移転して引き続き同業を営み、かたわら連鎖街㈱監査役を務めた。

山内　祀夫　▷11

奉天神社神職、従六位／奉天神社境内／一八七五（明八）一／岐阜県可児郡上之郷村／皇典講究所

岐阜県山内儀七の長男に生まれ、一八九七年三月皇典講究所を修了し、同年九月郷社小泉神社社掌となった。官幣大社多賀神社主典、国幣中社浅間神社宮司を歴任し、この間岐阜及び山梨で皇典講究分所試験委員、同分所長、神職養成部講師を務めた。二二年三月従六位に叙せられて翌月休職となり、同年八月奉天神社神職として渡満した。同社主任神職を務めるかたわら全国神職会評議員、満州神職会幹事に就いた。寿仙と号し、著書に『新撰祝詞集　上下』『神道講演集』『御大礼謹話』等がある。長男の茂義は京都皇典講究分所教育部本科を卒業して大石橋神社社司となり、長女マサの養子婿重道は奉天神社神職を務めた。

山内豊四郎 ▷11

オリエンタル貿易商会主／大連市神明町／一八九一（明二四）一／福岡県福岡市天神町／明治大学中退

福岡県材木商山内武の四男に生まれ、一九一〇年福岡県立中学修猷館を卒業して明治大学に入ったが中退し、一二年七月シンガポールに渡った。同地のモーリス・インスチチューションに入って一年修学した後、上海で貿易業に従事した。一六年七月に渡満して外国人経営の商館で働き、翌年独立してオリエンタル貿易商会を創業し、洋酒・洋食料品・洋菓子及びその材料・原料輸入業を営んだ。次兄の幸次郎は関東庁公医として交流島に駐在した。

山内彦三郎 ▷12

牡丹江木材公司主、牡丹江居留民会会長、同商工会議所議員、同木材商工組合理事、同衛生組合連合会会長、勲七等／浜江省牡丹江長安街／一八八一（明一四）一二／愛知県中島郡祖父江町

一九〇三年徴兵されて名古屋の第三師団工兵隊に入隊し、翌年日露戦争に従軍した。工兵軍曹に進級して除隊した後、〇八年に再び渡満して各種の実業に従事した。一九年に食料品加工会社を興して陸海軍の用達を営んだ後、二四年に牡丹江木材公司を設立して牡丹江近辺の木材伐採・搬出業を経営した。二〇マイルの森林鉄道を敷設して年間六万石を搬出し、ハルビン売買街と新京入船町に出張所を置いて納税年額三〇〇〇円に達する利益を上げた。日露戦争の功で勲七等青色桐葉章を受章し、同地の居留民会会長、商工会議所議員、木材商工組合理事、衛生組合連合会会長を務めた。

山内　政雪 ▷12

旭硝子店主／浜江省牡丹江円明街／一九一一（明四四）三／長崎県壱岐郡石田村／中学校中退

中学校を中退して大阪のガラス店で働いた後、徴兵検査に合格して入営し、輜重兵として兵役に就いた。満期除隊して渡満し、図們に在住した後、一九三四年三月牡丹江に移り旭硝子店を開業した。

山内　三作 ▷12

高松運輸公司主、遼陽運輸荷馬車組合長、遼陽農会蔬菜組合長、遼陽居留民会副会長／奉天省遼陽城内西街／一八九五（明二八）一／長崎県西彼杵郡矢上村／高等小学校

長崎県山内吉太郎の四男に生まれ、矢上高等小学校を卒業して簿記学校専修科に学んだ。一九一〇年五月一五歳で渡満して陸軍用達商に従事し、一五年一二月徴兵されて台湾基隆の重砲兵隊に入営した。一八年一一月に満期除隊して再び渡満し、遼陽の高木商店に入り特産物商に従事した。七年勤務して二五年四月同店の運輸部を譲り受けて独立し、日本、大連、朝鮮等に取引先を持ち、日本人二人、中国人二五人の従業員を使用した。かたわら三一年三月二〇町歩の土地を借り受けて棉花、諸雑穀、ケナフの耕作に取り組み、さらに副業として養鶏・養豚業に着手した。この間、昭和六年乃至九年事変の際の貢献により金二五円を下賜され、三四年一月在郷軍人会長より感謝状を授与された。一子安己は大連実業学校を卒業後、父業を補佐した。

山内　貢 ▷10

徳泰銭荘主／大連市柳町／一八九三（明二六）三／福井県大野郡勝山町／福井県立大野中学校

一九一二年三月福井県立大野中学校を卒業し、従兄に当たる野村徳七が経営する大阪の野村商店に入り有価証券売買に従事した。一五年頃から現物部を担当して主任となり、二〇年三月奉天に満蒙證券㈱が設立されると出資した野村を代表として取締役兼支配人に就任したが、同年九月大連支店長に転任した。その後同支店廃止となり、退社して大連取引所の銭鈔取引人となり、後に株式取引人として有価証券の売買に従事した。

山内　順郎　▷12

満鉄奉天検車区技術助役、勲八等／奉天白菊町／一八九七（明三〇）一／広島県御調郡木之庄村

広島県山内徳太郎の三男に生まれ、一九一八年一〇月満鉄に入り沙河口工場に勤務した。二三年鉄道教習所を修了した後、奉天車両係、長春車両係、長春検車区勤務を経て安東検車区検査助役、奉天検車区検車助役を歴任し、三六年一〇月職制改正により同技術助役となった。この間、満州事変時の功により勲八等及び従軍記章、建国功労賞を授与され、三五年四月勤続一五年の表彰を受けた。

山浦　伊一　▷11

撫順中学校教諭、正八位／奉天省撫順南台町／一八九九（明三二）九／長野県北佐久郡中津村／早稲田大学理工学部機械学科

長野県農業山浦斉の長男に生まれ、一九二五年早稲田大学理工学部機械学科を卒業した。静岡県立掛川中学校教諭となり、同年一二月一年志願兵として電信隊に入隊し、二六年一一月に除隊して陸軍工兵少尉となった。二七年二月、旅順中学校教諭に転じて渡満した。

山浦　公久　▷12

龍江省公署警務庁特務科長／龍江省チチハル省公署警務庁／一八九三（明二六）一一／長野県小県郡神川村／陸軍士官学校

長野県立上田中学校を経て一九一六年陸軍士官学校を卒業し、同年一二月歩兵少尉に任官して歩兵第二七連隊付となり、以来各地に勤務した。二五年九月憲兵練習所甲種学生を修了し、三四年八月憲兵少佐に累進して同年一二月予備役編入となり、浜江省公署嘱託となって渡満した。同公署警務庁特務科長事務取扱を経て三五年四月理事官に進み、三六年四月同公署警務庁特務科長となった。

山岡　信夫　▷14

関東州工業土地㈱社長、勲四等／大連市台山屯／一八八九（明二二）七／大阪府岸和田市岸城町／東京帝大工科大学電気工学科

大阪府山岡邦三郎の次男に生まれ、一九一三年七月東京帝大工科大学電気工学科を卒業し、翌月渡満して満鉄に入社した。撫順炭砿機械課に勤務し、監査係主任を経て研究所に転じた。二五年八月参事、二七年四月鉄道部電気課長となり、二九年五月から南満州電気㈱取締役を兼任し、三一年同社監査役、営口水道電気㈱監査役に就いた。電気事業視察のため欧米各国に出張した後、三四年一二月満鉄を退社して南満州電気㈱専務に就任し、三六年四月同社が大連都市交通㈱に改組された後も引き続き専務取締役を務め、後に社長に就任した。四〇年末に任期満了すると奉公連盟の文化部長を経て関東州工業土地㈱社長に就任した。この間、三六年一一月から四一年一月まで大連市会議員を務めた。夫人輝子は岡山県立高女を経て女子英学塾双葉会に学び、日曜学校教師・校長として一五年の間宗教教育に従事した。実弟の義郎は南満医学堂を卒業して満州医科大学附属奉天医院医員を務めた。

山岡　元伊　▷12

満鉄吉林鉄路局運輸処旅客科員、社員会運動部幹事、勲八等／吉林鉄路局運輸処旅客科／一八九九（明三二）三／高知県幡多郡後川村／高知県立中村中学校

高知県山岡源次郎の四男に生まれ、一九一八年県立中村中学校を卒業し、同年五月満鉄に入って大石橋駅に勤務した。大石橋列車区に転任した後、大連列車区勤務を経て鉄道総局派遣新京在勤となり、満州事変時に奉山線大凌河駅長として出張し、関東軍による四洮線接収の折は駅長として派遣された。三五年六月新京列車分段助役となり、三七年四月吉林鉄路局運輸処旅客科に転勤した。この間、満州事変時の功により勲八等従軍記章及び建国功労賞を授与されたほか、三四年四月勤続一五年の表彰を受けた。

山岡　義郎　▷11

満州医科大学附属奉天医院医員、正八位／奉天葵町／一八九八（明三一）一二／大阪府岸和田市岸城町／南満医学堂

大阪府山岡邦三郎の四男に生まれ、一九二二年南満医学堂を卒業し、南満州医科大学と改称された同校の小児科教室に勤めた。二九年一月専門部講師となり、同大学附属奉天医院医員に就いた。この間一年志願兵として入営し、二七年三月三等軍医になった。二兄の信夫は一九一三年に渡満し、満鉄、南

満電気等の役員を務めた。

山尾　竹松 ▷12

満鉄チチハル工務段工事助役、社員会評議員、勲八等／龍江省チチハル鉄路局局宅／一九〇三（明三六）七／東京府東京市大森区馬込町／早稲田大学理工科建築専科

山尾満太郎の子として東京市赤坂区青山北町に生まれ、早稲田大学理工科建築専科を卒業して一九二三年東京帝大雇員となった。二九年に警視庁技手に転じた後、三三年満鉄に転じて渡満した。三五年チチハル工務段建築副段長となり、三六年一〇月の職制改正により同段工事助役となった。この間、昭和大礼記念章及び復興記念章を受け、満州事変時の功により勲八等、建国功労賞を授与された。

山県　熊雄 ▷9

中央証券㈱専務取締役／奉天住吉町／一八八六（明一九）三／山口県都濃郡徳山町／長崎高等商業学校

長崎市立商業学校から長崎高等商業学校に進み、一一年四月に卒業して満鉄に入社し、会計係として勤務した。一六年一二月に退社して大連で貿易業に従事した後、一九年五月から二一年二月まで満州麦酒㈱支配人を務めた。二二年四月奉天に中央証券㈱が創立されると、同社専務取締役に就任した。

山県富次郎 ▷11

図書・文房具・運動用具商、勲八等／旅順市青葉町／一八八四（明一七）二／山口県吉敷郡山口町

山口県山県儀三郎の次男に生まれ、一九〇八年から郷里の山口町で図書販売業を営んだ。一〇年一月に渡満して旅順で図書・文房具・運動用具販売店を経営し、二七年五月に新市街の松村町に出張所を設けた。かたわら旅順輸入組合、同金融組合、在郷軍人旅順分会の評議員を務めた。

山形　留吉 ▷11

満鉄大連鉄道事務所員／大連市真金町／一八九三（明二六）四／広島県呉市中通／呉海城学校

広島県山形理三郎の四男に生まれ、一九一二年呉の海城学校を卒業して呉海軍工廠造兵部に勤務した。一三年一〇月に渡満して満鉄に入り、電気作業所、沙河口工場、本社機械課勤務を経て二六年大連鉄道事務所に転任した。

山県　寅吉 ▷11

貿易商／安東県市場通／一八七六（明九）九／大阪府堺市小林寺町／小学校

大阪府農業山県栄三の長男に生まれ、小学校を卒業して商業に従事した。一八九四年から堺で緞通業に従事したが、一九〇二年に麻袋業に転業した。その後、〇六年一二月に渡満して安東県で貿易商を営んだ。二八年一一月、昭和天皇即位の大礼に際し地方功労者として天盃を受けた。

山県彦三郎 ▷12

満鉄産業部庶務課経理係主任、満鉄運動会会計幹事、社員消費組合総代／大連市鳴鶴台／一九〇一（明三四）三／和歌山県和歌山市南片原／東亞同文書院

和歌山県山県市三郎の三男に生まれ、一九二五年三月上海の東亞同文書院を卒業して同年五月満鉄に入り経理部会計課に勤務した。地方部庶務課、同勧業課、社長室人事課、興業部庶務課に歴勤して地方部庶務課経理係主任となった。三六年九月副参事に昇任し、同年一〇月産業部庶務課経理係主任となり、三七年五月まで土地係主任を兼務した。この間、満州事変時の功により賜杯及び従軍記章を授与された。

山県　勝 ▷12

国際運輸㈱四平街支店庶務係主任／四平街北一条通国際運輸㈱支店／一八九二（明二五）一／福岡県門司市大字門司／九州薬学専門学校別科中退

福岡県企救郡企救町に生まれ、県立豊津中学校三年を経て一九一一年四月九州薬学専門学校別科に入学したが、中退して一五年に福岡県巡査となった。次いで福岡県防疫監吏、福岡県雇・守警兼務、門司税関雇・守警兼務に歴勤した後、二六年二月に渡満して国際運輸㈱に入社した。大連支社庶務課に勤務した後、大連、四平街の各支店に歴勤し、三二年六月四平街支店庶務係主任となった。

山上　吉蔵 ▷11

撫順窯業㈱社長、撫順興業㈱社長、撫順商事㈱取締役、撫順市場㈱取締役、撫順地方区委員、撫順南州会会長／奉天省撫順東七条通／一

八六八（明一）一二／鹿児島県姶良郡加治木町／東京専門学校政治科

鹿児島県山上彦助の長男に生まれ、東京専門学校政治科を卒業して官界に入った。日清戦争後一八九五年七月台湾総督府台北庁財務課長となり、臨時台湾土地調査局事務官として勤務し、民政長官中村是公の知遇を受けて高等官に抜擢された。日露戦中の一九〇四年に官職を辞して大阪商船㈱に入社したが、〇七年五月満鉄副総裁として赴任する中村に随行して渡満し、満鉄に入社して本社港務課に勤務した。〇八年撫順炭砿用度課に転勤し、一二年同庶務課長に就いた後、二〇年二月満鉄出資で撫順煉瓦組合が撫順窯業㈱に改組されると同社長に就任した。かたわら撫順興業㈱社長、撫順商事㈱・撫順市場㈱の各取締役を兼任し、南州会会長、撫順地方区委員を務めた。長男逸は東京帝大政治学科を卒業して朝鮮銀行大連支店副支配人を務め、次男大司は旅順工科学堂電気科を卒業して郷里の鹿児島電気㈱に勤務した。

山上　太主　▷12

満鉄経理部庶務課員／大連市山手町／一八九九（明三二）二／石川県金沢市三間道福井県立武生中学校

福井県立武生中学校を卒業した後、一九二一年八月満鉄に入り経理部会計課に勤務した。以来一貫して経理畑に在勤し、三六年秋経理部庶務課勤務となり、三七年四月勤続一五年の表彰を受けた。

山上　逸　▷7

朝鮮銀行大連支店副支配人／大連市伏見町／一八八九（明二二）八／鹿児島県姶良郡加治木町／東京帝大法科大学政治学科

鹿児島県山上吉蔵の長男に生まれ、一九一五年七月東京帝大法科大学政治学科を卒業して朝鮮銀行に入った。京城本店、元山、長春、天津各支店に勤務した後、二二年一二月大連支店に転任し、同支店支配人代理を経て二四年三月副支配人に就いた。父吉蔵は一九〇七年に渡満して満鉄に勤務し、後に満鉄傍系の撫順窯業㈱社長を務めた。

山川　栄一　▷12

国際運輸㈱錦県支店山海関営業所主任／錦州省山海関国際運輸㈱営業所／一九〇七（明四〇）六／岐阜県安八郡下宮村／木浦公立商業学校

岐阜県山川一二三の子に生まれ、一九二五年朝鮮全羅南道の木浦公立商業学校を卒業し、同地の自宅で家業の店務に従事した。二六年八月羅州運輸㈾に勤務した後、二七年二月国際運輸㈱に転じて大連支店に勤務した。三二年四月本社営業課勤務、同年一二月陸運課勤務を経て三六年二月錦県支店山海関営業所主任となった。この間、満州事変時の功により楯を授与された。

山川　英蔵　▷10

㈱島津製作所大連出張所主任、正八位／大連市若狭町／一八八九（明二二）六／京都府京都市上京区出水通宝町／早稲田大学商科

福井県に生まれ、一九一五年早稲田大学商科を卒業して島津製作所に入った。本店医療電気部に勤務した後、二〇年春に大連出張所が開設される際、主任に抜擢されて渡満した。越後町の出張所にレントゲン装置を設置し一般に開放するなどして販路開拓に努め、満鉄各医院をはじめとする事業所に医療器械、理化学器械、博物標本、蓄電池等を納入した。

山川　喜平　▷12

ハイラル日本領事館警察署長、勲七等功七級／興安北省ハイラル日本領事館官舎／一八九四（明二七）一〇／富山県東礪波郡城端町／高岡工芸学校

富山県山川長蔵の子に生まれ、高岡工芸学校を卒業した後、一九一四年徴兵されて朝鮮駐剳軍に編入された。一六年憲兵科に転科して朝鮮憲兵隊に勤務した後、一九年シベリア出兵に際しブラゴエシチェンスクに駐屯し、ハルビン及びニコライエフスク方面に転戦した。二一年に帰国して外務省警察官に転じ、以来各地に勤務して警部に昇進し、ハイラル日本領事館警察署長に就いた。

山川　九思　▷12

満鉄鉄道総局付待命参事／奉天満鉄鉄道総局気付／一八八七（明二〇）一〇／新潟県高田市大手町

日露戦中の一九〇五年三月鉄道作業局新橋駅車掌心得となり、次いで野戦鉄道提理部付となって渡満した。〇七年四月満鉄開業とともに同社入りし、同

年一二月徴兵されて郷里高田の第五八連隊に入営し、〇九年上等兵に進んで除隊復職した。大石橋駅詰車掌を経て鉄道従事員養成所英清科を修了し、旅順駅助役を務めた後、青島戦役に際し臨時鉄道隊付となり、張店駅詰を経て青島守備軍民政部鉄道属となり、青島鉄道が中国へ還付されると膠済鉄路局に傭聘された。その後依願退職して満鉄に復帰し、大連鉄道事務所勤務、南満州工業専門学校講師兼務、瓦房店駅長、大石橋駅長、埠頭事務所陸運係主任、同入船車務係主任、鉄道部勤務、埠頭事務所計画係主任、鉄路総局機務処運転科に歴勤した。三六年三月チチハル站長に就任した後、三七年四月参事に昇格と同時に待命・鉄道総局付となった。

山川　吉雄　▷10

大連郊外土地㈱専務取締役／大連市紅葉町／一八七七（明一〇）三／石川県金沢市東馬場町／加賀中学校

郷里の加賀中学校を卒業した後、一八九八年石川県警察部に入り、勤続して警部に昇進した。一九〇七年一〇月関東都督府勤務となって渡満し、大連民政署警務課司法主任を務めた。一六年九月警視に進んで営口警務署長兼領事官警察署長となり、治安維持と防疫事務に従事した。二〇年一二月大円民政署警務課長に栄転し、二二年六月の官制改革とともに大連警務署長となった。二六年に退官し、知友に推されて大連郊外土地㈱専務取締役に就任し、同社の経営建て直しに当たった。

山川　渉　▷4

山川商会主／ハルビン新市街／一八九〇（明二三）／熊本県天草郡志岐村／鎮西学院

長崎の鎮西学院を卒業して郷里の小学校訓導となったが、村会議員の父が農業のかたわら経営した煉瓦製造業が失敗し一家が破産し、渡満してハルビンの居留民会書記となった。一九一四年青島戦役で召集され第一八師団経理部付として久留米に勤務した後、南米移民を志して上海に渡ったが、山東問題で日中関係が悪化して上海領事の旅券が出ず、再びハルビンに赴いて居留民会書記となった。その後同地の河合商会に入り、一六年八月に独立して美術品・雑貨商を営んだ。

山岸　明　▷12

満州石油㈱製油課長／大連市楓町／一九〇一（明三四）一二／石川県金沢市桜木／東京帝大工学部応用化学科

一九二五年三月東京帝大工学部応用化学科を卒業し、同年四月日本石油㈱に入り秋田製油所に勤務した。二九年五月同社下松製油所に転勤した後、三四年二月日満合弁の満州石油㈱が創立されると依願退職して同社に転じ、後に製油課長を務めた。

山岸栄三郎　▷12

大連第一中学校教諭、従六位勲六等／大連市錦町／一八九四（明二七）四／群馬県利根郡桃野村／群馬県師範学校

群馬県農業山岸万吉の三男に生まれ、一九一四年群馬県師範学校本科第一部を卒業して県下の原町、中之条、中山小学校訓導を務めた。一八年に文部省中等教員検定試験理科に合格し、同年佐波郡伊勢崎町立実科高等女学校教諭となり、次いで同町立商業学校教諭を務めた。二一年さらに文部省中等教員検定試験化学科に合格し、二二年三月関東庁中学校教諭となって渡満し、大連第一中学校に勤務して翌年一二月大連第一中学校への改称後も引き続き同校に勤務した。

山岸　庫太　▷12

大連汽船㈱神戸支店監督／神戸市葺合区中島通／一八八九（明二二）九／北海道室蘭市輪西町／北海道庁立函館商船学校

北海道庁立函館商船学校を卒業して船舶会社に勤務した後、一九二二年五月大連汽船㈱に入り機関長を務めた。その後三四年三月船舶監督となり、三五年一二月神戸支店監督となった。

山岸清一郎　▷11

満鉄大連医院外科医員／大連市桂町／一九〇三（明三六）四／兵庫県宍粟郡西谷村

兵庫県農業山岸源蔵の次男に生まれ、一九二七年南満医学堂を卒業した。満鉄医員補として大連医院外科に勤務したが、同年八月防疫官に転じた。二八年三月、大連医院外科医員として復帰した。

や

山岸　楙　▷12

宇治商店主、春江ビル㈱代表取締役、大同土地㈱取締役、春江町町会長／奉天市場正門通／一八八四（明一七）四／長野県長野市権堂町

郷里の長野市で倉庫金融業を営んだ後、北海道に渡り、次いで一九一八年に渡満した。各地で種々の職業に従事した後、奉天に宇治商店を開設して茶商を営み、後に青葉町に支店を設けた。自家考案の宇治茶豆を売り出して好評を博し、奉天名物として知られた。かたわら三四年稲葉町に工費三万円で三階建の貸店舗兼アパートを建築し、貸しビル業を兼営した。

山岸　守永　▷11

満鉄長春医院事務長／長春常盤町／一八九八（明三一）五／福井県今立郡片上村／東京帝大法学部

福井県農業山岸浄信の長男に生まれ、一九二三年東京帝大法学部を卒業して満鉄に入社した。社長室文書課に勤務したが、同年一年志願兵として鯖江の歩兵第三六連隊に入営し、除隊して陸軍少尉となった。満鉄に復帰して地方部庶務課に勤務した後、二八年一一月長春医院事務長に就いた。

八巻　武郎　▷12

満鉄ハルビン鉄路局工務処電気科員、社員会評議員／ハルビン鉄路局工務処／一九〇四（明三七）一〇／宮城県仙台市中杉山通／東北帝大工学部電気工学科

宮城県八巻良の四男に生まれ、仙台第二中学校、第二高等学校を経て一九二八年三月東北帝大工学部電気工学科を卒業し、同年四月福島県郡山の㈱東邦製燐工場に入った。二九年七月依願免職となり、三一年一〇月仙台逓信局に入り工務課に勤務して市内線路係兼市街線路係を務めた。三三年一二月満鉄に転じて渡満し、鉄路総局工務処電気科に勤務した。三四年五月奉天鉄路局工務処電気科に転任して三五年六月同通信股長となり、同年一一月錦県電気段長を経て三七年三月ハルビン鉄路局工務処電気科に転勤した。

山際満寿一　▷12

興中公司㈱業務課企業係主任／大連市青雲台／一九〇三（明三六）一〇／広島県三原市三原町／早稲田大学理工学部電気工学科

一九二五年早稲田大学理工学部電気工学科を卒業して同大教務補助、同助教授、付属高等工学校講師を歴職した。次いで関東局嘱託・在外研究員満州国滞在となって渡満し、満州採金会社設立委員、陸軍省事務嘱託・関東軍特務部部員、満州電業部設立委員、東亜産業協会理事等を歴任した。その後三五年一二月に満鉄出資で興中公司が創立されると業務課企業係主任となった。

山口　勲　▷12

大連弥生高等女学校教頭、従五位勲六等／大連市弥生町大連弥生高等女学校／一八九一（明二四）三／徳島県名西郡浦庄村／広島高等師範学校本科国語漢文部

徳島県山口虎一の長男に生まれ、一九一六年三月広島高等師範学校本科国語漢文部を卒業して県立第一鹿児島中学校教授嘱託となり、同年一〇月同校教諭となった。奈良女子高等師範学校教諭に転任した後、二九年四月大連弥生高等女学校教務嘱託となって渡満し、同年八月関東州公立高等女学校教諭となった。以来勤続して、後に同校教頭を務めた。

山口　英爾　▷11

満鉄鉄道部経理課員／大連市加茂川町／一八九〇（明二三）一二／群馬県吾妻郡中之条町／東京外国語学校

群馬県山口通公の次男に生まれ、一九一四年東京外国語学校を卒業して満鉄に入社した。鉄道部審査係に三年半、旅館係に六年半勤務して二四年経理課調度係に転任した。以来同課に勤続し、大連語学校仏語科講師嘱託を兼務した。かたわら実姉の小幡繁子に資金援助して東京市牛込区左内町で裁縫女学校を共同経営した。

山口喜一郎　▷11

旅順師範学堂嘱託、正五位勲五等／旅順新市街千歳町／一八七二（明五）四／東京府東京市四谷区左門町／石川県師範学校中等科

東京府官吏山口時雄の長男に生まれ、一八八一年三月石川県師範学校中等科を卒業した。九七年七月台湾総督府国語学校教諭となって台湾に赴任し、次いで同総督府編修書記兼視学となった。一九一一年一一月朝鮮総督府京城高等普通学校教諭に転任し、二二年四月同鏡城商業普通学校長兼咸鏡北道師範学校長となった。二五年一〇月旅順第二中学校嘱託に転じて渡満し、後に旅順師範学堂嘱託に就いた。

山口　菊雄　▷12

大連第二中学校教諭、従七位／大連市水仙町大連第二中学校／一八九七（明三〇）三／神奈川県愛甲郡煤ヶ谷村／東京物理学校高等師範科

一九一六年三月神奈川県橘樹郡小学校訓導となり、同年六月六週間現役兵として歩兵第一連隊に入営した。次いで二三年三月東京物理学校高等師範科を卒業して和歌山県師範学校訓導となり、和歌山県立中学校教諭心得兼務、同兼任を歴職した。その後二八年四月関東中学校教諭に転出して渡満し、大連第二中学校に勤務した。

山口　清勝　▷12

龍江省大賚県参事官／龍江省大賚県参事官公館／一九〇六（明三九）一二／栃木県那須郡那珂村／早稲田大学法科

栃木県山口沢次郎の次男に生まれ、県立宇都宮農学校、早稲田大学高等学院文科を経て一九三二年三月同大学法科を卒業し、渡満して同年六月国務院資政局訓練所に入所した。同年一〇月改称後の大同学院を卒業して国務院民政部属官となり総務司文書科に勤務した後、三三年二月兵役のため休職し、野砲兵第二六連隊に入営した。三五年一一月陸軍砲兵少尉に任官して除隊復職し、同年一二月龍江省大賚県参事官となった。

山口　国造　▷12

泰東洋行奉天出張所主任／奉天商埠地泰東洋行出張所／一九〇一（明三四）一／千葉県銚子市本城町／大連商業学校

幼い時に父吉兵衛・母はるに伴われて渡満し、大連に居住した。大連商業学校を卒業して大連の泰東洋行に入り、自動車・機械・雑貨の輸入業に従事した。一九三三年八月に奉天出張所が設立される際、主任となって赴任した。

山口　国安　▷12

山口塗工店主、奉天塗装睦会幹事、紅梅町町会幹事／奉天紅梅町／一八九二（明二五）四／東京府東京市下谷区三輪町

一三歳の時に東京麹町区飯田町の大沢源次郎塗工店に入り、塗装業に従事した。一九一七年から実兄が大連で塗装業を経営し、奉天支店を開設するにあたり一九年九月に渡満して奉天青葉町の同支店を担当した。二〇年九月に同店を山口塗工店と改称して独立し、塗装工事とガラス工事の請負業を営んだ。その後、紅梅町に拡張移転して満鉄指定請負人となり、清水組、大林組、吉川組、長谷川組、戸田組、高岡組の下請工事に従事し、三四年には藤田組鞍山支店を継承して支店とした。

山口　啓二　▷11

日本郵船㈱大連出張所長／大連市霧島町／一八八三（明一六）六／福島県福島市／東亜同文書院

福島県生糸商山口岩次郎の四男に生まれ、一九〇五年上海の東亜同文書院を卒業して日本郵船㈱に入った。上海支店、漢口出張所、東京本社等に勤務した後、二七年三月大連出張所長に転任して渡満した。業務のかたわら大連商工会議所議員、海務協会副会長を務めた。

山口哲太郎　▷11

満鉄社長室人事課員／大連市桂町／一八八〇（明一三）七／佐賀県藤津郡能古見村

佐賀県農業山口辰之助の長男に生まれ、郷里の村役場、煙草専売局、税務署等で働いた後、一九〇三年一二月上海に渡り商業に従事した。〇七年夏に渡満して奉天で外国煙草の販売業を営んだが、銀貨暴落のため翌年四月に閉店して上海に引き揚げ、同年七月大病を患って帰国した。〇九年六月再び渡満し、一二年九月満鉄に入社した。奉天保線係として勤務した後、一八年七月本社人事課に転勤した。

山口近太郎　▷12

山口商店主、奉天福祉委員、奉天西塔町町会長、同町会区区長、勲七等功六級／奉天柳町／一八八〇（明一三）四／長崎県南松浦郡久賀島村

長崎県山口鹿之助の長男に生まれ、日露戦争に従軍して功により勲七等功六級金鵄勲章を授与され、黒木第一軍司令官より感状を受けた。除隊後一九〇八年に再び渡満し、一〇年一〇月奉天

や

で海産物卸商を開業した。その後一四年に青島攻略戦で召集され、店を畳んで従軍した。復員して奉天に戻り、一八年四月山口商店の商号で食料品、漬物類の卸売業とマスニ石鹸の満州一手販売を開始し、店員六人を使用して年商一五万円を上げた。

山口重太郎 ▷3

奉天日本基督教会牧師／奉天新市街四二条街／一八八四（明一七）九／青森県青森市長島／明治学院神学部本科

一九〇八年三月青山学院高等科を卒業し、翌年九月明治学院神学部本科に入学した。一二年六月に卒業し、同年七月郷里青森の日本基督教会伝道師となった。一四年一〇月同教会を辞任し、第二八回大会で教師試験に合格して同年一一月奉天日本基督教会に招聘され渡満した。

山口　重次 ▷12

国務院総務庁参事官、満州国協和会参与／新京特別市大同大街国務院総務庁／一八九二（明二五）八／千葉県君津郡根形村／京城法政研究会

朝鮮総督府巡査として勤務するかたわら京城法政研究会で修学し、卒業後は朝鮮総督府に勤務した。一九二〇年二月に渡満して満鉄に入り大連埠頭に勤務し、二五年頃から社員会創設運動に参画し、また二八年一一月には小沢開作らと満州青年連盟を創立して理事に就いた。三一年一〇月満州事変に際し関東軍参謀部嘱託となり、瀋海鉄路保安維持委員会幹事長秘書、東北交通委員会秘書、斉克鉄路局顧問等を務めて中国鉄道の接収に従事し、同年一二月関東軍司令部内に設置された統治部の交通課長となった。次いで満州国協和会設立委員として活動し、三二年七月に同会が発足すると中央事務局委員となり、正式に満鉄を退社した。三三年四月満州国協和会中央事務局次長に就き、東亜産業協会理事長となったが、雄峯会及び関東軍との確執の中で三四年九月に満州国協和会中央事務局次長を辞任した。三五年三月奉天市政公署参事官に転じて奉天市参与官・総務処長、奉天市政調査委員会委員長、財団法人奉天同善堂董事、満州国協和会中央本部委員等を歴職して三七年七月国務院総務庁参事官となった。⇒三八年一月牡丹江省次長となったが同年九月に辞任し、三九年一月満州林業㈱監事に転じた。四五年五月業務で東京に出張して同年八月東京で敗戦を迎え、郷里の千葉県に引き揚げて農業に従事した。著書に『消えた帝国 満州』『満州建国戦史』等がある。七九年一二月没。

山口　順平 ▷12

ハルビン日本居留民会理事、ハルビン体育協会総務部長、ハルビン特別市自治委員会評税委員、勲八等／ハルビン石頭道街居留民会舎宅／一八八三（明一六）二／宮城県桃生郡二俣村／正教神学校

一九〇四年東京駿河台の正教神学校を卒業し、第二師団付通訳として日露戦争に従軍した。戦後〇六年に帰国し、同年五月ウラジオストクに渡り貿易商誠志商会のロシア語通訳となった。〇九年ブラゴエシチェンスクに移住して同地の日本居留民会理事を務め、次いで一六年にハルビンに移り協信洋行に入社した。その後二四年に独立して山口商店を開設して特産商を営み、三二年からハルビン日本居留民会理事を務めた。夫人美津子との間に二男一女あり、長男亮は満鉄鉄道部に勤務した。

山口　四郎 ▷12

満鉄産業部鉱業課員／大連市清見町／一九〇七（明四〇）五／山形県東田川郡藤島町／北海道帝大

山形県山口岩吉の四男に生まれ、北海道帝大を卒業して陸軍省に勤務した。その後一九三三年満鉄に入り、経済調査会勤務兼地質調査所員を経て三七年産業部鉱業課勤務に転任した。

山口　二郎 ▷11

旅順公学堂長、従七位勲八等／旅順市善通寺町／一八七九（明一二）一二／東京府東京市本郷区駒込西片町／愛知県立第一中学校、楽石社支那語専修部

東京府山口吉三の次男に生まれ、一九〇五年愛知県立第一中学校を卒業して東京楽石社支那語専修部に学んだ。東京府荏原郡書記を務めた後、〇七年九月に渡満して関東州貔子窩公学堂長となった。二一年四月旅順公学堂長に転任し、かたわら南満州教育会教科書編輯部公学堂日語科編輯委員、東洋協会旅順語学校講師、関東庁警察官練習所公司嘱託を兼務した。この間、華南華北、北満、東部蒙古等を視察し、関東庁博物館付属図書館及び南満州教育会、中日文化協会等の評議員を務めた。

山口　申七 ▷12

満鉄鉄道総局付待命参事、勲六等／奉天満鉄鉄道総局／一八八四（明一七）二／鹿児島県鹿児島市新屋敷町／熊本高等工業学校土木科

一九一〇年熊本高等工業学校土木科を卒業し、同年七月鉄道院鹿児島建設事務所技手となった。一三年に退官してラサ島鉱業所に勤務した後、宇治川電気会社に転じて土木部勤務を経て近江支店土木主任を務めた後、阪和電気鉄道㈱創立事務所に転じて創立後に同社土木部鳳出張所長となった。その後三二年六月満鉄に転じて渡満し、鉄道部に勤務した後、三三年三月鉄路総局工務処工務科、三四年三月洮昂斉克洮索鉄路局派遣、同年四月洮南鉄路局技師・工務処長心得を経て同年五月同工務処長となった。次いで三五年七月チチハル鉄路局工務処長、同年一〇月工務科長兼務を経て三六年九月参事に昇任し、三七年四月待命鉄道総局付となった。

山口　清一 ▷12

山口商会主、奉天地方委員／奉天加茂町／一八八五（明一八）三／長崎県東松浦郡久賀島村／有川捕鯨附属水産学校

長崎県山口鹿之助の次男に生まれ、長崎県立中学校を経て一九〇四年有川捕鯨附属水産学校を卒業した。さらに私塾で漢学を修めた後、〇九年九月中国との海産物貿易を志して渡満し、一〇年五月から関東州海洋島を根拠に付近一帯の小鰯を購入して煎り子を製造した。三年の準備期間を置いて一二年一一月奉天に山口商会を設立して海産物貿易業を開始した。二四年二月に農林省水産局と連絡して水産物の対満輸出貿易振興策について日本政府当局に陳情し、海産物、青果類、一般食料品の専用貯蔵倉庫を建てて倉庫業を兼営した。さらに三四年に十八会植林会を組織して会長となり、撫順付近の三〇〇町歩にドロノキ、カラマツなど八〇万本を植林した。この間、奉天取引所信託及び満州殖産銀行の取締役を務めたほか、満州実業連盟会委員長、奉天商工会議所議員、奉天海産物貿易商組合長、在郷軍人分会評議員・同理事など多数の公務に就いた。

山口　世基 ▷4

山口商会主／旅順市青葉町／一八六八（明一）七／佐賀県杵島郡武雄町

日露戦後の一九〇六年八月に渡満し、旅順で雑貨、牛肉、石炭、木材販売業を始めた。事業の発展と共に桜印の商号で石鹸製造に進出して成功し、官選市会議員を務めた。

山口　政司 ▷12

山口履物店主／ハルビン道裡地段街／一九一六（大五）六／長崎県長崎市銭座町

奉天中学校を卒業した後、父徳三郎が一九二六年から経営する山口履物店を補佐した。父の没後に同店の経営を引き継ぎ、三五年三月に田地街から道裡地段街に店舗を新築移転し、馬家溝に支店を設けた。履物類一式を取り扱い、大阪、東京方面を仕入先として道裡・道外の中国人顧客を獲得し、八人の店員を使用した。

山口　成淳 ▷11

山口洋行主／奉天省四平街／一八七〇（明三）一〇／鹿児島県鹿児島市平之町

鹿児島県農業山口泰春の次男に生まれ、一八九〇年近衛歩兵連隊に入隊した。現役で憲兵を志願して日清戦争に従軍し、後に台湾で勤務した。いったん帰国した後、日露戦争時には通訳官として従軍した。一九〇五年一〇月、兵站部御用達として三度渡満して昌図公司に入ったが、その後奉天省四平街に移って雑貨商を営んだ。同地草分けの一人として商業組合長を務めたほか、同郷団体の三州会支部を設けて会長に就いた。

山口　外二 ▷12

満鉄鉄道総局輸送局配車課長、社員消費組合総代、正六位勲六等／奉天白菊町／一八八九（明二二）三／福井県足羽郡東郷村

福井県山口利左衛門の三男に生まれ、学業を終えて鉄道院に入った。勤続して敦賀駅長書記、富山駅車掌、金沢駅貨物係、中部鉄道管理局営業課員、運輸局貨物課員を歴職し、二七年鉄道局副参事兼鉄道省事務官を経て二九年鉄道省運輸局配車課事務官となった。三六年満鉄に転出し、鉄路総局機務処輸送課長を経て鉄道総局輸送局配車課長に就いた。この間、満州事変時の功により従軍記章、建国功労賞、皇帝訪日記念章を受けたほか、三五年に陸軍大臣より軍事功労賞を授与された。

山口　剛夫　▷12

撫順中学校教諭兼舎監／奉天省撫順永安寮／一九〇二（明三五）三／東京府東京市芝区神谷町／國學院大学

東京府官吏山口基徳の長男に生まれ、一九二七年三月國學院大学を卒業した。同年四月満鉄撫順中学校教諭となり、後に同校舎監を兼務した。

山口　赳夫　▷7

満州船渠㈱庶務主任／旅順市東郷町／一八八三（明一六）九／鹿児島県薩摩郡藺牟田／東京高等商業学校専攻部

一九〇九年七月、東京高等商業学校専攻部を卒業して和歌山商業学校の教諭となった。その後同校校長となったが、第一次世界大戦後の好況下にあった一八年一二月に辞職し、渡満して川崎造船所大連出張所に勤務した。二三年四月に満州船渠㈱となってからも勤続して庶務主任を務めたが、二五年三月に退社して帰国し、私立豊橋商業学校の校長に就いた。

山口辰三郎　▷12

満鉄ハルビン鉄路局機務処配車科長、社員会評議員、従七位勲六等／春銀奉天街シャバノフ方／一八九二（明二五）四／群馬県多野郡八幡村／鉄道院中央教習所

群馬県山口登市の四男に生まれ、一九一七年鉄道院中央教習所を修了して鉄道員となった。以来勤続して三三年一〇月鉄道省東京鉄道局副参事となり、同年一一月満鉄に転出して渡満し、鉄路総局運輸処貨物科に勤務した。三五年一一月大虎山鉄路監理所長を経て三六年九月ハルビン鉄路局機務処配車科長となり、同年一〇月副参事に昇任した。

山口　民治　▷12

ハルビン高等法院次長／ハルビン南崗奉天街／一八九四（明二七）九／佐賀県杵島郡六角村／東京帝大法学部英法学科

一九一九年東京帝大法学部英法学科を卒業し、同年七月三井物産に入社した。二一年一〇月に退社して司法官試補に転じ、同年一二月長崎区裁判所検事代理を経て二三年六月予備判事となり、東京地方裁判所及び東京区裁判所の判事代理を務めた。二五年四月東京区及び東京地方区裁判所判事、二八年五月同予審係、三四年九月東京控訴院判事を歴任した後、同年一二月満州国推事に転出して渡満した。北満特別区高等法院首席庭長を務めた後、三六年七月ハルビン高等法院次長に就いた。この間、大典記念章及び皇帝訪日記念章を授与され、三五年九月の皇帝溥儀のハルビン行幸に際し単独拝謁した。

山口民之助　▷12

国際運輸㈱経理課審査係主任／大連市初音町／一八八六（明一九）九／佐賀県西松浦郡有田町／中央大学

立教中学校を経て中央大学を卒業し、一九〇七年帝国鉄道庁に入った。〇九年に渡満して満鉄に転じ、運輸部、鉄道部の各部・各課に歴勤した。二五年に退社して国際運輸㈱に転じ、大連支店、支社監査課、計理課勤務を経て三二年臨時安東支店長代理となった。次いで安東営業所主任嘱託、安東支店長事務取扱兼新義州支店長事務取扱を歴職して参事補となり、三五年調査課審査員を経て三六年四月経理課審査係主任に就いた。

山口　保　▷12

満鉄皇姑屯鉄道工場材料科材料股主任／奉天弥生町／一八九四（明二七）八／岩手県盛岡市新築地／岩手県立盛岡中学校

岩手県山口大吉の長男に生まれ、一九一四年三月県立盛岡中学校を卒業して同年四月鉄道院に入った。その後渡満して㈱大連機械製作所に勤務し、一九年四月満鉄に転じて沙河口工場第一作業課再用品係に勤務した。次いで監理課、鉄道工場再用品職場、奉山鉄路局派遣員、奉天鉄路局に歴勤して皇姑屯工廠材料科材料股主任兼運搬股主任となり、三六年九月職制改正により皇姑屯鉄道工場材料科材料股主任となった。この間、満州事変時の功により賜盃及び従軍記章を授与された。

山口　忠三　▷11

満州商業新報社長／大連市吉野町／一八九〇（明二三）一一／東京府東京市牛込区払方町

山形県酒造業山口忠三郎の三男に生まれ、郷里の小学校を卒業した後、東京、大阪で働きながら独学を続けた。一九一七年一〇月に渡満し、大連の日清興信所主任となった。二二年に大連経済新報社に転じ、翌年同紙を満州商業新報と改題して社長に就いた。

山口鉄之助 ▷11

新聞図書雑誌文房具紙類販売業、勲七等／奉天省大石橋中央大街／一八八三（明一六）四／三重県阿山郡玉滝村

三重県農業山口惣助の四男に生まれ、一九〇三年大津の第九連隊に入営し、翌年六月日露戦争に従軍した。戦後〇六年に帰国したが、翌年二月独立守備隊第四大隊に編入されて再び渡満した。一〇年六月軍曹に進級して満期除隊し、そのまま現地に留まり関東都督府巡査となり、後に警部補に進んだ。二四年に退職し、大石橋で新聞図書雑誌文房具紙類販売業を営んだ。この間、日露戦争の功で勲八等白色桐葉章及び金二〇〇円、青島戦争及びシベリア出兵時の功により金一封を受け、二〇年一〇月勲七等瑞宝章を受けた。旅順高女第三回卒業の夫人タケとの間に三男があった。

山口　十助 ▷14

華北交通㈱理事、勲八等／大連市榊町／一八八五（明一八）三／三重県飯南郡西黒部町／台湾協会学校

三重県農業山口為蔵の長男に生まれ、一九一一年三月台湾協会学校を卒業して満鉄に入社した。奉天駅勤務、同駅助役、営口駅長、長春鉄道事務所庶務長兼営業長、ハルビン事務所運輸課長、奉天鉄道事務所次長、鉄道部貨物課長等を歴任して鉄道部営業課長に就いた。この間、三一年一一月から三六年一〇月まで大連市会議員を務めた。日中戦争期には、三九年に満鉄等の出資で設立された華北交通㈱の理事に就いた。

山口　凱夫 ▷11

旅順要塞副官、正七位勲六等／旅順市司台町陸軍官舎／一八九五（明二八）一一／大阪府大阪市北区小松原町／陸軍士官学校

大阪陸軍幼年学校を経て士官学校に進み、卒業して陸軍少尉に任官した。一九二一年中尉に進級して北支那駐屯軍司令部付となり、山海関守備隊長を務めた。二七年大尉に昇任して福知山連隊中隊長となり、翌年一二月旅順要塞副官に転任して渡満した。⇓いったん帰国した後、三三年に再び渡満して靖安軍参謀処長となり、蒙政部理事官、総務司人事科長を経て三七年七月興安東省参与官に就いた。

山口　俊生 ▷12

満鉄ハルビン鉄路局総務処文書科長、勲八等／ハルビン鉄路局総務処文書科長局宅／一八九八（明三一）二／佐賀県佐賀市水ヶ江町／京城高等商業学校

一九二一年京城高等商業学校を卒業した後、二五年四月満鉄に入り埠頭事務所車務課に勤務した。以来勤続して大連埠頭貨物助役、第三埠頭貨物助役、埠頭事務所計画係、同第一埠頭主任、同第二埠頭主任、大連鉄道事務所庶務課文書係主任を歴職した。三七年四月副参事に昇任してハルビン鉄路局総務処文書科長となり、家族を大連市光風台の自宅に残して単身赴任した。この間、満州事変時の功により勲八等及び従軍記章、建国功労賞、皇帝訪日記念章を授与され、三六年四月勤続一五年の表彰を受けた。

山口　直一 ▷11

奉天南満中学堂教諭兼舎監／奉天富士町／一八九三（明二六）一〇／長崎県東彼杵郡福重村／東京高等師範学校体育科

長崎県農業山口謹八郎の長男に生まれ、一九一七年東京高等師範学校体育科を卒業して長崎の私立鎮西学院教諭となった。広島県立福山中学校、熊本県立第二師範学校教諭を経て二二年八月奉天南満中学堂教諭に転任して渡満した。

山口　尚次 ▷11

旅順第一尋常高等小学校訓導／旅順市鮫島町／一八八七（明二〇）一二／福島県耶麻郡熊倉村／福島県師範学校本科二部

福島県神職山口寅五郎の次男に生まれ、一九〇九年三月、福島県師範学校本科二部を卒業して県下の耶麻郡駒形小学校訓導となった。同郡上三宮尋常小学校長、同郡北山尋常小学校長、同郡磐梯尋常高等小学校長、同郡加納尋常高等小学校長等を歴任し、二三年一〇月関東州小学校訓導に転任して渡満し、旅順第一尋常小学校訓導となった。実妹は関東庁属大森栄助に嫁し、次弟尚は関東庁属荒井平馬の婿養子となり、東京高等師範学校文科一部を出て文官高等試験に合格し石川県視学を務めた。

山口　弘夫　▷3

関東都督府医院長兼医長、陸軍一等軍医正、高等官二等、正五位勲三等功四級／旅順特権地区／一八六六（慶二）一二／東京府東京市小石川区音羽町／帝国大学医科大学

一八九四年一二月、帝国大学医科大学を卒業して陸軍三等軍医となった。九六年五月免本職大学院入学となり一九〇〇年に軍医学校教官となった。台北医院医務嘱託、台湾総督府医学校講師、医術開業試験委員を歴任して〇三年三月医学研究のためドイツに留学した。〇四年四月に帰国したが、〇六年二月再びドイツ駐在となり翌年一二月に帰国して東京第一衛戍病院に勤務した。陸軍省医務局勤務、東京第一衛戍病院長、陸軍医学校教官を経て日露戦争時には衛生局編纂委員を務め、臨時脚気病調査会委員、医術開業試験委員、陸軍衛生材料調査委員等を歴任した。一一年一一月、関東都督府医院長兼医長となって渡満した。

山口福次郎　▷11

大連沙河口尋常高等小学校訓導／大連市沙河口仲町／一八九一（明二四）一〇／福岡県三潴郡木佐木村／福岡師範学校本科第二部

福岡県農業山口作太郎の長男に生まれ、一九一二年三月福岡師範学校本科第二部を卒業した。郷里の三潴郡木佐木小学校訓導を務めた後、二一年七月に渡満して大連沙河口尋常高等小学校訓導となった。

山口文次郎　▷9

山口組主、鴨緑江木材㈱取締役／安東県六番通／一八六八（明一）二／東京府北豊島郡王子村

一八八八年徴兵されて陸軍工兵隊に入営し、除隊後は習得した土木建築の技能を活かして土木建築請負業に従事した。一九〇四年日露戦争が始まると安東県に渡って鴨緑江材の需給状況を視察し、いったん帰国した後、〇九年三月に再び渡満して安東県に山口組を興して土木建築請負業に従事した。事業の伸展とともにハルビンに支店、大連と長春に出張所を設け、北満材の販売も兼営した。また安東県、沙河鎮、安奉線の沿線各地に広大な土地を購入し、三〇万円の建築費を投じて家屋を建造して満鉄の代用社宅など貸家業を兼営し、安東財界の有力者として鴨緑江木材㈱など諸会社の重役を務めた。

山口復三郎　▷11

満鉄安東地方事務所経理係長／安東県朝日町／一八九一（明二四）八／佐賀県東松浦郡相知村／早稲田大学政治経済科

佐賀県山口浅太郎の長男に生まれ、一九一三年早稲田大学政治経済科を卒業した。日本郵船㈱、鐘ヶ淵紡績㈱を経て満鉄に転じ、一五年七月に渡満した。経理部、遼陽地方事務所会計主任、鉄嶺地方事務所会計主任等歴任し、二七年一二月安東地方事務所に転任して経理係長となった。

山口　実　▷11

旅順公学堂教諭／旅順市東郷町／一八八九（明二二）六／鹿児島県薩摩郡永利村／北海道師範学校

鹿児島県農業山口七右衛門の長男に生まれ、一九一一年三月北海道師範学校を卒業して北海道管内の小学校訓導、校長を務めた後、二〇年六月普蘭店公学堂嘱託として渡満した。その後同校の教諭となり、二一年九月旅順公学堂教諭に転任した。実弟の義人は満鉄二十里堡駅長を務めた。

山口　本生　▷12

満州電業㈱工務部計画課長、電業社員倶楽部理事長、帝国在郷軍人新京電業分会副長／新京特別市東安街／一八九二（明二五）一一／高知県高知市水道町／旅順工科学堂電気工学科

高知県立中学海南学校を卒業して渡満し、一九一七年旅順工科学堂電気工学科を卒業して同年一二月関東都督府金州民政署電気事業嘱託となった。一八年一二月一年志願兵として善通寺の工兵第一一大隊に入営し、除隊後二〇年一一月満鉄に入社して電気作業所に勤務した。二六年南満州電気㈱に転じて工務課に勤務した後、天ノ川発電所長、工務課運転係主任、大連発電所長、甘井子臨時建設事務所長等を歴任し、二九年三月社命で発電機研究のため欧米に出張した。三〇年三月に帰社し、三四年一一月南満州電気より電気供給事業を継承して満州電業㈱が設立されると同社入りして新京電業局営業課長となり、甘井子臨時建設事務所長を兼務した。次いで同年一二月参事に昇格して工務部計画課長となり、かたわら電業社員倶楽部理事長、帝国在郷軍人新京電業分会副長を務めた。

山口　雄造　▷7

和洋雑貨商／鄭家屯東大街／一八八六（明一九）一／鹿児島県鹿児島市平之町

海軍軍人を志して佐世保海兵団に入り、満期退団して一九一四年に渡満した。奉天省四平街の実兄成淳の下で雑貨商を手伝った後、一六年三月内蒙古の鄭家屯に赴いて和洋雑貨商を開業した。開業半年後に日本軍と奉天軍が衝突する鄭家屯事件が勃発したが、同地に踏みとどまり、後に居留民会評議員を務めた。

山口　義夫　▷3

満鉄運輸部運転課職員／大連市近江町／一八八一（明一四）六／東京府東京市麻布区狸穴

一九〇八年京都帝大機械工学科を卒業し、同年六月満鉄に入社して渡満した。

山口　義人　▷11

満鉄二十里堡駅長／金州管内二十里堡会満鉄社宅／一八九五（明二八）一〇／鹿児島県薩摩郡永利村／満鉄従事員養成所

鹿児島県農業山口七右衛門の三男に生まれ、一九一三年満鉄従事員養成所を修了して満鉄現業員となった。橋頭駅務助手、同駅貨物方、奉天駅車掌、瓦房店駅勤務、大連管理局運転課勤務を経て二一年一二月営城子駅助役となった。さらに万家嶺駅、大連鉄道事務所勤務を歴任し、二七年一一月二十里堡駅長に就任した。実兄の実も二〇年に渡満し、旅順公学堂教諭を務めた。

山口　快任　▷12

山口医院主／浜江省牡丹江円明街／一九〇一（明三四）一／鹿児島県鹿児島市上竜巻町／岩手医学専門学校

本姓は別、是枝快房の子に生まれ、後に山口家の養子となった。岩手医学専門学校を卒業して神戸市の摂津病院長桂田富士郎博士の助手となった。その後、石原産業海運㈱に入り南洋航路船浄宝丸の船医となり、次いで満州炭砿㈱に転じて西安炭坑城田病院長に就いた後、牡丹江で開業した。

山口倭太郎　▷12

関東州庁殖産課長、㈳満州発明協会理事、従六位勲六等／大連市関東州庁殖産課／一九〇〇（明三三）七／愛知県知多郡大府町／中央大学専門部経済科

一九二六年中央大学専門部経済科を卒業した後、二八年文官高等試験行政科に合格し、二九年六月関東庁専売局属兼関東庁属となった。次いで専任関東庁属、兼任関東庁警視を経て三二年関東庁事務官となり、警務局衛生課長、警察官練習所教官兼務、金州民政署長を歴任して三六年一一月関東州庁殖産課長となった。

山崎　一雄　▷12

満州炭砿㈱経理部経理課長、鶴岡煤鉱[股]監察人／新京特別市入船町／一八九九（明三二）一／徳島県板野郡松茂村／早稲田大学商学部

旅順中学校を経て一九二三年三月早稲田大学商学部を卒業し、同年七月満鉄に入り経理部付となった。二七年七月撫順炭砿経理課に転勤し、三〇年七月同炭砿機械工場庶務係主任となったが、三二年五月に満鉄を退社して国務院司法部事務官に転じ、総務司会計科長となった。その後三四年六月に退官して同年一二月満州炭砿㈱参事となり、経理部会計課長を経て同部経理課長に就いた。

山崎　和雄　▷12

山崎医院主／ハルビン道裡中国十五道街／一八九四（明二七）九／石川県金沢市早道町／金沢医学専門学校

石川県山崎丈五郎の三男に生まれ、一九一八年金沢医学専門学校を卒業して慶応大学医学部助手となった。皮膚科学を専攻して二七年に論文「鼠癌ノ成熟異種族動物（二十日鼠及鳩）脳内移植試験」で同大学より医学博士号を取得し、その後渡満してハルビンで山崎医院を開業した。

山崎　儀一　▷9

硅白セメント㈾代表／大連市伏見台／一八八〇（明一三）四／佐賀県藤津郡嬉野町

一九〇一年徴兵されて小倉の騎兵第一

二連隊に入営し、〇四年日露戦争に従軍した。帰国後、〇九年七月に再び渡満して関東都督府民政部財務課官有財産係となり、一一年五月大連民政署官有財産係に転任した。一四年に青島戦争に従軍して勲七等旭日章と一時賜金を受け、その後一五年一二月満鉄に入社して地方部衛生課に勤務した。二〇年一〇月に退社して硅白セメント㈾を組織して代表者業務執行社員となり、南関嶺に工場を設けて白色セメント及びドロマイト石膏の製造販売に従事した。

山崎　健治　▷12

㈱昭和製鋼所製鋼部庶務係主任、社員会会計部長、鞍山静岡県人会副会長／奉天省鞍山下台町／一九〇二（明三五）八／静岡県富士郡吉原町／沼津商業学校

静岡県山崎隆蔵の長男に生まれ、一九二〇年三月県立沼津商業学校を卒業して満鉄に入り、鞍山製鉄所経理課及び庶務課に勤務した。三三年六月同所の事業を継承した㈱昭和製鋼所の操業開始とともに同総務部経理課に転任し、三六年四月製鋼部庶務係主任となった。

山崎　堅司　▷12

満州計器(股)庶務科長／新京特別市東朝陽路／一八八七（明二〇）一／青森県弘前市紺屋町／東亜同文書院商務科

一九〇九年上海の東亜同文書院商務科を卒業し、一〇年一一月満鉄に入り奉天公所に勤務した。長春地方事務所渉外係主任、社長室外事課情報係主任、臨時経済調査委員会庶務主任を歴任した後、三〇年一二月に退社して奉天漁業商船保護総局嘱託に転じ、参事に進んで総務科長を務めた。その後、国務院実業部嘱託に転じて総務司庶務科に勤務したが、三六年二月満州計器(股)に転じて庶務科長に就いた。この間、二六年四月に満鉄勤続一五年の表彰を受けたほか、満州国勲六位景雲章及び建国功労賞、皇帝訪日記念章を授与された。

山崎　重次　▷9

長春取引所信託㈱専務取締役／長春蓬莱町／一八八二（明一五）二／島根県那賀郡浜田町／東京外国語学校清語本科

一九〇六年東京外国語学校清語本科を卒業して渡満し、〇九年七月満鉄に入社した。二一年七月満鉄を退社し、長春取引所信託㈱専務取締役に就任した。

山崎獅子雄　▷12

満鉄鉄道総局文書課員／奉天満鉄鉄道総局文書課／一九一一（明四四）一二／高知県吾川郡弘岡下ノ村／東京帝大法学部

高知県山崎益樹の長男に生まれ、一九三四年三月東京帝大法学部を卒業して満鉄に入り、同年一一月吉林站貨物副站長となった。三六年一二月鉄道総局に転任して文書課に勤務した。

山崎　淳一　▷12

満鉄二十里台駅長／関東州二十里台駅長社宅／一八九八（明三一）二／愛媛県松山市大字柳井町

愛媛県山崎柏太郎の長男に生まれ、一九一四年一〇月広島郵便局通信生養成所を修了して逓信省職員となった。その後一九年八月満鉄に転じて渡満し、奉天駅に勤務した。次いで二〇年八月奉天列車区、同年一二月同区鶏冠山在勤、二二年四月橋頭駅、同年八月長春列車区鉄嶺在勤、二三年六月奉天列車区大石橋分区に歴勤した。二八年六月夏家河子駅助役となり、三二年三月瓦房店駅助役を経て三五年三月二十里台駅長に就き、同年四月勤続一五年の表彰を受けた。この間、瓦房店在勤時に同地の地方委員を務めた。

山崎新太郎　▷9

遼陽警務署長／奉天省遼陽市官舎／一八七九（明一二）五／千葉県匝瑳郡須賀村／明治法律学校

千葉県の代々名主を務めた旧家に生まれたが、祖父の代に家産を失い、貧苦の中で成長した。郷里の八日市小学校を卒業して私立愛人学舎で学んだ後、上京して明治法律学校を卒業した。海軍に入ったが中途で退役し、一九〇二年台湾に渡って台湾総督府巡査となり、後に警部に昇進した。その後朝鮮総督府に転じて釜山、木浦、京城の各署に勤務したが、一九年八月関東庁に出向となって渡満し、大連水上派出所主任を務めた。二二年九月、関東庁兼外務省警視に昇進して遼陽警務署長に就いた。

山崎誠一郎　▷3

外務書記生、在牛荘領事館／牛荘

領事館内／一八八〇（明一三）二／高知県香美郡槙山村

一九〇七年、韓国統監府間島派出所通訳生となった。〇九年一〇月外務省に転任して引き続き間島に在勤し、一一年外務省書記生となった。一四年八月、牛荘領事館に赴任した。

山崎　善次　▷13

東辺道開発㈱取締役総務部長／一八九二（明二五）六／鳥取県八頭郡用瀬村／鳥取県師範学校、東京高等商業学校教員養成所

一九一三年、鳥取県師範学校を卒業して郷里の小学校訓導となった。その後上京して東京高等商業学校教員養成所に入り、一八年に卒業して満鉄に入社した。大石橋尋常高等小学校訓導、営口実業学堂教諭を務めた後、満鉄本社経理部主計課に転じた。社命で欧米に一年半留学して三〇年に参事となり、経理部主計課勤務、鉄道部兼経理部主計課勤務、鉄道建設局庶務課長等を歴任して鉄道総局第一経理課長となった。その後、新京の東辺道開発㈱に転じ、取締役総務部長に就いた。

山崎　猛　▷11

衆議院議員、満州日報社長、従五位／大連市東公園町満州日報社／一八八六（明一九）六／東京府東京市渋谷区原宿／第一高等学校中退

茨城県山崎直の四男に生まれ、第一高等学校を中退して代用教員となった。一九一〇年京城日報社に入り、同社理事、文部大臣秘書官、司法大臣秘書官、水戸市長を歴任した。この間、二〇年立憲政友会から衆議院選挙に出て当選し、戦後も含め通算一〇回当選した。二七年九月満州日日新聞社長として渡満し、同年一一月遼東新報社を併合して「満州日報」と改題した。⇒戦後も政界に留まり、四六年衆議院議長、四八年民主自由党幹事長、五〇年吉田内閣運輸大臣、五一年同内閣国務大臣兼経済審議庁長官を歴任した。五七年一二月没。

山崎　忠直　▷9

満鉄遼陽工場長、従五位勲五等／奉天省遼陽満鉄工場社宅／一八七八（明一一）三／山口県吉城郡山口町／東京帝大工科大学機械工学科

一九〇二年東京帝大工科大学機械工学科を卒業して鉄道院に入り、長野、金沢、米原、及び新橋の各工場に勤務した。北海道鉄道㈱に転じて工作課長、機関事務所長等を歴任した後、朝鮮総督府鉄道局に転じて竜山、兼二浦、平壌の各工場に勤務した。一七年七月朝鮮鉄道が満鉄に受託経営されると同社に入り、沙河口工場に勤務して設計課長代理、第二作業課長代理を歴任した後、一九年に遼陽工場長となった。

山崎　長七　▷9

大連硅白セメント㈾技師／大連市伏見台／一八八六（明一九）九／佐賀県藤津郡西嬉野村／旅順工科学堂採鉱冶金学科冶金分科

一九一四年一二月旅順工科学堂採鉱冶金学科冶金分科を卒業し、台湾の金瓜石鉱山に入り精錬課主任となった。一六年五月中国湖南省長沙の大同洋行精錬所主任に転じ、次いで一八年六月中日実業㈱鉱山部技師に転じ、さらに二二年八月大連硅白セメント㈾に招かれ、同社専売特許の硅白セメント工場技師となって渡満した。

山崎　寅一　▷4

山崎商店主／興安北省ハイラル旧市街／一八七〇（明三）五／長崎県北高来郡諫早町

長くシベリアで貿易に従事した後、一九〇三年ハイラルに赴いて山崎商店を興した。日本雑貨、官煙草等を販売したほか質屋業を兼営し、同地在住日本人の草分けとして〇八年以来長く民会長、日本赤十字社地方委員を務めた。

山崎仁平次　▷9

山崎洋行主／大連市石見町／一八九四（明二七）六／長崎県南高来郡布津村／海星商業学校

一九一四年長崎市の海星商業学校を卒業して渡満した。一七年二月、大連に山崎洋行を開店して満州特産物取引業を営んだ。

山崎　信樹　▷1

盛京書局主、自由通信社員／奉天城内総督衙門前／一八七二（明五）五／高知県長岡郡／帝国大学法科大学中退

第二高等学校を卒業して帝国大学法科大学に入学したが、中退して各地で教員を務めた。その後渡満して奉天城内総督衙門前に居住し、盛京書局の名で書籍雑誌、文具を販売し、かたわら中野寅次郎と自由通信社を経営した。

山崎　秀夫　▷12

承徳税関監査科長、勲六位／大連市西公園町／一八八八（明二一）三／広島県広島市若草町／広島明道中学校

広島県山崎廉次郎の三男に生まれ、一九〇八年広島明道中学校を卒業し、同年一二月一年志願兵として広島の重砲兵第四連隊に入営した。退営した後、一六年一月中国海関に入り、安東海関に勤務した。二四年四月天津、二六年六月上海、三〇年一〇月大連の各海関に歴勤して超等二級験貨員に進んだ。三二年六月満州国による海関接収に伴い満州国税関官吏となり、大連税関に勤務した。三四年三月税関鑑査官に昇任した後、三六年一二月承徳税関鑑査科長に転任し、家族を大連に残して単身赴任した。同郷の夫人菊枝との間に千恵子、輝子、伊津子の三女あり、いずれも大連神明高女を卒業した。

山崎　英武　▷11

山崎英武工務所代表社員／奉天省鞍山北三条町／一八八一（明一四）一一／岡山県岡山市二番町／東京高等工業学校選科、同付属補習工業学校

岡山県軍人梶浦定宜の三男に生まれ、伯父山崎武雄の養子となった。東京の私立順天中学校を卒業した後、東京高等工業学校選科及び付属補習工業学校で建築学を修学し、大阪の大溝組に入った。一九〇八年一〇月に渡満して大連の飯塚工程局に転じ、現場係として各地の出張所主任を務めた後、いったん帰国した。一四年三月に再び渡満して加藤洋行工事部、高岡久留工務所、吉川組の下で土木建築請負業を営んだ。その後高島七之助と共同で高島組を組織したが、二六年一〇月㈾山崎英武工務所に改組して代表社員に就いた。業務のかたわら鞍山付属地第三区長を務めた。

山崎　平吉　▷11

大連取引所長、従四位勲四等／大連市柳町／一八七九（明一二）三／佐賀県西松浦郡大坪村／東京帝大法科大学政治学科

佐賀県農業山崎貞助の四男に生まれ、一九〇五年東京帝大法科大学政治学科を卒業した。〇八年一〇月文官高等試験に合格し、さらに一〇年一一月外交官及領事官試験に合格し、翌年六月領事官補となり、同年一一月奉天領事館に赴任した。一四年六月サンフランシスコ在勤を経て一六年五月領事に昇格して赤峰に赴任し、同年一二月シンガポール領事に転任した。二一年一二月長春領事として赴任したが二二年三月依願退官し、同年一二月関東庁事務官外事課長となった。二七年一二月に退官して関東庁嘱託となり、大連取引所長に就任した。養嗣子に迎えた五郎は東京帝大法学部法律科に学んだ。

山崎　誠　▷12

熱河省公署理事官兼地籍整理局理事官、熱河省総務庁総務科長、地籍整理局熱河分局員／熱河省公署総務庁内／一九〇七（明四〇）三／高知県高知市中島町／東京帝大法学部政治学科、大同学院

高知県山崎誠一郎の長男に生まれ、高知第一中学校、高知高校を経て一九三〇年三月東京帝大法学部政治学科を卒業した。その後三二年五月に渡満して国務院資政局訓練所に入所し、同年一〇月改称後の大同学院を卒業して浜江省属官となった。三三年五月同省双城県属官、三四年四月同県代理参事官を経て同年一二月浜江省公署事務官となり、民政庁行政科に勤務した。三六年一〇月熱河省公署理事官に転任して総務庁総務科長に就き、三七年三月地籍整理局理事官兼職となり地籍整理局熱河分局に勤務した。

山崎　正在　▷11

南満州瓦斯㈱沙河口出張所主任／大連市沙河口霞町／一八八九（明二二）四／佐賀県杵島郡橘村／県立佐賀工業学校

佐賀県農業山崎鶴之助の次男に生まれ、一九〇七年県立佐賀工業学校を卒業して鉄道院に入った。一一年四月旅順工科学堂助手となって渡満し、一七年一一月満鉄社員に転じて瓦斯作業所に勤務した。二三年四月から二五年四月まで奉天瓦斯建設のため奉天に駐在し、同年七月瓦斯作業所が満鉄から独立して南満州瓦斯㈱となると沙河口出張所主任に就いた。大連神明高女出身の夫人初栄は生花師範代理免許を有した。

山崎　万六 ▷12

山崎工務所主／新京特別市入船町／一八八五（明一八）七／熊本県天草郡御領村

一九〇六年四月大連に上陸し、同地及び沿線各地で土木建築請負業に従事した。〇七年長春に移住して入船町で同業を経営し、後に豊楽路に支店を設けた。

山崎　元幹 ▷13

満州電気化学工業㈱理事長、満州電業㈱副社長／大連市児玉町／一八八九（明二二）七／福岡県糸島郡福吉村／東京帝大法科大学政治学科

福岡県山崎弥兵衛の三男に生まれ、唐津中学から第一高等学校を経て東京帝大法科大学政治学科に入学した。一九一六年五月に卒業して満鉄に入り、総務部交渉局第一課に勤務した後、一八年一月総務部文書課、一九年七月商務部外事課に勤務し、二〇年一二月社命で欧米各国に留学した。二三年九月に帰社して社長室文書課参事となり、二五年六月撫順炭砿参事、同年八月同庶務課長を経て二七年一〇月本社に戻り社長室文書課長となった。三一年七月総務部次長を経て三二年一〇月理事に就き、三六年一〇月任期満了とともに帰国して小田原に住んだ。三七年九月満州電業㈱副社長として再び渡満し、三八年一〇月満州電気化学工業㈱の設立とともに同社理事長を兼務した。⇒三九年一二月満州電気化学工業㈱理事会長を経て四二年四月満鉄副総裁となり、四五年五月小日山直登の後を受けて満鉄総裁に就任し、同年八月の敗戦を迎えた。四五年九月連合国最高司令官の指令に基づき満鉄総裁を解任され、鉄道及び生産施設の中長鉄路公司への引き渡し、社員の保護等の終戦処理に従事した後、四七年一〇月に帰国した。五一年一二月東邦海運㈱取締役に就任し、かたわら財団法人満鉄会会長、海外移住審議会委員、公共企業体審議会委員等を務めた。七一年一月没。

山崎　守作 ▷12

国務院実業部鉱務司鉱務科員／一八七八（明一一）二／佐賀県三養基郡中原村／工手学校土木科

一八九九年三月東京築地の工手学校土木科を卒業し、同年五月農商務省技手となった。以来勤続して鉱山監督官補、鉱山監督署技手、鉱務技手、農商務技手、鉱務技師、鉱山監督局技師を歴任して三二年二月に依願免本官した。その後三四年四月国務院実業部嘱託となって渡満し、鉱務司鉱務科に勤務した。

山崎保之丞 ▷11

吉林満鉄公所庶務情報係主任／吉林省城大馬路満鉄社宅／一八八六（明一九）一二／福岡県糟屋郡立花村／福岡県立商業学校、東洋協会専門学校

福岡県山崎保の長男に生まれ、福岡県立商業学校を卒業した。鎮西高等簿記学校、東亞語学校韓語科及び清国語科に学んだ後、さらに東洋協会専門学校で修学して鎮西簿記専門学校主席教師となった。一九一三年北京駐在全権公使山座円次郎の公費生として北京に留学し、同年渡満して奉天実業補習学校教諭となった。一四年五月満鉄に転じて交渉局第一課に勤務し、鄭家屯、奉天、洮南等の満鉄公所の庶務、経理、渉外係主任等を歴任し、二六年一〇月吉林公所庶務情報係主任となった。蒙古地方在勤当時、在郷軍人会の創立及び会員の指導に尽くして表彰を受けた。

山崎　義輝 ▷12

㈱大連機械製作所営業部倉庫係主任／大連市台山町／一九〇四（明三七）六／愛媛県温泉郡三津浜藤井町／関西大学専門部法科

愛媛県山崎道太郎の長男に生まれ、関西大学専門部法科を卒業して渡満した。満鉄系列の㈱大連機械製作所に入社し、勤続して後に営業部倉庫係主任となった。

山崎　吉郎 ▷12

満鉄参事、撫順炭砿製油工場庶務係主任、撫順島根県人会副会長／奉天省撫順北台町／一八九五（明二八）三／島根県那賀郡三隅町／小樽高等商業学校

島根県山崎百合治の長男に生まれ、一九二一年三月小樽高等商業学校を卒業し、同年四月に渡満して満鉄に入った。撫順炭砿用度課に勤務し、同年一一月から撫順実業補習学校の講師を兼任した。二六年四月経理課勤務を経て二八年二月臨時製油工場建設事務所に転任し、オイルシェール製油工場の操業事務に従事して二九年一一月同工場勤務となった。三一年八月同工場庶務係主任となり、三六年九月参事に昇格した。この間、満州事変時の功により楯と従軍記章を受けたほか、三六年四月勤続一五年の表彰を受けた。

山里　常吉　▷7

満鉄安東鉄道事務所工務係／安東満鉄社宅／一八九四（明二七）一〇／鹿児島県日置郡吉利村／旅順工科学堂

鹿児島県立第二中学校を卒業し、渡満して旅順工科学堂に入学した。一九一七年に卒業して山東鉄道に入ったが、二二年二月に同鉄道が中国に返還され、翌年二月満鉄に入社して安東鉄道事務所に勤務した。

山沢　静一　▷11

満鉄安東駅駅員、正五位／安東県市場通／一八九九（明三二）一二／東京府東京市麹町区

東京府男爵山沢幾太郎の長男に生まれ、一九一〇年九月家督を相続して襲爵した。一九二三年に渡満して満鉄に入った。埠頭事務所、鉄道部貨物課、奉天駅勤務を経て二七年六月安東駅に転勤した。祖父静香は旧鹿児島藩士で、明治維新に勤皇の志士として伏見、奥羽に転戦し、後に陸軍中将・第五師団長として日清戦争で勲功を立て特旨により男爵・従三位勲二等に叙せられた。

山路魁太郎　▷3

満鉄築港事務所長、従四位勲六等／大連市浜町／一八七二（明五）一〇／福岡県粕屋郡箱崎町／東京帝大工科大学土木科

一八九九年三月東京帝大工科大学土木科を卒業し、同年七月兵庫県技師となった。一九〇一年台湾台中県土木課長、同年一一月台湾総督府技師を経て日露戦後の〇五年九月関東州民政署技師に転じて渡満した。〇六年九月関東都督府土木課長となり、一一年三月欧米に派遣された。一三年七月に依願免官し、翌月満鉄築港事務所長に就任した。

山下伊太郎　▷13

満鉄奉天地方事務所土木係／奉天藤浪町／一八九六（明二九）一一／鹿児島県揖宿郡喜入村／東京工科学校

鹿児島県農業堀之内三助の長男に生まれ、同県山下家を相続した。一九一六年東京工科学校を卒業し、翌年六月に渡満した。一八年満鉄に入社し、各地に勤務した後、奉天地方事務所に勤務した。

山下　興家　▷3

満鉄沙河口工場職員／大連市外沙河口／一八八一（明一四）四／愛媛県北宇和郡吉田町／東京帝大工科大学機械科

一九〇六年、東京帝大工科大学機械科を卒業して渡満した。野戦鉄道提理部大連工場に勤務し、満鉄開業とともに満鉄社員となった。〇七年四月の満鉄社命でイギリスに、次いで一一年アメリカに渡って機関車制作を研究し、一二年に沙河口工場に帰任した。

山下音五郎　▷12

大連汽船㈱機関長／神戸市灘区徳井町／一八九〇（明二三）八／大阪府大阪市西淀川区鷺洲町／岡山県立児島商船学校

岡山県立児島商船学校を卒業した後、船会社に入り海上に勤務した。その後二五年三月大連汽船㈱に入り、機関長を務めた。

山下勝次郎　▷3

山下商店主、大石橋実業会監事／奉天省大石橋中央大街／一八六二（文二）六／広島県広島市愛宕町

一八八三年北海道に赴き、札幌県札幌郡の土地一〇〇万坪の払い下げを受けたが、移民保護規則廃止によって失敗した。八九年ハワイに渡航して雑貨食料品販売に従事し、九一年にイギリス領ビクトリヤアバーメントに転居して同業を営んだ。一九〇一年米国カリフォルニア州フレシノ市に開業したが、〇四年一二月同店を親戚に委託して帰国した。日露戦争直後の〇五年八月営口に赴いて食料雑貨商を営み、〇九年四月大石橋に移転して醤油製造・諸官衙用達業を開業し、かたわら大石橋実業会監事を務めた。

山下　兼文　▷7

山盛商会主／大連市山手町／一八八六（明一九）一二／鹿児島県鹿児島郡谷山村／尋常高等小学校補習科

郷里の谷山尋常高等小学校補習科を卒業し、日露戦争直前の一九〇四年二月先輩の松田虎熊に従って朝鮮に渡り京釜鉄道で働いた。その後臨時軍用鉄道監部に入り同鉄道学校第一期生を修了して運輸部に勤務した。〇七年電信隊に配属された後、満期除隊して運輸部に復帰した。一五年に辞職して大連に山盛商会を開設し、薬種売買・小間物・化粧品・和洋雑貨販売、建築材料卸業を営んだ。

山下　幸作　▷12

満鉄鉄道総局付待命副参事、勲七等／奉天満鉄鉄道総局気付／一八八一（明一四）四／山梨県南巨摩郡八日市場村

山梨県山下茂右衛門の次男に生まれ、日露戦争後一九〇六年二月野戦鉄道提理部付として渡満し、遼陽駅に勤務した。〇七年四月満鉄開業とともに同社入りし、長春車輌係、橋頭車輌係、公主嶺機関区検車助役、長春検車区検車助役を歴職し、三七年四月副参事に昇任して待命、総局付となった。この間、満州事変時の功により勲七等及び従軍記章・建国功労賞・皇帝訪日記念章、関東庁始政記念に際し木杯、三四年六月秩父宮訪満に際し木杯を授与されたほか、満鉄創業三〇周年記念の表彰を受けた。

山下　五郎　▷11

安東取引所理事長／安東県五番通／一八六八（明一）一二／熊本県上益城郡七滝村

熊本県農業山下貞之亟の四男に生まれ、一八九六年から一年間シベリアに渡りウスリー鉄道工事の一部請負に従事した。九九年七月ロシアの東清汽船会社に石炭を納入するために渡満し、以来日露戦争が始まる一九〇四年一月まで同社及び東清鉄道会社の指定商人として石炭、枕木等の供給に従事した。戦後〇六年から安東で製材業を営んだが、一八年に廃業し、二〇年安東取引所理事長に就いた。かたわら鴨緑江輪船公司取締役、安東商工会議所議員を務めた。この間、商用あるいは視察のためウラジオストク、ハバロフスク、モスクワ、樺太、上海、広東、シンガポール等を歴遊した。

山下作次郎　▷1

東亜洋行主／奉天小西辺門外大街／一八七九（明一二）五／和歌山県西牟婁郡日置村／専修学校理財科

県下有数の資産家として知られた林業家山下作太郎の長男に生まれ、神戸商業学校を卒業して上京し、専修学校理財科に入学した。一九〇〇年六月に卒業して帰郷し、家業の林業に従事した。日露戦中の〇四年一二月無断で家を出て芝罘に渡り、営口、奉天、遼陽、鉄嶺、大連、旅順等を巡遊して帰国した。〇五年三月第二軍兵站監部付御用商人となって再び渡満し、軍用物資の供給に従事した。戦後そのまま残留し、営口新市街に東亞洋行を設立して木材販売を営み、神戸に支店、奉天小西辺門外大街に出張店を設けた。その後業務を拡張し、山東出身者を使用して奉天で建築請負業を兼営した。

山下　笹市　▷12

満鉄用度部倉庫課第四倉庫係主任／大連市満鉄用度部倉庫課／一九〇一（明三四）八／香川県仲多度郡与北村／日本大学法文学部法律科

香川県山下弥平太の次男に生まれ、一九二九年三月日本大学法文学部法律科を卒業して郷里の仲多度郡垂水尋常高等小学校の訓導となった。三〇年文官高等試験行政科に合格し、翌年鉄道省に入り経理局会計課に勤務した。次いで三四年一月満鉄に転じて渡満し、鉄道総局経理処に勤務した後、用度科弁事員兼鉄路学院講師、ハルビン用度事務所倉庫係主任に歴勤し、三七年六月用度部倉庫課第四倉庫係主任となった。

山下重次郎　▷3

関東都督府奉天郵便局郵便課長、従七位勲七等／奉天新市街西四条街／一八七二（明五）三／新潟県高田市四ノ辻町

一九〇六年九月、神戸郵便局から関東都督府郵便局に転任して渡満した。〇七年一一月大連郵便局郵便課長となり、一二年四月奉天郵便局郵便課長に転任した。長男の寛は旅順工科学堂を出て満鉄に勤務した。

山下七太郎　▷11

煉瓦製造販売及び炭坑用品納入業／奉天省撫順東五条通／一八七六（明九）一〇／福岡県宗像郡吉武村／中学校

福岡県農業山下甚太郎の三男に生まれ、一八九五年中学校を卒業して㈱宗像銀行に入った。一九〇一年、大阪生命保険㈱書記に転じて徴収係となっ

や

た。日露戦争中の〇五年一二月、野戦鉄道提理部第一採炭班事務員となって渡満した。戦後〇七年二月提理部の業務引き継ぎとともに満鉄に入社し、撫順炭砿に勤務した。二一年四月撫順信託会社支配人兼取締役に転じた後、二五年に同地で煉瓦製造販売・炭坑用品納入業を開業した。かたわら㈱撫順楽天地監査役、撫順実業協会幹事を務めた。

山下　樵曹　▷13

三井物産㈱新京支店長兼大連支店長／一八九〇（明二三）／広島県賀茂郡三津町／東京商業高等学校

一九一三年七月東京商業高等学校を卒業して三井物産に入った。台北、シンガポール、ジャワ、小樽の各支店に勤務した後、函館出張所長、漢口支店長、大阪支店次長、台北支店長、高雄支店長等を歴任した。四一年夏に大連支店長となって渡満し、後に新京支店長を兼務した。

山下政治郎　▷11

満鉄経理部主計課員／大連市伏見町／一八八八（明二一）五／福岡県三池郡玉川村

福岡県山下三吉の長男に生まれ、一九一七年四月に渡満して同年一一月満鉄に入った。技術部助手から一八年二月経理部会計課雇員となり、翌年一二月職員に昇進した。鄭家屯工務事務所員、経理部員を経て二七年経理部主計課員となった。

山下善五郎　▷1

漁民義団山下組主、㈾関東魚市場常務取締役、関東州水産組合議員兼評議員、関東州水産組合遠洋漁業団参事員、奉天魚菜糶場組合取締役／大連市／一八七七（明一〇）七／佐賀県東松浦郡呼子村

旧佐賀藩士の子に生まれ、二〇歳の頃から同藩士で後に政友会の重鎮となった代議士松田正久の下で政治活動を行った。その後政治から身を引いて水産業に従事し、一八九五年呼子水産㈾の支配人となり、次いで九七年に遠洋捕鯨㈱が創立されると取締役に就任した。一九〇二年東西松浦水産組合議員、翌年同評議員に選出され、さらに呼子実業青年会を組織して会頭に就いた。〇四年に日露戦争が始まると出征軍人家族救済のため呼子浦漁民義団を組織し、団長として漁業の振興に努め、漁撈所得の中から義捐金を拠出させた。〇五年四月漁民義団大連組を組織し、漁船四〇隻に多数の漁夫を引率して大連に渡り、沿岸で捕獲した鮮魚を満州軍倉庫本部や各軍隊に納入した。同年八月関東州水産組合の創立に尽力して議員兼評議員を務めたほか、関東州民政署事務嘱託として関西地方に出張して水産業の調査を行った。戦後も漁民義団山下組の名称で引き続き漁業を経営し、かたわら〇六年関東魚市場創立委員となり、㈾を組織して常務取締役に就いたほか、関東州水産組合遠洋漁業団参事員、奉天魚菜糶場組合取締役等を務めた。

山下　峻　▷12

㈴泰山洋行奉天支店長、吉林無尽㈱取締役、吉林銀行監査役、吉林商工会議所議員、在郷軍人会吉林分会評議員、吉林猟友会会長、吉林三州会会長／吉林新開門外／一八九〇（明二三）一一／鹿児島県鹿児島郡福山村／鹿児島学校、鹿児島簿記学校

鹿児島県山下兼行の次男に生まれ、私立鹿児島学校及び鹿児島簿記学校を卒業して一九〇八年一〇月に渡満し、兄の藤蔵が経営する長春の㈴泰山洋行に入り石炭木材商に従事した。熊本の歩兵第二六連隊に入営して兵役に服し、計手適任証書・善行証書を受けて除隊した後、再び渡満して泰山洋行に復帰した。その後二〇年に同店が吉林支店を開設すると支店長となり、石炭・木材・自動車販売で業績を伸ばした。経営のかたわら在郷軍人会吉林分会評議員、吉林猟友会会長、吉林三州会会長等の名誉職に就いた。次弟の藤五も一九一〇年に渡満して満鉄に勤務した。

山下　竹雄　▷12

満鉄ハルビン鉄路医院綏化診療所主任、従七位／浜江省綏化満鉄診療所内／一九〇七（明四〇）九／東京府東京市赤坂区榎町／満州医科大学本科

東京府山下英男の長男に生まれ、朝鮮の官立大田中学を経て満州医科大学に入学した。三四年同大本科を卒業して平山外科教室に勤務し、同年一二月軍医候補生として朝鮮竜山の歩兵第七九連隊に入営した。三六年五月に除隊し、同年七月満鉄ハルビン鉄路医院綏化診療所主任となり、綏化日本尋常小学校の校医を兼務した。

山下　辰治　▷12

満鉄劉家河駅助役／安東省劉家河駅助役社宅／一八九五（明二八）七／静岡県志太郡大洲村／教員養成所

静岡県山下佐太郎の次男に生まれ、教員養成所を修了して一九一一年五月県下の小学校准訓導となった。次いで静岡県土木課に勤務し、一五年一二月徴兵されて浜松の歩兵第六七連隊に入営し、満期除隊後に遠江電気会社に入った。その後二〇年二月に渡満して満鉄に入り、沙河鎮駅貨物方、奉天列車区安東分区車掌心得、同車掌に歴勤し、三六年一一月劉家河駅助役となった。この間、満州事変時の功により木杯及び従軍記章を授与され、三五年四月勤続一五年の表彰を受けた。

山下　種吉　▷12

[資]三昌洋行代表社員／龍江省チチハル永安大街／一九〇〇（明三三）七／福岡県八女郡上妻村

幼少の頃に渡満し、一九一四年大連敷島広場の時計店に入店し、時計及び時計材料卸商に従事した。その後三二年八月チチハル永安大街で同業を独立開業し、三五年に[資]三昌洋行に改組した。

山下　鶴亀　▷12

満鉄新京工務段庶務助役、大連山口県人会幹事、勲八等／新京特別市朝日通／一八九八（明三一）五／山口県美祢郡太田村／満州法政学院

一九一八年一一月満鉄に入り、埠頭事務所監視係となった。一九年四月倉庫係、二〇年七月海運課上屋係、二七年一一月大連埠頭第一埠頭貨物方を歴職し、この間、勤務のかたわら大連の満州法政学院を卒業し、満州事変時の功により勲八等従軍記章及び建国功労賞を受けた。三三年三月チチハル建設事務所、三四年九月白城子建設事務所勤務を経て三五年四月新京工務段庶務副団長に就き、三六年一〇月の職制改革で庶務助役となった。

山下　定二　▷9

東洋肥料㈱取締役兼奉天支店長／奉天宮島町／一八七六（明九）一一／鹿児島県日置郡東市来村

早くから陸軍に入り、一八九八年砲兵少尉に任官した。一九〇四年日露戦争に際し機関砲隊長として旅順攻囲軍に加わり、陥落後は北方に転戦して功五級金鵄勲章を受けた。一七年中佐に進級して予備役となり、翌年五月に渡満して奉天化学工業㈱常務取締役となったが、同社が満蒙殖産㈱と統合したため東洋肥料㈱取締役に転じ、奉天支店長に就いた。新式日本酒醸造法を開発し、糖化澱粉より発見した特別酵母により精米を用いず一昼夜でアルコール発酵させ、灘の一等酒に相当する品質の日本酒を製造した。旧柳河藩士の娘夫人直子との間に八男二女があった。

山下　藤五　▷11

満鉄奉天鉄道事務所保線主任／奉天八幡町／一八九二（明二五）一一／鹿児島県姶良郡福山村／鉄道学校

鹿児島県山下兼行の三男に生まれ、一九一〇年鉄道学校を卒業して同年一一月に渡満した。一一年一月満鉄に入社し、長春保線係、本社工務課勤務、熊岳城保線区主任、安東鉄道事務所勤務等を経て奉天鉄道事務所に転勤し保線主任となった。この間、満鉄在職一五年の表彰を受け、満鉄補習学校評議員、熊岳城工場監督を務めた。長兄の藤蔵は一九〇四年に渡満して長春で石炭・特産物業を経営し、次兄の峻も〇八年に渡満して吉林で長兄の事業を補佐した。

山下藤次郎　▷11

奉天中学校講師、従七位勲八等／奉天萩町／一八八二（明一五）一一／鹿児島県川辺郡川辺町

鹿児島県農業中薗良右衛門の四男に生まれ、妻の実家山下家を相続した。一八九八年小学校准教員検定に合格して翌年一月鹿児島県内の小学校に勤め、その後一九一六年までに小学校本科正教員、中等学校国語漢文科教員試験に合格した。一九一一年六月朝鮮に渡り、小学校長、高等女学校教諭、中学校教諭を務めた後、二六年七月に渡満して奉天中学校講師となった。夫人千代との間に五男七女があり、長女しのぶは京城第一高女及び京城女子師範学校を卒業して朝鮮で二年間教職に就いた。

山下　藤蔵　▷7

[名]泰山洋行主／長春／一八八三（明一六）一一／鹿児島県姶良郡福山村

鹿児島県山下兼行の長男に生まれ、一九〇四年日露戦争に際し陸軍酒保付と

や

なって渡満した。戦後三井物産石炭部に入り、家庭燃料としての石炭の効能を説きながら売り込みに従事した。その後独立して長春に石炭商を開業し、経営が軌道に乗ると[名]とし、吉林支店を設けて実弟の峻を支店長とした。夫人と愛児を失う不幸を乗り越え、日本橋通に三階建ての店舗を構えて木材、特産物商を兼営し、多数の会社・銀行の重役を兼務した。兄弟五人、姉妹三人のうち、次弟のほか三弟の藤五も一九〇年に渡満して満鉄に勤務した。

山下徳太郎 ▷11

陸軍・官衙用達商／奉天省遼陽仲町／一八七四（明七）一／鹿児島県鹿児島市平野町

鹿児島県酒類・雑貨商山下伊左衛門の長男に生まれ、叔父の養子となった。鹿児島市の錦江義塾に学び、日露戦争に際し熊本の第六師団第四五連隊酒保として一九〇四年八月に渡満し、柳樹屯に赴いた。戦後〇八年に遼陽で陸軍及び諸官衙の用達商を開業し、かたわら第二区長を務めた。

山下　友市 ▷11

満鉄瓦房店医院医員／奉天省瓦房店青葉街／一八八五（明一八）三／熊本県天草郡本戸村／東京歯科医学専門学校

熊本県農業山下伝次郎の次男に生まれ、一九一二年東京歯科医学専門学校を卒業した。一六年二月に渡満して満鉄営口医院に勤務し、一八年二月大連医院に転勤した。二〇年九月満鉄を退社して市内で開業したが、二三年二月再び満鉄に入り瓦房店医院に勤務した。

山下　直七 ▷7

山下商会主／長春東一条通／一八七二（明五）三／宮崎県宮崎郡大淀町／鹿児島造士館

宮崎県の醤油製造業山下良七の長男に生まれ、鹿児島造士館を卒業した。一九八四年日清戦争に際し鉄道部付として台湾に渡り、戦後引き続き同地に留まって官吏となった。一九〇五年日露戦争直後に渡満して関東都督府官吏となったが、〇七年に退官して三井物産長春支店に入り運送部主任となった。その後独立して山下商会を設立し、欧州戦乱のため東清鉄道の輸送が停滞すると長春ハルビン間に馬車輸送を開始した。

山下　永幸 ▷8

[資]永信号主／奉天小西関／一八七五（明八）四／高知県長岡郡本山町

一九〇〇年陸軍関係の仕事で天津に渡り、その後建築請負業を営んだ。〇五年一月日露戦争直後に営口を経て奉天に赴き、西塔で馬車運送業を開業した。一三年に小西関に移転して銃砲火薬販売、畜産業を兼営し、後には自動車、写真材料販売のほか貿易業も兼営した。この間、〇七年一二月に関東都督府の依頼で奉天附属地居留民会の組織に参画し、陸軍から引き継いだ二八〇万坪の附属地と旧附属地四〇万坪の測量その他の事務に当たり、同年一〇月これを満鉄に引き渡した。居留民会副会長・同評議員、満鉄諮問委員等の公務に就くかたわら、二一年に奉天日本キリスト教会設立一五周年を記念して八幡町の敷地九四坪に工費一万円で幼稚園を設立した際、建築費、運営費などに多額の私財を提供した。

山下　信雄 ▷12

山海関税関総務科長、山海関居留民会評議員、国防婦人会山海関支部理事兼監事、山海関福岡県人会副会長／錦州省綏中県東羅城税関官舎／一九〇二（明三五）一一／福岡県八女郡水田村／福岡県立八女中学校

福岡県山下長太郎の次男に生まれ、一九二一年三月県立八女中学校を卒業して同年六月長崎市の大北電信会社に入社したが、同年一一月に渡満して大連海関地方巡役に転じた。以来勤続して三一年三月一等稽査員に進み、三二年六月満州国に転出して営口税関に勤務した。次いで三三年一月営口税関山海関分関主任となり、同年三月二等副監査員に昇格した後、三六年八月山海関税関総務科長に就いた。この間、建国功労賞及び大典記念章、皇帝訪日記念章、勲七位景雲章を授与された。

山下　肇 ▷12

満鉄公主嶺農事試験場農業経営科長／吉林省公主嶺楠町／一八九三（明二六）一一／京都府何鹿郡小畑村／盛岡高等農林学校

京都府山下鶴造の長男に生まれ、一九一六年三月盛岡高等農林学校を卒業し、同年八月京都府農会技手となった。その後渡満して南満州製糖㈱に入り、撫安農場勤務、遼陽農場勤務、同撫安農場兼務を歴職した。二七年五月満鉄に転じて農務課に勤務した後、鄭家屯公所、遼陽地方事務所、殖産部農務課、経済調査会調査員兼務を経て三六年三月公主嶺農事試験場農業経営科長となった。この間、関東軍司令部嘱託を務め、満州事変時の功により賜品及び従軍記章を授与された。

山下　半六　▷12

満鉄白城子検車段長、勲八等／龍江省白城子満鉄検車段／一八九五（明二八）一〇／香川県綾歌郡川津村

香川県山下文吉の三男に生まれ、一九一七年六月満鉄に入り奉天車輌係となった。二二年一一月奉天検車区に転勤し、二四年に鉄道教習所検車科を修了して二七年一一月検車助役となり四平街機務段検車副段長に就いた。次いで三四年八月四平街検車段長となり、三六年一二月白城子検車段長に転任した。青年時代に模範青年として県知事・郡長・青年会長より表彰を受けたほか、満州事変時の功により勲八等旭日章及び従軍記章、建国功労賞を授与され、三三年四月満鉄勤続十五年の表彰を受けた。

山下　英行　▷11

土木建築請負・貿易業、従七位勲六等／奉天省大石橋中央大街／一八六四（元一）一一／香川県大川郡鶴羽村

香川県山下助蔵の五男に生まれ、一八九二、三年頃に南洋、豪州方面を巡遊して水産業を視察した。日露戦争時に渡満していったん帰国し、一九〇八年に再び渡満して白川友一が請け負った満鉄複線化工事を担当した。以来、大石橋に在住して土木建築請負・貿易業を営んだ。二六年一二月在郷軍人有功章を授与され、旅順在郷軍人会支部評議員、大連在郷軍人会第二分会相談役、大石橋在郷軍人会顧問を務めた。夫人ミツとの間に男子無く、大連神明高女卒の養女琴子に同郷の山内義明を養子婿に迎えて事業を引き継いだ。

山下　鴻　▷12

満鉄ハルビン鉄路医院薬剤長、ハルビン日本薬剤師会会長／ハルビン馬家溝協和街／一八九三（明二六）三／佐賀県杵島郡大町村／九州薬学専門学校

一九一一年九州薬学専門学校を卒業した後、一八年一〇月満鉄に入り公主嶺医院開原分院に勤務した。次いで本渓湖医院、四平街医院の各薬剤長を務め、三五年六月ハルビン鉄路医院薬務長を経て三六年九月同医院薬剤長となった。この間、満州事変時の功により従軍記章を授与された。

山下　寛　▷12

満鉄本渓湖工業実習所長、撫順炭砿機械工場準備係主任／奉天省本渓湖太子河南／一八九六（明二九）二／新潟県高田市四ノ辻町／旅順工科学堂機械工学科

一九〇六年関東都督府郵便局長に転出した山下重次郎の長男に生まれ、関東都督府中学校を経て一九一七年旅順工科学堂機械工学科を卒業した。一八年一月台湾総督府鉄道台北鉄道部に勤務した後、二〇年九月満鉄に入社して撫順炭砿に勤務し、後に機械工場準備係主任を務めた。その後三一年九月南満州工業専門学校講師となり、次いで同校教諭を経て三四年四月本渓湖工業実習所長に就き、三六年四月勤続一五年の表彰を受けた。

山下　正樹　▷12

大阪商船㈱ハルビン事務所長／神戸市神戸区海岸通大阪商船㈱神戸支店／一八九二（明二五）六／岡山県浅口郡六条院村／京都帝大法学部英法科

一九一七年京都帝大法学部英法科を卒業して大阪商船㈱に入り、神戸支店に勤務した。大阪本店に転勤した後、シンガポール、ボンベイ、香港、福州の各支店勤務を経て三四年五月奉天事務所長となった。三五年三月の北鉄接収に伴いハルビン事務所が開設されると、初代所長に就任して北満新情勢に対応する業務整備に従事した。三七年一月、神戸支店次席に転任して帰国した。

山下　正実　▷6

満鉄大連鉄道事務所経理長／大連市／一八七八（明一一）／福岡県久留米市荘島町

旧久留米藩士木下時雄の子として久留米市原古賀町に生まれ、後に同市荘島町の母方の親類山下家の養子婿となった。九州鉄道会社に勤務したが、一九〇五年日露戦争中に野戦鉄道提理部付と

や

して渡満し、旅順線改修工事、奉天―新民屯線の改修工事等に従事した。戦後〇七年四月の満鉄開業とともに同社入りし、大連―蘇家屯間の複線化工事、安奉線広軌改築工事等に従事した。以来鉄道事務一筋に勤続し、二〇年七月の職制改革で大連鉄道事務所経理長に就いた。夫人花子との間に五男一女あり、長男隆は大連商業学校を卒業して満鉄地方部庶務課に勤め、次男照夫も同校を卒業して満鉄大連駅に勤務した。

山下 政好 ▷12

満鉄奉天用度事務所安東支所倉庫係主任／安東満鉄用度事務所安東支所／一九〇三（明三六）一／東京府東京市本所区押上町／静岡県立沼津商業学校

一九二〇年三月静岡県立沼津商業学校を卒業して満鉄に入り、商事部倉庫課に勤務した。二一年一月経理部用度課、二五年一二月同倉庫課、二七年一一月用度事務所、二九年九月同安東支所に歴勤した。次いで職制改正により用度部倉庫課安東支庫勤務となり、商事部用度課、奉天倉庫安東支庫、用度事務所奉天倉庫安東支庫勤務を経て三六年一〇月奉天用度事務所安東支所倉庫係主任となった。この間、満州事変時の功により賜品及び従軍記章を授与され、三五年四月勤続一五年の表彰を受けた。

山下 満男 ▷12

奉天省撫順県参事官／奉天省撫順東二番町／一九〇四（明三七）三／熊本県熊本市／東亞同文書院

熊本県山下宗五郎の三男に生まれ、父に伴われて一九〇八年に渡満し撫順に在住した。撫順旅順中学校を経て上海の東亜同文書院に進み、卒業とともに満鉄に入り撫順炭砿庶務課に勤務した。その後三三年奉天省撫順県参事官に転じたが、三七年二月病のため休職となった。この間、撫順炭砿在勤時に同僚と協力して堅牢で安価・安全な柳帽子を興安し、三六年四月に満鉄効績章を授与された。

山下 泰 ▷12

国際運輸㈱天津支店張家口営業所主任、鄭家屯日本居留民会役員／チャハル省張家口国際運輸㈱営業所／一九〇一（明三四）五／福島県若松市下五之町／福島県立会津中学校

福島県山下四郎の長男に生まれ、一九一八年三月県立会津中学校を卒業して同年九月喜多方駅構内の内国通運取引店発着係となった。横浜市の津田運輸会社輸出入通関係に転じた後、㈾信誠商会を興して海陸運輸業を独立自営した。その後二五年一一月に廃業して国際運輸㈱に入り、大連支店に勤務した。次いで支社詰庶務課勤務、四平街支店洮南営業所勤務、鄭家屯営業所主任、郭家店営業所主任、錦県支店勤務を経て三五年一一月天津出張所唐山営業所主任を歴任し、三六年一一月天津支店張家口営業所主任となった。この間、満州事変時の功により賜杯及び従軍記章を授与された。

山下 靖信 ▷12

満鉄上海事務所庶務課庶務係主任、社員会評議員、上海居留民団議員、勲八等／上海黄埔灘路満鉄事務所／一八九六（明二九）一二／山口県萩市河添町／早稲田大学商学部

山口県山下精吾の長男に生まれ、一九二〇年三月早稲田大学商学部を卒業して横浜の茂木㈾に入った。東京建物会社に転じた後、二三年一〇月満鉄に入社して埠頭事務所に勤務した。社命で北京に二年留学した後、長春駅勤務、長春列車区車掌、奉天駅事務助役、鄭家屯公所通遼在勤、鄭家屯事務所勤務、鉄路総局運輸処旅客科、総務部吉林在勤を経て三五年一月上海事務所に転勤し、三六年一〇月同所庶務課庶務係主任となった。この間、満州事変時の功により勲八等旭日章を授与された。

山下 義明 ▷12

白川洋行主、満州滑石㈱董事、大石橋電灯㈱監査役、在郷軍人会大石橋分会長、大石橋輸入組合評議員、満蒙研究会評議員、大石橋地方員、正八位勲六等／奉天省大石橋中央大街／一八九一（明二四）七／香川県大川郡鶴羽村／慶應義塾理財科

香川県山内喜物治の四男に生まれ、同村出身で白川洋行を経営する山下英行の娘琴子の婿養子となった。丸亀中学校を経て一九一四年慶応大学理財科を卒業し、同年一年志願兵として善通寺の第一〇師団に入営した。除隊後一五年に渡満して白川洋行に入り、大石橋支店員として土木建築請負・貿易業に

や

従事し、二一年本店総支配人に就いた。大連本店を満鉄との窓口とし、大石橋工場に溶鉱炉六基を設備して月産三〇〇トンのマグネシウムを生産し、大石橋、鞍山、蓋平、奉天、新京に出張所を置き、満鉄方面にバラス砂と花崗石材、日本製鉄にマグネサイトを納入して年商高三〇万円を超えた。この間、満州事変時の功により勲六等に叙され、三三年五月在郷軍人有功章を授与された。

山下　良夫　▷12

満州工廠㈱機械課長／奉天稲葉町／一九〇四（明三七）三／鹿児島県日置郡串木野村／東北帝大工学部機械工学科

鹿児島県立第二中学校、第七高等学校を経て一九三一年三月東北帝大工学部機械工学科を卒業し、三二年四月鹿児島市浜町の吉見鉄工所に入った。三三年一二月に渡満して大連の満州製麻㈱に入り、次いで三四年に満州工廠㈱に転じて機械課長に就いた。

山下　善代　▷11

長春取引所信託㈱取締役兼支配人／長春錦町／一八八八（明二一）九／鹿児島県薩摩郡下甑村／市立下関商業学校

鹿児島県山下善作の三男に生まれ、一九〇八年市立下関商業学校を卒業して満鉄に入社した。本社運輸課員、営口駅助役、本社運輸課貨物係、吉長鉄路派遣員等として勤務した後、一八年一二月に退社して極東葉煙草㈱支配人となった。二一年七月長春取引所信託㈱に転じ、二三年に支配人、二八年一月に取締役兼支配人に就任した。実兄の英敏も渡満し、満鉄参事を務めた。

山路　徳松　▷3

満鉄安東駅長／安東県山手町／一八七三（明六）四／広島県沼隈郡千年村

一八九四年通信省鉄道書記となり、一九〇三年依願免官して北越鉄道㈱運輸長に転じた。〇四年二月に日露戦争が始まると同年五月鉄道作業局雇員となり、野戦鉄道提理部付として渡満した。戦後〇七年四月の満鉄開業とともに同社入りし、同年八月営口駅長に就いた。一〇年一〇月運輸課勤務に転任した後、翌年一〇月安東駅長に就いた。

山路　猶龍　▷11

満鉄松樹公学堂長／南満州松樹正隆街満鉄社宅／一八八八（明二一）七／広島県広島市／宮崎県師範学校、満鉄教員講習所

広島県貸家業権藤円海の子に生まれ、同県山路嘉一の婿養子となった。一九一〇年宮崎県師範学校を卒業して県下の教員を務めた後、一三年五月に渡満した。第一回満鉄教員講習所で、中国語、中国事情、日本語教授法の講習を受け、本渓湖日本語学堂の教員となった。その後長春公学堂教諭を経て二四年四月松樹公学堂長に就任した。その間教育及び中国事情研究のため北京、華南、台湾を視察した。松樹区地方委員会議長、同区審査委員、南満州教育会評議員、満鉄教育研究会第二部第一区幹事を務めた。

山路　好雄　▷3

天理教遼東宣教所権中講義／大連市近江町／一八八五（明一八）七／広島県沼隈郡藤江村／東京私立中央商業学校、天理教会講習会

広島県山路藤十郎の子に生まれ、東京の中央商業学校を卒業した後、天理教会講習会を修了した。一九〇七年広島天理教中国支教会承事となって渡満し、〇九年権少講義、一三年九月権中講義に進んだ。

山城　香甫　▷12

満鉄金州駅長兼金州実業補習学校長、金州市民会委員、社員会評議員、勲七等／関東州金州駅長社宅／一八八七（明二〇）六／山梨県東山梨郡勝沼町

山梨県山城甚右衛門の三男に生まれ、一九〇三年五月甲府郵便局通信技術伝習生養成所を修了した後、〇七年七月郷里の勝沼郵便局に勤務した。同年一二月徴兵されて東京電信大隊に入隊し、北清駐屯軍通信部に派遣された後、一〇年一一月に退営して翌月渡満して満鉄に入った。遼陽、旅順、大石橋、橋頭の各駅に勤務した後、旅順駅助役、九寨駅長、大連鉄道事務所通信主任兼本社電信取扱所主任、鉄道部保安課勤務、同電気課勤務、大連鉄道事務所通信係主任を歴任した。三三年八月金州駅長兼金州実業補習学校長となり、三六年四月勤続二五年の表彰を受けた。

や

山城　竹次 ▷12

満鉄地方部工事課勤務兼総裁室弘報課勤務／大連市東公園町満鉄本社地方部／一八九四（明二七）六／熊本県熊本市紺屋今町／京都高等工芸学校図案科

一九二〇年京都高等工芸学校図案科を卒業して満鉄に入り、沙河口鉄道工場に勤務した。次いで地方部建築課、同工事課に歴勤し、三六年一二月総裁室弘報課兼務となった。業余に曠原社同人としてデザイン分野で活動した。

山代千代蔵 ▷12

安東省公署事務官、民政庁行政科員／安東省公署民政庁内／一九〇九（明四二）一／広島県広島市広瀬町／大阪外国語学校支那語科、大同学院

広島市修道中学校、農林省水産講習所漁撈科を経て一九三〇年三月大阪外国語学校支那語科を卒業し、同年四月大阪印刷インキ製造会社に入った。三二年二月に退社して渡満し、同年六月満州国資政局自治訓練所に入所し、同年一〇月改称後の大同学院を卒業して安東省通化県属官となった。三五年四月安東省公署事務官となり総務庁文書科等に勤務した後、同年一一月民政庁行政科に転任した。

山菅　正誠 ▷12

国務院地籍整理局事業処審定科長、満州国協和会地籍整理局分会精神工作部長、従六位／新京特別市興亜胡同／一八九八（明三一）一／静岡県静岡市東草深町／東京帝大法学部政治学科

静岡県山菅錠五郎の次男に生まれ、一九一九年二月陸軍騎兵中尉に任官して騎兵第二連隊付となった。その後二三年五月予備役となって東京帝大法学部に入学し、在学中の二六年二月文官高等試験司法科に合格した。二七年三月同学部政治学科を卒業して司法官試補となり、東京地方裁判所及び東京地方区裁判所に勤務し、次いで検事、判事として各地の裁判所に歴勤した。北満特別区地方検察庁次長に転出して渡満し、国務院司法部刑事第一科長を務めた後、三六年四月地籍整理局理事官に転任して事業処審定科長となった。

山添　程次 ▷11

住友満州首席駐在員／一八八四（明一七）／京都府何鹿郡綾部町

一九〇七年、住友製鋼所に入り販売課に勤務した。以来住友に三〇年余勤務し、住友京城販売店支配人、大連駐在員等を経て満州首席駐在員となった。

山添　寅造 ▷12

満鉄経理部主計課第二予算係主任、大連社員倶楽部会計幹事／大連市真金町／一九〇二（明三五）一／長崎県東彼杵郡大村町／早稲田大学商学部

長崎県山添丑太郎の長男に生まれ、一九二七年三月早稲田大学商学部を卒業して満鉄に入り経理部に勤務した。以来経理部に歴勤し、会計課、主計課、会計課収納係主任を経て三六年一二月主計課第二予算係主任となった。

山添　尚江 ▷11

貸付業、奉天省四平街銀行取締役／奉天省四平街日進街／一八六三（文三）一一／福岡県京都郡犀川村／福岡県立豊津中学校

福岡県山添喜蔵の長男に生まれ、一八八二年県立豊津中学校を卒業して福岡県小学校教員検定試験に合格し、同郡古河小学校長となった。九一年郷里の犀川村会議員、京都郡会議員、同郡土木監督に就き、さらに九二年県会議員補欠選挙に出て当選し、豊州鉄道㈱土地収用掛嘱託を務めた。日露戦後の一九〇五年九月に渡満して奉天省四平街で請負業を始め、後に貸付業を営んだ。営業のかたわら二〇年七月奉天省四平街銀行取締役となり、奉天省四平街地方委員長、第四区長、同市民協会長等の名誉職に就いた。また郷里で教職にあった一八九〇年、教育事業に尽くした功で福岡県庁より木杯を受けた。

山田岩太郎 ▷12

謙和鉄工廠技師長／新京特別市錦町第一錦ビル／一八八七（明二〇）五／大阪府大阪市北区鶴野町

福井県遠敷郡雲浜村に生まれ、後に大阪市に移籍した。東京の立教学校及び京都染色学校を卒業し、一九〇八年大阪府建築工事監督吏員となった。〇九年アメリカ人建築技師ガーデナーの建築事務所に転じた後、一二年大阪の須賀商会本店技術部担任を経て一六年三菱商事大阪支店土木建築嘱託技師となった。一九年に退社して大阪北区木幡町、同区北扇町、同区鶴野町で給水・衛生・暖房・汚水浄化装置・濾水器の設計製図・監督と工事請負業を自営した。この間、大阪市教化委員、同北区国防協会幹事、大阪地方裁判所卯陪審員等を務めた。その後三三年に廃業し、大阪市豊能郡池田町に家族を残して渡満し、奉天機械製作所総務主任となった。次いで㈾満州工作所技師長に転じてハルビン出張所長兼ハルビン工場長を務め、三六年奉天本社総務部長となったが、翌年さらに新京の謙和鉄工廠に転じて技師長に就いた。

山田　海雄　▷10

東洋綿花㈱大連支店長／大連市柳町／一八八二（明一五）五／山口県豊浦郡長府町／東洋協会学校

上京して一九〇七年東洋協会学校を卒業して三井物産会社に入り、営口出張所勤務となって渡満した。長春、吉林の各出張所に転勤した後、一六年に大連支店棉花部詰めとなった。二〇年に三井物産棉花部が東洋棉花㈱として独立すると、翌年同社大連支店長に就任した。

山田　英二　▷12

満鉄鉄道警務局警務主任、社員会評議員、在郷軍人会奉天満鉄分会副長、正五位勲四等／奉天萩町／一八八八（明二一）一一／福岡県福岡市屋形原

福岡県山田定七の長男に生まれ、一九〇八年歩兵第二五連隊士官候補生となった。以来軍務に服して青島守備第三大隊、歩兵第二四連隊大隊副官、第一二師団兵器部員、歩兵第四六連隊付、福岡連隊区司令部付、歩兵第二四連隊付に歴補した。三四年八月歩兵中佐に累進して予備役となり、郷里福岡の西南学院教師を務めた後、渡満して満鉄鉄道総局警務処警務主任となった。次いで警備犬育成所主任となり、伝書鳩育成所主任及び鉄路学院講師を兼務した後、三六年一〇月職制改革により警務局警務主任となった。

山田栄太郎　▷12

日満号主、勲八等／ハルビン馬家溝国課街／一八九五（明二八）八／富山県東礪波郡山野村／富山県立農業補習学校

富山県立農業補習学校を卒業した後、シベリア派遣軍に従軍した。除隊後一九二四年までハルビン製材㈱に勤め、その後帰国して東京の飛行機材料ベニヤ板の製造会社に勤務した。三二年九月に再び渡満して新京の阿川組に勤務した後、三四年に独立して資本金五万円で日満号を創立し、土木建築請負業と精米・薪炭商を営んだ。さらに八区共済号門内に資金三〇〇〇円で支店を開設して木材・土木建築用鉄製品・電柱・丸太仮設材・標石・バラス・玉砂利等の建築材料を販売し、他に日本人用の風呂屋も兼営した。この間、シベリア出兵時の功により勲八等白色桐葉章を授与された。

山田　馨　▷1

営口煉瓦製造所主任／奉天省営口／一八七八（明一一）／新潟県

新潟県士族の子に生まれ、東京煉瓦㈱の職工となって煉瓦製造に従事した。数年後に大阪窯業㈱に転じてドイツ帰りの技術者の下で研修を重ねた。一九〇六年営口軍政署が官営の煉瓦製造模範工場を設立する際、大阪地方の技術者の中から選抜され、同年三月に渡満して営口煉瓦製造所に入った。まもなく軍政署撤廃となって存続が危ぶまれたが、泰東公司の森脇源馬が事業を譲り受けると、森脇の下で主任として煉瓦製造を開始した。

山田　一隆　▷12

熱河省公署警務庁長、正五位勲四等／熱河省承徳省公署警務庁長公館／一八八一（明一四）九／福井県遠敷郡雲浜村／福井県立小浜中学校

一九〇〇年福井県立小浜中学校を卒業し、〇一年に一年志願兵として福知山の歩兵第二〇連隊に入営した。憲兵に転科して第七憲兵隊付、同副官、同分隊長に歴補した後、〇七年六月北海道警部に転じて函館警察署に勤務した。次いで巡査教習所教官、内務属・警保局図書課勤務、警視庁官房特別高等科検閲係長を経て警視に進み、早稲田警察署長、警察官講習所教授、新宿警察署長、警務部刑事課捜査係長を歴任した。その後、朝鮮総督府警察官講習所教授となり、刑事警察制度調査のため欧米に出張した後、帰任して同所長に就いた。三〇年に中華民国浙江省政府の招聘で同警官学校教官を二年務めた後、三二年満州国中央警察学校主事となって渡満し、三五年七月熱河省公署警務庁長に就いた。

や

山田　勝康　▷11

旅順要塞司令官、正五位勲三等功五級、陸軍少将／旅順市司台町／一八八〇（明一三）一／愛知県名古屋市東区黒門町／陸軍士官学校、陸軍大学校

愛知県浅田伊兵衛の四男に生まれ、同県山田庄次郎の養子となった。一九〇一年陸軍士官学校を卒業し、翌年歩兵少尉となった。その後大尉に進んで〇九年陸軍大学校を卒業し、一五年少佐、一九年中佐、二三年大佐に累進した。二八年少将となり、同年三月旅順要塞司令官となって渡満した。⇒二九年八月歩兵第六師団長に転じ、翌年八月予備役編入となった。

山田　亀一　▷12

国務院交通部総務司員、新京佐賀県人会評議員、従七位／新京特別市新発屯官舎第四号／一九〇二（明三五）一／佐賀県杵島郡中通村／逓信省逓信官吏練習所第一部行政科

佐賀県山田清八の長男に生まれ、一九二五年逓信省逓信官吏練習所第一部行政科を修了して同年六月逓信属となり、逓信省工務局庶務課に勤務した。勤務中二七年一月文官高等試験予備試験に合格し、三〇年一〇月同行政科試験に合格した。三二年六月逓信事務官に昇格して電務局に転任した後、同年七月に退官して渡満し、奉天電政処庶務科長に転じた。三三年九月国務院交通部事務官に転任して郵務司電政科に勤務した後、三五年六月無線電気通信従事者資格考査委員、三六年一〇月郵務司電政科長代理を経て同年一二月総務司勤務となった。この間、郵政権調整準備委員、国都建設紀年式典準備委員会宣伝部幹事を務め、二八年に昭和大礼記念章、三一年に帝都復興記念章、三四年に勲六位景雲章及び建国功労賞並びに大典記念章、三五年に皇帝訪日記念章を授与された。

山田　樹一　▷12

満鉄チチハル工務段長／龍江省チチハル大鳳路／一八九八（明三一）八／大阪府大阪市北区小深町／北海道帝大土木専門部

山田鉦太郎の長男として仙台市米ケ袋に生まれ、一九二二年三月北海道帝大土木専門部を卒業して鉄道省に入り、神戸改良事務所、大阪改良事務所に勤務して高架線関係工事、京阪神間鉄道改良工事に従事した。三三年一一月鉄道技師に累進して同年一二月に依願免官し、満鉄に転じて渡満した。鉄道建設局、鉄路総局工務処に歴勤した後、三五年一一月チチハル工務段長となった。

山田　金五　▷12

龍江省公署実業庁農務科長、従七位／龍江省チチハル省公署実業庁／一九〇七（明四〇）一／岡山県津山市苫町／東京帝大農学部農業経済科

一九三二年三月東京帝大農学部農業経済科を卒業して同年四月関東庁属となり、内務局農林課員、同土木課員、関東軍嘱託を経て技師となり、農林課に勤務した。三四年三月黒龍江省公署総務庁嘱託に転じて同年一二月技佐となり、その後の行政区画改革により龍江省公署技佐となり、同省公署実業庁農務科長に就いた。

山田金三郎　▷12

満鉄鉄道総局改良課員、正八位／奉天満鉄手道総局工務局改良課／一八九八（明三一）三／青森県弘元市富田町／北海道帝大土木専門部

青森県山田忠助の三男に生まれ、一九二〇年北海道帝大土木専門部を卒業し、同年七月北海道炭砿汽船㈱に入社して礦務係となった。同年一一月、一年志願兵として千葉県習志野の鉄道第二連隊に入営した。退営後、二三年一二月鉄道省に転じて東京改良事務所に勤務し、累進して鉄道技師となった。三三年八月満鉄に転じて渡満し、鉄道部に勤務して大連駅の新築計画の基礎案を作成した。三四年一二月北鉄接収準備員としてハルビンに派遣され、三五年三月ハルビン鉄路局線路課改良係主任、三六年一〇月同局工務処改良科長を歴任した。接収した北鉄の改良工事計画及び京浜線、浜州線の軌間改築等を担当した後、三七年三月鉄道総局に転任して改良課に勤務した。

山田　桂蔵　▷11

特産物輸出入商／奉天省鉄嶺北五条通／一八七五（明八）五／山口県厚狭郡生田村

山口県山田卯兵衛の長男に生まれ、一八九四年から郷里で海運業及び石炭商を営んだ。一九〇二年五月、大阪の㈴

大矢組に入り姫路支店に勤務した。日露戦後の○七年、同社の満州進出に伴い海城出張所主任に抜擢されて渡満した。その後鉄嶺に転任し、株式会社に改組されると専務取締役に就任し、他に数社の取締役を兼任した。二四年同地に昌和洋行を設立して特産物商を経営し、特産物商組合長、鉄嶺農業組合長を務めた。夫人志満との間に一男二女あり、長男寛悟は立命館大学を出て姫路電球㈱に勤務し、長女光子は同志社女学部を出て赤峰領事館勤務の中根直介に嫁した。

山田　浩二 ▷1

山田洋行主／大連市乃木町／一八七二（明五）九／長崎県南松浦郡大浜村

一九〇一年に渡満し、旅順で石炭・雑貨商を開業した。その後寛城子、貔子窩、大孤山、上海方面と取引をして大豆、豆粕、牛骨、小麦、上海米等の売買に従事したが、○四年二月に日露戦争が始まったため数万円の資産を犠牲にして引き揚げた。まもなく国内で多量の商品を仕入れて朝鮮に渡り、ジャンク船に商品を積み換え危険を冒して旅順に渡ったが、商品のほとんどが売れ残って多大の損失を出した。しばらく第三軍の通訳を務めた後、○五年一月から満州軍倉庫の用達となり、馬車、人夫等の供給を請け負って多少の利益を上げ、戦後は海軍用達と運送業、洋服裁縫業を兼営した。後に大連市乃木町に本店を移して製靴業、海産物売買業を手がけ、さらに貸家業も兼営した。

山田　耕平 ▷14

大連畜産興業㈱代表取締役／大連市大黒町／一九〇二（明三五）一／和歌山県那賀郡池田村

一九二五年四月㈾中日実業興信社に入り、二九年一〇月同社社長となった。三六年一〇月㈱中央ビルホテル取締役、三八年四月大連畜産興業㈱代表取締役に就任し、三九年一一月満州原毛皮統制委員会委員となった。この間、三〇年一一月から三六年一一月まで日本興業㈾社長、三二年三月から三八年九月まで満州不動貯金㈱監査役、三五年一〇月から三八年三月まで㈱遼東モータース取締役、三七年二月から三九年一〇月まで大連土地建物㈱監査役を務め、四〇年一一月大連市会議員に当選した。

山田小四郎 ▷11

時計貴金属商／奉天省撫順西一番町／一八八八（明二一）七／福井県坂井郡大安寺村

福井県農業山田小平の五男に生まれ、幼年から東京に出て時計金属商に従事した。一九〇八年八月に入営し、満州駐箚隊となって渡満した。除隊後も満州に留まり、撫順で時計貴金属商を営んだ。

山田作次郎 ▷12

山田商工主、甘井子町会連合会長／大連市外甘井子／一八八三（明一六）／石川県鹿島郡余喜村

日露戦争に従軍した後、再び渡満して大連で実業に従事した。その後一九一五年に大連近郊の甘井子に移住し、食料品雑貨商と艦船用達業を営み、後に煙草卸業を兼営した。かたわら元大連警察署巡査部長湯毛某の帰国に際して所有土地一万坪を買い受けてリンゴ、野菜等の栽培を試みたが失敗に帰し、満州事変後に地所を満州石油㈱に売却し、新たに海猫屯に六〇〇〇坪を購入してリンゴ園を経営した。この間、日露戦争時の功により白色桐葉章を授与された。

山田三四郎 ▷12

㈱山田商店専務取締役、㈱五品代行取締役、㈱遼東ホテル取締役、南満州倉庫建物㈱取締役、㈱奉天醤園取締役、㈱大連車夫合宿所取締役、大連株式商品取引所取引人組合委員長／大連市越後町／一八九一（明二四）六／静岡県引佐郡東浜名村／浜松商業学校

代々撚糸業を営む旧家に生まれ、一九三五年六月前名柳治を改め先代三四郎を襲名した。一九一〇年浜松商業学校を卒業し、翌年二月大連で旅館業ほか各種の会社を経営する従兄弟の山田三平に招かれて渡満し、信濃町の遼東ホテルの経営に携わった。二八年九月遼東ホテルが株式会社に改組されると同時に監査役となり、三五年四月取締役に就いた。旅館経営のかたわら二〇年三月大連株式商品取引所の設立と同時に同所取引人となり、山田商店を設立して取引人組合委員長を務めた。三二年従来の山田商店を株式会社に改組し、後に資本金を五〇万円に増資した。さらに徳泰・東裕の両店と満州証券団を組織して社長に就き、大連市奥町に営業所を置いて満鉄系解散会社の株式取扱及び一般株式募集引受を営んだ。旅館業、株式取引業の他に貸家業を兼営し、五品代行、南満州倉庫建物、奉天醤園、大連車夫合宿所等の各㈱取締役を務めた。

山田　三平　▷11

遼東ホテル主、満州不動産貯金㈱社長、大連旅館業組合長／大連市若狭町／一八七五（明八）三／静岡県引佐郡東浜名村

静岡県貿易商山田三吉の長男に生まれ、幼少から父に従い横浜に出て貿易商を営んだ。一九〇四年日露戦争に際し軍と共に各地をまわり、いったん帰国した後、〇五年に再び渡満して大連市信濃町に遼東ホテルを開設した。旅館業の他に麻袋商、銃砲火薬業、満蒙貿易、貸家業、銭鈔取引人を兼営し、大連貯金㈱監査役、満州不動産貯金㈱社長、南満州倉庫㈱社長の他、各地数社の取締役及び監査役を兼任した。大連旅館業組合長を務め、二二年に紺綬褒章を受けた。

山田　重雄　▷12

満鉄開原地方事務所社会主事／奉天省開原満鉄地方事務所／一九〇〇（明三三）一／富山県上新川郡山室村／東京植民貿易語学校

富山県山田勝次郎の長男に生まれ、一九二一年三月東京植民貿易語学校を卒業して満鉄に入り、地方部庶務課に勤務した。次いで鉄嶺地方事務所、鉄嶺地方区、地方部地方課、瓦房店地方事務所に歴勤し、開原地方事務所に転勤して三六年一一月社会主事となった。この間、三六年四月勤続一五年の表彰を受けた。

山田　茂二　▷12

満州中央銀行計算課長、大興公司(股)／監察人／新京特別市城後路／一八九一（明二四）一二／兵庫県加古郡平岡村／兵庫県御影師範学校

一九一二年三月兵庫県御影師範学校を卒業し、同年四月から県下の小学校訓導を務めた。勤務のかたわら一四年に中等教員商業科、一五年に同簿記科資格検定試験に合格し、一九年六月朝鮮仁川商業学校教諭となった。二〇年一二月朝鮮銀行に転じ、東京総裁席計算課長心得、京城総裁席計算課長兼国庫課長を歴任した。三二年六月満州中央銀行の創立とともに同行に転じて渡満し、計算課長に就いて国庫課長を兼務した後、三五年一〇月兼務を解かれた。

山田　小一　▷11

ハルビン日本商業会議所書記長／ハルビン水道街／一八八五（明一八）八／東京府東京市本郷区弓町／ハルビン露西亜法政大学経済科、法律科

東京府商業山田文辰の長男に生まれ、ハルビンの露西亜法政大学に学び、経済及び法律科を卒業した。露領シベリアのブラゴエシチェンスク市の日本居留民会、満鉄運輸課、満鉄長春補習学校露語科、ハルビン商品陳列館等に勤務した後、ハルビン日本商業会議所書記長となった。

山田　正二　▷12

満鉄チチハル鉄路局工務処保線科長、従七位勲七等／龍江省チチハル鉄路局工務処／一八九五（明二八）八／宮城県仙台市原町／北海道帝大附属土木専門部

宮城県山田庄八の次男に生まれ、一九一八年七月北海道帝大附属土木専門部を卒業して鉄道院に入り、東部鉄道管理局工務課に勤務した。二〇年一月鉄道技手に進み、二一年一一月以降仙台管理局有壁在勤、盛岡保線区保線手、盛岡保線事務所勤務、秋田保線事務所土木掛主任に歴勤した。三二年六月鉄道局技師に累進して退職し、同月渡満して満鉄に入り鉄道部に勤務した。次いで鉄道建設局錦州建設事務所、鉄路総局工務処工務課工務員を経て三五年一一月チチハル鉄路局工務処保線科長に就き、三六年九月副参事に昇格した。この間、満州事変後に熱河線鉄道建設に従軍して勲七等旭日桐葉章及び建国功労賞を授与された。

山田　武雄　▷12

山田歯科医院長／ハルビン道裡石頭道街高岡ビル／一九〇三（明三六）一二／熊本県天草郡高浜村／九州歯科医学専門学校

九州歯科医学専門学校を卒業した後、一九三〇年四月から三二年六月まで九州帝大歯科教室に勤務した。その後退職して渡満し、三三年一〇月ハルビン道裡石頭道街高岡ビルに歯科医院を開業した。

山田　武吉 ▷11

満州社会事業研究会幹事長／大連市松山台／一八七五（明八）五／静岡県静岡市西草深町／独逸学協会学校

静岡県の旧幕臣山田利武の長男に生まれ、九二年独逸学協会学校を卒業して言論界に入り、九五年に東京から水戸に移り茨城日報記者から主筆となった。日清戦争後の九六年、台湾に渡って台湾総督府嘱託となり、九七年台湾日日新聞編輯主任、一九〇二年台湾民報編輯長、〇三年同主筆を歴任した。〇八年に帰国して大阪新報記者となったが、翌年朝鮮に渡って平壌日報主筆に就いた。一一年鎮南浦新報主筆に転じた後、同年六月に渡満して満州日日新聞社に入り論文記者を務めた。その後雑誌「大陸」の主幹に転じて七年勤務した後、満州日報社客員、満州社会事業研究会幹事長等として雑誌「社会研究」を主宰し、他に東京時事新報、大阪新報、国民新聞、中央新聞、京城日報等と通信関係を結んで文筆言論生活を送り、大連市松山区長を務めた。弟の英治は青島、豊三は広島でそれぞれ実業に従事した。

山田　正 ▷12

満鉄撫順炭砿勤務員／奉天省満鉄撫順炭砿／一八九六（明二九）五／福岡県山門郡柳河町／九州帝大工学部機械科

福岡県山田造酒治の次男に生まれ、一九二二年三月九州帝大工学部機械科を卒業して大阪の汽車製造㈱技師となり、機関車設計を担当した。三三年一〇月に退社し、渡満して満鉄鉄路総局機務処職員に転じた。三五年三月ハルビン鉄路局機務科設計係主任、同年一一月同処工作科車輌股長、三六年一〇月新京鉄道工場機関車廠主任を歴任した後、同年一二月第一号非役として撫順炭砿勤務となった。大学卒業以来長く機関車設計及びボイラー関係の業務に従事し、十余件の特許を取得した。日本赤十字社満州本部主事の野生庄太郎の長女寛子を夫人とし、大弓、スケート、写真を趣味とした。

山田　辰次 ▷11

横浜正金銀行奉天支店員／奉天稲葉町／一八九五（明二八）五／石川県羽咋郡末森村／日露貿易専修学校、大阪外国語学校露語科

石川県山田文左衛門の四男に生まれ、日露貿易専修学校に学んだ。その後大阪外国語学校露語科に入り、卒業して横浜正金銀行に入行した。ハルビン支店詰を経て一九二八年五月奉天支店に転勤した。

山田民五郎 ▷11

新聞印刷業／奉天省開原附属地奉天街／一八八〇（明一三）一二／鹿児島県噌唹郡末吉町

鹿児島県山田良行の三男に生まれ、一九二二年七月に渡満し、開原で「開原新報」を発行した。

山田　民蔵 ▷12

満鉄営口医院庶務長、社員消費組合総代、勲八等／大連市水明荘／一八九〇（明二三）四／山口県熊毛郡伊保庄村

長野県下伊那郡飯田町に生まれ、陸軍に入り一九一五年一等看護長に進んで除隊し、渡満して南満製糖㈱調査員となった。一八年一二月満鉄に転じ、公主嶺医院四平街分院、公主嶺医院、本渓湖医院、開原医院の各事務員を経て吉林東洋医院事務員に転任した。次いで同院庶務長、本社地方部衛生課勤務、南満州保養院庶務長を歴任し、三七年四月営口医院庶務長に転任した。この間、満州事変時の功により勲八等瑞宝章に叙され、三四年四月勤続一五年の表彰を受けた。

山田　為二 ▷12

満鉄四平街保線区長、社員会評議員、社員消費組合総代、勲八等／奉天省四平街南六条通／一九〇三（明三六）六／富山県西礪波郡石動町／南満州工業専門学校建設工学科土木分科

南満州工業学校採鉱科を経て南満州工業専門学校に進み、一九二五年三月同建設工学科土木分科を卒業して満鉄に入社した。以来勤続して埠頭事務所工務課、大石橋保線区保線助役、長春保線区公主嶺在勤、新京鉄道事務所工務課、奉天鉄道事務所に歴勤し、三五年四月四平街保線区長となった。

山田　保 ▷11

関東憲兵隊副官、従六位勲六等／新旅順月見町／一八九二（明二五）一〇／千葉県君津郡木更津町／陸軍士官学校

千葉県山田亀次良の子に生まれ、一九

一四年陸軍士官学校を卒業して歩兵少尉に任官した。二一年中尉に進んで憲兵に転科し、二四年憲兵大尉となり東京憲兵隊及び憲兵司令部に勤務した。二七年八月関東憲兵隊副官として渡満した。

山田長三郎 ▷12

大連神明高等女学校教頭、従五位勲五等／大連市榊町／一八八六（明一九）八／岐阜県吉城郡船津町／広島高等師範学校

岐阜県農業山田清三郎の長男に生まれ、一九一五年三月広島高等師範学校を卒業して福岡県嘉穂中学校教諭、和歌山県師範学校代用附属小学校長を歴職した後、一八年四月朝鮮の平壌中学校教諭に転じた。次いで二四年一〇月大連第一中学校教諭に転じて渡満し、三〇年九月関東高等女学校教諭となり、後に大連神明高等女学校教頭を務めた。

山達　北陸 ▷11

営口本願寺主任／奉天省営口宝来街／一八八八（明二一）一〇／富山県西礪波郡石堤村／京都仏教大学

富山県山達恭素の三男に生まれ、一九一八年京都仏教大学を卒業した。本願寺開教使として南洋に渡り、スマトラ島メダンに駐在した。二四年九月に帰国し、翌年三月営口本願寺主任となって渡満した。

山田　豊吉 ▷3

満鉄運輸部運転課職員、勲八等／大連市天神町／一八七一（明四）九／東京府東京市芝区愛宕下町

東京府山田善八の子に生まれ、一八九一年三月日本鉄道会社に入り汽車課に勤務したが、一九〇六年一〇月同鉄道の国有化に際し辞職した。〇八年三月に渡満して満鉄に入社し運輸部運転課に勤務した。

山田直之介 ▷12

満鉄総裁室監査役兼監理課員、満州航空㈱監察人、大連都市交通㈱監査役、営口水道交通㈱監査役、ハルビン土地建物㈱監査役、従七位／大連市伏見町／一八九八（明三一）二／福島県若松市栄町／神戸高等商業学校

福島県山田三郎の長男に生まれ、一九二一年三月神戸高等商業学校を卒業して満鉄に入社し、地方部勧業課に勤務した。二二年一月興業部、二三年四月同部商工課に勤務した後、二八年一〇月商工経営学及び産業保護策のため社命で欧米に留学した。三〇年六月に帰社し、殖産部商工課勤務を経て三一年八月地方部商工課輸入係主任、三二年一二月総務部監理課商工係主任、三三年九月同第二係主任を歴職して三四年六月参事となった。三六年九月監査役兼総務部監理課勤務を経て同年一〇月総裁室監査役となり、監理課勤務を兼務した。

山田　春雄 ▷12

国務院財政部地畝管理局副局長兼理財司員兼地籍整理局事務官／新京特別市大同大街国務院財政部／一九〇〇（明三三）／東京府

大蔵省営繕管財局に勤務した後、一九三二年一一月国務院財政部事務官に転出して渡満し、理財司特殊金融科に勤務した。三三年二月同官産科勤務を経て同年一一月国有財産科に勤務した後、三四年七月関東軍司令部事務嘱託として関東軍経理部に出向した。財政部理財司に復帰して三五年二月地畝管理局副局長を兼任し、さらに三六年八月地籍整理局事務官・事業処兼務となった。この間、満州事変時の功により建国功労賞及び大典記念章、勲六位景雲章を授与された。

山田　彦一 ▷12

満州林業㈱理事、満鉄嘱託、正五位勲六等／新京特別市中央通／一八八三（明一六）四／東京府東京市品川区北品川四丁目／東京帝大農科大学林学科

東京府山田熊次郎の長男に生まれ、一九〇七年東京帝大農科大学林学科を卒業して鉄道庁に入り、一一年六月鉄道院技師となった。二〇年九月林学博士号を取得し、関東大震災後の二三年一一月帝都復興院技師となり物資供給局用品課長を務めた。二四年一二月三井・三菱・鈴木共同事業の物資販売組合嘱託に転じ、大日本木材防腐枕木㈱及び大日本枕木組合会の顧問を兼務した。三三年六月満鉄経済調査会調査事務嘱託に転じて渡満し、計画部事務嘱託と鉄路総局事務嘱託を兼務した後、三六年三月満州林業㈱理事に就いた。

山田彦三郎 ▷12

山田掃除具店主／奉天江島町／一

八七三（明六）七／愛知県中島郡千代田村

日露戦争後一九〇六年に渡満して満鉄検査区に勤務した後、一九年二月に退社して長春祝町に山田商店を開いて食料雑貨類を販売した。その後二九年に奉天公園前通で掃除具商を開業し、三〇年四月江島町に移転した。山田式万能棒タワシを考案して三一年六月に実用新案第一五五七二四号の登録を受け、その製造販売を営んで奉天市内及び沿線一帯に販路を拡げた。

山田　広　▷12

満鉄錦県鉄路局機務処車輌科長、社員会評議員、従七位／錦州省錦県鉄路局機務処／一八九九（明三二）七／北海道札幌市北五条通／早稲田大学理工学部機械工学科

北海道山田俊次郎の長男に生まれ、一九二四年三月早稲田大学理工学部機械工学科を卒業して同年八月鉄道省に入り、札幌鉄道局苗穂工場に勤務した。同工場組立職場主任兼旋盤職場主任、同製罐職場主任、札幌鉄道局工作課車両掛に歴勤して三三年一二月鉄道局技師となり、同時に依願免官して満鉄に転じて渡満した。鉄路総局勤務、呼海鉄路局ハルビン在勤を経て三四年四月奉天鉄路局機務処工作科長兼機械股長、同年八月免機械股長兼車輌股長を歴任し、三六年九月錦県鉄路局機務処車輌科長となった。

山田　凞　▷12

浜江省公署実業庁員、全国柞蚕糸業公会嘱託／ハルビン浜江省公署／一九〇五（明三八）一二／山口県佐波郡牟礼村／九州帝大農学部農芸化学科

一九三〇年三月九州帝大農学部農芸化学科を卒業し、同年五月同大学副手となった。その後三二年六月に渡満し、国務院実業部工商司工務科に勤務して実業部技士となった。次いで安東省公署実業庁工商科技士に転任し、同公署技佐に進んだ後、三七年五月浜江省公署技佐に転任して同公署実業庁に勤務した。

山田　浩通　▷11

東亜印刷㈱常務取締役大連支店長／大連市近江町／一八七八（明一一）四／東京府東京市麹町区

茨城県農業山田喜平の四男に生まれ、日露戦後の一九〇六年東京府知事の推薦で満州利源調査員となって渡満し、柞蚕業に従事した。その後上海駐在を経て帰国し、柞蚕織物業を経営した。二〇年二月東亜印刷㈱常務取締役となり、大連支店長となって渡満した。

山田　弘之　▷12

国務院総務庁秘書処文書科長、民生振興会議幹事、林場権審査委員会幹事／新京特別市崇智路／一八九九（明三二）／愛知県東春日井郡勝川町／東亜同文書院

一九二二年上海の東亜同文書院を卒業した後、二五年から満鉄勤務したが、三一年九月の満州事変勃発とともに奉天省政府諮議に転出した。その後三二年国務院司法部文書科長となり、次いで総務庁秘書処文書科長に転任した。

山田福太郎　▷1

建築請負業／奉天十間房／一八七八（明一一）一／東京府東京市京橋区築地／東京工業学校中退

一八九五年東京尋常中学校を卒業後、築地の工手学校に入学して建築学を学び、さらに九九年東京工業学校に進んだが一年で中退して陸軍省に入った。一九〇三年福田組に転じて各種建築工事の設計監督に従事した後、〇五年に渡満して大連の英組主任技師となった。〇六年に退社し、奉天十間房で独立して建築請負業を営んだ。

山田増次郎　▷12

満鉄入船駅長、社員消費組合大連区理事、社員会評議員、勲六等／大連市伏見町／一八八六（明一九）八／岡山県吉備郡服部村

岡山県農業山田徳次郎の長男に生まれ、一九〇三年山陽鉄道会社に入った。〇六年一二月徴兵されて歩兵第三一連隊に入営し、満期除隊して〇九年一一月満鉄に入社した。大石橋駅、沙河鎮、石橋子、草河口、公主嶺の各駅に勤務した後、新城子駅助役、奉天駅助役、長春列車区長、奉天駅助役公主嶺在勤を経て二六年一〇月昌図駅長となった。二七年一〇月長春鉄道事務所列車係に転任し、翌月の奉天鉄道事務所との合併後も長春に在勤したが、同駐在員引き揚げに伴い四平街駅構内主任兼事務主任となり、次いで周水子駅長、埠頭事務所陸運係、入船駅車務主任を経て三二年一〇月同駅長となった。三五年四月勤続二五年の表彰を受け、同時に副参事に昇格した。この間、青島

や

戦役及びシベリア出兵時の功で賜金を受け、満州事変時の功により勲六等瑞宝章を授与された。

山田　湊　▷11

満鉄撫順炭砿庶務課文書主任／奉天省撫順永安台北台町／一八九二（明二五）三／石川県金沢市十三間町／東京帝大

石川県に生まれ、同県山田徳二郎の養子となった。一九二一年、東京帝大を卒業して満鉄に入社した。地方部に勤務した後、撫順炭砿に転任し、庶務課文書主任を務めた。

山田　杢次　▷11

活版印刷業／旅順市乃木町／一八七七（明一〇）一〇／熊本県天草郡本戸村／高等小学校補習科

熊本県農業山田慶吉の四男に生まれ、一八九三年郷里の高等小学校補習科を卒業した。二一歳の時に福岡に出て中島共文社の徒弟となり、六年間印刷業に従事した。その後郷里の天草で印刷業を営んだが、日露戦後の一九〇五年一〇月に渡満して大連で印刷業を開業した。翌年七月旅順に移って同業を営み、かたわら旅順無尽㈱の監査役を務めた。

山田　基　▷3

南満医学堂長兼教授兼奉天医院長兼医長、従六位勲五等功五級／奉天新市街／一八七五（明八）一一／兵庫県城崎郡国府村／東京帝大医科大学

一八九八年九月東京帝大医科大学に入り、翌年二月陸軍衛生部委託学生となり、一九〇二年一二月に卒業した。〇三年一月見習医官となり、三月に医術開業免状を取得して二等軍医となった。〇四年一二月陸軍一等軍医に進み、〇五年二月第三師団に属して日露戦争に従軍し、功五級金鵄勲章勲五等双光旭日章を受勲した。一〇年従六位・陸軍三等軍医正に昇任し、同年六月在官のまま満鉄医長に任じられ安東県分院長として赴任した。一二年八月安東医院長兼内科部長に就き、一四年一〇月南満医学堂長兼教授となり、奉天医院長・同医長を兼務した。

山田　盛雄　▷13

日本水産㈱満州支店長／一八九一（明二四）／東京府東京市世田谷区松原町／水産講習所漁撈科

一九一五年七月水産講習所漁撈科を卒業し、福岡県水産試験場技手となった。以来二四年にわたり水産業の研究に従事した後、三九年日本水産㈱に入社して中支営業所長代理兼事業課長兼上海出張所長となった。四〇年七月満州支店長代理となって渡満し、四二年三月参事・同支店長心得となり、同時に新京食糧品貯蔵㈱取締役に就任した。

山田　弥市　▷12

国務院総務庁監察官、正六位勲六等／新京特別市永昌胡同代用官舎／一八八六（明一九）一一／東京府東京市小石川区水道町／日本法律学校法科専門部

一九〇六年日本法律学校法科専門部を卒業し、同年一一月警視庁巡査となった。以来二〇年勤続して二八年九月高等警察課長となり、三〇年三月警察事情視察のため厦門、漳州、福州、汕頭、広東、香港に出張した。次いで三一年に本郷本富士警察署長に就き、同年五月に退任して台湾総督府地方理事官新竹州苗栗郡守に転出した。その後三二年四月に依願免官となり、同年一二月国務院監察院監察官に転じて渡満し、三七年七月の行政改革で総務庁監察官となった。

山田　行正　▷11

満鉄社会課体育係柔道教師／大連市柳町／一八九五（明二八）二／長野県埴科郡屋代町／県立長野中学校

長野県農業山田吉治の次男に生まれ、一九一五年県立長野中学校を卒業した。東京講道館で柔道を修業した後、一六年に柔道教師として帰郷し長野中学校、長野県巡査教習所に勤めた。その後再び上京して警視庁武道師範となり、かたわら柏木聖書学院に入りキリスト教を修めてクリスチャンとなった。二三年八月満鉄柔道教師として渡満し、社会課体育係に籍を置いた。明治神宮で開かれた柔道壮年組試合で優勝したことがあり、二九年一月六段に昇進した。

山田　好一　▷12

満鉄牡丹江建設事務所員／大連市真金町／一九〇〇（明三三）一〇／東京府東京市荒川区日暮里／日本大学高等工学校中退

東京府山田庄太郎の長男に生まれ、玉社工学校本科及び研究科を卒業して日本大学高等工学校に進んだが、一九一八年二月に中退して東部鉄道管理局に入った。同年一〇月秋田保線事務所に転勤し、一九年六月から陸羽西線の鉄道工事に従事した。二〇年六月酒田保線区保線手に転任したが、同年一二月徴兵されて東京赤羽の近衛工兵大隊第二中隊に入隊した。二二年一二月に除隊し、鉄道省第一改良事務所に勤務して二三年一二月鉄道技手となり、二四年四月から寛永寺坂橋梁工事係主任として工事監督に当たったほか、上野、鶯谷、日暮里周辺の橋梁工事の測量設計に従事した。二九年神戸改良事務所に転勤して神戸駅改築工事、高架線開通後の残工事、大阪淀川橋橋梁工事の設計等に従事した。三三年三月満鉄に転出して渡満し、鉄道建設局工事課に勤務して全満各地及び華北の鉄道建設事務に従事した後、三六年一〇月牡丹江建設事務所に転勤した。鉄道建設に豊かな経験を持ち、三五年六月工事施工の諸業務を編纂して建設局より『建設要覧』を出版した。

山田　吉久　▷12

大連第二中学校教諭、従六位／大連市菫町／一八九七（明三〇）一／愛知県喜多郡満穂村／広島高等師範学校

愛媛県農業山田茂三郎の次男に生まれ、一九二二年三月広島高等師範学校を卒業して奈良県師範学校教諭となった。その後二四年三月関東州公立中学校教諭に転出して渡満し、大連第二中学校教諭を務めた。

山田　義路　▷11

満鉄奉天鉄道事務所奉天電気区長／奉天富士町／一八八五（明一八）四／東京府東京市芝区田村街／通信官吏練習所技術科

東京府山田忠の長男に生まれ、一九〇八年一一月通信官吏練習所技術科を卒業した。通信省に入り、宇都宮、北海道、樺太等で通信技術業務に従事した。一七年三月に渡満して満鉄に入り、技術局保線課電気係として勤務した。以来勤続し、奉天鉄道事務所奉天電気区長に就いた。

山田　立蔵　▷12

満鉄四平街電気段電気手長／奉天省四平街満鉄四平街電気段／一八八五（明一八）一一／福井県足羽郡下文殊村

一九〇五年九月から大阪郵便局に勤務した後、一五年五月に渡満して満鉄に入り大石橋保安区に勤務した。熊岳城在勤、普蘭店保安区勤務を経て吉長鉄路局に派遣され、次いで奉天保安区、四洮鉄路局、四平街鉄路弁事処工務員、四平街電気段監工員に歴勤し、三六年一〇月同段電気手長となった。

山田　柳治　▷11

大連株式商品取引所株式部取引人／大連市越後町／一八九一（明二四）六／静岡県引佐郡東浜名村／浜松商業学校

静岡県撚糸業山田三四郎の長男に生まれ、一九〇九年浜松商業学校を卒業した。一〇年二月に渡満し、同郷の山田三平の下で各種事業に従事した。二〇年三月大連株式商品取引所株式部取引人となり、㈱遼東ホテル取締役、㈱奉天醤園監査役を務めた。

山近保太郎　▷3

関東都督府大連民政部土木課員／大連伏見台関東都督府民政部土木課官舎／一八六八（明一）一二／福岡県鞍手郡吉川村／工手学校

一八八九年、鞍手郡の選抜で郡費により東京築地の工手学校に入学した。九〇年七月に卒業して福岡県八木山県道開鑿工事臨時監督となり、同県鞍手郡土工技手、同県土木技手、長崎県港湾改良工事等を歴任した。九八年九月福岡県の鉱山業中野徳次郎本店技手嘱託となり、一九〇〇年一一月独立して鉱山事業を経営したが〇三年六月山口県工手に転じた。日露戦後の〇五年一一月関東州民政署技手となって渡満し、翌年九月関東都督府技手となり、一一年一二月旅順工科学堂の排水設備取調事務を嘱託された。

山地　孝二　▷10

満蒙殖産㈱常務取締役／大連市秀月台／一八八八（明二一）二／香川県仲多度郡吉原村／東京外国語学校

南朝の楠正孝を祖に代々土地の庄屋を務めた名家に生まれ、丸亀中学校を卒業して上京した。東京外国語学校に入学してスペイン語と英語を専攻し、卒業とともに神戸の鈴木商店に入り南北アメリカ、アフリカ、中国、南洋、インド等の各地に駐在した。一九二六年満蒙殖産㈱に転じて渡満し、常務取締役に就任した。

や

山地　準太　▷12

広和窯業公司主、奉天煉瓦製造販売㈱取締役／奉天紅梅町／一八九一（明二四）四／香川県仲多度郡竜川村

一九〇九年志願して海軍に入り、一等兵曹に累進して二〇年に軍籍を退き、奉天の実兄を頼って渡満した。撫順刷子会社、奉天石灰セメント会社に勤務した後、二三年二月満州窯業㈱工場主任となった。その後三三年に退社して奉天で広和窯業公司を独立経営し、業績の伸展とともに日満合弁で広和食糧部を設けて自社工場従業員と鉄西工業地区の中国人労働者向けに雑貨食糧を販売した。かたわら三六年五月奉天煉瓦製造販売㈱の創立に参画し、同社取締役に就いた。

山地藻久朗　▷12

大連汽船㈱船長／横浜市鶴見区東寺尾町／一八九〇（明二三）六／香川県仲多度郡吉原村／香川県立粟島航海学校

香川県立粟島航海学校を卒業した後、海運会社に勤務した。一九二四年九月大連汽船㈱に入社し、一等機関士を経て二七年六月船長となった。

山地　世夫　▷13

満蒙殖産㈱専務取締役／大連市臥竜台／一八九五（明二八）六／香川県仲多度郡吉原村

一九一一年に渡満し、㈾井上骨粉工場に入った。その後同社支配人となり満州皮革㈱取締役を兼任したが、二〇年三月満蒙殖産㈱が設立されると井上骨粉工場を同社に合併して奉天工場長となった。二二年支配人、二四年常務取締役を経て三〇年専務取締役に就任した。

大和新一郎　▷12

国務院交通部郵政司集計科長兼総務司勤務、郵政権調整準備委員、従七位／新京特別市新発屯聚合住宅／一八九一（明二四）八／東京府東京市日本橋区通町／中央大学専門部法科中退

東京都日本橋区に大和善哉の長男として生まれた。一九一六年中央大学専門部法科を二年で中退して通信省に入省、大阪貯金局書記から小樽貯金支局庶務課長、大阪貯金局庶務課長を歴任、通信局事務官となる。のちに渡満して満州国交通部事務官兼郵政管理局となり、交通部理事官、郵政司集計課長を歴任した。

山鳥　登　▷12

満鉄総裁室監査役兼監理課員、満州鉛鉱㈱監査役、満州鉱業開発㈱監査役、満州拓殖㈱監査役、満州採金㈱監査役、満州火薬販売㈱監査役、大満採金(股)／監事／大連市聖徳街／一八九〇（明二三）二／京都府船井郡竹野村／神戸高等商業学校

京都府山鳥鹿次郎の三男に生まれ、一九一三年三月神戸高等商業学校を卒業し、同年五月満鉄に入り撫順炭砿鉱務課に勤務した。以来歴勤し、会計課勤務、監察員を経て二五年八月参事となり、社長室業務課、計画部業務課、監理部考査課に歴勤した。次いで経済調査会調査員を兼務した後、監理部考査課計画班主査兼地方班主査、監理部考査課地方班主査、総務部審査役に歴任して参事となり、総裁室監査役兼監理課勤務となった。この間、二九年四月勤続一五年の表彰を受けた。

大和　良作　▷3

満鉄遼陽医院長兼医長心得、関東都督府医務嘱託、従七位勲六等功五級／奉天省遼陽白塔大街／一八七九（明一二）二／福岡県宗像郡神興村／長崎医学専門学校

一九〇〇年長崎医学専門学校を卒業し、〇三年三月陸軍三等軍医となった。東京帝大医科大学で皮膚科学を研究した後、〇五年四月二等軍医に進んだ。〇七年三月に渡満して満鉄に転じ、同年一〇月遼陽医院長兼医長心得となった。一二年社命でドイツに留学して泌尿科、皮膚科、外科学を研究し、翌年六月博士号を取得した。一四年に帰任し、遼陽医院長を務めるかたわら関東都督府医務嘱託を兼務した。

山中卯三郎　▷12

満鉄撫順炭砿製油課頁岩油化係技術担当員兼製油工場技術員／奉天省撫順南台町／一九〇三（明三六）一〇／滋賀県神崎郡北五個荘村／南満州工業専門学校機械工学科

滋賀県山中勇三郎の次男に生まれ、一九二二年三月満鉄に入り運輸部庶務課に勤務した。業務のかたわら二六年に

南満州工業専門学校機械工学科を卒業し、撫順炭砿研究所、臨時製油工場建設事務所、製油工場等に歴勤し、三六年一二月製油課頁岩油化係技術担当員となり製油工場技術員を兼務した。

山中　数雄 ▷11

鶏冠山郵便局長、従七位勲八等／南満州鶏冠山局長官舎／一八八三（明一六）七／熊本県八代郡宮原町／東京電気通信伝習所

熊本県山中軍三の長男に生まれ、一八九九年東京電気通信伝習所を修了した。日露戦後の一九〇六年六月臨時電信隊付軍属として渡満し、同年九月の関東都督府施政開始とともに都督府入りし、翌年六月書記に任官した。鉄嶺局、奉天局に勤務した後、二二年九月奉天駅前郵便所長となり、奉天郵便局主事を経て二七年二月鶏冠山郵便局長に就いた。この間、一九一四年の青島戦争、二〇年のシベリア出兵の功によりそれぞれ恩賞を受け、在郷軍人会名誉会員に挙げられた。

山中　和彦 ▷12

満鉄吉林鉄路局経理処主計科員／吉林敷島街／一八九九（明三二）四／山口県大島郡久賀町

山口県山中彦馬の次男に生まれ、学業を終えると同時に渡満して満鉄に入った。以来各地に勤務し、累進して満鉄吉林鉄路局経理処会計科決算股長に就き、三六年一〇月の職制改正により同処主計科員となった。

山中　熊市 ▷11

開原郵便局員／奉天省開原香山街官舎／一八九四（明二七）一二／熊本県天草郡鬼池村／熊本通信養成所

熊本県農業山中安太郎の長男に生まれ、一九一一年熊本通信養成所を修了した。一三年一一月に渡満し、翌月奉天郵便局員となった。一八年七月、関東都督府通信書記補に任官して開原郵便局に勤務した。実弟の正義は朝鮮に渡り、平壌駅に勤務した。

山中　繁雄 ▷11

満州輸入組合連合会理事長、満州輸入㈱取締役社長、大連市産業委員、従七位勲六等／長春蓬莱町／一八八三（明一六）四／福岡県久留米市荘島町／東京高等商業学校

福岡県の旧有馬藩士山中繁樹の長男に生まれ、一九〇七年東京高等商業学校を卒業して同年九月満鉄に入社した。本社会計課に勤務した後、長春地方事務所、奉天地方事務所に歴勤し、安東地方事務所長を経て二四年三月地方部庶務課長となった。この間、一年志願兵として熊本の第一一師団第一三連隊に入営し、除隊復職後に陸軍二等主計として一四年に青島戦役に従軍した。その後二六年一二月に退社し、㈶聖徳会嘱託として市街整理計画に従事した後、二八年一月長春取引所信託㈱専務取締役に就いた。次いで三三年八月満州輸入組合連合会理事長に転じ、三五年六月同会の付帯事業として満州輸入㈱を創立して取締役社長に就任した。宣齋または雄と号して文筆をたしなんだ。

山中総太郎 ▷1

昌図公司支店長／奉天省昌図／一八七六（明九）一〇／高知県安芸郡中山村／東京法学院

郷里の中学校を卒業して上京し、一八九七年法学院を卒業して神戸の実業協会書記となった。一九〇四年九月日露戦中に渡満して安東県軍政署に勤務し、翌年六月桟漕公司に転じて庶務部長に就き、次いで同年九月志岐組安東支店員に転じた。〇七年二月さらに大連の松本亀太郎が経営する昌図公司に転じ、昌図支店長を務めた。

山中　忠吉 ▷12

佳木斯警察庁警務科長兼三江省樺川県警正、正八位勲六等／三江省佳木斯警察庁内／一八八四（明一七）二／青森県南津軽郡大鰐町／高等小学校補習科

青森県山中勝太郎の長男に生まれ、郷里の大鰐高等小学校補習科三年を修了した後、一九〇五年日露戦争に際し補充兵として弘前の歩兵第三一連隊に入営した。〇七年青森県巡査となり、一四年巡査部長、一八年警部補に進級し、一九年五戸警察分署長を経て二一年警部に昇進した。二二年三本木警察分署長、二三年木造分署長、同年一二月鯵ヶ沢警察署長を歴任して二四年青森県警察部警務課勤務となり、二六年刑事課長に就いた。二七年八月八戸警察署長に転任して二九年六月地方警視に昇任して弘前警察署長となった。その後三〇年三月に依願免官したが、三二年一一月再び地方警視に任じられて弘前警察署長を務め、翌年五月に依願免官した。三四年一一月に渡満して三江省公署嘱託となり、三五年四月同公署警正に任じられて警務庁に勤務した後、同年一〇月警察庁警正に進んで佳木斯警察庁警務科長に就き、三六年四月三江省樺川県警正を兼務した。この間、〇六年四月勲八等瑞宝章、二一年勲七等瑞宝章、三一年八月勲六等瑞宝章を授与された。

山中　徳二　▷12

満州国駐劄特命全権大使秘書官兼関東局事務官、関東局官房秘書課勤務兼司政部殖産課長、移民衛生調査委員会委員、官有財産調査委員会委員、日満経済共同委員会随員、満州発明協会理事、従六位勲六等／新京特別市興安大路／一九〇四（明三七）四／東京府東京市京橋区京橋／東京帝大法学部政治学科

山中兵助の次男として東京京橋に生まれ、東京帝大法学部政治学科在学中に文官高等試験行政科に合格し、一九二八年三月卒業とともに関東庁属となって渡満した。内務局殖産課に勤務した後、三〇年一二月関東庁理事官に昇格し、大連民政署地方課長、内務局地方課勤務を経て三二年三月関東庁事務官となった。さらに内務局商工課長、同局農林課兼務、警務局勤務、司政部殖産課長を経て三六年八月から満州国駐劄特命全権大使秘書、関東局官房秘書を兼務した。

山中　秀一　▷12

国際運輸㈱大連支店商船入貨係主任／大連市山県通国際運輸大連支店／一八九六（明二九）一一／青森県弘前市笹森町／中央大学商科

弘前中学校を経て一九一九年中央大学商科を卒業し、日本郵船会社に入社して社船事務員、首席事務員、事務長を歴任した。その後三二年一二月に退社し、三四年一一月国際運輸㈱に入り大連本社海運課に勤務した。三六年四月大連支店に転勤して埠頭受渡係となり、次いで同商船入貨係主任となった。この間、大正三年乃至九年事変の功により賜金及び従軍記章を授与された。養女時子は東京の大妻高女を卒業して三省堂京城出張所員の諸田良弘に嫁した。

山中　英男　▷12

満州電信電話㈱理事書記、本渓湖電報電話局長／奉天省本渓湖電報電話局長社宅／一九〇五（明三八）二／京都府／逓信省通信講習所高等科

大阪天満郵便局に四年半勤務し、この間に逓信省通信生養成所及び通信講習所高等科を修了した。次いで大阪中央郵便局に七年勤務した後、三二年九月関東庁に出向して大連中央電信局に勤務した。三三年九月満州電信電話㈱が設立されると同社入りし、同年一一月ハルビン中央電報局通信課長、三六年八月佳木斯電報電話局長を経て三七年三月本渓湖電報電話局長となった。

山中　政吉　▷9

天来銀号主、奉天取引所銭鈔取引人組合長、奉天両替業組合副組合長／奉天浜町／一八八一（明一四）八／大阪府大阪市南区南炭屋町

長くメリヤス問屋で働いた後、一九一〇年七月に渡満して安東県で金銀両替商を開業した。一七年三月奉天に移り、城内小西関に天来銀号を設けて同業を経営し、安東新市街と中国人街の二ヶ所に支店を置いた。かたわら奉天取引所銭鈔取引人組合長、奉天両替業組合副組合長を務めた。

山中　峰雄　▷3

大陸社社員／大連市但馬町／一八六五（慶一）七／福岡県福岡市須崎土手町／独逸学協会学校

幼少から正木昌陽の門下生となり、後に上京して独逸学協会学校に学んだ。副島種臣・榎本武揚らの東邦協会に入って幹事兼会計主任を務め、かたわら耕読社を開設して図書の出版販売業を行った。一九〇八年一月に渡満して遼東新報旅順分局主任となり、間もなく大連本社勤務となった。一三年三月に金子雪斎・石本鏆太郎らによって雑誌「大陸」が創刊されると、同年五月大陸社社員となった。

山中　良徹　▷1

山中組主／金州南門街／一八七〇（明三）五／福井県敦賀郡敦賀町

一八八八年から三年間東京に遊学した後、北海道に渡り永山武四郎北海道長官の食客となって土木工学を独学した。九五年日清戦争後に台湾に渡って総督府建築部に勤務し、二年後に辞職して土木建築請負業を独立自営した。この間、総督府の許可を得て澎湖島周辺で沈没船引揚を行い、六年間に一六

隻を引き揚げた。○四年日露開戦と同時に朝鮮に渡り、大連、柳樹屯に滞在した後、○五年九月金州南門街に山中組を設立して土木建築請負業を経営した。○六年には家屋建築、修繕、道路改修工事など受注額一○万円に達した。

山梨　武夫　▷12

国務院財政部専売総署燃料科長、満州国官吏消費組合常務理事、正七位／新京特別市大同大街国務院財政部専売総署／一九○二（明三五）八／静岡県庵原郡飯田村／東北帝大法文学部

静岡県山梨愛之助の五男に生まれ、長崎高等商業学校を経て東北帝大法文学部に入学した。在学中の一九二五年に文官高等試験行政科に合格し、二六年三月専売局書記兼大蔵となった。銀行検査官補、司税官・山形税務署長、専売局副参事・郡山地方専売局庶務課長を歴任した後、三二年七月国務院財政部事務官に転出して渡満し、総務司会計科長兼文書科長を経て三三年一二月税務司塩務科長兼任となった。三四年九月税務司塩務科長専任を経て三七年一月専売総署理事官・総務科長兼緝私科長となり、満蘇日三国間常設調停委員会満州帝国委員及び満州国駐日財務官を兼務した後、同年七月専売総署燃料科長となった。この間、満州事変時の功により勲四位景雲章及び建国功労賞、大典記念章、皇帝訪日記念章を授与された。

山名　豊樹　▷12

満州興業銀行新京日本橋通支店支配人代理／新京特別市祝町／一九○○（明三三）二／福岡県／東京帝大経済学部経済学科

東京帝大経済学部経済学科を卒業し、一九二三年明治銀行に入った。三五年に渡満して満州銀行に転じ、三七年一月満州銀行本支店、在満州朝鮮銀行支店、正隆銀行本支店を統合して満州興業銀行が設立されると同行に転じ、新京日本橋通支店支配人代理となった。

山名　義観　▷12

安東省寛甸県参事官／一九○三（明三六）七／三重県津市入江町／東亜同文書院

三重県山名政大の長男に生まれ、富田中学校を卒業して上海の東亜同文書院に入学し、一九二五年に卒業して同年九月三重県立四日市商業学校教諭心得となった。その後辞職して二九年三月上海に渡り、明華洋行を共同経営して輸出入業に従事した。三二年一月上海事変に際し軍艦夕張の通訳を務めた後、同年八月明華洋行を解散して渡満し、満州国逆産処理委員会属官となり総務処に勤務した。三四年二月奉天省公署属官に転任して総務庁財務科国有財産股に勤務した後、同年安東省寛甸県参事官となった。

山成　興政　▷12

満州興業銀行人事課長、正八位／新京特別市昌平街／一八九五（明二八）八／岡山県後月郡芳井町／東京帝大法学部

第六高等学校を経て一九二○年七月東京帝大法学部を卒業し、朝鮮銀行に入り京城本店に勤務した。東京、上海、奉天の各支店に転勤した後、三六年一二月在満州朝鮮銀行支店、満州銀行本支店、天津・青島支店を除く正隆銀行本支店を統合して満州興業銀行が創立されると、同行に移籍して人事課長に就いた。柔道五段の高段者で、岡山県山成軒一郎の六女孝子を夫人とした。

山西　逸平　▷8

双竜洋行主／奉天浪速通／一八九七（明三○）五／山口県豊浦郡天玉村／東京工科学校中退

上京して東京工科学校に入ったが中退し、一九一三年天津に渡り商業に従事した。一九年八月に渡満して奉天市場正門に店舗を設け、文房具、和洋紙、額縁、洋画材料を販売した。商売が軌道に乗り、二三年六月浪速通に移転して店舗を拡張した。

山西　恒郎　▷14

北支開発会社副総裁／大連市山城町／一八八六（明一九）一一／三重県多気郡東黒部町／東京帝大法科大学政治学科

三重県山西庄左衛門の三男に生まれ、第三高等学校を経て東京帝大法科大学政治学科に入り、在学中に文官高等試験に合格した。一九一一年七月に卒業して満鉄に入社し、翌年一年志願兵として入営し、帰任して地方課その他に勤務した後、一三年から一六年まで各国の植民地行政及び施設研究のため欧米に留学した。帰社して地方部庶務課長、本社文書課長、撫順炭砿次長、同

や

炭砿長を歴任して満鉄理事に就任した。任期満了後は満州国特殊会社理事長を経て北支開発会社副総裁を務めた。二〇年二月官選の補欠として大連市会議員となり、二二年一月任期満了した。野球を好み、三高時代は捕手を務めたが、満鉄入社後は満州倶楽部創立当時の投手として得意のスローボールで活躍した。

山西不貞夫　▷12

満鉄朝陽鎮工務段煙筒山分段保線助役／吉林省磐石県煙筒山満鉄工務段分段／一九〇五（明三八）一／石川県能美郡山上村／東京鉄道局教習所専門部土木科

石川県山西秀雄の次男に生まれ、名古屋鉄道局教習所普通部土木科を卒業した後、さらに一九二九年三月東京鉄道局教習所専門部土木科を卒業し、鉄道省鉄道建設局に入り長岡建設事務所に勤務した。三一年九月同根知在勤を経て三三年二月鉄道技手となり、翌月満鉄に転出して渡満し、吉林、図們、寧北、牡丹江の各建設事務所に歴勤した。次いで三六年七月新京工務段保線副段長を経て三七年六月朝陽鎮工務段に転勤し、煙筒山分段保線助役を務めた。

山西　又一　▷3

日本郵船㈱営口代理店主任／奉天省営口元神廟街／一八七七（明一〇）／広島県高田郡吉田町／県立広島中学校

県立広島中学校を卒業後、神戸で英語を三年学び、日本郵船会社神戸支店員となった。三年後に独立して実業に従事した後、四年後再び郵船会社に入った。呉出張所、宇品出張所勤務を経て一九〇四年大連出張所詰となって渡満した。在職中に棋昌洋行に請われて同店に転じ、営口で郵船会社代理店事務主任を務めた。

山西由太郎　▷12

満鉄牡丹江工務段庶務助役／浜江省牡丹江日照街局宅／一八八九（明二二）二／和歌山県海南市日方町

和歌山県山西新吉の子に生まれ、一九一一年朝鮮鉄道局に入り木浦建設事務所に勤務した後、清津出張所、水南工事建設係、皮子嶺建設工事係助役、青鶴工事建設事務所、会寧保線区助役、上三嶺保線区事務助役に歴勤した。二五年四月朝鮮鉄道の満鉄への委託経営に伴い満鉄に移り、三五年七月図佳線の本営業に際し牡丹江工務段庶務助役に就いた。この間、会寧在勤時に会寧弓道会を創立して弓道の普及に尽力し、三七年四月満鉄勤続二五年の表彰を受けた。夫婦に子なく、養女浅香に満鉄社員の与次郎を婿養子として迎えた。

山根市右衛門　▷12

丸一公司主、田村商会㈱取締役社長、大連通関㈱常務取締役、中川汽船㈱取締役、大連貨物自動車㈱取締役、全満運輸交通報副社長、大連運送業組合常務理事兼書記長、関東州貨物自動車営業組合常務理事兼書記長、全満運送連盟会専務理事、大連通関組合書記長、関東州交通安全協会幹事、大連市嘱託／大連市山県通／一八八一（明一四）八／京都府加佐郡舞鶴町／明治大学法科

藤原鎌足の流れを汲み、酒造業を営んで代々庄屋・年寄役を務めた旧家の長男に生まれた。父が早世したが家業を継がず、一九〇一年京都法政学校に入り、同校教授で姻戚関係の織田万博士の勧めで明治大学法科に転学した。〇四年に卒業して大阪の第四師団に入営して法官部に勤務し、退営後〇六年一〇月京都府属となり、次いで〇八年一一月郷里の加佐郡書記に転じ、〇九年皇太子、閑院宮妃、朝鮮李垠世子の山陰訪問に際し奉迎委員を務めた。その後一〇年に恩師の織田博士から満鉄理事岡松参太郎博士宛の紹介状を貰い、知人で旅順工科学堂庶務課長の遠藤邦三を頼って渡満した。一一年六月岡松博士と前満鉄理事川村鉚次郎の斡旋で満鉄調査課に勤務し、一三年会計課、一七年地方部に転任した後、一九年九月に退社して大連に丸一公司を設立して運送業を開業した。世界大戦による好況時に各種の会社に関係し、生命保険・火災保険各社や大阪昆布工業㈱の代理店も兼営したが、二三年に一切の事業を廃止して日本及殖民地社満州支社長に転じ、大連運送業組合常議員兼書記長、関東州漁業連合組合理事長を務めた。その後、丸一公司を再興して運送業の他に保険代理業、倉庫業、貸家業を兼営し、従業員十数名を使用して家賃年収五〇〇〇円、倉庫年収二五〇〇円その他を合わせ年収五三〇〇〇円に達した。本業のかたわら三四年五月に自転車商田村商会の業務一切を継

や

承して同年一二月株式会社に改組し、三六年一月設立の大連通関㈱、同年一一月設立の中川汽船㈱・大連貨物自動車㈱等の重役を務めた。夫人薫との間に三男二女あり、長男一樹は東洋家畜医院を経営するかたわら丸一公司店主代理を務め、次男百樹は田村商会総務主任を務めた。

山根　精　▷13

満州通信機㈱専務取締役、満州岩城硝子㈱社長／奉天／一八九二（明二五）／大阪府堺市／東京帝大

東京帝大を卒業して住友に入社した。以来勤続し、住友系の満州通信機㈱専務取締役となって渡満し、満州岩城硝子㈱社長を兼任した。

山根信太郎　▷12

承徳国立医院医員／熱河省承徳国立医院／一九〇五（明三八）一二／山口県萩市河添／満州医科大学本科

山口県山根信一郎の長男に生まれ、一九三一年三月満州医科大学本科を卒業して同年五月副手兼医員となり、後に助手に進んだ。その後、国立承徳医院に勤務し、三五年六月薦任六等国立医院医官となった。

山根　斉　▷12

満州医科大学助教授、同専門部助教授、同附属医院副医長／奉天八幡町奉信ビル内／一八九九（明三二）九／島根県簸川郡稗原村／京都帝大医学部

大分県立杵築中学校、第三高等学校から京都帝大医学部に入学し、一九二七年に卒業した。同大医学部副手、助手を経て三一年九月講師嘱託となり、同年一〇月医学部附属医院看護婦産婆養成所看護婦科講師を務めた。三二年四月満州医科大学助教授に転じて渡満し、三四年八月外科学研究のため欧米各国に留学した。三六年九月に帰任し、専門部助教授、附属医院副医長を兼務した。

山根　政治　▷11

関東庁旅順医院長、従五位／旅順市鮫島町／一八八六（明一九）四／東京府豊多摩郡渋谷町／九州帝大医科大学

東京府医師山根純蔵の長男に生まれ、一九一一年九州帝大医科大学を卒業し同大武谷教室で内科学を研究した。一三年一二月に渡満して満鉄大連医院内科第三部長となり、南満医学堂教授を兼任した。一四年一一月満鉄営口医院長に転任した後、一六年九州帝大大学院で内科一般を専攻し、一九年に内科学研究及び医事視察のため欧米に留学した。帰任して鉄嶺医院長、撫順医院長を歴任し、二五年に退社して関東庁旅順医院長に就いた。元台湾総督で陸軍中将・男爵明石元二郎の娘嘉代を夫人とした。

山根　隆三　▷11

普蘭店郵便局長、従七位勲七等／関東州普蘭店郵便局官舎／一八七八（明一一）二／山口県佐波郡柚野村

山口県山根百助の長男に生まれ、一八九六年末通信部内に入り、判任官試験に合格して下関、山口、大阪等に勤務した。一九〇七年二月関東都督府に転任して渡満し、旅順局を振り出しに満鉄沿線一二局に勤務した。郭家店局の開局準備に従事した後、普蘭店郵便局長となり、かたわら同地の在郷軍人会評議員を務めた。長男敏文は南満州工業学校を卒業して満鉄公主嶺地方事務所に勤務し、長女菊枝は旅順高女を卒業して奉天省四平街の小柳幸七に嫁した。

山之内末盛　▷12

満鉄開原地方事務所経理係長、開原体育協会幹事、社員会開原連合会会計部長／奉天省開原満鉄開原香山街／一八九九（明三二）四／鹿児島県鹿児島郡谷山町／宜蘭語学校

鹿児島県山之内畩市の五男に生まれ、一九一七年台湾の宜蘭語学校を卒業して関東都督府民政部土木課に勤務した。その後一九年満鉄に転じ、社長室人事課、四平街在勤、庶務部社会課、総務部人事課、安東地方事務所、地方部庶務課に歴勤した。次いで三四年八月開原地方事務所経理係長となり、三五年四月勤続一五年の表彰を受けた。

山之内珍規　▷12

満鉄牡丹江建設事務所員／牡丹江満鉄牡丹江建設事務所／一八九一（明二四）一〇／鹿児島県日置郡永吉村／私立台北中学会中退

鹿児島県山之内小吉の長男に生まれ、一九〇九年私立台北中学会四年を中退し、同年五月台北機関庫に勤務した。その後二〇年五月に渡満して満鉄に入り、公主嶺機関庫車輛係、公主嶺機関区勤務、四平街機関区勤務、長春機関区点検助役兼運転助役、埠頭事務所構内助役、同入船車務係、同構内助役、入船駅構内助役に歴勤した。次いで満州里機務段ハイラル分段運転主任を経て三六年五月横道河子鉄路監理所監理員となり、三七年四月牡丹江建設事務所に転勤した。この間、三六年四月勤続一五年の表彰を受けた。

山野辺正善 ▷12

ハルビン日日新聞社記者、ハルビン日本居留民会評議員／ハルビン埠頭区中国三道街／一八九三（明二六）五／福島県石城郡飯野村／中学校

中学校を卒業して言論界に入り、一九二六年五月ハルビンに渡りロシア通信社に勤務した。三二年三月ハルビン日日新聞社記者に転じ、かたわら同地の日本居留民会評議員を務めた。夫人アサ子は産婆業を営み、養女タケ子はハルビン高女に学んだ。

山野 弁二 ▷9

二宮商店大連支店長／大連市寺内通／一八九〇（明二三）九／大阪府中河内郡長瀬村／関西大学

一九一二年関西大学を卒業し、京阪電気鉄道㈱に入社して秘書を務めた。一七年六月に退社して創立早々の二宮商会に入り、同年一二月海運事業視察のため中国南部及び南洋に出張した。一九年一月に帰国し、同年七月大連支店支配人となって渡満した。

山葉亀五郎 ▷12

山葉商会主／新京特別市興安大路／一八七九（明一二）五／静岡県浜松市寺島町

山葉幸太郎の子として和歌山県に生まれ、伯父の山葉寅楠が経営する浜松の日本楽器製造㈱に入った。オルガン部、木工部、ハーモニカ部、ベニヤ部の各部長を務めた後、東京販売部長となり、東京音楽学校楽器係嘱託として一九二一年欧米各地を視察した。一九二五年五月中国各地を視察旅行した後、同年六月に渡満して山葉洋行常務取締役・大連支店長となり、大連商工会議所議員、大連輸入組合幹事、大連土木建築協会評議員、大連金融協会評議員、大連商工会評議員等の公職に就いた。その後辞職して三五年二月新京興安大路に山葉商会を設立し、家具製作・販売業を経営した。

山辺 一郎 ▷12

満鉄総裁室庶務課秘書係／大連市伏見町／一八九一（明二四）八／長崎県長崎市東山手町／長崎私立海星商業学校

長崎控訴院嘱託山辺権六郎の長男に生まれ、一九一〇年長崎市の私立海星商業学校を卒業して大阪商船㈱に入った。門司支店勤務を経て海上に六年勤務し、次いで一七年八月大連支店に転勤して渡満し、輸入係、船客係主任に歴勤した。その後三三年一一月満鉄に転じて総務部庶務課秘書係に勤務し、三六年一〇月職制改正により総裁室庶務課秘書係となった。早大商科を卒業した実弟の二郎も大阪商船㈱に入り天津支店に勤務した。

山辺 鋼 ▷12

大倉土木㈱参事、共立土地建物㈱取締役／奉天信濃町森ビル／一八八九（明二二）八／東京府東京市本所区小梅

東京府山辺知之の長男に生まれ、一九〇四年㈾清水組に入った。次いで一七年理化学研究所に転じて建設事務に従事した後、一九年四月さらに大倉土木㈱に転じ、東京本社勤務を経て大連出張所員となって渡満した。その後、同出張所建築主任を経て参事となり、共立土地建物㈱取締役を兼務した。この間、満州事変時の功により賜盃及び従軍記章を授与された。

山辺 富吉 ▷11

運送、物品販売、貸家業／大連市西通／一八六九（明二）一二／鳥取県東伯郡赤碕村

鳥取県山辺直八の次男に生まれ、兄由松の早逝により家業の廻船業を継いだ。一九〇四年日露戦争に際し所有する船を陸軍御用船とし、朝鮮と安東県を往復して軍需品の輸送に従事した。〇五年九月の戦争終結で御用船が解除されると所有帆船に貸家建築諸材料を積んで渡満し、大連で運送、物品販売、貸家業を始めた。一四年に青島戦役で青島が陥落すると青島にも支店を開設した。長男基一は大連商業学校を卒業して長春に在住し、妹スエも娘夫婦と共に鉄嶺に居住した。

山室　重夫　▷10

大連火災海上保険会社営業部長／大連市播磨町／一八八四（明一七）二／福島県若松市新横町／東京外国語学校中退

一九〇三年上京して東京外国語学校に入学したが、都合により中退した。〇四年に日露戦争が始まると通訳として従軍し、戦後〇七年三月三井物産会社の修業生となって北京で中国語を三年学んだ。修了して同社社員となり、大連、鉄嶺、ハルビン、ウラジオストク等の各支店に一六年勤務し、二〇年五月本店保険課に転任して帰国した。二二年春に三井物産大連支店保険係主任の山室辰之助が満鉄と東京海上火災保険会社の後援で大連火災海上保険会社を創立すると、同年七月三井を退社して同社入りし営業部長に就いた。

山室辰之助　▷9

大連火災海上保険㈱専務取締役／大連市神明町／一八七九（明一二）五／神奈川県横浜市青木町／東京高等商業学校

一九〇三年東京高等商業学校を卒業し、翌年三井物産本店に入社した。〇八年五月大連支店に転勤して渡満し、船舶係と日本郵船代理係主任を兼務した。一〇年石炭係主任に転任し、次いで一二年に同社が保険代理店業務を始めると主任となった。以後一一年間で契約高を四二〇万円から三億五〇〇〇万円に伸ばし、二二年八月満鉄、三井、東京海上、大正海上各会社幹部の諒解と後援で大連火災海上保険㈱を設立して専務取締役に就任した。

山本　一郎　▷12

国際運輸㈱雄基支店琿春営業所主任／間島省琿春国際運輸㈱営業所／一九〇七（明四〇）三／滋賀県栗太郡笠縫村／京城善隣商業学校

山本惣次郎の長男として京都府に生まれ、一九二六年三月京城善隣商業学校を卒業して国際運送会社京城支店に勤務した。三〇年五月同社が朝鮮運送会社と合同して事業が引き継がれた後、雄基出張所勤務を経て訓戎営業所主任を務めた。その後三四年二月国際運輸㈱に転じて雄基支店に勤務し、同年一一月同支店訓戎営業所主任を経て三五年七月琿春営業所主任となった。

山本　馬夫　▷12

山本洋行主／牡丹江日照街／一九一〇（明四三）三／高知県安芸郡穴内村／釜山第一公立商業学校

釜山第一公立商業学校を卒業して商業に従事した後、渡満して一九三五年五月牡丹江に資本金一万円で山本洋行を設立した。白米・雑穀の地場卸を主とし、同地方の急激な発展に伴い商圏を拡張した。

山本　永　▷12

三姓土木公司主、㈾三姓製材所代表社員／三江省依蘭県三姓城内通順街／一九〇七（明四〇）九／高知県吾川郡池川町／名古屋高等工業学校

名古屋高等工業学校を卒業して渡満し、一九三三年五月依蘭県三姓城内通順街に資本金一万五〇〇〇円の三姓土木公司を開業し、土木建築請負と建築材料・石炭販売業を経営した。次いで三五年三月牡丹江岸の三姓西埠頭に資本金五万円の㈾三姓製材所を設立し、製材業と木材販売業を兼営した。

山本ヱミ子　▷8

富田屋店主／奉天柳町／一八八〇（明一三）三／大阪府大阪市東城区

一九〇六年九月、日本人女性として初めて奉天に赴いた。一九一五年八月富田屋を開業したが、二二年七月第一次世界大戦の戦後不況のため一時廃業し、二五年八月柳町で再開した。

山本　景彦　▷4

山本木工所主／ハルビン埠頭区モストワヤ街／一八七五（明八）／京都府京都市下京区本町／小学校

聖一国師に随行して唐の建築法を学び東福寺伽藍を建造した伝統建築師の家に生まれ、小学校を卒業して高村光雲の門下となり彫刻を修業した。東京で彫刻業に従事した後、一九一四年七月に渡満してハルビンの今津木工場に入った。その後独立して同地に山本木工所を開設して建築請負、室内装飾、家具指物製造、建築材料商を営み、職工十数人を使用して領事館、三井洋行、正金銀行等を顧客とした。

や

山本鉦太郎　▷8

質屋業、勲七等／奉天松島町／一八六九（明二）一一／愛知県名古屋市東区

一八九四年憲兵隊付として日清戦争に従軍し、戦後引き続き駐屯軍付として天津に駐在して憲兵曹長に進んだ。一九〇六年四月に除隊して帰郷し、同年七月に渡満して奉天大北門外に山本洋行の名で銃砲火薬・刀剣販売業を開き、質屋業を兼業した。その後同地の小西門、大北関横町と移転して質屋専業とし、一六年九月さらに大西関に移った後、二〇年六月新市街の松島町に移転した。奉天における日本人質屋業の許可出願第一号として同業組合長を務めた。

山本亀太郎　▷12

北満旅館主、牡丹江旅館組合長、牡丹江居留民会評議員、牡丹江学務委員・同衛生医員、勃利県木材同業組合長、牡丹江木材組合副組合長、勲八等／浜江省牡丹江興隆街／一八七四（明七）三／岡山県阿哲郡新砥村

本姓は別、後に山本家の養子となった。呉市役所、広島県警察署等に勤務した後、朝鮮に渡って在朝鮮日本軍の調査班員となり、次いで渡満して北満憲兵隊情報部員として活動した。その後遼東新聞支局員に転じ、さらに三姓で質店を経営したが、満州事変後に牡丹江に移り関東軍指定旅館として北満旅館を経営し、木材業を兼営した。この間、シベリア出兵前後の功により勲八等に叙された。

山本勘三郎　▷11

鞍山製鉄所御用商、勲八等／奉天省鞍山大正通／一八八四（明一七）二／広島県双三郡八次村／農業学校

広島県山本嘉蔵の次男に生まれ、郷里の農業学校を卒業した。一九〇四年日露戦争に従軍し、戦後もそのまま在満して関東庁農事試験場員、満鉄地方課産業係等を務めた後、鞍山に移住して鞍山製鉄所御用商を開業した。業務のかたわら鞍山地方委員を務めたほか、三五年三月中山洋行主の中山武雄らと日露戦争歴戦者で鞍山三七年会を結成した。

山本幾三郎　▷8

桂商会主／奉天浪速通／一八八三（明一六）三／山口県大島郡下庄町

一九二〇年奉天に赴き、浪速通に桂商会を設立して土木建築業を営んだ。

山本　清　▷4

日本慈恵医院医師／黒龍江省チチハル／一八八一（明一四）三／新潟県南蒲原郡大西村／東京医学校

新潟県医師山本親英の子に生まれ、一九〇五年四月東京市本郷区の東京医学校に入学した。〇六年に卒業して医術開業試験前期に合格し、大阪市の関西医院で後期学科を学んだ後、〇九年一二月東京市本郷区壱岐町に中央医学講習会を設立して研鑽を積み、一一年四月医術開業後期学説試験に合格した。さらに同区片町医学研究会、同切通坂町済生医学講習会で臨床医学を学び、かたわら一二年五月同春木町に山本医学研究会を設立して主事兼講師となった。一三年四月医術開業後期実地試験に合格した後、同年七月カムチャツカ、一四年九月東京市豊多摩郡渋谷村、一五年九月ハバロフスクでそれぞれ医院を開業して挫折し、ハルビンの西角時計店に身を置いた後、一六年九月チチハルに赴いて日本慈恵医院を開設した。

山本　清康　▷4

病院主／ニコリスク市ウツスリスカヤ街／一八六九（明二）／長崎県長崎市西上町／長崎医学専門学校

長崎医学専門学校を卒業して長崎で開業し、日露戦争中に軍医として小倉の陸軍予備病院に勤務した。戦後一九〇七年ロシア領ニコリスクに渡り、ウツスリスカヤ街で開業した。日本人、ロシア人を診療するかたわら同地の民会長を務めた。

山本　謹吾　▷12

国務院司法部総務司員、法典制定委員会委員兼幹事、刑事法典起草委員会委員、学習法官考試委員、従六位／新京特別市熙光胡同白山住宅／一九〇二（明三五）七／兵庫県加古郡八幡村／京都帝大法学部英法科

京都帝大在学中の一九二六年に文官高等試験司法科に合格し、二七年三月法学部英法科を卒業して司法官試補となった。以来、二八年五月東京区裁判所検事代理、同年一二月判事、二九年八月福島地方裁判所平支部判事兼平区裁判所判事、三一年四月土浦区裁判所判事兼水戸地方裁判所土浦支部判事、三三年二月東京地方裁判所判事兼東京区裁判所判事を歴任した。三四年一二月満州国政府の招聘により依願退職して渡満し、国務院司法部参事官として総務司に勤務し、三六年八月から法典制定委員会委員、刑事法典起草委員会委員、学習法官考試委員を兼務した。この間、二八年一一月昭和大礼記念章、三五年九月皇帝訪日記念章を授与され、三七年三月薦任二等に叙された。

山元金左衛門　▷7

山元農園主／大連市李家屯／一八五九（安六）六／鹿児島県鹿児島市西田町

一八九四年日清戦争に軍属として従軍し、酒保を営んだ。戦後九五年一二月台湾に渡ろうとして八重山沖で難船し、台湾総督軍に救助され翌年一月に上陸した。台湾で七年営業した後、一九〇四年二月に日露戦争が始まると再び軍属となり、同年七月に渡満し酒保として旅順、遼陽、シベリアの各部隊に従軍した。戦後いったん帰国し、〇六年八月再び渡満して雑貨商を経営したが、店員の使い込みで莫大な損失を出し、〇八年農園経営に転換した。果樹園一五町歩、蔬菜園五町歩を経営して年間数万円の収益を上げたが、後に大連都市計画のため市街地に編入され、高明台及び台山屯に移転した。エダ子夫人との間に二男五女あり、長男信之は満鉄本社に勤務し、次男の正茂は満鉄農事試験場に勤務したが二四年一二月に病没した。

山本　国平　▷9

山本商会主、市場商興㈱専務取締役、信濃町第一市場組合長／大連市信濃町／一八七五（明八）三／静岡県小笠郡比木村

日清戦争後に台湾に渡り、諸種の事業に従事して多少の資金を蓄えた。一九〇四年日露戦争に際して軍隊用達商の平岡組に属し、第二軍付として従軍して軍需品の供給に従事した。戦後〇六年柳樹屯から大連に移住し、独立して陸軍用達商を開業し駐屯軍隊に鳥獣肉類を納入した。その後信濃町市場の創設に参画し、開設と同時に市場内に店舗を開き、〇八年に同業者の利益増進と市場の発展のために市場組合を組織して組合長に就いた。大連衛生組合の委員として一〇年のペスト大流行の際は防疫事業に尽力したほか、信濃町区委員を務めた。

山本　熊一　▷12

駐満日本大使館一等書記官、従五位勲四等／新京特別市朝日通日本総領事館構内官舎／一八八九（明二二）四／山口県吉敷郡仁保村／東亜同文書院政治科

一九一二年上海の東亜同文書院政治科を卒業した後、一九年一一月外務省嘱託となり、二〇年三月外務事務官に進んだ。以来二六年三月大使館三等書記官・トルコ在勤、二七年二月外務事務官、三〇年七月大使館二等書記官・イギリス在勤に歴任した。三三年五月ロンドン経済会議参列の帝国全権委員随員を務めた後、三四年三月満州国在勤となって渡満し、同年六月大使館一等書記官に進み、三五年八月日満経済共同委員会委員随員並びに委員会幹事を務めた。

山本　慶作　▷12

満鉄吉林鉄路監理所監理員／満鉄吉林鉄路監理所／一八八七（明二〇）一〇／福井県今立郡神明村／岩倉鉄道学校

一九〇八年三月岩倉鉄道学校を卒業して鉄道庁に入った。その後一八年二月満鉄に転じて渡満し、工務局設計課、技術部線路課、安東鉄道事務所に歴勤して連山関保線区長となった。次いで本渓湖保線区保線区長、大連築港所工事助役、遼陽保線区長、四平街保線区長、ハルビン鉄路弁事処工務長、吉林鉄路監理所監理員を歴任して三六年九月副参事に昇格し、三七年四月待命となり翌月退職した。この間、三三年四月勤続一五年の表彰を受けた。

山本　啓治　▷12

満州ペイント㈱ハルビン支店長／ハルビン許公路／一九〇四（明三七）六／愛知県知多郡阿久比村

一九二七年満州ペイント㈱大連本社に入り、三〇年にハルビン駐在員となった。三三年ハルビン分工場及び支店開設の実務にあたり、完了後は同支店長として塗料・顔料製造卸の業務を差配した。

山本　謙幹　▷12

山本農場主、奉天地方委員、奉天農耕会会長／奉天霞町／一八九三（明二六）二／岡山県赤磐郡鳥取上村／明治大学法科

岡山県医師山本豊太郎の次男に生まれ、一九一八年三月明治大学法科を卒業して渡満し、遼陽の東亜産業㈱に入り同年七月奉天支店長となった。二二年に退社して奉天運輸倉庫㈱支配人に転じ、継いで独立して精米業を営んだ。その後二五年一二月から付属地南端で農場経営を始め、かたわら牛馬豚商を兼営し、三六年一〇月奉天農耕会の創立とともに会長に就いた。この間、二一年に蒙古を視察した折り蒙古産の蒲穂に着目し、これを原料に小銃用の弾薬押さえを考案して実用新案特許を取得した。

山本　高一　▷11

安東取引所支配人／安東県六番通／一八七七（明一〇）一二／東京府東京市芝区二本榎西町／東京商業学校

東京府医師山本高朗の長男に生まれ、一八九七年東京商業学校を卒業して三井銀行に入った。㈾三友社営業主任に転じた後、一九〇九年一二月に渡満して満鉄に入り総務部調査課に勤務した。その後退社して安東取引所支配人に就いた。次弟の高二は鉄道省、富三は大蔵組に勤務した。

山本小太郎　▷11

朝鮮銀行旅順支店支配人代理／旅順市伊地知町／一八八五（明一八）五／兵庫県城崎郡竹野村

兵庫県農業山本牛之助の長男に生まれ、一九〇三年神戸郵便局電信課に入った。〇七年第一銀行に転じた後、一〇年朝鮮に渡って創立直後の韓国銀行に入った。馬山、会寧、群山の各支店に勤務し、二〇年一〇月旅順支店支配人代理となって渡満した。

山本駒太郎　▷12

満州炭砿㈱西安炭砿総務課長／奉天省西安県西安炭砿総務課長社宅／一八九四（明二七）一／石川県金沢市玄蕃町／早稲田工手学校採鉱冶金科

京都平安中学校を経て一九一五年早稲田工手学校採鉱冶金科を卒業し、同年一〇月福岡県糟屋郡の海軍採炭所技手となった。次いで一七年八月に渡満して満鉄に入り、撫順炭砿東郷採炭所坑内係、同労務主任、竜鳳採炭所労務主任に歴勤した。その後満州事変に際し西安炭砿接収派遣員となり、三四年三月西安炭砿公司職員に転出した後、同公司の満州炭砿㈱への譲渡とともに同社参事となり総務課長に就いた。

山本　貞郎　▷12

満鉄大連保線区長、社員消費組合総代、正八位勲八等／大連市三室町／一九〇〇（明三三）六／三重県一志郡川合村／名古屋高等工業学校

三重県山本増次郎の五男に生まれ、津中学校を経て一九二四年三月名古屋高等工業学校を卒業して満鉄に入り、鉄道部計画課に勤務した。奉天鉄道事務所、同安東在勤、安東保線区工事助役、遼陽保線区鞍山在勤保線助役、鉄道部に歴勤した後、鉄路総局に転任して呼海鉄路局派遣、ハルビン在勤を経てハルビン鉄路局工務処改良科工事股長兼設計股長となった。次いで三五年三月窰門工務段長、三六年四月三棵樹段長を経て三七年四月大連保線区長に就いた。この間、満州事変時の功により勲八等瑞宝章を授与され、窰門在勤時に同地の日本人居留民会長及び在郷軍人会分会長を務めた。

山元　貞義　▷12

満鉄チチハル鉄路医院昂昂渓診療所主任兼医員兼昂昂渓日本尋常高等小学校校医／龍江省昂昂渓局宅／一九〇九（明四二）三／鹿児島県姶良郡隼人町／平壌医学専門学校

鹿児島県山元貞隆の次男に生まれ、一九三三年三月平壌医学専門学校を卒業した後、同五月奉天の満州医科大学皮膚科で研究に従事した。その後三四年七月満鉄に入社して鉄路総局防疫医となり、同年一二月満州医科大学皮膚科で研鑽した後、鉄路医院附業課臨時嘱託としてハルビン鉄路医院昂昂渓診療所医員を務め、同主任を経て三六年九月チチハル鉄路医院昂昂渓診療所主任兼医員となり、昂昂渓日本尋常高等小学校校医を兼務した。

山本　貞義　▷12

満鉄奉天地方事務所員／奉天満鉄地方事務所／一九一〇（明四三）

三／東京府東京市渋谷区内山町
東京府山本貞吉の長男に生まれ、学業修了後直ちに満鉄に入社した。以来勤続し吉林鉄路局産業処商工股長となり、三六年一二月奉天地方事務所に転任した。

山本　繁雄　▷12

満鉄牡丹江鉄路局警務処警務科長、勲八等／牡丹江鉄路局警務処／一八九五（明二八）六／熊本県葦北郡大野村

熊本県山本登の三男に生まれ、一九一三年一〇月小学校代用教員となったが、辞職して東京警察講習所を修了し、一九年一月に渡満して関東都督府巡査となった。旅順民政署に勤務した後、関東庁警部補兼外務相警部補・奉天警察署勤務、関東庁警部・警務局保安課勤務兼警察官練習所教官を歴任した。その後三四年八月満鉄に転じて鉄路総局警務処警務科兼鉄路学院講師を経て三六年一〇月牡丹江鉄路局警務処警務科長に就いた。

山本　重傑　▷11

関東庁医務嘱託／大連市大黒町／一八七五（明八）五／高知県高知市江ノ口町／済生学舎医学校

高知県山本重蔵の次男に生まれ、一九〇〇年済生学舎医学校を卒業した。〇二年五月検定に合格して伝染病研究所助手となり、かたわら帝大医科大学で内科を専攻し、『細菌学雑誌』を編集発行した。〇五年三月兵庫県衛生技師兼神戸地方裁判所法医嘱託を経て〇七年伝染病研究所嘱託となり、福島県技手・産婆看護婦養成所講師、同県警察医を歴任し、この間蛇毒研究により英国アジア協会の表彰を受けた。一一年九月から医院を開業して診療に従事したが、二〇年四月関東庁医務嘱託に転じて渡満した。

山本茂之丞　▷11

薬種商／吉林省公主嶺柳町／一八八四（明一七）一／愛媛県新居郡神郷村

愛媛県雑貨商山本庫太郎の次男に生まれ、一九〇四年松山の歩兵第二二連隊に入営し、一一年に除隊して呉海軍工廠守衛となった。一二年三月に渡満して関東庁巡査となったが、その後退職して公主嶺で薬種商を営んだ。かたわら同地の在郷軍人分会評議員、市民協会副会長を務めた。

山本　周次　▷12

サン・ジョージ経営主、(資)／奉天ビクトリヤ商会代表社員／奉天省撫順東四条通／一八九六（明二九）二／栃木県上都賀郡日光町／シニヤスカ大学

東京神田駿河台の正教神学校でロシア語を学び、一九一五年ロシアに渡りモスクワのシニヤスカ大学に入学した。卒業後に同地の商館に勤務したが、第一次世界大戦のため一九年に帰国して軍務に服した。その後二二年に渡満して奉天でロシア菓子の製造販売業を始め、二四年に撫順に移転してロシア菓子の他に洋酒販売業とカフェーを兼営した。

山本　純吉　▷11

横浜正金銀行奉天支店支配人、正八位／奉天葵町／一八八二（明一五）六／東京府東京市牛込区市谷田町／東京高等商業学校

東京府農商務省技師山本勝次の次男に生まれ、一九〇六年東京高等商業学校を卒業して横浜正金銀行に入った。神戸、上海、天津、カルカッタ各支店に勤務した後、二三年奉天支店支配人となって渡満した。業務のかたわら奉天商工会議所特別議員、奉天取引所商議員を務めた。

山本　純次　▷12

満鉄ハルビン鉄道工場作業長、勲六等／ハルビン中国十道街／一八九六（明二九）一〇／和歌山県那賀郡名手町／旅順工科学堂機械科

和歌山県山本市二郎の次男に生まれ、一九一八年旅順工科学堂機械科を卒業して同年一二月満鉄に入社した。二〇年一〇月技術部機械課、二二年一月運輸部、二三年四月鉄道部機械課、二五年五月南満州工業専門学校講師兼務、二七年四月鉄道部工作課、二八年一月沙河口工場検査係主任、三一年四月貨車製材職場主任に歴勤した。三三年五月技師に昇任し、ハルビン工廠作業長、同年六月検査係主任兼務を経て三六年一〇月職制改正により参事となり、三七年四月作業長専任となった。この間、在郷軍人会沙河口分会長、社員会幹事等を務め、満州事変時の功により勲六等及び従軍記章、建国功労賞を授与された。

山本　庄吉　▷12

琿春畜産㈱社長、図們西本願寺日満語学院長／間島省図們春風街／一八八六（明一九）六／山口県豊浦郡神玉村／拓殖大学

山口県山本金三郎の四男に生まれ、一九二二年拓殖大学を卒業して朝鮮に渡り、総督府理財課に勤務した。一〇年勤続した後、総督府の推薦により渡満して各地に数十の金融組合を組織して指導に当たった。次いで興産㈱を興して東満地方金融界に地歩を占めたが、後に満州国の金融統制により資本金一〇〇万円の銀行営業に改組した。自らの事業としては琿春畜産㈱を設立して社長に就き、かたわら図們居留民会、図們商工会の創設に尽力し、同地の国防義会及び国防婦人会の各会長を務めた。また在郷軍人会図們分会長として基金造出のため劇場を経営したほか、新京で開催された満州国協和会大会に間島省代表として列席した。

山本条太郎　▷11

満鉄社長、衆議院議員、経済審議会委員／大連星ヶ浦満鉄社長別邸／一八六七（慶三）一〇／東京府東京市赤坂区新坂町／共立学校中退

旧福井藩士山本条悦の長男として福井市に生まれ、七二年八月松平家の家従となり一家で東京に移住した。八〇年共立学校に入学したが病のため退学し、翌年三井物産横浜支店の奉公人となった。支店長馬越恭平の知遇を得て八八年三月上海支店勤務となり、本店詰、上海支店詰、営口詰、上海紡績会社支配人を経て九七年一〇月参事となり大阪支店に勤務した。さらに本店参事、参事長を経て一九〇一年九月上海支店長に就き、清国総監督、本店理事を歴任して〇九年一〇月常務取締役に就任した。一四年四月シーメンス事件に連座して三井物産を退社し、その後、大洋汽船、日本化薬製造、満州製麻、大日本炭鉱、朝鮮紡織、朝鮮生糸、日本水力、日本紡織、日支貿易、大同肥料など数多くの会社設立に関与して十数社の社長・重役に就いた。二〇年五月政友会に属して福井県から衆院選に当選し、以後五期連続当選して二五年三月党総務となった。二七年四月幹事長となり、同年五月田中義一会内閣が成立すると同年七月満鉄社長に就任した。⇒満鉄の実務化経済化を図り、鞍山製鉄所の拡張、撫順炭砿油母頁岩工業の推進など社務一般を刷新したが、二九年七月張作霖爆殺問題で田中内閣が総辞職すると同年八月満鉄総裁を辞任した。党務に復帰して三〇年五月政務調査会長に就き、三五年一二月貴族院議員に勅選された。三六年三月没。著書に『経済国策の提唱』がある。

山本　此郎　▷12

国際運輸㈱天津支店長／中華民国天津法租界国際運輸㈱天津支店／一八九七（明三〇）八／静岡県浜名郡積志村／拓殖大学専門部

静岡県山本馬治の四男に生まれ、一九一九年三月拓殖大学専門部を卒業して同年五月満鉄に入り、長春駅貨物係兼長春補習夜学校支那語科教授を務めた。次いで同年九月ハルビンの北満倉庫㈱に転じて中国語通訳、倉庫係、金融係、運送係、第一倉庫主任を務め、二〇年八月に退社した。二三年九月国際運輸㈱に入り、ハルビン支店金融係主任、チチハル支店長代理兼販売係主任、チチハル支店長を歴任した後、三七年二月天津支店長に就いた。

山元新九郎　▷12

満鉄ハルビン鉄路局警務処警務科長兼ハルビン警備犬訓練所巡監、正七位勲四等／ハルビン鉄路局警務処／一八八七（明二〇）二／石川県鹿島郡相馬村／陸軍士官学校

一九〇七年一二月徴兵されて歩兵第三五連隊に入営し、満期後も軍務に服して士官学校を卒業した。以来、朝鮮の独立守備歩兵第三大隊付等を歴職して三三年四月大尉に累進して予備役編入となり、吉長吉敦鉄路局臨時嘱託に転じた。次いで新京鉄路局警務処防務科長、吉林鉄路局警務処警務科長を経て三六年一〇月ハルビン鉄路局警務処警務科長となり、ハルビン警備犬訓練所巡監を兼務した。

山本寿喜太　▷11

関東庁体育研究所主事／旅順市松村町／一八九二（明二五）七／岡山県赤磐郡太田村／東京高等師範学校

岡山県農業山本後三郎の長男に生まれ、一九一七年東京高等師範学校を卒業した。富山県師範学校教諭、長野県師範学校教諭を経て二七年六月に渡満

し、関東庁体育研究所主事となった。関東庁視学委員を兼任し、著書に『遊戯の哲学』がある。

山本　澄江　▷11

満鉄開原駅貨物助役、正八位／奉天省開原共栄街満鉄社宅／一八九四（明二七）一／東京府／豊多摩郡下淀橋町／慶應大学理財科

旧福井松平藩士で東京代々幡郵便局長を務めた山本銕次郎の長男に生まれた。一九二一年慶應大学理財科を卒業し、同年四月に渡満して満鉄に入社した。公主嶺駅に勤務したが、同年一二月一年志願兵として東京赤坂の歩兵第一連隊に入営し、二三年三月特務曹長となって除隊した。二三年四月公主嶺駅貨物方、同年八月長春駅貨物方を経て二六年四月開原駅助役となり、二八年同駅貨物助役となった。林学博士石丸文雄の長女で盛岡高女、東京女子職業学校出身のよし子を妻とした。次弟の澄三も渡満して満鉄大連埠頭電信課に勤務した。

山本　惣治　▷13

満州自動車製造㈱理事長／一八八八（明二一）一〇／新潟県高田市／東京外国語学校

高田中学から東京外国語学校に入り、一九一二年に卒業した。大阪の久保田鉄工所工場長、東洋製鉄調度課長を経て鮎川義介の経営する持株会社共立起業営業部長となった。戸畑鋳物㈱取締役工場長、ダット自動車製造取締役、日産自動車㈱常務、日産自動車販売専務を歴任し、三九年五月満州重工業開発㈱の全額出資で満州自動車製造㈱が設立されると理事長に就任した。

山元　隆志　▷3

関東庁大連民政署財務課煙酒税係／大連市菫町／一八九一（明二四）六／鹿児島県姶良郡蒲生村／慶応大学中退

郷里の中学を出て上京し、私塾で漢学を学んで慶応大学に入った。渡米を企図し、中退して帰郷したが父兄の反対で断念し台湾に渡った。一九一六年台湾総督府税官吏となったが、実業を志して二〇年に渡満した。義兄で満州船渠㈱技師長の山元喜二と蒲生村出身の赤塚正助奉天総領事の斡旋で関東庁属となり、二二年九月に煙酒税が施行されると大連民政署財務に勤務した。

山本　武男　▷12

北満土木相談役／ハルビン外国二道街／一九〇二（明三五）一／岐阜県可児郡春里村／日本大学商科

岐阜県山本良三郎の長男に生まれ、一九二四年三月日本大学商科を卒業した後、郷里で実業に従事した。三五年二月に渡満し、実弟の栄寿が経営するハルビンの北満土木の相談役に就いた。かたわら中国経済の研究に従事し、中国人・ロシア人多数と交友があった。

山本　武夫　▷9

日本郵船㈱大連出張所長／大連市加茂川町／一八八一（明一四）三／岡山県岡山市西田町／東京高等商業学校

一九一〇年東京高等商業学校を卒業し、一三年日本郵船㈱に入社して郵船の船上事務に従事した。一五年ボンベイ支店勤務となり、その後カルカッタ、シンガポールの各支店勤務を経て二一年四月東京本社詰となった。二二年一月三井物産大連支店への委託事務を解嘱して大連出張所が開設されると、同所長となって渡満した。

山本太三郎　▷11

営口電話局長、従六位勲五等／奉天省営口旧市街永世街／一八七六（明九）一一／岐阜県岐阜市美江寺町／県立岐阜中学校

岐阜県山本卯兵衛の五男に生まれ、一八九六年県立岐阜中学校を卒業して岐阜郵便局に入った。尾道、広島局を経て逓信省通信局に勤務し、山口、京都七条郵便局長を歴任した。一九一八年一〇月関東都督府通信事務官補となって渡満し、鉄嶺、安東、営口の各郵便局長、管理局経理課長を務めた。二二年営口電話局長に転任し、営口旧市街町内会長、営口地方委員会副議長を務めた。

山本　力　▷11

大連第一中学校教諭／大連市山吹町／一八九六（明二九）二／鹿児島県肝属郡新城村／広島高等師範学校

鹿児島県農業山本八太郎の六男に生まれ、鹿児島県師範学校本科を卒業して日置郡西市来村小学校訓導となった。翌年第一師範学校付属訓導に転じたが、在職三年で広島高等師範学校に入学し、一九二四年三月同校文科三部を卒業して鹿児島県立第一中学校教諭となった。二五年三月関東庁中学校教諭に転じて渡満し、大連第一中学校で地歴を担任した。以来同校に勤続し、柔道二段で武道部長を兼任した。

山本長次郎 ▷12

清水貿易㈱奉天出張所長／奉天加茂町／一八七〇（明二）二／新潟県三条市古城町

郷里の三条市で金物商を営んで成功し、三条市会議員、同金物商業組合長、日本度量衡協会地方部会長等の公職を務めた。その後一九三三年一一月同郷の親友清水静吉社長の懇望を受け、清水貿易㈱奉天出張所長となって渡満した。

山本千代子 ▷7

フランス刺繍講師／大連市薩摩町／一八八四（明一七）二／鹿児島県出水郡米津村／大阪府立高女

鹿児島県官吏久留矢太郎の長女として大阪市に生まれ、大阪府立高女を卒業して静岡県出身の山本信吉と結婚した。病気のため別府温泉で療養中、大連に住む実弟弘文の勧めで一九二四年五月に渡満した。病気快復後、同地の三越呉服店の企画でフランス刺繍講習会を開催して好評を博し、引き続き各地で講習会を開いた。刺繍図案の著書を著したほか、大連・旅順の高等女学校でもフランス刺繍の講師を務めた。夫の久留信吉は一九〇四年九月第七高等学校教授となり、一六年七月文部省臨時国語調査会委員を経て浄土宗教大学教授を務めた。兄の久留弘毅は東京美術学校を出て画家となり、弟の久留弘文は東京帝大工科大学を出て大連で高岡久留工務所を共同経営し、末弟の弘三は早稲田大学政治経済科を出て友愛会機関誌『労働及産業』の編集に従事し、労働代表として上海労働会議に出席するなど労働問題の専門家として知られた。

山本　司 ▷12

満鉄牡丹江鉄路監理所長、社員会評議員、従七位勲七等／浜江省牡丹江鉄路局監理所長局宅／一八九〇（明二三）四／東京府東京市牛込区揚場町

岩田太吉の子として宮城県志田郡下伊場野村に生まれ、山本源治郎の養子となった。一九〇五年四月札幌鉄道作業局出張所旭川詰所に入り、〇六年札幌鉄道作業局出張所電信修技生を終了した。以来各地に勤務して二四年四月米沢駅長となり、次いで仙台車掌所主任、盛岡・秋田の各運輸事務所営業掛主任を歴任した。三三年二月満鉄に転出して鉄道部輸送課に勤務し、同年九月大連鉄道事務所営業長となった。さらに三五年三月ハルビン鉄路弁事処運輸長、同年一一月ハルビン鉄路監理所監理員を経て三六年九月牡丹江鉄路監理所長に就いた。

山本　藤吉 ▷12

三隆洋行主、信昌公司主、ハルビン批発㈱相談役／ハルビン道裡十四道街／一八九〇（明二三）五／山口県玖珂郡和木村／中学校

広島県松本五郎三郎の七男に生まれ、後に山口県山本小右衛門の養子となった。広島県立中学校を卒業した後、入営して憲兵となり広島師団管下に勤務し、次いで一九一二年四月満州に動員され、現地除隊後にシベリア派遣軍の用達商を営んだ。同軍が撤兵するとハルビンで青果商を開業し、後に資本金一万円の㈾三隆洋行に改組した。かたわら綏化に信昌公司を設立し、従業員十数名を使用して木材商を兼営し、ハルビン批発㈱の相談役を務めた。

山本　達 ▷8

山本医院主／奉天琴平町／一八八六（明一九）五／東京府東京市京橋区南金之町／京都府立医学専門学校

京都府立医学専門学校を卒業した後、一九一五年に渡満して満鉄奉天医院に勤務した。四年後に退社して同地の春日町に山本医院を開業し、同年暮に琴平町に移転した。

山本土岐彦 ▷11

牛荘港水先人、正五位勲三等／奉天省営口永世街／一八八二（明一五）一二／佐賀県佐賀市予賀町／海軍大学校

佐賀県山本俊見の長男に生まれ、一九〇三年海軍兵学校を卒業して将校となり、後に甲種学生として海軍大学校に入学して一五年に卒業した。二三年大佐に累進し、軍艦矢矧、球磨、多磨の各艦長を経て摂津特務艦長となった。二八年三月予備役編入となり、同年四月に渡満して牛荘港水先人となった。

山本　豊吉 ▷11

正隆銀行営業部長／大連市神明町／一八八九（明二二）二／東京府東京市赤坂区中ノ町／日本大学専門部

東京府山本柳松の次男に生まれ、一九〇六年安田銀行に入った。一時退職して日本大学専門部に入学し、一二年に卒業して同行に復職し、宇都宮支店長、米沢支店長、青森支店長を歴任した。二六年安田保善社に転じ、同年安田系の正隆銀行本店支配人となって渡満した。その後、職制改正により営業部長に転任した。

山本　虎一 ▷9

カフェー「サクラ」主人、功七級／大連市浪速町／一八八三（明一六）二／島根県那賀郡井野村

一九〇四年日露戦争に従軍し、功七級金鵄勲章を受けた。帰国した後、一〇年九月に再び渡満して満鉄に入り旅館部に勤務した。一三年四月に退社し、翌年五月から浪速町でカフェー「サクラ」を経営した。

山本　虎雄 ▷11

関東庁地方法院監督書記、従七位勲八等／大連市児玉町／一八七二（明五）三／三重県一志郡久居町

三重県山本金五郎の次男に生まれ、独学で一八九九年三月裁判所書記試験に合格して名古屋地方裁判所書記となった。一九一四年に退官し、実業界に入って電気事業に従事したが、二〇年七月に渡満して関東庁法院書記となった。同郷の夫人ツルとの間に五子あり、長男の景は関東庁逓信局に勤務し、次女のゑつは旅順市の村田樵に嫁した。

山元　虎彦 ▷7

本渓湖煤鉄公司修築科主任／奉天省本渓湖順山子社宅／一八八八（明二一）／鹿児島県噌唹郡松山村新橋／工手学校土木科

一九〇七年東京の築地工手学校土木科を卒業して渡満し、旅順軍港建築科に入って軍港船渠築造工事に従事した。工事完了後の一一年末、鎮海軍港建築科に転勤して軍港水源地貯水池、濾過池、重油タンク等の新築工事に従事した。一九年に本渓湖煤鉄公司に招聘され、修築科主任として製鉄事業及び付帯事業の拡張工事にあたった。

山本　直吉 ▷12

満鉄吉林検車段長、社員会評議員、勲八等／吉林敷島街／一八九〇（明二三）二／山口県萩市松本／市立下関商業学校

山口県山本甚吉の長男に生まれ、市立下関商業学校を卒業して山陽鉄道会社に勤務した。その後一九〇七年満鉄に転じて渡満し、大連、新京、鉄嶺、奉天各地に歴勤して三六年吉林検車段長となった。この間、満州事変時の功により勲八等瑞宝章を授与され、一五年勤続の銀盃及び二五年勤続の金盃を受けた。

山本　憲夫 ▷9

大連信託㈱常務取締役／大連市伏見台／一八七四（明七）七／福岡県宗像郡赤間町／和仏法律学校

一八九九年七月、和仏法律学校を卒業して官吏となった。一九〇六年九月関東都督府が設置されると同府属に任じられて渡満し、民政部財務課に勤務して会計事務に従事した。一九年一二月に辞職して興業会社の設立を計画したが、欧州大戦の戦後不況で挫折し、翌年九月久保田組主で大連信託㈱社長の久保田勇吉に招かれて同社常務取締役に就任した。

山本　彦 ▷7

満州銀行員／大連市聖徳街／一八八九（明二二）一二／鹿児島県鹿児島市高麗町／鹿児島県立第二中学校

一九一〇年三月鹿児島県立第二中学校を卒業し、進学を志したが父死去のため断念した。一一年七月朝鮮に渡り、翌年一〇月朝鮮鎮南浦税官吏となった。二〇年二月に退職し、満州商業銀行に入って安東本店に勤務した。二三年七月奉天・満州商業・大連・遼東の四銀行が合併して満州銀行となると大連本店現金係に就き、二五年五月整理係となった。剣道二段で、満鉄道場の有段者試合で何回か優勝した。

山本　久治 ▷12

大北新報㈱社長、正八位／ハルビン馬家溝教堂街／一八九二（明二五）五／山口県熊毛郡室津村／関西大学予科

山口県酒造業山本兵助の三男に生まれ、一九一二年三月関西大学予科を卒業した後、一三年一二月一年志願兵として広島の歩兵第七一連隊に入営した。一五年五月に除隊した後、一六年五月に渡満して北京共同通信社奉天支社に入り、一七年六月同地の盛京時報に転じた。その後二二年一〇月ハルビンで大北新報社を創立経営し、三六年一〇月満州弘報協会への加盟とともに株式組織に改組した。この間、満州事変時の功により金一封及び従軍記章を授与されたほか、大典記念章、皇帝訪日記念章を受章した。

山本　栄寿 ▷12

㈱北満土木主／ハルビン外国二道街／一九〇八（明四一）一／岐阜県可児郡春里村／名古屋工業学校

岐阜県山本良三郎の三男に生まれ、一九二六年三月名古屋工業学校を卒業した。兵役に服して看護長となり、除隊後は郷里で実業に従事した。三四年九月に渡満し、ハルビンに北満土木を興して土木建築業を営み、後に資本金を二万円としてチチハルと海倫に出張所を置いた。

山本　広 ▷12

満鉄鉄道総局電気課長、工務委員会委員、奉天交通㈱専務董事、地方委員、社員消費組合総代、満州電気協会理事、勲五等／奉天白菊町／一八九〇（明二三）一一／福岡県築上郡東吉富村／旅順工科学堂電気科

山本卯喜二の子として広島市大手町に生まれ、福岡県立中学修猷館を卒業して渡満し、旅順工科学堂に入学した。一九一三年一二月同学堂電気科を卒業して一四年一月朝鮮総督府逓信局に入り、京城郵便局に勤務した。同年一二月一年志願兵として兵役に服した後、一五年一二月総督府逓信局電気課逓信技手となった。その後一九年三月満鉄に転じて再び渡満し、大連管理局保線課に勤務した後、一九年大連電気修繕場、二〇年一二月同修繕場助役、二一年一一月技術部線路課、二二年一月運輸部線路課、同年一一月運輸従事員養成所講師兼任、二三年二月大連工務事務所大連通信区主任、同年四月大連鉄道事務所大連通信区主任、同年六月大連通信区長、二七年四月大連電気区長、同年一一月大連鉄道事務所、二八年一〇月鉄道部に歴勤した。二九年二月鉄道用電気通信信号の調査研究のため欧米に留学し、三〇年七月鉄道部保安課に勤務して同年九月技師に昇格した。次いで三一年八月鉄道部電気課勤務を経て三二年三月中央試験所電気研究科長となり、鉄道部電気課兼弱電研究室主任及び購入品試験室主任を兼務した。三三年一月鉄道部勤務、同年三月鉄道総局工務処電気科長兼信号係主任、同年四月設備委員会委員を経て三六年九月の職制改正で参事となり、同年一〇月鉄道総局電気課長に就いた。この間、満州事変時の功により勲五等に叙された

山本福三郎 ▷11

本渓湖煤鉄公司採鉱科技師／奉天省本渓湖西山公司社宅／一八九二（明二五）二／福岡県八幡市前田町／九州帝大

一九一七年、九州帝大を卒業して古河鉱業㈱に入った。二六年一月、本渓湖煤鉄公司技師に転じて渡満した。

山本　文介 ▷3

満鉄大連医院薬局長心得兼地方衛生課員／大連市／一八七〇（明二）一〇／大分県南海部郡佐伯町／薬学校

一八九二年東京の私立薬学校を卒業して帝大医科大学調剤員助手、東京薬品試験場技師を歴任した。一九〇七年八月に渡満して満鉄地方衛生課に入り、大連医院薬局長心得として勤務した。

山本　孫市 ▷12

満鉄総裁室人事課庶務係主任、社員会相談部長、社員消費組合総代、正八位／大連市聖徳街／一八八四（明一七）一二／香川県綾歌郡坂出町／香川県立丸亀中学校

香川県山本権平の次男に生まれ、一九〇三年県立丸亀中学校を卒業して丸亀税務監督局に入った。〇五年一年志願兵とし兵役に服し、除隊して復職したが、一一年九月に渡満して満鉄に入り撫順炭砿坑外取締に転じた。その後二四年三月本社社長室人事課給与係に転任し、以来人事課に歴勤して三六年九月参事に進み、総裁室人事課庶務係主任となった。この間、撫順炭砿に勤務中に在郷軍人会の事業に貢献して表彰され撫順在郷軍人分会副会長を務め、二七年四月満鉄勤続一五年の表彰を受けた。

山本　正夫 ▷12

新京ヤマトホテル接客主任／新京

特別市ヤマトホテル内／一九一一（明四四）一二／宮城県仙台市肴町／東京外国語学校仏語部法科

岩手県江刺郡岩谷堂町に生まれ、仙台第二中学校を経て一九三二年三月東京外国語学校仏語部法科を卒業し、満鉄に入り鉄道部に勤務した。次いで大連駅勤務、大連列車区車掌心得、同車掌を経て旅館事務所に転任し、三三年八月東京在勤となり帝国ホテル、横浜ホテル・ニューグランド等でホテル業務を実習した。その後日本国内の主要ホテルを視察して三四年九月に帰任し、新京ヤマトホテルに勤務して三六年四月接客主任となった。

山本　正夫　▷12

国際運輸㈱新京支店公主嶺営業所主任／吉林省公主嶺国際運輸㈱営業所／一八九三（明二六）六／鹿児島県鹿児島郡谷山町／京城簿記専修学院

北海道庁立上川中学校四年を中退した後、一九一三年一月郷里の鹿児島郡谷山町の谿山男子尋常小学校准訓導となった。熊本専売支局に転じた後、朝鮮に渡って一八年に竜山鉄道学校朝鮮語高等科を卒業して満鉄京城鉄道局営業課審査係に勤務し、勤務のかたわら二〇年に京城簿記専修学院を卒業した。山東省に渡って青島守備軍民政部財務部会計係勤務した後、渡満して天図軽便鉄路公司に入り代理計理科長となった。二六年一二月さらに国際運輸㈱に転じて局子街、上三峰の各営業所主任を務め、次いで朝鮮運送会社に転じて上三峰、会寧の各営業所主任、雄基出張所主任に歴勤した後、朝鮮総督府鉄道局運輸委員会委員嘱託となった。その後三四年一二月再び国際運輸㈱に入り、新京支店勤務を経て三六年四月公主嶺営業所主任となった。

山本　正雄　▷11

扶桑海上火災保険㈱大連出張所長／大連市山県通／一八九一（明二四）三／東京府東京市牛込喜久井町／早稲田大学商科

東京府山本歉正の次男に生まれ、一九一四年早稲田大学商科を卒業して久原鉱業㈱に入った。一七年から海外に赴任して三年後に帰任したが、二三年に退社して扶桑海上火災保険㈱に転じ、大連出張所長となって渡満した。

山本雅次郎　▷12

満鉄牡丹江鉄路局機務処配車科員／浜江省牡丹江満鉄鉄路局機務処／一八九五（明二八）二／愛媛県越智郡下朝倉村

学業修了後直ちに満鉄に入り、吉林鉄路局機務処配車科等に勤務した後、三六年一〇月牡丹江鉄路局機務処配車科に転勤した。

山本　政喜　▷11

旅順中学校教諭／旅順南台町／一八九九（明三二）四／福岡県嘉穂郡幸袋村／東京帝大文科

福岡県農業山本荒吉の四男に生まれ、一九二四年東京帝大文科を卒業して浦和中学校嘱託となった。一年志願で兵役を終えた後、二六年四月旅順中学校教諭となって渡満した。

山本松次郎　▷12

山本牧場主／奉天省開原付属地鉄道西／一八七八（明一一）二／大阪府大阪市北区上福島

山本伝三郎の三男として香川県綾歌郡松山村に生まれ、後に分家転籍して一家を創設した。一七歳の時から大阪に出て商業に従事し、日露戦争が始まると一九〇四年六月に渡満して大連で軍隊用達業に従事した。次いで運輸業に転じ、さらに〇六年開原に移って牧場を経営した。この間、馬賊逮捕に協力して関東都督府より賞状を受け、一九年から長く開原第六区長を務めて満鉄より銀盃を受けた。

山本万兵衛　▷12

丁子屋洋服店主、奉天洋服商組合役員、奉天在郷軍人会中央分会理事・同奉天連合分会理事、勲八等／奉天春日町／一八九一（明二四）五／三重県河芸郡上野村／早稲田中学校

早稲田中学校を卒業した後、朝鮮に渡って京城の丁子屋洋服店に入った。以来同店に勤続し、一九二〇年九月同社が奉天に資本金一五万円で㈱三栄商会を設立すると専務取締役となって渡満し、羅紗洋服商を経営した。二一年一〇月に同社解散となり、事業を引き継いで独力経営し、高級洋服の調製で知られた。

山本酒造三郎　▷13

新昌洋行主／奉天／一八九二（明

二五）一一／長崎県北松浦郡小佐々村

一九〇八年に渡満して父の経営する山本商会を手伝った後、一〇年に石炭商公益公司を開店した。一二年に徴兵適齢となり、店舗を人に譲り大村の歩兵第四六連隊に入営した。一四年八月青島戦争に動員された後、同年一二月に除隊して朝鮮に渡り平北鉄山郡の松井農場監督となった。二〇年後の三五年、再び渡満して奉天に新昌洋行を設立して石炭販売業を営んだ。かたわら化粧品商みつわ屋、ラジオ商新昌号、雑貨商光和洋行を兼営し、奉天石炭商組合常任幹事を務めた。

山本　盛正　▷13

満州工廠㈱取締役社長、満州工業会理事長、奉天商工会議所副会頭／奉天浅間町／一八七三（明六）五／鹿児島県／東京帝大工科大学造船科

鹿児島県山本盛秀の長男に生まれ、一九〇〇年七月東京帝大工科大学造船科を卒業して川崎造船所に入り、造船工作部長を経て専務取締役となり、かたわら川崎汽船㈱、川崎車輌㈱の各取締役を兼任した。その後三三年六月に退任し、三四年五月㈱満州工廠の設立とともに社長に就任した。同郷で後に首相を務めた山本権兵衛海軍大将の娘みね子を夫人とし、長女輝子は木村毅海軍中将の長男太郎に嫁し、次女茂子に愛知県医学博士北川乙次郎の五男寅夫を婿養子に迎えた。

山本八十七　▷12

満鉄羅津建設事務所土木係主任、満鉄羅津消防隊長、羅津府会議員、勲八等／朝鮮咸鏡北道羅津府柏町／一八八八（明二一）八／新潟県三条市字石上／攻玉社工学校研究科

新潟県山本源六の次男に生まれ、中学校四年を中退した後、一九一一年東京の攻玉社工学校を卒業して同年八月東京市役所に勤務し、かたわら攻玉社工学校研究科に学んで一二年三月に卒業した。その後一六年四月に渡満して満鉄に入り、撫順炭砿土木課水道係に一六年勤続した後、三二年六月地方部工事課に転勤し、次いで同年一二月鉄道部勤務を経て三三年六月朝鮮の羅津建設事務所土木係主任に転任した。この間、三一年九月の満州事変に際し敵前架橋工事に従事し、翌年六月羅津築港決定と同時に測量班長として同地に出張して水道調査に従事し、三三年には敦図線各駅の給水状態の調査に携わり、さらに熱河鉄道建設のため錦州に出張して敵弾飛来の中で測量調査を行い、勲八等瑞宝章及び建国功労賞を授与された。

山本　弥平　▷5

清林館主／奉天省営口新市街／一八八四（明一七）／福岡県門司市西本町

軍政時代から営口新市街で六鵜わさ子が経営する旭ホテルの従業員となり、経営が林屋仲太郎の手に移り清林館と名称を変えた後も同館に勤続した。一九一一年湯崗子温泉の経営に着手した林屋から同館の経営を委託され、一五年四月に林屋より営業権利一切を譲り受け、夫人くに子と共に営口清林館を独立経営した。

山本　勇治　▷12

満鉄吉林鉄路局経理処長、勲六等／吉林大和街／一九〇〇（明三三）九／山口県大津郡菱海村／山口高等商業学校

山口県山本治一の長男に生まれ、一九二一年三月山口高等商業学校を卒業して満鉄に入り、本社技術部に勤務した。以来勤続して三一年三月四洮鉄路局会計処長、三四年三月ハルビン鉄路局経理処副処長、三五年三月鉄路総局経理処会計課予算係主任を歴任し、三六年九月参事に昇格して吉林鉄路局経理処長に就いた。この間、満州事変時の功により勲六等瑞宝章を授与された。

山本　雪三　▷1

鷲田鉱油部大連支店主任／旅順市／一八八八（明二一）一二／山口県佐波郡富海村／台湾協会学校

一九〇二年山口中学校を卒業し、同年九月に上京して台湾協会学校に入学し、在学中に揚子江沿岸を遡上して漢口、嶽州を巡覧した。〇五年七月に卒業して東京の㈾中村商店に入り、社命で安東県の商況調査をして帰国した後、同店大連出張所詰となって渡満した。〇六年七月に退社して新潟の鷲田鉱油部大連支店主任に転じ、同年一〇月旅順出張所の開設とともに同所主任を兼任した。

山本　善男　▷11

正隆銀行旅順支店長／旅順市伊地

知町／一八九五（明二八）八／東京府豊多摩郡野方町／東京帝大
東京府武田善次郎の五男に生まれ、山本信孝の養子婿となった。一九二二年東京帝大を卒業して安田銀行に入り、安田貯蓄銀行に転じて調査課長、白金支店長を歴任した。二七年安田系の正隆銀行に転じて渡満し、後に旅順支店長を務めた。

山本　義男　▷12

吉林国立医院嘱託兼同院附属医学校教員／吉林国立医院附属医学校／一九〇八（明四一）一／愛知県豊橋市／満州医科大学
一九三三年三月満州医科大学を卒業し、同大副手として病理学教室に勤務した。助手、専門部講師を務めた後、三六年四月吉林国立医院嘱託に転じて同院附属医学校教員を兼務した。

山元　喜二　▷11

満州船渠㈱技師長／大連市聖徳街／一八七八（明一一）六／鹿児島県姶良郡蒲生村／東京帝大工科大学造船科
鹿児島県山元藤兵衛の三男に生まれ、一九〇九年東京帝大工科大学造船科を卒業し、安東県、大阪、呉の各造船所技師を歴任した。一九一九年川崎造船所に入り、大連出張所詰となって渡満した。二三年四月同所が改組されて満州船渠㈱となると旅順工場造船主任に就き、二五年九月大連工場長に就任した。奉天総領事の赤塚正助とは同郷で縁戚関係にあり、酒友として親交を結んだ。

山本　頼男　▷12

国際運輸㈱神戸出張所長／神戸市明石町明海ビル国際運輸出張所／一八九六（明二九）八／鳥取県鳥取市大工町／神戸高等商業学校
鳥取県山本吉太郎の長男に生まれ、鳥取中学校を経て一九一九年三月神戸高等商業学校を卒業し、神戸市の東和汽船会社に入った。その後二六年六月に依願退職し、同年八月大連の国際運輸㈱に入り営業課に勤務した。同年一二月神戸出張所に転勤した後、三〇年九月天津出張所長、同年一二月海運課長代理を経て三五年一〇月神戸出張所長となった。

山本六太郎　▷12

長寿堂薬房主／ハルビン道外昇平街／一八八四（明一七）六／福岡県嘉穂郡千手村／高等小学校
福岡県農業山本善七の長男に生まれ、郷里の嘉穂高等小学校を卒業して家業に従事した後、一九〇四年一月九州鉄道に入った。〇五年四月徴兵されて小倉の第一二師団に入営し、輜重兵第一二大隊付として日露戦争に従軍して大連、撫順、鉄嶺、法庫門に駐屯した。〇六年五月に除隊して奉天城内の長寿堂薬房に入店し、次いで〇七年五月ハルビンに赴いて傅家甸で薬種商を独立自営し、後に道外昇平街に移転して日本生命保険会社傅家甸代理店として保険業を兼営した。この間、ハルビン日本居留民会評議員、ハルビン傅家甸共済会会長、日本赤十字社ハルビン委員、同支部協賛委員、ハルビン輸入組合監事、ハルビン商業組合長、ハルビン薬業組合副組合長等を務めた。

山本　六郎　▷11

満州教育専門学校教授／奉天葵町／一八七九（明一二）二／山口県大津郡深川町／京都帝大
一九一九年京都帝大を卒業し、二四年に渡欧して英仏両国に三年滞在して数学・物理学を研究した。帰国して母校の教員となったが、二七年満州教育専門学校に転じて単身渡満した。物理学教授として勤務するかたわらパリ大学より学位を取得し、スペイン地震学会の名誉会員に列せられた。

山屋直太郎　▷12

満鉄鉄道総局混保検査所検査係主任／奉天稲葉町／一九〇五（明三八）一〇／岩手県盛岡市仙北町／盛岡高等農林学校
一九二六年三月盛岡高等農林学校を卒業して満鉄に入り、鉄道部に勤務した。以来勤続して埠頭事務所陸運課副検査人、大連埠頭副検査人、長春駅検査人、公主嶺駅検査人、鉄道部営業課勤務、同貨物課勤務を経て三六年一〇月鉄道総局混保検査所検査係主任となった。この間、満州事変時の功により賜杯及び従軍記章を授与された。

山屋　八郎　▷12

満鉄四平街駅事務主任、社員会評議員、社員消費組合総代、勲八等／奉天省四平街南五条通／一九〇五（明三八）八／東京府東京市麻布区本村町／東京商科大学専門部
東京府山屋他人の次男に生まれ、一九

や

二六年三月東京商科大学専門部を卒業した。二七年五月満鉄鞍山製鉄所事務助手となり、次いで同年七月満鉄事務助手となり鞍山製鉄所庶務課、同事務課に勤務した。その後大連列車区車掌心得、大連駅勤務、大連列車区車掌、営口駅駅務方、遼陽駅構内助役、鉄道部庶務課勤務を歴任し、三六年六月四平街駅事務主任となった。

山領　貞二　▷12

満鉄参事・総裁室勤務、勲五等／奉天皇姑屯京奉鉄路官舎／一八八六（明一九）四／佐賀県小城郡小城町／熊本高等工業学校土木科

佐賀県医師山領誠斎の次男に生まれ、県立佐賀中学校を経て一九〇九年熊本高等工業学校土木科を卒業して満鉄に入社した。工務課、奉天保線手、同保線工事係主任に歴勤して蘇家屯―奉天間の複線工事、渾河鉄橋工事に従事した。一九年五月社命により鉄道建設工事及び信号研究のため欧米に留学し、二一年八月に帰社して安東工務事務所線路長を務めた後、二三年京奉鉄路管理局に派遣され、二七年九月の借款償却後も技師長として勤務した。その後復社して鉄道部工務課長、鉄路総局工務処長兼工務科長、吉林鉄路局副局長を歴任して三五年一一月鉄路総局監察となり、冀察政務委員会顧問、北寧鉄路管理局顧問に派遣され天津に在勤した。次いで三六年九月に帰社して本社総務部に勤務した後、同年一〇月参事に昇格して総裁室勤務となった。この間、軍事功労者として陸軍大臣から銀盃を受けた。次女ヒロは満鉄社員の西野正春に嫁し、兄東一は一九年に渡満して大連で医院を開業し、末弟の俊治も満鉄奉天医院に勤務した。

山領　東一　▷11

山領医院主、正七位／大連市但馬町／一八八一（明一四）二／佐賀県小城郡小城町／東京帝大医科大学

佐賀県医師山領誠斎の長男に生まれ、一九一〇年東京帝大医科大学を卒業して軍籍に入り、一三年六月陸軍一等軍医となった。一五年九月休職となり、予備役編入とともに東京次いで郷里で医業に従事した。その後一九年五月に渡満して大連で開業し、かたわら大連在郷軍人第四分会副会長、大連医師会理事を務めた。次弟貞二は〇九年に渡満して満鉄参事となり、末弟俊治は満鉄奉天医院に勤務した。

湯浅信一郎 ▷12

日満商事㈱牡丹江出張所長心得、牡丹江商工会議所議員／浜江省牡丹江太平路／一九〇五（明三八）二／岡山県岡山市大雲寺町／大分高等商業学校

岡山県湯浅兵吉の子に生まれ、大分高等商業学校を卒業した後、一九二六年五月日本電力㈱に入った。二八年四月大阪陶業㈱に転じた後、三三年八月に退社して渡満し、同年一二月北票炭砿(股)に入った。三五年一二月同公司が満州炭砿㈱に編入されると同社牡丹江駐在員となったが、後に会社業務上の都合で日満商事㈱に移籍し、牡丹江周辺及び沿線各地で石炭販売業務に従事した。

湯浅　唯二 ▷11

弁護士、従五位勲六等／大連市近江町／一八七八（明一一）一二／広島県双三郡川西村／明治大学

広島県農業湯浅岩太郎の長男に生まれ、一九〇二年七月明治大学を卒業した。〇八年に裁判所判事となり、一六年五月関東都督府法院判官に転任して渡満した。二一年に退官し、大連で弁護士を開業した。

湯浅長四郎 ▷4

湯浅洋行支店／ハルビン・モストワヤ街／一八八六（明一九）二／徳島県阿波郡成富村／徳島県立脇町中学校

徳島県藍業湯浅林吉の次男に生まれ、県立脇町中学校を卒業した。父の経営する湯浅商会に入り、熊本支店に勤務して阿波藍の販売に従事し、販路を拡大して同業組合長の表彰を受けた。第一次世界大戦時の好況で資金を蓄え、一九一六年七月に渡満して長春の天興福粮桟に入り、三ヶ月間店員修業をした後ハルビンに赴いて湯浅洋行支店を開設し、圧搾緑茶、磚茶、絨毯、食料品、靴、和洋雑貨を販売した。長兄の兵二は湯浅商会熊本支店長を務め、弟庄太郎は東京帝大商科、同好包は同大文科に学び、末弟定雄は中学を卒業後に長兄を補佐して福岡県の羽犬塚支店長となった。

湯浅　毎一 ▷12

国務院民政部首都警察庁外事科亞細亞股長兼欧米股長、新京岡山県人会幹事、従七位勲七等／新京特別市慈光胡同／一八九三（明二六）九／岡山県御津郡江与味村／憲兵練習所

岡山県湯浅秋太郎の長男に生まれ、一九一六年憲兵上等兵となった。二三年憲兵練習所を修了して三一年憲兵特務曹長に累進し、台湾憲兵隊本部特高係長兼警務主任となった。三四年四月広島憲兵隊本部高等係長に転任して同年九月予備役編入となり、翌月満州国首都警察庁警正に転出して渡満し、外事科特務科付となった。三七年三月外事科亞細亞股長兼欧米股長となり、国都建設紀年式典準備委員会警衛部幹事を兼務した。特高関係に練達の手腕を持ち、教育勅語・軍人勅諭を家憲とし、新京岡山県人会幹事を務めた。

湯浅　猶道 ▷12

新京興信所ハルビン支所長／ハルビン地段街／一八九四（明二七）六／徳島県那賀郡桑野村／早稲田大学理工科

徳島県立工業学校を経て早稲田大学理工科を卒業し、外務省警察官となった。一九三二年六月に退職して恩給生活に入ったが、その後渡満して新京興信所に入ってハルビン支所を創設し、かたわら司法書士の業務に従事した。

湯浅　秀富 ▷11

無職、従六位勲六等／大連市神明町／一八六七（慶三）六／神奈川県足柄上郡松田町

神奈川県官吏白根大道の子に生まれ、伯父湯浅平蔵の婿養子となった。一八九三年神奈川県警部、一九〇〇年同県警視を歴任し、〇六年在官のまま韓国統監府に招聘されて慶尚北道、平安南道警察部長を歴任した。〇九年に退官し、翌年東洋拓殖㈱参事となり金提支店長に就いた。一七年に退職して翌年京城日報社に入ったが、一九年六月関東庁警視となって渡満し、大連民政署警務課長を務めた。二三年満鉄に転じて本渓湖地方事務所長に就いたが、二五年に退社して大連で自適の生活を送った。長男文郎は日本獣医学校、次男三二郎は京城工業専門学校、三男秀郎は同志社大学を卒業した。

湯浅　義知 ▷13

㈱大同組社長／大連市大江町／一八九一（明二四）六／愛知県丹羽郡丹陽村／名古屋商業学校

愛知県商業湯浅左右衛門の三男に生ま

ゆ

れ、一九〇九年名古屋商業学校を卒業して満鉄に入った。一一年二月福昌公司に転じ、同年八月在職のまま満州水産㈱に出向して一三年に支配人となった。一九年一〇月満州水産から福昌公司に復帰したが、二一年一月に退社して㈾柳生組の出資社員として土木建築請負業に従事した。軍部、満鉄、関東庁方面を得意先とし、三〇年に㈾大同組と改称して代表社員となり、三二年に満鉄全線指定請負人となって支店を鞍山南三条町、奉天青葉町、新京祝町、チチハル竜華路、牡丹江金鈴街、佳木斯東門外永安胡同、錦県木村土地、赤峰二道街、林西三道街、天津日本租界宮島街、ハルビン大直街に置き、三六年度には請負高五〇〇万円を計上した。その後株式会社に改組して社長に就き、関東州土木建築業協会理事、大連商工会議所議員等を務めた。

唯有 戒心　▷11

関東庁高等法院判官、正六位勲五等／旅順市一戸町／一八八一（明一四）一一／大分県東国東郡竹田津町／法政大学大学部英法科

大分県本願寺の僧侶唯有寂明の三男に生まれた。一九〇一年一二月徴兵されて小倉の歩兵第四七連隊に入隊した。〇四年第一軍左翼隊として日露戦争に従軍し、鴨緑江、九連城を第一戦として奉天大会戦まで数十回の戦闘に参加した。〇五年に帰還して満期除隊となり、東京に出て法政大学大学部英法科を卒業した。一七年一二月判検事登用試験に合格して司法官試補となり、東京地方裁判所、同検事局に勤務した。一九年七月検事に昇進して鹿児島地方並びに区裁判所検事局に勤務し、二二年二月宮崎地方並びに区裁判所検事局に転勤した。同年八月関東庁高等法院兼地方法院判官に任じられて渡満し、同年一二月民事刑事予審係を経て二四年一二月地方法院刑事部裁判長に就任した。二六年一〇月高等法院判官に転任し、満州法政学院講師を兼務した。

油井文市郎　▷8

㈴近藤組主任／奉天／一八八一（明一四）六／長野県南佐久郡北相木村／長野県師範学校

一九〇三年長野県師範学校を卒業して郷里で教員を務めた後、一〇年三月に渡満して満鉄に入った。一九年二月に退社して公主嶺の近藤組に転じ、翌年四月同組が㈴に改組して本店を奉天に移すとともに主任となり、土木建築請負、モルタル瓦製造販売に従事した。

結城司郎次　▷12

駐満日本大使館三等書記官、従六位／新京特別市朝日通日本大使館／一九〇一（明三四）三／福島県耶麻郡奥川村／東京帝大法学部政治学科

一九二七年三月東京帝大法学部政治学科を卒業して外務書記生となり、イギリスに赴任して二八年九月外交官補となった。次いで二九年四月ドイツ在勤を経て三四年四月外務事務官となり、同年七月ジュネーブで開催された国際連盟総会の日本代表随員を務めた後、三五年四月駐満日本大使館三等書記官となって渡満した。

結城 玄通　▷3

満鉄大連医院医長兼南満医学堂教授／大連市天神町／一八八五（明一八）三／徳島県美馬郡半田村／京都帝大医科大学

一九一〇年京都帝大医科大学を卒業し、同大助手となった。一二年四月に渡満して満鉄大連医院医長に就き、一四年一一月から南満医学堂教授を兼務した。

結城 実　▷8

結城実商店主／奉天／一八九四（明二七）二／広島県広島市銀山町

広島市の仏壇商の子に生まれ、一九一四年に渡満した。大石橋で食料雑貨商大安商店を開業したが、翌年二月撫順に移り撫順炭砿御用商となった。一六年五月さらに奉天に移り、橋立町に結城商店を開業して世帯道具を販売した。一八年四月市場正門通に移転して店舗を拡張し、二五年七月から満州日日新聞奉天販売店を兼営した。

湯川 武雄　▷12

安東専売署員／安東興隆街安東専売署／一九〇四（明三七）八／鹿児島県姶良郡加治木町／東亞同文書院

鹿児島県湯川仲之助の六男に生まれ、後に湯川英之助の養子となった。長崎県派遣学生として上海の東亞同文書院に入学し、一九二八年三月に卒業して山口県警察部特高課支那語通訳嘱託となった。三〇年三月再び中国に渡って天津信託興業㈱に二年勤務した後、三二年九月新京に吉黒権運署が設置されると同署員となって渡満した。次いで同署属官兼任国務院財政部属官となり、財政部税務司国税科、同塩務科、専任財政部属官・税務司塩務科に歴勤し、三四年九月に塩務署が設置さると同年一二月塩務署属官となった。三六年二月塩務署事務官に進んで奉天省復県塩務局に勤務した後、三七年一月塩専売制統一にともない専売署事務官となり、延吉専売署塩務科長を経て同年三月安東専売署に勤務した。

湯川　秀夫　▷12

国務院実業部柞蚕種繭場長、満鉄産業部嘱託／奉天省開原紅梅街／一八九四（明二七）二／鳥取県東伯郡倉吉町／上田蚕糸専門学校

鳥取県官吏多賀甚太郎の次男に生まれ、同県医師湯川泰造の養子婿となった。米子中学校を経て一九一四年三月上田蚕糸専門学校養蚕科を卒業し、同年五月長野県吏員となった。次いで鹿児島県立大島農学校、長崎県立農業学校の各教諭、宮城県本吉郡農業技手、同郡養蚕同業組合事務員を務め、二二年九月に依願退職して渡満し、満鉄農事試験場熊岳城分場養蚕科長となり、後に熊岳城農業学校講師及び興業部農務課を兼務したが、三〇年六月に依願退職した。その後三六年七月国務院実業部柞蚕種繭場長に就き、かたわら満鉄産業部嘱託を務めた。

幸　貞雄　▷12

満鉄吉林機務段運転助役／吉林敷島街／一九〇一（明三四）八／大分県北海部郡臼杵町

大分県幸休蔵の長男に生まれ、一九一九年官営八幡製鉄所従事員養成所を修了し、同年七月に渡満して満鉄に入り大連機関区に勤務した。同区に一六年勤続した後、三六年四月吉林機務段運転助役となった。この間、満州事変時の功により従軍記章と木杯を受けた。

行山　義光　▷10

関東庁地方法院判官兼高等法院判官、正六位／大連市清水町／一八八七（明二〇）四／東京府東京市牛込区余丁町／東京帝大法科大学

旧金沢藩士の子として仙台に生まれ、一九一二年鹿児島の第七高等学校造士館を卒業して東京帝大法科大学に入学した。一九一八年に卒業し、司法官試補として東京区裁判所及び東京地方裁判所に勤務した後、二〇年判事に昇任して新潟地方裁判所判事に転補された。二二年関東庁法院判官に任じられて渡満し、大連地方法院と旅順の高等法院の判官を兼任した。

湯口　正雄　▷7

湯口洋服裁縫所主／大連市西公園町／一八九一（明二四）三

幼い頃に上京し、洋服裁縫業の丁稚奉公をした。一九一七年台湾に渡って独立開業したが、第一次世界大戦の戦後不況で財産のほとんどを失った。その後一九二二年大連に渡り、夫婦共働きで洋服仕立業を営んだ。

柚久保正一　▷12

満鉄中固駅助役／奉天省中固駅助役社宅／一九〇五（明三八）五／徳島県三好郡山城谷村／旅順中学校中退

一九二四年四月旅順中学校四年を中退して満鉄に入り、安東駅駅手となった。以来勤続して同駅の連結方、警手、小荷物方を務め、勤務のかたわら政治運動に参画して安東擬国会代議士、安東青年連盟常任幹事、満州国協和会助成員を務めた。その後三〇年に満鉄雇員資格試験甲種に合格し、奉天列車区安東分区車掌、奉天列車区車掌を経て三六年五月中固駅助役となり、三七年七月列車通過の際の異常音を察知して機宜の処置を取り、事故を未然に防止して善行記帳を受けた。この間、満州事変時の功により賜品及び大盾、従軍記章を授与された。

弓削鹿次郎　▷3

満鉄技術局建築課員／大連市児玉町／一八七〇（明三）一〇／三重県安芸郡神戸町

辰野金吾に就いて建築学を学び、日本銀行建築所、大阪土木、中国鉄道会社等を経て一八九九年住友本店営繕係となった。さらに日本銀行本店嘱託、門司倶楽部工事監督、三重県嘱託、文部省及び警視庁技師嘱託等を歴任し、一九〇八年二月満鉄撫順炭砿営繕課長に就いた。撫順炭砿の第一期計画完了とともに、一二年本社技術局建築課に転任した。⇒大連建築事務所長を務めた後、二三年に退社して帰国した。五八年没。

湯下誠一郎　▷11

大連大正小学校長、勲八等／大連

市沙河口／一八八七（明二〇）六／佐賀県藤津郡西嬉野村／佐賀県師範学校

佐賀県小学校校長湯下作治の長男に生まれ、一九〇八年佐賀県師範学校を卒業して同県東松浦郡満島小学校訓導となった。一六年五月大連第三小学校訓導に転じて渡満した。二二年一月から五年間南満州教育会教科書編集部に勤務した後、二七年二月沙河口尋常小学校に転勤し、二八年三月大正小学校長に就いた。二九年一月多年の育英の功により勲八等瑞宝章を受章した。

弓削　応明 ▷11

大連大広場小学校訓導／大連市須磨町／一八九八（明三一）一二／岐阜県郡上郡八幡町／岐阜県師範学校、旅順師範学堂研究科

岐阜県弓削静の四男に生まれ、一九一九年岐阜県師範学校を卒業して同県郡上郡高山小学校訓導となった。二一年三月に渡満して旅順師範学堂研究科に入り、同年九月に卒業して大連大広場小学校訓導に就いた。

湯田　重兼 ▷7

南満ミシン商会主／大連市西通／一八九三（明二六）一一／鹿児島県始良郡帖佐村／始良郡育英学校

郷里の始良郡育英学校を卒業して朝鮮に渡り、統監府鉄道大田機関庫に勤務した。一九一一年三月に退職して渡満し、旅順及び大連で関東都督府に勤務した後、一六年に満鉄に入社した。一八年八月に退社してシベリアに入ったが、同年一一月大連に戻り大連市役所に勤務した。二〇年に退職してシンガーミシン会社大連支店に入り、二二年五月大連山県通出張所主任に就き、同年一一月同出張所閉鎖とともに大連支店主任となった。二四年五月に退社し、大連で南満ミシン商会を独立経営した。

油谷　重三 ▷12

油谷商店主／大連市山県通／一八六九（明二）四／兵庫県神戸市神戸区海岸通

兵庫県油谷義兵衛の三男に生まれ、一八九九年神戸で貿易商を開業した。その後一九〇四年に日露戦争が始まると同店を油谷万治に委ね、渡満して大連支店を開設し、特産貿易商を経営した。二五年に合資会社に改組して神戸店を廃し、油谷万治を代表として嗣子栄に経営させたが、後に栄が転地療養したため再び経営の衝に当たった。東京、大阪、名古屋、神戸向けに満州特産物を輸出し、上海、天津、青島方面から米穀・麩・雑貨類を輸入販売し、花王石鹸及び野村生命保険の代理店を兼ねた。

湯地　利市 ▷12

満鉄総裁室文書課浄書係主任、社員会婦人部長、社員消費組合総代／大連市真金町／一八九三（明二六）九／宮崎県宮崎郡瓜生野村／宮崎県師範学校

宮崎県湯地万次郎の長男に生まれ、一九一三年宮崎県師範学校を卒業して宮崎小学校訓導となった。一八年四月郷里の瓜生野小学校に転勤したが同年七月に退職し、翌月渡満して満鉄に入り安東駅に勤務した。以来勤続して二七年四月鉄道部庶務課、三三年三月総務部文書課主任兼速記タイプライター教習所主事兼講師を経て三六年一〇月総裁室文書課浄書係主任となった。この間、二七年四月満鉄創業二〇周年記念に際し表彰され、三四年四月勤続一五年の表彰を受けた。

柚原　益樹 ▷11

満鉄学務課視学／大連市楓町／一八八七（明二〇）一／熊本県熊本市鷹匠町／東京帝大文科大学哲学科

熊本県公吏柚原備彦の四男に生まれ、一九一二年東京帝大文科大学哲学科を卒業して翌年熊本第一師範学校教諭となった。一八年四月南満中学堂教諭に転じて渡満し、二〇年から奉天中学校教諭を兼務した。二二年北京に留学して東洋哲学を研究し、二三年に帰任して奉天高等女学校教諭となり、二四年七月満鉄視学に就いた。

湯ノ目文雄 ▷11

大連沙河口小学校訓導、勲八等／大連市沙河口／一八八六（明一九）六／宮城県登米郡佐沼町／宮城県師範学校

宮城県教員湯ノ目倫平の長男に生まれ、一九〇七年三月宮城県師範学校を卒業した。気仙沼小学校訓導を務めた後、一四年一二月同県鹿折小学校校長となった。一七年一二月大連第三小学校訓導に転じて渡満し、二八年三月沙河口小学校に転任した。

湯畑　正一 ▷12

盛京時報社新京支局長、大同報社総務兼編集長／新京特別市天安北胡同／一九〇〇（明三三）二／福岡県門司市大積町／東亜同文書院政治科

福岡県湯畑丈助の三男に生まれ、一九二一年上海の東亜同文書院政治科を卒業して外務省に入った。二二年重慶領事館在勤、二三年奉天領事館通化分館在勤の後、二五年四月に辞職して奉天の東亜興信公所に転じた。その後三二年三月盛京時報社に転じて新京支局長となり、三六年七月から大同報社総務及び編集長を兼務した。

弓岡　義一 ▷12

大連醤油㈱出張所経営主、弓岡ビルヂング経営主、新京兵庫県人会幹事／新京特別市吉野町／一九〇〇（明三三）四／兵庫県神崎郡山田村

兵庫県弓岡清次の子に生まれ、郷里の高等小学校を卒業した後、精米業を営んだ。その後二一歳の時に渡満して大連の雑貨店に三年勤めた。次いで大連醤油会社に入り、一九三二年一〇月新京吉野町に同社出張所名義で独立会計の出張所を設けた。旅順の三勢商会及び西本商店、兵庫県伊丹の小西酒造店の各特約店として従業員一〇人余りを使用して酒類と醤油を販売した。かたわら地階一室、一階貸店舗三、二階六室、三階一二室の貸しビルを兼営した。

弓田　俊二 ▷11

南満州煙草耕作組合指導員／南満州得利寺満鉄社宅／一八九三（明二六）五／福島県南会津郡旭田村／東京高等工学校染色科専科

福島県農業弓田弥助の次男に生まれ、一九一一年福島工業学校を卒業して東京高等工学校色染科専科に学び、翌年七月札幌帝国製麻会社に入社した。一四年九月入営のため退社し、除隊して一五年九月朝鮮総督府支部専売課雇員となった。一八年七月専売局属兼技手に昇格して忠州専売局に勤務したが、二四年一〇月に依願免官して同地で煙草耕作に従事した。二五年一二月、南満州煙草耕作組合指導員となって渡満した。

弓田　寿雄 ▷12

通河林務署長／三江省通河林務署内／一八九九（明三二）二／北海道札幌市北一二条西／北海道帝大農学部林学実科

札幌市弓田茂二の子に生まれ、一九二二年三月北海道帝大農学部林学実科を卒業して北海道庁技手となった。二九年八月朝鮮咸鏡北道へ出向して同年九月朝鮮総督府技手となり、咸鏡北道庁に勤務した。その後三三年七月に依願免官し、翌年四月満州国官吏に転じて森林事務所技士となり、北安鎮森林事務所に勤務した後、同年五月同所長、同年一一月通河森林事務所長を経て三六年七月通河林務署長となった。

湯目　文雄 ▷12

大連大正尋常小学校長、正七位勲七等／大連市菖蒲町／一八八六（明一九）六／宮城県登米郡佐沼町／宮城県師範学校

宮城県湯目倫平の長男に生まれ、一九〇七年宮城県師範学校を卒業して気仙沼小学校訓導を務め、一四年一二月本吉郡鹿折小学校長となった。その後一七年一二月大連第三小学校訓導に転出して渡満し、二八年三月沙河口小学校訓導等を経て大連大正尋常小学校長に就いた。

由良亀太郎 ▷11

満鉄経理部次席／大連市桜町／一八八五（明一八）一二／京都府何鹿郡中筋村／中央大学英語科専修科高等科

京都府由良剛蔵の三男に生まれ、一九〇九年七月中央大学英語専修科高等科を卒業した。一〇年に渡満し、同年八月臨時雇員として満鉄に入った。一一年会計課勤務となり、一五年五月雇員、一八年六月職員に昇格し、二二年二月経理部次席となった。二七年八月ツーリスト・ビューロー主催の欧米使節団に加わり、四ヶ月間欧米諸国を巡遊した。

ゆ

与賀田靖雄 ▷13

朝鮮銀行旅順支店長／旅順／一八八八（明二一）一／佐賀県藤津郡七浦村

一九〇六年佐賀県立中学校を卒業し、〇八年台湾銀行に入社した。東京、台北、基隆、台中に勤務した後、一二年大阪支店詰となった。一九年一月に退社して大阪で紡績用品製造業を経営したが失敗し、同年一一月石井勧銀総裁の斡旋で朝鮮銀行に入った。京城本店、奉天、奉天省四平街、安東、京城本店勤務を経て、三七年旅順支店長に就いた。

横井秋次郎 ▷12

大連工業㈱被服部主任／大連市橋立町／一九〇〇（明三三）三／愛知県海部郡八開村

本姓は別、後に愛知県横井松次郎の養子となった。一九二四年五月陸軍被服本廠研究部に入り、二八年に職長となった。その後三〇年に辞職し、同年六月に渡満して大連工業㈱被服部に入り、三四年に被服部主任となった。

横井　謙介 ▷11

小野木横井共同建築事務所経営主／大連市桜町／一八七八（明一一）一一／愛知県碧海郡安城町／東京帝大工科大学

愛知県陸軍医横井俊蔵の長男に生まれ、一九〇五年東京帝大工科大学を卒業して大阪の住友臨時建築部に入った。〇七年三月満鉄に転じて建築課に勤務し、社命で英米両国に留学した。二〇年に退社し、大連に横井建築事務所を開いたが、二二年に小野木孝治、市田（青木）菊治郎と合同して小野木横井市田共同建築事務所を開設した。⇒小野木が没し市田が満鉄に去った後は再び横井建築事務所として経営し、四二年に大連で没した。二人の妹はいずれも陸軍軍医に嫁し、弟俊之は海軍大学を卒業して第二五航空戦隊司令官、第五航空艦隊参謀長を歴任して少将となった。

横井　武夫 ▷12

満州電信電話㈱錦県電報電話局長、正七位勲六等／錦州省錦県電灯廠前胡同／一八八七（明二〇）四／群馬県多野郡美原村／宇都宮電気通信技術伝習所

群馬県横井武也の長男として東京に生まれ、宇都宮電気通信技術伝習所を修了し、一九〇五年臨時電信隊付通信技手として日露戦争に従軍した。戦後、関東都督府に入り各地の通信事務に従事して逓信副事務官となり、本渓湖郵便局長を務めた。三三年九月満州電信電話㈱の創立とともに同社入りし、後に錦県電報電話局長に就いた。

横井　太郎 ▷12

満蒙毛織百貨店㈱支配人／奉天萩町／一八八三（明一六）二／東京府東京市淀橋区柏木／横浜専門学校、パルモーア英学院

横浜専門学校及びパルモーア英学院を卒業した後、実業界に入り㈱丸菱呉服店専務取締役等を務めた。次いで東京に横井商店を興して貿易商を営んだが、その後渡満して奉天の満蒙毛織百貨店㈱に入り、後に支配人に就いた。

横内　鎰男 ▷12

吉林省敦化林務署長／吉林省敦化林務署長公館／一九〇二（明三五）一／長野県東筑摩郡中川手村／東京帝大農学部

長野県横内官蔵の子に生まれ、一九二八年三月東京帝大農学部を卒業して王子製紙㈱に入社した。三二年三月満州国建国と同時に実業部森林事務所技正として同国政府に招聘されて渡満し、吉林省敦化森林事務所長を務めた後、敦化林務署長に就いた。

横尾　徳市 ▷12

満鉄四平街地方事務所庶務係長、社員会第七分会代表／奉天省四平街南五条通／一八九六（明二九）一一／長崎県佐世保市谷郷町／東亜同文書院

長崎県横尾長次郎の四男に生まれ、一九二〇年上海の東亜同文書院を卒業し、同年八月大連市の通泰号に入った。次いで沙河口の不二商会支配人、大連市の飯河研究所員等を歴職した後、二四年四月満鉄に入り遼陽商業学校教諭となった。以来同校書記兼務、遼陽商業実習所指導員兼事務員、公主嶺地方事務所、四平街地方事務所に歴勤し、三五年一一月同所庶務係長となった。

横尾　正雄 ▷12

満鉄図們鉄路監理所監理員／間島省図們満鉄図們鉄路監理所／一八

九一（明二四）四／佐賀県三養基郡旭村／東京主計学校

佐賀県横尾亦七の四男に生まれ、東京主計学校を卒業した後、一九〇七年秋に渡満して関東都督府旅順民政署に勤務した。〇九年満鉄に転じ、奉天、得利寺、熊岳城、大連、長春、奉天省四平街に勤務した後、二三年鉄嶺駅貨物主任となり、勤務のかたわら同地の社員会評議員、地方委員、商業会議所特別議員、佐賀県人会会長、満鉄運動会乗馬部幹事、修養団鉄嶺支部幹事等を務めた。その後二八年に退社したが、三三年再び入社して鉄路総局に入り吉長吉敦鉄路局に派遣され、三六年九月図們鉄路監理所に転勤した。

横尾　和六 ▷12

満鉄老古溝簡易駅長、勲八等／安東省老古溝満鉄老古溝簡易駅長社宅／一八九九（明三二）七／佐賀県佐賀郡金村

佐賀県横尾磯吉の三男に生まれ、一九一四年六月満鉄に入社して奉天駅に勤務し、一五年に満鉄従業員養成所を修了して同駅電信方、同改札方、奉天列車区車掌を歴職した。次いで馬仲河駅駅務方兼助役心得、同駅助役、開原駅助役を経て三五年一一月老古溝簡易駅長となった。この間、三一年四月勤続一五年の表彰を受け、満州事変時の功により勲八等瑞宝章及び従軍記章を授与された。

横川安三郎 ▷9

満鉄撫順炭砿庶務課長事務取扱／奉天省撫順敷島町／一八八一（明一四）五／京都府京都市中京区新町通錦小路／東亜同文書院

一九〇五年三月上海の東亜同文書院を卒業し、同年八月陸軍通訳として日露戦争に従軍した。戦後〇六年二月昌図㈱に入ったが、〇八年七月満鉄に転じた。土木課書記として撫順炭砿庶務課に勤続し、二一年九月庶務課長事務取扱となった。

横沢　金吉 ▷12

満鉄吉林鉄路局運輸処混保検査長、社員会吉林連合会青年部長／吉林敷島街／一九〇一（明三四）一二／岩手県盛岡市仁王第一地割／盛岡高等農林学校農学科

阿部鉄太郎の四男として山形県東田川郡黄金村に生まれ、後に横沢家を相続した。山形県立荘内中学校を経て一九二五年三月盛岡高等農林学校農学科を卒業し、同年五月満鉄に入り奉天駅に勤務した。奉天列車区、奉天駅、公主嶺駅、小崗子駅、埠頭事務所倉庫係に歴勤した後、鉄路総局に転任して吉長吉敦鉄路局に派遣された。次いで新京鉄路局運輸処貨物科工務員、吉林鉄路局混保股長を経て三六年九月同運輸処混保検査長となった。

横瀬花兄七 ▷13

満州棉花㈱副理事長／一八九二（明二五）三／茨城県真壁郡大宝村／札幌農科大学農業経済学科

茨城県農業横瀬忠右衛門の六男に生まれ、一九一六年札幌農科大学農業経済学科を卒業して北海道庁技手となった。一八年四月に渡満して満鉄に入り、興業部農務課に勤務した。満鉄参加の東亜勧業に転じた後、満州国農務科長、農産科長、農務司特産科長を歴任し、三八年四月満州棉花㈱副理事長に就いた。長兄は北海道帯広町長、二兄虎寿は詩人の横瀬夜雨、三兄は実業家となり、四兄は拓殖銀行支店長、五兄は島根県林務課長を務めた。

横関　直一 ▷9

大連汽船㈱安東県出張所主任、大連汽船安東倉庫・新義州倉庫主任／安東県堀割北通／一八八八（明二一）四／徳島県三好郡三野村／東京外国語学校

一九一二年三月東京外国語学校を卒業して天津の山積洋行に入り、翌年一月大連汽船㈱に転じて天津出張所に勤務した。一五年三月安東県出張所に転勤して一八年三月同出張所主任となり、翌年一二月に大連汽船の安東倉庫と新義州倉庫が設立されるとその主任を兼任した。

横瀬　千里 ▷3

榎本商店大連主任／大連市武蔵町／一八七三（明六）／福井県坂井郡丸岡町

一八九五年三井物産本店に入り、米穀及び肥料を担当した。一九〇五年に退社し、横浜で米穀・肥料商を自営したた。一四年に自営を止め、榎本商店の業務を代行した。一五年一月、同店大連主任となって渡満した。

横瀬 守雄 ▷11

朝鮮銀行奉天省四平街支店支配人／奉天省四平街北大街／一八九二（明二五）二／長崎県長崎市古町／京都帝大法科大学

一九一五年京都帝大法科大学を卒業し、同年八月朝鮮銀行本店に入った。仁川支店、釜山支店、大連支店に勤務した後、二七年五月奉天省四平街支店支配人となって渡満した。

横田 卯助 ▷11

関東軍司令部付歩兵大尉、従六位勲五等／旅順市明治町／一八九一（明二四）九／東京府豊多摩郡中野町／陸軍士官学校

東京府歩兵大佐横田佐吉の次男に生まれ、一九一三年陸軍士官学校を卒業して歩兵第一五連隊付となった。二五年五月歩兵第二八旅団の副官に転補した後、二七年四月柳樹屯駐剳軍として渡満し、翌年四月関東軍司令部付に転じて、旅順第一中学校に配属将校として勤務した。

横田 一雄 ▷11

正隆銀行奉天支店長兼鞍山支店長／奉天住吉町／一八九四（明二七）一一／東京府東京市牛込区／早稲田中学校

東京府横田市太郎の長男に生まれ、一九一二年早稲田中学校を卒業した。一三年[名]安田保善社に入社し、翌一四年[株]安田銀行に転じた。二五年八月、安田系列の正隆銀行詰となって渡満し秘書課長に就いた。二六年一〇月には奉天支店長に転任し、鞍山支店長を兼任した。

横田滝三郎 ▷9

日清生命保険[株]満州総支社長／大連市西公園町／一八七八（明一一）五／群馬県北甘楽郡岩平村／東京専門学校

東京専門学校を卒業して各種の仕事に従事した後、一九〇九年日清生命保険[株]の創立と同時に入社して東京本店に勤務した。一二年朝鮮支社長となって京城に赴任し、八年在勤して京城商業会議所常議員を務めた。二〇年二月満州総支社長に昇任して大連に赴任し、着任早々欧州大戦後の不況に遭遇し業績挽回に尽力した。

横田多喜助 ▷11

南満州電気[株]専務取締役／大連市星ヶ浦公園／一八八一（明一四）一〇／三重県津市中新町

三重県農業横田民蔵の次男に生まれ、横田覚左衛門の婿養子となった。一九〇一年三重県属となったが、〇七年九月満鉄に転じて渡満した。公主嶺出張所勤務、瓦房店出張所長、安東地方事務所長を経て一七年鞍山製鉄所創立委員となり、同製鉄所の事業開始とともに庶務課長に就任した。二三年鞍山地方事務所長に転出した後、本社審査役となり窯業工場次長を兼務した。この間、工業都市の施設および工場管理研究のため欧米に一年間出張した。二六年五月に満鉄電気作業所が分離独立して南満州電気[株]が設立されると同社専務取締役に就任し、かたわら大連商工会議所副会頭、関東庁経済会委員を務めた。長男の都成は二七年に京都帝大法科を卒業して満鉄に入り、後に日満商事[株]に勤務した。

横田 提寿 ▷12

大連輸入組合理事／大連市羽衣町大連輸入組合／一八八七（明二〇）二／熊本県熊本市春日町／東京外国語学校露語科

熊本県内村貞斎の次男に生まれ、後に横田伝平の婿養子となった。一九一二年東京外国語学校露語科を卒業して満鉄に入り、鉱業部販売課に勤務した。長春出張所、ハルビン出張所に歴勤した後、一六年七月に退社し、一七年四月ハルビンの[資]山本商店の設立に際し無限責任社員として入社した。一八年に同社が解散して神戸の[株]山本商店出張所となった後も引き続き同出張所に勤務し、二一年九月同所主任となった。その後二四年八月に出張所が閉鎖されると山本商店の代理店として麻袋輸入業を独立経営し、かたわらハルビン輸入組合理事、ハルビン日本居留民会評議員、在郷軍人会分会長、[株]ハルビン銀行監査役、[株]ハルビン日日新聞社取締役を務めた。その後、三七年五月大連輸入組合理事に転じた。

横田　直蔵　▷12

大連汽船㈱取締役兼船舶部長、大連海務協会理事／大連市楠町／一八八三（明一六）／山口県萩市／東京高等商船学校

一九〇七年東京高等商船学校を卒業して日本郵船会社に入り、以来長く海上に勤務した。その後二九年大連汽船㈱に転じて船舶課長を務め、三五年一二月の職制改革で船舶部長となり、三六年一二月取締役に就任した。

横谷　正次　▷12

満鉄吉林鉄路局経理処調度科長、勲七等／吉林敷島街／一八九三（明二六）一／石川県江沼郡山代町

石川県農業横谷三郎平の次男に生まれ、一九〇九年二月に渡満して満鉄に入った。大連駅駅務助手、改札方、貨物方を経て鉄道部庶務課、経理課に歴勤し、三四年鉄路総局経理処用度科倉庫係主任となった。次いで三五年一一月吉林鉄路局経理処用度科長を経て三六年一〇月新制の調度科長に就き、三七年四月勤続二五年の表彰を受けた。

横田　正基　▷1

帝国軍人後援会満州支会専従員／大連市／一八七〇（明三）一／高知県／陸軍教導団

陸軍教導団を卒業して広島の第五師団監理部に勤務し、累進して一等主計となった。一八九五年に退職して高知県警察官に転じ、さらに裁判所職員、生命保険会社員などを歴職した。日露戦争後の一九〇五年高知県紙業組合の依頼で販路拡張のため渡満し、大連で調査に当たったが展望を見い出せず苦慮する中で同市浪花町に居住する退役軍人の高柳信昌と知り合った。高柳に依嘱されて手弁当で帝国軍人後援会満州支会の設立事務に従事し、〇六年五月に六〇〇人余りの会員を集めて発足すると、引き続き高柳幹事長の下で無給の専従員を務めた。

横田　三麿　▷11

横田商会主／ハルビン田地街／一八八四（明一七）二／滋賀県犬上郡彦根町／東京外国語学校支那語科

一九〇七年東京外国語学校支那語科を卒業して大阪の江商㈱に入社した。一〇年ハルビンに渡り、翌年七月日満商会に入り綿糸布の販売を担当した。一五年一〇月に独立して横田商会を開設し、綿糸布、雑貨商を営んだ。

横地　得三　▷11

満州教育専門学校教授／奉天葵町／一八九五（明二八）一／静岡県安倍郡長田村／京都帝大文学部史学科

静岡県農業横地寛治郎の長男に生まれ、一九一九年京都帝大文学部史学科を卒業して竜谷大学の講師となった。二五年四月に渡満して満州教育専門学校教授に就任した。

横手政太郎　▷12

満鉄鉄道総局庶務課写真室主任／奉天朝日町／一九〇三（明三六）七／島根県邑智郡川本村

一九一六年満鉄に入社し、沙河口工場に一〇年勤務した後、二六年一月技術研究所に転勤した。その後三三年一二月鉄路総局経理処用度科に転勤し、写真室の創設に従事して三四年四月に完成し、三六年一〇月の職制改正により鉄道総局庶務課写真室主任となった。この間、青写真原図焼付用に低廉高性能の横手式透明液を考案し、三六・三七年の会社創業記念日に二度にわたり表彰され、効績章と金一封を受けた。また業余に筑前琵琶を趣味とし、三三年一月に総伝免状を授与された。

横佩　章吉　▷11

旅順第二中学校長、正六位勲六等／旅順市日進町／一八八六（明一九）五／広島県安芸郡奥海田村／広島高等師範学校研究科

広島県教員横佩大次郎の四男に生まれ、一九〇八年広島高等師範学校を卒業して研究科に進んだ。〇九年四月富山県礪波中学校の教諭となり、二三年四月旅順第一中学校教諭に転じて渡満し、二七年四月旅順第二中学校校長に就いた。この間、二回にわたり台湾および華北各地を教育視察した。実妹ゆかりは広島県山中高女を卒業して満州化学工業㈱社員の千葉佳七に嫁した。

横浜　水哉　▷11

大連モーターセールス商会員、正八位／大連市寺内通／一八九三（明二六）七／東京府豊多摩郡大久保町／東京高等商船学校

東京府官吏横浜恕の三男に生まれ、東

よ

京高等商船学校に入り、横須賀海軍工廠で燃料機関を研究した。一九一九年八月に卒業して東洋汽船㈱に入り、二四年に機関長の海技免状を取得したが、自動車研究のため退社した。二五年に渡満して鞍山モーターベンゾールの販売権を取得した大和染料会社の嘱託技師となり、同社が自動車学校経営に進出すると運転手養成の責任者となった。その後フォード自動車代理店の大連モーターセールス商会に転じ、かたわら大和染料会社経営の大連自動車学校顧問を務めた。次兄の鉄城は東京アンドリュー・アンド・ジョージ商会の科学器械科長を務めた。

横森賢治郎 ▷9

満鉄遼陽医院長兼医長／奉天省遼陽白塔大街／一八八七（明二〇）一〇／長野県南佐久郡畑八村／東京帝大医科大学

一九〇六年上田中学校を卒業し、第一高等学校を経て〇九年九月東京帝大医科大学に入学した。一四年七月に卒業して同大の内科教室に入り、青山博士に師事して内科学を専攻した。一六年五月満鉄営口医院長兼内科医長となって渡満し、一九年一一月から一年間社命で母校の医科大学に留学し、山極博士と長与博士の下で病理学及び実験病理学を研究し、帰社して二一年四月遼陽医院長兼医長に就いた。

横山　鑑 ▷12

大同学院副学監、従六位勲五等／新京特別市南嶺大同学院／一八八八（明二一）四／広島県福山市東町／陸軍士官学校

陸軍中央幼年学校本科、陸軍士官学校を卒業して〇九年一二月歩兵少尉に任官した。歩兵第五三連隊付、同大隊副官、浦塩派遣軍守備並停車場司令、第五三連隊中隊長等に歴補し、二〇年大尉に累進して二三年八月予備役編入となった。奈良県立宇陀中学校教師、第三高等学校講師を務めた後、三五年三月に渡満して大東公司に入り、三六年二月満州国に転じて大同学院副学監に就いた。この間、一九年七月の寛城子事件で顔面貫通銃創を受け、二〇年六月勲六等瑞宝章、同年一二月勲五等双光旭日章を授与された。

横山　一郎 ▷11

日露協会学校教授兼幹事／ハルビン馬家溝／一八八四（明一七）九／山口県阿武郡萩町／東京高等商業学校専攻科

山口県横山素輔の長男に生まれ、一九一一年東京高等商業学校専攻科を卒業して朝鮮総督府逓信局に勤務した。二〇年山陽電気会社に転じた後、二二年県立岡山商業学校教諭となった。二六年四月に渡満してハルビンの日露協会学校教授となり、幹事を兼務した。著書に『改正日本取引所論』『経済各論教科書』がある。

横山詠太郎 ▷7

関東庁属兼翻訳官／旅順市佐倉町／一八七三（明六）八／鹿児島県鹿児島市西千石馬場／同志社大学、早稲田専門学校政治科・英語科

同志社大学を経て早稲田専門学校政治科及び英語科を卒業し、さらに英国人に就いて語学の研鑽を積んで外務省翻訳官補になった。一九一六年二月外務省事務官代理としてシンガポールに勤務し、二〇年一月関東庁属兼翻訳官となって渡満した。外事課翻訳官を務めた後、二四年一〇月に辞職して帰郷した。

横山　吏弓 ▷9

北満電気㈱専務取締役、勲六等／ハルビン埠頭区／一八八一（明一四）一／広島県神石郡牧村／東亞同文書院

一九〇四年九月上海の東亞同文書院の第一期生として卒業し、第一軍司令部幕僚付通訳官として日露戦争に従軍した。戦後、陸軍木材廠を経て鴨緑江採木公司に勤めたが、〇九年四月満鉄に入社して奉天公所に勤務した後、一八年四月満鉄の出資で北満電気㈱が設立されると専務取締役に就任した。日露戦争の功により勲六等を受けたほか、清国三等双竜宝星勲章、中華民国文虎章嘉禾勲章を佩領した。

横山　勝衛 ▷12

満鉄鉄道総局付待命参事、勲六等／奉天満鉄鉄道総局気付／一八八六（明一九）五／福島県相馬郡福浦村

福島県横山喜助の次男に生まれ、一九〇二年三月北海道炭砿鉄道運転助手となったが、日露戦争に際し鉄道作業局野戦鉄道提理部付となって渡満した。戦後〇七年四月満鉄の開業とともに入社し、満鉄従事員養成所を修了して大連機関庫火夫となり、機関手見習、瓦房店車輌係、同機関手、千金寨車輌係、撫順車輌係、撫順機関区機関士、同機関区機関士取締、同運転助役兼点検助役に歴勤した。次いで公主嶺機関区点検助役、長春鉄道事務所勤務、奉天鉄道事務所勤務、奉天機関区運転主任、蘇家屯機関区橋頭分区運転主任を経て吉長吉敦鉄路局に派遣され、朝陽川機務段長、敦化機務段長、奉天鉄路局機務処運転科工務員に歴勤した。三五年一一月大虎山鉄路監理所監理員となり、業務のかたわら大虎山日本居留民会評議員を務めた後、三六年九月副参事を経て三七年四月参事に昇格して待命、鉄道総局付となった。この間、日露戦争時の功により賜金及び従軍記章、満州事変時の功により勲六等単光旭日章を授与され、三七年四月勤続三〇年の表彰を受けた。

横山　圭一　▷12

満鉄監察役付監察員、正八位／大連市伏見町／一八九五（明二八）七／静岡県志田郡静浜村／拓殖大学

静岡県横山道太郎の長男に生まれ、静岡中学校を経て一九一九年三月拓殖大学を卒業し、同年六月満鉄に入り安東駅貨物方となった。安東列車区車掌、本渓湖駅助役、安東駅貨物助役、鉄道部庶務課、遼陽駅貨物主任、大連運輸事務所、大連鉄道事務所に歴勤し、総務部審査役付審査員を経て三六年一〇月監察役付監察員となった。この間、満州事変時の功により賜盃及び従軍記章を授与され、本渓湖在郷軍人分会副会長、安東在郷軍人分会評議員、社員会評議員を務め、三五年四月勤続一五年の表彰を受けた。

横山　源治　▷11

大連弥生高等女学校教諭、従七位勲八等／大連市薩摩町／一八七五（明八）七／山形県山形市旅籠町／山形県尋常師範学校

山形県宮川清三郎の三男に生まれ、横山知正の養嗣子となった。一八九五年山形県師範学校を卒業して県下の小学校訓導となり、この間一九一六年までに師範学校、同女子部、中学校、高等女学校の習字科及び図画科の教員免状を取得して山形高等女学校教諭に就いた。一八年四月大連中学校の開校とともに同校教諭となって渡満し、後に大連弥生高等女学校教諭に転任した。夫人千代は今井慶松に入門して山田流箏曲を修業し、免許皆伝を受けた。

横山　常二　▷11

満鉄橋頭駅駅長／奉天省橋頭満鉄社宅／一八八七（明二〇）四／宮崎県北諸県郡中郷村／満鉄従事員養成所

宮崎県農業横山高行の次男に生まれ、一九〇八年に渡満して満鉄従事員養成所に入所し、同年一二月遼陽駅駅務方となった。大石橋駅勤務車掌、立山駅助役を経て二一年八月分水駅駅長、二三年五月金州駅駅長を歴任した。蓋平駅駅長に転任した後、二七年一一月橋頭駅駅長に就いた。

横山　重起　▷12

満鉄天津事務所員／中華民国天津法租界新華楼満鉄事務所／一八九八（明三一）一〇／東京府東京市本郷区弓町／東京帝大経済学部経済学科

東京府横山隆起の長男に生まれ、一九二四年三月東京帝大経済学部経済学科を卒業し、同年五月東京信託会社に入った。その後二七年満鉄に転じて渡満し、庶務部庶務課に勤務した後、大連医院、庶務部庶務課、交渉部渉外課に歴勤した。次いで総務部外事課勤務経済調査会調査員兼務、総務部外事課第三係主任、総務部文書課渉外係主任、新京地方事務所副所長を歴任し、三六年七月天津事務所に転勤して同年九月参事に昇進した。この間、満州事変時の功により銀盃一個を授与された。「マンチュリア・デーリー・ニュース」社長、満州弘報協会理事長、「泰東日報」社長等を歴任した元陸軍中将高柳保太郎の四女英子を夫人とし、二男一女があった。

横山　信毅　▷3

大倉組土木主任、満州土木建築業組合副組合長、勲六等功五級／大連市加茂川町、奉天新市街西三条／一八七五（明八）一二／茨城県水戸市下市町／茨城県立中学校、攻玉社工学校

茨城県横山信好の子に生まれ、一八九四年三月茨城県立中学校を卒業した。九五年一二月一年志願兵として東京の第一師団第二連隊に入営し、九六年一一月に満期退営した。九八年東京の攻玉社工学校に入り、九九年に卒業して同年一一月大倉組に入った。一九〇四年七月日露戦争に従軍して翌年一〇月中尉に進み、〇六年二月に帰還した。大倉組に復帰して満州一円の土木請負主任となり、満州土木建築業組合副組合長を務めた。

横山　正男　▷11

南満州旅館㈱専務取締役／大連市天神町／一八八三（明一六）八／山形県鶴岡市馬場町／京都帝大法科大学

山形県弁護士横山知正の長男に生まれ、一九〇九年京都帝大法科大学を卒業して大阪商船㈱に入った。一一年一月に退社して満鉄に入り、大連ヤマトホテル支配人となった。二八年一月に同ホテルが満鉄から分離すると、旅館事業を引き継いだ南満州旅館㈱専務取締役に就いた。尺八と横笛の名手として知られ、伏見宮貞愛親王の来満の折り御前演奏をした。夫人愛子は東京女学館を経て東京女子美術学校を卒業し、大連羽衣女学院の絵画講師を務めた。

横山　安起　▷12

三江省富錦県参事官／三江省富錦県公署／一九〇四（明三七）三／福岡県山門郡大和村／東亞同文書院商務科

一九二八年三月上海の東亞同文書院商務科を卒業し、同地の日華紡績㈱に入社して人事課に勤務した。その後三二年一〇月に退社して渡満し、同年一二月五常県属官となり、次いで三五年三江省富錦県参事官に転任した。

横山　龍一　▷12

国務院経済部金融司金融科長、従六位／新京特別市大同大街国務院経済部／一九〇三（明三六）九／鳥取県気高郡美穂村／東京帝大法学部政治科

鳥取県横山滝造の子に生まれ、一九二六年東京帝大法学部政治科在学中に文官高等試験行政科に合格し、二七年三月卒業とともに大蔵属となり銀行局に勤務した。司税官となり長崎税務署長を務めた後、三一年四月関東庁事務官に転出して渡満し、財務部財務課兼経理課勤務、財務部財務課長、同理財課長兼税務課長を歴職した。その後三四年七月に依願免本官し、国務院財政部理事官に転出して理財司理財科長となり、三七年七月行政機構改革により経済部金融司金融科長となった。

吉家　敬造　▷11

満州鉱山薬㈱取締役社長／安東県六道溝丁／一八八三（明一六）二／東京府東京市牛込区市谷仲町／早稲田大学

早稲田大学を卒業後、一九一九年に渡満した。満州鉱山薬㈱の創立時に入社し、以来勤続して取締役社長に就いた。

吉井　清成　▷7

満州野蚕公司主／大連市沙河口大正通／一八五五（安二）九／鹿児島県鹿児島市東千石町

奄美大島で糖業振興のために種々画策したが、一九〇〇年義和団事件に際して天津に渡り、同郷の伊集院彦吉総領事の下で満蒙資源調査に従事した。その後、営口で石鹸製造を始めたが、一九〇四年二月に日露戦争が勃発して日本に引き揚げた。戦後再び渡満し、鉄嶺で中国人と共同で砂金採取事業を始めたが頓挫した。〇九年に姜家堡子の官有地一三五町歩余、沙河口の官有地一五九町歩余、万家嶺の満鉄用地二四町歩余を借り受け、ここを飼育林地として柞蚕の飼育と製糸業に着手した。柞蚕のほか天蚕の飼育も始め、神戸の絹業博覧会及び大連博覧会に出品して受賞した。

吉池　泰二　▷11

満州教育専門学校助教授、従六位／奉天葵町／一八八九（明二二）一／山形県米沢市下矢来町／広島高等師範学校

一九一〇年広島高等師範学校を卒業して小倉中学校教諭となった。一三年弘前中学校教諭、一六年岐阜中学校教諭を経て一八年青島中学校教諭となった。二一年大連中学校教諭に転じて渡満し、次いで満州教育専門学校助教授に就いた。

吉池　俊夫　▷12

昭和製鋼所㈱総務部経理課会計係主任／奉天省鞍山下台町／一八八四（明一七）三／山形県米沢市信夫町

山形県吉池俊太郎の長男に生まれ、一九〇七年三月東京の巣鴨郵便局に勤務した後、朝鮮京城郵便局事務員、朝鮮総督府逓信局に歴職した。その後一九一年六月満鉄に転じて鞍山製鉄所に勤務し、工務課、経理課、庶務課に歴勤した。三三年六月同所の事業を継続した昭和製鋼所㈱の操業開始とともに総務部経理課勤務となり、次いで三四年八月同課会計係主任となった。この間、三四年六月満鉄勤続一五年の表彰を受けた。

吉井　武男　▷12

満鉄皇姑屯鉄道工場木工科客車廠主任、社員消費組合総代、勲八等／奉天白菊町／一八九六（明二九）一一／群馬県前橋市才川町／南満州工業専門学校機械科

群馬県吉井紀男の子に生まれ、一九一五年三月南満州工業専門学校機械科を卒業して満鉄に入った。一八年一月沙河口工場、同年九月木工課、一九年九月技術部、二〇年七月沙河口工場木工場、同年一二月同第二作業課、二二年五月同車台職場、二四年四月南満州工業学校講師兼務、三〇年一月大連工場、同年六月鉄道工場に歴勤し、同年九月車台職場助役となった。次いで三一年九月客車塗場助役、三三年九月鉄路総局奉山派遣、三四年四月奉天鉄路局皇姑屯工廠御花園分工廠、同年八月同客車廠主任、三五年五月鉄工廠主任兼務、同年一二月皇姑屯工廠木工科客車廠主任等を歴職し、三六年九月皇姑屯鉄道工場木工科客車廠主任となった。この間、シベリア派遣軍に従軍して勲八等瑞宝章、満州事変時の功により旭日章及び従軍記章並びに建国功労賞を受け、沙河口在勤時には沙河口在郷軍人分会副会長を務めた。

吉井　秀男　▷11

遼陽領事館領事代理、勲七等／奉天省遼陽／一八八九（明二二）一一／熊本県鹿本郡来民町

熊本県吉井謙太郎の長男に生まれ、早くから北京、天津に遊学して中国語を修得した。一九一九年外務書記生となって福州総領事館に勤務し、二二年間島総領事館百草溝分館主任に転じて渡満した。二六年三月遼陽に転任し、同年七月領事代理となった。

吉植　庄三　▷11

東亞勧業㈱専務取締役／奉天浅間町／一八七五（明八）三／北海道雨竜郡北竜村／札幌農学校実科

千葉県吉植庄之輔の次男に生まれ、一八九九年札幌農学校実科を卒業した。一九一〇年東洋拓殖会社に入り、事業部に土地買収係が創設されると主任として土地の買収に従事した。一九年ハルビン支店長となり、かたわら北満電気㈱取締役社長、中東海林実業公司理事長、ハルビン商業会議所会頭を務めた。二四年奉天支店長に就任し、満蒙毛織㈱取締役、東省実業会社監査役を兼務したが、二五年病のため東拓を退職し、二八年八月東亞勧業㈱専務取締役に就任した。実兄の吉植庄一郎は一九〇四年以来衆議院議員に連続当選し、田中義一内閣の商工政務次官、政友会顧問等を務めた。

吉浦　冨吉　▷12

満鉄蘇家屯尋常高等小学校長兼蘇家屯幼稚園長、修養団蘇家屯支部長、正八位／奉天省蘇家屯乗鞍町／一八八八（明二一）五／石川県金沢市並木町／石川県師範学校

一九一二年三月石川県師範学校を卒業し、郷里の小学校補習学校の訓導となった。その後一六年一〇月に渡満して満鉄に入り、撫順、大石橋の各尋常高等小学校の訓導、大石橋実業補習学校講師を務めた後、二二年一〇月から半年間教育研究生として東京に派遣された。帰任して大石橋家政女学校教員兼任を経て奉天第二尋常小学校蘇家屯分教場訓導となり、同地の実業補習学校長、青年訓練所主事・指導員、青年学校長を兼務した後、三二年四月蘇家屯尋常高等小学校長となり蘇家屯幼稚園長を兼任した。この間、三二年四月満鉄勤続一五年の表彰を受けたほか、三六年一〇月の関東局施政三〇周年祈念式に際し銀盃一組を授与され、同年一二月蘇家屯尋常小学校父兄会より在勤一〇カ年の表彰を受けた。

吉浦　豊　▷12

満鉄鉄道総局付待命参事、勲六等／奉天満鉄鉄道総局気付／一八八三（明一六）二／福岡県福岡市伊崎浦町

福岡県僧侶吉浦良賀の長男に生まれ、鉄道教習所を第一期生として修了し、九州鉄道会社に勤務した。その後一九〇六年八月野戦鉄道提理部雇員として渡満し、大連機関庫に勤務した。〇七年四月満鉄開業とともに同社に移り、大連機関区勤務を経て大連車輌係、鉄嶺車輌係、同機関士取締、鉄嶺機関区点検助役、同運転助役兼任を経て奉天機関区及び鉄嶺機関区の各運転主任兼技術主任、四平街機関区鉄嶺分区運転主任に歴勤した。三三年三月奉天機関区長となり、三五年七月参事に昇進して三七年四月待命鉄道総局付となった。この間、満州事変時の功により勲六等及び従軍記章、建国功労賞、皇帝訪日記念章を授与され、三二年四月に勤続二五年、三七年四月に勤続三〇年の表彰を受けた。同郷の夫人ハル子との間に六男四女あり、長男豊実は広島高等師範学校を卒業して安東高女の教諭となり、長女正子は満鉄社員松本優に嫁した。

吉岡　官二　▷9

吉岡株式店主／奉天省開原付属地第三区／一八九〇（明二三）一〇／長崎県西彼杵郡岩上村／県立長崎中学校

一九〇六年県立長崎中学校を卒業して渡満し、関東都督府に勤務して後に警部補に進んだ。二〇年二月に辞職して開原相互証券取引所仲買人となり、同地で有価証券売買仲介業を営んだ。

吉岡　玄一　▷11

旅順衛戍病院歯科医師／旅順市月見町陸軍官舎／一八九八（明三一）一二／佐賀県東松浦郡入野村／日本歯科医学専門学校

佐賀県商業吉岡億太郎の五男に生まれ、一九二三年日本歯科医学専門学校を卒業し、同年四月文部省歯科医術開業試験場付属病院研究生となった。その後同病院助手に就いたが、二五年六月旅順衛戍病院歯科嘱託医に転じて渡満した。

吉岡　三美　▷12

満鉄温春站長、図佳線愛護村温春外八ヶ村委員長、温春少年隊隊長、温春愛路婦人団長／牡丹江省寧安県温春站長局宅／一八九一（明二四）一／熊本県八代郡柿迫村／高等小学校

熊本県吉岡義雄の五男に生まれ、一九〇八年三月郷里の高等小学校を卒業し、同年五月柿迫村郵便局の事務員となった。その後一一年一二月徴兵されて近衛師団交通兵電信隊第七中隊に入隊し、満期除隊後一四年一月に渡満して満鉄に入った。鉄嶺、中固、立山、新城子の各駅勤務を経て立山駅駅夫世話方、大連列車区大石橋分区、大連列車区、長春列車区に歴勤して車掌となった。次いで長春駅駅務方、新京駅駅務方、寛城子駅副站長を歴任し、三五年九月図佳線温春站站長となった。この間、二九年四月勤続一五年を受けたほか、満州事変時の功により賜盃及び従軍記章、三五年五月秩父宮の訪満に際し木杯一個を授与された。長男直は新京商業学校英語科を経て上海の東亜同文書院を卒業した。

吉岡　茂雄　▷12

満鉄用度部計画課計画係主任、社員会本社連合会第一三分会代表／大連市青雲台／一九〇一（明三四）九／群馬県北甘楽郡黒岩村／日露協会学校

一九二〇年四月満鉄に入り、総務部文書課に勤務した。二一年五月ハルビンの日露協会学校貸費生となり、二四年に同校を卒業して復職し、社長室に勤務した。次いで経理部倉庫課、同購買課、用度事務所、用度部倉庫課、商事部用度課、用度事務所、奉天倉庫事務係主任、同発着係主任、用度部倉庫課受渡係主任に歴勤し、三六年一二月同計画課計画係主任となった。

吉岡　俊一　▷8

料亭金六主／奉天十間房／一九〇〇（明三三）一二／大阪府大阪市西区阿波座中通

大阪府吉岡常蔵の子に生まれ、幼い時に父に伴われて渡満した。奉天十間房で料亭金六を経営する父を補佐したが、一九年に父が死亡したため家業を継ぎ、二〇年に客室全てに電話器を設置するなど改善を加え、二五年一〇月には住吉町に工費二万円で百十余坪の二階建て純日本式の支店を建築した。

吉岡庄左衛門　▷11

満鉄石炭特約販売業／安東県北一条通／一八七六（明九）三／長崎県南高来郡千々石町

長崎県吉岡文十郎の次男に生まれ、一八九九年八月に渡満した。中国各地を巡遊した後、安東県で満鉄石炭特約販売業を営んだ。

吉岡　徳男　▷11

和洋食料雑貨商／関東州貔子窩西街／一九〇三（明三六）一／長崎県南高来郡布津村／長崎高等簿記学校

長崎県農業吉岡徳次郎の次男に生まれ、一九二一年長崎高等簿記学校を卒業して口ノ津鉄道㈱に入った。二四年から一年間兵役に服した後、二六年一月に渡満して貔子窩で和洋食料雑貨商を営んだ。

吉岡豊太郎 ▷11

満鉄大連埠頭事務所庶務係／大連市浪速町／一八八八（明二一）一／大分県北海部郡臼杵町

大分県商業吉岡平造の五男に生まれ、一九〇六年二月ウラジオストクに渡り商業に従事した。〇八年大連に移り、翌年満鉄に入社して埠頭事務所調度係となった。二七年一一月、職制改正とともに大連埠頭事務所庶務係となった。

善岡　宮治 ▷12

五常林務署長、五常在郷軍人分会長、正八位／浜江省五常県五常林務署長公館／一八九九（明三二）七／山口県玖珂郡和木村／山口県立農業学校林科

山口県善岡峯蔵の子に生まれ、一九一七年三月山口県立農業学校林科を卒業し、同年八月山口県林業技手となり内務部農務課に勤務した。一七年四月郡林業技手に転任した後、一九年一二月一年志願兵として小倉の歩兵第四七連隊に入営し、歩兵曹長を経て見習士官に昇級した。二〇年四月に除隊して山口県大津郡産業技手となり、二三年四月玖珂郡産業技手を経て同年一〇月朝鮮総督府に出向し、江原道産業技手を経て二七年八月平安南道産業技手となった。その後三四年四月満州国森林事務所技士に転出して五常森林事務所に勤務し、同年一一月同所長を経て三六年一〇月五常林務署長に就いた。この間、二七年九月皇帝訪日記念章を授与された。

吉岡　行雄 ▷12

大連汽船㈱船長、正八位／大連市向陽台／一八九三（明二六）一／島根県周吉郡西郷町／広島商船学校

島根県吉岡清次郎の長男に生まれ、広島商船学校を卒業して海運会社に入り海上に勤務した。その後一九二八年七月大連汽船㈱に転じ、竜鳳丸、長順丸、撫順丸、山東丸、河北丸の各船長を歴任した。

吉岡義三郎 ▷13

北満産業㈱常務取締役／一八八九（明二二）／和歌山県和歌山市／東京帝大法科大学独法科

一九一七年東京帝大法科大学独法科を卒業して藤田組に入った。一九年東洋拓殖㈱に転じ、京城、木浦の各支店詰を経て釜山支店長に就いた。その後本社事業課長、沙里院支店長、平壌支店長を歴任し、三四年二月本社勤務参事のまま同社直営の㈱鴻業公司専務となって渡満した。四〇年三月東拓土地建物㈱と改称後も専務取締役を務め、四二年六月ハルビンに東拓系の北満産業㈱が創立されると同社常務取締役に就任した。

吉岡　米吉 ▷12

吉岡金物店主、在郷軍人会図們分会理事、図們第十区副区長、図們防護団防毒副班長／間島省図們銀河街／一八九九（明三二）一一／大分県大分郡鶴崎町

大分県吉岡久米吉の子に生まれ、家業に従事した後、一九一九年一二月徴兵されて小倉の野戦重砲兵第五連隊に入営し、軍曹に進んで二六年一一月に除隊した。二七年三月大分県巡査となったが、三一年二月に退官して朝鮮に渡り、咸鏡北道の雄基で金物商を開業した。その後三三年一二月店舗を弟に譲って渡満し、図們銀河街に吉岡金物店を開設して金物、荒物、漆器、陶器の小売業を営んだ。

吉岡　龍作 ▷12

満鉄敦化工務段長、敦化居留民会副会長、勲八等／吉林省敦化満鉄工務段長局宅／一八八三（明一六）五／富山県高岡市片原町

一九〇五年四月日露戦争に際し臨時鉄道大隊付として安東県に上陸し、第四大隊付として軽便鉄道に勤務した。〇七年四月満鉄の創業とともに同社入りし、保線工場組頭を務めた後、一八年五月吉長鉄路局に派遣された。二三年八月同局線路工長を経て三一年九月奉天事務所鉄道課に勤務し、三二年九月非役となり吉長吉敦鉄路局に派遣された。次いで三三年三月鉄路総局に転勤し、翌月非役を免じられて蛟河在勤となり、三四年四月新京鉄路局蛟河工務段長を経て同年九月敦化工務段長に転任した。この間、一五年六月成績優良のため銀時計一個、二二年四月勤続一五年により銀盃一個、三二年四月勤続二五年により金盃一個、三七年四月勤続三〇年により特に記念料金一封を受けたほか、三六年三月満州事変時の功により勲八等旭日章及び従軍記章、建国功労賞を授与された。

よ

吉雄　豊 ▷3

松花銀行取締役兼支配人／ハルビン・プリスタニ松花銀行内／一八八三（明一六）八／大分県東国東郡上国崎村／東京外国語学校

一九〇七年、東京外国語学校を卒業して三井洋行に入社した。営口、鉄嶺、大連、長春に勤務した後、一四年に松花銀行が設立されると取締役兼支配人に就いた。

吉金　亮二 ▷12

満鉄奉天省四平街建設事務所員／奉天省四平街満鉄建設事務所／一九一〇（明四三）四／山口県熊毛郡平生町／南満州工業専門学校土木科

山口県吉金喜三郎の三男に生まれ、一九三一年三月南満州工業専門学校土木科を卒業し、同年四月満鉄に入社して鉄道部に勤務した。同年八月奉天事務所鉄道課、三二年一二月奉天鉄道事務所、三四年四月蘇家屯保線区工事助役、三五年五月奉天保線区工事助役を歴職した後、三七年三月奉天省四平街建設事務所に転勤した。この間、満州事変時の功により従軍記章及び木杯一組を授与され、奉天在勤中に満鉄社員会評議員を務めた。

吉川市太郎 ▷12

満鉄鄭家屯站長、勲八等／奉天省鄭家屯站長局宅／一八九八（明三一）一二／京都府京都市上京区黒門通

京都府吉川末吉の長男に生まれ、一九一六年一一月満鉄に入り瓦房店駅に勤務した。大連駅車掌、大連列車区勤務、大連運輸事務所勤務免車掌、大連鉄道事務所、奉天鉄道事務所に歴勤した後、鉄道部奉天在勤、南芬駅助役、奉天事務所鉄道課、奉天鉄道事務所、鉄路総局洮昂斉克洮索鉄路局派遣洮南在勤を経て洮南鉄路局洮南信号場長となった。次いで白城子站長兼平安鎮站長兼索格営子站長、鄭家屯列車段長を歴任して三七年一月鄭家屯站長となった。この間、満州事変時の功により勲八等に叙され、三二年四月勤続一五年の表彰を受けた。

吉川　浦次 ▷12

満鉄図們電気段朝陽川分段電気助役／間島省朝陽川満鉄図們電気段分段／一九〇七（明四〇）五／神奈川県高座郡桐原村

本姓は別、後に吉川弥一の養子となった。長く満鉄に勤務して一九三五年一月吉林電気段通信副段長に累進し、次いで図們電気段朝陽川分段通信副段長に転任し、三六年一〇月職制改正により同分段電気助役となった。

良川　栄作 ▷11

関東州水師営公学堂長、正八位／関東州水師営公学堂官舎／一八九五（明二八）一二／石川県金沢市／東亜同文書院商務科

石川県吉田吉太郎の五男に生まれ、良川をとの養子となった。一九一八年上海の東亜同文書院商務科を卒業し、同年八月天津の三井物産支店に入った。一九年一年志願兵として金沢の歩兵第七連隊で兵役に就いた後、二一年に三井物産を退社した。二二年一月関東庁雇員となって渡満し、二六年一〇月関東州公学堂教諭となり、二六年六月同学堂長に就任した。

吉川　銀蔵 ▷9

吉川株式店主／大連市大山通／一八六九（明二）四／東京府東京市日本橋区蛎殻町

一八九二年から東京兜町で株式取引に従事し、一九〇五年名古屋に移転して名古屋株式取引所仲買人となったが、一二年に廃業した。一八年に渡満し、翌年三月大連株式商品取引所第一部取引人となった。

吉川定治郎 ▷12

金光教教師／ハルビン道理石頭道街／一八九七（明三〇）三／京都府京都市上京区千本通／金光教義講究所

金光教義講究所を修了した後、中国語を修得した。神戸市居留地のベルグマレーレッド・カンパニーに二年勤務した後、二一歳の時に独立して商業に五年従事した。その後宗教界に入り、一九二三年に渡満して金光教奉天教会所に入り、二九年五月からハルビンに赴任して布教活動に従事した。

吉川　修平 ▷11

新旅順郵便局長、勲七等／旅順市佐倉町／一八八五（明一八）一／兵庫県神戸市花隈町／大阪電気通信技術伝習所

兵庫県官吏大谷巌の五男に生まれ、母の生家を相続した。一九〇〇年大阪電気通信技術伝習所を修了して通信事務に従事した後、〇七年に渡満した。二二年一一月大連郵便局電信課主事となり、二四年二月関東庁構内電信取扱所長を経て同年一二月新旅順郵便局長兼関東庁構内出張所長に就任した。

吉川　武雄　▷12

満州工廠㈱購買課長／奉天葵町／一九〇四（明三七）三／鹿児島県鹿児島郡中群宇村／京都帝大法学部、同大学院

鹿児島第二中学校、第七高等学校造士館を経て一九三二年三月京都帝大法学部を卒業して大学院に進んだ。その後三四年一月に渡満して満州工廠㈱に入り、後に購買課長を務めた。

吉川玉一郎　▷11

日本生命保険会社社員／大連市愛宕町／一九〇〇（明三三）六／新潟県中頸城郡金谷村／立教中学校

新潟県農業吉川文之助の次男に生まれ、一九一六年三月立教中学を卒業した。東京で文房具卸商を営んだが、二三年九月の関東大震災で店舗と工場を全焼し、日本生命保険会社に入社した。二六年一一月、大連勤務となって渡満した。

吉川稌喜之祐　▷12

国際運輸㈱図們支店経理係主任兼庶務係主任、図們長野県人会長／間島省図們銀河街／一九〇一（明三四）一〇／長野県下伊那郡座光寺村／大阪貿易語学校専修支那語科

一九二〇年五月愛知県碧海郡矢作町の矢作製糸㈾書記となり、次いで明治運送会社大阪支店書記に転じ、勤務のかたわら二四年に大阪貿易語学校専修支那語科を卒業した。その後同社が国際運輸㈱に併合され、大連本社勤務となって渡満し、支社庶務課、同経理課勤務を経て奉天、四平街、ハルビン、竜井村の各支店経理係主任を歴任した。その後三四年二月図們支店に転勤し、経理係及び庶務係の各主任を兼務した。この間、満州事変時の功により大盾一個を授与された。

吉川　俊雄　▷12

徳昌公司主、安東煤油総批発(股)董事長、営口煤油総批発(股)董事、新京煤油総批発(股)董事／奉天省鞍山南駅前通／一八八九（明二二）一／香川県仲多度郡榎井村

日露戦後の一九〇六年に渡満し、〇九年に営口で新居仙吉が経営した陸軍用達商を譲り受けて独立開業した。一八年に食料品雑貨用達としてシベリア派遣軍に従軍した後、一九年から鞍山に住み、二〇年に鞍山南駅前通に徳昌公司を設立した。鞍山製鉄所指定商として銑鉄、クレオソート、コールタールの卸小売商を営み、二五年に奉天千代田通に営業所、同永代町に倉庫を設けた。

吉川　政市　▷12

満鉄公主嶺農事試験場畜産科員、関東局嘱託／吉林省公主嶺菊地町／一九〇三（明三六）一一／長崎県東彼杵郡大村町／盛岡高等農林学校獣医学科

長崎県吉川又五郎の子に生まれ、一九二三年三月盛岡高等農林学校獣医学科を卒業し、同年五月北海道帝大農学部助手となった。二八年六月満鉄に転じて渡満し、公主嶺の農事試験場畜産科に勤務した。

吉川　正登　▷12

安東省荘河県参事官、正八位／安東省荘河県公署／一九〇〇（明三三）六／広島県尾道市土堂町／大連商業学校

一九二一年東洋協会満州支部設立の大連商業学校を卒業して法政大学予科に学んだ後、同年九月満鉄に入り経理部主計課に勤務し、同年在職のまま福山の歩兵第四一連隊に入営して兵役に服し、歩兵軍曹として除隊復職した。勤務のかたわら歩兵少尉に進んで三一年四月在郷軍人会大連東公園分会理事、次いで大連連合分会評議員を務め、同年一〇月満州事変に際し関東軍参謀部嘱託として瀋海鉄路局顧問を務めた。三三年四月満鉄を退社して黒龍江省東興県属官に転じ、同省木蘭県代理参事官を経て同年七月安東省公署属官に転任し、警務庁司法科に勤務して同県参事官に進んだ。その後三五年八月同省荘河県参事官に転任し、在郷軍人会荘河県分会長を務めた。

吉川　勝　▷12

㈱大林組牡丹江出張所主任、牡丹江日本商工会評議員、満州土木建築業協会牡丹江支部幹事／牡丹江円明街大林組社宅／一九〇〇（明三三）三／広島県御調郡美郷村

よ

多年大林組に勤続し、一九三四年牡丹江出張所開設と同時に主任となって渡満した。開設三年で日本人従業員のみで三三人を使用するまで発展し、新興勢力として同地業界に地歩を築いた。

吉川　光重　▷12

満鉄ハルビン工務段工事助役／ハルビン瀋陽街／一九〇八（明四一）四／愛知県名古屋市西区比米町／名古屋高等工業学校建築科

愛知県吉川新太郎の四男に生まれ、一九三〇年三月名古屋高等工業学校建築科を卒業した。三五年六月満鉄に入り、ハルビン鉄路局に勤務した後、同年一二月ハルビン工務段に転勤し、三六年一〇月同段工事助役となった。

吉川　康　▷11

吉川組主／奉天松島町／一八六四（元一）四／奈良県宇陀郡松山村

奈良県吉川康平の三男に生まれ、一八八七年東京市の日本土木㈱に入り、九一年大倉土木会社配属となった。一九〇九年に渡満して安奉線広軌改築工事等に従事した後、一二年に奉天に吉川組を設立して土木建築請負業を自営した。業績の拡大とともに本渓湖、大連、鞍山、撫順、長春、安東等にも支店を設置し、経営のかたわら㈱満州取引所、奉天取引信託㈱の取締役を兼任し、奉天商業会議所副会頭を務めた。⇒三四年一月に引退して社業を永吉由蔵に一任し、同組は一九四〇年四月満州土木㈱に改組した。

吉倉　汪聖　▷3

遼東新報主筆／大連市出雲町／一八六八（明一）一一／石川県金沢市味噌蔵町

上京して法政大学を卒業した後、一八九〇年朝鮮に渡り、さらに満州、シベリア各地を巡遊したが、凍傷で両足の親指を切断した。九二年秋に再び朝鮮に渡り、翌年釜山で山座円次郎と共に「東亜貿易新聞」を発刊した。九四年春同志一三人とともに東学党の蜂起に関わり、日清戦争後の九六年元山で「元山時事」を創刊した。一九〇二年二月東京に黒竜会が発足するとこれに加入してロシア事情を紹介し、翌年七月日露協会に参加した。さらに日露戦中の〇四年八月、朝鮮民間の親日御用団体一進会の結成にも関与した。戦後大連に渡り、〇五年一〇月末永純一郎が「遼東新報」を創刊すると主筆に迎えられた。⇒一三年一二月に末永が死去すると代表者として社務を統括し、二〇年に社長に就任したが、二年後に顧問に退き、三〇年一二月大連で病没した。

吉崎民之輔　▷13

協和工業㈱代表取締役／一八九八（明三一）三／京都府京都市

亜細亜麦酒会社の設立に関与した後、関西実業界の伊藤忠兵衛、安宅弥吉などの出資を得て一九三七年四月奉天に協和工業㈱を設立し、代表取締役副社長に就いた。

吉沢篤二郎　▷11

南満州硝子㈱取締役兼工場長／大連市大和町／一八九〇（明二三）一一／新潟県北魚沼郡小千谷町／東京高等工業学校

新潟県商業吉沢広吉の次男に生まれ、一九一二年東京高等工業学校を卒業し、同年一二月満鉄中央試験所職員となった。ガラス原料の調査研究及び工場の基礎的研究に従事した後、一八年から空洞硝子工場の建設に従事し、翌年生産を開始した。二四年から二五年にかけて窓硝子工場の建設に従事した後、空洞硝子工場主任に就いた。二五年七月窯業部門が満鉄から分離して大連窯業㈱となると同社硝子工場長に就き、同年一一月さらに硝子工場が分離して南満州硝子㈱が創立されると取締役兼工場長に就任した。この間二一年に中国南部、マレー半島、インドを視察し、二五年には欧米各国の硝子工業を視察した。

吉沢代五郎　▷2

旅順醤油醸造㈴／代表社員、旅順衛生組合副組合長／旅順市朝日町／一八七三（明六）／長野県北佐久郡小諸町

一八九二年から長く肥料商を営んだが、一九〇九年五月に渡満して小山八五郎と資本金二五〇〇〇円で旅順醤油醸造㈴を設立して代表社員に就いた。原料大豆と塩価の低廉により発展して年間の生産高醤油一五〇〇石、味噌三二〇〇貫に達し、南北満州から華北方面まで販路を拡げ、旅順衛生組合副組合長を務めた。

吉田市郎平　▷12

満鉄奉天地方事務所勧業係長兼鉄道総局産業課員、社員消費組合総代、満州柔道有段者会奉天支部幹

事長／奉天弥生町／一八九四（明二七）九／新潟県刈羽郡高浜町／明治大学商科、ペンシルバニア大学

新潟県吉田長次郎の長男に生まれ、一九二〇年三月明治大学商科を卒業して満鉄に入り、埠頭事務所庶務課に勤務した。その後二一年に非役となり、私費でアメリカに渡りペンシルバニア大学に留学し、二五年に卒業して免非役となり埠頭事務所庶務課に復職した。二七年奉天地方事務所、三一年奉天事務所地方課に歴勤した後、三三年一二月奉天地方事務所、三四年一二月鉄路総局総務処付業係兼任を経て三五年五月奉天地方事務所勧業係長となり、鉄道総局産業課員を兼務した。柔道五段で、満州柔道有段者会奉天支部幹事長を務めた。

吉田栄次郎 ▷8

目黒商会主／奉天／一八九六（明二九）八／神奈川県横浜市本牧町

神奈川県土木建築請負業吉田金太郎の子に生まれ、安奉線鉄道工事に従事する父に伴われ一九〇七年五月に渡満した。二〇年に父が隠居して帰国したため家業を継ぎ、土木建築請負業の他に貸家業、金融業、横浜生命保険奉天代理店を兼営した。奉天金融㈱の監査役を務め、二五年に奉天第三区長に選ばれた。

吉田　栄蔵 ▷11

吉田栄蔵商店主／大連市紀井町／一八八三（明一六）六／奈良県生駒郡郡山町／小学校

奈良県吉田勉の長男に生まれ、小学校卒業後商業に従事し、その後湯浅竹之助商店に入った。一九一三年輸出貿易拡張のため欧州各国に出張し、帰国後同店を退職して神戸で貿易会社を経営した。その後第一次世界大戦の戦後不況のため会社解散となり、二一年一月に渡満して大連で特産物貿易商を経営した。

吉田　修 ▷12

満鉄奉天保線区工事助役／奉天藤波町／一九一〇（明四三）一／長崎県南高来郡神代村／南満州工業専門学校建築科

一九三一年三月南満州工業専門学校建築科を卒業して大連市大山通の岸田事務所建築部に入ったが、同年一二月に辞職した。三二年九月満鉄に入社して鉄道部工務課技術方となり、三四年一月技術員に昇格し、三六年二月蘇家屯保線区勤務を経て同年七月奉天保線区工事助役となった。この間、満州事変時の功により従軍記章と大盾を受けた。

吉田角次郎 ▷12

吉田工務店主、今市履物店主／奉天青葉町／一八七八（明一一）一一／鳥取県気高郡勝谷村

早くから土木建築業に従事し、一九一五年朝鮮の京城に渡り、同業者の下請けとして働いた。一八年に京城高岡組の下請けとして鞍山に赴き、鞍山製鉄所の諸工事に従事した後、翌年奉天に移って各方面の工事に従事した。二六年に独立して奉天青葉町に吉田工務店を開設し、主として民間の諸工事を請け負った。家郷への思いが強く、生地の勝谷村今市の名を取った今市履物店を家族に経営させ、三五年二月に郷里の勝谷村にガソリンポンプ一台を寄付したほか、近隣の神社仏閣にもたびたび金品を寄贈した。

吉田　勝次 ▷12

満鉄大連鉄道工場運搬係主任、社員会評議員、勲八等／大連市霞町／一八九七（明三〇）二／埼玉県大里郡秦村／中央大学専門部

埼玉県吉田啓次郎の五男に生まれ、一九二三年三月中央大学専門部を卒業し、東京で鉄道省請負業を営む叔父の許で同業務に従事した。その後二四年四月に渡満して満鉄に入り、安東駅荷物方、同庶務方、同貨物方に歴勤した。次いで奉天列車区車掌、奉天駅駅務方、同庶務方、同事務助役を経て大連鉄道工場運搬係に転任し、三五年四月同工場運搬係主任となった。

吉田　要 ▷12

満鉄四平街駅事務助役、正八位／奉天省四平街北町／一八九六（明二九）八／香川県綾歌郡山田村／立命館中学校

香川県吉田仙次の四男に生まれ、一九一六年立命館中学校を卒業した後、一八年に京都帝大電気工学講習会第四期を修了した。その後二〇年一一月満鉄に入り、四平街駅に勤務した後、長春列車区四平街分区、大連列車区大石橋分区に歴勤し、蘆家屯駅助役心得となった。次いで煙台駅助役、遼陽駅助役、四平街駅構内助役を歴任して三五年四

よ

月四平街駅事務助役となり、三六年四月勤続一五年の表彰を受けた。

吉田　清庸　▷12

三井物産ハルビン支店チチハル出張所員、チチハル商工会議所常議員／龍江省チチハル和合胡同／一八九九（明三二）六／東京府東京市杉並区西田町／東京帝大経済学部経済学科

東京府吉田鉄太郎の長男に生まれ、一九二四年三月東京帝大経済学部経済学科を卒業して三井物産に入り、長春支店詰となって渡満した。その後ハルビン支店に転勤し、三五年五月同支店チチハル出張所に赴任した。

吉田　清保　▷12

国際運輸㈱三姓営業所主任、江工公司三姓支店主任、日満合弁松黒運輸公司三姓支店主任、三姓在留民会長、従七位／浜江省依蘭県三姓国際運輸出張所主任社宅／一八九一（明二四）六／静岡県静岡市小黒町／県立静岡中学校

源平争乱時に梶原景季と宇治川の先陣を争った佐々木高綱を先祖とする静岡県吉田正保の次男に生まれた。県立静岡中学校を卒業した後、一九一八年一二月㈱ハルビン倉庫の主任となった。二三年一二月国際運輸㈱に転じ、以来各地に勤務して三姓営業所主任となった。ハルビン馬家溝協和街の自宅に家族六人を残して三姓に単身赴任し、業務のかたわら同地の民会長を務めた。この間、第一次奉直戦争、第二次奉直戦争、郭松齢事件に関与し、ハルビン事変の際は同志三名と共に中露両国と交渉してハルビン籠城のために尽力した。

吉田　蔵人　▷12

新京郵政管理局電政処長、満州国協和会新京郵政管理局分会評議員、勲八等／新京特別市永昌胡同政府代用官舎／一九〇二（明三五）三／島根県巴智郡三原村／東亜同文書院

島根県吉田豊田郎の次男に生まれ、浜田中学校を卒業して中国に渡り上海の東亜同文書院に入学した。一九二五年三月に卒業して中華民国交通部郵政総局郵務官となり、上海、広東、済南の各郵務管理局に歴勤した。三二年二月上海事変に際し通訳として陸軍運輸部臨時上海派出所に勤務し、次いで第八師団司令部付となった。その後同年八月国務院交通部に入り、奉天郵政管理局会計処長、吉黒郵政総局会計処長を経て郵政管理局事務官・新京郵政管理局監察処長となり、三六年一一月同電政処長となった。この間、建国功労賞及び大典記念章を授与された。

吉田　庫人　▷12

満州炭砿㈱総務部庶務課人事係主任／新京特別市錦町／一八九五（明二八）七／三重県阿山郡上野町／今井塾

三重県富永前の子に生まれ、吉田伊十郎の養子となった。中学校五年を中退した後、郷里の今井塾で国文・漢文・数学を修め、一九一〇年二月に渡満して関東都督府巡査となった。一二年七月都督府雇員に転じ、関東都督府に勤務して都督府属に進んだが、一八年一二月満鉄に転じて鞍山製鉄所製造課に勤務した。二二年一二月地方部庶務課勤務を経て二五年三月瓦房店地方事務所庶務係長となり、次いで遼陽、鞍山の各地方事務所庶務係長を歴任した。その後三五年一月満州炭砿㈱に転じて参事となり、総務部庶務課人事係主任を務めた。この間、満州事変時の功により木杯一個及び従軍記章を授与された。

吉武　亀　▷12

満州工廠㈱設計課長、正八位／奉天千代田通／一八八五（明一八）一〇／福岡県福岡市大字春吉／福岡工業学校機械科

一九〇三年県立福岡工業学校機械科を卒業して同校専攻科に進み、〇四年三月卒業とともに山陽鉄道下関工場に勤務した。〇五年一二月一年志願兵として久留米の歩兵第二四連隊に入営し、除隊後〇六年一二月鉄道作業局に転じ、〇七年八月鉄道庁雇員となった。次いで〇八年一月満鉄技手に転じて渡満し、撫順炭砿機械課機械設計製図係員、中央機械工場の各職場主任を経て「モンドガスプラント」及び「リムガスプラント」組立工事主務者等を経て機械設計係主任を務め、二四年二月昭和天皇の婚姻に際し全国一四名の一員として金盃一組を授与された。その後二五年一〇月に退社して帰国し、二七年五月㈱唐津製鋼所技師として若津工場長に就いたが、同年一〇月に退社して福岡市の㈾林商会に転じて機械の設計に従事し、勤務のかたわら家庭炊事

よ

器具類の考案で実用新案五件を取得した。三五年三月㈾稲葉製作所顧問に転じたあと、同年七月昭和製鋼所工務部工務課関係業務を嘱託されて再び渡満し、三六年二月満州工廠㈱設計課長に就いた。

吉武　惟揚　▷11

満鉄大連医院医員／大連市播磨町／一九〇〇（明三三）四／大分県東国東郡上伊美村／京城医学専門学校

大分県官吏吉武護の長男に生まれ、一九二四年京城医学専門学校を卒業した。同付属病院で研究を重ねた後、二五年四月満鉄に入り大連医院に勤務した。

吉武　忠吉　▷10

㈾吉武質屋代表社員、勲七等／旅順市鮫島町／一八五七（安四）六／広島県福山市古吉津町

山口県佐波郡牟礼村に生まれ、陸軍に入り数度の戦役に従軍して勲七等となって除隊した。一九〇五年一〇月に渡満して旅順で質屋を開業し、後に㈾として代表社員に就いた。経営のかたわら旅順市会議員を務め、旅順銀行等各種の事業会社に関係して旅順殖産会社、旅順鉄工所、満州醤油会社、満州澱粉会社等の重役を務めた。

吉武　正嗣　▷12

満鉄大連鉄道工場計画係主任、工業標準規格委員会小委員会委員、社員会沙河口連合会青年部長／大連市霞町／一九〇二（明三五）一一／山口県都濃郡戸田村／旅順工科大学専門部機械工学科

山口県吉武五右衛門の子に生まれ、一九二三年一二月旅順工科大学専門部機械工学科を卒業して満鉄に入り鉄道部機械課に勤務した。鉄道部工作課に転任した後、二九年社命によりエアーブレーキの調査研究のため満二年間アメリカに留学し、帰社して三一年六月鉄道工場車台職場助役兼中央試験所勤務となった。次いで鉄道工場鍛冶職場主任、同工場第二作業場貨車製材職場主任、大連鉄道工場第二作業場客車職場主任を経て三七年三月同工場計画係主任となった。この間、満州事変時の功により木杯一組を授与された。

吉田　源三　▷11

三井物産㈱大連支店機械係主任／大連市桜町／一八九二（明二五）二／東京府東京市日本橋区／東京帝大工科大学

東京府服太物問屋吉田喜助の三男に生まれ、一九一六年東京帝大工科大学を卒業して三井物産東京本社に入社した。一七年春から秋まで中国直隷省臨城炭砿に出張し、火力発電所の建設に従事した。二〇年から二五年四月までニューヨーク支店に勤務し、欧州各国視察をして二五年末に帰国した。二八年一一月大連支店に転じて渡満し、機械係主任に就いた。夫人照子は神奈川県海福成夫の次女に生まれ、東京音楽学校を卒業した。

吉田　幸吉　▷12

満州住友鋼管㈱製造部長兼作業課長／奉天省鞍山中台町／一八九六（明二九）一一／石川県能美郡根上町／秋田鉱山専門学校冶金学科

石川県吉田小助の四男に生まれ、一九一九年三月秋田鉱山専門学校冶金学科を卒業して住友金属工業㈱に入社した。以来勤続して三三年第一鋼管工場長となり、第三鋼管工場長兼任を経て三五年一〇月満州住友鋼管㈱に転出し、製造部長兼作業課長となった。

吉田　佐吉　▷12

吉田日進堂主／吉林大馬路／一八八七（明二〇）一／長崎県南高来郡西郷村

長崎県吉田佐一の長男に生まれ、郷里の小学校を終えて渡満し、ハルビンに在住した。次いで新京を経て吉林に移り、同地の製菓所に勤務した後、一六年一二月に独立して城内三道碼頭に吉田日進堂を開業し、和洋菓子の製造販売業を営んだ。その後、商埠地の発展とともに同地に移転し、三五年五月大馬路に支店つるやを開設した。

吉田　貞雄　▷12

大連汽船㈱船長／下関市長崎町／一八九九（明三二）一二／佐賀県佐賀郡川上村／佐賀商船学校

佐賀商船学校を卒業した後、一九二四年二月大連汽船㈱に入り一等機関士として勤務した。以来勤続して各船に乗務し、三二年七月船長となった。

吉田三次郎　▷10

農園、内外蔬菜、果樹種苗輸出入販売／大連市外西山会台山屯／一八八九（明二二）三／茨城県東茨

よ

城郡酒門村／茨城県立農事講習所
茨城県立農事講習所一期生として入所し、修了後さらに県立農事試験場に入って実習と研究に従事した。その後七年間家業の農業に従事したが、一九一〇年に渡満して関東都督府農事試験場に入り、蔬菜係担当の技術員として一二年勤務した。その後退職して大連郊外に農場を開設し、中国特産蔬菜類の採種、蔬菜・果樹の栽培等を始めた。二四年八月高松宮来満の折りに自家栽培のマスクメロンや野菜類を献上し、二五年四月には久邇宮に高級野菜を献上し、同年八月の大連勧業博覧会に甘藍を出品して二等賞を受けた。二六年九月の関東庁二十周年記念式典に閑院宮が参列した際、その宿泊所ヤマトホテル及び食堂車で使用する蔬菜類の納入方を務め、翌月の満鉄社長による歓迎宴席の一隅には同農園産の白菜、秋キュウリ、日本カボチャが陳列された。

▷12

吉田繁治郎

寺庄洋行主、奉天信託㈱取締役、奉天商工会議所議員／奉天千代田通／一八八四（明一七）九／滋賀県坂田郡鳥居本村

一六歳の時に親類筋の大阪の綿糸商寺庄商店に奉公に入った。日露戦争直後の一九〇六年三月営口の寺庄洋行主任となって渡満し、一四年二月奉天出張所主任となった。その後奉天出張所を寺庄洋行本店とし、撚糸商から石鹸、化粧品、人絹、別珍、メリヤス、帽子、雑貨類の輸入商に転じ、三三年三月に大阪の寺庄商店から独立して個人経営とした。

▷12

吉田　重孝

㈴電工公司代表社員／大連市黒礁屯／一八八四（明一七）八／佐賀県藤津郡多良村／東京高等工業学校電気科

吉田重三郎の子として長崎県南高来郡多比良村に生まれ、一九〇五年三月東京高等工業学校電気科を卒業して芝浦製作所に入った。その後〇八年に退社して渡米し、技術見習としてゼネラル・エレクトリック社に入社した。一三年満鉄に転じて南満州工業学校電気科教諭となり、一七年沙河口工場電気職場主任に転任した後、二〇年に満鉄を退社して青木梅太郎と共に大連市雲井町に電工公司を設立して電気機械器具の製作・修理・販売業を経営した。二五年に㈴に改組し、次いで二九年一一月青木の引退を受けて資本金を一万五〇〇〇円の単独経営とし、満鉄、満州電業、関東逓信局の他に大連市内の各工場を得意先とし、従業員五〇人を使用して年商高六万円を計上した。

▷3

吉田　茂

安東領事館領事、高等官五等従六位勲六等／安東県領事館官舎／一八七八（明一一）九／東京府豊玉郡渋谷村／東京帝大法科大学政治学科

土佐自由党員で後に衆議院議員を務めた竹内綱の五男に生まれ、生後まもなく実業家吉田健三の養嗣子となった。一九〇六年東京帝大法科大学政治学科を卒業し、同年九月外交官及び領事官試験に合格して領事官補となった。〇七年二月奉天総領事館勤務となって渡満し、翌年一月ロンドンに転勤した。〇九年一二月大使館三等書記官としてイタリアに在勤した後、一二年安東領事に転任して再び渡満し、関東都督府事務官を兼任した。⇓一八年済南領事を経て一九年一月随行員としてパリ講和会議に出席し、二〇年イギリス在勤、二二年天津総領事、二五年一〇月奉天総領事、スウェーデン公使を歴任して二八年田中義一内閣の外務次官となった。三〇年駐イタリア大使を経て三六年四月イギリス大使となったが、三九年に退官して野に下った。戦後四五年九月東久邇内閣の外相に就任し、翌月発足の幣原内閣でも外相を務めた。四六年四月に幣原内閣が総辞職すると、翌月自由党総裁として組閣し、外相・農相を兼任して新憲法制定、農地解放等の戦後改革を実施した。四七年四月の総選挙で高知から衆院議員に当選したが、自由党が敗退して翌月内閣総辞職した。四八年三月民主自由党を結成して総裁に就任し、同年一〇月昭電疑獄で総辞職した芦田内閣の後を受けて第二次吉田内閣を組閣し、四九年一月の総選挙で圧勝して第三次吉田内閣を組閣した。五一年九月首席全権大使としてサンフランシスコ講和会議に出席し、講和条約、日米安保条約に調印した。五四年一二月造船疑獄での指揮権発動に対する批判を受けて内閣総辞職し、六三年に政界を引退した。六七年一〇月没。大久保利通の次男牧野伸顕の長女雪子を妻とし、長男健一は英文学者・文芸批評家・随筆家として活躍した。

吉田　周造　▷4

農安県領事分館嘱託医、日本赤十字社救療所医員／吉林省農安東大街／一八六六（慶二）／福井県福井市松ヶ枝上町／帝国医科大学国家医学講習科

福井県農業吉田晋造の子に生まれ、一八八九年七月高等中学校医学部全科を修めた。九二年四月帝国医科大学国家医学講習科全科を卒業して福井県監獄医となり、一二年勤務した。その後朝鮮に渡って韓国統監府警務総監部警察嘱託として九年務め、一九〇四年日露戦争に際し日本赤十字社救護医員として召集され、金沢予備病院、大阪予備病院に一年半勤務した。一九一六年八月日本赤十字社満州医員本部から救療所医員に推挙されて渡満し、同年一〇月帝国領事館農安分館嘱託医を兼務した。

吉田　四郎　▷11

北満製油㈱常務取締役／ハルビン石頭道街／一八九二（明二五）二／神奈川県横浜市中区花咲町／神奈川県立第一中学校

神奈川県吉田勝之助の四男に生まれ、一九一〇年県立第一中学校を卒業した。一六年三月に渡満して東亞洋蝋㈾に入り、二二年北満製油㈱の創立と同時に支配人に就いた。二八年常務取締役に就任し、ハルビン居留民会評議員を務めた。

吉田　精一　▷12

協信洋行主／ハルビン斜紋／一九〇三（明三六）一／長崎県南松浦郡富江町

長崎県吉田和吉の長男に生まれ、朝鮮銀行大連支店、国際運輸㈱大連支店等に十数年勤務した後、一九三二年満州国税官吏となった。吉林省富錦及び同江の分関長を務めた後、三五年八月に退職してハルビン斜紋に協信洋行を興し、日本人二一人、中国人二四人を使用して木材薪炭と塩鮭の販売業と印刷業を経営した。この間、三四年に北満経済調査団に加わり、ソ満国境・黒竜江沿岸各地の資源調査に当たり、関東軍司令官より感謝状を受けた。

吉田政次郎　▷12

満鉄鉄道総局配車課員、従七位勲六等／奉天弥生町松葉館／一八九二（明二五）二／北海道小樽市奥沢町

北海道吉田玉蔵の子に生まれ、一九〇六年八月手宮駅に勤務した後、小樽駅、幌内駅、中央小樽駅、札幌駅、手宮駅、小幌駅、苗穂駅に歴勤し、この間一〇年に北海道鉄道管理局教習所業務科を修了した。その後北海道鉄道管理局運輸課、札幌鉄道局教習所講師、函館運輸事務所営業主任を経て三三年二月副参事となり、翌月満鉄に転出して渡満し、新京鉄道事務所に勤務した。次いで鉄道部輸送課に転勤して鉄道建設局及び鉄路総局を兼務した後、鉄道部第一輸送課に勤務して三六年九月副参事となり、同年一〇月鉄道総局配車課に転任した。

吉田　宗助　▷12

満鉄沙河鎮駅助役／安東省沙河鎮駅／一九〇〇（明三三）二／福岡県福岡市大字堅粕／高等小学校

福岡県吉田安吉の次男に生まれ、一九一六年三月高等小学校を卒業した後、翌年三月に渡満して電気化学工業会社撫順工場に勤務した。その後一八年六月満鉄に転じて撫順駅に勤務し、次いで深井子駅貨物方、奉天駅車掌心得、大連駅車掌、大石橋駅車掌、長春列車区鉄嶺在勤、奉天列車区大石橋分区に歴勤した。次いで二十里台駅駅務方兼助役心得、万家嶺駅駅務方兼助役心得、深井子駅助役を経て三五年八月沙河鎮駅助役となった。この間、満州事変時の功により賜品及び大盾を授与され、三四年四月勤続一五年の表彰を受けた。

吉田多嘉志　▷12

大連汽船㈱船長心得／神戸市灘区徳井前田／一八九六（明二九）二／福井県足羽郡東郷村／大阪高等海員学校

大阪高等海員学校を卒業した後、一九二九年六月大連汽船㈱に入り一等運転士として勤務した。その後各船に乗務し、三六年一月船長心得となった。

吉田竹三郎　▷6

吉田洋行主／大連市浪花町／一八九八（明三一）五／佐賀県小城郡岩松村／大連商業学校

前名は一、一九〇五年に渡満して大連で紙類の販売業を営んだ先代の竹三郎を襲名した。一九〇六年八月九歳の時に父の許に来て、一八年に大連商業学校を卒業して家業を手伝った。二一年

よ

に父が亡くなると家督を相続して満州各地から山東方面に販路を拡張し、実姉静子の夫春日常七を青島支店長として年商八〇万円に達した。

吉田 耕 ▷1

吉田運漕店主／大連市／一八六五（慶一）九／京都府京都市下京区珠数屋町

帆船や汽船の船員として数年間海上生活を送った後、一八九七年北海道に渡り函館で漁業に従事した。九九年カムチャツカに移住して漁業を営んだが、後にカムチャツカ西海岸で座礁し九死に一生を得て函館に帰着し、さらに日露戦争が始まるとロシア領沿岸の漁業が困難となって漁業を廃業した。〇五年一月知人の山縣勇三郎が請け負った御用船の乗組員として大連に渡り、同地で食料品、酒保用雑貨の販売に従事した。その後山縣が大連に回漕店を開設すると同店に入って主任となり、〇五年九月鉄道貨物輸送の許可を得て大山通吉野町で運送店を兼営した。〇七年四月に山縣回漕店が廃業すると、吉野町の店舗を吉田運漕店として海陸運送業を経営した。

吉田 正 ▷12

満州国宮内府警衛処員、勲八等／新京特別市建国路／一八九九（明三二）五／宮城県本吉郡新月村／中央大学専門部法学科

宮城県吉田福三郎の長男に生まれ、一九一六年一二月現役志願兵として仙台の騎兵第二連隊に入営し、以来軍務に服して二一年一二月陸軍士官学校本科技術教官部付となった。勤務のかたわら二六年に中央大学専門部法学科を卒業し、二七年一二月騎兵特務曹長に累進して騎兵第二連隊付となった。その後二八年二月に依願予備役編入し、二九年六月国民新聞社に入った。次いで三三年三月満州国軍政部顧問部嘱託執政府兼務に転じて渡満し、同年五月軍政部本部嘱託、三四年六月宮内府嘱託を経て三七年一月宮内府警衛処勤務となった。この間、満州事変時の功により建国功労賞及び勲六位景雲章を授与された。

吉田辰五郎 ▷10

鉱油重油商／大連市西公園町／一八八〇（明一三）一二／新潟県岩船郡村上本町

一八九九年新発田の歩兵第一六連隊に入営し、一九〇四年日露戦争に従軍した。各地を転戦して〇七年に帰国し、除隊した後再び渡満して大連で土木建築業に従事した。次いで大東公司に入り、主任として満鉄撫順炭販売の一切を担当した。二〇年四月に営業権を譲り受けて個人経営とし、第一次世界大戦後の好況時に同志と共に大連石炭㈱を設立して取締役に就いたが、その後石炭販売業を若月良三に譲渡し、小倉石油会社代理店として鉱油・重油の販売に従事した。

吉田 親数 ▷10

極東週報社長、㈱共立組社長／大連市但馬町／一八八九（明二二）八／熊本県菊池郡隈府町

郷里の大先輩で国権論者の佐々友房に師事し、一九〇六年に佐々が逝去した後は熊本国権党の安達謙蔵に師事した。一九〇九年東京の「大和新聞」に入社したが、翌年中国の武昌・漢陽で第一革命が勃発すると中国に渡り、末永節と共に革命軍の黄興に与して活動した。辛亥革命によって南京に独立政府が樹立され孫文が大統領に就任し、革命軍外交部長の胡瑛が山東都督に任命されると顧問として芝罘に赴いた。その後一二年に袁世凱が大総統に就き、孫文、黄興、胡瑛らが第二革命に失敗して日本に亡命すると同時に帰国した。一四年に日独戦が始まると大島建一参謀次長から観戦に派遣され、以来山東で鉱山業に従事したが、戦後の石炭、船舶の大暴落などにより同地を引き揚げ大連に移った。大連の住宅難の救済策として代用社宅建築を満鉄に計り、早川千吉郎社長の了解の下に共立組を設立して代表取締役に就いた。経営のかたわら「極東週報」を発刊し、大連競馬倶楽部常務理事を務めた。

吉田忠太郎 ▷12

満州国宮内府礼官、従五位勲三等／新京特別市興運路宮内府一八八四（明一七）八／埼玉県南埼玉郡清久村／国民英学会高等科

埼玉県の私立明倫館中学科を卒業し、さらに言揚学舎、善鄰書院支那語科本科、同研究科、国民英学会高等科で修学した後、一九〇四年四月久喜町の言揚学舎助教として漢学を教授した。次いで陸軍通訳となって中国に渡り、清国駐屯軍付陸軍通訳生、支那駐屯軍司令部付を務めて陸軍通訳官に進んだ。

二五年二月清国廃帝溥儀が北京から天津に転住すると日本軍の連絡者として伺候し、三四年三月の皇帝即位に至るまで特別使命に服した。その後三四年五月に依願免本官し、同年八月に渡満して国務院軍政部嘱託を務め、三六年二月宮内府礼官となった。この間、満州事変時の功により勲三等旭日中綬章及び従軍記章、大正四年乃至九年事件の功により青色桐葉章及び賜金、従軍記章を授与された。

吉田　常雄　▷12

満鉄撫順炭砿化学工業所庶務係主任／奉天省撫順南台町／一八九三（明二六）一一／福岡県久留米市日吉町／久留米商業学校

一九一二年三月久留米商業学校を卒業して川原権六が経営する会社の会計係となり、次いで久留米瓦斯局会計係に転じた。その後一四年四月に渡満して満鉄に入り、撫順炭砿会計課に勤務した。以来一貫して撫順炭砿に勤務し、機械課、工業課、発電所庶務員、蛟河採炭所庶務係主任に歴勤し、三七年六月撫順炭砿化学工業所庶務係主任となった。この間、三〇年四月満鉄勤続一五年の表彰を受けた。

吉田　毅　▷12

満鉄鉄嶺医院小児科医長兼鉄嶺区学校医／奉天省鉄嶺花園町／一九〇六（明三九）九／宮城県仙台市土樋／東北帝大医学部

吉田音吉の次男として宮城県栗原郡築館町に生まれ、宮城第一中学校、第三高等学校を経て一九三二年三月東北帝大医学部を卒業し、同年四月医学部副手として小児科学教室に勤務した。三四年四月宮城県志田郡古川町の片倉病院小児科に勤務した後、三五年七月満鉄に転じて渡満し、鉄嶺医院小児科医長を務めた。

吉田　程治　▷9

日東商会主、中央商事信託㈱社長、鞍山商事信託㈱社長、南満州工業取締役、正七位／奉天省開原付属地第一区／一八七六（明九）二／大分県東国東郡国東町

一九〇六年、奉天総領事館警察署長に任じられて渡満した。〇八年一一月関東都督府警視に転任して営口警務署長となり、〇九年一一月旅順民政署警務課長、一〇年三月長春警務署長を歴任して一三年九月鉄嶺警務署長となったが、同月休職となった。一六年二月開原取引所副所長に就き、翌年九月同所長となった。二一年九月に辞職し、同地に日東商会を設立して貿易業と株式店を経営し、かたわら各種の会社役員を務めた。

吉田貞次郎　▷11

吉長鉄路管理局派遣満鉄社員／吉林吉長鉄路官舎／一八八九（明二二）四／熊本県天草郡本戸村／工学院土木学科

熊本県農業吉田惣太郎の四男に生まれ、一九一三年三月東京の私立工学院土木学科を卒業して満鉄に入った。本社工務課、奉天・遼陽等の保線係、煙台保線区長、蓋平保線区長を歴任し、二五年三月洮昂線建設の第二工区主任として測量・建設工事にあたった。竣成後は軌道敷設係となり、最新式の軌道敷設機を使用して一日四キロの新記録を作り、零下三〇余度の極寒期に作業を継続して敷設工事を完遂した。二七年一二月、満鉄から中国交通部吉長鉄道管理局に派遣されて吉林工務段長を務めた。

吉田　徳治　▷12

満寿花経営主、チチハル信託㈱取締役、チチハル居留民会評議員／龍江省チチハル新馬路／一八八三（明一六）九／熊本県天草郡坂瀬川町

日露戦争直後二三歳で渡満し、満鉄に入って大連埠頭事務所に勤務した後、一二年に大黒河に移住して雑貨商を営み、次いで二〇年にハルビンに移転した。その後二三年から東支鉄道沿線の安達で料理店を営み、さらに三二年チチハルに移転して満寿花の商号で同業を営み、従業員二十数名を擁した。

吉田　得美　▷12

日満商事㈱営業課鉱油係主任、満州国協和会日満商事分会幹事、モーター研究会幹事／新京特別市羽衣町／一九〇〇（明三三）四／広島県山県郡筒賀村／東亜同文書院

広島県吉田直太郎の子に生まれ、一九二七年上海の東亜同文書院を卒業した後、二九年四月満鉄に入り販売課に勤務した。以来勤続して三一年一〇月長春販売事務所事務主任、三三年一〇月新京販売事務所代理、三五年七月商事

よ

部販売第二課鉱油主任を歴任した。三六年九月副参事に昇進し、同年一〇月石炭・鉄鋼・鉱油・硫安等の販売部門の日満商事への譲渡にともない日満商事㈱営業課鉱油係主任となった。この間、満州事変時の功により木杯一個を授与された。

吉田豊次郎 ▷14

㈱大連株式商品取引所常務理事、従五位勲五等／大連市越後町／一八七三（明六）四／北海道瀬棚郡瀬棚村

山形県に生まれ、一九〇二年七月臨時台湾土地調査局属となった。〇五年四月税務監督局税務属に転任し、さらに同年五月関東州民政署属に転じて渡満した。〇六年九月関東都督府通信事務官補兼同都督府事務官となり、一一年五月旅順民政署長に就いた。一七年八月に退官し、二〇年二月大連株式商品取引所常務理事に就任し、同年二月から二二年一月まで大連市会議員を務めた。

吉田　直人 ▷4

吉田商店主／黒龍江省満州里／一八七九（明一二）／熊本県天草郡栖本村

農家の長男に生まれたが、農業を嫌って日露戦中の一九〇四年一〇月仁川に渡った。雑貨の行商をしながら朝鮮各地を回った後、〇五年四月営口に赴いて南永世街で飲食店を開業した。〇六年三月料理屋を営む伯父の吉田勝三郎を頼って大連に移り、同市磐城町で旅館を開業したが失敗し、翌年六月に帰国した。〇九年三月再び渡満して長春に至り、さらに黒龍江省に入って扎蘭屯で料理店を始めたが、翌年三月店を譲って満州里に赴き、雑貨・小間物・食料品店を営んだ。

吉谷　吉蔵 ▷11

満州銀行審査課長／大連市譚家屯／一八九〇（明二三）一〇／青森県青森市新町／神戸高等商業学校、東京高等商業学校専攻部銀行科

青森県吉谷伝吉の長男に生まれ、一九一三年神戸高等商業学校を卒業し、さらに一五年東京高等商業学校専攻部銀行科を卒業した。朝鮮銀行本社に勤務し、ニューヨーク出張所詰として二年間滞在した。二五年満州銀行に転じて安東支店支配人となり、二八年本社審査課長に就いた。

芳谷政次郎 ▷1

高松号主／奉天省鉄嶺／一八七八（明一一）／香川県高松市南新町

高松市の呉服・雑貨商の子に生まれ、一八九二年大阪に出て藤沢南岳の門下生となって儒学を学び、かたわら中等教育を修学した。九八年学業を中断して日本銀行大阪支店に入ったが、在職中に神経を病み、一九〇一年一二月に辞職して帰郷した。家業を手伝いながら療養した後、〇六年四月に渡満して鉄嶺に高松号商店を開き、呉服・雑貨の卸小売業を営んだ。営業のかたわら鉄嶺行政委員、衛生組長、雑貨同業組合評議員、鉄嶺印刷㈱取締役等を務めた。

吉田　一 ▷8

吉田医院院長／奉天江ノ島町／一八七二（明五）二／栃木県下都賀郡稲葉村

内務省医師免許試験に合格して栃木、新潟の公私立病院に勤務し、かたわら警視庁警察医を務めた。一九一一年満州全域にペストが流行した際、関東都督府検疫医となって渡満した。流行の終息とともに翌年二月に辞職し、奉天江ノ島町に吉田医院を開業した。診療のかたわら奉天商業会議所議員を務め、趣味の野球では奉天実業団の元老として同球団に貢献した。

吉田　秀雄 ▷12

新京興安病院長／新京特別市興安通／一八九五（明二八）一一／兵庫県姫路市手柄／岡山医学専門学校

一九一七年岡山医学専門学校を卒業し、二二年三月母校が岡山医科大学に昇格すると翌年同大講師嘱託となり、ドイツのベルリン及びキール大学に留学して内科学の研究に従事した。二六年に帰国し、同年九月同医大に論文「蛙心尖ノエレクトログラムノ意義ニ関スル実験的研究」を提出して医学博士号を取得した。三四年一二月に渡満し、新京興安通に興安病院を開業して医療に従事した。

吉田　秀義 ▷12

文化堂店主、吉田代書事務所長、至誠金融会長、在郷軍人会チチハル分会副会長、勲八等／龍江省チチハル永安大街／一八九八（明三

一）一一／石川県石川郡安原村
一九一八年一二月徴兵されて陸軍に入り、二〇年に憲兵に転科した後、二六年伍長に進級して除隊し、同年一二月満鉄に入社した。その後三一年に退社して帰郷したが、三二年一二月外務省に入りチチハル日本領事館付となって再び渡満した。次いで三三年一〇月同地に文化堂を興して文房具、土産品、洋品、雑貨商を経営し、三六年九月から食堂部を設け、吉田代書事務所を兼営した。さらに三五年一月陸軍用達商人となり、資本金を二万円として日本人男女一〇人と中国人四人を使用した。この間、満州事変時の功により勲八等瑞宝章及び従軍記章、建国功労賞を授与された。

吉田 兵衛 ▷12

満鉄新京警務段副段長、社員会評議員、正八位勲八等／新京特別市東新京特別市局宅／一九〇〇（明三三）四／東京府東京市芝区白金町／麻布獣医学校

東京府吉田兵二の次男に生まれ、一九二〇年麻布獣医学校を卒業した後、二七年三月関東庁巡査となり大石橋警察署の英語通訳を務めた。三〇年二月警察官練習所高等科に入所し、同年一二月警部及警部補任用試験に合格して開原警察署巡査部長となり、次いで四平街警察署警部補、鄭家屯領事館警察通遼分署長、沙河口警察署警部を歴任した。その後三六年三月満鉄鉄路総局に転じて奉天鉄路局警務処に勤務した後、同年七月新京警務段副段長となった。この間、満州事変時の功により勲八等及び従軍記章、建国功労賞、皇帝訪日記念章を授与された。

吉田 豁 ▷3

関東都督鉄嶺郵便局長、高等官六等従六位勲六等／奉天省鉄嶺中央街官舎／一八六〇（万一）五／和歌山県和歌山市湊通町

一八七六年に小学校教員となり、七九年「和歌山日日新聞」記者に転じ、さらに同年和歌山中学校及び和歌山師範学校教師に転じた。八二年富山県高梁中学校教師、八三年和歌山県訓導を経て八四年駅逓局雇に転じ、一九〇〇年に神戸の日本貿易銀行庶務課長となったが翌年退職した。〇三年名古屋郵便局庶務課長に就き、〇四年大分郵便局長を経て〇七年関東都督府事務次官補となって渡満し、旅順郵便局長に就任した。一一年大連通信管理局庶務課長に就き、一三年鉄嶺郵便局長に転じた。

吉田 広盛 ▷11

和洋雑貨商、勲八等／長春吉野町／一八八五（明一八）一二／福岡県筑紫郡太宰府町

福岡県神主吉田広郷の次男に生まれ、一九〇七年三月に渡満した。関東労働保護会に入り孟家屯出張所に勤務した後、一〇年満鉄に転じて長春地方事務所に勤務した。一七年に退社し、翌年一月同地で和洋雑貨商を開業し、福信金融㈱取締役、長春商工会議所議員を務めた。関東庁逓信局支那語通訳事務嘱託を兼ね、シベリア出兵の際には陸軍通訳として第七師団に従軍した。

吉田 文作 ▷11

営口商業会議所書記長／奉天省営口新市街南本街／一八七二（明五）一一／東京府東京市神田区五軒町／独逸協会学校

東京府医師吉田勇三郎の長男に生まれ、一八九五年独逸協会学校を卒業して長崎税関事務官補となった。朝鮮税関事務官に転任して鎮南浦商業会議所書記長等を歴任し、日韓併合記念章を受けた。その後渡満して営口商業会議所書記長に就いた。

吉田 文蔵 ▷12

満鉄鉄道教習所講師、勲八等／大連市乃木町満鉄鉄道教習所／一八九四（明二七）一／福岡県小倉市篠崎町／小倉工業学校

福岡県農業吉田徳太郎の次男に生まれ、一九一三年小倉工業学校を卒業して鉄道院に入り小倉工場に勤務した。その後一八年三月に渡満して満鉄系列の大連機械製作所に入り、奉天支店に勤務した。二一年三月満鉄に転じ、撫順機関区、奉天検車区勤務を経て同検車区助役、鉄路総局機務処運輸科工務員、鉄道総局輸送局車輌課に歴勤し、三七年四月鉄道教習所講師となった。この間、満州事変時の功により勲八等に叙された。

吉田 平助 ▷12

満鉄四平街駅構内助役／奉天省四平街南二条通／一八九〇（明二三）一二／青森県弘前市大字銅屋町

一九一一年一二月徴兵されて旭川の歩兵第二八連隊に入営した。除隊後、一七年七月満鉄に入り四平街駅に勤務し

よ

た。以来一貫して同駅に勤務し、見廻方、転轍方、操車方、運転方に歴勤し、三四年一二月構内助役となった。この間、三三年四月勤続一五年の表彰を受けた。

吉田　正武 ▷12

㈱大連機械製作所総務部庶務係主任、正八位／大連市仲町／一八九九（明三二）四／長崎県南高来郡西有家町／明治大学商科

本姓は別、後に長崎県吉田久太郎の長女由紀子の婿養子となった。一九二二年明治大学商科を卒業し、二三年㈱大連機械製作所に入社した。福昌華工㈱に転じ、次いで満州国国務院実業部総務司庶務科長、満州計器㈱常務理事を歴職した後、再び大連機械製作所に入社して総務部庶務係主任に就いた。

吉田　元一 ▷11

満鉄長春地方事務所土木係長／長春羽衣町／一八八五（明一八）一〇／佐賀県神埼郡神埼町／攻玉社工学校

佐賀県農業吉田森吉の長男に生まれ、一九一六年東京の攻玉社工学校を卒業して満鉄に入った。本渓湖保線係、公主嶺土木主任、長春水道工事係、本社土木課等に勤務して二六年公主嶺地方事務所工務係長となった。その後長春地方事務所土木係長に転任し、同地の佐賀県人会長、市民会幹事、体育協会幹事、第二区町内会副総代を務めた。

吉田　門七 ▷12

ハルビン特別市公署工務処庶務科長兼都市建設局総務科員、正八位／ハルビン南崗市営住宅／一九〇三（明三六）三／三重県多気郡斉宮／京都帝大法学部

吉田光次の養子となり、一九二九年三月京都帝大法学部を卒業した。一年志願兵として京都の歩兵第九連隊に入営し、除隊して山梨県属となった。山梨県海外協会主事として満州への自衛入植事業に携わった後、三四年二月ハルビン特別市公署属官に転じて渡満した。行政処社会科救済股に勤務した後、総務処食料給与股長を経て三五年一〇月事務官に昇任し、三六年六月処庶務科長となり都市建設局総務科員を兼務した。

吉田　靖民 ▷12

満鉄安東機関区庶務助役／安東満鉄安東機関区庶務助役社宅／一九〇二（明三五）八／宮崎県宮崎市宮田町／県立宮崎中学校

宮崎県吉田直次郎の次男に生まれ、一九二〇年三月県立宮崎中学校を卒業し、同年五月満鉄に入り橋頭車輌係となった。以来勤続して三一年一〇月蘇家屯機関区橋頭分区、三三年一〇月大官屯検車区庶務助役、三六年三月奉天機関区庶務助役を歴任し、三七年四月安東機関区庶務助役となった。この間、満州事変時の功により木杯及び従軍記章を授与されたほか、社員会評議員及び社員消費組合総代を務め、三六年四月勤続一五年の表彰を受けた。

吉田雄次郎 ▷12

横浜正金銀行大連支店副支配人／大連市松山町／一八九三（明二六）一二／福井県吉田郡円山西村／東京帝大法科大学

福井県吉田伝七の三男に生まれ、一九一八年七月東京帝大法科大学を卒業して文官高等試験に合格し、同年横浜正金銀行に入り神戸支店に勤務した。以来勤続して天津、ロンドン、神戸の各支店に勤務し、次いで青島、漢口の各支店支配人代理を務めた。その後三四年二月大連支店副支配人となって渡満した。

吉田羊之助 ▷13

満州中央銀行大連支行支配人／大連市／一八七九（明一二）／長野県

台湾銀行に入り、一〇年余りオランダ領インドネシア、ボルネオの南洋各地に勤務した。その後満州中央銀行に転じ、大連支行支配人を務めた。

吉田　吉次 ▷12

三菱商事㈱大連支店三菱油房主任、日出町区長代理、大連住宅組合理事、大連市防護団千代田分団副団長、大連油房連合会特別研究委員、大豆工業研究会幹事／大連市山手町／一八九〇（明二三）三／山形県西村山郡北谷地村／東京高等工業学校応用化学科

山形県吉田正円の子に生まれ、吉宏と通称した。一九一五年東京高等工業学校応用化学科を卒業して同校研究科に進んだ。その後一七年に日華製油㈱に入社したが、二一年三菱商事㈱に転じて大連支店三菱油房に勤務した。

吉田　良継 ▷11

鴨緑江採木公司度支課長、従七位勲六等／安東県八幡通／一八六九（明二）一〇／東京府東京市麹町区元園町／東京法学院

東京府非蔵人吉田良策の長男に生まれ、神田の共立中学校と法学院に修学して一八九七年一月栃木県属となった。九九年外務省属に転じ、次いで外務書記生として天津及び北京公使館に勤務した。一九一九年九月副領事として安東領事館に赴任したが、同年一一月に退官して鴨緑江採木公司参事・度支課長に転じ、鴨緑江製材無限公司顧問を兼任した。男爵壬生桄夫の娘で東京の跡見女学校出身の夫人辰枝との間に三男一女があった。

慶田　義彦 ▷12

大連手形交換所監事／大連市加茂川町／一八八四（明一七）一／鹿児島県薩摩郡隈之城村

一九〇一年医学を志して熊本に遊学したが、中退して帰郷し、〇四年日露戦争に召集されて一年余軍務に服した。戦後〇八年に渡満して安東毎夕新聞社に勤務し、朝鮮開城の咸南新報社に転じた後、一四年に朝鮮総督府慈恵医院庶務会計となった。その後一八年に再び渡満して安東居留民団役所、満州商業銀行等に勤め、二三年七月大連・遼東・奉天の三銀行が合併して満州銀行が創立されると大連本店人事課秘書室勤務となった。次いで三六年一二月満州銀行が朝鮮銀行、正隆銀行と合併して満州興業銀行が創立されると同行人事課勤務となったが、翌月退職して大連手形交換所監事に転じた。

吉田　善秀 ▷12

国際運輸㈱牡丹江支店勃利営業所主任／三江省勃利県勃利国際運輸営業所主任社宅／一九〇三（明三六）八／香川県綾歌郡山田村／高等小学校

香川県吉田仙次の七男に生まれ、一九一八年郷里の高等小学校を卒業して渡満し、朝鮮銀行四平街支店に勤務した。二三年一二月徴兵されて丸亀の歩兵第一二連隊に入隊し、公主嶺の南満州独立守備隊に編入された。満期除隊して四平街銀行及び四平街の坂本精米所に歴勤した後、二八年一二月国際運輸㈱に入社してハルビン支店に勤務した。次いで満溝、海倫の各営業所主任を経て寧安出張所、牡丹江出張所、牡丹江支店に歴勤し、三六年一二月勃利営業所主任となった。

吉田　義政 ▷11

開原浄土宗教会所主任／奉天省開原東洋街／一八九九（明三二）九／愛媛県温泉郡道後湯之町／京都浄土宗教校

愛媛県僧侶吉田元政の長男に生まれ、一九一九年京都の浄土宗教校を卒業し、翌年愛媛県道後湯之町円満寺の住職となった。二二年六月満州開教副使となって渡満し、大連の明昭寺に在留した後、二七年九月開原の浄土宗教会所主任となった。

吉津　清 ▷12

国務院外交部政務司員、正八位勲七等／新京特別市西朝陽路／一八九八（明三一）五／福岡県直方市字山部／攻玉社中学校、日露協会学校

東京の攻玉社中学校を卒業した後、一九一八年一二月徴兵されて熊本の歩兵第二三連隊に入営した。二二年歩兵少尉に任官して除隊し、渡満して満鮮坑木㈱ハルビン駐在員となり、勤務のかたわら一九二四年三月ハルビンの日露協会学校を卒業した。次いで日本国際観光局に転じ、大連支部勤務、満州里分局主任、長春分局主任、大連分局主任に歴勤した。満州事変に際し関東軍司令部嘱託を務めた後、三二年七月国務院外交部に転じて武市駐在副領事となり、次いで三五年九月外交部政務司に転任した。この間、満州事変時の功により勲七等に叙され、建国功労賞、大典記念章、皇帝訪日記念章を授与された。

吉綱　諫 ▷12

吉綱新聞舗主、蘇家屯地方委員／奉天省蘇家屯妙高町／一八九三（明二六）四／大分県東国東郡旭日村

清酒醸造業と酒類卸問屋業を経営したが、満州事変の勃発とともに渡満して蘇家屯で貸家業と新聞販売店を兼営した。大阪朝日新聞と読売新聞の専売店売り捌きにあたるかたわら奉天毎日支局長を務めた。夫人兼子との間に三男二女あり、長男忠男は満鉄、次男武男は国務院財政部に勤務した。

吉積 敏夫 ▷12

国際運輸㈱四平街支店鄭家屯営業所主任／奉天省鄭家屯国際運輸営業所主任社宅／一九〇九（明四二）八／福岡県嘉穂郡幸袋町／関西高等工業学校土木科

福岡県吉積啓次郎の次男に生まれ、関西高等工業学校土木科を卒業した後、一九二八年五月㈱麻生商店山内鉱業所書記となった。その後三〇年二月に依願退職して㈴岡部鉄工所に転じ、材料課書記となった。三三年五月に依願退職し、渡満して国際運輸㈱に入社して四平街支店に勤務し、三六年五月同支店鄭家屯営業所主任となった。

吉富 英助 ▷11

満鉄衛生研究所衛生科長、正六位／大連市星ヶ浦／一八九二（明二五）八／東京府豊多摩郡下落合町／東京帝大医科大学薬学科

佐賀県薬種商吉富半兵衛の四男に生まれ、一九一七年東京帝大医科大学薬学科を卒業して東京衛生試験所に入った。臨時製薬調査業務に従事して一九年に同所技師となったが、二六年に満鉄に転じて大連医院薬剤長に就いた。二八年一二月満鉄衛生研究所衛生科長に転任し、満州薬学会会長、関東庁嘱託を務めた。

吉富 金一 ▷13

大連汽船㈱常務取締役／一八八九（明二二）九／長崎県長崎市／神戸高等商業学校

一九一一年神戸高等商業学校を卒業して満鉄に入り、埠頭事務所に勤務した。二〇年海運課長次席、二三年同課長、二六年陸運課長を経て参事・大連鉄道事務所庶務長となり、福昌華工㈱取締役を兼任した。鉄道部港湾課長、大連鉄道事務所長を歴任した後、三五年に満鉄を退社して大連汽船㈱常務取締役に就任した。満州事変勃発時は満鉄社員会幹事長として社員を統率して関東軍に協力した。

吉富 誠志 ▷7

関東庁逓信書記補／旅順市千歳町／一八九二（明二五）八／鹿児島県薩摩郡樋脇村／熊本通信生養成所

一九一二年三月、熊本通信生養成所を修了して熊本局に勤務した。鹿児島県川内局勤務を経て一三年五月朝鮮の京城局に転任し、さらに牙山に転勤した。一四年五月に退職して実業に従事したが成功せず、一八年四月に渡満して関東庁逓信書記補となった。撫順、金州局に勤務した後、二二年一月新旅順局に転任した。

吉留 清橘 ▷7

関東州水産組合旅順支部長／旅順市朝日町／一八八一（明一四）八／鹿児島県鹿児島市清水町

一九〇五年五月、熊本の第六師団歩兵第四五連隊付酒保員として日露戦争に従軍した。〇五年三月に帰国したが、同年一二月に再び渡満した。〇九年六月関東都督府警察官となり、一七年四月関東庁土地調査部に転じた。一九年八月さらに関東州水産組合に移り、同組合書記兼旅順支部長に就いた。

吉留 英熊 ▷11

満鉄瓦房店機関区長／奉天省瓦房店鹿島街／一八九五（明二八）四／鹿児島県鹿児島市上荒田町／旅順工科学堂機械科

鹿児島県吉留盛吉の次男に生まれ、一九一三年四月鹿児島県立第二中学校を卒業して旅順工科学堂機械科に入学した。一六年一二月に卒業して満鉄に入り、運輸部に勤務した。一八年一月瓦房店機関区技術主任、一九年大連機関区技術主任、二〇年撫順機関区長、二四年安東機関区長を歴任し、二五年九月瓦房店機関区長に就いた。

吉永伊源太 ▷12

京城菓子㈱取締役兼奉天支店長、奉天菓子卸商組合副組合長、霞町会評議員／奉天霞町／一八九八（明三一）一〇／佐賀県西松浦郡大山村／伊万里商業学校

吉永伊代吉の長男として佐賀県西松浦郡伊万里町に生まれ、伊万里商業学校を卒業して一九一八年朝鮮平壌の歩兵第七七連隊に入営した。除隊していったん帰郷した後、二二年一一月に再び朝鮮に渡り京城府岡崎町の京城菓子㈱に入った。二六年に支配人、次いで取締役に就任し、三四年三月奉天支店の復活とともに同支店長となって渡満した。大阪、広島、京城方面から仕入れて全満を販路とし、従業員七〇人を擁して年間一五万円を売り上げた。

吉成　孝一　▷12

大連神明高等女学校教諭、正七位勲六等／大連市神明町神明高等女学校／一八八九（明二二）二／茨城県久慈郡依上村／茨城県師範学校

一九一〇年茨城県師範学校を卒業して県下の各小学校に勤務した後、中等教員検定試験に合格した。宮城県下で中等学校教諭を務める中、二四年九月関東州出向を命じられて渡満し、大連神明高等女学校教諭となった。俳句、短歌、民謡、川柳を趣味とし、一骨と号した。

吉成　誠三　▷9

吉成製版印刷所主／大連市隠岐町／一八八二（明一五）一／福島県東白河郡高城村／東京高等工業学校工業図案科

一九〇七年東京高等工業学校工業図案科を卒業し、凸版印刷㈱に入社した。その後台湾日日新聞社に招かれて台湾に渡り、印刷部に勤務した。一一年に渡満して大連の満州日日新聞社に入り、二〇年に独立して隠岐町で吉成製版印刷所を経営した。

吉野　越次　▷14

貸家業／大連市若狭町／一八六六（慶二）一／千葉県香取郡多古町

一八九八年官吏から土木建築業に転じ、中央線鉄道工事に従事した。日露戦中の一九〇四年九月に渡満して〇九年まで土木建築請負業を営んだ後、大連で貸家業を経営した。大連礼装㈱社長、㈱花月館社長を兼務したほか、大連商業会議所常議員、大連市民協会幹事、大連貸家業組合長、貸家業附属管理部監督等の名誉職に就き、一五年一〇月から一八年七月まで大連市会議員を務めた。

吉野小一郎　▷9

ハルビン取引所取締役理事長、中華煙公司代表、奉天商業会議所会頭、衆議院議員／ハルビン／一八七九（明一二）五／神奈川県／東京帝大法科大学政治学科

一九〇六年東京帝大法科大学政治学科を卒業して日本興業銀行に入り、その後台湾銀行に転じて庶務課長、調査課長を歴任した。さらに東洋拓殖㈱に転じて京城本店に勤務した後、二〇年奉天支店長となって渡満した。勤務のかたわら奉天商業会議所会頭を務めたほか、二〇年五月の総選挙で郷里の神奈川県郡部より衆議院議員に当選した。二一年一二月、日中露合弁のハルビン取引所が設立されると取締役理事長に就いた。

吉野　信次　▷13

満州重工業相談役、従三位勲三等／一八八八（明二一）九／宮城県仙台市／東京帝大法科大学独法科

宮城県商業吉野年蔵の三男に生まれ、東京帝大法科大学独法科に入学し、在学中に文官高等試験に合格した。一九一三年に卒業して農商務省に入り、米国に出張した後、兵庫県理事官、臨時産業調査局事務官、農商務大臣秘書官、農商務書記官、商工書記官、大臣官房文書課長兼統計課長等を歴任した。三一年商工次官に就き官営八幡製鉄所長官及び特許局長官を兼務したが、三六年に辞任して東北興業㈱社長に転じた。三七年六月第一次近衛内閣の商工大臣として中央に返り咲き、三八年貴族院議員に勅選され、同年一二月鮎川義介に慫慂されて満州重工業副総裁に就任した。まもなく高碕達之助に副総裁の席を譲り、四二年二月満業の機構改革に伴い初代相談役に就き、次いで鮎川総裁とともに満州国経済顧問に就いた。⇒その後帰国して翼賛政治会常任総務、愛知県知事・東海地方行政協議会長を歴任したが敗戦により公職追放され、解除後は日本団体生命・東北放送の会長を務めた。五三年四月自由党公認で宮城地方区から参議院議員に当選し、五五年一一月第三次鳩山内閣の運輸大臣に就任した。五六年から六五年まで武蔵大学学長を務めた後、七一年五月に没した。著書に『おもかじとりかじ』『さざなみの記』がある。実兄の作造は東京帝大法科大学を卒業し、一九〇六年袁世凱家の家庭教師として中国に渡った。〇九年東京帝大助教授を経て一四年教授に昇任し、民本主義を唱えて大正デモクラシー運動に貢献した。二四年朝日新聞社論説顧問に迎えられたが、検察の圧力のため退社して東大講師に復帰し、その後も『明治文化全集』の刊行に尽力するかたわら多くの労働団体・労働運動に関与した。

吉野信太郎　▷12

満鉄鉄道総局工作課員、正八位勲六等／奉天平安通／一八九六（明

二九）三／愛知県名古屋市中区西魚町／旅順工科学堂機械科

愛知県吉野亀三郎の次男に生まれ、一九一八年旅順工科学堂機械科を卒業して同年一二月満鉄に入り、沙河口工場設計課に勤務した。一九年八月技術部機械課、二二年一月運輸部機械課、二三年四月鉄道部機械課に勤務した後、同年一一月アメリカに貸費留学して機関車の設計製作を研究した。二五年九月に帰社して鉄道部機械課に勤務し、二七年四月同部工作課、三〇年六月鉄道工場、三一年八月鉄道部事務課、三二年一二月工作課に歴勤して三三年三月機関車係主任となり、同年八月技師に昇格した。三六年一〇月職制改正により参事となり、鉄道総局工作課に勤務した。この間、満州事変時の功により勲六等従軍記章及び建国功労賞、皇帝訪日記念章を授与され、三六年四月勤続一五年の表彰を受けた。機関車の設計では社内の第一者とされ、特急「あじあ」の設計を担当した。

吉野滝三郎 ▷3

満鉄工場鉄工科第一文科員／大連市外沙河口／一八七四（明七）一一／東京府東京市芝区桜川町

一八八七年組立工として鉄道局新橋工場に入り、一九〇四年五月日露戦争に際し野戦鉄道付工長として渡満した。〇七年四月の満鉄開業とともに技手として入社し、沙河口工場鉄工科に勤務した。

芳野　武治 ▷11

横浜正金銀行長春支店支配人代理／長春曙町／一八九二（明二五）一一／埼玉県北足立郡蕨町／東京高等商業学校

埼玉県商業芳野弥三郎の次男に生まれ、一九一四年東京高等商業学校を卒業して同年七月正金銀行に入った。横浜本店に勤務した後、一六年大阪支店、一七年カルカッタ支店、二〇年再び大阪支店、二四年広東支店勤務を経て、二七年長春支店支配人代理となって渡満した。

吉野　直治 ▷3

遼東新報社会計主任／大連市摂津町／一八七四（明七）七／石川県金沢市池田町

一九〇五年に渡満して遼東新報社に入り、庶務を担当した。〇七年奉天分局及び傘下の奉天公報社の事務主任に転任したが、同年一一月本社に戻り会計主任を務め、一五年一〇月遼東新報発行人となった。この間、〇九年四月に『南満州鉄道唱歌』を著作発行し、同年七月に再版した。長男金良は大連第一中学校を経て上海の東亞同文書院を卒業して満鉄に勤務した。

吉野不二雄 ▷12

国務院地籍整理局吉林支局員、正七位／吉林市公署／一八八六（明一九）一一／福島県双葉郡富岡町／日本大学法科専門部

日本大学法科専門部を卒業して一九一〇年九月福島県信夫郡書記となり、会計主任、文書主任、兵事主任、学務主任を歴任した。次いで耶麻郡書記に転任して農商兼庶務主任を務めた後、一九年一〇月関東庁属に転じて渡満した。二八年七月理事官、三〇年一二月関東庁海務局理事官となったが、三二年三月に依願免官し、翌月奉天省公署民政庁民治科長に転出した。次いで奉天省治安維持会常任幹事、奉天省公署事務官・民政庁民治科長、大連市主事・総務科長兼学務課長、吉林市政籌備処総務科長を歴任して三六年四月国務院地籍整理局事務官兼吉林市参事官となり、地籍整理局吉林支局に勤務した。夫人キヨノとの間に二男五女あり、長男時雄は満州医科大学に学び、長女秀子は旅順の吉田実行に嫁した。

吉野　雅重 ▷8

料理店井筒店主／奉天／一八八四（明一七）一／愛知県東春日井郡味岡村

一九〇六年に渡満して奉天小西関の穂積洋行に入り、硝子製造業に従事した。その後独立して硝子の製造販売を始めたが、間もなく廃業して奉天倉庫金融㈱に入り、奉天銀行に改組した後も勤続した。一八年九月飲食店「井筒」を開業して成功し、二三年九月には店舗を増改築した。経営のかたわら奉天飲食店組合の会計を務めた。

吉野　益登 ▷12

吉野運輸公司主／龍江省チチハル強家胡同／一八九一（明二四）四／広島県安芸郡坂村

広島県吉野常蔵の長男に生まれ、早くから渡満して各地に在住した後、チチハル永安大街に吉野運輸公司を興して運輸業を営んだ。その後業務の発展とともに一九三四年二月公園路後胡同に移転し、次いで三五年一二月強家胡同に移転した。本業の他にフォード自動車特約販売店となり、さらに家具・軍需品、梱包材料の販売と賄・炊事請負いと弁当仕出業を兼営し、従業員五〇人を使用した。

吉野　実　▷12

テキサス・オイル販売㈱代表取締役／大連市若菜町／一八八七（明二〇）一一／東京府東京市豊島区雑司ヶ谷町／バルパライソ大学

東京府教員吉野吉正の長男に生まれ、一八歳で渡欧し、さらに米国に渡ってメーン州ヒプロン神学校及びイリノイ州バルパライソ大学に学んだ。一九一四年に帰国し、同年渡満して大連ヤマトホテルに勤務した後、一六年ニューヨーク・ゴールドスミス会社大連出張員に転じ、次いで一九年にテキサス会社の満州進出とともに同社大連主任に転じた。その後三三年満州モータース㈱代表取締役に就いたが三六年二月に辞任し、同年七月テキサス・オイル販売㈱の創立とともに同社代表取締役に就任した。長男登は大谷光瑞に私淑してジャワに在留した。

吉野　淑計　▷12

吉林高等法院次長、従五位勲六等／吉林陽明街／一八九四（明二七）八／京都府愛宕郡修学院村／京都帝大法科大学

一九一九年七月京都帝大法科大学を卒業し、同年八月司法官試補となった。その後判事に転じ、三二年一二月和歌山地方裁判所部長に累進した。三四年四月吉林高等法院推事に転出して渡満し、三五年六月同院首席庭長を経て三六年六月審判官となり、同院次長に就いた。

「吉原」は「よしわら」も見よ

吉原　清蔵　▷11

和洋雑貨商／旅順市乃木町／一八八二（明一五）四／滋賀県犬上郡彦根町

滋賀県に生まれ、一九一〇年に渡満した。以来、旅順で和洋雑貨商を営んだ。

吉原　大蔵　▷11

満鉄参事、ハルビン地方事務所長、従六位勲六等／ハルビン満鉄社宅／一八八二（明一五）二／大分県西国東郡高田町／東亜同文書院

大分県吉原鎮策の三男に生まれ、一九〇五年上海の東亜同文書院を卒業して外務省に入った。外務通訳生、書記生、副領事を経て二二年に領事となり、中国各地に勤務した。二六年に退官して会社員となったが、再び外務省に復帰して領事となり、奉天総領事館に勤務した。その後満鉄社員に転じ、吉林公所長を経て満鉄参事となり、ハルビン地方事務所長に就任した。

吉原　守　▷12

国際運輸㈱奉天支店皇姑屯荷扱所主任／奉天皇姑屯国際運輸㈱皇姑屯荷扱所／一九〇〇（明三三）七／千葉県夷隅郡大原町／東京植民貿易語学校英語高等科、同露語速成科

千葉県吉原勘七の次男に生まれ、一九一九年三月東京植民貿易語学校英語高等科及び露語速成科を卒業し、同年六月満鉄に入り奉天駅に勤務した。次いで二一年九月沙河鎮駅、二四年一〇月鄭家屯満鉄公所に歴勤した後、二五年六月に退社した。その後二八年八月国際運輸㈱長春支店に入り、奉天支店、錦県出張所、山海関営業所主任、大虎山営業所主任、奉天支店、大虎山営業所主任、奉天支店大西関荷扱所主任を経て三七年五月同支店皇姑屯荷扱所主任となった。この間、満鉄在社中に満鉄実業補習学校華語科・露語科及び安東日懇親学堂を卒業し、社命で中国語及びロシア語研究のため留学するなど、社内有数の語学通として知られた。

吉原　良一　▷12

国際運輸㈱安東支店労務係主任／安東市場通国際運輸㈱支店／一八七七（明一〇）一二／山口県都濃郡須金村

一九〇四年大阪商船会社門司支店本船係に勤務した後、渡満して安東県の百崎洋行に入り、後に同洋行運送部の安奉公司に勤務した。〇九年運送業日泰公司に転じた後、中国人と共同で運送業義興公司を経営し、次いで同業同合公司を主宰した。その後二八年三月国際運輸㈱に入社し、安東支店作業係主任を経て三六年一二月同支店労務係主任となった。

吉弘　寛英　▷1

志岐組大連支店副支配人／大連市／一八六九（明二）八／福岡県三

池郡三池町

一八九六年一一月志岐組の創設まもない頃に同組員となり、各地の鉄道工事に従事した。一九〇二年朝鮮に渡って釜山に出張所を設け、その後京城支店に赴任して京釜線の請負工事に四年従事し、かたわら煉瓦製造を兼営した。〇六年二月大連出張所長に転任し、その後の組織変更に伴い副支配人として満鮮の出張所、派出所を総轄した。

吉松　弥吉　▷12

吉松洋行主／龍江省チチハル永安大街／一九〇二（明三五）六／東京府東京市本所区向島須崎町／明治薬学専門学校

東京府吉松豊吉の三男に生まれ、明治薬学専門学校を卒業後、一九二五年に渡満して奉天省四平街の㈾大連洋行に勤務した。三三年末にチチハルに移住し、翌年五月に吉松洋行を興し、日本売薬会社及び奉天の木村洋行を仕入れ先として医療器械、薬品、写真材料の販売に従事した。

吉見　保七　▷11

飲食店、勲八等／奉天橋立町／一八八二（明一五）三／山口県吉敷郡山口町／東京商業学校

山口県商業吉見竹三郎の三男に生まれ、一九〇四年東京順天求合社を卒業し、同年六月補充召集を受けて日露戦争に従軍した。帰還して東京商業学校に入学し、〇七年に卒業した。〇八年三月に再び渡満し、奉天駅前で旅館を経営した後、一四年戊申洋行に入り奉天支店を開設して薪炭問屋のほか、坑木、枕木売買等に従事した。一九年一二月満鉄の出資で満鮮坑木㈱が設立されると同社に転じて奉天省四平街出張所長に就き、翌年撫順出張所主任となった。二三年に退社して奉天で飲食店を開業し、かたわら三景町内会長、奉天飲食店組合会計等を務めた。

吉見米太郎　▷11

陸軍用達、農業／奉天省鉄嶺北五条通／一八七七（明一〇）一一／愛媛県宇和島市恵美須町／高等小学校

愛媛県吉見本造の長男に生まれ、郷里の高等小学校を卒業した後、一八九八年に渡米して二年間勉学し、その後農業に従事した。〇六年に帰国して渡満し、鉄嶺で農業研究のかたわら旅館を経営した。〇八年から農園を経営し、陸軍用達業、精米業を兼営した。実子なく、妹夫婦の次男を養子に迎えた。

吉村　巌　▷8

米穀証券公司主／奉天十間房／一八八七（明二〇）／岐阜県大垣市室町／名古屋市立商業学校

名古屋市立商業学校を卒業して名古屋市内の銀行に就職した。一九〇九年朝鮮に渡って平壌の貿易商の下で働いた後、一五年五月平安農工銀行に転じ、翌年末さらに安東銀行に転じて渡満した。一八年一月奉天支店の支店長代理となって赴任したが、二〇年六月に退職して同地に吉昌洋行を設立し、綿糸布類の貿易商を開業した。二三年末に転業して十間房に米穀証券公司を設立し、米穀と証券の売買業を営んだ。

吉村　英吉　▷13

海運業吉村事務所／大連市神明町／一八八二（明一五）二／鳥取県鳥取市新鋳物師町／京都帝大

鳥取県実業家吉村為吉の長男に生まれ、一九一〇年京都帝大を卒業した。一一年大阪商船会社に入り、大連支店詰となって渡満した。四年後に神戸の山下汽船会社転じ、二〇年から二年間欧州出張員として各国に滞在した。二三年に退社して再び渡満し、満鉄の小日山直登、平田驥一郎とともに国際運輸㈱の創立に参画して取締役に就任し、かたわら一ノ瀬商会、大連汽船㈱の取締役を兼務した。三一年に独立して吉村事務所を創業し、大連の大阪商船ビル二階に事務所を置いて海運業を営んだ。

吉村　永治　▷12

満州中央銀行営業処帮経理／新京特別市興安胡同中和業寓／一八九九（明三二）二／岐阜県本巣郡真桑村／京都帝大経済学部

岐阜県立大垣中学校、第八高等学校を経て一九二二年三月京都帝大経済学部を卒業し、同年四月住友銀行に入った。その後三五年三月満州中央銀行に転じて渡満し、三六年九月営業処帮経理となった。

吉村　格也　▷12

国際運輸㈱新京支店長代理／新京特別市錦町／一九〇〇（明三三）一二／福岡県福岡市柳原／福岡商業学校、日露協会学校

一九一八年三月福岡商業学校を卒業

し、渡満して大連の福昌公司に入り、二〇年一二月一年志願兵として福岡の歩兵第二四連隊に入営した。除隊復職後、二五年七月国際運輸㈱に転じて本社監査課、大連支店営業課、四平街支店、ハルビン支店に歴勤し、勤務のかたわらハルビンの日露協会学校を卒業した。次いでハルビン支店庶務係主任を務め、三六年二月新京支店長代理に就いた。

吉村　侃一　▷11

社員消費組合鉄嶺主事／奉天省鉄嶺中央通／一八九三（明二六）一一／山口県熊毛郡平生町／釜山商業学校

山口県雑貨商吉村虎次郎の次男に生まれ、一九一一年朝鮮の釜山商業学校を卒業した。その後、一年志願兵として山口の第七一連隊に入隊し、一七年三月歩兵少尉に任官した。二〇年一〇月に渡満して社員消費組合に入り、二三年四月撫順支部に転じた後、二六年四月鉄嶺支部主事に就いた。

芳村　穆　▷11

満州坩堝㈱代表取締役／大連市西公園町／一八六八（明一）二／長崎県下県郡厳原町／福陵中学校

長崎県弓術師範芳村渥美の次男に生まれ、一八八二年福陵中学校を卒業した。一八八三年大蔵省簿記講習所を修了した後、原要義塾で英語及び数学を学び、菊地三渓に就いて漢学を学んだ。八七年から九一年まで在釜山日本領事館雇員として勤務し、九一年に辞職して翌年から三年間大阪で製造業に従事した。九七年大阪内外綿会社に入社して神戸支店に勤務したが、一九〇〇年に退社して棉花仲次業を営んだ。〇六年大阪商業会議所に入り、奉天で開催された商品展覧会に派遣されて渡満し、翌年三月の閉会後も残務整理のため同地に滞在した。一〇年大連に移って運輸業を営んだ後、一二年大連汽船㈴に入社して一四年まで勤務した。一八年に満州坩堝㈱を創設して代表取締役に就任した。

吉村　三郎　▷12

吉村用品百貨店主、ハルビン商工会議所議員／ハルビン・モストワヤ街／一八九四（明二七）九／石川県金沢市／金沢商業学校

一九一二年金沢商業学校を卒業して渡満し、ハルビンの松浦洋行に入り、一三年から一五年まで同店出張員としてモスクワに駐在した。一七年に一年志願兵として金沢の輜重兵第九大隊に入隊し、満期後に士官勤務適任証を受けたが在外不応召のため任官せず、再び渡満して松浦洋行に復帰した。二三年出張員としてニューヨークに赴任し、翌年ハルビンに帰任した後、二八年四月に退社してモストワヤ街に吉村洋行を開業した。日本人八人、中国人三人の従業員を使用して洋品雑貨の販売業を経営し、年商一〇万円に達した。かたわら三四年に常喜和百貨店の創業に参画して共同経営者となり、実弟の金吾を入店させた。

吉村　繁義　▷12

満鉄総裁室福祉課社会係主任、社員消費組合総代／大連市芝生町／一八八六（明一九）三／東京府東京市世田谷区下北沢町／青山学院神学部別科

高知県吉村吉太郎の長男として同県長岡郡本山町に生まれ、一九一三年青山学院神学部別科を卒業した。一六年三月海外植民学校創立委員となり、一八年四月東京駒場に創立されると同校主事として修身科教師を務めた。同年一二月㈶海外植民教育会理事、二一年三月海外植民学校理事を歴任した後、二三年七月に渡満して満鉄に入り、遼陽地方区に勤務した。二五年四月遼陽地方事務所、同年一〇月長春地方事務所の各社会主事を歴職し、三二年三月経済調査会調査員を兼務した後、三三年三月地方部学務課図書館係主任を経て総裁室福祉課社会係主任となった。この間、満州事変時の功により従軍記章と木杯を授与された。

吉村　秀策　▷3

関東都督府中学校嘱託、陸軍歩兵中尉、従七位勲六等／新旅順大迫町官舎／一八七八（明一一）二／大分県宇佐郡四日市町／大分尋常中学校

大分県吉村陸蔵の子に生まれ、一八九八年三月大分尋常中学校を卒業した。一九〇五年一二月大分県師範学校助教諭心得となり、鹿児島県師範学校教諭心得兼寄宿舎舎監、兵庫県立第二神戸中学校教諭を歴任し、一一年に師範中学高等女学校体操教員免許状を取得した。一四年八月関東都督府中学校嘱託となって渡満し、体操科主任を務めて

よ

生徒監を兼務した。

吉村　恂　▷12

大陸科学院研究官／新京特別市大同大街大陸科学院／一九〇〇（明三三）五／広島県広島市小町／東京帝大理学部化学科

東京の私立京華中学校、第六高等学校を経て一九二四年三月東京帝大理学部化学科を卒業した。大学院で柴田教授の下で無機化学の研究に従事した後、同年七月理化学研究所研究生となり、二六年七月同所助手となった。次いで三三年三月東京帝大理学部講師となり、三五年四月理学博士号を取得した後、同年六月満州国大陸科学院研究官となって渡満した。

吉村　真治　▷11

石版印刷業、満州石版公司代表社員／大連市入船町／一八九六（明二九）二／埼玉県入間郡南高麗村

埼玉県農業吉村権宜の次男に生まれ、東京造画館石版印刷工場で二年余り働いた後、一九二一年一月に渡満した。大連の伊勢町に満州石版公司を創立し、石版印刷工場を経営した。

吉村　スカ　▷12

菊池屋商店主／奉天省撫順永安大街／一八八四（明一七）四／熊本県菊池郡護川村

福岡県人吉村氏と結婚し、後に夫婦で渡満して撫順で食料品雑貨商を営んだ。一九二九年に夫が病没し、以後は古参店員の香川県人原田忠次の補佐で経営に当たった。さらに本業とは別に、三三年八月から西一番町でカフェー「サクラ」を経営した。

吉村　廸　▷12

奉天市公署視学官／奉天平安通／一八九一（明二四）九／熊本県上益城郡甲佐町／熊本県師範学校第二部

熊本県医師吉村達彦の長男に生まれ、一九一二年三月熊本県師範学校第二部を卒業して甲佐尋常高等小学校の訓導となった。その後朝鮮に渡って元山及び文川小学校に勤務した後、二四年四月に渡満して満鉄教育研究所入り、修了後に公主嶺公学堂教諭となった。二六年四月撫順公学堂教諭、二八年四月大連市役所学務課勤務を経て、三二年奉天省公署教育庁属官に転じ、三六年四月奉天市公署視学官となった。この間、華北、北満、蒙古を視察し、教育研究論文で一等、教育意匠品で二等に当選した。

吉村　高　▷12

満鉄新京事務局業務課勧業係主任、新京福井県人会役員／新京特別市花園町／一九〇三（明三六）／福井県吉田郡森田村／東京商科大学

福井県吉村初蔵の子に生まれ、市立福井商業学校、小樽高等商業学校を経て一九二八年三月東京商科大学を卒業し、満鉄に入社して興業部商工課に勤務した。三〇年に殖産部と改称後も引き続き同部に勤務した後、三一年八月地方部商工課、三二年三月経済調査会調査員兼務、三三年一二月新京地方事務所勤務を経て三六年六月同勧業係長となり、同年一〇月新京事務局業務課勧業係主任となった。入社以来、満州産業開発と在満日本人の発展策の研究を専門とし、満州事変時の功により従軍記章及び木杯一個を授与された。

吉村　武男　▷12

吉村商店主、吉林山口県人会幹事／吉林新開門外／一九〇一（明三四）三／山口県萩市川添／萩商業補習学校

山口県吉村市太郎の長男に生まれ、萩商業補習学校を卒業して朝鮮に渡り、京城の佐藤金物店に入店した。一九年に退店し、吉林に二ヶ月滞在して帰国したが、二六年に再び渡満して吉林新開門外に吉村商店を開業した。大阪、京都、東京、名古屋、大連、奉天方面から和洋小間物雑貨類、化粧品、呉服太物反物、履物を仕入れて販売し、吉林大馬路の吉林百貨店内に化粧品部を設け、従業員一五人を使用して年間一〇万円を売り上げた。

吉村　唯市　▷12

満鉄新京機関区点検助役、社員会評議員、勲八等／新京特別市羽衣町／一九〇三（明三六）一一／島根県那賀郡跡市村

島根県吉村為太の養子となり、一九一九年一月に渡満して満鉄に入り大石橋車輌係となった。勤務のかたわら二〇年に満鉄従事員養成所車輌科を修了し、同年一〇月大連機関区、さらに同年一二月公主嶺機関区に転勤した。二六年一〇月奉天省四平街機関区に転勤

よ

し、さらに各所に歴勤した後、三四年一一月新京機関区点検助役となった。

吉村　忠治 ▷11

満鉄奉天鉄道事務所庶務係／奉天青葉町／一八八九（明二二）二／愛知県名古屋市本片端町／徳島県立富岡中学校中退

愛知県吉村恒胤の三男に生まれ、一九〇六年徳島県立富岡中学校三年で中退し、翌年一一月に渡満した。満鉄に入って大連駅駅務助手となり、貨物方、助役兼貨物方、貨物助役、大連埠頭事務所勤務、運輸部営業課勤務、長春駅貨物助役、長春運輸事務所勤務を経て二七年一一月奉天鉄道事務所庶務係となった。この間、徴兵されて鉄道連隊に入営した。野球、ランニングの選手として知られ、長春の各種運動団体の幹事や役員を務めた。

吉村冨之助 ▷12

チチハル建設処工事科長、チチハル在郷軍人連合会分会副長／龍江省チチハル青雲路永裕胡同／一九〇一（明三四）二／鹿児島県薩摩郡平佐村／九州帝大工学部土木工学科

鹿児島県吉村彰徳の長男に生まれ、一九二四年三月九州帝大工学部土木工学科を卒業して東京市技手となった。一年志願兵として兵役に服した後、二八年東京市技師となり、次いで松本市技師となり中山国道改良事務所副主任等を歴任した。三二年国務院国道局技正に転じて渡満し、以来チチハル建設処工事科長を務め、三七年一月の官制改革で土木局技正となった。

吉村英彦之助 ▷12

福岡県産業奨励館ハルビン分館駐在員／ハルビン買売街／一九〇五（明三八）一一／福岡県福岡市東唐人町／早稲田大学政治経済学部

福岡県吉村義裕の三男に生まれ、一九二八年三月早稲田大学政治経済学部を卒業し、同年六月九州日報社に入り営業部に勤務した。三四年福岡県商工課に転じ、同県産業奨励館ハルビン分館駐在員となって渡満した。福岡県産品の海外紹介と貿易事務の指導・調査・仲介・斡旋に従事し、年間取扱件数三百数十件、金額六万円を算した。

吉村久次郎 ▷4

吉祥洋行主／ハルビン江沼二道街／一八八一（明一四）四／石川県江沼郡大聖寺町

協信洋行ハルビン支店設置の際に主任となり、かたわら同地の民会議員として会計主任を務めた。その後ウラジオストク支店に転任したが、まもなくハルビンに戻って吉祥洋行を設立し、大豆、豆粕、雑穀、綿糸布の貿易業を営んだ。

吉村　秀亮 ▷9

共保生命保険㈱大連出張所長／大連市山県通／一八八五（明一八）一／山口県熊毛郡平生町／平生町立弘道中学校

郷里の平生町立弘道中学校を卒業して家業の呉服商を手伝い、かたわら英語と簿記を学んだ。一九〇三年実兄と共に渡満して大連で呉服店を開業し、余暇に山東省出身の中国人に就いて中国語を習得した。一九〇四年二月に日露戦争が始まって兄は引き揚げ、自らは通訳として第一軍及び第二軍に従い各地を転々とした。〇五年五月に帰国して徴兵検査を受け、補充兵に編入された。戦後〇六年一月に再び渡満して大連の東清公司本店会計係となり、〇八年一月本店主任に就いたが、同年五月同公司廃業となって帰国した。〇九年一月三度渡満して米穀酒類販売店を開業したが、一三年一二月に廃業して共保生命保険㈱に入り京城出張所に勤務した。一七年一一月大連支部開設準備に従事して同支部長となり、二〇年一〇月支部から出張所に昇格して出張所長となった。

吉村　秀蔵 ▷12

国務院民政部ハルビン警察庁副庁長、従七位勲八等／ハルビン警察庁／一八八七（明二〇）五／岡山県和気郡片上町

岡山県吉村豊吉の長男に生まれ、一九一〇年兵庫県巡査となった。三木、三田、豊岡の各警察署外事課等に勤務して一七年警部に累進した。二一年一月台湾総督府属に転じて警保局警務課庶務係長となり、後に保安課司法係長兼戸口係長に転任した。その後、朝鮮総督府道警部に転出し、全羅北道南原警察署長、警察部高等警察課長、特務課事務取扱兼務を経て全羅北道警視に進み、咸鏡南道警察部警務課長、慶尚北道警察部警務課長、京畿道保安課長、同警務課長等を歴任した。三三年四月満州国に転出し、吉林省公署駐延吉弁

よ

事処事務官、同公署理事官、間島省公署警務庁長を経て三六年四月ハルビン警察庁副庁長となった。剣道四段で、武道万般を得意とした。

吉村　文吉　▷11

旅順重砲兵大隊長、砲兵中佐、従五位勲三等／旅順市金沢町官舎／一八七九（明一二）九／福岡県筑紫郡／士官学校、砲工学校

福岡県吉村清七の次男に生まれ、一九〇二年陸軍士官学校を卒業して翌年六月少尉に任官した。〇四年七月日露戦争に際し第三軍に従軍して旅順攻撃に参加し、開城とともに旅順に駐屯した。戦後〇六年一〇月下関に帰還し、同年一二月砲工学校に入り、翌年一一月に卒業して野戦重砲兵第六連隊付となった。一七年五月旅順要塞副官に転補して渡満し、一九年一二月由良要塞司令部部員、二〇年九月陸軍兵器本廠付、二五年野戦重砲兵第七連隊付を経て二六年三月旅順重砲兵大隊長となって再び渡満した。

吉村　寧儀　▷11

満鉄長春医院皮膚科医長、正八位／長春羽衣町／一八九二（明二五）二／福井県福井市／東京帝大医学部

福井県医師吉村祥二の四男に生まれ、一九一九年東京帝大医学部を卒業し、同年一二月一年志願兵として富山の第九師団歩兵三五連隊に入営した。二一年三月に退営し、翌月から東大医学部皮膚科副手を務めた。二三年四月三等軍医に進み、同年一一月満鉄長春医院皮膚科医長となって渡満した。長兄福三は工学士で大阪に在住、次兄好幸は福井歯科医院を開業した。

吉村力太郎　▷12

満鉄ハルビン営繕所設備係主任／ハルビン南崗河溝街特警／一八八七（明二〇）七／高知県高知市北新／工手学校機械科

高知県吉村虎次郎の長男に生まれ、一九〇九年東京の工手学校機械科を卒業し、同年七月陸軍技手となった。その後一七年三月満鉄に転じて渡満し、沙河口工場設計課に勤務した。二一年三月鉄道部機械課、二二年三月地方部建築課、二七年八月奉天地方事務所、二八年一〇月安東地方事務所、二九年三月大連工事事務所に歴勤して三一年四月勤続一五年の表彰を受けた。その後、三五年三月ハルビン営繕所に転勤して設備係主任となった。同郷の夫人鹿との間に四男四女あり、長女英美は大連技芸女学校を卒業して海軍軍医大尉の加藤正明に嫁した。

吉本　時次　▷9

朝鮮銀行遼陽出張所長／奉天省遼陽車站街／一八八五（明一八）八／福岡県筑紫郡千代町／東京高等商業学校

一九〇八年、東京高等商業学校を卒業して朝鮮銀行に入った。大連支店等に勤務した後、遼陽出張所長に就いた。

吉本　政吉　▷10

麻袋貿易商吉本商店主／大連市紀伊町／一八八五（明一八）八／香川県綾歌郡阪出町

年少の頃から郷里の海産物問屋に奉公したが、日露戦後一九〇五年一〇月大連の雑貨商井筒井商店に勤める兄吉太郎を頼って渡満した。兄の縁故で木炭・雑貨商を営んだ後、〇七年開原に移って麻袋と特産物商を始めた。一二年五月大連に戻り、兄と共同で吉本商店を開設して麻袋の仲買を始め、後に特産物売買を兼営した。一七年三月に独立して別店舗を構え、鈴木商店の麻袋・綿糸布を一手に扱うなどして業績を上げ、大連麻袋取引人組合役員を務めた。

吉本　正元　▷12

吉林市公署工務科員／吉林市公署工務科員／一九一二（明四五）三／高知県吾川郡伊野村／関西高等工業学校土木科中退

一九二八年大阪市南区の大源醸造会社に入り、勤務のかたわら三一年に関西工学校建築科を卒業した。さらに関西高等工業学校土木科に進んだが、三三年九月に退学して同年一一月熊本県土木事業現場員となった。三四年一一月高知県須崎出張所に転じた後、三五年に渡満して同年九月吉林市政籌備処工務科雇員となり、三六年四月同市公署技術員に昇格した。

良本　嶺吉　▷12

満鉄撫順地方事務所消防監督兼衛生監督兼撫順炭砿庶務科勤務、勲八等／奉天省撫順西十条通満鉄社宅／一八八九（明二二）一／宮崎県南那珂郡飫肥町／陸軍富山学校体操科

一九一五年陸軍富山学校体操科を卒業

よ

し、一七年一一月歩兵曹長に累進して除隊した。その後一八年一二月に渡満して満鉄撫順炭砿庶務科監視となり、次いで一九年一月保衛手となった。以来勤続して二七年一一月大山採炭所庶務科、二九年一〇月撫順炭砿庶務科に歴勤し、三〇年六月事務員に昇格した。三四年二月奶子山在勤を経て三六年九月再び撫順炭砿庶務科勤務となって撫順地方事務所消防監督を兼務し、三七年一月からさらに衛生監督を兼務した。

吉屋　種広　▷3

満鉄築港事務所職員／大連市近江町／一八七四（明七）一／山口県阿武郡萩町／工手学校

山口県吉屋種万の子に生まれ、一八九一年東京築地の工手学校を卒業して鉄道局に入った。山陽鉄道、紀和鉄道会社に転じた後、一九〇〇年鉄道局に復帰した。〇二年技手に進んで鹿児島線建設工事に従事した後、〇五年日露戦争に際し野戦鉄道提理部付及び安奉線鉄道監部付として渡満した。〇七年三月鉄道技手となり、翌月の満鉄開業とともに在官のまま入社した。一三年一二月の廃官後も引き続き満鉄に勤務し、築港事務所職員を務めた。

吉山　忠美　▷12

満鉄チチハル鉄路局計理処審査科員／龍江省チチハル鉄路局計理処／一八八六（明一九）八／大分県直入郡竹田町／大分県立竹田中学校

大分県吉山今朝一郎の長男に生まれ、一九〇九年県立竹田中学校を卒業して郷里で代用教員を務めた後、九州鉄道㈱に入り久留米駅貨物係となった。次いで一三年一二月満鉄に転じて渡満し、長春駅貨物係となった。一四年一一月職員に昇格して公主嶺貨物取扱所に転勤し、以来各地に勤務して三一年三月に一身上の都合で退社したが、三三年一一月に再入社し、克山站貨物副站長を経て三六年一〇月チチハル鉄路局計理処審査科に転任した。

「吉原」は「よしはら」も見よ

吉原常三郎　▷1

東亜煙草㈱日本官煙安東専売所主事、同京城支店長／安東県一八七四（明七）五／福岡県福岡市／高等商業学校

日清貿易研究所で中国語を学んだ後、帰国して高等商業学校に入学した。一八九四年に卒業し、酒保として日清戦争に従軍した後、旅順で商店を経営した。九五年台湾に渡り、台南、鳳山、台東などで雑貨販売、土木建築請負、諸官衙用達、回漕業等を経営したが失敗し、香港を経て帰国した。九九年東京の江副商店に入り、日露戦争後に渡満して官煙専売所主事となり、江副商店を代表して大連、遼陽、奉天、鉄嶺、長春、吉林等に支店・出張所・代理店を設けた。〇六年東亜煙草㈱が創立されると同社に転じて日本官煙安東専売所主事となり、朝鮮京城の支店長を兼任した。

吉原　政紀　▷12

満鉄小崗子駅長、社員会評議員、社員消費組合総代、大連佐賀県人会相談役、満州柔道有段者会幹事、勲八等／大連市小崗子駅長社宅／一九〇〇（明三三）二／佐賀県唐津市／東京農業大学専門部

佐賀県吉原熊次郎の三男に生まれ、一九二七年三月東京農業大学専門部を卒業して満鉄に入り、大連の南満州工業専門学校講師兼舎監となった。二九年三月大連埠頭に転任し、三〇年六月埠頭事務所、三一年八月同倉庫係、三二年四月地方部学務課武道教師兼務、同年九月埠頭事務所計画係を歴職した。三五年四月大連埠頭事務所助役となり、監視主任兼消防監督、埠頭主任を経て三七年四月小崗子駅長に就いた。この間、満州事変時の功により勲八等及び従軍記章、建国功労賞を授与された。柔道六段で満州柔道有段者会幹事を務め、二九年に第一回全満柔道選手権大会壮年組で優勝し、さらに翌年には満鉄色別相撲対抗試合で個人優勝した。

余田　荘太　▷12

丸信運輸公司主／奉天宮島町／一八八七（明二〇）五／愛媛県松山市北八阪町

愛媛県余田虎之助の長男に生まれ、一九〇七年に渡満して一〇年から満鉄に勤務し、一七年に退社して新京及びハルビンの両地で特産商を開業した。その後二四年に奉天に移住して奉天駅で大貨物の積み卸し業を経営したが、二六年一月に同事業が国際運輸㈱の経営となり、宮島町に丸信運輸公司を興して運送業及び保税貨物通関代弁業を経営した。貨物自動車数台を備えて全市に二〇〇軒余りの得意先を持ち、日本人一八人と中国人一二人を使用して月に一〇〇〇台から一五〇〇台の馬車を動かし、年間五〇万円内外を売り上げた。この間、シベリア出兵時の功により賜金を授与された。

依田　四郎　▷12

国務院蒙政部次長、満州国衛生委員会副委員長、満州国協和会諮議、在郷軍人会新京分会顧問、日満緬羊協会満州支部長、蒙古会館理事、善隣協会理事、従四位勲二等功四級／新京特別市東順治路／一八八二（明一五）一二／大分県大分市／陸軍大学校

本姓は別、後に依田精一の養子となった。一九〇三年一一月陸軍士官学校を卒業し、〇四年歩兵少尉に任官して歩兵第四七連隊付となった。次いで後備歩兵第四七連隊大隊副官、対馬警備歩兵大隊付、同副官、歩兵第七二連隊付、同中隊長を経て一五年に陸軍大学校を卒業し、歩兵第三九連隊大隊長、浦塩派遣軍参謀、同軍司令部付、参謀本部付、歩兵第五六連隊付、天津駐屯軍歩兵隊長、第二〇師団参謀、久留米連隊区司令官に歴補した。二八年五月歩兵第二三連隊長として済南事件に出動した後、第四師団参謀長を経て三一年八月少将に累進し、同年混成第三八旅団長として満州事変に出動した。その後三三年八月待命となり、同年一一月満州国興安総署次長に転じ、三四年一二月蒙政部次長に就いた後、三七年四月に退官した。

依田　義重　▷12

依田光玉堂主、松江春町会副会長／奉天江ノ島町／一八九三（明二六）三／山梨県南巨摩郡五開村

早くから渡満して奉天の小林水晶堂に入り、印判彫刻業に従事した。その後独立して城内大西門裡で依田光玉堂を開業し、一九一五年九月江島町に移転した。同業中の老舗として知られ、業余に町内自治に尽力して多年にわたり町会副会長を務めた。

四本　兼雄　▷11

満鉄鉄道教習所講師／奉天省鞍山大正通／一八九五（明二八）一／宮崎県東諸県郡綾村／熊本高等工業学校土木工学科

宮崎県四本兼良の次男に生まれ、一九一六年熊本高等工業学校土木工学科を首席で卒業し、鉄道省管理局に入った。翌年八月宮崎県技手に転じて県庁に勤務したが、退官して一八年一〇月に渡満して満鉄に入社した。大連本社技術部保線課勤務を経て鉄道教習所講師となり、奉天に転勤した後、二三年一〇月鞍山保線区長に就いた。勤務のかたわら同郷団体の鞍山三州会幹事を務めた。

四本　直孝　▷12

黒河省公署民生庁実業科長／黒河省公署民政庁／一八九二（明二五）二／鹿児島県大島郡名瀬町／鹿児島県立大島農学校

一九〇九年鹿児島県立大島農学校を卒業して小学校教員を一年務めた後、翌年渡満して満鉄に入り、瓦房店経理係傭員として農務係を担当した。勤務のかたわら一五年に瓦房店実業補習学校支那語科第二期を修了し、二〇年鞍山製鉄所に転任して庶務係農務主務となった。次いで二三年鞍山地方区勤務を経て鞍山地方事務所農務主務となり、鞍山農会賛員、同煙草耕作組合顧問、養蚕・畜産・養蜂各組合賛助員、鞍山養兎鶏組合長を兼任した。三一年九月満州事変の勃発とともに待命となり、翌年一月自治指導部員として奉天省北鎮県に派遣され、同県自治指導委員長を経て同県参事官となった。その後、三五年一二月黒河省公署に転任して民生庁実業科長に就いた。

世津谷鋭次郎　▷1

鹿島組代表者／旅順市／一八七〇（明三）一一／岡山県岡山市広瀬町

鉄道局に勤務して東海道線、碓井線等の工事監督や日本全国の鉄道線路選定調査に従事した。一八九五年成田鉄道会社に招かれて技師長を務め、次いで一九〇二年鹿島組に転じた。〇三年鹿島組代表として朝鮮の京釜鉄道工事を請け負い、工事竣成後に渡満して〇五年四月旅順口に鹿島組出張所を開設し、満鮮鹿島組の総代表として大連、遼陽、千金寨等の出張所、派出所を差配した。品行方正のキリスト教徒として知られ、諸官衙用達商人・土木建築請負業者と当局官吏との間に悪慣例が横行するのを憤慨し、工業禁酒会及び旅順禁酒会を創設し、会長として矯風運動を行った。

米内山震作 ▷11

大連民政署財務課長、従六位／大連市榊町／一八九一（明二四）五／青森県上北郡七戸町／東洋協会専門学校

青森県米内山瞰城の三男に生まれ、一九一五年東洋協会専門学校を卒業し、同年五月朝鮮総督府に勤務した。二〇年国勢院に転任し、二二年一一月文官高等試験に合格して農商務省に入った。二三年六月朝鮮忠清北道に転任し、さらに翌年一月関東庁属に転任して地方課に勤務した。二六年二月旅順民政署勤務を経て二八年七月関東庁理事官となり、大連民政署財務課長に就任した。

米岡　昌策 ▷11

満鉄参事／大連市楓町／一八八四（明一七）二／新潟県北魚沼郡小千谷町／大阪高等工業学校

新潟県呉服商米岡権太郎の三男に生まれ、一九〇八年大阪高等工業学校を卒業し、同年八月に渡満して満鉄に入社した。沙河口工場に勤続し、二四年一月機関車製作監督及び修繕方法の研究のため欧米に出張した。二五年八月参事となり、二七年四月埠頭事務所工務課長代理に就き、同年一〇月臨時経済調査委員会の設置とともに同委員となった。

米岡　規雄 ▷11

米岡法律事務所主、旅順市会議員、関東州弁護士会副会長、勲八等／旅順市鯖江町、大連市大黒町／一八七一（明四）二／鳥取県鳥取市元鋳物師町／法政大学

鳥取県谷口卯三郎の次男に生まれ、米岡勘十郎の家督を相続した。一八九二年鳥取県の判任官見習となり、翌年県属に進んだ。九六年四月西伯郡書記に転じ、同年一二月再び県属となった。九七年七月東京葉煙草専売所属に転じたが、翌年九月法政大学に入学した。一九〇一年七月に卒業し、〇三年一二月弁護士試験に合格した。〇六年二月に渡満して関東州民政署属となり、旅順民政署財務課長に就いた。〇七年一一月に退職して旅順で弁護士を開業し、旅順市会議員、関東州弁護士会副会長を務めた。

米倉　清 ▷12

満鉄新京用度事務所購買係主任／新京特別市豊楽胡同／一九〇二（明三五）七／長崎県長崎市油屋町／長崎高等商業学校

長崎県米倉豊吉の次男に生まれ、長崎中学校を経て一九二四年三月長崎高等商業学校を卒業し、㈱杉村倉庫に入った。その後二六年三月に退社して渡満し、翌月満鉄に入り用度事務所事務助手となった。二九年三月鞍山製鉄所事務課、三〇年六月同製鉄部庶務課勤務を経て三三年五月免本職となり、同製鉄所の事業を継承した昭和製鋼所㈱の操業開始とともに同社職員に転出した。三四年二月満鉄に復社し、鉄路総局経理処用度科弁事員を経て三六年九月本社用度部に転入し、同年一〇月新京用度事務所購買係主任に就いた。

米倉　清族 ▷3

満鉄撫順炭坑長、勲六等、工学博士／千金寨炭坑社宅／一八六三（文三）一／東京府荏原郡大崎村／東京帝大工科大学採鉱科

一八八六年、東京帝大工科大学採鉱科を卒業して北海道庁技師となった。その後北海道炭鉱鉄道会社に転じ、同社に多年勤務した後、官営八幡製鉄所嘱託となった。一九一一年満鉄に招かれて撫順炭坑長に就き、一五年に工学博士号を取得した。

米倉泉三郎 ▷12

米倉商会主／奉天紅梅町／一八七八（明一一）九／長崎県北松浦郡平戸町

早くから朝鮮に渡って種々の仕事に就き、一九〇七年に渡満して大連に一八年間在住した。その後奉天に移って八幡町で煉瓦工事及び煉瓦製造業を始め、三三年に紅梅町に新築移転し、北安鎮に出張所を設けた。福昌公司より仕入れたタイルの販売を主とし、日本式・ロシア式・中国式の三種の窯一三基を備えて煉瓦を製造し、従業員二〇人を使用して年間八万円を売り上げた。

米沢　喜一 ▷12

満鉄奉天省四平街鉄路監理所監理員、勲八等／奉天省四平街鉄路監理所／一九〇三（明三六）一二／富山県西礪波郡石動町

富山県米沢喜太郎の長男に生まれ、一九二〇年一〇月満鉄に入り従事員養成所を修了して奉天駅電信方となった。二一年一二月奉天運輸事務所勤務、二

よ

六年五月奉天駅電信方、三五年八月奉天駅事務助役を経て三七年四月奉天省四平街鉄路監理所監理員となった。この間、満州事変時の功により勲八等従軍記章及び建国功労賞を受け、三六年四月勤続一五年の表彰を受けた。

米沢　文人　▷12

米沢木工廠主／龍江省チチハル永安大街／一八九七（明三〇）七／熊本県下益城郡松橋村／高等小学校

熊本県米沢早太郎の次男として長崎市新地町に生まれ、高等小学校を卒業して木工業に従事した。一九三三年に渡満し、同年一二月チチハル永安大街に米沢木工廠を開業した。従業員十数名を使用して和洋家具、陳列棚、建具、木製運動具類の製造販売と装飾工事を行い、一般各方面のほか鉄道総局や諸官省公署に納入した。

米重　常一　▷12

大連神明高等女学校教諭、従六位／大連市楓町／一八九三（明二六）七／山口県玖珂郡小瀬村／山口県師範学校

山口県米重吉五郎の次男に生まれ、一九一六年三月山口県師範学校を卒業して玖珂郡和木尋常高等小学校訓導となった。次いで同郡岩国尋常高等小学校に転勤し、中等学校教員免状を取得して長野県松本中学校教諭となった。二五年四月大連高等女学校教諭に転じて渡満し、二八年三月同校が大連神明高等女学校と改称した後も引き続き同校に勤務した。

米島豊次郎　▷1

志岐組技師／大連市／一八六八（明一）一〇／富山県高岡市

一二歳の時に父が米相場で失敗して北海道で漁業に従事することになり、独り郷里に残されて伯父の加納宇平に養われた。昼は伯父の店を手伝い、夜は私塾に学ぶ生活を数年続けた後、一八八四年に庄川改修工事の測量で来県した内務省技師のオランダ人ヨハネス・デ・レーケに師事して測量術を学び、八七年内務省土木局に入った。新潟出張所に在勤して信濃川の測量に従事した後、日本土木会社に転じて山陽鉄道の広島・馬関間の測量に従事し、次いで八八年山陽鉄道会社に転じて船坂隧道工事を監督した。さらに南和鉄道、北陸線等の諸工事に従事した後、香川県庁に転じて高松築港の測量と工事監督を担任した。この間、九一年の富山県大水害の時に復旧工事の設計に当たったデ・レーケの招聘で常願寺川合口用水工事を担当し、富山県知事より感状を受けた。九六年一月志岐組創設の際に組主志岐信太郎に招かれて同組入りし、篠ノ井線、北越線、東海道複線化工事、京釜鉄道、台湾南部線等の諸工事を監督した後、〇七年二月大連支店に転勤して渡満した。

米田　悦治　▷1

米田洋行主／奉天小西門外小什字街／一八七四（明七）七／福岡県京都郡行橋村

年少時から木材・米穀販売と輸送業に従事した。一九〇〇年八月義和団事件の時に中国に渡り、天津、北京等で貿易業に従事したが、〇四年に日露戦争が始まると第一軍糧餉部に入って物資の調達に従事した。戦後は営口で陶器、ガラス、薬品の卸売業を営み、〇六年六月に奉天が開市されると奉天小西門外小什字街に移住し、雑貨貿易、ガラス、薬種類の販売とラムネ製造業を開業し、鉄道輸送業を兼営した。大陸的商業経営を標榜して売上げを伸ばし、千金寨、蘇家屯、長春等に支店を設けた。

米田　喜一　▷11

米田商会主、(名)大吉木材支配人／吉林東大灘／一八九四（明二七）一二／和歌山県那賀郡麻生津村

和歌山県農業米田熊次郎の次男に生まれ、一九〇九年七月大連の桜井洋行の見習店員となった。二〇年一月中熊材木店に転じ、同年九月同店の後援を得て吉林に木材商米田商会を開設した。かたわら二七年八月大連の秋田商会と浜恒材木店の後援で大吉木材(名)を設立し、支配人を務めた。実兄の正之助も渡満して満鉄に勤務した。

米田　喜平　▷9

米田号主／奉天淀町／一八八〇（明一三）九／奈良県山辺郡二階堂村

一九〇一年五月北京の中国印刷局に招かれて中国に渡り、〇四年日露戦争に際し中国語通訳官として第六師団に配属されて従軍した。戦後奉天に在留し、満州日報社、盛京時報社、遼東新報社等に勤務した。二〇年一月活版印刷機及び印刷用品の販売業を開業し、翌年

よ

四月から印刷部を設けて印刷業を兼営した。

米田　謹七 ▷1

米田洋行主、勲八等／金州東門街／一八六九（明二）六／愛媛県喜多郡五十崎村

一八八九年徴兵適齢に達して松山の歩兵第二二連隊に入営し、九二年に満期除隊した後、九四年日清戦争に際し第五師団に予備役召集され、留守部隊として勤務して戦後一時賜金と従軍記章を受けた。九八年北米からヨーロッパ、ハワイ諸島を旅行して牧畜・農業を見て回り、一九〇〇年からハワイで貿易業を営んだ。〇四年に日露戦争で後備役として歩兵第五九連隊に召集されて帰国し、旅順攻囲軍に参加した。その後鴨緑江軍に編入されて大隊本部及び兵站司令部に勤務した後、関東州民政署に勤務した。〇六年三月に帰国して勲八等と一時賜金若干を受けた後、同年五月に再び渡満して大連から金州に入り、東門街で諸官衙用達業を開業した。〇七年六月西門街市場が開設されると、市場内に食料品雑貨販売部を設けて兼営した。

米田　憲一 ▷12

満州航空㈱航空工廠社用工場整備係長、従七位勲六等／奉天藤浪町／一八八九（明二二）九／千葉県長生郡庁南町

一九二九年四月日本航空輸送㈱に入り、三二年九月日満合弁奉天に満州航空が設立されると同社に転じて渡満し、後に航空工廠社用工場整備係長を務めた。

米田　経宇 ▷12

満鉄中央試験所瓦斯研究室主任／大連市伏見町／一九〇二（明三五）九／石川県石川郡山島村／京都帝大工学部工業化学科

石川県米田幾久雄の次男に生まれ、金沢第一中学校を経て第四高等学校を卒業した。一九二一年四月石川県河北郡百坂小学校の訓導となったが、同年一〇月に辞職して京都帝大工学部に入学し、二八年三月工業化学科を卒業して同大本部瓦斯掛嘱託となった。三六年三月京都瓦斯㈱技術部嘱託に転じた後、同年一〇月に渡満して満鉄に入社し、中央試験所瓦斯研究室主任として石炭乾留及びガス製造の研究に従事した。

米田　富 ▷12

国務院実業部臨時産業調査局調査部第二科員、正六位／新京特別市義和胡同代用官舎／一八九八（明三一）三／兵庫県美方郡浜坂町／東京帝大農学部農学第一部

兵庫県米田定助の次男に生まれ、一九二二年三月東京帝大農学部農学第一部を卒業し、同年五月から一二月まで群馬県の神津牧場で畜産の実地研究に従事した。二三年一月畜産事情研究のためイギリスに渡り、同年四月から翌年二月までオランダのフリースランドで製乳業を視察し、次いで三月から九月までスイスでアルプ経営の実地研究をした後、イタリア、フランス、ベルギー、イギリスの農畜産業を視察した。二五年三月に帰国して農林省畜産試験場嘱託となり、同場第三部製乳係主任を経て同年六月畜産試験場技手となった。二七年五月農林技師補に進んで畜産局畜産課に勤務し、三〇年二月欧米に出張してロンドンで開催された第五回万国家禽会議に出席した。その後三五年八月に辞職し、同年九月国務院実業部臨時産業調査局技佐に転じて渡満し、調査部勤務を経て三六年五月同部第二科勤務となった。この間、農林省在勤時に第一〇回乃至第一三回中国六県連合畜産共進会、東京商工会議所主催大礼記念国産振興東京博覧会、第七回九州連合畜産共進会の審査官を務めた。

米谷徳之助 ▷11

薬種商／奉天省熊岳城中華街／一八八三（明一六）六／秋田県平鹿郡横手町／東京上野薬学校中退

秋田県米谷惣太郎の長男に生まれ、一九〇二年東京上野薬学校に入学した。在学二年で中退し、〇七年一〇月に渡満して薬種商を始めた。一一年七月から満鉄沿線各地及び奥地の中国人部落に売薬を行商し、一五年に蓋平南台家屯で薬種店を営み、一九年に熊岳城内に移転した。

米田　寛 ▷12

国務院軍政部ハルビン第四軍管区司令部付、従五位勲四等／ハルビン南崗海関街／一八八六（明一九）／石川県／陸軍経理学校

代々医業を営む旧家に生まれ、祖父文庵は名医として知られ、父恒介は施療

よ

の他に生活補助など徳行を以て人望を集めた。陸軍に入り経理学校を卒業して陸軍将校語学高等試験に合格し北京に留学した。帰任後三等主計正に進み、漢口の日本駐屯軍司令部付を経てシベリア在勤となり、軍命で二年余りバイカル湖周辺の調査活動に従事した。予備役編入後、一九三二年満州国軍政部嘱託となり、上校待遇としてハルビン第四軍管区司令部に勤務した。この間、大正三年乃至九年戦役の功により旭日小綬章及び賜金を受けたほか、満州国勲四位景雲章を授与された。

米田　正文　▷12

国務院民政部土木局第一工務処員、従七位／新京特別市北安路市営住宅／一九〇四（明三七）八／福岡県田川郡添田町／九州帝大工学部土木工学科

一九二八年三月九州帝大工学部土木工学科を卒業して内務省技手となり、二九年二月幹部候補生として久留米の工兵第一八大隊に入営した。陸軍工兵少尉に任官して除隊復職し、三一年黒磯国道改良事務所に勤務した後、三二年内務技師に進んで東京土木出張所に転勤した。その後三三年八月満州国に転出し、国務院国道局技正を経て三四年七月同局技佐に昇格して新京国道建設処に勤務し、三七年一月職制改革とともに土木局技佐・民政部土木局第一工務処勤務となった。この間、建国功労賞及び大典記念章を授与された。

米田　之雄　▷12

関東地方法院検察官兼高等法院検察官、従六位／大連市榊町官舎／一九〇五（明三八）四／兵庫県川辺郡伊丹町／東京帝大法学部独法科

米田駒之介の長男として京都市に生まれ、一九二六年第三高等学校文科を卒業して東京帝大に進み、在学中の二八年に文官高等試験行政科及び司法科に合格した。二九年三月同大法学部独法科を卒業し、同年五月司法官試補となり大阪地方裁判所に勤務した。次いで三〇年一二月検事となり、京都地方裁判所検事局兼同区裁判所検事局、三二年四月京都区兼同地方裁判所検事を歴任した。その後三四年一二月関東法院検察官に転出して渡満し、関東地方法院検察官兼高等法院検察官となった。

米津　太平　▷12

満州航空㈱チチハル支所長、在郷軍人会評議員、正八位勲六等／龍江省チチハル新馬路満州航空㈱社宅／一八九八（明三一）三／愛知県碧海郡明治村／農業補習学校

郷里の農業補習学校を卒業した後、一九一八年一二月志願して陸軍航空隊に入隊し、一九年に航空無線通信術、二〇年に飛行機操縦術を習得した。二二年から二六年まで所沢飛行学校の操縦教官を務めた後、爆撃飛行隊勤務を経て三二年一二月に予備役編入となった。その後、一等航空士免状及び一等操縦士免状のほか偵察戦闘爆撃術、航空無線、航空写真、自動車運転等の特殊技能の所有者として満州航空㈱に入社し、新京副支所長、ハルビン飛行場主任を経てチチハル支所長となった。

米野　豊実　▷14

関東州興亜奉公連盟事務局副局長／大連市平和台／一八九二（明二五）二／新潟県岩船郡関谷村／正則英語学校高等科

新潟県税務官吏米野安五郎の長男に生まれ、新潟県立高田中学校を経て一九一一年三月東京正則英語学校高等科を卒業し、同年一〇月郷里の高田日報社に入り、後に編輯長を務めた。その後上京し、やまと新聞政治部次長、中央新聞政治部長、日本電報通信社通信部編輯局長、拓務省嘱託を歴職した。二七年一〇月満州日日新聞社に転じて東京支社通信部長となり、編輯総務を経て三四年七月編輯局長に就いた。次いで三八年大連支社長に転任して四〇年から取締役を重任し、かたわら大連日日新聞主幹を務めた。その後四二年に新聞界を去り、関東州興亜奉公連盟事務局副局長に就任した。この間、四〇年一一月から四一年一一月まで大連市会議員を務めた。

米光　作太　▷12

吉林省九台県参事官／吉林省九台県参事官公館／一九〇七（明四〇）三／熊本県上益城郡木蔵村／法政大学法文学部法科

一九三二年三月法政大学法文学部法科を卒業し、満州国に招聘されて渡満し資政局訓練所に入った。同年一〇月組織変更後の大同学院を卒業し、国務院財政部属官となり理財司に勤務した。三六年四月錦州省錦県公署属官に転任した後、三七年四月吉林省九台県参事官となった。

米村　宇一　▷11

満州教育専門学校書記／奉天青葉町／一八八二（明一五）七／石川県珠洲郡宝立村／石川県師範学校

石川県米村忠兵衛の子に生まれ、一九〇三年石川県師範学校を卒業した。県下の小学校訓導兼校長として七年間勤務した後、一一年に石川県属に転じた。一九年に退職して渡満し、満鉄に入って学務課、安東地方事務所に勤務し、二四年満州教育専門学校書記となった。夫人ふよとの間に男子無く、次女に婿養子を迎えた。

米村　茂　▷12

錦州省綏中県参事官／錦州省綏中県公署構内参事官公館／一八九七（明三〇）一二／熊本県飽託郡並建村／熊本県第二師範学校

一九一六年三月熊本県第二師範学校を卒業し、県下の飽託郡白坪小学校訓導となった。一八年七月関東都督府巡査兼外務省巡査に転じて渡満し、二二年に関東庁警察官練習所甲科を修了し、同年八月警部警部補考試試験に合格して関東庁巡査部長兼外務省巡査部長となった。二三年一一月関東庁警部補に進んで三一年七月警務高等主任となり、前渡資金官吏支払役、物品出納役、物品会計官吏を歴職した。三二年二月外務省警部兼任となり長春警察署司法主任に就いたが、同年四月に依願免本兼官となり、同年六月国務院民政部事務官に転じて警務司に勤務し、同年一二月間島憲兵隊司令部事務嘱託を兼務した。三六年四月朝陽県参事官に転任し、次いで三七年四月錦州県綏中県参事官となった。

米本　寿夫　▷12

満鉄錦県鉄路局警務処警務科長、社員会評議員／錦州省錦県鉄路局警務処／一八九四（明二七）一一／和歌山県西牟婁郡三舞町／中学校中退

中学校三年を中退し、一九一二年一〇月宇陀郡山路尋常高等小学校の代用教員となった。次いで和歌山県巡査を経て関東庁巡査に転じ、大連警察署巡査部長、関東庁警部補・大連沙河口警察署勤務、警部・大連小崗子警察署勤務、安東警察署司法主任、同高等主任を歴任した。その後、満鉄鉄路総局に入り警務処警務課警務員、奉天鉄路局警務処警務科特務股長、同警務科長を経て三六年九月錦県鉄路局警務処警務科長となった。

米山　賢　▷11

満鉄蘇家屯駅駅長／奉天省蘇家屯付属地／一八八六（明一九）六／鳥取県西伯郡車尾村／鳥取県立米子中学校

鳥取県商業米山熊次郎の次男に生まれ、一九〇四年米子中学を卒業して鉄道作業局雇員となった。米子出張所勤務、下市駅出札兼貨物方、倉吉駅助役を経て日露戦争に際し野戦鉄道提理部付となり、一九〇五年九月に渡満した。〇八年四月の業務引き継ぎに伴い満鉄社員となり、大連駅、瓦房店駅、撫順駅に勤務して一八年一月二十里台駅長に進んだ。次いで双廟子駅、立山駅の駅長、長春列車区長を歴任し、二七年一〇月蘇家屯駅長に就いた。この間、双廟子及び長春在勤時に地方委員を務めた。

米山　元　▷11

長春郵便局庶務係長、勲八等／長春郵便局官舎／一八八五（明一八）一／福岡県小倉市古船場町

福岡県米山弥三郎の長男に生まれ、一九一〇年一月に渡満して関東都督府通信管理局に勤務した。旅順、奉天、安東等の各郵便局勤務を経て、二八年九月長春局に転任して庶務係長に進んだ。書道と俳号を趣味とし、朴堂と号した。

米山　福造　▷10

食料雑貨商米山商店主／大連市信濃町／一八八二（明一五）八／東京府東京市芝区田町／慶應義塾理財科

長野県下伊那郡市田村に生まれ、横浜開港当時からの実業家で大資産家の叔父今村清之助の影響を受けて実業を志した。一九〇八年慶應義塾理財科を卒業して満鉄東京支社に入り、その後本社工務課に転任して渡満した。一〇年に退社して大連市若狭町で醤油醸造を開業し、経営が軌道に乗ると一三年に営業所を信濃町に移した。かたわら金子雪斎に師事し、一八年二月金子に紹介された今村栄吉とマニラ視察に赴き、イスコルタ町に出張所を設けて南洋進出を図った。第一次世界大戦中の好況時には満州製菓、大連精糧等の会

よ

社にも関係し、大連商業会議所常議員、日商組合副会長、大連商店協会幹事を務めた。

余村松之助 ▷3

奉天光明洋行主／奉天大南門裡大街／一八六七（慶三）九／島根県八束郡津田村／陸軍教導団工兵科

一八八四年松江市中学校を卒業し、八七年徴兵されて陸軍教導団工兵科に入団した。八九年に修了して各地に勤務し、日清戦争後の九五年三月から王姫事件まで朝鮮政府軍部補佐官を務めた。その後退役し、九七年三月台湾に渡り基隆で実業に従事した。日露戦中の一九〇五年二月大連を経て営口に至り、同地で商業を営んだ後、〇七年春奉天に移り蓬莱号の商号で雑貨店を開業した。一五年六月㈱光明洋行奉天支店を譲り受け、商号を奉天光明洋行と改称して紙類印刷材料業を営み、かたわら奉天商業会議所議員を務めた。

寄藤　好実 ▷9

大連高等女学校長、高等官三等／大連市神明町官舎／一八六三（文三）三／長野県松本市一二五九／長野県師範学校

旧松本藩士寄藤義弘の次男に生まれ、郷里の研成塾で漢学と数学を修めた後、長野県師範学校を卒業して県下の穂高小学校訓導となった。東筑摩郡小学督業、同郡堀之内小学校及び松本小学校の校長兼訓導を経て松本高等女学校教諭となった。一九〇一年文部省属に転じて普通学務局第一課長に就き、かたわら日本大学高等師範科に学んで修身、法制、経済の免許状を取得した。〇八年徳島県女子師範学校長兼同県立高等女学校長となり、一七年大連高等女学校長に転じて渡満した。

力石徳次郎　▷10

井上帯革製作所大連出張所主任／大連市秀月台／一八八七（明二〇）五／岡山県久米郡竜川村／中学校

兵庫県水上郡柏原町に生まれ、郷里の中学校を卒業した後、一九〇八年五月に渡満して飯塚工程局に入った。勤続して満州各地の支店・出張所の主任を歴任し、一六年二月本店支配人に進んだ。一八年末合資会社に改組されると業務執行社員となったが、二三年に財界不況のため会社解散となり、かねて親交のあった井上帯革製作所主の招きで同所大連出張所主任に就いた。

力丸伊三太　▷11

著述出版業／旅順市乃木町／一八八一（明一四）一／福岡県宗像郡東郷町／東亞商業学校

福岡県力丸正二郎の次男に生まれ、一九〇五年東亞商業学校を卒業し、陸軍通訳として渡満した。その後旅順で油房業を営み、かたわら「順律報」等を発行して著述・出版業を兼営した。

利休精一郎　▷12

森靴鞄店主／奉天省撫順中央大街／一八九五（明二八）一〇／石川県金沢市木町

一九一九年に渡満して撫順の森商店に入り、靴・鞄の製造販売業に従事した。三二年に店主が死亡したため、業務の一切を継承して森靴鞄店と商号を改め、従業員七人を使用して同業を継続した。本業とは別に、荷物自動車を所有して国際運輸㈱撫順出張所に賃貸したほか、多大の不動産を所有した。

立仙　義晴　▷12

満鉄ハルビン站構内助役、勲八等／ハルビン郵政街／一九〇〇（明三三）七／高知県香美郡夜須村／夜須実業補習学校

一九一五年夜須実業補習学校を卒業し、高知市の南[資]に勤めた。その後二〇年に徴兵されて佐世保海兵団に入団し、除隊後二四年一〇月に渡満して満鉄に入った。蘇家屯駅、四平街駅、埠頭事務所、大連列車区瓦房店分区、大房身駅、大連列車区に歴勤して下城子站副站長となり、次いで三五年九月ハルビン站構内助役となった。この間、満州事変時の功により勲八等及び従軍記章、建国功労賞を授与された。

李家　弘　▷11

㈱三井銀行上海支店大連出張所長／大連薩摩町／一八九三（明二六）／三／京都府京都市上京区／東京帝大法科大学独法科

京都府李家陸介の長男に生まれ、一九一七年東京帝大法科大学独法科を卒業した。二一年一〇月三井銀行に入り、本部外国課輸出係長心得、同課輸入係長を経て二三年一〇月上海支店に転勤した。二四年二月大連に出張し、同年五月の大連出張員常置とともに主席出張員となり、上海支店長代理として在勤した。二八年七月三井銀行上海支店大連出張所に改称されると、同所長に就任した。

劉　雨田　▷1

／金州／一八七一（明四）五／東京府東京市四谷区永住町

清国盛京省普蘭店劉家屯の豪族の子に生まれ、一八九四年日清戦争の際に日本軍に協力し、戦後に日本国籍を取得し亀山松太郎と称した。東京市四谷区に居住して陸軍経理学校の中国語教師を務め、後に陸軍大学校教授となった。一九〇四年日露戦争に際し第二軍監部に勤務し、金州軍政署で新式学堂の設置など諸種の軍務に従事して勲六等一時賜金四〇〇円を受けた。⇒日露戦後は金州で日中官民の間を仲介して教育・殖産など地方行政の衝に当たり、普蘭店郊外に広大な農地を所有した。飛行機「雨田号」を献納するなど日本軍に協力し、日本の敗戦後は吉林省に隠棲したが、五一年に逮捕され売国奴として処刑された。

龍　禎房　▷7

竜頭公司主／旅順新市街／一八七九（明一二）七／東京府東京市神田区仲猿楽町／和仏法律学校

鹿児島県大島郡亀津村に生まれ、一九〇七年七月東京の和仏法律学校を卒業した。〇八年に渡満して関東都督府税務係となり、土地調査部に勤務した。その後パナマ帽の製造が奨励されると、白仁武民政長官から補助金一万円下付の約定を取り付けてパナマ帽製造業に転じた。同長官の更迭により補助金が途絶すると養鶏業・果樹園を兼営しながら独力で経営したが、眼縮病に冒されて夫人に経営を委ねた。

龍 倖一 ▷12

㈱昭和製鋼所工務部工作工場第一係主任／奉天省鞍山中台町／一八九八（明三一）一／福岡県山門郡瀬高町／熊本高等工業学校

福岡県竜市太郎の長男に生まれ、県立中学伝習館を経て一九一九年熊本高等工業学校を卒業し、同年四月満鉄に入り鞍山製鉄所製造課銑鉄科に勤務した。二四年一二月工務課兼務、二七年七月工務課、同年一〇月製造課、二九年三月工務課に歴勤した。三〇年六月技術員に昇格して製鉄部工作課に勤務し、同年八月同部工作工場第二掛長となった。三三年六月、鞍山製鉄所の事業を継承した㈱昭和製鋼所の操業開始とともに同所工作工場第一係主任となった。三四年六月満鉄勤続一五年の表彰を受け、三六年四月満州事変時の功により賜品及び従軍記章を授与された。

笠 千秋 ▷12

満鉄三棵樹鉄道工場鋳物職場主任兼鍛冶職場主任／ハルビン三棵樹満鉄工場／一九〇三（明三六）八／福岡県早良郡入部村／旅順工科大学採鉱冶金科

福岡県笠広次郎の五男に生まれ、一九三一年三月旅順工科大学採鉱冶金科を卒業して関東庁土木課に勤務し、水源調査に従事した。三二年一二月満鉄に転じて鉄道部に勤務し、三三年五月鉄道工場に転勤した。次いで同年七月鋳鋼職場、三四年四月鋳物職場、三五年三月鉄道工場勤務を経て同年六月ハルビン工廠鋳物廠主任兼鍛冶廠主任となり、三七年四月三棵樹鉄道工場に転勤して鋳物職場主任となり、鍛冶職場主任を兼務した。野球、庭球、卓球、撞球、角力、剣道などスポーツ万般に優れ、ハルビン在勤時に社員会青年部長、陸上部長、卓球部長を務めた。

龍 久吉 ▷12

竜久商会主／吉林七経路／一八九五（明二八）三／福岡県三潴郡川上村

一九一三年から大連で関東都督府関係の工事に従事した後、二二年に安東県の須田商会に入った。満州事変後に吉林方面の工事が増加して三三年に吉林支店が開設され、同支店主務者として赴任し、吉林及び新站で軍部関係の工事に従事した。三五年一月本店から分離して竜久商会を設立し、煖房・衛生・水道・諸機械工事請負業を経営し、同工事関係の材料を大連、新京、奉天方面から仕入れて販売した。

龍 霊法 ▷12

松花ホテル主、割烹弥生店主、ハルビン旅館組合副組合長、ハルビン日本居留民会第一一区長／ハルビン六道街松花ホテル／一八八九（明二二）九／石川県鹿島郡七尾町

石川県竜霊典の次男に生まれ、日露戦後一九〇六年に渡満して東洋炭鉱㈱に入り、撫順の塔連炭坑に勤務した。吉林富寧造紙公司に転じた後、さらに黄川採木公司支配人、長春豊材公司嘱託、長春和登商行木材部主任を歴職した。二三年浜綏線一面坡で材木商と金融業を開業し、かたわら民会長を務めた。三三年ハルビンに移り、六道街に資本金一万五〇〇〇円で旅館松花ホテルを開業し、さらに三六年には図佳線佳木斯に二万円を投じて二十数名の使用人を擁する割烹弥生を開設した。この間、辛亥革命や満州事変の際に種々画策し、満州国設立後は国務院総務庁嘱託事務官として国境移民地買収工作に従事したほか、ハルビン旅館組合副組合長、ハルビン日本居留民会第一一区長を務めた。

り

蓮香 為一 ▷7

満州銀行沙河口支店長／大連市聖徳街／一八九五（明二八）五／鹿児島県鹿児島市呉服町／鹿児島商業学校

一九一四年鹿児島商業学校を卒業し、東京の砲兵工廠に入り会計係を務めた。一七年に朝鮮憲兵隊本部経理係に転任した後、翌年七月に渡満して同年一〇月大連銀行に入り本店に勤務した。二三年七月に奉天・満州商業・大連・遼東の四銀行が合併して満州銀行となると鞍山支店長代理に就き、翌年四月沙河口支店長代理に転任し、後に支店長となった。

蝋山長次郎 ▷3

関東都督府外事総長兼財務課長、事務官高等官二等、正五位勲五等／旅順新市街特権地／一八七六（明九）二／新潟県刈羽郡大洲村／東京帝大法科大学英法科

一九〇〇年七月東京帝大法科大学英法科を卒業し、同年一一月文官高等試験に合格して司税官となり、大阪税務管理局に勤務した。〇一年七月税関事務官に進んで神戸税関に転任し、〇四年九月税関事務官兼税関監視官となり横浜税関に勤務した。〇六年七月関東州民政署財務部長に転じて渡満し、同年九月関東都督府事務官民政部財務課長に就いた。一四年一〇月都督府外事総長兼事務官となり、官房外事課長民政部財務課長に就任した。

路次 省一 ▷12

図們機務段朝陽川分段運転主任、社員会評議員、従七位／間島省満鉄図們機務段朝陽川分段／一八九〇（明二三）一〇／大阪府岸和田市並松町／大阪府立堺中学校

大阪府路次恒蔵の長男に生まれ、府立堺中学校を卒業して一九〇九年九月鉄道院西部鉄道監理局運転科に入った。勤務中選抜されて一一年一二月鉄道院中央教習所機械科を修了し、一六年四月同局湊町運輸事務所運転掛、一七年八月奈良機関庫助役、三二年四月福知山機関庫助役を歴任した。三三年九月鉄道局技師となり福知山運輸事務所に勤務したが、同年一一月に退職して満鉄に転じた。新京機関区技術助役、運転助役を経て三四年六月図們機務段機務主任に転任し、三六年一一月同段朝陽川分段運転主任となった。

若尾 準三 ▷8

若尾セトモノ店主／奉天春日町／一八九二（明二五）三／岐阜県可児郡小泉村

多治見で瀬戸物商を営んでいたが、一九一八年第三師団に属してシベリア派遣軍に従軍した。帰国して除隊した後、二〇年に渡満して奉天春日町で若尾セトモノ店を開業した。

若木 元次 ▷12

営口海辺警察隊長兼営口外交部弁事処長／奉天省営口豊門街海辺警察隊長公館／一八八六（明一九）一二／山形県鶴岡市天神町／海軍兵学校

本姓は別、若木藤太の養子となった。一九〇八年海軍兵学校を卒業し、一〇年少尉に任官し、三一年大佐に累進した。この間、阿蘇分隊長、桂乗組、第二特務艦隊司令部付、第一四艦隊鵠艦長、駆逐艦疾風艦長、水雷学校教官兼同校分隊長、機関学校教官、第一艦隊司令部付、駆逐艦藤艦長兼海軍水雷学校教官、第六駆逐艦艤装委員長、第六駆逐艦長、駆逐艦矢風艦長、第三駆逐艦長、横須賀鎮守府付、第四二号駆逐艦艤装委員長、第七・第一四・第二・第八各駆逐隊司令、常盤艦長、佐世保鎮守府付、浅間艦長等に歴補した。三五年一二月待命となり、三六年七月営口海辺警察隊長となって渡満し、営口外交部弁事処長を兼務した。

若狭 末雄 ▷12

満鉄ハルビン鉄路局機務処運転科長、勲八等／ハルビン鉄路局機務処運転科／一八九九（明三二）一二／兵庫県神戸市湊東区中町通／南満州工業専門学校鉄道機械分科

旧姓は多幡、兵庫県若狭善造の次女で旅順高女を出た善子の婿養子となった。一九二一年三月南満州工業専門学校鉄道機械分科を卒業して満鉄に入り、技術部機械課に勤務した。その後、二六年三月鉄道部運転課、三〇年四月鉄道教習所講師兼務、三一年八月鉄道部車務課、三二年一二月鉄道部輸送課、同工作課、三三年三月鉄路総局機務処運転課、三四年一一月同処輸送課兼務等に歴勤した。三六年一月鉄道総局監察付となり、同年一〇月同監察補を経て三七年四月鉄路局機務処に転勤して運転科長に就いた。この間、満州事変時の功により勲八等従軍記章及び建国功労賞を受けた。

若狭　善陸　▷11

製菓問屋菊水堂／大連市信濃町／一八九一（明二四）三／大阪府大阪市西区北堀江御池通／大阪育英高等学校

大阪府若狭善造の長男に生まれ、一九〇六年大阪育英高等学校を卒業して渡満した。大連市信濃町で製菓問屋菊水堂を経営し、大連菓子同業組合長を務めた。

若田五百里　▷4

医師／興安北省ハイラル新市街／一八八五（明一八）一／広島県安佐郡戸山村／岡山医学専門学校

広島県若田三郎の三男に生まれ、一九〇九年岡山医学専門学校を卒業して岡山県病院婦人科助手となった。一一年東京市本郷区の根津真泉病院産婦人科に転じて千葉博士の下で医術を磨き、一三年会津病院副院長兼産婦人科部長として若松市に赴任した。一五年東京に戻って大学病院で皮膚科、花柳病科を専攻した後、同年一〇月に渡満して黒龍江省ハイラルで開業した。兄弟五人あり、長兄は郷里で、次兄はサンフランシスコで医業に従事し、次弟はサンフランシスコで商業を営み、末弟は東京の薬学校に学んだ。

若月　太郎　▷14

大連市会議員、関東州競馬会理事長、正六位勲五等／大連市聖徳街／一八七八（明一一）一二／茨城県水戸市上五軒町／陸軍士官学校

茨城県軍人若月計輔の長男に生まれ、一九〇一年陸軍士官学校を卒業して翌年歩兵少尉に任官した。以後累進して〇八年一二月大尉に進級し、一四年八月依願予備役となった。清朝の皇族粛親王府の理事、恭親王府の顧問を務めた後、露天市場総弁、㈳大連競馬倶楽部理事長、南満競馬協会理事長、奉天公報社社長を歴任し、三八年六月関東州競馬会理事長に就任した。この間、二四年一一月大連市会議員に当選し、以来当選を重ねて市会副議長を二度務めた。日本女子大学家政科出身の夫人一子との間に一男二女あり、長女次女は共に大連神明高女に学んだ。

若月　良三　▷10

東華銭荘主、大東公司主／大連市若葉町／一八八一（明一四）三／静岡県庵原郡藤川町／明治大学商科

一八九六年に上京し、渋沢栄一の秘書を務めていた叔父斎藤峰三郎の関係で竜門社に入塾し、同塾から海成中学校に通学し、その後明治大学商科に学んだ。一九〇七年に卒業して東京第一銀行に入り、一〇年一二月京城支店に転勤した。二〇年三月友人高橋強平の勧めで大連の小寺洋行に転じて会計を担当したが、財界不況の打撃を受けて二三年に事業中止となり、同年一二月銭鈔取引人の免許を取得して翌年三月から若葉町で銭荘を経営した。本業のかたわら㈱小寺器機油房監査役、㈱平和銀行取締役を務めた。

若林　邦敏　▷12

浜江省公署理事官、警務長司法科長、従六位勲四等／ハルビン永安街政府代用官舎／一八九六（明二九）三／三重県鈴鹿郡亀山町／三重県立第一中学校、陸軍歩兵学校、陸軍通信学校

一九一五年三重県立第一中学校を卒業し、同年一二月士官候補生として津市の歩兵第三三連隊に入営した。一八年少尉に進み、二〇年歩兵第七七連隊付を経て同年一二月電信学生として歩兵学校に入校し、二一年に卒業した。次いで二七年陸軍通信学校を卒業して二八年三月大尉に累進し、歩兵第七五連隊大隊副官、二九年同連隊中隊長を経て同年甲種学生として憲兵練習所に入所した。三〇年に卒業して憲兵大尉補となり、咸鏡憲兵分隊長となって朝鮮に赴任した。三二年関東憲兵隊に配属されてハルビン憲兵隊賓安憲兵分隊長となり、三三年新京憲兵隊奉天省四平街憲兵分隊長、次いで同鄭家屯憲兵分隊長を経て三四年四月関東憲兵隊司令部部員となり、同年一二月憲兵少佐に進んで予備役編入となった。三五年四月満州国官吏となり、吉林省公署理事官として警務庁に勤務した後、三六年一〇月浜江省公署理事官に転任して警務長司法科長となった。この間、二〇年九月の間島事件における功により勲六等旭日章を授与され、さらに二八年六月勲五等瑞宝章、三四年二月勲四等瑞宝章を受けた。

若林　幸蔵　▷12

満鉄ハルビン鉄路監理所監理員／ハルビン満鉄鉄路監理所／一八九四（明二七）四／愛知県名古屋市

西区北鷹匠町／高等小学校

一九一〇年高等小学校を卒業して鉄道院に入り、一九年一二月満鉄に転じて奉天駅に勤務した。大連列車区及び同大石橋分区に勤務を経て他山駅助役となり、次いで湯崗子駅助役、金州駅助役、大連列車区瓦房店分区列車区助役、大連列車区列車助役、瓦房店分区列車助役、吉林建設事務所、図們建設事務所、吉長吉敦鉄路局図們在勤、新京鉄路局総務処文書科、吉林鉄路局に歴勤した。その後三五年一一月吉林鉄路監理所監理員となり、三七年四月ハルビン鉄路監理所に転任した。

若林佐太郎　▷12

奉天省公署督察官、従五位勲五等／奉天隅田町／一八八三（明一六）／長野県更級郡上山田村／陸軍士官学校

早くから軍籍に入り、一九〇五年陸軍士官学校を卒業して各地に勤務し一九一八年シベリア派遣軍に従軍した。その後累進して憲兵少佐に進み、二五年に予備役編入となった。しばらく自適の生活を送ったが、三二年三月満州国の成立とともに游動警察隊長として招聘されて渡満した。その後安東国境警察隊長に就き、次いで奉天省公署督察官に転任した。

若林　明文　▷12

満鉄蘇家屯医院医長／奉天省蘇家屯／一九〇三（明三六）一〇／島根県邇摩郡大浜村／東京帝大医学部

島根県若林徳太郎の七男に生まれ、松江中学校、松江高等学校を経て一九三〇年三月東京帝大医学部を卒業し、医学部副手として付属病院の呉内科に勤務した。その後三五年五月医学博士号を取得し、同年一一月満鉄医長となって渡満し蘇家屯医院に勤務した。

若林彦一郎　▷12

満鉄郭家店駅長、社員消費組合総代、勲八等／吉林省郭家店駅長社宅／一八九二（明二五）一一／長野県小県郡滋野村

長野県若林重作の長男に生まれ、一九一五年一一月満鉄に入り大連駅に勤務した。同駅転轍方、大石橋駅車掌見習、同駅車掌、南台駅助役、金州駅助役に歴勤し、二七年八月沙崗駅長となった。次いで三二年六月松樹駅長、三三年六月万家嶺駅長、三五年三月鉄道部万家嶺在勤、穆稜站長、密山站長を歴任し、三七年四月郭家店駅長となった。この間、穆稜及び密山在勤時に同地の居留民会長を務めたほか、満州事変時の功により勲八等に叙され、三一年四月勤続一五年の表彰を受けた。

若林　持一　▷12

熱河省喀喇沁右旗参事官、正八位／熱河省喀喇沁右旗参事官公館／一九〇〇（明三三）四／兵庫県武庫郡御影町／京都帝大経済学部

一九二八年三月京都帝大経済学部を卒業した後、一年志願兵として和歌山の歩兵第三七連隊に入営した。除隊後、二九年二月大阪市の井上酒造㈱に入り、次いで同年一二月同市の丸太商会に転じた。三四年四月さらに満州国民政部属官に転じて渡満し、総務司人事科に勤務した後、同年一二月熱河省公署事務官となり総務庁総務科に勤務した。三五年一〇月灤平県参事官に転任した後、三七年一月喀喇沁右旗参事官となった。

若本　一　▷12

満鉄沙河鎮駅助役／安東省沙河鎮駅助役社宅／一八九六（明二九）五／広島県安佐郡緑井町

広島県若本多朗一の長男に生まれ、一九一八年一一月から朝鮮で農業に従事した後、二二年一二月満鉄に入社した。祁家堡駅、五竜背駅、下馬塘駅勤務を経て公主嶺駅小荷物方、同貨物方に歴勤し、次いで新京列車区車掌心得、同鉄嶺分区車掌、老古溝簡易駅助役、新台子駅助役を歴任し、三七年五月沙河鎮駅助役となった。この間、満州事変時の功により大盾と従軍記章を授与された。

脇川　省吾　▷11

満鉄瓦房店列車区助役／奉天省瓦房店大和街／一八九六（明二九）三／熊本県天草郡須子村／熊本県立中学済々黌

熊本県医師脇川信哉の四男に生まれ、一九一五年熊本県立中学済々黌を卒業した。一九年一二月に渡満し、満鉄大連駅駅務見習となった。大連駅貨物方、同駅駅務方、瓦房店車掌、立山駅駅務方、同駅貨物方、夏家河子駅駅務方、大連列車区車掌、首山駅助役、熊岳城駅助役等を歴任し、二七年九月瓦房店列車区助役に就いた。

脇坂 市朗 ▷11

満鉄遼陽地方事務所経理係／奉天省遼陽梅園町／一八九二（明二五）八／滋賀県東浅井郡小谷村／滋賀県師範学校

滋賀県山田市郎平の次男に生まれ、父の実家脇坂家を相続した。一九一四年滋賀県師範学校を卒業して郷里の小学校教員を務めた後、一八年三月満鉄小学校教員となって渡満した。二〇年ハルビンの日露協会学校に入学し、二三年に卒業して満鉄哈爾浜事務所庶務課に勤務し、本社会計課に転任した後、二八年五月遼陽地方事務所経理係となった。

脇 太一 ▷12

大連神明高等女学校教諭、従七位／大連市楓町／一九〇〇（明三三）七／香川県綾歌郡羽床村／香川県師範学校

香川県師範学校を卒業して坂出尋常高等小学校訓導を務めた後、上京して東京高等師範学校付設第一臨時教員養成所に入り、一九二四年に同所国語漢文科を修了して熊本県第一師範学校教諭となった。二八年四月大連南山麓小学校正教員に転じて渡満し、同年七月大連神明高等女学校教諭となった。

脇田 司 ▷9

満州運輸常務取締役／大連市長門町／一八七三（明六）一一／大阪府大阪市南区西櫓町

福井市宝永中町に生まれ、一八七九年五月五歳の時に大阪の綿糸布商店に奉公に出た。日露戦争後の一九〇六年陸軍大臣の許可を得て満州視察員なり、南満各地を視察した後、大連で丸七運送店を開業した。二〇年一二月、同業者間で協議して各運送店を併合して満州運輸㈱が設立されると常務取締役に就任した。

脇 政助 ▷11

満鉄鉄嶺医院薬剤員／奉天省鉄嶺北三条通／一八九二（明二五）四／山口県玖珂郡柳井町／九州薬学専門学校

山口県農業脇平四郎の次男に生まれ、一九一四年九州薬学専門学校を卒業して大阪の回生病院に勤務した。一八年二月に渡満して満鉄に入り、安東医院に勤務した後、二三年六月鉄嶺医院に転任した。

脇屋 次郎 ▷11

満鉄公医、脇屋医院院長、従六位勲五等／大連市日ノ出町／一八七八（明一一）二／京都府京都市上京区柳馬場通／京都府立医学専門学校

旧園部藩儒者脇屋均の次男に生まれ、一八九九年京都府立医学専門学校を卒業して軍籍に入った。一九〇一年七月北清駐屯軍に配属されて中国に渡り、〇四年一二月陸軍一等軍医となった。日露戦中の〇五年一月東京予備病院付に転任となり、塘沽を出て山海関から中立地帯を通過して営口に出て、ミスチェンコ騎兵団による牛家屯襲撃の二時間前に同駅発の軍用列車で大連から東京に帰着した。後備第二師団野戦病院付として北韓城津から会寧に従軍して休戦となり、帰還して引き続き軍務に就いた。一三年四月に退役して京都の岩倉病院副院長に就き、翌年七月同仁医院に転じた。一五年二月に渡満して満鉄公医となり、かたわら大連市寺児溝に脇屋医院を開設した。二七年に帝国在郷軍人会総裁閑院宮及び西本願寺から在郷軍人及び宗徒の範として表彰され、日ノ出町区長、満州仏教青年会副会長、大連産婆会長、産婆看護婦養成所主事、修養団満州聯合評議員、同婦人部白百合会委員長、在郷軍人会大連第一分会長等の名誉職を務めた。

脇山 三弥 ▷3

関東都督府中学校教諭博物科主任／新旅順月見町／一八六六（慶二）一／福岡県福岡市伊崎町／東京帝大理科大学簡易講習科第二部

本姓は津田、脇山家を相続した。一八九二年東京帝大理科大学簡易講習科第二部を卒業して師範学校、中学校、高等女学校の地理科及び博物科の教員免許状を取得し、同年一一月鳥取県尋常中学校教諭となった。熊本県立中学済々黌、東京府立第一中学校に勤務した後、一九〇九年四月関東都督府中学校教諭となって渡満し博物科主任を務めた。

脇 猷七郎 ▷11

満鉄鉄嶺医院歯科医員／奉天省鉄嶺北五条通／一八九四（明二七）二／福島県安積郡山町／東京歯科医学専門学校

福島県教育家浅岡一の七男に生まれ、脇光三の養子となった。一九一二年福島県立安積中学校を卒業後、上京して東京歯科医学専門学校に入学し一七年一〇月に卒業した。二一年朝鮮に渡り慈恵病院の歯科医員となったが、翌年渡満して安東県で歯科医院を開業した。その後廃業し、二五年四月満鉄に入り鉄嶺医院歯科医員として勤務した。

和気鶴太郎 ▷12

大連取引所調査係主任／大連市児玉町／一八八七（明二〇）一／岡山県御津郡芳田村／東京帝大法科大学政治学科

一九一七年七月東京帝大法科大学政治学科を卒業して長崎市庶務課長となった。二〇年六月東洋拓殖㈱に転じ、次いで二六年六月ライジングサン石油会社に転じた。三三年一二月さらに関東局奉天取引所嘱託に転じ、三五年六月新京取引所勤務を経て同年一一月大連取引所調査係主任となった。

鷲尾　弘円 ▷12

南満州工業専門学校農業土木工学科長兼満鉄産業部農林課勤務、従七位／大連市星ヶ浦黒石礁／一八九〇（明二三）九／三重県河芸郡白子町／北海道帝大農学科第一部

三重県鷲尾画方の三男に生まれ、一九一〇年三月県立第一中学校を卒業し、同年五月三重県統計吏員として知事官房に勤務した後、同年一〇月農商務省工務局権度課雇となった。その後一二年九月に退職し、一九年に北海道帝大農学科第一部を卒業して同年一〇月同大学書記兼農学部助手となり、次いで農学部教授会幹事を務めた。二二年七月同大農学部助教授に進んだ後、同年九月満鉄に転じて南満州工業専門学校に勤務した。二三年七月同校教授兼南満州工業学校教諭、三三年一月地方部農務課兼務を経て三六年四月南満州工業専門学校農業土木工学科長に就き、同年一〇月満鉄産業部農林課兼職となった。

和田　篤朗 ▷11

満州殖産㈱社長／大連市外老虎灘／一八八四（明一七）一〇／広島県尾道市尾崎町／広島商業学校

広島県和田弥八郎の長男に生まれ、一九〇二年広島商業学校を卒業した。一三年八月満州殖産㈱支配人となって渡満し、その後専務取締役を経て二一年一一月社長に就任した。他に満州開墾㈱専務取締役、日華銀行、大連郊外土地会社、旅順殖産㈱、満州麦酒㈱、満州産業㈱、㈱三十里堡果樹園取締役、㈱ハルビン競馬場など十数社の取締役及び監査役を務めた。

綿岡　禄二 ▷12

辰巳屋営業所主／大連市栄町／一八八四（明一七）四／愛媛県温泉郡道後湯之町

旧名を栄次郎と称し、一九〇六年野戦鉄道提理部付として渡満し、その後満鉄に入社して現業部門に勤務した。勤務のかたわら、一九年から大阪の辰巳屋製紐㈱大連出張所を前身とする辰巳屋営業所を作野某より譲り受けて経営した。二四年一一月満鉄を退社して商売に専念し、シデ紐、麻ロープ、各種カレンダー、団扇、扇、ポスター、ゴムバンド、シーリング類の卸小売商を営んだ。

和田　九市 ▷10

満鉄鉄道部大連鉄道事務所長、正七位／大連市桜町／一八七八（明一一）二／熊本県八代郡文政村／京都帝大理工科大学機械工学科

一九〇〇年京都帝大理工科大学機械科に入学し、〇三年七月に卒業して逓信省鉄道作業局に入り、神戸工場に勤務した。〇四年一一月鉄道技手となったが、翌月一年志願兵として東京湾要塞砲兵連隊に入営した。〇五年一一月砲兵軍曹で除隊となり、通信省鉄道庁に復帰して新橋工場に勤務し、まもなく野戦鉄道提理部付第一工場班に属して渡満した。〇七年一月鉄道技師に進み、同年四月満鉄開業とともに入社して公主嶺分工場に勤務した。〇八年一二月第二区車両係主任となり、一二年二月から公主嶺主事を兼任した。一三年一二月社命で欧米各国に出張し、半年後に帰国して遼陽車両係主任、山東鉄道隊備員、運輸部運輸課勤務を経て一九年九月大管運転課長に就き、翌年七月大連運輸事務所長、二三年四月鉄道部大連鉄道事務所長に就いた。

和田　国安 ▷11

朝鮮銀行長春支店支配人代理／長春祝町／一八九二（明二五）一二／新潟県中頸城郡水上町／京都帝大法科大学独法科

新潟県農業和田民五郎の四男に生まれ、一九一九年京都帝大独法科を卒業して朝鮮銀行に入った。青島支店、上

わ

海支店、東京本部、天津支店に勤務した後、二七年七月長春支店に転任し、後に支配人代理に就いた。実兄の一郎は東京帝大政治科を卒業して大蔵省に入り、税務監督局長、朝鮮総督府財務局長等を歴任して朝鮮商業銀行頭取を務めた。

和田　敬三　▷11

満州船渠㈱社長／大連市桃源台／一八七五（明八）一二／山口県下関市／東京帝大工科大学

山口県和田藤七の長男に生まれ、一八九九年東京帝大工科大学を卒業して九州鉄道会社技師となった。若松工場長、三池炭砿技術主任補佐、田川炭砿機械主任等を務めた後、一九一三年九月満鉄に転じて渡満した。撫順炭砿機械主任、遼陽工場長、鞍山製鉄鉱振興公司総局長、満鉄興業部長等を歴任し、二三年四月に退社して大連新聞社長に就いた。二四年取締役顧問に退き、二五年八月満州船渠㈱社長に就任した。

和田　幸司　▷11

輸入貿易並びに銃砲火薬商／ハルビン埠頭区地段大街／一八八三（明一六）四／栃木県足利郡三和村／群馬県立藤岡中学校

栃木県商業和田秋蔵の長男に生まれ、一九〇三年群馬県立藤岡中学校を卒業した。朝鮮総督府鎮南浦郵便局に勤務した後、〇九年に渡満して土木建築請負業に従事した。その後満鉄に入って埠頭事務所等に勤務した後、ハルビンで対露貿易を営んだ。

和田　重東　▷12

新京特別市公署財務処理財科長、地籍整理局新京分局勤務、満州国協和会分会評議員、野球部長／新京特別市天安北胡同／一八八八（明二一）一一／山形県西村山郡川土居村／東亜同文書院

山形県和田宗治の長男に生まれ、一九一二年三月上海の東亜同文書院を卒業し、東亜同分会で「支那経済全書」の編纂に従事した。次いで一三年一月関東都督府嘱託、一五年四月奉天の榊原農場員、一八年一二月満鉄職員、二〇年六月大連の満州煙草㈱支配人、二二年七月安東商業会議所調査係主任、二四年七月奉天商業会議所調査課長兼商品陳列所主任、二八年四月奉天中華商務会参事を歴職した。その後三二年六月から新京特別市公署財務科に勤務し、三三年四月新京特別市公署属官・行政処員、三四年七月財務科副科長、三六年一月新京特別市公署理事官・財務処理財科長を経て同年六月地籍整理局事務官兼官となり、地籍整理局事業処に勤務した後、三七年三月地籍整理局新京分局勤務となった。この間、『奉天経済二十年誌』『満州経済事情』『奉天事情』『新京事情』を編纂し、『安東の木材』『安東の大豆粕豆油』を著した。

和田　茂　▷12

天陽堂時計宝石店主／ハルビン石頭道街高岡ビル／一九〇三（明三六）三／福岡県久留米市荘島町

福岡県和田千次郎の五男に生まれ、一九二六年に渡満して撫順の山田洋行に入った。三一年五月に独立して撫順西五条通角に時計貴金属店を開業し、三二年二月に関東軍がハルビンを占領すると同地に進出して出張所を設けた。三三年石頭道街に高岡ビルが新築されると同ビルに入居し、撫順の本店を移して営業した。宝飾品、高級腕時計、大時計、街路時計、金銀銅器、カットグラス、メダル、トロフィー、勲章類のほか、世界最高級のブッシュトルネル器で乱視その他の視力検査を行い、東京、大阪のほかドイツ、アメリカ、スイスから眼鏡、双眼鏡、顕微鏡など各種光学器械を仕入れて販売した。

和田庄太郎　▷12

大連屋主、チチハル信託㈱監査役／龍江省チチハル新馬路／一八七三（明六）五／島根県中尾郡浜田町

早くから実業に従事し、一九〇四年日露戦争に際し第一二師団の御用商人となって渡満し、戦後に奉天省四平街祿祥街で雑貨商を営んだ。三三年二月チチハルに移転してセメント瓦の製造販売を始めたが、翌年四月に廃業し、大連屋の商号で食料品店を経営した。従業員八人を使用し、鮮魚を中心に海産物・野菜果物を販売した。

和田清三郎　▷4

矢頃支店／ハルビン／一八八一（明一四）／大阪府大阪市南区恵美須町

一五歳の時に大阪の矢頃本店に入り、四年後に退店して独立開業を試みたが資金が調達できず、義兄の下に寄寓した。一九〇一年徴兵され大阪の歩兵第

わ

八連隊に入営し、〇四年に日露戦争が始まると第二軍に属して金州攻撃戦、奉天大会戦に従軍して歩兵曹長に進み、勲七等功七級を受けた。〇八年に満期除隊して大阪で商業に従事したが失敗し、再び旧主の矢頃本店に入り大連支店勤務となって渡満した。奉天、鉄嶺支店に転勤した後、一一年四月本店の命でハルビン支店（宝清洋行）を開設し食料品雑貨の販売に従事した。

和田政次郎 ▷11

歯科医／大連市東公園町／一八九七（明三〇）一一／大阪府大阪市北区曽根崎／東京歯科医学専門学校

大阪府和田弥蔵の四男に生まれ、一九二四年東京歯科医学専門学校を卒業して同年四月に渡満した。大連市内の医院に勤務した後、翌年八月に退職して東公園町で歯科医院を開業した。長兄弥一と次兄金三はともに大阪北浜で株式仲買店を経営した。

和田清太郎 ▷11

南満州興業㈱奉天出張所主任、勲八等／奉天稲葉町／一八八四（明一七）九／熊本県球磨郡神瀬村

熊本県農業和田善作の次男に生まれ、一九一八年九月に渡満した。南満州興業㈱に入り、後に奉天出張所主任を務めた。養嗣子幸一は満州医科大学に学んだ。

渡瀬　二郎 ▷12

満鉄綏芬河警務段長、社員会評議員、勲六等／牡丹江省東寧県綏芬河満鉄警務段／一八七八（明一一）九／石川県金沢市並木町／陸軍士官学校

石川県渡瀬政礼の子に生まれ、一八九九年一一月陸軍士官学校を卒業して一九〇〇年六月陸軍砲兵少尉に任官した。次いで〇二年一一月中尉に進んだ後、〇四年に免官して同年八月清国陸軍北洋第三鎮兵学校教官となった。次いで北洋陸軍官学校教官、北洋陸軍講武学堂教官、陸軍第二八師団教官、中華民国陸軍部顧問、山東将軍顧問、青島督弁顧問、膠州鉄道管理処顧問、渤海艦隊顧問、山東派遣第一〇師団嘱託、膠東防守司令部顧問、第二次山東派遣第六師団嘱託、山東省政府主席顧問、関東軍司令部委嘱員、瀋海鉄路維持会警務顧問を歴職した。その後三三年一〇月満鉄瀋海鉄路局参事となり、同局警務監督、鉄路総局警務督察員を経て三五年綏芬河警務段長となった。この間、満州事変時の功により勲六等旭日章を授与された。

和田　忠一 ▷9

石光洋行遼陽支店支配人／奉天省遼陽東大街／一八五一（嘉四）九／奈良県磯城郡織田村

奈良県士族の子に生まれ、日露戦争後一九〇五年に五〇歳半ばで渡満した。大連の石光洋行に入り、遼陽支店支配人として建築請負業と陸軍用達商を経営した。

和田徳次郎 ▷12

満鉄新京機関区庶務助役、勲八等／新京特別市平安町／一九〇一（明三四）一／香川県大川郡津田町／香川県立大川中学校

一九二〇年三月香川県立大川中学校を卒業し、同年五月満鉄に入社して鉄嶺車輌係となった。二四年四月職員に昇格して二五年三月長春機関区に転勤し、三〇年六月職制改正により事務員となった。次いで三三年一一月庶務助役に就き、三六年九月職制改正により再び職員となり新京機関区庶務助役に転任した。この間、満州事変時の功により勲八等瑞宝章及び従軍記章並びに建国功労賞を授与され、三六年四月勤続一五年の表彰を受けた。

和田　富雄 ▷10

㈾三信商会代表社員、ベルギー副領事／大連市丹後町／一八八六（明一九）一一／高知県土佐郡初月村／東京外国語学校仏語科

一九一〇年三月東京外国語学校仏語科を卒業した後、病気療養のため帰郷した。一一年一月京都商業会議所書記となったが、病気再発で同年六月に辞職して帰郷した。一二年一月大阪に出て浅井友太郎商店に入り、パイプ類の販売に従事した後、同年九月農商務省の海外実業練習生となって仏領インドシナに渡った。一六年一〇月に帰国し、翌年五月友人数名と㈾八幡商会を興して仏印貿易を営んだ。一八年九月夫人の父千村春次の招聘で渡満して大連の千村商店支配人となり、金物・度量衡器の販売に従事した。二四年一月大連の実業家の依嘱でフランス、ベルギー、イギリス等を商況視察し、二六年六月に大連に戻り、越後町に和田洋行を設立して輸出入貿易代理業を開始した。

洋行中にフランス、ベルギー、イギリス等の諸会社と代理店契約を結び、その後さらにアメリカの会社の代理店にもなり、中川商店と三信商会を併合して㈾三信商会を設立して代表社員に就いた。経営のかたわら日仏協会理事福岡子爵の推挙で二七年四月大連駐在ベルギー名誉副領事に就任し、両国通商の発展に努めた。

和田　留蔵　▷11

満鉄大連鉄道事務所員、勲八等／大連市朝日町／一八八一（明一四）四／千葉県君津郡久留里町／工手学校土木科

千葉県農業和田義照の四男に生まれ、一八九九年工手学校土木科を卒業して鉄道作業局雇員となり、その後逓信省鉄道局に転じて鉄道線路予定線の測量に従事した。〇五年四月日露戦争に際して臨時鉄道大隊付として安奉線の連絡にあたり、同年七月臨時軍用鉄道監部付となった。戦後〇六年九月野戦鉄道提理部付に転じ、〇七年四月の満鉄開業とともに満鉄社員となった。

渡辺　省　▷12

満鉄吉林工務段技術員、勲八等／吉林大和街／一八九九（明三二）九／鳥取県西伯郡渡村／松江工科学校

鳥取県渡辺相四郎の三男に生まれ、一九一九年松江工科学校を卒業した。二二年鉄道省に入り米子建設事務所等に一〇年余り勤務した後、三三年三月満鉄に転じて渡満した。建設局勤務、ハルビン在勤を経て拉浜線の建設現場に勤務した後、三四年九月吉林鉄路局に転任して吉林工務所技術員となった。この間、拉浜線新站在勤時に同地の在郷軍人会副会長を務め、満州事変時の功により勲八等従軍記章及び建国功労賞を授与された。

渡辺　市助　▷12

満鉄博克図列車段長、社員会評議員／興安東省博克図満鉄列車段／一八九九（明三二）九／福島県双葉郡富岡町

一九一五年一一月満鉄に入り、運転課電信方、周水子駅駅務助手、同駅務方に歴勤した。次いで大連列車区車掌、石河駅助役、熊岳城駅助役、大連鉄道事務所四洮鉄路局派遣、四洮鉄路局四平街弁事処、四平街鉄路監理所監理員を歴任し、三六年四月博克図列車段長となった。この間、三一年四月勤続一五年の表彰を受けた。

渡辺猪之助　▷11

満鉄技術研究所長、正八位、予備陸軍工兵少尉／大連市沙河口霞町／一八八七（明二〇）一二／岡山県児島郡粒江村／京都帝大理工科大学機械工学科

岡山県村長林藤吉の次男に生まれ、同県渡辺小平治の婿養子となった。一九一三年京都帝大理工科大学機械工学科を卒業して神戸製鋼所に入社し、同年一年志願兵として東京中野電信隊に入隊し、一四年一二月に除隊して復職した。一七年一月に退社して満鉄に入社し、沙河口工場鉸鋲職場主任となった。客車職場、貨車職場、塗裁縫職場、製材職場の主任を歴任し、二四年二月から八ヶ月間機関車製作監督のため米国に出張し、帰社して参事となった。二五年七月鉄道部工作課港湾係主任を経て二七年一二月技術研究所所長に就任し、かたわら在郷軍人会沙河口分会顧問を務めた。

渡辺　英　▷12

満鉄奉天用度事務所鞍山支所長／奉天省鞍山満鉄用度事務所支所／一八九六（明二九）一一／千葉県夷隅郡中根村／拓殖大学支那語科

千葉県渡辺弓太郎の三男に生まれ、大多喜中学校を経て一九一九年三月拓殖大学支那語科を卒業し、日本郵船会社に入り会計課に勤務した。二〇年一二月満鉄に転じて商事部倉庫課に勤務し、二二年一月経理部倉庫課、二六年一月長春支庫、二七年四月奉天支庫、同年一一月用度事務所奉天支所、二八年同長春支所、三一年商事部用度課奉天倉庫長春支庫、三二年新京支庫に歴勤した。三三年新京倉庫事務所主任となり、次いで同年一二月用度事務所新京倉庫事務係主任、三五年同庶務課計算係主任、用度部計画課計算係主任を歴職し、三七年六月奉天用度事務所鞍山支所長となった。

渡辺　栄治　▷12

満鉄安東医院眼科医長／安東満鉄医院／一九〇五（明三八）九／千葉県君津郡昭和町／東京帝大医学部

一九三二年三月東京帝大医学部を卒業し、同年四月眼科教室副手となった。三四年四月同教室研究員となり、かた

わ

わら東京の海軍共済組合病院眼科医嘱託を務めた。三五年三月満鉄に転じて奉天省四平街医院眼科医長となり、三七年四月安東医院に転勤した。

渡辺栄太郎 ▷9

渡辺商会主／大連市長門町／一八七四（明七）三／福岡県築上郡八屋町

代々呉服店を営む旧家に生まれたが、一九〇二、三年頃に米相場に手を出して破産した。日露戦中の〇四年に渡満し、大連信濃町の魚菜市場内で魚類輸入業を開いて資金を貯め、翌年から麻袋の売買を始めた。〇六年からは麻袋の売買を主として特産物貿易と運送業を兼営し、二三年店舗を長門町に移した。

渡辺　嘉吉 ▷9

大連工革廠主／大連市磐城町／一八七六（明九）四／東京府東京市浅草区新畑町

仙台に生まれ、一九〇二年に上京して東京製革㈾に入った。〇七年満鉄東京事務所に転じ、程なく大連本社用度課に転任して渡満した。一八年に退社して大連皮革㈱を設立し、次いで満州皮革㈱を合併し主事として皮革製作に当たった。二〇年三月さらに大連工革㈱を創立して皮革工業の大同団結を図ったが、三菱系の満蒙殖産㈱が設立されて解散に追い込まれた。その後独立して大連工革廠を経営し、十数人の従業員を抱えるまで盛り返した。

渡辺　寛一 ▷11

満鉄参事、撫順炭砿運輸事務所長／奉天省撫順南台町／一八八九（明二二）五／埼玉県大里郡熊谷町／東京帝大工科大学電気学科

埼玉県農業渡辺安五郎の子に生まれ、一九一四年東京帝大工科大学電気学科を卒業して満鉄に入社した。撫順炭砿機械課員として東郷坑に勤務した後、一六年機械工場勤務、一九年一月工業課電鉄係主任、二一年三月運輸課運転係主任兼務、二三年四月鉱務課採砂係主任兼務、二五年運輸課長を歴任し、二七年一一月職制変更とともに撫順炭砿運輸事務所長に就いた。この間、二五年一一月欧米に出張し、電気ショベルと油母頁岩破砕機を視察して二六年一〇月に帰社した。

渡辺　喜市 ▷11

昌光硝子㈱技師、正八位／大連市桜花台／一八九四（明二七）／九／熊本県熊本市紺屋町／明治専門学校応用化学科

熊本県商業渡辺藤七の五男に生まれ、一九一六年明治専門学校応用化学科を卒業して福岡県戸畑の旭硝子㈱に入社した。同年一二月一年志願兵として熊本野砲兵第六連隊に入営し、除隊して陸軍砲兵少尉に任官した。二五年五月に渡満し、満鉄と旭硝子の共同出資で設立された昌光硝子㈱の技師となった。

渡辺　義一 ▷8

奉天電報通信社社長、帝国通信社奉天支局長／奉天浪速通／一八九二（明二五）九／広島県加茂郡阿賀町

一九一八年に渡満して言論界で活動した後、二二年六月奉天電報通信社を設立して新聞社その他にニュースの配信を開始した。かたわら帝国通信社特派員となり、二五年五月に奉天支局を開設し、同年九月浪速通に新築移転した。

渡辺喜八郎 ▷3

安東銀行支配人、同専務取締役／安東県旧市街／一八六五（慶一）一／東京府東京市京橋区高代町

東京で陶磁器製造、貿易商を営んだ後、一九〇四年志田組支店支配人になり、土木建築請負、貿易業に従事した。〇七年三月安東県貯蓄会を設立して専務理事に就き、同年一一月㈱安東貯蓄会取締役に就任した。一一年五月㈱安東銀行専務取締役に就き、後に支配人となった。この間、〇七年一一月安東居留民団民会議員・同会計検査員、一一年五月同団役所課税調査委員等に選任された。

渡辺　清 ▷3

関東都督府長春警務署長兼領事館警察署長、高等官七等従七位／長春警務署長官舎／一八七二（明五）九／高知県長岡郡五台山村

一八九八年一二月大阪府警部となり、日露戦後の一九〇五年一一月陸軍省警部・関東州民政署旅順支署勤務となって渡満した。〇八年五月公主嶺警務支署長、一二年八月撫順警務支署長を歴任し、一三年九月警視に進んで鉄嶺警

わ

務支署長となり、同年一二月長春警務署長兼領事館警察署長に転任した。

渡辺源一郎 ▷9

渡辺商店主／大連市越後町／一八七六（明九）九／福岡県福岡市博多馬場新町

小学校を卒業して下関商船㈱に入り、勤務中に一九〇四年日露戦争に従軍した。戦後いったん帰国し、〇六年二月に再び渡満した。大連市監部通に渡辺商店を開いて米穀、薪炭、竹材の販売業を営み、一一年に越後町に新築移転した。

渡辺健五郎 ▷12

満鉄安東機関区工作助役／安奉線安東駅構内安東機関区／一八八三（明一六）一一／新潟県中頸城郡大鱶村

一九〇〇年一〇月東京大井の後藤毛織物会社の機械仕上実地見習となり、次いで鉄道院長野工場仕上工に転じた。一九〇四年日露戦争に際し臨時鉄道大隊付として安東に上陸し、次いで奉天臨時鉄道大隊付として勤務した後、帰国して長野工場に復帰した。その後朝鮮に渡って朝鮮総督府鉄道局鉄道工場の組立工、兼二浦の三菱製鉄所仕上工を歴職した後、一九年六月満鉄に入り遼陽車輌係仕上工となった。以来歴勤し、二一年九月修繕方、三一年一一月修繕工長、三二年一〇月蘇家屯機関区勤務を経て三三年一一月安東機関区工作助役となった。この間、三四年に満州事変時の功により木杯一組及び従軍記章を授与され、三五年四月勤続一五年の表彰を受けた。

「渡部」は「わたべ」も見よ

渡部源五郎 ▷12

満州国軍政部中央陸軍訓練処経理養成部長、正五位勲三等／奉天霞町／一八八六（明一九）一〇／東京府東京市小石川区／東京外国語学校独語選科、陸軍経理学校

福島県会津に生まれ、東京外国語学校独語選科を卒業して陸軍に入った。経理学校を卒業した後、糧秣廠員、経理学校教官、支那駐屯軍天津在勤、大阪陸軍糧秣廠長、第一〇師団経理部長、第一二師団経理部長等を歴補して一等主計正に進んだ。一九三二年満州国政府に招かれて渡満し、軍政部中央陸軍訓練処経理養成部長として経理官養成機関の創設に当たった。任を終えた後、辞職して奉天に在住した。

渡部幸三郎 ▷12

吉林省土木庁工務科長、正六位／吉林市陽明街／一八九六（明二九）一／愛媛県温泉郡河野村／京都帝大工学部土木工学科

愛媛県渡部好五郎の三男に生まれ、第七高等学校を経て一九二四年三月京都帝大工学部土木工学科を卒業し、二五年復興局技手となった。二七年技師に昇格し、三〇年四月復興事務局技師を経て三二年三月内務省都市計画地方委員会技師兼地方技師となり、岩手県に赴任した。三六年吉林省公署技正に転出して渡満し、民政庁土木科長を経て三七年一月土木庁工務科長となった。

渡辺　光治 ▷11

大連朝日小学校訓導／大連市弥生町／一九〇一（明三四）九／宮城県志田郡古川町／宮城県師範学校

宮城県農業渡辺米吉の次男に生まれ、中学校を卒業して住友銀行に勤務した後、宮城県師範学校に入学した。一九二四年に卒業して県下の涌谷小学校訓導となり、二八年二月大連朝日小学校訓導に転任して渡満した。夫人、長男、次男のほか実母、長弟、次弟、三弟、四弟と同居し、次弟の正二は南満州電気㈱に勤務した。

渡辺小平次 ▷12

㈴渡辺組商事部代表社員／奉天弥生町／一八八五（明一八）一〇／香川県綾歌郡山内村

一九〇七年に渡満して公主嶺の有馬組建築部に入り、一二年に満鉄に転じて遼陽工場に勤務した。次いで一八年に奉天の津田秀次郎が経営する事業所に入り、鞍山及び遼陽出張所を担当した。二二年原組に転じて遼陽出張所を担当し、三一年に前任者の退店により奉天出張所に異動して満鉄指定の水道工事を手がけた。三四年九月原組と関係を絶ち、奉天出張所を独立させて㈴渡辺組として土木工事に従事した。さらに三七年一月渡辺組商事部と合併して資本金を二〇万円とし、関東軍及び満州国政府関係の雑貨卸売りと土木建築、水道工事請負業を経営した。日本人一七人、中国人一三人を使用し、奉天城内、遼陽、錦県、鉄嶺、深井子、義県、朝陽、錦西、阜新、壺蘆島、石山站、西海口、凌源、洮安、安東、新義州に出張所を置き、長男幸俊を安東出張所主任、養子永太郎を遼陽出張所主任として年商三〇万円を計上した。

渡辺才二郎　▷11

満鉄奉天地方事務所工務経理主任／奉天葵町／一八九五（明二八）九／長崎県西彼杵郡茂木町／長崎高等商業学校

一九一九年長崎高等商業学校を卒業して満鉄に入社し、大連管理局保線課に勤務した。技術部、運輸部、鉄道部、地方部庶務課、鞍山地方事務所に勤務した後、鞍山地方事務所経理係長兼鞍山地方区経理係主任、遼陽地方事務所経理係長、大連工務事務所経理係長、東京支社臨時建築係等を歴任した。二七年一一月、奉天地方事務所に転任して工務経理主任に就いた。

渡辺作左衛門　▷1

薩摩屋旅館主／奉天省鉄嶺／一八七九（明一二）一二／鹿児島県鹿児島市西千石町

一八九八年から熊本の第六師団第四五連隊の用達業を営んだ後、一九〇一年大阪に出て実弟茂一郎の経営する造成社支配人となったが、翌年退社して奄美大島で海産物の売買と造船業に従事した。〇四年に日露戦争が始まると茂一郎と共に安東県に渡り、鳳凰城、遼陽その他各地を転々とした後、〇五年三月営口で軍用達業と自転車販売店を経営した。翌年四月鉄嶺に移って旅館を開設し、不親切で暴利を貪ること全満一とされた鉄嶺の旅宿業界で懇切低廉を主義として信用を獲得した。兄の茂一郎も鳳凰城、営口、新民屯を経て〇六年九月から鉄嶺で雑貨卸売りと建築材料販売、土木建築請負業を経営した。

渡辺　三朗　▷12

奉天市財務処税務科長／奉天藤浪町／一九〇三（明三六）一一／岐阜県安八郡三城村／東亜同文書院商務科

大垣中学校を経て一九二六年三月上海の東亜同文書院商務科を卒業し、東亜煙草㈱に入社して奉天支店に勤務した。三二年四月奉天市政公署秘書に転じ、同年一一月奉天市都市計画技術委員会委員となり、財務科副科長に就いた。三四年三月大奉天都市計画委員会嘱託、三五年一月財務科主計課長兼務、同年六月財務科税務科長を経て三六年四月奉天市理事官となり、財務処税務科長を務めた。

渡辺　三郎　▷12

満鉄大連鉄道事務所大連埠頭車務主任、社員消費組合総代／大連市満鉄大連鉄道事務所／一八八六（明一九）五／福島県双葉郡富岡町

福島県渡辺市太郎の次男に生まれ、一九〇二年一二月日本鉄道会社に入り湯本駅に勤務した。次いで日露戦争後の〇五年九月野戦鉄道提理部付として渡満し、大連駅に勤務した後、〇七年四月満鉄開業と同時に同社入りし、大連、遼陽、大連、橋頭、大石橋の各駅に歴勤した。その後、埠頭事務所車務課勤務、同運転助役、大連埠頭構内助役、埠頭事務主任、同車務係、構内助役を経て三五年四月大連鉄道事務所大連埠頭車務主任となった。満鉄創業時から多年現業に従事し、三七年四月に勤続三〇年記念表彰を受けた。

渡辺　朱一　▷12

満鉄錦県鉄路医院長兼医長／錦州省錦県北三経路／一八九七（明三〇）六／佐賀県小城郡北山村／九州帝大医学部

佐賀県渡辺藤七の四男として神埼郡蓮池村に生まれ、一九二三年三月九州帝大医学部を卒業して副手となり、同大附属病院に勤務した。二四年五月助手を経て二五年五月医学部衛生学教室勤務となり、二九年七月論文「結核免疫ニ関スル実験的研究」により医学博士号を取得した。三三年四月門司の浅野セメント㈱附属病院長に就いた後、三四年四月満鉄奉天鉄路医院錦県分院医員に転じて渡満し、同年七月から錦県扶輪小学校校医を兼務した。次いで三六年九月奉天鉄路医院錦県分院長に就き、同年一〇月の機構改革により錦県鉄路医院長となった。

渡辺　純一　▷12

㈱奉天紡紗廠用度科長／奉天藤浪町／一八九九（明三二）四／栃木県塩谷郡箒根村／慶応大学経済学部

一九二四年三月慶応大学経済学部を卒業し、同年五月遼陽の満州紡績㈱に入り庶務課人事係に勤務した。二九年七月倉庫係、三二年六月会計係を歴職した後、三三年三月㈱奉天紡紗廠に転じ、後に用度科長を務めた。

渡辺　俊蔵　▷13

清水組満州支店長／大連市真弓町／一八九〇（明二三）／秋田県北秋田郡扇田町

一九〇五年一五歳で清水組に入り、一六年に朝鮮京城支店から大連支店勤務になって渡満した。以来、大連市役所、大連埠頭事務所、大連遼東ホテル、奉天ヤマトホテル、東拓ビルなど数多くの建築を手がけ、満州支店長に就いた。

渡部俊太郎　▷12

満鉄新京鉄道工場鉄工廠主任、従七位／新京特別市満鉄新京特別市鉄道工場鉄工廠／一八九九（明三二）二／山形県鶴岡市賀島町／仙台高等工業学校機械科

山形県渡部駒太郎の長男に生まれ、一九二二年三月仙台高等工業学校機械科を卒業して鉄道省に入り、盛岡工場に勤務した。二三年六月技手に進んで旋盤職場主任となり、同製罐職場主任兼鍛冶職場主任を経て郡山工場に転勤し、工作課機械係、同工場旋盤職場主任を歴任した。その後三三年一二月に依願免本官し、同月渡満して満鉄鉄道総局に入り洮昂斉克洮南鉄路局に派遣された。次いで三四年四月ハルビン鉄路局機務処工作科副科長兼機械股長、三五年三月ハルビン鉄路局機務科勤務、同年六月ハルビン工廠車輌廠主任、同年九月同貨車廠主任兼務を経て三七年四月新京鉄道工場鉄工廠主任となった。

渡辺　正一　▷10

特産物・麻袋商渡辺商店主／大連市武蔵町／一八九三（明二六）一一／長崎県壱岐郡石田村／長崎商業学校

長崎商業学校を卒業して朝鮮に渡り、同郷の知人が経営する仁川の米穀商店に勤務した。二年後に神戸の鈴木商店に転じ、京城、安東県の各支店に勤務した後、一九二一年一一月満州貿易会社専務松本静雄の招聘で大連に渡り、同社取締役として特産物売買に従事した。二二年に独立して市内若狭町に店舗を構え、満州商業銀行頭取藤平泰一の後援を得て満州貿易会社、玉谷洋行、藤井利三郎商店を経由して特産物を買い付け日本に輸出した。その後業界不振で二四年一月に廃業し、麻袋商渡辺榮太郎商店に入ったが店主の死亡で遺族が引き揚げたため、同年七月同郷で親戚の住野繁と共同で再び渡辺商店を経営し、特産物および麻袋商を経営した。

渡辺　昇吾　▷11

スルザー・ブラザース工業事務所代表／大連市山県通／一八八七（明二〇）七／千葉県市原郡高滝村／東京外国語学校

千葉県農業渡辺兵吾の三男に生まれ、一九一〇年東京外国語学校を卒業して鈴木商店に入った。上海、大連など各地に勤務して本店機械部主任となったが、二七年四月に同店が倒産し、同年八月まで整理に従事した。退店と同時に渡満してスイスのスルザー・ブラザース工業の大連支店を開設し、以来その代表を務めた。

渡辺正太郎　▷11

満鉄大連埠頭事務所庶務係主任／大連市桜花台／一八九四（明二七）三／佐賀県小城郡小城町／長崎高等商業学校

佐賀県農業渡辺卯三郎の長男に生まれ、一九一六年長崎高等商業学校を卒業した。一八年一月に渡満して満鉄に入り、埠頭事務所勤務、同計算係主任、大連鉄道部勤務等を経て二八年一二月再び大連埠頭事務所に転じ、庶務係主任に就いた。

渡辺　末吉　▷4

渡辺商会主、富士洋行代表／吉林省一面坡／一八八五（明一八）一二／静岡県静岡市呉服町／慶應義塾、中央商業学校、明治大学

静岡県小林伊之助の五男に生まれ、同県渡辺家の養子となった。慶應義塾、中央商業学校、明治大学等に学んだ後、一九〇六年ウラジオストクに渡り、自家醸造の醤油を販売した。かたわら静岡特産の柑橘類の販路を開拓し、富士柑橘委托会社を設立して大連、ハルビン、ハバロフスク、ニコリスク等に支店・出張所を設けた。次いで満州産大豆に着目し、吉林省一面坡に渡辺商会を設立してハルビン以東の沿線に産する大豆輸出業を兼営した。その後ウラジオストクの富士柑橘委托会社を富士洋行と改め、ハルビンのスクオーズナヤ街に店舗を移して北満特産物の輸出を行った。

渡辺末三郎　▷12

国務院軍政部軍需司兵器課員兼特

わ

許発明局審査官兼評定官、従七位／勲六等／新京特別市清和胡同／一八九二（明二五）七／茨城県真壁郡上妻村／茨城県立下妻中学校中退、陸軍砲兵工科学校火薬科

茨城県渡辺三造の三男に生まれ、一九〇九年県立下妻中学校三年を中退した後、一二年一二月徴兵されて東京の野砲兵第一三連隊に入営した。一四年に陸軍砲兵工科学校火薬科を卒業して同年一二月砲兵伍長となり、二一年二月一等火工長、二五年五月砲兵上等工長に累進した。三三年六月依願予備役編入となり、同年七月満州国陸軍砲兵上尉補となって渡満し、軍政部兵器課に勤務した。三六年九月特許発明局技佐兼任となり、同局審査官及び評定官を兼務した。

渡部　進　▷12

満鉄中央試験所合成燃料研究室主任／大連市南月見ヶ丘／一九〇一（明三四）五／静岡県富士郡今泉村／東京帝大理学部化学科

静岡県渡部朝太郎の長男に生まれ、高師附属中学校、第七高等学校を経て一九二七年三月東京帝大理学部化学科を卒業して大学院に進んだ。二八年五月満鉄に入社して中央試験所に勤務し、三〇年六月技術員となった。三六年九月の職制改正により職員となり、翌月同所合成燃料研究室主任に就いた。元満鉄建築課長で後に大連で小野木横井市田共同建築事務所を経営した建築家小野木孝治の長女輝子を夫人とした。

渡辺　進　▷12

満鉄皇姑屯鉄道工場庶務科庶務股主任、社員会評議員、社員消費組合総代／奉天萩町／一八九五（明二八）七／埼玉県北足立郡原市町／明治大学専門部政治経済科

埼玉県渡辺八五郎の四男に生まれ、一九二二年明治大学専門部政治経済科を卒業し、二三年四月満鉄雇員となり地方部学務課に勤務した。その後鉄路総局詰となり、三四年七月皇姑屯鉄道工廠に転勤して庶務課庶務股主任となり、三六年一〇月の職制改正後も引き続き同職に留まった。

渡辺精吉郎　▷11

満鉄社長室事務嘱託／大連市神明町／一八七四（明七）一二／東京府東京市小石川区関口台町

土佐藩家老職深尾康臣の次男に生まれ、親戚の渡辺家を再興して家督を継いだ。一八九二年日本鉄道㈱に入り鉄道業務に従事したが、一九〇六年一一月鉄道国有化による会社解散により鉄道作業局に転じた。〇七年四月の満鉄開業とともに満鉄に入社し、運輸部職員兼総務部技術局保線課員として広軌化に伴う運転上の計画実行の一切を主管し、次いで運転営業に関する諸規程の編纂に従事した。一七年二月撫順炭砿運炭課長に転任した後、同年一〇月に退社して朝鮮で鉱業を経営した。かたわら一九年一二月に満鉄鉄道部嘱託となり、二七年九月からは社長室事務嘱託を務めた。渡満以来、満蒙開発と通商の経済価値と通貨に関する研究を続け、『吉会鉄道と其終端港に就て』『日本と北満との新交通路』『満州に於ける金資と銀資』等の著書がある。次男駿は東京帝大農業土木科、次女清子と四女若子は大連神明高女に学び、長女献は満鉄大連埠頭職員の関弘に嫁した。

渡辺宣三郎　▷11

大連弥生高等女学校教諭、従七位／大連市桂町／一八七〇（明三）四／東京府東京市麹町区富士見町／東京高等師範学校中退

旧六浦藩権大参事を務めた佐藤忠蔵の三男に生まれ、旧和歌山藩士渡辺魯輔の養子となった。東京高等師範学校に入学したが家事の都合で中退し、後に文部省検定試験に合格した。一九一六年五月関東都督府旅順中学校教諭として渡満し、二三年四月大連商業学校に転任した後、二五年四月大連弥生高等女学校教諭となった。長男剛は東北帝大医学部、長女澄子は京都府立第一高女専攻科に学んだ。

渡辺　宗三　▷12

満鉄鉄嶺駅長、勲八等／奉天省鉄嶺駅長社宅／一八九六（明二九）二／三重県三重郡川越村／拓殖大学

三重県早川石松の次男に生まれ、渡辺昌太郎の養女ヒサの婿養子となった。三重県立第二中学校を経て一九二〇年拓殖大学を卒業し、同年四月満鉄に入社して奉天駅に勤務した。二二年六月奉天列車区に転勤した後、二四年七月新台子駅助役、二五年四月遼陽駅助役を歴職し、二八年一〇月同駅構内助役を経て三一年八月草河口駅長となった。三三年一一月蘇家屯駅構内主任を

経て三七年一一月鉄嶺駅長に就任し、かたわら鉄嶺附属地衛生委員会委員を務めた。この間、満州事変時の功により勲八等従軍記章及び建国功労賞、皇帝訪日記念章を授与され、三五年四月勤続一五年の表彰を受けた。

渡辺　退助　▷10

第一生命保険相互会社大連支部長／大連市対馬町／一八八九（明二二）四／新潟県中頸城郡直江津町／東京帝大法科大学

一九一七年東京帝大法科大学を卒業し、同郷の先輩で代議士の増田義一の推挙で第一生命保険会社に入った。東京本社契約課及び会計課に勤務した後、二五年八月大連支部長となって渡満した。天津に駐在員を置くなど華北方面に進出して実績を上げ、その後京城支部長に転任した。

渡辺　大徳　▷12

㈱大矢組常務取締役／奉天省鉄嶺老松町／一八八六（明一九）一／香川県大川郡志度町／高松甲種商業学校

一九〇五年高松甲種商業学校を卒業した後、〇七年に渡満して大矢組に入った。勤続して一六年同組支配人となり、後に常務取締役に就いて全営業を統括した。この間、パプチャップ事件、奉直戦争、郭松齢事件、満州事変の際に軍に従って現地に赴いた。長女徳子は大連弥生高女を卒業して新京交通部勤務の杉並栄に嫁し、三弟栄一は奉天の小林又七支店出張所主任を務め、四弟弘行は東京美術学校を卒業して彫塑家となり昭和一一年度帝展で推薦となった。

渡辺　厳　▷11

ハルビン日日新聞社員／ハルビン埠頭区／一八八三（明一六）一二／岡山県吉備郡庭瀬町／早稲田大学

岡山県官吏渡辺純の三男に生まれ、一九一一年早稲田大学を卒業して満州日日新聞社に入った。経済部記者として数年勤務した後、大連で経済日報社を創立した。その後大連無線放送局創立委員長としてラジオ局開設に尽力し、二五年八月に実験放送を開始した。二八年ハルビンに移り、ハルビン日日新聞社社員となった。三角洲と号して和歌を能くし、一派を成した。

渡辺　武夫　▷1

中国官衙員、勲六等／奉天省鉄嶺／一八八〇（明一三）三／宮城県仙台市東四番町／東亜同文書院

一九〇一年五月上海の東亜同文書院に入学し、〇四年四月に卒業して高等官待遇の通訳として日露戦争に従軍した。第三軍第一一師団歩兵第一〇旅団司令部に勤務した後、〇五年一月に旅順が陥落すると鴨緑江軍に転じた。戦後〇六年一月に除隊して勲六等旭日章と一時賜金三五〇円を受け、同年四月鉄嶺軍政署の嘱託となり、主として商工業に関する調査に従事した。軍政署が廃止されると中国の行政機関に傭兵され、知県、衙門交渉局、税捐局、巡警衛生局等の交渉委員を務めた。

渡辺　武　▷1

武富組主任／旅順市／一八七〇（明三）一／山形県米沢市蔵之町

旧上杉藩士の子に生まれ、郷里で機業に従事した後、京都、名古屋などの機業家に招かれて技術指南をして回った。その後一九〇四年五月日露戦争に際し朝鮮に渡り、第一軍兵站部の酒保となった。〇五年一月病気のため酒保を辞めて安東県で療養し、快癒後に土木建築業を始めたが、同年九月大連を経て金州に入り、東門街で渡辺組を興して土木建築請負業を営んだ。〇六年一月に金州居留民会が組織されると会長として墓地、学校、病院の開設などに奔走したが、業務多忙のため半年後に辞任した。その後廃業して旅順に移り、武富組主任として諸官衙用達業に従事した。

渡辺　湛　▷11

満鉄長春駅事務助役／長春平安町／一八九三（明二六）一〇／東京府東京市本郷区浅嘉町／満鉄養成所運輸科

東京府渡辺殖の次男に生まれ、一九一一年七月に渡満して満鉄養成所運輸科に入所した。翌年修了して奉天駅電信方となり、同駅車掌、大屯駅助役、双廟子駅助役、長春駅貨物方等を経て二八年五月長春駅事務助役に就いた。

渡辺　千晃　▷12

満鉄待命職員／奉天満鉄鉄道総局気付／一九〇三（明三六）一一／山口県熊毛郡光井村

本姓は別、後に渡辺宣輔の養子となっ

た。一九二三年三月に渡満して満鉄に入り、以来勤続して事務員に昇格して鉄路総局に勤務した。次いで吉林鉄路局運輸処自動車科弁事員に勤務し、三六年九月の職制改正を経て三七年四月勤続一五年の表彰を受け、同時に待命・総局勤務となった。

渡辺　力　▷11

鳳凰城郵便局長、従七位勲八等／鳳凰城／一八八五（明一八）七／千葉県千葉市千葉寺町

千葉県官吏渡辺維綱の長男に生まれ、一九〇六年六月臨時電信隊付として渡満した。一三年二月関東都督府通信書記補となり、一七年一一月通信書記に進級し、長春郵便局主事、橋頭郵便局長を経て鳳凰城郵便局長に就いた。

渡辺長三郎　▷12

満鉄営口地方事務所消防監督兼衛生監督、勲八等／奉天省営口満鉄地方事務所／一八八七（明二〇）四／福島県安達郡本宮町／高等小学校

福島県渡辺清太郎の三男に生まれ、高等小学校を卒業して家業に従事した後、一九〇七年徴兵されて仙台の騎兵第二連隊に入営し、兵役終了後に再役志願をして一〇年一一月騎兵軍曹、一六年一〇月騎兵曹長に進級した。一七年一一月に満期除隊し、同年一二月に渡満して満鉄に入り、奉天地方事務所に勤務した。二九年一月営口地方事務所外勤員に転任し、営口消防隊副監督を経て三六年一〇月消防監督となり、三七年一月から衛生監督を兼職した。この間、三三年四月勤続一五年の表彰を受けた。

渡辺　綱雄　▷12

大連汽船㈱機関長心得、従七位／大連市白菊町／一九〇三（明三六）一二／福岡県田川郡赤村／東京高等商船学校

一九二五年、東京高等商船学校を卒業した。その後二九年九月大連汽船㈱に入り、三〇年一〇月一等機関士を経て三六年一月機関長心得となった。

渡辺　剛　▷11

無職／大連市薩摩町／一八七二（明五）九／兵庫県神戸市下山手通／星川塾専門部

兵庫県農業渡辺勇右衛門の五男に生まれ、一八九二年星川塾専門部を卒業した後、宮尾素岳に就いて古典を学んだ。九六年熱田湾築港調査員となり、神戸築港調査技手に転じた後、兵庫県土木課豊岡出張所、同竜野出張所、同姫路出張所の各主幹を務めた。一九〇七年四月関東都督府技手に任命されて渡満し、大連市街道路築造工事主任として市街道路の築造、水道敷設、沙河口第一水源地馬蘭河のブラインドダム築造等に従事した。一三年八月満鉄に転じ、大連築港ブロックヤード主任として大連埠頭の修造にあたった。二五年五月に退社し、同年七月天津租界局嘱託技師となり天津に赴任したが、その後辞職して大連で自適の生活を送った。一一年四月に米人ヒッバードによって大連基督教青年会が創設されて以来の理事で、西広場教会の長老を務めた。大連高等女学校第一期生の長女須磨子は開原駅長の井上芳雄に嫁し、長男偉人は早稲田大学政治経済科を卒業した。

渡部　ツル　▷12

丸福経営主／奉天十間房／一八七四（明七）／福島県耶麻郡猪苗代町

福井県今立郡味真野村に生まれ、日露戦争に従軍後一九〇六年から奉天に在留した渡部平次の妻となった。参謀本部の嘱託で数年間蒙古方面の調査に従事した後、二〇年から醸造業を経営した夫が没すると業務を引き継いで納豆、麹製造、清酒、味醂、焼酎の醸造販売業を経営した。丸福の商号で朝鮮方面と満州取引所から白米、満州国側から大豆を仕入れ、十間房に店舗と工場を置き、市内一帯から満鉄沿線各地に販路を拡げた。

渡辺　哲夫　▷12

満鉄奉天鉄道事務所工務課員、勲八等／奉天千代田通満鉄奉天鉄道事務所／一八九八（明三一）三／岡山県真庭郡新庄村／岡山県立工業学校土木科

岡山県渡辺菊市の長男に生まれ、一九一六年岡山県立工業学校土木科を卒業し、一七年六月飯山鉄道㈱技手となり工務課に勤務した。次いで仙北鉄道㈱技手・工務課建設係、磐城鉄道㈱工務課勤務、西武鉄道㈱技手・建設部勤務、筑波高速度電鉄㈱技術部勤務を経て京成電気軌道㈱技手・技術部建設工事現場主任となり、日暮里・上野間建設工事第三現場主任を務めた。その後三三年一二月に渡満して満鉄に入り、図們建設事務所、チチハル建設事務所、白城子建設事務所に歴勤した。三五年一一月索倫工務段長となり、三七年三月奉天鉄道事務所工務課に転任した。この間、満州事変時の功により勲八等に叙された。

渡辺　伝市　▷8

奉亞行主／奉天／一八八六（明一九）／島根県那賀郡今福村／私立法律研究所

年少の時に上京して私立法律研究所に学び、修了後朝鮮に渡り総督府通信局会計課に勤務した。その後渡満して奉天に赴き、大亞行の名で軍器、諸機械、鉄材料商を営み、二五年に奉亞行と改称した。中国語を習得して中国側有力者と交際し、中日合弁の華興煤鉱有限公司総経理、チェック斯可達工場東三省総経理、奉楡鉄路警務署諮議の要職を兼務した。

渡辺　徳重　▷3

遼陽新報社長／奉天省遼陽市／一八七九（明一二）一二／山梨県西八代郡富里村

一九〇五年四月、郷里山梨県甲府市の[資]山梨木材薪炭会社専属を辞めて渡満した。営口を経て遼陽に至り、遼陽日本人会が組織されると理事に就いた。〇六年二月に退職して帰省し、同年五月再び渡満した。〇八年三月夕刊紙「遼陽新報」を創刊して主筆と社長を兼務し、かたわら満州日日新聞、朝日新聞、満州通信社の遼陽通信員を務めた。

渡辺得司郎　▷13

鮮満拓殖㈱常任監事／一八八八（明二一）／新潟県／東京帝大農科大学

一九一二年、東京帝大農科大学を卒業した。山口県の農学校教員に就いたが性に合わず、渡満して「遼東新報」の記者となった。一九一七年東洋拓殖㈱が満州に進出すると同社奉天支店に入り、二四年朝鮮の裡里支店長に転任した。二六年に土地改良部が新設されると庶務課長となって京城に勤務し、元山支店長に転任した後、東拓の本格的満州進出に伴い初代新京支店長に就任した。三六年九月、鮮満拓殖㈱の創立とともに東拓を代表して常任監事に就いた。

渡辺徳次郎　▷12

渡辺琥珀堂主／奉天省撫順中央大街／一八七六（明九）九／京都府京都市上京区上長者町通

日清戦争後の一八九六年から台湾総督府に勤務し、日露戦争後の一九〇五年韓国統監府に転じて陸地測量部に勤務した。その後二一年に辞職して渡満し、大連で青島塩の販売業を営んで巨利を得た。二七年四月ジャパン・ツーリスト・ビューロー撫順案内所建設の目的で撫順に移り、中央大街で乗車・乗船券の発売と旅行斡旋業を始めた。次いで同所に二九年一〇月渡辺琥珀堂を併設して琥珀と石炭細工、中国土産物商を兼営し、業務の発展とともにビューローを譲渡して琥珀堂の経営に専念し、大連に支店を設けた。

渡部　奉綱　▷12

満州化学工業㈱庶務課長／大連市伏見町／一八九六（明二九）六／福島県双葉郡大堀村／慶応大学法律科

一九二二年三月慶応大学法律科を卒業し、同年七月満鉄に入社した。興業部商工課、社長室秘書課に歴勤した後、三三年五月満鉄傘下の満州化学工業㈱が設立されると同社庶務課長に転出し、文書課長を経て再び庶務課長となった。

渡辺　豊次　▷12

佐藤硝子店主、図們消防組役員／間島省図們銀河街／一八九九（明三二）七／岐阜県恵那郡東野村／長野県立農事講習所

岐阜県渡辺金之助の子に生まれ、一九一六年県立農事講習所を修了して郷里で養蚕業に従事した。二五年五月蚕業学校技手となって東野養蚕組合に勤務し、次いで二六年六月青年訓練所指導員嘱託となったが、同年末に退職して朝鮮に渡り江南でガラス・家具商を営んだ。三三年五月に渡満して図們でガラス店を開業し、自動車業を兼営した。

渡部　寅作　▷12

瀋陽製菓公司主／奉天千代田通／一八八九（明二二）三／神奈川県横浜市岡野町

渡部清次郎の次男として新潟県高田市上田端町に生まれ、海軍に入って兵役を終えた後、横浜の貿易商の下で働いた。一九一八年に独立して麻織物商を開業し、横浜から宇都宮方面を販売先としたが、二一年に欧州戦争後の不況に際会して失敗し、事業を整理して渡満した。その後、奉天千代田通に瀋陽製菓公司を興して内外菓子類の卸問屋を営んで成功し、全満に販路を伸ばして従業員三二人を使用した。

渡辺 信綱　▷12

満鉄錦県検車段長、社員会評議員／錦州省錦県満鉄検車段／一八八四（明一七）五／富山県富山市諏訪川原町

富山県商業渡辺平の長男に生まれ、一九〇五年七月鉄道作業局に入り、〇六年二月野戦鉄道提理部車両検査係として渡満した。〇七年四月の満鉄開業とともに入社して運転現業方面に従事し、一七年六月四鄭鉄道敷設に派遣された。奉天省四平街—鄭家屯間が開通すると満鉄に復帰し、公主嶺車輌係、大石橋車輌係、大石橋機関区、大連検車区大石橋分区、奉天検車区大石橋分区勤務を経て二三年六月同分区助役となった。次いで二七年三月大石橋分区検車助役、三一年八月安東検車区、三三年一二月大官屯検車区に歴勤し、三四年六月錦県機務段検車副段長を経て同年八月同段長となり、三七年四月勤続三〇年の表彰を受けた。この間、満州事変時の功により賜杯及び従軍記章を授与された。

渡辺 英人　▷12

大連取引所信託㈱計算係主任／大連市浅間町／一八九六（明二九）七／兵庫県神戸市兵庫区今出在家町／岡山県立矢掛中学校

岡山県に生まれ、県立矢掛中学校を卒業して渡満した。一九一八年六月大連取引所信託㈱に入社して計算係員となり、二二年一月主任に就いた。

渡辺 政雄　▷12

関東局警視兼外務省警視、本渓湖警察署長、従七位勲八等／奉天省本渓湖旭町／一八九一（明二四）一／福島県田村郡要田村

福島県渡辺徳次郎の長男に生まれ、一九一〇年現役志願して仙台の歩兵第六五連隊に入営し、朝鮮駐剳軍として朝鮮に渡った。一二年に帰休して除隊した後、一七年六月に渡満して関東都督府奉天警察署に勤務した。二四年二月長春警察署に勤務した後、三〇年六月警部に進んで鉄嶺警察署に勤務した。三二年七月范家屯警察署長、三三年二月新京警察署勤務、三五年三月関東局警務科警備科勤務を経て三六年三月警視補となり、本渓湖警察署長に就いて後に警視に昇任した。この間、満州事変に際し警察部隊を指揮して管内及び接壌地の治安維持に当たり、東北正規軍及び匪賊と一二〇数回交戦した。三四年九月の第一次行賞で勲八等旭日章並びに終身年金付白色桐葉章を授与された。三六年四月には警察功労記章及び満州国皇帝より景雲章を受けたほか、一家八人の兄弟中兵役服務者六人を出して表彰された。

渡辺政之助　▷12

吉林省舒蘭県参事官／吉林省舒蘭県参事官公館／一九〇六（明三九）一／秋田県雄勝郡新成村／東京帝大経済学部経済科、大同学院

一九三二年三月東京帝大経済学部経済科を卒業して渡満し、満州国資政局自治訓練所に入所した。同年一〇月改称後の大同学院を卒業して奉天省懐徳県属官となり、三四年一月三江省鳳山県属官を経て同年三月参事官に進み、吉林省舒蘭県参事官に転任した。

渡辺 万吉　▷12

国際運輸㈱チチハル支店労務係主任／龍江省チチハル新馬路国際運輸社宅／一八九九（明三二）七／東京府東京市日本橋区長浜町／荏原中学校中退

一九一六年五月東京市の荏原中学校三年を中退して東京湾汽船㈱に入ったが、その後渡満して商業に従事した。次いで長春運輸㈱に勤務した後、独立して四平街で鉄道敷設材・建設材料商と輸送業を営んだが、まもなく廃業して吉林の永信洋行に入った。さらに二七年三月国際運輸㈱吉林支店に転じ、以来勤続して同作業係主任、敦化営業所主任、同作業係主任を経て三五年八月チチハル支店労務係主任となった。

渡辺 貢　▷4

渡辺写真館主／ハルビン／一八八八（明二一）一二／三重県鈴鹿郡亀山町／愛知県立第一中学校

愛知県立第一中学校を卒業後、写真業を営む叔父の下で技術を修得した。一九〇七年に渡満し、大連の中島写真館の技手となった。〇八年に独立して長春で写真業を営んだが、その後シベリア各地を回ってハルビンが有望と見て、同地に渡辺写真館を開設した。

渡辺茂一郎 ▷1

渡辺公司主／奉天省鉄嶺／一八七六（明九）一／鹿児島県鹿児島市西千石町／第七高等学校造士館

鹿児島の第七高等学校造士館を卒業して郷里で各種の商業に従事した後、一八九六年大阪に出て縁戚関係の岩谷商会大阪支店に入り、「天狗煙草」の製造販売に従事した。その後独立して造成社を設立して工業用薬品の製造販売業を経営したが、一九〇二年に廃業して海産物、織物等の輸出貿易業に転じた。その後一九〇四年五月、日露戦中に実弟の作左衛門と共に朝鮮に渡って仁川から安東県に入った。同地で食料品雑貨商と土木建築請負業を営んだが、まもなく鳳凰城兵站司令部の用達に転じ、次いで営口を経て新民屯に至り、同地で平岡組出張所主任として陸軍用達と輸送業に従事した。〇六年九月さらに鉄嶺に移り、渡辺公司を興して雑貨卸売りと建築材料販売、土木建築請負業を経営し、同地の行政委員を務めた。弟の作左衛門も鳳凰城、遼陽、営口を経て〇六年四月から鉄嶺で薩摩屋旅館を経営した。

渡辺　泰臣 ▷12

吉林省公署警務庁衛生科員／吉林省公署警務庁衛生科内／一九〇七（明四〇）四／大分県西国東郡田染村／満州医科大学、大同学院

大分県渡辺学の長男に生まれ、宇佐中学校を卒業して渡満し、満州医科大学に入学した。一九三四年に卒業して大同学院に入所し、同年一〇月満州国民政部技士となり衛生司防疫科に勤務した。三五年一一月綏芬河検疫所長心得を経て三六年七月吉林省公署技佐となり、警務庁衛生科に勤務した。

渡辺　安蔵 ▷12

満鉄遼陽医院院長兼遼陽商業学校校医／奉天省遼陽満鉄遼陽医院／一九〇三（明三六）二／山形県西村山郡寒河江町／満州医科大学本科

山形県渡辺彦兵衛の次男に生まれ、新庄中学校を卒業して渡満し、奉天の満州医科大学に入学した。一九三〇年三月同大学本科を卒業して副手兼医員、同大学附属医院勤務を経て助手兼医員となった。その後三四年七月満鉄遼陽医院院長に就き、三七年一月から遼陽商業学校校医を兼職した。

渡部勇次郎 ▷12

満州計器㈱大連支店長／大連市青雲台／一八九一（明二四）三／愛媛県温泉郡北吉井村／伊予中学校

愛媛県渡部助太郎の長男に生まれ、一九一〇年三月松山市の伊予中学校を卒業して同年六月愛媛県警察部に勤務した。次いで同県警察書記内務部勤務、同県技手、兵庫県技手に歴勤した後、一五年一月農商務省度量衡技術講習を修了して愛媛県度量衡主任官、大阪府度量衡同業組合主事、日本度量衡器工業組合関西事務所主事を歴任した。その後三四年七月満州計器㈱に転じて渡満し、本社営業主任を経て三五年二月大連支店長に就いた。この間、三一年一〇月大阪府度量衡同業組合長より、また三二年一一月大阪実業組合連合会長より表彰され、『メートル法に就て』『度量衡計器営業試験手引』『大阪府度量衡同業組合史』その他の度量衡に関する著者を多数著した。

渡辺　豊 ▷12

満鉄拝泉自動車営業所主任／龍江省拝泉県満鉄拝泉自動車営業所主任社宅／一九〇三（明三六）一／千葉県山武郡睦岡村／日本大学法科中退

千葉県渡辺農作の長男に生まれ、一九二一年一月東京市電気局電車課に入り、電車係、監察係、自動車係に歴勤した。勤務のかたわら二二年正則予備学校中等科を経て日本大学法科に進んだが、二三年に中退した。その後二四年一月入営のため退職し、兵役に服した後、二六年六月「日本之医界」社事務員を経て同年一〇月王子電気軌道㈱書記補となり運輸課に勤務した。二七年一月船方出張所助役、三〇年二月運輸課自動車係・滝野川出張所主任に歴勤して同年七月書記に進み、三二年六月警視庁乙種自動車運転免許証を取得した後、同年八月に退社した。三三年三月東京京橋の三友自動車会社に入り、修繕工場主任を経て同年九月運輸部主任となった。三四年一月満鉄に転じて渡満し、鉄路総局運輸処自動車科に勤務した後、同年二月洮昂鉄路局派遣、同年三月訥河自動車営業所弁事員を経て三六年一一月拝泉自動車営業所主任となり、三七年一月龍江省普通運転手免許証を下付された。この間、訥河在勤時に同地の日本居留民会評議員を務めた。東京女子歯科医学専門学校卒の歯科医たかを夫人とし、長男亘は巣鴨高等商業学校、長女三知子は東金高等女学校に学んだ。

渡辺　与作　▷12

満鉄鉄道総局付待命副参事、勲七等／奉天満鉄鉄道総局気付／一八八三（明一六）八／富山県下新川郡山崎村

富山県渡辺竹次郎の長男に生まれ、一九〇五年一月東京市街鉄道㈱に入り、日露戦争に際し野戦鉄道提理部付として渡満した。鉄嶺駅、平頂堡駅、鉄嶺駅、開原駅に勤務した。〇七年四月満鉄の開業とともに同社入りして開原駅に勤務し、公主嶺駅、長春駅、安東駅、奉天駅勤務を経て本渓湖駅助役となり、本渓湖実業補習学校講師を兼務した。次いで大官屯駅長、虎石台駅長、高麗門駅長、太平山駅長、瓦房店駅長を歴任して副参事となり、三七年五月待命総局付となった。この間、高麗門駅長在職時に満州事変に遭遇して前後八回数百名の敵襲を受け、駅員・警察官各一名即死、負傷者数名を出しながらも鉄道輸送を死守し、勲七等旭日章及び従軍記章、建国功労賞を授与された。創業以来一貫して満鉄に勤務し、三七年に勤続三〇年の表彰を受けた。夫人幾との間に一男八女があり、趣味の琴古流尺八は免許皆伝の腕を有した。

渡辺　義雄　▷11

満鉄興業部販売課遼陽販売所主任／奉天省遼陽泉町／一八九九（明三二）九／愛知県名古屋市中区下前津町／東京商科大学

愛知県出版業渡辺三作の長男に生まれ、一九二三年東京商科大学を卒業して満鉄に入社した。本社興業部販売課、撫順、長春等の各販売所勤務を経て二七年一二月遼陽販売所主任に就いた。

渡辺　義雄　▷12

満鉄大連鉄道工場第三作業場工具職場主任兼中央試験所勤務、工業標準規格委員会委員／大連市霞町／一八八九（明二二）一〇／福岡県田川郡添田町／小倉工業学校機械科

福岡県炭砿業渡辺平六の次男に生まれ、一九〇九年三月小倉工業学校機械科を卒業して九州鉄道行橋工場に勤務した。蔵内鉱業㈱に転じて岩瀬炭砿機械係を務めた後、父の経営する炭砿業を補佐し、次いで伊原炭砿機械係となった。その後一九年九月に渡満して満鉄に入り、沙河口工場木工課に勤務した。以来勤続して車台職場第二作業課、工具職場、沙河口工場鉄工場兼職工見習養成所講師、沙河口工場勤務、大連鉄道工場勤務、同工場旋盤工具職場助役を歴任し、三五年四月同工場第三作業場工具職場主任兼中央試験所勤務となった。この間、三二年一一月滲炭防止剤の発明により効績章及び金一封を授与され、三五年四月勤続一五年の表彰を受けた。

渡辺与十郎　▷11

観世流謡曲師範／大連市薩摩町／一八七四（明七）一一／大分県宇佐郡宇佐町

宇佐神宮シテ方久保俊平の三男に生まれ、同郷渡辺覚寿の婿養子となった。七歳で郷里を出て関西謡曲界の大家に師事し、一八九六年に上京して観世流宗家で一年半修業し、一九〇八年能楽手付を許された。郷里の宇佐神宮所属の能楽師を務めた後、一七年朝鮮に渡り元山で謡曲師範となった。二一年に帰国して再び宗家で修業を重ね、いったん朝鮮に戻った後、二二年二月に渡満して大連で謡曲師範をした。謡曲のほか、遠州流（正風）挿花を得意とした。長男延男は満州日報社会計部に勤務した。

渡辺柳一郎　▷11

満鉄鉄道部工務課庶務主任／大連市臥竜台／一八九一（明二四）三／福島県双葉郡富岡町／仙台逓信管理局通信生養成所

福島県農業渡辺八十郎の三男に生まれ、高等小学校を首席で卒業して福島県師範学校の助手となった。かたわら教員養成所学半塾に通学したが、その後仙台逓信管理局通信生養成所に入り、一九一〇年三月首席で修了して富岡郵便局に勤務した。兵役を勤めた後、一三年九月に渡満して満鉄に入り運輸課に勤務した。その後、郭家店駅及び鳳凰城駅務方、瓦房店駅車掌、運輸部庶務課人事係、安東鉄道事務所人事主任等を経て二五年鉄道部計画課庶務主任となり、職制改革後は工務課庶務主任として勤務した。業務のかたわら満鉄社員会評議員、大連福島県人会幹事を務めた。

渡辺　柳蔵　▷11

満鉄農事試験場熊岳城分場長／奉天省熊岳城大正街／一八八二（明一五）一二／愛知県宝飯郡御津村／東北帝大農科大学農学科

愛知県渡辺辰次郎の次男に生まれ、一九一三年東北帝大農科大学農学科を卒業して満鉄に入った。熊岳城農事試験場分場に勤務し、二四年三月から果樹蔬菜園芸調査研究に英米独仏各国に留学し、二六年四月に帰任して同試験場分場長に就いた。

渡部　良策　▷12

満鉄皇姑屯鉄道工場監理科計画股主任兼調査股主任、勲八等／奉天紅葉町／一八九五（明二八）一／山形県米沢市二ノ町／山形工業学校機械科

山形県渡部誠一郎の次男に生まれ、一九一三年県立山形工業学校機械科を卒業し、同年四月東京海軍造兵廠に入り仕上部に勤務したが、一四年一〇月に退職した。一六年九月に渡満して満鉄に入り沙河口工場に勤務した。一八年九月機械課、二〇年一一月組立職場、二五年六月鉄工課に歴勤した後、三〇年一月大連鉄道工場に転勤して組立仕上職場助役となった。三三年五月奉山鉄路局に派遣された後、三四年四月皇姑屯工廠に転勤して同年六月同監理科計画股主任兼調査股主任となり、三六年九月の皇姑屯鉄道工場と改称後も引き続き同職を務めた。この間、三二年に勤続一五年表彰を受けたほか、満州事変時の功により勲八等に叙され従軍記章と建国功労賞を受けた。

和多野健蔵　▷11

大連郵便局長、従六位勲六等／大連市乃木町／一八七五（明八）一〇／広島県安芸郡府中村／早稲田大学文学教育科

広島県軍人和多野梨太の長男に生まれ、一九〇五年早稲田大学文学教育科を考試得業した。一三年二月広島通信管理局総務部電務係長に就き、大阪逓信局総務部法規掛長、善通寺郵便局長、京都西陣郵便局長等を歴任し、この間二一年四月通信事業創始五〇年祝典に際し逓信大臣から記念銀盃を受けた。二三年五月関東庁通信副事務官となって渡満し、大連郵便局長に就任して大連無線電信局長を兼任した。著書に『電気通信技術教範』がある。

和田　秀夫　▷11

関東庁警務局保安課長、正六位／旅順千歳町／一八九二（明二五）九／東京府東京市日本橋区浜町／東京帝大法科大学英法科

東京府官吏和田勇の次男に生まれ、一九一七年七月東京帝大法科大学英法科を卒業し、同年歩兵第一連隊に入営して翌年一一月に除隊した。二〇年一〇月文官高等試験行政科に合格して警視庁警部となり、警務課勤務、文書課長を経て本郷駒込署長となり、二三年九月の関東大震災に遭遇して救護事務に当たった。二五年三月本所太平警察署長に転任した後、翌年九月関東庁事務官・警務課長に任じられて渡満し、その後保安課長に転任した。日本山岳会に属して登山を趣味とした。

「渡部」は「わたなべ」も見よ

渡部　章　▷11

満鉄鞍山製鉄所製造課職員／奉天省鞍山敷島町／一八九七（明三〇）一一／兵庫県神戸市中山通／大阪高等工業学校

兵庫県渡部正五郎の長男に生まれ、一九二〇年大阪高等工業学校を卒業して満鉄に入社した。鞍山製鉄所に配属され、製造課に勤務した。

渡部　重吉　▷12

大阪商船㈱大連支店長、大連商工会議所議員、大連倶楽部理事、満州特産中央会評議員、大連海務協会理事／大連市楠町／一八八五（明一八）五／福島県若松市融通寺町／東京高等商業学校

一九一〇年東京高等商業学校を卒業して大阪商船㈱に入った。勤続して漢口、シドニー、各支店長を務めた後、三三年大連支店長となって渡満した。業務のかたわら大連商工会議所議員、大連倶楽部理事、満州特産中央会評議員、大連海務協会理事などの公職に就いた。運動を得意として学生時代には端艇と庭球の選手として活躍し、社会人となってからはゴルフに親しんだ。

渡部　誠一　▷11

公主嶺警察署郭家店派出所長、勲七等／奉天省郭家店車站街／一八九二（明二五）一一／広島県広島市宇品町

広島県農業渡部栄太郎の長男に生ま

わ

れ、一九一六年五月関東都督府巡査となって渡満した。以後勤続して警部補となり、公主嶺警察署郭家店派出所長に就いた。

渡部 益次 ▷12

吉林税務監督署理事官兼吉林税捐局理事官、従七位勲七等／吉林省税務監督署／一八八七（明二〇）一二／宮城県仙台市

岐阜県大垣市に生まれ、税務監督局に入り勤続累進して戦災税務監督局徴収係長となった。一九三二年税務監督局事務官に昇任した後、同年満州国浜江税務監督署事務官に転じて単身渡満し、監察科長に就いた。三五年二月奉天税務監督署理事官に転任して経理科長兼総務科長を務めた後、三六年三月竜江税務監督署理事官兼黒河税捐局理税官を経て三七年四月吉林税務監督署理事官に転任して吉林税捐局理税官を兼務した。

渡部 通業 ▷11

満鉄鉄道部工作課員／大連市柳町／一八九二（明二五）一／福島県若松市馬場上町／旅順工科学堂機械科

福島県出身で満鉄社員の根本鉄蔵の長男に生まれ、生後間もなく同県渡部伊左衛門の家督を相続した。一九一三年旅順工科学堂機械科を卒業して満鉄に入り、沙河口工場、鞍山製鉄所勤務を経て二〇年一月本社鉄道部工作課に転任した。

和田 正通 ▷12

満鉄奉天営繕所庶務係主任、勲八等／奉天紅葉町／一八九一（明二四）二／三重県宇治山田市八日市場町／大阪商業学校中退

三重県和田正麿の四男に生まれ、大阪商業学校を二年で中退した後、一九一五年六月満鉄に入り築港事務所に勤務した。二三年四月埠頭事務所に転勤して工務課及び庶務課勤務を兼務した後、二七年一〇月同海運課勤務を経て同年一一月奉天鉄道事務所に転勤した。次いで三〇年六月長春保線事務所、三一年八月長春鉄道事務所、三二年一一月新京鉄道事務所、三三年一一月鉄道部工務課に歴勤し、三六年九月奉天営繕事務所に転任して同年一一月庶務係主任となった。この間、満州事変時の功により勲八等及び従軍記章並びに建国功労賞を授与され、三一年四月勤続一五年の表彰を受けた。

和田松之助 ▷12

和田商会主／吉林省公主嶺市場町／一九〇〇（明三三）四／千葉県君津郡昭和町

一九一七年一二月志願して陸軍に入り、一八年三月公主嶺の独立守備隊付となった。二一年一一月に除隊した後、長春の三宅牧場公主嶺支場に勤務した。その後独立して公主嶺市場町に和田商会を興し、公主嶺泉町で農場と牧畜業を経営した。

和田 道信 ▷12

満鉄鉄道総局自動車課員／奉天満鉄鉄道総局気自動車課／一九一一（明四四）一／福岡県直方市大字直方／東京帝大法学部法律学科

福岡県和田清六の四男に生まれ、一九三四年三月東京帝大法学部法律学科を卒業して同年四月満鉄に入社した。事務員として安東駅駅務方を務めた後、同年一一月大連列車区車掌心得となった。三五年三月新京列車区奉天省四平街分区車掌、同年八月奉天省四平街駅構内助役、三六年同駅貨物助役を経て三七年一月鉄道総局自動車課に転任した。

和田 実 ▷8

実践号主／奉天／一八七五（明八）一〇／千葉県印旛郡根郷村／練習科

郷里で一年間助教員を務めた後、日清戦中の一八九五年に徴兵され、翌年五月威海衛攻撃軍に従軍した。九七年に帰国した後も軍籍に留まり、一九〇一年台湾守備隊に編入されて基隆に駐屯し、〇二年一一月北清駐屯軍司令部付に転じた。〇七年に退営して同年一一月奉天に赴き、翌年から陸軍御用達を始めた。一二年一二月質商に転じ、貸家業と有隣生命代理店を兼営して商埠地内に支店を開設した。本業のかたわら奉天質屋同業組合長、奉天商業会議所議員、奉天地方委員を務めた。

和田 宗雄 ▷12

満鉄総裁室人事課給与係主任、勲八等／大連市三室町／一八九九（明三二）五／神奈川県横浜市中区本牧／浜田中学校

神奈川県和田宗説の次男に生まれ、一九一八年浜田中学校を卒業し、同年四月に渡満して満鉄埠頭事務所に勤務し

わ

た。一九年九月ハルビン在勤、二〇年一月運輸部、二一年六月ハルビン運輸営業所、二三年四月同所運輸課に歴勤して三〇年一二月洮昂鉄路工程局に派遣された。三二年二月に帰社して鉄道部に勤務した後、三三年三月鉄路局、三四年四月洮南鉄路局総務処人事科長県人事股長、三五年一一月ハルビン鉄路局総務処人事科長を経て三六年一〇月総裁室人事課給与係主任となった。この間、満州事変時の功により勲八等従軍記章及び建国功労賞を受けた。

和田紋次郎　▷7

満鉄益済寮炊事請負／奉天省瓦房店満鉄益済寮／一八九〇（明二三）三／鹿児島県姶良郡国分町

一九一〇年一二月徴兵されて熊本の第六工兵隊に入隊し、一二年一一月に満期除隊した。一四年に渡満して満鉄に入り瓦房店駅に勤務したが、一九年七月に退社していったん帰郷した。二〇年末に再び渡満して瓦房店の満鉄益済寮の炊事請負業者となり、かたわら同郷団体の瓦房店三州会幹事を務めた。

和田　安民　▷12

満鉄奉天省四平街医院小児科医員、社員会評議員／奉天省四平街北七条通／一九〇七（明四〇）六／岩手県盛岡市三ツ割一四地割／岩手医学専門学校

一九三二年三月岩手医学専門学校を卒業し、同校附属病院小児科医局に勤務した。三四年三月満鉄に転じて渡満し、奉天省四平街医院小児科医員となった。

和田吉太郎　▷12

天理教東清教会長、勲八等／ハルビン買売街天理教東清教会／一八八四（明一七）二／愛媛県新居郡氷見町／天理教教校

愛媛県和田又八の次男に生まれ、天理教教校を卒業して兵役に服し、日露戦争に従軍した。その後一九一一年に渡満し、遼陽で陸軍用達商を営む中で一五年に天理教に入信した。翌年布教のためハルビンに赴き、幾多の困難迫害を乗り越えて買売街に教会を開設した。

和田　由常　▷9

満鉄大連医院耳鼻咽喉科医長、南満医学堂教授／大連市山城町／一八八七（明二〇）八／東京府東京市牛込区市谷田町／東京帝大医科大学

一九一二年東京帝大医科大学を卒業し、一三年八月満鉄に入社して南満医学堂教授となり、同時に社命で母校の医科大学に内地留学して耳鼻咽喉科学を研究した。その後一五年一月に渡満して満鉄大連医院耳鼻咽喉科医長に着任し、南満医学堂教授を兼任した。

和田　義正　▷11

満鉄社長室文書課経理係員／大連市児玉町／一八九一（明二四）一一／東京府東京市神田区錦町／満鉄見習学校

東京府和田熊次郎の長男に生まれ、一九〇六年一一月満鉄東京支社に採用された。翌年渡満して満鉄見習学校に入り、〇九年に修了して現業に就き、勤続して経理部倉庫課管理係主任となり、二八年七月社長室文書課経理係に転任した。

度会　一二　▷12

国務院蒙政部民政司警務科員、従七位勲七等／新京特別市清和街／一八九五（明二八）三／山形県東田川郡余目町／高等小学校

山形県度会八兵衛の四男に生まれ、余目高等小学校を卒業した後、尋常科准訓導心得として郷里の小学校に勤務した。一九一五年一二月徴兵されて山形の歩兵第三二連隊に入営し、一七年一二月憲兵に転科した。引き続き軍務に服し、この間二三年六月憲兵練習所を修了した。三〇年七月台湾屏東憲兵分遣隊長として赴任し、同年一〇月日本の理蕃政策に抗議して住民が蜂起すると、その鎮圧に当たった。三四年二月東京憲兵隊付、同年三月本部警務課内勤係長を歴職して同年九月少尉に進級して待命となり、同年一二月に渡満して吉林省公署警務庁に勤務した。三六年五月満州国蒙政部事務官となり、民政司警務科員を務めた。この間、青島戦役、シベリア出兵、霧社事件に参加して賜金を授与されたほか、警察上の功により八回の賞与を受けた。

渡来　民次　▷11

旅順工科大学嘱託校医、従六位勲五等／旅順市松村町／一八七七（明一〇）四／徳島県徳島市／大阪府立医学校

徳島県渡来房次郎の次男に生まれ、一八九八年大阪府立医学校を卒業した。

私立医院に勤務した後、一九〇四年日露戦争に際し軍医として旅順攻囲及び奉天会戦に従軍し、〇六年二月に帰還した。〇八年一〇月に再び渡満し、一一年七月関東都督府医員、二一年関東庁医官となり、二四年三月に退官して旅順工科大学嘱託校医となった。

度会　貞輔 ▷12

関東局警察官練習所講師、旅順博物館嘱託、旅順工科大学嘱託、東洋協会旅順語学校講師、正七位勲八等／旅順市日進町／一八八六（明一九）一一／山形県鶴岡市／東京外国語学校

山形県官吏度会幹貞の次男に生まれ、荘内中学校を卒業した後、一年志願兵として山形の歩兵第三二連隊に入営した。翌年一一月に除隊して東京外国語学校に入学し、一九一二年に卒業して渡満し、関東都督府翻訳生として陸軍経理部、民政部、土地調査部、外事部等に歴勤した。一五年二月土地調査委員会書記となり、次いで支那語奨励試験書記、警察官練習所嘱託、関東庁支那語普及会講師を経て関東局通訳官となった。その後二一年三月に退官して関東局警察官練習所講師、旅順博物館嘱託、旅順工科大学嘱託、東洋協会旅順語学校講師、関東局支那語奨励試験委員、巡査巡補通訳試験委員等を務めた。『支那語叢談』『土地調査用支那語会話集』『満州警察官用支那語会話集』『関東庁満鉄支那語試験問題注解書』『支那語漫談』『支那語正音表』等、数多くの中国語入門書を著した。

度会練三郎 ▷12

丸和洋行主／浜江省牡丹江円明街／一八九六（明二九）五／愛知県渥美郡福江町／国民英学会高等科

東京の国民英学会高等科を卒業し、一九一四年朝鮮に渡って清津の山田商店に入った。一六年東京に出張し、一八年に大阪仕入部が設けられると同地で仕入を担当した後、一九年間島省竜井村支店に転勤して渡満した。三五年三月牡丹江に丸和洋行を設立し、金物商を独立開業した。金鳥印・灯台印金物の北満代理店、オリエンタルペイント直売店、象印ショベルスコップ特約店として日本人二名、朝鮮人三名、中国人一名の店員を擁して東満州一帯を商圏とし、年間売上四万数千円に達した。

渡利　全策 ▷12

国務院民政部首都警察庁警正／新京特別市金輝路代用官舎／一九〇四（明三七）／一／島根県邑智郡矢上村／京都帝大法学部

島根県渡利一濤の長男に生まれ、浜田中学校、広島高等学校を経て一九三一年三月京都帝大法学部を卒業して島根県巡査となり、同年七月巡査部長に就いた。三二年七月警部補に昇格して警察部衛生課に勤務した後、三三年三月警察官練習所教官兼任を経て三四年二月に依願免職となり、渡満して奉天省公署属官に転じた。三五年一〇月中央警察学校助教授を経て三六年一〇月首都警察庁警正となり、三七年三月国都建設紀年式典準備委員会警衛部幹事に就いた。著書に『行政法総論』がある。

和登　佐吉 ▷11

和登商行主／大連市神明町／一八七六（明九）／八／大阪府南河内郡柏原町

大阪府氷砂糖製造業和登善兵衛の次男に生まれ、一八九四年の日清戦争の時から中国に渡り、旅順、威海衛、芝罘、天津等で海運業と雑貨貿易を営んだ。日露戦争の際には大連湾の掃海作業に従事し、戦後は戦場に遺棄された弾丸・薬莢類を一手買収し、日本に輸送して巨利を得た。その後鉄嶺で日本式赤煉瓦一五〇〇万個の都督府納入を請け負い、日本から職工を招来して日本式赤煉瓦を製造した。以来、長春その他北満で御用商人として建築及び鉄道材料の納入業に従事し、かたわら日本製電気機械類の販売業を営み、一九一〇年には大連寺児溝に大連窯業㈾を設立して代表社員となった。この間、遼東新報社の行った満州実業家十傑の投票で第三位に選ばれた。二一年に業務一切を長春で和登商行を経営する実弟の良吉に譲り、大連で自適の生活に入った。

和登　良吉 ▷11

和登商行主／長春日本橋通／一八八一（明一四）／一／大阪府南河内郡柏原町

大阪府氷砂糖製造業和登善兵衛の三男に生まれ、日清戦争直後の一八九五年七月芝罘に渡った。以来北進して満州各地で船舶業、石炭業、貿易業に従事し、日露戦争時に陸軍高等通訳として従軍した。一九〇七年長春に和登商行

わ

を開設し、ハルビン、チチハル、綏化、ハイラル、鉄嶺等の電信電話局の建設及び資材納入、吉長鉄路局・四鄭鉄道局の鉄道工事・材料請負など中国官衙の用達にあたった。一五年にハルビンに支店を設けたほか一面坡、吉林、開原、奉天、大連等にも支店を置き、大阪に仕入店を設けて日本電気㈱、高田商会、古河㈴の製品を特約販売した。経営のかたわら長春倉庫、長春建物会社取締役を兼ね、長春商業会議所議員、長春第二区町内会総代を務めた。一年前に渡満した実兄の佐吉も長春、大連等で同業を営み、一九二一年隠退に際し業務の一切を譲り受けた。

和仁　勇　▷12

満州機器㈱／会計課長、正八位／奉天常盤町／一八九九（明三二）／二／岡山県苫田郡香々美村／山口高等商業学校

一九二一年三月山口高等商業学校を卒業して三菱長崎造船所に入り、一五年勤続した。三六年一月に退社して渡満し、同年四月に創立された奉天の満州機器㈱に入社し、後に会計課長を務めた。

藁科　浅吉　▷11

満鉄建築課機械設備担当／大連市神明町／一八九六（明二九）／五／静岡県志太郡島田町／東京帝大工学部機械科

静岡県建築請負業藁科小一郎の五男に生まれ、一九二一年東京帝大工学部機械科を卒業して満鉄に入社した。二三年四月奉天地方事務所に転勤した後、翌年一〇月建築課に転任して暖房衛生その他の機械設備を担当した。

あとがき

日本人のあいだで「満州」という呼び名が始まるのは一八世紀後半から一九世紀初旬にかけてのことである。江戸期から、特に日本海側の困窮した農民は「満州」へ渡った。その後、日本海側だけでなく、日本各地からウラジオストック（ウラディボストーク）やシベリア鉄道敷設のために多くの人が渡って行った。

一八九一年当時、シベリア在留の日本人は、男子二〇一五人、女子二三二一人、合計四三三六人であった。ほぼ一〇年後の一九〇二年（明治三五年）当時、一八九五年（明治二九年）、広島移民会社が石工、大工、鍛冶など一五〇〇人の労働者を送った。中国人「苦力」にまじって日本人労働者が参加した。日本人労働者は勤勉さとすぐれた技能によって歓迎されたという。

三五年当時の主な日本人の人口分布は次の通りである。

旅順	大連	奉天（瀋陽）	鉄嶺	ハルビン	公主嶺
五三	三一	四二	四六	四九五	二六

当時、ハルビンの在留日本人の職業は、洗濯屋、貸座敷、木工、床屋、時計屋、医者、ラムネ屋、料理屋、旅館等である。

「満州」のもう一つの特徴は、女子の人口が男子より高いことである。この特徴は、奥地に行くほど高い。これは女子の職業が「娘子軍」がらみの職業が多かったことによる。

日露戦争直前の在「満」日本人は三〇〇〇人近くいたと言われているが、開戦直前にはとんどが「戦争協約」に基づき「内地」に帰国したと見られている。

一八九九年三月「扶清滅洋」をスローガンとした義和団運動が起こった。義和団の運動は、翌年六月には「満州」にも及んだ。ロシアはこの機会に乗じて陸相クロパトキンは約十万の兵力をもって、同年八月ハルビン、十月には奉天、吉林、営口などの主要都市をことごとく占拠、ロシアは全「満州」における独占的支配を牽制した。

「ポルト・アルツール」、ロシアは旅順をこう呼んだ。旅順の都市建設が進むにしたがってロシア人の人口は少しずつ増加していったが、故国を遠く離れた旅順に定住する者は少なかった。

二〇〇〇年六月、『「満州」における教育の基礎的研究』を柏書房より刊行した。「満州事変」以前の日本の植民地教育について書いたものである。「満州」における職業、職責、渡「満」期間、出身地、学歴、家族構成等について、「人名辞典」をたよりに調査した。

「満州」の資料の中で「人名辞典」に類する分野のものは少ない。支配の基盤が確立していないためとも考えられる。国会図書館をはじめ国内所蔵の資料を収集した。

もう一つは大連図書館の司書の方々の援助である。一九九一年以来、大連図書館に通って資料を閲覧させてもらった。その時、中国の図書閲覧、閲覧方法等をいろいろ教えてもらった。

植民地教育については、まだ入口に立ったにすぎない。しかし、国際協力基金の派遣で六年間（一九八一～八六年）、北京の日本学研究センターに勤め、毎年一二〇名（六年）の大学教師としての指導にたずさわり、その間、中国の大学教師の「本音」の歴史を聞くことができた。

二〇一二年八月

竹中　憲一

竹中憲一

1946年長崎県生まれ。早稲田大学卒業。1978～1986年在中国日本語教師研修センター、在北京日本学研究センター（外務省・国際交流基金主催）講師として中国の大学教員に日本語を教える。現在、早稲田大学法学部教授（中国語・植民地教育史）。

〔主要編著書〕
『「満州」における教育の基礎的研究』（著）（全6巻 柏書房 2000年）
『在満日本人用教科書集成』（共編著）（全10巻 柏書房 2000年）
『教育における民族的相克－日本植民地教育史論1』（共編）（東方書店 2001年）
『大連アカシアの学窓・証言　植民地教育に抗して』（著）（明石書店 2003年）
『「満州」植民地日本語教科書集成』（著）（全7巻 緑蔭書房 2002年）
『満州オーラルヒストリー』（訳）（皓星社 2004年）
『「満州」における中国語教育』（著）（柏書房 2004年）
『「満州」植民地中国人用教科書集成』全8巻（緑蔭書房 2005年）他多数。

人名事典　「満州」に渡った一万人

発行　2012年10月31日
定価　35,000円＋税

編著　**竹中憲一**
制作　株式会社 **エニウェイ**
発行　株式会社 **皓星社**
〒166-0004　東京都杉並区阿佐谷南1-14-5
電話：03-5306-2088　FAX：03-5306-4125
URL http://www.libro-koseisha.co.jp/
E-mail：　info@libro-koseisha.co.jp
郵便振替　00130-6-24639

装幀　藤巻亮一
印刷・製本　有限会社 吉田製本工房

ISBN978-4-7744-0459-2　C0523